NJW Praxis

im Einvernehmen mit den Herausgebern der NJW
herausgegeben von
Rechtsanwalt Felix Busse

Band 72

Medizinrecht

Öffentliches Medizinrecht – Pflegeversicherungsrecht
Arzthaftpflichtrecht – Arztstrafrecht

von

Prof. Dr. Michael Quaas, M. C. L.

Rechtsanwalt in Stuttgart
Fachanwalt für Verwaltungsrecht
Fachanwalt für Medizinrecht

Prof. Dr. Rüdiger Zuck

Of Counsel, Stuttgart

Prof. Dr. Thomas Clemens

Honorarprofessor an der Juristischen Fakultät
der Eberhard Karls Universität Tübingen
Richter am Bundessozialgericht i. R.
Kassel

Prof. Dr. Julia Maria Gokel, LL. M.

Professorin an der SRH Hochschule Heidelberg
Rechtsanwältin

4., vollständig neu bearbeitete Auflage 2018

C. H. BECK

Zitierweise: Quaas/Zuck/Clemens/*Bearbeiter(in)* Medizinrecht § ... Rn. ...

www.beck.de

ISBN 978 3 406 70773 5

© 2018 Verlag C. H. Beck oHG
Wilhelmstraße 9, 80801 München
Druck: Kösel GmbH & Co. KG
Am Buchweg 1, 87452 Altusried-Krugzell
Satz und Umschlaggestaltung: Druckerei C. H. Beck Nördlingen

Gedruckt auf säurefreiem, alterungsbeständigem Papier
(hergestellt aus chlorfrei gebleichtem Zellstoff)

Vorwort zur 4. Auflage

Das vorliegende Werk Medizinrecht hat sich rasch nach Erscheinen bereits der 1. Auflage (2005) zu einem Standardwerk sowohl für die Wissenschaft wie für die gerichtliche und anwaltliche Praxis entwickelt. Sämtliche Auflagen sind von Lesern und Rezensenten wohlwollend aufgenommen worden. Insbesondere in seinem Schwerpunkt „öffentliches Medizinrecht", das präziser als öffentliches Gesundheitsrecht bezeichnet werden sollte und namentlich das Krankenhausrecht und das Vertragsarztrecht sowie auch weite Teile des Arzneimittelrechts erfasst, ist das Werk aus den „Handbibliotheken" der Praktiker im Gesundheitsrecht nicht wegzudenken. Die Bearbeitungen des öffentlichen Gesundheitsrechts haben einen fast monografischen Charakter erreicht und werden nachhaltig den Stand der Wissenschaft und der Rechtsprechung beeinflussen.

Das Werk entstammt nach wie vor weitgehend der Feder seiner Titelherausgeber Quaas und Zuck. Das Vertragsarztrecht ist in der vorliegenden 4. Auflage vollständig in die bewährten Hände von Prof. Dr. Thomas Clemens, ehemaliger Richter im 6. Senat des BSG, übergegangen. Im Krankenhausfinanzierungsrecht konnten wir im Bereich der Investitionskostenförderung der Krankenhäuser erneut auf das umfangreiche Erfahrungswissen von Herrn Rechtsanwalt Dr. Otmar Dietz zurückgreifen. Darüber hinaus wurde Rechtsanwältin Prof. Dr. Julia Gokel für eine Mitarbeit in Teilbereichen des Medizinrechts gewonnen, die in den Vorauflagen durch Herrn Zuck alleinverantwortlich bearbeitet wurden. Das betrifft u. a. Teilbereiche des Zahnarzt- und Heilpraktikerrechts sowie insbesondere die Gebiete der Pflegeversicherung und des Arztstrafrechts. Allen Mitarbeitern des Werkes sind wir zu großem Dank verbunden.

Stuttgart, im August 2018 *Michael Quaas* (für die Autoren)

Aus dem Vorwort der 1. Auflage

Medizinrecht ist eine neue Rechtsmaterie. Wir haben sie zwischen den bekannten Feldern des Arztrechts und in den weiten Prärien des Gesundheitsrechts verortet. Dabei legen wir Wert auf die Feststellung, dass es um Recht geht. Zwar bezieht sich das Recht auf Sachverhalte, und so sind auch wir auf Medizin und ihre Märkte angewiesen. Wir haben diese Sachverhalte aber als gegeben vorausgesetzt und damit der Auffassung von einem „integrierten Medizinrecht", in dem medizinische Wissenschaft und Fragen der Ethik und der Moral mit dem Recht zusammenspielen sollen, eine Absage erteilt.

Dagegen haben wir nur geringes Gewicht auf die klassische Dreiteilung des Rechts in Zivilrecht, Strafrecht und öffentliches Recht gelegt. Für uns fließen diese unterschiedlichen Aspekte im Begriff des Medizinrechts zusammen, einer Materie, die wir als „öffentliches Medizinrecht" verstanden wissen wollen.

Medizinrecht ist eine Querschnittsmaterie. Das zwingt zu einer Gesamtbetrachtung von Einzelmaterien, die sonst, jeweils isoliert, jeweils von Gruppen von Autoren in einem Umfang behandelt werden, der unserer Gesamtuntersuchung gleichkommt. Wir haben also komprimieren müssen, und da es bis heute nicht gelungen ist, die in der Bildungsdiskussion der 50'er und 60'er Jahre erhobene Forderung nach einer „exemplarischen Lehre" zu erfüllen, bleibt dies ein stets anfechtbares Verfahren. Der Insider wird immer deutlich mehr wissen, als das, was wir bei jeder Einzelmaterie dargestellt haben. Als Adressaten unseres jeweiligen Grundkonzepts haben wir uns deshalb den Nicht-Spezialisten vorgestellt, etwa den Adepten für den künftigen Anwalt für Medizinrecht. Bei dem Versuch, den Stand der Erkenntnisse in Kurzform zu sammeln, haben wir aber nicht stehen bleiben wollen. Wir haben deshalb versucht, im geeigneten Zusammenhang einen Schritt weiter zu gehen, indem wir aktuelle Streitfragen aufgegriffen und zu ihnen Stellung bezogen haben.

Die damit aus unserer Sicht gegebene Aktualität dieses Medizinrechts hat aber auch noch eine andere Seite. Für unsere Nachweise mussten wir den Satz der Wissenschaftstheorie „der Zwerg auf den Schultern des Riesen sieht mehr" hintanstellen. Merton hat in seiner berühmten Monographie zu diesem Satz darauf hingewiesen, dass es dabei nicht um das ewige Voran des Fortschritts geht, sondern vor allem um die Bedeutung der Tradition (denn sie symbolisiert der Riese). Wir haben uns dagegen im Wesentlichen an den jüngsten Veröffentlichungen und Entscheidungen orientiert, nicht, weil wir die alten missachten oder nur der juristischen Mode huldigen wollten, sondern gezwungenermaßen deshalb, weil der rasende Gesetzgeber das Gesundheitssystem von Jahr zu Jahr verändert, und dies unter dem Sachbezug, wachsende Kosten und die Begrenztheit öffentlicher Mittel in Einklang zu bringen. Rechtsprechung und Schrifttum zum Gesundheitsrecht sind deshalb oft in großem Umfang Beiträge zur Rechtsgeschichte.

Das Werk war auch für uns Autoren eine Herausforderung. Dabei ist es nicht nur darum gegangen, Widersprüche und Wiederholungen möglichst, wenn auch nicht immer, zu vermeiden. Es ist auch selbstverständlich gewesen, dass wir in der Darstellungstechnik einheitlichen Grundsätzen gefolgt sind, so also, dass „Ärzte" in unserem Text selbstverständlich auch „Ärztinnen" meint. Wir haben aber das Problem behalten, dass wir als Autoren in den jeweils von uns verantworteten Abschnitten Grundauffassungen vertreten haben, die, auch wenn sie im Text des jeweils anderen nicht auftauchen, von diesem nicht notwendigerweise geteilt werden müssen. Dies hat uns veranlasst, den jeweiligen Bearbeiter in einem vorangestellten Verzeichnis auszuweisen.

Stuttgart, im September 2004 *Michael Quaas, Rüdiger Zuck*

Bearbeiterverzeichnis

Thomas Clemens: .... §§ 17–24
Julia Maria Gokel: .... §§ 29, 31–33, 46–48
Michael Quaas: .... §§ 4–16, 25–27
Rüdiger Zuck: .... §§ 1–3; 35–38; 49–59, 66–68
Rüdiger Zuck/Julia Maria Gokel: ... §§ 28, 30, 34; 39–45; 60–65; 69–74

Inhaltsübersicht

Vorwort zur 4. Auflage V
Aus dem Vorwort der 1. Auflage VII
Bearbeiterverzeichnis IX
Inhaltsverzeichnis XIII
Abkürzungsverzeichnis XXI
Literaturverzeichnis XXXI

Erster Teil: Allgemeine Grundlagen 1
1. Abschnitt: Die Rahmenbedingungen 1
2. Abschnitt: Grundzüge des Rechts der gesetzlichen Krankenversicherung (GKV) 78

Zweiter Teil: Das Recht der Leistungserbringer 197
1. Abschnitt: Die Ärzte (Allgemein) 197
2. Abschnitt: Das Medizinische Versorgungszentrum (MVZ) 385
3. Abschnitt: Das Vertragsarztrecht 415
4. Abschnitt: Die Krankenhäuser und Vorsorge- und Rehabilitationseinrichtungen 566
5. Abschnitt: Zahnärzte und Zahntechniker als Leistungserbringer 829
6. Abschnitt: Die Leistungserbringung durch psychologische Psychotherapeuten 84
7. Abschnitt: Heilpraktiker 855
8. Abschnitt: Die Leistungserbringer auf dem Arzneimittelmarkt 862
9. Abschnitt: Die Gesundheitshandwerker 883

Dritter Teil: Die Sächlichen Mittel 897
1. Abschnitt. Medizinprodukte-Recht 897
2. Abschnitt. Arzneimittel- und Verbandrecht 907
3. Abschnitt: Heil- und Hilfsmittelrecht 950

Vierter Teil: Besondere Bereiche des Medizinrechts 969
1. Abschnitt: Biomedizin 969
2. Abschnitt: Pflegeversicherungsrecht 1041
3. Abschnitt: Arztstrafrecht 1055

Sachregister 1077

Inhaltsverzeichnis

Erster Teil: Allgemeine Grundlagen	1
1. Abschnitt: Die Rahmenbedingungen	1
§ 1 Begriff und Bedeutung von Medizinrecht	1
I. Die Ambivalenz von „Medizin"	1
II. Medizinrecht als Gesundheitsrecht?	1
III. Medizinrecht als Arztrecht?	1
IV. Medizinrecht und „Fachanwalt für Medizinrecht"	2
V. Beschreibung des Medizinrechts	3
VI. Medizinrecht und Gesundheitsrecht	7
§ 2 Verfassungs- und europarechtliche Vorgaben	8
I. Verfassungsrecht	8
II. Verfassungsrechtliche Ausgestaltungen	30
III. Grundrechte im Krankenversicherungsrecht	44
§ 3 Europarecht/Unionsrecht	56
I. Vorbemerkung	56
II. Allgemeine Rechtsgrundlagen	56
III. Problemfelder	70
2. Abschnitt: Grundzüge des Rechts der gesetzlichen Krankenversicherung (GKV)	78
§ 4 Historische Entwicklung	78
I. Die Zeit von 1881–1933	78
II. Die Rechtslage im Dritten Reich	82
III. Die Nachkriegszeit	83
IV. Die K-Gesetze	84
V. Das Gesundheits-Reformgesetz (GRG) 1989	86
VI. Die Gesetzgebung in den 90er Jahren	87
VII. Die Gesetzgebung ab dem Jahr 2000	89
VIII. Gesamtüberblick	97
§ 5 Strukturelemente und Zielvorgaben der GKV	98
I. Systemvergleich	98
II. Zielvorgaben für die gesetzliche Krankenversicherung	101
III. Prinzip des sozialen Ausgleichs	103
IV. Krankenversicherung und Arbeitsmarkt	104
V. Krankenversicherung und Rentenversicherung	104
VI. Fremdlasten in der GKV	105
VII. Folgerungen	106
§ 6 Insbesondere: Die GKV als Pflichtversicherung	107
I. Versicherte	107
II. Jahresarbeitsentgeltgrenze	107
III. Freiwillige Mitglieder: Abgrenzung zur Pflichtversicherung	108
§ 7 Krankenkassen	109
I. Aufgabenbereiche	109
II. Körperschaft des öffentlichen Rechts	111
III. Selbstverwaltungskörperschaft	111
IV. Organisationsstruktur der GKV	112
V. Verbandsstrukturen der GKV	115
VI. Die Binnen-Organisation der Krankenkassen	117
§ 8 Rechtliche Handlungsformen	122
I. Formen	122
II. Leistungserbringerverträge	135
III. Konfliktlösungsmöglichkeiten	137

§ 9 Das Leistungsrecht der GKV 139
    I. Leistungsformen 139
    II. Sachleistungsprinzip und Kostenerstattung 139
    III. Leistungsumfang 143
    IV. Leistungsgrundsätze 144
§ 10 Leistung und Leistungserbringer 154
    I. Leistungskatalog 154
    II. Leistungsarten und Leistungserbringer 155
    III. Leistungserbringer und Versicherte 156
§ 11 Alternativen zur Regelversorgung im Recht der GKV 157
    I. Allgemeines 157
    II. Modellvorhaben 159
    III. Strukturverträge 168
    IV. Integrierte Versorgung 168
§ 12 Der Gemeinsame Bundesausschuss (G-BA) 184
    I. Rechtstellung und Aufgabenbereich 184
    II. Organisation und Aufsicht 185
    III. Aufgabenbereiche 188
    IV. Rechtsschutz 192

Zweiter Teil: Das Recht der Leistungserbringer 197

1. Abschnitt: Die Ärzte (Allgemein) 197
§ 13 Grundzüge des ärztlichen Berufsrechts 197
    I. Rechtsgrundlagen 197
    II. Das Berufszugangsrecht des Arztes 203
    III. Die Weiterbildung 209
    IV. Einzelne Berufspflichten 216
    V. Die Berufsorganisationen der Ärzte und deren Aufgaben 236
§ 14 Die Rechtsbeziehungen zwischen Arzt (Krankenhaus) und Patient ... 240
    I. Rechtsgrundlagen 240
    II. Vertragsabschluss, Vertragsparteien und Vertragsbeendigung beim Arztvertrag ... 246
    III. Inhalt des Arztvertrages, besondere Behandlungsverhältnisse 250
    IV. Das Arzthonorar nach der Gebührenordnung für Ärzte (GOÄ) .. 256
    V. Arzt- und Krankenhaushaftung 264
§ 15 Die Beziehungen der Ärzte untereinander: Medizinische Berufsausübungs- und Organisationsgemeinschaften 294
    I. Von der Einzel- zur Gruppenpraxis 294
    II. Die Gemeinschaftspraxis 296
    III. Praxisgemeinschaft 303
    IV. Praxisnetz/Praxisverbund 306
    V. Partnerschaftsgesellschaft/Ärzte-Gesellschaft 309
§ 16 Ärzte und Krankenhaus 312
    I. Aufgaben und Struktur des Ärztlichen Dienstes im Krankenhaus . 312
    II. Arbeitsrecht der nachgeordneten Krankenhausärzte 315
    III. Die rechtliche Stellung der Leitenden Krankenhausärzte 326
    IV. Ermächtigung von Krankenhausärzten und ärztlich geleiteten Einrichtungen 345
    V. Weitere Öffnung der Krankenhäuser für die ambulante Versorgung .. 353
    VI. Kooperationen von Krankenhäusern mit niedergelassenen Ärzten ... 371

2. Abschnitt: Das Medizinische Versorgungszentrum (MVZ) 385
§ 17 Das MVZ als Leistungserbringer 385
    I. Allgemeines 385
    II. Begriff 388
    III. Abgrenzung der Gründungs-, Zulassungs- und Betriebsebene ... 391
    IV. Gründungsebene 391
    V. Zulassungsebene 397
    VI. Betriebsebene 412

3. Abschnitt: Das Vertragsarztrecht ... 415
§ 18 Das Vertragsarztrecht. Grundlagen und Grundsätzliches ... 415
  I. Begriff, Viereck-Verhältnis, Akteure, gemeinsame Selbstverwaltung, Rechtsgrundlagen, Rechtsstatus des Vertragsarztes ... 415
  II. Weiteres zu den Rechtsbeziehungen zwischen Vertragsarzt und Patient und zwischen Vertragsarzt und Krankenkasse sowie die Rechtsbeziehungen der anderen Leistungserbringer und Versorgungsbeteiligten ... 436
§ 19 Kassenärztliche und Kassenzahnärztliche ... 439
  I. Kassenärztliche Vereinigungen ... 439
  II. Auftrag zur Sicherstellung der vertragsärztlichen Versorgung ... 453
  III. Gewährleistungspflicht der Kassenärztlichen Vereinigungen ... 463
§ 20 Teilnahme des Vertragsarztes an der vertragsärztlichen Versorgung: Zulassungsvoraussetzungen, -folgen, -verfahren und Ende der Zulassung ... 464
  I. Zulassungsvoraussetzungen ... 464
  II. Zulassungsfolgen ... 492
  III. Ruhen, Entziehung und Ende der Zulassung ... 497
  IV. Zulassungsverfahren ... 501
  V. Rechtliche Bedeutung des Zulassungssystems ... 503
§ 21 Die Leistungen des Vertragsarztes ... 505
  I. Gliederung in hausärztliche und fachärztliche Versorgung ... 505
  II. Inhalt und Arten der vertragsärztlichen Versorgung ... 507
§ 22 Die Vergütung der Leistungen in der vertragsärztlichen Versorgung ... 509
  I. Rechtsrahmen ... 509
  II. EBM ... 510
  III. Gesamtvergütung ... 515
  IV. HVM ... 517
  V. Reformen / Alternativen / Undurchschaubarkeit ... 525
  VI. Gerichtliche Kontrolle ... 525
  VII. Abrechnungsprüfung (§ 106d SGB V) ... 529
§ 23 Wirtschaftlichkeitsprüfung ... 539
  I. Wirtschaftlichkeitsgebot und Wirtschaftlichkeitsprüfung ... 539
  II. Strukturen der Wirtschaftlichkeitsprüfung ... 541
§ 24 Disziplinarverfahren ... 557
  I. Rechtsgrundlage ... 557
  II. Zuständigkeiten ... 557
  III. Verfahren ... 557
  IV. Aufgaben ... 558
  V. Maßnahmen ... 561
  VI. Rechtsschutz ... 563
  VII. Zulassungsentziehung ... 564
  VIII. Bedeutung des Disziplinarverfahrens ... 564

4. Abschnitt: Die Krankenhäuser und Vorsorge- und Rehabilitationseinrichtungen ... 566
§ 25 Die Strukturen der stationären Versorgung ... 566
  I. Die Entwicklung der Krankenhausversorgung in Deutschland ... 566
  II. Verfassungsrechtliche Vorgaben ... 573
  III. Einrichtungen der stationären Versorgung und deren Zuordnung im Gesundheitswesen ... 580
  IV. Rechts- und Betriebsformen der Krankenhäuser, Grundsatz der Trägervielfalt ... 594
  V. Der Versorgungsauftrag des Krankenhauses – Inhalt und Grenzen der Leistungsverpflichtung ... 599
§ 26 Grundzüge des Rechts der Krankenhausfinanzierung ... 610
  I. Das KHG als Grundlage des Krankenhausfinanzierungsrechts ... 610
  II. Grundzüge der Krankenhausförderung ... 617
  III. Grundzüge des Pflegesatzrechts ... 652
  IV. Grundzüge des Krankenhausplanungsrechts ... 706
§ 27 Die Rechtsbeziehungen zwischen den gesetzlichen Krankenkassen und den Krankenhäusern einschließlich Vorsorge- und Rehabilitationseinrichtungen nach dem SGB V ... 769
  I. Allgemeine Grundlagen ... 769

II. Das Leistungsrecht des Versicherten bei der Krankenhausbehandlung 772
III. Das Leistungsrecht der Versicherten bei der Vorsorge- und Rehabilitationsbehandlung 783
IV. Das Recht des Versorgungsvertrages mit Krankenhäusern 787
V. Das Recht des Versorgungsvertrages mit Vorsorge- und Rehabilitationseinrichtungen 812
VI. Sicherstellung von Qualität, Wirtschaftlichkeit und Wirksamkeit der Krankenhausbehandlung 819

5. Abschnitt: Zahnärzte und Zahntechniker als Leistungserbringer 829
§ 28 Gesetzliche Grundlage des Zahnarztberufs sowie Vertragsrecht und Vergütung 829
  I. Zugang zum Beruf 829
  II. Gegenstand der Berufsausübung 830
  III. Voraussetzungen der Berufsausübung 832
  IV. Vertragsgrundlage 834
  V. Aufklärung und Haftung 834
  VI. Vergütung 834
§ 29 Organisation 837
§ 30 Die vertragszahnärztliche Versorgung 837
  I. Der Zahnarzt als Vertragszahnarzt 837
  II. Zulassung 838
  III. Zahnärztliche Behandlung/Sicherstellungsauftrag 839
  IV. Die vertragszahnärztlichen Vergütungsregelungen 845

6. Abschnitt: Die Leistungserbringung durch psychologische Psychotherapeuten 846
§ 31 Ausübung der Psychotherapie 846
  I. Delegationsverfahren 846
  II. Erstattungsverfahren 846
  III. Psychotherapeutengesetz 847
§ 32 Vertragspsychotherapeutische Versorgung 849
  I. Zulassung 849
  II. Berufsausübung und psychotherapeutische Versorgung 851
  III. Organisation 852
  IV. Vergütung der Leistungen der psychologischen Psychotherapeuten 852

7. Abschnitt: Heilpraktiker 855
§ 33 Heilkunde und ihre Ausübung 855
  I. Begriff der Heilkunde 855
  II. Ausübung der Heilkunde – allgemein 855
  III. Die Ausübung der Heilkunde durch Heilpraktiker 857
§ 34 Sonderrecht des Heilpraktikers 860
  I. Der Heilpraktiker als Freiberufler 860
  II. Behandlungsvertrag 860
  III. Vergütung 861
  IV. Haftung 861

8. Abschnitt: Die Leistungserbringer auf dem Arzneimittelmarkt 862
§ 35 Beteiligte 862
§ 36 Pharmazeutische Unternehmen 862
  I. Bedeutung 862
  II. AMWHV 863
  III. Vertriebswege 864
  IV. Organisation 864
§ 37 Pharmazeutischer Großhandel 864
  I. Begriff des Pharmagroßhandels 864
  II. Betrieb und Vertrieb 865
  III. Entgelt 865
§ 38 Apotheken 866
  I. Beruf 866
  II. Apothekenmarkt 867
  III. Preisgestaltung 867

IV. Zulassung zum Beruf	873
V. Rechtsformen	875
VI. Vertrieb von Arzneimitteln durch Apotheken	875
VII. Pflichten und Haftung	878
VIII. Organisation	880
IX. Krankenhausapotheke	881
9. Abschnitt. Die Gesundheitshandwerker	**883**
§ 39 Allgemeine Grundsätze	883
I. Arten der Gesundheitshandwerke	883
II. Rechtsrahmen	883
§ 40 Augenoptiker	884
I. Beruf des Augenoptikers	884
II. Vergütung	885
III. Vergewerblichung des Arztberufs/Europäischer Gesundheitsmarkt	887
§ 41 Hörgeräteakustiker	889
I. Beruf	889
II. Markt und Organisation	889
III. Hörhilfen	889
IV. Hilfsmittelverzeichnis	890
V. Verhältnis „Arzt-Hörgeräteakustiker"	891
§ 42 Orthopädiemechaniker/Bandagisten (Orthopädietechniker)	893
I. Beruf/Berufsbild	893
II. Geschäftsfelder/Organisation	894
III. GKV	894
IV. PKV	895
V. Verhältnis Arzt-Orthopädiemechaniker/Bandagisten	895
Dritter Teil: Die Sächlichen Mittel	**897**
1. Abschnitt. Medizinprodukte-Recht	**897**
§ 43 Zweck, Begriff, Abgrenzung, Anwendungsbereich und Klassifizierung	897
I. Zweck, Begriff, Abgrenzung	897
II. Anwendungsbereich des MPG	900
III. Klasseneinteilung	900
§ 44 Unionsrecht	901
I. Allgemeines	901
II. Richtlinien	901
§ 45 Nationales Recht	902
I. Allgemeines	902
II. Inverkehrbringen	902
III. Grundlegende Anforderungen	902
IV. Bedeutung der Klassifizierung	903
V. Klinische Bewertung	904
§ 46 Sekundärpflichten	905
I. Anzeigepflichten	905
II. Durchführung	906
III. Zwangsmaßnahmen	906
IV. Beobachtungs- und Meldesystem	906
§ 47 Haftung	906
§ 48 Kostenerstattung für Medizinprodukte	907
2. Abschnitt. Arzneimittel- und Verbandrecht	**907**
§ 49 Grundlagen des Arzneimittelrechts	907
I. Zielsetzung	907
II. Rechtsgrundlagen	907
III. Behördenstruktur	907
§ 50 Der Begriff des Arzneimittels	910
I. Arzneimittel	910
II. Funktionsarzneimittel	910

III. Fiktive Arzneimittel	910
IV. Keine Arzneimittel	910
V. Betäubungsmittel	911
VI. Dopingmittel	911
§ 51 Blut	912
I. Blutprodukte	912
II. Transfusionsgesetz (TFG)	912
III. Sichere Anwendung	913
IV. Meldewesen	913
V. Sanktionen/Haftung	914
§ 52 Zulassung/Registrierung von Arzneimitteln	914
I. Zulassung	914
II. Die Registrierung von Arzneimitteln	922
§ 53 Arzneimittelverkehr	926
I. Allgemeine Voraussetzungen: Europarecht	926
II. Nationales Recht	926
III. Arzneimittelvertrieb	929
§ 54 Arzneimittelüberwachung	936
I. Pharmakovigilanz	936
II. Unionsrecht	936
III. Deutsches Recht	936
§ 55 Patente, Gebrauchsmuster, Marken	938
I. Tatsächliche Bedeutung	938
II. Patentrecht	939
III. Gebrauchsmuster	940
IV. Markenrecht	940
§ 56 Arzneimittelpreisrecht	941
I. AMG	941
II. SGB V	943
§ 57 Werbung für Arzneimittel	945
I. Vorgaben	945
II. HWG	945
§ 58 Arzneimittelhaftung	948
I. Produkthaftung	948
II. Allgemeine Haftung	949
§ 59 Verbandmittel	949
3. Abschnitt: Heil- und Hilfsmittelrecht	**950**
§ 60 Begriff des Hilfsmittels	950
I. Allgemeines	950
II. Vorgaben aus § 33 SGB V	951
§ 61 Welche Bedeutung kommt dem Hilfsmittelverzeichnis zu?	954
I. Hilfsmittelverzeichnis als Auslegungshilfe	954
II. Die faktische Bedeutung des Hilfsmittelverzeichnisses	955
III. Rechtliche Bedeutung des Hilfsmittelverzeichnisses	956
§ 62 Die Aufnahme eines neuen Hilfsmittels in das Hilfsmittelverzeichnis	957
I. Gesetzliche Vorgaben aus § 139 SGB V (Allgemeines)	957
II. Kriterien des § 139 SGB V im Einzelnen	958
III. Das Aufnahmeverfahren	959
§ 63 Die Leistungserbringer in der Hilfsmittelversorgung	960
§ 64 Versorgungs- und Vergütungsfragen	961
I. Rechtsansprüche	961
II. Vergütungsfragen	962
§ 65 Heilmittel	963
I. Begriff	963
II. Krankenbehandlung	964
III. Verordnungen	964
IV. Zulassung	964
V. Vergütungsfragen	967

Vierter Teil: Besondere Bereiche des Medizinrechts ... 969

1. Abschnitt: Biomedizin ... 969

§ 66 Begriff und Maßstäbe ... 969
    I. Der Begriff Biomedizin ... 969
    II. Recht der Biomedizin ... 971
    III. Die Maßstäbe der Biomedizin ... 971

§ 67 Allgemeine, besonders bedeutsame, die Biomedizin betreffende internationale und unionsrechtliche Vorgaben ... 971
    I. Vorbemerkung ... 971
    II. Die Unesco-Deklaration vom 11.11.1997 ... 971
    III. Die Deklaration von Helsinki („DvH") ... 973
    IV. Das Übereinkommen zum Schutz der Menschenrechte und der Menschenwürde von Biologie und Medizin des Europarates vom 4. April 1997 („MRB") ... 975
    V. Die EG-Biopatent-Richtlinie ... 977

§ 68 Einzelfelder der Biomedizin ... 980
    I. Vorbemerkung ... 980
    II. Art. 1 I GG als Maßstabsnorm ... 981
    III. Forschung ... 984
    IV. Heilversuch und klinische Prüfung ... 986
    V. Vor der Geburt ... 995
    VI. Nach der Geburt ... 1019
    VII. Vor dem Tod ... 1033

2. Abschnitt: Pflegeversicherungsrecht ... 1041

§ 69 Pflegeversicherungsrecht ... 1041
    I. Vorbemerkung ... 1041
    II. Gesetzliche Grundlagen ... 1041
    III. Aufgaben und Funktionen der Pflegeversicherung ... 1046
    IV. Grundsätze der Pflegeversicherung ... 1047
    V. Versicherungspflicht ... 1048
    VI. Leistungsberechtigung ... 1049
    VII. Leistungen ... 1050
    VIII. Organisation der SPV ... 1051
    IX. Leistungserbringerrecht ... 1052
    X. Pflegevergütung und HeimG ... 1055

3. Abschnitt: Arztstrafrecht ... 1055

§ 70 Die strafrechtliche Verantwortung des Arztes ... 1055
    I. Öffentliches Medizinrecht und Arztstrafrecht ... 1055
    II. Strafrecht und Arztstrafrecht ... 1055
    III. Arztstrafrecht im engeren Sinne ... 1056

§ 71 Unterlassene Hilfeleistung (§ 323c StGB) ... 1057

§ 72 Behandlungsvertrag und Strafrecht ... 1059
    I. Ärztliche Behandlung ... 1059
    II. Schweigepflicht (§ 203 StGB) ... 1060
    III. Unrichtige Gesundheitszeugnisse (Gefälligkeitsatteste) ... 1063

§ 73 Zwischen Leben und Tod ... 1064
    I. Schwangerschaftsabbruch (§ 218 ff. StGB) ... 1064
    II. Organspende/Organhandel ... 1066
    III. Sterbehilfe ... 1067

§ 74 Arzt und Geld ... 1069

Sachregister ... 1077

1

Abkürzungsverzeichnis

aA	andere(r) Ansicht
aF	alte Fassung
aaO	am angegebenen Ort
AABG	Arzneimittelausgaben-Begrenzungsgesetz
AappO	Approbationsordnung für Apotheker
ÄAppO	Approbationsordnung für Ärzte
ABDA	Bundesvereinigung Deutscher Apothekerverbände
AbgrV	Abgrenzungsverordnung
ABl	Amtsblatt
ABl EG	Amtsblatt der Europäischen Gemeinschaften Ausgabe C. Mitteilungen und Bekanntmachungen Ausgabe L: Rechtsvorschriften
ABl EU	Amtsblatt der Europäischen Union
Abs.	Absatz
AcP	Archiv für civilistische Praxis
AdVermiG	Adoptionsvermittlungsgesetz
AEK	Apothekeneinkaufspreis
AEKV	Arzt-Ersatzkassen-Vertrag
AGB	Allgemeine Geschäftsbedingungen
AHZ	Allgemeine Homöopathische Zeitung
AiP	Arzt im Praktikum
AK	Alternativkommentar
Alt.	Alternative
AMG	Arzneimittelgesetz
AMK	Arzt- und Medizinrecht kompakt (Zeitschrift)
Am-PolG	Arzneimittel-Positivlisten-Gesetz
AmPreisV	Arzneimittelpreisverordnung
AMVV	Arzneimittelverschreibungsverordnung
AMWHV	Verordnung über die Anwendung der guten Herstellungspraxis bei der Herstellung von Arzneimitteln
AMR	Arzneimittel-Richtlinien
ÄndG	Änderungsgesetz
ÄndV	Änderungsverordnung
Anh.	Anhang
Anl.	Anlage
Anm.	Anmerkung(en)
AnwBl	Anwaltsblatt (Zeitschrift)
AOK	Allgemeine Ortskrankenkasse
AöR	Archiv des öffentlichen Rechts (Zeitschrift)
ApoBetrO	Apothekenbetriebsordnung
ApothG	Apothekengesetz
ArbZG	Arbeitszeitgesetz
Art.	Artikel
Ärzte-ZV	Zulassungsverordnung Ärzte
ArztR	Arztrecht (Zeitschrift)
ASI	Aktiv-spezifische Immuntherapie
AT	Allgemeiner Teil
Aufl.	Auflage
AusR	Der Arzt und sein Recht (Zeitschrift)
AVB	Allgemeine Vertragsbedingungen
AVR	Arbeitsvertragsrichtlinien
Az.	Aktenzeichen

B.	Beschluss
BAG	Bundesarbeitsgericht
BÄK	Bundesärztekammer
BAnz.	Bundesanzeiger
BÄO	Bundesärzteordnung
BayVBl	Bayerische Verwaltungsblätter
BayVerfGH	Bayerischer Verfassungsgerichtshof
BB	Der Betriebsberater (Zeitschrift)
BBG	Bundesbeamtengesetz
Bd.	Band
BDSG	Bundesdatenschutzgesetz
BEL	Bundeseinheitliches Leistungsverzeichnis
Bem.	Bemerkung
BEMA-Z	Einheitlicher Bewertungsmaßstab für vertragszahnärztliche Leistungen
BErzGG	Bundeserziehungsgeldgesetz
BfArM	Bundesinstitut für Arzneimittel und Medizinprodukte
BGB	Bürgerliches Gesetzbuch
BGBl. I, II	Bundesgesetzblatt Teil I, II
BGH	Bundesgerichtshof
BGHSt	Entscheidungen des Bundesgerichtshofs in Strafsachen
BGHZ	Entscheidungen des Bundesgerichtshofs in Zivilsachen
BHO	Bundeshaushaltsordnung
BhV	Beihilfeverordnung
BIV	Bundesverband für Orthopädietechnik
Bl	Blatt
BK	Bonner Kommentar zum Grundgesetz
BKK	Betriebskrankenkasse
BKStV-MPG	Medizinprodukte-Kostenverordnung
BMÄ	Bewertungsmaßstab für kassenärztliche Leistungen
BMGS	Bundesministerium für Gesundheit und Soziales
BMV(Ä)	Bundesmantelvertrag-Ärzte
BMV(Z)	Bundesmantelvertrag-Zahnärzte
BO	Berufsordnung
BO-Ä	Berufsordnung Ärzte
BOH	Berufsordnung Heilpraktiker
BPflV	Bundespflegesatzverordnung
BPI	Berufsverband der pharmazeutischen Industrie
BPS/*Bearbeiter*	Bergmann/Page/Steinmeyer (Hrsg.), Gesamtes Medizinrecht, 2012
BRAK	Bundesrechtsanwaltskammer
BRAK-Mitt.	Mitteilungen der Bundesrechtsanwaltskammer (Zeitschrift)
BRAO	Bundesrechtsanwaltsordnung
BR-Drs.	Bundesratsdrucksache
BRi	Begutachtungs-Richtlinien
BRRG	Bundesrechtsrahmengesetz
BrustImplV	Brustimplantate-Verordnung
BSeuchG	Bundesseuchengesetz
BSG	Bundessozialgericht
BSGE	Entscheidungen des Bundessozialgerichts
BSSichG	Beitragssatzsicherungsgesetz
BT	Bundestag/Besonderer Teil
BT-Drs.	Bundestagsdrucksache
BtMG	Betäubungsmittelgesetz
BuB-RL	Richtlinien über neue Untersuchungs- und Behandlungsmethoden
BVBl	Bundesversorgungsblatt
BVerfG	Bundesverfassungsgericht
BVerfG(K)	Kammerentscheidung des Bundesverfassungsgerichts
BVerfGE	Entscheidungen des Bundesverfassungsgerichts
BVerfGG	Bundesverfassungsgerichtsgesetz
BVerfGK	Kammerentscheidungen des Bundesverfassungsgerichts

BVerwG	Bundesverwaltungsgericht
BVerwGE	Entscheidungen des Bundesverwaltungsgerichts
BW	Baden-Württemberg
CA	Chefarzt
CE	Conformité Européenne
CMCR	Common Market Law Revue (Zeitschrift)
d. h.	das heißt
DÄBl.	Deutsches Ärzteblatt (Zeitschrift)
DAI	Deutsches Anwaltsinstitut e. V.
DAK	Deutsche Angestelltenkrankenkasse
D-Arzt	Durchgangsarzt
DÄT	Deutscher Ärztetag
DAV	Deutscher Anwaltsverein/Deutscher Apothekerverein
DAZ	Deutsche Apotheker Zeitung
DB	Der Betrieb (Zeitschrift)
ders.	derselbe
DFG	Deutsche Forschungsgemeinschaft
DGMR	Deutsche Gesellschaft für Medizinrecht
DiätAssG	Diätassistentengesetz
DIMDI	Deutsches Institut für Medizinische Dokumentation und Information
DIMDIV	DIMDI-Verordnung
Diss.	Dissertation
DJT	Deutscher Juristentag
DKG	Deutsche Krankenhausgesellschaft
DKG-NT	Deutsche Krankenhausgesellschaft – Nebentätigkeitstarif
DKMS	Deutsche Knochenmarkspenderdatei
DMD	Duchenne'sche Muskeldystrophie
DMP	Disease-Management-Programm
DMW	Deutsche Medizinische Wochenschrift (Zeitschrift)
DÖV	Die öffentliche Verwaltung (Zeitschrift)
DOZ	Deutsche Optikerzeitung
DpA	Definierte patogene Agenzien
DRG	Diagnosis Related Groups
DRG-System	Diagnosis Related Groups – System
Dt.JT	Deutscher Juristentag
D/S	Deutsch/Spickhoff, Medizinrecht, 6. Aufl. 2008
DVBl	Deutsches Verwaltungsblatt (Zeitschrift)
DvH	Deklaration von Helsinki
DVO-HeilprG	Durchführungsverordnung Heilpraktikergesetz
DZVhÄ	Deutscher Zentralverein homöopathischer Ärzte
DZWir	Deutsche Zeitschrift für Wirtschaftsrecht
E	Entwurf
E. A. C. H. A. M. P.	European Coalition on Homeopathic and Anthroposphic Medicinal Products
EBG	Erlösbegrenzungsgesetz
EbM	Evidence based medicine/Evidenzbasierte Medizin
EBM	Einheitlicher Bewertungsmaßstab für ärztliche Leistungen
ECOO	European Concil of Optometry and Optics
EFG	Entscheidungen der Finanzgerichte
EFZG	Entgeltfortzahlungsgesetz
EG	Europäische Gemeinschaft, Einführungsgesetz
EGLV	Hochschuldiplomanerkennungsverordnung
EGMR	Europäischer Gerichtshof für Menschenrechte
EGV	Vertrag über die Europäische Gemeinschaft
Einf.	Einführung
Einl.	Einleitung
EKV-Ä	Ersatzkassenvertrag Ärzte
EKV-Z	Ersatzkassenvertrag Zahnärzte
EMEA	Europäische Agentur für die Beurteilung von Arzneimitteln
EMRK	Europäische Menschenrechtskonvention

EN	Europäische Norm
EPA	Elektronische Patientenakte
ErgThG	Ergotherapeutengesetz
Erl.	Erläuterung
ErsK	Ersatzkassen
ESC	Europäische Sozialrechtscharta
ESchG	Embryonenschutzgesetz
eSET	Elective Single-Embryo-Transfer
EthRG	Ethikratgesetz
EU	Europäische Union
EuGH	Europäischer Gerichtshof
EuGRZ	Europäische Grundrechte Zeitschrift
EuR	Europarecht (Zeitschrift)
EUV	Vertrag über die Europäische Union
EuZW	Europäische Zeitschrift für Wirtschaftsrecht
EWG	Europäische Wirtschaftsgemeinschaft
EWS	Europäisches Wirtschafts- und Steuerrecht (Zeitschrift)
f&w	führen & wirtschaften im Krankenhaus (Zeitschrift)
f.	folgende Seite oder folgender Paragraph
FAKomm-MedR/ Bearbeiter	Prütting, Fachanwaltskommentar Medizinrecht, 2. Auflage 2012
FamRZ	Zeitschrift für das gesamte Familienrecht
FAO	Fachanwaltsordnung
FAS	Frankfurter Allgemeine Sonntagszeitung
FAZ	Frankfurter Allgemeine Zeitung
ff.	folgende Seiten oder Paragraphen
FG	Finanzgericht
Fn.	Fußnote(n)
FPG	Gesetz zur Einführung des Diagnose-orientierten Fallpauschalensystems für Krankenhäuser
FPR	Familie, Partnerschaft, Recht (Zeitschrift)
FPVBE	Fallpauschalenverordnung Besonderer Einrichtungen
G	Gesetz
GBA	Gemeinsamer Bundesausschuss
GBl.	Gesetzblatt
GbR	Gesellschaft bürgerlichen Rechts
GCP-Grundsätze	Grundsätze zur guten klinischen Praxis
GebüH	Gebührenordnung Heilpraktiker
gem.	gemäß
GentG	Gentechnikgesetz
GeschlKG	Gesetz zur Bekämpfung der Geschlechtskrankheiten
GesPol	Gesundheits-Politik Management Ökonomie (Zeitschrift)
GesR	Gesundheitsrecht (Zeitschrift)
GewA	Gewerbearchiv (Zeitschrift)
GG	Grundgesetz
ggf.	gegebenenfalls
GK	Gemeinschaftskommentar/Gemeinschaftskodex
GKAR	Gesetz über Kassenarztrecht
GKÖD	Gemeinschaftskommentar öffentlicher Dienst
GKV	Gesetzliche Krankenversicherung
GKV-GRG 2000	Gesetz zur Reform in der gesetzlichen Krankenversicherung
GKV-SolG	Gesetz zur Stärkung der Solidarität in der gesetzlichen Krankenversicherung
GLP-Grundsätze	Grundsätze zur guten Laborpraxis
GmbH	Gesellschaft mit beschränkter Haftung
GMG	GKV-Modernisierungsgesetz
GMP	Good Manufactoring Praxis
GOÄ	Gebührenordnung für Ärzte
GOP	Gebührenordnung Psychotherapeuten
GOZ	Gebührenordnung für Zahnärzte

gpk	Gesellschaftspolitische Kommentare (Zeitschrift)
GPSG	Gesetz zur Neuordnung der Sicherheit von technischen Arbeitsmitteln und Verbrauchsprodukten
GR-Charta	Charta der Grundrechte der Europäischen Union
GRG	Gesetz zur Strukturreform im Gesundheitswesen
GRUR	Gewerblicher Rechtsschutz und Urheberrecht (Zeitschrift)
GRUR-RR	Gewerblicher Rechtsschutz und Urheberrecht. Rechtsprechungsreport
GSG	Gesetz zur Sicherung und Strukturverbesserung der gesetzlichen Krankenversicherung
GVBl.	Gesetz- und Verordnungsblatt
GVG	Gerichtsverfassungsgesetz
GWB	Gesetz gegen Wettbewerbsbeschränkungen
hM	herrschende Meinung
HAB	Homöopathisches Arzneibuch
HbeglG	Haushaltsbegleitgesetz
HdO	Hinter-dem-Ohr-Geräte
HebAPrV	Ausbildungs- und Prüfungsordnung für Hebammen und Entbindungspfleger
HebGV	Hebammenhilfe-Gebührenverordnung
HeilberG	Heilberufsgesetz
HGR	Handbuch der Grundrechte
HGrG	Haushaltsgrundgesetz
HIV	Human Immunodeficiency Virus
HK-AKM/ Bearbeiter	Rieger/Dahm/Steinhilper (Hrsg.), Heidelberger Kommentar Arztrecht/Krankenhausrecht/Medizinrecht, Stand 2013
HKP-Richtlinie	Richtlinie über die Verordnung von häuslicher Krankenpflege
HMRL	Heilmittelrichtlinie
HOZ	Honorarordnung für Zahnärzte
HPG	Heilpraktikergesetz
Hrsg.	Herausgeber
Hs.	Halbsatz
HStR	Handbuch des Staatsrechts
HVM	Honorarverteilungsmaßstab
HwO	Handwerksordnung
HWG	Gesetz über die Werbung auf dem Gebiet des Heilwesens
i. d. F.	in der Fassung
i. e. S.	im engeren Sinne
i. S.	im Sinne
i. S. d.	im Sinne des
i. V. m.	in Verbindung mit
i. w. S.	im weiteren Sinne
IO	Im-Ohr-Geräte
IBC	International Bioethics Committee
ICD	International Classification of Diseases
ICH	International Conference on Harmonisation
ICSI	Intrazytoplasmatische Spermainjektion
IFG	Informationsfreiheitsgesetz
IfSG	Gesetz zur Verhütung und Bekämpfung von Infektionskrankheiten beim Menschen
IGeL	Individuelle Gesundheitsleistungen
IKK	Innungskrankenkasse
ImpfG	Impfgesetz
InsO	Insolvenzordnung
IpA	Intercurrente pathogene Agenzien
IQWiG	Institut für Qualität und Wirtschaftlichkeit im Gesundheitswesen
IUTERBOR	Internationale Union der Orthopädietechnik
IV	Integrierte Versorgung
IvF	In-vitro-Fertilisation
JbSozR	Jahrbuch des Sozialrechts
JöR	Jahrbuch des öffentlichen Rechts

JR	Juristische Rundschau (Zeitschrift)
JuS	Juristische Schulung (Zeitschrift)
JZ	Juristenzeitung (Zeitschrift)
K	Kammer
KaG	Kammergesetz
KassKomm	Kasseler Kommentar Sozialversicherungsrecht
KassKomm/ Bearbeiter	Kassler Kommentar, SGB V, Stand 2013
KBV	Kassenärztliche Bundesvereinigung
KfO	Kieferorthopädie
KFPV	Fallpauschalenverordnung
KG	Kommanditgesellschaft/Kammergericht
KHBV	Krankenhaus-Buchführungsverordnung
KHG	Krankenhausfinanzierungsgesetz
KHEntG	Krankenhausentgeltgesetz
KHNG	Krankenhaus-Neuordnungsgesetz
KHStatV	Krankenhausstatistikverordnung
KiBG	Gesetz zur Berücksichtigung von Kindererziehung im Beitragsrecht der sozialen Pflegeversicherung (Kinder-Berücksichtigungsgesetz – KiBG)
KJ	Kritische Justiz
KK	Krankenkasse
KKn	Krankenkassen
Komm.	Kommentar
Krauskopf	Krauskopf, Soziale Krankenversicherung Pflegeversicherung, Stand 2013
Krit.	Kritisch
KrpflG	Krankenpflegegesetz
KRS	Krankenhaus-Rechtsprechung (Loseblatt)Die Krankenversicherung (Zeitschrift)
KSchG	Kündigungsschutzgesetz
KU	Krankenhaus-Umschau (Zeitschrift)
KV(en)	Kassenärztliche Vereinigung(en)
KVD	Kassenvereinigung Deutschlands
KVEG	Kostendämpfungsergänzungsgesetz
KVG	Krankenversicherungsgesetz
KVKG	Krankenversicherungskostendämpfungsgesetz
KVLG	Gesetz über die Krankenversicherung der Landwirte
KVSG	Künstlersozialversicherungsgesetz
KVWG	Krankenversicherungsweiterentwicklungsgesetz
KZ	Kennzahl
KZBV	Kassenzahnärztliche Bundesvereinigung
KZV	Kassenzahnärztliche Vereinigung
LÄK	Landesärztekammer
lit.	Buchstabe
L/K	Laufs/Kern, Handbuch des Arztrechts, 4. Auflage 2010
LKHG	Landeskrankenhausgesetz
LKV	Landes- und Kommunalverwaltung (Zeitschrift)
LM	Lindenmaier/Möhring, Nachschlagewerk des Bundesgerichtshofs
LMBG	Lebensmittel- und Bedarfsgegenständegesetz
LPK	Lehr- und Praxiskommentar
LPK-SGB V/ Bearbeiter	Hänlein/Kruse/Schuler, SGB V, 4. Aufl. 2012
LQV	Leistungs- und Qualitätsvereinbarung
LSG	Landessozialgericht
LwKK	Landwirtschaftliche Krankenkassen
m.E.	meines Erachtens
mwN	mit weiteren Nachweisen
MB/KK	Allgemeine Versicherungsbedingungen für die Krankheitskosten und Krankenhaustagegeldversicherung/Teil I – Musterbedingungen des Verbandes der privaten Krankenversicherung
MB/PPV	Allgemeine Versicherungsbedingungen für die private Pflegeversicherung

MBO	Musterberufsordnung der deutschen Ärzte
MDK	Medizinischer Dienst der Krankenkassen
MDR	Monatsschrift für deutsches Recht (Zeitschrift)
MDS	Medizinischer Dienst des Spitzenverbandes Bund der Krankenkassen
MedR	Medizinrecht (Zeitschrift)
MHP	Managementhandbuch für die psychotherapeutische Praxis
MPG	Medizinproduktegesetz
MPG-TSE-VO	Verordnung über grundlegende Anforderung bei Medizinprodukten zum Schutz vor TSE
MphG	Masseur- und Physiotherapeutengesetz
MPR	Medizin Produkte Recht (Zeitschrift)
MPSV	Medizinprodukte-Sicherheitsplanverordnung
MPV	Medizinprodukteverordnung
MPVerschrV	Verordnung über die Verschreibungspflicht von Medizinprodukten
MPVerV	Verordnung über Vertriebswege von Medizinprodukten
MRB	Übereinkommen zur Sicherung der Menschenrechte und der Menschenwürde von Biologie und Medizin des Europarats
MTA	Medizinisch technische Assistentin
MTAG	Gesetz über technische Assistenten in der Medizin
MVZ	Medizinisches Versorgungszentrum
MWBO	Muster-Weiterbildungsordnung
nF	Neue Fassung
NJW	Neue Juristische Wochenschrift
NJW-RR	Neue Juristische Wochenschrift. Rechtsprechungsreport
NOG	Neuordnungsgesetz
Nr.	Nummer
NUB-RL	Richtlinien zu neuen Untersuchungs- und Behandlungsmethoden
NVwZ	Neue Zeitschrift für Verwaltungsrecht (Zeitschrift)
NVwZ-RR	Neue Verwaltungszeitschrift. Rechtsprechungsreport
NW	Nordrhein-Westfalen
NWBl	Nordrhein-Westfälische Verwaltungsblätter
NZA	Neue Zeitschrift für Arbeitsrecht
NZS	Neue Zeitschrift für Sozialrecht
OHG	Offene Handelsgesellschaft
OLG	Oberlandesgericht
OP	Operation(ssaal)
OrthoptG	Orthopistengesetz
OTC	Over-The-Counter
OVG	Oberverwaltungsgericht
p.	(page) Seite
PartGG	Partnerschaftsgesellschaftsgesetz
PbefG	Personenbeförderungsgesetz
PD	Photodynamische Therapie
PEG	Perkutane Gastotomie
PEI	Paul Ehrlich Institut
PflRi	Pflegebedürftigkeits-Richtlinien
pgD	prädikative genetische Diagnostik
Ph. Eur.	Europäisches Arzneibuch
Pharm. Ind.	Pharmazeutische Industrie (Zeitschrift)
PharmaBetrV	Betriebsordnung für pharmazeutische Unternehmer
PharmR	Pharma-Recht
PID	Präimplantationsdiagnostik
PKR	Pflege- und Krankenhausrecht (Zeitschrift)
PKV	Private Krankenversicherung
pnD	Pränatale Diagnostik
PodG	Podologengesetz
PPV	Private Pflegeversicherung
Preugo	Preußische Gebührenordnung für Ärzte
ProdHaftG	Produkthaftungsgesetz

Psych-PV	Psychiatrie-Personalverordnung
PsychTh-AprV	Ausbildungs- und Prüfungsverordnung für psychologische Psychotherapeuten
PsychtThG	Psychotherapeutengesetz
PuR	Psychologie und Recht (Zeitschrift)
PZ	Pharmazeutische Zeitung
rd.	rund
RDG	Rettungsdienstgesetz
Reha	Rehabilitation
Reha-AnglG	Rehabilitationsangleichungsgesetz
RettAssG	Rettungsassistentengesetz
RGBl	Reichsgesetzblatt
RGSt	Entscheidungen des Reichsgerichts in Strafsachen
RiD	Rechtsprechungsinformationsdienst der Deutschen Gesellschaft für Kassenarztrecht
Rili	Richtlinie
Rili-RA	Richtlinien für Rechtsanwälte
rkr.	rechtskräftig
RL	Richtlinien
R/L/*Bearbeiter*	Ratzel/Luxenburger, Handbuch des Medizinrechts, 2011
Rn.	Randnummer(n)
RöV	Röntgenverordnung
RPG	Recht Politik Geschichte (Zeitschrift)
RSA	Risikostrukturausgleich
RsDE	Recht der sozialen Dienste und Einrichtungen (Zeitschrift)
Rspr.	Rechtsprechung
RVO	Reichversicherungsordnung
S.	Satz, Seite
s.	siehe
s. a.	siehe auch
SchKG	Schwangerschaftskonfliktsgesetz
SeuchRNeuG	Seuchenrechtsneuordnungsgesetz
SFHG	Schwangeren- und Familienhilfegesetz
SG	Sozialgericht
SGb	Die Sozialgerichtsbarkeit (Zeitschrift)
SGB	Sozialgesetzbuch
SGG	Sozialgerichtsgesetz
Slg.	Allgemeine Sammlung der Entscheidungen des Europäischen Gerichtshof
Sodan/*Bearbeiter* Sodan, GG/ *Bearbeiter*	Sodan, GG, 2. Aufl. 2011
sog.	sogenannte
SozR	Sozialrecht – Entscheidungssammlung
SozSich	Soziale Sicherheit (Zeitschrift)
SPD	Sozialdemokratische Partei
Spickhoff/ *Bearbeiter*	Spickhoff, Medizinrecht, 2011
SPV	Soziale Pflegeversicherung
SpiBuK	Spitzenverband Bund der Krankenkassen
st. Rspr.	ständige Rechtsprechung
StGB	Strafgesetzbuch
StPO	Strafprozessordnung
str.	streitig
StrSchV	Strahlenschutz-Verordnung
StZG	Stammzellengesetz
StZG-KostV	Kostenverordnung zum Stammzellengesetz
TÄHAV	Verordnung über tierärztliche Hausapotheken
TAppO	Approbationsordnung Tierärzte und Tierärztinnen
TCM	Traditional chinese medicine
TE	Tissue-Engineering
TFG	Transfusionsgesetz

TFGMV	Transfusionsgesetz-Meldeverordnung
TMS	Tandem-Massen-Spektrometrie
TPG	Transplantationsgesetz
TRIPS	Agreement on Trade Related Aspects of Intellectual Property
TSE	Transmissible spongiforme Enzephalopathie
TSG	Tanssexuellengesetz
U.	Urteil
u. U.	unter Umständen
UAW	unerwünschte Nebenwirkungen
Unesco	United Nations Educational, Scientific and Cultural Organization
Urt.	Urteil
USK	Urteilssammlung für die gesetzliche Krankenversicherung
UWG	Gesetz gegen unlauteren Wettbewerb
VBlBW	Verwaltungsblätter Baden-Württemberg (Zeitschrift)
VDZI	Verband Deutscher Zahntechniker Innungen
Verf.	Verfassung
VersR	Versicherungsrecht (Zeitschrift)
VerwArch	Verwaltungsarchiv (Zeitschrift)
VG	Verwaltungsgericht
VGH	Verwaltungsgerichtshof
vgl.	vergleiche
VgV	Vergabeverordnung
VO	Verordnung
VO (EWG)	Verordnung der EWG
Vol.	Volume (Band)
Vorbem.	Vorbemerkung
Vorl. VV-BHO	Vorläufige Verwaltungsvorschriften zur Bundeshaushaltsordnung
VSSR	Vierteljahresschrift für Sozialrecht (Zeitschrift)
VVDStRL	Veröffentlichungen der Vereinigung der Deutschen Staatsrechtslehrer
VVG	Versicherungsvertragsgesetz
VwGO	Verwaltungsgerichtsordnung
VwV	Verwaltungsvorschrift
VwVfG	Verwaltungsverfahrensgesetz
VwVG	Verwaltungsvollstreckungsgesetz
Wenzel/*Bearbeiter*	Wenzel, Handbuch Fachanwalt Medizinrecht, 3. Auflage 2013
WHO	World Health Organization
Wiko	Wirtschaftskommentar
WP	Wirtschaftsprüfer
WPV	Wirtschaftsprüferordnung
WRP	Wettbewerb in Recht und Praxis (Zeitschrift)
WRV	Weimarer Reichsverfassung
WuW	Wirtschaft und Wettbewerb (Zeitschrift)
WuW/E	Wirtschaft und Wettbewerb, Entscheidungssammlung zum Kartellrecht
ZahntechMstrV	Zahntechnikermeisterverordnung
z. B.	Zum Beispiel
ZAP	Zeitschrift für die Anwaltspraxis
ZÄ-ZV	Zulassungsverordnung Zahnärzte
ZDN	Zentrum zur Dokumentation von Naturheilverfahren
ZEKO	Zentrale Ethikkommission bei der BÄK
ZES	Zentrale Ethikkommission der Stammzellenforschung
ZESAR	Zeitschrift für Europäisches Sozial- und Arbeitsrecht
ZESV	ZES-Verordnung
ZaeFQ	Zeitschrift für ärztliche Fortbildung und Qualitätssicherung
ZfmE	Zeitschrift für medizinische Ethik
ZGMR	Zeitschrift für das gesamte Medizin- und Gesundheitsrecht
ZHG	Zahnheilkundegesetz
ZIAS	Zeitschrift für ausländisches und internationales Arbeits- und Sozialrecht
ZKH	Klassische Homöopathie (Zeitschrift)
ZM	Zahnärztliche Mitteilungen

ZMGR	Zeitschrift für das gesamte Medizin- und Gesundheitsrecht
ZPO	Zivilprozessordnung
ZRKD	Zentrales Knochenmarkspenderregister für Deutschland
ZRP	Zeitschrift für Rechtspolitik
ZSR	Zeitschrift für Sozialreform
ZZb-StzF	Zehnter Zwischenbericht der Enquete-Kommission Recht und Ethik der modernen Medizin. Teilbericht Stammzellenforschung

Literaturverzeichnis

(ohne Aufsätze)

ABDA, Die Apotheke, 2001
ABDA, Wirtschaftsstatistik, 2002
Abgrall, Les charlatans de la santé, 2001
Ach (Hrsg.), Hello Dolly, 1998
Achtmann, Der Schutz des Probanden bei der klinischen Arzneimittelprüfung, 2012
AG Medizinrecht im DAV/IMR (Hrsg.), Brennpunkte des Arztstrafrechts, 2012
Albus, Die Zusammenarbeit zwischen Industrie und Ärzten an medizinischen Hochschuleinrichtungen unter dem Verdacht der Vorteilsnahme und Bestechlichkeit gem. §§ 331, 332 StGB?, 2007
Albrecht/Albrecht, Die Patientenverfügung, 2009
Alexy, Theorie der Grundrechte, 1995
Andreas/Debong/Bruhns, Handbuch Arztrecht in der Praxis, 2001
Anhalt/Dieners, Praxishandbuch Medizinprodukterecht, 2. Aufl. 2017
Anschütz, Weimarer Reichsverfassung, 14. Aufl. 1933
AOK-Verlag, Hilfsmittelkatalog, Stand 2007
Apeltauer, Zusatznutzen von Arzneimitteln, Begriff und rechtliche Anforderungen an den Nachweis, 2016
Arbeitsgemeinschaft der Spitzenverbände der Krankenkassen, Zukunft der gesetzlichen Krankenversicherung. Das Konzept der Kassen, 2002
Arbeitsgemeinschaft Medizinrecht, Brennpunkte des Arztstrafrechts, 2012
Arbeitsgemeinschaft Medizinrecht im DAV (Hrsg.), Bd. 2: Psychotherapeutengesetz/ärztliche Kooperationsformen, 2000
Arbeitsgemeinschaft Rechtsanwälte im Medizinrecht e. V. (Hrsg.), Krankenhaus im Brennpunkt, 1997
Arndt, Heilpraktikerrecht, 1985
Arndt, Biotechnologie in der Medizin, 2004
Arndt, Sinn und Unsinn von Soft Law, 2011
Arnold (u. a.) (Hrsg.), Festschrift f. Eser, 2005
Arnold/Schirmer, Gesundheit für Deutschland, 1990
dies., Ärztliche Behandlung an der Grenze des Lebens, 2004
Auer/Seitz, Transfusionsgesetz, Loseblatt, Stand 2012
Böckenförde-Wunderlich, Präimplantationsdiagnostik als Rechtsproblem, 2002
Boetius, PKV, 2010
Baader, Honorarkürzung und Schadensersatz wegen unwirtschaftlicher Behandlungs- und Verordnungsweise im Kassenarztrecht, 1983
Bach/Moser, Private Krankenversicherung, MB/KK und MB/KT-Kommentar, 5. Aufl. 2016
Bachof/Scheuing, Krankenhausfinanzierung und Grundgesetz, 1971
Bahner, Das neue Werberecht für Ärzte, 3. Aufl., 2017
Baierl/Kellermann, Arzneimittelrecht, 2011
Bär, Bayerisches Krankenhausgesetz, Kommentar, Loseblatt, Stand 2016
Bäune/Meschke/Rothfuß, Ärzte-ZV, Zahnärzte-ZV, 2008
Bartmann/Blattner/Heuschmann, Telemedizinische Methoden in der Patientenversorgung, 2012
Bauer, Geschichte der Krankenpflege, 1965
Baumann, Der Markt der Tugend, 1996
Baur, Chefarzt-/Belegarztvertrag, 2003
Bäune/Meschke/Rothfuß, Zulassungsverordnung für Vertragsärzte und Vertragszahnärzte (Ärzte-ZV, Zahnärzte-ZV), 2008
Bayertz, Solidarität, 1998
Becchi/Bondolfi/Kostka/Seelmann (Hrsg.), Organallokation, 2004
Bechtold/Bosch/Brinker/Hirsbrunner, EG-Kartellrecht, 2. Aufl. 2009
Becker, Transfergerechtigkeit und Verfassung, 2001
Becker, Die Steuerung der Arzneimittelversorgung im Recht der GKV, 2006
Becker/Kingreen, SGB V, 5. Aufl. 2017

Beckmann u. a. (Hrsg.), Xenotransplantation von Zellen, Geweben und Organen – wissenschaftliche Entwicklung und ethische Implikationen, 2000
Behnsen/Bell/Best/Gerlach/Schirmer/Schmidt (Hrsg.), Management Handbuch für die psychotherapeutische Praxis, Loseblatt, 54. Ergänzungslieferung Stand 2/2012
Behrends/Gerdelmann, Krankenhaus-Rechtsprechung (KRS), Loseblatt, Stand 2013
Bell (Hrsg.), Tissue Engineering, 1999
Benda/Klein, Verfassungsprozessrecht, 3. Aufl. 2012
Benda/Maihofer/Vogel (Hrsg.), Handbuch des Verfassungsrechts, 2. Aufl. 1994
Berberich, Zulässigkeit genetischer Tests in der Lebens- und privaten Krankenversicherung, 1998
Berchtold/Huster/Rehborn, Gesundheitsrecht SGB V SGB XI, Kommentar, 2015
Bergmann/Kienzle, Krankenhaushaftung, Organisation, Schadensverhütung und Versicherung, 3. Aufl. 2010
Bergmann/Pauge/Steinmeyer (Hrsg.), Gesamtes Medizinrecht, 2012
Bergmann/Lenz (Hrsg.), Der Amsterdamer Vertrag, 1998
Berliner Kommentar zum GG, Loseblatt, Stand 2013
Beule, Rechtsfragen der integrierten Versorgung (§§ 140a bis 140h SGB V), 2003
Bethel/Petersohn/Stebner, Rechtliche Fragen bei der Anwendung Anthroposophischer Arzneimittel, 2011
Bickeböller, Grundzüge einer Ethik der Nierentransplantation, 2000
Bickhardt, Der Patientenwille, 4. Aufl. 2017
Bien, Die Einflüsse des europäischen Kartellrechts auf das nationale Gesundheitswesen, 2004
Bienewald/Sonnenfeld/Hoffmann, Betreuungsrecht, 5. Aufl. 2011
Bihr/Fuchs/Krauskopf/Ritz (Hrsg.), SGB IX, Stand 2006
Bihr/Hekking/Krauskopf/Lang (Hrsg.), Handbuch der Krankenhauspraxis, 2001
Birg, Die ausgefallene Generation, 2005
Blasius/Graz, Arzneimittel und Recht in Europa, 1998
Bleckmann, Europarecht, 6. Aufl. 1997
Boerner, Normenverträge im Gesundheitswesen, 2003
Boetius, Private Krankenversicherung, 2010
Bohle, Integrierte Versorgung, 2. Aufl. 2008
Bold/Sieper, Landeskrankenhausgesetz Baden-Württemberg, 2012
Bomba, Verfassungsmäßigkeit berufs- und standesrechtlicher Werbebeschränkungen für Angehörige freier Berufe, 2003
Borrmann, Der Schutz der Berufsfreiheit im deutschen Verfassungsrecht und im europäischen Gemeinschaftsrecht, 2002
Brackmann, Handbuch der Sozialversicherung, Loseblatt, Stand 2003
Braun (Hrsg.), Krankenhausmanagement, 1999
Breitmeyer/Engelke/Knorr/Lauterjung/Mohr/Notz/Pfeiffer/Rippel/Robbers/Wagener, Düsseldorfer Kommentar zur BPflV, 3. Aufl. 2000
Bremecker/Hock, BAT Lexikon, Loseblatt, Stand 2000
Brewe, Embryonenschutz und Stammzellengesetz, 2006
Brück, Kommentar zur Gebührenordnung für Ärzte, Loseblatt, Stand 2017
Bruck/Möller, Versicherungsvertragsgesetz, Bd. I, 8. Aufl. 1961
Bruckenberger/Klaue/Schwintowski, Krankenhausmärkte zwischen Regulierung und Wettbewerb, 2005
Buchholz, Sammel- und Nachschlagewerk der Rechtsprechung des Bundesverwaltungsgerichtes, Loseblatt
Bülow/Ring, Heilmittelwerbegesetz, 5. Aufl. 2015
Burck/Helmann, Krankenhausmanagement für Ärztinnen und Ärzte, 2001
Burgi, Vergaberecht, 2016
Burk, Die Funktionen der unabhängigen Apotheke für die Arzneimittelversorgung der GKV und das Fremd- und Mehrbesitzverbot, 2008
Buse, Geeignete Rechtsformen für kommunale Krankenhäuser (Diss.), 2000
Butzer, Fremdlasten in der Sozialversicherung, 2001
Calliess/Ruffert, EUV/AEUV, 5. Aufl. 2016
Castendiek, Der sozialversicherungsrechtliche Normsetzungsvertrag, 2000
Clausen/Schroeder-Printzen Münchener Anwaltshandbuch Medizinrecht, 2. Aufl. 2013
Conrads, Rechtliche Grundsätze der Organallokation, 2000
Cramer/Fuchs/Hirsch/Ritz, SGB IX, 6. Aufl. 2011
Cyran/Rotta, Apothekenbetriebsordnung, Loseblatt, Stand 2012

Dabrock/Taupitz/Ried (ed), Trust in Biobanking, 2012
Dahl, Xenotransplantation, 2000
Dahm/Möller/Ratzel, Rechtshandbuch Medizinische Versorgungszentren, 2005
Damkowski u. a. (Hrsg.), Patienten im Gesundheitssystem, 1995
Damschen/Schönecker (Hrsg.), Der moralische Status menschlicher Embryonen, 2002
Daniels/Bulling, Bundesärzteordnung, 1963
Dau/Düwell/Joussen (Hrsg.), SGB IX, 4. Aufl. 2014
Dederer, Das Deutsche Bundesrecht, Stand 2009, StZG (I K 77 S. 7 ff.)
v. Dellinghausen, Sterbehilfe und Grenzen der Lebenserhaltungspflicht des Arztes, 1981
Deninnger u. a. (Hrsg.), Grundgesetz, 3. Aufl., Loseblatt, Stand 2001
Depenheuer, Staatliche Förderung und Planung im Krankenhauswesen, 1986
Dettling, Apotheker und Recht, 2001
Dettling/Altschwager, Retaxation auf Null in der GKV, 2012
Dettling/Lenz, Der Arzneimittelvertrieb in der Gesundheitsreform, 2003
Dettling/Mand, Fremdbesitzverbote und präventiver Verbraucherschutz, 2000
Deutsch/Bender/Eckstein/Zimmermann, Transfusionsrecht, 2. Aufl. 2007
Deutsch/Lippert (Hrsg.), Kommentar zum Arzneimittelgesetz (AMG), 3. Aufl. 2010
Deutsch/Lippert/Ratzel/Tag, Medizinproduktegesetz (MPG), 2. Aufl..2010
Deutsch/Spickhoff, Medizinrecht, 7. Aufl. 2014
Deutsches Anwaltsinstitut (DAI), Institut für Medizinrecht, 4. Fachlehrgang Medizinrecht 2007
Dieners/Reese, Handbuch das Pharmarechs, 2010
Dierks/Neuhauss/Wienke (Hrsg.), Die Allokation von Spenderorganen, 1999
Dierks/Wienke/Eisenmenger (Hrsg.), Rechtsfragen der Präimplantationsdiagnostik, 2007
Dietlein, Die Lehre von den grundrechtlichen Schutzpflichten, 2. Aufl. 2005
Dietz, Landeskrankenhausgesetz Baden-Württ. (LKHG), Loseblatt, 2. Nachlieferung 2012
Dietz/Bofinger, Krankenhausfinanzierungsgesetz, Bundespflegesatzverordnung und Folgerecht, Kommentare, Loseblatt, Stand 2017
DKG (Deutsche Krankenhausgesellschaft), Zahlen, Daten, Fakten, 2013
dies., Beratungs- und Formulierungshilfe Chefarztvertrag, 9. Aufl. 2013
dies., Muster Allgemeiner Vertragsbedingungen (AVB) für Krankenhäuser, 8. Aufl. 2009
dies., Materialsammlung Ambulantes Operieren und stationsersetzende Eingriffe im Krankenhaus nach § 115b SGB V, 6. Aufl. 2004
dies., Dokumentation der Krankenhausbehandlung – Hinweise zur Gründung medizinischer Versorgungszentren, 1. Aufl. 2004
dies., Hinweise zur Gründung medizinischer Versorgungszentren, 1. Aufl. 2004
DKG-NT, Tarif der Deutschen Krankenhausgesellschaft für die Abrechnung erbrachter Leistungen und für die Kostenerstattung vom Arzt an das Krankenhaus, 2 Bände, Loseblatt, Stand 2002
Doepner, Heilmittelwerbegesetz, 2. Aufl. 2000
Dörr/Lenz, Europäischer Verwaltungsrechtsschutz, 2006
Dolzer/Vogel/Graßhof, Bonner Kommentar zum Grundgesetz, Loseblatt, Stand 2012
Dreher, Die Versicherung als Rechtsprodukt, 1991
Dreier (Hrsg.), Grundgesetz Bd. I, 2. Aufl. 2004, Bd. II. 2. Aufl. 2006/2007
Düllings/Fischer/Greulich/Köninger/Metzger/Brudermüller-Fleischle/Tabbert, Praxishandbuch Einführung der DRGs in Deutschland, 2001
Düsseldorfer Krankenhausrechtstag 2012 (Hrsg. Ministerium für Arbeit und Gesundheit und Soziales des Landes NRW), Das Krankenhaus im Brennpunkt, 2013
Düsseldorfer Krankenhausrechtstag 2011 (Hrsg. Ministerium für Arbeit und Gesundheit und Soziales des Landes NRW), Krankenhäuser im Fokus: Patientenrechte, Entgeltrecht, Hygieneanforderungen, 2012
Düsseldorfer Krankenhausrechtstag 2010 (Hrsg. Ministerium für Arbeit, Gesundheit und Soziales des Landes NRW), Aktuelle Entwicklungen im Krankenhausrecht, 2011
Düsseldorfer Krankenhausrechtstag 2009 (Hrsg. Ministerium für Arbeit, Gesundheit und Soziales des Landes NRW), Krankenhausrecht – Schnittstelle zwischen den Rechtsbereichen, 2010
Düsseldorfer Krankenhausrechtstag 2008 (Hrsg. Ministerium für Arbeit, Gesundheit und Soziales des Landes NRW), Krankenhausrecht: Planung – Finanzierung – stationäre und ambulante Versorgung, 2009
Düsseldorfer Krankenhausrechtstag 2007 (Hrsg. Ministerium für Arbeit, Gesundheit und Soziales des Landes NRW), Das Krankenhaus im Gesundheitsgewährleistungsstaat, 2008
Düsseldorfer Krankenhausrechtstag 2006 (Hrsg. Ministerium für Arbeit, Gesundheit und Soziales des Landes NRW), Krankenhäuser im Spannungsfeld zwischen Versorgungssicherheit und Wirtschaftlichkeit, 2007

Düsseldorfer Krankenhausrechtstag 2005 (Hrsg. Ministerium für Arbeit, Gesundheit und Soziales des Landes NRW), Krankenhausrecht: Herausforderungen und Chancen, 2006
Düsseldorfer Krankenhausrechtstag 2004 (Hrsg. Ministerium für Arbeit, Gesundheit und Soziales des Landes NRW), Krankenhausrecht in Wissenschaft und Praxis, 2005
Dworkin, Bürgerrechte ernst genommen, 1984
Eberbach/Lange/Ronellenfitsch (Hrsg.), Recht der Gentechnik und Biomedizin, Loseblatt, Stand 2017
Ebsen/Greß/Jacobs/Szecsenyi/Wasem, Vertragswettbewerb in der gesetzlichen Krankenversicherung zur Verbesserung von Qualität und Wirtschaftlichkeit der Gesundheitsversorgung, 2003
Effer u. a. (Hrsg.), Heilmittel und Hilfsmittel, Loseblatt, Stand 2003
Ehlers, Medizin in den Händen von Heilpraktikern – „Nicht-Heilkundigen" –, 1995
Ehlers (Hrsg.), Disziplinarrecht und Zulassungsentziehung, Vertragsärzte/Vertragszahnärzte, 2. Aufl. 2012
Ehlers, Wirtschaftlichkeitsprüfung, Vertragsärzte Vertragszahnärzte, 2. Aufl. 2002
ders., Fortführung von Arztpraxen, 3. Aufl. 2009
Ehlers (Hrsg.), Europäische Grundrechte und Grundfreiheiten, 4. Aufl. 2015
Ehlers/Broglie, Arzthaftungsrecht, 5. Aufl. 2014
Eichenhofer, Sozialrecht, 10. Aufl. 2017
Eichholz, Die Rechtsstellung des Belegarztes, 1973
Eichhorn, Krankenhausbetriebslehre, Bd. I, 3. Aufl., 1975
Eichhorn/Schmidt-Rettig (Hrsg.), Chancen und Risiken von Managed care, 1998
Eisenberg, Ärztliche Kooperations- und Organisationsformen, 2002
Empter/Sodan (Hrsg.), Markt und Regulierung, 2003
Engelmann (Hrsg.), Gesetzliche Krankenversicherung/Soziale Pflegeversicherung, Textsammlung, Loseblatt, Stand 2012
Erbs/Kohlhaas, Strafrechtliche Nebengesetze, Loseblatt, Stand 2017
Erdle, Das Gesetz zur Verhütung und Bekämpfung von Infektionskrankheiten bei Menschen, 2. Aufl. 2002
Esch, Rechtsfragen der Erbringung und Vergütung rettungsdienstlicher Leistungen, 2005
Eser/Just/Koch (Hrsg.), Perspektiven des Medizinrechts, 2004
Fack/Robbers, Gesundheitsreformgesetz, 1989
Fallbusch, Das gesetzgeberische Phänomen der Normsetzung durch oder mit Vertrag, 2004
Faltin, Freigemeinnützige Krankenhausträger im System staatlicher Krankenhausfinanzierung, 1986
Fegert/Häßler/Rothärmel (Hrsg.), Atypische Neuroleptiker in der Jugendpsychiatrie, 1999
Ferber (u. a.), Die demografische Herausforderung, 1989
Feuerich/Weyland, BRAO, 9. Aufl. 2016
Feuerstein, Das Transplantationssystem, 1995
Feuerstein/Kuhlmann (Hrsg.), Neopaternalistische Medizin, 1999
Fischer, Der Vertrag von Nizza, 2001
Fischer, StGB, Kommentar, 65. Aufl. 2018
Fichte/Plagemann/Waschull (Hrsg.), Sozialverwaltungsverfahrensrecht, 2008
Finkenbusch, Die Träger der Krankenversicherung, 5. Aufl. 2004
Fischer/Gerhardt/Greulich/Räppel/Schneider/Thiele/Ulmer (Hrsg.), Managementhandbuch Krankenhaus, Loseblatt 2008
Forsthoff, Verwaltungsrecht, 10. Aufl. 1973
Francke, Ärztliche Berufsfreiheit und Patientenrechte, 1994
Francke/Hart, Charta der Patientenrechte, 1999
Franken, Die privatrechtliche Binnenstruktur der integrierten Versorgung, §§ 140a–h SGB V, 2003
Frenz, Handbuch Europarecht, Bd. 1, 2. Aufl. 2012, Bd. 2, 2006, Bd. 3, 2007, Bd. 4, 2009, Bd. 5, 2010, Bd. 6, 2011
Freudenberg, Beitragssatzstabilität in der gesetzlichen Krankenversicherung, 1995
Friedrich, Die Geschichte der ABDA von 1950–2000, 2000
Friesenhahn, Staatsrechtliche Verfassung, 1950
Frister/Lindemann/Peters, Arztstrafrecht, 2011
Fröhlich, Forschung wider Willen, 1999
Frowein/Peukert, Europäische Menschenrechtskonvention, 3. Aufl. 2009
Fuchs/Preis, Sozialversicherungsrecht, 2005
Fuhrmann/Klein/Fleischfresser (Hrsg.), Arzneimittelrecht, 2010 (zit. FKF)
Funk, Die Wirtschaftlichkeitsprüfung im Vertragsarztrecht, 1994
Fürst (Hrsg.), Gemeinschaftskommentar öffentlicher Dienst, Disziplinarrecht des Bundes und der Länder, Bd. II, Loseblatt, Stand 2013

Gabriel/Krohn/Neun (Hrsg.), Handbuch Vergaberecht, 2. Aufl. 2017
Gassner/Schmidt am Busch/Wollenschläger, Augsburg-Münchner-Entwurf zu einem Biobankgesetz, 2015
Gaus, Prüfung der Wirtschaftlichkeit der Behandlungs- und Verordnungsweise des Kassenarztes, 1998
Geiger/Khan/Kotzur, EUV/AEUV, 6. Aufl. 2017
Geiß/Greiner, Arzthaftpflichtrecht, 7. Aufl. 2014
Gelzer/Birk, Bauplanungsrecht, 5. Aufl. 1999
Gemmer, Apotheker und Recht, 2002
Genzel/Hanisch/Zimmer, Krankenhausfinanzierung in Bayern, Loseblatt, Stand 1987
Giesen, Wahltarife der gesetzlichen Krankenkassen, 2010
Girke, Innere Medizin, 2010
Gitter/Schmitt, Sozialrecht, 5. Aufl. 2001
Glaeske/Lauterbach/Rürup/Wasem, Weichenstellung für die Zukunft – Elemente einer neuen Gesundheitspolitik, 2004
Göhler, Ordnungswidrigkeitengesetz, 17. Aufl. 2017
Gohla, Der Risikostrukturausgleich auf dem Prüfstand des Grundgesetzes, 2002
Gola, Datenschutz im Call-Center, 2001
Gonzáles, Xenotransplantation, 2008
Gonzáles, Infection Risk and Limitation of Fundamental Rights by Animal-To-Human Trasnsplantation, 2010
Gorens/Schulte, Grenzüberschreitende Inanspruchnahme von Gesundheitsleistungen im gemeinsamen Markt, 2003
Grabenwarter/Pabel, Europäische Menschenrechtskonvention, 6. Aufl. 2016
Grabitz/Hilf/Nettesheim (Hrsg.), Das Recht der EU, Bd. I, Loseblatt, Stand 2017
Gray, Evidence health care, 1997
Groß/Neuschaefer-Grube/Steinmetzer, Transsexualität und Intersexualität, Medizinische, ethische, soziale und juristische Aspekte, 2008
Großbölting, Die vertragszahnärztliche Wirtschaftlichkeits- und Abrechnungsprüfung 2007
Günther, Zahnarzt, Recht und Risiko, 1982
Günther/Kaiser/Taupitz, Embryonenschutzgesetz, 2008
Gutmann u. a. (Hrsg.), Grundlagen einer gerechten Organverteilung, 2003
Gutmann, Für ein neues Transplantationsgesetz, 2006
Haage, Das neue Medizin-Studium, 2003
Haas, Gesundheitstelematik, 2006
Haase, Versicherungsprinzip und sozialer Ausgleich, 2000
Hailbronner, Die Freiheit der Forschung und Lehre als Funktionsgrundrecht, 1979
Hänlein, Rechtsquellen im Sozialversicherungsrecht, 2001
Hänlein/Schuler, SGB V, 5. Aufl., 2016
Halbe/Schirmer (Hrsg.), Handbuch Kooperationen im Gesundheitswesen, Stand 2012
Harich, Das Sachleistungsprinzip in der Gemeinschaftsrechtsordnung, 2006
Harrer, Zivilrechtliche Haftung bei durchkreuzter Familienplanung, 1989
Harsdorf/Friedrich, Krankenhausfinanzierungsgesetz, 1973
Hart, Ärztliche Leitlinien – Empirie und Recht professioneller Normsetzung, 2000
Hart (Hrsg.), Ärztliche Leitlinien, 2000
Hart (Hrsg.), Klinische Leitlinien und Recht, 2005
Hart (Hrsg.), Ärztliche Leitlinien im Medizin- und Gesundheitsrecht, 2005
Hartung/Römermann, Anwaltliche Berufsordnung, 4. Aufl. 2008
Hauck/Noftz (Hrsg.), Sozialgesetzbuch, Kommentar, Loseblatt, Stand 2012
Havenich/Graf, Stem Cell Transplantation and Tissue Engineering, 2001
Heberer, Das ärztliche Berufs- und Standesrecht, 2. Aufl. 2001
Heinemann/Liebold, s. Liebold/Zalewski
Heinig, Der Sozialstaat im Dienst der Freiheit, 2008
Heintzen/Musil, Das Steuerrecht im Gesundheitswesen, 2007
Heinze/Wagner (Hrsg.), Die Schiedsstelle des Krankenhausfinanzierungsgesetzes, 1989
Heller/Pleschberger/Fink/Gronemeyer, Die Geschichte der Hospizbewegung in Deutschland, 2012
Hellmann/Herffs, Der ärztliche Abrechnungsbetrug, 2006
Helmchen/Lauther, Dürfen Ärzte mit Demenzkranken forschen?, 1995
Henke/Behrens, Umverteilungsvorstellungen in der gesetzlichen Krankenversicherung, 1989
Hensel, Selektivverträge im vertragsärztlichen Leistungserbringerrecht, 2010

Herrmann/Backhaus, Staatlich gebundene Freiberufe im Wandel, 1998
Hermeler, Rechtliche Rahmenbedingungen der Telemedizin, 2000
Herzog/Dettling/Kieser/Spielvogel, Filialapotheken, 2004
Heselhaus/Nowak, Handbuch der Europäischen Grundrechte, 2006
Hess/Nösser/Schirmer, Ärztliches Berufsrecht, Stand 2009
Hess/Venter, Handbuch des Kassenarztrechts, 1955
Hesse, Grundzüge des Verfassungsrechts der Bundesrepublik Deutschland, 20. Aufl. 1995
Heusser, Anthroposophische Medizin und Wissenschaft, 2011
Heyers, Passive Sterbehilfe bei entscheidungsunfähigen Patienten und das Betreuungsrecht, 2001
Hildmann, Die Zukunft des Sozialen, Solidarität im Wettbewerb, 2001
Hill/Schmitt, Medizinprodukterecht, Losebatt, Stand 2010
Hinz, Das Behandlungsverhältnis zwischen Vertragsarzt und Patient in der gesetzlichen Krankenversicherung, 1. Aufl. 2004
Hirsch/Weissauer (Hrsg.), Forschung am Menschen, 1985
Hoerster, Neugeborene und das Recht auf Leben, 1995
Höfling (Hrsg.), Die Regulierung der Transplantationsmedizin in Deutschland, 2008
Höfling (Hrsg.), Das neue Patientenverfügungsgesetz in der Praxis – eine erste kritische Zwischenbilanz, 2011
Höfling/Rixen, Verfassungsfragen der Transplantationsmedizin, 1996
Höfling/Schäfer, Leben und Sterben in Richterhand?, 2006
Hofmann, Rechtsfragen der Genomanalyse, 1999
Hofstätter, Arztrecht, 1991, Der embryopathisch motivierte Schwangerschaftsabbruch, 2000
Hohmann, Der Gemeinschaftspraxisvertrag für Ärzte, Teil I: Gründung einer Gemeinschaftspraxis, 2003
ders., Teil II: Der Einstieg des „Junior-Arztes" in die Gemeinschaftspraxis, 2003
Hohmann/Klawonn, Das Medizinische Versorgungszentrum (MVZ) – Die Verträge, 2. Aufl. 2007
Hohnel, Die rechtliche Einordnung der Deklaration von Helsinki, 2005
Hollerbach, Selbstbestimmung im Recht, 1996
Holmes, Collected legal papers, 1920
Hömig (Hrsg.), Grundgesetz, 11. Aufl. 2016
Hoepfert (Hrsg.), Der Wandel der Patientenrolle, 2011
Hondrich/Koch-Arzberger, Solidarität in der neoliberalen Gesellschaft, 1992
Honefelder/Taupitz/Winter, Das Übereinkommen über Menschenrechte und Biomedizin des Europarats, 1999
Hornung, Die digitale Identität, 2005
Hufen, Geltung und Reichweite von Patientenverfügungen, 2009
Huster, Rechte und Ziele – zur Dogmatik des allgemeinen Gleichheitssatzes, 1993
Igl (Hrsg.), Das Gesundheitswesen in der Wettbewerbsordnung, 2000
Immenga/Mestmäcker, GWB, 5. Aufl. 2016
Ipsen, K., Völkerrecht, 6. Aufl. 2014
Isensee, Umverteilung durch Sozialversicherungsbeiträge, 1973
Isensee/Kirchhof (Hrsg.), Handbuch des Staatsrechts, Bd. II, 3. Aufl. 2004, Bd. IV, 3. Aufl. 2006, Bd. V, 3. Aufl. 2007, Bd. VI, 3. Aufl., Bd. VII, 3. Aufl. 2009, Bd. VIII, 3. Aufl. 2010, Bd. IX, 3. Aufl. 2011
JVAA, The System of Anthroposophic Medicine, 2011
Jacobi/May/Kielstein/Bienwald (Hrsg.), Ratgeber Patientenverfügung, 2002
Jahn/Kim/Knegendorf (Hrsg.), Medizinrecht, 2015
Jaekel, Liv (Hrsg.), Diversität der Biodiversität, 2015
Jamieson (Hrsg.), Singer and his critics, 1999
Janda, Medizinrecht, 2010
Jarass, EU-Grundrechte, 2005
Jarass, Charta der Grundrechte der Europäischen Union, 2010
Jarass/Pieroth, Grundgesetz, 14. Aufl. 2016
Jean d'heur, Der Kindeswohlbegriff aus verfassungsrechtlicher Sicht, 1991
Jeong, Verfassungs- und europarechtliche Probleme im Stammzellengesetz (StZG), 2005
Jerouschen, Psychotherapeutengesetz, 2004
Joerden/Hilgendorf/Thiele (Hrsg.), Menschenwürde und Medizin- ein interdisziplinäres Handbuch, 2013
Jörg, Das neue Kassenarztrecht, 1993
Jung, E., Das Recht auf Gesundheit, 1982
Jung, K., Bundespflegesatzverordnung, 1986, Krankenhausfinanzierungsgesetz, 2. Aufl. 1985
Junge, Recht auf Teilnahme an der vertragsärztlichen Versorgung, 2007

Kage, Das Medizinproduktegesetz, 2004
Kandler, Rechtliche Rahmenbedingungen biomedizinischer Forschung am Menschen: Das Zusatzprotokoll zum Übereinkommen über Menschenrechte und Biomedizin über biomedizinische Forschung, 2008
Karpenstein/Mayer, EMRK, 2. Aufl. 2015
Kasseler Kommentar Sozialversicherungsrecht (Gesamtredaktion Niesel) Sozialversicherungsrechtsrecht, Loseblatt, Stand 2017
Karpenstein, Praxis des EG-Rechts, 2006
Katzenmeier, Arzthaftung, 2002
Katzenmeier/Bergdolt (Hrsg.), Das Bild des Arztes im 21. Jahrhundert, 2009
Katzenmeier/Schrag-Slavin, Rechtsfragen des Einsatzes der Telemedizin im Rettungsdienst, 2010
KBV, Grunddaten zur vertragsärztlichen Versorgung in Deutschland, 2005
Keil-Löw, Die Kündigung des Versorgungsvertrages eines Plankrankenhauses nach § 110 SGB V, 1994
Keller, Eine Darstellung der historischen Entwicklung des Sachleistungsprinzip in der gesetzlichen Krankenversicherung, 1997
Kern (u. a.) (Hrsg.), Humaniora, FS f. Laufs, 2006
Kern/Laufs, Die ärztliche Aufklärungspflicht, 1983
Kersting, Kritik der Gleichheit, 2002
Kiene, Komplementäre Methodenlehre der klinischen Forschung, 2001
Kies, Der Versorgungsauftrag des Plankrankenhauses (Diss.), 1998
Kieser, Apothekenrecht, 2006
Kieser, 4. Fachlehrgang Medizinrecht, Teil 3, Bd. 2, Apothekenrecht, 2007
Kingreen, Das Sozialstaatsprinzip im europäischen Verfassungsverbund, 2003
ders., Die Struktur der Grundfreiheiten des europäischen Gemeinschaftsrechts, 1999
Kirchhof, Staatlich angeordnete Abzüge von privaten Liquidationen der Krankenhaus-Chefärzte, 2004
Klein, Arzneimittelrechtliche Betrachtungen des Off-Label-Use, 2009
Kleine-Cosack, Verfassungsbeschwerden und Menschenrechtsbeschwerde, 3. Aufl. 2014
Klie, Pflegeversicherung, 7. Aufl. 2005
Klie/Kramer, LPK – SGB XI, 3. Aufl. 2009
Klingenberger, Die Friedensgrenze zwischen gesetzlicher und privater Krankenversicherung, 2001
Kloesel/Cyran, Arzneimittelrecht, Loseblatt, Stand 2012
Klopfer, Verfassungsrechtliche Probleme der Forschung an humanen pluripotenten Stammzellen und ihre Würdigung im Stammzellengesetz, 2006
Kluckert, Gesetzliche Krankenkassen als Normadressaten des Euorpäischen Wettbewerbsrechts, 2009
Kluth, Verfassungs- und europarechtliche Fragen einer gesetzlichen Beschränkung der Abgabe von Hilfsmitteln durch Ärzte, 2004. Funktionale Selbstverwaltung, 1997
Knauff, Der Regulierungsverbund: Recht und Soft Law im Mehrebenensystem, 2010
Knorr/Wernick, Rechtsformen der Krankenhäuser, 1991
Köcheler (Hrsg.), Transplantationsmedizin und personale Identität, 2001
Koenig, Zum Internetauftritt einer niederländischen Online-Apotheke, 2000
Köhler/Hess, Kölner Kommentar zum EBM, 2. Aufl., Loseblatt, Stand 2016
Köhler/Bornkamm, UWG, 36. Aufl. 2018
Körtner/Kopetzki (Hrsg.), Stammzellforschung, 2008
Kopp/Ramsauer, Verwaltungsverfahrensgesetz, Kommentar, 18. Aufl., 2017
Kopp/Schenke, VwGO, Kommentar, 23. Aufl. 2017
Koppernock, Das Grundrecht auf bioethische Selbstbestimmung, 1997
Korff/Beck/Mikat (Hrsg.), Lexikon der Bioethik, Bd. 1 bis 3, 1998
Kormann/Hüpers, Das neue Handwerksrecht, 2004
Kossens/von der Heide/Maaß, SGB IX, 3. Auf. 2009
Kostorz, Versicherungsfremde Leistungen in der gesetzlichen Krankenversicherung, 1998
Kourilsky, Genetik-Gentechnik-Genmanipulation, 1987
Kranz, Biomedizinrecht in der EU, 2008
Krasney/Udsching, Handbuch des sozialgerichtlichen Verfahrens, 7. Aufl., 20016
Krauskopf (Hrsg.), Soziale Krankenversicherung Pflegeversicherung, Loseblatt, 96. EL Stand August 2017
Krönert (u. a.), Die demografische Lage der Nation, 2006
Kruckemeyer, Entwicklung des Krankenhauswesens und seiner Strukturen in der Bundesrepublik Deutschland, 1988
Kruse/Freigang/Lieschke, Heil und Hilfsmittel, Stand 2009

Kruse/Hänlein (Hrsg.), Gesetzliche Krankenversicherung, Lehr- und Praxiskommentar, 4. Aufl. 2012
Kubella, Patientenrechtegesetz, 2004
Kügel/Müller/Hofmann, Arzneimittelgesetz, 2012
Kuhles, BEB Zahntechnik, 2010
Kukk, Verfassungsgeschichtliche Aspekte zum Grundrecht der allgemeinen Handlungsfreiheit, Art. 2 Abs. 1 GG, 2000
Dickmann (Hrsg), Heimrecht, 11. Aufl. 2014 – vormals und so hier zitiert als Kunz/Butz/Wiedemann, Heimgesetz
Kuntze/Kaltenbach (Hrsg.), Psychiatrie-Personalverordnung, 6. Aufl. 2010
Kunz et al. (Hrsg.), Lehrbuch evidenzbasierter Medizin in Klinik und Praxis, 2000
Labisch/ Spree (Hrsg.), Entwicklung, Stand und Perspektiven einer Sozialgeschichte des allgemeinen Krankenhauses in Deutschland – eine Einführung
Lackermair, Hybride und Chimären, Die Forschung an Mensch–Tier–Mischwesen, 2017
Ladeut/I. Augsberg, Die Funktion der Menschenwürde im Verfassungsstaat, 2008
Lang/Schäfer/Stiel/Vogt, Der GOÄ-Kommentar, 2. Aufl. 2002
Lanza/Langer/Vacanti (Hrsg.), Principles of Tissue Engineering, 2. Aufl. 2000
Laskaridis, Elektronische Patientenakte, 2009
Laufs/Katzenmeier/Lipp, Arztrecht, 7. Aufl. 2015
ders., Auf dem Wege zu einer Fortpflanzungsmedizingesetz?, 2002
Laufs/Kern, Handbuch des Arztrechts, 4. Aufl. 2010
Lautenschlager, Der Status ausländischer Personen im deutschen Transplantationssystem, 2009
Lauterbach/Lüngen, DRG-Fallpauschalen: eine Einführung, 2000
Lechner/Zuck, Bundesverfassungsgerichtsgesetz, 7. Aufl. 2015
Leetsch (Hrsg.), Wirtschaftshandbuch für die Apotheker, Loseblatt, Stand 2001
Lehmann, Die In-vitro-Fertilisation und ihre Folgen, 2007
Leitner/Rosenau (Hrsg.), Nomos Kommentar Wirtschafts- und Steuerstrafrecht 2017.
Leibholz, Gutachten über das Grundrecht der Wissenschaftsfreiheit und seiner Bedeutung für die Homöopathie, 1982
Leisner, Sozialversicherung und Privatversicherung, 1974
ders., Zur Abgrenzung von gesetzlicher und privater Krankenversicherung, 1974
Lenz/Dettling/Kieser, Krankenhausrecht, 2007
Lenz-Brendel/Roglmeier, Richtig vorsorgen, 2012
Lepke, Kündigung bei Krankheit, 15. Aufl. 2015
Lerche/Degenhart/Isensee, Krankenhausfinanzierung in Selbstverwaltung, 1990
Liebold/Raff/Wiessing, Bema-Z, Loseblatt, Stand 2017
dies., GOZ, Loseblatt, Stand 2017
Liebold/Zalewski, Kassenarztrecht, Kommentar, Loseblatt, Stand 2012
Lilie/Bernat/Rosenau (Hrsg.), Standardisierung als Rechtsproblem, 2009
Lilie/Rosenau/Hakeri (Hrsg.), Die Organtransplantation – Rechtsfragen bei knappen medizinischen Ressourcen, 2012
Lindenau, Das Medizinische Versorgungszentrum (Diss.), 2008
Lingenberg/Hummel/Zuck/Eich, Kommentar zu den Grundsätzen des anwaltlichen Standesrechts, 2. Aufl. 1988
Lipp (Hrsg.), Handbuch der Vorsorgeverfügung, 2009
Lippert, Forschung am Menschen, 1999
Lippert/Flegel, Transfusionsgesetz, 2002
Lippert/Kern, Arbeits- und Dienstrecht der Krankenhausärzte von A bis Z, 2. Aufl. 1993
Listl, Die zivilrechtliche Haftung für die Fehler von Ethikkommissionen, 2012
Lohninger, Grundlagen der Gen- und Biotechnologie, 2007
Luxenburger, Das Liquidationsrecht der leitenden Krankenhausärzte, 1981
Lynch/Genco/Marx (Hrsg.), Tissue Engineering, 1999
Maaßen/Schermer/Wiegand/Zipperer (Hrsg.), Gesetzliche Krankenversicherung, Loseblatt, Stand 2017
Makoski, Kirchliche Krankenhäuser und staatliche Finanzierung, (Diss.), 2010
v. Mangoldt/Klein/Starck (Hrsg.), Grundgesetz, Bd. 1, 2, 3, 6. Aufl. 2010
McHale/Fox, Health Care Law, 2. Aufl. 2007
Marburger, SGB V, Gesetzliche Krankenversicherung vor und nach der Gesundheitsreform 2007, Textsynopse mit Einführung zum GKV-WSG, 2007
ders., Gesetzliche Krankenversicherung SGB V, 2007
Marko, Private Krankenversicherung, 2. Aufl. 2010

Markus, Die Zulässigkeit der Sectio auf Wunsch, 2006
Martis/Winkhart, Arzthaftungsrecht, 5. Aufl. 2018
Maunz/Dürig (Hrsg.), Grundgesetz, Loseblatt, Stand 2017
May u. a. (Hrsg.), Passive Sterbehilfe, 2002
v. Maydell (Hrsg.), Gemeinschaftskommentar zum Sozialgesetzbuch – gesetzliche Krankenversicherung, Loseblatt, Stand 2016
v. Maydel/Ruland/Becker (Hrsg.), Sozialrechtshandbuch, 5. Aufl. 2012
Mengel, Sozialrechtliche Rezeption ärztlicher Leitlinien, 2005
Menzel (Hrsg.), Verfassungsrechtsprechung, 2000
Merkel, Forschungsobjekt Embryo, 2002
Merten, Zum Selbstverwaltungsrecht der kassenärztlichen Vereinigung, 1995
Merten/Papier (Hrsg.), Grundsatzfragen der Grundrechtsdogmatik, 2007
Merten/Papier (Hrsg.), Handbuch der Grundrechte in Deutschland und Europa, Bd. I, 2004, Bd. II, 2006, Bd. III, 2009, Bd, IV, 2011, Bd. VI/1, 2010, Bd. VI/2, 2009
Meurer, GOZ, 1988
Meyer, H. J., E-Commerce und Arzneimittel, 2000
Meyer (Hrsg.), Charta der Grundrechte der Europäischen Union, 2. Aufl. 2006
Meyer-Ladewig, Europäische Menschenrechtskonvention, 3. Aufl. 2011
Meyer-Ladewig/Keller/Leitherer, Sozialgerichtsgesetz, 10. Aufl. 2012
Michels/Möller, Ärztliche Kooperationen, 2007
Middel, Verfassungsrechtliche Fragen der Präimplantationsdiagnostik und des therapeutischen Klonens, 2006
v. Mielecki, Grenzen des Vorrangs der ambulanten vor der stationären Pflege in der sozialen Pflegeversicherung, 2017
Miserok/Sasse/Krüger, Transfusionsrecht des Bundes und der Länder – mit Transfusionsgesetz, Loseblatt
Möller, Medizinalpolizei, 2005
Mohr/Kröger (Hrsg.), Praktiker-Handbuch Krankenhaus, Loseblatt, Stand 2004
Müller, Die Rechtsproblematik des Off-Label-Use, 2009
Müller-Glöge/Preis/Schmidt, Erfurter Kommentar zum Arbeitsrecht, 18. Aufl. 2018
Müller-Held/Rebscher/Schüttgens, Medizinischer Dienst der Krankenversicherung, Loseblatt, Stand 1989
Müller-Terpitz, Das Recht der Biomedizin, 2006
v. Münch/Kunig, Grundgesetz, Bd. 1, 6. Aufl. 2012
Münster'sche Sozialrechtsvereinigung e. V. (Hrsg.), 5. Münster'sche Sozialrechtstagung Managed care – neue Vertrags- und Versorgungsform in der Krankenversicherung, 2000
Münzel, Chefarzt- und Belegarztvertrag, Beck'sche Musterverträge, 2. Aufl. 2001
Münzel/Zeiler, Krankenhausrecht und Krankenhausfinanzierung, 2010
Muschallik/Ziermann, Zukunftsperspektiven der vertragszahnärztlichen Versorgung, 2003
Narr/Hess/Nösser/Schirmer, Ärztliches Berufsrecht, 2. Aufl., Loseblatt, Stand 2010
Natter, Der Arztvertrag mit dem sozialversicherten Patienten, 1987
v. Nell-Breuning, Baugesetze der Gesellschaft. Solidarität und Subsidiarität, 1990
Neumann, Kartellrechtliche Sanktionen von Wettbewerbsbeschränkungen im Gesundheitswesen, 2000
Neumann/Nipperdey/Scheuner, Die Grundrechte, Bd. II 1954
Neumann/Pahlen/Majerski-Pahlen, SGB IX, 11. Aufl. 2005
Nickel/Schmidt-Preisigke/Sengler, TPG, 2008
Niemitz/Niemitz (Hrsg.), Genforschung und Gentechnik, 1999
Niesel (Gesamtredaktion), Kasseler Kommentar (s. dort)
Norba, Rechtsfragen der Transplantationsmedizin aus deutscher und europäischer Sicht, 2009
Oehler, Zahnmedizinische Rechtsprechung, 2003
Oepen/Prokop, Außenseitermethoden in der Medizin, 2. Aufl. 1994
Orlowski/Halbe/Karch, Vertragsrechtsänderungsgesetz (VÄndG), 2. Aufl. 2008
Orlowski/Wasem, Gesundheitsrefom 2004, 2004
Orlowski/Wasem, Gesundheitsreform 2007 (GKV-WSG), 2007
Ossenbühl, Rechtsgutachten für den Bundesfachverband der Arzneimittelhersteller, 1998
Pant/Prütting, Krankenhausgesetz Nordrhein-Westfalen, Kommentar, 2. Aufl. 2000
Peris, Die Rechtsbeziehungen zwischen angestelltem Chefarzt und Krankenhausträger, 2000
Perlett, Entscheidungsfindung im Gesundheitswesen, 2003
Perlett/Antes (Hrsg.), Evidenzbasierte Medizin, 2. Aufl. 1999
Pestalozza, Rechtsfragen der Krankenhausfinanzierung in Berlin, 1988
Peters, Handbuch der Krankenversicherung, SGB V, Loseblatt, Stand 2012

Pfeil/Pieck/Blume, Apothekenbetriebsordnung, Loseblatt, Stand 2009
Piduch, Bundeshaushaltsrecht, 2. Aufl. 2005
Pieper, Aufsicht, 2006
Plagemann, Vertragsarztrecht – Psychotherapeutengesetz, 3. Aufl. 1998
Plagemann (Hrsg.), Münchner Anwaltshandbuch Sozialrecht, 2. Aufl. 2005
Plagemann/Klatt, Recht für Psychotherapeuten, 1999
Plagemann/Niggehoff, Vertragsarztrecht, 2. Aufl. 2000
Pletke, Zulässigkeit von Genomanalyse an Arbeitnehmern im deutschen und US amerikanischen Recht, 1997
Plötscher, Der Begriff der Diskriminierung im europäischen Gemeinschaftsrecht, 2003
Potthast/Herrmann/Müller (Hrsg.), Wem gehört der menschliche Körper?, 2010
Preißler/Sozietät Dr. Rehborn, Ärztliche Gemeinschaftspraxis versus Scheingesellschaft, 2002
Price, Human Tissue in Transplantation and Research, 2008
Pritzel, Gesundheitswesen und Gesundheitspolitik in der Deutschen Demokratischen Republik, 1978
Pröls/Martin, Versicherungsvertragsgesetz, 30. Aufl. 2018
Prütting (Hrsg.), Fachanwaltskommentar Medizinrecht, 2. Aufl. 2010
Prütting, Krankenhausgestaltungsgesetz Nordrhein-Westfalen, 3. Aufl. 2009
Pschyrembel, Klinisches Wörterbuch, 267. Aufl. 2017
Pulverich, Psychotherapeutengesetz, 3. Aufl. 1999
Quaas, Der Versorgungsvertrag nach dem SGB V mit Krankenhäusern und Rehabilitationseinrichtungen, 2000
Quaas, Moritz, Rechtsfragen der ambulanten Versorgung im Krankenhaus (Diss.), 2011
Quaas/Zuck (Hrsg.), Prozesse in Verwaltungssachen, 2. Aufl. 2011
Qualls/Kastl-Godley, End-of-Life Issues, Grief and Bereavment (ed.), 2011
Quante/Vieth (Hrsg.), Xenotransplantation, 2001
Radau, Die Biomedizinkonvention des Europarates, 2006
Raem u. a. (Hrsg.), Genmedizin, 2000
Rasch, Wohn- und Betreuungsgesetz, 2012
Ratajczak/Stegers (Hrsg.), Leitlinien, Richtlinien und Gesetz, 2003
Ratzel, Intensivkurs Medizinprodukterecht, 2007
Ratzel/Lippert, Kommentar zur Musterberufsordnung der deutschen Ärzte (MBO), 6. Aufl. 2015
Ratzel/Luxenburger (Hrsg.), Handbuch Medizinrecht, 3. Aufl. 2015
Rausch, Die freigemeinnützigen Krankenhäuser in der Bundesrepublik Deutschland, 1982
Rawls, Eine Theorie der Gerechtigkeit, 1973
ders., Justice as Fairness, A Restatement (o. D.)
ders., Die Idee des politischen Individualismus, 1992
Rest, Sterbebeistand – Sterbebegleitung – Sterbegeleit, 5. Aufl. 2006
Rehborn, Arzt-Patient-Krankenhaus, 3. Aufl. 2000
Rehmann, Arzneimittelgesetz, 4. Aufl. 2014
Rehmann/Wagner, Medizinproduktegesetz, 2. Aufl. 2010
Reich, Europäisches Verbraucherrecht, 1996
Rengeling/Middeke/Kellermann, Handbuch des Rechtsschutzes in der EU, 3. Aufl. 2014
Reuther, Die Vergütung des Vertragsarztes und die Stabilität des Beitragssatzes – Grundrechte als Vorgaben der Budgetierung, 2006
Richardi/Wlotzke/Wißmann/Oetker (Hrsg.), Münchner Handbuch zum Arbeitsrecht, Bd. 1, Individualarbeitsrecht I, 2009
Ricken, Rechtliche Probleme bei der Standortplanung von medizinisch-technischen Großgeräten (Diss.), 1994
Riedel, Kind als Schaden, 2003
Rieger, Rechtsfragen beim Verkauf und Erwerb einer ärztlichen Praxis, 3. Aufl.
Rieger/Dahm/Steinhilper (Hrsg.), Heidelberger Kommentar Arztrecht/Krankenhausrecht/Medizinrecht, Loseblatt Stand 2017, vormals – und so hier zitiert als – *Rieger (Hrsg.),* Lexikon des Arztrechts, Loseblatt
Ries/Schnieder/Großbölting (Hrsg.), Zahnarztrecht, 2002
Ring, Werberecht der Ärzte, 2000
Rixen, Sozialrecht als öffentliches Wirtschaftsrecht, 2005
Rixen/Krämer (Hrsg.), Apothekengesetz, 2014
Robbers (Hrsg.), Die Krankenhausbehandlung, Praxiskommentar zur Vertragsgestaltung, Bd. 1: Verträge zwischen Krankenhaus und Patient, 1999; Bd. 4: Arbeitsverträge mit Krankenhausärzten, 2000; Bd. 5: Vertragsärztliche Tätigkeit im Krankenhaus, 1999

Robbers/Steiner (Hrsg.), Berliner Kommentar zur Finanzierung zugelassener Krankenhäuser, 2004
Robert-Bosch-Stiftung (Hrsg.), Krankenhausfinanzierung und Selbstverwaltung, Teil II, 1990
Rolfs, Das Versicherungsprinzip im Sozialversicherungsrecht, 2000
ders., Internetapotheken, 2003
Rolfs/Giesen/Kreikebohm/Udsching, Beck'scher Online-Kommentar Sozialrecht, 46. Edition Stand 2017
Rothschuh, Was ist Krankheit?, 1975
Roxin/Schroth, Handbuch des Medizinstrafrechts, 4. Aufl. 2010
Rudolf/Bittler, Vorsorgevollmacht Betreuungsverfügung, Patientenverfügung, 2000
Rüffer/Halbach/Schimikowski (Hrsg.), VVG, 3. Aufl. 2015
Rütz, Heterologe Insemination, 2007
Saalfrank (Hrsg.), Handbuch des Medizin- und Gesundheitsrechts, Loseblatt, Stand 2011
Sachs (Hrsg.), Grundgesetz, 8. Aufl. 2018
Sackett et al. (Hrsg.), Evidence based madicine, 1997
Samerski, Die verrechnete Hoffnung, 2002
Sames (Hrsg.), Medizinische Regeneration und Tissue Engineering, 2000
Sander, Arzneimittelrecht, Loseblatt, Stand 2012
Sasse, Der Heilpraktiker, 2011
Sauerzapf, Das Krankenhauswesen in der Bundesrepublik Deutschland (Diss.), 1979
Schallen, Zulassungsverordnung für Vertragsärzte, Vertragszahnärzte, Medizinische Versorgungszentren, Psychotherapeuten, 8. Aufl. 2012
Schaub, Arbeitsrechts-Handbuch, 17. Aufl. 2017
Scheffer/Mayer, Kommentar zu den AVR, Loseblatt, Stand 2016
Scheler, Gesammelte Werke, Bd. II 1996
Scheuing, Verfassungsrechtliche Zentralfragen der Krankenhausfinanzierung, 1985
Schindler, Die Kollision von Grundfreiheiten und Gemeinschaftsgrundrechten, 2001
Schirmer, Vertragsarztrecht kompakt, 2006
Schiwy/Harmony, Deutsches Arztrecht, Loseblatt, Stand 2017
Schlegel/Faller (Hrsg.), Musterverträge im Gesundheitsrecht, 2006
Schlegel/Voelzke (Hrsg.), SGB IV, 2. Aufl. 2012
Schlegel/Voelzke/Engelmann (Hrsg.), jurisPraxisKommentar SGB V, 3. Aufl. 2016
Schlink, Aktuelle Fragen des pränatalen Lebensschutzes, 2002
Schmehl/Wallrabenstein (Hrsg.), Steuerungsinstrumente im Recht des Gesundheitswesens, Bd. 1, 2005, Bd. 3, 2007
Schmidt, EStG, 36. Aufl. 2017
Schmidt-Aßmann, Grundrechtspositionen und Legitimationsfragen im öffentlichen Gesundheitswesen, 2001
Schmidt-Aßmann/Sellner/Hirsch/Kemper/Lehmann-Grube (Hrsg.), Festgabe 50 Jahre Bundesverwaltungsgericht, 2003
Schmidt-Jortzig, Rechtsfragen der Biomedizin, 2003
Schmidt-Rettig/Arnold, Krankenhaus und ambulante Versorgung, Loseblatt, Stand 2007
Schmidt-Rögnitz, Die Gewährung von Alternativen sowie neuen Behandlungs- und Heilmethoden durch die gesetzliche Krankenversicherung, 1996
Schmiedl, Das Recht des Vertrags-(zahn-)ärztlichen Schiedswesens, 2003
Schnapp/Düring (Hrsg.), Handbuch des sozialrechtlichen Schiedsverfahrens, 2. Aufl. 2016
ders., Funktionelle Selbstverwaltung und Demokratie Grundprinzip am Beispiel der Sozialversicherung, 2001 Probleme der Rechtsquellen im Sozialversicherungsrecht, 2000
Schnapp/Kaltenborn, Verfassungsrechtliche Fragen der „Friedensgrenze" zwischen privater und gesetzlicher Krankenversicherung, 2001
Schnapp/Wigge (Hrsg.), Handbuch des Vertragsarztrechts, 3. Aufl. 2017
Schneider, Handbuch des Kassenarztrechts, 1994
Schnitzler, Das Recht der Heilberufe, 2004
Schoenig/Hoest, Sozialstaat abholen, 1996
Schönke/Schröder, StGB, 29. Aufl. 2014
Schorn, Medizinprodukterecht, Loseblatt, Stand 2015
Schreiber (Hrsg.), Rechtliche Grundlagen in der Augenoptik, 2011
Schrinner, Bedeutung, Umfang und Grenzen des Sicherstellungsauftrags der kassenärztlichen Vereinigung gem. § 75 I SGB V, 1996
Schröder/Beckmann/Weber, Beihilfevorschriften des Bundes und der Länder, Bd. 1, Loseblatt, Stand 2013

Schroth/König/Gutmann/Oduncu, TPG, 2005
Schüßler, Das zahnärztliche Praxislabor, 2003
Schütze, Embryonale Humanstammzellen, 2007
Schulin, Vergütungen für zahntechnische Leistungen in der gesetzlichen Krankenversicherung, 1992
Schulin (Hrsg.), Handbuch des Sozialversicherungsrechts, Bd. 1: Krankenversicherungsrecht, 1994; Bd. 2: Unfallversicherungsrecht, 1996; Bd. 3; Rentenversicherungsrechts, 1999; Band 4: Pflegeversicherungsrecht 1997
Schumacher, Alternativmedizin, 2017
Schwarze (Hrsg.), EU-Kommentar, 3. Aufl. 2012
Schwee, Die zulassungsüberschreitende Verordnung von Fertigarzneimitteln (Off-Label-Use), 2008
Schweidler/Neumann/Brysch (Hrsg.), Menschenleben – Menschenwürde, 2003
Schweizer Wissenschaftsrat (Hrsg.), Technologiefolgenschätzung Xenotransplantation, 1998
Seelmann/Brudermüller (Hrsg.), Organtransplantation, 2000
Seeringer, Der Gemeinsame Bundesausschuss nach dem SGB V, 2006
Seiler/Maier/Vollmöller, Das Krankenhausrecht in Thüringen, Kommentar, 3. Aufl. 2004
Simitis (Hrsg.), Bundesdatenschutzgesetz, 7. Aufl. 2011
Simon, Das Krankenhaus im System der ambulanten Versorgung gesetzlich Krankenversicherter (Diss.), 2012
Singer, Praktische Ethik, 1993
Singer/Stauder, Europäisches Patentübereinkommen, 5. Aufl. 2012
Skalak/Fox (Hrsg.), Tissue Engineering, 1988
Sodan, Freie Berufe als Leistungserbringer im Recht der gesetzlichen Krankenversicherung, 1997
ders., GG, 2. Aufl. 2011
ders., Zukunftsperspektiven der (vertrags)zahnärztlichen Versorgung, 2005
ders., Private Krankenversicherung und Gesundheitsreform, 2007
ders., Handbuch des Krankenversicherungsrechts, 2010
Sodan/Gast, Umverteilung durch „Risikostrukturausgleich", 2002
Sodan/Schüffner, Staatsmedizin auf dem Prüfstand der Verfassung, 2007
Spellbrink, Wirtschaftlichkeitsprüfung im Kassenarztrecht, 1994
Spickhoff, Medizinrecht, 2011
Stachmuylders, Heilmittel und Hilfsmittel in der GKV, 1992
Stadelhoff, Rechtsprobleme des AMNOG-Verfahrens, 2016
Starck, Die Vereinbarkeit des apothekenrechtlichen Fremd- und Mehrbesitzverbots mit den verfassungsrechtlichen Grundrechten und im gemeinschaftsrechtlichen Niederlassungsrecht, 1999
Starck, Rechtliche Bewertung der Niederlassungsfreiheit und des Fremdbesitzverbots im Apothekenrecht, 2007
Starke, Die Finanzierung der Krankenhausleistungen als soziales und ordnungspolitisches Problem, 1965
Steffens/Dressler, Arzthaftungsrecht, 9. Aufl. 2002
Stelkens/Bonk/Sachs, Verwaltungsverfahrensgesetz, 9. Aufl. 2018
Stellpflug, Niederlassung für Psychotherapeuten, 2005
Stellpflug, Vertragsarztrecht/Vertragszahnarztrecht, 2005
Stellpflug/Meier/Tadayon (Hrsg.), Handbuch Medizinrecht, Stand 2006
Steinbock (Ed.), The Oxford Handbook of Bioethics, 2007
Stern, Das Staatsrecht der Bundesrepublik Deutschland, Bd. IV/1 (2006)
Stock, Die Indikation in der Wunschmedizin, 2009
Stoecker, Der Hirntod, 2010
Straßburger, Rechtliche Probleme der Xenotransplantation, 2008
Streinz (Hrsg.), EUV/AEUV, 2. Aufl. 2012
Streinz/Ohler/Herrmann, Der Vertrag von Lissabon zur Reform der EU, 3. Aufl. 2010
Student, Das Hospizbuch, 4. Aufl. 2000
Szabados, Krankenhäuser als Leistungserbringer in der gesetzlichen Krankenversicherung (Diss.), 2009
Tag/Tröger/Taupitz (Hrsg.), Drittmitteleinwerbund – Strafbare Dienstpflicht, 2004
Taupitz, Biomedizinische Forschung zwischen Freiheit und Verantwortung, 2002
ders., Das apothekenrechtliche Verbot des Fremd- und Mehrbesitz aus verfassungs- und europarechtlicher Sicht, 1998
ders., Die Standesordnungen der freien Berufe, 1991
ders., Biomedizinische Forschung zwischen Freiheit und Verantwortung, 2002
ders., Rechtliche Regelung der Embryonenforschung im internationalen Vergleich, 2003
ders., Genetische Diagnostik und Versicherungsrecht, 2000

Taupitz (Hrsg.), Die Menschenrechtsübereinkommen zur Biomedizin des Europarates, 2002
Taupitz (Hrsg.), Kommerzialisierung des menschlichen Körpers, 2007
Tenstedt, Geschichte der Selbstverwaltung in der Krankenversicherung von der Mitte des 19. Jahrhunderts bis zur Gründung der Bundesrepublik Deutschland, Bd. II (o. J.)
Tettinger, Kammerrecht, 1997
Tettinger/Stern, Kölner Gemeinschaftskommentar zur Europäischen Grundrechte-Charta, 2006
Teubner, Aufgaben und Umfang der Tätigkeit der Lebendspendekommission nach § 8 Abs. 3 TPG, 2006
Thiele (Hrsg.), Genetische Diagnostik und Versicherungsschutz, 2000
Tiemann, Das Recht in der Zahnarztpraxis, 3. Aufl. 2008
Tiemann/Klingenberger/Weber, System der zahnärztlichen Versorgung in Deutschland, 2003
Thomae, Krankenhausplanungsrecht, 2006
Toellner (Hrsg.), Die Ethikkommissionen in der Medizin, 1990
Töns, Hundert Jahre gesetzliche Krankenversicherung, 1983
Tragl, Solidarität und Sozialstaat, 2000
Trefz, Der Rechtsschutz gegen die Entscheidungen der Schiedsstellen nach § 18a KHG, 2002
Tröndle/Fischer, Strafgesetzbuch und Nebengesetze, 54. Aufl. 2007
Trute, Die Forschung zwischen grundrechtlicher Freiheit und staatlicher Institutionalisierung, 1994
Tuschen/Quaas, Bundespflegesatzverordnung, 5. Aufl. 2001
Tuschen/Trefz, Krankenhausentgeltgesetz, 2004
Udsching, Soziale Pflegeversicherung, Kommentar, 3. Aufl. 2010
Uhl, Richtlinien der Bundesärztekammer, 2008
Uhlenbruck, Selbstbestimmtes Sterben durch Patienten-Testament, Vorsorgevollmacht, Betreuungsverfügung, 1997
Uleer/Miebach/Patt, Abrechnung von Arzt- und Krankenhausleistungen, 3. Aufl. 2006
Ulsenheimer, Arztstrafrecht in der Praxis, 4. Aufl. 2008
Umbach/Clemens (Hrsg.), Heidelberger Kommentar zum Grundgesetz, Bd. I 2002, Bd. II 2002
Velten, Der medizinische Standard im Arzthaftungsprozess, 2001
Volkmann, Solidarität-Programm und Prinzip der Verfassung, 1998
Vollmer/Graeve, Bundespflegesatzverordnung, Loseblatt, Stand 2003
dies., Krankenhausfinanzierungsgesetz, Loseblatt, Stand 2003
Wabnitz, Hess. Krankenhausgesetz 2002, 2003
dies., Medizinprodukte als Hilfsmittel in der gesetzlichen Krankenversicherung, 2009
Wagener, Der Mitarbeiterpool im Krankenhaus, 2. Aufl. 1994
Wahl, Kooperationsstrukturen im Vertragsarztrecht, 2001
Waldner, Erforderlichkeit und verfassungsrechtlicher Maßstab einer einfachgesetzlichen Regelung der Präimplantationsdiagnostik 2005
Warda, Elektronische Gesundheitsakten, 2005
Wartersleben (u. a.) (Hrsg.), Festschrift für Sander, 2008
Weber, Betäubungsmittelgesetz, 5. Aufl. 2017
Weigt, Podologengesetz, 2003
Wenckstern, Die Haftung bei der Arzneimittelprüfung und die Probantenversicherung, 1999
Wendtland, Die Forschung mit menschlichen embryonalen Stammzellen als Gegenstand der Rechtsetzung, 2005
Wenner, Das Vertragsarztrecht nach der Gesundheitsreform, 2008
Wenzel (Hrsg.), Handbuch des Fachanwalts Medizinrecht, 4. Aufl. 2017
Wenzel, Der Arzthaftungsprozess 2012
Wernscheid, Tissue Engineering – Rechtliche Grenzen und Voraussetzungen, 2012
Weschka, Präimplantationsdiagnostik, Stammzellforschung und therapeutisches Klonen: Status und Schutz des menschlichen Embryos vor den Herausforderungen der modernen Biomedizin, 2010
Wezel/Liebold, Handkommentar BMÄ, E-GO und GOÄ, Loseblatt, Stand 2003
Wetz, Baustelle Körper, 2009
Widmeier (Hrsg.), Münchner Anwaltshandbuch Strafverteidigung, 2006
Wiemeyer, Krankenhausfinanzierung und Krankenhausplanung in der Bundesrepublik Deutschland, 1984
Wien, Regulierung von Arzneimitteln mit neuen Wirkstoffen, eine interdisziplinäre und international vergleichende Analyse des Arzneimittelmarktneuordnungsgesetzes (AMNOG), 2016
Wienke/Lippert/Eisenmenger (Hrsg.), Grenzen der Qualitätssicherung, 1998
Wiese, Genetische Analyse und Rechtsordnung, 1994
Wiesmann, Die Finanzierungsgrundlagen in der GKV. Zur Grenzziehung zwischen GKV und PKV, 1998

Wietfeld, Selbstbestimmung und Selbstverantwortung – Die gesetzliche Regelung der Patientenverfügung, 2012
Wigge, Die Stellung der Ersatzkassen im gegliederten System der gesetzlichen Krankenversicherung nach dem GRG vom 20.12.1988, 1992
Wille (Hrsg.), Zur Rolle des Wettbewerbs in der gesetzlichen Krankenversicherung, 1999
Wille/Koch, Gesundheitsreform 2007
Windthorst, Die integrierte Versorgung der gesetzlichen Krankenversicherung, 2002
Winter/Fenger/Schreiber, Genmedizin und Recht, 2001
v. Winterfeldt, Eine Bestandsaufnahme des Novellierungsbedarfs zum Transplantationsgesetz, 2011
Wittwer/Schäfer/Frewer (Hrsg.), Sterben und Tod, 2012
Wolff/Bachof/Stober/Kuhn, Verwaltungsrecht, Bd. 1, 13. Aufl. 2017, Bd. 2, 7. Aufl. 2010
Wuketits, Bioethik, 2006
v. Wulffen, SGB X – Sozialverwaltungsverfahren und Sozialdatenschutz, 8. Aufl. 2014
v. Wulffen/Krasney (Hrsg.), Festschrift 50 Jahre Bundessozialgericht, 2004
Zinser, Die Biopatentrichtlinie, 2002
Zimmermann, Sozialversicherung und Privatversicherung im Kompetenzgefügt des Grundgesetzes, 2009
Zoll, Was ist Solidarität heute?, 2000
Zuck, R., Grundrechtsschutz und Grundrechtsentfaltung im Gesundheitswesen – ein verfassungsrechtlicher Diskurs, 1983
ders., Homöopathie und Verfassungsrecht, 2004
ders., Die Apotheken in der GKV Gesundheitsreform, 2000, 2000
ders., Subsidiaritätsprinzip und Grundgesetz, 1968
ders., Rechtsfragen der Ambulanz, 1991
ders., Kommentar zum Zahntechnikrecht im SGB V, 2. Aufl. 2010
ders., Das Recht der Verfassungsbeschwerde, 5. Aufl. 2018
ders., Juristischer Zeitgeist, 2007
ders., Das Recht der Anthroposophischen Medizin, 2. Aufl. 2012
Zuck/Lenz, Der Apotheker in seiner Apotheke, 1999
Zwingel/Preißler, Das Medizinische Versorgungszentrum, 2005

Erster Teil: Allgemeine Grundlagen

1. Abschnitt: Die Rahmenbedingungen

§ 1 Begriff und Bedeutung von Medizinrecht

I. Die Ambivalenz von „Medizin"

Schon das Wort „Medizin" ist mehrdeutig. Es bezeichnet die Wissenschaft von der Medizin, ebenso wie die Heilkunde, also Theorie und Praxis. Ein Mediziner ist ein Student der Medizin, aber auch ein sie ausübender. Bis heute bleibt im Sprachgebrauch die Medizin als Arzneimittel. Die bloße Verwendung des Wortes „Medizin" im Begriff „Medizinrecht" gibt deshalb nicht mehr als einen Anhaltspunkt: „Medizin" hat es mit Krankheit zu tun.

II. Medizinrecht als Gesundheitsrecht?

Krankheit ist sicher auch Gegenstand eines Gesundheitsrechts. Sieht man freilich wie amorph der Begriff der „Gesundheit" ist[1] und wie chamäleonhaft er sich in seinen jeweiligen funktionalen Bezügen verändern kann, so wird im „Gesundheitsrecht" die Unbestimmtheit von Medizin (nimmt man nur das Wort) durch die Weite der „Gesundheit" abgelöst. Kommt es im Sinne der WHO auf die allgemeine Glückseligkeit des Menschen an, und darauf wird es, recht verstanden, seit den Tagen des Aristoteles ankommen, dann kann man die Weltordnung in die Nussschale des Gesundheitsrechts schließen. Bleibt man faktennäher, so ließe sich nichts dagegen einwenden, Umweltschutz,[2] Lebensmittelrecht, Gentechnikrecht in ein allgemeines Gesundheitsrecht einzubeziehen. Hygienerecht, Drogenprävention, Arbeitsschutzrecht sind weitere Kandidaten. Von der Sicherheit am Arbeitsplatz ist nur ein kleiner Schritt zur allgemeinen Verkehrssicherheit. Man sieht an dieser Kette, die sich leicht verlängern ließe, dass an einer Stelle der Rubikon überschritten wird, dort, wo die Rechtswissenschaft sonst das Hilfskonstrukt „unmittelbar/mittelbar" zu verwenden pflegt, in aller Regel, um ihre Unsicherheit hinter einer fallbezogenen Wertung zu verbergen. Eines ist jedenfalls sicher: „Gesundheitsrecht" lässt sich nur dezisionistisch auf einen Nenner bringen. Als Fach oder als Gegenstand wird sich, wenn man den Begriffskern des Gesundheitsrechts verlässt, kein Einvernehmen mehr über die Inhalte dieses Gegenstands erzielen lassen.

III. Medizinrecht als Arztrecht?

Sicheren Boden glaubt man mit dem Begriff des Arztrechts unter den Füßen zu haben, weil man vom Begriff „Arzt" her erwartet, einen abgegrenzten Bereich des Gesundheitswesens vor sich zu haben. Auch diese Gewissheit erweist sich jedoch bei näherer Betrachtung als schöner Schein.

Arztrecht

Verbreitet wird Medizinrecht immer noch dem Arztrecht zugeordnet. Aber wenn man Arztrecht im Sinne aller Rechtsnormen versteht, unter denen der Arzt seinen Beruf aus-

---

[1] → § 2 Rn. 1 ff.
[2] *Taupitz*, in: HK-AKM, Nr. 3650 Rn. 1.

übt,³ erfasst das nur einen Ausschnitt. Das Medizinrecht erfasst rechtliche Regelungen für eine Vielzahl nicht-ärztlicher Leistungserbringer, das gesamte Sachleistungsrecht (das natürlich selbst kein Arztrecht ist). Es ordnet aber auch den funktionellen Rahmen für ärztliche und nicht-ärztliche Tätigkeit mit allen den zuzuordnenden organisationsrechtlichen Elementen. Auch das Krankenhausrecht ist kein Arztrecht. Natürlich erkennen wir im Bild des Arztes zentrale Aspekte der Medizin.⁴ Die unterschiedlichen Rechtspositionen lassen sich so jedoch nicht auf einen Nenner bringen. Sicher kann man über den Behandlungsvertrag, der den Patienten zu einem gleichrangigen Vertragspartner macht, Arzt- und Patientenrecht miteinander verknüpfen und sie zu zwei Seiten einer Medaille machen.⁵ Aber der Behandlungsvertrag ist nur ein Ausschnitt aus der ärztlichen Problematik, die, um nur zwei Beispiele zu nennen, etwa den berufsrechtlichen Status des Arztes betrifft, vor allem aber seine sozialversicherungsrechtliche Einbindung, und dies in der Mehrzahl aller Behandlungsfälle. Arztrecht ist deshalb in seiner Gesamtheit nicht nur durch die Hinwendung zum Patienten geprägt, sondern auch Bestandteil staatlicher Indienstnahme.

IV. Medizinrecht und „Fachanwalt für Medizinrecht"

5   Erfolgversprechender für eine Umschreibung des „Medizinrechts" ist deshalb der Rückgriff auf die Bestimmung des Gegenstandes von Medizinrecht aus Anlass der entsprechenden Fachanwalts-Bezeichnung.

Eine „Legaldefinition" des Medizinrechts ist nämlich dem am 1.7.2005 in kraft getretenen § 14b FAO, der das Medizinrecht als Fachanwaltsbezeichnung zulässt (§ 1 FAO) zu entnehmen. Es heißt dort:

„§ 14b Nachzuweisende besondere Kenntnisse im Medizinrecht
Für das Fachgebiet Medizinrecht sind besondere Kenntnisse nachzuweisen in den Bereichen:
1. Recht der medizinischen Behandlung, insbesondere
   a) zivilrechtliche Haftung,
   b) strafrechtliche Haftung,
2. Recht der privaten und gesetzlichen Krankenversicherung, insbesondere Vertragsarzt- und Vertragszahnarztrecht, sowie Grundzüge der Pflegeversicherung,
3. Berufsrecht der Heilberufe, insbesondere
   a) ärztliches Berufsrecht,
   b) Grundzüge des Berufsrechts sonstiger Heilberufe,
4. Vertrags- und Gesellschaftsrecht der Heilberufe, einschließlich Vertragsgestaltung,
5. Vergütungsrecht der Heilberufe,
6. Krankenhausrecht einschließlich Bedarfsplanung, Finanzierung und Chefarztvertragsrecht,
7. Grundzüge des Arzneimittel- und Medizinprodukterechts,
8. Grundzüge des Apothekenrechts,
*9. Besonderheiten des Verfahrens- und Prozessrechts."*⁶

Es ist leicht zu sehen, dass die „Insbesondere-Klausel" in Nr. 1 die möglichen Lücken, z.B. zum Transplantations- und zum Transfusionsrecht schließt. Ebenso offenkundig ist aber, dass § 14b FAO in seiner Funktion, die anwaltliche Fachkunde des Fachanwalts für

---

³ *Laufs*, in: L/K, § 5 Rn. 2; *Deutsch/Spickhoff*, Rn. 2. Siehe dazu *Laufs*, Medizinrecht – eine neue juristische Disziplin?, in: Lilie/Bernat/Rosenau (Hrsg.), Standardisierung in der Medizin als Rechtsproblem, S. 19 (29).
⁴ Vgl. die Beiträge bei *Katzenmeier/Bergdolt* (Hrsg.), Das Bild des Arztes im 21. Jahrhundert, 2009.
⁵ *Deutsch/Spickhoff*, Rn. 2 f.
⁶ S. dazu *Vossebürger*, in: Feuerich/Weyland, BRAO, § 14b FAO Rn. 2 ff.; *Scharmer*, in: Hartung/Scharmer, BORA/FAO, § 14b FAO, § 146 FAO Rn. 3 ff.; *Quaas*, in: Saier/Wolf/Göcken, Anwaltliches Berufsrecht, § 14b FAO Rn. 1 ff.

Medizinrecht gewährleisten, über den Inhalt des Medizinrechts hinausgeht, die „Besonderheiten des Verfahrens- und Prozessrechts" (Nr. 9) sind sicher kein Medizinrecht. Den Hinweis auf die Grundzüge der Pflegeversicherung (Nr. 2) muss man als gesetzgeberische Fiktion lesen. Im Sinne von § 14b FAO „gilt" Pflegeversicherungsrecht als Medizinrecht, und das ist auch der Grund, warum wir in § 69 die Grundzüge des Pflegeversicherungsrechts dargestellt haben.

Der Katalog des § 14b FAO macht vor allem deutlich, dass Medizinrecht mehr ist als Arztrecht und weniger als Gesundheitsrecht. Er zeigt an seinen „Rändern" die Problematik, die mit der Frage verbunden ist, ob die Verknüpfung einer allgemeinen Fragestellung (wie z. B. Vertragsgestaltung) mit Fragen der Medizin für die Zuordnung zum Medizinrecht ausreicht. Von einem Fachanwalt für Medizinrecht würde man sicherlich verlangen, dass er die einschlägigen Vertragsmuster beherrscht, und sich im jeweiligen Dienst- und Arbeitsrecht (einschließlich etwa der Tarifordnungen kirchlicher Krankenhäuser) auskennt. In einem „Medizinrecht" wird man aber allgemeines Vertragsrecht oder Dienst- und Arbeitsrecht ebenso wenig erwarten, wie etwa die Diskussion der umfangreichen Regelungen (z. B. im SGB V) zum Datenschutzrecht. 6

V. Beschreibung des Medizinrechts

Medizinrecht ist also mehr als Arztrecht und lediglich ein Teil des allumfassenden Gesundheitsrechts. Wie lässt sich dann Medizinrecht richtig beschreiben?

1. Bisherige Versuche

Die bisherigen Versuche, sich dem Medizinrecht zu nähern, sind meist zaghaft. *Laufs* geht davon aus, Medizinrecht umfasse das Arztrecht i. w. S. „und weitere Vorschriften im Dienste der Gesundheit".[7] *Deutsch/Spickhoff* verstehen unter „Medizinrecht" die Teilbereiche Arztrecht, Arzneimittelrecht, Recht der Medizinprodukte sowie Transfusionsrecht",[8] wollen allerdings damit wohl auch nur erklären, welche Themen sie in ihrem Buch behandeln. Seit der 6. Auflage ihres Medizinrechts haben sich die Autoren zu einer allgemeinen Aussage durchgerungen. Medizinrecht ist danach „die Gesamtheit der Regeln, die sich auf die Ausübung der Heilkunde beziehen". Aber selbst wenn man den vom BVerfG erweiterten Heilkundebegriff zugrundelegt,[9] der auch die nicht-ärztliche Behandlung des gesunden Menschen sowie Betreuungs- und Pflegemaßnahmen erfassen soll, verkürzt die Anknüpfung an die Ausübung der Heilkunde den Gegenstand des Medizinrechts in unzulässiger Weise. Der Zugang zur Ausübung des Heilkundeberufs wird so ebenso wenig erfasst, wie der Bereich des Versicherungsrechts (GKV/PKV) und des Arztstrafrechts. Wegen des personalen Bezugs der Ausübung der Heilkunde bleibt auch die Tätigkeit der im Gesundheitswesen tätigen Organisationen, wie Krankenkassen und Kassenärztlichen Vereinigungen oder der G-BA ausgeklammert.[10] *Sodan* hat das Problem zu lösen versucht, indem er auch die mittelbare Ausübung der Heilkunde einbezieht.[11] Das erfasst dann sogar die Besonderheiten des Verfahrens- und Prozessrechts. *Rigizahn* will als Synonym für „Medizinrecht" auch „Gesundheitsrecht" verwenden, unternimmt damit also schon vom Ansatz her keinen wirklichen Abgrenzungsversuch.[12] Er spricht dann von einem „integrierten Medizinrecht, das ohne Bindung an hergebrachte juristische Fachgebietsgrenzen und unter verstärkter Einbindung auch nichtjuristischer Disziplinen wie Medizin und Ethik von spezifisch geschulten Juristen kompetent 7

---

[7] *Laufs*, in: L/K, Rn. 2 zu § 5.
[8] *Deutsch/Spickhoff*, Rn. 1.
[9] BVerfGE 106, 62 (107 f.).
[10] Kritisch deshalb zu Recht *Kingreen*, in: FS f. Deutsch, 2009, 283 (286).
[11] *Sodan*, in: Wenzel, Kap. 1 Rn. 1.
[12] *Rigizahn*, RPG 1998, 33.

vertreten werden soll".[13] Ein interdisziplinäres Projekt ist ebenso zu begrüßen, wie die Sprengung der interdisziplinären Grenzen von Zivilrecht, Strafrecht und öffentlichem Recht in den einzelnen (Teil-)Bereichen rechtlicher Regelungen des Gesundheitswesens. Es macht aber keinen Sinn, wenn man die Medizin (außer als Gegenstand) und die Ethik in ein Medizinrecht einbezieht. Darüber hinaus muss man klären, was denn wirklich Gegenstand eines Medizinrechts sein soll. *Taupitz* verweist auf die Tradition des Medizinbegriffs, vor allem auch auf den Sektor einer „sanitären Medizin(polizei)".[14] Angesichts eines solchen sektoralen Medizinbegriffs scheint es allerdings sehr gewagt, von einem Medizinrecht als Einheit zu sprechen und dazuhin noch anzumerken, diese Einheit sei schon etabliert.

Von größerem Interesse ist der Versuch *Dettling's*, den Begriff von Medizin genauer zu bestimmen.[15] Er versteht unter Medizin „durch bewusst vom Menschen her vorgenommene Eingriffe (Interventionen) zu überwiegend nützlichen, d.h. zur Befriedigung bestimmter Bedürfnisse geeigneten Veränderungen der Substanz oder Prozesse (Funktionen) eines lebenden Organismus und damit unmittelbar im Zusammenhang stehende Maßnahmen von Untersuchungen und Diagnosen". Man sieht dieser Definition an, dass sie im Bereich des Medizinprodukterechts entwickelt worden ist.[16] Das führt zu Abstraktionen und Verallgemeinerungen, durch die das Spezifische der Medizin verloren zu gehen droht. Für Medizinprodukte mag der Mensch als handelnde Person genügen, aber die Behandlung eines Menschen im Sinne des Medizinrechts setzte dafür zugelassene Behandler voraus. Mit dem Begriff der Nützlichkeit kommt man – aus kontinentaleuropäischer Sicht – in die Untiefen des Utilitarismus. Nützlich erscheinen auch Leistungen wie die Anbringung eines Tatoo oder eine Schönheitsoperation. Der „unmittelbare Zusammenhang" schließlich, von seiner generellen Schwäche abgesehen, verschiebt die Diagnosen in den Nebenbereich des bloßen Zusammenhangs, obwohl diagnostische Maßnahmen zu den beiden Zentralbereichen medizinischer Behandlung gehören. Vorbeugung und Nachsorge bleiben über den bloßen Zusammenhang vage Bereiche. Wann sind sie in diesem Sinne unmittelbar? Der für das Medizinprodukterecht gewählte Ansatz für das Adjektiv „medizinisch" lässt sich deshalb nicht auf den Gesamtsektor „Medizin" übertragen.

2. Bisher fehlende Einheit des Medizinrechts

8   Die so dargestellten Unsicherheiten ergeben sich aus der Natur der Sache. Dass es Medizinrecht bislang als Bezeichnung für Institute, Bücher und Zeitschriften gibt, belegt nur das Interesse an einer solchen Einheit, kann aber nicht darüber hinwegtäuschen, dass es diese Einheit noch nicht wirklich gibt. Auch in den folgenden Überlegungen kann es sich deshalb nur um einen weiteren Versuch einer Einheitsbestimmung handeln.

9   Wer mit seiner Wortwahl ernst genommen werden will, muss sich an die von ihm verwendeten Wörter auch halten. Die erste Bedingung für ein jedes Medizinrecht ist deshalb, dass es sich um Recht handelt. Medizinrecht kann deshalb als zentralen Gegenstand weder die Medizin noch die Ethik(Moral) haben. Alles Recht bezieht sich zwar auf Sachverhalte. Medizin, hier verstanden als Gegenstand der medizinischen Wissenschaft, ist insoweit auch Gegenstand des Medizinrechts. Aber Medizin bleibt bloßer Gegenstand der Beschreibung, z.B., wenn die ICSI-Methode näher gekennzeichnet werden soll[17] und wenn – berufsrecht-

---

[13] *Rigizahn*, RPG 1998, 33 (34).
[14] In: Rieger, HK-AKM, Nr. 3650 Rn. 2.
[15] *Dettling*, PharmR 2011, 316 (319).
[16] Es ging dort um die Frage, ob ein Hard- und Softwaresystem, mit dem bioelektrische Daten gemessen und aufgearbeitet werden können, ohne CE-Zertifizierung vertrieben werden dürfen. Das hängt davon ab, welche Bedeutung dem ungeschriebenen Tatbestandsmerkmal des „medizinischen Zwecks" zukommt, siehe dazu Vorlagebeschluss des BGH, PharmR 2011, 340.
[17] → § 68 Rn. 60. Das führt insgesamt zu einem besonderen Abschnitt Biomedizin als Teilbereich des Medizinrechts.

lich oder strafrechtlich – Standards und damit verbundene Sorgfaltspflichten geklärt werden müssen. Eine solche Untersuchung bleibt aber eine rechtliche, keine medizinische. Und natürlich gibt es im Bereich des ärztlichen Berufsrechts Rückgriffsnotwendigkeiten auf Fragen der Berufsmoral. Das setzt aber rechtliche Initiationsnormen voraus. Originäre ethische und moralische Fragen spielen in der Medizin eine erhebliche Rolle, denkt man nur an das Recht der Biomedizin.[18] Trotz der Verknüpfung sollte man aber streng darauf achten, dass allein das Recht Gegenstand des Medizinrechts ist. Selbstverständlich schließt das nicht aus, in der Abgrenzung zu Rechtsfragen zu klären, was Nicht-Recht ist.[19]

„Medizin" kann natürlich nicht die verabreichte Medizin meinen, reduzierte sich dann doch das Medizinrecht allein auf das Arzneimittelrecht,[20] dessen Teilgebiete (wie das Transfusionsrecht)[21] und die Leistungserbringer auf dem Arzneimittelmarkt.[22] „Medizinrecht" kann man auch nicht in das „Recht des Mediziners" verwandeln. Medizinrecht wäre dann nur eine überflüssige Bezeichnung für „Arztrecht".[23] Mit einer solchen Reduktion wäre auch der Verzicht auf alle nicht-ärztlichen Leistungserbringer und auf alle sächlichen Mittel bei der (Kranken)Behandlung verbunden. Umfassend ist zwar der Begriff der medizinischen Wissenschaft. Schwerpunktmäßig bezieht er sich aber auf Forschung und Lehre auf dem Sektor der Medizin, kann also z. B. den sozialversicherungsrechtlichen Sektor nicht erfassen.

Medizinrecht hat also, wie schon die semantischen Eingangsüberlegungen verdeutlichen,[24] keine klaren Konturen. Die umfangreichen Facetten von Medizin, die für sich allein noch kein Bild geben, weisen zunächst auf, dass Medizinrecht ein Querschnittsthema behandelt, also einen Sammelbegriff darstellt.

Die Elemente dieses Sammelbegriffs muss man so fixieren, dass sie innerhalb des allumfassenden Gesundheitsrechts identifizierbar bleiben. Geht man davon aus, dass ein verfassungsrechtlich fundiertes Rechtssystem als Grundlegung und oberstes Ziel den Menschen sieht,[25] so ist damit vorgegeben, dass auch das Medizinrecht vom Menschen ausgehen muss. Hier ist es zunächst – aber nicht nur – der kranke Mensch. Damit wird man sich aber nicht begnügen dürfen: Auch die Früherkennung von Krankheiten und die Vorbeugung gegen Krankheit, sofern beides auf konkretes Kranksein fokussiert ist, gehören in diesen Bereich. Rechtsmaterien, die der so weit gefassten Krankenbehandlung zuzuordnen sind, sind infolgedessen Gegenstand des Medizinrechts.[26]

Geht man, wie hier, vom Patienten aus, so wird damit sein Behandlungsbedarf angesprochen. Der Patient braucht, auf seinen Körper oder Geist bezogen, professionelle Hilfe. Sie ist, solange dieser Bezug gegeben ist, unabhängig davon, ob der Behandlungsbedarf als Krankheit definiert werden kann oder nicht. Entscheidend ist also nicht die Zuordnung zum Begriff der Krankheit,[27] sondern der körper-/geistbezogene Beratungs-/Behandlungsbedarf des Patienten.

Dieser Patientenbedarf stellt einen weiteren Bezug her, nämlich zu demjenigen, der den Patientenbedarf decken kann, zu dem also, der die dafür erforderliche professionelle Hilfe leisten kann. Es liegt auf der Hand, dass der professionelle Hilfeleister in vielen Fällen zusätzlicher Hilfe bedarf, sei es durch Personen oder durch den Einsatz sächlicher Mittel.

---

[18] Zu diesem Begriff → § 66 Rn. 1 ff.
[19] So z. B. das gesamte internationale soft law, siehe dazu → § 3 Rn. 22.
[20] → §§ 49 ff.
[21] → § 51 Rn. 2 ff.
[22] → §§ 49 ff.
[23] In dem hier verwendeten engen Sinn, → § 1 Rn. 8.
[24] → § 1 Rn. 1.
[25] → § 2 Rn. 11 ff. S. dazu *G. Kirchhof*, MedR 2007, 147.
[26] Es ist offenkundig, dass etwa gesunde Ernährung und der Verzicht auf gefahrgeneigte Tätigkeiten diesen Vorgaben nicht zugeordnet werden können.
[27] Zu den damit verbundenen Schwierigkeiten → § 2 Rn. 1 ff.

Was also zur professionellen Hilfeleistung für den Patienten erforderlich ist, gehört zum Medizinrecht.

3. Schwerpunkt „Öffentliches Medizinrecht"

15 Die Normmengen des Medizinrechts reichen vom internationalen/europäischen Recht, Verfassungsrecht, Gesetzesrecht bis hinunter in das sozialversicherungsrechtliche System der fünften Normklasse.[28] Die rechtsübliche Gegenstandsklassifikation in Privatrecht/Strafrecht/öffentliches Recht ist dagegen häufig bedeutungslos. Das hier vorgelegte Medizinrecht setzt aber medizinrechtsspezifisches Recht vor allgemeines Recht, das auf medizinrechtliche Sachverhalte angewendet wird (z. B. § 216 StGB). Zivil- und strafrechtliche Fragestellungen sind in Rechtsprechung und Schrifttum im Rahmen des Arztrechts seit Jahrzehnten umfassend betrachtet worden. Der Schwerpunkt der vorliegenden Arbeit liegt deshalb in dem, was man „öffentliches Medizinrecht" nennen könnte.[29]

16 Die Versorgung des Patienten mit Medizin i. w. S., d. h. die Deckung seines (Behandlungs-)Bedarfs erfolgt durch die reiche Palette der Leistungserbringer. Der Zugang zu ihren Berufen, die Vorgaben für ihre Berufsausübung und der Zugang des Patienten zu ihnen sind deshalb zentrales Thema eines jeden Medizinrechts. Auf der anderen Seite fehlt z. B. das Seuchenrecht, also, im Sinne von *Taupitz*[30] ein klassischer Ausgangspunkt für das Medizinrecht. Wir haben diesen Bereich eher für eine primär polizeirechtliche Thematik gehalten.[31] Im Zuge der weiteren Diskussion um den Gegenstand des Medizinrechts werden sich solche Gebiete ein- oder auspendeln.[32] Der von uns verwendete Begriff des öffentlichen Medizinrechts sollte im Übrigen nicht missverstanden werden. Wir kennzeichnen damit, wie das Adjektiv ausweist, lediglich einen Ausschnitt des Medizinrechts.

---

[28] → § 8 Rn. 3.
[29] Die Erkenntnis bricht sich nur langsam Bahn, siehe aber *Lippert*, Entwicklung des Medizinrechts aus der Sicht des öffentlichen Rechts, in: Eser/Just/Koch (Hrsg.), Perspektiven des Medizinrechts, 63; *Wahl*, Das öffentliche Recht als Fundament und dritte Säule des Medizinrechts, in: FS f. Eser, 1243.
[30] → § 1 Rn. 11. Zu den historischen Zusammenhängen vgl. *Caren Möller*, Medizinalpolizei.
[31] Siehe *Rigizahn*, RPG 1998, 33 (35), dort auch zum GeschlKG.
[32] Zu Recht hat *Kingreen* darauf aufmerksam gemacht, dass die Umschreibung des Gegenstandes von Medizinrecht im Rahmen eines noch nicht abgeschlossenen Prozesses („Lernendes Entwickeln") stattfindet, in: FS f. Deutsch, 2009, 283 (286). *Gaidzik* erwähnt das Medizinrecht als ein „bloßes sektorales Anhängsel verschiedener juristischer Disziplinen" und als einen „juristischen Mikrokosmos", vgl. *Gaidzik*, in: Jahn u. a. (Hrsg.), Medizinrecht 2015, 5, 13. Diese Beschreibung trifft jedoch auf fast alle juristischen Sondergebiete (Beispiel: Arbeitsrecht) zu. Sie betrifft in erster Linie die inneruniversitären Schwierigkeiten, das Medizinrecht als Lehr- und Forschungsgebiet eindeutig zu bestimmen. Wie acht ständig neue aufgelegte Handbücher zum Medizinrecht und der fest etablierte Fachanwalt für Medizinrecht zeigen, hat sich die Praxis längst über diese – sicherlich vorhandenen – Schwierigkeiten hinweggesetzt. Die Anwendungsdogmatik ist ersichtlich weiter. Wie schwer die notwendige Anpassung an zeitgenössische Veränderungen fällt, wird deutlich bei *Laufs*, einem der führenden Vertreter des einschlägigen Fachgebiets, der sich nicht wirklich von der Beschreibung des Arztrechts als „das stabile Hauptstück" des Medizinrechts zu trennen vermag, vgl. *Laufs*, Medizinrecht – eine neue juristische Disziplin, in: Lilie (u. a.) (Hrsg.), Standardisierung in der Medizin als Rechtsproblem, 2009, 19 ff. (28). Aber auch *Laufs* muss schließlich akzeptieren, dass Naturwissenschaften und die Anforderungen des Sozialstaats das Recht verändert haben (und immer weiter verändern), von den, von *Laufs* ausgeklammerten internationalen Einflüssen ganz abgesehen. Wenn man den Arzt – zurecht – als zentralen Akteur des Medizinrechts ansieht, kann das Arztrecht selbst kein stabiler Faktor sein. Das machen im Übrigen *Fuchs/Schirmer*, in: Lilie (u. a.) (Hrsg.), Standardisierung in der Medizin als Rechtsproblem, 2009, 45 ff. exemplarisch deutlich. und um *Laufs* nicht Unrecht zu tun: Er hat – natürlich – den Wandel des Arztrecht nicht übersehen, wie die nach seinem Tod erschienene 7. Auflage des Arztrechts von Laufs/Katzenmeier/Lipp, 2015, 15 ff. Rn. 21 ff. zeigen. Arztrecht ist als Teilgebiet des Medizinrechts sein notwendiger Bestandteil, inhaltlich aber ständigen Veränderungen unterworfen.

4. „Begriff" und Inhalt von Medizinrecht

Medizinrecht wird deshalb hier[33] als eine Sammelbezeichnung für die Rechtsnormen,[34] verwendet, die sich auf die Behandlung[35] von Patienten[36] durch dafür zugelassene[37] Fachleute[38] beziehen (primäres Medizinrecht). Medizinrecht ist aber auch die spezifische Auslegung und Anwendung der für alle geltenden Normen unter den Aspekten des primären Medizinrechts (sekundäres Medizinrecht). Vertragsrecht bleibt Vertragsrecht, muss sich aber – z. B. in den Chefarztvertragsmustern – mit besonderen Fragen auseinandersetzen. Das gilt vergleichbar für das Arbeitsrecht von angestellten Ärzten eines kirchlichen Krankenhauses und die Gesellschaftsverträge für die integrierte Versorgung oder das Arztstrafrecht. Ein dritter Sektor des Medizinrechts umfasst die Normen der allgemeinen Rechtsordnung, die unter den Erfordernissen des primären Medizinrechts geändert worden sind, ohne deshalb den Grundbezug zum allgemeinen Recht zu verlieren (tertiäres Medizinrecht). Beispiele stellen die partielle Neuregelung des BGB-Gewährleistungsrechts in § 136b SGB V oder des Datenschutzrechts der §§ 284 ff. SGB V dar.

Man kann also das primäre Medizinrecht als das originäre Recht der Sondermaterie „Medizin" verstehen, das sekundäre Medizinrecht als die Anwendung allgemein geltender Rechtsnormen auf medizinrechtliche Sachverhalte und das tertiäre Medizinrecht als eine partielle, eng begrenzte Modifikation allgemeinen Rechts unter medizinrechtlichen Vorgaben. Der Schwerpunkt unserer Darstellung liegt auf dem primären Medizinrecht. Das sekundäre Medizinrecht spielt (vom Verfassungsrecht abgesehen) eine untergeordnete Rolle, weil es nur der Sachverhalt und nicht die Rechtsnorm ist, der die Besonderheit ausmacht. Dem tertiären Medizinrecht haben wir die ihm jeweils zukommende Bedeutung beigemessen.

VI. Medizinrecht und Gesundheitsrecht

Wir haben schon mehrfach auf die Zuordnung des Medizinrechts zum Gesundheitsrecht hingewiesen.[39] Das bedarf jedoch noch einer Präzisierung.

Kingreen hat im Einzelnen dargestellt, dass und wie die rechtspraktisch und –dogmatisch gestiegene Bedeutung des Leistungserbringerrechts der GKV den Hauptgrund für die Entwicklung eines Gesundheitsrechts gebildet hat.[40]

Dem Gesundheitsrecht rechnet *Kingreen* aber auch die gesamten materiellen, verfahrens- und organisationsrechtlichen Regelungen für die Erbringung von Gesundheitsleistung zu mit der Folge, dass nun auch die Vorschriften etwa des AMG, des MPG und – ggf. – der HwO dem Gesundheitsrecht zuzuordnen sind.[41]

---

[33] Wir betonen dieses Wort, um den Versuchscharakter der Begriffsbildung hervorzuheben.

[34] Fast überflüssig zu erwähnen, dass Medizinrecht auch die (an Recht und Gesetz gebundene) Verwaltungspraxis und die Rechtsprechung umfasst.

[35] Der Behandlungsbegriff ist weit: Er umfasst patientenbezogene Information, Beratung, Diagnostik und Nachsorge mit.

[36] Wir wählen diesen Begriff, weil er offen lässt, ob eine Krankheit behandelt werden soll und weil auch der Versicherte ein Patient ist.

[37] Der Begriff der Zulassung ist nicht sozialversicherungsrechtlich zu verstehen, sondern meint die Befugnis zu behandeln oder an der Behandlung mitzuwirken. Das reicht zurück bis zum Produzenten eines im Gesundheitswesen verwendeten Gegenstandes.

[38] Wir vermeiden den Begriff des Leistungserbringers weil er allein sozialversicherungsrechtlich geprägt ist. Mit dem Fachmann soll die Professionalität der Dienst- oder Werkleistung umschrieben werden.

[39] → § 1 Rn. 6, 7.

[40] In: FS f. Deutsch, 2009, 283 (290 f.).

[41] In: FS f. Deutsch, 2009, 283 (291). Noch weiter fassen *Deutsch/Spickhoff* Rn. 1 den Inhalt von Gesundheitsrecht.

20 Wir halten diese Zuordnung nicht für zweckmäßig. Sie wäre – vielleicht – vertretbar, wenn man Medizinrecht im eigentlichen Sinne als rechtliche Regelungen der (bloßen) Ausübung der Heilkunde verstünde. Folgt man unserer Auffassung, wonach der Begriff des Medizinrechts die Rechtsregeln erfasst, die sich mit der Behandlung von Patienten durch dafür zugelassene Fachleute befassen,[42] dann gehört alles, was zur Erreichung dieses Zwecks erforderlich ist, zum Medizinrecht. Am Beispiel: Ohne AMG gäbe es keine sachgerechte Arzneimittelverordnung.

21 Wir sehen deshalb im Gesundheitsrecht einen – durchaus sinnvollen – Oberbegriff, der sich vom Medizinrecht abhebt, weil er über dieses hinaus weitere Regelungsbereiche wie etwa das Seuchen- oder das Lebensmittelrecht erfasst. Medizinrecht wird damit zu einem Teil eines Gesundheitsrechts, mit diesem im Einklang stehend, aber eben nur einen Teilbereich umfassend. Man kann deshalb durchaus von komplementären Rechtsgebieten sprechen.[43]

§ 2 Verfassungs- und europarechtliche Vorgaben

I. Verfassungsrecht

1. Gesundheit als Regelungsgegenstand

1 Krankheit und Gesundheit sind, rechtlich gesehen, normative Begriffe.[44] Mit dieser formellen Zuordnung soll allerdings nur gesagt werden, dass es sich bei Krankheit und Gesundheit nicht um ontologische Essentialia, sondern um soziale Konstruktionen handelt. Der Norminhalt wechselt je nach dem Stand der Medizin, den gesellschafts-politischen Vorstellungen und dem Selbstverständnis des Einzelnen.[45] So verwundert es nicht, dass es zwischen dem reduktionistischen „Gesundheit ist die Abwesenheit von Krankheit" und der ambitionierten Formel der WHO „Gesundheit ist ein Zustand völligen körperlichen, seelischen und sozialen Wohlbefindens und nicht nur das Freisein von Krankheit oder Gebrechen"[46] eine Vielzahl von Definitionen gibt.[47]

Im rechtlichen Zusammenhang sind sie auf das jeweilige Ordnungssystem bezogen.

2 Im Recht der Entgeltfortzahlung, also im Arbeitsrecht, hat die Rechtsprechung Krankheit als „jeden regelwidrigen Körper- und Geisteszustand" verstanden.[48] So wird der Begriff auch im Kündigungsschutzrecht im Rahmen der personenbedingten Kündigung gesehen.[49] Die

---

[42] → § 1 Rn. 16.
[43] So *Kingreen*, in: FS f. Deutsch, 2009, 283 (294 f.).
[44] *Haffke*, MedR 1990, 243; HK-AKM/*Bender*, Rn. 3 zu Nr. 2180.
[45] Zu den Bezugspunkten „Kranker, Arzt, Gesellschaft" siehe *Rothschuh*, in: ders. Was ist Krankheit? 397 ff. (398, 411 ff.), s. dazu auch *Schnitzler*, Das Recht der Heilberufe, 138 ff.
[46] Siehe dazu *Jung*, Das Recht auf Gesundheit, 66 f.; Vgl. die Nachweise bei *Laufs*, in: L/K, § 1 Rn. 17 ff. und bei *Axer*, in: HStR Bd. IV, § 95 Rn. 1 mit Fn. 3.
[47] HK-AKM/*Bender*, Rn. 5 ff. zu Nr. 2180. Verfolgenswert ist der Ansatz, die allgemeine Systemtheorie für den Begriff der Krankheit fruchtbar zu machen, vgl. *Dettling*, PharmR 2011, 118. Zu einem allgemeinen Krankheitsbegriff wird das aber mutmaßlich nicht führen können. Was „normal/regelwidrig" ist, muss für die jeweiligen Ordnungszusammenhänge eingebettet werden. Das erzwingt vor allem, weil es sich nicht nur um Medizin, sondern um Medizinrecht handelt, die Erstreckung des systemtheoretischen Ansatzes auf das Recht.
[48] BAG, NZA 1992, 69; *Reinecke*, DB 1998, 130; *Boecken*, in: Münchener Handbuch Arbeitsrecht, Bd. I, Individualarbeitsrecht I, Rn. 25 ff. zu § 83.
[49] *Oetker*, in: Erfurter Kommentar zum Arbeitsrecht, Rn. 112 zu § 1 KSchG, 430; *Lepke*, Kündigung bei Krankheit, 16. Die Wertungselemente werden besonders deutlich, wenn man sieht, dass das BAG – folgerichtig – die gesundheitlichen Beeinträchtigungen des Schwerbehinderten nicht als Krankheit ansieht, BAG, BB 1992, 211. Vergleichbare Differenzierungen gibt es bei Abgrenzung von Krankheit zum unionsrechtlichen Begriff der Behinderung, siehe dazu EuGH, NZA 2006, 839 – Chacon Naves; BAG, NZA 2010, 280; NZA 2011, 1370; NZA 2012, 667; *Schlachter*, in: Erfurter Kommentar zum Arbeitsrecht § 1 AGG Rn. 9.

Rechtsprechung nimmt dabei an, sie arbeite mit einem objektiven medizinischen Begriff, was schon wegen des Zusatzes „regelwidrig" ausscheidet.[50] Um nicht jede physische oder psychische „Regelwidrigkeit" als Krankheit behandeln zu müssen, wird diese „Definition" um den Zusatz ergänzt, es müsse sich um eine heil- oder behandlungsbedürftige Regelwidrigkeit handeln.[51]

Damit übernimmt die arbeitsgerichtliche Rechtsprechung den Krankheitsbegriff des BSG, das in ständiger Rechtsprechung davon ausgeht, Krankheit sei „ein regelwidriger, vom Leitbild des gesunden Menschen abweichender Körper- oder Geisteszustand, der ärztlicher Behandlung bedarf oder – zugleich oder ausschließlich – Arbeitsunfähigkeit zur Folge hat". Darin kommen die krankenversicherungsrechtlichen Aspekte der Abdeckung bestimmter Risiken zum Ausdruck, gesteuert durch den Aspekt der Krankenbehandlung (§ 27 SGB V).[52] Mit Recht ist darauf hingewiesen worden, dass der Begriff der Arbeitsunfähigkeit oder der gestörten Leistungsfähigkeit des Arbeitnehmers nicht zum medizinischen Krankheitsbegriff gehört.[53] Das gilt auch für den Begriff der Behandlungsbedürftigkeit.

Auch der BGH orientiert sich – im Rahmen der Musterbedingungen für die private Krankenversicherung[54] – an der Regelwidrigkeit des körperlichen oder geistigen Zustands des Menschen.[55] Die Instanzrechtsprechung tut sich allerdings mit der Deutung des Begriffs der Regelwidrigkeit schwer.[56] Das BVerwG folgt im Rahmen des Beihilferechts[57] und des Arzneimittelrechts (§ 2 I Nr. 1 AMG)[58] der Rechtsprechung des BSG.[59]

Zusammenfassend kann man feststellen, dass die höchstrichterliche Rechtsprechung Krankheit als regelwidrigen Körper- oder Geisteszustand umschreibt. Regelwidrig soll sein, was nicht dem Leitbild vom gesunden Menschen entspricht. Damit bleiben die Begriffe Krankheit und Gesundheit so offen und fließend, wie sie es in der Medizin und im gesellschaftlichen Verständnis sind.[60] Die damit verbundenen Schwierigkeiten werden durch die Verwendung des Krankheitsbegriffs in den ihm jeweils zugeordneten einfach-rechtlichen Regelungszweck allerdings erheblich relativiert. Das geschieht im Wesentlichen über die außerhalb des Krankheitsbegriffs selbst liegenden Elemente der Behandlungsbedürftigkeit/ eingeschränkten Leistungsfähigkeit/Arbeitsunfähigkeit. Die komplementären Begriffe Krankheit/Gesundheit sind deshalb, soweit es um ihre rechtliche Bedeutung geht, funk-

---

[50] Vgl. etwa BAG, DB 1976, 1386.
[51] BSG, SozR 3-2500, § 27 SGB V Nr. 11, S. 38 – erektile Dysfunktion – unter Hinweis auf BSGE 39, 167 (168) – Schwangerschaftsverhütende Mittel bei medizinischer Indikation; BSGE 35, 10, 12 – Kiefer- oder Zahnstellungsanomalie; BSGE 26, 240 (242 f.) – Einengung der Zeugungsfähigkeit. BSG, SozR 4-2500 § 27 SGB V Nr. 23 Rn. 11 – Transsexualismus. Allgemein zur Rechtsprechung des BSG *Lang*, in: Becker/Kingreen, SGB V § 27 Rn. 15 ff.; *Fahlbusch*, in: Schlegel/Voelzke, SGB V § 27 Rn. 22 ff.; *Kraftberger*, in: LPK-SGB V § 27 Rn. 10 ff.
[52] BSG, SozR 4-2500 § 27 SGB V Nr. 20, Rn. 10.
[53] *Lepke*, Kündigung bei Krankheit, 17.
[54] *Kalis*, in: Bach/Moser, Private Krankenversicherung, Rn. 45 ff. zu § 1 MB/KK; *Prölss*, VVG, Rn. 4 zu § 1 MB/KK: Versicherungsfall ist die medizinisch notwendige Heilbehandlung einer versicherten Person wegen Krankheit oder Unfallfolgen (§ 1 Abs. 2 MB/KK).
[55] BGHZ 99, 228 – bejaht für die organisch bedingte Tubenanomalie. Die infolgedessen gegebene Kinderlosigkeit des anderen Ehegatten ist keine Krankheit, BGH, NJW 1998, 824.
[56] Vgl. die Nachweise bei *Kalis*, in: Bach/Moser, Private Krankenversicherung, Rn. 45 ff. zu § 1 MB/ KK.
[57] Für das Beihilferecht siehe § 6 I BhV: Aus Anlass einer Krankheit sind beihilfefähig die Aufwendungen für ..., siehe dazu *Schröder/Beckmann/Weber*, Beihilfevorschriften des Bundes und der Länder, Bd. 1, Anm. 1 zu § 6 BhV.
[58] *Müller*, in: KMH, § 2 Rn. 75 m. w. Nw.
[59] → § 2 Rn. 3.
[60] Erst recht in der subjektiven Einschätzung des Betroffenen. Dass sie gänzlich unerheblich ist, wie immer wieder angenommen wird, ist, wegen der psychischen Seite des Krankheitsbegriffs, nicht zutreffend.

tionale Begriffe. Ihr Inhalt lässt sich nur aus dem jeweiligen rechtlichen Zusammenhang erschließen. Wegen der notwendigen Verknüpfung mit der „Regelwidrigkeit" des zu beurteilenden Zustandes, bezieht sich die normative Beurteilungsnotwendigkeit auch auf den Ausgangspunkt selbst. In diesem Sinn gibt es keine objektive medizinische Ausgangsbasis, sondern nur eine über den jeweiligen Regelungszusammenhang objektivierbare.

2. Recht auf Gesundheit?

6   Weil die weder im GG noch im einfachen Recht definierten Begriffe von Krankheit und Gesundheit funktionsabhängig, also offen, fließend und infolgedessen wandelbar sind, kann es auch – unabhängig vom Verständnis der Schutzfunktionen von Grundrechten[61] – kein „Recht auf Gesundheit" geben.

7   Anders als die in Art. 2 II GG genannten Anknüpfungsaspekte, wonach jeder das Recht auf Leben und körperliche Unversehrtheit hat, ist Gesundheit deshalb nicht als solche Norminhalt des Art. 2 II GG.[62] Ein solches Grundrecht auf Gesundheit lässt sich auch nicht aus Art. 1 I GG heraus- und in das Sozialstaatsprinzip des Art. 20 GG hineinlesen.[63]

8   Gesundheit und Krankheit sind nicht nur individuell zu beurteilen, sondern auch bezogen auf die Gesamtheit der Bevölkerung. Das BVerfG hat in diesem Zusammenhang von der Volksgesundheit gesprochen,[64] als eines Gegenstandes von überragendem Gemeinwohlinteresse, und damit als einer Eingriffsvoraussetzung im Sinne des Art. 12 I GG. Das BVerfG hat den Begriff der Volksgesundheit zunächst unbefangen verwendet, wie BVerfGE 13, 97 (107) zeigt,[65] wo die Volksgesundheit als ein von der jeweiligen Politik des Gemeinwesens unabhängiger Gemeinschaftswert bezeichnet wird.[66] In der Dentistenentscheidung[67] wird die „Volksgesundheit" noch einmal aufgewertet, indem sie als ein besonders wichtiges „absolu-

---

[61] Zur Notwendigkeit, den Regelungsbereich des jeweiligen Grundrechts auch im Hinblick auf die Entstehungsgeschichte zu ermitteln siehe *Böckenförde,* Der Staat 42 (2003) S. 165 (174 ff.). Von daher entscheidet sich auch der Streit, ob geringfügige Beeinträchtigungen der körperlichen Unversehrtheit (z. B. Haareschneiden) von Art. 2 II GG erfasst werden, siehe dazu ausführlich *Schulze-Fielitz,* in: Dreier, GG, Bd. I, Rn. 31 zu Art. 2 II GG.

[62] Versuche, ein solches Grundrecht zu konstituieren, sind gescheitert, vgl. *Seewald,* Zum Verfassungsrecht auf Gesundheit; *Jung,* Das Recht auf Gesundheit, hM, vgl. *Murswiek,* in: Sachs, GG, Rn. 150 zu Art. 2 GG. *Seewald* hatte sehr sorgfältig den gesundheitsrechtlichen Bezug einzelner Grundrechtsbestimmungen herausgearbeitet (aaO, S. 60 ff.). Die von ihm daraus gezogene Folgerung auf ein „Recht auf Gesundheit" (aaO, S. 70) überfordert aber, wegen der Konturenlosigkeit eines solchen Rechts, die Schutztheorie. *Jung* hatte ohnehin die Frage offen gelassen, ob es ein Grundrecht auf Gesundheit gibt, und sich damit begnügt, aus einer „Leitidee" eines solchen Rechts gesundheitspolitische Folgerungen zu ziehen (aaO, S. 249 ff.). *Pestalozza,* Bundesgesundheitsblatt 2007, 1113 will ein verfassungsrechtliches Recht auf Gesundheit anerkennen, gestützt auf strukturelle Änderungen im Verständnis von Art. 2 I GG und dem interpretatorischen Einfluss internationalrechtlicher Gewährleistungen. Ob ihm die Rechtsprechung wegen der damit verbundenen finanziellen Auswirkungen und der Unbestimmtheit eines solchen Grundrechtsschutzes folgen wird, ist zu bezweifeln. *Pestalozza* erwähnt die m. E. nicht nur begrenzenden (so S. 1117), sondern ausschließenden Umstände selbst. Folgerichtig diskutiert deshalb *Ramm,* VSSR 2008, 203 (218) eine Ergänzung des GG. S. dazu jetzt *Bernzen,* Das Grundrecht auf Gesundheit – Ausblick auf einen latenten Standard, in: Festschrift für Dahm, 2017, 49 ff.

[63] *Jaeger,* NZS 2003, 225.

[64] BVerfGE 7, 377 (430).

[65] Das ist nicht überraschend. Berichterstatter ist in beiden Fällen Bundesverfassungsrichter *Heck* gewesen. Völkisch-nationales Denken, das die Familie Heck prägte, vgl. *Schoppmeyer,* Juristische Methode als Lebensaufgabe, 204 f. arbeitet mit dem Begriff der Volksgesundheit unkritisch, mag sie auch ihre Ursache in der deutsch-rechtlichen Verknüpfung mit dem „Volkskörper" gehabt haben, der vor Krankheit geschützt werden sollte. Zur Begriffsgeschichte vgl. *Frenzel,* DÖV 2007, 243.

[66] Als obiter dictum, denn die Entscheidung betraf den Befähigungsnachweis im Handwerk.

[67] BVerfGE 25, 236 (247).

tes" Gemeinschaftsgut bezeichnet wird.[68,69] Dann verliert sich die Spur der Volksgesundheit. Das Wort taucht zwar noch auf,[70] wird aber nun in den Begriff „Gesundheit der Bevölkerung" übersetzt[71] und schließlich mit „Gesundheitsversorgung der Bevölkerung" spezifiziert.[72] Dass die „Volksgesundheit" eine Metapher ist, und eine überholte dazu, weil es in der Tat bei der Gesundheitsversorgung nicht nur um das deutsche Volk gehen kann, sondern alle betrifft, die von der Geltung der Vorschriften der GKV erfasst werden, ist offenkundig. Der Wort-Wechsel löst aber das Problem nicht, wovon denn bei der Gesundheit der Bevölkerung die Rede ist. Ohne in einen neuen Universalienstreit eintreten zu wollen, liegt auf der Hand, dass es so etwas wie „Gesundheit der Bevölkerung" nicht gibt. Schon aus tatsächlichen Gründen ist vielmehr davon auszugehen, dass, wenn Krankheit ein regelwidriger Zustand ist,[73] angesichts des Diagnosefortschritts und der demographischen Entwicklung der Bevölkerung bei einer Gesamtbetrachtung von deren Krankheit auszugehen ist. Da es keinen Volkskörper gibt, kann es auch nur um die Vermeidung, Linderung oder Heilung von Krankheit beim Einzelnen gehen. Von Gesundheit selbst kann man deshalb nur in Bezug auf die konkrete Gesundheit des Einzelnen sprechen.

Was die „Gesundheit der Bevölkerung" ausmacht, lässt sich zwar trotzdem sagen, weil auch hier die Offenheit des Gesundheitsbegriffs die ausschlaggebende Rolle spielt. Der damit angesprochene allgemeine Gesundheitszustand stellt den Bezug zu staatlichen Maßnahmen her, die der Verhinderung von Krankheit und der Erhaltung und Förderung von Gesundheit dienlich sind. Das betrifft die Einrichtung von Krankenversicherungssystemen ebenso wie bereichsbezogene Maßnahmen, z. B. der Gewährleistung der ärztlichen Versorgung, der Arzneimittelsicherheit oder den Schutz vor Seuchen. Damit wird aber schon deutlich, dass „Gesundheit der Bevölkerung" ein politisches Fernziel ist, das im jeweils gegebenen Zusammenhang kaum Aussagekraft hat, sondern diese erst gewinnt, wenn man die konkrete Maßnahme in den Blick nimmt.[74] Nicht die „Gesundheit der Bevölkerung" bestimmt dann die Gewichte innerhalb des Abwägungsvorgangs, sondern der funktionale Bezug etwa von Arzneimittelsicherheit zur Gesundheitsvorsorge oder von Altersgrenzen für die Leistungsfähigkeit der Leistungserbringer. „Gesundheit der Bevölkerung" erweist sich deshalb als die gleiche Metapher wie „Volksgesundheit". Es kann auch keine Rede davon sein, dass damit ein „absolutes" Gemeinschaftsgut beschrieben wird. Es liegt auf der Hand, dass sich die „Gesundheit der Bevölkerung" in Bezug zu anderen Gemeinwohlerfordernissen setzen lassen muss, wie etwa der finanziellen Stabilität der GKV. Was als gesundheitspolitisches Ziel politisch gewollt ist, hängt darüber hinaus von der Bedeutung von Gesundheit und Krankheit ab. Vermehrt gibt es z. B. insoweit Überlegungen, altersverursachte Regelwidrigkeiten, wie z. B. Seh- und Hörschwächen als regelgerechte (nämlich dem Alter entsprechende) Störungen anzusehen, und sie deshalb aus der „Volksgesundheit" auszuklammern. Und da Gesundheit nicht durch Geld, sondern durch die professionellen Leistungserbringer vermittelt wird,

---

[68] Das muss man nicht wörtlich nehmen. An zwei anderen Stellen der Entscheidung (aaO, S. 251, 255) wird die Volksgesundheit wieder zu einem bloßen Gemeinschaftsinteresse.

[69] Seit Bd. 25 wird in der Zitatenkette die Hebammenentscheidung BVerfGE, 9, 338 (346) aufgeführt. Dort taucht der Begriff der Volksgesundheit aber gar nicht auf, sondern nur die Bedeutung von Altersgrenzen für die Allgemeinheit im Sinne eines wichtigen gesundheitspolitischen Ziels.

[70] BVerfGE 78, 179 (192) – Heilpraktiker.

[71] Vgl. BVerfGE 107, 186 (196); 120, 224 Rn. 50 – Geschwisterinzest. Die Entscheidung hat der EGMR, NJW 2013, 215 gebilligt. Zum Wechsel in der Begriffswahl s. a. *Steiner*, MedR 2003, 1 (2); *Frenzel*, DÖV 2007, 243 (247).

[72] BVerfGE 103, 172 (184) – Altersgrenze in der vertragsärztlichen Versorgung. Hier unter alleiniger Bezugnahme auf BVerfGE 17, 269 (276), wo vom „Schutz der menschlichen Gesundheit als eines besonderen hohen Gutes" die Rede ist, ebenso BVerfG, Urt. v. 6.12.16 – 1 BvR 282/11 (u. a.), NJW 2017, 217 Rn. 306 – 13. AtG-Novelle.

[73] → § 2 Rn. 1 ff.

[74] Dazu auch BVerfGE 107, 186 (196).

richtet sich die Volksgesundheit auch an der Situation, den Möglichkeiten und den Zumutbarkeiten von Leistungserbringung aus. Die Rede von der Volksgesundheit (Gesundheit der Bevölkerung) verdeckt deshalb eher die systematischen Zusammenhänge, als dass es sie erhellt. Eigentlich ist die Gesundheit der Bevölkerung inzwischen ein Artefakt geworden, der aus der Urzeit der Berufsfreiheitsrechtsprechung und ihrer schematischen Zweiteilung in Berufswahlfreiheit und Berufsausübungsfreiheit[75] perpetuiert wird, um das für die Abgrenzung überragend wichtige Gemeinschaftsgut benennen zu können. Auch dort, wo das Wort von der Volksgesundheit noch auftaucht, ist es längst differenziert und relativiert, und in die „Je-desto-Formel"[76] transformiert worden. Es wäre deshalb angebracht, sich von der Volksgesundheit (Gesundheit der Bevölkerung) als Rechtsbegriff zu verabschieden. Mit der Sache selbst, und einer entsprechenden Gesundheitspolitik sieht es aber unverändert anders aus: Dass es auf die Gesundheit der Bevölkerung (als letztem Ziel) bezogene Maßnahmen geben muss, folgt aus dem Sozialstaatsprinzip des Art. 20 I GG; wie sie ausgestaltet sind, ist dagegen grundsätzlich Sache des Gesetzgebers.[77] Mit anderen Worten: „Gesundheit der Bevölkerung" betrifft die systematischen Voraussetzungen, die gegeben sein müssen, um individuelle Gesundheitssorge gewährleisten zu können.

3. Gesundheit und Grundrechtsschutz

10   Grundrechte sind im hier verwendeten Sprachgebrauch Bestandteile des sekundären Medizinrechts.[78] Eine Darstellung des Medizinrechts hat deshalb nicht die Aufgabe das Grundrechtssystem des GG zu erörtern, schon deshalb nicht, weil praktisch alle materiell-rechtlichen Gewährleistungen des GG als Maßstabsnormen für medizinrechtliche Maßnahmen, Entscheidungen und einfaches Recht in Betracht kommen. In der Folge geht es infolgedessen nur um inhaltliche GG-Bestimmungen,[79] die im Medizinrecht besondere Bedeutung erlangt haben, nämlich Art. 1 I GG, Art. 3 I GG und Art. 12 I GG.[80]

11   a) **Art. 1 I GG.** Zu den maßstabsbildenden Vorgaben des Verfassungsrechts für das Medizinrecht gehört Art. 1 I GG, also die beiden Sätze:

„(1) Die Würde des Menschen ist unantastbar. Sie zu achten und zu schützen ist Verpflichtung aller staatlichen Gewalt."

12   aa) **Art. 1 I GG als Grundlegung.** Nach verbreiteter, von *Günter Dürig* begründeter Auffassung,[81] stellt Art. 1 I GG Ausgangspunkt und Grundlage für das grundgesetzliche Wert- und Anspruchssystem dar.[82] Das verweist auf den objektiv-rechtlichen Gehalt des Art. 1 I GG. Nach der sogenannten Objektformel wird dieser Gehalt so gekennzeichnet:

---

[75] → § 2 Rn. 19 ff.
[76] → § 2 Rn. 22 mit Fn. 99.
[77] *Jaeger*, NZS 2003, 225; BVerfGE 77, 308 (332); 103, 172 (185), 106, 62 (108), st. Rspr.
[78] S. § 1 Rn. 21 f.
[79] Zum Kompetenzrecht s. § 2 Rn. 26 ff.
[80] Zum Selbstbestimmungsrecht des Patienten (Art. 1 GG iVm Art. 2 I GG) s. § 2 Rn. 35 ff.; zum Recht auf körperliche Unversehrtheit (Art. 2 II GG) s. § 2 Rn. 23 ff. und zu gesundheitsrelevanten Schutzpflichten (Art. 2 II GG) vgl. § 2 Rn. 23 ff. Dass es die Grundrechte sind, die die entscheidenden Maßstäbe für das Medizinrecht setzen und nicht das Sozialstaatsprinzip, dazu siehe nachdrücklich *Schmidt-Aßmann*, NJW 2004, 1689 (1690).
[81] AöR 81 (1956), 117 ff.
[82] Siehe dazu ausführlich (aber kritisch) *Herdegen*, in: MD, Rn. 17 ff. zu Art. 1 I GG umfassend *Di Fabio*, JZ 2004, 1; *Häberle*, Die Menschenwürde als Grundlage der staatlichen Gemeinschaft, in: HStR, Bd. II, § 22. Das BVerfG spricht insoweit von einem „tragenden Konstitutionsprinzip" und dem obersten Grundwert der freiheitlich demokratischen Grundordnung, BVerfGE 96, 375 (398); 102, 370 (389). Man spricht insoweit von der anthropozentrischen Grundausrichtung der Verfassung, vgl. *Schmidt-Preuss*, Menschenwürde und „Menschenbild" des Grundgesetzes in: FS f. Link, 421. Die aktuelle Diskussion

„*Die Menschenwürde ist betroffen, wenn der konkrete Mensch zum Objekt, zu einem bloßen Mittel, zur vertretbaren Größe herabgewürdigt wird*".[83]

Das BVerfG sagt von der hinter der Objektformel stehenden Subjektqualität des Menschen, sie sei jedem Menschen eigen

„*ohne Rücksicht auf seine Eigenschaften, seine Leistungen und seinen sozialen Status. Verletzbar ist der Wert und Achtungsanspruch, der sich aus ihr ergibt*". „*Schlechthin verboten ist damit jede Behandlung des Menschen durch die öffentliche Gewalt, die dessen Subjektqualität, seinen Status als Rechtssubjekt, grundsätzlich in Frage stellt ..., indem sie die Achtung des Wertes vermissen lässt, der jedem Menschen um seiner selbst Willen, kraft seines Personseins, zukommt ...*"[84]

In der jüngsten Rechtsprechung des Gerichts ist darauf hingewiesen worden, dass diese allgemeinen Aussagen konkretisierungsbedürftig sind. Der Erste Senat erläutert das so:

„*Dies geschieht in der Rechtsprechung in Ansehung des einzelnen Sachverhalts mit dem Blick auf den zur Regelung stehenden jeweiligen Lebensbereich und unter Herausbildung von Fallgruppen und Regelbeispielen ... Dabei wird der Begriff der Menschenwürde häufig vom Verletzungsvorgang her beschrieben.*"[85]

Die damit umschriebene Grund-Legung ist zugleich auch eine Grenz-Ziehung. In ständiger Rechtsprechung judiziert das BVerfG, dass sowohl den allgemeinen Prinzipien des Krankenversicherungsrechts, wie dem Sozialstaatsprinzip, als auch den einzelnen Grundrechten durch Art. 1 I GG eine absolute Grenze gesetzt wird.[86]

bb) Der Inhalt von „Würde". Es ist versucht worden, den Würdebegriff von der Objektformel zu lösen, um ihn inhaltlich zu bestimmen.[87] Inhaltliche Festlegungen sind ehrenwerte

---

verläuft, von Stellungnahmen zu konkreten Entscheidungen abgesehen, auf unterschiedlichen Feldern, vgl. etwa *Alexy*, Menschenwürde und Verhältnismäßigkeit, AöR 140 (2015), 497 ff.; *C. Bäcker*, Begrenzte Abwägung. Das Menschenwürdeprinzip und die Unantastbarkeit, Der Staat 55 (2015), 433 ff.; *Rothaar*, Die Menschenwürde als Prinzip des Rechts, 2015, und dazu *Rixen*, JZ 2016, 585 ff.; *v. d. Pfordten*, Menschenwürde, 2016; *v. Schwichow*, Die Menschenwürde in der EMRK, 2016; s. a. → Rn. 7544 ff. Inzwischen gewinnt Art. 1 I GG in der **Rechtsprechung** aber immer mehr selbständige Bedeutung, besonders kenntlich bei der sozialrechtlichen Gewährleistung eines menschenwürdigen Existenzminimums, BVerfGE 125, 175 LS 2; BVerfGE 132, 134 LS 2, und zum Grundsatz „Keine Strafe ohne Schuld", B. d. Zweiten Senats vom 15.12.2015 – 2 BvR 2735/14, Rn. 53 ff. EuGRZ 2016, 33 (40 f.). Das gilt auch für das **Spezialschrifttum**, vgl. *Joerden/Hilgendorf/Thiele* (Hrsg.), Menschenwürde und Medizin – ein interdisziplinäres Handbuch.

[83] Siehe dazu (kritisch) *Herdegen*, in: MD, Rn. 33 zu Art. 1 I GG. Die Objektformel liegt auch der Rechtsprechung des BVerfG zugrunde, vgl. BVerfGE 9, 89 (95); 27, 1 (6); 28, 386, 391; 45, 187 (228); 50, 166 (175); 87, 209 (228). Das BVerfG hat versucht, die Objektformel zu verfeinern; einen Eingriff in die Menschenwürde soll danach vorliegen, „wenn der Mensch einer Behandlung ausgesetzt ist, die seine Subjektqualität prinzipiell in Frage stellt oder dass in der Behandlung im konkreten Fall eine willkürliche Missachtung der Würde des Menschen liegt", BVerfGE 30, 1 (26).

[84] BVerfGE 96, 375 (399); siehe auch BVerfGE 87, 209 (228); BVerfGE 115, 188 (152 f.) – Luftsicherheitsgesetz. Die Menschenwürde stellt dabei nach Auffassung des BVerfG den höchsten Rechtswert innerhalb der verfassungsgemäßen Ordnung dar, BVerfGE 117, 71 (89); 140, 317 (341 Rn. 49). Zur Rolle der **Objektformel** in diesem Zusammenhang siehe krit. *Schenke*, NJW 2006, 738; *Merkel*, NJW 2007, 373 (379 f.). Zu der vom BVerfG zunehmend in den Vordergrund gestellten **Subjektformel** s. *Stern*, in: ders. Staatsrecht, Bd. IV § 97 Anm. II 2.

[85] BVerfGE 109, 279 (311 f.) – Wohnraumüberwachung, 115, 118 (153) – Flugsicherungsgesetz. Die Konkretisierung und Aktualisierung ist primär Aufgabe des Gesetzgebers, BVerfGE 125, 175 (222).

[86] Vgl. etwa BVerfGE 102, 347 (366 f.) – Benetton I; JZ 2003, 622 (623) – Benetton II.

[87] Siehe dazu *Schmidt-Jortzig*, Rechtsfragen der Biomedizin: Honestas, Gravitas, Auctoritas. Andere „drei Grundsätze" finden sich bei *H. Hofmann*, AöR 118 (1993), 363. Die Reduktion auf einen „sozialen Achtungsanspruch", *J. Ipsen*, JZ 2001, 989 (992) unter Hinweis auf BVerfGE 45, 187 (228) gehört zu den

Fixierungen der Grundüberzeugungen ihres jeweiligen Urhebers. Sie sind deshalb in einer in Grundfragen pluralistischen Gesellschaft nicht konsensfähig. Die Objektformel ist ein angreifbarer Notbehelf, allerdings verknüpft mit dem Vorteil, den seine Anwendung durch das BVerfG mit sich gebracht hat. Es muss auch unter diesem Vorbehalt berücksichtigt werden, dass die Objektformel unter dem Blickwinkel entwickelt worden ist, der sich aus der Sicht des Menschen als Person ergibt, also bezogen auf die Zeit nach seiner Geburt. Der vom BVerfG verfolgte Ansatz, die Objektformel über das Willkürverbot und das Prinzip der Verhältnismäßigkeit zu schärfen, hat dabei mehrere Vorzüge: Beide Prinzipien sind inhaltlich gesichert, allgemein anerkannt, durch ständige gerichtliche Anwendung hinreichend justiziabel und zudem über das Angemessenheitskriterium miteinander verknüpft. Die damit verbundene rechtliche Flexibilität erlaubt es, subjektive und objektive Elemente entsprechend zu gestalten. Hilfreich ist insoweit die Feststellung von *Isensee*, der Begriff der Menschenwürde enthalte nichts, was inhaltlich über die Freiheits- und Gleichheitsgrundrechte hinausgehe.[88] Insgesamt sollte die Mahnung nicht ungehört verhallen, die zuerst in der angelsächsischen analytischen Schule ihre zentrale Position erhalten hat, dass auch die Behandlung von Grundsatzfragen den allgemeinen Sprachgebrauch nicht vernachlässigen darf. Das gilt auch für Fachsprachen, wie das Juristische, und es gilt besonders, wenn eine „Formel von Weltrang" wie die von der „Würde des Menschen" eingesetzt wird. Ist das so, dann darf gefragt werden, ob – außerhalb von Straf- und Verfassungsrecht, von Theologen und Professoren der Moralphilosophie – jemand z.B. auf den Gedanken käme, in Entwicklung befindliche Zellansammlungen „mit Würde" zu begaben, und ob sich – und das ist die letzte Konsequenz für die, die Art. 1 I GG als Grundrecht verstehen – in solchen Zellansammlungen Grundrechtsträger erkennen lassen. Alle solche Versuche leben angesichts des enthaltsamen Textes aus dem Grad ihrer Überzeugungskraft, der damit verbundenen Plausibilität, letzten Endes aber davon, dass der Gesetzgeber ihnen im jeweiligen Anwendungsbereich mit Billigung des BVerfG folgt. Das bedeutet keinen Denkverzicht. Es weist vielmehr auf die Notwendigkeit hin, den entsprechend Diskurs inner- und außerhalb des Parlaments engagiert zu führen.[89]

14   **cc) Art. 1 I GG als Grundrecht?** Nicht eindeutig geklärt ist, ob Art. 1 I GG auch als Grundrecht verstanden werden kann. Das BVerfG hat in sehr frühen Entscheidungen den Grundrechtscharakter des Art. 1 I GG angenommen, aber nicht näher begründet.[90] Die Mehrheitsmeinung im Schrifttum bejaht den Grundrechtscharakter.[91] Die Gründe sind eher

---

Versuchen, den notwendigerweise, da zum Wesen des Menschen gehörend, offenen Würdebegriff so lange zu konkretisieren, bis ein kleinster gemeinsamer Nenner gefunden worden ist. Zu den Schwierigkeiten, den Inhalt von Menschenwürde zu bestimmen siehe *Lindner*, DÖV 2006, 577 (581 ff.); *Dreier*, in: ders., GG, Bd. I, 3. Aufl., 2013 Art. 1 Rn. 52 ff.

[88] *Isensee*, AöR 131 (2006), 173 (195).

[89] Siehe dazu *Zuck*, NJW 2002, 869; ders. Juristischer Zeitgeist, 2007, 187 ff. Auf die Ergebnisse eines solchen Diskurses setzt auch das BVerfG, vgl. BVerfG, NJW 2003, 3111 – Kopftuch II. Das alles ist jetzt wieder im Zusammenhang mit der vom BVerfG aus Art. 1 I GG iVm Art. 20 I GG herausgelesenen Gewährleistung eines menschenwürdigen Existenzminimums (BVerfGE 125, 175 [222]) aktuell geworden, siehe dazu *Neskovic/Erden*, SGb 2012, 134; *Burkiczak*, SGb 2012, 324; *Neskovic/Erden*, SGb 2012, 326. Das Grundgesetz gibt allerdings keinen exakten bezifferten Anspruch, BVerfGE 132, 134; 137, 34 (79). Dem BVerfG kommt in diesem Zusammenhang nicht die Aufgabe zu, zu entscheiden, wie hoch ein Anspruch auf Leistungen zur Sicherheit des Existenzminimums sein muss; „es ist zudem nicht seine Aufgabe, zu prüfen, ob der Gesetzgeber die gerechteste, zweckmäßigste und vernünftigste Lösung zur Erfüllung seiner Aufgaben gewählt hat", BVerfGE 130, 263 (294); 137, 34 (74 Rn. 80).

[90] BVerfGE 1, 332 (443); 12, 113 (123); 15, 283 (286).

[91] Vgl. etwa *Starck*, in: MKS, Rn. 28 zu Art. 1 GG; *Kloepfer*, Leben und Würde des Menschen, in: FS 50 Jahre BVerfG, 2. Bd., 77 (86); *Herdegen*, in: MD, Rn. 26 zu Art. 1 I GG; *Höfling*, in: Sachs, GG Art. 1 GG Rn. 7; a. A z.B. *Dreier*, in: ders., GG, Bd. 1, Rn. 123 („Grundsatz und Grundrecht") zu Art. 1 I GG; *Merten* HGR II (2006) § 27 Rn. 10 f.; *Isensee*, AöR 101 (2006) S. 173 (209 f.); übersichtlich zum Diskussionsstand *Stern*, in: ders. Staatsrecht Bd. IV/1 § 97 Anm. III 1b; Dreier, in: ders. GG Bd. I Rn. 121 ff. zu Art. 1.

akklamatorisch: Weil die Menschenwürde oberstes Konstitutionsprinzip sei, erscheint es nahe liegend, ihr auch Grundrechtscharakter zuzubilligen. Dass Art. 1 I GG an der Spitze des GG-Textes, und in einem „Die Grundrechte" überschriebenen Abschnitt steht, ist auslegungstechnisch ein ohnehin schwaches Argument. Der Wortlaut des Art. 1 III GG, der von den „nachfolgenden Grundrechten" spricht, und der Wortlaut des Art. 1 I GG, der mit dem Begriff „Würde" einen undefinierten und möglicherweise undefinierbaren Anknüpfungspunkt vorgibt, die Entstehungsgeschichte, die diese verfassungsgeschichtlich neue Bestimmung als Reaktion auf die Erfahrungen mit dem Dritten Reich (insoweit also als politische Aussage) gerechtfertigt wissen wollte,[92] und schließlich der umfangreiche Grundrechtskatalog, über den lückenloser Grundrechtsschutz gewährleistet werden kann, lassen weder Sinn noch Not für die Etablierung eines Grundrechts in Art. 1 I GG erkennen.[93] Diese Auffassung wird durch die Praxis bestätigt: Das BVerfG kann, wie seine Rechtsprechung zeigt, den objektiven Gehalt des Art. 1 I GG in vollem Umfang zur Geltung bringen, ohne Art. 1 I Grundrechtscharakter beilegen zu müssen. Es lässt sich aus den letzten Jahrzehnten keine Entscheidung finden, die allein auf das Grundrecht des Art. 1 I GG gestützt wäre,[94] erstaunlich genug, wenn man annimmt, hier werde das oberste, d. h. wichtigste Prinzip der Verfassungsrechtsordnung in ein subjektives Recht verwandelt. Tatsächlich aber wird Art. 1 I GG nur verwendet, um ein letztes, insoweit unangreifbares Abwägungselement für einzelne Grundrechte, wie dem allgemeinen Persönlichkeitsrecht, aber auch der Meinungsfreiheit, zu kennzeichnen, und, weitergreifend, als ein offenes oder verdecktes Merkmal des Willkürverbots oder des Prinzips der Verhältnismäßigkeit (dort im Rahmen der Zumutbarkeitsprüfung). Auch verfahrensrechtlich, z. B. im Grundsatz des fairen Verfahrens, konkretisiert Art. 1 I GG lediglich das Rechtsstaatsprinzip, hat aber keinen selbstständigen Charakter.

dd) Ist Art. 1 I GG abwägungsfähig? Als grundlegender Bestandteil aller Grundrechte behält ein weiteres Problem des Art. 1 I GG seinen uneingeschränkten Rang, nämlich, ob die Würde des Menschen wirklich, wie weit überwiegend angenommen wird, nicht schrankenabhängig und deshalb nicht abwägungsfähig ist.[95] Ausgangspunkt ist der unbedingte Satz: „Die Würde des Menschen ist unantastbar." Ein solches Verständnis dieses Satzes übersieht zunächst, dass auch Art. 1 I GG keine außerhalb des GG stehende Vorschrift ist, sondern in den Kontext des verfassungsgesetzlichen Normenkonvoluts auch dann eingebunden ist, wenn es sich um ein oberstes Konstitutionsprinzip handelt. Auch eine oberstes Konstitutionsprinzip ist weder ein einziges noch ein alleiniges Prinzip, sondern gewinnt seinen Rang innerhalb des gegebenen Normengeflechts. Und dann darf man nicht übersehen, welche exegetischen Opfer die These von der Schranken-Unabhängigkeit des Art. 1 I GG fordert. Die Objektformel hat zwar die nötigen Konsequenzen aus der Nichtbestimmbarkeit des Würdebegriffs gezogen, aber um den Preis der Verlagerung dieser Problematik in die Ein-

---

[92] Siehe dazu *Böckenförde*, JZ 2003, 809 mit Fn. 1.
[93] So schon – ohne Begründung – *Zuck*, NJW 2002, 869.
[94] S. dazu BVerfGE 109, 279 (311 f.); 115, 118 (152 f.).
[95] HM, vgl. die Nachweise bei *Kloepfer*, Leben und Würde des Menschen, in: FS 50 Jahre BVerfG, Bd. 1, 2001, 77 (94): *Papier*, in: FS f. Starck 2008, 376; *Classen*, DÖV 2008, 689; s. ausdrücklich BVerfGE 107, 275 (284) – Benetton II; ausführlich *Herdegen*, in: MD, Rn. 43 f. zu Art. 1 I GG; *Baldus*, AöR 136 (2011), 529; *Alexy*, AöR 140 (2015), 497; *C. Bäcker*, Der Staat 55 (2016), 433; aA sowohl *Kloepfer* als auch *Herdegen*, aaO Die „re-entry-Theorie *Ladeurs*, so fundamental sie angelegt ist, schärft zwar das dogmatische Verständnis, vgl. *Ladeur/I. Augsberg*, Die Funktion der Menschenwürde im Verfassungsstaat, 2008, 11. Es bleibt aber praktisch offen, was damit gewonnen wird, einem System zu attestieren, es lerne „mit einer unbezwingbaren Dauerirritation zu leben". Das zeigt sich gerade auf dem Sektor der Abwägungsresistenz, wo die Funktion des Art. 1 I GG als Grenzbestimmung qualifiziert wird, „die der staatlichen Gewalt letzte, und damit in der Tat für die Staatsgewalt unantastbare Grenzen zieht, im Übrigen aber einen Freiraum eröffnet, in dem sich der politische Prozess – unter Beachtung der speziellen Grundrechte – abspielen muss", *Ladeur/I. Augsberg*, S. 29 unter Bezugnahme auf *Nettesheim*, Die Grenzen der Menschenwürde, AöR 130 (2005), 71 ff. (88).

griffshandlung. Nun muss diese die exegetische Last tragen. Dabei hat die richtige Bewertung der Eingriffshandlung mit zwei Schwierigkeiten zu kämpfen. Zum einen hat jede Handlung einen Bezugspunkt, hier also die Veränderung der Subjekt-Natur des Menschen in ein Objekt. Die Wandlung des Menschen vom Subjekt zum Objekt bleibt aber ein Wandel in Ansehung des Menschen; ein vollständiger Rückzug von dem, was man für seine Würde hält, ist deshalb gar nicht möglich. Auf der anderen Seite sind die meisten Rechtsnormen personenbezogen. Prinzipiell ist deshalb auch jede Eingriffshandlung geeignet, die Menschenwürde zu verletzen. Beiden Implikationen kann man nur dadurch ausweichen, dass man entweder die Eingriffsschwelle senkt, also meint, die Würdeschwelle werde gar nicht erreicht,[96] oder durch Relativierung des Gewichts der Eingriffshandlung. Die Verlagerung der Abwägungsproblematik in den Gegenstand der Handlung oder in diese selbst ist eine Camouflage. Sie führt zu unnormalen Schranken, die lediglich dazu dienen, ein Prinzip sakrosankt zu lassen, das es nicht ist. Wenn deshalb z. B. die Biomedizin Fragen unter der Vorgabe eines angeblich unabwägbaren Menschenwürdegrundsatzes beantwortet, so läuft sie Gefahr, die schneidige Waffe des Rechts wie eine nicht weiter hinterfragbare Glaubensgewissheit einzusetzen. Auch wenn man, was geboten ist, der Auffassung von der Schrankenlosigkeit des Würdegebots als einer möglichen Auslegung von Rechtsnormen seinen Respekt nicht versagen will, wird man doch die Notwendigkeit einer solchen Ansicht leugnen dürfen. Das wird bei den Einzelfragen der Biomedizindebatte zu erörtern sein.[97] Hier wird jedenfalls der Standpunkt zugrunde gelegt, dass Art. 1 I GG keine Totschlagargumente in der einen oder anderen Richtung liefern kann, sondern dass, wenn Grundrechtsfragen berührt werden, sorgfältig anhand der konkret berührten Grundrechtsnormen abgewogen werden muss.[98] Im Streit zwischen der absoluten Theorie, die von einem unaufgebbaren Vorrang der Menschenwürde vor den sonstigen normativen Regelungen des GG ausgeht und der relativen Theorie, die auf das Prinzip der Verhältnismäßigkeit zurückgreift, schließe ich mich letzerer an. *Alexy* und *C. Bäcker* kommen zu demselben Schluss (wenn auch mit unterschiedlichen Gewichtungen, die es z. B. *C. Bäcker* erlaubt, seine Thesen zwischen der absoluten und relativen Theorie einzuordnen) auf der Grundlage der Prinzipientheorie, und damit einer umstrittenen, der Rechtsprechung des BVerfG nicht zugrundeliegenden Auffassung. Ich folge dagegen einer anerkannten Auslegungsregel. Ein Normsatz mus immer im Zusammenhang mit anderen Normsätzen gesehen werden. Viele Grundrechte sind absolut formuliert, wie etwa Art. 4 I, 5 III 1 GG. Dass sie immanenten Schranken unterliegen, ist unbestritten. Allgemeine Rechtsgrundsätze wie das Rechtsstaatsprinzip und das Sozialstaatsprinzip bedürfen nicht nur der Konkretisierung. Sie müssen sich auch immer in die gesamte grundgesetzliche Ordnung einordnen lassen. Dieser Lösungsweg, der die Gewichtung der Elemente des Prinzips der Verhältnismäßigkeit nicht ausschließt,[99] ist auch für Art. 1 I GG gangbar, wenn man – zurecht – von einem Konstitutionsprinzip ausgeht und bedenkt, dass die Hinzufügung des Adjektivs „oberstes" oder „höchstes" nicht erzwungen ist.

---

[96] Das ist in Wahrheit eine zeitgeistabhängige Frage. In den 50er Jahren wäre eine leichte körperliche Züchtigung durch den Schullehrer kein Gegenstand für einen Rückgriff auf Art. 1 I GG gewesen, heute läge dagegen eine evidente Würdeverletzung vor.
[97] → § 66 Rn. 1 ff.
[98] Siehe dazu *Zuck*, NJW 2002, 869; *ders.* Juristischer Zeitgeist, 2007, 187. Weiterführend *Elsner/Schobert*, DVBl. 2007, 278; krit. *Haun*, Der Staat 45 (2006), 189. Den Weg der Grundrechtszuordnung beschreitet auch *Kloepfer*, wenn er Art. 1 I GG zur Basis seiner Überlegungen zu Art. 2 I, II GG macht, vgl. *Kloepfer*, Leben und Würde des Menschen, in: FS 50 Jahre BVerfG, Bd. 2, S. 77 ff. Vorsicht ist allerdings geboten. Das Leben darf man nicht über die Menschenwürde setzen, vgl. *Schmidt-Jortzig*, Rechtsfragen der Biomedizin, 18, aber auch nicht die Menschenwürde über das Leben (so *Lindner*, DÖV 2006, 577 [584]).
[99] Zutreffend *C. Bäcker*, Der Staat 55 (2016), 433 (437 f.).

b) Art. 3 I GG. aa) Grundsätze. Art. 3 GG gebietet die Gleichbehandlung „aller Menschen" vor dem Gesetz. Der Gleichheitssatz ist umso strikter, je mehr er den Einzelnen als Person betrifft, und umso mehr für gesetzgeberische Gestaltungen offen, als allgemeine, für rechtliche Gestaltungen zugängliche Lebensverhältnisse geregelt werden.[100] Der Gesetzgeber hat dabei eine Einschätzungsprärogative. Dafür ist maßgeblich insbesondere auf die Eigenart des jeweiligen Sachbereichs und auf die Bedeutung der auf dem Spiel stehenden Rechtsgüter abzustellen; außerdem hängt der Prognosespielraum auch von der Möglichkeit ab, sich im Zeitpunkt der Entscheidung ein hinreichend sicheres Urteil bilden zu können.[101] Der allgemeine Gleichheitssatz hat in der Rechtsprechung des BVerfG feste Konturen.[102] In seiner allgemeinen Form gebietet er gleiches gleich, ungleiches seiner Eigenart entsprechend verschieden zu behandeln.[103] Dabei ist nicht zu untersuchen, ob der Gesetzgeber die zweckmäßigste, vernünftigste oder gerechteste Lösung gefunden hat.[104] Das Verbot der Ungleichbehandlung verbietet dem Gesetzgeber nicht jede Differenzierung.[105] Er ist nicht gehalten, ungleiches unter allen Umständen ungleich zu behandeln.[106] Er verletzt aber Art. 3 GG,

„wenn eine Gruppe von Normadressaten anders als eine andere behandelt wird, obwohl zwischen beiden Gruppen keine Unterschiede von solcher Art und von solchem Gewicht bestehen, dass sie die ungleiche Behandlung rechtfertigen".[107]

Alle diese Vorgaben werden vom Gericht jedoch durch eine salvatorische Klausel aufgelöst, wenn es judiziert:

„Genauere Maßstäbe und Kriterien, unter welchen Voraussetzungen im Einzelfall das Willkürverbot oder das Gebot verhältnismäßiger Gleichbehandlung durch den Gesetzgeber verletzt ist, lassen sich nicht abstrakt und allgemein, sondern nur bezogen auf die jeweils betroffenen unterschiedlichen Sach- und Regelungsbereiche bestimmen".[108]

So ein besonderer Sachverhalt ist die Ordnung von Massenerscheinungen. In einem solchen Fall ist der Gesetzgeber berechtigt,

„die Vielzahl der Einzelfälle in dem Gesamtbild zu erfassen, das nach den ihm vorliegenden Erfahrungen die regelungsbedürftigen Sachverhalte zutreffend wiedergibt. Auf dieser Grund-

---

[100] BVerfGE 96, 1 (5 f.); 99, 88 (94); 101, 132 (138); 107, 133 (141); 107, 205 (214); 127, 263 (280); 129, 49 (68 f.); 129, 208 (261 f.). Zusammenfassend jetzt BVerfG(K), NJW 2013, 64.
[101] BVerfGE 110, 141 (167 f.) – Kampfhunde.
[102] S. dazu *Kokott*, Gleichheitssatz und Diskriminierungsverbote in der Rechtsprechung des BVerfG in: FS 50 Jahre BVerfG Bd. 2, 127; *Paehlke-Gärtner*, in: Heidelberger Kommentar zum GG Bd. I, Anm. zu Art. 3 I GG; *Huster*, Rechte und Ziele – Zur Dogmatik des allgemeinen Gleichheitssatzes; *Osterloh*, in: Sachs, GG, Anm. zu Art. 3 GG; *P. Kirchhof*, in: HStR Bd. V, 837 ff. Zum Verhältnis von Freiheit und Gleichheit s. *Heun*, in HGR II (2006) § 34.
[103] BVerfGE 110, 141 (167 f.) – Kampfhunde; 141, 1 (38 Rn. 93) – Doppelbesteuerungsabkommen.
[104] BVerfGE 33, 171 (189), st. Rspr.
[105] BVerfGE 100, 59 (90); 102, 41 (54); 106, 166 (175); 110, 141 (167 f.); NJW 2007, 2098 (2102). „Das BVerfG prüft dann im Einzelnen nach, ob für die vorgesehene Differenzierung Gründe von solcher Art und solchem Gewicht bestehen, dass sie die ungleichen Rechtsfolgen rechtfertigen können .... Entscheidend ist dabei auch, in welchem Maße sich die Ungleichbehandlung auf die Ausübung grundrechtlich geschützter Freiheiten nachteilig auswirken kann", BVerfG, NJW 2007, 2098 (2102). S. a. BVerfGE 141, 1 (38 Rn. 93).
[106] BVerfGE 86, 81 (87); 110, 141 (167 f.). Maßgebend soll insoweit sein, ob sich ein vernünftiger, sich aus der Natur der Sache ergebender oder sonst wie einleuchtender Grund für die gesetzliche Differenzierung oder Gleichbehandlung nicht finden lässt, st. Rspr. seit BVerfGE 1, 14 (52), vgl. etwa BVerfGE 105, 73 (110).
[107] BVerfGE 103, 392 (397); 107, 133 (141); BVerfGE 110, 141 (167 f.) – Kampfhunde; 116, 229 (238) – Asylbewerber; 141,1 (38 Rn. 93) – Doppelbesteuerungsabkommen.
[108] BVerfGE 75, 108 (157), vgl. Zweiter Senat BVerfGE 93, 319 (348 f.); 93, 386 (397); 101, 275 (291); 103, 310 (318); 105, 73 (111). Erster Senat BVerfGE 88, 5 (12 f.); 88, 87 (96 f.); 90, 226 (239).

lage darf er generalisierende, typisierende und pauschalierende Regelungen treffen, ohne wegen der damit unvermeidlich verbundenen Härten gegen den allgemeinen Gleichheitssatz zu verstoßen".[109]

17   bb) **Öffnungsklauseln.** Es ist leicht zu sehen, dass alle diese Formeln unter sich ungleich sind, also, nähme man ihre Aufzählung (wie in machen Entscheidungen) ernst, zu Widersprüchen führen müssten. Das Gericht sucht dieses nahe liegende Ergebnis zu vermeiden, in dem es die Formeln öffnet, also sagt, Differenzierungen seien bei gleichen Sachverhalten zwar unzulässig, aber nicht jede Differenzierung. Darüber hinaus stehen alle Formeln, wie erwähnt, noch unter einem Generalvorbehalt: Sie sind nicht nur fallbezogen anzuwenden (was selbstverständlich ist), sondern auch fallbezogen auszugestalten, was ihre Formel-Funktion aufhebt. Es gibt gute Gründe für die damit verbundenen Unsicherheiten. Um sie besser verstehen zu können, ist es hilfreich, einige Anwendungsfälle des Gleichheitssatzes aus dem Bereich des Medizinrechts darzustellen.[110] So hatte sich das BVerfG mit dem HVM[111] zu beschäftigen, einem Maßstab der unter krankenversicherungsrechtlichen Aspekten Honorarforderungen der Ärzte kürzt und sich dabei an Durchschnittspraxen orientiert. Das BVerfG hat das – zumindest für eine Übergangszeit – nicht für eine „evident unsachliche" Lösung gehalten.[112] Eigentlich beurteilt das Gericht dabei aber nicht die differierenden Sachverhalte (nämlich unterschiedliche Praxisstrukturen), sondern fragt, was ein „ordentlicher Gesetzgeber" (etwa im Sinne eines „ordentlichen Kaufmanns") in einer solchen Situation leisten könnte. Es wird dabei deutlich, dass das in Wahrheit eine von der Person auf den Gesetzgeber übertragene Gerechtigkeitskontrolle (im Sinne der Willkürrechtsprechung des Gerichts) ist. Es ist allerdings bezeichnend, und wird uns deshalb noch beschäftigen, dass die undifferenzierte Anwendung des Art. 3 I GG (aus dem Jahr 1972) die Jahrzehnte bis heute unter Anwendung der inzwischen ausziselierten Formeln überdauert hat. Im Regelfall hat das BSG den jeweils kritisierten HVM unter dem Aspekt der Honorarverteilungsgerechtigkeit[113] für verfassungsfest gehalten.[114] Eine andere Fallgruppe betrifft die für Freiberufler unterschiedlichen Altergrenzen, sei es für das Ende vertragsärztlicher Tätigkeit mit Vollendung des 68. Lebensjahres,[115] sei es für das entsprechende Zulassungsverbot mit Vollendung des 55. Lebensjahres.[116] Das BVerfG hat alle diese Regelungen gebilligt, weil Privatärzte und Vertragsärzte in ihrer Berufsausübung unterschiedlich ausgestaltet seien.[117] Für das Zulassungsverbot gebe es gute Gründe: Mit 55 Jahren beginne für Arbeitnehmer die Möglichkeit des Vorruhestandes oder der Altersteilzeit. Außerdem habe der Arzt sich ja rechtzeitig um einen Vertragsarztsitz bemühen können.[118] Man sieht: es tauchen plötzlich neue Vergleichspaare, nämlich Arzt/Angestellter. Und dann geht es auch gar nicht um vergleichbare, sondern um die Handlungspflichten des Freiberuflers, die man doch eigentlich erst einmal begründen müsste. Eine dritte Fallgruppe taucht zunächst gar nicht unmittelbar bei der Gleichheitsprüfung auf, sondern im Rahmen der Verhältnismäßigkeitsprüfung des Art. 12 I GG,[119]

---

[109] BVerfGE 99, 280 (290); 105, 73 (127), st. Rspr.
[110] Eine instruktive Übersicht findet sich bei *Schnapp* in: Schnapp/Wigge, § 4 Rn. 80 ff.
[111] → § 20 Rn. 39 ff.
[112] BVerfGE 33, 171 (190).
[113] In diesem Fall wird Art. 3 I GG mit Art. 12 I GG kombiniert, vgl. etwas BSGE 73, 131 (138); s. a. § 20 Rn. 63.
[114] Ausnahme etwa BSGE 73, 131 (fehlende Differenzierungen innerhalb der Gruppe der Laborärzte; s. a. BSGE 83, 52). Zur Gemeinschaftspraxis s. BSGE 61, 92; zu Teilbudgets s. BSGE 75, 187, zur Absenkung von Punktwerten BSG, DOK 1996, 240; zu Arztgruppen BSGE 83, 205.
[115] BVerfG NZS 1998, 285.
[116] BVerfGE 103, 172.
[117] Das steht nicht ganz in Einklang mit der Rechtsprechung von der Einheit des Arztberufs.
[118] BVerfGE 103, 172 (194).
[119] → § 2 Rn. 20 ff.

nämlich die Behandlung des ständigen Einwands des BVerfG, keine Leistungserbringergruppe dürfe sich darauf berufen, dass sie gegenüber anderen Leistungserbringergruppen ungleichmäßig behandelt werde.[120] Dieser Einwand hat im Zusammenhang mit der Gesundheitsreform-Gesetzgebung besondere Bedeutung, weil die jeweils betroffenen Leistungserbringergruppen einwenden, die sie treffende Belastung stehe nicht im Einklang mit ihrem geringeren/geringen Anteil am Gesundheitsmarkt gegenüber anderen Leistungserbringergruppen oder berücksichtige nicht die Besonderheiten ihrer Situation am Markt. Das BVerfG hat es im Ergebnis stets genügen lassen, dass die konkrete Belastung einem akzeptierten Gemeinwohlziel diene (in der Regel: Die finanzielle Stabilität der GKV), und dass die Modalitäten der Zielverfolgung allein Sache des Gesetzgebers seien. Das zeigt sich besonders deutlich an der Entscheidung des BVerfG zum Risikostrukturausgleich der §§ 266, 267 SGB V in Bezug auf die Ungleichbehandlung von west- und ostdeutschen Versicherten bei den Beitragslasten. Das BVerfG hat das über den Gemeinwohlbelang des „sozialen Ausgleichs" gerechtfertigt.[121]

cc) Konkretisierungsnotwendigkeiten. Die hier durchweg angesprochene oder anklingende Kritik an den Begründungselementen der Gleichheitsrechtsprechung des BVerfG betrifft nicht deren Ergebnisse. Die Feststellung, Art. 3 I GG sei – in den hier dargestellten Beispielsfällen – verletzt/nicht verletzt, ist durchweg zumindest vertretbar. Es geht vielmehr um die mit den dabei angewendeten Formeln zum Ausdruck gebrachte Scheinrationalität. Mag Identität (häufig schwer genug) noch darstellbar sein, Gleichheit setzt immer eine Relation voraus. Im Bereich von Rechtsnormen wird diese Relation nicht natürlich, sondern rechtlich bestimmt, und sie hängt dann immer von der „letzten Zuordnung" ab. Ein (zu) einfaches Beispiel soll das illustrieren. Äpfel einer Sorte mögen gleich sein, ebenso bezogen auf die Art „Apfel". Ist „Obst" der Bezugspunkt, können Äpfel und Birnen gleich sein, sind es Nahrungsmittel, sind es Äpfel und Weinbergschnecken, und geht es um das Pflanzliche schlechthin, fallen Apfel und Apfelbaum in eine Vergleichskategorie. Je weiter infolgedessen der Bezugspunkt in die Abstraktion verlagert wird, umso eher lassen sich Relationen rechtfertigen oder missbilligen. Das erklärt die Beliebtheit der Maßstäbe „Volksgesundheit" oder der „finanziellen Stabilität der GKV". Was also einzufordern ist, ist die größtmögliche Konkretisierung des Bezugssystems. Es erscheint deshalb – z.B. – als unzulängliche Verkürzung, wenn einer Leistungserbringergruppe der Vergleich mit anderen Leistungserbringergruppen schon deshalb abgeschnitten wird, weil die einzelnen Gruppen für den Gesetzgeber bloße Elemente im Wirtschaftssystem „Krankenversicherung" sind. Kritik an zu weit gehender Abstraktion als Bezugspunkt wird hier ergänzt um Kritik an der parallel laufenden überbordenden Konkretisierung der Binnenverhältnisse. Insbesondere die „Neue Formel"[122] führt zu größerer Einzelfallprüfung mit dem Mittel des Prinzips der Verhältnismäßigkeit.[123] Die Nivellierung der Grundrechte durch das Prinzip der Verhältnismäßigkeit ist hier nicht zu thematisieren. Der eigenständige Charakter eines Grundrechts geht aber verloren, wenn man die Sachverhalts- oder Gruppengleichheit des Art. 3 I GG in eine fallbezogene Verhältnismäßigkeitsprüfung auflöst, im Ergebnis also die Gegenläufigkeit von Freiheit und Gleichheit in eine reine Freiheitskontrolle umwandelt. Damit sind zwei Folgen verbunden: Die Sachgerechtigkeit einer gesetzgeberischen Lösung bemisst sich nur noch anhand der Auswirkungen auf die jeweils Betroffenen, verliert aber die Verankerung der Vergleichselemente im System aus dem Blick (und das umso mehr, je mehr Art. 3 I GG zum bloßen Annex von

---

[120] BVerfGE 103, 172 (186), st. Rspr.
[121] BVerfGE 113, 167 (218 f.).
[122] → § 2 Rn. 16 mit Fn. 62.
[123] Vgl. *Schnapp*, in: Schnapp/Wigge, Rn. 80 zu § 4 unter Hinweis auf *Pieroth/Schlink*, Grundrechte, Staatsrecht II, Rn. 438 ff. Manchmal wird auch eine Verknüpfung mit dem Willkürverbot hergestellt, so von *Schmidt-Aßmann*, der Art. 3 GG im Medizinrecht als „gesundheitsrechtlich geschärftes Willkürverbot" verstanden wissen will, NJW 2004, 1689 (1691).

Art. 12 I GG gemacht wird).[124] So sehr die aus der Anwendung des Art. 12 I GG stammende „Je-desto-Formel"[125] zu größerer Fallgerechtigkeit führt, so unzuverlässiger wird sie. Das verstärkt sich noch, wenn – in Verästelung der Wurzeln aus BVerfGE 33, 171 – in diesem Zusammenhang geprüft wird, was man dem Gesetzgeber zumuten kann, nicht aber, was dem Grundrechtsträger zugemutet werden kann. Der Gesetzgeber ist keine Person, nach deren Schuldfähigkeit zu fragen ist. Er muss sich am objektiven Ergebnis seiner Tätigkeit messen lassen. Sachgerechtigkeit, der zentrale Inhalt des Art. 3 I GG, darf infolgedessen nicht durch „Angemessenheit" ersetzt werden. Weil das nicht ausreichend beachtet worden ist, ist die Bedeutung des Art. 3 I GG im Medizinrecht gering. Das belegen allein schon die wenigen, ausdrücklich auf Art. 3 I GG gestützten Entscheidungen, und der noch seltenere Erfolg einer auf Art. 3 I GG gestützten Rüge. Wie verräterisch dieser Befund ist, zeigt sich schon daran, dass das Prinzip des sozialen Ausgleichs überragende Bedeutung im Sozialversicherungsrecht hat. Die mit der Umsetzung dieses Grundsatzes einhergehenden Änderungen müssten schon begrifflich gleichheitsrelevant sein, sind es aber in aller Regel nicht.

19   dd) **Willkürverbot.** Aus Art. 3 Abs. 1 GG abgeleitet ist das Willkürverbot. Bezogen auf die Judikative besagt es: „Willkürlich ist ein Richterspruch nur dann, wenn er unter keinem denkbaren Aspekt rechtlich vertretbar ist und sich daher der Schluss aufdrängt, dass er auf sachfremden Erwägungen beruht. Das ist anhand objektiver Kriterien festzustellen. Schuldhaftes Handeln des Richters ist nicht erforderlich …. Fehlerhafte Auslegung eines Gesetzes allein macht eine Gerichtsentscheidung nicht willkürlich. Willkür liegt vielmehr erst vor, wenn eine offensichtlich einschlägige Norm nicht berücksichtigt oder der Inhalt einer Norm in krasser Weise missdeutet wird …. Von willkürlicher Missdeutung kann jedoch nicht gesprochen werden, wenn das Gericht sich mit der Rechtslage eingehend auseinandersetzt und seine Auffassung nicht jedes sachlichen Grundes entbehrt".[126]

20   c) **Art. 12 I GG**[127]. **aa) Grundsätze.** Ausgangspunkt für die Inhaltsbestimmung von Art. 12 I GG ist das berühmte Apotheken-Urteil aus dem Jahr 1958.[128]

Im Laufe der Jahrzehnte hat sich daraus ein allgemeiner Obersatz entwickelt, den das Gericht so formuliert: Eingriffe in den durch Art. 12 I GG geschützten Freiheitsbereich sind

---

[124] Auf Grund des systematischen Bezugs ist es dagegen zutreffend, wenn andere Grundrechte zu Begrenzungen des Prüfmaßstabs aus Art. 3 I GG GG führen. Beispiel: BVerfGE 107, 205 (Familienversicherung in der GKV); s. zur Thematik Felix NZS 2003, 624.
[125] Vereinfacht: je intensiver der Eingriff, desto intensiver die Kontrolle. Im Gleichheitssatz: je freiheitsbegrenzender die Ungleichbehandlung desto enger der Gestaltungsspielraum des Gesetzgebers, vgl. BVerfGE 103, 172 (193).
[126] BVerfGE 87, 273 (278 f.), st. Rspr., vgl. etwa BVerfG(K), NJW 2011, 3217 (3218); EuGRZ 2012, 347 (349); 141, 1 (39 Rn. 94).
[127] *Hufen*, NJW 1994, 2913; *Schnapp*, in: Schnapp/Wigge, § 4 Rn. 49 ff.; *Sodan*, NJW 2003, 257; *Jaeger*, SGb 2003, 311; *Stern*, Staatsrecht Bd. IV/1 § 111; *Tettinter/Mann*, in: Sachs, GG Art. 12 GG Rn. 1 ff.
Art. 14 I GG spielt im Medizinrecht nur eine geringe Rolle, s. a. *Jaeger*, NZS 2003, 225. Das hängt damit zusammen, dass gesetzgeberische Maßnahmen in diesem Bereich primär dazu dienen, das Gesundheitssystem funktionsfähig zu machen, nicht aber, Vermögensverschiebungen oder Vermögenseingriffe vorzunehmen. Wie das BVerfG bemerkt: „Die Begrenzung der Innehabung und Verwendung vorhandener Vermögensgüter, für die der Schutz des Art. 14 GG grundsätzlich in Betracht kommt, ist in solchen Fällen nur die mittelbare Folge der jeweiligen Handlungsbeschränkungen", BVerfGE 102, 26 (40) – Frischzellen. Für die Abgrenzung von Art. 12 I GG zu Art. 14 I GG gilt in gefestigter Rechtsprechung: Art. 14 I GG schützt das Erworbene, die Ergebnisse geleisteter Arbeit, Art. 12 I GG dagegen den Erwerb, die Betätigung selbst, BVerfGE 84, 133 (157); 102, 26 (40) – Frischzellen. Zu Art. 14 I 66 s. jetzt BVerfG NJW 2017, 217 – 13. AtG-Novelle.
[128] BVerfGE 7, 377, s. dazu *Schulte zu Sodingen*, in: Menzel (Hrsg.) Verfassungsrechtsprechung, Nr. 10. In dieser Entscheidung war es um den Erlaubniszwang für Apotheken gegangen. Das BVerfG hat sich für die Niederlassungsfreiheit entschieden.

„nur auf der Grundlage einer gesetzlichen Regelung erlaubt, die den Anforderungen der Verfassung an grundrechtsbeschränkende Gesetze genügt. Das ist der Fall, wenn die eingreifende Norm kompetenzgemäß erlassen worden ist,[129] durch hinreichende, der Art der betroffenen Betätigung und der Intensität des jeweiligen Eingriffs Rechnung tragende Gründe des Gemeinwohls gerechtfertigt wird und dem Grundsatz der Verhältnismäßigkeit entspricht".[130]

bb) Rechtliche Vorgaben. Die Anwendung des Prinzips der Verhältnismäßigkeit bei Regelungen der Berufsausübung setzt voraus, dass die Maßnahmen zur Erreichung des vom Gesetzgebers verfolgten Ziels geeignet und erforderlich[131] sind und auch die Grenzen der Angemessenheit und Zumutbarkeit wahren.[132] Diese Voraussetzung hat das Gericht inzwischen weit ausdifferenziert. So hat es dem Gesetzgeber für die Beurteilung dessen, was er zur Verwirklichung seiner Ziele geeignet und erforderlich halten darf einen „weiten Entscheidungs- und Prognosespielraum" gebilligt.[133] Dieser ist vom BVerfG nur in begrenztem Umfang überprüfbar und zwar

- je nach Eigenart des in Rede stehenden Sachbereichs;
- den Möglichkeiten, sich ein hinreichend sicheres Urteil bilden;
- der auf dem Spiel stehenden Rechtsgüter.[134]

Handelt es sich um die Einschätzung von Gefahren, die die Allgemeinheit bedrohen und um die Beurteilung entsprechender gesetzgeberischer Maßnahmen wird der Einschätzungs- und Prognosespielraum des Gesetzgebers erst überschritten

„wenn die gesetzgeberischen Erwägungen so fehlsam sind, dass sie vernünftigerweise keine Grundlage für derartige Maßnahmen abgeben können".[135]

Das BVerfG hat hinzugefügt:

„Allerdings kann es, wenn der Gesetzgeber sich über die tatsächlichen Voraussetzungen oder die Auswirkungen einer Regelung im Zeitpunkt ihres Erlasses ein ausreichend zuverlässiges

---

[129] Die Regelung muss auch mit sonstigem Verfassungsrecht vereinbar sein, BVerfGE 110, 141 (156 ff.) – Kampfhunde.
[130] BVerfGE 95, 193 (214); 102, 197 (213) – Spielbanken, st. Rspr.
[131] Eine Maßnahme ist geeignet, wenn der gewünschte Erfolg mit ihrer Hilfe gefördert werden kann, BVerfGE 92, 262 (273). Die Möglichkeit der Zweckerreichung genügt, BVerfGE 116, 202 (224) – Tariftreue. Erforderlich ist eine Maßnahme, wenn ein gleichwirksames, die Berufsausübungsfreiheit nicht oder weniger stark einschränkendes Mittel nicht zur Verfügung steht, BVerfGE 30, 292 (316); 90, 145 (172). Zur Begründung von Eignung und Erforderlichkeit ist ein nachvollziehbarer Wirkungszusammenhang nötig. Je enger der Bezug von Vorschriften zu einem Schutzgut ist, desto eher lassen sich Eingriffe in die Berufsausübungsfreiheit verfassungsrechtlich rechtfertigen. Steht dagegen die grundrechtliche Beschränkung nur in einem entfernten Zusammenhang zum Gemeinschaftsgut, so kann dieses nicht gesetzlichen Vorrang vor der Berufsausübungsfreiheit beanspruchen, BVerfGE 85, 248 (261); 107, 186 (197). Die Rechtskontrolle ist dann gestuft. Sie reicht von der Evidenzkontrolle über die Vertretbarkeitskontrolle bis zur strengen inhaltlichen Kontrolle, BVerfGE 50, 290 (333), st. Rspr. S. dazu *Depenheuer*, in: FS 50 Jahre BVerfG Bd. 2, 241 (263). Auch Zweitberufe fallen in den Schutzbereich der Norm, BVerfGE 87, 287 (316); 110, 141 (156 ff.). Der Gesetzgeber hat insoweit einen Beurteilungs- und Prognosespielraum, BVerfGE 116, 202 (225) – Tariftreue. Ob die Maßnahme verhältnismäßig im eigentlichen Sinn, d. h. angemessen, für die Betroffenen also zumutbar ist, bemisst sich nach einer Gesamtabwägung zwischen der Schwere des damit verbundenen Grundrechtseingriffs und dem Gewicht des zu schützenden Rechtsguts, BVerfGE 110, 141 (145) – Kampfhunde. Zur Prägung des grundgesetzlichen Übermaßverbots durch Europarecht, siehe umfassend *Frenz*, JZ 2007, 343.
[132] BVerfGE 103, 1 (10); 106, 181 (191 f.); 110, 141 (156 ff.); 125, 260 (360); 135, 90 (111), 141, 121 (133 Rn. 40).
[133] BVerfGE 50, 290 (332); 61, 291 (313); 88, 203 (262); 110, 141 (156 ff.). S. dazu kritisch *Hufen*, NJW 2004, 14 (16 f.).
[134] BVerfGE 77, 170 (214 f.); 90, 145 (173); 110, 141 (156 ff.).
[135] BVerfGE 30, 292 (317); 37, 1 (20); 77, 84 (106); 110, 141 (156 ff.).

Urteil noch nicht hat bilden können, geboten sein, dass er die weitere Entwicklung beobachtet und die Norm überprüft und revidiert, falls sich erweist, dass die ihr zugrunde liegenden Annahmen nicht zutreffen".[136]

22 cc) **Anwendungsfälle.** Eine Reihe ausgewählter Beispielsfälle soll in die Problematik der Anwendung des Art. 12 I GG einführen. Zu den durch Art. 12 I GG geschützten berufsbezogenen Handlungen gehört auch die berufliche Außendarstellung der Grundrechtsträger, mit der den Nachfragern die erforderlichen Informationen für die Inanspruchnahme der Dienste vermittelt werden.[137] An Art. 12 I GG ist deshalb auch das Verbot zu messen, erworbene Kenntnisse und Fähigkeiten, die in rechtmäßig erlangten Titeln und Berufsbezeichnungen ihren Niederschlag gefunden haben, im Berufsleben zu benutzen.[138] Ärzte mit der Gebietsbezeichnung „Allgemeinmedizin", die sich in weiteren Gebieten spezialisieren und betätigen dürfen, sind danach berechtigt, das auch öffentlich bekannt zu geben.[139] Art. 12 I GG umschließt auch die Freiheit, das Entgelt für berufliche Leistungen selbst festzusetzen oder mit den Interessenten auszuhandeln. Vergütungsregelungen und hierauf gründende Entscheidungen, die auf die Einnahmen, welche durch eine berufliche Tätigkeit erzielt werden können, und damit auch auf die Existenzerhaltung von nicht unerheblichem Einfluss sind, greifen deshalb in die Freiheit der Berufsausübung ein.[140] Das BVerfG hat dazu entschieden, es sei verfassungsrechtlich nicht geboten, die Vergütung einer in freier Entschließung übernommenen Betreuung an der Vergütung im Hauptberuf auszurichten.[141] Das Gericht orientiert sich dabei an einer Gesamtheit von Zielen, in der Absicht, damit den Gestaltungsfreiraum des Gesetzgebers zu erweitern.[142] Den in diesem Zusammenhang häufig erhobenen Einwand, insbesondere Kostendeckungsmaßnahmen (wie z. B. Budgetierungen oder Nullrunden) verkürzten die wirtschaftlichen Besitzstände der am Markt tätigen Leistungserbringer oder verschöben die Gewichte einseitig zu Gunsten anderer Leistungserbringer, hat das BVerfG schon vom Ansatz her nicht gelten lassen. Die Wettbewerber hätten auch am Gesundheitsmarkt keinen grundrechtlichen Anspruch darauf, dass die Wettbewerbsbedingungen für sie gleich blieben.

„Insbesondere gewährleistet das Grundrecht (aus Art. 12 I GG) keinen Anspruch auf Erfolg im Wettbewerb oder auf Sicherung künftiger Erwerbsmöglichkeiten".

Die Wettbewerbspositionen unterlägen den Marktverhältnissen.[143] Die Altersgrenzen-Entscheidung des BVerfG macht dagegen deutlich, dass die Kontrollbefugnis des Gesetzgebers nicht von der Beurteilung einer Einzellinie abhängt. Dass approbierte Ärzte nach Vollendung des 55. Lebensjahr der Zugang zur vertragsärztlichen Versorgung gesperrt ist, beruht vielmehr auf der Anwendung der „Je-desto-Formel". Sie besagt, dass der zulässige Abschluss von Beschränkungen von der Intensität des Eingriffs abhängt. Je empfindlicher sich die Beschränkung auswirkt, umso deutlicher muss die Einwilligung zu solchen Eingriffen formu-

---

[136] BVerfGE 25, 1 (12); 49, 89 (130); 95, 267 (314); 110, 141 (156 ff.). Das gilt u. a. dann, wenn komplexe Gefährdungslagen zu beurteilen sind, über die verlässliche wissenschaftliche Erkenntnisse noch nicht vorliegenden, BVerfG(K) NJW 2002, 1638 (1639).
[137] BVerfGE 85, 248 (256); 94, 372 (389); 106, 181 (192); BVerfG(K), NJW 2011, 3147 – Zahnärztehaus; BVerfG(K), GesR 2012, 360 – Zentrum für Zahnmedizin.
[138] BVerfGE 36, 212 (223); 57, 121 (133); 71, 162 (174); 106, 181 (192).
[139] BVerfGE 106, 181; s. a. *Jaeger*, MedR 2003, 263 und § 12 Rn. 74 ff.
[140] BVerfGE 47, 285 (321), 101, 331 (347); s. a. BVerfGE 50, 290 (363 f.); 102, 197 (212 f.); 106, 275 (298) und jetzt ausf. BVerfG, NJW 2007, 2098 – Anwaltsvergütung. Zum Problem der angemessenen Vergütung unter den Vorgaben des Art. 12 I GG vgl. *Hufen*, NJW 2004, 14 (15).
[141] BVerfGE 101, 331. Die nebenberuflich als Betreuer tätigen Personen hatten (u. a.) eingewendet, ihre Vergütung sei nicht kostendeckend.
[142] *Jaeger*, SGb, 311 (314).
[143] BVerfGE 24, 236 (251); 34, 252 (256); 106, 275 (299), st. Rspr.

liert sein und umso strenger fällt die Rechtskontrolle aus.[144] Weil die Altersgrenzenregelung einer Berufswahlregelung nahe kommt, hat das BVerfG eine strenge inhaltliche Kontrolle von § 98 II Nr. 12 SGB V/§ 25 Ärzte-ZV vorgenommen und dabei den Zielen der Kostenbegrenzung in der GKV und der gerechten Lastenverteilung (unter Berücksichtigung des Gestaltungsfreiraums des Gesetzgebers) Vorrang eingeräumt und die Altersgrenze für verfassungsgemäß gehalten.[145] Eine klassische Verhältnismäßigkeitsprüfung hat das BVerfG dagegen bei der Beantwortung der Frage vorgenommen, ob Apotheken von der Teilnahme an verkaufsoffenen Sonntagen gem. § 14 IV LadenschlussG ausgeschlossen werden dürfen. Danach hat die Abwägung zwischen der Schwere des Eingriffs und der ihn rechtfertigenden Gründe ergeben, dass das Öffnungsverbot angesichts des vorrangigen Versorgungsauftrags der Apotheken diesen nicht zumutbar ist.[146] Gebilligt hat das BVerfG auch die Wiedereinführung der Zulassungsbeschränkungen für Vertragsärzte wegen Überversorgung,[147] hier mit der klassischen Zuordnung zur finanziellen Stabilität der GKV.[148,149]

4. Gesundheit und verfassungsrechtliche Schutzpflichten

a) **Gewährleistungs-Schutzpflichten.** Bei den gesundheitsrelevanten Schutzpflichten geht es – verfassungsrechtlich – um die Frage, ob es möglich ist, allgemeine Schutzpflichten aus dem Grundgesetz zu entwickeln, die auf die Gewährleistung von Gesundheit angewendet werden können.

Die Rechtsprechung des BVerfG hat den Inhalt möglicher Grundrechts-Schutzpflichten wie folgt gekennzeichnet: Aus dem objektiven Gehalt des Art. 2 II GG folge

„die Pflicht der staatlichen Organe, sich schützend und fördernd vor die in Art. 2 GG genannten Rechtsgüter zu stellen und sie insbesondere vor rechtswidrigen Eingriffen von Seiten anderer zu bewahren".[150]

---

[144] S. dazu BVerfGE 94, 372 (390) – für Satzungsermächtigungen. Allgemein wird die „Je-desto-Formel" so zusammen gefasst, dass Eingriffszweck und Eingriffsintensität stets in einem angemessenen Verhältnis stehen müssen, BVerfGE 101, 371 (347); 103, 172 (183); s. dazu auch *Depenheuer,* in: FS 50 Jahre BVerfG Bd. 2 (2001), 241 (262 f.).

[145] BVerfGE 103, 172. Zur End-Altersgrenze von 68 Jahren (§ 95 VII 2 SGB V) s. BVerfG(K), NJW 1998, 1776 (1777) und dazu kritisch *Sodan,* NJW 2003, 257 (258); *Hufen,* NJW 2004, 14 (15 f.). Früher schon *Maaß,* NJW 1998, 3390 (3392); NJW 1999, 3377 (3381). Zu den andersartigen Fragen der Altersrationierung (zum Teil auch ein Problem des Art. 3 III GG) s. *Huster,* MedR 2010, 369; *Kluth,* MedR 2010, 372; *Welti,* MedR 2010, 379. Zur Altersdiskriminierung, EuGH, ZESAR 2011, 181; 2011, 227 und *Jussen,* ZESAR 2011, 201.

[146] BVerfGE 104, 357 (368). Auch das gesetzliche Verbot, Impfstoff an Ärzte zu versenden und hierfür zu werben, verletzt die Apotheker in ihren Grundrechten aus Art. 12 I GG, BVerfGG 107, 186.

[147] → § 20 Rn. 23 ff.

[148] → § 2 Rn. 91 ff.

[149] BVerfG(K) DVBl. 2002, 400 und dazu krit. *Sodan,* NJW 2003, 257 (259). Zu weiteren Anwendungsfällen vgl. B. d. 3. Kammer des Ersten Senats vom 3.3.2014 – 1 BvR 1128/13, NJW 2014, 2019 – (zulässige) Veröffentlichung der berufsgerichtlichen Verurteilung eines Arztes in einem Ärzteblatt; B. d. 2. Kammer des Ersten Senats vom 7.5.2014 – 1 BvR 3571/13, NJW 2014, 2340 – (zulässiger) Ausschluss des Vergütungsanspruchs eines Apothekers (Retaxation auf Null, § 129 I 1 SGB V); B. d. 3. Kammer des Ersten Senats vom 3.3.2015 – 1 BvR 3226/14, MedR 2015, 59 f. – keine Abrechnung wahlärztlicher Leistungen durch einen im Krankenhaus tätigen Facharzt für Neurochirurgie (§ 17 I1 KhEntG); B. d. 2. Kammer des Ersten Senats – 1 BvR 2853/13 – Zulässige Beschränkungen für Rettungssanitäter durch die subjektiven Zulassungsvoraussetzungen im NotSanG; Erster Senat vom 12.1.2016 – 1 BvL 6/13, BVerfGE 141, 82 – Zulässige gemeinsame Berufsausübung für Rechtsanwälte und Apotheker; B. d. 3. Kammer des Zweiten Sentas vom 24.3.2016 – 2 BvR 2081/08, NZS 2016, 421 – Keine Weitergabe ausgehandelter Rabatte an eine niederländische Versandapotheke.

[150] BVerfGE 56, 54 (73); 77, 170 (214 f.); 79, 174 (202); 88, 203; 92, 26 (47); 115, 118 (152); 120, 274 (319 ff.); 121, 317 (356). Siehe auch die Übersicht bei *Lechner/Zuck,* BVerfGG, 7. Aufl. 2015, § 90

Art. 1 I 2 GG enthalte darüber hinaus die Verpflichtung aller staatlichen Gewalt, die Würde des Menschen zu achten zu schützen: Daraus können sich verfassungsrechtliche Schutzpflichten ergeben, die es gebieten, rechtliche Regelungen so auszugestalten, dass auch die Gefahr von Grundrechtsverletzungen eingedämmt bleibt.[151] Der Bürger kann sich auf die Verletzung grundrechtlicher Schutzpflichten jedoch nur erfolgreich berufen, wenn ihm ein entsprechendes subjektives öffentliches Recht, z. B. aus Art. 2 II GG[152] zusteht. Aus der staatlichen Schutzpflicht erwächst insoweit ein Schutzrecht des betroffenen Bürgers. Dem Gesetzgeber und der vollziehenden Gewalt kommt nach der Rechtsprechung des BVerfG bei der Erfüllung grundrechtlicher Schutzpflichten

„ein weiter Einschätzungs-, Wertungs- und Gestaltungsbereich zu, der auch Raum lässt, etwa konkurrierende öffentliche und private Interessen zu berücksichtigen".[153]

Das BVerfG hat für die Feststellung der Verletzung grundrechtlicher Schutzpflichten darüber hinaus stets vorausgesetzt, dass die staatlichen Organe entweder „gänzlich untätig geblieben" oder „die bisher getroffenen Maßnahmen evident unzureichend sind".[154] Außerdem gilt:

„Art und Umfang des Schutzes im Einzelnen zu bestimmen, ist Aufgabe des Gesetzgebers. Die Verfassung gibt den Schutz als Ziel vor, nicht aber seine Ausgestaltung im Einzelnen. Allerdings hat der Gesetzgeber das Untermaßverbot zu beachten ...; insoweit unterliegt er der verfassungsgerichtlichen Kontrolle. Notwendig ist ein – unter Berücksichtigung entgegenstehender Rechtsgüter – angemessener Schutz; entscheidend ist, dass er als solcher wirksam ist. Die Vorkehrungen, die der Gesetzgeber trifft, müssen für einen angemessenen und wirksamen Schutz ausreichend sein und zudem auf sorgfältigen Tatsachenermittlungen und vertretbaren Einschätzungen beruhen .... Soll das Untermaßverbot nicht verletzt werden, muss die Ausgestaltung des Schutzes durch die Rechtsordnung Mindestanforderungen entsprechen".[155]

Die allgemeine Schutzpflicht-Theorie des BVerfG weist infolgedessen auf den jeweiligen konkreten Ausschnitt von Gesundheit und die diesen betreffenden Regelungen (funktionaler Grundrechtsschutz).

Dieser funktionale Belang fächert sich zweifach auf. Er betrifft zum einen die Relation des Grundrechtsschutzes zum Schutzgut (hier: der Gesundheit): Mehr und mehr ist das BVerfG dazu übergegangen, die etablierte staatliche Ordnung als Hintergrund möglicher Grundrechtsgehalte zu nutzen. Längere Ausführungen zur Gesetzeslage und der Instanzrechtsprechung täuschen, ebenso wie der Rückzug auf die primäre Grundrechtsschutzzuständigkeit der Instanzgerichte nicht nur eine harmonische Konkordanz zwischen einfachem Recht und Verfassungsrecht vor, sondern sie führen auch zu einer schleichenden Auszehrung der Grundrechte nach Maßgabe des einfachen Rechts. Wenn, wie im Medizinrecht, Schutzgegen-

---

Rn. 110 ff. m. w. N. *Dietlein*, Die Lehre von den grundrechtlichen Schutzpflichten; *Szczekalla*, Die sogenannten grundrechtlichen Schutzpflichten im deutschen und europäischen Recht, 2002.

[151] BVerfGE 49, 89 (142); siehe auch BVerfGE 88, 203 (251).
[152] BVerfGE 77, 170 (214).
[153] BVerfGE 77, 170 (214 f.); 79, 174 (202); BVerfG(K), NJW 1996, 651; s. auch BVerfGE 85, 191 (212); BVerfG(K), NJW 1998, 2961 (2962).
[154] BVerfG(K), NJW 1996, 651; BVerfG(K), NJW 1998, 2961 (2962). Vgl. ferner BVerfGE 56, 54 (80 f.); 77, 170 (215); 79, 174 (202); 85, 191 (212); 89, 276 (286); 92, 26 (46); BVerfG(K), NJW 1996, 651 (652). BVerfGE 106, 273 (309) spricht allerdings im Rahmen der GKV von einer Grundabsicherung an Gesundheitsleistungen, lässt aber die Frage der verfassungsrechtlichen Grenzziehung offen.
[155] BVerfGE 88, 203 (254 f.); BVerfG(K), NJW 1996, 651. Aus der neueren Schutzpflichtrechtsprechung vgl. BVerfGE 128, 157 (176 f.) – Privatisierung des Universitätsklinikums Gießen und Marburg sowie B. d. 1. Kammer des Ersten Senats vom 11.1.2016 – 1 BvR 2980/14, NVwZ 2016, 841 – Pflegenotstand, und dazu *Penz*, NVwZ 2016, 842. Der Nachweis, dass die gesetzlichen Regelungen zur Qualitätssicherung in der Pflege evident unzureichend sind, konnte vom Beschwerdeführer nicht erbracht werden.

stand die (Volks)Gesundheit ist, was aber schutzbedürftig ist, in den weiten Beurteilungsspielraum des Gesetzgebers bei der Verwirklichung des Sozialstaatsprinzips fällt,[156] dann gibt es für das Schutzgut „Gesundheit" als Gegenstand der grundrechtlichen Gewährleistungen keinen fixen Punkt mehr, sondern nur die Wahrnehmung der jeweiligen Relation. Von daher bedeutet funktionaler Grundrechtsschutz vor allem relativer Grundrechtsschutz. Versuche, den Grundrechten einen fallunabhängigen Gewährleistungsinhalt zu geben, wie sie vor allem, entstehungsgeschichtlich motiviert[157] von Böckenförde vorgenommen worden sind,[158] verdienten deshalb, vertieft zu werden. Die hier angesprochene Relativierung eines als bloß funktional zu kennzeichnenden Grundrechtsschutzes wird besonders augenfällig, wenn man sie mit der Rechtsprechung des EGMR vergleicht: Eigentumsschutz nach Art. 1 des 1. Zusatzprotokolls zur EMRK – z. B. – bedeutet eigentlich nichts anderes als der Grundrechtsschutz aus Art. 14 I GG. Aber der EGMR kann sich angesichts der Vielzahl nationaler Rechtssysteme nicht darauf einlassen, das 1. Zusatzprotokoll in einem „osmotischen System" zwischen einfachem Recht und Menschenrechten anzusiedeln. Der Rückgriff auf die originären Inhalte der Eigentumsgewährleistung haben es dem EGMR erlaubt, sich über das BVerwG und das BVerfG hinwegzusetzen.[159] Die Problematik funktionalen Grundrechtsschutzes stellt sich aber auch bei der Frage, wer sich denn überhaupt auf Grundrechte berufen kann. Wie schon allgemein in der Glykol-Entscheidung des BVerfG,[160] hat das BVerfG in der Festbetragsentscheidung[161] den Schutzbereich insbesondere des Art. 12 I GG im Rahmen des Krankenversicherungsrechts immer weiter zurückgenommen. Für viele Leistungserbringerbereiche werden wirtschaftliche Beschränkungen, welche nach Maßgabe des Gemeinwohlbelangs der finanziellen Stabilität der gesetzlichen Krankenversicherung als erforderlich angesehen worden sind, nur als unerhebliche Reflexwirkungen, als bloße Beeinträchtigung von Marktchancen angesehen.[162]

b) **Eingriffs-Schutzpflichten.** Unberührt bleibt dagegen die Schutzfunktion der Grundrechte vor Eingriffen. Sie greift im Medizinrecht grundsätzlich so wie in allen anderen Sach- und Lebensbereichen.[163] So hat etwa das BVerfG in der Festbetragsentscheidung den Standpunkt vertreten, der Schutzbereich des Grundrechts aus Art. 12 I GG werde bei Herstellern und Anbietern[164] von Arznei- und Hilfsmitteln nicht berührt,

„wenn die Kostenübernahme gegenüber den Versicherten im Rahmen der gesetzlichen Krankenversicherung geregelt wird. Das Marktchancen betroffen werden, ändert hieran nichts .... Die Auswirkungen auf die Berufsausübung sind bloßer Reflex der auf das System der gesetzlichen Krankenversicherung bezogenen Regelung".[165]

---

[156] → § 2 Rn. 38.
[157] *Böckenförde* selbst wehrt sich gegen diese Zuordnung, vgl. § 2 Rn. 6 mit Fn. 17.
[158] Der Staat 42 (2003), 165. Dazu gibt es eine umfangreiche Diskussion, vgl. *Merten/Papier* (Hrsg.), Grundsatzfragen der Grundsatzdogmatik, 2007; *Höfling*, Kopernikanische Wende rückwärts, in: FS f. Rüfner 2003, 329 ff.; *Kahl*, Der Staat 43 (2004), 167 ff.; *Hoffmann-Riem*, Enge oder weite Gewährleistungsgehalte der Grundrechte, in: Bäuerle (Hrsg.), Haben wir wirklich Recht?, 2004, 53 ff.; *Hoffmann-Riem*, Der Staat 43 (2004), 203 ff.; *Murswiek*, Der Staat 45 (2006), 473 ff.
[159] EGMR, NJW 2004, 923 – Bodenreformenteignung.
[160] BVerfGE 105, 252 (265 ff.).
[161] BVerfG, NZS 2003, 144.
[162] Siehe ausführlich → § 2 Rn. 89 und dazu – kritisch – *Hufen*, NJW 2004, 14 (16 f.).
[163] *Böckenförde*, Der Staat 42 (2003), S. 165 ff. (174 ff.). S. dazu ausf. *Callies*, in: HGR II § 44.
[164] Das können auch Apotheker sein. BVerfGE 106, 359 (364) – Apotheker wegen BSSichG – erweckt jedoch nicht den Eindruck, dass das gewollt war.
[165] BVerfGE 106, 275 (299). Ausführlich dazu *Jaeger*, NZS 2003, 225 (231 f.). Es ist nicht zu verkennen, dass die reduktionistische Auslegung des Art. 12 I GG nicht das Mehr an Rechtssicherheit gewährleistet, das *Böckenförde* mit der „neuen" Beurteilung der Grundrechtsdogmatik (Tatsachen-/ und Lebenssachverhalten/Regelungswillen des Grundgesetzgebers/Eingriff), Der Staat 42 (2003) S. 165 ff. (S. 174 ff.) erreichen wollte. Das „Mehr" an Grundrechtsschutz entspricht genau den Erfordernissen, die

Eine Auslegungsfrage betrifft auch die Bedeutung des Art. 33 V GG im Beihilferecht des öffentlichen Dienstes. So hat BVerfGE 106, 225 (231 f.) geklärt, dass der Anspruch auf Beihilfe nicht zu den hergebrachten Grundsätzen des Berufsbeamtentums gehört, sondern in der Fürsorgepflicht des Dienstherrn ruht. Das Maß der angemessenen Alimentation bestimmt dann die Grenze der Beihilfeansprüche.

5. Gesundheit und grundgesetzliche Kompetenznormen

26   Wenn es danach Sache des Gesetzgebers ist, sich der Gesundheit des Einzelnen und der Gesundheit der Bevölkerung anzunehmen, so stellt sich in erster Linie die Frage nach den konkreten gesetzgeberischen Kompetenzen. Sie sind (fast) durchweg im Sektor der konkurrierenden Gesetzgebung[166] angesiedelt.

27   **a) Art. 74 I Nr. 19, 19a GG.** Maßgebend ist zunächst Art. 74 I Nr. 19 GG, betreffend

„Maßnahmen gegen gemeingefährliche und übertragbare Krankheiten bei Menschen und Tieren,[167] die Zulassung zu ärztlichen und anderen Heilberufen[168] und zum Heilgewerbe, den Verkehr mit Arzneien, Heil- und Betäubungsmitteln und Giften".[169]

---

die Rechtsprechung des BVerfG braucht, um wirtschaftlichen Erfordernissen Vorrang vor den Besitzständen der Leistungserbringer im Gesundheitswesen einzuräumen, so, als ob diese im GKV wirkliche Marktteilnehmer wären, siehe dazu *Hufen*, NJW 2004, 14.

[166] Im Bereich der konkurrierenden Gesetzgeber haben die Länder die Befugnis zur Gesetzgebung, solange und soweit der Bund von seiner Gesetzgebungszuständigkeit nicht durch Gesetz Gebrauch gemacht hat (Art. 72 I GG). „Der Bund hat in diesem Bereich das Gesetzgebungsrecht, wenn und soweit die Herstellung gleichwertiger Lebensverhältnisse im Bundesgebiet unter die Wahrung der Rechts- und Wirtschaftseinheit im gesamtstaatlichen Interesse eine bundesgesetzliche Regelung erforderlich macht" (Art. 72 II GG). Zu den einzelnen Begriffen, vgl. BVerfGE 106, 62 ff.).

[167] Siehe dazu das Gesetz zur Verhütung und Bekämpfung von Infektionskrankheiten beim Menschen (IfSG) vom 30.7.2000 (BGBl. I 1045) i. d. F. des ÄndG vom 28.7.2011 (BGBl. I 1622) und dazu *Stollmann*, GesR 2011, 705. Tierseuchengesetz i. d. F. der Bekanntmachung v. 22.06.04 (BGBl. I 1260, 3588), zuletzt geändert durch G. v. 22.12.2011 (BGBl. I 3044).

[168] Zum Heilkundebegriff siehe BVerfGE 106, 62 (105); *Schnitzler*, Das Recht der Heilberufe, 130 ff., 168 ff.; *Greltau*, Nichtärztliche Heilberufe im Gesundheitswesen, 2013, 66 ff. Zur Ausfüllung der Kompetenzen vgl. etwa die Bundesärzteordnung in der Fassung der Bekanntmachung vom 16.4.1987 (BGBl. I 1218), zuletzt geändert durch Gesetz v. 23.12.2016 (BGBl. I 3191); Gesetz über die Ausübung der Zahnheilkunde in der Fassung der Bekanntmachung vom 16.4.1987 (BGBl. I, S. 1225), zuletzt geändert durch Gesetz v. 23.12.2016 (BGBl. I 3191).
Gesetz über die Berufe des Psychologischen Psychotherapeuten und des Kinder- und Jugendpsychotherapeuten (PsychThG) vom 16.6.1998 (BGBl. I 1311) idF v. 23.12.2016 (BGBl. I 3191) und dazu *Spellbrink*, in: Schnapp/Wigge, § 13; *Stellpflug*, Niederlassung für Psychotherapeuten, 2005. Gesetz zur Einführung eines pauschalierten Entgeltsystems für psychiatrische und psychosomatische Einrichtungen (Psych-Entgeltgesetz-PsychEntgG) v. 21.7.2012 (BGBl. I 1613). S. dazu die Vereinbarung über die pauschalisierten Entgelte für ie Psychiatrie und Psychosomatik – PEPPV 2016.
Gesetz über den Beruf der Hebamme und des Entbindungspflegers (HebG) vom 4.6.1985 (BGBl. I 902), zuletzt geändert durch Gesetz v. 23.12.2016 (BGBl. I 3191)siehe auch die Ausbildungs- und Prüfungsordnung für Hebammen und Entbindungspfleger (HebAPrV) in der Fassung der Bekanntmachung v. 16.3.1987 (BGBl. I 929), zuletzt geändert durch Gesetz v. 18.4.2016 (BGBl. I 896).
Gesetz über die berufsmäßige Ausübung der Heilkunde ohne Bestallung (Heilpraktikergesetz) vom 17.2.1939 (RGBl. I 251) i. d. F. v. 23.12.2016 (BGBl. I 3191). Das in wesentlichen Teilen fortgeltende Gesetz ist verfassungsgemäß, BVerfGE 78 179 (192); 106, 62 (106); *Arndt*, Heilpraktikerrecht, §§ 37, 38.
Gesetz über die Berufe in der Krankenpflege. Krankenpflegegesetz – KrPflG vom 16.7.2003 (BGBl. I 1442) i. d. F. v. 4.4.2017 (BGBl. I 778).
Gesetz über technische Assistenten in der Medizin. MTA-Gesetz – MTAG vom 2.8.1993 (BGBl. I 1402), zuletzt geändert durch Gesetz vom 18.4.2016 (BGBl. I 886).
Gesetz über die Berufe in der Physiotherapie. Masseur- und Physiotherapeutengesetz – MPhG vom 26.5.1994 (BGBl. I 1084), zuletzt geändert durch Gesetz vom 23.12.2016 (BGBl. I 3191).

§ 2 Verfassungs- und europarechtliche Vorgaben

Für alle die vom Kompetenztitel erfassten ärztlichen und anderen Heilberufe hat es für den Gesetzgeber vergleichbaren Regelungsbedarf gegeben. Er betrifft
* das Berufsbild[170]
* den Berufszugang[171]
* den Zugang zur vertragsärztlichen Versorgung[172]
* die Rechte und Pflichten der Berufsangehörigen[173]
* die Vergütung[174]
* Haftungsfragen[175]
* Probleme der Zusammenarbeit mit anderen Berufen[176]
* die erforderliche Umsetzung der Richtlinie 2005/36/EG des Europäischen Parlaments und des Rates vom 7.9.2005 über die Anerkennung von Berufsqualifikationen (ABl. EU Nr. L 255 S, 22., 2007 Nr. L 271 S. 18) durch das Gesetz vom 6.12.2011 (BGBl. I 2515) idF v. 29.3.2017 (BGBl. I 626).

Art. 74 I Nr. 19a GG betrifft dagegen „die wirtschaftliche Sicherung der Krankenhäuser und die Regelung der Krankenhauspflegesätze".[177] Zu beachten ist, dass es keine globale

---

Gesetz über den Beruf der Diätassistentin und des Diätassistenten (Diätassistentengesetz – Diät-AssG) vom 8.3.1994 (BGBl. I 446), zuletzt geändert durch Gesetz vom 18.4.2016 (BGBl. I 886).
Gesetz über den Beruf der Ergotherapeutinnen und des Ergotherapeuten (Ergotherapeutengesetz – ErgThG) vom 25.5.1976 (BGBl. I 1246), zuletzt geändert durch Gesetz vom 23.12.2016 (BGBl. I 3191).
Gesetz über den Beruf des Logopäden vom 7.5.1980 (BGBl. I 529), zuletzt geändert durch Gesetz v. 23.12.2016 (BGBl. I 3191).
Gesetz über den Beruf der Rettungsassistentin und des Rettungsassistenten (Rettungsassistentengesetz – RettAssG) vom 10.7.1989 (BGBl. I 1384), ausser Kraft (seit 31.12.2014) durch das NotfallsanitäterG (NotSanG) v. 22.5.2013 (BGBl. I 1348) idF v. 6.4.2017 (BGBl. I 778).
Gesetz über die Berufe in der Altenpflege (Altenpflegegesetz – AltPflG) vom 25.8.2003 (BGBl. I 1696), zuletzt geändert durch Gesetz v. 18.4.2016 (BGBl. I 886). Zum Altenpflegegesetz a. F. s. BVerfGE 106, 162.
Gesetz über den Beruf der Podologin und des Podologen (Podologengesetz – PodG) vom 4.12.2001 (BGBl. I 3320), zuletzt geändert durch Gesetz v. 18.4.2016 (BGBl. I 886); *Weigt*, PodologenG.
Gesetz über den Beruf der Orthopistin und des Orthopisten (Orthopistengesetz – OrthoptG) vom 28.11.1989 (BGBl. I 2061), zuletzt geändert durch Gesetz vom 18.4.2016 (BGBl. I 886).

[169] Siehe z. B. die Bundes-Apothekerordnung in der Fassung der Bekanntmachung vom 19.7.1989 (BGBl. I S. 1478, 1842), geändert durch Gesetz vom 4.4.2017 (BGBl. I 778).
Gesetz über den Verkehr mit Arzneimitteln (AMG) in der Fassung der Bekanntmachung vom 20.12.2005 (BGBl. I 3394), zuletzt geändert durch Gesetz v. 20.12.2016 (BGBl. I 3048) KMH AMG.
Gesetz über den Verkehr mit Betäubungsmitteln (BtMG) in der Fassung der Bekanntmachung vom 1.3.1994 (BGBl. I 258), zuletzt geändert durch Gesetz v. 6.3.2017 (BGBl. I 403).
Gesetz über Medizinprodukte (MPG) in der Fassung der Bekanntmachung vom 7.8.2002 (BGBl. I 3147), geändert durch Gesetz v. 23.12.2016 (BGBl. I 3191, dort Art. 11) und dazu *Anhalt/Dieners*, Handbuch des Medizinprodukterechts.
[170] Z. B. für Masseure und medizinische Bademeister (§ 3 MPhG).
[171] Z. B. für Physiotherapeuten (§ 1 MPhG).
[172] Z. B. für das MVZ, vgl. § 95 II SGB V.
[173] Z. B. hinsichtlich der Schweigepflicht für Psychotherapeuten (§ 7 BO).
[174] Z. B. für die Hebammen/den Entbindungspfleger.
[175] Z. B. beim Heilpraktiker, → § 38, Rn. 8.
[176] Z. B. bei Ärzten, siehe dazu *Hoppe/Schirmer*, in: Wenzel, Kap. 9, Rn. 87 ff.; *Halbe/Rothfuß*, in: Halbe/Schirmer (Hrsg.), Handbuch Kooperationen im Gesundheitswesen, Stand 2017; *Hack*, in: Wenzel, Kap. 10; *Ratzel/Lippert*, MBO §§ 18, 18a.
[177] Gesetz zur wirtschaftlichen Sicherung der Krankenhäuser und zur Regelung der Krankenhauspflegesätze (KHG) in der Fassung der Bekanntmachung vom 10.4.1991 (BGBl. I 886), zuletzt geändert durch das Gesetz vom 19.12.2016 (BGBl. I 2986). Die Regelung der Krankenhauspflegesätze beruht auf dem Krankenhausentgeltgesetz (KHEntG) vom 23.4.2002 (BGBl. I 2750), zul. geänd. d. das Gesetz v. 19.12.2016 (BGBl. I 2986) sowie auf § 16 KHG, vgl. Bundespflegesatzverordnung (BPflV) vom 26.9.1994 (BGBl. I 2750), zul. geänd. d. G. v. 19.12.2016 (BGBl. I 2986). Bedeutsam ist auch das Fallpauschalenge-

Bundeszuständigkeit für den Bereich des Gesundheitswesens gibt, sondern nur einen (abschließenden) Katalog von Einzelzuständigkeiten.[178] So regelt Art. 74 I Nr. 19 GG nur die Zulassung zu bestimmten Berufen.[179] Berufsausübungsregelungen werden dagegen nicht von Art. 74 I Nr. 19 GG erfasst.[180] Das betrifft u. a. das Kammerrecht der Heilberufe,[181] die ärztliche Berufsgerichtsbarkeit des Standesrechts,[182] den Berufszulassungsschutz,[183] den Datenschutz der Heilberufe, das Facharztwesen,[184] Gebührenfragen,[185] Werbeverbote,[186] die Zulassung von Einrichtungen zum ambulanten Schwangerschaftsabbruch[187] und hochschulrechtliche Gegenstände.

28 Schwierigkeiten kann auch die Entstehung neuer Berufsbilder mit sich bringen. So hat BVerfGE 106, 62 den Beruf des Altenpflegehelfers als einen „anderen Heilberuf" im Sinne des Art. 74 I Nr. 19 GG anerkannt, weil der Gesetzgeber befugt gewesen sein, zur Durchsetzung wichtiger Gemeinschaftsinteressen die Ausrichtung der überkommenen Berufsbildes zeitgerecht zu verändern.[188] Auch die Auslegung und Anwendung des Art. 74 I Nr. 19a GG muss auf die gegenständliche Beschränkung der Vorschrift Rücksicht nehmen. Die „wirtschaftliche Sicherung" der Krankenhäuser betrifft nicht Strukturfragen, wie etwa die Krankenhausbedarfsplanung[189] oder gesundheitspolitische Fernziele.[190]

29 **b) Art. 74 I Nr. 11 GG.** Das privatrechtliche Versicherungswesen findet seine kompetenzrechtliche Ermächtigung in Art. 74 I Nr. 11 GG.[191] Für das Beihilferecht des öffentlichen

---

setz vom 23.4.2002 (BGBl. I 1412) i. d. F. vom 17.07.03 (BGBl. I 1461, 1469). Zur Ermächtigungsnorm des Art. 74 Nr. 19a GG vgl. ausf. *Rebborn,* in: Berliner Kommentar, Stand 2010, Art. 74 Abs. 1 Nr. 19a GG, Rn. 1 ff.

[178] BVerfGE 102, 26 (337); 106, 62 (108).
[179] Beim Arztberuf umfasst das die Vorschriften, die sich auf die Erteilung, Zurücknahme und Verlust der Approbation und auf die Befugnis zur Ausübung des ärztlichen Berufs beziehen, vgl. BVerfGE 68, 319 (331 ff.) einschließlich des Prüfwesens und der darauf bezogenen ausbildungsrechtlichen Regelungen, BVerfGE 61, 169 (174 f.).
[180] Zu den schwierigen Auslegungsfragen vgl. etwa BVerfGE 106, 62 (124, 131, 132).
[181] BVerwGE 41, 261 (262) – Ärztekammer; BVerwG, NJW 1997, 845 – Apothekerkammer.
[182] BVerfGE 17, 287 (292).
[183] *Clemens,* in: Heidelberger Kommentar zum Grundgesetz, Bd. II, Rn. 118 zu Art. 74 GG.
[184] BVerfGE 98, 265 (307).
[185] BVerfGE 68, 319 (327).
[186] BVerfGE 71, 162 (172).
[187] BVerfGE 98, 265 (306).
[188] Der Bund ist danach für den Erlass des AltenpflegeG zuständig gewesen. Das hat zur Neufassung des Gesetzes geführt, s. o. nicht aber für die in diesem Gesetz enthaltenen Regelungen zur Berufsausübung der Altpflegehelferinnen und des Altenpflegehelfers (BVerfGE 106, 62 [104]).
[189] BVerfGE 83, 363 (380).
[190] BVerfGE 82, 209 (232).
[191] BVerfGE 103, 197. Der Bundesgesetzgeber kann sich jedenfalls dann auf Art. 74 I Nr. 11 GG berufen, „wenn sich seine Regelungen auf Versicherungsunternehmen beziehen, in im Wettbewerb mit andern durch privatrechtliche Verträge Risiken versichern, die Prämien grundsätzlich am individuellen Risiko und nicht am Erwerbseinkommen des Versicherungsnehmers orientieren und die vertraglich zugesicherten Leistungen im Versicherungsfall auf Grund eines kapitalgedeckten Finanzierungssystems erbringen". Ebenso wie die Kompetenz „Sozialversicherung" in Art. 74 I Nr. 12 GG ist auch die Kompetenznorm „privatrechtliches Versicherungswesen" Entwicklungen nicht von vornherein verschlossen. Der Gesetzgeber des Bundes kann sich deshalb auf Art. 74 I Nr. 11 GG auch dann berufen, wenn er für einen vom ihm neu geschaffenen Typ von privatrechtlicher Versicherung Regelungen des sozialen Ausgleichs vorsieht und insbesondere während einer Übergangszeit, die das privatwirtschaftliche Versicherungssystem prägenden Merkmale nur begrenzt wirken lässt, BVerfGE 103, 1997 (217) – Pflegeversicherung. An diesen Überlegungen zeigt sich, dass auch im Kompetenzrecht das dynamische Merkmal des sozialen Ausgleichs gegenüber dem überkommenen Rückgriff auf das traditionelle Verständnis einer Kompetenznorm (vgl. BVerfGE 106, 62 [105], st. Rspr.) an Boden gewinnt, siehe dazu *Jaeger,* NZS 2003, 225 (229 f.); allgemein für den Kompetenztitel „Recht der Wirtschaft" *Oeter,* in: MKS, Rn. 96 zu Art. 74 I Nr. 11 GG. Auch (und vielleicht gerade) nach BVerfG, NJW 2009, 2033 bleibt die Zukunft der PKV

Dienstes gilt Art. 74a GG.[192] Gerade im Beihilferecht haben die Länder nach wie vor aber erheblichen Freiraum,[193] begrenzt lediglich durch den Grundsatz des bundesfreundlichen Verhaltens.[194]

c) Art. 74 I Nr. 26 GG. Eine weitere Kompetenznorm findet sich in Art. 74 I Nr. 26 GG.[195] Nr. 26 erwähnt die künstliche Befruchtung, die Gentechnik und die Transplantation. Der Verfassungsgesetzgeber wollte damit den gesamten Bereich der Fortpflanzungsmedizin erfassen.[196] Der Wortlaut gibt das allerdings nicht her. An ihm sollte man sich orientieren.[197]

d) Art. 74 I Nr. 12 GG. Legt man die bisherige Rechtsprechung des BVerfG zu Art. 74 I Nr. 12 GG, der insoweit maßgeblichen Kompetenznorm, zugrunde,[198] so sind unter den Vorgaben des traditionellen Bereichs der Sozialversicherung vier Merkmale wesentlich:

- der Charakter der Versicherung als eines Vorsorge- und Schutzsystems[199]
- das Prinzip des sozialen Ausgleichs,
- die eigenständige öffentlich-rechtliche Verwaltungsform,
- die Finanzierung durch Beiträge.[200]

In seiner Rechtsprechung zu Art. 74 I Nr. 19 GG hat das BVerfG hervorgehoben, diese Kompetenznorm lasse eine deutliche Orientierung an den Belangen des Bundesstaates erkennen. Die in Nr. 19 erwähnten Teilgebiete stimmten darin überein, dass sie den Schutz der

---

ungesichert, siehe dazu *Hufen*, NZS 2009, 649; *Becker*, MedR 2010, 283; *Eichenhofer*, MedR 2010, 298; *Sodan*, VSSR 2011, 289. S. dazu Sodan, Handbuch des Krankenversicherungsrechts § 2 Rn. 31 ff.
[192] Zur ausschließlichen Bundeskompetenz siehe Art. 73 Nr. 8 GG; siehe im Übrigen Art. 75 GG.
[193] Der Begriff „Besoldung" umfasst Beihilfe und „freie Heilfürsorge" mit, s. BVerfGE 62, 354 (368); 106, 225 (243).
[194] Er wird nur bei „offenbarem Missbrauch" verletzt, BVerfGE 106, 225 (343).
[195] Siehe dazu *Degenhart*, in: Sachs, GG, Rn. 96 ff. zu Art. 74 GG.
[196] BT-Drs. 12/6000, S. 34.
[197] Ein Fortpflanzungsmedizingesetz wird unter diesen Vorgaben nicht behindert. Zum Anliegen, ein Fortpflanzungsmedizingesetz zu schaffen, vgl. *Laufs*, Auf dem Wege zu einem Fortpflanzungsmedizingesetz; zurückhaltend *Neidert*, MedR 1998, 347.
[198] BVerfGE 11, 105 (111); 75, 108 (146); 87, 1 (34 ff.).
[199] Das wird besonders deutlich in der Grundsatzentscheidung des BVerfG zur Kostenerstattung in der GKV bei lebensbedrohlichen Erkrankungen. Das BVerfG hat dort ausgeführt: „Bei der näheren Bestimmung und Entfaltung der ... Schutzfunktion des Art. 2 I GG kommt dem grundgesetzlichen Sozialstaatsprinzip maßgebliche Bedeutung zu. Der Schutz des Einzelnen im Fall von Krankheit ist in der sozialstaatlichen Ordnung des Grundgesetzes eine Grundaufgabe des Staates. Ihr ist der Gesetzgeber nachgekommen ...", vgl. BVerfGE 115, 25 (43) und jetzt BVerfGE 140, 229. Aus der Kammerrechtsprechung vgl. B. d. 3. Kammer des Ersten Senats vom 26.3.2014 – 1 BvR 2415/13 – Insulinpumpe; B. d. 3. Kammer des Ersten Senats vom 8.4.2014 – 1 BvR 2933/13 – epimakuläre Brachytherapie (Behandlungssystem V); B. d. 2. Kammer des Ersten Sentas vom 6.7.2016 – 1 BvR 1705/15 – Organtransplantation, NJW 2017, 545. Siehe dazu *Kingreen*, NJW 2006, 877; *Schmidt-De Caluwe*, SGb 2006, 619; *Francke/Hart*, MedR 2006, 131; *Huster*, JZ 2006, 466. Zur Umsetzung des Rückgriffs auf das Sozialstaatsprinzip siehe *v. Wulffen*, GesR 2006, 385; *Hauck*, NJW 2007, 1320; *Hänlein*, SGb 2007, 169; *Zuck*, Das Recht der anthroposophischen Medizin 2007, Rn. 50 ff. Überaus kritisch zu dieser Entscheidung *Heinig*, Der Sozialstaat im Dienst der Freiheit, 2008, 416 ff. Man kommt aber nicht darum herum, dass das BSG in der Praxis auf der Grundlage von BVerfGE 115, 24 zu vernünftigen Entscheidungen kommt, siehe dazu die Nachweise bei *Zuck*, Das Recht der Anthroposophischen Medizin, Rn. 57 ff.
[200] In diesem Sinn *Butzer*, Fremdlasten in der Sozialversicherung, 180 ff.; *Rolfs*, Das Versicherungsprinzip im Sozialversicherungsrecht, 101 ff.; Sodan, Handbuch des Krankenversicherungsrechts § 43 Rn. 1 ff.; andere Wege gehen *Hasse*, Versicherungsprinzip und sozialer Ausgleich, 18 ff., 254 ff. (Beschränkung auf den Vorsorgecharakter/Reduktion auf das absolut Notwendige). Kritisch zur verfassungsgemäßen Legitimation eines sozialen Ausgleichs *Becker*, Transfergerechtigkeit und Verfassung, 155 ff. Insgesamt weitergehend *Bieback*, VSSR 2003, 1 (16 ff.). In diesem Zusammenhang wird man die Relativierung klassischer Sozialversicherungsmerkmale in der GKV durch die mit dem GKV-WSG veränderte Beitragsbemessung und den erweiterten Möglichkeiten von Wahltarifen beachten müssen, siehe dazu T. Schmidt, GesR 2007, 295 (299 f.).

Bevölkerung vor Gesundheitsgefahren beträfen, die vor den Grenzen eines Landes nicht Halt machten.[201] Das ist auch für die Auslegung des Art. 74 I Nr. 12 GG bedeutsam. Damit beginnt nämlich, trotz der Berufung auf das Merkmal des Herkömmlichen, sich eine veränderte Auslegungslegungsmethode durchzusetzen, mit dem Ziel, den Kompetenzteil des GG funktional zur Optimierung der herkömmlichen Regelungskompetenzen zu nutzen. Das Traditionsargument wird durch das Dynamisierungsprinzip abgelöst. Dem entspricht es, dass das Prinzip des sozialen Ausgleichs (nunmehr auch als wirkungsmächtiges Prinzip der PKV anerkannt)[202] an gestalterischer Kraft gewinnt, womit zugleich seine Bedeutung im System der Sozialversicherung steigt. Nimmt man danach den immer lauter werdenden Hinweis auf die Gestaltungsfreiheit des Gesetzgebers hinzu,[203] so erweist sich die Kompetenzliste der „Sozialversicherung" als ein Steuerungsinstrument, das seine Bindungsvorgaben mehr und mehr zugunsten einer, den jeweiligen Mehrheiten folgenden, Umsetzung von Gesundheitspolitik verliert.

II. Verfassungsrechtliche Ausgestaltungen

1. Inhaltliche Vorgaben

33   War die bisherige Argumentation auf das allgemeine Schutzgut „Gesundheit" bezogen, so stellt sich nunmehr die Frage nach der Bedeutung der Grundrechte und der kompetenzrechtlichen Vorgaben für staatliche Regelungen von Teilbereichen von Gesundheit im Rahmen der besonderen Rechtsbeziehungen, die sich in einem Gesundheitssystem für die an ihm Beteiligten ergeben. Denn wenn auch darauf hingewiesen worden ist, dass Grundrechtsschutz grundsätzlich gewährleistet ist,[204] so darf dennoch nicht übersehen werden, dass sich im Rahmen der Rechtsbindungen der Systembeteiligten besondere Fragestellungen herausgebildet haben, in deren Gefolge auch besondere Rechtskonstrukte entwickelt worden sind. Das soll an einigen wichtigen Fallgruppen dargestellt werden.

2. Selbstbestimmungsrecht des Patienten[205]

34   Begonnen werden soll mit dem Patienten, also demjenigen, um dessen Gesundheit es geht, und dessen Schutz sich das Medizinrecht in besonderer Weise angelegen sein lassen muss. Darauf hinzuweisen, dass der Mensch Ausgangspunkt aller medizinrechtlichen Fragestellungen sein muss, ist verfassungsrechtlich eine Selbstverständlichkeit, denn das ist die Sicht des GG, wie Art. 1 I, Art. 2 I GG zeigen. Im Medizinrecht muss diese Selbstverständlichkeit immer wieder hervorgehoben werden, weil die Lobby der Patienten schwach ist und die organisierten wirtschaftlichen Interessen der Leistungserbringer und der am Gesundheitsmarkt beteiligten Unternehmen, aber auch die Finanzierungsnotwendigkeiten, wie sie bei den Kostenträgern im Gesundheitswesen kulminieren, leicht in den Vordergrund geraten.

---
[201] BVerfGE 106, 62 (108 f.).
[202] *Jaeger*, NZS 2003, 225 (229).
[203] *Jaeger*, NZS 2003, 225 (229). Das muss man nach zwei Seiten hin deuten: Der Gesetzgeber konkretisiert nicht nur, wie Sozialversicherung ausgestaltet wird. Bei einem dynamischen Kompetenzverständnis bestimmt er auch (in weitaus größerem Umfang als bisher) welche Kompetenzen er überhaupt hat. Der darin liegende dirigistische Ansatz ist unverkennbar.
[204] → § 2 Rn. 11.
[205] Siehe dazu jetzt *Coester-Waltjen*, MedR 2012, 553; *Birnbacher*, MedR 2012, 560; *Huster*, MedR 2012, 565; *Schroth*, MedR 2012, 570; *Katzenmeier*, MedR 2012, 576. Von Bedeutung ist insoweit das Gesetz zur Verbesserung der Rechte von Patientinnen und Patienten vom 20.2.2013 (BGBl. I 217), mit dem das Recht des ärztlichen Behandlungsvertrages umfachreich geregelt worden ist (§§ 630a ff. BGB). Art. 2 des Gesetzes stärkt die Rechte der Versicherten im SGB V. S. dazu auch die Amtliche Begründung BT-Drs. 17/10488. Zur Patientenautonomie siehe auch → § 68 Rn. 186.

a) **Strukturelemente. aa) Rechtsgrundlage.** Ende des 19. Jahrhunderts ist der der Moralphilosophie der Aufklärung geläufige Begriff des Selbstbestimmungsrechts unter die politischen Forderungen aufgenommen worden.[206] Diese Forderung hat so auch Eingang in das Völkerrecht gefunden.[207] Als Menschenrecht ausgestaltet findet sich der Grundsatz der Selbstbestimmung im Verfassungsrecht. So gewähren Art. 1 I GG und Art. 2 I GG dem einzelnen Bürger

„*einen unantastbaren Bereich privater Lebensgestaltung, der der Einwirkung der öffentlichen Gewalt entzogen ist*".[208]

In diesem Bereich kann der Einzelne „seine Individualität entwickeln und wahren".[209]

bb) **Rechtliche Vorgaben.** Was das Selbstbestimmungsrecht im Einzelnen bedeutet und wo es richtigerweise verfassungsrechtlich zu verankern ist, ist jedoch fraglich, insbesondere aber auch, ob das Selbstbestimmungsrecht vom Schutzbereich der körperlichen Integrität des Einzelnen umfasst wird. Das BVerfG hatte sich mit einem Sachverhalt zu beschäftigen, bei dem es um einen Schadensersatzanspruch vor den Zivilgerichten, und dort um die Verletzung der Aufklärungspflicht des behandelnden Arztes gegangen war. Es ist klar, dass die Zustimmung zum Heileingriff entsprechende Informationen auf Seiten des Patienten voraussetzt. Die Ausübung des Selbstbestimmungsrechts des Kranken hängt also von der Kenntnis über die Bedeutung der von ihm zu treffenden Entscheidung ab.[210] Damit stellt sich die Frage, welche Schlüsse aus dem verfassungsrechtlich gesicherten Selbstbestimmungsrecht auf die gebotene (Aufklärungs)Pflicht gezogen werden müssen Das BVerfG hat sich im konkreten Fall auf den Standpunkt gestellt, die einfach-rechtlichen Regelungen, die sich für Inhalt und Ausmaß ärztlicher Aufklärungspflichten entwickelt hätten, seien zu billigen und hat sich dazu auf Art. 2 I GG berufen.[211] Das Minderheitenvotum der drei dissentierenden Richter Hirsch, Niebler und Steinberger verwirft die Anknüpfung an Art. 2 I GG und stützt sich stattdessen auf Art. 2 II 1 GG, das Recht auf körperliche Unversehrtheit. Hier habe der Kranke „das volle Selbstbestimmungsrecht über seine leiblich-seelische Integrität".[212] Der danach allein maßgeblichen Rechtsgrundlage aus Art. 2 II GG hat sich nunmehr auch BVerfGE 89, 120 (130) angeschlossen. Dem folgt das Schrifttum.[213] Gegen ein „allgemeines" Selbstbestimmungsrecht ließe sich sicherlich ein-

35

36

---

[206] *Damm*, MedR 2002, 375.
[207] *Hollerbach*, Selbstbestimmung im Recht; *Damm*, MedR 2002, 375 (376).
[208] BVerfGE 6, 32 (41); 6, 389 (443); 27, 1 (6); siehe dazu ausführlich *Höfling*, in: Sachs, GG, Rn. 28 ff. zu Art. 1 GG; *Herdegen*, in: MD, Rn. 80 ff. zu Art. 1 I GG.
[209] BVerfGE 35, 202 (220). Zu dem damit verbundenen, über die Privatsphäre hinausreichenden Schutzbereich.
[210] „Die Beachtung des Selbstbestimmungsrechts des Patienten ist wesentlicher Teil des ärztlichen Aufgabenbereichs". Der Arzt trägt aber die „ganze Last des Arzt-Patienten-Verhältnisses nicht allein. Er bedarf der Mitwirkung des Patienten ...", BVerfGE 52, 131 (170). Kritisch zu den Defiziten des Aufklärungsrechts auf Seiten der Medizin und auf Seiten des Rechts (versteckt unter dem Blankett der Patientenautonomie) *Rixen* u. a., MedR 2003, 191; zum Patientenrechtegesetz s. o. Fn. 161 und § 630e BGB und BF-Drs. 17/10488 S. 24.
[211] BVerfGE 52, 131 (170 f.).
[212] BVerfGE 52, 171 (174 f.).
[213] *Höfling/Lang*, Das Selbstbestimmungsrecht. Normativer Bezugspunkt im Arzt-Patienten-Verhältnis, in: Feuerstein/Kuhlmann, Neopaternalistische Medizin, 9 (19); *Schmidt-Aßmann*, Grundrechtspositionen und Legitimationsfragen im öffentlichen Gesundheitswesen, 13 ff.; *Damm*, MedR 2002, 375 (377 ff.); *Günther*, Voluntas aegroti suprema lex – juristische Erwägungen, in: Koslowski, Maximen in der Medizin, 1992, 124 ff.; *Deutsch/Spickhoff*, Rn. 18; *Laufs*, in: L/K, § 63 Rn. 6 ff.; § 153 Rn. 35 ff., *Schneider*, MedR 2000, 497. Zur Patientenvertretung vgl. *Damkowski* u. a., Patienten im Gesundheitssystem; *Francke/Hart*, Charta der Patientenrechte; *Francke*, Patientenvertretung, in: HK-AKM, Nr. 4059. Zum Patiententestament vgl. *Taupitz*, Empfehlen sich zivilrechtliche Regelungen zur Absicherung der Patientenautonomie am Ende des Lebens? Gutachten A für den 63. DJT 2000, S. 12 ff.; BGH, JZ 2003, 732;

wenden, es sei als bloßer Sammelbegriff nicht hilfreich, sondern müsse – bezogen auf die einzelnen Sachverhalte – grundrechtsspezifisch aufgeschlüsselt werden. Im Medizinrecht lässt sich aber das Selbstbestimmungsrecht konkretisieren: Der Patient hat das Recht (gestützt auf Art. 2 II 1 GG), nach entsprechender Aufklärung über das Ob und das Wie seiner Behandlung zu entscheiden.

37 **cc) Konsequenzen?** Grundrechte sind zuvörderst Abwehrrechte. Sie haben aber auch eine Teilhabe- und Leistungsfunktion. Art. 2 II GG ist schon dann berührt,

„wenn staatliche Regelungen dazu führe, dass einem kranken Menschen eine nach dem Stand der medizinischen Forschung prinzipiell zugängliche Therapie, mit der eine Verlängerung des Lebens, mindestens aber ein nicht unwesentliche Minderung des Leidens verbunden ist, ... versagt bleibt".[214]

38 Lassen sich aus Art. 2 II 1 GG Leistungsansprüche gegenüber dem Staat oder der mittelbaren Staatsverwaltung herleiten? Man wird in diesem Bereich zu beachten haben, dass Art. 2 II 1 GG dem Gesetzesvorbehalt des Abs. 2 S. 3 unterliegt.[215] In das Recht auf körperliche Unversehrtheit darf auf Grund eines Gesetzes eingegriffen werden. Außerdem gelten die allgemeinen Bindungen, wie sie sich etwa aus dem Grundsatz der Verhältnismäßigkeit und dem Willkürverbot ergeben.

39 Unabhängig davon: Nach der Rechtsprechung des BVerfG räumt Art. 2 II 1 GG in Verbindung mit dem Sozialstaatsprinzip dem Versicherten

„keinen subjektiven Anspruch auf die Gewährung konkreter Leistungen durch die gesetzliche Krankenversicherung ein".[216] *„Zwar trifft es zu, dass durch Art. 2 II 1 GG die freie Selbstbestimmung des Patienten über ärztliche Heileingriffe verbürgt ist mit der Folge, dass diesem allein auch die Letztentscheidung über die in seinem Fall anzuwendende Therapie belassen ist ... Jedoch ergibt sich daraus kein verfassungsrechtlicher Anspruch gegen die Krankenkassen auf die Bereitstellung entsprechender medizinischer Versorgung oder auf Gewährung finanzieller Leistungen hierfür. Ein mit der Verfassungsbeschwerde durchsetzbarer Anspruch auf Bereithaltung spezieller Gesundheitsleistungen, die der Heilung von Krankheiten diesen oder jedenfalls bezwecken, dass sich Krankheiten nicht weiter verschlimmern, kann aus Art. 2 II 1 GG nicht hergeleitet werden.*
Aus Art. 2 II 1 GG folgt zwar eine objektivrechtliche Pflicht des Staates, sich schützend und fördernd vor das Rechtsgut des Art. 2 II 1 GG zu stellen ... Daran hat sich auch die Auslegung des geltenden Rechts der gesetzlichen Krankenversicherung zu orientieren. Der

---

Deutsch, NJW 2003 156; *Stackmann,* NJW 2003, 1568; *Uhlenbruck,* NJW 2003, 1700; *Kutzer,* ZRP 2003, 213; *Hufen,* ZRP 2003, 248; *Spickhoff,* JZ 2003, 739. Siehe auch BVerfG, NJW 2002, 206; OLG München, MedR 2003, 174 mit Anm. von *Bender; Spickhoff,* NJW 2003, 1701; *Zuck,* Das Recht der autheroposophischen Medizin, Rn. 98. Zum Patientenrechtegesetz s. § 14 Rn. 1 ff.

[214] BVerfG(K), NJW 1999, 3399 (3400) – Nierentransplantation. Art. 2 II GG sichert auch gegen staatliche Maßnahmen (hier § 8 I 2 TPG. Zur Auslegung von § 8 I 2 TPG vgl. die Kontroverse zwischen *Seidenath,* MedR 1998, 253 und *Schroth,* MedR 1999, 67 und, unter Berücksichtigung von BVerfG(K), NJW 1999, 3399 *Dufkova,* MedR 2000, 408), die lediglich mittelbar zu einer Verletzung der körperlichen Unversehrtheit führen, vgl. BVerfGE 66, 39 (60); BVerfG(K), NJW 1999, 3399 (3400): „Die mittelbar hervorgerufene Verletzung muss allerdings das Maß einer also sozialadäquat eingestuften Beeinträchtigung übersteigen und bei einer normativen Betrachtung unter Berücksichtigung des Schutzgebots von Art. 2 II 1 GG als adäquate Folge der staatlichen Tätigkeit dieser zurechenbar sein, darf also weder aus einer selbstständig zu verantwortenden Tätigkeit Dritter resultieren noch auf einer schicksalhaften Fügung beruhen". Die Kammerentscheidung belegt exemplarisch die hier vertretene These vom „funktionalen Gesundheitsschutz", s. § 2 Rn. 25. Zur Kammerentscheidung siehe auch *Walter,* in: Spickhoff, § 8 TPG Rn. 6.

[215] BVerfG(K), NJW 1999, 3399; s. dazu auch *Schmidt-Aßmann,* Grundrechtspositionen und Legitimationsfragen im öffentlichen Gesundheitswesen, 23 ff.

[216] BVerfG(K), NJW 1998, 1775 (1776).

mit einer solchen Schutzpflicht verbundene grundrechtliche Anspruch ist jedoch im Hinblick auf die den zuständigen staatlichen Stellen einzuräumende Gestaltungsfreiheit bei der Erfüllung der Schutzpflichten nur darauf gerichtet, dass die öffentliche Gewalt Vorkehrungen zum Schutz des Grundrechts trifft, die nicht völlig ungeeignet oder völlig unzulänglich sind".[217]

Alle Leistungsansprüche scheitern dem Grunde nach an der Bindungsseite des Freiheitsbegriffs. So verweigert auch das BSG in ständiger Rechtsprechung den Betroffenen einen Anspruch auf Bereitstellung spezieller Gesundheitsleistungen aus Art. 2 II 1 GG:

„Die Bestimmung begründet zwar eine objektiv-rechtliche Pflicht des Staates, sich schützend und fördernd vor das Rechtsgut Leben bzw. körperliche Unversehrtheit zu stellen. Daran hat sich auch die Auslegung des geltenden Rechts der gesetzlichen Krankenversicherung zu orientieren. Der mit einer solchen Schutzpflicht verbundene grundrechtliche Anspruch ist jedoch im Hinblick auf die den zuständigen Stellen einzuräumende weite Gestaltungsfreiheit bei der Erfüllung der Schutzpflicht nur darauf gerichtet, dass die öffentliche Gewalt Vorkehrungen zum Schutz des Grundrechts trifft, die nicht völlig ungeeignet oder völlig unzulänglich sind. Dies ist im SGB V durch die Bereitstellung von Leistungen, die dem allgemein anerkannten Stand der Wissenschaft entsprechen, geschehen. Durch die Rechtsprechung des BSG zum Systemversagen wird im Übrigen sichergestellt, dass eine ausreichend erprobte bzw. bewährte Methode auch dann dem Versicherten zur Verfügung steht, wenn sie – aus Gründen, die in den Verantwortungsbereich der Ärzte und Krankenkassen fallen – noch nicht in die NUB-Richtlinien aufgenommen wurde. Soweit der Versicherte auch die Bereitstellung von nicht ausreichend erprobten Methoden begehrt, steht dem das öffentliche Interesse am Schutz des Versicherten vor unbekannten Nebenwirkungen sowie am Erhalt der finanziellen Stabilität der Krankenversicherung entgegen. Das in § 12 I SGB V enthaltene Wirtschaftlichkeitsgebot markiert die finanziellen Grenzen, die der Leistungspflicht der gesetzlichen Krankenversicherung von der Belastbarkeit der Beitragszahler und der Leistungsfähigkeit der Volkswirtschaft gezogen werden. Das BVerfG hat es daher für mit der Verfassung vereinbar gehalten, die Frage nach der Wirtschaftlichkeit einer Leistung im Sinne von § 12 I SGB V mit den Anforderungen des Arzneimittelrechts zu verknüpfen und die Verordnungsfähigkeit eines zulassungspflichtigen Arzneimittels zu verneinen, wenn und solange dieses nicht arzneimittelrechtlich zugelassen und damit nicht auf seine Unbedenklichkeit, Qualität und Wirksamkeit geprüft worden ist ... Im Bereich der zulassungsfreien Arzneimittel kann insoweit nichts anderes gelten: Auch hier muss es dem Gesetzgeber angesichts der Belastung für die Beitragszahler und der Gefahren für den Versicherten freistehen, nur erprobte und bewährte Methoden als wirtschaftlich anzusehen und in die Leistungspflicht der gesetzlichen Krankenversicherung aufzunehmen. Das Vorliegen einer Krankheit mit tödlichem Verlauf, für die keine dem medizinischen Standard entsprechende Behandlungsmethode existiert, zwingt nicht zu einer anderen Betrachtungsweise. Das BVerfG hat in den genannten Entscheidungen, die ebenfalls noch nicht ausreichend erprobte Arzneimittel zur Bekämpfung von Krebs betrafen, keine Veranlassung gesehen, bei der Beurteilung der Gestaltungsfreiheit des Gesetzgebers auf diesen

---

[217] BVerfG(K), NJW 1997, 3085; BVerfG(K), MedR 1997, 318; BVerfG(K), NJW 1998, 1775. S. dazu jetzt auch BVerfG(K), GbR 2013, 245 (246). Diese Mindestanforderungen hält das deutsche Gesundheitssystem ein, *Schmidt-Aßmann*, Grundrechtspositionen und Legitimationsfragen im öffentlichen Gesundheitswesen, 23. Zusammenfassend BVerfGE 115, 25 (46) – lebensbedrohliche Erkrankungen: Es ist verfassungsrechtlich nicht zu beanstanden, dass der Gesetzgeber den GKV-Versicherten nur Leistungen nach Maßgabe eines allgemeinen Katalogs (§ 11 SGB V) gewährt, diesen Katalog auch unter Kostenaspekten gestaltet und die Zulassung neuer Untersuchungs- und Behandlungsmethoden zur vertragsärztlichen Versorgung von einer Sachverständigen-Prüfung abhängig gemacht hat.

Aspekt näher einzugehen. Im Ergebnis steht damit die Gewährung von Leistungen für den individuellen Heilversuch im Ermessen des Gesetzgebers".[218]

41 **dd) Umsetzungsprobleme.** Die allgemeinen Probleme der Verwirklichung von Selbstbestimmung betreffen die Schaffung von Voraussetzungen, die überhaupt erst Selbstbestimmung möglich machen und die Notwendigkeit der Einbindung von Selbstbestimmungsrechten in die allgemeine Rechtsordnung, verbunden mit der Erfordernis einander widersprechende Interessen auszugleichen.

42 Im Medizinrecht hat sich die Diskussion um das Selbstbestimmungsrecht des Patienten vor allem im Zusammenhang mit den ärztlichen Aufklärungspflichten und der Notwendigkeit eines informed consent[219] entwickelt.[220] Die Diskussion wird stark beeinflusst durch die Veränderungen im Bereich der Medizin, etwa der immer weiter zunehmenden Technisierung (Apparate-/Telemedizin[221]/Blut-Produkte),[222] den ungelösten Problemen der Bio-

---

[218] BSGE 86, 56 (65 f.), BSG, SozR 4–2500 § 27 SGB V Nr. 9. Zum Grundrechtsschutz des Patienten vgl. *Schnapp/Kaltenborn*, Verfassungsrechtliche Fragen der „Friedensgrenze" zwischen privater und gesetzlicher Krankenversicherung, 40 ff.

[219] Zum positiven und negativen i. c. vgl. *Damm*, MedR 2002, 375 (380 f.). Zum i. c. bei kleinen Kindern siehe *Rothärmel* u. a., MedR 1999, 293; *Wölk*, MedR 2001, 80. Siehe auch *Stätling* u. a., MedR 2001, 385; ausführlich § 13 Rn. 82 ff.

[220] Zur historischen Entwicklung übersichtlich *Damm*, MedR 2002, 375 (377 f.); zur Rechtslage in Europa umfassend *Hanika*, MedR 1999, 149. Zu den Patientenrechten in Deutschland vgl. das Dokument der 72. GK vom 9./10.6.1999 und dazu *Katzenmeier*, MedR 2000, 24; *Pfeffer*, MedR 2002, 250; *Steffen*, MedR 2002, 190; *Becker-Schwarze*, GesR 2004, 245. Zur Berücksichtigung von Patientenwünschen siehe *Eibach* u. a., MedR 2001, 21 ff. Zur Entnahme von Patientenunterlagen vgl. *Meschke* u. a., MedR 2002, 346; Rn. 72. Zur verbesserten Patientenbeteiligung hat das GMG in §§ 140f bis 140h SGB V umfangreiche Vorkehrungen getroffen, u. a. durch die Bestellung eines/einer Patientenbeauftragten (§ 140 I SGB V). „Aufgabe der beauftragten Person ist es, darauf hinzuwirken, dass die Belange von Patientinnen und Patienten besonders hinsichtlich ihrer Rechte auf umfassende und unabhängige Beratung und objektive Information durch Leistungserbringer, Kostenträger und Behörden im Gesundheitswesen und auf die Beteiligung bei Fragen der Sicherstellung der medizinischen Versorgung berücksichtigt werden. Sie setzt sich bei der Wahrnehmung dieser Aufgabe dafür ein, dass unterschiedliche Lebensbedingungen und Bedürfnisse von Frauen und Männern beachtet und in der Forschung geschlechtsspezifische Aspekte berücksichtigt werden" (§ 140h II SGB V n. F.); siehe auch die Verordnung zur Beteiligung von Patientinnen und Patienten in der Gesetzlichen Krankenversicherung (Patientenbeteiligungsverordnung – PatBeteiligungsV) vom 19.12.2003 (BGBl. I 2753). Zum PatientenrechteG-E siehe *Kubella*, Patientenrechtegesetz, 2011; *Zöller* MedR 2011, 129; *Hart*, GesR 2012, 385; *Katzenmeier*, SGb 2012, 125; allgemein vgl. *Müller*, MedR 2009, 309; *Damm*, MedR 2011, 704; *Hart*, in: Hoepfen, Der Wandel der Patientenrechte, 2011, 177; *Höfling*, GesR 2011, 199. Siehe dazu jetzt das Gesetz zur Verbesserung der Rechte von Patienten und Patienten vom 20.2.2013 (BGBl. I 277) und *Thole*, MedR 2013, 145; *Montgomery/Brauer/Hübner/Seebohm*, MedR 2013, 149; *Thurn*, MedR 2013, 153; *Klebb*, MedR 2013, 158; *Hart*, MedR 2013, 159; *Lechner*, MedR 2013, 420; *Rehborn*, GesR 2013, 257; *Spickhoff*, VersR 2013, 267; *Wenner*, SGb 2013, 162; *Bahner*, MPR 2013, 73.

[221] Zu dieser grundlegend *Hanika*, Telemedizin, in: Nr. 5070; *ders.*, MedR 2001, 107; *Kern*, MedR 2001, 495; *Gaidzik*, GesR 2003, 229; *Hermeler*, Rechtliche Rahmenbedingungen der Telemedizin; *Haas*, Gesundheitstelematik; *Katzenmeier/Schrag-Slavu*, Rechtsfragen des Einsatzes der Telemedizin im Rettungsdienst; *Bartmann/Blettner/Heuschmann*, Telemedizinische Methoden in der Patientenversorgung. *Pitches*, NZS 2009, 177; *Schneider/Roßnagel/Hartung*, Sekundärnutzung klinischer Daten, 2015. Zum Datenschutz in Medizinnetzen siehe *Mand*, MedR 2003, 393. S. dazu jetzt das Gesetz für sichere digitale Kommunikation und Anwendungen im Gesundheitswesen sowie zur Änderung weiterer Gesetze vom 28.12.2015 (BGBl. I 2408) (E-Health-Gesetz) und dazu BT-Drs. 18/5293. Das E-Health-Gesetz regelt vor allem die elektronische Gesundheitskarte (§ 18 SGB V) und die Telematikinfrastruktur (§§ 291a ff. SGB V und dazu *Michels*, in: Becker/Kingreen, SGB V Anm. zu § 291a). Zur Anwendung des E-Health-Gesetzes s. Bundesministerium für Gesundheit (u.a.), Kriterienkatalog zur Unterstützung der gesetzlichen Planung, Durchführung und Evaluation von telematischen Projekten sowie den Bericht vom 29.11.2016 gem. § 87 IIa S. 15 SGB V.
E-Health ist als Sammelbegriff für den Einsatz digitaler Technologien im Gesundheitswesen zu verstehen. Zu unionsrechtlichen Vorgaben vgl. Dierks/Kluckert, NZS 2017, 687.

[222] *Bender*, MedR 2001, 221.

medizin²²³ sowie der mit der zunehmenden Verwissenschaftlichung der Medizin verbundenen Objektivierung der Behandlungsvorgänge.²²⁴ Auch die immer gewichtiger werdenden Wirtschaftlichkeits-/Kosten- und Finanzierungsfunktionen bei der Erbringung medizinischer Leistungen bringen weitere Kollisionsfelder mit sich.²²⁵

ee) **Würdigung.** Insgesamt ist die Patientenautonomie und damit das Selbstbestimmungsrecht des Patienten nicht immer sorgfältig genug – sowohl faktisch wie rechtlich – herausgearbeitet worden. Das gilt auch für die Integrationsnotwendigkeiten in das bestehende System und den Ausgleich mit den Rechten anderer. Die damit verbundenen Schwierigkeiten rechtfertigen es jedoch nicht, von einem Mythos der Patientenautonomie zu sprechen. Wie bei allen Freiheitsrechten müssen auch bei der Patientenautonomie die Tatsachenbasis geklärt und die Bindung der (Patienten-)Freiheit beachtet werden.

b) Datenschutzrechtliche Fragen. aa) Verfassungsrecht. Zu den Bestandteilen des Selbstbestimmungsrechts des Patienten gehört auch der allgemeine Grundsatz, dass der Einzelne vor der unbefugten Weitergabe seiner persönlichen Daten durch sein allgemeines Persönlichkeitsrecht (Art. 2 I GG in Verbindung mit Art. 1 I GG) geschützt wird. Damit wird die Befugnis des Einzelnen gewährleistet, grundsätzlich über die Preisgabe und Verwertung seiner persönlichen Daten selbst zu bestimmen. Ausnahmen sind nur im überwiegenden Allgemeininteresse zulässig. Sie bedürfen einer verfassungsmäßigen gesetzlichen Grundlage.²²⁶

bb) Einfaches Recht. Der Schutz der persönlichen Daten des Bürgers wird durch ein einfach-rechtliches Netz sichergestellt. Im Vordergrund stehen dabei das Bundesdatenschutzgesetz (BDSG)²²⁷ und die Datenschutzgesetze der Länder.²²⁸ Das BDSG setzt gemäß § 1 II Nr. 1 und 2 voraus, dass personenbezogene Daten von einer öffentlichen oder gemäß § 1 II Nr. 3, § 27 I 2 BDSG von einer nicht-öffentlichen Stelle erhoben, verarbeitet und genutzt werden.²²⁹ § 2 IV BDSG ordnet Ärzte/Zahnärzte und Krankenhäuser²³⁰ dem nichtöffentlichen Bereich zu. Das BDSG ist also anwendbar, soweit nicht die Landeskrankenhausgesetze für Krankenhäuser Sonderregelungen erlassen haben.²³¹ Die Erhebung, Verarbeitung und Nutzung personenbezogener Daten ist nur zulässig, soweit dies das BDSG oder

---

²²³ Vgl. *Damm*, MedR 1999, 437, siehe §§ 67 ff.
²²⁴ *Hart*, MedR 2000, 1.
²²⁵ *Pflüger*, MedR 2000, 6.
²²⁶ BVerfGE 65, 1 – Volkszählungsurteil. Grundrechtsschutz wird auch durch Art. 10 GG sowie insbesondere durch die Grundrechte aus Art. 4, 5, 12, 13 und 14 GG gewährleistet, siehe dazu ausführlich *Kloepfer*, Geben moderne Technologie und die europäische Integration Anlass, Notwendigkeit und Grenzen des Schutzes personenbezogener Informationen neu zu bestimmen? Gutachten D zum 62. DJT Gesetzliche Regelungen, die – z. B. – zum Abruf von Kontostammdaten ermächtigen, müssen hinreichend bestimmt sein, BVerfG, NJW 2007, 2764. Dort auch ausf. zum informationellen Selbstbestimmungsrecht.
²²⁷ In der Fassung der Bekanntmachung vom 14.1.2003 (BGBl. I 67), mehrfach geändert, vgl. *Sartorius*, Verfassungs- und Verwaltungsgesetze Nr. 245.
²²⁸ Siehe dazu *Sartorius*, Verfassungs- und Verwaltungsgesetze Nr. 245. Zu den weiteren Rechtsquellen siehe die umfangreiche Übersicht bei *Hanika*, in: HK-AKM, Rn. 9 ff. zu Nr. 1340. Zum KrebsregisterG (KRG) vom 4.11.1994 (BGBl. I 335) vgl. *Hollmann*, NJW 1995, 762; *Schlund*, in: L/K, § 72 Rn. 42 ff.; *Deutsch/Spickhoff*, Rn. 623 f. Es gilt aufgrund des Staatsvertrags 1999 i. d. F. von 2006 ab 1.1.2000 als Landesrecht fort. Hier handelt es sich, wie häufig auch bei Datensammlungen zu Forschungszwecken, nicht um persönliche, sondern um anonymisierte Daten (zu so genannten pseudoanonymisierten Daten, etwa bei Laboruntersuchungen, vgl. *Hanika*, in: HK-AKM, Nr. 1310 Rn. 52). Zu dem beim Robert Koch-Institut eingerichteten Zentrum für Krebsregisterdaten s. das BundeskrebsregisterdatenG vom 10.8.2010 (BGBl. I 2702).
²²⁹ Es sei denn, es gehe nur um die Erhebung, Verarbeitung und Nutzung ausschließlich für persönliche oder familiäre Tätigkeiten.
²³⁰ Auch kirchliche Krankenhäuser, siehe dazu *Simitis*, BDSG, Rn. 135 zu § 2 BDSG.
²³¹ *Hanika*, in: HK-AKM, Rn. 34 ff. m. w. N.; zum Vorrang des Landesrechts insoweit vgl. *Simitis*, BDSG, Rn. 9 zu § 4 BDSG.

46 Besondere Probleme werfen die Chipkarten auf. Es gibt sie in unterschiedlicher Form. So ist die Krankenversicherungskarte des § 15 V SGB V, § 291 I SGB V, die den Krankenschein ersetzt hat, flächendeckend im Bundesgebiet eingesetzt. Ihr Hauptzweck ist die automatisierte Übernahme der administrativen Versichertendaten in die EDV des Arztes. Die automatisierten Daten können jedoch lediglich ausgelesen, nicht aber automatisiert bearbeitet werden. § 6c BDSG ist deshalb unabwendbar.[233] Die Patienten(Chip)Karte soll alle Anamnese-, Diagnose- und Therapiedaten des Patienten speichern.[234] Das GMG wollte dieses Ziel durch die Einführung einer (umfassenden) elektronischen Gesundheitskarte (eGK) bis 1.1.2006[235] (§ 291a SGB V n. F.) verwirklichen. Das hat sich jedoch so schnell nicht verwirklichen lassen. §§ 291a, 291b SGB V waren durch das GKV-WSG neu gefasst worden, gelten jetzt aber in der Fassung des E-Healthgesetzes (s. o. Fn. 177). Die Einführung der eGK hatte im Jahr 2011 begonnen. Sie sollte bis 2013 abgeschlossen sein. Die eGK betrifft nur einen Ausschnitt aus der elektronischen Datennutzung,[236] darüber hinaus aber auch die durch die technischen Möglichkeiten verursachten Veränderungen in der ärztlichen Behandlung.[237]

Spezielle Fragen des Datenschutzes gibt es bei Call-Centern, wie sie im Rahmen der Tätigkeit von Krankenversicherern, aber auch im modernen Krankenhausmanagement in Betracht kommen.[238]

47 c) **Dokumentationspflichten.** Besondere Probleme ergeben sich im Zusammenhang mit den Dokumentationspflichten des Arztes.[239] Die Verpflichtung zur Niederlegung der Krankendaten folgt berufsrechtlich aus der landesrechtlichen Umsetzung des § 10 MBO.[240] Sie ist zudem vertragliche Nebenpflicht aus dem Behandlungsvertrag. Der Behandler kann die Dokumentation schriftlich aufbewahren. Er kann aber auch eine elektronische Patientenakte (EPA) anlegen. Geschieht das intern, so ergeben sich keine datenschutzrechtlichen Besonderheiten. Soll die EPA extern angelegt werden, sei es über ein externes Netz (mit Abruf-

---

[232] Zu den detaillierten Voraussetzungen einer rechtswirksamen Einwilligung vgl. § 4a BDSG. Die Einwilligung kann auch in Form qualifizierter elektronischer Signatur gemäß § 2 SigG erfolgen. Sind die Voraussetzungen nicht gegeben, also bei der sogenannten einfachen elektronischen Einwilligung (z. B. über e-mail; zum Internet im Gesundheitswesen allgemein vgl. *Hanika*, MedR 2000, 205) ist die Einwilligung nichtig, vgl. *Simitis*, BDSG, Rn. 41 zu § 4a BDSG. Zur Biobank vgl. *Wellbrock*, MedR 2003, 77; *Dabrock/Taupitz/Ried* (ed.), Trust in Biobanking, 2012. *Gassner/Kersten/Lindemann/Lindner/Rosenau/Schmidt am Busch/Schroth/Wollenschläger*, Augsburg-Münchener-Entwurf zu einem Biobankgesetz, 2015.

[233] *Bizer*, in: Simitis, BDSG, Rn. 15 zu § 6c BDSG. Zur Krankenversicherungskarte vgl. ausführlich *Noftz*, in: Hauck/Noftz, SGB V, Rn. 18 ff. zu § 15 SGB V; zur Neuregelung durch das GMG vgl. *Orlowski/Wasem*, Gesundheitsreform, 34 ff.

[234] *Kilian*, NJW 1992, 2313.

[235] *Rabata*, DABl. 2007 – A 2311. Zur eGK siehe *Hornung*, Die digitale Identität, 2005, 41 ff., 58 ff. Zur verfassungsrechtlichen Zulässigkeit dort S. 207 ff. An ihr lässt *Hornung* vom Ergebnis her keine Zweifel, S. 439 f. Zu Testmaßnahmen für die Einführung einer eGK siehe die 4. ÄndV zur Verordnung über Testmaßnahmen für die Einführung der elektronischen Gesundheitskarte vom 8.2.2013 (BGBl. I 187).

[236] Zum medizinischen Informationssystem und elektronischen Krankenakten, s. *Haas*, 2005, Dt. Ärzteblatt, 2011, 108 (43) A 2295.

[237] Zur Videosprechstunde vgl. *Kuhn/Hesse*, GesR 2017, 221.

[238] *Hanika*, Datenschutz, in: HK-AKM, Rn. 182 ff. zu Nr. 1340; *Burk/Hellmann*, Krankenhausmanagement für Ärztinnen und Ärzte, Abschnitt „Kommunikation IV" 1.6; *George*, in: Fischer u. a., Managementhandbuch Krankenhaus, Das Communication Center im Gesundheitswesen Nr. 655 (unter Nr. 2.5). Zum Datenschutz im Allgemeinen vgl. *Gola*, Datenschutz im Call-Center.

[239] Siehe dazu § 12 Rn. 68 ff.; *Deutsch/Spickhoff*, Rn. 523 ff.; *Laufs*, in: L/K, § 111; *Kaiser*, in Ratzel/Luxenburger, § 13 Rn. 466 ff.

[240] BGHZ 72, 132, st. Rspr.

möglichkeiten), sei es über die Erfassung von Gesundheitsdatenkosten, fehlt es dazu an einer Rechtsgrundlage. Es bedarf also auch hier der Einwilligung des Patienten.[241] Für Krankenhäuser ist insbesondere das jeweilige Landeskrankenhausrecht zu beachten. Die EPA kann danach zulässig sein. Die Telearchivierung von Patientendaten unterliegt auf Seiten des Anbieters den Vorschriften der §§ 4 ff. TDG, darüber hinaus aber auch dem TDDSG.[242] Für den Auftraggeber (und die Auftragnehmer) gilt § 11 BDSG.[243] Den Dokumentationspflichten korrespondieren Einsichtsrechte des Patienten.[244] „Das Grundrecht der informationellen Selbstbestimmung gewährleistet die Befugnis des Einzelnen, über die Preisgabe und Verwendung seiner persönlichen Daten selbst zu bestimmen. ... Dieses Grundrecht wird nicht schrankenlos gewährleistet. Einschränkungen bedürfen aber einer gesetzlichen Grundlage und müssen dem Grundsatz der Verhältnismäßigkeit entsprechen; vor allem dürfen sie nicht weitergehen als zum Schutz öffentlicher Interessen unerlässlich ...".[245] Das führt zu einem grundsätzlichen Anspruch des Patienten gegenüber Arzt und Krankenhaus auf Einsicht in die ihn betreffenden Krankenunterlagen.[246]

d) Schweigepflicht. Eine erhebliche Rolle spielt schließlich die Schweigepflicht. Die Angehörigen der Heilberufe sind gehalten, ihnen anvertraute fremde Geheimnisse zu wahren (Schweigepflicht).[247] Damit wird die Individualsphäre des Patienten geschützt, das erforderliche Vertrauensverhältnis zwischen Behandler und Patient gesichert und zugleich ein Beitrag dazu geleistet, dass die Behandler ihre Berufe gewissenhaft ausüben.[248] Die Schweigepflicht wird als so zentrales Moment der Berufsausübung der Behandler angesehen, dass sie strafrechtlich in § 203 StGB sanktioniert ist. Sie ist zivilrechtliche Nebenpflicht des Behandlungsvertrages und unterliegt – ggf. – zusätzlichen berufsrechtlichen Regelungen.[249] Der Patient kann den Behandler von der Schweigepflicht befreien. Ihren verfassungsrechtlichen Grund hat die Schweigepflicht in Art. 1 I, Art. 2 I GG. Gesichert wird das Selbstbestimmungsrecht des Patienten gegenüber den Gefahren, die mit der notwendigen Offenlegung der Privatsphäre verbunden sind. Die Schweigepflicht setzt sich auch gegen wirtschaftliche Interessen des Behandlers durch. Bei einer Praxisübergabe muss der Praxisinhaber vor Weitergabe von Patientenunterlagen, insbesondere der Patientenkartei die Zustimmung des Patienten in eindeutiger und unmissverständlicher Weise einholen.[250] Verfassungsrechtlich steht dahinter das durch Art. 1 I, Art. 2 I GG gesicherte informationelle Selbstbestimmungsrecht des Patienten.[251]

48

e) Verfahrensrechte. Verfahrensmäßig wird die Privatsphäre des Patienten durch die Zeugnisverweigerungsrechte der § 53 StPO, § 383 ZPO gesichert.

49

f) Informationsrecht. Das Selbstbestimmungsrecht des Patienten aktualisiert sich schließlich in seinen Informationsrechten. Im Vordergrund steht dabei die ärztliche Aufklärung.[252]

50

---

[241] *Hanika*, Datenschutz, in: HK-AKM, Rn. 160 ff. zu Nr. 1340; s. a. → § 2 Rn. 45 mit Fn. 204.
[242] Siehe dazu → *Dierks*, ZfäFuQg 1999, 787 (790).
[243] *Hermeler*, Rechtliche Rahmenbedingungen der Telemedizin, 181 ff.; für Krankenhäuser siehe die Zulässigkeitstabelle bei *Hanika*, Datenschutz, in: HK-AKM, Rn. 175 zu Nr. 1340.
[244] → § 13 Rn. 30.
[245] BVerfG(K), JZ 2007, 91 mit Anm. von *Klatt*.
[246] BVerfG(K), NJW 1999, 1777; JZ 2007, 91 (92). Eine große Rolle spielt inzwischen die **elektronische Patientenakte**. Siehe dazu *Laskanides*, Elektronische Patientenakte; *Warda*, Elektronische Gesundheitsakten und o. Fn. 192.
[247] → § 12 Rn. 62 ff.; → § 72 Rn. 10 ff.
[248] BVerfGE 32, 373.
[249] → § 12 Rn. 62 ff.
[250] BGH, MedR 1992, 104.
[251] BVerfGE 65, 1; → § 2 Rn. 35 ff.
[252] → § 13 Rn. 82 ff. Zu dem aus dem Informationsrecht des Patienten fließenden Einsichtsrecht in seine Krankenunterlagen → § 2 Rn. 47.

Die damit für den Behandler verbundenen Pflichten gründen in Art. 2 II GG.[253] Es darf aber nicht übersehen werden, dass insbesondere die ärztliche Werbung den Informationsanspruch des Patienten aus Art. 1 I, Art. 2 I GG befriedigen muss, der für die Transparenz der Gesundheitsleistungen sorgt, zu einem bestmöglichen Informationsgleichgewicht beiträgt und so geeignet ist, dem Patienten richtige Entscheidungen zu ermöglichen.[254] Die Zulässigkeit der Informationswerbung und das Verbot irreführender Werbung dürfen deshalb nicht nur unter den Aspekten des Berufsrechts und des Wettbewerbsrechts behandelt werden. In einer Informationsgesellschaft muss vielmehr auch der Bezug zum Patienten beachtet werden, der ein Recht darauf hat, für die seine Gesundheit betreffenden Entscheidungen über die konkreten Auskunftspflichten hinaus allgemein informiert zu werden, und der, will man seiner Mündigkeit rechtlichen Rang verleihen, eine Sachentscheidung überhaupt erst auf Grund der Ausschöpfung des Informationspotentials treffen kann. Wenn insoweit von Informationsgleichgewicht gesprochen wird, darf man das nicht missverstehen. Das Informationsgefälle zwischen Patient und Behandler ist im Regelfall nicht zu beseitigen. Ein wirkliches Vertrauensverhältnis zwischen Patient und Behandler kann aber nur entstehen, wenn sich der Patient dem Behandler nicht bloß kraft dessen Professionalität unterordnet, sondern erst dann, wenn er – nach seinen Möglichkeiten – bei den zu treffenden Entscheidungen mitreden kann.

51 g) **Beschränkungen des Selbstbestimmungsrechts.** Schränkt der Behandler das Selbstbestimmungsrecht des Patienten durch eigene Maßnahmen ein, z. B. durch Sedierung bei einer ambulanten Behandlung, so geht die Verantwortung auf den Behandler über. Insoweit gebürt der Pflicht zur Patientenbetreuung oder Patientenüberwachung Vorrang. Wer entsprechende Gefahrenquellen schafft oder verstärkt, muss die notwendigen Vorkehrungen zum Schutz des Patienten treffen.[255] Die Kritik von *Laufs*, Ärzte und Kliniken könnten diese Überwachung wegen der angespannten personellen/wirtschaftlichen Situation gar nicht durchführen,[256] überzeugt nicht: Die Unmöglichkeit, über sich selbst zu bestimmen, ist vom Arzt gesetzt worden. Von den Folgen kann er sich nicht dispensieren.

3. Die Therapiefreiheit des Arztes

52 Die Therapiefreiheit ist Bestandteil der ärztlichen Berufsausübungsfreiheit, wie sie durch Art. 12 I GG geschützt wird.[257] Damit wird in erster Linie ein Abwehrrecht beschrieben. Der Arzt verantwortet seine Therapie nach professionellen Standards vor seinem Gewissen (§ 1 II BÄO, § 2 I MBO),[258] kann also nicht zu einer diesen Grundsätzen widersprechenden Behandlungsmethode gezwungen werden. Die professionellen Standards bestimmen der Gesetzgeber und die von ihm dazu legitimierten Gremien, nach Maßgabe des Art. 12 I GG.[259] Jede

---

[253] → § 2 Rn. 24 ff.
[254] Erstmals thematisiert von *Jaeger*, MedR 2003, 263. Mit der Frage: „Was muss der Patient wissen" bekommen wir – bezogen auf die Werbemaßnahmen der Behandler – ein Instrument in die Hand, um überflüssige von notwendiger Information zu trennen, eine Notwendigkeit, die sich auf Behandlerseite aus dem Gemeinwohlbezug des Art. 12 I GG ergibt. Es genügt deshalb der Hinweis nicht, Patienteninformation sei erwünscht (*Jaeger*, aaO, S. 268). Die Information ist notwendig, um den Patienten nicht dem bloßen Spiel von trial and error zu unterwerfen. Das geht bei Gebrauchsgütern, aber nicht bei der Gesundheit. S. dazu § 630e BGB.
[255] BGH, NJW 2000, 3425; NJW 2003, 2309 (2310).
[256] *Laufs*, NJW 2003, 2288.
[257] BVerfGE 102, 26 (36) – Frischzellen; *Dahm*, in: HK-AKM, Nr. 5090; *Laufs*, in: L/K, 14 ff. zu § 3; *ders.*, Zur Freiheit des Arztberufs, in: FS f. Deutsch, 625 ff.; *Deutsch/Spickhoff*, Rn. 21; *Grupp*, MedR 1992, 256 f.; OVG Münster, MedR 1998, 130; *Zuck*, Das Recht der anthroposophischen Medizin, Rn. 102.
[258] Siehe dazu *Daniels/Bulling*, Bundesärzteordnung 1963, Rn. 14 ff. zu § 1 BÄO; *Lippert*, in: Ratzel/Lippert, MBO, Rn. 16 ff. zu § 2 MBO.
[259] *Clemens*, in: Heidelberger Kommentar zum Grundgesetz, Bd. I, Rn. 62 ff., Anhang zu Art. 12 GG.

Regelung muss durch hinreichende Belange des Gemeinwohls gedeckt sein, dem Gesetzesvorbehalt des Art. 12 I GG Genüge tun und dem Prinzip der Verhältnismäßigkeit entsprechen. Soweit die beschränkenden Rahmenbedingungen eingehalten sind, hilft die Therapiefreiheit dem Arzt nicht weiter. Für die Arzneimitteltherapie heißt das z. B.: Der Arzt entscheidet zwar frei darüber, welche zugelassenen oder registrierten Arzneimittel er zur Behandlung einsetzt, und er kann das auch – arzneimittelrechtlich – außerhalb der für ein Arzneimittel erteilten Zulassung tun.[260] Straf- und haftungsrechtlich besteht aber seine uneingeschränkte Verantwortlichkeit fort. Hinzu kommt, dass der Arzt im Rahmen des Vertragsarztrechts u. a. auch an das Wirtschaftlichkeitsgebot gebunden bleibt.[261]

Auch im Bereich der besonderen Therapierichtungen hat die Therapiefreiheit nur beschränkte Bedeutung. Sie kann nicht dazu führen, eine nach verfassungsrechtlich sanktionierten allgemeinen Kriterien ausgeschlossene Behandlungsmethode zulässig zu machen.[262] Dennoch ist der Rückgriff auf die Therapiefreiheit nicht ohne Gewicht. Sich vor Augen zu halten, dass die Therapieentscheidung des Arztes in dessen eigene Verantwortung fällt, zwingt dazu, in jedem Sektor der ärztlichen Berufsausübung zu prüfen, ob vorhandene Beschränkungen dieser Berufsausübungsfreiheit wirklich verfassungsrechtlich gerechtfertigt sind. Der Gesichtspunkt der Therapiefreiheit ist deshalb eine ständige Herausforderung zur Bestimmung des richtigen Maßes von Freiheit und Bindung auf Behandlerseite.[263]

4. Das Verhältnis von Selbstbestimmungsrecht und Therapiefreiheit

Betrachtet man in einer Zwischenpassage Therapiefreiheit des Behandlers und Selbstbestimmungsrecht des Patienten nebeneinander, so liegt darin nur auf den ersten Blick eine konfliktfreie Zuordnung. Man kann die Therapiefreiheit der Anerkennung von Behandlungsmethoden zurechnen, das Selbstbestimmungsrecht dagegen dem Nachfrageverhalten des Patienten. So gewinnt man den Eindruck, als ob Therapiefreiheit und Selbstbestimmungsrecht sich ergänzten, ja, als jeweilige Aspekte von Freiheit deren Garantien verstärkten. Diese Sicht täuscht aber. Therapiefreiheit lenkt den Blick auf das Krankheitsgeschehen aus der Sicht des Arztes, d. h. auf die Verwirklichung seiner Freiheit, nach seiner Eigenverantwortung zu (be-)handeln. Therapiefreiheit, so verstanden, ist Ausdruck einer paternalistischen Medizin, die den Patienten zum Objekt der Therapie macht. Das Selbstbestimmungsrecht des Patienten dagegen wird aus dem Selbstverwirklichungsanspruch des Patienten gespeist, nach seinen subjektiv-personbezogenen Vorstellungen, koste es was es wolle. Der Behandler, insbesondere der Arzt, wird dabei zum Erfüllungsgehilfen für die Durchsetzung dieser Ziele, jemand also, der in Anspruch genommen wird, weil er selbst oder durch Dritte dafür bezahlt wird, möglichst erfolgreich zu diagnostizieren und zu therapieren. Der Arzt wird so zum Instrument, d. h. zum Objekt des Behandlungsvorgangs. Diese Thematik hat Geschichte. Es ist schon immer um die Frage gegangen, was Vorrang hat, die salus aegroti, das Wohl des Kranken, oder die voluntas aegroti, der Wille des Kranken.[264] Verfassungsrechtlich verengt sich die Problematik auf das Erfordernis der praktischen Konkordanz,[265] d. h. der Suche nach

---

[260] BSG, ArztR 2000, 96 (100), siehe dazu auch → § 53 Rn. 19.

[261] *Laufs*, in: L/K, § 3 Rn. 22; *Brenner*, SGb 2002, 129; *Kamps*, MedR 2002, 193; *Deutsch/Spickhoff*, Rn. 220. Unter den notwendigen Standard wird die Behandlung durch das Wirtschaftlichkeitsgebot jedoch nicht gezwungen, vgl. *Laufs*, NJW 1989, 1523; *Ulsenheimer*, MedR 1995, 438.

[262] Therapiefreiheit bedeutet infolgedessen nicht Therapiebeliebigkeit, vgl. *Scheler*, Von der Unabhängigkeit des Arztes in der Arzt-Patienten-Beziehung, in: FS f. Deutsch, 739 (745). Siehe dazu auch BSG, SozR 4–2500 § 27 SGB V Nr. 12.

[263] Zum Bezug zum Selbstbestimmungsrecht des Patienten → § 2 Rn. 35 ff.

[264] *Zuck*, Grundrechtsschutz und Grundrechtsentfaltung im Gesundheitswesen. Ein verfassungsrechtlicher Diskurs, 33 f.

[265] *Hesse*, Grundzüge des Verfassungsrechts der Bundesrepublik Deutschland, Rn. 317 ff.; siehe auch BVerfGE 89, 214 (232). Die damit verbundene Ausgleichsfunktion rechtfertigt es aber nicht, die Therapiefreiheit zu relativieren.

dem angemessenen Ausgleich kollidierender Grundrechte. Diesen Ausgleich zu finden, ist in erster Linie Sache des Gesetzgebers.[266] Normative Grenzziehungen können aber fehlen, unvollständig oder fehlerhaft sein. Dann muss der angemessene Ausgleich unmittelbar in der Abwägung der berührten Grundrechtspositionen gefunden werden. Diese Abwägung ist sachverhaltsbezogen und wird im Einzelfall vorgenommen. Es gibt also keinen allgemeinen Ausgleich zwischen Therapiefreiheit und Selbstbestimmungsrecht, sondern er findet immer nur im Rahmen eines bestimmten Sachverhalts statt.

5. Die Unternehmensfreiheit

55 **a) Die Unternehmensfreiheit als allgemeine Grundrechtsposition.** Am Gesundheitswesen sind nicht nur Patienten und Behandler beteiligt, sondern auch die Hersteller von Medizinprodukten, Hilfsmitteln und Arzneimitteln. Das unterstellt sie dem besonderen Grundrechtsschutz der jeweils berührten Grundrechte, also insbesondere des Art. 3 I GG (Gleichheitssatz),[267] Art. 12 I GG (Berufsfreiheit)[268] und des Art. 14 I GG (Eigentumsgarantie).[269] Hier soll jedoch eine allgemeine Grundrechtsposition der Hersteller herausgestellt werden, nämlich die durch Art. 2 I GG gewährleistete Unternehmensfreiheit, der Freiheit zur wirtschaftlichen Betätigung also. Die wirtschaftliche Betätigungsfreiheit ist Ausfluss der allgemeinen Handlungsfreiheit.[270] Diese Handlungsfreiheit auf wirtschaftlichem Gebiet ist allerdings nur in den Schranken des Art. 2 I, 2. Hs. GG gewährleistet. Die Rechte anderer dürfen infolgedessen nicht verletzt werden. Die freie Entfaltung der Persönlichkeit darf zudem nicht gegen die verfassungsmäßige Ordnung oder gegen das Sittengesetz verstoßen.[271] Der Gesetzgeber ist danach befugt, ordnend und klärend in das Wirtschaftsleben einzugreifen. Art. 2 I GG ist solange nicht verletzt, als dem Betroffenen ein „angemessener Spielraum" verbleibt, sich wirtschaftlich frei zu entfalten. Dieser Spielraum ist solange gegeben, wie sich eine Regelung als verhältnismäßig erweist.[272] Die allgemeine Unternehmensfreiheit schützt deshalb

„*nur die Dispositionsbefugnis des Unternehmers über die ihm und seinem Unternehmen zugeordneten Güter und Rechtspositionen*".[273]

Dagegen verfestigt die wirtschaftliche Betätigungsfreiheit nicht

„*eine bestehende Gesetzeslage zu einem grundrechtlich geschützten Bestand*".[274]

Unantastbar ist damit lediglich der zur Entfaltung der Unternehmerinitiative unabdingbare Spielraum.[275]

56 **b) Praktische Folgerungen.** Es zeigt sich, dass allgemeiner Grundrechtsschutz, hier: der auf den Unternehmerstatus bezogene, nur einen Kernbereich der unternehmerischen Freiheit gewährleistet und deshalb keine eindeutigen verfassungsrechtlichen Garantien bietet. Der

---

[266] BVerfGE 80, 137 (160 f.); 83, 130 (142 f.).
[267] S. dazu → § 2 Rn. 16 ff.
[268] Wieweit der Grundrechtsschutz des Arzneimittelherstellers aus Art. 12 I GG reicht, ist unverändert in der verfassungsrechtlichen Diskussion, siehe dazu etwa BVerfG, NZS 2003, 144 – Festbeträge, dort Rn. 107 ff. und *Jaeger*, NZS 2003, 225 (231). Siehe dazu auch → § 2 Rn. 23.
[269] Deutlich relativierend bezüglich der praktischen Reichweite des Art. 14 I GG *Jaeger*, NZS 2003, 225 (227 ff.).
[270] BVerfGE 78, 232 (244); 87, 153 (169); 91, 207 (221).
[271] BVerfGE 25, 371 (407 f.); 50, 290 (366); 78, 232 (244); 91, 207 (221).
[272] BVerfGE 75, 108 (154 f.); 91, 207 (221).
[273] BVerfGE 97, 67 (83).
[274] BVerfGE 97, 67 (83).
[275] BVerfGE 8, 274 (328 f.); 29, 260 (267); 50, 290 (366); 65, 196 (210).

Hinweis auf die Unternehmerfreiheit behält allerdings seine Bedeutung, weil er das Augenmerk darauf lenkt, dass das Gesundheitssystem in seiner vollen Breite auf verfassungsrechtlichen Grundlagen ruht.

6. Die Wissenschaftsfreiheit (Art. 5 III GG)

a) **Zielsetzung.** Die Darstellung der Probleme des Art. 5 III GG verfolgt zwei Ziele. Zum einen geht es um die Grundlegung für das Recht der Hochschulmedizin. Zum anderen ist der Begriff der Wissenschaftlichkeit ein Grundthema des Medizinrechts. Das zeigen sowohl die Anbindung der Leistungserbringung an den Stand der medizinischen Erkenntnisse (§ 2 I 3, § 135 I 1 Nr. 2 SGB V) als auch die Bedeutung dieses Grundsatzes im Arzneimittelzulassungsrecht (§ 22 AMG) um lediglich zwei Beispiele zu nennen. Eine ganz entscheidende Frage ist jedoch in diesem Zusammenhang, ob der Wissenschaftsbegriff im Sinne der Schulmedizin festgeschrieben ist.[276]

57

b) **Rechtsprechung des BVerfG.** Das BVerfG hat die Bedeutung dieses Grundrechts so zusammengefasst:

58

„*Jeder, der wissenschaftlich tätig ist, genießt … Schutz vor staatlichen Einwirkungen auf den Prozess der Gewinnung und Vermittlung wissenschaftlicher Erkenntnisse. Art. 5 III 1 GG schützt … nicht eine bestimmte Auffassung von Wissenschaft oder eine bestimmte Wissenschaftstheorie. Das wäre mit der prinzipiellen Unvollständigkeit und Unabgeschlossenheit unvereinbar, die die Wissenschaft trotz des für sie konstitutiven Wahrheitsbezugs eignet (vgl. BVerfGE 35, 79 [113]; 47, 327 [367 f.]). Der Schutz dieses Grundrechts hängt weder von der Richtigkeit der Methoden und Ergebnisse ab noch von der Stichhaltigkeit der Argumentation und Beweisführung oder der Vollständigkeit der Gesichtspunkte und Belege, die einem wissenschaftlichen Werk zugrunde liegen. Über gute und schlechte Wissenschaft, Wahrheit oder Unwahrheit von Ergebnissen kann nur wissenschaftlich geurteilt werden (vgl. BVerfGE 5, 85 [145]; Auffassungen, die sich in der wissenschaftlichen Diskussion durchgesetzt haben, bleiben der Revision und dem Wandel unterworfen. Die Wissenschaftsfreiheit schützt daher auch Mindermeinungen sowie Forschungsansätze und -ergebnisse, die sich als irrig oder fehlerhaft erweisen. Ebenso genießt unorthodoxes oder intuitives Vorgehen den Schutz des Grundrechts. Voraussetzung ist nur, dass es sich dabei um Wissenschaft handelt; darunter fällt alles, was nach Inhalt und Form als ernsthafter Versuch zur Ermittlung von Wahrheit anzusehen ist (vgl. BVerfGE 35, 79 [113]; 47, 327 [367])*".[277]

Das BVerfG merkt jedoch an, dass ein Vertreter von Wissenschaft sich nicht damit begnügen kann, zu behaupten, seine Auffassung sei wissenschaftlich und damit schon von der Wissenschaftsfreiheit des Art. 5 III GG gedeckt. Dies zu entscheiden, seien vielmehr auch Behörden und Gerichte befugt.

59

„*Einem Werk kann allerdings nicht schon deshalb die Wissenschaftlichkeit abgesprochen werden, weil es Einseitigkeiten und Lücken aufweist oder gegenteilige Auffassungen unzureichend berücksichtigt. All das mag ein Werk als fehlerhaft im Sinne der Selbstdefinition wissenschaftlicher Standards durch die Wissenschaft ausweisen. Dem Bereich der Wissenschaft ist es erst dann entzogen, wenn es den Anspruch von Wissenschaftlichkeit nicht nur im Einzelnen oder nach der Definition bestimmter Schulen, sondern systematisch verfehlt. Das ist insbesondere dann der Fall, wenn es nicht auf Wahrheitserkenntnis gerichtet ist, sondern vorgefasste Meinungen oder Ergebnisse lediglich den Anschein wissenschaftlicher Gewinnung oder Nachweisbarkeit verleiht. Dafür kann die systematische Ausbildung von Fakten, Quellen, Ansichten und Ergebnissen, die die Auffassung … in Frage stellen, ein Indiz sein. Dagegen*

---

[276] S. dazu → § 2 Rn. 60 ff., → § 11 Rn. 115.
[277] BVerfGE 90, 1 (12). S. dazu auch BVerfGE 136, 338 (362 f.).

genügt es nicht, dass einem Werk in innerwissenschaftlichen Kontroversen zwischen verschiedenen inhaltlichen oder methodischen Richtungen die Wissenschaftlichkeit bestritten wird".[278]

60 **c) Schrifttum.** Im Großen und Ganzen folgt auch das Schrifttum diesem weiten Wissenschaftsbegriff.[279]

d) Schulmedizin und besondere Therapierichtungen[280]**. aa) Wissenschaftsverständnis**

61 Eine fortdauernde Diskussion über das rechte Verständnis von Wissenschaft findet im Streit über die Anerkennung der Leistungen der besonderen Therapierichtungen im Sozialversicherungsrecht statt. Im SGB V ist immer wieder davon die Rede, dass die Leistungen dem allgemeinen Stand der wissenschaftlichen Erkenntnisse entsprechen müssten (z. B. § 2 I 3, § 135 I 1 Nr. 1, § 135a I SGB V). Diese Frage stellt sich vor allem bei den sog. Außenseitermethoden,[281] besonders bedeutsam bei den anerkannten besonderen Therapierichtungen, also der anthroposophischen Medizin, der Homöopathie und der Phytotherapie[282] (vgl. § 34 II 3 SGB V). Diesen besonderen Therapierichtungen, insbesondere aber der Homöopathie, wird von der Schulmedizin[283] kontinuierlich vorgehalten, ihre Wirksamkeit sei nicht nachweisbar. Erfolge hätten ihre Ursache allenfalls in der „Droge Arzt".[284]

Hinter dem Schulenstreit steht jedoch die viel allgemeinere Frage nach dem richtigen Verständnis von Wissenschaft, von dem die Entscheidung über die Anerkennung einer Therapierichtung abhängt. Das ist kein Problem, das auf die Anerkennung einer Therapierichtung innerhalb des Sozialversicherungsrecht beschränkt ist. Es hat in der Wissenschaftsklausel der für die Abrechnung privatärztlicher Leistungen maßgeblichen Allgemeinen Versicherungsbedingungen für die Krankenhauskosten- und Krankentagegeldversicherung (MB/KK)[285] eine vergleichbare Rolle[286] gespielt. Das ist jedoch nicht nur ein wissenschaftstheo-

---

[278] BVerfGE 90. 1 (13). So muss z. B. der medizinische Hochschullehrer die für eine bestmögliche Krankenversorgung an Universitätskliniken erforderlichen organisatorischen Beschränkungen hinnehmen, BVerfGE 57, 70 (99).

[279] *Wendt*, in: v. Münch/Kunig, GG, Bd. 1, Rn. 100 zu Art. 5 GG; *Kannengießer*, in: Schmidt-Bleibtreu/Hofmann/Hopfauf, Art. 5 Rn. 30; *Sodan*, Art. 5 Rn. 45; *Jarass*, in: Jarass/Pieroth, Art. 5 Rn. 118.

[280] Ausf. s. *Zuck,* Das Recht der anthroposophischen Medizin, Rn. 33 ff.

[281] *Oepen/Prokop,* Außenseitermethoden in der Medizin.

[282] Siehe dazu *Zuck,* NJW 1991, 2933; *Estelmann/Eicher,* SGb 1991, 247; *Schmidt-Rögnitz,* Die Gewährung von alternativen sowie neuen Behandlungs- und Heilmethoden durch die gesetzliche Krankenversicherung; *Schlenker,* NZS 1998, 441; *Zuck,* NZS 1999, 313; *Höfler,* in: Kasseler Kommentar Sozialversicherungsrecht, Rn. 10 ff. zu § 12 SGB V; *Noftz,* in: Hauck/Noftz, SGB V, Rn. 36 ff. zu § 12 SGB V; *Zuck,* Homöopathie und Verfassungsrecht, Rn. 39 ff.; ders., Das Recht der anthroposophischen Medizin, Rn. 118; *Saalfrank,* NZS 2008, 17.

[283] Der Begriff ist inhaltlich ungesichert. Akzeptabel *Noftz,* in: Hauck/Noftz, SGB V, Rn. 36 zu § 12 SGB V: „Zusammenfassung der in langer Tradition (natur-)wissenschaftlich … in der ärztlichen Ausbildung an den Universitäten gelehrten und (entsprechend) in der Praxis angewandten Methoden zur Diagnostik und Therapie von Krankheiten". Der Begriff wird zum Teil auch abwertend gebraucht. Er wird hier weder als Definition noch als Kampfbegriff, sondern als (bequeme) Kurzformel für die naturwissenschaftlich anerkannte Allopathie oder vereinfachend als herrschende Lehre verwandt, siehe *Zuck,* NJW 1991, 2933 (2934).

[284] *Strubelt/Claussen,* DAZ 1999, 59 ff. Der Streit ist in jüngster Zeit wieder aufgeflammt, vgl. *Sewing,* Das Geschwür Homöopathie, FAZ vom 22.6.2016, S. N1; *Hecken,* FAZ vp, 26.8.2016. Siehe weiter „Gefährliche homöopathische Präparate in Nordamerika", FAZ vom 24.2.2017, S. 23; „Hokuspokus auf Rezept", FAS vom 5.3.2017, S. 21; „Glaubenskrieg um die Globuli", FAZ vom 11.3.2017, S. 22. Letzten Endes geht es den Kritikern der Homöopathie drum, auch für diese Therapierichtung die Grundsätze der evidenzbasierten Medizin durchzusetzen. Da das bislang nicht gelungen sei, müsse die Homöopathie aus den Leistungen der GKV verschwinden.

[285] Siehe dazu *Zuck,* VersR 1994, 505; *Wriede,* VersR 1995, 254; *Schmidt/Kalis,* VersR 1993, 1319.

[286] *Prölss/Martin,* VVG, Rn. 40 ff. zu § 4 MB/KK. Der Anknüpfungspunkt für diesen Streit, § 5 I f. MB/KK 76 ist zwar inzwischen entfallen, weil BGHZ 123, 83 die Klausel, wonach für den Krankenversicherer für wissenschaftlich nicht allgemein anerkannte Untersuchungs- und Behandlungsmethoden keine Leistungspflicht besteht, im Jahr 1993 für unwirksam erklärt hat, weil die Klausel gegen § 9 AGBGB verstößt. Das hat zu einer Verlagerung der Thematik in § 1 MB/KK geführt, wonach Ver-

retisches Problem,[287] sondern, wegen Art. 5 III GG auch ein verfassungsrechtliches. Der Schulenstreit kann von der Jurisprudenz nicht entschieden werden. Sie verfügt dazu weder über die Erkenntnismittel, noch über einen entsprechenden Auftrag.[288] Das ändert aber nichts daran, dass das Recht die Rahmenbedingungen setzen kann, innerhalb derer ein solcher Schulenstreit ausgetragen werden muss.

bb) Sozialversicherungsrecht. Zunächst einmal hat der Gesetzgeber selbst gehandelt, indem er die anthroposophische Medizin, die Homöopathie und die Phytotherapie als besondere Therapierichtungen anerkannt hat, nämlich:[289]

Im SGB V in § 2 I, § 135 I
Im Arzneimittelrecht in § 33a, § 34 II, § 35, § 92 SGV V, § 22 III, § 25 VI 6, VII, § 38, § 39, § 105 AMG
In der GOÄ in Nr. 30 (homöopathische Anamnese), Nr. 31 (homöopathische Folgeanamnese)
Im Beihilferecht, weil dieses auf die GOÄ verweist, vgl. etwa § 5 BhV
Im Ärztlichen Weiterbildungsrecht über den Erwerb der Zusatzbezeichnung Homöopathie, vgl. § 2 II Nr. 8 MWBO.[290]

Damit sind die genannten drei besonderen Therapierichtungen als solche vom Gesetzgeber anerkannt worden. Das schließt es aus, die Wissenschaftlichkeit dieser Therapierichtungen in rechtserheblicher Weise in Frage zu stellen. Zu beachten ist lediglich, dass es sich nur um die Anerkennung der jeweiligen besonderen Therapierichtung handelt, nicht um die Anerkennung der jeweiligen Behandlungsmethode. Zwischen beiden ist nämlich zu unterscheiden.

Unter einer besonderen Therapierichtung versteht man

„das umfassende, zur Behandlung verschiedener Krankheiten bestimmte therapeutische Konzept".[291]

Das Konzept zeichnet sich in der Sache dadurch aus, dass es sich um einen von der naturwissenschaftlich geprägten Medizin sich abgrenzenden Denkansatz handelt.[292] Die Qualität des therapeutischen Konzepts muss sich daran messen lassen, ob der mit ihm verbundene besondere Denkansatz „über nachprüfbare Kriterien verfügt, die es erlauben, eine „kunstgerechte" Anwendung von einem Behandlungsfehler zu unterscheiden.[293] Das BSG lässt allerdings nicht jeden Denkansatz genügen, sondern nur einen solchen „der große Teile der Ärzteschaft und weiter Bevölkerungskreise für sie eingenommen hat".[294] Die „großen Teile der Ärzteschaft" schaffen eine Akzeptanzvoraussetzung,[295] die Schätzung

---

sicherungsschutz in der PKV nur für „medizinisch notwendige Heilbehandlung" besteht, § 1 II MB/KK und dazu *Prölss/Martin*, VVG, Rn. 41 zu § 4 MB/KK; *Kalis*, in: Bach/Moser, Private Krankenversicherung, Rn. 58 ff. zu § 1 MB/KK und BGH, NJW 2003, 1596.

[287] *Kiene*, Komplementäre Methodenlehre der klinischen Forschung; *Zuck*, MedR 2006, 515.
[288] So zutreffend die so genannten Quintett-Entscheidungen des BSG vom 16.9.1997, vgl. z. B. BSGE 81, 54 (69); kritisch dazu *Zuck*, Homöopathie und Verfassungsrecht, Rn. 152 mit Fn. 248. Zu dieser Problematik nimmt BVerfGE 115, 25 keine Stellung.
[289] Siehe dazu ausführlich *Zuck*, Homöopathie und Verfassungsrecht, Rn. 42 ff.; *ders.* Das Recht der anthroposophischen Medizin, Rn. 118.
[290] Weil der Gesetzgeber in vielen Fällen nur von den besonderen Therapierichtungen als solchen spricht, ist das kein abschließender Katalog, vgl. *Zuck*, NZS 1999, 313 (314). Gelegentlich wird noch die Naturheilkunde als weitere „besondere Therapierichtung" genannt, vgl. etwa – die allerdings vereinzelt gebliebene – Entscheidung des inzwischen aufgelösten 14 a-Senats des BSG, die im Amalgam-Fall ohne nähere Begründung die Naturheilkunde den besonderen Therapierichtungen zugeordnet und ihr durch einen „Insbesondere-Zusatz" zusätzlichen Rang verliehen hatte, BSGE 73, 66 (72). Es spricht jedoch mehr dafür, die Naturheilkunde nicht als besondere Therapierichtung einzuordnen.
[291] BSG, SozR 3–2500, § 135 SGB V Nr. 4 (S. 28).
[292] BSG, SozR 3–2500, § 135 SGB V Nr. 4 (S. 28).
[293] BSG, SozR 3–2500, § 135 SGB V Nr. 4 (S. 28).
[294] Vgl. BSGE 81, 54 (72) – Bioresonanztherapie; BSG, NZS 2003, 206 (209) – Colon-Hydro-Therapie.
[295] S. dazu *Zuck*, Das Recht der anthroposophischen Medizin, Rn. 40.

durch „weite Bevölkerungskreise", dokumentiert durch entsprechende Inanspruchnahme der Leistungen der besonderen Therapierichtungen, eine Resonanzvoraussetzung.[296]

64 Die Behandlungsmethode ist eine ärztliche Leistung, der

„ein eigenes theoretisch-wissenschaftliches Konzept zu Grunde liegt, das sie von anderen Therapieverfahren unterscheidet und das ihre systematische Anwendung in der Behandlung bestimmter Krankheiten rechtfertigen soll".[297]

65 cc) **Binnenanerkennung.** Über den Gegenstand des der jeweiligen besonderen Therapierichtung zugrundeliegenden Therapiekonzepts entscheiden allein die Vertreter der jeweiligen Therapierichtung (Theorie der Binnenanerkennung).[298] Da den besonderen Therapierichtungen jeweils ein besonderer Denkansatz zugrunde liegt, kann dieser Ansatz nicht von denjenigen beurteilt werden, die ihn missbilligen. Das therapeutische Konzept liegt dabei in den Händen der angesehenen Vertreter der jeweiligen besonderen Therapierichtung, üblicherweise in den dafür maßgeblichen Ärzteverbänden.[299]

65a dd) **Zulassung homöopathischer Arzneimittel.** Zur Zulassung von Arzneimitteln der besonderen Therapierichtungen und zur Verlängerung der Zulassung s. § 52 Rn. 4.

III. Grundrechte im Krankenversicherungsrecht

66 Das Krankenversicherungsrecht als an sich geschlossenes System folgt besonderen Regeln.[300] Die Frage, welche Funktion die Grundrechte in diesem System haben, wirft besondere Probleme auf. Einige besonders bedeutsame Aspekte sollen hier dargestellt werden.

1. Grundrechtsträger

67 Unbeschadet der Frage, welche Grundrechte im Krankenversicherungsrecht in Anspruch genommen werden können,[301] ist zunächst zu klären, wer überhaupt als Grundrechtsträger in Betracht kommt. Das ist unproblematisch für natürliche Personen und für inländische juristische Personen (Art. 19 III GG), so dass die Versicherten und die Leistungserbringer sowie Händler und Hersteller von Gesundheitsleistungen grundsätzlich Grundrechtsschutz genießen.

---

[296] Zu Einzelheiten vgl. *Zuck,* Homöopathie und Verfassungsrecht, Rn. 41, 153 ff. Dazu → § 11 Rn. 120.

[297] BSGE 82, 233 (237); SozR 3–2500, § 135 SGB V Nr. 11 (S. 50); SozR 3–2500, § 135 SGB V Nr. 14 (S. 62) ASI.

[298] *Zuck,* NJW 1991, 2933 (2936); *ders.,* VersR 1994, 505 (506); *ders.,* NZS 1999, 313 (317); *ders.,* Homöopathie und Verfassungsrecht, Rn. 153; zustimmend *Murawski,* in: LPK-SGB V, Rn. 4 zu § 135 SGB V unter Hinweis auf BT-Drs. 13/8113. Siehe dazu ausf. *Zuck,* Das Recht der anthroposophischen Medizin, Rn. 40, 179.

[299] Das führt zum medizinischen Standard. Dieser repräsentiert den jeweiligen Stand wissenschaftlicher Erkenntnisse und ärztlicher Erfahrung, der zur Erreichung des ärztlichen Behandlungsziels erforderlich ist und sich in der Erprobung bewährt hat, *Wenzel,* Kap. 4 Rn. 221. Über den Standard entscheidet die Profession (Professionsvorbehalt). Wer die Profession ist, bemisst sich innerhalb der Schulmedizin nach den Fachgruppen, sonst nach der Theorie der Binnenanerkennung. Innerhalb der jeweiligen Gruppe wird der Professionsvorbehalt von den Berufsverbänden/Ärztegesellschaften ausgeübt. Mit dem Standard wird zugleich der Sorgfaltsmaßstab für die Arzthaftung vorgegeben, BGH, NJW 1983, 2080; siehe dazu *Velten,* Der medizinische Standard im Arzthaftungsprozess. Die ärztliche Leitlinie soll dagegen die Qualität medizinischer Leistungen bestimmen, siehe dazu §§ 135, 137e SGB V und *Hart* (Hrsg.), Ärztliche Leitlinien – Empirie und Recht professioneller Normsetzung; *Ollenschläger,* Evidenzbasierte Leitlinien – Risiken und Chancen, in: Ratajczak u. a. Leitlinien, Richtlinien und Gesetz, 47 ff. Der Standard ist Norm, also verbindlich. Die ärztliche Leitlinie ist es nur, wenn sie dem Standard entspricht, so zutreffend *Hart,* VSSR 2002, 265 (272 ff.).

[300] → §§ 4 ff.

[301] → § 2 Rn. 66 ff.

§ 2 Verfassungs- und europarechtliche Vorgaben

Für juristische Personen des öffentlichen Rechts gilt, dass materielle Grundrechte von ihnen grundsätzlich nicht in Anspruch genommen werden können.[302] An diesem Grundsatz sind allgemeinen Ortskrankenkassen mit ihren Verfassungsbeschwerden gescheitert,[303] ebenso Kassenärztliche Vereinigungen.[304] *Sodan/Gast* haben sich, bezogen auf Krankenkassen gegen diese Rechtsprechung gewendet,[305] jedoch vergeblich.[306] Die Ausnahmeentscheidung zur Beschwerdefähigkeit des vom schwedischen Staat beherrschten Energieversorgungsunternehmens Vattenfall wird sich wegen der „besonderen Umstände des Falls" (vgl. BVerfG, NJW 2017, 217 [219 f. mit Rn. 191 ff.]) nicht auf weitere Fallgruppen übertragen lassen.

2. Grundrechtsschutz und Solidaritätsprinzip

a) Das Solidaritätsprinzip in der GKV. Das Gesetz zur Strukturreform im Gesundheitswesen („GRG"),[307] in Kraft getreten am 1.1.1989, führte erstmals ausdrücklich den Begriff der Solidarität in ein sozialrechtliches Gesetz ein.[308] So heißt es seither in § 1 SGB V:

„§ 1 Solidarität und Eigenverantwortung. Die Krankenversicherung als Solidargemeinschaft hat die Aufgabe, die Gesundheit der Versicherten zu erhalten, wiederherzustellen oder ihren Gesundheitszustand zu bessern".

Und § 3 SGB V lautet:

„§ 3 Solidarische Finanzierung. Die Leistungen und sonstigen Aufgaben der Krankenkassen werden durch Beiträge finanziert. Dazu entrichten die Mitglieder und die Arbeitgeber Beiträge, die sich in der Regel nach den vertragspflichtigen Einnahmen der Mitglieder richten…".

Nimmt man nur den Wortlaut, so wird man unter einer Solidargemeinschaft eine Gemeinschaft verstehen, die sich ein gemeinsames Ziel für ihre Mitglieder gesetzt hat, nämlich sich (hier) deren Gesundheit anzunehmen. Die Versicherten finanzieren diese Absicht, zusammen mit den Arbeitgebern, also offenbar einer Gruppe, die nicht selbst Gegenstand der Gesundheitssorge ist. Die hier beschriebene Solidargemeinschaft ist also asymmetrisch konstruiert.[309]

b) Aussagen des Gesetzgebers. Fragt man, was der Gesetzgeber im Einzelnen über die Solidargemeinschaft der GKV ausgesagt hat, so findet man folgende Angaben.

aa) Grundsätze. Zunächst weist die Amtliche Begründung zum GRG darauf hin, dass die tragenden Grundpfeiler der GKV „Solidarität, Subsidiarität, Gliederung und Selbstverwaltung", schon seit 1983 bestanden haben.[310]
In Bezug auf das Solidaritätsprinzip heißt es:

„Wesentliches Kennzeichen der GKV ist das Solidarprinzip. Die Beiträge, die der Versicherte für seinen Krankenversicherungsschutz zu entrichten hat, richten sich nach seiner finanziellen

---

[302] *Schnapp*, in: HGR II § 52; *Zuck*, Das Recht der Verfassungsbeschwerde, Rn. 638 ff.; *Schlaich/Korioth*, Das Bundesverfassungsgericht, Rn. 208. Auf Verfahrensgrundrechte können sich dagegen auch juristische Personen des öffentlichen Rechts berufen.
[303] BVerfGE 39, 302.
[304] BVerfGE 62, 354 (369); 70, 1 (15 ff.).
[305] Umverteilung durch „Risikostrukturausgleich", S. 22 ff.
[306] BVerfG(K), NZS 2005, 139. Auch aus dem Selbstverwaltungsgrundsatz lässt sich keine Grundrechtsträgerschaft ableiten.
[307] BGBl. I 2477, siehe § 4 Rn. 34 ff.
[308] *Schulin*, Handbuch des Sozialversicherungsrechts, Bd. 1, Krankenversicherungsrecht, § 6 Rn. 29.
[309] Zu den Arbeitgebern kommen noch andere Finanziers. Die Amtliche Begründung vertritt den Standpunkt, dadurch werde der Charakter der solidarischen Finanzierung der GKV nicht berührt, *Fack/Robbers*, GRG 1989, 245.
[310] *Fack/Robbers*, GRG 1989, 233.

Leistungsfähigkeit, Alter, Geschlecht und das gesundheitliche Risiko des Versicherten sind für die Beitragshöhe unerheblich. Der Anspruch auf die medizinischen Leistungen der GKV ist unabhängig von der Höhe der gezahlten Beiträge. Ausdruck des Solidarprinzips ist auch die beitragsfreie Familienmitversicherung, insbesondere von Ehegatten und Kindern, sofern diese vom Versicherten unterhalten werden.
Die Bundesregierung bejaht das Solidarprinzip. Sie ist allerdings der Auffassung, dass die seit Beginn der GKV eingetretenen Veränderungen in der medizinischen Versorgung und in der wirtschaftlichen Leistungsfähigkeit des Einzelnen eine Neuabgrenzung der Gesundheitsleistungen erforderlich machen, die aus Beiträgen der Solidargemeinschaft finanziert werden sollten.
Die Bundesregierung hält es für mit dem Solidarprinzip nicht vereinbar, bestimmte Gruppen aus der Versichertengemeinschaft der gesetzlichen Krankenversicherung herauszulösen. Sie erteilt deshalb auch allen Bestrebungen eine klare Absage, die darauf abzielen, die Krankenversicherung der Rentner von der allgemeinen Krankenversicherung zu trennen. Dies käme einer Entsolidarisierung zwischen Jung und Alt gleich. Den Rentnern würde durch die stufenweise Anhebung des Beitrags zu ihrer Krankenversicherung ein angemessener Anteil an den Krankheitskosten abverlangt. Dieser Anteil ist der aktuellen Beitragssatzentwicklung anzupassen."[311]

73   Als wesentliche Merkmale des Solidarprinzips versteht deshalb die Amtliche Begründung
- die Gemeinwohlverpflichtung **aller** Versicherten,
- die Beitragszahlung nach Maßgabe der finanziellen Leistungsfähigkeit der Versicherten,
- die beitragsunabhängigen Leistungsansprüche der Versicherten.

74   bb) § 1. Zu § 1 SGB V verweist die Amtliche Begründung auf

„*die Eigenverantwortung des Versicherten und die solidarische Aufgabe der Krankenversicherung*".[312]

Die Eigenverantwortung des Versicherten steht danach im Vordergrund, das Solidaritätsprinzip wird den Krankenkassen überantwortet. Die Amtliche Begründung nennt Solidarität und Eigenverantwortung „tragende Prinzipien" der GKV und misst § 1 SGB V deshalb Signalcharakter für die Zielvorstellungen des GRG bei.[313]

„*Erforderlich ist heute eine neue Balance zwischen diesen Prinzipien. Ohne Solidarität wird Eigenverantwortung egoistisch, ohne Eigenverantwortung wird Solidarität anonym und missbrauchbar*".[314]

75   cc) § 3. Für § 3 SGB V nimmt die Amtliche Begründung an, die Vorschrift konkretisiere „*das die gesetzliche Krankenversicherung beherrschende Solidarprinzip*". § 3 SGB V beschreibe, wie die Leistungen finanziert werden und wie die Beiträge entwickelt werden.[315]

76   dd) **Unklarheiten.** Auch die Amtliche Begründung macht nicht wirklich deutlich, was der Inhalt des Solidaritätsprinzips sein soll. Das nimmt nicht Wunder, wenn man das Prinzip als bloße Zielvorstellung umschreibt, wie die Amtliche Begründung dies ausdrücklich sagt. Zielvorstellungen sind flexibel. Dem entspricht es, wenn die Erwähnung des Solidaritätsprinzips im Gesetz im Wesentlichen dazu benutzt wird, das Prinzip zu relativieren (§ 1 SGB V), indem es sich mit dem Grundsatz der Eigenverantwortung arrangieren muss, und indem weiter die Drittfinanzierung gestärkt wird (§ 3 SGB V). Gesetz und

---

[311] *Fack/Robbers*, GRG 1989, 233.
[312] *Fack/Robbers*, GRG 1989, 244.
[313] *Fack/Robbers*, GRG 1989, 244.
[314] *Fack/Robbers*, GRG 1989, 244.
[315] *Fack/Robbers*, GRG 1989, 245.

Gesetzesbegründung geben also keinen echten Anhaltspunkt dafür, in welchem Umfang Freiheitsrechte der am System Beteiligten wegen des Solidaritätsprinzips beschränkt werden können.

c) **Der Begriff der Solidarität.** Die vorerwähnten Unklarheiten überraschen nicht, weil die Rede vom Solidaritätsprinzip dunkel bleibt. Zwar meinte Solidarität ursprünglich einmal einen rechtlichen Bezug, soweit damit erst im römischen,[316] und dann im französischen Recht[317] die gemeinschaftliche Haftung aller für eine Schuld gekennzeichnet wurde. Aber seit dem 18. Jahrhundert verändert der Begriff der Solidarität wie ein Chamäleon seinen Inhalt und seine Ziele. Es gibt Solidarität im politischen,[318] im moralphilosophischen,[319] im theologischen,[320] im soziologischen[321] und im verfassungsrechtlichen Sinn.[322] Auch die Vielzahl von Versuchen, den Begriff festzulegen, hat keine Klarheit gebracht. So soll zwischen Kampf- und Gemeindesolidarität unterschieden werden,[323] zwischen kooperativer und absolutistischer Solidarität[324] oder zwischen privater und öffentlicher Solidarität.[325] Da der Gesetzgeber aber den Begriff der Solidarität im SGB V[326] näher ausgestaltet hat,[327,328] liegt es näher, zu klären, welche Inhalte auf dieser Grundlage mit dem Solidarprinzip verbunden sind. In diese Überlegungen muss man auch das Gesetz zur Stärkung der Solidarität in der gesetzlichen Krankenversicherung vom 19.12.1998 (BGBl. I 3853)[329] einbeziehen. Dieses Gesetz hatte drei Ziele verfolgt.[330]

- eine Ausgabenbegrenzung zur Beitragssatzstabilisierung,
- die Reduzierung von Zuzahlungen,
- die Rücknahme von Elementen der privaten Versicherungswirtschaft.

Folgt man dem Verständnis des GRG, so ist das entscheidende Merkmal des Solidaritätsprinzips der Umstand, dass der Krankenversicherungsschutz aus Beiträgen finanziert wird,

---

[316] Obligatio in solidum, siehe dazu *Zoll*, Was ist Solidarität heute?, 17.
[317] Solidarité, siehe dazu *Zoll*, Was ist Solidarität heute?, 18 f.; *Schlegel*, Solidarität, in: FS. f. Jaeger, 2011, 331 (337).
[318] Wurzeln finden sich in der Brüderlichkeit als Ziel der französischen Revolution und das ist bis heute aktuell geblieben, vgl. etwa *Rawls*, Eine Theorie der Gerechtigkeit, 126 ff., der Brüderlichkeit dem Utilitätsprinzip zuordnet. In Justice as Fairness, A restatement (o. D.) tauchen allerdings Solidarität und Brüderlichkeit nicht mehr auf. Sie haben sich im Prinzip der Gegenseitigkeit innerhalb der „wohlgeordneten Gesellschaft" als Bestandteil sozialer Kooperation, aufgelöst, vgl. aaO, S. 6.
[319] *Scheler*, Der Formalismus in der Ethik und die materielle Wertethik, in: Scheler, Gesammelte Werke, Bd. 2; siehe dazu auch *Tragl*, Solidarität und Sozialstaat, 46 ff.
[320] *v. Nell-Breuning*, Baugesetze der Gesellschaft. Solidarität und Subsidiarität.
[321] *Hondrich/Koch-Arzberger*, Solidarität in der neoliberalen Gesellschaft, 11; *Tragl*, Solidarität und Sozialstaat, 80 ff.
[322] *Denninger*, Verfassungsrecht und Solidarität, in: Bayertz, Solidarität, 39 ff.; Volkmann, Solidarität – Programm und Prinzip der Verfassung.
[323] *Bayertz*, Begriff und Probleme der Solidarität, in: Bayertz, Solidarität, 11, 48 ff.
[324] *Volland*, Die Natur der Solidarität, in: Bayertz, Solidarität, 297 (298).
[325] *Coester-Waltjen/Coester*, Zur Opfergrenze privatrechtlicher Solidarität, in: FS f. v. Maydell, 181 ff.
[326] Hier interessiert nur die Krankenversicherung.
[327] Das BSG und das BVerfG verwenden den Begriff in vielfältiger Ausformung und ohne eindeutige Zuordnung, siehe dazu die Nachweise bei *Butzer*, Fremdlasten in der Sozialversicherung, 221 ff. Dort auch, gründlich und umfassend, zur Bedeutung von „Prinzip" (unter Hinweis auf *Alexy*, Theorie der Grundrechte, 71 ff.; *Dworkin*, Bürgerrechte ernst genommen, 58) 476 ff. und vor allem zur Solidarität als sozialen Ausgleich (aaO S. 391 ff.). S. dazu jetzt ausf. *Heinold*, Die Prinzipientheorie bei Ronald Dworkin und Robert Alexy, 2011.
[328] Siehe dazu *Henke/Behrens*, Umverteilungsvorstellungen der gesetzlichen Krankenversicherung; *Offermann*, Solidarität nur unter Starken?, in: Schoenig/Hoest, Sozialstaat abholen?, 56 ff.; *Tragl*, Solidarität und Sozialstaat, 166 ff.
[329] GKV-SolG; siehe § 4 Rn. 48.
[330] BT-Drs. 14/24.

die sich allein nach der finanziellen Leistungsfähigkeit des Versicherten richten. Solidarität erweist sich insoweit als eine Finanzierungsentscheidung für die GKV.[331] Damit sind positive und negative Schlüsse verbunden.

79 Zum einen fällt auf, dass für die Solidarität der Krankenversicherung Gemeinschaftsvorstellungen ebenso wenig eine Rolle spielen wie moralische Pflichten. Die Ausprägung der Finanzierung der GKV abstrahiert von der Frage, wie es denn zu der gemeinsamen Finanzierung (durch Beiträge) kommt. Die GKV als Zwangsversicherung bestimmter Teile der Bevölkerung hat infolgedessen nichts mehr damit zu tun, wie man den Einzelnen in der Gesellschaft zu verstehen hat, noch damit, dass der Einzelne als eigenverantwortlich angesehen werden muss, sondern geht in einer sehr pessimistischen Sicht davon aus, dass der Einzelne, so wenig wie bei der Pflegeversicherung[332] bereit sein werde, sich vorzustellen, dass er krank werden könne und dafür Vorsorge treffen müsse. Dem kann man nicht entgegenhalten, dass die GKV auch Bevölkerungsgruppen erfasst, die sich, selbst wenn sie wollten, nicht gegen Krankheiten (privat) versichern könnten, nämlich die sozial Schwachen und diejenigen mit zu hohem Risikopotenzial. Denn selbst unter Berücksichtigung dieser Aspekte bleibt es dabei, dass angesichts der ziemlich willkürlich mit 75 % der Beitragsbemessungsgrenze in der GKV bestimmten „Friedensgrenze" zwischen privater und GKV[333] – sie lag im Jahr 2017 bei einer Befreiungsmöglichkeit (von der GKV) ab einem Jahresarbeitsentgelt von 57.600 EUR – rund 90 % der deutschen Bevölkerung von der GKV erfasst werden.[334] Das ist mit Sicherheit kein Anteil, der als Grenze zu den sozial Schwachen oder als Bemessung des Risikopotentials erforderlich wäre. Das zeigt schon die absolute Höhe der Grenzziehung. Bestrebungen, diese Grenze unabhängig von den Mechanismen des § 6 VI SGB V nach oben zu verschieben, belegen, dass es die Finanzierungsnotwendigkeiten sind, die hinter dieser Zwangsversicherung stehen. Man kann noch nicht einmal sagen, dass hinter ihr das Gegenseitigkeitsprinzip steht, dass also der Einzelne sich am System beteiligt, weil er weiß, dass sich auch der andere an diesem System beteiligen wird. Diesen Gedanken könnte man verfolgen, wenn der Beitritt zur GKV freiwillig wäre. Das ist er aber nicht. Der Einzelne ist deshalb nur ein Kumulationsfaktor, um die Finanzierung sicherzustellen, er (ver)sammelt sich nicht, sondern er wird durch das Gesetz gesammelt. Das wird bestätigt durch die Tatsache, dass an dieser Finanzierung auch Dritte beteiligt sind, die außerhalb eines solchen Reziprozitätsaspekts stehen, wie die Arbeitgeber oder der Bund.

80 Es ist also der Gesetzgeber, der das, was man im Nachhinein als Solidarität bezeichnen könnte, im Einzelnen ausgestaltet hat, wie etwa gleiche Leistung bei unterschiedlichem Risiko, Miteinbeziehung von Familienmitgliedern und die Einbeziehung der Rentner. Dadurch wird aber nicht wirklich ein Solidaritätsprinzip bezeichnet. Der Gesetzgeber ist nämlich weitgehend frei, Eigenverantwortung und Solidarität voneinander abzugrenzen, den Leistungsumfang

---

[331] Das hebt zu Recht auch *Bieback*, SGb 2012, 1 (2 f.) hervor. *Voßkuhle* erschließt diesen Auftrag dagegen unmittelbar aus dem Sozialstaatsprinzip, SGb 2011, 181 (183). Ausf. *Schlegel*, SGb 2008, 565.

[332] „Der Gesetzgeber durfte die Einführung einer Pflegeversicherung auch für erforderlich halten ... Große Teile der Bevölkerung (waren) nicht bereit, sich alsbald freiwillig gegen das Pflegerisiko abzusichern ... Aus der mangelnden Bereitschaft zur entsprechenden Eigenvorsorge durfte er den Schluss ziehen, dass es der Bevölkerung am gebotenen Risikobewusstsein fehlte ...", BVerfGE 103, 197 (223); ebenso *Papier*, Verfassungsrechtliche Rahmenbedingungen der Pflegeversicherung, in: FS f. v. Maydell, 507 (510).

[333] Siehe dazu *Uleer*, Die „richtige" Abgrenzung von PKV und GKV, in: FS f. v. Maydell, 767 (769) und *Schnapp/Kaltenborn*, Verfassungsrechtliche Fragen der „Friedensgrenze" zwischen privater und gesetzlicher Krankenversicherung; *Klingenberger*, Die Friedensgrenze zwischen gesetzlicher und privater Krankenversicherung. Siehe früher schon Leisner, Sozialversicherung und Privatversicherung; *ders.*, Zur Abgrenzung von gesetzlicher und privater Krankenversicherung; *Wiesemann*, Die Finanzierungsgrundlagen in der GKV. Zur Grenzziehung zwischen GKV und PKV; *Fuchs*, ZSR 2000, 315.

[334] Zur Jahresarbeitsentgeltgrenze s. ausf. *Zimmermann*, in: Sodan, Handbuch des Krankenversicherungsrechts, § 4 Rn. 50.

nach Gruppen (z. B. Ausschluss der zahnärztlichen Behandlung von der GKV) oder nach Art der Leistungen (z. B. In-vitro-Fertilisation) selbst zu bestimmen. Solidarität in diesem Sinn kann man also jederzeit schwächen, wenn man die Eigenverantwortung stärkt,[335] oder stärken, wenn man den Bereich der Eigenverantwortung absenkt. Das hängt auch damit zusammen, in welchem Umfang man den Sachverhalt des Prinzips des sozialen Ausgleichs (dem Grunde nach und seinem für die GKV unbestreitbar konstitutiven Charakter gemäß) dem Solidaritätsprinzip[336] zuordnet, also das Prinzip durch Umverteilungsziele ergänzt.[337] Die GKV lässt sich deshalb nicht als vom Solidaritätsprinzip beherrscht darstellen, und zwar deshalb nicht, weil dieses Prinzip keine übergeordnete (verfassungsrechtliche) Wirkkraft entfaltet. Solange der Gesetzgeber Solidarität in erster Linie als finanzielle Pflichtigkeit versteht, bleibt sie vor allem Finanzierungsmodell, also ein Instrument, um Aufgaben im Gesundheitswesen zu steuern und zu bezahlen. Wir täten uns deshalb leichter, wenn wir die GKV von Ausgangspunkt her als eine Zwangsversicherung verstehen würden, die ein vom Gesetzgeber beschriebenes Maß an Gesundheitssorge für möglichst viele verwirklicht. Im Ergebnis bedeutet das, dass das Solidaritätsprinzip kein definiertes Rechtsprinzip ist, mit dem Leistungen von der GKV gewährt oder aus ihr ausgeschlossen werden können.[338] Da infolgedessen zunächst einmal[339] allein das Versicherungsprinzip maßgeblich ist, von dem die GKV beherrscht wird,[340] kann der Gesetz-

---

[335] Wie *Schnapp/Kaltenborn*, Verfassungsrechtliche Fragen der „Friedensgrenze" zwischen privater und gesetzlicher Krankenversicherung, 40 ff. umfassend gezeigt haben, liefern auch das Subsidiaritätsprinzip und der Grundsatz der Systemgerechtigkeit keine verlässlichen Maßstäbe.

[336] Das BVerfG hat den „sozialen Ausgleich" zu den Wesens- und Strukturmerkmalen der Sozialversicherung gerechnet, vgl. BVerfGE 11, 105 (113); 62, 354 (366); 63, 1 (35); 75, 108 (146); 87, 1 (34); 88, 203 (313); 89, 365 (377); 113, 167 (218 ff.), st. Rspr. Damit wird in erster Linie die Abgrenzung zur PKV betont, vgl. dazu ausführlich *Butzer*, Fremdlasten in der Sozialversicherung, 219 ff. Butzer weist zurecht darauf hin, dass dieses Merkmal auch vom EuGH aufgenommen worden ist, vgl. etwa EuGH, Slg. 1993, 1 Rn. 8, 10, 13, 18. Siehe dazu unten § 5 Rn. 12; vgl. weiter *Volkmann*, Solidarität – Programm und Prinzip der Verfassung, S. 332 ff. *Schnapp/Kaltenborn*, Verfassungsrechtliche Fragen der „Friedensgrenze" zwischen privater und gesetzlicher Krankenversicherung, 12 ff.; *Kingreen*, Das Sozialstaatsprinzip im europäischen Verfassungsverbund, 268 ff. *Kingreen* macht zurecht darauf aufmerksam, dass sozialer Ausgleich in erster Linie ein interpersonaler Ausgleich ist (aaO, S. 269 f.).

[337] Zu den „Verteilungsströmen" im Einzelnen, siehe *Butzer*, Fremdlasten in der Sozialversicherung, 225 ff. mit umfangreichen Detailnachweisen; früher schon Isensee, Umverteilung durch Sozialversicherungsbeiträge.

[338] Das bestätigt *Volkmann* für das GG, wie schon der Titel seines Werks „Solidarität–Programm und Prinzip der Verfassung", zeigt. Verfassungsrechtlich ist das Solidaritätsprinzip nicht mehr und nicht weniger als eine Basis für einen Abwägungstopos und eine entsprechende Auslegungsregel, vgl. *Volkmann*, aaO, S. 391. Im SGB V insbesondere relativiert sich die Bedeutung des Solidaritätsprinzips durch die Zuordnung zur Eigenverantwortung der Versicherten und die weitgehende Reduktion auf das ihm innewohnende Finanzierungselement, siehe § 2 Rn. 81.

[339] Das für die GKV konstitutive Prinzip des sozialen Ausgleichs führt zu vom Gesetzgeber bei der Verwirklichung des Sozialstaatsprinzips gewollten Korrekturen. Auch insoweit gilt der Befund von *Kingreen*, Das Sozialstaatsprinzip im europäischen Verfassungsverbund, 252 f., dass das Solidaritätsprinzip das Verteilungsprinzip des sozialen Ausgleichs in der Sozialversicherung ist (aaO, S. 252). Es ist die staatliche Rechtssetzung, die dieses Prinzip verwirklicht (aaO, S. 253 ff.). Das ändert aber nichts daran, dass der Grad des sozialen Ausgleichs und die – ggf. – damit verbundene Umverteilung vom Gesetzgeber auf Grund politischer Entscheidungen bestimmt wird, also nicht etwa aus eindeutigen rechtlichen Vorgaben abgelesen werden kann.

[340] Siehe dazu etwa *Schnapp/Kaltenborn*, Verfassungsrechtliche Fragen der „Friedensgrenze" zwischen privater und gesetzlicher Krankenversicherung, 16 ff. Der Begriff der Versicherung ist umstritten, vgl. *Dreher*, Die Versicherung als Rechtsprodukt, 31 ff. „Gleichartige Gefährdung (hier: der Gesundheit) mit selbstständigen Rechtsansprüchen auf wechselseitige Bedarfsdeckung" kann man als Oberbegriff verwenden, vgl. *Bruck/Möller*, VVG Bd. I Anm. 3 zu § 1 VVG. Umstritten ist auch die Frage, wieweit ds Krankenversicherungsrecht überhaupt vom Versicherungsprinzip beherrscht wird, vgl. dazu *Schnapp/Kaltenborn*, Verfassungsrechtliche Fragen der „Friedensgrenze" zwischen privater und gesetzlicher Krankenversicherung, 16 f. mit Fn. 20.

geber auf der anderen Seite bestimmen, welchen Stand von (Volks)Gesundheit[341] er erreichen will und mit welchen Mitteln dies geschehen soll. Unerprobte und ungesicherte Diagnosen und Therapien darf er deshalb aus der GKV ausschließen. Dazu bedarf es aber keines Rückgriffs auf das Solidaritätsprinzip. Es ist also, wenn Grundrechtsschutz in der Sozialversicherung verwirklichen werden soll, nicht vom Solidaritätsprinzip die Rede, sondern von der Umsetzung des Sozialstaatsprinzips im Rahmen des weiten Beurteilungsspielraums des Gesetzgebers.[342,343]

3. Grundrechtsschutz und die finanzielle Stabilität der GKV

81 **a) Allgemeines.** Lag der Blick im Bereich des Solidarprinzips auf der Finanzierung des öffentlichen Gesundheitswesens durch die Versicherten, so wird damit das Augenmerk notwendigerweise auch auf das Ausmaß dieser Finanzierung gelenkt. Es taucht die Frage auf, in welchem Umfang die Finanzierung erfolgen soll. Dabei geht es nicht um das schon erörterte Problem, wer zu dieser Finanzierung beitragen soll, sondern vor allem darum, welches Maß an Mitteln daher erforderlich ist. Das könnte man so entscheiden, dass man den Bedarf definiert, und das immer so tut, dass die jeweils vorhandenen Mittel ausreichen, um den Bedarf zu decken. Man steht dann allerdings rasch vor dem Problem, dass die Fortschritte der Medizin ein höheres Maß an Gesundheitssorge erlauben,[344] und dass die Bevölkerung sich demografisch ungleich verändert: Es gibt infolgedessen immer mehr Kranke. Hinzu kommt, dass die Kürzung von Leistungen kein leicht zu verfolgendes politisches Ziel ist. Alle Versuche, Gesundheitsleistungen so einzuschränken, dass sie finanziert werden können, scheitern deshalb an zwei Schwierigkeiten. Solange man dem Grundsatz folgt, Rationalisierung gehe vor Rationierung,[345] ist man gezwungen, Wettbewerbsparameter einzuführen. Da man das öffentliche Gesundheitswesen aber vom System her aus dem Markt herausgenommen hat, ist das nur eine über Brüche zum Solidarprinzip zu bewerkstelligende Aufgabe.[346]

---

[341] S. dazu → § 2 Rn. 8 f.

[342] Siehe dazu *Kersting*, Egalitäre Grundversorgung und Rationalisierungsethik. Überlegungen zu den Problemen und Prinzipien einer gerechten Gesundheitsversorgung, in: Kritik der Gerechtigkeit, 143 f., *Kersting* spricht von einer „solidargemeinschaftlichen" Finanzierung und einer „sozialegalitaristischen Gesundheitsversorgung" (aaO, S. 149, 158); *Kersting* sieht richtig, dass über den gleichen Schutz von Gesundheit durch Gewährung eines fairen Ausgleichs an öffentlichen Gesundheitsleistungen in erster Linie der Gleichheitssatz im Rahmen des Sozialstaatsprinzips, und damit politische Ziele angesprochen werden. Das wird durch die Diskussion über die Senkung der Lohnnebenkosten bestätigt. Die damit verbundenen Beschränkungen liegen außerhalb des Solidaritätsziels „Gesundheit".

[343] Dieser Ansatz wird von BVerfGE 113, 25 – lebensbedrohliche Erkrankungen bestätigt. Der rote Faden, der die gesamte Entscheidung durchzieht, macht das Sozialstaatsprinzip zu einem Strickmuster, aus dem die Maschen einzelner Ansprüche von Versicherten herausfallen oder aufgenommen werden. In der Konsequenz dieses Ansatzes liegt der Verzicht auf jede Prognostik, wie der Gesetzgeber im Rahmen seines Gestaltungsspielraums mit möglichen Rechtspositionen von Versicherten umgehen wird. Das gilt auch für die Umsetzung gesetzlicher Regelungen durch die Gerichte, die vom BVerfG zu Einzelfallentscheidungen (was den Inhalt von Normen für bestimmte Fallkonstellationen angeht) aufgerufen worden sind, vgl. BVerfGE 113, 25 (50 f.).

[344] Und deshalb werden ja auch Leistungen der GKV am „medizinischen Fortschritt" oder am jeweiligen Stand der „wissenschaftlichen Erkenntnisse" gemessen, vgl. etwa § 2 I, § 35 I Nr. 1 SGB V.

[345] Vgl. *Kersting*, Kritik der Gleichheit, 143 (159); s. dazu *Dettling* MedR 2006, 81; *ders.*, GesR 2006, 97.

[346] Und so lauten denn auch jüngere Veröffentlichungen zum öffentlichen Gesundheitswesen nicht ohne Grund etwa „Solidarität und der Wettbewerb bei der gesetzlichen Krankenversicherung" (*Tanaka*, in: FS f. v. Maydell, 709 ff.); *Hildmann*, Die Zukunft des Sozialen, Solidarität im Wettbewerb; den Wettbewerbsgedanken bei der Festsetzung von Beiträgen für Arzneimittel und Hilfsmittel (§§ 35, 36 SGB V) hebt das BVerfG in seiner Entscheidung vom 17.12.2002, NZS 2003, 144 – Festbeträge, dort Rn. 107 ff. hervor. Das BSG ist allerdings der Auffassung, dass Wettbewerb im Sozialversicherungsrecht etwas anderes meint: „Eine eigene Grundrechtsfähigkeit der Kassen ergibt sich nicht aus einem mit der Ausdehnung der Kassenwahlrechte angeblich eröffneten ‚Wettbewerb'. Der 1. Senat des BSG hat in seinem

Und dann müsste man sagen können, was denn unverzichtbarer Bestandteil öffentlicher Gesundheitssorge sein soll. Das scheitert jedoch daran, dass es „keinen medizinischen Algorithmus zur Identifizierung eines unerlässlichen Kernbereichs der Versorgungsberechtigten" gibt.[347]

b) Handeln des Gesetzgebers. Der Gesetzgeber ist diesen Problemen ausgewichen, indem er nicht die Gesundheitsleistung zum zentralen Gegenstand seiner Entscheidungen gemacht hat, sondern die Leistungsfähigkeit der gesetzlichen Krankenkassen. Er setzt damit, über die Sicherung des Beitragssatzes[348] an einem ganz anderen sozialstaatlichen Ziel an, nämlich der Regulierung des Arbeitsmarktes. So heißt es seit 1999 in § 71 SGB V nahezu unverändert:

82

„Die Vertragspartner auf Seite der Krankenkassen und der Leistungserbringer haben die Vereinbarungen über die Vergütung nach diesem Buch so zu gestalten, dass Beitragserhöhungen ausgeschlossen werden, es sei denn, die notwendige medizinische Versorgung ist auch nach Ausschöpfung von Wirtschaftlichkeitsreserven nicht zu gewährleisten (Grundsatz der Beitragssatzstabilität)".[349]

Mit § 71 SGB V sollte die Wirtschaftlichkeit und Leistungsfähigkeit der GKV auf Dauer sichergestellt werden.[350] Der Grundsatz der Beitragssatzstabilität enthält eine verbindliche Ermessensrichtlinie.[351] Sie ist für alle am Gesundheitswesen Beteiligten maßgeblich. Verein-

---

Urteil vom 31.3.1998 (BSGE 82, 78, 81 f. = SozR 3–2500 § 4 Nr. 1 S. 5) bereits ausgeführt, dass die Bedeutung eines Wettbewerbs unter den Kassen mit dem in der gewerblichen Wirtschaft nicht vergleichbar ist. Während das Interesse der privaten Wettbewerber darauf gerichtet ist, die eigene Marktposition zu Lasten der Konkurrenten auszubauen, haben die Kassen zusammenzuarbeiten, um eine zweckmäßige, wirtschaftliche und qualitativ hochwertige medizinische Versorgung aller Versicherten zu den gesetzlich festgelegten Bedingungen zu gewährleisten. Diesem Ziel – und nicht der gegenseitigen Ausgrenzung – dient auch der ‚Wettbewerb' zwischen ihnen. Der Gesetzgeber erwartet davon positive Auswirkungen im Sinne von mehr Effektivität und Flexibilität des Verwaltungshandelns, besserer Kundenorientierung, einen permanenten Ansporn zur Innovation und einen Druck auf Preise und Beiträge. Dagegen soll verhindert werden, dass durch ‚Wettbewerb' Zugangsprobleme zur sozialen Krankenversicherung entstehen, dass es zu einer Risikoselektion kommt oder dass unnötige Leistungen erbracht werden. So gesehen steht nicht die Marktposition der einzelnen Kasse oder Kassenart im Vordergrund, sondern die Funktionsfähigkeit des Systems als Ganzes. – Dem schließt sich der erkennende Senat an (ebenso *Becker,* VSSR 2001, 277, 285; aA *Sodan/Gast* in VSSR 2001, 311 ff. und in ‚Umverteilung' S. 38 f.; ferner in NZS 1999, 265, 266 f.; *Ramsauer,* NJW 1998, 481, 484). Siehe dazu weiter *Gassner,* NZS 2011, 81; *Albrecht,* NZS 2011, 249. Der Gesetzgeber des GSG hat bei der Erweiterung von Wahlrechten der Mitglieder weder beim Zugang der Versicherten zur GKV als solchem noch bei der Gestaltung des Leistungs- und Beitragsrechts der einzelnen Kasse wesentliche Befugnisse eingeräumt, mit denen sie die eigene Stellung zu Lasten von Konkurrenten verbessern könnte. Die GKV ist als öffentlich-rechtliche Zwangsversicherung mit allen Kassen als öffentlich-rechtlichen Trägern weiterhin dem sozialen Ausgleich verpflichtet, dem auch der RSA dient. Soweit der Gesetzgeber die Kassen in einen Wettbewerb um Mitglieder mit Hilfe eines möglichst günstigen Beitrags entlassen wollte (vgl. BT-Drs. 12/3608, 69, 74, 117), dient dies der Verwirklichung der in §§ 1 ff. SGB V genannten Ziele und Aufgaben (*Schneider/Vieß,* NJW 1998, 2702, 2706). Die Kassen stehen deshalb nicht auf einer Stufe mit privaten Versicherungsunternehmen, BSG, U. v. 24.1.2003 – B 12 KR 16/01 R, NZS 2003, 537 – Risikostrukturausgleich.

[347] *Kersting,* Kritik der Gleichheit, 143 (157).
[348] *Schaks,* VSSR 2008, 31; *Dettling,* GesR 2008, 169.
[349] *Freudenberg,* Beitragssatzstabilität in der GKV, 1995; *Sodan/Gast,* NZS 1998, 497. Ausgabensteigerungen auf Grund von gesetzlich vorgeschriebenen Vorsorge- und Früherkennungsmaßnahmen (gemeint sind damit gesetzlich zugelassene Maßnahmen, wie z. B. in §§ 20 ff., §§ 25 ff. SGB V. „Vorgeschrieben" ist weder die Vorsorge noch die Früherkennung) oder auf Grund bestimmter Zusatzleistungen (§ 71 II 2 SGB V) verletzen den Grundsatz der Beitragssatzstabilität nicht (§ 71 I 2 SGB V).
[350] *Hess,* in: KassKomm Sozialversicherungsrecht Rn. 2 zu § 71 SGB V. Die Vorschrift ist Ausdruck der einnahmeorientierten Ausgabenpolitik der GKV, vgl. *Scholz,* in: Becker/Kingreen, SGB V, § 71 Rn. 1.
[351] BSGE 86, 126; s. dazu *Reuther,* Die Vergütung des Vertragsarztes und die Stabilität des Beitragssatzes – Grundrechte als Vorgaben der Budgetierung, 2006.

barte Veränderungen von Vergütungen dürfen die Veränderungsrate nach § 71 III SGB V nicht überschreiten (§ 71 II 1 SGB V – Grundsatz). Von dieser Regel darf abgewichen werden, wenn die damit verbundenen Mehrausgaben durch vertraglich abgesicherte oder bereits erfolgte Einsparungen in anderen Leistungsbereichen ausgeglichen werden (§ 71 II 2 – Ausnahme 2).[352] In der Praxis hat sich diese Ausnahmeregelung als bedeutungslos erwiesen.[353] Auch der Hinweis auf die Gefährdung der notwendigen medizinischen Versorgung (§ 71 I 1 SGB V – Ausnahme 1) hat nie gegriffen.[354] Die schon erwähnte Veränderungsrate wird vom BMGS bis zum 15. 9. eines jeden Jahres für das jeweils folgende Kalenderjahr festgestellt und im Bundesanzeiger bekannt gemacht (§ 71 III SGB V). Der Grundsatz der Beitragsstabilität wird in vielen wichtigen Bereichen, wie etwa im Vertragsarztrecht aber auch im Arzneimittelrecht durch Budgetierungen überlagert.[355] Das Krankenhausfinanzierungsrecht folgt Sonderbestimmungen.[356] Außerdem gibt es im Rahmen der Kostendämpfungsversuche des Gesetzgebers temporäre Sonderregelungen, so z. B. die Nullrunden des Art. 5 III BSSichG. Das GKV-WSG hat mit der Normierung der Beitragssätze durch Rechtsverordnung im Rahmen der Einführung eines Gesundheitsfonds (§ 272 SGB V) zwar den Grundsatz der Beitragssatzstabilität relativiert. Der Gesetzgeber hat aber in § 71 Abs. 1 SGB V n. F. lediglich das Wort „Beitragssatzerhöhung" durch das Wort „Beitragserhöhung" ersetzt. Die Amtliche Begründung geht davon aus, dass die Krankenkassen zur Vermeidung überhöhter Ausgaben auch künftig die Beitragssatzstabilität im Auge behalten müssten, und zwar sowohl hinsichtlich des allgemeinen Beitragssatzes als auch hinsichtlich der kassenindividuellen Zusatzbeiträge (§ 242 SGB V).[357]

83 **c) Die Rechtsprechung des BVerfG.** Den hinter dem Grundsatz der Beitragssatzstabilität stehenden Aspekt der finanziellen Stabilität der GKV hat das BVerfG schon früh zum zentralen Grundsatz für die Beurteilung von Grundrechten in der GKV gemacht. Ausgangspunkt war die Zahntechniker-Entscheidung des Gerichts gewesen, bei der es (u. a.) um die Beurteilung einer Absenkung der Vergütung für zahntechnische Leistungen durch den Gesetzgeber des KVEG gegangen war. Das BVerfG hat das gebilligt und lapidar festgestellt:

„Die Sicherung der finanziellen Stabilität der gesetzlichen Krankenversicherung ist eine Gemeinwohlaufgabe, welche der Gesetzgeber nicht nur verfolgen darf, sondern der es sich nicht einmal entziehen dürfte. Ihm dient die Kostendämpfung im Gesundheitswesen".[358]

84 In einer Entscheidung, in der es um die Zulassungsgrenze zur vertragsärztlichen Versorgung für Ärzte gegangen war, die das 55. Lebensjahr vollendet hatten, hat das Gericht ausgeführt:

„Neben der Gesundheitsversorgung der Bevölkerung ... hat gerade im Gesundheitswesen der Kostenaspekt für gesetzliche Entscheidungen erhebliches Gewicht. Die Stabilität der gesetzlichen Krankenversicherung ist für das Gemeinwohl anerkanntermaßen von hoher Bedeutung

---

[352] Zur Rechtslage in den neuen deutschen Ländern s. § 71 II 3 SGB V.
[353] Das gilt auch in Bezug auf Strukturverträge (§ 73a SGB V), Modellvorhaben (§§ 63, 64 SGB V), und die integrierte Versorgung (§§ 140a ff. SGB V); s. dazu § 11 Rn. 4 ff.
[354] S. dazu *Hess*, in: KassKomm Sozialversicherungsrecht, Rn. 9e zu § 71 SGB V.
[355] S. dazu d. Nw. bei *Hess*, in: KassKomm Sozialversicherungsrecht Anm. zu § 71 SGB V. Im Heil- und Hilfsmittelrecht greifen Richtgrößen- und Festbetragsregelungen, s. → § 64 f. Rn. 1 ff.
[356] Vgl. Art. 1 Nr. 4 FPG.
[357] BT-Drs. 755/06, S. 307.
[358] BVerfGE 68, 193 (218). *Schaks*, in: Sodan, Handbuch des Krankenversicherungsrechts, S. 422 meint, damit komme dem Grundsatz der finanziellen Stabilität Verfassungsrang zu. Er vermisst dafür eine Begründung. Sie muss jedoch fehlen, weil das BVerfG lediglich die Bedeutung eines Gemeinwohlbelangs im Rahmen eines Abwägungsvorgangs betont hat. Im Ergebnis bestreitet *Schaks* jedoch – zu Recht – den Verfassungsrang der finanziellen Stabilität der Krankenversicherung.

(vgl. BVerfGE 70, 1 [30]; 82, 209 [230]). Soll die Gesundheitsversorgung der Bevölkerung mit Hilfe eines Sozialversicherungssystems erreicht werden, stellt auch dessen Finanzierung einen überragend wichtigen Gemeinwohlbelang dar, von dem sich der Gesetzgeber bei der Ausgestaltung des Systems und bei der damit verbundenen Steuerung des Verhaltens der Leistungserbringer leiten lassen darf".[359]

In einem weiteren Verfahren war es um die Beantwortung der Frage gegangen, ob die in der GKV für die Bemessung der Beiträge freiwillig Versicherten, die hauptberuflich selbstständig erwerbstätig sind, gesetzlich festgesetzte Mindesteinnahmegrenze (vgl. § 240 SGB V) vertragsgemäß ist. Das Gericht hat diese Regelung gebilligt. Sie trage zur Erhöhung der Beitragseinnahmen und damit zur Erhaltung der Stabilität des Systems der GKV bei.[360]

85

Im Festbetrags-Verfahren war es um die Frage gegangen, ob die Regelungen über die Festsetzung von Festbeträgen für Arzneimittel und Hilfsmittel (§§ 35, 36 SGB V) mit dem GG vereinbar seien. Das BVerfG hat das bejaht[361] und sich auf den Standpunkt gestellt, mit zu den Aufgaben und Zielen der GKV gehöre auch die wirtschaftliche Versorgung. Hinter diesem Aspekt hätten andere Überlegungen zurückzutreten.

86

Auch das Beitragssatzsicherungsgesetz vom 23.12.2002 (BGBl. I 4637) hat das BVerfG gebilligt (BVerfGE 114, 196).

d) **Folgerungen.** Diese Grundsätze darf man als gesichert ansehen.[362] Sie führen dazu, dass der Grundrechtsschutz für Versicherte und Leistungserbringer im Regelfall stark verkürzt wird.[363]

87

4. Zusammenfassende Überlegungen

a) **Zur Notwendigkeit praktischer Konkordanz.** Es ist schon gezeigt worden, dass Grundrechtspositionen den am Gesundheitssystem Beteiligten unterschiedlich zugeordnet sind, so dass im Wege „praktischer Konkordanz" jeweils im Einzelfall ein gerechter Ausgleich gefunden werden muss.[364] Eine ähnliche Problematik stellt sich deshalb im Verhältnis von Solidaritätsprinzip und dem Grundsatz der finanziellen Stabilität der GKV. Beide Prinzipen betreffen zwar die Finanzierung der GKV. Während das Solidaritätsprinzip den Versicherten in die Pflicht nimmt, für die Finanzierung zu sorgen, soweit das erforderlich ist, um notwendige, ausreichende und zweckmäßige Gesundheitsleistungen zur Verfügung zu stellen, sorgt das Erfordernis der Wirtschaftlichkeit dafür, dass den Krankenkassen nicht jeder Beitrag zur Verfügung gestellt werden muss. Da die Feststellung des Notwendigen eine expertokratische Veranstaltung ist,[365] der Versicherte aber die bestmögliche Versorgung nach seinen Wünschen erreichen will und der jeweilige Leistungserbringer nach dem Stand der Wissenschaft entscheidet, was zu diesem Zwecke machbar ist, ließe sich der medizinische Standard ständig fortschreiben. Unter der Geltung des Solidaritätsprinzips ist eine Obergrenze erst dort zu ermitteln, wo den Versicherten entsprechende finanzielle Lasten nicht mehr zuzumuten sind. Die Begrenzung unter dem Aspekt der finanziellen Stabilität der

88

---

[359] BVerfGE 103, 172 (184 f.).
[360] BVerfGE 103, 392 (404).
[361] U. v. 17.12.2002, NZS 2003, 144. → § 3 Rn. 74 ff.
[362] In diesem Sinne *Steiner*, MedR 2003, 1 (5).
[363] Siehe dazu *Hufen*, NJW 2004, 14. *Schmidt-Aßmann*, sieht – zurecht – als Ursache für diese Entwicklung, dass das BVerfG die Eingriffssituation stets innerhalb des vom breiten Gestaltungsspielraum des Gesetzgebers geprägten Systems prüft, NJW 2004, 1689.
[364] → § 2 Rn. 54.
[365] Siehe dazu auch *Schnapp*, Diskussionsbeitrag zu *Oebbecke/Burgi*, Selbstverwaltung angesichts von Europäisierung und Ökonomisierung, VVDStRL 62 (2003), 463. „Über die Sachleistung ... entscheidet nicht der Sachbearbeiter, sondern der behandelnde Arzt."

GKV hat Wirtschaftlichkeit aber nicht erster Linie[366] in Bezug auf Gesundheitsleistungen im Blick, sondern in Bezug auf den Arbeitsmarkt. Steigende Beiträge für die GKV sind arbeitsmarktpolitisch unerwünscht. Damit wird deutlich, dass Solidaritätsprinzip und finanzielle Stabilität der GKV zwei Prinzipien sind, die nicht nebeneinander gedacht werden können: Die solidarische Finanzierung durch die Versicherten zielt auf Sicherstellung der Gesundheit für alle, der Grundsatz der finanziellen Stabilität der GKV dagegen unmittelbar auf arbeitsmarktpolitische Ziele, also auf gesundheitsfreie Vorgaben. Dass die Stabilisierung von Beiträgen den Solidarbeitrag der Versicherten in sozialpolitisch vertretbaren Grenzen hält, ist die mittelbare Folge des Stabilitätsgrundsatzes, ändert aber nichts daran, dass das Gesundheitsziel ausgeklammert bleibt. Damit sind zwei Folgen verbunden: Wer die Finanzierung der GKV unter arbeitsmarktpolitischen Kriterien beurteilt, wird die Auswirkungen solcher Entscheidungen auf das eigentliche Ziel der GKV, die notwendigen Gesundheitsleistungen sicherzustellen, aus dem Blick verlieren. Das BVerfG rechtfertigt das in seiner Rechtsprechung mit dem Hinweis auf den weiten Beurteilungsspielraum des Gesetzgebers bei der Verwirklichung des Sozialstaatsprinzips und der Bemerkung, dass die notwendige Versorgung durch Kostendämpfungsmaßnahmen gefährdet sei, sei nicht dargetan. Das erste Argument führt dazu, dass zwischen den beiden partiell antagonistischen Prinzipien weder eine Abwägung noch ein Ausgleich stattfindet, weil es schon an der Voraussetzung fehlt, zu klären, welchen Rang und welchen Inhalt diese Prinzipien haben. Ohne eine solche Klärung lässt sich aber das Verhältnis der beiden zueinander nicht bestimmen. Aus der Sicht der GKV als Organisation zur Gewährleistung von Gesundheitssorge müsste das Solidaritätsprinzip Vorrang vor dem Grundsatz der finanziellen Stabilität der GKV haben, weil nur dieses zielbezogen ist, also sich an der Gesundheitsleistung orientiert, während der Grundsatz der finanziellen Stabilität der GKV sich, wie schon ausgeführt, an einem gesundheitsfreien Ziel, der Arbeitsmarktpolitik orientiert. Nun könnte der Gesetzgeber entscheiden, dass ihm die Sicherung des Arbeitsmarktes wichtiger ist als die Volksgesundheit. Das erscheint jedoch nicht sachlich vernünftig, weil Gesundheit ein transzendentes Gut ist; an der politischen Zweckmäßigkeit einer solchen Vorrangstellung würde sich dadurch nichts ändern. Der Gesetzgeber hat jedoch bislang so nicht entschieden, soweit er die finanzielle Stabilität der GKV der notwendigen Gesundheitsleistung unterordnet (§ 71 SGB V).[367] Deshalb legt das BVerfG auch Wert darauf, zu erklären, die notwendigen Leistungen seien dadurch nicht gefährdet. Damit ergibt sich jedoch eine Diskussion über das Notwendige. Ordnet man den Begriff der Notwendigkeit der Gesundheitsleistung zu, ist er finanzierungsfrei. Versteht man ihn so, dass notwendig nur ist, was finanziert werden kann, kann man Gesundheitsleistungen bis auf eine Basisversorgung beschränken.

89 Damit ist die Problematik aber noch nicht abschließend beschrieben. Bislang wird nämlich die finanzielle Stabilität der GKV von ihrem Ergebnis, der Gefährdung durch steigende Beitragssätze her, bestimmt. Die Frage, wie es zu diesen Steigerungen kommt, wird gar nicht erst gestellt. Da in aller Regel Kostensteigerungen bei den Leistungserbringern als Ursache gesetzt worden sind, werden andere Ursachen in vollem Umfang ausgeklammert. So darf man nach den Fremdlasten in der Sozialversicherung[368] ebenso wenig fragen, wie nach den möglicherweise überhöhten Verwaltungskosten der Krankenkassen.[369] Es ist nicht nachvoll-

---

[366] Eine Gesundheitsleistung ist nicht deshalb unwirtschaftlich, weil sie teuer ist, solange sie noch dem Begriff des Notwendigen zugeordnet werden kann. Auch die Hochleistungsmedizin steht deshalb den Versicherten grundsätzlich zur Verfügung und sie kann auch dem dem Tode geweihten Kranken ebenso zugute kommen, wie dem Uralten, Fallgruppen, für die man unter dem Gesichtspunkt einer utilitaristischen Rationierungsethik Wirtschaftlichkeitsüberlegungen im Sinne von Kostennutzenüberlegungen anstellen könnte, vgl. *Kersting*, Kritik der Gleichheit, 143 (175 ff.).

[367] Dem Grundsatz nach hat es auch das GKV-WSG bei diesem Ansatz belassen, → § 2 Rn. 82.

[368] *Butzer*, Fremdleistungen in der Sozialversicherung.

[369] *Schnapp*, Diskussionsbeitrag zu *Oebbecke/Burgi*, Selbstverwaltung angesichts von Europäisierung und Ökonomisierung, VVDStRL 62 (2003), S. 403 f. weist zurecht darauf hin, dass die Krankenkassen in ihrer Satzung die Beiträge nach beitragsgesetzlichen Vorgaben festsetzen. Sie müssen ausreichen, um

ziehbar, dass Gesundheitsleistungen deshalb gekürzt werden müssen, weil mit dem Solidarbeitrag der Versicherten grundsätzlich fremde Leistungen finanziert werden oder weil die Krankenkassen selbst nicht wirtschaftlich arbeiten. Man muss aber auch fragen, ob Solidaritätsprinzip und der Grundsatz der finanziellen Stabilität der GKV richtig ins Verhältnis gesetzt werden, wenn man systematisch auf die Kontrolle der sog. Rationalitätsfalle verzichtet.[370] Das intransparente Sozialleistungssystem veranlasst die Versicherten zu einer Übernachfrage an Gesundheitsleistungen, um eine möglichst große Ausnutzung zu erreichen. Die Leistungserbringer sehen sich veranlasst, je mehr sie mit Kostendämpfungsmaßnahmen überzogen werden, Nachfrage zu stimulieren und diese extensiv zu nutzen. Da der Versicherte kaum eine praktikable Kontrollmöglichkeit hat, vernetzen sich diese beiden Momente gegenseitig. Wer solche systematischen Schwächen des Systems im Hinblick auf den Beurteilungsspielraum des Gesetzgebers ausklammert, gibt die verfassungsrechtliche Kontrolle über das System überhaupt auf. Das ist umso erstaunlicher, als jahrzehntelange gesetzliche Kostendämpfungsmaßnahmen im Gesundheitswesen eben diese Kostendämpfung nicht bewirkt haben, der Beweis für die System-Untauglichkeit bloßer Kostendämpfungsmaßnahmen also erbracht ist.

b) **Die Ausklammerung der Rechte der Leistungserbringer**[371]. Das zwingt zu einer zweiten Überlegung. Sie betrifft die Ausklammerung der Rechte der Leistungserbringer. Zwischen Solidaritätsprinzip und Grundsatz der finanziellen Stabilität der GKV haben sie fast jede Handlungsmöglichkeit verloren. Sie sind bloße Objekte des Systems. Das ist schon vom Ansatz her erstaunlich. *Schnapp* hat darauf aufmerksam gemacht, mit welcher – unverständlichen – Sicherheit davon ausgegangen worden ist, dass die Leistungsaufgaben in der GKV durch Private erfüllt werden müssen.[372] Inhaltlich führt das dazu, dass der Grundrechtsrechtsschutz für Leistungserbringer zu einer Ansammlung systemabhängiger Restposten verkümmert ist.[373] Das beginnt schon damit, dass – bei Verfassungsbeschwerden gegen berufsregulierende Gesetze im Gesundheitswesen – die individuelle Beschwer, also der eigentliche Schutzbereich der Grundrechte, als Anspruchsgrundlage nicht mehr ausreicht. Wer ein Gesetz verfassungsrechtlich beanstanden will, muss dessen verfassungswidrige Auswirkungen auf die Gesamtheit der insoweit Gesetzesbetroffenen, also auf alle vergleichbaren Berufsangehörigen beziehen.[374] Das zu leisten ist der Einzelne selten in der Lage, weil ein erhebliches Informationsdefizit auf Seiten der Leistungserbringer besteht.[375] In einem zweiten Begrenzungs-Schritt hat sich das BVerfG um die Zurückdrängung des Grundrechtsschutzes mit dem Argument bemüht, gesetzliche Einwirkungen auf Leistungserbringerseite seien in vielen Fällen als bloße Reflexwirkungen zu verstehen. So hat das Gericht den Arzneimittelherstellern, Optikern und Hörgeräteakustikern in der Festbetragsentscheidung Grundrechtsschutz aus Art. 12 I GG schon dem Grunde nach verweigert. Es reiche nicht aus, wenn der Gesetzgeber Kostenübernahmeregelungen im Rahmen der GKV treffe. Davon würden lediglich Marktchancen betroffen. Niemand habe aber Anspruch darauf, dass Wettbewerbsbedingungen gleich blieben.[376] Das wäre richtig, wenn man die betreffenden Berufsgruppen

---

Ausgaben für Leistungen, Verwaltungskosten und Rückstellungen zu decken. Das ist ein rechnungstechnischer Vorgang. Die Verantwortungsebene fehlt.

[370] *Kersting*, Kritik der Gleichheit, 143 (158).
[371] Siehe dazu *Hufen*, NJW 2004, 14; *Schmidt-Aßmann*, NJW 2004, 1689 (1692).
[372] Diskussion zu *Oebbecke/Burgi*, Selbstverwaltung angesichts von Europäisierung und Ökonomisierung, VVDStRL 62 (2003), S. 463. *Schnapp* weist zurecht darauf hin, dass man in der GKV weder von Selbstverwaltung noch von Wettbewerb ernsthaft reden könne; er stellt in diesem Zusammenhang die demokratische Legitimation des behandelnden Arztes in Frage.
[373] *Steiner*, MedR 2003, 1 (6) leugnet das gegen den Rechtsprechungsbefund.
[374] BVerfGE 68, 193 (218).
[375] Zum Erfordernis der Informationsgleichheit → § 2 Rn. 50.
[376] BVerfG, U. v. 17.12.2002 – 1 BvL 28/95, NZS 2003, 144, dort Rn. 110, 112.

als reine Marktteilnehmer einstufen dürfte. Diese müssten sich selbstverständlich dem Wettbewerb stellen. Das trifft aber nicht zu, weil alle diese „Marktteilnehmer" in Wahrheit in die GKV integriert und deshalb von ihr abhängig sind, also Angebot und Nachfrage nur ganz beschränkt steuern können.

91   Selbst dort, wo Grundrechtsschutz besteht, also z. B. bei Ärzten und Versicherten,[377] hat das BVerfG die Rechtsverfolgung beschränkt. Weder kann sich der Betroffene darauf berufen, dass der Gesetzgeber andere Einwirkungsmöglichkeiten hat,[378] noch darauf, dass seine Leistungserbringergruppe gegenüber anderen Gruppen in unzulässiger Weise ungleich behandelt worden sei. Es zeigt sich deshalb, dass nicht nur der ungeklärte Inhalt des Solidaritätsprinzips und die fehlende Bestimmung seines Verhältnisses zum Grundsatz der finanziellen Stabilität der Krankenversicherung einer Neuordnung bedürfen, sondern auch, dass eine neue Bestimmung der Grundrechtsposition der Leistungserbringer innerhalb dieser beiden Rahmenvorgaben erforderlich ist. Es wird nämlich übersehen, dass es nicht genügt, Rationalisierungsreserven zu behaupten, um Grundrechte der Leistungserbringer zu beschränken. Der Gesetzgeber hat die Argumentationslast dafür, dass und in welchem Umfang es solche Reserven überhaupt gibt. Man darf auch nicht an der Tatsache vorbeigehen, dass es die Leistungserbringer sind, die das angestrebte Ziel der Gesundheitssorge sicherstellen müssen. Ihre Indienstnahme im Rahmen der GKV darf nicht zu einer Marktverdrängung und nicht zu einer Qualitätsfalle führen: Ausweitungen der Leistungsmenge (um den finanziellen Begrenzungen für die Einzelleistung zu entgehen) sind nicht ohne Qualitätseinbußen zu verwirklichen.

§ 3 Europarecht/Unionsrecht

I. Vorbemerkung

1   Im Rahmen der Darstellung des Medizinrechts ist es geboten, auch auf die unionsrechtlichen Vorgaben einzugehen. Wie schon bei der Darstellung verfassungsrechtlicher Rahmenbedingungen des Medizinrechts, kann diese Übersicht nur einige ausgewählte Probleme behandeln, und auch das nur kursorisch.

II. Allgemeine Rechtsgrundlagen

1. Terminologie

2   Wir haben inzwischen die EU.[379] Der EUV wird – gleichrangig (Art. 1 II AEUV) – durch den AEUV ergänzt.[380]

---

[377] So ausdrücklich BVerfG, NZS 2003, 144, dort Rn. 130.
[378] BVerfGE 103, 172 (189).
[379] Vertrag über die Europäische Union vom 7.2.1992 (BGBl. II 1253), ratifiziert nach der Maastricht-Entscheidung des BVerfG (BVerfGE 89, 155) vom 12.10.1993 am 13.10.1993 (Bekanntmachung vom 19.10.1993 [BGBl. II 1947]). Anpassungen durch den Amsterdamer Vertrag (BGBl. II 387), in Kraft getreten am 1.5.1999 (Bekanntmachung vom 6.4.1999 [BGBl. II 296]); *Bergmann/Lenz* (Hrsg.), Der Amsterdamer Vertrag. Zum Vertrag von Nizza vom 26.2.2001, vgl. *Franske*, ZRP 2001, 423 ff.; *Fischer*, Der Vertrag von Nizza. Vertrag von Lissabon vom 13.12.2007 (BGBl. 2008 II 1038), berichtigt durch das Protokoll vom 27.11.2009 (BGBl. 2010 II 151). Zu diesem Vertrag vgl. BVerfG, EuGRZ 2009, 339 und dazu *Ruffert*, DVBl 2009, 1197; *Gärditz/Hillgruber*, JZ 2009, 872; *Voßkuhle*, NVwZ 2010, 1; *Lindner*, BayVBl 2010, 193; *Streinz/Ohler/Herrmann*, Der Vertrag von Lissabon zur Reform der EU; *Haltern*, Europarecht Bd. I 3. Aufl. 2017 Rn. 208 ff.
[380] Vertrag über die Arbeitsweise der Europäischen Union i. d. F. des Vertrags von Lissabon vom 13.12.2007 (ABl. 2007 Nr. C 306/1); konsolidierte und berichtigte Fassung ABl. 2010 Nr. C 83/47.

2. Rechtsquellen

a) **Primäres Unionsrecht.** Auszugehen ist vom primären Unionsrecht. Zu ihm gehören insbesondere die Gründungsverträge sowie die richterrechtlich entwickelten, allgemeinen Rechtsgrundsätze[381] und die über Art. 6 EUV für rechtsverbindlich erklärte GRCh.[382] Das Primärrecht hat Vorrang vor dem Sekundärrecht. Daraus folgt der Grundsatz der primärrechtskonformen Auslegung des Sekundärrechts.[383]

b) **Sekundäres Unionsrecht. aa) Handlungsformen.** Für das sekundäre Unionsrecht sagt – für die Handlungsformen[384] nicht abschließend – Art. 288 I AEUV:

„*Für die Ausübung der Zuständigkeiten der Union nehmen die Organe Verordnungen, Richtlinien, Beschlüsse, Empfehlungen und Stellungnahmen an.*"

bb) **Verordnungen.** Verordnungen sind abstrakt-generelle Rechtssätze des sekundären Unionsrechts. Sie sind in allen Fällen unmittelbar in jedem Mitgliedsstaat verbindlich (Art. 288 II AEUV).

cc) **Richtlinien.** Die Richtlinien haben diese unmittelbare Wirkung im Regelfall nicht. Sie sind Bestandteil eines zweiteiligen Rechtssetzungsverfahrens. Die Richtlinie gibt dem Mitgliedsstaat entsprechende Ziele vor. Sie sind von ihm innerhalb der von der Richtlinie – ggf. – gesetzten Frist umzusetzen.[385] Vor Ablauf der Frist dürfen die Mitgliedsstaaten keine Rechtshandlungen vornehmen, die dem mit der Richtlinie angestrebten Ziel zuwiderlaufen.[386] Die Mitgliedsstaaten sind bei der Umsetzung der Richtlinie gebunden. Sie müssen

„*die Form oder Mittel wählen, die sich zur Gewährleistung des effet utile der Richtlinien unter Berücksichtigung der mit ihnen verfolgten Ziele am besten eignen*",[387] s. dazu jetzt Art. 288 III AEUV.

Entgegen dem Wortlaut können Richtlinien auch unmittelbare Wirkung haben.[388] Voraussetzungen sind

- Fristablauf für die Umsetzung[389]
- Fehlende oder fehlerhafte nationale Umsetzung[390]

---

[381] In der Rechtsprechung des EuGH ist die Leitentscheidung der Fall Stauder, Slg. 1969, 419.
[382] Charta der Grundrechte der Europäischen Union vom 12.12.2007 (ABl. Nr. C 303/1). Zur Entwicklung der GRCh siehe umfassend *Knecht*, in: Schwarze (Hrsg.), EU-Kommentar, GRCh Präambel Rn. 5 ff.; *Jarass*, GRCh, 3. Aufl. 2016.
[383] EuGH, Slg. 1983, 4063; Slg. 1986, 3477; Slg. 191, 1647; Slg. 1994, I-248. *Ruffert*, in: Calliess/Ruffert, EUV/AEUV Art. 288 AEUV Rn. 9.
[384] *Ruffert*, in: Calliess/Ruffert, EUV/AEUV Art. 288 AEUV Rn. 15.
[385] EuGH, Slg. 1991, I-5357; Slg. 1996, I-4845; Slg. 1997, I-7411; Slg. 1999, I-1103. S. dazu Haltern, Europarecht Bd. I 3. Aufl. 2017 Rn. 868 ff.
[386] EuGH, Slg. 1997, I-7411; *Weiß*, DVBl. 1998, 568.
[387] EuGH, Slg. 1976, 497.
[388] Siehe dazu *Ruffert*, in: Calliess/Ruffert, EUV/AEUV Art. 258 AEUV Rn. 47 ff.
[389] EuGH, Slg. 1979, 1629. „Die nationalen Gerichte sind bei verspäteter Umsetzung einer Richtlinie in die Rechtsordnung des betreffenden Mitgliedsstaats und bei Fehlen unmittelbarer Wirkung ihrer einschlägigen Bestimmungen verpflichtet, das innerstaatliche Recht ab dem Ablauf der Umsetzungsfrist so weit wie möglich im Licht des Wortlauts und des Zweckes der betreffenden Richtlinie auszulegen, um die mit ihr verfolgten Ergebnisse zu erreichen, indem sie die diesem Zweck am besten entsprechende Auslegung der nationalen Rechtsvorschriften wählen und damit zu einer mit den Bestimmungen dieser Richtlinie vereinbaren Lösung gelangen", EuGH, NZA 2006, 909; s.a. EuGH, NJW 2004, 3547 – Rettungsassistent.
[390] EuGH, Slg. 1996, 723.

- Inhaltliche Unbedingtheit der Richtlinie[391]
- Hinreichende Bestimmtheit der Richtlinie[392]
- Umstritten ist, ob zu den Voraussetzungen auch die Existenz entsprechender subjektiver Rechte gehört[393]

Die unmittelbare Wirkung von Richtlinien ist von Amts wegen zu beachten.[394]

Die Umsetzung der Richtlinien wirft, gerade im Sozialrecht, viele schwierige Fragen auf. *Husmann* behandelt sie anhand von Beispielen übersichtlich und instruktiv.[395]

8   **c) Anwendungsvorrang. aa) Vorrangfunktion.** Die Bedeutung des primären und sekundären Unionsrechts liegt in seinem Anwendungsvorrang vor allem nationalen Recht.[396] Zwar ist entgegenstehendes nationales Recht nicht nichtig. Alle staatlichen Stellen, insbesondere Behörden und Gerichte sind aber verpflichtet, den Vorschriften des Unionsrechts den Vorrang in jedem konkret zu entscheidenden Fall einzuräumen und unionsrechtswidriges nationales Recht, unbeschadet seines innerstaatlichen Rangs, also auch bezogen auf nationales Verfassungsrecht, nicht anzuwenden. Das ist von Amts wegen zu beachten.[397]

9   **bb) Standpunkt des BVerfG.** Das BVerfG akzeptiert diesen Anwendungsvorrang, solange die europäischen Organe die verfassungsrechtlichen Grenzen der innerstaatlichen Vertragsermächtigung aus Art. 23 GG zumindest grundsätzlich beachten.[398] Maßgebend ist die Honeywell-Entscheidung:[399] „Eine ultra-vires-Kontrolle durch das Bundesverfassungsgericht kommt nur in Betracht, wenn ein Kompetenzverstoß der europäischen Organe hinreichend qualifiziert ist. Das setzt voraus, dass kompetenzwidriges Handeln der Unionsgewalt offenkundig ist und der angegriffene Hoheitsakt im Kompetenzgefüge zu einer strukturell bedeutsamen Verschiebung zu Lasten der Mitgliedsstaaten führt."

10 **cc) Unionrechtskonforme Auslegung.** Der Grundsatz des Anwendungsvorrangs des Unionsrechts führt zum Prinzip der unionsrechtskonformen Auslegung.[400] Der allgemeine Unionsrechtsgrundsatz lautet, dass nationales Recht „soweit wie möglich in Übereinstimmung mit den Anforderungen des Unionsrechts" ausgelegt werden muss.[401] Ihm korrespon-

---

[391] Eine Richtlinie ist inhaltlich unbedingt, wenn ihre Anwendung nicht von einer Bedingung oder von einer konstitutiven Entscheidung der Mitgliedschaften oder eines EG-Organs abhängt, vgl. EuGH, Slg. 1974, 1317, Slg. 1994, I-483; *Jarass/Beljin*, JZ 2003, 768 (770).

[392] Diese Voraussetzung ist erfüllt, wenn die Richtlinie allgemeine unzweifelhafte Vorgaben enthält, vgl. EuGH, Slg. 1982, 53; *Jarass/Beljin*, JZ 2003, 768 (770).

[393] Siehe dazu *Schroeder*, in: Streinz EUV/AEUV Art. 289 AEUV Rn. 110.

[394] EuGH, Slg. 1995, I-4705; Slg. 1996, I-5403 und dazu *Jarass/Beljin*, JZ 2003, 768 (771 f.).

[395] *Husmann*, NZS 2010, 655. Zu den Fallgestaltungen bei unmittelbarer Wirkung einer Richtlinie siehe umfassend *Schroeder*, in: Streinz, EUV/AEUV Art. 288 AEUV Rn. 113 ff.

[396] Vgl. EuGH, Slg. 1964, 1521 – Costa/E. N. E. L.; *Becker*, Gemeinschaftsrechtliche Einwirkungen auf das Vertragsarztrecht, in: Schnapp/Wigge, Handbuch des Vertragsarztrechts, § 25 Rn. 6 ff. m. w. N.

[397] EuGH, Slg. 1990, I-3757; Slg. 1995, I-4705; Slg. 2004, I-8835.

[398] Die Einzelheiten waren umstritten, vgl. BVerfGE 37, 271 (279 ff.) – Solange I; BVerfGE 73, 339 (366 f.) – Solange II; BVerfGE 102, 147 – Bananenmarkt; BVerfGE 123, 267 – Lissabon. Das BVerfG sieht sich grundsätzlich gehindert, über die Gültigkeit von Gemeinschaftsrecht zu entscheiden, weil es sich nicht um einen Akt deutscher Staatsgewalt handelt, BVerfG, EuGRZ 2007, 341 (345) – Treibhausgas-Emissionen. Hinsichtlich der Anwendbarkeit von abgeleitetem Gemeinschaftsrecht in Deutschland übt das BVerfG seine Gerichtsbarkeit nicht mehr aus, solange der EuGH generell wirksamen Grundrechtsschutz gewährleistet. Das gilt für Verordnungsrecht (BVerfGE 102, 147) ebenso wie für die Umsetzung europäischer Richtlinien, BVerfG, EuGRZ 2007, 341 (345) – Treibhausgas-Emissionen; BVerfG(K), EuGRZ 2007, 350, zumindest grundsätzlich.

[399] BVerfGE 126, 286 und dazu *van Ooyen*, Der Staat 50 (2011), 45 (54 ff.).

[400] Siehe dazu EuGH, Slg. 1987, 1891; NJW 2010, 427, Rn. 48 – Kücükdeveci. Siehe dazu *Schroeder*, in: Streinz, EUV/AEUV Art. 288 AEUV Rn. 125 ff. Die richtlinienkonforme Auslegung ist ein Unterfall der unionsrechtskonformen Auslegung, siehe dazu *Ruffert*, in: Calliess/Ruffert, EUV/AEUV Art. 288 AEUV Rn. 77 ff.

[401] EuGH, EuZW 2003, 249, Rn. 63.

diert eine entsprechende Verpflichtung aus Art. 23 I 1 GG.[402] Zu beachten ist, dass entsprechende Pflichten nur nach Maßgabe nationaler Auslegungsregeln bestehen.[403]

d) Beschlüsse. Der Beschluss ist der verbindliche Rechtsakt des Unionsrechts für den Einzelfall. Ihr Einzelfallcharakter unterscheidet sie vom abstrakt-generellen Charakter der Verordnung.[404]   11

e) Empfehlungen und Stellungnahmen. Empfehlungen und Stellungnahmen beziehen sich auf unverbindliche Handlungen der Unionsorgane.[405] Mit ihnen können aber praktische Konsequenz, z. B. als Auslegungshilfe, einhergehen.[406]   12

3. Gerichtsbarkeit

a) Bedeutung des EuGH. Zu den Handlungsformen des Unionsrechts gehören auch die Entscheidungen seiner Gerichte, nämlich des EuGH (Art. 19 EUV), des EuG (Art. 256 AEUV) und der Fachgerichte (Art. 257 AEUV).[407] Die Gerichte sichern die Wahrung des Rechts bei der Auslegung und Anwendung der Verträge (Art. 19 I EUV). Der EuGH hat sich dabei stets in der Rolle eines Integrationsmotors zur Herstellung der Einheitlichkeit des Unionsrechts gesehen. Er macht in diesem Zusammenhang von seiner Befugnis zur Rechtsfortbildung reichen Gebrauch.[408] Im Rahmen des wachsenden Verständnisses für einen europäischen Verfassungsgerichtsverbund[409] verändert sich jedoch auch die Rolle des EuGH.[410]   13

b) Verfahrensregeln. Von besonderer Bedeutung ist das Vorabentscheidungsverfahren nach Art. 267 AEUV.[411] Der EuGH entscheidet danach im Wege der Vorabentscheidung (u. a.) über die Auslegung von Unionsrecht. Vorlageberechtigt sind die Gerichte der Mitgliedsstaaten, wenn sich ihnen eine solche Auslegungsfrage stellt und sie darüber die Entscheidung des EuGH für ihre eigene Entscheidung für erforderlich halten (Art. 267 II AEUV). Wenn sich eine derartige Frage vor einem nationalen Gericht stellt, dessen Entscheidung selbst nicht mehr mit Rechtsmitteln anfechtbar ist, ist dieses zur Vorlage an den EuGH verpflichtet (Art. 267 III AEUV).[412]   14

Wird die Vorlagepflicht verletzt, so führt das zu einer Verletzung des Art. 101 I 2 GG (Gebot des gesetzlichen Richters) und damit zur Möglichkeit der Verfassungsbeschwerde an das BVerfG nach § 90 BVerfGG, dies allerdings nur dann, wenn die unterlassene Vorlage (objektiv) willkürlich war.[413]   15

---

[402] *Jarass/Beljin*, JZ 2003, 758 (774).
[403] *Jarass/Beljin*, JZ 2003, 758 (775); *Becker*, in: Schnapp/Wigge, Handbuch des Vertragsarztrechts, 3. Aufl. 2017 § 23 Rn. 10.
[404] Der Beschluss hat den in Art. 249 IV EGV verwendeten Begriff der Entscheidung abgelöst.
[405] EuGH, Slg. 1957, 213.
[406] EuGH, Slg. 1989, 4407. Vgl. *Haltern*, Europarecht Bd. I 3. Aufl. 2017 Rn. 905 ff.
[407] Früher: „Gerichtliche Kammern". Bislang gibt es nur das Gericht für den öffentlichen Dienst der Union, vgl. ABl. 2004 Nr. L 333/7.
[408] Siehe dazu *Wegener*, in: Calliess/Ruffert, EUV/AEUV Art. 19 EUV Rn. 17 ff.
[409] *Voßkuhle*, NVwZ 2010, 1.
[410] Siehe dazu *Lechner/Zuck*, BVerfGG, 6. Aufl. 2011 Einl. Rn. 129.
[411] Siehe dazu *Schwarze*, in: ders. (Hrsg.), EU-Kommentar Art. 267 AEUV Rn. 1 ff.
[412] Ob ein Gericht in diesem Sinne „letztinstanzlich" ist, hängt nicht von seiner gerichtsverfassungsrechtlichen Zuordnung ab, sondern von der Frage, ob es im konkreten Verfahren letzte Instanz ist (etwa, weil die Berufungssumme nicht erreicht worden ist), sogenannte konkrete Betrachtungsweise.
[413] BVerfGE 73, 339; 75, 223; 82, 159; (K) DVBl. 2001, 720 und dazu etwa *Hoffmann-Riem*, EuGRZ 2002, 473 (477). BVerfG(K), NVwZ 2007, 197; NVwZ 2007, 942 (944 f.). Das BVerfG verlangt, dass die Vorlage an den EuGH (bei möglichen Grundrechtskonkurrenzen) erfolgt, bevor es selbst angerufen wird, vgl. BVerfG(K), DVBl. 2001, 720 und dazu ausführlich *Hoffmann-Riem*, EuGRZ 2002, 473 (477); s. dazu sehr kritisch (aber berechtigter Weise) *Schoch*, Der „gesetzliche Richter" (Art. 101 Abs. 1 S. 2 GG) im

4. Koordinierungs-Kompetenzen[414] im Gesundheitssektor

16 Von Bedeutung sind vor allem die Kompetenznormen aus Art. 48, 53, 114, 153, 169, 191, 192 AEUV.

17 a) Art. 153 AEUV. Auf der Basis der europäischen Sozialcharta[415] und der Gemeinschaftscharta der sozialen Grundrechte der Arbeitnehmer gibt Art. 153 AEUV u. a. das Ziel der Gemeinschaft und ihrer Mitgliedsstaaten u. a. mit der „Verbesserung insbesondere der Arbeitsumwälzung zum Schutze der Gesundheit und der Sicherheit der Arbeitnehmer." an. Zur Verwirklichung dieses Ziels „unterstützt" und ergänzt die Union die Tätigkeit der Mitgliedsstaaten.[416]

18 In der Sache erfasst der von Art. 153 Ia AEUV angesprochene Gesundheitsschutzdas technische Arbeitsrecht. Der EuGH legt für den Begriff der Gesundheit die Beschreibung der WHO zu Grunde,[417] was sich auch hier als untaugliche Verknüpfung erweist.

19 b) Art. 168 AEUV. aa) Bedeutung. Art. 168 AEUV ist die zentrale Vorschrift zur Gesundheitspolitik in der Union. Es heißt in Abs. 1:

„Die Tätigkeit der Union ergänzt die Politik der Mitgliedsstaaten und ist auf die Verbesserung der Gesundheit der Bevölkerung, der Verhütung von Humankrankheiten und die Beseitigung von Ursachen für die Gefährdung der körperlichen und geistigen Gesundheit gerichtet. Sie umfasst die Bekämpfung der weit verbreiteten schweren Krankheiten; …".

20 bb) Ergänzungsfunktion. Auch hier gilt, dass die EU keine autonome Gesundheitspolitik betreibt, sondern nur einen „Beitrag zur Erreichung" eines hohen Gesundheitsschutzniveaus" leisten darf (Art. 268 I 1 AEUV).[418] So heißt es in Art. 168 VII AEUV ausdrücklich: „Bei der Tätigkeit der Union wird die Verantwortung der Mitgliedsstaaten für die Festlegung der Gesundheitspolitik sowie für die Organisation des Gesundheitsschutzes und der medizinischen Versorgung gewahrt."[419]

Vorabentscheidungsverfahren (Art. 267 AEUV), in: FS f. Stürner, 1. Teilband 2013, 43 ff. Zur Erforderlichkeit einer Vorlage an den EuGH s. umfassend BVerfGE 142, 74 (115 f. mit Rn. 123).

[414] Sie spielen hier nur eine Rolle, soweit sie für ein europäisches Medizinrecht Bedeutung haben können. Auch insoweit ist keine abschließende Darstellung möglich.

[415] Siehe dazu Art. 11 ESC (Europäische Sozialrechtscharta vom 18.10.1961, BGBl. 1964, II 1262). Danach hat jedermann das Recht, „alle Maßnahmen in Anspruch zu nehmen, die es ihm ermöglichen, sich des besten Gesundheitszustandes zu erfreuen, den er erreichen kann."
Art. 11 – Das Recht auf Gesundheit, hat folgenden Wortlaut:
„Um die wirksame Ausübung des Rechtes auf Schutz der Gesundheit zu gewährleisten, verpflichten sich die Vertragsparteien, entweder unmittelbar oder in Zusammenarbeit mit öffentlichen oder privaten Organisationen geeignete Maßnahmen zu ergreifen, die u. a. darauf abzielen:
1. soweit wie möglich die Ursachen von Gesundheitsschäden zu beseitigen;
2. Beratungs- und Schulungsmöglichkeiten zu schaffen zur Verbesserung der Gesundheit und zur Entwicklung des persönlichen Verantwortungsbewusstseins in Fragen der Gesundheit;
3. soweit wie möglich, epidemischen, endemischen und anderen Krankheiten vorzubeugen."

[416] Damit sind, wie *Kingreen,* Das Sozialstaatsprinzip im europäischen Verfassungsverbund, 296 ff. überzeugend nachgewiesen hat, keine generellen Kompetenzen für das Krankenversicherungsrecht verbunden, vgl. auch Art. 152 V EGV.

[417] → Rn. 25; EuGH, Slg. 1996, I-5755, dort Rn. 15.

[418] Siehe dazu ausf. *Kingreen,* in: Calliess/Ruffert, EUV/AEUV Art. 168 AEUV Rn. 13 ff.

[419] = Kompetenzausübungsgrenze vgl. *Kingreen,* in: Calliess/Ruffert, EUV/AEUV Art. 168 AEUV Rn. 25; *Berg,* in: Schwarze (Hrsg.), EU-Kommentar, Art. 168 Rn. 36. Zu den bisherigen Aktivitäten der Union im Rahmen des Gesundheitswesens siehe *Lurger,* in: Streinz, EUV/AEUV Art. 168 AEUV Rn. 47 ff. Zur Gesundheitspolitik der EU vgl. *Pitzschas,* NZS 2010, 177; *Frenz/Götzkes,* MedR 2010, 613.

c) **Art. 53 AEUV.** Eine erhebliche praktische Rolle spielt Art. 53 AEUV, die Rechts- 21
grundlage für die Anerkennung von Diplomen und für die Koordinierung der Rechtsnormen
der Mitgliedsstaaten, die Voraussetzung für die Aufnahme selbstständiger Tätigkeiten in den
einzelnen Mitgliedsstaaten sind.[420] Besonders hervorzuheben ist Art. 53 II AEUV:

„*Die schrittweise Aufhebung der Beschränkungen für die ärztlichen, arztähnlichen und
pharmazeutischen Berufe setzt die Koordinierung der Bedingungen für die Ausübung dieser
Berufe in den einzelnen Mitgliedsstaaten voraus.*"

d) **Soft law-Funktion.** Es ist schon darauf hingewiesen worden, dass die einzelnen Ge- 22
sundheits-Kompetenznormen nur beschränkte Rechtssetzungsermächtigungen enthalten.[421]
Das mindert ihre Bedeutung nicht. Es ist zurecht darauf aufmerksam gemacht worden, dass
insbesondere Art. 168 AEUV (ex Art. 152 EGV) ein Verfahren offener Koordination mit
dem Ziel größerer nationaler Konvergenz in Gang bringt.[422] Diese Überlegungen tragen vor
allem dem Umstand Rechnung, dass sich in den letzten Jahren länderübergreifende Gesund-
heitsteilmärkte entwickelt haben, die etwa den Vertrieb von Arznei-, Heil- und Hilfsmitteln,
Medizinprodukten sowie medizinische Dienstleistungen im ambulanten und stationären
Sektor betreffen,[423] die eine entsprechende Koordinierung zum Zwecke eines fairen Wettbewerbs und zur Vermeidung EU-widriger Diskriminierung von Unionsbürgern[424] geradezu
erzwingen.

Es wird vom Konkretisierungsgrad entsprechender – außerhalb der Rechtsordnung – 23
liegender europarechtlicher Vorgaben abhängen, ob, und ggf. welche Bedeutung sie etwa als
„soft law" erhalten. Zwar lässt sich nicht leugnen, dass der völkerrechtliche Begriff des soft
law konturenlos ist. Es lässt sich aber ebenfalls nicht leugnen, dass sich in der Rechtspraxis
Rechtsanwendungsmodelle herausgebildet haben, die insbesondere bei der Begründung von
Entscheidungen auf Nicht-Rechtsnormen verweisen, wie etwa der gesellschaftlichen Anschauung oder auf ein artikuliertes Standesbewusstsein.[425]

5. Grundrechte[426]

a) **Rechtsquellen. aa) Unionsgrundrechte.** Schon vor Entstehung der GRCh hat der 24
EuGH einen Katalog von Gemeinschaftsgrundrechten entwickelt. Das war durch Art. 6 II
EUV gedeckt, der die Achtung der Grundrechte

„*wie sie sich aus den gemeinsamen Verfassungsüberlieferungen der Mitgliedsstaaten als allgemeine Grundsätze des Gemeinschaftsrechts ergeben*" einfordert.[427]

bb) **EMRK.** Gemäß Art. 6 II EUV achtet die Union auch die in der EMRK[428] nieder- 25
gelegten Grund- und Menschenrechte. Die EMRK ist zudem eine selbstständige Rechtsquelle

---

[420] Siehe dazu *Bröhmer*, in: Calliess/Ruffert, EUV/AEUV Art. 53 AEUV Rn. 1.
[421] → § 3 Rn. 20.
[422] *Pitschas*, VSSR 2002, 75 ff.; siehe auch *Schulte*, ZSR 48 (2002), 1 ff.
[423] → § 3 Rn. 65 ff.
[424] → § 3 Rn. 33 ff.
[425] Wie etwa von den RiLi-RA, vgl. dazu BVerfGE 76, 171. Zum Begriff des soft law siehe *Arndt*, Sinn und Unsinn von Soft Law; *Knauff*, Der Regelungsverbund: Recht und Soft Law im Mehrebenensystem; *Zuck*, Das Recht der Anthroposophischen Medizin, Rn. 99.
[426] Auch hier beschränkt sich die Darstellung schwerpunktmäßig auf medizinrechtsrelevante Normen.
[427] Leitentscheidung des EuGH, Slg. 1969, 419, Rn. 17 (Stauder). Einen Grundrechtskatalog enthalten die Gemeinschaftsverträge selbst nicht; *Skouris*, in: HGR VI/1 § 157; *Schwarze*, DVBl 2011, 721; zur historischen Entwicklung siehe *Nedobitek*, in: HGR VI/1 § 159.
[428] Konvention zum Schutz der Menschenrechte und Grundfreiheiten vom 4.11.1950 (BGBl. II, 1952, 686) in der Fassung der Bekanntmachung vom 17.5.2002 (BGBl. II, 1055).

für deren Vertragsstaaten.⁴²⁹ Das Verfahren der Menschenrechtsbeschwerde und die Zuständigkeiten des EGMR in Straßburg sind hier nicht darzustellen.⁴³⁰

26   **cc) Die Europäische Grundsrechtscharta (GRCh).** Die GRCh vom 7.12.2000 (ABl. EG 2000/C 364/01) i. d. F. vom 12.12.07 (ABl. EG 2007/C 303/1) ist durch den Vertrag von Lissabon über Art. 6 I Unterabsatz 1 Satz 1 EUV zum 1.12.2009 verbindliches Recht geworden. Sie enthält einen Grundrechtskatalog, der stark vom deutschen Verfassungsrecht beeinflusst ist. Die GRCh ist dem Primärrecht der Union zuzuordnen.⁴³¹

27   **b) Funktionen.** Grundrechte haben auch auf europäischer Ebene in erster Linie die Funktion, als Abwehrrechte zu dienen. Als Leistungsrechte verstanden greifen sie jedenfalls nur insoweit, als sie auf entsprechende Kompetenzen der Mitgliedsstaaten zurückgreifen können. Infolgedessen hat sich auf europäischer Ebene bislang auch noch keine Schutzpflichttheorie entfalten können. Das beschränkt insbesondere die Effektuierung sozialer Grundrechte.⁴³²

28   **c) Inhalte.** Fragt man nach spezifischen Grundrechtsgewährleistungen für medizinrechtliche Fragestellungen, so verdienen folgende Bestimmungen hervorgehoben zu werden:

29   **aa) Menschenwürde**⁴³³. Weder die richterrechtlich entwickelten Gemeinschaftsgrundrechte noch die EMRK erwähnen die Menschenwürde als solche. Die deutsche Auffassung, es handle sich insoweit um ein tragendes Konstitutionsprinzip aller Grund- und Menschenrechte, lässt sich in das insoweit vorgefundene europäische Recht nicht exportieren. Erst die GRCh ändert diesen Befund und das kardinal. Titel I der Charta ist überschrieben mit „Würde des Menschen" und Art. 1 sagt von ihr: „Die Würde des Menschen ist unantastbar. Sie ist zu achten und zu schützen." Zu beachten ist, dass das Recht auf Leben und die

---

⁴²⁹ Die EU ist der EMRK bislang nicht beigetreten. Art. 6 II 1 EUV enthält eine Beitrittsverpflichtung, siehe dazu *Kingreen*, in: Calliess/Ruffert, EUV/AEUV Art. 6 EUV Rn. 19 ff.

⁴³⁰ Vgl. *Frowein/Peukert*, EMRK; *Kleine-Cosack*, Verfassungsbeschwerde und Menschenrechtsbeschwerde; *Meyer-Ladewig/Nettesheim/von Raumer* (Hrsg.), EMRK; *Grabenwarter*, EMRK; *Karpenstein/Meyer*, EMRK.

⁴³¹ *Jarass*, GRCh, Einl. Rn. 9. Zur GRCh siehe die Kommentierungen in *Calliess/Ruffert*, EUV/AEUV, S. 2767 ff.; *Streinz*, in: ders. EUV/AEUV, S. 2767 ff.; *Schwarze* (Hrsg.), EU-Kommentar, S. 2605 ff.; *Tettinger/Stern*, Gemeinschaftskommentar zur Europäischen Grundrechte-Charta; *Meyer* (Hrsg.), Charta der Grundrechte der Europäischen Union.

⁴³² Zutreffend *Broß*, JZ 2003, 429 (433). Inhalt, Bedeutung und Notwendigkeit sozialer Grundrechte sind Gegenstand lebhafter Diskussion, vgl. etwa *Pitschas*, VSSR 2000, 207; *Bernsdorff*, VSSR 2001, 1; *Birk*, Soziale Sicherheit und Europäische Sozialcharta, in: FS f. v. Maydell 27; *Eichenhofer*, VSSR 2003, 57. Die Kritik geht zwar zurecht davon aus, dass die rechtliche Verbindlichkeit sozialer Grundrechte in der EU-Grundrechtscharta sehr gering ist. Nach dem 3-Ebenen-Modell (vgl. dazu Engels, Verbesserter Menschenrechtsschutz durch Individualbeschwerdeverfahren 2000, 53 ff.; *Bernsdorff*, VSSR 2002, 1 [12 ff.], der „respect" (Unterstützungspflicht), „protect" (Schutzpflicht) und „fulfil" (Eingriffspflicht) unterscheidet), bleibt es in der Regel beim „respect" der ersten Ebene. Es darf aber zweierlei nicht übersehen werden. Die Mitgliedsstaaten der EU und deren Bürger orientieren sich trotz rechtsstaatlicher Verfassungsordnungen nicht in gleichem Maße an Rechtsnormen, wie das im „totalen Rechtsstaat" der Bundesrepublik Deutschland (siehe dazu *Zuck*, NJW 1999, 1517) der Fall ist. (Soziale) Bindung erfolgt nicht über Rechtsnormen, sondern über soziale Spielregeln und über das jeweilige sozio-kulturelle Selbstverständnis. Gerade Nicht-Rechtsnormen sind geeignet, diese Regeln und das ihnen zugeordnete Selbstverständnis zu beeinflussen. Hinzu kommt, dass das richterliche Selbstverständnis des EuGH auch Nicht-Rechtsnormen vorsichtig umzusetzen, dazu führen wird, dass ihnen auf diesem Weg Geltung verschafft wird.

⁴³³ Menschenwürde ist zwar nicht spezifisch medizinrechtsbezogen. Angesichts ihrer besonderen Bedeutung im Rahmen der Biomedizin (siehe § 68 Rn. 2 ff.) rechtfertigt sich jedoch ihre Hervorhebung. Zur europarechtlichen Bedeutung der Menschenwürde siehe *Zuck*, Das Recht der anthroposophischen Medizin, Rn. 122, 125, 127; *Raul/Schorkopf*, NJW 2002, 2448; *Meyer-Ladewig*, NJW 2004, 981; *Schorkopf*, in: Ehlers (Hrsg.), Europäische Grundrechte und Grundpflichten, § 15, Rn. 3 ff. und EGMR, NJW-RR 2004, 289 (293); EuGH, Slg. 2001, I-7079. Zum Begriff der Menschenwürde im internationalen Recht vgl. *Valerius*, in: Joerden/Hilgendorf/Thiele (Hrsg.), Menschenwürde und Medizin, 2013, 293 ff.

Garantie der körperlichen und geistigen Unversehrtheit (Art. 2, 3) sowie die an Art. 3, 4 EMRK ausgerichteten weiteren Vorschriften, ebenfalls dem Titel I zugeordnet, also in enge Verbindung mit der „Würde des Menschen" gebracht worden sind.

bb) Körperliche und geistige Unversehrtheit. Die EMRK kennt eine solche Gewährleistung nicht. Im Rahmen des Art. 2 EMRK („Recht auf Leben") haben sich aber medizinrechtlich-relevante Vorgaben entwickelt. So hat der EGMR entschieden, aus Art. 2 EMRK folge nicht das Recht zu sterben, auch nicht ein Recht auf Selbstbestimmung im Sinne eines Rechts auf Entscheidung für den Tod anstelle des Lebens.[434] Bei Gesundheitsschäden hat der EGMR bisher große Zurückhaltung gezeigt.[435] Das betrifft etwa (verneinte) Schutzpflichten des Staates bei Leukämie-Erkrankungen auf Grund von Atomversuchen,[436] bei Impfschäden[437] oder bei ärztlichen Kunstfehlern.[438] Grundsätzlich hat der EGMR aber anerkannt, dass die staatlichen Schutzpflichten des Art. 2 EMRK auch das öffentliche Gesundheitswesen erfassen. Der Staat muss u. a. öffentliche und private Krankenhäuser durch entsprechende Vorschriften dazu verpflichten, angemessene Maßnahmen zum Schutz des Lebens der Patienten zu treffen.[439]

Auch hat sich die Sichtweise durch die GRCh verändert. In Art. II-3 II heißt es nunmehr:

30

31

„(2) Im Rahmen der Medizin und der Biologie muss insbesondere folgendes beachtet werden:
a) die freie Einwilligung der Betroffenen nach vorheriger Aufklärung entsprechend den gesetzlich festgelegten Einzelheiten,
b) das Verbot eugenischer Praktiken, insbesondere derjenigen, welche die Selektion von Menschen zum Ziel haben,
c) das Verbot, den menschlichen Körper und Teil davon als solche zur Erzielung von Gewinnen zu nutzen,
d) das Verbot des reproduktiven Klonens von Menschen."

32

6. Materiell-rechtliche Vorgaben außerhalb des Grundrechtsbereichs

a) Grundfreiheiten. Das primäre Unionsrecht enthält einen Katalog von Grundfreiheiten,[440] die medizinrechtsrelevant sind. Hervorzuheben sind:

33

aa) Warenverkehrsfreiheit. Aus Art. 3 III 2 EUV folgt das Ziel der Verwirklichung des Binnenmarktes. Einzelheiten ergeben sich aus Art. 26 ff. AEUV. Dazu gehört auch die Warenverkehrsfreiheit. In Art. 34 AEUV heißt es (wie früher in Art. 28 EGV):

34

„Mengenmäßige Einfuhrbeschränkungen sowie alle Maßnahmen gleicher Wirkung sind zwischen den Mitgliedsstaaten verboten".[441]

---

[434] Die Beschwerdeführerin, eine an einer unheilbaren Muskelschwäche, vom Kopf an abwärts gelähmte 43-jährige Frau, die von den britischen Behörden Straffreiheit für die Beihilfe ihres Mannes zu dem von ihr beabsichtigten Selbstmord gefordert, aber nicht zugesichert bekommen hatte, hatte eingewendet, Art. 2 EMRK enthalte keine Pflicht zum Leben. Siehe EGMR, NJW 2002, 2851 – *Pretty* und dazu *Kneihs*, EuGRZ 2002, 242. Der EGMR ordnet im Übrigen Fragen der Sterbehilfe Art. 8 EMRK (Recht auf Achtung des Privat- und Familienlebens) zu. Zur ganzen Problematik siehe § 68 Rn. 214 ff. Zu möglichen Schutzpflichten des Staates bei Schwangerschaftsabbrüchen vgl. EGMR, EuGRZ 1978, 199 (verneint) und *Frowein/Preukert*, EMRK, Rn. 3 zu Art. 2 EMRK (bejahend).
[435] Siehe *Huber*, in: Meyer-Ladewig, EMRK, Rn. 1. S. a. EGMR, NJW 2015, 2715 – Lambert/Frankreich zu Art. 2 EMRK.
[436] EGMR, Slg. 1998-VIII, S. 1403 f. (Nr. 36 ff.).
[437] *Huber*, in: Meyer-Ladewig, EMRK, Rn. 8 zu Art. 2 EMRK.
[438] EGMR, Slg. 2000-V.
[439] Siehe dazu *Huber*, in: Meyer-Ladewig, EMRK, Rn. 10 ff. zu Art. 2 EMRK.
[440] Zum Verhältnis von Gemeinschaftsgrundrechten zu den Grundfreiheiten vgl. *Frenz*, Bd. 1, Europäische Grundfreiheiten, Rn. 42 ff. Vgl. ausf. *Becker*, in: Schnapp/Wigge, Handbuch des Vertragsarztrechts, 2017, § 23 Rn. 26 ff.
[441] Das Korrelat für mengenmäßige Ausfuhrbeschränkungen befindet sich in Art. 35 AEUV.

Mit Art. 28 EGV soll die Öffnung der Märkte sichergestellt, und damit ein gemeinschaftsweiter Wettbewerb der Anbieter ermöglicht werden.[442]

35 Es liegt auf der Hand, dass der freie Warenverkehr für Leistungen auf dem Gesundheitsmarkt von grundsätzlicher Bedeutung ist, wenn man sich den Sektor der Medizinprodukte allgemein, der Arzneimittel, der Verbandmitteund Hilfsmittel vor Augen hält.

36 Mengenmäßige Beschränkungen sind alle Maßnahmen, die die Einfuhr einer Ware der Menge oder dem Wert oder Zeitraum nach begrenzen.[443] Als Maßnahme gleicher Wirkung ist jede staatliche Regelung anzusehen,

„die geeignet ist, den innergemeinschaftlichen Handel unmittelbar oder mittelbar, tatsächlich oder potenziell zu behindern".[444]

37 Die damit verbundene weite Auslegung des Art. 34 AEUV hat der EuGH dadurch limitiert, dass er erläutert hat, auf innerstaatlichen Rechtsvorschriften beruhende Handelshemmnisse seien dann hinzunehmen,

„wenn sie notwendig sind, um zwingenden Erfordernissen gerecht zu werden, insbesondere den Erfordernissen einer wirksamen staatlichen Kontrolle, des Schutzes der öffentlichen Gesundheit, der Lauterkeit des Handelsverkehrs und des Verbraucherschutzes", und mit denen ein *„im allgemeinen Interesse liegendes Ziel, das den Erfordernissen des freien Warenverkehrs, der eine der Grundlagen der Gemeinschaft darstellt",* gerecht wird, verfolgt wird.[445] *„Den Bestimmungen der Art. 28 und 29 stehen Einfuhr-, Ausfuhr- und Durchführverbote oder -beschränkungen nicht entgegen, die aus Gründen der öffentlichen Sittlichkeit, Ordnung und Sicherheit zum Schutze der Gesundheit und des Lebens von Menschen, Tieren und Pflanzen ... gerechtfertigt sind. Diese Verbote und Beschränkungen dürfen jedoch weder ein Mittel zur willkürlichen Diskriminierung noch eine verschleierte Beschränkung des Handels zwischen den Mitgliedsstaaten darstellen"* (Art. 30 EGV).[446]

Erforderlich ist die Angabe wissenschaftlicher Erkenntnisse, mit denen die von bestimmten Waren- oder Dienstleistungen ausgehenden Gefährdungen belegt werden.[447]

38 Der Schutz der Gesundheit und des Lebens von Menschen, Tieren oder Pflanzen hat in der Rechtsprechung des EuGH erhebliche Bedeutung erlangt.[448] Erfasst werden von Art. 36 AEUV nur solche innerstaatliche Maßnahmen, die unmittelbar auf den Schutz der Gesundheit und des Lebens zielen; mittelbar wirkende Maßnahmen lassen sich lediglich über „zwingende Erfordernisse" rechtfertigen.[449] Soweit der Sachverhalt durch Richtlinien geregelt ist, haben diese Vorrang. Ein Rückgriff auf Art. 30 EGV scheidet aus.[450]

---

[442] *Frenz,* Bd. 1, Rn. 702 ff. Es handelt sich bei Art. 34 AEUV um einen „elementaren Grundsatz" des Unionsrechts, EuGH, Urt. v. 21.4.2017 – C-672/15, EuZW 2017, 576 (Rn. 17).

[443] EuGH, Slg. 1973, 865, Rn. 7, st. Rspr.; siehe dazu *Frenz,* Bd. 1, Rn. 875 ff.; *Becker,* in: Schwarze (Hrsg.), EU-Kommentar, Art. 34 AEUV Rn. 33 ff.

[444] EuGH, Slg. 1974, 837, Rn. 5 – Dassonville; EuGH, MedR 2009, 339.

[445] EuGH, Slg. 1979, 649, Rn. 8, 14 – Cassis de Dijon.

[446] Über den Wortlaut hinaus werden von Art. 30 EGV auch Maßnahmen gleicher Wirkung erfasst. Die Erkenntnisse zur Art. 30 EGV gelten unverändert im Rahmen des Art. 34 AEUV fort, s. dazu *Kingreen,* in: Calliess/Ruffert, EUV/AEUV, 5. Aufl. 2016, Art. 34-36 AEUV Rn. 199.

[447] EuGH, Slg. 1994 I-3537, Rn. 17.

[448] Gesundheit und Leben von Menschen haben „ersten Rang und den in Art. 30 EGV genannten Schutzgütern", EuGH, Slg. 1976, 613; Slg. 1994 I-5243; siehe dazu *Becker,* in: Schwarze (Hrsg.), EU-Kommentar, Art. 36 AEUV Rn. 13 ff.

[449] EuGH, Slg. 1990 I-2143, Rn. 3 f., st. Rspr. Das Rechtfertigungselement verweist auf das Prinzip der Verhältnismäßigkeit, vgl. EuGH, EuZW 2002, 663 (665 f.). Damit wird die entsprechende Befugnis des Mitgliedsstaats auf das Maß dessen beschränkt, „was zur Erreichung der rechtmäßig verfolgten Ziele des Gesundheitsschutzes erforderlich ist", EuGH, NJW 1984, 2757; EuGH, EuZW 2002, 663 (666); ausf. *Frenz,* Bd. 1 Rn. 1235 ff.

[450] EuGH, Slg. 1996, I-2533; 2611; Slg. 1998, I-5121, 5136, Rn. 27, 28; Slg. 1998, I-447, 4488.

Beispiele aus dem Gesundheitsbereich sind umfangreich. Sie betreffen: 39
- Kontaktlinsen[451]
- Biozide[452]
- Arzneimittelrecht[453]
- Parallelimporte von Arzneimitteln[454]
- private Einfuhr von Arzneimitteln[455]
- Verkaufsmonopol für Apotheken[456]
- Verkaufsverbote für nicht zugelassene pharmazeutische Erzeugnisse[457]
- Inverkehrbringen von Arzneimitteln[458]
- Verpackung von Arzneimitteln[459]
- Arzneimittelversorgung von Krankenhäusern.[460]

Zum Schutz der Gesundheit von Tieren gelten vergleichbare Grundsätze.[461] Auch hier 40
reicht ein Hinweis auf allgemeine Qualitätssicherungsmaßnahmen für die Anwendung der
Vorschrift nicht aus.

bb) Freizügigkeitsrecht. Art. 45 AEUV gewährleistet die Freizügigkeit der Arbeitnehmer 41
innerhalb der Union und enthält in Abs. 2 ein Diskriminierungsverbot.[462] Zur Verwirklichung der Freizügigkeit gehört die Anerkennung der in einem anderen Mitgliedstaat
erworbenen Befähigungsnachweise. Dazu gibt es im sekundären Unionsrecht eine Vielzahl
von Richtlinien.[463] Art. 48 AEUV gewährleistet darüber hinaus, dass EU-Arbeitnehmer und
ihre anspruchsberechtigten Angehörigen Leistungen der sozialen Sicherheit erhalten bleiben,
wenn sie von ihrem Recht auf Freizügigkeit innerhalb der Union Gebrauch machen.[464]

cc) Niederlassungsfreiheit (Art. 49 AEUV) und Dienstleistungsfreiheit (Art. 56 42
AEUV). Von besonderer Bedeutung ist die Bestimmung des Verhältnisses von Niederlassungsfreiheit und Dienstleistungsfreiheit Niederlassungsfreiheit und Dienstleistungsfreiheit
stehen zueinander im Verhältnis der Exklusivität. Die Situation eines Unionsangehörigen,
der sich in einen anderen Mitgliedstaat der Union begibt, um dort eine wirtschaftliche
Tätigkeit auszuüben, fällt entweder unter das Kapitel über das Niederlassungsrecht oder
unter das Kapitel über Dienstleistungen, wobei diese Kapitel einander ausschließen.[465] Die
Vorschriften des Kapitels über die Dienstleistung sind dabei gegenüber denen des Kapitels
über die Niederlassungsfreiheit subsidiär. Sie finden nach Art. 57 I AEUV nur Anwendung,
wenn die Vorschriften über das Niederlassungsrecht nicht anwendbar sind.[466] Zur Dienstleistungsfreiheit gehört auch die sog. passive Dienstleistungsfreiheit, verstanden als die Freiheit des Dienstleistungsempfängers, sich zur Inanspruchnahme von Dienstleistungen in einen

---

[451] EuGH, Slg. 1993, I-2899.
[452] EuGH, Slg. 1996, I-3159; Slg. 1998, I-5121.
[453] EuGH, Slg. 1976, 613; Slg. 1996, I-5819; Slg. 2006, I-1806.
[454] EuGH, EuZW 2002, 663.
[455] EuGH, Slg. 1999, I-2575.
[456] EuGH, Slg. 1991, I-1487.
[457] EuGH, Slg. 1989, 3533.
[458] EuGH, Slg. 1999 I-8789.
[459] EuGH, EuZW 2002, 607.
[460] EuGH, MedR 2009, 339.
[461] Vgl. dazu EuGH, Slg. 1984, 283; Slg. 1984, 317 – Newcastle-Krankheit bei Geflügel; EuGH, Slg. 1994, I-3303 – Verbot der Einfuhr lebender Süßwasserkrebse (außerhalb von Forschung und Lehre); EuGH, Slg. 1998, I-8033 betreffend braune Læsø-Biene; EuG, Slg. 1999, 2991 – Straßentransport lebender Schlachttiere.
[462] S. dazu *Müller-Terpitz*, in: Calliess/Ruffert, EUV.AEUV, 5. Aufl. 2016, Art. 45 Rn. 45 ff.
[463] Vgl. die Nachweise bei *Brechmann*, in: Calliess/Ruffert, EUV.; *Becker,* in: Schnapp/Wigge, Handbuch des Vertragsarztrechts, 3. Aufl. 2017 § 23, Rn. 17 f. AEUV Art. 45 AEUV Rn. 3 f.
[464] Siehe dazu die VO (EWG) Nr. 1408/71.
[465] Vgl. EuGH, Slg. 1995, 4165 Nr. 20.
[466] EuGH, Slg. 1995, 4165 Nr. 22.

anderen Mitgliedstaat zu begeben, ohne durch Beschränkungen daran gehindert zu werden.[467]

43   Unter Niederlassung versteht der AEUV die Errichtung eines ständigen gewerblichen oder beruflichen Mittelpunktes durch Staatsangehörige eines Mitgliedsstaates oder Gesellschaften außerhalb des Heimatlandes im Staatsgebiet eines anderen Mitgliedsstaates entweder in der Form der vollständigen Übersiedlung oder in der Form der Gründung von Agenturen, Zweigniederlassungen oder Tochtergesellschaften mit dem Ziel der Aufnahme und Ausübung selbstständiger Erwerbstätigkeiten.[468]

44   Der EuGH bezeichnet die „Niederlassung" im Sinne des EGV als einen sehr weiten Begriff, der die Möglichkeit für einen Gemeinschaftsangehörigen beinhaltet, in stabiler und kontinuierlicher Weise am Wirtschaftsleben eines anderen Mitgliedsstaates als seines Herkunftsstaates teilzunehmen und daraus Nutzen zu ziehen. Dadurch wird die wirtschaftliche und soziale Verflechtung innerhalb der Gemeinschaft im Bereich der selbstständigen Tätigkeit gefördert.[469]

45   Den Begriff der Dienstleistung hat der EuGH, anknüpfend an Art. 57 III AEUV (Art. 57 I, II AEUV) auf ihrer Natur nach zeitlich begrenzte („vorübergehende") Leistungen beschränkt.[470] Der vorübergehende Charakter einer solchen Tätigkeit ist in erster Linie unter Berücksichtigung der Dauer der Leistung, ihrer Häufigkeit, ihrer regelmäßigen Wiederkehr oder ihrer Kontinuität zu beurteilen.[471] Deshalb ist die Abgrenzung zwischen Dienstleistung und (Zweig-)Niederlassung herkömmlich wie folgt gezogen worden:

- Dienstleistung wird in folgender Situation angenommen: Der Hauptsitz des Betroffenen bleibt zwar im Heimatstaat, die Tätigkeit im Aufnahmestaat findet jedoch wiederholt, wenn auch nicht regelmäßig statt. Im Aufnahmestaat bestehen keine dauerhaften Einrichtungen, wie z. B. langfristig gemietete Büros. Der Betroffene übt seine Tätigkeit auch in einem anderen Mitgliedsstaat (Heimatstaat) aus.
- Dagegen ist eine Zweigniederlassung in folgender Situation gegeben: Der Betroffene behält seinen Sitz im Heimatstaat, hat aber auch im Aufnahmestaat eine Postanschrift sowie Telefon- und Faxanschluss. Im Aufnahmestaat wird ein beträchtlicher Umsatzteil erwirtschaftet. Die Aufnahme im Aufnahmestaat hat auch Aussicht auf Dauer oder zumindest auf einigermaßen regelmäßige Wiederholung.

46   Die schon danach bestehenden erheblichen Abgrenzungsschwierigkeiten zwischen Niederlassung und Dienstleistung (fließende Grenze)[472] werden durch die Rechtsprechung des EuGH noch verschärft. Danach schließt die der Dienstleistungsfreiheit charakteristische vorübergehende Leistung nicht die Möglichkeit aus, das der Leistungserbringer

„sich im Aufnahmemitgliedsstaat mit einer bestimmten Infrastruktur (einschließlich eines Büros, einer Praxis oder einer Kanzlei) ausstattet, soweit diese Infrastruktur für die Erbringung der fraglichen Leistung erforderlich ist".[473]

47   Die Europäische Dienstleistungsrichtlinie[474] klammert nach ihrem Art. 2 Nr. 2f Gesundheitsdienstleistungen von ihrem Anwendungsbereich aus.[475]

---

[467] EuGH, Urt. v. 9.3.2017 – C-342/15, EuZW 2017, 394; s. a. EuGH, NVwZ 2013, 1465 – Demirkan (Rn. 35).
[468] *Korte*, in: Calliess/Ruffert, EUV/AEUV Art. 49 Rn. 5 ff.
[469] EuGH, Slg. 1994, 4165 Nr. 25.
[470] EuGH, Slg. 1998, 6159; EuGH, EuZW 1996, 93, Nr. 26.
[471] EuGH, Slg. 1995, 4165 Nr. 27.
[472] *Frenz*, GewArch 2007, 98.
[473] EuGH, Slg. 1995, 4165 Nr. 27.
[474] V. 12.12.2006, Richtlinie 2006/123 EG, ABl. Nr. L 376/36. Der deutsche Gesetzgeber tut sich mit der Umsetzung schwer, vgl. Umsetzungsgesetz vom 22.12.10 (BGBl. I 2245), Berichtigungsgesetz vom 10.02.11 (BGBl. I 223).
[475] Siehe dazu Erwägungsgründe 14 und 22. Zur Ausklammerungsthematik vgl. *Hatje*, NJW 2007, 2357 ff.; *Calliess*, DVBl. 2007, 336 (344); *Lemor*, EuZW 2007, 135; *Tiemann*, in: Sodan, Handbuch des Krankenversicherungsrechts, § 3 Rn. 42. Zum Vorhaben der Kommission für eine EU-Richtlinie für Gesundheitsdienstleistungen siehe *Tiemann*, in: FS f. Wille, 2007, 411.

b) **Kartellrecht.** Art. 101 AEUV enthält ein Kartellverbot. „(1) Mit dem Binnenmarkt 48
unvereinbar und verboten sind alle Vereinbarungen zwischen Unternehmen, Beschlüsse von
Unternehmensvereinigungen und aufeinander abgestimmte Verhaltensweisen, welche den
Handel zwischen den Mitgliedsstaaten zu beeinträchtigen geeignet sind und eine Verhinderung, Einschränkung oder Verfälschung des Wettbewerbs innerhalb des Binnenmarktes
bezwecken oder bewirken ..."

„(2) Die nach diesem Artikel verbotenen Vereinbarungen oder Beschlüsse sind nichtig."

Auch im Kartellrecht gilt der Anwendungsvorrang[476] des Unionsrechts. Nationales und 49
europäisches Kartellrecht sind zwar parallel anwendbar. Im Konfliktfall setzt sich aber das
Unionsrecht durch.

Die Kontrolle der bei Wettbewerbsverstößen verhängten Geldbußen wird vom EuGH
grundsätzlich uneingerschränkt (also ohne Berücksichtigung des der Kommission zustehenden Beurteilungsspielraums) vorgenommen.[477]

Verboten ist auch 50

*„die missbräuchliche Ausübung einer beherrschenden Stellung auf dem Binnenmarkt oder auf
einem wesentlichen Teil desselben durch ein oder mehrere Unternehmen, soweit dies dazu
führen kann, den Handel zwischen den Mitgliedsstaaten zu beeinträchtigen"* (Art. 102 I
AEUV).[478]

Besondere Bedeutung hat Art. 106 II AEUV:[479] 51

*„Für Unternehmen, die mit Dienstleistungen von allgemeinem wirtschaftlichen Interesse
betraut sind ..., gelten die Vorschriften der Verträge, insbesondere die Wettbewerbsregeln,
soweit die Anwendung dieser Vorschriften nicht die Erfüllung der ihnen übertragenen besonderen Aufgaben rechtlich oder tatsächlich verhindert."*

Hier geht es vor allem um die Klärung des Unternehmensbegriffs, wenn und soweit es sich 52
um die Tätigkeit von öffentlich-rechtlichen Körperschaften, insbesondere von Krankenkassen im Gesundheitswesen handelt. Das deutsche Kartellrecht unterwarf sie wegen § 130
GWB[480] dem GWB.

Als privatrechtlich hatte die Rechtsprechung eingestuft: 53
- Beschaffung von Rollstühlen durch Krankenkassen[481]
- Vertrieb von Kartenlesegeräten durch KZVen[482]
- Selbstabgabe von Brillen durch Krankenkassen[483]
- Verträge zwischen Krankenkassen und KVen über die Vergütung ärztlicher Sachleistungen außerhalb der Gesamtvergütung[484]
- Empfehlung einer Positivliste für Arzneimittel durch die Spitzenverbände der Krankenkassen[485]
- Die Festsetzung von Festbeträgen für Inkontinenzmittel durch Vereinbarungen der Krankenkassenverbände[486]

---

[476] → § 3 Rn. 8 ff.
[477] EuGH, Urt. v. 27.4.2017 – C-469/15 P-FSL u. a./Kommission, EuZW 2017, 614 und dazu *Weitbrecht/Mühle*, EuZW 2017, (165).
[478] Zum EU-Kartellverfahrensrecht vgl. die am 1.1.2004 in Kraft getretene VO (EG) Nr. 1/2003 vom 16.12.2002, ABl. EG Nr. L 1, S. 1 und dazu *Weitbrecht*, EuZW 2003, 69; *Hamer*, EWS 2003, 415; *Jung*, in: Calliess/Ruffert, EUV/AEUV Art. 103 AEUV Rn. 10, 12.
[479] Ausf. *Jung*, in: Callies/Ruffert, EUV/AEUV, 5. Aufl. 2016, Art. 106 Rn. 33 ff.
[480] Früher § 98 I GWB.
[481] BGH, GemS, NJW 1988, 2297.
[482] BGH, NJW 2000, 866 und dazu *Rehbinder*, LM § 20 GWB Nr. 23.
[483] BGHZ 82, 375.
[484] OLG Frankfurt WuW/E vom 9.1.1978, OLG 1976.
[485] OLG Düsseldorf WuW/E vom 2.9.1997; DE-R 183.
[486] OLG Düsseldorf v. 28.8.1998, EuZW 1999, 188.

- Die Beauftragung privater Krankentransportunternehmen durch Krankenkassen[487]
- Sanktionen durch Apothekenkammern bei Warenproben in Apotheken.[488]

54 Als öffentlich-rechtlich, nicht dem GWB unterliegend, hatte die Rechtsprechung dagegen die Beziehung der Krankenkassen zu ihren Mitgliedern und zu den KVen, soweit es um die ärztliche Versorgung der Pflichtversicherten gegangen ist, eingestuft.[489] Dieser rechtlichen Beurteilung lag eine Unterscheidung nach Rechtsverhältnissen zugrunde, die, insbesondere bei den Entscheidungen, die die Auswirkungen öffentlich-rechtlichen Handelns auf private Rechtsverhältnisse betreffen, wegen der damit verbundenen janusköpflichen Beurteilung eines individuellen Verhaltens, konstruiert wirkt.

55 Das europäische Kartellrecht kennt diese Distinktionen jedoch nicht, sondern reguliert über den (funktionellen) Unternehmensbegriff selbst.[490] Nach ständiger Rechtsprechung ist ein Unternehmen

„jede eine wirtschaftliche Tätigkeit ausübende Einrichtung, unabhängig von ihrer Rechtsform und der Art ihrer Finanzierung"[491]

Der Begriff der wirtschaftlichen Tätigkeit wird durch das Anbieten von Gütern oder Dienstleistungen auf einem bestimmten Markt gekennzeichnet.[492] Es kommt also nicht auf den Einkauf, sondern auf die Art der Verwendung an. Das EuG hat dazu zu Altrecht ausgeführt:

„37. Kauft eine Einrichtung ein Erzeugnis – auch in großen Mengen – nicht ein, um Güter oder Dienstleitungen im Rahmen einer wirtschaftlichen Tätigkeit anzubieten, sondern um es im Rahmen einer anderen, z. B. einer rein sozialen, Tätigkeit zu verwenden, so wird sie demnach nicht schon allein deshalb als Unternehmen tätig, weil sie als Käufer auf einem Markt agiert. Zwar trifft es zu, dass eine solche Einrichtung eine erhebliche Wirtschaftsmacht auszuüben vermag, die gegebenenfalls zu einem Nachfragemonopol führen kann. Das ändert jedoch nichts daran, dass sie, soweit die Tätigkeit, zu deren Ausübung sie Erzeugnisse kauft, nichtwirtschaftlicher Natur ist, nicht als Unternehmen i. S. der Wettbewerbsregeln der Gemeinschaft handelt und daher nicht unter die in Art. 81 I und 82 EG vorgesehenen Verbote fällt."[493]

---

[487] BGHZ 114, 218. Das gilt auch für den Boykott solcher Transporte durch Krankenkassen, BGH, NJW 1990, 1531.
[488] BGH, WuW/E, BGH 2688.
[489] Aus der Rechtsprechung vgl. BGH, NJW 1964, 2208 – Medikamentenempfehlung durch AOK; BGH, NJW 1981, 636 – Beurteilung von Heil- und Kostenplänen durch AOK; BGH, NJW 2000, 874 – Erklärung zur Arzneimittelversorgung durch AOK; anders wenn das Selbstzahlerverhalten beeinflusst werden soll; BGHZ 119, 93 (96 ff.).
Öffentlich-rechtliche Verträge (mit Normcharakter) sind außerdem der Gesamtvertrag, der BMV-Ä, der EBM, die Vertragswerke zwischen den Sozialversicherungsträgern und den Krankenhausträgern sowie die Rechtsverhältnisse zwischen den KVen und den Ärztekammern und ihren Mitgliedern. Anders, wenn KVen/Kammern in den Wettbewerb zwischen ihren Mitgliedern und Dritten eingreifen, vgl. etwa BGHZ 87, 81 (90 f.).
[490] Zurecht, weil sonst die Entscheidung nach Art. 106 II AEUV von der zufälligen nationalen Zuordnung zum privaten oder öffentlichen Recht abhinge, so zutreffend *Pietzker*, in: FS f. von Maydell, 531 (540). Siehe dazu auch *Becker*, Gemeinschaftsrechtliche Einwirkungen auf das Vertragsarztrecht, in: Schnapp/Wigge, § 23; umfassend *Bien*, Die Einflüsse des europäischen Kartellrechts auf das nationale Gesundheitswesen, 81 ff.
[491] EuGH, Slg. 1991, I-1979, Rn. 21; Slg. 1993, I-637, Rn. 17; Slg. 1995, I-4013, Rn. 14; Slg. 1997, I-7119, Rn. 26; Slg. 1999, I-5751, Rn. 77. EuG, Slg. 1992, II-1931, Rn. 50; Slg. 2000, II-807, Rn. 36; EuZW 2003, 283 (285) mit Anm. von *Helios*, EuZW 2003, 288. Allgemein dazu vgl. *Kluckert*, Gesetzliche Krankenkassen als Normadressaten des Europäischen Wettbewerbsrechts, 2009, 136 ff.
[492] EuGH, Slg. 1998, I-3851, Rn. 36; EuGH, Slg. 2000, I-6451, Rn. 75; EuG, EuZW 2003, 283 (285).
[493] EuG, EuZW 2003, 283 (286); so jetzt auch EuGH, EnZW 2006, 600 – FENIN/Kommission.

§ 3 Europarecht/Unionsrecht

Die Ausübung wirtschaftlicher Tätigkeit schied infolgedessen (u. a.) dann aus, wenn, wie das 56
EuG sagt, die Einrichtung eine Aufgabe mit ausschließlich sozialem Charakter erfüllt und wenn
weiter diese Tätigkeit auf dem Grundsatz der nationalen Solidarität beruht und ohne Gewinn-
zweck ausgeübt wird, da die Leistungen gesetzlich vorgesehen und von der Höhe der Beiträge
unabhängig sind.[494] Nach diesen Vorgaben bemisst sich auch die Antwort auf die Frage, ob
Krankenkassen Unternehmen sind, die eine wirtschaftliche Tätigkeit ausüben. Davon geht der
EuGH wegen der überwiegenden Finanzierung der Krankenkassen durch den Staat aus.[495]

Die Beweislast für das Vorliegen der Voraussetzungen des Art. 106 II AEUV haben der 57
Mitgliedsstaat, und das Unternehmen, das sich auf die Vorschrift beruft.[496]

Die EuGH-Rechtsprechung war bislang auf das Rechtsverhältnis zu den Mitgliedern der 58
sozialen Systeme bezogen. Das EuG wendet diese Rechtsprechung aber auch auf das Verhältnis zu den Leistungserbringern an.[497] Diese Entwicklung ist im Schrifttum kritisiert
worden.[498]

Der Rückgriff auf das europäische Kartellrecht hatte im Sozialversicherungsbereich, also 59
insbesondere im Recht der Krankenversicherung besonderes Gewicht, weil ursprünglich § 69
SGB V für das gesamte Recht der Leistungserbringer im SGB V die Anwendung des deutschen Kartellrechts ausgeschlossen hatte;[499] insoweit war eine kartellrechtliche Kontrolle nur
nach Maßgabe des europäischen Kartellrechts möglich.[500] Auf das damit im deutschen Recht
entstandene kartellrechtliche Vakuum hat der Gesetzgeber mit dem GKV-OrgWG[501] reagiert. Er hat in § 69 SGB V im Jahr 2008 einen Satz 3 eingefügt.[502] Dieser erklärte die §§ 19
bis 21 GWB für entsprechend anwendbar.[503]

Diese Regelung führte zu heftiger Kritik im Schrifttum vor allem im Zusammenhang mit 60
§ 130a VIII SGB V.[504] Aufgrund dieser Vorschrift schrieben die gesetzlichen Krankenkassen
(häufig in einem Krankenkassenpool) exklusive Lieferverträge für generische Arzneimittel
aus, mit dem Ziel, erhebliche Rabatte auf die normalen Abgabenpreise durchzusetzen. Das
wurde als eine gegen § 1 GWB verstoßende Nachfragebindung angesehen.

Die Politik reagierte. Im Koalitionsvertrag nach der Bundestagswahl 2009 vereinbarten 61
CDU/CSU und FDP, es müsse dafür Sorge getragen werden, dass „das allgemeine Wettbewerbsrecht als Ordnungsrahmen grundsätzlich auch im Bereich der Gesetzlichen Krankenversicherung Anwendung findet."[505]

Das BMG stellte daraufhin Eckpunkte für eine Neuordnung der Arzneimittelversorgung 62
vor. Eine vollständige Anwendung des Kartellrechts für Rabattverträge wurde jedoch ausgeschlossen. Die entsprechende Anwendung des § 1 GWB auf die in § 69 SGB V genannten
Leistungsberechtigten wurde vorgesehen.[506]

---

[494] EuGH, Slg. 1993, I-637, Rn. 18, 19; Slg. 1999, I-6025; Slg. 1999, I-6121; Slg. 2000, I-6451; Slg. 2002, I-691 und dazu *Berg*, EuZW 2000, 170 ff.; *Möller*, VSSR 2001, 25; *Helios*, EuZW 2003, 288.
[495] EuGH, NJW 2009, 2427 (2429)
[496] EuGH, Slg. 2001, I-4109, 59 und dazu *Weiß*, EuR 2003, 165 (185).
[497] EuG, EuZW 2003, 283.
[498] Vgl. *Bieback*, EWS 1999, 361 (366 f.); *Pitschas*, VSSR 1999, 221 (235); *Gassner*, VSSR 2000, 121 (138 ff.); *Hänlein/Kruse*, NZS 2000, 165 (168); *Axer*, NZS 2002, 57 (61 f.); *Kunze/Kreikelbohm*, NZS 2003, 62 (63 f.); *Helios*, EuZW 2003, 288.
[499] Siehe zur insoweit gleichlautenden Vorgängervorschrift des Art. 86 III 1 EGV *Sodan/Adam*, NZS 2006, 113; *Schütze*, A&R 2006, 253; BGH, NZS 2006, 647.
[500] Der bis zu diesem Zeitpunkt erreichte Stand wird übersichtlich nachgezeichnet von *Holzmüller*, NZS 2011, 485 (486).
[501] → § 4 Rn. 63.
[502] Ab 1.1.2009 Abs. 2 S. 1.
[503] Zur lediglich entsprechenden Anwendung siehe BT-Drs. 16/4247 S. 50; *Gaßner*, NZS 2007, 281 (285). Siehe dazu auch *Vießmann*, in: Spickhoff, Medizinrecht, Nr. 500 SGB V § 69 Rn. 19.
[504] Siehe dazu *Holzmüller*, NZS 2011, 485 (487).
[505] Nr. 3970–3973.
[506] So auch die Regierungsentwürfe vom 01.06.10 und 1.10.2010, BT-Drs. 17/2413, BT-Drs. 17/3116.

63 Dagegen wurden verfassungs- und europarechtliche Einwendungen erhoben.[507] Der Bundesrat sprach sich gegen den Gesetzesentwurf aus.[508] Das AMNOG[509] reagierte auf die Kritik. Es kam zu einer Ausnahmeklausel, die die Bereiche, in denen die §§ 1 bis 3, 19 bis 21 GWB entsprechend anzuwenden waren, einschränkte. Außerdem sind die Normen, auf die § 69 II GWB verweist, konkretisiert worden.[510]

64 **c) Kartellrecht und Vergaberecht.** Schon durch das GKV-OrgWG war § 69 II SGB V mit Wirkung zum 1.1.2009 ergänzt worden. Danach sollten auch § 97 bis 101 GWB im Bereich der Leistungserbringung in der GKV anwendbar sein. Nachdem der EuGH entschieden hatte, dass Krankenkassen öffentliche Auftraggeber im Sinne des Art. 1 IX der Vergabekoordinationsrichtlinie EG 2004/18[511] sind,[512] stand fest, dass Vergaberecht anwendbar ist, wenn Krankenkassen entgeltliche Verträge über Lieferungen oder Dienstleistungen schließen, wenn die Schwellenwerte erreicht oder überschritten werden. Vorausgesetzt ist aber immer, dass es sich um einen öffentlichen Auftrag im Sinne von Art. 1 II lit. A der Vergabekoordinationsrichtlinie, § 99 GWG handelt. Ausschlaggebend ist dafür die abschließende Auswahlentscheidung der Krankenkasse.[513] Mit dem Vergaberecht verbinden sich umfangreiche Ausschreibungspflichten.[514]

III. Problemfelder

Nachstehend sollen einige medizinrechtliche Anwendungsbereiche des EU-Rechts dargestellt werden.

1. Ambulante ärztliche Behandlung

65 Die allmähliche Angleichung der Lebens- und Wirtschaftsbedingungen in Europa (verbunden mit einer weitgehend einheitlichen Währung), die extreme Mobilität der Bevölkerung und der starke binneneuropäische Tourismus haben dazu geführt, dass auch die Krankenbehandlung an den nationalen Grenzen nicht Halt macht. Damit taucht die Frage auf, ob nationale Gesundheitssysteme auch Auslandsbehandlungen bezahlen müssen. In der Regel ist das bislang nur dann möglich gewesen, wenn vor der Behandlung eine Genehmigung beim

---

[507] *Becker/Kingreen*, NZS 2010, 417 (421 ff.). Siehe dazu auch *Baier*, MedR 2011, 345 (346 ff.).
[508] BR-Drs. 484/10 S. 11.
[509] → § 4 Rn. 65, mit Wirkung zum 1.1.2011. Siehe dazu *Gaßner/Eggert*, NZS 2011, 249; *Säcker/Kaeding*, MedR 2012, 15.
[510] *Holzmüller*, NZS 2011, 485 (487). Zu den Folgerungen für die Krankenkassen bei vertikalen und horizontalen Wettbewerbsbeschränkungen siehe *Baier*, MedR 2011, 345 (349 f.). Vgl. im Übrigen *Klückmann*, in: Hauck/Noftz, SGB V, § 69 Rn. 6 ff.; *Schuler*, in: LPK-SGB V, § 69 Rn. 23 ff.; *Krasney*, in: BPS, § 69 SGB V Rn. 42 ff.; *Becker/Kingreen*, in: dies. SGB V § 68 Rn. 44 ff.
[511] ABl. Nr. L 134/114 vom 30.4.2004.
[512] EuGH, NJW 2009, 2427, siehe § 3 Rn. 76.
[513] *Szorn*, NZS 2011, 245 (246); *von Langsdorff*, in: Sodan, Handbuch des Krankenversicherungsrechts, § 15 Rn. 46; *Kaltenborn*, GesR 2011, 1 (2). Zum öffentlichen Auftragswesen gibt es eine umfangreiche Rechtsprechung der Landessozialgerichte, vgl. *Goodarzi/Jansen*, NZS 2010, 427.
[514] Zu vertragsärztlichen Leistungen vgl. *Schmidt*, NZS 2008, 518; zu Vergütungen über hausarztzentrierte Leistungen siehe *Csaki/Freundt*, NZS 2011, 766. Zu Selektivverträgen vgl. *Engelmann*, SGb 2008, 133; *Bauer*, NZS 2010, 365; *Hensel*, Selektivverträge im vertragsärztlichen Leistungserbringerrecht; *Neelmeier/Schulte*, GesR 2012, 65. *Burgi*, Vergaberecht 2016; *Becker/Kingreen*, in: dies., SGB V, § 69 Rn. 52 ff.; *Becker*, in Schnapp/Wigge, Handbuch des Vertragsarztrechts, 3. Aufl. 2017, § 23 Rn. 57. Zur Bindungswirkung von vergaberechtlichen Entscheidungen der Kommission vgl. BVerwG, EuZW 2017, 355; BGH, EuZW 2017, 312 mit Anm. *Ehlers*, EuZW 2017, 316. S, dazu umfassend *Karpenstein/Dorn*, EuZW 2017, 337. Ganz allgemein hatte der EuGH, EuZW 2014, 19 – Deutsche Lufthansa, entschieden, die nationalen Behörden seien gehalten, alle Konsequenzen aus entsprechenden Verboten der Kommission zu ziehen.

zuständigen Sozialversicherungsträger eingeholt worden war.⁵¹⁵ Dass damit die Freizügigkeit beschränkt wurde, liegt auf der Hand.⁵¹⁶

Mit dieser Situation hatte sich der EuGH im Jahr 1997 auf Grund eines Vorabentscheidungsverfahrens zu befassen. Es ging dabei um die Frage, ob die luxemburgische Krankenkasse die Erstattung der Kosten für eine Brille verweigern durfte, die eine luxemburgische Staatsangehörige durch Vorlage der Verschreibung eines luxemburgischen Augenarztes beim einem Optiker in Belgien erworben hatte (Fall Decker). Im zweiten Fall hatte ein luxemburgischer Staatsangehöriger bei seiner luxemburgischen Krankenkasse beantragt, seiner Tochter eine zahnregulierende Behandlung in Deutschland zu genehmigen, was die Krankenkasse verweigerte (Fall Kohll). 66

Der EuGH hat sich auf den Standpunkt gestellt, im Falle Decker liege eine Beschränkung des freien Warenverkehrs nach Art. 30 EGV vor, weil die vorherige Genehmigungspflicht den Sozialversicherten dazu veranlasse, die fraglichen Erzeugnisse in seinem Land zu erwerben; damit werde die Einfuhr dieser Erzeugnisse beeinträchtigt.⁵¹⁷ Im Fall Kohll ist der EuGH dagegen von einer Beschränkung der Dienstleistungsfreiheit im Sinne der Art. 49, 50 EGV a. F. ausgegangen.⁵¹⁸ 67

Als allgemeinen Grundsatz formuliert der EuGH: 68

„Rein wirtschaftliche Gründe können eine Beschränkung des elementaren Grundsatzes des freien Warenverkehrs nicht rechtfertigen. Jedoch kann eine erhebliche Gefährdung des finanziellen Gleichgewichts des Systems der sozialen Sicherheit einen zwingenden Grund des Allgemeininteresses darstellen, der eine solche Beschränkung rechtfertigen kann. Wie die luxemburgische Regierung in Beantwortung einer Frage des Gerichtshofes anerkannt hat, hat die Pauschalerstattung für in anderen Mitgliedsstaaten gekaufte Brillen und Korrekturgläser keine Auswirkungen auf die Finanzierung oder das Gleichgewicht des Systems der sozialen Sicherheit."⁵¹⁹

---

⁵¹⁵ Das ist Ausdruck des auch im Sozialrecht geltenden Territorialitätsprinzips; siehe auch § 30 SGB I, § 16 I Nr. 1 SGB V.
⁵¹⁶ Zu beachten ist allerdings, dass es rechtlich im Wesentlichen um die Dienstleistungsfreiheit geht, vgl. *Becker*, NJW 2003, 2272 (2273). Der Rückgriff auf Grundfreiheiten kann im Einzelfall durch EU-Sekundärrecht gehindert sein, etwa durch die VO (EWG) 1408/71, vgl. EuGH, Slg. 1998, I-1831, Rn. 26 ff.; EuGH, Slg. 1998, I-1931, Rn. 22 ff. und dazu v. *Maydell*, VSSR, 1999, 1 (ff.).
⁵¹⁷ So früher schon EuGH, Slg. 1985, 1339, Rn. 16.
⁵¹⁸ EuGH, Slg. 1998, I-1831, Fall Decker; Slg. 1998, I-1931, Fall Kohll. Zu beiden Entscheidungen vgl. *Becker*, NZS 1998, 359; *Hollmann/Schulz-Weidner*, ZIAS 1998, 180; *Kötter*, VSSR 1998, 233; *Nowak*, EuZW 1998, 366; v. *Maydell*, VSSR 1999, 1 (10 f.); *Berg*, EuZW 1999, 587; *ders.* in: Igl (Hrsg.), Wettbewerb und gesetzliche Krankenversicherung, 1999, S. 45; *Bieback*, NZS 2001, 561; *Dauck/Novak*, EuR 2001, 741; *Kingreen*, NJW 2001, 3382; *Fuchs*, NZS, 337; *Sodan/Gast*, Umverteilung durch „Risikostrukturausgleich", 88 ff.; *Becker*, Gemeinschaftsrechtliche Einwirkungen auf das Vertragsarztrecht, in: Schnapp/Wigge, § 25 Rn. 53; *Gorens/Schulte*, Grenzüberschreitende Inanspruchnahme von Gesundheitsleistungen im Gemeinsamen Markt; *Becker*, NJW 2003, 2272; *Nowak/Schnitzler*, EuZW 2000, 627; *Kaufmann*, MedR 2003, 82 (83 f.); *Novak*, EuZW 2003, 474; *Frenz*, NVwZ 2003, 947; *Kingreen*, Das Sozialstaatsprinzip im europäischen Verfassungsverbund, 522 ff.; *Nowak*, EuR 2003, 644 (646 ff.). S. dazu *Beschorner*, ZESAR 2006, 47.
Die Bedeutung der beiden Entscheidungen kann nicht gering genug eingeschätzt werden, vgl. *Nourissal*, La Semaine Juridique, 1999, II 10 002: „Die Brille von Nikolas Decker und die Zahnbehandlung von Aline Kohll sind aufgerufen, in die Mythologie der Gemeinschaftsrechtsprechung an die Seite der Elektrizitätsrechnung von M. Costa und dem Likör Cassis de Dijon einzugehen", andere meinen allerdings, die beiden Entscheidungen seien nicht mehr als eine bloße, nicht weiter überraschende Fortentwicklung der bisherigen Rechtsprechung, vgl. *Mavridis*, Revue du Marché Unique Européen, 48.
⁵¹⁹ EuGH, Slg. 1998, I-1831, Rn. 39, 40. Siehe jetzt auch EuGH, ZESAR 2011, 483 (486 ff.) – Elchinov, mit Anm. v. *Vießmann*.

69 Auch Gründe des Gesundheitsschutzes (Art. 36 EGV a. F.) rechtfertigen das Genehmigungserfordernis nicht, weil die Brillenqualität gleichartig sei und die ärztliche Verschreibung die Sicherung des Gesundheitsschutzes gewährleiste.[520]

2. Stationäre Behandlung

70 Im Fall Müller-Fauré/Riet war es u. a. um die Übernahme der Kosten für eine Handgelenksbehandlung gegangen, die eine Niederländerin (Riet) in einem belgischen Krankenhaus hatte vornehmen lassen.[521] Die Kostenübernahme war von der zuständigen Krankenkasse verweigert worden, weil die Behandlung nicht genehmigt worden war.

71 Der EuGH geht davon aus, dass bei Krankenhausbehandlung „unbestreitbare Besonderheiten" vorliegen, die eine spezifische Beurteilung erfordern. Diese Besonderheiten resultieren aus der (begrenzten) Zahl der Krankenhäuser, ihrer geographischen Verteilung, ihrem Ausbau, der Art der Einrichtungen, über die sie verfügen und der Art der medizinischen Leistungen, die sie anbieten.[522] Die Beurteilung dieser Faktoren ist Gegenstand der Planung des jeweiligen Krankenversicherungssystems. Die sich daran anschließende Argumentation des EuGH verläuft so:[523]

- Zum einen soll die Planung ein „Angebot qualitativ hochwertiger Krankenhausversorgung" sicherstellen;
- zum anderen soll „jede Verschwendung finanzieller, technischer und menschlicher Ressourcen" verhindert werden;
- unter diesen Vorgaben ist das Erfordernis vorheriger Genehmigung der Inanspruchnahme entsprechender Gesundheitsleistungen „eine sowohl notwendige als auch angemessene Maßnahme";
- das Genehmigungsrecht muss sich aber vor den zwingenden Gründen des Gemeinschaftsrechts rechtfertigen „und dem Erfordernis der Verhältnismäßigkeit genügen"; auch darf ein System vorheriger behördlicher Genehmigung „keine Ermessensausübung der nationalen Behörden rechtfertigen",, die geeignet ist, den Grundfreiheiten ihre praktische Wirksamkeit zu nehmen.

Das System der vorherigen behördlichen Genehmigung setzt infolgedessen voraus:
- objektive und nicht diskriminierende Kriterien
- im Voraus bekannt,
- die missbräuchliche Ermessensausübung verhindernd
- eine leicht zugängliche Verfahrensordnung
- geeignet, dem Antragsteller zu garantieren, dass sein Antrag innerhalb angemessener Frist objektiv und unparteiisch behandelt wird.

Die Maßnahme muss, wenn sie die Genehmigung versagt, im Rahmen eines gerichtlichen Verfahrens anwendbar sein.

72 Im Rahmen dieser Vorgaben lässt das Gericht[524] die Zuständigkeit der Mitgliedstaaten für die Ausgestaltung ihrer Systeme der nationalen Sicherheit unberührt.[525]

73 In Ermangelung einer Harmonisierung auf Gemeinschaftsebene bestimmt infolgedessen das Recht jeden Mitgliedstaates, unter welchen Vorgaben und Voraussetzungen Leistungen

---

[520] Siehe auch EuGH, EuZW 2003, 466 – Müller-Fauré/van Riet (zahnärztliche Behandlung Müller-Fauré), ausführlich EuZW 2003, 466 (470 f.), Rn. 66 ff.
[521] EuGH, EuZW 2003, 466; siehe früher schon EuGH, NJW 2001, 3397 – van Braekel, EuGH, Slg. 2001, I-5473 – Smits/Peerbooms und dazu *Fuchs*, NZS 2002, 337; *Nowak*, EuR 2003, 644 (649 f.).
[522] EuGH, Slg. 2001, I-5473, Rn. 76; EuZW 2003, 466, Rn. 77 ff.
[523] EuGH, Slg. 2001, I-5473, Rn. 76; EuZW 2003, 466, Rn. 77 ff.; siehe dazu *Nowak*, EuZW 2003, 474; *ders.*, EuR 2003, 644 (650 ff.).
[524] EuGH, Slg. 1998, I-1831, Rn. 123; Slg. 1998, I-1931, Rn. 19; EuGH, EuZW 2003, 466, Rn. 100, 102. Eine medizinische Leistung verliert nicht deshalb ihren Charakter als Dienstleistung, weil ihre Kosten von einem nationalen Gesundheitsdienst oder einem Sachleistungssystem übernommen werden, EuGH, EuZW 2003, 466, Rn. 103; zur Sachleistungsproblematik siehe schon EuGH, Slg. 2001, I-5473, Rn. 55.
[525] EuGH, Slg. 1984, 523, Rn. 16; Slg. 1997, I-3395, Rn. 27; EuGH, EuZW 2003, 466, Rn. 100.

der sozialen Sicherheit gewährt werden.[526] Der EuGH hat dazu zunächst darauf verwiesen, dass Erstattungsregeln für die Inanspruchnahme von Gesundheitsleistungen in einem anderen Mitgliedsstaat schon im Rahmen der VO (EWG) Nr. 1408/71 an Formerfordernisse geknüpft worden sind.[527] Das nationale Krankenversicherungssystem darf darüber hinaus die Kostendeckung begrenzen oder weitere Voraussetzungen für die Leistungsgewährung festsetzen, wie z. B. das Erfordernis, vor einem Facharzt zunächst einen Allgemeinarzt zu konsultieren. Die Genehmigung darf jedoch nur dann versagt werden, wenn dieselbe oder eine gleich wirksame Behandlung rechtzeitig in einer Einrichtung verfügbar ist, die dem nationalen Krankenversicherungssystem zugeordnet ist.

Seine Rechtsprechung hat der EuGH in der Rechtssache Stamatelaki bestätigt. Danach steht Art. 49 EGV einer mitgliedsstaatlichen Regelung entgegen, die jede Erstattung von Behandlungskosten in einer Privatklinik in einem anderen Mitgliedsstaat, außer für die Behandlung von Kindern im Alter bis zu 14 Jahren, ausschließt.[528]

Zur Frage, ob es bei einer stationären Behandlung von Ausländern einen einheitlichen Erfüllungsort für Leistung und Gegenleistung gibt, siehe – grundsätzlich verneinend – OLG Zweibrücken, NJW-RR 2007, 1145.

3. Patientenmobilität

Die Bereiche der ambulanten und stationären Krankenbehandlung im Rahmen einer grenzüberschreitenden Patientenversorgung[529] haben durch die Richtlinie 2011/24/EU des Europäischen Parlaments und des Rates vom 9.3.2011 über die Ausübung der Patientenrechte in der grenzüberschreitenden Gesundheitsversorgung[530] vermehrt Bedeutung gewonnen. Mit dieser Richtlinie wird – zumindest teilweise – eine aus der Dienstleistungsrichtlinie resultierende Lücke geschlossen. Die Schwerpunkte der Richtlinie lassen sich so kennzeichnen:

- (begrenzte) Kostenerstattung für grenzüberschreitende Inanspruchnahme einer medizinischen Behandlung
- Beschränkung der Vorabgenehmigung für grenzüberschreitende medizinische Behandlung
- Dem Prinzip der Verhältnismäßigkeit entsprechende Verwaltungsverfahren
- Grundsätzliche Möglichkeit der Einlösung von Arzneimittelrezepten in einem anderen Mitgliedsstaat.

Die praktische Bedeutung der Richtlinie – nach ihrer Umsetzung – wird (für Deutschland) nicht sehr hoch eingeschätzt.[531]

Das bei grenzüberschreitenden Gesundheitsleistungen im Besonderen, im Sozialversicherungsrecht im Allgemeinen[532] bei Rechtsstreitigkeiten anzuwendende materielle Sozialversicherungsrecht kann im Einzelfall schwer zu bestimmen sein. Die Problematik wird deutlich durch einen vom OLG Karlsruhe entschiedenen Fall, bei dem es um die medikamentöse

---

[526] EuGH, Slg. 1980, 1445, Rn. 12; Slg. 1991, I-4501, Rn. 159; Slg. 1997, I-1511, Rn. 36; EuGH, EuZW 2003, 466, Rn. 100.

[527] EuGH, EuZW 2003, 466, Rn. 155. Beispielsfall EuGH, EuZW 2003, 244 (Übernahme von Krankheitskosten für Rentner in einem anderen Mitgliedsstaat).

[528] EuGH, EuZW 2007, 339. S. a. *Becker/Walser*, NZS 2005, 449; *Strick*, NJW 2005, 2182.

[529] *Schulte-Westenberg*, NZS 2009, 135; *Röpke*, MedR 2009, 79; *Wunder*, MedR 2009, 324; *Kingreen*, ZESAR 2009, 109; *Tiedemann*, NZS 2011, 887; *Frenz*, MedR 2011, 629; *Hernekamp/Jäger/Lindemann*, ZESAR 2011, 403; *Schulte*, GesR 2012, 72.

[530] ABl. EU 2011 Nr. L 88/45. Die Richtlinie ist am 24.4.2011 in Kraft getreten. Gemäß ihrem Art. 21 ist sie bis zum 25.10.2013 von den Mitgliedsstaaten umzusetzen (siehe § 3 Rn. 47).

[531] *Schulte*, GesR 2012, 72 (78). Die Richtlinie ist deshalb bislang in Deutschland noch nicht umgesetzt worden, vgl. dazu Kleine Anfrage des SPD-Bundestagsfraktion vom 20.3.13, BT-Drs. 17/12896. Zur Antwort vgl. BT-Drs. 17/13101, mit dem Tenor, die Richtlinie werde nicht zu einem Gesundheitstourismus führen. Die Richtlinie tritt allerdings auch erst zum 25.10.2013 in Kraft.

[532] Siehe dazu *Tiedemann*, NZS 2011, 41.

Behandlung eines in Deutschland wohnhaften Patienten (im Jahr 2004) durch das Kantonsspital in Basel gegangen war. Bei der Einnahme der Medikamente in Deutschland waren schwere Nebenwirkungen aufgetreten. Der Patient rügte, der Schweizer Arzt habe ihn nicht hinreichend aufgeklärt. Der Patient klagte auf Schmerzensgeld und Schadensersatz vor einem deutschen Gericht. In einem Zwischenverfahren bejahte zunächst der BGH den deutschen Gerichtsstand nach Art. 5 Nr. 3 LugÜ.[533] Das Landgericht bejahte die Rechtswahl nach Art. 40 EGBGB, wies die Klage aber ab, weil das Haftungsprivileg des § 839 I 2 BGB auch dem ausländischen Amtsträger zugutekomme. Das OLG Karlsruhe hat das Ergebnis gebilligt, nicht aber die Begründung.[534] Es sei gemäß Art. 41 II Nr. 1 EGBGB Schweizer Recht anwendbar gewesen. Es greife dann der Haftungsausschluss nach § 3 II des Schweizer Haftungsgesetzes. *Rumetsch* weist zu Recht darauf hin, dass es sich um einen Altfall handelt. Für Schadensfälle nach dem 11.1.2009 gilt die Verordnung (EG) Nr. 864/2007 des Europäischen Parlaments und des Rates über das auf außervertragliche Schuldverhältnisse anwendbare Recht („Rom II").[535] An die Stelle von Art. 40, 41 EGBGB ist Art. 4 Rom II-VO getreten. Maßgeblich ist danach primär der Erfolgsort.

4. OTC-Ausnahmeliste und Transparenzrichtlinie.[536]

76   **a) Vorlagebeschluss.** Auf Klage eines Arzneimittelherstellers, dessen in einem Fertigarzneimittel enthaltener Wirkstoff in der OTC-Ausnahmeliste[537] nicht enthalten war, legte das SG Köln dem EuGH gemäß Art. 234 EGV folgende Fragen vor:

77   „1. Ist die Richtlinie 89/105 EWG des Rates vom 21. Dezember 1988 betreffend die Transparenz von Maßnahmen zur Regelung der Preisfestsetzung bei Arzneimitteln für den menschlichen Gebrauch und ihre Einbeziehung in die Staatlichen Krankenversicherungssysteme (Transparenzrichtlinie) so auszulegen, dass sie einer mitgliedstaatlichen Regelung entgegensteht, die nach Ausschluss nicht verschreibungspflichtiger Arzneimittel von den Leistungen des staatlichen Gesundheitssystems einen Rechtsträger dieses Systems zu Normen ermächtigt, Arzneistoffe von diesem Ausschluss auszunehmen, ohne ein Verfahren nach Artikel 6 Nr. 1 Satz 2 und Nr. 2 der Transparenzrichtlinie vorzusehen.

2. Ist die Richtlinie 89/105 EWG vom 21. Dezember 1988[538] dahin auszulegen, dass sie den Herstellern der in Ziffer 1 dieses Beschlusses genannten Arzneimittel ein subjektives öffentliches Recht gewährt, insbesondere auf eine mit einer Begründung und einer Rechtsmittelbelehrung versehene Entscheidung über die Aufnahme eines ihrer Arzneimittel auf eine Liste der oben bezeichneten Art, auch wenn die mitgliedstaatliche Regelung weder ein entsprechendes Entscheidungsverfahren noch ein Rechtsbehelfsverfahren diesbezüglich vorsieht.[539]

78   **b) Transparenzrichtlinie.** Die Transparenzrichtlinie will den Gefahren begegnen, die mit unterschiedlichen Maßnahmen der Arzneimittelpreiskontrolle für den Handel im Binnenmarkt verbunden sind.[540] Für die unmittelbare Beseitigung solcher Umstände hat die Union

---

[533] BGH, NJW 2008, 2344 = MedR 2009, 282 mit Anm. von *Prinz von Sachsen Gesaphe;* Allgemein *Deutsch*, MedR 2009, 576.
[534] MedR 2011, 287 mit Anm. von *Rumetsch;* BGH, MedR 2012, 316 hat die Entscheidung bestätigt.
[535] V. 11.7.2007, ABl. EG Nr. L 199/40. Siehe dazu *Spickhoff*, in: ders. Medizinrecht, Rom II, IPR 275, Rn. 1 ff.; krit. *Thorn*, in: Palandt, BGB (IPR), Rom II, Art. 4 Rn. 10, 13.
[536] SG Köln, PharmR 2005, 402 und dazu *Buchner/Jäkel*, PharmR 2005, 381; *Klapszus*, PharmR 2006, 48; *Kozianka*, PharmR 2006, 141; *Kortland*, PharmR 2006, 496; *Gassner*, PharmR 2006, 545; *Becker*, Die Steuerung der Arzneimittelversorgung im Recht der GKV, 2006, 208.
[537] Zur OTC-Ausnahmeliste vgl. § 53 Rn. 13.
[538] Richtlinie des Rates vom 21.12.1988 betreffend die Transparenz von Maßnahmen zur Regelung der Preisfestsetzung bei Arzneimitteln für den menschlichen Gebrauch und ihre Einbeziehung in die staatlichen Krankenversicherungssysteme, ABl. EG I Nr. 40 vom 11.2.1989 S. 8.
[539] SG Köln, PharmR 2005, 402.
[540] Erwägungsgrund 4 der Richtlinie.

aber keine Kompetenz.[541] Die Transparenzrichtlinie will deshalb lediglich dafür sorgen, dass die Arzneimittelhersteller eine für die nationale Kostenkontrolle erforderliche Information erhalten, um so prüfen zu können, ob Art. 34, 35 AEUV[542] anwendbar sind. Beispiele, die den EuGH beschäftigt haben, sind etwa Preisstopps und die Begrenzung der Erstattungsfähigkeit durch Positivlisten.[543]

c) EuGH. Der EuGH hat auf die Vorlage des SG Köln für Recht erkannt: 79
Die Transparenz-Richtlinie „ist dahin auszulegen, dass sie einer mitgliedstaatlichen Regelung entgegensteht, die nach Ausschluss nicht verschreibungspflichtiger Arzneimittel von den Leistungen des staatlichen Gesundheitssystems einen Rechtsträger dieses Systems zum Erlass von Bestimmungen, die Arzneistoffe von diesem Ausschluss ausnehmen, ermächtigt, ohne ein Verfahren nach Artikel 6 Nummern 1 und 2 der Richtlinie vorzusehen.
2. Artikel 6 Nummer 2 der Richtlinie 89/105 ist dahin auszulegen, dass er den Arzneimittelherstellern, die von einer Entscheidung betroffen sind, aufgrund deren bestimmte Arzneimittel, die von der Entscheidung erfasst –Wirkstoffe enthalten, zur Kostenübernahme zugelassen sind, ein Recht auf eine mit einer Begründung und einer Rechtsbehelfsbelehrung versehene Entscheidung gewährt, auch wenn die mitgliedstaatliche Regelung weder ein entsprechendes Verfahren noch Rechtsbehelfe vorsieht."[544]
Die Entscheidung des EuGH wirkt nicht zu Lasten der Versicherten. Die OTC-Ausnahmeliste bleibt insoweit uneingeschränkt wirksam.[545]
Die Regelungen zur OTC-Liste sind verfassungsgemäß.[546]

5. Beihilferecht

Die rechtliche Beurteilung der unionsrechtlichen Zulässigkeit von Beihilfen wurde seit 80
2003 von der die staatliche Finanzförderung des ÖPNV betreffenden Altmark Trans-Entscheidung des EuGH bestimmt.[547]
Seit 31.1.2012 ist jedoch das Legislativpaket der Europäischen Kommission für Dienst- 81
leistungen von allgemeinem wirtschaftlichem Interesse (DAWI)[548] maßgebend. Mit dem DAWI werden die unionsrelevanten beihilferechtlichen Grenzen für die öffentliche Finanzierung der genannten Leistungen neu gezogen.[549] Maßgeblich bleiben insoweit die „De-minimis"-BeihilfeVO[550] zur Festlegung von Schwellenwerten[551], die Verordnung (EG) Nr. 659/

---

[541] Art. 168 I 2, VII AEUV.
[542] → § 3 Rn. 34 ff.
[543] *Fuerst*, VSSR 2011, 151 (155 f., 157 f.). Zur EuGH-Rechtsprechung siehe S. 165 ff.
[544] EuGH, Urt. v. 26.10.2006, C-317/05 – Pohl-Boskamp, PharmR 2006, 533 (538). Siehe dazu jetzt § 34 VI SGB V. § 34 VI SGB V gilt aufgrund § 31 I 3 SGB V (seit dem 1.7.2008) entsprechend für arzneimittelähnliche Medizinprodukte.
[545] So zutreffend *Gassner*, PharmR 2006, 545 (548); *Jäkel*, PharmR 2006, 586 (589); etwas abweichend *Kortland*, PharmR 2006, 496 (499).
[546] BSG, Urt. v. 6.3.2012 – B 1 KR 24/10 R, NZS 2012, 612 (666).
[547] EuZW 2003, 496 mit Anm. von *Werner/Köster/Franzius*, NJW 2003, 3029. Zur jüngeren Rechtsprechung vgl. *Soltész*, EuZW 2017, 51.
[548] Das DAWI-Paket stellt die Verbindung der für EU-Beihilfen maßgeblichen Regeln aufgrund einer gemeinsamen Konsultation dar.
[549] Primärrechtlich ist Art. 87 EGV durch Art. 107 AEUV ersetzt worden. Soweit nichts anderes bestimmt ist, sind danach staatliche Beihilfen, die durch Begünstigung bestimmter Unternehmen den Wettbewerb verfälschen oder zu verfälschen drohen, mit dem Binnenmarkt unvereinbar, soweit sie den Handel zwischen den Mitgliedsstaaten beeinträchtigen. Zu den mit dem Binnenmarkt vereinbarten Beihilfen nach Art. 107 II, III AEUV vgl. *Bär-Bouyssière*, in: Schwarze (Hrsg.), EU-Kommentar, Art. 107 AEUV Rn. 57 ff. Zur EU-Gruppenfreistellungsverordnung siehe *Baier*, MedR 2010, 832.
[550] Verordnung (EG) Nr. 1998/2006 der Kommission vom 15.12.2006 über die Anwendung der Art. 87 und 88 EG-Vertrag auf „De-minimis"-Beihilfen, ABl. EU Nr. L 379/5 vom 28.12.06.
[551] Die Verordnung gilt nach ihrem Art. 6 vom 01.01.07 bis 31.12.2013. Die Kommission hat inzwischen eine neue Verordnung vorgelegt. Sie gilt bis 31.12.2018.

1999 des Rates vom 22.3.1999 über besondere Vorschriften für die Anwendung von Art. 93 des EG-Vertrags[552], Verfahrensregeln betreffend. Inhaltlich war in erster Linie die Mitteilung der Kommission über die Anwendung der Beihilfevorschriften der EU auf Ausgleichsleistungen für die Erbringung von Dienstleistungen von allgemeinem Interesse 2012/C/8/02[553] bedeutsam. Diese Mitteilung legte Schlüsselkonzepte dar (gestützt auf die Rechtsprechung des EuGH), die für die Anwendung der Beihilfevorschrift gelten sollen (Mitt. I 3):

1. Unternehmen ist jeder eine wirtschaftliche Tätigkeit ausübende Einheit, unabhängig von ihrer Rechtsform und der Art ihrer Finanzierung (Mitt. I 2.1.1 Nr. 9).

2. Art. 107 AEUV ist nicht anzuwenden, wenn der Staat als öffentliche Hand handelt. Das ist der Fall, wenn es sich bei der betreffenden Tätigkeit um eine Aufgabe handelt, die Teil der wesentlichen Aufgaben des Staates ist (Mitt. I 2.1.2 Nr. 10).

3. Ob Systeme der sozialen Sicherheit mit wirtschaftlichen Tätigkeiten einhergehen, hängt von ihrem Aufbau und ihrer Struktur ab (Mitt. I 2.1.3 Nr. 17).

4. „2.1.4 Gesundheitsfürsorge

21. Die Gesundheitssysteme in der Union unterscheiden sich von Mitgliedstaat zu Mitgliedstaat erheblich. In welchem Umfang die verschiedenen Gesundheitsdienstleister in einem Marktumfeld miteinander in Wettbewerb stehen, hängt weitgehend von den nationalen Besonderheiten ab.

22. In einigen Mitgliedstaaten sind öffentliche Krankenhäuser ein zentraler Bestandteil des nationalen Gesundheitssystems und basieren fast vollständig auf dem Solidaritätsprinzip.[554] Solche Krankenhäuser werden direkt über die Sozialversicherungsbeiträge sowie aus staatlichen Mitteln finanziert und erbringen ihre Dienste für Versicherte unentgeltlich nach dem Prinzip der allgemeinen Gesundheitsversorgung.[555] Gerichtshof und Gericht haben bestätigt, dass überall dort, wo eine solche Struktur existiert, die betreffenden Organisationen nicht als Unternehmen handeln.[556]

23. Existiert eine solche Struktur, so sind selbst Tätigkeiten, die an sich wirtschaftlicher Art sein könnten, aber allein zum Zweck der Erbringung einer anderen nichtwirtschatlichen Dienstleistung ausgeübt werden, nichtwirtschaftlicher Natur. Eine Organisation, die – selbst in großen Mengen- Güter bezieht, um eine nichtwirtschaftliche Dienstleistung zu erbringen, handelt nicht als Unternehmen, nur weil sie Abnehmer auf einem bestimmten Markt ist.[557]

24. In vielen anderen Mitgliedstaaten bieten Krankenhäuser und Gesundheitsdienstleister ihre Dienstleistungen gegen ein Entgelt an, das entweder direkt von den Patienten oder deren Versicherungen gezahlt wird.[558] In derartigen Systemen herrscht zwischen den Kran-

---

[552] Später Art. 88 EGV. Siehe ABl. Nr. L 83 vom 27.03.99 S. 1. Siehe auch die Verordnung (EG) Nr. 794/2004 der Kommission vom 21.04.04 (ABl. Nr. L 140 vom 30.04.04 S. 1) zur Durchführung der Verordnung (EG) Nr. 659/1999.

[553] ABl. EU Nr. C/8/4 vom 11.1.2012.

[554] Nach der Rechtsprechung des Gerichtshofs der Europäischen Union ist das spanische nationale Gesundheitssystem ein einschlägiges Beispiel hierfür (siehe Rechtssache T-319/99, *FENIN/Kommission*, Slg. 2003, II-357).

[555] Abhängig von den allgemeinen Merkmalen des Systems ändern Gebühren, die nur einen Bruchteil der tatsächlichen Kosten der Dienstleistungen abdecken, nicht zwangsläufig etwas an der Einstufung eines Systems als nichtwirtschaftlich.

[556] Rechtssache T-319/99, *FENIN/Kommission*, Slg. 2003, II-357,Rn. 39.

[557] Rechtssache T-319/99, *FENIN/Sommission*, Slg. 2002, II-357, Rn. 40.

[558] Siehe z. B. EuGH, Urt. v. 16.11.1995, FESA u. a./*Ministère de l'Agriculture et de la Péche*, Rechtssache C-244/94, Slg. 1995, I-4013; EuGH, Urteil vom 21. September 1999, *Albany International BV/ Stichting Bedrijfspensioenfonds Textilindustrie*, Rechtssache C-67/96; Slg. 1999, I-5751; Urteil vom 21. September 1999, *Brentjens' Handelsonderneming BV/Stichting/Bedrijfspensioenfonds voor de Handel in Bouwmaterialen,*verbundene Rechtssachen C-115/97 bis C-117/97, Slg. 1999, I-6025; EuGH, Urteil vom 21. September 1999, *Maatschappij Drijvene bokken BS/Stichting Pensioenfonds voor de Vervoer en Havenbedrjven*, Rechtssache C-219/97, Slg. 1999, I-6121.

kenhäusern ein gewisser Wettbewerb um die Erbringung von Gesundheitsdienstleistungen. In diesem Fall reicht die Tatsache, dass eine Gesundheitsdienstleistung von einem öffentlichen Krankenhaus erbracht wird, nicht aus, um die Tätigkeit als nichtwirtschaftlich einzustufen.

25. Der Gerichtshof und das Gericht haben des Weiteren klargestellt, dass Gesundheitsdienstleistungen, die niedergelassene Ärzte und andere private Mediziner gegen Entgelt auf eigenes Risiko erbringen, als wirtschaftliche Tätigkeit anzusehen sind.[559] Dieselben Grundsätze gelten für unabhängige Apotheken."

Jetzt ist die Kommissionsentschließung ABl. 2016 C 262.1 maßgebend, s. dazu *Stäbener de Mora*, EuZW 2016, 685. Außerdem sind die Beihilferichtlinien der Kommission zu beachten, vgl. *Gundel*, EuZW 2016, 606.

Eine wirkliche Klärung der etwa Krankenhäusern gewährten öffentlichen Mittel nach Maßgabe des Unions-Beihilferechts steht noch aus.[560]

6. Medizinprodukterecht

Die Öffentlichkeit hat sich seit einiger Zeit intensiv mit dem Skandal um mangelhafte Brustimplantate beschäftigt. Der französische Hersteller Poly Implant Prothése (PIP) – inzwischen insolvent[561] – hatte entgegen dem Qualitätsstandard für die Herstellung von Brustimplantaten minderwertiges Industriesilikon verwendet. Die Silikonbrustimplantate sind Medizinprodukte. Sie dürfen nur nach Maßgabe eines Konformitätsbewertungsverfahrens nach § 37 I MPG in den Verkehr gebracht werden. PIP erteilte dafür den Auftrag an den TÜV Rheinland als sog. „benannte Stelle". Eine betroffene Frau klagte in der Folge gegen die „benannte Stelle", weil diese weder regelmäßig Einsicht in die Geschäftsunterlagen von PIP vorgenommen noch eine Produktprüfung durchgeführt habe. Wäre die benannte Stelle sachgerecht vorgegangen, hätte sie erkennen können, dass nicht genehmigtes Silikon verarbeitet worden war. Die Klage blieb beim LG Frankenthal[562] und beim OLG Zweibrücken[563] erfolglos. Im Rahmen der zugelassenen Revision setzte der BGH das Verfahren aus und legte die einschlägigen Fragen dem EuGH nach Art. 267 AEUV vor.[564] Der EuGH hat das maßgebende europäische Recht[565] so ausgelegt, dass die Voraussetzungen, unter denen eine von einer benannten Stelle gegangene schuldhafte Verletzung der hier im Rahmen des Verfahrens gem. der Richtlinie 93/92/EWG obliegenden Pflichten ihre Haftung gegenüber den Endempfängern begründen kann, vorbehaltlich der Grundsätze der Äquivalenz und der Effektivität, dem nationalen Recht unterliegen.[566] Danach gibt es zwar keine grundsätzliche Pflicht zur Produktprüfung von Brustimplantaten, es komme aber eine Haftung der benannten Stelle dann in Betracht, wenn es Hinweise auf eine mögliche Verletzung der Anforderungen des Medizinprodukterechts gebe. Der BGH hat – unter dem Aspekt zivilrechtlicher Haftung – im konkreten Fall jedoch eine Pflichtverletzung der benannten Stelle

---

[559] EuGH, Urteil vom 12. September 2000, verbundene Rechtssachen C-180/98 bis C-184/98; *Pavel Pavlov u. a./Stichting Pensioenfonds Medische Specialisten*, Slg. 2000, I-6451 Rn. 75 und 77.

[560] Die Asklepios Kliniken-Entscheidung des EuG, die Deckung von Betriebsverlusten über die öffentliche Hand betreffen, hat sich auf die Behandlung prozessualer Frage beschränkt, EuG, EuZW 2007, 505. In der RSA-Entscheidung hatte das BSG, NZS 2003, 537 (545) ausgeführt, der RSA verstoße nicht gegen Art. 87 EGV. Siehe dazu aber jetzt EuG, Urt. v. 7.11.12 – T-137/10 (öffentliche Krankenhäuser in Belgien), ABl. EU 2012, Nr. C 399, 18.

[561] Zu Schadensersatzklagen in Frankreich vgl. *Fröding*, MPR 2014, 1; *ders.* MPR 2015, 162.

[562] MPR 2013, 134 mit Anm. *Oeben*, MPR 2013, 138.

[563] MPR 2014, 62 mit Anm. *Handorn*, MPR 2014, 84.

[564] NJW 2015, 2737.

[565] Richtlinie 93/42 EWG i.d.F. der VO (EG) Nr. 1882/2003 des Europäischen Parlaments und des Rates vom 29.9.2003.

[566] EuGH, NJW 2017, 1161 und dazu *Rott*, NJW 2017, 1146; *Degen*, VersR 2017, 462; *Oeben*, MPR 2017, 42; *Spickhoff*, LMK 2017, 389314.

verneint.⁵⁶⁷ Da weitere Klagen anderer betroffener Frauen noch in den Instanzen anhängig sind, ist die Rechtsproblematik, etwa unter dem Gesichtspunkt eines Vertrags mit Schutzwirkung zugunsten Dritter oder unter dem Aspekt des § 823 BGB noch nicht abschließend geklärt.⁵⁶⁸

2. Abschnitt: Grundzüge des Rechts der gesetzlichen Krankenversicherung (GKV)[1]

§ 4 Historische Entwicklung[2]

I. Die Zeit von 1881–1933

1. Rechtslage vor der Kaiserlichen Botschaft von 1881[3]

1   In der Zeit vor 1881 gab es zwar schon Anfänge einer staatlichen Ordnung der Krankenhilfe. Entsprechende Selbsthilfevereinigungen und auch staatliche Einrichtungen existierten aber nur in Einzelfällen und in geringem Umfang. Im Regelfall bestanden zwischen Arzt und Patient lediglich privatrechtliche Rechtsbeziehungen. Das Honorar richtete sich im Allgemeinen nach der Vermögenslage des Patienten. Den Arzt musste man sich leisten können.

2. Die Kaiserliche Botschaft vom 17.11.1881

2   Ausgangspunkt für die Schaffung des deutschen Sozialversicherungssystems war die von Theodor Lohmann entworfene und von Bismarck am 17.11.1881 verlesene sogenannte „Kaiserliche Botschaft". Die Botschaft verstand sich als politische Antwort an die immer mehr an Einfluss gewinnende Sozialdemokratie. Zur Frage einer möglichen Krankenversicherung heißt es dort: „Schon im Februar des Jahres haben Wir Unsere Überzeugung aussprechen lassen, dass die Heilung der sozialen Schäden nicht ausschließlich im Wege der Repression sozialdemokratischer Ausschreitungen, sondern gleichmäßig auf dem Weg der positiven Förderung des Wohles der Arbeiter zu suchen sein werde ... In diesem Sinne wird zunächst der Entwurf eines Gesetzes über die Versicherung der Arbeiter gegen Betriebsunfälle einer Umarbeitung unterzogen ... Ergänzend wird ihm eine Vorlage zur Seite treten, die sich eine gleichmäßige Organisation des gewerblichen Krankenkassenwesens zur Aufgabe stellt ... Der engere Anschluss an die realen Kräfte dieses Volkslebens und das Zusammenfassen der Letzteren in der Form korporativer Genossenschaften unter staatlichen Schutz und staatlicher Förderung werden, wie Wir hoffen, die Lösung auch von Aufgaben möglich machen, denen die Staatsgewalt allein in gleichem Umfang nicht gewachsen sein würde."[4]

---

⁵⁶⁷ NJW 2017, 2617 und dazu *Finn*, NJW 2017, 590. Neue, die Rechtsauffassung der Klägerin stützende Sachverhalte konnten vom BGH im Revisionsverfahren nicht berücksichtigt werden, s. dazu *Finn*, NJW 2017, 2590 (2591 f.).

⁵⁶⁸ *Finn*, NJW 2017, 2590 (2592).

[1] *Schulin*, Handbuch des Sozialversicherungsrechts, Bd. 1, Krankenversicherungsrecht; *Plagemann*, SGB V, in: ders., Münchener Anwaltshandbuch Sozialrecht, 345 ff.; *Rompf*, VSSR 2007, 1; *Sodan*, in: ders. Handbuch des Krankenversicherungsrechts, § 1 Rn. 1 ff.

[2] Siehe dazu auch *Schnapp*, in: Schnapp/Wigge, § 1; *Muschallik/Ziermann*, Zukunftsperspektiven der vertragszahnärztlichen Versorgung, 15 ff.

[3] S. dazu auch *Franken*, Die privatrechtliche Binnenstruktur der integrierten Versorgung, §§ 140a–h SGB V, 35 ff.; *Rompf*, VSSR 2007, 1.

[4] Zum Text siehe ZSR 1981, 711 ff.; 730 ff. und dazu *Rohwer-Kahlmann*, ZSR 1981, 657. Zu den Motiven vgl. *Zimmermann*, Sozialversicherung und Privatversicherung im Kompetenzgefüge des Grundgesetzes, S. 39.

§ 4 Historische Entwicklung

Neben den in der Kaiserlichen Botschaft genannten Zielen, die später in der Entwicklung der Gesetzgebung unterschiedliches Gewicht erhalten sollten, ging es damals auch um die Entlastung der Armenfürsorge, wie die Begründung zum Gesetz betreffend die Krankenversicherung der Arbeiter (KVG) von 1883 zeigt: „Die Zahl der Arbeiterfamilien sowie der Witwen und Waisen, welche der Not und der öffentlichen Armenpflege dauernd anheimfallen, weil ihre Wirtschaft durch mangelhafte Unterstützung in Krankheitszeiten zerrüttet oder ihr Ernährer infolge mangelhafter Pflege erwerbsunfähig oder gestorben ist, dürfte größer sein als die Zahl derjenigen, welche durch die Folgen von Unfällen bedürftig werden."[5]

3. KVG[6]

a) Entstehung. Das Gesetz betreffend die Krankenversicherung der Arbeiter, wurde am 31.5.1883 mit 216 gegen 99 Stimmen vom Reichstag angenommen. Die sozialdemokratische Partei stimmte wegen des vermuteten Almosencharakter des Sozialprogramms Bismarcks gegen das Gesetz. Es trägt das Datum vom 15.6.1883 (RGBl. S. 73). Es ist in seinen wesentlichen Teilen am 1.12.1884 in Kraft getreten und bis zur Ablösung durch die RVO im Jahr 1914 mehrfach novelliert und dann durch das Gesetz vom 10.4.1892 (RGBl. S. 417) neu gefasst worden. Von diesem Zeitpunkt an trug es den Namen „Krankenversicherungsgesetz".

b) Grundzüge. Die maßgeblichen Grundlinien des KVG waren:
- die Einführung des Versicherungszwangs für weite Teile der entgeltlich beschäftigten Bevölkerung im Anschluss an den Mitgliederkreis der Unfallversicherung,
- die Schaffung eines Leistungskatalogs mit Sach- und Geldleistungen,
- das Prinzip der solidarischen Finanzierung,
- das Prinzip der Selbstverwaltung und
- die Gliederung nach verschiedenartigen Krankenversicherungsträgern.

Beziehungen zu den Leistungserbringern wurden erstmals in der Neufassung des KVG von 1892 erwähnt. Danach konnten die ärztliche Behandlung, die Lieferung der Arzneimittel und die „Kur- und Verpflegung" auf bestimmte Ärzte, Apotheken und Krankenhäuser beschränkt werden. Nahm der Versicherte andere Behandlungen und Einrichtungen in Anspruch, so führte das zum Zahlungsausschluss durch die Krankenkasse. Die freie Arztwahl war infolgedessen beschränkt. Im KVG war aber auch schon der Grundsatz des „sozialen Ausgleichs" zumindest insoweit angelegt als die Höhe der Beiträge nach der Höhe des Bruttoarbeitsentgelts bemessen wurde.

Die Grundzüge des KVG haben sich über die RVO in das SGB V hinein entwickelt und sind auch nach dem heutigen Stand der Gesetzgebung immer noch erkennbar. Sie erweisen sich in mancherlei Beziehung als Geburtsfehler, an denen auch das heutigen noch System krankt.[7]

4. Ärztevereinigungen

a) Ausgangslage. Die Beschränkung der freien Arztwahl durch das KVG 1892 führte wegen der unterschiedlichen Marktpositionen der Krankenkassen und der einzelnen Ärzte zu erheblichen Spannungen, die sich über viele Jahre aufrecht erhalten sollten. Die Krankenkassen entwickelten nämlich auf Grund ihrer Monopolstellung bei der Vergabe von Leistungen Zahlungssysteme, die dem einzelnen Arzt wenig Spielraum ließen.[8] Er konnte entweder nach Einzelleistungen zu Sätzen einer amtlichen oder vereinbarten Gebührenordnung vergütet werden, meist mit erheblichen Abschlägen oder einer niedrigen oberen Begrenzung.

---

[5] *Töns*, Hundert Jahre gesetzliche Krankenversicherung, 21 f.
[6] Vgl. *Schlenker*, in: Schulin, Handbuch des Sozialversicherungsrechts, Bd. 1, § 1 Rn. 22 ff.
[7] Siehe dazu *Hart*, ZRP 2002, 457.
[8] *Muschallik/Ziermann*, Zukunftsperspektiven der vertragszahnärztlichen Versorgung 18 ff.

Das wirkte sich praktisch wie eine Fallpauschale aus. Als Alternative kam die Vereinbarung eines Festbetrags je Versicherten, also eine Kopfpauschale in Betracht. Wer auf diese Weise von den Krankenkassen in Dienst genommen worden war, für den bürgerte sich der Begriff „Kassenarzt" ein.[9] Da derjenige, der sich den Bedingungen nicht unterwarf, von der Leistungserbringung ausgeschlossen war, geriet die Ärzteschaft in eine als immer bedrückender empfundene wirtschaftliche und berufliche Abhängigkeit zu den Krankenkassen. Dies führte dazu, dass die Ärzte nach Wegen zu einer organisierten Vertretung ihrer Interessen suchten, zumal sich im Jahr 1894 der Zentralverband der Ortskrankenkassen im Deutschen Reich und im Jahr 1897 der Verband „Deutscher Betriebskrankenkassen" gegründet hatten.

9   b) Reaktionen der Ärzteschaft. Auf Ärzteseite erhielt von Anfang an der am 13.9.1900 in Leipzig ins Leben gerufene „Verband für die Ärzte in Deutschland zur Wahrung ihrer wirtschaftlichen Interessen", später nach ihrem Gründer „Hartmann-Bund" benannt, besondere Bedeutung.[10] Der Verband versuchte, den Krankenkassen mit gewerkschaftlichen Kampfmethoden, vor allem mit Streik, entgegenzuwirken, mit dem Ziel, die wirtschaftliche Lage der Ärzte im ganzen Reich zu bessern. Es gelang dem „Hartmann-Bund" in verhältnismäßig kurzer Zeit, erheblichen Einfluss zu gewinnen. Seine Hauptforderungen waren

- Zulassung aller organisierten Ärzte zur Kassenpraxis,
- Beseitigung der ärztlichen Individualverträge zu Gunsten von Kollektivvereinbarungen,
- Behandlungs- und Verordnungsfreiheit der Ärzte,
- Honorierung der Ärzte nach Einzelleistungen.[11]

10   Im Ergebnis gelang es der Ärzteschaft, durch die Selbstorganisation ihrer Interessen ein annähernd paritätisches Gegengewicht zum Nachfragemarkt der Krankenkassen zu schaffen.

5. RVO

11   Es ist nicht verwunderlich, dass sich in einer so jungen Rechtsmaterie, wie es die gesetzliche Regelung der Krankenversicherung darstellte, Reformbedarf entwickelte. Er wurde in einer Resolution des Reichstags vom 30.4.1903 zum Ausdruck gebracht.[12] Mit dieser Resolution wurde eine gründlichere Reform des KVG gefordert. Sie sollte eine Ausdehnung der Krankenversicherungspflicht und eine Regelung der Beziehungen zu den Ärzten und Apotheken vorsehen. Außerdem wurden eine Verbindung der drei Versicherungsarten und eine Vereinigung der bisherigen Arbeiterversicherungsgesetze in einem einzigen Gesetz angestrebt. Diese führten zur Reichsversicherungsordnung (RVO), die am 19.7.1911 (RGBl. S. 509) verkündet wurde. Sie trat in drei Teilschritten (Invalidenversicherung am 1.1.1912, Unfallversicherung am 1.1.1913 und Krankenversicherung am 1.1.1914) in Kraft. Gegenüber dem KVG wurde die Versicherungspflicht auf in der Land- und Forstwirtschaft Beschäftigte, Dienstboten, unständige Arbeiter und das Wandergewerbe ausgedehnt. Die Versichertenzahl wuchs damit auf etwa 18 Millionen an. Die Krankenkassenlandschaft, mit rund 23 000 Trägern, wurde durch Abschaffung der etwa 8500 gemeindeeigenen Krankenkassen bereinigt. Die RVO schuf die Allgemeinen Ortskrankenkassen im heutigen Sinne. Das bisherige Organisationssystem, das sich an den Berufsarten der Mitglieder orientierte, wurde durch eine räumliche Abgrenzung dieser Kassenart ersetzt. Neu eingerichtet wurden Landkrankenkassen, bei denen es bis 1972, als sie durch die landwirtschaftlichen Krankenkassen abgelöst wurden, verblieb. Erhalten blieben die Betriebs- und Innungskrankenkassen. Die Baukran-

---

[9] *Muschallik/Ziermann*, Zukunftsperspektiven der vertragszahnärztlichen Versorgung 19.
[10] *Tenstedt*, Geschichte der Selbstverwaltung in der Krankenversicherung von der Mitte des 19. Jahrhunderts bis zur Gründung der Bundesrepublik Deutschland, Bd. 2 (o. J.), S. 77.
[11] *Schneider*, Handbuch des Kassenarztrechts, Rn. 32.
[12] *Töns*, Hundert Jahre gesetzliche Krankenversicherung, S. 66.

kenkassen gingen in den Betriebskrankenkassen auf. Außerdem ließ die RVO unter bestimmten Voraussetzungen eingeschriebene Hilfskassen als Ersatzkassen zu.

6. Das Berliner Abkommen

Dagegen blieb die RVO hinsichtlich der Beziehungen zwischen Krankenkassen und Ärzten restriktiv. Sie beließ es beim alten System der Einzelverträge. Die Ärzte beschlossen daraufhin am 26.10.1913 auf einem außerordentlichen Deutschen Ärztetag einen allgemeinen Streik, beginnend zum 1.1.1914.[13] Die von Ärzteseite eingeleiteten Maßnahmen führten am 23.12.1913 zum sogenannten Berliner Abkommen, geschlossen zwischen den Krankenkassenverbänden und der Ärzteschaft. Das Abkommen enthielt folgende Punkte:

• Die Anstellungsautonomie der Krankenkassen im Bereich der ärztlichen Versorgung wurde beseitigt. An ihrer Stelle wurde ein geregeltes Verfahren unter Beteiligung der Gesamtheit der Kassenärzte eingerichtet.
• Zwar blieb es beim Einzelvertrag. Dieser wurde aber mit Hilfe eines Vertragsausschusses kollektiv vorbereitet.
• Die Anwerbung dissentierender kassenwilliger Ärzte wurde ausgeschlossen. Die Entscheidung darüber, welche Ärzte für die jeweilige Krankenkasse tätig werden sollten, wurde nunmehr durch einen paritätisch besetzten Registerausschuss getroffen.
• Zur Durchführung des Berliner Abkommens und zur Entscheidung von Streitigkeiten wurde ein paritätisch zusammengesetzter Zentralausschuss geschaffen, den man als Vorläufer der Bundesausschüsse (jetzt: des Gemeinsamen Bundesausschusses, § 91 SGB V) ansehen kann.

Im Ergebnis hatte damit die Ärzteschaft ihre Beteiligung am System der Sozialen Krankenversicherung durchgesetzt.

7. Die Jahre nach dem Ersten Weltkrieg

In der Zeit nach dem Ersten Weltkrieg verschärften sich die Spannungen zwischen den Krankenkassen und Ärzten erneut. Im Jahr 1920 traten die Ärzte wiederum in einen Generalstreik. Das Berliner Abkommen sollte zum 31.12.1923 ablaufen. Chancen für eine Neuvereinbarung waren nicht gegeben. Mit Hilfe einer Notverordnung wurde deshalb dem Berliner Abkommen Gesetzeskraft verliehen.

Die bedeutendste Entwicklung vollzog sich allerdings auf Verfassungsebene. Art. 161 der Weimarer Reichsverfassung (WRV) von 1919 sah nunmehr vor:

„Zur Erhaltung der Gesundheit und Arbeitsfähigkeit, zum Schutz der Mutterschaft und zur Vorsorge gegen die wirtschaftlichen Folgen von Alter, Schwäche und Wechselfällen des Lebens schafft das Reich ein umfassendes Versicherungswesen unter maßgebender Mitwirkung der Versicherten".[14]

Zwar war damit kein subjektiv einklagbares soziales Grundrecht zugunsten einer bestimmten Ausgestaltung des Rechts der sozialen Sicherung geschaffen worden. Art. 161 WRV wurde vielmehr als objektiv-rechtlicher staatsgerichteter Programmsatz verstanden, der eine institutionelle Garantie für die Schaffung und Beibehaltung eines möglichst umfassenden, maßgeblich von den Versicherten selbst getragenen Sozialversicherungssystems enthielt.[15]

---

[13] *Hess/Venter*, Handbuch des Kassenarztrechts, S. 22 ff.
[14] *Anschütz*, Weimarer Reichsverfassung, Anm. zu Art. 161 WRV.
[15] *Anschütz*, Weimarer Reichsverfassung, Anm. zu Art. 161 WRV; *Schlenker*, in: Schulin, Handbuch des Sozialversicherungsrechts, Bd. 1, § 1 Rn. 58.

8. Die Zeit bis zum Dritten Reich

17 Die allgemeine Situation der Krankenversicherung wurde nach der Inflation durch die Weltwirtschaftskrise der frühen 30er Jahre noch weiter verschlechtert. Es kam zu einer Vielzahl von Not- und Zwischenlösungen. So sah die Notverordnung vom 26.7.1930 (RGBl. S. 311) Beschränkungen bei der Beitragssatzgestaltung, bei der Gewährung von Mehrleistungen und die Einführung einer Selbstbeteiligung der Versicherten an den Kosten der Arznei- und Heilmittel vor. Man kann diese Notverordnung als Prototyp eines Kostendämpfungsgesetzes, wie er in den letzten 30 Jahren das Krankenversicherungssystem beherrscht, verstehen.[16] Besondere Bedeutung erhielt die „Vierte Verordnung des Reichspräsidenten zur Sicherung von Wirtschaft und Finanzen und zum Schutz des inneren Friedens" vom 8.12.1931, die zu einer völligen Neuordnung des Kassenarztwesens führte. Die kassenärztliche Tätigkeit ging mit dieser Verordnung endgültig in die Sphäre des öffentlichen Rechts über. Für alle Krankenkassen wurde ein einheitliches Vertragssystem geschaffen. Auf Seiten der Ärzte wurden mit den Kassenärztlichen Vereinigungen (KV) ein neuer Vertragspartner in der Form als Körperschaft des öffentlichen Rechts gebildet. Die Mitglieder der KV waren zwangsweise alle Ärzte eines Bezirks. Zwischen der KV und der Krankenkasse wurde ein Gesamtvertrag geschlossen. Das Zulassungswesen wurde neu geordnet, im Honorarsystem wurde allein die kassenärztliche Gesamtvergütung nach Maßgabe einer Kopfpauschale für zulässig erklärt. Grundzug der Verordnung war der Gedanke der gemeinsamen Selbstverwaltung: Zur Schlichtung von Streitigkeiten war ein Schiedsamtswesen vorgesehen.[17]

II. Die Rechtslage im Dritten Reich

18 Es kam in der Zeit zwischen 1933 und 1945 zu einschneidenden Änderungen im Bereich des Krankenversicherungsrechts unter dem nunmehr maßgeblichen Gesichtspunkt der Zentralisierung. Damit wurde das Führerprinzip in der Sozialversicherung eingeführt. Die bisherigen bezirksbezogenen KVen wurden durch eine einheitliche Kassenvereinigung Deutschlands (KVD) abgelöst. Der Reichsführer der KVD war der Vorsitzende des Hartmannbundes. Die Selbstverwaltung der Krankenkassen wurde faktisch abgeschafft. Das Zulassungswesen wurde allein in die Hände der Ärzte gelegt. Am Verfahren waren Vertreter der Krankenkassen nicht beteiligt. Trotz des Gesetzes über den Aufbau der Sozialversicherung vom 5.7.1934 (RGBl. S. 577), das durch 17 Durchführungsverordnungen und eine Vielzahl weiterer Verordnungen über die Neuordnung der Krankenversicherung ergänzt wurde, kam es aber nicht zu einer Einheitskrankenkasse. Träger der GKV blieben also weiterhin die Orts-, Betriebs-, Innungs- und Landkrankenkassen sowie die Seekasse und die Reichsknappschaft. Mit der Aufbaugesetzgebung wurde auch das Recht der Ersatzkassen in Gestalt der Angestellten- und Arbeiterersatzkassen neu geordnet. Diese erhielten den Status von Körperschaften des öffentlichen Rechts. Ebenfalls zu Körperschaften des öffentlichen Rechts wurden die Reichsverbände der Krankenkassen.

19 Mit dem Gesetz über die Verbesserung der Leistungen in der Rentenversicherung vom 24.7.1941 (RGBl. S. 443) wurde die Krankenversicherung der Rentner geschaffen. In dieses System wurden alle zum Bezug einer Rente aus Invaliden-, Angestellten- und Handwerksversicherungen berechtigten Personen einbezogen. Die Beiträge wurden in Form eines Pauschalbetrags für jede Rente durch den Rentenversicherungsträger aufgebracht.

20 Trotz der mit der Stärkung des Zentralisierungsgedankens und der Umsetzung des Führerprinzips einhergehenden Veränderung der Grundideen der Krankenversicherung ist diese aber auch während des Dritten Reichs in ihrer Gesamtheit funktions- und leistungsfähig geblieben. Sie hatte, was sich auch bei den Reformbestrebungen unserer Zeit immer wieder

---
[16] *Schlenker*, in: Schulin, Handbuch des Sozialversicherungsrechts, Bd. 1, § 1 Rn. 62.
[17] *Schnapp*, in: Schnapp/Wigge, Handbuch des Vertragsarztrechts, § 1 Rn. 23 ff.

zeigt, inzwischen so gefestigte Eigenstrukturen und von den Grundannahmen her unaufgebbare Sachstrukturen, dass letzten Endes an diesem System gesetzliche Veränderungen, jedenfalls was die Grundlagen angeht, weitgehend abglitten. Das erwies sich für die Zeit nach 1945 als ein Vorteil.

III. Die Nachkriegszeit

a) **Kriegsende.** Nach Kriegsende galt das Recht der deutschen Krankenversicherung grundsätzlich auf den Gebieten der einzelnen Besatzungsmächte weiter. In den Besatzungszonen wurde jedoch in unterschiedlicher Art und Weise auf den Rechtszustand Einfluss genommen. Dies führte zu einer nicht unerheblichen Rechtszersplitterung. Deren Auswirkungen wurden nur dadurch gemildert, dass die RVO als gemeinsame Grundlage erhalten geblieben war.

b) **GG.** Unter dem GG ging es in erster Linie um die Beseitigung der in den einzelnen Besatzungszonen eingetretenen Rechtszersplitterung. Art. 123 GG ordnete die Fortgeltung des bisherigen Rechts an, soweit dieses dem GG nicht widersprach. Dazu gehörte auch die RVO und das diese ergänzende Krankenversicherungsrecht. Aus Art. 125 GG ergab sich, dass das Krankenversicherungsrecht in seiner Gesamtheit als Bundesrecht weitergelten sollte, weil gemäß Art. 74 I Nr. 12 GG die Sozialversicherung zur konkurrierenden Gesetzgebung des Bundes gehörte.[18]

c) **Erste Bundesgesetzgebung.** Von besonderer Bedeutung ist das Gesetz über die Selbstverwaltung und über Änderungen auf dem Gebiet der Sozialversicherung.[19] In diesem Gesetz wurde die auf Grund des Aufbaugesetzes 1934 vollzogene Abschaffung der Selbstverwaltung rückgängig gemacht.[20] Als Organe für die Mitwirkung von Arbeitgebern und Arbeitnehmern wurden die Vertreterversammlung und der Vorstand geschaffen. Bei den gesetzlichen Krankenkassen AOK, BKK und IKK wurde eine paritätische Selbstverwaltung vorgesehen. Voraussetzung dafür war das Sozialversicherungsanpassungsgesetz vom 17.6.1949,[21] mit dem die je hälftige Tragung der Beiträge durch Arbeitgeber und Versicherte eingeführt wurde. Zugleich wurde durch das Selbstverwaltungsgesetz 1951 die Trägerpluralität wieder hergestellt. Die Neugründung von Betriebs- und Innungskrankenkassen wurde an eine Mindestmitgliederzahl von 450 Versicherungspflichtigen gebunden. Als Folge dieser Möglichkeit wurden in den 50er Jahren über 150 Betriebskrankenkassen neu errichtet.

Die Zahl der Krankenkassen und ihrer Mitglieder im Jahr 1952 zeigt folgende Übersicht:

Krankenkassen	Zahl	Mitglieder (in Mio.)
AOK	396	16
BKK	1396	3
IKK	193	0,6
Landeskrankenkassen	102	0,6
Knappsch. Kassen	8	1,3
Ersatzkassen	15	2,8
Seekasse	1	0,04[22]

---

[18] → § 2 Rn. 32.
[19] Vom 22.2.1951 (BGBl. I 124), vom 13.8.1952 (BGBl. I 427).
[20] → § 4 Rn. 16.
[21] Erlassen vom Wirtschaftsrat, vgl. *Schlenker,* in: Schulin, Handbuch des Sozialversicherungsrechts, Bd. 1, § 1 Rn. 86.
[22] *Peters/Mengert,* Geschichtliche Entwicklung der Krankenversicherung, in: dies. Handbuch der Krankenversicherung, Bd. 1, S. E 68.

25 **d) GKAR.** Eine wirkliche bundeseinheitliche Regelung wurde durch das Gesetz über das Kassenarztrecht (GKAR)[23] geschaffen. Die im Dritten Reich erfolgte Zentralisierung wurde nunmehr durch ein föderalistisch aufgebautes System von Kassenärztlichen Vereinigungen abgelöst.

26 Im Vergütungswesen sah das Gesetz vor, dass die Gesamtvergütung von den Krankenkassen an die Kassenärztlichen Vereinigungen gezahlt wurde. Diese wiederum verteilten die Vergütung nach einem Verteilungsmaßstab, der im Einvernehmen mit den Krankenkassen festgelegt wurde, an die einzelnen Ärzte. Regelmäßig bestimmte sich die Gesamtvergütung nach der Kopfpauschale. Neu war, dass die Vergütung für ärztliche Sachleistungen von nun an grundsätzlich von der Gesamtvergütung umfasst war.[24] Der Bundesmantelvertrag mit den Kassenärzten kam aber erst nach langen Verhandlungen am 1.10.1959, mit den Kassenzahnärzten am 2.5.1962, zustande.[25]

27 Hinsichtlich der Zulassung zur Kassenpraxis bestimmte § 368a I RVO 1955 als Formel „ein Arzt auf 500 Versicherte pro Zulassungsbezirk". Für Kassenzahnärzte galt die Verhältniszahl 1: 900. Das Nähere über die Zulassung hatte je eine Zulassungsordnung[26] für Ärzte und Zahnärzte zu regeln, deren Inhalt durch § 368c RVO 1955 inhaltlich vorgegeben war. In den Entscheidungen vom 23.6.1960[27] und vom 8.2.1961[28] hob das BVerfG die Beschränkung der Zulassung durch eine Verhältniszahl (§ 368a I RVO) als verfassungswidrig auf.

IV. Die K-Gesetze

1. Kostenanstieg

28 In der Folge stiegen die Ausgaben im Bereich der GKV in hohem Maße an. Dafür waren unterschiedliche Ursachen verantwortlich. Zu diesen gehörten die Auferlegung erweiterter Leistungsverpflichtungen der Krankenkassen etwa bei den Heil- und Hilfsmitteln nach dem Erlass des Rehabilitations-Angleichungsgesetzes vom 7.8.1974 (BGBl. I 1881) sowie die durch die Rechtsprechung veranlasste Übernahme der vollen Kosten für kieferorthopädische und zahnprothetische Maßnahmen durch die Krankenkassen.[29]

2. KVLG

29 Das „Gesetz über die Krankenversicherung der Landwirte" (KVLG) vom 10.8.1972 (BGBl. I 1433) hatte im Wesentlichen organisatorische Ziele: Die bestehenden 102 Landkrankenkassen wurden zugunsten von 19 eigenständigen landwirtschaftlichen Krankenkassen mit körperschaftlicher Struktur, die am Sitz der landwirtschaftlichen Berufsgenossenschaften errichtet wurden, abgelöst. Außerdem wurden die Beziehungen zwischen Krankenhäusern und Krankenkassen im Krankenhausfinanzierungsgesetz vom 29.6.1972 (BGBl. I 1009) sowie durch die dazu erlassene Bundespflegesatzordnung vom 25.7.1973 (BGBl. I 1666) neu geordnet.

---

[23] Vom 17.8.1955 (BGBl. I 513); siehe auch das Gesetz über Verbände der gesetzlichen Krankenkassen und der Ersatzkassen vom 17.8.1955 (BGBl. I 524).
[24] *Schnapp,* in: Schnapp/Wigge, § 1 Rn. 38.
[25] *Siewert,* Das Vertragsrecht.
[26] Vom 28.5.1957 (BGBl. I 582).
[27] BVerfGE 11, 30 (Kassenärzte).
[28] BVerfGE 12, 147 (Kassenzahnärzte).
[29] BSG, USK 72 144; USK 72 172; BSGE 37, 74. Überdies führte das 2. KVÄG vom 21.12.1970 (BGBl. I 1770) (das im Übrigen die Pflichtversicherungsgrenzen anhob, wodurch über eine Million Angestellte in die GKV hinzukamen) einen Leistungskatalog für Festbetragsmaßnahmen in die GKV ein. Weitere Ausweitungen des versicherten Personenkreises ergaben sich durch die Einbeziehung der Studenten durch das KVSG vom 24.6.1975 (BGBl. I 1536) und die Einbeziehung der Künstler durch das KünstlersozialversicherungsG vom 27.7.1981 (BGBl. I 705). Das BVerfG hat das KünstlersozialversicherungsG für verfassungsgemäß gehalten, BVerfGE 75, 108.

3. Weitere K-Gesetze

a) Übersicht. Neben dem KVLG haben vor allem das Gesetz zur Weiterentwicklung des Kassenarztrechts (Krankenversicherungs-Weiterentwicklungsgesetz – KVWG) vom 28.12.1976 (BGBl. I 3871), das Gesetz zur Dämpfung der Ausgabenentwicklung und zur Strukturverbesserung in der gesetzlichen Krankenversicherung (Krankenversicherungs-Kostendämpfungsgesetz – KVKG) vom 27.6.1977 (BGBl. I 1069) und das Kostendämpfungsergänzungsgesetz – KVEG vom 22.12.1981 (BGBl. I 1578) Einfluss auf die durch das GKAR neu gefassten §§ 368 ff. RVO genommen. 30

b) KVWG. Das KVWG trug vor allem den schon erwähnten Kassenurteilen des BVerfG Rechnung,[30] die die Verhältniszahl des § 368a I RVO 1955 als eine nicht gerechtfertigte objektive Zulassungsbeschränkung des Arztberufs und deshalb als Verstoß gegen Art. 12 I GG angesehen hatten. Das KVWG führte anstelle der Verhältniszahl die so genannte „Bedarfsplanung zur Sicherstellung der kassenärztlichen Versorgung" ein. Außerdem wurden regulierende Maßnahmen gegen eine ärztliche Unterversorgung in den fraglichen Zulassungsbezirken vorgesehen. Das KVWG führte außerdem eine gesetzliche Fortbildungspflicht ein. 31

c) KVKG. Ein halbes Jahr später trat das KVKG in Kraft, mit dem erstmals nach dem Zweiten Weltkrieg versucht wurde, den Gesundheitsmarkt im Sinne einer Kostendämpfung zu beeinflussen. Auslösendes Moment für das Gesetz war die Konsolidierung der Finanzen der Rentenversicherungsträger und das gleichzeitig verkündete 20. Rentenanpassungsgesetz (BGBl. I 1040, 1744). Im Zuge des KVKG waren Gesamtverträge über die kassenärztliche Versorgung auf Landesebene mit Wirkung für alle beteiligten Krankenkassen abzuschließen. Zur Begrenzung der Ausgabenentwicklung konnten die Vertragspartner Höchstsätze vereinbaren. Im Gesamtvertrag war dabei auch die Höhe der Gesamtvergütung sowie ihre Veränderung zu regeln. Damit änderte der KVKG-Gesetzgeber vor allem das Vertragswesen im Bereich des Kassenarztrechts. Weiter führte das KVKG die „Konzertierte Aktion im Gesundheitswesen" im Rahmen des § 405a RVO ein. Diese sollte auch für das Kassenarztrecht bedeutsame medizinische und wirtschaftliche Orientierungsdaten entwickeln und Vorschläge zur Rationalisierung, Erhöhung der Effektivität und Effizienz im Gesundheitswesen erarbeiten.[31] Ziel ist es dabei gewesen, durch freiwillige Verhaltenssteuerung eine globale Beeinflussung des Gesundheitswesens zu erreichen. 32

d) KVEG. Diese Kostendämpfungsmaßnahmen sollten durch das KVEG, in Kraft getreten am 1.1.1982, verbessert werden. Ziel des Gesetzes war, die zu erbringenden Leistungen mehr auf das medizinisch Erforderliche zu beschränken und die Ausgaben der Krankenkassen stärker an den Einnahmen auszurichten. In diesem Zusammenhang wurde eine Verordnungsblattgebühr für Arznei- und Verbandmittel, Heilmittel und Brillen eingeführt oder angehoben und bei Zahnersatz das zahnärztliche Honorar vollständig zur Kassenleistung gemacht, wobei die zahntechnischen Leistungen nur mit 60 % bezuschusst werden konnten. Die Festlegung von Arzneiverordnungen bei Bagatellerkrankungen wurde einer Rechtsverordnung des Bundesministers für Arbeit und Sozialordnung überlassen. Es wurde außerdem ein Preisstopp für Heil- und Hilfsmittel und Brillen für zwei Jahre festgelegt. 33

e) Bedarfsplanungsgesetz. Durch das Gesetz zur Verbesserung der kassenärztlichen Bedarfsplanung vom 19.12.1986 (BGBl. I 2593) ist den Parteien des Bundesmantelvertrags-Ärzte aufgegeben worden, den bisherigen Bewertungsmaßstab für kassenärztlichen Leistungen (BMÄ) ab 1.10.1987 durch den Einheitlichen Bewertungsmaßstab für kassenärztliche Leistungen (EBM) abzulösen. 34

---

[30] → § 4 Fn. 25.
[31] *Heinemann/Liebold/Zalewski*, Kassenarztrecht, Rn. 56 ff.

35 **f) KHNG.** Nach einer Reihe von Haushaltsbegleitgesetzen, die den Versuch unternahmen, die Haushaltslage bei den gesetzlichen Krankenkassen zu verbessern, damit aber scheiterten,[32] wurde ein neuer Teilbereich des Gesundheitswesens spezialgesetzlich aufgegriffen. Dies erfolgte durch das Gesetz zur Neuordnung der Krankenhausfinanzierung[33] und die zum 1.1.1986 in Kraft getretene Bundespflegesatzverordnung.[34] Diese Gesetze verfolgten das Ziel, neben einer Abschaffung der Bund-Länder-Mischfinanzierung und einer dauerhaften wirtschaftlichen Sicherung der Krankenhäuser die enormen Kostenzuwächse im Krankenhausbereich einzudämmen. An der desolaten Situation der Kostenstrukturen im Gesundheitswesen änderte diese Politik nichts. Angesichts der immer weiter steigenden Beitragssätze war die Bundesregierung deshalb gezwungen, eine große Strukturreform der GKV in Angriff zu nehmen. Mit den Arbeiten dazu wurde nach der Bundestagswahl 1987 begonnen.

V. Das Gesundheits-Reformgesetz (GRG) 1989[35]

1. Ausgangslage

36 Das GRG ist am 1.1.1989 in Kraft getreten.[36] Ausgangslage für das Gesetz war, dass die Ausgaben für die GKV von 1960 mit ca. 8,9 Milliarden DM bis 1987 auf ca. 125 Milliarden DM angestiegen waren. Während die Beitragssätze zur GKV im Jahr 1970 noch durchschnittlich 8,2 % betragen hatten, lagen sie im Jahr 1988 bei durchschnittlich 13 %.

2. Zielsetzung

37 Mit dem Gesetz wurden im Wesentlichen drei Ziele verfolgt:
- Dämpfung des Ausgabenanstiegs in der GKV,
- Strukturveränderungen in den einzelnen Leistungsbereichen; dazu gehörte allerdings auch die Einführung neuer Leistungen;
- Neukodifikation des Rechts der GKV durch Einbau in das Sozialgesetzbuch (SGB).

38 Mit dem Gesetz sollten fast 14 Milliarden DM eingespart werden. Da aber neue Leistungen für rund 7 Milliarden DM vorgesehen waren, standen nur 7 Milliarden DM zur Entlastung der Beitragssätze zur Verfügung.[37] Die wichtigsten Inhalte des GRG kann man so zusammenfassen:[38]

39
- Neubestimmung der Solidarität durch Verzicht auf Leistungen,
- Wegfall des Sterbegelds,
- Ausschluss unwirtschaftlicher Arzneimittel,
- Ausschluss von Heilmitteln mit geringer oder umstrittener therapeutischer Wirkung,
- Ausschluss von Bagatellmitteln.

40 Für eine ganze Reihe von Leistungen wurden darüber hinaus Festbeträge vorgesehen. Außerdem sollten Volkskrankheiten besser bekämpft und Hilfen bei häuslicher Pflege gewährt werden. Das GRG wollte die Eigenverantwortung stärken, und zwar durch neue Leistungen der Krankenkassen, etwa im Rahmen zahnmedizinischer Gruppenprophylaxe, der Einführung zahnärztlicher Vorsorgeuntersuchungen für Versicherte und der Einführung regelmäßiger Gesundheitsuntersuchungen. Außerdem sollten Sparanreize für die Versicher-

---

[32] *Schlenker*, in: Schulin, Handbuch des Sozialversicherungsrechts, Bd. 1, § 1 Rn. 131 ff.
[33] Krankenhaus-Neuordnungsgesetz-KHNG vom 20.12.1984 (BGBl. I 1716) in der Fassung der Bekanntmachung des KHG vom 23.12.1985 (BGBl. 1986 I 33).
[34] Vom 21.8.1985 (BGBl. I 1666).
[35] *Fack/Robbers*, GRG.
[36] Gesetz zur Strukturreform im Gesundheitswesen, Gesundheits-Reformgesetz-GRG vom 20.12.1988 (BGBl. I 2477).
[37] *Schlenker*, in: Schulin, Handbuch des Sozialversicherungsrechts, Bd. 1, § 1 Rn. 141.
[38] *Fack/Robbers*, GRG 1989, 11 ff.

§ 4 Historische Entwicklung

ten durch Beitragsrückgewähr, Bonusregelungen und umfangreiche Zuzahlungsregelungen geschaffen werden.

Weiter wollte das Gesetz die Wirtschaftlichkeit verbessern. Dies betraf Ärzte und Zahnärzte, Krankenhäuser, den Arzneimittelbereich, die Apotheken und die Arzneimittelhersteller. Es war vorgesehen die Leistungstransparenz zu erhöhen, den Datenschutz zu verbessern, den vertrauensärztlichen Dienst umzugestalten und die Konzertierte Aktion neu zu regeln. Das Gesetz strebte außerdem eine Modernisierung der Strukturen an. Sie sollte durch Gleichstellung der Arbeiter und Angestellten oberhalb der Versicherungspflichtgrenze erreicht werden, durch die Verbesserung des Wettbewerbs der Kassen im gegliederten System und durch den Ausgleich von Beitragssatzunterschieden sowie der Anpassung des Beitrags zur Krankenversicherung der Rentner. Die Vorgaben der Qualitätssicherung wurden weiter ausgebaut. 41

VI. Die Gesetzgebung in den 90er Jahren

1. Die Einigung Deutschlands

Neue Herausforderungen ergaben sich durch die Einigung Deutschlands. Der Vertrag über die Schaffung einer Währungs-, Wirtschafts- und Sozialunion zwischen der Bundesrepublik Deutschland und der DDR (Staatsvertrag) vom 18.5.1990[39] und das Gesetz vom 25.6.1990,[40] mit dem der Staatsvertrag umgesetzt wurde, hatten die Grundlagen für ein einheitliches Sozialrechtssystem in Deutschland geschaffen. Die endgültige Angleichung erfolgte, indem die §§ 308 bis 314 SGB V als Zwölftes Kapitel durch den Einigungsvertrag vom 31.8.1990[41] in das SGB V eingefügt wurden. 42

2. Das Gesundheitsstrukturgesetz (GSG) 1993[42]

Ursache für einen weiteren Schritt des Gesetzgebers war die unverändert schlechte finanzielle Entwicklung der GKV. Die Ausgaben pro Versicherten waren im Jahr 1991 um 10,6 % gestiegen, gegenüber einem Zuwachs bei den beitragspflichtigen Einnahmen von nur 5 %. Für das erste Halbjahr 1992 lag die Entwicklung mit einem Ausgabenanstieg von 6,5 % gegenüber beitragspflichtigen Einnahmen von nur noch 4,4 % noch ungünstiger. Der durchschnittliche allgemeine Beitragssatz war nun auf über 13 % gestiegen. Der Gesetzgeber des GSG sah als Ursache dafür die erhebliche Unwirtschaftlichkeit bei der Leistungserbringung, die zunehmende Konkurrenzlage unter den niedergelassenen Ärzten sowie die unzureichende Umsetzung schon bestehender Steuerungsinstrumente.[43] 43

Durch das GSG wurden die Ersatzkassen vollständig in das System des Kassenarztwesens einbezogen. Der Begriff des „Kassenarztes" wurde durch den des „Vertragsarztes" ersetzt. Das Gesetz ermöglichte außerdem den Versicherten, der Kasse ihrer Wahl beizutreten. Dies führte erstmals zu einem Kassenwettbewerb. Dessen Folgen wurden allerdings durch den zum 1.1.1994 eingeführten kassenübergreifenden Risikostrukturausgleich, der den Abbau von Wettbewerbsverzerrungen bewirken sollte, relativiert. Im Bereich der Versorgungsstrukturen wurde die Krankenhausfinanzierung reformiert. Es wurden außerdem Neuregelungen im ambulanten Bereich vorgesehen. Um eine sofortige Kostenentlastung zu erreichen, budge- 44

---

[39] BGBl. II 537.
[40] BGBl. II 518.
[41] BGBl. II 889. Siehe dazu *Schlenker*, in: Schulin, Handbuch des Sozialversicherungsrechts, Bd. 1, § 1 Rn. 160 ff.; *Schirmer*, MedR 1991, 55.
[42] Gesetz zur Sicherung und Strukturverbesserung der gesetzlichen Krankenversicherung (Gesundheitsstrukturgesetz-GSG) vom 21.12.1992 (BGBl. I 2266), in Kraft getreten am 1. 1 1993. Zum GSG siehe *Schulte*, NZS 1993, 41; *Grupp*, NZS 1993, 46; *Zipperer*, NZS 1993, 53 ff., 59 ff.; *Schneider*, MedR 1993, 83.
[43] BT-Drs. 12/3608, S. 66.

tierte das GSG alle Ausgabenblöcke. Von 1993 bis 1995 durften die GKV-Ausgaben nur noch im Gleichklang mit den Einnahmen steigen („Einnahmenorientierte Ausgabenpolitik").

3. Das Beitragsentlastungsgesetz 1996[44]

45   Das Beitragsentlastungsgesetz vom 1.11.1996 sah vor, die Beitragssätze der GKV von 1996 auf dem bisherigen Niveau festzuschreiben und für 1997 um 0,4 %-Punkte abzusenken. Von 1997 bis 1999 wurden die Krankenhausbudgets um 800 Mio. DM gekürzt. Die Selbstbeteiligungen der Versicherten bei Arzneimitteln, Brillen und Kuren wurden erhöht. Versicherte, die 1997 noch nicht 18 Jahre alt waren, erhielten keinen Zuschuss von den Krankenkassen zum Zahnersatz mehr. Der Anspruch auf Krankengeld wurde gekürzt. Maßnahmen zur Gesundheitsförderung durften nur noch in eingeschränktem Maße von den Krankenkassen finanziert werden.

4. Das 1. und 2. Neuordnungsgesetz (NOG)

46   a) 1. NOG. Das 1. Gesetz zur Neuordnung von Selbstverwaltung und Eigenverantwortung in der gesetzlichen Krankenversicherung[45] (1. NOG) erschwerte Beitragssatzanhebungen. Die Mitglieder der GKV erhielten in diesem Fall ein außerordentliches Kündigungsrecht.

47   b) 2. NOG. Das 2. Gesetz zur Neuordnung von Selbstverwaltung und Eigenverantwortung in der gesetzlichen Krankenversicherung[46] (2. NOG) hatte dagegen zum Ziel, die Umverteilung der Finanzmittel von den Versicherten auf die Leistungsanbieter im Gesundheitswesen, also insbesondere auf Zahnärzte, Ärzte, Apotheker, Pharmaindustrie und Krankenhäuser vorzunehmen. Die Selbstbeteiligung der Versicherten bei Arzneimitteln, Heilmitteln und Krankenhauspflege wurde erhöht. Anstelle von Sachleistungen konnten die Versicherten nun auch Kostenerstattung wählen. Als Sachleistung durften ein erhöhter Selbstbehalt, Zuzahlungsdifferenzierungen, Beitragsrückzahlung und erweiterte Leistungen eingeführt werden. Erprobungs- und Modellvorhaben wurden erleichtert.[47]

48   c) Würdigung. Als Kostendämpfungsgesetze blieben sowohl das 1. als auch das 2. NOG im Ergebnis wirkungslos.

5. PsychThG 1998

49   Durch das Gesetz über die Berufe der psychologischen Psychotherapeuten und des Kinder- und Jugendlichen-Psychotherapeuten (PsychThG) vom 16.8.1998[48] wurde das Vertragsarztrecht um die Einbindung der nicht-ärztlichen Psychotherapeuten erweitert.

6. GKV-SolG 1998

50   Das Gesetz zur Stärkung der Solidarität in der gesetzlichen Krankenversicherung[49] beruhte auf dem Umstand, dass die Gesetzgebung im Bereich der sozialen Krankenversicherung

---

[44] BGBl. I 1631.
[45] 1. GKV-Neuordnungsgesetz – 1. NOG vom 23.6.1997 (BGBl. I 1518), in Kraft getreten am 1.7.1997.
[46] 2. GKV-Neuordnungsgesetz – 2. NOG vom 23.6.1997 (BGBl. I 1520), in Kraft getreten am 1.7.1997. Zum 1. und 2. NOG vgl. *Oldiges*, VSSR 1997, 439; *Schirmer*, MedR, 1997, 431; *Krasney*, NJW 1998, 1737; *Noftz*, VSSR 1997, 3939; *Muckel*, SGb 1998, 385.
[47] *Muschallik/Ziermann*, Zukunftsperspektiven der vertragszahnärztlichen Versorgung, 47.
[48] BGBl. I 1311, *Ebsen*, VSSR 2000, 277; *Schwarz*, VSSR 2000, 291; *Steinhilper*, VSSR 000, 349; *Engelhard*; VSSR 2000, 317.
[49] GKV-SolG vom 19.12.1998, in Kraft getreten am 1.1.1999 (BGBl. I 3858).

sich zunehmend von den Grundprinzipien einer solidarisch finanzierten, paritätischen sozialen Krankenversicherung entfernt hatte. Die Regierungsfraktionen (SPD/Bündnis 90/Die Grünen) sahen das als mit einer sozial gerechten und ausgewogenen Gesundheitspolitik nicht vereinbar.[50] Mit dem GKV-SolG sollte deshalb der Versuch unternommen werden, zu einer sozial gerechten Krankenversicherung zurückzukehren, die auf dem Solidar- und Sachleistungsprinzip beruhen sollte. Zugleich sollten die Finanzierungsgrundlagen der GKV dauerhaft stabilisiert und ein weiterer Anstieg der Versicherungsbeiträge verhindert werden. Um dieses Ziel zu erreichen, wurden alle Elemente der privaten Krankenversicherung (Beitragsrückgewähr, Kostenerstattung für Pflichtversicherte und Selbstbehalt) zurückgenommen. Außerdem wurden die Ausgaben in der GKV zeitlich befristet begrenzt. Bestimmte Zuzahlungen wurden aufgehoben. Die Arzneimittelzuzahlungen wurden gemindert. Das mit dem 2. NOG eingeführte Krankenhausnotopfer wurde für die Jahre 1998 und 1999 ausgesetzt. Die zeitliche Befristung im gesamtdeutschen Strukturausgleich wurde gestrichen.[51]

VII. Die Gesetzgebung ab dem Jahr 2000

1. Planung

Im Jahr 1999 hatte sich die Bundesregierung zu einer weiteren Reform der GKV entschlossen. Das Vorhaben wurde vom Bundestag gebilligt.[52] Das Vorhaben enthielt tiefgreifende Systemänderungen wie z.B. die Einführung eines Globalbudgets, der monistischen Krankenhausfinanzierung und einer Organisationsreform der Kassenärztlichen Vereinigungen, die letzten Endes alle nicht Gesetz wurden.[53]

51

2. GKV-Gesundheitsreformgesetz 2000

Als „Restposten" blieb das GKV-Gesundheitsreformgesetz 2000 vom 22.12.1999.[54] Hervorzuheben ist für das Gesetz, dass Prävention und Selbsthilfe verstärkt worden sind. Die Leistungen bei einem nicht rechtswidrigen Abbruch der Schwangerschaft wurden über den operativen Eingriff hinaus auf die Gabe einer den Schwangerschaftsabbruch herbeiführenden Medikation erweitert (§ 24 IV 1 Nr. 2 SGB V). Es wurde ein neuer § 33a eingeführt, durch den das BMG(S) ermächtigt wurde, durch Rechtsverordnung mit Zustimmung des Bundesrats auf der Grundlage einer Vorschlagsliste des neu zu errichtenden Instituts für Arzneimittelversorgungen in der GKV eine Liste verordnungsfähiger Arzneimittel zu erstellen.

52

Neu in die GKV aufgenommen wurde die Soziotherapie (§ 37a SGB V). Gravierend war die Änderung in § 69 SGB V: Das Gesetz sollte nunmehr als abschließende Regelung verstanden werden, so dass der Rückgriff auf (nationales) Wettbewerbs- und Kartellrecht ausgeschlossen wurde. Dem wurde auch § 51 SGG angepasst. Der neu eingeführte § 71 III SGB V band nunmehr Vergütungsvereinbarungen an eine vom BMG(S) jährlich festzustellende Veränderungsrate als Obergrenze. Zentrales Anliegen des Gesetzes war die weitere Ausgestaltung der hausärztlichen Versorgung. Das vertragsärztliche Vergütungssystem wurde erneut umgestaltet. Dazu kamen in den §§ 136a ff. SGB V umfangreiche gesetzliche Vorgaben für die Qualitätssicherung. Es wurde ein Koordinierungsausschuss eingerichtet (§ 137e

53

---

[50] Ausschussbericht zu BT-Drs. 14/24.
[51] Siehe dazu *Krasney*, NJW 1999, 1745.
[52] BT-Drs. 609/99 vom 5.11.1999.
[53] Zum Gesetzesvorhaben siehe ausführliche *Zuck*, Die Apotheken in der GKV-Gesundheitsreform 2000.
[54] Gesetz zur Reform der gesetzlichen Krankenversicherung ab dem Jahr 2000 (GKV-Gesundheitsreformgesetz 2000) vom 22.12.1999, BGBl. I 2626 und dazu *Krasney*, NJW 2000, 2697. Siehe auch das Gesetz zur Rechtsangleichung in der gesetzlichen Krankenversicherung vom 22.12.1999 (BGBl. I 2657).

SG V). Große Hoffnungen, die sich allerdings nicht erfüllen sollten, setzte der Gesetzgeber in das neue Konzept der integrierten Versorgung (§§ 140a ff. SGB V). Dazu kam eine Vielzahl datenschutzrechtlicher Regelungen.

3. Gesetzgebung im Jahr 2001

54 Das Gesetz zur Reform des Risikostrukturausgleichs (RSA) in der gesetzlichen Krankenversicherung vom 10.12.2001[55] führte einen Risikopool und RSA-gestützte Disease-Management-Programme ein. Zugleich wurden erste Schritte zur Festlegung eines morbiditätsorientierten RSA unternommen.

55 Das Gesetz zur Einführung des Wohnortprinzips bei Honorarvereinbarungen für Ärzte und Zahnärzte[56] vom 11.12.2001 hat die Gesamtvergütungen der Vertragsärzte in den neuen deutschen Ländern in den Jahren 2002 bis 2004 um jährlich bis zu 3%-Punkte an das Westniveau angeglichen. Mit Einführung des Wohnortprinzips wurden die Verträge über Arzthonorare und Strukturen der ärztlichen Versorgung nunmehr grundsätzlich zwischen der Krankenversicherung, in deren Einzugsbereich der GKV-Versicherte wohnte, und dem jeweiligen Landesverband seiner Krankenkasse geschlossen.[57]

4. Die Gesetzgebung im Jahr 2002

56 a) **AABG.** Das Arzneimittelausgaben-Begrenzungsgesetz (AABG) vom 15.2.2002[58] hatte versucht, das Problem eines besorgniserregenden starken Zuwachses bei den Arzneimittelausgaben in Höhe von 11,1% in Griff zu bekommen. Der Gesetzgeber war dabei davon ausgegangen, dass etwa 2,5 Milliarden DM des im Jahr 2001 zu erwartenden GKV-Defizits von rund 4 Milliarden DM auf die Ausgabenentwicklung im Arzneimittelbereich zurückzuführen sein würde.[59] Die Beschränkung der Ausgaben auf dem Arzneimittelsektor sollte mit Hilfe des AABG dadurch erreicht werden, dass der Apothekenrabatt zeitlich begrenzt angehoben wurde. Außerdem war eine Ausweitung der sogenannten Aut-idem-Regelung (Abgabe von wirkstoffgleichen Arzneimitteln durch die Apotheken) beabsichtigt. Neuregelungen zur Preisvergleichsliste sollten ebenso kostendämpfend wirken wie die für Krankenhäuser vorgesehene Pflicht, bei einem Therapievorschlag für den weiterbehandelnden Vertragsarzt bezüglich der Arzneimittel Wirkstoffbezeichnungen zu verwenden.

57 b) **FPG.** Eine tiefgreifende Reform im Vergütungssystem der Krankenhäuser nahm der Gesetzgeber mit dem Fallpauschalengesetz (FPG) vor.[60] Eingeführt wurde das sogenannte Diagnose-orientierte Abrechnungssystem (DRG-System), das die vormaligen Tagessatz bezogenen Krankenhausentgelte ersetzte. Damit waren zugleich umfangreiche Änderungen des KHG verbunden.[61]

58 c) **BSSichG.** Da sich auch Ende des Jahres 2002 herausstellte, dass die Ausgaben der GKV weiterhin wesentlich stärker gestiegen waren als die beitragspflichtigen Einnahmen, sah sich der Gesetzgeber zu einer weiteren Maßnahme veranlasst. Er erließ das Beitragssatzsiche-

---

[55] BGBl. I 3465. Das Gesetz ist am 1.1.2002 in Kraft getreten.
[56] BGBl. I 3526. Das Gesetz ist am 1.1.2002 in Kraft getreten.
[57] Siehe dazu *Heinemann/Liebold/Zalewski*, Kassenarztrecht, A 254.
[58] Gesetz zur Begrenzung der Arzneimittelausgaben der gesetzlichen Krankenversicherung (Arzneimittelausgaben-Begrenzungsgesetz-AABG) vom 15.2.2002 (BGBl. I 684); siehe dazu *Kamps*, MedR 2002, 193.
[59] Siehe dazu die Beschlussempfehlung des Gesundheitsausschusses zum Gesetzentwurf BT-Drs. 14/7144.
[60] Gesetz zur Einführung des Diagnose-orientierten Fallpauschalensystems für Krankenhäuser (Fallpauschalengesetz-FPG) vom 23.4.2002 (BGBl. I 1412).
[61] → § 25 Rn. 191 ff.

rungsgesetz (BSSichG).⁶² Der Gesetzgeber hielt das Gesetz für nötig, um die Finanzgrundlagen der gesetzlichen Kranken- und Rentenversicherung zu stärken, das Beitragssatzniveau zu stabilisieren und insbesondere im Bereich der GKV finanziellen Spielraum für die erforderlichen strukturellen Reformen zu schaffen.⁶³ Dafür hat das Gesetz folgende Maßnahmen verwirklicht:⁶⁴

- Der Rabatt der Apotheken an die Krankenkassen wurde nach Arzneimittelpreisen gestaffelt. Darüber hinaus waren für Arzneimittel, die zu Lasten der GKV abgegeben werden, Rabatte des pharmazeutischen Großhandels und der pharmazeutischen Unternehmer an die Krankenkassen zu entrichten.
- Die Versicherungspflichtgrenze wurde entsprechend der Erhöhung der Beitragsbemessungsgrenze der gesetzlichen Rentenversicherung für das Jahr 2003 auf 45 900 EUR angehoben (§ 6 SGB V).
- Kürzung des Sterbegelds auf die Hälfte (§ 59 SGB V).
- Für weite Leistungserbringerbereiche wurde für die Vergütung eine Nullrunde vorgesehen.
- Darüber hinaus wurden die Preise für zahntechnische Leistungen in der GKV um 5 % abgesenkt.
- Und schließlich wurden die Beitragssätze für das Jahr 2003 auf das Niveau des Jahres 2002 festgeschrieben.

Verfassungsrechtliche Bedenken gegen das BSSichG haben sich nicht durchgesetzt.⁶⁵ **59**

5. Gesundheitsmodernisierungsgesetz (GMG)⁶⁶

Schon nach kurzer Zeit zeigte sich, dass auch das BSSichG nicht in der Lage war, die von **60** ihm gesetzten Ziele zu erreichen. Der Bundestag beschloss deshalb das umfangreiche GMG.⁶⁷ Der Anlass für das GMG wurde nach der Amtlichen Begründung so formuliert:⁶⁸

„Die gesetzliche Krankenversicherung (GKV) in Deutschland ist mit ihren Grundprinzipien **61** *Solidarität, Subsidiarität und Selbstverwaltung ein Modell, das eine umfassende medizinische Versorgung gewährleistet. Alle Versicherten haben den gleichen Anspruch auf die notwendige medizinische Versorgung – unabhängig von Alter, Geschlecht und Einkommen. Damit dies auch in Zukunft gewährleistet bleibt, muss das Sozialsystem grundlegend reformiert werden. Gerade im Bereich der großen Volkskrankheiten, die die höchsten Kosten verursachen, sind* **62** *mangelnde Effektivität und Qualität zu verzeichnen. Deshalb müssen die vorhandenen Mittel effizienter eingesetzt und die Qualität der medizinischen Versorgung deutlich gesteigert werden.*

---

⁶² Gesetz zur Sicherung der Beitragssätze in der gesetzlichen Krankenversicherung und in der gesetzlichen Rentenversicherung (Beitragssatzsicherungsgesetz – BSSichG) vom 23.12.2002 (BGBl. I 4637). Versuche, das In-Kraft-Treten des Gesetzes zu verhindern, scheiterten, vgl. BVerfGE 106, 351; 106, 359; 106, 369.
⁶³ Amtliche Begründung, BT-Drs. 15/28 vom 5.11.2002, S. 1.
⁶⁴ Zum Gesetz siehe *Niemann*, NZS 2003, 134.
⁶⁵ BVerfGE 106, 351 – Zahntechniker; 106, 359 – Apotheker; 106, 369 – Arzneimittel-Großhandel; 114, 196 – Normenkontrollverfahren Baden-Württemberg und Saarland.
⁶⁶ Siehe dazu *Orlowski/Wasem*, Gesundheitsreform 2004; *Hiddemann/Muckel*, NJW 2004, 7. Zur Entstehungsgeschichte vgl. *Zach*, MedR 2004, 206.
⁶⁷ Gesetz zur Modernisierung der gesetzlichen Krankenversicherung (GKV-Modernisierungsgesetz – GMG) vom 14.11.2003, (BGBl. I 2190). Zum GMG s. *Dalichan*, MedR 2004, 197; *Orlowski*, MedR 2004, 202; *Kingreen*, MedR 2004, 188; *Luckhaupt*, GesR 2004, 266; *Butzer*, MedR 2004, 177; *Rompf*, VSSR 2007, 1 (35 ff.).
⁶⁸ BT-Drs. 15/1525 vom 8.9.2003. Das Gesetz ist in der Fassung von BR-Drs. 675/03 vom 26.9.2003 und BT-Drs. 15/1584 vom 24.9.2003 beschlossen worden. Siehe dazu auch BT-Drs. 15/1600 vom 25.9.2003.

63 *Zudem führen der medizinische Fortschritt und die zunehmende Zahl älterer Menschen zu einem Ausgabenanstieg, hinter dem die Entwicklung der Einnahmen zurückbleibt. Diese Finanzierungslücke kann nicht durch weitere Beitragssatzsteigerungen finanziert werden, denn dies erhöht die Arbeitskosten und trägt zu einer steigenden Arbeitslosigkeit bei. Eine Lösung des Problems durch Rationierung von Leistungen zu Lasten von Patientinnen und Patienten wird parteiübergreifend strikt abgelehnt. Ziel ist es vielmehr, ein hohes Versorgungsniveau bei angemessenen Beitragssätzen auch in Zukunft zu gewährleisten. Dies wird mit einem Bündel von Maßnahmen gewährleistet."*[69]

6. Die Gesundheitsreform 2006/2007

64 Änderungen im Berufsrecht der Ärzte, weiter steigende Arzneimittelausgaben und die Sicherung der finanziellen Stabilität der Krankenkassen haben den Gesetzgeber zu weiterem Handeln veranlasst.

65 **a) AVWG.** Das **Gesetz zur Verbesserung der Wirtschaftlichkeit in der Arzneimittelversorgung** (AVWG) vom 26.4.2006[70] unternahm den Versuch, die Festbetragsregelungen des SGB V wirtschaftlich effektiver zu gestalten; zugleich wurden die vertragsrechtlichen Kompetenzen der Krankenkassen auf diesem Sektor erweitert.[71]

66 **b) VÄndG.** Das Gesetz zur Änderung des Vertragsarztrechts und anderer Gesetze (**Vertragsarztrechtsänderungsgesetz – VÄndG**) vom 22.12.2006[72] flexibilisiert das ärztliche Berufsrecht. Es zielt außerdem auf die Stärkung des Wettbewerbs zwischen Vertragsärzten und Krankenhäusern im ambulanten Bereich. Die ärztlichen Versorgungsformen in verschiedenen Sektoren sind durch das Gesetz neu gestaltet worden.[73]

67 **c) GKV-WSG.** Das Gesetz zur Stärkung des Wettbewerbs in der gesetzlichen Krankenversicherung (GKV-Wettbewerbsstärkungsgesetz – **GKV-WSG**) vom 26.3.2007,[74] verstand sich als vorläufiger[75] Reformschluss. „Mit dem Gesetz zur Stärkung des Wettbewerbs in der Gesetzlichen Krankenversicherung wird das Gesundheitssystem auf allen Ebenen neu strukturiert und wettbewerblicher ausgerichtet. Damit werden insbesondere folgende Ziele verfolgt:

- Ein Versicherungsschutz für alle Einwohner ohne Absicherung im Krankheitsfall in der gesetzlichen oder privaten Krankenversicherung,

---

[69] BT-Drs. 15/1525, S. 1.
[70] BGBl. I 984, in Kraft getreten nach seinem Art. 3 I im Wesentlichen zum 1.5.2006. Siehe dazu krit. *Sodan*, NJW 2006, 3617.
[71] → § 3 Rn. 77.
[72] BGBl. I 3439, in Kraft getreten am 1.1.2007 (Art. 5 I VÄndG). Im Zuge neuer Gesetzgebungstechnik enthält das Gesetz eine Verfallsklausel: Es tritt mit Ablauf des 30.12.2017 außer Kraft; fünf Jahre nach Inkrafttreten ist es außerdem zu evaluieren (Art. 5 II VÄndG).
[73] Zum VÄndG vgl. *Sodan*, NJW 2006, 3617 (3618); *Dahm/Ratzel*, MedR 2006, 555; *Fiedler/Fürstenberg*, NZS 2007, 184; *Wille/Koch*, Gesundheitsreform 2007, Rn. 115; *Orlowski/Halbe/Karch*, Vertragsarztrechtsänderungsgesetz (VÄndG) 2007; *Orlowski*, VSSR 2007, 157; *v. Stackelberg/Kleinert/Wolf*, VSSR 2007, 177; *Hess*, VSSR 2007, 199, *Ratzel*, VSSR 2007, 207; *Beeretz*, ZMGR 2007, 122; *Wenner*, Vertragrecht nach der Gesundheitsreform § 2 Rn. 21 f. Zum Gesetzesentwurf vgl. BT-Drs. 16/2474. Zur (fehlenden) Kompetenz des Gesetzgebers siehe *Pestalozza*, GesR 2006, 389; *Steinhilper/Weimer*, GesR 2006, 200; aA *Orlowski/Halbe/Karch*, Vertragsarztrechtsänderungsgesetz (VÄndG) 2007, 5 ff.; *Orlowski*, VSSR 2007, 157 (158 f.); *Rixen*, VSSR 2007, 213 (233) spricht von „brauchbarer Illegalität".
[74] BGBl. I 378. Teilweise in Kraft getreten am 1.4.2007 (Art. 46 I GKV-WSG). Zum Gesetz siehe *Gehring*, VSSR 2009, 185. Zu seinen Auswirkungen *Gaßner/Eggert*, NZS 2011, 249.
[75] Die Vorläufigkeit ist im Hinblick auf ein beabsichtigtes PräventionsG und die Reform der Pflegeversicherung schon angekündigt, BR-Drs. 755/06, S. 242. Auch das VVG-RefG wird, unbeschadet der jetzt schon durch Art. 43 (§ 178 V–IX bis § 178i VVG) und Art. 44 (insbesondere in § 12 VAG) GKV-WSG im VVG/VAG vorgenommenen Änderungen, sicherlich eine Rolle spielen, BR-Drs. 707/06 vom 13.10.2006.

- Der Zugang der Versicherten zu allen medizinisch notwendigen Leistungen unter Einbeziehung des medizinischen Fortschritts, unabhängig von der Höhe der jeweils eingezahlten Beiträge,
- Weichenstellung für eine künftige Beteiligung aller an der Finanzierung des Gesundheitssystems nach ihrer Leistungsfähigkeit durch Fortführung und Ausbau eines steuerfinanzierten Anteils,
- Qualitäts- und Effizienzsteigerung durch Intensivierung des Wettbewerbs auf Kassen- und auf Leistungserbringerseite sowie Straffung der Institutionen,
- Entbürokratisierung und Vergrößerung der Transparenz auf allen Ebenen,
- Einstieg in die Sicherung der Nachhaltigkeit der Finanzierung der GKV sowie künftige Lockerung der Abhängigkeit vom Faktor Arbeit,

Ausweitung der Wahl- und Wechselmöglichkeiten der Versicherten in der privaten Krankenversicherung.

- Das Gesetz zur Stärkung des Wettbewerbs in der Gesetzlichen Krankenversicherung setzt damit die mit dem GMG eingeleitete Gesundheitspolitik in Richtung
  - Erweiterung der Wahl- und Entscheidungsmöglichkeiten der Versicherten,
  - Intensivierung des Wettbewerbs um Qualität und Wirtschaftlichkeit sowohl zwischen Krankenkassen als auch zwischen Leistungserbringern,
  - Erhöhung der Transparenz über Angebote, Leistungen und Abrechnungen sowie
  - Verminderung des bürokratischen Aufwands

konsequent fort."[76]

7. Fortsetzung der Gesundheitsgesetzgebung im Bereich der GKV

a) Das Gesetz zur Weiterentwicklung der Organisationsstruktur der gesetzlichen Krankenversicherung (GKV-OrgWG) vom 16.12.2008 (BGBl. I 2426). Neben einer Reihe (umfangreicher) punktueller Regelungen wie etwa bei Aufhebung der Altersgrenzen für Vertragsärzte liegt der Schwerpunkt des Gesetzes in den Bestimmungen, die die Insolvenzfähigkeit von Krankenkassen betreffen (§§ 171b ff. SGB V).[77] Bedeutsam sind auch die ergänzenden Regelungen für den Gesundheitsfonds (§ 271a, § 272 I-III SGB V n. F.)[78]

Weitere Änderungen hat das Gesetz zur Änderung krankenversicherungsrechtlicher und weiterer Vorschriften vorgenommen.[79] Das Gesetz hat umfangreiche Änderungen im SGB V veranlasst, aber auch im Ausbildungsrecht von Apothekern, Ärzten, Zahnärzten, Krankenpflegern und Hebammen.

b) Das Gesetz zur Neuordnung des Arzneimittelmarktes in der Gesetzlichen Krankenversicherung (Arzneimittelmarktneuordnungsgesetz – AMNOG) vom 22.12.2010 (BGBl. I 2262)[80]. Kernstück des Gesetzes ist die Etablierung eines spezifisch sozialversicherungsrechtlichen Systems der Qualitätssicherung und Preissteuerung für die zu Lasten der GKV abgegebenen Arzneimittel. Das Gesetz verfolgt das Ziel, für neuartige Arzneimittel

---

[76] BR-Drs. 755/06, S. 241 f. Zum GKV-WSG siehe *Wille/Koch*, Gesundheitsreform 2007, Rn. 27 ff.; *Orlowski/Wasem*, Gesundheitsreform 2007 (GKV-WSG), 2007; *Bitter*, GesR 2007, 152; *Sodan*, NJW 2006, 3617; *ders.*, NJW 2007, 1313; *Axer*, GesR 2007, 193; *Becker*, ZMGR 2007, 101; *Heistermann*, ZMGR 2007; *Wille*, PharmR 2007, 503. Aus sozialrechtlicher Sicht sehr abgewogen *R. Schlegel*, SozSich 2006, 378. Zur Auffassung des DGB siehe SozSich 2006, 369.

[77] Siehe dazu *Füsser*, SGb 2009, 126; *Gaßner*, VSSR 2009, 121; *Heberlein*, GesR 2009, 141; *Hoffmann*, GesR 2009, 135; *Uwer*, GesR 2009, 113; *Vöcking*, GesR 2009, 138; *Bultmann*, MedR 2009, 25; *Krasney*, NZS 2010, 443.

[78] Siehe dazu *Pfohl/Sichert*, NZS 2009, 71.

[79] Vom 24.7.2010 (BGBl. I 983).

[80] *Paal/Rehmann*, A&R 2011, 51; *Kingreen*, NZS 2011, 441; *Kruchen*, NZS 2011, 497.

ohne Zusatznutzen[81] keinen höheren Preis zuzulassen als für die schon vorhandenen Vergleichspräparate. Für Arzneimittel mit einem Zusatznutzen soll ein angemessener Preis generiert werden.[82] Dem soll die frühere Nutzenbewertung dienen (§ 35a SGB V)[83] und die Bestimmung des Erstattungsbetrags.[84]

73 c) **Das Gesetz zur nachhaltigen und sozial ausgewogenen Finanzierung der Gesetzlichen Krankenversicherung (GKV-Finanzierungsgesetz – GKV-FinG) vom 22.12.2010 (BGBl. I 2309).** Das Gesetz sollte den für das Jahr 2011 prognostizierten finanziellen Defiziten der Krankenkassen (mit 11 Mrd. EUR) gegensteuern.[85] Zur Ausgabensteuerung wurden deshalb die Verwaltungskosten der Krankenkassen und ihrer Verbände begrenzt (§ 4 SGB V n. F.) und die Zuweisungen aus dem Gesundheitsfonds für 2011 und 2012 eingefroren. Die Einnahmenseite sollte durch die Anhebung des allgemeinen Beitragssatzes auf 15,5 % bei festgeschriebenem Arbeitgebersatz von 7,3 % verbessert werden.

74 d) **Das Gesetz zur Verbesserung der Versorgungsstrukturen in der Gesetzlichen Krankenversicherung (GKV-Versorgungsstrukturgesetz – GKV-VStG) vom 22.12.2011 (BGBl. I 2983)**[86]. Das Gesetz spezifiziert die Ansprüche der Versicherten bei lebensbedrohlichen oder regelmäßig tödlichen Erkrankungen. (§ 2 I a SGB V), enthält eine umfangreiche Neuregelung der ambulanten spezialärztlichen Versorgung (§ 116b SGB V)[87], hat aber seinen Ziel-Schwerpunkt vor allem darin, mehr Ärzte zu veranlassen, sich in ländlichen Regionen niederzulassen. Die Einzelheiten sollen sich aus einer Richtlinie des G-BA zur Bedarfsplanung ergeben.[88]

75 e) **PsychEntG.** Das Gesetz zur Einführung eines pauschalierten Entgeltsystems für psychiatrische und psychosomatische Einrichtungen (Psych-Entgeltgesetz – PsychEntgG) vom 21.7.2012 (BGBl. I 1613) ändert das KHG, das KHEntgG, die BPflV, um so einem Auftrag aus § 17d KHG nachzukommen, für die im Gesetz angesprochenen Bereiche ein leistungsorientiertes und pauschalierendes Vergütungssystem (PEPP) einzuführen. Die Änderungen betreffen auch das SGB V u. a. bezüglich der Modellvorhaben zur Versorgung psychisch kranker Menschen (§ 64b) und zur Regelung geriatrischer Institutsambulanzen (§ 118a). Das Gesetz tritt – mit Maßgaben – am 1.1.2013 in Kraft.

76 f) **16. AMG-Novelle.** Einen vorläufigen Schlusspunkt hatte die 16. AMG-Novelle[89] gesetzt, deren wesentliches Ziel es war, europäisches Richtlinienrecht[90] auf den Schutz der

---

[81] Zum Zusatznutzenbegriff vgl. *Rothers*, NZS 2010, 612.
[82] *Kingreen*, NZS 2011, 441 (443).
[83] Siehe dazu auch die AM-NutzenV vom 28.12.2010 (BGBl. I 2324).
[84] *Maassen*, GesR 2011, 82; *Huster*, GesR 2011, 76; *Hess*, GesR 2011, 65; *Axer*, SGb 2011, 405; *Windelen*, GesR 2011, 92; *Heinemann/Lang*, MedR 2011, 150. Zur Vereinbarung des Erstattungsbetrags vgl. *Anders*, PharmR 2012, 81. Siehe früher schon *Dettling*, VSSR 2008, 379; *Huster*, VSSR 2008, 221. Zu den kartellrechtlichen Auswirkungen des Gesetzes vgl. *Baier*, MedR 2011, 345.
[85] *Hänlein/Schuler*, in: LPK-SGB V, Einl. Rn. 27.
[86] *Hänlein/Schuler*, in: LPK-SGB V, Einl. Rn. 28; *Pietschas*, in: FS f. Knemeyer, 2012, 499 ff. Zur vertragsärztlichen Versorgung siehe *Bäune/Dahm/Flasbarth*, MedR 2012, 77; *Kaufmann/Grühn*, MedR 2012, 297.
[87] Siehe dazu *Quaas*, GesR 2013, 328; *Stollmann*, NZS 2012, 485.
[88] *Steinhilper*, MedR 2012, 441 (444); *ders.* auch zu den ergänzenden Neuregelungen.
[89] Zweites Gesetz zur Änderung arzneimittelrechtlicher und anderer Vorschriften vom 19.10.2012 (BGBl. I 2192), in Kraft getreten im Wesentlichen (vgl. Art. 15) am 26.10.2012.
[90] Richtlinie 2010/84 EU des Europäischen Parlaments und des Rates zur Änderung der Richtlinie 2001/83 EG zur Schaffung eines Gemeinschaftskonsenses für Arzneimittel hinsichtlich der Pharmakovigilanz vom 31.12.2010 (ABl. L 348 vom 31.12.2010, S. 74, L 21 vom 25.1.2011 S. 8) und der Richtlinie 2011/82 EU des Europäischen Parlaments und des Rates hinsichtlich der Veränderung des Einbringens von gefälschten Arzneimitteln in die legale Lieferkette vom 8.6.2011 (ABl. L 174 vom 1.7.2011 S. 74). Zu weiteren maßgeblichen europäischen Richtlinien siehe BT-Drs. 17/9341 S. 7 mit Fn. 1.

Pharmakovigilanz und der Bekämpfung der Fälschung von Arzneimitteln im deutschen Recht umzusetzen.[91] Die Änderungen im Heilmittelwerberecht sollen vor allem der durch die europäische Rechtsprechung veranlassten Liberalisierung des Heilmittelwerberechts dienen.[92] Dem ist jedoch anschließend das Dritte Gesetz zur Änderung arzneimittelrechtlicher und anderer Vorschriften (zum Teil der Umsetzung von EU-Richtlinien dienend) vom 7.8.2013 (BGBl. I 3108) gefolgt.

g) PNG. Das Gesetz zur Neuausrichtung der Pflegeversicherung[93] soll das Leistungsangebot der Pflegeversicherung fortentwickeln, klären, welchen Hilfsbedarf insbesondere an Demenz erkrankte Menschen haben, und dafür sorgen, dass diese ab 1.1.2013 mehr und bessere Leistungen erhalten. Daneben sollen die Finanzierungsgrundlagen für die Pflege angepasst werden.[94]   77

h) GKV-FQWG. Mit dem GKV-Finanzstruktur- und Qualitätsweiterentwicklungsgesetz (GKV-FQWG)[95] geht es im Wesentlichen um eine weiter für erforderlich gehaltene Zusatzfinanzierung der GKV (u. a. Einführung einkommensabhängiger Zusatzbeiträge), die Weiterentwicklung des Risikostrukturausgleichs (RSA), die Gründung eines fachlich unabhängigen, wissenschaftlichen Instituts für Qualitätssicherung und Transparenz im Gesundheitswesen (IQTiG) durch den G-BA sowie um die Verlängerung der Einführungsphase des pauschalierenden Vergütungssystems für psychiatrische und psychosomatische Krankenhäuser und Fachabteilungen (PEPP) um weitere zwei Jahre.   78

i) GKV-VSG. Mit dem Gesetz zur Stärkung der Versorgung in der GKV (GKV-VSG)[96] geht es – in der Fortentwicklung des GKV-VStG – um eine weitere Verbesserung der ambulanten Versorgung in unterversorgten oder strukturschwachen Gebieten, indem finanzielle Anreize für die Niederlassung von Ärzten durch u. a. die Einrichtung eines Strukturfonds bei den KÄVn vorgesehen werden. Darüber hinaus wird das sog. Krankenhaus-Entlassmanagement neu justiert und es werden erweiterte Möglichkeiten der Verordnung von Arznei-, Heil- und Hilfsmitteln durch Krankenhäuser sowie der Übernahme ambulanter Leistungen geschaffen. Schließlich gibt es den Leistungsanspruch der Versicherten auf Einholung einer unabhängigen Zweitmeinung bei bestimmten planbaren und mengenanfälligen Eingriffen (Festlegung der Krankheitsbilder durch den G-BA) und den Aufbau eines strukturierten und qualitätsgesicherten Zweitmeinungsverfahrens.   79

j) PrävG. Mit dem Gesetz zur Stärkung der Gesundheitsförderung und der Prävention (PrävG)[97] geht es um die Zusammenarbeit der Akteure in der Prävention und Gesundheitsförderung durch die GKV, GRV, SPV, GUV und auch die PKV. Beabsichtigt ist die Festlegung gemeinsamer Ziele in einer nationalen Präventionskonferenz durch die Sozialversicherungsträger und der Beteiligung insbesondere von Bund, Ländern, Kommunen, der Bundesagentur für Arbeit und der Sozialpartner. Ziel ist die Verständigung auf ein gemeinsames Vorgehen („nationale Präventionsstrategie").   80

k) HPG. Mit dem Gesetz zur Verbesserung der Hospiz- und Palliativversorgung (HPG)[98] geht es um die Verbesserung der ambulanten Palliativversorgung und die Förderung der   81

---

[91] BT-Drs. 17/9341 vom 18.4.2012 S. 1.
[92] BT-Drs. 17/9341 vom 18.4.2012 S. 2.
[93] Pflege-Neuausrichtungs-Gesetz – PNG vom 23.10.2012 (BGBl. I 2246).
[94] BT-Drs. 17/0369 S. 1.
[95] GKV-FQWG vom 21.7.2014 (BGBl. I 1133, 1147).
[96] GKV-VSG vom 16.7.2015 (BGBl. I 1211, 1236, 1244).
[97] Gesetz zur Stärkung der Gesundheitsförderung und der Prävention (PrävG) vom 17.7.2015 (BGBl. I 1368, 1375, 1379).
[98] Gesetz für Verbesserung der Hospiz- und Palliativversorgung (HPG) vom 1.12.2015 (BGBl. I 2114, 2117, 2118).

Vernetzung in der Regelversorgung. Das geschieht durch eine Stärkung der Palliativpflege, durch Erleichterungen für die spezialisierte ambulante Palliativversorgung (SAPV) und die Förderung des weiteren Ausbaus der SAPV in ländlichen Regionen. Die Sterbebegleitung ist damit Bestandteil des Versorgungsauftrags der Pflegeversicherung.

82 l) **KHSG.** Mit dem Krankenhausstrukturgesetz (KHSG)[99] werden u. a. die Grundlagen zu einer Neuordnung der Krankenpflege, zur Einführung der Qualität als Bestandteil der Krankenhausversorgung und zur Mengen-Steuerung in der stationären Versorgung geschaffen bzw. weiterentwickelt[100]). Zur Stärkung der Pflege am Bett werden Pflegestellen – Förderprogramme eingerichtet, wobei sich die Fördermittel in den Jahren 2016 bis 2018 auf insgesamt EUR 660 Mio. belaufen. Ab 2019 stehen dauerhaft bis zu EUR 330 Mio. pro Jahr zur Verfügung.

83 Hauptanliegen des KHSG ist die „Qualität (in) der Krankenhausversorgung" zu verbessern. Sie soll strenger kontrolliert und auf neue – rechtliche – Grundlagen gestellt werden. Insbesondere wird die Qualität als (viertes) Kriterium bei der Krankenhausplanung eingeführt. Die Verbindlichkeit der Qualitätssicherungsrichtlinien des G-BA wird gestärkt. Die bisherige Mindestmengenregelung wird nach der Vorgaben der höchstrichterlichen Rechtsprechung rechtsicher ausgestaltet.

84 Die Mengensteuerung in der stationären Versorgung wird in zwei Stufen neu ausgerichtet: In einer ersten Stufe werden ab dem Jahr 2016 die mit dem GKV- VSG beschlossenen Regelungen zur Einholung von Zweitmeinungen bei mengenanfälligen planbaren Eingriffen eingeführt. Zudem ist durch die Vertragsparteien auf Bundesebene die Bewertung bei Leistungen mit wirtschaftlich begründeten Fallzahlsteigerungen abzusenken oder abzustufen. In einer zweiten Stufe wird ab dem Jahr 2017 die Mengensteuerung von der Landes– auf die Krankenhausebene verlagert. Kostenvorteile, die bei der Erbringung ärztlicher Leistungen entstehen, werden dann nicht mehr mindernd auf Landesebene berücksichtigt. Vielmehr werden diese zukünftig verursachungsgerecht durch einen grundsätzlich dreijährigen Abschlag (Fixkostendegressionsabschlag – FDA –) bei dem einzelnen Krankenhaus berücksichtigt, das diese Leistungen vereinbart. Die Höhe des Abschlags wird auf der Landesebene vereinbart.

85 m) **PsychVVG.** Mit dem Gesetz zur Weiterentwicklung der Versorgung und der Vergütung für psychiatrische und psychosomatische Leistungen (PsychVVG)[101] wird ein neues Vergütungssystem in der Psychiatrie und Psychosomatik eingeführt: Statt der vorgesehenen landeseinheitlichen Preise gibt es nun krankenhausindividuelle Budgets. Die Budgets der einzelnen Krankenhäuser werden unter Berücksichtigung von leistungsbezogenen strukturellen Besonderheiten vereinbart. Die Vergütung wird sich stärker an Leitlinien, der Einhaltung von Personalstandards und den Qualitätsvorgaben des G-BA orientieren. Die Relativgewichte für Leistungen werden bundesweit auf Basis einheitlicher Daten kalkuliert. Insoweit folgt das PsychVVG den bereits vor über einem Jahrzehnt eingeführten DRG-System für somatischer Krankenhäuser.

86 n) **AMVSG.** Mit dem Gesetz zur Stärkung der Arzneimittelversorgung in der GKV (AMVSG)[102] soll der flächendeckende unmittelbarer Zugang zu neuen Arzneimitteln für alle Versicherten in Deutschland gewährleistet werden. Es geht um eine innovative, sichere und

---

[99] Gesetz zur Reform der Strukturen der Krankenhausversorgung (KHSG) vom 10.12.2015 (BGBl. I, 2229, 2242, 2253).

[100] Zu einzelnen – krankenhausbezogenen – Rechtsfragen des KHSG vgl. u. a. *Bohle*, GesR 2016, 605; *Makoski*, GuP 2016, 30; *Pitschas*, GuP 2016, 161; *Rau*, das Krankenhaus 2015, 1121 und *Stollmann* NZS 2016, 201.

[101] PsychVVG vom 19.12.2016 (BGBl. I 2986, 2993, 2997).

[102] GKV-Arzneimittelversorgungsstärkungsgesetz (AMVSG) vom 4.5.2017 (BGBl. I 1050, 1054, 1056).

bezahlbare Arzneimittelversorgung. Vor diesem Hintergrund sieht das AMVSG verschiedene Maßnahmen vor. Diese zielen darauf ab,
- Innovationen und neue Wirkstoffe weiterhin möglichst schnell dem Patienten zur Verfügung zu stellen,
- Preissteigerungen in den Arzneimittelsegmenten, die keiner hinreichenden Ausgabenregulierung unterliegen, zu begrenzen,
- das mit dem AMNOG vom 22.12.2010 (BGBl. I 2262) eingeführte und inzwischen bewährte Verfahren zur Vereinbarung eines Erstattungsbetrages auf der Grundlage des therapeutischen Zusatznutzens aufgrund der bisherigen Erfahrungen weiter zu entwickeln,
- bei Rabattverträgen die Lieferfähigkeit der pharmazeutischen Unternehmer sicher zu stellen, um so die Versorgung der Versicherten mit den Rabattarzneimitteln zu sichern,
- bei der Festbetragsgruppenbildung und bei der Bewertung des Zusatznutzens von Antibiotika die Resistenzsituation zu berücksichtigen und
- die Vergütung der Apotheken bei Standardrezepturarzneimitteln und Arzneimitteln, deren Abgabe mit besonders hohem Dokumentationsaufwand verbunden ist, zu erhöhen.

VIII. Gesamtüberblick

Versucht man, sich einen Gesamtüberblick über die Entwicklung der gesetzlichen Krankenversicherung nach 1945 zu verschaffen, so fällt das Ergebnis wenig schmeichelhaft für den Gesetzgeber aus. Zwar ist es zunächst gelungen, den erforderlichen Strukturwandel der GKV weg vom Führerprinzip zurück in die Selbstverwaltung rasch zu verwirklichen. Der Gesetzgeber hat es auch grundsätzlich erreicht, die RVO aus dem Jahr 1914 zu modernisieren und in das Gesamtkonzept des SGB V und der dieses ergänzenden Gesetze zu bringen. Der Gesetzgeber hat aber das Problem der steigenden Kosten, das ihn seit den 80er Jahren des vergangenen Jahrhunderts beschäftigt, nie auch nur ansatzweise in den Griff bekommen. Dies hängt ganz wesentlich damit zusammen, dass der Gesetzgeber sich den wichtigsten Ursachen für die Kostensteigerungen, nämlich der demografischen Entwicklung, dem medizinischen Fortschritt, dem Marktdenken der Leistungserbringer und der auf Grund der Intransparenz des Systems bestehenden Unkenntnis über die Zusammenhänge bei den Versicherten, nie wirklich zugewandt hat. Die – parteipolitisch wechselnden – unterschiedlichen Gesetzgeber haben es nie wirklich gewagt, sich einerseits mit der Verknüpfung der Krankenversicherung und den Problemen des Rentenrechts und des Arbeitsmarktes, andererseits mit dem Leistungskatalog selbst zu beschäftigen. Die vergangenen Jahrzehnte zeigen ein ständiges Auf und Ab von der Zubilligung neuer Leistungen bis zum Wegfall von Leistungen. Man kann auch einen permanenten Wandel in der Beurteilung der Bedeutung privatversicherungsrechtlicher Elemente in der GKV feststellen. Die fast ausschließliche Orientierung an der Finanzierung des Systems hat dann über alle Kostendämpfungsgesetze hinweg dazu geführt, dass der Gesetzgeber die Kosten anstelle der Leistungen betrachtet hat, die Kostenträger anstelle der Leistungserbringer und die Sorge um die Funktionsfähigkeit des Systems anstelle der Sorge um die Absicherung des Krankheitsrisikos beim Versicherten. Das hat dazu geführt, dass das Recht der Krankenversicherung auf den Kopf gestellt worden ist. Sollte es von seinem Ansatz her (und das ist auch heute noch ein notwendiges Ziel) dem Versicherten dienen, also wirklich den Patienten in den Vordergrund stellen, so ist dieser heute fast zu einer quantité négligeable geworden. Solange das System nur funktioniert, muss der Versicherte sich fügen. Das sich immer schneller drehende Kostendämpfungsgesetzgebungskarussell bleibt ohnehin, schon auf Grund der Schwerfälligkeit der Gesetzgebungsverfahren, hinter der wirtschaftlichen Entwicklung zurück und greift wegen den mit ihm verbundenen hoch komplizierten bürokratischen Einzelheiten auch stets nur mit Verzögerung. Entscheidend ist aber, dass die vorrangige Orientierung an den Kosten die Gesetzgebung zu einer

Palliativ-Gesetzgebung macht. Die bloße Dämpfung der Folgen lässt ihre Ursachen unberührt.[103] Das zeigt auch die jüngste Entwicklung. Unter den bisherigen Vorgaben handelt es sich um eine gesetzgeberische Endlosspirale. Abhilfe wäre nur zu erwarten, wenn sich der Gesetzgeber von seinen Konsensprämissen entfernen würde. Es kommt nicht darauf an, die Erwartungshaltung der Versicherten (als potentielle Wähler) zu befriedigen und Einvernehmen mit wenigstens den wichtigsten Leistungserbringergruppen und der einflussreichen Kostenträgerseite zu erzielen. Dass die neueste Entwicklung auf dem Gesundheitssektor durch parteiübergreifende Verständigung gekennzeichnet ist, hinderte den Gesetzgeber nicht daran, wirkliche Entscheidungen zu treffen. Diese müssten davon ausgehen, das Sachleistungssystem durch ein Kostenerstattungssystem zu ersetzen. Nur wenn der Versicherte eine detaillierte Rechnung in die Hand bekommt, weiß er, was er bezahlt. Allein in diesem Zusammenhang kann man ihm auch nur sagen, was bezahlbar ist. Hilfreich wäre es darüber hinaus, wenn sich die GKV wirklich auf die Versicherung von Krankheit beziehen würde. Die inzwischen eingetretene Verknüpfung von Fragen des Rentenrechts und des Arbeitsmarktes bringt die GKV in Abhängigkeiten, derer sie nicht Herr werden kann. So schwer es auch sein mag, sich über den Inhalt von „Gesundheit" zu verständigen, es müsste mehr dafür getan werden, um zu erreichen, dass der an sich hilfreiche Rückgriff auf das Vorfeld von Krankheit (über Vorsorge und Früherkennung) eindeutiger gefasst wird. Und dann erscheint es als unverzichtbar, mehr auf die Selbstheilungskräfte des Marktes als auf die Schaffung immer neuer Verwaltungsstrukturen zu setzen. Das unübersichtliche, komplizierte, für eine ordnungsgemäße Haushaltspolitik der Krankenkassen weitgehend schädliche System des Risikostrukturausgleichs zeigt, was Not täte: Wirklicher Wettbewerb im gegliederten Krankenkassensystem. Eins kann man jedenfalls als Ergebnis festhalten: Alle bisherigen Kostendämpfungsmaßnahmen des Gesetzgebers haben sich als ungeeignet erwiesen. Das BVerfG hat diese Versuche zu großzügig beurteilt. Natürlich kann man jeden Einzelversuch in den Entscheidungsspielraum des Gesetzgebers verlagern und ihm insoweit Erprobungsfreiräume zubilligen. Ein solches verfassungsrechtliches Denken scheidet aber aus, wenn sich Fehlversuch an Fehlversuch anschließt.

§ 5 Strukturelemente und Zielvorgaben der GKV

I. Systemvergleich

Will man sich einen ersten Überblick über das System der GKV verschaffen, so gewinnt man ihn am leichtesten durch einen Vergleich mit der PKV.[104]

1. Sachleistung und Kostenerstattung

1   Für die GKV gilt das Sachleistungsprinzip (§ 2 SGB V).[105] Die Kostenerstattung ist die Ausnahme. In der PKV muss sich der Versicherte die von ihm für notwendig gehaltenen Leistungen selbst beschaffen. Er hat dann nach Maßgabe der allgemeinen und besonderen Versicherungsbedingungen einen Kostenerstattungsanspruch gegenüber dem Versicherungsunternehmen, bei dem er versichert ist. Die Kostenerstattung ist hier also die Regel. Es ist jedoch nicht zu verkennen, dass sich die Systeme annähern. Das Zuzahlungssystem in der

---

[103] Wichtig dazu *Dettling*, Gesundheitsökonomie und Gesundheitsrecht, 2005; *ders.* GesPol 2007, 33; *Schimmelpfeng-Schütte*, MedR 2006, 519; *Ramsauer*, NZS 2006, 505.
[104] *Plagemann*, SGB V – Gesetzliche Krankenversicherung, in: ders. Münchener Anwaltshandbuch Sozialrecht, § 16 Rn. 1 ff.; *Sodan*, in: ders. Handbuch des Krankenversicherungsrechts, § 1 Rn. 14 ff.; *Boetius*, PKV, Einf. Rn. 8 ff.
[105] → § 9 Rn. 2 ff.

GKV ist immer weiter ausgebaut worden.[106] Nach § 13 II 1 SGB V können die Versicherten überdies anstelle der Sach- oder Dienstleistungen Kostenerstattung wählen.

2. Leistungsumfang

Die Leistungen in der GKV müssen ausreichend, zweckmäßig und wirtschaftlich sein. Sie dürfen das Maß des Notwendigen nicht überschreiten (§ 12 I SGB V). In der PKV orientieren sich die Ansprüche des Versicherten an der „medizinisch notwendigen Heilbehandlung" (§ 1 II MB/KK).[107] Da in der GKV das Notwendige durch das Wirtschaftliche eingeschränkt sein kann, auf der anderen Seite aber in der GKV durch ausdrückliche gesetzliche Regelung auch Leistungen erbracht werden können, die nicht einer Behandlung von Krankheit zuzuordnen sind (z. B. Schwangerschaft), kann es in der PKV noch ein Mehr gegenüber den GKV-Leistungen geben. Die beiden Systeme differieren also. In der Ausweitung der Wahltarifmöglichkeiten in der GKV (§ 53 SGB V)[108] liegt jedoch eine wichtige Veränderungsmöglichkeit. Die GKV verlässt mit solchen Wahltarifen die Begrenzungsvorgaben des § 12 I SGB V in Richtung eines Wettbewerbs mit der PKV.

3. Teilnahmeberechtigung

In der GKV hängen die Pflicht- und die freiwillige Versicherung allein vom Vorliegen der gesetzlichen Voraussetzungen ab. Sie sind vom gesundheitlichen Zustand des Versicherten unabhängig. Der Gesundheitszustand hat auch auf Beitragshöhe und Leistungsumfang keinen Einfluss.[109] In der PKV prüft das Versicherungsunternehmen dagegen vor Abschluss des Versicherungsvertrages das Risiko. Vorerkrankungen des Versicherten können zu Zuschlägen auf die Prämie, zu Leistungsausschlüssen und ggf. zur Ablehnung des Vertragsschlusses führen. Eine erhebliche Verschränkung der beiden Gesundheitssysteme ist mit der Einführung des sog. Basistarifs durch das GKV/WSG vom 26.3.2007 (BGBl. I 378) erfolgt. Nach dem seit 1.1.2009 in Kraft getretenen § 139 III 1 VVG ist jede Person mit Wohnsitz im Inland verpflichtet, „bei einem in Deutschland niedergelassenen Versicherungsunternehmen für sich selbst und für die von ihm gesetzlich vertretenen Personen, soweit diese nicht selbst Verträge abschließen können, eine Krankenkostenversicherung, die mindestens eine Kostenerstattung für ambulante und stationäre Heilbehandlung umfasst, ... abzuschließen und aufrechtzuerhalten." GKV-Versicherte sind von dieser Regelung ausgenommen (§ 193 III 2 Nr. 1 VVG).[110] „Mit dieser Pflicht soll bei bestehendem Kontrahierungszwang[111] im Basistarif seitens des Versicherers vermieden werden, dass sich Personen nicht oder verspätet gegen Krankheit versichern und dadurch zu einem Kostenrisiko für die Allgemeinheit oder die Solidargemeinschaft der Versicherten werden."[112] § 193 V VVG bestimmt den Personenkreis, dem der Basistarif anzubieten ist. Der Basistarif weicht von dem die PKV beherrschenden Äquivalenzprinzip ab.[113] Er sieht risikounabhängige Beitragssätze vor. Die Beiträge

---

[106] Siehe dazu die Übersicht bei *Marburger*, Gesetzliche Krankenversicherung SGB V, 2007, 24 f. Zu der damit verbundenen Relativierung klassischer Sozialversicherungsmerkmale, auch im Hinblick auf Wahltarife siehe *T. Schmidt*, GesR 2007, 295. Zur Annäherung der Systeme allgemein vgl. *Mühlenbruch*, in: Schmehl/Wallrabenstein, Steuerungsinstrumente im Recht des Gesundheitswesens, Bd. 1, Wettbewerb, 2005, 37.
[107] S. dazu *Kalis*, in: Bach/Moser, § 1 MB/KK Rn. 29.
[108] Zur Bindungswirkung von Wahltarifen nach § 53 VIII SGB V, vgl. *Preisner*, SGb 2011, 443.
[109] Anders bei der Vereinbarung eines Krankengeldanspruchs freiwillig Versicherter (§ 44 II SGB V).
[110] Siehe dazu § 315 SGB V und *Rixen*, in: Becker/Kingreen, SGB V, § 315 Rn. 1.
[111] Siehe dazu § 193 V, VII VVG, vgl. *Boetius*, PKV, § 193 VVG Rn. 180 ff.; *Voit*, in: Prölss/Martin, VVG, § 193 Rn. 24 ff.; *Marko*, in: HK-VVG, § 193 Rn. 39 ff.
[112] BT-Drs. 16/4247 S. 66.
[113] Zum Äquivalenzprinzip siehe *Sodan*, in: ders. Handbuch des Krankenversicherungsrechts, § 1 Rn. 25.

sind gemäß § 12 Ic S. 1 VAG auf den Höchstbetrag der GKV-Sätze begrenzt.[114] Von der PKV ist der Systemwechsel häufig kritisiert worden.[115] Das BVerfG ist dem jedoch nicht gefolgt:

„1. Die Einführung des Basistarifs durch die Gesundheitsreform 2007 zur Sicherstellung eines lebenslangen, umfassenden Schutzes der Mitglieder der privaten Krankenversicherung ist verfassungsgemäß.
2. Der Gesetzgeber durfte zur Erleichterung des Versicherungswechsels und zur Verbesserung des Wettbewerbs in der privaten Krankenversicherung die teilweise Portabilität der Alterungsrückstellungen vorsehen.[116]
3. Die Versicherungspflicht in der gesetzlichen Krankenkasse darf auf ein dreijähriges Überschreiten der Jahresarbeitsentgeltgrenze ausgedehnt werden.
4. Den Gesetzgeber trifft eine Beobachtungspflicht im Hinblick auf die Folgen der Reform für die Versicherungsunternehmen und die bei ihnen Versicherten."[117]

4. Familienangehörige

4   In der GKV sind Familienangehörige unter bestimmten Voraussetzungen gemäß § 10 SGB V kostenfrei mitversichert. In der PKV muss sich dagegen jeder selbst versichern.

5. Beitragshöhe

5   Die Höhe des Beitrags richtet sich in der GKV nach dem Einkommen des Versicherten. In der PKV ist die Prämie dagegen vom Lebensalter und dem versicherten Risiko abhängig. Die Prämie hängt auch vom Geschlecht ab (§ 12 I VAG). Frauen zahlen in der PKV höhere Beiträge als Männer. Zwar verfolgte die Richtlinie 2004/113 EG des Rates vom 13.12.2004 (ABl. Nr. L 373 S. 37) das Ziel, geschlechtsunabhängiger Prämien (Art. 5 I). Die Richtlinie erlaubte aber in Art. 5 II den Mitgliedsstaaten, Ausnahmen vorzusehen. Das ist in Deutschland auch von § 20 II AGG aufgegriffen worden. Der EuGH hat jedoch Art. 5 II der Richtlinie mit Wirkung zum 21.12.2012 für unwirksam erklärt.[118] Die Europäische Kommission hat dazu am 22.12.2011 die sog. Unisex-Leitlinien erlassen.[119] Der deutsche Gesetzgeber hat darauf mit dem Entwurf eines Änderungsgesetzes zum VAG und zum AGG reagiert.[120] § 20 AGG wurde durch Gesetz vom 3.4.2013[121] dahin geändert, dass eine unterschiedliche Behandlung wegen der sexuellen Identität beim Abschluss einer privaten Krankenversicherung grundsätzlich nicht möglich ist.

---

[114] *Boetius*, PKV, § 12 VAG Rn. 50 ff. Siehe im Übrigen § 12 IV b VAG; *Marko*, Private Krankenversicherung – nach GKV-WSG und VVG-Reform, Teil B Rn. 75; *Laars*, in: Deutsches Bundesrecht, Stand 2013, § 12 VAG Rn. 20.

[115] *Boetius*, VersR 2007, 431; *Sodan*, NJW 2007, 1313; *ders.*, in: FS f. Isensee, 2007, 983; *ders.*, Private Krankenversicherung und Gesundheitsreform, 2007; *Musil*, NZS 2008, 113.

[116] Die Portabilität befasst sich mit den unterschiedlichen Wechselvoraussetzungen, etwa bei einem Tarifwechsel innerhalb eines Versicherungsunternehmens, bei einem Versichererwechsel oder beim Wechsel in die Krankenkostenversicherung/den Basistarif. Die „Mitgabe" der Alterungsrückstellungen hängt von der jeweiligen Wechselstruktur ab, siehe dazu *Sodan*, in: ders., Handbuch der Krankenversicherung, § 46 Rn. 15.

[117] BVerfGE 123, 186.

[118] EuGH, Urt. v. 1.3.2011 – C-236/09 – Test-Achats, NJW 2011, 907. Zur Entscheidung siehe *Kahler*, NJW 2011, 894; *Felix/Sangi*, ZESAR 2011, 257; *Heese*, NJW 2012, 572.

[119] Leitlinien zur Anwendung der Richtlinie 2004/113/EG des Rates auf das Versicherungswesen im Anschluss an das Urteil des Gerichtshofs der Europäischen Union in der Rechtssache C-236/09 (Test-Achats) (KOM [2011], 9497 endg.). Für nach dem 21.12.2012 geschlossene Verträge müssen die Versicherungsunternehmen sicherstellen, dass der Versicherungsbeitrag geschlechtsneutral erfolgt.

[120] BT-Drs. 17/9342. Überaus kritisch dazu *Hoffmann*, VersR 2012, 1073.

[121] Gesetz zur Änderung des AGG vom 3.4.2013 (BGBl. I 610)

6. Krankengeld

Das Krankengeld setzt in der GKV Arbeitsunfähigkeit voraus und errechnet sich nach dem letzten Einkommen gemäß §§ 44, 47 SGB V. Das Krankentagegeld in der PKV wird nach den allgemeinen Versicherungsbedingungen dagegen in der Höhe gewährt, in der es im Versicherungsvertrag vereinbart ist.

7. Auslandsleistungen

Die GKV sieht eine Kostenerstattung für im Ausland erbrachte Leistungen unter unterschiedlichen Voraussetzungen vor, je nachdem, ob es sich um den Bereich der EU, den Sektor des EWR oder das sonstige Ausland handelt. In der PKV kann dagegen, auf Grund besonderer Vereinbarung, unbeschränkter Auslands-Krankenschutz vereinbart werden.

II. Zielvorgaben für die gesetzliche Krankenversicherung

1. Unterschiedliche Vorgaben

Die Auffassungen des Gesetzgebers haben gewechselt. Im Zusammenhang mit der Entstehung des GRG hatte der Gesetzgeber als die tragenden Grundpfeiler der gesetzlichen Krankenversicherung „Solidarität, Subsidiarität, Gliederung und Selbstverwaltung" genannt und erklärt, diese Grundpfeiler hätten schon seit 1983 bestanden.[122] Das GRG selbst hat dem noch „die Eigenverantwortung des Versicherten" hinzugefügt.[123] Das GMG erwähnt dagegen weder „Gliederung" noch „Eigenverantwortung" und bezeichnet als Grundprinzip nur noch „Solidarität, Subsidiarität und Selbstverwaltung".[124] Noch enthaltsamer ist das – bisher – umfangreichste aller Gesundheitsreformgesetze, das GKV-WSG. Es spricht in der Amtlichen Begründung nur noch – ganz technokratisch – davon, es werde das Gesundheitssystem auf allen Ebenen „neu strukturieren und wettbewerblicher ausrichten".[125] Auch wenn man solchen Aussagen lediglich deklaratorischen Charakter beimisst und in ihnen den für eine Gesetzesbegründung im Vorspann üblichen Pathoskatalog sieht, sollte man dennoch den Versuch nicht unterlassen, den genannten Elementen eine Bedeutung beizumessen. Auf den Streit darüber, was diese Wörter wirklich bedeuten, kann man sich dabei nicht einlassen. Beginnt man mit dem Begriff der Solidarität, so könnte man versucht sein, ihn ganz allgemein so zu bestimmen, dass mit dem Wort auf die gemeinschaftliche Verfolgung eines Ziels verwiesen wird, das der Einzelne nicht erreichen kann.[126] Betrachtet man „Solidarität" dagegen als Element der GKV, so sammelt sich unter dieser Bezeichnung die Finanzierungsverantwortung für die GKV.[127] Der Begriff der Subsidiarität dagegen lässt sich, unbeschadet der umfangreichen Diskussion, die um seinen Inhalt vor allem im Zusammenhang mit dem EU-Recht geführt wird, immer noch von seinem klassischen Ausgangspunkt her bestimmen:

> „Wie dasjenige, was der Einzelmensch aus eigener Initiative und mit seinen eigenen Kräften leisten kann, ihm nicht entzogen und der Gesellschaftstätigkeit zugewiesen werden darf, so verstößt es gegen die Gerechtigkeit, was die kleineren und untergeordneten Gemeinwesen leisten und zum guten Ende führen können, für die weitere und übergeordnete Gemeinschaft in Anspruch zu nehmen; zugleich ist es überaus nachteilig und verwirrt die ganze Gesellschaftsordnung. Jedwede Gesellschaftstätigkeit ist ja ihrem Wesen und Begriff nach subsidiär;

---

[122] → § 2 Rn. 68.
[123] → § 2 Rn. 73.
[124] BT-Drs. 15/1525, S. 1.
[125] BR-Drs. 755/06, S. 241.
[126] Siehe ausführlich → § 2 Rn. 77 ff.
[127] Siehe dazu → § 2 Rn. 78.

sie soll die Glieder des Sozialkörpers unterstützen, darf sie aber niemals zerschlagen oder aufsaugen".[128]

„Selbstverwaltung" bedeutet im Gegensatz zur unmittelbaren staatlichen Verwaltung die öffentliche Verwaltung durch unterstaatliche Träger in eigenem Namen als selbstständige, nicht der Weisung unterworfene Wahrnehmung eigener öffentlicher Angelegenheiten. In einem weiteren Sinn meint Selbstverwaltung die interne Verselbstständigung der Organisation durch erweiterte Beteiligung der Organisationsmitglieder an zentralen und dezentralen Entscheidungen.[129] Nimmt man noch den Begriff der Eigenverantwortlichkeit hinzu, so wird damit der Umstand gekennzeichnet, dass der Betreffende sein Handeln in eigener Verantwortung zu bestimmen, sein Urteil sich selbst zu bilden und seine Entscheidungen selbst zu treffen hat.[130]

2. Gegenläufige Tendenzen

9   Setzt man diese Grundzüge zueinander in Beziehung, so stößt man, unabhängig von der inhaltlichen Unbestimmtheit der einzelnen Elemente, auf gegenläufige Tendenzen. Das Handeln unter Gemeinsamkeitskriterien (wie im Solidaritätsprinzip) widerspricht zwar nicht dem Prinzip der Eigenverantwortlichkeit. Es verlangt aber die Berücksichtigung anderer Kriterien als dies bei einer eigenverantwortlichen Entscheidung der Fall ist. Diese kann auch unter egoistischen Vorgaben getroffen werden. Der Subsidiaritätsgrundsatz verlagert Verantwortung nach unten, die unter Solidargesichtspunkten möglicherweise weiter oben konzentriert sein sollte. Selbstverwaltung wiederum ist ein administratives Prinzip. Subsidiarität und Eigenverantwortung möchten sich gerne von der Administration verabschieden. Ob man den mit den Grundzügen verbundenen Reibungsflächen großes Gewicht beimisst oder nicht: Es handelt sich auf jeden Fall nicht um Elemente, die von sich aus aufeinander bezogen sind. Der Sozialgesetzgeber kann in der Verwirklichung des Sozialstaatsprinzips den einzelnen Elementen wechselndes Gewicht beilegen, und er hat dies in der Vergangenheit auch immer wieder getan. Damit verlieren die Elemente aber ihre Steuerungsfunktion. Sie fassen nur noch Bestrebungen des Gesetzgebers unter einen Oberbegriff zusammen, nachdem dieser seine Entscheidung getroffen hat. Die so gekennzeichneten Grundzüge bezeichnen dann in erster Linie Rahmenelemente der Tätigkeit des Gesetzgebers. Sie kennzeichnen aber nicht die Maßstäbe, die vor dieser Tätigkeit liegen.

3. Gesundheitsschutz als Grundziel?

10   Man fühlt sich infolgedessen dazu aufgerufen, nach anderen Grundzügen des Krankenversicherungsrechts zu suchen. Ein solches Grundelement könnte sich aus der Aufgabenbestimmung der Krankenversicherung ergeben, wie sie in § 1 SGB V festgehalten wird, nämlich

„die Gesundheit der Versicherten zu erhalten, wieder herzustellen oder ihren Gesundheitszustand zu bessern."

Krankenversicherung hätte dann ihren Ur-Maßstab in der Gesundheit. Nun ist aber gezeigt worden, dass der Gesundheitsbegriff diffus ist.[131] Wird er, wie international zunehmend üblich,[132] im Sinne der „Definition" der WHO als

---

[128] Päpstliche Sozialenzyklika „Quadragesimo anno" Nr. 79. Siehe dazu *Zuck*, Subsidiaritätsprinzip und Grundgesetz, 5.
[129] Vgl. *Püttner*, Art. „Selbstverwaltung" in Deutsches Rechtslexikon, Bd. 3, 3810.
[130] Der Begriff der Eigenverantwortlichkeit hat seine besondere Ausprägung vor allem im Recht der freien Berufe erfahren, vgl. etwa § 43 WPO und dazu WP-Handbuch 2000, Bd. I, 1–289.
[131] → § 2 Rn. 1 ff.
[132] → § 3 Rn. 18, 20.

„Zustand völligen körperlichen, seelischen und sozialen Wohlbefindens und nicht nur als Freisein von Krankheit oder Gebrechen"

verstanden,[133] so lässt sich der Krankenversicherung fast jeder beliebige Gegenstand zuordnen. In der Praxis spielt das vor allem eine Rolle, wenn man das Krankenversicherungssystem im Rahmen von Vorbeugung und Früherkennung auf Sachverhalte bezieht, die vor dem Ausbruch einer Krankheit liegen. Dazu kann – letzten Endes – jede Maßnahme der Lebensführung gehören. Ein trennscharfes Unterscheidungskriterium ist deshalb mit dem Begriff der „Gesundheit" nicht verbunden. Nun könnte der Gesetzgeber, wie in der Rechtsprechung sonst üblich, sich auf einen funktionalen Gesundheitsbegriff zurückziehen und im Rahmen seines Entscheidungsspielraums definieren, welche Leistungen er dem Krankenversicherungssystem zuordnen will. Damit wäre aber nicht mehr gewonnen, als die Verweisung der Problematik in die Diskretion des Gesetzgebers. Es wird in diesem Zusammenhang nicht nur bezweifelt, ob es überhaupt möglich ist, einen Leistungskatalog zu entwickeln, der in nachvollziehbarer Weise über das Krankenversicherungssystem risikogesicherte Krankenbehandlung erfasst.[134] Es ist auch immer wieder eingewendet worden, dass selbst dann, wenn ein solches System errichtbar wäre, dies zu einer Zweiklassenmedizin führen würde, die sozialpolitisch unerwünscht ist. Schließlich stellt sich die Frage, ob die möglicherweise mit einem solchen Katalog verbundene Reduktion von Gesundheitsleistungen nicht lediglich zu einem gesetzespolitisch noch weniger erwünschten Anwachsen des Bereichs der Sozialhilfeleistungen führt. Auch der Ausgangspunkt jeder Krankenversicherung, nämlich die Sorge um die Gesundheit der Versicherten, liefert deshalb keinen wirklich handhabbaren Maßstab.

4. Risikoschutz über ein Versicherungssystem

Es bleibt dann nur noch der bescheidene Ausgangspunkt, dass sich Krankenversicherung als ein unter besonderen Bedingungen eingerichtetes Versicherungssystem erweist, also stark vereinfacht gesprochen, als ein System, das der Absicherung von Risiken dient. Dieser Ansatz ist aber deswegen bescheiden, weil er nur die formelle Seite des Systems erfasst. Auch hier bleibt die Frage, was denn unter der Absicherung von Gesundheitsrisiken zu verstehen ist.

III. Prinzip des sozialen Ausgleichs

Selbst der solcherart eingeschränkte Grundelementebestand ist jedoch gefährdet. Diese Gefährdung ergibt sich aus dem zu den Wesens- und Strukturmerkmalen der Sozialversicherung gerechneten Prinzips des „sozialen Ausgleichs".[135] Über den Begriff des sozialen Ausgleichs, der in erster Linie als interpersonaler Ausgleich verstanden werden muss,[136] wird das Versicherungsprinzip durch Umverteilungsziele ergänzt. Wer aber umverteilt, indem er zB den Beitrag des Versicherten um eine Leistung des nicht versicherten Arbeitgebers ergänzt, hebt insoweit das Versicherungsprinzip auf. Mit Recht ist deshalb die Frage gestellt worden, ob es denn überhaupt richtig ist, die Krankenversicherung als ein Versicherungssystem zu bezeichnen.[137] Man kann diese Frage auch nicht damit beantworten, dass man das Prinzip des sozialen Ausgleichs zu einem Randelement der Krankenversicherung macht. *Jaeger* hat zurecht darauf hingewiesen, dass dem Prinzip des sozialen Ausgleichs immer größere Bedeutung zukommt, wenn man dabei berücksichtigt, dass die gesetzliche Krankenversicherung sich zunehmend ihrer schlechten Risiken zu entledigen bemüht ist.[138] Die mit dem Prinzip

---

[133] → § 2 Rn. 1.
[134] → § 2 Rn. 88 ff.
[135] Vgl. BVerfGE 11, 105 (113); 62, 354 (366); 63, 135; 75, 108 (146); 87, 1 (34); 88, 203 (313); 89, 365 (377), st. Rspr.
[136] Siehe dazu *Kingreen*, Das Sozialstaatsprinzip im europäischen Verfassungsverbund, 269 f.
[137] Siehe dazu → § 2 Rn. 88.
[138] *Jaeger*, NZS 2003, 225 (229).

IV. Krankenversicherung und Arbeitsmarkt

13 Der Versicherte bezahlt die ihm von der gesetzlichen Krankenversicherung zur Verfügung gestellten (Sach-)Leistungen über einen Beitragssatz, der in Hundertsteln der beitragspflichtigen Einnahmen in der Satzung der Krankenkasse festgesetzt wird (§ 241 I 1 SGB V). Für den wichtigsten Fall, nämlich den Beitrag der nach § 5 I Nr. 1 SGB V versicherungspflichtig Beschäftigten, legt das SGB V jedoch fest, dass – grundsätzlich – der Versicherte und sein Arbeitgeber „die nach dem Arbeitsentgelt zu bemessenden Beiträge jeweils zur Hälfte" trägt (§ 249 I SGB V). Damit wird der Krankenversicherungsbeitrag zu einem Faktor am Arbeitsmarkt, weil er mitbestimmendes Element der sogenannten Lohnnebenkosten ist. In dem Maße, in dem der Gesetzgeber wegen der hohen Arbeitslosenzahlen, aber auch der Einbindung der Bundesrepublik in einen globalisierten Wettbewerb („Sicherung des Wirtschaftsstandorts Deutschland") gezwungen ist, auf die Arbeitsmarktpolitik auch im Hinblick auf die Beitragssätze Einfluss zu nehmen, gerät das System der Krankenversicherung hinter Kriterien, die mit der Risikovorsorge zum Schutz der Gesundheit des Versicherten nichts mehr zu tun haben. Politisch betrachtet hat diese Fremdbestimmung der Krankenversicherung in den letzten Jahren erhebliches Gewicht erhalten und die gesetzgeberischen Maßnahmen im Einzelnen nachhaltig bestimmt. Wer gerade deshalb, weil dieser Zusammenhang von den Erfordernissen der Krankenversicherung unabhängig ist, sich auf den Standpunkt stellt, diese Zuordnung könne am Krankenversicherungssystem nichts ändern, übersieht die Bedeutung dieses Zusammenhangs: Arbeitsmarktpolitische Feststellungen, Erfordernisse und Maßnahmen üben entscheidenden Einfluss auf die Ausgestaltung der Krankenversicherung aus.[139]

V. Krankenversicherung und Rentenversicherung

14 Ähnliche Probleme stellen sich beim Zusammenhang zwischen Krankenversicherung und Rentenversicherung. Da nach § 5 I Nr. 11 SGB V Personen, die die Voraussetzungen für den Anspruch auf eine Rente aus der gesetzlichen Rentenversicherung erfüllen und diese Rente beantragt haben, unter bestimmten Voraussetzungen in der GKV mitversichert sind, haben rentenrechtliche Vorgaben erhebliche wirtschaftliche Auswirkungen auf das Recht der Krankenversicherung. Das macht die wechselnde Entwicklung der Zugangsvoraussetzungen zur GKV besonders deutlich. So hat BVerfGE 102, 68 entschieden, es sei mit Art. 3 I GG unvereinbar, dass Mitglieder der GKV dann von der Krankenversicherung der Rentner ausgeschlossen seien, wenn sie nicht seit der erstmaligen Aufnahme einer Erwerbstätigkeit bis zur Stellung des Rentenantrags mindestens 9/10 der zweiten Hälfte des Zeitraums seit Beginn ihrer Erwerbstätigkeit auf Grund einer Pflichtversicherung versichert waren. Das Gericht hat darauf hingewiesen, dass der Verfassungsverstoß nicht nur durch eine Neuregelung des Zugangs zur Krankenversicherung der Rentner, sondern auch durch Änderungen im Beitragsrecht behoben werden könne.[140] Nach BVerfGE 102, 68 konnte § 5 I Nr. 11 Halbsatz 1 SGB V nur noch bis 31.12.2002 angewendet werden. Das BVerfG hatte von diesem Zeitpunkt an eine Neuregelung angemahnt. Der Gesetzgeber hat mit dem GKV/WSG den Wortlaut der Vorschrift der materiellen Rechtslage angepasst. Zeiten der freiwilligen Versicherung reichen danach, nicht aber Zeiten der Nachversicherung.[141]

---

[139] → § 2 Rn. 88.
[140] BVerfGE 102, 68.
[141] *Just*, in: Becker/Kingreen, SGB V, § 5 Rn. 48 m. w. N. Zur „Friedensgrenze zwischen gesetzlicher Rentenversicherung und berufsständischen Versorgungssysteme s. *Kesan/Witt*, NZS 2013, 612.

VI. Fremdlasten in der GKV

Ein weiterer die Grundsätze des Krankenversicherungsrechts beeinflussender Umstand liegt in der Integration sog. Fremdlasten in der Sozialversicherung.[142] Unter „Fremdlasten" sind diejenigen finanziellen Lasten verstehen, die einem Sozialversicherungsträger dadurch entstehen, dass ihm durch den Gesetzgeber fremde Aufgaben mit Leistungsverpflichtungen auferlegt werden, ohne dass ihm zugleich eine finanzielle Kompensation für die Erbringung dieser Leistungsverpflichtungen zur Verfügung gestellt wird. Als „fremd" ist eine Aufgabe dann anzusehen, wenn ihre Finanzierung durch Beiträge erfolgt, obwohl die Beitragsfinanzierung dieser konkreten Aufgabe mit den Vorschriften des GG unvereinbar ist.[143] Als Fremdlasten in der Krankenversicherung gelten:[144]

- Beratungsleistungen und Leistungen zur Empfängnisverhütung (§ 24a SGB V);
- Leistungen bei einem Schwangerschaftsabbruch und bei einer Sterilisation (§ 24b SGB V);
- Maßnahmen der künstlichen Befruchtung (§ 27a SGB V);
- Zusatzleistungen zur Krankenbehandlung, z. B. Gewährung häuslicher Krankenpflege (§ 37 SGB V);
- Haushaltspflege (§ 38 SGB V);
- Leistung von Krankengeld bei der Erkrankung eines Kindes (§ 45 SGB V);
- Sterbegeld (§§ 58, 59 SGB V);
- Fahrtkostenerstattung (§ 60 SGB V);
- beitragsfreie Versicherung eines (nicht Kinder erziehenden) Ehegatten (§ 3 S. 3, § 10 SGB V);
- beitragsfreie Versicherung im Erziehungsurlaub eines Elternteils oder während der Dauer des Bezugs von Erziehungsgeld (§ 224 SGB V in Verbindung mit § 92 I Nr. 2 SGB V und § 15 BErzGG;
- Einbeziehung von Frühbehinderten in die Familienversicherung (§ 10 II Nr. 4 SGB V);
- Einbeziehung von Personengruppen mit nichtversicherungsgerechten Beiträgen (§ 5 I Nr. 5, Nr. 6, Nr. 7, Nr. 8, Nr. 9 und Nr. 10, II SGB V);
- Einbeziehung der selbstständigen Künstler und Publizisten (§ 1 KSVG);
- das (frühere) Krankenhaus-Notopfer (Art. 17 § 2, 2. NOG);
- Überschreitung des Aufgaben- und Wirkungsbereichs des Krankenversicherungsträgers;
- anteilige Verwaltungs- und Verfahrenskosten.

Darüber hinaus hat man als Fremdlasten noch angesehen:

- Risikostrukturausgleich (§§ 266, 267 SGB V), Finanzausgleich (§ 265 SGB V)
- Heranziehung von außerhalb der Mitgliedergemeinschaft des Krankenversicherungsträgers stehenden „Dritten" zu Versicherungsbeiträgen.[145]

Es kann hier offen bleiben, wie der Fremdlastenbegriff im Einzelnen zu bestimmen ist, welche Lasten im Sinne der jeweiligen Begriffsbildung als Fremdlasten anzusehen sind und wie sich die jeweiligen Regelungen verfassungsrechtlich beurteilen. Die damit verbundenen Differenzierungen ändern nichts daran, dass es einen, wie immer gearteten, Katalog von Fremdlasten gibt. Damit wird aber schon begrifflich zum Ausdruck gebracht, dass es sich nicht um Leistungen von Krankenversicherung i. e. S. handeln kann. Die Zurverfügungstellung solcher Leistungen mag nach Art und Umfang eine zulässige Konkretisierung des

---

[142] *Butzer*, Fremdlasten in der Sozialversicherung.
[143] *Butzer*, Fremdlasten in der Sozialversicherung, 642 ff.
[144] *Behrends/Brunkhorst*, SGb 1987, 226 (228 ff.) *Kostorz*, Versicherungsfremde Leistungen in der Gesetzlichen Krankenversicherung, 132 ff.; *Butzer*, Fremdlasten in der Sozialversicherung, 66 ff.
[145] *Butzer*, Fremdlasten in der Sozialversicherung, 67 m. w. N. Krit. zum Begriff der Fremdlasten *Rixen*, in: Becker/Kingreen, SGB V, § 221 Rn. 4; *ders.*, in: Sodan, Handbuch der Krankenversicherung, § 36 Rn. 10 ff.; *Hebeler*, in: LPK-SGB V, § 221 Rn. 4 ff.

Sozialstaatsprinzips durch den insoweit nicht nur handlungsfähigen sondern ggf. auch handlungspflichtigen Gesetzgeber sein. Mit solchen Leistungen wird aber das Krankenversicherungssystem nach der Art seiner Leistungen und dem Umfang seiner Finanzierungsnotwendigkeiten durch Umstände bestimmt, die der Risikoabsicherung des Versicherten im Bereich seiner Gesundheit nicht zuzuordnen sind. Folgerichtig führt dies zu weiteren Erschwernissen bei der Bestimmung der für das Krankenversicherungssystem verbindlichen Maßstäbe. Sieht man einmal davon ab, dass das Sterbegeld schon durch das Gesetz zur Anpassung der Finanzierung von Zahnersatz vom 15.12.2004 (BGBl. I 3445) aus der gesetzlichen Krankenversicherung herausgenommen worden ist, so hat das GKV-WSG, dem es doch u. a. um ein verbessertes Finanzierungssystem für die Krankenversicherung gegangen ist, an der Fremdlasten-Situation nichts geändert. Im Gegenteil: Der Anspruch auf häusliche Krankenpflege in § 37 SGB V ist noch erweitert worden. Zu beachten ist allerdings, dass durch den durch das GMG mit Wirkung vom 1.1.2004 in das SGB V eingeführten § 221 eine pauschale Abgeltung der Aufwendungen der Krankenkassen für vertragsfremde Leistungen erfolgt ist. Im Jahr 2006 hat, beruhend auf Art. 10 Nr. 1 HBeglG 2006 vom 29.6.2006 (BGBl. I 1402), diese Steuerfinanzierung der GKV 4,2 Mrd. EUR betragen. Für die Jahre 2007 und 2008 reduzieren sich Bundeszuschüsse auf jeweils 2,5 Mrd. EUR jährlich. Im Jahr 2009 hat die pauschale Abgeltung für Aufwendungen der gesetzlichen Krankenkassen für versicherungsfremde Leistungen 7,2 Mrd. EUR betragen, im Jahr 2010 11,8 Mrd. EUR (§ 221 I 1 SGB V), im Jahr 2011 12,3 Mrd. EUR. In den Folgejahren steigen die Leistungen um jährlich 1,5 Mrd. EUR bis zu einer jährlichen Gesamtsumme von 14 Mrd. EUR an (§ 221 I 2 SGB V).

VII. Folgerungen

1. Systematisierungsschwierigkeiten

18   Es ist nicht möglich, diese unterschiedlichen Strukturelemente und Einflussfaktoren wirklich zu systematisieren. Es ist der Gesetzgeber, der die meist weiten Begriffe mit wechselnden Inhalten füllt, sie differenzierend gewichtet und so ihr Verhältnis zueinander immer wieder neu bestimmt. Die das Krankenversicherungssystem beeinflussenden Faktoren ändern sich zudem je nach Maßgabe der tatsächlichen Verhältnisse. Das alles ist natürlich nicht ohne Einfluss auf die Inanspruchnahme von Gesetzgebungskompetenzen. Es hat sich unter diesen „weichen" Vorgaben ein Faktenfeld „Sozialversicherung" entwickelt, das mit der Gesetzgebungskompetenz in eins gesetzt wird. „Sozialversicherung" als Kompetenztitel gerät so zunehmend in Gefahr, zu einer sozialstaatlichen Allzuständigkeit zu werden, und damit seine Ordnungsfunktion zu verlieren.

2. Pflichtversicherung gegen Krankheit

19   Für das Teilgebiet der Krankenversicherung wird man sich wieder darauf besinnen müssen, dass sie eine solidarisch finanzierte Pflichtversicherung gegen die mit Krankheit verbundenen Risiken ist. Dass sie darüber hinaus von der Rentenversicherung und dem Arbeitsmarkt nicht unabhängig ist, gehört nicht zu ihren Wesensmerkmalen, erst recht nicht das mit ihr verbundene Prinzip des sozialen Ausgleichs, und daran ändert auch der Umstand nichts, dass es diese Kombination schon lange gibt. „Sozialer Ausgleich" ist sicher ein aus dem Sozialstaatsprinzip herauskonzentriertes Ziel, seine Verwirklichung bleibt deshalb auch legitim. Es handelt sich aber um keine der Krankenversicherung immanente Konstituante.

§ 6 Insbesondere: Die GKV als Pflichtversicherung

I. Versicherte

Wesensmerkmal der GKV ist die Pflichtversicherung. Der umfangreiche Katalog der Versicherungspflichtigen des § 5 SGB V erfasst vor allem die Arbeiter, Angestellten und zu ihrer Berufsausbildung beschäftigten, die gegen Arbeitsentgelt beschäftigt sind (§ 5 I Nr. 1 SGB V) und die Rentner (§ 5 I Nr. 11 SGB V). Im April 1999 waren etwa 88,5 % der Bevölkerung Mitglieder der GKV.[146] In diese Gruppe einzubeziehen sind auch die in § 10 SGB V genannten Familienangehörigen: Ehegatten und Kinder eines Versicherten haben für die Dauer und in Abhängigkeit vom Versicherungsverhältnis des Stammversicherten einen eigenen Leistungsanspruch gegenüber der GKV.[147] Nicht von der Pflichtversicherung erfasst werden vor allem die Beamten, deren entsprechender Schutz durch das Beihilferecht geregelt wird und die selbstständigen, die in aller Regel in der PKV versichert sind. Aus der GKV fallen auch die geringfügig Beschäftigten heraus. Man geht davon aus, dass nur etwa 150 000 Personen (0,2 % der Gesamtbevölkerung) überhaupt ohne jeden Schutz im Fall von Krankheit gewesen sind. Dieser Personenkreis wird jetzt von § 193 VVG, § 315 SGB V erfasst.

1

II. Jahresarbeitsentgeltgrenze

Für die Versicherungsfreiheit, also das Herausfallen aus der Pflichtversicherung, kann nicht nur ein bestimmter Status, (z. B. die Eigenschaft als Beamter) ursächlich sein, sondern vor allem auch bei Arbeitern und Angestellten, die Tatsache, dass deren regelmäßiges Jahresarbeitsentgelt die Jahresarbeitsentgeltgrenze überschreitet (§ 6 I Nr. 1 SGB V). Die Jahresarbeitsentgeltgrenze hat im Jahr 2011 49.500 EUR betragen (§ 6 VI 1 SGB V). Sie beträgt im Jahr 2012 50.850 EUR. Im Gegensatz zu früher, wo 75 % der Beitragsbemessungsgrenze in der GKV die maßgebliche Versicherungspflichtgrenze darstellte, kommt es seit dem BSSichG 2002 darauf nicht mehr an. Die Jahresarbeitsentgeltgrenze ändert sich nunmehr

2

„zum 1. Januar eines jeden Jahres in dem Verhältnis, indem die Bruttolohn- und -Gehaltssumme je durchschnittlich beschäftigten Arbeitnehmer im vergangenen Kalenderjahr zur entsprechenden Bruttolohn- und -Gehaltssumme im vorvergangenen Kalenderjahr steht. Die veränderten Beträge werden nur für das Kalenderjahr, für das die Jahresarbeitsentgeltgrenze bestimmt wird, auf das nächst höhere Vielfache von 450 aufgerundet. Die Bundesregierung setzte die Jahresarbeitsentgeltgrenze in der Rechtsverordnung nach § 160 des Sechsten Buches Sozialgesetzbuch fest."[148]

„Der Ausgangswert für die Bestimmung der Jahresarbeitsentgeltgrenze für das Jahr 2004 betrug für die in Absatz 6 genannten Arbeiter und Angestellten 45 594,05 EUR ..." (§ 6 VIII SGB V).[149]

Das GKV-WSG hat den Eintritt der Versicherungsfreiheit neu geregelt. Mit Wirkung zum 2.2.2007 führt die Überschreitung der Jahresarbeitsentgeltgrenze erst am Ende des Kalender-

---

[146] Statistisches Jahrbuch 2002, 62; das hat sich in den Folgejahren kaum geändert. Im Juli 2014 waren rund 85 % der Bevölkerung in der GKV versichert. Mit Ausgaben von fast EUR 200 Milliarden ist die GKV nach der Rentenversicherung der zweit größte Sozialversicherungszweig – vgl. Deutsche Bundesbank, Monatsbericht Juli 2014: „Entwicklung der gesetzlichen Krankenversicherung und Herausforderungen für die Zukunft" (Quelle: Internet).

[147] Zu verfassungsrechtlichen Bedenken gegen § 10 III SGB V siehe *Felix*, NZS 2003, 624; *Kemmler*, JA 2003, 931; *Wenner*, SozSich 2003, 133. BVerfGE 107, 205 hat jedoch § 10 III SGB V für verfassungsgemäß gehalten. Siehe dazu ausf. *Baumeister*, SGb 2004, 398.

[148] Zu Abweichungen siehe § 6 VII SGB V.

[149] Siehe dazu *Kruse*, in: LPK-SGB V, § 6 Rn. 6. Die Regelung ist verfassungsgemäß, BVerfGK 2, 283.

jahrs, an dem sie überschritten wurde, zur Versicherungsfreiheit (siehe auch § 190 III 1 SGB V)

3 Es liegt auf der Hand, dass die Jahresarbeitsentgeltgrenze ein ausschlaggebendes Kriterium für das Verhältnis von GKV zu PKV ist. Der gesetzgeberische Zugriff auf die Jahresarbeitsentgeltgrenze verschafft der GKV versicherungspflichtige Personen und erhöht die Einnahmen. In gleichem Maße wird die PKV beeinträchtigt. Man hat insoweit von einem bipolaren System gesprochen.[150] Die durch die jeweilige Jahresarbeitsentgeltbemessung gezogene „Friedensgrenze" zwischen GKV und PKV beruht sicherlich auf arbiträren Annahmen. Das würde wohl auch für künftige Änderungen im System der Abgrenzung gelten. Es wird sich aber schwerlich nachweisen lassen, wenn man – wie bisher – die finanzielle Stabilität der GKV als unantastbaren Grundsatz ansieht,[151] dass solche (Ver-) Änderungen für die PKV oder die Versicherten als unverhältnismäßiger Eingriff in deren Grundrechte bewertet werden können. Die Problematik verschärft sich freilich, wenn man die Jahresarbeitsentgeltgrenze nur als einen Ausschnitt aus der allgemeinen Problematik des Verhältnisses von PKV zu GKV ansieht.[152]

III. Freiwillige Mitglieder: Abgrenzung zur Pflichtversicherung

In der GKV finden sich nicht nur Pflichtmitglieder, sondern auch freiwillige Mitglieder, vgl. § 9 SGB V.

1. Pflichtversicherung

4 Für die Pflichtversicherung hat sich das BSG auf den Standpunkt gestellt, sie werde dadurch gekennzeichnet, dass es nicht auf den Willen des Betroffenen oder darauf ankomme, ob er der Absicherung gegen Krankheitsrisiken bedürfe. Ziel der Pflichtversicherungsregeln sei es nämlich, einen großen Teil der Bevölkerung vor dem Risiko der Krankheit zu schützen. Das erzwinge notwendigerweise stark verallgemeinernde Betrachtungsweisen. Zum anderen werde gerade durch die hohe Zahl von Versicherten eine breite Grundlage geschaffen und damit gewährleistet, dass sich möglichst alle Beschäftigten durch Beiträge an ihrer Finanzierung beteiligten.[153] Das BSG hat hinzugefügt, die mit der Versicherungspflicht verbundene Beitragspflicht stelle im Übrigen keine unverhältnismäßig hohe Belastung dar.

5 Das BVerfG hat dies bestätigt und ausgeführt:

„Die Pflichtversicherung erfasst nach der gesetzlichen Typisierung jedenfalls die Personengruppen, die wegen ihrer niedrigen Einkünfte eines Schutzes für den Fall der Krankheit bedürfen, der durch Zwang zur Eigenvorsorge erreicht werden soll. Wer über der Jahresarbeitsentgeltgrenze verdient, braucht diesen Schutz nach der Vorstellung des Gesetzgebers nicht mehr ... Verfassungsrechtlich ist diese Einschätzung nicht zu beanstanden. Soweit die Krankenversicherungspflicht reicht, schützt sie auch die Allgemeinheit vor der Inanspruchnahme von Sozialleistungen im Krankheitsfall."[154]

2. Freiwillige Versicherung

6 § 9 SGB V verfolgt demgegenüber das Ziel, die GKV für solche Personen zu öffnen, bei denen zwar ein vergleichbares, aber doch eingeschränktes Schutzbedürfnis besteht. Solche

---

[150] Siehe dazu die Nachweise bei *Schnapp/Kaltenborn*, Verfassungsrechtliche Fragen der „Friedensgrenze" zwischen privater und gesetzlicher Krankenversicherung, 24 ff.
[151] → § 2 Rn. 81 ff.
[152] → § 5 Rn. 1 ff.; → § 6 Rn. 7 ff.
[153] BSG, SozR 3–2500 § 6 SGB V Nr. 6 (Bl. 11) unter Bezug auf BVerfGE 29, 221 (235); 44, 70 (89); 48, 227 (234); 75, 108 (154 f.).
[154] BVerfGE 102, 68 (89 f.).

Personen können kraft eigener Willensentschließung freiwilliges Mitglied der GKV werden.[155] Die der Rechtsprechung des BVerfG zu entnehmende Prämisse für die Möglichkeit freiwilliger Versicherung in der GKV, nämlich das eingeschränkte Schutzbedürfnis, ist allerdings als Normzweck für § 9 SGB V wenig überzeugend. Wenn das Schutzbedürfnis wirklich eingeschränkt wäre, könnte man diesen Personenkreis auch der PKV zuweisen. Der eigentliche Grund liegt deshalb auch in einem anderen Bereich. Zu den wichtigsten Personengruppen, denen der Zugang zur GKV im Wege des freiwilligen Beitritts eröffnet wird, gehören insbesondere solche Personen, die schon einmal unter die Schutzpflicht der GKV gefallen waren, also versicherungspflichtig gewesen sind. Das gegenüber dieser Situation inzwischen höhere Alter und möglicherweise erhöhte Gesundheitsrisiken (also ein in Wahrheit erhöhtes Schutzbedürfnis) haben den Gesetzgeber zu recht veranlasst, die Möglichkeit des freiwilligen Beitritts zur GKV zu eröffnen. § 9 SGB V erweist sich aus dieser Sicht als notwendige Ergänzung der gesetzlichen Versicherungspflicht, also als eine Komplementärnorm.[156]

§ 7 Krankenkassen

I. Aufgabenbereiche

1. Leistungs- und Kostenträger

Die Versicherungsträger auf dem Gebiet der GKV sind die Krankenkassen. § 21 II SGB I erklärt sie für zuständig für die Leistungen der GKV, diese sind in § 12 Satz 1 SGB I abschließend aufgezählt (Leistungsträger). Im Rahmen ihrer Sachleistungs- und Kostenerstattungsverpflichtungen sind die gesetzlichen Krankenkassen zugleich Kostenträger der GKV.[157] Die Hauptaufgabe der Krankenkassen besteht im Vollzug der für den Gesundheitsschutz geschaffenen Sozialgesetzgebung.[158]

Während für vertragsärztliche Leistungen die Inanspruchnahme der Leistungserbringer durch den Versicherten erfolgt,[159] ist umstritten, ob das auch außerhalb dieser Leistungen und außerhalb der Versorgung mit zugelassenen Arzneimitteln nach § 31 SGB V gilt. Die Rechtsprechung des BSG zu § 27 SGB V nimmt das an, indem sie davon ausgeht, in der Regel werde dem Versicherten bei seinen Ansprüchen nur ein ausfüllungsbedürftiges Rahmenrecht zur Verfügung gestellt, das der anstelle der Krankenkasse handelnde Leistungserbringer konkretisiere.[160] Das hat auch praktische Konsequenzen. Bei der Geltendmachung von Kostenerstattungsansprüchen im Rahmen des § 13 SGB V hat sich das BSG in st. Rspr. auf den Standpunkt gestellt, der Versicherte müsse, bevor er eine Leistung in Anspruch nehme, zunächst seine Krankenkasse einschalten und deren Entscheidung abwarten. Erst wenn die Krankenkasse Kostenerstattung ablehne, könne der Versicherte sich die nach seiner Auffassung notwendige Leistung selbst beschaffen, und dann versuchen, im Rechtsweg

---

[155] BVerfGE 102, 68 (90).
[156] So zutreffend *Peters*, in: KassKomm. Sozialversicherungsrecht, Rn. 2 zu § 9 SGB V.
[157] Zu den persönlichen Dienstleistungen der Krankenkassen siehe *Krasney*, SGb 2003, 609 ff.
[158] BVerfGE 39, 302 (313); BVerfG(K), NZS 2005, 139.
[159] BSG, SozR 3–2500, § 30 SGB V Nr. 8 (Bl. 30).
[160] BSGE 65, 92; 73, 271; SozR 3–2500, § 89 Nr. 3, 4; BSGE 81, 73 (78 f.); 81, 245 (248); Becker/Kingreen/*Lang*, SGB V, 4. Auflage, § 27 Rn. 54 m. w. N. Das gilt z. B. nicht im Verhältnis Vertragsarzt, Krankenhaus, vgl. BSG, SozR 3–2500, § 39 SGB V Nr. 5 und auch nicht für die Erbringung zahntechnischer Leistungen (§ 87 I a SGB V); siehe dazu auch BSG, SozR 4–2500 § 13 SGB V Nr. 21 (Auslandszahnersatz). Nach richtigem Verständnis – auch der BSG – Rechtsprechung ist § 27 Abs. 1 SGB V als Individualanspruch zu verstehen, der allerdings darauf angewiesen ist, in seiner Reichweite und Gestalt durch untergesetzliche Rechtsnormen konkretisiert zu werden. Diese weitere Rechtskonkretisierung ist maßgeblich Aufgabe der Richtlinien des G-BA – vgl. Becker/Kingreen/*Lang*, Rn. 54 m. w. N.

seinen Kostenerstattungsanspruch durchzusetzen.[161] Das hat (für die Beantragung von Hilfsmitteln) zu der Neuregelung des § 13 Abs. 3a SGB V geführt, der durch das Patientenrechtegesetz eingeführt worden ist. Kann danach eine Krankenkasse über einen Antrag auf Leistungen nicht innerhalb der dort bestimmten drei bzw. fünf Wochen nach Antragseingang entscheiden, können Leistungsberechtigte unter Umständen die Krankenkasse auf Erstattung der selbst beschafften Leistung verklagen. Die in § 13 Abs. 3a SGB V enthaltene Genehmigungsfiktion ist vom BSG in mehreren Urteilen bestätigt worden.[162]

2. Der medizinische Dienst der Krankenkassen (MDK)[163]

3 Leistungserbringung und Finanzierung sind in der GKV prinzipiell getrennt. Dies macht es notwendig, die Leistungserbringung selbst, nicht erst die Wirtschaftlichkeit der Leistungserbringung, einzelfallbezogen zu beraten und zu begutachten. Diese wichtigen Aufgaben nimmt der MDK der Krankenkassen wahr.[164] Das SGB V hat diesen Ansatz erweitert, indem auch die Prüfung von Handlungsalternativen und die Beratung von Versorgungsfragen in den Aufgabenkreis des MDK einbezogen worden sind.[165] Das GKV-WSG hat die Aufgaben des MDK zum Teil erweitert (§ 275 II Nr. 3,4 SGB V), und zum Teil weiter konkretisiert (§ 275 Ic SGB V – Krankenhausbehandlung;[166] § 275 II Nr. 1 SGB V – Leistungen nach §§ 23, 24, 40, 41 SGB V).

4 Nach § 275 I SGB V sind die Krankenkassen verpflichtet,

* in den gesetzlich bestimmten Fällen,
* wenn es nach Art, Schwere, Dauer oder Hartnäckigkeit der Erkrankung oder
* wenn es nach dem Krankheitsverlauf erforderlich ist,

zu bestimmten Leistungssachverhalten (§ 275 I Nr. 1 bis 3 SGB V) ein gutachtliche Stellungnahme des MDK einzuholen. Darüber hinaus hat der MDK (auf Veranlassung der Krankenkasse) Prüfpflichten (§ 275 II SGB V), z.B. bei medizinischen Vorsorgeleistungen (§ 23 SGB V); in anderen Fällen kann die Krankenkasse durch den MDK Prüfungen durchführen lassen (§ 275 III SGB V). Der MDK spielt darüber hinaus eine bedeutsame Rolle bei der Fehlbelegungskontrolle.[167]

5 Die Ärzte des MDK sind bei der Wahrnehmung ihrer medizinischen Aufgaben[168] nur ihrem ärztlichen Gewissen unterworfen. Sie sind nicht berechtigt, in die ärztliche Behandlung einzugreifen (§ 275 IV SGB V). Die Ergebnisse der Begutachtung sind nach Maßgabe des § 277 SGB V mitzuteilen.

---

[161] BSG, SozR 4–2500 § 13 SGB V Nr. 12, st. Rspr. Der Anspruch auf Kostenerstattung nach § 13 III SGB V stellt eine abschließende gesetzliche Regelung der auf dem Herstellungsgedanken beruhenden Kostenerstattungsansprüche im Krankenversicherungsrecht dar; für einen sozialrechtlichen Herstellungsanspruch ist dann eben kein Raum, BSG, SozR 4–2500 § 13 SGB V Nr. 15.
[162] BSG, U. v. 11.7.2017 – B 1 KR 26/16 R; B 1 KR 1/17 R.
[163] *Müller-Held/Rebscher/Schüttgens*, Medizinischer Dienst der Krankenversicherung.
[164] Zur Organisation des MDK vgl. §§ 278 ff. SGB V.
[165] Zur Fortentwicklung des Medizinischen Dienstes vgl. *Lücking*, in: Sodan, Handbuch des Krankenversicherungsrecht, § 40 Rn. 1 ff.
[166] Siehe dazu *Sieper*, GesR 2007, 446.
[167] S. dazu → § 26 Rn. 39. Zum Einsichtsrecht der Krankenkassen bei der Prüfung von Vergütungsansprüchen der Krankenhäuser vgl. *Knispel*, GesR 2011, 518 (bejahend) und *Heberlein*, GesR 2012, 9 (verneinend).
[168] Zu deren Erfüllungen sind „vorrangig Gutachter" zu beauftragen, § 279 V SGB V. Bei der Erfüllung anderer als der in § 275 I–IIIa SGB V genannten Aufgaben sollen die Krankenkassen und ihre Verbände „im notwendigen Umfang den Medizinischen Dienst oder andere Gutachterdienste zu Rate ziehen", § 275 IV SGB V i.d.F. des GKV-WSG. Im Übrigen erhalten die Ärzte die für ihre Arbeit erforderlichen Unterlagen und Auskünfte von den Krankenkassen (§ 276 I 1 SGB V). Zur Begutachtung von Behandlungsfehlern vgl. *Sikorski*, MedR 2001, 188.

Die Finanzierung des MDK wird im Wege der Umlage von den Krankenkassen nach § 278 **6**
I 1 SGB V aufgebracht. Vom jeweiligen Auftraggeber sind die nach § 275 IV SGB V zu
erbringenden Leistungen „durch aufwandsorientierte Nutzerentgelte zu vergüten" (§ 281 Ia
SGB V n. F.).

§ 282 I SGB V i. d. F. des GKV-WSG verpflichtet den SpiBuK zum 1.1.2008, einen Medizi- **7**
nischen Dienst auf Bundesebene als Körperschaft des öffentlichen Rechts zu bilden (MDS).
Der MDS berät den SpiBuk in allen medizinischen Fragen. Er koordiniert und fördert die
Durchführung der Aufgaben und die Zusammenarbeit im MDK (siehe im Einzelnen § 282
II, III SGB V).

II. Körperschaft des öffentlichen Rechts

Den Organisationsrahmen der GKV markiert § 29 I SGB IV in Verbindung mit § 4 I **8**
SGB V. Danach sind die Krankenkassen rechtsfähige Körperschaften des öffentlichen
Rechts.[169] Als solche ist die Krankenkasse als ein mitgliedschaftlich verfasster, aber unabhängig von „Dasein, Wechsel oder Wegfall"[170] ihrer Mitglieder existierender und mit Hoheitsgewalt (z. B. Satzungsgewalt, Beitragsrecht) ausgestatteter Träger der öffentlichen Verwaltung[171] zu verstehen. Krankenkassen sind nicht grundrechtsfähig.[172]

III. Selbstverwaltungskörperschaft

1. Formen der Selbstverwaltung

Der Status als Selbstverwaltungskörperschaft wird in § 29 II, III SGB IV präzisiert. Abs. 2 **9**
bestimmt, dass die Selbstverwaltung nicht durch die Bediensteten der Krankenkassen, sondern grundsätzlich durch die Versicherten und die Arbeitgeber ausgeübt wird (politische
Selbstverwaltung); Abs. 3 enthält die Garantie, dass die Krankenkassen ihre Aufgaben selbstständig und unabhängig von fachlichen Weisungen staatlicher Stellen wahrnehmen können
(rechtliche Selbstverwaltung).[173] Das BVerfG hat freilich unmissverständlich festgestellt, dass
den Krankenkassen Selbstverwaltung im Sinne eines Freiraums für eigenverantwortliches
Handeln nur in außerordentlich beschränktem Umfang eingeräumt ist.[174] Gerade in der GKV
verwirklicht sich schließlich noch der Gedanke der funktionalen Selbstverwaltung.[175]

2. Patientenpartizipation

In die Selbstverwaltung der GKV implantiert ist die Patientenbeteiligung. Als Personalisie- **10**
rung des Beitragszahlerinteresses in §§ 45 ff. SGB IV althergebracht, wird diese Regelung
jetzt durch die organisierte Wahrnehmung von Patienteninteressen flankiert.[176] Das hat sich
in erster Linie in der Beteiligung von Interessenvertretungen der Patientinnen und Patienten

---

[169] S. dazu auch *Kluckert*, Gesetzliche Krankenkassen als Normadressaten des Europäischen Wettbewerbsrecht, 2009, 27 ff.
[170] RGSt. 32, 365 f.
[171] *Wolff/Bachof*, Verwaltungsrecht II, § 84 IIb; *Schneider-Danwitz*, in: Schlegel/Voelzke (Hrsg.), SGB IV § 29 Rn. 4; zu den Krankenkassen siehe *Schnapp*, in: Schulin, Handbuch des Sozialversicherungsrechts, Bd. 1, § 49 Rn. 61; *Krauskopf*, § 4 Rn. 3 ff.
[172] → § 2 Rn. 67, erneut bestätigt durch BVerfG(K), NZS 2005, 139.
[173] → § 18 Rn. 5; zu den disparaten Selbstverwaltungsbegriffen, die in § 29 Abs. 1 SGB IV Eingang gefunden haben, vgl. *Schnapp* in: Schulin, Handbuch des Sozialversicherungsrechts, Bd. 1, § 49 Rn. 64 ff.; *Schneider-Danwitz*, in: Schlegel/Voelzke (Hrsg.) SGB IV § 29 Rn. 27 ff.
[174] BVerfG(K), NZS 2005, 139 dort Rn. 35 unter Hinweis auf *Schnapp*, in: Schulin, Handbuch des Sozialversicherungsrechts, Bd. 1, § 49 Rz. 70 ff.; § 6 Rz. 83 ff. Einen verfassungsrechtlichen Schutz der Selbstverwaltung gibt es nicht *Schneider-Danwitz*, in: Schlegel/Voelzke (Hrsg.), SGB IV § 29 Rn. 36 f.
[175] Siehe dazu *Kluth*, Funktionale Selbstverwaltung; *Ebsen*, MedR 2006, 528.
[176] Siehe dazu ausf. *Ebsen*, MedR 2006, 528.

an den Verfahren des GBA niedergeschlagen (§§ 140f., 140g SGB V). Das Nähere regelt gemäß § 140g SGB V die Patientenbeteiligungsverordnung vom 23.12.2003 (BGBl. I 2753).[177] Hintergrund ist aber das gesteigerte Gewicht, das dem Patienten vom Gesetzgeber beigemessen wird. Das schlägt sich nieder in der Einrichtung eines Patientenbeauftragten (§ 140h SGB V) und in den patientenbezogenen Auskunfts- und Beratungspflichten der Krankenkassen (vgl. § 305 II SGB V).

IV. Organisationsstruktur der GKV

1. Organisation

11 Prägendes Organisationsmerkmal der GKV ist die dezentral gegliederte Organisationsstruktur, wie sie – historisch gewachsen – § 4 II SGB V beschreibt („ist ... gegliedert"). Damit werden die gesetzlichen Aufgaben der GKV auf eine „Vielfalt von Kassenarten" verteilt. Es sind dies die Allgemeinen Ortskrankenkassen, die Betriebskrankenkassen, die Innungskrankenkassen, die Landwirtschaftlichen Krankenkassen, die Deutsche Rentenversicherung Knappschaft-Bahn-See und die Ersatzkassen. Neu gegenüber dem früheren Recht ist die durch § 4 II 2 SGB V vorgenommene Einbeziehung der Ersatzkassen in den Kreis der gesetzlichen Krankenkassen,[178] wodurch eine weitgehende Gleichstellung aller Träger der GKV im Bereich des Leistungs-, Beitrags- und Mitgliedschaftsrechts erreicht und unterschiedliche Wettbewerbsbedingungen vermieden wurden.[179] Die Organisation und Zuständigkeit der Krankenkassen ist in den §§ 143 bis 197b SGB V geregelt.[180] Die Zahl der Krankenkassen hat sich seit Bestehen der GKV ständig verringert. GRG, GSG und GMG und die verschärfte Wettbewerbssituation spätestens mit dem Übergang vom System der gesetzlichen Klientelzuweisung zum Prinzip der freien Kassenwahl[181] haben den permanenten Konzentrationsprozess (u. a. zu landeseinheitlichen AOK's) beschleunigt. Der Weg zu einer Einheitskasse, wie er sich schon bei der einheitlichen Festlegung der Beitragssätze durch Rechtsverordnung,[182] der Teilfinanzierung der gesetzlichen Krankenversicherung durch Steuermittel[183] und bei der Zentralisierung der Verbandsstrukturen andeutet,[184] ist also keineswegs ausgeschlossen.[185] Das Traditionsargument – 120 Jahre GKV – ist sicherlich ehrenwert, hat aber gerade im Gesundheitswesen wegen seiner andauernden Finanzierungsmängel, die mit fortschreitender Leistungsausbreitung kombiniert sind, nur geringes Gewicht. Und auf

---

[177] *Hess*, in: KassKomm. Sozialversicherungsrecht, § 140g SGB V, Rn. 3ff.; krit. *Ziermann*, in: Sodan, Handbuch des Krankenversicherungsrechts, § 23 Rn. 20ff. Zum geplanten Patientenrechtegesetz siehe *Katzenmeier*, SGb 2012, 125.

[178] Die Gliederung in Kassenarten ist nicht verfassungsfest, BSGE 58, 134 (141); siehe dazu *Peters*, in: KassKomm Rn. 7 zu § 4 SGB V.

[179] *Hauck*, in: Hauck/Noftz, SGB V, Stand 1989, § 4 SGB V Rn. 5; *Hänlein*, in: LPK-SGB V, Rn. 12ff. zu § 4 SGB V. Die Ersatzkassen waren allerdings schon durch das Gesetz vom 5.7.1934 als Körperschaften des öffentlichen Rechts errichtet worden, § 29 SGB V und § 4 SGB V bestätigten damit lediglich diesen Status, vgl. *Rehkopf*, in: Schulin, Handbuch des Sozialversicherungsrechts, Bd. 1, § 50 Rn. 4.

[180] Für die AOK in § 143 bis 146a SGB V, die BKK in §§ 147 bis 156 SGB V, die IKK in §§ 157 bis 164 SGB V, die LwKK in § 166 SGB V (und § 17 KVLG 1989), die Deutsche Rentenversicherung Knappschaft-Bahn-See § 167 SGB V und die ErsK in §§ 168 bis 171 SGB V. Zur freiwilligen Vereinigung über Kassenartengrenzen hinweg, siehe § 171a SGB V.

[181] Zu diesen Paradigmenwechsel, vgl. *Schnapp*, NZS 2002, 449 ff.

[182] → § 7 Rn. 37.

[183] → § 5 Rn. 17.

[184] Siehe dazu → § 7 Rn. 28.

[185] Wenn *Axer*, Soziale Versicherungsträger als Thema der grundgesetzlichen Kompetenzordnung, in: FS f. Krause, 2006, 79 (96) annimmt, das sei nur „als ultima ratio zur Sicherung der Funktionsfähigkeit der gesetzlichen Krankenversicherung zulässig", so scheint mir das sowohl die Gestaltungsmöglichkeiten des Gesetzgebers, als auch die sich abzeichnende Entwicklung zu unterschätzen.

einen ortsnahen Service[186] wird der Bürger auch bei einer Einheitskasse nicht verzichten müssen: Deren Außenstellen werden, personell abhängig, so gut oder schlecht arbeiten, wie dies im gegliederten Krankenkassensystem der Fall ist.[187]

2. Die einzelnen Kassenarten

Gegliedertes System 12, 13

a) **Allgemeine Ortskrankenkassen.** Allgemeine Ortskrankenkassen sind regional abgegrenzte Krankenkassen (§§ 143 ff. SGB V). Sie betreuen rund 24 Mio. Mitglieder = 1/3 der Bevölkerung. Sie sind damit Marktführer.[188] Derzeit (2017) gibt es 11 Allgemeine Ortskrankenkassen. 14

b) **Betriebskrankenkassen.** Diese waren ursprünglich die für einzelne Betriebe zuständigen Krankenversicherungsträger. Seit 1.1.1996 war den Betriebskrankenkassen nach Maßgabe des § 173 I Nr. 4 SGB V das Recht eingeräumt worden, sich für alle Versicherungsnehmer zu öffnen. Davon haben viele Betriebskrankenkassen Gebrauch gemacht. Die wirtschaftlich schwierige Lage von Betriebskrankenkassen hat zu einer ganzen Reihe von Zusammenschlüssen geführt. Gab es 1995 noch 690 Betriebskrankenkassen, ist die Anzahl mittlerweile (2017) auf 88 geschrumpft..[189] 15

c) **Innungskrankenkassen.** Handwerksinnungen unterhielten ursprünglich eigene Innungskrankenkassen (§§ 157 ff. SGB V). Auch hier griff ab 1.1.1996 die Öffnungsmöglichkeit. Davon haben alle Innungskrankenkassen (in unterschiedlichem Umfang) Gebrauch gemacht. Auch die Innungskrankenkassen sind deutlich geschrumpft: von 140 (1995) auf mittlerweile (seit 2012) sechs IKK's.[190] 16

d) **Ersatzkassen (§§ 168 ff. SGB V).** Sie verdanken ihren Namen dem Umstand, dass bei Gründung der Sozialversicherung die Versicherungspflichtigen sogenannten Primärkassen zugeordnet worden waren. An Stelle der damit verbundenen Pflichtversicherung konnte aber unter bestimmten Voraussetzungen eine Hilfskasse gewählt werden. Ersatzkassen waren also Selbsthilfeeinrichtungen.[191] Definiert ist der Begriff der Ersatzkassen nicht ausdrücklich. Es handelt sich um Krankenkassen, die am 31.12.1992 (also vor Inkrafttreten des GSG)[192] bestanden hatten und bei denen Versicherte bis zum 31.12.1995 durch Ausübung des Wahlrechts die Mitgliedschaft erlangen konnten. Die Errichtung neuer Ersatzkassen ist ausgeschlossen.[193] Die Ersatzkassen, im VdEK zusammengeschlossen, hatten zum 1.12.2011 24,5 Mio. Mitglieder.[194] Seit 2010 sind im VdEK insgesamt sechs Krankenkassen vereinigt.[195] 17

e) **Deutsche Rentenversicherung Knappschaft – Bahn-See (DRV KBS)[196] (§ 167 SGB V).** Die Knappschaft, schon im Mittelalter als solidarische Hilfseinrichtung der Bergleute bestehend, ist der älteste Zweig der deutschen Sozialversicherung. Sie hatte rund 1,4 Mio. Mitglieder. Da der Bergbau rückläufig ist, war es erforderlich, die Knappschaft 18

---

[186] Zu beiden Argumenten siehe *R. Schlegel*, SozSich 2006, 378 (379).
[187] Siehe dazu auch → § 7 Rn. 12 ff.
[188] Zu den Einzelheiten siehe *Wille/Koch*, Gesundheitsreform 2007, Rn. 641 ff.
[189] Quelle: Gesundheitsberichterstattung des Bundes, www.gbe-bund.de/gesetzlichekrankenkassen
[190] Zu den Einzelheiten siehe *Wille/Koch*, Gesundheitsreform 2007, Rn. 652 ff.; Quelle: Gesundheitsberichterstattung des Bundes, www.gbe-bund.de/gesetzlichekrankenkassen.
[191] *Peters*, in: KassKomm, § 168 SGB V, Rn. 4.
[192] → § 4 Rn. 41.
[193] Siehe dazu *Peters*, in: KassKomm, § 168 SGB V, Rn. 6.
[194] Siehe dazu *Brall*, in: Sodan, Handbuch der Krankenversicherung, § 32 Rn. 35 ff.
[195] Quelle: Gesundheitsberichterstattung des Bundes, www.gbe-bund.de/gesetzlichekrankenkassen.
[196] Siehe dazu *Brall*, in: Sodan, Handbuch der Krankenversicherung, § 32 Rn. 42 ff.

weiteren Versicherten zugänglich zu machen. Das GKV-WSG hat dazu in § 173 II 4a SGB V eine entsprechende Öffnungsklausel geschaffen. Das hat zu einer Änderung der Verweisungsnorm des § 167 SGB V geführt, in dem nun nicht mehr, wie bisher, von der „knappschaftlichen Krankenversicherung" die Rede ist.[197] Die Knappschaft weist durch ihre Verknüpfung mit dem Knappschaftsarztsystem[198] Besonderheiten auf.[199] Der niedrige Beitrag von 12,7 % machte die Knappschaft bis 1.1.2009 für Wechsler attraktiv. Das zeigt das Anwachsen des Mitgliederstandes, der 1988 auf 950 000 Versicherte abgesunken war. In die DRV KBS ist die Seekrankenkasse eingegliedert worden. § 165 SGB V wurde aufgehoben.

19   f) **Landwirtschaftliche Krankenkasse (§ 166 SGB V)**[200]. Zum 1.1.2013 wurde – als bundesunmittelbare Körperschaft des öffentlichen Rechts – die „Sozialversicherung für Landwirtschaft, Forsten und Gartenbau" (SVLFG) errichtet. Sie ist der Träger der Krankenversicherung der Landwirte und führt in Angelegenheiten der Krankenversicherung die Bezeichnung „Landwirtschaftliche Krankenkasse" (LKK). Sie hat rund 750.000 Versicherte (1.6.2013). Für die LKK und ihre Versicherte sind – anders als bei den anderen Krankenkassen – nicht (unmittelbar) das SGB V, sondern die Regelungen des KVLG 1972 und 1989[201] anwendbar.

20   g) **Wettbewerb im Krankenkassensystem.** Man sollte erwarten, dass das gegliederte Krankenkassensystem den Wettbewerb unter den einzelnen Kassenarten fördert, soweit sie grundsätzlich für alle Versicherte wählbar sind. Das diente sowohl den Versicherten, erhöhte aber auch die Wirtschaftskraft der Krankenkassen. Dass dieser Aspekt wesentlich, vielleicht für die künftige Entwicklung des Gesundheitssystems sogar ausschlaggebend ist, wird auf den ersten Blick durch die Bezeichnung des GKV-WSG als „Wettbewerbsstärkungsgesetz" bestätigt. So heißt es denn auch im programmatischen Vorspann, das GKV-WSG setze die durch das GMG eingeleitete Gesundheitspolitik in Richtung auf „Intensivierung des Wettbewerbs von Qualität und Wirtschaftlichkeit sowohl zwischen den Krankenkassen als auch zwischen Leistungserbringern ... konsequent fort".[202] Das wird wie folgt konkretisiert: „Mit der Einrichtung eines neuen Gesundheitsfonds werden die Anreize für die wirtschaftliche Verwendung der Einnahmen und mehr innovative Angebote der Kassen erhöht. Zusammen mit der Vereinfachung und Verbesserung der Zielgenauigkeit des Risikostrukturausgleichs wird die Grundlage für einen intensivierten und chancengleichen Wettbewerb zugunsten einer hochwertigen und kostengünstigen gesundheitlichen Versorgung gelegt. Ein entscheidender Wechsel hin zu mehr Transparenz und Vergleichbarkeit in der deutschen Kassenlandschaft zum Nutzen der Versicherten und Patienten wird eingeleitet".[203]

Gerade der Gesundheitsfonds mit zentralisierten Beitragssätzen und einem zunehmenden Anteil der Steuerfinanzierung,[204] der Fortbestand des Risikostrukturausgleichs, die Solidar-

---

[197] BR-Drs. 755/06, S. 421.
[198] Knappschaftsärzte sind in einem besonderen Vertragsverhältnis zur Knappschaft stehende Ärzte. Ihr Rechtsverhältnis zur Knappschaft bestimmt sich im Wesentlichen nach den örtlichen Verhältnissen in der besonderen Ausrichtung auf die Erkrankung und Behandlung von bergmannspezifischen Krankheiten. Das BSG spricht insoweit von einem „Sprengelsystem" (SozR 2500 § 85 SGB V Nr. 5) zur Aufrechterhaltung eines „funktionstüchtigen Knappschaftsarztsystems", BSG, NJW 1975, 605 (607); siehe auch *Dahm*, in: HK-AKM Nr. 2910, Rn. 2. Das Knappschaftsarztsystem ist durch die Knappschaft-Arztnetz-Modellprojekte „prosper" (im Rahmen der integrierten Versorgung) umfassend modernisiert worden, siehe dazu *Müller/Vössing*, SozSich 2004, 74 ff.
[199] *Wille/Koch*, Gesundheitsreform 2007, Rn. 663.
[200] Siehe dazu *Noell/Deisler*, Die Krankenversicherung der Landwirte, 2001. Die Versicherungspflicht ist verfassungsgemäß, BVerfGE 44, 70. Siehe jetzt das Gutachten zur Risikostruktur und strukturwandelbedingten Belastungen der landwirtschaftlichen Krankenversicherung, BT-Drs. 16/10713.
[201] Becker/Kingreen/*Mühlhausen*, SGB V, 4. Auflage, § 166 Rn. 3.
[202] BR-Drs. 755/06, S. 242.
[203] BR-Drs. 755/06, S. 243 f.
[204] → § 7 Rn. 42.

pflichten der Krankenkassen in §§ 265, 265a SGB V und die durch das GKV-WSG in § 171a SGB V geschaffene Möglichkeit der kassenarztübergreifenden Vereinigung[205] verhindern indessen Wettbewerb mehr als dass sie ihn stärken. Hinzu kommt, dass das Gesundheitssystem für die Versicherten unverändert weitgehend intransparent geblieben ist, was das Verhältnis von Kosten und Leistungen angeht. An der Grundnorm des § 4 III SGB V hat im Übrigen auch das GKV-WSG nichts geändert. Danach müssen die Krankenkassen und ihre Verbände „sowohl innerhalb einer Kassenart als auch kassenübergreifend miteinander mit allen anderen Einrichtungen des Gesundheitswesens eng zusammen(arbeiten)". Das BSG hat sich deshalb von Anfang an in seiner Rechtsprechung auf den Standpunkt gestellt, es bleibe auch im Zuge weiterer Einführung von Wettbewerbselementen in das SGB V bei der Absage an ein reines Markmodell.[206] Das BSG hat diesen Standpunkt in der Risikostrukturausgleich-Entscheidung aufrechterhalten.[207] Grundtenor dieser Rechtsprechung ist, dass der Kassenwettbewerb von vornherein unter sozialrechtlichen Vorgaben steht. Der Gesetzgeber, so sagen die Gerichte, habe den Wettbewerb nur auf der Grundlage des Solidarprinzips gewollt.[208] Die damit verbundene Problematik wird an fast jeder beliebigen Schnittstelle deutlich.[209]

h) **Mitgliederwerbung.** Mitgliederwerbung ist den Krankenkassen nur eingeschränkt erlaubt. An Fällen dieser Art macht die sozialgerichtliche Rechtsprechung die Besonderheiten des Krankenkassen-Wettbewerbs deutlich. Die Krankenkassen bleiben als Organe der mittelbaren Staatsverwaltung auch in ihren Wettbewerbsmaßnahmen der gemeinsamen öffentlichen Aufgabe der gesundheitlichen Daseinsvorsorge verpflichtet.[210]

V. Verbandsstrukturen der GKV

1. Verbände

Von der Trägerschaft der (einzelnen) Krankenkasse und ihrer „Zuständigkeit" für die Leistungen der GKV ist deren Aufgabenwahrnehmung und -erfüllung zu unterscheiden. Beides liegt zu einem wesentlichen – und zunehmend größeren – Teil bei den Verbänden der Träger der GKV.[211]

---

[205] Siehe dazu *Wille/Koch*, Gesundheitsreform 2007, Rn. 696 ff. Solche Zusammenschlüsse unterliegen der Fusionskontrolle durch das Bundeskartellamt, *Gaßner/Ahrens*, SGb 2007, 528.
[206] BSG, SozR 3–2500 § 4 SGB V Nr. 1 (Bl. 5 f.). Siehe auch BT-Drs. 11/2237, S. 147.
[207] NZS 2003, 537 (546 f.); s. a. BVerfG(K), NJZ 2005, 139.
[208] BVerfG(K), NZS 2005, 139. Siehe dazu auch *Wille*, in: *ders.* (Hrsg.), Zur Rolle des Wettbewerbs in der gesetzlichen Krankenversicherung, 95 (120); *Gohla*, Der Risikostrukturausgleich auf dem Prüfstand des Grundgesetzes, 190.
[209] Beispiel: Krankenkassen und Vergaberecht, siehe dazu etwa *König/Klahn*, VSSR 2005, 183; *Kaltenborn*, VSSR 2006, 357. Vgl. allgemein → § 3 Rn. 65. Grundlegend zu dieser Problematik *Rixen*, Wettbewerb im Gesundheitswesen zwischen Gewährleistungsstaat und Grundrechtsschutz, in: Schmehl/Wallrabenstein (Hrsg.), Steuerungsinstrumente im Recht des Gesundheitswesens, Bd. 1, Wettbewerb, 109; *Dettling*, GesR 2008, 169. Die Neuregelung des § 69 SGB V hat die Problematik vertieft, vgl. *Becker/Kingreen*, NZS 2010, 417; *Baier*, MedR 2011, 345; *Gaßner/Eggert*, NZS 2011, 249; *Shirvani*, VSSR 2011, 361; *Säcker/Kaeding*, MedR 2012, 15; *Säcker*, SGb 2012, 61. Zum Wettbewerb durch Selektivverträge siehe *Bogan*, SGb 2012, 433; *Theuerkauf*, NZS 2011, 921; zum Wettbewerb in der ambulanten vertragsärztlichen Versorgung vgl. *Schütz/Knieps*, ZRP 2012, 164. Zur allgemeinen Wettbewerbsproblematik vgl. *Wasem/Staudt*, VSSR 2012, 201; *Gaßner*, VSSR 2012, 213; *Köhler*, VSSR 2012, 227; *Plassmann*, VSSR 2012, 233; *Ballast*, VSSR 2012, 239. Der „Wettbewerb im Gesundheitswesen" ist eines der Themen des 69. DJT (2012), siehe dazu *Becker/Schweizer*, in: Verhandlungen des 69. Deutschen Juristentags, Bd. I, Gutachten, Gutachten B; *H. Plagemann/F. Plagemann*, NJW 2012, 2613; *Wallrabenstein*, JZ 2012, 818.
[210] LSG Niedersachsen-Bremen, NZS 2007, 495 (496) unter Hinweis auf BSGE 82, 78 (79 f.).
[211] Dazu grundlegend *Hein*, Die Verbände der Sozialversicherungsträger in der Bundesrepublik Deutschland; *Finkenbusch*, Die Träger der Krankenversicherung; *Schnapp*, in: Schulin, Handbuch des Sozialversicherungsrechts, Bd. 1, § 49 Rn. 181, der zurecht darauf aufmerksam macht, dass eine solche

2. Rechtsform und Aufgaben

23 Auch die Landesverbände der Orts-, Betriebs- und Innungskrankenkassen sind Körperschaften des öffentlichen Rechts mit Selbstverwaltung (§ 207 I 2 SGB V).[212] Die Mitglieder der Landesverbände sind kraft Gesetzes die Krankenkassen der gleichen Kassenart, die ihren Sitz in dem Land haben, für den der Landesverband besteht (§ 207 I 3 SGB V). Besteht in einem Land nur eine Krankenkasse der gleichen Art (z. B. in Berlin, Hamburg und Saarland die Ortskrankenkassen), nimmt sie zugleich die Aufgaben des Landesverbandes wahr und hat insoweit dessen Rechtsstellung (§ 207 IV SGB V).

24 Die Aufgaben der Landesverbände bestehen in der Erfüllung der gesetzlich zugewiesenen (§ 211 I SGB V) und unterstützenden Aufgaben für die Mitgliedskassen (§ 211 II SGB V). Neben den Landesverbänden existierten bis 1.1.2009 die Bundesverbände der Orts-, Betriebs- und Innungskrankenkassen, die durch die jeweiligen Landesverbände gebildet werden (§ 212 I SGB V). Sie sind zu diesem Stichtag in BGB-Gesellschaften umgewandelt worden (§ 212 I 1 SGB V). Die Landesverbände der Krankenkassen und der Ersatzkassen sollen sich über die von ihnen nach dem SGB V gemeinsam und einheitlich zu treffenden Entscheidungen einigen (§ 211a SGB V, eingefügt durch das GKV-WSG).

3. Ersatzkassenverbände

25 Die Ersatzkassen haben keine Landesverbände, sondern von der in § 212 V SGB V fakultativ eingeräumten Möglichkeit Gebrauch gemacht, sich auf Bundesebene zusammenzuschließen, und zwar zum Verband der Ersatzkassen (VdEK).[213] Es handelt sich um freiwillige Zusammenschlüsse. Sie sind im Gegensatz zu den Verbänden der Ortskrankenkassen, Betriebskrankenkassen und Innungskrankenkassen keine Körperschaften des öffentlichen Rechts. Ihrer Verfassung nach sind die Verbände rechtsfähige Vereine und damit Körperschaften des Privatrechts.[214] Die Aufgaben des VdEK ergeben sich aus seiner Satzung (§ 212 V SGB V). Bei der Erfüllung seiner Aufgaben wird der VdEK trotz seiner privatrechtlichen Organisation wie die öffentlich-rechtlich organisierten Landesverbände der anderen Kassenarten tätig.[215]

4. Landwirtschaftliche Krankenkasse

26 Einen Landesverband der landwirtschaftlichen Krankenkassen gibt es nicht. Die Aufgabenwahrnehmung wird durch § 36 S. 1 KVLG 1989 sichergestellt.

5. Knappschaftliche Krankenversicherung

27 Für sie nimmt die DRV KBS die Aufgaben eines Landesverbandes wahr (§ 212 III SGB V).

Entwicklung nicht unbedenklich ist. Mit der Einbindung der Krankenkassen in das Verbandswesen besteht die Gefahr, dass die Selbstverwaltungskörperschaften nur noch arbeitsteilige Mithilfe leisten und in letzter Konsequenz zu geborenen Außenstellen der Dachorganisationen herabsinken.

[212] Die Rechtsfähigkeit und Selbstverwaltung der Landesverbände ergibt sich aus den §§ 208 und 209 SGB V.

[213] Dem Verband gehören die sechs Ersatzkassen an, nämlich Barmer, GEK, die TK – Techniker Krankenkasse, die DAK-Gesundheit, die KKH-Allianz, die HEK – Hanseatische Krankenkasse und die hkk (ursprünglich Handelskrankenkasse [Bremen]), durch Eingliederung der IKK Weser-Ems zum 1.1.08 entstanden.

[214] *Schnapp*, in: Schulin, Handbuch des Sozialversicherungsrechts Bd. 1, § 49 Rn. 193.

[215] Zu verfassungsrechtlichen Bedenken insbesondere im Hinblick auf die von ihnen insoweit ausgeübte „Normsetzungsbefugnis" siehe *Wigge*, VSSR 1993, 37 ff.; aA *Rehkopf*, in: Schulin, Handbuch des Sozialversicherungsrechts Bd. 1, § 50 Rn. 32 f.

§ 7 Krankenkassen

6. Spitzenverband Bund der Krankenkassen (SpiBuK)

Die bisherigen Bundesverbände sind zum 1.1.2009 in BGB-Gesellschaften umgewandelt worden (§ 212 I 1 SGB V). Diese Gesellschaften sind Rechtsnachfolger der bisherigen Bundesverbände (§ 212 IV 1, § 213 SGB V). Die Aufgaben der bisherigen Spitzenverbände werden nunmehr vom SpiBuK wahrgenommen (§ 217f SGB V). Der SpiBuK wird von den Krankenkassen gebildet (§ 217a SGB V). Er ist eine Körperschaft des öffentlichen Rechts (§ 217a II SGB V). Seine Mitgliederversammlung besteht aus den von jeder Mitgliedskasse entsandten Vertretern (§ 217b III 3 SGB V). Der SpiBuk untersteht staatlicher Aufsicht.[216]

28

VI. Die Binnen-Organisation der Krankenkassen

1. Übersicht

Krankenkassen (§ 35a SGB IV) haben einen Verwaltungsrat[217] und einen hauptamtlichen Vorstand[218] (§ 31 IIIa SGB IV). Die vertretungsberechtigten Organe sind Behörden (§ 31 III SGB IV).[219]

29

2. Verwaltungsrat/Satzungsrecht

Die wesentlichen Aufgaben des Verwaltungsrats ergeben sich aus § 197 SGB V. Der Verwaltungsrat beschließt insbesondere die Satzung. Sie bedarf der Genehmigung der zuständigen Behörde (§ 34 I SGB IV, § 195 I SGB V).[220] Dass ist die Aufsichtsbehörde (§ 195 SGB V). Diese darf nur eine Rechtsprüfung vornehmen.[221] Die Rechtsaufsicht erstreckt sich auf alle öffentlich- und zivilrechtlichen Normen. Sie umfasst auch die rechtliche Überprüfung eines Ermessens- sowie Beurteilungsspielraums.[222] Die Rechtsaufsicht muss grundsätzlich das Recht der Selbstverwaltung des Versicherungsträgers wahren.[223] Die Aufsichtsbehörde kann nach Maßgabe des § 195 II SGB V Änderungen in der Satzung anordnen; sie ist ggf. zur Ersatzvornahme befugt.[224] Die einmal ausgesprochene Genehmigung heilt keinen inhaltlichen

30

---

[216] Siehe dazu *Brall*, in: Sodan, Handbuch der Krankenversicherung, § 32 Rn. 95.

[217] Zu dessen Zusammensetzung und Kompetenzen siehe §§ 43 ff. SGB IV, § 197 SGB V; *Felix*, Verwaltungsrat und Vorstand der gesetzlichen Krankenversicherung – Aufgaben und Befugnisse, in: Schnapp (Hrsg.) Funktionale Selbstverwaltung und Demokratiegrundprinzip am Beispiel der Sozialversicherung, 43. Zu den Vorstands-Haftungsrisiken vgl. *Poertzgen/Meyer*, MedR 2012, 301. § 35a SGB V gilt nur für die in § 35a I SGB V genannten Kassenarten.

[218] Siehe dazu *von Meydam*, NZS 2000, 332; *Rehborn*, SGb 2001, 736. Zur Abgrenzung der Kompetenzen zwischen Vorstand und Geschäftsführer vgl. *Becker*, SGb 2005, 673.

[219] Zur Übernahme mehrerer Vorstandsposten bei verschiedenen Krankenkassen s. *Dudda/Polaszek*, KrV 2004, 216. Die gesetzliche Pflicht der Krankenkassen die Höhe der Vergütung über Vorstandsmitglieder im Bundesanzeiger und in ihrer Mitgliedszeitschrift zur veröffentlichen (§ 35 VI 2 SGB IV) steht mit Verfassungsrecht und Europarecht im Einklang, BSG, GesR 2007, 472.

[220] Im Verhältnis zu Krankenkassen ist die Genehmigung ein Verwaltungsakt, BSG, SozR 3–2200 § 700 Nr. 1 (Bl. 2 f.).

[221] BSGE 70, 149 (150); BSG, SozR 3–3300 § 47 Nr. 1. Das ist nicht ganz zweifelsfrei, *Baier*, in: Krauskopf, SGB V, Rn. 13 zu § 34 SGB IV und ihm folgend LSG Niedersachsen-Bremen, B. v. 16.12.2002 – L 4 KR 177/02 ER – haben sich auf den Standpunkt gestellt, es dürften auch Zweckmäßigkeitserwägungen berücksichtigt werden. Wegen der damit verbundenen Beschränkung der Krankenkassenautonomie ist dem grundsätzlich nicht zu folgen (so auch LSG Schleswig-Holstein, B. v. 4.3.2004 – L 1 B 23/04 KR ER; *Peters*, Handbuch der Krankenversicherung Rn. 9 zu § 195 SGB V) es sei denn, Annahmen sind eindeutig widerlegbar oder offensichtlich fehlerhaft.

[222] S. dazu *Maier*, in: KassKomm. Sozialversicherungsrecht, Rn. 3 zu § 87 SGB IV; *Stober/ Schuler*, in: Wannagat/Eichenhofer, SGB IV Rn. 6 zu § 89 SGB IV; *Graeff*, in: Hauck/Noftz, SGB IV Rn. 3a zu § 89 SGB IV.

[223] Vgl. LSG Schleswig-Holstein, B. v. 4.3.2004 – L 1 B 23/04 KR ER.

[224] Ob § 195 II SGB V im Verhältnis zu § 89 I SGB IV lex specialis ist, hat das BSG bislang offen gelassen, vgl. BSGE 76, 93 (94); Urt. v. 24.4.2002 – B 7/1 A 4/00 R S. 9. Eindeutig dagegen LSG

Mangel, wie schon § 195 II 1 SGB V zeigt.[225] Der zulässige Satzungsinhalt ergibt sich aus § 194 SGB V. Die Satzung darf, wenn sie auf Leistungen der Krankenkasse verweist, zwar das Gesetz wiederholen.[226] Es findet aber nach der „strengen" Auffassung des BSG seine Grenze dort, wo der Satzungstext auf einer Auslegung des Gesetzes beruht, selbst wenn der Gesetzesinhalt dabei richtig wiedergegeben wird. Das BSG hält jede Abweichung vom Gesetzestext für unzulässig.[227] Es empfiehlt sich aus praktischen Gründen dieser Auffassung zu folgen. Es ist allerdings nicht erkennbar, dass der Vorrang des Gesetzes (Art. 20 III GG) oder das Gebot der Normklarheit es einem Satzungsgeber verbieten sollte, den Gesetzesinhalt in zutreffender Weise zu konkretisieren.

3. Verwaltungsrat/Haushalt

31 Große Bedeutung kommt der Feststellung des Haushalts zu (§ 70 SGB IV).[228] Im Bereich des § 35a SGB IV stellt der Vorstand den Haushaltsplan auf, der Verwaltungsrat stellt ihn fest. Die Aufsichtsbehörde kann verlangen, dass der aufgestellte Haushaltsplan bis zum 1. 11. vor Beginn des Kalenderjahres, für den er gelten soll, ihr vorgelegt wird, § 70 V SGB IV.[229] Innerhalb eines Monats kann die Behörde sodann Beanstandungen aussprechen. Bleiben sie unberücksichtigt, stehen der Aufsichtsbehörde die entsprechenden Aufsichtsmittel des § 89 SGB IV zur Verfügung.[230]

Aufgrund des Art. 2 Nr. 2 des am 1.1.2012 in Kraft getretenen GKV-VersorgungsstrukturG (BGBl. I 2011 S. 2983 [3014]) ist § 77 Ia SGB IV dahingehend ergänzt worden, dass die Jahresrechnungen der gesetzlichen Krankenkassen ab dem 1.1.2012 von einem Wirtschaftsprüfer oder vereidigten Buchprüfer zu prüfen und zu testieren sind. Dadurch soll gewährleistet werden, dass die Prüfung unter Einhaltung entsprechender Standards durch qualifizierte und unabhängige Personen erfolgt und Transparenz hergestellt wird.[231] Das setzt entsprechende Vorkehrungen für die bestehenden krankenkasseninternen Prüfeinrichtungen voraus, um Reibungsverluste zu vermeiden.[232]

4. Finanzierung

32 a) **Beiträge.** Die Krankenkasse finanziert sich und ihre Aufgaben durch Beiträge und sonstige Einnahmen. Darlehensaufnahmen sind nicht zulässig (§ 220 I SGB V).[233]

Gewährleistet werden soll die Beitragsgerechtigkeit mit den sie konstituierenden Elementen der Beitragsberechnung, der Verteilung der Beitragslast und der Beitragsabführung.[234]

Schleswig-Holstein, B. v. 4.3.2004 – L 1 B 23/04 KR ER, gestützt auf *Peters*, Handbuch der Krankenversicherung Rn. 8 zu § 195 SGB V, § 195 SGB V stelle gegenüber den allgemeinen Aufsichtsmaßnahmen des § 89 SGB IV eine Sonderregelung dar, die die allgemeinen Aufsichtsmittel ausschließe.

[225] BSG, SozR 2200 § 700 Nr. 1 (Bl. 2); Urt. v. 24.4.2002 – B 7/1 A 4/00 R S. 9.
[226] *Peters*, in: ders. Handbuch der Krankenversicherung, Rn. 7 ff. zu § 194 SGB V.
[227] BSG, Urt. v. 24.4.2002 – B 7/1 A 4/00 R S. 11 f.
[228] *Waibel*, VSSR 2002, 45.
[229] Das Vorlageverlangen beruht auf einer freien Ermessensentscheidung der Aufsichtsbehörde, vgl. *Baier*, in: Krauskopf, Soziale Krankenversicherung – Pflegeversicherung Rn. 11 zu § 70 SGB IV. Eines besonderen Anlasses bedarf es also für die Behörde nicht.
[230] BSGE 61, 254.
[231] BT-Drs. 17/8005 S. 132.
[232] Zutreffend *Held/Heße*, NZS 2012, 561 (568). Dort auch zum Verhältnis von § 77 Ia SGB IV zu § 88 I SGB IV, § 274 I SGB V, § 31 SVHV.
[233] Zum Grundsatz der Beitragsfinanzierung siehe § 3 SGB V. Zu der damit verbundenen Problematik siehe *Hansen*, VSSR 2003, 235; *Fiedler*, VSSR 2003, 241; *Reiners*, VSSR 2003, 259; *Rixen*, VSSR 2004, 241.
[234] BT-Drs. 11/2237 S. 221. Allgemeine Bestimmungen zum Beitragsrecht finden sich in §§ 20 ff. SGB IV. Die §§ 220 ff. SGB V sind ergänzendes Sonderrecht für die GKV, vgl. *Rixen*, in: Becker/Kingreen, SGB V, § 220 Rn. 5.

b) Allgemeiner Beitragssatz. Der allgemeine Beitragssatz beträgt 15,5 % der beitragspflichtigen Einnahmen der Mitglieder (§ 241 SGB V). Die Beiträge fließen weitgehend in den Gesundheitsfonds, einen vom Bundesversicherungsamt verwalteten Sondervermögen (§ 271 I SGB V).[235]

c) Gesundheitsfonds. Die Regelung entspricht § 65 I SGB XI. Unter einem Sondervermögen versteht man unvollständig ausgesonderte Teile des Bundesvermögens, die ausschließlich zur Erfüllung einzelner begrenzter Aufgaben des Bundes bestimmt sind und deshalb vom sonstigen Bundesvermögen getrennt zu verwalten sind. Sondervermögen haben keine eigene Rechtspersönlichkeit. Zur Gründung eines Sondervermögens ist (wie hier in § 271 I SGB V geschehen), ein förmliches Gesetz erforderlich.

Aus dem Gesundheitsfonds erhalten die Krankenkassen Zuweisungen[236] zur Deckung ihrer Ausgaben in Form einer Grundpauschale sowie alters- und risikoadjustierter Zu- und Abschläge zum Ausgleich der unterschiedlichen Risikostrukturen (§ 266 SGB V), außerdem Zuweisungen für sonstige Ausgaben (§ 270 SGB V).[237]

d) RSA. aa) Verfahren. Der Risikostrukturausgleich (RSA) sorgt über den Gesundheitsfonds für einen externen Finanzausgleich bei den Krankenkassen. Die Zuweisungen aus dem Gesundheitsfonds werden nach den Ausgleichstatbeständen des § 266 SGB V risikoadjustiert.[238] Das Bundesversicherungsamt führt den RSA durch (§ 266 V 1 SGB V). Auf der Basis vorläufiger Werte erfolgen monatliche Abschlagszahlungen (§ 39 II, IIa RSAV). Nach Ablauf des Kalenderjahrs werden die kasseneinheitlich anzusetzenden Werte endgültig festgelegt. Es erfolgt der Jahresausgleich. Der RSA ist auf Dauer eingerichtet.[239] Er wird bundesweit durchgeführt.

bb) Zusatzbeitrag. Der Zusatzbeitrag steht neben dem durchschnittlichen Zusatzbeitrag des § 242a SGB V. Dessen Festlegung beruht auf einer Schätzung des Schätzerkreises beim Bundesversicherungsamt (§ 220 II SGB V) Übersteigt der durchschnittliche Zusatzbeitrag nach § 242a SGB V 2 % der beitragspflichtigen Einnahmen des Mitglieds, hat dieses einen Anspruch auf Sozialausgleich (§ 242b SGB V).

cc) Gerichtskontrolle. Die Bescheide des BVA sind – ohne Vorverfahren (§ 78 I 2 Nr. 3, III SGG) – gerichtlich überprüfbar. Zuständig ist das LSG NRW, § 29 III Nr. 1 SGG.

e) Fehlende Deckung. Wird die Finanzleistung einer Krankenkasse durch Zuweisungen aus dem Gesundheitsfonds nicht gedeckt, so kann aufgrund entsprechender Satzungsermächtigung von den Krankenkassen ein Zusatzbeitrag erhoben werden (§ 242 SGB V).[240]

f) Beitragssatzstabilität. aa) Vergütungsverhandlungen. § 41 I 1 SGB V gibt den Vertragspartnern auf Seiten der Krankenkassen und der Leistungserbringer zwingend vor, Vergütungsverhandlungen nach dem SGB V so zu gestalten, dass Beitragserhöhungen ausgeschlossen sind, es sei denn, die notwendige medizinischen Versorgung ist auch nach Ausschöpfung von Wirtschaftlichkeitsreserven nicht zu gewährleisten.[241] Dem wird nur entsprochen, wenn die veränderte Vergütung die für das ganze Bundesgebiet geltende Veränderungsrate nicht überschreitet (§ 71 II SGB V). Die Veränderungsrate wird vom BMG bis

---

[235] *Pfohl*, NZS 2009, 71.
[236] Zum Begriff der Zuweisung siehe § 10 HGrG.
[237] Zum Finanzausgleich für aufwendige Leistungsfälle siehe § 265 SGB V.
[238] *Göpffarth*, in: Becker/Kingreen, SGB V, § 266 Rn. 4. Die Kritik am RSA ist seit BVerfGE 113, 167 abgeebbt, siehe dazu die Übersicht bei *Göpffarth*, in: Becker/Kingreen, SGB V, § 266 Rn. 40 ff.
[239] BVerfGE 113, 167 (256 f.).
[240] Siehe dazu *Thüsing/Traut/Pötters*, NZS 2012, 641. Die Autoren sehen die Erhebung von Zusatzbeiträgen als ultima ratio an.
[241] Zu Ausnahmen siehe § 71 I 2 SGB V.

zum 15.9. eines jeden Jahres für Vergütungsvereinbarungen des jeweils folgenden Kalenderjahres festgestellt (§ 71 III SGB V).

42 **bb) Beitragssatz.** Da der Beitragssatz in § 241 SGB V gesetzlich festgelegt ist, hat § 71 SGB V stark an praktischer Bedeutsamkeit verloren. Die Vorschrift spielt aber immer noch eine ausschlaggebende Rolle bei Vergütungsverhandlungen zwischen Zahnärzten und Zahntechnikern.[242] Die Ankoppelung an den kassenindividuellen Zusatzbeitrag des § 242 SGB V[243] scheidet dagegen aus, weil die sachgemäße Erhebung eines Zuschussbeitrags keine Vergütungsvereinbarung ist und weil der Zusatzbeitrag gerade außerhalb des Beitragsrechts liegt.

43 **cc) Beitragssatzstabilität.** Dass der Grundsatz der Beitragssatzstabilität unverändert eine rechtlich verbindliche Obergrenze für Vergütungsvereinbarungen (mit Vorrang vor allen anderen Gesichtspunkten) darstellt, ist ständige Rechtsprechung des BSG[244], wirkt sich aber nur mittelbar auf den Beitragssatz des § 241 SGB V aus.

44 **g) Erstattungsregelungen.** Die Krankenkassen finanzieren sich nicht nur über Beiträge. Es kommen Erstattungen von anderen Leistungsträgern nach §§ 102 ff. SGB X in Betracht, vielfältige Zuzahlungsregelungen (etwa in §§ 61, 62 SGB V), vor allem aber Beteiligungen des Bundes an Aufwendungen für vertragsfremde Leistungen (§ 221 SGB V)[245] und, darüberhinausgehend, lückenschließender Aufwendungsersatz für den Gesundheitsfonds (vgl. § 221a SGB V) und für Aufwendungen im Bereich des Sozialausgleichs (§ 221b SGB V).

5. Gesetzliche Vorgaben für die wirtschaftliche Struktur der Krankenkassen

45, 46 **a) Sparsamkeit und Wirtschaftlichkeit.** Der Gesetzgeber hat sich nicht nur mit den Einnahmen der Krankenkassen, sondern auch mit deren Ausgaben befasst. Als generelle Regel gilt, dass die Krankenkassen bei Durchführung ihrer Aufgaben und ihrer Verwaltungsangelegenheiten sparsam und wirtschaftlich vorzugehen haben. Sie haben dabei ihre Ausgaben so einzurichten, dass Beitragserhöhungen grundsätzlich ausgeschlossen werden (§ 4 IV 1 SGB V). Um das – partiell – sicherzustellen, hat der Gesetzgeber die Verwaltungsausgaben der einzelnen Krankenkassen gedeckelt (§ 4 IV 2 SGB V).

47 **b) Insolvenzfähigkeit.** Die Annäherung von PKV und GKV und die Stellung der Krankenkassen im Wettbewerb untereinander haben dazu geführt, Krankenkassen mehr und mehr auch als Wirtschaftsunternehmen zu verstehen. Eine der Konsequenzen ist die Insolvenzfähigkeit der Krankenkassen. Für sie gilt die InsO nach Maßgabe des § 171b II–VII SGB V.[246] Zahlungsunfähigkeit oder drohende Zahlungsunfähigkeit muss die Krankenkasse der zuständigen Aufsichtsbehörde mitteilen. Der Antrag auf Eröffnung des Insolvenzverfahrens wird ausschließlich von der Aufsichtsbehörde gestellt. Der SpiBuK muss von ihr unterrichtet werden. Dieser unterrichtet seinerseits die Krankenkassen derselben Kassenart oder deren Landesverbände.[247]

---

[242] Ausf. *Zuck,* Kommentar zum Zahntechnikrecht im SGB V, § 71 Rn. 2 ff. Zu § 85 SGB V siehe Fn. 87.
[243] In diesem Sinn *Schuler,* in: LPK-SGB V, § 71 Rn. 3.
[244] Vgl. etwa BSG, Urt. v. 23.6.2010 – B 6 KA 4/07 R, SozR 4–2500 § 85 SGB V Nr. 56 Rn. 17 ff.
[245] → § 5 Rn. 15 ff.
[246] *Uwer,* GesR 2009, 113; *Bultmann,* MedR 2009, 25; *Krasney,* NZS 2010, 443; *Pfohl/Sichert/Otto,* NZS 2011, 8.
[247] Siehe dazu *Orlowski/Wasem,* Gesundheitsreform 2007 (GKV-WSG), S. 44 f.; *Stock/Lüngen/Lauterbach,* SozSich 2006, 407. Zur Problematik des RSA in der GKV/PKV und ihrer Entwicklung siehe *Sehlen,* in: Schmehl/Wallgrabenstein, Steuerungsinstrumente im Recht des Gesundheitswesen, Bd. 1, Wettbewerb, 55 ff.

6. Aufsicht

a) Aufsichtsregeln. Die Krankenkassen unterliegen staatlicher Aufsicht. Sie erstreckt sich auf die Beachtung von Gesetz und sonstigem Recht, das für die Krankenkassen maßgeblich ist (§ 87 SGB IV). Aufsichtsrechte und -pflichten ergeben sich aus § 88 SGB IV. Die Aufsichtsmittel unterliegen einem abgestuften Verfahren (§ 89 SGB IV)[248] und beinhalten

* Beratung,
* Fristsetzung,
* Verpflichtungsbescheid und
* Maßnahmen nach dem Verwaltungsvollstreckungsrecht.[249]

48, 49

Die Beratung durch die Aufsichtsbehörde kann nicht mit Rechtsmitteln angegriffen werden, ebenso wenig die Fristsetzung. Erst der Verpflichtungsbescheid greift in die Rechtsstellung der Krankenkasse ein. Rechtsbehelf ist die Anfechtungsklage, wenn Sofortvollzug angeordnet worden ist, der Antrag auf Wiederherstellung der aufschiebenden Wirkung (§ 86b SGG).

b) Prüfung der Haushalts- und Wirtschaftsführung. § 274 IV SGB V i. d. F. des GKV-WSG schreibt die Prüfung der Haushalts- und Wirtschaftsführung der gesetzlichen Krankenkassen, ihrer Verbände und Arbeitsgemeinschaften vor. Für bundesunmittelbare Krankenkassen, Verbände und Arbeitsgemeinschaften war das bisher schon möglich (§ 112 I 1, 2 BHO iVm § 111 I BHO und § 89 BHO). Für landesunmittelbare Krankenkassen, Verbände und Arbeitsgemeinschaften ergab sich das Prüfrecht aus § 55 I 1 HGrsG.[250] Von diesen Prüfkompetenzen ist bislang kein Gebrauch gemacht worden. Die Vorschrift des § 274 IV SGB V hat infolgedessen nur klarstellenden Charakter. Es muss jedoch beachtet werden, dass auch dem BVA, dem BMGS und den zuständigen obersten Verwaltungsbehörden der Länder (je nach ihrer Zuständigkeit)[251] Prüfpflichten oblagen (§ 274 I SGB V i. d. F. des GKV-WSG). Prüfrechte haben aber auch die Landesverbände (§ 172 II SGB V, so genanntes Frühwarnsystem). Sie bedienen sich dabei meistens Dritter. Alle Prüfungen erfolgen auf Kosten der Krankenkassen (§ 274 II SGB V).

50

Das gilt jedoch nicht für die Prüfung durch den Bundesrechnungshof. Die konkurrierenden Prüfzuständigkeiten hätte der Gesetzgeber ordnen sollen, zumal die Praxis gezeigt hat, dass für die Prüfung durch den Bundesrechnungshof kein wirklicher Bedarf besteht. Die Erwägungen der Amtlichen Begründung, Doppelprüfungen sollten nach dem Prinzip der Verhältnismäßigkeit vermieden werden[252], löst das Problem der bestehenden unterschiedlichen Prüfkompetenzen nicht. Soweit die Amtliche Begründung ausführt, der Bundesrechnungshof „könne" prüfen, wenn die Krankenkassen „gesetzlich begründete Zahlungen des Bundes erhalten"[253], ist das nicht überzeugend. Im Gesetz steht weder etwas von einer Ermessensentscheidung noch von einer Anknüpfung an gesetzlich begründete Zahlungen des Bundes.

7. Ausblick

Steinmeyer hat zu Recht darauf hingewiesen, dass den Krankenkassen eine besondere Rolle zukommt. Sie sind einerseits verpflichtet, die sozialrechtlichen Vorgaben für ein funktions-

51

---

[248] BSGE 56, 197. S. dazu allgemein *Kluth*, GewArch 2006, 446; instruktiv beschreibt *Plagemann* den Wechsel von der Staatsaufsicht zur Gewährleistungsaufsicht in der modernen Sozialversicherung, VSSR 2007, 121 (130 f.).
[249] Ersatzvornahme (§ 10 VwVG); Zwangsgeld (§ 11 VwVG); unmittelbarer Zwang (§ 12 VwVG).
[250] BR-Drs. 755/06, S. 463.
[251] Siehe dazu *Baier*, in: Krauskopf, Soziale Krankenversicherung Pflegeversicherung, § 274 SGB V, Rn. 4.
[252] BR-Drs. 755/06, S. 463.
[253] BR-Drs. 755/06, S. 463.

fähiges Gesundheitswesen umzusetzen. Sie tun das aber andererseits in einem wettbewerblich-unternehmerischen Umfeld.[254] Die finanziellen Rahmenbedingungen werden jedoch nicht von ihnen, sondern vom Gesetzgeber vorgegeben. Das hat nicht nur einen hohen Komplexitätsgrad mit sich gebracht. Da Beitragslasten, wie der Name schon sagt, sich als Last für Arbeitnehmer und Arbeitgeber erweisen, ist der Krankenkassenbeitrag, wie die wechselnden Einflüsse auf § 241 SGB V zeigen, eine primär politische Größe.[255] Dem Prokrustesbett externer Zwänge und personenbezogener Gesundheitssorge entkommen die Krankenkassen kaum. Die Wahrnehmung von Leistungserbringeraufgaben ist den Krankenkassen weitgehend untersagt, wie § 140 SGB V zeigt,[256] Der von einigen Krankenkassen verfolgte Ansatz, das Ziel eines modernen Gesundheitszentrums durch Auslagerung auf externe (aber von der jeweiligen Krankenkasse beherrschten) Rechtsträger zu erreichen, unterliegt engen Grenzen. Das gilt auch für den Service-Wettbewerb der Krankenkassen untereinander. So wünschenswert er ist[257], so schwer ist in der Konkurrenzlage, bei der dann auch das Bundesversicherungsamt instrumentalisiert wird, die praktische Umsetzung. Das Verständnis der Krankenkassen als Wirtschaftsunternehmen bringt aber noch eine weitere Konfliktspirale in Gang, nämlich das Verhältnis der Krankenkassen zu den Leistungserbringern. Von diesen hängt die Qualität des Gesundheitssystems ab. Angesichts der überragenden Marktmacht der Krankenkassen sehen sich die Leistungserbringer – aus ihrer Sicht zu Lasten der von ihnen zu erbringenden Gesundheitsleistungen – aber leicht einem einseitigen Preisdiktat ausgesetzt.[258] Sucht man nach einer Ursache für die hier skizzierten Problemlagen, so findet sie sich in dem Aspekt des kastrierten Wettbewerbs. Die Krankenkassen wollen, aber sie können (und dürfen) nicht. Das Gebot der Stunde ist deshalb die Schaffung größerer Handlungsspielräume für die Krankenkassen.

§ 8 Rechtliche Handlungsformen

I. Formen

1. Eigenständiges Handlungsinstrumentarium

1   Das Verwaltungshandeln von Behörden folgt allgemeinen Regeln. Insoweit gilt auch für die am Krankenversicherungsrecht beteiligten Selbstverwaltungskörperschaften nichts Besonderes. Im Sozialversicherungsrecht im Allgemeinen, im Krankenversicherungsrecht im Besonderen hat sich jedoch ein Handlungsinstrumentarium entwickelt, das eigenständigen Regeln folgt.[259] Das betrifft zum einen Normverträge, wie z. B. die Gesamtverträge (§ 83 SGB V) oder Bundesmantelverträge (§ 82 I 1 SGB V), zum anderen Richtlinien nach § 92 SGB V,[260] z. B.

---

[254] *Steinmeyer*, NZS 2008, 393 (396).
[255] Siehe dazu auch *Hauck*, SGb 2011, 187 (192). Das wird besonders deutlich angesichts der lebhaften öffentlichen Auseinandersetzung, wie die Krankenkassen mit den von ihnen erzielten erheblichen Überschüssen umgehen sollen. Die Krankenkassen möchten ihre wirtschaftlichen Risiken absichern, „die Politik" hätte gerne – nachvollziehbar angesichts von Wahljahren – Wohltaten für die Versicherten.
[256] Krit. dazu *Kingreen*, SGb 2011, 357 (364).
[257] Zutreffend *Hauck*, SGb 2011, 187 (192).
[258] *Graf Kerssenbrock*, NZS 2010, 82.
[259] *Axer*, Normsetzung der Exekutive in der Sozialversicherung; *Schnapp* (Hrsg.), Probleme der Rechtsquellen im Sozialversicherungsrecht; *Castendiek*, Der sozialversicherungsrechtliche Normsetzungsvertrag; *Engelmann*, NZS 2000, 1; 76 ff. *Hänlein*, Rechtsquellen im Sozialversicherungsrecht. *Boerner*, Normverträge im Gesundheitswesen; *Fahlbusch*, Das gesetzgeberische Phänomen der Normsetzung durch oder mit Vertrag; *Rompf*, VSSR 2004, 281.
[260] Den Richtlinien des GBA kommt rechtliche Bedeutung erst ab Bekanntmachung im BAnz (§ 94 II SGB V) zu. Der Zeitpunkt der Beschlussfassung ist nicht maßgebend, BSG, SozR 3–2500, § 135 SGB V Nr. 22. Die Richtlinien des GBA nach § 92 SGB V sind zu unterscheiden von den Richtlinien der Bundesärztekammer, die – im äußersten Fall – nur festlegen, wozu der Arzt berufsrechtlich verpflichtet

die Arzneimittelrichtlinie[261]. Unter dem politischen Stichwort „Vorfahrt für die Selbstverwaltung" hat der Gesetzgeber dabei den Bereich untergesetzlicher Normregelung immer weiter ausgedehnt.[262] Hinter dieser plakativen Zuordnung verbergen sich Sachüberlegungen. Zum einen fordern die ständigen Änderungen in den gesellschaftlichen (durch die jeweilige Tagespolitik vermittelten) Anschauungen, das Auf und Ab der Finanzierungsmöglichkeiten und der medizinische Fortschritt rasches Handeln. Das ist in den Selbstverwaltungsgremien leichter zu gewährleisten als in den Parlamenten. Zum anderen hängt die Antwort auf viele dieser Fragen in besonders starkem Maße von Erfahrung und Sachkunde der involvierten Organisationen ab, ist also weitgehend expertokratisch bestimmt. Man muss aber auch sehen, dass mit einer solchen Verlagerung der Kompetenzen nicht nur die nötige Entlastung von Parlamenten und Ministerialbürokratie einhergeht, sondern auch eine entsprechende Entmachtung. Wer Gesetzgebung im Gesundheitswesen nur noch als ausfüllungsbedürftiges Rahmenrecht versteht und sich im Übrigen auf Beanstandungs- und Schlichtungsregeln zurückzieht, gibt in entsprechendem Maße auch Steuerungsfunktionen auf. Das wirkt sich in der Selbstverwaltungsebene zum Teil negativ aus, weil die meist paritätisch einander gegenüberstehenden Selbstverwaltungspartner zu Kompromissen auf dem kleinstmöglichen Nenner gezwungen werden. Wo diese nicht erreichbar sind, ist Untätigkeit eine nicht gerade seltene Folge.

2. Normverträge[263]

a) Begriff. Unter Normverträgen versteht man solche Verträge, deren unmittelbare Rechtswirkungen nicht nur gegenüber den Vertragspartnern, sondern auch gegenüber den von der Regelung (abstrakt-generell) betroffenen Dritten eintreten.[264] Der damit angesprochene Erstreckungsbereich der Normverträge ist besonders zu beachten. Er ergibt sich zum einen aus der Natur der Sache. Wenn – z. B. – ein Vertrag über die Vergütung zahntechnischer Leistungen gemäß § 88 II SGB V geschlossen wird, kann er sich nur auf Personen beziehen, die zahntechnische Leistungen in Auftrag geben, erbringen oder in Anspruch nehmen. Die Drittwirkung muss also nicht besonders ausgesprochen werden. Zum anderen hat der Gesetzgeber unterschiedliche Transformationsmöglichkeiten, um die Erstreckungsregelung und ihren Umfang ausdrücklich zu bestimmen.[265] Dies ist z. B. in § 83 I 1 SGB V geschehen, wo bestimmt ist, dass die Gesamtverträge „mit Wirkung für die Krankenkassen der jeweiligen Kassenart" geschlossen werden. Hinzuweisen ist in diesem Zusammenhang auch auf die auf Landesebene zwischen Krankenkassen- und Krankenhausträgerverbänden geschlossenen zwei- und dreiseitigen Verträge. Für sie ist bestimmt, dass sie für die Krankenkassen und die zugelassenen Krankenhäuser im Land (§ 112 II 2 SGB V) bzw. für die Krankenkassen, die Vertragsärzte und die zugelassenen Krankenhäuser im Land unmittelbar verbindlich sind (§ 115 II 2 SGB V). Verträge des SpiBuK werden dagegen über die Verpflichtung der Landesverbände, entsprechende Satzungsbestimmungen vorzusehen (§ 210 II SGB V), verbindlich. Entsprechendes gilt für Verträge der KBV auf Bundesebene (§ 81 III Nr. 1 SGB V). Für die Vertragsärzte bestimmt – was die Verträge angeht eher deklaratorisch

---

ist, und von den Richtlinien nach § 16 TPG, die eine – wichtige – Sonderstellung einnehmen, siehe dazu *Taupitz*, NJW 2003, 1145, der die Legitimation der Bundesärztekammer zum Erlass dieser Richtlinien bezweifelt. Allgemein zur Richtlinienkompetenz siehe *Hebeler*, DÖV 2002, 936 ff.

[261] I. d. F. v. 18.12.2008/22.1.2009, BAnz. Nr. 49a, zuletzt geändert durch Beschluss vom 24.11.2011 (BAnz. Nr. 6 v. 11.1.2012, S. 133), in Kraft getreten am 12.1.2012.
[262] Zur Entwicklung siehe *Engelmann*, NZS 2000, 1.
[263] Siehe dazu ausführlich *Engelmann*, NZS 2000, 1 (5). Zur unterschiedlichen Terminologie siehe *Axer*, Normsetzung der Exekutive in der Sozialversicherung, 60 f.
[264] Siehe dazu *Ebsen*, in: Schulin (Hrsg.), Handbuch des Sozialversicherungsrechts, Bd. 1, § 7 Rn. 110; *Sodan*, NZS 1998, 305 (306).
[265] Siehe dazu *Engelmann*, NZS 2000, 1 (4).

– § 95 II 2 SGB V die Verbindlichkeit der Bestimmungen über die vertragsärztliche Versorgung.

3   Der Auffassung, dass diese Verträge besser nicht Normsetzungsverträge, sondern als Normverträge bezeichnet werden sollten, weil sie selbst, wie das Beispiel des Bundesmantelvertrags und der Gesamtverträge belegt, Normen enthalten und nicht erst Normen setzen,[266] ist der Vorzug zu geben, auch deshalb, weil sich diese Terminologie weitgehend eingebürgert hat. Man kann sich allerdings fragen, ob die Normverträge nicht in den meisten Fällen ihre normative Kraft erst der jeweiligen Erstreckungsregelung verdanken, ohne diese also nichts anderes als Verträge unter Vertragspartnern wären. Bedenkt man aber, dass die Normativität der Verträge auch aus der Natur der Sache folgen kann, wird man Vertrag und Erstreckungsregelung als Einheit anzusehen haben, bei der die Erstreckungsregelung lediglich die Funktion hat, die normative Wirkung des Vertrages zu konkretisieren. So gesehen deuten sich die Erstreckungsregelungen als Beschränkungen einer sonst grundsätzlich uneingeschränkten Normativität der Verträge. Will man die Normverträge dem Normenkatalog unterhalb des Verfassungsrechts zuordnen, so sind sie neben dem Parlamentsgesetz, der Verordnung, der Satzung und dem Tarifvertrag einer fünften Normklasse zugehörig. Diese – zugegebenermaßen eher plakative, aber eben den normativen Gleichrang ausdrückende – Bezeichnung wird auch in der Folge immer wieder verwendet, wenn es um die sozialversicherungsrechtlichen Normverträge geht. Im SGB V gibt es eine große Anzahl solcher Normverträge. Einige besonders bedeutsame werden in der Folge hervorgehoben.[267]

4   Nicht alle im SGB V aufgeführten Verträge sind jedoch Normverträge. Die Einzelverträge, z. B. nach § 73b IV (hausarztzentrierte Versorgung), § 73c III (Versorgungsaufträge), § 132 I 2 (Versorgung mit Haushaltshilfe), § 132a II 1 (häusliche Krankenpflege), § 132b I (Versorgung mit Soziotherapie), § 132c I (Versorgung mit sozialmedizinischen Nachsorgemaßnahmen), § 132d I 1 SGB V (Spezialisierte ambulante Palliativversorgung), § 132e S. 1 SGB V (Versorgung mit Schutzimpfungen), § 133 I 1 SGB V (Krankentransportleistungen), § 134a SGB V (Versorgung mit Hebammenhilfe), § 140b I SGB V (integrierte Versorgung), § 140e n. F. SGB V (Verträge mit ausländischen Leistungserbringern) wirken nur inter partes. Als weiteres Beispiel für die fehlende normative Wirkung einer Vereinbarung zwischen Krankenkassenverbänden und KVen mag die Richtgrößenvereinbarung nach § 84 VI SGB V dienen.[268]

5   **b) Rechtsnatur.** Normverträge sind ihrer Natur nach öffentlich-rechtlich ausgestaltet. Man sollte sie aber dennoch nicht direkt dem Vertragsrecht im Sinne der §§ 53 ff. SGB X unterwerfen.[269] Das folgt nicht aus § 69 SGB V,[270] sondern aus der Tatsache, dass in diesen Verträgen Recht gesetzt wird. Damit gelten die allgemeinen verfassungsrechtlichen Anforderungen für die Normsetzung. Das wird sich vor allem hinsichtlich der für Normen bestehenden Publizitätspflichten auswirken.[271] Das ändert aber nichts daran, dass zwischen der Rechtsform und den Rechtsfolgen unterschieden werden muss. Auch der Normvertrag bleibt Vertrag. §§ 53 ff. SGB X erfassen aber wegen des Normcharakters die mit ihm verbundenen Rechtsfolgen nicht. Richtig erscheint es deshalb, von einer entsprechenden Anwendung der

---

[266] *Axer,* Normsetzung der Exekutive in der Sozialversicherung, 60 f.
[267] → § 8 Rn. 11 ff.
[268] Vgl. dazu *Auktor,* in: LPK-SGB V, Rn. 40 zu § 84 SGB V; *Hess,* KassKomm. Sozialversicherungsrecht, Rn. 28 zu § 84 SGB V.
[269] So aber *Maurer,* BVBl. 1989, 798 (803 ff.); *Schneider,* Handbuch des Kassenarztrechts, Rn. 695; *Sodan,* NZS 1998, 305 (307); *Boerner,* SGb 2000, 389 (390); BSGE 70, 240 (243). S. dazu *Zuck,* in: Fichte/Plagemann/Waschull (Hrsg.), Sozialverwaltungsrecht, § 5 Rn. 115.
[270] Zu diesem Zusammenhang vgl. *Boerner,* SGb 2000, 389 ff.; *Pabst,* SGB 2002, 475; *Auktor,* in: LPK-SGB V, Rn. 2b zu § 69 SGB V.
[271] Siehe dazu zutreffend *Axer,* in: Schnapp/Wigge, Rn. 16 zu § 8.

§§ 53 ff. SGB X auszugehen, ergänzt und modifiziert eben durch die verfassungsrechtlichen, für den Bereich der Normsetzung Vorrang heischenden Regelungen.[272]

c) **Unterschiedliche Regelungsebenen.** Der Abschluss von Normverträgen als besondere Handlungsform wird den Beteiligten am System der vertragsärztlichen Versorgung vom SGB V selbst aufgegeben. So ordnet § 2 II 2 SGB V an, dass die Krankenkassen über die Erbringung der Sach- und Dienstleistungen Verträge nach Maßgabe der §§ 69 ff. SGB V mit den Leistungserbringern schließen. Darüber hinaus gibt § 72 II SGB V den KVen und den Verbänden der Krankenkassen auf, die vertragsärztliche Versorgung entsprechend den gesetzlichen Vorgaben zu regeln. Diesen Verpflichtungen kommen die Vertragspartner auf unterschiedlichen Ebenen nach.

Auf regionaler Ebene liegen z. B. die gemäß § 83 I SGB V zwischen den KVen und den Landesverbänden der Krankenkassen zu schließenden Gesamtverträge[273] oder Verträge nach § 106 III 1 SGB V, aber auch die zwischen den Krankenkassenverbänden und den Innungsverbänden der Zahntechniker zu vereinbarenden Vergütungen gemäß § 88 II 1 SGB V, § 57 II SGB V.[274]

Auf Bundesebene stehen die zwischen den KBVen und dem SpiBuK zu schließenden Bundesmantelverträge (§ 82 I SGB V)[275] im Vordergrund.

d) **Rechtsschutzfragen.** Das SGG sieht kein Normenkontrollverfahren vor.[276] Eine Rechtskontrolle der Normverträge kann deshalb nur inzidenter im Rahmen der zulässigen Klagarten des SGG erfolgen. Örtlich zuständig ist bei Verträgen auf Landesebene das Sozialgericht, in dessen Bezirk der Sitz der KV liegt (§ 57a I 1 2. Alternative SGG). Bei Verträgen auf Bundesebene ist das Sozialgericht zuständig, in dessen Bezirk die KBV ihren Sitz hat. Eine Sonderregelung trifft § 29 IV S. 1 Nr. 3 SGG bzgl. Klagen gegen Entscheidungen und Richtlinien des Gemeinsamen Bundesausschusses (G-BA). Hier entscheidet das LSG Berlin-Brandenburg im ersten Rechtszug.

Vorbeugenden Rechtsschutz gibt es nur nach Maßgabe des § 86b SGG. Prüfmaßstäbe sind das Verfassungsrecht, die gesetzlichen Vorschriften, also vor allem das SGB V, ggf. aber auch das einschlägige Richtlinienrecht.

3. Bundesmantelvertrag

a) **Funktion des Bundesmantelvertrags.** Der Bundesmantelvertrag enthält bestimmte Vorgaben für den allgemeinen Inhalt der Gesamtverträge. Er ist deshalb das zentrale Vertragsinstrument,[277] eingebunden in eine Stufenfolge
- gesetzliche Regelungen des Vertragsarztrechts
- Richtlinien des GBA/der KBV
- Bundesmantelverträge (§ 82 I SGB V)
- Gesamtverträge (§ 82 I SGB V)
- Satzungen der KBV/KVen, der Spitzenverbände (ab 1.7.2008 des SpiBuK) und der Landesverbände der Krankenkassen, und der Krankenkassen,

---

[272] Ähnlich *Engelmann*, in: von Wulffen, SGB X, Rn. 4 zu § 53 SGB X.
[273] → § 8 Rn. 21 ff.
[274] → § 30 Rn. 27, 31.
[275] → § 8 Rn. 11 ff.; ab 1.7.2008 ist der SpiBuK zuständig.
[276] BSGE 71, 42; *Axer*, NZS 1997, 10; *Schnapp*, NZS 1997, 152; *Auktor*, in: LPK-SGB V, Rn. 14 zu § 82 SGB V. Ein Ausweg bietet sich über die Feststellungsklage an, siehe dazu *Keller*, in: Meyer/Ladewig/Keller/Leitherer, SGG, § 55 Rn. 10b ff.
[277] *Axer*, Normsetzung der Exekutive in der Sozialversicherung, 64. Der BMV-Ä gilt i.d.F. vom 1.1.2011 (DABl 2010, A 2589).

12 so, dass die jeweils nachrangigen Rechtsnormen an die Vorgaben vorauffliegender Stufen gebunden sind.[278] Der Bundesmantelvertrag enthält allgemeine und besondere Vorgaben auf Bundesebene, also Vorgaben solcher Art, dass ihre Bundesunmittelbarkeit gewährleistet sein muss (erste Stufe). Diese bundesunmittelbaren Vorgaben werden auf Landesebene in den Gesamtverträgen konkretisiert und ergänzt (zweite Stufe).

13 **b) Inhalt des Bundesmantelvertrags**[279]. Der Bundesmantelvertrag enthält, wie schon erwähnt, allgemeine und besondere Vorgaben für die Gesamtverträge. § 82 I 1 SGB V sagt nicht ausdrücklich, was unter dem „allgemeinen Inhalt" des Gesamtvertrages, und damit zugleich dem Gegenstand der Bundesmantelverträge zu verstehen ist. Entscheidend wird für die Beantwortung dieser Frage sein, welche Regelungen unter den Aspekten der Notwendigkeit und Zweckmäßigkeit einer bundeseinheitlichen Ausgestaltung bedürfen. Die Vertragspartner haben dafür den erforderlichen Beurteilungsspielraum. Sie dürfen aber nicht soweit gehen, dass für die Parteien der Gesamtverträge, also auf der zweiten Stufe[280] kein Vertragsspielraum mehr besteht.[281] Dieser Beurteilungsspielraum wird allerdings auch hinsichtlich des allgemeinen Inhalts durch § 72 II SGB V beschränkt: Alle Verträge, die sich auf die vertragsärztliche Versorgung beziehen, müssen so gestaltet sein, dass eine ausreichende, zweckmäßige und wirtschaftliche Versorgung der Versicherten unter Berücksichtigung des allgemein anerkannten Standes der medizinischen Erkenntnisse gewährleistet ist und die ärztlichen Leistungen angemessen vergütet werden. Mit diesen Vorgaben wird die „Mantelfunktion" der Verträge näher umschrieben.[282] Eine weitere Begrenzung ergibt sich aus dem Vorrang der Richtlinien.[283]

14 Der Gesetzgeber hat dazuhin besondere Vorgaben für den Inhalt von Bundesmantelverträgen gemacht. Dazu gehören die Vereinbarung des EBM (§ 87 I 1 SGB V, Organisationsbestimmungen für die vertragsärztliche Versorgung (§ 87 I 2 SGB V) sowie die Vereinbarung der Voraussetzungen für Fachkundenachweise, Praxisausstattung und Strukturqualität (§ 135 II 1 SGB V), und die Über- und Unterschreitung von vereinbarten Ausgabevolumen nach § 84 I SGB V (§ 84 III SGB V). In § 73b IV SGB V n. F., § 73c III SGB n. F. sind die Vertragspartner des Bundesmantelvertrags außerdem ermächtigt worden, Regelungen zur hausarztzentrierten Versorgung und zu besonderen Versorgungsaufträgen zu treffen.

15 Aufgrund ausdrücklicher Einbeziehung in § 2 BMV sind weiterhin Bestandteile des Bundesmantelvertrages, die

- Psychotherapievereinbarung (Anlage 1)
- Vordruckverzeichnisse (Anlage 2, 2a)
- Qualitätssicherungsvereinbarung (Anlage 3)
- Empfehlungen des GBA zu neuen Untersuchungs- und Behandlungsmethoden (Anlage 3a)
- Vereinbarung über eine Krankenversicherungskarte (Anlage 4)
- Vereinbarung über die hausärztliche Versorgung (§ 73 Ic SGB V a. F.) (Anlage 5)
- Datenträgeraustauschvereinbarung (Anlage 6)
- Vereinbarung über die Abrechnung von Fremdfällen (Anlage 7)

16 **c) Transformationsregelung.** Der Inhalt der Bundesmantelverträge ist Bestandteil der Gesamtverträge (§ 82 I 2 SGB V).

---

[278] *Hess*, in: KassKomm. Sozialversicherungsrecht, Rn. 4 zu § 82. SGB V.
[279] Siehe dazu umfassend *Hänlein*, Rechtsquellen im Sozialversicherungsrecht, 411 ff.
[280] → § 8 Rn. 11 f., Rn. 14 ff.
[281] *Axer*, Normsetzung der Exekutive in der Sozialversicherung, 65; *Auktor*, in: LPK-SGB V, Rn. 11 zu § 82 SGB V; *Hess*, in: KassKomm. Sozialversicherungsrecht, Rn. 5 zu § 82 SGB.
[282] *Axer*, Normsetzung der Exekutive in der Sozialversicherung, 65. Siehe dazu auch *Heinemann/Liebold*, Kassenarztrecht, § 82 SGB V C 82-2.
[283] *Axer*, Normsetzung der Exekutive in der Sozialversicherung, 66; *ders.*, in: Schnapp/Wigge, Rn. 16 zu § 7.

d) **Vertragspartner.** Vertragspartner der Bundesmantelverträge sind die KBVen und der SpiBuk (§ 82 I 1 SGB V).

e) **GMG.** Das GMG hatte den Regelungsgehalt des Bundesmantelvertrags erweitert:

"Spätestens bis zum 1. Januar 2006 ist auch ein elektronischer Verordnungsdatensatz für die Übermittlung der Verordnungsdaten an Apotheken und Krankenkassen zu vereinbaren" (§ 87 I 6 SGB V).

Das GKV-WSG hat in § 82 SGB V nur organisatorische Folgewirkungen vollzogen, die Vorschrift also inhaltlich unberührt gelassen.

Außerdem gibt es umfangreiche, mit der Neuordnung des Zahnersatzrechts in §§ 55 ff. SGB V zusammenhängende Folgeregelungen (§ 87 I a SGB V).[284]

f) **BMVÄ**[285]**.** Der BMVÄ[286] umfasst den Regelungs- und Geltungsbereich (1. Abschnitt), Inhalt und Umfang der vertragsärztlichen Versorgung (2. Abschnitt), die Teilnahme an der vertragsärztlichen Versorgung (3. Abschnitt),[287] die haus- und fachärztliche Versorgung nach Maßgabe der Anlage 5 (4. Abschnitt), die Qualität der vertragsärztlichen Versorgung (5. Abschnitt), die allgemeinen Grundsätze der vertragsärztlichen Versorgung (6. Abschnitt), die Inanspruchnahme vertragsärztlicher Leistungen durch den Versicherten (7. Abschnitt), die vertragsärztlichen Leistungen (8. Abschnitt), Vordrucke, Bescheinigungen und Auskünfte sowie Vertragsarztstempel (9. Abschnitt), die belegärztliche Versorgung (10. Abschnitt), die Abrechnung der vertragsärztlichen Leistungen (11. Abschnitt), die Prüfung der Abrechnung und Wirtschaftlichkeit sowie „sonstige Schäden" (12. Abschnitt), allgemeine Regeln zur vertragsärztlichen Gesamtvergütung und ihre Abrechnungsgrundlagen (13. Abschnitt), besondere Rechte und Pflichten des Vertragsarztes, der KVen und der Krankenkassen (14. Abschnitt), den MDK (15. Abschnitt) sowie Inkrafttretenund Kündigung des Vertrages (16. Abschnitt). Es gibt zum BMBÄ eine Vielzahl von Anlagen.[288]

4. Gesamtverträge[289]

a) **Vertragspartner.** Vertragspartner der Gesamtverträge sind auf Seiten der Vertragsärzte die jeweiligen KVen, auf Seite der Krankenkassen die einzelnen Landesverbände (§ 207 I, § 212 V 1, § 212 V 4 SGB V).[290] Die Gesamtverträge werden grundsätzlich nach Kassenarten getrennt geschlossen. Gemeinsame Vertragsverhandlungen aller Kassenarten sind möglich (§ 83 I 3 in Verbindung mit § 82 II 2 SGB V).

b) **Inhalt der Gesamtverträge.** Der allgemeine Inhalt der Gesamtverträge wird zunächst durch den Bundesmantelvertrag bestimmt,[291] also durch die Regelungen über allgemeine und besondere Vorgaben für die vertragsärztliche Versorgung. § 82 II 1 SGB V gibt außerdem vor, dass in den Gesamtverträgen die Vergütungen der an der vertragsärztlichen Versorgung teilnehmenden Ärzte und ärztlich geleiteten Einrichtungen zu regeln sind, damit also auch

---

[284] S. dazu *Zuck*, Kommentar zum Zahntechnikrecht im SGB V § 87 SGB V.
[285] Zum BMVZ s. *Ziermann*, in: HK-AKM Nr. 1220.
[286] Abgedruckt bei *Aichberger* Nr. 550, inzwischen i. d. F. (DÄBl. 2010, A-2589, mit Wirkung zum 1.1.2011).
[287] § 4 I BMV definiert den Begriff des Vertragsarztes als den zur vertragsärztlichen Versorgung zugelassenen Arzt, stellt diesen neben den ermächtigten Arzt.
[288] S. dazu die Übersicht bei *Hess*, in: Wenzel, Handbuch des Fachanwalts Medizinrecht, Kap. 2 Rn. 137.
[289] Siehe dazu ausführlich *Axer*, Normsetzung der Exekutive in der Sozialversicherung, 72 ff.; *ders.*, in: Schnapp/Wigge, Rn. 32 ff. zu § 8.
[290] Zur DRV KBS vgl. § 83 I 2 SGB V.
[291] → § 8 Rn. 16.

die Wahl des konkreten Vergütungssystems (§ 85 II 2 SGB V).²⁹² § 73 III SGB V gibt den Vertragspartnern auf, zu vereinbaren, inwieweit Maßnahmen zur Vorsorge und Rehabilitation Gegenstand der vertragsärztlichen Versorgung sind.

23   Auch für die Gesamtverträge gelten die allgemeinen inhaltlichen Vorgaben des § 72 II SGB V. Danach ist die vertragsärztliche Versorgung so zu regeln,

„dass eine ausreichende, zweckmäßige und wirtschaftliche Versorgung der Versicherten unter Berücksichtigung des allgemein anerkannten Standes der medizinischen Erkenntnisse gewährleistet ist und dass ärztliche Leistungen angemessen vergütet werden."

24   **c) GMG/GKV-WSG.** Das GMG hatte den Gesamtvertragspartnern weitere Pflichten auferlegt. So ist in den Gesamtverträgen das Nähere über die hausarztzentrierte Versorgung und ihre Vergütung zu regeln (§ 73b III SGB V n. F.).²⁹³ In den Gesamtverträgen sollten außerdem Versorgungsaufträge vereinbart werden, deren Durchführung bestimmte qualitative oder organisatorische Anforderungen stellt. Das GKV-WSG hat die Vertragskompetenzen des § 73b IV SGB V n. F. und des § 73c IV SGB V n. F. aus den Gesamtverträgen herausgenommen.²⁹⁴ Die Vertragspartner der Gesamtverträge haben hinsichtlich der Gesamtvergütung lediglich Bereinigungspflichten in Bezug auf die hausarztzentrierte Versorgung (§ 73b VII SGB V n. F.) und für die besondere ambulante ärztliche Versorgung (§ 73c VI SGB V n. F.).

25   **d) Funktion der Gesamtverträge.** Die Gesamtverträge werden auf regionaler Ebene abgeschlossen. Sie regeln also die vertragsärztliche Versorgung auf der zweiten Stufe.²⁹⁵

5. Arzneimittelvereinbarungen

26   **a) Vereinbarung nach § 84 SGB V.** Die Landesverbände der Krankenkassen und die Ersatzkassen gemeinsam und einheitlich treffen zur Sicherstellung der vertragsärztlichen Versorgung mit Arznei- und Verbandmitteln bis zum 30.11. für das jeweils folgende Kalenderjahr eine Arzneimittelvereinbarung (§ 84 I 1 SGB V).²⁹⁶,²⁹⁷ Mit der Vereinbarung sollen kassenübergreifende Ausgabenvolumen für vertragsärztlich verordnete Arznei- und Verbandmittel gesichert werden (§ 84 I 2 Nr. 1 SGB V).²⁹⁸ Die Einzelheiten ergeben sich aus § 84 II SGB V. Außerdem sollen in einer Zielvereinbarung Versorgungs- und Wirtschaftlichkeitsanreize und konkret auf die Umsetzung dieser Ziele angeordnete Maßnahmen, insbesondere zur Information und Beratung vorgesehen werden (§ 84 I 2 Nr. 2 SGB V). Zielvereinbarungen erfordern konkrete Versorgungs- oder Wirtschaftlichkeitsziele, konkrete Maßnahmen zu ihrer Durchsetzung sowie die Messbarkeit der Ergebnisse und ihre Evaluation.²⁹⁹ Die Über- oder Unterschreitung der gemäß § 84 V SGB V festgestellten tatsächlichen gegenüber den vereinbarten Ausgabenvolumen ist bei Überschreitung zwingend, bei Unterschreitung fakultativ Gegenstand der Gesamtverträge (§ 84 III SGB V).³⁰⁰ § 84 V 4 bis 8 SGB V schreibt Schnellinformationen durch den SpiBuK vor.³⁰¹

---

²⁹² Siehe dazu → § 22.
²⁹³ BT-Drs. 15/1525, S. 97.
²⁹⁴ Krit. dazu *Huster*, in: Becker/Kingreen, SGB V, § 73c Rn. 1.
²⁹⁵ → § 8 Rn. 16, Rn. 22.
²⁹⁶ Kommt eine Einigung nicht zustande, kann das Schiedsamt angerufen werden (§ 89 I SGB V).
²⁹⁷ Zum Charakter dieser Vereinbarung als Normvertrag und zu dessen Bindungswirkungen im Einzelnen siehe *Hänlein*, Rechtsquellen in der Sozialversicherung, 368 ff.
²⁹⁸ *Hess*, in: KassKomm. Sozialversicherungsrecht, Rn. 3 zu § 84 SGB V.
²⁹⁹ *Hess*, in: KassKomm. Sozialversicherungsrecht, Rn. 16 zu § 84 SGB V; siehe auch BT-Drs. 14/6309 S. 6.
³⁰⁰ Siehe dazu *Hess*, in: KassKomm. Sozialversicherungsrecht, Rn. 22 ff. zu § 84 SGB V; § 8 Rn. 31.
³⁰¹ Zu deren Zweck siehe BT-Drs. 14/6309 S. 9.

Die Erfüllung der Zielvereinbarungen führt zur Leistung eines Bonus durch die beteiligten 27
Krankenkassen an die KV, wenn dies so vereinbart worden ist (§ 84 IV SGB V).[302]

b) Rahmenvertrag über die Arzneimittelversorgung (§ 129 SGB V) i.d.F. der 16. 28
AMG-Novelle. § 129 II SGB V sieht eine gemeinsame Rahmenvereinbarung des SpiBuK und
der für die Wahrnehmung der wirtschaftlichen Interessen gebildeten maßgeblichen Spitzenorganisationen der Apotheker (DAV) zur Regelung des Näheren über die Abgabe wirkstoffgleicher Arzneimittel (aut-idem-Regelung)[303] und die Abgabe von Importarzneimitteln[304]
vor.[305] Die Frage, ob die Rahmenvereinbarung zivilrechtlich oder öffentlich-rechtlich zu beurteilen ist, ist umstritten.[306] Aufgrund der Neufassung des § 69 SGB V[307] ist auch diese Vereinbarung als öffentlich-rechtlich einzustufen.[308] Die Bindungswirkung der Rahmenvereinbarung wird für die Mitglieder der Landesapothekerverbände durch § 129 III Nr. 1 SGB V
vorgeschrieben. Nicht-Mitglieder unterliegen der Vereinbarung nur durch Beitritt (§ § 129 III
Nr. 2 SGB V). Ob ein solcher Beitritt auch konkludent möglich ist, ist umstritten.[309] Stellt
man nur auf die Willenserklärung ab, so müsste konkludentes Handeln ausreichen. Im System
der vertragsärztlichen Versorgung geht es aber auch um Rechtsklarheit. Sie wird durch die
bloße Einlösung der Verordnung durch die Krankenkasse im Einzelfall nicht erreicht. Für die
Krankenkassen tritt im Übrigen die Verbindlichkeit über das Satzungsrecht ein.[310]

c) Erstattungsbeträge. Der SpiBuK vereinbart mit pharmazeutischen Unternehmen im 28a
Benehmen mit dem Verband der privaten Krankenversicherung auf der Grundlage des Beschlusses des GBA über die Nutzenbewertung nach § 35a III SGB V mit Wirkung für die
Krankenkassen Erstattungsbeträge für alle Arzneimittel, die mit diesem Beschluss keiner
Festbetragsgruppe zugeordnet worden sind (§ 130b I 1 SGB V).[311] Der Erstattungsbetrag
wird als Rabatt auf den Abgabepreis des pharmazeutischen Unternehmens vereinbart (§ 130b
I 2 SGB V).[312] Die Rahmenvereinbarung[313] ist ebenfalls ein Normvertrag.[314]

---

[302] Zur Finanzierung des Bonus siehe § 84 IVa SGB V i.d.F. des GKV-WSG.
[303] → § 60 Rn. 17. Die Rahmenvereinbarung ist mit Ausnahme der Importregelung am 1.10.2001 in
Kraft getreten, die Importregelung am 1.4.2002. Die Rahmenvereinbarung ist schiedsamtsfähig, vgl. § 129
VII ff. SGB V. Sie gilt derzeit i.d.F. der Schiedsstellenentscheidung vom 5.4.04, vgl. BSG, SozR 4–2500
§ 129 SGB V Nr. 6 Rn. 14. Zum Verhältnis von § 129 SGB V zur Packungsgrößenverordnung (PackungsV) vom 22.6.04 (BGBl. I 1318) i.d.F. der Sechsten ÄndVO vom 30.12.2011 (BGBl. 2012 I 49) siehe
Brixius/Frohn, A&R 2012, 70. Zur Ausnahme vom Substitutionsverbot, die mit der aut-idem-Regelung
für den Apotheker verbunden ist s. *Kieser*, Apotheke & Recht 2006, 1; *ders.* Apothekenrecht, 63 f.
[304] → § 52 Rn. 16 ff.
[305] Zu Reichweite und Inhalt des neuen Auskunftsanspruchs der Krankenkassen nach § 129 Vc S. 4
SGB V, siehe *Dieners/Heil*, PharmR 2012, 436.
[306] Vgl. die Nachweise bei *Murawski*, in: LPK-SGB V, Rn. 10 zu § 129 SGB V; *Axer*, Normsetzung
der Exekutive in der Sozialversicherung 87.
[307] Siehe dazu → § 3 Rn. 60 ff. Streitigkeiten über die Bindungswirkung der einschlägigen Abrechnungsvorschriften sind vor den Sozialgerichten geführt worden, vgl. BSG, SozR 4–2500 § 129
SGB V. Nr. 1 Rn. 12 (Abgabe vertragsärztlich verordneter Arzneimittel durch einen Apotheker); SozR
4–2500 § 129 SGB V Nr. 2 Rn. 16 (Rückabwicklungsansprüche der Krankenkasse gegen einen vertragswidrig handelnden Apotheker), siehe dazu auch *Dettling*, A&R 2005, 51.
[308] BSGE 87, 95; SozR 3–2500 § 69 SGB V Nr. 1 (Bl. 9).
[309] Bejahend *Knittel*, in: Krauskopf, Soziale Krankenversicherung, Rn. 9 zu § 129 SGB V; verneinend
Hess, in: KassKomm. Sozialversicherungsrecht, Rn. 10 zu § 129 SGB V.
[310] BT-Drs. 11/2237 zu § 138. Siehe dazu auch § 210 II SGB V. Insgesamt hinsichtlich der Bindungswirkung bejahend BSGE 77, 194 (199).
[311] Die Vorschrift ist durch das AMNOG zum 1.1.2011 in das SGB V eingefügt worden, → § 4 Rn. 65.
Sie gilt jetzt in der Fassung der 16. AMG-Novelle.
[312] Die Erstattungsbetragsregelung ist sehr vielschichtig, vgl. § 130b I – X SGB V, → dazu *Axer*, SGb
2011, 246; *Anders*, PharmR 2012, 246.
[313] Siehe dazu *Jäkel*, PharmR 2012, 172.
[314] *Axer*, in: Becker/Kingreen, SGB V, § 130b Rn. 26.

Die Krankenkassen und ihre Verbände können abweichend von bestehenden Vereinbarungen oder Schiedssprüchen nach § 130b SGB V mit pharmazeutischen Unternehmen Vereinbarungen über die Erstattung von Arzneimitteln sowie zur Versorgung ihrer Versicherten mit Arzneimitteln treffen (§ 130c SGB V).[315]

29 **d) Rahmenverträge mit pharmazeutischen Unternehmen (§ 131 SGB V).** Verträge über die Arzneimittelversorgung in der GKV können der SpiBuK und die für die Wahrnehmung der wirtschaftlichen Interessen gebildeten maßgeblichen Spitzenorganisationen der pharmazeutischen Unternehmen abschließen (§ 131 I SGB V). Der Vertrag kann sich auf Bezugsgrößen und Packungsausstattung beziehen (§ 131 II Nr. 1 SGB V) oder auf Maßnahmen der Erfassung relevanter Daten, einschließlich der Erstellung einer Preisvergleichsliste nach § 92 II SGB V und der Festsetzung von Festbeträgen (§ 131 II Nr. 2 SGB V). Der Katalog des Abs. 2 ist nicht abschließend. Zur Bindungswirkung verweist § 131 III SGB V auf § 129 III SGB V.[316] Für die Krankenkassen gilt § 210 II SGB V.

6. Heil- und Hilfsmittelverträge (§§ 125 II, 127 II SGB V)

30 **a) Heilmittelverträge**[317]. Sie regeln die Einzelheiten der Versorgung mit Heilmitteln sowie der Preise und deren Abrechnung und Fortbildungsverpflichtungen (§ 125 II 1 SGB V). Die Vereinbarungen werden von den Krankenkassen, ihren Landesverbänden oder Arbeitsgemeinschaften mit Leistungserbringern oder Verbänden oder sonstigen Zusammenschlüssen der Leistungserbringer abgeschlossen.[318] Die Verträge sind ursprünglich als privatrechtlich eingestuft worden,[319] weil die Leistungserbringer weder durch ihre Zulassung nach § 124 SGB V noch durch die Verträge nach § 125 SGB V in ein öffentlich-rechtliches System einbezogen worden seien.[320] Nach der Neufassung des § 69 SGB V durch das GKV-Reformgesetz 2000 hat das BSG diesen Standpunkt jedoch aufgegeben. Die „abschließende Regelung" in § 69 SGB V bedeutet nach seiner Auffassung,[321] dass in diesem Bereich jetzt nur öffentliches Recht gilt. Das gilt auch für die Heilmittelverträge.[322] Die Verträge werden dabei im Schrifttum mit Tarifvereinbarungen zwischen Arbeitgeberverbänden und Gewerkschaften verglichen.[323] Die Verträge haben für die Leistungserbringer unmittelbare Wirkung.[324] Für die Krankenkassen ergibt sich das ausdrücklich aus § 125 II 1 SGB V.

---

[315] Siehe dazu *Luthe*, PharmR 2011, 193; *Kaufmann*, PharmR 2011, 223; *Ecker/Hußmann*, PharmR 2011, 389.
[316] → § 8 Rn. 28.
[317] → § 65 Rn. 8.
[318] Zu den Verträgen mit einzelnen Leistungserbringern → § 8 Rn. 55 ff. Das GKV-WSG erlaubt auch Vertragsschlüsse mit „sonstigen Zusammenschlüssen der Leistungserbringer" (§ 125 II 1 SGB V n. F.).
[319] BSG, SozR 3–2500 § 125 SGB V Nr. 6 (Bl. 18).
[320] BSG, SozR 3–2500 § 125 SGB V Nr. 5 (Bl. 11).
[321] Siehe dazu → § 3 Rn. 61.
[322] Das BSG greift insoweit über das Zusammenspiel mit den konkretisierenden vertraglichen Vereinbarungen und die Einbindung der Heilmittelleistungen auf den öffentlich-rechtlichen Vertragsauftrag der Krankenkassen zurück. Der gesetzliche Vergütungsanspruch der Heilmittelerbringer beruht infolgedessen auf einem Normvertrag, BSG, Urt. v. 30.9.11 – B 1 KR 23/10 R Rn. 11, SozR 4–2500 § 125 SGB V Nr. 7.
[323] *Heinz*, in: Schulin, Handbuch des Sozialversicherungsrechts, Bd. 1, Rn. 42 zu § 40. Das hat auch das BSG akzeptiert, SozR 3–2500 § 125 SGB V Nr. 6 (Bl. 19).
[324] *Ebsen*, in: Schulin, Handbuch des Sozialversicherungsrechts, Bd. 1, Rn. 112, 140 f. zu § 7; BSG, SozR 3–2500 § 125 SGB V Nr. 6 (Bl. 19); SozR 4–2500 § 125 SGB V Nr. 2 *Murawski*, in: LPK-SGB V, Rn. 5 zu § 125 SGB V. Was im Einzelnen in der Rahmenvereinbarung vereinbart werden darf, ist umstritten. Zulassungsbedingungen können jedoch nicht Gegenstand einer Rahmenvereinbarung nach § 125 II 1 SGB V sein, wohl aber besondere Qualitätsanforderungen an die Leistungserbringung, BSG, SozR 4–2500 § 125 SGB V Nr. 2 Rn. 13, 14.

b) **Heilmittelvereinbarungen nach § 84 SGB V.** § 84 VIII SGB V sieht vor, dass die 31
Regelungen des § 84 I bis VII auf den Heilmittelbereich entsprechend anzuwenden sind.[325]
Dabei sind allerdings die besonderen Versorgungs- und Abrechnungsbedingungen des Heilmittelsektors zu berücksichtigen. Im Übrigen folgen diese Vereinbarungen dem normativen
Charakter der Arzneimittelvereinbarungen nach § 84 SGB V.

c) **Hilfsmittelvereinbarungen**[326]. „Soweit dies zur Gewährleistung einer wirtschaftlichen 32
und in der Qualität gesicherten Versorgung zweckmäßig ist, können die Krankenkassen, ihre
Landesverbände oder Arbeitsgemeinschaften im Wege der Ausschreibung Verträge mit Leistungserbringern oder zu diesem Zweck gebildeten Zusammenschlüssen der Leistungserbringer über die Lieferung einer bestimmten Menge von Hilfsmitteln, die Durchführung einer
bestimmten Anzahl von Versorgungen oder die Versorgung für einen bestimmten Zeitraum
schließen. Dabei haben sie die Qualität der Hilfsmittel sowie die notwendige Beratung der
Versicherten oder sonstige erforderliche Dienstleistungen sicherzustellen und für eine wohnortnahe Versorgung der Versicherten zu sorgen. Die im Hilfsmittelverzeichnis nach § 139
festgelegten Anforderungen an die Qualität der Vorsorgung und der Produkte sind zu
beachten. Für Hilfsmittel, die für einen bestimmten Versicherten individuell angefertigt
werden, oder Versorgungen mit hohem Dienstleistungsanteil sind Ausschreibungen in der
Regel nicht zweckmäßig" (§ 127 I SGB V V). Der Gesetzgeber wollte mit den in § 127 I 1
SGB V n. F. vorgesehenen Ausschreibungen den Preiswettbewerb im Hilfsmittelbereich fördern.[327] Sind Ausschreibungen nicht zweckmäßig, sieht § 127 II 1 SGB V den Abschluss von
Rahmenvereinbarungen über die Versorgung vor. Für Sachverhalte, in denen ein Vorgehen
nach § 127 I, II SGB V n. F. ausscheidet, kommen nach § 127 III 1 SGB V Einzelverträge in
Betracht. Für die rechtliche Ausgestaltung dieser Verträge gilt, dass ihnen in Bezug auf die
Leistungserbringer und die Krankenkassen ebenfalls normative Wirkung zukommt. Auch
diese Verträge sind öffentlich-rechtlicher Natur.[328]

7. Richtlinien

a) **Differenzierungen.** Zu unterscheiden sind die Richtlinien des GBA (§ 92 SGB I), die 33
KBV-Richtlinien (z. B. die sog. Vertragsrichtlinien des § 75 VII, VIII a SGB V), die zwischen
dem SpiBuK und der KBV vereinbarten Richtlinien sowie die Richtlinien des SpiBuK gemäß
§ 290 II SGB V. Im hier gegebenen Zusammenhang sind die Richtlinien der BÄK[329] ohne
Bedeutung, weil ihnen in der Regel die normative Wirkung fehlt.

Die damit verbundene Übersicht soll deutlich machen, dass die Bezeichnung „Richtlinie" 34
nicht von vornherein zu einem eindeutigen Befund führt.[330] Der Begriff „Richtlinie" weist
vielmehr auf verschiedenartige, nach Voraussetzung und Rechtswirkung voneinander abweichende Steuerungselemente. Das gilt nicht nur allgemein,[331] sondern gerade auch innerhalb
des Medizinrechts. Die unterschiedlichen Fallgruppen deuten im Übrigen zumindest an, dass
auch normativ wirkende Richtlinien unterschiedlich ausgestaltet sein können.

b) **Begriff, Verbindlichkeit, Rang, Funktion und Wirkbereich der Richtlinien.** Das 35
SGB V definiert den Begriff der Richtlinien nicht. Bezogen auf Richtlinien, denen Normqua-

---

[325] Siehe dazu → § 8 Rn. 21.
[326] → § 63 Rn. 2 ff.
[327] BR-Drs. 755/06, S. 385.
[328] BSG, SozR 3–2500 § 69 SGB V Nr. 1 (Bl. 9).
[329] → § 8 Rn. 1 mit Fn. 2. Umfassend *Uhl*, Richtlinien der Bundesärztekammer, 2008.
[330] So zutreffend *Taupitz*, NJW 2003, 1145. *Taupitz* verweist in diesem Zusammenhang auf weitere Richtliniengruppen, z. B. im EU-Recht, siehe dazu → § 3 Rn. 6 ff.
[331] Vgl. *Axer*, Normsetzung der Exekutive in der Sozialversicherung, 115 f.

lität im Sinne der fünften Normklasse³³² zukommen soll, kann man den Empfehlungen von BÄK und KBV folgen, die eine solche Richtlinie dann annehmen, wenn der Richtliniengeber zu ihrem Erlass rechtlich legitimiert ist, die Verfahrensvorschriften eingehalten worden sind (schriftlich fixierter Text, in allgemein zugänglicher Form veröffentlicht),³³³ die Rechtsverbindlichkeit gewollt war und geregelt ist welche Sanktionen mit etwaigen Verstößen verbunden sind.³³⁴ Im Regelfall beruht die Richtlinie auf einseitiger Rechtssetzung (z. B. durch den GBA). Sie kann aber auch vereinbart werden (vgl. z. B. § 106 II b 1 SGB V). Ihre Verbindlichkeit kann mit dem Erlass selbst entstehen (vgl. z. B. § 106a VI SGB V) oder, wie bei den GBA-Richtlinien nach § 92 SGB V durch Integration in einen Normvertrag (vgl. § 92 VIII SGB V). Innerhalb der fünften Normklasse hat die Richtlinie im Allgemeinen Vorrang. Sie bindet also die Partner der Normverträge. Das kann aber dann anders sein, wenn Vertragspartnern ausdrücklich Abweichungsbefugnisse eingeräumt worden sind, wie z. B. den Gesamtvertragspartnern hinsichtlich des Bundesmantelvertrags bei der Vereinbarung von Versorgungsaufträgen nach § 73c IV 5 SGB V. In diesem Zusammenhang ist auch der Zugriff auf GBA-Richtlinien möglich.³³⁵ Die Richtlinien haben normkonkretisierende Funktion. Sie fächern allgemeine Vorgaben der vertragsärztlichen Versorgung, wie z. B. das Wirtschaftlichkeitsgebot, auf. Die Funktion der Normkonkretisierung führt zu einer Bindung an die jeweilige Norm. Der Richtliniengeber hat zwar eine eigenständige, aber keine eigenverantwortliche Normsetzungsbefugnis. Die Eigenständigkeit beruht auf der äußeren Unabhängigkeit des Selbstverwaltungsorgans von der staatlichen Organisation. Damit wird aber keine Unabhängigkeit im Sinne einer inneren, autonomen Aufgabenerfüllung verbunden. Unabhängig davon, dass jede Selbstverwaltungsregelung sich im Rahmen der Gesetze halten muss, ist der Richtliniengeber deshalb von den konkreten Aufgaben des staatlichen Gesetzgebers abhängig.³³⁶ Im System der GKV ist der Selbstverwaltung nur ein relativ enger Aufgabenbereich verblieben.³³⁷

36 Trotz der normativen Wirkung der Richtlinie ist auf den Grad der Normkonkretisierung sorgfältig zu achten. Dazu gehört auch die Analyse, wer die „möglichen" Adressaten der Richtlinie sind. Rechtspositionen derjenigen Leistungsanbieter, die nicht Adressaten einer Richtlinie sind, werden deshalb durch diese im Allgemeinen nicht berührt.³³⁸

37 c) **GBA-Richtlinien. aa) Katalog³³⁹.** Dem GBA wird in § 92 I 1 SGB V insbesondere zur Konkretisierung des Wirtschaftlichkeitsgebots i. w. S. und damit zur Sicherung der ärztlichen Versorgung die Kompetenz eingeräumt, die erforderlichen Richtlinien über die Gewähr einer ausreichenden, zweckmäßigen und wirtschaftlichen Versorgung der Versicherten zu erlassen. Der GBA kann dabei die Erbringung und Verordnung von Leistungen oder Maßnahmen einschränken oder ausschließen, wenn nach dem allgemein anerkannten Stand der medizinischen Erkenntnisse der diagnostische oder therapeutische Nutzen, die medizinische Not-

---

³³² → § 8 Rn. 3. Zur Richtlinienkompetenz des GBA s. etwa *Schimmelpfeng-Schütte*, MedR 2006, 21; *Wolff*, NZS 2006, 281; *Fischer*, MedR 2006, 509; *Kortland*, PharmR 2006, 496; *Kingreen*, NZS 2007, 113.
³³³ Siehe dazu meine Zweifel in NJW 2004, 1091, ob denn BAnz (vgl. § 94 II SGB V) und DÄBl. wirklich allgemein zugängliche Rechtsquellen sind. Zum BGBl. siehe *Zuck*, NJW 2002, 3066; *Däubler*, NJW 2004, 993.
³³⁴ DÄBl. 1997 A-2154.
³³⁵ Das nimmt jedenfalls die Amtliche Begründung zum GMG an, BT-Drs. 15/1525 S. 97. § 73 IV 3 SGB V bestätigt das.
³³⁶ BSG, SozR 3-2500 § 92 SGB V Nr. 1 (Bl. 9).
³³⁷ BSG, SozR 3-2500 § 92 SGB V Nr. 1 (Bl. 11).
³³⁸ BSG, SozR 3-2500 § 92 SGB V Nr. 2 (Bl. 15).
³³⁹ Zu Einzelheiten s. u. § 12; zum Stand der Richtliniengebung des GBA s. a. *Schmidt-de Caluwe*, in: Becker/Kingreen, SGB V, § 92 Rn. 42.

wendigkeit oder die Wirtschaftlichkeit nicht nachgewiesen sind (§ 92 I 1 i. d. F. des GMG).[340]
§ 92 I 2 SGB V gibt – als Sollvorschrift – einen Richtlinienkatalog vor:
1. Ärztliche Behandlung
2. Zahnärztliche Behandlung einschließlich der Versorgung mit Zahnersatz sowie kieferorthopädische Behandlung,
3. Maßnahmen zur Früherkennung von Krankheiten,
4. ärztliche Betreuung bei Schwangerschaft und Mutterschaft,
5. Einführung neuer Untersuchungs- und Behandlungsmethoden,[341]
6. Verordnung von Arznei-, Verband-, Heil- und Hilfsmitteln, Krankenhausbehandlung, häuslicher Krankenpflege und Soziotherapie,
7. Beurteilung der Arbeitsunfähigkeit,
8. Verordnung von im Einzelfall gebotenen Leistungen zur medizinischen Rehabilitation und die Beratung über Leistungen zur medizinischen Rehabilitation, Leistungen zur Teilnahmne am Arbeitsleben und ergänzende Leistungen zur Rehabilitation,[342]
9. Bedarfsplanung,
10. medizinische Maßnahmen zur Herbeiführung einer Schwangerschaft nach § 27a Abs. 1,
11. Maßnahmen nach den §§ 24a und 24b,
12. Verordnung von Krankentransporten[343]
13. Qualitätssicherung
14. spezialisierte ambulante Palliativversorgung (§ 37b SGB V n. F.)
15. Schutzimpfungen (§ 20d SGB V n. F.).

Für eine ganze Reihe von Richtlinien enthält § 92 SGB V besondere Vorgaben (siehe etwa § 25 V, § 33 II 6, § 34 I 2, 4, § 35 I 1, § 35c I 4, § 37b III, § 56 II 12, § 62, § 115b 3, § 135 I, § 135a II, § 138 SGB V). Der Richtlinienkatalog ist im Übrigen nicht abschließend. Unabhängig davon enthält das SGB V eine Reihe ausdrücklicher Richtlinienaufträge für den GBA, so z. B. betreffend

- Regelung seltener Erkrankungen, Erkrankungen mit besonderen Krankheitsverläufen sowie hochspezialisierte Leistungen (§ 116b IV)
- Kriterien zur Qualitätsbeurteilung in der vertragsärztlichen Versorgung (§ 136 II 2 SGB V)
- Kriterien zur Qualitätsbeurteilung in der vertragsärztlichen Versorgung sowie nach Maßgabe des § 299 I, II SGB V Vorgaben zu Auswahl, Umfang und Verfahren von Stichprobenprüfungen nach § 136 II 1 SGB V (§ 136 II 2 SGB V)
- Qualitätssicherungsmaßnahmen in der vertragsärztlichen Versorgung (§ 136a SGB V).

38

---

[340] Hintergrund für diese Ergänzung war die Kritik an der Praxis des Bundesausschusses für Ärzte und Krankenkassen zum Ausschluss unwirtschaftlicher Arzneimittel, vgl. *Zuck*, NZS 1999, 167 (172); *Wigge*, MedR 1999, 524 (525), insbesondere, nachdem die Rechtsprechung diese Kritik geteilt hatte, vgl. LSG Niedersachsen-Bremen, RID 04-01-132; BVerwG, RID, 94-01-101.

[341] Siehe dazu die Verfahrensordnung des GBA und die einschlägigen Erläuterungen unten → § 12. Im Zusammenhang mit einem möglichen Systemversagen bleibt der sog. Nikolausbeschluss des BVerfG, NJW 2006, 891 von entscheidender Bedeutung. Der Beschluss ist nunmehr durch den zum 1.1.2012 in Kraft getretenen § 2 I a SGB V umgesetzt worden: „Versicherte mit einer lebensbedrohlichen oder regelmäßig tödlichen Erkrankung oder mit einer zumindest wertungsmäßig vergleichbaren Erkrankung, für die eine allgemein anerkannte, dem medizinischen Standard entsprechende Leistung nicht zur Verfügung steht, können auch eine von Absatz 1 Satz 3 abweichende Leistung beanspruchen, wenn eine nicht ganz entfernt liegende Aussicht auf Heilung oder auf eine spürbare positive Einwirkung auf den Krankheitsverlauf besteht", siehe dazu *Joussen*, SGb 2012, 625.; *Kingreen* MedR 2017, 8.

[342] Siehe dazu die Rehabilitations-Richtlinien i. d. F. vom 16.3.2004 (BAnz. S. 6769, DÄBl. 2004 A 1194), geändert am 22.1.2009 (BAnz. Nr. 87 S. 2131).

[343] Zur Durchführung dieses Katalogs siehe die Nachweise bei *Auktor*, LPK-SGB V, Rn. 19 ff. zu § 92 SGB V.

Die Richtlinien sind verbindlich,[344] auch für die Versicherten.[345] Sie gehören der fünften Normklasse an.

39 **bb) Verfahrensregeln**[346]. Die Verfahrensregeln bemessen sich nach den einzelnen Richtlinienmaterien. Zum Teil muss der GBA externe Sachverständige zuziehen (§ 92 I a 2, II 5 SGB V). Das gilt auch im Bereich der besonderen Therapierichtungen (§ 92 II 5, IIIa SGB V). In den meisten Fällen ist den von den Richtlinien Betroffenen Gelegenheit zur Stellungnahme zu geben. Der GBA ist verpflichtet, diese Stellungnahmen in seine Entscheidung einzubeziehen (so z. B. § 92 I b SGB V, § 92 V SGB V, VI 2, VII 2, VII a, VII b VII c SGB V). Die vom GBA beschlossenen Richtlinien sind dem BMG vorzulegen. Das BMG kann sie innerhalb von zwei Monaten beanstanden. Ggf. kann das BMG die Richtlinien erlassen[347] (§ 94 I SGB V).

40 Die Richtlinien sind im Bundesanzeiger bekannt zu machen (§ 94 II SGB V). Erst von diesem Zeitpunkt an haben sie rechtliche Bedeutung.[348] Krankenkassen und KVen haben hinsichtlich des sich aus den Richtlinien geregelten Umfangs der Leistungsansprüche gegenüber den Versicherten Informationspflichten nach § 23 BMVÄ.

41 **cc) Klagebefugnis.** Da die Leistungserbringer in das Verfahren der Richtliniengebung einbezogen sind, können auch ihre Rechte, insbesondere aus Art. 12 I GG berührt sein. Sie sind also klagebefugt.[349] In Betracht kommt auch die Feststellungsklage.[350] Werden Richtlinien beanstandet, haben die Betroffenen die Rechtsschutzmöglichkeiten gegen Aufsichtsmaßnahmen zu ihrer Verfügung, also die Anfechtungs- und die Verpflichtungsklage.

42 **d) KBV-Richtlinien.** Die KBVen erlassen Richtlinien für die Durchführung der von ihnen im Rahmen ihrer Zuständigkeit geschlossenen Verträge (§ 75 VII Nr. 1 SGB V), die überbezirkliche Durchführung der vertragsärztlichen Versorgung und den Zahlungsausgleich hierfür zwischen den KVen (§ 75 VII Nr. 2 SGB V) und über die Betriebs-, Wirtschafts- und Rechnungsführung der KVen (§ 75 VII Nr. 3 SGB V; s. im Übrigen § 75 VII a SGB V). Die Verbindlichkeit dieser Richtlinien für die KVen ergibt sich aus § 81 III Nr. 2 SGB V, für die Vertragsärzte aus § 95 III 2 SGB V.

Die KBV hat außerdem den Auftrag, mit dem SpiBuK Richtlinien zu vereinbaren, und zwar zum Inhalt und zur Durchführung von Wirtschaftlichkeitsprüfungen und der Form der Zufälligkeitsprüfung[351] (§ 106 IIb 1 SGB V).

43 Für die Richtlinienvereinbarungen gilt, dass sie dem BMG vorzulegen sind. Sie können von diesem beanstandet und ggf. im Wege der Ersatzvornahme erlassen werden (§ 106 IIb 2 bis 4, § 106a VI 2 bis 4 SGB V).[352] Auch die vereinbarten Richtlinien sind als untergesetzliche Normen einzustufen.

44 **e) Richtlinien des SpiBuK (§ 290 II SGB V).** Rechtsverbindlichkeit kommt auch den Richtlinien des SpiBuK zu, die dieser zur Regelung des Aufbaus und des Verfahrens der

---

[344] BSGE 78, 70 (75), st. Rspr. Für das Verhältnis zu den Vertragsärzten siehe *Schimmelpfeng-Schütte*, in: Schnapp/Wigge, Rn. 36 zu § 7, für das Verhältnis zu den Krankenkassen, ebenda, Nr. 49 zu § 7.
[345] Das ist im Schrifttum umstritten, vgl. *Knittel*, in: Krauskopf, Rn. 39 ff. zu § 92 SGB V m. w. N.; *Schimmelpfeng-Schütte*, in: Schnapp/Wigge, Rn. 43 ff. zu § 7; *dies.* NZS 2006, 567. Das BSG bejaht die Verbindlichkeit, BSGE 78, 70 (76 f.).
[346] Maßgeblich ist die Verfahrensordnung des GBA vom 18.12.2008 (BAnz. Nr. 84a v. 10.6.2009) i. d. F. v. 20.10.2011 (BAnz. Nr. 32 v. 24.2.2012 S. 761), in Kraft getreten am 25.2.2012.
[347] *Kaltenborn*, VSSR 2000, 249; *Hess*, in: KassKomm. Sozialversicherungsrecht, Rn. 4 zu § 94 SGB V.
[348] BSG, SozR 3–2500 § 92 SGB V Nr. 12.
[349] BSG, SozR 3–2500 § 138 SGB V Nr. 1; s. dazu ausf. *Schmidt-de Caluwe*, in: Becker/Kingreen, SGB V, § 92 Rn. 18 ff.
[350] *Schmidt-de Caluwe*, in: Becker/Kingreen, § 92 SGB V, Rn. 18 m. w. N. Sonderregelungen gelten für die Zusammenstellung von Arzneimitteln nach § 92 II SGB V, vgl. § 92 III SGB V.
[351] → § 23.
[352] Zum Rechtsschutz siehe → § 8 Rn. 58 ff.

Vergabe der Krankenversicherungsnummer (§ 290 I SGB V) zu erlassen hat. Damit soll vor allem Einheitlichkeit gewährleistet werden.[353]

II. Leistungserbringerverträge

1. Rechtsnatur

Verträge, die Leistungserbringer außerhalb der GKV schließen, unterliegen dem Zivilrecht, insbesondere der Behandlungsvertrag des Arztes mit dem Patienten[354] oder Krankenhausaufnahmevertrag in einer Privatklinik.[355] Leistungserbringerverträge innerhalb der GKV, also Behandlungsverträge zwischen Arzt und Versicherten oder der Krankenhausaufnahmevertrag mit einem in der GKV zugelassenen Krankenhaus sind, wegen der uneingeschränkten Geltung des Sachleistungsgrundsatzes[356] öffentlich-rechtlicher Natur. Diese Zuordnung, von der zunächst einmal die Bestimmung des Rechtswegs abhängt, ist außerordentlich umstritten.[357]

45

Der BGH behandelt in gefestigter Rechtsprechung Behandlungsverträge innerhalb der GKV als privatrechtliche Verträge.[358] Dem entspricht die hM im Zivilrecht.[359] Die Einbindung der Behandlung in das System der vertragsärztlichen Versorgung könne das Verhältnis zwischen Privatpersonen nicht grundsätzlich in ein öffentlich-rechtliches verwandeln.[360]

Die im Sozialrecht überwiegend vertretene Ansicht sieht dagegen das Sachleistungsprinzip als entscheidenden Gesichtspunkt an.[361] Die Krankenkasse erbringt die Leistung als Sachleistung in Form eines Vertrags zugunsten Dritter. Der Patient will und muss infolgedessen keinen Vertrag mit dem Leistungserbringer abschließen; er steht in einer unmittelbaren Rechtsbeziehung **nur** zu seiner Krankenkasse.[362] Wenn er einen Vertrag mit dem Leistungserbringer (z. B. Arzt/Krankenhaus) abschließt, und das wird so gut wie immer der Fall sein, so sei der Inhalt dieses Vertrages durch die gesetzlichen Vorgaben in vollem Umfang geprägt.[363]

Man wird unterscheiden müssen: Das „Abrechnungsverhältnis" ist vom Behandlungsverhältnis abgekoppelt und ausschließlich öffentlich-rechtlicher Natur.[364]

Gilt das auch für den Behandlungsvertrag mit dem Arzt oder für den Krankenhausaufnahmevertrag (soweit es sich um Leistungen im Rahmen der GKV handelt)? Der Umstand, dass tatsächlich zwischen Leistungserbringer und Patient ein Vertrag geschlossen wird[365]

---

[353] BT-Drs. 15/1525 S. 143. Die Richtlinie i. d. F. vom 6.12.2004 ist abgedruckt bei *Kranig*, in: Hauck/Noftz, SGB V Anh. I zu § 290 SGB V. Sie behält ihre Bedeutung auch im Rahmen der eGK, vgl. § 291a I a 4 SGB V.
[354] S. dazu jetzt §§ 630a ff. BGB.
[355] → § 9 Rn. 2 ff.
[356] S. dazu *Dettling*, VersR 2005, 949.
[357] Siehe dazu die unterschiedlichen Auffassungen auch in diesem Buch in → § 14 Rn. 4 f.
[358] BGH, NJW 2005, 949 mit Anm. v. *Katzenmeier*, JZ 2005, 951 = VersR 2005, 947 mit Anm. v. *Dettling*, VersR 2005, 949; s. früher schon BGHZ 126, 297.
[359] *Kern*, in: L/K, § 39 Rn. 7; *Deutsch/Spickhoff*, Rn. 79; *Bertram*, in: Prütting, Medizinrecht, § 611 BGB Rn. 6; *Katzenmeier*, Arzthaftung, S. 95 ff.; *Fuchs*, in: Fuchs/Preis, Sozialversicherungsrecht, § 31 III 3; *Dettling*, VSSR 2006, 1 (14 f.); *Eichenhofer*, SGb 2003, 365 (368); *Hollenbach*, Grundrechtsschutz im Arzt-Patienten-Verhältnis, S. 170 ff., 347 ff.; *Rixen*, Sozialrecht als öffentliches Wirtschaftsrecht, 195 ff.
[360] So *Katzenmeier*, JZ 2005, 951 (952). Weitere Argumente (z. B. Rückgriff auf § 66 SGB V, § 75 IV SGB V) bei *Dettling*, VSSR 2006, 1 (15).
[361] BSGE 33, 158 (160 f.); 59, 172 (177); *Krauskopf*, in: Laufs/Uhlenbruck, Handbuch des Arztrechts, § 25 Rn. 6 ff.; *Höfler*, in: KassKomm. Sozialversicherungsrecht, § 15 Rn. 23; *Sodan*, Freie Berufe als Leistungserbringer im Recht der gesetzlichen Krankenversicherung, S. 127 ff.; *Schmidt-De Caluwe*, VSSR 1998, 207 (224 ff.); *Schnapp*, NZS 2001, 337 (339).
[362] BSGE 70, 24 (29 f.).
[363] BSGE 59, 172 (177).
[364] *Katzenmeier*, JZ 2005, 949 (952); *Dettling*, VSSR 2006, 1 (6 ff.).
[365] Zutreffend *Dettling*, VSSR 2006, 1 (7). Siehe dazu auch *Hinz*, Das Behandlungsverhältnis zwischen Vertragsarzt und Patient in der gesetzlichen Krankenversicherung, 191 ff.

(was überflüssig wäre, wenn man zwischen Krankenkasse und Leistungserbringer insoweit einen Vertrag zugunsten Dritter zugrunde legte), besagt noch nichts über die erforderliche Zuordnung. Die These *Dettlings*, das Mittel zur Begründung dieses (Behandlungs)Rechtsverhältnisses sei ein privatrechtlicher Vertrag, der nach seinem Inhalt in erheblichem Umfang durch die zwingenden gesetzlichen Regelungen des Sachleistungsrechts mitbestimmt sei,[366] lässt sich jedoch nicht halten. Die Prämisse „privatrechtlicher Vertrag" ist gerade der beweisbedürftige Grund der Argumentationskette. Gegenüber gesetzlichen Leitbildern und § 76 IV SGB V[367] sind allein die dem Vertrag im Einzelnen ausfüllenden Vorgaben des Rechts der vertragsärztlichen Versorgung und des Krankenhausrechts das ausschlaggebende Moment: Für Privatautonomie lassen sie eben keinen Raum mehr. Auch das Behandlungsverhältnis ist deshalb öffentlich-rechtlicher Natur.

2. Informationsungleichgewicht

46   Die mit den Leistungserbringern geschlossenen Verträge folgen nicht nur den sich aus dem jeweiligen Rechtsregime ergebenden Regeln, wobei dafür die Anwendung und Auslegung des § 69 SGB V maßgebend ist.[368] Von für die Rechtspraxis nicht zu unterschätzender Bedeutung sind darüber hinaus Fragen, die sich vor Vertragsschluss den potenziellen Vertragspartnern stellen, etwa die Frage der Geheimhaltung der Krankenkasse überlassener Konzepte für einen Integrationsversorgungsvertrag oder die „Auswahl" des Vertragspartners der Krankenkasse auf Grund mehrerer, bei ihr eingegangener „Anträge".[369] Diese Fragen stellen sich vor allem wegen der Disparität der Vertragspartner, etwa bei der Zulassung zur Versorgung in der GKV oder bei Vergütungsverhandlungen. Den Leistungserbringern und Leistungserbringergruppen stehen Vertragspartner gegenüber, die, wie insbesondere die Krankenkassen und die Krankenkassenverbände, nicht nur gegenüber diesen über deutlich mehr Marktmacht verfügen, sondern vor allem über einen gravierenden Informationsvorsprung. Einen gesicherten Zugang zu den ein angemessenes Verhandlungsgleichgewicht zwischen den Vertragspartnern herstellenden Informationen gibt es für die Leistungserbringer und die Leistungsgruppen nicht. Weder § 305a SGB V, § 15 I SGB I,[370] § 67 SGB X, § 810 BGB oder §§ 428 ff. ZPO (könnte man auf Zivilrecht zurückgreifen) helfen weiter. Ließe sich deshalb das bestehende Informationsungleichgewicht rechtlich ausgleichen?[371] Da die Selbstverwaltungskörperschaften Behörden sind,[372] helfen sicherlich Informationszugangsrechte weiter, wie sie zum Teil landesrechtlich bestehen.[373] Ein entsprechender Informationsanspruch müsste, sollte er allgemein gelten, verfassungsrechtlich entwickelt werden. Ansatzpunkte dafür gibt es unter drei Aspekten. Das BVerfG hat in ungleichen Verhältnissen im Zivilrecht (z. B. zwischen Bankkunden und Banken) die Herstellung von Vertragsparität gefordert.[374] Der zweite Aspekt liegt im Grundsatz der Waffengleichheit.[375] Wenn zwei Beteiligte zur Lösung eines Problems

---

[366] *Dettling*, VSSR 2006, 1 (9 f.).
[367] Die Vorschrift ist überflüssig, wenn es sich ohnehin um einen privatrechtlichen Vertrag handelt.
[368] → § 3 Rn. 60.
[369] Zur Auswahlentscheidung im Rahmen der integrierten Versorgung s. → § 11 Rn. 65 ff.
[370] Die Auskünfte nach § 15 I SGB I umfassen ohnehin nur „unverbindliche Wissenserklärungen", BSG, NVwZ 1994, 830.
[371] Zum Informationsrecht allgemein siehe *Schoch/Trute*, Öffentlich-rechtliche Rahmenbedingungen einer Informationsordnung, VVDStRL 57 (1998), 158 ff.; 216 ff.; *Kloepfer*, Informationsrecht.
[372] → § 7 Rn. 29.
[373] Für NRW siehe das IFG NRW, GVBl. 2001, 806 und dazu *Bischopink*, NWBl. 2003, 245 m. w. N. Das Gesetz zur Regelung des Zugangs zu Informationen des Bundes gibt jedermann nach Maßgabe des Gesetzes gegenüber den Behörden des Bundes einen Anspruch auf Zugang zu amtlichen Informationen (§ 1 I 1 IFG). Zu weiteren Auswirkungen siehe *Grütters*, GewA 2002, 270; *ders.*, GewA 2003, 271. Zu Informationsverschaffung als Machtproblem siehe *Winkler*, gpk 1999, 6.
[374] BVerfGE 89, 214.
[375] BVerfGE 38, 105 (111); 63, 45 (61).

aufgerufen sind, muss man ihnen aus verfassungsrechtlichen Gründen gleiche Möglichkeiten einräumen. Dieser Aspekt ist eng verbunden mit der (dritten) Überlegung, die auf dem Grundsatz des fairen Verfahrens basiert.[376] Der Grundsatz des fairen Verfahrens bedeutet, dass niemand zum bloßen Objekt eines Verfahrens gemacht werden darf. Das würde aber dort gegeben sein, wo ein Vertragspartner im Gegensatz zum anderen von einer Information deshalb ausgeschlossen wird, weil es für ihn keinen Informationszugang gibt, diese Information für das Ergebnis aber entscheidungserheblich ist. In vielen Fällen beruht der Informationsrückstand der Leistungserbringer und Leistungserbringergruppen im Übrigen auch auf der besonderen Pointe, dass der einzelne Leistungserbringer selbst erst die Informationen geliefert hat, zu deren Sammlung in Dateiform ihm anschließend der Zugriff nicht möglich ist.

3. Nutzung von Sozialdaten

Der Informationsvorsprung der Krankenkassen beruht auf den entsprechenden, ihnen zur Verfügung stehenden Informationsgrundlagen. Die dafür zu verwendenden Sozialdaten dürfen nur nach Maßgabe der abschließenden Regelung des § 284 SGB V verwendet werden. Im 10. Kapitel des SGB V sind die dafür notwendigen besonderen Datenschutzbestimmungen zusammengefasst.[377] In diesen Bereich fällt auch die Regelung der Krankenversicherungsnummer (§ 290 SGB V), der Krankenversicherungskarte (§ 291 SGB V) und vor allem die elektronische Gesundheitskarte, durch die die Krankenversicherungskarte ersetzt wird (§ 291a SGB V)[378] sowie die Regelungen für die Gesellschaft für Telematik, die Aufgaben nach § 291a VII 2 SGB V wahrzunehmen hat (§ 291b I 1 SGB V). 47

III. Konfliktlösungsmöglichkeiten

Handelt die Selbstverwaltung nicht oder kann sich die gemeinsame Selbstverwaltung nicht einigen, so muss es dafür Konfliktlösungsmöglichkeiten geben. 48

1. Richtlinien

Die Richtlinien nach § 92 SGB V sind dem BMG vorzulegen.[379] Das Ministerium kann die Richtlinien beanstanden und sie ggf. selbst erlassen (§ 94 SGB V).[380] 49

2. Beschlüsse

Beschlüsse des Bewertungsausschusses im Rahmen des § 87 SGB V sind dem BMG vorzulegen. Es kann sie beanstanden und ggf. die Vereinbarungen festsetzen (§ 87 VI SGB V) oder den erweiterten Bewertungsausschuss anrufen. Dessen Entscheidung kann vom BMG ebenfalls beanstandet und ggf. ersetzt werden. 50

3. Vereinbarungen

Größere Bedeutung hat die Konfliktregelung bei Vereinbarungen. Kommt eine Vereinbarung nicht zustande oder einigen sich die Vertragspartner nicht nach Kündigung einer Vereinbarung, so wird – auf Antrag (oder durch Anrufung seitens der Aufsichtsbehörde, § 89 51

---

[376] BVerfGE 57, 250 (247 f.).
[377] Dem bestehenden Recht hat das GMG einen weiteren Titel „Datentransparenz" hinzugefügt (§§ 303a ff. SGB V n. F.).
[378] → § 2 Rn. 46.
[379] Ausdrückliche Regelungen in § 106 II b, § 106a VI, § 137c II SGB V n. F., siehe dazu → § 8 Rn. 33 ff.
[380] Zum Ersatzvornahmerecht des BMG siehe *Kaltenborn*, VSSR 2000, 249.

I a SGB V) – ein Verfahren vor dem Schiedsamt[381] durchgeführt (§ 89 SGB V). Das Schiedsamt setzt den Vertrag fest.[382] Die Bestimmungen eines schon vorhandenen Vertrages gelten bis zur Entscheidung des Schiedsamts fort. Die Klage gegen die Festsetzung des Schiedsamts hat keine aufschiebende Wirkung.[383] Die Rechtskontrolle durch die Gerichte entspricht dem Beurteilungsspielraum des Schiedsamts. Sie ist also eingeschränkt. Die Entscheidungen des Schiedsamts sind darauf zu prüfen, ob sie den grundlegenden verfassungsrechtlichen Anforderungen entsprechen und in inhaltlicher Sicht die zwingenden rechtlichen Vorgaben eingehalten sind.[384] Mithin ist in formeller Hinsicht zu prüfen, ob das Schiedsamt den von ihm zugrunde gelegten Sachverhalt in einem fairen Verfahren unter Wahrung des rechtlichen Gehörs ermittelt hat und der Schiedsspruch die Größe für das Entscheidungsergebnis wenigstens andeutungsweise erkennen lässt.[385] Die inhaltliche Kontrolle beschränkt sich darauf, ob der vom Schiedsspruch zugrunde gelegte Sachverhalt zutrifft, und ob das Schiedsamt den ihm zustehenden Gestaltungsspielraum eingehalten, d. h. die maßgeblichen Rechtsgrundsätze zugrunde gelegt hat.[386] Schiedssprüche unterliegen außerdem der staatlichen Aufsicht.[387]

52 Schiedsamtsfähig sind u. a.[388]

- Vergütungsvereinbarungen nach § 75 III a SGB V (§ 75 III b SGB V)
- Bundesmantelvertrag (§ 82 SGB V),
- Gesamtverträge (§§ 83 ff. SGB V),
- Verträge über die Versorgung mit zahntechnischen Leistungen (§§ 57, 88 SGB V),
- Vereinbarungen über das Verfahren zur Wirtschaftlichkeitsprüfung (§ 106 III SGB V),
- Vereinbarungen über die Plausibilitätskontrolle (§ 106a SGB V),[389]
- Vereinbarungen nach § 140d II 3 SGB V,
- Versorgung mit Hebammenhilfe (§ 134a IV 5 SGB V).

---

[381] *Liebold/Zalewski*, Kassenarztrecht, C 89; *Schimmelpfeng-Schütte*, NZS 1997, 503; *Schnapp*, Rechtssetzung durch Schiedsämter und gerichtliche Kontrolle von Schiedsamtsentscheidungen, in: ders. Probleme der Rechtsquellen in der Sozialversicherung, Teil II, 77 ff.; *Düring*, in: Schnapp/ Wigge, § 8; *Schmiedl*, Das Recht des vertrags(zahn-)ärztlichen Schiedswesens; *Becker*, Das Schiedsstellenverfahren im Sozialrecht, in: FS f. Wiegand 2003, 271; *ders.* SGb 2003, 664 ff.; 712 ff.; *Schnapp* (Hrsg.) Handbuch des sozialrechtlichen Schiedsverfahrens. Es gibt Bundes- und Landesschiedsämter (§ 89 IV, II SGB V). Das Schiedsamt ist Behörde im Sinne von § 1 II SGB X und nach § 70 Nr. 4 SGG beteiligtenfähig.

[382] Der Schiedsspruch ist Verwaltungsakt, gegenüber den Vertragspartnern, gegenüber den Personen, auf die er sich bezieht hat er Normcharakter, BSGE 20, 73; BSG, SozR 3–2500, § 85 Nr. 20; BSG, SozR 3–2500, § 85 SGB V Nr. 32; BSG, SGb 2004, 429; *Axer*, SGb 2004, 436; *Joussen*, SGb 2004, 200. Dem Schiedsamt steht für seine Entscheidung ein Gestaltungsermessen zu, das dem der Vertragspartner entspricht, BSGE 20, 73 (76). BSG, SGb 2004, 429; krit. dazu *Schnapp*, Handbuch des sozialrechtlichen Schiedsverfahrens, Kap. B Rn. 102 ff.; *Axer*, SGb 2004, 436 (437 ff.). Zur Ablehnung des Schiedsamtsvorsitzenden s. *Simmler*, GesR 2007, 249. Im Gegensatz zur Auffassung von *Simmler* ist das Schiedsamt (nach § 89 SGB V) als Behörde anzusehen, so mit tiefschürfender Begründung zu Recht *Schnapp*, GesR 2007, 392.

[383] Das Klagerecht steht nur den jeweiligen Vertragspartner zu, BSG, SozR 3–2500, § 85 SGB V Nr. 37 (Bl. 291). Aufgrund des Beurteilungsspielraums des Schiedsamts kann seine Entscheidung nur auf Ermessensfehler überprüft werden, BSG, SozR 3–2500, § 85 SGB V Nr. 20; BSG, SGb 2004, 429. Zu den Rechtsschutzmöglichkeiten siehe ausführlich *Düring*, in: Schnapp/Wigge, § 8 Rn. 55 ff. *Schmiedl*, Das Recht des vertrags(zahn)ärztlichen Schiedswesens, 285 ff.; *Schnapp*, in: ders. (Hrsg.) Handbuch des sozialrechtlichen Schiedsverfahrens, Kap. B Rn. 131 ff. Zu beachten sind die durch das SGG-ÄndG v. 26.3.2008 (BGBl I 444) in § 29 II, IV SGG angeführten erstinstanzlichen LSG-Zuständigkeiten (inkraftgetreten am 1.4.2008, Art. 5 SSG-ÄndG).

[384] BSG, SGb 2004, 429 (432) und dazu *Axer*, SGb 2004, 436.

[385] BSGE 87, 199 (202); SGb 2004, 429 (432). Die Begründung muss danach die wesentlichen tatsächlichen und rechtlichen Gründe für die Entscheidung enthalten, § 35 I 2 SGB X.

[386] BSG, SGb 2004, 429 (432).

[387] Das wirft eine Reihe ungelöster Fragen auf, siehe dazu ausführlich *Schnapp*, NZS 2003, 1.

[388] S. dazu *Schnapp*, Handbuch des sozialrechtlichen Schiedsverfahrens Kap. B Rn. 27 ff., 31.

[389] Für die in diese Vereinbarungen zu integrierenden Richtlinien gilt § 106a VI SGB V n. F.

Nicht schiedsamtsfähig sind Verträge, an denen Dritte beteiligt sind, wie z. B. die dreiseitigen Verträge nach § 115 SGB V und die Verträge nach § 75 III, IV, V SGB V. Das schließt auch die von den Krankenkassen mit einzelnen Leistungserbringern geschlossenen Verträge (z. B. nach § 73b II, § 73c II 2, § 132c I, § 140b I 1, § 140e SGB V) vom Schiedsamtsverfahren aus.[390]

§ 9 Das Leistungsrecht der GKV

I. Leistungsformen

Die GKV erbringt Sach- und Dienstleistungen durch Dritte, ausnahmsweise auch in Eigeneinrichtungen (§ 140 SGB V),[391] erstattet Kosten der Gesundheitsleistungen oder stellt von diesen frei, und bezahlt Krankengeld (§ 44 SGB V).[392]

II. Sachleistungsprinzip und Kostenerstattung

1. Sachleistungsgrundsatz

Dem Leistungsrecht der GKV liegt von Beginn an[393] das Sachleistungsprinzip zugrunde. Es handelt sich gleichsam um ein „übernormatives Grundprinzip des Rechts der gesetzlichen Krankenversicherung"[394] und hat erstmals mit § 2 II 1 SGB V seine positiv-rechtliche Verankerung erfahren. Danach erhalten Versicherte die Leistungen als Sach- und Dienstleistungen, soweit das SGB V nichts Abweichendes vorsieht.

Das Sachleistungsprinzip stellt sich insoweit als grundsätzliches Strukturelement des Krankenversicherungsrechts dar.[395] Wie das BSG hervorgehoben hat, hat der einzelne Leistungserbringer in dem vom Sachleistungsprinzip geprägten System seine besondere Funktion:[396]

„Der Vertragsarzt übernimmt mit seiner Zulassung die Pflicht, die gesetzlichen Leistungsansprüche der Versicherten auf ärztliche Behandlung (§ 11 iVm § 27 SGB V) zu befriedigen. Die ärztlichen Leistungen werden den Versicherten von den KKn zur Verfügung gestellt (§ 2 I iVm § 1 S 3 SGB V), und zwar grundsätzlich als Naturalleistungen und nicht nur als

---

[390] Die mit einzelnen Leistungserbringern geschlossenen Verträge sind zwar Verträge zur vertragsärztlichen Versorgung, fallen also unter den Wortlaut des § 89 I 1 SGB V. Vom Sinn her werden sie aber von § 89 I SGB V nicht erfasst. Die Vorschrift bezieht sich auf die Wiederherstellung der Handlungsfähigkeit der gemeinsamen Selbstverwaltung. Einzelverträge betreffen die gemeinsame Selbstverwaltung nicht. Ihr Nichtabschluss gefährdet auch die vertragsärztliche Versorgung nicht, weil ein Leistungserbringer immer durch einen anderen ersetzt werden kann.
[391] Zur Erbringung von Sachleistungen durch angestelltes Personal von Krankenkassen (siehe dazu auch § 132a II 4 SGB V) siehe *Plantholz*, RsDE 2002, 48; eigenes Personal darf danach nur angestellt werden, wenn der Bedarf nicht durch externe Leistungserbringer gedeckt werden kann.
[392] Siehe dazu ausführlich *Plagemann*, in: ders. Münchener Anwaltshandbuch Sozialrecht, § 16 Rn. 70 ff.; *Rixen*, Sozialrecht als öffentliches Wirtschaftsrecht S. 122 ff.
[393] *Krauskopf*, § 217 SGB V Rn. 4.
[394] Zur Entstehungs- und Entwicklungsgeschichte des Sachleistungsgrundsatzes BVerfGE 11, 30 (31 ff.); *Schmitt*, in: Schulin, Handbuch des Sozialversicherungsrechts, Bd. 1, § 28 Rn. 1 ff.; *Keller*, Eine Darstellung der historischen Entwicklung des Sachleistungsprinzips in der gesetzlichen Krankenversicherung; *Schulin*, in: *ders.*, Handbuch des Sozialversicherungsrechts, Bd. 1, § 6 Rn. 107. Zum Sachleistungsprinzip in der Gemeinschaftsrechtsordnung s. *Harich*, 2006.
[395] So Gesetzentwurf der Fraktionen der CDU/CSU, SPD und FDP zum GSG, BT-Drs. 12/3608 S. 76 zu § 13 SGB V; vgl. BSGE 69, 170, 173 m. w. N.; zur Bedeutung ferner *Wasem*, in: Schulin, Handbuch des Sozialversicherungsrechts, Bd. 1, § 3, Rn. 157 ff.; *Schulin*, ebenda, § 6 Rn. 106 ff.; *Schmitt*, ebenda, § 28 Rn. 1 ff., § 29 Rn. 2 ff.; *Noftz*, in Hauck/Noftz, SGB V, § 2 Rn. 78 ff. und § 13 Rn. 16 ff.; *Engelmann*, NZS 2000, 1 (5), jeweils m. w. N.; *Schnapp*, ZMGR 2005, 6; *Rixen*, Sozialrecht als öffentliches Wirtschaftsrecht, 121 ff.
[396] BSG, SozR 3–2500, § 75 SGB V Nr. 12 (Bl. 72 f.), dargestellt am Beispiel des Vertragsarztes.

Geldleistungen mit der Möglichkeit der (nachträglichen) Kostenerstattung (§ 2 II 1, § 13 I SGB V). Da die KKn die Sach- und Dienstleistungen nicht selbst vorhalten, bedienen sie sich zu ihrer Erbringung dritter Personen und/oder Institutionen (Leistungserbringer) und schließen mit diesen auf Grund der sog. Leistungsverschaffungspflicht Verträge über die Erbringung der Leistungen. Nach der Konzeption des Gesetzes soll also – von besonders geregelten Ausnahmen abgesehen – den Versicherten der GKV die gesamte Krankenbehandlung als Sach- bzw. Dienstleistung zur Verfügung gestellt werden. Die Pflicht der KKn zur Leistungserbringung in Natur und die Einbindung der Leistungserbringer in diese Aufgabe ist dabei nicht bloßer Selbstzweck, sondern hat zum einen den Schutz der Versicherten vor mangelnder medizinischer Versorgung infolge der damit eintretenden finanziellen Belastungen des einzelnen zum Ziel; zum anderen dient das Naturalleistungsprinzip der Sicherstellung einer wirtschaftlichen Versorgung mittels Einflussnahme auch der das System finanzierenden KKn auf die Ausgestaltung des Inhalts und insbesondere der Honorierung des Leistungsgeschehens."

4   Wesentliches Merkmal des Sachleistungsgrundsatzes ist danach die Unmittelbarkeit der Bedarfsbefriedigung. Die Versicherten erhalten die Leistungen als Dienst- und Sachleistungen „in Natur" und damit grundsätzlich kostenfrei, vorfinanzierungs- und risikolos.[397] Den „Schlüssel" für diese Art der Leistungsbeschaffung bekommen sie durch die Krankenversicherungskarte und spezielle Berechtigungsscheine (§ 15 SGB V).[398] In dieser Schutzfunktion zugunsten des Versicherten, die als Rechtfertigungsgrund heute mehr denn je fraglich ist, erschöpft sich indessen das Sachleistungsprinzip nicht. Es ist vor allem seine Aufgabe, zur Sicherstellung eines qualitativ hochwertigen und zugleich wirtschaftlichen Systems der medizinischen Leistungserbringung beizutragen. Deshalb ist das Sachleistungsprinzip mit dem Wirtschaftlichkeitsgebot in §§ 2 I, IV, 12 I SGB V verknüpft und verpflichtet die Krankenkassen in § 2 II 2 SGB V zur Leistungsverschaffung mittels gesonderter Verträge mit den Leistungserbringern. Darin kommt das Prinzip der Einheit von Leistungs- und Leistungserbringungsrecht zum Ausdruck. Mittels dieser über den Abschluss der Verträge möglichen Steuerung der Leistungserbringung kommen die Krankenkassen ihrem Sicherstellungs- und Gewährleistungsauftrag (vgl. §§ 70 I, 72 I SGB V) nach. Insoweit hat der Sachleistungsgrundsatz in seiner umfassenden Funktion für die GKV nicht nur Bedeutung im Verhältnis zwischen den Versicherten und den Krankenkassen; er ist ebenso Grundlage für die Beziehungen zwischen diesen und den Leistungserbringern.[399] Das Sachleistungsprinzip ist ebenso zentral wie althergebracht. Es bedarf aber dringend der Modernisierung, der Neujustierung.[400] Man kann schon nach dem Wort fragen. Sieht man – etwa – von der Sache „Arzneimittel" ab, bezieht sich das Sachleistungsprinzip nicht auf Sachen, sondern auf die Verschaffung von Dienstleistungen (Behandlung des Versicherten).

5   Und fragt man nach der Sache selbst, so sieht man, dass es, bezogen auf den Versicherten, gar nicht um eine Leistungsverschaffung geht. Die Krankenkassen „leisten" zweierlei: Sie müssen ein Leistungssystem zur Verfügung stellen, also nicht die dem Versicherten gegenüber zu erbringende Gesundheitsleistung, sondern dessen Voraussetzungen. Und wenn der

---

[397] BVerfGE 11, 30, 31; BSGE 55, 188, 193 f.; 73, 271, 274 f.; *Noftz*, in: Hauck/Noftz; SGB V, § 2 Rn. 79.
[398] S. dazu *Trenk-Hinterberger*, in: Spickhoff, Medizinrecht, § 15 SGB V, Rn. 6. Zur elektronischen Gesundheitskarte s. §§ 291a, 219b SGB V.
[399] BSGE 69, 170, 176, 88, 20, 26; zu Wirkungen zwischen Leistungserbringern und Versicherten, vgl. auch BGH, NJW 1999, 858.
[400] *Fischer*, SGb 2008, 461 (464) ist deshalb zu folgen, wenn er die Rechtfertigung des Sachleistungsprinzips bestreitet, soweit sie auf den Schutz des Versicherten gerichtet ist, im Krankheitsfall die Behandlungskosten vorfinanzieren zu müssen. Krit. auch *Kingreen*, in: Becker/Kingreen, SGB V, § 13 Rn. 4 m. w. N. Es überrascht deshalb auch nicht, dass in der umfangreichen Darstellung der Strukturen und Prinzipien der Leistungserbringung im Sozialrecht von *Becker/Meeßen/Neueder/Schlegelmilch/Schön/Vilaclava*, VSSR 2011, 323; 2012, 1; 2012, 103 das Sachleistungsprinzip überhaupt keine Rolle spielt.

Versicherte das System in Anspruch genommen hat, garantieren die Krankenkassen dem Versicherten die Kostenfreiheit dieser Inanspruchnahme. Beides hat mit Sachleistung überhaupt nichts zu tun, und kann es auch gar nicht. Innerhalb des so gezogenen Rahmens kann die Krankenkasse zwar im Wege eines Vertrags zugunsten Dritter dem Versicherten versprechen, dass er das System grundsätzlich kostenfrei in Anspruch nehmen darf. Wie die Inanspruchnahme aussieht, hängt aber von der unterschiedlichen Zahl der Möglichkeiten im Rahmen des Leistungskatalogs der GKV ab. Welchen konkreten Inhalt die jeweilige Leistung hat, bestimmt der Behandler. Das ist – begrifflich – eine Einzelfallentscheidung, die, wenn sie finanzielle Leistungsversprechen der Krankenkasse auslösen soll, von der Erfüllung der Voraussetzungen des § 12 I SGB V abhängt: Die konkrete Leistung muss ausreichend, zweckmäßig und wirtschaftlich sein; sie darf das Maß des Notwendigen nicht überschreiten. Das alles kann nicht Gegenstand des Vertrages zwischen Krankenkasse und Leistungserbringer sein; die Regelung kann nur zur Konkretisierung des Systemleistungsversprechens ermächtigen.

2. Kostenerstattung

a) Grundsatz. Neben das Sachleistungsprinzip stellt das SGB V die Kostenerstattung als Ausnahme. Hierbei verschafft sich der Versicherte die Leistung selbst und kann sich dadurch entstehende Kosten von der Krankenkasse erstatten lassen (vgl. § 13 SGB V). Kostenerstattung dürfen die Krankenkassen nur vornehmen, soweit es das SGB V ausdrücklich vorsieht (§ 13 I 1 SGB V). Damit wird der Sachleistungsgrundsatz gesetzlich untermauert, indem die Kostenerstattung zwingend auf die im Gesetz genannten Ausnahmen beschränkt ist. Die für die gesetzliche Leistung der Krankenbehandlung wichtigsten Ausnahmen der anstelle der Sachleistung zugelassenen Kostenerstattung sind die Kostenerstattung nach Wahl für alle Versicherten (vgl. § 13 II SGV V), die in § 13 III–V SGB V geregelten Fallgruppen[401] sowie Kostenerstattung bei Systemversagen.[402]

b) Wahlrecht für alle Versicherten. § 13 II SGB V[403] hat eine durch das 2. NOG mit Wirkung vom 1.7.1997[404] kurzzeitig eingeführte und durch das GKV-SolG mit Wirkung vom 1.1.1999[405] wieder abgeschaffte Regelung wieder aufgenommen und sie erweitert: Danach können alle Versicherten als Art der von der Krankenkasse zu beanspruchenden Leistung die Kostenerstattung wählen. Vor ihrer Wahl sind sie von ihrer Krankenkasse zu beraten. An die Ausübung des Wahlrechts sind die Versicherten mindestens ein Kalendervierteljahr gebunden. Die Versicherten dürfen, nach vorheriger Zustimmung durch ihre Krankenkasse, auch nicht zugelassene Leistungserbringer[406] in Anspruch nehmen. Voraussetzung ist, dass eine zumindest gleichwertige Qualität der Versorgung wie bei den zugelassenen Leistungserbringern gewährleistet ist und medizinische oder soziale Gründe für die Inanspruchnahme sprechen. Ob der Versicherte die Kostenerstattung wählt, ist seine Sache, nicht die des Arztes.

Auf Grund dieser Neuregelung haben nicht nur – bis 31.12.2003 – freiwillige Mitglieder der GKV und ihre mitversicherten Familienangehörigen die Möglichkeit, anstelle der Sachleistung die Kostenerstattung zu wählen. Der Gesetzgeber will damit ein „ungerechtfertigtes

---

[401] Zu der durch das Patientenrechtegesetz (2013) und das Bundesteilhabegesetz (BHTG) vom 23.12.2016 (BGBl I 3234) erfolgten Neuregelung des § 13 III und III a SGB V s.o. § 7 Rn. 2.
[402] → § 11 Rn. 113 ff. Neben Kostenerstattungsansprüchen aus § 13 III SGB V gibt es keinen sozialrechtlichen Herstellungsanspruch, BSG, NZS 2007, 84. Der Kostenerstattungsanspruch reicht im Übrigen nie weiter als der entsprechende Sachleistungsanspruch, BSG, NZS 2007, 88 (89).
[403] In der Fassung des GKV-FinG (→ § 4 Rn. 66).
[404] BGBl. I 1520; siehe § 4 Rn. 44 ff. S. dazu *Muckel*, SGB 1998, 385.
[405] GKV-SolG vom 19.12.1998 (BGBl. I 3853); → § 4 Rn. 48.
[406] Das war früher nicht zulässig, BSG, SozR 3–2500, § 13 SGB V Nr. 7.

Privileg" beseitigen und eine Angleichung an den sich aus dem Europarecht ergebenden Rechtszustand, wie er in der Neufassung des § 13 IV SGB V seinen Niederschlag gefunden hat,[407] vornehmen. Dazu sollen die Eigenverantwortung und das Kostenbewusstsein der Versicherten gestärkt werden.[408]

9 Der Versicherte, der sein Wahlrecht durch einseitige, empfangsbedürftige Willenserklärung gegenüber seiner Krankenkasse (nicht gegenüber dem Leistungserbringer) auszuüben hat,[409] kann die Wahlentscheidung auf den ambulanten Bereich (nicht auf bestimmte ambulante Leistungen) beschränken, so dass für die stationären Leistungen das Sachleistungsprinzip gilt. Auch sonst bleibt mit der Wahl der Kostenerstattung – vom (Selbst-)Beschaffungsweg abgesehen – das Leistungsrecht unberührt. Dessen allgemeine und besondere Voraussetzungen müssen ebenso wie beim Sachleistungsanspruch erfüllt sein.[410] Dazu gehören insbesondere der Wirtschaftlichkeitsgrundsatz,[411] dessen Beachtung die Krankenkasse allerdings erst im Rahmen des Erstattungsverfahrens prüfen kann[412] und die Kompetenz der Leistungserbringer, den „Rahmenanspruch" des Versicherten auf Kranken-(Haus-)Behandlung medizinisch verbindlich zu konkretisieren.[413] Liegen diese Voraussetzungen nicht vor, können Versicherte die Leistungen nicht beanspruchen und dürfen die Leistungserbringer sie nicht bewirken (§ 12 I 2 SGB V).

3. Verhältnis von Sachleistungsprinzip und Kostenerstattung

10 Die Frage ist, ob es weiter berechtigt ist – wie auch hier – vom Grundsatz des Sachleistungsprinzips und der Ausnahme der Kostenerstattung auszugehen. Solange die Versicherten von den Möglichkeiten des § 13 II SGB V keinen umfangreichen Gebrauch machen, bleibt es faktisch beim Vorrang des Sachleistungsprinzips. § 13 II SGB V stellt aber rechtlich die Kostenerstattung dem Sachleistungsprinzip gleich, wenn es ohne weitere Sachvoraussetzungen dem Versicherten das Wahlrecht für die Kostenerstattung einräumt. Im Ergebnis wird man jedoch an der fundamentalen und vorrangigen Bedeutung des Sachleistungsprinzips festhalten müssen. Dies folgt zum einen – formal – aus dem Umstand, dass auch § 13 II SGB V nach den Vorgaben des § 13 I SGB V weiterhin als Ausnahmevorschrift konzipiert ist („nur ... soweit"). Zum anderen ändert das Wahlrecht nichts an dem von der Rechtsprechung des BSG zurecht herausgestellten Umstand, dass das Sachleistungsprinzip strukturell dem SGB V zu Grunde liegt.[414] Daran würde und müsste sich erst dann etwas ändern, wenn durch einen bei genereller Ausübung des Wahlrechts hervorgerufenen faktischen Wegfall der Sachleistung ein Systemwiderspruch entstünde. Das ist bisher nicht eingetreten.

---

[407] BT-Drs. 14/1525, S. 80.

[408] Mit diesen Begründungen rechtfertigte schon der Gesetzgeber des 2. NOG die Wahlfreiheit für alle Versicherten gem. § 13 II 1 SGB V a. F. – vgl. Gesetzesbegründung BR-Drs. 13/6087, abgedr. in: Hauck/Noftz, SGB V, M 01, Bl. 11. Es erstaunt, dass dies bereits mit der Abschaffung durch das GKV-SolG 18 Monate später nicht mehr gelten sollte und dann – nach fünf Jahren – wiederum Geltung beanspruchte. Eindrucksvoller kann der (Sozial-)Gesetzgeber kaum seine zunehmend geringer werdende „Halbwertzeit" unter Beweis stellen.

[409] *Noftz*, in: Hauck/Noftz, SGB V, Rn. 31 zu § 13 SGB V.

[410] Allgemeine Ansicht, u. a. BSG, NZS 1995, 462, 463; *Noftz*, in: Hauck/Noftz, SGB V, Rn. 36 zu § 13 SGB V.

[411] Vgl. insoweit BSG, SozR 3–2500, § 13 Nr. 23, S. 109 und *Noftz*, in: Hauck/Noftz, SGB V, Rn. 36, 40 zu § 13 SGB V.

[412] *Schirmer*, MedR 1997, 431, 454; *Steinhilper/Schiller*, MedR 1997 385, 386.

[413] Dazu u. a. BSGE 79, 257 (259 f.); *Noftz*, in: Hauck/Noftz, SGB V, Rn. 91 f. zu § 2 SGB V.

[414] BSG, SozR 3–2500, § 75 SGB V Nr. 12. Zu den Besonderheiten des Verhältnissen von Sachleistungsprinzip und Kostenerstattung im Zahntechnikrecht bei der Zahlung von Festzuschüssen siehe *Zuck*, Kommentar zum Zahntechnikrecht im SGB V, § 55 SGB V, Rn. 5.

III. Leistungsumfang

1. Zusatzvereinbarungen/Wahltarife

Die Krankenkassen stellen den Versicherten die vom SGB V vorgesehenen Leistungen (nach Maßgabe der §§ 2, 12 SGB V) zur Verfügung. Weitere Leistungen bekommt der Versicherte nur, wenn er sich dafür privat versichert. § 194 I a SGB V i. d. F. des GMG erlaubt den Krankenkassen Satzungsbestimmungen, auf Grund derer sie Zusatzvereinbarungen zwischen den Versicherten und privaten Krankenversicherungsunternehmen vermitteln können. § 194 I a 2 SGB V hebt insoweit („insbesondere") Verträge über die Wahlarztbehandlung im Krankenhaus, den Ein- und Zweibettzimmerzuschlag im Krankenhaus sowie eine Auslandsreisekrankenversicherung hervor.[415]   **11**

Das für alle geltende Leistungssystem der GKV wird durch die dem Einzelnen zur Verfügung gestellten Wahlmöglichkeiten ergänzt.[416] § 53 SGB V eröffnet den Krankenkassen neben der schon durch § 53 SGB V a. F. eingeräumten Selbstbehaltsregelung nunmehr satzungsfundierte Möglichkeiten von Wahltarifen u. a. für die Kostenübernahme bei Arzneimitteln der besonderen Therapierichtungen, die nach § 34 I 1 SGB V von der Versorgung ausgeschlossen sind (§ 53 V SGB V). Für alle Wahltarife sind besondere Prämienzahlungen (oder Zuzahlungsermäßigungen, § 53 III SGB V) vorgesehen. Das GKV-FinG hat mit Wirkung zum 1.1.2011 in Abs. 8 die Mindestbindungsfristen verändert. Abs. 9 sieht nunmehr vor, dass die Krankenkassen für die Finanzierung ein versicherungsmathematisches Gutachten vorlegen müssen. Die Amtliche Begründung (BT-Drs. 17/3696 S. 46) geht dabei davon aus, dass die zu diesem Zweck erforderliche Prüfung durch versicherungsmathematische Sachverständige erfolgen muss. Der Gesetzgeber erwartet sich dadurch eine zuverlässigere Kontrolle unzulässiger Quersubventionierung.   **12**

2. Leistungskürzung

Von erheblicher Bedeutung ist die Frage, ob der Gesetzgeber den Leistungsumfang gegenüber dem erreichten Stand kürzen darf. Das ist unabhängig von dem Umstand zu erörtern, dass der Versicherte selbst keinen Anspruch auf bestimmte Leistungen der GKV hat, sondern nur darauf, dass das öffentliche Gesundheitssystem Vorkehrungen trifft, die nicht völlig ungeeignet oder völlig unzulänglich sind.[417]   **13**

3. Zuzahlungspflichten

Dass die Versicherten einen Teil der Leistungen selbst bezahlen müssen, wie etwa beim Zahnersatz (§ 55 I SGB V),[418] dass ein Selbstbehalt möglich ist[419] oder Zuzahlungspflichten bestehen (z. B. in § 31 II, § 32 II, § 33 VIII SGB V),[420] lässt das System unberührt. Zuzah-   **14**

---

[415] Die Regelung will den Einwand, die Krankenkasse handle in diesem Bereich wettbewerbswidrig, wenn sie private Zusatzversicherungen anbiete (BGH, LM § 1 UWG Nr. 681) ausräumen, vgl. BT-Drs. 15/1525, S. 138. Der Gesetzgeber geht dabei davon aus, dass es sich nicht um einen Sachverhalt des § 69 SGB V handelt, so dass das Wettbewerbs- und Kartellrecht „im Übrigen" anwendbar bleibt. Die Weitergabe von Versichertendaten an den Kooperationspartner ist unzulässig.

[416] *Giesen*, Wahltarife der gesetzlichen Krankenkassen; *Isensee*, NZS 2007, 449; *Thüsing*, NZS 2008, 449 (510); *Wolf*, NZS 2011, 87.

[417] → § 2 Rn. 25.

[418] Siehe dazu → § 30 Rn. 19.

[419] Für freiwillige Mitglieder der Krankenkassen, die Kostenerstattung in Anspruch nehmen, § 53 I SGB V, also nach Maßgabe der Satzung.

[420] Zu weiteren Zuzahlungsregelungen s. den Katalog bei *Marburger*, SGB V, 2007, 28. Die Zuzahlungen sind durch § 61 SGB V begrenzt: „Zuzahlungen, die Versicherte zu leisten haben, betrag 10 vom Hundert des Abgabepreises, mindestens jedoch 5 Euro und höchstens 10 Euro; allerdings jeweils nicht mehr als die Kosten des Mittels. Als Zuzahlungen zu stationären Maßnahmen werden je Kalendertag 10

lungen können u. U. ermäßigt werden, § 31 III 5, § 53 III SGB V, beide i. d. F. des GKV-WSG.

15   Eine besondere Rolle hatte die so genannte Praxisgebühr gespielt (§§ 28 IV, 61 S. 2 SGB V a.F.)).[421]. Sie ist inzwischen durch Aufhebung des § 28 IV SGB V durch Art. 1 Nr. 2 des Gesetzes zur Regelung des Assistenzpflegeberufs in stationären Vorsorge- oder Rehabilitationseinrichtungen vom 20.12.12 (BGBl. I 2789) entfallen.

4. Leistungsausgrenzung[422]

16   Schwieriger ist die Ausgrenzung von Leistungen zu beurteilen, wie z. B. grundsätzlich bei Sehhilfen durch § 33 SGB V[423] oder bei den sogenannten Lifestyle-Mitteln unbeschadet des Umstands, dass es sich um Arzneimittel handelt,[424] oder beim Ausschluss nicht verschreibungspflichtiger Arzneimittel (§ 34 I SGB V). Man wird davon auszugehen haben, dass es dem Gesetzgeber grundsätzlich freisteht, Leistungsbereiche aus der GKV auszugliedern, solange er einen Mindestbereich an Leistungen anbietet.[425] Was das Mindestmaß ausmacht, bemisst sich an der Relation von Beitragsleistungen des Versicherten zum Leistungsanspruch und an der Funktionsfähigkeit der Sozialhilfe als Auffangbereich. Der an sich näher liegende Anknüpfungspunkt des Notwendigen[426] verspricht mehr, als er halten kann, solange er in das Erfordernis der Wirtschaftlichkeit integriert ist. Es lässt sich infolgedessen leicht vorhersehen, dass die demografische Entwicklung, der Fortschritt der Medizin und die schwindenden öffentlichen Mittel den Inhalt des konkretisierten Sozialstaatsprinzips unter dem Aspekt der Finanzierbarkeit der Leistungen bestimmen werden. Den Notwendigkeiten des Leistungsabbaus wird die Politik, allen Wählerinteressen zum Trotz, auf Dauer nicht ausweichen können. Das ist – vom System her –[427] kein verfassungsrechtliches Problem. § 1 SGB V ermöglicht die Zuweisung von Leistungen in den Eigenverantwortungsbereich des Versicherten.

IV. Leistungsgrundsätze

1. Allgemeines

17   Die Leistungen der GKV werden durch §§ 2, 12 SGB V an die Einhaltung bestimmter Grundsätze gebunden. Die Leistungen müssen ausreichend, zweckmäßig und wirtschaftlich

---

Euro erhoben. Bei Heilmitteln und häuslicher Krankenpflege beträgt die Zuzahlung 10 vom Hundert der Kosten sowie 10 Euro je Verordnung. Geleistete Zuzahlungen sind von dem zum Einzug Verpflichteten gegenüber dem Versicherten zu quittieren; ein Vergütungsanspruch hierfür besteht nicht." § 62 SGB V in der Fassung des GKV-WSG sichert die Zuzahlungsregelung durch Einfügung einer Belastungsgrenze ab, wonach niemand mehr als 2 % seiner Bruttoeinnahmen (chronisch Kranke 1 %) zum Lebensunterhalt pro Kalenderjahr zuzahlen muss. Der GBA bestimmt, was eine schwerwiegende chronische Krankheit ist, siehe dazu Richtlinie zur Definition schwerwiegender chronischer Krankheiten im Sinne des § 62 SGB V vom 22.1.2004, DÄBl. 2004, A 458.

[421] Dass die Amtliche Begründung die Zuzahlung so bezeichnet, macht die Wortwahl nicht besser. Zur Praxisgebühr siehe *Schimmelpfeng-Schütte*, GesR 2004, 1; *Rixen*, SGb 2004, 2; *Linke*, NZS 2004, 186; zur Praxisgebühr im Krankenhaus vgl. *Nösser*, das Krankenhaus 2004, 120. Zum Entfallen der Zuzahlung s. § 18 I 3 BMV-Ä i. d. F. v. 17.2.2004 – DÄBl. 2004 A-743; zur Praxisgebühr als „Unwort des Jahres" s. *Zuck*, NJW 2004, 1091; *Weimar/Elsner*, GesR 2004, 120.

[422] Vgl. *Francke*, GesR 2003, 97.

[423] → § 40 Rn. 7 ff.

[424] Zur Unzulässigkeit der Ausgrenzung von Viagra nach Altrecht siehe *Zuck*, NZS 1999, 167. Die Instanzrechtsprechung ist dieser Auffassung gefolgt; vgl. etwa LSG Niedersachsen-Bremen, RID 04-02-132.

[425] *Sodan*, NZS 2003, 393; s. auch *Leube*, NZS 2003, 449.

[426] *Fastabend*, NZS 2002, 299.

[427] Unbeschadet möglicher verfassungswidriger Ausgestaltungen im Einzelfall.

§ 9 Das Leistungsrecht der GKV

sein. Sie dürfen das Maß der Notwendigen nicht überschreiten. Qualität und Wirksamkeit der Leistungen haben dem allgemein anerkannten Stand der medizinischen Erkenntnisse zu entsprechen und den medizinischen Fortschritt zu berücksichtigen.[428] Die Krankenbehandlung muss human sein (§ 70 II SGB V).

2. Wirtschaftlichkeit als Oberbegriff

Der Oberbegriff ist nach allgemeiner Auffassung das Erfordernis der Wirtschaftlichkeit.[429] 18 „Ausreichend" ist eine Leistung, wenn sie für ihren Zweck genügt. Der Begriff umschreibt die Mindesterfordernisse der Leistung. Legt man z. B. die vertragsärztliche Leistung zu Grunde, so darf man die „ausreichende Leistung" weder mit dem medizinischen Standard noch mit einer „lege artis" erbrachten Leistung gleichsetzen, wenn es unter beiden Vorgaben Bandbreiten für ärztliches Handeln gibt. „Ausreichend" ist deshalb eine solche Leistung dann, wenn sie noch an der unteren Grenze eines solchen Rahmens liegt.

Ob eine Leistung „zweckmäßig" ist, hängt von der Prognose über Eignung und das mit 19 der Leistung verfolgte Ziel ab. In gefestigter Rechtsprechung hat das BSG eine Leistung dann für zweckmäßig gehalten, „wenn andere Behandlungsmöglichkeiten aus medizinischen Gründen auszuscheiden haben und bestimmte Voraussetzungen hinsichtlich der Möglichkeit eines Behandlungserfolgs erfüllt sind".[430] „Notwendig" ist eine Leistung dann, wenn sie unvermeidlich, zwangsläufig und unentbehrlich erforderlich ist.[431]

3. Qualität und Wirksamkeit

Gemäß § 2 I 3 SGB V müssen die Leistungen außerdem in ihrer Qualität und Wirksamkeit 20 dem allgemeinen Stand der medizinischen Erkenntnisse entsprechen und den medizinischen Fortschritt berücksichtigen.

a) **Wirksamkeit.** Der Begriff der (therapeutischen) Wirksamkeit ist indikationsbezogen. Er 21 bezeichnet den gewünschten Erfolg, der mit der Leistung erzielt werden kann. Für eine Leistung, die nicht wirksam ist, stellt sich die Frage ihrer Wirtschaftlichkeit (im Sinne des Oberbegriffs) nicht. Die Wirksamkeit einer Leistung ist also Voraussetzung für die Anwendung der Kriterien der Wirtschaftlichkeit.[432]

b) **Qualität.** Das muss auch für den Qualitätsbegriff gelten. Hat die Leistung nicht die 22 erforderliche Qualität, so kann sie nicht wirtschaftlich sein. Qualität ist ein funktionaler Begriff.[433] § 79 I 2 SGB V bestimmt das erforderliche Maß der Qualität an dem „fachlich Gebotenen".[434] Es ist also die Medizin, die in Empfehlungen, Leitlinien,[435] Richtlinien, zusammengeführt im Standard die Qualität der Leistungen bestimmt. Maßgebend ist deshalb

---

[428] Siehe auch §§ 70, 72 I SGB V.
[429] Leistungen, die diesen Voraussetzungen nicht entsprechen, kann der Versicherte nicht beanspruchen, der Leistungserbringer darf sie nicht bewirken und die Krankenkasse darf sie nicht bewilligen (§ 12 I 2 SGB V). Bei Verstößen greift für Vertragsärzte die Wirtschaftlichkeitsprüfung (mit Honorarkürzungen) und ggf. das Disziplinarverfahren/Strafverfahren (siehe §§ 23, 70 ff.); Krankenkassenvorstände können in Regress genommen werden (§ 12 III SGB V). Neue Regressmöglichkeiten hat das Wirtschaftlichkeitsprüfungsverfahren für Mitglieder von Prüfungsausschüssen und Krankenkassenvorstände geschaffen (§ 106 IVa, IVb SGB V). Zum Wirtschaftlichkeitsgebot insbes. s. *Greiner/Benedix*, SGb 2013, 1.
[430] BSGE 64, 255 (257 f.); 63, 102 (103); SozR 3–2500, § 12 SGB V Nr. 2 (Bl. 4).
[431] BSG, SozR 2200, § 182b RVO Nr. 25.
[432] So *Schirmer*, GK-SGB V, § 2 Rn. 55; *Noftz*, in: Hauck/Noftz, SGB V, Rn. 9 zu 12 SGB V; *ders.*, in: Hauck/Noftz, SGB V, Rn. 57 ff. zu § 2 SGB V.
[433] Siehe dazu *Seewald*, in: Schnapp/Wigge, § 21 Rn. 13; ausführlich *Noftz*, in: Hauck/Noftz, SGB V, Rn. 53 ff. zu § 2 SGB V.
[434] Siehe auch § 135a I 2 SGB V.
[435] Siehe dazu besonders *Hart*, VSSR 2002, 265.

zum einen der allgemein anerkannte Stand der medizinischen Erkenntnisse. „Stand" ist die zum maßgeblichen Zeitpunkt der Leistungserbringung vorhandene Gesamtmenge der Erkenntnisse über Wirksamkeit, Qualität, Zweckmäßigkeit und Notwendigkeit der Leistung. „Allgemein anerkannt" ist eine Erkenntnis, wenn sie von den dafür zuständigen Fachleuten (Professionsvorbehalt) überwiegend anerkannt wird.[436] Dieser „Stand" ist nach § 2 I SGB V zu beachten.[437] Der medizinische Fortschritt ist dagegen lediglich „zu berücksichtigen" (§ 2 I SGB V), d. h. in die maßgeblichen Erwägungen mit einzubeziehen.

23 Qualität der Leistungserbringung zu sichern, ist immer schon ein Anliegen des ärztlichen Berufsrechts gewesen.[438] Das GRG hat die Qualitätssicherung zu einem Kardinalpunkt des Krankenversicherungsrechts gemacht, von zentraler, nicht zu unterschätzender Bedeutung. Dem Erfordernis der Qualitätssicherung dienen die Kompetenzen des GBA nach § 135 SGB V zur Einführung neuer Untersuchungs- und Behandlungsmethoden und zur Überprüfung bestehender Leistungsmöglichkeiten.[439] § 135a SGB V verpflichtet die Leistungserbringer zur Qualitätssicherung, § 136 SGB V räumt der Krankenversicherung nicht nur die Einzelprüfung von Qualität ein, sondern verpflichtet sie nunmehr auch, Maßnahmen zur Förderung der Qualität der vertragsärztlichen Versorgung durchzuführen, die Ergebnisse zu dokumentieren und zu veröffentlichen. § 136 SGB V[440] ermächtigt den GBA zum Erlass von Richtlinien (nach § 92 I 2 Nr. 13 SGB V) und Beschlüssen zur Qualitätssicherung in der vertragsärztlichen Versorgung und für zugelassene Krankenhäuser. Um einrichtungsbezogene Qualität zu sichern, weist § 137a SGB V (i. d. F. des GKV-VStG) den GBA an ‚ein fachlich unabhängiges, wissenschaftliches Institut für Qualität und Transparenz im Gesundheitswesen zu gründen (IQTiG), um dieses u.a. mit der Entwicklung von Verfahren zur „Messung und Darstellung der Versorgungsqualität" zu beauftragen.[441] Der GBA hat außerdem Untersuchungs- und Behandlungsmethoden im Krankenhaus zu bewerten (§ 137c SGB V). Die Qualitätssicherung bei der ambulanten und stationären Vorsorge oder Rehabilitation ist in § 137d SGB V (i. d. F. des GKV-VStG) geregelt. Das GKV-VStG hat § 137e SGB V eingefügt und damit Regeln zur Erprobung von Untersuchungs- und Behandlungsmethoden in der ambulanten Vorsorgung aufgestellt. Die dafür erforderlichen Erprobungsrichtlinien werden vom GBA beschlossen. § 137f SGB V befasst sich mit den strukturierten Behandlungsprogrammen bei chronischen Krankheiten (Disease Management Programme, DMP). Die Zulassung strukturierter Behandlungsprogramme erfolgt durch das Bundesversicherungsamt (§ 137g SGB V).[442],[443] § 138 SGB V erfasst neue Heilmittel,[444] § 139 SGB V die Qualitätssicherung bei Hilfsmitteln.[445]

24 c) Institut für Qualität und Wirtschaftlichkeit im Gesundheitswesen (IQWiG). Erhebliche Bedeutung hat das vom GBA in der Rechtsform einer privatrechtlichen Stiftung errichtete IQWiG (§ 139a SGB V Das IQWiG wird insbesondere auf folgenden Gebieten tätig (§ 139a III SGB V)

---

[436] Das bezieht sich auf die allgemeine Anerkennung in der Schulmedizin; zu den besonderen Therapierichtungen vgl. § 2 I 2 SGB V.
[437] Oder, wie § 70 SGB V formuliert: Die Leistung muss dem Stand „entsprechen".
[438] Als Beispiel: § 5 MBO und dazu *Ratzel*, in: Ratzel/Lippert, MBO Anmerkung zu § 5 MBO m. w. N.; *Axer*, VSSR 2002, 215; *Schirmer*, VSSR 2002, 247.
[439] → § 11 Rn. 1 ff.
[440] I. d. F. des GKV-WSG.
[441] BR-Drs. 755/06 S. 401. Zum IQTiG → § 9 Rn. 28.
[442] Der Zulassung liegen Empfehlungen des GBA an das BMG zugrunde, für welche Krankheiten DMPs entwickelt werden sollen. Zum Verfahren für solche Empfehlungen siehe das 6. Kapitel der VerfO-GBA, eingeführt durch Beschluss vom 20.1.2011 (BAnz. 2011, S. 2753).
[443] Siehe auch § 137g SGB V.
[444] *Hess*, in: KassKomm. Sozialversicherungsrecht, Anm. zu § 138 SGB V.
[445] → § 62 Rn. 1 ff.

- Recherche, Darstellung und Bewertung des allgemeinen medizinischen Wissensstands (Abs. 3 Nr. 1),
- Erstellung wissenschaftlicher Ausarbeitungen (Abs. 3 Nr. 2),
- Bewertung ausgewählter evidenzbasierter Leitlinien (Abs. 3 Nr. 3),
- Empfehlungen zu DMP's (Abs. 3 Nr. 4),
- Nutzenbewertung von Arzneimitteln (Abs. 3 Nr. 5) (§ 35b SGB V)
- Bereitstellung verständlicher allgemeiner Informationen zur Gesundheitsversorgung (Abs. 3 Nr. 6).

Die Aufträge an das IQWiG werden vom GBA erteilt (§ 139b SGB V), siehe dazu 1. Kap. § 17 ff. VerfO-GBA.[446]

Zur Finanzierung des IQWiG siehe § 139c SGB V.

Die Qualität der bisherigen Aufgabenerfüllung durch das IQWiG ist beanstandet worden, nahe liegend, wenn es um betroffene Interessen geht.[447] Das IQWIG hat – zur besseren Transparenz seiner Arbeit – ein Methodenpapier erarbeitet und veröffentlicht; auch das ist nicht ohne Kritik geblieben.[448] Das GKV-WSG hat darauf reagiert, indem es das IQWiG auf die „international anerkannten Standards der evidenzbasierten Medizin und die ökonomische Bewertung nach den hierfür maßgeblichen internationalen Standards" verpflichtet (§ 139a IV SGB V)[449] und die Einschaltung weiteren Sachverstands gefordert hat (§ 139a V SGB V).

d) Institut für Qualitätssicherung und Transparenz im Gesundheitswesen (IQTiG). Mit dem GKV-WSG (2007) wurde das – später vom G-BA in der Rechtsform einer privatrechtlichen Stiftung errichtete – IQTiG geschaffen, um so den Auftrag des § 135a SGB V zur Ausarbeitung konkreter Maßnahmen der Qualitätssicherung nach den §§ 136 ff. SGB V sicher zu stellen. Aufgabe des IQTiG ist es – nach dem Vorbild des IQWiG (§ 139a SGB V) –, im Auftrag des G-BA an Maßnahmen zur Qualitätssicherung und zur Darstellung der Versorgungsqualität im Gesundheitswesen zu arbeiten (§ 137a III 1 SGB V). Gegenstand der Beauftragung des IQTiG durch den G-BA sind insbesondere

- Entwicklung möglichst sektorenübergreifender Indikatoren und Instrumente zur Messung und Darstellung der Versorgungsqualität (Abs. 3 Satz 2 Nr. 1),
- Entwicklung der notwendigen Dokumentation für die einrichtungsübergreifende Qualitätssicherung (Abs. 3 Satz 2 Nr. 2),
- Beteiligung an der Durchführung der – einrichtungsübergreifenden – Qualitätssicherung (Abs. 3 Satz 2 Nr. 3),
- Veröffentlichung der Ergebnisse von Qualitätssicherungsmaßnahmen einschließlich vergleichender risikoadjustierter Übersichten aus Qualitätsberichten der Krankenhäuser (Abs. 3 Satz 2 Nr. 4 und 5),
- Bewertung von Zertifikaten und Qualitätssiegeln (Abs. 3 Satz 2 Nr. 7).

Bei der Durchführung seiner Aufgaben handelt das IQTiG grundsätzlich privatrechtlich. Soweit es – etwa im Rahmen der Teilnahme an der einrichtungsübergreifenden Qualitätssicherung – nach außen hin auftritt und nicht nur vorbereitend tätig wird, kann die Rechtsnatur seines Handelns problematisch sein. Da es an einem – gesetzlich vorgesehenen –

---

[446] Zur rechtlichen Einordnung des Handelns des IQWiG (als Beliehener/Verwaltungshelfer des GBA, als Privatrechtsperson) siehe differenzierend *Reese/Stallberg*, in: Dieners/Reese, Handbuch des Pharmarecht, § 17 Rn. 89 ff.

[447] Siehe etwa *Letzel*, PharmR 2006, 561 (Diabetes); *ders.*, PharmR 2006, 421 (Leukämie).

[448] Das – umfangreiche – Methodenpapier liegt derzeit i. d. F. vom 27.5.2008 (sog. Version 3.0) vor; siehe umfassend *Kügel*, NZS 2006, 232; *Reese/Stallberg*, in: Dieners/Reese, Handbuch des Pharmarecht, § 17 Rn. 97.

[449] Das bindet das IQWiG an die Grundsätze der evidenzbasierten Medizin, vgl. *Ladeur*, GesR 2011, 455; *Raspe*, GesR 2011, 449; *Zuck*, Das Recht der Anthroposophischen Medizin, Rn. 22 ff.

Beleihungsakt fehlt, andererseits aber Verwaltungsaufgaben wahrgenommen werden, kommt eine Qualifikation als Verwaltungshelfer in Betracht[450].

4. Wirtschaftlichkeit: Inhalt

30   Was bedeutet der zentrale Begriff der Wirtschaftlichkeit?[451] Geht man von betriebswirtschaftlichen Grundsätzen aus, so bezeichnet der Begriff der Wirtschaftlichkeit zunächst die Relation zwischen der günstigsten und der tatsächlich erreichten Kostensituation. Es gilt die Formel

$$\text{Wirtschaftlichkeit} = \frac{\text{Ist-Kosten}}{\text{Sollkosten}}$$

31   Daneben gibt es einen für das betriebliche Rechnungswesen praktisch bedeutungslosen Begriff der technischen Wirtschaftlichkeit. Er bezeichnet das Verhältnis von mengenmäßigem Ertrag und mengenmäßigem Einsatz von Produktionsfaktoren. Man hat versucht, auch diese Relation in Geld darzustellen.

$$\text{Wirtschaftlichkeit} = \frac{\text{Ertrag}}{\text{Aufwand}}$$

32   Das ist jedoch auf Kritik gestoßen. Wird z. B. der Ertrag mit Marktpreisen bewertet und nimmt die Preisentwicklung einen ungünstigen Verlauf, so wird geringere Wirtschaftlichkeit ausgewiesen. Dennoch kann die Wirtschaftlichkeit der Leistungserstellung gestiegen sein, etwa, weil erfolgreiche Rationalisierungsmaßnahmen im Produktionsprozess vorgenommen worden sind.

33   Allgemein führen die Wirtschaftlichkeitsbegriffe auch in der Betriebswirtschaft auf das Rationalitätsprinzip zurück, d.h. auf die Forderung, ein bestimmtes Ziel mit dem Einsatz möglichst geringer Mittel oder, bei vorgegebenen Mitteln, ein Ziel bestmöglich zu erreichen. Wirtschaftlichkeit in diesem Sinn operiert also mit unterschiedlichen Variablen. Sie betreffen entweder die Mittel oder das Ziel. Damit wird deutlich, dass „wirtschaftlich" keine feste Größe ist, sondern innerhalb einer Zweck/Mittel-Relation Entscheidungskriterien bei der Wahl zwischen vorhandenen Alternativen unter Kosten-Nutzen-Gesichtspunkten zur Verfügung stellt. Die damit verbundenen Schwierigkeiten werden allein schon durch die Verwendung der Begriffe „geringstmöglich/bestmöglich" deutlich.

34   Unter diesen letztgenannten Vorgaben findet Wirtschaftlichkeit indirekt, d.h. über den Begriff der rationalen Entscheidung Eingang in die Theorie der politischen Entscheidung. Es gibt dort unterschiedliche Ansätze. Die klassische Lehre sieht die Rationalität einer Entscheidung als Bestandteil des Handelns eines individuellen Akteurs. Rationalität wird unter unterschiedlichen Aspekten beschrieben: Als das Wählen des wirksamsten Mittels zur Erreichung bestimmter Ziele, als das Abwägen möglicher Ziele in Bezug auf individuelle Präferenzen und als das Gewichten wahrscheinlicher Konsequenzen.[452] Rawls weist in diesem Zu-

---

[450] Str., vgl. *Axer* RPG 2013, 3 (5 f.); *Becker*/Kingreen, SGB V § 137a Rn. 7; zum Streitstand beim Handeln des insofern vergleichbaren IQWiG s. *dies.*, § 139a SGB V Rn. 16; ähnlich die Rechtsfragen beim „Außenauftritt" des Instituts für die Kalkulation von Krankenhausentgelten (InEK), vgl. *Quaas* f&w 2017, 560.

[451] Siehe dazu *Noftz*, in: Hauck/Noftz, SGB V Rn. 6 ff. zu § 2 SGB V; *Liebold/Zalewski*, Kassenarztrecht C 70-10 ff. zu § 70 SGB V. Zum Verfassungsrang des Wirtschaftlichkeitsgebots s. *Schmidt-Jortzig*, Der Grundsatz der Wirtschaftlichkeit, in: Butzer (Hrsg.) Wirtschaftlichkeit durch Organisations- und Verfahrenrecht, 17 (21 ff.).

[452] Vgl. *Rawls*, Die Grundstruktur als Gegenstand, in: Die Idee des politischen Individualismus, 45 (98 f.).

sammenhang darauf hin, dass es keine Einigkeit über die Elemente rationalen Handelns gibt. Aber selbst wenn es sie gäbe, würde schon aus den hier beschriebenen Konsequenzen deutlich, dass Rationalität nicht zu einer personenübergreifenden Gewissheit führen kann: Für die Wirksamkeit eines Mittels, die Erheblichkeit letzter Ziele und für die Kriterien zur Gewichtung von Konsequenzen lassen sich keine personenübergreifenden Gründe finden. Darüber hinaus zeigt sich auch, dass Rationalität den Begriff der Wirtschaftlichkeit nicht umschreiben kann, sondern lediglich einen formalen Handlungsrahmen bereitstellt, in dem sich wirtschaftliches Handeln einpassen lassen muss. Da man Wirtschaftlichkeit als Kosten-Nutzen-Relation auf beliebige Gegenstände beziehen kann (hier: auf die Gesundheit) finde man jedenfalls insoweit Klarheit, als man immer sagen kann „Gesundheit" müsse wirtschaftlich sein (und das heißt: das Ziel und die zu seiner Erreichung eingesetzten Mittel) und Wirtschaftlichkeit könne dann in den Kategorien der Rationalität gedacht und weiter verfolgt werden.

Die hier für das Ziel „Gesundheit" mit dem Begriff der Rationalität dargestellten Unsicherheiten haben dazu geführt, die Zuordnung des Rationalen zu einem individuellen Akteur in Frage zu stellen, sei es mittels der „unsichtbaren Hand", des autopoietischen Systems Luhmanns oder mit Hilfe eines bürokratischen Modells (Lindblom), also mit Verfahren, die Entscheidungsprozesse kollektivieren und sie als Produkte eines Verhandlungsprozesses darstellen. Rational ist dann, was, nach Einhaltung bestimmter Spielregeln, als Konsens gefunden wird.[453] Wird Rationalität derart begrenzt, reduziert sie sich von einem Garanten für Richtigkeit zu einem Zufallsprodukt politischer Mehrheiten. Bezogen auf die konkrete Fragestellung heißt das: Wirtschaftlich ist, was politisch als wirtschaftlich gewollt wird. Dass diese These nicht wirklichkeitsfremd ist, zeigt der ständige Paradigmenwechsel in der Gesundheitspolitik. Dass diese These dennoch nicht zur Willkür, ja zum Chaos führt, ist das Ergebnis des Beharrungsvermögens des einmal gesetzten Rechts und der mit ihm verbundenen Rechtspraxis, beides als die geronnenen Produkte ehemals fließender politischer Entscheidungsströme. Nachdem weder „Gesundheit" noch die politische Entscheidungstheorie festen Boden zu schaffen geeignet sind, bleibt infolgedessen nur das geltende Recht selbst, das als einfaches Recht zwar abänderbar und damit schwach ist, aber, weil Abänderbarkeit politische Mehrheiten braucht, doch ein schwer zu beseitigendes Hindernis. Damit hätte man, wenn auch eingeschränkt, festen Boden unter den Füßen.

Wendet man sich unter diesen Vorgaben dem Gesundheitswesen zu, so zeigt sich, dass in erster Linie eine Zielvariante vorgegeben ist, freilich, wie die Budgetierungsregelungen des SGB V zeigen, stark eingeschränkt. Die Ansprüche des Versicherten auf Gesundheitsleistungen und das Recht derjenigen, die Gesundheitsleistungen erbringen oder solche Leistungen finanzieren, haben ein fest vorgegebenes Ziel, nämlich die Volksgesundheit. Was Gesundheit bedeutet, steht aber nicht fest.[454] Auch eine rechtsorientierte Betrachtungsweise schafft deshalb nicht wirklich Klarheit, weil der Ausgangspunkt das Leitbild des gesunden Menschen bleibt, es aber offen bleibt, was „gesund" bedeutet. Hinzu kommt, dass es an Kriterien fehlt, um den Gesundheitszustand einer Gesamtpopulation zu messen. Soweit der Gesetzgeber bestimmte Elemente für das Ziel „Gesundheit" vorgegeben hat, wie etwa die Aufgabe der Krankenversicherung „die Gesundheit der Versicherten zu erhalten, wiederherzustellen oder den Gesundheitszustand zu bessern" (§ 1 1 SGB V) oder in der Definition des Anspruchs des Versicherten auf Behandlung, Früherkennung und Verhütung von Krankheit (§ I SGB V), bleiben diese der eingeschränkten Operationalität des Ziels Gesundheit/Vermeidung von Krankheit verhaftet. Insoweit erweist sich auch der Hinweis auf die „Humanität der Krankenbehandlung" in § 70 II SGB V als Leerformel. Auch die in derselben Vorschrift vorgenommene Anknüpfung an den Begriff der Bedarfsgerechtigkeit der Gesundheitsleistung

---

[453] Siehe dazu auch *M. Baumann,* Der Markt der Tugend, 23 ff.
[454] → § 2 Rn. 1 ff.

hilft nicht weiter, weil damit eine unbekannte Größe (Gesundheit) durch zwei weitere Unbekannte (Bedarf/Gerechtigkeit) ersetzt wird. Dass auch der scheinbar eindeutige Begriff des Bedarfs keine quantifizierbare Menge darstellt, erhellt im Übrigen schon aus der Tatsache, dass man auch den Bedarf einem bestimmten Zweck zuordnen muss, z. B. der Lebensqualität, ihn damit aber zu einer politischen Größe macht.

37   Daraus ergibt sich eine zwingende Folgerung.[455] Ist Wirtschaftlichkeit im Gesundheitswesen wegen der mangelnden Operationalität des Zieles „Gesundheit" keine per se vorgegebene Größe, dann hängt die Funktionsfähigkeit einer gesetzlichen Verpflichtung, im Gesundheitswesen wirtschaftlich zu handeln, von der Qualität der Normvorgaben des Gesetzgebers ab. Nur der Gesetzgeber kann entscheiden, d. h. für alle Normunterworfenen verbindlich vorgeben, wie die Zielkonflikte zwischen begrenzten wirtschaftlichen Ressourcen, dem medizinischen Fortschritt und den Bedürfnissen und Erwartungshaltungen der Bevölkerung zu ziehen sind. Was immer Wirtschaftlichkeit, volks-, betriebswirtschaftlich und in der politischen Theorie bedeuten mag, erhält in und aus der Hand des Gesetzgebers eine eigene und neue Form. Die Betonung der Verantwortlichkeit des Gesetzgebers erscheint deshalb wichtig, weil es fortdauernde und ständige intensivierte Bestrebungen gibt, auch Gesundheitsleistungen allein dem Markt zu überlassen. Damit wird Gesundheit zu einem Ziel, das nach den Gesetzen von Angebot und Nachfrage unter monetären Vorgaben gesteuert wird, der Bezahlbarkeit der Leistung einerseits, des mit ihr verbundenen finanziellen Erfolgs andererseits. Die damit den Marktteilnehmern übertragene Verantwortung kann jedoch nur dann sachbezogene (d. h. gesundheitsbezogene) Verantwortung sein, wenn der Gesetzgeber Rahmenbedingungen setzt, die das (zugegebenermaßen apokryphe) Ziel „Gesundheit" vorgibt, schützt und fördert.

38   Auch wenn der Gesetzgeber handelt, bleibt Wirtschaftlichkeit ein relativer Begriff. Selbst über die Ausformung im SGB V werden für den Begriff der Wirtschaftlichkeit keine eindeutigen Vorgaben gemacht. Es lässt sich aber immerhin ein Rahmen beschreiben, in dem Wirtschaftlichkeit rechtlich angesiedelt ist. Danach liegt Wirtschaftlichkeit im Bereich konfligierender Zwecke, nämlich – und das auf jeden Fall – den Zielen „Gesundheit" und „finanzielle Stabilität der Krankenversicherung". Da aber Gesundheitsleistungen nur von den dafür ausgebildeten Fachleuten erbracht werden können, muss ein weiterer Zweck, auf den Wirtschaftlichkeit bezogen ist, die Funktionsfähigkeit der Leistungserbringer sein. Diese dürfen also nicht mehr, wie das immer wieder geschieht, als bloße Mittel zum Zweck verstanden werden. Sie sind vielmehr selbst ein Zweck an sich.[456]

39   Während Gesundheit ein absoluter Zweck ist, sind die finanzielle Stabilität der Kostenträger und die Funktionsfähigkeit der Leistungserbringer relative Zwecke, weil ihre Träger zugleich Mittel für das absolute Ziel „Gesundheit" sind. Man kann dabei weiter feststellen, dass auch diese Mittel verabsolutiert werden, und zwar aus politischen Gründen. So hat man, wie § 71 SGB V zeigt, die finanzielle Stabilität der Kostenträger zu einem Selbstzweck gemacht,[457] dabei aber übersehen, dass die finanzielle Stabilität der Krankenversicherung nicht für sich besteht, sondern um der Gesundheit willen. Wo die finanzielle Stabilität nur auf Kosten des Abbaus von Gesundheitsleistungen erreicht werden kann, ist eine Fehlgewichtung von Mittel und Zwecken die Folge.[458] Auf der anderen Seite hat man, wie die Budgetierungsregelungen zeigen, auch den Leistungserbringer als Mittel verabsolutiert, indem man ihm allein die Verantwortung für Gesundheit und Stabilität zugewiesen hat. Das kann – letzten Endes – nur auf Kosten der Funktionsfähigkeit der Leistungserbringer geschehen.[459]

---

[455] Siehe dazu auch *Liebold/Zalewski*, Kassenarztrecht, Bd. 1, Anm. C 70-12 zu § 70 SGB V.
[456] → § 2 Rn. 100.
[457] → § 7 Rn. 33 ff.; vgl. BVerfGE 68, 193 (218).
[458] → § 2 Rn. 88 ff.
[459] → § 2 Rn. 90.

Was man also im Rahmen dieser allgemeinen Betrachtungsweise sehen muss, ist, welche 40
große Bedeutung die vor allem unter politischen Zielvorgaben stehenden Rahmenvorgaben
haben. Wirtschaftlichkeit wird damit zugleich unberechenbar und rechtlich folgenschwer. In
diesem Mittel-Zweck-Kombinat fallen wegen der großen Abstraktionsgrade der einzelnen
Faktoren ganz unauffällig alle Grundentscheidungen des Gesundheitswesens.

Es liegt auf der Hand, dass sich die damit verbundenen Umstände auch auf das rechtliche 41
Verständnis der konkreten im Rahmen des SGB V enthaltenen einzelnen Wirtschaftlichkeits-
bestimmungen auswirken.

Das Gesetz selbst erwähnt den Begriff der Wirtschaftlichkeit an verschiedenen Stellen, so 42
z. B. in § 2 SGB V. Danach stellen die Krankenkassen dem Versicherten die Leistungen

„*unter Beachtung des Wirtschaftlichkeitsgebots (§ 12 SGB V) zur Verfügung*".

In § 2 IV SGB V wird darauf hingewiesen, dass Krankenkassen, Leistungserbringer und 43
Versicherte darauf zu achten haben,

„*dass die Leistungen wirksam und wirtschaftlich erbracht werden.*"

In dem von § 2 SGB V erwähnten § 12 SGB V heißt es: 44

„*Die Leistungen müssen ausreichend, zweckmäßig und wirtschaftlich sein;*"

§ 70 SGB V sagt in seinem Abs. 1 Satz 2: 45

„*Die Versorgung der Versicherten muss ausreichend und zweckmäßig sein, darf das Maß des
Notwendigen nicht überschreiten und muss in der fachlich gebotenen Qualität sowie wirtschaftlich erbracht werden*", (siehe auch § 72 SGB V.)

Auch im Rahmen der Qualitätssicherung taucht der Begriff der Wirtschaftlichkeit auf, 46
wenn es in § 135 I SGB V 1, heißt, die Empfehlungen das GBA bezögen sich auch auf
Notwendigkeit und Wirtschaftlichkeit der neuen Methode.

In der vertragsärztlichen Versorgung wird deren Wirtschaftlichkeit durch besondere Um- 47
stände geprägt, vgl. § 106 SGB V. Gegenstand der Wirtschaftlichkeitsprüfung ist

* der medizinische Nutzen,
* die Eignung zur Erreichung des Zwecks,
* die Übereinstimmung mit den Qualitätsvorgaben,
* die Angemessenheit der durch die Leistungen verursachten Kosten im Hinblick auf das
  Behandlungsziel.[460]

Daneben gibt es eine ganze Reihe von Spezialregelungen, in denen der Begriff der Wirt- 48
schaftlichkeit auftaucht, so z. B. bei den Verträgen über die integrierte Versorgung nach
§§ 140a ff. SGB V, wo davon gesprochen wird, die abgeschlossenen Verträge müssten die
Verpflichtung „zu einer qualitätsgerechten, wirksamen, ausreichenden, zweckmäßigen und
wirtschaftlichen Versorgung der Versicherten enthalten" (§ 140b III 1 SGB V).[461]

Man muss sich zunächst einmal fragen, in welchem Verhältnis diese Vorschriften zueinan- 49
der stehen. Die zentrale Vorschrift ist § 12 SGB V. Sie ist schon mit „Wirtschaftlichkeitsgebot" überschrieben. § 2 SGB V nimmt, wie schon erwähnt, auf sie Bezug. Das hat zu der
verbreiteten Auffassung geführt, in § 12 SGB V werde ein übergeordneter allgemeiner Begriff
von Wirtschaftlichkeit formuliert, die Wirtschaftlichkeit im weiteren Sinn.[462] Dieser allgemeine Begriff der Wirtschaftlichkeit umfasst die anderen in diesem Zusammenhang im SGB V
erwähnten Einzelbegriffe, Dagegen liegen die Begriffe der Wirksamkeit und der Qualität (der
Leistungen) dem Wirtschaftlichkeitsbegriff voraus. Die Funktion dieses allgemeinen Wirt-

---

[460] → § 22 Rn. 2 ff.
[461] Siehe auch § 140b IV SGB V.
[462] BSGE 26, 16 (20); zust. *Noftz*, in: Hauck/Noftz, SGB V, Rn. 9 zu § 12 SGB V.

schaftlichkeitsbegriffs liegt in seiner Doppelnatur: Im Sinne der Solidargemeinschaft der Versicherten ist Wirtschaftlichkeit anspruchsbegründend. Auf eine im weiteren Sinne wirtschaftliche Leistung hat der Versicherte einen Rechtsanspruch. Zugleich ist Wirtschaftlichkeit aber anspruchsbegrenzend. Was nicht im weiteren Sinne wirtschaftlich ist, fällt aus der vertragsärztlichen Versorgung heraus. Will man versuchen, den Inhalt des allgemeinen Wirtschaftlichkeitsgebots über seine Elemente zu konkretisieren, so liegt sein Gehalt wohl im Prinzip der Verhältnismäßigkeit, d. h. der verfassungsrechtlichen Voraussetzung, dass jedes staatliche Handeln für seine Zwecke geeignet, erforderlich und zumutbar sein muss. Das Wirtschaftlichkeitsgebot formuliert diesen allgemeinen Grundsatz für das Recht der Krankenversicherung bezogen auf die zentralen Faktoren „Gesundheit" und „finanzielle Mittel" in einer eigenständigen Terminologie. In der Sache handelt es sich aber um nichts anderes als das Prinzip der Verhältnismäßigkeit.

50   Aus einer anderen Sicht des allgemeinen Gebots der Wirtschaftlichkeit werden die einzelnen Regelungen bestimmten Bezugssystemen zugeordnet, so dem allgemeinen Leistungsrecht (§ 2, § 12 SGB V), dem Recht der Kostenträger und dem der Leistungserbringer (§ 70 SGB V). Damit werden die „allgemeinen Vorgaben" des Wirtschaftlichkeitsgebots deutlicher umgesetzt. Jede Leistung im Rahmen des SGB V ist gesundheitsbezogen und jede Leistung muss zu diesem Zweck erbracht und bezahlt werden.

51   Schließlich werden im Rahmen des allgemeinen Wirtschaftlichkeitsgebots bestimmte Leistungskonstellationen herausgegriffen, z. B. die Qualitätssicherung, die integrierte Versorgung, neue Untersuchungs- und Behandlungsmethoden oder die Arzneimittelversorgung. Im letztgenannten Bereich findet sich eine gesicherte, dem SGB V lange vorauflegende Tradition. Schon 1922 wurde in Arzneimittelrichtlinien formuliert: „Die wirtschaftliche Arzneiverordnung ist ein Teil der wirtschaftlichen Behandlungsweise. Unter wirtschaftlicher Behandlungsweise ist zu verstehen: Von allen verfügbaren wissenschaftlich bewährten, vorbeugenden, lindernden oder heilenden Methoden diejenige anzuwenden, welche unter Berücksichtigung der physischen, psychischen, sozialen und beruflichen Eigenart des Erkrankten die Krankheit und Arbeitsunfähigkeit am gründlichsten, schnellsten und wohlfeilsten beseitigt".[463] Jetzt heißt es in Nr. 3 der Arzneimittelrichtlinien in Abschnitt A nur noch knapp:

Der Versicherte hat grundsätzlich einen Versorgungsanspruch „nach den Regeln der ärztlichen Kunst auf der Grundlage des allgemein anerkannten Standes der medizinischen Erkenntnisse im Umfange einer ausreichenden, zweckmäßigen und wirtschaftlichen Leistung (Wirtschaftlichkeitsgebot)". Das wird an einer Reihe von Stellen der der AMR spezifiziert (Abschnitt A 5, 6, 7, B 8, C 10, I 27).

52   Vom allgemeinen Wirtschaftlichkeitsgebot abzugrenzen ist die Wirtschaftlichkeit im engeren Sinn. Sie stellt die Relation zwischen Leistungsaufwand und therapeutischem Nutzen her. Das spielt jedoch nur eine Rolle, wenn unter mehreren ausreichenden, zweckmäßigen und notwendigen Leistungen eine Wahl getroffen werden kann. Gibt es nur eine Leistungsvariante, spielen die Kosten keine Rolle. Der therapeutische Nutzen geht in diesem Fall vor. Für die Wirtschaftlichkeit im engeren Sinn gilt der allgemeine Grundsatz: Wirtschaftlich im engeren Sinne ist das Mittel, durch das der zu erreichende Leistungszweck im Sinne des größtmöglichen Erfolgs mit dem geringstmöglichen Aufwand erbracht werden kann. Diese Vorgabe wäre eine einfach nachvollziehbare Betrachtungsweise, wenn nicht anerkannt wäre, dass die Vorgabe keine reine kaufmännische Betrachtungsweise sein darf. In sie sind vielmehr qualitative medizinische Gesichtspunkte einzubeziehen, insbesondere Art, Dauer und Nachhaltigkeit des Heilerfolgs.[464]

---

[463] Vgl. dazu *Chmielorz*, in: Liebold/Zalewski, Kassenarztrecht, Anm. C 70-16 zu § 70 SGB V.
[464] Vgl. etwa BSGE 64, 255 (257).

Sieht man sich dieses Konglomerat von Vorschriften an, so erkennt man, dass über den Begriff der Wirtschaftlichkeit nicht wirklich die gewünschte Klarheit gewonnen werden kann. Das liegt zum einen an der Entstehungsgeschichte des SGB V, das mit allgemeinen Begriffen großzügig und in immer neuen Zusammenhängen umgeht. Wesentlicher ist jedoch, dass die Bedeutung der zentralen Ziele des SGB V „Gesundheit", „Solidargemeinschaft der Versicherten" und „wirtschaftliche Stabilität der Kostenträger" Aspekte miteinander in Bezug setzt, bei denen weder deren relativer Rang noch der jeweilige Inhalt eindeutig bestimmt sind. Es fällt dabei ins Gewicht, dass es das Ziel der Leistungsfähigkeit der Leistungserbringer in diesem Katalog nicht gibt. Da Gesundheit nicht definiert ist, machen infolgedessen die Versicherten und die Kostenträger den Zielkonflikt unter sich aus. Da die Versicherten nur theoretisch organisiert sind, bleiben die Krankenkassen der allein bestimmende Faktor. Das erklärt die überragende Bedeutung des Grundsatzes der Beitragssatzstabilität und den Wandel der dienenden Funktion von Kostenträgern zu allein herrschenden. Es zeigt aber auch, dass der hier isoliert diskutierte Begriff der Wirtschaftlichkeit ein Fantasiegebilde ist. Wirtschaftlichkeit ist, was von den Krankenkassen finanziert werden will, ggf., was von ihnen finanziert werden kann. Das erklärt auch den Siegeszug eines, bezogen auf die Wirtschaftlichkeit systemfremden Elements, nämlich der Budgetierung. 53

Welche Schlüsse lassen sich aus diesen Überlegungen zum Begriff der Wirtschaftlichkeit ziehen? 54

Es erscheint zunächst zweifelhaft, ob man (wie dies z. B. in A 3 der AMR der Fall ist) Wirtschaftlichkeit wirklich als Oberbegriff zu den Teilbegriffen des § 12 SGB V ansehen kann. Das wird rasch deutlich, wenn man sich dem Element der Notwendigkeit zuwendet. Es ist allgemein anerkannt, dass eine zur vertragsärztlichen Versorgung gehörende Leistung, wenn sie notwendig ist, gegenüber dem Versicherten erbracht werden muss. Ob der Aufwand wirtschaftlich ist, spielt keine Rolle. Es steht auf der anderen Seite fest, dass eine nicht notwendige Leistung niemals wirtschaftlich sein kann. Die Frage der Wirtschaftlichkeit kann sich allenfalls im Vergleich zweier notwendiger Leistungen stellen. Hier bleibt aber der Begriff der Wirtschaftlichkeit praktisch bedeutungslos, denn die Klärung der Vorrangfrage (ja, die Klärung, ob es überhaupt eine Vorrangfrage gibt), setzt in jedem Einzelfall umfangreiche Begutachtungen voraus, mit einem Aufwand, der für sich allein schon zur Unwirtschaftlichkeit der Leistung führen würde. Es erscheint deshalb zutreffender, für den Begriff der einzelnen Leistungen als Oberbegriff von der Frage nach ihrer Notwendigkeit auszugehen und der Wirtschaftlichkeit eine Komplementärfunktion beizumessen. 55

Das bestätigt sich, wenn man sieht, dass Leistungen trotz bestehender Notwendigkeit nicht erbracht werden dürfen, was ausgeschlossen wäre, wenn Notwendigkeit ein Teilelement von Wirtschaftlichkeit wäre. Das ist etwa der Fall bei floatenden Punktwerten (weil die Gesamtvergütung nicht ausreicht), den vielfältigen Budgetierungen (die dazu führen, dass Leistungen einem anderen Budgetzeitraum verlagert werden), der Leistungsvergütung innerhalb von Veränderungsraten nach § 71 III SGB V (unabhängig von den betriebswirtschaftlich nachgewiesenen Kostenveränderungen), in Nullrunden (etwa durch Art. 5 BSSichG) oder den Vergütungsabsenkungen (etwa durch Art. 6 BSSichG). 56

Das zeigt: Das Erfordernis der Wirtschaftlichkeit ist ein Steuerungsinstrument für Leistungsmengen. Die Unwirtschaftlichkeit einer Einzelleistung ist in der Regel bedeutungslos, solange sich der Leistungserbringer insgesamt in dem wie immer gezogenen Leistungsrahmen hält.[465] Wirtschaftlichkeit ist das zentrale Gebot für die Finanzierbarkeit der GKV. Genau aus diesem Grund ist der Begriff der Wirtschaftlichkeit nicht betriebswirtschaftlich bestimmt: Es ist eine politische Präferenzentscheidung, welche Leistungen in der GKV finanziert 57

---

[465] Das schließt allerdings nicht die Einzelprüfung bei der Wirtschaftlichkeitsprüfung aus, noch die konkrete Beurteilung einer einzelnen Behandlung durch den MDK, → § 7 Rn. 3 ff.

werden sollen und in welchem Umfang. Das muss flexibel beurteilt werden können. Dem dient das Erfordernis der Wirtschaftlichkeit.

§ 10 Leistung und Leistungserbringer

I. Leistungskatalog

1. Verhütung von Krankheiten

1   Das SGB V sieht Leistungen zur Verhütung von Krankheiten vor (§§ 20 bis 24 SGB V). Zu ihnen gehören (primäre) Prävention und Gesundheitsförderung (§ 20 SGB V), betriebliche Gesundheitsförderung (§ 20b SGB V),Schutz vor arbeitsbedingten Gesundheitsgefahren (§ 20c SGB V) und Förderung der Selbsthilfe (§ 20h SGB V). Prävention soll Krankheit (generell) verhindern.[466] Die Prävention unterscheidet sich von der Prophylaxe, die sich auf eine Präventionsmaßnahme im Hinblick auf eine bestimmte Krankheit bezieht (z. B. Gruppen- und Individualprophylaxe zur Verhütung von Zahnerkrankungen (§ 21, § 22 SGB V).

2. Vorsorgeleistungen

2   Versicherte haben außerdem Anspruch auf medizinische Vorsorgeleistungen (§ 23 SGB V, § 24 SGB V [für Mütter und Väter]).

3. Früherkennung

3   Unter die Leistungen zur Früherkennung von Krankheiten fällt der Anspruch auf ärztliche Beratung zu Fragen der Empfängnisverhütung (§ 24a SGB V). § 24b SGB V gewährt Leistungen bei Schwangerschaftsabbruch[467] und Sterilisation.[468] In § 25 SGB V ist der Anspruch auf ärztliche Gesundheitsuntersuchungen zur Früherkennung bestimmter Krankheiten geregelt, in § 26 SGB V die Kinderuntersuchung.

4. Krankenbehandlung

§ 27 SGB V regelt die Krankenbehandlung:

4   *„(1) Versicherte haben Anspruch auf Krankenbehandlung, wenn sie notwendig ist, um eine Krankheit zu erkennen, zu heilen, ihre Verschlimmerung zu verhüten oder Krankheitsbeschwerden zu lindern. Die Krankenbehandlung umfasst:*
1. ärztliche Behandlung einschließlich Psychotherapie als ärztliche und psychotherapeutische Behandlung,
2. zahnärztliche Behandlung,
2a. Versorgung mit Zahnersatz einschließlich Zahnkronen und Suprakonstruktionen,
3. Versorgung mit Arznei-, Verband-, Heil- und Hilfsmitteln,
4. häusliche Krankenpflege und Haushaltshilfe,
5. Krankenhausbehandlung,
6. Leistungen zur medizinischen Rehabilitation und ergänzende Leistungen."
Es handelt sich nicht um einen abschließenden Katalog.[469]

---

[466] Prävention soll Lebensqualität verbessern und Krankheits- sowie Krankheitsfolgekosten senken, BT-Drs. 15/4833 S. 24. S. dazu *Strippel*, Präventionsbericht der GKV, KrV 2010, 50; *Kliche*, Bundesgesundheitsblatt 2011, 194.
[467] → § 68 Rn. 113 ff.
[468] → § 68 Rn. 133 mit Fn. 317.
[469] Wie ursprünglich beabsichtigt (vgl. BT-Drs. 11/237, S. 170), indessen die vielfältigen Ergänzungen im Fünften Abschnitt zeigen (vgl. etwa § 27a, § 37a, § 39a, § 43a SGB V; siehe auch § 132c SGB V).

II. Leistungsarten und Leistungserbringer

1. Leistungsarten

Das SGB V gibt die Leistungsarten wie folgt wieder: 5
1. Ärztliche Behandlung (§ 28 I SGB V),[470]
2. Zahnärztliche Behandlung, einschließlich kieferorthopädischer Behandlung, Zahnersatz (§ 28 II SGB V, § 29 SGB V, §§ 55 ff. SGB V,[471] § 88 SGB V).
3. Behandlung durch Psychotherapeuten (§ 28 III SGB V),[472]
3a. Versorgung mit Schutzimpfungen (§ 20i SGB V,)
4. Krankenhausbehandlung (§ 39 SGB V, §§ 107 ff. SGB V),[473]
4a. Spezialisierte ambulante Palliativversorgung (§ 37b SGB V, § 132d SGB V),
5. Stationäre und ambulante Hospizleistungen (§ 39a SGB V),
6. Häusliche Krankenpflege (§ 37 SGB V, § 132a SGB V), Haushaltshilfe (§ 38 SGB V, § 132 SGB V),
7. Sozialpädiatrische Leistungen (§ 43a SGB V),
8. Rehaleistungen (§§ 40 ff. SGB V, §§ 111 ff. SGB V),[474]
9. Sozialmedizinische Nachsorgeleistungen (§ 132c SGB V),
10. Soziotherapie (§ 27a SGB V, § 132b SGB V),
11. Arznei- und Verbandmittel (§ 31 SGB V),[475]
12. Heilmittel (§§ 32, 34 SGB V, §§ 124, 125 SGB V),[476]
13. Hilfsmittel (§§ 33, 34, 36 SGB V, §§ 126 ff. SGB V),[477]
14. Krankentransportleistungen (§ 133 SGB V),
15. Hebammenleistungen (§ 134a SGB V).

2. Leistungserbringer

Alle vorerwähnten Leistungen werden von (natürlichen und juristischen) Personen er- 6
bracht, so dass man diese zurecht als Leistungserbringer bezeichnen darf. Dieser weite Leistungserbringerbegriff liegt sicherlich auch der Überschrift des Vierten Kapitels des SGB V „Beziehungen der Krankenkassen zu den Leistungserbringern" zugrunde. Dieser weite Leistungserbringerbegriff führt aber nicht dazu, dass das Wort „Leistungserbringer" im SGB V immer gleich und einheitlich zu verstehen ist. So werden manche Leistungserbringer zur vertragsärztlichen Versorgung ausdrücklich zugelassen, wie z. B. der Vertragsarzt, andere wiederum nicht, z. B. die Apotheker. Manche Leistungserbringer erbringen ihre Leistung direkt gegenüber dem Versicherten, wie z. B. der Vertrags-(Zahn-)Arzt, andere haben mit dem Versicherten überhaupt nichts zu tun, wie etwa der Zahntechnikermeister. Im Regelfall der Sachleistung erbringt der Leistungserbringer die Leistung für die Krankenkasse. Wiederum sind es die Zahntechnikermeister, die keine unmittelbare Leistungsbeziehung zur Krankenkasse haben, weil die Versorgung mit Zahnersatz Bestandteil der zahnärztlichen Behandlung ist (§ 27 I 2 Nr. 2a SGB V). Dennoch werden auch solche Leistungserbringer in die vertrags-(zahn-)ärztliche Versorgung eingebunden, sei es über die Regelung von Leistungsvoraussetzungen (z. B. § 127 I 1 SGB V), sei es über Vergütungsregelungen (z. B. § 88 II SGB V, § 57 II SGB V), über die Vereinbarung von Vergütungsmodalitäten (§ 130 SGB V) oder über Abrechnungsbestimmungen (z. B. § 127 I 1 SGB V). Wenn also im SGB V von Leistungserbringern gesprochen wird, gilt es immer zu klären, ob damit allumfassend lediglich an die Tatsache, dass eine Leistung erbracht wird, angeknüpft wird oder ob es auf die

---
[470] Siehe dazu → § 13 Rn. 1 ff.
[471] Das GMG hatte § 30 SGB V gestrichen. Siehe zu alledem → § 30 Rn. 5 ff.
[472] Siehe dazu → § 31 Rn. 1 ff.
[473] Siehe dazu → § 25 Rn. 1 ff.
[474] → § 27 Rn. 1 ff.
[475] → §§ 49 ff.
[476] → § 65 Rn. 1 ff.
[477] → §§ 60 ff.

Besonderheiten des jeweiligen Leistungserbringerbegriffs (dann spricht man zweckmäßigerweise von Leistungserbringer i. e. S.) ankommt.

III. Leistungserbringer und Versicherte[478]

1. Terminologie

7   Insbesondere Ärzte sehen sich durch die – auch auf sie gemünzte – Bezeichnung als Leistungserbringer diskriminiert.[479] Sie meinen – in der Sache durchaus zu Recht –, dass die Bezeichnung als Leistungserbringer weder ihrer Verantwortung für die Gesundheit der Patienten noch dem besonderen Vertrauensverhältnis der Arzt-Patienten-Beziehung gerecht wird. Solche Kritik übersieht jedoch den formalen Bezug, der durch das System der vertragsärztlichen Versorgung hergestellt wird. Im Rahmen der Finanzierung geht es allein um die Position der Ärzte im System,[480] also um eine Funktion in der Beziehung zwischen Krankenkasse und Arzt: Die GKV stellt ein Leistungssystem zur Verfügung, mit Personen, die diese Leistungen erbringen. Mit der Beziehung des Arztes zu seinem Patienten hat das nichts zu tun. Dieser Bezug wird durch die GKV keineswegs negiert. Richtig ist, dass man sie, gerade wenn man von einer „humanen Krankenbehandlung" spricht (§ 70 II SGB V) nicht vergessen darf.

2. Konkretisierende Vertragsgrundlage

8   Selbst wenn man also davon ausgeht, dass es die Krankenkasse ist, die im Bereich der vertragsärztlichen Versorgung die Behandlungsansprüche der Versicherten gewährleistet, darf man nicht übersehen, dass der eigentliche Behandlungsgegenstand auf einem (öffentlich-rechtlichen)[481] Vertrag zwischen Versicherten und Behandler beruht. Diese Vertragsgrundlage konkretisiert das allgemeine Leistungsversprechen der Krankenkasse und gibt dem Vertrag solcherart überhaupt erst einen vollziehbaren Inhalt. Nur so wird es erst möglich, dass das den Patienten betreffende individuelle Behandlungsgeschehen erfasst werden kann, und das bezieht sich nicht nur auf inhaltliche, sondern auch auf formale Abläufe. Nur so ist es auch möglich, dass der Behandler finanzielle Ansprüche gegenüber dem Patienten behält, wenn die Behandlung (was sich häufig erst im Nachhinein herausstellt) aus dem Leistungsumfang der GKV herausfällt.

3. Die Rolle des (Vertrags-)Arztes

9, 10   a) Schlüsselfigur? Dass der Vertragsarzt einen Schlüsselfigur, zumindest für die Arzneimittelversorgung ist, war vom BSG lange anerkannt[482], ist jedoch nicht mehr Stand der Rechtsprechung.[483] Der Arzt hat soan Rang verloren. Viele sehen in ihm in seiner Eigenschaft als Vertragsarzt nur noch einen Beauftragten der Krankenkassen.[484] Allerdings spricht viel dafür, *Sobotta* zu folgen, der eine solche Einstufung mit dem sozialrechtlichen Status des Vertragsarztes und seiner Freiberuflerrolle für nicht vereinbar hält.[485]

---

[478] Siehe dazu ausf. *Dettling*, VSSR 2006, 1.
[479] Siehe etwa den Leserbrief in DÄBl. 2007 A-2335.
[480] → § 9 Rn. 4.
[481] → § 8 Rn. 55.
[482] BSG, GesR 2007, 21; OLG Braunschweig, GesR 2010, 250.
[483] BSGE 105, 157. Siehe dazu *Manthey*, GesR 2010, 601 (602).
[484] Das macht ihn dann zum tauglichen Täter nach § 299 StGB, vgl. BGH, GesR 2004, 129; OLG Braunschweig, GesR 2010, 250. Siehe dazu *Dannecker*, GesR 2010, 281; *Sobotta*, GesR 2010, 471; *Manthey*, GesR 2010, 601.
[485] *Sobotta*, GesR 2010, 471 (474). Siehe dazu jetzt → § 74 Rn. 22.

b) Krankenhaustypische Tätigkeit. Ein weiterer, den Arztberuf zurücksetzender Sachverhalt ist auf dem Sektor der Krankenpflege aufgetaucht. Sie ist eine krankenhaustypische Tätigkeit. Die Grundverantwortung dafür trägt jedoch der Krankenhausarzt.[486] Das wird von *Dannecker/Becker* vor dem Hintergrund des gesetzlichen Berufsrechts der Krankenpflege (§ 3 KrPflG) in Zweifel gezogen.[487] Nun ist es zwar richtig, dass § 3 KrPflG u. a. das Berufsbild des Gesundheits- und Krankenpflegers neu definiert. Eine Vorbehaltsaufgabe ist damit aber nicht entstanden.[488] Selbst wenn man zwischen Grund- und Behandlungspflege unterscheidet, führt § 3 KrPflG, der lediglich das Berufsbild festlegt, nicht zu einer Verschiebung der Verantwortung. Sie trifft im Krankenhaus unverändert primär den ärztlichen Dienst.

4. Freiheit und Bindung

Natürlich wird der Freiberuflerstatus des Arztes mit seiner Eingliederung in das vertragsärztliche Versorgungssystem beeinträchtigt. Es ist auch selbstverständlich, dass die Einbindung des Arztes in übergreifende Organisationsstrukturen seine Eigenständigkeit relativiert. Die Berufskleidung des Chefarztes als eines „Halbgottes in Weiß", fernsehtauglich in der Kultserie „Schwarzwaldklinik" der damaligen zeitgemäß traditionellen Mustern verhaftet, bekommt unter den bürokratischen und wirtschaftlichen Vorgaben eines modernen Krankenhauses, das eben auch ein Krankenhausbetrieb ist, zumindest graue Flecken. Auch das bildet das Fernsehen berufstypisch in der Dauerserie „In aller Freundschaft", mit der imaginären Sachsenklinik (in Leipzig) als Schauplatz detailgenau ab: Chefarzt Simoni hat kaum eine Möglichkeit, den strengen Anforderungen der Verwaltungsdirektorin Marquardt Herr zu werden.

Aber auch der technische Fortschritt verändert den Arztberuf. Die Apparate und die Telemedizin ebenso wie die Möglichkeiten elektronischer Kommunikation fordern dem Arzt Fähigkeiten ab, die dem Arztberuf nicht immanent sind. In vielen Bereichen wird der Arzt zudem zum Manager, etwa als Leiter eines MVZ oder zum Unternehmer, wenn er selbst – z. B. auf dem Ersatzteilsektor – ein Hüftgelenk entwickelt hat. Es ist also nicht nur das Vertragsarztrecht, das sich zu Beginn des 21. Jahrhunderts gewandelt hat,[489] sondern der Arztberuf überhaupt.

Das alles ändert freilich nichts daran, dass es der Arzt ist, der den Kranken (wenn auch oft mit Hilfe Dritter) behandelt. Mag er noch so sehr – sozialrechtlich gesehen – bloßer Leistungsträger geworden sein, also lediglich ein Rädchen im Getriebe des Gesundheitssystems, an seiner vom Grundsatz her unabhängigen und eigenverantwortlichen Stellung und seiner speziellen Sachkunde und damit seiner Eigenschaft als Vertrauensperson des Patienten, hat das nichts geändert.

§ 11 Alternativen zur Regelversorgung im Recht der GKV

I. Allgemeines

Die insbesondere seit den 70er Jahren des vergangenen Jahrhunderts sich ständig verschlechternde Kosten- und Ausgabenentwicklung in der GKV, die stetig steigenden Lohnnebenkosten und das zunehmende Maß der auseinandergehenden Schere von erwerbstätigen Beitragszahlern und einseitigen Empfängern von Sozialversicherungsleistungen führen not-

---
[486] → § 16 Rn. 6.
[487] GesR 2010, 449.
[488] So auch *Dannecker/Becker*, GesR 2010, 449 (452).
[489] Siehe dazu Deutsche Gesellschaft für Kassenarztrecht (Hrsg.), Vertragsarztrecht zu Beginn des 21. Jahrhunderts, 2010; *Katzenmeier/Bergdolt* (Hrsg.), Das Bild des Arztes im 21. Jahrhundert; *Deutsch/Spickhoff*, Medizinrecht, Rn. 14 ff.

gedrungen auch zu einer Diskussion neuer Modelle zur Weiterentwicklung und Binnenreform der vorhandenen Strukturen der GKV. Dabei orientierte man sich vor allem an den in den Vereinigten Staaten von Amerika und der Schweiz gemachten Erfahrungen im Kontext von „Managed Care" und der „Health Maintenance Organisations" (HMO).[490] Hierbei handelt es sich um spezifische Organisationsstrukturen, bei denen die Krankenversicherung die Form der Inanspruchnahme, die Organisation und insbesondere Kooperation der Leistungsträger durch institutionelle Integration beeinflusst.[491] Die Attraktivität dieser Konzepte liegt in der Erwartung, dass durch den Einsatz geeigneter Organisationsformen und Managementprinzipien sowohl die Kosten begrenzt als auch die Qualität der medizinischen Leistungserstellung erhöht werden können.[492]

2   Das in der Bundesrepublik (noch) vom Sozialgedanken getragene Gesundheitssystem kann die wesentlichen Elemente von „Managed Care" zwar nicht gänzlich übernehmen, indessen hat der Gesetzgeber trotz parteipolitisch äußerst konträr geführter Debatten kontinuierlich seit dem GRG (1989) neue Normenkomplexe geschaffen bzw. diese überarbeitet, die den an der GKV beteiligten Gruppen zunehmend Handlungsspielräume für die Gestaltung eines neuen, abweichenden Gesundheitssystems eröffnen. §§ 63 ff. SGB V i. d. F. des GRG enthielten die für alle Erprobungsregelungen zur „Weiterentwicklung der Versorgung" geltenden Grundsätze. Mit dem 2. NOG (1997) wurden die Möglichkeiten der Krankenkassen, zu neuen Versorgungsformen zu gelangen, über sog. Modellvorhaben (§§ 63 ff. SGB V) und sog. Strukturverträge (§ 73a SGB V a.F.) erheblich erweitert. Dadurch kann Krankenbehandlung, die im SGB V nicht vorgesehen ist, „modellweise bezahlt werden".[493] Schlüsselelement der – inzwischen aufgehobenen – Strukturverträge sollte der Aufbau von dauerhaften Praxisnetzen sein, die sowohl die organisatorische Ebene als auch die Berufsausübung umfassen. Der Kern der Vorschrift lag in der Förderung von Kooperationen niedergelassener Ärzte über den schon bisher geübten Zusammenschluss zu Gemeinschaftspraxen und Praxisgemeinschaften hinaus, allerdings nur unter Beteiligung der KVen.

3   Noch wesentlich weitreichender war die durch das GKV-GRG 2000 vorgenommene Einfügung eines neuen, 11. Abschnitts im 4. Kapitel des SGB V über die „integrierte Versorgung" (§§ 140a bis d SGB V a.F), die bis zum 25.07.2015 bestand und seitdem durch das GKV-VSG als „besondere Versorgung" (§ 140a SGB V n.F.) fortgeführt wird. Neben dem bestehenden GKV-System, welches auf dem gemeinsamen Versorgungsauftrag der Krankenkassen und KVen beruht, soll parallel ein zweites Versorgungs- und Finanzierungssystem als „alternative Regelversorgung"[494] in der GKV entstehen, wobei der Sicherstellungsauftrag der KV nach den §§ 72, 75, SGB V weiter eingeschränkt wird. Die integrierte Versorgung steht damit seit dem 1.1.2000 als neue Organisationsform für „integrierte Gesundheitsleistungen" für die Versicherten zur Verfügung. § 140a I 1 SGB V a. F. definierte die integrierte Versorgung legal dahin, dass „integrierte Versorgungsformen auf der Grundlage der Verträge nach den §§ 140b und 140d … eine verschiedene leistungssektorenübergreifende Versorgung

---

[490] *Eichhorn/Schmidt-Rettig* (Hrsg.), Chancen und Risiken von Managed Care; *Amelung/Schumacher*, Managed Care im Gesundheitsmanagement, im: Münstersche Sozialrechtsvereinigung e. V. (Hrsg.), 5. Münstersche Sozialrechtstagung Managed Care – neue Vertrags- und Versorgungsformen in der Krankenversicherung.
[491] Vgl. zum HMO-System instr. *Krauskopf*, SozKV, § 63 Rn. 2 ff.; *Moritz Quaas*, Rechtsfragen der ambulanten Versorgung im Krankenhaus (Diss.), 2011, 67 m. w. N. zu sonstigen „Verzahnungsbemühungen" im Bereich der GKV.
[492] *Franken*, Die privatrechtliche Binnenstruktur der integrierten Versorgung, §§ 140a bis h SGB V, Diss., 1: So ging in den USA zwischen 1991 und 1997 der jährliche Prämienzuwachs für Krankenversicherungen von 12,1 % auf 0,2 % zurück. Volkswirtschaftliche Vergleiche mit den USA sind allerdings wenig aussagekräftig, da sich die Gesundheitssysteme grundlegend unterscheiden, so dass vergleichende Analysen nur wenig Aufschluss geben können.
[493] *Krauskopf*, in: Krauskopf, Soziale Krankenversicherung, Pflegeversicherung, § 63 SGB V Rn. 1.
[494] So ausdr. *Degener-Hencke*, NZS 2003, 629.

der Versicherten" ermöglichen. Es soll mit dieser Regelung vor allem die starre Aufgabenteilung zwischen ambulanter und stationärer Versorgung durchbrochen werden.[495] Zuvor war die ambulante ärztliche Leistungserbringung weitgehend den freiberuflich tätigen Ärzten und den Vertragsärzten vorbehalten. Die Teilnahme von Krankenhausärzten und Krankenhäusern war nur subsidiär möglich, wenn die Vertragsärzte ihren Sicherstellungsauftrag nicht erfüllen konnten (§ 116 SGB V und § 31 Ärzte-ZV). Neben freiberuflich tätigen Ärzten waren nur im Rahmen enger Übergangsregelungen die poliklinischen Einrichtungen der ehemaligen DDR, die mit angestellten Ärzten Leistungen erbringen, zur vertragsärztlichen Versorgung zugelassen (§ 311 II SGB V). Mit dem neuen Recht versucht der Gesetzgeber, für den Teilbereich der integrierten Versorgung die historisch bedingte institutionelle Trennung zwischen ambulanter und stationärer Versorgung aufzuheben, um damit einen wesentlichen Schwachpunkt in unserem Versorgungssystem zu beseitigen. Strikt getrennte Leistungsbereiche folgen nicht dem medizinischen Behandlungsbedarf sowie den Patientenbedürfnissen und erfordern eine ausgabenintensive Doppelvorhaltung personeller und sächlicher Ressourcen.[496] Als wesentliches Instrument der Überwindung der Sektorentrennung sieht der Gesetzgeber den Abschluss von Einzelverträgen an, die zwischen den Krankenkassen und den Leistungserbringern geschlossen werden. Abweichend vom Grundsatz des einheitlichen und gemeinsamen Handelns der Krankenkassen konnte nach § 140b SGB V a.F. eine Krankenkasse alleine mit einem oder mehreren Leistungsanbietern kontrahieren. Für den Inhalt der Integrationsverträge besteht weitgehende Gestaltungsfreiheit, um dem gewünschten Innovationsprozess Rechnung zu tragen. Kernstück der damit ermöglichten Binnenreform der GKV ist die Befugnis, von zentralen Vorschriften des SGB V abweichen zu dürfen. Insbesondere können mit Hilfe der Einzelverträge niedrigere Preise oder auch besondere Qualitätsanforderungen vereinbart werden. Dies darf allerdings nicht zum Ausschluss zugelassener Leistungserbringer von der Versorgung führen.[497]

II. Modellvorhaben

1. Weiterentwicklung der Versorgung

§§ 63–65 SGB V lassen Modellvorhaben zu. Nach der Überschrift des 10. Abschnitts geht es hier um die „Weiterentwicklung der Versorgung". Gemeint ist die Versorgung des Versicherten durch Leistungen der GKV. Diese Weiterentwicklung kann auch abweichend vom geltenden Recht erfolgen. Nicht die Ministerialbürokratie und nicht Kommissionen von Sachverständigen sollen das rechtliche Versorgungssystem weiterentwickeln, sondern die Krankenkassen. Extensiv praktiziert, könnten die Krankenkassen im Bundesgebiet – jede für sich oder mehrere gemeinsam – das bundeseinheitlich gesetzlich vorgegebene Versorgungssystem mit den unterschiedlichsten Inhalten „weiterentwickeln". Von einem bundeseinheitlichen System der Krankenversicherung bliebe dabei nicht viel übrig. 4

Dazu wird es jedoch nicht kommen. Wirklich gravierende Änderungen können nicht ohne Vereinbarung mit den einzelnen Leistungserbringern erprobt werden. Wirtschaftliche und finanzielle Aspekte werden für die Beteiligten dabei von ausschlaggebender Bedeutung sein. Jede Seite wird von dem Modell profitieren wollen. Dazu kommt noch, dass die Beteiligung an dem Modellvorhaben für den Versicherten freiwillig ist. 5

Sinn eines Modells ist es, dass es – falls erfolgreich – in eine Dauerregelung einfließt. Das wird grundsätzlich eine gesetzesändernde Regelung sein, die bisherige rechtliche Schranken 6

---

[495] BT-Drs. 14/1245, S. 96; dazu allgemein *Udsching*, NZS 2003, 411 ff.; *Moritz Quaas*, Rechtsfragen der ambulanten Versorgung im Krankenhaus (Diss.), 2011, 67 ff.; Ratzel/Luxenburger/*Bäune*, § 8.
[496] Deutsche Krankenhausgesellschaft, Das Krankenhaus als Anbieter von Leistungen in der integrierten Versorgung nach § 140a bis h SGB V, Materialiensammlung.
[497] *Koenig/Engelmann/Henschel*, SGb 2003, 189 (190); aus diesem Grund die Einzelverträge auf Preisabsprachen beschränkend SG Düsseldorf, U. v. 21.6.2002 – S 4 KR 309/01.

beseitigt und Neues vorgibt. Deswegen schreibt § 65 SGB V den Krankenkassen oder ihren Verbänden vor, dass sie eine wissenschaftliche Begleitung und Auswertung der Modellvorhaben zu veranlassen haben. Der von unabhängigen Sachverständigen zu erstellende Bericht über die Ergebnisse der Auswertung ist zu veröffentlichen.

2. Systematik

7   Die Regelungen des § 63 und des § 64 SGB V müssen als Einheit gesehen werden. § 63 SGB V verweist auf § 64 SGVB V und umgekehrt. Soweit Leistungserbringer betroffen sind, sind Modelle nach § 63 SGB V nur zulässig, wenn Vereinbarungen nach § 64 SGB V getroffen worden sind. Nach § 64 SGB V können nur Vereinbarungen über Modellvorhaben im Sinne von § 63 SGB V geschlossen werden. Der mögliche Inhalt von Modellvorhaben wird allgemein in § 63 SGB V geregelt. § 64 SGB V befasst sich dagegen nur mit den dazu erforderlichen Vereinbarungen mit den Leistungserbringern und den finanziellen Folgen. Die folgenden Bestimmungen der §§ 64 a – c SGB V befassen sich mit einzelnen Modellvorhaben zur Arzneimittelversorgung (§ 64a SGB V), zur Versorgung psychisch kranker Menschen (§ 64b SGB V) und zum Screening auf 4MRGN (§ 64c SGB V).

3. Die Modellbereiche des § 63 SGB V

8   § 63 SGB V sieht für die Krankenkassen und deren Verbände zwei Modellbereiche vor:
- das auf Organisations- und Finanzierungsfragen bezogene Modell des Absatzes 1, auch Strukturmodell genannt[498] und
- das auf die Weiterentwicklung von Versicherungsleistungen bezogene Modell des Absatzes 2, auch Leistungsmodell oder medizinisches Modell genannt.[499]

9   Für beide Modellbereiche gibt es übereinstimmende, aber auch unterschiedliche Regelungen. Daneben lässt § 63 VI SGB V in entsprechender Anwendung der Absätze 1 und 2 auch Modelle der KVen im Rahmen ihrer gesetzlichen Aufgabenstellung zu.

4. Das Strukturmodell des § 63 I SGB V

10 **a) Ziel des Modellvorhabens.** Das Modellvorhaben muss eine Verbesserung der Qualität und der Wirtschaftlichkeit der Versorgung zum Ziel haben. Wenn auch Qualität und Wirtschaftlichkeit sprachlich („und") verbunden sind, genügt nach dem Gesetzeszweck sicherlich allein das eine oder andere Ziel.

11 Das Ziel „Verbesserung der Qualität" bezieht sich in erster Linie auf die medizinische Qualität der gesundheitlichen Versorgung, es können jedoch auch andere Verfahrensabläufe die Versorgungsqualität verbessern.

12 Mit der „Wirtschaftlichkeit" wird die Wirtschaftlichkeit der Leistungserbringung angesprochen, also der Grundsatz, die notwendigen Leistungen zu möglichst niedrigen Kosten zu erbringen. Es geht um die Wirtschaftlichkeit der Versorgung, also der Leistungserbringung durch den Arzt, das Krankenhaus usw. Sie soll nur im notwendigen Umfang mit möglichst geringem Aufwand erfolgen. Sicher soll sich das auch in niedrigeren Kosten der Krankenkassen niederschlagen. Es geht jedoch nicht um die bloße Verminderung der Ausgaben der Krankenkassen durch eine möglichst niedrige Vergütung. Das Modellvorhaben ist nicht das Instrument, unter dem Deckmantel „Modell" mit dem Leistungserbringer eine vom Vergütungsrecht des ambulanten und stationären Bereichs abweichendes niedrigeres Entgelt zu vereinbaren. Aus der Sicht der Kostenträger allein wäre es sicherlich „wirtschaftlich", dem Leistungserbringer ein niedrigeres Entgelt zu zahlen.

---

[498] *Orlowski;* in: Eichhorn/Schmidt-Rettig (Hrsg.) Chancen und Risiken von Managed Care, 285.
[499] Siehe *Orlowski* aaO.

Die Verbesserung von Qualität und Wirtschaftlichkeit kann nur ein Ziel sein. Voraussetzung eines Modellvorhabens ist also nicht, dass die Verbesserungen tatsächlich eintreten werden. Das soll erst erprobt werden. Die Aufsichtsbehörde, die die Satzungsänderung zum Modellvorhaben genehmigen muss, kann die Genehmigung also nicht davon abhängig machen, dass das Ziel sicher erreicht wird. Es kann nur darauf abgestellt werden, ob das konkrete Modellvorhaben hierzu geeignet erscheint.

b) Gegenstand des Modellvorhabens. Es geht um die Verbesserung der Versorgung der Versicherten. Umfasst wird damit die gesamte gesundheitliche Versorgung nach dem SGB V, insbesondere also die ambulante vertragsärztliche Versorgung, die stationäre Versorgung, die Versorgung mit Arzneimitteln, Heilmitteln und Hilfsmitteln.

Die Verbesserung von Qualität und Wirtschaftlichkeit muss durch „Weiterentwicklung der Verfahrens-, Organisations-, Finanzierungs- und Vergütungsformen der Leistungserbringung" angestrebt werden. Es geht also um die Modalitäten, die Formen der Leistungserbringung, nicht aber um die Leistungen selbst. Das ergibt sich auch aus § 63 III 1 SGB V. Danach kann von den Vorschriften des 4. und 10. Kapitels des SGB V abgewichen werden. Die Vorschriften der übrigen Kapitel des SGB V sind also zu beachten, insbesondere das 3. Kapitel über die Leistungen der Krankenversicherung. Sie können nicht ausgeweitet, aber auch nicht eingeschränkt werden.[500]

Innerhalb des danach verbleibenden Modellrahmens sind dem Einfallsreichtum der Krankenkassen nahezu keine Grenzen gesetzt. Das einzelne Modellvorhaben kann erhebliche Auswirkungen auf das bestehende gesetzliche Finanzierungssystem haben. Wenn z. B. abweichend von den Vergütungsformen des KHEntgG andere Formen der Vergütung modellhaft erprobt werden, wird im Ergebnis das gesamte Gesetz in Frage gestellt. Wenn die dort vorgegebenen Pflegesatzformen – insbesondere die Fallpauschalen – fallen, bleibt von den differenzierten Regelungen dieses Gesetzes und damit verbundenen Vereinbarungen der Selbstverwaltung auf Bundesebene (z. B. Entgeltkataloge), nicht mehr viel übrig. Hier genügt es sogar, dass die Vertragsparteien der Pflegesatzvereinbarung gemäß § 18 II KHG – in der Regel sind dies zwei oder drei Partner – gemeinsam für ein Krankenhaus ein Modellvorhaben durchführen. § 64 III 3 SGB V legt für diesen Fall ausdrücklich fest, dass dann die vereinbarten Entgelte für alle Benutzer des Krankenhauses einheitlich zu berechnen sind.[501]

c) Träger des Modellvorhabens. Zuständig sind die „Krankenkassen und ihre Verbände". Man darf das nicht wörtlich nehmen und verlangen, dass „die" (= sämtliche) Krankenkassen Modellträger sein müssen und dass dies überdies nur zusammen mit ihren Verbänden geschehen könne. Es kann vielmehr jede einzelne Krankenkasse für sich eigene Modellvorhaben durchführen. Der Gesetzgeber spricht häufig „die Krankenkassen" an, meint aber nur die einzelne Krankenkasse. Wären nur die Krankenkassen in ihrer Gesamtheit zuständig, müssten stets sämtliche Krankenkassen in der Bundesrepublik mitwirken. Wenn Krankenkassen oder Krankenkassenverbände nur gemeinsam tätig werden können, hebt der Gesetzgeber dies dadurch hervor, dass sie nur „gemeinsam" zuständig sind.[502]

Modellvorhaben können sich auch auf die ambulante vertragsärztliche Versorgung erstrecken. Dennoch wird die KV, die hierfür den Sicherstellungsauftrag hat, nicht einbezogen. Allerdings sieht § 64 I 3 SGB V vor, dass die Krankenkassen hier nicht nur mit den einzelnen Vertragsärzten, sondern auch mit der KV Verträge über die Durchführung von Modellvorhaben schließen können. Die KV kann überdies nach § 63 VI SGB V im Bereich der vertragsärztlichen Versorgung eigene Modellvorhaben durchführen.

---

[500] Vgl. → § 10 Rn. 1 ff.
[501] → § 11 Rn. 52 ff.
[502] Z. B. § 109 Abs. 1 Satz 1 SGB V.

19   **d) Durchführen und/oder vereinbaren.** Die Krankenkassen können nach § 63 I SGB V das Modellvorhaben „durchführen oder nach § 64 SGB V vereinbaren". Das darf nicht alternativ („oder") verstanden werden. Die Krankenkasse führt als Modellträger das Modell stets durch. Bedarf es dazu aber einer Vereinbarung nach § 64 SGB V, so führt sie es im Rahmen dieser Vereinbarung durch. In diesem Sinne ist die Regelung zu verstehen.

20   **e) Abweichen von Rechtsvorschriften.** Die Erbringung und Abrechnung von Leistungen für Versicherte vollzieht sich in einem festgefügten, gesetzlich vorgegebenen Rahmen, insbesondere nach den Vorschriften des SGB V. Die Weiterentwicklung des Versorgungssystems durch Modellvorhaben setzt deshalb in den meisten Fällen voraus, dass man von diesen gesetzlichen Vorgaben befreit wird. Man spricht sogar von einer „Überwindung sozialrechtlicher Hürden".[503] Nur dann lässt sich erproben, ob die bisherigen gesetzlichen Vorgaben noch haltbar sind oder fortentwickelt werden sollen. § 63 III SGB V erlaubt deshalb, dass bei der Vereinbarung und Durchführung von Modellvorhaben nach Absatz 1 von den Vorschriften des 4. und des 10. Kapitels des SGB V sowie des KHG, des KHEntgG und den nach diesen Vorschriften getroffenen Regelungen abgewichen werden darf.

21   Wichtig ist, dass danach nicht von allen Vorschriften des SGB V abgewichen werden darf, insbesondere nicht von den Vorschriften des 1. und 3. Kapitels. Nach den obigen Ausführungen[504] wird dadurch zugleich der Gegenstand einer Modellvereinbarung eingeschränkt. Es darf also nicht von den allgemeinen Vorschriften des ersten Kapitels abgewichen werden und es darf nicht von dem Leistungskatalog des 3. Kapitels abgewichen werden. Das Modellvorhaben nach Absatz 1 darf also den gesetzlichen Leistungskatalog nicht einschränken, aber auch nicht ausweiten.

22   Die Träger des Modellvorhabens handeln damit nicht gegen das Gesetz. Sie werden vielmehr von der Beachtung der in Betracht kommenden gesetzlichen Vorschriften befreit, diese finden insoweit im Modellbereich keine Anwendung. Von den aufgeführten Rechtsvorschriften darf allerdings nur insoweit abgewichen werden, als dies für das Modellvorhaben erforderlich ist. Inwieweit dies der Fall ist, kann nur im Einzelfall anhand des konkreten Modellvorhabens entschieden werden.

23   Da insgesamt von den Vorschriften des 4. Kapitels des SGB X abgewichen werden darf, könnten in das Modellvorhaben auch nicht zugelassene Leistungserbringer einbezogen werden. Denn der Grundsatz, dass nur zugelassene Leistungserbringer Versicherungsleistungen erbringen dürfen, wird in diesem Kapitel festgelegt (z. B. § 95 und § 108 SGB V). Dennoch kann der nicht zugelassene Leistungserbringer nicht in ein Modellvorhaben einbezogen werden. Das ergibt sich aus § 64 I SGB V. Die danach von den Krankenkassen mit den Leistungserbringern abzuschließende Modellvereinbarung kann nur mit „zugelassenen" Leistungserbringern abgeschlossen werden.

24   **f) Grundsatz der Beitragssatzstabilität.** Zu den Vorschriften des 4. Kapitels SGB V, von denen nach obigen Ausführungen abgewichen werden kann, gehört auch § 71 SGB V und der darin verankerte Grundsatz der Beitragssatzstabilität. Er müsste also nicht beachtet werden. Nach § 63 III 1 2. Hs. SGB V gilt jedoch der Grundsatz der Beitragssatzstabilität entsprechend, also gilt auch § 71 SGB V entsprechend. Denn nur in dieser Vorschrift ist dieser Grundsatz zu finden: eine eigenartige Gesetzgebungstechnik.

25   Diese gesetztechnisch verunglückte Regelung ist im Zusammenhang mit der nachfolgenden sachlich fragwürdigen Regelung zu sehen. Danach wird gegen den Grundsatz der Beitragssatzstabilität insbesondere für den Fall nicht verstoßen,

---

[503] *Koenig/Engelmann/Hentschel*, SGb 2003, 190.
[504] → § 11 Rn. 15 f.

„dass durch ein Modellvorhaben entstehende Mehraufwendungen durch nachzuweisende Einsparungen auf Grund der in dem Modellvorhaben vorgesehenen Maßnahmen ausgeglichen werden."

Wenn Mehraufwendungen durch Einsparungen ausgeglichen werden, also die Aufwendungen des Krankenhauses insgesamt sich gar nicht erhöhen, wird der Grundsatz der Beitragssatzstabilität von vornherein nicht verletzt. 26

Eine weitere Ausnahme von der Nichtanwendung des 4. Kapitels SGB V enthält schließlich § 63 III 4 SGB V. Danach darf von § 284 I 5 SGB V nicht abgewichen werden. Dort wird bestimmt, dass für die Datenerhebung und -speicherung die Vorschriften des SGB I und SGB X gelten. 27

5. Das Leistungsmodell des § 63 II SGB V

a) Ausweitung des Leistungsumfangs. Der Gegenstand des Modellvorhabens nach § 63 II SGB V weicht grundlegend von dem Vorhaben nach Absatz 1 ab. Es geht hier um ein Leistungsmodell. Es soll die Erbringung von Leistungen erprobt werden, die (noch) keine Leistungen der Krankenversicherung sind. Der Anreiz für die Kostenträger, den gesetzlichen Leistungskatalog auszuweiten, wird allerdings gering sein. 28

Es können jedoch nicht Leistungen beliebiger Art einbezogen werden. Es geht nur um Leistungen „zur Verhütung und Früherkennung von Krankheiten sowie zur Krankenbehandlung." Eine Leistung, die hierunter nicht einzuordnen ist, scheidet also aus. 29

In Betracht kommen auch ambulante vertragsärztliche Leistungen, die als neue Untersuchungs- und Behandlungsmethoden im Sinne von § 135 I SGB V anzusehen sind. Sie dürfen nach dieser Vorschrift in der vertragsärztlichen Versorgung zu Lasten der Krankenkassen nur erbracht werden, wenn der gemeinsame Bundesausschuss (§ 91 SGB V) eine positive Empfehlung über die Anerkennung dieser neuen Verfahren abgegeben hat. Entsprechendes gilt gemäß § 138 SGB V für neue Heilmittel. Solange diese Anerkennung nicht vorliegt, geht es um eine Krankenbehandlung, die keine Leistung der Krankenversicherung ist. Sie kann also in ein Modellvorhaben nach Absatz 2 einbezogen werden. Davon geht auch § 63 IV SGB V aus. Nach dieser Vorschrift können Gegenstand von Modellvorhaben nach Absatz 2 nur solche Leistungen sein, über deren Eignung als Leistung der Krankenversicherung der Gemeinsame Bundesausschuss keine ablehnende Entscheidung getroffen hat. Bis dahin können also die neuen Untersuchungs- und Behandlungsmethoden sowie Heilmittel in ein Modellvorhaben einbezogen werden. 30

Für neue Untersuchungs- und Behandlungsmethoden im Krankenhaus scheidet jedoch eine Modellvereinbarung nach Absatz 2 aus. Solange der GBA nach § 137c I SGB V noch keine ablehnende Entscheidung getroffen hat, kann nämlich das Krankenhaus die neue Methode zu Lasten der Krankenversicherung anwenden.[505] Ein Modellvorhaben zur Leistungsausweitung scheidet also aus, weil es sich bereits um eine Leistung der Krankenversicherung handelt. Liegt jedoch eine ablehnende Entscheidung des GBA vor, so scheidet ein Modellvorhaben zu den neuen Methoden nach der oben dargestellten Regelung des § 63 IV SGB V aus. 31

b) Voraussetzungen, Ziel und Inhalt des Modellvorhabens. Anders als das Strukturmodell des Absatzes 1, enthält das Gesetz keine rechtlichen Voraussetzungen für das Leistungsmodell des Absatzes 2. Auch wird ein Modellzweck nicht vorgegeben. Es wird also nicht die Verbesserung der Qualität und Wirtschaftlichkeit als Ziel vorgegeben. Ferner wird nicht gesagt, was Inhalt der Modellvereinbarung ist. Es wird lediglich festgelegt, dass ein Modell durchgeführt und vereinbart werden darf. Der wesentliche Inhalt eines solchen Modells wird 32

---

[505] BSG, ZMGR 2003 S. 39.

jedoch sein, eine Leistung, die bisher keine Leistung der Krankenversicherung war, zu einer solchen Leistung zu machen.

33   Aus der Sache selbst ergibt sich, dass die Krankenkasse nicht beliebig jede bisher ausgeschlossene Leistung über ein Modellvorhaben in den Leistungsbereich der GKV einbeziehen kann. Das ließe sich insbesondere mit dem Wirtschaftlichkeitsgebot des § 12 I SGB V nicht vereinbaren. Dem entspricht auch die Gesetzesbegründung zu § 63 II SGB V.[506] Es müssen danach triftige Gründe für die Annahme vorliegen dass sich die in das Modellvorhaben einbezogenen neuen Leistungen als für eine ausreichende, zweckmäßige und wirtschaftliche Versorgung notwendig herausstellen können.

34   c) Träger des Modellvorhabens. Träger des Vorhabens sind ebenso wie bei dem Vorhaben des § 63 I SGB V die Krankenkassen und ihre Verbände. Das zu Absatz 1 Gesagte gilt hier entsprechend.[507]

35   d) Durchführung und Vereinbarung. Auch hier wird geregelt, dass die Krankenkassen und ihre Verbände das Vorhaben durchführen und vereinbaren können. Das hierüber zu § 63 I SGB V Gesagte gilt hier entsprechend.[508]

36   e) Abweichung von Rechtsvorschriften. Für das Modellvorhaben nach Absatz 2 fehlt eine Regelung, dass von bestehendem Recht abgewichen werden kann, obwohl mit der Einbeziehung von Leistungen, die bisher keine Versicherungsleistungen waren, von Vorschriften des SGB V abgewichen wird. Offensichtlich ist der Gesetzgeber davon ausgegangen, dass in der Regelung des Absatzes 2 selbst die Befugnis liegt, vom SGB V abzuweichen. Das Gesetz ist auf Leistungen bezogen, die der Krankenversicherung obliegen. Für andere Leistungen sind die Vorschriften des SGB V deshalb von vornherein nicht anwendbar. Es ist Sache der Träger des Modellvorhabens, das Notwendige im „Geist des SGB V" selbst festzulegen.

37   Wie beim Modellvorhaben nach § 63 I SGB V gilt auch hier die aus § 64 SGB V sich ergebende Vorgabe, dass nur mit „zugelassenen" Leistungserbringern eine Modellvereinbarung abgeschlossen werden darf. Leistungen nicht zugelassener Leistungserbringer können also in das Modellvorhaben nicht einbezogen werden.

6. Befristung des Modellvorhabens

38   Ein Modell, das diesen Namen verdient, ist seinem Wesen nach zeitlich begrenzt. Das Gesetz legt dafür eine Höchstdauer fest. Nach § 63 V 2 SGB V sind Modellvorhaben „im Regelfall auf längstens 8 Jahre zu befristen." Diese 8 Jahre sind also keine feste Größe. Sie gelten nur für den Regelfall. Es kann also ausnahmsweise auch darüber hinaus gegangen werden. Der Ausnahmegrund muss sich an dem Zweck eines Modells ausrichten. Wenn bei einer Dauer von 8 Jahren keine ausreichenden Modellergebnisse zu erwarten sind, kann darüber hinausgegangen werden. Ein Modellvorhaben nach § 63 I SGB V, dass von den Vorschriften des 10. Kapitels SGB V abweicht (Versicherungs- und Leistungsdaten, Datenschutz) ist dagegen auf längstens 5 Jahre zu befristen.

---

[506] Abgedruckt bei *Hauck/Noftz*, Kommentar gesetzliche Krankenversicherung, M 013 S. 23: „Modellvorhaben können für die in Absatz 2 definierten Leistungen durchgeführt werden, wenn tragfähiges Erkenntnismaterial vorliegt, welches die Erwartung rechtfertigt, dass solche Leistungen nach den Vorschriften des SGB V für eine ausreichende, zweckmäßige und wirtschaftliche Versorgung der Versicherten geeignet sind. Damit bleiben Modellvorhaben zu medizinischen Leistungen, deren Nutzen und Risiken insoweit noch nicht hinreichend beurteilt werden können, ausgeschlossen; auch die Durchführung medizinischer Forschungsaktivitäten kann nicht Gegenstand von Modellvorhaben sein."
[507] → § 11 Rn. 17 f.
[508] → § 11 Rn. 19.

7. Modellvereinbarungen der Kassenärztlichen Vereinigungen nach § 63 VI SGB V

Nach § 63 VI SGB V können auch KVen Modellvorhaben nach den Absätzen 1 und 2 vereinbaren. Die Vorschriften des 10. Abschnitts (§§ 63 ff. SGB V) gelten entsprechend. Die KV kann Modellvorhaben nur im Rahmen ihrer Aufgabenstellung vereinbaren. Ihre Aufgabe ist die Sicherstellung der vertragsärztlichen Versorgung (§§ 72 und 75 SGB V). 39

Es können allerdings nach § 64 I SGB V auch die Krankenkassen und ihre Verbände mit den KVen Modellvereinbarungen im Sinne von § 63 I, II SGB V abschließen. Es fragt sich, wo hier der Unterschied liegt. Die Vertragsparteien sind dieselben. Ein eher faktischer Unterschied ist darin zu sehen, dass man im Falle des § 63 VI von einem Modellvorhaben der KV als Modellträger sprechen kann und dass die Initiative hier von der KV ausgehen wird, während es bei dem Modellvorhaben nach § 63 I, II SGB V umgekehrt ist. 40

8. Modellvereinbarung mit den Leistungserbringern (§ 64 SGB V)

a) Die notwendige Vereinbarung; kein Vereinbarungszwang. Die Krankenkassen und ihre Verbände können gemäß § 63 I, II SGB V Modellvorhaben durchführen oder nach § 64 SGB V vereinbaren.[509] § 64 I SGB V sieht Vereinbarungen mit den Leistungserbringern oder Gruppen von Leistungserbringern vor. Die Vorschrift lässt jedoch offen, wann eine solche Vereinbarung erforderlich ist. Nach ihrem Wortlaut „können" solche Vereinbarungen getroffen werden, sie „müssen" es also nicht. Das wäre jedoch mit den Zwecken und Zielen eines Modellvorhabens und der Rechtsposition des einzelnen Leistungserbringers nicht vereinbar. Es kann nicht im Belieben der Krankenkassen als Modellträger stehen, Modellvorhaben mit oft gravierenden Auswirkungen auf den Leistungserbringer ohne dessen Mitwirkung durchzuführen. Es ist deshalb eine Vereinbarung als rechtlich notwendig anzusehen, wenn die Durchführung des Modellvorhabens zu einem Eingriff in eine rechtlich geschützte Position des einzelnen Leistungserbringers führt oder wenn seine Mitwirkung an dem Modell erforderlich ist. Aus § 63 SGB V kann nicht die Kompetenz der Krankenkasse entnommen werden, gegen den Willen des betroffenen Leistungserbringers ein Modell durchzuführen. Diese Auffassung kann auch auf den Ausschussbericht zur Änderung des § 64 I SGB V durch Artikel 1 Nr. 20 des 2. NOG[510] gestützt werden. Der Ausschussbericht spricht nicht von der „Möglichkeit" von Vereinbarungen, sondern von deren „Notwendigkeit". Sie wird für Vorhaben gesehen, in denen die Belange der Vertragsärzte unmittelbar betroffen sind. Eine solche Betroffenheit ist auch für die anderen Leistungserbringer maßgebend. Ist danach eine Vereinbarung mit dem Leistungserbringer erforderlich, unterbleibt oder scheitert sie aber, so kann das Modellvorhaben von der Krankenkasse nicht durchgeführt werden. Es fehlt an der gesetzlich notwendigen Vereinbarung. 41

Die Vereinbarung ist als öffentlich rechtlicher Vertrag anzusehen. Ihr Zustandekommen und ihr Inhalt ist vom öffentlichen Recht bestimmt. Von der Frage, ob zur Durchführung eines Modellvorhabens eine Vereinbarung mit dem betroffenen Leistungserbringer notwendig ist, ist die Frage zu unterscheiden, ob es einen Abschlusszwang in dem Sinne gibt, dass der Modellträger eine Vereinbarung erzwingen kann, sei es im Wege einer Konfliktlösung, sei es durch Anrufung der Gerichte. Das ist jedoch nicht vorgesehen. Es liegt deshalb in der freien Entscheidung des Leistungserbringers, ob er eine Vereinbarung abschließt. Ein Modellvorhaben kann also gegen den Leistungserbringer nicht durchgeführt werden. 42

---

[509] Vgl. hierzu → § 11 Rn. 19.
[510] Abgedruckt bei *Hauck/Noftz*, Kommentar zur gesetzlichen Krankenversicherung, M 080 S. 65: „Die Notwendigkeit für die Modellvorhaben durchführenden Krankenkassen oder ihrer Verbände, eine Vereinbarung über das Modellvorhaben mit der jeweiligen Kassenärztlichen Vereinigung ... zu schließen, ist auf die Vorhaben beschränkt, in denen die Belange der Vertragsärzte unmittelbar betroffen sind.".

43 **b) Die Leistungserbringer.** Die Vereinbarung ist mit dem betroffenen Leistungserbringern abzuschließen. Es können einzelne Leistungserbringer oder Gruppen von Leistungserbringern sein. Das sind Personen und Einrichtungen, die für den Versicherten Leistungen zur Verhütung, Früherkennung oder Behandlung von Krankheiten im Sinne der §§ 20 bis 43a SGB V erbringen. Regelungen über die Leistungserbringer und Leistungserbringung enthält das 4. Kapitel SGB V.

44 Angesichts der Einbeziehung eines jeden Leistungserbringers erscheint es auf den ersten Blick überflüssig, dass daneben die einzelnen Vertragsärzte und Gemeinschaften von Vertragsärzten aufgeführt werden, soweit die ärztliche Behandlung im Rahmen der vertragsärztlichen Versorgung betroffen ist. Zu erklären ist dies damit, dass nach der ursprünglichen Fassung dieser Vorschrift Vereinbarungen nur mit den KV abgeschlossen werden konnten. Die ausdrückliche Nennung auch der Vertragsärzte soll wohl die Richtungsänderung verdeutlichen. Daneben bleibt bestehen, dass im Bereich der vertragsärztlichen Versorgung Vereinbarungen auch mit den KVen abgeschlossen werden können.

45 Wichtig ist, dass Vereinbarungen nur mit „zugelassenen" Leistungserbringern abgeschlossen werden dürfen. Über ein Modellvorhaben können also nicht zugelassene Leistungserbringer nicht in das Versorgungssystem des SGB V einbezogen werden.

46 **c) Finanzielle Auswirkungen auf andere Vergütungsbereiche.** Die vertragsärztliche Leistungen werden aus der von den Krankenkassen an die KV entrichteten Gesamtvergütung vergütet (§§ 85 und 85a SGB V). Für die Versorgung mit Arznei- und Verbandmitteln sowie mit Heilmitteln wird jeweils ein Ausgabevolumen als Richtgröße vereinbart (§ 84 I, VIII SGB V); Krankenhausleistungen werden über ein Krankenhausbudget vergütet, aus dem die für den einzelnen Patienten zu zahlenden Pflegesätze abgeleitet werden (§ 12 BPflV; §§ 3 und 4 KHEntgG). Wenn die einzelnen Vergütungen aus einem solchen alle Leistungen umfassenden Gesamtbetrag abgeleitet werden, das Modellvorhaben aber eine Gruppe von Leistungen aus diesen Gesamtleistungen herausbricht, muss sich dies auf den Gesamtbetrag auswirken. Er ist entsprechend anzupassen, zu vermindern (§ 64 III 1 SGB V). Werden die dem Leistungserbringer zu zahlenden Entgelte dagegen nicht aus einem solchen Gesamtbetrag abgeleitet, sondern werden Entgelte unmittelbar für die einzelne Behandlung festgelegt, so verbleibt es bei diesen Entgelten. Sie sind weiterhin für die nicht in das Modellvorhaben einbezogenen Leistungen maßgebend (z. B. ein nicht aus einem Budget abgeleiteter Tagespflegesatz einer Rehabilitationseinrichtung nach § 111 SGB V).

47 Für die Anpassung eines solchen Gesamtbudgets werden in § 64 III 1 SGB V feste Regeln vorgegeben. Für das Krankenhausbudget wird dabei nur die Anpassung als solche vorgeschrieben. Für das unter das KHEntgG fallende Krankenhaus entfällt ab dem Jahr 2007 eine Anpassung an das Modellvorhaben, obwohl weiterhin nach § 4 KHEntgG ein Erlösbudget zu vereinbaren ist. Denn dieses Erlösbudget richtet sich nach den landeseinheitlich maßgebenden Fallpauschalen für die einzelnen erfassten Leistungen. Daraus ergibt sich ein leistungsabhängiger Zielwert, ein Erlösbudget. Leistungen, die künftig im Rahmen eines Modellvorhabens vergütet werden, werden also bei der Bemessung dieses Erlösbudget von vornherein nicht berücksichtigt. Es führt bereits diese leistungsbezogene Ermittlung des Erlösbudgets zu einer Berücksichtigung der über das Modellvorhaben abgerechneten Leistungen.

48 Einigen sich die für die Ermittlung des Gesamtbetrags zuständigen Stellen nicht über dessen Verminderung, so kann für die nach dem SGB V vergüteten Leistungen das Schiedsamt nach § 89 SGB V, für die Krankenhausleistungen die Schiedsstelle nach § 18a I KHG angerufen werden (§ 64 III 2 SGB V). Letzteres ergibt sich allerdings bereits aus Krankenhausfinanzierungsrecht (§ 18 IV KHG).

49 **d) Erstreckung auf alle Krankenhausbenutzer.** Für die stationäre Krankenhausversorgung trifft § 64 III 3 SGB V eine Sonderregelung über den Anwendungsbereich eines Mo-

dellvorhabens nach § 63 I SGB V. Diese Regelung weicht von dem zu § 63 SGB V dargelegten allgemeinen Grundsatz ab, dass das Modellvorhaben sich nur auf die Versicherten derjenigen Krankenkasse erstreckt, die Modellträger ist, und dass dies nur für solche Versicherten gilt, die freiwillig beigetreten sind.[511]

Die Krankenhauspflegesätze gelten für sämtliche Benutzer und sämtliche Krankenkassen in der Bundesrepublik Deutschland. Vereinbart werden sie aber nur von den örtlichen Vertragsparteien im Sinne von § 18 II KHG. Auf Seiten der Krankenkassen sind dies meist nur zwei oder drei Partner. § 64 III 3 SGB V bestimmt nun, dass dort, wo alle an der Pflegesatzvereinbarung beteiligten Krankenkassen gemeinsam ein Modellvorhaben vereinbart haben und dieses Vorhaben die gesamten nach Krankenhauspflegesatzrecht vergüteten Leistungen eines Krankenhauses erfasst, die nach dem Modellvorhaben maßgebenden Entgelte für alle Benutzer des Krankenhauses einheitlich zu berechnen sind. Das Modellvorhaben wird hier also auch auf die Krankenkassen erstreckt, die an dem Modellvorhaben nicht beteiligt sind, und es wird auf sämtliche Versicherte erstreckt, selbst wenn sie sich nicht freiwillig an dem Vorhaben beteiligt haben. Das Freiwilligkeitsprinzip für Versicherte[512] wird also aufgegeben. Das Modellvorhaben wird sogar auf Nichtversicherte erstreckt, also auch auf den selbstzahlenden Patienten. Denn auch er ist „Benutzer des Krankenhauses". 50

Die Gesetzesbegründung geht über diese Problematik mit Stillschweigen hinweg. Nur in dem Ausschussbericht zu den durch das 2. NOG eingeführten Regelung[513] ist eine Begründung zu finden. Sie ist allerdings nur schwer nachvollziehbar. Es bestehe 51

„die Gefahr, dass – mangels eines eigenen (wirtschaftlichen) Interesses der Vertragsparteien an der Pflegesatzvereinbarung – Regelungen zu Lasten Dritter, die auf die Pflegesatzvereinbarung keinen unmittelbaren Einfluss nehmen, getroffen werden".

Mit dieser Begründung wird unterstellt, dass die vertragsschließenden örtlichen Krankenkassen nur Interesse an den für ihre Versicherten zu zahlenden Pflegesätze hätten, also nicht hinsichtlich der Versicherten anderer Krankenkassen oder gar der selbstzahlenden Patienten. Man sieht die Gefahr, dass deswegen zu Lasten der Patienten außerhalb des Modellvorhabens zu hohe Pflegesätze vereinbart werden. Das wird mit dem Kunstgriff vermieden, die Modellpflegesätze auf sämtliche Krankenhausbenutzer zu erstrecken. 52

So gesehen lässt sich auch die weitere Aussage des Ausschussberichts nachvollziehen, dass diese Erstreckung der Modellpflegesätze auf alle Benutzer entfällt, 53

„soweit nach § 17 II a KHG Fallpauschalen und Sonderentgelte festgelegt bzw. vereinbart sind ... Insoweit besteht nicht die Gefahr, dass schutzwürdige Interessen der nicht an der Pflegesatzvereinbarung Beteiligten vernachlässigt werden".

Offenbar ist der Ausschuss hier davon ausgegangen, dass diese Pauschalenentgelte nicht von den Vertragsparteien nach § 18 II KHG vereinbart werden, so dass also auch keine Vereinbarungen zu Lasten anderer Patienten getroffen werden können. 54

Diese problematische Begründung, die im Gesetzeswortlaut keinen Niederschlag findet, wirft erhebliche Probleme auf. Die genannten Fallpauschalen und Sonderentgelte des § 17 II a KGH gibt es heute nicht mehr. Für die unter die BPflV fallenden Krankenhäuser entfallen solche Pauschalenentgelte; für die unter das KHEntgG fallende Krankenhäuser kamen in den Jahren 2003 bis 2006 die Fallpauschalen auf andere Weise zustande. Erst ab dem Jahre 2007 besteht eine den Fallpauschalen des § 17 II a KHG in etwa vergleichbare Situation. Hier gilt das oben Gesagte,[514] wonach eine Verminderung des Gesamtbetrags entfällt, wenn die einzelnen Entgelte nicht aus einem solchen Gesamtbetrag abgeleitet wer- 55

---

[511] Vgl. → § 11 Rn. 40.
[512] Vgl. → § 9 Rn. 6 ff.
[513] Abgedruckt bei *Hauck/Noftz*, Kommentar gesetzliche Krankenversicherung, M 080 S. 65.
[514] → § 11 Rn. 50.

den. Liest man die Regelung zu den für alle Benutzer einheitlichen Pflegesätzen zusammen mit dieser allgemeinen Regelung über eine Verminderung des Gesamtbetrags, so bleibt es ab dem Jahre 2007 dabei, dass für die nicht in ein Modellvorhaben einbezogenen Benutzer des Krankenhauses die landeseinheitlichen Fallpauschalen maßgebend sind, also nicht die Modellentgelte. Allerdings muss man sich dabei über den Gesetzeswortlaut hinwegsetzen, also allein auf den Gesetzeszweck abstellen.

III. Strukturverträge[515]

1. Bedeutung

56 Die Bestimmung des § 73a SGB V a.F., die durch das 2. NOG (1997) eingeführt und durch das GKV – VSG (2015) wieder aufgehoben wurde, gab den regionalen Vertragspartnern der vertragsärztlichen Versorgung (KV und Verbände der Krankenkassen) die Möglichkeit, spezifische Versorgungs- und Vergütungsstrukturen zu vereinbaren. Damit sollten neue Formen der Leistungserbringung erprobt werden, ohne dass es sich um Modellvorhaben im Sinne des § 63 SGB V handelte.

57 Die Praxis hat auf dieses gesetzliche Angebot eher zurückhaltend reagiert.[516] Insbesondere mit der gesetzlichen Einführung der integrierten Versorgung nach Maßgabe der §§ 140a bis d SGB V (2000) hat die Bedeutung der Bestimmung des § 73a SGB V a.F. merklich nachgelassen und sollte nach den früheren Vorstellungen des Gesetzgebers bereits vollständig aufgehoben werden.[517] Wegen der erforderlichen Zustimmung durch den Bundesrat hatte man jedoch davon zunächst Abstand genommen.

2. Fortgeltung der Strukturverträge

58 § 73a SGB V wurde durch das GKV-VSG (2015) ersatzlos aufgehoben. An die Stelle der vormaligen Strukturverträge tritt nun die „Besondere Versorgung" des § 140a SGB V, die auch das Recht der vormaligen „Integrierten Versorgung" (§ 140a – d SGB V a.F.) einbezieht. Allerdings gelten Strukturverträge, die bis zum 22.7.2015 geschlossen worden sind, weiter fort (§ 140a I 3 SGB V n.F.).

IV. Integrierte Versorgung

1. Zielsetzung

59 Die integrierten Versorgungsformen sollen eine verschiedene leistungssektorenübergreifende Versorgung der Versicherten ermöglichen. Kern der integrierten Versorgung ist damit die übergreifende Steuerung von Behandlungsabläufen. Im Gegensatz zu den nach bisherigem Recht möglichen Praxisnetzen auf Grund von Strukturverträgen soll hierbei eine Ver-

---

[515] Siehe dazu *Orlowski*, BKK 1997, 115; *Schirmer*, VSSR 1998, 279; *Oldiges*, DOK 1997, 710; *Knieps*, in: Schnapp/Wigge, Handbuch des Vertragsarztrechts, § 11 Rn. 14 ff.

[516] Die Erfahrungen, welche die Praxis mit Strukturverträgen gemacht hat, decken sich weitgehend mit denen, die beim Modellvorhaben festgestellt worden sind. Vor allem Ärztenetzwerke auf Grund von Strukturverträgen breiten sich in steigendem Maße aus, während bei Hausarztmodellen eine solche Zunahme nicht zu verzeichnen ist – z.B. das BKK-Netzwerk Berlin, die medizinische Qualitätsgemeinschaft Rensburg, das medizinische Qualitätsnetz Hofheim, die Praxisnetze in Nürnberg Nord, GO-IN-Ingolstadt, das Praxisnetz München etc., vgl. dazu im Einzelnen *Lang/Rychel*, BKK 2001, 67 f.; *Franken*, Die privatrechtliche Binnenstruktur der Integrierten Versorgung, §§ 140a bis h SGB V, 3; *Christ*, f & w 2000, 18 ff.; *Windthorst*, Die integrierte Versorgung der gesetzlichen Krankenversicherung, 37; zu den Charakteristika und den rechtlichen Ausgestaltungen eines Praxisnetzes s. *Eisenberg*, Ärztliche Kooperations- und Organisationsformen, 213 ff.; *Schirmer*, VSSR 1998, 279 und – zu den berufsrechtlichen Anforderungen – bei → § 14 Rn. 22 ff.

[517] BT-Drs. 14/1245, 9.

sorgungsdichte erreicht werden, die über die bloße ambulante ärztliche Behandlung hinausgeht. Auch Krankenhäuser sind deshalb in die integrierte Versorgungsform einbezogen. Die übergreifende Steuerung erfolgt in erster Linie durch wechselseitige Information der beteiligten Leistungserbringer und eine Koordination in der Behandlung. Im Vordergrund steht also eine durch Dokumentation und Informationsaustausch transparente Behandlung.

Für Krankenhäuser als Integrationspartner liegt der größte Vorteil zum Abschluss von Integrationsverträgen in ihrer Sach- und Managementkompetenz. Die bisherigen Netzstrukturen, insbesondere reine Ärztenetze, krankten daran, dass das erforderliche Management fehlte. Die Strukturen des Krankenhauses sind demgegenüber auf unternehmerische Führung ausgerichtet und verfügen über eine etablierte Administration. Krankenhäuser unterhalten darüber hinaus sächliche und personelle Ressourcen, die sie in die Integrationsversorgung einbringen können. Die kostenintensive Beschaffung grundlegend neuer Strukturen für integrierte Versorgungsformen wird dadurch erheblich reduziert. Krankenhäuser sind schließlich Ausgangspunkte medizinischer und medizinisch-technischer Innovationen. Medizinischer Fortschritt und Qualitätssicherung können so zum Wohle des Patienten eingesetzt werden.[518]

2. Abgrenzung zu bisherigen Versorgungsformen

Die durch das GRG 2000 eingeführte integrierte Versorgung stellt der Gesetzgeber neben die bisherigen Versorgungsformen.[519] Sie muss deshalb von diesen abgegrenzt werden, soweit die vertragsärztliche Versorgung betroffen ist. Dies gilt insbesondere zu den Vorschriften über Modellvorhaben (a) und den Strukturverträgen (b):

a) **Abgrenzung zu Modellvorhaben.** Die Versorgung der Versicherten im Rahmen von Modellvorhaben ist nicht als Form der Regelversorgung gedacht. Dies zeigt sich schon daran, dass Modellvorhaben in der Regel auf längstens acht Jahre befristet sind. Sie unterscheiden sich von integrierten Versorgungsformen darin, dass die Krankenkassen sie nicht nur mit einzelnen Leistungserbringern, Gruppen derselben oder den KVs vereinbaren, sondern sie auch eigenständig durchführen können.[520] Inhaltlich ähneln integrierte Versorgungsform sowohl den Struktur- als auch den Leistungsmodellen. In Modellvorhaben können Krankenkassen entweder Verfahrens-, Organisations-, Finanzierungs- und Vergütungsformen (Strukturmodell) oder andere als GKV-Leistungen (Leistungsmodell) erproben. Hingegen haben sie in ein und derselben integrierten Versorgungsform im Rahmen der Vorschriften die Möglichkeit, sowohl von den Strukturen der bisherigen Regelversorgung als auch von deren Leistungskatalog abzuweichen und damit beide Aspekte weiter zu entwickeln.

b) **Abgrenzung zu Strukturverträgen.** Genau wie im Modellvorhaben sollten auch Strukturverträge (§ 73a SGB V a.F.) die Innovationsfähigkeit des Versorgungssystems stärken.[521] Das innovative Element der Strukturverträge ist die Kooperation einer bestimmten Anzahl von Ärzten durch Zusammenschluss nicht mehr nur zu einer Gemeinschaftspraxis oder Praxisgemeinschaft, sondern zu einem Praxisnetz oder zu einem Praxisverbund.

Unterschiede und Gemeinsamkeiten der beiden Versorgungsformen bestehen zum einen in den möglichen Vertragspartnern: So konnten Strukturverträge auf Seiten der Krankenkassen nur von den Landesverbänden der Krankenkassen bzw. den Verbänden der Ersatzkassen, Verträge zu integrierten Versorgungsformen hingehen nur von den einzelnen Krankenkassen

---

[518] Deutsche Krankenhausgesellschaft, Das Krankenhaus als Anbieter von Leistungen in der integrierten Versorgung nach § 140a bis h SGB V, Materialiensammlung, 9.
[519] Vgl. zum Verhältnis der integrierten Versorgung zu bisherigen Versorgungsformen v. a. *Beule*, Rechtsfragen der integrierten Versorgung, 169 ff.
[520] *Beule*, Rechtsfragen der integrierten Versorgung, 170.
[521] *Schirmer*, MedR 1997, 431 (437).

geschlossen werden. Die Versorgungsverantwortung wird in beiden Fällen von dem jeweiligen Leistungserbringer bzw. deren Gemeinschaften übernommen. Ein weiterer wesentlicher Unterschied zwischen den beiden Versorgungsformen besteht darin, dass die Vertragspartner der Integrationsverträge von den Vorschriften des 4. Kap. SGB V abweichen dürfen, während ein Abweichen von diesen Vorschriften in Strukturverträgen nur in dem engen, gesetzlich ausdrücklich festgelegten Rahmen des § 73a SGB V a.F.zulässig war.. Strukturverträge sollten das Vertragsarztrecht lediglich von innen heraus reformieren.[522]

3. Das durch das GMG, GKV-WSG und GKV-VSG geänderte Recht der integrierten Versorgung

65 **a) Gründe für die Neuregelung durch GMG und GKV-WSG.** Mit der Neufassung der Vorschriften über die integrierte Versorgung zieht der GMG-Gesetzgeber die Konsequenz aus dem Scheitern der zuvor geltenden Rahmenbedingungen. In der Praxis erwies sich das bisherige Modell weitgehend als „tot geborenes Kind", das zwar eine Flut von Veröffentlichungen auslöste,[523] in der Rechtswirklichkeit aber kaum in Erscheinung trat.[524] Als Hemmnis erwiesen sich insbesondere die Komplexität der gesetzlichen und vertraglichen Bestimmungen und der Vergütungsberechnungen gem. den Rahmenvereinbarungen zur integrierten Versorgung (§ 140d SGB V a. F.), sowie die Partikularinteressen der zu beteiligenden Selbstverwaltungseinrichtungen, v. a. der KVen als potenzielle Vertragspartner. Die Neuregelung unternahm deshalb den Versuch, an dem Ziel gesetzlicher Rahmenvorgaben für die integrierte Versorgung festzuhalten, deren juristische und ökonomische Hindernisse für die Praxis zu beseitigen und die Vorschriften zu vereinfachen, um dadurch die integrierte Versorgung auf ihren Kern zurückzuführen: Krankenkassen und Leistungserbringer schließen autonom Verträge über eine sektoren- oder fachübergreifende Versorgung außerhalb des Sicherstellungsauftrags nach § 75 I SGB V. Die Versorgung wird auf einzelvertraglicher Grundlage und nicht im Rahmen eines kollektiv-vertraglich vereinbarten Normensystems durchgeführt. Hinsichtlich des Inhalts der Verträge herrscht weitgehende Gestaltungsfreiheit, die grundsätzlich die Vergütung der Leistungen einschließt. Über eine „Anschubfinanzierung" (§ 140d SGB V a.F.) erfolgte ein zusätzlicher Anreiz zum Abschluss von integrierten Versorgungsverträgen.

66 Neben die Reform der Integrationsversorgung stellte der Gesetzgeber eine weitere Öffnung der Krankenhäuser in der ambulanten Behandlung, um auch insoweit die mangelnde Verzahnung von ambulantem und stationärem Sektor auf Grund „verkrusteter Zuständigkeitsverteilungen"[525] zu überwinden. Es galt insgesamt, den Gesundheitssektor verstärkt an den Patientenbedürfnissen auszurichten. Dazu heißt es in den „Eckpunkten" der Bundesregierung, die der Neuregelung durch das GMG zu Grunde liegen:

„Patienten müssen dort versorgt werden, wo dies den medizinischen Erfordernissen am Besten entspricht. Ein Wettbewerb zwischen unterschiedlichen Versorgungsformen kann außerdem Innovationen beschleunigen und Effizienzreserven erschließen. Den Patienten werden deshalb mehr Möglichkeiten eingeräumt, zwischen verschiedenen Versorgungsformen zu wählen".[526]

---

[522] *Schirmer*, MedR 1997, 431 (437); *Beule*, Rechtsfragen der integrierten Versorgung, 2003, 176.
[523] Vgl. allein die drei noch zum Altrecht erschienenen Dissertationen von *Beule*, Rechtsfragen der integrierten Versorgung; *Franken*, Die privatrechtliche Binnenstruktur der integrierten Versorgung; *Windthorst*, Die integrierte Versorgung in der gesetzlichen Krankenversicherung, jeweils mit zr. w. Nw.
[524] Vgl. zu den wenigen in der Praxis realisierten Modellen Deutsche Krankenhausgesellschaft, Das Krankenhaus als Anbieter von Leistungen in der integrierten Versorgung nach §§ 140a bis h SGB V, Materialiensammlung.
[525] *Degener-Hencke*, NZS 2003, 629.
[526] Zitiert bei *Degener-Hencke*, NZS 2003, 629.

Dazu sieht das GMG – neben der Neuregelung der Integrationsversorgung – weitere vier Instrumente vor: **67**
- Gründung eines medizinischen Versorgungszentrums zur Teilnahme an der vertragsärztlichen Versorgung (§ 95 I SGB V);
- Institutionelle Öffnung der Krankenhäuser bei Unterversorgung im vertragsärztlichen Bereich (§ 116a I SGB V);
- Einbeziehung der Krankenhäuser in die ambulante Leistungserbringung bei Teilnahme an Disease-Management-Programmen (§ 116b I SGB V a.F.));
- Zulassung der Erbringung hochspezialisierter Leistungen einschließlich der Behandlung seltener Erkrankungen und Erkrankungen mit besonderen Krankheitsverläufen (§ 116b II SGB V a.F.).

Mit dem GKV-WSG hat der Gesetzgeber die Bedeutung der integrierten Versorgung verstärkt[527]: gemäß § 140a I 2 SGB V a.F. sollen die Verträge zur integrierten Versorgung (IV-Verträge) eine bevölkerungsbezogene flächendeckende Versorgung ermöglichen. Darüber hinaus wurden die Pflegekassen und zugelassenen Pflegeeinrichtungen als Vertragspartner aufgenommen (§ 140b I Nr. 5 SGB V a.F. iVm § 92b SGB XI) und Teile der Anschubfinanzierung modifiziert: gemäß § 140d I 2 SGB V a.F. durften die Mittel für Verträge, die ab dem 1.4.2007 abgeschlossen wurden, nur für voll- oder teilstationäre und ambulante Leistungen der Krankenhäuser und für ambulante vertragsärztliche Leistungen verwendet werden. **68**

b) Neuregelung durch das GKV-VSG. Mit dem GKV-VSG vom 16.7.2015 (BGBl I S. 1211) ist der Elfte Abschnitt mit Wirkung vom 23.7.2015 neu gefasst wurden. Dieser Abschnitt enthält nur noch die neu gefasste Bestimmung des § 140a SGB V (n.F.), die inhaltlich unter der Überschrift „Besondere Versorgung" die bis zum 22.7.2015 geltenden Regelungen der §§ 73a, c und §§ 140a – d SGB V (a.F.) zusammenfasst. Damit ist seitdem auch die „Integrierte Versorgung" nach den §§ 140a – d SGB V (a.F.) als Unterfall der „Besonderen Versorgung" in die Neuregelung des § 140a SGB V (n.F.) einbezogen worden. **69**

Inhaltlich ist dadurch das Recht der Integrierten Versorgung in seinen Grundzügen unverändert geblieben.. Die ersatzlos weggefallenen Bestimmungen der §§ 140b – d SGB V (a.F.) sind weitgehend in der Neuregelung des § 140a SGB V (n.F.) enthalten, soweit sie sich nicht ohnehin aus dem (öffentlichen) Vertragsrecht oder allgemeinen Grundsätzen der Integrationsversorgung ergeben bzw. durch Zeitablauf überflüssig geworden sind. Das rechtfertigt es, zur besseren Verständlichkeit im folgenden die (inzwischen aufgehobenen) Bestimmungen der §§ 140a – d SGB V (a.F.) weiterhin zukommentieren, soweit sie ihrem Sinngehalt nach auch jetzt noch Geltung beanspruchen. **70**

c) Inhalt der Integrationsversorgung, Vertragsgegenstand. § 140a I SGB V a.F. verzichtete auf eine beschreibende Darstellung der integrierten Versorgung und legte in einer sehr offenen Formulierung lediglich fest, dass die Krankenkassen mit den in § 140b I SGB V a.F. genannten Vertragspartnern „abweichend von den übrigen Regelungen" des 4. Kap. SGB V eine „leistungssektoren-," oder eine „interdisziplinär-fachübergreifende" Versorgung der Versicherten vereinbaren können. Das ist durch die Neufassung des § 140a I, II SGB V (n.F.) so geblieben, Abgewichen werden kann daher im Grundsatz vom gesamten Recht der Leistungserbringung, soweit es vom SGB V erfasst wird, einschließlich der Beitragssatzstabilität nach § 71 SGB V.[528] Insoweit werden auch der Sicherstellungsauftrag der KV eingeschränkt und ihr – wie auch der KBV – jeglicher Einfluss auf die Vertragsgestaltung genommen. Im Ergebnis bedeutet dies eine Entkoppelung von vertragsärztlicher und integrierter Versorgung[529]. Die Sicherstellung der Versorgung der Versicherten wird von den Vertrags- **71**

---

[527] Dazu *Moritz Quaas*, Rechtsfragen der ambulanten Versorgung im Krankenhaus (2011), 100.
[528] Allerdings nur für Verträge, die bis zum 31.12.2008 abgeschlossen werden – vgl. § 140b IV 3 SGB V –.
[529] Vgl. zur Entkoppelung der integrierten Versorgung vom kollektiven Vertragsschluss und dem Verbot sowie den Folgen der Beteiligung der KVen *Siechert* in: VSSR 2006, 271.

parteien im vereinbarten Umfang übernommen. So kann z. B. die kardiologische Versorgung von Versicherten einer Krankenkasse in einer Region durch eine Integrationsversorgung mit Vertragsärzten und Krankenhäusern sichergestellt werden. Die Vertragsärzte unterliegen nicht mehr den kollektivvertraglichen Vorgaben. Die Krankenkassen werden so in die sehr komfortable Lage versetzt, im selbst bestimmten Umfang Verträge zu schließen, ohne dass damit die Verpflichtung verbunden wäre, dauerhaft und flächendeckend die Versorgung der Versicherten sicherzustellen.[530] Insoweit handelt es sich bei der integrativen Versorgung um eine „alternative Regelversorgung", die ihrem Inhalt nach im Wesentlichen vertraglich vorgegeben ist und lediglich durch die Merkmale einer leistungssektoren- oder interdisziplinär-fachübergreifenden Versorgung begrenzt wird.[531] Damit ist zudem eine weitere Erleichterung verbunden: während nach dem Altrecht zumindest zwei Anbieter unterschiedlichen Leistungssektoren (u. a. Vertragsärzte, Krankenhäuser, Reha-Einrichtungen) angehören mussten, reicht jetzt eine Integrationsversorgung etwa durch zwei Krankenhäuser mit zwei Fachdisziplinen – beispielsweise Onkologie und Strahlentherapie – aus.[532]

72 Im Übrigen ist für den (zulässigen) Vertragsinhalt aus dem Begriff der „sektorenübergreifenden Versorgung" keine Eingrenzung hinsichtlich des Anwendungsbereiches von IV-Verträgen abzuleiten. Der gesetzlich nicht weiter definierte Sektorenbegriff dient nicht der positiven Bestimmung und Begrenzung der der integrierten Versorgung „zugänglichen" Leistungen. Entsprechendes gilt für die Tatbestandsvariante der interdisziplinär-fachübergreifenden Versorgung[533]. Ebenso wenig führt die ggf. notwendig werdende Abgrenzung der Verträge zur integrierten Versorgung gegenüber Modellvorhaben (§§ 63, 64 SGB V), Strukturverträgen (§ 73a SGB V a.F.)[534] bzw. der hausarztzentrierten Versorgung (§ 73b SGB V) [535] dazu, dass als IV-Verträge nur solche vereinbart werden können, die sich von den vorgenannten Versorgungsformen unterscheiden[536]. Deshalb ist eine integrierte Versorgung im Sinne einer leistungssektorenübergreifenden Versorgung auch nicht auf die Zusammenarbeit zwischen Leistungserbringern aus den Sektoren „ambulant" und „stationär" beschränkt, geschweige denn lassen sich die stationäre Behandlung in einem Krankenhaus und in einer anschließenden Reha-Einrichtung demselben Leistungssektor zuordnen[537]. Vielmehr können sämtliche Versorgungsbereiche des SGB V von der integrierten Versorgung umfasst werden. Allerdings musste der IV-Vertrag seinem Gegenstand nach grundsätzlich darauf ausgerichtet sein, die hergebrachte Versorgung zu ersetzen. Nach der Rechtsprechung des BSG bedurfte es insoweit neben einer leistungssektorenübergreifenden bzw. interdisziplinär-fachübergreifenden Versorgung auch einer „Substitution der Regelversorgung".[538] Ein (Hausarzt-)Vertrag, der auf die traditionelle Versorgung „aufsetzt" und lediglich zusätzliche Leistungen beschreibt, genügte diesen gesetzlichen Anforderungen nicht[539]. Das hat sich mit

---

[530] *Hiddemann/Muckel*, NJW 2004, 7 (8).

[531] *Degener-Hencke*, NZS 2003, 629 (632); zur Abgrenzung gegenüber der sog. Regelversorgung, die präziser als „sektorale Versorgung" bezeichnet wird, *Windthorst*, Die integrierte Versorgung in der gesetzlichen Krankenversicherung, 20.

[532] *Hartwig*, KU 2004, 10.

[533] *Felix/Brockmann*, NZS 2007, 623 (626 ff., 629).

[534] Dazu o. → § 11 Rn. 70 ff.

[535] Dazu u. a. *Felix/Brockmann*, NZS 2007, 623 (624 f.).

[536] So aber SG Gotha, U. v. 8.3.2006 – S 7 KA 2784/05 in MedR 2006, 497 ff.; best. durch LSG Thüringen, U. v. 24.1.2007 – L 4 KA 362/06 – in: das Krankenhaus 2007, 666; aufgehoben durch BSG, U. v. 2.6.2008 – u. Fn. 67; aA *Bohle* in: Bohle, Integrierte Versorgung, 2. A., 9 ff.; *Felix/Brockmann*, NZS 2007, 623, 625 ff.

[537] So aber LSG Baden-Württemberg, U. v. 13.12.2006 – L 5 KA 734/06 – in GesR 2007, 125; aufgehoben durch BSG, U. v. 6.2.2008 – u. Fn. 67.

[538] BSG, U. v. 2.6.2008 – B 6 KA 27/07 R in: GesR 2008, 260, 262 („BARMER-Hausarztvertrag"); dazu a. *Leber*, GesR 2008, 185; s i. Ü. *Beule*, Rechtsfragen der integrierten Versorgung, 29 ff.; HK-AKM/ *Bäune*, Nr. 2685 („Integrierte Versorgung") Rn. 24 f.; *Felix/Brockmann*, NZS 2007, 623 (628).

[539] BSG, U. v. 2.6.2008 – B 6 KA 27/07 R in: GesR 2008, 260 (263).

der Neufassung des § 140a II 6 SGB V (n.F.) geändert. Nunmehr dürfen Gegenstand der IV-Verträge auch Regelungen sein, die allein die Organisation der Versorgung betreffen.

d) Grenzen der Vertragsfreiheit. Der Vertragsgegenstand und -inhalt richtet sich weitgehend nach seinem Zweck, dem Versicherten eine integrierte Versorgungsleistung „zu einer qualitätsgesicherten, wirksamen, ausreichenden, zweckmäßigen und wirtschaftlichen Versorgung" zu bieten. Dabei können die Vertragsparteien ausdrücklich „Abweichendes" von den Vorschriften des 4. Kapitels des SGB V, des KHG, des KHEntgG sowie die nach diesen Vorschriften getroffenen Regelungen vereinbaren (§ 140a II 1 SGB V n.F.). Folgende Elemente des 4. Kapitels sind hervorzuheben, die zur grundsätzlichen Disposition der Vertragspartner stehen: 73

- Beitragssatzstabilität (§ 71 SGB V);
- Sicherstellungsauftrag (§ 72 SGB V);
- Grundsätze der vertragsärztlichen Versorgung (§ 73 SGB V);
- Verträge nach §§ 82 ff. SGB V;
- Richtlinien nach § 92 SGB V;
- Zulassungsrecht zur vertragsärztlichen Versorgung (§§ 95 ff. SGB V);
- Bedarfsplanungsrecht nach §§ 99 ff. SGB V;
- Prüfverfahren nach §§ 106 ff. SGB V;
- Heilmittelleistungen (§§ 124 ff. SGB V);
- Hilfsmittelleistungen (§§ 126 ff. SGB V);
- Rahmenverträge über die Arzneimittelversorgung (§§ 129 ff. SGB V);
- sonstige Versorgungsformen (§§ 132 ff. SGB V);
- Qualitätssicherungsregelungen nach §§ 135 ff. SGB V.

Abweichungen vom 4. Kapitel des SGB V sind allerdings nur insoweit zulässig, als die abweichende Regelung dem Sinn und der Eigenart der integrierten Versorgung entspricht, die Qualität, die Wirksamkeit und die Wirtschaftlichkeit der integrierten Versorgung verbessert oder aus sonstigen Gründen zu ihrer Durchführung erforderlich ist (§ 140b IV 1 SGB V a.F.; ähnlich § 140 a II 3 SGB V n.F.). Die Einhaltung dieser Ansammlung von „unbestimmten Rechtsbegriffen" führt zu einer erheblichen Erschwerung des als flexibel gedachten Vertragsinstruments. Welche Regelungen in Integrationsversorgungsverträgen in Abweichung zu den sonstigen gesetzlichen Bestimmungen getroffen werden können, da sie „dem Sinn und der Eigenart der integrierten Versorgung" entsprechen, wird zudem weder im Gesetz erläutert, noch kann dies dem Gesetz entnommen werden. Die Vorschrift birgt deshalb die Gefahr einer unkontrollierten und unausgewogenen Öffnung aller Versorgungsbereiche zum Nachteil der betroffenen Leistungserbringer und Versicherten in sich. Es hätte nahe gelegen, angesichts der Vielzahl der gesetzlichen Regelungen in diesem Bereich einheitliche Vorgaben für die integrierte Versorgung zu machen oder, soweit dies nicht möglich ist, die bestehenden gesetzlichen Bestimmungen weiterhin für verbindlich zu erklären. So ist das Leistungsrecht des SGB V nicht dispositiv. Die Leistungsansprüche der Versicherten müssen durch die Vertragspartner der integrierten Versorgung genauso erbracht werden wie in der Regelversorgung.[540] Darüber hinaus sind im Vertragsarztrecht zum Beispiel folgende Vorgaben von Bedeutung, auf die auch in IV-Verträgen nicht ohne weiteres verzichtet werden kann:[541] 74

- Gebot der eigenverantwortlichen, freiberuflichen Tätigkeit (vgl. § 98 II Nr. 13 SGB V, §§ 27, 32, 20 Ärzte-ZV);
- Freie Arztwahl (§ 76 SGB V, § 29 MBO);
- Verbot der Zuweisung gegen Entgelt (§ 31 MBO);
- Beachtung der Fachgebietsgrenzen;[542]

---

[540] *Axer* in: Schnapp/Wigge, Handbuch des Vertragsarztrechts, § 8 Rn. 47; *Felix/Brockmann*, NZS 2007, 623 (627).
[541] Vgl. im Einzelnen zu den möglichen Abweichungen integrationsvertraglicher Regelungen von den Vorschriften des 4. Kap. SGB V *Beule*, Rechtsfragen der integrierten Versorgung, 150 ff.
[542] Vgl. BSGE 23, 97; 30, 83; 36, 155; 58, 18.

- Grundsatz der persönlichen Leistungserbringung (§ 613 BGB, § 19 MBO, § 4 II GOÄ, § 15 I SGB V, § 22 BPflV, § 15 BMV-Ä, § 14 AEV-Ä).[543]

75 Es ist zwar das Verhältnis von ärztlichem Berufsrecht und dem SGB V von der Rechtsprechung des BSG noch nicht abschließend geklärt.[544] Auf keinen Fall kann man aber vom unangreifbaren Vorrang des Berufsrechts ausgehen. Es wird vielmehr darauf ankommen, ob eine bundesgesetzliche Regelung i. S. v. Art. 72 II GG erforderlich ist.[545] In diesem Rahmen müssen sich auch IV-Vereinbarungen halten.

76 **e) Vertragspartner und deren Rechtsform.** Abschlusspartner von Verträgen zur integrierten Versorgung sind auf der einen Seite die Krankenkassen. Wer auf der anderen Seite beteiligt sein kann, regelt § 140a III 1SGB V (n.F.) abschließend. Gegenüber dem Altrecht erweitert die Bestimmung den Kreis der potenziellen Vertragspartner einerseits um die einzelnen Ärzte, die bisher nur als Mitglieder einer Gemeinschaft zum Vertragsschluss berechtigt waren (Ärztenetz). Darüber hinaus können nicht nur die Leistungserbringer selbst, sondern auch deren Gemeinschaften und die „Gemeinschaften" der Leistungserbringergemeinschaften (§ 140b I Nr. 5 SGB V a.F.) Vertragspartner sein. Angesprochen sind damit insbesondere sog. Management-Gesellschaften, die nicht Selbstversorger sind, sondern eine Versorgung durch die dazu berechtigten Leistungserbringer anbieten. Der Vorteil liegt in der Arbeitsteilung, da die Gesellschaft etwa die Managementaufgaben übernimmt, während die Leistungserbringer sich auf die medizinischen Tätigkeiten konzentrieren. Da auch medizinische Versorgungszentren Teilnehmer einer solchen Versorgungskette sein können, sind vielfältige Gestaltungsmöglichkeiten unterschiedlichster Leistungserbringer und Leistungserbringergemeinschaften unter dem Dach einer Management Holding denkbar. Begünstigt werden dadurch „große" Anbieter, die in der Lage sind, den Krankenkassen ein „attraktives Angebot" zu machen, das auch wesentliche Vorteile in der administrativen Abwicklung der Leistungen (über die Managementgesellschaft) und die Preisgestaltung mit Mengenrabatten etc. verspricht.[546] Ob auch Apotheker Vertragspartner von IV-Verträgen sein können[547], ist umstritten[548]. Der bewusst weite Anwendungsbereich von IV-Verträgen spricht dafür. Zwar sind Apotheken nicht nach dem 4. Kap. des SGB V zur Versorgung der gesetzlich Versicherten zugelassen, sondern nach den Vorschriften des AMG und des ApoG. Der Gesetzgeber hat indessen in § 129 V b SGB V eine Sonderregelung geschaffen, wonach auch Apotheken an IV-Verträgen beteiligt werden können. Voraussetzung ist allerdings, dass die Angebote zur Teilnahme öffentlich auszuschreiben sind[549].

77 Über die Rechtsform des Vertragspartners auf Seiten der Leistungserbringer sagt § 140b I SGB V (a.F.) nichts. Ausdrückliche Rechtsformvorgaben enthält das einschlägige Recht nicht, wenn man vom ApoG absieht, das für die Apotheke nur die Rechtsform der BGB-Gesellschaft oder der OHG zulässt, vgl. § 8 ApoG. Daraus folgt, dass die in § 140b I SGB V (a.F.) genannten „Gemeinschaften", insbesondere der Träger zugelassener Krankenhäuser sich der Rechtsform der Kapitalgesellschaft (in erster Linie GmbH) bedienen können. Das

---

[543] BSGE 29, 288; 38, 73, LSG NRW, NZS 1997, 195.

[544] Dazu u. a. *Engelmann*, ZMGR 2004, 3, 5 ff.

[545] Dazu u. a. *Pieroth*, in: Jarass/Pieroth, GG, Art. 74 Rn. 9 ff.

[546] *Hartwig*, KU 2004, 10, 13.

[547] Darunter fallen nicht Krankenhausapotheken (§ 129a SGB V); Krankenhausapotheken sind keine öffentlichen Apotheken, da sie nur organisatorische Untereinheiten des Krankenhausträgers sind (vgl. § 26 ApBetrO); sie scheiden damit als „selbständiger" Vertragspartner eines IV-Vertrages aus – vgl. *Kirchhoff*, SGb 2006, 710, 719; HK-AKM/*Bäune*, Nr. 2685 („Integrierte Versorgung") Rn. 32.

[548] Vgl. einerseits (verneinend) LSG Thüringen, U. v. 24.1.2007 – L 4 KA 362/06 – in das Krankenhaus 2007, 666 und andererseits (bejahend) *Felix/Brockmann*, NZS 2007, 623, 625 f; zur Neuregelung des § 140a SGB V s. *Dalichau* in Prütting (Hrsg.), Medizinrecht, 4.A. 2016, Vor § 140a SGB V Rn. 48.

[549] HK-AKM/*Bäune*, Nr. 2685 („Integrierte Versorgung") Rn. 31; i Erg. ebenso Bohle, Integrierte Versorgung; 30f; s. a. *Felix/Brockmann*, NZS 2007, 623, 625 f.

gilt auch für alle diejenigen Leistungserbringer, für die keine berufsrechtlichen Vorgaben gegeben sind. Das Problemfeld liegt in der Arztgruppe. Die Möglichkeit, in der Rechtsform einer Kapitalgesellschaft ärztlich tätig zu werden, unterliegt landesspezifischen berufsrechtlichen Grenzen. Da die Musterberufsordnung, die in § 23a MBO die Möglichkeit einer Ärzte-GmbH eröffnet, nicht verbindlich ist, sondern lediglich als ein „Muster" der Umsetzung in den einzelnen Landesärztekammerbezirken in eigene Berufsordnungen bedarf, ist in jedem Einzelfall zu prüfen, ob die jeweilige Landesärztekammer § 23a MBO in ihre Berufsordnung übernommen hat.[550] Letztlich ist zu prüfen, ob das jeweilige ländereigene Heilberufs-Kammergesetz die Möglichkeit einer Ärzte-GmbH eröffnet.[551] In diesen Bundesländern ist von der Zulässigkeit der Ärzte-GmbH entsprechend der Musterberufsordnung (§ 23a MBO) auszugehen, wonach Ärzte auch in der Rechtsform einer juristischen Person des Privatrechts ärztlich tätig sein können. Das setzt berufsrechtlich voraus, dass die Gesellschaft verantwortlich von einem Arzt geführt wird, Ärzte mehrheitlich Geschäftsführer sind, die Mehrheit der Gesellschaftsanteile und der Stimmrechte Ärzten zusteht, Dritte nicht am Gewinn beteiligt sind, sowie eine ausreichende Berufshaftpflichtversicherung für jeden in der Gesellschaft tätigen Arzt besteht (§ 23a I 2a bis d MBO).[552] Somit kommt eine Ärzte-GmbH als Vertragspartner eines IV-Vertrages grundsätzlich in Betracht. Große praktische Bedeutung hat dies nicht, da nach dem Vertragsarztrecht nach wie vor nur eine natürliche Person gem. § 3 II Ärzte-ZV und eben nicht eine juristische Person (wie z. B. GmbH, AG), mit Ausnahme des MVZ (§ 95 I 3 SGB V) als zulassungsfähig angesehen wird.[553]

f) Zulassungsstatus der Teilnehmer. Eine gegenüber dem bisherigen System der GKV bemerkenswerte Neuregelung findet sich in § 140a III 2 SGB V (n.F.). Danach können sich die Vertragspartner auf der Grundlage ihres jeweiligen Zulassungsstatus darauf verständigen, dass Leistungen in der integrierten Versorgung auch dann erbracht werden, wenn die Erbringung dieser Leistungen vom Zulassungs- oder Ermächtigungsstatus des jeweiligen Leistungserbringers nicht gedeckt ist. Daraus ergibt sich Folgendes: Die Leistungserbringereigenschaft oder die Verbindung mit einem Leistungserbringer durch eine der genannten Gemeinschaften stellt nur die „Eintrittskarte" in die Integrationsversorgung dar. Ist diese gelöst, so können die beteiligten Leistungserbringer die vertraglich vereinbarten Leistungen ohne Bindung an ihren Zulassungsstatus erbringen. Die Vertragspartner können deshalb unabhängig von der ärztlichen Bedarfsplanung selbst darüber entscheiden, wo und von wem welche Leistungen eines konkreten integrierten Versorgungsangebotes insbesondere unter dem Gesichtspunkt von Strukturqualität und unbeschadet der sich aus § 39 SGB V ergebenden Rangfolge erbracht werden.[554] Voraussetzung ist insoweit lediglich, dass auch niedergelassene[555] Vertragsärzte oder ein MVZ in den Integrationsvertrag eingebunden sind. 78

Vertragsgrundlage ist gleichwohl der jeweilige Zulassungsstatus des Leistungserbringers insoweit, als nicht Leistungen erbracht werden können, die von keinem der beteiligten Vertragspartner durch ihren Zulassungsstatus abgedeckt sind. Bei Vertragsabschluss können die Vertragspartner nicht einen „fremden Zulassungsstatus" in die integrierte Versorgung einbringen.[556] Die Öffnung eines Krankenhauses über seinen Zulassungsstatus hinaus ist nur im Rahmen seines Versorgungsauftrags möglich. Ist das Krankenhaus nicht im Fachgebiet Orthopädie zugelassen, darf es auch nicht über die integrierte Versorgung orthopädische 79

---

[550] Dies ist z. Zt. nicht der Fall in Bayern, Niedersachsen, Nordrhein, Schleswig-Holstein – vgl. *Weimer* in (Hrsg.), Lexikon des Arztrechts, Nr. 840 („Berufsausübungsgemeinschaften") Rn. 33 in Fn. 61.
[551] So z. B. § 29 II HeilBG NRW.
[552] Zur Ärzte Ärzte-GmbH vgl. *Saenger* MedR 2006, 138 ff.
[553] *Weimer*, in: HK-AKM, Nr. 840 („Berufsausübungsgemeinschaften") Rn. 33.
[554] *Degener-Hencke*, NZS 2003, 629, 632.
[555] *Bäune*, in: HK-AKM, Nr. 2685 („Integrierte Versorgung"), Rn. 111.
[556] BT-Drs. 15/1525, 130.

Leistungen ambulant erbringen. Auch die ambulante Leistungserbringung ist auf das von den beteiligten Vertragsärzten eingebrachte Versorgungsspektrum begrenzt, so dass kardiologische Leistungen eines dafür zugelassenen Krankenhauses nicht ambulant erbracht werden können, wenn am Integrationsvertrag lediglich Hausärzte beteiligt sind.[557]

80 g) **Vergütung.** Die Vergütung der Leistungserbringer für die Erbringung der vertraglich vereinbarten Integrationsleistungen ist durch den Integrationsvertrag festzulegen (§ 140c I 1 SGB V a.F.)). Die Vertragsbeteiligten haben daher unabhängig von anderen Budget- und Vergütungsregelungen eigenständige Vergütungen sowie Integrationsleistungen zu vereinbaren.[558] Dabei sind die Vertragspartner bei der Festlegung von Vergütungsform und -höhe grundsätzlich frei. Sie können sich sowohl an den vorhandenen Vergütungsregelungen (u. a. EBM/ GOÄ/ GOZ/ KHEntgG) orientieren als auch davon vollkommen losgelöste Vergütungsvereinbarungen treffen.[559] Hinsichtlich der Vergütungsart kommen deshalb auch Einzelleistungsvergütungen, Komplexvergütungen, Kopfpauschalen oder sonstige denkbare Modelle in Betracht.[560] Der Festlegung eines – ausdrücklich vereinbarten – „Integrationsbudgets" im IV-Vertrag bedarf es nicht.[561]

81 aa) **Umfang der Integrationsvergütung.** Nach § 140c I SGB V (a.F.) sind sämtliche Leistungen, die innerhalb des im Integrationsvertrag festgelegten Versorgungsauftrages erbracht werden, durch die Integrationsvergütung abzudecken. Das gilt auch für die Inanspruchnahme von Leistungen von nicht an der integrierten Versorgung teilnehmenden Leistungserbringern, soweit die Versicherten von an der integrierten Versorgung teilnehmenden Leistungserbringern an die nicht teilnehmenden Leistungserbringer überwiesen wurden oder die Leistungen sonst von externen Leistungserbringern erbracht werden (§ 140c I 3 SGB V a.F.)). Die Abrechnung der Leistungen des IV-Vertrages hat daher ausschließlich zu Lasten der Integrationsvergütung zu erfolgen. Dadurch soll sichergestellt werden, dass keine Doppelvergütungen zu Gunsten der Leistungserbringer vorgenommen werden.[562] Darüber hinaus soll die Integrationsversorgung auch in Bezug auf die Vergütung vom System der Regelversorgung abgekoppelt werden. Die Vergütung für die Leistungen der IV stehen damit neben jenen, die aus der Gesamtvergütung (§ 85 I SGB V) bezahlt werden.

82 bb) **Vergütung der Krankenhäuser.** Für den Krankenhausbereich galt bis zum 31.12.2008 die Sonderregel des § 140d IV SGB V (a.F.). Danach wurden nur die Krankenhausleistungen aus der IV-Vergütung finanziert, die über die in dem Gesamtbetrag nach §§ 3, 4 KHEntgG bzw. § 6 BPflV enthaltene Leistungen hinausgehen.[563] Die im Krankenhausbudget enthaltenen Leistungen durften daher nicht über die IV vergütet werden. Das galt z. B. für zusätzliche Leistungsmengen sowie erhöhten Dokumentations- oder Koordinierungsaufwand.[564] Seit dem 1.1.2009 gilt diese Einschränkung nicht mehr. Die Vergütung der Krankenhausleistungen ist daher – wie für andere Leistungserbringer auch – im IV festzulegen.

83 h) **Die Anschubfinanzierung.** Unter der Überschrift „Anschubfinanzierung" wurden die Krankenkassen mit § 140d I 1 SGB V a.F. verpflichtet, zur Förderung der integrierten Versorgung jeweils Mittel bis zu 1 % von der an die KV zu entrichtenden (vertragsärztlichen) Gesamtvergütung sowie von den Rechnungen der einzelnen Krankenhäuser für voll- und teilstationäre Versorgung einzubehalten, soweit dies zur Umsetzung abgeschlossener Integra-

---

[557] *Degener-Hencke*, NZS 2003, 629, 632.
[558] BT-Drs. 14/1997, S. 172.
[559] *Ratzel/Luxenburger/Bäune*, § 8 Rn. 43.
[560] *Quaas*, VSSR 2004, 175 (193); *Bäune*, in: HK-AKM, Nr. 2685 („Integrierte Versorgung") Rn. 135 m. w. N.
[561] So aber *Hauck/Engelhard*, K § 140c SGB V Rn. 5.
[562] *Krauskopf/Knittel*, § 140c SGB V Rn. 4; *Bäune*, in: HK-AKM, Nr. 2685 Rn. 133.
[563] Dazu ausführlich *Quaas*, das Krankenhaus 2005, 967 ff.; Vorauf. § 11 Rn. 86 ff.
[564] *Bäune*, in: HK-AKM, Nr. 2685 („Integrierte Versorgung") Rn. 133.

tionsverträge erforderlich ist. Die durch das GMG auf den 31.12.2006 befristete Anschubfinanzierung ist durch das VÄndgG bis zum 31.12.2008 verlängert worden.[565] Die einbehaltenen Mittel für Verträge, die ab dem 1.4.2007 abgeschlossen wurden, durften nur für voll- oder teilstationäre und ambulante Leistungen der Krankenhäuser und für ambulante vertragsärztliche Leistungen verwendet werden (§ 140d I 2, 3 SGB V a.F.)). Wurden die einbehaltenen Mittel nicht innerhalb von drei Jahren zweckentsprechend verwendet, waren die verwendeten Mittel spätestens zum 31.3.2009 an die KV sowie an die einzelnen Krankenhäuser, soweit die Mittel in den Jahren 2007 und 2008 einbehalten wurden, entsprechend ihrem Anteil an den jeweils einbehaltenen Beträgen zurückzuerstatten (§ 140d I 8 SGB V a.F.)).

Da die Krankenkassen keine abschließenden Berechnungen zu den erforderlichen finanziellen Mitteln vornehmen konnten, war die Höhe des Einbehalts im Rahmen einer Prognoseentscheidung festzulegen.[566] Erst im Rahmen der Endabrechnung wurde die konkrete Mittelverwendung bestimmt. Hatte die Krankenkasse keine Mittel einbehalten, war eine nachträgliche Kürzung oder Aufrechnung nicht (mehr) möglich.[567] 84

i) Bereinigung der Gesamtvergütung. Nach Auslaufen der Anschubfinanzierung ist § 140d SGB V durch die Bestimmung über die „Bereinigung" der Gesamtvergütung mit Wirkung vom 1.1.2009 ersetzt worden. Gemäß § 140d II 2 SGB V (a.F.) ist der vertragsärztliche Behandlungsbedarf nach § 87 III 2 SGB V entsprechend der Zahl und der Morbiditätsstruktur der an der IV teilnehmenden Versicherten sowie dem im IV-Vertrag vereinbarten Versorgungsbedarf zu bereinigen. Für die Jahre 2011 und 2012 hat der Bewertungsausschuss einen Beschluss zur Ermittlung des zu bereinigenden Behandlungsbedarfs gefasst.[568] Danach wird die Bereinigung immer quartalsweise vorgenommen. Im Krankenhausbereich sind ab dem 1.1.2009 bei den für Krankenhäuser nach § 11 I KHEntgG zu vereinbarenden Erlösbudgets die Vergütungen für Leistungen innerhalb der integrierten Versorgung außenvorzulassen (§ 4 I 2 KHEntgG). Auf diese Weise soll auch im Krankenhausbereich sichergestellt werden, dass es nicht zu Doppelvergütungen kommt.[569] 85

j) Bewertung. Wie lässt sich die integrierte Versorgung mittels Einzelverträge zwischen Krankenkassen und Leistungsanbietern auf dem Hintergrund der durch das GKV-Gesundheitsreformgesetz von Dezember 1999 geschaffenen und der durch das GMG/GKV-WSG/GKV-VSG reformierten Rechtslage deuten? 86

Geht man vom SGB V aus, so könnte man die integrierte Versorgung als fortgezogene Entwicklungslinie vom Modellvorhaben (§§ 63 f. SGB V) über den Strukturvertrag (Praxisnetze nach § 73a SGB V a.F.)) und die hausarztzentrierte Versorgung (§ 73b SGB V) verstehen. Sie verfolgte dann das Ziel, einige Mängel zu beheben, die insbesondere dem Strukturvertrag anhaften. Dazu gehört, dass in der integrierten Versorgung alle Leistungserbringer in ein Netzwerk einbezogen werden können, dass das schwierige Budgetproblem jedenfalls grundsätzlich geklärt ist und dass die Akzeptanz der integrierten Versorgung durch die Einräumung von Boni an die Versicherten gegenüber den Regelungen des Strukturvertrages gesteigert worden ist. 87

Man kann aber die integrierte Versorgung entgegen den ausdrücklich bekundeten Ansätzen auch noch ganz anders verstehen, wenn man die Entstehungsgeschichte der GKV-Gesundheitsreform 2000 in ihrer Gesamtheit heranzieht. Die ersten Entwürfe zum GKV- 88

---

[565] Auf der Grundlage der Daten für das Jahr 2002 stehen als Anschubfinanzierung jährlich ca. 680 Mio. EUR zur Verfügung – vgl. BT-Drs. 15/25, 131; *Möller/Dahm/Bäune*, in: Ratzel/Luxenburger, (Hrsg.), Handbuch Medizinrecht, § 8 Rn. 345.
[566] BSG, U. v. 2.11.2010 – B 1 KR 11/10 R; LSG Sachsen, U. v. 24.6.2009 – L 1 KR 76/08 in GesR 2009, 645; *Bäume*, in: Ratzel/Luxenburger, § 8 Rn. 61.
[567] BSG, U. v. 2.11.2010 – B 1 KR 11/10 R; *Bäume*, in: Ratzel/Luxenburger, § 8 Rn. 61.
[568] Zitiert bei *Bäume*, in: Ratzel/Luxenburger, § 8 Rn. 67 in Fn. 110.
[569] *Bäume*, in: Ratzel/Luxenburger, § 8 Rn. 68.

SolG hatten noch verschiedene Einkaufsmodelle zum Gegenstand. Um die Durchsetzung des GKV-SolG nicht zu gefährden, sind die entsprechenden Vorhaben schließlich gestrichen worden. Sie tauchen auch als solche in der GKV-Gesundheitsreform 2000 nicht mehr auf. §§ 140a ff. SGB V lassen sich aber dennoch so lesen. Vertragspartner einer integrierten Versorgung können nach § 140b SGB V alle Leistungserbringer der Krankenversicherung einschließlich Krankenhäuser, Vorsorge- und Reha-Einrichtungen und ihre Gemeinschaften sein. Sie können also allesamt einen Vertrag über integrierte Versorgungsformen abschließen. Hält man sich vor Augen, dass im Übrigen nur selbstverständliche Voraussetzungen gegeben sein müssen, nämlich, pauschal gesagt, Leistungsfähigkeit und Wirtschaftlichkeit der Versorgung, so liegt die entscheidende Funktion der integrierten Versorgung in der Möglichkeit, mit einem Leistungserbringer oder mit Leistungserbringergruppen Versorgungsverträge abschließen zu können und das mit all den Abweichungen, die von den Vorgaben des 4. Kapitels des SGB V möglich sind. Im Ergebnis erweist sich deshalb die integrierte Versorgung aber als ein Wettbewerbsmodell, bei dem über Einzelverträge das bestehende Leistungs- und Vergütungssystem unterlaufen werden kann. Versteht man die integrierte Versorgung als Wettbewerbsmodell, so ergeben sich weit reichende Konsequenzen. Bleiben nämlich Vorhaben der integrierten Versorgung nicht nur insular, sondern werden sie auf große Bereiche ausgedehnt, so gerät das etablierte Versorgungssystem aus den Fugen. Zwar ist die Teilnahme der Versicherten an der integrierten Versorgung freiwillig. Aber wenn die Leistungen dort billiger angeboten werden, ist damit jedenfalls insoweit ein Steuerungseffekt verbunden, als der Versicherte sonst Zuzahlungen aus eigener Tasche erbringen muss. Mögen diese Fälle auch gering zu veranschlagen sein, weil außerhalb der Versorgung nach SGB V/KHG Vertragsfreiheit herrscht, so blieb dem Versicherten doch auf jeden Fall der satzungsgemäße Bonus nach § 65a SGB V. Die integrierte Versorgung wird also andere Leistungsanbieter vom Markt verdrängen. Das kann im Übrigen auch in einem singulären, d. h. räumlich eng abgegrenzten Bereich der Fall sein, weil z. B. Vertragsarztsitze ohnehin nicht verlegbar sind, aber auch, weil die anderen Leistungserbringer ihre Leistungen nicht im Umherziehen anbieten. Die integrierte Versorgung zwingt also in ihrem jeweiligen Vertragsbereich die Leistungsanbieter entweder in das System hinein oder es verdrängt sie vom Markt. Damit entsteht ein systematischer Bruch. Eine integrierte Versorgung kann nämlich gerade mit dem Ziel aufgebaut werden, andere Leistungsanbieter auszuschalten. Diese haben keine Abwehrmöglichkeiten, weil sie keine Ausweichmöglichkeiten haben. Sie können, wie insbesondere die Vertragsarztsitzkonstellation zeigt, noch nicht einmal abwandern. Diesen Wettbewerbsdruck vor Augen können die Krankenkassen und ihre Verbände die Vertragsschraube immer weiter drehen. Denn wer an der integrierten Versorgung nicht teilnimmt, scheidet als Leistungserbringer, also nicht erst auf der Vergütungsebene, aus.

89 Nun ist das Aufbrechen verkrusteter Strukturen, wie es in der Amtlichen Begründung heißt, sicherlich ein legitimes Ziel von Wettbewerb. Es ist auch zu unterstellen, dass Wettbewerb sparen hilft. Der damit eingeschlagene Weg führt jedoch weg vom Patienten und vom Leistungserbringer, hin zur Fixierung einer Verteilungsstruktur, deren Funktionsfähigkeit dann das ausschlaggebende Ziel des ganzen Systems wird mit der Folge, dass die eigentlichen Zwecke der Krankenversorgung aus dem Blick geraten und der Bestandsschutz des Systems das sich selbst tragende Endziel wird.

90 Es lässt sich schwer abschätzen, ob das – ohne Zweifel verbesserte – System der integrierten Versorgung Zukunft hat. Die Abkehr vom 4. Kapitel des SGB V auch hinsichtlich des Grundsatzes der Beitragssatzstabilität, die Abkehr vom Sicherstellungsauftrag zusammen mit der Herausdrängung der Kassenärztlichen Vereinigungen aus dem Regelungsbereich, die gleichzeitige Stärkung der Einzelvertragsbefugnis zusammen mit der Finanzierung aus dem Vergütungstopf aller Vertragsärzte erwecken aber eher den Eindruck, als ob sich an der schon bisher erkennbaren Entwicklung zu einem systemwidrigen Faktor innerhalb des Kranken-

versicherungssystems nichts geändert, ja, als ob damit das solidarische Krankenversicherungssystem in Gefahr gerät, gesprengt zu werden.

4. Einzelne Fragen für den Vertragsabschluss und die Vertragsgestaltung

a) Auswahl des Vertragspartners der Krankenkassen/Anwendbarkeit des Wettbewerbs- und Vergaberechts. aa) Einstieg in das Einkaufsmodell. § 140b I SGB V (a.F.) stellte lapidar fest, dass die Krankenkassen die Integrationsverträge mit den in den nachfolgenden Nummern 1 bis 6 genannten Vertragspartnern abschließen können. Nähere Kriterien für die den Krankenkassen obliegende „Auswahlentscheidung" enthält das SGB V weder in § 140a SGB V noch in vergleichbar gelagerten Fällen, wie etwa bei der Umsetzung von Disease-Management-Programmen nach §§ 137 f. SGB V.[570] Im auffallenden Gegensatz dazu stehen die Versorgungsverträge des SGB V, die den Status des Leistungserbringers betreffen, insbesondere von Krankenhäusern und Vorsorge- und Reha-Einrichtungen nach den §§ 107 ff. SGB V. Die Abschlussvoraussetzungen, die der Vertragspartner in Person bzw. mit der Einrichtung für den Abschluss des Versorgungsvertrages erfüllen muss, sind im Gesetz definiert (vgl. § 109 II, III SGB V bzw. § 111 II SGB V). Liegen sie vor, hat der Träger der Einrichtung einen Rechtsanspruch auf Abschluss des Versorgungsvertrages.[571] Im Ergebnis bedeutet die im Ermessen der einzelnen Krankenkasse liegende Vertragsabschlussfreiheit für Integrationsverträge einen erheblichen Gewinn an Einfluss für die Krankenkassen, da sie auf Grund ihrer Marktmacht faktisch den Vertragspartner und die Bedingungen des Vertragsabschlusses diktieren können. Der Zulassungsstatus eines Leistungserbringers verpflichtet die Krankenkasse nicht, diesen in einen Integrationsvertrag einzubeziehen.[572] Insoweit ist der Hinweis auf die Grundrechte der Leistungserbringer und das Verbot, eine Auswahl nach „Gutsherrenart" mit dem nicht nachprüfbaren Argument der „Qualitätsauslese" als einer mit Art. 12 I GG nicht vereinbaren Anforderung[573] vorzunehmen, für die Praxis nur ein schwacher Trost.

91

Der gesetzliche Einstieg in die Einzelverträge ist – wie ausgeführt – der Einstieg in das Einkaufsmodell der Krankenkassen, wie es im Bereich ärztlich veranlasster Leistungen (häusliche Krankenpflege, Krankentransporte sowie die Versorgung mit Heil- und Hilfsmitteln) und nunmehr bei der Umsetzung von Disease-Management-Programmen bereits praktiziert wird. Die hierbei gewonnen Erfahrungen haben gezeigt, dass von den Krankenkassen in der Regel ausgesprochen einseitig und letztlich „diktierte Vereinbarungen" angeboten werden.[574] Nicht nur ökonomisch besteht die Sorge, dass im Rahmen der neuen Vertragsfelder durch Preisdumping die Akteure gegeneinander ausgespielt – und damit vom Markt verdrängt – werden. Auf diese Weise hätten die Krankenkassen das Monopol erst geschaffen, von dem manche glaubten, es mit der Abschaffung der KV'en beseitigt zu haben.[575]

92

bb) Anwendbarkeit des Wettbewerbsrechts. Umso mehr fragt sich, ob und wie dem Missbrauch der Marktmacht durch die Krankenkassen bei Abschluss und Gestaltung der Integrationsverträge mit Hilfe des Wettbewerbsrechts (UWG, GWB) begegnet werden kann. Das GKV-WSG hat mit der in § 69 SGB V vorgenommenen Einfügung von Satz 2 neu lediglich die „entsprechende" Anwendbarkeit der §§ 19 bis 21 GWB bestimmt, um dadurch

93

---

[570] Siehe dazu *Vollmöller*, NZS 2004, 63, 65; zu Versorgungsverträgen betreffend Hilfsmitteln zwischen Krankenkassen und Leistungserbringern siehe *Schütze*, NZS 2003, 467.
[571] Zu Krankenhausverträgen s. BSGE 78, 233; zu Reha-Einrichtungen BSGE, U. v. 19.1.1997 – 3 RK 1/97 – in NZS 1998, 428; siehe auch *Quaas*, Der Versorgungsvertrag nach dem SGB V mit Krankenhäusern und Rehabilitationseinrichtungen, Rn. 83 ff., 184.
[572] *Wigge*, NZS 2001, 17; zur verfassungsrechtlichen Kritik daran s. *Udsching*, NZS 2003, 411, 417.
[573] *Udsching*, NZS 2003, 411, 17.
[574] *Schütze*, NZS 2003, 467, 468; *Vollmöller*, NZS 2004, 63, 65.
[575] So *Hansen* auf einer Tagung der MCC am 28. Januar 2004 in Köln.

den erweiterten Fusionsmöglichkeiten der gesetzlichen Krankenkassen Rechnung zu tragen. In anderen Bereichen der GKV haben die Zivilgerichte schwerwiegende Benachteiligungen der Leistungserbringer durch rechtswidriges Verhalten der Krankenkassen unterbunden.[576] Das GKV 2000 hat jedoch auch § 69 SGB V neu gefasst und bestimmt, dass das 4. Kapitel sowie die §§ 63 und 64 des SGB V die Rechtsbeziehungen der Krankenkassen und ihrer Verbände zu den Leistungserbringern abschließend regeln und zwar auch, soweit durch diese Rechtsbeziehungen Rechte Dritter betroffen sind. Daraus ist zu folgern, dass es sich bei § 69 SGB V nicht um eine generelle Bereichsausnahme zugunsten der Krankenkassen handelt.[577] Allerdings hat das BSG entschieden, dass § 69 SGB V zumindest auch die Anwendung des nationalen Kartell- und Wettbewerbsrechts ausschließe.[578] Es ist deshalb davon auszugehen, dass eine unmittelbare Überprüfung von Integrationsverträgen am Maßstab des Wettbewerbs- und Kartellrechts, insbesondere § 1 UWG sowie §§ 20 I, II GWB zunächst nicht erfolgen wird. Möglich bleibt aber eine mittelbare Berücksichtigung des materiellen Gehalts dieser Vorschriften im Rahmen der Grundrechte der Art. 3 I und 12 I GG.[579] Dazu bemerkt das BSG:[580]

„Der Wegfall wettbewerbsrechtlicher Unterlassungsansprüche führt aber nicht dazu, dass nunmehr auch die einzelnen Leistungsanbieter ebenfalls keine Abwehransprüche mehr gegen sie beeinträchtigendes bzw. diskriminierendes Verhalten der KKn geltend machen könnten. Unterlassungsansprüche können von diesen seit dem 1.1.2000 immer noch auf eine Verletzung der Art. 12 und 3 GG gestützt werden, wenn KKn durch ihr hoheitliches Verhalten das Recht der freien Berufsausübung oder der Gleichbehandlung im Wettbewerb beeinträchtigen. Dabei kann hier offen bleiben, ob die von der Zivilrechsprechung entwickelten Grundsätze über die Untersagung unlauteren Wettbewerbs von Seiten der KKn in vollem Umfang auf die nunmehr ausschließlich öffentlich-rechtlichen Rechtsbeziehungen übertragen werden können. Jedenfalls ist der verfassungsrechtlich gebotene Mindestschutz sowohl prozessual als auch materiell weiterhin gewährleistet."

94 cc) **Zur Ausschreibungspflicht von Integrationsverträgen.** Die fehlende direkte Anwendbarkeit des nationalen Wettbewerbsrechts bedeutet nicht, dass das in den §§ 97 ff. GWB umgesetzte EG-Vergaberecht ebenfalls a priori keine Anwendung fände. Vielmehr wird im Schrifttum zurecht davon ausgegangen, dass § 69 SGB V für den 4. Teil des GWB die Anwendbarkeit nicht ausschließen kann, da es sich hierbei um die Umsetzung verschiedener EG-Vergaberechtsrichtlinien in nationales Recht handelt und dem Gemeinschaftsrecht Anwendungsvorrang gegenüber dem nationalen Recht zukommt.[581] Auch lässt sich den Gesetzesmaterialien nicht entnehmen, dass der Gesetzgeber die Anwendbarkeit des Vergaberechts ausschließen wollte, denn es wird nur davon gesprochen, dass die Krankenkassen „nicht als Unternehmen im Sinne des Privatrechts, einschließlich des Wettbewerbs- und Kartellrechts" handeln.[582] Das Vergaberecht stellt jedoch nicht auf den Begriff des Unternehmens, sondern auf den Begriff des öffentlichen Auftraggebers ab. Hierunter fallen die Krankenkassen eindeutig, da sie sog. funktionelle Auftraggeber im Sinne von § 98 Nr. 2

---

[576] Vgl. die Rechtsprechungsnachweise bei *Schütze,* NZS 2003, 467, 471 in Fn. 32.
[577] *Gabriel,* NZS 2007, 344, 345.
[578] So der 3. Senat des BSG, BSGE 87, 95, 99; 89, 24, 33; anders noch der 6. Senat des BSG, vgl. BSGE 86, 223, 229; ebenso LSG Berlin NZS 2002, 558; weitere Nachweise bei *Vollmöller,* NZS 2004, 63, 65 in Fn. 34; *Windthorst,* Die integrierte Versorgung der gesetzlichen Krankenversicherung, 82 ff.
[579] Dazu *Koenig/Engelmann/Hentschel,* SGb 2003, 189 f.; *Vollmöller,* NZS 2004, 63, 65, 66 f.
[580] BSG SozR 3–2500, § 69 SGB V, Blatt 11.
[581] *Becker,* NZS 2001, 505; *Becker/Bertram,* das Krankenhaus 2002, 541, 542; *Beule,* GesR 2004, 209, 214; *Bohle,* Integrierte Versorgung, 46 ff.; *Koenig/Engelmann/Hentschel,* MedR 2003, 562, 563; *Sieben,* MedR 2007, 706; *Vollmöller,* NZS 2004, 63, 65; *Windthorst,* Die integrierte Versorgung der gesetzlichen Krankenversicherung, 87 f.; *Koenig/Steiner,* ZESAR 2003, 98 ff., 150 ff.; *Zuck* f & w 2002, 534, 535.
[582] BT-Drs. 14/1245, S. 68.

GWB darstellen.[583] Setzt man das Überschreiten des einschlägigen Schwellenwerts gem. § 100 I GWB iVm § 2 VgV in Höhe von 211.000,00 EUR (netto) voraus,[584] bleibt noch die Frage zu klären, ob der Abschluss von Integrationsverträgen einen öffentlichen Auftrag im Sinne von § 99 GWB darstellt. Dafür ist entscheidend, ob das Kriterium der Entgeltlichkeit erfüllt ist, das den Dienstleistungsauftrag kennzeichnet. Um eine Dienstleistung handelt es sich, sofern der Integrationsvertrag mit einem Krankenhaus geschlossen werden soll, Gegenstand des Auftrags also Krankenhausbehandlung ist.[585] Gegen die Annahme der Entgeltlichkeit könnte sprechen, dass der Abschluss des Integrationsvertrages selbst noch nicht dazu führt, dass der Versicherte von der Behandlungsmöglichkeit Gebrauch macht, der Abschluss des Versorgungsvertrages somit im Status einer sog. Dienstleistungskonzession verbleibt, auf die das Vergaberecht keine Anwendung findet.[586] Andererseits ist der Abschluss des Integrationsvertrages nicht selten motiviert durch die Möglichkeit, dem Versicherten Boni für gesundheitsbewusstes Verhalten nach § 65a SGB V zu gewähren. Sollte ein entsprechender Bonus faktisch dazu führen, dass die Versicherten dazu angehalten werden, nur bestimmte Leistungserbringer in Anspruch zu nehmen, läge eine Ausschreibungspflicht – bei Überschreiten des einschlägigen Schwellenwerts – nahe.[587] Davon ist nach der neueren Rechtsprechung des EuGH[588] für den Abschluss von Integrationsverträgen grundsätzlich auszugehen.[589]

b) Vertragsinhalt und Vertragsgestaltung. aa) Allgemeines/Beispiele. Zum Vertragsinhalt eines Integrationsvertrages und dessen Ausgestaltung lässt sich naturgemäß nur wenig Allgemeines sagen. Entscheidend kommt es zunächst auf den Gegenstand der vertraglichen Einigung an, den das Gesetz bewusst offen und nahezu tautologisch als Regelung über eine „verschiedene leistungssektorenübergreifende oder eine interdisziplinär-fachübergreifende Versorgung der Versicherten" umschreibt. Alles was unter eine solche Versorgung fällt, kann zulässiger Inhalt eines Integrationsvertrages sein. Das reicht von der integrierten indikationsspezifischen Versorgung (in Versorgungsketten), deren Versorgungsauftrag sich auf die Behandlung von Patienten mit chronischen oder sonstigen konkret genannten Krankheitsbildern konzentriert über nicht-indikationsspezifische, umfassende Versorgungsangebote oder auch die Zusammenarbeit eines Ärztenetzes mit einem Krankenhausträger beim Betrieb einer Notfallpraxis in den Räumen des Krankenhauses.[590] Gegenstand einer indikationsspezi-

95

---

[583] EuGH, U. v. 11.6.2009 – C-300/07 in NJW 2009, 2427; OLG Düsseldorf, B. v. 23.5.2007 – VII – Verg. 50/06 – in MedR 2007, 725; VK Düsseldorf, B. v. 31.10.2007 – VK 31/2007; VK Bund, B. v. 16.11.2007 – 105/07 –; *Becker/Bertram*, das Krankenhaus 2002, 541, 542; *Byok*, GesR 2007, 553 mit weiteren Nachweisen; *Gabriel*, NZS 2007, 344 ff. (speziell zu IV-Verträgen); *Goudarzi/Junker*, NZS 2007, 632; Ratzel/Luxenburger/*Bäune*, § 8 Rn. 24 ff.; *Moritz Quaas*, Rechtsfragen der ambulanten Versorgung im Krankenhaus, 2011, 105; *Sieben*, MedR 2007, 706; *Vollmöller*, NZS 2004, 63, 66.
[584] Unterhalb des Schwellenwerts gilt § 22 der Verordnung über das Haushaltswesen in der Sozialversicherung (SVHV), wonach für die Krankenkassen keine Ausschreibungspflicht besteht, wenn ihre Verträge der Beschaffung gesetzlicher Versicherungsleistungen dienen – vgl. *Koenig/Engelmann/Hentschel*, MedR 2003, 562, 563; vergleiche im Übrigen zum Schwellenwert und zum sog. „Unterschwellenbereich" *Goudarzi/Junker*, NZS 2007, 632, 635.
[585] EuGH, NZS 2001, 478; *Becker/Bertram*, das Krankenhaus 2002, 541, 542; *Vollmöller*, NZS 2004, 63, 66.
[586] Vgl. zu dieser Differenzierung unter der rechtlichen Einordnung des IV-Vertrages als Dienstleistungskonzession den Vorlagebeschluss des OLG Düsseldorf, B. v. 23.5.2007 – VII – Vbrg. 50/06 – MedR 2007, 725; *Byok*, GesR 2007, 553, 557; *Gabriel*, NZS 2007, 344, 350; *Sieben*, MedR 2007, 706, 709.
[587] So *Byok*, GesR 2007, 553, 557, s. a., *Vollmöller*, NZS 2004, 63, 66.
[588] EuGH, U. v. 11.6.2009 – C-300/07 – NJW 2009, 2427.
[589] Zu Einzelheiten vgl. *Moritz Quaas*, Rechtsfragen der ambulanten Versorgung im Krankenhaus, 2011, 105 f.; *Bäume*, in: Ratzel/Luxenburger, § 8 Rn. 25 ff.
[590] Vgl. zu Letzterem die Kooperationsvereinbarung der Notfallpraxis Stuttgart im Marienhospital Stuttgart, abgedruckt in Deutsche Krankenhausgesellschaft, Das Krankenhaus als Anbieter von Leistungen in der integrierten Versorgung, 82 ff.

fischen Integrationsvereinbarung ist etwa der Integrationsvertrag des LBK Hamburg mit der DAK über die Resektion von Blasentumoren, die dabei zu erbringenden Unterbringungs- und Verpflegungsleistungen und die Regelung der im Zusammenhang mit der Operation entstehenden Medikation.[591] Integrationsverträge dieser Art sehen häufig Maßnahmen zur Qualitätssicherung in der integrierten Versorgung, Regelungen über die vor- und nachstationäre Behandlung einschließlich ggf. Prüfungsmöglichkeiten durch den MDK, Regelungen zur Vergütung der durch den Vertragspartner erbrachten Leistungen sowie ggf. zur Budgetbereinigung beim Krankenhaus, Bestimmungen über die Haftung, die Werbung und Öffentlichkeitsarbeit einschließlich Internet sowie Regelungen zur Kündigung und zum In-Kraft-Treten vor.

96   bb) **Festlegung des Versorgungsauftrags und des gesetzgeberischen Pflichtenprogramms.** Entscheidend für das Gelingen der Integrationsversorgung dürfte u. a. die konkrete Festlegung des Versorgungsauftrags und die darauf abgestimmte Regelung der Rechte und Pflichten der Vertragsbeteiligten bei Durchführung der integrierten Versorgung sein. Dabei ist der Versorgungsauftrag nicht nur nach der Art und dem Gegenstand der Leistung, sondern auch nach der Kassenzugehörigkeit der Patienten, nach den Patientengruppen im Übrigen hinsichtlich ihres örtlichen Versorgungsbereiches etc. zu bestimmen. Die abstrakten, gesetzlichen Vertragsinhalte einer qualitätsgesicherten, wirksamen, ausreichenden, zweckmäßigen und wirtschaftlichen Versorgung der Versicherten und der Gewährübernahme für die Erfüllung der organisatorischen, betriebswirtschaftlichen sowie medizinischen und medizinisch-technischen Voraussetzungen für die vereinbarte integrierte Versorgung entsprechend dem allgemein anerkannten Stand der medizinischen Erkenntnisse und des medizinischen Fortschritts müssen „mit Leben" erfüllt werden. Konkreter Regelungen bedarf es auch hinsichtlich der an dem Versorgungsbedarf der Versicherten orientierten Zusammenarbeit zwischen allen Vertragsbeteiligten einschließlich der Koordination zwischen den verschiedenen Versorgungsbereichen und einer ausreichenden Dokumentation, die allen an der integrierten Versorgung Beteiligten im jeweils erforderlichen Umfang zugänglich sein muss (§ 140b III SGB V).

97   cc) **Vergütung/Leistungsansprüche der Versicherten.** Die Vergütung ist zwischen den Vertragsbeteiligten frei verhandelbar. Eine Anlehnung an bestehende Vergütungssysteme (EBM, DRG's) ist möglich, aber nicht erforderlich. Denkbar sind Einzelpreise bis hin zu Komplexpauschalen, Mengenrabatt, leistungsabhängige Vergütungsbestandteile (mengen- und qualitätsabhängige Vergütung, Zielvereinbarung), Beteiligungen an Kostenersparnis, Bonus-/Malusregelungen.

98   Das Zulassungsrecht des SGB V ist nicht disponibel. Dies folgt daraus, dass als Vertragspartner der Krankenkassen nur zugelassene Leistungserbringer in Betracht kommen.[592] Eine weitere Begrenzung des Gestaltungsspielraums ergibt sich daraus, dass die Leistungsansprüche der Versicherten durch Integrationsverträge nicht geändert werden können. § 140a II 1 SGB V (n.F.) lässt nur Abweichungen von den Vorschriften im Vierten Kapitel zu. Die im Dritten Kapitel enthaltenen Regelungen des Leistungsrechtes sind damit nicht dispositiv.[593]

99   c) **Rechtsnatur/Vertragskombinationen. aa) Rechtsnatur.** Bei einem Integrationsversorgungsvertrag, der zwischen den Leistungserbringern und einer Krankenkasse geschlossen wird, handelt es sich um einen öffentlich-rechtlichen Vertrag auf dem Gebiet des Sozial-

---

[591] Der Integrationsvertrag LBK Hamburg und DAK ist abgedruckt in Deutsche Krankenhausgesellschaft, Das Krankenhaus als Anbieter von Leistungen in der integrierten Versorgung, 112 ff.
[592] *Knittel*, in: Krauskopf, Soziale Krankenversicherung – Pflegeversicherung, § 140b SGB V Rn. 11.
[593] → § 11 Rn. 77 f.; A. A u. a. *Knittel*, in: Krauskopf, Soziale Krankenversicherung – Pflegeversicherung, § 140b SGB V Rn. 11; *Windthorst*, Die integrierte Versorgung in der gesetzlichen Krankenversicherung, 91.

versicherungsrechts. Dies folgt aus § 69 S. 3 SGB V, wonach die Rechtsbeziehungen der Krankenkassen und deren Verbände zu den Krankenhäusern und ihren Verbänden abschließend im 4. Kap. und den weiteren, dort genannten Vorschriften geregelt sind.[594] Insoweit geht der Gesetzgeber bei den Leistungsbeschaffungsverträgen zwischen den Krankenkassen und der Einrichtung von einer öffentlich-rechtlichen Rechtsnatur aus, womit der Gleichklang mit den sonstigen öffentlich-rechtlichen Verträgen nach dem SGB V hergestellt wird.[595] Das öffentliche Vertragsrecht schließt die Befugnis der Krankenkassen aus, den Bereich der Integrationsversorgung durch Verwaltungsakt zu regeln.[596] Die Verträge zur integrierten Versorgung sind allerdings keine Normverträge.[597] Sie sind nur für die am Vertragsschluss Beteiligten verbindlich. Das Gesetz räumt den Vertragspartnern nicht das Recht ein, mit verbindlicher Wirkung für Dritte zu handeln. Daher muss beim Abschluss eines Integrationsvertrages darauf geachtet werden, dass nicht in Rechte Dritter eingegriffen wird. Ansonsten wird der Vertrag ganz oder teilweise erst wirksam, wenn der Dritte schriftlich zustimmt (§ 57 I SGB X).[598]

bb) Vertragskombinationen. Bei der Vertragsgestaltung kann der Integrationsvertrag mit anderen öffentlich-rechtlichen Verträgen, die einen verwandten Vertragsgegenstand haben, „kombiniert" werden. Zu denken ist an Vereinbarungen über die ambulante Behandlung im Krankenhaus nach § 116b I oder II SGB V, oder auch an Versorgungsverträge nach den §§ 107 ff. SGB V, deren Aufgabe es ist, den Zulassungsstatus der behandelnden Einrichtung zu begründen, die im Rahmen der integrierten Versorgung oder auf der Grundlage des § 116b SGB V die vertraglichen Leistungen erbringen soll. Dies erlaubt eine Fülle von Vertragsmodellen und -konstruktionen, die Grundlage von Gesundheitszentren im weitesten Sinn sein können. Von juristisch hohem Interesse ist dabei die Abdingbarkeit einzelner Bestimmungen des jeweils gesetzlich vorgegebenen Vertragstypus. Dies gilt erst recht, wenn die GKV-Verträge mit Verträgen über die Ausführung von Leistungen durch Rehabilitationsdienste und -einrichtungen, die nicht in der Trägerschaft eines Rehabilitationsträgers stehen (vgl. § 21 SGB IX) kombiniert werden. Der Phantasie der Vertragspartner und der von ihnen ggf. beauftragten Juristen sind hier keine Grenzen gesetzt.

100

---

[594] BSG, U. v. 29.5.2001 – B 3 KR 3/01 R – in SozR 3/2500, § 69 SGB V Nr. 1; *Becker*, NZS 2001, 505, 510; *Bäune*, GesR 2006, 289, 296; *Knittel*, in: Krauskopf, Soziale Krankenversicherung – Pflegeversicherung, § 140b SGB V Rn. 12; *Quaas*, VSSR 2004, 175, 193; *Vollmöller*, NZS 2004, 63; *Windthorst*, Die integrierte Versorgung in der gesetzlichen Krankenversicherung, 76 ff.; aA *Franken*, Die privatrechtliche Binnenstruktur der integrierten Versorgung, §§ 140a bis h SGB V (Diss.), 84 ff., der allerdings in der 2003 erschienenen Dissertation keinerlei Kenntnis von der – abweichenden – Auffassung des BSG nimmt und sich im Wesentlichen zur Begründung der privatrechtlichen Natur des Integrationsvertrages auf die Abweichungsbefugnis der Vertragspartner nach § 140b IV SGB V beruft, die indessen zur Rechtsnatur der zwischen den Vertragspartnern bestehenden rechtlichen Beziehungen nichts aussagt; ebenso (privatrechtlicher Kooperationsvertrag) *Wigge*, NZS 2000, 533, 534; *ders.*, NZS 2001, 17, 66.
[595] Vgl. *Quaas*, in: Bihr/Fuchs/Krauskopf/Lewering, SGB IX, § 21 Rn. 7.
[596] *Knittel*, in: Krauskopf, Soziale Krankenversicherung – Pflegeversicherung, § 140b SGB V Rn. 12; deshalb ist die Ablehnung eines Vertragsangebots durch die Krankenkassen bzw. die Kündigung eines Integrationsvertrages – anders als im Bereich der Status-Versorgungsverträge für die Krankenhausbehandlung nach den §§ 107 ff. SGB V (vgl. dazu u. a. *Quaas*, Der Versorgungsvertrag nach dem SGB V mit Krankenhäusern und Rehabilitationseinrichtungen, Rn. 71 ff., 94 ff. m. w. N. zur Rspr. des BSG) – nicht mit Widerspruch und Klage vor den Sozialgerichten angreifbar.
[597] *Windthorst*, Die integrierte Versorgung in der gesetzlichen Krankenversicherung, 79; zur Rechtsfigur des Normsetzungsvertrages s. *Axer*, Die Normsetzung der Exekutive der Sozialversicherung, 97 ff.; *Neumann*, Normenvertrag, Rechtsverordnung oder Allgemeinverbindlichkeitserklärung, 17 ff.; zu Normverträgen siehe ausführlich → § 8 Rn. 2 ff.
[598] *Knittel* in: Krauskopf, Soziale Krankenversicherung – Pflegeversicherung, § 140b SGB V Rn. 13.

§ 12 Der Gemeinsame Bundesausschuss (G-BA)

I. Rechtstellung und Aufgabenbereich

1. Rechtstellung

1   Der G-BA ist nicht nur Teil des Systems der Gemeinsamen Selbstverwaltung der GKV[599], er ist zugleich ihr höchstes Gremium.[600] Seine Gründung beruht auf dem Gesetz, indem er gem. § 91 I 1 SGB V von den Kassenärztlichen Bundesvereinigungen, der DKG und dem Spibuk „gebildet" wird. Die von diesen Spitzenorganisationen der Gemeinsamen Selbstverwaltung benannten Vertreter sind – neben dem unparteiischen Vorsitzenden und zwei weiteren unparteiischen Mitgliedern – jeweils Mitglied im (einzigen) Beschlussorgan des G-BA, dem Beschlussgremium (§ 91 II 1 SGB V). Die Entscheidungen des Beschlussgremiums entfalten in Form von Richtlinien kraft gesetzlicher Anordnung (§ 91 VI SGB V) gleichermaßen verbindliche Wirkung gegenüber Versicherten, ärztlichen und nichtärztlichen Leistungserbringern und sind damit Teil der (untergesetzlichen) Rechtsetzung, die in der Normenhierarchie direkt unterhalb des Gesetzes, oberhalb der Normenverträge angesiedelt ist.[601] Insoweit nimmt der G-BA die Rolle eines „(gar nicht so) kleinen Gesetzgebers"[602] im Gesundheitswesen ein. Es handelt sich damit bei dem G-BA um ein professionell organisiertes, aufgrund seiner derzeitigen Zusammensetzung allerdings vorrangig interessengeleitetes Verbändeorgan, dessen zentrale Aufgabe als Teil der „funktionellen Selbstverwaltung" es ist, mit seinen Richtlinien das GKV-Versorgungssystem zu konkretisieren.[603]

2. Aufgabenbereich

2   Ebenso wenig wie die Rechtstellung ist der Aufgabenbereich des G-BA im Gesetz klar umschrieben. Seine Kompetenzen ergeben sich eher mittelbar aus einer Vielzahl sektorenbezogener Ermächtigungsnormen zum Erlass von Einzelentscheidungen und Richtlinien (u. a. §§ 92 II 1, 116b IV, 135 I, 136, 136a, b, c, d, 137, 137a, b, c, e, f SGB V), wobei allerdings zentral die Bestimmung über die „Richtlinienkompetenz" des G-BA gem. § 92 SGB V aus der Fülle der gesetzlichen Vorschriften herausragt. § 92 SGB V enthält eine Art Generalermächtigung an den G-BA, in Form von Richtlinien,[604] alle versorgungsrelevanten Entscheidungen für die Mitglieder der GKV zur Konkretisierung der leistungsrechtlichen Rahmenrechte der Versicherten in §§ 27 ff. SGB V zu treffen.[605] Damit sollen einerseits die grundlegenden Anforderungen des SGB V an die Leistungserbringung im Versorgungssystem des GKV wie das allgemeine Wirtschaftlichkeitsgebot nach §§ 12 I, 70 I 2, 72 II SGB V und die Vorgaben von Qualität und Wirksamkeit der Behandlung unter Beachtung des diagnostischen und therapeutischen Nutzen mit Rücksicht auf den Stand der medizinischen Erkenntnisse (§ 2 I SGB V) für die Leistungserbringer und die Versicherten konkret handhabbar gemacht werden. Darüber hinaus – und von zunehmender Bedeutung – geht es auch darum,

---

[599] So *Hess*, in HK-AKM, Nr. 2045 („Der Gemeinsame Bundesausschuss") Rn. 1.
[600] Zur Rechtstellung und den Aufgaben des G-BA vgl. aus jüngerer Zeit Becker/Kingreen/*Schmidt-De Caluwe*, § 91 SGB V Rn. 1 ff.; *Hauck*, NZS 2010, 600 ff.; *Hess*, GesR 2011, 588 ff.; Laufs/Kern/*Steinhilper*, § 28 Rn. 52 ff.; Sodan/*Ziermann*, § 23 m. w. N.; zu dem G-BA aus der Perspektive des Verfassungsrechts s. *Kluth*, GesR 2017, 205 und *Kingreen*, MedR 2017, 8; sowie aus anwaltlicher Sicht *Dettling*, GesR 2017, 341
[601] Vgl. BSG, B. v. 10.3.2010 – B 3 KR 36/09 B – Rn. 29; KassKomm/*Roters*, § 91 SGB V Rn. 20 ff., 24; *Hauck*, NZS 2010, 600 (602).
[602] *Kingreen*, NJW 2006, 878.
[603] Vgl. Voraufl., § 11 Rn. 104; Spickhoff/*Barth*, § 91 Rn. 11, § 94 Rn. 3.
[604] Zu ihrer Rechtsnatur siehe → § 8 Rn. 33 ff. (37 ff.).
[605] Vgl. BSG, U. v. 6.5.2009 – B 6 A 10/8 R, Rn. 47 in MedR 2010, 347.

dem Wandel der GKV von einem sozialversicherungsrechtlichen System der „Selbstverwaltung", das den mittleren Weg zwischen einer eher staatlich organisierten und einem mehr wettbewerblich orientierten System als „Sachleistungssystem der Regelversorgung"[606] hin zu einem umfassenden und nahezu monopolartigen hoheitlichem Verteilungssystem des knappen Rechtsgutes „Gesundheitsleistungen"[607] eingeschlagen hat, Rechnung zu tragen. In einem solchen System geht es weniger um Normkonkretisierung von Leistungsansprüchen und Rahmenrechten, denn um Leistungssteuerungen bis hin zum Leistungsausschluss. Das wird vor allem im Bereich der Arzneimittelversorgung deutlich, ist aber darauf nicht beschränkt.[608] Mit Rücksicht darauf hat man den G-BA zu Recht als das zentrale und zugleich zentralisierte Steuerungsinstrument im Gesundheitswesen bezeichnet.[609] Die demografische Entwicklung und die ebenso erfreulichen wie kostenträchtigen Fortschritte der Medizin unter Berücksichtigung der immer knapper werdenden Finanzen der GKV führen allerdings auch dazu, dass der G-BA – wie durch § 95 I 2. HS SGB V angelegt – zu einer zentralen Priorisierungsagentur mutiert, bei dessen Verteilungsentscheidungen es buchstäblich um Leben und Tod und um die Vernichtung, zumindest Gefährdung der beruflichen Existenz einzelner Leistungserbringer gehen kann.[610] Die damit zunehmende Grundrechtsrelevanz der von dem G-BA getroffenen Beschlüsse und die völlig neuartigen Anforderungen an den – auch verfassungsrechtlich zu gewährleistenden – Grundrechtsschutz, den Gesetzesvorbehalt und das Gebot der Verteilungsgerechtigkeit blieben in der Rechtsprechung und in der Rechtswissenschaft gleichwohl lange Zeit weithin terra incognita.[611] Das hat sich spürbar geändert, als das BVerfG mit seiner Entscheidung vom 10.11.2015 [612] mit der es allerdings – in voller Besetzung – eine Verfassungsbeschwerde als unzulässig (!) zurückwies, deutliche Zweifel an der verfassungsrechtlich gebotenen demokratischen Legitimation des G-BA äußerte. Danach machte das Wort von der „Götterdämmerung" des G-BA die Runde [613].

II. Organisation und Aufsicht

§ 91 SGB V ist die grundlegende Organisationsnorm des G-BA. Die Bestimmung regelt u. a. die rechtliche Struktur des G-BA (Abs. 1), die Zusammensetzung des Plenums und die Rechtsstellung seiner Mitglieder (Abs. 2), die Verfahrensvorschriften (Abs. 4 bis Abs. 5a) sowie die Aufsicht über den G-BA (Abs. 8).

1. Rechtliche Struktur

a) Rechtsfähigkeit. Der G-BA ist – anders als seine Vorgängerorganisationen[614] – eine juristische Person des öffentlichen Rechts. § 92 I 2 SGB V verleiht ihm Rechtsfähigkeit. Er kann somit – vertreten durch den Vorsitzenden des Beschlussgremiums – im Rechtsverkehr Rechte und Pflichten selbstständig begründen, wahrnehmen und vor Gericht auftreten.

---

[606] *Hess*, in HK-AKM, Nr. 2045 („Der Gemeinsame Bundesausschuss") Rn. 1.

[607] Vgl. *Hufen*, 7. Jahresarbeitstagung Medizinrecht beim Deutschen Anwaltsinstitut e. V. (DAI), März 2012.

[608] Vgl. zur Steuerung der Arzneimittelversorgung im Recht der GKV *Becker*, Die Steuerung der Arzneimittelversorgung im Recht der GKV, 2006; *ders.*, MedR 2010, 218 ff.

[609] Voraufl., § 11 Rn. 119; *Schimmelpfeng-Schütte*, in: Schnapp/Wigge, § 7 Rn. 32, 35, 36; *dies.*, MedR 2006, 519; s. a. *Kingreen*, NJW 2006, 877 (879f); Spickhoff/*Barth*, § 91 Rn. 1, § 94 Rn. 1.

[610] *Hufen*, aaO, S. 7.

[611] Vgl. allerdings die Referate von *Lege* und *Kingreen* zur Knappheit und Verteilungsgerechtigkeit im Gesundheitswesen auf der Jahrestagung 2010 der Vereinigung der Deutschen Staatsrechtslehrer in VVDStRL Band 70 (2011), 112 ff. (Lege) und 152 ff. (Kingreen).

[612] BVerfG NJW 2016, 1505).

[613] *Gassner*, NZS 2016, 121.

[614] Dazu – und zur Entstehungsgeschichte des G-BA – *Hess*, in HK-AKM, Nr. 2045 („Der Gemeinsame Bundesausschuss") Rn. 5 ff.; Sodan/Ziermann, § 23 Rn. 1 ff.

Wesentlicher Grund für die Verleihung der Rechtsfähigkeit war – neben der Begründung der Arbeitgebereigenschaft[615] – die Befugnis des G-BA, auf der Grundlage von § 139a I SGB V das Institut für Qualität und Wirtschaftlichkeit im Gesundheitswesen (IQWiG) als fachlich unabhängige wissenschaftliche Einrichtung zu gründen und diesem als wissenschaftliche Basis für die Arbeitserledigung und die Zusammenarbeit laufend Aufträge zu erteilen.[616]

5   b) Rechtsnatur. Zu der Rechtsnatur der rechtssystematischen Einordnung des G-BA schweigt das Gesetz. Die Rechtsprechung des BSG hat die Vorgängerausschüsse mangels einer im Gesetz vorgegebenen körperschaftlichen Struktur als Anstalt des öffentlichen Rechts eingeordnet.[617] Da der G-BA indessen von den in § 91 I 1 SGB V genannten Selbstverwaltungskörperschaften und -verbänden „gebildet" und von ihnen mitgliedschaftsähnlich getragen und finanziert wird (§ 91 III SGB V), entsprechen die Grundstrukturen des G-BA eher einer Körperschaft des öffentlichen Rechts. Da weder das eine noch das andere richtig „passt", wird der G-BA in der Literatur überwiegend als „Einrichtung sui generis"[618] oder – noch weniger aussagekräftig – als „besonderes Beschlussorgan der GKV" bezeichnet.[619] Unzweifelhaft handelt der G-BA mit seinen Beschlüssen und sonstigen, nach außen gerichteten Verlautbarungen hoheitlich, so dass er daneben als Behörde (§ 1 II SGB X) zu qualifizieren ist.[620]

2. Beschlussgremium

6   a) Zusammensetzung. Anders als bei der Vorgängerorganisation besteht beim dem G-BA seit der Neufassung des § 91 II 2 SGB V (2008) lediglich noch ein Beschlussgremium (Plenum), das in allen Aufgabenbereichen des G-BA unabhängig von dem jeweiligen Leistungssektor, zu dem die Entscheidung ergeht, beschließt. Das Plenum besteht aus 13 Mitgliedern, die auf zwei Bänken mit jeweils fünf Mitgliedern der Leistungserbringerseite (jeweils zwei der KBV und der DKG plus ein von der KZBV entsandtes Mitglied) und der Kostenträger (Spibuk) verteilt sind und zu dem die drei unparteiischen Mitglieder hinzutreten. Die in das Plenum entsandten „Verbandsmitglieder" werden – einschließlich bis zu drei Stellvertretern – von den jeweiligen Trägerorganisationen benannt. Ihre Amtszeit beträgt sechs Jahre; eine Wiederbenennung ist zulässig (§ 91 II 15, 17 SGB V). Während der Amtszeit sind sie ehrenamtlich tätig und an Weisungen ihrer Organisationen nicht gebunden (§ 91 II 12 SGB V). Im Gegensatz dazu ist das „Berufungsverfahren" der drei unparteiischen Mitglieder einschließlich jeweils zweier Stellvertreter durch das GKV-VStG (2012) außerordentlich kompliziert geregelt, da das vormalige Einigungsverfahren durch die Trägerorganisationen mit ersatzweiser Benennung durch den BMG (§ 91 II 2, 3 SGB V a. F.) durch ein Vorschlagsverfahren mit Beteiligung des BMG und des Ausschusses für Gesundheit des Bundestages abgelöst wurde (§ 91 II 2 bis 7 SGB V).[621] Der unparteiische Vorsitzende und die beiden weiteren unparteiischen Mitglieder sind grundsätzlich hauptamtlich tätig (§ 91 II 8 SGB V) und stehen während ihrer Amtszeit in einem Dienstverhältnis zum G-BA (§ 91 II 10 SGB V). Die Stell-

---

[615] *Hess*, in HK-AKM, Nr. 2045 („Der Gemeinsame Bundesausschuss") Rn. 19. .
[616] Dazu *Hess*, in HK-AKM, Nr. 2045 („Der Gemeinsame Bundesausschuss") Rn. 41 ff.; *Hauck*, NZS 2010, 600 (609). .
[617] BSGE 78, 70; s. a. Sodan/*Ziermann*, § 23 Rn. 17.
[618] KassKomm/*Hess*, § 91 SGB V Rn. 7.
[619] So Becker/Kingreen/*Schmidt-De Caluwe*, § 91 Rn. 10.
[620] OVG NRW , U.v.15.1.2014 – OVG 8 A 467.11 – BeckRS 2014, 47374; s.a. VG Berlin, U.v.17.3.2016 – 2 K 185/14 – MedR 2017, 329 mit Anm. *Wegener* (G-BA als informationspflichtige Stelle i.S.d. § 1 I 1 IFG); Spickhoff/*Barth*, § 91 Rn. 2.
[621] Erkennbar sollen damit Defizite bei der „demokratischen Legitimation" für die Beschlussfassungen durch den G-BA kompensiert werden; dass dies bei der Minderzahl der mit fachlicher Unabhängigkeit ausgestatteten Mitglieder erfolgt, ist allerdings mehr als ein Schönheitsfehler. Zu der Neufassung des § 91 SGB V durch das GKV-VStG vgl. *Wrase*, GuP 2012, 5 (8).

vertreter der unparteiischen Mitglieder sind ehrenamtlich tätig (§ 91 II 9). Die Amtsperiode der Unparteiischen beträgt sechs Jahre; eine „Wiederberufung" ist nicht zulässig.

b) Patientenvertreter. Sprichwörtlich neben der Bank der Leistungserbringer und der Kassenvertreter sowie der unparteiischen Mitglieder des G-BA sitzen die Patientenvertreter, die nach Maßgabe des § 140f SGB V als sog. „sachkundige Person" ohne Stimmrecht und höchstens in gleicher Zahl wie die Krankenkassenvertreter mitberatend an den Sitzungen im Plenum und in den Unterausschüssen teilnehmen.[622] Sie werden auf der Grundlage der Patientenbeteiligungsverordnung vom 19.12.2003 (BGBl. I, 2573 f.) von den Patientenvertreterorganisationen[623] benannt und üben im G-BA ihr Antragsrecht aus (§ 140f I 5 SGB V). In der praktischen Arbeit des G-BA hat sich die Institution des Patientenvertreters bewährt. Sie wirft aber auch – angesichts der einseitigen Dominanz der Krankenkassen und der Ärzteschaft im Beschlussgremium des G-BA – kritische Fragen auf.[624]

3. Geschäfts- und Verfahrensordnung

a) Geschäftsordnung. Die Binnenorganisation des G-BA wird wesentlich durch die ihm gem. § 91 IV SGB V vorgegebene Geschäfts- und Verfahrensordnung, die jeweils der Genehmigung des BMG bedürfen (§ 91 IV 2 SGB V) und die gesetzlich vorgegebenen Anhörungs- und Beteiligungsrechte bestimmt.

b) Verfahrensordnung. Gem. § 91 IV SGB V ist der G-BA aus Gründen der Transparenz und zur Konkretisierung seiner „Tätigkeitsgrundlagen"[625] verpflichtet, eine Verfahrensordnung und eine Geschäftsordnung zu beschließen. Gegenstand der Geschäftsordnung[626] ist die interne Organisation und Arbeitsweise des G-BA, die Regelung der Geschäftsführung, Sitzungsteilnahme, Beschlussfassung im Plenum, Einsetzung von Unterausschüssen, Beteiligung der Patientenvertreter etc.[627]

c) Rechtsfolgen bei Verfahrensverstößen. Von für die Bedeutung der Normsetzung durch Richtlinien größerem Gewicht ist die auf der Grundlage des § 91 IV 1 SGB V zu erlassende Verfahrensordnung.[628] Sie regelt die Grundlagen für die Ermittlung und das dabei zu beachtende Verfahren im Hinblick auf die Beschlüsse des G-BA sowie die Kriterien für den Abwägungsprozess einschließlich der Regeln für die Zusammenarbeit mit dem IQWiG und dem IQTiG. Es werden damit die methodischen Anforderungen an die wirtschaftliche, sektorenübergreifende Bewertung des Nutzens, der Notwendigkeit und der Wirtschaftlichkeit von Maßnahmen (Untersuchungs- und Behandlungsmethoden) sowie Anforderungen an die Unabhängigkeit von Sachverständigen und das Verfahren der Anhörung bestimmt.[629]

d) Beteiligungs- und Anhörungsrechte. Welche Rechtsfolgen bei einem Verstoß gegen bestimmte Regelungen der Geschäfts- oder Verfahrensordnung zu ziehen sind, lässt sich allgemein nicht feststellen. Entscheidend sind die Rechtsnatur und der Inhalt der jeweiligen

---

[622] Dazu *Hess*, in HK-AKM, Nr. 2045 („Der Gemeinsame Bundesausschuss") Rn. 12; *Neumann*, NZS 2010, 593 (598); Sodan/*Ziermann*, § 23 Rn. 21 ff.
[623] Derzeit Deutscher Behindertenrat, Bundesarbeitsgemeinschaft PatientInnenstellen, Bundesarbeitsgemeinschaft Selbsthilfegruppen sowie Verbraucherzentrale Bundesverband – vgl. Spickhoff/*Barth*, § 91 Rn. 5.
[624] *Pitschas*, MedR 2006, 451; *Ebsen*, MedR 2006, 528; *Schimmelpfeng-Schütte*, MedR 2006, 21.
[625] BT-Drs. 16/3100, S. 179.
[626] Geschäftsordnung des G-BA vom 17.7.2008 (BAnz. 2008, 3256) mit Änderungen.
[627] Zu Einzelheiten siehe *Hess*, in HK-AKM, Nr. 2045 („Der Gemeinsame Bundesausschuss") Rn. 15; Sodan/*Ziermann*, § 23 Rn. 25 ff.
[628] Verfahrensordnung des G-BA vom 18.12.2008 (BAnz. 2009, 2050) mit Änderungen; dazu Sodan/ *Ziermann*, § 23 Rn. 32.
[629] *Hess*, in HK-AKM, Nr. 2045 („Der Gemeinsame Bundesausschuss") Rn. 17; *Rothers*, NZS 2007, 176; ders., NZS 2010, 612; krit. *Zuck*, MedR 2006, 515 (518).

Beschlussfassung des G-BA (Empfehlungen, Richtlinie, Einzelentscheidung etc.) Handelt der G-BA außerhalb der Normsetzung hoheitlich als Behörde[630] gelten für die Beachtlichkeit solcher Verfahrensverstöße die Bestimmungen der §§ 39 ff. SGB X. Betrifft der Verfahrensverstoß die Bestimmung einer Richtlinie, hängt es von der Qualifizierung der Rechtsnatur der Richtlinie als „Allgemeinverfügung" (VA)[631] oder als (untergesetzliche) Rechtsnorm[632] ab, welche Rechtsfolge für die Beachtlichkeit des Verfahrensfehlers mit der Folge der Nichtigkeit oder Unwirksamkeit der Richtlinie zu ziehen sind.[633]

12 Das Binnenrecht des G-BA i. d. F. der Geschäfts- und Verfahrensordnung wird durch umfangreiche Anhörungs- und Beteiligungsrechte von Repräsentanten derjenigen Berufsgruppen überlagert, bei denen Beschlüsse des G-BA Auswirkungen auf die Berufsausübung haben können (§§ 35 I b 7, 91 V, 135 II SGB V). Zusätzlich bestimmt § 91 IX SGB V (2012), dass dem jeweiligen Vertreter der Berufsgruppe neben der schriftlichen auch eine mündliche Stellungnahme vor dem G-BA eingeräumt werden muss. Damit soll dem Auftrag des G-BA zu einer sektorenübergreifenden Beurteilung Rechnung getragen werden.[634]

4. Aufsicht

13 Gem. § 91 VIII SGB V unterliegt der G-BA bei all seinen Entscheidungen und Maßnahmen der Aufsicht durch das BMG (§§ 87 ff. SGB IV). Zusätzlich besteht für Richtlinien durch den G-BA gem. § 94 SGB V die Möglichkeit der Beanstandung und ggf. Ersatzvornahme.[635] In beiden Fällen handelt es sich um eine Rechts- und keine Fachaufsicht des BMG.[636] Würde man insbesondere bei dem Erlass von Richtlinien eine fachaufsichtsrechtliche Zweckmäßigkeitskontrolle zulassen, wäre dem G-BA als (funktionellem) Selbstverwaltungsträger bei der untergesetzlichen Normsetzung wesentlicher Gestaltungsfreiraum genommen. Das würde einer (unzulässigen) „Einmischungsaufsicht" gleichkommen.[637]

III. Aufgabenbereiche

14 Der G-BA als das zentrale Steuerungsinstrument für das Leistungsrecht der GKV hat die Aufgabe, unter Einbeziehung der von seinen Entscheidungen Betroffenen sämtliche zur Gewähr einer ausreichenden, zweckmäßigen und wirtschaftlichen Versorgung der Versicherten erforderlichen Bestimmungen durch Richtlinien zu treffen.[638] Dazu überträgt ihm § 92 I 1 SGB V die Richtlinienkompetenz und bestimmte in § 92 I 2 SGB V in einem Richtlinienkatalog die einzelnen Aufgabenfelder. Der – nicht dispositive, aber auch nicht abschließende – Katalog wird ergänzt durch zahlreiche weitere gesetzliche Ermächtigungen, die – nahezu gesetzmäßig – mit jeder Gesundheitsreform ausgedehnt werden. Die wichtigsten sind[639]:

---

[630] Zum Behördenbegriff des G-BA → § 12 Rn. 5; VG Köln, U. v. 13.1.2011 – 13 K 3033/09 – (n. rkr.); zur – in diesem Zusammenhang – Informationspflicht des G-BA nach dem Informationsfreiheitsgesetz (IFG) *Wegener*, NZS 2008, 561 (565).
[631] So Spickhoff/*Barth*, § 91 Rn. 2, 3.
[632] So die hM in Rechtsprechung und Literatur, vgl. die Nachweise bei Sodan/*Ziermann*, § 23 Rn. 42 ff.
[633] Nach LSG Berlin-Brandenburg, U. v. 2.12.2009 – L 9 KR 8/08 – sind Normsetzungsverfahren des G-BA keine Verwaltungsverfahren nach § 8 SGB X. Vorschriften über das Verwaltungsverfahren und den VA – insbesondere §§ 24, 25 SGB X – sind nicht anzuwenden.
[634] Spickhoff/*Barth*, § 91 Rn. 8.
[635] *Hess*, in HK-AKM, Nr. 2045 („Der Gemeinsame Bundesausschuss") Rn. 37 ff.; BSG, U. v. 8.11.2011 – B 1 KR 20/10 R.
[636] BSG, U. v. 6.5.2008 – B 6 A 10/8 R in MedR 2010, 347.
[637] BSG, aaO, Rn. 47 unter Verweis auf BVerfGE 78, 33.
[638] BSG, U. v. 6.8.2009 – B 6 A 10/8 R in MedR 2010, 347.
[639] Siehe die Übersicht bei Becker/Kingreen/*Schmidt-De Caluwe*, § 92 Rn. 35; *Hess*, in HK-AKM, Nr. 2045 („Der Gemeinsame Bundesausschuss") Rn. 24 ff.

1. Methodenbewertung

Aufgabe der Methodenbewertung ist, den nach wie vor einheitlich für alle Krankenkassen gesetzlich definierten Leistungskatalog der GKV mit dem Ziel zu konkretisieren, in ihrem methodischen Nutzen nicht belegbare oder unwirtschaftliche Leistungen einzuschränken oder auszugliedern und damit dem Stand der jeweiligen medizinischen Erkenntnisse anzupassen (§§ 2 I 3, 92 I 1 3. HS SGB V). Ziel der Methodenbewertung durch den G-BA ist damit eine Bereinigung und Weiterentwicklung des Leistungskataloges der GKV durch eine wissenschaftlich gesicherte sektorenübergreifende Bewertung des Nutzens, der Notwendigkeit und der Wirtschaftlichkeit von Untersuchungs- und Behandlungsmethoden anhand einer einheitlich wissenschaftlich anerkannten Methodik (§ 91 IV 1 Nr. 1 SGB V).[640] Insoweit hat sich in der medizinischen Wissenschaft die Auffassung durchgesetzt, dass eine sachgerechte Beurteilung des Nutzens einer Untersuchungs- und Behandlungsmethode nur nach den Kriterien der evidenzbasierten Medizin (EbM) zu gesicherten Erkenntnissen führt.[641] Evidenzbasierte Leitlinien sind deshalb vom Gesetzgeber ausdrücklich für die Erstellung von DMP-Programmen vorgesehen (§ 137f II SGB V). Auch der G-BA selbst hat diese Grundsätze zur Grundlage seiner Entscheidungen gemacht (vgl. § 20 II Verfahrensordnung), um damit aus Gründen der Gleichbehandlung rechtssichere Entscheidungen treffen zu können.[642] Der G-BA entscheidet allerdings nicht selbst über den Nutzen einer Methode. Er ist vielmehr verpflichtet, sich einen Überblick über die veröffentlichte Literatur und die Meinung der einschlägigen Fachkreise zu verschaffen, um dann nach kritischer Bewertung feststellen zu können, ob ein durch wissenschaftliche Studien hinreichend verifizierter Konsens über Qualität und Wirksamkeit der fraglichen Methode besteht.[643] Auch hier geht es um den allgemein anerkannten Stand der medizinischen Erkenntnisse. Der G-BA bedient sich zu dessen Feststellung im gesetzlich vorgesehenen Umfang des IQWiG (§§ 139a ff. SGB V). Auch das IQWiG ist an den „international anerkannten Standard der evidenzbasierten Medizin" gebunden (§ 139 IV 1 SGB V). Im Rahmen der Zusammenarbeit mit dem G-BA bearbeitet das IQWiG die Einzelaufträge des G-BA und erstellt eigenverantwortlich wissenschaftliche Untersuchungen, die dem G-BA für dessen gesetzlichen Aufgabenbereich notwendige Informationen für versorgungsrelevante Entscheidungen in der Medizin liefern.[644] Das IQWiG gibt Empfehlungen in Form von wissenschaftlichen Expertisen, die der G-BA im Rahmen seiner Aufgabenstellung zu berücksichtigen hat (§ 139b IV 2 SGB V). Zur Vorgehensweise des IQWiG hat das Institut ein Methodenpapier entworfen, das ständig überarbeitet und jeweils ins Internet eingestellt wird.[645]

2. Qualitätssicherung

Die Sicherung der Qualität der Leistungserbringung in der GKV ist Gegenstand der §§ 135, 135a ff., 136, 136 a ff., 137, 137 a ff. SGB V[646]. Dazu verleiht § 92 I 2 Nr. 13 SGB V dem G-BA die Richtlinienkompetenz. Allerdings besteht sie grundsätzlich nur für die vertragsärztliche Versorgung und für zugelassene Krankenhäuser. Für den (ambulanten und stationären) Vorsorge- und Rehabereich erfolgt die Regelung in Verträgen zwischen den Krankenkassenverbänden und den Rehaträgern (§ 137d SGB V)[647].

---

[640] Zum (Zusatz-)Nutzen-Begriff im SGB V vgl. u. a. *Roters*, NSZ 2010, 612 ff.
[641] *Hess*, in HK-AKM, Nr. 2045 („Der Gemeinsame Bundesausschuss") Rn. 24.
[642] *Hess*, in HK-AKM, aaO
[643] BSG, SozR 4–2500 § 18 SGB V Nr. 5 Rn. 17 ff.
[644] HK-AKM/*Hess*, Nr. 2045 („Der Gemeinsame Bundesausschuss") Rn. 42; Sodan/Ziermann, § 23 Rn. 39.
[645] www.iqwig.de.
[646] Vgl. dazu u.a. *Ebsen*, GuP 2013, 121 ff.; *Bohle/Reuther*, GuP 2013, 126 ff.; *Scholz*, GuP 2013, 154 ff; *Stallberg* NZS 2017, 332 ff; *Bohmeier* GuP 2016, 127.
[647] Vgl. dazu *Kücking/Schnabel*, SDS RV Bd. 16 (2012), 137 ff.; *Schütze*, SDS RV Bd. 16 (2012), 175 ff.

17   Die von dem G-BA zu beschließenden Richtlinien sind Grundlage für die gem. § 135a SGB V verpflichtende Beteiligung der Leistungserbringer an einrichtungsübergreifenden Maßnahmen der Qualitätssicherung (QS) und an einem einrichtungsinternen Qualitätsmanagement (QM). Die Richtlinien selbst sind gem. § 136 SGB V sektorenübergreifend und erfassen einheitlich die vertragsärztliche Versorgung und die zugelassenen Krankenhäuser. Sie gelten für die Behandlung aller Patienten einschließlich Selbstzahler und Versicherter der PKV. Gegenstand der QM/QS-Richtlinie des G-BA[648] sind auch Kriterien für die indikationsbezogene Notwendigkeit und Qualität der durchgeführten diagnostischen und therapeutischen Leistungen, die Grundlage für die Abrechnungsprüfung im Krankenhaus sein sollen.[649]

18   Mit dem KHSG (2015) ist es zu einer umfangreichen Neugliederung und Ergänzung der Qualitätssicherungsvorschriften der §§ 135 ff SGB V gekommen. § 136a SGB V gibt Richtlinien des G-BA in „ausgewählten Bereichen" (u.a. Hygiene und psychische Versorgung) vor, die zugleich einrichtungsübergreifende Indikatoren zur Beurteilung der maßgeblichen Qualität liefern sollen. § 136b SGB V fasst die Beschlüsse des G-BA zur Qualitätssicherung im Krankenhaus zusammen und enthält detaillierte Vorgaben für eine Mindestmengenregelung. Sie knüpfen an die Vorgängerregelung des § 137 I 1 Nr.2 SGB V (a.F.) an und entsprechen der Rspr des BSG (Fn: dazu – auch krit. – *Penner* SGb 2014,529; *Hase* KrV 2014, 14 und *von Wolff* NZS 2013, 231). Eine weitere – für den Krankenhausbereich bedeutsame – Ermächtigung des G-BA stellt § 136 c SGB V dar: danach beschließt der G-BA „Qualitätsindikatoren" als Grundlage für Entscheidungen in der Krankenhausplanung. Die „Plan-QI" werden nach § 6 Ia KHG Bestandteil des (jeweiligen) Krankenhausplans eines Landes, sofern durch Landesrecht die Geltung der planungsrelevanten QI gem. § 6Ia 2 KHG nicht ganz oder teilweise ausgeschlossen oder eingeschränkt wurde. Ziel ist, dass die Krankenhausplanung der Länder das mit § 1 I KHG durch das KHSG zusätzlich aufgenommene Planungskriterium einer „qualitativ hochwertigen, patienten- und bedarfsgerechten Versorgung der Bevölkerung" effektiv umsetzt (Fn: zu den Qualitätsindikatoren gem. § 136c I SGB V vgl. *Bohmeier* GuP 2016, 127; zum Krankenhausplan als „Qualitätssicherungsinstrument" vgl. *Quaas*, GesR 2014,129). § 137 SGBV gibt schließlich vor, dass der G-BA zur Förderung und Durchsetzung der Qualität ein gestuftes System von Folgen der Nichteinhaltung von Qualitätsanforderungen nach den §§ 136 bis 136c SGB V festzulegen hat. Dabei bedient er sich des mit § 137a SGB V neu geschaffenen IQTiG, das in der Konzeption und Aufgabenstellung deutliche Parallelen zu dem bereits mit de.m GMG (2004) auf der Grundlage des § 139a SGB V gegründeten IQWiG aufweist.

3. Steuerungsinstrumente in der Arzneimittelversorgung

19   Eine der praktisch bedeutsamsten Richtlinien des G-BA zur Konkretisierung des Wirtschaftlichkeitsgebotes ist die Arzneimittelrichtlinie (AMR)[650], die auf der Grundlage des § 92 I 2 Nr. 6 SGB V erlassen wird. Sie gehört zugleich zu der am heftigsten bekämpften und auch rechtlich umstrittensten Richtlinie seit der Ursprungsfassung aus dem Jahre 1993.[651] Das verwundert nicht, wenn man allein die in ihren Anlagen enthaltenen umfangreichen Listen mit Angaben zu den besonderen Erstattungsvoraussetzungen ansieht, die je für sich auf ein erhebliches Konfliktpotenzial hindeuten (u. a. OTC-Präparate[652], Lifestyle-Präparate[653], Fest-

---

[648] Dazu – und zur Methodik der Kosten-Nutzen-Bewertung – *Huster*, GesR 2008, 449 ff.
[649] Zu Einzelheiten vgl. unten → § 27 Rn. 121 ff.
[650] Zur Bedeutung der AMR als Steuerungsinstrument des G-BA vgl u. a. *Becker*, MedR 2010, 218 ff.
[651] Spickhoff/*Barth*, § 91 Rn. 11 m. w. N.
[652] OTC = over the counter, als VA in einem Verwaltungsverfahren zu regeln, vgl. § 34 I 1 bis 3, IV SGB V; dazu LSG Berlin-Brandenburg, U. v. 24.10.2012 – Az.: L 7 KA 1/10 KL; Rev. anhängig unter B 6 KA 21/13 R.
[653] Zusammenstellung der nach § 34 I 7 SGB V gesetzlich ausgeschlossenen Arzneimittel.

betragsgruppen, off-label-use[654], künstliche Ernährungsmittel[655], Therapiehinweise und Verordnungsausschlüsse). Die in dieser Aufzählung zugleich enthaltenen Variationen der Steuerungsmöglichkeiten des G-BA im Bereich der Arzneimittelversorgung sind allerdings kein beliebiges Instrument zu einer wahlweisen Vorgehensweise. Die durch § 92 I 2. HS SGB V vorgenommenen Eingriffsbefugnisse stehen nicht im Ermessen[656], sondern unterliegen strikt dem Verhältnismäßigkeitsprinzip.[657] So ist der Therapiehinweis das gegenüber der Einschränkung oder gar dem Ausschluss von Arzneimitteln mildeste Mittel, weil es dem Arzt lediglich eine therapie- und kostengerechte Auswahl der Arzneimittel ermöglichen soll.[658]

4. Vertragsärztlich verordnete Leistungen

Neben der soeben behandelten Verordnung von Arzneimitteln hat der G-BA die Richtlinienkompetenz für die Verordnung von Verband-, Heil- und Hilfsmitteln, Krankenhausbehandlung, häusliche Krankenpflege und Soziotherapie (§ 92 I 2 Nr. 6 SGB V). Auch von dieser Ermächtigung iVm den spezialgesetzlichen Einzelzuweisungen (u. a. § 92 VI: Heilmittel; § 92 VII a: Hilfsmittel; § 92 VII: häusliche Krankenhauspflege) hat der G-BA umfassend Gebrauch gemacht.[659] Ergänzend ist auf die Richtlinie für Verordnung ambulanter Palliativversorgung (§ 92 VII b SGB V), zur Feststellung von Arbeitsunfähigkeit (§ 92 I 2 Nr 7 SGB V) und zur Chronikerregelung (§ 92 I 1 SGB V) zu verweisen.[660]

20

5. Sektorenübergreifende Versorgungskonzepte

Im Aufgabenkatalog des § 92 I 2 SGB V nicht ausdrücklich erwähnt, aber für die Weiterentwicklung der GKV von großer Bedeutung sind sektorenübergreifende Versorgungskonzepte, an deren Erstellung der G-BA zum Teil ebenfalls beteiligt ist. Zwar besitzt der G-BA keine Richtlinienkompetenz im (eigentlichen) Kernbereich der Integrierten Versorgung nach Maßgabe des § 140a SGB V. Diese Regelungen werden durch die dort genannten Vertragspartner getroffen. Einen Aufgabenkatalog eigener Art enthält aber § 116b SGB V für die ambulante spezialfachärztliche Versorgung (asV), die gleichberechtigt den Krankenhäusern und den Vertragsärzten offensteht.[661] Die dazu ergangene ASV-RL (2013) wird kontinuierlich ergänzt (§ 116b IV 1,2, V SGB V)[662] Darüber hinaus wirken G-BA und IQWiG sektorenübergreifend bei der Einführung strukturierter Behandlungsprogramme (DMP) mit (§§ 137f, 139a III Nr. 4 SGB V).[663]

21

6. Bedarfsplanung

Die Generalermächtigung des G-BA zur „Bedarfsplanung" (§ 92 I 2 Nr. 9 SGB V) wird in zahlreichen Ermächtigungen zum Bedarfsplan (§ 99 I 1 SGB V), zur Unter- (§ 100 II SGB V) und zur Überversorgung (§ 101 I, II SGB V) sowie zu den aus einer Überversorgung folgenden Zulassungsbeschränkungen (§ 103 I SGB V) gesetzlich konkretisiert. Die auf diesen Grundlagen erlassenen „Bedarfsplanungsrichtlinien" des G-BA bilden die rechtliche Basis für die insbesondere von dem Landesausschuss (§ 90 SGB V) zu treffenden Entschei-

22

---

[654] Dazu BSG, U. v. 8.11.2011 – B 1 KR 19/10 R; BSGE 89, 184; HK-AKM/*Hart*, Nr. 3910 („off-label-use").
[655] Dazu BSG, U. v. 28.2.2008 – B 1 KR 16/07 R.
[656] So aber KassKomm/*Hess*, § 92 Rn. 33.
[657] Dazu *Becker*, MedR 2010, 218 ff.
[658] BSG, NZS 2007, 166 – („Clopidogrel"); Spickhoff/*Barth*, § 92 Rn. 13.
[659] Vgl. die Nachweise bei Becker/Kingreen/*Schmidt-De Caluwe*, § 92 Rn. 35.
[660] *Hess*, in HK-AKM, Nr. 2045 („Der Gemeinsame Bundesausschuss") Rn. 31.
[661] Dazu unten → § 16 Rn. 85 ff.
[662] Dazu – und zu ersten Erfahrungen – *Makoski* GuP 2017, 47.
[663] Dazu *Hess*, in HK-AKM, Nr. 2045 („Der Gemeinsame Bundesausschuss") Rn. 30.

dungen zum jeweiligen arztgruppenbezogenen Versorgungsbedarf, einer darauf gestützten Niederlassungsberatung und Bedarfsfeststellungen für die Ermächtigung von Krankenhausärzten und weiteren Institutsermächtigungen.[664] In seinen Richtlinien beschließt der G-BA daher u. a.[665]

- Feststellungen zum Stand der Versorgung und zur Abgrenzung der Planungsbereiche für den von den KVen im Einvernehmen mit den Krankenkassen aufzustellenden Bedarfsplan (§ 99 I SGB V);
- Maßstäbe und Verfahren zur Feststellung des allgemeinen Versorgungsgrades und von Überversorgung in den einzelnen Arztgruppen (§ 101 I 1 Nr. 1, V; 103 I SGB V);
- Maßstäbe zur Feststellung eines lokalen Versorgungsbedarfs in unterversorgten (§ 100 III SGB V) bzw. überversorgten Gebieten (§ 101 I Nr. 3, 3a SGB V);
- Maßstäbe für qualitätsbezogene Sonderbedarfsfeststellungen (§ 101 I 1 Nr. 3 SGB V);
- Maßstäbe für eine ausgewogene hausärztliche und fachärztliche Versorgungsstruktur (§§ 73, 101 I 1 Nr. 2 SGB V).

23 Das GKV-VStG (2012) zwingt den G-BA zur Neufestlegung der (regionalen) Planungsbereiche mit Wirkung zum 1.1.2013 (§ 101 I 6 SGB V). Ziel ist die Sicherstellung einer flächendeckenden und damit wohnortnahen Versorgung.[666] Damit soll dem – insbesondere im ländlichen Raum bestehenden – Ärztemangel entgegengewirkt werden. Aufgrund der unterschiedlichen Bedeutung der Wohnortnähe für verschiedene ärztliche Angebote ermöglicht § 101 I 6 SGB V dem G-BA aber auch, bei der Größe der Planungsbereiche und Arztgruppen zu differenzieren, ggf. zwischen der hausärztlichen, allgemein fachärztlichen und der ambulanten spezialfachärztlichen Versorgung (§ 116b SGB V) zu trennen. Dabei fallen die Auffassungen des KBV und anderer Mitglieder im G-BA zu der Größe und damit Anzahl der regionalen Planungsbereiche arztgruppenspezifisch sehr unterschiedlich aus.[667] Eine Überarbeitung der Bedarfsplanungsrichtlinie ist auch im Hinblick auf die spezialfachärztliche Versorgung nach § 116b SGB V notwendig. Soweit niedergelassene Fachärzte an der ambulanten spezialfachärztlichen Versorgung teilnehmen, stehen sie der vertragsärztlichen Versorgung nicht zur Verfügung. Sie sind deshalb bei der Festlegung des Versorgungsgrades zu berücksichtigen (§ 101 I 1 Nr. 2a, 8 SGB V).

IV. Rechtsschutz

1. Rechtsweg und zuständiges Gericht

24 Bei (direkten) Klagen[668] gegen Entscheidungen und Richtlinien des G-BA handelt es sich um öffentlich-rechtliche Streitigkeiten in Angelegenheiten der gesetzlichen Krankenversicherung. Damit ist der Rechtsweg zu den Sozialgerichten eröffnet. Funktional und örtlich zuständig ist in erster Instanz das LSG Berlin-Brandenburg (§ 29 IV 3 SGG). Die Zuständigkeit des LSG Berlin-Brandenburg hat der Gesetzgeber 2008 damit begründet, dass die Sozialgerichte dadurch entlastet würden und eine Beschleunigung des gerichtlichen Verfahrens (nur eine Tatsacheninstanz) eintrete. Zugleich etabliert der Gesetzgeber damit aufgrund der direkten Angreifbarkeit einer Richtlinie eine Art sozialgerichtlicher Normenkontrolle, auch wenn ein eigenständiger Rechtsschutz vergleichbar dem für die verwaltungsgerichtliche Normenkontrolle (§ 47 VwGO) im SGG fehlt.[669] Der Begriff „Entscheidung und Richt-

---

[664] Dazu unten → § 16 Rn. 61 ff.
[665] Zu Einzelheiten vgl. *Hess*, in HK-AKM, Nr. 2045 („Der Gemeinsame Bundesausschuss") Rn. 32.
[666] *Hess*, ZMGR 2011, 207 ff.
[667] Vgl. *Plagemann*, 7. Jahresarbeitstagung Medizinrecht des Fachinstituts für Medizinrecht im Deutschen Anwaltsinstitut e. V. (DAI), 2012, Manuskript.
[668] Zu den unterschiedlichen Prozessrollen des G-BA als Kläger, Beklagter und Beigeladener vgl. *Seifert*, GesR 2017, 211; zum Rechtsschutz gegen Entscheidungen des G-BA *ders.*, ZMGR 2018, 91 ff.
[669] BT-Drs. 16/8217, S. 11.

linien" ist weit auszulegen. Erfasst werden alle Beschlüsse des G-BA, die mit Außenwirkung verbunden sind, unabhängig von ihrer rechtlichen Einordnung im Einzelnen.[670]

2. Klageart

Die Bestimmung der richtigen Klageart hängt vom Streitgegenstand und dessen rechtlicher Einordnung ab. Trifft der G-BA eine Einzelentscheidung, ohne damit einen Beschluss im Sinne der §§ 91, 92 SGB V zu fassen, etwa die Nichtaufnahme eines nicht verschreibungspflichtigen Arzneimittels in die Liste der OTC-Präparate gem. § 34 I 1 bis 3, VI SGB V, handelt er gegenüber dem Antragsteller (pharmazeutisches Unternehmen) in der Form eines VA, gegen den die Anfechtungsklage die statthafte Klageart ist.[671] In den meisten Fällen richtet sich der Rechtsschutz dagegen gegen Beschlüsse des G-BA auf der Grundlage der §§ 91, 92 SGB V. Diese Beschlüsse sind für die Träger des G-BA (KBV, DKG, Spibuk), deren Mitglieder (KVen, Krankenhäuser, Krankenkassen), für die Versicherten und die Leistungserbringer kraft Gesetzes verbindlich (§ 91 VI SGB V). Die Beschlüsse entfalten damit – unabhängig von ihrem materiellen Regelungsgehalt – für alle Akteure der GKV unmittelbar bindende – ihre rechtlichen Beziehungen zueinander rechtsgestaltende oder zumindest feststellende – Wirkung. Insoweit handelt es sich um abstrakt und generell wirkende Regelungen mit der Folge, dass sie nicht als VA in der Form einer Allgemeinverfügung[672], sondern als (untergesetzliche) Normen des Bundesrechts ergehen.[673] Eine gesonderte (allgemeine) Klageart gegen Normen vergleichbar der verwaltungsgerichtlichen Normenkontrolle gem. § 47 VwGO kennt das SGG nicht.[674] Nur vereinzelt lässt das SGB V eine direkte Klage gegen Normen zu, etwa die gegen die Festbetragsfestsetzung gem. § 35 VII SGB V oder gegen die Arzneimittelzusammenstellung gem. § 92 III SGB V. Damit wäre der Rechtsschutz im Übrigen auf eine Inzidentprüfung der Beschlüsse des G-BA im Rahmen der Klage gegen einen auf der Grundlage der Norm ergangenen Ausführungsakt beschränkt und verwiesen.[675] Dem gegenüber ist das Bundesverfassungsgericht schon früh der Auffassung, die Rechtsschutzgarantie des Art. 19 IV GG gebiete, dass die Fachgerichte Feststellungsklagen als Rechtsschutzmittel gegen untergesetzliche Rechtsnormen anerkennen müssen, um nicht hinnehmbare Rechtsschutzlücken zu vermeiden[676]. Dem hat sich das BSG im Urteil vom 31.5.2006[677] angeschlossen und ausgeführt, ein Kläger könne mit einer Feststellungsklage die „Anwendung und Wirksamkeit gesetzesnachrangiger Rechtsvorschriften überprüfen lassen".[678] Eine solche „Normfeststellungsklage" (§ 55 I Nr. 1 SGG) ist darauf gerichtet, die

25

---

[670] LSG Berlin-Brandenburg, B. v. 27.8.2010 – L 7 KA 11/10 KL ER („otobacid").
[671] BSG, U v.14.5.2014 – B 6 KA 21/13 R („Buscopan") : kombinierte Anfechtungs- und Feststellungsklage bei zugleich begehrter Aufnahme des Präparats in die OTC-Liste („Normergänzungsklage"); ebenso Spickhoff/*Barth* § 34 Rn. 11.
[672] So aber u. a. Spickhoff/*Barth*, § 91 SGB V Rn. 2.
[673] BSG, U. v. 31.5.2006 – B 6 KA 13/05 R („Clobidogrel") NZS 2007, 166; LSG Berlin-Brandenburg, U. v. 17.3.2010 – L 7 KA 125/09 KL („monopax") juris u. v. m.
[674] Allerdings hat der Gesetzgeber 2008 mit § 55a SGG eine „Normenkontrolle" gegen solche Rechtsvorschriften eingeführt, die auf Landesebene nach § 22a SGB II verbindliche Regelungen über die Kosten der Unterkunft vorsehen. Sie erstrecken sich auf den spezifischen Bereich der Leistungsverwaltung nach dem SGB II und taugen schon im Ansatz nicht zur Analogiebildung für Normfeststellungsklagen gegen untergesetzliche Rechtsvorschriften des G-BA – vgl. LSG Berlin-Brandenburg, U. v. 17.8.2011 – L 7 KA 77/08 KL juris Rn. 60.
[675] So die frühere h. A. in der Literatur – vgl. zum Streitstand *Axer*, NZS 1997, 10 (11); *Engelmann*, NZS 2000, 1, 76 (83); *Schnapp*, NZS 1997, 152 ff.; *Sodan*, NVwZ 2000, 601 ff.
[676] BVerfGE 115, 81, 91 ff.
[677] BSGE 96, 261; seitdem st. Rspr.
[678] Vgl. zuletzt BSG, U. v. 14.12.2011 – B 6 KA 29/10 R – SozR 4-2500 § 92 Nr. 13 – Rn. 20; U. v. 12.9.2012 – B 3 KR 10/12 R –, GesR 2013, 179 – Rn. 24; U. v. 18.12.2012 – B 1 KR 34/12 R – NZS 2013, 544 – Rn. 1.

Unwirksamkeit der untergesetzlichen Rechtsnorm festzustellen. Mit ihr kann – ebenfalls mit Rücksicht auf Art. 19 IV GG – ebenso die fehlerhafte Auslegung oder Anwendung der Rechtsnorm geltend gemacht werden.[679] Dies entspricht der Vorstellung des Gesetzgebers, die er – anknüpfend an die vorgenannte Rechtsprechung – bei Schaffung der Regelungen des § 29 Abs. 2 ff. SGG zum Ausdruck gebracht hat.[680] Richtet sich das Klagebegehren auf die Verpflichtung des Normgebers (G-BA) zum (erstmaligen) Erlass einer Norm oder deren Ergänzung, ist auch insoweit eine „Normfeststellungsklage" statthaft.[681]

3. Rechtsschutzbedürfnis

26   Zur Vermeidung einer allgemeinen Popularklage auch im Bereich der „Normfeststellungsklage" ist aus dem Rechtsgedanken des § 54 I 2 SGG heraus erforderlich, dass der Kläger eine eigene Rechtsbetroffenheit durch die Entscheidung des G-BA behauptet und diese möglich ist. Dem Kläger muss somit das erforderliche Rechtsschutzbedürfnis (Feststellungsinteresse) zustehen.[682] Eine solche eigene Rechtsbetroffenheit ist bei Versicherten gegeben, wenn der G-BA über Beschlüsse Verordnungsausschlüsse oder -beschränkungen anordnet und damit eine Grundrechtsbetroffenheit (Art. 2 I und II 1 GG) auslöst.[683] Entsprechend können Leistungserbringer (z. B. Vertragsarzt, Krankenhaus) gegenüber Behandlungs- und Verordnungsbeschränkungen aus Art. 12 Abs. 1 GG klagebefugt sein.[684] Ein Feststellungsinteresse für Arzneimittelhersteller ist ausnahmsweise ausgeschlossen, wenn die Verordnungsfähigkeit für ein Arzneimittel nach dem SGB V fehlt, so wenn das betroffene Arzneimittel entweder über keine arzneimittelrechtliche Zulassung verfügt oder nur im Hinblick auf einen Rechtsbehelf gegen die Versagung der arzneimittelrechtlichen Zulassung verkehrsfähig ist und Qualität, Wirksamkeit und Unbedenklichkeit nach dem AMG nicht belegt sind.[685]

4. Begründetheit der Klage und gerichtlicher Prüfungsmaßstab

27   Die Normfeststellungsklage gegen den G-BA ist begründet, wenn die angegriffene Entscheidung (Beschluss, Richtlinie) rechtswidrig und damit nichtig ist. Das ist der Fall, wenn die angegriffene untergesetzliche Rechtsvorschrift nicht auf eine (verfassungsgemäße) Rechtsgrundlage gestützt werden kann, die für ihren Erlass zu beachtenden Verfahrens- und Formvorschriften nicht eingehalten worden sind oder die Norm gegen höherrangiges Recht verstößt. Ein Verstoß gegen höherrangiges Recht liegt insbesondere dann vor, wenn der G-BA den ihm als Normgeber zustehenden Gestaltungsspielraum (sein gesetzgeberisches Ermessen) verletzt hat, indem er die gesetzlichen Grundlagen dieses Gestaltungsspielraums überschritten oder sonst in einer von der Ermächtigungsgrundlage nicht vorhergesehenen Weise Gebrauch gemacht hat.[686]

---

[679] BSG, U. v. 14.12.2011 – B 6 KA 29/10 R – Rn. 19 ff.

[680] BR-Drs. 820/07 v. 15.11.2007; BSG, U. v. 14.12.2011 – B 6 KA 29/10 R – Rn. 22.

[681] BSGE 86, 223; 110,245; ; U. v. 14.5.2014 – B 6 KA 21/13 R – („Buscopan"); aA (Leistungsklage) Spickhoff/*Barth*, § 92 SGB V Rn. 6.

[682] Das LSG Berlin-Brandenburg sieht dies als eine Frage der Klagebefugnis an – vgl u.a. U. v. 17.8.2011 – L 7 KA 77/08 KL – juris, Rn. 54; richtigerweise wird man die „Klagebefugnis" unter das nach § 55 I SGG erforderliche Feststellungsinteresse subsumieren müssen – vgl. Meyer-Ladewig/Keller/Leitherer/*Keller*, SGG, 9. Aufl., § 55 Rn. 15 d.

[683] So *Laurisch*, Vorsitzender Richter am LSG Berlin-Brandenburg, auf der 6. Medizinrechtlichen Jahresarbeitstagung des Fachinstituts für Medizinrecht des Deutschen Anwaltsinstitut e. V. (DAI) am 25.2.2011, Tagungsbandblatt 48 (57).

[684] LSG Berlin-Brandenburg, B. v. 26.1.2011 – L 7 KA 79/10 KL ER (Perinatalzentrum L 1); U. v. 21.12.2011 – L 7 KA 100/10 KL – (n. rkr.); zu weiteren Fragen der „Klagebefugnis" *Laurisch*, aaO, S. 57 ff.

[685] BSG, U. v. 27.9.2005 – B 1 KR 6/04 R; 6.5.2009 – B 6 KA 3/08 R juris.

[686] BSG, U. v. 31.5.2006 – B 6 KA 13/05 R – BSGE 96, 261 (280) Rn. 68 ff.; U. v. 14.12.2011 – B 6 KA 29/10 R – Rn. 26 m. w. N.

a) **Verfahrens- und Formvorschriften.** Für die Frage der Einhaltung der zu beachtenden Verfahrens- und Formvorschriften wird es bei der (untergesetzlichen) Normsetzung insbesondere auf die Übereinstimmung mit der Geschäfts- und Verfahrensordnung des G-BA und auf die Wahrung der Anhörungs- und Beteiligtenrechte[687] ankommen. Das Normsetzungsverfahren des G-BA ist kein Verwaltungsverfahren nach § 8 SGB X. Deshalb sind Vorschriften über das Verwaltungsverfahren und den VA – insbesondere §§ 24 X (Anhörung) und § 25 SGB X (Akteneinsicht) – nicht anzuwenden.[688] Maßgeblich ist vielmehr, ob die Verpflichtung des G-BA, vor seiner Entscheidung Sachverständigen und betroffenen Interessenvertretungen Gelegenheit zur Stellungnahme zu geben und dies in seiner Entscheidung einzubeziehen[689], hinreichend beachtet worden ist.

28

b) **Gestaltungsfreiraum und gerichtliche Kontrolle.** Die dem G-BA gesetzlich zugewiesene Kompetenz, durch Richtlinien konkretisierend die Leistungs- und Rahmenrechte der Versicherten zu gestalten, eröffnet diesem einen nur eingeschränkt nachprüfbaren Gestaltungsspielraum, der von der Rechtsprechung zu respektieren ist und nur in Ausnahmefällen korrigiert werden darf.[690] Uneingeschränkter gerichtlicher Kontrolle unterliegt insoweit die Sammlung und Zusammenstellung des medizinisch-wissenschaftlichen Erkenntnismaterials, also die Vollständigkeit der Ermittlung zum Stand der medizinischen Wissenschaft, insbesondere

29

- ob der G-BA die für die streitentscheidende Frage maßgeblichen Auffassungen in der medizinischen Wissenschaft vollständig ermittelt und die vorhandenen relevanten Studien ausgewählt hat,
- ob die vorgenommene Würdigung der Studien, z. B. wegen der geringen Zahl an Probanden, der fehlenden Akzeptanz des Studiendesigns oder der Abhängigkeit einer Studie von finanziellen Mitteln Dritter nachvollziehbar ist,
- ob auch aussagekräftige ausländische Studien in die Entscheidungsfindung einbezogen worden sind,
- oder ob die Gründe, aus denen der G-BA ggf. von der Einbeziehung solcher Studien gerade abgesehen hat, nachvollziehbar sind.[691]

Insoweit kann sich der G-BA zur Vorbereitung seiner Entscheidungen der Unterstützung des IQWiG bedienen. Gelangt der G-BA auf der Grundlage einer zutreffenden Auswertung der vorhandenen Untersuchungen, die auch eine Gewichtung von Studien nach Aussagegehalt, Verlässlichkeit und Objektivität ihrer Verfassung fordert, zu einer Bewertung des Abwägungsmaterials, so ist dieses Ergebnis von den Gerichten hinzunehmen, wenn die Bewertung nicht ersichtlich fehlerhaft ist und auf eine Verkennung der gesetzlich vorgegebenen Bewertungsmaßstäbe hindeutet. Mit Rücksicht darauf verfügt der G-BA bei der Bewertung des Abwägungsmaterials über einen Beurteilungsspielraum.[692]

30

5. Vorläufiger Rechtsschutz

Vorläufiger Rechtsschutz gegen Entscheidungen des G-BA kommt über den Erlass einer einstweiligen Anordnung (§ 86b SGG) in Betracht. Auch dafür ist das LSG Berlin-Brandenburg gem. § 29 IV Nr. 3 SGG zuständig. Der Antrag auf Erlass einer Regelungs-

31

---

[687] → § 12 Rn. 11 f.
[688] LSG Berlin-Brandenburg, U. v. 2.12.2009 – L 9 KR 8/08 – juris; *Laurisch*, aaO, 69.
[689] Z. B. nach §§ 93 III a, 35 II SGB V.
[690] BSG, U. v. 18.12.2012 – B 1 KR 34/12 R – NZS 2013, 544 Rn. 21 m. w. Nw.; zur gerichtlichen Kontrolle von RL des GBA s. a. *Münkler*, RsDE Heft 74 (2013), 42 ff.; *Seifert*, ZMGR 2018, 91 ff.; krit. – aus anwaltlicher Sicht – *Dettling*, GesR 2017, 341.
[691] BSG, U. v. 31.5.2006 – B 6 KA 13/05 R in BSGE 96, 261, 281 f. (Rn. 72 ff.).
[692] BSG, U. v. 31.5.2006 – B 6 KA 13/05 R in BSGE 96, 261, 75 u. v. m.

anordnung i. S. v. § 86b II 2 SGG ist gerichtet auf Außervollzugsetzung der streitigen Regelung bis zum Eintritt der Rechtskraft der Entscheidung im Hauptsacheverfahren.[693] Für den Maßstab des Anordnungsgrundes können die in der Rechtsprechung des Bundesverfassungsgerichts nach § 32 BVerfGG entwickelten Grundsätze (sog. Doppelhypothese) herangezogen werden.[694]

---

[693] LSG Berlin-Brandenburg, B. v. 26.1.2011 – L 7 KA 79/10 KL ER (Mindestmenge Perinatalzentren); s.a. *Seifert* GesR 2017, 211.
[694] *Laurisch*, aaO, 80; *Seifert*, GesR 2017, 211; *ders.*, ZMGR 2018, 91 (100 f.).

Zweiter Teil: Das Recht der Leistungserbringer

1. Abschnitt: Die Ärzte (Allgemein)

§ 13 Grundzüge des ärztlichen Berufsrechts

I. Rechtsgrundlagen

1. Bundes- und Landesrecht

Der Beruf des Arztes ist ein akademischer Heilberuf, nicht anders als die „Parallelberufe"[1] des Zahnarztes, des Tierarztes und des Psychotherapeuten. Wer nach den Rechtsgrundlagen der ärztlichen Berufstätigkeit fragt, wird dazu vergeblich nach einem bestimmten „Berufsgesetz der Ärzte" suchen. Die den Arztberuf regelnden Bestimmungen, von der Ausbildung über die Approbation bis zum Ausscheiden aus dem Berufsstand der Ärzte, finden sich höchst verstreut in zahllosen bundes- und landesrechtlichen Vorschriften einschließlich der nicht minder zahlreichen Satzungen der jeweiligen Berufskammern.[2] Eine Ursache für diese Rechtszersplitterung liegt in der Aufteilung der Gesetzgebungskompetenzen von Bund und Ländern für das ärztliche Berufsrecht. Nach Art. 74 I Nr. 19 GG verfügt der Bund lediglich über die konkurrierende Gesetzgebung für die „Zulassung zu ärztlichen und anderen Heilberufen und zum Heilgewerbe". Dazu sagt das BVerfG im sog. Facharzt-Beschluss von 1972,[3] ärztliche Berufe im Sinne dieser Vorschrift seien ausschließlich die Berufe des Arztes, des Zahnarztes und des Tierarztes.[4] Der die Gesetzgebungskompetenz des Bundes erfassende Begriff der „Zulassung" umfasse „im Wesentlichen die Vorschriften, die sich auf die Erteilung, Zurücknahme und Verlust der Approbation oder auf die Ausübung des ärztlichen Berufs" bezögen. Die Regelung der ärztlichen Weiterbildung nach Erteilung der Approbation und damit die gesamte Regelung des Facharztwesens gehöre dagegen zur ausschließlichen Gesetzgebungszuständigkeit der Länder. Die Aufteilung der Gesetzgebungskompetenzen für das ärztliche Berufsrecht ist also vom Grundgesetz so vorgenommen, dass das Berufszugangs- oder -zulassungsrecht des Arztes in die Bundeskompetenz fällt, während das Recht der Berufsausübung des Arztes Sache der Länder ist.[5]

1

---

[1] Vgl. zu dieser Unterscheidung *Deutsch/Spickhoff*, Medizinrecht, Rn. 49 ff.; zu weiteren Begriffsmerkmalen der „Freien Heilberufe", die ebenfalls nicht gesetzlich definiert sind, vgl. Ratzel/Luxenburger/*Ratzel/Knüpper*, § 5 Rn. 16 ff.

[2] Auch die Wissenschaft hat es bisher an einer überzeugenden Systematisierung der Rechtsgrundlagen des Arztrechtes fehlen lassen, vgl u. a. die Versuche bei *Laufs*/Uhlenbruck, § 5 Rn. 2 ff.; Laufs/Katzenmeier/*Lipp*, II B Rn. 5 ff. sowie die Kritik bei *Andreas/Debong/Bruns*, Handbuch Arztrecht in der Praxis, Rn. 5 f.

[3] BVerfGE 33, 125, 154 f.

[4] Mit den „anderen Heilberufen" sind die Berufe des Apothekers, der Hebamme, der Krankenpfleger und viele andere Heilberufe angesprochen – vgl. zul. G. v. 4.12.2001 über den Beruf der Podologin und des Podologen (BGBl. I, 3320); zu den – kompetentiellen Abgrenzungsproblemen bei der Frage der Zulassung zu den Heilberufen und zum Heilgewerbe s. HK-AKM/*Haage*, Nr. 1172 („Bundesärzteordnung") Rn. 3 m. w. N.; Spickhoff/*Steiner*, Art. 74 GG Rn. 7.

[5] BVerfGE 33, 125, 154 f.; s. a. 71, 162, 171 f.; 98, 265, 303; 102, 26, 37; *Engelmann*, MedR 2002, 561; Spickhoff/*Steiner*, Art. 74 GG Rn. 6 m. w. N.

2 Die wesentlichen bundesrechtlichen Regelungen finden sich in der Bundesärzteordnung (BÄO)[6] – der Magna Charta des Arztberufs[7] –, der auf § 4 I BÄO gestützten Approbationsordnung für Ärzte (ÄAppO),[8] der auf § 11 BÄO gestützten Gebührenordnung für Ärzte – GOÄ – vom 12.11.1982[9] sowie – gestützt auf den Kompetenztitel des Art. 74 I Nr. 12 GG „Sozialversicherung" – den das gesamte Vertragsarztrecht regelnden Bestimmungen der §§ 69 ff. SGB V.[10] In Ausfüllung ihrer Gesetzgebungskompetenz für das ärztliche Berufsausübungsrecht haben die Länder insbesondere die Kammer- oder Heilberufsgesetze erlassen, die zugleich die Rechtsgrundlage für die Errichtung der Landesärztekammern und die Festlegung von deren Aufgaben und Befugnissen sind.[11]

3 Mit der Übertragung der konkurrierenden Gesetzgebungskompetenz für die Zulassung zum Beruf des Arztes auf den Bund hatte der Verfassungsgeber das Ziel eines bundeseinheitlichen Arztbildes vor Augen.[12] Deshalb regelt der Bund auch die Mindestanforderungen zur Ausbildung und zur Prüfung von Ärzten. Die im Übrigen insbesondere im Recht der ärztlichen Weiterbildung und dem ärztlichen Kammerrecht bestehenden Länderkompetenzen werden zusätzlich ausgefüllt durch die auf Grund der Kammergesetze von den Ärztekammern als öffentlich-rechtliche Körperschaften erlassenen Weiterbildungsordnungen und Berufsordnungen in der Form von Satzungen als wesentliche Berufsausübungsvorschriften. So sieht die jeweilige Weiterbildungsordnung Regelungen über die Anzahl der Gebiete, Schwerpunkte und Zusatzbezeichnungen für Ärzte vor und regelt das Nähere zum Erwerb entsprechender Weiterbildungsbezeichnungen, zur Durchführung der Weiterbildung, zur Ermächtigung etc. Die jeweilige Berufsordnung enthält insbesondere Vorschriften zu den Berufspflichten des Arztes (z. B. Fortbildungspflicht, Zulässigkeit von Werbehinweisen, Verhaltenspflichten gegenüber Patienten, zum beruflichen Verhalten in der Öffentlichkeit sowie zur Zusammenarbeit mit Kollegen und Dritten und weiteren Berufspflichten).[13] Dabei fordert das BVerfG, dass jedenfalls die statusbildenden Normen in ihren Grundzügen vom Gesetzgeber – dem Landesgesetzgeber – selbst getroffen werden müssen und nicht dem

---

[6] Vom 7.10.1961 (BGBl. I, 1857), zul. geänd. d. Art. 5 G v. 23.12.2016 (BGBl. I, S. 3191); vgl. grundsätzlich zur Geschichte und zum Inhalt der BÄO HK-AKM/*Haage* Nr. 160 und Nr. 1172.
[7] *Andreas/Debong/Bruns*, Handbuch Arztrecht in der Praxis 2001, Rn. 28 ff.; Spickhoff/Schelling, BÄO, Vorb. Rn. 3
[8] Vom 14.7.1987 (BGBl. I, 1050); neu gefasst durch G. v. 27.6.2002 (BGBl. I, 2405) – vgl. dazu HK-AKM/*Haage* Nr. 160 („Approbationsordnung für Ärzte"); Laufs/Kern/*Laufs*, § 7 Rn. 2 ff., § 8.
[9] BGBl. I S. 1522, geändert durch Art. 17 des Podologengesetzes vom 4.12.2001, BGBl. I S. 3320; zur Verfassungsmäßigkeit dieser auf Art. 74 Nr. 11 GG (Recht der Wirtschaft) gestützten Norm siehe BVerfG, B. v. 12.12.1984, BVerfGE 68, 319 ff.
[10] Auch das Vertragsarztrecht enthält eine Vielzahl die Berufsausübung des Arztes regelnder Bestimmungen, beispielsweise die Gliederung der Versorgungsbereiche in eine Haus- und in eine fachärztliche Versorgung (§ 73 I SGB V), die durch eine entsprechende Aufteilung der Gesamtvergütung durch die Gesundheitsreform 2000 (§ 85 IV SGB V) noch verschärft wurde und bis zur Regelung für das Praxisbudget reicht (vgl. z. B. die Pflicht zur Ankündigung hausärztlicher Tätigkeit gemäß § 76 III 3 SGB V). Das BVerfG hat den darin liegenden Eingriff in die Länderkompetenz zur Regelung des Rechts der ärztlichen Berufungsübung in einem Beschluss vom 17.6.1999 (1 BvR 2507/97) mit einem Hinweis auf die eigenständige Bedeutung der Sozialversicherung gerechtfertigt, in der eigenständige Regelungen auf der Grundlage ihres Auftrages jederzeit möglich seien (zitiert bei Hess/Nösser/Schirmer, Ärztliches Berufsrecht, Rn. A 17; zu verfassungsrechtlichen Bedenken gegenüber Vorschriften, die die ärztliche Berufsausübung – als Landesrecht – betreffen, gleichwohl aber formell im Vertragsarztrecht angesiedelt sind, vgl. a. *Schnapp*, in: Schnapp/Wigge, Handbuch des Vertragsarztrechts, § 4 Rn. 8.
[11] Einen aktuellen Überblick der geltenden Landesgesetze bietet die Internetseite des Instituts für Kammerrecht (www.kammerrecht.de); s. a. die Auflistung der Heilberufe-Kammergesetze der Länder bei Ratzel/Luxenburger/*Ratzel/Knüpper*, § 5 Rn. 64 in Fn. 148.
[12] BVerfGE 33, 152 ff.; *Haage*, in: Das Deutsche Bundesrecht, – I K 9–12; HK-AKM/*Rieger*, Nr. 1172 („Bundesärzteordnung") Rn. 3.
[13] Vgl. die Nachweise zu den von der jeweiligen Ärztekammer erlassenen Berufsordnungen der Länder bei Hess/Nösser/Schirmer, Ärztliches Berufsrecht, Rn. B 5.

Satzungsrecht der Kammern überlassen werden dürfen.[14] Im Übrigen habe die Übertragung der Befugnis zum Erlass von Satzungen auf die Ärztekammern „ihren guten Sinn darin, gesellschaftliche Kräfte zu aktivieren, den entsprechenden gesellschaftlichen Gruppen die Regelung solcher Angelegenheiten, die sie selbst betreffen und die sie in überschaubaren Bereichen am sachkundigsten beurteilen können, eigenverantwortlich zu überlassen und dadurch den Abstand zwischen Normgeber und Normadressaten zu verringern".[15]

Bei dem Erlass der Weiterbildungsordnungen und der Berufsordnungen orientieren sich die – siebzehn – Ärztekammern weitgehend an der von der Bundesärztekammer (BÄK) erstellten und vom Deutschen Ärztetag (DÄT) verabschiedeten Musterberufsordnung (MBO)[16] und Musterweiterbildungsordnung (MWBO).[17] Damit wird ein möglichst bundeseinheitliches ärztliches Berufsrecht gewahrt, insbesondere können Streitigkeiten über die Gleichwertigkeit der nach dem jeweiligen Landesrecht absolvierten Weiterbildungen vermieden werden. Rechtlich verbindlich, d. h. den Arzt und die Kammer unmittelbar bindend sind diese Regelungswerke nicht. Die Bundesärztekammer ist ein von den Ärztekammern als Arbeitsgemeinschaft geschaffener privatrechtlicher Verein,[18] der Deutsche Ärztetag das privatrechtlich organisierte Standesparlament der Ärzte. Im Gegensatz etwa zur Bundesrechtsanwaltskammer und zur Satzungsversammlung der Rechtsanwälte (vgl. §§ 191a bis 191e BRAO) besteht keine Gesetzgebungskompetenz des Bundes, eine Bundesärztekammer als öffentlich-rechtliche Körperschaft oder eine Satzungsversammlung als normsetzendes Satzungsorgan zu schaffen.[19] Die Satzungen der Ärztekammern gewinnen durch die Genehmigung der staatlichen Aufsichtsbehörde ihre Rechtsverbindlichkeit.[20]

2. Der ärztliche Beruf im weiteren und engeren Sinne

Die BÄO geht von einem einheitlichen Beruf des Arztes aus.[21] § 1 II BÄO legt fest, dass der ärztliche Beruf kein Gewerbe und „seiner Natur nach ein freier Beruf" ist. Gem. § 2 II BÄO ist zur Ausübung des ärztlichen Berufs grundsätzlich die Approbation „als Arzt" erforderlich. Nach § 2 V BÄO ist Ausübung des ärztlichen Berufs die Ausübung der Heilkunde unter der Berufsbezeichnung „Arzt" oder „Ärztin". Diese Berufsbezeichnung darf nach § 2a BÄO nur führen, wer „als Arzt" approbiert oder sonst zur Ausübung des ärztlichen Berufs befugt ist.

Von diesem einheitlichen Beruf des Arztes (im weiteren Sinne) ist der einem bestimmten Tätigkeitsfeld sich widmende Arzt (im engeren Sinne) zu unterscheiden. Arzt ist auch der Zahnarzt oder der Tierarzt. Daneben gibt es den niedergelassenen Arzt (Vertragsarzt), den Krankenhausarzt und den Amtsarzt. Der niedergelassene Arzt wiederum ist entweder der Allgemeinarzt (Hausarzt mit der Gebietsbezeichnung „Allgemeinmedizin")[22] oder der Fach-

---

[14] BVerfGE 33, 125, 156 ff.; zur Reichweite der Satzungskompetenz der Ärztekammern s. a. *Laufs/Reiling*, MedR 1991, 1 ff.; Laufs/Kern/*Laufs*, § 5 Rn. 7.
[15] BVerfGE 33, 125, 156 f.
[16] Vgl. dazu u. a. den Kommentar zur Musterberufsordnung der Deutschen Ärzte von *Ratzel/Lippert*.
[17] Die MWBO – Stand 1992 – ist u. a. abgedruckt im Anhang I, *Hess/Nösser/Schirmer*, Ärztliches Berufsrecht.
[18] BVerwGE 64, 298.
[19] BVerfGE 4, 74, 84; *Haage*, in: Das Deutsche Bundesrecht, – IK 9–13.
[20] Laufs/Kern/*Laufs*, § 5 Rn. 5.
[21] BVerfGE 33, 125, 152 ff.; B. v. 29.10.2002 in MedR 2003, 36, NJW 2003, 879; HK-AKM/*Haage*, Nr. 1172 Rn. 3; *Sodan*, in: Achterberg/Püttner/Würtenberger, Besonderes Verwaltungsrecht II, § 25 Rn. 32.
[22] Nach § 6 I Nr. 1 der bis Mai 2003 gültigen Musterweiterbildungsordnung (MWBO) konnte sich der fertig weitergebildete Arzt im Gebiet der Allgemeinmedizin Facharzt für Allgemeinmedizin oder Allgemeinarzt nennen; seit der Änderung der MWBO im Jahre 2003 ist dies der „Facharzt für Innere und Allgemeinmedizin (Hausarzt)" – vgl. HK-AKM/*Haage*, Nr. 30 („Allgemeinarzt") Rn. 1; MWBO 2003, Stand: 25.6.2010 ist abgedruckt in HK-AKM R 150.

arzt[23] (Gebiets-, Teilgebiets-, Schwerpunkts- oder Zusatzbezeichnung). Es besteht also eine „Einheit in der Vielheit".[24] Insoweit hat sich das Berufsbild des Arztes – und damit auch das ärztliche Berufsrecht – grundlegend gewandelt: In seiner – wiederholt zitierten – Facharzt-Entscheidung von 1972 berücksichtigte das BVerfG die seit Mitte des 19. Jahrhunderts gewachsene Struktur der Ärzteschaft als Ergebnis unterschiedlicher Strömungen im Selbstverständnis der Ärzte. Zum Zeitpunkt der Entscheidung gab es in Deutschland in der ambulanten Versorgung die Gruppe von ca. 25.000 Allgemeinmedizinern oder praktischen Ärzten, die sich unmittelbar nach der Approbation niederlassen konnten, und die Gruppe von etwa 22.000 Fachärzten, die eine mehrjährige Weiterbildung absolviert hatten.[25] Die Gruppen waren streng geschieden. Fachärzte hatten sich auf ihr Gebiet zu beschränken und durften die Familie nicht ihrem Hausarzt entfremden.[26] Die fachärztliche Weiterbildung war in 19 Gebieten möglich; daneben gab es insgesamt fünf Teilgebietsbezeichnungen.

7   Seit 1972 hat die Spezialisierung einen hohen Grad erreicht und führt in Anwendung des in Art. 12 I GG enthaltenen Begriffs und der dazu entwickelten „Berufsbildlehre" zu einer engeren Fassung des ärztlichen Berufs.[27] Die klinisch geprägte Weiterbildung eröffnet den Zugang zu über 40 medizinischen Fachgebieten (und damit Facharztbezeichnungen). In mehr als 20 Bereichen kann sich ein Arzt zum Führen einer Zusatzbezeichnung weiterbilden. Die Zahl der zu erwerbenden Weiterbildungsbezeichnungen hat sich damit auf etwa 160 Weiterbildungsqualifikationen in Gebiets-, Teilgebiets- und Bereichsweiterbildungen vergrößert.[28] Nach dem Stand vom 31.12.2012 waren im Bundesgebiet insgesamt 348.695 Ärzte beruflich tätig.[29] Davon entfielen auf den ambulanten Bereich 144.058, auf den stationären Bereich (Krankenhausärzte einschließlich Ärzte in Vorsorge- und Rehabilitationseinrichtungen ohne Belegärzte) 174.829.[30] Die ambulant tätigen Ärzte unterteilen sich in Privatärzte (3.300), Vertragsärzte (121.189) und angestellte Ärzte (9.193). Bei den Vertragsärzten waren nach dem Stand vom 31.12.2012 60.370 als Hausärzte und insgesamt 130.556 als Fachärzte tätig.[31] Im stationären Bereich entfielen 2012 von den insgesamt 174.829 Ärzten ca. 8 % auf Leitende Ärzte (13.400) und der Rest auf nichtleitende Ärzte (150.200); 9.655 der angestellten Krankenhausärzte verfügten über eine Ermächtigung.[32]

8   Ausgehend vom einheitlichen Beruf des Arztes stellt weder der Amtsarzt noch der Facharzt oder ein sonstiger, sich einem speziellen Tätigkeitsbereich widmender Arzt einen besonderen Beruf im Sinne des Art. 12 I GG dar.[33] Die Rechtsprechung sieht in der Tätigkeit als Facharzt oder als Vertragsarzt eine bloße „Berufsmodalität", so dass gesetzliche Beschränkungen nicht die Freiheit der Berufswahl, sondern die Berufsausübung betreffen.[34]

---

[23] Die vertragsärztliche Zulassung setzt seit 1993 die Weiterbildung zum Facharzt voraus (§ 95a I Nr. 2 SGB V), so dass es nur noch übergangsweise oder auf der Grundlage des Europarechts (§ 95a IV und § 73 I a SGB V) den „Praktischen Arzt" (Arzt ohne Gebietsbezeichnung) gibt.
[24] Laufs/Kern/*Laufs*, § 12 Rn. 1.
[25] DÄBl. 1973, 2747.
[26] BVerfGE 33, 125, 133 f.
[27] *Sodan*, in: Achterberg/Püttner/Würtenberger, Besonderes Verwaltungsrecht II, § 25 Rn. 33.
[28] BVerfG(K), NJW 2003, 879.
[29] Vgl. Deutsche Krankenhausgesellschaft (DKG) Zahlen/Daten/Fakten 2013, 36.
[30] DKG, aaO, 37.
[31] DKG, aaO, 38 f.
[32] DKG, aaO, 39.
[33] *Schnapp*, in: Schnapp/Wigge, Handbuch des Vertragsarztrechts, § 4 Rn. 5 u. Vw. auf BVerfGE 33, 125, 152.
[34] BVerfGE 33, 125, 161; 106, 181, 196; B. v. 16.7.2004 – 1 BvR 1127/01 –, juris; *Jarass*, in: Jarass/Pieroth, GG, Art. 12 Rn. 30; *Manssen*, in: v. Mangoldt/Klein/Starck, Bonner Grundgesetzkommentar, Art. 12 I Rn. 50; aA für das Berufsbild des Vertragsarztes u.a. *Krölls*, GewArch 1993, 217, 221: Das Berufsbild eines Vertragsarztes sei maßgebend durch die Teilnahme an der kassenärztlichen Versorgung bestimmt; zu dem Berufsbild des Amtsarztes s.a. BVerfGE 11, 30, 41: „Es mag ärztliche Tätigkeiten geben, die sich in der Aufgabenstellung und durch ihre rechtliche Ausgestaltung so sehr vom Berufs des

3. Ärztlicher Beruf als Freier Beruf

Der ärztliche Beruf gehört nicht nur zu der (im Wesentlichen steuer- und gesellschaftsrechtlich definierten) Gruppe der „Freien Berufe", er ist selbst auch – wie dies § 1 II Hs. 2 BÄO formuliert – ein „seiner Natur nach" freier Beruf.[35] Das gilt nach wie vor, unbeschadet des gesellschaftlichen Wandels des ärztlichen Berufsbildes „vom Therapeuten zum Dienstleister", dem mit der „enhancement-Medizin" neue Aufgabenfelder zugewiesen sind.[36] Zwar existiert eine gesetzliche Definition des Begriffs „Freier Beruf" im engeren Sinne nicht. Der Gesetzgeber hat es stets vermieden, eine Legaldefinition mit einer einheitlichen und abschließenden Begriffsbestimmung im Sinne der klassischen Definitionslehre aufzustellen. Indessen hat sich das Partnerschaftsgesellschaftsgesetz (PartGG) i. d. F. vom 1.8.1998[37] zumindest zu einer Typologie der Freien Berufe bekannt und ihr eine eher allgemeine Umschreibung des Inhalts Freier Berufe in § 1 II 1 PartGG vorangestellt. Sie lautet:

9

„Die Freien Berufe haben im Allgemeinen auf der Grundlage besonderer beruflicher Qualifikation oder schöpferischer Begabung die persönliche, eigenverantwortliche und fachlich unabhängige Erbringung von Dienstleistungen höherer Art im Interesse der Auftraggeber und der Allgemeinheit zum Inhalt".

Diese Umschreibung, die im Wesentlichen der zuvor vom Bundesverband der Freien Berufe (BFB) in der Mitgliederversammlung vom 12.7.1995 verabschiedeten „Definition" entspricht[38] und der auch die neuere Rechtsprechung des EuGH sehr nahe kommt,[39] ist gekennzeichnet insbesondere durch die Merkmale einer (1) besonderen beruflichen Qualifikation, (2) persönlichen und eigenverantwortlichen Leistungserbringung, (3) geistig- ideellen Leistungen und (4) in der Regel berufsrechtlichen Bindungen durch Gesetz und Satzungsrecht. Diese Merkmale und Elemente einschließlich des auch vom BVerfG geforderten hohem Maß an Verantwortlichkeit mit eigenem – auch wirtschaftlichem – Risiko und einer eigenverantwortlichen Aufgabenwahrnehmung und therapeutischen Verantwortung für den Patienten[40] prägen regelmäßig die berufsrechtliche Stellung des Arztes. Im Prinzip gilt dies für den frei praktizierenden Arzt wie für den in ein kompliziertes öffentlich-rechtliches Zulassungssystem einbezogenen Vertragsarzt, für den angestellten oder den beamteten Kran-

10

---

frei praktizierenden Arztes unterscheiden, dass man sie als besonderen Beruf ansehen muss, wie etwa die des Amtsarztes".

[35] Vgl. zum Begriff des freien Berufes (im Gesundheitswesen) *Bomba*, Verfassungsmäßigkeit berufs- und standesrechtlicher Werbebeschränkungen für Angehörige Freier Berufe, 45 ff., 145 ff.; *Eisenberg*, Ärztliche Kooperations- und Organisationsformen, 39 ff.; Laufs/Kern/*Laufs*, § 3; Laufs/Katzenmeier/*Lipp*, Arztrecht II A Rn. 2 ff.; Ratzel/*Lippert*, MBO, § 1 Rn. 7 f.; *Preißler*, in: Ehlers (Hrsg.), Fortführung von Arztpraxen, Rn. 2 ff.; *Quaas*, MedR 2001, 34; Ratzel/Luxenburger/*Ratzel/Knüpper*, § 5 Rn. 8 ff.; *Sodan*, in: Achterberg/Püttner/Würtenberger, Besonderes Verwaltungsrecht II, § 25 Rn. 34 ff.; Spickhoff/*Schelling*, § 1 BÄO Rn. 5 ff.

[36] *Kirchhof*, ZMGR 2010, 210 ff.; ausf. zum Wandel des Berufsbilds des Arztes in den letzten Jahrzehnten Laufs/Katzenmeier/Lipp/*Laufs*, I Rn. 1 ff. A Rn. 2 ff.

[37] BGBl. I 1881; dazu – als typologische Grundaussage des Begriffs „Freier Beruf" – *Bomba*, Verfassungsmäßigkeit berufs- und standesrechtlicher Werbebeschränkungen für Angehörige Freier Berufe, 50 f.; *Eisenberg*, Ärztliche Kooperations- und Organisationsformen, 42 f.; *Groepper*, GewArch 2000, 366.

[38] „Angehörige Freier Berufe erbringen auf Grund besonderer beruflicher Qualifikation persönlich, eigenverantwortlich und fachlich unabhängig geistig-ideelle Leistungen im Interesse ihrer Auftraggeber und der Allgemeinheit. Ihre Berufsausübung unterliegt in der Regel spezifischen berufsrechtlichen Bindungen nach Maßgabe der staatlichen Gesetzgebung oder des von der jeweiligen Berufsvertretung autonom gesetzten Rechts, welches die Professionalität und das zum Auftraggeber bestehende Vertrauensverhältnis gewährleistet und fortentwickelt" – zit. bei *Quaas*, MedR 2001, 34, 34 f.

[39] EuGH, U. v. 11.10.2001 – Rechtssache C-267/99 – Adam./.Administration de l'enregistrement et des domaines de Luxembourg in EuGHE I 2001, 7467 = RIW 2001, 956 = EWS 2002, 145.

[40] BVerfGE 11, 30 für den Kassenarzt.

kenhausarzt, den Betriebsarzt sowie für die öffentlich bediensteten Medizinalbeamten. Der Arzt bleibt Arzt, auch wenn er seinen Beruf nicht als selbstständig praktizierender Arzt oder in einem herkömmlichen Dienstverhältnis, sondern in spezieller Funktion und Rechtsposition ausübt.[41] Jeder Arzt unterliegt uneingeschränkt den Regeln des ärztlichen Berufsrechts und kann sich andererseits auf die ärztlichen Grundfreiheiten, insbesondere die Therapiefreiheit als Methodenwahl und Verfahrensqualität berufen.[42] Das allgemeine Weisungsrecht des Dienstherrn im Beamten- oder Angestelltenverhältnis und die Direktionsbefugnis des Arbeitgebers oder Vorgesetzten finden ihre Grenze an dem Freiheitsraum, den die BÄO allen Ärzten gewährt.[43] § 1 II BÄO beschränkt sich deshalb nicht auf die Wiedergabe des historisch gewachsenen „freiberuflichen Status" der niedergelassenen Ärzte, sondern findet für alle Arztgruppen Anwendung, insbesondere auch auf die der Zahl nach deutlich überwiegenden Krankenhausärzte. Zur Bedeutung dieser Vorschrift hat der BGH schon 1977[44] ausgeführt: „Die Aussage des Gesetzgebers, dass der Arztberuf ein ‚Freier Beruf' sei, hat nichts an der Realität ändern sollen, dass viele Ärzte ihren Beruf in abhängiger Stellung – insbesondere als angestellte Ärzte in Krankenhäusern – ausüben und insoweit (organisatorischen) Weisungen ihres Arbeitgebers bzw. ihrer Vorgesetzten unterliegen. Der Zusatz, er sei ‚seiner Natur nach' ein freier Beruf, soll nur den für den Arztberuf charakteristischen Umstand zum Ausdruck bringen, dass der Arzt bei seiner eigentlichen Heilbehandlungstätigkeit unabhängig und weisungsfrei ist, wobei es gerade nicht darauf ankommt, in welchem Rechtsverhältnis und in welcher wirtschaftlichen Form er den Beruf ausübt". Dort, wo der Arzt spezifisch ärztlich tätig wird, d. h. bei der Behandlung des einzelnen Patienten, unterliegt er keinen Weisungen, auch keinen arbeitsvertraglichen Anordnungen durch Nicht-Ärzte (wohl aber durch übergeordnete Chef- oder Oberärzte).[45] Im originären Heilbehandlungsbereich ist der Arzt nur an den Willen seines Patienten und an die Regeln seines ärztlichen Berufes gebunden und darf insoweit keine Weisungen von Nicht-Ärzten entgegennehmen (§ 2 Abs. 4 MBO).[46]

11   Gegen die so verstandene Freiheit des Arztberufs spricht nicht die insbesondere in den letzten Jahren verstärkte Inpflichtnahme von Ärzten bei ihrer Einbindung als Leistungserbringer in das Recht der GKV.[47] Auch bei der (vertragsärztlichen) Arztpraxis handelt es

---

[41] Laufs/Kern/*Laufs*, § 12 Rn. 38.

[42] Die aus der Berufsfreiheit abgeleitete Therapiefreiheit ist nur bedingt beschränkbar. So hat zwar das BVerfG im Frischzellenurteil (BVerfGE 102, 26) ausgeführt, dass Ärzte, die ihre eigenen Arzneimittel in Verkehr bringen, den allgemeinen Regeln des Arzneimittelrechts unterworfen werden; zugleich betont es aber, dass das Arzneimittelgesetz die Therapiefreiheit des Arztes insoweit unangetastet lasse, als die Anwendung von Arzneimitteln bei den eigenen Patienten nicht als Abgabe im Sinne des Arzneimittelrechts verstanden wird – vgl. weiter zur Therapiefreiheit HK-AKM/*Dahm*, Nr. 5090; *Bomba*, Verfassungsmäßigkeit berufs- und standesrechtlicher Werbebeschränkungen für Angehörige Freier Berufe, 147; Laufs/Katzenmeier/Lipp/*Laufs*, Arztrecht, I Rn. 30, 42 ff., X 60 ff.; Laufs/Kern/*Kern*, § 3 Rn. 13 ff.; zu den Grenzen der Therapiefreiheit durch das Wirtschaftlichkeitsgebot siehe v. a. *Brenner*, SGb 2002, 129; *Kamps*, MedR 2002, 193, 193 f.

[43] BGH NJW 1978, 589 – Krankenhausärzte –; *Andreas/Debong/Bruns*, Handbuch Arztrecht in der Praxis, Rn. 41; *Linck* in: Schaub, Arbeitsrechts-Handbuch, § 45 Rn. 23, § 31 Rn. 31; Laufs/Kern/*Laufs*, § 3 Rn. 11.

[44] BGH U. v. 30.11.1977 in NJW 1978, 589.

[45] *Andreas/Debong/Bruns*, Handbuch Arztrecht in der Praxis, Rn. 41.

[46] Zur Problematik strafprozessualer Zwangseingriffe auf der Grundlage des § 81a Abs. 1 StPO bei der Verabreichung von Brechmitteln vgl u. a. OLG Frankfurt, NJW 1997, 1647; *Bonvie*, MedR 2002, 338, 341; s. im Übrigen zur Problematik der Weisungen von Nicht-Ärzten *Lippert,* in: Ratzel/Lippert, MBO, § 2 Rn. 19 f.

[47] Vgl. *Bomba*, Verfassungsmäßigkeit berufs- und standesrechtlicher Werbebeschränkungen für Angehörige Freier Berufe, 146 f.; Peter, Das Recht auf Einsicht in Krankenunterlagen, 59 ff.; *Quaas*, MedR 2001, 34, 35 f.; *Sodan*, in: Achterberg/Püttner/Würtenberger, Besonderes Verwaltungsrecht II, § 25 Rn. 39 ff.

sich um ein freiberufliches Unternehmen.⁴⁸ Zwar greift der Gesetzgeber gerade in diesem Bereich verstärkt in die Berufsfreiheit des Arztes durch sog. Gesundheitsreformgesetze ein, die den Arzt mehr und mehr auf die Tätigkeit eines „Kassenbeamten" reduzieren.⁴⁹ Trotz der zunehmenden und freiheitsgefährdenden Bindungen insbesondere der Vertragsärzte können diese gleichwohl weder als Beamte noch als Angestellte im öffentlichen Dienst eingestuft werden. Der Vertragsarzt trägt ebenso wie der ausschließlich Privatpatienten behandelnde Arzt das volle wirtschaftliche Risiko seiner beruflichen Tätigkeit.⁵⁰ Daran ändert die öffentlich-rechtliche Entgeltleistung durch die Kassenärztliche Vereinigung im Rahmen des sozialversicherungsrechtlichen Gesamtvergütungssystems nichts.⁵¹ Entgegen einer früher vertretenen Auffassung des BSG handelt es sich bei dem (Krankenhaus-)Arzt aber auch nicht um einen „Beliehenen", wenngleich ihn das Recht mit der Kompetenz ausstattet, die medizinischen Voraussetzungen des Eintritts des Versicherungsfalls der Krankheit für den Versicherten und die Krankenkasse festzustellen.⁵² Angesichts des Fehlens einer Beleihung üben Vertragsärzte schließlich keinen „staatlich gebundenen Beruf" im Sinne der neueren Judikatur des BVerfG aus.⁵³ Auch in Ansehung der „gesetzlichen Überformung" insbesondere durch das SGB V nimmt der Vertragsarzt wie der Krankenhausarzt am sozialen Leistungssystem der gesetzlichen Krankenversicherung teil und zieht aus diesem System Nutzen, weil er davon lebt. Wer dies tut, muss zum Erhalt des Systems auch Eingriffe ertragen, die ein Unternehmen, das sich auf dem Markt behaupten muss, nicht hinnehmen müsste.⁵⁴ Die Mehrzahl und das Gewicht der Eingriffe in den freiberuflichen Status des Vertragsarztes spielen sich nicht auf der Ebene der Zulassung, sondern der Berufsausübung innerhalb eines Systems ab, das ständig um sein Überleben kämpft. Hauptursache ist die Überzahl der diesen Beruf ausübenden Ärzte.⁵⁵

II. Das Berufszugangsrecht des Arztes

Das – bundeseinheitlich – geregelte Berufszugangsrecht des Arztes betrifft die ärztliche Ausbildung gemäß den Anforderungen der Approbationsordnung sowie die staatliche Erlaubnis zur Ausübung des Arztberufes (Approbation): **12**

1. Medizinstudium

Die Approbationsordnung für Ärzte (ÄAppO), die seit ihrer Entstehung im Jahre 1970 wiederholt geändert und durch G. v. 27.6.2002 mit Wirkung zum 1.10.2003 neu gefasst wurde,⁵⁶ **13**

---

⁴⁸ *Hörnemann,* Kassenarzt als freier Beruf, 101, 349; *Schäuffler/Deutsch,* Die Praxis als Unternehmen; *Schneider,* Handbuch des Kassenarztrechts, Rn. 819; *Hess,* in: KassKomm, § 98 SGB V Rn. 29; *Taupitz,* Die Standesordnung der freien Berufe, 86.

⁴⁹ So *Pitschas,* Das Grundrecht der Berufsfreiheit im Kassen- und Vertragsarztrecht in FS zum 40 jährigen Bestehen der Sozialgerichtsbarkeit in Rheinland-Pfalz 1994, 217, 227; s. a. *Sodan,* in: Achterberg/Püttner/Würtenberger, Besonderes Verwaltungsrecht II, § 25 Rn. 40 sowie *Quaas,* MedR 2001, 34 und *Zuck,* Die Zukunft der Freien Berufe und staatlich gebundenen Freien Berufe, in: Herrmann/Backhaus, Staatlich gebundene, freie Berufe im Wandel, 2.

⁵⁰ BVerfGE 11, 30, 40; *Peter,* Das Recht auf Einsicht in Krankenunterlagen, 61.

⁵¹ AA *Erhard,* Die Rechtsnatur des Kassenärztlichen Behandlungsverhältnisses (Diss.), 25 ff.

⁵² BSG, NJW 1998, 850, 852; krit. auch *Sodan,* in: Achterberg/Püttner/Würtenberger, Besonderes Verwaltungsrecht II, § 25 Rn. 41.

⁵³ Vgl. etwa BVerfGE 73, 280, 292; 301, 316; wie hier: *Sodan,* a. a. O, § 25 Rn. 41; allerdings spricht auch die amtliche Begründung zu § 102 SGB V von einer „Überlagerung" der freiberuflichen Elemente durch „Elemente eines staatlich gebundenen Berufs" - BT-Drs. 12/3608.

⁵⁴ BVerfGE 68, 193 (Honorarkürzung) und 70, 1; *Lippert,* in: Ratzel/Lippert, MBO, § 1 Rn. 10.

⁵⁵ *Neumann,* MedR 1996, 389, 390; s. a. *Ebsen,* ZSR 1992, 328; *Lippert,* in: Ratzel/Lippert, MBO, § 1 Rn. 10.

⁵⁶ Vgl. § 44 Abs. 1 ÄAppO v. 27.6.2002 (BGBl. I, 2405, 2419); eine erneute Änderung erfolgte auf Grund der Abschaffung der dem Studium nachgelagerten „AiP-Phase" mit Stichtag 1.10.2004 gemäß

regelt die ärztliche Ausbildung über das Medizinstudium, die praktische Ausbildung in Krankenanstalten, die Famulatur, die ärztlichen Prüfungen, die Tätigkeit als Arzt im Praktikum und den Erwerb der Approbation. Insbesondere im Hinblick auf die stetig steigenden Arztzahlen war im Jahre 1997 eine große Reform der medizinischen Ausbildung beabsichtigt.[57] Sie ist letztlich im Bundesrat gescheitert. Die daraufhin am 11.2.1999 erlassene 8. Verordnung zur Änderung der AppO enthält im Vorgriff auf eine Gesamtreform des Medizinstudiums lediglich eine Modellklausel (§ 36a ÄAppO), wonach ein Land einen „Modellstudiengang" zulassen kann, der von der ÄAppO insbesondere in der Struktur und bei den Prüfungen abweicht.

14 Das Ausbildungsziel sieht die geltende ÄAppO in § 1 I u. a. wie folgt: „Ziel der ärztlichen Ausbildung ist der wissenschaftlich und praktisch in der Medizin ausgebildete Arzt, der zur eigenverantwortlichen und selbstständigen ärztlichen Berufsausübung, zur Weiterbildung und zu ständiger Fortbildung befähigt ist. Die Ausbildung soll grundlegende Kenntnisse, Fähigkeiten und Fertigkeiten in allen Fächern vermitteln, die für eine umfassende Gesundheitsversorgung der Bevölkerung erforderlich sind. Die Ausbildung zum Arzt wird auf wissenschaftlicher Grundlage und praxis- und patientenbezogen durchgeführt."

15 Nach § 1 II ÄAppO umfasst die ärztliche Ausbildung
- ein Studium der Medizin von sechs Jahren, das eine zusammenhängende praktische Ausbildung (Praktisches Jahr) von 48 Wochen einschließt;
- nach dem Medizinstudium eine 18-monatige Tätigkeit als Arzt im Praktikum (AiP[58]);
- eine Ausbildung in Erster Hilfe;
- einen Krankenpflegedienst von drei Monaten;
- eine Famulatur von vier Monaten und
- die ärztliche Prüfung, die in zwei Abschnitten abzulegen ist.

16 Die ärztliche Prüfung wird nicht mehr in drei, sondern in zwei Abschnitten durchgeführt. § 1 III 1 ÄAppO sieht statt der bisherigen Ärztlichen Vorprüfung bereits den zur Endnote zählenden Ersten Abschnitt der Ärztlichen Prüfung (1. Staatsprüfung) vor, der nach einem Studium von zwei Jahren stattfindet. Dem folgt der Zweite Abschnitt der Ärztlichen Prüfung, der mit der (2.) Staatsprüfung nach insgesamt sechs Jahren Studium endet.[59]

17 Der Zweite Abschnitt der Ärztlichen Prüfung beginnt mit einem dreijährigen Studienabschnitt, wobei innerhalb dieser Zeit die viermonatige Famulatur (§ 7 ÄAppO) während der unterrichtsfreien Zeiten abzuleisten ist. Im letzten Jahr des Medizinstudiums erfolgt, sofern alle Leistungsnachweise vorliegen, das Praktische Jahr (§ 3 ÄAppO). Es gliedert sich in Ausbildungsabschnitte von je 16 Wochen in Innere Medizin, Chirurgie und wahlweise in einem der übrigen klinisch-praktischen Fachgebiete.

18 Dabei ist vorgesehen, dass das Praktische Jahr insgesamt 14 Monate dauern soll, um den Studierenden ausreichend Zeit zur Vorbereitung auf den Zweiten Abschnitt der Ärztlichen Prüfung zu geben.[60] Im Mittelpunkt des Praktischen Jahrs steht die „Ausbildung am Krankenbett". Deshalb verlangt § 3 IV 6 ÄAppO, dass die Zahl der Studierenden zu der Zahl der zur Verfügung stehenden Krankenbetten in einem angemessenen Verhältnis stehen soll. Die

---

Art. 10 Abs. 1 des Gesetzes zur Änderung der BÄO und anderer Gesetze vom 21.7.2004 (BGBl. I, 1776, 1790).

[57] Vgl. Referentenentwurf des Bundesministeriums für Gesundheit vom 22.9.1997 – BR-Drs. 1040/97; dazu – und sonstigen Reformbestrebungen – *Haage*, MedR 1998, 209; *Heberer*, Das ärztliche Berufs- und Standesrecht, 50 ff.; Laufs/Kern/*Laufs*, § 7 Rn. 1.

[58] Aufgehoben mit Wirkung vom 1.10.2004 durch G. v. 21.7.2004 (BGBl. I, 1776, 1787, 1790); dazu Laufs/Kern/*Laufs*, § 7 Rn. 22 ff.

[59] Vgl. ausführlich zum Medizinstudium HK-AKM/*Haage*, Nr. 170, 540; *Heberer*, Das ärztliche Berufs- und Standesrecht, 59 ff. (insoweit noch zur alten Ausbildungsordnung); Laufs/Kern/*Laufs*, § 7; *Prütting*/Hoppe/Seebohm/Rompf, Medizinrecht, 4.A. § 1 BÄO Rn. 2 ff.

[60] Zum praktischen Jahr s. Laufs/Kern/*Laufs*, § 7 Rn. 12 ff.

§ 13 Grundzüge des ärztlichen Berufsrechts

Studierenden dürfen nicht zu Tätigkeiten herangezogen werden, die ihre Ausbildung nicht fördern. Da die praktische Ausbildung Unterrichtsveranstaltung ist, haben die Studierenden keinen Anspruch auf eine angemessene Vergütung als Praktikanten.[61] Nach Abschluss des Praktischen Jahres ist der Zweite Abschnitt der Ärztlichen Prüfung abzulegen. Die Gesamtnote setzt sich zu einem Drittel aus dem Ergebnis des Ersten Abschnitts und zu zwei Dritteln aus dem Ergebnis des Zweiten Abschnitts zusammen (§ 33 I 2 ÄAppO).[62]

2. Approbation

a) Allgemeines. Die Approbation ist die staatliche Erlaubnis zur Ausübung eines akademischen Heilberufes (als Arzt, Zahnarzt, Apotheker, nicht-ärztlicher Psychotherapeut, Kinder- und Jugendlichen-Psychotherapeut, Tierarzt).[63] Die früher verwendete Bezeichnung „Bestallung" wurde mit Inkrafttreten der BÄO abgeschafft.[64] Seitdem ist die Approbation das Mittel der BÄO, um die Ärzte von den Nicht-Ärzten zu unterscheiden. Die Berufsbezeichnung „Arzt" oder „Ärztin" darf grundsätzlich nur führen, wer die Approbation erhalten hat. Die Ausübung der Heilkunde ohne ärztliche Approbation, Approbation nach dem Psychotherapeutengesetz oder Heilpraktikererlaubnis ist verboten und strafbar (§ 5 Heilpraktikergesetz). Dabei schließen sich ärztliche Approbation und Heilpraktikererlaubnis gegenseitig aus.[65] 19

Mit der Erteilung der Approbation besteht die Berechtigung, eigenverantwortlich Patienten zu behandeln und sich in freier Praxis niederzulassen. Allerdings bedeutet die Approbation nicht zugleich die Berechtigung, gesetzlich versicherte Patienten zu Lasten der gesetzlichen Krankenversicherung ambulant zu behandeln. Hierfür ist eine besondere Zulassung als Vertragsarzt erforderlich. Die Zulassung ist seit 1993 an die erfolgreiche Absolvierung einer fachärztlichen Weiterbildung, und damit an den Status als Facharzt gebunden (§ 95a I Nr. 2 SGB V). Die nach früherem Recht mögliche, unmittelbar im Anschluss an die Approbation erteilte vertragsärztliche Zulassung als praktischer Arzt existiert heute nicht mehr.[66] 20

b) Approbationsvoraussetzungen. Die Voraussetzungen für die Erteilung der Approbation sind in § 3 BÄO geregelt. Dabei unterscheidet das Gesetz danach, ob es sich bei dem 21

---

[61] BAG, NJW 1981; 2534; Laufs/Kern/*Laufs,* § 7 Rn. 17.
[62] Zu den Prüfungsregeln im Einzelnen vgl. Laufs/Kern/*Laufs,* § 7 Rn. 29ff.
[63] Die BÄO kennt insgesamt vier Berechtigungen zur Ausübung des ärztlichen Berufes in Deutschland, nämlich
• die Approbation als Arzt (Berechtigung zur dauernden und selbstständigen Ausübung des ärztlichen Berufs – vgl. § 3 Abs. 1 BÄO);
• die Berufserlaubnis zur vorübergehenden Ausübung des ärztlichen Berufs, insbesondere für ausländische Ärzte – vgl. § 10 BÄO (dazu HK-AKM/*Haage,* Nr. 852);
• die Berechtigung, als Erbringer von Dienstleistungen im Sinne von Art. 50 EG (früher Art. 60 EWG-Vertrag) vorübergehend ärztlich tätig zu werden – vgl. HK-AKM/*Haage,* Nr. 160 Rn. 4; und
• die auf bilateralen Verträgen fußende Berechtigung von Ärzten in Grenzgemeinden eines Nachbarstaates, Patienten in Grenzgemeinden Deutschlands zu behandeln – z. B. Abkommen der EG mit der schweizerischen Eidgenossenschaft, EG 2002 Nr L 114, 6; *Haage,* aaO.
• Die ärztliche Approbation berechtigt auch zur Ausübung der Zahnheilkunde (§ 1 I 1 ZahnHKG; Laufs/Kern/*Laufs,* § 8 Rn. 2; *Haage,* MedR 2002, 395 unter Hinweis auf das Urteil des VG Darmstadt vom 5.4.2001 – 3 E 1356/00 –.
[64] Bestallung bedeutet so viel wie Anstellung oder Bestellung im Sinne der Übertragung eines Amtes, ein Begriff, der dem Beamtenrecht entlehnt ist. Approbation entspricht dagegen dem deutschen Wort Billigung, es bedeutet das behördliche Einverständnis mit der Berufsaufnahme nach zuvor erbrachtem Nachweis der gehörigen Ausbildung und persönlichen Eignung – vgl. *Hofstetter,* Arztrecht, 18.
[65] Vgl u. a. BayVGH, U. v. 20.11.1996 in BayÄrzteblatt 1997, 209; *Andreas/Debong/Bruns,* Handbuch Arztrecht in der Praxis, Rn. 31.
[66] *Andreas/Debong/Bruns,* Handbuch Arztrecht in der Praxis, Rn. 37.

Antragsteller um einen Deutschen, EG-Angehörigen, heimatlosen Ausländer oder aber einen Ausländer aus einem Staat außerhalb der EG handelt. Für Deutsche und EG-Angehörige müssen die folgenden fünf Voraussetzungen vorliegen:[67]

(1) Der Antragsteller ist nicht unwürdig oder unzuverlässig zur Ausübung des ärztlichen Berufs.
(2) Der Antragsteller ist in gesundheitlicher Hinsicht nicht ungeeignet.zur Ausübung des Berufs.
(3) Medizinstudium von mindestens sechs Jahren, von denen mindestens acht, höchstens zwölf Monate praktische Ausbildung sein müssen.
(4) (Bestandene) ärztliche Prüfung im Bundesgebiet.
(5) Ausreichende Kenntnisse in deutscher Sprache..für die Berufsausübung.

22   Hintergrund ist die Gewährleistung von Qualität und Sicherheit medizinischer Leistungen und Produkte als zentrale Aufgabe des Staates im Gesundheitswesen. Hierzu gehört als Grundvoraussetzung die Gewährleistung einer qualifizierten, wissenschaftlichen sowie zugleich praxis- und patientenorientierten Ausbildung. Die Approbation ist Ausdruck dieses staatlichen Bemühens um Qualitätssicherung. Nur die Approbation berechtigt zur dauernden und uneingeschränkten Ausübung der Heilkunde am Menschen und der Berufsbezeichnung „Arzt". Zahlreiche ausländische Ärzte, die zunächst nur eine Berufserlaubnis erhalten haben, streben deshalb die Approbation an.[68]

23   Die Erteilung einer Approbation als Arzt ist grundsätzlich nur möglich, wenn der Antragsteller ein Studium der Medizin an einer wissenschaftlichen Hochschule in Deutschland absolviert und mit einer Prüfung erfolgreich abgeschlossen hat (§ 3 I 1 Nr. 4 BÄO). Rechtlich gleichgestellt mit einer Ausbildung in Deutschland ist unter bestimmten Voraussetzungen nach § 3 I 2 BÄO die in den übrigen Staaten der europäischen Union und des europäischen Wirtschaftsraumes abgeschlossene ärztliche Ausbildung.Maßgebend ist insoweit die Vorlage eines Europäischen Berufsausweises nach Maßgabe des Gesetzes zur Umsetzung der RL 2013/55/EU vom 20.11.2013.[69] Schwierigkeiten bereitet dagegen die Qualitätssicherung, wenn die Ausbildung außerhalb der europäischen Union und außerhalb des europäischen Wirtschaftsraumes absolviert worden ist. Die Approbation ist nach § 3 II 1 Nr. 1 BÄO dann nur zu erteilen, wenn der (deutsche oder EG-ausländische) Antragsteller in einem Drittstaat eine abgeschlossene Ausbildung erworben hat und die Gleichwertigkeit des Ausbildungsstandes gegeben ist. Nach der Rechtsprechung des BVerwG hängt die Frage der Gleichwertigkeit ausschließlich von der objektiven Vergleichbarkeit des Ausbildungsstandes ab, wie er sich nach Abschluss der ausländischen Ausbildung für die Ausübung des Arztberufes ergibt. Auf die individuellen Kenntnisse und Fähigkeiten des Antragstellers kommt es danach nicht an.[70] Daran anknüpfend hat der Gesetzgeber § 3 II BÄO um eine subjektive Komponente ergänzt: Ist die Gleichwertigkeit des Ausbildungsstandes nicht gegeben oder ist sie nur mit unangemessenem zeitlichen oder sachlichen Aufwand feststellbar, hat es der Antragsteller in der Hand, den fehlenden Ausbildungsstand durch einen gleichwertigen Kenntnisstand zu ersetzen. Der Nachweis wird durch das

---

[67] Vgl. dazu und sonstige Rechtsfragen der ärztlichen Approbation HK-AKM/*Haage*, Nr. 160; *Hofstetter*, Arztrecht, 18 ff.; Laufs/Kern/*Laufs*, § 8 Rn. 13 ff. m. zr. W. N.; *Deutsch/Spickhoff*, Medizinrecht, Rn. 24 f.
[68] *Bonvie*, MedR 2002, 338; zu der Frage, ob Ärzten aus Drittländern (nicht – EWR-Länder) ein Rechtsanspruch auf die Approbation zusteht, wenn ihre Ausbildung gleichwertig ist, sie hinreichende deutsche Sprachkenntnisse haben und ihr Verbleib in der BRD auf Dauer angelegt ist vgl. HK-AKM/ *Haage*, Nr. 160 Rn. 6 m. w. N.
[69] BGBl. I 2016, 886; dazu Prütting/*Hoppe/Seebohm/Rompf*, Medizinrecht, 4.A. zu § 3 BÄO; zur früheren Rechtslage s. *Bonvie*, MedR 2002, 338.
[70] BVerwGE 82, 88 = DVBl 1993, 1215; BVerwGE 98, 180; BVerwGE 102, 44 = NJW 1997, 1650; ausführlich dazu HK-AKM/*Haage*, Nr. 2225; *Godry*, MedR 2001, 348; *Bonvie*, MedR 2002, 338.

§ 13 Grundzüge des ärztlichen Berufsrechts

Ablegen einer (Eignungs-)Prüfung erbracht, die sich auf den Inhalt der staatlichen Abschlussprüfung erstreckt.[71]

Im Übrigen müssen für die Erteilung der Approbation die in § 3 I Nr. 1 bis 5 BÄO genannten Voraussetzungen grundsätzlich erfüllt sein. Ist dies der Fall, haben insbesondere Deutsche und Staatsangehörige aus dem europäischen Wirtschaftsraum einen Rechtsanspruch auf die Erteilung der Approbation. Die Entscheidung, ob sonstige Ausländer im Sinne des § 3 III BÄO eine Approbation erhalten, stand früher im Ermessen der zuständigen Landesbehörde (§ 12 BÄO), die entweder in besonderen Einzelfällen oder aus Gründen des öffentlichen Gesundheitsinteresses ihre Abwägungsentscheidung getroffen hat.. Dabei spielte für die Annahme eines „besonderen Einzelfalls" die Integration des Antragstellers in die hiesigen Berufs- und Lebensverhältnisse eine gewichtige Rolle.[72] Nach der Neufassung von § 3 III BÄO durch das Anerkennungsgesetz (2011) wird auch Antragstellern mit Drittstaatenausbildungsnachweisen ein Rechtsanspruch auf Erteilung der Approbation eingeräumt.[73]

c) Rücknahme und Widerruf der Approbation. Von großer praktischer Bedeutung sind die Rücknahme und der Widerruf der Approbation. Die Rücknahme beseitigt die Approbation und die mit ihr verbundene Rechtsposition mit rückwirkender Kraft, während der Widerruf die Rechte aus der Approbation für die Zukunft aufhebt.[74] Als Spezialnorm gegenüber den §§ 48 und 49 VwVfG regelt § 5 BÄO die Voraussetzungen einer zwingenden oder fakultativen Rücknahme oder des Widerrufs. Im Zentrum stehen die Rücknahmegründe des § 5 I 2 bzw. die Widerrufsgründe des § 5 II 1 BÄO, nämlich, dass sich der Arzt zur Ausübung des ärztlichen Berufes als unzuverlässig oder unwürdig erwiesen hat (fakultativer Rücknahmegrund) bzw. ein solches Verhalten nach Approbationserteilung vorliegt (zwingender Widerrufsgrund).[75] Beide Begriffe haben eine eigenständige Bedeutung. Der wesentliche Unterschied zwischen Unwürdigkeit und Unzuverlässigkeit ist ein zeitlicher: Unwürdiges Verhalten betrifft einen in der Vergangenheit abgeschlossenen Zeitraum, Unzuverlässigkeit bezieht sich auf in der Zukunft zu besorgenden Verhaltensweisen und schließt damit eine Prognoseentscheidung ein.[76] Für die Prognoseentscheidung kommt es auf die Umstände im Zeitpunkt des Abschlusses des Verwaltungsverfahrens an.[77] Totschlags- und Körperverletzungsdelikte werden in aller Regel Berufsunwürdigkeit begründen.[78] Bei Honorar- und Abrechnungsbetrug kann der Entzug der Approbation gerechtfertigt sein, wobei die ärztliche Behandlung selbst beeinträchtigt sein muss.[79] Auch außer-

---

[71] Zu den sich daraus ergebenden – insbesondere verfassungsrechtlichen – Fragen s. HK-AKM/*Haage*, Nr. 2225, Rn. 34 ff.

[72] BVerwG, MedR 1992, 53; zu weiteren Voraussetzungen s. HK-AKM/*Haage*, Nr. 160 Rn. 13.

[73] Prütting/*Hoppe/Seebohm/Rompf*, Medizinrecht, 4.A.,§ 3 BÄO Rn. 86.

[74] Laufs/Kern/*Laufs*, § 8 Rn. 23.

[75] Vgl. zum Entzug der Approbation wegen Unwürdigkeit und einem Anspruch auf Wiedererteilung der Approbation u. a. *Braun/Gründel*, MedR 2001, 396; Spickhoff/*Schelling*, § 5 BÄO Rn. 39 m. w. N.; zu dem durch das Podologengesetz eingeführten Rücknahmegrund der fehlenden Gleichwertigkeit des Ausbildungs- bzw. Kenntnisstandes einer nach § 3 Abs. 2 Satz 3 BÄO erteilten Approbation gemäß § 5 Abs. 1 Satz 3 BÄO vgl. HK-AKM/*Haage*, Nr. 160 Rn. 30.

[76] VG Stuttgart MedR 2000, 142; *Bonvie*, MedR 2002, 338, 338; *Krafczyk* GesR 2009, 359; Spickhoff/*Schelling*, § 5 BÄO Rn. 35 ff.; krit. zum Begriff der Unwürdigkeit als selbstständigem Entzugsgrund neben der Unzuverlässigkeit im Hinblick auf Art. 12 Abs. 1 GG *Hofstetter*, Arztrecht, 37 f.

[77] BVerwG, MedR 1998, 142; NJW 1999, 3425; OVG Bremen, NJW 2003, 1887.

[78] OVG Koblenz, U. v. 16.9.1988 in ArztR 1989, 263: Ermordung der Ehefrau ist ein ausreichender Grund für die Approbationsentziehung; zu weiteren Totschlags- und Körperverletzungsdelikten siehe *Braun/Gründel*, MedR 2001, 396, 398 f.

[79] Vgl. BVerwG, MedR 1992, 51; NJW 1998, 2756; s. a. VGH Baden-Württemberg NJW 1987, 1502; nach VGH Baden-Württemberg, NJW 1995, 804 rechtfertigen 10 strafgerichtliche Verurteilungen eine Approbationsentziehung auch dann, wenn das Arzt-Patient-Verhältnis nicht unmittelbar betroffen war; im Übrigen s. zum Abrechnungsbetrug als Approbationsentziehungsgrund *Andreas/Debong/Bruns*,

berufliche wiederholte gravierende Verfehlungen rechtfertigen den Widerruf der Approbation.[80]

26 Die Rücknahme oder der Widerruf der Approbation können unter Einziehung der Approbationsurkunde für sofort vollziehbar erklärt werden (§ 80 II Nr. 4 VwGO). Eine solche Maßnahme setzt als „vorläufiges Berufsverbot" gem. Art. 12 I GG i. V. mit dem Rechtsstaatsgebot die zusätzliche Feststellung voraus, dass sie schon vor Rechtskraft des Hauptsacheverfahrens als Präventivmaßnahme zur Abwehr konkreter Gefahren für wichtige Gemeinschaftsgüter erforderlich ist. Wegen der gesteigerten Eingriffsintensität beim Sofortvollzug einer Approbationsentziehung sind hierfür nur solche Gründe ausreichend, die in angemessenem Verhältnis zu der Schwere des Eingriffs stehen und die ein Zuwarten bis zur Rechtskraft des Hauptsacheverfahrens ausschließen.[81]

27 d) **Ruhen und Wiedererteilung der Approbation.** Die nach § 6 BÄO im Ermessen der Behörde liegende Anordnung des Ruhens der Approbation dient dem Zweck, in den dort genannten Fällen insbesondere wegen des Verdachts einer Straftat oder bei fehlender gesundheitlicher Eignung einem Arzt die Ausübung der Berufstätigkeit im Interesse der Allgemeinheit für bestimmte oder unbestimmte Zeit zu versagen.[82] Der Arzt bleibt Arzt und Mitglied seiner Kammer, darf aber den ärztlichen Beruf nicht mehr ausüben (§ 6 BÄO)[83]. Die Ruhensanordnung bewirkt also ein vollständiges vorübergehendes Berufsausübungsverbot, das sich nicht nur auf einzelne Tätigkeiten wie das Rezeptieren bezieht. Verstößt der Arzt gegen das Verbot, macht er sich strafbar[84]. Dazu muss die Ruhensanordnung für sofort vollziehbar erklärt worden oder unanfechtbar geworden sein (§ 13 BÄO). Da das Ruhen der Approbation den belasteten Arzt regelmäßig existenziell trifft, muss für eine Ruhensanordnung nach § 6 I Nr. 1 BÄO ein überragendes unabweisbares Interesse der Allgemeinheit an einer

---

Handbuch Arztrecht in der Praxis 2001, Rn. 38; *Braun/Gründel,* MedR 2001, 396, 399; HK-AKM/ *Haage,* Nr. 160 Rn. 32.

[80] Zu sonstigem, nicht strafbarem, wohl aber sozialwidrigem oder anstößigem Verhalten vgl. *Braun/ Gründel,* MedR 2001, 396, 399; *Haage,* aaO; Spickhoff/*Schelling,* § 5 BÄO Rn. 37 ff.; vgl. auch folgende weitere Entscheidungen zum Widerruf der Approbation: VGH Kassel VerwRspr. 27, Nr 225: HNO-Arzt ist unzuverlässig, wenn er bei Kindern Rachenmandeln ohne Betäubung entfernt, verrostete Instrumente bereithält und noch im Operationssaal raucht BVerwG, NJW 91, 1557: Widerruf der Approbation wegen betrügerischer Machenschaften, insbesondere Eintragen falscher Diagnosen und nicht vorgenommene Behandlungen; VGH Mannheim, MedR 94, 158: Widerruf der Approbation wegen Verwendung gefälschter Urkunden, Misshandlung einer Patienten, Beleidigung, Diffamierung und haltloser Verdächtigung anderer Personen; OVG Münster, MedR 94, 72: fortgesetzte Steuerhinterziehung rechtfertigt nicht die Annahme der Unwürdigkeit zur Ausübung des ärztlichen Berufs; VGH Mannheim, NJW 95, 804: Widerruf der Approbation wegen Führen eines nicht versicherten Kraftfahrzeuges, Fahren ohne Fahrerlaubnis und falscher Versicherung an Eides statt; OVG Koblenz, NJW 91, 2984: Ruhen der Approbation bei Medikamentenmissbrauch, Beweis durch Einstichstellen an beiden Unter- und Oberarmen; BVerwG, MedR 95, 19: Entfernung eines Klinikdirektors, der mehrere vorsätzliche Körperverletzungen zum Nachteil von Patienten begangen hatte, nur verhältnismäßig, wenn im Hinblick auf die Art und Schwere des Dienstvergehens als Disziplinarmaßnahme nur die Entfernung des Beschwerdeführers aus dem Dienst in Betracht kommt; OVG Münster, NJW 2003, 1888: Kein Widerruf der Approbation bei Trunkenheitsfahrten, die zwei Jahre vor der Widerspruchsentscheidung zurückliegen; OVG Bremen, NJW 2003, 1887: Rücknahme der (zahn-)ärztlichen Approbation bei Straftat gegen die sexuelle Selbstbestimmung eines Kindes, weil der Arzt während seines Medizinstudiums als Pfleger in einem Krankenhaus einen 12-jährigen Jungen sexuell missbraucht hat; BVerwG, NVwZ 2003, 998: Widerruf der Approbation eines Apothekers bei Abrechnungsbetrug.

[81] BVerfG, B. v. 24.10.2003 – 1 BvR 1594/03 in NJW 2003, 3618.

[82] Vgl. z. B. das Ruhen der Approbation bei Verdacht der Begehung sexueller Übergriffe in der Praxis, VG Stuttgart, MedR 2000, 142; bei Alkoholsucht, OVG Sachsen-Anhalt, MedR 2000, 239 oder bei ärztlichem Behandlungsfehler, VG Leipzig, MedR 2000, 336; zu weiteren Fallgestaltungen s. HK-AKM/ *Haage,* Nr. 160 Rn. 37 ff.

[83] Vgl. hierzu und zum Folgenden Laufs/Kern/*Laufs,* Rn 31.

[84] Laufs, aaO

solchen Maßnahme bestehen.⁸⁵ Unter diesen Voraussetzungen kann auch die sofortige Vollziehung des Ruhens der Approbation dann gerechtfertigt sein, wenn Anhaltspunkte für eine Unzuverlässigkeit des Arztes bestehen. Anderenfalls kann das Vertrauen, dass die Öffentlichkeit den Angehörigen des Arztberufes entgegenbringt, Schaden nehmen.⁸⁶ Da die Ruhensanordnung aufzuheben ist, wenn ihre Voraussetzungen nicht mehr vorliegen, untersteht die Approbationsbehörde einer ständigen Überprüfungspflicht (§ 6 II BÄO).⁸⁷

Nach § 8 BÄO besteht für die zuständige Behörde die Möglichkeit, bei Personen, die einen Antrag auf Wiedererteilung der Approbation als Arzt stellen, nachdem die Approbation wegen Fehlens einer der Voraussetzungen des § 3 I 1 Nr. 2 oder 3 BÄO (Würdigkeit, Zuverlässigkeit und gesundheitliche Eignung) zurückgenommen oder widerrufen worden war oder die gemäß § 9 BÄO auf die Approbation verzichtet hatten, die Entscheidung über diesen Antrag zurückzustellen und zunächst eine – widerrufliche – Berufserlaubnis bis zu einer Dauer von zwei Jahren zu erteilen.⁸⁸ Im Rahmen der Ermessensentscheidung ist es nicht fehlerhaft, auch die in § 3 I 1 Nr. 2 BÄO geforderten Voraussetzungen der Zuverlässigkeit und Würdigkeit des Antragstellers zu berücksichtigen, sie indessen nicht als Tatbestandsvoraussetzungen einer erst dann eröffneten Ermessensentscheidung anzusehen.⁸⁹ 28

III. Die Weiterbildung

1. Allgemeines

Das Recht der ärztlichen Weiterbildung liegt an der Schnittstelle zwischen dem Berufszugangsrecht des Arztes und der Berufsausübung. Begrifflich endet die Ausbildung zum Arzt mit der Erteilung der ärztlichen Approbation. Im Anschluss hieran beginnt die berufsbegleitende Phase der ärztlichen Weiterbildung. An ihrem Ende steht die Anerkennung einer Facharztbezeichnung. Die Approbation schließt damit die ärztliche Ausbildung, die Anerkennung einer Facharztbezeichnung die ärztliche Weiterbildung ab. Zwischen beiden besteht indessen ein grundlegender Unterschied: Die Ausbildung zum Arzt soll ein Basiswissen vermitteln, auf Grund dessen die Berufsausübung der Heilkunde am Menschen unter der Bezeichnung „Arzt" gestattet wird. Die Weiterbildung dient einer Spezialisierung ärztlichen Fachwissens auf einem eingegrenzten Fachgebiet. Deshalb ist der Facharzt im Verhältnis zum Arzt auch kein besonderer eigener Beruf, sondern lediglich eine Ausprägung des einheitlichen Arztberufes.⁹⁰ 29

2. Begriff und Rechtsgrundlagen

Unter der (fachärztlichen) Weiterbildung (die nicht zu verwechseln ist mit der Fortbildung, zu der jeder Arzt verpflichtet ist),⁹¹ versteht man die Vertiefung und Erweiterung der durch die ärztliche Ausbildung erworbenen allgemeinen ärztlichen Kenntnisse und Fähigkeiten auf einem bestimmten Gebiet im Rahmen einer Berufstätigkeit unter Anleitung dazu 30

---

⁸⁵ *Hess/Nösser/Schirmer*, Ärztliches Berufsrecht, B 80 bis 90 m. w. N.; Laufs/Kern/*Laufs*, § 8 Rn. 33.
⁸⁶ VG Stuttgart, MedR 2000, 142; krit. *Bonvie*, MedR 2002, 338, 339.
⁸⁷ BVerwG, DVBl 1998, 528; *Braun/Gründel*, MedR 2001, 396, 400 f.; HK-AKM/*Haage*, Nr. 160 Rn. 18.
⁸⁸ Es handelt sich noch nicht um die (endgültige) (Wieder-)Erteilung der Approbation, weshalb Bedenken gegen die Verfassungsmäßigkeit der Bestimmung mit Rücksicht auf § 3 BÄO und das Grundrecht der Berufsfreiheit unbegründet sind – so aber *Hofstetter*, Arztrecht, 38 ff.; s. a. *Heberer*, Das ärztliche Berufs- und Standesrecht, 102; *Hess/Nösser/Schirmer*, Ärztliches Berufsrecht, W 94 f.
⁸⁹ VG Gießen, 10 E 2998/00, Juris; HK-AKM/*Haage*, Nr. 160 Rn. 42.
⁹⁰ BVerfGE 11, 30 (41); 33, 125 (161); *Hess/Nösser/Schirmer*, Ärztliches Berufsrecht, W 1; zu weiteren Unterschieden und Abgrenzungen zwischen Approbation und Anerkennung einer Facharztbezeichnung s i. Ü. *Hoppe/Schirmer* in: Wenzel (Hrsg.), Handbuch des Fachanwalts Medizinrecht, Kap. 9, Rn. 152 ff.
⁹¹ S. dazu unten bei → § 13 Rn. 59 ff.

ermächtigter Ärzte nach Erteilung der Approbation auf freiwilliger Basis.[92] Durch die Facharztanerkennung wird der Erwerb eingehender Kenntnisse, Erfahrungen und Fertigkeiten im jeweiligen Fachgebiet bescheinigt, die den Arzt berechtigt, die entsprechende Facharztbezeichnung zu führen.[93] Dabei kehrt die MWBO von 1992 wieder zum „Facharztbegriff" zurück, nachdem dieser vom 75. Deutschen Ärztetag 1973 abgeschafft und durch den des „Gebietsarztes" (entsprechend: Gebietsbezeichnung) ersetzt worden war.

31 Rechtlich fällt die ärztliche Weiterbildung als Teil der Berufsausübung in die Kompetenz des Landesgesetzgebers. Er ist nach der Facharztentscheidung des BVerfG von 1972[94] verpflichtet, grundlegende Bestimmungen (die sog. „statusbildenden Normen") des Weiterbildungsrechts, die wesentlich in die Berufsausübungsfreiheit der betroffenen Ärzte eingreifen, selbst zu erlassen, da deren Berufsfreiheit anderenfalls unzulässig eingeschränkt würde. Folgerichtig enthalten die Heilberufs- und Kammergesetze der Länder[95] die grundlegenden Regelungen, welche die Voraussetzungen der Facharztanerkennung, die zugelassenen Facharztrichtungen, die Mindestdauer der Ausbildung, das Verfahren der Anerkennung und die Gründe für eine Zurücknahme der Anerkennung betreffen.[96] Dennoch werden die praktisch wichtigsten Vorschriften zur Weiterbildung nicht durch den Landesgesetzgeber, sondern durch die jeweils zuständige Landesärztekammer erlassen. Der Landesgesetzgeber hat diese Aufgabe an die Landesärztekammer delegiert, die hierbei auf Grund einer gesetzlichen Ermächtigung eine ihrer Hauptaufgaben wahrnimmt, durch Satzung (WBO) die Förderung, Organisation und Anerkennung der ärztlichen Weiterbildung zu regeln und zur näheren Konkretisierung ihrer Weiterbildungsordnung zusätzlich „Richtlinien über den Inhalt der Weiterbildung" zu erlassen, in denen die Weiterbildungsanforderungen detailliert ausgestaltet, beispielsweise Operations- und Behandlungskataloge festgelegt werden.[97]

32 Nach erfolgreich abgeschlossener Weiterbildung führt der Arzt entweder die Bezeichnung „Facharzt für ..." oder die jeweilige Kurzform, z.B. „Allgemeinarzt", „Chirurg", „Internist" etc. (§ 6 MWBO). Davon zu unterscheiden ist die Bezeichnung „Praktischer Arzt". Sie ist keine Facharztbezeichnung, sondern – ihrer Natur nach Weiterbildung[98] – eine Qualifikation eigener Art. Die Bezeichnung „Praktischer Arzt" darf führen, wer eine spezifische Ausbildung in der Allgemeinmedizin auf der Basis der Art. 30 ff. der Richtlinie 93/16/EWG des Rates vom 5.4.1993[99] iVm den jeweiligen landesrechtlichen Bestimmungen

---

[92] *Hofstetter*, Arztrecht, 90; HK-AKM/*Jaeger*, Nr. 5490 („Weiterbildung") Rn. 1; Laufs/Kern/*Laufs*, § 11 Rn. 10 ff.; zur geschichtlichen Entwicklung des ärztlichen Weiterbildungsrechts siehe im Übrigen *Hess/Nösser/Schirmer*, Ärztliches Berufsrecht, W 4.

[93] § 1 Abs. 3 MWBO.

[94] BVerfGE 33, 125 = NJW 1972, 1504; dazu Laufs/Kern/*Laufs*, § 11 Rn. 13 f.; zum Facharztrecht als ausschließliche Gesetzgebungsnotwendigkeit der Länder siehe auch *Hess/Nösser/Schirmer*, Ärztliches Berufsrecht, Rn. W 7; zu den Rechtsquellen des Facharztrechts s i. Ü. *Hoppe/Schirmer* in: Wenzel (Hrsg.), Handbuch des Fachanwalts für Medizinrecht, Kap. 9, Rn 156 ff.

[95] Bei → § 13 Rn. 2; zu den landesgesetzlichen Facharztregelungen im Einzelnen vgl. den Überblick bei *Hess/Nösser/Schirmer*, Ärztliches Berufsrecht, W 14; zu den Rechtsquellen des Facharztrechts s i. Ü. *Hoppe/Schirmer* in: Wenzel (Hrsg.), Handbuch des Fachanwalts für Medizinrecht, Kap. 9, Rn 162 ff.

[96] Leider stimmen die in den landesgesetzlichen Regelungen verwendeten Begriffe nicht stets mit der Terminologie der MWBO von 1992 überein, so z.B. im Heilberufsgesetz NRW, wo noch von Gebietsbezeichnungen, Teilgebietsbezeichnungen und Zusatzbezeichnungen die Rede ist; ebenso § 32 Abs. 1 KaG BW.

[97] *Andreas/Debong/Bruns*, Handbuch Arztrecht in der Praxis, Rn. 46 f.; auch die Verwaltungs- Richtlinien entsprechen im Wesentlichen dem „Muster" der von der Bundesärztekammer beschlossenen „Richtlinien über den Inhalt der Weiterbildung", abgedruckt in: *Hess/Nösser/Schirmer*, Ärztliches Berufsrecht, Anhang; zur rechtlichen Problematik der Verwaltungs-Richtlinien vgl. dieselben, Rn. W 26 ff.

[98] Vgl. § 37a Abs. 1 Thür Heilberufsgesetz vom 29.1.2002, GVBl. 125; HK-AKM/*Haage*, Nr. 4210, 1.

[99] Geändert durch RI 2001/19/EG, wodurch die Weiterbildungszeit von zwei auf drei Jahre erhöht und die Länder verpflichtet wurden, die Umsetzung mit Wirkung zum 1.1.2003 vorzunehmen – dazu Laufs/Kern/*Laufs*, § 11 Rn. 32.

absolviert hat.¹⁰⁰ Die Ausbildung dauert seit dem 1.1.2003 drei Jahre und dient als Zugangsrecht zum System der GKV in den Mitgliedsstaaten. Nach den Vorgaben der Richtlinie 93/16/EWG ist im nationalen Recht sicherzustellen, dass Absolventen einer spezifischen Ausbildung in der Allgemeinmedizin auch ein Recht auf Zugang zur (nationalen) GKV zusteht. Inzwischen sind europa- wie berufsrechtlich neue Regeln zur Führung der Bezeichnung „Facharzt für Allgemeinmedizin" eingeführt.¹⁰¹ Die MWBO (2003) unterscheidet im Gebiet „Innere Medizin und Allgemeinmedizin" den „Facharzt Innere und Allgemeinmedizin (Hausarzt)" vom „Facharzt Innere Medizin mit weiteren Schwerpunkten".¹⁰²

3. Struktur der Weiterbildung

Historisch hat sich eine Untergliederung der Weiterbildung nach Gebieten (Facharztbezeichnung), Schwerpunkten (früher: Teilgebiete) und Bereichen (Zusatzbezeichnungen) herausgebildet. Nach der MWBO von 1992 gibt es daneben die fakultative Weiterbildung und die Fachkunde. Wer die Approbation als „Arzt" oder „Ärztin" erhalten hat, wird im Regelfall die unmittelbar folgenden Jahre seiner ärztlichen Berufstätigkeit dem Erwerb der Facharztanerkennung, im Anschluss oder parallel hierzu ggf. zusätzlicher Schwerpunktweiterbildungen widmen. Eigenständige Schwerpunkte sind insbesondere für die umfangreichen Fachgebiete (Innere Medizin, Chirurgie usw.) vorgesehen. Alternativ oder kumulativ zur Facharztweiterbildung und zur Schwerpunktweiterbildung sehen die Weiterbildungsordnungen Zusatzbezeichnungen vor. Sie stellen höchst unterschiedliche Anforderungen. Für einige Zusatzbezeichnungen reicht es aus, dass der Arzt eine begrenzte Anzahl zusätzlicher Kursstunden absolviert. Solche Zusatzbezeichnungen haben eher den Charakter einer „erlaubten Werbung".¹⁰³ Andere Zusatzbezeichnungen stellen so hohe Anforderungen, dass sie mit einem Schwerpunkt vergleichbar sind (z. B. Handchirurgie oder Umweltmedizin). 33

Sowohl den Gebietsbezeichnungen als auch den Schwerpunkt- und den Zusatzbezeichnungen ist gemeinsam, dass sie nach entsprechendem Erwerb und ihrer Anerkennung durch die Ärztekammer „geführt", d. h. auf Briefbögen, Praxisschildern verwendet werden dürfen (§ 17 II MWBO). Die fakultative Weiterbildung, die nur für einige wenige Fachgebiete existiert und die in den WBO's ebenfalls vorgesehenen gebietsbezogenen Fachkundenachweise haben dagegen nur interne Bedeutung. Sie dienen dem Arzt insbesondere als Befähigungsnachweis am Arbeitsplatz, ggf. auch als Abrechnungsvoraussetzung. Eine Nennung von fakultativen Weiterbildungen oder Fachkundenachweisen im Außenverhältnis zum Patienten ist dem Arzt verboten.¹⁰⁴ Der Fachkundenachweis zielt im Gegensatz zum Facharztrecht nicht darauf, Qualifikationen zu ordnen und für Außenstehende erkennbar zu machen, sondern rechtfertigt sich aus Gründen der Gefahrenabwehr.¹⁰⁵ 34

Die in der jeweiligen Weiterbildungsordnung vorgesehenen über 40 Fachgebiete, 18 Schwerpunkte und 23 Zusatzbezeichnungen, ergänzt durch insgesamt 20 fakultative Weiterbildungen und zusätzliche Fachkundenachweise sind im Hinblick auf die dadurch eingetretene Komplexität und Unüberschaubarkeit Gegenstand heftiger Kritik, zumal die Heilberufs- und Kammergesetze bestimmen, dass eine Weiterbildung, die in einem anderen Bundesland absolviert wurde, im gesamten Bundesgebiet anerkannt wird (vgl z. B. § 46 Heilberufsgesetz NRW, § 41 KaG BW). Eine grundlegende Reform¹⁰⁶ steht aus. Kleine oder größere Änderungen und Fortentwicklungen der Weiterbildungsordnung erfolgen laufend 35

---

¹⁰⁰ Laufs/Kern/*Laufs*, § 11 Rn. 32 m. w. N.
¹⁰¹ Dazu *Haage*, MedR 2007, 192; Laufs/Kern/*Laufs*, § 11 Rn. 33.
¹⁰² HK-AKM/*Haage*, Nr. 30 („Allgemeinarzt") Rn. 1; zu Einzelheiten Laufs/Kern/*Laufs*, § 11 Rn. 33,
¹⁰³ *Andreas/Debong/Bruns*, Handbuch Arztrecht in der Praxis, Rn. 49.
¹⁰⁴ *Andreas/Debong/Bruns*, Handbuch Arztrecht in der Praxis, Rn. 50.
¹⁰⁵ BVerwG, NJW 1996, 798 (Fachkunde nach § 6 Abs. 2 StrlSchVO); Laufs/Kern/*Laufs*, § 11 Rn. 10.
¹⁰⁶ Zu Reformplänen vgl. u. a. *Korzilius*, DÄBl. 95 (1998), A-1443.

(z. B. der seit 2003 vorgesehene Facharzt für Innere und Allgemeinmedizin [Hausarzt]).[107] So wurden 2005 die Fachgebiete Chirurgie/Unfallchirurgie und Orthopädie in einem neuen Facharzt für „Unfallchirurgie und Orthopädie" zusammengeführt.[108]

4. Verfahren und Durchführung der Weiterbildung

36 Die eigentliche Weiterbildung wird von den Landesärztekammern nicht selbst durchgeführt, sondern durch Ärzte, die von der Ärztekammer dazu ermächtigt wurden. Insoweit bestimmt die Weiterbildungsordnung auch die Weiterbildungsstätte: „Die Weiterbildung in den Gebieten und Schwerpunkten sowie im Rahmen der fakultativen Weiterbildung wird unter verantwortlicher Leitung der von der Ärztekammer befugten Ärzte in einem Universitätszentrum, einer Universitätsklinik oder in einer hierzu von den zuständigen Behörden oder Stellen zugelassenen Einrichtung der ärztlichen Versorgung (Weiterbildungsstätten) durchgeführt" (§ 8 I MWBO). Weiterbildungsermächtigungen werden typischerweise an leitende Krankenhausärzte verliehen (hierarchisches Prinzip),[109] können aber auch einem niedergelassenen Arzt erteilt werden, wenn bei ihm die entsprechenden Voraussetzungen vorliegen.[110] Ein Arzt, der eine von der Landesärztekammer anerkannte Weiterbildung anbieten will, muss deshalb eine besondere Weiterbildungsbefugnis beantragen. Die Landesärztekammer prüft die persönliche Eignung und die fachliche Kompetenz des weiterbildungswilligen Arztes. Zusätzlich wird überprüft, ob die beabsichtigte Weiterbildung auch tatsächlich gewährleistet ist, d. h. ob die Krankenhausabteilung oder die Praxis ein Behandlungsspektrum und eine apparative Ausstattung aufweisen, die zur Erreichung des Weiterbildungsziels erforderlich sind. Allerdings ist umstritten, ob zu der persönlichen Eignung eines zur Weiterbildung ermächtigten Arztes gehört, dass dieser die Aufgabe der Anleitung in zeitlich angemessener Form wahrnehmen kann.[111] Da sich die Frage der persönlichen Kompetenz in der charakterlichen Eignung des Arztes als Weiterbilder erschöpft, ist nicht zu prüfen, ob und inwieweit das jeweilige Kammermitglied von der Weiterbildungsbefugnis den vom Gesetz vorausgesetzten Gebrauch machen kann. Die ordnungsgemäße Durchführung der Weiterbildung gehört nicht zu den Voraussetzungen für die Erteilung der Weiterbildungsbefugnis, sondern ist eine Folge der einmal erteilten Ermächtigung.[112]

37 Andererseits steht der Landesärztekammer hinsichtlich der Frage, ob ein Arzt fachlich und persönlich geeignet ist, eine Weiterbildung zu leiten, ein – gerichtlich nur eingeschränkt überprüfbarer – Beurteilungsspielraum zu. Ein solcher Einschätzungs- oder Bewertungsspielraum ist typischerweise anzunehmen, wenn die Eignung von Personen für ein bestimmtes Amt oder für eine sonstige bestimmte Tätigkeit auf Grund charakterlicher Eigenschaften oder der Befähigung zu beurteilen ist.[113] Die Ausfüllung dieses Beurteilungsspielraums ist gerichtlich darauf zu überprüfen, ob die anzuwendenden Begriffe oder der normative Rahmen, in dem sich die Behörde halten muss, verkannt oder der der Behörde zustehende Beurteilungsspielraum nicht ausgefüllt wurden. Davon ist auszugehen, wenn eine Landesärztekammer die Weiterbildungsbefugnis mit der Begründung versagt, der Weiterbilder habe kein schlüssiges zeitliches Konzept für die ordnungsgemäße Durchführung der von ihm beabsichtigten Weiterbildung vorgelegt.[114] Sofern eine umfassende Weiterbil-

---

[107] Laufs/Kern/*Laufs*, § 11 Rn. 33.
[108] Vgl. *Andreas/Debong/Bruns,* Handbuch Arztrecht in der Praxis, Rn. 52 und *Quaas* in: f&w 2005, 402 ff.
[109] VGH Baden-Württemberg, U. v. 24.5.1993 in ArztR 1994, 62.
[110] *Andreas/Debong/Bruns,* Handbuch Arztrecht in der Praxis, Rn. 55; *Hess/Nösser/Schirmer,* Ärztliches Berufsrecht, W 112.
[111] So VG Saarland, MedR 2001, 154; aA VG Neustadt/Weinstr., MedR 2003, 420.
[112] So zutr. VG Neustadt/Weinstr., MedR 2003, 420.
[113] OVG Rh-Pf., U. v. 25.11.2003 – 6a 11 314/03; *Wolff/Bachof/Stober,* VerwR I, § 31 Rn. 21 m. w. N.
[114] OVG Rh-Pf. U. v. 25.11.2003 – 6 A 11 314/03.

dung entsprechend den Vorschriften der Weiterbildungsordnung nicht möglich ist – das ist heute die Regel –, kann die Weiterbildungsbefugnis zeitlich begrenzt werden. Für den Assistenzarzt, der eine Weiterbildungsstelle sucht, wie für den ausbildungswilligen Arzt bzw. für das Krankenhaus, die qualifizierte Assistenzärzte benötigen, ist es daher von großer Bedeutung, wie umfangreich die Weiterbildungsbefugnis des leitenden Krankenhausarztes erteilt wurde.

Durch die Weiterbildungsbefugnis entsteht eine öffentlich-rechtliche Rechte- und Pflichtenbeziehung zwischen der Landesärztekammer und dem weiterbildungsbefugten Arzt. Dieser wird durch die Ermächtigung verpflichtet, die Weiterbildung persönlich zu leiten und inhaltlich ordnungsgemäß zu gestalten (§ 8 V MWBO). In welchem zeitlichen Umfang sich der zur Weiterbildung befugte Arzt der Weiterbildungsaufgabe zuzuwenden hat und in der Weiterbildungsstätte anwesend sein muss, ist nach den Umständen des jeweiligen Einzelfalls zu beurteilen.[115] Es ist ausreichend, wenn der Chefarzt an 85 Vormittagen eines Jahres in der Zeit von 7:45 Uhr bis 10:00 Uhr für die Weiterbildung zur Verfügung steht. Durch die von ihm ausgestellten Zeugnisse dokumentiert der weiterbildende Arzt der Landesärztekammer den Stand der jeweils erreichten Weiterbildung, was wiederum wesentliche Voraussetzung für die Anerkennung der Weiterbildung durch die Landesärztekammer ist.[116] 38

Auch das Weiterbildungsverhältnis zwischen dem weiterbildungsbefugten und dem weiterzubildenden Arzt ist, soweit nicht vorrangig arbeitsvertragliche Rechte und Pflichten eingreifen, öffentlich-rechtlicher Natur.[117] Maßgebend für diese Rechtsbeziehung sind die Berufs- und Weiterbildungsordnungen der Landesärztekammer. Insoweit gehört es zu den Pflichten des weiterbildenden Arztes, dem Weiterzubildenden die Möglichkeit zu geben, die erforderliche Anzahl von Operationen oder fachverbundenen Röntgendiagnosen etc. zu leisten. Über die Weiterbildungszeit ist dem Weiterzubildenden ein Zeugnis auszustellen, dessen Erteilung mit der verwaltungsgerichtlichen Klage angegriffen werden kann.[118] Die Arbeitsgerichte sind für Zeugnisauseinandersetzungen nur zuständig, soweit Arbeitszeugnisse und nicht Weiterbildungszeugnisse im Streit stehen.[119] 39

Die Facharztweiterbildung und die Weiterbildung im Schwerpunkt hat grundsätzlich ganztägig und in hauptberuflicher Position zu erfolgen (§ 4 VI MWBO). Dieser Grundsatz gilt für alle Weiterbildungen, welche die Fachgebietsanerkennung zum Ziel haben; ebenso für die Schwerpunktanerkennung und für die Weiterbildung mit dem Ziel der Bescheinigung einer fakultativen Weiterbildung.[120] Sowohl für den Facharzt als auch die Schwerpunktanerkennung ist darüber hinaus die erfolgreiche Durchführung eines „Fachgespräches" auf der 40

---

[115] Berufsgericht für Heilberufe bei dem OVG Mecklenburg-Vorpommern, B. v. 19.5.2006 – HBGH 1/04 in MedR 2007, 349.
[116] *Andreas/Debong/Bruns*, Handbuch Arztrecht in der Praxis, Rn. 55.
[117] OVG Schlesw.-Holst., MedR 1997, 557; aA OVG Münster, NJW 1983, 1390; s. a. *Heberer*, Das ärztliche Berufs- und Standesrecht, 144 ff.; wie hier: Laufs/Kern/*Laufs*, § 11 Rn. 21.
[118] Nach VG Sigmaringen, U. v. 24.11.1983 – 4 K 934/82 – zitiert bei *Hess/Nösser/Schirmer*, Ärztliches Berufsrecht, W 122 sowie *Hofstetter*, Arztrecht, 91 handelt es sich bei der Zeugniserteilung um einen Verwaltungsakt, der demzufolge rechtswirksam allein von der zuständigen Stelle, also vom befugten Arzt auszustellen sei. Wurde mehreren Ärzten eine Befugnis erteilt, müssten diese gemeinsam ein Zeugnis ausstellen; u. E. dürften für die Zeugniserteilung die Grundsätze der dienstlichen Beurteilung eines Beamten anwendbar sein, welche mangels einer in ihr enthaltenen Regelung kein Verwaltungsakt darstellen und deshalb nicht mit der Anfechtungs- oder Verpflichtungsklage, sondern mit der allgemeinen Leistungsklage anzugreifen sind – vgl. zur dienstlichen Beurteilung BVerwGE 28, 191; *Schenke*, Beamtenrecht, Rn. 114; *Kopp/Schenke*, VwGO, Anhang § 42 Rn. 69.
[119] *Andreas/Debong/Bruns*, Handbuch Arztrecht in der Praxis, Rn. 56.
[120] Vgl. zur Verfassungsmäßigkeit eines solchen Erfordernisses auch für die Anerkennung als praktischer Arzt BVerwG, NJW 1999, 2752, das insoweit auch auf die Europarechtskonformität der entsprechenden Bestimmung des hamburgischen Kammergesetzes eingeht; zum europäischen Gemeinschaftsrecht siehe auch *Hess/Nösser/Schirmer*, Ärztliches Berufsrecht, W 92.

Grundlage einer von der Kammer erlassenen „Prüfungsordnung" Voraussetzung.[121] Das Fachgespräch dient der Feststellung, ob der Antragsteller auf der Grundlage der vorgelegten Zeugnisse und Nachweise und unter Berücksichtigung ergänzender mündlicher Darlegungen die Weiterbildung erfolgreich abgeschlossen und die vorgeschriebenen besonderen oder zusätzlichen Kenntnisse auf dem von ihm gewählten Gebiet erworben hat.[122] Dagegen reicht es für die Anerkennung von Zusatzbezeichnungen, fakultativen Weiterbildungen und Fachkundenachweisen aus, wenn der Bewerber seiner Landesärztekammer die erforderlichen Unterlagen und Zeugnisse einreicht und diese den Bestimmungen der WBO bzw. den Richtlinien der Landesärztekammer entsprechen (§ 12 III MWBO).

5. Rechtsfolgen der Anerkennung zum Führen der Bezeichnungen

41   Sind alle Voraussetzungen für die Anerkennung einer Weiterbildungsbezeichnung erfüllt, wird dem Antragsteller eine Urkunde ausgehändigt. Ab diesem Zeitpunkt hat er das Recht zur Führung der – auch strafrechtlich geschützten (§ 132a I Nr. 2 StGB) – Arztbezeichnung (§ 17 II MWBO).

42   Die Anerkennung als Facharzt führt zu einer Beschränkung des Arztes auf das jeweilige Fachgebiet (**Facharztbeschränkung**).[123] Die MWBO geht davon aus, dass in der Regel nur eine Facharztbezeichnung geführt werden darf (§ 7 I MWBO). Auch wer eine Schwerpunktbezeichnung führt, muss innerhalb des Schwerpunktbereiches tätig sein (§ 22 Satz 1 MWBO).

43   Allerdings hat das BVerfG schon im Facharztbeschluss[124] darauf aufmerksam gemacht, die Pflicht des Arztes, sich im Rahmen einer Facharztbezeichnung auf ein Gebiet zu beschränken, stehe unter dem Gebot der Verhältnismäßigkeit. Entsprechendes gelte für das Verbot, mehrere Gebietsbezeichnungen gleichzeitig zu führen. Das Führen mehrerer Gebietsbezeichnungen lasse sich jedenfalls dann nicht verbieten, wenn es sich um nahe verwandte Gebiete handele und um Fächerkombinationen, die sich zu einer einheitlichen Fachpraxis mit funktionell aufeinander bezogenen Einzeltätigkeitsgebieten ausgestalten lassen. Dementsprechend sehen die Heilberufe- und Kammergesetze der Länder regelmäßig vor, dass bei verwandten Gebieten mehrere Facharztbezeichnungen nebeneinander geführt werden dürfen (vgl. z. B. § 33 II HeilbKG BW). In der WBO wird dann detailliert geregelt, welche Fachgebiete miteinander führbar sind (z. B. § 6 WBO LÄK-BW), wobei neben der Führung der einen Fachgebietsbezeichnung keine Möglichkeit einer kumulativen, sondern jeweils nur einer alternativen Wahl der Führung eines der dort zusätzlich genannten Gebiete besteht (z. B. Facharzt für Chirurgie und für Anästhesie, aber nicht zusätzlich für diagnostische Radiologie).[125]

44   Die grundsätzlich mögliche Kombination mit einer weiteren Facharztbezeichnung war nach den meisten Heilberufsgesetzen der Länder dem Facharzt für Allgemeinmedizin[126] (und dem Praktischen Arzt) nicht erlaubt (vgl. u. a. § 39 III HeilbKG BW a. F.; Art. 23 II 2 KaG

---

[121] Für das Fachgespräch gelten die prüfungsrechtlichen Grundsätze, vgl. u. a. VGH Mannheim, MedR 1987, 202; zur gerichtlichen Überprüfung vgl. weiter *Hess/Nösser/Schirmer,* Ärztliches Berufsrecht, W 153 f.; *Hofstetter,* Arztrecht, 92; vgl. im Übrigen zu der Rechtsstellung, der Besetzung und den Aufgaben des Prüfungsausschusses ausführlich *Hess/Nösser/Schirmer,* Ärztliches Berufsrecht, W 143 ff.
[122] VG Münster, MedR 1985, 192, 192 f.; *Hess/Nösser/Schirmer,* Ärztliches Berufsrecht, Rn. W 146.
[123] U. a. *Hoppe/Schirmer* in: Wenzel (Hrsg.), Handbuch des Fachanwalts Medizinrecht Kap. 9 Rn. 68 f.; 171 ff.
[124] BVerfGE 33, 125.
[125] Vgl. zu den verfassungsrechtlichen Erwägungen dieser Gebietsbeschränkungen u. a. *Hofstetter,* Arztrecht, 93 f.; s. a. die umfangreiche Monografie von *Schwerdtfeger,* Weiterbildungsnormen der Ärztekammern auf dem rechtlichen Prüfstand, der mit Blick auf die Mindestuntersuchungszahlen für die internistische Weiterbildung die Regelungskompetenzen und die Grenzen des Weiterbildungsrechts nach Art. 12 I GG beleuchtet.
[126] Dazu Laufs/Kern/*Laufs,* § 11 Rn. 33.

Bay a. F.). Dies wurde mit der Erwägung gerechtfertigt, anderenfalls könnte das Gebot der Gebietsbeschränkung leicht unterlaufen werden. Der Gebietsarzt, der zusätzlich auch Allgemeinarzt wäre, könnte auf allen Gebieten tätig werden, wodurch der Grundsatz der Gebietsbeschränkung „vollkommen ausgehöhlt" würde.[127]

Dem hat das BVerfG widersprochen und die entsprechende Bestimmung des (baden-württembergischen) Kammergesetzes für nichtig erklärt.[128] Der Arzt sei nicht gehindert, mehrere Facharztbezeichnungen bei Vorliegen der entsprechenden Voraussetzungen zu erwerben.[129] Die Freiheit der Berufsausübung aus Art. 12 I GG umfasse das Recht, die Öffentlichkeit über erworbene berufliche Qualifikationen wahrheitsgemäß und in angemessener Form zu informieren. Ärzte mit der Gebietsbezeichnung „Allgemeinmedizin", die sich in weiteren Gebieten spezialisieren und betätigen dürfen, seien deshalb berechtigt, dies öffentlich bekannt zu geben. Soweit das BVerfG noch im Jahre 1972 zu den Gemeinwohlbelangen, die eine Trennung der Tätigkeitsbereiche von den Allgemeinärzten und Fachärzten erlaubten, die unerlässliche Zusammenarbeit zwischen den beiden Arztgruppen gerechnet habe, komme diesem Teil der Gründe angesichts der veränderten tatsächlichen Gegebenheiten kein Gewicht mehr zu. Die Arbeitsteilung vor 30 Jahren habe auf der Tatsache beruht, dass mehr als die Hälfte der Ärzte keine Gebietsbezeichnung führte und die Fachärzte auf eine Überweisung durch die Praktischen Ärzte angewiesen waren. Im Gegensatz zu den damaligen Verhältnissen beteiligen sich heute inzwischen fast nur noch Fachärzte an der ambulanten Behandlung der Patienten. Mit einem Anteil von 30 % stellten die Ärzte für Allgemeinmedizin die größte unter den 40 Facharztgruppen dar. 45

Von der Ärztekammer nicht zugelassene Kombinationen von Facharzt- und Schwerpunkt- oder Zusatzbezeichnungen müssen sich deshalb insbesondere am Grundrecht der Berufsfreiheit (Berufsausübungsfreiheit) messen lassen. Solche Verbote stellen einen empfindlichen Eingriff dar, weil das Verschweigen von Kompetenz im selbstständig ausgeübten Beruf dazu führt, dass die Leistungen nicht konkret angeboten und von den Patienten nicht nachgefragt werden können. Nur durch spezifische berufsbezogene Gemeinwohlgründe lässt sich das Verbot, eine Doppelqualifikation kund zu tun, rechtfertigen. Der Konkurrentenschutz von Berufsangehörigen ohne Mehrfachqualifikation ist nicht ausreichend.[130] Deshalb ist es einem Urologen auch erlaubt, bei Vorliegen entsprechender Voraussetzungen die Zusatzbezeichnung „Umweltmedizin" zu führen.[131] Entsprechendes gilt für einen Anästhesisten, der die Zusatzbezeichnung „Psychotherapie" begehrt, um in seiner Praxis Schmerztherapie betreiben (und abrechnen) zu können.[132] 46

6. Räumlicher und zeitlicher Geltungsbereich

Eine im Geltungsbereich der BÄO erteilte Anerkennung einer Facharztbezeichnung gilt kraft entsprechender Regelungen in den Kammer- und Heilberufsgesetzen bundesweit (z. B. § 41 HeilBKG BW). Weiterbildungsbezeichnungen, die in einem Bundesland gelten, sind in einem andere Bundesland auch dann anzuerkennen, wenn sie nicht in der Weiterbildungsordnung dieses anderen Bundeslandes aufgeführt sind.[133] Für den Bereich der EU-erworbenen Gebietsanerkennungen findet auf der Basis der Richtlinien 93/16/EWG des Rates vom 5.4.1993 eine gegenseitige Anerkennung statt. Nach Art. 2 dieser Richtlinien erkennt jeder Mitgliedstaat die in Art. 3 aufgeführten Diplome, Prüfungszeugnisse und sonstigen Befähigungsnachweise, die die anderen Mitgliedstaaten einem Staatsangehörigen des jeweiligen 47

---

[127] *Hofstetter*, Arztrecht, 94; s. a. Laufs/Kern/*Laufs*, § 11 Rn. 35.
[128] BVerfG(K), NJW 2003, 879.
[129] S. a. *Eggstein*, ArztR 1980, 237; HK-AKM/*Hespeler*, Nr. 1710 Rn. 3.
[130] BVerfGE 82, 18, 28; BVerfG(K), NJW 2003, 879.
[131] VG Stuttgart, MedR 2000, 376; zust. *Bonvie*, MedR 2002, 338, 339.
[132] VG Saarlouis, MedR 2001, 468; zust. *Bonvie*, MedR 2002, 338, 339.
[133] BVerfG, B. v. 9.3.2000 in MedR 2000, 479.

Mitgliedsstaates ausstellen, an, und verleiht ihnen in seinem Hoheitsgebiet die gleiche Wirkung in Bezug auf die Aufnahme und Ausübung der Tätigkeit eines Arztes, wie den von ihm ausgestellten Diplomen, Prüfungszeugnissen und sonstigen Befähigungsnachweisen.[134] Ein deutscher Bewerber mit gleichwertiger ausländischer Weiterbildung außerhalb eines EG-Staates hat entgegen der Ermessensregelung in § 20 Abs. 3 MWBO einen Rechtsanspruch auf Anrechnung dieser Zeit.[135] Die Berechtigung zur weiteren Führung der in der ehemaligen DDR erworbenen Facharztanerkennungen richtet sich nach Landesrecht.[136]

48 Die ärztliche Weiterbildung und deren Recht befinden sich im Fluss, dessen Verlauf vornehmlich die Fortschritte der Medizin und die Versorgungsbedürfnisse bestimmen. Es kommt deshalb immer wieder zu neuen Facharzt-, Schwerpunkt- und Zusatzbezeichnungen. Dadurch entsteht eine Fülle von Alt- und Übergangsfällen, die entsprechende Überleitungsregelungen in der jeweiligen Weiterbildungsordnung erfordern. Durch Übergangsfristen erhalten Ärzte, die ihre Weiterbildung nach dem alten Recht aufgenommen haben, die Möglichkeit, diese nach dem alten Recht beenden zu können, ohne dass das neue Recht mit seinen regelmäßig verschärften Anforderungen auf sie Anwendung findet. Dabei kommt bei der Auslegung von weiterbildungsrechtlichen Übergangsbestimmungen Art. 12 I GG eine besondere Bedeutung zu.[137] Einen Schwerpunkt in der Praxis bildeten die Streitigkeiten um die 1993 eingeführte Bezeichnung „Facharzt für Psychotherapeutische Medizin" bzw. für „Psychiatrie und Psychotherapie".[138]

IV. Einzelne Berufspflichten

1. Allgemeines

49 Die Berufspflichten des Arztes sind weder umfassend noch abschließend in einem Gesetzbuch kodifiziert. Welche Pflichten der Arzt bei seiner Berufsausübung zu beachten hat, ergibt sich zu wesentlichen Teilen aus dem allgemeinen Recht, aus den Normen des Grundgesetzes, des BGB, des StGB usw. Hinzu kommen die Sondervorschriften für die einzelnen ärztlichen Berufe (für die Krankenhausärzte die sich aus dem Krankenhausrecht ergebenden Verpflichtungen, für die Vertragsärzte die sich aus dem Vertragsarztrecht ergebenden Bindungen, für die beamteten Ärzte im öffentlichen Dienst die beamtenrechtlichen Pflichten, etc.). In einem engeren Sinne unternehmen es die Heilberuf- und Kammergesetze der Länder sowie die darauf gestützten Berufsordnungen, die von den Vertreterversammlungen der Landesärztekammern beschlossen werden, das Berufsrecht der Ärzte einschließlich einzelner Berufspflichten zu regeln. Die Bestimmungen der Berufsordnung ergänzen und erweitern die gesetzlichen Pflichten. Sie konkretisieren vielfach die gesetzlichen Berufspflichten, ohne sie jedoch einschränken oder verkürzen zu können.[139] Dabei stehen Berufsrecht und Berufsethik in einem unauflöslichem, wechselbezüglichem Zusammenhang. So haben die wesentlichen

---

[134] Vgl. zum europäischen Arztrecht oben bei § 13 Rn. 24 sowie zur Freizügigkeitsrichtlinie für Ärzte HK-AKM/*Schirmer,* Nr. 1690, 54 ff., 59 ff.

[135] Laufs/Kern/*Laufs,* § 11 Rn. 26 m. w. N.

[136] § 14 Abs. 1 Satz 3 BÄO i. d. F. des Einigungsvertrages vom 31.8.1990 (Anlage I. Kap. X, Sachgebiet D Abschnitt. II. Nr. 1g) – Laufs/Kern/*Laufs,* § 11 Rn. 23; s. a. BVerfG, MedR 2000, 479 sowie HK-AKM/*Hespeler,* Nr. 1710 Rn. 6.

[137] *Bonvie,* MedR 2002, 338, 339 f.

[138] Vgl. OVG Nordrh.-Westf., MedR 2000, 237 (Facharzt für Psychotherapeutische Medizin); VG Hamburg, U. v. 30.7.2001 – 14 VG 2757/99 – zit. bei *Bonvie,* MedR 2002, 338, 340 (Fachärztin für Psychiatrie und Psychotherapie); zu den „Schnittstellen" des ärztlichen und psychotherapeutischen Weiterbildungsrechts s. *Hoppe/Schirmer,* in Wenzel (Hrsg.), Handbuch des Fachanwalts Medizinrecht, Kap. 9 Rn. 188ff; zum Facharzt für „Orthopädie und Unfallchirurgie" s. a. *Quaas,* f&w 2005, 402; s. a. VG Osnabrück, MedR 2000, 488 (Herzchirurgie); VGH Baden-Württ., MedR 2001, 215 (Facharzt für Allgemeinmedizin); w. N. bei Laufs/Kern/*Laufs,* § 11 Rn. 45.

[139] Laufs/Kern/*Laufs,* § 14 Rn. 14.

Kernsätze des sog. Hippokratischen Eides[140] Eingang in die Berufsordnungen gefunden, ohne als Selbstverpflichtung des Arztes insgesamt „verrechtlicht" zu sein.[141] Die Berufsordnungen kodifizieren damit nur beispielhaft die wichtigsten ärztlichen Berufspflichten. Sie orientieren sich an den Regelungen der vom Deutschen Ärztetag beschlossenen Musterberufsordnung für die Deutschen Ärzte (MBO), welche mit geringen, durch die Kammer- und Heilberufsgesetze der Länder oft erzwungenen Abweichungen in den einzelnen Kammerbezirken als Berufsordnung beschlossen worden ist.[142] Dabei soll die Berufsordnung – obwohl im jeweiligen Ärzteblatt bekannt gemacht – unter Ärzten einen erstaunlich geringen Bekanntheitsgrad genießen, wie bei der Beratung von Ärzten immer wieder zu beobachten sei.[143]

2. Der ärztliche Heilauftrag

Im Zentrum der ärztlichen Berufspflichten steht der Heilauftrag des Arztes (vgl. § 1 I BÄO: „Der Arzt dient der Gesundheit des einzelnen Menschen und des gesamten Volkes").[144] Der Heilauftrag bestimmt die gesamte Tätigkeit des Arztes und muss ihm oberste Richtschnur sein, wie bereits im römischen Recht anerkannt war: „Salus aegroti suprema lex".[145] Diese Aufgabe hat der Arzt „lege artis", d. h. nach den anerkannten Regeln ärztlicher Kunst zu erfüllen. Der Heilauftrag ist Grundlage und Ausprägung des Prinzips der Humanität, das die ärztliche Tätigkeit durchdrängt.[146] In diesem Zusammenhang spielt beim ärztlichen Handeln eine individuelle Kategorie eine große Rolle: das Gewissen des Arztes. So befindet sich der Arzt, wie das BVerwG feststellt, in dem „entscheidenden Augenblicken seiner Tätigkeit ... in einer unvertretbaren Einsamkeit, in der er – gestützt auf sein fachliches Können – allein auf sein Gewissen gestellt ist".[147] Die Gewissensfreiheit des Arztes ist eine „immanente und wesenseigene Beschränkung jeder berufsständischen Rechtssetzungsgewalt".[148] Diese Beschränkung der Rechtssetzungstätigkeit wiederum findet ihre Grenze in Art. 1 I GG, hier in seiner Ausprägung als Element einer objektiven Wertordnung.[149]

50

3. Untersuchungs- und Behandlungspflicht

a) Allgemeines. Die ärztliche Untersuchungs- und Behandlungspflicht kann sich unter strafrechtlichen (§ 323c StGB) wie auch unter zivilrechtlichen, sozialversicherungsrechtlichen sowie berufs- und disziplinarrechtlichen Gesichtspunkten stellen. Unterlassene Hilfeleistung

51

---

[140] Dabei handelt es sich um den in ionischem Dialekt abgefassten Eid einer Ärztegilde, als dessen Autor der große koische Arzt Hippokrates, einem Zeitgenossen des Sokrates, gilt – vgl. *Daichgräber*, in: Flashar (Hrsg.), Antike Medizin, 94 f. (Wortlaut des Eides auf S. 98 f.); hierzu *Lichtenthaeler*, Der Eid des Hippokrates, Ursprung und Bedeutung; Laufs/Kern/*Laufs*, § 14 Rn. 1.

[141] Vgl. *Hege*, Ärztliche Berufsordnung und hippokratischer Eid, BayÄrzteBl. 1987, 410 ff.; *Ratzel*, Ärztliches Standesrecht, 9.

[142] *Lippert*, in: Ratzel/Lippert, MBO, § 1 Rn. 4; zur Umsetzung der MBO auf die Landesärztekammern in den Bundesländern vgl. Laufs/Katzenmeier/*Lipp*, II Rn. 24 ff.

[143] *Gschwandter-Andreß*, DÄBl. 1993, 2261.

[144] In Ergänzung hierzu bestimmt z. B. § 1 Abs. 1 BayBOÄ: „Aufgabe des Arztes ist es, das Leben zu erhalten, die Gesundheit zu schützen und wieder herzustellen, Leiden zu lindern, Sterbenden Beistand zu leisten und an der Erhaltung einer natürlichen Lebensgrundlage im Hinblick auf ihre Bedeutung für die Gesundheit der Menschen mitzuwirken". Zum Heilauftrag des Arztes s u. a. *Bomba*, Verfassungsmäßigkeit berufs- und standesrechtlicher Werbebeschränkungen für Angehörige Freier Berufe, 144 f.

[145] Zit. n. *Laufs*, in: FS für Willi Geiger, 1989, 228 f.

[146] Laufs/Kern/*Laufs*, § 1 Rn. 7; siehe aber auch *ders.* aaO, § 1 Rn. 1 ff. zum „Paradigmenwechsel in der postmodernen Medizin" mit einem tiefgreifenden Wandel des Berufsbilds des Arztes im Zeichen des „Mediziner-Marketing"; Zum Wandel des ärztlichen Berufsbilds s. a. Kirchhof, ZMGR 2010, 210 ff.

[147] BVerwGE 27, 303, 305.

[148] BVerwGE 27, 303, 307.

[149] BVerfGE 7, 198; *Bomba*, Verfassungsmäßigkeit berufs- und standesrechtlicher Werbebeschränkungen für Angehörige Freier Berufe, 144 f.

ist nicht nur strafbar, sondern zugleich ein Berufsrechtsverstoß, der für den Vertragsarzt zu einer Disziplinarmaßnahme führen kann[150] und zusätzlich auf Grund des Schutzgesetzcharakters dieser Bestimmungen den Arzt zur Zahlung von Schadensersatz, ggf. Schmerzensgeld verpflichtet. Das Berufsrecht verlangt die Lebenserhaltung und die kurative Tätigkeit vom Arzt als allgemeine Berufspflicht (§ 1 II MBO), die Erhaltung des ungeborenen Lebens (§ 14 MBO), den Beistand für den Sterbenden (§ 16 MBO) sowie die Verpflichtung, am ärztlichen Notfalldienst teilzunehmen (§ 26 MBO), als besondere ärztliche Berufspflichten.

52 Auch im Arztrecht besteht grundsätzlich Vertragsfreiheit. Der Patient hat das Recht der freien Arztwahl. Dies ist Inhalt der Deklaration des Weltärztebundes von Lissabon und gilt im deutschen Recht für Privatversicherte ebenso wie für Kassenpatienten, mit der lediglich geringen Einschränkung, dass für letztere ein Wahlrecht unter den zur vertragsärztlichen Versorgung zugelassenen Ärzte besteht (§ 76 I 1 SGB V). Deshalb braucht der Arzt nicht jeden Patienten, ausgenommen im Notfall, zu akzeptieren.[151] Es gibt keine allgemeine Berufspflicht des Arztes, eine erbetene Behandlung zu übernehmen. Eine bereits begonnene Behandlung ist jedoch fortzusetzen.[152] Die Vertragsautonomie gilt grundsätzlich auch bei der vertragsärztlichen Versorgung. Mit der Zulassung unterwirft sich der Vertragsarzt jedoch Einschränkungen und Verpflichtungen. So darf er die Behandlung eines Versicherten nur in begründeten Fällen ablehnen (§ 13 V 1 BMV-Ä). Der Vertragsarzt darf insbesondere dann die Behandlung eines Patienten ablehnen, wenn das Vertrauensverhältnis fehlt, wenn sich der Patient querulatorisch verhält oder Anordnungen des Arztes nicht befolgt. Weiterhin darf er die Erbringung unzweckmäßiger oder unwirtschaftlicher Behandlung verweigern.[153]

53 **b) Hausbesuch.** Die (berufsrechtliche) Untersuchungs- und Behandlungspflicht schließt grundsätzlich den Hausbesuch ein. Nach der Rechtsprechung des BGH[154] gehört es zu den Aufgaben des Arztes, sich von den Leiden des Patienten ein eigenes Bild vor Ort zu machen, dabei die Angaben Dritter nicht ungeprüft zu übernehmen und wichtige Befunde selbst zu erheben. Dazu ist – wenn der Patient nicht selbst in die Sprechstunde kommen kann – ein Hausbesuch jedenfalls dann erforderlich, wenn es sich offensichtlich um eine schwerere Erkrankung handelt. Ferndiagnosen auf Grund mündlicher Berichte von Angehörigen können in den seltensten Fällen ausreichen und viel anders ist es auch nicht, wenn der Arzt den Patienten selbst sprechen kann. Der Besuchspflicht kann sich der Arzt allerdings bei der Notwendigkeit der Behandlung anderer Patienten oder sonstigen „schwerwiegenden Gründen" entziehen. So muss ein niedergelassener Arzt nicht zum Hausbesuch selbst erscheinen, wenn er telefonisch die Information erhält, der Zustand des Patienten sei so schlecht, dass eine sofortige notfallmäßige Krankenhausaufnahme erforderlich sei. Der zusätzliche Hausbesuch wäre sinnlos und würde die Hilfeleistung nur verzögern.[155]

54 **c) Not- und Rettungsdienst.** Die Besuchspflicht des Arztes stellt sich regelmäßig im Rahmen eines ihn einteilenden Notfalldienstes. Der Begriff wird in § 26 MBO vorausgesetzt und meint die von der gesamten Ärzteschaft als Gemeinschaftsaufgabe organisierte Hilfe zur Sicherstellung der ambulanten Versorgung in dringenden Fällen außerhalb der übrigen

---

[150] SG Hannover, U. v. 15.3.1989, S 10 Ka 81/87 – zit. bei *Ratzel*, Ärztliches Standesrecht, 40.
[151] *Deutsch/Spickhoff*, Medizinrecht, Rn. 80; *Hecker*, MedR 2001, 224.
[152] *Krieger*, MedR 1999, 519; insoweit entspricht die Rechtslage im ambulanten Bereich derjenigen im stationären – vgl. zur Behandlungspflicht des (Plan-)Krankenhauses s. u. bei → § 27 Rn. 77 f., sowie *Quaas*, das Krankenhaus 1993, 59; zur Behandlungspflicht und den Grenzen unter DRG-Bedingungen *ders.*, das Krankenhaus 2003, 28.
[153] *Krieger*, MedR 1999, 519 m. w. N.
[154] U. a. BGH NJW 1979, 1248; *Ratzel*, Ärztliches Standesrecht, 39 f.
[155] VG Greifswald, U. v. 13.9.1995 in ArztR 1997, 37; *Andreas/Debong/Bruns*, Handbuch Arztrecht in der Praxis, Rn. 70; dort auch zu weiteren berufsgerichtlichen Urteilen im Zusammenhang der Weigerung von Ärzten, Hausbesuche zu machen, weil die ihnen geschilderten Krankheitssymptome nicht dringend behandlungsbedürftig erschienen.

§ 13 Grundzüge des ärztlichen Berufsrechts

Sprechstundenzeiten.[156] Die berufsrechtliche Verpflichtung des Arztes zur Teilnahme am Notfalldienst hat seine – von Art. 12 I GG geforderte – gesetzliche Grundlage in den Kammer- bzw. Heilberufsgesetzen der Länder (vgl z. B. § 30 II 3 HeilbKG BW). Sie gilt unbeschadet der sich für den Vertragsarzt aus §§ 75 Abs. 1 i. V. mit 95 III 1 SGB V ergebenden Verpflichtung.[157]

Vom Notfalldienst zu unterscheiden ist der Rettungsdienst.[158] Der Notfalldienst dient der dringlichen Erstversorgung des Patienten und gebotenen Sofortmaßnahmen in Notfällen (Unglücksfällen, akut auftretenden Krankheiten, bedrohlichen Schwächezuständen und sich verschlechternden Leiden).[159] Bei dem Rettungsdienst handelt es sich um eine öffentliche Aufgabe, die nach den Rettungsdienstgesetzen der Länder die Sicherstellung einer bedarfsgerechten Versorgung der Bevölkerung mit Leistungen der Notfallrettung und des Krankentransports zum Gegenstand hat (vgl. § 1 I RDG BW).[160] Der in diesem Bereich tätige Arzt, zumeist ein Krankenhausarzt, muss über die Kenntnisse und Fähigkeiten verfügen, die vom Fachkundenachweis „Rettungsdienst" vorausgesetzt werden.[161] Die 1997 erfolgte Neufassung des § 75 Abs. 1 SGB V nimmt die notärztliche Versorgung im Rettungsdienst von dem Sicherstellungsauftrag der Kassenärztlichen Vereinigung aus, sofern nicht das Landesrecht anderes bestimmt.[162]

55

Der ärztliche Notfalldienst ist kein regelmäßiger „ärztlicher Kundendienst" an arbeitsfreien Tagen, der allen Patienten ohne ernstlichen Anlass zur Verfügung steht. Von ihm wird auch keine optimale Versorgung erwartet. Es genügt die Sicherstellung der ärztlichen Versorgung mit den typischen Mitteln des niedergelassenen Arztes.[163] Dabei hat sich der zum Notfalldienst auf Grund entsprechender Notfalldienstordnungen[164] eingeteilte Arzt ständig verfügbar zu halten (darum spricht man zuweilen auch vom ambulanten Bereitschaftsdienst). Der Arzt hat seinen Dienst vom Praxisort, nicht vom Wohnsitz wahrzunehmen. Er muss zumindest über seine Praxis telefonisch erreichbar sein.[165] Etwas anderes kann etwa in Großstädten gelten, wo besondere Notfallambulanzen eingerichtet sind und Fachärzte nur als Hintergrund zum Einsatz kommen. Hier muss der Notfallarzt jederzeit seine Abrufbarkeit sicherstellen. Dies ist z. B. mittels eines sog. Piepsers der Fall.[166]

56

---

[156] Vgl. die „amtliche Definition der Bundesärztekammer" in DÄBl. 1984, 265 f.; Nellessen, NJW 1979, 1919, *Lippert,* in: Ratzel/Lippert, MBO, § 26 Rn. 3.

[157] Zum vertragsärztlichen Notdienst im Rahmen des Sicherstellungsauftrags der KV s. u. bei → § 17 Rn. 33 ff.

[158] Zur Abgrenzung Notarzt/Rettungsdienst vgl. jetzt Laufs/Kern/*Kern,* § 17 a.

[159] Laufs/Kern/*Laufs,* § 17 Rn. 19; zur Abgrenzung Notfalldienst/Bereitschaftsdienst/Rettungsdienst s. a. *Nellessen,* NJW 1979, 1919.

[160] Vgl. *Güntert/Alber,* RettungsdienstG Baden-Württ., § 1 RDG Erl. 1; *Hess/Nösser/Schirmer,* Ärztliches Berufsrecht, B 493, B 499 (zur Abgrenzung von Rettungsdienst und Notfalldient); nach VGH Baden-Württ., U. v. 22.10.2002 – 4 S 220/02 – (DVBl 2003, 682 – nur LS –) verstößt der (landes-)gesetzliche Ausschluss privater Unternehmer von der Notfallrettung weder gegen Vorschriften des Verfassungsrechts noch des Europäischen Gemeinschaftsrechts, s. dazu (Europarecht und Gesundheitsrecht) oben § 3.

[161] BSG, MedR 1988, 106; *Lippert,* in: Ratzel/Lippert, MBO, § 26 Rn. 4.

[162] Krit. dazu *Lippert,* aaO.

[163] *Hofstetter,* Arztrecht, 142.

[164] Zuständig für die Organisation des ärztlichen Notfalldienstes sind die Ärztekammern und die Kassenärztlichen Vereinigungen, die im Rahmen ihrer Satzungsautonomie gemeinsame Notfalldienstordnungen beschlossen haben, auch wenn diese rechtlich nicht im Verhältnis der Subsidiarität zueinander, sondern selbstständig nebeneinander stehen – BSG, NJW 1973, 1437; Laufs/Kern/*Laufs,* § 17 Rn. 6; daraus folgt ein gespaltener Rechtsweg: soweit es um die Teilnahme am allgemeinen Notfalldienst nach der Berufsordnung geht, sind die Verwaltungsgerichte zuständig; soweit der vertragsärztliche Notfalldienst betroffen ist, ist der Rechtsweg zu den Sozialgerichten gegeben – *Martens,* NJW 1970, 494; *Hofstetter,* Arztrecht, 144.

[165] *Heberer,* Das ärztliche Berufs- und Standesrecht, 256; *Lippert,* in: Ratzel/Lippert, MBO, § 26 Rn. 12.

[166] So zu Recht *Hofstetter,* Arztrecht, 146, der darauf hinweist, man könne von dem Notfallarzt nicht erwarten, das Wochenende vor dem Telefonapparat zu verbringen.

57 Eine Befreiung vom Notfalldienst ist möglich, wenn schwerwiegende Gründe vorliegen, etwa körperliche Behinderung, familiäre Pflichten oder Teilnahme am klinischen Bereitschaftsdienst (vgl. § 26 I MBO). Die Rechtsprechung ist zurückhaltend.[167] Da sämtliche niedergelassenen Ärzte – unabhängig von einer vertragsärztlichen Zulassung – verpflichtet sind, am Notfalldienst teilzunehmen, trifft dies praktische Ärzte wie Allgemeinärzte und Fachärzte gleichermaßen. Der Facharzt kann deshalb im Grundsatz nicht seine Befreiung mit dem Argument erreichen, er habe sich seit langem so auf sein Fachgebiet konzentriert, dass er den allgemeinen Fragen, die im Rahmen des Notfalldienstes an ihn herangetragen würden, nicht hinreichend gewachsen sei.[168] Ein Befreiungstatbestand wegen „langjähriger, spezialisierter Tätigkeit" existiert nicht. Dagegen spricht auch die berufsrechtliche Pflicht des Arztes, sich fortzubilden, also auch – falls erforderlich – für die Teilnahme am Notfalldienst.[169] Für Belegärzte[170] sieht § 20 I 3 Nr. 3 MBO einen Befreiungsgrund vor, wenn dieser an Wochenenden und Feiertagen im Rahmen seines Bereitschaftsdienstes im Krankenhaus Notfälle zu versorgen hat.[171] Anders soll dies nach der Rechtsprechung für einen Vertragsarzt sein, der zugleich als Belegarzt an einem Krankenhaus arbeitet.[172] In jedem Fall ist eine übermäßig starke Heranziehung des Arztes zum Notfalldienst unzulässig.[173] Kriterium ist auch das Ausmaß der beruflichen Beschäftigung.[174]

4. Fortbildungspflicht und Qualitätssicherung

58 a) **Berufsrechtliche und vertragsarztrechtliche Anforderungen.** Von der Fortbildungspflicht für den Notfalldienst (§ 26 MBO) war bereits die Rede.[175] Sie ist zu unterscheiden von der allgemeinen Pflicht des Arztes, sich in dem Umfang beruflich fortzubilden, wie es zur Erhaltung und Entwicklung der zu seiner Berufsausübung erforderlichen Fachkenntnisse notwendig ist (§ 4 Abs. 1 MBO). Eine besondere Fortbildungspflicht für den Vertragsarzt statuieren § 81 Abs. 4 SGB V in Verbindung mit den Satzungen der Kassenärztlichen Vereinigungen[176] sowie die durch das GMG 2003 eingefügte Vorschrift des § 95d SGB V.[177] Mit § 95d SGB V erhält das Krankenversicherungsrecht erstmals eine Regelung, die absichert, dass der Vertragsarzt das Fachwissen, das er zu Beginn seiner Berufstätigkeit mitbringt, im Laufe seiner vertragsärztlichen Tätigkeit aktualisiert, indem er seine fachlichen Kenntnisse an die Fortschritte der Medizin anpasst. Die gesetzliche Fortbildungspflicht ist eine notwendige Voraussetzung dafür, dass die Vertragsärzte die Versicherten entsprechend dem aktuellen Stand der medizinischen Erkenntnisse behandeln.[178] Dabei steht die vertragsärztliche Fortbildungsverpflichtung nicht im Widerspruch zur berufsrechtlichen Fortbildung, da sie durch die berufsrechtlichen Fortbildungsnachweise ausgefüllt werden kann und somit die landesrechtliche Kompetenz zur inhaltlichen Ausgestaltung berufsrechtlicher Tatbestände beachtet

---

[167] OVG Münster, NJW 1983, 1388; VGH BW MedR 1999, 228; w.N. bei Laufs/Kern/*Laufs*, § 17 Rn. 7 ff.; HK-AKM/*Rieger*, Nr. 4540 („Rettungsdienst") Rn. 14 ff., 20 ff.; *Hess/Nösser/Schirmer*, Ärztliches Berufsrecht, B 484.
[168] BSGE 44, 252 = NJW 1978, 1213.
[169] Bayr. LSG B. v. 24.7.2015 – L 12 KA 55/15 B., juris; Laufs/Kern/*Laufs*, § 17 Rn. 10.
[170] S. zum Begriff unten bei → § 16 Rn. 128 f.
[171] BVerwGE 41, 261 = NJW 1973, 576.
[172] BSGE 44, 260; aA *Hofstetter*, Arztrecht, 150.
[173] OLG Hamm, MedR 1992, 342; *Deutsch/Spickhoff*, Medizinrecht, Rn. 36.
[174] VGH BW, MedR 1999, 228: einer der Kassenärztlichen Vereinigung nicht angehörenden, erstmals ganz eingeschränkt praktizierenden 55 jährigen Ärztin, die nur psychotherapeutisch oder psychosomatisch auf rein homöopathischer Basis tätig war, ist die Teilnahme am Notfalldienst nicht zuzumuten (Ermessensreduzierung auf Null).
[175] → § 13 Rn. 57.
[176] Dazu LSG Baden-Württ., MedR 1994, 163.
[177] S. dazu i. E. unten bei → § 20 Rn. 96.
[178] Amtliche Begründung zu § 95d SGB V, BT-Drs. 15/1525, 109.

wird.¹⁷⁹ Insoweit ist der Arzt als Bestandteil und Konsequenz der Fortbildung verpflichtet, an den von der Ärztekammer eingeführten Maßnahmen zur Sicherung der Qualität der ärztlichen Tätigkeit teilzunehmen (§ 5 MBO). Die vertragsärztliche Pflicht zur fachlichen Fortbildung kann durch Teilnahme an diesen Fortbildungsmaßnahmen erfüllt werden. Aufgrund dieser inhaltlichen und institutionellen Verknüpfungen der berufsrechtlichen mit den vertragsärztlichen Fortbildungsnachweisen wird eine Doppelbelastung der fortbildungspflichtigen Ärzte vermieden.

b) Inhalt und Umfang der Fortbildungspflicht. Die (berufsrechtliche) Fortbildungspflicht trifft den niedergelassenen Allgemeinmediziner wie den Krankenhausarzt und den Facharzt, ist aber fachgebietsbezogen. Dies folgt nicht nur aus dem Grundsatz der Gebietsbegrenzung und der Arbeitsteilung unter Spezialisten, sondern ist eine zwingende Notwendigkeit angesichts der Bedeutung der Fortbildung für die gewissenhafte Berufsausübung (§ 2 Abs. 2 MBO): Das nicht nachlassende ungeheure Tempo des Fortschritts in der medizinischen Wissenschaft bringt es zwangsläufig mit sich, dass das Wissen des einzelnen Arztes sehr schnell veraltet, würde er sich nicht durch dauernde Fortbildung auf dem Laufenden halten. Die gewissenhafte Berufsausübung verlangt deshalb eine zeitlebende Fortbildung, Fortbildung als ständige berufsbegleitende Aktualisierung des Fachwissens. Mit Blick auf das dem Arzt anvertraute Rechtsgut – das Leben und die Gesundheit des Menschen – werden deshalb, im Vergleich zu der jeden freien Beruf treffenden Fortbildungspflicht,¹⁸⁰ an den Arzt besondere Anforderungen gestellt. Es macht einen gravierenden Unterschied, ob der Mandant einen Prozess verliert, weil sein Anwalt die neueste Rechtsprechung des BGH nicht kennt¹⁸¹ oder der Patient ein Bein, weil sein Arzt über die möglichen Komplikationen einer bestimmten Behandlungsart nicht informiert war.¹⁸²

Umso erstaunlicher ist es, dass die einschlägigen Bestimmungen der Heilberufe- und Kammergesetze, der Berufsordnungen sowie der Satzungen der Kassenärztlichen Vereinigungen bislang gänzlich ungeregelt lassen, in welchem Umfang der Arzt seiner Fortbildungspflicht nachkommen muss und dies gegenüber der Ärztekammer bzw. der Kassenärztlichen Vereinigung nachzuweisen hat.¹⁸³ Dies wird sich für den vertragsärztlichen Bereich auf Grund von § 95d III 1 SGB V, wonach der Vertragsarzt alle fünf Jahre gegenüber der KV den Nachweis zu erbringen hat, dass er in dem zurückliegenden Zeitraum seiner Fortbildungspflicht nachgekommen ist, sowie im Hinblick auf den die kassenärztlichen Bundesvereinigungen verpflichtenden Regelungsauftrag zur Bestimmung auch des angemessenen Umfangs der im 5-Jahreszeitraum notwendigen Fortbildung, ändern. Solange indessen solche Regelungen fehlen, ist etwa im Arzthaftungsprozess, in dem die (Verletzung der) Fortbildungspflicht des Arztes forensische Bedeutung erlangt,¹⁸⁴ der Zivilrichter relativ allein gelassen, wenn es darum geht, zu bestimmen, ob der Arzt ein veraltete Methode angewandt bzw. Risiken einer in den Fachzeitschriften bereits beschriebenen Therapie nicht hinreichend beachtet habe. Die von der Rechtsprechung aufgestellten „Faustregeln", der Arzt müsse die

---

¹⁷⁹ Vgl. zu einer ähnlichen Regelungstechnik in § 135 Abs. 2 SGB V die Athroskopie – Entscheidung des BSG v. 6.9.2000 – 6 KA 36/99 R – in SozR 3–2500 § 135 SGB V Nr. 15.
¹⁸⁰ Für Rechtsanwälte vgl. § 43a Abs. 6 BRAO, für Fachanwälte § 15 der Fachanwaltsordnung (FAO); vgl. zur allgemeinen Fortbildungspflicht Deutscher und Europäischer Rechtsanwälte unter Berücksichtigung des Rechts anderer Freier Berufe *Dahns/Eichele*, BRAK-Mitt. 2002, 259.
¹⁸¹ Ein Risiko, das im Übrigen durch den Grundsatz „jura novit curia" in der Praxis gering ausfällt.
¹⁸² *Hofstetter*, Arztrecht, 154.
¹⁸³ Für den Fachanwalt ist dagegen ausdrücklich bestimmt, dass er jährlich auf seinem Fachgebiet wissenschaftlich publizieren oder mindestens an einer anwaltlichen Fortbildungsveranstaltung dozierend oder hörend teilnehmen muss. Die Gesamtdauer der Fortbildung darf 10 Zeitstunden nicht unterschreiten. Dies ist der Rechtsanwaltskammer unaufgefordert nachzuweisen (§ 15 FAO i. d. F. v. 1.1.2003, BRAK-Mitt. 2002, 219).
¹⁸⁴ Vgl. dazu *Ratzel*, in: Ratzel/Lippert, MuBO, § 4 Rn. 5 ff.; *Hofstetter*, Arztrecht, 153 ff.

neueste Auflage jedenfalls eines für die betreffende Arztgruppe unentbehrlichen Standardwerkes kennen,[185] ggf. auch englischsprachige Fachliteratur in den Gebieten, in denen mittlerweile überwiegend auf Englisch publiziert werde[186] und sich ständig über Kongressergebnisse und internationale Fachliteratur für sein Fachgebiet informieren,[187] laufen letztlich auf die Einhaltung des Gebots gewissenhafter Berufsausübung unter Anwendung der verkehrserforderlichen Sorgfalt (§ 276 BGB) hinaus.[188] Verstärkte Bedeutung kommt deshalb der Dokumentationspflicht des Arztes gegenüber der Ärztekammer (§ 4 II MBO) und den die Fortbildungspflicht inhaltlich konkretisierenden Leitsätzen, Empfehlungen, Richtlinien und Programmen zur ärztlichen Fortbildung zu, die die Bundesärztekammer und die Kassenärztliche Bundesvereinigung (KBV)vorgelegt hat.[189] Hinzu kommt, dass die Bedeutung der allgemeinen Fortbildungspflicht des Arztes abnimmt, je mehr er seiner Verpflichtung nachkommt, an den von der Ärztekammer eingeführten Maßnahmen zur Sicherung der Qualität der ärztlichen Tätigkeit teilzunehmen und auch insoweit der Ärztekammer die hierzu erforderlichen Auskünfte zu erteilen (§ 5 MBO). Diese besondere Berufspflicht wird für den ambulanten und den stationären Bereich der GKV durch § 135a SGB V ergänzt, die sämtliche Leistungserbringer zur Sicherung und Weiterentwicklung der Qualität der von ihnen erbrachten Leistungen verpflichten. Die Leistungen müssen dem jeweiligen Stand der wissenschaftlichen Erkenntnisse entsprechen und in der fachlich gebotenen Qualität erbracht werden.[190] Im Zentrum der rechtlichen Diskussion steht nach wie vor die „Leitliniendebatte", die von der Flut von „Leitlinien", „Richtlinien" und „Empfehlungen" ausgelöst wurde, die die Ärzteschaft seit Anfang der 90er Jahre überrollt, so dass man sich inzwischen schon genötigt sah, „Leitlinien für Leitlinien" zu verabschieden.[191] Neuen Auftrieb hat diese Diskussion durch das GKV-Gesundheitsreformgesetz 2000 erfahren, welche das Prinzip der evidence based medicine (EBM) im Bereich der Qualitätssicherung ambulanter und stationärer Leistungen implementierte (§§ 136 bis 137e SGB V a. F.).[192]

---

[185] BGH, VersR 1977, 546.
[186] BGH NJW 1991, 1535; *Ratzel*, in: Ratzel/Lippert, MBO, § 4 Rn. 6.
[187] OLG München, MedR 1999, 466.
[188] Laufs/Kern/*Laufs*, § 11 Rn. 7.
[189] Vgl. den Tätigkeitsbericht 1998 der BÄK, S. 253 ff., zit. bei Laufs/Kern/*Laufs*, § 11 Rn. 4; s. a. die von der KBV auf Grund von § 95d VI SGB V erlassenen Richtlinien zur Nachweispflicht ärztlicher Fortbildung (DÄBl. V. 4.2.2005, A 306 f.) sowie die vom Deutschen Senat für ärztliche Fortbildung entwickelten einheitlichen Bewertungskriterien für den Erwerb des freiwilligen Fortbildungszertifikats, die im Oktober 2000 vom Vorstand der BÄK zustimmend zur Kenntnis genommen worden sind, über die *Ratzel*, in: Ratzel/Lippert, MBO, § 5 Rn. 4 berichtet.
[190] Die mit Inkrafttreten des GRG zum 1.1.1989 eingefügte Norm sowie die durch das GKV – Gesundheitsreformgesetz 2000 eingefügten Bestimmungen der §§ 137 ff. SGB V haben eine schier unübersehbare Fülle neuer juristischer Literatur zur Qualitätssicherung ärztlicher Berufsausübung befördert – vgl. nur *Wienke/Lippert* (Hrsg.), Die ärztliche Berufsausübung in den Grenzen der Qualitätssicherung *Hardt*, MedR 1998, 8; *Francke/Hardt*, MedR 2008, 2 ff.; *Pitschas*, MedR 2008, 34 ff.; *Rixen*, MedR 2008, 24 ff.; *Schlegel*, MedR 2008, 30 ff.; weitergehende Literatur über die Homepage der 1995 von der BÄK und der KBV gegründeten Ärztlichen Zentralstelle Qualitätssicherung („ÄZQ"), deren Zweck die Koordination der Arbeit der ärztlichen Spitzenorganisationen auf dem Gebiet der Qualitätssicherung, wirksame und einheitliche Entwicklung und Ausführung der Qualitätssicherung der ärztlichen Berufsausübung und Berücksichtigung der Interessen der Patienten sowie die Kooperation mit Krankenkassen und Krankenhausverbänden ist, über www.aezq.de; zur Struktur und den Arbeitsschwerpunkten des ÄZQ s. *Ollenschläger*, DÄBl. 100 (2003), A 1420.
[191] DÄBl. 94 (1997), A-2154; dazu *Thomdczek/Bollenschläger*, in: Wenke/Lippert (Hrsg.), Die ärztliche Berufsausübung in den Grenzen der Qualitätssicherung, 51 ff.
[192] Dazu oben bei → § 8 Rn. 3 ff. u. *Ratzel*, in: Ratzel/Lippert, MBO, § 5 Rn. 4 m. w. N.; *Ollenschläger*, in: Ratajczak/Stegers, Leitlinien, Richtlinien und Gesetz, 47; *Fischer*, Medizinische Leitlinien: Juristische Implikationen, in: Deutsches Ärzteblatt 97 (2000), A – 1942; *Wigge*, MedR 2000, 574.

5. Schweigepflicht

a) Schweigepflicht und Datenschutz. aa) Schweigepflicht: Bedeutung. Zu den zentralen 61
Berufspflichten des Arztes gehört – seit alters[193] – die Schweigepflicht.[194] Die Verschwiegenheit des Arztes ist der Grundpfeiler des Vertrauensverhältnisses zwischen Arzt und Patient, das wiederum zu den elementaren Voraussetzungen einer erfolgreichen Behandlung gehört. Der in medizinischen Dingen oft unwissende, um seine Gesundheit besorgte und darum schutzbedürftige Patient wird sich einem Arzt nur dann in voller Offenheit anvertrauen können, wenn er sicher sein kann, dass der Arzt von seinem Wissen nur zu Behandlungszwecken Gebrauch macht und es ansonsten für sich behält. Darum stellt § 203 StGB das Patientengeheimnis unter strafrechtlichen Schutz, gewähren § 53 I 1 StPO und § 383 ZPO dem Arzt ein Zeugnisverweigerungsrecht und enthält § 97 StPO ein Beschlagnahmeverbot bezüglich der Krankenunterlagen. Rechtsgut sind immer die Geheimhaltungsinteressen des Patienten, die zudem grundrechtlich geschützt sind (Art. 1 I iVm Art. 2 I GG).[195]

bb) Datenschutz. Diese individualrechtliche Sicht des Arzt-Patient-Verhältnisses wird 62
allerdings verstärkt überlagert von der öffentlich-rechtlichen Sicht der sozialen Systeme (Kranken-, Renten-, Unfall- und Pflegeversicherung), in die die meisten Patienten eingebunden sind. Der Patient, der gesetzlichen Leistungen dieser Systeme in Anspruch nehmen will, muss seine Daten offen legen (§§ 60 ff. SGB I). Die Entschlüsselung der Daten zu Abrechnungszwecken, medizinisches Controlling und Leistungsüberprüfung durch die Krankenkassen, den Medizinischen Dienst oder die Aufsichtsbehörden – all dies lassen die Befürchtung real erscheinen, dass die zum Schutze des Patienten und seiner Daten getroffenen komplizierten Regelungen aus Unkenntnis oder Nachlässigkeit von den Verwendern missachtet werden könnten. Die moderne Informationstechnologie und der Forschungsdrang berufener und nicht berufener Vertreter der biomedizinischen Forschung führen zu weiteren Gefährdungen der Schweigepflicht, weil der Datenaustausch und die Datenweitergabe sehr viel einfacher, der Datenhunger sehr viel größer geworden ist als früher.[196]

b) Inhalt und Umfang der Schweigepflicht. Rechtsgrundlage der ärztlichen Schwei- 63
gepflicht ist nicht – wie häufig zu lesen – § 203 StGB, sondern § 9 MBO in der Fassung der jeweiligen Berufsordnung der Landesärztekammer. Der Arzt darf hiernach Informationen, die er auf Grund der Behandlung erhält, nur offenbaren, wenn entweder eine (ausdrückliche, konkludente oder mutmaßliche) Einwilligung des Patienten vorliegt oder aber eine gesetzliche Befugnis oder Verpflichtung eingreift. Dabei unterfällt der ärztlichen Schweigepflicht alles, was dem Arzt „als Arzt" anvertraut oder sonst bekannt geworden ist, und zwar über den Tod des Patienten hinaus. § 9 I 2 MBO rechnet dazu auch schriftliche Mitteilungen des

---

[193] „Was ich bei der Behandlung sehe oder höre oder außerhalb der Behandlung im Verkehr mit den Menschen, soweit man es nicht ausplaudern darf, werde ich es verschweigen, da hier Schweigen Pflicht ist" – so das letzte Gebot des hippokratischen Eides vor der Schlussformel, vgl. zur geschichtlichen Entwicklung der Schweigepflicht ausf. *Muschallik*, Die Befreiung von der ärztlichen Schweigepflicht und vom Zeugnisverweigerungsrecht im Strafprozess, 12 ff.; *Heberer*, Das ärztliche Berufs- und Standesrecht, 310.
[194] Das ist bei Rechtsanwälten nicht anders. Sie gab es bereits im Athen des 5. und 4. vorchristlichen Jahrhundert
vgl. *Quaas*, BRAK-Mitgt. 2013, 258 ff.
[195] Zum Grundrecht auf informationelle Selbstbestimmung als Bestandteil des allgemeinen Persönlichkeitsrechts vgl. das Volkszählungsurteil des BVerfG v. 15.12.1983 in BVerfGE 65, 1.
[196] Die Schweigepflicht des Arztes ist damit ein nicht nachlassendes Betätigungsfeld des Medizinrechts, vgl. die Übersicht bei *Lippert*, in: Ratzel/Lippert, MBO, § 9 mit umfangreicher Literaturübersicht; s. a. *Lang*, Das Recht auf informationelle Selbstbestimmung des Patienten und die ärztliche Schweigepflicht in der gesetzlichen Krankenversicherung, sowie zum Selbstbestimmungsrecht des Patienten und zum Datenschutz oben bei → § 2 Rn. 35 ff., 44 ff., 50 f.

Patienten, Aufzeichnungen über Patienten, Röntgenaufnahmen und sonstige Untersuchungsbefunde.

64 Ihrem Umfang nach gilt die Schweigepflicht gegenüber jedermann außerhalb des Arzt-Patient-Verhältnisses. Dazu rechnen Angehörige des Patienten ebenso wie die Eltern des Minderjährigen, der Arbeitgeber des Patienten ebenso wie – oftmals übersehen – die ärztlichen Kollegen.[197] Deshalb bestimmt § 9 IV MBO: „Wenn mehrere Ärzte gleichzeitig oder nacheinander denselben Patienten untersuchen oder behandeln, so sind sie untereinander von der Schweigepflicht insoweit befreit, als das Einverständnis des Patienten vorliegt oder anzunehmen ist". Darin spiegelt sich ein weiterer Grundsatz des ärztlichen Berufsrechts, wonach der Patientenwille die Behandlungsgrenze für alle dem Patienten behandelnden Ärzte bildet.[198] Von einer stillschweigenden Einwilligung kann ausgegangen werden, wenn der Patient die ihm bekannte Mit- oder Nachbehandlung durch andere Ärzte (auch den Notarzt im Krankenhaus, den Konsiliararzt)[199] akzeptiert.

65 Ähnliche Probleme tauchen bei der Übergabe der Patientenkartei an einen Praxisnachfolger oder bei einem Wechsel in der Chefarztambulanz in einem Krankenhaus auf.[200] Während die frühere Rechtsprechung noch davon ausging, dass der Patient in die Weitergabe seiner Daten zur Erstellung der Arztliquidation bzw. die Abtretung der Honorarforderung konkludent einwillige und deshalb auch mit der Weitergabe an einen Praxisübernehmer einverstanden sei, wird seit dem Urteil des BGH vom 11. Dezember 1991[201] die ausdrückliche Einwilligung des Patienten als Regelfall verlangt. Davon gehen nunmehr auch die Münchner Empfehlungen zur Wahrung der ärztlichen Schweigepflicht bei Veräußerung einer Arztpraxis aus.[202] Wurde die Patientenkartei mittels EDV archiviert, muss der alte Datenbestand gesperrt und mit einem Passwort versehen werden. Das Passwort für den Zugriff darf vom Übernehmer nur unter den gleichen Bedingungen wie bei einer manuell geführten Patientenkartei verwendet werden, um sich von dem einen konkreten Patienten betreffenden Datenbestand eine hardcopy ausdrucken zu lassen. Die Software muss geeignete Einrichtungen enthalten, um Zeit und Gegenstand des Datenzugriffs zu dokumentieren.[203] Da die Chefarztverträge regelmäßig das Eigentum des Krankenhausträgers an der Kartei vorsehen, bedarf es für den Wechsel in der Chefarztambulanz neben der Einwilligung des Patienten der Zustimmung des Krankenhausträgers. Auch die Übermittlung und Weitergabe von Patientendaten an privatärztliche und gewerbliche Verrechnungsstellen (z.B. bei Factoring) bedarf der schriftlichen Einwilligung des Patienten. Auch hier hat die geänderte Rechtsprechung des Bundesgerichtshofs[204] zu einer Anpassung der Berufsordnungen in den Kammerbezirken geführt.[205]

66 **c) Gesetzliche Offenbarungspflichten.** Gesetzliche Anzeige- und Mitteilungspflichten berechtigen (und verpflichten) den Arzt zur Offenbarung des Patientengeheimnisses. So sehen die §§ 6 bis 12 des Infektionsschutzgesetzes (IfSG)[206] Regelungen über meldepflichtige

---

[197] Zu der ärztlichen Schweigepflicht unter Ärzten vgl u.a. *Lippert*, in: Ratzel/Lippert, MuBO, § 9 Rn. 20ff m.w.N.; für Aufsehen sorgte eine Entscheidung des OLG Frankfurt vom 5.10.1999 – NJW 2000, 875 –, in der eine Offenbarungspflicht des Arztes gegenüber nahe stehenden Personen über die AIDS-Erkrankung eines seiner Patienten entgegen der ärztlichen Schweigepflicht befürwortet wurde; dazu *Heberer*, Das ärztliche Berufs- und Standesrecht, 316 f.
[198] OLG Hamm, MedR 1995, 328.
[199] Dazu *Lippert*, in: Ratzel/Lippert, MBO, § 9 Rn. 20 ff.
[200] Vgl. *Andreas*, ArztR 2000, 296; *Taupitz*, MDR 1992, 421; *Lippert*, in: Ratzel/Lippert, MBO, § 9 Rn. 28 ff.
[201] BGH, NJW 1991, 2955.
[202] MedR 1992, 207.
[203] *Lippert*, in: Ratzel/Lippert, MBO, § 9 Rn. 31.
[204] BGH, MedR 1992, 330.
[205] Vgl z.B. § 9 Abs. 6 BO BW; § 9 Abs. 5 BO Bremen.
[206] Vgl. Art. 1 des Gesetzes zur Neuordnung seuchenrechtlicher Vorschriften vom 20.7.2000 (BGBl. I, 1045) das IfSG, welche das frühere Bundesseuchen- und Geschlechtskrankheitengesetz

Erkrankungen und Krankheitserreger vor. Nach § 7 TransplantationsG muss der behandelnde Arzt eines Patienten einem Arzt, der eine Organentnahme zur Transplantation beabsichtigt, Auskunft darüber erteilen, ob der Organentnahme medizinische Gründe entgegenstehen. Die in der Praxis wichtigsten Auskunftspflichten bestehen gegenüber den Trägern der Sozialversicherung (§§ 100, 101 SGB X). Entsprechend kontrovers werden die Rechtsgrundlagen für das Anfordern medizinischer Unterlagen durch den MDK diskutiert.[207] Die an der vertragsärztlichen Versorgung teilnehmenden Ärzte haben den Krankenkassen bestimmte, im Gesetz näher bezeichnete Unterlagen über die durchgeführte Behandlung zu übermitteln (§§ 294 ff. SGB V).[208] Eine Neuregelung hatte auch das Recht der Einsichtnahme in Krankenunterlagen im Rahmen der sog. Fehlbelegungsprüfung im Krankenhaus durch das Fallpauschalengesetz vom 23.4.2002 erfahren.[209]

6. Dokumentationspflicht

a) **Änderung der Rechtsprechung.** Nach einer langen und kaum bestrittenen Auffassung in Rechtsprechung und Literatur war die Führung von Krankenunterlagen „Privatsache" des Arztes, vornehmlich zur Schaffung einer eigenen Gedächtnisstütze. Dies hatte ungeachtet der Tatsache, dass es gesetzliche und berufsrechtliche Pflichten zur ärztlichen Dokumentation gab, zivilrechtlich zur Folge, dass den Arzt weder eine Rechtspflicht traf, Krankenunterlagen zu führen noch nachher evtl. vorhandene Unterlagen an den Patienten herauszugeben und diesem Einsicht zu gewähren.[210] 67

Erst im Jahr 1978 hat der BGH eine Kehrtwende vollzogen und die Pflicht des Arztes zu angemessener Dokumentation als „selbstverständliche therapeutische Pflicht gegenüber dem Patienten" angesehen.[211] Die Ärzteschaft berücksichtigte die Änderung der Rechtsprechung auf ihrem 82. Deutschen Ärztetag 1979 und verabschiedete im Wesentlichen die Fassung, die noch heute als § 10 MBO gilt: 68

„Der Arzt hat über die in Ausübung seines Berufes gemachten Feststellungen und getroffenen Maßnahmen die erforderlichen Aufzeichnungen zu machen. Diese sind nicht nur Gedächtnisstützen für den Arzt, sie dienen auch dem Interesse des Patienten an einer ordnungsgemäßen Dokumentation".

Die berufsrechtliche Dokumentationspflicht wird flankiert von einer vertraglichen Nebenpflicht zur Dokumentation aus dem Behandlungsvertrag.[212] Begründet wird dies vor allem damit, es könne billigerweise nicht sein, dass es beim Umfang mit der Gesundheit des Menschen eine weniger genaue Rechenschaftslegung gebe als dies beim Umfang des Vermögensverwalters mit fremdem Eigentum der Fall sei.[213] Die Dokumentationspflicht ist insoweit Ausfluss der Rechenschaftspflicht des Arztes gegenüber dem Patienten. 69

---

ersetzt; dazu *Erdle*, Infektionsschutzgesetz, Kommentar, 2002; *Heberer*, Das ärztliche Berufs- und Standesrecht, 321 ff.

[207] U. a. *Sikorski*, MedR 1999, 449.
[208] Dazu u. a. *Kamps/Kiesecker*, MedR 1997, 216.
[209] BGBl. I 1412; zum Alt- und Neurecht s. u. bei → § 26 Rn. 129 ff.; *Quaas*, NZS 2002, 454.
[210] *Peter*, Das Recht auf Einsicht in Krankenunterlagen, 10 m. w. N. zur Entwicklung des Meinungsstandes in Rechtsprechung und Literatur; ebenso noch BGH, NJW 1963, 389.
[211] So das sog. „Dokumentationsurteil" vom 27.6.1978, BGHZ 72, 132 ff. Dazu ausführlich *Peter*, Das Recht auf Einsicht in Krankenunterlagen, 15 f.
[212] So schon *Daniels*, NJW 1976, 345; *Hohloch*, NJW 1982, 2577; *Hofstetter*, Arztrecht, 136.
[213] Dieser Gedanke stammt von *Dunz*, Zur Praxis der zivilrechtlichen Arzthaftung, 33, der später vom BGH (*Dunz* war zu dieser Zeit BGH-Richter) in seinem Urteil aus dem Jahr 1978 aufgegriffen wurde – vgl. NJW 1978, 2337, 2339.

70   **b) Inhalt und Umfang der Dokumentationspflicht.** Hinsichtlich des Inhalts und Umfangs der Dokumentationspflicht besteht in der Praxis weitgehend Unsicherheit.[214] Dazu muss man fragen, welchem Zweck die Dokumentation zu dienen hat, warum also der Arzt verpflichtet ist, all das festzuhalten, was er feststellt und wie er vorgeht. Die Berufspflicht des Arztes zur Dokumentation besteht nur dem Patienten gegenüber und dient seinem Gesundheitsschutz. Soweit darüber hinaus in der Literatur vertreten wird, die Dokumentationspflicht rechtfertige sich auch durch das Interesse des Patienten an einer lückenlosen Beweisführung zum Zwecke der Realisierung von Schadensersatzansprüchen,[215] betrifft dies allein die Nebenpflicht des Arztes aus dem Behandlungsvertrag. Insoweit greift die BGH-Rechtsprechung zur Beweislastumkehr bei unvollständiger Dokumentation ein.[216] Die Pflicht zur Dokumentation endet deshalb dort, wo sie nicht mehr therapeutischen Zwecken dient, etwa weil ein unabänderlicher Defekt eingetreten ist oder eine bestimmte Behandlungsart nicht mehr nachholbar ist. In diesen Fällen besteht keine (berufsrechtliche) Dokumentationspflicht, sondern lediglich eine Obliegenheit des Arztes, alles sorgfältig aufzuzeichnen, um im Fall eines Haftungsprozesses darlegen zu können, dass ihn kein Verschulden trifft.[217]

71   Unstreitig muss nicht jede Einzelheit dokumentiert werden, sondern nur Feststellungen über die körperliche Befindlichkeit des Patienten und Aufzeichnungen über die Umstände und den Verlauf der durchgeführten Behandlung. Dazu gehören insbesondere Anamnese, Beschwerden unter Einfluss von Verdachtsdiagnosen,[218] Behandlung mit Medikation, Ergebnis der Behandlung, Art der Nachbehandlung, Sektionsbefunde, Operationsberichte unter Einschluss der Lagerung des Patienten, Anästhesieprotokolle, Einsatz besonderer Behandlungsarten, Zwischenfälle, Röntgen- und Sonographieaufnahmen, EKG- und CTG-Streifen, Laborbefunde, Warnhinweise an den Patienten, Hinweis auf Versagerquoten bei Sterilisation, Wiedereinstellungen etc.[219] Eine Dokumentation der ärztlichen Aufklärung wird von der Rechtsprechung nicht verlangt.[220]

Selbstverständlich kann die Dokumentation auch mit Hilfe elektronischer Medien erfolgen, allerdings muss der Arzt bei Aufzeichnungen auf elektronischen Datenträgern oder anderen Speichermedien Sicherungs- und Schutzmaßnahmen ergreifen, um deren Veränderung, Vernichtung oder unrechtmäßige Verwendung zu verhindern (§ 10 V 1 MBO).[221] So muss bei Wechselfestplatten darauf geachtet werden, dass die Magnetisierung nicht durch externe Einflüsse gefährdet wird. Allerdings sollte der Einwand des Patienten bezüglich nachträglicher Abänderbarkeit nicht überbewertet werden.[222]

7. Gewerblichkeitsverbot

72   Zu den zentralen Bestimmungen der MBO gehört dessen § 3, der bestimmte „Unvereinbarkeiten" des ärztlichen Berufes mit anderen Tätigkeiten oder Verhaltensweisen regelt.[223] Darin eingeschlossen ist das sog. Gewerblichkeitsverbot als Konsequenz der Freiberuflichkeit und Nicht-Gewerblichkeit der ärztlichen Berufsausübung. Danach ist es Ärzten u. a.

---

[214] Vgl. die Darstellungen bei *Ratzel*, in: Ratzel/Lippert, MBO, § 10; *Lenkaitis*, Krankenunterlagen aus juristischer, insbesondere zivilrechtlicher Sicht, 13 ff., 83 ff.; *Hofstetter*, Arztrecht, 139 ff. u. v. m.
[215] So z. B. *Daniels*, NJW 1976, 345, 348.
[216] S. dazu u. bei → § 14 Rn. 114 ff. sowie *Hofstetter*, Arztrecht, 137 f.
[217] So zutref. *Opderbecke/Weißauer*, MedR 1984, 211, 212; *Bender*, VersR. 1997, 918 m. w. N.
[218] Streitig, wie hier: *Ratzel*, in: Ratzel/Lippert, MBO, 3. Aufl. 2002, § 10 Rn. 4.
[219] *Ratzel*, aaO.
[220] S. u. bei → § 14 Rn. 114 f.; sie empfiehlt sich jedoch aus den dargestellten forensischen Gründen zumindest bei operativen Eingriffen.
[221] Vgl. *Kilian*, NJW 1987, 695; *Ortner/Geiß*, MedR 1997, 337; *Wienke/Sauerborn*, MedR 2000, 517.
[222] So zu Recht *Rehborn*, MedR 2000, 1101, 1110; *Ratzel*, in: Ratzel/Lippert, MBO, § 10 Rn. 8.
[223] Dazu ausführlich Ratzel/Luxenburger/*Ratzel/Knüpper*, § 5 Rn. 141 ff.; zur Wahrung der ärztlichen Unabhängigkeit bei der Zusammenarbeit mit Dritten *dies.*, § 5 Rn. 165; zur Beteiligung von Ärzten an Unternehmen im Gesundheitswesen vgl. *Ratzel*, ZMGR 2012, 258 ff.

untersagt, ihren Namen in Verbindung mit einer ärztlichen Berufsausübung für gewerbliche Zwecke herzugeben, Produkte und gewerbliche Dienstleistungen über die Ausübung des Arztberufes zu steuern oder in sonstiger Weise daran mitzuwirken. Es soll nicht der Verdacht aufkommen, Ärzte würden therapeutische Entscheidungen von berufsfremden Erwägungen abhängig machen. Das aber geschieht, wenn Ärzte in ihren Wartezimmern für Dritte werben oder als Fachinformationen getarnte Produktwerbung (z. B. Werbebroschüre für Nahrungsergänzungsmittel) veranlassen.[224] Zulässig ist dagegen die Abgabe von Kontaktlinsen durch Augenärzte.[225] Umstritten – auch mit Rücksicht auf das Gewerblichkeitsverbot – ist die Beteiligung Dritter an wirtschaftlichen Ergebnissen ärztlicher Tätigkeit.[226] So wird es als unzulässig bewertet, wenn ein Arzt für die Anpachtung seiner in einem Hotel-Sanatorium gelegenen Arztpraxis einen umsatzabhängigen Pachtzins mit dem Betreiber des Sanatoriums vereinbart.[227] Ohne Einfluss auf die freie ärztliche Tätigkeit soll es dagegen sein, wenn der Arzt für die Anmietung der sächlichen Mittel eines Labors[228] oder einer radiologischen Praxis[229] Teile seines Honorars abführt. Die eigenverantwortliche Ausübung der ärztlichen Funktionen werde dadurch nicht in Frage gestellt.[230] Unvereinbar mit dem Gewerblichkeitsverbot, konkretisiert insoweit durch § 31 MBO, ist schließlich das cash-back-Verfahren, bei welchem sich der überweisende Arzt (oder das überweisende Krankenhaus) eine Prämie (in welcher Gestalt auch immer) für die Überweisung von Patienten zusichern lässt.[231]

8. Das Verbot berufswidriger Werbung

Nichts im ärztlichen Berufsrecht befand sich so sehr im Fluss, wie das vor einem Jahrzehnt noch als zum angeblichen Kern der Freiberuflichkeit gepriesene, absolute Werbeverbot. Dabei wurde es nicht – wie einige Stimmen in der Literatur meinten – durch eine „abschleifende Auslegungspraxis geändert".[232] Vielmehr waren es vor allem die Bugwellen, die seit der Entscheidung des BVerfG zur Zulässigkeit der Apothekerwerbung[233] in die Gestade der Landesärztekammern eingedrungen sind und dort zu einer kräftigen Erosion der freiberufsspezifischen Schranken im Bereich des ärztlichen Werberechts geführt und auf dem 105. Deutschen Ärztetag 2002 in Rostock eine grundlegende Änderung der §§ 27 und 28 MBO veranlasst hatten.[234] Auch danach ergangene Entscheidungen des Europäischen Gerichtshofs für Menschenrechte (EGMR)[235] und des BVerfG[236] verdeutlichen, dass sich das ehemalige Werbeverbot zu einem verfassungsrechtlich geschützten Werberecht des Arztes entwickelt hat[237] und die Entwicklung zu einem einheitlichen Werberecht aller freien Berufe nicht mehr aufzuhalten ist.[238]

73

---

[224] OLG München, U. v. 20.1.2005 – 29 U 4589/04 in GesR 2005, 549 ff.
[225] BGH, U. v. 29.6.2000 in MedR 2001, 203; MedR 2002, 256 (Hörgeräte durch HNO-Ärzte).
[226] Dazu *Gummert/Meier*, MedR 2007, 75; *Reiter*, GesR 2005, 6 ff.
[227] BayOLG, MedR 2001, 206 ff., aA *Reiter*, GesR 2005, 6, 13.
[228] BSG NJW 1973, 1495 ff.
[229] BSG MedR 1996, 96 ff.
[230] S. a. *Schallen*, ZV-Ä, § 20 Rn. 405 und *Pfalzgraf* MedR 2000, 257, 260.
[231] Zu den Fallgruppen s. *Gummert/Meier*, MedR 2007, 75, 84 f.; auch zu dem „Sonderfall" eines als Stiftung geführten Krankenhauses, s. OLG Düsseldorf, MedR 2005, 169.
[232] *Deutsch/Spickhoff*, Medizinrecht, Rn. 39.
[233] BVerfG, NJW 1996, 3067; dazu *Kleine-Cosack*, NJW 2003, 868.
[234] Vgl. dazu *Ratzel/Lippert*, MedR 2002, 607; zu den §§ 27 ff. MBO hat die BÄK Hinweise und Erläuterungen unter dem 12.8.2003 erarbeitet, vgl. DÄBl. vom 30.1.2004, s. a 202 ff.
[235] EGMR, MedR 2003, 290.
[236] BVerfG, NJW 2002, 3091; NJW 2003, 879; 3470; NJW 2004, 26, 59.
[237] So zutr. *Kleine-Cosack*, NJW 2003, 868; grundlegend zum neuen Werberecht *Bahner*, Das Werberecht für Ärzte, 2. Aufl. 2004; *Balzer*, Ärzte und Klinikwerberecht, 2004; *Gabriel/Arfmann*, GesR 2006, 403 ff.; *Riedel*, GesR 2008, 1 ff.
[238] *Bomba*, Verfassungsmäßigkeit berufs- und standesrechtlicher Werbebeschränkungen für Angehörige Freier Berufe, dargestellt am Beispiel der Regelungen für Rechtsanwälte, Ärzte und Apotheker; zum Werberecht der Anwälte vgl u. a. BVerfG, NJW 2000, 3195 (Sponsoring); B. v. 25.4.2001 in BRAK-Mitt.

74 a) **Rechtsgrundlagen.** Das (neue) Werberecht der Ärzte nach den Beschlüssen des 105. Deutschen Ärztetages 2002 hat die vormaligen Bestimmungen über die „Regeln der beruflichen Kommunikation, insbesondere zulässiger Inhalt und Umfang sachlicher Informationen über die berufliche Tätigkeit" des Kap. D I. Nr. 1 bis 5 MBO ersatzlos gestrichen. Sie galten als eines der Kernstücke der ärztlichen Berufsordnung.[239] Grundlegend neu gefasst wurden auch die erst auf dem 103. Deutschen Ärztetag 2000 beschlossenen Regelungen der §§ 27 und 28 MBO. Nunmehr ist „Zweck der nachstehenden Berufsordnung die Gewährleistung des Patientenschutzes durch sachgerechte und angemessene Information und die Vermeidung einer dem Selbstverständnis des Arztes zuwider laufenden Kommerzialisierung des Arztberufes" (§ 27 I MBO). Auf dieser Grundlage sind dem Arzt „sachliche berufsbezogene Informationen gestattet" (§ 27 II MBO). Lediglich „berufswidrige Werbung ist dem Arzt untersagt" (§ 27 III 1 MBO). Berufswidrig ist dabei insbesondere eine „anpreisende, irreführende oder vergleichende Werbung" (§ 27 III 2 MBO). Welche Bezeichnungen und sonstige Qualifikationen einschließlich Tätigkeitsschwerpunkte der Arzt führen darf, regeln § 27 IV, V MBO. Soweit die Ankündigungen in „Verzeichnissen" eingetragen werden sollen und was dabei zusätzlich zu beachten ist, sagt § 28 MBO.

75 Mit dieser Straffung der Vorschriften des ärztlichen Werberechts sind nicht nur „Überregulierungen entfallen".[240] Vielmehr ist in den neu gefassten Bestimmungen ein radikaler Kurswechsel zu sehen, der das ehemalige Werbeverbot des Arztes weit hinter sich lässt und – gleich zu Beginn – das Recht des Patienten auf sachgerechte und angemessene Information betont und damit gewissermaßen aus dem Recht des Patienten auf Information das Recht des Arztes zur umfassenden Information über die von ihm erbrachten Leistungen ableitet.[241] So ist auch bei der Annahme verbotener vergleichender Werbung Zurückhaltung geboten, weil Werbung notwendigerweise vergleichender Art ist, da sie auf Kundenaquisition zu Lasten der Konkurrenz zielt.[242] Verwendet ein Arzt bei Hinweisen auf sein Leistungsspektrum irreführende Angaben, verstößt er nur dann gegen das Verbot berufswidriger Werbung, wenn hierdurch Gemeinwohlbelange im Einzelfall tatsächlich gefährdet werden.[243] Es ist deshalb nicht übertrieben, von einem „Endes des Werbeverbots" zu sprechen, auch wenn die Rechtsprechung des BVerfG nie Zweifel befördert hat, dass verkammerte Berufe derartigen Beschränkungen unterliegen.[244]

76 Nach § 27 III 2 MBO bleiben Werbeverbote auf Grund anderer gesetzlicher Bestimmungen unberührt. Dies gilt insbesondere für die Beschränkungen ärztlicher Werbung nach dem HWG, insbesondere § 11 I, 1 Nr. 4 HWG (Verbot der Werbung außerhalb der Fachkreise mit der bildlichen Darstellung von Personen in Berufskleidung [sog. Weißkittelverbot])[245]

2001, 185, 186 (Tätigkeitsschwerpunkte); *Kleine-Cosack,* Das Werberecht der rechts- und steuerberatenden Berufe; *Quaas,* BRAK-Mitt. 2003, 47; *Steinbeck* NJW 2003, 1481; *Zuck,* Anwalts-ABC Berufsrecht, 1999, 249 ff.

[239] *Ratzel/Lippert,* MedR 2002, 607; dazu die Darstellung bei *Bomba,* Verfassungsmäßigkeit berufs- und standesrechtlicher Werbebeschränkungen für Angehörige Freier Berufe, 160 ff.

[240] So aber *Ratzel/Lippert,* MedR 2002, 607, 615.

[241] *Frehse,* NZS 2003, 11, 14.

[242] BVerfG, B. v. 13.7.2005 – 1 BvR 191/05 – in MedR 2006, 107 zum Vergleich von Operationsmethoden sowie Landesberufsgericht für Heilberufe beim OVG NRW, U. v. 5.4.2006 in ArztR 2007, 49 f. (Operationsmethode „Robodoc").

[243] OVG Münster, U. v. 22.6.2005 in MedR 2006, 482.

[244] BVerfGE 85, 248, 261; NJW 1993, 2988; MedR 2000, 523; *Jaeger,* AnwBl. 2000, 475, 481; aA *Ratzel/Lippert,* MedR 2002, 607.

[245] Der Tatbestand des § 11 I 1 Nr. 4 HWG setzt voraus, dass die Werbung geeignet ist, das Laienpublikum unsachlich zu beeinflussen und dadurch zumindest eine mittelbare Gesundheitsgefährdung zu bewirken: BGH U. v. 1.3.2007 in GesR 2007, 478 (Aufgabe von BGH, U. v. 26.10.2000, I ZR 180/98 in MDR 2001, 763); zu den Grundzügen des Heilmittelwerberechts s. *Lippert* in: Wenzel (Hrsg.), Handbuch des Fachanwalts Medizinrecht, Kap. 17; *Riedel,* GesR 2008, 1 (4 f.); zur Klinikwerbung in HWG s. *Kieser* in Saalfrank (Hrsg.), Handbuch des Medizin- und Gesundheitsrechts, § 6, 5. Abschn. Rn. 5 ff.

und § 12 II 1 HWG (Verbot der Werbung außerhalb der Fachkreise für Verfahren oder Behandlungen, die sich auf die Erkennung, Beseitigung oder Linderung bestimmter, in der Anlage zu § 12 HWG aufgeführter Krankheiten beziehen). Auch wenn das HWG eine Reaktion des Gesetzgebers auf direkte Einflüsse durch die pharmazeutische Industrie darstellt, ist dessen Anwendbarkeit für die Werbung des Arztes mit Medizinprodukten als Gegenstände im Sinne des § 1 I Nr. 2 HWG in der Rechtsprechung geklärt.[246] Insbesondere durch das Zweite Gesetz zur Änderung des Medizinproduktegesetzes vom 13.12.2001[247] ist eine umfassende Reform der Werbung für Medizinprodukte erfolgt, derzufolge es keinen – heilmittelwerberechtlichen – Bedenken mehr unterliegt, wenn der Arzt in Praxisbroschüren, Patienteninformationen oder im Internet das von ihm angewandte Medizinprodukt genau bezeichnet und abbildet sowie mit weiteren sachlichen Angaben und auch mit der Angabe des Herstellers versieht.[248]

b) **Werbebegriff.** Weder die Berufsordnung noch das HWG definieren, was unter „Werbung" zu verstehen ist. Die berufsgerichtliche Rechtsprechung geht von einem weiten Werbebegriff aus. Er bezeichnet ein Verhalten, das darauf angelegt ist, andere dafür zu gewinnen, die Leistung desjenigen in Anspruch zu nehmen, für den geworben wird.[249] Die in der Literatur zum Teil vorgenommene Differenzierung zwischen Werbung und werbewirksamen Verhalten[250] oder zwischen Werbung und Marketing[251] vermag nicht zu überzeugen. Es gibt keinen nachvollziehbaren Grund, Sponsoring, Geschenke, Logos oder sonstige Darstellungen der „Imagepflege" aus dem berufsrechtlichen Werbebegriff, der auch dem HWG zu Grunde liegt, auszuklammern. Insbesondere umfasst deshalb der berufsrechtliche Werbebegriff auch die Informationswerbung einschließlich Patienten-, Informations- bzw. Merkblättern, Internetseiten etc. Insoweit ist im Grundsatz jede Information in eigener Sache zugleich Werbung.[252] Ob es sich um erlaubte oder verbotene Werbung handelt, entscheidet sich nicht bei dem Werbebegriff, sondern dessen Anwendung auf das jeweilige Verhalten (des Arztes).[253] Das BVerfG hat bereits entschieden, dass ein zur Selbstdarstellung gewähltes Medium für sich betrachtet nicht die Unzulässigkeit der Werbung begründen kann und eine zulässige Information nicht allein durch den Werbeträger zu einer berufswidrigen Werbung führt.[254] Dies gilt für die Werbung im Internet umso mehr, als eine Homepage eine passive Darstellungsplattform ist, die sich nicht unaufgefordert potentiellen Patienten aufdrängt, sondern im Gegenteil von diesen erst aktiv aufgerufen werden muss.[255] Auch der Werbeeffekt

77

---

[246] OLG Frankfurt, PharmaR 1999, 360; w. N. bei *Frehse*, NZS 2003, 11, 15.
[247] BGBl. I 3586; dazu *Gassner*, NJW 2002, 863.
[248] *Frehse*, NZS 2003, 11, 15; vgl. aber zum nach wie vor bestehenden sog. Fremdwerbeverbot (§ 34 Abs. 3 MBO), wonach es dem Arzt nicht gestattet ist, werbend auf bestimmte Herstellerfirmen von Arznei-, Heil- und Hilfsmittel hinzuweisen BVerfG, B. v. 26.8.2003 – 1 BvR 1003/02 –; *Bomba*, Verfassungsmäßigkeit berufs- und standesrechtlicher Werbebeschränkungen für Angehörige Freier Berufe, 166.
[249] BGH, NJW 1992, 45; BRAK-Mitt. 2001, 189, 190; OVG Münster (Landesberufsgericht für Heilberufe), NJW 1970, 535; das BVerfG differenziert zwischen „Werbung im engeren Sinne" und „werbewirksamen Verhalten" – vgl. BVerfG, NJW 1997, 2510, 2511; zum Werbebegriff auch *Bomba*, Verfassungsmäßigkeit berufs- und standesrechtlicher Werbebeschränkungen für Angehörige Freier Berufe, 71 ff.
[250] *Kleine-Cosack*, Das Werberecht der rechts- und steuerberatenden Berufe, Rn. 104.
[251] *Huff*, MDR 1999, 464.
[252] So zutr. *Bahner*, Das neue Werberecht für Ärzte, 4.
[253] *Rieger* in: ders. Lexikon des Arztrechts, Nr. 5530, Rn. 9; s. a. *Frehse*, NZS 2003, 11, 12 zur „Patienteninformation als Werbung".
[254] BVerfGE 94, 372, 392 f.; BVerfG(K), NZS 2003, 590 (Internetauftritt durch Klinik); BVerfG(K), DVBl 2003, 1398 (Internetauftritt durch Zahnärzte); BVerfG(K), GesR 2003, 384, (Klinikwerbung in „auto, motor und sport"); s. a. zu den rechtlichen Rahmenbedingungen für Internet-Präsentationnen von Krankenhäusern unter Berücksichtigung des ärztlichen Berufsrechts *Simon/Schmittmann*, MedR 2001, 228.
[255] BVerfG, DVBl 2003, 1403; DVBl 2003, 1398.

als solcher kann nicht zu einem Verbot führen, weil dem Arzt von Verfassungs wegen die berufsbezogene und angemessene Werbung erlaubt ist. „Akquisition als solcher ist nicht berufswidrig".[256]

78   c) **Verfassungsrechtliche Beurteilung.** Die gesetzlichen- wie auch die satzungsförmigen – Werberegelungen sind im Lichte der Berufsfreiheit (Art. 12 I GG) auszulegen. Danach hat der Arzt ein grundgesetzlich geschütztes Recht auf Werbung. Ärzten ist die Werbung für ihre berufliche Tätigkeit im Grundsatz nicht verboten, sondern erlaubt, da die Werbefreiheit Teil der Berufsausübungsfreiheit ist, die durch Art. 12 I GG gewährleistet wird. Zu der Freiheit der Berufsausübung gehört nicht nur die berufliche Praxis selbst, sondern auch jede Tätigkeit, die mit der Berufsausübung zusammenhängt und dieser dient. Sie umfasst auch die Außendarstellung der selbstständig Berufstätigen einschließlich der Werbung für die Inanspruchnahme ihrer Dienste.[257] Dementsprechend bedarf nicht die Gestattung der Arztwerbung der Rechtfertigung, vielmehr ihre Einschränkung. Eingriffe in die Berufsfreiheit sind nur zulässig, soweit sie im Interesse des Gemeinwohls erfolgen und dem Verhältnismäßigkeitsgrundsatz Rechnung tragen. Werbeverbote sind verfassungsrechtlich nur zu rechtfertigen, wenn sie nachweislich erforderlich sind zur Sicherung der Gemeinwohlzwecke. Die einzelnen Bestimmungen der Berufsordnungen wie auch deren Anwendung durch die Kammern und Gerichte unterliegen – so das BVerfG unter Hinweis auf die Rechtsprechung des EGMR und des EuGH – einer strikten Verhältnismäßigkeitsprüfung.[258]

79   Der Zweck des ärztlichen Werbeverbots liegt traditionell im Schutz der Volksgesundheit,[259] da es einer gesundheitspolitisch unerwünschten Verfälschung des ärztlichen Berufsbildes infolge kommerzieller Werbung vorbeugt. Darüber hinaus sollen Patienten, weil sie auf Grund ihres Gesundheitszustandes leicht zu verunsichern und zu beeinflussen sind, vor nicht sachdienlichen Anpreisungen geschützt werden. Das Werbeverbot soll insoweit das Vertrauen der Patienten erhalten, dass der Arzt nicht aus Gewinnstreben falsche Hoffnungen macht,[260] bestimmte Untersuchungen vornimmt, Behandlungen vorsieht oder Medikamente verordnet, die nicht an medizinischen Notwendigkeiten, sondern an ökonomischen Erfolgskriterien orientiert sind.[261] Im Rahmen der Verhältnismäßigkeit muss sich die untersagte Werbung als zur Sicherung der Gemeinwohlzwecke „nachweislich erforderlich" erweisen. Im Rahmen dieser Abwägungsentscheidung ist auch das sich aus Art. 2 I GG fließende Grundrecht des Patienten auf Selbstbestimmung und auf freie Arztwahl, das der Bestimmung des § 76 I SGB V zu Grunde liegt, zu berücksichtigen. Das verfassungsrechtlich geschützte Informationsrecht des Patienten ist nur dann befriedigend zu verwirklichen, wenn sich der wählende Patient vor der Entscheidung für einen bestimmten Arzt über dessen Leistungsspektrum und dessen Qualität ausreichend informieren kann.[262] Ein erhöhter Schutz des medizinischen Laien vor einer unsachlichen Werbung ist regelmäßig nicht erforderlich. Die Gefahr einer suggestiven Beeinflussung des Patienten bei entsprechend sachlich gehaltener Information ist sehr gering.[263]

---

[256] BVerfG, GesR 2003, 384.
[257] BVerfGE 85, 248, 256; 94, 372, 389; NJW 2001, 2788; NJW 2002, 3091; NJW 2003, 879.
[258] BVerfG NJW 2003, 344 (zu Schwerpunktangaben bei Rechtsanwälten); zur Vereinbarkeit von ärztlichem Werbeverbot mit der EMRK siehe *Ring*, ZMGR 2004, 110.
[259] S. dazu → § 2 Rn. 8 f. und zur Rspr. des BVerfG *Steiner*, MedR 2003, 1; im Zusammenhang mit Werbebeschränkungen bei Ärzten ausf. *Bomba*, Verfassungsmäßigkeit berufs- und standesrechtlicher Werbebeschränkungen für Angehörige Freier Berufe, 238 ff.
[260] *Bomba*, Verfassungsmäßigkeit berufs- und standesrechtlicher Werbebeschränkungen für Angehörige Freier Berufe, 255 ff., 273ff m. w. N.; BVerfG, NJW 2000, 2734.
[261] *Kleine-Cosack*, NJW 2003, 868, 869 m. w. N.
[262] LG Kiel, MedR 1999, 279 (Arztsuch-Service); OLG München, MedR 1999, 76 (FOCUS-Ärzteliste von empfohlenen Spezialisten); *Jaeger*, MedR 2003, 263; *Rieger* in: ders., Lexikon des Arztrechts, Nr. 5530, Rn. 12; *Frehse*, NZS 2003, 11, 14; *Ehlers*, AusR 2001, 116 ff.
[263] *Frehse*, NZS 2003, 11, 14.

Dieses Ergebnis steht im Einklang mit der Spruchpraxis des BVerfG[264] und des BVerwG,[265] 80
wonach für interessengerechte und sachangemessene Information, die keinen Irrtum erregt, im
rechtsgeschäftlichen Verkehr Raum verbleiben muss und die berufsrechtlichen Werbevorschriften in dieser verfassungskonformen Weise auszulegen sind.[266] Verfehlt ist auch die Vorstellung, Werbebeschränkungen seien geeignet, das Vertrauen der Bevölkerung zu stärken, der Freiberufler werde seine Aufgabe unabhängig von Gewinnstreben erfüllen.[267] Deshalb stellt schließlich der Konkurrenzschutz der Ärzte keinen Gemeinwohlbelang dar, noch vermag er Beschränkungen der Berufsfreiheit zu legitimieren.[268] Der von den Berufsgerichten zur Rechtfertigung von Werbeverboten angeführte Kollegialitätsaspekt beruht auf einer grundsätzlich unrichtigen Anschauung von der Bedeutung der Berufsfreiheit.[269]

In der Rechtsprechung des BVerfG ist darüber hinaus geklärt, dass für Kliniken nicht 81
dieselben Werbebeschränkungen gelten wie für die niedergelassenen Ärzte, und zwar auch dann, wenn in entsprechenden Broschüren etc. auf die bei der Klinik angestellten Ärzte hingewiesen wird oder es Ärzte sind, die die Klinik betreiben.[270] Der Betrieb einer Klinik – anders als bei einem „öffentlichen" Krankenhaus[271] – ist gewerblicher Natur, die Ausübung des Arztberufes hingegen nicht. Deshalb ist es im Hinblick auf das Grundrecht der Berufsausübungsfreiheit Ärzten, die Kliniken und Sanatorien betreiben, nicht verwehrt, unter Herausstellung der Arztnamen und Arztbezeichnung sowie unter Angabe der Indikationsgebiete und Behandlungsmethoden zu werben.[272] Das gilt nicht nur für Kliniken, die stationäre Behandlungen durchführen oder angestellte Ärzte beschäftigen, sondern auch für Kliniken, die ambulante Eingriffe vornehmen oder in denen Belegärzte arbeiten.[273] Deshalb steht dem sog. Werbeprivileg einer Klinik, in der sowohl stationäre als auch ambulante Behandlungen erfragt werden, nicht entgegen, dass die stationären Leistungen von Belegärzten erbracht werden. Die Werbung mit belegärztlichen Leistungen ist also grundsätzlich erlaubt.[274] Mit Art. 12 I GG unvereinbar ist die Anwendung der wettbewerbsrechtlichen Störerhaftung auf (nicht ärztliche) Betreiber einer (kleineren) Klinik, mit der das für Ärzte geltende Berufsrecht gegen die Klinik durchgesetzt werden soll.[275]

d) Einzelne Werbemaßnahmen. Gemessen an diesen Vorgaben sind sachlich gehaltene 82
und nicht irreführende Patienteninformationen, unabhängig von der Form der Kundgabe, im Grundsatz zulässig. Der Arzt darf im Rahmen von Praxisbroschüren und im Internet auf

---

[264] U. a. MedR 2000, 523.
[265] U. a. MedR 2002, 31, 33.
[266] BVerfG(K), NJW 2001, 2788 („Implantate"); *Jaeger,* MedR 2003, 263.
[267] *Bomba,* Verfassungsmäßigkeit berufs- und standesrechtlicher Werbebeschränkungen für Angehörige Freier Berufe, 280 ff.; vgl. auch *Manssen,* BayVBl. 2001, 641, 644: „Die Vorstellung ..., mit Werbeverboten solle das Vertrauen der Rechtsuchenden gestärkt werden, der Anwalt werde nicht aus Gewinnstreben zu Prozessen raten oder die Sachbehandlung an Gebühreninteressen ausrichten ..., ist mehr Wunsch als Wirklichkeit".
[268] Vgl. ausf. dazu *Bomba,* Verfassungsmäßigkeit berufs- und standesrechtlicher Werbebeschränkungen für Angehörige Freier Berufe, 289 ff.
[269] BVerfG(K), NJW 2002, 1864; *Rieger* in: ders., Lexikon des Arztrechts, Nr. 5530, Rn. 12.
[270] BVerfGE 71, 183, 194 ff.; NJW 2000, 2734, 2735; NZS 2003, 590; GesR 2003, 384; s. a. *Riedel,* GesR 2008, 1 ff. (8f), der die Rechtfertigung des Klinikprivilegs durch das BVerfG nicht mehr für „zeitgemäß" hält; zur Fragwürdigkeit der Differenzierung „stationär/ambulant" s. a. *Gabriel/Arfmann* in: GesR 2006, 403, 404 f., *Balzer,* Arzt- und Klinikwerberecht, 238; Ratzel/Luxenburger/Ratzel/Knüpper, § 5 Rn. 173 f.
[271] Vgl. zu den Möglichkeiten und Grenzen der Öffentlichkeitsarbeit eines Krankenhauses *Koch,* GesR 2003, 161; *Gabriel/Arfmann,* GesR 2006, 403, 404 ff.
[272] BVerfGE 71, 183, 198 ff.
[273] BVerfG(K), NJW 2000, 2734, 2735 (Implantatbehandlungen).
[274] BGH, MedR 2003, 345.
[275] BVerfG/K), GesR 2003, 384; krit. deshalb die Rechtsprechung des BGH zur wettbewerbsrechtlichen Störerhaftung bei Krankenhäusern – vgl. u. a. BGH, MedR 1994, 113; dazu *Koch,* GesR 2003, 161, 162.

seine berufliche Qualifikation und seinen Werdegang hinweisen und Angaben zu den nach der Weiterbildungsordnung erworbenen Bezeichnungen, zu Tätigkeitsschwerpunkten, auch zur Mitgliedschaft in medizinischen Vereinigungen machen.[276] Dabei darf sich der Arzt – vorbehaltlich des § 3 UWG – auch als „Spezialist" bezeichnen[277] wie überhaupt eine Werbung oder ein Slogan nicht dadurch unzulässig wird, dass er plakativ formuliert („Ihre Gesundheit ist unser Anliegen") oder „Sympathiewerbung" betreibt.[278] Das Sachlichkeitsgebot gebietet keine Beschränkung auf nüchterne Praxisdaten, die beim Leser eher Langeweile hervorrufen. Farbtupfer, die den Arzt auch von seiner menschlichen Seite beleuchten, interessieren den Patienten mindestens so sehr und sind geradezu Vorbedingungen für das – auch emotional unterlegte – Vertrauensverhältnis. Die Grenze wird erst überschritten, wenn sich der Arzt einer marktschreierischen Werbung, Übertreibungen, der Verwendung von Superlativen, einer Alleinstellung, vollmundiger Selbstanpreisung etc. bedient.[279] Im Grundsatz zulässig sind deshalb auch Angaben über Operations-, Behandlungs- oder sonstiger „Erfolgszahlen", sofern sie der Wahrheit entsprechen und nicht irreführend sind.[280] Unter diesen Voraussetzungen darf der Arzt auch auf die von ihm durchgeführten Untersuchungs- und Behandlungsmethoden sowie bei ihm angewandten oder von ihm verordneten Medizinprodukte hinweisen, da insofern das Informationsbedürfnis des Patienten eindeutig überwiegt.[281] Angesichts der weiter voranschreitenden Liberalisierung und dem wachsenden Bedürfnis des Patienten an Informationen und Markttransparenz muss es dem Arzt gestattet sein, sowohl im Rahmen von Praxisbroschüren als auch insbesondere im Internet die genaue Bezeichnung des Medizinproduktes sowohl mit Abbildung des Produktes und weiteren sachlichen Angaben als auch mit der Angabe des Herstellers zu verbinden, auch wenn hiermit erkennbar für den Hersteller und sein Produkt geworben wird. Dabei darf auch ein direkter Link zu der Homepage des Herstellers vorgenommen werden, das allerdings frei von Werbebannern und Pop-Up-Fenstern bleiben sollte.[282] Immer aber müssen solche Angaben von medizinischen Erfordernissen getragen sein, ohne dass bei dem Patienten der Eindruck einer Abhängigkeit des Arztes von der Pharma-Industrie entsteht.[283] Die Grenze solcher Art

---

[276] BVerfG(K), DVBl 2003, 1398; *Kleine-Cosack,* NJW 2003, 868, 869.

[277] BVerfG, NJW 2002, 1331 („Kniespezialist"); zur Ankündigung von „Spezialitäten" s. a. *Schirmer* in: Wenzel (Hrsg.) Handbuch des Fachanwalts Medizinrecht, Kap. 9 Rn. 81 ff. zu anwaltlichen Spezialistenbezeichnungen siehe BVerfG(K), B. v. 28.7.2004 – 1 BvR 159/04; *Quaas/Sieben,* BRAK-Mitt. 05/2004; *Hellwig,* AnwBl. 2003, 613; s. a. *Jaeger,* MedR 2003, 263, 267: „Patienten haben ein legitimes Interesse daran zu erfahren, welche Ärzte über solche vertieften Erfahrungen verfügen. Es ist wichtig zu wissen, ob eine Klinik Spezialabteilungen hat, noch wichtiger aber ist das Wissen, ob der Arzt Spezialist ist. Wenn solche Angaben in Praxisbroschüren oder in Klinikanzeigen auftauchen und wenn sie wahrheitsgemäß sind und in sachlicher Form erfolgen, ist diese wünschenswerte Information der Patienten nicht zugleich mit der unerwünschten Kommerzialisierung des Arztberufes verbunden".

[278] BVerfG(K), DVBl 2003, 1398; *Kleine-Cosack,* NJW 2003, 868, 869.

[279] BVerfG, MedR 1986, 128, 132: „international anerkannter Frischzellentherapeut", „bahnbrechende ärztliche Leistungen"; BGH NJW 1997, 2679: „die besten Ärzte".

[280] AA OLG München, U. v. 30.6.2000 – 29 U 6146/99 – („Patientenzahlen"); *Bahner,* Das neue Werberecht für Ärzte, 58; zu Erfolgs- und Umsatzzahlen in der Werbung von Anwälten vgl. *Bomba,* Verfassungsmäßigkeit berufs- und standesrechtlicher Werbebeschränkungen für Angehörige Freier Berufe, 312 f.

[281] *Frehse,* NZS 2003, 11, 14; aA *Ratzel,* in: Ratzel/Lippert, MBO, D 5 Rn. 3, die diese Möglichkeit nur dann sehen, wenn eine besondere Methode nur mit einem bestimmten technisch aufwändigen und neuartigen Gerät durchzuführen ist.

[282] Wie hier *Frehse,* NZS 2003, 11, 14; aA *Ratzel,* in: Ratzel/Lippert, MBO, D 5 Rn. 2.

[283] Vgl. BVerfG(K), DVBl 2003, 1398, wonach es verfassungsrechtlich nicht zu beanstanden ist, einem Zahnarzt die aus medizinischen Gründen nicht erforderliche Benennung von Herstellern fremder, in der Zahnarztpraxis eingesetzter Produkte und ihrer Anschriften zu untersagen; vgl. auch *Bomba,* Verfassungsmäßigkeit berufs- und standesrechtlicher Werbebeschränkungen für Angehörige Freier Berufe, 341 f. sowie zu den insoweit getroffenen Beschlüssen des 106. Deutschen Ärztetages 2003 zum Verhältnis von Arzt und Industrie *Lippert/Ratzel,* NJW 2003, 3301.

„Fremdwerbung" bilden die (verfassungskonform auszulegenden) Bestimmungen der §§ 32 bis 35 MBO.[284] Die dort niedergelegten Berufspflichten regeln das Verhalten des Arztes bei der Zusammenarbeit mit Dritten und verbieten insbesondere, dass er sich von Patienten oder Dritten Geschenke oder andere Vorteile versprechen lässt (§ 32 MBO), seine Unabhängigkeit auch im Verhältnis zur Industrie wahrt (§ 33 MBO) und das Entgeltzuweisungsverbot auch bei der Verordnung, bei Empfehlungen und Begutachtung von Arznei-, Heil- und Hilfsmitteln beachtet (§ 34 MBO).[285] Im Zusammenhang mit der Abgabe von Arzneimitteln muss vermieden werden, dass eine Abhängigkeit des Arztes von einem oder mehreren Arzneimittelherstellern etc. mittelbar zu einem Verordnungsverhalten führen kann, das weniger das Wohl des Patienten als vielmehr wirtschaftliche Prosperität zum Ziel hat.[286] Zwar ist es nicht ehrenrührig, dass Ärzte nach Gewinn streben und in der Regel sind Werbebeschränkungen aus dieser Überlegung heraus nicht zu rechtfertigen. Hat der Patient aber das Gefühl, der Arzt verschreibe ihm ein Medikament deswegen, um davon wirtschaftlich zu profitieren, wirkt die Fremdwerbung für Arzneimittel auf das Behandlungsverhältnis selbst ein und ist deshalb nicht zu rechtfertigen.[287]

9. Die Durchsetzung der Berufspflichten durch die ärztliche Berufsgerichtsbarkeit

Für die Ärzte besteht wie für alle verkammerten Berufe eine besondere Berufsgerichtsbarkeit. Als Teil der staatlichen Gerichtsbarkeit sind die Berufsgerichte „Gerichte für besondere Sachgebiete" im Sinne des Art. 101 II GG. Das Grundgesetz erklärt solche Sondergerichte für zulässig, allerdings können sie nur durch Gesetz errichtet werden. Entsprechend sehen die Heilberufs- bzw. Kammergesetze der Länder die berufsgerichtlichen Spruchinstanzen als eigenständige Berufsgerichte für die Kammermitglieder vor:[288]

83

a) Zuständigkeit, Aufgabe und Aufbau der Berufsgerichte. Die Zuständigkeit des Berufsgerichts ergibt sich aus der Mitgliedschaft des betroffenen Arztes zur jeweiligen Ärztekammer. Unterschiedliche Regelungen bestehen für den Fall einer Beendigung der Mitgliedschaft in der Ärztekammer. In Bayern, Hessen und Rheinland-Pfalz können bereits eröffnete berufsgerichtliche Verfahren fortgesetzt werden. In Nordrhein-Westfalen, Niedersachen und Baden-Württemberg sind berufsgerichtliche Verfahren nach Wegzug des betroffenen Arztes aus dem Kammerbezirk einzustellen.[289] Aufgabe der Berufsgerichte ist es, über die Einhaltung der Berufsordnung zu wachen und Verstöße zu ahnden. Gegenstand berufsgerichtlicher Verfahren sind damit ausschließlich Verletzungen der Berufspflichten des Arztes, die eine berufsunwürdige Handlung begründen. Berufsunwürdig sind Handlungen, welche gegen die

84

---

[284] Vgl. insoweit zu § 34 Abs. 5 BayBOÄ, der es Ärzten verbietet, Patienten ohne hinreichenden Grund an bestimmte Apotheken, Geschäfte oder Anbieter von gesundheitlichen Leistungen zu verweisen BGH, NJW-RR 2001, 407; im Zusammenhang mit der Kooperation von Krankenhäusern mit niedergelassenen Ärzten *Bohle*, das Krankenhaus 2000, 621 (626).

[285] Zu diesem – außerordentlich umstrittenen – Problemkreis vgl u. a. die Hinweise und Erläuterungen zu § 33 MBO, beschlossen von den Berufsordnungsgremien der Bundesärztekammer am 2.4.2007 – Deutsches Ärzteblatt 104, Ausgabe 22, S. A-1607/ B-1419/ C-1349, auszugsweise abgedruckt bei Ratzel/Luxenburger/*Ratzel/Knüpper*, § 5 Rn. 165; sowie die umfangreichen Nachweise bei Ratzel/Lippert, MBO, §§ 32 ff.; zur Beteiligung von Ärzten an Unternehmen im Gesundheitswesen vgl. *Ratzel*, ZMGR 2012, 258f; zur Kooperation von Krankenhäusern mit niedergelassenen Ärzten → § 16 Rn. 126 ff.

[286] *Lippert*, NJW 2003, 3301.

[287] *Bomba*, Verfassungsmäßigkeit berufs- und standesrechtlicher Werbebeschränkungen für Angehörige Freier Berufe, 341.

[288] Zum berufsgerichtlichen Verfahren vgl. grundlegend *Willems*, Das Verfahren vor den Heilberufsgerichten, 2009; Eine Übersicht aus anwaltlicher Sicht gibt *Günter*, in: Ehlers/Broglie (Hrsg.), Arzthaftungsrecht, Rn. 826 ff.; siehe auch Laufs/Kern/*Laufs*, § 15 Rn. 15 ff.; *Rehborn*, GesR 2004, 170 und Ratzel/Luxenburger/*Ratzel/Knüpper*, § 5 Rn. 202 ff.

[289] *Günter*, in: Ehlers/Broglie (Hrsg.), Arzthaftungsrecht, Rn. 841 unter Hinweis auf n. veröff. Gerichtsentscheidungen.

Pflichten verstoßen, die einem Mitglied der einzelnen Kammer zur Wahrung des Ansehens seines Berufes obliegen. Politische, religiöse und wissenschaftliche Ansichten und Handlungen oder die Stellungnahme zu wirtschaftlichen Berufsangelegenheiten können niemals den Gegenstand eines Berufsgerichtsverfahrens darstellen (§ 55 II HeilbKG BW).

85 Die Organisation der ärztlichen Berufsgerichtsbarkeit ist in den einzelnen Bundesländern unterschiedlich: Überwiegend sind die Berufsgerichte bei den Verwaltungsgerichten (Berlin, Brandenburg, Bremen, Hessen, Mecklenburg-Vorpommern, Nordrhein-Westfalen, Rheinland-Pfalz, Schleswig-Holstein, Thüringen, Sachsen-Anhalt), in Bayern und Sachsen bei der ordentlichen Gerichtsbarkeit errichtet. Baden-Württemberg, Niedersachsen und das Saarland sehen eine eigenständige Berufsgerichtsbarkeit vor, die von der Ärztekammer organisiert ist.

86 Die Berufsgerichtsbarkeit ist zweistufig aufgebaut: In jedem Bundesland existieren ein, ggf. mehrere Berufsgerichte erster Instanz (Bezirksberufsgericht) und ein Landesberufsgericht. Da Gegenstand des berufsgerichtlichen Verfahrens ein Verstoß nach der jeweiligen (Landes-) Berufsordnung ist, gibt es kein „Bundesberufsgericht". Mit dem Berufungsurteil des Landesberufsgerichts ist der Instanzenzug abgeschlossen. Das Fehlen einer Revisionsinstanz, die rechtsvereinheitlichend und rechtsfortbildend wirken könnte, beeinträchtigt die Vorhersehbarkeit und Einheitlichkeit der berufsgerichtlichen Rechtsprechung. Mit Ausnahme der Entscheidungen des Bundesverfassungsgerichts gibt es keine bundesgerichtlichen Entscheidungen, die sich direkt mit der ärztlichen Berufsordnung und der berufsgerichtlichen Sanktionierung von Verstößen beschäftigen.[290]

87 In allen Bundesländern bestehen die Berufsgerichte bzw. Landesberufsgerichte aus staatlich bestellten hauptamtlichen Berufsrichtern und ehrenamtlichen Richtern der jeweiligen Heilberufsgruppe. Die Berufsgerichte entscheiden in der Regel mit einem hauptberuflichen Richter als Vorsitzenden und zwei ehrenamtlichen Richtern als Beisitzern; die Landesberufsgerichte demgegenüber mit drei hauptberuflichen Richtern und zwei ehrenamtlichen Beisitzern. Die berufliche Unabhängigkeit auch der ehrenamtlichen Richter ist jeweils gesetzlich gewährleistet. Besetzungsfragen sind deshalb in der Regel unproblematisch.[291]

88 **b) Verfahren.** Wegen der zahlreichen landesunterschiedlichen Regelungen können nur gemeinsame Grundsätze des Verfahrensrechts dargestellt werden.[292] Insoweit richtet sich das Verfahren zunächst nach der Gerichtsbarkeit, an die sie angegliedert sind bzw. den spezifischen landesgesetzlichen Verfahrensvorschriften im jeweiligen Heilberufe- und Kammergesetz. Es wird durch die jeweils zuständige Landesärztekammer, in Baden-Württemberg durch einen gesondert eingerichteten Kammeranwalt eingeleitet, sobald der Verdacht eines Verstoßes gegen die Berufsordnung besteht. Antragsberechtigt ist auch der Arzt selbst, „um sich von dem Verdacht eines Berufsvergehens zu reinigen" (z. B. § 69 II HeilBG NW). Außenstehenden ist es nicht möglich, durch entsprechende „Anzeigen" oder Anträge an die Berufsgerichte, das Verfahren in Gang zu bringen.[293] Ebenso fehlt bei interkollegialen Streitigkeiten die Aktivlegitimation.[294]

89 Nach Eröffnung des berufsgerichtlichen Verfahrens nimmt der Vorstand der Landesärztekammer bzw. der Kammeranwalt die Ermittlungen auf und führt die erforderliche Sachverhaltsaufklärung durch. Dabei umfasst die Vorprüfung auch die Stellungnahme des Arztes.

---

[290] *Andreas/Debong/Bruns*, Handbuch Arztrecht in der Praxis, Rn. 59.
[291] Besonderheiten liegen hier allenfalls in der Ablehnung von Gerichtspersonen. Ist die Ablehnung eines Mitglieds des Berufsgerichts für unbegründet erklärt worden, gibt es dagegen keine Beschwerde. Insoweit sind die Vorsitzenden des Berufsgerichts nicht vergleichbar mit den Vorsitzenden eines Schöffengerichts – vgl. *Günter*, in: Ehlers/Broglie (Hrsg.), Arzthaftungsrecht, Rn. 848 m. w. N.
[292] Vgl. zu Einzelheiten *Günter*, in: Ehlers/Broglie (Hrsg.), Arzthaftungsrecht, Rn. 833 ff.
[293] Berufsgericht für die Heilberufe beim OLG München, B. v. 14.8.1986, zit. bei *Günter*, in: Ehlers/Broglie (Hrsg.), Arzthaftungsrecht, Rn. 836.
[294] Landesberufsgericht für Zahnärzte in Stuttgart, B. v. 12.8.1978, zit. bei *Günter*, aaO, Rn. 837.

Es können Zeugen und Sachverständige geladen und vernommen werden (vgl z. B. § 66 II HeilBG Rh-Pf.).

Fehlen konkrete Einzeltatsachen, ist der Antrag unzulässig. Offensichtlich unbegründete Anträge können im Beschlussverfahren vom Vorsitzenden des Gerichts zurückgewiesen werden. Einige Kammergesetze sehen für Fälle von geringer Schuld, bei denen die Einleitung eines Verfahrens nicht erforderlich erscheint, ein formelles Rügerecht vor, das vom Vorstand der Ärztekammer ausgeübt werden kann.[295] Ein berufsgerichtliches Verfahren kann nicht eingeleitet werden oder ist einzustellen beim Verlust der Approbation des betroffenen Arztes. Der Arzt kann sich daher durch Verzicht auf seine Approbation (schriftliche Erklärung nach § 9 BÄO) einem berufsgerichtlichen Verfahren entziehen. Einen Sonderfall nehmen beamtete Ärzte ein. Diese sind zwar Mitglied der für sie zuständigen Landesärztekammer. Sie unterliegen aber entweder nur sehr eingeschränkt oder gar nicht der ärztlichen Berufsgerichtsbarkeit, weil sie der beamtenrechtlichen Disziplinargerichtsbarkeit zugeordnet sind.[296] 90

Liegen ausreichende Anhaltspunkte für ein nicht geringfügiges Berufsvergehen vor, wird vom Vorsitzenden ein Termin zur Hauptverhandlung anberaumt. Bei den meisten berufsgerichtlichen Verfahren ist die Öffentlichkeit ausgeschlossen. Der berufsgerichtlichen Beurteilung unterliegt der angeschuldigte Lebenssachverhalt ohne Bindung an die in der Anschuldigungsschrift oder im Eröffnungsbeschluss vorgenommene rechtliche Wertung.[297] 91

Das vertragsärztliche Disziplinarverfahren, das seine Rechtsgrundlage in § 81 V SGB V und der Disziplinarordnung der jeweiligen KV hat, muss streng von einem berufsgerichtlichen Verfahren unterschieden werden.[298] Während das berufsgerichtliche Verfahren der Durchsetzung der Berufspflichten des Arztes dient, findet das Disziplinarverfahren statt, wenn einem an der vertragsärztlichen Versorgung teilnehmenden Arzt die Verletzung spezifisch vertragsarztrechtlicher Pflichten vorgeworfen wird.[299] Die Disziplinarbefugnisse der KV reichen von der Verwarnung bis zur Anordnung des Ruhens der Zulassung bis zu zwei Jahren.[300] Gegen Maßnahmen des Disziplinarausschusses ist der Rechtsweg zu den Sozialgerichten gegeben.[301] 92

c) **Berufsgerichtliche Maßnahmen/Konkurrenz zum Strafverfahren.** Als Folge berufsunwürdiger Handlungen kommen die folgenden, je nach Bundesland unterschiedlich geregelten Maßnahmen in Betracht (vgl z. B. § 58 HeilbKG BW:) 93

- Warnung und/oder Verweis;
- Geldbuße (zwischen 2.500,00 EUR bis 50.000,00 EUR);
- Aberkennung der Mitgliedschaft in Kammerorganen, Vertretungen und Ausschüssen (nicht: Aberkennung der Mitgliedschaft in der Landesärztekammer; jeder Arzt ist und bleibt Pflichtmitglied);
- Aberkennung des Wahlrechts und der Wählbarkeit bei Kammerwahlen.

Die Entziehung oder das Ruhen der Approbation kann von einem Berufsgericht nicht angeordnet werden, da sie als Regelungen der Berufszulassung in die Bundeskompetenz fallen (Art. 74 Nr. 19 GG). Wohl deshalb sehen einige Kammer-/Heilberufsgesetze als schärfste berufsgerichtliche Maßnahme zusätzlich die „Feststellung der Berufsunwürdigkeit" 94

---

[295] *Günter*, in: Ehlers/Broglie (Hrsg.), Arzthaftungsrecht, Rn. 839.
[296] Vgl. etwa § 53 Abs. 2 HeilbG NRW; krit. *Andreas/Debong/Bruns*, Handbuch Arztrecht in der Praxis 2001, Rn. 62.
[297] *Günter*, in: Ehlers/Broglie (Hrsg.), Arzthaftungsrecht, Rn. 852 m. w. N.
[298] S. *Heberer*, Das ärztliche Berufs- und Standesrecht, 273 ff.; *Hess/Nösser/Schirmer*, Ärztliches Berufsrecht, B 80; s. dazu § 24 Rn. 1 ff.
[299] → 24 Rn. 1 ff.
[300] → § 24 Rn. 27 ff.
[301] → § 24 Rn. 33 ff.

vor (vgl. § 17 BlnKG, § 59 HeilbG Bbg.).[302] Keine berufsgerichtliche Maßnahme ist die in einigen Kammer- bzw. Heilberufsgesetzen vorgesehene Rüge des Arztes. Sie wird nicht von einem Berufsgericht, sondern vom Vorstand der Landesärztekammer verhängt und stellt einen mit Widerspruch und Klage angreifbaren Verwaltungsakt dar.[303]

95 Eines der Kernprobleme der (ärztlichen) Berufsgerichtsbarkeit ist ihr Verhältnis zum Strafverfahren. Um eine wegen Art. 103 Abs. 3 GG verbotene Doppelbestrafung („ne bis in idem") zu vermeiden, sehen die Heilberufs- bzw. Kammergesetze verfahrensrechtliche Schutzvorkehrungen vor: So darf während eines Strafverfahrens kein berufsgerichtliches Verfahren wegen derselben Tatsachen eingeleitet werden. Wird ein Strafverfahren im Laufe eines berufsgerichtlichen Verfahrens wegen derselben Tatsachen eröffnet, muss das berufsgerichtliche Verfahren bis zur Beendigung des Strafverfahrens ausgesetzt werden. Hat das Strafverfahren mit Freisprechung oder Einstellung des Verfahrens wegen fehlenden Tatbestandes oder Beweises geendet, so ist auch für das berufsgerichtliche Verfahren entschieden, dass eine Straftat nicht vorliegt. Nur wenn die Handlungen, wegen deren das Strafverfahren eingeleitet wird, trotzdem als berufsunwürdig anzusehen sind, hat sich der Beschuldigte noch im berufsgerichtlichen Verfahren zu verantworten (vgl. § 56 HeilbKG BW).

96 Damit steht den Berufsgerichten nur die Ahndung eines besonderen berufsrechtlichen, durch das Strafurteil nicht gesühnten „Überhangs" offen. Ein berufsrechtlicher Überhang liegt vor, wenn das dem Arzt zur Last gelegte Verhalten durch die strafgerichtliche Verurteilung nicht (ausreichend) abgegolten wurde. Ein solcher, noch nicht gesühnter Überhang betrifft in der Regel die Verletzung des Kernbereichs der berufsrechtlichen Pflichten des Arztes, wenn also der berufsrechtliche Unrechts- und Schuldgehalt der Tat erheblich über den strafrechtlichen hinausgeht und ein zusätzliches Ahnungsbedürfnis hervorruft, dem – da außerhalb des Strafzwecks liegend – nicht bereits bei der Strafzumessung Rechnung getragen werden konnte.[304] So wird die Trunkenheitsfahrt eines Arztes in dessen Freizeit in der Regel keinen berufsrechtlichen Überhang aufweisen und ist ausschließlich straßenverkehrs- und ggf. strafrechtlich zu sanktionieren. Bei einem Notarzt oder zur Rufbereitschaft eingeteilten Arzt wird dagegen die Trunkenheitsfahrt berufsgerichtliche Folgen haben.[305] Nach wie vor ungeklärt ist, wann die Bestrafung eines Arztes wegen fahrlässiger Körperverletzung oder fahrlässiger Tötung eines Patienten durch Behandlungsfehler ausreicht oder der Verstoß als so gravierend gewertet werden muss, dass eine zusätzlich berufsgerichtliche Sanktion verhängt werden muss.[306]

V. Die Berufsorganisationen der Ärzte und deren Aufgaben

97 Die Berufsorganisationen der Ärzte[307] lassen sich gliedern in die berufsständischen Organisationen mit gesetzlichem Vertretungsauftrag (den Landesärztekammern auf der Grundlage

---

[302] *Hess/Nösser/Schirmer*, Ärztliches Berufsrecht, B 81 verweisen zu Recht darauf, dass angesichts der erheblichen Spannen im Rahmen möglicher Geldbußen und der sonstigen Unterschiedlichkeit der berufsgerichtlichen Maßnahmen eine Harmonisierung dringend notwendig erscheint, da die Bestrebungen der Ärztekammern, über die MBO des DÄT ein weitgehend inhaltsgleiches Berufsrecht in der Bundesrepublik zu gewährleisten, durch eine so uneinheitliche Sanktions- und Verwaltungspraxis konterkariert wird; siehe auch *Rehborn*, GesR 2004, 170, 175.

[303] *Hess/Nösser/Schirmer*, Ärztliches Berufsrecht, B 82; *Andreas/Debong/Bruns*, Handbuch Arztrecht in der Praxis, Rn. 61.

[304] BVerfGE 27, 180, 186; NJW 1970, 507; BayLBG für die Heilberufe, MDR 1988, 1078; OVG Münster, MedR 1991, 106; Laufs/Kern/*Laufs*, § 14 Rn. 25 f.; *Hess/Nösser/Schirmer*, Ärztliches Berufsrecht, B 79; *Rehborn*, GesR 2004, 170, 174.

[305] *Andreas/Debong/Bruns*, Handbuch Arztrecht in der Praxis, Rn. 65.

[306] Vgl. Berufsgericht für Heilberufe beim VG Köln in ArztR 1981, S. 324; *Hess/Nösser/Schirmer*, Ärztliches Berufsrecht, B 79; *Andreas/Debong/Bruns*, Handbuch Arztrecht in der Praxis, Rn. 65 m. w. N.; grundsätzlich dazu auch *Vogel*, in: Festschrift für Narr, 130 ff.

[307] Vgl. zur Entstehung und Struktur der ärztlichen Organisationen *Strobawa*, Die ärztlichen Organisationen; *Jütte*, Geschichte der deutschen Ärzteschaft; *Taupitz*, Die Standesorganisationen der freien

der Kammer – oder Heilberufsgesetze der Bundesländer) einschließlich der auf privatrechtlicher Basis als Arbeitsgemeinschaft der deutschen Ärztekammern gegründeten Bundesärztekammer, in die berufständischen Verbände mit freiwilliger Mitgliedschaft und in die gesetzlichen Verbände der vertragsärztlichen Versorgung durch die Organisationsstrukturen der Kassenärztlichen Vereinigungen (KVen und KBV).[308]

1. Die berufsständische Selbstverwaltung durch Ärztekammern

a) Selbstverwaltungsbefugnis und Pflichtmitgliedschaft. Die berufständische Selbstverwaltung der Ärzte erfolgt durch die auf landesgesetzlicher Grundlage errichteten Ärztekammern als Körperschaften des öffentlichen Rechts.[309] Derzeit existieren in den 16 Ländern der Bundesrepublik 17 Ärztekammern (Landesärztekammern). Die ihnen – anders als bei den Kommunen, deren Selbstverwaltungsrecht und damit auch Kernbereich an Eigenverantwortung grundgesetzlich festgeschrieben ist (Art. 28 II GG) – lediglich einfach gesetzlich übertragene Selbstverwaltungsbefugnis[310] hat zum Inhalt, dass die Landesärztekammer als organisatorisch verselbstständigter Teil der Staatsgewalt eigenverantwortlich die hoheitliche Aufgabenerfüllung wahrnimmt und insoweit grundsätzlich nicht staatlich administrativer Leitung und Mitwirkung, sondern nur staatlicher Rechtsaufsicht unterliegt, soweit nicht ausdrücklich etwas anderes bestimmt ist.[311] Als wesentliches Element der Eigenverantwortlichkeit gilt die Satzungsbefugnis der Selbstverwaltungskörperschaft, die letztlich ihre Berechtigung und Ermächtigung in der ihr verliehenen Autonomie hat. Nach der Rechtsprechung des BVerfG hat die Satzungsautonomie den Sinn, gesellschaftliche Kräfte zu aktivieren und gesellschaftlichen Gruppen die Regelung solcher Angelegenheiten eigenverantwortlich zu belassen, die sie selbst betreffen und die sie in überschaubaren Bereichen am sachkundigsten beurteilen können. Diese Intention setzt der verliehenen Satzungsautonomie gleichzeitig Grenzen.[312]

Ein weiteres wesentliches Organisationsprinzip der Landesärztekammer als Körperschaft des öffentlichen Rechts ist die gesetzlich begründete Pflichtmitgliedschaft aller bei ihr gemeldeten Ärzte.[313] Soweit es dafür auf die ärztliche Berufsausübung ankommt, fällt darunter auch die Tätigkeit aller im öffentlichen Gesundheitswesen,[314] in Forschung und Lehre beschäftigten Ärzte, ferner die Sanitätsoffiziere. Ausländische Ärzte ohne deutsche Approbation sind nach den meisten Kammergesetzen Mitglied der Ärztekammer, wenn sie eine Berufserlaubnis besitzen.[315] Mit der gesetzlichen Mitgliedschaft ist ein rechtfertigungsbedürftiger Eingriff in die Grundrechte der Mitglieder aus Art. 2 I GG verbunden. Das einzelne Mitglied kann sich gegen solche Eingriffe zur Wehr setzen, die sich nicht im Wirkungskreis legitimer Aufgaben der Zwangskörperschaft halten oder bei deren Wahrnehmung nicht dem Gebot

98

99

Berufe; einen weiteren Überblick zu den Berufsorganisationen der Ärzte geben *Eisenberg*, Ärztliche Kooperations- und Organisationsformen, 48 ff.; *Heberer*, Das ärztliche Berufs- und Standesrecht, 34 ff.; *Tettinger*, Kammerrecht; Laufs/Kern/*Laufs*, § 13.

[308] Die Aufgaben und Organisationsstrukturen der KV werden nicht hier, sondern im Rahmen der Darstellung der vertragsärztlichen Versorgung behandelt, dazu u. bei → § 19 Rn. 14 ff.

[309] Vgl. z. B. für Baden-Württemberg § 1 HeilBKaG BW; Laufs/Kern/*Laufs*, § 13 Rn. 1 ff.; zum „Kammersystem" s. a. *Hoppe/Schirmer* in Wenzel (Hrsg.), Handbuch des Fachanwalts Medizinrecht, Kap. 9 Rn. 23 ff. sowie zur Selbstverwaltung für Heilberufe und ihren Kammern Ratzel/Luxenburger/*Ratzel/Knüpper*, § 5 Rn 23 ff.

[310] BVerfG, DVBl 1993, 1202, 1203 (Handwerkskammer); *Schiller*, in: Schnapp/Wigge, Handbuch des Vertragsarztrechts 2002, § 5a Rn. 30.

[311] BSGE 58, 247 (Landesversicherungsanstalt).

[312] BVerfGE 33, 125, 156 (Facharztbeschluss).

[313] Zur Meldepflicht der Kammermitglieder vgl. z. B. § 3 HeilKG BW.

[314] BVerwGE 39, 100 = NJW 1972, 350 (Medizinalbeamter).

[315] Laufs/Kern/*Laufs*, § 13 Rn. 7.

der Verhältnismäßigkeit entsprochen wird.[316] Bei der Wahrnehmung der beruflichen Belange ihre Mitglieder darf die Ärztekammer nur in den Grenzen auch gegen den Staat Partei ergreifen, welche „die grundgesetzliche Ordnung der Ausübung des körperschaftlichen Selbstverwaltungsrechts zum sachlich gebotenen Schutz anderer Rechtsgüter setzt".[317]

100 **b) Aufgaben einer Landesärztekammer.** Zu den gesetzlichen Aufgaben einer Landesärztekammer[318] gehört es insbesondere, die Pflichten ihrer Mitglieder durch Berufsordnungen zu regeln und deren Einhaltung zu überwachen. Darüber hinaus obliegt es ihr, die berufständischen Interessen der Ärzte in der Öffentlichkeit zu vertreten. Sie haben weiter die wirtschaftlichen Belange der Gesamtheit ihrer Mitglieder wahrzunehmen, indem sie Versorgungswerke und Fürsorgeeinrichtungen gründen und erhalten. Sie sind verpflichtet, die berufliche Fortbildung ihrer Mitglieder zu fördern und die ärztliche Weiterbildung im vorgegebenen gesetzlichen Rahmen zu ordnen und dabei auch das Prüfungs- und Anerkennungsverfahren zu vollziehen.

101 Da auch die Schlichtung von Streitigkeiten zwischen Ärzten zu den Aufgaben der Kammern gehört, haben sie es zusätzlich übernommen, Gutachterkommissionen und Schlichtungsstellen für ärztliche Behandlungsfehler einzurichten.[319] Die Finanzierung der Aufgaben der Kammer erfolgt wesentlich über den Kammerbeitrag, den das einzelne Mitglied der Kammer als seinem Anteil an der Umlage des körperschaftlichen Kostenaufwandes schuldet. Er ist zunehmend Gegenstand berufsgerichtlicher Rechtsprechung, insbesondere im Hinblick auf die Beitragshöhe.[320]

102 **c) Aufgaben der Bundesärztekammer.** Die Bundesärztekammer (BÄK) ist – entgegen ihrer insoweit missverständlichen Bezeichnung – keine (öffentlich-rechtliche) „Kammer", sondern als Arbeitsgemeinschaft der deutschen Ärztekammern ein privatrechtlicher Zusammenschluss in der Rechtsform eines nicht rechtsfähigen Vereins.[321] Dies schließt nicht aus, dass der Gesetzgeber die BÄK zunehmend mit öffentlichen Aufgaben betraut und sie erst jüngst in den Rang einer gesetzlich beauftragten und ermächtigten Institution erhoben hat.[322] Im Übrigen obliegt der BÄK nach ihrer Satzung[323] der Erfahrungsaustausch unter den Ärztekammern, die gegenseitige Abstimmung ihrer Ziele und Tätigkeiten sowie die För-

---

[316] Dieser Ansatz entspricht der ständigen Rechtsprechung des BVerfG und der Verwaltungsgerichte, vgl. BVerfGE 10, 89; 11, 105; 15, 235; 38, 281; zuletzt NVwZ 2002, 335 (Pflichtmitgliedschaft in einer Industrie- und Handelskammer); BVerwGE 107, 169; weitere Nachweise bei *Kluth*, MedR 2003, 123, 124; *Schiller*, in: Schnapp/Wigge, Handbuch des Vertragsarztrechts, § 5a Rn. 17 f.; *Quaas/Sieben* BRAK-Mitt. 2002, 162.
[317] OVG Münster, NJW 1981, 640 (unzulässiger Aufruf zur Niederlegung der Kassenzulassung durch eine Zahnärztekammer im Kampf gegen das Krankenkassen-Kostendämpfungsgesetz); s. a. zur Wahrnehmung ärztlicher Interessen durch die KVn und zur Meinungsfreiheit von Vertragsärzten *Steinhilper/Schiller*, MedR 2003, 661.
[318] Vgl. dazu u. a. *Eggstein*, Die Landesärztekammern und ihre Aufgaben, ÄBl BW 1986, 382; Laufs/Kern/*Laufs*, § 13 Rn. 2 ff.
[319] Siehe zu diesem Aufgabenfeld Arbeitsgemeinschaft Rechtsanwälte im Medizinrecht e. V. (Hrsg), Gutachterkommissionen und Schlichtungsstellen – Anspruch, Praxis, Perspektiven, 1990; *Carstensen*, in: Ehlers/Broglie (Hrsg.), Arzthaftungsrecht, Rn. 394 ff.
[320] Vgl. BVerwG NJW 1993, 3003; 1998, 3510; AGH NRW, BRAK-Mitt. 2002, 284; OLG München, BRAK-Mitt. 2002, 287; weitere Nachweise bei Laufs/Kern/*Laufs*, § 13 Rn. 10 m. w. N. in Fn. 16; *Heberer*, Das ärztliche Berufs- und Standesrecht, S. 35 f.; *Tettinger*, Zum Kammerbeitrag als Verbandslast, in: Festschrift für Kruse, 2001, 79 ff.
[321] *Heberer*, Das ärztliche Berufs- und Standesrecht, 38; da die ärztliche Berufsausübung in der Zuständigkeit des Landesgesetzgebers liegt (BVerfGE 33, 125, 157 – Facharztbeschluss –), besteht keine Möglichkeit, eine Bundesärztekammer in der Form einer (bundesunmittelbaren) Körperschaft des öffentlichen Rechts zu schaffen (vgl. Art. 87 III GG).
[322] Vgl. §§ 137b, 137c SGB V; § 16 TPG; dazu *Taupitz*, MedR 1998, 1, 2.
[323] Vgl. die vom 103. Deutschen Ärztetag 2000 beschlossene Fassung in Bundesärztekammer – Deutscher Ärztetag (Hrsg), Tätigkeitsbericht 2000/2001, 598 ff.

derung der beruflichen Interessen der Ärzteschaft bundesweit. Die BÄK unterhält Einrichtungen mit eigenen Statuten und Geschäftsordnungen wie den Deutschen Senat für Ärztliche Fortbildung, die Arzneimittelkommission der Deutschen Ärzteschaft, den Wissenschaftlichen Beirat der BÄK und die Ständige Kommission Organtransplantation.[324] Auf europäischer Ebene ist die BÄK im Ständigen Ausschuss der Europäischen Ärzte vertreten, der die Standpunkte der nationalen Ärzteschaften zur Ausbildung, Berufsausübung und Gesundheitsversorgung innerhalb der EU koordiniert und berufspolitisch vertritt. Außerdem nimmt die BÄK die Interessen der deutschen Ärzte im Weltärztebund wahr, der mit Stellungnahmen und Erklärungen zu sozialmedizinischen und medizinisch-ethischen Themen, wie z. B. der Deklaration von Helsinki 1964 (zur biomedizinischen Forschung am Menschen) weltweit der Position der Ärzteschaft Gehör verschafft.[325]

Als Hauptversammlung und oberstes beschlussfassendes Gremium der BÄK tagt in der Regel einmal jährlich der Deutsche Ärztetag. Ihm gehören die Delegierten an, welche die Landesärztekammer im Verhältnis zur Zahl der ihnen angehörenden Ärzte entsenden. Die Beschlüsse des Deutschen Ärztetages binden rechtlich weder die einzelnen Landesärztekammern noch deren Mitglieder. Mit seinen empfehlenden Beschlüssen insbesondere auf dem Feld der Berufsordnung und der ärztlichen Weiterbildung trägt der Deutsche Ärztetag aber wesentlich zur Rechtseinheit bei.

103

2. Die berufständischen Verbände mit freiwilliger Mitgliedschaft

Ärztliche Berufsverbände mit freiwilliger Mitgliedschaft verstehen sich entweder als allgemeine Interessenvertretung aller ärztlichen Interessen mit berufspolitisch-wirtschaftlicher Zielsetzung oder zur Vertretung der Belange von bestimmten Arztgruppen, gegliedert nach der Stellung der Ärzte im Beruf, der wissenschaftlich-medizinischen Fachrichtung oder sonstigen Merkmalen.[326] Zu der ersten Verbandsgruppe gehört insbesondere der 1900 gegründete, 1936 aufgelöste und 1949 wieder gegründete Hartmannbund-Verband der Ärzte Deutschlands.[327] Der ca. 40.000 Mitglieder zählende Hartmannbund ist nach Tradition und Verbandszweck am ehesten der BÄK vergleichbar, steht allerdings zu den Kammern und Kassenärztlichen Vereinigungen nicht selten in einem „Spannungsverhältnis".[328] Berufspolitisch-wirtschaftliche Ziele verfolgt auch der Marburger Bund Verband der angestellten und beamteten Ärzte Deutschlands e. V. Er ist die seit 1948 auf der Grundlage des späteren Tarifvertragsgesetzes einzige tariffähige Gewerkschaft der angestellten Ärzte sowie seit den 60iger Jahren Interessenvertretung der beamteten Ärzte.[329] Zu seinen Aufgaben gehört es insbesondere, Tarifverträge und andere Abkommen mit Arbeitgebern und deren Verbänden abzuschließen und die Mitglieder berufs-, arbeits-, sozialversicherungs- und beamtenrechtlich zu beraten.[330] Der Verband der niedergelassenen Ärzte Deutschlands e. V. (Virchow) vertritt die Interessen der niedergelassenen Ärzte aller Fachgebiete gegenüber Parlamenten, Regierung, Behörden und sonstigen Organisationen. Auf einzelne medizinische Fächer beschränkt sind die Berufsfachverbände (der Internisten, Chirurgen, Orthopäden etc.), die sich im Berufsverband der Praktischen Ärzte und Ärzte für Allgemeinmedizin Deutschlands (BPA) und in der Gemeinschaft Fachärztlicher Berufsverbände (GFB) zusammengeschlossen

104

---

[324] Vgl. Laufs/Kern/*Laufs*, § 13 Rn. 15 m. w. N. zu den Statuten.
[325] S. dazu ausf. → § 74 Rn. 8 ff.
[326] *Strobawa*, Die ärztlichen Organisationen, 78 ff.; zu einer Auflistung der – freiwilligen – Berufsverbände s. *Heberer*, Das ärztliche Berufs- und Standesrecht, 44 ff.
[327] Ursprünglich Leipziger Verband, später Hartmann Bund nach seinem Gründer Hermann Hartmann – vgl. *Schiller*, in: Schnapp/Wigge, Handbuch des Vertragsarztrechts 2002, § 5a Rn. 1; *Jütte*, Geschichte der deutschen Ärzteschaft, 50 ff.; dazu auch → § 4 Rn. 9.
[328] Laufs/Kern/*Laufs*, § 13 Rn. 27.
[329] S. dazu HK-AKM/*Dahm*, Nr. 3440.
[330] Vgl. HK-AKM/*Dahm*, Nr. 3440.

haben. Daneben existieren weitere Berufsverbände, die sich anderen fachlich spezialisierten Ärztegruppen verschrieben haben, z. B. homöopathischen Ärzten (Deutscher Zentralverein homöopathischer Ärzte e. V.), den Vertretern verschiedener Naturheilverfahren (z. B. die Hufelandgesellschaft für Gesamtmedizin e. V.) und der antrhoposophischen Medizin (Gesellschaft Antrophosophischer Ärzte in Deutschland).

§ 14 Die Rechtsbeziehungen zwischen Arzt (Krankenhaus) und Patient

I. Rechtsgrundlagen

1. Rechtliche und standesethische Verknüpfungen

1   Eine ausdrückliche gesetzliche Regelung des Arzt-Patienten-Verhältnisses[331] ist erstmalig durch das sog. Patientenrechtegesetz (PatRG), das mit Wirkung zum 1.1.2013 in Kraft getreten ist[332], und mit dem die Bestimmungen der §§ 630a ff. BGB neu normiert wurden, erfolgt.[333] Ziele des PatRG sind, das Arzthaftungsrecht im BGB zusammenzufassen, die Verfahrensrechte bei Behandlungsfehlern für die Betroffenen zu verbessern und zur Stärkung der Patientenbeteiligung und -information beizutragen. Nach dem durch das PatRG neu eingefügten Untertitel 2 des Achten Titels im Achten Abschnitt des 2. Buches des BGB (§§ 630a ff. BGB) wird das Rechtsverhältnis, in dem die Behandlung des Patienten durch den Arzt erfolgt, als „Behandlungsvertrag" neu definiert (§ 630a BGB) und weiter bestimmt, dass auf das Behandlungsverhältnis grundsätzlich die Vorschriften des Dienstvertrages (§§ 611 ff. BGB) anzuwenden sind, soweit im Untertitel 2 nicht etwas anderes bestimmt ist (§ 630b BGB). Darüber hinaus sind die Besonderheiten der Vertragsbeziehungen zwischen Arzt und Patient mit Rücksicht auf das Vertrauensverhältnis, die ethischen Grundlagen sowie ggf. den Vertragspartner als Kassenpatient, Hilfsbedürftiger in einer Notlage etc. zu berücksichtigen. Insoweit hat das BVerfG in seinem grundlegenden Beschluss zu den verfassungsrechtlichen Anforderungen an den Arzthaftungsprozess[334] zu Recht darauf hingewiesen, das Verhältnis zwischen Arzt und Patient sei weit mehr als eine juristische Vertragsbeziehung. Die Standesethik stehe nicht isoliert neben dem Recht. Sie wirke allenthalben und ständig in die rechtlichen Beziehungen des Arztes zum Patienten hinein. Was die Standesethik vom Arzt deshalb fordert, übernimmt das Recht weithin als rechtliche Pflicht. Weit mehr als sonst in den sozialen Beziehungen des Menschen fließen im ärztlichen Berufsbereich das Ethische mit dem Rechtlichen zusammen.[335] Dies zeigt sich auch im ärztlichen Heilauftrag als Grundlage der rechtlichen Beziehungen zwischen Arzt und Patient.[336]

---

[331] Darunter ist im Folgenden in der Regel auch das Krankenhaus-Patienten-Verhältnis zu verstehen, soweit das Krankenhaus der Vertragspartner des Patienten und – rechtlich – Erbringer der ärztlichen Leistung ist.

[332] Gesetz zur Verbesserung der Rechte der Patientinnen und Patienten vom 20.2.2013 (BGBl. I 2013, 277).

[333] Zum PatRG vgl. *Rehborn*, GesR 2013, 257 ff.; *Thole*, MedR 2013, 145 ff.; zum RegE PatRG vgl. *Hart*, GesR 2012, 385 ff.

[334] BVerfG, NJW 1979, 1925; vgl. auch zur Gewissensfreiheit im Rahmen der ärztlichen Behandlung BVerwGE 27, 303, 305.

[335] S. a. zu den standesethischen Grundlagen *Laufs*, Grundlagen des Arztrechts, in: FS Weitnauer, 363, 370; zu weiteren Besonderheiten Laufs/Kern/*Kern*, § 38 Rn. 1 ff.; *Deutsch/Spickhoff*, Medizinrecht, Rn. 62 ff.; gleichwohl unterliegt das Verhältnis Arzt-Patient, insbesondere auch der ärztliche Behandlungsvertrag, einer zunehmenden „Verrechtlichung", während der Sozialauftrag der Medizin in den Hintergrund tritt – zu dieser Tendenz der „Säkularisierung des Arztrechts" s. *Heberer*, Das ärztliche Berufs- und Standesrecht, 158; Laufs/Kern/*Kern*, § 38 Rn. 7.

[336] Zum ärztlichen Heilauftrag s. o. bei → § 13 Rn. 51; *Bomba*, Verfassungsmäßigkeit berufs- und standesrechtlicher Werbebeschränkungen für Angehörige Freier Berufe, 144 ff.

a) **Arztvertrag mit Privatpatient.** Die klassische Ausgangsform des Arztvertrages findet sich zwischen dem frei praktizierenden, niedergelassenen Arzt und dem Privatpatienten. Der Behandlungsvertrag kommt in der Mehrzahl der Fälle stillschweigend dadurch zustande, dass sich der Patient in die Behandlung begibt und der Arzt die Behandlung übernimmt. Das ist die Regel in der ambulanten Betreuung.[337] Dieser Vertrag ist nach weitaus überwiegender Rechtsprechung und Literaturmeinung kein Werkvertrag, sondern ein Dienstvertrag.[338] Davon geht jetzt § 630a BGB aus, der den Behandlungsvertrag als eine spezielle Form des Dienstvertrages regelt. Nach § 630a I BGB schuldet der Behandelnde lediglich die „Leistung der versprochenen Behandlung". Der Arzt schuldet dem Patienten nicht den Heilerfolg, sondern – von seltenen Ausnahmen abgesehen – lediglich die fachgerechte Bemühung um Heilung.[339] In aller Regel ist damit der Arztvertrag ein persönlicher Dienstvertrag des Arztes mit dem Patienten ohne Gesundheitsgarantie.[340]

Dies schließt nicht aus, dass der Behandlungsvertrag auch werkvertragliche Elemente beinhalten kann, insbesondere, wenn der Zahnarzt oder der Orthopäde die Aufgabe des Technikers übernehmen, eine Zahn- oder Beinprothese anzufertigen[341] oder wenn zur ärztlichen Behandlung auch die Herstellung und/oder Lieferung von Gegenständen gehört, wie z. B. bei der Implantation von Herzschrittmachern oder sonstigen medizinischen Implantaten.[342] Dann findet hinsichtlich der einzelnen Leistungen Werkvertragsrecht Anwendung, insbesondere gilt dies für die vertragliche Gewährleistung.[343]

b) **Der Arztvertrag mit dem GKV-Patienten.** Die privatrechtliche Beziehung von Arzt und Patient bildet die Grundlage für den Behandlungsvertrag mit dem „Kassenpatienten". Wie § 76 IV SGB V zeigt, kommt zwischen dem in der GKV versicherten Patienten und dem niedergelassenen Vertragsarzt ein privatrechtlicher Arztvertrag zustande. Davon geht eine verbreitete Meinung in der Rechtsprechung der Zivilgerichte und in der Literatur zutreffend aus.[344] Der Kassenpatient hat deshalb die gleichen Rechte wie ein Privatpatient. Diese Gleichbehandlung auf der Ebene des Zivilrechts wird durch ein kompliziertes öffentlich-rechtliches System ermöglicht, in dem der Behandlungsvertrag Teil einer „Vierer-Beziehung" ist, dem das Sachleistungsprinzip (§§ 2, 11, 27 ff. SGB V) zu Grunde liegt:[345] Die Krankenkassen schulden ihren Mitgliedern und deren Familienangehörigen die ärztliche Versorgung grundsätzlich als Sachleistung. Sie erfüllen diese Verpflichtung durch öffentlich-rechtliche Gesamtverträge ihrer Verbände mit den Kassenärztlichen Vereinigungen (§§ 82 ff. SGB V).

---

[337] *Geiß/Greiner*, Arzthaftpflichtrecht, A Rn. 2; *Heberer*, Das ärztliche Berufs- und Standesrecht, 160; *Martis/Winkart*, A 401 („Arztvertrag [Dienstvertrag]").

[338] BGHZ 76, 259, 261 f.; 97, 273; *Heberer*, Das ärztliche Berufs- und Standesrecht, 158; *Martis/Winkhart*, A 401 ff. („Arztvertrag [Dienstvertrag]"); *Peter*, Das Recht auf Einsicht in Krankenunterlagen, 38; Laufs/Kern/*Kern*, § 38 Rn. 9 m. zr. w. N. in Fn. 30.

[339] HK-AKM/*Kern*, Nr. 335 Rn. 2.

[340] So zutr. *Deutsch/Spickhoff*, Medizinrecht, Rn. 85 ff.

[341] *Geiß/Greiner*, Arzthaftpflichtrecht, A Rn. 4; *Martis/Winkhart*, A 405 ff. („Arztvertrag [Dienstvertrag]").

[342] OLG Karlsruhe MedR 1995, 374; HK-AKM/*Kern*, Nr. 335 Rn. 3.

[343] BGH NJW 1975, 305; Laufs/Kern/*Kern*, § 39 Rn. 13 f.

[344] Sog. Vertragskonzeption, vgl. BGHZ 76, 259, 261; 97, 273, 276; 100, 363, 367; BGH NJW 2006, 767; NJW-RR 2006, 811; BSG NZS 1994, 125 ff. – Amalgam-Urteil; *Heberer*, Das ärztliche Berufs- und Standesrecht, 161; Laufs/Kern/*Kern*, § 39 Rn. 7; aA die sog. Versorgungskonzeption vgl. BSGE 59, 172 die auch der sozialrechtlichen Literatur zu Grunde liegt, vgl. Laufs/Kern/*Krauskopf/Clemens*, § 27 Rn. 7 ff.; zum Meinungsstand s. a. *Schmidt-Te Zaluwe*, Das Behandlungsverhältnis zwischen Vertragsarzt und sozialversicherten Patienten, VSSR 1999, 207, 218 ff.; *Schulin*, VSSR 1994, 362; *Auktor*, in: LPK-SGB V, § 76 Rn. 19 ff.; *Peter*, Das Recht auf Einsicht in die Krankenunterlagen, 46 ff.

[345] Vgl. *Deutsch/Spickhoff*, Medizinrecht, Rn. 67 ff.; *Martis/Winkhart*, Arzthaftungsrecht 2. Aufl., 71 ff. („Arztvertrag [Kassenpatienten]"); *Steffen/Dressler*, Arzthaftungsrecht, Rn. 48; *Geiß/Greiner*, Arzthaftpflichtrecht, A Rn. 11 f.; zum Inhalt des Sachleistungsprinzips grundlegend BSGE 69, 170; *Plagemann*, Vertragsarztrecht – Psychotherapeutengesetz, 50 f.

Der von der KV zugelassene Vertragsarzt steht zu dieser in einem öffentlich-rechtlichen Mitgliedsverhältnis (§ 95 SGB V), aus dem der Vergütungsanspruch des zugelassenen Vertragsarztes erwächst (§ 85 IV SGB V). Der privatrechtliche Behandlungsvertrag steht damit drei öffentlich-rechtlichen Ebenen – wie folgendes Schaubild verdeutlicht – gegenüber:[346]

	Öffentlich-rechtlicher Gesamtvertrag (§ 85 SGB V)	
Kassenärztliche Vereinigung		Krankenkasse
Öffentlich-rechtliche Mitgliedschaft (§ 95 SGB V)		Öffentlich-rechtliche Mitgliedschaft (§ 95 SGB V)
Vertragsarzt		Kassenpatient
	Privatrechtlicher Vertrag (§§ 630 a ff. BGB)	

5   Der privatrechtliche Arztvertrag mit dem Kassenpatienten erfährt also eine wesentliche sozialrechtliche Modifikation dadurch, dass an die Stelle des Honoraranspruches gegen den Patienten in der Regel der Vergütungsanspruch des Vertragsarztes gegen die KV tritt und der Leistungsinhalt durch das Wirtschaftlichkeitsgebot des § 12 SGB V eingeschränkt ist. Ein unmittelbarer Honoraranspruch des Vertragsarztes gegen den Kassenpatienten besteht aber, wenn und soweit schon vor Beginn der Behandlung feststeht, dass die Krankenkasse nicht zahlungspflichtig ist,[347] der Fall einer gemäß § 13 II SGB V durch den Versicherten wählbaren Kostenerstattung gegeben ist[348] oder die Kasse eine unaufschiebbare Leistung nicht rechtzeitig erbracht oder eine Leistung zu Unrecht abgelehnt hat (vgl. § 13 III, IIIa SGB V). Die Kostenerstattung bei „Systemversagen" stellt einen sekundären verschuldensunabhängigen Schadensersatzanspruch aus einer Garantiehaftung des Krankenversicherungsträgers dar und setzt in aller Regel die vorherige Antragstellung bei der Krankenkasse voraus.[349] Haftungsansprüche des Kassenpatienten gegen den Vertragsarzt sind – wie wiederum § 76 IV SGB V zeigt – vor den Zivilgerichten geltend zu machen.[350]

2. Stationäre Behandlungsverhältnisse

6   **a) Allgemeines.** Gegenüber der ambulanten ärztlichen Versorgung komplexere Vertragsgestaltungen gibt es im Bereich der stationären Behandlungsverhältnisse (Krankenhaus, Vorsorge- oder Reha-Einrichtung, Praxisklinik etc.). Vertragspartner des Patienten ist dabei auf Seiten des Krankenhauses (oder der sonstigen stationären Einrichtung) deren jeweiliger Träger. Dies kann ein Arzt oder ein Ärztekollektiv (z. B. bei einem reinen Belegkrankenhaus) sein. Regelmäßig wird das Krankenhaus jedoch von einer juristischen Person des öffentlichen Rechts (etwa einer Gemeinde oder einem religiösen Orden) oder des privaten Rechts, z. B. einer Krankenhaus-GmbH betrieben. Sowohl für den privatrechtlich organisierten wie für den öffentlich-rechtlich verfassten Krankenhausträger gilt der Grundsatz, dass das Behandlungsverhältnis zum Patienten – sei es zum Privatpatienten (Selbstzahler) wie auch im Verhältnis zum Kassenpatienten – als schuldrechtlicher Behandlungsvertrag anzusehen ist.[351]

---

[346] In Anlehnung an *Deutsch/Spickhoff*, Medizinrecht, Rn. 68.
[347] OLG Schleswig- NJW 1993, 2996.
[348] S. dazu bei → § 9 Rn. 6 ff.
[349] BSGE 72, 271; w. N. bei *Plagemann*, Vertragsarztrecht – Psychotherapeutengesetz, 53 f.
[350] BGH NJW 1999, 858; 2000, 3429; BSGE 44, 41, 73; 73, 271, 273; *Martis/Winkhart*, Arzthaftungsrecht 2. A., 71 f. („Arztvertrag [Kassenpatienten]"), 52; *Steffen/Dressler*, Arzthaftungsrecht, Rn. 48; Laufs/Kern/*Kern*, § 39 Rn. 8; *Ziegner*, MDR 2001, 1088, 1092 (zahnärztliche Behandlung).
[351] *Geiß/Greiner*, Arzthaftpflichtrecht, A Rn. 22.

Die stationäre Krankenhauspflege für den Kassenpatienten entspricht im Ansatz der ambulanten vertragsärztlichen Versorgung. Auch ihr liegt ein privatrechtlicher Behandlungsvertrag zwischen dem Kassenpatienten und dem Behandlungsträger (Krankenhaus) zu Grunde. „Eingebettet" ist dieses privatrechtliche Behandlungsverhältnis in die beiden öffentlich-rechtlichen Leistungsbeziehungen zwischen dem Kassenpatient und seiner Krankenkasse einerseits und den Krankenkassen und Krankenhäusern als Leistungserbringern andererseits. Insoweit besteht hier eine – wie das nachfolgende Schaubild zeigt – „Dreier-Beziehung": 7

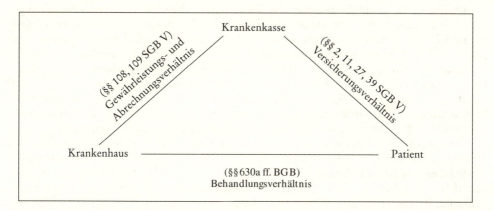

Im Band zwischen Kassenpatient und Krankenkasse ist Rechtsgrundlage das öffentlich-rechtliche Versichertenverhältnis, demzufolge die Krankenkasse die Krankenhausbehandlung als Sachleistung erbringt (§§ 2 II, 11, 27 S. 1, 2 Nr. 5, 39 SGB V). Die Krankenkassen ihrerseits sind durch öffentlich-rechtliche Gesamtverträge ihrer Verbände mit den zur Krankenhauspflege zugelassenen Krankenhäusern (§§ 108, 109 SGB V) verbunden. 8

Entsprechend dem ambulanten vertragsärztlichen Bereich ist auch hier der Honoraranspruch des Krankenhausträgers abgekoppelt und ausschließlich gegen die Krankenkasse gerichtet und vor den Sozialgerichten zu verfolgen.[352] Ist der Patient weder gesetzlich krankenversichert noch sozialhilfeberechtigt, ist er selbst vertraglicher Kostenschuldner.[353] An der privaten Rechtsnatur des Behandlungsverhältnisses zwischen dem Krankenhausträger und dem Kassenpatienten ändert die Kostenübernahmeerklärung der Krankenkasse nichts. Ihr Vorliegen ist weder Voraussetzung für das Behandlungsverhältnis[354] noch für das Entstehen des Vergütungsanspruches des Krankenhausträgers. Dieser entsteht mit Beginn der stationären Behandlung und ist deshalb von einer entsprechenden Erklärung der Krankenkasse unabhängig. Die Rechtsprechung sieht in der Kostenübernahmeerklärung lediglich ein deklaratorisches Schuldanerkenntnis mit der Folge, dass die Krankenkasse mit allen Einwendungen ausgeschlossen ist, die sie bei Abgabe kannte oder mit denen sie zumindest rechnen musste.[355] 9

b) Krankenhausaufnahmevertrag. Unter der Geltung des Krankenhausfinanzierungsgesetzes (KHG), des Krankenhausentgeltgesetzes (KHEntgG) und der Bundespflegesatzverordnung (BPflV) ist der einheitliche, sog. totale Krankenhausaufnahmevertrag die Regelform der stationären Krankenhausbetreuung des gesetzlich versicherten Patienten. Beim totalen 10

---

[352] BGHZ 89, 250; NJW 2000, 3429; BSG, SozR 3–2500 39 Nr. 4 („Krankenhauswanderer"); *Thomae*, GesR 2003, 305, 53; *Pilz*, NZS 2003, 350; s. u. § 26 Rn 16 ff.
[353] OLG Saarbrücken, MDR 2000, 1365; *Deutsch/Spickhoff*, Medizinrecht, Rn. 73.
[354] BSGE 70, 20, 23; Laufs/Kern/*Kern*, § 40 Rn. 25 ff.
[355] BSGE 86, 166, 170; MedR 2002, 525; BSG, U. v. 23.7.2002 – B 3 KR 64/01 – KRS II 02 024; s. a. *Schwarz*, MedR 2001, 55 und *Pilz*, NZS 2003, 350, 356; → § 27 Rn. 22.

Krankenhausvertrag verpflichtet sich der Krankenhausträger, alle für die stationäre Behandlung erforderlichen Leistungen einschließlich der gesamten ärztlichen Versorgung zu erbringen.[356] Leitidee dieser Vertragsform ist die Konzentration der vertraglichen Haftung beim Krankenhausträger. Allein der Krankenhausträger ist Vertragspartner, und zwar einheitlich für sämtliche Leistungen der stationären Krankenhausbetreuung im ärztlichen wie im pflegerischen Bereich. Dies entspricht dem Willen der BPflV und des KHEntgG, wonach das Krankenhaus dem Patienten als Einheit gegenübertritt und eine Gesamtleistung anbietet, die mit dem Pflegesatz vergütet wird.[357]

11   Der Krankenhausaufnahmevertrag, der formlos und damit auch stillschweigend abgeschlossen werden kann,[358] begründet ein privatrechtliches Schuldverhältnis, dessen Inhalt wesentlich und zumeist abschließend durch die Krankenhausaufnahmebedingungen festgelegt wird, welche die Krankenhäuser mit dem Patienten in Anlehnung an das von der Deutschen Krankenhausgesellschaft (DKG) herausgegebene Muster Allgemeiner Vertragsbedingungen (AVB)[359] vereinbaren.[360] Verlangt der Patient zusätzliche stationäre Leistungen, die über den Rahmen der allgemeinen Krankenhausleistungen gemäß dem totalen Krankenhausaufnahmevertrag hinausgehen, muss er mit dem Krankenhausträger eine zusätzliche, ausdrückliche Vereinbarung treffen. Dies gilt insbesondere für die Vereinbarung von sog. Wahlleistungen, die schriftlich erfolgen, also von beiden Vertragspartnern auf derselben Urkunde unterzeichnet sein muss (§ 22 II 1 BPflV, § 17 II 1 KHEntgG).[361] Kostenschuldner der Wahlleistung ist nicht der gesetzlich versicherte Patient, sondern der Selbstzahler, der ggf. beihilfeberechtigt oder privat versichert ist. Sofern der Patient von dem Angebot des Krankenhauses für eine ärztliche Wahlleistung Gebrauch macht (auch insoweit handelt es sich also bei der Wahlleistung „Arzt" um eine Krankenhausleistung!), liegt der Krankenhauspflege ein einheitlicher Krankenhausaufnahmevertrag mit Arzt-Zusatzvertrag zu Grunde.[362] Dabei ist der totale Krankenhausvertrag mit Arzt-Zusatzvertrag der Regelfall.[363] Gegenstand des Arzt-Zusatzvertrages ist die ärztliche Leistung des leitenden Arztes (Chefarzt) und aller sonstigen, an der Behandlung des Patienten beteiligten, in der Wahlleistungsvereinbarung namentlich benannten, selbstliquidationsberechtigten Ärzte (sog. Wahlarztkette – vgl. § 22 III BPflV, 17 III, 1 KHEntgG).[364] Für die Wirksamkeit des Arzt-Zusatzvertrages reicht zwar die mündliche Abrede aus.[365] Ein mündlich oder konkludent abgeschlossener Arzt-Zusatzvertrag

---

[356] OLG Brandenburg, NJW-RR, 2003, 1383; *Martis/Winkhart*, K 132 ff. („Krankenhausverträge"); *Geiß/Greiner*, Arzthaftpflichtrecht, A Rn. 26, 27, 66; *Martis/Winkhart*, Arzthaftungsrecht aktuell, 404.

[357] *Tuschen/Quaas*, BPflV, 177.

[358] Umkehrschluss aus § 22 Abs. 2 Satz 1 BPflV – vgl. BGH VersR 2000, 999; *Geiß/Greiner*, Arzthaftungsrecht, Rn. A 26.

[359] Vgl. Allgemeine Vertragsbedingungen (AVB), Behandlungsverträge und Wahlleistungsvereinbarung für Krankenhäuser (Hrsg. Deutsche Krankenhausgesellschaft e. V.), 11. Aufl. 2017; sowie Die KrankenhausbehandlungBd. 1: Verträge zwischen Krankenhaus und Patient, (Hrsg. Robbers, Wagener), 3. Aufl. 2017.

[360] S. dazu *Deutsch/Spickhoff*, Medizinrecht, Rn. 76; Laufs/Kern/*Kern*, § 40 Rn. 25.

[361] BGH, U. v. 4.8.2000 in VersR 2000, 1250 (Wahlleistung Unterkunft); U. v. 19.2.1998 in BGHZ 138, 91, 98 = NJW 1998, 1778 (ärztliche Wahlleistung); OLG Hamm, NJW 2000, 3437; s. a. *Kuhla*, MedR 2002, 280, 280; *Tuschen/Quaas*, BPflV, 411.

[362] BGH NJW 1998, 1778; zuvor hatte sich der BGH noch für die Vertragsform des gespaltenen Krankenhausvertrages mit Arztzusatzvertrag ausgesprochen – BGH NJW 1984, 1400; s. a. *Geiß/Greiner*, Arzthaftpflichtrecht, A Rn. 50.

[363] HM, vgl. BGH NJW 1985, 2189; NJW 1998, 1778; Laufs/Kern/*Kern*, § 40 Rn. 30; Laufs/Katzenmeier/*Lipp*, Arztrecht, III Rn. 10; *Martis/Winkhart*, K 155 ff. („Krankenhausverträge"); aA *Reiling*, MedR 1995, 443, 452: Totaler Krankenhausvertrag als Regelfall.

[364] Zu Einzelheiten s. u. bei → § 26 Rn. 262.

[365] Dies gilt natürlich nicht in den Fällen des sog. gespaltenen Krankenhausaufnahmevertrages – dazu → § 14 Rn. 13 –, wenn also der Krankenhausträger vertraglich nur die stationären Wahlleistungen, nicht aber die ärztlichen Wahlleistungen schuldet. Dann gelten die Anforderungen des § 22 Abs. 2 BPflV, 17

ist allerdings gemäß § 139 BGB unwirksam, wenn die Wahlleistungsvereinbarung selbst – z. B. auf Grund eines Formmangels – nicht wirksam zustande gekommen ist. Grund dafür ist, dass der totale Krankenhausvertrag und der Arzt-Zusatzvertrag eine rechtliche Einheit bilden, bei der beide Vereinbarungen miteinander „stehen und fallen".[366]

Bei dieser Situation des Arzt-Zusatzvertrages sind sämtliche „Wahlärzte" neben dem Krankenhausträger Schuldner der ärztlichen Leistung.[367] Die Vereinbarung einer Vertretung im Notfall – auch in Allgemeinen Geschäftsbedingungen – ist zulässig, ebenso im Fall sonstiger begründeter (etwa dienstlich gebotener) Verhinderung.[368] Hinzu kommt die Möglichkeit der Delegation, die je nach Größe des Krankenhauses, Spezialisierung und Patientenerwartung unterschiedlich stark ausgeprägt ist.[369] **12**

Von dem einheitlichen, totalen Krankenhausaufnahmevertrag ggf. kombiniert mit dem Arzt-Zusatzvertrag zu unterscheiden ist der sog. gespaltene Krankenhausaufnahmevertrag. Grundmodell dieser Vertragsform ist der sog. Belegarztvertrag (§§ 2 I 2, 23 BPflV, §§ 2 I 2, 18 KHEntgG). Belegarzt ist der freiberuflich tätige Arzt, der kraft Vertrages mit einem Krankenhausträger das Recht und die Pflicht hat, seine Patienten in einem Belegkrankenhaus (einer Belegabteilung) unter Inanspruchnahme der vom Klinikträger bereitgestellten Dienste, Einrichtungen und Mittel stationär oder teilstationär zu behandeln, ohne hierfür vom Klinikträger eine Vergütung zu erhalten (vgl. § 23 I 1 BPflV, § 18 KHEntgG). Der Krankenhausträger ist demgegenüber verpflichtet, die Voraussetzungen für die belegärztliche Tätigkeit zu schaffen (Behandlungsräume, medizinisches Gerät sowie das allgemeine nachgeordnete ärztliche und nichtärztliche Personal).[370] Leitidee dieser Vertragsform ist die Aufspaltung der Haftung für die klinische Gesamtverantwortung des Patienten in getrennte Leistungs- und Haftungsbereiche, einerseits des Belegarztes für die belegärztlichen Behandlungsleistungen, andererseits des Klinikträgers für die allgemeinen Krankenhausleistungen. Dabei besteht ein Behandlungsvertrag zwischen Patient und Belegarzt, der bereits vor der stationären Aufnahme in die Belegabteilung begründet worden ist, jedenfalls dann weiter, wenn der Belegarzt die ambulant begonnene Behandlung stationär fortsetzt.[371] Bei dem gespaltenen Krankenhausaufnahmevertrag ist der vereinbarungsgemäß behandelnde Arzt nicht Gehilfe des Krankenhauses, sondern ausschließlicher Vertragspartner für seinen Bereich.[372] Die Grundsätze der Haftungstrennung im gespaltenen Krankenhausaufnahmevertrag schließen selbstverständlich eine gesamtschuldnerische Haftung von Belegarzt und Krankenhausträger dann nicht aus, wenn sich im Schaden des Patienten Fehlleistungen gleichermaßen aus dem Lebensbereich des Belegarztes wie aus demjenigen des Klinikträgers verwirklichen (z. B. Zusammentreffen von Organisationsverstößen des Klinikträgers mit Mängeln in der Überwachung durch den Belegarzt).[373] Die Vereinbarung einer „Wahlleistung Arzt" ist im gespaltenen Krankenhausaufnahmeverhältnis schon begrifflich ausgeschlossen. **13**

Abs. 2 KHEntgG in vollem Umfang auch für den Wahlarztvertrag, vgl. *Kuhla,* MedR 2002, 280, 280; *Peris,* MedR 1998, 363, 364.

[366] BGHZ 138, 91 = NJW 1998, 1778; *Kuhlmann,* PKR 2000, 6.
[367] BGHZ 95, 63; *Deutsch/Spickhoff,* Medizinrecht, Rn. 74.
[368] Zur Zulässigkeit der Vertretung bei sog. Chefarztbehandlung s. BGH, U. v. 20.12.2007 – III ZR 144/07; dazu s. u. → § 27 Rn. 257 ff.; LG Marburg, VersR 2001, 1565; unwirksam ist aber eine AGB-mäßige Vertretungsklausel für jeden Fall irgendeiner Verhinderung – OLG Stuttgart, MedR 2002, 411 f.
[369] Zu Einzelheiten s. *Tuschen/Quaas,* BPflV, 413.
[370] BVerwG, MedR 1987, 252; zu Einzelheiten s. u. → § 15 Rn. 91 ff.
[371] BGH NJW 2000, 2741; *Geiß/Greiner,* Arzthaftpflichtrecht, A Rn. 33; *Martis/Winkhart,* K 177 ff. („Krankenhausverträge").
[372] *Deutsch/Spickhoff,* Medizinrecht, Rn. 74.
[373] *Geiß/Greiner,* Arzthaftpflichtrecht, A Rn. 45.

3. Krankenhausambulanz

14 An der Nahtstelle zwischen ambulanter und stationärer Krankenversorgung[374] finden sich die Fälle der Krankenbetreuung in den Krankenhausambulanzen und den sog. medizinischen Versorgungszentren auf der Grundlage des § 95 SGB V,[375] soweit daran ein Krankenhaus beteiligt ist. Wer Vertragspartner des Patienten in einer solchen Einrichtung wird – ob also ein „Arztvertrag" oder ein „Klinikvertrag" zustande kommt – hängt von dem Einzelfall ab. Die ambulante Versorgung von Kassenpatienten ist nicht in erster Linie Aufgabe des Krankenhausträgers, sondern, wenn sie im Krankenhaus anfällt, Aufgabe der nach §§ 95, 116 SGB V zur Teilnahme an der vertragsärztlichen Versorgung „ermächtigten" Krankenhausärzte, der medizinischen Versorgungszentren und des Krankenhauses nur, sofern eine Ermächtigung zur ambulanten Behandlung (bei Unterversorgung) nach § 116a SGB V oder eine „Zulassung" nach § 116b SGB V vorliegt. Wählt der Patient die ambulante Versorgung durch den ermächtigten Krankenhausarzt, tritt er nur zu ihm, nicht aber zum Krankenhausträger in vertragliche Beziehungen, und zwar auch dann nicht, wenn die Überweisung des Hausarztes auf das Krankenhaus lautete.[376] Entsprechendes gilt in den Fällen der Chefarztambulanz für Privatpatienten, soweit nicht ausdrücklich ein anderes vereinbart. Ein wichtiges Indiz ist die Regelung der Liquidation; unerheblich ist dagegen, ob der Patient vom Chefarzt selbst oder einem der nachgeordneten Ärzte betreut worden ist.[377]

15 Das Krankenhaus kann allerdings auch als „Institution" eine ambulante Krankenbehandlung übernehmen, wenn es um einen Notfall oder um eine vor- oder nachstationäre Behandlung (§ 115a SGB V) geht. Zugelassen sind ferner ambulante Operationen auf der Grundlage des Katalogs nach § 115b SGB V und sonstige „Institutsambulanzen" nach den §§ 117 (Hochschulambulanzen), 118 (Psychiatrische Institutsambulanzen), 119 (Sozialpädiatrische Zentren) SGB V sowie auf der Grundlage der gesetzlich zugelassenen ambulanten Behandlung durch Krankenhäuser bei Unterversorgung (§ 116a SGB V sowie bei der ambulanten spezialfachärztlichen Versorgung(§ 116b II SGB V).[378] In diesen Fällen der Instituts-, Notfall- oder klinischen Ambulanz für besondere ärztliche Leistungen tritt der Patient regelmäßig (nur) in vertragliche Beziehungen zum Krankenhausträger, dem dann auch das Honorar zusteht.[379]

II. Vertragsabschluss, Vertragsparteien und Vertragsbeendigung beim Arztvertrag

1. Abschlussfreiheit und Kontrahierungszwang

16 Auch im Arztrecht besteht grundsätzlich Vertragsfreiheit. Der Patient hat nach der Deklaration des Weltärztebundes von Lissabon (1995)[380] das Recht auf freie Arztwahl. Umgekehrt braucht der Mediziner nicht jeden Patienten, ausgenommen im Notfall, zu akzeptieren. Eine

---

[374] Zu Problemen der Verzahnung von ambulanter und stationärer Krankenbehandlung s. *Udsching*, NZS 2003, 411 u. oben bei → § 11 Rn. 65 ff.

[375] § 95 SGB V i. d. F. des GMG vom 14.11.2003 (BGBl. I. 2190); dazu – und zur Öffnung der Krankenhäuser für die ambulante Versorgung – *Degener-Hencke*, NZS 2003, 629; *Scholz*, GesR 2003, 369 sowie u. bei → § 16 Rn. 79 ff.

[376] BGH NJW 2006, 767, 1994, 788; OLG Frankfurt NJW-RR 1993, 1248; *Geiß/Greiner*, Arzthaftpflichtrecht, A Rn. 18; *Martis/Winkhart*, K 158f („Krankenhausverträge").

[377] BGHZ 120, 376 = NJW 1993, 784 (Krebsvorsorgeuntersuchung); w. N. bei *Geiß/Greiner*, Arzthaftpflichtrecht, A Rn. 19.

[378] Dazu *Degener-Hencke*, NZS 2003, 629, *Kuhlmann*, das Krankenhaus 2004, 13 und u. bei → § 16 Rn. 104 ff.

[379] BGH, NJW 1993, 784; w. N. bei *Geiß/Greiner*, Arzthaftpflichtrecht, A Rn. 20; zur Haftung des Krankenhausträgers s. BGH NJW 2006, 767.

[380] Deklaration von Lissabon über die Rechte des Patienten, revidiert 1995, vgl. dazu und zum Recht des Patienten auf freie Arztwahl *Deutsch/Spickhoff*, Medizinrecht, Rn. 10, 80.

ärztliche Kontrahierungs- und Behandlungspflicht ergibt sich weder aus öffentlich-rechtlichen Vorschriften noch aus dem ärztlichen Berufsrecht.[381] Die Grenzen der Abschlussfreiheit sind dort zu sehen, wo der Patient für den Fall einer Ablehnung ärztlicher Behandlung ohne notwendige Hilfe bleiben würde.[382] Dies gilt auch für die Behandlung HIV-infizierter Patienten.[383]

Einschränkungen der Abschlussfreiheit unterliegt der Vertragsarzt hinsichtlich der Behandlung von Kassenpatienten.[384] Die Zulassung als Vertragsarzt bewirkt nach § 95 III 1 SGB V das Recht und die Pflicht, an der kassenärztlichen Versorgung teilzunehmen.[385] Der Vertragsarzt muss deshalb kraft Zulassung alle Kassenpatienten im Rahmen der gesetzlichen und vertraglichen Vorschriften in Erfüllung einer öffentlich-rechtlichen Pflicht behandeln (§ 15 SGB V). Die Übernahme der Behandlung verpflichtet ihn gegenüber dem Versicherten zur Sorgfalt nach den Vorschriften des Bürgerlichen Vertragsrechts (§ 76 IV SGB V). Daraus folgt allerdings nach richtiger Ansicht ebenfalls kein allgemeiner Kontrahierungszwang gegenüber dem einzelnen Kassenpatienten.[386] Der Vertragsarzt ist berechtigt, eine gewünschte Behandlung „in begründeten Fällen" abzulehnen (§ 11 V BMV-Ä). Ebenfalls kann der Vertragsarzt nach § 16 IV BMV-Ä Besucher außerhalb seines üblichen Praxisbereiches ablehnen, da die Besuchsbehandlung grundsätzlich Aufgabe des behandelnden Hausarztes ist.[387] Deshalb können ein fehlendes Vertrauensverhältnis, querulatorisches Verhalten des Patienten, die Überlastung des Arztes oder sonstige „triftige Gründe" es rechtfertigen, eine erbetene Behandlung zurückzuweisen.[388]

Von einem weitgehenden Kontrahierungszwang ist indessen bei der stationären Versorgung durch Krankenhäuser auszugehen. Dies folgt entweder aus einigen ausdrücklichen Vorschriften in den Krankenhausgesetzen der Länder (vgl. z.B. §§ 28, 29 LKHG BW, § 22 LKG Berlin, § 4 Bremen KHG, § 2 I KHG NW), aus ihrer monopolähnlichen Stellung als Spezialklinik oder nächst erreichbaren Klinik für die Aufnahme Unfallverletzter[389] oder generell aus der Einbindung in ein öffentlich-rechtliches Planungs- und Finanzierungssystem für das einzelne Krankenhaus im Rahmen seiner planerischen Aufgabenstellung und Leistungsfähigkeit, sofern bei einem Patienten stationäre Behandlungsbedürftigkeit besteht.[390]

2. Vertragsparteien

a) Arzt. Vertragspartei auf Seiten des Arztes ist der Praxisinhaber. Bei der „Gruppenpraxis" (Gemeinschaftspraxis, Praxisgemeinschaft, Apparategemeinschaft, Ärztehaus, Praxisklinik und das medizinische Versorgungszentrum) kommt es auf die vertraglichen Abreden und das Außenverhältnis zum Patienten an[391]: bei der Praxisgemeinschaft hat jeder Arzt seinen eigenen Patientenstamm und seine eigene Karteiführung. Der Arztvertrag mit dem Patienten kommt dann jeweils zwischen dem einzelnen Mitglied der Praxisgemeinschaft und dem (Privat-)Patienten zustande; die zwischen den Ärzten bestehende (in der Regel nach den §§ 705 ff. BGB verfasste) Gesellschaft ist eine reine Innengesellschaft im Interesse gemein-

---

[381] S. o. bei → § 13 Rn. 52.
[382] Laufs/Kern/*Kern*, § 40 Rn. 4.
[383] Vgl. *Deutsch*, Rechtsprobleme von Aids, 13, 14; *Laufs*, NJW 1967, 2262; Laufs/Kern/*Kern*, § 40 Rn. 5.
[384] Dazu Laufs/Kern/*Kern*, § 40 Rn. 7.
[385] S. dazu ausf. → § 18 Rn. 47 ff.
[386] *Schiller/Steinhilper*, MedR 2001, 29.
[387] Zu unterlassenen Hausbesuchen als fahrlässige Körperverletzung s. instruktiv OLG Köln, NJW 1991, 764.
[388] Vgl. zu Einzelfällen Laufs/Kern/*Kern*, § 40 Rn. 7 ff.
[389] *Uhlenbruck/Laufs*, in: Laufs/Uhlenbruck, Handbuch des Arztrechts, § 41 Rn. 14.
[390] BGHZ 85, 393 = NJW 1983, 1374 für öffentlich-rechtliche Krankenhausträger; s. a. *Quaas*, das Krankenhaus 2003, 28, 31.
[391] Dazu Laufs/Katzenmeier/*Lipp*, Arztrecht, III Rn. 3 ff.

samer Nutzung von Räumen, Einrichtungen und Personal.[392] Demgegenüber hat die Gemeinschaftspraxis im Dienste gemeinsamer Ausübung der Berufstätigkeit durch mehrere Ärzte des gleichen oder ähnlichen Fachgebiets einen einheitlichen Patientenstamm.[393] Begibt sich der Patient in eine ärztliche Gemeinschaftspraxis, kommt der Arztvertrag zwischen ihm und sämtlichen Ärzten der Gemeinschaftspraxis zustande. Der jeweils behandelnde Arzt begründet Rechtsbeziehungen zum Patienten zugleich auch im Namen seiner Kollegen (§ 164 BGB). Diese wiederum haften gesamtschuldnerisch für alle etwaigen Ansprüche aus dem Behandlungsvertrag, selbst wenn der Patient ausschließlich von nur einem Arzt behandelt worden ist.[394] Begibt sich der Patient in ein medizinisches Versorgungszentrum (§ 95 I 2 SGB V), kommt es auch hier auf den Einzelfall an: Sind in dem Zentrum – was regelmäßig nicht der Fall sein wird – die Ärzte zu einer gemeinschaftlichen Berufsausübung zusammengeschlossen und treten sie gegenüber dem Patienten als berufliche Gemeinschaft zur Leistungserbringung auf, sind die Ärzte gemeinsam (Gesamtverhältnis) Vertragspartner des Patienten. Anderenfalls kommt der Arztvertrag mit dem einzelnen Arzt zustande bzw. – wenn das Versorgungszentrum als selbstständiges Rechtssubjekt organisiert ist – mit diesem.[395]

20 b) Patient. Auf Seiten des Patienten setzt das Zustandekommen des Arztvertrages dessen Geschäftsfähigkeit oder die Zustimmung des gesetzlichen Vertreters des Patienten voraus, §§ 104 ff. BGB. Bewusstlose Patienten können regelmäßig keinen Arztvertrag abschließen, falls nicht zufällig für sie ein Betreuer bestellt ist, zu dessen Aufgabenbereich die Sorge für die Heilbehandlung zählt. Der Realakt der Behandlungsübernahme macht den bewusstlosen Patienten nicht zur Partei.[396] Erfolgt die Behandlung in seinem Interesse und entspricht sie seinem mutmaßlichen Willen, besteht ein Rechtsverhältnis nach den Vorschriften über die Geschäftsführung ohne Auftrag (§§ 677 ff. BGB).[397] Im Rahmen der §§ 677, 683 BGB muss die Behandlung jedoch auf vital oder absolut indizierte Maßnahmen beschränkt bleiben; nur relativ indizierte Eingriffe müssen der späteren Entschließung des Patienten überlassen bleiben.[398]

21 Auch bei der ärztlichen Behandlung von Geschäftsunfähigen (§ 104 Nr. 2 BGB) und Minderjährigen vor Vollendung des 7. Lebensjahrs (§ 104 Nr. 1 BGB) richten sich die Rechtsbeziehungen zunächst nach den Regeln über die Geschäftsführung ohne Auftrag (§ 677 BGB).[399] Wenn ein Krankenhausträger Ansprüche gegen einen solchen Patienten auf §§ 677, 683 BGB stützt, muss er freilich darlegen, dass er keine Erstattung seiner Kosten auf Grund sozialrechtlicher Ansprüche gegen den Sozialhilfeträger erhalten kann.[400] Minderjährige nach Vollendung des 7. Lebensjahrs benötigen zum Abschluss eines Arztvertrages grundsätzlich die Zustimmung der gesetzlichen Vertreter (§§ 106 bis 108 BGB), also im Normalfall der Eltern. Die Notwendigkeit der elterlichen Zustimmung wird allerdings praktisch durch zwei Rechtsregeln weithin außer Kraft gesetzt: für die in der gesetzlichen Krankenkasse versicherten Minderjährigen gilt die Sozialmündigkeit ab dem 15. Lebensjahr

---

[392] → § 15 Rn. 14.
[393] → § 15 Rn. 4.
[394] → § 15 Rn. 4.
[395] Zu Rechtsformen des Medizinischen Versorgungszentrums (MVZ) s. u. bei → § 17 Rn. 17 f.
[396] Laufs/Kern/*Kern*, § 39 Rn. 9 ff.
[397] Laufs/Kern/*Kern*, § 39 Rn. 14; *Martis/Winkhart*, A 452 ff. („Arztvertrag [Privatpatienten]"); str. ist dies bei der Behandlung bewusstloser Notfallpatienten – vgl. *dies.* aaO, § 40 Rn. 13 ff.; *Heberer*, Das ärztliche Berufs- und Landesrecht, 166 f.
[398] *Martis/Winkhart*, A 453 („Arztvertrag [Privatpatienten]").
[399] *Deutsch/Spickhoff*, Medizinrecht, Rn. 83; nach früherer Auffassung konnte sich dieser Personenkreis auf Grund eines „faktischen Vertrages" verpflichten – so noch *Deutsch*, Medizinrecht, Rn. 62; zu weiteren Fällen des Vertragsschlusses bei krankheitsbedingter Geschäftsunfähigkeit des Patienten s. *Heberer*, Das ärztliche Berufs- und Standesrecht, 170 ff.
[400] OLG Zweibrücken, FamRZ 1999, 410.

(§ 36 I SGB I). Vom vollendeten 15. Lebensjahr an können Minderjährige selbständig alle Sozialleistungen in Anspruch nehmen. Im Übrigen, insbesondere für die Privatpatienten, gilt § 107 BGB: demzufolge können beschränkt Geschäftsfähige Verträge, die für sie lediglich rechtlich vorteilhaft sind, ohne Einwilligung der Eltern schließen. Zu derartigen Verträgen zählen Behandlungsverträge dann, wenn sie nicht zu einer Zahlungsverpflichtung des Minderjährigen führen. Das ist überwiegend der Fall, wenn nämlich zugunsten der Minderjährigen eine private Krankenversicherung abgeschlossen worden ist.[401] Darüber hinaus schließen die Eltern, die ihre Kinder in die ärztliche Behandlung begleiten, regelmäßig einen eigenen Vertrag mit dem Arzt ab, aus dem nur sie selbst zur Leistung verpflichtet sind.[402] Das Kind ist aus diesem Vertrag berechtigter Dritter gemäß § 328 BGB.[403] Der Vertragsschluss als Grundkonsens ist deutlich von der Einwilligung nach Aufklärung in invasive oder medikamentöse Maßnahmen zu trennen.[404] Insoweit steht nach dem Urteil des BGH vom 10.10.2006[405] fest, dass minderjährige Patienten, die über eine ausreichende Urteilsfähigkeit verfügen, bei einem nur relativ indizierten Eingriff mit der Möglichkeit erheblicher Folgen für die zukünftige Lebensgestaltung ein „Vetorecht" gegen die Einwilligung durch die gesetzlichen Vertreter haben. Um von diesem Vetorecht Gebrauch machen zu können, sind auch die minderjährigen Patienten selbst aufzuklären, wobei allerdings der Arzt im Allgemeinen darauf vertrauen darf, dass die Aufklärung der Eltern und deren Einwilligung genügt.[406]

Aus dem Vertrag eines Ehegatten mit dem Arzt für sich selbst oder die Kinder kann auch der andere Ehegatte gemäß § 1357 BGB haften. Dies kommt insbesondere in Betracht, wenn es an einer Krankenversicherung fehlt oder es sich um Leistungen handelt, die die Krankenkassen ganz oder teilweise nicht übernehmen. Vorausgesetzt ist dabei, dass es sich um ein Geschäft zur angemessenen Deckung des Lebensbedarfs der Familie handelt. Dazu zählt der Hausbesuch des Arztes, der Vertrag mit dem Krankenhaus und der Arzt-Zusatzvertrag, letzterer jedoch nur dann, wenn er dem Lebenszuschnitt der Familie entspricht.[407] Für die „Schlüsselgewalt" spielt es heute keine Rolle mehr, ob es sich um ein Geschäft des täglichen Lebens handelt oder ob nur einer oder beide Ehegatten über eigenes Einkommen verfügen.[408] Ist der Ehepartner beihilfeberechtigt oder privat versichert, scheidet eine Verpflichtung des anderen gem. § 1357 I BGB aus.[409]

Andere Probleme wirft die Behandlung von Verwandten des Arztes auf. Außerhalb vertraglicher Beziehungen haftet der Arzt bei der Behandlung seines Ehegatten und seiner Kinder im Rahmen des § 1359 BGB nur für die eigene übliche Sorgfalt. Außerdem ist eine Klausel in den AVB eines Krankenversicherers als wirksam angesehen worden, wonach keine Leistungspflicht für die Behandlung von Eltern, Ehegatten oder Kindern des Arztes besteht. Die Gefahr der Leistungserschleichung soll der Klausel die Unangemessenheit nehmen.[410]

3. Beendigung des Vertragsverhältnisses

Der Arztvertrag kann aus einer Reihe von Gründen beendet werden: Im gegenseitigen Einverständnis, durch Zeitablauf, durch Tod, durch Vertragserfüllung, auch durch Über-

---

[401] Laufs/Kern/*Kern*, § 39 Rn. 24.
[402] *Deutsch/Spickhoff,* Medizinrecht, Rn. 81; *Martis/Winkhart,* A 448 ff. („Arztvertrag [Privatpatienten]").
[403] Laufs/Kern/*Kern*, § 39 Rn. 24.
[404] Zur Einwilligung s. u. bei → § 14 Rn. 82.
[405] BGH, U. v. 10.10.2006 – VI ZR 74/05 – in: NJW 2007, 217 = GesR 2007, 14.
[406] *Bergmann,* ZMGR 2007, 3.
[407] OLG Saarbrücken, NJW 2001, 1798; w. N. bei *Deutsch/Spickhoff,* Medizinrecht, Rn. 82.
[408] BGHZ 94, 1: Entbindung.
[409] OLG Köln, VersR 1993, 441.
[410] OLG Celle, VersR 2001, 182, 183; s. a. Laufs/Kern/*Kern,* § 39 Rn. 36.

nahme durch einen anderen Arzt, dessen Mitteilung als konkludente Kündigung anzusehen ist.[411] Im Übrigen steht grundsätzlich Arzt und Patient ein einseitiges Kündigungsrecht zu, das ohne Angaben von Gründen ausgeübt werden kann, da es sich um Dienste höherer Art handelt, die auf Grund besonderen Vertrauens übertragen zu werden pflegen, § 627 BGB.[412]

25 Nach § 76 III 1 SGB V sollen die Versicherten den an der vertragsärztlichen Versorgung teilnehmenden Arzt innerhalb eines Kalendervierteljahres nur bei Vorliegen eines wichtigen Grundes wechseln. Nach § 76 II SGB V hat der Kassenpatient die Mehrkosten zu tragen, die sich daraus ergeben, dass ohne zwingenden Grund ein anderer als einer der nächst erreichbaren an der vertragsärztlichen Versorgung teilnehmenden Ärzte, ärztlich geleiteten Einrichtungen oder medizinisch Versorgungszentren in Anspruch genommen werden. Zwar betrifft die Einschränkung nur die Kostentragungspflicht, sie knüpft allerdings an die Voraussetzungen des § 626 BGB an. Deshalb kann der Kassenpatient den Arztvertrag innerhalb eines Quartals nur bei Vorliegen eines wichtigen Grundes kündigen, wenn er sich den Anspruch gegen die Kasse erhalten will.[413]

26 Auch das – grundsätzlich freie – Kündigungsrecht des Arztes ist durch öffentlich-rechtliche Rechtsvorschriften und die Berufsordnung weitgehenden Einschränkungen unterworfen.[414] Insbesondere muss der Arzt regelmäßig wegen der Schutzbedürftigkeit des Patienten die Behandlung fortsetzen, bis dieser andere ärztliche Hilfe erhält. Wenn allerdings besondere Gründe für eine fristlose Kündigung durch den Arzt vorhanden sind, welche das Vertrauensverhältnis auf das Schwerste erschüttern, mag im Einzelfall ein Arzt ohne Übernahme der Therapie durch einen anderen aus der Behandlung ausscheiden, etwa bei fortgesetzter Verleumdung durch den Patienten.[415]

III. Inhalt des Arztvertrages, besondere Behandlungsverhältnisse

1. Allgemeines

27 Der Inhalt des Arztvertrages bestimmt die Rechte und Pflichten der Vertragsparteien. Seine rechtliche Einordnung als Dienstvertrag, u. U. mit werkvertraglichen Elementen,[416] die dem Patienten die fehlende „Gesundheitsgarantie" vor Augen führen soll, zeigt schon die Unsicherheit, die der Beschreibung des Gegenstandes des Arztvertrags anhaftet. Besser wäre es, einen eigenen Typus des Arztvertrags anzunehmen, wie ihn der Österreichische Oberste Gerichtshof vor etwas über einem Jahrzehnt umschrieb: „Der ärztliche Behandlungsvertrag ist ein im Gesetz nicht näher typisiertes Vertragsverhältnis, auf Grund dessen der Arzt dem Patienten eine sachgerechte, dem objektiven Standard des besonderen Faches entsprechende Behandlung, aber keinen bestimmten Erfolg schuldet".[417] Es kommt hinzu, dass sich in den letzten Jahrzehnten der Begriff der ärztlichen Behandlung und damit der Inhalt des Behandlungsvertrags grundlegend gewandelt hat. Während nach der älteren Literaturmeinung der Arzt dem Patienten eine auf Grund sorgfältiger Diagnose, Beratung und Aufklärung vorgenommene Heilbehandlung schuldete,[418] notwendige Voraussetzung jeder Heilbehandlung dafür eine objektive und subjektive Heiltendenz war, hat die Entwicklung der modernen Medizin zahlreiche ärztliche Eingriffe mit sich gebracht, die nicht mehr durch einen „Heil-

---

[411] *Deutsch/Spickhoff*, Medizinrecht, Rn. 99; *Heberer*, Das ärztliche Berufs- und Standesrecht, 172 ff.
[412] Das Kündigungsrecht des Patienten entspricht dem Selbstbestimmungsrecht und dem auf Vertrauen gegründeten Wesen des Arztvertrages – *Wertenbruch*, MedR 1994, 394.
[413] *Wertenbruch*, MedR 1994, 394, 396; Laufs/Kern/*Kern*, § 44 Rn. 5.
[414] Vgl. d. N. bei Laufs/Kern/*Kern*, § 44 Rn. 7 ff.
[415] *Deutsch/Spickhoff*, Medizinrecht, Rn. 99; zu einem Sonderfall s. BVerfG NJW 1987, 1929.
[416] → § 14 Rn. 2 f.
[417] Österr. OGH JBl 1992, 520; zit. bei: *Deutsch/Spickhoff*, Medizinrecht, Rn. 88 in Fn. 60.
[418] *Liertz/Passrath*, Handbuch des Arztrechts, 180.

zweck" gekennzeichnet sind und nicht notwendig eine Krankheit als Behandlungsgegenstand haben. Beispiele bilden die Geschlechtsumwandlung, die künstliche Fremdinsemination, ärztliche Eingriffe, die lediglich der Feststellung und Sicherung eines Befundes dienen (Diagnoseeingriffe) oder auch die künstliche Steigerung des Leistungsvermögens im Grenzbereich von medizinischem Doping[419] und der Wiederherstellung sonstiger Verluste an Leistungsfähigkeit (z. B. im Bereich der Geriatrie). Maßnahmen der Schwangerschaftsverhütung, Organentnahme und kosmetische Operationen sind weitere Beispiele. Der Inhalt des Arztvertrages lässt sich deshalb nur als Typ durch den ärztlichen Heilauftrag definieren. Im Übrigen sind maßgeblich für die Rechte und Pflichten der Vertragsparteien die im Einzelfall getroffenen Abreden, die ggf. nach dem mutmaßlichen Parteiwillen in genereller Weise durch Auslegung zu bestimmen sind.[420]

2. Dienstvertragliche Haupt- und Nebenpflichten des Arztes

Aus der Fülle der den Arzt aus dem Vertrag treffenden Haupt- und Nebenpflichten ragt die – auch berufsrechtlich begründete[421] – ärztliche Behandlungspflicht heraus: Der Arzt schuldet primär, den Patienten eingehend zu untersuchen, die Diagnose zu stellen und ihn zu therapieren mit dem Ziel der Heilung bzw. Linderung auf die angemessen einfachste, schnellste und schonendste Weise.[422] Zur Behandlung gehört auch das Verschreiben von Medikamenten.[423] Art und Umfang der ärztlichen Behandlung richten sich nach der Art der Erkrankung bzw. des gebotenen Eingriffs sowie der Indikation der Behandlungsmaßnahmen.[424]

28

Angesichts der Vielfalt von Krankheiten und möglichen Indikationen wie auch der Schwierigkeit, den Krankheitsbegriff rechtlich und medizinisch zu erfassen,[425] fällt es außerordentlich schwer, das jeweilige ärztliche Pflichten- und Handlungsprogramm als Gegenstand der Hauptleistungspflicht des Arztes einzugrenzen. Das Recht hilft sich hier durch eine schlichte Verweisung auf die Regeln der medizinischen Wissenschaft (vgl. §§ 630a II BGB, 28 I 1 SGB V). Es macht generell zum Inhalt der Pflichten des Arztes aus dem Behandlungsvertrag alles das, was nach dem Stand der medizinischen Wissenschaft im Zeitpunkt der Behandlung gehöriger Weise zu veranlassen ist.[426] Ein solcher „good-practice"-Standard dient dem „Integritätsschutz" des Patienten. Der Arzt muss die Maßnahmen ergreifen, die von einem aufmerksamen und gewissenhaften Arzt aus berufsfachlicher Sicht seines Fachbereiches vorausgesetzt und erwartet werden. Mithin geht es um eine Frage, die sich grundsätzlich nach medizinischen Maßstäben richtet und die der Richter nicht ohne sachverständige Grundlage allein aus eigener rechtlicher Beurteilung festlegen darf.[427] Dieser Maßstab richtet sich nicht gegen die ärztliche Therapiefreiheit,[428] sondern wird von ihr vorausgesetzt. Kein Arzt darf sich ohne weiteres über Erfahrungen und gesicherte Erkenntnisse der medizinischen Wissen-

29

---

[419] Vgl. *Striegel/Vollkommer,* MedR 2001, 112.
[420] So zutreffend *Geiß/Geiger,* Arzthaftpflichtrecht, A Rn. 2.
[421] Siehe oben bei → § 13 Rn. 52 f.
[422] Laufs/Kern/*Kern,* § 42 Rn. 3 ff.
[423] *Jung,* Das Recht auf Gesundheit, 134 f.; *Deutsch/Geiger,* Medizinischer Behandlungsvertrag, 1064 ff.; *Deutsch/Spickhoff,* Medizinrecht, Rn. 89.
[424] Laufs/Kern/*Kern,* § 42 Rn. 4.
[425] Nach der viel zitierten Formel des BGH ist Krankheit „jede, also auch nur unerhebliche oder vorübergehende Störung der normalen Beschaffenheit oder der normalen Tätigkeit des Körpers, die geheilt werden kann" (BGH NJW 1958, 916); nach der Rechtsprechung des BSG ist Krankheit im krankenversicherungsrechtlichen Sinne ein „regelwidriger körperlicher oder geistiger Zustand, der entweder ärztliche Behandlungsbedürftigkeit oder Arbeitsunfähigkeit oder beides zur Folge hat" (BSGE; 16, 177 = in NJW 1962, 1414) ausf. dazu → § 2 Rn. 2 ff.
[426] *Geiß/Greiner,* Arzthaftpflichtrecht, A Rn. 2; Laufs/Kern/*Kern,* § 42 Rn. 3.
[427] BGH NJW 2000, 2741; NJW 1997, 3090; NJW 1995, 776.
[428] Siehe dazu u. a. HK-AKM/*Dahm,* Nr. 5090; Laufs/Kern/*Kern,* § 42 Rn. 7 ff.

schaft hinweg setzen und von Behandlungsstandards abweichen.[429] Geschieht dies dennoch, handelt er auf sein Risiko. Will der Arzt im Rahmen seiner Therapie- und Methodenfreiheit von der Standardbehandlung und den Regeln der Schulmedizin abweichen und Außenseitermethoden anwenden, hat er den Patienten nicht nur hierüber aufzuklären, sondern es ist auch der Inhalt des Arztvertrages als Abweichung von der Regel entsprechend festzulegen.[430]

30   Zu den Hauptpflichten des Arztes gehören weiter die Pflicht zur persönlichen Leistungserbringung (§ 613 BGB),[431] zur Überweisung von Patienten an einen Spezialisten, in ein Spezialkrankenhaus oder die Hinzuziehung von Fachärzten als Konsiliarien,[432] die sachgerechte Organisation des Behandlungsablaufs sowie die Behandlungs- und Risikoaufklärung des Patienten und die Sicherstellung seiner Einwilligung in die Behandlung.[433] Den Arzt treffen auch beachtliche Nebenpflichten (also solche, die nicht unmittelbar dem Integritätsschutz des Patienten dienen): Sie betreffen die Pflicht zur ärztlichen Dokumentation und zur Gewährung von Einsicht in die Krankenunterlagen,[434] zur Auskunft über Befund, Prognose und äußeren Behandlungsverlauf,[435] die Pflicht, insbesondere einen Freiberufler auf voraussichtlich längere Wartezeiten hinzuweisen[436] sowie zur Berücksichtigung finanzieller Belange des Patienten.[437]

3. Atypische Arztverträge

31   Gegenstand gesonderter rechtlicher Betrachtung sind atypische Arztverträge, deren Inhalt nicht auf die Durchführung einer typischen Heilbehandlung bzw. Ausführung eines herkömmlichen Heileingriffs gerichtet ist. Bei ihnen kann insbesondere fraglich sein, ob die ärztliche Leistung, die vertraglich vereinbart wird, mit der geltenden Rechtsordnung in Einklang steht (§§ 134, 138 BGB) oder jedenfalls einer spezifischen und in der Regel ausdrücklichen Einwilligung des Patienten in die Durchführung der ärztlichen Maßnahme bedarf:[438]

32   a) Kosmetische Behandlung („Schönheitsoperationen"). Ob kosmetische Behandlungen unter dem Begriff der „Heilbehandlung" fallen, war früher heftig umstritten.[439] So genannte „Schönheitsfehler" wurden als individuelle Persönlichkeitsnote gesehen und nicht als Krankheit anerkannt. Die Fortschritte der Medizin haben auch hier die Rechtsentwicklung vorangetrieben. Insbesondere die Erfolge der wiederherstellenden plastischen Unfallchirurgie haben bloße „Schönheitsoperationen" weitgehend in den Hintergrund treten lassen. Sie förderten andererseits das Verständnis für die psychische Belastung, die nicht nur eine unfallbedingte, sondern auch eine angeborene Missbildung bewirken kann. Deshalb lässt sich heute bei kosmetischen Behandlungen und Eingriffen der Heilcharakter weder generell bejahen

---

[429] *Franzki,* Aktuelle Rechtsprechung zur Haftung des Arztes, 9; *Deutsch/Spickhoff,* Medizinrecht, Rn. 89 und u. bei § 14 Rn. 71.
[430] BGH NJW 1981, 633; Laufs/Kern/*Kern,* § 42 Rn. 10.
[431] *Heberer,* Das ärztliche Berufs- und Standesrecht, 192 ff.; Laufs/Kern/*Kern,* § 45.
[432] *Deutsch/Spickhoff,* Medizinrecht, Rn. 89.
[433] BGH NJW 1984, 1807; *Geiß/Greiner,* Arzthaftpflichtrecht, A Rn. 5 und u. bei → § 14 Rn. 82.
[434] Siehe oben bei → § 13 Rn. 67 ff. (berufsrechtliche Dokumentationspflicht) und u. bei → § 14 Rn. 100 (haftungsrechtliche Verpflichtung).
[435] BVerfG NJW 1999, 1777; NJW 1980, 2128; HK-AKM/*Kern,* Nr. 335, Rn. 40.
[436] AG Burgdorf, NJW 1985, 681; *Wertenbruch,* MedR, 1991, 167, 171; *Deutsch/Spickhoff,* Medizinrecht, Rn. 90.
[437] BGH VersR 2000, 999; sowie u. bei → § 13 Rn. 95; zum (vertragsärztlichen) Wirtschaftlichkeitsgebot (§ 12 Abs. 1 Satz 1 SGB V) als Nebenpflicht des Arztvertrages, Laufs/Kern/*Kern,* § 42 Rn. 7.
[438] Zu diesen „besonderen Formen" des Arztvertrages siehe insbesondere Laufs/Kern/*Kern,* § 38 Rn. 16 ff.
[439] Vgl. *Rieger,* Lexikon des Arztrechts (1. Auflage 1984), Rn. 999 bis 1004; *Eser,* in: Schönke/Schröder, StGB, § 223 Rn. 50b; weitere Nachweise in Laufs/Kern/*Kern,* § 38 Rn. 27.

noch verneinen.[440] Soweit durch „medizinische Plastik" oder wiederherstellende Chirurgie angeborene Missbildungen (wie etwa Klumpfuß, abstehende Ohren, Schielaugen) oder Unfallverletzungen beseitigt werden sollen, ist generell die medizinische Indikation anzunehmen. Auch Zahnlosigkeit sowie das Fehlen nur einiger Zähne begründen eine Krankheit im Sinne von §§ 28, 29 SGB V.[441] Der Arztvertrag zur Durchführung einer kosmetischen oder wiederherstellenden Behandlung ist grundsätzlich ein Dienstvertrag (§ 611 BGB).[442] Die Herstellung des früheren oder heute gewünschten Aussehens des Patienten wird nicht geschuldet. Allerdings ist es dem Arzt unbenommen, einen bestimmten Erfolg in Aussicht zu stellen.[443] Bei kosmetischen Eingriffen ohne Heiltendenz und ohne medizinische Indikation sind an die Risikoaufklärung besonders strenge Anforderungen zu stellen.[444] Dies kann den Verlust des Vergütungsanspruches des Arztes zur Folge haben.[445]

b) Sterilisation/Kastration/Geschlechtsänderung. Arztverträge über solche Eingriffe, die die Unfruchtbarkeit eines Menschen (Sterilisation)[446], die operative Entfernung der Keimdrüsen (Kastration)[447] oder die genitalkorrigierende Geschlechtszugehörigkeit[448] zum Gegenstand haben, sind, sofern der Eingriff medizinisch indiziert ist, grundsätzlich nicht sittenwidrig.[449] Ist allerdings eine operative Geschlechtsänderung nicht indiziert, sind an die Wirksamkeit der Vereinbarung, insbesondere wenn die Voraussetzungen nach dem sog. Transsexuellengesetz[450] nicht erfüllt sind, erhöhte Anforderungen zu stellen.[451] 33

In allen Fällen ist grundsätzlich vom Vorliegen eines Dienstvertrages auszugehen.[452] Dies gilt selbst dann, wenn – wie regelmäßig – der Eingriff nicht medizinisch indiziert ist. Die für den „Erfolg" ausschlaggebende physische und psychische Konstruktion des Patienten ist nur beschränkt beeinflussbar.[453] 34

c) Schwangerschaftsabbruch[454]. Während § 14 MBO an der grundsätzlichen Pflicht des Arztes zur „Erhaltung des ungeborenen Lebens" festhält, ist es ihm andererseits berufsrechtlich nicht untersagt, einen – legalen – Abbruch der Schwangerschaft vorzunehmen oder bei einem solchen mitzuwirken. Ein Schwangerschaftsabbruch mit Einwilligung der Mutter kann 35

---

[440] Wie schwierig im Einzelfall die Beurteilung sein kann, ob es sich um eine kurative oder um eine kosmetische Operation handelt, zeigen die Ausführungen bei *Solbach/Solbach*, MedR 1989, 10 ff.; siehe auch *Rieger*, Lexikon des Arztrechts, Rn. 999.
[441] BSGE 25, 116.
[442] OLG Hamburg, MDR 2001, 799; *Martis/Winkhart*, A 1019 („Aufklärung [kosmetische Operation]"); *Rehborn*, MDR 2001, 1148, 1154; zur Frage, ob die Durchführung einer kosmetischen Operation ohne kurativen Charakter Gegenstand einer Wahlleistungsvereinbarung mit dem Krankenhausträger sein kann siehe *Trefz*, das Krankenhaus 2003, 628, 628 f.
[443] OLG Zweibrücken, NJW 1983, 2094; Laufs/Kern/*Kern*, § 38 Rn. 27.
[444] BGH, MedR 1991, 85; NJW 1991, 2349; OLG München, MedR 1988, 187, s. u. bei § 14 Rn. 93.
[445] OLG Saarbrücken, OLGR 2000, 401; jedenfalls dann, wenn die erbrachte ärztliche Leistung für den Patienten von vornherein nutzlos ist (OLG Frankfurt, OLGR 1995, 134; OLG Koblenz, NJW-RR 1994, 52) bzw. die Schlechterfüllung praktisch einer Nichterfüllung des Behandlungsvertrages gleichkommt – vgl. zum ganzen *Martis/Winkhart*, A 1033 („Aufklärung [kosmetische Operation]").
[446] Dazu Laufs/Katzenmeier/Lipp/*Laufs*, Arztrecht, VII Rn. 1 ff.
[447] Dazu Laufs/Katzenmeier/Lipp/*Laufs*, Arztrecht VII Rn. 20 ff.
[448] Dazu Laufs/Katzenmeier/Lipp/*Laufs*, Arztrecht VII Rn. 24 ff.
[449] BGHZ 67, 48 = NJW 1976, 1790 (Gefälligkeitssterilisation bei einer Frau); BGH NJW 1972, 330 (Transsexualität); zur Wirksamkeit dieser Verträge s. a. Laufs/Kern/*Kern*, § 38 Rn. 31 ff., 34, 35.
[450] I. d. F. vom 10.9.1980 (BGBl. I, S. 1654), zuletzt geändert durch Gesetz vom 4.5.1998 (BGBl. I S. 833, 841).
[451] Vgl. *Siesz*, Die Änderung der Geschlechtszugehörigkeit, 1996; Laufs/Kern/*Kern*, § 38 Rn. 35.
[452] *Martis/Winkhart*, A 434 („Arztvertrag [Privatpatienten]").
[453] BGH NJW 1975, 305; *Harrer*, Zivilrechtliche Haftung bei durchkreuzter Familienplanung, 164; w. N. zum Streitstand bei Laufs/Kern/*Kern*, § 38 Rn. 30.
[454] S. dazu → § 73 Rn. 1 ␣f.; Laufs/Katzenmeier/Lipp/*Laufs*, Arztrecht VII Rn. 1 ff., 27 ff. zur Haftung s. *Martis/Winkhart*, S 200 ff. („Schwangerschaftsabbruch, fehlerhafter").

deshalb nach ständiger Rechtsprechung Gegenstand eines rechtswirksamen Arztvertrages sein. Ein Behandlungsfehler kann den Arzt zum Schadenersatz verpflichten.[455] Voraussetzung über die Wirksamkeit des Arztvertrages über den Schwangerschaftsabbruch ist, dass eine die Straflosigkeit nach § 218a StGB begründende Indikationslage vorliegt. Fehlt es daran, ist der Arztvertrag unwirksam, da § 218 StGB Verbotsgesetz im Sinne von § 134 BGB ist.[456] Allerdings darf der die Schwangerschaft abbrechende Arzt nicht zugleich auch die Beratung (§§ 218c, 219 II 3 StGB) oder die Indikationsfeststellung (§ 218b I 1 StGB) vornehmen. Regelmäßig kommen deshalb bei einem durch einen Arzt erfolgten Schwangerschaftsabbruch zwei Verträge mit zwei verschiedenen Ärzten zustande. Es ist daher zweifelhaft, ob der Vertrag über den Schwangerschaftsabbruch nichtig ist, wenn es entweder an der erforderlichen ärztlichen Beratung (§ 219 StGB) oder an der für den Abbruch der Schwangerschaft erforderlichen Indikationsstellung durch einen Arzt (§ 218b StGB) fehlt.[457] So ist denkbar, dass eine ärztliche Beratung im Sinne von § 219 StGB erfolgt, aber unzulänglich ist; oder dass der Arzt die Schwangere bereits für beraten hält und den Schwangerschaftsabbruch irrtümlich für medizinisch indiziert ansieht. Eine Pflichtverletzung des beratenden oder indikationsstellenden Arztes muss nicht ohne weiteres zu einer Nichtigkeit des Arztvertrages über den Schwangerschaftsabbruch führen. Die Rechtswidrigkeit des indizierten Schwangerschaftsabbruches zieht nicht automatisch die Nichtigkeitsfolge des § 134 BGB nach sich.[458]

36   Eine Minderjährige (z. B. 17-jährige Schwangere) kann bei entsprechender Einsichts- und Urteilsfähigkeit wirksam die Einwilligung nach § 218a II, III StGB erteilen. Unter den Voraussetzungen des § 110 BGB kann insoweit auch ohne Zustimmung der gesetzlichen Vertreter (Eltern) der Arztvertrag wirksam zustande kommen.[459] In jedem Fall ist aber für die Wirksamkeit des Arztvertrages unbedingte Voraussetzung, dass der Abbruch durch einen Arzt erfolgt (§ 218 I StGB). Verträge mit Medizinalassistenten, Heilpraktikern, Zahn- oder Tierärzten oder (früher) Ärzten im Praktikum über einen Schwangerschaftsabbruch sind unwirksam.[460] Um die Schutzwirkung des Arztprivilegs zu erreichen, verlangt Art. 5 I des Bay. Schwangerenhilfeergänzungsgesetzes,[461] dass Schwangerschaftsabbrüche nur von Ärzten vorgenommen werden dürfen, die die fachärztliche Anerkennung auf dem Gebiet „Frauenheilkunde und Geburtshilfe" besitzen.[462] Den Facharztstandard verlangt auch die Vereinbarung „Ambulantes Operieren im Krankenhaus" nach § 115b I SGB V unter Einschluss des Katalogs ambulant durchführbarer Operationen.[463]

37   **d) Künstliche Befruchtung**[464]. Leistungen der pränatalen Diagnostik können nach gewandeltem Verständnis heute ebenso Gegenstand eines ärztlichen Dienstvertrages im Sinne von

---

[455] BGHZ 86, 240; BGH NJW 1985, 671, 2749; 1992, 1556;2006, 36; 2003, 3411; 2005, 891; 2006, 1660; *Martis/Winkhart*, S 200 ff. („Schwangerschaftsabbruch, fehlerhafter"); *Picker*, Schadenersatz für das unerwünschte eigene Leben: „wrongful life"; *ders.*, AcP 195 (1995), 483.

[456] Laufs/Kern/*Kern*, § 38 Rn. 39; *Lenz*, VersR 1990, 1209.

[457] Vgl. BGH NJW 1995, 1609, wonach aus dem Beratungsverfahren nicht zwingend folgt, dass eine Indikation vorgelegen hat. Fehlt es an der nach § 219 StGB erforderlichen Beratung, so ist nach AG Bad Oeynhausen (NJW 1998, 1799) der Schwangerschaftsabbruch- und Operationsvertrag nichtig.

[458] Vgl. im Einzelnen *Harrer*, Zivilrechtliche Haftung bei durchkreuzter Familienplanung, 173, 178; *Bernhardt*, Der Schwangerschaftsabbruch aus zivilrechtlicher Sicht unter besonderer Berücksichtigung der Rechtsstellung des nasciturus, 57 ff.

[459] AG Schlüchtern, NJW 1998, 832; *Heberer*, Das ärztliche Berufs- und Standesrecht, 412 f.; Laufs/Kern/*Kern*, § 38 Rn. 40.

[460] BVerfGE 88, 203 = NJW 1993, 1751; *Deutsch* NJW 1993, 2361; Laufs/Kern/*Kern*, § 38 Rn. 39.

[461] Vom 9.8.1996, BayGVBl. 328; dazu *Heberer*, Das ärztliche Berufs- und Standesrecht, 414.

[462] Zur Verfassungsmäßigkeit dieses Gesetzes s. BVerfGE 98, 265.

[463] Vgl. § 3 iVm § 13 des Vertags „Ambulantes Operieren im Krankenhaus" (AOP-Vertrag) i. d. F. v. 1.1.2010 mit Änderungen – dazu u. a. *Simon*, das Krankenhaus im System der ambulanten Versorgung gesetzlich Krankenversicherter (Diss.), 2012, 186 ff.; *Heberer*, Das ärztliche Berufs- und Standesrecht, 414 f.

[464] S. dazu Vorvorauf., § 75 Rn. 80 ff.

§ 611 BGB sein wie grundsätzlich die homologe In-vivo-Insemination, die Inseminatio post mortem, oder die In-vitro-Fertilisation.[465] Solche Maßnahmen der künstlichen Befruchtung werden erforderlich, weil es auf dem natürlichen Weg zu keiner Schwangerschaft kommt. Für sie gilt deshalb rechtlich der Grundsatz der Subsidiarität: die speziellen Behandlungsmethoden der künstlichen Insemination sind nur dann zulässig, wenn andere Therapien versagt haben oder keinen Erfolg versprechen (§ 27a I Nr. 1 SGB V).[466]

Gleichwohl werfen die Errungenschaften der modernen Fortpflanzungsmedizin mit ihrer Rationalisierung des Geschlechtslebens und die sich ständig verfeinernden Methoden der Humangenetik zahlreiche neuartige Probleme auf, die sowohl berufsrechtlich als auch unter dem Aspekt einer möglichen Sittenwidrigkeit des Arztvertrages nach wie vor weitgehend ungelöst sind.[467] Grund ist insbesondere die insoweit unzureichende Regelung durch das Embryonenschutzgesetz (ESchG),[468] das rein strafrechtlichen Charakter hat und lediglich ein Verbot des Missbrauchs der künstlichen Befruchtung und des menschlichen Embryos in vitro (§§ 1 bis 4 ESchG) sowie das Verbot bestimmter Verfahren (§§ 5 bis 7 ESchG) wie Keimbahnveränderung, Klonen, Chimären und Hybridbildung zum Gegenstand hat. Auch infolge der (damals) unvollständigen Gesetzgebungskompetenz des Bundes regelt deshalb das ESchG die medizinische Anwendung der Fortpflanzungstechnologie nur lückenhaft.[469] Ebenfalls rein strafrechtlichen Charakter hat das Gesetz zur Sicherstellung des Embryonenschutzes im Zusammenhang mit Einfuhr und Verwendung menschlicher embryonaler Stammzellen (Stammzellengesetz – StZG) vom 28.6.2002.[470]

38

Unproblematisch sind Arztverträge über eine homologe künstliche Insemination, bei der die Frau auf künstlichem Wege mit dem Samen ihres eigenen Ehemannes befruchtet wird. Im Hinblick auf § 4 I Nr. 3 des ESchG ist lediglich der Arztvertrag über eine postmortale homologe Insemination unwirksam, also die künstliche Befruchtung nach dem Tod des Ehemannes mit dessen Sperma, da das Bestimmungsrecht des Samengebers mit seinem Tode erlischt.[471] Ebenfalls wohl zulässig, nicht aber unproblematisch ist der Vertrag über eine heterologe künstliche Insemination, vorausgesetzt, beide Ehegatten stimmen dem Eingriff zu

39

---

[465] Vgl. allgemein zur rechtlichen, ethischen und medizinischen Problematik u. a. *Starck/Coester-Waltjen*, Die künstliche Befruchtung bei Menschen – Zulässigkeit und zivilrechtliche Folgen, Gutachten A-B zum 56. Deutschen Juristentag; *Rüsken*, NJW 1998, 1745; *Geyer* (Hrsg.), Die Verfassung und das Leben; *Heberer*, Das ärztliche Berufs- und Standesrecht, 396 ff.; *Merkel*, Forschungsobjekt Embryo; s. a. den „Zweiten Zwischenbericht" der Enquete-Kommission Recht und Ethik der modernen Medizin vom 21.11.2001 in BT-Drs. 14/7546; *Dederer*, AöR 127 (2002), 1; *Witteck/Erich*, Straf- und verfassungsrechtliche Gedanken zum Verbot des Klonens, in: MedR 2003, 258; *Schwarz*, Strafrechtliche Grenzen der Stammzellenforschung?, MedR 2003, 158; ferner die umfassende Literaturübersicht bei Laufs/Kern/*Kern*, § 38 Rn. 43 ff.; Hauck/Noftz/*Hauck*, SGB V Rn. 13 zu § 27a SGB V; ausf. Vorvorauflage, § 76 Rn. 83 ff.

[466] *Heberer*, Das ärztliche Berufs- und Standesrecht, 397; Richtlinien der BÄK zur Durchführung der assistierten Reproduktion, Deutsches Ärzteblatt 95, A–3166; *Uhlenbruck/Laufs*, in: Laufs/Uhlenbruck, Handbuch des Arztrechts, § 39 Rn. 71.

[467] Vgl. u. a. die bei *Laufs*, NJW 1998, 1750, 1753; 1999, 1758, 1762 f. und 2000, 1757, 1765 f. zitierte umfangreiche Literatur; derselbe, Fortpflanzungsmedizin und Arztrecht, 1992; *Beckmann*, MedR 2001, 169.

[468] Embryonenschutzgesetz – ESchG – vom 13.12.1990 (BGBl. I, S. 2746), zuletzt geändert durch Art. 1 des Gesetzes vom 21.11.2011 (BGBl. I, S. 2228).

[469] Vgl. Anm. Ziff. 13.3 des „Zweiten Zwischenberichts" der Ethik Kommission „Recht und Ethik der modernen Medizin vom 21.11.2001 in BT-Drs. 14/7546 vom 21.11.2001, S. 77: „Das Embryonenschutzgesetz verbietet die Verwendung eines Embryos zu einem nicht seiner Erhaltung dienenden Zweck. Damit ist die Forschung an Embryonen verboten. Einem Embryo stehen nach dem Gesetz totipotente Zellen gleich. Deswegen werden embryonale Stammzellen, die nicht mehr totipotent sind, nicht vom Embryonenschutzgesetz erfasst. Der Umfang und die Forschung mit ihnen ist daher nicht verboten".

[470] BGBl. I S. 2277; dazu *Schwarz*, MedR 2003, 158; allerdings hat der Bund das ESchG durch eine Regelung über die Präimplantationsdiagnostik (PID) in § 3a ESchG nach außerordentlich kontrovers geführter Debatte ergänzt – dazu Vorvorauflage, § 76 Rn. 83 ff.

[471] Streitig, vgl. die Nachweise bei Laufs/Kern/*Kern*, § 38 Rn. 48.

und – nicht anders als bei Verträgen über eine homologe künstliche Insemination – eine natürliche Zeugung oder Empfängnis ist unmöglich, da weder traditionelle Behandlungsmethoden mit Medikamenten noch operative Eingriffe die Unfruchtbarkeit beheben können. Von dem Arztvertrag über den Eingriff ist der zwischen Arzt und Keimzellenspender zu unterscheiden. Entgeltvereinbarungen als Gegenleistung für die Hergabe der Samenspende führen regelmäßig zur Nichtigkeit der Vereinbarung nach § 138 BGB.[472]

IV. Das Arzthonorar nach der Gebührenordnung für Ärzte (GOÄ)

1. Rechtsgrundlagen und Anwendungsbereich

40   Der ärztliche Behandlungsvertrag ist in aller Regel ein Dienstvertrag.[473] Gem. § 630a I BGB schuldet der Arzt auf Grund des Behandlungsvertrages die ärztlichen Dienstleistungen, während der Patient zur Zahlung der vereinbarten Vergütung verpflichtet ist. Wird – wie üblich – keine ausdrückliche Vereinbarung über die Vergütung getroffen, fingiert § 612 I BGB die Vergütung als stillschweigend vereinbart. Die Höhe der Vergütung wird durch die zwingend anzuwendende GOÄ als „Taxe" (§ 612 II BGB)[474] bestimmt.

41   Die GOÄ ist eine von der Bundesregierung mit Zustimmung des Bundesrats erlassene Rechtsverordnung.[475] Ermächtigungsgrundlage ist § 11 BÄO, zu deren Erlass der Bundesgesetzgeber gem. Art. 74 Nr. 11 GG befugt war.[476] Dabei umfasst die Befugnis zur Regelung des ärztlichen Gebührenwesens sowohl Bestimmungen über die Gebührenhöhe als auch solche über die Gebührenabrechnung. Ebenso wenig bestehen mit Rücksicht auf die Einschränkung der Vertragsfreiheit und der Berufsfreiheit des Arztes Bedenken im Hinblick auf die Verfassungsmäßigkeit von Einzelbestimmungen der GOÄ.[477] Die Verbindlichkeit der Gebührenordnung als „gesetzlicher" Bestandteil des Arztvertrages ist nicht zuletzt Ausdruck des Sozialstaatsprinzips des Grundgesetzes, das in verstärktem Maße Schutzvorschriften für den Patienten erfordert.[478] Durch die Gebührenordnung werden eine wirtschaftliche Abhängigkeit vom Auftraggeber durch dessen Einflussnahme auf die Höhe des Entgelts vermieden und die Parteien von der Notwendigkeit eines „Feilschens" um die Höhe des Honorars befreit.[479] Der Erhaltung der gebotenen Freiheit dienen u.a. Margen und Preisregelungen, durch die lediglich ein Gebührenrahmen für die Honorargestaltung festgelegt wird, während zugleich ein gewisser Freiraum für die Berücksichtigung individueller Besonderheiten erhalten bleibt.[480]

---

[472] Laufs/Kern/*Kern*, § 38 Rn. 52 ff., 55 mit weiteren Bedenken im Hinblick auf etwaige Anonymitätsklauseln etc. in solchen Verträgen.

[473] → § 14 Rn. 1.

[474] *Haberstroh*, VersR 2000, 538; *Spickhoff*, NZS 2004, 57; Spickhoff/*Spickhoff*, GOÄ Vorb. 3.

[475] Gebührenordnung für Ärzte i.d.F. v. 9.2.1996 (BGBl. I, S. 210), zuletzt geändert durch Gesetz vom 4.12.2001 (BGBl. I, S. 3320); zur GOZ s. § 28 Rn. 4 ff.; zum Schrifttum (Kommentare) vgl. u.a. *Brück, Hess* u.a., Kommentar zur GOÄ, Loseblatt; Ratzel/Luxenburger/*Griebau*, § 11; *Hoffmann/Kleinken* (Hrsg.), GOÄ, 3. Aufl., *Lang/Schäfer/Thiel/Vogt*, GOÄ Kommentar, 2. Aufl.; Spickhoff/*Spickhoff*, GOÄ; *Uleer/Miebach/Patt*, Vergütungsrecht der Heilberufe; Abrechnung von Arzt und Krankenhausleistung, 3. Aufl., *Wezel/Liebold*, Handkommentar BMÄ, Ego und GOÄ, Loseblatt; sowie die Übersichten von *Hess* in Wenzel (Hrsg.), Handbuch des Fachanwalts Medizinrecht, Kap. 1; *Griebau* in: Saalfrank (Hrsg.), Handbuch des Medizin- und Gesundheitsrechts, § 5; zu einer einheitlichen Gebührenordnung für ambulante ärztliche Leistungen als Reformprojekt vgl. *Wollenschläger*, NZS 2018, 385 ff.

[476] BVerfGE 68, 317; BVerfG NJW 1992, 737; *Taupitz*, MedR 1996, 533.

[477] AA hinsichtlich des in § 2 Abs. 2 Satz 1 GOÄ enthaltenen Verbots, rückwirkend nach Abschluss einer Behandlung eine Honorarvereinbarung zu treffen, *Taupitz*, MedR 1996, 533, 535; zur verfassungskonformen Auslegung der Bestimmungen der §§ 4 Abs. 2a, 5 Abs. 2, 6 Abs. 2 GOÄ s. LG Halle, U. v. 30.10.2003 - 2 S 106/03 in ZMGR 03, 73.

[478] *Uleer/Miebach/Patt*, Abrechnung von Arzt- und Krankenhausleistungen, Einl. GOÄ, 2.

[479] *Taupitz*, Die Standesordnungen der freien Berufe, 48.

[480] *Taupitz*, MedR 1996, 533, 534.

Die GOÄ regelt die Vergütung für die beruflichen Leistungen der Ärzte, die im eigenen **42**
Namen tätig werden. Sie gilt damit für sämtliche ärztliche Leistungen, soweit durch Bundesgesetz nicht etwas anderes bestimmt ist (§ 1 GOÄ). Dies ist insbesondere im Vertragsarztbereich der Fall.[481] Der Ausschluss der Abrechnung auf der Grundlage der GOÄ betrifft weiter Leistungen der Berechtigten nach dem SGB XII (§ 52 III), BVG (§ 18c IV) sowie die Gewährung von Heilfürsorge auf Grund dienstrechtlicher Vorschriften (§ 75 III SGB V).[482] Die GOÄ gilt deshalb vor allem für den ärztlichen Honoraranspruch gegenüber Privatpatienten, d. h. solchen Patienten, für die kein sonstiger sozialrechtlicher Kostenschuldner (GKV, Sozialhilfe) existiert. Unerheblich ist es insoweit, ob der Patient privat versichert ist oder selbst zahlen muss. Ist der Patient gänzlich unversichert, bleibt er persönlicher Schuldner.[483] Darüber hinaus ist die GOÄ Abrechnungsgrundlage (zum Teil nur für bestimmte Leistungen) bei gesetzlich bestimmten Kostenträgern wie z. B. für Bundesbahnbeamte der Beitragsklassen I bis IV, Angehörigen der Bundeswehr außerhalb der Heilvorsorge, Postbeamte Mitgliedergruppe B etc.[484] Eingeschlossen sind auch medizinisch nicht indizierte ärztliche Leistungen, wie kosmetische Operationen, die im Gebührenverzeichnis nicht abgebildet und für die Analogleistungen nur schwer zu finden sind.[485] Die GOÄ kann schließlich im Einzelfall auch Gegenstand des Behandlungsvertrages eines freiwillig versicherten Kassenpatienten mit dem Arzt sein, wenn der Patient als GKV-Versicherter von der Möglichkeit Gebrauch macht, sich privat behandeln zu lassen oder gem. § 13 I, II SGB V anstelle der Sach- oder Dienstleistung Kostenerstattung wählt. Die Behandlung als Privatpatient muss ausdrücklich vereinbart sein.[486]

Die GOÄ gilt für alle ärztlichen Leistungen im ambulanten und stationären Wahlleistungs- **43**
bereich.[487] Mit der Novelle vom 18.12.1995[488] sind die Anforderungen an die Geltendmachung ärztlicher Honorarforderungen erheblich verschärft worden.[489] Konnte bis dahin der Arzt die Gebühr im Wesentlichen nach billigem Ermessen selbst bestimmen, darf er dies jetzt nur noch im Rahmen der zwingenden Vorschriften der GOÄ. Eine Vergütung erhält der Arzt nur für Leistungen, die nach den Regeln der ärztlichen Kunst für eine medizinisch notwendige ärztliche Versorgung erforderlich sind. Leistungen, die über das Maß einer medizinisch notwendigen ärztlichen Versorgung hinausgehen, darf er nur berechnen, wenn sie auf Verlangen des Zahlungspflichtigen erbracht worden sind (§ 1 II 2 GOÄ). Nach § 12 III 5 GOÄ muss der Arzt die „Verlangensleistungen" auf seiner Liquidation besonders kennzeichnen, um damit die nötige Abrechnungstransparenz zu gewährleisten.

Anders als z. B. die Gebührenordnung für Rechtsanwälte (RVG), Steuerberater und Architekten (HOAI) geht die GOÄ vom Prinzip der Einzelleistungsvergütung aus. Der wesentliche Vorteil liegt in der mit diesem System verbundenen Honorargerechtigkeit, dass nämlich tatsächlich erbrachte Leistungen vergütet werden, wie das z. B. bei der am Gegenstandswert orientierten Vergütung des RVG für Rechtsanwälte nicht der Fall ist.[490] Allerdings verlangt das System der Einzelleistungsvergütung als Ausdruck der Honorargerechtigkeit eine ständige Aktualisierung des Gebührenverzeichnisses. Dies ist bei der derzeitigen GOÄ aus dem Jahre 1983 mit ihren zahlreich erfolgten Änderungen[491] nicht der Fall. Erforderliche Anpas-

---

[481] → § 22 Rn. 1 ff.
[482] Näheres bei *Wezel/Liebold,* Handkommentar, BMÄ, E-GO und GOÄ, Kap. 12 § 1–6.
[483] Saarl. OLG MedR 2001, 141 = ArztR 2002, 71.
[484] Vgl. d. Aufstellung in *Wezel/Liebold,* Handkommentar, BMÄ, E-GO und GOÄ, Kap. 6.
[485] BGH, U. v. 23.3.2006 – GesR 2006, 275.
[486] Ratzel/Luxenburger/*Griebau,* § 11 Rn. 11.
[487] Zu ärztlichen Wahlleistungen s. u. bei → § 26 Rn. 256 ff.
[488] 4. Verordnung zur Änderung der Gebührenordnung für Ärzte vom 18.12.1995 – BGBl. I, 1861.
[489] Dazu *Taupitz,* MedR 1996, 533.
[490] Zum System der Einzelleistungsvergütung der GOÄ/GOZ Ratzel/Luxenburger/*Griebau,* § 11 Rn. 19.
[491] Zur historischen Entwicklung der GOÄ s. *Hess* in: Wenzel (Hrsg.), Handbuch des Fachanwalts Medizinrecht, Kap. 11 Rn. 4 ff.

sungen scheiterten in der Vergangenheit insbesondere an den Interessen der öffentlichen Hand als Beihilfebehörden und der einflussreichen Lobby der Privaten Krankenversicherung.[492]

2. Honorarvereinbarung

44 Die zwingende Bindung der Vertragsparteien an die GOÄ kommt auch darin zum Ausdruck, dass eine abweichende Vereinbarung lediglich hinsichtlich der Höhe der Vergütung zugelassen ist (§ 2 I 1 GOÄ). Es besteht also keine Möglichkeit, die GOÄ in toto abzubedingen. Honorarabreden erlauben nur eine von § 5 GOÄ abweichende Vervielfachung des Gebührensatzes (des sog. Multiplikators).[493] Eine Einigung als Gegenstand einer Honorarvereinbarung kommt somit ausschließlich über die Höhe des Steigerungssatzes in Betracht, da von der Punktzahl des § 5 I 2 GOÄ und vom Punktwert des § 5 I 3 GOÄ gemäß § 2 I 3 GOÄ nicht abgewichen werden darf. Danach bleibt das Gebührenverzeichnis der GOÄ mit seinen einzelnen Positionen (einschließlich der Regelungen zur Fälligkeit der Vergütung und zur Rechnungserteilung) unveränderbare Grundlage der Arztrechnung. Insbesondere ist die Vereinbarung eines Pauschalhonorars unzulässig, das ohne Rücksicht auf die Einzelpositionen des Gebührenverzeichnisses und die Zahl der erbrachten Einzelleistungen zu zahlen wäre.[494] Die Vereinbarung eines Pauschalhonorars, selbst wenn es auf der Basis der geltenden GOÄ ermittelt wurde, ist auch dann nicht zulässig, wenn es sich um eine in der GOÄ nicht erwähnte (neue oder völlig andersartig durchgeführte) Leistung handelt.[495] Darüber hinaus enthält die GOÄ weitere Schutzvorschriften zu Gunsten des Patienten, die es im Hinblick auf die Wirksamkeit der Honorarvereinbarung zu beachten gilt:

45 a) **Ausschluss von bestimmten Leistungen.** Bestimmten Leistungen des Arztes ist eine Honorarvereinbarung nicht zugänglich. Dies gilt zunächst für den Notfall und akute Schmerzbehandlungen (§ 2 I 4 GOÄ) sowie für Leistungen, die im Zusammenhang mit einem unter den Voraussetzungen des § 218a I StGB vorgenommenen Schwangerschaftsabbruch erbracht werden (§ 2 I 2 GOÄ). Ausgeschlossen ist eine Honorarvereinbarung auch für Leistungen nach den „technischen Abschnitten" A, E, M und O (§ 2 III 1 GOÄ).[496] Im Übrigen ist bei wahlärztlichen Leistungen des Krankenhausarztes eine Vereinbarung nur für vom Wahlarzt höchstpersönlich erbrachte Leistungen zulässig (§ 2 III 2 GOÄ). Damit soll gewährleistet werden, dass der abrechnende Arzt diese Leistung „wirklich" selbst erbracht hat.[497]

46 b) **Zeitpunkt und Individualität der Vereinbarung.** Eine Honorarvereinbarung ist nur wirksam, wenn sie vor Erbringung der Leistung des Arztes auf Grund „persönlicher Absprache im Einzelfall" vereinbart wurde (§ 2 II 1 GOÄ). Damit werden zum einen eine Honorarvereinbarung für zurückliegende Behandlungsschritte ausgeschlossen[498] und die Entscheidungsfreiheit des Patienten abgesichert.[499] Darüber hinaus muss sich der Arzt in

---

[492] Zur GOÄ als Ergebnis eines hoch umstrittenen Interessenkonflikts vgl. Spickhoff/*Spickhoff*, Vorb. GOÄ Rn. 4.
[493] *Haberstroh*, VersR 2003, 538, 544; *Deutsch/Spickhoff*, Medizinrecht, Rn. 93; *Griebau*, ZMGR 2003, 70; gebührenrechtlich umstritten ist insbesondere, ob durch Honorarvereinbarung – v. a. bei laborärztlichen Leistungen – der einfache GOÄ-Satz unterschritten werden darf – vgl. *Kamps/Kiesecker*, MedR 2000, 72; *Pflüger*, MedR 2003, 276 ff.; *Spickhoff*, NJW 2004, 1710 (1712).
[494] *Griebau*, ZMGR 2003, 70; *Kraemer*, NJW 1996, 764; *Taupitz*, MedR 1996, 533, 535 f.; *Andreas/Debong/Bruns*, Handbuch Arztrecht in der Praxis, Rn. 710.
[495] Vgl. BSG NJW 1999, 1813; *Wezel/Liebold*, Handkommentar BMÄ, E-GO und GOÄ, § 2-1.
[496] Dazu – und zur Verfassungsmäßigkeit – *Taupitz*, MedR 1996, 533, 536 f.
[497] Zur höchstpersönlichen Leistungserbringung des Wahlarztes u. bei → § 26 Rn. 257 f.
[498] Spickhoff/*Spickhoff*, § 2 GOÄ Rn. 13; insoweit spricht sich *Taupitz*, MedR 1996, 533, 535 zu Unrecht für die Verfassungswidrigkeit des Rückwirkungsverbotes aus.
[499] BGH JZ 1999, 150, 152; *Haberstroh*, VersR 2000, 538, 545.

einem persönlichen Gespräch mit dem Patienten auf seine Honorarwünsche einlassen und diese erläutern. Dadurch wird sichergestellt, dass die Honorarvereinbarung nur als individuelle Vereinbarung zulässig ist, selbst wenn sie – was nicht ausgeschlossen wird – formularvertraglich im Sinne Allgemeiner Geschäftsbedingungen (AGB) gestaltet wird.[500] Die Problematik liegt darin, die vom Arzt schriftlich abzuschließende Vergütungsabrede aus dem Bereich der AGB herauszuhalten, um eine zusätzliche Inhaltskontrolle nach §§ 307 ff. BGB auszuschließen.[501] Nach der Rechtsprechung des BVerfG dürfen im Lichte des Art. 12 I GG keine zu strengen Anforderungen an das tatbestandliche Vorliegen einer Individualvereinbarung gestellt werden.[502] Da nach den Vorgaben des Verordnungsgebers weder erläuternde Textbestandteile noch ergänzende Vertragsvereinbarungen zugelassen sind, muss sich der Inhalt der individuellen Vereinbarung letztlich auf die in Betracht kommenden Gebührenziffern und auf die für sie jeweils vereinbarten Gebührensätze beschränken. Damit sind die anhand der bisherigen restriktiven Rechtsprechung angestellten Überlegungen, wie dem Arzt zu einer wirksamen Individualvereinbarung verholfen werden kann,[503] im Wesentlichen überholt.[504]

c) **Schriftform.** Nach § 2 II 1 GOÄ ist die Vereinbarung „in einem Schriftstück" zu treffen. Diese muss neben der Nummer und der Bezeichnung der Leistung, dem Steigerungssatz und dem vereinbarten Betrag auch die Feststellung enthalten, dass eine Erstattung der Vergütung durch den Kostenträger möglicherweise nicht in vollem Umfang gewährleistet ist. Weitere Erklärungen darf die Vereinbarung nicht enthalten, nicht einmal einen Hinweis auf die amtliche Begründung zur Gebührenordnung.[505] Der Arzt hat dem Zahlungspflichtigen einen Abdruck der Vereinbarung auszuhändigen (§ 2 II 4 GOÄ).

47

Die in § 2 I 1 GOÄ enthaltene Forderung der Honorarvereinbarung „in einem Schriftstück" hat zur Folge, dass § 126 BGB zur Anwendung kommt; nach Abs. 2 dieser Bestimmung muss die schriftliche Vereinbarung von beiden Vertragspartnern unterschrieben sein, d. h. vom Patient und vom Arzt. Geschieht dies nicht, ist sie nach § 125 BGB nichtig. Die Unterzeichnung der Urkunde durch einen Mitarbeiter des Arztes (Arzthelferin) ist nicht zulässig.[506]

48

3. Die Vergütungsarten

Als Vergütungen stehen dem Arzt Gebühren, Entschädigungen und Ersatz von Auslagen zu (§ 3 GOÄ). Andere Vergütungsformen sind nicht zulässig. Gebühren sind die Vergütungen für die im Gebührenverzeichnis der GOÄ genannten ärztlichen Leistungen (§ 4 I GOÄ). Jede Gebühr setzt sich aus dem ärztlichen Honorar, dem Ersatz der allgemeinen Praxiskosten sowie den besonderen mitabgegoltenen Kosten (§ 4 III GOÄ) zusammen. Aus der gesetzlichen Definition der Gebühren in § 4 I GOÄ folgt, dass für die beruflichen Leistungen des Arztes andere als die im Gebührenverzeichnis enthaltenen Leistungspositionen nicht berechnet werden dürfen. Dies gilt auch für selbstständige ärztliche Leistungen, die in das Gebührenverzeichnis nicht aufgenommen sind und die nach § 6 II GOÄ nur „entsprechend" einer

49

---

[500] Zur Inhaltskontrolle ärztlicher Honorarabreden nach dem AGBG (jetzt §§ 305 ff. BGB) s. BGH NJW 1991, 1678; 1992, 1107, 2283, 2759; *Uleer/Miebach/Patt*, Abrechnung von Arzt- und Krankenhausleistungen, § 2 GOÄ, Arn. 2.2; *Haberstroh*, VersR 2000, 538, 545 f.
[501] *Griebau*, ZMGR 2003, 70, 71; *König*, NJW 1992, 728, 729; *Taupitz*, ArztR 1996, 209, 212.
[502] BVerfG, B. v. 25.10.2004 – 1 BvR 1437/02 – in: MedR 2005, 160ff m. Anm. *Rieger* (zu der vergleichbaren Regelung des § 2 GOZ)
[503] *Griebau*, ZMGR 2003, 70 ff.
[504] *Griebau* in Saalfrank (Hrsg.), Handbuch des Medizin- und Gesundheitsrechts, § 5 Rn. 62.
[505] BGH, MedR 2001, 258.
[506] LG München I, MedR 1985, 128; Spickhoff/*Spickhoff*, § 2 GOÄ Rn. 12; *Wezel/Liebold*, Handkommentar BMÄ, E-GO und GOÄ, Kap. 12 § 2–5 m. w. N.; zu weiteren „praktischen Tipps" zum Abschluss einer formwirksamen Honorarvereinbarung s. *Griebau*, ZMGR 2003, 70.

50 Entschädigungen sind nach § 7 GOÄ das Wegegeld (§ 8 GOÄ) und die Reiseentschädigung (§ 9 GOÄ) bei Besuchen des Patienten. Neben den Gebühren kann der Arzt die in § 10 GOÄ aufgeführten Auslagen (Sachkosten) ersetzt verlangen. Dabei ist der Regelungszusammenhang mit § 4 III GOÄ zu beachten. § 10 I GOÄ enthält eine abschließende Aufzählung der vom Grundsatz her gesondert berechenbaren Kosten. Die Ausnahmen davon sind in § 10 II GOÄ bestimmt. § 10 III GOÄ regelt spezielle Anforderungen für Versand- und Portokosten nach Abs. 1 Nr. 2, z. T. mit Ausschlusscharakter. Kosten, die mit den Gebühren abgegolten sind, dürfen nicht gesondert berechnet werden (§ 4 IV 1 GOÄ). Davon betroffen sind die Praxiskosten einschließlich der Kosten für den Sprechstundenbedarf sowie die Kosten für die Anwendung von Instrumenten und Apparaten. Dies gilt auch, wenn der Arzt die ärztlichen Leistungen unter Inanspruchnahme Dritter (z. B. in einem Krankenhaus) erbracht hat (§ 4 III 2 GOÄ).

4. Die Gebührenhöhe

51 Die Höhe der einzelnen Gebühr bemisst sich im Regelfall nach dem 1 bis 2,3-fachen des Gebührensatzes (§ 5 II 4, 1. HS. GOÄ), wobei sich die sog. Regelspanne für hauptsächlich medizinisch-technische Leistungen auf das höchstens 2,5-fache reduziert und an die Stelle des 2,3-fachen der 1,8-fache Gebührensatz tritt (§ 5 III GOÄ). Gebührensatz ist der Betrag, der sich ergibt, wenn die Punktzahl der einzelnen Leistung des Gebührenverzeichnisses mit dem Punktwert, der in § 5 Abs. 1 Satz 3 GOÄ normativ auf 5,82 873 Cent festgelegt wurde,[509] vervielfacht wird. Der Gebührensatz drückt damit die wirtschaftliche Bewertung der ärztlichen Leistung aus. Diese „Werte" gibt die GOÄ – entstehungsgeschichtlich angeknüpft an die Einheitlichen Bewertungsmaßstäbe aus dem Bereich der GKV[510] – in dem ihr als Anlage beigegebenen Gebührenverzeichnis auf der Grundlage dortiger Punktzahlen und Punktwerte an.[511]

52 Die im Gebührenverzeichnis festgehaltenen Beträge markieren allerdings nur den ersten Schritt zur Ermittlung des konkreten Wertes der jeweiligen ärztlichen Leistung. Der „wirkliche" Wert ist vom Arzt durch „ermessensgesteuerte Multiplikation" zu bestimmen. Insoweit obliegt es dem Arzt, die „Regelspanne" auszufüllen und innerhalb des vorgegebenen äußeren Rahmens vom einfachen bis zum 3,5-fachen Satz die konkret zu veranschlagenden Gebühren „unter Berücksichtigung der Schwierigkeit und des Zeitaufwandes der einzelnen Leistung sowie der Umstände bei der Ausführung nach billigem Ermessen zu bestimmen" (§ 5 I, II GOÄ). Dabei belässt es die GOÄ aber nicht, sondern beschränkt den in § 5 I 1 GOÄ vorgegebenen Rahmen für die dem Arzt eröffnete Ermessensausübung bei zur ärztlichen Routine gehörenden Leistungen auf den 2,3-fachen Satz. Einen höheren Faktor als 2,3 darf der Arzt nur ansetzen, wenn Besonderheiten in den zitierten Bemessungskriterien – Schwierigkeit, Zeitaufwand, Umstände der Ausführung – dies rechtfertigen (§ 5 I 3 GOÄ). In diesem Fall trifft den Arzt eine besondere Begründungspflicht (§ 12 III 1 und 2 GOÄ).

---

[507] Zur verfassungskonformen Auslegung des Begriffs „selbstständige Leistung" s. LG Halle, U. v. 30.10.2003 – 2 S 106/03 –, ZMGR 2003, 73.

[508] *Brück/Krimmel/Hess/Kleinken/Warlo*, Kommentar zur Gebührenordnung für Ärzte, § 4 GOÄ Rn. 1.

[509] Art. 17 des Podologengesetzes vom 4.12.2001 (BGBl. I, 3320).

[510] BT-Drs. 295/82, 14; *Haberstroh*, VersR 2000, 538.

[511] Die Punktzahlen kennzeichnen das Gewicht der Leistung im Spektrum der Gesamtheit der ärztlichen Leistungen; wird mit ihnen der Punktwert multipliziert, ergibt dies den einfachen Gebührensatz – vgl. zur Punktzahl und zum Punktwert Ratzel/Luxenburger/*Griebau*, § 11 Rn. 20 ff.

Die absolut herrschende Praxis (bei Ärzten, Privatpatienten, Versicherern und Beihilfebehörden) folgert aus dem Zusammenspiel des § 5 I 1 iVm Abs. 2 Satz 4 GOÄ, die Regelspanne führe für den „Normalbereich" zu einem „Regelsatz": ärztliche Leistungen in Fällen, in denen der Arzt keine Besonderheiten sehe, rechtfertigten danach eine (nicht mehr zu begründende) „Mittelgebühr" in Höhe des 2,3-fachen bzw. bei medizinisch-technischen Leistungen des 1,8-fachen Gebührensatzes.[512] Die überwiegende Rechtsprechung hat sich dieser Auffassung angeschlossen: Danach darf der Arzt im Rahmen des privatärztlichen Behandlungsvertrages ohne nähere Begründung mit dem „Schwellenwert" des 2,3-fachen Gebührensatzes liquidieren.[513]

Bei der Frage, wie der Rahmen zu bestimmen ist, geht die Rechtsprechung von einem Regel-Ausnahme-Verhältnis zwischen der „Regelspanne" und dem „Überschreitungsbereich" des § 5 II 3 GOÄ aus.[514] Danach müssen Besonderheiten der Bemessungskriterien die Überschreitung der Regelspanne rechtfertigen. Auf dieser Grundlage ist die große Mehrzahl aller Behandlungsfälle, usw. auch solche, die überdurchschnittlich aufwändig oder schwierig, allerdings nicht durch „ungewöhnliche Besonderheiten" gekennzeichnet sind, der Regelspanne zuzuordnen.[515] Ob ein Fall „ungewöhnliche Besonderheiten" aufweist, die ein Überschreiten des Schwellenwertes rechtfertigen, steht nicht im Ermessen des Arztes, sondern ist gerichtlich voll nachprüfbar. Die Möglichkeit zur Überschreitung der Regelspanne hat nach dem sachlichen Zusammenhang der Bestimmung des § 5 II 4 GOÄ den Charakter einer Ausnahme und setzt voraus, dass Besonderheiten gerade bei der Behandlung des betreffenden Patienten als einem Abweichen von der großen Mehrzahl der Behandlungsfälle aufgetreten sind.[516] Allein aus Gründen einer Facharztqualifikation oder einer anderen Qualifikation lassen sich solche Besonderheiten nicht rechtfertigen, da die Bemessungskriterien des Gebührenverzeichnisses sämtlich leistungsbezogen sind.[517] Die „Besonderheiten" müssen die Leistung also ungewöhnlich schwierig oder zeitaufwändig machen, etwa in der Kombination mehrerer Krankheitsbilder, in besonderen Gefährdungslagen für die Patienten oder einer überdurchschnittlich schwierigen Notfallbehandlung „vor Ort". Nach den von dem Bundesminister des Inneren herausgegebenen „Hinweisen zu den Beihilfevorschriften" ist die Beihilfefähigkeit für ärztliche Behandlungskosten für den Beihilfeberechtigten auf den Schwellenwert des Gebührenrahmens begrenzt, soweit „keine begründeten besonderen Umstände vorliegen".[518] Die Tatsache der Durchführung einer ambulanten Operation reicht als Begründung des Überschreitens des 2,3-fachen Gebührensatzes nicht aus.[519] Insoweit sieht das Gebührenverzeichnis entsprechende Zuschläge für ambulantes Operieren, abgestuft nach dem Schwierigkeitsgrad der jeweiligen Operationsleistungen, vor, die damit im Gebührensatz berücksichtigt sind.[520] Im Übrigen ist der Arzt als Nebenpflicht aus § 242 BGB gehalten, gegenüber einem Beihilfeberechtigten ungeachtet und außerhalb einer Hono-

---

[512] Dementsprechend wurden im Jahr 1996 87,5 % aller ambulant erbrachten persönlichen ärztlichen Leistungen mit dem 2,3-fachen Gebührensatz in Rechnung gestellt - vgl. d. N. bei *Haberstroh*, VersR 2000, 538 (539) in Fn. 10; dort auch w. N. zum Meinungsstreit.

[513] BGHZ 174, 101; *Deutsch/Spickhoff*, Medizinrecht, Rn. 92; *Spickhoff/Spickhoff*, § 5 GOÄ Rn. 9; *Uleer/Miebach/Patt*, Abrechnung von Arzt- und Krankenhausleistungen, § 5 GOÄ, Anm. 2.8 m. w. N.

[514] *Haberstroh*, VersR 2000, 538 (539) m. w. N.

[515] BVerwG, NJW 1994, 3024; w. N. bei *Uleer/Miebach/Patt*, Abrechnung von Arzt- und Krankenhausleistungen, § 5 GOÄ Anm. 2.8.

[516] BVerwG, MedR 1995, 83; *Ratzel/Luxenburger/Griebau*, § 11 Rn. 97 ff. zu weiteren Umständen im Rahmen der „Steigerungskriterien".

[517] *Wezel/Liebold*, Handkommentar BMÄ, E-GO und GOÄ, Kap. 12 § 5–5u. Hw. auf BGH, U. v. 30.10.1991 – VIII ZR 51/91.

[518] *Haberstroh*, VersR 2000, 538 (541).

[519] BVerwG, NJW 1994, 3023.

[520] *Brück/Krimmel/Hess/Kleinken/Warlo*, GOÄ-Kommentar, § 5 GOÄ Anm. 8.2.

rarvereinbarung zu begründen, warum die Notwendigkeit der Überschreitung des Schwellenwertes besteht.[521]

5. Analogbewertung

55 Unklarheit besteht häufig bei der von dem Arzt vorgenommenen analogen Bewertung nicht im Gebührenverzeichnis aufgenommener selbstständig ärztlicher Leistungen, die auf der Grundlage des § 6 II GOÄ „entsprechend einer nach Art, Kosten- und Zeitaufwand gleichwertigen Leistung des Gebührenverzeichnisses berechnet werden". Insoweit ist es zunächst nicht Aufgabe der durch § 5 GOÄ vorgesehenen Steigerungsmöglichkeit (des Gebührensatzes), für eine angemessene Honorierung auch solcher Leistungen zu sorgen, für die eine Analogberechnung nach § 6 II GOÄ in Frage kommt. Vielmehr ist zu beurteilen, ob eine selbständige Leistung vorliegt, für die dann eine analoge Berechnung erfolgen kann oder ob eine unselbständige Leistung anzunehmen ist, die nur über die Steigerungskriterien zu bewerten ist.[522] Die gegenteilige – zumeist von Privatversicherern vertretene – Ansicht hätte zur Folge, dass der Arzt sonst den Gebührenrahmen wegen anderer, neben der analogen Berechnung vorliegender Umstände (Schwierigkeit, Zeitaufwand oder Umstände bei der Ausführung) nicht mehr ausschöpfen könnte.[523] Die Analogbewertung nach § 6 II GOÄ setzt eine selbständige ärztliche Leistung voraus, die noch nicht im Gebührenverzeichnis enthalten ist. Insoweit steht die Analogbewertung in engem Zusammenhang mit dem Zielleistungsprinzip nach § 4 II a GOÄ, wonach eine Leistung nicht gesondert berechenbar ist, wenn es sich bei ihr nur um eine besondere Ausführung einer anderen, im Gebührenverzeichnis bereits enthaltenen Leistung handelt.

Für eine Vielzahl von Leistungen, die mangels Aktualisierung noch nicht in das Gebührenverzeichnis der GOÄ aufgenommen worden sind, gibt die Bundesärztekammer immer wieder eine Liste analoger Bewertungen heraus, die faktisch das Gebührenverzeichnis der GOÄ ergänzt und von allen Kostenträgern akzeptiert wird.[524] Es empfiehlt sich deshalb grundsätzlich, dass der Arzt dieser Liste folgt und dabei auch die Anwendungsregeln der Bundesärztekammer berücksichtigt.[525] Nicht analogiefähig sind die Modifizierung bestehender im Gebührenverzeichnis verankerter Leistungen, die Umformulierung der Leistungslegende mit dem Ziel, eine höhere Bewertung zu erreichen sowie der Hinweis auf Erschwernisse, die durch den Gebührenrahmen abgegolten sind.[526]

56 Die analoge Bewertung kommt auch für die Behandlung nach „Außenseitermethoden" in Betracht, da das Gebührenverzeichnis grundsätzlich nur Leistungen der Schulmedizin enthält. Andererseits spielt für die Frage der Bildung analoger Bewertungen die wissenschaftliche Anerkennung einer Leistung keine Rolle.[527] Folge der Übernahme für vertragsärztliche Leistungen als Basis des Gebührenverzeichnisses der GOÄ war es auch, dass ärztliche Leistungen, die nicht den wissenschaftlich anerkannten Regeln der ärztlichen Kunst entsprachen und damit nicht in die Leistungspflicht der gesetzlichen Krankenkassen fielen, keinen Eingang in das Gebührenverzeichnis gefunden haben. Dies soll ihrer Abrechnungsfähigkeit im privatärztlichen Bereich auch dann, wenn sie nicht in das Leistungsverzeichnis

---

[521] OVG Koblenz, U. v. 30.10.1991-2 A 10 662/91 –, zit. bei *Wezel/Liebold*, Handkommentar BMÄ, E-GO und GOÄ, Kap. 12, § 5–7.
[522] BGH NJW-RR 2003, 636 ff.; Ratzel/Luxenburger/*Griebau*, § 11 Rn. 69 ff.
[523] BGH GesR 2004, 341 ff.; *Griebau* in: Saalfrank (Hrsg.), Handbuch des Medizin- und Gesundheitsrechts, § 5 Rn. 115.
[524] *Wezel/Liebold*, Handkommentar, BMÄ, E-GO und GOÄ; Kap. 12 § 6-1; s. dort auch die Liste der Analognummern unter Kap. 12 X-1.
[525] DÄBl. 1984, 485; z.T. abgedr. bei *Wezel/Liebold*, Handkommentar, BMÄ, E-GO und GOÄ, Kap. 12 § 6-2.
[526] *Andreas/Debong/Bruns*, Handbuch Arztrecht in der Praxis, Rn. 708.
[527] So jetzt zu Recht *Brück/Krimmel/Hess/Kleinken/Warlo*, GOÄ-Kommentar, § 6 GOÄ Rn. 2.

der GOÄ aufgenommen sind,[528] nicht entgegenstehen.[529] Darüber hinaus ist eine Analogabrechnung infolge Regelungslücke auch dann möglich, wenn bei einer komplexen Operationsleistung die GOÄ-Ziffer nach ihrer Leistungslegende an sich dasselbe Ziel verfolgt wie eine neue Operationsmethode, so dass wegen des Zielleistungsprinzips keine baukastenartige Aufteilung in Einzelschritte erfolgen darf.[530] Die analoge Bewertung muss in der Gebührenrechnung gem. § 12 IV GOÄ mit dem Hinweis „entsprechend" sowie der Nummer und der Bezeichnung der als gleichwertig erachteten Leistung versehen werden.

6. Gebühren bei stationärer Behandlung (§ 6a GOÄ)

Die bei der Krankenhausbehandlung (voll-, teil- sowie vor- und nachstationär) entstehenden Gebühren für privatärztlichen Leistungen sind einschließlich darauf entfallender Zuschläge um 25 % zu mindern. Für Belegärzte oder niedergelassene andere Ärzte beträgt die Minderungspflicht 15 % (§ 6a I GOÄ). Die Regelung modifiziert den sich aus den §§ 630a und 612 BGB iVm der GOÄ ergebenden Vergütungsanspruch der Privatärzte bei stationärer Behandlung. Dadurch soll verhindert werden, dass Privatpatienten bei einer Krankenhausbehandlung insoweit „doppelt" belastet werden, als diese zum einen im Pflegesatz und zum anderen in den von den behandelnden Ärzten berechneten Gebühren enthalten sind.[531]

57

Nach dem eindeutigen Wortlaut der Bestimmung muss es sich immer um ärztliche Gebühren handeln, die sich auf stationäre, teilstationäre sowie auf vor- und nachstationäre Leistungen beziehen. Ambulante Leistungen rechtfertigen keine Gebührenminderung.[532] Dabei ist vom Wortlaut ausgehend der Schutzcharakter der Bestimmung zur Geltung zu bringen. Nach Sinn und Zweck des § 6a GOÄ handelt es sich um eine Schutzvorschrift zu Gunsten des Patienten. Er kann und muss darauf vertrauen können, dass alle ärztlichen Honorarforderungen für Leistungen, die anlässlich eines Krankenhausaufenthaltes erfolgen und durch den Aufenthalt bedingt sind, der Gebührenminderung unterliegen.[533] Den Wortlaut der Regelung einschränkende Normauslegungen und Normanwendungen sind vom Regelungszweck nicht begründbar.[534] Deshalb ordnet § 6a GOÄ gerade nicht an, dass lediglich die Gebühren einer stationären Behandlung im Krankenhaus oder die Gebühren von im Krankenhaus erbrachten stationären Leistungen der Minderungsverpflichtung unterliegen. Vielmehr wird durch die Wortwahl „bei stationärer Behandlung" in der Überschrift und „bei stationären, teilstationären sowie vor- und nachstationären Leistungen" deutlich, dass der Wortlaut der Vorschrift auch ein Verständnis ermöglicht, dass auch nicht mit Mitteln des Krankenhauses oder im Krankenhaus selbst erbrachte externe Leistungen der Gebührenminderung unterliegen. In die gleiche Richtung deutet die Anordnung der Gebührenminderung für Leistungen von „anderen niedergelassenen Ärzten". Dass damit nur Leistungen gemeint sein sollen, die innerhalb eines Krankenhauses erbracht werden, wird vom Wortlaut nicht vorgegeben und vom Sinn und Zweck der Bestimmung ausgeschlossen.[535] Insoweit hat der BGH mit Urteil vom 13.6.2002[536] die seit Jahren strittige Frage[537] (zu Gunsten von Kosten-

58

---

[528] Z. B. Frischzellentherapie, Ozontherapie etc.; dagegen wohl Akupunktur (Nr. 269, 269a) sowie die Homöopathische Anamnese, Nr. 30, 31.
[529] *Brück/Krimmel/Hess/Kleinken/Warlo*, GOÄ-Kommentar, § 6 GOÄ Rn. 2.
[530] BGH, GesR 2004, 341ff; NJW-RR 2003, 636ff.; *Griebau* in: Saalfrank (Hrsg.), Handbuch des Medizin- und Gesundheitsrechts, § 5 Rn. 139.
[531] BGH NJW 1999, 868; MedR 2002, 562; *Wezel/Liebold*, Handkommentar, BMÄ, E-GO und GOÄ, Kap. 12 § 6 a-1; s. a. unten bei → § 26 Rn. 265.
[532] *Uleer/Miebach/Patt*, Abrechnung von Arzt-Krankenhausleistungen, § 6a GOÄ Anm. 3.3.
[533] OLG Hamm, MedR 2002, 90.
[534] BGH NJW 1998, 1870; 1999, 868.
[535] BGH NJW 1999, 868, 869.
[536] BGH U. v. 13.6.2002 in MedR 2002, 582 = NJW 2002, 2948ff. best. d. BVerfG, 1 BvR 1319/02 in ZMGR 2004, 120ff.; krit. dazu *Griebau*, ZMGR 2003, 25; *ders.* in: Saalfrank (Hrsg.), Handbuch des Medizin- und Gesundheitsrechts, § 5 Rn. 154 ff. („Ausgeburt des BGH, offenbar um – auf welche Weise

trägern und Krankenhäusern) entschieden, ob der extern hinzugezogene Konsiliararzt entweder als niedergelassener oder in einem anderen Krankenhaus tätiger Arzt ebenfalls sein Honorar mindern muss, auch wenn er – anders als der behandelnde Chefarzt – Personal und andere Einrichtungen des Krankenhauses nicht benutzt. Nach Auffassung des BGH ist die Verpflichtung zur Honorarminderung auf alle externen konsiliarärztlichen Leistungen zu erstrecken, die auf Veranlassung eines Krankenhausarztes für einen in stationärer Behandlung befindlichen Patienten, der wahlärztliche Behandlung vereinbart, erbracht werden.[538]

V. Arzt- und Krankenhaushaftung

1. Allgemeine Grundlagen

59 a) **Vertragliche und deliktische Haftung.** Das geltende Recht sieht für die zivilrechtliche Arzthaftung[539] mit dem am 26.2.2013 in Kraft getretenen sog. Patientenrechtegesetz (PatRG), in dessen Kern die Implementierung des sog. „Behandlungsvertrages" (§§ 630a ff. BGB) steht, erstmals eine umfassende Kodifikation der bisher richterrechtlich entwickelten Grundsätze des (vertraglichen) Arzthaftungs- und Behandlungsrechts vor.[540] Damit konnte eine nahezu 40-jährige Diskussion um die Kodifizierung der Patientenrechte im Verhältnis zwischen Arzt und Patient vorläufig abgeschlossen werden.[541] Das neue Recht hält mit den Bestimmungen über den „Behandlungsvertrag" (§§ 630a ff. BGB) an der Unterscheidung zwischen der vertraglichen und der deliktischen Arzthaftung fest, reformiert indessen lediglich die vertraglichen Anspruchsgrundlagen. Es besteht also weiterhin Idealkonkurrenz zwischen vertraglicher und deliktischer Arzthaftung; daran hat sich durch die Kodifizierung des

---

auch immer – zu einer Minderungspflicht im niedergelassenen Bereich zu gelangen" Rn. 155 –); Ratzel/Luxenburger/*ders.*, § 11 Rn. 111 ff.; s. a. Spickhoff/*Spickhoff,* § 6a GOÄ Rn. 7 ff.

[537] Erledigt haben sich damit über 190 zuvor ergangene unveröffentlichte Entscheidungen der Instanzgerichte – vgl. die Urteilsliste unter www.radiologenverband.de/Aktuell/Rechtsprechung zu § 6a GOÄ ist. Das BVerfG hat die gegen das BGH-Urteil gerichtete Verfassungsbeschwerde nicht zur Entscheidung angenommen, B. v. 19.3.2004 – 1 BvR 1319/02 – GesR 2004, 347.

[538] Zu weiteren Fragen der wahlärztlichen Leistung und der sog. Wahlarztvereinbarung s. u. bei → § 26 Rn. 256 ff., 269 f.; zur Pflicht des Krankenhauses, den Patienten vor Abschluss einer Wahlleistungsvereinbarung über die Entgelte und den Inhalt der wahlärztlichen Leistungen zu unterrichten s. BGH, U. v. 27.11.2003 – III ZR 37/03 – in GesR 2004, 55 = NJW 2004, 684.

[539] Die folgende Darstellung des Arzthaftungsrechts ist einerseits weiter, als es der Begriff vorgibt, da auch die Krankenhaushaftung, insbesondere also das Arzthaftungsrecht in der Krankenhausbehandlung eingeschlossen ist. Andererseits beschränkt sich die Übersicht auf die Grundzüge des materiellen Arzthaftungsrechts, und hier vor allem die vertraglichen und deliktischen Anspruchsgrundlagen der Arzthaftung. Sie sollen dem Leser einen Einstieg in das im Wesentlichen von der Rechtsprechung beherrschte Rechtsgebiet vermitteln. Angesichts einer überbordenden Fülle von Einzelmonografien, Tagungsbänden, Fallsammlungen sowie den zahlreichen Gesamtdarstellungen des Arzthaftungsrechtes wird davon abgesehen, die für die arzthaftungsrechtliche Praxis wichtigen Verfahren vor den Gutachterkommissionen, Schlichtungsstellen, sonstige außergerichtliche Möglichkeiten zur Konfliktentscheidung sowie Einzelfragen des Zivilprozesses und Besonderheiten des ärztlichen Berufs- und Strafrechts darzustellen vgl. zum Arzthaftungsrecht aus jüngerer Zeit *Bergmann/Kienzle,* Krankenhaushaftung, 3. Aufl.; *Dautert/Jorzig* in: Saalfrank (Hrsg.), Handbuch des Medizin- und Gesundheitsrechts, § 2; *Ehlers/Broglie* (Hrsg.), Arzthaftungsrecht; *Geiß/Greiner,* Arzthaftpflichtrecht; Laufs/Kern, §§ 17 bis 21; Laufs/Katzenmeier/Lipp, Arztrecht, V, X bis XII; *Wenzel* in: Wenzel (Hrsg.), Handbuch des Fachanwalts Medizinrecht, Kap. 4 A, C; ders., Der Arzthaftungsprozess (2012).

[540] Gesetz zur Verbesserung der Rechte von Patientinnen und Patienten vom 20.2.2013, BGBl. I 2013, 277; dazu *Rehborn,* GesR 2013, 257 ff.; *Thole,* MedR 2013, 145 ff. sowie zum Regierungsentwurf (RegE PatRG) vom 15.8.2012 – BT-Drs. 17/10488, der im Wesentlichen mit dem am 26.2.2013 in Kraft getretenen PatRG identisch ist *Hart,* GesR 2012, 385 ff.; *Middendorf,* ZMGR 2012, 324 ff.

[541] Vgl. zur Geschichte der Gesetzgebung um die Patientenrechte Begr. RegE PatRG vom 23.5.2012, S. 12 f. sowie insb. *Francke/Hart,* Charta der Patientenrechte 1999 (Rechtsgutachten für die Bundesländer Bremen, Hamburg und Nordrhein-Westfalen); *Thole,* MedR 2013, 145; *Deutsch,* NJW 2012, 2009 ff.

§ 14 Die Rechtsbeziehungen zwischen Arzt (Krankenhaus) und Patient

Arzthaftungsrechts nichts geändert. Für den Patienten als Kläger kommen damit Ansprüche aus Behandlungsvertrag (§§ 630a ff. BGB) wie auch aus Deliktsrecht (§§ 823 ff. BGB) in Betracht, die unabhängig voneinander geltend gemacht werden können. Dabei knüpfen die vertraglichen Haftungsbeziehungen an die im Arzt- oder Krankenhausvertrag vereinbarte Behandlungsaufgabe, die deliktischen Haftungsbeziehungen an die vom Behandelnden durch die Übernahme der Behandlung faktisch in Anspruch genommene Garantenstellung für die Beherrschung vor allem der Krankheitsrisiken in seinem Berufsfeld an.

Die Haftungsgrundlagen stehen zwar gleichwertig nebeneinander, sind jedoch in ihrem Regelungsgehalt – erst recht durch die Kodifizierung des Behandlungsvertrages – so stark angenähert, dass ihre Unterschiedlichkeit in der Praxis kaum Bedeutung erlangt. Dies zum einen, weil die Kernfragen der Haftung von der Rechtsprechung in beiden Bereichen weitgehend identisch gelöst werden.[542] Im Mittelpunkt des vertraglichen und deliktischen Haftungsschutzes steht danach der Schutz der gesundheitlichen Integrität des Patienten, der von Hause aus eigentlich eine Aufgabe der Deliktsordnung ist. Die Schlechterfüllung des Behandlungsvertrages ist deliktsrechtlich als Körperverletzung zu qualifizieren. In beiden Haftungsordnungen gilt derselbe Sorgfaltsmaßstab einfacher Fahrlässigkeit. Auch die Kausalitätsanforderungen und im Wesentlichen der Umfang des ersatzfähigen materiellen Schadens des Patienten entsprechen sich in beiden Haftungsordnungen. Stimmen aber vertragliche und deliktische Verhaltenspflichten überein und besteht „Strukturgleichheit" auch von vertraglichen und deliktischen Sorgfaltspflichten, ist auch der Haftungsgrund prinzipiell identisch.[543]

Darüber hinaus hat das am 1.1.2003 in Kraft getretene Gesetz zu Modernisierung des Schuldrechts[544] zu einer nahezu vollständigen Angleichung der Haftungsgrundlagen geführt.[545] Insbesondere wurden die für vertragliche Ansprüche des Patienten geltende 30-jährige Regelverjährung des § 195 BGB a. F. auf die jetzt allgemein geltende Regelverjährung von drei Jahren gekürzt (§ 195 BGB) und zugleich die für deliktische Ansprüche geltende drei Jahre umfassende Verjährungsvorschrift des § 852 BGB a. F. aufgehoben, so dass die neue Regelverjährung des § 195 BGB nunmehr sowohl für vertragliche Ansprüche aus „Pflichtverletzung" (§ 280 I BGB) als auch für deliktische Ansprüche aus unerlaubter Handlung (§§ 823 ff. BGB) gilt.[546] Aufgehoben wurde ferner die deliktische Anspruchsgrundlage für einen immateriellen Schadensanspruch (§ 847 BGB a. F.). Nunmehr kann mit § 253 II BGB der Schmerzensgeldanspruch über das Deliktsrecht hinaus auch auf eine zum Schadensersatz verpflichtende vertragliche Haftung gegründet werden. § 253 Abs. 2 BGB schafft einen einheitlichen und übergreifenden, vom Haftungsgrund unabhängigen Schmerzendgeldanspruch, der auf eine „billige Entschädigung in Geld" gerichtet ist.[547] Es verbleibt demnach für die Doppelspurigkeit der Haftung lediglich der Unterschied beim Einstehenmüssen für das Verhalten von Hilfspersonen gemäß §§ 278 BGB oder 831 BGB sowie die Privilegierung beamteter Ärzte durch das sog. Verweisungsprivileg (§ 839 I BGB). Auch hier haben indessen die Gerichte die Exkulpationsmöglichkeit bei § 831 BGB durch hohe Anforderungen sehr erschwert und damit die Einstandspflichten für Hilfspersonen im Ergebnis ebenfalls einander nahegebracht.[548]

---

[542] BGH, u. a. NJW 1989, 767; 1990, 2929; 1991, 2960; w. N. bei *Geiß/Greiner*, Arzthaftpflichtrecht, Einl. Rn. 1; *Steffen*, in: Bihr/Hekking/Krauskopf/Lang (Hrsg.), Handbuch der Krankenhauspraxis, 158, jeweils mit weiteren Nachweisen.
[543] Laufs/Kern/*Laufs*, § 103 Rn. 1 ff.
[544] Neubekanntmachung des BGB in der ab 1.1.2002 geltenden Fassung (BGBl. I, 42).
[545] Zu den Auswirkungen der Schuld- und Schadensrechtsreform auf die Arzthaftung s. *Spindler/Rieckers*, JuS 2004, 272 ff.
[546] *Mansel*, NJW 2002, 89 ff.; *Ott*, MDR 2002, 1 ff.; *Martis/Winkhart*, V 1 ff. („Verjährung").
[547] *Heinrichs*, in: Palandt, BGB, 63. Aufl. 2004, § 253 Rn. 1.
[548] OLG Bamberg, VersR 1994, 814; *Geiß/Greiner*, Arzthaftpflichtrecht, Einl. Rn. 2; Laufs/Kern/*Laufs*, § 104 Rn. 1 ff.

62 **b) Anspruchsvoraussetzungen.** Grundlage der Arzthaftung ist zunächst das Behandlungsverhältnis. Es ist in aller Regel privatrechtlicher Natur,[549] auch wenn sich der Behandlungsträger öffentlich-rechtlich konstituiert (Universitätsklinik; Städt. Krankenhaus; Landeskrankenhaus). Das gilt auch für die Behandlung der Kassenpatienten trotz ihrer Einbettung in einen öffentlich-rechtlichen (sozialrechtlichen) Rahmen (vgl. § 76 IV SGB V).[550] Nur im öffentlichen Interesse gesetzlich angeordnete Behandlungen, z. B. auf Grund der Unterbringungsgesetze der Länder und die Behandlung durch den Amtsarzt sind hoheitsrechtlich qualifiziert. Hier folgt die Haftung Amtshaftungsgrundsätzen (§ 839 BGB, Art. 34 GG).[551] Entsprechendes gilt für die Tätigkeit des Notarztes im Rahmen des Rettungsdienstes[552] und für sog. Durchgangsärzte.[553]

63 Das der vertraglichen Haftung zu Grunde liegende Behandlungsverhältnis ergibt sich aus dem zwischen dem Arzt und dem Patienten bzw. Krankenhaus und Patienten geschlossenen Behandlungsvertrag (§ 630a BGB). Insoweit ist zwischen den ambulanten Behandlungsverhältnissen (Arztvertrag einschließlich der Sonderfälle der Vertragsbeziehungen zwischen dem Patienten und der Praxisgemeinschaft/Gemeinschaftspraxis, Behandlung in der Krankenhausambulanz etc.)[554] und den stationären Behandlungsverhältnissen (einheitlicher, sog. totaler Krankenhausaufnahmevertrag,[555] gespaltener Krankenhausaufnahmevertrag[556] und einheitlicher Krankenhausaufnahmevertrag mit Arztzusatzvertrag)[557] zu unterscheiden. Die deliktische Haftung setzt keinen Vertragsabschluss zwischen dem Patienten und dem Krankenhausträger bzw. dem Arzt voraus. Anknüpfung der deliktischen Haftung und das ihr zu Grunde liegende Behandlungsverhältnis ist die Übernahme der Behandlung durch den Arzt oder die Beteiligung an einer Behandlungsaufgabe durch Arzt oder nicht-ärztliches Personal. Hieraus erwachsen den auf der Behandlungsseite Beteiligten die gesetzlichen Pflichten zum Schutz und der Erhaltung der Gesundheit des Patienten nach den Vorschriften der §§ 823 ff. BGB, insbesondere die Verkehrssicherungspflichten.[558] Die deliktische Haftung ist für den Arzt Eigenhaftung, für das haftende Krankenhaus (den Krankenhausträger) eine Haftung für Dritte, und zwar entweder als Organhaftung (§§ 823, 839, 31, 89 BGB)[559] oder als Haftung für Verrichtungsgehilfen (§§ 823, 839, 831 BGB).[560] Neben dem Vorliegen eines Behandlungsverhältnisses müssen für die Arzthaftung weitere vier Voraussetzungen erfüllt sein, die gleichermaßen für die vertragliche und die deliktische Haftung gelten:

(1) Es muss ein Schaden des Patienten entstanden sein;
(2) Es muss ein Fehler des Arztes vorliegen;

---

[549] → § 14 Rn. 1.
[550] Str., wie hier die Rechtsprechung des BGH, BGHZ 47, 75; 76, 259; und die Vertreter der sog. Vertragskonzeption – vgl. umfassend *Natter*, der Arztvertrag mit dem sozialversicherten Patienten (1987), 39 ff.; aA die Vertreter der sog. Versorgungskonzeption – u. a. Laufs/Kern/*Krauskopf/Clemens,* § 27 Rn. 7 ff. m. w. N.
[551] BGH NJW 1985, 677; 1994, 2415; 3012; *Dautert/Jorzig* in: Saalfrank (Hrsg.), Handbuch des Medizin- und Gesundheitsrecht, § 5 Rn. 26 ff.; *Steffen*, in: Bihr/Hekking/Krauskopf/Lang (Hrsg.), Handbuch der Krankenhauspraxis, 158.
[552] BGH NJW 2005, 429; 2003, 1184; *Martis/Winkhart,* A 497 ff. („Arztvertrag"); *Wenzel* in: Wenzel (Hrsg.), Handbuch des Fachanwalts Medizinrecht, Kap. 4 Rn. 43 ff.
[553] *Martis/Winkhart,* A 486 ff. („Arztvertrag").
[554] Zum Arztvertrag s. o. bei → § 14 Rn. 10, zum Vertragsschluss mit der Gemeinschaftspraxis und der Praxisgemeinschaft *Martis/Winkhart,* G 1 ff. („Gemeinschaftspraxis").
[555] → § 14 Rn. 10.
[556] → § 14 Rn. 13.
[557] → § 14 Rn. 11 f.
[558] *Geiß/Greiner,* Arzthaftpflichtrecht, A Rn. 55 ff. m. w. N. zur Rspr.
[559] Zur Organhaftung für die leitenden Krankenhausärzte s. BGH NJW 1973, 334; st. Rspr.; w. N. bei *Geiß/Greiner,* Arzthaftpflichtrecht, A Rn. 60 ff.
[560] Zu den insoweit bestehenden Unterschieden beim einheitlichen, gespaltenen oder einheitlichen Krankenhausaufnahmevertrag mit Arztzusatzvertrag s. *Geiß/Greiner,* Arzthaftpflichtrecht. A Rn. 63 ff.

(3) Zwischen dem Fehler und dem Schaden muss ein Kausalzusammenhang bestehen;
(4) Dem Arzt muss zumindest ein objektives Verschulden vorgeworfen werden können (§ 276 BGB).

Diese Voraussetzungen müssen kumulativ vorliegen. Beweispflichtig ist grundsätzlich der Patient. Allerdings kommen ihm nach der Rechtsprechung zahlreiche Beweiserleichterungen zu Gute, auf die im Einzelnen im Rahmen der Darstellung der Haftung wegen Behandlungs- und Aufklärungsfehler einzugehen ist.[561]   **64**

c) Fehlerbegriff und Sorgfaltsmaßstab. Im Mittelpunkt des Arzthaftungsprozesses steht regelmäßig die Frage, ob ein Fehler des Arztes vorliegt, welcher Art der Fehler ist und ob der Fehler bei der gebotenen Sorgfalt vermeidbar gewesen wäre. Als zentral erweisen sich somit der Fehlerbegriff und das Verschulden: **65**

aa) Fehlerbegriff. Der Begriff des Fehlers in der ärztlichen Behandlung lässt sich in drei Kategorien (Fallgruppen) einteilen: **66**
1. Behandlungsfehler,
2. Aufklärungsfehler,
3. Organisationsfehler.

Als Behandlungsfehler im engeren Sinne, die früher unter dem juristisch unscharfen Begriff „Kunstfehler" eingereiht wurden,[562] stehen weit im Vordergrund der Diagnosefehler[563] und der Therapiefehler.[564] Daneben gibt es Fehler bei der therapeutischen Sicherheitsaufklärung[565] sowie Koordinierungsfehler.[566]   **67**

Als Aufklärungsfehler wertet die neuere Rechtsprechung eine unzureichende Aufklärung durch den Arzt, die das Selbstbestimmungsrecht des Patienten verletzt (Selbstbestimmungsaufklärung).[567] Hier haben die Fehler in der Diagnoseaufklärung[568] und in der therapeutischen Aufklärung,[569] insbesondere über Behandlungsalternativen, das größte Gewicht. Hinzu kommen Fehler in der Risiko-[570] und der Verlaufsaufklärung[571] sowie bei der wirtschaftlichen Beratung des Patienten.[572]   **68**

Zwischen der Haftung wegen Behandlungs- und Aufklärungsfehler besteht insoweit ein Zusammenhang, als – wie es der BGH formulierte – die Aufklärungspflichtverletzung oft als Auffangtatbestand wegen nicht erweisbarer Behandlungsfehler geltend gemacht wird.[573] Dies lässt sich vor allem mit der unterschiedlichen Beweislastverteilung erklären, die im Behandlungsfehlerprozess beim Patientenkläger liegt, während bei erhobener Aufklärungsrüge der Arzt regelmäßig die ordnungsgemäß durchgeführte Aufklärung zu beweisen hat.[574] Darüber hinaus kann der Patient bei mangelhafter Aufklärung immateriellen Schadenersatz wegen   **69**

---

[561] → § 14 Rn. 107 ff.
[562] Laufs/Kern/*Laufs/Kern*, § 97 Rn. 5; *Deutsch/Spickhoff*, Medizinrecht, Rn. 172; so noch heute *Ehlers/Broglie* (Hrsg.), Arzthaftungsrecht, Rn. 627; zur „Behandlungsfehlertypologie" ausführlich *Dautert/Jorzig* in Saalfrank (Hrsg.), Handbuch des Medizin- und Gesundheitsrechts, § 2 B Rn. 8 ff.
[563] → § 14 Rn. 76.
[564] → § 14 Rn. 77.
[565] bei § 14 Rn. 79.
[566] Sie treten v. a. in der Krankenhaushaftung auf, s. u. bei → § 14 Rn. 126.
[567] → § 14 Rn. 82.
[568] → § 14 Rn. 89.
[569] → § 14 Rn. 90.
[570] → § 14 Rn. 93.
[571] → § 14 Rn. 92.
[572] → § 14 Rn. 95.
[573] BGH NJW 1978, 587; VersR 1976, 1993; s. a. *Ehlers/Broglie* (Hrsg.), Arzthaftungsrecht, Rn. 17 m. w. N.
[574] → § 14 Rn. 107.

Verletzung seines Persönlichkeitsrechts verlangen,⁵⁷⁵ ist also – anders als beim Behandlungsfehler – nicht auf den Nachweis eines Körperschadens angewiesen.⁵⁷⁶

70 Die Haftung wegen Organisationsfehler betrifft insbesondere die Krankenhaushaftung.⁵⁷⁷ Danach hat der Krankenhausträger den Klinikbetrieb so zu organisieren, dass jede vermeidbare Gefährdung des Patienten ausgeschlossen ist. In die Organisation eingebunden – und damit zusätzliche Haftungsschuldner – sind die für die Organisation des Krankenhausbetriebs verantwortlichen (Chef-)Ärzte.

71 **bb) Sorgfaltsmaßstab und Verschulden.** Die Berufshaftung des Arztes gründet sich auf der Außerachtlassung des medizinischen Standards.⁵⁷⁸ Sie ist eine Haftung des Experten dafür, dass der Behandler der von ihm beanspruchten Expertenstellung nicht gerecht wird.⁵⁷⁹ Dabei ist der Misserfolg der Behandlung in aller Regel kein Beweis für schlechte Behandlungsqualität. Das Krankheitsrisiko kann deshalb nicht dadurch, dass der Arzt die Behandlung übernimmt, zum Arztrisiko in dem Sinne werden, dass er für die trotz der Behandlung verbleibenden Gesundheitsschäden zu haften oder gar für die Gesundung des Patienten zu garantieren hätte.⁵⁸⁰ Nicht der schlechte Ausgang einer Behandlung wird zum Haftungsgrund, sondern erst das Abweichen vom Standard der medizinischen Wissenschaft.⁵⁸¹ Es entscheidet also nicht der juristische, sondern der medizinische Maßstab,⁵⁸² auch wenn die Maßgeblichkeit der Sorgfaltspflichtverletzung letztlich vom Richter festzustellen ist.⁵⁸³

72 Die an den Arzt zu stellenden Anforderungen folgen aus dem Stand der medizinischen Wissenschaft, so dass die Gerichte generell darauf abstellen, wie sich ein gewissenhafter Arzt in der gegebenen Lage verhalten hätte. Es gilt das Prinzip der „Gruppenfahrlässigkeit", d. h. die nach § 276 I BGB erforderliche Sorgfalt ist die des besonnenen und gewissenhaften Arztes des jeweiligen Fachgebiets.⁵⁸⁴ Insoweit geht das Zivilrecht – anders als das Strafrecht – von einem objektiven Verschuldensbegriff aus und nimmt deshalb keine Rücksicht auf persönliche, individuelle Besonderheiten des Arztes oder der Situation, in der er sich zum Zeitpunkt des Eingriffs befunden hat. Auf mangelnde Ausbildung und Erfahrung, auf personelle oder instrumentelle Engpässe vor Ort aufgrund fehlerhafter Organisation etc. kann sich der Arzt (das Krankenhaus) grundsätzlich nicht berufen.⁵⁸⁵ Da das Zivilrecht von einem objektiven Verschuldensbegriff ausgeht, fallen andererseits die Bejahung eines Behandlungsfehlers und die Feststellung eines Verschuldens praktisch immer zusammen. Liegt ein Abweichen vom Standard der medizinischen Wissenschaft vor, hat dies der behandelnde Arzt in aller Regel zu vertreten. Dies gilt auch, wenn sich der Arzt mit der Behandlung auf ein anderes Fachgebiet begeben hat. Dann muss er dessen Standard garantieren, sonst trifft ihn ein Übernahmeverschulden.⁵⁸⁶

---

⁵⁷⁵ LG Köln, MedR 1995, 409; OLG Jena, VersR 1998, 586.
⁵⁷⁶ *Ratajczak,* in: Burk/Hellmann, Krankenhausmanagement für Ärztinnen und Ärzte, Loseblatt, VI 2.6.1.
⁵⁷⁷ → § 14 Rn. 119.
⁵⁷⁸ Während früher regelmäßig der „Stand der Wissenschaft und Technik" als sorgfaltsbegründendes Merkmal hervortrat, wird zunehmend – und jetzt in § 630a II BGB – der Begriff des „Standard" verwendet, um auf die Dynamik des sich wandelnden Sorgfaltsbegriff und den dabei anzulegenden Maßstab hinzuweisen – vgl. *Rehborn,* GesR 2013, 257 (259); Laufs/Kern/*Laufs/Kern,* § 97 Rn. 3; grundsätzlich zum ärztlichen Sorgfaltsbegriff *Dautert/Jorzig* in Saalfrank (Hrsg.), Handbuch des Medizin- und Gesundheitsrechts, § 2 B Rn. 34 ff. zum Standard s. § 14 Rn. 128.
⁵⁷⁹ *Steffen,* in: Bihr/Hekking/Krauskopf/Lang (Hrsg.), Handbuch der Krankenhauspraxis, 158, 163.
⁵⁸⁰ *Steffen,* aaO, m. w. N. zur Rechtsprechung.
⁵⁸¹ OLG Stuttgart, VersR 1988, 1137; *Deutsch/Spickhoff,* Medizinrecht, Rn. 177.
⁵⁸² BGH MedR 1995, 276.
⁵⁸³ Laufs/Kern/*Laufs/Kern,* § 97 Rn. 9 unter Hinweis auf BVerfG NJW 1982, 691, 693.
⁵⁸⁴ Laufs/Kern/*Laufs/Kern,* § 97 Rn. 17; *Deutsch/Spickhoff,* Medizinrecht, Rn. 177, 198.
⁵⁸⁵ BGH, st. Rspr., u. a. NJW 1983, 1374; 1986, 776; NJW 1990, 759.
⁵⁸⁶ Dazu u. bei → § 14 Rn. 74; sowie BGH NJW 1982, 1049; OLG Stuttgart, VersR 2001, 1560, 1563; *Martis/Winkhart,* B 28 ff. („Behandlungsfehler") 195; *Steffen,* in: Bihr/Hekking/Krauskopf/Lang (Hrsg.), Krankenhauspraxis, 158, 168.

Der medizinische Soll-Standard guter Behandlung ist nicht gleichzusetzen mit einer stets 73 geschuldeten Standardbehandlung. Der Arzt kann verpflichtet sein, von der „Kunstregel" abzuweichen, wenn er nach gewissenhafter Prüfung überzeugt ist, einer anderen Methode folgen zu müssen.[587] Bei neuen Behandlungsmethoden werden allerdings im Interesse des Patienten verstärkte Anforderungen an die ärztliche Sorgfalt gestellt. Das Lernen darf nicht zu Lasten des Patienten gehen.[588] Problematisch ist deshalb das Verhältnis des Soll-Standards zur sog. Alternativmedizin. Bei Meinungsverschiedenheiten zwischen beiden Richtungen kann der Richter nicht von einer Subsidiarität der Alternativmedizin ausgehen, sondern muss prüfen, ob eine Außenseitermethode mit allen sich hieran anknüpfenden Forderungen etwa zur Aufklärungspflicht angewendet oder ob die Anforderungen an die medizinische Sorgfalt beachtet wurden.[589] Methoden der Diagnose und Therapie, die erst in wenigen Spezialkliniken erprobt werden, bestimmen den allgemeinen Soll-Standard noch nicht; ihre Nichtanwendung begründet keine Haftung.[590] Für die medikamentöse Therapie ist zu beachten, dass die Nichtzulassung eines Medikaments für eine bestimmte Behandlungsmethode (für den Verkehr mit Arzneimitteln gemäß §§ 21 ff., 48 ff. AMG) die Verordnung des Medikaments durch den Arzt nicht von vornherein fehlsam macht.[591]

2. Haftung aus Behandlungsfehler

a) Übernahmeverschulden. Zahlreiche Behandlungsfehler gehen auf ein „Übernahmever- 74 schulden" infolge unzureichender Fachkenntnisse des behandelnden Arztes oder unzureichender sachlicher und räumlicher Ausstattung der Praxis bzw. des Krankenhauses zurück. Verletzt ist damit die Pflicht des Arztes, eine ärztliche Behandlung nur auf Grund hinreichender, allgemeiner und spezieller Fachkenntnisse vorzunehmen und die nach dem Stand der medizinischen Wissenschaft für die Behandlung erforderlichen technischen Hilfsmittel und Apparate vorzuhalten. Ein Behandlungsfehler aus Übernahmeverschulden liegt vor, wenn der Arzt vor der Durchführung der Behandlung bzw. des Eingriffs hätte erkennen müssen, dass die Behandlung die Grenzen seines Fachbereiches, seiner persönlichen Fähigkeiten oder der ihm zur Verfügung stehenden technischen-apparativen Ausstattung überschreitet oder durch die vorgesehene Behandlung möglicherweise überfordert ist.[592] Der Arzt muss deshalb ggf. den Patienten an ein besser ausgestattetes oder an ein Spezialkrankenhaus überweisen,[593] über deren Möglichkeit der Patient aufzuklären ist.[594]

Ein Übernahmeverschulden liegt auch vor, wenn der Chefarzt eines Krankenhauses dem 75 Patienten die persönliche Behandlung bzw. Operation zusagt, obwohl ihm bekannt ist, dass er den Eingriff nicht selbst wird vornehmen können, dieser dann vielmehr von einem nicht ausreichend qualifizierten Assistenzarzt ohne Aufsicht eines qualifizierten Facharztes durchgeführt wird.[595] Tritt ein Notfall während der Behandlung auf, ergeben sich zwangsläufige Beschränkungen an die Entschlusszeit und die sachlich/personell verfügbaren Mittel. Geringeren Anforderungen in der Akutsituation korrespondiert die Pflicht zu rechtzeitiger Not-

---

[587] BGH NJW 1988, 763; NJW 1992, 754; *Rumler-Detzel*, VersR 1989, 1008, 1009; Laufs/Kern/*Laufs/Kern*, § 97 Rn. 38. Zum Heilversuch s. → § 68 Rn. 23 ff.
[588] OLG Köln, VersR, 1990, 856; *Broglie*, in: Ehlers/Broglie (Hrsg.), Arzthaftungsrecht, Rn. 632.
[589] BGH NJW 1995, 2930; *Geiß/Greiner*, Arzthaftpflichtrecht, B Rn. 9, s. dazu ausf. → § 3 Rn. 90.
[590] BGH NJW 1984, 1810; OLG Frankfurt, VersR, 1998, 1378.
[591] OLG München, VersR 1991, 471; *Geiß/Greiner*, Arzthaftpflichtrecht, B Rn. 9, dort auch zu Rechtsprechungsnachweisen auf der Grundlage der Behandlung von Richtlinien und Leitlinien nach den §§ 135 ff. SGB V, zum sog. off-label-use s. → § 53 Rn. 29 ff.
[592] OLG Stuttgart, VersR 2001, 1560, 1563; w. N. z. Rspr. bei *Geiß/Greiner*, Arzthaftpflichtrecht, B Rn. 11 ff.; *Martis/Winkhart*, B 28 ff. („Behandlungsfehler").
[593] BGH NJW 1989, 2321; OLG Düsseldorf, MedR 1985, 85.
[594] BGH NJW 1989, 2321; 1992, 1560; insoweit besteht jetzt eine Informationspflicht des Arztes, vgl. § 630c II 2 BGB.
[595] OLG Celle, VersR 1982, 46; zur Aufklärung s. u. bei → § 14 Rn. 90.

fallvorkehrungen in den ruhigeren Vorbereitungsphasen, insbesondere bei einem Krankenhaus, das an der Notversorgung beteiligt ist.[596]

76 **b) Diagnosefehler.** Diagnoseirrtümer, die auf eine Fehlinterpretation erhobener Befunde zurückzuführen sind, bewertet die Rechtsprechung nur mit Zurückhaltung als Behandlungsfehler.[597] Grundsätzlich ist zwar das Nichterkennen einer erkennbaren Erkrankung und der für sie kennzeichnenden Symptome als Behandlungsfehler zu werten. Irrtümer bei der Diagnosestellung sind jedoch oft nicht die Folge eines vorwerfbaren Versehens des Arztes. Die Symptome einer Erkrankung sind nicht immer eindeutig, sondern können auf die verschiedensten Ursachen hinweisen. Auch kann jeder Patient wegen der Unterschiedlichkeiten des menschlichen Organismus die Anzeichen ein- und derselben Krankheit in anderer Ausprägung aufweisen. Bloße Fehlinterpretationen der diagnostischen Befunde führen deshalb grundsätzlich nur zur Haftung, wenn sie aus der Sicht eines gewissenhaften Arztes unter Berücksichtigung des ihm zustehenden Beurteilungsfreiraumes und aus der ex-ante-Sicht nicht vertretbar erscheinen.[598] Dagegen ist regelmäßig von einem (ggf. groben) Behandlungsfehler auszugehen, wenn eine Befunderhebung unterlassen wurde, differenzialdiagnostische Maßnahmen trotz eindeutiger Symptome nicht ergriffen wurden[599] oder überhaupt Symptome vorliegen, die für eine bestimmte Erkrankung kennzeichnend sind, vom Arzt aber nicht ausreichend berücksichtigt werden.[600] Der Umfang der Diagnostik muss sich am Krankheitsbild orientieren. Das umfasst auch, die Maßnahmen zeitlich so rasch durchzuführen, dass mit Hilfe der gewonnenen Ergebnisse zum Wohle des Patienten möglichst frühzeitig mit einer wirksamen Behandlung begonnen werden kann.[601] „Überdiagnostik" allein zum Schutze des Arztes, „weil das zum Programm gehört", kann ebenfalls zur Haftung führen.[602]

77 **c) Therapiefehler.** Der deutlichste Fehler ist das Unterbleiben der Behandlung, obwohl eine Therapie erforderlich war. Ein Unterfall der Nichtbehandlung bildet die verspätete Behandlung.[603] Der Arzt muss die möglichen und zumutbaren Maßnahmen ergreifen, um einen nach dem jeweiligen Stand naturwissenschaftlicher Erkenntnisse und ärztlicher Erfahrung erkennbaren gesundheitlichen Schaden von seinem Patienten abzuwenden. Für die Anforderung an die Therapie orientiert sich deshalb der BGH an den medizinischen Gegebenheiten „vor Ort" und den praktischen Erfahrungen des betreffenden Arztes in der einen oder anderen Methode.[604] Grundsätzlich ist der Arzt in der Wahl der diagnostischen bzw. therapeutischen Methode frei. Fahrlässig handelt er aber, wenn er veraltete, überholte Methoden anwendet und gewichtige Stimmen in der medizinischen Literatur außer Acht lässt.[605] Insbesondere ist der Arzt nicht stets auf das jeweils neueste Therapiekonzept und die jeweils

---

[596] Vgl. die Rechtsprechungsnachweise bei *Geiß/Greiner*, Arzthaftpflichtrecht, B Rn. 27; zur Herabsetzung des Sorgfaltsstandards in Eil- oder Notsituationen s. a. *Deutsch/Spickhoff*, Medizinrecht, Rn. 1982 („Luftröhrenschnitt mit dem Taschenmesser").

[597] Laufs/Kern/*Laufs/Kern*, § 98 Rn. 6 ff; *Martis/Winkhart*, D 2 („Diagnosefehler").

[598] BGH st. Rspr., u. a. NJW 1983, 333; NJW 1988, 1513; NJW 1991, 2350; zusammenfassend BGH, U. v. 8.7.2003 – VI ZR 304/02 in GesR 2003, 352.

[599] BGH MDR 1994, 1187; *Martis/Winkhart*, D 15 ff. („Diagnosefehler").

[600] BGH GesR 2003, 352; OLG Saarbrücken, MedR 1999, 181; *Bischoff*, in: Festschrift für Geiß, 2000, 345 ff.

[601] *Geiß/Greiner*, Arzthaftpflichtrecht, B Rn. 65 bis 74 m. w. N. aus der Rspr.

[602] OLG Hamm VersR, 1997, 1342; *Steffen*, in: Bihr/Hekking/Krauskopf/Lang (Hrsg.), Handbuch der Krankenhauspraxis, 169.

[603] *Deutsch/Spickhoff*, Medizinrecht, Rn. 186.

[604] BGH NJW 1988, 763; *Steffen*, in: Bihr/Hekking/Krauskopf/Lang (Hrsg.), Handbuch der Krankenhauspraxis 158, 170.

[605] Laufs/Kern/*Laufs/Kern*, § 98 Rn. 22.

neueste apparative Ausstattung verpflichtet. Der Einsatz älterer Geräte oder Methoden ist zulässig, wenn sie technisch oder methodisch gleichwertig sind.[606]

Kommen verschiedene Operationsmöglichkeiten in Betracht, hat der Chirurg grundsätzlich den sichersten Weg zu wählen. Eine mit höheren Risiken verbundene Behandlungsmethode kommt nur in Betracht, wenn sie den besonderen Sachzwängen des konkreten Falls oder in einer günstigeren Heilprognose eine sachliche Rechtfertigung findet.[607] Auch hier ist das Verhältnis zur alternativen Medizin und den von ihr empfohlenen Behandlungsmethoden streitig.[608] Eine Außenseitermethode oder die Anwendung einer noch nicht allgemein eingeführten und bewährten Methode ist nur zulässig, wenn der Operateur über besondere Erfahrungen mit dieser Methode verfügt und die technische Ausstattung eine solche Vorgehensweise erlaubt.[609] Im Übrigen entspricht die Diagnostik- oder Therapiemethode dann nicht mehr dem zu fordernden Qualitätsstandard, wenn es neue Methoden gibt, die risikoärmer oder für den Patienten weniger belastend sind, insbesondere, wenn sie in der medizinischen Wissenschaft im Wesentlichen unumstritten sind und in der Praxis, nicht nur in wenigen Universitätskliniken verbreitet Anwendung gefunden haben.[610]

78

d) Therapeutische Aufklärung (Sicherungsaufklärung). Zu den konkreten Risikoschutzpflichten in der ärztlichen Behandlung zählt auch die Verpflichtung des Arztes, den Patienten über alle Umstände zu informieren, die zur Sicherung des Heilungserfolges und zu einem therapiegerechten Verhalten erforderlich sind (Sicherungsaufklärung).[611] Eine entsprechende Informationspflicht des Arztes normiert jetzt § 630c II BGB.[612] Hierzu gehören etwa Hinweise auf die Dringlichkeit der ärztlich indizierten Behandlung oder die von einem Mitpatienten ausgehende Ansteckungsgefahr, die Aufklärung über die bestehende Misserfolgsquote und die Notwendigkeit regelmäßiger Nachuntersuchungen nach einer Sterilisation, die Information über Dosis, Unverträglichkeiten und Nebenwirkungen eines verordneten Medikaments und der Hinweis auf das Erfordernis einer vorsichtigen Lebensführung etwa bei Verdacht auf eine ernsthafte Herzerkrankung etc.[613] Letztlich folgt das Gebot der Sicherungsaufklärung aus dem mit dem Patienten fortbestehenden Behandlungsvertrag und der Pflicht des Arztes, von sich aus alles zu tun, um die Auswirkungen des Eingriffs so gering wie möglich zu halten.[614] Dies gilt auch für eine Gegenbehandlung oder Restitution nach misslungenem Eingriff oder nach Abbruch der ärztlichen Behandlung,[615] unbeschadet des

79

---

[606] OLG Frankfurt, VersR 1991, 185; *Martis/Winkhart*, T 3 („Therapiefehler").
[607] BGH NJW 1987, 2927; OLG Frankfurt, VersR 1998, 1378; OLG Köln, VersR 1990, 856; *Martis/Winkhart*, T 2 ff. („Therapiefehler"). mit einzelnen Fallgruppen.
[608] Vgl. *Geiß/Greiner*, Arzthaftpflichtrecht, B Rn. 9.
[609] OLG Düsseldorf, NJW-RR 1991, 987; *Martis/Winkhart*, T 7 („Therapiefehler").
[610] BGH NJW 1988, 763.
[611] Nicht: „Sicherheitsaufklärung" – vgl. BGH MedR 2009, 44; zur Sicherungsaufklärung im Einzelnen vgl. *Geiß/Greiner*, Arzthaftpflichtrecht, B Rn. 95 ff.; *Martis/Winkhart*, A 580 ff. („Aufklärung"); *Dautert/Jorzig* in: Saalfrank (Hrsg.), Handbuch des Medizin- und Gesundheitsrechts, § 2 B Rn. 47.
[612] Das PatRG (2013) unterscheidet damit zwischen den Informations- (§ 630c BGB) und den Aufklärungspflichten des Arztes (§ 630e BGB). Diese begriffliche Unterscheidung ist neu. In der Sache entsprechen allerdings die in § 630c II BGB genannten Informationspflichten den Grundsätzen, die die Rechtsprechung zur therapeutischen Aufklärung („Sicherungsaufklärung") aufgestellt hat – vgl. Begr. RegE PatRG vom 23.5.2012, BR-Drs. 312/12, S. 32.; *Rehborn*, GesR 2013, 257 (260 ff.).
[613] *Rehborn*, MDR 2000, 1101, 1103; Laufs/Kern/*Laufs/Kern*, § 58 Rn. 1 ff.
[614] BGH MedR 2005, 226 („drohende Netzhautablösung"); OLG Koblenz, MedR 2000, 37 zur posttherapeutischen Sicherungsaufklärung; die Begr. RegE PatRG vom 23.5.2012, BR-Drs. 312/12, 31, stellt insoweit zusätzlich auf den, § 630c BGB zu Grunde liegenden „Partnerschaftsgedanke" zwischen Arzt und Patienten ab. Das mag für die Mitwirkungspflichten gem. § 630c I BGB zutreffen. Für die in § 630c II BGB geregelten Informationspflichten des Arztes kann dies nur mit Einschränkungen angenommen werden.
[615] *Martis/Winkhart*, Arzthaftungsrecht 2. A., 99 ff. („Aufklärung").

Umstandes, dass beim restituierenden Eingriff der Schadensbeseitiger mit dem Schädiger identisch ist.

80   Die Notwendigkeit der Sicherungsaufklärung kann dem Arzt gebieten, einen Fehler zu offenbaren oder bei Gefahr im Verzug sofort das Erforderliche zu leisten, um die schädlichen Folgen der Falschbehandlung zu verhindern, auszugleichen oder zu mindern (vgl. § 630c II 2 BGB).[616] Dies zeigt, dass Versäumnisse im Bereich der therapeutischen Aufklärung keine Aufklärungsfehler, sondern Behandlungsfehler darstellen und deshalb der Patient – im Gegensatz zum Aufklärungsfehler – den Beweis zu führen hat, dass ein – medizinisch erforderlicher – therapeutischer Hinweis nicht erteilt wurde und es dadurch bei ihm zum Eintritt des Schadens gekommen ist.[617] Die therapeutische Aufklärung kann sich jedoch mit der Selbstbestimmungsaufklärung überschneiden.[618] Dies ist insbesondere der Fall, wenn die therapeutische Aufklärung den Hinweis auf eine den Patienten belastende Behandlung beinhaltet. Es ist dann Sache des Patienten zu entscheiden, auf welche Chancen und Risiken er sich einlassen will.[619] Als Bestandteil der Sicherungsaufklärung ist der Patient vor Gefahren zu warnen, die durch das Unterlassen der (weiteren) ärztlichen Behandlung entstehen können. Die Weigerung des Patienten, einen Eingriff durchführen zu lassen, entlastet deshalb den Arzt nur, wenn er den Patienten auf dessen Dringlichkeit hingewiesen hat.[620] Dies gilt auch bei einem psychisch kranken Patienten, der gegen ärztlichen Rat die Klinik verlässt[621] oder bei Patienten mit ansteckender Krankheit, die nahe Angehörige infizieren können.[622]

81   **e) Behandlungsfehler bei der Sterilisation, der genetischen Beratung, der pränatalen Diagnostik und dem Schwangerschaftsabbruch.** Eine Schadensersatzpflicht des behandelnden Arztes kann bei fehlerhafter genetischer Beratung, misslungener Sterilisation, Versagen des ärztlicherseits empfohlenen Verhütungsmittels und bei verhindertem oder fehlerhaftem, indiziertem Schwangerschaftsabbruch zu bejahen sein.[623] Die sich hier stellenden spezifischen Haftungsprobleme unter den Begriffen „wrongful birth", „wrongful life" und „wrongful conception" sind anderer Stelle dargestellt.[624]

3. Haftung aus Aufklärungsfehler

82   **a) Grundlagen.** Die Aufklärungspflicht des Arztes hat ihre Grundlage in der Ethik und im Recht. Was ihre moralische Basis angeht, gilt nach wie vor: „Salus et voluntas aegrotii suprema lex". Information und Zustimmung des Patienten beruhen daher zunächst auf ethischen Geboten.[625] Die Notwendigkeit der Aufklärung hat jedoch auch eine verfassungsrechtliche und – seit dem 1.1.2013 mit § 630e BGB – eine „einfach-rechtliche" Grundlage: Die Pflicht von Arzt und Krankenhausträger zur Aufklärung des Patienten knüpft an das aus

---

[616] Allerdings sieht § 630c II 3 BGB mit Rücksicht auf den nemo-tenetur-Grundsatz vor, dass entsprechende Informationen des Arztes gegen ihn in einem OWi- oder Strafverfahren nur mit seiner Zustimmung verwendet werden dürfen – dazu amtl. Begr. RegE PatRG 23.5.2012, BR-Drs. 312/12, 32.

[617] OLG Oldenburg, NJW-RR 2000, 240, 241; OLG Köln, NJW-RR 2001, 91; OLG Karlsruhe, OLGR 2002, 392; *Martis/Winkhart,* B 103 („Behandlungsfehler").

[618] *Martis/Winkhart,* A 588 ff. („Aufklärung").

[619] BGH NJW 1991, 748; *Geiß/Greiner,* Arzthaftpflichtrecht, B Rn. 97.

[620] BGH, MDR 1997, 940.

[621] OLG Düsseldorf, VersR 1997, 1402; zur nötigen Dokumentation der Behandlungsverweigerung s. *Martis/Winkhart,* A 634 („Aufklärung").

[622] BGH NJW 1994, 3012 (Kinderlähmung – Schutzimpfung); OLG Düsseldorf, VersR 1995, 339 (AIDS); OLG München, U. v. 18.10.1997 – 1 U 5625/95, zit. b. *Martis/Winkhart,* A 693 („Aufklärung") (Hepatitis C).

[623] Vgl. zusammenfassend BGH MDR 2000, 640; OLG Naumburg, MDR 1998, 1479; *Kehrlein* NJW 2000, 1771; *Geiß/Greiner,* Arzthaftpflichtrecht, B Rn. 150 bis 187; *Martis/Winkhart,* S 200 ff. („Schwangerschaftsabbruch, fehlerhafter"); S 3000 ff. („Sterilisation, fehlerhafte").

[624] S. Vorvoaufl., § 75 Rn. 158 ff.

[625] *Deutsch/Spickhoff,* Medizinrecht, Rn. 102.

dem verfassungsrechtlich gewährleisteten Selbstbestimmungsrecht der Persönlichkeit (Art. 1, 2 I GG)[626] sich ergebende Postulat an, dass der Arzt dem Patienten nicht ohne dessen Einwilligung behandeln darf und die Einwilligung nur wirksam ist, wenn der Patient weiß, worin er einwilligt. Jeder Eingriff in die körperliche oder gesundheitliche Befindlichkeit des Patienten – sei er behandlungsfehlerbehaftet oder frei von einem Behandlungsfehler – ist als Verletzung des Behandlungsvertrags und als rechtswidrige Körperverletzung zu werten, wenn und soweit er sich nicht im konkreten Fall durch eine wirksame Zustimmung des Patienten als gerechtfertigt erweist.[627] Die Rechtsprechung begründet allerdings diese Auffassung nicht mehr mit dem herkömmlichen Rechtswidrigkeitskonzept, sondern maßgeblich aus dem Gesichtspunkt des Selbstbestimmungsrechts des Patienten. Im Sinne der zivilrechtlichen Konkretisierung der Verfassungsgarantie auf freie Entfaltung der Persönlichkeit und auf Achtung der personalen Würde hat der Patient einen Anspruch, dass er in der medizinischen Betreuung nicht Objekt, sondern eigenverantwortliches Subjekt der Behandlung bleibt. Anknüpfungspunkt der Haftung für Aufklärungsfehler ist deshalb der Grundsatz, dass die Zustimmung des Patienten ihrerseits als Wirksamkeitsbedingung eine hinreichende ärztliche Selbstbestimmungsaufklärung („informed consent") voraussetzt.[628] Selbst bei einem aus ärztlicher Sicht sinnvollen Eingriff bleibt es stets dem Patienten überlassen, ob er sich für ihn entscheidet und ihm zustimmt.[629] Ergeben nachträgliche Befunde eine Indikation für einen medizinischen Eingriff, der ohne wirksame Einwilligung vorgenommen wurde und deshalb rechtswidrig ist, rechtfertigt dieser Umstand regelmäßig den Eingriff nicht. Dies verbietet die Wahrung der persönlichen Entscheidungsfreiheit des Patienten, die nicht begrenzt werden darf durch das, was aus ärztlicher Sicht oder objektiv erforderlich und sinnvoll wäre.[630] Die Selbstbestimmungsaufklärung ergänzt also den medizinischen Aspekt, die Indikation, um den personalen Aspekt, dass der Patient allein zuständig ist, darüber zu bestimmen, ob er bereit ist, als Preis an die Medizin für seine Heilung auch eine nachhaltige Belastung seiner Lebensführung mit der Folge einer unvermeidbaren Komplikation zu bezahlen. In diesem Sinne beruht die Legitimation des Arztes zur Behandlung des Patienten auf zwei Pfeilern: auf der medizinische Indikation und auf der Einwilligung.[631]

Die Verletzung der Aufklärungspflichten durch den Arzt gem. § 630e BGB ist selbstständiger, von dem Vorliegen eines Behandlungsfehlers unabhängiger Haftungsgrund für Aufklärungsfehler, wobei den aus Vertrags- oder Deliktsrecht Aufklärungsverantwortlichen jeweils identische Aufklärungspflichten obliegen.[632] Gefahren einer Ausuferung der Haftung für Aufklärungsfehler[633] und der gelegentlichen Neigung der Rechtspraxis, Behandlungsfehler durch „Aufklärungsfehler" zu substituieren, versucht die neuere höchstrichterliche Rechtsprechung tendenziell entgegenzuwirken. Ist die Aufklärungsrüge erfolgreich, wird dadurch nicht stets die Frage, ob ein Eingriff fehlerfrei erfolgt ist, überflüssig. Fehler bei der Vornahme einer Operation können sich auf die Höhe des Schmerzensgeldes auswirken.[634] Für eng begrenzte Ausnahmefälle geht der BGH von der therapeutischen Unzumutbarkeit einer Aufklärung aus.[635] Dem trägt jetzt § 630e III BGB Rechnung.

---

[626] S. dazu → § 2 Rn. 12 ff.
[627] BGH NJW 1980, 1905; VersR 1990, 1010, 1011; OLG Brandenburg, NJW-RR 2000, 398, 399; *Martis/Winkhart*, A 503 ff. („Aufklärung").
[628] *Geiß/Greiner*, Arzthaftpflichtrecht, C Rn. 2.
[629] BGH, U. v. 26.6.1990 – VI ZR 289/89 –, VersR 1990, 1238 ff.
[630] BGH, U. v. 18.3.2003 – VI ZR 266/02 – MedR 2003, 685.
[631] *Steffen*, in: Bihr/Hekking/Krauskopf/Lang (Hrsg.), Handbuch der Krankenhauspraxis, 158, 179.
[632] BGH NJW 1990, 2929; OLG Brandenburg, NJW-RR 2000, 398.
[633] Vgl. zur Kritik der Rechtsprechung *Ehlers*, Die ärztliche Aufklärung von medizinischen Eingriffen, 1987, 19 ff.; *ders.*, in: Ehlers/Broglie (Hrsg.), Arzthaftungsrecht, Rn. 742 m. w. N.
[634] OLG Oldenburg, VersR 1998, 854; *Geiß/Greiner*, Arzthaftpflichtrecht, C Rn. 3.
[635] *Ehlers*, in: Ehlers/Broglie (Hrsg.), Arzthaftungsrecht, Rn. 743.

84 **b) Inhalt und Umfang der Aufklärungspflicht.** Sinn und Zweck des informed consent liegen darin, dem Patienten eine allgemeine Vorstellung zu vermitteln von der Art und dem Schweregrad der in Betracht stehenden Behandlung sowie von den Belastungen und Risiken, denen er sich aussetzt. Die ärztliche Aufklärung soll es dem Patienten ermöglichen, Art, Bedeutung, Ablauf und Folgen eines Eingriffs zwar nicht in allen Einzelheiten, aber doch in den Grundzügen zu verstehen. Er soll zu einer informierten Risikoabwägung in der Lage sein. Die Aufklärung und als deren Folge die Einwilligung müssen deshalb grundsätzlich allen diagnostischen und therapeutischen Behandlungsmaßnahmen (Narkose, Operation, Injektion, Medikation, Bestrahlung usw.) vorausgehen. In diesem Rahmen ist – wie die nicht abschließende Aufzählung in § 630e I 2 BGB zeigt – der Patient über den ärztlichen Befund, die Art, Tragweite, Schwere, den voraussichtlichen Verlauf und mögliche Folgen des geplanten Eingriffs sowie über die Art und die konkrete Wahrscheinlichkeit der verschiedenen Risiken im Verhältnis für die entsprechenden Heilungschancen, über mögliche andere Behandlungsweisen und über die ohne den Eingriff zu erwartenden Risiken einer Verschlechterung des Gesundheitszustandes zu unterrichten, wobei eine vitale oder absolute Indikation nur die Eindringlichkeit und die Genauigkeit der Aufklärung beeinflussen kann.[636]

85 Umfang und Intensität der Aufklärung lassen sich nicht abstrakt festlegen, sie sind an der jeweils konkreten Sachlage auszurichten, vor allem an der speziellen beruflichen und privaten Lebensführung des Patienten (sog. patientenbezogene Aufklärung). Als grober Maßstab gilt nach der Rechtsprechung, dass der Umfang und der Genauigkeitsgrad der Aufklärung umgekehrt proportional sind zur Dringlichkeit und den Heilungsaussichten des Eingriffs.[637] Die Aufklärungslast nimmt also in dem Maße zu, in dem der Dringlichkeitsgrad – nach medizinischer Indikation und Heilungsaussicht – abnimmt und umgekehrt. Im Allgemeinen ist es ausreichend, wenn der Patient zum Zwecke der Wahrung seines Selbstbestimmungsrechts über die mit der ordnungsgemäßen Durchführung des Eingriffs verbundenen spezifischen Risiken „im Großen und Ganzen" aufgeklärt wird. Diese gebotene „Grundaufklärung" muss dem Patienten einen zutreffenden allgemeinen Eindruck von der Schwere des Eingriffs und der Art der Belastungen vermitteln, die für seine körperliche Integrität und seiner Lebensführung möglicherweise zu befürchten sind.[638]

86 Grundsätzlich keiner Aufklärung bedarf, dass dem Arzt ein etwaiger Behandlungsfehler unterlaufen kann. Insoweit ist ein hinreichender Schutz des Patienten durch die (berufsrechtliche) Verpflichtung des Arztes zu sachgerechter Behandlung gegeben.[639] Auch auf die Beteiligung eines „Arztanfängers" muss nicht hingewiesen werden. Gegen mangelnde Qualifikation schützt die Haftung für Behandlungsfehler; sie muss nicht zum Gegenstand der Aufklärung gemacht werden, ebenso wenig der berufliche Werdegang des Operators.[640]

87 Die Einwilligung in die Behandlung muss für die einzelnen an der Behandlung beteiligten Ärzte getrennt erfolgen, soweit diese selbstständige Behandlungsschritte vornehmen (z. B. Chirurg, Anästhesist) oder konsiliarärztlich tätig werden. Die Einwilligung in die Operation umfasst deshalb nicht die Einwilligung in die vorab durchgeführte Narkose. Sind (nur) die Aufklärung und die Einwilligung in die Operation unwirksam, haftet der Anästhesist nicht für seine Mitwirkung bei dem rechtswidrigen Eingriff.[641]

---

[636] OLG Brandenburg, NJW-RR 2000, 398, 399; *Martis/Winkhart*, A 511 („Aufklärung").

[637] *Geiß/Greiner*, Arzthaftpflichtrecht, C Rn. 8 m. w. N.

[638] BGH MDR 2000, 701; OLG Brandenburg, NJW-RR 2000, 24; *Martis/Winkhart*, A 834 („Aufklärung").

[639] BGH NJW 1992, 1558; OLG Karlsruhe, OLGR 2001, 449; *Martis/Winkhart*, A 837 f. („Aufklärung").

[640] BGH NJW 1984, 655; OLG Braunschweig, NJW-RR 2000, 238; *Geiß/Greiner*, Arzthaftpflichtrecht, C Rn. 14.

[641] *Geiß/Greiner*, Arzthaftpflichtrecht, C Rn. 6.

c) Arten der Selbstbestimmungsaufklärung. Die Selbstbestimmungsaufklärung, die von der therapeutischen Sicherungsaufklärung als Unterfall eines möglichen Behandlungsfehlers zu trennen ist,[642] lässt sich in die Diagnose-, Therapie- (Behandlungs-, Eingriffs-), die Risiko- und die Verlaufsaufklärung unterteilen. Hinzu kommt – nach verbreiteter Auffassung – die Aufklärung über wirtschaftliche Aspekte der Behandlung des Patienten.[643] Die Unterscheidung folgt dem jeweiligen Inhalt, wie er von der Rechtsprechung vorgegeben wird:

88

aa) Diagnoseaufklärung. Diagnoseaufklärung bedeutet Information des Patienten über den medizinischen Befund.[644] Sie ist Teil der Vertragserfüllung beim reinen Diagnosevertrag („second opinion"). Bei der normalen Behandlung hat sie nur zu erfolgen, soweit die Kenntnis des Befundes für die Entscheidung des Patienten erkennbar von Bedeutung ist oder der Patient ausdrücklich danach fragt. Eine Pflicht zum Schweigen existiert bei einer auf ungesicherter Befundgrundlage beruhenden Verdachtsdiagnose.[645] Würden das Leben oder die Gesundheit des Patienten ernsthaft gefährdet, ist die (Diagnose-)Aufklärung kontraindiziert.[646]

89

bb) Behandlungsaufklärung. Von ihr wird erwartet, dass zunächst überhaupt über den ins Auge gefassten Eingriff, aber auch über die Behandlungsalternativen aufzuklären ist. Hierzu gehört die Erläuterung der Art der konkreten Behandlung (konservative Methode, Operation, Bestrahlung etc.), die Erläuterung der Tragweite des Eingriffs (wie z. B. Funktionsbeeinträchtigung des wichtigen Organs, Dauerschmerzen, Belastungen für die künftige Lebensführung), der Hinweis auf vorhersehbare Operationserweiterungen und sonstige Einzelheiten des Eingriffs, die für das Verständnis des Patienten zur Abgabe seiner Einwilligung erforderlich sind.[647] Allerdings ist die Wahl der Behandlungsmethode primär Sache des Arztes. Der Arzt muss die Diagnose stellen, das Therapieziel festlegen und die vorhandenen Therapiealternativen gegeneinander abwägen. Die Kenntnis des Patienten von Behandlungsalternativen ist deshalb nur dann erforderlich, sofern der Arzt eine nicht dem Standard entsprechende Behandlung ausführt oder wenn gleichermaßen indizierte und übliche Behandlungsmethoden mit wesentlich unterschiedlichen Risiken und Erfolgschancen eine echte Wahlmöglichkeit für den Patienten begründen. In Frage stehen hier beispielsweise die Möglichkeit einer Bestrahlung statt einer Operation, der konservativen Behandlung und des Zuwartens statt einer Operation oder verschiedener Operationsmöglichkeiten.[648] Eine Aufklärung bei Behandlungsalternativen ist deshalb nur dann erforderlich, wenn sie zu jeweils wesentlich unterschiedlichen Belastungen des Patienten führen oder wesentlich unterschiedliche Risiken und Erfolgschancen bieten (echte Behandlungsalternativen). Bestehen keine wesentlichen Unterschiede der in Betracht kommenden Behandlungsmethode mit gleichwertigen Chancen und deren Risiken oder verspricht die alternative Methode bei etwa gleichwertigen Belastungen keine höhere Heilungs- bzw. Erfolgsaussicht, muss über die Vorteile und Risiken der beiden Behandlungsmethoden im Verhältnis zueinander nicht aufgeklärt werden.[649]

90

---

[642] → § 14 Rn. 79.
[643] HM, vgl. *Martis/Winkhart*, A 770 ff. („Aufklärung") m.w.N. z. Rspr.; aA (Haftung wegen Behandlungsfehler) u. a. *Ratajczak* in: Burk/Hellmann, Krankenhausmanagement für Ärztinnen und Ärzte, Loseblatt, VI 2.6.4.
[644] *Wussow*, VersR 2002, 1337, 1338 f.; *Martis/Winkhart*, A 569 ff. („Aufklärung")
[645] OLG Stuttgart, VersR 1988, 695; OLG Frankfurt, VersR 1996, 101; *Martis/Winkhart*, A 573 („Aufklärung").
[646] *Gehrlein*, Leitfaden zur Arzthaftpflicht, Rn. C 15; Laufs/Kern/*Laufs/Kern*, § 59 Rn. 15; *Deutsch/Spickhoff*, Medizinrecht, Rn. 113.
[647] *Geiß/Greiner*, Arzthaftungsrecht, C Rn. 18, 19.
[648] BGH VersR 1987, 770; OLG Brandenburg, VersR 2000, 61; *Ehlers*, in: Ehlers/Broglie (Hrsg.), Arzthaftungsrecht, Rn. 792; zu weiteren – zahlreichen – Fällen in der Rechtsprechung unter dem Stichwort „Behandlungsalternativen" s. *Martis/Winkhart*, A 541 („Aufklärung").
[649] OLG Nürnberg, MedR 2001, 577; OLG Braunschweig, NJW-RR 2000, 238 (Kaiserschnitt/vaginale Geburt); weitere Rechtsprechungsnachweise bei *Geiß/Greiner*, Arzthaftpflichtrecht, C Rn. 23 ff., *Martis/Winkhart*, A 541 ff. („Aufklärung").

91 Eine gesteigerte Information schuldet der Arzt über das Risiko der Nichtbehandlung. Auch dies ist Teil der Behandlungsaufklärung, da die Nichtbehandlung eine „alternative" Behandlung darstellt.[650] Sieht sich der Arzt einer unbegründeten Weigerung des Patienten, etwa einer Röntgenaufnahme nach einem Handgelenkbruch mit Fehlstellung, gegenüber, hat er den Patienten über das Risiko eindringlich zu informieren.[651] Für die Frage der Verweigerung trägt der Arzt die Beweislast.[652]

92 cc) Verlaufsaufklärung. Der Terminus „Verlaufsaufklärung" wird in der Literatur und Rechtsprechung unterschiedlich verwendet, ohne dass immer eine hinreichende Abgrenzung zur Behandlungs- und Risikoaufklärung erfolgt.[653] Im engeren Sinne gehören zur Verlaufsaufklärung die voraussichtlichen oder möglichen Folgen der Behandlung, etwa der voraussichtliche Verlauf der Erkrankung ohne Zustimmung zu dem vorgesehenen Eingriff[654] sowie die Aufklärung über sichere oder mögliche Folgen des Eingriffs wie der Verlust eines amputierte Gliedes, sichtbare Narben, Dauerschmerzen und sonstige Belastungen für die künftige Lebensführung.

93 dd) Risikoaufklärung. Im Mittelpunkt der Aufklärungsproblematik steht die sog. Risikoaufklärung. Sie soll dem Patienten ermöglichen, mit darüber zu entscheiden, auf welche Behandlung er sich einlässt und welchen Risiken er sich dabei aussetzt, also sein verfassungsrechtlich geschütztes Selbstbestimmungsrecht über seinen Körper auszuüben. Die Risikoaufklärung vermittelt dem Patienten Informationen über die bei fehlerfreiem medizinischen Vorgehen für den Patienten bestehenden, möglichen und nicht sicher beherrschbaren Eingriffskomplikationen und Gefahren im Zusammenhang mit der Behandlung und nicht sicher vermeidbaren Folgeschäden.[655] Die Risikoaufklärung ist als „vertrauensbildende Maßnahme" zu verstehen, um den Patienten verantwortungsbewusst in den Entscheidungsprozess zu stellen. Sie dient nicht dazu, dem Patienten medizinisches Entscheidungswissen zu vermitteln, da auch der bestens aufgeklärte Patient ein medizinischer Laie bleibt.[656] Deshalb hält der BGH daran fest, dass der Patient nur „im Großen und Ganzen" aufzuklären ist, mit ihm also keine medizinischen Fachgespräche geführt werden sollen und dem Patienten unter Umständen auch eine Fragepflicht obliegt, wenn er Näheres wissen will.[657] Ausreichend ist eine Aufklärung über die „Stoßrichtung" der Risiken auf die Lebensführung des Patienten, mithin eine verständliche Vermittlung eines allgemeinen Bildes von der Schwere und Richtung des konkreten Risikospektrums.[658] Hinsichtlich der in Betracht zu ziehenden und aufklärungsnotwendigen Risiken ist in erster Linie auf das Risiko abzustellen, das dem Eingriff typischerweise oder auch nur mittelbar anhaftet sowie die Schwere der Schadensfolge für die weitere Lebensführung des Patienten im Fall einer Risikoverwirklichung. Unter Aufgabe der

---

[650] Nach *Deutsch/Spickhoff*, Medizinrecht, Rn. 117 ist die Aufklärung über Nichtbehandlung Teil der Verlaufsaufklärung, bei der mögliche Alternativen der Behandlung anzugeben sind.
[651] *Deutsch/Spickhoff*, Medizinrecht, Rn. 117.
[652] BGH VersR 1992, 237.
[653] Von einem umfassenden Begriff, der die Behandlungsaufklärung einschließt, geht z. B. *Ehlers*, in: Ehlers/Broglie (Hrsg.), Arzthaftungsrecht, Rn. 747 aus, während *Geiß/Greiner*, Arzthaftpflichtrecht, C Rn. 84 den Begriff auf die Aufklärung hinsichtlich der Schmerzhaftigkeit von Eingriffen begrenzt; das OLG Koblenz (NJW-RR 2002, 816, 817) sieht die Verlaufsaufklärung als Unterfall der Selbstbestimmungsaufklärung.
[654] Laufs/Kern/*Laufs/Kern*, § 59 Rn. 16 ff.; *Martis/Winkhart*, A 560 ff. („Aufklärung [Verlaufsaufklärung]").
[655] OLG Koblenz, NJW-RR 2002, 816; *Geiß/Greiner*, Arzthaftpflichtrecht, C Rn. 41; Laufs/Kern/*Laufs/Kern*, § 59 Rn. 21 ff.; *Martis/Winkhart*, A 554 ff. („Aufklärung [Risikoaufklärung]").
[656] *Steffen*, in: Bihr/Hekking/Krauskopf/Lang (Hrsg.), Handbuch der Krankenhauspraxis, 158, 179.
[657] BGH VersR 1973, 244; MedR 1985, 170; NJW 2000, 1784; w. N. bei *Geiß/Greiner*, Arzthaftpflichtrecht, C Rn. 86.
[658] *Steffen/Dressler*, Arzthaftungsrecht, Rn. 329, 394.

früheren Rechtsprechung kommt es nur sekundär auf die nicht zuverlässig zu bestimmende Komplikationsrate an.[659]

Entscheidend für den Umfang der Risikoaufklärung ist der Stand der ärztlichen Wissenschaft zum Zeitpunkt der Therapieentscheidung. Wenn der Arzt insoweit nicht mit Gefahren zu rechnen hat, entfällt die Informationspflicht.[660] Ist allerdings in der medizinischen Wissenschaft ein Risiko bekannt, selbst wenn dessen Komplikationsrate weniger als 1 % beträgt oder sich im Promillebereich bewegt, hat der Arzt darüber aufzuklären, wenn es im Fall einer Verwirklichung das Leben des Patienten schwer belastet und trotz der Seltenheit für den Eingriff spezifisch, für den Laien jedoch überraschend ist.[661] Nicht aufklärungspflichtig sind eingriffsspezifische Risiken, die so außergewöhnlich und nicht vorhersehbar sind, dass sie für den Entschluss des Patienten, ob er in den Eingriff einwilligt, keine Bedeutung haben.[662] Da Ansprechpartner des Arztes der „verständige Patient" ist, kann bei einer Wiederholung einer Operation innerhalb kurzer Zeit eine Eingriffsaufklärung entfallen, wenn sich gegenüber der ersten Operation keine wesentlichen neuen Risiken ergeben.[663]

94

ee) **Wirtschaftliche Aufklärung.** Bei bestimmten Fallkonstellationen erstreckt sich die ärztliche Aufklärungspflicht auch auf wirtschaftliche Gesichtspunkte. So muss der Arzt den Patienten darauf hinweisen, dass die Krankenkasse oder ein Dritter die gewünschte oder von ihm vorgesehene Behandlung möglicherweise nicht bezahlen wird (vgl. § 630c III BGB).[664] Der Arzt, der dem Patienten zu einer stationären konservativen Behandlung einer Hüftgelenksarthrose rät, obwohl diese auch ambulant behandelt werden könnte, hat den Patienten darüber aufzuklären, dass die private Krankenversicherung die durch die stationäre Aufnahme bedingten Mehrkosten voraussichtlich nicht erstatten wird.[665] Bietet der Arzt einem Krebspatienten im letzten Stadium der Krankheit eine Dauertherapie an, deren Wirksamkeit wissenschaftlich nicht erwiesen ist, muss er auf das Kostenrisiko unmissverständlich aufmerksam machen. Bei unterbliebener Aufklärung kann der Patient im Wege des Schadenersatzes die Freistellung von den Kosten verlangen.[666]

95

d) **Rechtzeitigkeit der Aufklärung.** Die Aufklärung des Patienten hat grundsätzlich so rechtzeitig zu erfolgen, dass dieser durch hinreichende Abwägung der für und gegen den Eingriff sprechenden Gründe seine Entscheidungsfreiheit und damit sein Selbstbestimmungsrecht in angemessener Weise („wohlüberlegt") ausüben kann (§ 630e II Nr. 2 BGB).[667] Eine Aufklärung erst am Vorabend der Operation wird – je nach den Vorkenntnissen des Patienten – in der Regel zu spät sein. Bei „normalen" ambulanten Eingriffen und bei manchen ambulanten Operationen kann hingegen grundsätzlich eine Aufklärung am selben Tage rechtzeitig sein.[668] Bei schwierigeren oder risikoreichen Eingriffen hat das Aufklärungs-

96

---

[659] BGH NJW 1996, 779; NJW 1994, 793; OLG Karlsruhe OLGR 2002, 407; *Geiß/Greiner*, Arzthaftpflichtrecht, C Rn. 42 ff.
[660] BGH VersR 1965, 718; *Ehlers*, in: Ehlers/Broglie (Hrsg.), Arzthaftungsrecht, Rn. 778.
[661] BGH NJW 1994, 793; OLG Stuttgart NJW-RR 1999, 751 (1: 400 000); w. N. bei *Martis/Winkhart*, A 558 („Aufklärung [Risikoaufklärung]").
[662] *Geiß/Greiner*, Arzthaftpflichtrecht, C Rn. 45.
[663] BGH NJW 2000, 1784; NJW 1994, 3009.
[664] BGH, st. Rspr., u. a. VersR 1983, 443; OLG Stuttgart OLGR 2002, 350, 351; Rehborn MDR 2000, 1101, 1103; vgl. auch *Martis/Winkhart*, A 770 ff. („Aufklärung"); *Wussow*, VersR 2002, 1337, 1341; *Gründl*, NJW 2002, 2987, 2992.
[665] BGH NJW 1983, 2630; *Terbille/Schmitz-Herscheidt*, NJW 2000, 1749, 1754.
[666] OLG Hamm MDR 1994, 1187; VersR 2001, 895, 896; *Martis/Winkhart*, A 801 („Aufklärung [wirtschaftliche]").
[667] BGH VersR 1994, 1235; NJW 1995, 2410; Rehborn MDR 1999, 1169, 1170; *Martis/Winkhart*, A 1634 ff. („Aufklärung [Rechtzeitigkeit]").
[668] BGH NJW 2000, 1784; LG Köln VersR 2001, 1382; *Geiß/Greiner*, Arzthaftpflichtrecht, C Rn. 98 m. w. N.

gespräch unabhängig davon, ob es sich um eine stationäre oder ambulante Behandlung handelt, bereits in derjenigen Sprechstunde mit dem Patienten zu erfolgen, in der der spätere Eingriff verabredet und der Termin hierfür festgelegt wird.[669] Da die Einwilligung des Patienten im Zeitpunkt der Operation noch andauern muss und zwischen der Aufklärung und dem Eingriff ein gewisses Maß an zeitlicher Nähe vorausgesetzt wird, kann unter Umständen eine „Doppelaufklärung" angebracht sein.[670]

97 Bei Operationserweiterungen muss danach differenziert werden, ob diese bereits vor dem Eingriff vorhersehbar waren. In diesem Fall muss schon vor dem Eingriff über die Risiken einer möglichen Erweiterung aufgeklärt werden.[671] Zeigt sich überraschend erst während der Operation, dass eine Erweiterung vorzunehmen ist, muss die Operation – falls dies möglich und vertretbar ist – abgebrochen und der Patient nach Abklingen der Narkosewirkungen aufgeklärt werden. Ist die Nichtbehandlung oder der Abbruch des Eingriffs medizinisch unvertretbar oder liegt eine absolute Indikation vor, kann der Arzt von einer mutmaßlichen Einwilligung des Patienten zur Fortsetzung des Eingriffs ausgehen, wenn angenommen werden kann, dass ein verständiger Patient dem Eingriff oder dessen medizinisch bedingter Fortsetzung zustimmen würde.[672] Bei Notoperationen kann ein Aufklärungsgespräch naturgemäß nicht bzw. nur kurzfristig vor dem Eingriff durchgeführt werden. Auch insoweit ist regelmäßig von einer mutmaßlichen Einwilligung des Patienten zur Vornahme vital indizierter Notoperationen auszugehen.[673]

98 e) **Aufklärungsmodalitäten.** Im Unterschied zum strengen „Ob" der Selbstbestimmungsaufklärung räumt der BGH für ihr „Wie" ein zunehmend breites Ermessen ein.[674] Sicher ist, dass ein Arzt aufklären muss, nicht eine Krankenschwester oder ein Mitglied der Krankenhausverwaltung. Indessen brauchen der die Operation durchführende und der aufklärende Arzt nicht identisch zu sein. Der Umstand, dass der Operateur die Aufklärung nicht selbst durchführt, sondern an einen Assistenzarzt oder Arzt im Praktikum delegiert, machen diese nicht unwirksam.[675] Davon geht jetzt auch § 630e II Nr. 1 BGB aus.

99 Vom Aufklärungspflichtigen ist der Aufklärungsadressat zu unterscheiden: dies ist beim Erwachsenen der Patient. Ist er entmündigt oder noch nicht volljährig, erfolgt die Aufklärung zunächst gegenüber dem Vormund bzw. den Eltern (vgl. § 630e IV BGB). Insoweit kann der Arzt im Allgemeinen davon ausgehen, dass der mit dem Kind erscheinende Elternteil ermächtigt ist, die Einwilligung in die ärztliche Behandlung für den abwesenden Elternteil mitzuerteilen.[676] Verweigern die Eltern aus religiösen Gründen (z. B. Zeugen Jehovas) ihre Einwilligung zu einer medizinisch indizierten Bluttransfusion ihres minderjährigen Kindes, ist die vormundschaftliche Genehmigung einzuholen (§§ 1628, 1666 BGB).[677] Bei der Behandlung ausländischer Patienten muss der Arzt eine sprachkundige Person hinzuziehen, wenn zu befürchten ist, dass der Patient die ärztlichen Erläuterungen nicht bzw. nicht richtig versteht; es muss gesichert sein, dass die Gefahr von Missverständnissen ausgeschlossen ist

---

[669] BGH NJW 1992, 2351; OLG Stuttgart VersR 2002, 1428: Aufklärung hat so früh wie möglich zu erfolgen, soweit keine „Sonderlage" vorliegt; *Martis/Winkhart*, A 1635 („Aufklärung [Rechtzeitigkeit]").
[670] *Hoppe* NJW 1998, 782, 787.
[671] BGH NJW 1998, 1541; NJW 1992, 2354.
[672] BGH NJW 1993, 4372; *Geiß/Greiner*, Arzthaftpflichtrecht, C Rn. 102, 103.
[673] *Geiß/Greiner*, Arzthaftpflichtrecht, C Rn. 103; *Martis/Winkhart*, A 1698 ff. („Aufklärung [Rechtzeitigkeit]").
[674] *Steffen*, in: Bihr/Hekking/Krauskopf/Lang (Hrsg.), Handbuch der Krankenhauspraxis, 158, 182 m. w. N.
[675] OLG Karlsruhe OLGR 2001, 147; *Martis/Winkhart*, A 1750 ff. („Aufklärung [Aufklärungspflichtiger]").
[676] BGH VersR 2000, 725; *Deutsch/Spickhoff*, Medizinrecht, Rn. 145.
[677] Bei besonderer Eilbedürftigkeit kann die Anhörung nachgeholt werden – vgl. OLG Celle MDR 1994, 487.

(vgl. § 630e II Nr. 3 BGB).⁶⁷⁸ Ist ein bewusstloser oder ein urteilsunfähiger Patient betroffen oder ist die Maßnahme unaufschiebbar oder liegen sonst ausnahmsweise besondere Umstände vor, die die Einwilligung des Patienten oder ein Aufklärungsgespräch entbehrlich machen, darf die Behandlung unter den weiteren Voraussetzungen der §§ 630d I 4, 630e III BGB begonnen bzw. fortgesetzt werden.

Formvorschriften, wie die Aufklärung des Patienten zu erfolgen hat, gibt es nicht. Sie hat stets mündlich zu erfolgen (§ 630e II 1 Nr. 1 BGB); in einfach gelagerten Fällen kann dies telefonisch geschehen.⁶⁷⁹ Lediglich ergänzend kann auf Unterlagen Bezug genommen werden, die der Einwilligende in Textform erhalten hat (§ 630e II 1 Nr. 1 2. HS BGB). Im Übrigen muss grundsätzlich ein Aufklärungsgespräch geführt werden, durch das sich der Patient an seiner Heilung oder zumindest der Verbesserung seines Gesundheitszustandes beteiligen soll.⁶⁸⁰ Von Patienten unterzeichnete Formulare können das Aufklärungsgespräch nicht ersetzen. Aufklärungsbögen, die dem Patienten ausgehändigt werden, können im Gegenteil den Arzt verpflichten, genauer aufzuklären als ohne das Faltblatt, wenn im Aufklärungsbogen die Risiken verharmlost werden.⁶⁸¹ Von der Aufklärung des Patienten darf nur abgesehen werden, wenn der Patient ausdrücklich darauf verzichtet hat (§ 630e III BGB). An die Wirksamkeit eines solchen Verzichts sind strenge Maßstäbe anzulegen. 100

4. Kausalität

a) Allgemeines. Zu einer Haftung des Arztes kommt es nur, wenn die sorgfaltswidrige Behandlung oder fehlerhafte Aufklärung ursächlich für den eingetretenen Schaden war. Für einen solchen Kausalzusammenhang kommt nach der im Zivilrecht angewendeten Adäquanztheorie jede Handlung des Arztes in Betracht, die bei objektiver nachträglicher Betrachtung im Allgemeinen und nicht nur unter besonders unwahrscheinlichen Umständen geeignet gewesen ist, den (Schadens-)Erfolg herbeizuführen. Lediglich ganz außergewöhnliche Verläufe scheiden für einen solchen adäquaten Ursachenzusammenhang aus.⁶⁸² 101

Im Übrigen ist zwischen der haftungsbegründenden und der haftungsausfüllenden Kausalität zu unterscheiden: Die haftungsbegründende Kausalität, die von dem Patienten am Maßstab des § 286 ZPO zu beweisen ist, betrifft stets, aber auch nur die Frage der ursächlichen Verknüpfung zwischen dem (Aufklärungs- oder Behandlungs-)Fehler und dem Eintritt des (ersten) Schadens an Körper oder Gesundheit (sog. gesundheitliche Primärschädigung).⁶⁸³ Eine solche haftungsbegründende ursächliche Verknüpfung zwischen Behandlungs- oder Aufklärungsfehler und Primärschädigung liegt vor, wenn der primäre Schaden auf die festgestellte Fehlbehandlung bzw. die nicht ordnungsgemäße Aufklärung zurückzuführen ist und wenn die nach dem medizinischen Soll-Standard richtige Behandlung den Eintritt des Primärschadens verhindert bzw. der Patient bei richtiger Aufklärung die Behandlungszustimmung nicht erteilt hätte.⁶⁸⁴ Die bloße Wahrscheinlichkeit des Nichteintritts genügt nicht. Entsprechend ist die unterlassene Therapieaufklärung ursächlich für den Primärschaden, wenn der richtig erteilte Schutz- und Sicherungshinweis zum sachgerechten Verhalten des 102

---

⁶⁷⁸ OLG Düsseldorf, NJW 1990, 771; *Geiß/Greiner*, Arzthaftpflichtrecht, C Rn. 113 m.w.N. zur Rechtsprechung.
⁶⁷⁹ BGH, U. v. 15.6.2010 – IV ZR 204/2009 – juris.
⁶⁸⁰ *Ehlers,* in: Ehlers/Broglie (Hrsg.), Arzthaftungsrecht, Rn. 767.
⁶⁸¹ BGH VersR 1992, 960; OLG Stuttgart, VersR 1998, 1111; *Steffen*, in: Bihr/Hekking/Krauskopf/Lang (Hrsg.), Handbuch der Krankenhauspraxis, 158, 182 f.
⁶⁸² *Giesen*, Arzthaftungsrecht, 1990, 87 ff.; *Broglie*, in: Ehlers/Broglie (Hrsg.), Arzthaftungsrecht, Rn. 644.
⁶⁸³ *Geiß/Greiner*, Arzthaftpflichtrecht, Rn. 189; *Martis/Winkhart*, G 101 ff. („grobe Behandlungsfehler [Grundlagen/Primärschaden]").
⁶⁸⁴ BGH NJW 1998, 2734 (Aufklärungsfehler); BGH NJW 1987, 2293 (Diagnosefehler); *Geiß/Greiner*, Arzthaftpflichtrecht, C Rn. 190, 218.

Patienten bzw. zur sachgerechten Behandlung geführt hätte und wenn hier wegen der Primärschaden nicht eingetreten wäre.[685]

103 Die haftungsausfüllende Kausalität, die von dem Patienten nach den geringeren Beweisanforderungen des § 287 ZPO zu beweisen ist, betrifft die Frage der ursächlichen Verknüpfung zwischen dem Primärschaden und den daraus entstehenden weiteren Sekundärschäden (z. B. weitere Gesundheitsschädigung sowie die Vermögensschäden insgesamt).[686] Insoweit kann zur Feststellung des durch den Fehler verursachten Sekundärschadens zur Überzeugungsbildung des Gerichts (§ 287 ZPO) eine überwiegende Wahrscheinlichkeit ausreichen. Dabei rechnen dem Schaden nicht nur die physischen Folgen, sondern grundsätzlich auch psychische Folgen, ausgenommen bei Bagatelleschädigungen und Rentenneurosen, zu.[687]

104 Nur bei der haftungsbegründenden, nicht bei der haftungsausfüllenden Kausalität greifen ausnahmsweise für den Patienten Beweiserleichterungen bis hin zur Beweislastumkehr ein, wenn ein sog. grober Behandlungsfehler „festgestellt" ist.[688]

105 **b) Zurechnungszusammenhang.** Im Mittelpunkt der Kausalitätsprüfung im Arzthaftungsprozess steht oft der sog. Zurechnungszusammenhang. Haftung aus Vertrag oder unerlaubter Handlung erfolgt nur, wenn und insoweit dem schuldhaften Behandlungs- oder Aufklärungsfehler der Schaden des Patienten ursächlich zugerechnet werden kann. Das Erfordernis der Adäquanz des Ursachenzusammenhangs verlangt die wertende schadensersatzrechtliche Zurechnung nur solcher Schadensursachen, die zurzeit der Behandlung überhaupt vorhersehbar waren.[689] Dabei kommt es nicht darauf an, ob ein Behandlungsfehler die ausschließliche oder alleinige Ursache einer gesundheitlichen Beeinträchtigung ist. Auch eine Mitursächlichkeit, sei es auch nur als „Auslöser" neben erheblichen anderen Umständen steht der Alleinursächlichkeit haftungsrechtlich in vollem Umfang gleich.[690] Vorschäden gehen üblicherweise zu Lasten des Schädigers. Wer einen gesundheitlich schon geschwächten Menschen verletzt, kann nicht verlangen, so gestellt zu werden, als wenn der Betroffene gesund gewesen wäre. So ist die volle Haftung des Schädigers auch in Fällen bejaht worden, in denen der Schaden auf einem Zusammenwirken körperlicher Vorschäden und der Schädigung beruhte.[691]

106 Auch das Risiko, dass durch die fehlerhafte Behandlung ein weiterer Arzt hinzugezogen werden muss und dieser sich ebenfalls fehlerhaft verhält, hat der behandelnde Arzt zu tragen. Die Grenze der Zurechnung und damit der Haftung wird nur dann überschritten, wenn kein Zusammenhang zur Zweitbehandlung besteht oder bei der Anschlussbehandlung derart gegen alle ärztlichen Regeln und Erfahrungen verstoßen wurde, dass der eingetretene Schaden wertungsmäßig allein dem zweiten (weiteren) Arzt zugeordnet werden muss.[692] Selbst grobe Behandlungsfehler des nachbehandelnden Arztes können dem fehlerhaft erstbehandelnden Arzt zugerechnet werden, ohne dass dies zum Abbruch der Kausalität führt.[693] Fehlt es an einer ausreichenden Eingriffsaufklärung des Patienten, verwirklicht sich aber nur ein Risiko des Eingriffs, über das nicht hätte aufgeklärt werden müssen, kann der Zurechnungszusammenhang zwischen dem Körper- und Gesundheitsschaden des Patienten und dem

---

[685] BGH NJW 1987, 705; *Geiß/Greiner*, Arzthaftpflichtrecht, B Rn. 190.
[686] BGH NJW 1988, 2948; OLG Hamm, VersR 2002, 315; OLG Celle MDR 2002, 881; Jorzig MDR 2001, 481; *Geiß/Greiner*, Arzthaftpflichtrecht, B Rn. 192 f.
[687] BGH NJW 2000, 862; *Geiß/Greiner*, Arzthaftpflichtrecht, B Rn. 193.
[688] S. dazu u. bei → § 14 Rn. 112 sowie *Martis/Winkhart*, G 101 ff. („grobe Behandlungsfehler [Grundlagen/Primärschaden]").
[689] Vgl. die Rechtsprechungsnachweise bei Giesen, Arzthaftungsrecht, 88 f.; *Broglie* in: Ehlers/Broglie (Hrsg.), Arzthaftungsrecht, Rn. 646 f.
[690] BGH VersR 2000, 1282; 1999, 862; OLG Celle NJW-RR 2002, 1603.
[691] BGH NJW 1996, 2425; w. N. bei *Geiß/Greiner*, Arzthaftpflichtrecht, B Rn. 190.
[692] *Broglie*, in: Ehlers/Broglie (Hrsg.), Arzthaftungsrecht, Rn. 647.
[693] BGH NJW 1986, 2367; *Geiß/Greiner*, Arzthaftpflichtrecht, B Rn. 191 m. z. w. N.

Aufklärungsmangel bei wertender Betrachtung der Umstände des Einzelfalles nur dann entfallen, wenn das nicht aufklärungspflichtige Risiko nach Bedeutung und Auswirkung für den Patienten mit den mitzuteilenden Risiken nicht vergleichbar ist und wenn der Patient wenigstens über den allgemeinen Schweregrad des Eingriffs informiert war.[694] Andererseits besteht der Zurechnungszusammenhang stets dann, wenn sich gerade das aufklärungspflichtige Risiko verwirklicht, selbst wenn es zu weiteren schweren Folgen geführt hat, mit denen nicht ernsthaft gerechnet werden konnte und dem Patienten deshalb vorher nicht darzustellen waren.[695]

5. Beweislast und Beweiserleichterungen

a) **Allgemeines.** Wie in kaum einer anderen Materie spielt im Arzthaftungsprozess die Frage der Beweislastverteilung eine typischerweise verfahrensentscheidende Rolle.[696] Die spezifische Situation bei der Behandlung, die den nicht voll beherrschbaren menschlichen Organismus zum Gegenstand hat und die besondere Lage des Klägers als Laie in medizinischen Fragen, bilden das Spannungsfeld, das durch eine ausgewogene gerichtliche Verhandlungsführung und Beweislastverteilung ausgeglichen werden muss. Einerseits darf dem Arzt keine Erfolgseinstandspflicht für eine Behandlung auferlegt werden, andererseits müssen dem Patienten praktikable Möglichkeiten an die Hand gegeben werden, damit er sich gegen ärztliche Nachlässigkeit vor, bei und nach der Behandlung sowie ärztliche Großzügigkeit im Umgang mit dem auch vom Arzt zu respektierenden Selbstbestimmungsrecht des Patienten gerichtlich zur Wehr setzen kann, ohne an einer für ihn von vornherein nahezu aussichtslosen Beweissituation scheitern zu müssen.[697] Das verfassungsrechtliche Prinzip eines fairen, auf Waffen – und Chancengleichheit bedachten Verfahrens hat deshalb im Arzthaftungsrecht zur Ausprägung besonderer Grundsätze und Modifizierungen für das Beweisverfahren geführt, die dem typischen Informationsgefälle, der erheblichen Gefahrneigung ärztlicher Tätigkeit und der typischen Beweis- und Interessenlage durch eine differenzierte, ausgleichende Anwendung der Regeln des Beweisrechts – insbesondere nach der Beweisführung gemäß §§ 292 ff., 296 ff. ZPO – Rechnung tragen.[698]

107

Diese Grundsätze führen u. a. dazu, dass im Arzthaftungsprozess regelmäßig geringere Anforderungen an die Substantiierungs- und Beweisführungspflichten des Patienten zu stellen sind, während eine verstärkte Pflicht des Gerichtes besteht, von Amts wegen darauf hinzuwirken, dass die Beweisaufnahme auf die medizinisch wesentlichen Umstände ausgerichtet wird und die vorhandenen (weiteren) Aufklärungsmöglichkeiten ausgeschöpft werden.[699] So mag im Einzelfall der Vortrag konkreter Verdachtsmomente schon genügen; medizinische Einzelheiten sind nicht zu erwarten. Erst recht muss der Kläger nicht vorprozessual ein Sachverständigengutachten einholen, um Fehler des behandelnden Arztes genau zu schildern oder deren Kausalität für den entstandenen Schaden darlegen zu können.[700]

108

b) **Beweislast.** Auch im Arzthaftungsprozess gilt grundsätzlich die allgemeine Regel des Beweisrechts, dass jede Partei die ihr günstigen Umstände darzulegen und notfalls auch zu beweisen hat. Dies bedeutet, dass der Patient das Risiko der Unaufklärbarkeit klagebegrün-

109

---

[694] BGH NJW 1991, 2346; OLG Brandenburg VersR 2000, 1283; *Martis/Winkhart*, Arzthaftungsrecht 2. A., 257 („Aufklärung [Zurechnungszusammenhang]").
[695] BGH NJW 1989, 1533; *Martis/Winkhart*, A 2170 ff. („Aufklärung [Zurechnungszusammenhang]").
[696] *Deutsch/Spickhoff*, Medizinrecht, Rn. 379.
[697] *Giesen*, Arzthaftungsrecht, 1990, 191; *ders.*, Jura 1981, 10, 19 ff.; *Mertens*, in: MüKoBGB § 823 Rn. 411.
[698] BVerfG VersR 1979, 907; BGH NJW 1984, 1823; von *Strachwitz-Helmstatt*, in: Ehlers/Broglie (Hrsg.), Arzthaftungsrecht, 2. Aufl. 2001, Rn. 481 m. w. N.
[699] BGH, st. Rspr., u. a. VersR 1979, 721; 1984, 661; NJW 1983, 340.
[700] OLG Köln VersR 1987, 791; von *Strachwitz-Helmstatt*, in: Ehlers/Broglie (Hrsg.), Arzthaftungsrecht, Rn. 486.

dender Tatsachen, der Arzt (Krankenhausträger) dagegen das Risiko der Unaufklärbarkeit der einwendungs- oder einredebegünstigenden Tatsachen tragen.[701] Deshalb obliegen grundsätzlich dem Patienten die Darlegungs- und Beweislast für die Pflichtverletzung des Arztes, das Vorliegen eines Behandlungsfehlers, den Eintritt eines Körper- oder Gesundheitsschadens, die Kausalität zwischen dem Behandlungsfehler und dem Körper- oder Gesundheitsschaden und den Sachverhalt, aus dem sich ein Behandlungsverschulden begründet.[702] Den Beweis für einen Behandlungsfehler führt der Patient durch den Nachweis einer Abweichung der Behandlung vom medizinischen Standard. Sache des Arztes ist es dann, ausreichende Befundtatsachen darzulegen (und ggf. zu beweisen), die eine Abweichung vom standardgemäßen Vorgehen gestatten.[703] Das gilt sowohl für Ansprüche aus Delikt als auch für Ansprüche aus Vertrag.[704] Dabei ist streitig, ob die durch das Schuldrechtsmodernisierungsgesetz mit Wirkung vom 1.1.2002 eingeführte Verschuldensvermutung des § 280 I 2 BGB bei festgestelltem ärztlichen Fehlverhalten zu einem Überdenken der Beweislastverteilung auf den Arztvertrag führen muss.[705]

110 Beruft sich dagegen der Patient auf eine Verletzung der Aufklärungspflicht seitens des Arztes,[706] trägt der Arzt die Beweislast dafür, dass er seiner Aufklärungspflicht genügt und deshalb der Patient auf Grund vollständiger und richtiger Selbstbestimmungsaufklärung der Behandlung zugestimmt hat. Dem Arzt obliegt deshalb der Beweis sämtlicher Tatsachen, aus denen sich eine wirksame Einwilligung ergibt.[707] Die Behandlungsseite trägt u. a. die Beweislast für die erfolgte Grundaufklärung zumindest „im Großen und Ganzen", die Rechtzeitigkeit der Aufklärung, das Vorliegen einer mutmaßlichen Einwilligung des Patienten in eine zuvor nicht besprochene Operationserweiterung bzw. dass eine echte, ernsthafte Behandlungsalternative, über die nicht aufgeklärt worden ist, bei ihrer Anwendung zu demselben Schaden geführt hätte.[708] Demgegenüber muss der Patient bei unterlassener, unvollständiger oder nicht rechtzeitiger Eingriffs- bzw. Risikoaufklärung insbesondere darlegen und ggf. beweisen, dass Aufklärungsformular sei nachträglich verändert, die von ihm erteilte Einwilligung nachträglich wirksam widerrufen oder eine andere tatsächlich geführte Behandlungs- oder Operationsmethode vereinbart worden.[709]

111 **c) Beweiserleichterungen.** Die durch Richterrecht für die Arzthaftung zum Schutz des Patienten entwickelten Beweiserleichterungen bis hin zur sog. Umkehr der Beweislast betreffen insbesondere die den Patienten grundsätzlich treffende Beweislast der haftungsbegründenden Kausalität.[710] Sie finden sich jetzt in § 630h BGB.[711] Die für die Praxis wichtigsten Fallgruppen sind:

112 **aa) Grober Behandlungsfehler.** Ein „grober Behandlungsfehler" ist gegeben, wenn ein medizinisches Fehlverhalten vorliegt, welches aus objektiver ärztlicher Sicht nicht mehr ver-

---

[701] *Giesen*, Arzthaftungsrecht, 1990, 191f m. w. N.
[702] BGH NJW 1999, 1778; OLG Brandenburg, VersR 2001, 1241; Müller MedR 2001, 487; *Martis/Winkhart*, B 471 („Beweislast").
[703] BGH NJW 1999, 1778; *Geiß/Greiner*, Arzthaftpflichtrecht, B Rn. 200.
[704] BGH MDR 1987, 43.
[705] Davon ist wohl nicht auszugehen, vgl. *Spindler/Rieckers*, JuS 2004, 272, 274 ff.; zum Streitstand auch *Müller*, MedR 2001, 487, 494; *Rehborn*, MDR 2002, 1288; *Spickhoff*, NJW 2002, 1758, 1762; *Katzenmeier*, VersR 2002, 1066, 1069; *Martis/Winkhart*, B 472 ff. („Beweislast").
[706] Angesprochen ist hier nur die Selbstbestimmungsaufklärung, nicht die (therapeutische) Sicherungsaufklärung, die einen Fall der Behandlungsfehlerhaftung darstellt – vgl. o. bei → § 14 Rn. 79.
[707] BGH NJW 1992, 2351; 2354; *Geiß/Greiner*, Arzthaftpflichtrecht, C Rn. 131.
[708] Vgl. zu den einzelnen beweisbedürftigen Tatsachen *Martis/Winkhart*, A 834 ff. („Aufklärung [im Großen und Ganzen]") m. w. N. aus der Rspr.
[709] *Martis/Winkhart*, aaO („Beweislast").
[710] Vgl. die Fallgruppen bei *Geiß/Greiner*, Arzthaftpflichtrecht, B Rn. 200 ff.; 231 f.; 238 f.; 247 ff.; 251 ff.; *Jorzig*, MDR 2001, 481 ff.; *Martis/Winkhart*, B 480 ff., G 297 ff.: („grobe Behandlungsfehler").
[711] Vgl. *Martis/Winkhart*, B 472 ff. („Beweislast").

ständlich erscheint, weil ein solcher Fehler dem Arzt schlechterdings nicht unterlaufen darf. Betroffen sind Verstöße gegen eindeutig gesicherte medizinischer Kenntnisse und bewährte ärztliche Behandlungsregeln und Erfahrungen.[712] Eine begrifflich scharfe Definition existiert nicht. Ob ein Fehler als „grob" einzustufen ist, obliegt vielmehr ausschließlich tatrichterlicher Bewertung und hat zur Folge, dass zugunsten des Patienten regelmäßig eine Beweislastumkehr eingreift. Ist ein „grober Behandlungsfehler" festgestellt, wird die Kausalität für das Entstehen der Primärschädigung vermutet und muss die Behandlungsseite beweisen, dass der Behandlungsfehler für die Schädigung nicht ursächlich geworden ist.[713] Auch eine Häufung mehrerer, jeweils für sich nicht grober Verhandlungsfehler kann die Behandlung im Rahmen der dann anzustellenden „Gesamtbetrachtung" als grob fehlerhaft erscheinen lassen.[714] Allerdings ist eine solche Beweiserleichterung ausgeschlossen, wenn der Kausalzusammenhang gänzlich bzw. äußerst unwahrscheinlich ist.[715]

Im Einzelnen kann ein grober Behandlungsfehler vorliegen, wenn eindeutig gebotene Befunde nicht erhoben werden,[716] auf eindeutige Befunde nicht nach gefestigten und bekannten Regeln der ärztlichen Kunst reagiert wird und besondere Umstände fehlen, die den Vorwurf des Behandlungsfehlers mildern können,[717] objektiv gebotene, sich aufdrängende weitergehende differenzialdiagnostische Maßnahmen unterlassen werden,[718] der Arzt sich ohne vorherige Aufklärung mit dem Patienten über Methoden der Schulmedizin hinwegsetzt und eine Außenseitermethode zur Anwendung bringt[719] oder durch eine unzutreffende Darstellung des Untersuchungsergebnisses verhindert, den Ursachenzusammenhang der Erkrankung durch eine Operation zu klären.[720] Da bei der Frage, ob ein „grober" oder „fundamentaler" Behandlungsfehler vorliegt, ausschließlich auf die medizinische Fehlerqualität abzustellen ist, bleibt eine etwaige Verletzung der ärztlichen Aufklärungspflicht (Selbstbestimmungsaufklärung) außer Betracht.[721] „Grobe Aufklärungsfehler" führen daher nicht zu Beweiserleichterungen.[722] 113

bb) Dokumentationsmängel. Dokumentationsversäumnisse begründen grundsätzlich keine eigenständige Haftung. Führen sie zu Irrtümern im weiteren Behandlungsverlauf, zu Belastungen mit unnötigen doppelten Befunderhebungen, zur kontraindizierten Kombination von Medikamenten etc., lösen sie ggf. eine Haftung wegen Behandlungsfehler aus. Zugunsten des Patienten kommen insoweit jedoch Beweiserleichterungen in Betracht, wenn eine aus medizinischen – nicht aus juristischen – Gründen erforderliche ärztliche Dokumentation der wesentlichen medizinischen Fakten lückenhaft bzw. unzulänglich ist und deshalb für den Patienten im Falle einer Schädigung die Aufklärung des Sachverhalt unzumutbar erschwert wird.[723] Die Beweiserleichterung der Verletzung der ärztlichen Dokumentations- 114

---

[712] BGH MDR 2002, 1120; MDR 2001, 1115; NJW 1999, 862; OLG Stuttgart VersR 2001, 1560; w. N u. a. bei *Martis/Winkhart*, G 297 ff.
[713] BGH NJW 2000, 2741; NJW 1999, *Müller*, NJW 1997, 3049, 3052; *Geiß/Greiner*, Arzthaftpflichtrecht, B Rn. 252 u. v. m.
[714] BGH NJW 1998, 1782; *Geiß/Greiner*, Arzthaftpflichtrecht, B Rn. 253; *Müller* MedR 2001, 487, 489 f.; *Martis/Winkhart*, G 190 ff. („grobe Behandlungsfehler [Gesamtschau]").
[715] BGH NJW 2000, 2423; NJW 1998, 1780; *Geiß/Greiner*, Arzthaftpflichtrecht, B Rn. 259.
[716] OLG München OLGR 1999, 331.
[717] BGH MDR 1983, 1012; OLG Saarbrücken OLGR 2000, 139, 141.
[718] OLG Oldenburg NJW-RR 2000, 403, 404.
[719] OLG Koblenz NJW 1996, 1600.
[720] OLG Oldenburg VersR 1999, 1284; zu weiteren Fallgruppen der kaum übersehbaren Kasuistik siehe *Martis/Winkhart*, G 297 ff. („grobe Behandlungsfehler [Fallgruppen]"); *Geiß/Greiner*, Arzthaftpflichtrecht, B Rn. 265 ff.
[721] BGH NJW 1987, 2291; *Geiß/Greiner*, Arzthaftpflichtrecht, B Rn. 256.
[722] BGH NJW 1987, 2291; OLG Hamburg VersR 2000, 190.
[723] *Geiß/Greiner*, Arzthaftpflichtrecht, B Rn. 202, 206, 250; Laufs/Kern/*Laufs/Kern*, § 111 Nr. 9; *Martis/Winkhart*, D 201 ff.

pflicht⁷²⁴ besteht in der darin begründeten Vermutung, dass eine nicht dokumentierte Maßnahme vom Arzt auch nicht getroffen wurde (vgl. § 630h III BGB) bzw. sich ein nicht dokumentierter, aber dokumentationspflichtiger wesentlicher Umstand so ereignet hat, wie ihn der Patient glaubhaft schildert.⁷²⁵ Ebenso können Radierungen oder Veränderungen der Dokumentation eine solche Vermutung begründen. Entsprechendes gilt für einen erheblichen zeitlichen Abstand der (tatsächlich vorgenommenen) Dokumentation zum Geschehen.⁷²⁶

115 Dabei dient die Pflicht zur Dokumentation des Behandlungsgeschehens der Sicherstellung einer ordnungsgemäßen Behandlung und bezweckt, Ärzte und Pflegepersonal über den Verlauf einer Krankheit und die bisherige Behandlung zu informieren.⁷²⁷ Eine Dokumentation, die insoweit aus medizinischen Gründen zur Unterrichtung der Behandler nicht erforderlich ist, ist auch aus Rechtsgründen nicht geboten, so dass aus dem Unterbleiben derartiger Aufzeichnungen keine beweisrechtlichen Folgen gezogen werden dürfen.⁷²⁸ Insbesondere dient die Dokumentation nicht dazu, dem Patienten Beweise für einen späteren Arzthaftungsprozess zu verschaffen und zu sichern.⁷²⁹

116 Aufzeichnungspflichtig ist nur, was Arzt und Pflegepersonen als aufzeichnungswürdig erwarten: Diagnoseuntersuchungen, Funktionsbefunde, Medikation, ärztliche Hinweise und Anweisungen in Bezug auf die Funktions- und Behandlungspflege, Maßnahmen der Intensivpflege, Abweichungen von der Standardbehandlung, Operationsbericht, Narkoseprotokoll, Zwischenfälle, Wechsel des Operateurs in der Operation, Maßnahmen zur Überwachung eines in der Weiterbildung befindlichen Arztes, Verlassen des Krankenhauses gegen ärztlichen Rat, Patientenaufklärung etc.⁷³⁰ Bei standardisierten Routineeingriffen genügt die Angabe eines Kurzbegriffs.⁷³¹ Details sind nur anzugeben, um Unklarheiten oder Verwechslungen für den Fachmann auszuschließen.⁷³²

117 Im Zusammenhang mit der Dokumentationspflicht verpflichtet die Rechtsprechung den Arzt auch dazu, die erhobenen Befunde zu sichern (Befundsicherungspflicht). Dementsprechend gehört es zu den Organisationsaufgaben der Behandlungsseite (Arzt, Krankenhausträger) sicherzustellen, dass Unterlagen, die Auskunft über das Behandlungsgeschehen geben, jederzeit aufgefunden werden können. Behandlungsunterlagen (Röntgenaufnahmen, Untersuchungsbescheinigungen, Aufzeichnungen über Befunde etc.) müssen aufbewahrt werden.⁷³³ Hat es der Arzt unterlassen, medizinisch zwingend gebotene Befunde zu erheben bzw. diese Befunde zu sichern, kann aus der Verletzung dieser Pflicht eine Beweiserleichterung bis hin zur Beweislastumkehr zugunsten des Patienten folgen.⁷³⁴ Deshalb ist eine Beweislastumkehr auch dann gerechtfertigt, wenn Aufzeichnungen vom Arzt im Prozess beiseite geschafft oder durch Veränderungen nicht hinreichend „gesichert" sind.⁷³⁵

---

⁷²⁴ Zur Berufspflicht des Arztes insoweit s. o. bei → § 12 Rn. 68 ff.; Laufs/Kern/*Laufs*, § 55.
⁷²⁵ *Jorzig*, MDR 2001, 481, 482; *Müller*, MedR 2001, 487, 491 m. w. N.
⁷²⁶ OLG Zweibrücken NJW-RR 2000, 27.
⁷²⁷ OLG Oldenburg NJW-RR 2000, 240; OLG Zweibrücken NJW-RR 2000, 235; *Martis/Winkhart*, D 201 („Dokumentationspflicht").
⁷²⁸ BGH NJW 1999, 3408; NJW 1989, 2330; *Steffen*, in: Bihr/Hekking/Krauskopf/Lang (Hrsg.), Handbuch der Krankenhauspraxis, 158, 186.
⁷²⁹ *Martis/Winkhart*, D 206 („Dokumentationspflicht").
⁷³⁰ Vgl. Nachweise zur umfangreichen Karsoistik der Einzelnen, dokumentationspflichtigen Maßnahmen *Martis/Winkhart*, D 212 ff. („Dokumentationspflicht").
⁷³¹ *Geiß/Greiner*, Arzthaftpflichtrecht, B Rn. 204 m. w. N.
⁷³² BGH NJW 1992, 1560; NJW 1993, 2375; *Steffen*, in: Bihr/Hekking/Krauskopf/Lang (Hrsg.), Handbuch der Krankenhauspraxis, 158, 186.
⁷³³ *Geiß/Greiner*, Arzthaftpflichtrecht, B Rn. 212.
⁷³⁴ BGH VersR 2001, 1030; *Martis/Winkhart*, D 394 ff. („Dokumentationspflicht").
⁷³⁵ *Steffen*, in: Bihr/Hekking/Krauskopf/Lang (Hrsg.), Handbuch der Krankenhauspraxis, 158, 187.

6. Besonderheiten der Krankenhaushaftung

a) Allgemeines. Die rechtlichen Grundlagen der Krankenhaushaftung entsprechen denjenigen der Arzthaftung. Auch die Krankenhaushaftung ist im Grundsatz zweispurig aufgebaut. Der geschädigte Patient kann den Krankenhausträger aus Vertrag und/oder aus Delikt (§§ 823 ff. BGB) in Anspruch nehmen. Hinsichtlich der vertraglichen Haftung und des Haftungsschuldners kommt es darauf an, ob ein totaler oder ein gespaltener bzw. ein totaler Krankenhausaufnahmevertrag mit Arztzusatzvertrag abgeschlossen wurde, es sich bei dem Krankenhaus um ein Belegkrankenhaus handelt oder die Behandlung in der Krankenhausambulanz (Chefarztambulanz) vorgenommen wurde.[736] Diese Besonderheiten des Vertragsabschlusses zwischen Patient und Krankenhausträger bedingen es, dass als Haftungsschuldner regelmäßig mehrere Personen in Betracht kommen: Neben den an Behandlung und Pflege im ärztlichen oder nachgeordneten Dienst Beteiligten, die jedenfalls, soweit sie deliktische Tatbestände verwirklichen, gemäß §§ 823, 839 BGB selbst Ersatz zu leisten haben, können auch – insbesondere, wenn sie die Stellung eines Vertragspartners des Patienten einnehmen – der Klinikträger, der selbstliquidierende Chefarzt sowie der zur Teilnahme an der vertragsärztlichen Versorgung ermächtigte Krankenhausarzt passiv legitimiert sein. Die Fragen nach dem oder den richtigen Beklagten, nach der Abgrenzung der vertraglichen wie deliktischen Verantwortlichkeiten stehen deshalb nicht zufällig immer wieder im Mittelpunkt der Klinikhaftung.[737] Dies ist ein Grund, weshalb die umfassende Leistungs- und Haftungskonzentration beim Krankenhausträger sowohl im Hinblick auf die Standardbehandlung als auch auf die Chefarztbehandlung durch den BGH stetig verstärkt worden ist.[738] Eine weitere Konsequenz dieser Entwicklung ist die strikte haftungsrechtliche Trennung zwischen der stationären und ambulanten Krankenhausbehandlung, obwohl sich im Klinikalltag eine solche Grenze nur schwer ziehen lässt.[739] Weitere Besonderheiten der Krankenhaushaftung bestehen hinsichtlich der Pflichten des Krankenhausträgers, insbesondere bei der Organisation des ärztlichen Dienstes sowie des vom Krankenhausträger geschuldeten medizinischen Standards.

118

b) Pflichten des Krankenhausträgers. aa) Organisationshaftung. Im Vordergrund auch der Krankenhaushaftung steht die Haftung des Krankenhausträgers für Behandlungsfehler im weitesten Sinne.[740] Das Krankenhaus ist vertraglich verpflichtet, die notwendigen diagnostischen und therapeutischen Leistungen zu erbringen und es ist verpflichtet, dabei die im Verkehr erforderliche Sorgfalt zu beachten (§ 276 BGB). Das Krankenhaus bedient sich hierzu seiner Mitarbeiter. Es muss haftungsrechtlich für deren Tun einstehen. Sie sind seine Erfüllungsgehilfen (§ 278 BGB). Deliktisch haftet das Krankenhaus ebenfalls für das gesamte ärztliche und nichtärztliche Personal (als Verrichtungsgehilfen gemäß § 838 BGB), daneben aber auch für eigenes Verschulden. Dies ist der weite Bereich der Organisationshaftung oder des Organisationsverschuldens.[741] Damit wird zunächst eine Binsenweisheit umschrieben, nämlich, dass den Krankenhausträger die Letztverantwortung für die ordnungsgemäße Orga-

119

---

[736] Zu Einzelheiten des Vertragsschlusses bei stationären Behandlungsverhältnissen s. o. bei → § 14 Rn. 6 ff., zum Haftungsschuldner vgl u. a. *Bergmann/Kienzle*, Krankenhaushaftung, 6 ff., 21 ff.; *Ratajczak*, in: Burk/Hellmann, Krankenhausmanagement für Ärztinnen und Ärzte, Loseblatt, VI 2; *Steffen*, in: Bihr/Hekking/Krauskopf/Lang (Hrsg.), Handbuch der Krankenhauspraxis, 158, 159 ff.; *Reiling*, MedR 1995, 443 ff.
[737] Vgl u. a. BGH MedR 1994, 441; *Büsken/Klüglich*, VersR 1994, 1141 ff.; *Debong*, ArztR, 1995, 71 ff.; *Reiling*, MedR 1995, 443.
[738] *Bergmann*, in: Bergmann/Kienzle, Krankenhaushaftung, 4.
[739] *Giesen*, Arzthaftungsrecht, 9.
[740] Zu den Fallgruppen der Behandlungsfehler s. o. bei → § 14 Rn. 67.
[741] S. dazu im Zusammenhang mit der Krankenhaushaftung *Bergmann/Kienzle*, Krankenhaushaftung, 21, 78 171 ff.; *Geiß/Greiner*, Arzthaftpflichtrecht, B Rn. 18 ff., 24, 28, 30; *Quaas*, das Krankenhaus, 1997, 542 u. v. m.

nisation des Krankenhausbetriebes trifft und er für Organisationsmängel einzustehen hat. Da der Organisationsbereich des Krankenhauses ein sehr weites Spektrum umfasst, hat sich auch der Begriff „Organisationsverschulden" tendenziell uferlos entwickelt und ist zu einem „catch-all" geworden, der dem Krankenhaus leicht zum Verhängnis werden kann. Im Einzelnen sind vier Kardinalpflichten zu beachten:[742] Die Organisation muss so gestaltet sein, dass

(1) die Zuständigkeit und Verantwortlichkeiten im Krankenhaus durch Einsatzpläne und Vertreterregelungen deutlich abgegrenzt und insbesondere Sonntags-, Nacht- und Bereitschaftsdienste gesichert sind. Besonderer Anweisungen bedarf es auch für die Patientenaufklärung und die ärztliche Erstversorgung von Unfallopfern;
(2) die Mitarbeiter sorgfältig ausgewählt, angelernt und überwacht werden. In jeder Behandlungsphase muss ein qualifizierter Arzt bereit stehen, um die notwendigen Anweisungen zu geben und zu kontrollieren;
(3) das Krankenhaus den gebotenen Standard bietet, und zwar personell, fachlich und apparativ. Dabei ist auf die Größe, den Charakter und die Ausstattung des Krankenhauses entsprechend seiner Versorgungsstufe abzustellen. Die Organisationsanforderungen sind bei einem kleinen kommunalen Krankenhaus anders als bei einer Universitätsklinik;
(4) die Verkehrssicherungspflichten gewahrt sind. Der Krankenhausträger trägt die Verantwortung für die Sicherheit der Patienten, insbesondere wenn es sich dabei um Kinder oder verletzungs- oder suizidgefährdete psychisch Kranke handelt. Darüber hinaus hat er für ausreichend hygienische Verhältnisse zu sorgen und die Funktionsfähigkeit aller medizinischen Geräte und Apparate sicherzustellen. Daneben steht die allgemeine Verkehrssicherungspflicht des Krankenhauses. Es muss dafür sorgen, dass die Patienten und Besucher sich gefahrlos im Krankenhaus aufhalten und bewegen können. Dazu gehört z.B., dass die erforderlichen Brandschutzmaßnahmen vorgenommen worden sind. Entsteht bei schuldhafter Verletzung dieser Verkehrssicherungspflicht ein Schaden, so muss das Krankenhaus hierfür aufkommen.

120 **bb) Organisation des Krankenhausbetriebes.** Die Rechtsprechung stellt an die Pflicht des Krankenhausträgers, den Krankenhausbetrieb so zu organisieren, dass jede vermeidbare Gefährdung des Patienten ausgeschlossen ist, hohe Anforderungen.[743] Er muss die verschiedenen Organisationsebenen einrichten und ihre Zuständigkeiten festlegen sowie sicherstellen, dass durch geeignete Maßnahmen kontrolliert werden kann, ob und wie die Aufgaben im jeweiligen Bereich erfüllt werden. Qualitätsmängel in der Organisation sind haftungsrechtlich als Behandlungsfehler zu qualifizieren.[744] Insoweit nimmt die Rechtsprechung keine Rücksicht darauf, dass personelle oder sachliche Engpässe bisweilen eine ordnungsgemäße Organisation verhindern, noch, dass fehlende Ausbildung und Erfahrung Fehler produzieren oder auch dem geschultesten Kodierverantwortlichen Fehler bei der Auswahl der ICD-Schlüssel in Anwendung des neuen DRG-Entgeltsystems unterlaufen können.

121 Deshalb obliegt es dem Krankenhausträger, die Betriebssicherheit der medizinisch-technischen Einrichtungen zu gewährleisten. Dazu gehört, dass er z.B. die Einhaltung der Vorschriften des Medizinproduktegesetzes (MPG), des Gerätesicherheitsgesetzes (GSG), der Medizingeräteverordnung, der Unfallverhütungsvorschriften (UVV), der sonstigen gesetzlichen Gefahrenschutzvorschriften (z.B. Brandschutz) zu überwachen hat. Der Krankenhausträger muss weiter den Arzneimitteleinsatz sachgerecht organisieren. Alle erforderlichen Arzneimittel müssen in ausreichender Zahl vorhanden sein. Es kann ein Organisationsverschulden des Krankenhausträgers darin liegen, dass ein Medikament mit erheblich niedrigere Risiken für den Patienten nicht rechtzeitig vor der Operation zur Verfügung steht.[745]

---

[742] Zu den allgemeinen Organisationspflichten des Krankenhausträgers vgl u.a. OLG Köln, VersR 1990, 1240; *Bergmann/Kienzle,* Krankenhaushaftung, Rn. 536 ff.; Laufs/Kern/*Laufs/Kern,* § 101 Rn. 10 ff.; *Ratajczak,* in: Burk/Hellmann, Krankenhausmanagement für Ärztinnen und Ärzte, Loseblatt, VI 3.
[743] Vgl. im Einzelnen *Steffen/Dressler,* Arzthaftungsrecht, Rn. 190 ff.
[744] BGH VersR 1985, 1043; NJW 1983, 1374; *Bergmann/Kienzle,* Krankenhaushaftung, Rn. 536.
[745] BGH VersR 1991, 315; in diesem Zusammenhang ist auch die Beschaffung benötigter Blutkonserven zu beachten. Während die Rechtsprechung die organisatorischen Anforderungen an Kliniken mit eigener Blutbank oder an die Blutbanken selbst für den Ausschluss Angehöriger von Risikogruppen als

Desgleichen erfordert die Krankenhaushygiene organisatorische Anstrengungen. Der Klinikbetrieb darf Infektionsketten nicht verlängern, sondern hat sie möglichst zu unterbrechen.[746] Hygienefehler bei der Herstellung einer Infusionsflüssigkeit sind nach Möglichkeit auszuschließen.[747]

122

cc) **Organisation der Patientenbetreuung.** Zu den Aufgaben des Krankenhausträgers gehört ferner die Organisation der Patientenbetreuung. Ein unfallchirurgisches Krankenhaus muss einen Organisationsplan haben, der bestimmt, wie bei der Einlieferung von Unfallopfern zu verfahren ist, und der sicherstellt, dass eine dem Standard der ärztlichen Kunst entsprechende Versorgung der Patienten auch nachts und an dienstfreien Tagen stattfindet.[748] Besondere organisatorische Anforderungen stellt die Rechtsprechung an Vorgaben des Krankenhausträgers für Diagnose- und Therapieentscheidungen, insbesondere, wenn sich der Zustand des Patienten erheblich verschlechtert,[749] an den Schutz vor allem psychiatrischer Patienten, vor Selbstgefährdung zu sorgen,[750] sowie zur Sicherung des Patienteneigentums zum Zeitpunkt der Krankenhausaufnahme. Hier hat der Krankenhausträger geeignete Verwahrungsmöglichkeiten zu schaffen.[751] Die Organisationsverpflichtung des Krankenhausträgers geht insoweit noch „über den Tod" des Patienten hinaus: Nach einem Urteil des BGH zur Testamentserrichtung im Krankenhaus ist der Träger verpflichtet, einem testierwilligen Patienten zur Erfüllung dieses Wunsches jede mit der Anstaltsordnung zu vereinbarende und zumutbare Unterstützung zu gewähren.[752] Die Erteilung von Rechtsrat selbst ist nicht Inhalt dieser Verpflichtung, wohl aber die Anweisung an das Personal, wie es sich in einem solchen Fall zu verhalten hat.[753]

123

Besondere Organisationspflichten stellen sich bei der Patientenaufklärung, da hier die Rechtsprechung eine eigene Verantwortlichkeit des Krankenhausträgers normiert.[754] Aufklärungspflichtig ist in der Regel der behandelnde Krankenhausarzt. Die Delegation des Aufklärungsgesprächs auf einen anderen Arzt ist zulässig, wenn dieser über die notwendige Fach- und Sachkenntnis verfügt. Der Chefarzt, der die Risikoaufklärung eines Patienten einem nachgeordneten Arzt überträgt, muss darlegen, welche organisatorischen Maßnahmen er ergriffen hat, um eine ordnungsgemäße Aufklärung sicherzustellen und zu kontrollieren.[755] Die Organisationspflichten des Krankenhausträgers erstrecken sich insbesondere auf eine Überprüfung der ordnungsgemäßen Dokumentation der Aufklärung und Behandlung. So hat der Krankenhausträger darauf hinzuweisen, dass in Anbetracht der Vorbehalte des BGH

124

Blutspender sehr hoch ansetzt, wurde die eigene Prüfungspflicht für ein Krankenhaus für eine von einer DRK-Blutbank bezogene Spende verneint – vgl. einerseits BGH NJW 1991, 1448; andererseits LG Düsseldorf NJW 1990, 2325 sowie *Bergmann/Kienzle*, Krankenhaushaftung, Rn. 539; *Ratajczak*, in: Burk/Hellmann, Krankenhausmanagement für Ärztinnen und Ärzte, Loseblatt, VI 3.1.2.

[746] BGH NJS 2007, 1682; VersR 1983, 735; Laufs/Kern/*Laufs/Kern*, § 101 Rn. 39; *Bergmann/Kienzle*, Krankenhaushaftung, 271.

[747] BGH, AHRS 3040/6, zit. bei *Ratajczak*, in: Burk/Hellmann, Krankenhausmanagement für Ärztinnen und Ärzte, Loseblatt, VI 3.1.4.

[748] OLG Hamm, AHRS 3010/14, 6562/4, zit. bei *Ratajczak*, in: Burk/Hellmann, Krankenhausmanagement für Ärztinnen und Ärzte, Loseblatt, VI 3.2.1.

[749] *Ratajczak*, aaO, VI 3.2.2 m. w. N.

[750] BGH NJW 1994, 794; Laufs/Kern/*Laufs/Kern*, § 101 Rn. 21.

[751] *Bergmann/Kienzle*, Krankenhaushaftung, 190, 346; *Ratajczak* in: Burk/Hellmann, Krankenhausmanagement für Ärztinnen und Ärzte, Loseblatt, VI 3.2.6.2.

[752] BGH NJW 1989, 2945; *Falck*, MedR 1995, 110.

[753] Zur Testamentserrichtung im Krankenhaus vgl. auch Laufs/Kern/*Kern*, § 91.

[754] Zu Organisationsfragen bei der Patientenaufklärung s. insbesondere *Bergmann/Kienzle*, Krankenhaushaftung, 125 ff.; 146 ff.; Laufs/Kern/*Laufs/Kern*, § 101 Rn. 42 ff.; dort (Rn. 44) sind auszugsweise auch abgedruckt die für den notwendigen Inhalt der Aufklärungsgespräche und deren Modalitäten vorgesehenen „Empfehlungen zur Aufklärung des Krankenhauspatienten über vorgesehene ärztliche Maßnahmen" der DKG, Stand 5. Aufl. 2008.

[755] BGH, NJW-RR 2007, 310 = MedR 2007, 169.

gegen jede Art von Formularaufklärung[756] das Aufklärungsformular nur als Merkblatt zur Vorbereitung oder zur Ergänzung des eigentlichen Aufklärungsgespräch genutzt wird und eine patientenbezogene Aufklärung stattfindet. Deshalb gehört es zu den wichtigsten Organisationspflichten des Krankenhausträgers, die Ärzte darauf hinzuweisen, dass aufklärungspflichtige Risiken über den Wortlaut des Formulars hinaus in einer besonderen Rubrik handschriftlich vermerkt werden sollten. Es trifft den Krankenhausträger ein Organisationsverschulden, wenn er den Ärzten freistellt, wie sie aufklären, insbesondere ihnen die Entscheidung darüber überlässt, ob ein einheitliches Formblatt zu schaffen ist und wenn er lediglich allgemeine Hinweise über die Aufklärungspflicht gibt.[757] Unerlässlich ist die Dokumentation der Patientenaufklärung in der Krankenakte als Teil der ärztlichen Behandlung.[758]

125   **dd) Organisation des ärztlichen und nichtärztlichen Dienstes.** Die Organisationsaufgaben des Krankenhausträgers für den ärztlichen und nichtärztlichen Dienst sind gekennzeichnet durch die Vorgaben: medizinischer Standard, Arbeitsteilung und Zusammenarbeit.[759] Hinsichtlich des einzuhaltenden medizinischen Standards ist der ärztliche Dienst durch den Krankenhausträger so zu organisieren, dass die Behandlung des Patienten den Anforderungen des sog. Facharztstandards genügt.[760] Der Krankenhausträger, der eine Überwachung von Behandlungsmaßnahmen einer Ärztin ohne abgeschlossene Facharztausbildung nicht gewährleistet, begeht einen Organisationsfehler.[761] Der medizinische Standard bei der Behandlung durch das Pflegepersonal ergibt sich insbesondere aus den Stellungnahmen und Richtlinien der Fachgesellschaften und der Berufsverbände.[762]

126   Die Organisationspflichten des Krankenhausträgers müssen weiter Rücksicht nehmen auf die horizontale und vertikale Arbeitsteilung im Krankenhaus. Unter dem Begriff der horizontalen Arbeitsteilung versteht man die Zusammenarbeit verschiedener Fachdisziplinen/ Abteilungen eines Krankenhauses. Die Zusammenarbeit ist horizontal, weil der Chefarzt der einen Abteilung dem Chefarzt der anderen Abteilung bzw. den Mitarbeitern der anderen Abteilung gegenüber nicht weisungsbefugt ist. Es besteht der Grundsatz, dass jedes Fachgebiet für die ihm zukommenden Aufgabenbereiche selbst haftet und Fehler im fremden Fach nicht für das eigene Fach haftungsbegründend sind.[763] Dazu führt der Vertrauensgrundsatz, der besagt, dass, solange keine offensichtlichen Qualitätsmängel oder Fehlleistungen erkennbar werden, sich ein Arzt darauf verlassen darf, dass ein an der Behandlung des Patienten mitwirkender Kollege seine Aufgabe mit der gebotenen ärztlichen Sorgfalt erfüllt.[764] Freilich muss den spezifischen Gefahren der horizontalen Arbeitsteilung jeder beteiligte Arzt entgegenwirken. Die begrenzten Erkenntnisse des vorbehandelnden Kollegen, die Referenzen der beteiligten Spezialisten und deren möglicherweise fehlender Gesamtüberblick sind zu berücksichtigen.[765] Aus der für den Patienten unmöglichen Situation, herauszufinden,

---

[756] Vgl. im Einzelnen *Steffen/Dressler*, Arzthaftungsrecht, Rn. 330.
[757] KG VersR 1979, 260; *Bergmann/Kienzle*, Krankenhaushaftung, Rn. 542.
[758] BGH VersR 1985, 361.
[759] Vgl. zu den Organisationspflichten des Krankenhausträgers für den ärztlichen und nicht-ärztlichen Dienst *Bergmann/Kienzle*, Krankenhaushaftung, 47 ff.; *Ratajczak*, in: Burk/Hellmann, Krankenhausmanagement für Ärztinnen und Ärzte, Loseblatt, VI 3.3 und 3.4; zu den Haftungsbeschränkungen aus der Arbeitsteilung *Geiß/Greiner*, Arzthaftpflichtrecht, B Rn. 115 ff., C Rn. 110; *Steffen*, in: Bihr/Hekking/ Krauskopf/Lang (Hrsg.), Handbuch der Krankenhauspraxis, 158, 172 ff.
[760] BGH MedR 1984, 63; dazu im Einzelnen u. bei → § 14 Rn. 134.
[761] OLG Stuttgart, MedR 1989, 241.
[762] Vgl. zu den Kompetenzen und zur Haftung der Krankenpflege im Rahmen der Grund- und Funktionspflege *Heinze/Jung*, MedR 1985, 62; *Obderbecke*, MedR 1996, 542; *Stegers*, MedR 1997, 390; *Steffen*, MedR 1996, 265.
[763] BGH st. Rspr., u. a. NJW 1998, 2736; *Bergmann/Kienzle*, Krankenhaushaftung, 74 ff.
[764] BGH NJW 1999, 1779; NJW 1994, 797; zum Vertrauensgrundsatz u. a. *Geiß/Greiner*, Arzthaftpflichtrecht, B Rn. 116, 128, C Rn. 110.
[765] *Bergmann/Kienzle*, Krankenhaushaftung, 74 f.

welcher Arzt bei der Operation einen Fehler gemacht hat, verlangt die neuere Rechtsprechung eine enge Koordination der Ärzte und der von ihnen veranlassten Maßnahmen, um Risiken auszuschließen, die sich ggf. aus der Unverträglichkeit der angewendeten Mittel ergeben könnten.[766] Für Koordinationsmängel haften deshalb alle Beteiligten.

Das hierarchische Prinzip trägt der vertikalen Arbeitsteilung im Krankenhaus in der Rangfolge vom Ärztlichen Direktor und Chefarzt über den Oberarzt zu den Assistenten bis zum nichtärztlichen Personal Rechnung. Hier ist die Wertung des § 831 BGB vorgegeben, nach der Gefahrenabwendung Sache nicht nur des Gehilfen, sondern auch des die Behandlungsaufgabe übernehmenden Krankenhausträgers und des behandlungsführenden Chefarztes ist. Allerdings haftet der behandelnde Arzt nur bis zu dem Punkt, an dem die Betreuung des Patienten ohne Experten-Defizite für diesen an eine andere, nichtärztliche Stelle überlassen werden kann: Der Oberin für den Pflegedienst; dem technischen Ingenieur für die Geräteverantwortung.[767] Auch in der horizontalen Arbeitsteilung gilt der Vertrauensgrundsatz. Einem in der Facharztausbildung befindlichen Arzt fällt kein Verschulden zur Last, wenn er der fachlichen Anordnung eines ihm übergeordneten und ihm gegenüber weisungsbefugten Arztes folgt und es sich bei der Anweisung nicht um eine offensichtlich falsche Anordnung handelt.[768]

127

c) **Medizinischer Standard. aa) Allgemeines.** Der Behandlungsfehlerbegriff orientiert sich am Maßstab des medizinischen Standards.[769] Der allgemeine medizinische Standard ist nach der Rechtsprechung zum Haftungsrecht auch der Maßstab für die Notwendigkeit einer Krankenhausleistung und die erforderliche Sorgfalt, mit der die notwendigen Krankenhausleistungen zu erbringen sind. Allerdings sind bisher weder von der Betriebswirtschaftslehre noch von der Rechtsprechung brauchbare Kriterien entwickelt, um den qualitativen Standard eines Krankenhauses zu beurteilen.[770] Der allgemeine medizinische Standard wird weitgehend durch das berufliche Tun der Ärzte selbst festgelegt. Er bestimmt, was sich objektiv in wissenschaftlicher Auseinandersetzung und praktischer Bewährung als gute, verantwortungsbewusste ärztliche Übung herausgebildet hat, in den beteiligten Fachkreisen als der richtige und sichere Weg zum therapeutischen Erfolg anerkannt ist und subjektiv von einem durchschnittlich befähigten und gewissenhaften Arzt auf der jeweiligen Versorgungsstufe erwartet werden darf.[771] Andererseits ist der Standard nicht für alle Ärztegruppen und unter allen Bedingungen gleich. Es gibt medizinisch wie rechtlich situationsorientierte unterschiedliche Standards. Das Haftungsrecht geht in diesem Zusammenhang von einem Gruppenstandard aus, der in der Praxis eines niedergelassenen Arztes ganz anders aussehen kann als an einem Landeskrankenhaus und wiederum anders als in einer Universitätsklinik als Stätte der Maximalversorgung.[772] Der Zustand der Organisation und die sich daraus ergebenden Organisationspflichten des Krankenhausträgers müssen deshalb dem Standard des Krankenhauses, den jeweils typischen Aufgaben und Gefahren entsprechen. Hochschulkliniken haben regelmäßig auch auf diesem Feld höheren Ansprüchen zu genügen als kleinere, weniger differenzierte Häuser.[773] Abzustellen ist hier jeweils auf die durch den Charakter der Klinik, seinen Versorgungsauftrag, die vorhandene Fachrichtung, die Größe, die apparative Ausstattung der

128

---

[766] BGH MedR 1999, 321.
[767] *Steffen*, in: Bihr/Hekking/Krauskopf/Lang (Hrsg.), Handbuch der Krankenhauspraxis, 158, 172; *Bergmann/Kienzle*, Krankenhaushaftung; *Deutsch*, NJW 2000, 1745; *Kern*, MedR 2000, 347, 349f.
[768] *Ratajczak*, in: Burk/Hellmann, Krankenhausmanagement für Ärztinnen und Ärzte, Loseblatt, VI 3.3.2.3 m. w. N.
[769] S. o. bei → § 14 Rn. 72 f.
[770] *Bergmann/Kienzle*, Krankenhaushaftung, 171 ff., 191 ff. (zur Qualität im Krankenhaus)
[771] *Franzki*, Arzt und Krankenhaus, 1995, 225, 226.
[772] BGH VersR 1988, 495; 1994, 480; *Kern*, NJW 1996, 1561; *Quaas*, das Krankenhaus, 1997, 545.
[773] Laufs/Kern/*Laufs/Kern*, § 101 Rn. 4; zum Organisationsverschulden in Hochschulkliniken s. a. Lippert NJW 1984, 2606 ff.

diagnostischen und therapeutischen Einrichtung und die durch die Unterrichtung der Patienten gesetzten Vertrauenserwartungen sowie auf die Möglichkeiten der Verlegung von Patienten in besser ausgestattete Kliniken. Dabei ist Raum für Gesichtspunkte einer das einzelne Krankenhaus übersteigenden, auf größere Gebiete bezogenen Planung der medizinischen Versorgung der Bevölkerung.[774]

129   bb) Medizinischer Standard und Kapazitätsgrenzen/Wirtschaftlichkeitsgebot. Da es für die zivilrechtliche Haftung nicht auf persönliche Schuld, sondern grundsätzlich auf Qualitätsmängel, die in einem Abweichen vom medizinisch gebotenen Standard liegen, ankommt,[775] lassen es die Gerichte nicht gelten, dass personelle oder sachliche Engpässe bisweilen eine ordnungsgemäße Organisation verhindern oder Eil- und Notfälle den ärztlichen Standard wesentlich herabsetzen. Es gibt eine sog. unverzichtbare Basisschwelle, deren Qualität nicht unterschritten werden darf.[776] So ist es ein Organisationsfehler, bei Unterversorgung einer Klinik mit Anästhesisten eine Parallelnarkose durchzuführen[777] oder einen Arzt zu einer Operation nach einem anstrengenden Nachtdienst einzuteilen.[778] Deshalb rechtfertigen auch finanzielle Engpässe grundsätzlich keine personelle Unterbesetzung des Krankenhauses oder einer einzelnen Station. Unabhängig von etwaigen aus den Budget-Verhandlungen mit den Krankenkassen herrührenden finanziellen Zwängen hat der Patient Anspruch auf die Wahrung essentieller Grundvoraussetzungen für seine Sicherheit.[779] Dabei ist in der Rechtsprechung nicht entschieden, nach welchem rechtlichen Maßstab sich der Standard einer ausreichenden personellen Versorgung richtet.[780]

130   Andererseits muss die Arzthaftung auch generelle Kapazitätsgrenzen und Beschränkungen aus dem System der sozialen Krankenversorgung für die Medizin insbesondere nach dem Sozialleistungsrecht (SGB V) im Haftungsmaßstab aufnehmen, weil und soweit sich diese in dem Standards niederschlagen.[781] Die Einheit der Rechtsordnung erfordert, dass der Sorgfaltsstandard im Zivilrecht nicht im Widerspruch zur sozialrechtlich vorgesehenen Versorgung steht. Das SGB V hat für die Behandlung von Kassenpatienten den Rechtsverordnungen, Richtlinien und Leitlinien die Aufgabe zugewiesen, den von der GKV zu akzeptierenden allgemein anerkannten Stand der medizinischen Erkenntnisse auszuformulieren. Der Haftpflichtrichter darf deshalb einem Patienten, auch im Wege nachträglichen Defizitausgleichs keine Behandlung zubilligen, die ihm der Sozialrichter als nicht notwendig, übermäßig oder unwirtschaftlich versagen müsste. Die Leistungspflicht eines Krankenhauses aus haftungsrechtlicher Sicht kann nicht weitergehen als die gesetzliche Leistungspflicht des Sozialleistungsrechts.[782] Das gilt auch angesichts des pflegesatzrechtlichen und sozialleistungsrechtlichen Wirtschaftlichkeitsgrundsatzes. Danach muss die ärztliche Versorgung ausreichend, zweckmäßig und wirtschaftlich sein; die Versorgung des Versicherten darf das Maß des Notwendigen nicht überschreiten und muss wirtschaftlich erbracht werden. Wirtschaftlich erbringen heißt, dass die notwendigen Leistungen mit möglichst geringem Aufwand erbracht werden sollen. Damit sind die Wirksamkeit, also die Effektivität und die Kostengünstigkeit, zusammengefasst die Effizienz die tragenden Elemente des Wirtschaftlichkeitsgebotes.[783]

---

[774] Laufs/Kern/*Laufs/Kern*, § 101 Rn. 4.
[775] S. o. bei → § 14 Rn. 71.
[776] *Bergmann*, das Krankenhaus, 1996, 238, 239; *Quaas*, das Krankenhaus, 1997, 542, 543.
[777] BGH NJW 1985, 2189; 1990, 759; *Steffen*, in: Bihr/Hekking/Krauskopf/Lang (Hrsg.), Handbuch der Krankenhauspraxis, 158, 171.
[778] BGH NJW 1986, 776.
[779] OLG Hamm NJW 1993, 2388.
[780] Dazu *Quaas*, das Krankenhaus, 1997, 542, 544.
[781] *Steffen*, in: Bihr/Hekking/Krauskopf/Lang (Hrsg.), Handbuch der Krankenhauspraxis, 158, 164.
[782] *Steffen*, MedR 1995, 190; *Franzki*, Arzt und Krankenhaus, 1995, 225; *Quaas*, das Krankenhaus, 1997, 542, 545.
[783] *Hess*, in: Kasseler Kommentar Sozialversicherungsrecht, § 106 SGB V, Rn. 102; *Bergmann/Kienzle*, Krankenhaushaftung, 58 f.

Solange deshalb das Sozialleistungsrecht mit dem Gebot der Wirtschaftlichkeit auf eine Rationalisierung der Leistungserbringung zielt und nicht etwa eine Rationierung von Leistungen vorschreibt, sind die haftungsrechtlichen und die leistungsrechtlichen Anforderungen an den medizinischen Standard kongruent.

Damit ist allerdings das sich aus gesetzlichen Vorschriften des Sozialleistungs- und Pflegesatzrechts ergebende Problem der finanziellen „Deckelung" der Krankenhausausgaben und deren Auswirkungen auf den Haftungsstandard nicht gelöst, sondern beginnt erst: Im Unterschied zu dem haftungsrechtlichen Begriff des medizinischen Standards ist der leistungsrechtliche Begriff des Standards im Sozialgesetzbuch und dem Pflegesatzrecht mit einer Begrenzung der Finanzierung verbunden. Das Krankenhaus kann ein jenseits der „Obergrenze" sich aus der Rechtsvorschrift ergebendes Budget nicht fordern, auch wenn dies zur Erfüllung seines leistungsgerechten Versorgungsauftrags erforderlich ist. Sein Budget ist gesetzlich „gedeckelt", die Finanzierung der ausreichenden, notwendigen und zweckmäßigen Leistung unter den Budgetvorbehalt gestellt. 131

Was gilt, wenn diese gesetzlich bemessene Finanzierung nicht ausreicht, die aus medizinischer Sicht gebotenen Leistungen voll zu finanzieren? Hierfür würde zwar gesetzlich etwas gefordert, dem Krankenhaus würden aber ausreichende Mittel zur Erfüllung dieser Verpflichtungen verweigert. Insoweit sollte der haftungsrechtliche Begriff des medizinischen Standards eine Erweiterung im Sinne eines „Krankenhausstandards" erfahren. Auch der Kranhausarzt kann nur verfügbare Ressourcen zur Erfüllung seines Heilauftrages einsetzen. Zu ihnen gehören neben den personellen, apparativen und sonstigen Mitteln der Krankenhausversorgung auch die finanziellen Ressourcen der Kranken-Versicherung, die ihm über das mit den Krankenkassen vereinbarte Budget zur Verfügung gestellt werden. Sind für die Budgetbemessung sozialrechtlichen Begrenzung – wie etwa das Postulat der Beitragssatzstabilität – oder gar eine Budgetkappung vorgesehen, kann dies nicht ohne Einfluss auf den Haftungsmaßstab bleiben. Solche, sich aus dem System der Krankenversicherung ergebenden Defizite eignen sich ebenso wenig wie das Krankheits- oder Todesrisiko zur haftungsrechtlichen Abwälzung auf das Krankenhaus. Andernfalls würde eben jener Konflikt zwischen sozialrechtlichen und haftungsrechtlichen Bewertungsmaßstäben provoziert, den es zu vermeiden gilt.[784] Auch insoweit kommt dem Gesichtspunkt der Einheitlichkeit der Rechtsordnung eine besondere Bedeutung zu. Die Anforderungen an die Leistungserbringung und die Finanzierungsregelungen müssen als Einheit gesehen werden. Da eine Eigenbeteiligung des Krankenhauses nirgendwo vorgesehen ist und von ihm auch nicht verlangt werden kann, führt eine Begrenzung der Mittel unweigerlich zu einer Leistungsbudgetierung.[785] Auch wenn das GSG und die ihm nachfolgenden Gesetze zur Entlastung der GKV bislang als Rationalisierungs- und Kostendämpfungsmaßnahmen verstanden wurden, ist der Tag nicht fern, wo deren gesetzeskonforme Anwendung mit einer Begrenzung und Rationierung von Krankenhausleistungen einhergeht. Alleine die auf Grund der demographischen Entwicklung zunehmende Morbidität, die bei einem unveränderten Leistungsanspruch zu Mengen- und Leistungsausweitungen führen muss, zwingt bei nicht mehr gegebener Finanzierbarkeit zu Leistungseinschnitten bis hin zur Leistungsverweigerung. Dem muss sich der am Rechtsgüterschutz orientierte medizinische Standard durch Einbeziehung der am Gemeinwohl ausgerichteten Begrenzung der Krankenhausausgaben anpassen. Bei dieser Konkurrenz zwischen Einzel- und Gemeinschaftsinteressen darf die Harmonisierung dieses möglichen Wertungswiderspruchs nicht nur aus der Perspektive des Haftungsrechts erfolgen.[786] Das Finanzierungsniveau und der Versorgungsstandard sind untrennbar miteinander verbunden. Die Gesellschaft kann vom Krankenhaus kein anderes, insbesondere höheres Leistungsniveau 132

---

[784] *Hart*, MedR 1996, 71.
[785] Vgl. zur Leistungsbudgetierung und Leistungsverweigerung des Krankenhauses *Quaas*, das Krankenhaus 1993, 59 ff.
[786] So aber *Hart*, MedR 1996, 71.

fordern, als sie zu finanzieren bereit ist. Bejaht man diese Prämisse, folgt daraus eine modifizierte Definition des medizinischen Standards im Sinne eines Krankenhausstandards: nicht vorhandene Ressourcen, insbesondere Finanzierungsengpässe, die nicht auf Organisationsmängeln beruhen, schließen die Haftung des Arztes aus. Auch das Krankenhaus haftet nicht bei fehlerhafter oder unterlassener Leistungserbringung, die sich als zwingende und unvermeidbare Folge einer gesetzlich verordneten Budgetierung darstellt.

133 Wie sich die Rechtsprechung zu dem Konflikt zwischen Wirtschaftlichkeitsgebot und notwendigem ärztlichen Standard stellen wird, ist nur schwer zu prognostizieren.[787] Im Zweifel fällt die Abwägung zugunsten des Sicherheits- und Gesundheitsinteresse des Patienten aus, auch wenn der BGH tendenziell den Einfluss von Kostengesichtspunkten auf die Festlegung des Haftungsmaßstabes im Grundsatz anerkennt. So wurde bereits 1954 entschieden, auf die Kosten von sichernden Maßnahmen für einen an Verwirrungszuständen leidenden Kranken komme es jedenfalls dann nicht an, wenn dieser Aufwand nicht außer allem Verhältnis zur befürchteten Gefahr stehe und diese nicht nur ganz entfernt drohe.[788] Budgetierung und Leistungseinschränkungen können deshalb die Sorgfaltspflichten des Krankenhauses steigern. Wird Personal eingespart und ist die Intensivstation „suboptimal" besetzt, erhöht sich das statistische Risiko für die Patienten. Man muss realistisch auch noch etwas anderes bedenken: Der Gesetzgeber geht davon aus, dass der wirtschaftlich geführte Leistungserbringer mit den gesetzlich eingeräumten Finanzierungsmitteln in der Lage sein wird, den leistungsrechtlichen Standard einzuhalten. Auch die Gerichte werden im Allgemeinen deshalb nicht von einer unzureichenden, sondern von einer begrenzten, aber noch ausreichenden Finanzierung ausgehen. Dem Krankenhaus, das sich auf eine Finanzierungsnot beruft, wird man wohl entgegenhalten, dass es hier nur um eine Begrenzung von Mitteln geht, dass alle Wirtschaftlichkeitsreserven auszuschöpfen und die verfügbaren Mittel vorrangig zur Gewährleistung des medizinischen Standards einzusetzen seien. Im Ergebnis wird sich die Finanzierungsnot des Krankenhauses im günstigsten Fall darin niederschlagen, dass an den medizinischen Standard keine zu hohen Anforderungen gestellt werden und dass im Einzelfall der Finanzierungsengpass des Leistungserbringers mit berücksichtigt wird.

134 cc) **Facharztstandard und Anfängeroperation.** Der Patient hat nach ständiger Rechtsprechung[789] Anspruch auf ärztliche Behandlung, die „dem Standard eines erfahrenen Facharztes entspricht". Die Übertragung einer selbstständig durchzuführenden Operation auf einen hierfür noch nicht ausreichend qualifizierten Assistenzarzt stellt deshalb einen Behandlungsfehler dar, der im Falle der Schädigung des Patienten Schadensersatzansprüche gegen den Krankenhausträger, die für die Zuteilung der Operation verantwortlichen Ärzte und unter Umständen gegen den operierenden Arzt selbst wegen eines Übernahmeverschuldens auslösen kann.[790] Der Facharztstandard ist nicht von der formellen Ernennung zum Facharzt abhängig. Wenn der Arzt in Weiterbildung nach sachverständiger Beurteilung die Behandlung theoretisch wie praktisch so beherrscht, wie das von einem Facharzt dieses Fachs erwartet werden muss, ist es unerheblich, ob es sich dabei um einen approbierten Arzt in Weiterbildung zum Facharzt oder auch einen Arzt in einer anderen Fachrichtung handelt.[791] Solange der angehende Facharzt für die Operation unter Narkose noch nicht die Kenntnis und Erfahrung eines Facharztes hat, muss ihn ein zum Facharzt ernannter Arzt begleiten. Bei

---

[787] Dazu jetzt *Debong*, Facharztstandard im Spannungsfeld von Sozial- und Haftungsrecht, Deutsches Anwaltsinstitut (DAI), 12. Jahresarbeitstagung Medizinrecht, Berlin 2017, Tagungsband S. 211; *Michalski*, VersR 1996, 265, 266; *Bergmann/Kienzle*, Krankenhaushaftung, Rn. 130.
[788] BGH, VersR 1964, 290; s. a. OLG Düsseldorf MedR 1984, 69.
[789] BGH VersR 1985, 782; OLG Düsseldorf VersR 1986, 659; OLG Koblenz, VersR 1991, 1376.
[790] BGH NJW 1993, 2989; KG VersR 2008, 1267; *Bergmann/Kienzle*, Krankenhaushaftung, 62 f.; Ratzel/Luxenburger/*Kaiser*, 43 ff.; Laufs/Kern/*Laufs/Kern*, § 100 Rn. 22 ff.; *Martis/Winkhart*, A 100 ff.
[791] So bereits BGH NJW 1982, 1049; s. a. *Steffen*, MedR 1995, 360; *Ratajczak*, in: Burk/Hellmann, Krankenhausmanagement für Ärztinnen und Ärzte, Loseblatt, VI 2.1.

einer „Anfängeroperation" durch einen noch nicht ausreichend qualifizierten Assistenzarzt muss die ständige Eingriffsbereitschaft und Eingriffsfähigkeit des aufsichtsführenden Facharztes, regelmäßig des Chef- oder Oberarztes, gewährleistet sein.[792] Aus der haftungsrechtlich geforderten Einhaltung des Facharztstandards folgt, dass in einem etwaigen Schadenersatzprozess wohl der Krankenhausträger als auch der für die Übertragung der Operationsaufsicht auf den Nichtfacharzt verantwortliche Arzt und der aufsichtsführende Arzt selbst die Darlegungs- und Beweislast dafür tragen, dass die eingetretene Komplikation nicht auf der geringen Erfahrung und Übung des noch nicht ausreichend qualifizierten Operateurs bzw. nicht auf der mangelnden Erfahrung des Aufsichtsführenden beruhen. Insoweit greifen zugunsten des Patienten Beweiserleichterungen bis hin zur Beweislastumkehr ein.[793]

dd) Voll beherrschbare Risiken. Solche Beweiserleichterungen zu Gunsten des Patienten treten auch ein, wenn feststeht, dass die Primärschädigung des Patienten aus einem Bereich stammt, dessen Gefahren von deren Seite voll ausgeschlossen werden können und müssen.[794] Tendenziell gerät damit die Figur des „voll beherrschbaren Risikos", die jetzt in § 630h I BGB gesetzlich verankert ist, zu einer Gefährdungshaftung entsprechend § 280 I 2 BGB.[795] Ein Behandlungsfehler und damit eine Pflichtverletzung wird vermutet, wenn die Verletzung des Lebens, des Körpers oder der Gesundheit des Patienten aus einer Gefahr herrührt, die dem Herrschafts- und Organisationsbereich des Behandelnden zuzuordnen ist, soweit der Behandelnde die Gefahren aus diesem Bereich objektiv voll beherrschen kann. Dies sind Risiken, die nach dem Erkennen mit Sicherheit ausgeschlossen werden können. Die tatsächliche Vermeidbarkeit der Risiken ist irrelevant. Entscheidend ist hiermit die Zuordnung des Risikos zum dem Herrschafts- und Organisationsbereich des Behandelnden.[796]

Das ordnungsgemäße Funktionieren in Einsatz gebrachter medizinischer Geräte und Materialien (z. B. die Funktionsfähigkeit eines Röntgengeräts oder eines Infusionssystems) gehört zu dem Bereich, dessen Gefahren durch das Krankenhaus und seine Ärzte voll ausgeschlossen werden können und müssen.[797] Kommt es nach einer Operation unter Intubationsnarkose zu einem Herz-Kreislauf-Stillstand beim Patienten, gehört es zu den wichtigsten Maßnahmen des Anästhesisten, die richtige Lage des Tubus zu kontrollieren. Unterbleibt diese Kontrolle, ist der Anästhesist für den Tod des Patienten verantwortlich, wenn er die ordnungsgemäße Lage des Tubus nicht beweisen kann.[798] Der Klinikträger hat für die einwandfreie Beschaffenheit des eingesetzten Tubus einzustehen.[799] Deshalb liegt eine Pflichtverletzung im voll beherrschbaren Operationsbereich des Arztes vor, wenn er im Operationsgebiet einen Fremdkörper, etwa einen Tupfer o. a. zurücklässt, ohne alle möglichen zumutbaren Sicherheitsvorkehrungen zu treffen, wozu bei textilen Hilfsmitteln eine Kennzeichnung, eine Markierung bzw. das Zählen der verwendeten Tupfer gehört.[800] Der Krankenhausträger und die behandelnden Ärzte tragen deshalb grundsätzlich die Beweislast dafür, dass der Patient zur Vermeidung von Lagerungsschäden sorgfältig und richtig auf dem Operationstisch gelagert wurde und dass die Operateure dies auch kontrolliert haben.[801]

---

[792] OLG Oldenburg VersR 1998, 180; *Martis/Winkhart*, A 107 („Anfängereingriffe, Anfängeroperationen").

[793] BGH NJW 1992, 1560; zu Einzelheiten *Martis/Winkhart*, A 112 ff. („Anfängereingriffe, Anfängeroperationen").

[794] BGH VersR 1991, 1058, 1059; NJW 1995, 1618; NJW 2007, 1682; OLG Hamm MedR 2002, 196; *Martis/Winkhart*, V 302 („Voll beherrschbare Risiken").

[795] *Müller*, MedR 2001, 487, 494; *Spickhoff*, NJW 2002, 1758, 1762; aA *Katzenmeier*, VersR 2002, 1066, 1069.

[796] BGH, VersR 2007, 847; Geiß/Greiner, Arzthaftpflichtrecht, Rn. B 238 f., 241.

[797] OLG Hamm VersR 1999, 1111, 1112.

[798] OLG Oldenburg NJW-RR 1990, 1362.

[799] BGH NJW 1991, 1540.

[800] BGH NJW 1991, 983; *Martis/Winkhart*, V 339 f. („Voll beherrschbare Risiken").

[801] *Martis/Winkhart*, V 350 ff. („Voll beherrschbare Risiken").

Gleiches gilt bei der Behandlung des Patienten durch die Pflegedienste[802] und bei Infektionen auf Grund von Keimübertragungen durch das Personal oder der benutzten medizinischen Geräte.[803]

§ 15 Die Beziehungen der Ärzte untereinander: Medizinische Berufsausübungs- und Organisationsgemeinschaften[804]

I. Von der Einzel- zur Gruppenpraxis

1   Herkömmlich – und nach wie vor zahlenmäßig überwiegend – wird die ärztliche Tätigkeit in einer Einzelpraxis am „Ort der Niederlassung" ausgeübt. Dabei wird unter „Niederlassung" gemeinhin die Einrichtung von Praxisräumen zur ambulanten Ausübung ärztlicher Berufstätigkeit verstanden. Dem entspricht § 17 I MBO, der die Ausübung des ärztlichen Berufs in eigener Praxis an die Niederlassung bindet und insoweit von der Regel der ärztlichen Einzelpraxis ausgeht.[805] Allerdings ist in jüngerer Zeit eine steigende Tendenz zur Gründung von Gruppenpraxen[806] festzustellen, die sich von der traditionellen Organisationsform der Arztpraxis löst. Heute ist nahezu jeder dritte (Vertrags-)Arzt in einer Gemeinschaftspraxis tätig.[807] Angesichts der durch das GMG 2003 geschaffenen neuen Versorgungseinrichtungen, insbesondere der medizinischen Versorgungszentren (§ 95 I 2 SGB V) verstärkt sich der Druck auf die Wettbewerbsfähigkeit der Einzelpraxis, deren Ende in der Fachpresse bereits früh prognostiziert wurde.[808] Die Gründe zur Bildung einer Gemeinschaftspraxis sind vielfältig, überlagern sich und sind abschließend kaum zu erfassen. In wirtschaftlicher Hinsicht lässt sich das Investitions- und Betriebsrisiko auf mehrere Personen verteilen. Die Ressourcen können ökonomischer genützt werden. Teilweise sind Gemeinschaftspraxen bei der Abrechnung privilegiert, z.T. aber auch benachteiligt.[809] Fachlich

---

[802] OLG Dresden, NJW-RR 2000, 761.

[803] *Martis/Winkhart*, V 380 ff. („Voll beherrschbare Risiken").

[804] Im folgenden Abschnitt werden die Rechtsbeziehungen der Ärzte untereinander, insbesondere die unterschiedlichen Berufs- und Organisationsgemeinschaften im niedergelassenen Bereich behandelt. Formen der Zusammenarbeit von Krankenhausärzten untereinander oder zwischen Arzt und Krankenhaus/Rehaeinrichtung sind Gegenstand dortiger Ausführungen – s. u. → § 16 Rn. 126 ff. – Von der Behandlung berufsrechtlicher Fragen zu trennen ist auch das Vertragsarztrecht, das ein Sondersystem ausschließlich für die an die vertragsärztlichen Versorgung teilnehmenden Ärzte darstellt. Die sich insoweit an die gemeinschaftliche Berufsausübung und Organisation stellenden Fragen sind nachfolgend ebenfalls ausgeklammert, sofern sie nicht zum Verständnis der berufs- oder gesellschaftsrechtlichen Problematik mitbehandelt sind – s. zum Vertragsarztrecht unten → § 18.

[805] *Engelmann*, MedR 2002, 561, 563.

[806] Unter „Gruppenpraxis" ist der Oberbegriff für sämtliche Formen gemeinsamer Ausübung ärztlicher Tätigkeit (Gemeinschaftspraxis, Praxisgemeinschaft, Apparategemeinschaft etc.) zu verstehen.

[807] Ende 2009 waren in den 17 KVen 153.895 Ärzte und 60.374 psychologische Psychotherapeuten Mitglied. Der Anteil der Vertragsärzte teilte sich auf in 58.500 Hausärzte und 61.300 Fachärzte. Diese Ärzte waren in 73.200 Einzelpraxen und 19.013 Gemeinschaftspraxen sowie in 1.257 medizinischen Versorgungszentren (MVZ) tätig. Die Zahl der in Gemeinschaftspraxen tätigen Ärzte nahm von 29.731 in 1993 auf 46.831 in 2007 zu, so dass heute etwa 30 % der Vertragsärzte ihre Tätigkeit in Gemeinschaftspraxen ausüben. Die Tendenz ist steigend – vgl. zu den Daten *Michels/Möller*, Ärztliche Kooperationen, 2. Aufl. 2010, 36; Ratzel/Luxenburger/*Möller*, § 16 Rn. 18.

[808] Vgl. Ärztezeitung vom 16.12.2003, 4: „Einzelpraxen haben endgültig ausgedient".

[809] So fällt bei der Gemeinschaftspraxis die Ordinationsgebühr (Nr. 1 EBM) pro Behandlungsfall pro Quartal nur einmal, aber mit Aufschlag an, während für Patienten, die in demselben Quartal von mehreren Ärzten in einer Praxisgemeinschaft behandelt werden, die Ordinationsgebühr und die Konsultationsgebühr (Nr. 2 EBM) jeweils einmal abgerechnet werden können. Andererseits gilt eine Gemeinschaftspraxis bei der Berechnung des Praxisbudget als eine Praxis (Ziff. 1 Abs. A. I. Allgemeine Bestimmungen Teil B EBM), so dass allen ihr angehörenden Ärzten gemeinsam nur ein solches Budget (dessen

sprechen Argumente der Spezialisierung auch im Interesse des Patienten für unterschiedliche Formen der Gruppenpraxis. Differenzierte Behandlungsmethoden erfordern spezielle naturwissenschaftliche Kenntnisse und einen Expertenstatus, den selbst der betreffende Facharzt oft nicht erreicht, so dass eine umfassende Zusammenarbeit mit anderen Ärzten unumgänglich ist.[810] Nicht selten führen auch persönliche Beweggründe – z. B. der Wunsch nach Reduzierung der Arbeitszeit, Einarbeitung eines Nachfolgers etc. – zur Gründung einer Gemeinschaftspraxis vor allem von Kollegen derselben, oder zumindest verwandter Fachrichtungen.

Darüber hinaus haben rechtliche Veränderungen die Bildung von ärztlichen Kooperations- und Organisationsgemeinschaften begünstigt: Mit Einführung der Partnerschaftsgesellschaft als neue Rechtsform für Freiberuflerzusammenschlüsse nach dem Partnerschaftsgesellschaftsgesetz (PartGG) sind den Ärzten neben der reinen Ärztepartnerschaft zusätzliche Möglichkeiten der Zusammenarbeit mit anderen Berufsgruppen eröffnet worden.[811] Die Gründung einer Job-Sharing Gemeinschaftspraxis lässt § 101 I 1 Nr. 4 SGB V seit dem 1.7.1997 zu. Die Bestimmung sieht in überversorgten Gebieten Gemeinschaftspraxen mit der Maßgabe vor, dass sich die Beteiligten verpflichten, das Leistungsvolumen der bisherigen Praxis nicht wesentlich zu überschreiten.[812] Darüber hinaus kann sich nach § 18 I MBO eine Berufsausübungsgemeinschaft auf Teile der gemeinsamen Berufsausübung (im Extremfall sogar auf eine einzelne Leistung) beschränken, die sog. „Teilgemeinschaftspraxis".[813] Darüber hinaus lässt § 33 II Ärzte-ZV in der ab 1.1.2007 geltenden Fassung vertragsärztliche Berufsausübungsgemeinschaften nicht nur unter Vertragsärzten, sondern zwischen sämtlichen zugelassenen vertragsärztlichen Leistungserbringern zu.[814] Der Gesetzgeber hat damit auf dem Gebiet der – vertragsärztlichen – Berufsausübungsgemeinschaft faktisch den Weg zur legalen Praxis- oder MZV-Kette freigemacht.[815]

Ärzte, die sich die Vorteile einer gemeinschaftlichen Berufsausübung zu Nutze machen wollen, sind in der Wahl einer geeigneten Rechtsform für ihre Kooperation nicht völlig frei. Sowohl das ärztliche Berufsrecht als auch das vertragsärztliche Leistungserbringungsrecht enthalten vielfältige Regelungen, die im Zusammenspiel mit den Vorgaben des Gesellschaftsrechtes ein kompliziertes, für die Kooperationspartner kaum noch durchschaubares Normengeflecht ergeben.[816] Ausgangspunkt ist nach wie vor der in § 1 II BÄO niedergelegte Grundsatz der Freiberuflichkeit, der eine gewerbliche Tätigkeit als mit dem Wesen des Arztberufes unvereinbar ansieht.[817] Der Arztberuf kann deshalb nicht in der Rechtsform einer OHG oder KG betrieben werden, weil diese Gesellschaften dem Betrieb eines Handelsgewerbes vorbehalten, d. h. stets vom Zweck der Erzielung wirtschaftlicher Gewinne beherrscht sind.[818] Daraus folgt auch die Verpflichtung des Arztes, bei der Beschäftigung von Mitarbeitern eigenverantwortlich und leitend an der Leistungserbringung mitzuwirken und der Leistungs-

---

Höhe nach Ziff. 1.6 Abschnitt A I. Teil B EBM modifiziert wird) zusteht – vgl. *Krafczyk*, MedR 2003, 313, 314; s. a. *Luxenburger* in Geschäftsführender Ausschuss der Arbeitsgemeinschaft Medizinrecht im DAV (Hrsg.), Psychotherapeutengesetz – Ärztliche Kooperationsformen, Bd. 2, 67, 74 f.

[810] Ausführlich dazu *Eisenberg*, Ärztliche Kooperations- und Organisationsformen, 27 ff.; zur Zusammenarbeit mit anderen Gesundheitsberufen *dies.*, aaO, 191 ff.

[811] Vgl. zur ärztlichen Partnerschaftsgesellschaft *Krieger*, MedR 1995, 95; *Taupitz*, ArztR 1995, 123; *Schirmer*, MedR 1995, 341; *ders.*, MedR 1995, 383; *Ratzel*, in: Ratzel/Lippert, MBO, § 22 Rn. 7.

[812] Vgl. hierzu *Kamps*, MedR 1998. 103; *Gleichner*, MedR 2000, 399.

[813] Vgl. hierzu *Michels/Möller*, Ärztliche Kooperationen, 2010, 152 ff.; krit. *Möller*, MedR 1998, 60; ders. MedR 2003; *Cramer*, MedR 2004, 552.

[814] Dazu *Fiedler/Fürstenberg*, NZS 2007, 184 (188f); Ratzel/Luxenburger/*Möller*, § 16 Rn. 14.

[815] Ratzel/Luxenburger/*Möller*, § 16 Rn. 14.

[816] *Schnapp/Kaltenborn*, SGb 2001, 101 u. Hw. auch auf die strafrechtlichen Aspekte des Themas, dazu auch *Volk*, NJW 2000, 3385; *Wagner/Hermann*, NZG 2000, 520 ff.

[817] → § 13 Rn. 9 ff.

[818] *Henke*, NJW 1974, 2035; *Ehmann*, MedR 1994, 141.

erbringung sein persönliches Gepräge zu geben.[819] Andererseits führt diese Auffassung dazu, dass Einkünfte aus ärztlicher Tätigkeit nicht der Gewerbesteuer[820] und nur begrenzt der Umsatzsteuer unterliegen.[821]

II. Die Gemeinschaftspraxis

1. Begriff

4   a) **Allgemeines.** Unter einer Gemeinschaftspraxis versteht man die gemeinsame Ausübung ärztlicher Tätigkeit durch mehrere Ärzte des gleichen oder ähnlichen Fachgebiets in gemeinsamen Räumen mit gemeinsamer Praxiseinrichtung, gemeinsamer Karteiführung sowie mit gemeinsamen Personal auf gemeinsame Rechnung.[822] Deshalb verfügt die Gemeinschaftspraxis auch über einen gemeinsamen Patientenstamm. Der Arztvertrag kommt zwischen dem Patienten und sämtlichen Ärzten der Gemeinschaftspraxis zustande, der auch der Vergütungsanspruch zusteht[823] und die als vertragsärztliche Gemeinschaftspraxis einheitlich und insgesamt mit der KV abrechnet.[824] Die entsprechende Leistung soll von jedem Arzt der Gemeinschaftspraxis erbracht werden können.[825] Die Folge ist, dass der Patient keinen Anspruch darauf hat, durch einen bestimmten Arzt behandelt zu werden.[826] Rechtlich werden die Mitglieder einer Gemeinschaftspraxis damit als „ein Arzt" behandelt. Unzutreffend ist deshalb die Ansicht, dass eine Gemeinschaftspraxis nur hinsichtlich der „gemeinsamen Schnittmenge" ärztlicher Tätigkeit bestehe und im Übrigen zur eigenständigen Abrechnung befugte Einzelpraxen existierten.[827]

5   b) **Fachübergreifende Gemeinschaftspraxis.** Nach wie vor ist die Gemeinschaftspraxis als fachgleiche Gemeinschaftspraxis zwischen Ärzten desselben Fachgebiets die Regel. Für sie ist kennzeichnend die jederzeit austauschbare ärztliche Leistung.[828] Seit dem Urteil des BSG vom 22.4.1983[829] ist auch die fachübergreifende (fachverbindende) Gemeinschaftspraxis, d. h. der Zusammenschluss von Ärzten verschiedener, zumindest verwandter Fachgebiete (vertragsärztlich) zugelassen.[830] Häufig ist die Kombination Orthopädie/Chirurgie, Radiologie/Nuklearmedizin. Allerdings wird die, die gemeinsame Nutzung der Ressourcen und Verwandtschaft der beteiligten Fachgebiete betonende Begriffsbestimmung (der Gemeinschafts-

---

[819] BVerfGE 43, 58, 73; BSGE 52, 55; *Wigge*, in: Schnapp/Wigge, Handbuch des Vertragsarztrechts, § 5e Rn. 1.

[820] Der Gewerbesteuerpflicht unterliegen stehende Gewerbebetriebe (§ 2 I GewStG), d. h. gewerbliche Unternehmen im Sinne i. S. d. EStG, die eine selbstständige Tätigkeit mit Gewinnerzielungsabsicht ausüben (§ 1 II EStG). Ausgenommen sind jedoch Tätigkeiten der Freien Berufe. Bei der selbstständigen Berufstätigkeit eines Arztes handelt es sich gem. § 18 I Nr. 1 EStG um einen freien Beruf. Krankenhäuser sind gem. § 3 GewStG von der Gewerbesteuerpflicht befreit, wenn sie in größerem Umfang Kassenpatienten behandeln. Zu steuerrechtlichen Fragen bei ärztlichen Kooperationen vgl. u. a. *Michels/Möller*, Ärztliche Kooperationen, 99 ff. (Gemeinschaftspraxis), 161 ff. (Teilberufsausübungsgemeinschaft), 175 f. (überörtliche Berufsausübungsgemeinschaft), 204 ff. (Praxisgemeinschaft), 257 ff. (MVZ).

[821] *Ehmann*, MedR 1994, 141.

[822] BSGE 23, 170, 171; 55, 97, 104; BGHZ 97, 173 = NJW 1996, 2364; *Ehmann*, MedR 1994, 141, 145; HK-AKM/*Kremer/Wittmann*, Nr. 2050 Rn. 1;*Möller*, MedR 2003, 195.

[823] BSG, U. v. 26.6.2002 – B 6 KA 28/01 R – in SozR 3–2500 § 85 Nr. 47.

[824] *Engelmann*, ZGMR 2004, 3, 4; *Plagemann*, in: Münchner Anwaltshandbuch Sozialrecht, § 15 Rn. 89.

[825] *Martis/Winkhart*, G 1 („Gemeinschaftspraxis"), *Walter*, MedR 2002, 169, 170; *Schinnenburg*, MedR 2000, 311, 312.

[826] Laufs/Kern/*Schlund*, § 18 Rn. 14; *Schnapp/Kaltenborn*, SGb 2001, 101, 102.

[827] So aber *Ehmann*, MedR 1994, 141; 145; wie hier *Möller*, MedR 2003, 195, 196.

[828] Vgl. *Wigge*, in: Schnapp/Wigge, Handbuch des Vertragsarztrechts 2002, § 5e Rn. 8, der allerdings dieses Kriterium zu Unrecht auch auf die fachübergreifende Gemeinschaftspraxis anwenden will.

[829] BSGE 55, 97.

[830] *Walter*, MedR 2002, 169, 170.

praxis) vor dem Hintergrund der Bildung standortübergreifender Berufsausübungsgemeinschaften der Realität nicht (mehr) gerecht.[831] Mit Einführung des Medizinischen Versorgungszentrums (MVZ) als einer ärztlich geleiteten, fachübergreifenden Einrichtung (§ 95 I 2 SGB V) dürfte das Merkmal der Verwandtschaft der beteiligten Fachgebiete seine konstitutive Bedeutung verloren haben. Wie im Einzelnen die Abgrenzung zu Organisationsgemeinschaften vorzunehmen ist, wird immer wieder in der medizinrechtlichen Wissenschaft intensiv diskutiert, ohne dass überzeugende Lösungen erkennbar wären.[832]

c) **Gemischte Gemeinschaftspraxis.** Unter einer „gemischten Gemeinschaftspraxis" versteht man den Zusammenschluss von einem oder mehreren ausschließlich privatärztlich tätigen Ärzten mit einem oder mehreren privat- und vertragsärztlich tätigen Ärzten, die fachgleich oder fachverbindend eine Berufsausübungsgemeinschaft bilden.[833] Eine solche Konstellation kann eintreten, wenn bei einem in einer Gemeinschaftspraxis tätigen Facharzt die Vertragsarztzulassung endet,[834] dieser Arzt aber künftig weiterhin ausschließlich privatärztlich tätig sein möchte. Entsprechendes gilt, wenn bei bestehenden Zulassungsbeschränkungen[835] ein ausschließlich privatärztlich tätiger Arzt einer aus Vertragsärzten bestehenden Gemeinschaftspraxis beitreten will. Der Vorteil läge in der Möglichkeit der Vertretung durch diesen Arzt im Rahmen des vertragsarztrechtlich Zulässigen; auch könnte dieser im Falle des Ausscheidens eines Vertragsarztes aus der Gemeinschaftspraxis dessen Gesellschaftsanteil inkl. Vertragsarztsitz übernehmen. Seine Vertretertätigkeit würde seine Chancen im Nachbesetzungsverfahren verbessern.[836]

6

2. Berufs- und vertragsarztrechtliche Anforderungen

a) **Gemeinschaftspraxis als Berufsausübungsgemeinschaft.** Die Gemeinschaftspraxis ist eine Form der Berufsausübungsgemeinschaft, zu der nach dem ärztlichen Berufsrecht weiter die Partnerschaftsgesellschaft, die ärztliche Kooperationsgemeinschaft (§ 23b MBO) sowie die Ärztegesellschaft als juristische Person des Privatrechts (§ 23a MBO) gehören. Allerdings wird der Begriff „Berufsausübungsgemeinschaft" weder im ärztlichen Berufsrecht noch im Vertragsarztrecht definiert.[837] Der BGH sieht in der Berufsausübungsgemeinschaft den Zusammenschluss mehrerer Ärzte gleicher oder unterschiedlicher, aber verwandter Fachgebiete, die ihre ärztliche Tätigkeit in gemeinsamen Räumen mit gemeinschaftlichen Einrichtungen und mit einer gemeinsamen Praxisorganisation bei gemeinsamer Abrechnung der erbrachten ärztlichen Leistungen ausüben.[838] Davon zu unterscheiden ist die überörtliche Berufsausübungsgemeinschaft, die seit den Beschlüssen des 107. Deutschen Ärztetages 2004 mit § 18 III MBO ausdrücklich zugelassen ist und allen Arztgruppen offen steht, wenn und soweit an dem jeweiligen Praxissitz verantwortlich mindestens ein Mitglied der Berufsausübungs-

7

---

[831] *Fiedler/Fürstenberg*, NZS 2007, 184, 188 f.; Ratzel/Luxenburger/*Möller*, § 16 Rn. 16.
[832] Ratzel/Luxenburger/*Möller*, § 16 Rn. 16.
[833] Vgl. dazu HK-AKM/*Kremer/Wittmann*, Nr. 2050 Rn. 13; *Möller*, MedR 2003, 195.
[834] Nach der – inzwischen aufgehobenen – Bestimmung des § 95 VII SGB V a. F. endete die Zulassung mit Ablauf des 68. Lebensjahres; zur Verfassungsmäßigkeit s. BVerfG MedR 1998, 223 ff.; nun kann die Zulassung mit Wirksamwerden eines Verzichts oder mit dem Ablauf eines Befristungszeitraumes enden – vgl. § 95 VII 1 SGB V.
[835] Das BVerfG hat die Zulassungsbeschränkungen bei Überversorgung durch Beschluss vom 27.4.2001 – MedR 2001, 639 – als verfassungsgemäß bestätigt.
[836] LSG Baden-Württ., MedR 1997, 143; *Preißler*, in: Ehlers (Hrsg.), Fortführung von Arztpraxen, Rn. 106; *Fiedler*, NZS 2003, 574; *Möller*, MedR 2003, 195.
[837] Vgl. kritisch hierzu *Dahm/Ratzel*, MedR 2006, 555 (556); Ratzel/Luxenburger/*Möller*, § 16 Rn. 6 ff.; HK-AKM/*Weimer*, Nr. 840 („Berufsausübungsgemeinschaft") Rn. 11 f.
[838] BGH, NJW 1986, 2346 f.; *Haack* in: Wenzel (Hrsg.), Handbuch des Fachanwalts Medizinrecht, Kap. 10 Rn. 18; zu weiteren Begriffsbestimmungen s. §§ 1a Nr. 12 BMV-Ä/EKV-Ä, in Kraft getreten am 1. Juli 2007 in DÄBl. 2007, A-1684 ff.; 1691 ff.

gemeinschaft hauptberuflich tätig ist. Das Merkmal der hauptberuflichen Tätigkeit ist erfüllt, wenn die überwiegende Arbeitszeit an dem Praxissitz verbracht wird und die Tätigkeit an anderen Orten nicht mehr als 13 Stunden wöchentlich beträgt.[839]

8 **b) Weitere Voraussetzungen.** Die Gründung der Gemeinschaftspraxis ist der Ärztekammer anzuzeigen. Dabei sollte der schriftliche Gesellschaftsvertrag vorgelegt werden, auch wenn dies das Berufsrecht nicht ausdrücklich verlangt[840] und das BGB die Schriftform nicht vorsieht. Auf dem Praxisschild sind die Namen und Arztbezeichnungen aller in der Gemeinschaftspraxis zusammengeschlossenen Ärzte mit dem Zusatz „Gemeinschaftspraxis" aufzuführen. Die Fortführung des Namens eines ausgeschiedenen oder verstorbenen Partners ist unzulässig. (§ 18a I 4 MBO). Voraussetzung für die Zulässigkeit der Gemeinschaftspraxis ist immer, dass sie nicht gegen berufsrechtliche oder vertragsarztrechtliche Vorschriften, insbesondere das Recht des Patienten auf freie Arztwahl, das Gebot der Fachgebietsbeschränkung und die Grundsätze der Kassenwirtschaftlichkeit verstößt.[841] Um die Einhaltung dieser Voraussetzungen zu gewährleisten, verlangen die Zulassungsinstanzen regelmäßig, dass jeder beteiligte Arzt eine eigene Abrechnung durchführt. Dafür muss aus der Abrechnung durch Kennzeichnung bei den einzelnen Leistungspositionen ersichtlich sein, welcher der beteiligten Ärzte die abgerechnete Leistung bei welcher Diagnose erbracht hat. Sichergestellt wird dadurch zusätzlich die Einhaltung der Fachgebietsbegrenzung.[842]

Das ärztliche Berufsrecht steht grundsätzlich der Gründung einer „gemischten Gemeinschaftspraxis" nicht entgegen. Allerdings hat das OLG München[843] eine Klausel in einem Gemeinschaftspraxisvertrag, wonach ein Vertragsarzt und ein nicht zur vertragsärztlichen Versorgung zugelassener Gesellschafter sich zur gemeinsamen vertragsärztlichen Tätigkeit verpflichtet haben, wegen Verstoßes gegen § 33 Abs. 2 Ärzte-ZV als nichtig beurteilt. Danach ist die gemeinsame vertragsärztliche Tätigkeit nur unter Vertragsärzten zulässig. Der nicht zur vertragsärztlichen Versorgung zugelassene Gesellschafter darf keinesfalls in die gesamte Leistungserbringung durch die Gemeinschaftspraxis miteingebunden sein.[844] Daraus folgt, dass der Gesellschaftsvertrag den privatärztlichen und vertragsärztlichen Bereich deutlich voneinander trennen muss.[845] Getrennte Patientenkarteien sind zu empfehlen.[846]

9 **c) Insbesondere: Teilgemeinschaftspraxis.** Nach § 18 I 2,3 MBO dürfen sich Ärzte zu Berufsausübungsgemeinschaften – auch beschränkt auf einzelne Leistungen – zusammenschließen (Teilgemeinschaftspraxis). Die Gemeinschaftspraxis kann sich damit auf Teile der gemeinsamen Berufsausübung (im Extremfall sogar auf eine einzelne Leistung) beschränken.[847] Bei dem Modell der Teilgemeinschaftspraxis erfolgt der Zusammenschluss der Ärzte – im privatärztlichen Bereich ist dies sogar unter Einbeziehung liquidationsberechtigter Krankenhausärzte möglich[848] – derselben oder verschiedener Fachrichtungen für ein bestimmtes Leistungssegment, das sie (ggfs. standortübergreifend) in die Gemeinschaft einbringen. Damit

---

[839] BÄK DÄBl. 2006, A – 801, 804; zur überörtlichen Gemeinschaftspraxis s. a. HK-AKM/*Kremer/Wittmann*, Nr. 2050 Rn. 10 f.; Ratzel/Luxenburger/*Möller*, § 16 Rn. 257 ff.
[840] *Möller*, MedR 2003, 195, 199; s. a. die von der BÄK im März 2006 veröffentlichten Hinweise und Erläuterungen zu Niederlassungen und für berufliche Kooperationen – DÄBl. 2006, A-801 sowie § 24 MBO.
[841] *Eisenberg*, Ärztliche Kooperations- und Organisationsformen, 67 f.; *Plagemann*, in: Münchner Anwaltshandbuch Sozialrecht, § 15 Rn. 88.
[842] *Eisenberg*, Ärztliche Kooperations- und Organisationsformen, 68 m. w. N.
[843] OLG München, U. v. 12.9.2005 – 21 U 4982/05 in MedR 2006, 172 m. Anm. *Cramer*.
[844] HK-AKM/*Kremer/Wittmann*, Nr. 2050 Rn. 13.
[845] Zur Vertragsgestaltung siehe *Möller*, MedR 2003, 195 (198); *Blaurock*, MedR 2006, 643.
[846] *Trautmann*, NZS 2004, 238 (245).
[847] Grundsätzlich HK-AKM/*Kremer/Wittmann*, Nr. 2050 Rn. 12; *Ratzel/Möller/Michels*, MedR 2006, 377; *Wigge*, NZS 2007, 393.
[848] *Altendorfer* in PKR 2007, 92.

erhalten die Patienten von den Partnern einer Teilgemeinschaftspraxis auch die medizinischen Spezialleistungen angeboten, über die andere Ärzte in der Praxis „vor Ort" nicht verfügen oder für die die apparative Ausstattung fehlt. Die Gründung einer Teilgemeinschaftspraxis lässt allerdings nicht zu, dass damit das in § 31 MBO geregelte Verbot einer unerlaubten Zuweisung von Patientinnen gegen Entgelt umgangen wird (§ 18 I 1,2 MBO). Deshalb darf nur derjenige Arzt an der Gewinnverteilung innerhalb einer Teilgemeinschaftspraxis teilnehmen, der aktiv seinen ärztlichen Beruf in der Gesellschaft ausübt und nicht lediglich im organisatorischen Bereich der Berufsausübungsgemeinschaft tätig wird. Teilgemeinschaftspraxen ausschließlich zur vermeintlichen Legalisierung verdeckter Gewinnverteilungen und Zuweiserentgelte sind unzulässig. Vor diesem Hintergrund verbietet § 33 II 3 Ärzte-ZV Berufsausübungsgemeinschaften mit überweisungsberechtigten Leistungserbringern, sofern es sich um die Erbringung überweisungsgebundener medizinisch-technischer Leistungen – beispielsweise radiologischer oder laborchemischer Untersuchungen – handelt. Damit sollen berufsrechtswidrige „Kick-back-Konstellationen" unterbunden werden.[849] Andererseits können an die Kompatibilität der einzelnen Fachgebiete keine zu strengen Anforderungen gestellt werden. Insbesondere müssen bei einer Teilgemeinschaftspraxis weder eine Austauschbarkeit der ärztlichen Leistungen noch eine sinnhafte Ergänzung der Leistungen im konkreten Behandlungsfall vorliegen. Maßgeblich ist, dass der einzelne Gesellschafter den Verbund durch die von ihm angebotenen und ggfs. zu erbringenden ärztlichen Leistungen fördern will und generell auch fördern kann.[850]

3. Zivilrechtliche Gestaltungsmöglichkeiten

Gemeinschaftspraxen stellen häufig hochkomplexe, in der inneren Struktur ausdifferenzierte Gebilde dar, die nicht selten Elemente einer Praxisgemeinschaft aufweisen und in der die Ärzte sowohl privat- wie vertragsärztlich tätig sind. Zusätzlich können Ärzte unterschiedlicher Fachrichtungen – wenn auch „wesensverwandt" – Gesellschafter sein. Solchen Besonderheiten muss der zwischen den Ärzten abzuschließende Gemeinschaftspraxisvertrag (Gesellschaftsvertrag der GbR nach Maßgabe der §§ 705 ff. BGB) Rechnung tragen. Die dazu von den Kammern und Verbänden angebotenen Musterverträge[851] können bestenfalls eine Anregung bezüglich der Formulierung einzelner Regelungen geben.[852]

In zivilrechtlicher Hinsicht von Bedeutung ist für die Rechtsbeziehungen der Gemeinschaftspraxis nach außen die neuere Erkenntnis des BGH, dass die GbR, soweit sie im Rechtsverkehr als Außengesellschaft auftritt, selbst Trägerin von eigenen Rechten und Pflichten, d.h. rechtsfähig und parteifähig ist, ohne jedoch juristische Person zu sein.[853] Das bedeutet, dass die Gemeinschaftspraxis vertragliche und gesetzliche Ansprüche erwerben und Schuldnerin solcher Ansprüche sein sowie dingliche Rechte (z. B. GmbH-Anteil an einer

---

[849] BT-Drs. 16/2474, S. 35; *Dahm/Ratzel*, MedR 2006, 555 (557).
[850] Zur Festlegung des Gesellschaftszwecks bei einer Teilgemeinschaftspraxis vgl. Ratzel/Luxenburger/*Möller*, § 16 Rn. 250.
[851] Vgl. d. N. bei *Rieger*, Verträge zwischen Ärzten in freier Praxis, 34 ff.
[852] Regelmäßig sollte deshalb ein auf das Medizinrecht spezialisierter Rechtsanwalt hinzugezogen werden; dem „Kostenargument" begegnet *Ratzel*, in: Ratzel/Lippert, MuBO, § 22 Rn. 3 in Fn. 8 zutr. mit dem folgenden Hw.: „Im Grunde genommen ist es wie in der Medizin, rechtzeitige Vorsorge ist preiswerter als spätere Heilversuche bei infauster Prognose"; zur Vertragsgestaltung s.a. *Saenger*, NZS 2001, 234, 236 ff.; *Rieger*, Verträge zwischen Ärzten in freier Praxis, 34 ff.
[853] BGH, NJW 2001, 1056; die Entscheidung wird als ein „Meilenstein in der Fortentwicklung des Rechts der Personengesellschaft" (*Schmidt*, NJW 2001, 993, 1003) gewertet, s. dazu a. *Ulmer*, ZIP 2001, 585; *Pfeiffer*, NZG 2001, 296; HK-AKM/*Kremer/Wittmann*, Nr. 2050 Rn. 21; die GbR ist unter Zugrundelegung dieser Rechtsprechung grundsätzlich grundrechtsfähig und als juristische Person des Privatrechts i.S.d. Art. 19 Abs. 3 GG anzusehen. Das BVerfG (B. v. 2.9.2002 in NJW 2002, 3533) hat hinsichtlich der Eigentumsgarantie des Art. 14 Abs. 1 Satz 1 GG die Grundrechtsfähigkeit der GbR bejaht; s. a. *Engelmann*, ZGMR 2004, 3, 6.

Betreibergesellschaft oder einen Gesellschaftsanteil an einer Laborgemeinschaft) erwerben kann.[854] Die Gemeinschaftspraxis ist deshalb aktiv und passiv prozessfähig (§ 50 ZPO)[855] und kann als Gesellschaft klagen und verklagt werden, obwohl sie über keine eigene Vertragsarztzulassung verfügt.[856] Als (weitere) Konsequenz kommt der Arztvertrag grundsätzlich nicht mit dem einzelnen Arzt, sondern nur mit der Gemeinschaftspraxis als rechtsfähige GbR zustande. Der behandelnde Arzt handelt hier zugleich als Vertreter im Namen der Gemeinschaftspraxis (§§ 714, 164 BGB).[857] Neben der Verpflichtung der Gesellschaft besteht darüber hinaus eine persönliche, gesamtschuldnerische Verpflichtung der Gesellschafter (Ärzte).[858] Im Innenverhältnis sind die Gesellschafter Gesamtschuldner mit Ausgleichspflicht (§§ 420 ff. BGB).

11 Im Gegensatz zu seiner bisherigen Rechtsprechung hat der BGH nun die Haftung des GbR- Gesellschafters auch auf Altverbindlichkeiten erstreckt.[859] Das hat zur Folge, dass der Neugesellschafter auch mit seinem Privatvermögen für Altschulden der Gesellschaft als Gesamtschuldner in analoger Anwendung des § 130 HGB einzustehen hat.[860] Dabei bezieht sich die Haftung nicht nur auf zukünftige Beitrittsfälle; vielmehr haften Neugesellschafter für Altverbindlichkeiten schon dann vollumfänglich privat, wenn sie diese bei Eintritt in die Gesellschaft kannten oder deren Vorhandensein bei auch nur geringer Aufmerksamkeit hätten erkennen können.[861] Die Beitrittshaftung umfasst Ansprüche aus Vertrags- und Deliktsrecht (auch für ärztliche Behandlungsfehler,[862] Bereicherungsrecht, Steuerverbindlichkeiten etc.[863]). Allerdings erstreckt sich aufgrund der Besonderheiten des vertragsärztlichen Zulassungssystems die Beitrittshaftung neu eintretender Gesellschafter nicht auf vertragsarztrechtliche Altverbindlichkeiten, also der Rechtsbeziehungen der vertragsärztlichen Gemeinschaftspraxis zu den Institutionen der vertragsärztlichen Versorgung, insbesondere der KV.[864] Jedenfalls empfiehlt sich für den Neugesellschafter, zu seinen Gunsten eine Klausel in den Gesellschaftsvertrag aufzunehmen, wonach die bisherigen Gesellschafter diesen von der Inanspruchnahme für solche Verbindlichkeiten freistellen, die vor seinem Beitritt begründet worden sind. Eine solche Abrede entfaltet zwar keine Rechtswirkung im Außenverhältnis zu Lasten der Gläubiger. Die Klausel sichert aber den eintretenden Arzt vor einem etwaigen Regress gegenüber den bisherigen Gesellschaftern für den Fall der (gesamtschuldnerischen) Inanspruchnahme durch einen Gläubiger der Gesellschaft für Altverbindlichkeiten.[865]

---

[854] HK-AKM/*Kremer/Wittmann*, Nr. 2050 Rn. 23 f. („Gemeinschaftspraxis").
[855] Zur Prozessführungsbefugnis s. a. BGH, B. v. 6.4.2006 – V ZP 158/05 – BB 2006, 2114; die Grundbuchfähigkeit einer GbR ist allerdings nach wie vor ungeklärt – dazu OLG Celle, NJW 2006, 2194; BGH, NJW 2006, 3716.
[856] Für das Sozialrecht vgl. BSG, U. v. 22.6.2005 – B 6 KA 19/04 R, SGb 2006, 370.
[857] BGH MedR 1999, 561 = NJW 1999, 2731 (Gynäkologen).
[858] *Eisenberg*, Ärztliche Kooperations- und Organisationsformen, 65.
[859] BGH, NJW 2003, 1803 ff.; die Entscheidung hat eine enorme Resonanz in der rechtswissenschaftlichen Literatur erfahren – vgl. *Debong*, ArztR, 2003, 184 f.; *Engelmann*, ZMGR 2004, 3, 6 f.; *Grams*, BRAK-Mitt. 2003, 164 f., *Hasenkmap*, DB 2003, 1166 f.; *Haunhorst*, DStZ 2003, 751; *Lange*, ZMGR, 2003, 18 f. (speziell zum Beitritt zur Gemeinschaftspraxis); *Lux*, MDR 2003, 757 f.; *Möller*, MedR 2004, 69; *Ulmer*, ZIP 2003, 1113 f., *Römermann*, BB 2003, 1084 f.; *Schäfer*, ZIP 2003, 1225; *K. Schmidt*, NJW 2003, 1897 f.; *Westermann*, EWiR 2003, 513 f.; die Praxisrelevanz der Entscheidung erhöht sich durch die zu erwartende analoge Anwendung des § 28 Abs. 1 HGB auch für den „Eintritt" in eine Einzelpraxis – vgl. *Ulmer*, ZIP 2003, 1113, 1116; *K. Schmidt*, NJW 2003, 1897, 1903.
[860] So schon OLG Hamm NJW-RR 2002, 495; einschränkend OLG Düsseldorf, ZIP 2002, 616; dazu auch *Lange*, NJW 2002, 2002; allg. *Walter*, MedR 2002, 169.
[861] BGH, U. v. 12.12.2005 – II ZR 283/03 in MedR 2006, 427.
[862] AA *K. Schmidt*, NJW 2003, 1897 (192).
[863] Ratzel/Luxenburger/*Möller*, § 16 Rn. 130 ff.
[864] BSG, U. v. 7.2.2007 – 6 KA 6/06 R in ZMGR 2007, 92; s. a. *Engelmann*, ZMGR 2004, 3, 7; *Möller*, MedR 2004, 69 (71), *Dahm/Ratzel*, MedR 2006, 555 f.
[865] *Debong*, ArztR 2003, 184; *Möller*, MedR 2004, 69 zur „Due-Diligence" – Überprüfung vor dem Beitritt.

Die Vertragsgestaltung bei Gründung einer Gemeinschaftspraxis muss schließlich und **12** insbesondere die sich aus dem Berufs- und Vertragsarztrecht ergebenden Anforderungen berücksichtigen, die durch asymmetrische Gesellschaftsverhältnisse (sog. Senior-/Juniormodelle, „Nullbeteiligungspartnerschaften", Job-sharing Gemeinschaftspraxen etc.) aufgestellt werden. Nicht selten wird nur nach außen das Vorhandensein einer Gemeinschaftspraxis vorgegeben, während in Wirklichkeit lediglich ein – verdecktes – Anstellungsverhältnis vorliegt. Bis zu der durch das VÄndG in § 95 IX 1, 103 IV b SGB V geschaffenen Möglichkeit, Ärzte ohne die bis dahin geltenden Leistungsbeschränkungen einzustellen, war ein solches Vorgehen oftmals motiviert durch die Vorstellung, durch einen „Gemeinschaftspraxispartner" Abrechnungsvorteile zu erzielen, ohne ihn als Mitunternehmer einzubinden. Wird ein solcher „Gestaltungsmissbrauch" aufgedeckt, hat dies – nach wie vor – erhebliche rechtliche Konsequenzen.[866] Gesellschaftsregelungen, die im Widerspruch zum Berufsrecht oder den Bestimmungen des SGB V stehen, sind unwirksam.[867] Die Rechtsprechung und ihr folgend die Zulassungsausschüsse gehen davon aus, dass die mit der Verleihung des Status einer Gemeinschaftspraxis verbundenen Vorteile gegenüber einer Einzelpraxis nur gerechtfertigt sind, wenn die Gestaltung der Kooperation die Gewähr dafür bietet, dass die mit ihrer Genehmigung verbundenen Rechte und Pflichten ordnungsgemäß wahrgenommen werden. Liegt nur die äußere Hülle einer Gemeinschaftspraxis vor, besteht keine Rechtfertigung, sie einerseits an den honorarmäßigen Begünstigungen für Gemeinschaftspraxen teilnehmen zu lassen und sie andererseits von den für Einzelpraxen geltenden Begrenzungen der Honorarverteilung auszunehmen.[868] Dazu kann es kommen, wenn die Grenze zwischen Gesellschaft und Anstellungsverhältnis nicht zutreffend gezogen wird. Insoweit gehen nicht nur die Zulassungsausschüsse, sondern auch die wegen Regressforderungen angerufenen Sozialgerichte und die von den Krankenkassen/KV'en eingeschalteten Staatsanwaltschaften der Frage nach, ob hinsichtlich einzelner oder mehrerer Ärzte, vornehmlich des „Juniorpartners" in Wahrheit keine Gesellschafterstellung, sondern ein „verdecktes Anstellungsverhältnis" vereinbart wurde. Bei ausschließlich privatärztlicher Tätigkeit wäre zwar eine derartige Konstruktion ohne weiteres zulässig und ist – z. B. – bei Rechtsanwälten in Form der sog. „Außensozietät" weitgehend üblich. Ein (offenes oder verdecktes) Anstellungsverhältnis des „Juniorpartners" kollidiert aber mit dessen Status als niedergelassenem Vertragsarzt, der „in eigener Praxis" und damit freiberuflich tätig sein muss (§ 32 Ärzte-ZV). Unstreitig muss auch in der Gemeinschaftspraxis das Recht der freien Arztwahl gem. § 76 SGB V sichergestellt und jeder Gesellschafter in der Ausübung der ärztlichen Tätigkeit unabhängig sein. Andererseits ist für die Ausübung vertragsärztlicher Tätigkeit nicht geeignet ein Arzt, der wegen eines Beschäftigungsverhältnisses für die Versorgung der Versicherten persönlich nicht in erforderlichem Maße zur Verfügung steht (§ 20 Abs. 1 Ärzte-ZV). Daraus folgt die Unzulässigkeit gesellschaftsvertraglicher Regelungen, die den (Junior-)Partner mehr oder weniger pro forma zum freiberuflichen Gesellschafter machen, seine Rechtsstellung aber soweit beschneiden, dass er faktisch nur die Stellung eines Angestellten hat.[869] Die vertragsarztrechtliche Zulässigkeit einer Gemein-

---

[866] Aus der inzwischen kaum überschaubaren neueren Literatur zum Problem „Scheinpartnerschaft" sei verwiesen auf HK-AKM/*Kremer/Wittmann*, Nr. 2050 Rn. 42 mit zahlreichen weiteren Nachweisen; *Butzer*, MedR 2001, 604; *Goette* MedR 2002, 1; *Michels/Möller*, Ärztliche Kooperationen, 2010, 70 f.; *Preisler/Rehborn*, Ärztliche Gemeinschaftspraxis versus Scheingesellschaft; *Möller* MedR 2003, 195; *Ratzel*, in: Ratzel/Lippert MuBO, § 22 Rn. 3 ff.; *Andreas/Debong/Bruns*, Handbuch Arztrecht in der Praxis, Rn. 445 ff.; *Plagemann*, in: Münchner Anwaltshandbuch Sozialrecht, § 15 Rn. 91; zur verfassungsrechtlichen Problematik insoweit u. a. *Schnapp/Kaltenborn*, SGb 2001, 101 ff.
[867] *Saenger*, NZS 2001, 234, 237; *Engelmann*, ZMGR 2004, 3, 10.
[868] *Engelmann*, ZMGR 2004, 3, 10 ff.
[869] OLG Koblenz, MedR 2001, 144; *Engelmann*, ZMGR 2004, 3, 11; *Heberer*, Das ärztliche Berufs- und Standesrecht, 511 f.; *Andreas/Debong/Bruns*, Handbuch Arztrecht in der Praxis, Rn. 457; HK-AKM/*Kremer/Wittmann*, Nr. 2050 Rn. 42 ff.

schaftspraxis setzt allerdings keine Gleichberechtigung in dem Sinne voraus, dass vertraglich identische Rechte und Pflichten der Teilhaber hinsichtlich der Berufsausübung und Praxisführung zu vereinbaren sind. Das würde gegen Art. 12 GG verstoßen. Die Regelung des § 32 I 1 Ärzte-ZV ist verfassungskonform dahin zu interpretieren, dass eine angestelltenähnliche Beteiligung an einer Gemeinschaftspraxis nicht untersagt wird.[870] Da die Regelung der §§ 706 II, 722 BGB über die Gewinn- und Verlustbeteiligung abdingbar ist, kann zivilrechtlich auch eine „Nullbeteiligung" vereinbart werden.[871] Wird allerdings eine solche Beteiligung auch bei langjähriger Tätigkeit (ggf iVm „getarnten Festgehältern" in Form von garantierten Mindest- oder beschränkten Höchstentnahmen) des in einer Gemeinschaftspraxis tätigen Arztes vereinbart, ist dies ein klares Indiz für eine verdeckte Angestelltentätigkeit, die strafrechtliche Konsequenzen nach sich ziehen kann.[872] Andererseits kann jedenfalls eine vermögensrechtliche Null-Beteiligung zumindest für eine „Kennenlernphase" zulässig sein, wobei maßgeblich vor allem eine Beteiligung am immateriellen Wert und weniger am materiellen Wert ist.[873]

13 Selbstverständlich lassen sich unterschiedliche Stimmengewichtungen, Mehrheitsentscheidungen oder Stichentscheide gesellschaftsvertraglich vereinbaren. Unschädlich ist auch, den Beteiligungsumfang durch ein Beteiligungs- oder Quotenmodell abgestuft zu modifizieren.[874] Ein „Hinauskündigungsrecht" des Seniors gegenüber dem Junior, um ersterem sein „Platzrecht" zu sichern, ist jedoch bei Fehlen eines besonderen Rechtfertigungsgrundes gesellschaftsrechtlich unzulässig, es sei denn, die Vertragsparteien haben dafür eine angemessene Entschädigung oder einen sonstigen Ausgleich vereinbart.[875] Weitere, v. a. mit Blick auf das Vertragsarztrecht zu lösende Probleme werfen Regelungen über das Ausscheiden eines Partners[876] und Konkurrenzschutzklauseln bei Beendigung eines Gemeinschaftspraxisvertrages auf.[877]

---

[870] LSG Nieders. – Bremen, B. v. 13.8.2002 in MedR 2002, 540.

[871] Den Begriff eingebracht hat *Möller*, MedR 1999, 493; zur „Nullbeteiligungsgesellschaft" s. a. Bundesverfassungsgericht, 3. Kammer, MedR 2006, 54; Stellungnahme der KBV vom 15.1.2003 („Schirmer-Papier"), und dazu Ratzel/Luxenburger/*Möller*, § 16 Rn. 112.

[872] Nach OLG Koblenz B. v. 2.3.2000 in MedR 2001, 144 begeht ein Arzt einen Betrug (§ 263 StGB) zum Nachteil der KV, wenn er die Kassenzulassung von Ärzten, die er im Angestelltenverhältnis beschäftigt, durch Vorlage von „Scheinverträgen" über ihre Aufnahme als Freiberufler in eine Gemeinschaftspraxis erschleicht und die von ihnen erbrachten Leistungen als solche der Gemeinschaftspraxis abrechnet – dazu *Heberer*, Das ärztliche Berufs- und Standesrecht, 509 f.

[873] In diese Richtung BSG, U. v. 22.3.2006 – B 6 KA 76/04 R in ZMGR 2006, 148; *Michels/Möller*, Ärztliche Kooperationen, 70 f.

[874] Zu Einzelheiten s. *Andreas/Debong/Bruns*, Handbuch Arztrecht in der Praxis Rn. 458 ff.; *Heberer*, Das ärztliche Berufs- und Standesrecht, 504 ff.; *Ehmann*, MedR 1994, 141, 146 ff.; *Saenger*, NZS 2001, 234, 236 ff.

[875] BGH NJW-RR 1996, 234; OLG Köln, MedR 1992, 219; *Ratzel*, in: Ratzel/Lippert, MBO § 22 Rn. 4; *Rieger*, in: ders., Lexikon des Arztrechts, Nr. 2050, Rn. 49 ff.; zur Frage der Befristung einer solchen, ggf. auch eine „Null-Beteiligung" erfassenden „Einarbeitungsphase" s. *Butzer*, MedR 2001, 604.

[876] Zur Frage der Nichtigkeit von Vereinbarungen, wonach Mitgesellschafter sich verpflichten, die Zulassung bei gleichzeitigem Verzicht daraus „in der Praxis zu belassen", vgl. OLG Stuttgart, MedR 2001, 519; OLG Hamm, MedR 2000, 427; BGH, NJW 2002, 3538; OLG Karlsruhe, NZG 2001, 654; *Plagemann*, in: Münchner Anwaltshandbuch, Sozialrecht, § 15 Rn. 91; zum Ausschluss eines Mitgesellschafters aus einer Gemeinschaftspraxis bei wechselseitigem Fehlverhalten BGH, GesR 2003, 276.

[877] Nach OLG München – 17 U 5531/95 – zit. bei *Deutsch/Spickhoff*, Medizinrecht, Rn. 104 in Fn. 2, ist eine Klausel, wonach Konkurrenz für den ausscheidenden Arzt im Umkreis von 20 km verboten wurde, sittenwidrig und nichtig; vgl. i. Ü. *Heberer*, Das ärztliche Berufs- und Standesrecht, 464 ff.; *Ehmann*, MedR 1994, 141, 147; *Andreas/Debong/Bruns*, Handbuch Arztrecht in der Praxis, Rn. 475 i. V. mit Teil 4 I 3; Ratzel/Luxenburger/*Möller*, § 16 Rn. 198 ff.

III. Praxisgemeinschaft

1. Begriff

Praxisgemeinschaften sind Zusammenschlüsse von Ärzten, bei denen nur die äußeren Voraussetzungen der Arztpraxis vergemeinschaftet werden, z. B. Räume, Personal, Energiezufuhr usw.[878] Insoweit spricht das ärztliche Berufsrecht zutreffend – wenn auch etwas farblos – von „Organisationsgemeinschaften" (§ 18 I 1 MBO). Deshalb ist unter einer Praxisgemeinschaft der Zusammenschluss zweier oder mehrerer Ärzte gleicher oder verschiedener Fachrichtungen zwecks gemeinsamer Nutzung von Praxisräumen oder Praxiseinrichtungen oder zur gemeinsamen Inanspruchnahme von Praxispersonal bei sonst selbstständiger Praxisführung zu verstehen.[879] Kennzeichnend ist, dass jeder beteiligte Arzt eine eigene Praxis betreibt und nicht die Praxisgemeinschaft als solche – wie bei der Gemeinschaftspraxis – den Arztvertrag abschließt. Die Praxisgemeinschaft ist infolgedessen nicht „eine" Praxis. Die Partner bleiben vielmehr in ihrer ärztlichen Tätigkeit selbstständig. Nicht die gemeinsame, jederzeit austauschbare ärztliche Leistung an gemeinsamen Patienten ist Ziel des Zusammenschlusses, sondern die Kooperation zur gemeinsamen Nutzung sächlicher und personeller Mittel und damit letztlich die Rationalisierung des eigenen Praxisbetriebes mit entsprechender Kostenreduktion.[880] Die Patienten treten deshalb in keine vertragliche Beziehung zu der Gesellschaft oder zu einem anderen an der Praxisgemeinschaft beteiligten Arzt. Der Arztvertrag wird ausschließlich zwischen dem behandelnden Arzt und dem Patienten geschlossen. Eine Vertretung des Arztes durch einen anderen Arzt der Praxisgemeinschaft ist – wie bei jeder Einzelpraxis – nur zulässig bei der Abwesenheit des Arztes, etwa bei Krankheit, Fortbildung oder Urlaub.[881] Allerdings ist die obige Definition der Praxisgemeinschaft insofern zu eng, dass nicht nur einzelne Ärzte, sondern auch Berufsausübungsgemeinschaften (Gemeinschaftspraxen), darüber hinaus auch angehörige nichtärztliche Heilberufe, eine MVZ-Trägergesellschaft oder auch ein Krankenhausträger an ihr beteiligt sein können.[882] Insoweit sollte zwischen Praxisgemeinschaften im engeren Sinne und (sonstigen) Organisationsgemeinschaften, der auch Nicht-Ärzte angehören können, unterschieden werden.

Sonder-(Unter-)Formen der Praxisgemeinschaft sind die Apparategemeinschaft und die sog. Leistungserbringungsgemeinschaft bei gerätebezogenen Untersuchungsleistungen. In beiden Fällen handelt es sich um partielle Praxisgemeinschaften, zu denen sich Ärzte bezüglich der gemeinsamen Nutzung kostspieliger medizinisch-technischer Einrichtungen und Geräte zusammengeschlossen haben, etwa zur gemeinsamen Nutzung von Großgeräten oder solcher Geräte, die sich nur bei hoher Leistungsfrequenz, die in einer Einzelpraxis nicht möglich ist, amortisieren können. Eine besondere Erscheinungsform der Apparategemeinschaft ist die Laborgemeinschaft.[883] Sie sind Gemeinschaftseinrichtungen von Vertragsärzten, welche dem Zweck dienen, laboratoriumsmedizinische Analysen (Kapitel 32.2 EBM 2000

---

[878] *Deutsch/Spickhoff*, Medizinrecht, Rn. 106.
[879] BSG, U. v. 22.6.2006 – B 6 KA 76/04 R, ZMGR 2006, 158; *Eisenberg*, Ärztliche Kooperations- und Organisationsformen, 119 m. w. N.; HK-AKM/*Rieger*, Nr. 4270 Rn. 1; Laufs/Kern/*Schlund*, § 18 Rn. 11.
[880] *Luxenburger* in: Geschäftsführender Ausschuss der Arbeitsgemeinschaft Medizinrecht im DAV (Hrsg.), Psychotherapeutengesetz – Ärztliche Kooperationsformen Bd. 2, 67, 69.
[881] *Eisenberg*, Ärztliche Kooperations- und Organisationsformen, 121 f.; *Ehman*, MedR 1994, 141, 144.
[882] Ratzel/Luxenburger/*Möller*, § 16 Rn. 322; *Schäfer-Gölz* in: Halbe/Schirmer (Hrsg.), Handbuch Kooperationen im Gesundheitswesen, A. 1200 Rn. 8.
[883] Vgl. zu diesen Sonderformen der Praxisgemeinschaft *Andreas/Debong/Bruns*, Handbuch Arztrecht in der Praxis, Rn. 482 ff.; *Eisenberg*, Ärztliche Kooperations- und Organisationsformen, 125 ff.; HK-AKM/*Peikert/Küntzel*, Nr. 3300; *Rieger*, Verträge zwischen Ärzten in freier Praxis, 57 speziell zu rechtlichen Aspekten der Laborgemeinschaft s. *Michels/Möller*, Ärztliche Kooperationen, 2010, 224 ff.

plus) regelmäßig in derselben gemeinschaftlichen Betriebsstätte zu erbringen (§ 25 III BMV-Ä, § 28 III AEK-V). Laborgemeinschaften sind nicht auf Gewinn- oder Vermögensbildung angelegt. Es handelt sich um eine reine Kostengemeinschaft.[884]

16 Die Bildung von Apparategemeinschaften ist durch § 15 III BMV-Ä und § 14 II AEKV erleichtert worden, weil sich nach diesen Regelungen Vertragsärzte bei gerätebezogenen Untersuchungsleistungen zur gemeinschaftlichen Leistungserbringung mit der Maßgabe zusammenschließen können, dass die ärztlichen Untersuchungsleistungen nach fachlicher Weisung durch einen der beteiligten Ärzte persönlich in seiner Praxis oder in einer gemeinschaftlichen Einrichtung durch einen gemeinschaftlich beschäftigten angestellten Arzt nach § 32b Ärzte-ZV erbracht werden können. Die Leistungen gelten als persönliche Leistungen des jeweils anweisenden Arztes, der an der Gemeinschaft beteiligt ist, wobei für den Fall, dass auf Grundlage von § 135 I oder II SGB V für die Erbringung gerätebezogener Untersuchungsleistungen Anforderungen an die Fachkunde des Arztes gestellt werden, alle Partner der Gemeinschaft und ggf. der angestellten Ärzte nach § 32b Ärzte-ZV, soweit er mit der Ausführung der Untersuchungsmaßnahmen beauftragt ist, diese Voraussetzungen erfüllen müssen.[885]

2. Berufsrechtliche Anforderungen

17 Eine Praxisgemeinschaft ist – im Gegensatz zu einer Gemeinschaftspraxis – keine Berufsausübungsgemeinschaft, sondern eine reine Organisationsgemeinschaft im Sinne von § 18 I 1 MBO (vergleichbar mit der Bürogemeinschaft unter Rechtsanwälten). Als solche ist die Praxisgemeinschaft grundsätzlich nur unter Ärzten möglich. Da es sich indessen nicht um eine Berufsausübungsgesellschaft handelt, können an ihr (im weiteren Sinne) – wie gezeigt[886] – auch nichtärztliche Angehörige anderer Berufsgruppen des Gesundheitswesens teilhaben. In solchen Fällen handelt es sich um medizinische Kooperationsgemeinschaften oder interprofessionellen Partnerschaften, die besonderen berufsrechtlichen und ggf. gesellschaftsrechtlichen Regelungen unterliegen.[887]

18 Besondere berufsrechtliche Anforderungen sind für die Gründung der Praxisgemeinschaft nicht vorgesehen. Der Zusammenschluss ist von den beteiligten Ärzten der Ärztekammer lediglich anzuzeigen. Sind für die beteiligten Ärzte mehrere Ärztekammern zuständig, so ist jeder Arzt verpflichtet, die für ihn zuständige Kammer auf alle am Zusammenschluss beteiligten Ärzte hinzuweisen (§ 18 VI 2 MBO). Da es sich bei der Praxisgemeinschaft nicht um „eine" Praxis handelt, ist die Ankündigung einer Praxisgemeinschaft im Rechtsverkehr (auf dem Praxisschild, auf Briefbögen oder Rezeptvordrucken etc.) unzulässig.[888]

19 Die berufsrechtlichen Vorgaben für die in einer Praxisgemeinschaft tätigen Ärzte werden oft deshalb missachtet, weil übersehen wird, dass die Praxisgemeinschaft lediglich ein organisatorischer Zusammenschluss mehrerer Ärzte bei sonst selbstständiger Praxisführung mit jeweils eigenem Patientenstamm darstellt. Dies z.B. stellt besondere Anforderungen an den Grundsatz der persönlichen Leistungserbringung, insbesondere in einer Laborgemeinschaft.[889] Auch ist die Beachtung der ärztlichen Schweigepflicht (§ 9 MBO, § 203 StGB, § 27f BDSG) von elementarer Bedeutung, was u.a. voraussetzt, dass die Patientenkartei grund-

---

[884] Zur ertragsteuerrechtlichen Behandlung von ärztlichen Laborleistungen, vgl. *Wendland,* Arztrecht 2004, 17; HK-AKM/*Peikert/Küntzel,* Nr. 3300, Rn. 63 f.
[885] *Luxenburger,* in: Geschäftsführender Ausschuss der Arbeitsgemeinschaft Medizinrecht im DAV (Hrsg.), Psychotherapeutengesetz – Ärztliche Kooperationsformen Bd. 2, 67, 70 f.
[886] → § 15 Rn. 14.
[887] S. dazu im Einzelnen bei → § 15 Rn. 33 f.
[888] HK-AKM/*Rieger,* Nr. 4270 Rn. 6; *Ratzel,* in: Ratzel/Lippert, MBO, 3. Aufl. 2002, D II Nr. 2 Rn. 7; *Luxenburger,* in: Geschäftsführender Ausschuss der Arbeitsgemeinschaft Medizinrecht im DAV (Hrsg.), Psychotherapeutengesetz – Ärztliche Kooperationsformen Bd. 2, 67, 73.
[889] S. dazu u.a. *Eisenberg,* Ärztliche Kooperations- und Organisationsformen, 134 ff.

sätzlich nach Praxen getrennt zu führen ist.[890] Etwas anderes gilt nur dann, wenn die Patienten wirksam in die gemeinsame Datenführung eingewilligt haben. Deshalb besteht darüber hinaus die Notwendigkeit getrennter Dokumentationen durch die Gesellschafter. Oft wird aus Gründen sog. Verwaltungsvereinfachung die Dokumentation als gemeinschaftliche geführt, so als existiere nur eine Praxis und als bestünde die Verschwiegenheitspflicht unter den Gesellschaftern einer Praxisgemeinschaft nicht anders als die unter den Gesellschaftern einer Gemeinschaftspraxis. In der Gemeinschaftspraxis nimmt hingegen der Patient in Kauf, dass er trotz seines grundsätzlichen Anspruchs auf freie Arztwahl bei mehreren Arztkontakten u. U. von verschiedenen Ärzten der Gemeinschaftspraxis behandelt wird. Er willigt daher mindestens konkludent darin ein, dass seine Behandlungsdaten für alle Ärzte der Gemeinschaftspraxis verfügbar sind. Demgegenüber handelt es sich – wie ausgeführt – bei der Praxisgemeinschaft rechtlich gesehen um den Zusammenschluss eigenständiger Praxen, die jeweils getrennte Behandlungsverträge mit den Patienten abschließen. Hier bedarf es der ausdrücklichen, mindestens konkludenten Einwilligung der Patienten, bevor ein Arzt der Praxisgemeinschaft in die Patientendokumentation eines anderen Arztes der Praxisgemeinschaft Einblick nehmen darf.[891]

3. Zivilrechtliche Gestaltungsmöglichkeiten

Die herkömmliche Praxisgemeinschaft unter Ärzten ist eine BGB-Gesellschaft nach den §§ 705 ff. BGB. Dabei handelt es sich aber im Unterschied zur Gemeinschaftspraxis um eine reine Innengesellschaft.[892] Der Patient tritt nur in Vertragsbeziehungen zu dem einzelnen Arzt, der in eigenem Namen und auf eigene Rechnung liquidiert. Gesellschafter sind die Ärzte, die nach außen keinen gemeinsamen Gesellschaftszweck verfolgen. Geschäftsführung und rechtsgeschäftliche Vertretung beschränken sich auf die jeweils einzelne und eigene Praxis, soweit die ärztliche Berufsausübung betroffen ist. Folgerichtig erfolgt keine gemeinschaftliche Haftung der Ärzte füreinander. Dem Patienten haftet immer nur der Arzt, der die konkrete Behandlung vorgenommen hat und nicht die sonstigen, an der Behandlung unbeteiligten Partner der Praxisgemeinschaft.[893]

20

Auch die Praxisgemeinschaft hat ihre vertragsarztrechtlichen Tücken, auf die bei Abfassung des Gesellschaftsvertrages[894] und im Berufsalltag der Ärzte zu achten ist.[895] So ist es unzulässig, eine tatsächlich bestehende Gemeinschaftspraxis allein zu Zwecken der „Abrechnungsoptimierung" als Praxisgemeinschaft zu organisieren, etwa indem – entgegen § 54 V BMV-Ä – namentlich Überweisungen zwischen den in einer Praxisgemeinschaft zusammengeschlossenen Einzelpraxen ausgestellt oder die jeweiligen Sprechstunden so gelegt werden, dass die Anzahl der abgerechneten Behandlungsfälle verdoppelt und damit eine unzulässige Leistungs- und Honorarausweitung ausgelöst wird.[896] Unzulässig ist die Überweisung an ein anderes Mitglied der Praxisgemeinschaft mit dem Ziel, von diesem Arzt z. B. Laboruntersuchungen durchführen zu lassen, die der überweisende Arzt wegen Erreichens des Budgets

21

---

[890] BSG, U. v. 22.6.2006 – B 6 KA 76/04 R, BSGE 96, 99 (105); *Ratzel/Lippert*, Kommentar zur MBO, 4. Auflage, §§ 18, 18a Rn. 9.
[891] *Luxenburger*, in: Geschäftsführender Ausschuss der Arbeitsgemeinschaft Medizinrecht im DAV (Hrsg.), Psychotherapeutengesetz – Ärztliche Kooperationsformen Bd. 2, 67, 73 f.
[892] HK-AKM/*Rieger*, Nr. 4270 Rn. 3; *Eisenberg*, Ärztliche Kooperations- und Organisationsformen, 120.
[893] *Andreas/Debong/Bruns*, Handbuch Arztrecht in der Praxis, Rn. 476; *Martis/Winkhart*, G 5 f. („Gemeinschaftspraxis").
[894] *Saenger*, NZS 2001, 234, 237 ff.; zur Vertragsgestaltung s. *Rieger*, Verträge zwischen Ärzten in freier Praxis, 48 ff.
[895] Vgl. *Plagemann*, Münchner Anwaltshandbuch Sozialrecht, § 15 Rn. 85 ff.
[896] *Krafczyk*, MedR 2003, 313; *Luxenburger*, in: Geschäftsführender Ausschuss der Arbeitsgemeinschaft Medizinrecht im DAV (Hrsg.), Psychotherapeutengesetz – Ärztliche Kooperationsformen Bd. 2, 67, 74 f.

nicht abrechnen kann. Wechseln die Patienten innerhalb einer Praxisgemeinschaft hin und her, widerspricht dies dem Hausarztsystem, wobei auch unterschiedliche Tätigkeitsschwerpunkte eine hohe Überschneidungsquote nicht rechtfertigen können.[897] Wie überhaupt vertragliche Abreden oder praktizierte Handhabungen, die die Mitglieder der Praxisgemeinschaft zu nicht indizierten Leistungen motivieren, unzulässig sind. Es verstößt gegen den Grundsatz des Verbots der Zuweisung gegen Entgelt (§ 31 MBO), wenn ein „Überweisungskartell" gebildet wird, zum Beispiel die Kostenbeteiligungsquote eines Mitglieds der Praxisgemeinschaft davon abhängig gemacht wird, in welchem Umfang er einem oder mehreren anderen Mitgliedern Patienten zuweist.[898] Indiz für einen solchen Gestaltungsmissbrauch, der zu gravierenden Honorarkürzungen der KV führen kann, ist ein vertraglich vereinbartes „Gewinnpooling", da die Gesellschaft einer Praxisgemeinschaft als reine BGB-Innengesellschaft keine gemeinschaftlichen Einkünfte erzielen darf. Gewinnpooling in Gesellschaftsverträgen einer Praxisgemeinschaft schafft sachfremde Anreize mit dem Ziel einer vermehrten Inanspruchnahme.[899] Wird deshalb für den Fall der Auflösung einer Gemeinschaftspraxis vereinbart, dass Gewinne oder Verluste nicht auf der Ebene des einzelnen Gesellschafters der Praxisgemeinschaft, also der Einzelpraxis, sondern gemeinschaftlich realisiert werden und nach einem bestimmten Verteilungsschlüssel, zumeist dem der vormaligen Gemeinschaftspraxis – häufig hälftig – unter den Gesellschaftern aufgeteilt werden sollen, legt eine solche Handhabung in der Regel den Schluss nahe, dass weitergehende Gesellschaftszwecke verfolgt werden als die der gemeinschaftlichen Nutzung sächlicher und personeller Mittel, letztlich also doch eine Berufsausübungsgemeinschaft vorliegt.[900] Insbesondere im Zusammenhang mit der Ausübung vertragsärztlicher Tätigkeit verbieten sich Gestaltungsmodelle, in denen die Praxisgemeinschaft als „faktische Gemeinschaftspraxis" geführt wird.[901] Obwohl grundsätzlich zulässig[902] kann das Gewinnpooling ein Indiz dafür sein, dass die beteiligten Ärzte faktisch eine Gemeinschaftspraxis ausüben und ein entsprechender Gestaltungsmissbrauch vorlegt.[903]

IV. Praxisnetz/Praxisverbund

1. Begriff und Anwendungsbereich

22   Eine allgemein gültige Begriffsbestimmung im Sinne einer gesetzlichen Definition gibt es nicht. Erstmals das 2. NOG vom 23.6.1997[904] erwähnt mit der damals neu geschaffenen Möglichkeit sog. Strukturverträge nach § 73a SGB V a. F. den von dem Versicherten gewählten Verbund „haus- und fachärztlich tätiger Vertragsärzte" und bezeichnet dies als „vernetzte Praxen", dem im Rahmen der Gesamtverträge nach § 83 SGB V zwischen der Selbstverwaltung der Ärzte und den Krankenkassen ein spezifischer Versorgungsauftrag für die Gewährleistung der Qualität und Wirtschaftlichkeit der vertragsärztlichen Versorgung, der Leistun-

---

[897] LSG Baden-Württ., U. v. 28.2.1997 – MedR 1997, 563 (80 % Überschneidung bei einer Praxisgemeinschaft von Eheleuten); dazu *Luxenburger* in: Geschäftsführender Ausschuss der Arbeitsgemeinschaft Medizinrecht im DAV (Hrsg.), Psychotherapeutengesetz – Ärztliche Kooperationsformen Bd. 2, 67, 75; LSG Baden-Württ. U. v. 12.5.1999 in ArztR 2000, 129; *Krafczyk*, MedR 2003, 313, 314.
[898] *Schäfer-Gölz* in *Halbe/Rothfuß* in *Halbe/Schirmer*, Handbuch Kooperationen im Gesundheitswesen, A 1200 Rn. 31 f.
[899] LSG Nds.-Bremen, B. v. 10.2.2003 in MedR 2003, 429.
[900] *Luxenburger*, aaO, 80; aA *Krafczyk*, MedR 2003, 313, 317 f.
[901] Dazu ausführlich *Wehebrink*, NZS 2005, 400.
[902] LG Hamburg, U. v. 21.7.2004 – 332 O 136/04 – in MedR 2005, 98; *Michels/Möller*, Ärztliche Kooperationen, 2. Aufl., 2010, 201.
[903] BSG, U. v. 22.6.2006 – B 6 KA 76/04 R, BSGE 96, 99; *Wehebrink*, NZS 2005, 400 (403) mit weiteren Nachweisen zu sozialgerichtlichen Rechtsprechung; s.a. LSG Nordrhein-Westfalen, U. v. 13.12.2006 – L 11 KA 60/06 – zitiert bei *Michels/Möller*, Ärztliche Kooperationen, 2. Aufl., 201.
[904] BGBl. I S. 1520.

gen oder Teilbereiche dieser Leistungen übertragen werden kann. Dieser Begriff des Praxisnetzes als einem Verbund von Arztpraxen mit definiertem Verantwortungsbereich liegt auch dem „Praxisverbund" zu Grunde, der 1997 als neue Form ärztlicher Kooperation in Abschnitt D II Nr. 11 MBO eingeführt und von § 23d MBO übernommen worden ist. Insoweit sieht das Berufsrecht den Praxisverbund als Kooperation niedergelassener Ärzte, „welche auf die Erfüllung eines durch gemeinsame oder gleichgerichtete Maßnahmen bestimmten Versorgungsauftrags oder auf eine andere Form der Zusammenarbeit zur Patientenversorgung, z. B. auf dem Felde der Qualitätssicherung oder Versorgungsbereitschaft, gerichtet ist". In eine solche Kooperation können auch Krankenhäuser, Vorsorge- und Rehakliniken sowie Angehörige anderer Gesundheitsberufe einbezogen werden (§ 23d III MBO).[905]

In der Praxis ist Leitbild des Praxisverbundes der Zusammenschluss von selbstständigen Einzelpraxen, der ein räumlich begrenztes Versorgungsgebiet umfasst und deren primäre Träger niedergelassene Hausärzte und Fachärzte sind, die sich zur Verbesserung der interkollegialen Zusammenarbeit, im Regelfall auch zu einer Ausweitung ihres individuellen Patientenstamms zusammengeschlossen haben.[906] Initiiert, jedenfalls unterstützt wurde die Gründung von Praxisnetzen häufig von Krankenkassen und Krankenkassenverbänden, die sich damit vor allem eine Optimierung der Qualität der ambulanten Krankenversorgung bei gleichzeitiger Kosteneinsparung insbesondere durch Vermeidung von Krankenhauskosten erhofften.[907] Als „Netzmanager"[908] versuchten sich auch Kassenärztliche Vereinigungen, um damit eine bessere Kontrollmöglichkeit über die ärztlichen Zusammenschlüsse zu gewinnen. Dem hat indessen zu Recht die Sozialgerichtsbarkeit einen Riegel vorgeschoben, indem die Mitgliedschaft der KV in einem Praxisnetz als von deren gesetzlichen Aufgabenbereich nicht umfasst abgelehnt wurde.[909] Insoweit gibt es Berührungspunkte zwischen den Interessen der Vertragsärzte und der Krankenkassen nach einer selektiven Vertragsgestaltung zwischen diesen Beteiligten, um sich damit auch von dem „Monopol" der KV lösen zu können.[910]

2. Berufsrechtliche Anforderungen

§ 23d MBO regelt die berufsrechtlichen Anforderungen an den Praxisverbund, Abs. 3 dieser Bestimmung an die erweiterte Kooperation im Rahmen der integrierten Versorgung.[911] Danach müssen die Bedingungen der Kooperation in einem schriftlichen Vertrag niedergelegt werden, der der Ärztekammer vorgelegt werden muss. Eine (schriftliche) Genehmigung ist nicht vorgesehen.[912] Der Vertrag muss sicherstellen, dass die am Praxisverbund beteiligten Ärzte weiterhin selbstständig und eigenverantwortlich ihre Praxis am bisherigen Ort des Praxissitzes ausüben.

---

[905] Ähnliche Kooperationsmöglichkeiten auf dem Gebiet der vertragsärztlichen Versorgung bietet das „Medizinische Versorgungszentrum", das nach der Neufassung des § 95 I 1 SGB V durch das GMG 2003 neben zugelassenen und ermächtigten Ärzten sowie ermächtigten ärztlich geleiteten Einrichtungen an der vertragsärztlichen Versorgung teilnimmt, s. u. bei § 17.
[906] Vgl. zu den Charakteristika und der rechtlichen Ausgestaltung eines Praxisnetzes insbesondere *Eisenberg*, Ärztliche Kooperations- und Organisationsformen, 213 ff.; *Ratajczak*, in: Geschäftsführender Ausschuss der Arbeitsgemeinschaft Medizinrecht im DAV (Hrsg.), Psychotherapeutengesetz – Ärztliche Kooperationsformen Bd. 2, 105; *Schirmer*, VSSR 1998, 279.
[907] Z. B. das Berliner Praxisnetz durch den BKK-Landesverband Berlin, vgl. *Ratajczak*, aaO, 105, 106; s. a. *Eisenberg*, Ärztliche Kooperations- und Organisationsformen, 215.
[908] *Preißler*, MedR 1998, 90.
[909] LSG Schleswig-Holstein, B. v. 26.6.2000 – L 6 B 61/00 KA ER –; SG Stuttgart, B. v. 14.11.2000 – S 5 KA 4825/00 ER – beide zit. bei *Rieger*, in: ders., Lexikon des Arztrechts, Nr. 4305 Rn. 3 in Fn. 3.
[910] *Klückmann*, in: Hauck/Noftz, SGB V, Stand 1999, K § 73a, Rn. 11; *Preißler*, MedR 1998, 90, 91; *Eisenberg*, Ärztliche Kooperations- und Organisationsformen, 216.
[911] → § 11 Rn. 65.
[912] *Ratzel*, in: Ratzel/Lippert, MBO, D II 11 Rn. 4; *Eisenberg*, Ärztliche Kooperations- und Organisationsformen, 224.

25 Die Mitgliedschaft in einem Praxisverbund muss grundsätzlich allen zu ihr bereiten Ärzten offen stehen. Sofern der Gesellschaftsvertrag diesbezüglich Beschränkungen vorsieht, die sich beispielsweise aus räumlichen oder qualitativen Kriterien ergeben, sind diese nur dann gerechtfertigt, wenn sie zur Erfüllung des Versorgungsauftrags notwendig sind und nicht diskriminierend wirken. Damit soll gewährleistet werden, dass der Praxisverbund grundsätzlich keine abgeschlossene und nur den Mitgliedern des Praxisverbundes offen stehende Einrichtung („closed-shop") darstellt.[913]

26 Auch innerhalb des Praxisverbundes muss das Patientenrecht auf freie Arztwahl gewährleistet sein. Darüber hinaus muss der „Netz-Arzt" andere, außerhalb des Verbundes tätige Ärzte als Konsiliarii oder Mitbehandler heranziehen können. Die sonstigen berufsrechtlichen Vorschriften etwa über das Werbeverbot, das Verbot der Errichtung einer Zweigpraxis sowie die Regeln der Erstellung der Honorarforderung müssen beachtet werden. Wünscht der Patient eine Überweisung an einen nicht zum Verbund gehörenden Arzt, dürfen die dem Praxisverbund angehörenden Ärzte diese Überweisung oder eine medizinisch gebotene Überweisung nicht behindern.[914] § 23d MBO gestattet die Errichtung von Praxisnetzen nicht nur im Rahmen der vertragsärztlichen Versorgung, sondern auch im rein privatärztlichen Bereich sowie die – in der Praxis wohl seltene – Aufnahme von Privatärzten in Praxisnetze von Vertragsärzten, freilich ohne Vergütungsanspruch gegen die KV.[915]

3. Zivilrechtliche Gestaltungsmöglichkeiten

27 Ausgangspunkt ist die Erkenntnis, dass das Praxisnetz keine Berufsausübungs-, sondern eine Organisationsgemeinschaft darstellt.[916] Das wesentliche Merkmal der Berufsausübungsgemeinschaft – der gemeinschaftliche Abschluss des Behandlungsvertrages mit dem Patienten – ist bei der Kooperation im Netz gerade nicht gewollt. Der Netzpatient schließt den Arztvertrag nur mit den ihn behandelnden Netzärzten, die ihren Beruf selbstständig und eigenverantwortlich ausüben. Infolgedessen scheiden sowohl die Gemeinschaftspraxis als auch die Partnerschaftsgesellschaft nach dem PartGG als Gesellschaftsformen für den Praxisverbund aus, zumal beide Berufsausübungsgemeinschaften nur an einem gemeinsamen Sitz zulässig sind.[917] Ebenso wenig kommt die Praxisgemeinschaft als Rechtsform für das Praxisnetz in Betracht. Sie erfordert zwar keinen gemeinsamen Praxissitz; der bei ihr auf die gemeinsame Nutzung von Personal und Sachmitteln beschränkte Gesellschaftszweck ist indessen für das Netz zu eng. Vielmehr schließen sich beim Praxisnetz die Verbundärzte zusammen, um durch abgestimmte Maßnahmen die Untersuchungs- und Behandlungsqualität zu vernetzen versichert und hierdurch Kosten einzusparen. Insoweit kann der Praxisverbund durchaus die Vorstufe für eine „Teilgemeinschaftspraxis" bilden.[918]

28 Da die an sich möglichen Rechtsformen des nicht-rechtsfähigen oder des eingetragenen Vereins aus praktischen Gründen ausscheiden,[919] bietet sich für den Zusammenschluss von Ärzten mit erhöhtem Kapitalbedarf die Rechtsform einer GmbH an.[920] Weitaus vorherrschend ist indessen die GbR-Innengesellschaft (§§ 705 ff. BGB). Diese Rechtsform vermag den Gesellschaftszweck, der in der Optimierung der Versorgungsqualität bei gleichzeitiger

---

[913] *Eisenberg,* Ärztliche Kooperations- und Organisationsformen, 222.
[914] Zu Einzelheiten dieser Voraussetzung s. *Eisenberg,* Ärztliche Kooperations- und Organisationsformen, 223 f.
[915] *Rieger,* in: ders., Lexikon des Arztrechts, Nr. 4305, Rn. 5.
[916] Ratzel/Luxenburger/*Möller,* § 16 Rn. 365; aA (weder Berufsausübungs- noch Praxisgemeinschaft), *Rieger* in Rieger, Lexikon des Arztrechts, Nr. 4305 („Praxisnetz"), Rn. 32.
[917] *Rieger,* in: ders., Lexikon des Arztrechts, Nr. 4305, Rn. 31.
[918] Ratzel/Luxenburger/*Möller,* § 16 Rn. 365.
[919] *Rieger,* in: ders., Lexikon des Arztrechts, Nr. 4305, Rn. 33.
[920] *Eisenberg,* Ärztliche Kooperations- und Organisationsformen, 221.

Kosteneinsparung regelmäßig liegt, am ehesten zu verwirklichen.[921] Als GbR-Innengesellschaft tritt das Praxisnetz gegenüber dem Patienten nach außen nicht auf. Die gemeinschaftlichen Ziele werden durch Regelungen, die die Wahrung der Eigenständigkeit und Selbstverantwortlichkeit der Berufsausübung des Arztes in der Einzelpraxis gewährleisten, vertraglich koordiniert. Insoweit begründet der Abschluss eines Gesellschaftsvertrages hier nicht nur Rechte und Pflichten im Verhältnis der Gesellschafter zur Gesamthand (GbR), sondern auch Rechte und Pflichten zwischen den Gesellschaftern untereinander. Von besonderer Bedeutung ist dabei die Treuepflicht, aus der sich nicht nur Unterlassungsansprüche, sondern auch Handlungspflichten ergeben, so dass auch die sich aus der Berufsordnung ergebenden Pflichten gegenüber den im Praxisverbund zusammengeschlossenen Ärzten zivilrechtlich durchsetzbar sind. Es handelt sich um Sozialansprüche der Gesellschaft, die von der Gesellschaft, aber auch von dem einzelnen Netzarzt im Wege der actio pro socio geltend gemacht werden können.[922]

Die Mitgliedschaft in einem Praxisverbund muss nicht nur berufsrechtlich grundsätzlich allen zu ihr bereiten Ärzten offen stehen. Unter Umständen ergibt sich für den einzelnen Arzt auch aus wettbewerbsrechtlichen Gründen und nach den §§ 826, 249 BGB ein Anspruch auf Aufnahme in den Praxisverbund.[923] Nach der Rechtsprechung kann auch eine Vereinigung ohne Monopolstellung mit erheblicher und sozialer Machtstellung zur Aufnahme von Bewerbern verpflichtet sein, wenn der Bewerber zur Verfolgung oder Wahrung wesentlicher Interessen auf die Mitgliedschaft angewiesen ist. Die Ablehnung eines Vertragsarztes, der die gesellschaftsvertraglichen Anforderungen des Praxisverbundes erfüllt, kann darüber hinaus gegen § 1 UWG verstoßen.[924]

V. Partnerschaftsgesellschaft/Ärzte-Gesellschaft

1. Partnerschaftsgesellschaft nach dem PartGG

Die Partnerschaftsgesellschaft nach dem PartGG ist eine spezielle Gesellschaftsform für Freiberufler. Sie ist strukturell zwischen der Gesellschaft bürgerlichen Rechts (GbR) und den Kapitalgesellschaften angesiedelt und dient zur „Lückenfüllung" zwischen diesen Rechtsformen.[925] Inhaltlich ist die Partnerschaftsgesellschaft der oHG nachempfunden, ohne aber der Gewerbesteuer zu unterliegen. Als eine Art „oHG für Freiberufler" sieht das Berufsrecht sie als Alternative zur GbR.[926]

Die Partnerschaftsgesellschaft ist eine Berufsausübungsgemeinschaft. Der Gesellschaftszweck einer Ärztepartnerschaft liegt daher wie bei der einer Gemeinschaftspraxis auf der Ebene der Berufsausübung und nicht wie bei einer Praxisgemeinschaft im organisatorischen Bereich.[927] Ihre Entstehung erlangt die Partnerschaftsgesellschaft mit Eintragung in das bei dem Amtsgericht geführte Partnerschaftsregister (§ 7 I PartGG).[928]

In der Praxis hat die Partnerschaftsgesellschaft allerdings als Rechtsform für die Ärztepartnerschaft in den vergangenen Jahren deutlich an Bedeutung verloren, insbesondere, nachdem

---

[921] *Rieger,* MedR 1998, 75, 77; *Eisenberg,* Ärztliche Kooperations- und Organisationsformen, 219 f.
[922] *Eisenberg,* Ärztliche Kooperations- und Organisationsformen, 220; *Rieger,* in: ders., Lexikon des Arztrechts, Nr. 4305 Rn. 35 m. w. N.
[923] Vgl. *Eisenberg,* Ärztliche Kooperations- und Organisationsformen, 222; *Rieger,* in: ders., Lexikon des Arztrechts, Nr. 4305, 76 ff.
[924] Vgl. d. N. bei *Eisenberg,* Ärztliche Kooperations- und Organisationsformen, 222.
[925] *Saenger,* NZS 2001, 234, 235; *Muckel,* in: Schnapp/Wigge, Handbuch des Vertragsarztrechts, § 14 Rn. 41.
[926] *Andreas/Debong/Bruns,* Handbuch Arztrecht in der Praxis 2001, Rn. 431; zu Einzelheiten s. *Eisenberg,* Ärztliche Kooperations- und Organisationsfolgen, 145 ff.
[927] *Nentwig/Bonvie/Henning,* PartGG, S. 45; *Deutsch/Spickhoff,* Medizinrecht, Rn. 107.
[928] Zu weiteren Entstehungsvoraussetzungen s. *Eisenberg,* Ärztliche Kooperations- und Organisationsformen, 148 ff.

der BGH mit dem Grundsatzurteil vom 29.1.2001[929] die GbR als rechtsfähige Außengesellschaft im Rechtsverkehr anerkannt hat. Ein praktischer Vorteil gegenüber der GbR ist nach wie vor die Haftungsbegrenzung. So ist nach § 8 Abs. 2 PartGG die Haftung in der Form beschränkt, dass wenn nur einzelne Partner mit der Bearbeitung eines Auftrages befasst waren, auch nur sie für berufliche Fehler neben der Partnerschaft haften. Anders als bei der GbR findet somit keine unbeschränkte gesamtschuldnerische Haftung aller Partner der Gesellschaft statt. Dies ist insbesondere bei Ärztepartnerschaften mit sehr unterschiedlichen, auch unterschiedlich haftungsträchtigen „Abteilungen" ein wichtiger Gesichtspunkt.[930]

33   Besondere berufsrechtliche Bestimmungen werden durch die Berufsordnung für die medizinische Kooperation zwischen Ärzten und Angehörigen anderer Fachberufe aufgestellt: als Rechtsform lässt § 23b I 2 MBO nur die Partnerschaft oder die GbR zu, wobei der Abschluss eines schriftlichen Vertrages Voraussetzung ist. Eine medizinische Kooperationsgemeinschaft ist darüber hinaus nur zulässig zwischen Ärzten und den Angehörigen solcher Fachberufe, die in der entsprechenden Bestimmung der Berufsordnung abschließend aufgezählt sind (z. B. Zahnärzte, Psychologische Psychotherapeuten, Hebammen, Logopäden, Angehörige staatlich anerkannter Pflegeberufe etc.).[931] Der Zusammenschluss setzt weiter voraus, dass der Arzt und sein Kooperationspartner einen gleichgerichteten oder integrierenden diagnostischen oder therapeutischen Zweck bei der Heilbehandlung erfüllen können.[932] Darüber hinaus müssen bestimmte Voraussetzungen erfüllt sein, die den Kernbereich der ärztlichen Tätigkeit schützen wie

* Eigenverantwortlichkeit und Selbstständigkeit der Berufsausübung,
* Arztvorbehalt,
* freie Arztwahl,
* Therapievorbehalt,
* Berufsrechtsvorbehalt.[933]

34   § 23b MBO enthält keine abschließende Regelung der Zusammenarbeit von Ärzten mit Nichtärzten. Nach § 23c MBO ist einem Arzt gestattet, in einer Partnerschaft nach dem PartGG mit Angehörigen anderer als den in § 23b MBO genannten Berufen zusammenzuarbeiten, sofern er in dieser Partnerschaft keine Heilkunde am Menschen ausübt (sog. interprofessionelle Partnerschaften).[934]

2. Ärzte-Gesellschaft

35   Nach § 1 GmbHG können Gesellschaften mit beschränkter Haftung zu jedem gesetzlich zulässigen Zweck durch eine oder mehrere Personen errichtet werden. Eine GmbH kann deshalb auch Leistungen der Heilkunde erbringen. So sind viele Krankenhausträger als GmbH organisiert.[935] Dagegen war es lange umstritten, ob eine Ärzte-GmbH,[936] die sich

---

[929] BGH NJW 2001, 1056.
[930] *Ratzel*, in: Ratzel/Lippert, MBO, § 22 Rn. 7.
[931] Vgl. dazu im Einzelnen *Eisenberg*, Ärztliche Kooperations- und Organisationsformen, 191 ff.
[932] *Schirmer*, MedR 1995, 383; *Möller*, MedR 2003, 195, 197.
[933] Ausführlich dazu *Krieger*, in: Geschäftsführender Ausschuss der Arbeitsgemeinschaft Medizinrecht im DAV (Hrsg.), Psychotherapeutengesetz – Ärztliche Kooperationsformen Bd. 2, 169, 172; *Eisenberg*, Ärztliche Kooperations- und Organisationsformen, 194 ff.; *Heberer*, Das ärztliche Berufs- und Standesrecht, 513.
[934] Zu interprofessionellen Partnerschaften im Einzelnen s. *Eisenberg*, Ärztliche Kooperations- und Organisationsformen, 205 ff.; zu weiteren ausgewählten Problemen der Partnerschaftsgesellschaft siehe *Nentwig/Pfisterer*, in: Geschäftsführender Ausschuss der Arbeitsgemeinschaft Medizinrecht im DAV (Hrsg.), Psychotherapeutengesetz – Ärztliche Kooperationsformen Bd. 2, 147.
[935] Vgl. u. a. *Quaas*, das Krankenhaus 2001, 40.
[936] In der Praxis dürften die meisten Ärzte-Gesellschaften als GmbH und nicht als AG gegründet werden; nur diese wird deshalb hier behandelt.

ausschließlich im ambulanten Bereich betätigt, rechtlich zulässig ist. Es bedurfte der Entscheidung des BGH vom 25.11.1993,[937] die in Übereinstimmung mit den beiden Vorinstanzen[938] zu dem Ergebnis kam, dass der Zusammenschluss von (Zahn-)Ärzten zu einer (Zahn-)Heilkunde-GmbH mangels gesetzlicher Regelung nicht zu verbieten sei. Damit wird eine anderenfalls offenkundige Diskriminierung der ambulanten Arzt-GmbH gegenüber Krankenhaus-GmbH's vermieden und dem Grundrechtsschutz der betroffenen ärztlichen Betreiber Rechnung getragen.[939] Das ärztliche Berufsrecht hat daraufhin in § 23a I MBO den von vielen Ärzten geäußerten Wunsch auf Möglichkeiten der Haftungsbegrenzung aufgenommen und bestimmt, dass Ärzte „auch in der Form der juristischen Person des Privatrechts ärztlich tätig sein dürfen".

Allerdings hat die Bedeutung der Ärzte-GmbH nach Einführung der ärztlichen und interprofessionellen Partnerschaftsgesellschaft, insbesondere nach der Neufassung des § 8 II PartGG über die Haftung, stark abgenommen.[940] Die fehlende Attraktivität der Ärzte-GmbH für den niedergelassenen Bereich resultiert insbesondere aus der mangelnden vertragsärztlichen Fähigkeit zur Zulassung. Nach § 3 II Ärzte-ZV kann die Vertragsarztzulassung nur einem Arzt persönlich erteilt werden. Es handelt sich um eine öffentlich-rechtliche Rechtsposition, die weder von einer GmbH noch von einer GbR oder Partnerschaftsgesellschaft trotz deren Rechtsfähigkeit eingenommen werden kann.[941] Als „ärztlich geleitete Einrichtung" könnte zwar die Ärzte-GmbH in Sinne von § 95 I SGB V, § 31 I Ärzte-ZV eine Ermächtigung zur ambulanten Behandlung gesetzlich versicherter Patienten erhalten. Angesichts des Vorrangs der niedergelassenen Vertragsärzte stellt dies aber lediglich eine theoretische Möglichkeit dar, die keine praktischen Realisierungschancen hat.[942] Eine Ärzte-GmbH bleibt deshalb auf die Behandlung von Privatpatienten beschränkt. Private Krankenkassen müssen aber auf Grund der Musterbedingungen (§ 4 II 1 MB/KK) Rechnungen der Ärzte GmbHs im ambulanten Bereich nicht erstatten.[943]

Wird der Weg der Begründung einer Ärzte-Gesellschaft beschritten, dürfen nur Ärzte und solche Personen Gesellschafter sein, mit welchen der Arzt einen gleichgerichteten oder integrierenden diagnostischen oder therapeutischen Zweck bei der Heilbehandlung erfüllen kann (§ 23a I,b I MBO). Die Ärzte-Gesellschaft ist ebenfalls Berufsausübungsgesellschaft, wodurch eine rein kapitalistische Beteiligung ausgeschlossen ist.[944] Eine Übertragung von Geschäftsanteilen ist nur an solche Personen zulässig, die die berufsrechtlichen Voraussetzungen erfüllen. Bei Abtretung an eine unbefugte Person ist der zugrunde liegende Vertrag gemäß § 134 BGB nichtig.[945] Ungerechtfertigte Einflussnahmen Dritter auf die Berufsausübung niedergelassener Ärzte sollen verhindert werden. Ärztliche Praxen sollen nicht im Wege franchise-ähnlicher Modelle durch Dritte, zu denen gesellschaftsrechtliche Verbindungen bestehen, betrieben werden.[946] Zur Vermeidung einer Fremdbestimmung dürfen deshalb Dritte auch nicht am Gewinn der Gesellschaft beteiligt sein. Dies gilt auch – im Hinblick auf

---

[937] BGHZ 124, 224.
[938] LG Düsseldorf, MedR 1991, 149; OLG Düsseldorf, NJW-RR 1992, 808.
[939] Vgl. hierzu *Deutsch/Spickhoff*, Medizinrecht, Rn. 108; *Taupitz*, NJW 1992, 2317; zr. w. N. bei *Eisenberg*, Ärztliche Kooperations- und Organisationsformen 233 ff; zur Zulässigkeit einer Ärzte-GmbH nach der BOÄ in Rh-Pf. s. VerfGH Rh-Pf., U. v. 31.3.2017 – VGH N 4/16 – in GesR 2017, 388.
[940] *Eisenberg*, Ärztliche Kooperations- und Organisationsformen, 236 ff.
[941] Vgl. *Wertenbruch*, NJW 2003, 1904.
[942] *Andreas/Debong/Bruns*, Handbuch Arztrecht in der Praxis, Rn. 436 f.; *Eisenberg*, Ärztliche Kooperations- und Organisationsformen, 291 ff.
[943] *Eisenberg*, Ärztliche Kooperations- und Organisationsformen, 303; Ratzel/Luxenburger/*Möller*, § 16 Rn. 374; *Ratzel*,GesR. 2007, 200 (202).
[944] Zu den Gründungsvoraussetzungen der Ärzte-GmbH vgl. *Braun/Richter*, MedR 2005, 685 ff.; *Saenger*, MedR 2006, 138 ff.; *Häußermann/Dollmann*, MedR 2005, 255 ff.
[945] Ratzel/Luxenburger/*Möller*, § 16 Rn. 375 f.; *Saenger*, MedR 2006, 138 (141).
[946] BSG, MedR 2004, 114 (116 f.).

das Verbot der Vorteilsannahme (§ 31 MBO) – für die Beteiligung eines Arztes an einer Geräte-Betriebsgesellschaft.[947]

§ 16 Ärzte und Krankenhaus

I. Aufgaben und Struktur des Ärztlichen Dienstes im Krankenhaus

1. Allgemeines

1 In Deutschland gab es im Jahre 2015 3.170 Krankenhäuser und Vorsorge- oder Rehabilitationseinrichtungen,[948] wobei auf den Krankenhausbereich 1956 Einrichtungen entfielen. Von den 1956 Krankenhäusern wurden im Jahr 2015 1636 Krankenhäuser als allgemeine Krankenhäuser, davon 577 Krankenhäuser in öffentlicher, 679 Krankenhäuser in frei-gemeinnütziger und 700 Krankenhäuser in privater Trägerschaft betrieben.[949] Die Krankenhäuser beschäftigten im Jahre 2015 insgesamt 154364 Ärzte.[950] Davon waren ca. 80 % (13400) Leitende Ärzte (Chefärzte).[951] Jeder zweite Krankenhausarzt ist zugleich Facharzt. Die Zahl der Krankenhausärzte insgesamt (einschließlich Ärzte in Vorsorge- und Rehabilitationseinrichtungen, ohne Belegärzte) überstieg im Jahre 2012 mit 174823 Ärzten deutlich die Anzahl der Ärzte im ambulanten Bereich (144058).[952]

---

[947] OLG Stuttgart, U. v. 10.5.2007 – 2 U 176/06 – in GesR 2007, 320 (Labormedizin-GmbH); dazu Ratzel/Luxenburger/*Möller*, § 16 Rn. 377.

[948] Als Krankenhäuser sind sozialrechtlich (§ 107 SGB V) Einrichtungen definiert, die der Krankenhausbehandlung oder Geburtshilfe dienen, die fachlich-medizinisch unter ständiger ärztlicher Leitung stehen, die über ausreichende, ihrem Versorgungsauftrag entsprechende diagnostische und therapeutische Möglichkeiten verfügen und nach wissenschaftlichen Methoden arbeiten, die durch entsprechendes Personal darauf eingerichtet sind, durch ärztliche und pflegerische Hilfeleistungen Krankheiten der Patienten zu erkennen, zu heilen, ihre Verschlimmerung zu verhüten, Krankheitsbeschwerden zu lindern oder Geburtshilfe zu leisten und in denen Patienten untergebracht und verpflegt werden können (§ 107 I SGB V). Demgegenüber haben Vorsorge- und Rehabilitationseinrichtungen eine andere Aufgabenstellung: Sie werden – in Übereinstimmung mit den einschlägigen leistungsrechtlichen Vorschriften (§§ 11 II, 23 und 40 SGB V) – in § 107 Abs. 2 SGB V wie folgt konkretisiert:
- Die stationäre Vorsorge dient dem Zweck, eine Schwächung, die in absehbarer Zeit voraussichtlich zu einer Krankheit führen würde, zu beseitigen oder einer Gefährdung der gesundheitlichen Entwicklung eines Kindes entgegenzuwirken (§ 107 II Nr. 1a SGB V);
- dagegen zielt die stationäre Rehabilitation darauf ab, eine (bereits eingetretene) Krankheit zu heilen, ihre Verschlimmerung zu verhüten, Krankheitsbeschwerden zu lindern oder im Anschluss an eine Krankenhausbehandlung den dabei erzielten Behandlungserfolg zu sichern oder zu festigen, und zwar auch mit dem Ziel, einer drohenden Behinderung oder Pflegebedürftigkeit vorzubeugen oder nach Eintritt zu beseitigen, zu verbessern oder eine Verschlimmerung zu verhüten (§ 107 II Nr. 1b SGB V).
Wenn im Folgenden von den Rechtsbeziehungen zwischen den Ärzten und dem „Krankenhaus" die Rede ist, ist damit in aller Regel auch die Vorsorge- oder Rehabilitationseinrichtung angesprochen, sofern nicht die Aufgabenstellung der Vorsorge- oder Reheinrichtung eine andere Betrachtungsweise gebietet – vgl. im Einzelnen zum Krankenhausbegriff und zur Abgrenzung zum Vorsorge- und Rehabereich u. bei → § 26 Rn. 6 ff.

[949] Vgl. Zahlen, Daten, Fakten 2017 (Hrsg. Deutsche Krankenhausgesellschaft e. V.), 2017, 3, 13, 17.,

[950] Vor große Probleme sind die Krankenhäuser auf Grund des akuten Ärztemangels v. a. in den neuen Bundesländern gestellt. Nahezu jedes zweite Krankenhaus kann offene Arztstellen nicht mehr besetzen. In Ostdeutschland ist man zudem mit der Abwanderung von Krankenhausärzten in das Tarifgebiet West und ins Ausland konfrontiert. Die Urteile des EuGH zum Ärztlichen Bereitschaftsdienst stellen eine zusätzliche Verschärfung der Personalsituation in den Krankenhäusern dar, da bei einer verpflichtenden Umsetzung bis zu 61 000 Ärzte benötigt würden, was einem zusätzlichen Finanzbedarf von ca. 3,35 Mrd. EUR entspricht – vgl. DKG-Positionen zur Weiterentwicklung des Gesundheitswesens 2003, 27; Weth/Lott, ZMGR 2003, 66. Die Situation hat sich auch in diesem Jahrzehnt nicht wesentlich verbessert, vgl. zur Diskussion um den Ärztemangel und zur Ärzterekrutierung *Kilian/Stetters/Wedel*, das Krankenhaus 2013, 809 ff.

[951] Zahlen, Daten, Fakten 2017, aaO,. 33.

[952] aaO.

Diese Zahlen verdeutlichen, dass dem „Krankenhausarztrecht" für die medizinrechtliche 2
Praxis eine mindestens ebenso gewichtige Rolle zukommt wie dem Vertragsarztrecht für den
niedergelassenen Bereich. Demgegenüber fällt die juristische Aufmerksamkeit in der Literatur
für den stationären Sektor vergleichsweise gering aus.[953] Eine Ausnahme bildet das Recht des
Chefarztvertrages.[954] Dies hat seinen Grund in der herausragenden Stellung des Chefarztes für
das Wohl und Wehe der von ihm geleiteten Abteilung, nicht selten auch des ganzen Krankenhauses. Dem entspricht der in den letzten Jahren begonnene Wechsel vom klassischen Krankenhaus hin zu modernen Gesundheitszentren,[955] der es bedingt, dass Chefärzte neben der Gesamtverantwortung für die Diagnostik und Therapie zunehmend Führungs- und Leitungsaufgaben
zu bewältigen haben und sich verstärkt (auch) als „Profit-Center-Manager" erweisen müssen.[956]

2. Organisation des Ärztlichen Dienstes

Rechtlich liegt es – neben den gesetzlich bindenden Vorgaben für die Aufgabenstellung 3
eines (Plan-)Krankenhauses nach dem KHG, dem jeweiligen LKHG und dem SGB V – in
der Verantwortung und damit der Zuständigkeit des Krankenhausträgers, welche Betriebsformen und welche Betriebsziele er bestimmt und welchen Stellenwert er dem Ärztlichen
Dienst bei der Gestaltung des Medizinbetriebes „Krankenhaus" einräumt. Herkömmlich sind
die Krankenhäuser horizontal und vertikal strukturiert. Innerhalb der horizontalen Gliederung befinden sich die „drei Säulen des Krankenhauses", nämlich der ärztliche, der pflegerische und der Verwaltungs- und Wirtschaftsbereich. Die Krankenhausführungsstruktur
setzt sich demzufolge aus der Trias der ärztlichen, der Pflegedienst – und der Verwaltungs-
leitung zusammen.[957] Vertikal wird die traditionelle Krankenhausstruktur durch drei „An-
forderungspyramiden" abgebildet, an deren Spitze der Ärztliche Direktor, die Pflegedienst-
leitung und der Verwaltungs- und Wirtschaftsdirektor (bei der Krankenhaus-GmbH der
Geschäftsführer) stehen. Dabei gliedert sich der Ärztliche Dienst traditionell in vier Rang-
stufen, die zugleich eine Folge der Spezialisierung und der Arbeitsteilung auf den verschiedenen Handlungsebenen sind:

- Assistenzärzte, die sich meist in der Fortbildung zu einer Facharztqualifikation befinden;
- nachgeordnete Fachärzte;
- Oberärzte;
- leitende Ärzte (Chefärzte).

Zu diesem hierarchisch-fachlich gegliederten Ärztlichen Dienst treten das sonstige „ärzt- 4
liche Personal" des Krankenhauses, insbesondere die Beleg- und die Konsiliarärzte, die zwar
nicht von dem Krankenhausträger angestellt sind, gleichwohl aber zur medizinischen Leistungserbringung des Krankenhauses, welches dem Patienten eine ganzheitliche Versorgung
schuldet, beitragen.[958]

---

[953] S. dazu u. a. Ratzel/Luxenburger/*Köhler-Hohmann*, § 17; *Weth/Thomae/Reichold* (Hrsg.), Arbeitsrecht im Krankenhaus, Stand 2007.
[954] S. dazu u. bei → § 16 Rn. 28 ff.
[955] Vgl. nur *Schülli*, das Krankenhaus 1996, 63; *Pföhler*, das Krankenhaus 1996, 329; *Spira*, in: Braun
(Hrsg.), Handbuch Krankenhausmanagement, 267.
[956] *Kuck*, in: Braun (Hrsg.), Handbuch Krankenhausmanagement, 759, 768; zu den Chefärzten als
„Manager in Weiß" s. a. *Moll*, das Krankenhaus 1997, 316; *ders.* MedR 1997, 293; *Dieringer*, MedR 2003,
200; sowie schließlich zu der veränderten Rolle der Chefärzte unter den DRG-Bedingungen, *Quaas*, das
Krankenhaus 2003, 28, 34 ff.
[957] Vgl. d. Grundsätze für die Organisation der Krankenhausführung der Deutschen Krankenhausgesellschaft (DKG), in: das Krankenhaus 1992, 238; s. a. Laufs/Kern/*Genzel/Degener-Hencke*, § 84
Rn. 18 ff.; *Reichel*, Angestellte Chefärzte im Wandel der Krankenhausstrukturen, 31 ff.
[958] Zu den Belegärzten s. u. bei → § 16 Rn. 128 ff., zu den Konsilarärzten s. u. bei → § 16 Rn. 142 ff.;
zur ganzheitlichen Versorgung des Krankenhauses und dem Primat der ärztlichen Verantwortung, *Quaas*,
KU 1999, 444.

5   Die Krankenhausgesetze der Länder (LKHG) gehen übereinstimmend von dieser vertikalen und horizontalen Gliederungsstruktur des Krankenhauses aus und verlangen regelmäßig eine kollegiale Krankenhausbetriebsleitung.[959] Dabei wird dem Sonderstatus kirchlicher Krankenhausträger Rechnung getragen.[960] Oftmals sehen die LKHG eine gesetzliche Mitarbeiterbeteiligung (Pool) der nachgeordneten Ärzte an den Einnahmen der liquidationsberechtigten Krankenhausärzte vor.[961] Die Organisation und die Aufgaben- und Verantwortungszuordnung des Ärztlichen Dienstes innerhalb des Krankenhauses und in Abgrenzung zu den beiden anderen Säulen der Pflege und der Verwaltung (Management) erfolgt mit den betrieblichen Gestaltungsmitteln der Dienstordnung (v. a. bei kommunalen und frei gemeinnützigen Krankenhäusern),[962] der Geschäftsordnung, Dienstanweisung, Stellenbeschreibung und weiteren Festlegungen in den Anstellungsverträgen. Ein solches innerbetriebliches Regelungsinstrumentarium ist schon aus haftungsrechtlichen Gründen unverzichtbar, da die Frage der Organisation und fachlichen Strukturierung des Ärztlichen Diensts im Krankenhaus für dessen juristische Verantwortlichkeit grundlegende Bedeutung hat. Kommt der Krankenhausträger seiner Organisationsverantwortung nicht oder unzureichend nach, haftet er unter dem Gesichtspunkt des Organisationsverschuldens.[963]

3. Abgrenzung zur Pflege

6   Das Krankenhaus schuldet dem Patienten die erforderliche ärztliche Versorgung und pflegerische Betreuung. Die Gebote der Leistungsfähigkeit, Qualität entsprechend dem Stand der medizinischen Erkenntnisse, der Wirtschaftlichkeit und der Humanität, wie sie vom Krankenhaus zu beachten sind (§ 70 SGB V), wirken unmittelbar auf das ärztliche und pflegerische Handeln im Krankenhaus ein. Die Organisation und fachlich-strukturelle Gliederung des Ärztlichen Dienstes muss sicherstellen, dass jeder Patient seiner Krankheit gemäß individuell ärztlich versorgt wird.[964] Dies schließt die ärztliche Verantwortung auch bei der Überwachung von Pflegeleistungen ein. Die notwendige, und im Einzelfall oft schwierige Abgrenzung der ärztlichen Gesamtverantwortung zu den Aufgaben der Pflege[965] unterscheidet – auf der Grundlage des Berufsbilds der Krankenpflege nach § 3 II des Krankenpflegege-

---

[959] Vgl. u. a. § 33 LKHG BW i. d. F. v. 23.5.2000 (GBl. 450, 458); § 24 LKG BrBG i. d. F. v. 11.5.1994 (GVBl. 106); § 13 Abs. 3 HKHG i. d. F. v. 5.11.1998, (GVBl. 421); § 43 LKHG M-V v. 8.12.1993 (GVBl. 1990). § 35 KHG NW v. 16.12.1998 (GV NW 696); w. Nw. bei Laufs/Kern/*Genzel/Degener-Hencke*, § 85 Rn. 11 ff.

[960] Das Recht kirchlicher Autonomie umschließt die Organisations- und Personalhoheit. Deshalb hat das BVerfG mit Beschluss vom 25.3.1980 (BVerfGE 53, 366) verschiedene Bestimmungen des KHG NW 1975 für unvereinbar mit Art. 140 GG iVm Art. 137 Abs. 3 WRV erklärt, welchen Krankenhäusern von Religionsgemeinschaften und ihnen gleichgestellten Einrichtungen eine bestimmte Mitwirkung der Krankenhausbetriebsleitung bei der Bestimmung der Ziele des Krankenhauses sowie bei der Einstellung und Entlassung von leitendem Krankenhauspersonal vorschrieb – s. zu der verfassungsrechtlichen Sonderstellung von kirchlichen Krankenhäusern s. *Weth/Thomae/Reichold*, Arbeitsrecht im Krankenhaus, Teil 4 (S. 323 ff.); s. u. → § 25 Rn. 32, 78 ff.

[961] So in Hessen, Baden-Württemberg, Mecklenburg-Vorpommern, Rheinland-Pfalz und Sachsen, vgl. im Einzelnen *Andreas/Debong/Bruns*, Handbuch Arztrecht in der Praxis 2001, Rn. 141 ff.; s. u. bei → § 15 Rn. 20 ff.

[962] Vgl. DKG, Grundsätze für die Organisation der Krankenhausführung, in: das Krankenhaus 1992, 238.

[963] → § 14 Rn. 119 ff.

[964] Laufs/Kern/*Genzel/Degener-Hencke*, § 84 Rn. 1 f.

[965] Vgl. dazu im Einzelnen u. a. *Krause*, Haftung und Verantwortung in der ambulanten Pflege, 50 ff.; *Heinze/Jung*, MedR 1985, 62; Laufs/Kern/*Genzel/Degener-Hencke*, § 84 Rn. 3; *Opderbecke*, MedR 1996, 542; *Ulsenheimer*, das Krankenhaus 1997, 22; *Quaas*, KU 1999, 444; *ders.*, PKR 1999, 5; *Steffen*, MedR 1996, 265; *Wenzel*, in: Wenzel (Hrsg.), Handbuch des Fachanwalts Medizinrecht, Kap. 4 Rn. 802 ff.

setzes (KrPflG)⁹⁶⁶ – zwischen Leistungen, die eigenverantwortlich vom Pflegedienst wahrzunehmen sind, wie die allgemeine, umfassende und sach- und fachkundige Pflege des Patienten (Grund- und ggf. auch einfache Behandlungspflege) und solchen Pflegediensten, die unterstützend und ergänzend für den Arzt bei der Durchführung diagnostischer und therapeutischer Maßnahmen erfolgen (spezifische Behandlungspflege, medizinische Funktionspflege) sowie der Assistenz bei ärztlichen Verrichtungen. Insoweit besteht Übereinstimmung, dass in der spezifischen Behandlungspflege und der Assistenz bei ärztlichen Verrichtungen der Krankenhausarzt die Anordnungsverantwortung und die Pflegekraft die Durchführungsverantwortung allein zu tragen haben. Die im Übrigen auf Grund der nicht immer möglichen Abgrenzung entstehenden Kompetenzkonflikte sind im Wege enger Kooperation auszuräumen.⁹⁶⁷ Dazu kann eine Dienstordnung dienen, welche neben der Bestimmung der gemeinsamen Leitungsaufgaben die speziellen Verantwortungsbereiche von Arzt und Pflege regelt.⁹⁶⁸ Bei der Frage der Mitwirkung der Pflege im Rahmen eigenständiger Durchführung ärztlich veranlasster Maßnahmen stehen Probleme der fachlichen Kompetenz, v. a. der Delegationsfähigkeit von ärztlichen Aufgaben im Vordergrund.⁹⁶⁹ Ein gänzlich arztfreier Raum bei der (stationären) Heilbehandlung ist abzulehnen. Die Anordnungsverantwortung ist dem Arzt nie abgenommen. Für die Durchführungsverantwortung gilt der Vertrauensgrundsatz. Die beauftragte Pflegeperson muss der Arzt weder beaufsichtigen noch muss er am Krankenhausbett eingriffspräsent sein. Die Pflegekraft muss selbstkritisch prüfen, ob sie nach ihren Kenntnissen und Fertigkeiten den Auftrag ausführen kann. Bedenken hat sie dem Auftrag gebenden Arzt mitzuteilen. Bei begründetem Zweifel muss sie den Auftrag ablehnen.⁹⁷⁰

II. Arbeitsrecht der nachgeordneten Krankenhausärzte

1. Rechtsgrundlagen

Das Beschäftigungsverhältnis der nachgeordneten (und leitenden) Krankenhausärzte beruht heute überwiegend auf einem Arbeitsvertrag, der einen Unterfall des Dienstvertrages (§ 611 BGB) darstellt.⁹⁷¹ Lediglich bei einem „staatlichen" Krankenhaus, dessen Träger eine Kommune, eine Universität oder eine sonstige Körperschaft, Anstalt oder Stiftung des öffent-

---

⁹⁶⁶ KrPflG i. d. F. des Gesetzes über die Berufe in der Krankenpflege und zur Änderung anderer Gesetze vom 16.7.2003 – (BGBl. I 1442); zum nichtärztlichen Pflegepersonal und zur Ausbildung zu den Krankenpflegeberufen s. *Hörle/Steinmeister* in: Wenzel (Hrsg.), Handbuch des Fachanwalts Medizinrecht, Kap. 13 Rn. 85 ff.

⁹⁶⁷ S. Positionspapier der „Konferenz der Fachberufe im Gesundheitswesen bei der BÄK" zur Kooperation zwischen Ärzten und Pflegeberufen – DÄBl. 91 (1994), C-386; *Genzel*, in: Laufs/Uhlenbruck, Handbuch des Arztrechts, § 88 Rn. 4.

⁹⁶⁸ Vgl. die sog. Münchner Dienstordnung für die städtischen Krankenhäuser München vom 23.11.1994 zit. bei *Quaas*, PKR 1999, 5, 7 und dazu *Ulsenheimer*, das Krankenhaus 1997, 22; *Böhme*, PKR 1998, 2.

⁹⁶⁹ Besonders bedeutsam ist die Übertragung von ärztlichen Aufgaben im Bereich subkutaner intramuskulärer und intravenöser Injektionen an das Pflegepersonal – dazu *Jakobs*, Injektionen durch das Pflegepersonal; *Quaas*, KU 1999, 444 (446 f.).

⁹⁷⁰ *Quaas*, KU 1999, 444, 447; w. Fälle zu der Frage der Überwachung und der Auswahl nicht ärztlicher Mitarbeiter im Pflegebereich bei *Geiß/Greiner*, Arzthaftpflichtrecht, B Rn. 30 f., 140 m. zr. w. N. zur Rspr.

⁹⁷¹ Arbeitsvertrag ist ein privatrechtlicher, personenrechtlicher, gegenseitiger Austauschvertrag, durch den sich der Arbeitnehmer zur Leistung von Arbeit im Dienste des Arbeitgebers und der Arbeitgeber zur Zahlung einer Vergütung verpflichtet – vgl. BAG AP 2 zu § 616 BGB; *Schaub*, in: ders., Arbeitsrechts-Handbuch, § 29 Rn. 1 m. w. N. zu abweichenden Begriffsdefinitionen; zum Beschäftigungsverhältnis der Ärzte in Krankenhäusern vgl. *Bierling*, in: Bihr/Hekking/Krauskopf/Lang (Hrsg.), Handbuch der Krankenhauspraxis, 189 ff.; Laufs/Kern/*Genzel/Degener-Hencke*, § 86; Ratzel/Luxenburger/*Köhler-Hohmann*, § 17; *Weth/Thomae/Reichold*, Arbeitsrecht im Krankenhaus, 99 ff.

lichen Rechts ist, kommt die Berufung in das Beamtenverhältnis in Betracht. Sie erfolgt regelmäßig nur bei den beamteten Hochschullehrern der Universitätskliniken, die zugleich Aufgaben der stationären Krankenversorgung wahrnehmen.[972] Für den Hochschulbereich bestimmt sich die beamtenrechtliche Stellung der (leitenden) Ärzte ergänzend nach dem Bundes- oder Landeshochschulrecht. Der Inhalt ihrer Dienstpflichten und ihre Rechte ergibt sich darüber hinaus häufig nicht aus einem – wie bei Chefärzten sonstiger Krankenhausträger üblich – Dienstvertrag, sondern aus der sog. „Berufungsvereinbarung".[973]

8   Der Inhalt des Arbeitsvertrages der nachgeordneten Krankenhausärzte wird entscheidend geprägt durch kollektive Vereinbarungen (Tarifverträge und Betriebsvereinbarungen), die die einzelvertraglichen Regelungen ergänzen und, soweit diese normative Wirkungen haben,[974] ersetzen. Insoweit[975] finden, nachdem der Marburger Bund insbesondere mit der Tarifgemeinschaft Deutscher Länder (TdL) und der Vereinigung der kommunalen Arbeitgeberverbände (VkA) den Abschluss eigener Tarifverträge[976] erzwungen hat, die Regeln dieser Tarifbestimmungen Anwendung. Dies ist unzweifelhaft, soweit beide Vertragsparteien – das Krankenhaus und der Arbeitnehmer als Mitglied einer Gewerkschaft – tarifgebunden sind. In diesem Fall wirken der TV-Ärzte bzw. der TV-Ärzte/VkA unmittelbar in das Arbeitsverhältnis hinein (vgl. § 4 I TVG).[977] Gehört nur der Krankenhausträger einem Arbeitgeberverband (z. B. Tarifgemeinschaft Deutscher Länder, kommunaler Arbeitgeberverband) an und ist der Mitarbeiter des Krankenhauses nicht Mitglied einer entsprechenden Gewerkschaft, kommt die Anwendung des jeweiligen TV nur auf Grund einzelvertraglicher Vereinbarung in Betracht. Davon ist bei den Krankenhäusern der öffentlichen Hand (einschließlich formal privatisierten Krankenhaus-GmbHs) auszugehen.[978] In Häusern mit konfessioneller Prägung werden in der Regel sog. Arbeitsvertragsrichtlinien (AVR) dem Arbeitsvertrag mit dem Klinikarzt zu Grunde gelegt.[979] Beide Richtlinienwerke sind keine Tarifverträge und entfalten von sich aus keine rechtliche Bindung. Die Arbeitsgerichte sehen in ihnen arbeitsvertragliche Einheitsrichtlinien, die nur durch einzelvertragliche Bezugnahme wirksam werden können und deshalb abdingbar sind.[980] Darüber hinaus sind für die Rechtsverhältnisse der Klinikärzte weiter die Arbeitsbedingungen für Angestellte, Arbeiter und Auszubildende des Deutschen Roten Kreuzes (DRK-TV)[981] sowie der Bundes-

---

[972] *Andreas/Debong/Bruns,* Handbuch Arztrecht in der Praxis, Rn. 253 ff.; zu beamteten Krankenhausärzten s. weiter Laufs/Kern/*Genzel/Degener-Hencke,* § 86 Rn. 1 ff.

[973] Rechtlich handelt es sich dabei um beamtenrechtliche Zusagen als Nebenbestimmungen der Berufung, die ein Verwaltungsakt darstellt – vgl. *Reich,* HRG, Kommentar, § 45 Hrg. Rn. 3, 341; zur Bindungswirkung vgl. BVerwG Buchholz 421.2 Hochschulrecht Nr. 43; OVG Berlin, NVwZ-RR 1997, 712; OVG Münster, NVwZ-RR 1997, 475.

[974] Zur normativen Wirkung von Tarifverträgen, insbesondere den Inhaltsnormen, die den Inhalt der einzelnen Arbeitsverhältnisse regeln vgl. *Schaub,* in: ders., Arbeitsrechts-Handbuch, § 31 Rn. 23 ff., dort auch zu Betriebsvereinbarungen.

[975] Vgl. zur gegenwärtigen Tarifsituation und zur Tarifvertragsentwicklung bei den Krankenhausärzten Ratzel/Luxenburger/*Köhler-Hohmann,* § 17 Rn. 38 ff.

[976] Tarifvertrag für Ärztinnen und Ärzte an Universitätskliniken (TV-Ärzte) vom 30.10.2006; Tarifvertrag für Ärztinnen und Ärzte an kommunalen Krankenhäusern im Bereich der Vereinigung der kommunalen Arbeitgeberverbände (TV-Ärzte/VkA) vom 17.8.2006

[977] Zur Tarifbindung auf Grund der Verbandsmitgliedschaft und nach Verbandsaustritt (sog. Nachwirkung) vgl. u. a. BAG, U. v. 7.11.2001 DB 2002, 642; zur „Flucht" aus Tarifverträgen vgl. *Bauer/Haussmann,* DB 1999, 1114; *Rieble,* RdA 1996, 151.

[978] *Quaas,* das Krankenhaus 1992, 59; 2001, 40, 41.

[979] Vgl. die AVR des Deutschen Caritasverbandes, dazu die Erläuterungen durch *Zetl/Zwosta,* Loseblatt; und die AVR des Diakonischen Werkes der Evangelischen Kirche in Deutschland, dazu *Schäffer/Mayer,* Kommentar zu den AVR, Loseblatt.

[980] Zu den Rechtsfragen BAG, U. v. 24.9.1997 und 28.1.1998, AP 10, 11 zu § 12 AVR Caritasverband; *Linck,* in: Schaub, Arbeitsrechts-Handbuch, § 186 Rn. 163 ff.

[981] Dazu *Alim,* in: Bremecker/Hock, BAT-Lexikon, Gruppe 5 Teil 3.

manteltarifvertrag für die Arbeitnehmer in Privatkrankenanstalten[982] von Bedeutung. Auf der Grundlage der Arbeitsvertragsrichtlinien und des – den früheren BAT ersetzenden – TVöD erfolgt der Vertragsschluss mit dem einzelnen Krankenhausarzt, wobei zur Orientierung der von dem jeweiligen Verband herausgegebene „Mustervertrag" herangezogen wird.[983]

Mit Inkrafttreten des TVöD im Jahre 2005 bzw. des TV-L im Jahre 2006 wurde im öffentlichen Dienst das Eingruppierungsrecht der Ärzte und Oberärzte neu geregelt. Für die Ärzte an Universitätskliniken und kommunalen Krankenhäuser sind neue Tarifverträge in Kraft getreten, die zum Teil erhebliche Einkommensverbesserungen vorsahen.[984] Schon bald nach Abschluss der Tarifverträge war streitig, welche Voraussetzungen erfüllt sein müssen, damit eine Vergütung als Oberarzt nach Entgeltgruppe Ä 3 bzw. E III beansprucht werden kann.[985] Insoweit haben unter Bezugnahme auf den „verliehenen Titel" Oberarzt unter Geltung der (neuen) Tarifverträge für den öffentlichen Dienst einzelne Oberärzte Eingruppierungsklagen bei den Arbeitsgerichten erhoben, die in der Folge zu nahezu 100 Revisionsverfahren beim BAG führten. In sieben Grundsatzurteilen vom 9.12.2009[986] hat das BAG im Einzelnen dazu Stellung genommen, welche Tarifmerkmale für eine Eingruppierung als Oberarzt vorliegen müssen und welche von den Krankenhausträgern darüber hinaus gestellten Anforderungen unberechtigt sind. Betont wurde weiter, dass der Begriff „Oberarzt" im Eingruppierungssystem des BAT nicht vorkommt. Insoweit ist auch mit Rücksicht auf das neue Eingruppierungsrecht eine solche Bezeichnung nur als „Titular-Oberarzt" zu bewerten, die für die rechtliche Eingruppierung des Arztes ohne Bedeutung ist.[987]

Die große Zahl der ins Krankenhaus drängenden approbierten Ärzte und die aus wirtschaftlichen Gründen beschränkte ärztliche Personalausstattung der Krankenhäuser machen es notwendig, insbesondere mit Assistenzärzten befristete Arbeitsverträge abzuschließen. Nach ständiger Rechtsprechung der Arbeitsgerichte bedarf es dafür eines sachlich gerechtfertigten Grundes.[988] Die Befristung von Arbeitsverträgen darf nicht dazu führen, die zwingenden Bestimmungen des Kündigungsschutzgesetzes (KSchG) zu umgehen. Für die Beurteilung des sachlich gerechtfertigten Grundes haben sich in der Rechtsprechung des BAG einzelne Fallgruppen herausgebildet (u. a. Wunsch des Arbeitnehmers, Arbeitsbeschaffungsmaßnahmen, Rundfunk- und Hochschulbereich etc.).[989] Seit Inkrafttreten des Teilzeit- und Befristungsgesetzes (TzBfG)[990] bedürfen alle Befristungen von Arbeitsverträgen der

9

---

[982] Bundesmanteltarifvertrag Nr. 10 für die Arbeitnehmer in Privatkrankenanstalten (BMTV Nr. 10) vom 11.12.1989 mit Änderungen; in den einzelnen Ländern gelten zum Teil Landestarifverträge, vgl. u. a. Manteltarifvertrag Nr. 2 vom 1.7.2000 für die Privatkliniken in Bayern; *Andreas/Debong/Bruns*, Handbuch des Arztrechts in der Praxis, Rn. 104.

[983] Vgl. zu den Vertragsmustern der Vereinigung der kommunalen Arbeitgeberverbände (VKA), des Deutschen Caritasverbandes (DCV) und des Diakonischen Werkes der evangelischen Kirche Deutschland *Robbers* (Hrsg.), Die Krankenhausbehandlung, Praxiskommentar zur Vertragsgestaltung, Bd. 4: „Arbeitsverträge mit Krankenhausärzten".

[984] Anlage 1 zum Änderungstarifvertrag Nr. 4 zum TV-L vom 2.1.2012; § 12.1 TVöD-K vom 1.8.2006 i. d. F. 1.1.2009; § 71 Nr. 7 TV-L iVm § 12 TV-L Universitätsklinika i. d. F. Änderungstarifvertrag Nr. 2 vom 1.3.2009; § 16 TV-Ärzte/VKA vom 17.8.2006.

[985] Vgl. die umfassende Darstellung von *Zimmerling*, in: Weth/Thomae/Reichold, Arbeitsrecht im Krankenhaus, Teil 9, 515 ff.; ders. in Manuskript 7. Jahresarbeitstagung Medizinrecht des Deutschen Anwaltsinstituts e. V. (DAI), 2012, 152 ff.

[986] BAG, u. a. Urteil vom 9.12.2009 – 4 AZR 841/08; 495/08; 568/08; 630/08; 687/08; dazu *Bruns*, in: Arztrecht 2010, 228; *Zimmerling*, JAT Medizinrecht 2012, aaO, 153.

[987] BAG, U. v. 9.12.2009, aaO; weitere Nachweise bei *Zimmerling*, aaO

[988] Grundlegend BAG (Großer Senat) AP Nr. 16 zu § 620 BGB = NJW 1961, 798.

[989] Vgl. *Schaub*, in: ders., Arbeitsrechts-Handbuch, § 39 Rn. 56 ff.

[990] TzBfG vom 21.12.2000 (BGBl. I 1966) – s. dazu – betr. Krankenhausärzte – *Bierling*, in: Bihr/Hekking/Krauskopf/Lang (Hrsg.)., Handbuch der Krankenhauspraxis, 189, 190; *Hörle/Steinmeister* in: Wenzel (Hrsg.), Handbuch des Fachanwalts Medizinrecht, Kap. 13 Rn. 16 ff. (Befristung des Arbeits-

Schriftform. Fehlt es daran, gilt der Arbeitsvertrag als auf bestimmte Zeit geschlossen (§ 16 TzBfG).

10 Im Übrigen ist die Befristung nur wirksam, wenn sie vor Arbeitsantritt schriftlich vereinbart worden ist.[991] Dies gilt auch für Ärzte in der Weiterbildung.[992] Für den Hochschulbereich gilt seit dem 18.4.2007 das Wissenschaftszeitvertragsgesetz (WissZeitVG), welches die früheren Regelungen in den §§ 57a ff. HRG abgelöst hat und eine erhebliche Erleichterung für die Befristung von Arbeitsverhältnissen darstellt.[993] Im Übrigen bleiben nach § 23 TzBfG besondere Regelungen über Teilzeitarbeit und über die Befristung von Arbeitsverträgen nach anderen gesetzlichen Vorschriften unberührt. Dazu zählt das Gesetz über befristete Arbeitsverträge mit Ärzten in der Weiterbildung (ÄrzteBefrG). Zweckbefristungen (z. B. „bis zum Erwerb der Facharztbezeichnung") sind danach unzulässig.[994] Die für den Erwerb der entsprechenden Anerkennungen erforderlichen Zeiten ergeben sich aus der WBO der jeweiligen LÄK.

2. Arbeitszeit

11 Die in Krankenhäusern herkömmlich geltenden Arbeitszeitregelungen stellen in vielerlei Hinsicht eine extreme Belastung für die dort beschäftigten Arbeitnehmer dar, die durch eng aufeinander folgende Arbeitszeiten oft nicht in der Lage sind, sich genügend zu erholen. Bis zum 31.12.1995 gab es keine gesetzlichen Arbeitszeitregelungen, die für Krankenhausärzte gegolten hätten. Die Verordnung über die Arbeitszeit in Krankenpflegeanstalten (KrPflVO) vom 13.2.1924[995] fand nur auf das Pflegepersonal, nicht auf die Ärzte Anwendung. Entsprechendes galt nach der Rechtsprechung für die Arbeitszeitordnung aus dem Jahre 1938.[996]

12 Diesem tatsächlichen und rechtlichen Missstand versucht das am 1.7.1994 in Kraft getretene Arbeitszeitgesetz (ArbZG)[997] abzuhelfen. Die dort niedergelegten öffentlich-rechtlichen Arbeitszeit-Schutzvorschriften gehen vertraglichen Vereinbarungen vor.[998] Sie können als grundsätzlich zwingendes Recht nur im Rahmen der gesetzlichen Vorgaben durch Tarifverträge oder auf Grund des Tarifvertrags durch Betriebsvereinbarung auch zum Nachteil des Arbeitnehmers geändert und ergänzt werden (§§ 7, 12 ArbZG). Das ArbZG gilt für alle Krankenhausträger der einzelnen Trägergruppen.[999] Die gesetzlichen Regelungen erfassen damit alle Krankenhausmitarbeiter, soweit nicht die Anwendung ausdrücklich ausgeschlossen ist (z. B. für Chefärzte, § 18 Abs. 1 Nr. 1 ArbZG). Das ArbZG regelt im Wesentlichen

---

verhältnisses), 27ff (Teilzeitarbeit); *Hromatdka*, NJW 2001, 400; *Schaub*, in: ders., Arbeitsrechts-Handbuch, § 39 Rn. 2 ff.; *Weth* in: Weth/Thomae/Reichold, Arbeitsrecht im Krankenhaus, Teil 3 F Rn. 214 ff.

[991] BAG, U. v. 16.3.2005 – 7 AZR 2089/04 – in: NZA 2005, 923.
[992] LAG Hamm, U. v. 9.5.2006 – 19 Sa 2043/05 – in GesR 2007, 310.
[993] Dazu *Löwisch*, NZA 2007, 479 ff.
[994] BAG, U. v. 14.8.2002 – 7 AZR 266/01 – im MedR 2003, 306 ff.
[995] RGBl. I 66 i. d. F. v. 2.3.1974 (BGBl. I 469, 609).
[996] BAG AP Nr. 17, 18, 20, 25 zu § 611 BGB, Ärzte, Gehaltsansprüche; s. a. *Hock*, in: Bremecker/Hock, BAT-Lexikon, Gruppe 5 Teil 2, 69.
[997] Gesetz zur Vereinheitlichung und Flexibilisierung des Arbeitszeitrechts vom 6.6.1994 (BGBl. I 1170), i. d. F. v. 24.12.2003 (BGBl. I 3002, 3005).
[998] *Linck*, in: Schaub, Arbeitsrechts-Handbuch, § 45 Rn. 51; *Schaub*, in: ders., Arbeitsrechts-Handbuch, § 31 Rn. 8 ff.
[999] Dem verfassungsmäßig garantierten Selbstbestimmungsrecht kirchlicher Träger soll dadurch Rechnung getragen werden, dass sie die tarifvertraglich möglichen Abweichungen zur Arbeitszeit, Ruhepausen, Ruhezeit, Nacht- und Schichtarbeit in ihren Regelungen vorsehen können – vgl. § 7 Abs. 1 und 2 ArbZG; zu den Auswirkungen des ArbZG auf die Arbeitszeitregelung im Krankenhaus s. *Andreas/Debong/Bruns*, Handbuch Arztrecht in der Praxis, Rn. 125 ff.; *Bierling*, in: Bihr/Hekking/Krauskopf/Lang (Hrsg.), Handbuch der Krankenhauspraxis, 189, 200 ff.; Ratzel/Luxenburger/*Köhler-Hohmann*, § 17 Rn. 22 ff.; *Heberer*, Das ärztliche Berufs- und Standesrecht, 331 ff.; *Hock*, in: Bremecker/Hock, BAT-Lexikon, Gruppe 5 Teil 2, 69 ff.; *Kempter*, NZS 1996, 1190.

die Höchstgrenzen der werktäglichen Arbeitszeit, die Mindestruhepausen, die Mindestruhezeiten nach Beendigung der täglichen Arbeitszeit, Nacht- und Schichtarbeit sowie Sonn- und Feiertagsruhe. Damit bestehen erstmals auch für nachgeordnete Krankenhausärzte zwingende gesetzliche Vorgaben zur Arbeitszeit. Dies gilt auch dann, wenn Krankenhausärzte in einem weiteren Angestelltenverhältnis beschäftigt sind (z. B. bei einem Träger des Rettungsdienstes). Die Arbeitszeiten sind dann zusammenzurechnen (§ 2 Abs. 1 Satz 1 ArbZG).[1000]

Durch das ArbZG wird der Arbeitnehmer im Krankenhaus mehrfach geschützt: Für ihn gilt eine Höchstgrenze im Rahmen der täglichen Arbeitszeit; durch Regelungen für Nacht- und Schichtarbeit erfolgt eine angemessene zeitliche Länge; Es gibt Mindestruhepausen während der Arbeit und darüber hinaus Mindestruhezeiten nach Beendigung bis zur Wiederaufnahme der Arbeit.[1001]

Indessen enthält das ArbZG keine Regelungen für Überstunden, also die Überschreitung der tarifvertraglichen oder einzelvertraglichen Vereinbarungen über die regelmäßige Arbeitszeit. Solange die Grenzen des ArbZG nicht überschritten werden, sind Überstunden zulässig.[1002] Entsprechendes gilt für Sonn- und Feiertagsarbeit, Nacht- und Schichtdienst, Bereitschaftsdienst und Rufbereitschaft. Die Bezahlung von Überstunden, Mehrarbeit oder sonstige von der Regelarbeitszeit abweichende Beschäftigung ist Gegenstand der kollektiven und individuellen Arbeitszeitvereinbarungen[1003]. Selbstverständlich dürfen dadurch die Schutzbestimmungen des ArbZG nicht umgangen werden.

3. Bereitschaftsdienst/Rufbereitschaft und ArbZG

Der Versorgungsauftrag des Krankenhauses mit seiner dauerhaften Vorhaltepflicht der seiner gesetzlichen und satzungsmäßigen Aufgabe entsprechenden Krankenhausleistungen, aber auch die Gewährleistung des Facharztstandards sowie ökonomische und soziale Zwänge sowohl des Krankenhauses als auch der Mitarbeiter verlangen häufig die Notwendigkeit zum Tätigwerden des Ärztlichen Dienstes auch außerhalb der regelmäßigen Arbeitszeit.[1004] Dies kann in Konflikt geraten insbesondere mit der wohl einschneidensten Bestimmung des ArbZG über die Ruhezeit der Arbeitnehmer nach Beendigung der täglichen Arbeitszeit (§ 5 ArbZG). Diese gesetzlichen Mindestruhezeiten sehen eine ununterbrochene Ruhezeit von mindestens 11 Stunden nach Beendigung der täglichen Arbeitszeit vor. In Krankenhäusern und anderen Einrichtungen zur Behandlung, Pflege und Betreuung von Personen kann gemäß § 5 II ArbZG die 11-stündige Ruhezeit um bis zu eine Stunde, also auf 10 Stunden, verkürzt werden, sofern innerhalb eines Ausgleichszeitraum von einem Kalendermonat oder innerhalb von vier Wochen diese Stunde durch Verlängerung einer anderen Ruhezeit auf mindestens 12 Stunden ausgeglichen wird. Eine Verkürzung ohne Ausgleich ist unzulässig. Jede Verkürzung der gesetzlich festgelegten Ruhezeit, selbst wenn sie nur eine Minute dauert, führt für den Arbeitgeber zu der Verpflichtung, eine andere Ruhezeit um mindestens eine Stunde auf 12 Stunden zu verlängern.[1005]

Ruhezeit im Sinne des ArbZG ist die Zeit, in der keinerlei Verpflichtung zur Arbeitsleistung besteht.[1006] Damit kann die gesetzlich vorgeschriebene Ruhezeit in Kollision mit den in den

---

[1000] Zu den Rechtsfragen der Nebentätigkeiten und Auswirkungen des ArbZG *Hunold*, NZA 1995, 558.
[1001] Vgl. im Einzelnen Laufs/Kern/*Genzel/Degener-Hencke*, § 86 Rn. 40.
[1002] *Diller*, NJW 1994, 2726; Laufs/Uhlenbruck/*Genzel/Degener-Hencke.*, § 86 Rn. 41.
[1003] Laufs/Kern/*Genzel/Degener-Hencke*, § 86 Rn. 41.
[1004] Nach einer in Hessen im Jahre 2001 durchgeführten Untersuchung durch die Landesärztekammer überschritten 75 v. H. der Klinikärzte mit einer wöchentlichen Arbeitszeit von 45 Stunden und mehr die tariflich vereinbarte 40-Stunden-Woche. Fast die Hälfte der Assistenzärzte arbeitete mindestens 50 Stunden; rd. 25 % war im Durchschnitt sogar mindestens 55 Stunden pro Woche tätig – vgl. f&w 2002, 74.
[1005] *Baeck/Deutsch*, ArbZG, § 5 Rn. 21; *Heberer*, Das ärztliche Berufs- und Standesrecht, 332.
[1006] BAG AP 13 zu § 12 AzO; *Schaub*, in: ders., Arbeitsrechts-Handbuch, § 158 Rn. 3.

Krankenhäusern (tarif-)vertraglich vorgesehenen Regelungen zum Bereitschaftsdienst und zur Rufbereitschaft geraten.[1007] Allerdings gilt es zunächst einem Missverständnis vorzubeugen: Im Krankenhausalltag wird unter Bereitschaftsdienst regelmäßig der Vordergrunddienst verstanden, der von den Assistenzärzten unter ständigem Aufenthalt im Krankenhaus absolviert wird. Rufbereitschaft soll demgegenüber der Hintergrunddienst sein, der in der Regel von Fachärzten im Bedarfsfall (einschließlich Oberarzt und ggf. Chefarzt) „von zu Hause aus" geleistet wird.[1008] Eine derartige Definition und Abgrenzung der Arbeitsleistungen von Bereitschaftsdienst und Rufbereitschaft stimmt jedoch nicht mit den Begriffsbestimmungen überein, die im TVöD (und den AVR) verwendet werden und die von der Rechtsprechung des BAG gebilligt sind: Insoweit wird nach § 7 III TVöD der Bereitschaftsdienst definiert als die Verpflichtung des Arbeitnehmers, sich auf Anordnung des Arbeitgebers außerhalb der regelmäßigen Arbeitszeit an einer vom Arbeitgeber bestimmten Stelle aufzuhalten, um im Bedarfsfall die Arbeit aufzunehmen. „Bereitschaftszeiten" definiert § 9 I TVöD als Zeiten, in denen der Beschäftigte am Arbeitsplatz oder einer anderen vom Arbeitgeber bestimmten Stelle zur Verfügung stehen muss, um im Bedarfsfall die Arbeit selbständig, ggf. auf Anordnung aufzunehmen und in denen die Zeiten ohne Arbeitsleistung überwiegen. Überschreitet die anfallende Arbeit erfahrungsgemäß 50 v. H., so ist die Anordnung von Bereitschaftsdienst unzulässig. Gleichwohl wird dies nicht als Arbeitsleistung bewertet.[1009] Demgegenüber liegt nach § 7 IV TVöD Rufbereitschaft vor, wenn der Arbeitnehmer verpflichtet ist, sich auf Anordnung des Arbeitgebers außerhalb der regelmäßigen Arbeitszeit an einem dem Arbeitgeber anzuzeigenden Ort aufzuhalten, um auf Abruf die Arbeit aufzunehmen.[1010] Rufbereitschaft wird nicht dadurch ausgeschlossen, dass Beschäftigte vom Arbeitgeber mit einem Mobiltelefon oder einem vergleichbaren technischen Hilfsmittel ausgestattet sind.[1011] Daraus folgt, dass es für die Abgrenzung des Bereitschaftsdienstes von der Rufbereitschaft nicht auf den Arbeitsanfall ankommt. Eine angeordnete Rufbereitschaft behält ihren Charakter als Rufbereitschaft auch dann, wenn regelmäßig Arbeit anfällt. Eine solche Anordnung ist allerdings tarifwidrig.[1012]

17 Nach der § 5 III ArbZG a. F. zu Grunde liegenden Auffassung des Gesetzgebers waren Bereitschaftsdienst und Rufbereitschaft nicht Arbeitszeit im Sinne des § 3 ArbZG, sondern Ruhezeiten. Dagegen stellte der EuGH im SIMAP-Urteil vom 3.10.2000[1013] fest, dass Bereitschaftsdienst im Sinne der Anwesenheitsbereitschaft in der Gesundheitseinrichtung als Arbeitszeit im Sinne der EG-Arbeitszeitrichtlinie gewertet werden müsse. Danach ist die Richtlinie 93/104/EG dahin auszulegen, dass der Bereitschaftsdienst, den ein Arzt in Form persönlicher Anwesenheit im Krankenhaus leistet, in vollem Umfang Arbeitszeit darstellt, auch wenn es dem Betroffenen in Zeiten, in denen er nicht in Anspruch genommen wird, gestattet ist, sich an seiner Arbeitsstelle auszuruhen. Die Richtlinie 93/104/EG steht daher der Regelung eines Mitgliedsstaats entgegen, nach der Zeiten, in denen ein Arbeitnehmer während eines Bereitschaftsdienstes untätig ist, als Ruhezeit eingestuft werden. Europarechtskonform kann der ärztliche Bereitschaftsdienst sowohl mit als auch ohne Inspruchnahme arbeitsschutzrechtlich nur als Arbeitszeit qualifiziert werden.[1014] Diese Auffassung bestätigte der

---

[1007] Vgl. dazu u. a. *Bierling*, in: Bihr/Hekking/Krauskopf/Lang (Hrsg.) Handbuch der Krankenhaus-Praxis, 10 f.
[1008] *Andreas/Debong/Bruns*, Handbuch Arztrecht in der Praxis, Rn. 114.
[1009] BAG AP Nr. 12 zu § 17 BAT; HK-AKM/*Rieger/Krieger*, Nr. 830 Rn. 2.
[1010] BAG NZA 1992, 560; 2001, 165; HK-AKM/*Rieger*, Nr. 4630 Rn. 1.
[1011] Zur Rufbereitschaftspauschale nach § 8 III TVöD s. *Hörle/Steinmeister* in Wenzel (Hrsg), Handbuch des Fachanwalts Medizinrecht, Kap. 13 Rn. 35.
[1012] *Andreas/Debong/Bruns*, Handbuch Arztrecht in der Praxis, Rn. 117.
[1013] EuGH, U. v. 3.10.2000 – Rs C-303/98 – AP EWG Richtlinie 93/104 Nr. 2 = NZA 2000, 1227 = DB 2001, 818; dazu (mit Blick auf die Rechtsstellung der Klinikärzte) u. a. *Hergenröder*, RdA 2001, 346; *Trägner*, NZA 2002, 126; *Tiejte*, NZA 2001, 241; *Kuhlmann*, f&w 2000, 668, 2002, 112; 2003, 112; *Heberer*, Das ärztliche Berufs- und Standesrecht, S. 334 ff.; *Höveler*, ArztR 2001, 32.
[1014] BAG, B. v. 18.2.2003, das Krankenhaus 2003, 707; LAG Hamburg, NZA 2002, 507.

EuGH im Jäger-Urteil vom 9.9.2003,[1015] weshalb § 5 III ArbZG a. F. nicht richtlinienkonform war.

Entsprechend den Vorgaben der EuGH-Entscheidungen änderte der deutsche Gesetzgeber mit Inkrafttreten vom 1.1.2004 das ArbZG, wonach nunmehr Bereitschaftsdienst zur Arbeitszeit zählt (§ 5 III ArbZG). Des Weiteren regelt § 7 ArbZG n. F., inwieweit abweichende Regelungen für den Bereitschaftsdienst und die Arbeitsbereitschaft zulässig sind. Darüber hinaus wird die Begrenzung der durchschnittlichen Höchstarbeitszeit auf 48 Stunden pro Woche geregelt. Im Übrigen schreibt die Grundregel des § 3 ArbZG vor, dass die werktägliche Arbeitszeit von 8 Stunden bis maximal auf 10 Stunden täglich bei entsprechendem Ausgleich innerhalb von 6 Kalendermonaten oder 24 Wochen verlängert werden darf. Diese Regelung ist durch die Novelle unverändert geblieben. 18

Die im Krankenhausbereich einschlägigen Tarifverträge (TV-Ärzte und TV-Ärzte/VkA), aber auch beispielsweise der TVöD-BT-K enthalten gesetzeskonforme Regelungen zum Bereitschaftsdienst, die sowohl an der Überschreitung der werktäglichen Arbeit von 8 Stunden als auch die Überschreitung der Wochenarbeitszeit von 48 Stunden auf bis zu durchschnittlich 60 Stunden wöchentlich ermöglichen. Der TV-Ärzte/VkA sieht sogar vor, dass durch Tarifvertrag auf Landesebene in begründeten Einzelfällen eine durchschnittliche wöchentliche Höchstarbeitszeit von bis zu 66 Stunden vereinbart werden kann.[1016] 19

Die Rufbereitschaft ist von der Neuregelung wie auch von der Rechtsprechung des EuGH nicht betroffen. Rufbereitschaft zählt nicht als Arbeitszeit, sondern wird nach wie vor entsprechend § 5 III ArbZG als Ruhezeit angesehen. Wird demzufolge zwischen Arbeitszeiten Rufbereitschaft angeordnet, so liegt allein hierin kein Verstoß gegen die Bestimmung des § 5 III ArbZG.[1017]

4. Mitarbeiterbeteiligung (Pool)

a) Rechtsgrundlagen. Bei der Behandlung der Patienten wird der Chefarzt vom nachgeordneten Ärztlichen Dienst unterstützt, sei es unmittelbar „am Patienten" oder mittelbar durch Entlastung des Chefarztes von den übrigen Verpflichtungen zu Gunsten von Wahlleistungspatienten. Diese Ärzte haben allerdings in aller Regel kein eigenes Recht zur Liquidation.[1018] Um die nachgeordneten ärztlichen Mitarbeiter an dem Erlös für Leistungen, bei denen sie mitgewirkt haben, die sie aber nicht liquidieren können, zu beteiligen, sehen das Berufsrecht, der Gesetzgeber und ggf. die Vertragsparteien vor Ort bestimmte Regelungen zur Mitarbeiterbeteiligung vor. Dabei ist unter Mitarbeiterbeteiligung („Pool") die Beteiligung der nachgeordneten Ärzte am Liquidationserlös der Leitenden Ärzte zu verstehen, den diese in Ausübung des ihnen vertraglich eingeräumten Liquidationsrechts, für wahlärztliche Leistungen gegenüber den Wahlleistungspatienten nach der Gebührenordnung für Ärzte (GOÄ) aus eigenem Recht zu liquidieren (§ 22 III BPflV, § 17 III KHEntgG) bzw. auf Grund der ihnen vom Krankenhausträger erteilten Nebentätigkeitserlaubnis, ambulant Selbstzahler oder nach Maßgabe einer Ermächtigung (§ 116 SGB V) Kassenpatienten zu behandeln und hierfür zu liquidieren, oder in sonstiger Weise (z. B. bei der Anfertigung von Gutachten im Nebentätigkeitsbereich) erzielt haben.[1019] 20

[1015] EuGH, U. v. 9.9.2003 – Rs C-151/02 – in NJW 2003, 2971; dazu *Weth/Lott*, ZMGR 2003, 66, 67.
[1016] *Debong* in: Deutsches Anwaltsinstitut e. V. (DAI), 4. Fachlehrgang Medizinrecht, November 2007, Arbeitsrecht der Krankenhausärzte, S. 103.
[1017] *Hörle/Steinmeister* in: Wenzel (Hrsg.), Handbuch des Fachanwalts Medizinrecht, Kap. 13 Rn. 37.
[1018] Nach § 116 SGB V kann die Ermächtigung auch Oberärzten erteilt werden kann – s. dazu unten bei → § 15 Rn. 61 f.; zur Erstreckung der Mitarbeiterbeteiligung auf diesen erweiterten Kreis der Ärzte vgl. *Bohle*, f&w 1990, 64, 65 f.
[1019] Vgl. zu den Rechtsfragen des Mitarbeiterpools u. a. *Andreas/Debong/Bruns*, Handbuch Arztrecht in der Praxis, Rn. 141 ff.; *Bold/Sieper*, LKHG BW, Anm. zu §§ 34 ff.; *Gehrlein/Pröpper*, BB 2012, 2049 ff.; HK-AKM/*Bender*, Nr. 3690 („Mitarbeiterbeteiligung"); *Bierling*, in: Bihr/Hekking/Krauskopf/Lang

21 In sechs Bundesländern – Baden-Württemberg,[1020] Hessen,[1021] Mecklenburg-Vorpommern,[1022] Rheinland-Pfalz[1023], Sachsen,[1024] und Thüringen[1025] – bestehen gesonderte, gesetzliche Vorschriften zur Mitarbeiterbeteiligung.[1026] Dabei sind Anwendungsbereich und Regelungstiefe sehr unterschiedlich.[1027] Während übereinstimmend die Beteiligungspflicht an die stationären Liquidationseinnahmen anknüpft, verpflichten Sachsen und Rheinland-Pfalz auch zu Pool-Regelungen an Erlösen aus ambulanter Tätigkeit und der Erstellung von Gutachten. Gegenstand der Beteiligung ist ausschließlich die Chefarztliquidation. Nach § 37a LKHG BW kann der Krankenhausträger von dem Gesetz abweichende Regelungen treffen, wenn auch das Krankenhaus wahlärztliche Leistungen gesondert berechnet. Bei dieser sog. Beteiligungsvergütung[1028] kommen somit die Pool-Bestimmungen des LKHG nicht zur entsprechenden Anwendung, vielmehr wird klargestellt, dass in einem solchen Fall eine von den gesetzlichen Bestimmungen abweichende Pool-Regelung keinen Gesetzesverstoß darstellt. Kirchliche Krankenhäuser werden nach allen LKHGs von der gesetzlichen Pool-Pflicht ausgenommen. Dies beruht auf der Annahme des BVerfG, dass sich das konfessionellen Krankenhausträgern durch Art. 140 GG/137 III 1 WRV gewährleistete Selbstbestimmungsrecht auch auf die Mitarbeiterbeteiligung erstreckt.[1029] Die meisten Vorschriften sehen eine Staffelung der Prozentsätze nach der Einnahmenhöhe bei einer Obergrenze von insgesamt max. 40 % in Baden-Württemberg, Hessen, Mecklenburg-Vorpommern, 50 % in Rheinland-Pfalz und 55 % in Sachsen vor. Die gestaffelten Sätze beziehen sich nur auf den eine bestimmte Schwelle überschreitenden Betrag und bewegen sich zwischen 10 und 50 %. In Baden-Württemberg beispielsweise steigt der Prozentsatz beginnend bei 20 % jeweils um 10 Prozentpunkte je 52.000 EUR Honorar an.[1030]

22 **b) Keine (individual-rechtliche) Anspruchsgrundlage.** So unterschiedlich die landesgesetzlichen Regelungen auch sind, gemeinsam ist ihnen, dass sie keinen individual-rechtlichen Anspruch des nachgeordneten Ärztlichen Dienstes auf Mitarbeiterbeteiligung be-

---

(Hrsg.), Handbuch der Krankenhauspraxis, 213 ff.; *Bohle,* f&w 1990, 64; Laufs/Kern/*Genzel/Degener-Hencke,* § 87 Rn. 60 ff.; *Münzel,* NJW 2001, 1752; *Wagener,* in: Robbers (Hrsg.), Die Krankenhausbehandlung, Praxiskommentar zur Vertragsgestaltung. Bd. 4, Arbeitsverträge mit Krankenhausärzten, 88 ff.; *Wagener/Hauser,* Der Mitarbeiterpool im Krankenhaus, 3. Aufl. 2006.

[1020] §§ 34–37a LKHG BW i. V. mit VO über die Mitarbeiterbeteiligung nach LKHG (LKHG-MAVO) v. 21.12.1987, GBl. S. 735, mit Änd.; KlinikumspoolVO v. 29.8.1988, GBl. S. 252, mit Änd.; Ulmer Klinikumspool VO v. 29.8.1988, GBl. S. 528; mit Änd.

[1021] § 14 Abs. 2 bis 5 HessKHG i. V. mit KHFondsV v. 1.7.1994, GVBl. I, S. 299 dazu u. a. *Brameyer,* MedR 1995, 315.

[1022] § 45 Abs. 2 bis 4 LKHG MV.

[1023] §§ 27–29 LKHG RP i. V. mit 6. KRGDVO v. 24.6.1997, GVBl. S. 287, geänd. am 10.1.1985, GVBl. S. 34.

[1024] §§ 24 Abs. 4 bis 26. SächsKHG; Universitätskliniken können abweichende Regelungen zur Mitarbeiterbeteiligung treffen, § 26 Abs. 4 SächsKHG.

[1025] §§ 28a II, III ThürKHG v. 27.2.2003 (GVBl., S. 99). In Berlin existierte eine vergleichbare Regelung bis zur formellen Privatisierung aller Landeskliniken zum 1.1.2001. Dabei wurde die bisherige Grundlage für die Mitarbeiterbeteiligung (§ 32 LKHG a. F.) aufgehoben.

[1026] Dazu HK-AKM/*Bender,* Nr. 3690 („Mitarbeiterbeteiligung"), Rn. 8ff, *Münzel,* NJW 2001, 1752.

[1027] Vgl. die Übersicht bei *Wagener,* in: Robbers, Die Krankenhausbehandlung, Praxiskommentar zur Vertragsgestaltung, Bd. 4, Arbeitsverträge mit Krankenhausärzten, 100 f.; *Gehrlein/Pröpper,* BB 2012, 2049, 2050 f.

[1028] S. dazu u. bei → 16 Rn. 44.

[1029] BVerfGE 53, 366 ff. = NJW 1980, 1895; zu der Frage, wie sich die gesetzliche Pool-Pflicht auf einen Trägerwechsel auswirkt, wenn sich im Rahmen einer Fusion ein kirchlicher und ein nicht-kirchlicher Krankenhausträger verbinden sowie ob ein evtl. vorhandener Betriebsrat ein Mitbestimmungsrecht bei der Verteilung des Liquidationspools hat s. *Kuhlmann,* f&w 1999, 473.

[1030] Vgl. LKHG-MAVO BW § 1 Abs. 2.

gründen.¹⁰³¹ Die Bestimmungen sind ausschließlich öffentlich-rechtlicher Natur und regeln die Voraussetzungen, unter denen ein Krankenhausträger u. a. in die staatliche Förderung aufgenommen wird.¹⁰³² Hält ein Krankenhausträger sich nicht an diese Vorschriften, hat dies ausschließlich förderrechtliche Konsequenzen. Dem Arbeitnehmer erwachsen keine Ansprüche ohne deren Umsetzung im Arbeitsvertrag.

Daneben sehen die Berufsordnungen der Landesärztekammern die Mitarbeiterbeteiligung 23 als Berufspflicht des Chefarztes vor. Er muss – der Musterberufsordnung (§ 29 III MBO n. F.) folgend – nach allen Regelungen eine „angemessene Vergütung" gewähren. Bemessungsgrundlage bildet regelmäßig der tatsächlich erzielte Erlös des Liquidationsberechtigten. Auf dieser Grundlage hat der Liquidationsberechtigte einen dem Anteil des nachgeordneten Dienstes an der Behandlung entsprechenden Betrag zur Verteilung unter den Berechtigten an das Krankenhaus abzuführen. Konkreter ist § 29 III 4 und 5 BO LÄK Nieders.¹⁰³³ Danach sind auf Grundlage des Liquidationserlöses vermindert um gesetzliche und vertragliche Abzüge mindestens 20 % abzuführen; in den Fällen, in denen die liquidationsfähigen Leistungen vom Mitarbeiter auf Dauer überwiegend selbst erbracht werden, sind vom Leitenden Krankenhausarzt mindestens 50 % auf die Mitarbeiter zu übertragen. Das Berufsrecht bindet den liquidationsberechtigten Arzt aber nur gegenüber der zuständigen Ärztekammer. Dem nachgeordneten ärztlichen Mitarbeiter verleiht es keine (zivilrechtlichen) Ansprüche.¹⁰³⁴ Die nachgeordneten angestellten Ärzte haben deshalb weder einen unmittelbaren Anspruch gegen den Krankenhausträger auf ihren Anteil am Honoraraufkommen des Chefarztes noch einen originären Anspruch gegen den Chefarzt auf Beteiligung, wenn weder im Dienstvertrag noch im Krankenhausgesetz eine entsprechende Regelung vorgesehen ist.¹⁰³⁵ Möglich erscheint allerdings ein Schadensersatzanspruch des Mitarbeiters gegen das Krankenhaus aus schuldhafter Vertragsverletzung (§ 280 I BGB).¹⁰³⁶ Die fehlende Mitarbeiterbeteiligung kann insoweit nur berufsrechtlich geahndet werden.¹⁰³⁷ Dem Mitarbeiter bleibt nur eine Anzeige an die zuständige Ärztekammer. Diese kann dann berufsrechtliche Maßnahmen ergreifen. Der Krankenhausträger ist an diesem Rechtsverhältnis nicht beteiligt.

c) **Vertragliche Regelungen.** Soweit keine gesetzlichen Vorschriften und keine den gesetz- 24 lichen Rahmen ausfüllende Regelungen des Krankenhauses bestehen, unterliegt die Mitarbeiterbeteiligung nach Art und Umfang der Disposition der Vertragsparteien. Die „Beratungs- und Formulierungshilfe Chefarztvertrag" der Deutschen Krankenhausgesellschaft (DKG) schlug in einer früheren Fassung¹⁰³⁸ dem Krankenhausträger vor, in einer besonderen Ordnung zu regeln, in welchem Umfang und nach welchen Grundsätzen eine Beteiligung zu

---

¹⁰³¹ LAG Sachsen, U. v. 27.8.2010 – 2 Sa 635/09; *Rothfuß*, Aktuelles zum Chefarztrecht, Manuskript zur 7. Jahresarbeitstagung Medizinrecht des Deutschen Anwaltsinstitut e. V. (DAI) 2012, 101, 108; *Wagener*, in: Robbers (Hrsg.), Die Krankenhausbehandlung, Praxiskommentar zur Praxisgestaltung, Bd. 4, 103.
¹⁰³² BAG, U. v. 3.8.1983 in: AP Nr. 36 zu § 611 BGB Ärzte, Gehaltsansprüche zum hess. KG; *Sandfoß/Andreas*, 1998, 153.
¹⁰³³ V. 16.12.1987, zul. geänd. am 18.12.2001.
¹⁰³⁴ ArbG Düsseldorf, U. v. 26.1.2010 – 7 Ca 7397/09 – juris; *Wagener*, in: Robbers (Hrsg.), Die Krankenhausbehandlung, Praxiskommentar zur Vertragsgestaltung, Bd. 4, 99.
¹⁰³⁵ BAG, U. v. 15.12.1989 – 5 A Zeitraum 626/88 – MedR 1990, 291; *Ratzel/Lippert*, MBO, 5. Aufl., § 29 Rn. 9.
¹⁰³⁶ LAG Rheinland-Pfalz, U. v. 9.12.2005 – 10 Sa 712/05 in GesR 2006, 221; *Ratzel/Lippert*, MBO, 5. Aufl., § 29 Rn. 9.
¹⁰³⁷ BG-Ärzte Niedersachsen, U. v. 17.11.2004 – BG 17/02 – GesR 2005, 183 (Beteiligung von Assistenzärzten auch im Bereitschaftsdienst).
¹⁰³⁸ Die jetzt vorliegende 11. Auflage der „Beratungs- und Formulierungshilfe Chefarztvertrag" (2017), empfiehlt nicht mehr das Liquidationsrecht des Chefarztes, sondern die Beteiligungsvergütung an der Krankenhausliquidation – s. u. bei → § 15 Rn. 44 und *Wagener*, das Krankenhaus 2002, 302. Dementsprechend fehlt es an einer Empfehlung für eine Mitarbeiterbeteiligung.

erfolgen hat. Soweit Krankenhausträger dieser Empfehlung nicht folgen, wird üblicherweise mit dem Chefarzt vereinbart, dass die nachgeordneten ärztlichen Mitarbeiter „angemessen" an den Liquidationserlösen (i. d. R. beschränkt auf den stationären Bereich) zu beteiligen sind.[1039] Dies gilt für den Neuabschluss von Chefarztverträgen, soweit eine Pool-Pflicht nach dem LKHG nicht besteht. Anderenfalls sind die Krankenhausträger[1040] gesetzlich verpflichtet, die Mitarbeiterbeteiligung im Chefarztvertrag vorzusehen und bestehende Vereinbarungen anzupassen.[1041] Dies setzt ggf. den Einsatz arbeitsrechtlicher Gestaltungsmittel (Widerruf, Änderungskündigung, Wegfall der Geschäftsgrundlage etc.) voraus.[1042] Einen Vertragsanpassungsanspruch hat der ärztliche Mitarbeiter indessen nicht. Zwar besteht gegenüber den nachgeordneten Ärzten die arbeitsvertragliche Nebenpflicht, im zumutbaren Umfang auf deren berechtigte Vermögensinteressen Rücksicht zu nehmen.[1043] Daraus hat das BAG abgeleitet, der Krankenhausträger sei verpflichtet, ausstehende Pool-Zahlungen auf gerichtlichem Wege von den Chefärzten beizutreiben.[1044] Dies setzt indessen die vertragliche Pflicht des Chefarztes zur Mitarbeiterbeteiligung voraus, die ohne Einsatz zulässiger Gestaltungsrechte des Krankenhausträgers nicht erzwungen werden kann.[1045]

25 Im Rahmen der Vertragsfreiheit kann die Vereinbarung mit dem Chefarzt detaillierte Regelungen über Art und Höhe der Mitarbeiterbeteiligung enthalten. In einer solchen Abrede kann ein Vertrag zu Gunsten Dritter liegen, aus dem der nachgeordnete Arzt als begünstigter Dritter die Mitarbeiterbeteiligung ggf. gerichtlich geltend machen kann. Für eine solche Annahme ist allerdings Zurückhaltung geboten. Es ist stets zu prüfen, ob die Vereinbarung dem nachgeordneten Arzt wirklich einen vor den Arbeitsgerichten einklagbaren Anspruch verschaffen soll oder ob es dazu noch weiterer ausfüllender Abmachungen bedarf. Ist die Verpflichtungserklärung des Chefarztes nicht eindeutig, geht die Zahlungs- (und entsprechend aus die Auskunfts-)Klage des nachgeordneten Arztes ins Leere.[1046]

26 Möglich sind darüber hinaus vertragliche Abreden zwischen dem Chefarzt und dem nachgeordneten ärztlichen Personal, auch wenn nach ständiger Rechtsprechung des BAG zwischen diesen Parteien kein Arbeitsverhältnis[1047] besteht. Die Vereinbarung kann schriftlich, mündlich und stillschweigend durch konkludentes Handeln zustande kommen. Ob und mit welchem Inhalt eine Pflicht zur Mitarbeiterbeteiligung begründet wurde, muss im jeweiligen Einzelfall ermittelt werden.[1048] Aus einer sieben Jahre lang gezahlten Beteiligung der Ärzte an den ambulanten Liquidationseinnahmen wurde ein rechtsgeschäftlicher Verpflichtungsgrund abgeleitet.[1049] Er kann sich auch aus tarifrechtlichen Regelungen (iVm dem

---

[1039] *Münzel*, NJW 2001, 1752, 1753; *ders.*, Chefarzt- und Belegarztvertrag, § 12.
[1040] Zu kirchlichen Krankenhausträgern s. o. bei → § 16 Rn. 21.
[1041] Vgl. § 27 Abs. 1 Satz 2 2. Hs. LKHG Rh-Pf; § 1 Abs. 2 der hess. Durchführungsverordnung zu § 14 Abs. 5 HKHG; § 53 Abs. 1 LKHG BW.
[1042] Vgl. *Kuhlmann*, f&w 1999, 473, 474.
[1043] BAG, U. v. 3.8.1993 in AP Nr. 36 zu § 611 BGB, Ärzte, Gehaltsansprüche; B. v. 16.6.1998 – ABR 67/97.
[1044] BAG, aaO; zur arbeits-, steuer- und sozialversicherungsrechtlichen Einordnung der Pool-Leistungen, vgl. *Bierling* in: Bihr/Hekking/Krauskopf/Lang (Hrsg.), Handbuch der Krankenhaus-Praxis, 219 ff.
[1045] AA *Bohle*, f&w 1990, 64; wie hier *Kuhlmann*, f&w 1999, 473, 474.
[1046] BAG, U. v. 14.1.1981 AP Nr. 29 zu § 611 BGB – Ärzte, Gehaltsansprüche –; LAG Köln, U. v. 30.11.2000, 2 SA 895/00 – in ArztR 2001, 235; *Andreas/Debong/Bruns*, Handbuch Arztrecht in Praxis, Rn. 156.
[1047] BAG, ArztR 1984, 125, 127; 1991, 38; 1994, 185.
[1048] *Andreas/Debong/Bruns*, Handbuch Arztrecht in der Praxis 2001, Rn. 153.
[1049] BAG U. v. 27.11.1991 in ArztR 1992, 230; andererseits hat derselbe Senat des BAG im Urteil vom 21.7.1993 – ArztR 1994, 185 – zum Ausdruck gebracht, dass eine monatlich geleistete Zahlung von DM 1400,– keine vertragliche Verpflichtung begründet habe. Der Chefarzt sei insoweit nur einer standesrechtliche Pflicht gefolgt, woraus aber keine arbeitsrechtlichen Ansprüche entstehen könnten. Auch die rein steuerliche Behandlung der Mitarbeiterbeteiligung als Arbeitslohn sei unbeachtlich.

§ 16 Ärzte und Krankenhaus　　　　　　　　　　　　　　　　　　　　　　　325

Arbeitsvertrag des nachgeordneten Arztes) ergeben, z. B. bei Gutachten, gutachterlichen Äußerungen und wissenschaftlichen Ausarbeitungen, die von dritter Seite, also nicht vom Krankenhausträger, angefordert und vergütet werden. Die Erstellung derartiger Gutachten stellt eine Nebentätigkeit des Leitenden Arztes dar, die ihm einen Anspruch auf einen seiner Leistung entsprechenden Teil des Honorars einräumt, wenn die Vergütung an den Krankenhausträger gezahlt wird.[1050] Im Übrigen kommt ein Anspruch auf Mitarbeiterbeteiligung aus den Grundsätzen des arbeitsrechtlichen Gleichbehandlungsgrundsatzes nur in Betracht, wenn zwischen den Parteien (ärztliche Mitarbeiter und liquidationsberechtigter Chefarzt) ein Arbeitsverhältnis besteht.[1051]

d) **Verteilungsverfahren.** Ein Kernproblem im Poolsystem ist das Verteilungsverfahren. 27 Nach allgemeiner Auffassung hat der eingerichtete Pool keine eigene Rechtspersönlichkeit, sondern stellt ein Sondervermögen dar, das der Krankenhausträger als Verwalter und Treuhänder ansammelt.[1052] Diese Stellung bedingt, dass der Krankenhausträger – notfalls gerichtlich – dafür Sorge zu tragen hat, dass die zur Privatliquidationen berechtigten Ärzte ihre festgelegten Fondsabgaben vollständig entrichten.[1053] Im Falle des Rechtsstreits muss daher der Krankenhausträger in seiner Eigenschaft als Treuhänder gegen den Chefarzt auf Abführung der Beiträge klagen oder von dem nachgeordneten Arzt auf Einziehung gegenüber dem Chefarzt verklagt werden. Keinesfalls ist er verpflichtet, Anteile der nachgeordneten Ärzte aus eigenem Vermögen zu zahlen.[1054] Über die Verteilung der angesammelten Mittel entscheidet in der Regel ein gesondertes Gremium, der Verteilungs- oder Fondsausschuss, an dem der Krankenhausträger, liquidationsberechtigte Ärzte und der nachgeordnete Ärztliche Dienst beteiligt sind. Vorbild sind die landesgesetzlichen Regelungen über die Mitarbeiterbeteiligung, auch wenn diese genaue Kriterien, nach der die Verteilung erfolgen soll, vermissen lassen.[1055] Entsprechendes gilt für die Bemessungsgrundlagen und die Höhe der abzuführenden Beträge. Regelmäßig wird man sich an den Bruttohonorareinnahmen des Chefarztes orientieren, gekürzt um den Abzug der Beträge für das Nutzungsentgelt.[1056] Die Höchstgrenze für die Abführungspflicht sollte 40 bis 50 v. H. der Nettoliquidationserlöse nicht überschreiten. Die Verteilung der angesammelten Mittel erfolgt über eine Punkteordnung, die nach Funktion, Facharztanerkennung und Dauer der Facharztausbildung der nachgeordneten Ärzte – wiederum in Anlehnung an die gesetzlichen Vorbilder nach dem LKHG – unterscheidet.[1057]

[1050] *Wagener,* in: Robbers (Hrsg.), Die Krankenhausbehandlung, Praxiskommentar zur Vertragsgestaltung, Bd. 4, Arbeitsverträge mit Krankenhausärzten, 98. 103.
[1051] ArbG Düsseldorf, U. v. 26.1.2010 – 7 Ca 7397/09 – BeckRS 2018, 66687.
[1052] BAG, U. v. 19.10.1983 in AP Nr. 36 zu § 611 BGB Ärzte, Gehaltsansprüche; LAG Mannheim, U. v. 29.6.1978 – 10 Sa 95/77 –, zit. bei *Wagener* in: Robbers (Hrsg.), Die Krankenhausbehandlung, Praxiskommentar zur Vertragsgestaltung. Bd. 4, Arbeitsverträge mit Krankenhausärzten, 103 in Fn. 4 zur „Rechtspersönlichkeit" des Pools und weiteren Einzelheiten vgl. *Wern* in Weth/Thomae/Reichold, Arbeitsrecht im Krankenhaus, Teil 5 B Rn. 17 ff.; s. a. krit. *Münzel,* NJW 2001, 1752.
[1053] Zur Frage der Mitbestimmung im Rahmen des Verteilungsverfahrens vgl. BAG, U. v. 16.6.1998 in DB 1999, 2576 = NZA 1998, 1185 dazu *Bierling,* in: Bihr/Hekking/Krauskopf/Lang (Hrsg.), Handbuch der Krankenhaus-Praxis, 2001, 218; *Kuhlmann,* f&w 1999, 473; AP Nr. 92 zu § 87 Betr. VG 1972 Lohngestaltung = NZA 1998, 1185; dazu *Münzel,* NJW 2001, 1752.
[1054] BAG, U. v. 19.10.1983 AP Nr. 37 zu § 611 BGB, Ärzte, Behandlungsansprüche; 16.6.1998, AP Nr. 39 zu § 611 BGB Arzt-Krankenhaus-Vertrag; *Wagener,* in: Robbers (Hrsg.), Die Krankenhausbehandlung, Praxiskommentar zur Vertragsgestaltung, Bd. 4, Arbeitsverträge mit Krankenhausärzten, 103 f.
[1055] Dazu *Bohle,* f&w 1990, 64, 65; *Wagener,* in: Robbers (Hrsg.). Die Krankenhausbehandlung, Praxiskommentar zur Vertragsgestaltung, B. 4, Arbeitsverträge mit Krankenhausärzten. 105 ff.
[1056] → § 16 Rn. 48 ff.
[1057] Vgl. die „Musterpool-Ordnung", in: Robbers (Hrsg.), Die Krankenhausbehandlung, Praxiskommentar zur Vertragsgestaltung, B. 4, Arbeitsverträge mit Krankenhausärzten. 112 ff.

III. Die rechtliche Stellung der Leitenden Krankenhausärzte

1. Begriffe und Bezeichnungen

28 Die Leitenden Krankenhausärzte werden üblicherweise als Chefärzte bezeichnet. Darin kommt zum Ausdruck, dass sie der Abteilung eines Krankenhauses vorstehen. Rechtlich definiert ist der Begriff des Chefarztes nicht. Er hat sich aber in der Rechtsprechung[1058] und in der Literatur[1059] als Dienstbezeichnung für den Leitenden Krankenhausarzt durchgesetzt. Als Synonyme werden häufig die Bezeichnungen „Leitender Abteilungsarzt", „Abteilungsarzt" (z. B. § 34 I KHG NW a. F.), „Klinikdirektor" oder „Institutsdirektor" verwendet.[1060] Hingegen prägt in der Bevölkerung nach wie vor das Bild vom „Halbgott in Weiss"[1061] die Vorstellung von Position und Tätigkeit der Chefärzte in unseren Krankenhäusern.[1062]

29 Vom Leitenden Abteilungsarzt oder Chefarzt zu unterscheiden ist der Leitende Arzt des Krankenhauses insgesamt, für den sich die Bezeichnung „Ärztlicher Direktor" eingebürgert hat. Auch dieser Begriff ist gesetzlich nicht definiert. Die Aufgaben des Ärztlichen Direktors, der in aller Regel zugleich eine Fachabteilung als Chefarzt leitet, bestehen in der Organisation und Beaufsichtigung des ärztlichen Dienstes insgesamt.[1063] Der Ärztliche Direktor wird zumeist aus dem Kreis der Chefärzte (von diesen) bestimmt. Als Mitglied im Krankenhausdirektorium hat er ein Weisungsrecht gegenüber den anderen Chefärzten und den ärztlicher Aufsicht unterstellten nichtärztlichen Mitarbeitern, allerdings eingeschränkt im Rahmen seiner Aufgabenstellung und der insoweit erlassenen Dienstordnung/Geschäftsordnung etc.[1064]

2. Leitender Angestellter

30 Ob Chefärzte als „Leitende Angestellte" im Rechtssinne anzusehen sind, gehört zu den umstrittensten Fragen in der juristischen Auseinandersetzung.[1065] Die Einordnung hat insbesondere kündigungsschutzrechtliche Bedeutung. Auf Leitende Angestellte findet das Betriebsverfassungsgesetz (BetrVG) grundsätzlich keine Anwendung (§ 5 III BetrVG), so dass eine Betriebsratanhörung vor Kündigungsausspruch (§ 102 BetrVG) entfällt.[1066] Zudem besteht bei Leitenden Angestellten, soweit sie zur selbstständigen Einstellung oder Entlassun-

---

[1058] U. a. BAG, AP zu § 611 BGB Arzt-Krankenhaus-Vertrag; Ärzte-Gehaltsansprüche.
[1059] U. a. *Andreas/Debong/Bruns*, Handbuch Arztrecht in der Praxis, Rn. 251; HK-AKM/*Bender*, Nr. 1280 Rn. 1; Laufs/Kern/*Laufs*, § 12 Rn. 8; *Wern*, in: Weth/Thomae/Reichold, Arbeitsrecht im Krankenhaus, Teil 5 A Rn. 1 (S. 389); *Schaub*, Arbeitsrechts-Handbuch, § 16 Rn. 21; *Zuck*, NZA 1994, 961.
[1060] Zu den Begriffen siehe HK-AKM/*Bender*, Nr. 1280 („Chefarzt") Rn. 1 ff.
[1061] Vgl. dazu auch *Reinecke*, NZA 2005, 953 ff. (958).
[1062] *Andreas*, Arztrecht 1997, 263 ff.; *Debong*, Arztrecht 2007, 316.
[1063] *Andreas/Debong/Bruns*, Handbuch Arztrecht in der Praxis Rn. 279 ff.; *Laufs*, in: Laufs/Uhlenbruck, Handbuch des Arztrechts, § 12 Rn. 6 ff.; eine gesetzliche Aufgabenumschreibung enthält § 34 des Saarländischen Krankenhausgesetzes; s i. Ü. zur Aufgabenstellung des Ärztlichen Direktors *Sachweh/Debong*, ArztR 1993, 141.
[1064] → § 16 Rn. 3.
[1065] Vgl u. a. HK-AKM/*Bender*, Nr. 1280 („Chefarzt"), Rn. 17 ff.; *Dahm/Lück*, MedR 1992, 1; *Diringer*, MedR 2003, 200, 203 ff.; *Hörle/Steinmeister* in: Wenzel (Hrsg.), Handbuch des Fachanwalts Medizinrecht, Kap. 13 Rn. 12 ff.; *Jansen*, KHuR 1999, 66; Ratzel/Luxenburger/*Köhler-Hohmann*, § 17 Rn. 97 ff.; 550; *Lelley/Sabin*, MedR 2004, 359; *Moll*, MedR 1997, 293; *Wagener*, das Krankenhaus 2000, 550; *Wahlers*, MedR 2011, 331 ff.; allgemein zu dem Begriff des Leitenden Angestellten s. *Vogel* NZA 2002, 313.
[1066] Vgl. dazu *Hoffmann*, das Krankenhaus 1996, 502; *Jansen*, KHuR 1999, 66; *Kännel/Hännies*, ArztR 1993, 203, 208, jeweils im Bezug auf Chefärzte; vgl. allgemein zu den kollektiv-rechtlichen Einwirkungen durch Personalvertretung bzw. Betriebsverfassung auf das Arbeitsverhältnis mit Angestellten des Krankenhauses *Bierling*, in: Bihr/Hekking/Krauskopf/Lang (Hrsg.), Handbuch der Krankenhaus-Praxis, 239 ff.

gen von Mitarbeitern befugt sind, gem. § 14 II Satz 2 Kündigungsschutzgesetz (KSchG) eine vereinfachte Möglichkeit zur Beendigung des Dienstverhältnisses. Im Falle einer vom Arbeitsgericht wegen Sozialwidrigkeit als unwirksam angesehen arbeitgeberseitigen Kündigung kann sich der Arbeitgeber durch einen Auflösungsantrag ohne Angabe von Gründen von einem Leitenden Angestellten trennen. Den Arbeitgeber trifft in diesem Fall nur die Pflicht zur Zahlung einer Abfindung, deren Höhe sich nach § 10 KSchG bestimmt.[1067]

Nach überwiegender Auffassung ist der Chefarzt in der Regel jedenfalls kein Leitender Angestellter im Sinne des KSchG.[1068] Aus der Sicht des Kündigungsschutzrechtes fallen die Mitglieder der Organe einer juristischen Person nicht unter den Kündigungsschutz (§ 14 I KSchG). Dies kann für den Chefarzt dann bedeutungsvoll werden, wenn er zum Geschäftsführer einer Krankenhaus-GmbH ernannt werden sollte. Allerdings wird er in aller Regel seine Stellung als Leitender Arzt einer Abteilung nicht aufgeben, so dass sich insoweit an der Anwendbarkeit des KSchG nichts ändert.[1069] Im Übrigen müsste der Chefarzt als Leitender Angestellter im Sinne von § 14 II KSchG die Befugnisse zur selbstständigen Einstellung oder Entlassung einer bedeutsamen Zahl von Arbeitnehmern haben. Diese Befugnisse müssten zudem die Aufgaben des Chefarztes prägen. Bei der vertraglichen Gestaltung muss dem Chefarzt danach eine Stellung eingeräumt werden, die den Kriterien des § 5 III Nr. 3 BetrVG gerecht wird und darüber hinaus den Rechten und Pflichten von Geschäftsführern oder Betriebsleitern vergleichbar sind. Daran fehlt es jedenfalls dann, wenn die Vertragsparteien von dem DKG-Mustervertrag[1070] Gebrauch machen.[1071] Für die Einstellungs- und Entlassungsbefugnis ist nicht ausreichend, wenn sich diese zwar auf einen Belegschaftsteil, nicht aber auf einen solchen von „untergeordneter Bedeutung" für das Krankenhaus beschränkt.[1072] Genügend ist dagegen die Personalhoheit für den ärztlichen Dienst der dem Chefarzt unterstehenden Abteilung.[1073] 31

Weitaus schwieriger zu beurteilen ist die Frage, ob Chefärzte als Leitende Angestellte im Sinne der Legaldefinition nach § 5 III BetrVG anzusehen sind.[1074] Nach der neueren Rechtsprechung des BAG – wenngleich dogmatisch kaum begründbar[1075] – muss dem Chefarzt neben der rein ärztlich-medizinischen Verantwortung auch eine wirtschaftliche und unternehmerische Verantwortung zukommen.[1076] Ob dies der Fall ist, hängt maßgeblich von den Umständen des Einzelfalls ab und muss im Rahmen einer Gesamtwürdigung entschieden werden.[1077] Danach sind Chefärzte nur dann leitende Angestellte, wenn sie unternehmens- 32

[1067] Zur Höhe einer Abfindungssumme für Chefärzte vgl. u. a. *Wagener*, das Krankenhaus 2000, 550, 554 f.

[1068] BAG, U. v. 19.4.2012 – 2 AZR 186/11 und U. v. 14.4.2011 – 2 AZR 167/10; LAG BW, ArztR 1993, 115; LAG Thüringen ArztR 2002, 101; *Diringer*, MedR 2003, 200 (205); *Weth* in: Weth/Thomae/Reichhold (Hrsg.), Arbeitsrecht im Krankenhaus, Teil V A Rn 80.

[1069] *Jansen*, KHuR 1999, 66, 67.

[1070] Mit der 8. Aufl. der Beratungs- und Formulierungshilfe macht die DKG in der Kommentierung zu § 7 einen Formulierungsvorschlag zur Qualifizierung des Chefarztes als Leitender Angestellter i. S. d. KSchG: „Einstellungen, Entlassungen … werden vom Chefarzt, im Benehmen mit dem Klinikträger, selbständig vorgenommen" – dazu krit. *Baur*, DÄBl. 2007, B-2499; s. a. Ratzel/Luxenburger/*Köhler-Hohmann*, § 17 Rn. 101. Die 9. Aufl. (2013) nimmt deshalb zu Recht von einer solchen Formulierung Abstand, vgl. Fn. 35 zu → § 7 Rn. 1 ff.

[1071] *Andreas*, ArztR 2000, 4; *Bohle*, KU 1997, 729; *Diringer*, MedR 2003, 200, 205; *Wagener*, das Krankenhaus 2000, 550; *Diringer*, MedR 2003, 200, 205.

[1072] BAG, U. v. 19.4.2012 – 2 AZR 186/11 – juris; U. v. 14.4.2011 – 2 AZR 167/10 juris.

[1073] HK-AKM/*Bender*, Nr. 1280 („Chefarzt"), Rn. 25.

[1074] Vgl. *Wahlers*, MedR 2011, 331 m. w. N.; Ratzel/Luxenburger/*Köhler-Hohmann*, § 17 Rn. 102 ff m. w. N.

[1075] So zutr. *Diringer*, MedR 2003, 200, 204.

[1076] BAG, B. v. 5.5.2010 – 7 ABR 97/08 in NJW 2010, 2746; dazu Wahlers, MedR 2011, 331 ff.; HK-AKM/*Bender*, Nr. 1280 Rn. 28 ff.

[1077] HK-AKM/*Bender*, Nr. 1280 („Chefarzt") Rn. 29 ff.

oder betriebsleitende Entscheidungen treffen oder maßgeblich vorbereiten und diese Aufgabenstellung ihre Tätigkeit prägt. Der Chefarzt muss nicht notwendig Mitglied der Krankenhausverwaltung sein. Entscheiden ist, ob der Chefarzt nach Vertragsgestaltung und tatsächlich gelebtem Vertragsverhältnis maßgeblichen Einfluss auf die Unternehmensführung nehmen kann, beispielsweise die selbstständige Verwaltung eines nicht unerheblichen Budgets oder zwingende Mitsprache bei Investitionsentscheidungen.[1078] Deshalb ist der Aspekt der Budgetverantwortung des Chefarztes ein wesentliches Kriterium bei der Gesamtabwägung.[1079]

Chefärzte sind nach herrschender Auffassung weisungsgebundene und vom Krankenhausträger persönlich abhängige Arbeitnehmer,[1080] auf die in vollem Umfang das Arbeitsrecht einschließlich die Schutzvorschriften des KSchG etc. Anwendung finden. Ausdrücklich ausgenommen – wenngleich einzelvertraglich vereinbar – ist die Anwendung des Tarifvertrages auf Chefärzte.[1081] Das DKG-Vertragsmuster hatte mit der 6. Auflage aus dem Jahre 2002 die Abschaffung des Liquidationsrechts des Chefarztes zu Gunsten der Krankenhausliquidation eingeführt[1082] und den Katalog der Dienstaufgaben erheblich ausgedehnt. Dieser Paradigmenwechsel wird von den ärztlichen Organisationen scharf kritisiert.[1083]

Durch das Schuldrechtsmodernisierungsgesetz vom 1.1.2002 wurden das AGBG in das BGB integriert und die Bereichsausnahme für Arbeitsverträge gestrichen. Seither unterliegen auch Chefarztverträge der AGB-Kontrolle nach den §§ 305ff BGB.[1084] Nach § 310 IV 2 BGB sind bei der Inhaltskontrolle die im Arbeitsrecht geltenden Besonderheiten angemessen zu berücksichtigen. Solche Besonderheiten, etwa die Vereinbarung einer sog. „Entwicklungsklausel" wird man gerade im traditionellen Chefarztvertragsrecht finden können.[1085]

3. Wesentliche Regelungen des Chefarzt-Dienstvertrages (außerhalb der Vergütung)

33 **a) Notwendiger Vertragsinhalt.** Gegenüber dem herkömmlichen Arbeitsvertrag mit Krankenhausärzten weist der Chefarzt-Dienstvertrag erhebliche Besonderheiten auf. Während traditionell die Auslegung der vertraglichen Haupt- und Nebenpflichten der Rechtsprechung überlassen wird, regeln Krankenhausträger und Chefarzt unter Berücksichtigung der besonderen Verhältnisse im Krankenhaus bereits bei Vertragsschluss ihre gegenseitigen Rechte und Verpflichtungen sowie Nebenpflichten allgemeiner Art bis in die Einzelheiten und treffen detaillierte Bestimmungen zur Vergütung. Grundlage ist in der Regel das von der

---

[1078] BAG, B. v. 5.5.2010 – 7 ABR 97/08 – NJW 2010, 2746.
[1079] So auch LAG Thüringen, Arztrecht 2002, 101; *Dieringer,* NZA 2003, 890 (895).
[1080] BAG, U. v. 27.7.1961 – 3 AZR 255/60 – NJW 1961, 2085f; zuletzt *Debong* in ArztR 2007, 316 (317); sowie *Wern,* Die arbeitsrechtliche Stellung des Leitenden Krankenhausarztes, Saarbrücker Schriften zum Medizinrecht 2005, § 2, 9ff m. w. N.
[1081] Vgl. § 1 II a DVöD; § 1 II TV-Ärzte/VKA; § 1 III TV-Ärzte – dazu – und zu den Bezugnahmeklauseln in Chefarztverträgen auf tarifliche Bindungen *Bender* in: Rieger (Hrsg.), Lexikon des Arztrechts, Nr. 1280 („Chefarzt") Rn. 22 ff.
[1082] → § 16 Rn. 44.
[1083] Vgl. die gemeinsamen Hinweise der Bundesärztekammer, des Verbandes der Leitenden Krankenhausärzte Deutschlands und des Marburger Bundes DÄBl. 2003, A 1633; *Maaß,* DÄBl. 2006, 666; *Baur,* DÄBl. 2002, A 1495, spricht von „Knebelungsverträgen".
[1084] Das BAG hat bisher – soweit ersichtlich – noch nicht entschieden, ob die Wirksamkeit bestimmter Klauseln in Chefarztverträgen der AGB-Kontrolle nach §§ 305ff. BGB unterliegen; im Schrifttum und einzelnen unterinstanzlichen Entscheidungen wird dies überwiegend bejaht – vgl. ArbG Hagen, U. v. 5.9.2006 – 5 (2) Ca 2811/05 – in MedR 2007, 181 = GesR 2006, 554ff; ArbG Paderborn, U. v. 12.4.2006 – 3 Ca 2300/05 in GesR 2007, 86ff.; HK-AKM/*Bender,* Nr. 1280 Rn. 139ff.; *Düringer,* MedR 2003, 200; *Münzel,* NZA 2011, 886ff.; *Reinecke,* NJW 2005, 3383ff.
[1085] Zur Entwicklungsklausel → § 16 Rn. 39ff.

Deutschen Krankenhausgesellschaft (DKG) empfohlene und jetzt in der 11. überarbeiteten Auflage erschienene Vertragsmuster.[1086]

Der Chefarzt-Dienstvertrag sollte insbesondere die folgenden, in der Praxis immer wieder streitig werdenden Probleme regeln: Die Probezeit,[1087] die Sicherung der Tätigkeitsaufnahme,[1088] die sog. Residenzpflicht des Chefarztes („in der Nähe des Krankenhauses"),[1089] die Fragen einer ordentlichen bzw. außerordentlichen Kündigung,[1090] die Mitwirkung bei der Einstellung von Mitarbeitern,[1091] Fragen des Direktionsrechts (einschließlich Entwicklungsklausel),[1092] der Lohnfortzahlung im Krankheitsfall,[1093] der Versicherung für Haftpflicht[1094] sowie der Vergütung und ggf. des Liquidationsrechts.[1095]

b) Dienstaufgaben. Der Dienstvertrag enthält in der Regel einen umfangreichen Katalog von Dienstaufgaben des Chefarztes, in deren Zentrum die verantwortliche Leitung seiner Abteilung und die Versorgung der stationären Patienten dieser Abteilung sowie die Mitbehandlung der Patienten anderer Abteilungen des Krankenhauses stehen. Im Grundsatz gehören alle ärztlichen Leistungen in der Abteilung eines Krankenhauses zu den Dienstaufgaben eines jeweiligen Chefarztes, soweit sie den Zielsetzungen des Krankenhauses und seiner durch Krankenhausplan oder Versorgungsvertrag begründeten Aufgabenstellung (§§ 108, 109 SGB V)[1096] entsprechen. In § 4 I des DKG-Vertragsmusters werden deshalb die einzelnen Dienstaufgaben nur beispielhaft genannt („insbesondere"). Die Einordnung einer Tätigkeit als Dienstaufgabe bedingt, dass für deren Erledigung grundsätzlich keine besondere Vergütung gewährt wird. Die vereinbarte Vergütung ist der Lohn für die Verrichtung der Dienstaufgaben. Hierfür hat der Chefarzt dem Krankenhaus seine ganze – zeitlich nicht gebundene – Arbeitskraft zur Verfügung zu stellen.[1097] Eine Ausnahme bildet nach überkommener Vertragsgestaltung[1098] die Behandlung stationärer Wahlleistungspatienten, die ebenfalls zu den Dienstaufgaben des Chefarztes gehört. Die Erbringung dieser Leistung löst einen Vergütungsanspruch nach Maßgabe des dem Chefarzt eingeräumten Liquidationsrechts aus.[1099]

[1086] Beratungs- und Formulierungshilfe Chefarzt-Vertrag, DKG, 2017 (if. DKG-Vertragsmuster); zur 8. Aufl. des DKG-Vertragsmuster vgl. *Müller* in: Arzt- und Krankenhaus 2008, 3 ff.; zu einem Vertragsmuster aus „Chefarztsicht" vgl. den Muster-Dienstvertrag für „Leitende Krankenhausärzte" abgedruckt bei *Andreas*, in: Burk/Hellmann, Krankenhausmanagement für Ärztinnen und Ärzte, VI-4. Bl. 9; zu weiteren Chefarzt-Vertragsmustern und entsprechender Nachweise s. HK-AKM/*Bender*, Nr. 1280 Rn. 8; *Münzel*, Chefarzt- und Belegarztvertrag, Beck'sche Musterverträge Bd. 23; *Baur*, Chefarzt-/Belegarztvertrag, 2003; *Nahmmacher/Clausen*, Der Chefarztvertrag (Frankfurter Musterverträge), 2006.
[1087] Zu der problematischen Verlängerung der Probezeit über 6 Monate hinaus vgl. *Diringer*, MedR 2003, 200, 201.
[1088] Dies wird im DKG-Mustervertrag erstaunlicherweise nicht behandelt – vgl. dazu ebenfalls *Diringer*, MedR 2003, 200, 201.
[1089] Vgl. § 1 Abs. 3 DKG-Vertragsmuster.
[1090] § 17 DKG-Vertragsmuster; die früher von Chefarztseite vertretene Ideologie einer „Lebenszeitanstellung" ist schon lange überholt, allerdings nicht immer in den Köpfen der Bewerber bzw. ihrer Berater – vgl. *Quaas*, das Krankenhaus 1995, 528; zum Kündigungsschutz Leitender Abteilungsärzte s. u. bei → § 16 Rn. 59 ff.
[1091] § 7 DKG-Vertragsmuster.
[1092] § 15 DKG-Vertragsmuster.
[1093] § 12 DKG-Vertragsmuster
[1094] § 14 DKG-Vertragsmuster.
[1095] § 8 DKG-Vertragsmuster.
[1096] → bei § 26 Rn. 376 ff.
[1097] § 4 I, 3 DKG-Vertragsmuster.
[1098] S. aber zur Beteiligungsvergütung nach § 8 DKG-Vertragsmuster u. bei → § 16 Rn. 44.
[1099] → § 16 Rn. 46.

36 Die ambulante Notfallbehandlung ist jedenfalls dann Dienstaufgabe des Chefarztes, wenn dies ausdrücklich vereinbart wird.[1100] In diesem Fall stehen die Vergütungsansprüche dem Krankenhaus zu, da die ambulante Notfallversorgung unter den Voraussetzungen des § 76 I 2 SGB V eine Krankenhausaufgabe darstellt, die von den Krankenhausambulanzen als ärztlich geleitete Einrichtungen wahrgenommen werden.[1101] Der „Notfall" wendet sich nicht an den Arzt, sondern an das Krankenhaus. Das Krankenhaus muss rund um die Uhr dafür Sorge tragen, dass die Notfallversorgung sichergestellt ist. Dem Haus entstehen dadurch höhere Kosten (z. B. im Bereich des Bereitschaftsdienstes). Es ist deshalb sachgerecht, dass die Einnahmen dem Krankenhaus zufließen.[1102] Liegt allerdings eine entsprechende Vereinbarung vor, können die Liquidationseinnahmen aus ambulanter Notfallbehandlung auch dem Chefarzt zustehen.[1103]

37 Zu den Dienstaufgaben des Chefarztes (ohne Liquidationsrecht) gehört weiter die Erbringung von Institutsleistungen im ambulanten Bereich.[1104] Wie bei der ambulanten Notfallbehandlung handelt es sich auch hier um eine Leistung, die das Krankenhaus „als Institut" erbringt. Beispiele sind die Psychiatrische Institutsambulanz, physikalische Therapie, Fachambulanzen, Poliklinik, ambulantes Operieren und stationsersetzende Leistungen nach § 115b SGB V.[1105] Für die Übernahme solcher Tätigkeiten steht dem Chefarzt über seine Vergütung hinaus in der Regel kein Ausgleichsanspruch gegenüber dem Krankenhausträger zu.[1106] Auch die Übernahme von Bereitschaftsdienst und Rufbereitschaft – auch wenn die Teilnahme an solchen Diensten typischerweise nicht zum Berufsbild eines Chefarztes gehört.[1107] – kann zu den Dienstaufgaben des Chefarztes gehören[1108]. Jedenfalls hat der Arzt organisatorisch diese Dienste sicherzustellen und – soweit vereinbart – an der Rufbereitschaft seiner Abteilung turnusgemäß im Wechsel mit den übrigen hierfür vorgesehenen Gebietsärzten teilzunehmen. Dabei ist der höchstzulässige Einsatz eines Chefarztes in der Rufbereitschaft umstritten.[1109]

38 c) Wirtschaftlichkeitsgebot. Dringend zu empfehlen ist die Aufnahme eines Wirtschaftlichkeitsgebotes und einer den Chefarzt treffenden Budgetverantwortung.[1110] Danach ist der Arzt zu zweckmäßiger, wirtschaftlicher und sparsamer Behandlung durch sich und seine Mitarbeiter verantwortlich. Nach Anhörung des Arztes kann ein internes abteilungsbezogenes Budget erstellt werden, wobei der Arzt für die Erreichung und Einhaltung des vereinbarten Leistungsrahmens und der damit verbundenen Erträge sowie die Einhaltung der zur

---

[1100] § 4 Abs. 1 Ziff. 4 DKG-Vertragsmuster.
[1101] Vgl. *Weber/Braun*, NZS 2002, 400; *Münzel*, Chefarzt- und Belegarztvertrag, Beck'sche Musterverträge Bd. 23, 39.
[1102] *Hock*, in: Bremecker/Hock, BAT-Lexikon, Gruppe 5 Teil 2, 14; nach *Andreas/Debong/Bruns*, Handbuch Arztrecht in der Praxis, Rn. 271 ff. soll dagegen die ambulante Notfallbehandlung nicht den Dienstaufgaben, sondern der freiberuflichen Nebentätigkeit des Chefarztes zugeordnet werden.
[1103] LAG Köln, U. v. 20.4.2005 in GesR 2007, 13; dazu *Leber*, das Krankenhaus 2007, 374 (376).
[1104] § 4 Abs. 1 Nr. 6 DKG-Vertragsmuster.
[1105] Zu der Institutsleistung ambulantes Operieren im Krankenhaus s. u. → § 16 Rn. 85 ff.; zu § 4 I Nr. 6 DKG-Vertragsmuster s. a. HK-AKM/*Bender*, Nr. 1280 („Chefarzt"), Rn. 85.
[1106] *Quaas*, f&w 1994, 65, 67 f.; *ders.* in: ZfS 1996, 72, 74 (ambulantes Operieren); aA *Andreas/Debong/Bruns*, Handbuch Arztrecht in der Praxis, Rn. 274 f.
[1107] Für die Teilnahme an Bereitschaftsdiensten vgl. BAG, U. v. 4.5.1999 – AZR 290/98; dazu ausf. *Wern*, in: Weth/Thomae/Reichold, Arbeitsrecht im Krankenhaus, Teil 5 A Rn. 26 ff.
[1108] LAG Niedersachsen, U. v. 16.2.2009 – 9 Sa 1834/06 juris.
[1109] Das ArbG Wilhelmshaven (ArztR 1984, 14) hält höchstens 15 Rufbereitschaften pro Monat für zumutbar – s. a. *Andreas/Debong/Bruns*, Handbuch Arztrecht in der Praxis, Rn. 286 f.; s i. Ü. zur Arbeitszeit des Chefarztes und zur Rufbereitschaft *Diringer*, MedR 2003, 200 (205).
[1110] Vgl. § 3 DKG-Vertragsmuster und dazu *Wagener/Meister*, das Krankenhaus 2002, 302, 305; *Andreas/Debong/Bruns*, Handbuch Arztrecht in der Praxis, Rn. 264 ff.; HK-AKM/*Bender*, Nr. 1280 („Chefarzt"), Rn 88 ff.; *Hörrle/Steinmeister* in: Wenzel (Hrsg.), Handbuch Fachanwalt für Medizinrecht, Kap. 13 Rn 59 ff.; *Quaas*, MedR 2002, 273 ff.

§ 16 Ärzte und Krankenhaus

Verfügung gestellten Ressourcen zu sorgen hat. Zusätzlich sollten „Zielvereinbarungen" das Wirtschaftlichkeitsgebot konkretisieren.[1111] Spätestens seit Inkrafttreten des Fallpauschalengesetzes (FPG) mit der Einführung des DRG-Vergütungssystems empfiehlt es sich für den Krankenhausträger, die wirtschaftlichen Verhaltenspflichten des Chefarztes um Handlungsanweisungen zu ergänzen, die einen ökonomischen Ressourceneinsatz unter Beachtung der erlösbestimmenden Faktoren des Entgeltsystems so weit wie möglich herbeiführen. Da das Geld auf der Grundlage dieses Systems den Leistungen folgen soll, kommt es maßgeblich darauf an, den Arzt verantwortlich in die seine Abteilung betreffende Leistungserfassung, -dokumentation und -steuerung einzubeziehen. Mit einem so verstandenen Wirtschaftlichkeitsgebot sollte sichergestellt werden, dass Fallpauschalpatienten entsprechend der der jeweiligen Fallpauschale zu Grunde liegenden Kostenkalkulation, insbesondere innerhalb der vorgegebenen Verweildauer, versorgt werden können, dass die Aufnahme und Versorgung des Patienten unter richtiger Kodierung erfolgt[1112] und keine Leistung vorliegt, die außerhalb des Versorgungsauftrags des Krankenhauses erbracht bzw. als Fehlbelegung angegriffen werden kann.[1113] Verletzt der Chefarzt seine aus dem Wirtschaftlichkeitsgebot zumindest folgende Bemühenspflicht,[1114] haftet der Arzt dem Krankenhausträger auf Schadensersatz nur, wenn er die Pflichtverletzung zu vertreten hat (§ 619a BGB).[1115]

d) Entwicklungsklausel. (Nicht nur) in diesem Zusammenhang kommt der Formulierung der üblicherweise in den Dienstvertrag aufgenommenen Entwicklungsklausel große Bedeutung zu.[1116] Eine Anpassungs- und Entwicklungsklausel soll dem Arbeitgeber gestatten, notwendige organisatorische Änderungen vorzunehmen, ohne dass dadurch der Bestand des Arbeitsverhältnisses berührt wird. Sie bewirkt damit eine Ausgestaltung des dem Arbeitgeber zustehenden Direktionsrechts und beinhaltet ein vorweggenommenes Einverständnis des Chefarztes mit einseitigen Vertragsänderungen auf Verlangen des Krankenhausträgers. Dadurch wird verhindert, dass bei notwendigen organisatorischen und strukturellen Änderungen jeweils eine Änderungskündigung ausgesprochen werden muss.[1117] 39

Nach der Rechtsprechung ist die Aufnahme einer Entwicklungs- und Anpassungsklausel in den Chefarztvertrag ein krankenhaustypisches und zulässiges Gestaltungsmittel, welches Vorrang vor den auf allgemeine Rechtsgrundsätze zurückzuführenden Möglichkeiten der Vertragsänderung (insbesondere der Berufung auf den sog. Wegfall der Geschäftsgrundlage etc.) hat.[1118] Auch nach der Reform des Schuldrechts ist deren Zulässigkeit unzweifel- 40

[1111] → § 16 Rn. 45.
[1112] Nach § 6 Abs. 8 Satz 3 DKG-Vertragsmuster ist der Arzt insbesondere für eine richtige und vollständige Kodierung und Dokumentation der für die Eingruppierung in einem deutschen DRG-System erforderlichen Diagnosen und Prozeduren nach Maßgabe der jeweils gültigen Deutschen Kodierrichtlinien verantwortlich. Zur Haftung des Chefarztes für Kodierungsfehler s. *Müller*, Arzt und Krankenhaus 2005, 247.
[1113] *Quaas*, das Krankenhaus 2003, 28, 36.
[1114] Dazu LAG Frankfurt/Main, U. v. 21.12.1998 – 12 Sa 568/89 in ArztR 1994, 293ff (295); Debong in: ArztR 2007, 316 (317).
[1115] Zur Arbeitnehmerhaftung vgl. *Löwisch*, Auswirkungen der Schuldrechtsreform auf das Recht des Arbeitsverhältnisses in Festschrift für *Hermann Wiedemann* (2002), 311ff.; speziell für den Chefarzt *Debong*, ArztR 2007, 316 (318).
[1116] Vgl. § 15 DKG-Vertragsmuster.
[1117] *Andreas/Debong/Bruns*, Handbuch Arztrecht in der Praxis, Rn. 325 ff.; *Andreas,* in: Burk/Hellmann, Krankenhausmanagement für Ärztinnen und Ärzte, VI-4 Bl. 6 f. vgl. zum Gegenstand und zur Zulässigkeit von Entwicklungsklauseln u. a. HK-AKM/*Bender*, Nr. 1280 („Chefarzt"), Rn. 133 ff.; *Diringer*, MedR 2003, 200, 202 f.; *Debong*, ArztR 2007, 316 (320 f.); Ratzel/Luxenburger/*Köhler-Hohmann*, § 17 Rn. 125 ff.; *Nahmmacher/Clausen*, Der Chefarztvertrag, 34 ff. *Quaas/Kuhlmann*, PKR 1998, 5; *Lelley/Sabin* MedR 2004, 359; *Wern*, in: Weth/Thomae/Reichold, Arbeitsrecht im Krankenhaus, Teil 5 A Rn. 58 ff.
[1118] Vgl. z. B. BAG AP Nr. 6, 12, 20 zu § 611 BGB Arzt-Krankenhaus-Vertrag; zuletzt BAG U. v. 28.4.1997 in NZA 1997, 1160; dazu *Quaas/Kuhlmann*, PKR 1998, 5; *Lelley/Sabin*, MedR 2004, 359.

haft,[1119] vorausgesetzt, die damit verbundene einseitige Änderung der Arbeitsbedingungen im Einzelfall umgeht nicht zwingendes Kündigungsschutzrecht und hält einer gerichtlichen Billigkeitskontrolle nach Maßgabe des § 315 I BGB stand.[1120] So ist es in der Regel nicht möglich, unter Anwendung der Entwicklungsklausel eine vereinbarte Vergütung ausgleichslos zu kürzen oder sonstige Eingriffe in den Kernbereich des Arbeitsverhältnisses vorzunehmen. Der Ausschluss einer Entschädigung für den Fall, dass dem Chefarzt nach der Umstrukturierungsmaßnahme 60 % seiner bisherigen durchschnittlichen Vergütung verbleiben, kann wirksam sein.[1121] Die Höhe des dem Chefarzt durch die Entwicklungsklausel eingeräumten Mindestverdienstes ist in der Rechtsprechung des BAG nicht abschließend geklärt. Insoweit kommt es weniger darauf an, um wie viel Prozentpunkte sich die Einnahmen des Chefarztes aus dem Liquidationsrecht reduzieren, sondern darauf, ob die verbleibenden Gesamteinnahmen aus der chefärztlichen Tätigkeit noch als „Spitzenverdienst" anzusehen seien.[1122]

Entwicklungsklauseln in formularmäßigen Chefarztverträgen unterliegen seit der Schuldrechtsreform der Inhaltskontrolle nach den §§ 307, 308 Nr. 4 BGB. Insoweit hat die Entscheidung des 3. Senats des BAG vom 12.1.2005 neue Maßstäbe gesetzt.[1123] Entwicklungsklauseln müssen seither im Hinblick auf das Transparenzgebot nach § 308 Nr. 4 iVm § 307 I 2 BGB die Voraussetzungen möglichst genau benennen, unter denen der Chefarzt strukturelle und organisatorische Änderungen dulden muss.[1124] Dem trägt die Entwicklungsklausel des DKG-Mustervertrages seit der 7. Auflage (2006) hinreichend Rechnung.[1125] Untere Arbeitsgerichtsinstanzen lassen dagegen die Entwicklungsklausel nach dem früheren DKG-Mustervertrag am AGB-Recht scheitern.[1126]

41 Welche strukturellen und organisatorischen Maßnahmen möglich sind, hängt von den konkreten vertraglichen Bestimmungen ab. Angesichts der Tatsache, dass Chefarztverträge regelmäßig für eine lange Laufzeit geschlossen werden,[1127] sollte die Klausel offen gestaltet sein,[1128] allerdings nicht so unbestimmt, dass sie im Hinblick auf das Transparenzgebot des § 307 Abs. 1 Satz 2 BGB unwirksam ist.[1129] Das DKG-Vertragsmuster zählt abschließend

---

[1119] *Diringer*, MedR 2003, 200, 202.

[1120] BAG, st. Rspr., u.a. U. v. 13.3.2003 – 6 AzR 557/01 – GesR 2003, 380 = MedR 2004, 390; dazu *Lelley/Sabin* MedR 2004, 359; U. v. 28.5.1997 – 5 AzR 125/96 – BAGE 86, 61 – NZA 1997, 1160; *Diringer*, MedR 2003, 200, 202.

[1121] So BAG NZA 1997, 1160, 1161; krit. dazu u.a. *Böhmann*, MedR 2007, 465, 467; s.a. *Debong*, ArztR 2007, 316 (320).

[1122] BAG MedR 1997, 513, 514; BAG NJW 2005, 1820, 1821 erwähnt eine Mindestverdienstgrenze von 70 bis 75 %; nach Ansicht des Senatsvorsitzenden *Reinecke*, NWJ 2005, 3383, 3388, liege die Untergrenze von 70 % nur bei wirklichen „Spitzenverdienern"; deshalb seien weitergehende Flexibilisierungsklauseln zumutbar. Für „Normalverdiener" gilt nach der neueren Rechtsprechung des BAG eine 25 %-Grenze für im Gegenseitigkeitsverhältnis stehende Teile des Gesamtverdienstes – vgl. BAG, U. v. 11.10.2006 in NJW 2007, 536 f.; dazu *Böhmann*, MedR 2007, 465 ff.; HK-AKM/*Bender*, Nr. 1280 („Chefarzt"), Rn. 141; bei der Ausübung eines Widerrufsvorbehaltes nennt das BAG die Grenze von 75 % – BAG DB 2010, 1943; NJW 2007, 536.

[1123] BAG NJW 2005, 200, (Widerrufsvorbehalt im Arbeitsvertrag eines Elektroinstallateurs); s. hierzu *Bender* in: Rieger (Hrsg.), Lexikon des Arztrechts, Nr. 1280 („Chefarzt"), Rn. 90.

[1124] Vgl. ArbG Hagen, U. v. 5.9.2006 – 5 (2) Ca 2811/05 – in: GesR 2006, 554 ff. = MedR 2007, 181 ff.; s.a. ArbG Paderborn, U. v. 12.4.2006 – 3 Ca 2300/05 in: GesR 2007, 86 ff.

[1125] HK-AKM/*Bender*, Nr. 1280 („Chefarzt") Rn. 142 m.w.N. zum ablehnenden Schrifttum in Rn. 143; ebenso *Kuhlmann*, ZMGR 2010, 336 (338); aA *Debong*, Arztrecht 2006, 256 (Verstoß gegen das Transparenzgebot aus § 307 I 1 BGB); *Böhmann*, MedR 2007, 465 (468).

[1126] U.a. ArbG Hagen, U. v. 5.9.2006 – 5 (2) Ca 2811/05 in GesR 2006, 554; s.a. ArbG Paderborn in GesR 2007, 86.

[1127] *Wagener*, das Krankenhaus 2000, 550.

[1128] So zutr. *Diringer*, MedR 2003, 200, 203.

[1129] Dazu *Hümmerich/Berkwitz*, MedR 2005, 185 ff.; *Reinecke*, NJW 2005, 3383 f.; *Debong*, ArztR 2007, 316 (320).

vier Alternativen auf, die es dem Krankenhausträger gestatten, den Umfang der Abteilung (einschließlich Bettenzahl) zu ändern (Nr. 1), die Ausführung bestimmter Leistungen von der Abteilung ganz oder teilweise abzutrennen (2), weitere selbstständige Fachabteilungen oder Institute einzurichten (3) und weitere Ärzte – auch gleicher Fachrichtung – als Leitende Abteilungsärzte einzustellen oder als Belegärzte zuzulassen (4). Solche Maßnahmen sind regelmäßig „im Benehmen" mit dem Leitenden Arzt vorzunehmen. Unter dem Begriff des „Benehmens" ist eine Mitwirkungsform zu verstehen, die schwächer ist als das Einvernehmen oder die Zustimmung. Benehmen bedarf zwar keiner Willensübereinstimmung, verlangt wird jedoch ein Mindestmaß an Einflussmöglichkeit auf die Willensbildung des anderen.[1130] Erhebliche Einwände oder Bedenken dürfen deshalb nicht einfach übergangen werden. Vielmehr ist auf den Ausgleich aufgetretener Differenzen hinzuwirken. Bei den noch verbleibenden Meinungsunterschieden ist der Wille des Regelungsbefugten ausschlaggebend.[1131]

Ob sich die von dem Krankenhausträger vorgesehene Maßnahme letztlich als durchsetzbar erweist, entscheidet oft erst das angerufene Arbeitsgericht. Die Entscheidung etwa, eine neue Abteilung einzurichten, unterliegt ebenso der gerichtlichen Kontrolle wie die damit verbundene Beschränkung des Aufgabenbereiches des Chefarztes. Die Prüfung, ob objektiv bedacht wird, worin die Einrichtung einer neuen Abteilung besteht und ob die damit verbundenen organisatorischen Änderungen sachlich geboten sind, hat allerdings die Verantwortung des Krankenhausträgers für die Aufrechterhaltung und Verbesserung der Leistungsfähigkeit und Wirtschaftlichkeit des Krankenhauses zu berücksichtigen und dessen unternehmerische Entscheidungsbefugnis hinsichtlich struktureller und organisatorischer Maßnahmen zu achten. Eine solche Entscheidung ist deshalb auf die Kontrolle beschränkt, ob der Krankenhausträger eine auf die konkrete Situation des Krankenhauses bezogene Prognose über den Bedarf der neu eingerichteten Abteilung erstellt und dabei den bisherigen Aufgabenbereich des Arztes durch organisatorische Maßnahmen nur im erforderlichen Umfang beschränkt hat.[1132] Die Einrichtung von Zentren unter Auflösung der tradierten Abteilungsstrukturen ist nur dann möglich, wenn jeder der beteiligten Chefärzte weiterhin für die Patienten aus seinem Fachgebiet verantwortlich bleibt.[1133]

Ist die Entwicklungsklausel unwirksam oder erfasst sie inhaltlich nicht die vom Träger beabsichtigte Entwicklungsmaßnahme, ist der Krankenhausträger auf das Instrument der Änderungskündigung angewiesen (§ 2 KSchG), wenn er gegen den Willen des Chefarztes die strukturelle oder organisatorische Änderung dennoch durchsetzen will. Im Kündigungsschutzprozess wird die unternehmerische Entscheidung grundsätzlich nicht durch die Arbeitsgerichte überprüft.[1134]

4. Vergütung im dienstlichen Aufgabenbereich

a) Vergütungsbestandteile. Die Vergütung des Chefarztes im dienstlichen Aufgabenbereich[1135] setzt sich in der Regel aus einer festen Vergütung und einem variablen Einkommen zusammen.[1136] Die Festvergütung ist üblicherweise das Monatsgehalt, welches die Bezü-

---

[1130] BAG, GesR 2003, 380, 381 = MedR 2004, 390.
[1131] BAG, aaO; BAGE 55, 393, 400.
[1132] BAG, GesR 2003, 380 = MedR 2004, 390.
[1133] Zu weiteren Beispielen aus der Rechtsprechung des BAG vgl. HK-AKM/*Bender,* Nr. 1280 („Chefarzt"), Rn. 150.
[1134] HK-AKM/*Bender,* Nr. 1280 („Chefarzt"), Rn. 147.
[1135] Zu den Dienstaufgaben s. o. bei § 15 Rn. 35; davon zu unterscheiden ist der sog. Nebentätigkeitsbereich auf Grund einer dem Chefarzt erteilten Nebentätigkeitserlaubnis, s. u. bei → § 16 Rn. 55.
[1136] Davon zu unterscheiden ist die Vergütung des beamteten Chefarztes – s. dazu HK-AKM/Bender, Nr. 1280 („Chefarzt"), Rn. 228 ff.; zur Angemessenheit eines Nutzungsentgelts von 20 v. H. der Bruttoeinnahmen eines beamteten Chefarztes (Universitätsprofessors) mit Rücksicht auf Art. 33 V GG vgl. BVerfG, U. v. 8.12.2006 – 2 BvR 385/05 – in GesR 2007, 121 ff.

ge in Anlehnung an die jeweils höchste Vergütungsgruppe des TVöD, des TV-Ärzte/VKA oder des TV-Ärzte (in den älteren Chefarztverträgen wird auf den BAT verwiesen) oder andere einschlägige Tarifverträge bzw. der AVR (AVR I) der Kirchen vorsehen.[1137] Insoweit enthielten bis zum Jahr 2005 Chefarztverträge häufig einen Verweis auf die Vergütungsgruppe BAT I. Die Ablösung des BAT durch den TVöD im Jahre 2005 und den TV-L im Jahre 2006 und die späteren arztspezifischen Tarifverträge des Marburger Bundes[1138] haben die Frage aufgeworfen, ob das BAT-Grundgehalt des Chefarztes in das eines leitenden Oberarztes oder das der Entgeltgruppe 15 Ü des TVöD übergeleitet wird. Das BAG hat sich für die zweite Alternative (Entgeltgruppe 15 Ü des TVöD) entschieden.[1139] Darüber hinaus wird dem Chefarzt regelmäßig die Weihnachtszuwendung, das Urlaubsgeld und die allgemeine Zulage gewährt.[1140] Mit der variablen Vergütung wird die Erledigung der Dienstaufgaben des Chefarztes für Wahlleistungspatienten und für sonstige Tätigkeiten honoriert, für die dem Krankenhaus oder dem Chefarzt ein Liquidationsrecht eingeräumt ist. Insoweit ist zwischen der Beteiligungsvergütung und den Einnahmen des Chefarztes aus eigenem Liquidationsrecht zu unterscheiden.[1141]

44 Mit der Beteiligungsvergütung wird eine prozentuale Beteiligung des Chefarztes an den Einnahmen des Krankenhausträgers aus dem dienstlichen Aufgabenbereich des Chefarztes vereinbart. Dabei geht das DKG-Vertragsmuster seit der 6. Aufl., konsequent den Weg, sämtliche Tätigkeiten des Chefarztes im Krankenhaus zu Dienstaufgaben zu erklären, und zwar auch solche, die bisher als klassische Nebentätigkeitsbereiche gegolten haben (z. B. eine Ermächtigung gem. § 116 SGB V, das D-Arzt-Verfahren der Unfallversicherungsträger und sonstige Aufgaben der „Chefarztambulanz").[1142] Aufgabe der Vertragsparteien vor Ort ist es, aus diesem, im Prinzip alle Tätigkeiten des Chefarztes erfassenden Dienstaufgabenkatalog die Bereiche im Sinne einer „Checkliste" abzuarbeiten, für die die Beteiligungsvergütung vereinbart werden soll. Dies kann so weit gehen, dass die Beteiligungsvergütung nur für den stationären ärztlichen Wahlleistungsbereich vereinbart wird und damit der Alternative zum Liquidationsrecht des Chefarztes entsprechend dem DKG-Vertragsmuster der 5. Aufl. entspricht.[1143] Da bei der Beteiligungsvergütung das Liquidationsrecht vom Krankenhausträger ausgeübt und der Chefarzt lediglich an den Einnahmen beteiligt wird, bleibt Gläubiger der Forderungen allein das Krankenhaus, das auch Schuldner der Leistung (insbesondere der wahlärztlichen Behandlung) ist. Alle Honorare, sowohl ambulant als auch stationär – sofern vereinbart – werden vom Krankenhaus abgerechnet. Der Arzt erhält im Innenverhältnis eine gestaffelte Beteiligung an den Wahlleistungseinnahmen des Kran-

---

[1137] Der Verweis auf eine bestimmte tarifliche Vergütungsgruppe ist wegen der Unklarheitenregel des § 305c II BGB eine dynamische Verweisung – vgl. BAG NZA 2006, 202. Der Chefarzt nimmt dann an allen zukünftigen tariflichen Vergütungserhöhungen teil – HK-AKM/*Bender,* Nr. 1280 („Chefarzt"), Rn. 49.
[1138] Dazu HK-AKM/*Bender,* Nr. 1280 („Chefarzt"), Rn. 39.
[1139] BAG, U. v. 9.6.2010 – 5 AZR 498/09 u. a. in GesR 2010, 685; s. a. *Anton,* ZTR 2009, 2 f; HK-AKM/*Bender,* Nr. 1280 („Chefarzt") Rn. 50 f.
[1140] Von dieser Festvergütung zu unterscheiden ist eine zwischen den Vertragsparteien vereinbarte Festvergütung als monatliches Garantieeinkommen – zu solchen Forderungen, s. *Münzel,* Chefarzt- und Belegarztvertrag, Beck'sche Musterverträge Bd. 23, 49 f.; – unterschiedliche Vergütungsregelungen der einzelnen Chefärzte eines Krankenhauses sind im Rahmen der Vertragsfreiheit möglich, da der allgemeine Gleichheitsgrundsatz nicht für individuell ausgehandelte Vergütungsvereinbarungen gilt, vgl. BAG, ArztR 1993, 138.
[1141] Dazu HK-AKM/*Bender,* Nr. 1280 („Chefarzt") Rn. 54, 57 f.; *Kuhlmann,* MedR 2003, 689.
[1142] Vgl. § 8 DKG-Vertragsmuster und dazu *Wagener/Meister,* das Krankenhaus 2002, 302, 305 u. § 16 Rn. 53; zum Nebentätigkeitsbereich s. u. bei → § 16 Rn. 55.
[1143] Dieses Modell der „klassischen Beteiligungsvergütung" wurde in der 6. Aufl. des DKG-Vertragsmustes insoweit nur noch als „untergeordnete Alternative" angeboten – vgl. *Wagener/Meister,* das Krankenhaus 2002, 302, 306 – und seit der 7. Aufl. nicht mehr.

kenhauses. Grundlage bei dieser neuen Form der Beteiligungsvergütung sind die Bruttoliquidationseinnahmen.[1144]

b) Zielvereinbarungen. Um die variablen Vergütungsbestandteile dem Chefarzt zu sichern, aber auch die Einnahmen des Krankenhausträgers möglichst hoch zu halten, sieht das DKG-Vertragsmuster sog. Zielvereinbarungen als vor, die neben die feste Monatsvergütung und die variablen Vergütungsbestandteile treten.[1145] Ebenso wie in anderen Wirtschaftszweigen[1146] werden Zielvereinbarungen zwischen dem Klinikträger und dem Chefarzt geschlossen, um das Entstehen und die Höhe eines Teils der Vergütung an die Erreichung vorab festgelegter Ziele zu knüpfen. Bestandteil der variablen Vergütung ist damit ein möglicher „Bonus", der gewährt wird, wenn der Chefarzt die in einer jährlich zu treffenden Zielvereinbarung festgelegten „Eckpunkte" erreicht.[1147] Damit wird bezweckt, die Leistungen des Chefarztes mit den Zielen der Klinik zu verknüpfen und sie zugleich zu einem zentralen Bestandteil der Personalentwicklungs- und Nachfolgeplanung zu machen.[1148] Als Beispiele für mögliche Zielgrößen nennt der DKG-Mustervertrag die Sach- und Personalkosten, Zielgrößen für Leistungen nach Art und Menge, die Einführung neuer Behandlungsmethoden, Maßnahmen und Ergebnisse der Qualitätssicherung, die Inanspruchnahme nicht-ärztlicher Wahlleistungen sowie die Beteiligung an Strukturmaßnahmen. Schwierigkeiten sind bei qualitativen Zielgrößen zu erwarten, z. B. bei Maßnahmen der Qualitätssicherung oder -steigerung. Im Vertrag sollte der Indikator, der zur Messung der Zielerreichung herangezogen werden soll, genau bezeichnet werden.[1149] Rechtlich sind Zielgrößen solange vereinbar, wie die angestrebten Ziele objektiv erreichbar sind (§ 275 I BGB) und nicht gegen die guten Sitten verstoßen (§ 138 I BGB). Darüber hinaus muss sichergestellt sein, dass die Vereinbarung keine leistungsorientierten Regelungen enthält, die sich auf die Erbringung von Einzelleistungen beziehen (§ 136a SGB V). Dadurch soll die Unabhängigkeit der medizinischen Entscheidung gesichert werden.[1150] Soweit Zielvereinbarungsmuster verwandt werden, ist zu berücksichtigen, dass Unklarheiten nach dem Recht der allgemeinen Geschäftsbedingungen zu Lasten des Verwenders gehen (§ 305c II BGB).[1151] Eine Vergütungsregelung (auch in Form einer Zielvereinbarung), die eine zwingende Verlustbeteiligung des Chefarztes vorsieht (sog. „Malus"), ist bei Beibehaltung des Arbeitnehmerstatus des Chefarztes bedenklich.[1152]

[1144] Bei der klassischen Beteiligungsvergütung werden dagegen die Einnahmen des Krankenhauses, an denen der Chefarzt beteiligt wird, um den Betrag gekürzt, den der Krankenhausträger bei der Ermittlung der Entgelte des Krankenhauses nach Maßgabe des KHG und der BPflV auszugliedern hat (Kostenabzug) – siehe *Hock*, in: Bremecker/Hock, BAT-Lexikon, Gruppe 5 Teil 2, 17.

[1145] § 8 Abs. 3 DKG-Vertragsmuster – dazu *Wagener/Meister*, das Krankenhaus, 2002, 302, 305 f.; s. a. *Andreas*, ArztR 2005, 312 ff.; HK-AKM/*Bender*, Nr. 1280 („Chefarzt"), Rn 60 ff.; *Debong*, ArztR 2007, 316 (319); ders., ArztR 2003, 4 ff.; *Hümmerich*, NJW 2006, 2294, 2296.

[1146] Vgl. dazu die Beispiele bei *Geffken*, NZA 2000, 1033, 1038.

[1147] Eine solche erfolgsabhängige und erfolgsorientierte Verfügung wurde auf der Grundlage früherer Vertragsmuster durch eine Koppelung zwischen der Höhe des Nutzungsentgelts aus Liquidationserlösen und der Einhaltung des internen Kostenbudgets für die Abteilung erreicht –, zu dieser Art „Bonusregelung" s. *Baur*, DÄBl. 98 (2001), A 1731; *Bohle*, KU 1997, 729, 731; *Pföhler*, das Krankenhaus 1996, 329, 332; *Quaas*, das Krankenhaus 1992, 59, 62 f.; krit. *Hoffmann*, das Krankenhaus 1996, 502, 506.

[1148] *Bauer/Diller/Göpfert*, BB 2002, 882; *Diringer* MedR 2003, 200, 206.

[1149] *Diringer*, MedR 2003, 200, 206.

[1150] Zur Neufassung des § 136a SGB V durch das Krebsfrüherkennungs- und Registergesetz v. 3.4.2013 (BGBl. I, 617) vgl. die Empfehlungsvereinbarung der DKG/BÄK vom 24.4.2013, abgedruckt im DKG-Vertragsmuster zu § 8 in Fn. 44 (S. 27), und dazu *Bohle/Reuther*, GuP 2013, 126 (135 f.).

[1151] Dazu *Lingemann*, NZA 2002, 181, 183 f. sowie *Bohle*, das Krankenhaus 2004, 724.

[1152] Zur Zulässigkeit sog. Mankoabreden vgl. BAG, U. v. 17.9.1998 – 8 AZR 175/97; NJW 1999, 1049ff (1052); *Debong*, ArztR 2007, 316 (318); s. a. *Bohle*, KU 1997, 729, 732; *Diringer*, MedR 2003, 200, 206; *Wern*, Die arbeitsrechtliche Stellung des Leitenden Krankenhausarztes, 2005, 134 f.

46 **c) Einräumung des Liquidationsrechts.** Die Mehrzahl der Chefarztverträge sehen nach wie vor als variable Vergütung anstelle der Beteiligungsvergütung (Krankenhausliquidation) die Einräumung des Liquidationsrechtes an den Chefarzt vor, das sich auf die stationäre Behandlung von wahlärztlichen Patienten erstreckt.[1153] Da die Wahlleistung Arzt mit dem Krankenhaus vereinbart wird, sie also eine Krankenhausleistung darstellt (§§ 2 I, 22 III BPflV, §§ 2 I, 17 III KHEntgG), ist das Krankenhaus Gläubiger der Forderungen. Die Einräumung des Liquidationsrechts an den Chefarzt bedeutet, dass letzteres an ihn abgetreten wird.[1154] Mit der Einräumung des Liquidationsrechtes wird dem Chefarzt eine „Möglichkeit" eingeräumt. Der Krankenhausträger übernimmt keine Gewähr für den Umfang der Inanspruchnahme gesondert berechenbarer wahlärztlicher Leistungen, für die Höhe und den Eingang der Einnahmen des Arztes. Bei einem Rückgang der Liquidationseinkünfte entstehen deshalb gegenüber dem Krankenhausträger – wie im Regelfall vertraglich vereinbart wird – grundsätzlich keine Ausgleichsansprüche.[1155] Da die Behandlung von Wahlleistungspatienten und der sonstigen, vom Liquidationsrecht erfassten Tätigkeiten zu den Dienstaufgaben des Chefarztes gehört, wird man ihn andererseits für verpflichtet halten, das ihm eingeräumte Liquidationsrecht auch auszuüben.[1156]

47 Mit der Einräumung des Liquidationsrechts ist nicht notwendig die Abrechnung und der Einzug der Honorare verbunden. Maßgebend ist die Vereinbarung zwischen den Vertragsparteien. Üblich ist bei der Liquidationsberechtigung des Arztes, dem Krankenhausträger eine Einzugsermächtigung und gleichzeitig die Zustimmung zur internen Verrechnung der Inkassokosten, der Nutzungsentgelte etc. zu erteilen. §§ 22 III 2 BPflV und 17 III 2 KHEntgG sehen zusätzlich vor, dass eine externe Abrechnungsstelle beauftragt werden kann. Wird eine solche Lösung gewählt, müssen die Patienten in die Weitergabe der personenbezogenen Daten einwilligen. Die Einwilligung sollte schriftlich erfolgen. Die Abtretung einer ärztlichen Honorarforderung an eine gewerbliche Verrechnungsstelle ohne Einwilligung des Patienten ist wegen Verletzung der ärztlichen Schweigepflicht (§ 203 I Nr. 1 StGB) gem. § 134 BGB nichtig.[1157] Unbedenklich ist dagegen die Geltendmachung der Vergütung für die wahlärztliche Leistung durch den Krankenhausträger selbst. Gemeint ist damit die Abrechnungsstelle des Krankenhauses als datenschutzrechtlich eigenständige Stelle. Rechnet insoweit das Krankenhaus die ärztliche Honorarforderung ab, bedarf es keiner ausdrücklichen Einwilligung des Patienten.[1158]

[1153] Zur Entwicklung des Liquidationsrechtes der Leitenden Krankenhausärzte, der rechtsdomatischen Begründung und den Voraussetzungen s. *Luxenburger,* Das Liquidationsrecht der Leitenden Krankenhausärzte, 1981; *Diederichsen,* Die Vergütung ärztlicher Leistungen im Krankenhaus; *Zuck,* Rechtsfragen der Ambulanz im Krankenhaus; HK-AKM/*Bender,* Nr. 3420 („Liquidationsrecht") Rn. 3 ff.

[1154] Im Schrifttum wird zwischen dem originären und derivativen Liquidationsrecht unterschieden vgl. *Diederichsen,* Die Vergütung ärztlicher Leistungen im Krankenhaus, 48 ff.; *Luxenburger,* Das Liquidationsrecht der leitenden Krankenhausärzte, 1981, 90 ff. mit zahlreichen weiteren Nachweisen zum Streitstand; HK-AKM/*Bender,* Nr. 3420 („Liquidationsrecht") Rn. 16 ff. Während einerseits unter berufsrechtlichen Gesichtspunkten das Recht der Liquidation aus dem freien Beruf des Arztes (§ 1 BÄO) mit Personalbindung abgeleitet wird, ist nach anderer Auffassung das Liquidationsrecht an die Gläubigerschaft des Krankenhauses gemäß dem Krankenhausfinanzierungsrecht gebunden. Insoweit ist nach zutreffender Auffassung mit Rücksicht auf § 17 I 1 2. HS KHEntgG von einem originären Liquidationsrecht des Krankenhausträgers auszugehen – HK-AKM/*Bender,* Nr. 3420 („Liquidationsrecht") Rn. 18.

[1155] BAG, ArztR 1999, 233; 1993, 148; *Münzel,* Chefarzt- und Belegarztvertrag, Beck'sche Musterverträge Bd. 23, 49.

[1156] LAG Hamm, ArztR 1999, 21; *Andreas/Debong/Bruns,* Handbuch Arztrecht in der Praxis, Rn. 296.

[1157] BGH, U. v. 10.7.1991 in KRS 91 037; OLG Bremen, das Krankenhaus 1992, 374; *Tuschen/Quaas,* BPflV, 416.

[1158] LG Bonn, NJW 1995, 419; *Tuschen/Quaas,* BPflV, 416.

5. Kostenerstattung und Vorteilsausgleich (Nutzungsentgelt) im stationären Bereich

Zu unterscheiden sind die gesetzliche und die vertragliche Kostenerstattung für das dem Krankenhaus oder dem Chefarzt eingeräumte Liquidationsrecht zur Behandlung von Wahlleistungspatienten sowie der auf vertraglicher Basis vereinbarte Vorteilsausgleich. Die gesetzlichen Abzüge beruhen auf § 6a der Gebührenordnung für Ärzte (GOÄ)[1159] und den §§ 24 II, III BPflV bzw. (m. W. v. 1.1.2005) § 19 II, III KHEntgG. Die gesetzlichen Kostenabzüge werden in der Regel zum Vertragsbestandteil erhoben und bilden zusammen mit dem auf vertraglicher Basis geeinigtem Vorteilsausgleich das von dem Chefarzt zu entrichtende Nutzungsentgelt. Die Vereinbarung eines Nutzungsentgelts macht allerdings nur Sinn bei der Chefarztliquidation. Liquidiert das Krankenhaus die wahlärztlichen Leistungen und beteiligt den Chefarzt an den Einnahmen, kommt ein Nutzungsentgelt schon begrifflich nicht in Betracht.[1160]

48

Für stationäre, teilstationäre, sowie vor- und nachstationäre wahlärztliche Leistungen muss der liquidationsberechtigte Chefarzt gemäß § 6a GOÄ sein Honorar gegenüber dem Patienten um 25 v. H. mindern.[1161] Hintergrund dieses gesetzlichen Ausgleichs ist, dass der Patient über den ungeminderten Pflegesatz bereits die ärztliche Regelleistung vergütet hat.[1162] Die weitere, in der BPflV bzw. KHEntgG vorgesehen Kostenerstattung betrifft die Entrichtung von Abgaben, die zur Deckung der nicht-pflegesatzfähigen (Personal- und Sach-) Kosten notwendig sind, um Erlösausfälle des Krankenhauses infolge des gesetzlichen Kostenabzugs (sog. Ausgliederung) zu vermeiden.[1163] Insoweit ist für die Pflicht des Chefarztes zur Kostenerstattung seit der Neufassung der BPflV durch das Gesundheitsstrukturgesetz (GSG) 1993 mit Wirkung vom 1.1.1996[1164] zwischen Alt- und Neuverträgen zu unterscheiden: ein Altvertrag liegt vor, wenn die Berechtigung des Arztes, wahlärztliche Leistungen gesondert zu berechnen, auf einem mit dem Krankenhausträger vor dem 1.1.1993 geschlossenen Vertrag oder einer beamtenrechtlichen Nebentätigkeitserlaubnis beruht (§ 24 III BPflV, § 19 II 2 KHEntgG). Entscheidend ist der Zeitpunkt des Vertragsschlusses, nicht der Dienstantritt. Altvertragler genießen „aus Gründen der Rechtssicherheit" Bestandsschutz, um arbeitsrechtliche Auseinandersetzungen nach Möglichkeit zu vermeiden.[1165] Für sie verbleibt es bei der vertraglich vereinbarten Kostenerstattung, begrenzt auf die Höhe der für Neuverträge geltenden Abzüge.[1166] Keine Altvertragler sind Chefärzte, die eine Beteiligungsvergütung mit dem Krankenhaus vereinbart haben und an den Liquidationseinnahmen des Krankenhausträgers unmittelbar prozentual partizipieren (Krankenhausliquidation).[1167] Das in § 7 II 2 Nr. 5 BPflV vorgesehen Nutzungsentgelt kommt denknotwendig nur bei der Einräumung eines Liquidationsrechts, nicht aber bei Gewährung einer Beteiligungsvergütung in Betracht. Infolgedessen genießen „Altvertragler" mit Beteiligungsvergütung keinen Bestandsschutz nach

49

[1159] GOÄ, i. d. F. v. 12.11.1982, BGBl. I 1522, geänd. d. 23.12.1995, BGBl. I 1861.
[1160] BAG U. v. 15.4.2003 – 9 AzR 383/02 – in MedR 2003, 689 m. Anm. *Kuhlmann*.
[1161] Dazu o. bei § 14 Rn. 57 ff. sowie *Griebau*, ZMGR 03, 25 ff.
[1162] Zumindest unvollständig ist deshalb die Behauptung von *Kirchhof/Häußermann*, MedR 2002, 631, 632, allein auf Grund des „privatärztlichen Charakters seiner Leistung" dürfe der Chefarzt kraft Gesetzes nur 75 v. H. der GoÄ-Normalgebühr liquidieren, obwohl sie nach Inhalt und Qualität mit der Leistung für einen Kassenpatienten identisch sei.
[1163] *Tuschen/Quaas*, BPflV, 425.
[1164] Zur Rechtslage vor dem GSG s. *Genzel*, in: Laufs/Uhlenbruck, Handbuch des Arztrechts, § 91 Rn. 30; *Tuschen/Quaas*, BPflV, 5. Aufl., 426 ff.; zur Neufassung durch das GSG *Genzel*, MedR 1996, 46.
[1165] *Tuschen/Quaas*, BPflV, 5. Auf., 429.
[1166] *Andreas/Debong/Bruns*, Handbuch Arztrecht in der Praxis, 2001, Rn. 308; eine Erhöhung des Vorteilsausgleichs nach dem 1.1.1993 ändert den Kostenabzug nicht. Die Erhöhung geht zu Gunsten des Krankenhausträgers.
[1167] So aber *Andreas/Debong/Bruns*, Handbuch Arztrecht in der Praxis, Rn. 309, die sich insoweit zu Unrecht auf BAGE 87, 341 ff. = ArztR 1998, 187 berufen, vgl. *Kuhlmann*, Anm. zu BAG, U. v. 15.4.2003 – 9 AzR 338/02 – in MedR 2003, 689.

§ 24 III BPflV, § 19 II 2 KHEntgG.[1168] Haben Altvertragler eine prozentuale Kostenerstattung vereinbart, so ist zunächst das GOÄ-Honorar um die 25%ige Kostenerstattung gegenüber dem Patienten zu mindern. Erst von der sich daraus ergebenden Bemessungsgrundlage ist die prozentuale Kostenerstattung an das Krankenhaus zu leisten.[1169] Zusätzlich musste in der Übergangszeit von 1993 bis 1995 ein 10-Prozent-Zuschlag zu der vereinbarten Kostenerstattung an das Krankenhaus abgeführt werden. Daran haben sich eine Reihe von Streitfragen entzündet.[1170]

50 Für die ab dem 1.1.1993 geschlossenen Neuverträge und für den Fall der Krankenhausliquidation verlangt das Gesetz (§§ 24 II iVm § 7 II 2 Nr. 4 BPflV, § 19 II 1 KHEntgG) als Kostenerstattung eine Abzugshöhe von 40 v. H. der Gebühren für die in den Abschnitten A, E, M und O des Gebührenverzeichnisses der GOÄ genannten Leistungen (sog. technische Leistungen) und 20 v. H. der Gebühren für die übrigen Leistungen. Der prozentuale Abzug erfolgt auf der Basis der GOÄ-Normalgebühr von 100 v. H. ohne die Reduktion der tatsächlich dem Patienten berechneten Gebühr von 75 v. H. gem. § 6a I 1 GOÄ. Der fiktive, im Verhältnis zur realen Rechnung erweiterte Basiswert bewirkt, dass von der einem Patienten berechneten Gebühr nicht 40 v. H. bzw. 20 v. H., sondern tatsächlich 53,3 v. H. bzw. 26,7 v. H. zur Kostenerstattung abgezogen werden.[1171]

51 Der zweite Bestandteil des Nutzungsentgelts, der Vorteilsausgleich, ist gesetzlich nicht vorgesehen; seine Berechtigung ergibt sich aus dem Chefarzt-Dienstvertrag. Bundesrecht schließt einen derartigen Vorteilsausgleich nicht aus (vgl. §§ 24 VI BPflV, 19 V KHEntgG). Der Vorteilsausgleich ist das Entgelt für die Vorteile, die der Arzt durch die Bereitstellung der für die Ausübung der ärztlichen Tätigkeit erforderlichen Infrastruktur (Personal, Räume, Einrichtungsgegenstände, Material) hat.[1172] Er wird nach Prozenten der Privateinnahmen pauschaliert. Üblich sind feste Prozentsätze von 10 v. H. bis 40 v. H., wobei ein Abzug von 15 v. H. vorherrscht. Statt fester werden auch gleitende Prozentsätze nach der Höhe der Jahreseinnahmen vereinbart. Sie weisen in den unteren Bereichen zuweilen eine Nullgrenze auf und steigen dann mit zunehmender Höhe von 5 v. H. bis – ab ca. 250.000 EUR Jahresaufkommen – auf 50 v. H.[1173]

6. Vergütung und Kostenerstattung im Nebentätigkeitsbereich

52 **a) Aufspaltung des Dienstverhältnisses.** Nach herkömmlicher Vertragspraxis ist zwischen den Dienstaufgaben des Chefarztes (mit und ohne Liquidationsrecht) und dem Recht zur Nebentätigkeit zu unterscheiden, dessen Ausübung arbeitsrechtlich einer Nebentätigkeitserlaubnis bedarf. Zum (freiberuflichen) Nebentätigkeitsbereich des Chefarztes gehören insbesondere die ambulante Untersuchung und Behandlung von Patienten der GKV im Rahmen einer Ermächtigung und von Selbstzahlern sowie Gutachtertätigkeiten.[1174] In Fächern ohne direkten Patientenkontakt kommt auch eine vertragsärztliche Tätigkeit im Rahmen einer Zulassung zur vertragsärztlichen Versorgung in Betracht.[1175] Insbesondere bei Chirurgen kommt die Tätigkeit für die Berufsgenossenschaften als sog. D-Arzt[1176] hinzu.

[1168] BAG, U. v. 15.4.2003 – 9 AzR 1038/02 in MedR 2003, 689 mit Anm. *Kuhlmann*.
[1169] LAG Berlin MedR 1995, 34.
[1170] Vgl. BAG, U. v. 22.1.1997 in ArztR 1997, 130 = KRS 97 001 und 97 002; *Andreas/Debong/Bruns*, Handbuch Arztrecht in der Praxis Rn. 311; *Tuschen/Quaas*, BPflV, 427 f.
[1171] *Kirchhof/Häußermann*, MedR 2002, 631, 632.
[1172] *Tuschen/Quaas*, BPflV, 425.
[1173] *Kirchhof/Häußermann*, MedR 2002, 631, 632; dort auch zur Frage der auf die Einnahmen entfallenden Umsatzsteuer.
[1174] Zur Ermächtigung nach § 116 SG V s. u. bei § 16 Rn. 61 ff.; zur Nebentätigkeitserlaubnis und dem dazu in Ergänzung geschlossenen Nutzungsvertrag s. DKG-Vertragsmuster sowie die Erläuterungen bei *Münzel*, Chefarzt- und Belegarztvertrag, Beck'sche Musterverträge Bd. 23, 65 ff.
[1175] BSG MedR 1998, 279.
[1176] → § 16 Rn. 44.

Der Aufspaltung des Chefarztvertrages in einen Dienstaufgaben- und einen Nebentätigkeitsbereich entspricht die überkommene Zweiteilung zwischen stationärer und ambulanter Behandlung. Der stationäre Teil wird von Krankenhäusern erbracht, der ambulante Teil von (niedergelassenen) Ärzten. Dieser sektorentrennende Grundsatz wird durch die neuere Gesundheitsgesetzgebung zunehmend durchbrochen, insbesondere, nachdem auch Krankenhäuser auf der Grundlage des § 115b SGB V zur Vornahme von ambulanten Operationen und stationsersetzenden Eingriffen ermächtigt sind und die gesetzlichen Vorgaben zur integrierten Versorgung, zur Durchführung von Disease-Management-Programmen, zur Vornahme hochspezialisierter Leistungen (§ 116b SGB V) etc. eine weitere Öffnung der Krankenhäuser im ambulanten Bereich vorsehen.[1177] Das DKG-Vertragsmuster, 6. Aufl., vollzieht diesen Richtungswechsel, indem alle im Krankenhaus erbrachten Leistungen als Krankenhausleistungen und damit zu Dienstaufgaben des Chefarztes erklärt werden, gleichgültig, ob sie durch das Krankenhaus oder im Krankenhaus (bislang als Nebentätigkeit) angeboten werden.[1178] Der Chefarzt erklärt im Dienstvertrag seine Zustimmung, die notwendigen Mitwirkungshandlungen zur Zulassung des Krankenhauses auch im ambulanten Bereich vorzunehmen. Damit wird die bisherige Nebentätigkeitserlaubnis und der dazugehörige Nutzungsvertrag überflüssig. Chefarztambulanzen als ohnehin (den Krankenhausträger störende) „Unternehmen im Unternehmen"[1179] gehören der Vergangenheit an.[1180]

53

Die traditionelle Aufspaltung des Dienstverhältnisses in zwei Verträge plus Nebentätigkeitserlaubnis stößt in der Rechtsprechung der Arbeitsgerichte auf Ablehnung. Die ambulante Nebentätigkeit bildet danach einen wesentlichen Bestandteil des Chefarztvertrages, der nicht aus dem Synallagma von Leistung und Gegenleistung, das dem Chefarztvertrag zu Grunde liegt, herauslösbar sei.[1181] Das Liquidationsrecht im ambulanten Bereich ist untrennbarer Vergütungsbestandteil und wird damit vom arbeitsrechtlichen Bestands- und Kündigungsschutz umfasst. Der Widerruf der Nebentätigkeitsgenehmigung ist deshalb nur in den Grenzen billigen Ermessens gem. § 315 BGB möglich.[1182] Eine Teilkündigung des Zusatzvertrages ist lediglich ausnahmsweise zulässig, wobei der Krankenhausträger die Beweislast für die Frage der Kostenerstattung nach Beendigung des Zusatzvertrages trägt.[1183]

54

b) Nebentätigkeitserlaubnis. Der Nutzungsvertrag als Ergänzung der dem Chefarzt in der Regel widerruflich[1184] erteilten Nebentätigkeitserlaubnis regelt die Bereitstellung von

55

[1177] Vgl. zur Öffnung der Krankenhäuser für die ambulante Versorgung durch das GMG *Scholz*, GesR 2003, 369; *Degener-Hencke*, NZS 2003, 629; *Kuhlmann*, das Krankenhaus 2004, 13.
[1178] *Wagener/Meister*, das Krankenhaus 2002, 302, 305; → § 16 Rn. 44.
[1179] Vgl. *Wagener/Meister*, das Krankenhaus 2002, 302, 305.
[1180] Ein solches System der 100%igen Krankenhausliquidation ist allerdings nur schrittweise möglich und bedarf der Zustimmung der Vertragspartner vor Ort. Angesichts des bestehenden Ärztemangels ist zweifelhaft, ob sich genügend Bewerber finden lassen, die die freiberufliche Stellung als Chefarzt im ambulanten Bereich gar nicht erst antreten und damit auf nach wie vor lukrative Einnahmequellen verzichten. Mehr spricht dafür, dass sich über kurz oder lang das bisherige System, mutatis mutandis, fortsetzt.
[1181] LAG Baden-Württ., U. v. 16.12.1983 in ArztR 1984, 88 = KRS 83 130; LAG Hamm, das Krankenhaus 1998, 346 (mit krit. Anm. *Wagener*).
[1182] LAG Hamm, U. v. 17.7.1997 in: das Krankenhaus 1998, 346.
[1183] BAG MedR 1991, 342 m. Anm. *Jansen*.
[1184] Der Widerruf der Nebentätigkeitserlaubnis ist allerdings auf das Vorliegen eines wichtigen Grundes im Sinne des § 626 BGB beschränkt – vgl. DKG-Vertragsmuster, Ziff. 6 der Nebentätigkeitserlaubnis, wonach die Nebentätigkeitserlaubnis widerrufen oder beschränkt werden kann, wenn „triftige" Gründe vorliegen, insbesondere wenn
- durch die Nebentätigkeit die Dienstaufgaben des Arztes oder der allgemeine Dienst im Krankenhaus beeinträchtigt werden;
- die vom Krankenhausträger wirklichkeitsnah geschätzten Kosten durch die vom Arzt hierfür zu leistenden Erstattungsbeträge nicht mehr gedeckt werden;
- die Änderung der Rechtslage dies erfordert.

Räumen, Einrichtungen, Personal, Material an den Chefarzt, bestimmt das von dem Arzt zu zahlende Nutzungsentgelt und hat weitere Fragen der Abrechnung, der Versicherung, Vertretung und der Beendigung des Vertrages zum Gegenstand.[1185] Wie im stationären Bereich setzt sich das Nutzungsentgelt aus der Kostenerstattung und dem Vorteilsausgleich zusammen. Zwar wird von den Ärzten zum Teil die Erhebung eines Vorteilsausgleichs im ambulanten Bereich vehement abgelehnt, insbesondere da die Kostenbelastung in der Ambulanz so hoch sei, dass dem Chefarzt kaum angemessene Einnahmen verblieben.[1186] Dagegen spricht indessen, dass sich die Vertragsparteien regelmäßig über eine Kostenerstattungspauschale einigen und nicht zu verkennen ist, dass Chefärzten im Vergleich zu den niedergelassenen Ärzten ein großer Wettbewerbsvorteil eingeräumt ist. So haben sie das mit der Möglichkeit des Ausfalls von Geräten und Personal verbundene unternehmerische Risiko nicht zu tragen, sondern können es auf den Krankenhausträger abwälzen. In den Nebentätigkeitsverordnungen des Bundes und der Länder ist bei beamteten Chefärzten ein Vorteilsausgleich zwingend vorgeschrieben. Die Sätze bewegen sich zwischen 15 und 25 v. H.[1187]

56 c) **Nutzungsentgelt und Kostenerstattung.** Gesetzliche Regelungen zur Kostenerstattung im ambulanten Bereich gibt es seit der Verordnung zur Neuordnung des Pflegesatzrechts vom 26. September 1994,[1188] mit der das sog. Nettoprinzip eingefügt wurde, nicht mehr. In den Budget- und Pflegesatzverhandlungen der Krankenkassen wird seitdem nur noch über die voll- und teilstationären Leistungen eines Krankenhauses verhandelt.[1189] Damit besteht aus pflegesatzrechtlichen Gründen keine Kostenerstattungspflicht des Arztes. Sie ergibt sich aber aus dem Dienstvertrag bzw. auf Grund beamtenrechtlicher Regelungen.[1190] Insoweit sieht der Nutzungsvertrag regelmäßig vor, dass der Arzt dem Krankenhausträger alle durch die Ausübung seiner Nebentätigkeit entstehenden Kosten zu erstatten hat, insbesondere die Personalkosten (einschl. Arbeitgeberanteile zur Sozialversicherung und Zusatzversorgung, Beihilfen, Sachbezüge etc.), die Kosten der Nutzung von Räumen, Einrichtungen und Geräten sowie die sonstigen Sachkosten im betriebswirtschaftlichen Sinn. Im Übrigen steht es den Vertragspartnern frei, ob sie die Kostenerstattung auf der Basis einer betriebswirtschaftlichen Kostenrechnung oder einer prozentualen Pauschale vereinbaren. Bei der Alternative Kostenrechnung sind die Ambulanzkosten aus dem Rechnungswesen des Krankenhauses zu ermitteln. Dies setzt voraus, dass der Krankenhausträger durch die Kostenstellenrechnung des Krankenhauses in der Lage ist, eine exakte Berechnung durchzuführen, was insbesondere bei kleineren Krankenhäusern nicht immer gewährleistet ist.[1191] Zum anderen sind nach § 8 Krankenhausbuchführungsverordnung (KHBV) die Kosten und Leistungen verursachungsgerecht zu erfassen und zuzuordnen. Dabei ist umstritten, ob für die Kostenausgliederung die Vollkosten-, Teilkosten- oder Grenzkostenmethode gilt. Die Grenzkostenmethode rechnet dem Chefarzt nur diejenigen Kosten zu, die durch die ambulante Tätigkeit zusätzlich zu den ohnehin im stationären Bereich entstandenen Kosten angefallen sind. Die Vollkostenmethode erfasst alle überhaupt nur denkbaren Kosten und ordnet sie nach bestimmten Schlüsseln dem stationären und ambulanten Bereich zu; dabei

---

[1185] Das DKG-Vertragsmuster sieht seit der 6. Aufl. drei Muster von Nutzungsverträgen vor, die unterschiedliche Alternativen zum Nutzungsentgelt vorschlagen.
[1186] *Andreas/Debong/Bruns*, Handbuch Arztrecht in der Praxis, Rn. 342; krit. a. *Kirchhof/Häußermann*, MedR 2002, 631, 633.
[1187] *Kirchhof/Häußermann*, MedR 2002, 631, 635.
[1188] BGBl. I 2750 (BPflV '95).
[1189] Mit Inkrafttreten des KHEntgG vom 23.4.2002 (BGBl. I 1412) entfiel auch dieses mit Wirkung vom 1.1.2005, soweit die Krankenhäuser nicht (mehr) der BPflV unterliegen – s. u. bei → § 26 Rn. 215 ff.
[1190] *Genzel*, in: Laufs/Uhlenbruck, Handbuch des Arztrechts, § 91 Rn. 37a.
[1191] Vgl. *Münzel*, Chefarzt- und Belegarztvertrag, Beck'sche Musterverträge Bd. 23, 69; zu weiteren Fragen der Ermittlung der Kosten der Chefarztambulanz *Zuck*, Rechtsfragen der Ambulanz zum Krankenhaus, Rn. 197 ff.

§ 16 Ärzte und Krankenhaus

wird ggf. auch der Aufwand für den Gärtner und den Pförtner der Ambulanztätigkeit mit eingerechnet.[1192] Die Rechtsprechung[1193] vertritt überwiegend die Anwendung einer „sachgerechten Vollkostenmethode", die aber ihrerseits nicht hinreichend scharf definiert ist, um aus ihr eine allgemein verbindliche Berechnungsmethode herleiten zu können.[1194] Bezogen auf den Nachtdienst bedeutet eine „sachgerechte Vollkostenermittlung", dass der im Wesentlichen durch die stationäre Versorgung beanspruchte Bereitschaftsdienst lediglich insoweit der Ambulanz zuzurechnen ist, als er mit Ambulanzleistungen tatsächlich in Anspruch genommen wurde.[1195]

Diesen Schwierigkeiten und der mit der Kostenrechnungsmethode verbundenen Beweislast des Krankenhausträgers geht eine pauschalierte Kostenerstattung aus dem Weg. Dabei behalten sich die Vertragsmuster vor, eine exakte Kostenberechnung durchzuführen, wenn die Pauschale nicht den tatsächlich angefallenen Kosten entspricht. Pauschaliert werden häufig die Kosten für die Inanspruchnahme des Ärztlichen Dienstes durch einen Vomhundertsatz der Liquidationseinnahmen. Die Höhe der Pauschale ist von den Umständen des Einzelfalles abhängig. Als grober Anhaltswert dienen die Regelungen der Nebentätigkeitsverordnungen des Bundes und der Länder.[1196] Daneben wird regelmäßig die Erstattung der Sachkosten für die Inanspruchnahme von nicht-ärztlichem Personal, Räumen, Einrichtungen und Materialien auf der Basis des entsprechenden Tarifs der Deutschen Krankenhausgesellschaft (DKG-NT, Bd. I)[1197] vereinbart. Zulässig ist selbstverständlich, die Kostenerstattung für sämtliche, dem Krankenhaus durch die Ausübung der Nebentätigkeit entstehenden Kosten durch einen Vomhundertsatz der Liquidationseinnahmen zu pauschalieren.[1198]

57

Die Abrechnung der Leistungen aus der ambulanten Nebentätigkeit folgt im Grundsatz der Bestimmung des § 120 I 3 SGB V, wonach der Vergütungsanspruch des ermächtigten Krankenhausarztes, der nach den geltenden Grundsätzen aus der vertragsärztlichen Gesamtvergütung zu erbringen ist, vom Krankenhausträger mit der KV abgerechnet und nach Abzug der anteiligen Verwaltungskosten sowie der dem Krankenhaus entstehenden allgemeinen Praxiskosten sowie der ärztlichen und sonstigen Sachkosten an die berechtigten Krankenhausärzte weitergeleitet wird. Dadurch geht der Vergütungsanspruch der ermächtigten Krankenhausärzte nicht kraft Gesetzes auf den Krankenhausträger über. Dieser wird lediglich zum Einzug und zur Abrechnung gegenüber der KV ermächtigt.[1199] Der ermächtigte Krankenhausarzt bleibt Anspruchsberechtigter. Ihm gegenüber ergeht der Honorarbescheid mit Rechtsmittelbelehrung. Nur er ist anfechtungsbefugt.[1200]

58

[1192] Vgl. zu den Einzelheiten *Andreas/Debong/Bruns,* Handbuch Arztrecht in der Praxis 2001, Rn. 343; *Zuck,* Rechtsfragen der Ambulanz, Rn. 198 ff. m. w. N.

[1193] Regelungen über die Kostenerstattung des Chefarztes im ambulanten Bereich unterliegen im vollem Umfang dem Arbeitsrecht – vgl. LAG Baden-Württ., ArztR 1984, 88; *Andreas/Debong/Bruns,* Handbuch Arztrecht in der Praxis, Rn. 351.

[1194] Eingehend dazu *Zuck,* Rechtsfragen der Ambulanz, Rn. 198.

[1195] Vgl. amtl. Begründung zur 1. ÄndVO der KHBV vom 12.12.1985, BR-Drs. 490/85 zu § 8; *Genzel,* in: Laufs/Uhlenbruck, Handbuch des Arztrechts, § 91 Rn. 35.

[1196] *Kirchhof/Häußermann,* MedR 2002, 631, 633.

[1197] Der DKG-NT wird regelmäßig fortgeschrieben; das DKG-Vertragsmuster, verzichtet im Sinne einer Vereinfachung nunmehr auf sämtliche Bezugnahmen auf den DKG-NT, Bd. II – vgl. *Wagner/Meister,* das Krankenhaus 2002, 302, 306 f.; krit. zum DKG-NT u. a. *Andres/Debong/Bruns,* Handbuch Arztrecht in der Praxis, Rn. 350 f.; s. a. VG Würzburg, Arzt, 1993, 307.

[1198] So die 2. Alternative DKG-Vertragsmuster, Nutzungsvertrag.

[1199] *Laufs/Kern,* § 87 Rn. 29.

[1200] Zur Verfassungsmäßigkeit der Bestimmung des § 120 Abs. 1 Satz 3 SGB V s. BSG, U. v. 15.5.1991 – SozR 3–2500, § 120 Nr. 1 = BSGE 69, 1; s i. Ü. zur Anwendbarkeit des § 120 Abs. 1 Satz 3 SGB V auf den Nebentätigkeitsbereich des Chefarztes *Genzel,* in: Laufs/Uhlenbruck, Handbuch des Arztrechts, § 91 Rn. 22 ff.; *Quaas,* KU 1989, 247.

7. Beendigung des Dienstverhältnisses

59 Chefarztverträge werden nahezu ausschließlich auf unbestimmte Zeit geschlossen und unterliegen zunächst einer Probezeit[1201] und sodann den üblichen Kündigungsfristen.[1202] Der immer wieder von Krankenhausträgern geäußerte Wunsch nach einer Befristung von Chefarztverträgen erweist sich angesichts der hohen Anforderungen an das Vorliegen eines sachlichen Grundes für die Befristung in der Regel als weder praktisch durchsetzbar noch empfehlenswert.[1203] Handelt es sich dagegen bei dem Chefarzt um einen leitenden Angestellten im Sinne des KSchG,[1204] ist eine Befristung grundlos möglich, wenn im Chefarztvertrag ein Ausgleichsanspruch entsprechend §§ 9, 10 KSchG vorgesehen ist. Eine Altersgrenze kann sich für den Chefarzt aus einer tariflichen Bezugnahmeklausel[1205] oder einer Vereinbarung im Chefarztvertrag ergeben. Stellt eine solche Vereinbarung nicht auf die Vollendung des 65. Lebensjahres ab, wird dies über § 41 S. 2 SGB VI als auf Vollendung des 65. Lebensjahres abgeschlossen fingiert. Daneben sind frühzeitige Altersgrenzenvereinbarungen wirksam, wenn ein sachlicher Grund vorliegt.[1206]

Die Rechtsstellung des Chefarztes als Arbeitnehmer hat zur Folge, dass auf die (ordentliche, außerordentliche, Teil- und Änderungs-)Kündigung das KSchG vollen Umfangs Anwendung findet.[1207] Dies hat zur Folge, dass eine Beendigungskündigung seitens des Krankenhausträgers nur dann erfolgreich sein kann, wenn sie sozial gerechtfertigt ist (§ 1 KSchG). Dafür müssen Gründe in der Person des Arbeitnehmers, in seinem Verhalten oder dringende betriebliche Erfordernisse vorliegen.[1208] Wird ein Krankenhaus oder eine Krankenhausabteilung, der der Chefarzt vorsteht, geschlossen, rechtfertigt dies den Ausspruch einer (betriebsbedingten) ordentlichen Kündigung.[1209] Solche Gründe liegen nicht bereits bei Betriebsüber-

---

[1201] Zur – lediglich eingreifenden – Missbrauchskontrolle bei Kündigung einer (Chef-)Ärztin in der Probezeit vgl. BVerfG, B. v. 21.6.2006 – 1 BvR 1659/04 – in: das Krankenhaus 2007, 997 mit Anm. Wagener.

[1202] Vgl. § 17 DKG-Vertragsmuster; demgegenüber sieht § 20 III des von der Arbeitsgemeinschaft für Arztrecht entwickelten Vertragsmuster die Kündigung des Chefarztdienstvertrages nur aus wichtigem Grund im Sinne des § 626 BGB vor (abgedr. in: *Andreas/Debong/Bruns*, Handbuch Arztrecht in der Praxis, 600, 608). Damit soll arbeitgeberseits der nach § 14 II 2 KSchG mögliche Auflösungsantrag verhindert werden (*Andreas/Debong/Bruns*, Handbuch Arztrecht in der Praxis, Rn. 360). Insoweit wird vielfach argumentiert, bei einer Chefarztposition handele es sich um eine Lebensstelle, die es gebiete, das ordentliche Kündigungsrecht des Krankenhausträgers auszuschließen – vgl. Erl. zum Mustervertrag ArztR, Anm. zu § 20 III. Dies überzeugt schon deshalb nicht, weil eine solche Lösung das Äquivalenzverhältnis nachhaltig stört und dem Krankenhausträger verwehrt, aus einem Fehlverfahren des Arztes – außer in extremen Fällen – Konsequenzen zu ziehen – so zutr. *Münzel*, Chefarzt- und Belegarztvertrag, Beck'sche Musterverträge, Bd. 23, 63.

[1203] Ausführlich dazu *Zuck*, NZA 1994, 961; HK-AKM/*Bender*, Nr. 1280 („Chefarzt") Rn 166 ff.

[1204] → § 16 Rn. 30.

[1205] → § 16 Rn. 60.

[1206] HK-AKM/*Bender*, Nr. 1280 („Chefarzt") Rn. 170.

[1207] Zur (unwirksamen) Druckkündigung eines Chefarztes s. LAG Köln ArztR 1997, 157; zu einer (unwirksamen) Änderungskündigung mit dem Ziel einer Gehaltsreduzierung (Koppelung der Vergütung des Chefarztes an eine sog. Bonus-Malus-Regelung im Hinblick auf die Belegung) s. Arbeitsgericht Kempten U. v. 30.6.1999 in ArztR 2000, 120; dazu – allgemein – auch BAG U. v. 1.7.1999 in ArztR 2000, 187; grundsätzlich zum Kündigungsschutz des Chefarztdienstvertrages s. *Siegmund-Schultze*, ArztR 1992, 45 sowie HK-AKM/*Bender*, Nr. 1280 („Chefarzt") Rn. 172 ff.; zu möglichen – betriebsbedingten – Kündigungsgründen aus Anlass einer Umstrukturierung des Krankenhauses und „Tipps" für den Chefarzt s. *Andreas* in: ArztR 2005, 4 ff. (Schließung der Abteilung, Outcourcing, Trägerwechsel, Fusion, Behandlungszentren).

[1208] Die sehr kasuistische und selbst für den Fachanwalt kaum noch durchschaubare Rechtsprechung kann hier auch nicht ansatzweise nachgezeichnet werden, vgl. dazu insbesondere *Linck*, in: Schaub, Arbeitsrechts-Handbuch, §§ 124 und 125; zu Einzelfragen der Kündigung von Leitenden Krankenhausärzten s. HK-AKM/*Bender*, Nr. 1280 („Chefarzt") Rn. 193 ff.; *Hess/Nösser/Schirmer*, Ärztliches Berufsrecht, Rn. 1132; *Andreas/Debong/Bruns*, Handbuch Arztrecht in der Praxis, Rn. 359 ff.

[1209] BAG ArztR 1989, 172.

gang nach § 613a BGB auf Grund einer Umwandlung eines kommunalen Kreiskrankenhauses in eine Krankenhaus-GmbH vor (vgl. § 613a IV BGB).[1210] Wird dagegen die von dem Chefarzt geleitete Krankenhausabteilung eines kommunalen Krankenhauses privatisiert und an einen neuen Rechtsträger „ausgelagert", muss der Chefarzt, um seine Weiterbeschäftigung bei dem (alten) Krankenhausträger zu erreichen, dem Betriebsübergang widersprechen. Eine daraufhin vom Krankenhaus ausgesprochene betriebsbedingte Beendigungskündigung hat Erfolg, wenn eine Weiterbeschäftigung des Arztes auf einem anderen, freien, vergleichbaren Arbeitsplatz im Betrieb des Arbeitgebers nicht möglich ist.[1211] Die von einem Krankenhausträger geplante Strukturveränderung in Form der Bildung eines (traumatologisch-orthopädischen) Zentrums unter Auflösung der vormals bestehenden eigenständigen Kliniken (für Unfallchirurgie und Orthopädie) kann grundsätzlich die betriebsbedingte Kündigung eines Chefarztes rechtfertigen, wenn die Leitung des Zentrums dem anderen Chefarzt übertragen werden soll.[1212] Dagegen kann eine betriebsbedingte Kündigung eines ordentlich unkündbaren Chefarztes nur in extremen Ausnahmefällen in Betracht kommen. Ein auf Dauer unzumutbar „sinnentleertes" Arbeitsverhältnis liegt nicht vor, wenn zwischen einer Beendigung des Arbeitsverhältnisses auf Grund der außerordentlichen betriebsbedingten Kündigung mit notwendiger Auslauffrist und dem Ausscheiden des Arbeitnehmers auf Grund der tarifvertraglichen Altersgrenze deutlich weniger als fünf Jahre liegen.[1213]

Allein ein Belegungsrückgang vermag eine ordentliche Kündigung durch den Krankenhausträger nicht zu rechtfertigen. Selbst wenn der Chefarzt das ihm vorgegebene interne Budget überschritten hat, haftet er nur, wenn er seine diesbezügliche Bemühenspflicht schuldhaft verletzt hat. Dies hat der Krankenhausträger zu beweisen.[1214] Ein Kündigungsgrund kann in der fehlenden Bereitschaft des Chefarztes zur Beilegung von Meinungsverschiedenheiten mit einem nachgeordneten Arzt liegen.[1215] Die Grundsätze der Rechtsprechung zum Kündigungsrecht kirchlicher Einrichtungen als sog. Tendenzbetriebe finden auch gegenüber Chefärzten Anwendung.[1216] Bestehen jedoch zwischen dem kirchlichen Krankenhausträger und dem Chefarzt Meinungsverschiedenheiten darüber, welche konkreten Behandlungsmethoden nach den Äußerungen des Lehramts der Kirche zulässig sind und hat der Krankenhausträger dem Chefarzt angekündigt, er werde die umstrittene Frage zur Rücksprache mit den kirchenamtlich zuständigen Stellen klären, kann auch unter Berücksichtigung des Selbstbestimmungsrechts der Kirche im Einzelfall vor Ausspruch einer Kündigung eine Abmahnung dann erforderlich sein, wenn der Chefarzt eine bestimmte Behandlungsmethode bereits vor der endgültigen Klärung ihrer kirchlichen Zulässigkeit anwendet.[1217] Darüber hinaus kann ein Verstoß gegen wesentliche Grundsätze der Glaubenslehre bei konfessioneller Trägerschaft die ordentliche Kündigung des Chefarztes rechtfertigen. Einer Weiterbeschäftigung des Chefarztes kann der katholische Grundsatz der Unauflöslichkeit der Ehe entgegenstehen, sofern der Krankenhausträger solche Verstöße seiner Chefärzte generell nicht duldet.[1218] Ebenfalls gerechtfertigt kann eine (ordentliche) Kündigung sein, wenn der Chefarzt wiederholt und trotz Abmahnungen gegen das Gebot einer vollständigen und richtigen

---

[1210] BAG ArztR 2001, 92.
[1211] *Jansen*, in: Rieger, Lexikon des Arztrechts, Nr. 1280 Rn. 27; *Andreas/Debong/Bruns*, Handbuch Arztrecht in der Praxis, Rn. 362 f.; zu weiteren Problemen des „Outsourcings" vgl. *Debong*, ArztR 1999, 260.
[1212] ArbG Zwickau, U. v. 25.1.2007 – 7 Ca 1043/05 – in MedR 2007, 607 ff.
[1213] BAG, U. v. 6.10.2005 – 2 AzR 362/04 – in GesR 2007, 67 ff.
[1214] LAG Frankfurt, ArztR 1994, 293.
[1215] BAG ArztR 1975, 133 (Streit mit Oberarzt wegen dessen fachlichem Einsatz und Beteiligung am Liquidationserlös); *Jansen*, in: Rieger, Lexikon des Arztrechts, Nr. 1280 Rn. 24.
[1216] BAG MedR 1994, 329 (künstliche Insemination an einem katholischen Krankenhaus).
[1217] BAG aaO.
[1218] BAG, U. v. 8.9.2011 – 2 AZR 543/10 in GesR 2010, 566; s.aber jetzt BAG, VorlageB an EuGH v. 28.7.2016 – 2 AZR 746/14 (A) in KRS 2017, 168.

Kodierung und Dokumentation im Rahmen der DRG-Entgeltabrechnung verstoßen hat.[1219] Ein außerordentlicher Kündigungsgrund (§ 626 BGB) liegt vor, wenn es der Chefarzt trotz ausdrücklicher und eindeutiger Verpflichtung unterlässt, den Arbeitgeber über ein gegen ihn anhängiges Strafverfahren wegen fahrlässiger Tötung in Kenntnis zu setzen.[1220] Entsprechendes gilt, wenn der Chefarzt wiederholt während einer Operation private Telefongespräche führt.[1221]

60 Eine Änderungskündigung ist nach der Legaldefinition des § 2 Satz 1 KSchG eine (ordentliche oder außerordentliche) Kündigung, bei der im Zusammenhang mit der Kündigung die Fortsetzung des Chefarztdienstvertrages zu geänderten Arbeitsbedingungen angeboten wird. Die Änderungen müssen geeignet und erforderlich sein, um den Inhalt des Chefarztvertrages den geänderten Beschäftigungsmöglichkeiten anzupassen. Ist auch nur eine der Vertragsänderungen ungeeignet oder nicht erforderlich, ist die Änderungskündigung insgesamt unwirksam.[1222] Der Chefarzt sollte das Änderungsangebot unter der Vorbehaltserklärung annehmen, dass die Änderung seiner Arbeitsbedingungen nicht sozial ungerechtfertigt ist. Die Annahme unter Vorbehalt muss der Chefarzt dem Krankenhausträger innerhalb der Kündigungsfrist, spätestens jedoch innerhalb von drei Wochen nach Zugang der Kündigung erklären. Bestimmt der Krankenhausträger eine kürzer bemessene Annahmefrist, ist die Kündigung nicht unwirksam. Es gilt dann die gesetzliche Frist des § 2 Satz 2 KSchG.[1223]

Grundsätzlich zulässig ist die automatische Beendigung des Arbeitsverhältnisses auf Grund des Erreichens eines bestimmten Lebensalters.[1224] Insoweit verweisen die Vertragsmuster auf die Beendigung des Arbeitsverhältnisses entsprechend den Bestimmungen des einschlägigen Tarifs oder vergleichbarer Regelungen (z. B. § 19 III AVR). Für den Fall der Berufsunfähigkeit des Arztes geht das Vertragsmuster von einer Beendigung des Dienstvertrages mit Ablauf des Monats aus, in welchem der Arzt der Bescheid über eine vom Rentenversicherungsträger oder von einer anderen Versicherungseinrichtung festgestellte Berufs- oder Erwerbsunfähigkeit zugestellt wird.[1225]

Der Streitwert im Kündigungsschutzprozess bemisst sich nach den effektiven Gehaltsbestandteilen und den Erlösen des Chefarztes aus seinen Nebentätigkeiten im Krankenhaus. Dazu zählen nicht nur die Gehaltsbezüge, sondern auch die Einnahmen aus Privatliquidation. Allerdings sollen nach einer Entscheidung des LAG Hamm die Einnahmen aus Privatliquidation nur mit 1/3 des 1/4 Jahreswerts nach Abzug der Abgaben an das Krankenhaus und den Mitarbeiterpool anzusetzen sein.[1226]

[1219] LAG Sachsen, U. v. 1.12.2010 – 2 Sa 56/10; zur fehlerhaften Abrechnung nicht notwendiger Leistungen im Krankenhaus vgl. auch *Sievert*, Möglichkeiten der Abrechnungsmanipulation im Krankenhaus (2011).

[1220] LAG Hessen, U. v. 5.12.2011 – 7 Sa 524/11 – in GesR 2012, 415.

[1221] LAG Rheinland-Pfalz, U. v. 22.2.2011 – 3 Sa 474/09; HK-AKM/*Bender*, Nr. 1280 („Chefarzt") Rn. 209.

[1222] HK-AKM/*Bender*, Nr. 1280 („Chefarzt") Rn. 173.

[1223] BAG NJW 2006, 3373, 3374.

[1224] Zur – inzwischen überholten – Problematik früherer Altersgrenzen auf der Grundlage des § 41 IV 3 SGB VI a. F., umgewandelt in § 41 IV 2 SGB VI durch Art 4 Nr. 1 des Gesetzes zur sozialrechtlichen Absicherung flexibler Arbeitszeitregelungen vom 6.4.1998 – BGBl. I 688 – vgl. *Boecken*, ArztR 2000, 60.

[1225] § 17 Abs. 5 DKG-Vertragsmuster; zu Bedenken bei einer Formulierung, dass es dafür nicht auf den Zeitpunkt der Zustellung, sondern auf den der Rechtskraft des Bescheides ankomme s. *Münzel*, Chefarzt- und Belegarztvertrag, Beck'sche Musterverträge Bd. 23, 63 f.

[1226] LAG Hamm, B. v. 30.6.2006 – 6 Ta 136/06 – in KRS 06.090; abl. HK-AKM/*Bender*, Nr. 1280 („Chefarzt"), Rn. 55, 180.

IV. Ermächtigung von Krankenhausärzten und ärztlich geleiteten Einrichtungen

1. Allgemeines

Das Arbeitsverhältnis zwischen Krankenhausarzt und Krankenhausträger schließt eine Teilnahme des Krankenhausarztes an der vertragsärztlichen Versorgung nicht grundsätzlich aus. Wie § 116 Satz 2 SGV zeigt, sollen Krankenhausärzte mit abgeschlossener Weiterbildung an der vertragsärztlichen Versorgung teilnehmen, soweit und solange eine ausreichende ärztliche Versorgung durch niedergelassene Vertragsärzte nicht ausreichend gesichert ist. Dies liegt im Interesse aller: Der Krankenhausarzt erhält neben einer zusätzlichen Einnahmequelle weitere ärztliche Erfahrung auf seinem Gebiet. Die KV genügt mit der Einbeziehung des Krankenhausarztes ihrem Auftrag zur Sicherstellung der vertragsärztlichen Versorgung gem. § 72 II SGB V. Für den Patienten erstreckt sich sein Recht zur freien Arztwahl nach § 76 I SGB V auch auf den zu einer vertragsärztlichen Versorgung ermächtigten Krankenhausarzt. Das Krankenhaus schließlich profitiert von der Zusammenarbeit mit dem Krankenhausarzt auf dem ambulanten Sektor von dessen Zuweiserfunktion und von der höheren Auslastung seiner regelmäßig vom Krankenhaus dem Arzt überlassenen sachlichen und persönlichen Ausstattung.[1227]

Da nach unserem Rechtssystem die ambulante vertragsärztliche Versorgung primär den in freier Praxis niedergelassenen und zur vertragsärztlichen Versorgung zugelassenen Ärzten und den medizinischen Versorgungszentren (§ 95 SGB V) vorbehalten ist, kommt eine Ermächtigung des Krankenhausarztes nach § 116 SGB V nur subsidiär in Betracht. Sie wird nur dann und nur insoweit erteilt, wie dies zur Sicherstellung der Versorgung der gesetzlich versicherten Patienten unter qualitativen oder quantitativen Gesichtspunkten erforderlich ist.[1228] Eine Ermächtigung von Krankenhausärzten darf deshalb vom Zulassungsausschuss (§ 96 SGB V) nur erteilt werden, wenn sie dazu dient, Versorgungslücken in der ambulanten Versorgung zu schließen.[1229] Insoweit widerspricht es dem Grundsatz des Nachrangs von Ermächtigungen, wenn die Zulassungsgremien den Versicherten damit lediglich gleichwertige Behandlungsalternativen (z. B. zur Durchführung von ambulanten Chemotherapien bei gynäkologischen Tumorerkrankungen) anbieten wollen.[1230]

Darüber hinaus lassen §§ 95 I, 98 SGB V iVm § 31 I lit. a Ärzte-ZV neben der persönlichen Ermächtigung des Krankenhausarztes auch die Ermächtigung ärztlich geleiteter Einrichtungen (sog. Institutsermächtigung) zu.[1231] Voraussetzung ist die Abwendung einer bestehenden oder unmittelbar drohenden Unterversorgung der gesetzlich Versicherten oder die Versorgung eines begrenzten Personenkreises (z. B. Rehabilitanden in Einrichtungen der beruflichen Rehabilitation). Diese (Instituts-)Ermächtigung ist gegenüber der persönlichen Ermächtigung des Krankenhausarztes nachrangig und steht damit auf unterster Stufe der hierarchisch gegliederten Rangfolge der Teilnahmeformen an der ambulanten vertragsärztlichen Versorgung.[1232] Der Nachrang von Institutsermächtigungen lässt deren

---

[1227] *Kuhlmann*, in: Burk/Hellmann, Krankenhausmanagement für Ärztinnen und Ärzte, VI-3.
[1228] BSG, st. Rspr., u. a. U. v. 12.9.2001 – B 6 KA 86/00 R – in SozR 3–2500 § 116 Nr. 23; U. v. 19.7.2006 – B 6 KA 14/05 R, SozR 4–2500, § 116 Nr. 3 = GesR 2007, 71; *Hencke*, in: Peters, Handbuch der Krankenversicherung, 3116 SGB V Rn. 5; *Wenner*, GesR 2007, 337 (338).
[1229] BSGE 21, 230; 29, 65, 67; 70, 167; 73, 25; Ratzel/Luxenburger/*Schroeder-Printzen*, § 7 Rn. 432 ff.; *Simon*, Das Krankenhaus im System der ambulanten Versorgung gesetzlich Krankenversicherter, 2012 (Diss.), 96 ff.; *Zuck*, Rechtsfragen der Ambulanz 1991, Rn. 100 ff.
[1230] BSG, U. v. 12.9.2001 – B 6 KA 86/00 R – in SozR 3–2500, § 116 Nr. 23.
[1231] Damit nicht zu verwechseln ist die Zulassung des Krankenhauses im Rahmen der durch das GMG 2003 neu gefassten Bestimmungen der §§ 116a und 116b SGB V – s. dazu u. bei → § 15 Rn. 76 ff.
[1232] BSGE 79, 159; BSG MedR 2000, 146; BSG U. v. 1.7.1998 in SozR 3–5520 § 31 Nr. 8; U. v. 26.1.2000 – B 6 KA 51/98 R – in SozR 3–5520, § 31 Nr. 10 = NZS 2000, 625; LSG Baden-Württ., ArztR

Erteilung nur zu, wenn persönlichen Ermächtigungen von Ärzten rechtlich relevante Hindernisse entgegenstehen.[1233] Unbeachtlich sind Umstände, die dazu bestimmt sind, die Erteilung einer persönlichen Ermächtigung zu verhindern und die dem Verantwortungsbereich der ärztlich geleiteten Einrichtung und/oder bei ihr tätigen Ärzte zuzurechnen sind. Sie können den Bedarf für eine Institutsermächtigung nicht begründen. Ansonsten hätten die jeweiligen Institutionen und ihre Ärzte es in der Hand, über das Eingreifen des Nachranggrundsatzes zu entscheiden.[1234] Ein zu beachtendes rechtliches Hindernis für eine persönliche Ermächtigung kann dann gegeben sein, wenn der für eine Ermächtigung in Betracht kommende Arzt sich zwar nachdrücklich und in geeigneter Form um sie bemühte, sie aber bestandskräftig abgelehnt wurde.[1235] Hingegen ist es unbeachtlich, wenn ein Arzt eine Ermächtigung mit der Begründung nicht beantragt, er wolle die dadurch entstehenden Zusatzbelastungen vermeiden oder die in Betracht kommenden Ärzte (zu Gunsten des Krankenhauses) freiwillig auf eine persönliche Ermächtigung „verzichtet" haben.[1236] Denn nach Erteilung einer Institutsermächtigung muss im Regelfall derselbe Arzt – dann als „Institutsbediensteter" – diese zusätzlichen Leistungen erbringen und wäre damit ähnlich belastet.[1237]

64 Ein weiterer Unterschied zwischen der Institutsermächtigung und der Ermächtigung des Krankenhausarztes besteht darin, dass der ermächtigte Krankenhausarzt bei Vorliegen der gesetzlichen Voraussetzungen einen Rechtsanspruch auf Erteilung der Ermächtigung hat,[1238] während die Entscheidung über die Erteilung der Institutsermächtigung im Ermessen des Zulassungsausschusses steht.[1239] Unabhängig von der Vorrangfrage ist die Erteilung einer Institutsermächtigung nach der Rechtsprechung auch dann ausgeschlossen, wenn ein enger Zusammenhang zwischen der persönlichen Qualifikation und der Berechtigung zur Leistungserbringung besteht und die Leistungen nur von in bestimmter Weise qualifizierten Ärzten erbracht und abgerechnet werden dürfen. Anders als bei persönlichen Ermächtigungen kann bei Institutsermächtigungen die Einhaltung der Qualifikations- und Qualitätsanforderungen in jedem einzelnen Behandlungsfall regelmäßig nicht sichergestellt werden. Nur die persönliche Ermächtigung gewährleistet, dass die Leistung auch persönlich erbracht wird.[1240]

65 Ohne Prüfung eines Bedürfnisses können Krankenhausärzte und ärztlich geleitete Einrichtungen nach § 5 II Bundesmanteltarifvertrag-Ärzte (BMV-Ä) für folgende Leistungsbereiche zur Teilnahme an der vertragsärztlichen Versorgung ermächtigt werden:
- zytologische Diagnostik von Krebserkrankungen, wenn der Arzt oder die Einrichtung mindestens 6000 Untersuchungen jährlich in der Exfoliativ-Zytologie durchführt und regelmäßig die zum Erwerb der Fachkunde in der zytologischen Diagnostik notwendigen eingehenden Kenntnisse und Erfahrungen vermittelt;
- ambulante Untersuchungen und Beratungen zur Planung der Geburtsleitung im Rahmen der Mutterschaftsvorsorge gem. den Richtlinien des Bundesausschusses der Ärzte und Krankenkassen.[1241]

1996, 207; Thür. LSG, U. v. 16.12.2003 – L 4 KA 627/01 –; *Kuhla*, MedR 2003, 25; *ders.* NZS 2002, 461, 462; *Zuck*, Rechtsfragen der Ambulanz 1991, Rn. 171.
[1233] BSG, U. v. 26.1.2000 – B 6 KA 51/98 R – in SozR 3–5520 § 31 Nr. 10; U. v. 11.12.2002 – B 6 KA 32/01 R; Thür. LSG, U. v. 16.12.2003 – L 4 KA 627/01.
[1234] Thür. LSG U. v. 16.12.2003 – L 4 KA 627/01.
[1235] BSG, U. v. 1.7.1998 – in SoZ 3/5520, § 31 Rn. 8 und BSGE 82, 216, 223.
[1236] Thür. LSG U. v. 16.12.2003 – L 4 KA 627/01.
[1237] BSGE 79, 159, 164; 82, 216, 223.
[1238] BSG, U. v. 26.1.2000 in NZS 2000, 625; *Kuhla*, NZS 2002, 461, 462.
[1239] BSG, aaO.
[1240] BSG, U. v. 26.1.2000 in NZS 2000, 625; s. a. BSG, U. v. 29.9.1999 in MedR 2001, 361; Thür. LSG U. v. 16.12.2003 – L 4 KA 627/01.
[1241] S. dazu *Andreas/Debong/Bruns*, Handbuch Arztrecht in der Praxis 2001, Rn. 582.

2. Persönliche Voraussetzungen, Inhalt und Umfang der Ermächtigung

Die Ermächtigung von Krankenhausärzten gem. §§ 116 SGB V, 31a Ärzte-ZV meint die in einem Krankenhaus im Sinne des § 107 I SGB V tätigen Ärzte, die dort in der Regel im Rahmen eines Angestellten- oder Beamtenverhältnisses beschäftigt sind. Insoweit sollen davon nach einer in Literatur und Rechtsprechung weit verbreiteten Auslegung damit nur die „hauptberuflich", im Rahmen ihres Beschäftigungsverhältnisses im Krankenhaus tätigen Ärzte angesprochen sein. Belegärzte oder lediglich nebenamtlich im Krankenhaus tätige Ärzte könnten danach keine Ermächtigung nach §§ 116 SGB V, 31a Ärzte-ZV erlangen.[1242] Im Übrigen setzt eine persönliche Ermächtigung von Krankenhausärzten die abgeschlossene Weiterbildung voraus.[1243] Eine persönliche Ermächtigung des Krankenhausarztes kommt bei solchen Leistungen nicht in Betracht, die der Arzt aufgrund spezieller Anforderungen im EBM selbst nicht innerhalb des vertragsärztlichen Systems erbringen darf.[1244]

66

Dem subsidiären Charakter der Ermächtigung müssen Inhalt und Umfang der erteilten Ermächtigung Rechnung tragen. Krankenhausärzte sind nicht befugt, allgemein ambulante ärztliche Leistungen zu erbringen. Die Ermächtigung kommt nur in Betracht, soweit und solange eine ausreichende ärztliche Versorgung der Versicherten ohne die Einbindung von Krankenhausärzten nicht sichergestellt ist. Deshalb muss der Ermächtigungsbescheid sehr konkret anhand der Gebührentatbestände des Einheitlichen Bewertungsmaßstabs (EBM) umschreiben, zu welchen Leistungen der Krankenhausarzt auf der Grundlage der Ermächtigung berechtigt ist.[1245] Die Ermächtigung kann andererseits nur für ambulante vertragsärztliche Leistungen, nicht jedoch für der stationären Versorgung zuzurechnende Leistungen erteilt werden. Ambulant durchführbare Leistungen werden der stationären Versorgung zugerechnet, wenn sie nach Art und Schwere der Erkrankung für die medizinische Versorgung des Versicherten im Krankenhaus erforderlich sind, im Hinblick auf eine bevorstehende stationäre Behandlung und unter der Verantwortung eines im Krankenhaus tätigen Arztes erbracht werden sowie eine ansonsten erforderliche stationäre Leistung ersetzen, die an ihre Stelle treten oder diese überflüssig machen. Auf dieser Basis werden präoperative Eigenblutspenden dem stationären Bereich auch dann zugeordnet, wenn die Eigenblutgewinnung ambulant erfolgt. Eine Ermächtigung für präoperative Eigenblutspenden scheidet damit aus.[1246]

67

Im Übrigen kommt es für die Erteilung der Ermächtigung und deren Umfang darauf an, ob eine Versorgungslücke in der ambulanten Versorgung besteht. Die Ermächtigung eines Krankenhausarztes erfordert entweder einen quantitativ-allgemeinen oder einen qualitativ-speziellen Versorgungsbedarf.[1247] Bei der Einschätzung der Bedarfssituation haben die Zulassungsgremien einen eingeschränkter gerichtlicher Kontrolle unterliegenden Beurteilungsspielraum.[1248] Die Kontrolle der Gerichte beschränkt sich in diesem Rahmen darauf, ob der Verwaltungsentscheidung ein richtiger und vollständig ermittelter Sachverhalt zu Grunde liegt, ob die Zulassungsinstanzen, die durch die Auslegung des unbestimmten Rechtsbegriffs ermittelten Grenzen eingehalten und ob sie ihre Subsumtionserwägungen so verdeutlicht haben, dass im Rahmen des Möglichen die zutreffende Anwendung der Beurteilungsmaßstä-

68

[1242] LSG NRW, U. v. 13.1.1999 – L 11 KA 185/98; *Henke*, in: Peters, SGB V, § 116 Rn. 2; *Simon*, Das Krankenhaus im System der ambulanten Versorgung gesetzlich Krankenversicherter, 2012, 93.
[1243] *Simon*, Das Krankenhaus im System der ambulanten Versorgung gesetzlich Krankenversicherter, 2012, 93 f. m. w. N.
[1244] BSG, U. v. 9.4.2008 – NZS 2009, 338 (343).
[1245] BSG, U. v. 1.7.1998 in SozR 3–5520 § 31 Nr. 8; *Kuhla*, NZS 2002, 461, 462.
[1246] BSG, U. v. 22.6.1994 in: ArztR 1995, 269 = SozR 3–2500 § 116 Nr 9 = BSGE 74, 263.
[1247] BSG, st. Rspr., u. a. 19.7.2006 – B 6 KA 14/05 R – MedR 2007, 127; *Wenner*, GesR 2007, 337 (338).
[1248] BSG, st. Rspr u. a. U. v. 27.2.1992 in SozR 3–2500 § 116 Nr. 2; w. Nw. bei *Hencke* in: Peters, Handbuch der Krankenversicherung, § 95 SGB V Rn. 5.

be erkennbar und nachvollziehbar ist.[1249] In quantitativ-allgemeiner Hinsicht kommt es darauf an, ob im jeweiligen Planungsbereich eine ausreichende Anzahl von Ärzten einer bestimmten Arztgruppe für die ambulante Versorgung zur Verfügung steht. Ein Bedürfnis für die Ermächtigung eines Krankenhauses liegt vor, wenn schon rein zahlenmäßig nicht genügend niedergelassene Ärzte vorhanden sind, um die Bevölkerung im Stadt- oder Kreisgebiet zu versorgen. Dies richtet sich nach dem Bedarfsplan der KV(§ 99 SGB V).[1250] Liegt kein Bedarfsplan für die Arztgruppe vor, können die Zulassungsgremien auf die dem Landesausschuss der Ärzte und Krankenkassen für die Feststellung einer Über- bzw. Unterversorgung (§§ 100, 101, 103 SGB V) zur Verfügung stehenden statistischen Erhebungen zurückgreifen. Bloße Schätzungen reichen nicht aus.[1251] Ist dagegen für die jeweilige Arztgruppe ein Bedarfsplan aufgestellt, können bei einem bedarfsgerechten „Soll" von 9 Internisten bei tatsächlicher Zulassung von 14 Internisten keine Neuzulassungen erfolgen. „Überversorgung" i. S. d. § 104 I 2 SGB V schließt eine allgemeine Ermächtigung eines Krankenhausarztes regelmäßig aus.[1252] Bei der Ermittlung des quantitativ-allgemeinen Bedarfs ist die jeweilige Gruppe der Fachärzte (Arztgruppe) maßgeblich. Auf den Bedarf in den einzelnen Teilgebieten kann nicht gesondert abgestellt werden. Das beruht darauf, dass auch die Fachärzte – und nicht nur die Ärzte mit einer entsprechenden Teilgebietsbezeichnung – alle Leistungen der Teilgebiete erbringen dürfen.[1253] Dabei dürfen die Zulassungsgremien den regionalen Planungsbereich in seiner Gesamtheit zu Grunde legen, ohne auf einzelne Teilbezirke abheben zu müssen. Besonderen Bedarfssituationen, die sich auf Grund der regionalen Struktur eines Planungsbereiches ergeben, kann durch eine sachgemäße Ausübung des Beurteilungsspielraums bei der Bedarfsprüfung Rechnung getragen werden. Nicht zu berücksichtigen ist, ob etwa im benachbarten Planungsbereich eine Überversorgung bei der jeweiligen Arztgruppe vorhanden ist. Liegen allerdings über- und unterversorgte Planungsbereiche nebeneinander, verbleibt es zwar bei dem Blick ausschließlich auf den konkreten Planungsbereich. Es ist aber festzustellen, ob die dort (rechnerisch) festgestellte Unterversorgung nicht durch die mögliche Versorgung in den angrenzenden Planungsbereichen tatsächlich ausgeglichen wird.[1254] Besonders problematisch gestaltet sich die quantitative Bedarfsermittlung bei Krankenhausärzten solcher Fachgebiete, für die in den „Bedarfsplanungsrichtlinien – Ärzte" keine Verhältniszahlen für eine bedarfsgerechte Versorgung der Bevölkerung vorgesehen sind und die – wie z. B. Laborärzte oder Pathologen – Leistungen regelmäßig auch ohne unmittelbaren Arzt-Patienten-Kontakt erbringen.[1255] Im Übrigen können über Ermächtigungen nach § 116 SGB V nicht Versorgungsdefizite im fachärztlichen Versorgungsbereich ausgeglichen werden. Unterversorgung im hausärztlichen Versorgungsbereich kann so kaum behoben werden. Die hausärztliche Versorgung wird in der Regel durch Ärzte für Allgemeinmedizin geleistet und diese Arztgruppe ist in den Krankenhäusern nicht vertreten. Im Übrigen kann der hausärztliche Versorgungsauftrag, wie er in § 73 I 2 SGB V beschrieben ist, schwerlich durch einen ermächtigten Krankenhausarzt „nebenbei" wahrgenommen werden.[1256]

69 Lässt sich ein quantitativer Bedarf nicht begründen, kann ein Bedürfnis für die Ermächtigung gleichwohl gegeben sein, wenn in qualitativer Hinsicht eine Versorgungslücke besteht.

[1249] BSG, st. Rspr u. a. 19.7.2006 – 6 KA 14/05 – MedR 2007, 127; BSGE 60, 297; SozR 5520 § 29 Nr. 5; *Hencke*, in: Peters, Handbuch der Krankenversicherung, § 116 SGB V Rn. 5; *Plagemann*, in: MAH Sozialrecht, § 15 Rn. 97.
[1250] BSG, U. v. 14.7.1993 in ArztR 1994, 217 = SozR 3–2500 § 116 Nr 4 = BSGE 73, 25; 22.6.1994 in ArztR 1995, 75 = SozR 3–2500 § 116 Nr 10; *Wenner*, GesR 2007, 337 (338).
[1251] BSG U. v. 25.11.1998 in ArztR 1999, 180 = SozR 3–2500 § 97 Nr. 2; *Kuhlmann*, in: Burk/Hellmann, Krankenhausmanagement für Ärztinnen und Ärzte, VI-3.
[1252] BSG, U. v. 19.7.2006 – 6 KA 14/05 R – in GesR 2007, 71; *Wenner*, GesR 2007, 337 (338).
[1253] BSG, U. v. 22.6.1994 in ArztR 1995, 75 = SozR 3–2500 § 116 Nr. 10.
[1254] BSG, U. v. 25.11.1998 in ArztR 1999, 180 = SozR 3–2500 § 97 Nr. 2.
[1255] Dazu *Andreas/Debong/Bruns*, Handbuch Arztrecht in der Praxis, Rn. 586.
[1256] *Wenner*, GesR 2007, 337 (338).

Dies darf nicht dahin missverstanden werden, dass eine Qualitätsprüfung zwischen Leistungen stattfinde, die mit evtl. schlechterer Qualität von niedergelassenen Ärzten oder in besserer Qualität von Krankenhausärzten erbracht werden. Entscheidend ist vielmehr, ob und inwieweit der Krankenhausarzt über ein praktisches Leistungsangebot verfügt, welches über das der im Planungsbereich zugelassenen Vertragsärzte hinausgeht. Dabei reichen besondere Kenntnisse des Arztes allein für eine Ermächtigung nicht aus. Die besonderen Kenntnisse müssen sich vielmehr in einem speziellen Leistungsangebot des Arztes niederschlagen.[1257] Einen qualitativen Bedarf hat das BSG z. B. verneint, soweit es um die konsiliarärztliche Tätigkeit insbesondere bei Demenzkranken[1258] oder soweit es um die Ermächtigung eines Gynäkologen zur Durchführung chemotherapeutischer Behandlungen ging, die in gleicher Weise von entsprechend fachlich kompetenten Internisten mit Schwerpunkt Onkologie am Ort durchgeführt werden können.[1259] Ebenso wenig reicht der Hinweis auf die enge Kooperation zwischen behandelnden Krankenhausärzten und zu ermächtigendem Röntgenarzt aus, um den Bedarf zu begründen.[1260] Ein qualitativ spezieller Bedarf als Grundlage der Ermächtigung eines Krankenhausarztes kann vor allem in ländlich geprägten Regionen hinsichtlich solcher medizinisch-technischer Leistungen bestehen, die zwar auch niedergelassene Vertragsärzte und medizinische Versorgungszentren anbieten, die entsprechenden Praxen indessen für die Versicherten nicht zumutbar zu erreichen sind.[1261] Insoweit ist – wie auch sonst – für den bei Ermächtigungen erforderlichen Versorgungsbedarf grundsätzlich auf das Versorgungsangebot im Planungsbereich abzustellen. Nur in Ausnahmefällen können Versorgungsangebote in anderen Planungsbereichen berücksichtigt werden.[1262] Zur Feststellung des Bedarfs können die Zulassungsgremien auf Abrechnungsunterlagen und Stellungnahmen fachgleicher, schon zugelassener Gebietsärzte sowie auf Leistungsvergleiche auf der Grundlage von Häufigkeitsstatistiken (Frequenzstatistiken) und die Befragung von Vertragsärzten im Planungsbereich zurückgreifen.[1263]

3. Begrenzung der Ermächtigung

Nach § 116 SGB V iVm § 31 VII Ärzte-ZV ist die Ermächtigung zeitlich, räumlich und in ihrem Umfang nach zu bestimmen.[1264] In dem Ermächtigungsbeschluss ist auszusprechen, ob der ermächtigte Arzt unmittelbar oder nur auf Überweisung in Anspruch genommen werden darf. Ist allerdings die Ermächtigung erforderlich, weil besondere, für eine ausreichende und zweckmäßige medizinische Versorgung benötigte Untersuchungs- und Behandlungsmethoden von den niedergelassenen Vertragsärzten nicht angeboten werden, ist für eine Beschränkung der Ermächtigung auf Überweisung durch einen Vertragsarzt desselben Fachgebietes kein Raum.[1265] Anderenfalls würden durch die Zwischenschaltung des Gebietsarztes Verzögerungen und Kosten entstehen, obwohl von vornherein feststünde, dass dieser die erforderlichen Leistungen nicht selbst erbringen könnte. Die Befugnis, den Patienten an den ermächtigten Krankenhausarzt zu überweisen, darf deshalb in derartigen Fällen grundsätzlich nicht einer bestimmten Arztgruppe vorbehalten werden.[1266] Die Begrenzung der Ermächti-

70

[1257] BSG, U. v. 16.10.1991 in ArztR 1992, 146 = SozR 3–2500 § 116 Nr. 1.
[1258] BSG, U. v. 27.6.2001 – B 6 KA 39/00.
[1259] BSG, U. v. 12.9.2001 in NZS 2002, 440.
[1260] BSG, U. v. 30.1.2002 in MedR 2002, 529.
[1261] BSG, U. v. 19.7.2006 – 6 KA 14/05 – R in GesR 2007, 71 (MRT-Leistungen).
[1262] BSG, aaO; SG Marburg, U. v. 11.10.2006 – S 12 KA 671/06 – in KRS 06.048 (S. 6).
[1263] BSG U. v. 22.6.1994 in MedR 1995, 163; U. v. 15.3.1995 in ArztR 1996, 179 = SozR 3–2500 § 116 Nr. 11.
[1264] Dazu im Einzelnen *Simon*, Das Krankenhaus im System der ambulanten Versorgung gesetzlich Krankenversicherter, 2012, 109ff m. w. N.
[1265] BSG, SozR 3–2500 § 116 Nr. 6 und Nr. 12.
[1266] BSG, U. v. 15.3.1995 in ArztR 1995, 324 = SozR 3–2500 § 116 Nr. 12; *Andreas/Debong/Bruns*, Handbuch Arztrecht in der Praxis, Rn. 583.

gung auf Überweisung zur „Konsiliaruntersuchung" kann zulässig sein, wenn die Ermächtigung nicht eine Versorgungslücke schließen soll, sondern lediglich ermöglicht, im Einzelfall wegen der Schwierigkeit der Diagnose auf die Erfahrungen des qualifizierten Krankenhausarztes zurückzugreifen.[1267] In diesen Fällen ist die Befugnis zur Überweisung dem jeweilgen Gebietsarzt vorzubehalten. Die Beschränkung der Überweisungsbefugnis auf die jeweilige Fachgruppe trägt dem Vorrang der niedergelassenen Ärzte Rechnung.[1268]

71 Der Regelbefristungszeitraum liegt zwischen zwei und maximal drei Jahren. In Fällen, die eine kurze Beobachtungsdauer durch die Zulassungsgremien erfordern, kann ausnahmsweise auch eine nur einjährige Befristung vorgenommen werden.[1269] Eine einmal befristete Ermächtigung kann allerdings während des Laufs der Frist wegen Änderungen der Bedarfslage nicht widerrufen werden. Der ermächtigte Arzt soll sich darauf verlassen können, dass er für die Dauer der vom Zulassungsausschuss festgelegten Zeitspanne berechtigt ist, die von der Ermächtigung erfassten vertragsärztlichen Leistungen zu erbringen. Der Ermächtigung dürfen deshalb auch keine auflösenden Bedingungen beigegeben werden.[1270]

72 Mit Ablauf der im Ermächtigungsbescheid festgelegten Frist endet die Ermächtigung automatisch. Die Fortsetzung ambulanter vertragsärztlicher Tätigkeit über das Fristende hinaus kommt nur auf der Grundlage eines neuen Bescheides über den Folgezeitraum in Betracht. Da die Ermächtigung nicht rückwirkend erteilt werden darf,[1271] muss der ermächtigte Krankenhausarzt rechtzeitig vor Fristablauf einen Antrag auf erneute Ermächtigung beim Zulassungsausschuss einreichen.

4. Verfahrensfragen, Defensiver Konkurrentenschutz

73 Über den Antrag auf Ermächtigung eines Krankenhausarztes (bzw. der ärztlich geleiteten Einrichtung) entscheiden – wie bei der Zulassung des Vertragsarztes – der Zulassungsausschuss (§ 96 SGB V) und ggf. der Berufungsausschuss (§ 97 SGB V). Dem Antrag sind die in § 18 Ärzte-ZV genannten Unterlagen beizufügen. Der Ermächtigungsbeschluss kann bei entsprechender Beschwer von dem ermächtigten Krankenhausarzt angefochten werden. Über den Widerspruch, der binnen eines Monats nach Zustellung des Bescheides einzulegen und zu begründen ist,[1272] entscheidet der Berufungsausschuss. Der Berufungsausschuss wird mit seiner Anrufung ausschließlich zuständig. Sein Bescheid tritt als Regelung der Zulassungssache an die Stelle des vorangegangenen Bescheides und bildet den alleinigen Gegenstand des nachfolgenden Klagverfahrens.[1273]

74 Der Ermächtigungsbeschluss oder die nachfolgende Entscheidung des Berufungsausschusses können außer durch den – insoweit unterlegenen – Krankenhausarzt bzw. die ärztlich geleitete Einrichtung auch durch einen Dritten angefochten werden. Das ist zunächst die KV, da sie aufgrund einer gesetzlichen Anordnung am Verfahren beteiligt ist.[1274] Die Widerspruchs- und Klagebefugnis der KV ergibt sich darüber hinaus aus ihrem Sicherstellungsauftrag nach § 72 SGB V.[1275] Die Widerspruchs- und Klagebefugnis konkurrierender Ver-

---

[1267] BSG, U. v. 15.3.1995 in NZS 1995, 478.
[1268] BSG, U. v. 27.6.2001 – B 6 KA 39/00 R –; *Plagemann*, in: MAH Sozialrecht, § 15 Rn. 98.
[1269] BSG, U. v. 19.6.1996 in SozR 3–2500 § 116 Nr. 13 = MedR 1997, 286.
[1270] BSG, U. v. 19.6.1996 in MedR 1997, 286; s i.Ü. zur Befristung der Ermächtigung *Andreas/Debong/Bruns*, Handbuch Arztrecht in der Praxis 2001, Rn. 589.
[1271] BSG, U. v. 24.11.1993 in ArztR 1994, 281 = SozR 3–2500 § 116 Nr. 5.
[1272] Bei dem selbst bei den Zulassungsgremien vielfach unbekannten fristgebundenen Begründungserfordernis gem. Ärzte-ZV handelt es sich um eine zulässige Sonderregelung gegenüber den Vorschriften des SGG – vgl. BSG, U. v. 9.6.1999 in MedR 2000, 198.
[1273] BSG, U. v. 27.1.1993 in SozR 3–2500 § 96 Nr. 1.
[1274] BSG – 6 RKa 46/95, SozR 3–2500, § 311 Nr. 4; *Ratzel/Luxenburger/Schroeder-Printzen*, § 7 Rn. 1130.
[1275] *Ratzel/Luxenburger/Schroeder-Printzen*, aaO

tragsärzte war zunächst von der früheren Rechtsprechung des BSG abgelehnt worden.[1276] Durch Beschluss des Bundesverfassungsgerichts vom 17.8.2004[1277] wurde diese Rechtsprechung verworfen, da Art. 12 I GG verlange, dass die Vorschriften der §§ 116 SGB V, 31a Ärzte-ZV drittschützenden Charakter haben. Dem hat sich das BSG – in nunmehr ständiger Rechtsprechung – angeschlossen.[1278] Ausreichend für die „Anfechtungsberechtigung" konkurrierenden Vertragsarztes ist, wenn er im selben räumlichen Bereich die gleichen Leistungen anbietet. Der drittschützende Charakter des § 116 SGB V ergibt sich aus dem in Satz 2 ausdrücklich normierten Vorrang-Nachrang-Verhältnis.[1279]

Von seiner Ermächtigung kann der Krankenhausarzt erst nach Bestands- oder Rechtskraft risikolos Gebrauch machen. Wird der Bescheid von einem Dritten (in der Regel der KV) durch Rechtsmittel angegriffen, hat dies gem. § 96 IV 2 SGB V aufschiebende Wirkung. Das kann den ermächtigten Krankenhausarzt in eine bedrängte Situation bringen: Nach ständiger Rechtsprechung ist er nicht berechtigt, Leistungen, die er vor Bestandskraft der Ermächtigung erbracht hat, gegenüber der KV abzurechnen.[1280] Mehr noch: mangels wirksamer Ermächtigung ist er auch nicht befugt, Verordnungen gem. § 73 II Nr. 7 SGB V zu treffen. Er läuft also Gefahr, dass bei der Überprüfung seiner Verordnung auf Antrag der belasteten Krankenkasse gegen ihn gemäß § 106 SGB V iVm § 48 BMV-Ä seine Verpflichtung auf Ersatz eines sog. sonstigen Schaden vom Prüfungsausschuss der KV festgestellt wird.[1281] Schließlich verhält sich ein Arzt, der ambulante Leistungen ohne Ermächtigung erbringt, nach der Rechtsprechung des BSG auch wettbewerbswidrig, d. h. er setzt sich Unterlassungsansprüchen niedergelassener Ärzte aus.[1282] Der ermächtigte Krankenhausarzt, gegen dessen Ermächtigung von der KV Widerspruch eingelegt wurde, sollte deshalb unverzüglich prüfen, ob er in dieser Situation einstweiligen Rechtsschutz beim Sozialgericht in Anspruch nimmt. Ein solcher Antrag hat zum Ziel, dass die dem Arzt erteilte Ermächtigung für sofort vollziehbar erklärt wird und er im Rahmen der Ermächtigung handeln kann. Mit Rücksicht auf den durch das 6. SGG-Änderungsgesetz vom 17.8.2001[1283] unverändert gebliebenen § 97 IV SGB V wird allerdings nach vorherrschender Auffassung der Sozialgerichte ein solcher Anspruch auf Gewährung vorläufigen Rechtsschutzes vor der Entscheidung des Berufungsausschusses verneint.[1284] Im Falle eines Systemversagens könnten Versicherte sich die Leistungen unter den Voraussetzungen des § 13 III SGB V selbst beschaffen.[1285]

75

Entsprechend hat das SG Marburg[1286] bei Rechtsbehelfen Dritter gegen die einem Krankenhaus erteilte Institutsermächtigung entschieden. Die aufschiebende Wirkung von Widerspruch und Klage Dritter bewirkt, dass das Krankenhaus während der Zeit der aufschiebenden Wirkung keine Leistungen zu Lasten der GKV erbringen kann. Das gilt auch bei späterer Zurückweisung von Widerspruch und Klage; der Ermächtigungsstatus kann nicht rückwir-

76

[1276] BSG – B 6 KA 32/0R in SozR 3–1500, § 54 Nr. 47; dazu *Simon,* Das Krankenhaus im System der ambulanten Versorgung gesetzlich Krankenversicherter, 2012, 105 ff.

[1277] BVerfG, B. v. 17.8.2004 – 1 BvR 378/00 in NJW 2005, 273; dazu *Nix,* SGb 2004, 63; *Steinhilper,* MedR 2004, 682.

[1278] BSG, U. v. 7.2.2007, MedR 2007, 499; zu weiteren Entscheidungen *Simon,* Das Krankenhaus im System der ambulanten Versorgung gesetzlich Krankenversicherter, 2012, 107 f.

[1279] Dazu u. a. *Simon,* Das Krankenhaus im System der ambulanten Versorgung gesetzlich Krankenversicherter, 2012, 108; *Steinhilper,* MedR 2004, 469.

[1280] BSG, u. a. U. v. 28.1.1998 in SozR 3–1500 § 97 Nr. 3; *Kuhla,* NZS 2002, 461, 463; Ratzel/Luxenburger/Schroeder-Printzen, § 7 Rn. 1151 ff.; aA mit durchaus nachvollziehbarer Argumentation *Bracher,* MedR 2001, 452.

[1281] Vgl. *Hess,* in: Kasseler Kommentar Sozialversicherungsrecht, § 106 SGB V Rn. 8.

[1282] BSG, U. v. 25.11.1998 in SozR 3–2500 § 116 Nr. 17 = NZS 1999, 565 = NJW 2000, 897.

[1283] BGBl. I 2144.

[1284] Vgl. die Rechtsprechungsnachweise bei Ratzel/Luxenburger/*Schroeder-Printzen,* § 7 Rn. 1154 in Fn. 1583.

[1285] So LSG NW, B. v. 4.9.2002, MedR 2003, 310; aA *Kuhla,* NZS 2002, 461, 463.

[1286] SG Marburg, U. v. 11.10.2006 – S 12 KA 551/05 – KRS 06.049.

kend erlangt werden. Dies ergibt sich aus dem System des Vertragsarztrechts, das nach wie vor durch das Naturalleistungsprinzip in Verbindung mit der Beschränkung der Leistungserbringung auf einen umgrenzten Kreis dafür qualifizierter Leistungserbringer geprägt ist. Mit dieser Beschränkung ist verbunden, dass diesen die Berechtigung zur Erbringung von Leistungen förmlich zuerkannt worden sein muss. Dies gilt auch in den Fällen, in denen die Versicherten anstelle von Sach- oder Dienstleistungen Kostenerstattungen für Leistungen gem. § 13 II SGB V wählen.[1287]

5. Gebot der persönlichen Leistungserbringung

77 Chefärzte in Krankenhäusern sind es häufig gewohnt, im Rahmen ihrer stationären Tätigkeit erhebliche Teile der stationären Versorgung an nachgeordnete Ärzte zu delegieren. Dies kann zu Schwierigkeiten bei der Abrechnung von wahlärztlichen Leistungen im Rahmen der Krankenhaus- oder Chefarztliquidation führen.[1288] Auch im ambulanten Bereich gilt sowohl für den in freier Praxis niedergelassenen und zur vertragsärztlichen Versorgung zugelassenen Arzt als auch für den ermächtigten Krankenhausarzt das Gebot der persönlichen Leistungserbringung (§ 32, 32a Ärzte-ZV, § 15 I 1 BMV-Ä). Hier wie dort sind Inhalt und Umfang der persönlichen Leistungspflicht umstritten und von der Rechtsprechung nicht abschließend geklärt.[1289]

78 Streitig ist vor allem, ob der Grundsatz der persönlichen Leistungserbringung die Verpflichtung zur „höchstpersönlichen" (eigenhändigen) Leistung begründet oder bestimmte Leistungen an andere, insbesondere nachgeordnete Ärzte und nicht ärztliche Leistungen auch an andere Mitarbeiter des Krankenhauses delegiert werden dürfen. Während einer Delegation nicht ärztlicher Leistungen durch den ermächtigten Arzt grundsätzlich zugestimmt wird,[1290] „scheiden sich die Geister" bei der Frage der Delegierbarkeit ärztlicher Leistungen. Überwiegend – und zu Recht – wird eine solche Delegation aus Rechtsgründen verneint. § 32a Ärzte-ZV legt unmissverständlich fest, dass der ermächtigte Krankenhausarzt nicht berechtigt ist, einen Aus-, Weiterbildungs- oder Entlastungsassistenten für Leistungen im Rahmen seines Ermächtigungskataloges zu beschäftigen. Der ermächtigte Arzt darf sich lediglich in bestimmten Fällen vertreten lassen; auf die Parallelregelungen für Assistenten wird nicht verwiesen. Dies gilt auch für Anästhesie- und Radiologieleistungen, und selbst dann, wenn das Krankenhaus dem Arzt vertraglich oder außervertraglich die Erlaubnis erteilt hat, so zu verfahren.[1291] Verfehlt ist deshalb die Auffassung, soweit ärztliche Leistungen betroffen seien, hinsichtlich derer der Arzt über besondere Kenntnisse und Fähigkeiten verfüge, habe er sie persönlich zu erbringen (nicht delegierbare Leistungen). Fehle den Leistungen dagegen diese besondere Qualität, bestünden nach dem Zweck der Ermächtigung keine Bedenken, wenn sie von einem nicht ermächtigten Krankenhausarzt erbracht würden (delegierbare Leistungen).[1292] Eine solche „differenzierende" Betrachtung mag zwar der gemeinsamen Erklärung der Bundesärztekammer und der kassenärztlichen Bundesvereinigung vom 22.9.1988[1293] zu-

---

[1287] SG Marburg, aaO.
[1288] Vgl. LG Hamburg, U. v. 2.2.2001 in KRS 01 028; *Schulze/Eberz*, MedR 2003, 388.
[1289] Vgl. im Einzelnen zur Reichweite der Verpflichtung des ermächtigten Arztes zur persönlichen Leistungserbringung u. a. *Kuhla*, MedR 2003, 25 ff.; dazu krit. *Steinhilper*, MedR 2003, 339 und *Jolitz*, MedR 2003, 340.
[1290] Allerdings sind insoweit auch die üblichen Kriterien einzuhalten, d. h. das Krankenhauspersonal muss für die übertragene Aufgabe fachlich geeignet sein, der ermächtigte Arzt muss das Personal in dieses Arbeitsgebiet eingeführt haben und der Arzt muss darüber hinaus das Personal in diesem Tätigkeitsbereich hinreichend fachlich überwachen – vgl. *Steinhilper*, MedR 2003, 339.
[1291] In diesem Sinne *Kamps*, MedR 2003, 63, 75; *Plagemann*, Vertragsarztrecht, Rn. 443; *Steinhilper*, MedR 2003, 339.
[1292] So *Kuhla*, MedR 2003, 25, 27.
[1293] Siehe den Nachweis bei *Kuhla*, MedR 2003, 25, 27 dort Fn. 11.

grunde liegen. Dabei handelt es sich indessen um eine Rechtsmeinung und nicht um normatives Recht.[1294] Der „ärztliche Anteil" der im EBM aufgeführten Leistungen, die der Ermächtigung zugrunde liegen, ist in der Regel nicht teilbar. Das gilt nicht nur für solche Leistungen, bei denen der Arzt im direkten Kontakt mit dem Patienten tätig wird, sondern auch für solche Leistungen, die – wie Leistungen der bildgebenden Diagnostik – in einen technischen und einen „ärztlichen" Leistungsanteil unterfallen. Es liegt nicht im Ermessen des Krankenhausarztes, darüber zu entscheiden, welchen Teil der Leistung er an nachgeordnete Ärzte delegieren darf. De lege lata kommt damit eine Delegation ärztlicher Leistungen durch den ermächtigten Krankenhausarzt außerhalb der von § 31a Ärzte-ZV geregelten Stellvertretung nicht in Betracht.[1295]

V. Weitere Öffnung der Krankenhäuser für die ambulante Versorgung

1. Allgemeines

Ziel der mit dem GMG[1296] beabsichtigten Strukturreform war insbesondere eine verbesserte Integration von ambulanter und stationärer Versorgung, u. a. durch eine weitere Öffnung der Krankenhäuser für die ambulante Versorgung. Bisher war die ambulante ärztliche Leistungserbringung weitgehend den freiberuflich tätigen Ärzten und den Vertragsärzten vorbehalten. Die Teilnahme von Krankenhausärzten und Krankenhäusern war nur subsidiär möglich, wenn die Vertragsärzte ihren Sicherstellungsauftrag nicht erfüllen konnten (§ 116 SGB V und § 31 Ärzte-ZV). Neben freiberuflich tätigen Ärzten waren nur im Rahmen enger Übergangsregelungen die poliklinischen Einrichtungen der ehemaligen DDR, die mit angestellten Ärzten Leistungen erbringen, zur vertragsärztlichen Versorgung zugelassen (§ 311 II SGB V). Weitere wesentliche Schwachstellen des Systems waren das Fehlen übergreifend organisierter integrierter Versorgungsprozesse, insbesondere zur Behandlung chronisch Kranker, sowie die mangelnde Verzahnung von ambulantem und stationärem Sektor auf Grund „verkrusteter Zuständigkeitsverteilungen".[1297] Dies soll sich gemäß der Zielvorgabe des GMG durch Beseitigung juristischer und ökonomischer Hemmnisse bei der integrierten Versorgung, Einführung neuer Leistungserbringer und einer „behutsamen" Öffnung der Krankenhäuser für neue Leistungsbereiche in der ambulanten Behandlung ändern. Die damit erreichte Überwindung sektoraler Grenzen bei der medizinischen Versorgung und der Wettbewerb zwischen verschiedenen Leistungserbringern soll nicht nur Effizienzreserven erschließen, sondern vor allem dem Patienten eine seinen spezifischen Erfordernissen am besten entsprechende Versorgungsform ermöglichen.[1298] Dazu sieht das Gesetz bereichsspezifisch unterschiedliche Instrumente und Versorgungsangebote vor:

- Gründung eines medizinischen Versorgungszentrums (MVZ) zur Teilnahme an der vertragsärztlichen Versorgung (§ 95 I SGB V);[1299]

[1294] So zutreffend *Jolitz*, MedR 2003, 340.
[1295] Zu Reformüberlegungen und zur Überwachungspflicht bei zulässiger Delegation de lege ferenda siehe *Steinhilper*, MedR 2003, 339, 340.
[1296] Gesundheitsmodernisierungsgesetz vom 14.11.2003 (BGBl. I 2190); s. dazu den Überblick bei *Hiddemann/Muckel*, NJW 2004, 7; *Orlowski/Wasem*, Gesundheitsreform 2004, § 4 Rn. 58 ff.; *Moritz Quaas*, Rechtsfragen der ambulanten Versorgung im Krankenhaus, 2011, 85 ff.
[1297] *Degener-Hencke*, NZS 2003, 629.
[1298] GMG, Amtl. Begr. BT-Drs. 15/1525, 74; s. a. die bei *Degener-Hencke*, NZS 2003, 629 zitierten „Eckpunkte" der neuen Regelung: „Eine an den Patientenbedürfnissen orientierte Gestaltung der Versorgung muss das Sektorendenken überwinden. Patienten müssen dort versorgt werden, wo dies den medizinischen Erfordernissen am besten entspricht. Ein Wettbewerb zwischen unterschiedlichen Versorgungsformen kann außerdem Innovationen beschleunigen und Effizienzreserven erschließen. Den Patienten werden deshalb mehr Möglichkeiten eingeräumt, zwischen verschiedenen Versorgungsformen zu wählen."
[1299] Dazu ausführl. u. in → § 17 Rn. 1 ff.

- Zulassung des Krankenhauses zur vor- und nachstationären Behandlung (§ 115a SGB V);[1300]
- Zulassung des Krankenhauses zum ambulanten Operieren (§ 115b SGB V);[1301]
- Institutionelle Öffnung der Krankenhäuser bei Unterversorgung im vertragsärztlichen Bereich (§ 116a I SGB V);[1302]
- Einbeziehung der Krankenhäuser in die ambulante spezialfachärztliche Versorgung (§ 116b SGB V);[1303]
- Zulassung von Hochschulambulanzen[1304] (§ 117 SGB V), psychiatrischen Institutsambulanzen[1305] (§ 118 SGB V) und geriatrischen Institutsambulanzen (§ 118a SGB V);
- Einbeziehung der Krankenhäuser in die ambulante Leistungserbringung bei Teilnahme an Disease-Management-Programmen (§§ 137f, g SGB V);
- Einbeziehung des Krankenhauses zur Erbringung ambulanter Leistungen in der Integrationsversorgung (§ 140a SGB V).

2. Vor- und nachstationäre Behandlung im Krankenhaus

80 **a) Allgemeines.** Die vor- und nachstationäre Behandlung im Krankenhaus gem. § 115a SGB V ist dadurch gekennzeichnet, dass die gesetzlich Krankenversicherten in innerem und zeitlichem Zusammenhang mit einem vollstationären Krankenhausaufenthalt zeitweise im Krankenhaus behandelt werden, ohne dass sie dort gleichzeitig untergebracht oder verpflegt würden. Nach § 115a I Nr. 1 SGB V kann dies in medizinisch geeigneten Fällen einerseits erfolgen, um im Rahmen einer vollstationären Behandlung die Erforderlichkeit einer vollstationären Krankenhausbehandlung zu klären oder die vollstationäre Krankenhausbehandlung vorzubereiten. Die nachstationäre Behandlung kann andererseits nach § 115a I Nr. 2 SGB V im Anschluss an eine vollstationäre Krankenhausbehandlung durchgeführt werden, um den Behandlungserfolg zu sichern oder zu festigen. Voraussetzung sowohl der vor- als auch der nachstationären Behandlung ist, dass eine Verordnung der Krankenhausbehandlung vorliegt. In § 115a II f. SGB V werden weitergehende Regelungen insbesondere zum zeitlichen Rahmen und zur Vergütung getroffen.[1306]

81 **b) Normzweck des § 115a SGB V und rechtssystematische Einordnung.** Vor- und nachstationäre Maßnahmen sind der Form nach ambulante Behandlung, die wegen des qualifizierten funktionalen und unmittelbar zeitlichen Zusammenhangs mit vollstationären Behandlung in die Krankenhausbehandlung aufgenommen sind. Um die notwendige Klarheit in der formalen Zuordnung zu erreichen, ist die Dauer solcher Maßnahmen begrenzt. § 115a I 1 SGB V lässt die vorstationäre Behandlung längstens auf drei Behandlungstage innerhalb von fünf Tagen vor Beginn der stationären Behandlung zu. Die nachstationäre Behandlung darf sieben Behandlungstage innerhalb von 14 Tagen grundsätzlich nicht überschreiten.[1307] Zweck dieser besonderen Behandlungsformen – wie auch der ambulanten Operation – ist es, die stationäre Leistungsnachfrage durch Verlagerung in vor- und nachstationäre sowie (weitere) ambulante Bereiche zu verringern.[1308]

82 Die Leistungen eines Krankenhauses nach § 115a SGB V sind Krankenhausbehandlungen[1309] und von der vertragsärztlichen Versorgung strikt zu trennen. Insoweit kann sich im Einzelnen die Notwendigkeit ergeben, solche Leistungen von der teilstationären Kranken-

---

[1300] → Rn. 80 ff.
[1301] → Rn. 85 ff.
[1302] → Rn. 94.
[1303] → Rn. 104 ff.
[1304] → Rn. 97 ff.
[1305] → Rn. 100 ff.
[1306] Vgl. im Einzelnen zur vor- und nachstationären Behandlung gem. § 115a SGB V u. a. *Simon*, Das Krankenhaus im System der ambulanten Versorgung gesetzlich Krankenversicherter (Diss.), 2012, 174 ff.
[1307] § 115a II 1 und 2 SGB V.
[1308] GSG-Begr. BT-Drs. 12/3608 zu Nr. 63; Hauck/*Noftz* SGB V, K § 39 Rn. 52.
[1309] § 39 I 1 SGB V.

hausbehandlung zu trennen und abzugrenzen.¹³¹⁰Allerdings ist man sich über die rechtssystematische Einordnung der Behandlung nach § 115a SGB V nicht einig. Sicher ist, dass es sich nicht um eine ambulante Behandlung im Sinne des § 73 II SGB V handelt. Überwiegend wird sie als Teil der stationären Versorgung¹³¹¹, zum Teil auch als „Krankenhausbehandlung eigener Art."¹³¹² bzw. als „Leistungserbringung eigener Art."¹³¹³ eingestuft. Im Ergebnis spielen diese Unterscheidungen keine Rolle, weil sie weder Auswirkungen auf die Voraussetzungen noch die Vergütung der in § 115a SGB V geregelten Behandlung haben.¹³¹⁴

c) **Leistungsvoraussetzungen und Vergütung.** Das Krankenhaus kann ohne gesonderte Zulassung Patienten, denen eine Krankenhausbehandlung verordnet worden ist, im Rahmen der gesetzlich begrenzten Dauer vor- bzw. nachstationär behandeln. Der nachstationäre Behandlungszeitraum kann im Einvernehmen mit dem behandelnden Arzt verlängert werden.¹³¹⁵ Für Patienten nach Organtransplantationen gelten noch längere Fristen.¹³¹⁶ Darüber hinaus darf das Krankenhaus die vor- und nachstationären Leistungen – wie durch § 115a I 2 SGB V klargestellt – durch hierzu ausdrücklich beauftragte niedergelassene Vertragsärzte in den Räumen des Krankenhauses oder der Arztpraxis erbringen.¹³¹⁷ Die Grundsätze der Erforderlichkeit (vor- und nach-)stationärer Leistungen gelten uneingeschränkt¹³¹⁸ 83

Für die Vergütung der vor- und nachstationären Behandlung vereinbaren die in § 115a I 1 SGB V genannten Parteien auf Landesebene pauschalierte Entgelte. Solange entsprechende Landesvereinbarungen fehlen, gelten die gemäß § 115a III 3 SGB V zwischen dem Spitzenverband Bund der Krankenkassen und der DKG getroffenen Empfehlungen.¹³¹⁹ 84

3. Ambulantes Operieren im Krankenhaus

a) **Allgemeines.** Mit der durch das GSG (1993) geschaffenen Behandlungsform „ambulantes Operieren" als Krankenhausbehandlung¹³²⁰ berücksichtigt der Gesetzgeber den medizinischen Fortschritt, der es zulässt, Patienten im Krankenhaus zu operieren, ohne sie stationär aufnehmen zu müssen. Vorrangiges Ziel war dabei – entsprechend der ebenfalls durch das GSG eingeführten Vorschrift des § 115a SGB V – die Kostensenkung. Darüber hinaus dient die Möglichkeit zur ambulanten Behandlung im Krankenhaus auch dem Patienteninteresse und der Wirtschaftlichkeit der Krankenhausversorgung.¹³²¹ 85

Gegenstand des § 115b SGB V ist damit die Ermöglichung einer Handlungsoption von zugelassenen Krankenhäusern, ambulantes Operieren und stationsersetzende Eingriffe durchführen zu können.¹³²² Ambulantes Operieren im Sinne des § 115b SGB V liegt demgemäß vor, wenn der Patient weder die Nacht vor noch die Nacht nach dem Eingriff im Krankenhaus verbringt.¹³²³ Unter stationsersetzenden Eingriffen werden Behandlungen verstanden, die überwiegend im Rahmen einer voll- bzw. teilstationären Behandlung durch- 86

---

¹³¹⁰ BSG U. v.19.4.2016 – B 1 KR 21/15 R in SGb 2017, 288 (m. Anm. *Ricken*).
¹³¹¹ BSG SozR 3–2500, § 116 Nr. 13.
¹³¹² Hauck/Noftz/*Steege* SGB V, § 115a Rn. 4, 7.
¹³¹³ jurisPK–SGB V/*Köhler-Hohmann* § 115a Rn. 21.
¹³¹⁴ *Becker*/Kingreen, SGB V, § 115a Rn. 4.
¹³¹⁵ § 115a II 3 SGB V.
¹³¹⁶ § 115a II 4 SGB V.
¹³¹⁷ → § 16 Rn. 146.
¹³¹⁸ LSG BW,U. v. 13.9.2016 – L4 KR 2220/15 – KRS 2017, 87.
¹³¹⁹ Dazu – und zum Abstimmungserfordernis für MRT im Rahmen einer prä-/poststationäre Behandlung BSG GesR 2010, 424.
¹³²⁰ §§ 39 I 1, 115b SGB V.
¹³²¹ BT-Drs. 12/3608, S. 103.
¹³²² BSG MedR 2000, 242; zu Einzelheiten s u. a. *Simon*, das Krankenhaus im System der ambulanten Versorgung gesetzlich Krankenversicherter, 2012, 184 ff.
¹³²³ BSG, SozR 4–2500, § 39 Nr. 3.

geführt werden, grundsätzlich jedoch auch ambulant durchgeführt werden können und sich für eine Verlagerung aus der stationären in die ambulante Versorgung eignen.[1324] Gemeint sind insbesondere invasive Maßnahmen, wie z. B. Herzkatheteruntersuchungen.[1325]

87 **b) AOP-Vertrag.** § 115b I SGB V ermächtigt die Vertragspartner der Selbstverwaltung auf Bundesebene, in einem dreiseitigen Vertrag einen Katalog ambulant durchführbarer Operationen und sonstiger stationsersetzender Eingriffe sowie einheitliche Vergütungen für Krankenhäuser und Vertragsärzte zu vereinbaren. Durch das GKV-WSG wurde hinzugefügt, dass dabei die Qualitätsvoraussetzungen nach § 135 II SGB V sowie die Richtlinien und Beschlüsse des G-BA nach §§ 52 I 2 und 137 SGB V zu berücksichtigen sind. Der aktuelle „Vertrag über ambulantes Operieren und stationsersetzende Eingriffe im Krankenhaus" (AOP-Vertrag) vom 8.5.2012 gilt seit dem 1.6.2012.[1326] Es handelt sich – wie bei den Vereinbarungen nach §§ 112 und 115 SGB V – um einen öffentlich-rechtlichen Normenvertrag.[1327]

88 Die Reichweite des AOP-Vertrages beschränkt sich nicht auf das ambulante Operieren im Krankenhaus. Wie die Formulierung in § 115b I Nr. 2 SGB V und die Beteiligung der KBV zeigen, regelt er zugleich auch die Operationstätigkeit der niedergelassenen Vertragsärzte.[1328] Weil beim ambulanten Operieren Krankenhäuser und frei praktizierende Ärzte miteinander konkurrieren, müssen für beide Bereiche gleichartige Leistungsbedingungen gelten.[1329]

89 Der (aktuelle) dreiseitige Vertrag nach § 115b I SGB V besteht aus dem (eigentlichen) AOP-Vertrag und dem sog. AOP-Katalog, der – orientiert an der OPS-Klassifikation[1330] – eine Auflistung der ambulant durchführbaren Leistungen enthält und als Anlage 1 zu § 3 I AOP-Vertrag diesem beigefügt ist. Strukturbestimmende Merkmale der – abschließend – aufgeführten operativen Leistungen sind der einheitliche Bewertungsmaßstab (EBM) und die OPS-Zuordnung.[1331] Entsprechend der Regelung des § 3 II 1 AOP-Vertrag sind in der Anlage solche Leistungen, die in der Regel ambulant erbracht werden sollen, gesondert gekennzeichnet. Im Einklang mit § 115b I 3 SGB V besagt aber § 3 II 2 iVm III AOP-Vertrag, dass bei der Erfüllung bestimmter allgemeiner Tatbestände gleichwohl eine stationäre Durchführung der Eingriffe erforderlich sein kann. Hierdurch soll eine einheitliche Handhabung bei der kassenseitigen Überprüfung von stationär erbrachten Krankenhausleistungen erreicht werden.[1332] Zu einigen OPS-Codes existiert eine z. B. nach Alter oder Diagnose differenzierte Zuordnung der Kategorie, die den entsprechenden Kategoriefeldern zu entnehmen ist.

90 Die Entscheidung über eine ambulante oder stationäre Durchführung der Eingriffe trifft allein der behandelnde (Krankenhaus-)Arzt. Er hat seine ex-ante-Entscheidung nach ärztlichem Ermessen auf der Basis dieser Kriterien vorzunehmen. Bei abweichender Entscheidung ist die Begründung und Dokumentation notwendig.[1333]

91 **c) Zulassung des Krankenhauses.** Für die Durchführung ambulanter Operationen und stationsersetzender Eingriffe sind die Krankenhäuser nach § 115b II 1 SGB V kraft Gesetzes zugelassen, ohne dass es einer (weiteren) Ermächtigung bedarf. Es ist lediglich eine Mitteilung

---

[1324] BT-Drs. 14/1245, S. 84.
[1325] JurisPK–SGB V/*Köhler-Hohmann* § 115b Rn. 21.
[1326] Dettling/*Gerlach*, Krankenhausrecht, § 115b SGB V Rz. 14..
[1327] Prütting/*Quaas*, § 112 SGB V Rn. 2 m. w. N.
[1328] Zur Zugehörigkeit des praxisambulanten Operierens als Bestandteil der vertragsärztlichen Versorgung vgl. BSG MedR 2002, 42, 45; Hauck/Noftz/*Steege* SGB V, K § 115b Rn. 2, 13.
[1329] BSG SozR 2500 § 115b Nr. 3 S. 10.
[1330] Operationen und Prozeduren-Schlüssel, OPS, Version 2010, vgl. www.dimdi.de.
[1331] Vgl. im Einzelnen jurisPK-SGB V/*Köhler-Hohmann*, § 115b Rn. 28 ff.
[1332] *Simon*, Das Krankenhaus im System der ambulanten Versorgung gesetzlich Krankenversicherter, 2012, 188.
[1333] jurisPK-SGB V/*Köhler-Hohmann*, § 115b Rn. 26.

§ 16 Ärzte und Krankenhaus

des Krankenhauses an die Landesverbände der Krankenkassen und die weiteren, in § 115b II 1. HS. SGB V genannten Organisationen erforderlich. Macht das Krankenhaus insoweit von seiner „Zulassungsoption" Gebrauch, können die Patienten für die im AOP-Vertrag aufgelisteten Operationen frei wählen, ob sie sich von einem Vertragsarzt oder in einem Krankenhaus operieren lassen. Eine Überweisung durch einen Vertragsarzt ist nicht erforderlich. Anders als die Vertragsärzte ist das Krankenhaus nicht verpflichtet, ambulante Operationen oder stationsersetzende Eingriffe durchzuführen.[1334] Macht das Krankenhaus von der „Zulassung" gem. § 115b SGB V Gebrauch, ist es an die Fachgebietsgrenzen gemäß der jeweiligen WBO gebunden.[1335]

d) Vergütung. Für Krankenhäuser und Vertragsärzte wird eine einheitliche Vergütung vorgeschrieben.[1336] Soweit das Krankenhaus betroffen ist, werden dessen Leistungen unmittelbar von den Krankenkassen vergütet.[1337] Deshalb soll die gesetzliche Vorgabe einheitlicher Vergütungen bewirken, dass es für die Kostenträger ohne Bedeutung ist, ob eine bestimmte ambulante Operation in einer Arztpraxis oder in einem Krankenhaus stattfindet. Das BSG ist deshalb mit Recht Bestrebungen entgegengetreten, die Vergütung für klinikambulante Operationen unter Hinweis auf die spezifischen Leistungsbedingungen des Krankenhauses gegenüber der vertragsärztlichen Vergütung zu modifizieren und den für ermächtigte Krankenhausärzte geltenden Regelungen anzupassen.[1338] Allerdings hat die durch den EBM vorgegebene Vergütung nach Punktwerten und deren Absenkung durch den Gesetzgeber zur Folge, dass das gesetzlich angestrebte Ziel, ambulante Operationen zu fördern, nicht erreicht werden kann.[1339]

92

Gem. § 115b I 4 SGB V in der durch das GKV-VStG (2012) geänderten Fassung ist im AOP-Vertrag vorzusehen, dass ambulant durchführbare Operationen und stationsersetzende Eingriffe auch auf der Grundlage einer vertraglichen Zusammenarbeit des Krankenhauses mit niedergelassenen Vertragsärzten ambulant im Krankenhaus erbracht werden können. Der Gesetzgeber hat damit ein Urteil des BSG vom 23.3.2011[1340] korrigiert, wonach die Einbeziehung von Vertragsärzten bei der Bereitstellung von OP- und Anästhesie-Kapazitäten im Rahmen ambulanter Operationen bei gleichzeitiger vollständiger Abrechnung durch das Krankenhaus unzulässig ist. Insoweit ergeben sich beim Einsatz von Honorarärzten bei Durchführung von ambulanten Operationen durch das Krankenhaus vergütungsrechtlich keine Besonderheiten.[1341]

93

4. Unterversorgung

Im Fall einer lokalen Unterversorgung kann der Zulassungsausschuss zugelassene Krankenhäuser für das entsprechende Fachgebiet auf deren Antrag zur vertragsärztlichen Versorgung ermächtigen, soweit und solange dies zur Deckung der Unterversorgung erforderlich ist (§ 116a SGB V).[1342] Eine Unterversorgung liegt vor, wenn der im Bedarfsplan ausgewiesene bedarfsgerechte Versorgungsgrad in der allgemeinärztlichen Versorgung um 25 % bzw. in

94

[1334] *Simon*, Das Krankenhaus im System der ambulanten Versorgung gesetzlich Krankenversicherter, 2012, 190.
[1335] BSG, U. v. 31.5.2016 – B 1 KR 39/15 R – in KRS 2017, 84.
[1336] § 115b I 1 Nr. 2 SGB V; zu Einzelheiten der Vergütung s. *Simon*, Das Krankenhaus im System der ambulanten Versorgung gesetzlich Krankenversicherter, 2012, 193 ff.
[1337] § 115b II 4 SGB V.
[1338] BSG SozR 3-2500, § 115b Nr. 2.
[1339] *Becker*/Kingreen SGB V, § 115b Rn. 15.
[1340] BSGE 108, 35.
[1341] Zu Einzelheiten s. u. → § 16 Rn. 148.
[1342] Zum Anwendungsbereich dieser Bestimmung vgl. *Moritz Quaas*, Rechtsfragen der ambulanten Versorgung im Krankenhaus, 2011, S. 142; Ratzel/Luxenburger/*Schroeder-Printzen*, § 7 Rn. 449 ff.; *Wenner* GesR 2007, 337 (339).

der fachärztlichen Versorgung in einem Fachgebiet um 50 % unterschritten wird (§ 100 I SGB V iVm Nr. 29 Bedarfsplanungsrichtlinien-Ärzte). In den alten Bundesländern ist dies allenfalls in ländlichen Bereichen, in den neuen Bundesländern schon eher der Fall. Einen Rechtsanspruch auf Ermächtigung räumt die Bestimmung nach ihrem Wortlaut nicht ein. Dies ist angesichts des bestehenden Vorrangs der Ermächtigung von Krankenhausärzten nach § 116 konsequent, wenn und soweit am Krankenhaus Fachärzte vorhanden sind, die den Versorgungsmangel durch eine persönliche Ermächtigung ausgleichen können. Dabei hat der Landesausschuss der Ärzte und Krankenkassen von Amts wegen zu prüfen, ob in einem Planungsbereich eine ärztliche Unterversorgung besteht oder droht (§ 16 I 1 Ärzte-ZV). Ist dies der Fall und stehen keine Fachärzte an einem Krankenhaus zur vertragsärztlichen Versorgung zur Verfügung, ist allerdings ein Rechtsanspruch des antragstellenden Krankenhauses auf Ermächtigung zu bejahen (§ 116a SGB iVm Art. 12 I GG). Bewirbt sich ein weiteres Krankenhaus um die Ermächtigung, muss der Zulassungsausschuss nach pflichtgemäßem Ermessen entscheiden, welchem der antragstellenden Krankenhäuser die Institutsermächtigung zu erteilen ist. Im Übrigen ist die Ermächtigung – wie die bedarfsabhängigen Ermächtigungen nach bisher schon geltendem Recht – entsprechend dem Umfang und der voraussichtlichen Dauer der Unterversorgung zu beschränken.

5. Zulassung von Hochschulambulanzen (§ 117 SGB V)

95 **a) Sachliche Voraussetzungen.** Nach § 117 I 1 SGB V haben die Ambulanzen, Institute oder Abteilungen der Hochschulkliniken (Hochschulambulanzen)[1343] einen (bedarfsunabhängigen) Rechtsanspruch auf Ermächtigung zur ambulanten ärztlichen Behandlung durch den Zulassungsausschuss. Das gilt nicht für sog. Lehrkrankenhäuser, die in Zusammenarbeit mit den Hochschulkliniken die Ausbildung des medizinischen Nachwuchses übernehmen.[1344] Der Anspruch richtet sich auf die Ermächtigung in dem für Forschung Lehre erforderlichen Umfang (§ 117 I 2 SGB V). Zu diesem Zweck sind im Ermächtigungsbescheid in der Regel Fallzahlbegrenzungen vorzunehmen.[1345] Obligatorisch sind Fallzahlbegrenzungen im Rahmen der Ermächtigung der Hochschulambulanzen an psychologischen Universitätsinstituten (§ 117 II 2 SGB V).

96 **b) Vergütung.** Die Vergütung der Leistungen der Hochschulambulanz erfolgt durch die Krankenkassen (§ 120 II SGB V)[1346] und kann pauschaliert werden (§ 120 III 1 SGB V). Im Rahmen der zwischen den Landesverbänden der Krankenkassen und der Ersatzkassen und den Hochschulkliniken, Krankenhäusern und den Landeskrankenhausgesellschaften zu vereinbarenden Vergütung (§ 120 II 2 SGB V) ist auch ein Investitionskostenabschlag in Höhe von 10 % vorzusehen. Ein darüber hinausgehender Abschlag für Forschung und Lehre, den § 120 III 2 SGB V in der bis zum 31.12.2002 gültigen Fassung vorsah, ist durch die Neufassung von § 120 II 5 SGB V entfallen.[1347] Einigen sich die Vertragspartner über die (Höhe der)

[1343] Der ursprünglich in § 117 SGB V verwandte Begriff der „Polikliniken" bzw. der „poliklinischen Institutsambulanzen" wurde mit dem FPG mit Wirkung zum 1.1.2003 – BGBl. I S. 1412, 1432 durch den Begriff der Hochschulambulanzen ersetzt und auf alle Ambulanzen, Institute und Abteilungen der Hochschulkliniken ausgedehnt – vgl. *Simon*, Das Krankenhaus im System der ambulanten Versorgung gesetzlich Krankenversicherter (Diss.), 2012, 146.

[1344] *Simon*, Das Krankenhaus im System der ambulanten Versorgung gesetzlich Krankenversicherter (Diss.), 2012, 147.

[1345] Zwingend sind solche Nebenbestimmungen nicht – vgl. *Simon*, Das Krankenhaus im System der ambulanten Versorgung gesetzlich Krankenversicherter (Diss.), 2012, 151; Peters/*Hencke* SGB V, § 117 Rn. 3; Krauskopf/*Knittel*, § 117 SGB V Rn. 4; aA KassKomm/*Hess*, § 117 Rn. 5.

[1346] Ausführlich dazu *Simon*, Das Krankenhaus im System der ambulanten Versorgung gesetzlich Krankenversicherter (Diss.), 2012, 154 ff.

[1347] *Simon*, Das Krankenhaus im System der ambulanten Versorgung gesetzlich Krankenversicherter (Diss.), 2012, 157; aA Peters/*Hencke*, § 120 SGB V Rn. 9, 12.

Vergütung nicht, steht der Weg zu der (Krankenhaus-)Schiedsstelle (§ 120 IV 1 SGB V) und ggf. anschließend zu den Sozialgerichten offen.[1348]

c) Rangfragen und Rechtsschutz. Schwierige Rechtsfragen ergeben sich im Hinblick auf das Rangverhältnis zwischen der Ermächtigung nach § 117 SGB V und weiteren Ermächtigungstatbeständen, insbesondere der §§ 116 SGB V (§§ 31a I und 31 I Ärzte-ZV) und § 116b SGB V.[1349] Ausgangspunkt ist, dass die Hochschulambulanz-Ermächtigung aufgrund ihrer Bedarfsunabhängigkeit nicht hinter anderen Ermächtigungsformen zurücktreten muss. Vielmehr sind im Rahmen der Ermächtigung von Krankenhausärzten oder auf § 116 SGB V gestützte Institutsermächtigungen die bestehenden Hochschulambulanzen nach § 117 SGB V zu berücksichtigen.[1350] Andererseits schließt dies – bei bestehendem Bedarf – Ermächtigungen nach § 116 SGB V zur Schließung einer entsprechenden „Versorgungslücke" auch für solche ärztliche Leistungen nicht aus, die bereits im Rahmen einer Hochschulambulanz-Ermächtigung erbracht werden.[1351] Das folgt daraus, dass Ermächtigungen der Hochschulambulanzen ihrem Sinn und Zweck nach inhaltlich und umfänglich allein an Forschungs- und Lehrerfordernissen auszurichten sind und insoweit keinen Bezug zur vertragsärztlichen Versorgungssituation aufweisen. Es steht den Hochschulkliniken deshalb auch frei, für solche Leistungen, für die keine Notwendigkeit zur Erbringung im Rahmen von Forschung und Lehre besteht, Institutsermächtigungen nach § 31 I Ärzte-ZV oder Ermächtigungen nach §§ 116a oder b SGB V zu beantragen.[1352] § 117 SGB V bildet insoweit keine abschließende Ermächtigungsmöglichkeit zur ambulanten Versorgung gesetzlich Versicherter in den Hochschulkliniken. Da § 117 SGB V rechtssystematisch weder vor- noch nachrangig gegenüber anderen Ermächtigungstatbeständen zur vertragsärztlichen Versorgung ausgestaltet ist, können zugelassene Vertragsärzte nicht erfolgreich eine Drittwiderspruchs- oder Klagebefugnis gegenüber der Ermächtigung einer Hochschulambulanz beanspruchen.[1353]

97

6. Psychiatrische Institutsambulanz (§ 118 SGB V)

a) Allgemeines. Durch § 118 SGB V werden psychiatrische Krankenhäuser in die ambulante Versorgung einbezogen. Ziel ist es, Patienten mit in der Regel schweren Krankheitsbildern eine ihnen angemessene Versorgung im ambulanten Bereich zur Verfügung zu stellen. Die Regelungen wie die Vorgängerbestimmung des § 368n VI 2–9 RVO knüpfen an die Psychiatrie-Enquête 1975 (BT-Drs. 7/4200) an, in der ein erheblicher Bedarf an ambulanter psychiatrischer und psychotherapeutischer Behinderte konstatiert wurden. § 118 SGB V begründet insoweit einen bedarfsunabhängigen Sondertatbestand für Ermächtigungen von psychiatrischen Institutsambulanzen. Die Bestimmung unterscheidet zwischen der Ermächtigung von psychiatrischen Krankenhäusern, die auf Antrag erfolgt und der gesetzlichen Ermächtigung von Allgemeinkrankenhäusern mit selbstständigen Abteilungen.

98

b) Ermächtigung psychiatrischer Krankenhäuser. Die Ermächtigung psychiatrischer Krankenhäuser zur ambulanten psychiatrischen und psychotherapeutischen Versorgung der Versicherten erfolgt auf Antrag durch den Zulassungsausschuss. Auf die Erteilung der

99

[1348] LSG Nds. NZS 2002, 263; Huster/Kaltenborn/*Schrinner*, § 6 Rn. 65; *Simon*, aaO, 159 m. w. N.
[1349] *Simon*, Das Krankenhaus im System der ambulanten Versorgung gesetzlich Krankenversicherter (Diss.), 2012, 149 f.
[1350] Hauck/Noftz/*Kuschinsky*, § 116 SGB V Rn. 21.
[1351] BSG, U. v. 1.7.1998 – B 6 KA 43/97 R – BSGE 82, 216, 221 f.
[1352] *Simon*, Das Krankenhaus im System der ambulanten Versorgung gesetzlich Krankenversicherter (Diss.), 2012, 150 unter Verweise auf BSGE 82, 216, 222.
[1353] *Simon*, Das Krankenhaus im System der ambulanten Versorgung gesetzlich Krankenversicherter (Diss.), 2012, 149; Steinhilper, MedR 2007, 469 (472); aA LSG BW, MedR 2008, 103; krit. dazu Spickhoff/ *Szabados*, § 117 SGB V Rn. 8.

Ermächtigung besteht ein Rechtsanspruch. Eine Bedarfsprüfung findet nicht statt.[1354] Die Ermächtigung wird „psychiatrischen Krankenhäusern" erteilt. Psychiatrische Krankenhäuser sind Einrichtungen, die den Krankenhausbegriff des § 107 I SGB V erfüllen und zur psychiatrischen und psychotherapeutischen Versorgung der Versicherten zugelassen sind. Unter den Begriff des psychiatrischen Krankenhauses fällt auch eine Tages- oder Nachtklinik, die zur (teil-)stationären Versorgung der Versicherten berechtigt ist. Dies gilt erst recht, wenn die Tages- oder Nachtklinik in den Krankenhausplan eines Landes aufgenommen ist.[1355]

100   Die Bestimmung des § 118 I 2 SGB V, wonach die Behandlung auf diejenigen Versicherten auszurichten ist, die wegen Art, Schwere oder Dauer ihrer Erkrankung oder wegen zu großer Entfernung zu geeigneten Ärzten auf die Behandlung durch diese Krankenhäuser angewiesen sind, ist keine Ermächtigungsvoraussetzung. Sie betrifft nicht das „Ob", sondern das „Wie" der Ermächtigung. Dies gilt auch für die weitere Einschränkung in § 118 I 3 SGB V, wonach der Krankenhausträger sicherstellt, dass die für die ambulante Behandlung erforderlichen Ärzte und die notwendigen Einrichtungen bei Bedarf zur Verfügung stehen.[1356] Im Fall einer Tagesklinik haben die Zulassungsgremien bei der näheren Ausgestaltung der Ermächtigung die Besonderheit berücksichtigen, dass die Ermächtigung zur ambulanten Versorgung zu einem teilstationär behandelnden Krankenhaus erteilt wird. Dementsprechend müssen sie die Zielsetzung würdigen, die der Einbeziehung nur teilstationärer behandelnder Krankenhäuser in das Versorgungsangebot des GKV zu Grunde liegt.[1357] Im Übrigen ist streitig, eher zu verneinen, ob niedergelassene Vertragsärzte eine „defensive Konkurrentenklage" gegen die Ermächtigung psychiatrischer Krankenhäuser mit Erfolg erheben können.[1358]

101   **c) Ermächtigung von Allgemeinkrankenhäusern mit selbstständigen Abteilungen.** Nach § 118 II SGB V sind Allgemeinkrankenhäuser kraft Gesetzes ermächtigt. § 118 SGB V privilegiert somit psychiatrische Abteilungen von Allgemeinkrankenhäusern gegenüber psychiatrischen Krankenhäusern. Eine „regionale Versorgungsverpflichtung" im Sinne des § 118 II 1 SGB V besteht, wenn das Krankenhaus aufgrund des Betreuungsrechts und der Landesunterbringungsgesetze die Verpflichtung hat, die dort genannten Personen aufzunehmen. Die gesetzlich eingeräumte Ermächtigung des § 118 II SGB V kann nicht widerrufen werden Sie entfällt, wenn ihre Voraussetzungen nicht mehr erfüllt sind.[1359] Die Vergütung der Leistungen erfolgt durch die Krankenkassen und wird durch die Vertragspartner nach § 120 II 2 SGB V vereinbart. Drittschutz kommt § 118 II 1 SGB V nicht zu.[1360]

7. Ambulante Erbringung hochspezialisierter Leistungen durch Krankenhäuser (§ 116b SGB V a. F.)[1361]

102   **a) Allgemeines.** Der seit Jahren von der DKG erhobenen Forderung, Krankenhäuser zur ambulanten Erbringung hochspezialisierter Leistungen analog der Regelung zum ambulanten

---

[1354] BSG SozR 3–2500, § 118 Nr. 2; BSG, GesR 2009, 487.
[1355] BSG, GesR 2009, 487.
[1356] *Becker*/Kingreen, SGB V, § 118 Rn. 6.
[1357] BSG GesR 2009, 487.
[1358] Bejahend *Simon*, Das Krankenhaus im System der ambulanten Versorgung gesetzlich Krankenversicherter, 2012, 164; *Steinhilper*, MedR 2007, 469 (472); aA *Wenner*, Vertragsarztrecht nach der Gesundheitsreform, 174.
[1359] *Kingreen/Becker*, SGB V, § 118 Rn. 10.
[1360] *Simon*, Das Krankenhaus im System der ambulanten Versorgung gesetzlich Krankenversicherter, 2012, 165; *Spickhoff/Szabados*, § 118 SGB V Rn. 9.
[1361] Im Folgenden erfolgt ein Überblick über die bis zum 31.12.2011 geltende Bestimmung des § 116b SGB V (a. F.), nach der Krankenhäuser unter den Voraussetzungen des § 116b II SGB V bestimmt werden konnten, hoch spezialisierte Leistungen ambulant zu erbringen. Die Einbeziehung der Krankenhäuser in die ambulante spezialfachärztliche Versorgung (asV) auf der Grundlage des § 116b SGB V n. F. ist Gegenstand der unter § 16 V 9 (Rn. 112 ff.) vorgenommenen Darstellung.

§ 16 Ärzte und Krankenhaus

Operieren gesetzlich zuzulassen, kam das GMG (2003) mit § 116b II SGB V a. F. insoweit entgegen, als nun die Krankenkassen (oder deren Landesverbände oder die Verbände der Ersatzkassen) mit zugelassenen Krankenhäusern entsprechende Verträge schließen konnten. Neben hochspezialisierten Leistungen kam auch die ambulante Behandlung seltener Erkrankungen und von Erkrankungen mit besonderen Krankheitsverläufen in Betracht. Als „Start-Katalog" hat der Gesetzgeber in § 116b III SGB V a. F. eine Reihe solcher Leistungen genannt, für die die Krankenhäuser auf Grund der besonderen Qualifikation der Krankenhausärzte, ihrer Erfahrung und Routine, der vorhandenen Kompetenzbündelung und der Möglichkeit, Risiken in der Behandlung besser beherrschen zu können, besonders geeignet sind (u. a. Diagnostik und Versorgung von Patienten mit onkologischen Erkrankungen, CT/MRT-gestützte interventionelle schmerztherapeutische Leistungen, Diagnostik und Versorgung von Patienten mit HIV/Aids, MS etc.). Der gesetzliche Katalog war nach § 116b IV SGB V a. F. vom Gemeinsamen Bundesausschuss (GBA) erstmals bis zum 31.3.2004 um weitere Leistungen zu ergänzen und im Lichte neuer wissenschaftlicher Erkenntnisse spätestens alle zwei Jahre zu überprüfen. Der GBA hat seinen gesetzlichen Auftrag fristgerecht ausgeführt.[1362]

b) Neuregelung durch GKV-WSG (2007). Allerdings haben die Krankenkassen die ihnen mit Wirkung vom 1.1.2004 eingeräumte Vertragskompetenz kaum genutzt. Das GKV-WSG hat deshalb § 116b II SGB V neu gefasst und die Krankenhäuser unmittelbar unter den gesetzlich bestimmten Voraussetzungen zur ambulanten Leistungserbringung zugelassen. Die Gesetzesnovelle hat mit Wirkung zum 1.4.2007 § 116b II SGB V textlich zwar nur geringfügig geändert, seine Struktur indessen völlig umgestaltet.[1363] Auf Grund der Neufassung des § 116b II SGB V hatten Krankenhäuser nunmehr unmittelbaren Zugang zur ambulanten Erbringung der in Abs. 3 genannten und auf der Grundlage von Abs. 4 durch den GBA festgelegten Leistungen. Nahezu einzige Voraussetzung für die „Zulassung" zur Leistungserbringung war – nach dem Wortlaut des § 116b II SGB V a. F. – die „Eignung" des Krankenhauses. Bestand sie, erfolgte die „Bestimmung" des Krankenhauses zur Leistungserbringung „im Rahmen der Krankenhausplanung" und „unter Berücksichtigung der vertragsärztlichen Versorgungssituation".

aa) Verfassungsmäßigkeit. Verfassungsrechtliche Bedenken, die bereits gegen die Vorgängerbestimmung des 2003 geschaffenen § 116b a. F. erhoben wurden,[1364] sind jedenfalls nicht unter dem Gesichtspunkt eines Vorrangs der niedergelassenen Ärzte im Bereich der ambulanten Versorgung begründet.[1365] Dieser Vorrang hat keinen Verfassungsrang.[1366] Selbst wenn im Übrigen mit der „parallelen" Zulassung von Krankenhäusern und Vertragsärzten für identische Leistungen in der ambulanten Versorgung mangels Bedarfsprüfung durch die

103

104

[1362] GBA B. v. 16.3.2004 – BAnz Nr. 88, 10 177; abgedr. bei *Engelmann* (Hrsg.), Gesetzliche Krankenversicherung, Gliederungs-Nr. 290.

[1363] Zur Neufassung des § 116b II SGB V durch das GKV-WSG vgl u. a. Deutsche Krankenhausgesellschaft, das Krankenhaus 2007, 411; *Moritz Quaas*, Rechtsfragen der ambulanten Versorgung im Krankenhaus (Diss.), 2011, 209 ff.; *Prütting/Quaas*, § 116 SGB V Rn. 6 ff.; *Schmidt-Rettig/Arnold*, Krankenhaus und ambulante Versorgung, Loseblatt, I 232 ff.; *Simon*, Das Krankenhaus im System der ambulanten Versorgung gesetzlich Krankenversicherter (Diss.), 2012, 205 ff.; *Stollmann*, ZMGR 2007, 134 ff.; ders., NZS 2012, 485; *Wagener/Weddehage*, f&w 2007, 76 ff., *dies.*, MedR 2007, 643 ff.; *Wenner*, GesR 2007, 337 (342).

[1364] *Barth/Hänlein*, Die Gefährdung der Berufsfreiheit (Art. 12 I GG) niedergelassener Vertragsärzte durch Verträge nach § 116b II SGB V, Kurzgutachten im Auftrag des Bundesverbandes der niedergelassenen Hämatologen und internistischen Onkologen in Deutschland e. V., 2005, im Internet unter http://www.kbv.de.

[1365] Ausf. dazu *Moritz Quaas*, Rechtsfragen der ambulanten Versorgung im Krankenhaus (Diss.), 2011, 238 ff.; *Simon*, Das Krankenhaus im System der ambulanten Versorgung gesetzlich Krankenversicherter (Diss.), 2012, 274 ff.

[1366] *Wenner*, GesR 2007, 342.

für die Bestimmung des Krankenhauses nach § 116b II SGB V zuständige Behörde ein Eingriff in die Berufsfreiheit der niedergelassenen Ärzte gem. Art. 12 I GG bejaht würde, ist die Einschätzung des Gesetzgebers, Krankenhäuser auf Grund ihrer fachlichen Kompetenz für die Erbringung hochspezialisierter Leistungen bzw. seltener Erkrankungen oder Erkrankungen mit besonderen Krankheitsverläufen auch dann zuzulassen, wenn im Einzugsbereich des Krankenhauses das von den Leistungen betroffene Fachgebiet mit den vorhandenen Vertragsärzten ausreichend versorgt ist, in Ansehung der dadurch bewirkten Anhebung des fachlichen Versorgungsstandards auch verfassungsrechtlich gerechtfertigt.[1367] Die Frage, ob in einem „gesperrten" Planungsbereich genügend Internisten zugelassen sind, löst nicht das Problem, ob diese Internisten auch entsprechende hochspezialisierte Leistungen anbieten oder seltene Erkrankungen fachgerecht versorgen. Legitim ist es darüber hinaus, dass das GKV-WSG ausdrücklich den Wettbewerb stärken will. Der Wettbewerb zwischen Krankenhäusern und niedergelassenen Ärzten würde indessen weitgehend ausgeschlossen, wenn man den niedergelassenen Ärzten im Rahmen der Bedarfsplanung einen Vorrang auch gegenüber „zulassungswilligen" Krankenhäusern einräumen würde. Die Gleichrangigkeit der Leistungserbringung von Vertragsärzten und Krankenhäusern besteht bereits im Rahmen des § 115b SGB V (ambulantes Operieren und stationsersetzende Leistungen), ohne dass insoweit verfassungsrechtliche Bedenken seitens der niedergelassenen Ärzte erhoben wurden.[1368]

105 **bb) (Tatbestandliche) Voraussetzungen der Bestimmung des Krankenhauses.** § 116b SGB V in der durch das GKV-WSG geschaffenen Fassung ist ein Paradebeispiel einer verunglückten Gesetzgebung, mit der der Gesetzgeber versuchte, es zwar nicht allen, aber möglichst vielen recht zu machen und daran letztlich gescheitert ist. Das zeigt allein der Umstand, dass nahezu jedes Tatbestandsmerkmal des § 116 II SGB V a. F. in Literatur und Rechtsprechung höchst umstritten und mit herkömmlichen Auslegungsmethoden kaum zu lösen war.[1369] Es bedurfte daher einer Grundsatzentscheidung des BSG, die unter dem 15.3.2012 ergangen ist,[1370] um die wesentlichen Streitpunkte für die Praxis zu klären:

106 **(1) Eignung des Krankenhauses.** Die Eignung des Krankenhauses als Voraussetzung der Bestimmung zur Leistungserbringung nach § 116b II SGB V a. F., die – als ungeschriebenes Tatbestandsmerkmal – auch seiner Berechtigung zur ambulanten spezialfachärztlichen Versorgung gem. § 116b SGB V n. F. zu Grunde liegt,[1371] ist ein unbestimmter Rechtsbegriff, der gerichtlich voll überprüfbar ist. Er wird durch die Regelungen in § 116b III 2 und IV 4 SGB V a. F. konkretisiert, mit denen auf die entsprechend anwendbaren sächlichen und personellen Anforderungen für die vertragsärztliche Versorgung und die vom G-BA aufzustellende Richtlinie verwiesen wird.[1372] Die Eignungskriterien sind vom Krankenhaus im Antrag darzulegen und von der zuständigen Behörde von Amts wegen zu prüfen. Eine

---

[1367] Ähnlich *Vollmöller*, NZS 2006, 572 ff. zu § 116b II SGB a. F.; zweifelnd *Pitschas*, GesR 2010, 513.
[1368] *Wagener/Weddehage*, MedR 2007, 643 (646); allerdings macht *Wenner*, GesR 2007, 337 (342) zu Recht darauf aufmerksam, dass das mit § 116b II SGB V geschaffene verfassungsrechtliche Problem in der „fortdauernden Legitimation der Bedarfsplanung" liegt. Wenn der Gesetzgeber selbst den Zugang von Leistungserbringern zur ambulanten Versorgung auch in gesperrten Planungsbereichen öffnet, ohne dass dies durch Versorgungsdefizite gerechtfertigt wäre, verliert der für die Bedarfsplanung rechtfertigende Grund der Sicherung der finanziellen Stabilität der GKV – erst recht mit Rücksicht auf die außerhalb der Gesamtvergütung von den Krankenkassen vorzunehmende Bezahlung durch die Krankenkassen – erheblich an Gewicht.
[1369] Vgl. *Quaas/Dietz*, f&w 2007, 444, wonach die Beantwortung der durch § 116b SGB V a. F. aufgeworfenen Probleme eher einem „Rätselraten denn einer Gesetzesauslegung" gleicht –; ebenso Spickhoff/*Szabados*, § 116b SGB V Rn. 4; *Stollmann*, NZS 2012, 485 (486).
[1370] BSG, U. v. 15.3.2012 – B 3 KR 13/11 R in ZMGR 2012, 273 = NZS 2012, 700.
[1371] BSG, aaO, Rn. 43.
[1372] BSG, aaO, Rn. 43 ff.; zu den – zum Teil streitigen – Einzelheiten Prütting/*Quaas*, § 116b SGB V Rn. 8.; *Moritz Quaas*, Rechtsfragen der ambulanten Versorgung im Krankenhaus, 2011, 312 ff.

Vermutungswirkung kommt damit der „Negativformulierung" in § 116b II 2 SGB V a. F. nicht zu.[1373]

(2) **Ermessensentscheidung der Behörde.** Bei der in § 116b II SGB V a. F. vorgesehenen „Bestimmung" handelt es sich um einen Verwaltungsakt (§ 31 Satz 1 SGB X), dessen Erlass im pflichtgemäß auszuübenden Ermessen der Krankenhausplanungsbehörde steht.[1374] Gegen eine – durch den Gesetzeswortlaut eher indizierte – gebundene Entscheidung und damit einen Rechtsanspruch des Krankenhauses auf eine „Bestimmung" spricht der systematische Gesamtzusammenhang der Norm, auch im Vergleich zu den einen Rechtsanspruch einräumenden Bestimmungen der §§ 116, 116a SGB V.

107

(3) **Berücksichtigung der vertragsärztlichen Versorgungssituation.** Im Rahmen der nach § 116b SGB V a. F. vorzunehmenden Ermessensentscheidung ist auch und – vor allem – die „vertragsärztliche Versorgungssituation" angemessen zu berücksichtigen. Das Berücksichtigungsgebot ist keine Voraussetzung der Teilnahmeberechtigung, sondern ein von der Planungsbehörde im Rahmen ihres „Planungsermessens" vordringlich zu gewichtender Abwägungsbelang.[1375] Insoweit können auch bedarfsplanerische Gesichtspunkte – trotz der vom Gesetzgeber im Rahmen von § 116b II SGB V a. F. ausgeschlossenen Bedarfsprüfung – eine Rolle spielen.[1376]

108

cc) **Rechtsschutz.** Im Zentrum der gerichtlichen Auseinandersetzungen zu § 116b II SGB V a. F. stand die Frage, ob „konkurrierende" Vertragsärzte die Bestimmung des Krankenhauses zur Leistungserbringung nach § 116b SGB V gerichtlich anfechten können.[1377] Maßgebend dafür ist das Vorliegen einer drittschützenden Wirkung der Norm, ob also § 116b II SGB V a. F. dem durch die Bestimmung betroffenen Vertragsarzt ein „transsektorales Klagerecht" einräumen will. Das hat das BSG im Urteil vom 15.3.2012[1378] mit zutreffenden Gründen verneint. Ein Konkurrentenschutz kann allenfalls aus der Grundrechtsbetroffenheit des Vertragsarztes (Art. 12 I und 3 I GG) folgen. Danach müsste sich die „Bestimmung" des Krankenhauses im Einzelfall als willkürlich erweisen oder eine „asymmetrische Wettbewerbssituation" schaffen, welche die beruflich oder wirtschaftliche Existenz des Vertragsarztes gefährdet.[1379]

109

8. Einbeziehung der Krankenhäuser in die ambulante spezialfachärztliche Versorgung – asV – (§ 116b SGB V n. F.)

a) **Überblick.** § 116b SGB V hat durch das GKV-VStG (2012) eine umfangreiche Neuregelung erfahren. Die frühere Bestimmung eines Krankenhauses zur ambulanten Erbringung hochspezialisierter Leistungen wird komplett durch einen neuen Versorgungsbereich ersetzt:

110

[1373] BSG, aaO, Rn. 47; aA *Becker*/Kingreen, SGB V, § 116b Rn. 6; Prütting/*Quaas*, § 116b SGB V Rn. 7; *Simon*, Das Krankenhaus im System der ambulanten Versorgung gesetzlich Krankenversicherter, 2012, 215 f.

[1374] BSG, U. v. 15.3.2012 – B 3 KR 13/11 R in ZMGR 2012, 273 = NZS 2012, 700, Rn. 41; *Schroeder*, NZS 210, 437 (442 f.); *Stollmann*, ZMGR 2007, 134 (136); aA *Becker*/Kingreen, SGB V, § 116b Rn. 6; *Möller*, SGb 2009, 345 (349); *Moritz Quaas*, Rechtsfragen der ambulanten Versorgung im Krankenhaus, 2011, 321 ff.; Vorauflage, § 15 Rn. 86; *Simon*, Das Krankenhaus im System der ambulanten Versorgung gesetzlich Krankenversicherter, 2012, 216 ff.

[1375] BSG, aaO, Rn. 49 ff.

[1376] Ausführlich zu diesem Gesichtspunkt *Moritz Quaas*, Rechtsfragen der ambulanten Versorgung im Krankenhaus, 2011, 332 f.

[1377] Dazu ausf. *Burgi*, in: FS Schenke, 2011, 635 f.; *Moritz Quaas*, Rechtsfragen der ambulanten Versorgung im Krankenhaus, 2011, 348 ff.; *Quaas*, GesR 2010, 455 ff.; *Simon*, Das Krankenhaus im System der ambulanten Versorgung gesetzlich Krankenversicherter, 2012, 224 ff.; zu Rechtsmitteln antragstellender und dritter Krankenhäuser vgl. *ders.*, 219 ff.

[1378] BSG, U. v. 15.3.2012 – B 3 KR 13/11 R in ZMGR 2012, 273 = NZS 2012, 700.

[1379] S. a. *Stollmann*, NZS 2012, 485 (486).

der der „ambulanten spezialfachärztlichen Versorgung" (asV). Der Sache nach handelt es sich um die Fortentwicklung einer „zweiten ambulanten Facharztschiene" in einem (hoch-)spezialisierten Versorgungsbereich, deren „Gleisstruktur" bereits durch die Vorgängerregelungen des § 116b SGB V gelegt war. Neu an diesem Versorgungsbereich ist, dass daran Vertragsärzte und dafür geeignete Krankenhäuser gleichberechtigt teilnehmen, es gilt das sog. Marktmodell („wer kann, der darf"). Insoweit tritt zu den bereits existierenden Versorgungsbereichen der stationären Krankenhausbehandlung und der ambulanten vertragsärztlichen Versorgung die asV hinzu und ersetzt gleichzeitig die bisherige ambulante, hochspezialisierte Leistungserbringung durch Krankenhäuser gem. § 116b SGB V a. F. In Anknüpfung an den bisherigen Katalog des § 116b SGB V a. F. umfasst die asV

- schwere Verlaufsformen von Erkrankungen mit besonderen Krankheitsverläufen,
- seltene Erkrankungen und Erkrankungszustände mit geringen Fallzahlen,
- hochspezialisierte Leistungen.

111 Der G-BA ist – wie bisher – beauftragt, in einer Richtlinie (bis zum 31.12.2012) das Nähere zur asV zu regeln und dabei u. a. die zu behandelnden Erkrankungen und deren Behandlungsumfang zu konkretisieren, die an die asV zu stellenden sächlichen und personellen Anforderungen sowie die Vorgaben für die Qualitätssicherung zu bestimmen, ein etwaiges Überweisungserfordernis festzulegen und weitere Entscheidungshilfen zu formulieren. Am 21. März 2013 hat der G-BA den ersten – wichtigen – Teil der neuen Richtlinie (ASV-RL) beschlossen, der den sog. „Paragrafenteil" enthält. Er beschreibt allgemeine Anforderungen zur Teilnahme an der ASV (z. B. ASV-Berechtigte, Kooperationen) und krankheitsübergreifende Anforderungen (z. B. leitlinienorientierte Behandlung). Er entfaltet seine rechtliche Wirksamkeit jedoch erst mit sukzessivem Inkrafttreten der Anlagen, in denen die Erkrankungen und hochspezialisierten Leistungen konkretisiert werden[1380] Die erste Tumorgruppe, für die Detailregelungen erlassen wurde, war die der gastrointestinalen Tumore und Tumore der Bauchhöhle. Es folgten Konkretisierungen für gynäkologische Tumore, was zu einer Überarbeitung der ASV-RL insgesamt führte[1381].

112 Mit dem „Markt-Modell" des § 116b SGB V n. F. hat sich der Gesetzgeber von dem zuvor geltenden „Verwaltungsakt-Modell" verabschiedet. An die Stelle der „Bestimmung" des Krankenhauses durch die (Krankenhausplanungs-)Behörde tritt nunmehr ein gleichberechtigter Zugang von Vertragsärzten und Krankenhäusern zur asV. Konsequent verzichtet der Gesetzgeber auf ein – förmlich gestaltetes – „Zulassungserfordernis". Wer spezialfachärztliche Leistungen ambulant erbringen will, muss dies – unter Beifügung der für die Prüfung erforderlichen Unterlagen – „anzeigen". Zwei Monate nach dem Eingang der Anzeige bei dem – hierfür zuständigen – „erweiterten Landesausschuss" ist der Anzeigende berechtigt, die Leistungen zu erbringen und abzurechnen. Anders ist dies nur, wenn der Landesausschuss ihm mitteilt, dass er die Leistungsvoraussetzungen nicht erfüllt bzw. innerhalb der Zwei-Monats-Frist zusätzliche Informationen angefordert werden.

113 § 116b SGB V macht die Leistungsberechtigung in näher bestimmten Fällen (insbesondere im Rahmen der onkologischen Versorgung) davon abhängig, dass der Leistungserbringer auf vertraglicher Grundlage mit anderen Leistungserbringern kooperativ zusammenwirkt. Davon kann abgesehen werden, wenn kein geeigneter Kooperationspartner vorhanden ist oder der Leistungswillige trotz ernsthaften Bemühens innerhalb eines Zeitraums von mindestens zwei Monaten keinen zur Kooperation mit ihm bereiten geeigneten Leistungserbringer finden konnte (§ 116b IV 11 SGB V n. F.). Auch insoweit wird der G-BA – jedenfalls für den

---

[1380] – vgl. *Schlottmann/Brenske/Schwarz*, das Krankenhaus 2013, 692. Zur Neuregelung des § 116b SGB V i. Ü. siehe *Bäune/Dahm/Flasbarth*, MedR 2012, 77; *Blöcher*, GesR 2012, 658; *Debong*, ArztR 2012, 117; *Kuhla*, das Krankenhaus 2012, 463; *Makoski*, GuP 2017, 47,*Penner*, ZMGR 2012, 16; *Quaas*, GesR 2013, 328; von *Stackelberg*, GesR 2012, 321; *Stollmann*, NZS 2012, 485.

[1381] BAnz at 28.7.2016 B3; s. a. *Makoski*, GuP 2017, 47.

onkologischen Bereich – verpflichtet, nähere Bestimmungen für Kooperationsvereinbarungen zu treffen (§ 116b IV 10 SGB V n. F.). Weitere Regelungsbereiche des § 116b SGB V n. F. betreffen die Finanzierung und Vergütung der „§ 116 b-Leistungen" und das Übergangsrecht (§ 116b VIII SGB V).

b) Offene Fragen und Regelungsdefizite. Vor dem Hintergrund der – mit erheblichen Anwendungsproblemen belasteten – Regelung des § 116b II SGB V a. F. lag – unausgesprochen – der Gesetzesnovelle die Absicht des Gesetzgebers zu Grunde, dem neu geschaffenen „sektorenverbindenden Versorgungsbereich"[1382] zusätzliche Planungssicherheit zu verschaffen. Ob dieses Ziel angesichts einer an Regelungsdichte kaum zu überbietenden Vorschrift, die ihren Regelungsgehalt auf immerhin neun, zum Teil überlange Absätze verteilt, erreicht werden kann, dürfte schon jetzt auszuschließen sein. Bereits wenige Monate nach Inkrafttreten der Neufassung hat sich § 116b SGB V zu einer der umstrittensten Vorschriften des GKV-VStG entwickelt.[1383] Darüber hinaus bestehen erhebliche Probleme in der (verwaltungspraktischen) Umsetzung des neuen Rechts einschließlich der dazu erlassenen ASV-RL. Das hat dazu geführt, dass der Erfolg des neuen Leistungssektors zunehmend in Frage gestellt wird[1384]

114

aa) Rechtssystematische Einordnung. Rechtssystematisch unterscheidet sich die „neue" Versorgungsform" des § 116b SGB V von ihren Vorgängern in mehrfacher Hinsicht: Zunächst ist nicht mehr nur das Krankenhaus teilnahmeberechtigt. Für die damalige Teilnahmeform konnte insoweit angenommen werden, es handele sich um eine spezifische ambulante „Krankenhausbehandlung" außerhalb der vertragsärztlichen Versorgung, mithin um einen Anwendungsfall des § 39 I 1 SGB V.[1385] Das trifft auf § 116b SGB V so nicht zu: Mit der asV wird ein gänzlich neuer Versorgungsbereich begründet, der neben die ambulante Versorgung durch niedergelassene Vertragsärzte und die stationäre Versorgung durch Krankenhäuser tritt und daher keiner der herkömmlichen Versorgungsformen zuzuordnen ist.[1386] Im Unterschied zu § 116b SGB V a. F. ist die „neue" Versorgungsform (auch) – und vor allem – durch das Merkmal der „interdisziplinären Zusammenarbeit" (§ 116b I 1 SGB V.) gekennzeichnet, weil – so die ursprüngliche Gesetzesbegründung – die strenge sektorale Aufteilung der GKV-Versorgung den Anforderungen an die „interdisziplinäre Diagnostik und Therapie" im ambulanten Versorgungsgeschehen nicht mehr gerecht werde.[1387] Dies solle durch Einführung eines „sektorenverbindenden Versorgungsbereiches" der asV überwunden werden. Damit handelt es sich bei der asV rechtssystematisch um einen neuen, vierten Leistungssektor, der als eigenständiger „sektorenverbindender" Versorgungsbereich neben die herkömmliche ambulante und stationäre, aber auch die integrierte Versorgung (§ 140a ISGB V) tritt und in dem sämtliche an der vertragsärztlichen Versorgung teilnehmenden Leistungserbringer und die nach § 108 SGB V zugelassenen Krankenhäuser berechtigt sind, unter einheitlichen Bedingungen und Qualifikationsvoraussetzungen ambulante Leistungen zu erbringen, die unmittelbar von der Krankenkasse nach einem eigenen Vergütungssystem honoriert werden.[1388] Anders als bei der vertragsärztlichen Versorgung und im stationären Versorgungsbereich findet – entsprechend dem bisherigen Bestimmungsverfahren (§ 116b II SGB V a.F.) – keine Bedarfsplanung oder -prüfung statt. Das erschien dem Gesetzgeber angesichts des damit verbundenen Aufwan-

115

[1382] So die amtliche Begründung BT-Drs. 17/6906, S. 81.
[1383] *Blöcher*, GesR 2012, 658.
[1384] *Lehr*, das Krankenhaus 2017,173; *Klakow-Frank*, GesR 2015,577; *Makoski*, GuP 2017, 47.
[1385] JurisPK-SGB V/*Wahl*, § 39 Rn. 11; *Quaas*, GesR 2010, 455; Prütting/*ders.*, § 110 SGB V Rn. 9; aA Hauck/*Noftz*, SGB V, K § 39 Rn. 44; Spickhoff/*Trenk-Hinterberger*, § 39 SGB V Rn. 18.
[1386] BSG, U. v. 15.3.2012 – B 3 KR 13/11 R – in ZMGR 2012, 273 = NZS 2012, 700, Rn. 11.
[1387] BT-Drs. 17/6909, S. 80.
[1388] BSG, U. v. 15.3.2012 – B 3 KR 13/11 R – in ZMGR 2012, 273 = NZS 2012, 700, Rn. 13; *Stollmann*, NZS 2012, 485 (487).

des wenig praktikabel.[1389] Daraus folgt weiter für die rechtssystematische Einordnung des § 116b SGB V.: Soweit Krankenhäuser an der asV teilnehmen, handelt es sich – nach wie vor – um ambulante Krankenhausbehandlungen (§ 39 I 1 SGB V). Soweit dies nicht der Fall ist, also bei den an der vertragsärztlichen Versorgung teilnehmenden Leistungserbringern, liegt keine vertragsärztliche Versorgung (i. e. S.), sondern eine spezialfachärztliche Versorgung vor, die als eigenständiger Versorgungsbereich dem krankenversicherungsrechtlichen Leistungserbringerrecht zuzuordnen ist. Das ist durch § 10 II 2 Nr. 3 SGG n. F. klargestellt.[1390] Innerhalb der Spruchkörper der Sozialgerichte sind danach die Kammern bzw. Senate zuständig, denen Angelegenheiten der GKV zur Entscheidung übertragen sind.[1391]

116 **bb) Kreis der Leistungserbringer und Teilnahmeberechtigung.** Eng verbunden mit der rechtssystematischen Einordnung des § 116b SGB V ist die Frage, wer zur Teilnahme an der asV berechtigt ist. Das sind zunächst (gleichberechtigt) die Vertragsärzte und die (zugelassenen) Krankenhäuser. Das ist allerdings nicht im Sinne eines „entweder – oder" zu verstehen. Vielmehr zeigt auch hier das (Tatbestands-)Merkmal der „interdisziplinären Zusammenarbeit" (§ 116b I1 SGB V), dass der Gesetzgeber – und ihm folgend die ASV-RL des G-BA – die Verantwortung für die Leistungserbringung der asV bei dem „ASV-Team" begründet sieht, auch wenn dieses nicht ausdrücklich in § 116b SGB V angesprochen oder gar so bezeichnet wird. Das ASV-Team ist der personelle Verbund der – allein berechtigten – Leistungserbringer, also die „Dach-" oder „Organisationsebene", auf der sich die einzelnen Teilnehmer an der asV zusammenfinden[1392] Zu diesem ASV-Team kann auch ein Krankenhaus gehören, dessen Träger somit Mitglied im Teamverbund ist. Nach der ASV-RL besteht das ASV-Team aus einem „Kernteam" und weiteren Berechtigten und sollte über einen Leiter als Ansprechpartner verfügen. Der Teamleiter sollte vor allem die medizinische Leistungserbringung koordinieren. Scheidet ein Teammitglied aus, kann dies dazu führen, dass das „gesamte Team" – präzise: jeder Leistungsberechtigte – seine „Zulassung" zur asV verliert (vgl. § 116b II 8 SGB V).[1393]

117 Durch den in § 116b II 1 SGB V vorgegebenen Kreis der Leistungserbringer wird die Frage nicht beantwortet, ob der danach zur Teilnahme an der asV Berechtigte, sobald die „Zulassung" vorliegt, andere Leistungserbringer für die ihm zugewiesenen Leistungen ausschließt oder ob – insbesondere – der nicht an der asV teilnehmende Vertragsarzt oder das MVZ seine Patienten weiterhin im Kollektivvertragssystem spezialfachärztlich behandeln dürfen.[1394] Sind also – mit anderen Worten – die Leistungserbringer des asV – vergleichbar den Fachärzten – auf ihr Tätigkeitsgebiet beschränkt oder stellt der Tätigkeitsbereich – vergleichbar der Fachanwaltschaft – auch anderen Mitgliedern der jeweiligen Berufsgruppe offen? Für die teilnahmeberechtigten Krankenhäuser ist die Rechtslage eindeutig: Erst und nur nach erfolgreich durchlaufenem Anzeige- und Prüfungsverfahren (§ 116b II 1, 4 SGB V) sind die zugelassenen Krankenhäuser berechtigt, an der asV teilzunehmen. Die Rechtslage entspricht der zum Bestimmungsverfahren nach § 116b II SGB V a. F. Bei den – durch § 116b II SGB V. neu einbezogenen – Vertragsärzten und sonstigen Teilnehmern an der vertragsärztlichen Versorgung fällt die Antwort dagegen anders aus: Sie treten als Leistungserbringer hinzu, ohne ihren bisherigen Zulassungsstatus (insoweit) aufzuheben oder zu ändern. Ihnen gegenüber verschafft die Teilnahmeberechtigung an der asV eine zusätzliche Betätigungs- und Verdienstmöglichkeit. Eine die berufliche Betätigung einschränkende Wirkung bei diesen oder anderen Fachärzten, die an der asV nicht teilnehmen wollen, kommt

---

[1389] BT-Drs. 17/6909, S. 81.
[1390] BSG, aaO, Rn. 15; *Stollmann*, NZS 2012, 485 (491).
[1391] Dies., aaO.
[1392] Zu Einzelheiten *Makoski*, GuP 2017, 47.
[1393] *Ders.*, GuP 2017, 47.
[1394] Dazu *Blöcher*, GesR 2012, 658.

dem mit der Teilnahmeberechtigung entstehenden Zulassungsstatus nicht zu. Die daraus folgende Einschränkung der Berufsausübung, die bereits mit Inkrafttreten des § 116b SGB V, spätestens aber mit Bekanntmachung der für die Umsetzung der asV erforderlichen ASV-RL zu einem diesbezüglichen „Tätigkeitsverbot" für alle Vertragsärzte, die § 116 b-Leistungen ohne Teilnahmeberechtigung erbringen, führen würde, wäre erkennbar mit dem Grundsatz der Verhältnismäßigkeit nicht vereinbar. Ein solches Ergebnis ist auch nicht durch den Regelungszweck des § 116b SGB V gefordert.[1395] Mit der neuen Versorgungsform sollte zwar ein eigenständiger Versorgungsbereich geschaffen, dieser aber nicht aus der vertragsärztlichen Versorgung komplett „ausgegliedert" werden.[1396] Die vertragsärztliche Versorgung ist nach wie vor in die hausärztliche und in die fachärztliche Versorgung gegliedert (§ 73 I 1 SGB V), einen dritten vertragsärztlichen Versorgungsbereich gibt es nicht. Vielmehr tritt – wie ausgeführt – die asV neben die vertragsärztliche Versorgung und ergänzt sie als „sektorenverbindende Versorgung". Auch mit Rücksicht auf den durch die asV beabsichtigten Wettbewerb der Leistungserbringer untereinander stellt § 116b SGB V den Vertragsarzt vor die Wahl, entweder seine spezialfachärztlichen Leistungen im überkommen, kollektivvertraglichen Versorgungssystem oder aber als Teilnehmer an der asV zu erbringen, für die er eine gesonderte Vergütung durch die Krankenkassen erhält. Insoweit ist die Teilnahmeberechtigung des Vertragsarztes an der asV zwar (auch) „statusbegründend". Sie stellt sich für ihn allerdings im Ergebnis lediglich als „Abrechnungsvorbehalt" dar.[1397]

cc) **Anzeige- und Prüfverfahren.** Zu den rechtlich umstrittensten Fragen der asV gehören die Rechtsfolgen, die aus dem in § 116b II 1, 4 SGB V geregelten Anzeige- und Prüfverfahren gegenüber und durch den erweiterten Landesausschuss (§ 116b III SGB V)mit anschließender Meldepflicht der Teilnahmeberechtigung an die Landesverbände der Krankenkassen und der Ersatzkassen, der KV und der Landeskrankenhausgesellschaft (§ 116b II 6 SGB V) gezogen werden.[1398] Im Kern geht es um den Eintritt der in § 116b II 4 SGB V enthaltenen Fiktionswirkung, wonach der Leistungserbringer (Antragsteller) nach Ablauf einer Zwei-Monats-Frist nach Eingang seiner Anzeige zur Teilnahmeberechtigung an der asV leistungsberechtigt ist, es sei denn, der erweiterte Landesausschuss teilt ihm innerhalb dieser Frist mit, dass er die Anforderungen und Voraussetzungen hierfür nicht erfüllt hat. Den Eintritt der Fiktionswirkung kann der erweitere Landesausschuss damit nur durch fristgemäße Versagung verhindern.[1399]

118

(aaa) Während die „Versagungsmitteilung" durch den erweiterten Landesausschuss angesichts der mit ihr beabsichtigten Regelungswirkung und ihrer Bekanntgabe an den Adressaten (§ 39 I 1 SGB X) unzweifelhaft ein VA darstellt, ist dies beim Eintritt der Fiktionswirkung nicht ohne weiteres der Fall. Mit dem Anzeigeverfahren entschied sich der Gesetzgeber bewusst gegen das zuvor in § 116b II SGB V a. F. vorgesehene „VA-Modell", das sich in der Praxis als erheblich konfliktbehaftet und rechtsmittelanfällig erwiesen hat.[1400] Er hat deshalb mit der bloßen Anzeigepflicht ein vereinfachtes Verwaltungsverfahren eingeführt, das aufgrund der knappen Bearbeitungs- und Reaktionsfristen einen einfachen und schnelleren Gesetzesvollzug gewährleisten soll.[1401] Das spricht allerdings nicht gegen die Annahme einer VA-Qualität der nicht förmlich beschiedenen Anzeige, präziser der mit Fristablauf eintreten-

119

[1395] Zur Beachtung des Verhältnismäßigkeitsgrundsatzes im Rahmen des § 116b SGB V a. F. vgl. *Moritz Quaas*, Rechtsfragen der ambulanten Versorgung im Krankenhaus, 2011, 279 ff.
[1396] *Blöcher*, GesR 2012, 658.
[1397] Ungenau *Blöcher*, GesR 2012, 658., der zwar § 116b SGB V n. F. systematisch als „Abrechnungsvorbehalt" qualifiziert, gleichwohl eine statusbegründende Funktion der Teilnahmeberechtigung verneint.
[1398] Dazu *Blöcher*, GesR 2012, 658.; *Kuhla*, das Krankenhaus 2012, 463; *Stollmann*, NZS 2012, 485.
[1399] *Stollmann*, NZS 2012, 485 (489).
[1400] Zu den bundesweit höchst unterschiedlichen Zulassungszahlen nach § 116b SGB V a. F. vgl. *Blöcher*, GesR 2012, 658.
[1401] *Debong*, Arztrecht 2012, 117 (119).

den Teilnahmeberechtigung an der asV.[1402] Die mit der Anzeige beabsichtigte Deregulierung soll – wie das Prüfungsverfahren zeigt – offenbar nicht so weit gehen, auf eine förmliche Bearbeitung und eingehende Detailprüfung des Antrags ganz zu verzichten. Pate für das Anzeigeverfahren haben vielmehr aus dem Verwaltungsrecht bekannte gesetzliche Regelungen – etwa aus dem Bauordnungsrecht[1403], dem Immissionsschutzrecht[1404] oder dem Arzneimittelrecht[1405] – gestanden, in denen ein vergleichbares „vereinfachtes Genehmigungsverfahren" vorgesehen ist, um den Verfahrensbeteiligten in einem zeitlich überschaubaren Rahmen Planungssicherheit zu gewährleisten. Hier wie dort wird an den Fristablauf die Genehmigungsfiktion geknüpft, so dass in diesem Zeitpunkt unter Verzicht auf dessen Bekanntgabe ein fiktiver VA zu Stande kommt (vgl. § 42a I 1 VwVfG).[1406] Daraus folgt für die Teilnahmeberechtigung des Leistungserbringers an der asV: Lässt der erweiterte Landesausschuss die Zwei-Monats-Frist des § 116b II 4 SGB V ungenutzt verstreichen, ist von einer Genehmigung des mit der Anzeige eingereichten, ggf. danach vervollständigten Antrages auszugehen.[1407] Dabei fingiert das Gesetz nicht nur den Erlass des VA, sondern auch dessen Wirksamkeit zumindest gegenüber dem Antragsteller. Verbunden mit der (fiktiven) Genehmigung ist dagegen keine „Rechtmäßigkeitsfiktion"[1408]. Die Teilnahmeberechtigung des Leistungserbringers kann unter den Voraussetzungen der §§ 44 ff. SGB X widerrufen oder zurückgenommen und damit deren positive Rechtswirkungen aufgehoben werden.[1409] Die Teilnahmeberechtigung an der asV endet daher nicht „kraft Gesetzes" mit Wegfall der Zugangsvoraussetzungen[1410] oder aus sonstigen, etwa zur Beendigung einer vertragsärztlichen Zulassung führenden Gründen (vgl. § 95 VII SGB V). Ein gesondertes Verfahren zum Erlöschen der Teilnahmeberechtigung an der asV ist im Gesetz nicht vorgesehen. Der Teilnahmestatus endet daher entweder mit (rechtskräftigem) Widerruf oder Rücknahme der (fingierten) Zugangsgenehmigung oder wenn der Teilnahmeberechtigte seinen Zulassungsstatus als Vertragsarzt, MVZ oder Krankenhaus verliert. Der Widerruf oder die Rücknahme des fingierten VA sind vom erweiterten Landesausschuss auszusprechen und dem Teilnahmeberechtigten bekanntzugeben.

120 **(bbb)** Im Hinblick auf diese Rechtswirkungen und -folgen der fiktiv eintretenden Teilnahmeberechtigung am asV stellt sich allerdings die Frage, ob der Gesetzgeber angesichts der nicht nur fachlich, sondern auch rechtlich hoch komplexen Materie gut beraten war, die Teilnahmeberechtigung des Leistungserbringers und damit dessen „Zulassungsstatus" einem bloßen Anzeige- und Prüfungsverfahren zu unterwerfen. Ein vereinfachtes Genehmigungsverfahren macht nur Sinn, wenn die zur (fiktiven) Genehmigung führenden Voraussetzungen „einfach" gelagert, d. h. ohne größeren Prüfungsaufwand zu beurteilen und möglichst rasch bis zum Eintritt der Fiktionswirkung abzuarbeiten sind. So liegt der Sachverhalt etwa im vereinfachten Baugenehmigungsverfahren oder bei der Zustimmung zu Änderungen einer immissionsschutzrechtlich genehmigungsbedürftigen Anlage (§ 15 II 2 BImSchG) oder der Durchführung einer klinischen Prüfung nach § 42 II 4 AMG. Gestaltet sich die Sach- oder Rechtslage als komplex oder sind gewichtige öffentliche Interessen im Spiel,

---

[1402] So aber *Kuhla*, das Krankenhaus 2012, 463 (467), wonach der Leistungserbringer kraft Gesetzes berechtigt ist; ebenso *Debong*, Arztrecht 2012, 117 (121); aA zu Recht *Stollmann*, NZS 2012, 485 (489).

[1403] Vgl. insoweit zur Genehmigungsfreistellung bei bloßer Anzeigebedürftigkeit eines Bauvorhabens Finkelnburg/*Ortloff*, öffentliches Baurecht II, 5. Aufl. 2005, § 7 II 3 mit Nachweisen zu den landesrechtlichen Regelungen.

[1404] Vgl. § 25 II 2 BImSchG.

[1405] Vgl. § 42 II 4 AMG.

[1406] Zum fiktiven VA vgl u. a. *Caspar*, AöR 2000, 131 ff.

[1407] *Blöcher*, GesR 2012, 658.; *Stollmann*, NZS 2012, 485 (489); krit. jurisPk/*Köhler-Hohmann*, § 116b Rn. 47 ff.

[1408] Kopp/Ramsauer, VwVfG, 11. Aufl. 2010, § 42a Rn. 16.

[1409] Kopp/Ramsauer, VwVfG, 11. Aufl. 2010, § 42a Rn. 18.

[1410] So aber *Debong*, Arztrecht 2012, 117 (121).

sieht der Gesetzgeber – wie in den genannten Fällen – in der Regel den Übergang in ein förmliches Genehmigungsverfahren – bis hin zur Planfeststellung – vor. Die Regel ist also die förmliche Genehmigung, das vereinfachte Verfahren die Ausnahme. Zwischenformen sind möglich.[1411] Vor diesem Hintergrund erscheint es aus mehrfachen Gründen höchst problematisch, für den Zugang zur asV lediglich ein Anzeige- und Prüfungsverfahren vorzusehen und auf eine förmliche Zulassung zu verzichten. Zunächst kann angesichts der Komplexität des zu beurteilenden Sachverhalts und der fachlichen und rechtlichen Voraussetzungen – wie allein die überlangen Absätze des § 116b SGB V, erst Recht unter Hinzuziehung der G-BA-Richtlinie zeigen – von einer „einfach gelagerten Fallkonstellation" keine Rede sein. Die Prüfung der Antragsvoraussetzungen obliegt darüber hinaus – anders als im Bau-, Immissionsschutz- und Arzneimittelrecht – keiner hochgradig geschulten Fachbehörde, sondern einem rein verbandspolitisch zusammengesetzten Gremium von immerhin mindestens 30 Vertretern der Ärzte, der Krankenkassen und der Landeskrankenhausgesellschaft,[1412] dem im Normalfall die Aufstellung der vertragsärztlichen Bedarfsplanung übertragen ist. Gegenstand der Beurteilung durch den erweiterten Landesausschuss ist die „Eignung" des Antragstellers, die nach der Rechtsprechung des BSG von Amts wegen voll zu überprüfen ist und bei der dem Ausschuss kein Beurteilungs- oder Entscheidungsspielraum zusteht.[1413] Das BSG hat in dem mehrfach zitierten Urteil vom 15.3.2012 der dort zur Entscheidung berufenen Fachbehörde vorgehalten, die Eignung des antragstellenden Krankenhauses verkannt zu haben, „weil eine den gesetzlichen Vorgaben entsprechende Eignungsprüfung nicht stattgefunden hat".[1414] Eine allein auf das – „ggf. interessengeleitete" – Antragsvorbringen gestützte Prüfung, dem allerdings eine vom Krankenhaus ausgefüllte, die maßgebenden Eignungskriterien der AmbBeh-RL des G-BA wiedergebende „Checkliste" zu Grunde lag, sei keine „hinreichende Grundlage" für die behördliche Entscheidung über die Eignung des Krankenhauses.[1415] Davon ausgehend kann in der Regel kaum erwartet werden, dass ein paritätisch besetzter Landesauschuss eine intensivere „gesetzeskonforme" Einzelfallprüfung durchführen wird – noch dazu, wenn das Schweigen des Landesausschusses zum Antrag von Gesetzes wegen als zustimmende Genehmigung gewertet wird.

(ccc) Es kommt hinzu, dass eine Vielzahl von „Genehmigungs-"Voraussetzungen zur Leistungsberechtigung der asV in der ASV-RL formuliert sind, die sich insbesondere zu der sachlichen und personellen Ausstattung, den Anforderungen an die Qualitätssicherung der asV und den Umfang der Einschränkungen auf „schwere Verlaufsformen" der besonders praxisrelevanten Fallgruppe der Erkrankungen mit besonderen Krankheitsverläufen (§ 116b I 2 Nr. 1 SGB V.) äußern. Ferner kann der G-BA bezogen auf diese Fallgruppe als weitere Voraussetzung zur Teilnahme an der asV Regelungen zu einer sektorenübergreifenden Kooperationsvereinbarung treffen, die vom Antragsteller zu beachten sind. Hinsichtlich der Versorgung von Patienten mit schweren Verlaufsformen onkologischer Erkrankungen ist er dazu verpflichtet (§ 116b IV 10 SGB V n. F.). All diese Voraussetzungen bestimmen Art und Umfang des Zulassungsstatus des Leistungsberechtigten und sind Grundlage seiner Berufsausübung einschließlich seines Abrechnungsverhaltens. Nach der Rechtsprechung des BSG sind die ambulanten Leistungserbringer verpflichtet, die von ihnen erbrachten Leistungen

---

[1411] In der Rechtswissenschaft werden deshalb Fiktionstatbestände eher kritisch beurteilt, weil sie häufig nur zu einer „Schein-Beschleunigung" führen und dem Antragsteller ein beachtliches Aufhebungsrisiko aufbürden und eine erhebliche Rechtsunsicherheit damit verbunden ist – vgl. u. a. Koch NordÖR 2006, 56; Kopp/Ramsauer, VwVfG, 11. Aufl., § 42a Rn. 1.
[1412] Insoweit zu Recht krit. *Kuhla*, das Krankenhaus 2012, 463 (467); zum erweiterten Landesausschuss i. e. s. *Makoski*, GuP 2017, 47.
[1413] BSG, U. v. 15.3.2012 – B 3 KR 13/11 R – in ZMGR 2012, 273 = NZS 2012, 700.
[1414] BSG, aaO, Rn. 42.
[1415] BSG, aaO, Rn. 47.

„peinlich genau" in Rechnung zu stellen.¹⁴¹⁶ Einer förmlichen Genehmigung zur Teilnahme an der asV würde die Aufgabe zufallen, diese Vorgaben des § 116b SGB V. iVm der G-BA-Richtlinie, ggf. unter Beifügung von Nebenbestimmungen, umzusetzen. Entsprechend rechtssicher wäre damit auch die Grundlage für die Abrechnung und ein gesetzeskonformes Verhalten des Leistungsberechtigten. Zugleich wäre mit hinreichender Bestimmtheit die Basis für etwaige Widerrufs- und Rücknahmebescheide der Teilnehmerberechtigung zur asV gelegt. Solche Vorgaben fehlen für die „fiktiv" erteilte Genehmigung der Teilnahme an der neuen Versorgungsform. Vertragsärzte und Krankenhäuser bewegen sich auf rechtlich höchst unsicherem Gelände, das zum Einfallstor für unliebsamen Konkurrenten werden kann. Der mit der Einführung der Anzeige- und Prüfungsverfahren beabsichtigte Zweck einer Verwaltungsvereinfachung kann zwar im Regelfall erreicht werden. Das dahinter stehende Ziel einer dem betroffenen Leistungserbringer zu gewährleistenden Planungssicherheit ist indessen aufgrund der Folgen des Fiktionseintritts nach § 116b II 4 SGB V in Gefahr, in ihr Gegenteil verkehrt zu werden. So gesehen hat der politische Wille des Gesetzgebers zur Einführung des „Marktmodells" dem für die Umsetzung verantwortlichen Gesetzgeber einen „Streich gespielt", dessen Ausgang die Verfahrensbeteiligten zu § 116b SGB V höchst wahrscheinlich vor Gericht austragen müssen.

122   dd) **Übergangsregelung.** Zur Vermeidung von Versorgungslücken bestimmt § 116b VIII 1 SGB V., dass die von den Landesbehörden nach altem Recht vorgenommenen „Bestimmungen" weitergelten. Allerdings bleibt der (konkrete) Versorgungsstatus längstens bis drei Jahre nach Inkrafttreten der entsprechenden ASV-RL aufrechterhalten; einen weitergehenden Bestandsschutz lässt § 116b VIII 2 SGB V nicht zu.

123   ee) **Rechtsschutz.** Im Hinblick auf den Rechtsschutz im Rahmen des § 116b SGB V. ist geklärt, dass für daraus folgende Rechtsstreitigkeiten die Sozialgerichte, intern die Spruchkörper für Angelegenheiten der GKV, zuständig sind¹⁴¹⁷:

124   aaa) **Klageart.** Die Frage nach der richtigen Klageart kann sich bei (negativer) Mitteilung des erweiterten Landesausschusses stellen, der Erwerber erfülle die für die Teilnahme an der asV geforderten Voraussetzungen nicht (§ 116b II 4 SGB V.), etwa weil die nach der G-BA-RL erforderliche sektorenübergreifende Kooperationsvereinbarung¹⁴¹⁸ nicht vorliege und Gründe für eine Befreiung vom Kooperationserfordernis nicht gegeben seien.¹⁴¹⁹ Mitteilungen des erweiterten Landesausschusses sind nach hier vertretener Auffassung festzustellende Verwaltungsakte. Sie können daher – nach erfolglos durchgeführtem Widerspruchsverfahren – mit der Verpflichtungsklage (§ 54 I 1 SGG) angegriffen werden.¹⁴²⁰ Wird dagegen seitens des erweiterten Landesausschusses der Eintritt der Fiktionswirkung – etwa wegen noch nicht eingetretener Verfristung – bestritten, kommt gegen eine solche Mitteilung die Feststellungsklage (§ 55 I 1 SGG) auf Bestehen der Fiktionswirkung in Betracht.¹⁴²¹

---

¹⁴¹⁶ BSG, B. v. 9.4.2008 – B 6 KA 18/07 R – m. w. N.; *Blöcher*, GesR 2012, 658.
¹⁴¹⁷ BSG, U. v. 15.3.2012 – B 3 KR 13/11 R – in ZMGR 2012, 273 = NZS 2012, 700.
¹⁴¹⁸ Eine lediglich intrasektorale Kooperationsvereinbarung von Krankenhäusern oder Vertragsärzten untereinander reicht nicht aus – vgl. *Blöcher*, GesR 2012, 658.; Stollmann, NZS 2012, 485 (488); aA *Kuhla*, das Krankenhaus 2012, 463 (466).
¹⁴¹⁹ Vgl. zu § 116b IV 11 SGB V n. F. und der insoweit heranzuziehenden Rechtsprechung des BSG zur Ausschreibung von Belegarztstellen nach § 103 VII SGB V; BSG, U. v. 14.3.2001 – B 6 KA 34/00 R – BSGE 88, 6 ff.; MedR 2010, 658 ff.; Ratzel/*Luxenburger*, § 21 Rn. 8; zur Anwendbarkeit dieser Rechtsprechung auf § 116b IV 11 SGB V n. F. vgl. *Kuhlmann*, f & w 2012, 86 (88); *Stollmann*, NZS 2012, 485 (488).
¹⁴²⁰ Die Zulässigkeit der Verpflichtungsklage folgt aus der rechtlichen Einordnung des Anzeigeverfahrens mit fiktivem Genehmigungsersatz, vgl.; *Stollmann*, NZS 2012, 485 (493); folgt man dagegen der Auffassung, die Teilnahmeberechtigung zur asV folge unmittelbar aus dem Gesetz, käme eine Anfechtungsklage in Betracht – vgl. *Debong*, Arztrecht 2012, 117 (122).
¹⁴²¹ *Stollmann*, NZS 2012, 485 (491).

bbb) Drittschutz. Fragen des Drittschutzes, insbesondere defensiver Konkurrentenklagen gegen die Teilnahmeberechtigung von Vertragsärzten und Krankenhäusern können sich auch unter der Geltung des § 116b SGB V stellen. Am Vorliegen eines (fiktiven) VA und damit der Zulässigkeit einer von einem nachteilig betroffenen Dritten erhobenen Anfechtungsklage (§ 54 I 1 SGG) kann nicht gezweifelt werden. Problematisch ist allenfalls – da eine Bekanntgabe der Teilnahmeberechtigung an den Anzeigeerstatter und Dritten ausscheiden – der Lauf etwaiger Rechtsbehelfsfristen.[1422] Der Begründetheit der Konkurrentenklage steht indes weitgehend entgegen, dass auf dem Boden der Rechtsprechung des BSG zu § 116b SGB V a. F. der gesetzlichen Neufassung „erst recht" keine drittschützende Wirkung zukommt.[1423] Es ist nicht ersichtlich, dass mit der gesetzlichen Einführung der asV als neue, eigenständige Versorgungsform individuelle Belange der Vertragsärzte oder der Krankenhäuser geschützt werden sollen, die sich nicht zur Beteiligung daran entschließen. Das war selbst bei den Vertragsärzten auf dem Boden der Altfassung des § 116b SGB V nicht der Fall, obwohl dort im Bestimmungsverfahren die vertragsärztliche Versorgungssituation zu berücksichtigen war.[1424] Auch sind – wie ausgeführt – die niedergelassenen Vertragsärzte und die zur Teilnahme an der asV berechtigten Krankenhäuser gleichrangig zur Leistungserbringung zugelassen; ein Vorrang der vertragsärztlichen Leistungserbringung besteht nicht.[1425] Eine potenziell drittschützende Wirkung kommt daher allenfalls § 116b IV 11 und 12 SGB V n. F. zu, wonach der Zugang der zur Teilnahme an der Versorgung der Patienten mit schweren Verlaufsformen onkologischer Erkrankungen von einer entsprechenden Kooperationsvereinbarung abhängig ist und ein kooperationsbereiter Leistungserbringer sich dagegen zur Wehr setzt, dass ein kooperationsunwilliger Leistungserbringer seine Teilnahme ohne Abschluss einer Kooperationsvereinbarung erreicht hat. Entsprechend der Rechtsprechung des BSG zur Ausschreibung von Belegarztstellen nach § 103 VII SGB V[1426] könnte der Dritte behaupten, der kooperationsunwillige Leistungserbringer habe die Vertragsverhandlungen (mit ihm) nur zum Schein geführt.[1427]

125

VI. Kooperationen von Krankenhäusern mit niedergelassenen Ärzten

1. Vorbemerkung

Der Kostendruck auf die Krankenhäuser, spätestens seit der Einführung des DRG-Vergütungssystems, der zunehmende Wettbewerb der Krankenhäuser untereinander und im Verhältnis zu anderen Leistungserbringern, die stetig ansteigende Spezialisierung der Medizin sowie der zum Teil dramatische Ärztemangel, der sich nicht nur bei der Nachfolge in den hausärztlichen Praxen, sondern verstärkt auch in den Kliniken zeigt, sowie das allgemeine Bestreben jedes Krankenhauses, sich am Markt zu behaupten, stellen Ärzte und Krankenhäuser vor neue Herausforderungen und verlangen intelligente Lösungen. Auf dem Weg dorthin hat das Krankenhaus schon sehr früh den Gang nach draußen gewählt, indem es niedergelassene Ärzte als Belegärzte in die Leistungserbringung einbezog und ihnen die operative Versorgung und sonstige ärztliche Behandlung übertrug. In diese traditionelle Kooperationsform fällt auch die Hinzuziehung von Konsiliarärzten, die für das Krankenhaus sog. Drittleistungen erbringen, die es selbst mangels eigener sächlicher oder personeller Ressourcen nicht zu leisten vermag (etwa im Bereich der Anästhesie, Laboruntersuchungen, Dialyse) oder aus sonstigen Gründen dazu nicht bereit ist. Es geht dabei – im Gegensatz zu den belegärztlichen Leistungen – um die Mitbehandlung des Patienten. Nahezu komplett wird

126

[1422] Dazu *Kopp/Ramsauer*, VwVfG, 11. Aufl., § 42a Rn. 21f; *Stollmann*, NZS 2012, 485 (491f).
[1423] BSG, U. v. 15.3.2012, – B 3 KR 13/11 R – in ZMGR 2012, 273 = NZS 2012, 700, Rn. 58 ff.
[1424] BSG, aaO, Rn. 59.
[1425] BSG, aaO, Rn. 64.
[1426] → § 16 Rn. 133 f.; BSGE 88, 6 ff.; MedR 2010, 658 ff.
[1427] *Blöcher*, GesR 2012, 658.; zum Drittschutz bei der Belegarztausschreibung BSG, aaO.

für den jeweiligen Fachbereich der Weg nach außen angetreten, wenn das Krankenhaus ganze Leistungssegmente bis hin zu Krankenhausabteilungen aus seinem Herkunftsbereich ausgliedert („outsourcing") und auf leistungswillige Dritte überträgt.[1428] Das beginnt bei der Wäsche, der Küche und den Reinigungsdiensten und führt über die „Privatisierung" von radiologischen, labormedizinischen oder pathologischen Abteilungen bis hin zur Übernahme von Versorgungsaufträgen im Wege krankenhausrelevanter PPP-Modelle.[1429] Eine Kooperation des Krankenhauses mit niedergelassenen Ärzten findet bei solchen „outsourcing-Maßnahmen" dann statt, wenn dem Arzt die Versorgung der stationär zu behandelnden Patienten in seiner Praxis übertragen wird und dazu entsprechende Leistungserbringer- und Nutzungsüberlassungsverträge abgeschlossen werden.[1430] Nicht selten erfolgt die Ansiedlung der Praxis am oder gar im Krankenhaus selbst.[1431]

127 In jüngerer Zeit – bedingt insbesondere durch den Ärztemangel und die (wirtschaftlichen) Möglichkeiten, die sich dem Arzt und dem Krankenhaus bei der Gestaltung von Kooperationen bieten – ist eine Kooperationsform ins Zentrum der – auch rechtlichen – Auseinandersetzung geraten, die sich um den Begriff des „Honorararztes im Krankenhaus" rankt. Betroffen sind Ärzte, die ambulant oder stationär Operationen im Krankenhaus erbringen oder daran mitwirken und entweder in Ergänzung ihrer vertragsärztlichen Tätigkeit oder ohne Vertragsarztstatus ausschließlich auf Honorarbasis als „freier Mitarbeiter" im Krankenhaus tätig werden.[1432]

2. Belegarztwesen

128 a) **Allgemeines.** Seine Wurzeln hat das moderne Belegarztwesen im Fachbereich der Gynäkologie und Geburtshilfe. Zu Beginn des 20. Jahrhunderts, als es erheblich weniger Krankenhäuser gab und die ärztliche Versorgung nicht flächendeckend war, wurden die meisten Entbindungen als Hausgeburten von Hebammen geleitet. Auf ärztliche Hilfe wurde nur in schwierigen und komplizierten Fällen zurückgegriffen, die dann durch einen Arzt im Krankenhaus stationär behandelt wurden.[1433] Die Situation hat sich in den vergangenen 40 Jahren nicht wesentlich verändert. Obwohl sich der Gesetzgeber mit § 121 I SGB V ausdrücklich für eine Förderung des Belegarztwesens ausspricht und die Vertragspartner der dreiseitigen Verträge nach § 115 SGB V verpflichtet, auf eine leistungsfähige und wirtschaftliche belegärztliche Behandlung der Versicherten hinzuwirken, fällt nach wie vor der Anteil der in den Krankenhäusern in Deutschland tätigen Belegärzte mit 6451 Belegärzten gegenüber insgesamt 155 147 Krankenhausärzten im Jahr 2010 relativ gering aus.[1434]

129 Heute versteht man unter einem Belegarzt einen niedergelassenen Vertragsarzt, dem zusätzlich die Möglichkeit der Krankenhausbehandlung eingeräumt wird. Das Sozialrecht definiert ihn als einen nicht am Krankenhaus angestellten Vertragsarzt, der berechtigt ist, seine

---

[1428] Zum „outsourcing" im Krankenhaus vgl. schon früh *Preißler*, MedR 1994, 379 ff.; Zuck, f & w 1997, 161 ff.; s.a. Huster/Kaltenborn/*Lambrecht/Vollmöller*, § 14; *Thomae* in: Weth/Thomae/Reichold (Hrsg.), Arbeitsrecht im Krankenhaus, 2007, Teil 13 (S. 797 ff.); dies. in 7. Jahresarbeitstagung Medizinrecht 2012, Deutsches Anwaltsinstitut e. V. (DAI), Tagungsunterlage, S. 114 ff.
[1429] Dazu Huster/Kaltenborn/*Kaltenborn/Weiner*, § 15.
[1430] Vgl. die Vertragsmuster der DKG nebst Erl. bei Hauser/Renzewitz/Schliephorst, Vertragsärztliche Tätigkeit im Krankenhaus, 2. Aufl., 2009 in: Robbers/Wagener (Hrsg.), Die Krankenhausbehandlung, Band 5.
[1431] Zu solchen organisationsrechtlichen Fragen und Kooperationsmöglichkeiten *Wigge/Ossege*, in: Düsseldorfer Krankenhausrechtstag 2009, 75 ff.; Huster/Kaltenborn/*Bohle*, § 8 Rn. 26 ff.
[1432] *Prütting*, GesR 2012, 332 (335).
[1433] Zu geschichtlichen Entwicklung des Belegarztwesens s u. a. *Dolinski*, Der Belegarzt, 7 ff.; *Eichholz*, Die Rechtsstellung des Belegarztes, 8 ff.
[1434] DKG, Zahlen/Daten/Fakten 2012, 33;. *Renzewitz*, in: Hauser/Renzewitz/Schliephorst, Vertragsärztliche Tätigkeit im Krankenhaus, 2. Aufl. 2009, 46; zu weiterer Statistik des Belegarztwesens s. HBKG/*Kallenberg*, C 1500 Rn. 11.

Patienten (Belegpatienten) im Krankenhaus unter Inanspruchnahme der hierfür bereitgestellten Dienste, Einrichtungen und Mittel vollstationär oder teilstationär zu behandeln, ohne hierfür vom Krankenhaus eine Vergütung zu erhalten (§§ 121 II SGB V, 23 I 1 BPflV, 18 KHEntgG).[1435] Dementsprechend ist unter einem Belegkrankenhaus ein Krankenhaus zu verstehen, in dem Belegärzte ihre Patienten unter Benutzung der vom Krankenhausträger zur Verfügung gestellten Einrichtungen und Hilfspersonal behandeln. Ein (reines) Belegkrankenhaus hat üblicherweise keinen eigenen ärztlichen Dienst. Die ärztlichen Leistungen werden ausschließlich von Belegärzten erbracht und abgerechnet. Eine solche Organisationsform ist häufig bei kleineren Krankenhäusern anzutreffen. In der Regel bieten die Krankenhäuser nur für einen Teil der Patienten belegärztliche Leistungen an (sog. gemischte Krankenhäuser mit Anstalts- und Belegabteilungen). Das Gebot der Wirtschaftlichkeit der Krankenhausbehandlung kann einen Krankenhausträger nicht zwingen, auf Grund der Verpflichtung zur sparsamen Wirtschaftsführung eine (hauptamtliche) Abteilung aufzugeben und deren Leistung im Belegarztsystem anzubieten.[1436]

§ 121 I 2 SGB V hat als weiteres Ziel die Förderung des kooperativen Belegarztwesens, welches eine noch bessere Verzahnung von ambulantem und stationärem Bereich zum Wohle des Patienten erreichen soll. Die gemeinsame Tätigkeit mehrerer Belegärzte gleicher Fachrichtungen an einem Krankenhaus (Belegarzt-Team) erlaubt eine durchgängige individuelle Krankenversorgung und eine bessere Zusammenarbeit bei der Abdeckung der Bereitschaftsdienste und Rufbereitschaften. Allerdings setzt das Team-Modell in erhöhtem Maße Kooperations- und Koordinationsbereitschaft voraus. Dazu haben die DKG, KBV und BÄK eine gemeinsam verabschiedete Beratungs- und Formulierungshilfe für den Abschluss eines Belegarztvertrages – kooperatives Belegarztwesen – herausgegeben, die den Vertragspartnern vor Ort eine wichtige Entscheidungshilfe bietet.[1437] In haftungsrechtlicher Hinsicht ist zu beachten, dass bei einem kooperativen Belegarztsystem im Sinne einer Belegarztgemeinschaft eine gesamtschuldnerische Haftung wie bei einer (ambulanten) Gemeinschaftspraxis entstehen kann.[1438]

b) Sozialrechtliche Voraussetzungen der Belegarzttätigkeit. aa) Belegarztanerkennung. Der Belegarzt muss als Vertragsarzt im Sinn des SGB V zur vertragsärztlichen Versorgung zugelassen sein. Um als Vertragsarzt Belegarzt zu sein, bedarf es darüber hinaus der Anerkennung als Belegarzt durch die für den Niederlassungsort des betreffenden Arztes zuständige Kassenärztliche Vereinigung auf Antrag des Arztes und im Einvernehmen mit allen Landesverbänden der Krankenkassen und den Verbänden der Ersatzkassen (§ 40 II BMV-Ä, § 32 II A EKV). Die Anerkennung als Belegarzt setzt voraus, dass an dem betreffenden Krankenhaus eine Belegabteilung der entsprechenden Fachrichtung nach Maßgabe der Gebietsbezeichnung (Schwerpunkt) der Weiterbildungsordnung in Übereinstimmung mit dem Krankenhausplan oder mit dem Versorgungsvertrag eingerichtet ist und der Praxissitz des Vertragsarztes im Einzugsbereich dieser Belegabteilung liegt. Damit wird einerseits klargestellt, dass die Anerkennung nur erteilt werden kann, wenn und soweit das Krankenhaus gem. § 108 SGB V (als Plan- oder Versorgungsvertragskrankenhaus)[1439] zur Kranken-

---

[1435] Zur Begriffsbestimmung des Belegarztes und des Belegkrankenhauses s. HBKG/*Kallenberg*, C 1500; Huster/Kaltenborn/*Bohle*, § 8 Rn. 4 ff.; *Peikert*, in: Rieger, Lexikon des Arztrechts, Nr. 805 Rn. 1 ff.; Ratzel/*Luxenburger*, § 21 Rn. 3 ff.; *Tuschen/Quaas*, BPflV, 419 f. Zu den belegärztlichen Leistungen siehe u. → § 24 Rn. 262 ff.
[1436] So aber BayVGH U. v. 12.11.1981 – 21 B – 460/79 zit. bei *Tuschen/Quaas*, BPflV, 419.
[1437] Einen an die neue Rechtsprechung angepassten und insoweit überarbeiteten „Vertragsentwurf" für das kooperative Belegarztwesen auf der Grundlage der Beratungs- und Formulierungshilfe der DKG, KPV und BÄK liefert *Dolinski*, Der Belegarzt, 116 ff.; s. a. den – kommentierten – Vertragsentwurf bei *Renzewitz*, in: Hauser/Renzewitz/Schliephorst, Vertragsärztliche Tätigkeit im Krankenhaus, 2. Aufl. 2009, 50 ff.; vgl i. Ü. zum kooperativen Belegarztvertrag Ratzel/*Luxenburger*, § 21 Rn. 12.
[1438] BGH, U. v. 8.11.2005 – VI ZR 319/04 – in MedR 2006, 290; *Rehborn*, BGH-Report, 2006, 297.
[1439] → § 27 Rn. 5 ff.

hausbehandlung zugelassen ist.[1440] Diese Voraussetzungen sind nicht erfüllt, wenn eine chirurgische Privatklinik, die nach dem Feststellungsbescheid des Landes oder dem mit ihr abgeschlossenen Versorgungsvertrag nur über chirurgische und orthopädische Betten verfügt, einen Belegarzt mit der Gebietsbezeichnung Gynäkologie und Geburtshilfe unter Vertrag nehmen will.[1441] Andererseits wird nicht gefordert, dass die Belegarztanerkennung mit den Zielen der Krankenhausplanung überein stimmt.[1442] Darüber hinaus sehen die derzeit gültigen Fassungen des BMV-Ä und des EKV keine Begrenzung der Belegbetten als Voraussetzung für die Anerkennung vor.[1443] Mit der weiteren Voraussetzung, dass der Praxissitz des Vertragsarztes im Einzugsbereich der Belegabteilung liegen soll, wird die Residenzpflicht angesprochen. Als Belegarzt ist nur geeignet, dessen Wohnung und Praxis so nahe am Krankenhaus liegen, dass die unverzügliche und ordnungsgemäße Versorgung der von ihm ambulant und stationär zu betreuenden Versicherten gewährleistet ist (§§ 39 IV Nr. 3 BMV-Ä, § 31 IV Nr. 3 A EKV). Nach der Rechtsprechung der Landessozialgerichte kommt es dabei auf die benötigte Fahrzeit zwischen Klinik und Praxis an.[1444]

132   Die zunehmende Etablierung von medizinischen Versorgungszentren (MVZ) hat zu der Frage geführt, ob ein im MZV tätiger Arzt Belegarzt sein kann oder gar das MZV selbst die Anerkennung erteilt werden darf („Beleg-MVZ"). Beides ist mit der Rechtsprechung des BSG zu bejahen.[1445] Da die Anerkennung als Belegarzt i. S. v. § 121 II SGB V personenbezogen ist, kommt allerdings die Anerkennung des MVZ ohne Bezug auf einen konkreten, dort tätigen Arzt nicht in Betracht. Die Anerkennung als „Beleg-MVZ" setzt vielmehr voraus, dass dort ein angestellter Arzt tätig wird, durch den das MVZ die belegärztlichen Leistungen, für die es anerkannt ist, erbringen lässt. Abrechnungsbefugt ist nur das MVZ.[1446] Wie zu entscheiden ist, wenn im MVZ nicht ein angestellter, sondern ein Vertragsarzt tätig wird, hat das BSG offengelassen.[1447]

133   **bb) Sonderzulassung.** Das Erfordernis einer vertragsärztlichen Zulassung für die belegärztliche Tätigkeit kann bei gesperrtem Planungsbereich zur Folge haben, dass der Krankenhausträger für seine Belegabteilung keinen Belegarzt findet, weil die im Planungsbereich niedergelassenen Vertragsärzte kein Interesse an der belegärztlichen Tätigkeit haben oder aus sonstigen Gründen nicht in Betracht kommen, Interessenten für die belegärztliche Tätigkeit infolge der Niederlassungssperre aber keine „normale" vertragsärztliche Zulassung erhalten können. Für diesen Fall sieht § 103 VII SGB V[1448] die Möglichkeit einer Sonderbedarfszulassung im Rahmen belegärztlicher Versorgung vor. Danach ist ein Belegarzt in einem Planungsbereich, für den Zulassungsbeschränkungen angeordnet sind, zuzulassen, wenn ein Krankenhausträger einen Belegarztvertrag mit ihm geschlossen hat. Das Gesetz berechtigt

---

[1440] *Peikert,* in: Rieger (Hrsg.), Lexikon des Arztrechts, Nr. 805 Rn. 9.
[1441] Zu weiteren Einschränkungen aus krankenhausplanerischer Sicht durch § 36 Abs. 2 KHG NW a. F. s. *Wigge/Frehse,* MedR 2001, 549, 551.
[1442] BSG – 6 RKA 11/90 – in Arzt und Recht Nr. 21, 16; *Schroeder-Printzen* in: Ratzel/Luxenburger (Hrsg.), Handbuch Medizinrecht, § 7 Rn. 441.
[1443] BayLSG, U. v. 26.9.1984 in KRS 84 099; *Quaas,* f&w 1989, 113, 115; *Peikert,* in: Rieger, Lexikon des Arztrechts, Nr. 805, Rn. 7.
[1444] Nach LSG Baden-Württ. ist eine Fahrzeit von mindestens 40 min für die Hin- und Rückfahrt zwischen Praxis und Klinik zu lang (MedR 2000, 385). Demgegenüber betrachtet LSG Schleswig-Holstein die ordnungsgemäße Versorgung der zu betreuenden Versicherten als gewährleistet, wenn der Belegarzt innerhalb von 30 Min. die Klinik von seiner Wohnung oder seiner Praxis unter normalen Umständen erreichen kann (MedR 2000, 383); s. a. Huster/Kaltenborn/*Bohle,* § 8 Rn. 10; Ratzel/*Luxenburger,* § 21 Rn. 6 m. w. N.
[1445] BSG, U. v. 23.3.2011 – B 6 KA 15/10 R – juris; s. a. Huster/Kaltenborn/*Bohle,* § 8 Rn. 4; Ratzel/Luxenburger, § 21 Rn. 5.
[1446] BSG, aaO; LSG Hessen, U. v. 24.6.2009 – L 4 KA 17/08.
[1447] BSG, aaO, Rn. 21.
[1448] Eingefügt durch das 2. NOG m. W. v. 1.7.1997 – BGBl. I 1520, 1527.

damit den Krankenhausträger, einen externen Arzt zum Belegarzt zu bestellen, ungeachtet der Gründe, die zur Nichtberücksichtigung der bereits im Planungsbereich zugelassenen Vertragsärzte geführt haben. Dazu ist folgender Verfahrensablauf zu beachten:[1449]

- Das (Beleg-)Krankenhaus schreibt im zuständigen Ärzteblatt oder über entsprechende Tageszeitungen die Belegarztstelle aus. Sodann muss das Krankenhaus mit den bereits niedergelassenen Vertragsärzten, die auch „belegarztfähig" sind,[1450] Vertragsverhandlungen aufnehmen und auch ernsthaft verhandeln; es dürfen nicht lediglich Scheinverhandlungen geführt werden.[1451]
- Meldet sich kein geeigneter niedergelassener Vertragsarzt oder scheitern aus sonstigen Gründen die Vertragsverhandlungen, kann der Krankenhausträger mit dem bislang nicht zugelassenen Arzt einen Belegarztvertrag (aufschiebend bedingt bis zur bestandskräftigen Zulassung) schließen, mit dem dieser Arzt dann die Sonderzulassung gem. § 103 VII SGB V beantragen kann.
- Sobald der Belegarztvertrag dem Zulassungsausschuss – im Original und in vollständiger Fassung – sowie weitere, für die Beurteilung notwendigen Unterlagen vorliegen[1452], entscheidet dieser über die beschränkte Zulassung. Dies gilt auch dann, wenn das Krankenhaus mit mehreren Ärzten gleicher Fachrichtung einen – kooperativen – Belegarztvertrag abgeschlossen hat, so dass ggf. alle Ärzte einen Anspruch auf Sonderzulassung nach § 103 VII SGB V haben.[1453]

Hinsichtlich der näheren Ausgestaltung der Ausschreibung macht das Gesetz keinerlei Vorgaben. Da keine „öffentliche" Ausschreibung vorgeschrieben ist, kann sogar die Form eines persönlichen Anschreibens an die potenziellen Bewerber gewählt werden. Es muss lediglich sichergestellt sein, dass alle vorrangig zu berücksichtigenden Vertragsärzte die Möglichkeit haben, von der Ausschreibung Kenntnis zu nehmen.[1454] Gegen die Sonderzulassung können die bereits zugelassenen Vertragsärzte Konkurrentenklage erheben, wobei sich die drittschützende Funktion des § 103 VII SGB V auf die Vertragsärzte beschränkt, die sich auf die Ausschreibung des Krankenhausträgers rechtzeitig, wenn auch erfolglos, beworben haben.[1455] Die Ärzte sind auf die Geltendmachung eigener, ihnen durch § 103 VII SGB V eingeräumter Rechte beschränkt, also auf die Verstöße gegen die o. g. formellen und materiellen Rechtmäßigkeitsanforderungen der Ausschreibung.[1456]

134

Die „belegärztliche Zulassung" im Sinne des § 103 VII SGB V gilt zunächst für die Dauer der belegärztlichen Tätigkeit und ist damit an den Bestand des Belegarztvertrages gebunden. Sie wandelt sich in eine Vollzulassung um, wenn die Zulassungsbeschränkungen aufgehoben sind, unabhängig davon spätestens nach Ablauf von 10 Jahren (§ 103 VII 3, 2. HS SGB V).[1457] Bei der Feststellung des Versorgungsgrades im Planungsbereich wird deshalb die Sonderzulassung nach § 103 VII SGB V voll mitberücksichtigt. Für den Belegarzt problematisch ist allerdings, dass eine Zulassung bei Fortdauer der Niederlassungssperre von dem Bestand des Belegarztvertrages abhängig ist. Eine Auflösung des Vertrages führt damit anders als beim Belegarzt mit „normaler" Zulassung nicht nur zur Beendigung der stationären Behandlungsmöglichkeiten, sondern lässt zugleich die Zulassung des Belegarztes zur ambu-

135

[1449] Vgl. im Einzelnen zu den Voraussetzungen der Sonderzulassung nach § 103 Abs. 7 SGB V Krauskopf/*Krauskopf,* § 103 SGB V, Rn. 10 ff.; Huster/Kaltenborn/*Bohle,* § 8 Rn. 12 ff.; *Peikert,* in: Rieger, Lexikon des Arztrechts, Nr. 805, 15 f.; Ratzel/*Luxenburger,* § 21 Rn. 8.
[1450] Ratzel/Luxenburger/*Schroeder-Printzen,* § 7 Rn. 426.
[1451] BSGE 88, 6, 15 ff.; Huster/Kaltenborn/*Bohle,* § 8 Rn. 17.
[1452] BSG, U. v. 2.9.2009 – B 6 KA 44/08 R in MedR 2010, 658; Ratzel/*Luxenburger,* § 21 Rn. 8; aA Peters/*Henke,* § 103 SGB V Rn. 17.
[1453] Schleswig-Holsteinisches LSG, U. v. 4.4.2001 in KRS 01.30: Danach wird von § 103 Abs. 7 SGB V keine Mindestbettenzahl für die belegärztliche Tätigkeit (als Orthopäde) verlangt. Die Bestimmung ist nicht dahingehend auszulegen, dass pro belegärztliche Abteilung eines Krankenhauses nur ein Belegarzt tätig werden darf; *Wigge/Frehse,* MedR 2001, 549, 551.
[1454] BSG, U. v. 2.9.2009 – B 6 KA 27/08 R – ZMGR 2010, 168.
[1455] BSG, U. v. 14.3.2001 – B 6 KA 34/00 R – = BSGE 88, 6; U. v. 2.9.2009 – B 6 KA 27/08 R – ZMGR 2010, 168 = MedR 2010, 658; Ratzel/*Luxenburger,* § 21 Rn. 8.
[1456] Huster/Kaltenborn/*Bohle,* § 8 Rn. 17.
[1457] *Schirmer,* MedR 1997, 431.

lanten Patientenbehandlung entfallen. Das Ende der Belegarzttätigkeit am Krankenhaus führt damit automatisch zur Vernichtung der beruflichen Existenz des Arztes.[1458]

136 c) **Belegarztvertrag.** Die Rechtsbeziehungen zwischen dem Belegarzt und dem Krankenhausträger werden durch den Belegarztvertrag begründet. Seiner Rechtsnatur nach handelt es sich um ein atypisches Dauerschuldverhältnis mit Elementen der Leihe, des Dienstverschaffungs- und des Gesellschaftsvertrages.[1459] Da der Belegarzt für die von ihm entfaltete Tätigkeit kein Entgelt des Krankenhauses erhält, ist der Belegarztvertrag: – anders als der zwischen dem Arzt und dem Patienten bestehende Behandlungsvertrag – kein Dienstvertrag im Sinne des § 611 BGB. Der Belegarzt ist freiberuflich tätig und steht nicht in einem Arbeitsverhältnis zum Krankenhaus. Das gesamte Arbeitsrecht einschließlich des Kündigungsschutzes findet daher auf den Belegarzt keine Anwendung. Für Rechtsstreitigkeiten zwischen Krankenhausträger und Belegarzt sind die ordentlichen Gerichte nach § 13 GVG zuständig.[1460]

137 Für den Inhalt des Belegarztvertrages haben DKG, KBV und BÄK bereits 1959 Grundsätze für die Gestaltung von Verträgen zwischen Krankenhäusern und Belegärzten erarbeitet, die mittlerweile in 3. Auflage vorliegen.[1461] Es handelt sich um einen Rahmenvertrag, der die Grundlage für die Einweisung des Patienten und die Aufnahme durch das Krankenhaus bildet. Notwendiger Inhalt sind Regelungen zur Art und zum Umfang der Tätigkeit des Belegarztes, zur Sicherung der Zusammenarbeit mit anderen Belegärzten und dem sonstigen ärztlichen und nicht-ärztlichen Personal des Krankenhausträgers, die gegenseitigen Rechte und Pflichten (Zahl der Belegbetten, Verfügungsrecht über nicht belegte Betten, Weisungsrechte, die Beachtung des Wirtschaftlichkeitsgebotes und Fragen der Vergütung). Nach üblicher Vertragspraxis ist der Belegarzt zur durchgehenden ärztlichen Versorgung „rund um die Uhr" verpflichtet, gleich viel, ob er selbst oder mit anderen Belegärzten unter Zuhilfenahme eigenen oder des Krankenhauspersonals die Leistung erbringt.[1462] Entsprechend der belegärztlichen Grundstruktur, wonach das Belegkrankenhaus nur für die Pflege- und die „Hotel"-Leistungen zuständig ist, muss der Belegarzt die gesamte ärztliche Dienstleistung auch in Not-, Urlaubs- und sonstigen Vertretungsfällen entsprechend dem haftpflichtrechtlich gebotenen Facharztstandard gewährleisten. Sofern zusätzlich weitere, nicht als Belegarzt tätige Ärzte hinzugezogen werden, muss der Belegarzt die dienstvertragliche Abwicklung und deren Bezahlung sicherstellen, ggf. durch Erstattung der Kosten an das Krankenhaus.[1463]

138 Der Belegarztvertrag als Dauerschuldverhältnis wird grundsätzlich auf unbestimmte Zeit eingegangen, er kann aber auch befristet abgeschlossen werden (insbesondere eine Altersbefristung, z.B. abhängig von der vertragsärztlichen Zulassung, vorsehen). Der unbefristete Belegarztvertrag kann durch ordentliche Kündigung mit angemessener Frist aufgelöst werden. Die Angemessenheit muss die notwendigen wirtschaftlichen Dispositionen der Vertragsparteien berücksichtigen. Liegen keine vertraglichen Regelungen über die (ordentliche) Kündigungsfrist vor, beträgt die „gesetzliche Kündigungsfrist" in der Regel sechs Monate. Sollen im Kündigungszeitpunkt vorliegende Umstände abweichend hiervon eine kürzere Kündi-

---

[1458] *Andreas/Debong/Bruns,* Handbuch Arztrecht in der Praxis, Rn. 490.
[1459] BGH MedR 2006, 654; NJW 1972, 1128; OLG Hamm MedR 1989, 148, ausführlich zur rechtlichen Qualifizierung des Belegarztvertrages *Dolinski,* Der Belegarzt, 12 ff.; *Eichholz,* Die Rechtsstellung des Belegarztes, 37 ff., Huster/Kaltenborn/*Bohle,* § 8 Rn. 21; *Weber/Müller,* Chefarzt- und Belegarztvertrag, RWS-Vertragsmuster, Bd. 10, A Rn. 37 ff.
[1460] LG Osnabrück, ArztR 1985, 90; Huster/Kaltenborn/*Bohle,* § 8 Rn. 22; *Peikert,* in: Rieger, Lexikon des Arztrechts, Nr. 805 Rn. 22.
[1461] Veröffentlicht in DKG, Beratungs- und Formulierungshilfe Belegarztvertrag, Kooperatives Belegarztwesen, Vertrag über die Durchführung von ambulanten Leistungen im Krankenhaus, 1996; dazu ausf. *Renzewitz:* in, Hauser/Renzewitz/Schliephorst, Vertragsärztliche Tätigkeit im Krankenhaus, 2. Aufl., 2009, 50 ff.; zu den wichtigsten Regelungen in Belegarztverträgen s. a. Ratzel/*Luxenburger,* § 21 Rn. 10.
[1462] *Tuschen/Quaas,* BPflV, 420.
[1463] *Andreas/Debong/Bruns,* Handbuch Arztrecht in der Praxis, Rn. 492.

gungsfrist rechtfertigen oder eine längere verlangen, trägt die Partei die Beweislast, die damit eine kürzere oder längere Frist für sich in Anspruch nehmen will.[1464] Ohne Einhaltung einer Kündigungsfrist, d. h. außerordentlich kann eine Vertragspartei den Belegarztvertrag nur kündigen, wenn ihr ein wichtiger Grund zur Seite steht (§ 626 II BGB analog).[1465] Ein solcher zur „fristlosen" Kündigung berechtigender Grund kann die Umstellung des Belegarztwesens auf das Chefarztsystem oder eine sonstige, bedarfsgerechte Umwandlung einer Belegarztabteilung nach dem Krankenhausplanungsrecht des jeweiligen Landes sein.[1466] Allerdings steht es nicht im Belieben des Krankenhausträgers, planerisch für bestimmte Fachgebiete ausgewiesene hauptamtliche Betten in Belegbetten eines anderen Fachgebietes „umzuwidmen".[1467] Nicht anwendbar ist die 2-wöchige Erklärungsfrist des § 626 Abs. 2 BGB.[1468] Darüber hinaus berechtigen schwere ärztliche Vergehen, auch in der ambulanten Praxis des Belegarztes, den Krankenhausträger, sich von dem Vertragsverhältnis zu lösen.[1469]

d) Der Belegarzt mit Honorarvertrag (§ 121 V SGB V). Das KHRG 2009 hat § 121 SGB V durch einen neuen Abs. 5 ergänzt und den Belegarzt durch Honorarvertrag eingeführt. Er stellt eine Abweichung vom gesetzlichen Belegarztmodell (des Abs. 2) insoweit dar, als nach der Legaldefinition der Belegarzt vom Krankenhaus keine Vergütung erhält. Dies ist beim Belegarzt mit Honorarvertrag anders. Sein Status setzt voraus, dass sich Krankenhausträger und Belegarzt über die Vergütung des belegärztlichen Honorars einig sind und darüber einen Honorarvertrag schließen. Für den Vertragsabschluss besteht mangels einer konkreten Regelung Vertragsfreiheit. Für die der Vergütung ist die GOÄ nicht anwendbar.[1470]

139

Dem Belegarzt stehen also für die Erbringung und Abrechnung seiner (ärztlichen) Leistungen zwei „Belegarztmodelle" zur Verfügung: Entweder er erbringt die belegärztliche Leistung – wie bisher – im Rahmen der belegärztlichen Versorgung, die damit Teil der vertragsärztlichen Versorgung ist.[1471] In diesem Fall richtet sich die Vergütung für Sozialversicherte nach den von den Vertragsparteien der vertragsärztlichen Versorgung getroffenen Regelungen (vertragsärztliche Gesamtvergütung). Oder der Belegarzt erbringt seine Leistungen auf der Basis des Honorarvertragsmodells in der Belegabteilung des Krankenhauses bzw. dem Belegkrankenhaus. Dann handelt es sich nicht um vertragsärztliche Leistungen.[1472]

140

Da es sich bei dem Belegarzt im Sinne des § 121 Abs. 5 SGB V um einen „echten" Belegarzt handelt, gilt die zeitliche Grenze für Nebentätigkeiten von wöchentlich 13 Stunden[1473] nicht. Das ist folgerichtig, da der Belegarzt auch im Krankenhaus „als Vertragsarzt", wenn auch nicht im klassischen ambulanten Sinne tätig wird.[1474] Allerdings bleibt bei dem Belegarzt mit Honorarvertrag gegenüber dem herkömmlichen Bild des Belegarztes nur noch der Name übrig. Der Patient sucht das Krankenhaus auf und wird nicht wahrnehmen, ob er von einem

141

[1464] BGH, U. v. 20.7.2006 – III ZR 145/05 – in MedR 2006, 654; BGH NJW 1972, 1138.

[1465] *Dolinski*, Der Belegarzt, 24.

[1466] OlG Hamm, GesR 2004, 185; MedR 1989, 149; *Dolinski*, aaO.

[1467] Bayer. LSG, U. v. 9.8.2006 – L 12 KA 268/04, in: Breithaupt 2007, 109; Huster/Kaltenborn/*Bohle*, § 8 Rn. 11.

[1468] OLG Hamm, U. v. 22.1.2004 in GesR 2004, 185 (186).

[1469] Nach OLG Frankfurt, ArztR 1997, 227, kann einem anästhesiologischen Belegarzt, der aus privaten Gründen zweimal das Krankenhaus während laufender Narkose verlässt, fristlos gekündigt werden; zu weiteren, in der Person oder in dem Verhalten des Belegarzt liegenden „wichtigen" Gründen siehe *Dolinski*, Der Belegarzt, 25; bei kirchlichen Krankenhäusern kann darüber hinaus bei entsprechender vertraglicher Vereinbarung eine Kündigung aus religiös-sittlichen Tatbeständen in Betracht kommen – vgl. *Münzel*, Chefarzt- und Belegarztvertrag, Beck'sche Musterverträge Band 23, 82.

[1470] *Quaas* GesR 2009, 459.

[1471] § 121 Abs. 3 SGB V.

[1472] So auch die amtliche Begründung zu § 121 Abs. 5 SGB V. – BT-Drs. 16/11 429, 64; *Quaas* GesR 2009, 459.

[1473] Vgl. § 21 Abs. 1 Ärzte-ZV.

[1474] BSGE 89, 124; *Makoski* GesR 2009, 225, 228.

(angestellten) Krankenhausarzt oder einem Belegarzt (mit Honorarvertrag) behandelt wird. Das kann Folgen für das Haftungsrecht haben.[1475]

3. Der Konsiliararzt

142 **a) Begriff und Bedeutung.** Im Gegensatz zum Belegarzt ist der Begriff des Konsiliararztes bzw. des Konsiliararztverhältnisses gesetzlich nicht näher definiert.[1476] Unter einem Konsilium nach ärztlichem Sprachgebrauch bzw. gemäß Ziff. 60 der GOÄ versteht man die Beratung zweier oder mehrerer Ärzte nach vorangegangener Untersuchung des Patienten zur Stellung der Diagnose und/oder Festlegung des Heilplanes. Eine derartige Definition ist für den Vertragsgegenstand eines Konsiliararztvertrages zu eng. Seinen Ausgangspunkt hat das Konsiliararztverhältnis in §§ 2 II Nr. 2 BPflV/KHEntgG und dem Begriff der allgemeinen Krankenhausleistung. Danach ist das Krankenhaus verpflichtet, im Rahmen seiner Leistungsfähigkeit alle zur Versorgung des Patienten notwendigen Leistungen als Gesamtleistung zu erbringen. Unter anderem gehören dazu auch die vom Krankenhaus veranlassten Leistungen Dritter, also die Leistung, die das Krankenhaus nicht mit eigenen Mitteln oder Personal erbringen kann und somit auf fremde Dienste angewiesen ist. Daher erstreckt sich der Vertragszweck eines Konsiliararztvertrages neben der externen Beratung mit dem Krankenhausarzt zur Stellung der Diagnose oder Feststellung des Behandlungsplans auch auf die Untersuchung und Mitbehandlung des Patienten. Darüber hinaus sollen Konsiliararztverträge das Leistungsspektrum des Krankenhauses erweitern. Sie werden daher vor allem mit Ärzten eines Fachgebiets vereinbart, das im Krankenhaus selbst nicht vertreten ist (z. B. Radiologen, Neurologen, Pathologen oder externe Labormediziner).[1477] Eine besondere Bedeutung für die konsiliarärztliche Fragestellung wird für die Zukunft der Telemedizin zukommen, die schon heute im Rahmen der Teleradiologie, aber auch im Bereich kardiologischer Fragestellungen und bei Zweitmeinungen (z. B. Präparatebefundung in der Pathologie) eine Rolle spielt.[1478] Auch der im Krankenhaus tätige Belegarzt kann konsiliarisch tätig werden, sofern er – etwa im Rahmen interkurrenter Erkrankungen – Patienten anderer Abteilungen mitbehandelt. Diese Tatbestände werden in der Regel bereits im Belegarztvertrag erfasst.[1479]

143 **b) Konsiliararztvertrag.** Der Konsiliararztvertrag ist seiner Rechtsnatur nach ein Dienstvertrag (§§ 611 ff. BGB).[1480] Wie der Belegarzt steht der Konsiliararzt zum Krankenhausträger weder in einem Anstellungsverhältnis noch in einem arbeitnehmerähnlichen Verhältnis. Das Kündigungsschutzgesetz, aber auch tarifvertragliche Regelungen, denen der Krankenhausträger unterliegt, finden keine Anwendung.

144 Auch dem Konsiliararztvertrag liegen häufig Vertragsmuster zugrunde.[1481] Der Konsiliararztvertrag sollte Regelungen zur Liquidation der vom Konsiliararzt erbrachten Leistungen enthalten. Bei Regelleistungspatienten erfolgt die Liquidation ausschließlich gegenüber dem Krankenhaus. Die Parteien vereinbaren vielfach die Abrechnung nach einem gewissen Ge-

---

[1475] *Quaas* GesR 2009, 459, 461.
[1476] Vgl. HBKG/*Schäfer-Gölz*, C 1300 Rn. 3; *Quaas*, Rechtsprobleme des Konsiliararztvertrages, in: f&w 5/1988, 40; *Wagener*, das Krankenhaus 1997, 171.
[1477] Vgl. *Andreas/Debong/Bruns*, Handbuch Arztrecht in der Praxis 2001, Rn. 507, die zu Recht darauf hinweisen, dass bei der Hinzuziehung eines diagnostischen Radiologen durch ein Krankenhaus, das selbst keine radiologische Abteilung hat, die Abgrenzung zwischen einem Konsiliararztvertrag und einem Outsourcing-Kooperationsvertrag in Einzelfällen schwierig sein kann.
[1478] Vgl. Ratzel/*Luxenburger*, § 21 Rn. 14; *Tillmanns*, Die persönliche Leistungserbringerpflicht im Arztrecht und die Telemedizin, 2006.
[1479] *Wagener*, das Krankenhaus 1997, 171, 172.
[1480] *Quaas*, f&w 1988, 40; *Andreas/Debong/Bruns*, Handbuch Arztrecht in der Praxis 2001, Rn. 510; zur Vertragsgestaltung s. a. HBKG/*Schäfer-Gölz*, C 1300 Rn. 23 ff.
[1481] Vgl. das bei *Bölke/Robbers*, Die stationäre Krankenhausbehandlung, Teil E IX abgedruckte Vertragsmuster.

bührensatz der GoÄ. Ohne eine solche Abrede ist allerdings die GoÄ auf das Vertragsverhältnis zwischen Krankenhausträger und Konsiliararzt nicht anwendbar.[1482] Bei technischen Leistungen kann es sachgerecht sein, Fixkostenpauschalen zu vereinbaren oder bei vermehrten Leistungsanforderungen einen gewissen „Mengenrabatt" einzuräumen.[1483] Bei Wahlleistungspatienten erfolgt die gesonderte Liquidation des Konsiliararztes dagegen zwingend nach den Vorschriften der GoÄ.[1484] Eine ergänzende Zahlung des Krankenhauses an den Konsiliararzt ist sachlich in der Regel nicht begründet.

Für die Beendigung des Konsiliararztvertrages gelten die im Vertrag getroffenen Vereinbarungen bzw. die Rechtsgrundsätze nach den §§ 611 ff. BGB. 145

4. Der Honorararzt

a) Allgemeines. Den Honorararzt im Krankenhaus gibt es als – gesetzlich definierten – 146
Rechtsbegriff nicht. Man muss sogar bezweifeln, ob es sich dabei überhaupt um einen Rechtsbegriff handelt oder ob damit lediglich ein Phänomen umschrieben wird, das sich aus der deutschen Krankenhauslandschaft nicht mehr wegdenken lässt: Den Einsatz von (Vertrags-)Ärzten im Krankenhaus, die neben der Tätigkeit in niedergelassener Praxis gleichzeitig am Krankenhaus tätig sind, um damit Versorgungsengpässe zu vermeiden.[1485] Als Honorararzt ist daher der Arzt bezeichnet, der im stationären und/oder ambulanten Bereich des Krankenhauses ärztliche Leistungen für den Krankenhausträger erbringt, ohne bei diesem angestellt oder als Belegarzt oder Konsiliararzt tätig zu sein.[1486] Die Gründe für seinen Einsatz im Krankenhaus sind vielfältig, wobei die Hauptursache sicher in dem seit Jahren zu beobachtenden und ständig ansteigenden Ärztemangel liegt. So gab es bis zum Jahr 2010 in rund 75 % deutscher Kliniken offene Arztstellen, die sich bis zum Jahr 2020 auf bis zu 30.000 unbesetzte Stellen ausweiten sollen.[1487] Die Zahl der hauptberuflich oder in Teilzeit beschäftigten Honorarärzte wurde (2012) mit ca. 4000 angegeben.[1488] Die Krankenhäuser müssen also reagieren und von daher ist es nur zu verständlich, wenn in der Not Honorarkräfte angeheuert und Verträge unterschrieben werden, die sich im Lichte richterlicher Erkenntnis oder der Wissenschaft als nicht ganz „lupenrein" erweisen. Das hat auch der Gesetzgeber gesehen und mit dem GKV-VStG (2012) eine zu § 115b SGB V ergangene Entscheidung des BSG[1489] korrigiert und weitere Leitplanken zur Zulässigkeit des „Honorararztmodells" eingezogen. Insbesondere wird durch Änderung des § 2 I 1 KHEntgG durch das PsychEntgG[1490] mit Wirkung vom 1.1.2013 bestimmt, dass die Erbringung allgemeiner Krankenhausleistungen „auch durch nicht fest angestellte Ärztinnen und Ärzte" erfolgen kann.[1491] Andererseits hat das GKV-VStG (2012) durch Einfügung des § 73 VII SGB V daran festgehalten, dass es Vertragsärzten nicht gestattet ist, sich für die Zuweisung

---

[1482] BGH, U. v. 12.11.2009 – III ZR 110/09 – MedR 2010, 555 (m. Anm. *Juretzek*).
[1483] *Andreas/Debong/Bruns*, Handbuch Arztrecht in der Praxis, Rn. 511.
[1484] Dabei unterliegt der Konsiliararzt, auch soweit er außerhalb des Krankenhauses tätig wird, der Minderungspflicht nach § 6a GoÄ – vgl. BGH, U. v. 13.6.2002 in MedR 2002, 582 und dazu *Henkel*, MedR 2002, 573 ff.; *Griebau*, ZMGR 2003, 25 ff.; *Ratzel/Luxenburger*, § 21 Rn. 14.
[1485] Das – kaum überschaubare – Schrifttum ist angesichts der gesetzlichen Novellierung zur Zulässigkeit honorarärztlicher Betätigung im Krankenhaus durch das GKV-VStG (2012) in wesentlichen Teilen veraltet; hinzuweisen ist daher nur auf *Altpeter/Heppekausen*, NZS 2011, 493; *Bäune/Dahm/Flasbarth*, MedR 2012, 77; Huster/Kaltenborn/*Bohle*, Krankenhausrecht, 2.A., § 9 Rn. 26 ff; *Clemens*, MedR 2011, 770; *Keysers*, das Krankenhaus 2013, 815; *Möller/Makoski*, GesR 2012, 647; *Quaas*, GesR 2009, 459; *Ratzel/Szabados*, GesR 2012, 210; *Ricken*, NZS 2011, 881; *Stollmann*, NZS 2011, 684.
[1486] *Clausen*, ZMGR 2012, 248, 249 unter Verweis auf *Möller/Makoski*, GesR 2012, 647.
[1487] *Blum*/Löffler, Krankenhausbarometer 2011 - zit. bei *Prütting*, GesR 2012, 333 (335).
[1488] *Möller/Makoski*, GesR 2012, 647, s. a. *Korthus*, PKR 2016, 104.
[1489] BSG, U. v. 23.3.2011 – B 6 KA 11/10 R – BSGE 108, 35.
[1490] PsychEntgG vom 21.7.2012 (BGBl. I Nr. 35 S. 1613).
[1491] Vgl. zu dieser Gesetzesänderung *Bender*, GesR 2013, 449 ff.; *Clausen*, ZMGR 2012, 248 ff.

von Versicherten ein Entgelt oder sonstige wirtschaftliche Vorteile versprechen zu lassen. Unter die „Zuweisung" fällt auch die Krankenhauseinweisung zur prä- oder poststationären Behandlung, ambulante Operationen oder (voll- oder teil-)stationäre Aufnahme.[1492] Das Zuweisungsentgeltverbot bleibt damit eine wichtige, nicht nur das Berufsrecht (§ 31 MBO-Ä)[1493] und die Berufsausübung des Vertragsarztes, sondern ggf. auch etwaige Vergütungsansprüche des Krankenhauses regelnde Grenze.[1494] Das gilt erst recht im Lichte der neuen Straftatbestände zur Korruption im Gesundheitswesen nach den §§ 299, 299b StGB. Hiernach ist insbesondere die Zuweisung von Patienten gegen Entgelt strafbar. Vertragsärzte, die für ihre Tätigkeit im Krankenhaus eine unangemessen hohe Vergütung erhalten, können daher bei bevorzugter Einweisung in das „Kooperationskrankenhaus" den Straftatbestand des § 299a StGB erfüllen. Die Rechtsentwicklung steht hier erst am Anfang[1495]. Ob sich durch die „Legalisierung" des Honorararztes durch §§ 115a I 2, 115b I 4 SGB V, § 2 II 2 KHEntgG. einerseits und das Festhalten am vertragsärztlichen Zuweisungsentgeltverbot gem. § 73 VII SGB V n. F. andererseits ein – unüberbrückbarer – Wertungswiderspruch ergibt und wie dieser ggf. im Wege praktischer Konkordanz aufzulösen ist, wird durch die Rechtsprechung zu klären sein.[1496] Einen Fingerzeig dürfte die amtliche Begründung zu § 115a I 4 SGB V.[1497] geben, wonach nur eine „gesetzlich nicht vorgesehene" Zuweisung von Versicherten gegen Entgelt oder sonstige wirtschaftliche Vorteile einen Verstoß gegen vertragsärztlichen Pflichten darstellt. Auf der rechtlich relativ sicheren Seite jedenfalls werden Honorararzt und Krankenhaus liegen, wenn sie in ihrer jeweiligen Kooperationsvereinbarung eine Vergütung ausschließlich für konkret erbrachte ärztliche Leistungen vorsehen, die sich in der Höhe am Vergütungssystem für das jeweilige Krankenhaus (DRG, GoÄ, EBM) orientiert.[1498]

147 **b) Ambulante Leistungserbringung.** Honorarärzte wirken im ambulanten Leistungsbereich des Krankenhauses vor allem beim ambulanten Operieren (§ 115b SGB V) und bei der vor- und nachstationären Behandlung im Krankenhaus (§ 115a SGB V) mit. In beiden Segmenten hat das GKV-VStG „zur Flexibilisierung der Zusammenarbeit von Krankenhaus und Vertragsärzten" Neuregelungen getroffen, die ausdrücklich die Kooperation von Krankenhaus und Honorararzt zulassen:

148 **aa) Ambulante Operationen.** Gem. § 115b I 4 SGB V ist im AOP-Vertrag vorzusehen, dass ambulant durchführbare Operationen und stationsersetzende Eingriffe auch „auf der Grundlage einer vertraglichen Zusammenarbeit des Krankenhauses mit niedergelassenen Vertragsärzten" ambulant im Krankenhaus erbracht werden können. Diesem Gesetzgebungsbefehl sind die Vertragsparteien durch entsprechende Änderung des AOP-Vertrages mit Wirkung zum 1.6.2012 nachgekommen. Der Gesetzgeber hat damit ein Urteil des BSG vom

---

[1492] Bäune/Dahm/Flasbarth, MedR 2012, 77 (91).

[1493] Zu der 2011 beschlossenen Neufassung von § 31 MBO-Ä vgl. *Möller/Makoski*, GesR 2012, 647 (654 f.).

[1494] Nach *Clemens*, MedR 2011, 770 und *Möller/Makoski*, Düsseldorfer Krankenhausrechtstag 2012, 27 (43 f.); können Krankenkassen die Zahlung für solche Leistungen ablehnen, die „auf der Grundlage vertragsärztlich unzulässiger Absprachen" erbracht werden; s. a. Huster/Kaltenborn/*Bohle*, Krankenhausrecht, 2.A., § 9 Rn. 32 ff.

[1495] Vgl. Huster/Kaltenborn/*Bohle*, aaO, § 9 Rn. 33; *Eufinger*, MedR 2017, 296; *Ufer*, ZMGR 2017, 3 und *Gaede*, 12. Jahresarbeitstagung Medizinrecht des Deutschen Anwaltsinstituts (DAI), 2017, Tagungsband, S. 165 ff.

[1496] Verfehlt bereits im Ansatz LSG BW, U. v. 17.4.2013 – L 5 R 3755/11 (rkr.) in GesR 2013, 483, wonach die Zusammenarbeit von Krankenhäusern und Honorarärzten trotz der gesetzlichen Neufassung von §§ 115a I 2, 115b I 4 SGB V n. F., § 2 II 2 KHEntgG n. F. grundsätzlich rechtswidrig bleibt. – vgl. auch das Krankenhaus 2013, 814.

[1497] BT-Drs. 17/6906, S. 55 f.

[1498] *Möller/Makoski*, GesR 2012, 647 (652 f.); *Seiler*, NZS 2011, 410 (417); *Stollmann*, NZS 2011, 687 (688).

23.3.2011[1499] korrigiert, wonach die Einbeziehung von Vertragsärzten bei der Bereitstellung von OP- und Anästhesiekapazitäten im Rahmen ambulanter Operationen bei gleichzeitiger vollständiger Abrechnung durch das Krankenhaus unzulässig ist. Nach dieser Auffassung durften auf der Grundlage des (damals geltenden) AOP-Vertrages Ärzte an ambulanten Operationen nur mitwirken, wenn sie entweder Belegärzte des Krankenhauses waren oder im Rahmen ihrer Mitwirkung als Operateur oder Anästhesist über eine (Teilzeit-)Anstellung bei dem Krankenhaus verfügten.[1500] Offen – und durch § 115b I 4 SGB V nicht beantwortet – ist die Frage, was für Kooperationsleistungen von Vertragsärzten gilt, die auf der Grundlage des § 115b SGB V a. F. bis zum 30.5.2012 erbracht wurden. Auf dem Boden des BSG-Urteils vom 23.3.2011 dürften sie unzulässig sein. Eine rückwirkende Legalisierung sieht § 115b I 4 SGB V nicht vor.

bb) Vor- und nachstationäre Behandlung. Nach der Neufassung des § 115a I 2 SGB V kann das Krankenhaus die vor- und nachstationäre Versorgung „auch durch hierzu ausdrücklich beauftragte niedergelassene Vertragsärzte in den Räumen des Krankenhauses oder der Arztpraxis" erbringen. Auch dieser Bereich „ambulanter Krankenhausbehandlung"[1501] war vor der Novelle 2012 – bezogen auf die Einbeziehung von Honorarärzten – lebhaft umstritten.[1502] Allerdings existierte – soweit ersichtlich – keine (sozial-)gerichtliche Entscheidung, die sich zur (Un-)Zulässigkeit entsprechender Arzt-Krankenhaus-Kooperationen äußerte. Das macht erklärlich, warum die Neuregelung nach Auffassung der amtlichen Begründung eine „gesetzliche Klarstellung im Sinne der Unbedenklichkeit einer solchen Zusammenarbeit darstellt.[1503] Allerdings stellt das Gesetz zusätzliche Voraussetzungen für die Leistungserbringung und damit Abrechnungsfähigkeit der Leistungen auf, die zuvor so nicht bestanden haben: 149

aaa) Einbeziehung in die Versorgungskette. Prä- und poststationäre Leistungen im Sinne des § 115a SGB V sind in die „Versorgungskette" des § 39 I 1 SGB V eingebunden, d. h. setzen grundsätzlich die Verordnung von (voll- oder teilstationärer) Krankenhausbehandlung voraus.[1504] Nach § 7 I Krankenhaus-BehandlungsRL muss sich der behandelnde Vertragsarzt zuvor vom Zustand des Patienten überzeugt und die Notwendigkeit der stationären Behandlung festgestellt haben. Fraglich ist – und sicher nicht mit dem gesetzlichen Ziel der Kostenersparnis in Einklang zu bringen –, ob der aufnehmende Krankenhausarzt zusätzlich entsprechend § 39 I 2 SGB V die Notwendigkeit einer (zunächst prä-)stationären Behandlung zu prüfen hat. 150

bbb) Prä- und poststationäre Versorgung in der Arztpraxis? Nach dem Wortlaut des § 115a I 4 SGB V können Vertragsärzte vor- und nachstationäre Behandlung „in den Räumen des Krankenhauses oder der Arztpraxis" erbringen. Letzteres erstaunt, denn in der bis zur Novelle 2012 vertretenen Literatur war es nahezu unbestritten, dass die Einbindung niedergelassener Vertragsärzte in die prä-operative Diagnostik und die postoperative Therapie ausschließlich in den Räumen des Krankenhauses vorzunehmen war.[1505] Die vom Gesetz angestrebte „Flexibilisierung" zwischen Vertragsarzt und Krankenhaus geht weiter und erfasst – im Grundsatz – jede Arztpraxis als Leistungserbringungsort. Das ist sachgerecht, denn – insbesondere nach Operationen – können Wundkontrolle und Verbandswechsel auch außerhalb des Krankenhauses erfolgen. Allerdings muss im Rahmen einer zwischen dem Krankenhaus und dem Vertragsarzt angestrebten „Kooperation" streng darauf geachtet 151

[1499] BSGE 108, 35.
[1500] Vgl. *Clemens,* MedR 2011, 770.
[1501] Vgl. zur rechtlichen Einordnung der vor- und nachstationären Behandlung oben → § 16 Rn. 81 f.
[1502] U. a. *Quaas,* GesR 2009, 459 m. w. N.
[1503] Krit. dazu *Ratzel/Szabados,* GesR 2012, 210; *Bäune/Dahm/Flasbarth,* MedR 2012, 77 (93 ff.).
[1504] *Möller/Makoski,* GesR 2012, 647 (656 f.).
[1505] *Dahm,* MedR 2010, 597 (604 ff.); *Quaas,* GesR 2009, 495; *Ratzel,* GesR 2009, 561 (563); *Wigge/Harney,* das Krankenhaus 2007, 958 (964); s. a. *Ratzel/Luxenburger,* § 21 Rn. 21.

werden, dass nur solche Leistungen in der Arztpraxis erbracht werden, die rechtlich unter Berücksichtigung der einschlägigen Rechtsprechung des BSG[1506] „echte" prä- und poststationäre Leistungen darstellen[1507] Da der Gesetzgeber im Übrigen keine Vorgaben für die Qualifikation des Vertragsarztes und die Ausstattung der Praxis festgelegt hat, ist eine Beschränkung auf „überdurchschnittlich ausgestattete Arztpraxen", die mindestens das Niveau einer „stationären Krankenhausbehandlung" erreichen, nicht gesetzeskonform.[1508]

152 ccc) **Ausdrückliche Beauftragung.** Der Gesetzgeber geht davon aus, dass zwischen Krankenhaus und Vertragsarzt ein – entgeltliches – Auftragsverhältnis (§§ 662 ff. BGB) zu Stande kommt. Das folgt aus der Verpflichtung der Leistungserbringer zum sektorenübergreifenden Versorgungsmanagement, welche die „fachärztliche Anschlussversorgung" einbezieht (§ 11 IV 1 SGB V) und das sog. Entlassmanagement als Teil der Krankenhausbehandlung vorsieht (§ 39 I 4 SGB V).[1509] Das Merkmal „ausdrücklich" will einerseits den besonderen Auftragscharakter der gesetzgeberisch gewollten Kooperation zwischen Arzt und Krankenhaus betonen. Zugleich aber wird klargestellt, dass die Beauftragung des Vertragsarztes nicht „konkludent" (§ 164 I 2 BGB) erfolgt, sondern voraussetzt, dass vor- und nachstationäre Behandlung, an der der Arzt mitwirkt, im jeweiligen Einzelfall objektiv erforderlich ist.[1510] Liegen diese Voraussetzungen nicht vor, entfällt der Vergütungsanspruch gegen die Krankenkasse.Deshalb darf ein von § 115a I2 SGB V erfasster Kooperationsvertrag zwischen dem Krankenhausträger und dem Vertragsarzt nur solche Leistungen in der Prxis des Arztes erfassen, die sich nicht als vertragsärztliche Leistungen darstellen[1511]

153 c) **Stationäre Leistungserbringung.** Die Einbindung von Vertragsärzten in die stationäre Krankenhausbehandlung ist grundsätzlich zulässig und durch die Neufassung des § 2 I 1 KHEntgG (2012) gesetzlich geklärt.[1512] Danach können Krankenhausleistungen (§ 1 I KHEntgG) „auch durch nicht fest angestellte Ärztinnen und Ärzte ..." erbracht werden. Unverändert durch die Gesetzesnovelle blieb § 2 II 2 KHEntgG[1513] über die unter den Begriff der Krankenhausleistung fallende Hinzuziehung Dritter. Insoweit gilt es für die Frage der Einbindung von Vertragsärzten in die stationäre Krankenhausbehandlung den Anwendungsbereich dieser Bestimmung (aa) und daraus folgende Einzelfragen (bb) zu klären:

154 aa) **Anwendungsbereich.** Nach § 2 II 2 Nr. 2 KHEntgG rechnen zu den allgemeinen Krankenhausleistungen auch „die vom Krankenhaus veranlassten Leistungen Dritter". Dahinter steht, dass das Krankenhaus die – allgemeinen – Krankenhausleistungen im Rechtssinne selbst erbringen muss. Als Vertragspartner erbringt nur das Krankenhaus diese Leistungen dem Patienten gegenüber. Unerheblich ist dabei, ob und inwieweit das Krankenhaus

---

[1506] Zur Abgrenzung von vertragsärztlichen gegenüber vor- und nachstationären Leistungen vgl. BSG – U.v.17.9.2013 – B 1 KR 21/12 – MedR 2014, 343.
[1507] LSG BW, B. v. 4.11.2014 – L 5 KR 141/14 – BeckRS 2015, 65316.
[1508] So aber *Ratzel/Szabados*, GesR 2012, 210 (211).
[1509] Vgl. dazu *München*, PflR 2012, 211; Ossege, GesR 2012, 204.
[1510] *Möller/Makoski*, GesR 2012, 647 (657); *Ratzel/Szabados*, GesR 2012, 210 (212) – zu dem Merkmal des objektiven Erforderlichseins der Krankenhausbehandlung unter Rückgriff auf die Entscheidung des Großen Senats des BSG vom 25.9.2007 – BSGE 99, 111; → § 27 Rn. 17 f.
[1511] LSG BW, B. v. 4.11.2014 – L 5 KR 141/14 – BeckRS 2015, 65316; dazu *Quaas*, f & w 2015, 1186.
[1512] Zum Inhalt der Gesetzesänderung und den dadurch entstandenen offenen Rechtsfragen vgl. *Clausen*, ZMGR 2012, 248 ff.; zu Unrecht geht das LSG BW, U. v. 17.4.2013 – L 5 R 3755/11 – GesR 2013, 483 nach wie vor davon aus, dass grundsätzlich nur „fest angestellte Krankenhausärzte" berechtigt sind, Krankenhauspatienten stationär „als allgemeine Krankenhausleistung" zu behandeln; eine Ausnahme komme für die stationäre Tätigkeit im Krankenhaus nur bei einer Kooperation mit einem niedergelassenen Arzt – und für die ambulante Tätigkeit im Krankenhaus nur die Kooperation mit niedergelassenen Vertragsärzten – in Betracht; aA das OVG Nds., U. v. 12.6.2013 – 13 LG 173/10 – GesR 2013, 495, wonach die Leistungen des Honorararztes im Erlösbudget des Krankenhauses grundsätzlich berücksichtigungsfähig sind.
[1513] Entsprechend – ohne dass es im Folgenden zitiert wird – § 2 II 2 Nr. 2 BPflV.

diese dem Patienten geschuldeten Leistungen mit eigenen personellen und sächlichen Mitteln erbringt oder ob es sich hierzu der Hilfe anderer bedient. Die Verpflichtung des Krankenhauses zur Krankenhausbehandlung geht ausschließlich dahin, die – allgemeinen – Krankenhausleistungen selbst mit eigenen Kräften und Einrichtungen bereitzustellen oder sich auf seine Kosten zu beschaffen. Ist der vom Krankenhaus beauftragte Dritte ein Arzt oder eine ärztlich geleitete Einrichtung, handelt es sich regelmäßig um einen für die Leistungserbringung hinzugezogenen Konsiliararzt oder einen sonstigen, im oder am Krankenhaus tätigen Vertragsarzt. Der „Drittarzt" erbringt rechtlich gesehen seine Leistung nicht gegenüber dem Patienten, sondern gegenüber dem Krankenhaus. Dieses – und nicht der Patient – ist Auftraggeber und kostenpflichtig. Die „Krankenhausleistung" (die nicht mit der – allgemeinen – Krankenhausleistung im Sinne des § 2 KHEntgG zu verwechseln ist) liegt darin, dass das Krankenhaus für die notwendige Leistung Dritter Sorge trägt und die Kosten hierfür übernimmt. Kosten dieser Krankenhausleistungen sind die an den Dritten gezahlten Entgelte. Sie richten sich nicht nach der BPflV bzw. dem KHEntgG, sondern nach dem ärztlichen Gebührenrecht und der Vereinbarung zwischen dem Krankenhaus und dem Dritten.[1514]

bb) Einzelfragen. Nachdem damit geklärt ist, dass aufgrund der weiten Fassung des § 2 II 2 Nr. 2 KHEntgG Honorarärzte unabhängig von ihrem Zulassungsstatus und ihrer Rechtsbeziehung zum Krankenhausträger operativ und konsiliarisch als Erfüllungsgehilfe des Krankenhauses (§ 278 BGB) im ambulanten wie im stationären Bereich tätig werden können, gilt es mit Rücksicht auf den Begriff der allgemeinen Krankenhausleistungen in § 2 II 1 KHEntgG verbleibenden Einzelfragen nachzugehen. **155**

aaa) Leistungsfähigkeit des Krankenhauses. Im Hinblick auf die Leistungsfähigkeit des Krankenhauses kann die Einbeziehung von Honorarärzten in das stationäre Leistungsgeschehen – entgegen verbreiteter sozialgerichtlicher Rechtsprechung[1515] – keinesfalls in Frage gestellt werden.[1516] Die Leistungsfähigkeit eines (Plan-)Krankenhauses ist Voraussetzung für die Aufnahme in den Krankenhausplan des Landes, so dass der entsprechende Feststellungsbescheid Tatbestandswirkung entfaltet, an den das Krankenhaus und die Krankenkassen gebunden sind.[1517] Ob die im Krankenhaus tätigen Ärzte fest angestellt sind oder als freie Mitarbeiter oder als Belegärzte ihre Aufgaben wahrnehmen, ist für die Frage der Leistungsfähigkeit des Krankenhauses im Grundsatz unerheblich.[1518] **156**

bbb) „Im Einzelfall notwendig". Durch dieses – die allgemeine Krankenhausleistung kennzeichnende – Merkmal wird gesetzlich erneut die objektiv zu bestimmende Erforderlichkeit der Krankenhausbehandlung als Leistungsvoraussetzung gegenüber den Krankenkassen (§ 39 I 2 SGB V) betont. Eine „doppelte Notwendigkeitsprüfung" – auch bezüglich der Einbeziehung des Honorararztes – ist damit nicht verbunden.[1519] **157**

ccc) Gesamtverantwortung des Krankenhauses. § 2 II 2 Nr. 2 KHEntgG geht – wie das Merkmal der „vom Krankenhaus veranlassten Leistungen Dritter" zeigt – von der Gesamtverantwortung des Krankenhauses für die stationäre Leistungserbringung aus. Mit der stationären Aufnahme des Patienten übernimmt das Krankenhaus im Verhältnis zum Patienten und zur Krankenkasse – auch bezüglich der von ihm veranlassten Leistungen Dritter – die volle Verantwortung für die sachgerechte Durchführung der Behandlung und haftet deshalb **158**

[1514] *Quaas*, GesR 2009, 459, 460; nach BGH, B. v. 12.11.2009 – MedR 2010, 555 – besteht keine Bedingung an die GoÄ; zur Vergütung des Honorararztes s. a. *Möller/Makoski*, GesR 2012, 647 (647 ff.); *Seiler*, NZS 2010, 410–417.
[1515] LSG Sachsen, GesR 2008, 548; zust. Spickhoff/*Kutlu*, § 2 KHEntgG Rn. 10; weitere Nachweise zur Rechtsprechung bei *Möller/Makoski*, Düsseldorfer Krankenhausrechtstag 2012 in Fn. 19.
[1516] Krit. zu Recht *Möller/Makoski*, aaO; *Ricken*, NZS 2010, 881 (884 f.).
[1517] BSG, GesR 2009, 487.
[1518] OVG Berlin, NVwZ-RR 1998, 41; *Quaas*, GesR 2009, 459; *Stollmann*, NZS 2011, 684 (685).
[1519] So aber *Clemens*, MedR 2011, 770 (783); *Dahm*, MedR 2010, 597 (603); dagegen zu Recht *Müller/Makoski*, GesR 2012, 647 (649 f.); *Seiler*, NZS 2011, 410 (413).

für Behandlungsfehler des „Dritten" in gleicher Weise wie es für das Verhalten der bei ihm angestellten Krankenhausärzte haftet.[1520] Aus der Formulierung „vom Krankenhaus veranlasste Leistungen Dritter" kann allerdings nicht abgeleitet werden, das Krankenhaus dürfe lediglich „ergänzende oder unterstützende" Leistungen des Dritten abfordern.[1521] § 2 II 2 Nr. 2 KHEntgG differenziert hinsichtlich der vom Krankenhaus veranlassten Leistungen Dritter nicht zwischen Haupt- und Neben- oder Hilfsleistungen. Maßgebend ist allein, dass sich die Leistungen im Rahmen der Gesamtverantwortung des Krankenhauses halten. Ob der Honorararzt im Rahmen der Anästhesie, des (klinischen) Labors oder als Operator eingesetzt wird, ist für die Zulässigkeit der Leistungserbringung unerheblich.

159   ddd) **Versorgungsauftrag des Krankenhauses.** Selbstverständlich kann das Krankenhaus nicht über die Hinzuziehung des Dritten sein Leistungsangebot und damit seine Gesamtverantwortung beliebig erweitern. Es ist – wie auch sonst bei der Krankenhausbehandlung – auf seinen Versorgungsauftrag begrenzt.[1522] Leistungen, die nicht vom Versorgungsauftrag des Krankenhauses erfasst sind, kann es auch nicht mit Hilfe des Dritten erbringen. Das mit einem allgemein-chirurgischen Versorgungsauftrag ausgestattete Krankenhaus darf deshalb nicht unter Hinzuziehung eines entsprechenden Facharztes am Herzen operieren oder transplantieren. Der Versorgungsauftrag des Krankenhauses bildet eine jegliche Leistungserweiterung ausschließende Grenze.[1523]

160   eee) **Beschränkungen durch das Vertragsarztrecht.** Seit Inkrafttreten des VÄndG am 1.1.2007 ist Vertragsärzten gem. § 20 II 2 Ärzte-ZV die Tätigkeit „in oder die Zusammenarbeit mit einem Plankrankenhaus nach § 108 SGB V" ausdrücklich erlaubt. Allerdings durfte der Vertragsarzt nach der gefestigten Rechtsprechung des BSG Nebentätigkeiten im ambulanten und im stationären Bereich von höchstens 13 Wochenstunden, bei hälftigem Versorgungsauftrag von höchstens 26 Wochenstunden wahrnehmen.[1524] Diese Stundenzahlbegrenzung wurde auch für eine stationäre Nebentätigkeit des Honorararztes im Rahmen von § 2 II 2 Nr. 2 KHEntgG angenommen.[1525] Der durch das GKV-VStG (2012) geänderte § 20 I Ärzte-ZV hält an dieser als zu starr empfundenen zeitlichen Grenze für den in einem oder mehreren Krankenhäusern tätigen Vertragsarzt nicht (mehr) fest. Gefordert wird lediglich, dass der Vertragsarzt seinen Versorgungsauftrag ordnungsgemäß ausfüllt und insbesondere dem Versicherten zu üblichen Sprechzeiten zur Verfügung steht.[1526]

161   fff) **Erstreckung der Wahlleistungsvereinbarung auf Honorarärzte?** Durch die Neufassung des § 2 I 1 KHEntgG (2012) wurde die Frage aufgeworfen, ob nunmehr auch Honorarärzte wahlärztliche Leistungen erbringen und – selbstständig – abrechnen dürfen.[1527] Dafür

---

[1520] *Clemens,* MedR 2011, 770 (780).
[1521] So aber LSG Sachsen, GesR 2008, 548; *Wigge,* Düsseldorfer Krankenhausrechtstag 2009, 75, die sich zu Unrecht zur Stützung ihrer Auffassung auf das Urteil des BSG vom 28.2.2007 – BSG, SozR 4–2500, § 39 Nr. 8 berufen; dagegen zu Recht Clemens, MedR 2011, 770 (781f); *Quaas,* GesR 2009, 459 (463).
[1522] → § 25 Rn. 82 ff.
[1523] So – für den Einsatz von Honorarärzten – VG Frankfurt, U. v. 9.2.2010 – 5 K 1985/08 – KRS 10.008; VG Hannover, U. v. 22.7.2010 – 7 A 1052/09 – KRS 10.034; *Clemens,* MedR 2011, 770 (780); *Möller/Makoski,* GesR 2012, 647 (650); *Quaas,* GesR 2009, 459 (461f).
[1524] Zusammenfassend BSG, U. v. 13.10.2010 – B 6 KA 40/09 R in SozR 4–5520, § 20 Nr. 3; Laufs/Kern/*Clemens,* § 29 Rn. 58 f.
[1525] VG Hannover, U. v. 22.7.2010 – 7 A 1629/09 – KHR 2010, 134, 136; *Clemens,* MedR 2011, 770 (782).
[1526] Zu den- eher zu verneinenden – vergütungsrechtlichen Auswirkungen bei Verstoß gegen die zeitlichen Beschränkungen der Nebentätigkeit im Krankenhaus vgl. *Möller/Makoski,* GesR 2012, 647 (650 f.); aA Clemens, MedR 2011, 770 (777, 782).
[1527] Vgl. *Bender,* GesR 2013, 449 ff.; *Clausen,* ZMGR 2012, 248, 254 ff.; das wird in der Rechtsprechung einiger Landgerichte unter der bis zum 31.12.2012 geltenden Rechtslage bejaht – vgl. LG Nürnberg-Fürth, B. v. 5.3.2012 – 11 S 9701/11 – in GesR 2012, 431; LG Würzburg, B. v. 22.5.2012 – 42 S 409/12 – in GesR 2012, 432.

könnte der Wortlaut des § 2 I 1 KHEntgG sprechen, wonach Krankenhausleistungen (§ 1 I KHEntgG) insbesondere ärztliche Behandlung „auch durch nicht fest angestellte Ärztinnen und Ärzte ..." sind. Unter dem Begriff der „Krankenhausleistung" fallen allgemeine Krankenhausleistungen und Wahlleistungen (§ 2 I 1, 2. HS KHEntgG). Demzufolge – auch weil nicht etwa § 2 II 2 Nr. 2 KHEntgG (was näher gelegen hätte), sondern § 2 I 1 KHEntgG geändert wurde – könnte die Neufassung des § 2 I 1 KHEntgG so zu verstehen sein, dass Honorarärzte als „nicht fest angestellte Ärzte" berechtigt sind, ärztliche Wahlleistungen zu erbringen.

Gegen diese Interpretation spricht indessen – wie der BGH zwischenzeitlich zu Recht festgestellt hat-[1528] – die (unverändert gebliebene) Bestimmung des § 17 III 1 KHEntgG. Danach erstreckt sich die Wahlleistungsvereinbarung, deren wirksamer Abschluss Grundlage für die Abrechnung wahlärztlicher Leistungen ist, auf „angestellte oder beamtete Ärzte des Krankenhauses", soweit diese zur gesonderten Berechnung ihrer Leistungen berechtigt sind, einschließlich der von diesen Ärzten veranlassten Leistungen Dritter. Honorarärzte sind indessen regelmäßig weder im Krankenhaus angestellt,[1529] noch werden sie auf Veranlassung liquidationsberechtigter Krankenhausärzte im Krankenhaus tätig. Darüber hinaus widerspricht eine solche Auslegung von § 2 I 1 KHEntgG Sinn und Zweck der mit § 17 III KHEntgG ermöglichten (ärztlichen) Wahlleistung, die zum Gegenstand hat, dass dem Patienten die Behandlung durch bestimmte leitende oder besonders fachlich qualifizierte Krankenhausärzte zu Teil wird, die sein Vertrauen genießen und deren Leistung er sich mit Abschluss der Wahlleistungsvereinbarung „hinzukaufen" möchte.[1530] Insoweit ist allein der Krankenhausträger alleiniger vertraglicher Schuldner der wahlärztlichen Leistung, die er quasi als „Institutsleistung" erbringt und deshalb auch selbst liquidieren darf.[1531] Damit bleibt der Honorararzt Dritter im Sinne des § 2 II 2 Nr. 2 KHEntgG und scheidet deshalb als liquidationsberechtigter Wahlarzt aus.[1532]

2. Abschnitt: Das Medizinische Versorgungszentrum (MVZ)

§ 17 Das MVZ als Leistungserbringer

I. Allgemeines

1. Rechtsgrundlage

Der Gesetzgeber hat in § 95 I 1 SGB V mit Wirkung ab 2004 (Art. 37 I GMG[1]) den Kreis 1 der zur vertragsärztlichen[2] Versorgung zugelassenen Leistungserbringer über die zugelassenen und ermächtigten Ärzte[3] und die ermächtigten ärztlich geleiteten Einrichtungen hinaus

---

[1528] BGH, U. v.16.10.2014 – III ZR 85/14 – MedR 2015, 120; die dagegen eingelegte Verfassungsbeschwerde blieb erfolglos, vgl. BVerfG, B. v. 3.3.2015 – 1 BvR 3226/14 – MedR 2015, 591; dazu *Claussen*, ZMGR 2016, 82; *Ufer*, ZMGR 2017, 3 (11 f.).
[1529] Zu den hier nicht zu vertiefenden Fragen der „Scheinselbstständigkeit" und der notwendigen Abgrenzung zur abhängigen Beschäftigung bei Honorararztverträgen vgl. Huster/Kaltenborn/Bohle, Krankenhausreht, 2.A., § 9 Rn. 31Clausen, ZMGR 2012, 248, 253 ff. m. w. N.; Korthus, PKR 2016, 104; Möller/*Makoski*, GesR 2012, 647 (651 f.); *Ufer*,,ZMGR 2017, 3 (13 ff.).
[1530] → § 26 Rn. 256; Spickhoff/*Kutlu*, § 17 KHEntgG Rn. 11.
[1531] Spickhoff/*Kutlu*, § 17 KHEntgG Rn. 13 m. w. N. – str.
[1532] BGH, MedR 2015, 120; LSG BW, U. v. 17.4.2013 – L 5 R 3755/11 –, GesR 2013, 483; *Bender*, GesR 2013, 449; *Clausen*, ZMGR 2012, 248 (254 ff.).
[1] GKV-Modernisierungsgesetz v. 14.11.2003 (BGBl. I S. 2190).
[2] Der Begriff vertragsärztlich schließt hier die vertragspsychotherapeutische und auch die vertragszahnärztliche Versorgung mit ein (vgl. dazu § 72 I 2 SGB V).
[3] Der Begriff Ärzte schließt hier die Psychotherapeuten und auch die Zahnärzte mit ein (vgl. dazu § 72 I 2 SGB V).

auf die „zugelassenen medizinischen Versorgungszentren" erstreckt. Zu beachten sind dabei **Besonderheiten:**

2   Das MVZ ist ein **bloßes vertragsarztrechtliches Gebilde:** Während Ärzte und Krankenhäuser vorab Akteure allgemein in der Gesundheitsversorgung sind und dann zusätzlich die sog. Kassenzulassung (oder Ermächtigung) erhalten, weist das MVZ keinen solchen allgemeineren Status auf; dieses ist vielmehr ausschließlich ein Akteur in der vertragsärztlichen Versorgung.[4] Eine weitere Besonderheit ist, dass das MVZ – anders als die typischen anderen Akteure Arzt, Psychotherapeut und Zahnarzt – nicht selbst ärztliche Leistungen erbringt, sondern **nur eine „Hülle"** für die in ihm tätigen Ärzte und Psychotherapeuten oder Zahnärzte ist.[5]

2. Resonanz; Änderungen 2007 und 2012 und 2015

3   Die Neuregelung stieß auf großes Interesse. Sie übernahm zum einen mit der damaligen Konzeption der Zusammenbindung verschiedener Fachrichtungen in einem Haus **Elemente der Poliklinik-Strukturen**[6] **der DDR** – „Versorgung aus einer Hand"[7] –. Zum anderen sollte Ärzten – insbesondere auch Ärztinnen – ermöglicht werden, sich in der vertragsärztlichen Versorgung rein-medizinisch zu betätigen, **entlastet von technisch-administrativen Aufgaben**, die durch die „Hülle MVZ" erledigt werden.[8]

4   Aufgrund dieser besonderen Strukturen erfreuten sich Gründung, Zulassung und Betrieb von MVZ von Anbeginn großer Beliebtheit. Auch erschien die Einbindung in ein MVZ vielen Ärzten als eine gewisse Absicherung gegen mögliche **wirtschaftliche Risiken** wie Honorarrückforderungen und Schadensregresse, weil für diese nicht sogleich der Arzt selbst, sondern – jedenfalls zunächst[9] – das **MVZ als solches** „seinen Kopf hinhalten" muss.

5   Die MVZ-Errichtungseuphorie[10] erhielt allerdings in späteren Jahren manchen **Dämpfer:** Der Gesetzgeber bestimmte durch das VÄndG[11] mit Wirkung ab **2007** durch Einfügung des § 95 II 6 SGB V, dass im Fall der Zulassung eines MVZ in der Rechtsform einer GmbH selbstschuldnerische **Bürgschaftserklärungen** der Gesellschafter beizubringen seien. Einen weiteren – kleineren – Dämpfer gab es durch das GKV-VStG[12] mit Wirkung ab **2012** dadurch, dass der Gesetzgeber die Gestattung „aller zulässigen **Organisationsformen**" (so § 95 I 6 SGB V bis 2011) dahin einengte, dass als Rechtsform (so § 95 Ia 1 Hs. 2 SGB V seit 2012) nur noch die Personengesellschaft, die eingetragene Genossenschaft und die GmbH oder eine öffentlich-rechtliche Rechtsform gestattet sind.

---

[4] Dies besonders deutlich hervorhebend: *Clemens* in: Schiller/Tsambikakis (Hrsg.), Kriminologie und Medizinrecht – Festschrift für Gernot Steinhilper –, 2013, S. 11 (unten).

[5] *Clemens* in: Festschrift für Steinhilper aaO S. 12.

[6] Näheres unten in → Rn. 8.

[7] BT-Drs. 15/1525 v. 8.9.2003, S. 74 u. 108.

[8] Zu diesen Elementen vgl. *Clemens* aaO S. 12, aber auch BSG v. 21.3.2012 – B 6 KA 22/11 R – BSGE 110, 269 = SozR 4–2500 § 95 Nr. 24 = GesR 2012, 539 = MedR 2013, 66 = juris, jeweils Rn. 28 m. w. N. – Aus dem älteren Schrifttum: *Dahm* in: *Dahm/Möller/Ratzel* (Hrsg.), Rechtshandbuch Medizinische Versorgungszentren, Kap. II Rn. 1 f.; *Möller/Dahm* in: Ratzel/Luxenburger (Hrsg.), Handbuch Medizinrecht, 3. Aufl. 2015, § 9 Rn. 1 ff.; *Orlowski/Schirmer/Halbe* in: Halbe/Schirmer (Hrsg.), Handbuch Kooperationen im Gesundheitswesen B 1400 Rn. 5 f.; HK-AKM/*Rau*, Nr. 3585 („Medizinisches Versorgungszentrum") Rn. 8 ff.; *Ratzel*, ZMGR 2004, 63 (64).

[9] Hieran könnte die weitere Frage angeknüpft werden, unter welchen Voraussetzungen das MVZ bei einem seiner Ärzte Regress nehmen kann. Dies impliziert Fragen aus dem Arbeitgeber-Arbeitnehmer-Verhältnis – dies hier mit zu behandeln, würde über den Rahmen der hier anstehenden MVZ-Thematik hinausgehen.

[10] Dieser treffende Begriff ist entlehnt aus der von *Quaas* geprägten Vorauflage, § 17 Rn. 39 am Ende. – Seit der Möglichkeit der Errichtung von MVZ ab 2004 wurden bis Mitte 2007 mehr als 600 MVZ gegründet – vgl. *Möller*, MedR 2007, 263; *Makowski/Möller*, MedR 2007, 524, 526.

[11] Vertragsarztrechtsänderungsgesetz v. 22.12.2006 (BGBl. I S. 3439).

[12] GKV-Versorgungsstrukturgesetz v. 22.12.2011 (BGBl. I S. 2983).

Die Zahl der Errichtungen eines MVZ hat indessen ab Juli 2015[13] wieder zugenommen seit der **Aufhebung** des Erfordernisses, dass ein MVZ **fachübergreifend** – d. h. mit Ärzten mit verschiedenen Facharzt- oder Schwerpunktbezeichnungen – tätig sein müsse (Streichung der Regelungen des § 95 I 2 ff. SGB V). Hierdurch kann nun ein MVZ mit nur fachgleichen Ärzten gegründet und betrieben werden und auch ein MVZ mit nur Psychotherapeuten und – was bis dahin sehr umstritten gewesen ist – auch ein MVZ mit nur Zahnärzten[14].[15]

3. Vergleich mit Berufsausübungsgemeinschaft

Als Gründe dafür, als Rahmen für die Zusammenarbeit mit einem (oder mehreren) anderen Vertragsarzt (bzw. -ärzten) statt einer Berufsausübungsgemeinschaft die Rechtsform eines MVZ zu wählen, können in Betracht kommen[16]:
- Ein MVZ kann in der Rechtsform einer Kapitalgesellschaft (GmbH, eingetragene Genossenschaft) betrieben werden.[17]
- Ein MVZ kann Zweigstellen betreiben, ohne dass deren Anzahl so eng begrenzt ist wie für Vertragsärzte[18] und ohne dass der zentrale Betreiber in den Zweigstellen selbst tätig werden muss.[19]
- Ein Arzt kann – als 1-Mann-GmbH – beliebig viele MVZ betreiben.[20]

4. Eckpunkte der Entstehungsgeschichte

Bei dem Konzept der Schaffung der Konzeption des MVZ als weitere Form für die Teilnahme an der vertragsärztlichen Versorgung haben – wie bereits in Rn. 3 erwähnt – die ehemaligen **DDR-Polikliniken Pate** gestanden. Dieser Zusammenhang zeigt sich auch in § 311 II SGB V: Auf die nach dieser Vorschrift fortbestehenden Polikliniken ist das MVZ-Recht entsprechend anwendbar, sie nehmen aber nur insoweit an der vertragsärztlichen Versorgung teil, wie es ihrer Zulassung zum Zeitpunkt 31.12.2003 entsprach und von ihnen praktiziert wurde.[21]

Der Gesetzgeber verfolgte ursprünglich mit dem MVZ das Ziel, Gesundheitszentren zu schaffen, in denen **nur Angestellte** tätig sein sollten.[22] Hiervon ist der Gesetzgeber im Verlauf des Gesetzgebungsverfahrens abgerückt; im MVZ können die Ärzte sowohl als Angestellte wie **auch als Vertragsärzte** tätig sein.[23] Im Gegensatz zur Ausgangskonzeption beinhaltet das Konzept des MVZ nunmehr

---

[13] GKV-Versorgungsstärkungsgesetz v. 16.7.2015 (BGBl. I S. 1211).
[14] Vgl. auch unten → Rn. 20. – Zu einem rein zahnärztlichen MVZ zwischen Zahnarzt und Kieferorthopäde vgl. LSG Baden-Württemberg v. 20.6.2007 – L 5 KA 2542/07 – GesR 2007, 470 (eher die Zulässigkeit bejahend). – Die Annahme, ein rein-zahnärztliches MVZ könne nicht zulässig sein, ließe den ausdrücklichen Einbezug des MVZ in § 1 III Zahnärzte-ZV leer laufen. Dies sprach schon vor der Gesetzesänderung vom Juli 2015 für die Zulässigkeit eines rein-zahnärztlichen MVZ.
[15] Die Statistik der kassenärztlichen Bundesvereinigung („Entwicklung der MVZ" weist eine Steigerung von 100 MVZ-Gründungen im Jahr 2016 im Vergleich zu 52 MVZ-Gründungen im Jahr 2014 auf.
[16] Auflistung angelehnt an die Zusammenstellung von *Preißler* in: Katzenmeier/Ratzel (Hrsg.), Festschrift für Franz-Josef Dahm, 2017, S. 335 (336/337).
[17] § 95 Ia 1 Hs. 2 SGB V.
[18] Zu diesen Unterschieden vgl. BSG v. 9.2.2011 – B 6 KA 12/10 R – SozR 4–5520 § 24 Nr. 6 = GesR 2011, 427 = USK 2011-14 = juris, jeweils Rn. 12 ff.
[19] Bei einem MVZ greift die ansonsten bestehende Eingrenzung durch den Grundsatz persönlicher Leistungserbringung nicht ein (vgl. zu solcher Eingrenzung BSG v. 9.2.2011 – B 6 KA 7/10 R – SozR 4–5520 § 24 Nr. 5 = GesR 2011, 429 = USK 2011-11 = juris, jeweils Rn. 13 ff.).
[20] Vgl. unten Rn. 30 f.
[21] Vgl. dazu BSG v. 6.2.2013 – B 6 KA 6/12 R – SozR 4–2500 § 311 Nr. 1 = NZS 2013, 596 = juris, jeweils Rn. 15; BSG v. 21.3.2018 – B 6 KA 46/16 R – juris Rn. 16 ff.
[22] So der Gesetzentwurf von SPD und den Grünen, BT-Drs. 15/1170 v. 16.6.2003, S. 17 iVm S. 82 (rechte Spalte).
[23] Ohne die vorgenannte Einschränkung der von der CDU/CSU mitgetragene weitere Gesetzentwurf, BT-Drs. 15/1525 v. 8.9.2003, S. 74 u. 108. Damit sind überholt die an manchen Stellen dieser BT-Drs. noch zu findenden eingeschränkten Formulierungen (z. B. S. 108: „Die MVZ erbringen ihre Leistungen

- keine Beschränkung nur auf die Anstellung von Ärzten und auch keine Beschränkung des Versorgungsauftrags auf haus-, frauen- und augenärztliche Versorgung[24],
- vielmehr Tätigkeit von angestellten Ärzten und auch von Vertragsärzten und umfassender Versorgungsauftrag,
- Gründung nur durch zugelassene Leistungserbringer / Entziehung der Zulassung bei Nicht-mehr-Vorliegen der Gründungsvoraussetzungen z. B. durch Beteiligung eines nicht zugelassenen Leistungserbringers (vgl. § 95 Ia 1 iVm § 95 VI 3 SGB V); aber Unschädlichkeit, wenn der Vertragsarzt-Gründer sich im Zuge der Gründung bei diesem anstellen lässt (§ 95 VI 4 SGB V).

10 Das MVZ wird man noch unter einem anderen Aspekt entstehungsgeschichtlich zu betrachten haben: Es gilt nicht nur, den Zusammenhang zur früheren DDR-Poliklinik zu beachten, sondern auch den Zusammenhang mit der Öffnung der vertragsärztlichen Versorgung für weitere Rechtsformen:[25] So waren nach der bis 2011 geltenden Fassung des § 95 I 6 SGB V (vgl. oben Rn. 5 am Ende) „alle zulässigen Organisationsformen" zugelassen[26], was geradezu revolutionär war im Vergleich zu der bisherigen restriktiven Gründungspraxis, wie sie sich insbesondere im Streit um die Heilberufs-GmbH gezeigt hatte.[27]

II. Begriff

11 MVZ sind gemäß § 95 I 2 SGB V „ärztlich geleitete Einrichtungen, in denen Ärzte, die in das Arztregister nach Abs. II Satz 3 eingetragen sind, als Angestellte oder Vertragsärzte tätig sind".

1. Ärztlich geleitet

12 Die ärztliche Leitung muss nicht in der Hand einer Person konzentriert sein. In § 95 I 4 SGB V ist bestimmt, dass in einem MVZ, in dem Angehörige unterschiedlicher Berufsgruppen tätig und an der vertragsärztlichen Versorgung beteiligt sind (z. B. Ärzte und Psychologen), **auch eine kooperative Leitung** möglich ist. Der ärztliche Leiter muss in dem MVZ selbst als angestellter Arzt oder als Vertragsarzt tätig sein (§ 95 I 3 SGB V).[28]

13 Als ärztlich geleitete Einrichtung hatte das SGB V vor 2004 die Hochschulambulanzen (§ 117 SGB V), die psychiatrischen Institutsambulanzen (§ 118 SGB V) und die sozialpädiatrischen Zentren (SPZ – § 119 SGB V) sowie die ärztlich geleiteten ambulanten kommunalen, staatlichen und freigemeinnützigen Gesundheitseinrichtungen der früheren DDR (§ 311 II SGB V) ausgewiesen. In der Folgezeit sind weitere Einrichtungen hinzugekommen wie – im Sinne eines SPZ für Erwachsene – die medizinischen Behandlungszentren für erwachsene Behinderte gemäß § 119c SGB V[29] und – schon früher – die Einrichtungen der Behindertenhilfe gemäß § 119a SGB V[30].

14 „Ärztliche Leitung" meint nicht die rechtlichen Leitungsbefugnisse nach Maßgabe der gewählten Organisationsform. Das Erfordernis der ärztlichen Leitung betrifft die **Binnenstruktur** eines MVZ, die ärztliche Entscheidungsfindung und deren Vertretung nach innen und außen, aber **nicht die Gesellschafterstruktur** der MVZ-Trägergesellschaft.[31] Das Erfor-

---

durch angestellte Ärzte" und „die in den Versorgungszentren angestellten Ärzte"). – Vgl. zu alledem auch unten → Rn. 62 ff.

[24] So noch der erste Gesetzentwurf, BT-Drs. 15/1170 v. 16.6.2003, S. 57 unter 2. iVm S. 82 (rechte Spalte).
[25] *Wigge*, MedR 2004, 123 (124).
[26] § 95 Ia SGB V i. F. d. VStG (2012) beschränkt nun den Gründerkreis – vgl. unten → Rn. 35.
[27] Siehe dazu § 15 Rn. 35 ff.
[28] Vgl. hierzu BSG v. 11.12.2013 – B 6 KA 39/12 R – SozR 4-2500 § 75 Nr. 14 = MedR 2014, 767 = juris, jeweils Rn. 17 und 25 am Ende. – Weiteres hierzu unten → Rn. 16.
[29] Eingefügt durch das GKV-Versorgungsstärkungsgesetz v. 16.7.2015 (BGBl. I S. 1211).
[30] Eingefügt durch das GKV-Modernisierungsgesetz v. 14.11.2003 (BGBl. I S. 2190).
[31] *Peikert*, ZMGR 2004, 213; HK-AKM/*Rau*, Nr. 3585 („Medizinisches Versorgungszentrum"), Rn. 25; aA *Klose*, BB 2003, 2702 ff.

§ 17 Das MVZ als Leistungserbringer

dernis ärztlicher Leitung soll die Einflussnahme auf ärztliche Entscheidungen durch Nicht-Ärzte verhindern; parallel dazu wird in § 95 I 3 Hs. 2 SGB V hervorgehoben, dass der ärztliche Leiter „in medizinischen Fragen weisungsfrei" ist. Die Anforderungen entsprechen denen der Regelung zur ärztlichen Leitung im Sinne der Begriffsbestimmung eines Krankenhauses nach § 107 I Nr. 2 SGB V.[32]

Weitergehende Anforderungen dahingehend, dass die **Mehrheit** der Geschäftsführer oder der Gesellschafter einer MVZ-Trägergesellschaft **Ärzte** sein müssten, können nicht aus dem Wortlaut des § 95 I SGB V und auch **nicht** aus dem Sinn und Zweck der Vorgaben des § 95 I, Ia, II SGB V abgeleitet werden. Eine MVZ-GmbH muss daher nicht zwingend einen ärztlichen Geschäftsführer haben, wenngleich dies rechtlich und medizinisch sinnvoll sein kann.

Im Übrigen muss die ärztliche Leitung zwar nicht, wie dies § 119 SGB V verlangt, „dauerhaft" sein. Da aber der Arzt im Bereich der medizinischen Behandlung wirklich leiten muss, genügt eine bloß formale Leitungsfunktion nicht. Der ärztliche Leiter muss, vergleichbar einem Ärztlichen Direktor im Krankenhaus, tatsächlich leitend zur Verfügung stehen; er muss im MVZ als angestellter Arzt oder als Vertragsarzt **selbst vertragsärztlich tätig** sein: Die Neufassung des § 95 I 3 SGB V (durch das GKV-VStG[33] mit Wirkung ab 2012) fordert die tatsächliche vertragsärztliche Tätigkeit des ärztlichen Leiters im MVZ.[34] In gleicher Weise hat es das BSG noch kurz vor dieser gesetzlichen Regelung – am 14.12.2011 – entschieden. Dieses hat ausgeführt, dass eine **eigene vertragsärztliche Tätigkeit** erforderlich ist,[35] und später zusätzlich, dass diese einen **mindestens halbtägigen Umfang** haben muss[36]. An diesem Umfangserfordernis ist festzuhalten ungeachtet dessen, dass für die K(Z)V-Mitgliedschaft gemäß § 95 III 2 iVm neugefassten § 77 III 2 SGB V[37] nunmehr eine Beschäftigung von 10 Wochenstunden ausreicht.[38]

Die Benennung des ärztlichen Leiters erfolgt in der Regel im Zulassungsantrag. Betreibt eine MVZ-Trägergesellschaft nur ein MVZ, wird der ärztliche Leiter oft auch im Gesellschaftsvertrag bestimmt.[39]

a) **Aufgaben und Verantwortung des ärztlichen Leiters.** Entsprechend dem Sinngehalt des gesetzlichen Erfordernisses einer „ärztlichen" Leitung hat der ärztliche Leiter – neben dem Erfordernis eigener vertragsärztlicher Tätigkeit (s. o. Rn. 16) „die Verantwortung für die Steuerung der **ärztlichen Betriebsabläufe**"[40]. Dazu gehören die **Auswahl und der Einsatz der Ärzte**.[41] Weiterhin ist dafür deren korrekte Anstellung erforderlich, insofern hat er die (Mit-)Verantwortung für die **Ausgestaltung der Verträge**.[42] Ferner hat er die Verantwortung dafür, dass die mit den Quartalshonorarabrechnungen abzugebenden **Abrechnungssammelerklärungen** korrekt sind, diese muss er selbst unterschreiben; zusätzlich kann – von

---

[32] → § 25 Rn. 37 ff.
[33] GKV-Versorgungsstrukturgesetz v. 22.12.2011 (BGBl. I S. 2983).
[34] Zur Neuregelung des § 95 I 3 SGB V vgl. *Bäune/Dahm/Flasbarth*, MedR 2012, 77 (80).
[35] BSG v. 14.12.2011 – B 6 KA 33/10 R – MedR 2012, 695 = juris, jeweils Rn. 13 ff., mit Anm. *Dahm*, MedR 2012, 697. – Ablehnend noch die Vorinstanz SächsLSG v. 11.8.2010 – L 1 KA 54/09 – juris sowie z. B. *Möller/Dahm* in: Ratzel/Luxenburger (Hrsg.), Handbuch Medizinrecht, 3. Aufl. 2015, § 9 Rn. 45.
[36] BSG v. 11.12.2013 – B 6 KA 39/12 R – SozR 4–2500 § 75 Nr. 14 = MedR 2014, 767 = juris, jeweils Rn. 25 am Ende, vgl. dort auch Rn. 17.
[37] Gesetz v. 21.2.2017 (BGBl. I S. 265).
[38] Vgl. zu § 95 III 2 iVm § 77 III 2 die Ausführungen von *Clemens* in: Schiller/Tsambikakis (Hrsg.), Kriminologie und Medizinrecht – Festschrift für Gernot Steinhilper –, 2013, S. 11 (18).
[39] HK-AKM/*Rau*, Nr. 3585 („Medizinisches Versorgungszentrum"), Rn. 27.
[40] BSG v. 11.12.2013 – B 6 KA 39/12 R – SozR 4–2500 § 75 Nr. 14 = MedR 2014, 767 = juris, jeweils Rn. 25. – Vgl. auch → Rn. 95 u. 107. – Einschließlich der Einteilung der im MVZ tätigen Ärzte für den Bereitschaftsdienst s. u. → Rn. 53 am Ende.
[41] Vgl. *Clemens* in: Festschrift für Steinhilper aaO S. 19; vgl. dazu auch S. 15 oben.
[42] Vgl. *Clemens* in: Festschrift für Steinhilper aaO S. 19,

der Kassenärztlichen Vereinigung (KV) – eingefordert werden, dass auch die weiteren im MVZ tätigen Ärzten die Abrechnungssammelerklärungen unterzeichnen, weil letztlich nur diese als die konkret behandelnden Ärzte die Korrektheit der Erklärung bescheinigen können.[43] Man wird dem ärztlichen Leiter wohl auch eine – nur Ärzten mögliche – Prüfung der **Plausibilität der** von den anderen Ärzten hereingegebenen **Leistungsübersichten** abverlangen können. – Zu alledem vgl. auch unten Rn. 95 und 107.

19   b) **Kooperative Leitung.** Wer leiten soll, muss Leitungsbefugnisse ausüben können. Dazu ist der Arzt gegenüber dem Zahnarzt ebenso wenig in der Lage, wie der psychologische Psychotherapeut gegenüber dem Arzt. Arbeiten also in einem MVZ verschiedene „**Arztgruppen**" – oder wirkt ein nicht-ärztlicher Leistungserbringer mit[44] –, so ist gemäß § 95 I 4 SGB V eine kooperative Leitung möglich; dabei ist dann im Innenverhältnis eine fachbezogene Abgrenzung vorzusehen. Eine kooperative Leitung ist aber auch dann möglich, wenn alle im MVZ tätigen Ärzte fachgleich sind; aus dem Umstand, dass das Gesetz bei einem MVZ, das Ärzte unterschiedlicher Berufsgruppen vorhält, eine kooperative Leitung zulässt, kann nicht geschlossen werden, in anderen MVZ sei eine kooperative Leitung nicht möglich.[45]

2. Erfordernis „fachübergreifend" gilt nicht mehr

20   Ursprünglich war das MVZ als fachübergreifende Einrichtung – mit ärztlichen Leistungen verschiedener Arztgruppen, evtl. auch nicht-ärztlichen Leistungen, „aus einer Hand"[46] – konzipiert worden. Indessen ist das Erfordernis, dass ein MVZ **fachübergreifend** – d. h. Ärzte mit verschiedenen Facharzt- oder Schwerpunktbezeichnungen – tätig sein musste (so die bis Juli 2015 geltenden Regelungen des § 95 I 2 ff. SGB V) durch das GKV-VSG[47] im **Juli 2015 aufgehoben** worden (vgl. oben Rn. 6). Daher können nun auch Psychotherapeuten und Zahnärzte je unter sich ein MVZ betreiben: Vgl. oben Rn. 6 am Ende.

3. Einrichtung

21   Das MVZ ist eine (ärztlich geleitete) Einrichtung. Bei dem Begriff Einrichtung handelt es sich nicht um einen juristischen terminus technicus, vielmehr wird er im SGB V in jeweils unterschiedlichen Zusammenhängen mit verschiedener Bedeutung verwendet. Die Umschreibung „Einrichtung" gibt aber zu erkennen, dass es eine räumlich und sachlich abgrenzbare Einheit geben muss, wie sie bei Arztpraxen, aber auch bei Krankenhäusern (oder Krankenhausabteilungen) vorliegt, die das MVZ von einer bloß auf dem Papier stehenden Organisationseinheit abgrenzt.[48] So hat auch das BSG in seinem Urteil vom 13.5.2015 klargestellt: Für die Tätigkeitsaufnahme müssen „mehrere Ärzte ... im Rahmen einer **räumlich und sachlich abgrenzbaren Einheit** vertragsärztlich tätig" werden, wozu eine „**organisatorische Einheit**" bestehen muss; nur so ist die Basis dafür da, dass „ein ärztlicher Leiter ... ,in der Einrichtung' tätig sein" kann.[49] Auf der Grundlage dieser Maßgaben dürfte

---

[43] Vgl. *Clemens* in: Festschrift für Steinhilper aaO S. 19 f,
[44] In § 95 Ia 1 SGB V wird der „Erbringer nichtärztlicher Dialyseleistungen nach § 126 III SGB V" genannt.
[45] So aber HK-AKM/*Rau*, Nr. 3585 („Medizinisches Versorgungszentrum") Rn. 26.
[46] BT-Drs. 15/1525 v. 8.9.2003, S. 74 und 108.
[47] GKV-Versorgungsstärkungsgesetz v. 16.7.2015 (BGBl. I S. 1211).
[48] *Quaas*, f&w 2007, 690 (692).
[49] BSG v. 13.5.2015 – B 6 KA 25/14 R – BSGE 119, 79 = SozR 4–5520 § 19 Nr. 3 = GesR 2015, 737 = MedR 2017, 264 = juris, jeweils Rn. 38. – Ebenso auch *Fiedler/Weber*, NZS 2004, 358 (362); HK-AKM/ *Rau*, Nr. 3585 („Das Medizinische Versorgungszentrum"), Rn. 19; *Zwingel/Preißler*, Das Medizinische Versorgungszentrum, Kap. 3 Rn. 6 f.; aA *Dahm* in: Dahm/Möller/Ratzel (Hrsg.), Rechtshandbuch Medizinische Versorgungszentren, Kap. III Rn. 12; *Wigge*, MedR 2004, 123 (126). – Vgl. auch unten → Rn. 97.

zu fordern sein, dass ein MVZ, das von einem Krankenhaus betrieben wird, von dessen stationären Einrichtungen durch einen separaten Eingang getrennt sein muss.[50] Insofern gilt ein räumliches „Trennungsprinzip".[51]

Erforderlich ist auch eine **rechtliche Einbindung** des MVZ in eine gesetzesgemäße rechtliche Organisationsform, seitdem der Gesetzgeber die frühere Gestattung „aller zulässigen Organisationsformen" (so § 95 I 6 SGB V bis 2011) dahin einengte, dass als Rechtsform (so § 95 Ia 1 Hs. 2 SGB V seit 2012) nur noch die Personengesellschaft, die eingetragene Genossenschaft und die GmbH oder eine öffentlich-rechtliche Rechtsform gestattet sind.[52] Wenn aber ein Krankenhaus ohnehin in der Rechtsform einer GmbH organisiert ist, ist eine zusätzliche Zwischenschaltung einer MVZ-Tochtergesellschaft bzw. MVZ-Betriebsgesellschaft nicht erforderlich.[53]

III. Abgrenzung der Gründungs-, Zulassungs- und Betriebsebene

Es ist wichtig, bei der Erörterung der mit einem MVZ verbundenen Rechtsfragen die Gründungsebene[54], die Zulassungsebene[55] und die Betriebsebene[56] auseinander zu halten, weil alle Ebenen unterschiedlichen Regeln folgen, wie das Beispiel des oft als „geborener Gründer"[57] bezeichneten Krankenhauses zeigt: Es kann gründen, es ist auch zur medizinischen Versorgung der Versicherten zugelassen, aber es kann im MVZ keine stationären Leistungen erbringen. In der Gründungsebene werden die rechtlichen Voraussetzungen für die Zulassung des MVZ zur vertragsärztlichen Versorgung geschaffen. Die dazu erforderlichen Verträge sind zivilrechtlicher Natur. Die Zulassung folgt öffentlich-rechtlichen Regeln. Auf der Betriebsebene stehen die Organisation des MVZ und die (sozialrechtlichen) Anforderungen der vertragsärztlichen Versorgung im Vordergrund.

Die Gründungs- und die Zulassungsebene sind allerdings dadurch verbunden, dass die Gründungsvoraussetzungen fortbestehen müssen: Gemäß § 95 VI 3 SGB V hat ein längerer als sechsmonatiger Wegfall der Gründungsvoraussetzungen zur Folge, dass dem MVZ die Zulassung zu entziehen ist. Auf diese Kopplung zwischen der Gründungs- und der Zulassungsebene ist später noch zurückzukommen (vgl. unten → Rn. 28 f.).

IV. Gründungsebene

1. Gründer

a) Kreis möglicher Gründer. Die Gründereigenschaft für ein MVZ ist durch das GKV-VStG mit Wirkung ab 2012[58] beschränkt worden. Nach der Neuregelung des § 95 Ia 1 SGB V ist die Gründung eines MVZ nur möglich durch zugelassene Ärzte, zugelassene Krankenhäuser, Erbringer nichtärztlicher Dialyseeinrichtungen nach § 126 III SGB V und

---

[50] Vor dem BSG-Urteil v. 13.5.2015 aaO noch gegen eine solche Folgerung *Quaas* in der Vorauflage, § 17 Rn. 11.
[51] AA *Möller/Dahm* in: Ratzel/Luxenburger (Hrsg.), Handbuch Medizinrecht, 3. Aufl. 2015, § 9 Rn. 20.
[52] In diesem Sinne schon früher SG Marburg v. 25.10.2007 – S 12 KA 404/07 – GesR 2008, 30 = juris Rn. 35 ff. mit der Forderung prinzipieller Trennung zwischen ambulanter und stationärer Versorgung. Hingegen unter der früheren Rechtslage noch ablehnend HK-AKM/*Rau*, Nr. 3585 („Das Medizinische Versorgungszentrum"), Rn. 18 in Fn. 35; *Möller/Dahm* in: Ratzel/Luxenburger (Hrsg.), Handbuch Medizinrecht, 3. Aufl. 2015, § 9 Rn. 20; vgl. auch *Quaas* in der Vorauflage, § 17 Rn. 11.
[53] *Bäune/Dahm/Flasbarth*, MedR 2012, 77 (80). – Vgl. auch unten → Rn. 37.
[54] → Rn. 25 ff.
[55] → Rn. 44 ff.
[56] → Rn. 105 ff.
[57] → Rn. 34.
[58] GKV-Versorgungsstrukturgesetz v. 22.12.2011 (BGBl. I S. 2983).

durch gemeinnützige Träger, die aufgrund von Zulassung oder Ermächtigung an der vertragsärztlichen Versorgung teilnehmen.

26 Damit ist die frühere Gründungsberechtigung eines jeden Leistungserbringers, der aufgrund von Zulassung, Ermächtigung oder Vertrag an der medizinischen Versorgung der Versicherten teilnahm (§ 95 I 6 Hs. 2 SGB V in der bis 2011 gültigen Fassung), entfallen. Hintergrund dieser Einschränkung war die vom Gesetzgeber festgestellte Tendenz, dass gerade in kapitalintensiven Fachgebieten fremde Investoren ein MVZ betreiben, indem sich diese zunächst einen Leistungserbringerstatus beschaffen[59] und sodann über diesen Status ein MVZ gründen (vgl. noch unten → Rn. 31 „Umgehungsstrategien?"). Ein solches „Unterlaufen" der ursprünglichen gesetzgeberischen Vorstellung, dass über den Leistungserbringerstatus auch eine primär **an medizinischen Vorgaben orientierte Medizin** und Führung entsprechender MVZ gewährleistet werde,[60] will die Neuregelung verhindern.

27 Der Gründerkreis wird auf die Leistungserbringer beschränkt, die bisher den Großteil der ambulanten und stationären ärztlichen Versorgung der Versicherten geleistet haben. Die Erstreckung auf weitere „Trägerorganisationen", die aufgrund von Zulassung oder Ermächtigung in der vertragsärztlichen Versorgung teilnehmen, erfasst ausschließlich **gemeinnützige Träger**. Der Gesetzgeber geht davon aus, dass aufgrund der Gemeinnützigkeit keine Gewinnabflüsse an private, rein gewinnorientierte Unternehmen stattfinden.[61]

28 Soweit **Vertragsärzte** als Gründer eines MVZ beteiligt sind, ist die Frage, ob diese mit Gründung des MVZ auf ihre Zulassung gemäß § 103 IVa 1 SGB V verzichten und nach der Gründung dann als angestellte Ärzte im MVZ tätig werden können. Dies ist letztlich zu bejahen. Zwar ergibt sich an sich aus § 95 VI 3 SGB V – wonach der nachträgliche Wegfall der Gründungsvoraussetzungen den Entzug der Zulassung des MVZ zur Folge hat –, dass die Gründungsvoraussetzungen fortbestehen müssen (vgl. oben Rn. 24), und (lediglich) angestellte Ärzte sind nicht im Sinne des § 95 Ia 1 Hs. 1 SGB V gründungsberechtigt. Aber in einem MVZ sind Vertragsärzte und angestellte Ärzte grundsätzlich gleichberechtigt; der Status des angestellten Arztes ist insoweit mit dem des Vertragsarztes grundsätzlich gleichwertig. Legt man dies zugrunde, so kann der Verzicht des Vertragsarzt-Gründers mit Übergang zum Angestelltenstatus (§ 103 IVa 1 SGB V) nicht für das Weiterbestehen des MVZ schädlich sein.[62] Dies dürfte jedenfalls nunmehr in diesem Sinne geklärt sein, seitdem der Gesetzgeber[63] im Juli 2015 durch den neuen Satz 4 in § 95 VI SGB V eine dementsprechende Klarstellung vorgenommen hat („Die Gründereigenschaft ... bleibt auch für die angestellten Ärzte bestehen, die auf Zulassung zugunsten der Anstellung in einem MVZ verzichtet haben ...").[64] Somit muss der Gründer-Arzt den Vertragsarztstatus zwar noch bis zur Gründung beibehalten, kann dann aber auf diesen Status verzichten zugunsten einer Anstellung.

29 Aus **§ 96 VI 4 SGB V** ergibt sich somit die allgemeine Klarstellung: Ein **Vertragsarzt** kann nach der Gründung eines MVZ (dies kann er z.B. vermittels einer 1-Mann-GmbH oder

---

[59] In der Praxis erfolgte dies häufig über die Gründung oder den Erwerb eines Pflegedienstes, eines Hilfsmittel- oder Heilmittelerbringers – vgl. *Bäune/Dahm/Flasbarth*, MedR 2012, 77 (78, dort Fn. 16).

[60] BT-Drs. 15/1525 v. 8.9.2003, S. 108 (jeweils linke und rechte Spalte).

[61] BT-Drs. 17/6906 v. 5.9.2011, S. 70 f.; dazu auch BKartA. v. 13.11.2009 – MedR 2010, 861; – zu der Einbeziehung von Erbringern nichtärztlicher Dialyseleistungen vgl. *Bäune/Dahm/Flasbarth*, MedR 2012, 77 (79).

[62] So schon *Quaas* in der Vorauflage, § 17 Rn. 14 am Ende, mit Bezugnahme auf *Behnsen*, das Krankenhaus 2004, 602 (605); *Fiedler/Weber*, NZS 2004, 358 (360); *Zwingel/Preißler*, Das Medizinische Versorgungszentrum, Kap. 5 Rn. 8 ff. – Differenzierend *Preißler* in: Katzenmeier/Ratzel (Hrsg.), Festschrift für Franz-Josef Dahm, 2017, S. 335 (338 m. w. N. in Fn. 11).

[63] Durch das GKV-Versorgungsstärkungsgesetz v. 16.7.2015 (BGBl. I S. 1211).

[64] In diesem Sinne auch *Möller* in: Katzenmeier/Ratzel (Hrsg.), Festschrift für Franz-Josef Dahm, 2017, S. 307 (316 oben).

mit Hilfe eines zweiten Vertragsarztes realisieren) sich gemäß § 103 IVa 1 SGB V in diesem MVZ anstellen lassen und dieses **zusammen mit einem weiteren angestellten Arzt** als Angestellten-MVZ betreiben.[65]

Ein Gründungsberechtigter kann sich an der **Gründung auch mehrerer MVZ** beteiligen und diese auch betreiben. Eine Zahlenbegrenzung besteht nicht.[66] 30

Eine besondere Frage geht dahin, ob ein **MVZ ein (weiteres) MVZ gründen** kann. Dafür, ein zugelassenes MVZ als „zugelassenen Arzt" im Sinne des § 95 Ia 1 Hs. 1 SGB V anzusehen, spricht die grundsätzliche Gleichstellung gemäß § 72 I 2 SGB V. Allerdings wird man die Verengung des Gründerkreises gemäß § 95 Ia 1 Hs. 1 SGB V beachten müssen.[66a] Auch sog. Alt-MVZ, die nur kraft des Bestandsschutzes gemäß § 95 Ia 2 SGB V toleriert werden[67], taugen nicht als Gründer für ein (weiteres) MVZ.[68] 31

b) Umgehungsstrategien? Die Beschränkung auf die in § 95 Ia 1 Hs. 1 SGB V genannten Gründer wird nicht verhindern, dass in der Praxis Wege gesucht (und gefunden) werden, die gesetzgeberische Idealvorstellung eines „kommerzfreien MVZ" zu unterlaufen.[69] Attraktiver Partner solcher Umgehungsversuche ist insbesondere das (zugelassene) **Krankenhaus**: Wenn Betreiber des MVZ ein Krankenhausträger ist, kann über den Erwerb des Krankenhauses oder der mehrheitlichen Anteile am Krankenhausträger ein MVZ gegründet werden, das den Zielvorstellungen des Investors entspricht.[70] Denkbar ist auch der Erwerb einer Minderheitsbeteiligung verbunden mit gesellschaftsvertraglich eingeräumtem Einfluss und Gestaltungsmöglichkeiten einschließlich entsprechender Befugnisse bei der Geschäftsführung.[71] 32

Wird allerdings durch den Gesellschaftsvertrag, der dem Zulassungsausschuss vorzulegen ist[72], erkennbar, dass eine direkte Ergebnisabführungspflicht zu Gunsten des Investors besteht, dürfte die **Grenze der Zulässigkeit** überschritten sein.[73] Gleiches gilt, wenn zwischen Krankenhausträger und Investor „stille Gesellschaftsformen" vereinbart werden.[74] 33

c) Krankenhäuser. Krankenhäuser, insbesondere die Träger eines Plankrankenhauses (§ 108 Nr. 2 SGB V), werden als „geborene" Gründer eines MVZ angesehen.[75] Das liegt an der – im Vergleich zum vertragsärztlichen Bereich – eindeutig günstigeren Interessenlage des Krankenhauses. Vertragsärzte können sich durch Zusammenschluss zu einem MVZ weder 34

---

[65] Somit sind Mängel behoben, wie sie *Clemens* in: Schiller/Tsambikakis (Hrsg.), Kriminologie und Medizinrecht – Festschrift für Gernot Steinhilper –, 2013, S. 11 (21 f.) aufgezeigt hatte. Vgl. dazu auch *Möller* in: Katzenmeier/Ratzel (Hrsg.), aaO S. 316 oben. Vgl. ferner *Michels/Möller/Ketteler-Eising*, Ärztliche Kooperationen, 4. Aufl. 2018, S. 312 mit dem Hinweis, dass so nur 1 MVZ betrieben werden kann.

[66] So auch *Dahm/Möller/Ratzel*, Rechtshandbuch Medizinische Versorgungszentren, 2005, S. 231 ff. Ebenso *Preißler* in: Katzenmeier/Ratzel (Hrsg.), Festschrift für Franz-Josef Dahm, 2017, S. 335 (337 oben). – Vgl. auch → Rn. 7 u. Rn. 34 u. 50.

[66a] BSG v. 16.5.2018 – B 6 KA 1/17 R –.

[67] Vgl. hierzu noch unten → Rn. 41 ff.

[68] So auch BSG v. 16.5.2018 – B 6 KA 1/17 R –. Ebenso auch VG München v. 28.11.2014 – S 49 KA 375/14 – juris (rechtskräftig). AA die Vorinstanz HessLSG v. 8.11.2016 – L 5 KA 20/14 – juris.

[69] Zu den zahlreichen Variationsmöglichkeiten gemeinnützigkeitsrechtlicher, konzernrechtlicher, gesellschaftsrechtlicher und steuerrechtlicher Umgehungsversuche vgl. *Bäune/Dahm/Flasbarth*, MedR 2012, 77 (79).

[70] Solche Strategien brandmarkt auch *Wenner* in: Katzenmeier/Ratzel (Hrsg.), Festschrift für Franz-Josef Dahm, 2017, S. 517 ff. (528, 530 f.).

[71] *Bäune/Dahm/Flasbarth*, MedR 2012, 77 (79).

[72] Vgl. hierzu BSG v. 16.7.2003 – B 6 KA 34/02 R – SozR 4-5520 § 33 Nr. 2 = GesR 2004, 50 (53) = MedR 2004, 118 (121) = juris Rn. 34 (betr. Gemeinschaftspraxis).

[73] LG Göttingen v. 12.11.2009 – 3 O 86/09 – MedR 2010, 327 mAnm *Dahm*.

[74] *Bäune/Dahm/Flasbarth*, MedR 2012, 77 (79).

[75] *Möller/Dahm* in: Ratzel/Luxenburger (Hrsg.), Handbuch Medizinrecht, 3. Aufl. 2015, § 9 Rn. 73; Wigge/von Leoprechting (Hrsg.), Handbuch Medizinische Versorgungszentren, 2011, 120 ff. – Vgl. auch oben → Rn. 23.

im Hinblick auf die Vergütungsabrechnung[76] noch bezogen auf den Patientenstamm signifikant verbessern; bei ihnen sind es daher häufig Gesichtspunkte des Marketings, der Imagepflege oder auch der Legalisierung von Scheinangestelltenverhältnissen sowie der Entlastung von technisch-administrativen Aufgaben (vgl. oben → Rn. 3), die zur Gründung eines MVZ führen.[77] Ein Krankenhaus hingegen kann sich durch ein MVZ einen gänzlich neuen Markt erschließen, nämlich den Bereich der ambulanten Versorgung, der ihm bisher nur in begrenztem Umfang – z. B. im Wege einer Chefarztambulanz und/oder einer Institutsermächtigung – zugänglich war. Krankenhäuser sind darüber hinaus nach überwiegender Auffassung berechtigt, allein oder gemeinsam mit anderen gründungsberechtigten Leistungserbringern MVZ bundesweit in unbegrenzter Anzahl an unterschiedlichen Stellen zu errichten.[78] So ist es z. B. einer bundesweit agierenden Krankenhauskette erlaubt, an jedem ihrer Krankenhausstandorte – ggf. auch darüber hinaus – ein MVZ zu errichten. Mehrere MVZ können als selbstständige Betriebsstätten einer einzelnen Gesellschaft geführt werden.[79]

35   Die Gründe, die ein **Krankenhaus** bewegen können, ein MVZ zu gründen oder sich daran zu beteiligen, liegen damit auf der Hand. Ein solcher Schritt führt

- zur Stärkung des eigenen Standorts als „realem Gesundheitszentrum";
- zur Bindung bestehender/Zugewinn neuer Zuweisungen im Kontakt mit der niedergelassenen Ärzteschaft;
- zur unternehmerischen Leistungssteuerung im ambulanten Bereich und zur Optimierung der Einweisungsdiagnostik;
- zur einer Ressourcen sparenden Vermeidung von „Fehlbelegungen" und zu einer optimalen Ressourcennutzung im apparativen und personellen Bereich durch Personalkooperation auch im nicht-ärztlichen Bereich, zu flexiblem Personaleinsatz in der Kombination mit[80] der vorhandenen oder zu schaffenden Krankenhausambulanz und
- zu einer neuen nachhaltigen Ertragssicherung, indem Behandlungen, die auf Grund des DRG-Vergütungssystems ab einer bestimmten Verweildauer nicht mehr zusätzlich vergütet werden, in die ambulante Weiterbehandlung im MVZ überführt werden können.[81]

2. Rechtsform

36   **a) Mögliche Rechtsformen.** Als zulässige Rechtformen für MVZ stehen nach der Neuregelung des § 95 Ia 1 Hs 2 SGB V durch das GKV-VStG[82] mit Wirkung ab 2012 nur noch die Personengesellschaft, die GmbH und die eingetragene Genossenschaft zur Verfügung. Bevorzugte Rechtsform ist weiterhin die GmbH – ebenso wie schon bei der Vorgängerfassung des § 95 I 6 SGB V, als noch „alle zulässigen Organisationsformen" zur Verfügung

---

[76] Abgesehen von dem Zuschlag für kooperative Leistungserbringung, vgl. dazu unten → Rn. 114.

[77] Vgl. *Dahm* in: Dahm/Möller/Ratzel (Hrsg.), Rechtshandbuch Medizinische Versorgungszentren, 25.

[78] *Möller/Dahm* in: Ratzel/Luxenburger (Hrsg.), Handbuch Medizinrecht, 3. Aufl. 2015, § 9 Rn. 73; *Peikert*, ZMGR 2004, 211 (219); aA *Ratzel*, ZMGR 2004, 67. – Vgl. auch oben → Rn. 7 u. → Rn. 30. – Vgl. ferner unten → Rn. 50.

[79] *Möller/Dahm* in: Ratzel/Luxenburger (Hrsg.), Handbuch Medizinrecht, 3. Aufl. 2015, § 9 Rn. 73.

[80] Dank § 20 II 2 Ärzte-ZV (angefügt durch das Vertragsarztrechtsänderungsgesetz v. 22.12.2006, BGBl. I S. 3439) können Ärzte flexibel sowohl im stationären als auch im ambulanten Bereich tätig werden.

[81] Vgl. zu den Vorteilen eines MVZ für das Krankenhaus u. a. *Dahm*, in: Dahm/Möller/Ratzel (Hrsg.), Rechtshandbuch Medizinische Versorgungszentren, 22 ff.; *Möller/Dahm* in: Ratzel/Luxenburger (Hrsg.), Handbuch Medizinrecht, 3. Aufl. 2015, § 9 Rn. 74; *Zwingel/Preißler*, Das medizinische Versorgungszentrum, 2005, 92 ff. – Dementgegen ist aber die Mitabgeltung nachsorgender (ambulanter) Leistungen durch die DRG-Vergütung zu beachten: Zu diesem Fragenkreis vgl. BSG v. 17.7.2013 – B 6 KA 14/12 R – SozR 4–2500 § 116 Nr. 9 = GesR 2013, 677 = NZS 2013, 915 = MedR 2014, 187 = juris, jeweils Rn. 14 ff., und BSG v. 17.9.2013 – B 1 KR 51/12 R – BSGE 114, 209 = SozR 4–2500 § 115a Nr. 2 = NZS 2014, 62; – zur „Zusammenführung" dieser beiden Urteile vgl. *Dahm* in der ausführlichen „Problemstellung" in MedR 2014, 187 f.

[82] GKV-Versorgungsstrukturgesetz v. 22.12.2011 (BGBl. I S. 2983).

standen.[83] Die GmbH spielt vor allem bei der Gründung durch Krankenhausträger – etwa 55 % der MVZ-Trägergesellschaften bedienen sich dieser Rechtsform[84] – eine Rolle, insbesondere, wenn der Träger selbst in der Rechtsform der GmbH tätig ist (vgl. dazu → oben Rn. 22). Die GmbH kann durch eine Person (1-Mann-GmbH) oder mehrere Personen gegründet werden. Jeder Gesellschafter muss die Gründungsvoraussetzungen des § 95 Ia 1 Hs. 1 SGB V erfüllen, soweit die Gesellschaft nicht ihrerseits – wie bei einem zugelassenen Krankenhaus – zu den zugelassenen Leistungserbringern gehört.[85]

b) Ausgeschlossene Rechtsformen. Mit der in § 95 I a 1 Hs. 2 SGB V vorgenommenen Beschränkung auf die dort vorgesehenen Rechtsformen sind viele der zuvor möglichen weiteren Rechtformen für ein MVZ nicht zur Verfügung. Allen voran gilt dies für die natürliche Einzelperson.[86] Möchte ein Vertragsarzt als Einzelperson ein MVZ errichten, kommt als Rechtsform nur die (1-Mann-)GmbH in Betracht.[87] Durch den Begriff der „Personengesellschaften" in § 95 I a 1 Hs. 2 SGB V sind als Gründer **Personen*handels*gesellschaften** (insbesondere OHG und KG) als Rechtsformen unzulässig (geworden):[88] Damit ist auch die Rechtsform einer GmbH & Co. KG ausgeschlossen.[89] Zulässig sind aber die Gesellschaft bürgerlichen Rechts (GbR)[90] und die Partnerschaftsgesellschaft als Sonderform der GbR.[91]

37

Was den Gesetzgeber zu diesen Entscheidungen veranlasst hat, ist nicht in jeder Hinsicht klar. Deutlich ist dies immerhin für den Ausschuss von **Aktiengesellschaften.** Dadurch soll die Unabhängigkeit ärztlicher Entscheidungen von reinen Kapitalinteressen gewährleistet werden.[92] Darüber hinaus ist nicht nur durch die Beschränkung, sondern auch durch die Notwendigkeit einer standardisierten Rechtsform als Gründungsvoraussetzung ausgeschlossen, dass ein Krankenhausträger ohne eigene Rechtspersönlichkeit (etwa der bei vielen kommunalen Krankenhäusern gegebene Eigenbetrieb) das MVZ als **lediglich organisatorisch verselbstständigten „Teil"** des Krankenhauses gründet und betreibt.[93]

38

---

[83] Schon von Anbeginn wurden die GmbH und die Personengesellschaft als die gebräuchlichsten Rechtsformen beispielhaft genannt: Vgl. BT-Drs. 15/1525 v. 8.9.2003, S. 107.

[84] *Möller/Dahm* in: Ratzel/Luxenburger (Hrsg.), Handbuch Medizinrecht, 3. Aufl. 2015, § 9 Rn. 130.

[85] Zu Einzelheiten der GmbH als Träger von MVZ vgl. *Möller/Dahm* in: Ratzel/Luxenburger (Hrsg.), Handbuch Medizinrecht, 3. Aufl. 2015, § 9 Rn. 130 ff.

[86] Zu deren Gründereigenschaft nach dem bis 2011 geltenden § 95 I 6 SGB V vgl. *Möller/Dahm* in: Ratzel/Luxenburger (Hrsg.), Handbuch Medizinrecht, 3. Aufl. 2015, § 9 Rn. 115.

[87] So auch *Preißler* in: Katzenmeier/Ratzel (Hrsg.), Festschrift für Franz-Josef Dahm, 2017, S. 335 (337 f., 339 f.).

[88] Zu deren – eingeschränkter – Gründereigenschaft vgl. *Quaas* in der 2. Aufl. 2008, § 16 Rn. 23 m. w. N.

[89] Vgl. dazu BVerfG (Kammer) v. 6.12.2011 – 1 BvR 2280/11 – NJW 2012, 983 = juris, jeweils Rn. 14 ff.: Dieser Beschluss lautet zwar auf die Unzulässigkeit der Verfassungsbeschwerde, bringt aber doch die Billigung der Rechtsform-Beschränkung für Rechtsanwaltsgesellschaften zum Ausdruck. – Vgl. auch BSG v. 15.8.2012 – B 6 KA 47/11 R – BSGE 111, 240 = SozR 4-2500 § 95 Nr. 25 = GesR 2013, 91 = MedR 2014, 421 = juris, jeweils Rn. 28–31 (Ausschluss der Rechtsform einer britischen Limited für einen Psychotherapeuten).

[90] Dazu – als MVZ-Gründer – *Möller/Dahm* in: Ratzel/Luxenburger (Hrsg.), Handbuch Medizinrecht, 3. Aufl. 2015, § 9 Rn. 117 ff.

[91] Dazu *Möller/Dahm* in: Ratzel/Luxenburger (Hrsg.), Handbuch Medizinrecht, 3. Aufl. 2015, § 9 Rn. 122 ff.

[92] BT-Drs. 17/6906 v. 5.9.2011, S. 71; *Bäune/Dahm/Flasbarth*, MedR 2012, 77 (79/80), bezweifeln die praktische Sinnhaftigkeit dieses Ausschusses der Aktiengesellschaft. Die Verfassungsmäßigkeit der gesetzlichen Ausgrenzung wird bezweifelt von *Scholz/Buchner*, NZS 2012, 401 ff.; darauf Bezug nehmend *Makoski*, Urteilsanmerkung in MedR 2013, 73 (unter 2.). Offen lassend *Clemens* in: Schiller/Tsambikakis (Hrsg.), Kriminologie und Medizinrecht – Festschrift für Gernot Steinhilper –, 2013, S. 11 (21).

[93] So noch – im Hinblick auf den Einrichtungsbegriff des § 95 I SGB V – *Quaas* in der 2. Aufl. 2008, § 16 Rn. 14; – wie hier schon die Vorauflage und auch *Bäune/Dahm/Flasbarth*, MedR 2012, 77 (80). – Vgl. auch oben → Rn. 22.

39 c) Schließlich hat der Gesetzgeber durch das GKV-VSG[94] **im Juli 2015 die Formenauswahl erweitert** durch die Ergänzung des § 95 Ia 1 am Ende SGB V, wonach nunmehr MVZ-Gründungen auch „in einer **öffentlich-rechtlichen Rechtsform** möglich" sind. Möglichkeiten öffentlich-rechtlicher Gestaltung hatte der Gesetzgeber bereits durch das GKV-VStG[95] mit Wirkung ab 2012 in § 105 V SGB V vorgesehen, wonach „Kommunen ... mit Zustimmung der KV in begründeten Ausnahmefällen eigene Einrichtungen zur unmittelbaren medizinischen Versorgung der Versicherten betreiben" können. Diese Bestimmung erlangte aber wegen der Einschränkungen (nur mit Zustimmung der KV[96] und nur in begründeten Einzelfällen[97]) keine praktische Relevanz. So hat der Gesetzgeber die Möglichkeiten von MVZ-Gründungen durch Kommunen im Juli 2015 erweitert: Er hat nunmehr – über den unselbstständigen kommunalen Eigenbetrieb hinaus gehend – **jede öffentlich-rechtliche Rechtsform** für zulässig erklärt, und dies gemäß § 95 Ia 3 SGB V ohne die in § 105 V SGB V normierten Erfordernisse einer KV-Zustimmung und eines „begründeten Ausnahmefalls".[98] Damit ist die Kommune bei Gründung eines MVZ nicht mehr auf eine privatrechtliche Rechtsform angewiesen; dies war auch schwierig, weil das im Fall einer GmbH geltende[99] Bürgschaftserfordernis des § 95 II 6 SGB V – da kaum erfüllbar[100] – eine erhebliche Hürde bedeutete; insoweit hat der Gesetzgeber zwar im Juli 2015[101] eine Erleichterung vorgenommen, nämlich die Möglichkeit eingeräumt, alternativ „andere Sicherheitsleistungen nach § 232 BGB" abzugeben (z. B. durch mithaftende Grundstückswerte); aber auch dies ist nach den kommunalrechtlichen Bestimmungen nicht leicht erfüllbar.

40 Hierdurch haben Kommunen nunmehr reale Möglichkeiten, ein MVZ zu gründen. Es besteht aber noch Bedarf an vielen Klärungen: Wie soll eine solche Einrichtung im Einzelnen rechtlich ausgeformt werden? Sind bei der Aquirierung des medizinischen Personals Vorgaben für eine Stellenausschreibung zu beachten? Soll die Bewerberauswahl in den Händen der Einrichtung liegen und/oder soll die Kommune in die Auswahl miteingebunden werden?

3. Bestandsschutz

41 Die – weitreichenden – Einschränkungen der Möglichkeiten der Gründung eines MVZ hinsichtlich des Kreises der möglichen Gründer und der Rechtsformen durch das GKV-VStG[102] mit Wirkung ab 2012 hat der Gesetzgeber mit einer umfassenden Bestandsschutzregelung verbunden. Nach § 95 Ia 2 SGB V gilt die Zulassung eines **MVZ, das am 1.1.2012 bereits zugelassen war,** unabhängig von der Trägerschaft und der Rechtsform unverändert fort. Insoweit werden diese MVZ nicht nur in ihrer konkreten Ausprägung bzw. Struktur, sondern auch hinsichtlich ihres Zulassungsstatus und ihres Betriebs umfassend geschützt. Sie haben volle Handlungsfreiheit als MVZ, so dass sie insbesondere frei werdende Arztstellen nachbesetzen, weitere Vertragsarztsitze desselben Planungsbereichs hinzunehmen, sich auf nach § 103 IV SGB V ausgeschriebene Vertragsarztsitze bewerben sowie Änderungen in der Organisationsstruktur usw. vornehmen können.[103]

---

[94] GKV-Versorgungsstärkungsgesetz v. 16.7.2015 (BGBl. I S. 1211).
[95] GKV-Versorgungsstrukturgesetz v. 22.12.2011 (BGBl. I S. 2983).
[96] Eine KV täte sich mit der Erteilung der Zustimmung sicherlich schwer; denn dies könnte als Eingeständnis gedeutet werden, ihren Auftrag zur Sicherstellung der Versorgung nicht erfüllen zu können.
[97] Hierfür könnte wohl nur der Fall deutlicher Unterversorgung in Betracht kommen.
[98] Vgl. dazu BT-Drs. 18/4095 v. 25.2.2015, S. 24 unten iVm S. 106 oben.
[99] Eingeführt durch das Vertragsarztrechtsänderungsgesetz v. 22.12.2006 (BGBl. I S. 3439).
[100] Für Bürgschaften von Kommunen in unbegrenzter Höhe wird gemäß dem Landeskommunalrecht im Regelfall die erforderliche aufsichtliche Genehmigung nicht erteilt.
[101] GKV-Versorgungsstärkungsgesetz v. 16.7.2015 (BGBl. I S. 1211).
[102] GKV-Versorgungsstrukturgesetz v. 22.12.2011 (BGBl. I S. 2983).
[103] BT-Drs. 17/6906 v. 5.9.2011, S. 71; *Bäune/Dahm/Flasbarth*, MedR 2012, 77 (80).

Der Bestandsschutz geht aber nicht so weit, dass das MVZ das Rad zurückdrehen und sich 42
etwa in eine AG oder eine Stiftung umwandeln könnte. Es kann auch nicht weitere Gesellschafter aufnehmen, die nur zu dem früheren Gründerkreis gemäß dem damaligen § 95 I 6 SGB V und nicht zu dem neuen gemäß § 95 Ia 1 SGB V zugelassenen Gründerkreis gehören. Eingeschränkt sind die Befugnisse eines Alt-MVZ auch insofern, als dieses nicht ein weiteres MVZ gründen kann, wie oben ausgeführt wurde.[104]

Die Bestandsschutzregelung gilt auch nicht hinsichtlich der ärztlichen Leitung (§ 95 I 3 43
SGB V): Nach § 95 VI 5 SGB V mussten die (bestandsgeschützten) MVZ im ersten Halbjahr 2012 gegenüber dem Zulassungsausschuss nachweisen, dass die ärztliche Leitung den neuen Vorgaben des § 95 I 3 SGB V entspricht.

V. Zulassungsebene

1. Verfahren

Die Formalien des Zulassungsverfahrens für ein MVZ sind – wie für Vertragsärzte – in der 44
Ärzte-ZV geregelt.[105] Der Geltungsbereich der Verordnung ist in § 1 III Nr. 2 Ärzte-ZV ausdrücklich auf „die medizinischen Versorgungszentren und die dort angestellten Ärzte und Psychotherapeuten" erweitert worden.[106] Später[107] sind Anpassungen erfolgt, um den Status der MVZ als Leistungserbringer in der vertragsärztlichen Versorgung weiter zu festigen.[108]

a) **Antrag.** Sind die zivilrechtlichen Voraussetzungen, z.B. durch Gründung einer BGB- 45
Gesellschaft oder einer GmbH geschaffen worden, muss sich das MVZ um seine Zulassung bemühen.

Den **Antrag auf Zulassung** muss das **MVZ als solches bzw. sein Träger** stellen, d.h. der 46
Geschäftsführer der Personengesellschaft, GmbH oder Genossenschaft (§ 95 Ia 1 Hs. 2 SGB V): Angesichts der Formulierung des § 95 II 5 SGB V („Um die Zulassung kann sich ein MVZ bewerben") erscheint die gelegentlich vertretene **Ansicht verfehlt, die Gründer** müssten den Zulassungsantrag stellen.[109] Liegen die Zulassungsvoraussetzungen vor, hat das antragstellende MVZ einen Zulassungsanspruch (§ 95 II 8 SGB V: „ist" zu erteilen).

Der Antrag ist **schriftlich** zu stellen (§ 18 I 1 Ärzte-ZV), und zwar **beim Zulassungs-** 47
ausschuss, der darüber durch Beschluss entscheidet (§ 19 I 1 Ärzte-ZV). In dem Antrag ist anzugeben, für welchen Vertragsarztsitz mit Zugehörigkeit zu welcher Arztgruppe die Zulassung beantragt wird (§ 18 I 2 Ärzte-ZV). Die weiteren vorzulegenden Nachweise ergeben sich aus § 18 I 3 Ärzte-ZV (vgl. noch unten → Rn. 49).

Von besonderer Bedeutung für die Prüfung durch den Zulassungsausschuss ist der Nach- 48
weis der Gründungsvoraussetzungen, der durch vollständige **Vorlage der zu Grunde liegen-**
den Vereinbarungen zu erbringen ist.[110] Dadurch sollen die Zulassungsgremien in die Lage versetzt werden, zu prüfen, ob das geplante Vorhaben den Anforderungen der vertragsärztlichen Tätigkeit gerecht wird; so wird der Gefahr entgegengewirkt, dass nach erfolgter

---

[104] Vgl. oben → Rn. 31.
[105] Ärzte-ZV i.d.F. Art. 21 GKV-WSG vom 26.3.2007 (BGBl. I, 378).
[106] Art. 16 Nr. 1 des GKV-Modernisierungsgesetzes v. 14.11.2003 (BGBl. I S. 2190).
[107] Durch das Vertragsarztrechtsänderungsgesetz v. 22.12.2006 (BGBl. I S. 3439).
[108] Zu den Auswirkungen des Vertragsarztrechtsänderungsgesetzes auf das MVZ vgl. u.a. *Möller*, MedR 2007, 263 ff.
[109] Der Gesichtspunkt, dass in dem Antragsverfahren geprüft werden muss, ob es sich um geeignete Gründer handelt, reicht nicht für die Folgerung aus, diese müssten ihrerseits – entgegen dem Wortlaut des § 95 II 5 SGB V – den Zulassungsantrag stellen. – Für Antrag der Gründer aber z.B. *Preißler* in: Katzenmeier/Ratzel (Hrsg.), Festschrift für Franz-Josef Dahm, 2017, S. 335 (339: „Man wird deshalb fordern müssen, dass der Zulassungsantrag stets durch den oder die Gründer zu stellen ... ist").
[110] *Dahm*, in: Dahm/Möller/Ratzel (Hrsg.), Rechtshandbuch Medizinische Versorgungszentren, Kap. VI Rn. 4 ff. Vgl. dazu insbesondere BSG v. 16.7.2003 – B 6 KA 34/02 R – SozR 4–5520 § 33 Nr. 2 = GesR 2004, 50 (53) = MedR 2004, 118 (121) = juris Rn. 34 (betr. Gemeinschaftspraxis).

Zulassung bzw. Genehmigung die Rechtsstellung im Hinblick auf die vertragliche Ausgestaltung – noch im Nachhinein – beanstandet werden könnte.[111]

49   **b) Arztregister.** Jeder im MVZ tätige Arzt muss in das von der jeweiligen KV geführte Arztregister eingetragen worden sein (§ 95 I 2 iVm II 3 Nr. 1 SGB V; vgl. zusätzlich § 95 II 7 iVm 8 u. 5 SGB V für die angestellten Ärzte). Ein Auszug aus dem Arztregister, aus dem der Tag der Approbation, der Tag der Eintragung in das Arztregister und der Tag der Anerkennung des Rechts zum Führen einer bestimmten Facharzt-, Schwerpunkt- oder Zusatzbezeichnung hervorgehen muss, ist dem Antrag beizufügen (§ 18 I 3 Buchst. a Ärzte-ZV). Die Eintragung in das Arztregister setzt mithin die Approbation als Arzt und den erfolgreichen Abschluss einer Weiterbildung voraus. Das Eintragungserfordernis gilt auch für bei einem Vertragsarzt angestellte Ärzte (§ 95 IX 1 SGB V). Die Eintragung in das Arztregister ist Voraussetzung für die Eintragung in die Warteliste (§ 103 V 2 SGB V), die ihrerseits bei Bewerbungen um Übernahme eines Vertragsarztsitzes von (ggf. ausschlaggebender) Bedeutung sein kann (§ 103 V 3 SGB V).[112]

50   **c) Vertragsarztsitz.** Die Zulassung des MVZ erfolgt für den Ort der Niederlassung, mithin den Ort, an dem die ärztlichen Dienstleistungen erbracht werden (§ 95 I 7 SGB V).[113] Ein MVZ kann nur einen Vertragsarztsitz haben. Dadurch wird nicht ausgeschlossen, dass das MVZ – standortübergreifend – an mehreren Standorten tätig ist. Es kann „Außenstellen" gründen und betreiben, was die Genehmigung der KV, ggf. auch die Ermächtigung durch einen Zulassungsausschuss, voraussetzt (§§ 24 III 1 Nr. 2, III 5 u. 6, jeweils iVm § 1 III Nr. 2 Ärzte-ZV).[113a] Davon zu unterscheiden ist der Betrieb mehrerer MVZ, ggf. unter einer „Holding", für die jeweils eine eigene Zulassung am jeweiligen Vertragsarztsitz ausgesprochen werden muss.[114]

51   **d) Die Zulassung des MVZ und ihr Verhältnis zu Zulassungen der Vertragsärzte.** Die für das MVZ **maßgebliche Zulassung** ist die **Zulassung des MVZ**.[115]

52   Das ist auch dann nicht anders, wenn in dem MVZ ein Arzt unter Beibehaltung seines Status als **Vertragsarzt im MVZ** tätig ist – was in § 95 I 2 SGB V neben der Möglichkeit der Anstellung vorgesehen ist –. Dieser behält zwar während seiner Tätigkeit im MVZ weiterhin seine Zulassung; diese seine Zulassung tritt aber hinter der Zulassung des MVZ zurück: Nur noch die Zulassung des MVZ ist für das Außenverhältnis zu den vertragsarztrechtlichen Institutionen maßgeblich. Das BSG hat dies dahingehend formuliert, dass „die Zulassung des Vertragsarztes **„ruht" oder „überlagert" wird,** solange er seine vertragsärztlichen Leistungen für das zugelassene MVZ erbringt".[116] – Vgl. dazu auch noch unten Rn. 63 f. u. 84.

53   Hieran anknüpfend hat das BSG zum vertragsärztlichen Notfall- bzw. **Bereitschaftsdienst** ausgeführt, dass das **MVZ als solches** – als Inhaber der maßgeblichen Zulassung – der richtige

---

[111] *Engelmann,* ZMGR 2004, 9; wird der Nachweis nicht vollständig geführt, kann daran die Zulassung scheitern, vgl. auch BSG v. 16.7.2003 – B 6 KA 34/02 R – aaO.

[112] *Möller/Dahm* in: Ratzel/Luxenburger (Hrsg.), Handbuch Medizinrecht, 3. Aufl. 2015, § 9 Rn. 52.

[113] Für den Ort der Niederlassung ist eine konkrete Anschrift erforderlich: BSG v. 13.5.2015 – B 6 KA 25/14 R – BSGE 119, 79 = SozR 4–5520 § 19 Nr. 3 = GesR 2015, 737 = MedR 2017, 264 = juris, jeweils Rn. 34 am Ende. Vgl. dazu *Clemens* in: Schallen, Zulassungsverordnung, 9. Aufl. 2018, § 24 Rn. 2.

[113a] Vgl. dazu *Clemens* in: Schallen, Zulassungsverordnung, 9. Aufl. 2018, § 24 Rn. 11–19.

[114] Vgl. auch → Rn. 7, 30 f., 34.

[115] Vgl. dazu BSG v. 11.12.2013 – B 6 KA 39/12 R – SozR 4–2500 § 75 Nr. 14 = MedR 2014, 767 = juris, jeweils Rn. 14 u. 17. Vgl. auch *Dahm,* in: Dahm/Möller/Ratzel (Hrsg.), Rechtshandbuch Medizinische Versorgungszentren, Kap. VI Rn. 8; *Quaas,* f&w 2004, 307.

[116] BSG v. 11.12.2013 aaO Rn. 26. In diesem Sinne schon vorher *Hess* in: Kasseler Kommentar, SGB V, § 95 SGB V Rn. 13; *Lindenau,* GesR 2005, 494 (497). Kritisch – mit Hinweis auf die andersartigen eigentlichen Ruhensfälle der §§ 95 V SGB V, §§ 26 Ärzte-ZV – *Dahm* in: Dahm/Möller/Ratzel (Hrsg.), Rechtshandbuch Medizinisches Versorgungszentrum, Kap. VIII Rn. 7; ebenso HK-AKM/*Rau,* Nr. 3585 („Das Medizinische Versorgungszentrum", Rn. 53 ff.

Adressat für die Heranziehung zu dem Bereitschaftsdienst ist; denn die Pflicht zur Mitwirkung am Bereitschaftsdienst ist Ausfluss der sich aus der Zulassung ergebenden Rechte und Pflichten[117]. Diese Ausführungen des BSG haben zwar nur den Fall eines im MVZ **angestellten Arztes** betroffen. Es gilt aber nichts anderes für den Fall eines im MVZ tätigen **Vertragsarztes**, denn auch dieser hat keinen Zulassungsstatus, wie er für die Ableitung der Pflicht zur Mitwirkung am Bereitschaftsdienst erforderlich wäre; während seiner Tätigkeit im MVZ ruht seine Zulassung bzw. wird überlagert.[118] Das MVZ hat als Adressat für die Heranziehung zum Bereitschaftsdienst die Aufgabe, seinerseits die bei ihm tätigen Vertragsärzte und angestellten Ärzte verteilungsgerecht – entsprechend dem Umfang ihrer Tätigkeit im MVZ gleichmäßig – am Bereitschaftsdienst mitwirken zu lassen.[119]

e) **Genehmigung der Anstellung von Ärzten.** Wie in Rn. 51 f. ausgeführt, ist die maßgebliche Zulassung diejenige des MVZ. Unabhängig von dieser institutionellen Zulassung[120] hat aber, wie dargestellt, der **im MVZ tätige Vertragsarzt** auch eine eigene Zulassung (wenn diese auch „ruht" bzw. „überlagert" wird). Ebenso benötigt aber auch der **im MVZ angestellte Arzt** – zusätzlich zu der MVZ-Zulassung – einen auf seine Person bezogenen bezogenen Legitimationsakt. Dieser wird ihm in Gestalt der Genehmigung der Anstellung gemäß § 95 II 7 SGB V zuteil – so wie auch der Vertragsarzt für die Anstellung eines Arztes eine Genehmigung gemäß § 95 IX 1 SGB V benötigt –. Die Genehmigung für die Arztanstellung wird dem MVZ durch den Zulassungsausschuss erteilt, soweit die gesetzlichen Voraussetzungen vorliegen (§ 32b II iVm § 1 III Nr. 2 Ärzte-ZV): Liegen der erforderliche Eintrag im Arztregister und auch die sonstigen Voraussetzungen vor (insbesondere auch ein Dienstvertrag mit dem MVZ), so besteht auf die Anstellungsgenehmigung ein Rechtsanspruch (§ 95 II 8 SGB V: „ist" zu erteilen). 54

Einen **Rechtsstreit** um die Erteilung einer Anstellungsgenehmigung kann nur das MVZ führen, nicht der Arzt, der angestellt werden möchte: Gemäß der Rspr. des BSG es der **Anstellende – nicht der Anzustellende –,** der die Genehmigung beantragt und dem – nicht dem Anzustellenden – sie erteilt oder versagt wird.[121] In dem Rechtsstreit kann der Anzustellende aber, weil seine rechtlichen Interessen berührt werden, beigeladen werden: sog. einfache Beiladung.[122] 55

f) **Zulassung mit nur hälftigem Versorgungsauftrag.** Das VÄndG[123] hat mit Wirkung ab 2007 die Möglichkeit der Beschränkung der Zulassung auf die Hälfte des Versorgungsauftrags eingeführt (vgl. § 19a II 1 Ärzte-ZV und § 95 III 1 SGB V):[124] Der Arzt ist berechtigt, durch schriftliche Erklärung gegenüber dem Zulassungsausschuss seinen Versorgungsauftrag auf die Hälfte zu beschränken. Dies gilt grundsätzlich auch für ein MVZ (§ 72 I 2 SGB V und § 1 III Nr. 2 Ärzte-ZV);[125] hier gelten aber wegen der Trennung zwischen dem Zulassungsinhaber (dem MVZ) und den die ärztliche Versorgung Durchführenden (den im MVZ tätigen Ärzten) Besonderheiten. 56

---

[117] BSG v. 11.12.2013 aaO Rn. 14 u. 18; vgl. auch → Rn. 16 u. 18.
[118] Vgl. den vorstehenden Absatz.
[119] Vgl. BSG v. 11.12.2013 aaO Rn. 23.
[120] So die treffende Formulierung von *Haack* in: Wenzel (Hrsg.), Handbuch des Fachanwalts Medizinrecht, 3. Aufl. 2013, Kapitel 11 Rn. 174.
[121] BSG v. 11.12.2013 – B 6 KA 39/12 R – SozR 4–2500 § 75 Nr. 14 = MedR 2014, 767 = juris, jeweils Rn. 16. – Zu Näherem vgl. *Clemens* in: Schallen, Zulassungsverordnung, 9. Aufl. 2018, § 32b Rn. 68–72.
[122] BSG v. 23.3.2011 – B 6 KA 8/10 R – GesR 2011, 616 = MedR 2012, 544 = juris, jeweils Rn. 11 (vgl. auch SozR 4–2500 § 103 Nr 7, worin der Abschnitt Rn. 11 jedoch nicht abgedruckt ist).
[123] Vertragsarztrechtsänderungsgesetz v. 22.12.2006 (BGBl. I S. 3439).
[124] Dazu – und zu den Auswirkungen auf das MVZ – *Möller*, MedR 2007, 263 (265f).
[125] Zum Gebot der Gleichbehandlung von Vertragsarzt und MVZ vgl. z.B. *Möller*, MedR 2007, 263 (265); aA *Schiller*, MedR 2007, 86 (88).

57 Eine Reduzierung auf einen hälftigen Versorgungsauftrag geschieht im Falle eines MVZ nicht auf der Ebene des MVZ – die **Zulassung des MVZ ist immer eine „volle" Zulassung** –, sondern die Reduzierung wird bezogen auf die im MVZ tätigen Ärzte realisiert, indem der **im MVZ tätige Arzt den Umfang seiner Zulassung oder den Umfang seiner Anstellung auf die Hälfte beschränkt.**

58 Als **kleinste mögliche MVZ-Einheit** ergibt sich ein **MVZ mit zwei Ärzten**, von denen **einer mit einer halben Arztstelle** (dieser zugleich als ärztlicher Leiter) **und der andere mit einer Viertelsstelle** tätig ist: So ist noch eingehalten, dass das MVZ aus zwei Ärzten besteht (dies fordert der Plural „Ärzte" in § 95 I 2 und in § 95 Ia 1 Hs. 1 sowie die Angabe „Personengesellschaft" in § 95 Ia 1 Hs. 2 SGB V).[126]

59 Im Rahmen des soeben dargestellten Mini-MVZ kann der Arzt mit dem hälftige Versorgungsauftrag wahlweise als Vertragsarzt oder als angestellter Arzt in dem MVZ tätig sein; der **Arzt mit nur einer Viertelsstelle** kann indessen **nur als angestellter Arzt** – und nicht als Vertragsarzt – tätig sein kann. Dies folgt daraus, dass es eine Zulassung nur als volle oder als hälftige Zulassung gibt, wie sich sowohl aus dem SGB V (§ 95 III 1 SGB V) als auch aus der Ärzte-ZV (§ 19a II 1) ergibt. So hat das BSG ausdrücklich formuliert, dass „das SGB V und die Ärzte-ZV nur zeitlich volle und hälftige Versorgungsaufträge kennen".[127]

60 Hier sei nochmals **zusammengefasst**: Für die **Gründung** eines MVZ eignet sich z.B. ein **Vertragsarzt**, der dann **mit einem weiteren eine Personengesellschaft** bilden muss (vgl. § 95 Ia 1 SGB V)[128]**, oder eine (evtl. 1-Mann-)GmbH.** Bei der Variante der Gründung durch Vertragsärzte kann **mit der Zulassung des MVZ** der **Vertragsarztstatus in eine Anstellung überführt** werden kann (§ 103 IVa 1 iVm der Klarstellung durch § 95 VI 4 SGB V).[129] Die sich an die Zulassung **anschließende (Betriebs-)Struktur** kann ausgeformt sein als Personengesellschaft (aus zwei oder mehr Vertragsärzten) oder als GmbH (sei es als 1-Mann-GmbH oder als GmbH aus mehreren Gesellschaftern) oder auch als eingetragene Genossenschaft oder als öffentlich-rechtliche Rechtsform (§ 95 Ia 1 Hs. 2 SGB V). Der kleinste mögliche MVZ-Betrieb besteht aus einem Arzt mit halber Arztstelle und einem Arzt mit einer Viertelstelle (vgl. oben → Rn. 58).

2. (Weitere) Voraussetzungen der Zulassung

61 Für die Zulassung ist nicht nur erforderlich, dass das MVZ von Personen bzw. Institutionen gegründet wurde entsprechend den vorstehend dargestellten Anforderungen der Gründungsebene (s. o. IV. – Rn. 25 ff.), sowohl hinsichtlich der Gründer (s. o. Rn. 25 ff.), aber auch hinsichtlich der Rechtsform (s. o. Rn. 36 ff.), sondern weiterhin auch, dass die **strukturellen Anforderungen** erfüllt sind, die für den geplanten Betrieb erforderlich sind: Hierfür sind die Zulassungsfragen relevant, die den Status der im MVZ tätigen Ärzte vorgeben (a), weiterhin das Erfordernis der selbstschuldnerischen Gesellschafterbürgschaft (b) und die Anforderungen der Bedarfsplanung (c).

62 **a) Der Status der im MVZ tätigen Ärzte.** Nach der Legaldefinition des MVZ in § 95 I 2 SGB V sind in einem MVZ **Ärzte als Angestellte oder Vertragsärzte tätig**. Mit der zunächst

---

[126] Vgl. dazu – zum früher notwendigen fachübergreifenden MVZ – BSG v. 19.10.2011 – B 6 KA 23/11 R – BSGE 109, 182 = SozR 4-2500 § 103 Nr. 8 = GesR 2012, 179 = MedR 2012, 830 = juris, jeweils Rn. 16. – So auch heute das herrschende Schrifttum. Hingegen für das Ausreichen von nur 1 Arzt – mit gewichtigen Argumenten – *Preißler* in: Katzenmeier/Ratzel (Hrsg.), Festschrift für Franz-Josef Dahm, 2017, S. 335 (337 f., 339 f.).

[127] BSG v. 19.10.2011 – B 6 KA 23/11 R – BSGE 109, 182 = SozR 4-2500 § 103 Nr. 8 = GesR 2012, 179 = MedR 2012, 830 = juris, jeweils Rn. 16.

[128] Mindestens 2 Ärzte: vgl. vorletzten Absatz mit dortiger Fußnote. Vereinzelt geblieben ist die Ansicht, es reiche 1 Arzt aus; so aber – mit freilich gewichtigen Argumenten – *Preißler* in: Katzenmeier/Ratzel (Hrsg.), Festschrift für Franz-Josef Dahm, 2017, S. 335 (337 f., 339 f.).

[129] Zu Einzelheiten vgl. oben → Rn. 28 f.

anvisierten Beschränkung im Regierungsentwurf auf „Angestellte"[130] sollte Ärzten im MVZ eine Tätigkeit als „Freiberufler" verwehrt werden. Dieser Sicht entsprach es, dass das MVZ – für dessen Träger man damals zunächst von einer Kapitalgesellschaft ausging[131] – (nur) mit angestellten Ärzten betrieben werden sollte. An die Möglichkeit, dass eine MVZ-Trägergesellschaft als Personengesellschaft gegründet werden könnte, hatte man offensichtlich nicht gedacht. Um dies dann doch zu ermöglichen, sah sich der Gesetzgeber schließlich gehalten, den Angestellten die Vertragsärzte zur Seite zu stellen: Die Ergänzung „oder Vertragsärzte" wurde am Ende der Konsensverhandlungen über das GMG gleichsam „in letzter Minute" aufgenommen.[132] Als Grund für die Ergänzung wurde der Schutz freiberuflicher ärztlicher Tätigkeit genannt.[133]

aa) Der im MVZ tätige Vertragsarzt. Durch die Ergänzung „oder Vertragsärzte" gibt es außer der „Angestelltenvariante" (das MVZ wird ausschließlich mit angestellten Ärzten betrieben) die Möglichkeiten, dass in einem MVZ entweder auch (d. h. neben Angestellten) oder ausschließlich Vertragsärzte tätig sein können („Freiberuflervariante"). Zur Beschreibung des Verhältnisses zwischen dem MVZ und dem in ihm tätigen Vertragsarzt hat sich – wie bereits oben in → Rn. 52 ausgeführt ist und unten in Rn. 84 aufgegriffen wird – die Sicht herausgebildet, dass dieser zwar während seiner Tätigkeit im MVZ weiterhin seine Zulassung hat, diese aber hinter der Zulassung des MVZ zurücktritt: Nur noch die Zulassung des MVZ ist für das Außenverhältnis zu den vertragsarztrechtlichen Institutionen maßgeblich. Das BSG hat dies dahingehend formuliert, dass „die **Zulassung des Vertragsarztes „ruht" oder „überlagert" wird,** solange er seine vertragsärztlichen Leistungen für das zugelassene MVZ erbringt".[134] Von diesen Formulierungen her ist allerdings fraglich, was vom Status Vertragsarzt noch real vorhanden ist, insbesondere ob angesichts der Einbettung des Vertragsarztes in die medizinische Leistungserbringung und -abrechnung des MVZ noch von einer – den Vertragsarztstatus an sich prägenden – freiberuflichen Tätigkeit ausgegangen werden kann.[135]

63

Dies hier dogmatisch weiter zu vertiefen, erscheint wenig zielführend. Als **Ergebnis** bleibt festzuhalten, dass – im Sinne der zitierten Formulierung des BSG – die Zulassung des Vertragsarztes durch diejenige des MVZ **„überlagert"** wird und damit faktisch **„ruht"** (ohne dass dies ein Ruhen im Sinne der §§ 95 V SGB V, 26 I Ärzte-ZV ist). **Faktisch fehlen** bei dem in ein MVZ eingebundenen Vertragsarzt **die prägenden Merkmale freiberuflicher Tätigkeit.** Damit ist vom Status her letztlich kein wesensmäßiger Unterschied zu den Ärzten gegeben, die im MVZ als Angestellte tätig sind (vgl. hierzu nachfolgend bb).

64

bb) Der angestellte Arzt im MVZ. Die Alternative für den im MVZ tätigen Arzt ist die Tätigkeit als angestellter Arzt des MVZ. Die Arbeitszeit kann – insbesondere im Hinblick auf kleine Teilzeitstellen – flexibel gestaltet werden. Eine Reduzierung auf eine ¼-Arztstelle **ist möglich,** wie schon das SGB V[136], aber besonders die Bedarfsplanungs-Richtlinie zeigt.[137] Flexibilität besteht auch insofern, als – seit der Neuregelung durch das VÄndG[138] – gemäß

65

---

[130] Nachweise oben in den Fußnoten zu → Rn. 9.
[131] *Behnsen,* das Krankenhaus 2004, 698.
[132] Nachweise oben in den Fußnoten zu → Rn. 9.
[133] Zur Entstehungsgeschichte der Ergänzung „oder Vertragsärzte" ausgiebig HK-AKM/*Rau,* Nr. 3585 („Das Medizinische Versorgungszentrum"), Rn. 8 ff., 33 ff.
[134] BSG v. 11.12.2013 aaO Rn. 26. – Vgl. dazu auch oben in → Rn. 52 und unten → Rn. 84.
[135] *Möller/Dahm* in: Ratzel/Luxenburger (Hrsg.), Handbuch Medizinrecht, 3. Aufl. 2015, § 9 Rn. 62 ff. Siehe dazu auch die weiterführenden Überlegungen von *Quaas* in der Vorauflage, § 17 Rn. 30 ff., insbesondere Rn. 32.
[136] In § 101 I 8 SGB V werden weitergehende als nur hälftige Stellenaufteilungen angesprochen.
[137] Ausdrücklich ¼-Stellen nennend vgl. besonders die Tabelle in § 58 II 4 BedarfsplRL. Vgl. aber auch z. B. die Tabelle in § 51 I 4.– Zur Anwendung auf ein MVZ siehe § 21 III 1 BedarfsplRL. – Zu ¼-Stellen vgl. auch BSG v. 4.5.2016 – B 6 KA 28/15 R – SozR 4–2500 § 103 Nr. 21 = GesR 2016, 775 = MedR 2017, 267 = juris, jeweils Rn. 24 ff.
[138] Vertragsarztrechtsänderungsgesetz v. 22.12.2006 (BGBl. I S. 3439).

§ 20 II 2 Ärzte-ZV die (stationäre) **Tätigkeit in oder die Zusammenarbeit mit einem Krankenhaus** oder einer Vorsorge- oder Rehabilitationseinrichtung mit der Tätigkeit eines Vertragsarztes vereinbar ist; dies bedeutet ebenso für den angestellten Arzt[139], dass dessen Tätigkeit in einem oder für ein Krankenhaus **mit einer Tätigkeit in der vertragsärztlichen Versorgung – auch im MVZ – vereinbar** ist. Damit kann nun jeder Arzt sowohl im Krankenhaus auch ambulant in einem MVZ tätig sein. Daraus ergeben sich insbesondere in Kombination mit einer Teilzulassung vielfältige Gestaltungsmöglichkeiten:[140]

- der (angestellte) Krankenhausarzt kann (teilzeitig) als Vertragsarzt in eigener Praxis tätig sein,
- der (angestellte) Krankenhausarzt kann (teilzeitig) im MVZ als Vertragsarzt tätig sein,
- der (angestellte) Krankenhausarzt kann (teilzeitig) in einer Praxis als angestellter Arzt tätig sein,
- der (angestellte) Krankenhausarzt kann (teilzeitig) in einem MVZ als angestellter Arzt tätig sein,
- der Vertragsarzt oder der in einer Vertragsarztpraxis oder in einem MVZ angestellte Arzt kann auch in anderer Form mit einem Krankenhaus kooperieren, z. B. als Konsiliararzt.[141]

66 Die Frage, **wieviele Ärzte ein MVZ anstellen kann**, ist komplex. Zunächst ist zu beachten, dass sich Begrenzungen aus den Regelungen der Bedarfsplanung[142] ergeben können; denn ebenso wie die Zulassung eines Vertragsarztes ist die Anstellung eines Arztes nur möglich, soweit dem nicht **Zulassungsbeschränkungen wegen Überversorgung** entgegenstehen (vgl. § 95 IX 1 Hs. 2 SGB V). Umstritten ist, ob es darüber hinaus weitere Zahlenbegrenzungen gibt. Die – auch für MVZ geltenden – Regelungen des SGB V und der Ärzte-ZV/Zahnärzte-ZV ergeben keine Zahlenbegrenzung für Arztanstellungen. Zu finden sind solche Begrenzungen nur in den Bundesmantelverträgen; danach darf **1 Arzt bzw. Zahnarzt nur 3 oder 2 Ärzte bzw. Zahnärzte anstellen** (§ 14a I 2 ff. BMV-Ä, § 9 III 5 f. BMV-Z). Zwar sind diese Regelungen nicht unmittelbar auch auf ein MVZ anwendbar; eine allgemeine – entsprechende – **Geltung auch für MVZ** wie in § 72 I 2 SGB V und in § 1 III Nr. 2 Ärzte-ZV, § 1 III Zahnärzte-ZV ist **nicht in den Bundesmantelverträgen selbst** bestimmt, vielmehr ordnet § 1 V BMV-Ä die entsprechende Anwendung nur speziell für Psychotherapeuten an (§ 1 V BMV-Ä; – der BMV-Z enthält überhaupt keine derartige Regelung). Aber **§ 32b I 2 Ärzte-ZV/Zahnärzte-ZV** bestimmt, dass „in den Bundesmantelverträgen ... einheitliche Regelungen zu treffen (sind) über den zahlenmäßigen Umfang der Beschäftigung angestellter (Zahn-)Ärzte ...". Nimmt man zu diesem § 32b I 2 Ärzte-ZV/Zahnärzte-ZV noch hinzu, dass die Ärzte-ZV und die Zahnärzte-ZV **gemäß § 1 III Nr. 2 Ärzte-ZV, § 1 III Zahnärzte-ZV für MVZ entsprechend** gelten, so legt dies die Folgerung nahe, dass die gemäß § 32b I 2 Ärzte-ZV/Zahnärzte-ZV in § 14a I 2 ff. BMV-Ä, § 9 III 5 f. BMV-Z getroffenen Regelungen zur **Begrenzung der Zahl der anstellbaren Ärzte auch für MVZ** gelten.[143]

67 Die somit geltende „entsprechende Anwendung" bedeutet – auf die Situation des MVZ angepasst" –, dass das MVZ **je voller Arztstelle 3 Ärzte bzw. 2 Zahnärzte** anstellen kann. Im Übrigen gelten die weiteren modifizierenden Regelungen des § 14a I 3 ff. BMV-Ä bzw. des § 9 III 5 f. BMV-Z.

---

[139] Zur Anwendung des § 20 Ärzte-ZV auch auf den angestellten Arzt vgl. *Clemens* in: Schallen, Zulassungsverordnung, 9. Aufl. 2018, § 32b Rn. 59 f.

[140] *Möller*, MedR 2007, 263 (266); *Möller/Dahm* in: Ratzel/Luxenburger (Hrsg.), Handbuch Medizinrecht, 3. Aufl. 2015, § 9 Rn. 89 ff. (91).

[141] Zu weiteren Kooperationen vgl. *Dahm*, ZMGR 2006, 166; *Wigge/Harney*, Mitteilungen Deutsche Röntgengesellschaft 2006, 1267 ff.

[142] Vgl. dazu auch oben → Rn. 65.

[143] AA *Quaas* in der Vorauflage, § 17 Rn. 33: „... unbeschränkt Ärzte anstellen".

Diese Zahlenbegrenzungen gelten – im Zahnbereich – auch für **Vorbereitungsassisten-** 68
ten.¹⁴⁴ Denn auf diese passen die dargestellten Regelungen von ihrem Sinn und Zweck her
gleichermaßen (vgl. den Hinweis in § 14a I 1 BMV-Ä und in § 9 III 2 u. 4 BMV-Z auf die
Pflicht zu persönlicher Leitung sowie persönlicher Anleitung und Überwachung).

b) Gesellschafterbürgschaft im Fall von GmbH. Seit Inkrafttreten des VÄndG¹⁴⁵ zum 69
1.1.2007 ist nach § 95 II 6 SGB V zusätzliche Voraussetzung der Zulassung eines MVZ in der
Rechtsform einer GmbH, dass „die Gesellschafter **selbstschuldnerische Bürgschaftserklärungen** für Forderungen von KVen und Krankenkassen gegen das medizinische Versorgungszentrum aus dessen vertragsärztlicher Tätigkeit abgeben"¹⁴⁶. Dadurch sollte – allerdings
erst für die ab dem 1.1.2007 zuzulassenden MVZ¹⁴⁷ – eine Gleichstellung des als juristische
Person betriebenen MVZ mit einzelnen oder als Gesamtheit agierenden Ärzten erreicht
werden.¹⁴⁸ Durch das Erfordernis selbstschuldnerischer Bürgschaften der Gesellschafter insbesondere einer MVZ-GmbH soll – über den Zugriff auf deren Gesellschaftsvermögen
hinaus – eine Rückgriffsmöglichkeit für Forderungen der KV und der Krankenkassen¹⁴⁹
bestehen.

Der Wortlaut des § 95 II 6 SGB V ist eindeutig: Er verlangt für die Zulassung des MVZ in 70
der Rechtsform einer GmbH die Vorlage einer selbstschuldnerischen Bürgschaft (nicht
notwendig Bankbürgschaft) von allen Gesellschaftern. Wegen der Verbürgung als Selbst-
schuldner i. S. v. § 773 I Nr. 1 BGB ist die Einrede der Vorausklage ausgeschlossen; so
können die Gläubiger direkt auf die Bürgen zugreifen, ohne dass es zuvor der Zwangsvoll-
streckung gegen das MVZ bedarf. Da das Gesetz keine Höchstbeträge oder keine zeitlichen
Beschränkungen vorsieht, ist weder eine betragsmäßige Beschränkung der Bürgschaft noch
sind Befristungen oder Kündigungsmöglichkeiten zulässig.¹⁵⁰

Auf Grund der Akzessorietät der Bürgschaft zu den durch sie gesicherten Forderungen 71
müssen sowohl Hauptschuldner und Gläubiger als auch der **Inhalt der Forderung in einer
wenigstens individuell bestimmbaren Weise bezeichnet** sein.¹⁵¹ So muss – wie es § 95 II 6
SGB V ausdrücklich fordert – die Bürgschaft für Forderungen gegen das MVZ „aus dessen
vertragsärztlicher Tätigkeit" erklärt werden.¹⁵²

aa) Verbürgungspflichtige Gesellschafter. Die Bürgschaft ist von den Gesellschaftern 72
abzugeben. Die Bestimmung unterscheidet nicht, ob das MVZ von einem Alleingesellschafter
oder von mehreren Gesellschaftern gegründet wurde. Unerheblich ist ebenso, ob es sich bei
den Bürgen um natürliche oder juristische Personen handelt. Sind juristische Personen
Gesellschafter, sind diese beibringungspflichtig.¹⁵³

---

¹⁴⁴ Ebenso SG München v. 20.1.2016 – S 20 KA 5004/14 – juris Rn. 25.
¹⁴⁵ Vertragsarztrechtsänderungsgesetz v. 22.12.2006 (BGBl. I S. 3439).
¹⁴⁶ Dazu im Einzelnen *Basteck*, GesR 2008, 14; *Makowski/Möller*, MedR 2007, 524; *Möller/Dahm/
Bäune* in: Ratzel/Luxenburger (Hrsg.), Handbuch Medizinrecht, 3. Aufl. 2015, § 8 Rn. 94 ff. – Der
Regierungsentwurf des VÄndG hatte sogar einen unmittelbaren Durchgriff der KVen und der Krankenkassen gegen die Gesellschafter vorgesehen. Davon wurde indessen nach Intervention durch den Medizin-
rechtsausschuss des Deutschen Anwaltsvereins (DAV) Abstand genommen.
¹⁴⁷ Zur (fehlenden) Rückwirkung vgl. *Möller*, MedR 2007, 263 (267).
¹⁴⁸ Vgl. BT-Drs. 16/2474 v. 30.8.2006, S. 21.
¹⁴⁹ Z. B. Nachforderungen bzw. Schadensersatzansprüche gemäß §§ 106 III 2, 106a V SGB V, Ansprüche wegen Falschabrechnungen oder Ersatzansprüche auf Grund sonstiger Schäden sowie Ansprüche
von Krankenkassen aus Individualverträgen.
¹⁵⁰ *Basteck*, GesR 2008, 14 (15); *Möller*, MedR 2007, 263 (267 f.), der aber bezweifelt, ob vorab
ausscheidende Gesellschafter auf Grund ihrer zur Zulassung der MVZ-GmbH abgegebenen Bürgschaftserklärung „ewig" haften sollen. Vgl. hierzu auch *Michels/Möller/Ketteler-Eising*, Ärztliche Kooperationen, 4. Aufl. 2018, S. 317.
¹⁵¹ BGH v. 5.1.1995 – IX ZR 101/94 – NJW 1995, 959 = juris Rn. 5 u. 9.
¹⁵² Vgl. *Basteck*, GesR 2008, 14 (15 f.).
¹⁵³ *Basteck*, GesR 2008, 14 (16); *Möller*, MedR 2007, 263 (267).

73 Die Fähigkeit, die betragsmäßig unbeschränkte Bürgschaftserklärung nach § 95 II 6 SGB V abzugeben, haben nicht nur natürliche Personen, sondern – trotz ihres begrenzten Haftungskapitals – auch Kapitalgesellschaften, die als Gesellschafter einer MVZ-GmbH auftreten. Deren Gesellschaftsvermögen umfasst neben dem Stamm- bzw. Grundkapital sämtliche Vermögenswerte der Gesellschaft; das Stamm- bzw. Grundkapital (§§ 13 II GmbHG, § 1 I 2 AktG) stellt nur die denkbare Mindestgrenze des Gesellschaftsvermögens dar. Nach oben ist das Gesellschaftsvermögen unbeschränkt – wenngleich es in der Praxis im ungünstigsten Fall auf die Mindesthaftung i. H. v. 25.000 EUR (§ 5 I GmbHG) bzw. 50.000 EUR (§§ 6, 7 AktG) hinauslaufen kann. Die Forderung, in dem Fall, dass Gesellschafter einer MVZ-GmbH eine Kapitalgesellschaft ist – z.B. wiederum eine GmbH –, müssten die „dahinter stehenden" natürlichen Personen die Bürgschaftserklärung abgeben, ist angesichts des eindeutigen Gesetzeswortlauts, der auf die „Gesellschafter" der MVZ-Trägergesellschaft abstellt, nicht gerechtfertigt.[154] So hat es auch das BSG entschieden.[155]

74 **bb) Kommunale und gemeinnützige Krankenhausträger.** Erhebliche Schwierigkeiten kann das Bürgschaftserfordernis den Gesellschaftern einer kommunalen oder gemeinnützigen MVZ-GmbH bereiten, da das Kommunalrecht bzw. das Steuer- oder auch Stiftungsrecht der Vorlage einer unbeschränkten Bürgschaft entgegenstehen können.

75 Wie bereits oben in Rn. 39[156] angesprochen worden ist, kann bei einer MVZ-GmbH, die von einer **kommunalen** Krankenhaus-GmbH gegründet wurde,[157] die nach § 95 II 6 SGB V geforderte Abgabe der Bürgschaftserklärung am (landesrechtlichen) Kommunalrecht scheitern. Dies gilt insbesondere, wenn Alleingesellschafter der MVZ-Trägergesellschaft die Kommune (bzw. die Krankenhaus-GmbH, die das MVZ trägt und die ihrerseits die Kommune als Alleingesellschafterin hat) ist: Das kommunale Haushaltsrecht und die Bestimmungen über die wirtschaftliche Betätigung von Gemeinden sehen häufig vor, dass sich die Kommune nicht zur Übernahme von Verlusten in unbestimmter oder unangemessener Höhe verpflichten darf (vgl. u. a. § 108 I 1 Nr. 5 GO NRW).[158]

76 Als Ausweg bietet sich an, auf die Gründung einer MVZ-Trägergesellschaft in der Rechtsform einer GmbH zu verzichten, damit keine Bürgschaftserklärung gemäß § 95 II 6 SGB V notwendig ist, und das MVZ als organisatorisch verselbständigten Teil des Krankenhauses zu betreiben. Dabei muss aber dem Erfordernis einer „Einrichtung" im Sinne von § 95 I 2 SGB V Rechnung getragen werden, wie dies oben in → Rn. 21 f. dargelegt worden ist.[159]

77 Bei einem MVZ in der Rechtsform einer GmbH mit einer **Kirchengemeinde oder z.B. einer Stiftung** als Träger und Gesellschafter können sich zusätzliche steuerliche und ggf. stiftungsrechtliche Probleme stellen.[160] Schon die Abgabe einer Bürgschaftserklärung durch die Kirchengemeinde bzw. Stiftung zu Gunsten einer von ihr als Alleingesellschafterin betriebenen MVZ-GmbH, jedenfalls aber die Inanspruchnahme aus dem Bürgschaftsvertrag, kann zum Verlust der Gemeinnützigkeit führen.[161] Einige kirchliche Krankenhausträger sind

---

[154] So bereits *Quaas* in der Vorauflage, § 17 Rn. 37 am Ende. Ebenso Bundesministerium für Gesundheit (BMG), Schreiben vom 18.7.2007, AZ 224–44000–25 an die KBV; *Basteck*, GesR 2008, 14 (16 ff.); *Makowski,/Möller*, MedR 2007, 525 (525); HK-AKM/*Rau*, Nr. 3585 („Das Medizinische Versorgungszentrum"), Rn. 82a.
[155] BSG v. 22.10.2014 – B 6 KA 36/13 R – SozR 4–2500 § 95 Nr. 28 = MedR 2015, 627 = juris, jeweils Rn. 17 ff.
[156] → Rn. 39 am Ende.
[157] Zur grundsätzlichen Zulässigkeit der Gründung einer MVZ-GmbH durch eine Krankenhaus-GmbH vgl. SG Magdeburg v. 28.9.2005, S 17 KA 92/05 ER, das Krankenhaus 2006, 320.
[158] Dazu – und zu weiteren kommunalrechtlichen Restriktionen – *Makowski/Möller*, MedR 2007, 524 (528 f.). Vgl. auch *Michels/Möller/Ketteler-Eising*, Ärztliche Kooperationen, 4. Aufl. 2018, S. 316.
[159] Zum Bürgschaftsproblem vgl. auch *Quaas*, f&w 2007, 690 (691).
[160] Dazu ausführlich *Makowski/Möller*, MedR 2007, 524 (531 ff.).
[161] *Möller/Dahm* in: Ratzel/Luxenburger (Hrsg.), Handbuch Medizinrecht, 3. Aufl. 2015, § 9 Rn. 101; *Rehborn*, FS 10 Jahre AG Medizinrecht, 417 (438); *Wagener/Weddehage*, f&w 2007, 76 (78).

deshalb dazu übergegangen, anstelle der GmbH die Rechtsform einer Personengesellschaft (Gesellschaft bürgerlichen Rechts) gemeinsam mit einem ermächtigten Chefarzt, der mit lediglich 1 % an der GbR beteiligt ist, für die MVZ-Gründung und -Zulassung zu wählen.[162] In diesem Sektor wird besonders deutlich, wie die Einführung des Bürgschaftserfordernisses ab 2007[163] dazu beigetragen hat, dass die bis dahin bestehende „MVZ-Errichtungseuphorie" einen deutlichen Dämpfer erhielt (vgl. oben → Rn. 5).

c) Zusätzlicher Praxissitz für MVZ im zulassungsgesperrten Planungsbereich. Um für sich einen weiteren Praxissitz zu erwerben, kommen für das MVZ verschiedene Wege in Betracht. Dabei bestehen unterschiedliche Voraussetzungen (siehe nachfolgend). Unterschiedlich sind auch die Möglichkeiten für einen Rechtsschutz von Dritten (vgl. unten → Rn. 101–104). 78

aa) Sonderbedarfszulassung. Das MVZ unterliegt grundsätzlich denselben Bedarfsplanungsregelungen wie Vertragsärzte.[164] So kommt Neuzulassungen (und ebenso auch Genehmigungen von Anstellungen eines Arztes) grundsätzlich nicht in Betracht, wenn Zulassungsbeschränkungen nach § 103 I 2 SGB angeordnet sind (§ 95 II 9 SGB V). Von diesem Grundsatz gibt es aber Ausnahmen, zum einen solche allgemeiner Art wie eine Sonderbedarfszulassung und eine Belegarztzulassung sowie eine Praxisübernahme (unten aa, bb und ee), und zum anderen weitere Ausnahmen kraft spezieller Regelungen für MVZ (unten → Rn. 85 ff.). 79

Die Ausnahmemöglichkeit einer **Sonderbedarfszulassung** besteht für einen Planungsbereich, in dem zwar rechnerisch eine Überversorgung besteht, aber doch von der faktischen Versorgungslage her in spezieller Hinsicht – sei es in bestimmten örtlichen Bereichen oder von den angebotenen Behandlungsspektren her – der Versorgungsbedarf nicht voll abgedeckt ist. Für solche Fälle ist in der Bedarfsplanungs-Richtlinie vorgesehen, dass der Zulassungsausschuss **Sonderbedarfszulassungen und -anstellungen** bewilligt, wenn dies zur Wahrung der Qualität der vertragsärztlichen Versorgung unerlässlich ist (§ 101 I Nr. 3 SGB V iVm § 36 f. BedarfsplRL, zur Anstellung siehe § 36 VIII[165] BedarfsplRL und zur Anwendbarkeit auf ein MVZ siehe § 63 I BedarfsplRL).[166] Die aufgrund einer Sonderbedarfszulassung **erbringbaren Leistungen** können beschränkt werden (§ 36 VI BedarfsplRL); Sonderbedarfszulassungen können aber **auch räumlich eingegrenzt** werden, indem die Befugnis zur ambulanten Behandlung auf Patienten bestimmter örtlicher Herkunft[167] begrenzt wird.[168] 80

Für die Erlangung einer Sonderbedarfszulassung oder -anstellung muss geprüft werden, ob das Leistungsspektrum des Arztes, der den Sonderbedarf decken soll, das Versorgungsdefizit decken oder jedenfalls mildern kann, das in dem überversorgungs-gesperrten Planungsbereich besteht. Diese notwendige Prüfung zeigt, dass es nicht darum gehen kann, dass ein MVZ eine Sonderbedarfszulassung für sich selbst erstrebt. Vielmehr passt eine Sonderbe- 81

---

[162] Zu dieser Lösung, die angesichts der kommunalrechtlichen Vorgaben für ein kommunales Krankenhaus ausscheidet, vgl. *Möller/Dahm/Bäune* in: Ratzel/Luxenburger (Hrsg.), Handbuch Medizinrecht, 3. Aufl. 2015, § 8 Rn. 100, 116.
[163] Durch das Vertragsarztrechtsänderungsgesetz v. 22.12.2006 (BGBl. I S. 3439).
[164] Dazu *Möller/Dahm* in: Ratzel/Luxenburger (Hrsg.), Handbuch Medizinrecht, 3. Aufl. 2015, § 9 Rn. 237 f.
[165] Diese Bestimmung dürfte auch auf die Anstellung in einem MVZ anwendbar sein (ist aber von der Rspr. noch nicht entschieden worden).
[166] Zur Anwendung der Regelung der Sonderbedarfszulassung auf MVZ vgl. *Behnsen*, das Krankenhaus 2004, 698 (700); HK-AKM/*Rau*, Nr. 3585 („Das Medizinische Versorgungszentrum") Rn. 104.
[167] Was umschrieben werden kann durch Benennung von Postleitzahlbereichen oder durch Benennung von Landkreisen, Städten und Gemeinden.
[168] Vgl. dazu BSG v. 17.10.2007 – B 6 KA 42/06 R – BSGE 99, 145 = SozR 4–2500 § 116 Nr. 4 = USK 2007-88 = ZMGR 2008, 262 = juris, jeweils Rn. 27.

darfsprüfung auf ein MVZ nur in der Weise, dass dieses sich um eine Sonderbedarfszulassung bzw. -anstellung in der Weise bemüht, dass auf deren Grundlage dann ein zusätzlicher Vertragsarzt oder angestellter Arzt im MVZ tätig werden kann.[169]

82 **bb) Belegarztzulassung.** Um in einem wegen Überversorgung gesperrten Gebiet ein neue Zulassung zu erlangen, ist außer dem Weg der Sonderbedarfszulassung auch noch die Beantragung einer Belegarztzulassung zu erwägen – was allerdings in der Praxis eher selten in Betracht kommen wird –: Das MVZ kann sich um eine Belegarztzulassung[170] am Krankenhaus bemühen. Dies erfordert, dass das Krankenhaus eine **Belegabteilung** einrichtet oder in einer schon vorhandenen Belegabteilung Belegbetten für einen zusätzlichen Belegarzt frei hat und dass es die **Belegarztstelle ausschreibt.** Wählt das Krankenhaus unter den Belegarztbewerbern das MVZ aus[171],[172] so schließen dieses und das Krankenhaus einen **Belegarztvertrag** (§ 103 VII 2 SGB V). Dann erteilt der Zulassungsausschuss eine **Belegarztzulassung** (§ 103 VII 3 SGB V).

83 Die Besonderheit an diesem Verfahren im Falle eines MVZ liegt darin, dass das MVZ der Bewerber um die Belegarztzulassung ist und die Belegarztzulassung auch dem MVZ erteilt wird, dies aber bezogen ist auf einen in dem MVZ tätigen Arzt, der dann zur Ausübung der belegärztlichen Tätigkeit berechtigt ist: Der Bewerber um die Belegarztzulassung und dessen Adressat (jeweils das MVZ) sowie der belegärztlich Tätige (der im MVZ tätige Arzt) sind also nicht identisch.[173] Dies gilt unterschiedslos unabhängig davon, ob der Arzt, der für die belegärztliche Tätigkeit anvisiert ist, ein im MVZ tätiger Vertragsarzt oder ein im MVZ angestellter Arzt ist.[174]

84 **cc) Einrücken eines bereits niedergelassenen Vertragsarztes.** Das MVZ kann sich auch dadurch erweitern, dass es einen im Planungsbereich **bereits zugelassenen Vertragsarzt** in das MVZ hereinzieht. Dann setzt dieser seine Tätigkeit unter dem Dach des MVZ fort; seine Zulassung besteht unter dem Dach der Zulassung des MVZ fort, wobei sie dann „ruht" bzw. durch die Zulassung des MVZ „überlagert" wird (vgl. oben → Rn. 52 u. 63 f.). Die damit verbundene Verlegung des Praxissitzes bedarf der Genehmigung des Zulassungsausschusses (§ 24 VII Ärzte-ZV).[175] Der im MVZ tätige Vertragsarzt behält seine (insoweit ruhende) Zulassung und kann sie nach Ausscheiden aus dem MVZ wieder „aktivieren".[176] Allerdings sollte das MVZ – da es dann diesen Praxissitz wieder verlieren würde – eine solche Möglichkeit bei Übernahme des Vertragsarztes in das MVZ vertraglich ausschließen.[177]

---

[169] Mithin läuft das auf eine ähnliche Rechtskonstruktion hinaus, wie das BSG sie für die Belegarztzulassung eines MVZ herausgestellt hat: Siehe dazu übernächsten Absatz.

[170] Zur Struktur der Belegarztzulassung für ein MVZ vgl. BSG v. 23.3.2011 – B 6 KA 15/10 R – SozR 4–2500 § 121 Nr. 6 = MedR 2012, 221 = juris, jeweils Rn. 19 ff.; allgemein zu Belegarztzulassung vgl. unten § 20 Rn. 49 ff. – Belegarztzulassungen kommen im Zahnbereich nicht in Betracht: BSG 12.12.12 – B 6 KA 15/12 R – SozR 4–2500 § 121 Nr. 7 = MedR 2013, 616 = NZS 2013, 394 = juris, jeweils Rn. 10 ff.

[171] Das Krankenhaus muss sich dabei aber ernsthaft auch mit den anderen Bewerbern befassen, vor allem mit denen, die bereits im selben Planungsbereich als Vertragsarzt zugelassen sind: siehe unten § 20 Rn. 51.

[172] Das MVZ muss bei der Bewerbung angeben, für welchen im MVZ tätigen Arzt es die belegärztliche Tätigkeit anstrebt.

[173] Zu dieser besonderen Struktur vgl. BSG v. 23.3.2011 – B 6 KA 15/10 R – SozR 4–2500 § 121 Nr. 6 = GesR 2011, 435 = NZS 2012, 74 = MedR 2012, 221 = juris, jeweils Rn. 20, 23.

[174] So die deutliche Tendenz in BSG v. 23.3.2011 – B 6 KA 15/10 R – SozR 4–2500 § 121 Nr. 6 = GesR 2011, 435 = NZS 2012, 74 = MedR 2012, 221 = juris, jeweils Rn. 21 f.

[175] Zur Praxisverlegung und zum Erfordernis nicht-entgegenstehender Gründe der vertragsärztlichen Versorgung vgl. BSG v. 3.8.2016 – B 6 KA 31/15 R – BSGE 122 = SozR 4–5520 § 24 Nr. 13 = NZS 2017, 109 = GesR 2017, 113 = MedR 2017, 412 = juris, jeweils Rn. 13 ff., 21 ff. – Vgl. dazu *Clemens* in: Schallen, Zulassungsverordnung, 9. Aufl. 2018, § 24 Rn. 44 ff., 49–51.

[176] Vgl. dazu HK-AKM/*Rau*, Nr. 3585 („Das Medizinische Versorgungszentrum") Rn. 105.

[177] Dazu *DKG*, Hinweise zur Gründung Medizinischer Versorgungszentren, 3. Aufl. 2007, 25 f. – Zur Wirksamkeit solcher Ausschlussvereinbarungen vgl. BSG v. 28.11.2007 – B 6 KA 26/07 R – BSGE 99, 218

dd) Zulassungsverzicht und Anstellung (§ 103 IVa 1 SGB V). Das MVZ erhält so einen zusätzlichen Vertragsarztsitz, ohne dass die KV – wie bei der nachstehend geschilderten Praxisübernahme gemäß § 103 IIIa, IV SGB V – den Praxissitz **ausschreibt** und ohne dass die **Bewerberauswahl durch den Zulassungsausschuss** erfolgt. Durch schlichte Verzichtserklärung zu Gunsten des MVZ geht die Zulassung vom Vertragsarzt auf das MVZ über.[178] Allerdings muss die Anstellung im MVZ im Regelfall **auf mindestens drei Jahre** angelegt sein.[179] Der Zulassungsausschuss hat die Anstellung zu genehmigen (§ 103 IVa 1 Hs. 1 am Ende). 85

ee) Praxisübernahme mit KV-Ausschreibung und Auswahl durch Zulassungsausschuss. Alternativ zu den vorstehend dargestellten Möglichkeiten kommt der Erwerb des Vertragsarztsitzes durch das MVZ im Wege eines **Praxisnübernahmeverfahrens** (§ 103 IIIa, IV SGB V) in Betracht: **Das MVZ bewirbt sich** – wie es jeder andere Vertragsarzt auch tun kann – um die Nachfolge für einen **von der KV ausgeschriebenen Praxissitz** und der **Zulassungsausschuss wählt** unter Berücksichtigung der gesetzlichen Kriterien (§ 103 IV 5 SGB V) den geeignetsten **Nachfolger** aus. Bei der Bewerberauswahl ist – bezogen auf die Bewerbung des MVZ – nicht auf den Betreiber des MVZ, sondern auf den **im MVZ anzustellenden Arzt** abzustellen.[180] Das MVZ kann sich statt mit einem konkret benannten Arzt – gemäß dem im Juli 2015[181] eingefügten Satz 10 des § 103 IV SGB V – mit der Präsentation eines „**besonderen Versorgungsangebots**"[182] bewerben. 86

ff) Von der Konstellation der Praxisübernahme – mit Erlangung eines zusätzlichen Praxissitzes – zu unterscheiden ist die **Nachbesetzung** gemäß § 103 IVa 3 SGB V. Hier geht es darum, dass das MVZ einen bei ihm tätigen Arzt – sei es einen Vertragsarzt oder einen angestellten Arzt – verliert und als Ersatz dafür einen anderen Arzt für sein MVZ gewinnen möchte. Durch diese Sonderbefugnis der Nachbesetzung braucht das MVZ **nicht** wie bei einem Praxisübernahmeverfahren gemäß § 103 IIIa, IV SGB V den Praxissitz **durch die KV ausschreiben und** unter den Bewerbern den **Nachfolger den Zulassungsausschuss auswählen** zu lassen (alles dies zudem iVm der Gefahr, dass der Zulassungsausschuss gemäß § 103 IIIa 1 u. 3 Hs. 1, IV 7 SGB V zur Feststellung kommt, dass eine Nachbesetzung aus Versorgungsgründen nicht erforderlich sei). Die Sonderbestimmung des § 103 IVa 3 SGB V trägt dazu bei, dem MVZ seinen Bestand zu sichern, indem sie ihm ohne Umstände die Nachbesetzung ermöglicht. Die Regelung dient insofern (nur) der Bestandssicherung, während Thema hier die Bestandserweiterung ist,[183] und ist deshalb hier nicht weiter zu erörtern. 87

gg) Auslaufende Altregelung: Reproduktion von Vertragsarztsitzen. Zu erwähnen ist schließlich noch die – auslaufende – Regelung des § 103 IVa 2 (früher: § 103 IVa 4) SGB V: Bis zum 31.12.2006 galt: Wer seinen Zulassungsstatus in ein MVZ einbrachte, erhielt nach 5 Jahren der Tätigkeit im MVZ auf Antrag einen eigenständigen Zulassungsstatus; d. h. das MVZ hatte den eingebrachten Arztsitz und der einbringende Arzt erhielt zusätzlich eine eigene Zulassung, was eine Vertragsarztsitz-Verdoppelung bedeutete. 88

= SozR 4–2500 § 103 Nr. 3 = GesR 2008, 304 = MedR 2008, 305 = juris, jeweils Rn. 24 ff. (betr. Vereinbarung eines Zulassungsverzichts für den Fall des Ausscheidens aus einer Berufsausübungsgemeinschaft).
[178] *Möller/Dahm* in: Ratzel/Luxenburger (Hrsg.), Handbuch Medizinrecht, 3. Aufl. 2015, § 9 Rn. 239 ff.
[179] BSG v. 4.5.2016 – B 6 KA 21/15 R – BSGE 121, 143 = SozR 4–2500 § 103 Nr. 20 = GesR 2016, 271 = MedR 2016, 1006 = juris, jeweils Rn. 25 ff., 28 ff.
[180] *Fiedler/Weber*, NZS 2004, 358 (362).
[181] Durch das GKV-Versorgungsstärkungsgesetz v. 16.7.2015 (BGBl. I S. 1211).
[182] Dazu, was hierunter zu verstehen ist, vgl. z. B. *Pawlita* in: Schlegel/Voelzke/Engelmann (Hrsg.), JurisPraxisKommentar SGB V, 3. Aufl. 2016 (mit Aktualisierungsnachträgen), § 103 Rn. 121 f.
[183] → Rn. 78 ff.

89 Der Gesetzgeber[184] hat diese Regelung mit Wirkung ab 2007 auf solche Ärzte begrenzt, die ihren Zulassungsstatus bis zum 31.12.2006 einbrachten. Für alle, die erst ab 2007 ihren Zulassungsstatus in ein MVZ eingebracht haben bzw. einbringen, gilt das oben unter cc Gesagte (Rn. 84): Der im MVZ tätige Vertragsarzt kann seinen Zulassungsstatus wieder „aktivieren", aber nur durch gleichzeitiges Ausscheiden aus dem MVZ, wodurch dieses zugleich den Praxissitz wieder verliert (was in der Praxis im Regelfall dazu führen dürfte, dass das MVZ mit dem seinen Zulassungsstatus einbringenden Arzt vereinbart[185], dass dieser sich für den Fall des Ausscheidens aus dem MVZ verpflichtet, seinen Praxissitz dem MVZ zu belassen und darauf zu verzichten, diesen mit dem Ausscheiden wieder zu aktivieren).

90 Durch diese Einschränkung der Verdoppelungsmöglichkeit auf diejenigen, die ihren Vertragsarztsitz bis zum 31.12.2006 in das MVZ eingebracht haben, hat der Gesetzgeber einer Vermehrung der Überversorgung entgegengewirkt und zugleich eine Ungleichbehandlung im Verhältnis zu denjenigen Ärzten beseitigt, die nicht in einem MVZ, sondern in einer Arztpraxis tätig werden.[186]

3. Rechtsfolgen der Zulassung

91 a) **Mitgliedschaft in der KV.** Mit der Zulassung des MVZ werden die dort zulässigerweise angestellten Ärzte, sofern sie mindestens im Umfang von 10 Wochenstunden beschäftigt sind, Mitglieder der KV (§ 95 III 2 iVm § 77 III 2 SGB V)[187]. Die Mitgliedschaft bleibt für die Dauer der Anstellung bestehen. Dementsprechend unterliegen sowohl der ärztliche Leiter wie die übrigen angestellten Ärzte des MVZ der disziplinarrechtlichen Überwachung durch die KV hinsichtlich ihrer jeweiligen Pflichtenstellung.[188]

92 b) **Teilnahme an der vertragsärztlichen Versorgung.** Das MVZ wird durch die Zulassung zur Teilnahme an der vertragsärztlichen Versorgung berechtigt und verpflichtet (§ 95 III 1 SGB V).[189] Die vertraglichen Bestimmungen über die vertragsärztliche Versorgung sind unmittelbar verbindlich (§ 95 III 3 SGB V). Die im MVZ tätigen Vertragsärzte und angestellten Ärzte sind deshalb gehalten, in gleichem Umfang wie Vertragsärzte am ärztlichen Bereitschaftsdienst in der vertragsärztlichen Versorgung teilzunehmen (vgl. hierzu oben → Rn. 53). Das Recht der Versicherten, unter den Ärzten auszuwählen, die zu vertragsärztlichen Behandlungen berechtigt sind (§ 76 SGB V), erstreckt sich nur auf das MVZ als Institution. Es erstreckt sich nicht darauf, innerhalb der im MVZ tätigen Ärzte auszuwählen; dies gilt auch insoweit, als im MVZ Vertragsärzte tätig sind; denn deren Zulassungsstatus ist „nicht aktiv", vielmehr „ruht" er bzw. wird durch die Zulassung des MVZ „überlagert".[190]

---

[184] Durch das Vertragsarztrechtsänderungsgesetz v. 22.12.2006 (BGBl. I S. 3439), damals im Rahmen des § 103 IVa 4 SGB V. – Diese Regelung ist später (durch das GKV-Versorgungsstrukturgesetz v. 22.12.2011, BGBl. I S. 2983) zu § 103 IVa 2 SGB V geworden.

[185] Zur Wirksamkeit solcher Vereinbarung vgl. BSG v. 28.11.2007 – B 6 KA 26/07 R – – BSGE 99, 218 = SozR 4–2500 § 103 Nr. 3 = GesR 2008, 304 = MedR 2008, 305 = juris, jeweils Rn. 24 ff. (betr. Vereinbarung eines Zulassungsverzichts für den Fall des Ausscheidens aus einer Berufsausübungsgemeinschaft).

[186] *Möller*, MedR 2007, 263 (268); *Möller/Dahm* in: Ratzel/Luxenburger (Hrsg.), Handbuch Medizinrecht, 3. Aufl. 2015, § 9 Rn. 263 ff.

[187] Zu diesen Bestimmungen vgl. oben → Rn. 16 am Ende.

[188] *Wigge* in: Schnapp/Wigge (Hrsg.), Handbuch des Vertragsarztrechts, 3. Aufl. 2017, § 6 Rn. 148.

[189] Zu den Rechten und Pflichten aus dem Zulassungsstatus des MVZ (Präsenzpflicht, Einhaltung der Fachgebietsgrenzen, Verbot der Behandlungsablehnung aus sachwidrigen Gründen, Pflicht zur persönlichen Leistungserbringung, Pflichten zur Fortbildung) vgl. *Möller/Dahm* in: Ratzel/Luxenburger (Hrsg.), Handbuch Medizinrecht, 3. Aufl. 2015, § 9 Rn. 171 ff.

[190] Indessen anderer Ansicht – für Auswahlfreiheit auch bezogen auf die im MVZ tätigen Vertragsärzte – *Quaas* in der Vorauflage, § 17 Rn. 46 am Ende.

§ 17 Das MVZ als Leistungserbringer

c) Zulassungsentziehung wegen Nicht-(mehr-)Vorliegens der Gründungsvorausset- 93
zungen. § 95 VI 3 SGB V enthält einen speziell auf MVZ bezogenen Zulassungsentziehungstatbestand: Einem MVZ ist die Zulassung auch dann zu entziehen, wenn die **Gründungsvoraussetzungen** (§ 95 I 4 u. 5, § 95 Ia 1 SGB V) **länger als sechs Monate nicht mehr vorliegen.** Dies ergänzt den allgemeinen Zulassungsentziehungstatbestand des § 95 VI 1 SGB V, wonach die Zulassung zu entziehen ist, wenn die **Gründungsvoraussetzungen von vornherein nicht vorgelegen haben.** – Zu dem Fall, dass ein Vertragsarzt-Gründer sich im Zusammenhang mit der Gründung des MVZ bei diesem anstellen lässt, vgl. oben → Rn. 28 f.

d) Zulassungsentziehung aus anderen Gründen. Für das MVZ gilt auch der **allgemeine** 94
Zulassungsentziehungstatbestand des § 95 VI 1 SGB V, wonach die Zulassung zu entziehen ist, wenn ihre **Voraussetzungen nicht oder nicht mehr vorliegen** oder wenn der Vertragsarzt bzw. das MVZ die vertragsärztliche **Tätigkeit nicht aufnimmt oder nicht mehr ausübt** oder seine **vertragsärztlichen Pflichten gröblich verletzt.** Der Zulassungsausschuss hat im Fall eines MVZ nicht die Möglichkeit, statt einer vollständigen nur eine hälftige Entziehung der Zulassung zu beschließen (§ 95 VI 2 SGB V).[191]

Bei dem – am häufigsten vorkommenden – Entziehungsgrund „gröbliche Pflichtverlet- 95
zung" ist danach zu differenzieren, ob die Pflichtverletzung dem MVZ als der organisatorischen Einrichtung zuzurechnen ist oder ob sie ausschließlich in den individuellen Verantwortungsbereich einer im MVZ tätigen Person fällt. Dafür ist eine Abgrenzung der Aufgabenkreise wichtig. Dem MVZ als solchen obliegt die Gesamtverantwortung für die **Organisation und Abrechnung.**[192] Aus diesem Gesamtaufgabenfeld des MVZ ergaben sich oben in Rn. 18[193] als Aufgaben des ärztlichen Leiters: die Steuerung der ärztlichen Betriebsabläufe, die Auswahl und der Einsatz der Ärzte, deren korrekte Anstellung mit der Ausgestaltung der Verträge sowie die Abgabe der Abrechnungssammelerklärungen und ferner evtl. eine Prüfung der Plausibilität der von den anderen Ärzten hereingegebenen Leistungsübersichten. Diese Zuordnung zum ärztlichen Leiter bedeutete aber keine Herausnahme aus dem Verantwortungsbereich des MVZ als solchen; vielmehr bedeutete dies nur, dass innerhalb des MVZ diese seine Aufgaben vom ärztlichen Leiter wahrzunehmen sind. Eine **Zuordnung nur zu einer einzelnen Person und nicht zum MVZ** kann lediglich bei **Pflichtenverstößen individueller Art** in Betracht kommen, wie z. B. bei ärztlichen Behandlungsfehlern, bei Übergriffen eines Arztes gegen Patienten und bei Weiterarbeit eines Arztes trotz Approbationswiderrufs.[194] Nur wenn dem MVZ vorgehalten werden könnte, aufgrund früherer Vorkommnisse hätte das MVZ mit solchen Pflichtenverstößen rechnen und vorbeugende Maßnahmen ergreifen müssen[195], lägen Pflichtverletzungen sowohl der Einzelperson als auch des MVZ vor.[196]

---

[191] *Clemens* in: Schallen, Zulassungsverordnung, 9. Aufl. 2018, § 27 Rn. 80. Vgl. auch oben → Rn. 57. – A.A. *Möller/Dahm* in: Ratzel/Luxenburger (Hrsg.), Handbuch Medizinrecht, 3. Aufl. 2015, § 9 Rn. 164 ff.

[192] BSG v. 21.3.2012 – B 6 KA 22/11 R – BSGE 110, 269 = SozR 4–2500 § 95 Nr. 24 = GesR 2012, 539 = MedR 2013, 66 = juris, jeweils Rn. 25 ff.; vgl. dazu die Ausführungen von *Clemens* in: Schiller/Tsambikakis (Hrsg.), Kriminologie und Medizinrecht – Festschrift für Gernot Steinhilper –, 2013, S. 11 (19).

[193] Unter Bezugnahme auf das Urteil des BSG v. 21.3.2012 – B 6 KA 22/11 R – BSGE 110, 269 = SozR 4–2500 § 95 Nr. 24 = GesR 2012, 539 = MedR 2013, 66 = juris, jeweils Rn. 25 ff.; vgl. dazu die Ausführungen von *Clemens* in: Festschrift für Steinhilper aaO S. 19. – Vgl. auch → Rn. 107.

[194] Vgl. BSG v. 21.3.2012 aaO Rn. 29 mit weiteren Beispielen.

[195] Bei wiederholten Pflichtverstößen liegt die Darlegungs- und Feststellungslast beim MVZ, das das Nichtkennen und Nichtdulden darlegen muss (so BSG v. 21.3.2012 aaO Rn. 29).

[196] Vgl. BSG v. 21.3.2012 aaO Rn. 29; zur – erfolglosen – Verfassungsbeschwerde dagegen s. BVerfG (Kammer) v. 22.3.2013 – 1 BvR 791/12 – NZS 2013, 543; weiterhin z. B. *Clemens* in: Festschrift für Steinhilper aaO S. 15; *Möller/Dahm* in: Ratzel/Luxenburger (Hrsg.), Handbuch Medizinrecht, 3. Aufl. 2015, § 9 Rn. 165; *Halbe/Schirmer*, Handbuch Kooperationen im Gesundheitswesen B 1400 Rn. 147, 160, 161.

96 So hat das BSG in seinem Urteil vom 21.3.2012[197] Pflichtverstöße des MVZ festgestellt[198] gegen die

- Pflicht, **vor Beginn** der vertrags(zahn)ärztlichen Tätigkeit den erforderlichen **Statusakt** zu erwirken;
- Pflicht zur **persönlichen Leistungserbringung**;
- Pflicht zur peinlich genauen Leistungs**abrechnung**.

Weil es sich dabei um zentrale Pflichten handelt[199], hat das BSG auch gebilligt, dass die Zulassungsgremien sowie das SG und das LSG die Verstöße als **gröblich** bewertet haben.[200] Eine „**Exculpation**" für das MVZ (und ebenso für den <zahn>ärztlichen Leiter bei den ihm obliegenden, in → Rn. 18 genannten Pflichten) hätte das BSG **nur** in Betracht gezogen, **wenn** das MVZ (bzw. der Arzt) sogleich nach dem Erkennen der Pflichtenverletzung deren Ursache ausfindig gemacht und deren Wiederholung **nach Kräften** ausgeschlossen hätte.[201]

97 In seinem **Urteil vom 13.5.2015**[202] ist das BSG **ebenfalls** die Bewertung als **gröbliche Pflichtenverletzung** gebilligt.[203] Dem lag zugrunde, dass eine Einrichtung als MVZ noch gar nicht vorlag. Es fehlte an dem Erfordernis einer „Einrichtung", in der „mehrere Ärzte … im Rahmen einer räumlich und sachlich abgrenzbaren **Einheit** vertragsärztlich tätig" werden (zur „Einrichtung" vgl. oben Rn. 21 f.). Daher lag nur ein Schein-MVZ vor, das dementsprechend auch noch nicht als MVZ die vertragsärztliche Tätigkeit hatte aufnehmen können.[204]

98 Dafür, dass einem MVZ gröbliche Pflichtverletzungen anzulasten sind, können weitere Konstellationen z. B. folgender Art in Betracht kommen:[205]

- Erbringung und Abrechnung von fachärztlichen Leistungen, die nur Assistenzärzte, nicht Fachärzte erbracht hatten;
- Erbringung und Abrechnung von Leistungen durch Ärzte, die nur im Krankenhaus, nicht aber zugleich im MVZ angestellt waren;
- Erbringung und Abrechnung radiologischer Untersuchungen als ambulante Leistungen des MVZ, obgleich es sich um einen stationären Patienten des Krankenhauses handelte.

---

[197] BSG v. 21.3.2012 – B 6 KA 22/11 R – BSGE 110, 269 = SozR 4–2500 § 95 Nr. 24 = GesR 2012, 539 = MedR 2013, 66 = juris.

[198] Zum Sachverhalt (Wiedergabe entnommen aus *Clemens* in: Festschrift für Steinhilper aaO S. 14): Das MVZ hatte für das Quartal IV/2008 eine Abrechnung eingereicht, in der Leistungen den Arztnummern solcher Ärzte zugeordnet waren, deren Anstellung erst zum 1.1.2009 genehmigt wurde, sowie Arztnummern aufgeführt waren, die überhaupt keinem Arzt zugeordnet werden konnten. Auf die Nachfrage nach den Ursachen äußerte das MVZ sich dahin, es könne sich die Angaben der nicht existenten Arztnummern nicht erklären; allerdings habe im MVZ jeder Beschäftigte (bis hin zur Putzfrau) die Möglichkeit gehabt, im Computer Daten zu ändern. Zu den Fehlern der Zuordnung von Arztnummern hat es andeutende Erläuterungen dahin gegeben, das MVZ habe geglaubt, die Anstellungsgenehmigung werde rückwirkend erteilt. Als sich herausgestellt habe, dies werde nicht der Fall sein, habe es allerdings versäumt, die Leistungen der Ärzte, deren Anstellungen erst zum 1.1.2009 genehmigt worden seien, „auf andere Ärzte umzuschreiben", deren Anstellung bereits im Quartal IV/2008 genehmigt gewesen sei.

[199] BSG v. 21.3.2012 aaO Rn. 34.

[200] BSG v. 21.3.2012 aaO Rn. 39 ff.

[201] BSG v. 21.3.2012 aaO Rn. 48 f.

[202] BSG v. 13.5.2015 – B 6 KA 25/14 R – BSGE 119, 79 = SozR 4–5520 § 19 Nr. 3 = GesR 2015, 737 = MedR 2017, 264 = juris. – Dabei ist darauf hinzuweisen, dass die vom BVerfG ausgesprochene Aufhebung dieses Urteils dieses nur insoweit betroffen hat, als das BSG zur Feststellung gelangt war, die Zulassung sei gemäß § 19 III Ärzte-ZV erloschen, nicht aber insoweit, als das BSG die Zulassungsentziehung wegen gröblicher Pflichtenverletzung gebilligt hat: Siehe BVerfG (Kammer) v. 26.9.2016 – 1 BvR 1326/15 – GesR 2016, 767 = MedR 2017, 223 = juris – Tenor zu 3. und Gründe Rn. 39–46 mit Akzeptieren der Auslegung als gröbliche Pflichtverletzung.

[203] BSG v. 13.5.2015 aaO Rn. 50 ff., 53 f.

[204] Vgl. BSG v. 13.5.2015 aaO Rn. 38.

[205] Entnommen aus der Zusammenstellung bei *Clemens* in: Schiller/Tsambikakis (Hrsg.), Kriminologie und Medizinrecht – Festschrift für Gernot Steinhilper –, 2013, S. 11 (13). Dort jeweils mit Quellenangabe benannt.

§ 17 Das MVZ als Leistungserbringer

4. Rechtsschutz: Insolvenz und Drittanfechtung

Erwerb und Verlust der MVZ-Zulassung sind rechtsschutzfähig.[206] **99**

Die Rechtsschutzfähigkeit des MVZ ist auch dann gegeben, wenn über sein Vermögen das **100** **Insolvenzverfahren** eröffnet worden ist. Der Status der Zulassung betrifft eine **höchstpersönliche Rechtsposition** des Vertragsarztes – also auch des MVZ –, die nicht der Insolvenzmasse zuzuordnen ist. Daher haben der Vertragsarzt und das MVZ auch während des Insovenzverfahrens weiterhin die Befugnis zu Rechtshandlungen bezüglich des Zulassungsstatus. Das hierzu ergangene grundlegende Urteil des BSG betraf die Verlegung des Praxissitzes: Der Vertragsarzt – und ebenso das MZV kann – ohne Mitbestimmung des Insovenzverwalters – nach eigenem Belieben seinen **Praxissitz verlegen**.[207] Gleiches gilt für alle sonstigen statusbezogenen Rechtspositionen. Dementsprechend können sich ein Vertragsarzt und ebenso auch ein MVZ auch noch nach Eröffnung eines Insolvenzverfahrens **aktiv gegen eine Zulassungsentziehung** gerichtlich zur Wehr setzen.[208]

Die Rechtsschutzfähigkeit gilt auch für **Dritte** – z. B. niedergelassene Ärzte, Krankenhaus- **101** träger, KVen und Krankenkassen –: Diese sind widerspruchs- bzw. klagebefugt.[209] Nach der Grundsatzentscheidung des BSG vom 7.2.2007[210] setzt die „Anfechtungsberechtigung" im Fall einer sog. **defensiven Konkurrentenanfechtung** unter Berücksichtigung der Entscheidung des BVerfG vom 17.8.2004[211] voraus, dass – erstens – der Dritte im selben räumlichen Bereich die gleichen Leistungen erbringt, er – zweitens – einen sog. „Basisstatus" angreift, der dem Konkurrenten den Zugang zur (vertragsärztlichen) Versorgung eröffnet und – drittens – der dem Konkurrenten eingeräumte Status **nachrangig** gegenüber dem Status des Anfechtenden ist. Letzteres ist nur der Fall, wenn ein Nachrang derart besteht, dass der Status nur bei Vorliegen eines entsprechenden Versorgungsbedarfs – also **bedarfsabhängig** – eingeräumt wird.[212]

Nach diesem Prüfungsprogramm ergeben sich unterschiedliche Beurteilungen der Anfech- **102** tungsberechtigung eines Dritten gegen die Zulassungen des MVZ bzw. bei ihm tätig werdender Vertragsärzte bzw. gegen dem MVZ erteilte Anstellungsgenehmigungen je nach dem, welche Art der Zulassung bzw. Anstellung vorliegt (vgl. die oben in → Rn. 79 ff. = aa, bb usw. dargestellten verschiedenen Möglichkeiten). In den meisten Fällen – so jedenfalls in den Varianten bb, cc, dd, ee und gg – fehlt es für eine defensive Konkurrentenanfechtung an dem erforderlichen „Vorrang-Nachrang-Verhältnis".

Indessen kommt eine defensive Konkurrentenanfechtung und die dafür erforderliche **Be- 103 rechtigung zur Drittanfechtung** im Fall einer Zulassung auf Grund einer. **Sonderbedarfszulassung** bzw. -anstellung – → Rn. 79–81 – in Betracht; denn insoweit handelt es sich um eine Zulassung bzw. Anstellung, deren Bewilligung einen nicht gedeckten Versorgungsbedarf voraussetzt; insofern ist eine Bedarfsabhängigkeit und somit ein Vorrang-Nachrang-Verhältnis gegeben.[213]

---

[206] Dazu *Möller/Dahm* in: Ratzel/Luxenburger (Hrsg.), Handbuch Medizinrecht, 3. Aufl. 2015, § 9 Rn. 155 ff.

[207] BSG v. 10.5.2000 – B 6 KA 67/98 R – BSGE 86, 121 (123 iVm 125 f.) = SozR 3-5520 § 24 Nr. 4 (S. 16 iVm 18 f.) = MedR 2001, 159 (160 iVm 161) = USK 2000-146 = juris Rn. 20 iVm 27 f.; darauf Bezug nehmend BSG v. 21.3.2012 – B 6 KA 22/11 R – BSGE 110, 269 = SozR 4-2500 § 95 Nr. 24 = GesR 2012, 539 = MedR 2013, 66 = juris, jeweils Rn. 21; BSG v. 11.10.2017 – B 6 KA 27/16 R.

[208] Zum MVZ in der Insolvenz: BSG v. 21.3.2012 aaO Rn. 21.

[209] Dazu *Schnapp*, NZS 2004, 449 ff.

[210] BSG v. 7.2.2007 – B 6 KA 8/06 R – BSGE 98, 98 = SozR 4-1500 § 54 Nr. 10 = GesR 2007, 369 = MedR 2007, 499 = NZS 2008, 105 = juris, jeweils Rn. 13 ff., insbes. Rn. 16–32.

[211] BVerfG (Kammer) v. 17.8.2004 – 1 BvR 378/00 – GesR 2004, 470 = MedR 2004, 680 = NJW 2005, 273 = NVwZ 2005, 144 u. 199 = juris.

[212] BSG v. 7.2.2007 aaO Rn. 31 und ständige Rspr.: Z. B. BSG v. 1.4.2015 – B 6 KA 48/13 R – NZS 2015, 476 = GesR 2015, 629 = juris, jeweils Rn. 9; BSG v. 15.3.2017 – B 6 KA 22/16 R, SozR 4-5540 Anl 9.1 Nr. 9 = KrV 2017, 157 = MedR 2017, 990 = juris, jeweils Rn. 21.

[213] *Möller/Dahm* in: Ratzel/Luxenburger (Hrsg.), Handbuch Medizinrecht, 3. Aufl. 2015, § 9 Rn. 156.

104   Eine **offensive Konkurrentenklage** kommt in mehreren der genannten Konstellationen in Betracht, nämlich in Gestalt eines konkurrierenden Begehrens nach einer **Sonderbedarfszulassung** (oben aa = → Rn. 79–81), ebenso im Fall eines Begehrens nach einer **Belegarztzulassung** (oben bb = → Rn. 82 f.) und schließlich im Fall eines Begehrens nach einer **Praxisübernahme** (oben ee = → Rn. 86): Die Konstellation ist dann so gestaltet, dass der Dritte sich neben dem MVZ auch selbst um die Zulassung bzw. Praxisübernahme bewirbt, um statt des MVZ diese Rechtsposition zu erhalten.[214]

VI. Betriebsebene

105   Die in §§ 95 I 2 ff., Ia, II 5 ff., III 2 ff., 101 I Nr. 3 bzw. § 103 IVa 1 u. 3 SGB V für das MVZ enthaltenen Regelungen beziehen sich allein auf die Gründung und Zulassung des MVZ bzw. darauf, ob bzw. wie es weitere Praxissitze bzw. Arztanstellungen erhalten kann. Über den Betrieb des MVZ verliert das SGB V kein Wort. Gleichwohl gibt es auch hier Auslegungs- und Anwendungsprobleme, maßgeblich im Bereich der Organisation (1.), der Haftung (2.) und der Vergütung (3.) des MVZ.

1. Organisation

106   **a) Ärztliche Leitung.** Ähnlich einem Krankenhaus muss auch das MVZ – wie schon oben in → Rn. 12 ff., 14, 16, 18 f. erörtert worden ist – unter ärztlicher Leitung stehen. Dies bedeutet zunächst, dass die in einem MVZ erbrachten ärztlichen Leistungen unter Aufsicht und Verantwortung eines Arztes durchgeführt werden. Das MVZ bedarf – wiederum vergleichbar einem Krankenhaus – einer ärztlichen „Gesamtleitung", ohne dass damit zwingend ein besonderes Organ („Ärztlicher Direktor" o. ä.) beauftragt wird.[215] Die Anforderungen an die Sicherstellung der ärztlichen Leitung sind erfüllt, wenn z. B. ein Arzt zum Geschäftsführer eines MVZ bestellt wird – der auch selbst halbtägig vertragsärztlich tätig ist – und wenn dieser in dem im Übrigen mit anderen Berufsgruppen besetzten Leitungsorgan (so im Falle eines kooperativen MVZ)[216] vertreten ist.[217]

107   Entsprechend dem Sinngehalt des gesetzlichen Erfordernisses einer „ärztlichen" Leitung obliegen dem ärztlichen Leiter, wie oben → Rn. 18 und → Rn. 95 bereits dargelegt wurde, die Verantwortung für die Steuerung der ärztlichen Betriebsabläufe, die Auswahl und der Einsatz der Ärzte, deren korrekte Anstellung mit der Ausgestaltung der Verträge sowie die Abgabe der Abrechnungssammelerklärungen und ferner evtl. eine Prüfung der Plausibilität der von den anderen Ärzten hereingegebenen Leistungsübersichten. Der ärztliche Leiter muss hingegen nicht – entgegen teilweise von Zulassungsgremien und KVen vertretener Ansicht – mit Geschäftsführungsbefugnissen auf der Ebene der MVZ-Trägergesellschaft ausgestattet sein.[218]

108   **b) Kaufmännische Leitung.** Der kaufmännischen Leitung sind typischerweise die Geschäftsführungsbefugnisse auf der Ebene der MVZ-Trägergesellschaft zugeordnet. Sie ist auch für die Kernerarbeit der Leistungsabrechnung zuständig – evtl. unter Hinzuziehung des ärztlichen Leiters für eine Plausibilitätsprüfung –, und sie hat diese gegenüber der KV zu verantworten.[219] Die Bestellung der kaufmännischen Leitung ist der Organisations-

---

[214] Zur offensiven Konkurrentenklage vgl. z. B. BSG v. 1.4.2015 – B 6 KA 48/13 R – NZS 2015, 476 = GesR 2015, 629 = juris, jeweils Rn. 8, 10 ff.
[215] *Dahm* in: Dahm/Möller/Ratzel (Hrsg.), Rechtshandbuch Medizinische Versorgungszentren, 2. Aufl. 2018, Kap. III Rn. 35, 38.
[216] S. o. Rn. 12, 19.
[217] DKG, Hinweise zur Gründung Medizinischer Versorgungszentren, 3. Aufl., 22.
[218] *Möller/Dahm* in: Ratzel/Luxenburger (Hrsg.), Handbuch Medizinrecht, 3. Aufl. 2015, § 9 Rn. 42 f. Ebenso *Michels/Möller/Ketteler-Eising*, Ärztliche Kooperationen, 4. Aufl. 2018, S. 306.
[219] Streitig, vgl. dazu *Möller/Dahm* in: Ratzel/Luxenburger (Hrsg.), Handbuch Medizinrecht, 3. Aufl. 2015, § 9 Rn. 42.

§ 17 Das MVZ als Leistungserbringer

hoheit der MVZ-Trägergesellschaft bzw. – im Fall des von einem Krankenhaus betriebenen MVZ – dem Krankenhausträger überantwortet ist. Der Träger des MVZ ist frei, die (kaufmännische) Organisation und Leitung des MVZ einer Managementgesellschaft zu übertragen oder in anderer Form die Geschäfte durch Dritte führen zu lassen, solange durch solche Konstruktionen weder seine Gesamtverantwortung noch die Verantwortungssphäre des ärztlichen Leiters des MVZ nicht in Frage gestellt wird[220]; hierzu wird in § 95 I 3 Hs. 2 SGB V betont: Der ärztliche Leiter „ist in medizinischen Fragen weisungsfrei".

2. Haftung

Die (zivilrechtliche) Haftung des MVZ aus dem Behandlungsvertrag richtet sich nach den allgemeinen Regeln der Arzt- bzw. Krankenhaushaftung.[221] Der Behandlungsvertrag kommt stets zwischen dem MVZ-Träger und dem Patienten zustande. Für den Abschluss des Behandlungsvertrages ist es unerheblich, ob das MVZ mit angestellten Ärzten oder mit Vertragsärzten betrieben wird.

Das MVZ haftet für diese Ärzte und für hinzugezogene Leistungserbringer – z. B. Konsiliarärzte – über § 278 BGB ohne Exkulpationsmöglichkeit.[222] Ist ein Krankenhaus Alleingesellschafter der MVZ-Trägergesellschaft, so kann wohl davon ausgegangen werden, dass das Haftpflichtrisiko über die Betriebshaftpflichtversicherung des Krankenhausträgers abgedeckt ist. Sind hingegen Krankenhausträger *und Vertragsärzte* Gesellschafter einer MVZ-GbR, bietet es sich an, eine gesonderte Betriebshaftpflichtversicherung für die Haftung der MVZ-Gesellschaft abzuschließen.[223]

3. Leistungsabrechnung

Das MVZ rechnet als Leistungserbringer gemäß § 95 I SGB V die von ihm erbrachten vertragsärztlichen Leistungen selbst gegenüber der KV ab und ist für die Ordnungsgemäßheit der Abrechnung verantwortlich; bei der Erstellung der Abrechnung handeln die ärztliche Leitung und die kaufmännische Leitung (vgl. hierzu oben → Rn. 107) für das MVZ.[224]

a) **Vertragsärztliche Vergütung.** Spezielle Regelungen zur Abrechnung ärztlicher Leistungen durch das MVZ existieren nicht. Die Vergütung erfolgt nach den allgemeinen Regeln, d. h. auf der Grundlage des EBM im Rahmen der jeweiligen Gesamtvergütung durch angemessene Teilnahme an der Honorarverteilung (vgl. oben → § 22 Rn. 7 ff. u. Rn. 22 ff.). **Abrechnungsträger ist das MVZ** und nicht der einzelne angestellte Arzt. Abgerechnet wird unter der Betriebsstättennummer des MVZ, wobei jeweils die lebenslange Arztnummer (LANR) des tätig gewordenen Arztes anzugeben ist.[225]

---

[220] Vgl. zu den für eine Betreibergesellschaft des MVZ typischen Vertragskonstruktionen *Orlowski/Schirmer/Halbe* in: Orlowski/Schirmer (Hrsg.), Handbuch Kooperationen im Gesundheitswesen, B 1400 Rn. 152 f.
[221] → § 14 Rn. 59 ff.; zur Haftung im Übrigen s. *Möller/Dahm* in: Ratzel/Luxenburger (Hrsg.), Handbuch Medizinrecht, 3. Aufl. 2015, § 9 Rn. 214 ff.; zu Versicherungsfragen s. *DKG,* Hinweise zur Gründung Medizinischer Versorgungszentren, 3. Aufl., 36 f.
[222] *Möller/Dahm* in: Ratzel/Luxenburger (Hrsg.), Handbuch Medizinrecht, 3. Aufl. 2015, § 9 Rn. 214, 217.
[223] *DKG,* Hinweise zur Gründung Medizinischer Versorgungszentren, 3. Aufl., 36.
[224] Zur Leistungsabrechnung des MVZ vgl. instruktiv *Möller/Dahm* in: Ratzel/Luxenburger (Hrsg.), Handbuch Medizinrecht, 3. Aufl. 2015, § 9 Rn. 224 ff.
[225] Zu dieser Kennzeichnungspflicht siehe § 44 VII BMV-Ä iVm einer von der Kassenärztlichen Bundesvereinigung gemäß § 75 VII SGB V erlassenen Richtlinie. Vgl. auch die Regelung I. 5. 2. des EBM.

113 Anders ist dies, wenn ein Vertragsarzt nicht in das MVZ als Vertragsarzt oder Angestellter eingebunden ist, sondern nur auf Grund einer Kooperationsvereinbarung mit dem MVZ zusammenarbeitet. Dann behält er seine eigene Abrechnungsnummer; er ist dann nicht Leistungserbringer „des MVZ", sondern selbst der Behandler und rechnet unter seiner LANR ab.[226]

114 Die Honorierung des MVZ erfolgt gemäß § 87 IIa 1 SGB V entsprechend den Regelungen des **EBM**; darin sind, nach den Arztgruppen gegliedert, die Leistungen aufgeführt und ihnen Punktwerte[227] zugeordnet. Je Quartalsbehandlungsfall erfolgt eine Basisvergütung in Gestalt einer Grund-, Versicherten-, oder Konsiliar**pauschale**, die im EBM je nach Ärzte-Fachgruppe unterschiedlich hoch ist (§ 87 IIb u. IIc SGB V: „Versichertenpauschale" u. „Grundpauschale").[228] Im Fall eines MVZ wird ebenso wie bei einer Berufsausübungsgemeinschaft ein arithmetischer Mittelwert der Punktzahlen der Pauschalen der im MVZ vertretenen Fachgebiete berechnet. Hinzu kommen ggf. **Zuschläge** für fachübergreifende Berufsausübungsgemeinschaften und ebenso für fachübergreifende MVZ; dem liegt die Annahme zugrunde, dass der durchschnittliche Behandlungsaufwand pro Patient in einem MVZ ebenso wie in einer Berufsausübungsgemeinschaft höher ist als in einer Einzelpraxis, da im MVZ oft mehrere – nämlich fachverschiedene – Ärzte an der Behandlung eines Patienten beteiligt sind (vgl. § 87 IIc 1 SGB V zur „Berücksichtigung der Besonderheiten kooperativer Versorgungsformen" und § 87 IIc 5 SGB V: „Für die Versorgung im Rahmen von kooperativen Versorgungsformen sind spezifische Fallpauschalen festzulegen, die dem fallbezogenen Zusammenwirken von Ärzten unterschiedlicher Fachrichtungen in diesen Versorgungsformen Rechnung tragen.").[229]

115 Ausgehend von diesen Vorgaben des EBM wird die Honorarzuteilung noch modifiziert durch die **Honorarverteilungsregelungen**[230] der jeweiligen KV (§ 87b I 2 SGB V). Dabei ist die Funktionstrennung von Hausärzten und Fachärzten zu beachten; die Gesamtvergütung wird getrennt für die Bereiche der hausärztlichen und fachärztlichen Versorgung verteilt (§ 87b I 1 SGB V).

116 Ein MVZ nimmt, soweit es hausärztliche Leistungen erbringt, an der Honorverteilung für die hausärztlichen Leistungen (§ 87 II a IV SGB V) und, soweit es fachärztliche Leistungen erbringt, an der Honorarverteilung für die fachärztlichen Leistungen der jeweiligen KV teil.[231]

117 **b) Privatärztliche Vergütung.** Die Abrechnung privatärztlicher Leistungen folgt anderen Regelungen. Hier erfolgt die Honorierung nicht auf der Grundlage des EBM, sondern auf der Grundlage der **GOÄ** oder einer anderweitigen privatrechtlichen Vereinbarung. Der Anwendungsbereich der GOÄ ist allerdings nicht eröffnet, wenn der Behandlungsvertrag nicht mit einem Arzt persönlich, sondern z.B. mit einer GmbH abgeschlossen wird (§ 1 I GOÄ: „für die beruflichen Leistungen der Ärzte"); in solchen Fällen sollte die **entsprechende Anwendung der GOÄ** vereinbart werden; die anfänglichen Vorbehalte der privaten Ver-

---

[226] Insoweit liegt dann kein Fall einer „ruhenden" oder „überlagerten" Zulassung im Sinne von Rn. 63 vor.

[227] In besonderen Fällen sind einzelnen Leistungen Euro-Beträge zugeordnet. Dann kann die Bewertung der Leistung nicht mehr ohne Weiteres durch die Honorarverteilungsregelungen der KV modifiziert werden. Ggf. greift aber im Fall unzureichender Gesamtvergütung eine sog. Quotierung ein; vgl. hierzu BSG v. 8.8.2018 – B 6 KA 26/17 R –.

[228] Vgl. dazu im EBM in den I. Allgemeinen Bestimmungen die Regelung 4.1.

[229] Vgl. im EBM die Regelung I. 5. 1. – Vgl. dazu *DKG*, Hinweise zur Gründung Medizinischer Versorgungszentren, 3. Aufl., 2007, 34 f.; HK-AKM/*Rau*, Nr. 3585 („Das Medizinische Versorgungszentrum") Rn. 119.

[230] Umfassend zu Fragen der Honorarverteilung: *Clemens* in: Wenzel (Hrsg.), Handbuch des Fachanwalts Medizinrecht, 3. Aufl. 2013, Kapitel 13 Abschnitt B. (S. 1386–1448).

[231] *Orlowski/Schirmer/Halbe* in: Orlowski/Schirmer (Hrsg.), Handbuch Kooperationen im Gesundheitswesen, B 1400 Rn. 108.

sicherer, dass gemäß § 4 II 1 der Musterbedingungen für die Krankheitskosten- und Krankenhaustagegeldversicherung (MB/KK) der Patient nur die Wahl zwischen niedergelassenen Ärzten habe, also nicht eine juristische Person als Vertragspartner wählen könne,[232] scheinen aufgegeben zu sein.[233]

Um eventuelle Schwierigkeiten zu vermeiden, kann der im MVZ tätige **Arzt direkt seinerseits** einen Behandlungsvertrag mit dem privat krankenversicherten Patienten schließen und diesen in den Räumen des MVZ privatärztlich behandeln. Dafür ist Voraussetzung, dass der Arzt vom MVZ die **Nebentätigkeitserlaubnis** für Privatbehandlungen erhalten und mit dem MVZ eine Regelung über Kostenerstattung und Vorteilsausgleich entsprechend den bei Chefärzten verwendeten Vertragsmustern[234] getroffen hat.[235]

118

3. Abschnitt: Das Vertragsarztrecht[1]

§ 18 Das Vertragsarztrecht. Grundlagen und Grundsätzliches

I. Begriff, Viereck-Verhältnis, Akteure, gemeinsame Selbstverwaltung, Rechtsgrundlagen, Rechtsstatus des Vertragsarztes

1. Der Begriff des Vertragsarztrechts; das vertragsarztrechtliche Viereck-Verhältnis

Das Vertragsarztrecht wird herkömmlicherweise bezeichnet als „Gesamtheit der öffentlich-rechtlichen Normen, die das Zusammenwirken der Krankenkassen, Zahnärzte, Ärzte (und anderer Leistungserbringer) im Gesundheitswesen zur Sicherstellung der ärztlichen Versorgung der Versicherten der gesetzlichen Krankenkassen regeln".[2]

1

Diese Definition ist in der 2. Auflage 2008 mit beachtlichen, m. E. aber letztlich nicht durchgreifenden Argumenten kritisiert worden[3]; an dieser Kritik wird nicht festgehalten. Dort wurde der Begriff des Vertragsarztrechts am „Vertragsarzt" orientiert, d. h. schwerpunktmäßig auf den zur vertragsärztlichen Versorgung „zugelassenen" Vertragsarzt ausgerichtet. Andere Leistungserbringer – ermächtigte Ärzte und ärztliche Einrichtungen – wurden nur als weitere Beteiligte mit ihren Rechtsbeziehungen zu den zugelassenen Vertragsärzten miterfasst.

2

Diese Eingrenzung ist schon in der Vorauflage nicht übernommen worden. Vielmehr wird unter Vertragsarztrecht im Sinne der zitierten Formel → Rn. 1) in Orientierung am sog. **vertragsarztrechtlichen Viereck-Verhältnis** die Gesamtheit aller der Rechtsbeziehungen verstanden, die das **ärztliche Leistungserbringergeschehen** betreffen, also die **gesamten Rechtsbeziehungen im Verhältnis Arzt-KV-KK (Arzt–Kassenärztliche Vereini-**

3

---

[232] Dazu *Ratzel*, in: Dahm/Möller/Ratzel (Hrsg.), Rechtshandbuch Medizinisches Versorgungszentrum, Kap. XII, Rn. 1 ff., *Wigge*, MedR 2004, 123 (125).
[233] So *Quaas* in der Vorauflage, § 17 Rn. 58. Zu weiteren rechtlichen Argumenten vgl. *Orlowski/Schirmer/Halbe* in: Orlowski/Schirmer (Hrsg.), Handbuch Kooperation im Gesundheitswesen, B 1400 Rn. 115 f. Vgl. auch *Michels/Möller/Ketteler-Eising*, Ärztliche Kooperationen, 4. Aufl. 2018, S. 326.
[234] → § 16 Rn. 48 ff.
[235] *DKG*, Hinweise zur Gründung Medizinischer Versorgungszentren, 3. Aufl. 2007, 36.
[1] Wie im SGB V und seinen grundlegenden Bestimmungen wird auch hier nicht zwischen Vertragsarzt und Vertragszahnarzt unterschieden; die Ausführungen beschränken sich im Regelfall auf Ärzte, gelten aber entsprechend für Zahnärzte. Zu Besonderheiten des Zahnarztrechts vgl. auch § 28.
[2] *R. Schuler*, in: Hänlein/Schuler (Hrsg.), LPK-SGB V, 5. Aufl. 2016, Vorbem. vor §§ 72–106 Rn. 1.
[3] *R. Zuck* in: Quaas/Zuck (Hrsg.), Medizinrecht, 2. Aufl. 2008, § 17 Rn. 1–5.

gung–Krankenkasse). Ausgegrenzt bleiben nur das – privatrechtliche[4] – Behandlungs[5]verhältnis zwischen Arzt und Patient sowie das – dem allgemeinen Krankenversicherungsrecht zuzuordnende – Rechtsverhältnis zwischen dem Patienten und seiner KK.

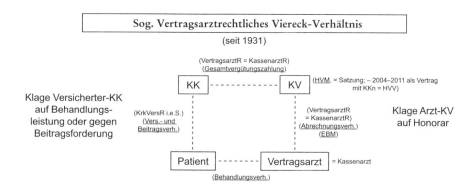

4   a) **Rückblick auf die Entstehung des Krankenversicherungssystems und des Viereck-Verhältnisses.** Die Entstehung des heutigen, sich über ganz Deutschland erstreckenden Krankenversicherungssystems[6] begann mit der **Kaiserlichen Botschaft vom 17.11.1881**[7].

---

[4] Jüngst ausdrücklich als privatrechtlich festgeschrieben durch die Einordnung des Behandlungsverhältnisses in das BGB als Dienstvertrag besonderer Art: Siehe die Überschrift des „Titel 8 Dienstvertrag und ähnliche Verträge" sowie die weiteren Überschriften „Untertitel 1 Dienstvertrag" und „Untertitel 2 Behandlungsvertrag", dieser mit näheren Regelungen in §§ 630a-630h BGB. Diese Bestimmungen gelten nicht nur für die Behandlung von Privatpatienten, sondern auch für die Behandlung von sog. Kassenpatienten: Vor allem auf diese ist § 630c III BGB zugeschnitten; hiernach muss der Behandelnde, wenn „eine vollständige Übernahme der Behandlungskosten durch einen Dritten nicht gesichert ist, ... den Patienten vor Beginn der Behandlung über die voraussichtlichen Kosten der Behandlung in Textform informieren". Dies greift bei allen Untersuchungs- oder Behandlungsmethoden ein, die nicht vom Leistungssystem des SGB V umfasst sind. Durch die Einbettung des auf Kassenpatienten zugeschnittenen § 630c III BGB in die Regelungen über den privatrechtlichen Behandlungsvertrag steht nunmehr außer Zweifel, dass die Rechtsbeziehung des Arztes zum Patienten nicht nur im Fall von Privatpatienten, sondern auch bei Kassenpatienten als privatrechtlich anzusehen ist, so wie dies auch schon immer die Auffassung der Zivilgerichte gewesen ist. – Zur früheren Ablehnung rein zivilrechtlicher Betrachtung mit Hinweis auf die Überlagerung durch die öffentlich-rechtlichen Rechtsnormen des SGB V vgl z.B. BSG vom 19.11.1985 – 6 RKa 14/83 – BSGE 59, 172, 177 = SozR 2200 § 368 Nr. 9 S. 34 = Juris Rn. 16; *Schnapp/Düring*, NJW 1989, 2913, 2916f. m.w.N.; *Th. Clemens* in: B. Schulin (Hrsg.), HdB des Sozialversicherungsrechts, Bd. 1: Krankenversicherungsrecht, 1994, § 36 Rn. 27 und 38; *R. Zuck* in: Quaas/Zuck/Clemens (Hrsg.), Medizinrecht, 4. Aufl. 2018, → § 8 Rn. 45, → § 10 Rn. 8. Für zivilrechtliche Qualifizierung indessen schon immer *M. Quaas* in: Quaas/Zuck/Clemens aaO, 4. Aufl. 2018, → § 14 Rn. 4f.

[5] Behandlungs"verhältnis" oder Behandlungs"vertrag"? Durch die Einordnung in die §§ 630a ff. BGB (siehe vorige Fußnote) kann wohl kaum Zweifel daran bestehen, dass das Behandlungsverhältnis des Arztes zum Patienten auch dann, wenn dieser gesetzlich versichert ist, einen Behandlungs"vertrag" im Sinne des BGB darstellen. Dies bedeutet z.B., dass der Minderjährige für die ärztliche Behandlung der Zustimmung seiner Erziehungsberechtigten bedarf (vgl. §§ 104 ff., 106 ff. BGB). Diese unliebsame Konsequenz erscheint unvermeidbar (aA *E. Hauck*, SGb 2014, 8, 10–12, mit beachtlichen Argumenten).

[6] Ursprung und Vorbild für diese allgemeine Sozialversicherung war die in verschiedenen Regionen gewachsene knappschaftliche Versicherung: Im Bergbau hatten sich frühzeitig Systeme gegenseitiger solidarischer Absicherung herausgebildet; dies erklärt sich daraus, dass gerade hier für jeden dort Arbeitenden ein besonders hohes Risiko für Gesundheit und Leben bestand. Jede der verschiedenen Gruppen („Gewerke") – Hauer, Förderleute, Haspelknechte, Zimmerleute, Eigenlehner – bildeten zunächst für sich und später auch gruppenübergreifend Gemeinschaften, deren Kassen sich aus Abgabe eines Teils des Lohns finanzierten; jeder hatte seinen Kerzenheller – auch Wochen- oder Büchsenpfennige genannt – beizutragen; häufig hatte jeder „den Zehnten" zu entrichten. Die Gemeinschaften wurden als Bruder-

Darin kündigte der damalige deutsche Kaiser[8] die Schaffung eines Krankenversicherungswesens an. Das „Gesetz betreffend die Krankenversicherung der Arbeiter"[9] trat zum 1.12.1884[10] in Kraft. Dieses wurde im Jahr 1892[11] – unter der Bezeichnung „**Krankenversicherungsgesetz**" – dahingehend novelliert, dass nunmehr das sog. **Sachleistungs- bzw. Naturalleistungsprinzip** galt: Die KKn mussten die ambulante ärztliche Versorgung sicherstellen; hierfür schlossen sie Dienstverträge mit Ärzten, die dadurch zu Kassenärzten wurden und – in der Regel gegen eine Kopfpauschale je betreutem Patienten – die ärztliche Versorgung übernahmen.[12] In der Regel waren die Ärzte für bestimmte Betriebe zuständig, sie waren also gleichsam „**Betriebs**"ärzte; und behandelten die dort Beschäftigten einschließlich ihrer Familienangehörigen[13].[14] Die KKn waren betriebsbezogen organisiert, insofern waren sie eine Art „**Betriebs**"krankenkassen.

Aus dem **früheren zweiseitigen** Austauschvertrag zwischen Patient und Arzt war durch das Dazutreten der KK, deren Mitglied der Patient war und die dem Patienten die Behandlung durch den Arzt vermittelte, ein **Dreieck-Verhältnis** geworden.

4a

aa) Weiterentwicklung bis 1932. Dieses System wies **in der Folgezeit** eine Schwäche auf. Die Einbeziehung der Patienten in KKn in Verbindung damit, dass die KKn die Ärzte engagierten, die die Behandlungen der Patienten übernahmen, führte zu einer **Überlegenheit der KKn gegenüber den Ärzten**: Diese waren, wenn sie die Möglichkeit zur Behandlung der vielen gesetzlich versicherten Patienten und die damit verbundenen existenzsichernden Ein-

5

---

schaft, Bruderlade, Pfännerschaft, Gnadengroschenkasse, Knappschaftskasse, Knappschaftsverein oder eben als Knappschaft bezeichnet. Aus den Kassen dieser Organisationen erhielten im Falle bergbaubedingter Krankheit oder des Todes die Betroffenen bzw. deren Familien Unterstützung. – Näheres dazu bei *Th. Clemens* in: Laufs/Kern/Rehborn (Hrsg.), HdB des Arztrechts: so die in Vorbereitung befindliche 5. Aufl. 2018, § 22 Rn. 3 m. w. N.

[7] Stenographische Berichte über die Verhandlungen des Deutschen Reichstags. V. Legislaturperiode. I. Session 1881/82, Eröffnungssitzung am 17. November 1881, S. 1 (2).

[8] Bzw. genauer: der Reichskanzler, Fürst von Bismarck, der die Eröffnungsrede des Kaisers verlas, da „Se. Majestät der Kaiser ... Sich wider Erwarten durch Unwohlsein verhindert" sah. – Vgl. Stenographische Berichte aaO S. 1.

[9] Vom 15.6.1883 (RGBl. S. 73).

[10] Hinsichtlich der Bestimmungen zur Einführung des Versicherungszwanges bereits zum 1.12.1883 (so § 88 des Gesetzes vom 15.6.1883, RGBl. S. 73, 104).

[11] Vom 10.4.1892 (RGBl. S. 397, mit Gesamt-Neubekanntmachung S. 417), wodurch die KKn noch mehr Regelungsbefugnisse erhielten, und vom 30.6.1900 (RGBl. S. 332) und vom 25.5.1903 (RGBl. S. 233).

[12] Vgl. hierzu *D. Krauskopf* in: Laufs/Kern (Hrsg.), HdB des Arztrechts, 4. Aufl. 2010, § 22 Rn. 2 f. Näheres bei *F. E. Schnapp* in: Schnapp/Wigge (Hrsg.), HdB des Vertragsarztrechts, 3. Aufl. 2017, § 1 Rn. 3 u. 4; *P. Krause*, SGb 1981, 404. – Eine Integration solcher Details in die Reichsversicherungsordnung erfolgte bei deren Schaffung im Jahr 1911 nicht (Gesetz vom 19.7.1911, RGBl. I S. 509). Sie enthielt als zentrale Bestimmung den § 368 RVO, wonach die Rechtsbeziehungen zwischen Ärzten und KKn durch schriftlichen (Einzel-)Vertrag geregelt werden sollten (siehe hierzu auch § 407 Nr. 2 RVO). – Vgl. aber auch § 370 I RVO, wonach die KKn die Ermächtigung des Oberversicherungsamts erhalten konnten, anstelle der Sachleistung (= freie ärztliche Behandlung) „eine bare Leistung bis zu zwei Dritteln des Durchschnittsbetrags ihres gesetzlichen Krankengeldes zu gewähren". Diese Regelung sollte es den KKn ermöglichen, sich von dem kollektiven Druck der Ärzte zu befreien (so *P. Krause*, SGb 1981, 404, 405 unter 2.).

[13] Solche Betriebskrankenkassen mit einem Mitgliederkreis nur aus Arbeitnehmern (und deren Angehörigen) eines Betriebs hat es bis 1995 gegeben. „Betriebskrankenkassen" gibt es weiterhin bis heute; aber die Begrenzung des Mitgliederkreises für KKn – dies betrifft ebenso z. B. die Innungskrankenkassen – gibt es seit 1996 nicht mehr, nämlich seitdem §§ 173–185 SGB V neugefasst wurden (durch das Gesundheitsstrukturgesetz vom 21.12.1992, BGBl. I S. 2266, iVm der Inkrafttretensregelung des Art. 35 VI, S. 2333).

[14] Die Betriebsbezogenheit spiegelt sich in „Betriebs"krankenkassen wider. Betriebskrankenkassen gibt es bis heute, allerdings ist die Zuordnung zu speziellen Patientenkreisen zum 1.1.1996 aufgehoben worden: Neufassung der §§ 173–185 durch das GSG vom 21.12.1992 (BGBl. I S. 2266, iVm der Inkrafttretensregelung des Art. 35 VI, S. 2333).

künfte erlangen wollten, auf die Bereitschaft der KKn zum Vertragsabschluss angewiesen.[14a] Die **Ärzte konkurrierten** miteinander und waren zunehmend bereit, auch zu weniger guten Bedingungen für die KKn zu arbeiten. Mit dem Ziel, der laufend weiteren Verschlechterung der Situation der Ärzte entgegenzuwirken, kam es in der Folgezeit zur **Gründung gewerkschaftsähnlicher Interessenorganisationen;** diese nahmen sich im kollektiven Zusammenschluss der ärztlichen Interessen an.[15]

6   Dabei trat in besonderem Maße der **1900**[16] gegründete **Leipziger Verband (seit 1924: Hartmannbund**[17]) hervor. Diesem schlossen sich zunehmend mehr Ärzte an. Sie forderten vor allem, dass die KKn die Ärzte-Organisation(en) als kollektiv verhandelnde Interessenvertretung(en) akzeptieren, um so die **Ärzte aus ihrer Unterlegenheit herauszuführen;** den KKn sollte die Möglichkeit genommen werden, die konkurrierenden Ärzte gegeneinander auszuspielen und deren Zulassung zu „Dumping-Bedingungen" zu erreichen. Der Verband drohte sogar im Jahr 1913 mit einem deutschlandweiten Streik. Dies führte zum sog. **Berliner Abkommen vom 23.12.1913,**[18] das zwischen Ärzte-Organisationen und KKn geschlossen wurde und als **erster Kollektivvertrag zwischen Ärzten und KKn** bezeichnet werden kann[19] und das mit der vereinbarten Schaffung paritätisch zusammengesetzter Gremien (Registerausschuss für die Kassenarztzulassung, Vertragsausschuss für die Vertragsbedingungen, Schiedsamt, Schiedsgericht, Zentralausschuss[20] zur Überwachung der Durchführung des Berliner Abkommens) den Grundstein für die sog. **gemeinsame Selbstverwaltung** legte.[21] Das auf 10 Jahre befristete Berliner Abkommen wurde im Jahr

---

[14a] Es lag „allein im Ermessen der einzelnen Krankenkasse ..., welcher Arzt die Berechtigung zur Behandlung ihrer Versicherten erhielt und wieviel Ärzte sie zu diesem Zweck anstellen wollte" (BSG vom 13.12.2000 – B 6 KA 26/00 R, SozR 3–2500 § 95a Nr. 2 S. 8 = USK 2000-180 S. 1224 = juris Rn. 26).

[15] Zu den Turbulenzen in dieser Zeit vgl. z. B. *Th. Rompf*, VSSR 2007, 1, 7/8; *F. E. Schnapp* in: Schnapp/Wigge (Hrsg.), HdB des Vertragsarztrechts, 3. Aufl. 2017, § 1 Rn. 5–7; *G. Schneider*, HdB des Kassenarztrechts, 1994, 2. Teil Rn. 30–37 (S. 17–20); *P. Krause*, SGb 1981, 404, 404 f.

[16] Auf Initiative von Dr. Hermann Hartmann.

[17] Vollständiger Name (Umbenennung im Jahr 1924 zu Ehren seines Gründers Dr. Hartmann nach dessen Tod am 20.1.1923): „Hartmannbund – Verband der Ärzte Deutschlands" oder – nach anderen Quellen – „Verband der Ärzte Deutschlands (Hartmannbund)".

[18] Berliner Abkommen vom 23.12.1913 (Ministerialblatt für Medizinalangelegenheiten – hrsg. im Ministerium des Innern – 1914, S. 138–140; ebenso abgedruckt im Ministerial-Blatt der Handels- und Gewerbe-Verwaltung – hrsg. im Königlichen Ministerium für Handel und Gewerbe – 1914, S. 85–87). Vgl. dazu den nachfolgenden „Erlaß, betr. Ausführung des ... Berliner Abkommens" vom 17.2.1914, mit Anlage 1 – Führung des Arztregisters –, Anlage 2 – Bildung und Tätigkeit des Vertragsausschusses – mit Abschnitt VI. über das Schiedsamt –, Anlage 3 – Bildung und Tätigkeit des Schiedsamts –, Anlage 4 – Zentralausschuss – (Ministerialblatt für Medizinalangelegenheiten aaO 1914, S. 140–145, und Ministerial-Blatt der Handels- und Gewerbe-Verwaltung aaO S. 87–96 – hier ab S. 97 noch weitere Anlagen –). – Das Berliner Abkommen wurde abgeschlossen zwischen dem Deutschen Ärzte(vereins)bund und dem Verband der Ärzte Deutschlands (Leipziger Verband) auf der einen Seite und den Verbänden der Betriebs- und Ortskrankenkassen auf der anderen Seite (siehe die jeweilige Aufzählung im Vorspann des Berliner Abkommens: Ministerialblatt für Medizinalangelegenheiten aaO 1914, S. 138, und Ministerial-Blatt der Handels- und Gewerbe-Verwaltung aaO 1914, S. 85).

[19] Privatrechtlicher Kollektivvertrag, so treffend *G. Schneider*, HdB des Kassenarztrechts, 1994, 2. Teil Rn. 37 Fn. 77 (S. 20).

[20] Eine Art Vorläufer des späteren Reichsausschusses für Ärzte und KKn. – Vgl. dazu *Th. Rompf*, VSSR 2007, 1, 11.

[21] Vgl. hierzu *D. Krauskopf* in: Laufs/Kern (Hrsg.), HdB des Arztrechts, 4. Aufl. 2010, § 22 Rn. 4; ausführlicher *F. E. Schnapp* in: Schnapp/Wigge (Hrsg.), HdB des Vertragsarztrechts, 3. Aufl. 2017, § 1 Rn. 9–11, und *G. Schneider*, HdB des Kassenarztrechts, 1994, 2. Teil Rn. 38–42 (S. 20–22). – Hingegen (zu) zurückhaltend *Th. Rompf* (VSSR 2007, 1, 12 f.): Er anerkennt eine „gemeinsame Selbstverwaltung" erst ab deren ausdrücklicher Regelung durch formelles – parlamentarisches – Gesetz, d. h. erst ab der Übernahme der Abkommensbestimmungen in die Reichsversicherungsordnung im Zuge von deren Neufassung vom 15.12.1924 (RGBl. I S. 779, 821 ff. – hier §§ 368–368t, dazu Näheres weiter unten, insbesondere auch Rn. 9).

§ 18 Das Vertragsarztrecht. Grundlagen und Grundsätzliches   419

1923[22] in Gestalt von Rechtsverordnungen, die weitgehend dem Abkommen entsprachen, weitergeführt[23]: Ein **Reichsausschuss**[24] für Ärzte und KKn erhielt die Befugnis, **Richtlinien mit normativer Kraft**[25] zu erlassen[26];[27] in den sog. Vertragsrichtlinien waren **Vertragsabschlüsse** „als Einzelvertrag oder als Kollektivvertrag ... mit der Organisation der Kassenärzte" vorgesehen[28], womit das **kollektivvertragliche Element weiter ausgebaut** wurde. Auch die gemeinsame Selbstverwaltung wurde erweitert durch die Schaffung eines Überwachungsausschusses als Rechtsmittelinstanz in Zulassungsangelegenheiten[29] und den Ausbau des Schiedswesens[30]. Die Regelungen der Verordnungen von 1923 wurden in komprimierter Gestalt 1923/24 in die Reichsversicherungsordnung[31] integriert[32], was die grundsätzliche gesetzliche Anerkennung des Kassenarztrechts als **öffentlich-rechtliches System** bedeutete.[33]

---

[22] Von der Reichsregierung erlassene „Verordnung über Ärzte und Krankenkassen" vom 30.10.1923 (RGBl. I S. 1051). – § 18 II und III der Verordnung ordnet ausdrücklich die Weitergeltung des Berliner Abkommens an, soweit nicht durch Ausführungsbestimmungen oder Richtlinien eine entsprechende oder abweichende Regelung getroffen worden ist oder wird. – Ebenso die 1924 geschaffene Regelung in § 368s II und III RVO (zur RVO siehe nachfolgend).

[23] Siehe die von der Reichsregierung erlassenen Verordnungen vom 30.10.1923: „Verordnung über Ärzte und Krankenkassen" vom 30.10.1923 (RGBl. I S. 1051) und „Verordnung über Krankenhilfe bei den Krankenkassen" vom 30.10.1923 (RGBl. I S. 1054), mit Regelungen zum Vertragsausschuss und zum Schiedsamt.

[24] §§ 1 ff. der vorgenannten „Verordnung über Ärzte und Krankenkassen" vom 30.10.1923 (RGBl. I S. 1051). – Vorgänger des späteren Bundesausschusses der Ärzte und Krankenkassen, der am 1.1.2004 (zusammen mit dem Bundesausschuss der Zahnärzte und Krankenkassen) im Gemeinsamen Bundesausschuss aufging (§ 91 SGB V in der Fassung vom 23.11.2003, BGBl. I S. 2190, 2210 f.).

[25] Normative Kraft allerdings nur gegenüber den Schiedsämtern (*Th. Rompf*, VSSR 2013, 1, 11) und im Übrigen nur im Sinne von Vertragsmustern (*Th. Rompf* aaO S. 12).

[26] § 5 der vorgenannten „Verordnung über Ärzte und Krankenkassen" vom 30.10.1923 (RGBl. I S. 1051) sah den Erlass folgender Richtlinien durch den Reichsausschuss für Ärzte und KKn vor: Richtlinien zur Zulassung der Ärzte (sog. Zulassungsrichtlinien); Richtlinien zum Inhalt der Arztverträge (sog. Vertragsrichtlinien); Richtlinien zu Art und Höhe der Vergütung der Ärzte sowie zur Verhinderung übermäßiger Leistungserbringung. Zu den alsbald erlassenen Richtlinien siehe nachfolgende Fußnote. – Zum Reichsausschuss vgl. insbesondere *F. E. Schnapp* in: Schnapp/Wigge (Hrsg.), HdB des Vertragsarztrechts, 3. Aufl. 2017, § 1 Rn. 18, 19, 27, und *G. Schneider*, HdB des Kassenarztrechts, 1994, 2. Teil Rn. 48–51 (S. 26 f.).

[27] Der Reichsausschuss für Ärzte und KKn erließ zusammengefasst mehrere Richtlinien unter der Überschrift „Richtlinien des Reichsausschusses für Ärzte und Krankenkassen für den allgemeinen Inhalt der Arztverträge" vom 12.5.1924 (RArbBl. I S. 205, auch abgedruckt in Veröffentlichungen des Reichsgesundheitsamts 1924 S. 493): Zulassungsrichtlinien in Abschnitt II., Vertragsrichtlinien in Abschnitt III. und Vergütungsrichtlinien in Abschnitt IV. – Der Reichsausschuss erneuerte diese Richtlinien im Jahr 1928: Zulassungsordnung vom 14.11.1928 (RArbBl. IV S. 401) und Vertragsrichtlinien vom 14.11.1928 (RArbBl. IV S. 409).

[28] So die in vorstehender Fußnote genannten Vertragsrichtlinien vom 12.5.1924 in Abschnitt III.: „Der Arztvertrag kann als Einzelvertrag oder als Kollektivvertrag in der Form des Mantelvertrages geschlossen werden. Bei der organisierten freien Arztwahl erfolgt der Abschluß eines Kollektivvertrages mit der Organisation der Kassenärzte. Ärztliche Organisation im Sinne dieser Richtlinien ist die örtliche kassenärztliche Organisation."

[29] §§ 2 und 3 II der oben genannten „Verordnung über Krankenhilfe bei den Krankenkassen" vom 30.10.1923 (RGBl. I S. 1054): Entscheidung über Rechtsmittel gegen Kündigungen sowie gegen Versagungen von Wiederzulassungen und Neuzulassungen.

[30] §§ 6 und 9–14 der „Verordnung über Krankenhilfe bei den Krankenkassen" vom 30.10.1923 (RGBl. I S. 1054).

[31] Die ein förmliches (Parlaments-)Gesetz war und ist.

[32] §§ 368–368t Reichsversicherungsordnung (= Abschnitt B Art. XVIII des Gesetzes über Änderungen der RVO vom 19.7.1923, RGBl. I S. 686, 692) iVm der vom Reichsarbeitsminister vorgenommenen Neubekanntmachung der RVO vom 15.12.1924 (RGBl. I S. 779, 821 ff.), mit Regelungen in §§ 368a ff. RVO zum Reichsausschuss (mit der Ermächtigung zum Erlass von Richtlinien in § 368e RVO), in §§ 368–368i RVO zu den Landesausschüssen, in § 368k RVO zum Vertragsausschuss sowie in §§ 368l–368r RVO zu den Schiedsämtern.

[33] So zutreffend *G. Schneider*, HdB des Kassenarztrechts, 1994, 2. Teil Rn. 47 (S. 25).

7   Dieses öffentlich-rechtliche System mit kollektivvertraglichen Elementen – sowie mit gemeinsamer Selbstverwaltung und Richtliniengebung – wurde **Anfang der 1930er Jahre** weiter ausgebaut in Richtung auf das **heutige Viereck-System:** Deutschland wurde in ärztliche Bezirke eingeteilt, in denen es jeweils eine kassenärztliche Vereinigung gab[34], der die Kassenärzte als **Zwangsmitglieder** angehörten und die mit **hoheitlichen Befugnissen**[35] ihnen gegenüber ausgestattet war: Die hoheitliche Gewalt zeigte sich insbesondere in **Überwachungs- und Disziplinarbefugnissen**. Wegen dieser beiden Komponenten stellten die **kassenärztlichen Vereinigungen Körperschaften des öffentlichen Rechts** dar[36].[37] So hat auch das BSG ausgeführt: Durch die „Neuregelungen des Kassenarztrechts von 1931/32" wurden „die kassenärztlichen Vereinigungen zu Körperschaften des öffentlichen Rechts mit Zwangsmitgliedschaft".[38]

7a   Damit waren die Grundlagen für das **öffentlich-rechtliche Kassenarztsystem** in Gestalt des sog. **kassenarztrechtlichen Viereck-Verhältnisses** (Patient–Krankenkasse–Kassenärztliche Vereinigung–Kassenarzt) gelegt: Der **Patient** erhält seine medizinische Versorgung vom **Arzt;** dieser bekommt seine Vergütung von der **kassenärztlichen Vereinigung;** diese erhält ihre Gelder – die sog. Gesamtvergütungen – von den **KKn;** diese finanzieren sich aus den Beiträgen ihrer Versicherten.

7b   Im Zuge der Reformen – teilweise schon 1923/24, ausgebaut 1931/32 – wurden auch in weitergehendem Umfang als bisher Kollektivverträge vorgesehen: Zwischen den Spitzenverbänden der KKn auf der einen und den Spitzenverbänden der Ärzte auf der anderen

---

[34] Siehe die „Vierte Verordnung des Reichspräsidenten zur Sicherung von Wirtschaft und Finanzen und zum Schutze des inneren Friedens" mit Fünfter Teil, Kapitel I „Krankenversicherung" vom 8.12.1931 (RGBl. I S. 699, 718 f.), hier insbesondere deren § 1 betr. Mantel- und Gesamtverträge. – Darauf aufbauend die „Ausführungs- und Überleitungsvorschriften über das kassenärztliche Dienstverhältnis" mit Erster Teil „Vertragsordnung" und Zweiter Teil „Zulassungsordnung" vom 30.12.1931 (RGBl. 1932 I S. 2 ff.), vgl. § 1 I und § 4 I betr. Mantel- und Gesamtverträge. Vgl. weiterhin die „Verordnung über kassenärztliche Versorgung" vom 14.1.1932 (RGBl. I S. 19–25), die – mit geringen Veränderungen – die Übernahme der Regelungen in die Reichsversicherungsverordnung vollzog: §§ 368–373 RVO. – Vgl. zu alledem *D. Krauskopf* aaO Rn. 6; *F. E. Schnapp* in: Schnapp/Wigge (Hrsg.), HdB des Vertragsarztrechts, 3. Aufl. 2017, § 1 Rn. 23–27; *G. Schneider,* HdB des Kassenarztrechts, 1994, 2. Teil Rn. 64 (S. 33).

[35] Siehe die Neuregelungen von 1931/32 (vgl. Verordnung vom 14.1.1932, RGBl. I S. 19, 20 = § 368a RVO = Zwangsmitgliedschaft aller Kassenärzte des Bezirks; § 368d II–IV RVO = Überwachungs- und Disziplinarbefugnisse gegenüber den Kassenärzten; § 368e II 2 RVO = Honorarverteilung an die Kassenärzte; siehe ebenso die vorausgegangene Verordnung vom 8.12.1931, RGBl. I S. 699, 718: § 4 I u. III, § 5 sowie Verordnung vom 30.12.1931, RGBl. 1932 I S. 2 f.; § 4 I u. § 6 I und Rechtsverordnung vom 14.1.1932 (RGBl. I S. 19, 20 – § 368a, § 368d II u. IV RVO. – Ebenso *Th. Clemens* in: Laufs/Kern (Hrsg.), HdB des Arztrechts, 4. Aufl. 2010, § 22 Rn. 6.

[36] So zu Recht die herrschende Meinung, z. B. *D. S. Gurgel,* Die Entwicklung des vertragsärztlichen und vertragszahnärztlichen Vergütungssystems, Diss. Potsdam 2000, S. 25 f.; weitere Nachweise bei *Th. Rompf,* VSSR 2007, 1, 16. – *Th. Rompf* selbst war anderer Ansicht (aaO S. 16/17): Der von ihm geltend gemachte Mangel ausreichender Determinierung im Gesetz würde heute durchgreifen (vgl. die Vorgaben des Art. 80 I 2 GG); dafür gab es aber in der damaligen Staatsrechtslehre keine Grundlage; → Rn. 9.

[37] Eine ausdrückliche Regelung des Status als Körperschaften des öffentlichen Rechts erfolgte in einer Rechtsverordnung oder einem Gesetz erst sehr viel später (§ 368k III 1 Reichsversicherungsordnung in der Fassung des Gesetzes über Kassenarztrecht vom 17.8.1955, BGBl. I S. 513, 518: „Die Kassenärztlichen Vereinigungen und die Kassenärztlichen Bundesvereinigungen sind Körperschaften des öffentlichen Rechts."). Die gelegentlich genannten Regelungen vom 13.12.1935 (RGBl. I S. 1433) betreffen nur die Reichsärztekammer und nicht die Kassenärztliche Vereinigung. Und in § 3 vom 2.8.1933 (RGBl. I S. 567) war nur die Rechtsfähigkeit normiert. Nur deklaratorische Bedeutung kommt der Eigenbezeichnung in der Satzung der Kassenärztlichen Vereinigungen Deutschlands vom 31.10.1933 zu.

[38] BSG vom 13.12.2000 – B 6 KA 26/00 R – SozR 3–2500 § 95a Nr. 2 S. 8 = USK 2000-180 S. 1224 = Juris Rn. 26. Ebenso BSG vom 30.11.2016 – B 6 KA 38/15 R – BSGE 122, 112 = SozR 4–2500 § 75 Nr. 18 = MedR 2017, 832 = Juris, jeweils Rn. 72: „Mit dieser Neuregelung (von 1931/32) erhielt das Vertragsarztrecht weitgehend seine heute noch gültigen Strukturen."

§ 18 Das Vertragsarztrecht. Grundlagen und Grundsätzliches

Seite[39] waren sowohl sog. Mantelverträge[40] abzuschließen, d. h. Grundlagen- bzw. Rahmenverträge, als auch Gesamtverträge[41], in denen Einzelheiten etwa der Vergütung geregelt werden konnten[42].

Mit diesem **öffentlich-rechtlichen System mit Abschluss von Kollektivverträgen** zwischen den (kollektiven) Repräsentanten der KKn auf der einen und der Ärzte auf der anderen Seite hatten die Ärzte(verbände) ihre seit 1900 erhobenen Forderungen[43] zum Erfolg geführt. Die Struktur des heutigen – oben in Rn. 3 dargestellten – **Viereck-Verhältnisses war erreicht** – und zwar vor der NS-Zeit: Der gelegentlich geäußerte Vorhalt, es handele sich um ein „nationalsozialistisches System", ist damit als falsch widerlegt.[44]   8

Alle vorgenannten Weiterentwicklungen erfolgten, obgleich in der damaligen politisch-problematischen Zeit der Reichstag zunehmend durch wenig konstruktiv mitarbeitende Parteien und Gruppierungen im linken wie im rechten politischen Spektrum geprägt und dadurch kaum mehr in der Lage war, für Gesetzesvorhaben Mehrheiten zu finden. Aber es hatte sich eine Gesetzgebungspraxis mit Hilfe von **Notverordnungen des Reichspräsidenten** herausgebildet. Drei Notverordnungen – vom 8.12.1931, vom 30.12.1931 und vom 14.1.1932 – betrafen die kassenärztliche Versorgung.   8a

Einwände dahingehend, die 1931/32 ergangenen **bloßen Rechtsverordnungs-Regelungen** könnten noch nicht als der maßgebliche Meilenstein bei der Schaffung des öffentlich-rechtlichen Systems angesehen werden (die Einbindung in das Gesetz – in die Reichsversicherungsordnung – sei erst viel später erfolgt[45]), greifen nicht durch. Zwar trifft es zu, dass nach heutigen Rechtsmaßstäben für derart weitreichende Rechtsgestaltungen eine gesetzliche Regelung erforderlich wäre; entweder müsste der Gesetzgeber selbst diese Gestaltungen regeln,   9

---

[39] Wer diese Spitzenverbände im Einzelnen waren, war weder im Gesetz noch in einer Rechtsverordnung geregelt, vielmehr galt insoweit eine Bekanntmachung des Reichsarbeitsministers vom 17.11.1923 (BKK 1923, 183): Danach gehörten dazu KKn-Verbände und auf der Ärzte-Seite der Hartmannbund e. V. und der Deutsche Ärztevereinsbund e. V. – Vgl. hierzu *G. Schneider*, HdB des Kassenarztrechts, 1994, 2. Teil Rn. 85 Fn. 215 (S. 40).

[40] Dies waren die Vorläufer der heutigen Bundesmantelverträge = BMV-Ä und BMV-Z. – Vgl. dazu heute § 82 I SGB V. – Zu den Mantelverträgen siehe Verordnung vom 14.1.1932 (RGBl. I S. 19 = §§ 368 II 2–4, 368c I und II RVO); ebenso die vorausgegangenen Verordnungen vom 8.12.1931 (RGBl. I S. 699, 718: § 1 II 2) und vom 30.12.1931 (RGBl. 1932 I S. 2: § 1). – Siehe dazu auch *D. Krauskopf* in: Laufs/Kern (Hrsg.), HdB des Arztrechts, 4. Aufl. 2010, § 22 Rn. 5; *F. E. Schnapp* in: Schnapp/Wigge (Hrsg.), HdB des Vertragsarztrechts, 3. Aufl. 2017, § 1 Rn. 23 am Ende; *G. Schneider*, HdB des Kassenarztrechts, 1994, 2. Teil Rn. 85 (S. 40).

[41] Siehe dazu heute § 83 SGB V. – Zu den Gesamtverträgen siehe Verordnung vom 14.1.1932, RGBl. I S. 19 = §§ 368 II 1, 368c III RVO; ebenso die vorausgegangenen Verordnungen vom 8.12.1931, RGBl. I S. 699, 718: § 1 II 1, und vom 30.12.1931, RGBl. 1932 I S. 2 f.: § 4 I 1 und § 10. – Zu den Gesamtverträgen siehe z. B. *Th. Rompf*, VSSR 2007, 1, 12/17/18; *G. Schneider*, HdB des Kassenarztrechts, 1994, 2. Teil Rn. 84 (S. 39); zu den Anfängen siehe *Reermann*, BKK 1932, 184.

[42] Vgl. dazu auch die Verordnung vom 26.7.1930 (RGBl. I S. 311, 325) mit Ausbau der Rechtsgrundlagen für Kollektivverträge zwischen KKn und Ärzten: Anfügung eines Abs. III in § 368n RVO.

[43] → Rn. 6.

[44] So auch ausdrücklich *D. Krauskopf* in: Laufs/Kern (Hrsg.), HdB des Arztrechts, 4. Aufl. 2010, § 22 Rn. 6 am Ende. Ebenso z. B. *P. Krause*, SGb 1981, 404 (408 f.).

[45] Siehe hierzu § 368 III 1 RVO in der Fassung vom 17.8.1955 (BGBl. I S. 513, 518): „Die Kassenärztlichen Vereinigungen und die Kassenärztlichen Bundesvereinigungen sind Körperschaften des öffentlichen Rechts." – Die gelegentlich genannten Regelungen vom 31.12.1935 (RGBl. I S. 1433) betrafen nur die Reichsärztekammer und nicht die Kassenärztliche Vereinigung. Und in § 3 vom 2.8.1933 (RGBl. I S. 567) war nur die Rechtsfähigkeit normiert. Nur deklaratorische Bedeutung kommt der Eigenbezeichnung in der Satzung der Kassenärztlichen Vereinigung Deutschlands vom 31.10.1933 zu. – Eine ausdrückliche Regelung der Eigenschaft „Körperschaft des öffentlichen Rechts" war für die KKn bzw. ihre Verbände schon früher erfolgt, nämlich durch die Zwölfte Verordnung zur Neuordnung der Krankenversicherung vom 6.9.1937 (RGBl. I S. 964 – vgl. S. 965 mit Neufassung des § 414 II 1: „Die Reichsverbände sind rechtsfähig und führen in ihrem Namen den Zusatz: Körperschaft des öffentlichen Rechts.").

oder jedenfalls müssten die Verordnungsregelungen durch dementsprechende Gesetzesvorgaben determiniert sein. Eine solche Argumentation[46] berücksichtigt nicht den **damaligen Stand der Staatsrechtslehre** und die Eigenheiten damaliger präsidialer Notverordnungen. Die Verordnungen von 1931/32 ergingen[47] als „Maßnahmen" des Reichspräsidenten aufgrund von dessen Notverordnungsrecht gemäß Art. 48 II der Weimarer Reichsverfassung (WRV); diese Verordnungen hatten nach der ganz herrschenden Meinung den **Rang von Gesetzesrecht**.[48] Für diese Verordnungen – ebenso wie überhaupt für Rechtsverordnungen – bestand auch kein Erfordernis derart, dass ihr Inhalt durch Gesetzesvorgaben determiniert sein müsse. Vielmehr begann sich erst in der Schlussphase der Weimarer Zeit die Auffassung durchzusetzen, dass es für den Erlass einer Verordnung überhaupt eine gesetzliche Ermächtigung geben müsse.[49] Eine weitergehende Forderung wie diejenige, dass nicht nur überhaupt eine besondere gesetzliche Ermächtigung bestehen, sondern diese zudem den Inhalt der Rechtsverordnung nach Inhalt, Zweck und Ausmaß näher bestimmen müsse, gab es damals noch nicht.[50] Dementsprechend bestanden nach dem damaligen Stand der Staatsrechtslehre keine Zweifel, dass durch die genannten Rechtsverordnungen von 1931/32 – mit den Eckpunkten des Viereck-Systems und der Einrichtung kassenärztlicher Vereinigungen mit Zwangsmitgliedschaft und hoheitlichen Befugnissen[51] – ein öffentlich-rechtliches System wirksam installiert worden war.[52]

9a **Resümee:** Das System hatte bereits 1932 die Gestalt, wie sie auch später bei Ablösung der Regelungen der Reichsversicherungsordnung durch das SGB V und dann auch weiterhin bis heute gegeben ist: Es bestand und besteht ein einheitliches Vertrags-System des Kassenarztrechts mit Mantelverträgen, Gesamtverträgen und Einzeldienstverträgen. Der Schwerpunkt lag bereits 1932 auf den Kollektivverträgen, die zwischen den Verbänden der KKn und den kassenärztlichen Vereinigungen ausgehandelt wurden. – Nur eine ergänzende Funktion hatte der in § 368 III RVO vorgesehene Einzeldienstvertrag[53] des Kassenarztes: Dieser bestand praktisch nur in der schriftlichen Beitrittserklärung zum Gesamtvertrag. An dem Gesamtvertrag waren weder der einzelne Arzt noch die einzelne KK beteiligt.

---

[46] So aber – im Rahmen seiner sonst sehr umfassenden Recherchen – *Th. Rompf*, VSSR 2007, 1, 16/17.

[47] Ebenso wie z. B. auch die Verordnung vom 26.7.1930, RGBl. I S. 311, 325, mit Ausbau der Rechtsgrundlagen für Kollektivverträge zwischen KKn und Ärzten: Anfügung eines Abs. II in § 368n RVO.

[48] Die sog. Notverordnungen hatten Gesetzeskraft, sie konnten formelle Gesetze durchbrechen, abändern und aufheben *(Gerhard Anschütz, Die Verfassung des Deutschen Reichs, vom 11. August 1919, 14. Aufl. Februar 1933, Art. 48 Anm. II. 13. b S. 283)*. Diese Verordnungsgewalt erstreckte sich auf das ganze Gebiet der einfachen Gesetzgebung, auch auf diejenigen Gegenstände, für deren Regelung die Verfassung ausdrücklich ein formelles Gesetz vorschrieb *(Anschütz aaO Anm. II. 14. S. 284/285)*. Teilweise wurde sogar die Auffassung vertreten, dass nicht einmal Verfassungsbestimmungen gegenüber dem Notverordnungsrecht abgesichert seien *(aaO Anm. II. 14. b S. 285: sie seien nicht „diktaturfest". – Zum damaligen Streitstand siehe aaO S. 285 f. – Vgl. auch aaO S. 289 ff. zur differenzierten Ansicht von Anschütz, der nur bei denjenigen Grundrechten, die in Art. 48 II 2 WRV aufgeführt waren, Durchbrechungen durch Notverordnungen für zulässig erachtete)*. – Dies hätte noch klargestellt werden können durch ein Reichsgesetz, das im Sinne des Art. 48 V das Nähere bestimmt; indessen war ein solches Reichsgesetz nie ergangen *(vgl. Anschütz aaO Art. 48 Anm. II. 9. letzter Absatz)*.

[49] Vgl. die Darstellung bei *Gerhard Anschütz (Die Verfassung des Deutschen Reichs, vom 11. August 1919, 14. Aufl. Februar 1933, Art. 77 Anm. 1. a und 2. S. 410, 411; vgl. auch unter 6. mit Hinweis darauf, dass Verordnungen einer besonderen gesetzlichen Ermächtigung bedürfen, S. 416)*: Während der davor liegenden gesamten Weimarer Zeit war noch die Auffassung absolut herrschend, dass die Regierung auch ohne besondere gesetzliche Ermächtigung Rechtsverordnungen erlassen dürfe.

[50] Derartige Forderungen keimten erst auf und hatten damals jedenfalls noch keine breitere Anerkennung gefunden *(vgl. Anschütz aaO, wie in vorstehender Fn. angegeben)*.

[51] Siehe insbesondere die schon in Fn. 34 genannten Verordnungen vom 8.12.1931, vom 30.12.1931 und vom 14.1.1932.

[52] Zu Unrecht zweifelnd *Th. Rompf*, VSSR 2007, 1, 16 unten.

[53] Zum Einzeldienstvertrag vgl. auch *Th. Clemens* in: Laufs/Kern/Rehborn (Hrsg.), HdB des Arztrechts, 5. Aufl. 2018, § 26 Rn. 16.

bb) **NS-Zeit.** Während der **NS-Zeit** von 1933 bis 1945 gab es Rückschläge: Das System wurde im Sinne des sog. Führer-Prinzips „zentralisiert" und zugleich dem Einfluss der NS-Politik unterworfen. Die Kassenärzte und die kassenärztlichen Vereinigungen wurden im Jahr 1933 in einer zentralen deutschlandweiten Kassenärztlichen Vereinigung Deutschlands zusammengefasst[54], den bisherigen Kassenärztlichen Vereinigungen wurden ihre Aufgaben entzogen[55], sie wurden zu Bezirksstellen degradiert.[56]

Die zentralistischen Tendenzen kulminierten in dem vorläufigen **Reichsvertrag über die kassenärztliche Versorgung** vom 15.12.1938,[57] wonach alle Mantel- und Gesamtverträge als selbstständige Verträge außer Kraft gesetzt wurden und den Spitzenverbänden das alleinige Recht zur Änderung, Kündigung und Gestaltung überlassen wurde.[58] Zur Kündigung von Vergütungsverträgen kam es ab 1936 wegen der Preisstopp-Verordnung[59] nicht mehr.

cc) **Nachkriegsentwicklung.** Die in der NS-Zeit erfolgte Zentralisierung wurde **nach dem Krieg** (1939–1945) wieder aufgelöst; die **frühere Struktur mit kassenärztlichen Vereinigungen** in den Ländern wurde wieder belebt: – so jedenfalls in den sog. Westzonen bzw., ab 1949, in der Bundesrepublik Deutschland[60].

Der Rückumbau vom Zentralismus zu einer föderalen Struktur war, was die **gesetzlichen Regelungen** betrifft, im GG vom 23.5.1949[61] geregelt: Gemäß Art. 124 und 125 GG galt **Reichsrecht**, für das im GG keine einschlägige ausschließliche Gesetzgebungskompetenz des Bundes vorgesehen war (wie auch im Fall des Kassenarztrechts, das zum Bereich der sog. konkurrierenden Gesetzgebung gemäß Art. 74 I Nr. 12 GG „Sozialversicherung" gehört[62]), **als Landesrecht fort**.[63]

Für einen Aufgabenübergang im **exekutivischen Bereich** gab es indessen keine Regelung im GG (sodass zunächst Unsicherheit herrschte, ob die Rück-Übernahme der Aufgaben der Kassenärztlichen Vereinigung Deutschlands durch die **kassenärztlichen Vereinigungen** auf Landesebene rechtens war). Diese rechtliche Unsicherheit hat aber das BVerfG später „be-

---

[54] „Verordnung über die Kassenärztliche Vereinigung Deutschlands" vom 2.8.1933 (RGBl. I S. 567 f.).

[55] Hierzu siehe § 4 der vorgenannten Verordnung: „Die ... bisher den kassenärztlichen Vereinigungen obliegenden Aufgaben und Befugnisse gehen auf die Kassenärztliche Vereinigung Deutschlands über."

[56] Näheres zur NS-Zeit z. B. bei *Th. Rompf*, VSSR 2007, 1, 20–22, und *P. Krause*, SGb 1981, 404, 407.

[57] RArbBl. 1939 IV S. 11; s im Einzelnen dazu: *F. E. Schnapp* in: Schnapp/Wigge (Hrsg.), HdB des Vertragsarztrechts, 3. Aufl. 2017, § 1 RdNr 31.

[58] Zu weiteren Details der NS-Zeit siehe *Th. Rompf* VSSR 2007, 1, 20–22; und *P. Krause* SGb 1981, 404, 407. – Zum Status der einzelnen Reichsverbände der KKn vgl. die 12. Verordnung zur Neuordnung der Krankenversicherung vom 6.9.1937 (RGBl. I S. 964).

[59] Verordnung über das Verbot von Preiserhöhungen vom 26.11.1936 (RGBl. I S. 955).

[60] Die Entwicklung in der Ostzone bzw. – seit dem 7.10.1949: DDR – wird hier außer Betracht gelassen: Sie steht weniger in der Kontinuität des von 1883 bis 1932 entstandenen Typus einer Sozialversicherung im Sinne einer sozialversicherungsrechtlichen Selbstverwaltung. – Zur Entwicklung in der Ostzone bzw. DDR umfassend: *H. Spaar*, Dokumentation zur Geschichte des Gesundheitswesens der DDR, in: Interessengemeinschaft Medizin und Gesellschaft e. V. (Hrsg.), Schriftenreihe „Medizin und Gesellschaft", 8 Bände (Bände 3, 5, 17/18, 29/30, 37/38/A, 37/38/B, 46/47/A, 46/47/B), 1996 bis 2003; vgl. auch *R. J. Vollmer*, Sozialversicherung und Gesundheitsrecht der DDR, 4 Bände, 1990.

[61] BGBl. I S. 1.

[62] Vgl. hierzu z. B. BVerfG vom 27.10.1998 – 1 BvR 1 BvR 2306/96, 1 BvR 2314/96, 1 BvR 1108/97, 1 BvR 1109/97, 1 BvR 1110/97 – BVerfGE 98, 265, 303 = NJW 1999, 841: „Recht der Vertragsärzte"; BVerfG Kammer vom 17.6.1999 – 1 BvR 2507/97 – MedR 1999, 560 = NJW 1999, 2730, 2731 = SozR 3-2500 § 73 Nr. 3 S. 16 = Juris RdNr 21; BSG vom 9.4.2008 – B 6 KA 40/07 R – BSGE 100, 154 = SozR 4-2500 § 87 Nr. 16 = Juris, jeweils Rn. 27.

[63] Vgl. dazu *G. Langrock* in: *Umbach/Clemens* (Hrsg), Grundgesetz, Bd. II, 2002, Art. 124 Rn. 2: „Art. 124 und 125 befassen sich mit der Qualität des gemäß Art. 123 fortgeltenden Rechts; sie bestimmen, welchem Recht der Rang von Bundesrecht zukommt, wobei das Fortgelten des übrigen Rechts als Landesrecht stillschweigend unterstellt wird."

hoben"; es hat im Jahr 1954 in einer Entscheidung ausgeführt[64]: Als nach dem Zusammenbruch des NS-Regimes die von diesem Regime geschaffenen **zentralen Staatsorgane handlungsunfähig** geworden waren, waren die **niedrigeren Organe berechtigt und verpflichtet**, unter Überschreitung ihrer normalen Kompetenzen anstelle der handlungsunfähig gewordenen Organe zu handeln.[65] Übertragen auf das Kassenarztwesen bedeutete dies, dass die Landesinstitutionen ab 1945 berechtigt und verpflichtet gewesen waren, die Aufgaben wieder an sich zu ziehen, die in der NS-Zeit von der Kassenärztlichen Vereinigung Deutschlands übernommen worden waren.

11c Eine **gesetzliche Regelung**, in der diese Rückkehr zur regionalisierten Struktur auch so festgeschrieben wurde, kam schließlich im Jahr **1955** mit dem **Gesetz über Kassenarztrecht (GKAR)**, das die dafür maßgeblichen Regelungen in den neugefassten **§§ 368–368q RVO**[66] verankerte: Diese Regelungen bewirkten aber keine völlige Rückkehr zur früheren nur-regionalen Struktur. Vielmehr wurden **sowohl** in den Bundesländern **Kassenärztliche Vereinigungen (KVen)** und Kassenzahnärztliche Vereinigungen (KZVen) vorgesehen **als auch** auf Bundesebene eine **Kassenärztliche Bundesvereinigung (KBV)** und eine Kassenzahnärztliche Bundesvereinigung (KZBV). Sie erhielten alle – jetzt ausdrücklich – den Status einer Körperschaft des öffentlichen Rechts.[67] Die Kompetenz für die unmittelbaren Regelungen vor Ort wurde den **Kassenärztlichen Vereinigungen (KVen) und Kassenzahnärztlichen Vereinigungen (KZVen) in den Bundesländern** zugewiesen.

11d Diese Grundstruktur – in der Gestalt von je einem **Viereck-Verhältnis in jedem Bezirk einer KV**[68] – ist auch bei der **Ablösung der kassenarztrechtlichen Regelungen der RVO durch das SGB V zum 1.1.1989** beibehalten worden.[69],[70]

12 b) Ergänzung des Viereck-Verhältnisses durch den Gesundheitsfonds. An der **Grundstruktur** des Viereck-Verhältnisses hat auch der seit 2009 bestehende Gesundheitsfonds **nichts geändert**.[71] Immer noch laufen die Beitragszahlungen der Versicherten (Patienten) bei der KK ein, die als Einzugsstelle für alle Sozialversicherungsbeiträge von Arbeitnehmer

---

[64] So ausdrücklich BVerfG vom 21.10.1954 – 1 BvL 9/51, 1 BvL 2/53 – BVerfGE 4, 74 Leitsatz 4 und S. 88 f. = Juris Rn. 64 f. – Zu untergerichtlichen Urteilen vgl. *D. S. Gurgel* (oben Fn. 36) S. 51.

[65] Diese Grundsätze konkretisierend konstituierte sich z. B. in der britischen Besatzungszone ein „vorläufiger Ausschuss der Ärzte und Krankenkassen": siehe *Th. Rompf,* VSSR 2007, 1, 23. – In einigen Ländern wurden Landesgesetze als Grundlage geschaffen: Hierzu siehe *Th. Rompf* aaO Fn. 142 mit Hinweis auf nähere Angaben bei *D. Klette,* Die Kassenarztverträge in der sozialen Krankenversicherung, 1965, S. 183 Fn. 13. Vgl. auch *Gurgel* (oben Fn. 34) S. 51 f. (Fn. 198).

[66] Gesetz über Kassenarztrecht (GKAR) vom 17.8.1955 (BGBl. I S. 513 ff.).

[67] § 368k III 1 RVO: „Die Kassenärztlichen Vereinigungen und die Kassenärztlichen Bundesvereinigungen sind Körperschaften des öffentlichen Rechts." – Zur schon seit 1931/32 bestehenden Körperschaftsstruktur mit Hoheitsbefugnissen → Rn. 7 und 9 am Ende.

[68] Zunächst gab es in jedem Bundesland eine KV. Ausnahme: In Nordrhein-Westfalen gab es zwei und in Baden-Württemberg und in Rheinland-Pfalz je vier (was durch § 77 I 2 SGB V zunächst Bestandsschutz genoss). Aber ab 2005 durfte es keine KVen mit weniger als 10 000 Mitgliedern (und keine KZVen mit weniger als 5 000 Mitgliedern) mehr geben: Seit 2005 bestehen in Baden-Württemberg und Rheinland-Pfalz nur noch je eine KV und eine KZV (siehe § 77 I 2 und 3 SGB V in der Fassung vom 14.11.2003 mit Inkrafttreten zum 1.1.2005 gemäß Art. 37 VIII, BGBl. I S. 2190, 2203, 2257 f.; – Satz 3 ist, weil „durch Vollzug gegenstandslos", durch Gesetz vom 22.12.2011, BGBl. I S. 2983, 2986, wieder gestrichen worden).

[69] Näheres zur weiteren Entwicklung seit 1955 z. B. bei *D. Krauskopf* in: Laufs/Kern (Hrsg.), HdB des Arztrechts, 4. Aufl. 2010, § 22 Rn. 9 ff.; *Th. Rompf,* VSSR 2007, 1, 25 ff.; *P. Krause,* SGb 1981, 404, 408 ff.

[70] Zur Bestätigung des Viereck-Verhältnisses in der aktuellen Rechtsprechung vgl. BSG vom 20.3.2013 – B 6 KA 17/12 R – SozR 4-5540 § 48 Nr. 2 = GesR 2013, 540 = Juris, jeweils Rn. 24 und auch 25–28, sowie BSG vom 20.3.2013 – B 6 KA 18/12 R – SozR 4-5545 § 23 Nr. 2 = Juris, jeweils Rn. 16. Vgl. auch BSG vom 20.3.2013 – B 6 KA 27/12 R – BSGE 113, 123 = SozR 4-2500 § 106 Nr. 40 = Juris, jeweils Rn. 24 am Ende. Außerdem zB BSG v. 21.3.2018 – B 6 KA 44/16 R – juris Rn. 39.

[71] Hierzu und zum Folgenden ebenso *Th. Clemens,* in: Laufs/Kern, § 24 Rn. 39.

und Arbeitgeber fungiert (§§ 28d, 28h SGB IV). Die Einzugsstelle (KK) leitet die vereinnahmten Krankenversicherungsbeiträge weiter an den Gesundheitsfonds (§ 271 I Nr. 1 SGB V). Von diesem erhält die KK Zahlungen zurück, und zwar umfangsmäßig entsprechend dem Ausmaß der „Morbidität" der bei ihr Versicherten; das kann je nach dem Ausmaß der Morbidität mehr oder weniger sein, als zunächst an Krankenversicherungsbeiträgen bei ihr einging (§§ 266, 268, 270 SGB V). – Graphisch dargestellt sieht das folgendermaßen aus:

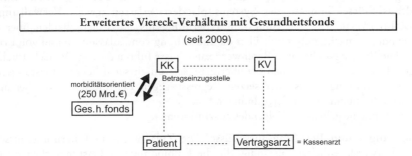

Wie diese Darstellung deutlich macht, bewirkt der Gesundheitsfonds in der Gesamtschau lediglich einen **zusätzlichen Umweg der Beiträge**, die zunächst von der KK als Beitragseinzugsstelle diesem Fonds weitergegeben werden und dann von ihm an die KK entsprechend ihrem Finanzbedarf zurückfließen. Dieser zusätzliche Umweg kommt nur als **Ergänzung** hinzu **zu dem in seiner Grundstruktur weiter bestehenden Viereck-Verhältnis**. 13

2. Die Akteure im Vertragsarztsystem, sog. gemeinsame Selbstverwaltung; Vorgehen der Krankenkassen gegen Ärzte

Außer den aus dem dargestellten Viereck-Verhältnis ersichtlichen Akteuren gehört zum Vertragsarztrecht auch die sog. **gemeinsame Selbstverwaltung** in Form gemeinsam von KKn und KVen gebildeter Gremien und Institutionen. Dies sind zum einen die Zulassungs- und Berufungsausschüsse sowie Prüfungsstellen und Beschwerdeausschüsse und zum anderen der Gemeinsame Bundesausschuss (G-BA) sowie die Bewertungsausschüsse und die Landesausschüsse. Alle diese Gremien bestehen aus Vertretern der KK und der KVen. Diese Gremien und Institutionen lassen sich graphisch folgendermaßen in das vertragsarztrechtliche Viereck-Verhältnis einordnen: 14

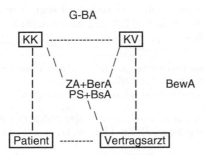

Diese graphischen Zuordnungen sollen Folgendes verdeutlichen: In dieser Graphik ist dem G-BA der Platz oben über dem System zugewiesen. Dies entspricht seiner Funktion als „**zentraler Qualitätswächter**" und „**großer Papa über dem System**", wie er gelegentlich 15

didaktisch-plastisch bezeichnet wird.[72] Dem G-BA ist es insbesondere zugewiesen, den Leistungskatalog der gesetzlichen Krankenversicherung zu konkretisieren, d. h. im Detail festzulegen, welche Leistungen in dem Gesamtsystem überhaupt erbracht und abgerechnet werden dürfen. Die **Bewertungsausschüsse** (rechts beim Abrechnungsverhältnis KV/KZV–Vertragsarzt platziert) gestalten die Grundlagen für die Höhe der Honorarzahlungen der KVen und KZVen an die Vertrags(zahn)ärzte, indem sie die Inhalte der abrechnungsfähigen Leistungen festlegen und diese mit Punkten bewerten (EBM[73] und Bema[74]). Die **Zulassungsausschüsse und Berufungsausschüsse** sowie die **Prüfungsstellen und Beschwerdeausschüsse** (inmitten des Systems platziert) erlassen jeweils **Verwaltungsakte gegen (Zahn-)Ärzte**: Die Zulassungs- und Berufungsausschüsse entscheiden über deren Zulassung oder Ermächtigung sowie über die Entziehung von Zulassungen und von Ermächtigungen. Die Prüfungsstellen und Beschwerdeausschüsse führen die sog. Wirtschaftlichkeitsprüfungen durch, d. h. sie sprechen bei übermäßiger – unwirtschaftlicher – Leistungserbringung Honorarkürzungen aus oder setzen Regresse gegen Leistungserbringer bei unwirtschaftlichen oder unzulässigen Verordnungen fest.

16 Mehr ins Einzelne gehend ist Folgendes auszuführen:

17 a) **Zulassungs- und Berufungsausschüsse.** Die Zulassungs- und Berufungsausschüsse sind für alle Angelegenheiten zuständig, die die Einbindung der Leistungserbringer in das System des SGB V betreffen, wie insbesondere die Zulassung von Ärzten zur vertragsärztlichen Versorgung. Die ihnen zugewiesenen Zulassungsangelegenheiten umfassen auch die Ermächtigungen für z. B. Krankenhausärzte und ärztlich geleitete Institutionen (z. B. Ambulanzen) sowie auch die Entziehung von Zulassungen und Ermächtigungen z. B. im Fall gröblicher Pflichtverletzungen.

18 b) **Prüfungsstellen und Beschwerdeausschüsse.** Die Prüfungsstellen und Beschwerdeausschüsse sind für die sog. Wirtschaftlichkeitsprüfungen[75] und Schadensregressverfahren zuständig.[76] Die Prüfgremien sprechen z. B. bei übermäßiger – unwirtschaftlicher – Leistungserbringung Honorarkürzungen aus oder setzen Regresse gegen Leistungserbringer bei unwirtschaftlichen oder unzulässigen Verordnungen (Verordnung vor allem von Arzneimitteln ohne[77] eine oder außerhalb[78] der AMG-Zulassung, aber u. U. auch von Heil- und Hilfsmitteln) fest.

19 **Prüfungsstellen und Beschwerdeausschüsse** haben für die KKn wichtige Bedeutung als **Mittler zwischen der KK und dem Arzt:** Wenn eine KK einen Anspruch gegen einen Vertragsarzt realisieren will, beantragt die KK bei der Prüfungsstelle, dass diese einen entsprechenden (z. B. Regress-)Bescheid gegen den Arzt erlässt. Die KK ist auf diesen Weg der Realisierung ihrer Ansprüche gegen den Arzt angewiesen, denn in dem System des vertragsarztrechtlichen Viereck-Verhältnisses *(siehe obiges Schaubild in → Rn. 3)* bestehen Rechtsbeziehungen grundsätzlich nur in dem Viereck-Verhältnis Versicherter–KK–KV–Arzt, eine Rechtsbeziehung unmittelbar zwischen KK und Arzt besteht hingegen nicht. So hat das BSG wiederholt ausgeführt – besonders plastisch im Urteil vom 20.3.2013[79] –, dass von einer

---

[72] So z. B. von mir in meinen Vorlesungen an der Universität Tübingen.
[73] Einheitlicher Bewertungsmaßstab für ärztliche Leistungen.
[74] Einheitlicher Bewertungsmaßstab für zahnärztliche Leistungen.
[75] § 106 SGB V.
[76] Vgl. hierzu § 48 BMV-Ä und dazu zuletzt BSG vom 20.3.2013 – B 6 KA 17/12 R – SozR 4-5540 § 48 Nr. 2 = GesR 2013, 540 = Juris, jeweils Rn. 16 ff., 19, 21.
[77] Sog. Unlicensed Use.
[78] Sog. Off-Label-Use (bei dem das Arzneimittel zwar zugelassen ist, aber für eine andere Indikation, als wie es im konkreten Fall eingesetzt werden soll).
[79] BSG vom 20.3.2013 – B 6 KA 17/12 R – SozR 4-5540 § 48 Nr. 2 = GesR 2013, 540 = Juris, jeweils Rn. 24. Ebenso zuvor z. B. BSG vom 18.2.1970 – 6 RKa 1/69 – BSGE 31, 23, 28 = Juris Rn. 23 f.; BSG vom 21.11.1986 – 6 RKa 5/86 – BSGE 61, 19, 22 = Juris Rn. 13.

§ 18 Das Vertragsarztrecht. Grundlagen und Grundsätzliches   427

Trennung der Rechtsbeziehungen zwischen den KKn und der KV auf der einen Seite und zwischen der KV und dem Vertragsarzt auf der anderen Seite auszugehen ist.[80] Das vertragsarztrechtliche Beziehungsgeflecht vermeidet grundsätzlich unmittelbare Rechtsbeziehungen zwischen den KKn als Leistungsträgern und den (Vertrags-)Ärzten als Leistungserbringern.[81] Nur in Ausnahmekonstellationen ist ein Rechtsstreit direkt zwischen KK und Arzt zulässig.[82]

Das BSG hat in seinen Urteilen vom 20.3.2013 auch klargestellt, dass die **Zuständigkeit** 20 **der Prüfgremien**, auf Antrag einer KK deren Ansprüche gegen einen Arzt wegen vertragsärztlicher Pflichtwidrigkeiten festzustellen, auch **nach dem Ende seiner vertragsärztlichen Tätigkeit weiter besteht:** Anspruchsfeststellungen der Prüfgremien zugunsten der KKn bleiben also auch dann wirksam, wenn der Arzt seine vertragsärztliche Tätigkeit beendet hat; und auch dann, wenn eine KK eine Pflichtverletzung aus der Zeit der vertragsärztlichen Tätigkeit überhaupt erst nach dem Ausscheiden des Arztes aus dem Vertragsarztsystem entdeckt, muss die KK zur Anspruchsfeststellung die Prüfungsstelle anrufen.[83]

Im zahnärztlichen Bereich bestehen für die Prüfung des Prothetik-Aufwandes sog. **Pro-** 21 **thetik-Einigungsausschüsse.**[84] Diese sind im zahnärztlichen Primärkassen[85]bereich für die Festsetzung von Regressansprüchen der KKn gegen Vertragszahnärzte zuständig.

Hinzuweisen ist in diesem Zusammenhang noch auf eine weitere Art spezieller Zustän- 22 digkeit für bestimmte Verfahren, nämlich auf die sog. **sachlich-rechnerische Richtigstel-**

---

[80] So früher schon BSG vom 18.12.1996 – 6 RKa 66/95 – BSGE 80, 1, 6 = SozR 3–5545 § 19 Nr. 2 S. 11 = Juris Rn. 22; BSG vom 17.9.2008 – B 6 KA 48/07 R – SozR 4–2500 § 75 Nr. 9 = Juris, jeweils Rn. 32 f.; vgl. auch BSG vom 14.3.2001 – B 6 KA 54/00 R – BSGE 88, 20, 26 = SozR 4–2500 § 75 Nr. 12 S. 72 = Juris Rn. 32. – Aus jüngerer Zeit ebenso BSG vom 30.11.2016 – B 6 KA 38/15 R – BSGE 122, 112 = SozR 4–2500 § 75 Nr. 18 = MedR 2017, 832 = Juris, jeweils Rn. 45 am Ende; BSG vom 10.5.2017 – B 6 KA 9/16 R – SozR 4–2500 § 106a Nr. 16 = ZMGR 2017, 388 = Juris, jeweils Rn. 18 u. 21. – Vgl. auch BVerfG vom 23.3.1960 – 1 BvR 216/51 – BVerfGE 11, 30, 39 = NJW 1960, 715 = Juris Rn. 28: „Mit der Krankenkasse verbinden ihn (den Kassenarzt) keine unmittelbaren Rechtsbeziehungen."

[81] BSG vom 20.3.2013 – B 6 KA 17/12 R – SozR 4–5540 § 48 Nr. 2 = GesR 2013, 540 = Juris, jeweils Rn. 24 am Ende mit Hinweis auf BSG vom 9.12.2004 – B 6 KA 44/03 R – BSGE 94, 50 = SozR 4–2500 § 72 Nr. 2 Rn. 130 = Juris Rn. 143; so auch – zum zahnärztlichen Bereich – BSG vom 25.3.2003 – B 1 KR 29/02 R – SozR 4–1500 § 55 Nr. 1 Rn. 3 f. = Juris Rn. 9 f. – Vgl. weiterhin BSG vom 28.10.2015 – B 6 KA 15/15 R – SozR 4–2500 § 106 Nr. 52 = MedR 2016, 382 = Juris, jeweils Rn. 11 u. 14; BSG vom 30.11.2016 – B 6 KA 38/15 R – BSGE 122, 112 = SozR 4–2500 § 75 Nr. 18 = MedR 2017, 832 = Juris, jeweils Rn. 45; BSG vom 10.5.2017 – B 6 KA 9/16 R – SozR 4–2500 § 106a Nr. 16 = ZMGR 2017, 388 = Juris, jeweils Rn. 18; BSG vom 10.5.2017 – B 6 KA 15/16 R – SozR 4–5555 § 21 Nr. 3 = MedR 2018, 49 = Juris, jeweils Rn. 21; BSG v. 21.3.2018 – B 6 KA 44/16 R – juris Rn. 39.

[82] BSG vom 20.3.2013 – B 6 KA 17/12 R – SozR 4–5540 § 48 Nr. 2 = GesR 2013, 540 = Juris, jeweils Rn. 24 am Ende mit Hinweis auf BSG vom 15.8.2012 – B 6 KA 34/11 R – SozR 4–5540 § 44 Nr. 1 Rn. 10 f. zum Kostenverlangen für Sprechstundenbedarf. – Zu weiteren Ausnahmen (nämlich im Rahmen sog. Selektivverträge gemäß § 73b SGB V, die an den traditionellen kassenarztrechtlichen Institutionen vorbei abgeschlossen werden) vgl. unten Rn. 54.

[83] So BSG vom 20.3.2013 – B 6 KA 17/12 R – SozR 4–5540 § 48 Nr. 2 = GesR 2013, 540 = Juris, jeweils Rn. 25–28 und BSG vom 20.3.2013 – B 6 KA 18/12 R – SozR 4–5545 § 23 Nr. 2 = Juris, jeweils Rn. 22–25. Insoweit abrückend von Ausführungen in BSG vom 18.12.1996 – 6 RKa 66/95 – BSGE 80, 1, 7 = SozR 3–5545 § 19 Nr. 2 S. 12 f. = Juris Rn. 23. – Ebenso in jüngerer Zeit z.B. auch BSG vom 28.10.2015 – B 6 KA 15/15 R – SozR 4–2500 § 106 Nr. 52 = MedR 2016, 382 = Juris, jeweils Rn. 25; BSG vom 28.10.2015 – B 6 KA 45/14 R – SozR 4–2500 § 106 Nr. 53 = MedR 2016, 735 = Juris, jeweils Rn. 16.

[84] Zum PEA vgl. BSG vom 13.12.2000 – B 6 KA 1/00 R – SozR 3–1500 § 78 Nr. 5 = USK 2000-185 = Juris Rn. 17 ff.; BSG vom 27.6.2001 – B 6 KA 60/00 R – USK 2001-183 = Juris Rn. 18–20; BSG vom 27.6.2012 – B 6 KA 35/11 R – SozR 4–5545 Allg Nr. 1 = MedR 2013, 553 = Juris, jeweils Rn. 10. Vgl. auch BSG vom 13.8.2014 – B 6 KA 46/13 R – SozR 4–5555 § 22 Nr. 1 = MedR 2015, 449 = Juris, jeweils Rn. 37; BSG vom 13.8.2014 – B 6 KA 5/14 R – MedR 2015, 459 = Juris, jeweils Rn. 32 ff.; BSG vom 10.5.2017 – 6 KA 15/16 R – SozR 4–5555 § 21 Nr. 3 = MedR 2018, 49 = Juris, jeweils Rn. 20 am Ende. – Im obigen Schaubild nicht berücksichtigt.

[85] Das sind AOK, IKK, BKK und landwirtschaftliche KK.

lung[86] *(in obigem Schaubild in → Rn. 3 nicht dargestellt):* Für sachlich-rechnerische Richtigstellungen sind die **KVen zuständig**. In diesen Verfahren werden Abrechnungsfehler der Ärzte korrigiert, d. h. wenn diese in ihrer Quartalsabrechnung Leistungstatbestände des EBM oder des Bema in Ansatz gebracht haben, die nicht auf die erbrachte Leistung passen oder die sie nicht vollständig erbracht haben oder die aufgrund besonderer Regelungen des EBM bzw. Bema nicht abrechenbar sind, z. B. wenn hierin normiert ist, dass die Abrechnung neben einem bestimmten anderen Leistungstatbestand nicht zulässig ist. Solche Abrechnungskorrekturen sind speziell dem Verfahren der sachlich-rechnerischen Richtigstellung zugewiesen, sodass KKn solche Korrekturen nur mit Hilfe dieses Verfahrens durchsetzen können: Sie müssen einen entsprechenden Antrag an die K(Z)V richten; eine eigene Leistungsklage der KK gegen den Arzt ist insoweit nicht zulässig[87].[88]

22a Auch für das Verfahren sachlich-rechnerischer Richtigstellung gilt der oben in → Rn. 20 dargestellte Grundsatz: Dies ist ein spezieller Verfahrensweg, der auch noch **nach dem Ende der vertragsärztlichen Tätigkeit** des Arztes für Richtigstellungen gegen ihn anzuwenden ist.[89]

23 **c) Gemeinsamer Bundesausschuss, Bewertungsausschüsse, Landesausschüsse.** Zur gemeinsamen Selbstverwaltung gehören auch der G-BA, die Bewertungsausschüsse und die Landesausschüsse; diese bestehen ebenfalls aus Vertretern der KKn und der KVen.[90] Der G-BA, die Bewertungsausschuss und die Landesausschüsse setzen Rechtsnormen für das Gesamtsystem, sog. untergesetzliche Rechtsnormen.

24 **Wichtige Bedeutung** haben vor allem die **Richtlinien des G-BA**[91], die als Rechtsnormen angesehen werden und das klassische Normenhierarchie-Schema aus Verfassung/formellen

---

[86] § 106d SGB V.

[87] Zur Unzulässigkeit direkten Vorgehens der KK gegen den Arzt und dazu, dass die KK bei der K(Z)V beantragen muss, dass diese eine sachlich-rechnerische Richtigstellung durchführt: vgl. BSG vom 20.3.2013 – B 6 KA 17/12 R – SozR 4–5540 § 48 Nr. 2 = GesR 2013, 540 = Juris, jeweils Rn. 13–15 iVm Rn. 27. Vgl. auch – zu § 106d III SGB V – BSG vom 23.3.2016 – B 6 KA 8/15 R – SozR 4–2500 § 106a Nr. 15 = MedR 2017, 337 = Juris, jeweils Rn. 15–28.

[88] Ein Interesse der KKn an sachlich-rechnerischen Richtigstellungen wird allerdings nur selten bestehen: Denn die Gesamtvergütung ist pauschaliert, sodass sich die Höhe des Honorars für einen Arzt nicht auf die Krankenkasse(n) auswirkt, sondern auf die Verteilung unter den Ärzten. Es gibt aber auch Konstellationen, in denen die Höhe des Honorars für einen Arzt wirtschaftlich die Krankenkassen betrifft. Dies ist z. B. der Fall in Bereichen sog. extrabudgetärer Vergütung (zu einer solchen Fall vgl. BSG v. 11.2.2015 – B 6 KA 15/14 R – SozR 4–2500 § 106a Nr. 13 = NZS 2015, 433 = juris, Rn. 13 betr. Schwangeren-Betreuungspauschale). Eine solche Konstellation ist häufig im Zahnbereich; denn bei vielen Kassenzahnärztlichen Vereinigungen wird die Gesamtvergütung nach den einzelnen Behandlungsbereichen (konservierend-chirurgisch/Parodontose/Kieferbruch/Individualprophylaxe) aufgegliedert und der Betrag für einige Bereiche davon abhängig gemacht, ob die Summe der erbrachten Einzelleistungen die volle Auszahlung rechtfertigt. Liegt in einem solchen Bereich die Summe der Einzelleistungen unter dem sog. Grenzbetrag, so wirken sich sachlich-rechnerische Richtigstellungen finanziell zugunsten der Krankenkassen aus; dann können diese die Gesamtvergütungszahlungen kürzen oder sie können, wenn diese schon gezahlt sind, bei ihren nächsten Zahlungen dementsprechende Verrechnungen vornehmen. Aus derartigen Zusammenhängen resultiert dann ein finanzielles Interesse von Krankenkassen, bei Kassen(zahn)ärztlichen Vereinigungen auf die Durchführung sachlich-rechnerischer Richtigstellungen gegenüber den Vertrags(zahn)ärzten zu dringen. Solche Konstellationen lagen z. B. den Fällen BSG v. 28.4.2004 – B 6 KA 19/03 R – SozR 4–2500 § 87 Nr. 5 und BSG v. 11.2.2015 – B 6 KA 15/14 R – SozR 4–2500 § 106a Nr. 13 zugrunde. – Näheres zu solchen Konstellationen bei *Th. Clemens* in: Schlegel/Voelzke/Engelmann (Hrsg.), jurisPraxisKommentar SGB V, § 106d (Neubearbeitung 2018) Rn. 43 Fn. 32.

[89] Vgl. hierzu die Ausführungen im Urteil des BSG vom 20.3.2013 – B 6 KA 17/12 R – SozR 4–5540 § 48 Nr. 2 = GesR 2013, 540 = Juris, jeweils Rn. 26–28. Vgl. auch BSG vom 28.10.2015 – B 6 KA 45/14 R – SozR 4–2500 § 106 Nr. 53 = MedR 2016, 735 = Juris, jeweils Rn. 16.

[90] § 87 III, IV, § 91 II, § 90 II SGB V. Im G-BA sind auch weitere Interessengruppen vertreten, zum Teil mit Stimmrecht und zum Teil nur mit Beratungsfunktion: Vgl. § 140f II SGB V zum Mitberatungsrecht von sog. Patientenvertretern im G-BA.

[91] Vgl. den Ermächtigungskatalog in § 92 SGB V, hier vor allem Abs. II 2 Nrn. 1–15.

Gesetzen/Rechtsverordnungen/Satzungen ergänzen⁹². **Rangmäßig** sind sie bei den Satzungen einzuordnen. **Inhaltlich** sind es Leitnormen für weite Bereiche des Vertragsarztrechts. Sie umschreiben z. B. den Leistungskatalog der gesetzlichen Krankenversicherung; sie regeln qualitative Anforderungen an die Leistungserbringer und die erbrachten Leistungen⁹³; sie regeln die Details der Bedarfsplanung im Zusammenhang mit der Erteilung von Zulassungen und Ermächtigungen für die Ärzte⁹⁴.

Aufgabe der **Bewertungsausschüsse** ist es vor allem, die Leistungsverzeichnisse des **EBM** 25 **und** des. **Bema** auszuformen, d. h. die Inhalte der abrechnungsfähigen Leistungen festzulegen und diese mit Punkten zu bewerten.⁹⁵

Die **Landesausschüsse**⁹⁶ sind in die **Bedarfsplanung** eingebunden; sie stellen fest, welche 26 Bereiche über- und welche unterversorgt sind⁹⁷, beschließen die sich daraus ggf. ergebenden Zulassungsbeschränkungen⁹⁸ und haben weitere Aufgaben im Rahmen der Bedarfsplanung.⁹⁹ In diesen „klassischen" Bereichen sind sie, so wie auch der G-BA und die Bewertungsausschüsse, normsetzend tätig; sie erlassen insoweit keine Verwaltungsakte.¹⁰⁰ Hier kommt es nur ausnahmsweise zum Erlass von Verwaltungsakten, nämlich wenn KV und KKn bei der Aufstellung des Bedarfsplans kein Einvernehmen erzielen und der Landesausschuss zu einer schiedsamtsähnlichen Entscheidung aufgerufen ist.¹⁰¹ Verwaltungsakte erlassen die Landesausschüsse ferner im Zusammenhang mit der Gewährung von Sicherstellungszuschlägen in Gebieten, in denen Unterversorgung oder drohende Unterversorgung oder zusätzlicher lokaler Versorgungsbedarf festgestellt ist.¹⁰² Die Landesausschüsse sind in obigem Schaubild unberücksichtigt geblieben, weil deren graphische Einzeichnung die Anschaulichkeit des Bildes mehr beeinträchtigen als bereichern würde.

Neuestens – seit 2012 – sind auch sog. **erweiterte Landesausschüsse** vorgesehen, nämlich 27 in § 116b III SGB V für Regelungen im Beziehungsgeflecht zwischen Vertragsärzten und Krankenhäusern im Rahmen der sog. ambulanten spezialfachärztlichen Versorgung.¹⁰³ Auch diese sind in obigem Schaubild nicht dargestellt.

---

⁹² Hierzu pointiert *Th. Clemens*, Verfassungsrechtliche Anforderungen an untergesetzliche Rechtsnormen, MedR 1996, 432 ff. Aus jüngerer Zeit *F. Hase*, Die Legitimität der untergesetzlichen Regelbildung in der GKV – Zum Verfassungsstreit über die Normsetzung des G-BA –, MedR 2018, 1 ff.
⁹³ Siehe vor allem § 92 I 2 Nrn. 1–15 SGB V, mit näheren Bestimmungen in den Folgeabsätzen Ia–VII.
⁹⁴ Siehe § 101 I 1 Nrn. 1–5 SGB V.
⁹⁵ § 87 II–IId SGB V.
⁹⁶ Zu deren Konstituierung siehe § 90 SGB V.
⁹⁷ § 100 I SGB V sowie §§ 16 und 16b Ärzte-ZV.
⁹⁸ § 103 I–III SGB V sowie § 16b II–IV Ärzte-ZV.
⁹⁹ Vgl. z. B. § 99 II SGB V. – Zur aufsichtlichen Überprüfung siehe § 90 VI SGB V.
¹⁰⁰ So zutreffend z. B. *E. Behnsen*, Der erweiterte Landesausschuss nach § 116b SGB V – das unbekannte Wesen, in: Schiller/Tsambikakis (Hrsg.), Medizinrecht und Kriminologie – Festschrift für Gernot Steinhilper –, 2013, S. 3, 4 oben. Zum (erweiterten) Landesausschuss vgl. das weitere in Rn. 27 genannte Schrifttum.
¹⁰¹ § 99 II SGB V. – Zur Funktion einer Schiedsentscheidung vgl. BSG vom 3.12.1997 – 6 RKa 64/96 – BSGE 81, 207, 208 = SozR 3–2500 § 101 Nr. 2 S. 8 f. = Juris Rn. 14. – Die Entscheidung kann nur von den durch sie materiell Betroffenen angefochten werden; dies trifft weder für die KV noch für die KKn zu, aber für den betroffenen Arzt: BSG vom 3.12.1997 – 6 RKa 64/96 – BSGE 81, 207, 208 f. = SozR 3–2500 § 101 Nr. 2 S. 8 f. = Juris Rn. 14 f.
¹⁰² § 100 I und III, § 105 I 1 iVm § 105 IV 1 SGB V – mit der Folge von Finanzierungspflichten, die die KV und die KKn je zur Hälfte zu tragen haben: § 105 IV 2 SGB V. – Über die Aufteilung der Finanzierungslast der KKn auf die einzelnen KKn entscheidet gemäß § 105 IV 3 SGB V ebenfalls der Landesausschuss.
¹⁰³ Zu § 116b SGB V illustrativ *E. Behnsen*, Der erweiterte Landesausschuss nach § 116b SGB V – das unbekannte Wesen, in: Schiller/Tsambikakis (Hrsg.), Medizinrecht und Kriminologie – Festschrift für Gernot Steinhilper –, 2013, S. 3, 4 ff. mit Darstellung vieler Details und offener Fragen. Vgl. weiterhin z. B. *H.-D. Gottlieb*, Verwaltungsrechtliche Herausforderungen beim Anzeigeverfahren gemäß § 116b Abs 3 SGB V, GesR 2015, 598 ff.; *K. Makoski*, Erste Erfahrungen mit der ambulanten spezialfachärztlichen Versorgung nach § 116b SGB V, GuP 2017, 47 ff.

3. Rechtsgrundlagen

28 a) **Primäres und sekundäres Vertragsarztrecht.** Die Rechtsbeziehungen im Vertragsarztecht sind geregelt in einem Geflecht von verschiedensten Rechtsnormen, zum einen sind die gesetzlichen Bestimmungen des SGB V, zum anderen die Rechtsverordnungen wie z.B. die Ärzte-ZV, ferner aber auch weitere Rechtsnormen, die von den Organen der gemeinsamen Selbstverwaltung geschaffen worden sind wie z.B. vom G-BA, aber auch von der KBV und den KVen, teils im Zusammenwirken mit den KKn.

29 Bei den unmittelbar **staatlich gesetzten Rechtsnormen** handelt es sich vor allem um das **SGB V** und die **Zulassungsverordnungen**[104] (Ärzte-ZV und Zahnärzte-ZV). Insoweit spricht man von dem **primären Vertragsarztrecht**.

30 Das SGB V als Parlamentsgesetz enthält zahlreiche Ermächtigungen zum **Erlass weiterer sog. untergesetzlicher Regelungen (sekundäres Leistungserbringungsrecht)**. So erlässt der **G-BA Richtlinien** vielfältiger Art[105] (insbesondere § 92 I 2 Nrn. 1–15 und § 101 I 1 Nrn. 1–6 SGB V). Die **KVen** sind ermächtigt, die Verteilung der von den KKn erhaltenen Gesamtvergütungen *(siehe obiges Schaubild in → Rn. 3)* an die Ärzte durch **Satzungen** zu regeln (sog. **Honorarverteilung**, § 85 IV 2 und § 87b I 2 SGB V) und weitere Bestimmungen zu treffen (z. B. **Verwaltungskostenbeiträge** und **Disziplinarrecht**, § 81 I Nr. 5 und V SGB V). Die KVen und KKn – diese, soweit sie nicht die Struktur einer Landesorganisation aufweisen, durch ihre Verbände auf Landesebene – schließen miteinander **Verträge**, in denen sie Details der Leistungserbringung vereinbaren (z. B. **Bundesmantelverträge**[106] mit zahlreichen Detailbestimmungen, **Prüfvereinbarungen**[107] mit Regelungen zur Wirtschaftlichkeitsprüfung, **Qualitätssicherungsvereinbarungen** wie z. B. Koloskopie-Vereinbarung u. Sonographie-Vereinbarung u. v. m.). Schließlich gibt es auch noch **dreiseitige Verträge**, an denen außer den KKn und den KVen auch die Krankenhäuser beteiligt sind (z. B. § 115 I, II, § 115a III 1, § 117 I 8 SGB V).[108]

31 Neben diesen vertragsarztrechtlichen Regelungen ergeben sich weitere Vorgaben aus dem **ärztlichen Berufsrecht**, nämlich aus den von den Ärztekammern erlassenen **Berufs- und Weiterbildungsordnungen**. Auch diese Vorgaben sind für die Berufsausübung innerhalb der vertragsärztlichen Versorgung wichtig, allerdings nur insoweit, als nicht das Berufsrecht zurücktreten muss: hierzu vgl. nachstehend.

32 b) **Verhältnis des Vertragsarztrechts zum ärztlichen Berufsrecht.** Der Einfluss des Berufsrechts auf das Vertragsarztrecht ist im Bereich der Bestimmung der Grenzen der fachärztlichen Kompetenzen schon immer deutlich hervorgetreten. So wurde und wird die Frage, welche Leistungen noch von der fachärztlichen Zuständigkeit gedeckt sind und deshalb von dem Facharzt noch erbracht werden dürfen oder welche Leistungen **fachfremd** sind, seit jeher – unstrittig – in der Weise beantwortet, dass das Fachgebiet anhand der Regelungen der **Weiterbildungsordnung** ausgelegt wird. Hieraus ist vielfach abgeleitet worden, dem Berufsrecht komme der **Vorrang** vor dem Vertragsarztrecht zu.[109] Dies trifft indessen so nicht zu; das entspricht nicht den verfassungsrechtlichen Vorgaben. Das Berufs-

---

[104] Die gesetzliche Ermächtigung hierfür findet sich in § 98 SGB V.
[105] Vgl. die Aufzählung der Richtlinien bei *D. Krauskopf/ Th. Clemens* in: Laufs/Kern (Hrsg.), HdB des Arztrechts, 4. Aufl. 2010, § 30 Rn. 30.
[106] § 82 I SGB V.
[107] § 106 I 2, § 106b I 1, 3 SGB V.
[108] Zu Näherem vgl. Zusammenstellung bei *Th. Clemens*, in: Laufs/Kern (Hrsg.), HdB des Arztrechts, 4. Aufl. 2010, § 32 Rn. 39 ff.
[109] So noch *P. Wigge*, in: Schnapp/Wigge (Hrsg.), HdB des Vertragsarztrechts, 2. Aufl. 2006, § 2 Rn. 30; so auch noch *G. Steinhilper*, in: Laufs/Kern (Hrsg.), HdB des Arztrechts, 4. Aufl. 2010, § 23 Rn. 5 f., ohne Auseinandersetzung mit der bereits vorliegenden klarstellenden BSG-Rspr. – Eher zutreffend die eingeschränkte Formulierung bei *Th. Clemens*, in: Umbach/Clemens (Hrsg.), Grundgesetz, Anhang zu Art. 12 GG, Rn. 29: Das nicht-vertragsärztliche Berufsrecht sei ein sicherer Hort für die

recht ist nämlich nur Landesrecht; der zugrunde liegende Kompetenztitel findet sich „nur" in Art. 70 I, 72 I GG. Demgegenüber enthält der **spezielle Art. 74 I Nr. 12 GG** den Kompetenztitel für das Vertragsarztrecht; dieser erfasst umfassend das Sozialversicherungsrecht, zu dem auch das Krankenversicherungsrecht einschließlich des **Vertragsarztrechts** gehört.[110] Soweit der Bundesgesetzgeber aufgrund dieses Kompetenztitels eine Regelung getroffen hat, geht diese specialiter vor und lässt keinen Raum für Landesrecht (Art. 72 I GG); bereits gesetztes Landesrecht muss dem vorrangigen Bundesrecht weichen (Art. 31 GG).[111] Soweit also vertragsarztrechtlich-bundesrechtliche Regelungen bestehen, kann die Aussage des Landesrechts nicht mehr zum Zuge kommen.[112] **Wo indessen** – wie in dem Beispiel der Auslegung der vertragsärztlichen Facharztkompetenzen anhand der Weiterbildungsordnung – die **vertragsarztrechtlichen Regelungen zu wenig konkret** sind und der Auslegung bedürfen, dürfen und müssen die **berufsrechtlichen Regelungen zur näheren Auslegung** herangezogen werden.

Das Prinzip grundsätzlichen Vorrangs des Vertragsarztrechts ist allerdings jahrelang im Schrifttum so nicht akzeptiert worden; vielmehr wurde gegen jede zusätzliche Anforderung im Vertragsarztrecht eingewendet, sie sei vom Berufsrecht her nicht legitimiert.[113] Dies ist etwa gegen die speziell-vertragsarztrechtliche **Aufgliederung** der Versorgung in eine **hausärztliche und eine fachärztliche Versorgung** geltend gemacht worden, bis das BSG dies klar zugunsten der Spezialregelungen im Vertragsarztrecht entschieden hat.[114] **Umfassend** hat das BSG später in seinem Urteil vom 9.4.2008 (BSGE 100, 154) – unter Anführung der einschlägigen BVerfG-Rechtsprechung – den **Vorrang vertragsarztrechtlicher Regelungen als der Spezialmaterie** herausgestellt. Dies hat die Zweifler endgültig zurückgedrängt. Auf dieser Linie hat es zunächst mehrfach vertragsarztrechtliche Regelungen, die **strenger** sind als die berufsrechtlichen, für vorrangig im vertragsarztrechtlichen Bereich erklärt (z. B. Abrechenbarkeit speziell-pneumologischer Leistungstatbestände nur für solche Internisten, die speziell als solche zugelassen worden sind[115]). Das BSG hat aber auch klargestellt, dass vertragsarztrechtliche Regelungen **großzügiger** sein können und dürfen als die allgemein-berufsrechtlichen Bestimmungen (z. B. im Vertragsarztrecht keine zahlenmäßige Begrenzung für Zweigpraxen, im Berufsrecht in der Regel je Arzt nur zwei Nebenbetriebsstätten[116]).

33

Das Ergebnis, dass einer auf Art. 74 I Nr. 12 GG gestützten Bundesregelung der Vorrang gegenüber einer landesrechtlich-berufsrechtlichen Regelung zukommt, setzt nicht wie in vielen anderen Regelungsbereichen voraus, dass auch die Anforderungen des Art. 72 II GG

34

Landesgesetzgebung. – Abgemildert nunmehr die Ausführungen von *P. Wigge*, in: Schnapp/Wigge (Hrsg.), HdB des Vertragsarztrechts, 2. Aufl. 2006, § 2 Rn. 30, besonders dort im letzten Absatz.

[110] Vgl. hierzu vor allem BVerwG vom 9.6.1982 – 3 C 21.81 – BVerwGE 65, 362, 365 = NJW 1983, 1387 = Juris Rn. 25 und BSG vom 9.4.2008 – B 6 KA 40/07 R = BSGE 100, 154 = SozR 4–2500 § 87 Nr. 16 = USK 2008-24 = Juris, jeweils Rn. 27 mit BVerfG-Angaben.

[111] Zur Verhältnis zwischen Art. 31 GG und Kompetenzfragen vgl. *Th. Clemens*, in: Umbach/Clemens (Hrsg.), Grundgesetz, Bd. I, Art. 31 GG, Rn. 11–17d.

[112] So bereits *R. Zuck* in: Quaas/Zuck (Hrsg.), Medizinrecht, 2. Aufl. 2008, § 17 Rn. 9 und 10 – nach längerem Erwägen des Pro und Contra (eindeutig schließlich Rn. 10 am Ende).

[113] Vgl. oben die in Fn. 109 genannten Angaben.

[114] Grundlegend BSG vom 18.6.1997 – 6 RKa 58/96 – BSGE 80, 256, 258 ff. = SozR 3–2500 § 73 Nr. 2 S. 3 ff. = USK 97130 = Juris Rn. 20 ff. Dazu ausführlich-zusammenfassend BSG vom 20.3.2013 – B 6 KA 44/12 B – BeckRS 2013, 68850 = Rn. 10 ff. – Vgl. dazu § 21 I.

[115] Vgl. hierzu BSG vom 9.4.2008 – B 6 KA 40/07 R – BSGE 100, 154 = SozR 4–2500 § 87 Nr. 16 = USK 2008-24 = Juris, jeweils Rn. 27. Vgl. weiterhin BSG vom 14.12.2011 – B 6 KA 31/10 R – SozR 4–2500 § 106a Nr. 8 = MedR 2012, 826 = Juris, jeweils Rn. 45 (Spezialisierte internistische Leistung darf bei Kassenpatienten nicht durch Vertreter-Arzt ohne internistische Kassenzulassung erbracht und abgerechnet werden).

[116] Vgl. § 24 III 1 Ärzte-ZV: „… an weiteren Orten …"). Berufsrechtlich hingegen in den Berufsordnungen der meisten Bundesländer nur zwei Nebenbetriebsstätten (vgl. BSG vom 9.2.2011 – B 6 KA 12/10 R – SozR 4–5520 § 24 Nr. 6 = GesR 2011, 427 = Juris, jeweils Rn. 11 ff., 16).

erfüllt sein müssen (d. h. die Bundesregelung muss zur Herstellung gleichwertiger Lebensverhältnisse im Bundesgebiet oder zur Wahrung der Rechts- oder Wirtschaftseinheit im gesamtstaatlichen Interesse erforderlich sein[117]). Art. 72 II GG findet auf den Kompetenztitel des Art. 74 I Nr. 12 GG keine Anwendung; in ihm sind nicht alle Nrn des Art. 74 I GG genannt.[118]

4. Zulassung zur vertragsärztlichen Versorgung

35   Die Grundzüge der Zulassung zur vertragsärztlichen Versorgung sind in § 95 SGB V normiert. Dies betrifft primär die „**Zulassung**" von Vertragsärzten und von medizinischen Versorgungszentren (zu letzteren vgl. → § 17 Rn. 1 ff.), während für andere Teilnehmer an der vertragsärztlichen Versorgung „**Ermächtigungen**" vorgesehen sind. Die Teilnahmevoraussetzungen sind zum Teil im SGB V vorgegeben (siehe insbesondere §§ 95, 95a, 95c, §§ 116–119a, 119c SGB V). Weiteres ist in den Zulassungsverordnungen geregelt (Ärzte-ZV und Zahnärzte-ZV), die auch das Nähere über Arztregister, Vertreter, Assistenten, Berufsausübungsgemeinschaften, Bedarfsplanung, Vertragsarztsitz sowie über das Verfahren vor den Zulassungs- und Berufungsausschüssen bestimmen. – Einzelheiten sind unten in § 20 I dargestellt.

36   Die **Zulassung** ist der umfassende **statusbegründende Akt** für die Berufsausübung des Vertragsarztes im System der vertragsärztlichen Versorgung. Sie begründet ein öffentlich-rechtliches Rechtsverhältnis zur KV, deren Mitglied der Vertragsarzt mit der Zulassung wird und die ihn zur Teilnahme an der vertragsärztlichen Versorgung berechtigt und verpflichtet (§ 95 III 1 iVm § 77 III 1 SGB V). Die Zulassung erweist sich danach als **rechtsgestaltender Verwaltungsakt** (§ 31 SGB X).[119] Die Charakterisierung als statusbegründender Verwaltungsakt bedeutet z. B., dass die Zulassung **nicht rückwirkend** ausgesprochen und auch nicht rückwirkend **entzogen** werden darf.[120]

37   Wenn der Arzt die im SGB V und der Ärzte-ZV normierten Voraussetzungen für die Zulassung erfüllt, hat er einen **Rechtsanspruch** auf die Zulassung als Vertragsarzt.[121] Die dazu im Gesetz enthaltene Voraussetzung, der Arzt müsse schon bei der Bewerbung um die Zulassung seine **Eintragung in ein Arztregister** „nachweisen" (so der Wortlaut des § 95 II 1 SGB V), ist gemäß der Rspr. des BSG im Hinblick auf **Art. 12 I GG** dahingehend **einschränkend auszulegen**, dass es ausreicht, wenn der Bewerber fristgerecht seine Zulassung

---

[117] Zur nur eingeschränkten Justiziabilität dieser Anforderungen vgl. BVerfG vom 27.7.2004 – 2 BvF 2/02 – BVerfGE 111, 226, 252 ff., 255 = Juris Rn. 95 ff., 102; BVerfG vom 24.11.2010 – 1 BvF 2/05 – BVerfGE 128, 1, 34 = Juris Rn. 126.

[118] Durch die Verschärfung der Anforderungen in Art. 72 II GG *(Fassung vom 28.8.2006, BGBl. I S. 2034)* ist die Rechtslage für den Bund grundsätzlich strenger geworden. Soweit aber ein Kompetenztitel (wie Art. 74 I Nr. 12 GG) in Art. 72 II GG nicht aufgeführt ist, ist die Rechtslage für den Bund großzügiger geworden.

[119] Zur Zulassung im Einzelnen → § 20 Rn. 1 ff.

[120] Sog. Lehre zur Zukunftswirkung von statusbegründenden sozialrechtlichen Zulassungsentscheidungen und Zugangsvoraussetzungen: Vgl. die std. Rspr. seit BSG vom 30.10.1963 – 6 RKa 18/62 – BSGE 20, 86, 90 = Juris Rn. 20; aus jüngerer Zeit z. B. BSG vom 21.3.2012 – B 6 KA 22/11 R – BSGE 110, 269 = SozR 4–2500 § 95 Nr. 24 = GesR 2012, 539 = MedR 2013, 66 = juris, jeweils Rn. 34 iVm 36 iVm 28, und BSG vom 5.6.2013 – B 6 KA 4/13 B – MedR 2013, 826 = Juris, jeweils Rn. 10–13. – Vgl. auch unten § 20 Rn. 63.

[121] Ständige Rspr. seit BVerfG vom 23.3.1960 – 1 BvR 216/51 – BVerfGE 11, 30, 39 ff., 49 = NJW 1960, 715, 716 f. = Juris Rn. 28 ff., 54: „… zugelassen werden muss". – Heute nehmen ca. 120 000 Ärzte und ca. 55 000 Zahnärzte an der ambulanten vertrags(zahn)ärztlichen Versorgung teil; davon im Angestelltenverhältnis ca. 15 000 Ärzte und ca. 3 000 Zahnärzte sowie ca. 8 000 ermächtigte Krankenhausärzte. Gesamtzahl (einschließlich der nur privatärztlich tätigen Ärzte und aller Krankenhausärzte: ca. 370 000 Ärzte und ca. 70 000 Zahnärzte). – Siehe dazu die Angaben vom Bundesministerium der Gesundheit, Daten des Gesundheitswesens 2012, Tabellen 6.4, 6.5 und 6.8, recherchierbar unter www.bundesgesundheitsministerium.de.

beantragt und auch materiellrechtlich alle Zulassungsvoraussetzungen erfüllt; zusätzlich muss er sich konsequent um die Beschaffung des Arztregistereintrags bemühen.[122]

Mit der Zulassung wird der Arzt als Vertragsarzt in den der KV obliegenden Sicherstellungsauftrag zur Durchführung einer ordnungsgemäßen vertragsärztlichen Versorgung eingegliedert und in das System der vertragsärztlichen Versorgung einbezogen.

5. Rechtlicher Status des Vertragsarztes

a) Die Tätigkeit des Vertragsarztes als freier Beruf. Der Arzt übt einen freien Beruf aus, und es ist anerkannt, dass mit „freier Beruf"[123] ein Typus-Begriff gekennzeichnet wird, mit dem vielfältige Berufsausübungsformen verbunden sein können.[124] Gehört zu diesen Ausübungsformen auch die Vertragsarzttätigkeit? Das hat man durchweg bis heute angenommen, mit der Folge, dass gesetzliche Regelungen, die die Freiheit des Handelns des Vertragsarztes binden, nur die Berufsausübungsfreiheit, nicht aber die (an deutlich strengere Voraussetzungen geknüpfte) Berufswahlfreiheit des Art. 12 I 1 GG betreffen.[125] Diese Auffassung beruht auf den so genannten Kassenarzt-Urteilen des BVerfG aus den Jahren 1960/61.[126]

Das BVerfG hat zwar akzeptiert, dass der Kassenarzt[127] eine öffentliche Aufgabe wahrnimmt, hat ihn aber bis heute nicht dem öffentlichen Dienst zugeordnet, weil er innerhalb des öffentlich-rechtlichen Systems der Krankenversicherung weder zu den KKn noch zu der KV in einem Dienstverhältnis stehe.[128] Es handele sich vielmehr auch insoweit um einen freien Beruf:

„Er trägt das ganze wirtschaftliche Risiko seines Berufs selbst; die Kassenzulassung bietet ihm nur eine besondere Chance. Es hängt von ihm und der Gunst der Verhältnisse ab, ob es ihm gelingt, sich eine auskömmliche Kassenpraxis aufzubauen".[129]

---

[122] BSG vom 5.5.2010 – B 6 KA 2/09 R – SozR 4-2500 § 95 Nr. 16 = GesR 2010, 548 = Juris, jeweils Rn. 15–21. Vgl. auch das BSG-Verfahren B 6 KA 10/10 R, das sich gegen das Urteil des LSG Nordrhein-Westfalen – L 11 KA 6/08 – richtete: Der beklagte Berufungsausschuss hat sich in der mündlichen Verhandlung des BSG am 11.5.2011 verpflichtet, der Klägerin die Zulassung unter bestimmten Voraussetzungen zu erteilen (siehe Terminbericht Nr. 23/11 vom 12.5.2011 unter 3). – Vgl. ferner – darauf aufbauend – BSG vom 19.10.2011 – B 6 KA 23/11 R – BSGE 109, 182 = SozR 4-2500 § 103 Nr. 8 = MedR 2012, 830 = Juris, jeweils Rn. 26 betr. Recht des MVZ auf Nachbesetzung. Vgl. weiterhin BSG vom 22.10.2014 – B 6 KA 22/14 B – Juris Rn. 11 am Ende. – Bezugnehmend auch BSG vom 11.2.2015 – B 6 KA 7/14 R – SozR 4-5540 Anl 9.1 Nr. 5 = MedR 2015, 899 = Juris, jeweils Rn. 40 am Ende.

[123] Hier wird von freiem Beruf gesprochen und nicht von „freiberuflich". Dieser letztere Begriff ist ein spezifisch steuerrechtlicher, der besonderen Maßstäben unterliegt. – Vgl. auch → § 19 Rn. 23 f.

[124] § 13 Rn. 9–11 und z. B. BVerfG vom 25.2.1960 – 1 BvR 239/52 – BVerfGE 10, 354, 364 ff. = NJW 1960, 619, 620 = Juris Rn. 64 ff.; BVerfG vom 15.1.2008 – 1 BvL 2/04 – BVerfGE 120, 1, 34 ff. = NVwZ 2008, 1102, 1107 = Juris Rn. 92 ff.

[125] *Th. Clemens,* in: Umbach/Clemens (Hrsg.), Grundgesetz, Bd. I, 2002, Anh. zu Art. 12 GG, Rn. 82 f. m. w. N.

[126] BVerfG vom 23.3.1960 – 1 BvR 216/51 – BVerfGE 11, 30 (betreffend Bedarfsplanung durch die RVO), ebenso BVerfG vom 8.2.1961 – 1 BvL 10/60, 1 BvR 289/60, 1 BvR 348/60 – BVerfGE 12, 144 (betr. Zahnarzt). Aufrecht erhalten durch BVerfG vom 23.7.1963 – 1 BvL 1/61, 1 BvL 4/61 – BVerfGE 16, 286, 294, 296, 298 (zu den Unterschieden zwischen der kassenärztlichen Nebentätigkeit des leitenden Krankenhausarztes und der kassenärztlichen Tätigkeit des niedergelassenen Arztes).

[127] Die Änderung von „Kassenarzt" in „Vertragsarzt" durch das GSG 1992 ist die terminologische Folge der Vereinheitlichung der unterschiedlichen Regelungen in der kassen- und vertragsärztlichen Versorgung, vgl. BT-Drs. 12/3608 vom 5.11.1992, S. 83, und dazu z. B. *P. Wigge,* in: Schnapp/Wigge (Hrsg.), HdB des Vertragsarztrechts, 3. Aufl. 2017, § 2 Rn. 5–7.

[128] BVerfG vom 23.3.1960 – 1 BvR 216/51 – BVerfGE 11, 30, 39. – Ebenso betr. Zahnarzt BVerfG vom 8.2.1961 – 1 BvL 10/60, 1 BvR 289/60, 1 BvR 348/60 – BVerfGE 12, 144, 147.

[129] BVerfGE 11, 30, 40. – An der freiberuflichen Praxisstruktur hat sich bis heute nichts geändert. Auszugehen ist, bezogen auf die Gesamtheit der ca. 170 000 Vertragsärzte und ca. 62 000 Vertragszahnärzte, von einer überwiegend kleinteiligen mittelständischen Struktur: ca. 90 000 Einzelpraxen und

41 Das BVerfG hat folgendermaßen argumentiert: Soweit der Arzt als freier Beruf in das Krankenversicherungssystem einbezogen werde, werde das Gesamtbild der ärztlichen Tätigkeit als freier Beruf nicht geändert. Die Beschränkungen unterschieden sich der Sache nach nicht von den Beschränkungen bei der Behandlung von Privatpatienten und von den Beschränkungen bei anderen sog. freien Berufen, die auch strengen Regelungen einer Berufsordnung unterlägen und Honorare nur nach Maßgabe bestimmter Vergütungsordnungen geltend machen könnten. Das Kassenarztrecht baue daher unverändert auf dem Bild des Arztberufs als einem freien Beruf auf. Das erzwinge die Zuordnung von Berufsregelungen zum Berufsausübungsrecht (sodass bei einzelnen Eingriffsregelungen allerdings u.U. wegen der Intensität des Eingriffs und der dadurch gegebenen Nähe zu einer Berufswahlregelung gesteigerte verfassungsrechtliche Anforderungen beachtet werden müssten).[130]

42 Zu überlegen ist, ob der Standpunkt des BVerfG von 1960 (gesetzliche Regelungen aus dem Jahre 1955/1957 betreffend) der Neubewertung bedarf. Das Gros der Patienten eines Arztes – ca. 90 % der Bevölkerung – sind in der GKV versichert. Bei diesen Patientenkreis ist der Arzt wesentlich weniger frei als bei der Behandlung von Privatpatienten; eine „gleiche" Behandlung von PKV- und GKV-Patienten gibt es nicht. Schon bei der Wahl seines Praxissitzes ist er durch die Bedarfsplanung und die daraus resultierenden Zulassungssperren eingeschränkt.[131] Hat er die Zulassung für einen bestimmten Praxissitz erlangt, so ist er mit seiner Tätigkeit grundsätzlich[132] darauf beschränkt, diese an seinem Praxissitz auszuüben, und – zum großen Teil – ist auch sein Tätigkeitsumfang beschränkt.[133] Er kann seinen Vertragsarztsitz auch nicht frei vererben.[134] Durch diese vielfältigen Eingrenzungen und Beschränkungen kann im Vertragsarztrecht nur in begrenztem Ausmaß von Markt und Wettbewerb die Rede sein.[135] Auf diese Erwägungen gestützt ist in der 2. Auflage dieses Buches die Ansicht vertreten worden, es spreche viel dafür, den Vertragsarztberuf als eigenständigen Beruf einzustufen und nicht als eine bloße Ausübungsform des Arztberufs.[136]

43 Daran ist schon in der Vorauflage nicht festgehalten worden. Einzuräumen ist, dass die vertragsärztliche Tätigkeit in weitem Maße Beschränkungen unterliegt, und dies in erheblich stärkerem Maß als die privatärztliche Tätigkeit. Dennoch können beide Bereiche nicht getrennt gesehen werden. Sie bilden nach wie vor eine Einheit, und überdies sind die Eingrenzungen und Beschränkungen bei der vertragsärztlichen Tätigkeit, ihrer Struktur nach, keine anderen als bei anderen freien Berufen. Dementsprechend ist das BVerfG bis heute von seiner Betrachtung der privatärztlichen und vertragsärztlichen Tätigkeitsbereiche als einem einheitlichen Beruf mit nur verschiedenen Ausübungsformen nicht abgerückt,[137] und es hat

---

ca. 55 000 in kooperativen Strukturen (Berufsausübungsgemeinschaften oder medizinischen Versorgungszentren). – Vgl. dazu die Angaben der KBV, recherchierbar unter www.kbv.de

[130] BVerfG vom 23.3.1960 – 1 BvR 216/51 – BVerfGE 11, 30, 41 f., 44 f. Dies auf die Zahnärzte übertragend: BVerfG vom 8.2.1961 – 1 BvL 10/60, 1 BvR 289/60, 1 BvR 348/60 – BVerfGE 12, 144, 147.

[131] Hierzu Näheres unten → § 20 Rn. 32 ff.

[132] Als Ausnahme besteht unter bestimmten Voraussetzungen die Möglichkeit, eine Zweigpraxis zu betreiben (§ 24 III Ärzte-ZV).

[133] Zu den vielfältigen Einschränkungen durch Honorierungs-Begrenzungen vgl. die anschauliche Darstellung bei *Th. Clemens* in: Laufs/Kern (Hrsg.), HdB des Arztrechts, 4. Aufl. 2010, § 24 insbes. Rn. 12–16.

[134] Eine Praxisnachfolge kommt nur nach Maßgabe des § 103 IIIa, IV SGB V in Betracht. Hierzu Näheres unten § 20 Rn. 35–41.

[135] Vgl. dazu den zugespitzten Hinweis auf „planwirtschaftliche Elemente": *Th. Clemens*, in: Laufs/Kern (Hrsg.), HdB des Arztrechts, 4. Aufl. 2010, § 24 insbes. Rn. 3 und 15.

[136] Siehe *R. Zuck* in: Quaas/Zuck (Hrsg.), Medizinrecht, 2. Aufl. 2008, § 17 Rn. 15 ff. (Zitat aus Rn. 18 am Ende).

[137] Vgl. BVerfG vom 23.3.1960 – 1 BvR 216/51 – BVerfGE 11, 30, 41–43 = NJW 1960, 715 f. = Juris Rn. 30–35, und darauf Bezug nehmend BVerfG vom 20.3.2001 – 1 BvR 491/96 – BVerfGE 103, 172, 184 = NJW 2001, 1779, 1780 = Juris Rn. 39 f.

§ 18 Das Vertragsarztrecht. Grundlagen und Grundsätzliches   435

auch bis heute an seiner Zuordnung zum Typus des freien Berufs festgehalten.[138] Auch das BSG und der Große Senat des BGH halten bisher an der Charakterisierung als freier Beruf fest.[139]

Dies entspricht auch der herrschenden Meinung im Schrifttum.[140]   44

b) **Schlüsselrolle des Vertragsarztes?** Der Vertragsarzt als ein zur vertragsärztlichen Versorgung besonders zugelassener, – im Sinne eines freien Berufs – in eigener Praxis tätiger (§ 32 I 1 Ärzte-ZV) Arzt hat im System der vertragsärztlichen Versorgung eine besondere Funktion. §§ 2, 27 ff. SGB V geben den Versicherten zwar einen Individualanspruch auf Krankenbehandlung, dessen **Reichweite und Gestalt** sich aber erst aus dem Zusammenspiel mit weiteren gesetzlichen und untergesetzlichen Rechtsnormen ergibt.[141] Die **Umsetzung** dieser zusammenspielenden – und nicht ohne Weiteres übersichtlichen – Regelungen **auf den einzelnen Behandlungsfall** geschieht durch den **Vertragsarzt**: Er entscheidet, ob und wie der Versicherte zu behandeln ist. Insoweit kann formuliert werden, dass der Vertragsarzt – ebenso wie die anderen in § 72 I 1 u. 2 SGB V genannten Leistungserbringer – die **Leistungsansprüche des Versicherten umsetzt**.[142]   45

So zentral die Funktion des Vertragsarztes im Versorgungssystem des SGB V ist,[143] so darf dies aber nicht dahin interpretiert werden, der Arzt „begründe" die Leistungsansprüche des Versicherten, bzw., er handele nach Art eines Beliehenen, der durch eine Art Erlass von Verwaltungsakten Leistungsansprüche der Versicherten konkretisiere. Bereits in den Vorauflagen ist darauf hingewiesen worden, dass der Leistungsanspruch des Versicherten zwar durch den Arzt umgesetzt wird, der Anspruch aber im Verhältnis des Versicherten zu seiner KK besteht, die der Schuldner der medizinischen Dienst- und Sachleistungen ist[144] *(vgl. obige Schaubilder → Rn. 3, 12, 14 zum vertragsarztrechtlichen Viereck-Verhältnis)*. Die KK – und nicht der Arzt – hat die hoheitliche Befugnis, durch Verwaltungsakt darüber zu entscheiden, was dem Versicherten an Dienst- und Sachleistungen zu gewähren ist.[145]   46

---

[138] Vgl. z.B. BVerfG (Kammer) vom 9.3.2000 – 1 BvR 1162/97 – NJW 2000, 3057 = Juris Rn. 16; BVerfG (Kammer) vom 30.4.2004 – 1 BvR 2334/03 – NJW 2004, 2660, 2661 = Juris Rn. 13.

[139] Vgl. BSG vom 23.6.2010 – B 6 KA 7/09 R – BSGE 106, 122 = SozR 4–5520 § 32 Nr. 4 = MedR 2011, 298 = Juris, jeweils Rn. 33–51 zur Abgrenzung des „freien" Vertragsarztes vom angestellten Arzt; vgl. auch BGH (Großer Senat) vom 29.3.2012 – GSSt 2/11 – BGHSt 57, 202 = NJW 2012, 2530 = MedR 2012, 656 = Juris, zur (Nicht-)Strafbarkeit vertragsärztlicher Korruption als Amtsdelikt.

[140] Vgl. zur h. M z. B. *M. Quaas*, § 13 Rn. 9–11.

[141] Ständige Rspr. des BSG seit 2011, vgl. z. B. BSG vom 2.9.2014 – B 1 KR 3/13 R – BSGE 117, 1 = SozR 4–2500 § 28 Nr. 8 = Juris, jeweils Rn. 14; BSG vom 2.9.2014 – B 1 KR 11/13 R – BSGE 117, 10 = SozR 4–2500 § 13 Nr. 32 = KrV 2014, 254 = juris, jeweils Rn. 8; BSG vom 11.7.2017 – B 1 KR 30/16 R – BSGE 123 = SozR 4–2500 § 27 Nr. 29 = KrV 2017, 204 = Juris, jeweils Rn. 11: „Welche Leistungen die KKn allgemein in Natur als Sach- oder Dienstleistung zu erbringen haben, bemisst sich grundsätzlich nach dem Zusammenspiel von Leistungs- und Leistungserbringerrecht. Versicherte haben aus § 27 SGB V nicht lediglich ein bloßes subjektiv-öffentlich-rechtliches Rahmenrecht oder einen bloßen Anspruch dem Grunde nach (so noch BSG vom 16.12.1993 – 4 RK 5/92 – BSGE 73, 271, 279 = SozR 3–2500 § 13 Nr. 4 S. 18 f. = Juris Rn. 37), sondern einen konkreten Individualanspruch, dessen Reichweite und Gestalt sich aus dem Zusammenspiel mit weiteren gesetzlichen und untergesetzlichen Rechtsnormen ergibt". – Zur früheren Rspr. eines bloßen Rahmenrechts grundlegend BSG vom 16.9.1997 – 1 RK 28/95 – BSGE 81, 54, 60 ff. = SozR 3–2500 § 135 Nr. 4 = Juris Rn. 28 ff., sowie BSG vom 16.9.1997 – 1 RK 32/95 – BSGE 81, 73, 78 ff. = SozR 3–2500 § 92 Nr. 7 = Juris Rn. 21 ff.

[142] Insoweit nach wie vor zutreffend (allerdings mit der Formulierung „konkretisiert" statt „umsetzt": BSG vom 16.9.1997 – 1 RK 28/95 – BSGE 81, 54, 61 = SozR 3–2500 § 135 Nr. 4 = Juris Rn. 28, sowie BSG vom 16.9.1997 – 1 RK 32/95 – BSGE 81, 73, 79 = SozR 3–2500 § 92 Nr. 7 = Juris Rn. 21.

[143] Vgl. hierzu – unter anderem Aspekt – *Th. Clemens* in: Laufs/Kern (Hrsg.), HdB des Arztrechts, 4. Aufl. 2010, § 24 Rn. 26 am Ende.

[144] So auch schon *Zuck* in: Quaas/Zuck (Hrsg.), Medizinrecht, 2. Aufl. 2008, § 17 Rn. 20 f. mit näheren Ausführungen.

[145] So ausdrücklich zum Krankenhausrecht: BSG (Großer Senat) vom 25.9.2007 – GS 1/06 – BSGE 99, 111 = SozR 4–2500 § 39 Nr. 10 = MedR 2008, 231 = Juris, jeweils Rn. 28 ff.

47 Dementsprechend werden zu Recht Zuschreibungen abgelehnt wie z. B., dass der Vertragsarzt Beliehener sei[146], oder, dass ihm eine Schlüsselrolle zukomme[147], oder, dass ein Vertragsarztmonopol bestehe[148].

II. Weiteres zu den Rechtsbeziehungen zwischen Vertragsarzt und Patient und zwischen Vertragsarzt und Krankenkasse sowie die Rechtsbeziehungen der anderen Leistungserbringer und Versorgungsbeteiligten

48 Grundlegendes zu den Rechtsbeziehungen ergibt sich aus dem vertragsarztrechtlichen Viereck-Verhältnis: In Rn. 3 ist dargestellt, dass die Rechtsbeziehungen zwischen dem Patienten und dem Arzt nicht nur bei privatärztlicher, sondern auch bei vertragsärztlicher Behandlung als zivilrechtlich anzusehen sind. **In den §§ 630a bis 630h BGB** sind Informations- und Aufklärungspflichten des Arztes geregelt sowie auch Haftungspflichten bei Verletzungen von Vertragspflichten. Was in den § 630a ff. BGB **nicht geregelt** ist, ist der **Inhalt der Hauptpflichten** im Sinne einer Konkretisierung dessen, welche ärztlichen Leistungen die Patienten beanspruchen können.

1. Vertragsarzt und Patient – vertragsärztliche und privatärztliche Behandlungen

49 **Ihrem Inhalt nach** haben die Patienten in der GKV gemäß § 27 I 1 SGB V Anspruch auf Krankenbehandlung, wenn sie notwendig ist, um eine Krankheit zu erkennen, zu heilen, ihre Verschlimmerung zu verhüten oder Krankheitsbeschwerden zu lindern. Welche einzelnen Leistungen dies umfasst, ist in § 27 I 2 Nrn. 1 bis 6 iVm §§ 27a–34, 35c, 37–43b SGB V geregelt, wobei Ergänzendes in Richtlinien bestimmt ist, die der G-BA gemäß § 92 I 1 iVm 2 Nrn. 1–6, 8, 10–15 SGB V erlässt.

50 Neben der vertragsärztlichen Tätigkeit darf der **Arzt auch privatärztlich** tätig werden, und zwar nicht nur bei solchen Patienten, die als Privatpatienten einen Vertrag mit einer privatrechtlichen Krankenversicherung abgeschlossen haben, sondern **auch bei sog. Kassenpatienten**, die eine Untersuchung oder Behandlung wünschen, die sie nicht als Kassenleistung im Sinne der vorgenannten Regelungen der §§ 27 I 2 Nrn. 1–6 iVm §§ 27a–34, 35c, 37–43b SGB V iVm den ergänzenden Richtlinien des G-BA beanspruchen können. In diesen Fällen treffen den Arzt noch mehr Pflichten als sonst. **Bei allen Behandlungen,** gleichgültig ob privatärztlich oder vertragsärztlich, muss der Arzt dem Patienten (a) sämtliche für die Behandlung wesentlichen Umstände erläutern (§ 630c II 1 BGB) sowie (b) ihn über Art, Umfang, Durchführung, Folgen und Risiken der Behandlung und über mögliche Alternativen aufklären (§ 630e BGB). **Bei privatärztlichen Behandlungen von Kassenpatienten** muss der Arzt **außerdem** (c) den Patienten über die ihn treffenden Behandlungs**kosten in Textform informieren** (§ 630c III BGB) und (d) mit ihm einen **schriftlichen Behandlungsvertrag** schließen (was so streng nicht im BGB, aber im BMV-Ä und in der Berufsordnung geregelt ist[149]). Der

---

[146] Die Diskussion zusammenfassend *Th. Clemens* in: Laufs/Kern (Hrsg.), HdB des Arztrechts, 4. Aufl. 2010, § 25 Rn. 1 (mit dortiger Fn. 3 m. w. N.).
[147] Hiergegen bereits *Zuck* in: Quaas/Zuck (Hrsg.), Medizinrecht, 2. Aufl. 2008, § 17 Rn. 21.
[148] Hiergegen zu Recht schon *Zuck* in: Quaas/Zuck (Hrsg.), Medizinrecht, 2. Aufl. 2008, § 17 Rn. 22, unter Hinweis auf z. B. die ermächtigten Ärzte (und ärztlich geleiteten Institutionen), mit Ablehnung der Terminologie von *Kruse,* in: Hänlein/Schuler (Hrsg.), LPK – SGB V, 5. Aufl. 2016, § 95 Rn. 1.
[149] Siehe § 3 I 3, § 18 VIII Nr. 2 BMV-Ä; weiterhin § 12 IV Muster-Berufsordnung für die in Deutschland tätigen Ärztinnen und Ärzte. – Der am 26.2.2013 in Kraft getretene § 630c III 2 BGB („Weitergehende Formanforderungen aus anderen Vorschriften bleiben unberührt") stellt klar, dass über das BGB hinaus gehende, anderweitige Forderungen nach mehr Schriftlichkeit – wie eben nach dem BMV-Ä und der Berufsordnung – zusätzlich Geltung haben.

Honoraranspruch des Arztes richtet sich dann nach der GOÄ[150] und nicht nach vertragsärztlichen Vergütungsgrundsätzen.[151]

Eine **Vermengung vertragsärztlicher Leistungserbringung und privatärztlicher Honorierung** in der Weise, dass der Vertragsarzt für die Erbringung vertragsärztlicher Leistungen ein **Zusatzhonorar** verlangt, ist **unzulässig**. Der Gesichtspunkt, dass der Arzt seine vertragsärztlichen Leistungen als nicht ausreichend honoriert betrachtet, kann solches Verhalten nicht rechtfertigen.[152] Hingegen kann es zulässig sein, dass der Vertragsarzt vertragsärztliche Leistungen, die mengenmäßig begrenzt sind[153], um weitere – privatärztlich vereinbarte und privat vom Kassenpatienten honorierte – Leistungen ergänzt bzw. aufstockt.[154]   51

2. Vertragsarzt und Krankenkassen; sog. Selektivverträge

Zwischen Vertragsarzt und KK bestehen **grundsätzlich keine unmittelbaren Rechtsbeziehungen:** Es ist bereits dargelegt worden *(vgl. oben → § 18 Rn. 3 iVm → Rn. 17–21),* dass der Arzt grundsätzlich kein direktes Vorgehen der KK gegen sich gewärtigen muss, die KK vielmehr den Weg über einen entsprechenden Antrag an die speziellen vertragsarztrechtlichen Institutionen gehen muss.   52

Nur ausnahmsweise bestehen direkte Rechtsbeziehungen zwischen dem Vertragsarzt und der KK. Im Rahmen des traditionellen kassenarztrechtlichen Systems, in dem die KV zwischen die KK und den Arzt eingeschaltet ist, ist das äußerst selten der Fall.[155]   53

Der Gesetzgeber hat indessen Regelungen getroffen, auf deren Grundlage **Ärzte und KKn aus dem Viereck-System** *(vgl. die Schaubilder oben in → § 18 Rn. 3, 12, 14)* „ausbrechen" können: In bestimmten Versorgungsbereichen hat der Gesetzgeber zugelassen, dass die Ärzte und die KKn im direkten Miteinander die Versorgung regeln, d. h.: sog. **Selektivverträge** schließen können. Solche Verträge können ohne Beteiligung der KVen abgeschlossen werden. Das betrifft etwa die sog. hausarztzentrierte Versorgung (§ 73b SGB V) und vor allem die sog. integrierte Versorgung (§ 140a SGB V).[156] – Hierzu vgl. noch unten → § 19 Rn. 10 am Ende.   54

3. Vertragsarzt und Kassen(zahn)ärztliche Vereinigung

Die rechtlichen Beziehungen zwischen dem Vertragsarzt und der K(Z)V, die für seinen Vertragsarztsitz zuständig ist, resultieren im Wesentlichen aus dem Zulassungsstatus iVm der gesetzlich angeordneten Pflichtmitgliedschaft (§ 95 III 1 iVm § 77 III SGB V). Die Mitgliedschaft des Vertragsarztes bewirkt, dass er dem Satzungsrecht der KV unterworfen ist; diese kann dadurch seine Rechte und Pflichten regeln (§ 81 I 1 Nr. 4 SGB V) und ihm gegenüber Bestimmungen über die Aufbringung der Finanzmittel treffen (§ 81 I 1 Nr. 5 SGB V) und die vertragsärztlichen Pflichten zur Ausfüllung des Sicherstellungsauftrags festlegen (§ 81 I 1 Nr. 10 SGB V). Aus dem Zulassungsstatus iVm dem öffentlich-rechtlichen Mitgliedschaftsverhältnis ergeben sich aber auch Rechte des Vertragsarztes, z. B.   55

---

[150] → § 14 Rn. 40 ff.

[151] Gesamtzusammenstellung der Anforderungen an eine Privatliquidation bei einem Kassenpatienten: *Th. Clemens/H. Schildt,* Kassenleistung und ergänzende Privatbehandlung, MedR 2013, 491, 504.

[152] Zusammenstellung der BSG-Rspr. bei *Th. Clemens/H. Schildt,* Kassenleistung und ergänzende Privatbehandlung, MedR 2013, 491, 500 (dortige Fn. 81).

[153] Z. B. Zahl der physiotherapeutischen Behandlungen oder der Schwangerschafts-Sonographien oder der psychotherapeutischen Sitzungen.

[154] Systematisierung bei *Th. Clemens/H. Schildt,* Kassenleistung und ergänzende Privatbehandlung, MedR 2013, 491, 500–502.

[155] Zu einem solchen Fall vgl. BSG vom 20.3.2013 – B 6 KA 17/12 R – SozR 4–5540 § 48 Nr. 2 = GesR 2013, 540 = Juris, jeweils Rn. 24 mit Hinweis auf BSG vom 15.8.2012 – B 6 KA 34/11 R – SozR 4–5540 § 44 Nr. 1 = MedR 2013, 401 = Juris, jeweils Rn. 10 f. zum Kostenverlangen für Sprechstundenbedarf.

[156] → § 11 Rn. 65 ff.

- Berechtigung zur Behandlung der GKV-Versicherten (sowie sonstiger Anspruchsberechtigter wie z. B. derjenigen, die Anspruch auf unfallversicherungsrechtliche Leistungen[157], auf freie Heilfürsorge[158] oder auf Knappschaftsversorgung[159] haben),
- Teilhabe an der Gesamtvergütung[160],
- Beteiligung an der Selbstverwaltung[161],
- Unterstützung durch die KV gegen Maßnahmen der Krankenkassen[162].

56 Dem stehen u. a. folgende Pflichten gegenüber:[163]
- Verpflichtung zur Behandlung von GKV-Patienten (grundsätzlich) im Sachleistungssystem,
- tatsächliche Teilnahme an der vertragsärztlichen Versorgung (Sprechstunden[164]),
- Verpflichtung zur Fortbildung[165],
- Teilnahme am vertragsärztlichen Bereitschaftsdienst.[166]

57 Das vorstehend genannte Recht auf Teilhabe an der Gesamtvergütung impliziert – entsprechend dem vertragsarztrechtlichen Viereck-Verhältnis –, dass der Vertragsarzt die Vergütung für seine Leistungen nicht vom Patienten beanspruchen kann und auch nicht von der KK, sondern allein von der KV.

4. Vertragsarzt und nicht-ärztliche Leistungserbringer

58 Neben der vertragsärztlichen Versorgung wirkt eine große Zahl nicht-ärztlicher Leistungserbringer an der Versorgung der Versicherten in der GKV mit. Hierbei handelt es sich beispielsweise um die Leistungen durch Apotheker und durch Heil- und Hilfsmittelerbringer (sowie durch Krankenhäuser, die zwar Ärzte beschäftigen, aber als Institution ein nichtärztlicher Leistungserbringer sind). Allen diesen Leistungserbringern gegenüber hat der Vertragsarzt aufgrund seiner gesetzlicher Verordnungsmacht[167] eine Steuerungsfunktion. Er hat die zentrale Funktion, den Patienten entweder selbst zu behandeln oder durch Überweisung im Rahmen der Auflistung des § 73 II 1 Nrn. 5 ff. SGB V weitere Maßnahmen durch andere Leistungserbringer zu veranlassen. Die nicht-ärztlichen Leistungserbringer sind also weitgehend vom Vertragsarzt abhängig. Der Vertragsarzt ist das Bindeglied zwischen der ambulanten Behandlung und den anderen Leistungserbringern der GKV.[168]

59 Diese Steuerungsmacht hat vor allem im Bereich der Gesundheitshandwerke zu Schwierigkeiten geführt, soweit der Vertragsarzt für sich die Befugnis in Anspruch genommen hat, die Leistung der Gesundheitshandwerker selbst zu erbringen (zahntechnische Leistungen) oder selbst zu beschaffen (z. B. Sehhilfen, Hörgeräte).[169] Problematisch ist es aber auch, wenn der Vertragsarzt zwar nicht selbst tätig wird, sich aber finanziell an der Erbringung nicht-ärztlicher Leistungen beteiligt. So muss der Vertragsarzt, der befugt ist, nicht-ärztliche Leistungen zu verordnen, davor gewarnt werden, über die Teilhabe an GmbHs o. ä. **finanziell von**

---

[157] Vgl. § 34 III, V SGB VII.
[158] § 75 III SGB V.
[159] Siehe § 75 V SGB V (als subsidiärer Anspruch, falls nicht durch Knappschaftsärzte sichergestellt).
[160] → § 22 Rn. 21 ff.
[161] Z. B. Möglichkeiten, in den Fachgremien wie Beschwerdeausschuss, Zulassungs- und Berufsausschuss mitzuwirken. Zu diesen Fachgremien vgl. oben → § 18 Rn. 17–21.
[162] § 75 II 1 SGB V.
[163] Siehe dazu auch § 19 Rn. 65 f., 67 ff., 78 ff.
[164] Vgl. dazu § 17 BMV-Ä.
[165] § 95d SGB V. Näheres dazu in → § 13 Rn. 59 ff. und in → § 20 Rn. 96 ff.
[166] Vgl. hierzu § 75 Ib SGB V; dazu unten → § 19 Rn. 78–81.
[167] → § 18 Rn. 45–47.
[168] *P. Wigge*, in: *Schnapp/Wigge* (Hrsg.), HdB des Vertragsarztrechts, 3. Aufl. 2017, § 2 Rn. 41.
[169] → § 40 Rn. 16, 17; → § 41 Rn. 19 ff.; → § 42 Rn. 8.

der Tätigkeit der nicht-ärztlichen Leistungserbringer profitieren zu wollen: Dies kann zum Vorwurf der Korruption – unzulässiger Vorteilsnahme – führen![170]

§ 19 Kassenärztliche und Kassenzahnärztliche[171] Vereinigungen[172]/ Sicherstellungsauftrag[173]/Gewährleistungspflichten

I. Kassenärztliche Vereinigungen

1. Kassenärztliche Vereinigungen und Reformdiskussionen

a) **Rechtsgrundlagen.** Zur Erfüllung der durch das SGB V übertragenen Aufgaben der vertragsärztlichen Versorgung bilden die Vertragsärzte für den Bereich eines jeden Landes eine KV (§ 77 I 1 SGB V). Ergänzend hierzu gab es eine Übergangsregelung, wonach KVen, deren Bereiche am 1.1.1989 von dieser landesbezogenen Vorgabe abwichen, bestehen bleiben (§ 77 I 2 SGB V a. F.[174]). Dies ist nur noch insoweit relevant, als in Nordrhein-Westfalen je zwei KVen und zwei KZVen, getrennt für Nordrhein und Westfalen-Lippe, bestehen. Auch diese KVen und KZVen können sich noch – vgl. dazu die heutige Fassung des § 77 I 2 SGB V – noch zu einer KV bzw. KZV vereinigen. 1

Abweichungen von der Grundregel des § 77 I 1 SGB V sind auch in der Weise möglich, als gemäß § 77 II SGB V für mehrere Bundesländer zusammen eine KV bzw. eine KZV gebildet werden kann. Hiervon ist bisher nicht Gebrauch gemacht worden. 1a

Früher hatte es mehr Abweichungen von der Grundregel des § 77 I 1 SGB V gegeben, indem – auf der Grundlage des Bestandsschutzes gemäß § 77 I 2 SGB V a. F.[175] – in Baden-Württemberg und in Rheinland je vier KVen und vier KZVen bestanden hatten. Dem trat der Gesetzgeber aber entgegen, indem ab 2005[176] die Zusammenlegung von KVen (innerhalb eines Landes) mit weniger als 10 000 Mitgliedern und von KZVen mit weniger als 5 000 Mitgliedern vorgeschrieben wurde (§ 77 I 2 und 3 SGB V[177]).[178] Dies führte dazu, dass die je vier KVen und KZVen in diesen beiden Bundesländern jeweils zu einer KV bzw. KZV zusammengelegt wurden.[179] 1b

---

[170] Vgl. dazu aus jüngerer Zeit das Strafurteil BGH vom 25.7.2017 – 5 StR 46/17 – NStZ-RR 2017, 313 = GesR 2017, 639 = MedR 2018, 158. Vgl. dazu die vergleichbaren Fragen bei der Teilberufsausübungsgemeinschaft (dazu *Düring* in: Schallen, Zulassungsverordnung, 9. Aufl. 2018, § 33 Rn. 51 ff., 56.

[171] Was im Folgenden zur KV ausgeführt wird, gilt entsprechend für die KZVen (vgl. § 72 I 2 SGB V).

[172] Zur Entstehung der Kassenärztlichen Vereinigungen vgl. oben § 18 Rn. 5–9.

[173] Jeweils umfassend: *Schrinner*, Bedeutung, Umfang und Grenze des Sicherstellungsauftrags der Kassenärztlichen Vereinigungen gemäß § 75 I SGB V, 1996; *Schiller*, in: Schnapp/Wigge (Hrsg.), Handbuch des Vertragsarztrechts, 2. Aufl. 2006, § 5 Rn. 105 ff. (in der heutigen neueren 3. Auflage 2017 beschränkt sich *Schiller* auf die Mitteilung des heutigen faktischen Zustands: § 5 Abschnitt A Rn. 27).

[174] In der bis Ende 2004 geltenden Fassung.

[175] In der bis Ende 2004 geltenden Fassung.

[176] Art. 37 VIII GMG sah für diese Neuregelung ein Inkrafttreten nicht schon – wie hinsichtlich der meisten Bestimmungen – zum 1.1.2004, sondern erst zum 1.1.2005 vor.

[177] In der von 2005 bis 2011 geltenden Fassung: Zum Inkrafttreten siehe Art. 37 VIII GMG vom 23.11.2003, BGBl. I S. 2190, 2257 f., und zum Außerkrafttreten, weil „durch Vollzug gegenstandslos", siehe Art. 1 Nr. 53 GKV-VStG vom 22.12.2011 (BGBl. I S. 2983, 2986).

[178] Zu den erforderlichen Folgemaßnahmen siehe § 77 II SGB V in der von 2005 bis 2011 geltenden Fassung (mit einem ab 2007 angefügten Zusatz). Hier und im Organisationsrecht (siehe § 19 Rn. 30 ff.) sind Bruchstücke einer ursprünglich geplanten umfassenden Gesamtreform der KV-Strukturen vorgesehen worden. Zu diesen Plänen siehe umfassend *Huber*, VSSR 2000, 369. Zur Teilverwirklichung vgl. das GMG vom 14.11.2003 (BGBl. I S. 2190) und Beispiele in § 19 Rn. 3–10.

[179] Damit ist die Besitzstandsregel des § 77 I 2 SGB V a. F. nur noch im Fall Nordrhein-Westfalen relevant. Insofern hat eine Annäherung an die die Landes-Regel des § 77 I 1 SGB V stattgefunden. Vgl. BT-Drs. 15/1525, S. 98.

2   **b) Verfassungsfestigkeit und Reformdiskussionen.** Das gegenwärtige System der GKV mit der Einrichtung der KVen ist in ihrem Bestand **nicht durch die Verfassung, das GG, geschützt.**[180] Demgemäß war der Gesetzgeber ohne Weiteres zu den vorstehend geschilderten Vorgaben einer **Zusammenlegung von KVen und KZVen** befugt.

3   aa) **Abschaffung der KVen?** Der Gesetzgeber wäre theoretisch befugt, die gänzliche Abschaffung aller KVen und KZVen zu verfügen. Indessen ist vor darauf gerichteten Forderungen, die immer wieder und teilweise sehr prononciert – gerade auch von Ärzten, die ihre KV als zu obrigkeitlich und honorarbegrenzend und bürokratisch empfinden – erhoben worden sind, zu warnen:

4   Damit würde eine **politisch-historische Errungenschaft von vor 100 Jahren** zerstört. Gerade zum Schutz vor den als übermächtig erlebten KKn schlossen sich die Ärzte zu Vereinigungen zusammen, die später die Form einer KV (bzw. KZV) erhielten (→ § 18 Rn. 5–9). Dies wieder aufzugeben, hieße, die Ärzte und Zahnärzte der direkten Einwirkung der KKn zu überlassen. Diese würden aber möglicherweise alsbald – wie schon zu Beginn des 20. Jahrhunderts – als übermächtig empfunden werden.

5   Zum anderen müssten **Organisationslasten**, die bisher die KVen tragen, bei den KKn bewältigt werden – z.B. die Abrechnungsprüfung mit sachlich-rechnerischer Richtigstellung und die Beratung der Ärzte bei Fragen der Zulassung, der Gründung von Berufsausübungsgemeinschaften, von Zweigpraxen u.v.m. Dies würde zusätzlichen Bürokratie-Aufwand bei den KKn und damit auch finanzielle Belastungen bedeuten – sodass das Argument, die sog. Kosteneffektivität sei bei den KVen schlecht und bei den KKn besser, sich möglicherweise als nicht mehr zutreffend erweisen könnte.

6   **bb) Verlagerung des Sicherstellungsauftrags?** Auch eine „kleine Reform", wie etwa den KVen und KZVen den Sicherstellungsauftrag (ganz oder teilweise) zu nehmen (und z.B. auf die Krankenkassen zu übertragen)[181], sollte gut überlegt werden.

7   Hintergrund für diese Diskussion ist die vor allem von Wirtschaftswissenschaftlern erhobene,[182] von Krankenkassenseite aufgegriffene[183] Forderung nach einer solidarischen Wettbewerbsordnung, also so etwas wie eine Quadratur des Kreises.[184] Die Verfechter solcher Ideen sehen in den KVen historische Relikte kollektivvertraglicher Strukturen. Von KV- und KBV-Seite ist dem entgegengehalten worden, dass sich die KVen wegen ihres Sicherstellungsauftrags wettbewerblicher Einordnung entziehen; die ihnen zugeordneten Aufgaben

- Aufrechterhaltung von Bereitschafts- und Notfalldienst (§ 75 Ib SGB V)
- Disziplinarmaßnahmen bei Pflichtverletzungen von Vertragsärzten (§ 81 V SGB V)
- Vorgaben für die Vergütungsstrukturen (z.B. §§ 82 ff., 85 ff. SGB V)
- Führung des Arztregisters (§ 98 SGB V)
- Mitwirkung an der kassenübergreifenden Bedarfsplanung (§§ 99 ff. SGB V)

---

[180] So schon BVerfG vom 9.4.1975 – 2 BvR 879/73 – BVerfGE 39, 302, 314 f. = Juris Rn. 71; s.a. BVerfG vom 20.3.2001 – 1 BvR 491/96 – BVerfGE 103, 172, 185, 189 = NJW 2001, 1779, 1780 f. = Juris Rn. 43, 53; besonders deutlich *Jaeger*, Welches System der gesetzlichen Krankenversicherung wird durch das Grundgesetz geschützt? in: Empter/Sodan (Hrsg.), Markt und Regulierung, 2003, S. 15 iVm S. 39 („Das Grundgesetz schützt kein System der gesetzlichen Krankenversicherung. ... Nicht die Verfassung, sondern die Politik entscheidet, welches der richtige Weg zu einer angemessenen Gesundheitsversorgung der Bevölkerung ist").

[181] Vgl. u.a. die Referate beim Symposion der Deutschen Gesellschaft für Kassenarztrecht e.V. am 14.11.2002 in Berlin, *Gaß*, MedR 2003, 129; *Hess*, MedR 2003, 137 ff.; *Muschallik*, MedR 2003, 139 ff.; *Kluth*, MedR 2003, 123 ff. sowie *Steinhilper*, GesR 2003, 374 ff. zu der Reform der KVen durch das GMG vom 14.11.2003 (BGBl. I S. 2190).

[182] Vgl. etwa *Glaeske/Lauterbach/Rürup/Wasem*, Weichenstellung für die Zukunft. Elemente einer neuen Gesundheitspolitik, 2001.

[183] Vgl. etwa Arbeitsgemeinschaft der Spitzenverbände der Krankenkassen: Zukunft der gesetzlichen Krankenversicherung. Das Konzept der Kassen, 2002.

[184] Vgl. dazu → § 7 Rn. 20 f.

- Durchführung von Wirtschaftlichkeits- und sachlich-rechnerischen Prüfungen (§§ 106–106d SGB V) könnten nicht durch krankenkassenspezifische Wettbewerbsstrukturen ersetzt werden.[185]

cc) **Verbliebene Reformen.** Die Politiker hatten in ihren Entwürfen[186] zum GKV-Modernisierungsgesetz, das zum 1.1.2004 in Kraft getreten ist, den radikalen Forderungen nach Abschaffung der KVen oder Entziehung ihres Sicherstellungsauftrags eine Absage erteilt. Der Gesetzgeber hat aber, zusätzlich zu den Vorgaben für die Zusammenlegung kleiner KVen und KZVen (→ Rn. 1b), zum Teil tiefgreifende Änderungen in der Organisation der KVen durchgeführt, u. a. 8

- Begrenzung der Zahl der Mitglieder der Vertreterversammlungen (§ 79 II 1 SGB V),
- Hauptamtlichkeit und zahlenmäßige Verkleinerung der Vorstände (§ 79 IV SGB V),
- Verhältniswahlrecht bei der Wahl zur Vertreterversammlung (§ 80 I 2 SGB V) und
- Vorgabe selbstständiger Einheiten innerhalb der KVen zur Bekämpfung von Fehlverhalten im Gesundheitswesen in den KVen (§ 81a SGB V).

Diese Reformen sind teilweise zum 1.1.2004 und im Übrigen zum 1.1.2005 in Kraft getreten.[187] 9

dd) **Weitere Entwicklung seit 2005.** In den nächsten zehn Jahren sind keine weiteren tiefgreifenden Reformen bei den KVen und KZVen erfolgt. Es wurde stiller um die früheren Überlegungen nach gänzlicher Abschaffung von KVen und KZVen, die zeitweilig sehr prononciert vorgebracht worden waren. Das kann möglicherweise darin seinen Grund haben, dass die Erfahrungen mit den sog. Selektivverträgen direkt mit den KKn, ohne Beteiligung der KVen (→ § 18 Rn. 54), nicht so positiv wie erhofft waren. 10

Erst das sog. **Selbstverwaltungstärkungsgesetz,** das zum 1.3.2017[188] in Kraft trat, brachte wieder wichtige Neuerungen. Hierzu wird auf unten → Rn. 14a ff. und 51a f. verwiesen. 10a

2. Kassenärztliche Vereinigungen als Selbstverwaltungskörperschaften

Gemäß § 77 V SGB V sind die KVen und KZVen[189] (sowie die KBV und KZBV) **Körperschaften des öffentlichen Rechts** *(hierzu bereits oben → § 18 Rn. 6–9).* Damit teilen sie ihre Rechtsnatur mit derjenigen der Kammern der Freien Berufe und der KKn. Ihnen allen ist gemeinsam, dass sie einen Zusammenschluss von Personen darstellen und es keiner ausdrücklichen Beitrittserklärung bedarf, sodass ein Mitglied aus der Körperschaft nicht austreten kann, ohne gleichzeitig den diese Mitgliedschaft begründenden Status aufzugeben; diese **Pflichtmitgliedschaft** bedeutet, dass ein Austritt aus der KV nur unter Aufgabe des Status als zugelassener Vertragsarzt erfolgen kann.[190] 11

Die KVen[191] sind nicht nur Körperschaften des öffentlichen Rechts, sondern sind in der Systematik des Verwaltungsorganisationsrechts genauer als Personalkörperschaften und **Träger funktionaler Selbstverwaltung** zu qualifizieren. Anders als § 29 I SGB IV für die 12

---

[185] Nachdrücklich in diesem Sinne *Hess,* MedR 2003, 137; vgl. ferner die in § 7 Rn. 20 genannten Gesichtspunkte.

[186] BT-Drs. 15/1525 S. 76 und 78 mit Benennungen der Organisationsreformen (ohne weitergehende Eingriffe).

[187] Art. 37 I und VIII GKV-Gesundheitsmodernisierungsgesetz vom 14.11.2003 (BGBl. I S. 2190, 2257 f.).

[188] GKV-Selbstverwaltungsstärkungsgesetz (GKV-SVSG) v. 21.2.2017 (BGBl. I. S. 265).

[189] Die Anwendung der Regelungen, die nur die KVen nennen, auch auf die KZVen ergibt sich aus der Leitvorschrift § 72 I 2 SGB V, wonach die Vorschriften, die sich auf Ärzte beziehen, entsprechend für Zahnärzte, Psychotherapeuten und medizinische Versorgungszentren gelten.

[190] Unbestritten, vgl. z. B. *Kluth,* MedR 2003, 123; *Schiller,* in: Schnapp/Wigge (Hrsg.), Handbuch des Vertragsarztrechts, 3. Aufl. 2017, § 5 Abschnitt A Rn. 14.

[191] Mit diesem Begriff ist im Folgendem grundsätzlich die KZV mitgemeint.

Versicherungsträger („rechtsfähige Körperschaften des öffentlichen Rechts mit Selbstverwaltung") sagt § 77 V SGB V das zwar nicht ausdrücklich; aber wenn § 79 I SGB V von der Vertreterversammlung als einem „Selbstverwaltungsorgan" der KVen spricht, wird damit auch formal ausgedrückt, was in der Sache unumstritten ist, nämlich dass die KVen Träger der vertragsärztlichen Selbstverwaltung sind.[192] Ganz allgemein ist davon auszugehen, dass Selbstverwaltung im rechtlichen Sinn die Herauslösung oder Einrichtung von Institutionen und Aufgaben außerhalb des unmittelbaren staatlichen Bereichs bedeutet sowie die Übertragung dieser Aufgaben zur eigenverantwortlichen Erledigung auf gesellschaftliche Ordnungskräfte, die nicht im staatlich-hierarchischen Behördenaufbau stehen. Kennzeichnend ist die (relative) Ferne staatlicher Einflussnahme.[193] Wesentlich an dieser allgemeinen begrifflichen Bestimmung ist die in ihr besonders hervorgehobene Eigenverantwortlichkeit des Selbstverwaltungsträgers. Damit ist der Aspekt der Selbstverwaltung verbunden, positiv ausgedrückt: die **Freiheit** von allgemeiner und besonderer Organaufsicht, d. h. **von fachlicher Beaufsichtigung.** Das hat das BVerwG schon in einer sehr frühen Entscheidung judiziert[194]:

„Die Beschränkung auf die Rechtsbewahrung und die Unnachprüfbarkeit der Entscheidungen auf ihre Zweckmäßigkeit ist ein wesentliches Merkmal der Selbstverwaltung. Hiermit ist eine Fachaufsicht ... nicht vereinbar."

13   Ebenso hat das BSG konstatiert, dass sich die aufsichtliche Überprüfung nach § 78 III 1 SGB V „auf die Beachtung von Gesetz und sonstigem Recht (erstreckt) und ... daher auf eine Rechtskontrolle beschränkt" ist.[195] Es ist auf der anderen Seite ebenso gesicherte Erkenntnis, dass auch die Träger der vertragsärztlichen Selbstverwaltung von der Aufgabenstellung des staatlichen Gesetzgebers abhängig sind (Art. 20 III GG). Das BSG hat dies wie folgt ausgedrückt:[196]

„Ihre Eigenständigkeit beruht auf der (äußeren) Unabhängigkeit von der staatlichen Organisation, sie bedeutet aber keine Unabhängigkeit im Sinne einer (inneren) autonomen Aufgabenerfüllung. Bedeutet danach die Selbstverwaltung, dass öffentliche Aufgaben durch organisatorisch unabhängige öffentlich-rechtliche Körperschaften wahrgenommen werden, und die öffentliche Aufgabe eine bestimmte Gruppe von Normbetroffenen im Auge hat, die sich selbst verwalten können, also auch durch eine größere Sachnähe eine bessere Aufgabenerfüllung gewährleisten, dann wird deutlich ... dass diese Befugnis ... aber von gesetzlichen, die Struktur des Systems bestimmenden Vorgaben abhängig ist ...".

14   Das BSG macht in diesem Zusammenhang darauf aufmerksam, dass der vorgabenregelnde Gesetzgeber das Gesamtsystem der GKV außerordentlich breit und differenziert angelegt

---

[192] Vgl. etwa *Schnapp*, in: Schulin (Hrsg.), Handbuch des Sozialversicherungsrechts, Bd. 1: Krankenversicherungsrecht, 1994, § 249 Rn. 205; *Hencke*, in: Peters (Hrsg.), Handbuch der Krankenversicherung, SGB V, § 77 Rn. 2; *Schiller*, in: Schnapp/Wigge (Hrsg.), Handbuch des Vertragsarztrechts, 3. Aufl. 2017, § 5 Abschnitt A Rn. 28 ff.

[193] So schon *Forsthoff*, Lehrbuch des Verwaltungsrechts, Band I, 10. Aufl. 1973, § 24 Rn. 1 ff.; *Wolff/Bachof/Stober*, Verwaltungsrecht II, 7. Aufl. 2010, § 85 Rn. 83, § 99 Rn. 2, 4, 6; *Schnapp*, in: Schulin (Hrsg.), Handbuch des Sozialversicherungsrechts, Bd. 1: Krankenversicherungsrecht, 1994, § 49 Rn. 60 ff.; zum Begriff der funktionalen Selbstverwaltung vgl. *Kluth*, Funktionale Selbstverwaltung; *ders.*, in: Schnapp (Hrsg.), Funktionale Selbstverwaltung und Demokratieprinzip am Beispiel der Sozialversicherung, Tagungsband, 2000, S. 17 f.; siehe auch BVerfG vom 5.12.2002 – 2 BvL 5/98 – BVerfGE 107, 59, 88 ff. = NVwZ 2003, 974, 975 ff. = Juris Rn. 136 ff.

[194] BVerwG vom 17.1.1961 – 1 B 135.60 – DVBl. 1961, 449.

[195] BSG vom 30.10.2013 – B 6 KA 48/12 R – BSGE 114, 274 = SozR 4–2500 § 81 Nr. 7, Rn. 21.

[196] BSG vom 1.10.1990 – 6 RKa 30/89 – BSGE 67, 256, 264 = SozR 3–2500 § 92 Nr. 1 S. 9 f. = Juris Rn. 35; siehe dazu auch *Schiller*, in: Schnapp/Wigge (Hrsg.), Handbuch des Vertragsarztrechts, 3. Aufl. 2017, § 5 Abschnitt A Rn. 28 ff. Vgl. ferner BSG vom 30.10.2013 – B 6 KA 48/12 R – BSGE 114, 274 = SozR 4–2500 § 81 Nr. 7, Rn. 20 ff.

hat, sodass vielfach trotz der großen Zahl krankenversicherungsrechtlicher Selbstverwaltungsbestimmungen häufig nur relativ enge Ausfüllungsbereiche für die einzelne Selbstverwaltungskörperschaft verbleiben.[197]

In jüngerer Zeit hat das GKV-Selbstverwaltungsstärkungsgesetz (GKV-SVSG) vom 21.2.2017[198] weitere Veränderungen gebracht. Es sind darin einerseits in der Tat Stärkungselemente enthalten, andererseits werden den KVen und insbesondere den K/Z)BVen zusätzliche Pflichten auferlegt. Als Stärkung ist die vermehrte Einbeziehung angestellter Ärzte anzusehen, die bisher nur dann Mitglied der KV waren, wenn sie mindestens halbtags beschäftigt waren, nunmehr aber schon dann, wenn sie mindestens 10 Wochenstunden beschäftigt sind (§ 77 III 2 SGB V). Zusätzliche Pflichten ergeben sich mehrfacher Hinsicht: Die Vorstände der K(Z)Ven und der K(Z)BVen sind auf drei Mitglieder begrenzt; die Vorstandsvergütungen sind zu veröffentlichen bzw. den Vorsitzenden der Vertreterversammlung mitzuteilen (§ 79 IV 1, 2, 9, 10 SGB V). Die Vertreterversammlungen der K(Z)Ven können ihre Vorsitzenden wegen Vertrauensverlusts abwählen (§ 80 IV SGB V). Schon im Vorjahr[199] waren die Vorgaben für die Stellen zur Bekämpfung von Fehlverhalten im Gesundheitswesen zur Prüfung und Berichterstattung bei Pflichtverletzungen verschärft worden (§ 81a III 2 u. 3, V 2 u. 3 SGB V). 14a

Über diese Vorgaben hinaus hat das GKV-Selbstverwaltungsstärkungsgesetz (GKV-SVSG) speziell für die K(Z)BVen noch weitere aufsichtliche Einbindungen gebracht. Diese werden unten im Abschnitt zu den K(Z)BVen – in → Rn. 51a f. – dargestellt. 14b

Der zunächst von der Bundesregierung vorgelegte Gesetzentwurf für das GKV-Selbstverwaltungsstärkungsgesetz[200] hatte noch weit mehr Vorgaben für die Selbstverwaltung enthalten – auch mit Einschränkungen der Klagemöglichkeit gegen aufsichtliche Maßnahmen und Beschränkungen der gerichtlichen Prüfung auf eine Vertretbarkeitskontrolle –, sodass das Gesetz in Kreisen der Selbstverwaltung insbesondere der K(Z)BVen gelegentlich als GKV-Selbstverwaltungs**schwächungs**gesetz charakterisiert wurde. 14c

Im Schrifttum wird schon seit einiger Zeit teilweise die Ansicht geäußert, im Bereich der Versicherungsträger sei Selbstverwaltung im Sinne eigenverantwortlichen Gestaltens nur noch rudimentär vorhanden.[201] Dies ist jedoch eine unzutreffende Verallgemeinerung; denn es gibt bei den Versicherungsträgern und den KVen keine einheitlichen Selbstverwaltungsstrukturen.[202] Den KVen hat man den Status einer Körperschaft des öffentlichen Rechts verliehen, um eine statusmäßige Harmonisierung mit den anderen Trägern der Sozialversicherung herbeizuführen.[203] Der Begriff der Selbstverwaltung ist für sich allein nicht aussagekräftig; mit Inhalt füllt er sich nur und erst, wenn die jeweiligen konkreten gesetzlichen Rahmenbedingungen in die Analyse einbezogen werden. 15

Betrachtet man die rechtliche Situation unter dieser Maßgabe, so wird erkennbar, dass der Status der übrigen Versicherungsträger in §§ 29 ff. SGB IV geregelt ist, der Status der KVen hingegen in Einzelvorschriften des SGB V wie z.B. §§ 75, 77 ff., 85 SGB V. Dass dies bewusst gewählte Unterschiede sind, wird besonders daran deutlich, dass der Gesetzgeber z.B. in § 78 III SGB V ausdrücklich nur auf einzelne, kraft eben dieser Erwähnung „ent- 16

---

[197] Vgl. hierzu BSG vom 1.10.1990 – 6 RKa 30/89 – BSGE 67, 256, 264 = SozR 3–2500 § 92 Nr. 1 S. 9 f. = Juris Rn. 36.
[198] GKV-Selbstverwaltungsstärkungsgesetz (GKV-SVSG) vom 21.2.2017 (BGBl. I S. 265), in Kraft seit dem 1.3.2017.
[199] Art. 3 Nr. 1 des Gesetzes zur Bekämpfung von Korruption im Gesundheitswesen vom 30.5.2016 (BGBl. I S. 1254, 1255).
[200] Gesetzentwurf der Bundesregierung, BT-Drs. 18/10605 vom 9.12.2016.
[201] *Schnapp*, in: Schulin (Hrsg.), Handbuch des Sozialversicherungsrechts, Bd. 1: Krankenversicherungsrecht, 1994, § 49 Rn. 70.
[202] Vgl. dazu etwa *Schnapp*, in: Schulin (Hrsg.), Handbuch des Sozialversicherungsrechts, Bd. 1: Krankenversicherungsrecht, 1994, § 49 Rn. 208.
[203] Hierzu Näheres im folgenden Abschnitt 3 = Rn. 17. – Zur Historie → § 18 Rn. 5–8.

sprechend" anwendbare Vorschriften des SGB IV verweist. Wenn also das vom Gesetzgeber vorgegebene Normengeflecht – die unterschiedlichen Rahmenbedingungen, wie sie hier für den Versicherungsträger einerseits, die KVen andererseits gegeben sind – die Handlungsspielräume der Selbstverwaltungskörperschaften verschieden ausformt, dann müssen sich auch unterschiedliche Selbstverwaltungsbefugnisse ergeben. Einige Grundprinzipien gelten allerdings übergreifend wie z. B. die grundsätzliche Begrenzung der Aufsicht gegenüber der Selbstverwaltung – soweit diese gesetzlich eingeräumt ist – auf eine bloße Rechtsaufsicht.[204]

3. Aufgabenbereiche der Kassenärztlichen Vereinigungen

17 Vorstehend ist darauf hingewiesen worden, dass mit der Organisationsstruktur der KVen als Körperschaften des öffentlichen Rechts das Ziel verfolgt worden ist, eine statusmäßige Harmonisierung mit den anderen Trägern der Sozialversicherung herbeizuführen. Die KVen sollten, wie die Versicherungsträger, **hoheitliche Aufgaben** wahrnehmen können, d. h. dass sie die Aufgaben der Krankenversicherung gegenüber ihren Mitgliedern – den Ärzten – auch durch Verwaltungsakt umsetzen können – z. B. Honorarverteilung und sachlich-rechnerische Richtigstellungen – und dass sie auch disziplinarrechtliche Kompetenzen ausüben können, wie dies historisch gewachsen ist.[205] Nur auf diese Weise kann das System der vertragsärztlichen Versorgung funktionsfähig erhalten werden.[206] Man kann das als Mitwirkung durch Rechtsgestaltung und als Anleitung zur Regelung näher systematisieren.[207] Damit wird aber nur ein Teilbereich der Aufgaben der KVen angesprochen.

18 Der andere Teilbereich betrifft die im SGB V aufgeführte Verpflichtung der KVen, „die Rechte der Vertragsärzte gegenüber den Krankenkassen wahrzunehmen" (§ 75 II 1 SGB V, vgl. unten Rn. 98). Das ist die „historisch gewachsene", aus der Funktion der KVen als Vertragspartner folgende Wahrnehmung der wirtschaftlichen Interessen der Vertragsärzte (vgl. dazu das vertragsarztrechtliche Viereck-Verhältnis, → § 18 Rn. 3). Diese Funktion wird vielfach kurzgefasst als „**Interessenvertretung**" bezeichnet.[208] Diese Interessenwahrnehmung ist im Übrigen nicht auf das Verhältnis zu den KKn beschränkt.[209] Man hat insoweit von „gewerkschaftlichen", „genossenschaftlichen", und „berufsständischen" Funktionen gesprochen.[210]

19 Festzuhalten ist, dass die KVen einen „**Januskopf**" haben: „Nach außen die Interessenvertretung der Ärzte, nach innen die Einhaltung von Gesetz und Recht".[211]

---

[204] Zu dieser Begrenzung vgl. die ständige Rspr. des BSG, z. B. BSG vom 6.5.2009 – B 6 A 1/08 R – BSGE 103, 106 = SozR 4–2500 § 94 Nr. 2, Rn. 34 ff.; BSG vom 30.10.2013 – B 6 KA 48/12 R – BSGE 114, 274 = SozR 4–2500 § 81 Nr. 7, Rn. 21 m. w. N.

[205] Seit 1931/32 – zu dieser Historie vgl. oben § 18 Rn. 7–9. – Vgl. dazu auch z. B. *Hencke*, in: Peters (Hrsg.), Handbuch der Krankenversicherung, SGB V, § 77 Rn. 18.

[206] Vgl. z. B. BSG vom 6.11.2002 – B 6 KA 9/02 – SozR 3–2500 § 81 Nr. 9 S. 51 = Juris Rn. 22.

[207] Dazu gehören unterschiedliche Sicherstellungs- (siehe dazu → § 19 Rn. 54 ff.), Gewährleistungs- und Vertragsaufgaben (§ 19 Rn. 97 ff.); ggf. disziplinarrechtlich abgesichert (siehe → § 24 Rn. 1 ff.). – Vgl. hierzu auch die Historie in → § 18 Rn. 6 f. mit Fn. 35.

[208] *Kluth*, Funktionale Selbstverwaltung, 1997, S. 322 ff.; ders., MedR 2002, 123, 126.

[209] *Hencke*, in: Peters (Hrsg.), Handbuch der Krankenversicherung, SGB V, § 75 Rn. 19; *Hess*, in: KassKomm Sozialversicherungsrecht, SGB V, § 75 Rn. 33; *Merten*, Zum Selbstverwaltungsrecht Kassenärztlicher Vereinigungen, 1995, S. 36.

[210] Zum Letzteren siehe *Hess*, in: KassKomm Sozialversicherungsrecht, SGB V, § 77 Rn. 13. – Siehe auch oben → § 18 Rn. 5

[211] *Merten*, Zum Selbstverwaltungsrecht Kassenärztlicher Vereinigungen, 1995, S. 37; zu dem sich daraus ergebenden Spannungsverhältnis siehe *Schiller*, in: Schnapp/Wigge (Hrsg.), Handbuch des Vertragsarztrechts, 3. Aufl. 2017, § 5 Abschnitt A Rn. 191. Zu den Aufgaben der KVen (und der KKn) gehört auch die Beratung der Vertragsärzte über „Fragen der Wirtschaftlichkeit" (§ 305a S. 1 SGB V). Dazu gibt es für die Vertragsärzte Datenübermittlungsbefugnisse (§ 305a S. 2–6 SGB V).

4. Mitgliedschaft in der Kassenärztlichen Vereinigung

a) Zugelassene, angestellte und ermächtigte Ärzte. Seit der Änderung zum 1.1.2004[212] sind Mitglieder der KV nicht mehr nur die zugelassenen Vertragsärzte, sondern auch angestellte Ärzte und die ermächtigten (Krankenhaus)Ärzte, soweit sie mindestens zehn Stunden[213] pro Woche beschäftigt sind (§ 77 III 1 und 2 SGB V).

Einbezogen sind ebenfalls die in einem medizinischen Versorgungszentrum angestellten und die bei einem Vertragsarzt angestellten Ärzte (siehe die Aufzählung in § 77 III 1 SGB V), ebenso auch die Psychotherapeuten[214].

b) Pflichtmitgliedschaft und Freiheitsbeschränkung. Zwangsmitgliedschaften (vgl. oben 2. – → Rn. 11) in einem öffentlich-rechtlichen Verband sind grundsätzlich zulässig; sie setzen voraus, dass der Verband **legitime öffentliche Aufgaben** erfüllt **und** dass die Zwangsmitgliedschaft die Mitglieder **nicht unverhältnismäßig** belastet.[215] Zur Feststellung, ob diese Voraussetzungen erfüllt sind, bedarf es der Prüfung, welcher Art die dem Verband obliegenden Aufgaben sind und ob darauf bezogen die Pflichtmitgliedschaft erforderlich ist; hierbei ist die besondere Struktur der Pflichtmitglieder zu würdigen.

aa) Begriff Freier Beruf. Bei der Prüfung der besonderen **Struktur der Mitglieder** ist zu berücksichtigen, dass nach der Rechtsprechung des BVerfG die **Regelungsbefugnis des Gesetzgebers** im Rahmen des Art. 12 I 2 GG umso freier ist – d.h. er hat **umso mehr Freiraum** –, je staatsnäher der Beruf ist.[216] Die Bandbreite möglicher Nähe – und weitergehender Eingriffsbefugnisse des Gesetzgebers – reicht vom Freiberufler „Notar", der ein öffentliches Amt ausübt (§ 1 BNotO)[217], über den Rechtsanwalt, den der Gesetzgeber als „Organ der Rechtspflege" bezeichnet (§ 1 BRAO)[218], über den freien Beruf des Arztes (§ 1 II BÄO) bis hin zum Apotheker, der zugleich einen freien Beruf und ein Gewerbe (wenn auch nicht im üblichen Sinn) ausübt.[219]

Für die Orientierung an diesem Spektrum bedarf es keiner Definition des Begriffs „freier Beruf". Der Versuch einer Begriffsbestimmung wäre schwierig. Zum einen deshalb, weil der sprachlich nur geringfügig abweichende steuerrechtliche Begriff „freiberuflich" und seine gesetzliche Definition[220] anerkanntermaßen keine Vorgabe für den allgemeinen Begriff Freier Beruf enthalten.[221] Zum anderen hat sich bereits das BVerfG[222] an einer näheren rechtlichen Begriffsbestimmung versucht und schließlich[223] – resignierend – ausgeführt, dass „freier Beruf" kein rechtlicher, sondern ein soziologischer Begriff ist.[224] Ob diese häufig zitierte Formel des BVerfG heute noch zutrifft, bedarf hier keiner weiteren Erörterung. Der Gesetz-

---

[212] Art. 1 Nr. 53 Buchst. c des GKV-Modernisierungsgesetzes (GMG) vom 14.11.2003 (BGBl. I S. 2190, 2203).
[213] So die Gesetzesfassung seit dem 1.3.2017 (Art. 1 Nr. 1 GKV-Selbstverwaltungsstärkungsgesetz – GKV-SVSG – vom 21.2.2017, BGBl. I. S. 265). – Davor hieß es: „halbtags beschäftigt".
[214] → § 32 Rn. 8.
[215] Zu diesen zwei Voraussetzungen besonders deutlich BVerfG (Kammer) vom 13.12.2006 – 1 BvR 2084/05 – NVwZ 2007, 808, 811 Rn. 32. Vgl. auch BVerfG (Kammer) vom 7.12.2001 – 1 BvR 1806/98 – NVwZ 2002, 335, 336 = Juris Rn. 37 und Rn. 40.
[216] *Mann*, in: Sachs (Hrsg.), GG, 8. Aufl. 2018, Art. 12 Rn. 62 ff. Dass Art. 12 I GG der ausschlaggebende Prüfungsmaßstab ist, siehe dazu auch *Huber*, VSSR 2000, 369, 370 f. – Vgl. auch § 18 Rn. 39 ff.
[217] *R. Zuck*, Der Notar zwischen Amt und Freiem Beruf, in: FS f. Schippel, 1996, S. 817.
[218] *Jaeger*, NJW 2004, 1.
[219] BVerfG vom 14.4.1987 – 1 BvL 25/84 – BVerfGE 75, 166, 178 und 181 = NJW 1987, 2919, 2920 f. = Juris Rn. 38 und 47. – Vgl. auch § 18 Rn. 39–44 m. w. N.
[220] In § 1 II Partnerschaftsgesellschaftsgesetz (PartGG).
[221] Vgl. zur begrifflichen Weite oben → § 18 Rn. 40 ff.
[222] BVerfG vom 25.2.1960 – 1 BvR 239/52 – BVerfGE 10, 354, wie in § 18 Rn. 39 angegeben.
[223] Übrigens im Zusammenhang mit der Frage der Verfassungsmäßigkeit der Pflichtmitgliedschaft in der Ärzteversorgung.
[224] BVerfG vom 25.2.1960 – 1 BvR 239/52 – BVerfGE 10, 354, 363–365.

geber hat durch § 1 II PartGG[225] jedenfalls klargestellt, dass er Ärzte den freien Berufen zuordnet.[226]

25 **bb) Eingriffsvoraussetzungen.** Ungeachtet des mithin voll greifenden Schutzes durch Art. 12 I GG kann eine Pflichtmitgliedschaft in einem öffentlich-rechtlichen Verband verfassungsgemäß sein, sofern der Verband **legitime öffentliche Aufgaben** erfüllt und zur Förderung der Aufgabenerfüllung eine **Zwangsmitgliedschaft geeignet und verhältnismäßig** ist (→ Rn. 22). Für eine Verhältnismäßigkeit in diesem Sinne ist nicht Voraussetzung, dass zur Realisierung der Aufgaben des Verbandes die Pflichtmitgliedschaft „unvermeidlich notwendig" ist; es reicht für die Verhältnismäßigkeit aus, wenn die Pflichtmitgliedschaft für die Realisierung der öffentlichen Aufgaben sachdienlich und verhältnismäßig ist.[227]

26 Übertragen auf die Frage der Verfassungsmäßigkeit der Pflichtmitgliedschaft der Vertragsärzte in der KV ist bei den Aufgaben der KV zu differenzieren: Die KV hat zum einen die Aufgabe, die Interessen der Ärzte wahrzunehmen[228], und zum anderen, den Sicherstellungsauftrag verlässlich zu erfüllen[229] (vgl. oben → Rn. 17–19 und unten → Rn. 54 ff.).

27 Die Aufgabe der Interessenvertretung ist von erheblicher Bedeutung: Wie die historische Entwicklung gezeigt hat (→ § 18 Rn. 5 ff.), ist ohne eine kollektive Interessenvertretung der Ärzte kaum eine gleichstarke Stellung im Verhältnis zu den KKn zu erreichen. Ob dieser Gesichtspunkt allerdings als Gemeinwohlbelang zur Rechtfertigung einer Pflichtmitgliedschaft ausreicht, ist nicht unzweifelhaft.

28 Die Pflichtmitgliedschaft lässt sich aber jedenfalls aus der öffentlichen Aufgabe des Sicherstellungsauftrags rechtfertigen. Die Pflicht der KVen, die vertragsärztliche Versorgung sicherzustellen und dies gegenüber den KKn zu gewährleisten[230], hat für die Gesundheitsversorgung zentrale Bedeutung.[231] Dies kann nur funktionieren, wenn auch der einzelne zur vertragsärztlichen Versorgung berechtigte und verpflichtete Arzt in die Pflichtenstellung der KV eingebunden wird. Hierfür eignet sich die Pflichtmitgliedschaft aller vertragsärztlich tätigen Ärzte in der KV[232].[233]

29 **cc) Aufgabenüberschreitung.** Zu beachten ist, dass eine von Pflichtmitgliedschaft getragene öffentlich-rechtliche Körperschaft Beschränkungen unterliegt: Sie darf grundsätzlich nur

---

[225] Dazu siehe auch → § 13 Rn. 9.
[226] § 1 II 2 PartGG: „… Ausübung eines Freien Berufs im Sinne dieses Gesetzes ist die selbstständige Berufstätigkeit der Ärzte, Zahnärzte, Tierärzte, Heilpraktiker, Krankengymnasten …".
[227] Zu den so formulierten Anforderungen vgl. die in → Rn. 22 angegebene Rspr.
[228] Normiert in § 75 II 1 SGB V: „Die Kassenärztlichen Vereinigungen und die Kassenärztlichen Bundesvereinigungen haben die Rechte der Vertragsärzte gegenüber den Krankenkassen wahrzunehmen."
[229] Normiert in § 75 I 1 SGB V: „Die Kassenärztlichen Vereinigungen und die Kassenärztlichen Bundesvereinigungen haben die vertragsärztliche Versorgung … sicherzustellen und den Krankenkassen und ihren Verbänden gegenüber die Gewähr dafür zu übernehmen, dass die vertragsärztliche Versorgung den gesetzlichen und vertraglichen Erfordernissen entspricht."
[230] Vgl. die vorstehende Wiedergabe des § 75 I 1 SGB V.
[231] Insofern liegt der Sachverhalt anders als bei der Pflichtmitgliedschaft eines Gewerbebetriebs in der IHK, weil diese nur „öffentliche Aufgaben" im Sinne der Festlegung eines Gesamtinteresses auf den Gebieten „Vertretung der gewerblichen Wirtschaft" und „Wahrnehmung von Verwaltungsaufgaben auf wirtschaftlichem Gebiet" erfüllt, vgl. BVerfG (Kammer) vom 7.12.2001 – 1 BvR 1806/98 – NVwZ 2002, 335, 336 = Juris Rn. 39.
[232] Zur Zulässigkeit umfassender Einbindung aller Angehörigen einer Berufsgruppe vgl. BVerfG (Kammer) vom 7.12.2001 – 1 BvR 1806/98 – NVwZ 2002, 335, 337 = Juris Rn. 47.
[233] Von diesem Ausgangspunkt aus ist es konsequent, dass der Gesetzgeber nicht nur die zugelassenen Vertragsärzte zu (Pflicht-)Mitgliedern der KVen gemacht hat, sondern auch die ermächtigten Krankenhausärzte einbezogen hat: Neufassung des § 77 III 1 SGB V vom 14.11.2003 (BGBl. I S. 2190), mit Wirkung ab 1.1.2005 (Art. 37 VIII, BGBl. I 2003, 2257).

die legitimen öffentlichen Aufgaben wahrnehmen und nicht darüber hinausgehen.[234] Insofern kann fraglich sein, ob und inwieweit sich eine KV am privaten Wirtschaftsleben beteiligen[235] oder z. B. Mitglied einer Leistungserbringungsgemeinschaft (Ärztenetz) mit dem Ziel der Schaffung einer integrierten Versorgung sein[236] darf. Die früher umstrittene Frage, ob bzw. inwieweit eine KV Beratungsgesellschaften – sog. KV-Consults – gründen darf[237], hat der Gesetzgeber durch Einfügung des § 77a SGB V[238] entschärft: Hierin hat der Gesetzgeber für sog. Dienstleistungsgesellschaften enge Voraussetzungen aufgestellt – und eine Finanzierung ohne Inanspruchnahme von Mitteln der KV vorgeschrieben –[239], sodass kein Ansatzpunkt mehr für verfassungsrechtliche Bedenken ersichtlich ist.

5. Satzung und Organisation der Kassenärztlichen Vereinigung[240]

a) Satzung. Die (rechtliche) Selbstverwaltungsgrundlage der KV ist ihre Satzung. Sie wird 30
von der Vertreterversammlung beschlossen und bedarf der Genehmigung der Aufsichtsbehörde.[241] § 81 SGB V enthält den Mindestinhalt einer solchen Satzung im formellen Sinn. Die Satzung im materiellen Sinn meint alle im Vollzug der Satzung im formellen Sinn gefassten Beschlüsse der Vertreterversammlung. Diese sind für die Mitglieder der KV verbindlich.[242]

Seit 2004[243] besteht die Verpflichtung, die vertragsärztlichen Pflichten zur Erfüllung des 31
Sicherstellungsauftrags zu konkretisieren (§ 81 I 1 Nr. 10 SGB V). Der Gesetzgeber wollte damit der Übung entgegentreten, dass Vertragsärzte am Ende einer Abrechnungsperiode ihre Praxis geschlossen halten, weil ihr individuelles Abrechnungsvolumen erschöpft ist. Nach Auffassung des Gesetzgebers – entsprechend den Grundsätzen der Rechtsprechung des BSG[244] – verstößt ein solches Vorgehen gegen die Pflicht, den Versicherten zur Verfügung zu stehen.

---

[234] Ständige Rspr., vgl. z. B. BVerwG vom 17.12.1981 – 5 C 56.79 – BVerwGE 64, 298, 301 ff. = NJW 1982, 1300 f. = Juris Rn. 16 ff. betr. Ärztekammer; BVerwG vom 19.9.2000 – 1 C 29.99 – BVerwGE 112, 69, 72 ff. = NVwZ-RR 2001, 93, 94 = Juris Rn. 11 ff. betr. Industrie- und Handelskammer.

[235] Vgl. BGH vom 8.7.1993 – I ZR 174/91 – NJW 1993, 2680 (Abgabe von Abrechnungs-Software für Zahnärzte an ihre Mitglieder).

[236] Verneinend LSG Baden-Württemberg vom 24.7.2001 – L 5 KA 5097/00 ER-B – MedR 2002, 212.

[237] Vgl. dazu *Kuhlmann*, das Krankenhaus 2004, 13, 16 mit Hinweis auf KBV-Mitteilung vom 4.12.2003. – Vgl. dazu ferner → § 19 Rn. 43.

[238] Eingefügt durch Gesetz vom 26.3.2007 (BGBl. I S. 378).

[239] Zu Einzelfragen siehe *K. Engelmann* in: Schlegel/Voelzke/Engelmann (Hrsg.), jurisPraxisKommentar SGB V, 3. Aufl. 2016, § 77a m. w. N.

[240] Siehe dazu *Hänlein*, Rechtsquellen der Sozialversicherung, 2001, S. 310 ff.; *Schiller*, in: Schnapp/Wigge (Hrsg.), Handbuch des Vertragsarztrechts, 3. Aufl. 2017, § 5 Abschnitt A Rn. 54 ff., 58 f.

[241] Die Genehmigung ist am Maßstab des § 78 III 1 SGB V auszusprechen, ist also daran gebunden, ob die Satzung mit Gesetz und Recht in Einklang steht: BSG vom 28.8.1996 – 6 RKa 7/96 – BSGE 79, 105, 107 ff. – SozR 3–2500 § 80 Nr. 2 S. 12 ff.; BSG vom 28.6.2000 – B 6 KA 64/98 R – BSGE 86, 203, 206 ff. = SozR 3–2500 § 80 Nr. 4 S. 32 ff. = Juris Rn. 28 ff.; vgl. dazu auch BSG vom 6.5.2009 – B 6 A 1/08 R – BSGE 103, 106 = SozR 4–2500 § 94 Nr. 2, Rn. 34 ff., 49, und BSG vom 30.10.2013 – B 6 KA 48/12 R – BSGE 114, 274 = SozR 4–2500 § 81 Nr. 7, Rn. 20 ff.

[242] Vgl. dazu *Schiller*, in: Schnapp/Wigge (Hrsg.), Handbuch des Vertragsarztrechts, 3. Aufl. 2017, § 5 Abschnitt A Rn. 56.

[243] Gesetz vom 14.11.2003 (BGBl. I S. 2190).

[244] Vgl. BT-Drs. 15/1525, S. 99, und – grundlegend – BSG vom 14.3.2001 – B 6 KA 54/00 R – BSGE 88, 20 = SozR 3–2500 § 75 Nr. 12 sowie weitere BSG-Entscheidungen vom 14.3.2001 und vom 17.5.2001 – B 6 KA 8/00 R – MedR 2003, 242. – Vgl. auch → § 19 Rn. 65 sowie → § 20 Rn. 12–14 und 92 ff. – Vgl. ferner BSG vom 30.11.2016 – B 6 KA 38/15 R – BSGE 122, 112 = SozR 4–2500 § 75 Nr. 18 = MedR 2017, 832 = Juris, Rn. 23 ff.: Die Verweigerung der Behandlung der Versicherten, um Druck auf KKn und KVen Vereinigungen zur Erhöhung der Vergütung der vertragsärztlichen Leistungen auszuüben („Ärztestreik"), ist rechtswidrig.

32 **b) Organe.** Selbstverwaltungsorgane der KV sind die Vertreterversammlung und der hauptamtliche Vorstand (§ 79 I SGB V). Die Geschäftsführer der KVen haben keine Organstellung; die Anstellung von Geschäftsführern ist im SGB V nicht ausdrücklich vorgesehen, andererseits auch nicht verboten.

33 **aa) Vertreterversammlung.** Die Vertreterversammlung ist das zentrale – parlamentsähnliche – Selbstverwaltungsorgan der KV. Die KV bestimmt in ihrer Satzung die Zahl der Mitglieder der Vertreterversammlung. Sie kann – je nach der Zahl der Mitglieder der KV – bis zu 30, 40 oder 50 Mitgliedern betragen (§ 79 II 2 und 3 SGB V).

34 Die Mitglieder einer KV wählen die Mitglieder der Vertreterversammlung in unmittelbarer und geheimer Wahl nach den Grundsätzen der Verhältniswahl; zuzulassen sind Listen- wie auch Einzelwahlvorschläge (§ 80 I 2 SGB V).[245]

35 Zu dem Aufgabenbereich der Vertreterversammlung gehören vor allem die Aufstellung der Haushaltsplanung und der Satzung, weiterhin die Überwachung des Vorstandes und die Vertretung der Körperschaft gegenüber dem Vorstand und dessen Mitgliedern.

36 **bb) Vorstand.** Der Vorstand der KV, dessen Mitglieder durch die Vertreterversammlung zu wählen sind, ist hinsichtlich der Zahl seiner Mitglieder auf maximal drei begrenzt (§ 79 IV 1 SGB V), worin ein Stellvertreter eingeschlossen ist (Folgerung aus § 80 Ia 1 und II 1 Nrn. 2 und 3 SGB V).[246] Die Zahl wird in der jeweiligen Satzung der KV festgelegt (§ 81 I 1 Nr. 2 SGB V). Die Vorstandsmitglieder sind hauptamtlich[247] tätig (§ 79 IV 6 SGB V). Das jeweilige Vorstandsmitglied kann seine ärztliche Tätigkeit in Nebentätigkeit weiterführen oder seine Kassenzulassung ruhen lassen (§ 79 IV 7 SGB V).[248] Da die Vorstandsmitglieder hauptamtlich tätig sein müssen, hat der Gesetzgeber Geschäftsbereiche für die einzelnen Vorstandsmitglieder vorgesehen, die in Richtlinien konkretisiert werden (§ 79 VI 2 SGB V iVm § 35a I 3 u. 4 SGB IV).

37 **c) Sonstige Einrichtungen der KVen.** Als weitere – teils verselbständigte – Einrichtungen sind vorgesehen:

38 **aa) Korruptionsverdachtsstellen.** Bei den KVen und bei der KBV sind gemäß § 81a SGB V Stellen zur Bekämpfung von „Fehlverhalten im Gesundheitswesen" einzurichten. Die Stellen nehmen besondere Aufgaben wahr; sie sind organisatorisch nach außen unselbstständige Teile der KV bzw. KBV.[249] Ihre Aufgabe besteht darin, Fällen und Sachverhalten nachzugehen, „die auf Unregelmäßigkeiten oder auf rechtswidrige oder zweckwidrige Nutzung von Finanzmitteln im Zusammenhang mit den Aufgaben der jeweiligen KV oder KBV hindeuten" (§ 81a I SGB V). Diese Stellen nehmen Kontrollbefugnisse im Sinne des § 67c III SGB X wahr (§ 81a I 2 SGB V).[250]

---

[245] Zu Einzelheiten vgl. *Steinhilper*, GesR 2003, 374, 375 f., der zu Recht darauf aufmerksam macht, dass der Begriff „Verhältniswahl" weder juristisch noch politisch eindeutig ist. Da lediglich nach den „Grundsätzen der Verhältniswahl" zu wählen ist, bleiben Detailregelungen der Satzung vorbehalten (§ 80 I 4 SGB V). Ausgeschlossen ist lediglich das früher praktizierte Mehrheitswahlrecht.

[246] Vgl. die Neuregelungen durch Art. 1 Nr. 58 Buchst. b des GKV-Modernisierungsgesetzes (GMG) vom 14.11.2003 (BGBl. I S. 2190, 2203) mit Inkrafttreten zum 1.1.2005 (Art. 37 VIII, BGBl. I 2003, 2257).

[247] So Art. 2 Nr. 3 des GKV-Modernisierungsgesetzes (GMG) vom 14.11.2003 (BGBl. I S. 2190, 2241) mit Inkrafttreten zum 1.1.2005 (Art. 37 VIII, BGBl. I 2003, 2257).

[248] Der in den hauptamtlichen Vorstand gewählte Vertragsarzt kann auch beides – die Weiterführrng und das Ruhen – je hälftig miteinander kombinieren. Vgl. dazu *Th. Clemens*, in: *Schallen*, Zulassungsverordnung, 9. Aufl. 2018, § 26 Rn. 24 ff., 26.

[249] Innerhalb der KV/KBV sind die Stellen jedoch verselbstständigt, BT-Drs. 15/1525, S. 99.

[250] Zu weiteren Einzelheiten vgl. § 81a II–V SGB V. Siehe dazu ausführlich *Steinhilper*, in: HK-AKM, Nr. 1200; *ders.*, MedR 2005, 131; *Köhler* VerwArch 2009, 391. Zur Anzeigepflicht der KVen nach § 81a IV SGB V vgl. *Ellbogen*, MedR 2006, 457.

bb) Fachausschuss Psychotherapie. Gemäß § 79b SGB V haben die KVen und die KBV 39 einen beratenden Fachausschuss für Psychotherapie zu bilden. Dieser Ausschuss nimmt Stellung zu den die Sicherstellung der psychotherapeutischen Versorgung treffenden wesentlichen Fragen.[251]

cc) Fachausschüsse haus- und fachärztliche Versorgung sowie weitere Fachausschüsse. 40 Gemäß § 79c Sätze 1 und 2 SGB V sind bei den KVen und bei der KBV beratende Fachausschüsse für die hausärztliche Versorgung und für die fachärztliche Versorgung zu bilden.

Gemäß § 79c Satz 4 SGB V können weitere beratende Fachausschüsse gebildet werden, 41 insbesondere für rehabilitationsmedizinische Fragen.[252]

§ 79c Sätze 5–7 SGB V enthält Bestimmungen über die Wahl der Mitglieder der beraten- 42 den Fachausschüsse und über deren Zusammensetzung sowie über deren Mitwirkung vor Entscheidungen der K(Z)V bzw. K(Z)BV.

dd) Dienstleistungsgesellschaften. Gemäß § 77a SGB V sind die K(Z)Ven und die K(Z) 43 BVen ermächtigt, zur Erfüllung bestimmter Beratungs- und Vertragsabwicklungsaufgaben (bezogen auf die vertragsärztlichen Leistungserbringer) Dienstleistungsgesellschaften zu gründen (§ 77a I und II SGB V).[253] Die Gesellschaften dürfen nur gegen Kostenerstattung tätig werden; eine Finanzierung aus Mitteln der KVen/KBVen darf nicht erfolgen (§ 77a III SGB V: „ist ausgeschlossen").[254]

ee) Zulassungsausschuss. „Bei" den KVen werden die Geschäfte der Zulassungs- und 44 Berufungsausschüsse (§§ 96, 97 SGB V) geführt (§§ 96 III, 97 II 4 SGB V). Diese Ausschüsse sind Organe der gemeinsamen Selbstverwaltung[255], also rechtlich selbstständig. Eine Klage ist nach der Rechtsprechung des BSG nicht gegen den Zulassungsausschuss, sondern gegen den Berufungsausschuss zu richten. Dieser ist gemäß § 70 Nr. 4 SGG beteiligungsfähig.[256]

ff) Abteilung für die Innenrevision. Wie schon oben in → Rn. 14a erwähnt, muss in jeder 44a K(Z)V regelmäßig eine Innenrevision erfolgen, die dem Vorstand und der Aufsichtsbehörde – im Fall von Verstößen der Vorstandsmitglieder auch der Vertreterversammlung – über die ordnungsgemäße Verwaltungsorganisation berichtet (§ 79 VII SGB V). Es liegt nahe, dass die K(Z)Ven eine eigens dafür zuständige – evtl. in gewissem Maße verselbständigte – Abteilung bilden.

6. Aufbringung der Finanzmittel

Die Mittelaufbringung bei der KV erfolgt auf der Grundlage von Regelungen in der 45 Satzung (§ 81 I 1 Nr. 5 SGB V); von dem Tatbestand „Aufbringung ... der Mittel" ist die **Erhebung sowohl von Beiträgen also auch von Gebühren** gedeckt. Die KV hat einen Gestaltungsspielraum bei der Ausformung der Erhebungstatbestände.

Die „Grund"finanzierung ist typischerweise in der Weise geregelt, dass alle Vertragsärzte 46 den gleichen Prozentsatz der erhaltenen Vergütungsbeträge als **Verwaltungskostenbeitrag** zu zahlen haben.[257] Dabei können auch die Kostenerstattungsbeträge für Dialyse-Sachkos-

---

[251] Zur psychotherapeutischen Versorgung → § 32 Rn. 1 ff.
[252] Näheres bei *M. Steinmann-Munzinger* in: Schlegel/Voelzke/Engelmann (Hrsg.), jurisPraxisKommentar SGB V, 3. Aufl. 2016, § 79c Rn. 19, 22, 28.
[253] Zu den Dienstleistungsgesellschaften → § 19 Rn. 29.
[254] Siehe dazu BR-Drs. 755/06 S. 321.
[255] Hierzu → § 18 Rn. 17.
[256] St. Rspr. des BSG, vgl. z. B. BSG vom 27.1.1993 – 6 RKa 40/91 – SozR 3–2500 § 96 Nr. 1 S. 2 ff. = Juris Rn. 14 ff.
[257] Zu den grundlegenden Entscheidungen des BSG siehe *Th. Clemens* in: Wenzel (Hrsg.), Handbuch des Fachanwalts Medizinrecht, 3. Aufl. 2013, Kapitel 13 Abschnitt B Rn. 345 (S. 1442 f.). Vgl. dazu auch BSG vom 6.2.2013 – B 6 KA 2/12 R – SozR 4–2500 § 81 Nr. 5 = MedR 2013, 812 = Juris, Rn. 20 f., 24, sowie BSG vom 30.10.2013 – B 6 KA 1/13 R – SozR 4–2500 § 81 Nr. 8 = MedR 2014, 832 = Juris, Rn 13 iVm 21–31.

tenerstattungen einberechnet werden.²⁵⁸ Staffelungen nach dem Maß des konkreten Verwaltungsaufwands sind nicht erforderlich.²⁵⁹ Ebenso hatte das BSG bereits früher zum Laborbereich und zu den Intraokularlinsen entschieden.²⁶⁰

47 Die KV kann in ihrer Satzung auch **Gebühren für besonderen Verwaltungsaufwand** vorsehen. Der Begriff „Aufbringung ... der Mittel" in § 81 I 1 Nr. 5 SGB V umfasst also den Begriff „Verfahrensgebühren" in § 98 II Nr. 4 SGB V.²⁶¹ So darf die KV Gebühren für Widerspruchsverfahren erheben, wenn diese erfolglos waren.²⁶² Auch zusätzliche Gebühren für sog. Handabrechner (die ihre Abrechnungen nicht auf Diskette einreichen) sind rechtens,²⁶³ ebenso Gebühren in den Fällen, in denen die KV besondere Überprüfungen im Zusammenhang mit Zahlungsforderungen Dritter – z. B. im Zusammenhang mit Drittschuldnererklärungen und/oder mit Pfändungs- und Überweisungsbeschlüssen und/oder mit einer Insolvenz – vornimmt und ggf. Überweisungen an Dritte durchführt.²⁶⁴

48 Einen Bezug zu dem Fragenkreis der Aufbringung der Finanzmittel und der Darstellung, inwiefern die K(Z)Ven Kostenbeiträge und Gebühren erheben können, hat auch die Frage, ob eine K(Z)V denjenigen, die Beitragserhebungen anfechten und **durch die aufschiebende Wirkung** einstweilen bezahlte Beiträge zurückerhalten oder einen Zahlungsaufschub erreichen – und dadurch bei der K(Z)V einen Kreditbedarf hervorrufen, die **dadurch entstehenden Zinsbelastungen** in Rechnung stellen darf. Das BSG hat dies verneint.²⁶⁵ Zwar darf die K(Z)V einzelne Mitglieder oder Mitgliedsgruppen zur Deckung spezieller Verwaltungskosten heranziehen, soweit ihnen – real oder auch nur potentiell – Vorteile zufallen oder soweit daraus der K(Z)V ein besonderer Aufwand erwächst.²⁶⁶ Allgemeine Verwaltungskosten darf sie aber nicht auf nur einen Teil ihrer Mitglieder abwälzen.²⁶⁷ Dazu zählen auch Kosten, die der K(Z)V dadurch entstehen, dass sie infolge der aufschiebenden Wirkung von Rechtsmitteln erhaltene Honorare einstweilen wieder auskehren muss oder Beitragseinnahmen erst verzögert erhält.²⁶⁸

48a Dies anders zu sehen, geriete auch wertungsmäßig in Widerspruch dazu, dass nach ständiger Rechtsprechung des BSG Vertrags(zahn)ärzte **weder Anspruch auf Verzinsung** rückständiger Honorarzahlungen haben – ihnen weder Verzugszinsen noch Prozesszinsen zustehen – **noch**, z. B. im Fall rückständiger Beiträge, **zur Zahlung von Zinsen verpflichtet sind.**²⁶⁹

7. Rechtsaufsicht

49 Die K(Z)Ven – auch die K(Z)BVen – unterliegen der Staatsaufsicht. Nach § 78 III 1 SGB V erstreckt sich die Aufsicht auf die Beachtung von Gesetz und sonstigem Recht (einschließlich

---

²⁵⁸ BSG vom 17.8.2011 – B 6 KA 2/11 R – SozR 4–2500 § 81 Nr. 4 Rn. 22 ff., 26.
²⁵⁹ BSG vom 17.8.2011 aaO Rn. 25 und BSG vom 6.2.2013 aaO Rn. 24.
²⁶⁰ BSG vom 19.12.1984 – 6 RKa 8/83 – MedR 1985, 283, 284 = Juris Rn. 17 f.; BSG vom 28.11.2007 – B 6 KA 1/07 R – SozR 4–2500 § 81 Nr. 3 Rn. 26.
²⁶¹ Zu diesem Verhältnis der Begriffe: BSG vom 6.2.2013 – B 6 KA 2/12 R – SozR § 81 Nr. 5 = MedR 2013, 812 = Juris, Rn. 17 iVm 21.
²⁶² BSG vom 6.2.2013 – B 6 KA 2/12 R – SozR § 81 Nr. 5 = MedR 2013, 812 = Juris, Rn. 15–23.
²⁶³ BSG vom 24.7.2013 – B 6 KA 14/13 B – BeckRS 2013, 71309.
²⁶⁴ BSG vom 24.7.2013 – B 6 KA 14/13 B – BeckRS 2013, 71309.
²⁶⁵ Vgl. dazu BSG vom 30.10.2013 – B 6 KA 1/13 R – SozR 4–2500 § 81 Nr. 8 = MedR 2014, 832 = Juris, Rn. 20 ff.
²⁶⁶ Vgl. dazu BSG vom 30.10.2013 – B 6 KA 1/13 R – SozR 4–2500 § 81 Nr. 8 = MedR 2014, 832 = Juris, Rn. 24–27.
²⁶⁷ BSG vom 30.10.2013 – B 6 KA 1/13 R – SozR 4–2500 § 81 Nr. 8 = MedR 2014, 832 = Juris, Rn. 33.
²⁶⁸ BSG vom 30.10.2013 – B 6 KA 1/13 R – SozR 4–2500 § 81 Nr. 8 = MedR 2014, 832 = Juris, Rn. 34 am Ende.
²⁶⁹ BSG vom 30.10.2013 – B 6 KA 1/13 R – SozR 4–2500 § 81 Nr. 8 = MedR 2014, 832 = Juris, Rn. 35 m. w. N. und BSG vom 27.6.2012 – B 6 KA 65/11 B – ZMGR 2012, 435 = Juris, Rn. 8–14, 17 m. w. N.

Satzungsrecht). Es handelt sich um **reine Rechtsaufsicht** und nicht um Fachaufsicht, die sich auch auf die Zweckmäßigkeit von Selbstverwaltungsentscheidungen und Ermessensentscheidungen erstrecken würde.[270]

Die **Instrumente** der Rechtsaufsicht sind **Genehmigungsvorbehalte** (u. a. bei der Satzungsgebung, § 81 I 2 SGB V, bei Grundstückserwerb und Gebäudeerrichtung, § 78 V 2 SGB V iVm § 85 I 1 SGB IV[271]), die **vorherige Überprüfung** von Vorstandsdienstverträgen (§ 79 VI 3 SGB V), die **Prüfung** der Geschäfts- und Rechnungsführung (§ 78 III 2 SGB V iVm § 88 I SGB IV und § 78 V 2 SGB V iVm § 70 V SGB IV) sowie die **Beanstandung** gesetzes- und satzungswidriger Beschlüsse (§ 78 III 2 SGB V iVm § 89 SGB IV) einschließlich der **Ersatzvornahme** bei der Wahrnehmung der Aufgaben (§ 79a SGB V)[272]. Das BSG hat anhand von § 89 SGB IV die von der Aufsichtsbehörde bei Aufsichtsmaßnahmen zu beachtenden Punkte wie folgt herausgearbeitet:[273]

- einem Verpflichtungsbescheid muss als Ausdruck des Bemühens um eine partnerschaftliche Kooperation zwischen Selbstverwaltung und Aufsicht in der Regel eine Beratung vorangehen;
- Inhalt der Beratung ist zum einen die individualisierte Darlegung der Rechtsauffassung der Aufsichtsbehörde und zum anderen eine Empfehlung an die Selbstverwaltungskörperschaft, die Rechtsverletzung zu beheben;
- der Selbstverwaltungskörperschaft muss die Möglichkeit eingeräumt werden, ihren ggf. abweichenden Rechtsstandpunkt darzulegen;
- die Aufsichtsbehörde muss im Rahmen der Beratung darauf hinwirken, dass die Selbstverwaltungskörperschaft die Rechtsverletzung behebt, indem die hierzu möglichen Maßnahmen aufgezeigt werden;
- ggf. muss die Ausübung des Entschließungsermessens begründet werden.

8. Kassenärztliche Bundesvereinigung (KBV)

Die K(Z)Ven bilden die K(Z)BVen (§ 77 IV SGB V).[274] Auch die K(Z)BVen sind Körperschaften des öffentlichen Rechts (§ 77 V SGB V). Die K(Z)BVen habend ebenso wie die K(Z)Ven die Organe Vertreterversammlung und hauptamtlicher Vorstand; der oben[275] dargestellte § 79 SGB V gilt gleichermaßen für die K(Z)Ven und für die K(Z)BVen.

Die **aufsichtliche Einbindung** ist bei den K(Z)BVen noch **weit enger** als bei den K(Z)Ven. Hierzu hat insbesondere das GKV-Selbstverwaltungsstärkungsgesetz (GKV-SVSG) vom 21.2.2017[276] (BGBl. I. S. 265) beigetragen; dieses hat für die K(Z)BVen – veranlasst durch Problemlagen in der KBV[277] – zusätzliche Maßgaben über diejenigen hinaus gebracht, die für die K(Z)Ven gelten (hierzu → Rn. 14a ff.): Den Vorständen der K(Z)BVen sind vermehrte Berichtspflichten auferlegt worden; insbesondere müssen sie jährlich der Vertreterversammlung über Errichtung und Erweiterung von Einrichtungen berichten und dazu deren Zustimmung einholen und der Aufsichtsbehörde im Rahmen ihres jährlichen Berichts Mitteilung

---

[270] Siehe oben § 19 Rn. 16 und die ständige Rspr. des BSG, z. B. BSG vom 6.5.2009 – B 6 A 1/08 R – BSGE 103, 106 = SozR 4–2500 § 94 Nr. 2, Rn. 34 ff.; BSG vom 30.10.2013 – B 6 KA 48/12 R – BSGE 114, 274 = SozR 4–2500 § 81 Nr. 7, Rn. 21 m. w. N. Vgl. auch *Schiller*, in: Schnapp/Wigge (Hrsg.) Handbuch des Vertragsarztrechts, 3. Aufl. 2017, § 5 Abschnitt A Rn. 36 ff.

[271] Im Fall der K(Z)BVen verschärft durch die Regelungen des § 77b SGB V über Vorab-Informationen (eingefügt durch Art. 1 Nr. 2 des GKV-Selbstverwaltungsstärkungsgesetzes – GKV-SVSG – vom 21.2.2017 (BGBl. I. S. 265).

[272] Zur Einsetzung eines Staatskommissars: BSG vom 27.6.2001 – B 6 KA 7/00 R – BSGE 88, 193, 196 ff. = SozR 3–2500 § 79a Nr. 1 S. 5 ff. = Juris Rn. 22 ff.

[273] Vgl. Rspr.-Angaben bei *Schiller*, in: Schnapp/Wigge (Hrsg.), Handbuch des Vertragsarztrechts, 3. Aufl. 2017, § 5 Abschnitt A Rn. 43.

[274] Vgl. dazu *Schiller*, in: Schnapp/Wigge (Hrsg.), Handbuch des Vertragsarztrechts, 3. Aufl. 2017, § 5 Rn. 87 ff.

[275] → § 19 Rn. 32 ff.

[276] GKV-Selbstverwaltungsstärkungsgesetzes – GKV-SVSG – vom 21.2.2017 (BGBl. I. S. 265).

[277] Vgl. dazu z. B. die Beiträge von *S. Korzillius/S. Rieser*, in: DÄBl. 2016, A 894 ff., sowie von *R. Beerheide* u. *H. Korzilius*, in: DÄBl. 2016, A 2129, u. 2017, A 57, A 203, A 346 f. u. A 1032 ff.

machen (§ 77b I u. II 2 SGB V). Außerdem beträgt der Rahmen für mögliche Zwangsgelder zur Vollstreckung von Aufsichtsverfügungen nunmehr bis zu 10 Mio. Euro (§ 78 IV SGB V). Weiterhin bestehen bei ihnen zusätzliche Vorgaben für die Haushaltsführung (§ 78 V 2–6 SGB V), über die für alle K(Z)Ven geltenden Vorgaben für das Haushalts- und Rechnungswesen hinaus (§ 78 VI SGB V iVm den Regelungen des SGB IV). Zudem hat die Aufsichtsbehörde neue Möglichkeiten, bei den K(Z)BVen auf die Ausgestaltung ihrer Satzungen einzuwirken und Beschlüsse der K(Z)BV zu ersetzen (§ 78a SGB V). Ferner kann die Aufsichtsbehörde bei ihnen als neues Aufsichtsmittel zur Gewährleistung ordnungsgemäßer Verwaltung einen Entsandten bestellen (§ 78b SGB V). Das BMG muss jährlich dem Gesundheitsausschuss über aufsichtliche Verfahren bei den K(Z)BVen berichten (§ 78c SGB V). Die Vertreterversammlung und ein Viertel der Mitglieder der K(Z)BV können Berichte ihrer Vorstände über Angelegenheiten der K(Z)BV anfordern und Einsicht in die dafür einschlägigen Unterlagen beanspruchen sowie verlangen, über Nebentätigkeiten informiert zu werden (§ 79 III 2–6 SGB V). Die Vertreterversammlungen der K(Z)BVen müssen ihre Sitzungen außer in Ausnahmefällen öffentlich – und ihre Abstimmungen bei Haftungsrelevanz auch namentlich – durchführen sowie Beschlüsse begründen und Sitzungsprotokolle fertigen (§ 79 IIIb SGB V). Die Mitglieder der Vertreterversammlungen der K(Z)BVen bedürfen derer Zustimmung zu Dienst- und Werkverträgen; die Vertreterversammlung muss die Entschädigungen der einzelnen Mitglieder jährlich veröffentlichen (§ 79 IIIc u. IIId SGB V). Die Vorstandsdienstverträge der K(Z)BVen sind auf Verlangen der Aufsichtsbehörde unter den Gesichtspunkten finanzieller Angemessenheit sowie der Wirtschaftlichkeit und Sparsamkeit zu überprüfen (§ 79 VI 3 SGB V). Bei den K(Z)BVen muss eine Innenrevision regelmäßig dem Vorstand und der Aufsichtsbehörde – im Fall von Verstößen der Vorstandsmitglieder auch der Vertreterversammlung – über die ordnungsgemäße Verwaltungsorganisation berichten (§ 79 VII SGB V). Die Möglichkeiten der Einsetzung eines Staatskommissars sind bezogen auf die K(Z)BVen weiter gefasst und Regelungen zur Kostentragung und Kürzung der Vorstandsbezüge hinzugefügt worden (§ 79a Ia u. Ib SGB V).

51b Diese zahlreichen Einschränkungen führten gerade in Kreisen der K(Z)BVen dazu, dass das GKV-Selbstverwaltungsstärkungsgesetz[278] gelegentlich als GKV-Selbstverwaltungs**schwächungs**gesetz charakterisiert wurde (so schon oben unter 2. – in → Rn. 14a am Ende).

52 Die K(Z)BV üben erheblichen Einfluss auf die Gestaltung der vertragsärztlichen Versorgung aus. Dies geschieht im Rahmen der gemeinsamen Selbstverwaltung in ihrer Eigenschaft als Partner des Spitzenverbandes Bund der KKn (vgl. z.B. § 82 I SGB V). Von besonderer Bedeutung ist die Aufgabe der K(Z)BVen, **Richtlinien** zu erlassen (§ 75 VII 1 Nrn. 1–4 SGB V), insbesondere für die Durchführung der von ihr im Rahmen ihrer Zuständigkeit geschlossenen **Verträge** (aaO Nr. 1) und für den sog. **Fremdkassenzahlungsausgleich**[279] (aaO Nr. 2 iVm Satz 2 u. VIIa). Die K(Z)BV muss außerdem (im Zusammenwirken mit den K(Z)Ven) darauf hinwirken, dass genug **Weiterbildungsplätze** zur Verfügung stehen (§ 75 VIII SGB V).

53 Der faktische Einfluss der K(Z)BVen reicht weit über ihre Kompetenzen hinaus. Die KZBV hat ihren Sitz in Köln und eine Dependance in Berlin, die KBV hat ihren Sitz in Berlin; beide stehen in engem Kontakt mit den Ministerialbehörden des Bundes. Sie haben hochqualifizierte Rechtsabteilungen, die u. a. bundesweit Stellungnahmen zur Auslegung problematischer Rechtsvorschriften abgeben.

---

[278] Gesetzentwurf der Bundesregierung, BT-Drs. 18/10605 vom 9.12.2016.
[279] Der Fremdkassenzahlungsausgleich betrifft die Fälle, in denen ein Vertragsarzt Leistungen an einem Patienten erbringt, der seinen Wohnsitz in einem anderen KV-Bezirk hat. Vgl. dazu umfassend *Clemens* in: *Wenzel* (Hrsg.), Handbuch des Fachanwalts Medizinrecht, 3. Aufl. 2013, Kapitel 13 Abschnitt B Rn. 245–247 (S. 1409 f.). – Vgl. dazu auch BSG vom 15.6.2016 – B 6 KA 27/15 R – BSGE 121, 206 = SozR 4-2500 § 75 Nr. 17 = MedR 2017, 255 = Juris, Rn. 20 ff.

II. Auftrag zur Sicherstellung der vertragsärztlichen Versorgung

1. Träger des Sicherstellungsauftrags

a) **Sicherstellung durch die KVen.** Die Hauptaufgabe der KVen[280], für ihren Zuständigkeitsbereich die vertragsärztliche Versorgung **sicherzustellen**, ist wesentlich auf das **Sachleistungs- bzw. Naturalleistungsprinzip** als zentrales Element der GKV zurückzuführen:[281] Dieses Prinzip[282] ist ausdrücklich in § 2 II 1 SGB V geregelt: „Die Versicherten erhalten die Leistungen als Sach- und Dienstleistungen". Vorher – unter der Geltung der RVO (bis 1988) – war es entsprechend der Entstehungsgeschichte[283] als „übernormatives Grundprinzip" anerkannt.[284]

Die **Sicherstellung** der vertragsärztlichen Versorgung obliegt gemäß § 75 SGB V den KVen und der KBV gemeinsam. Dafür schließen gemäß § 72 II SGB V die KVen mit den KKn (auf Bundesebene: die KBV mit dem Spitzenverband Bund der KKn, § 82 I SGB V) Verträge mit Regelungen über die Erbringung der Sach- und Dienstleistungen nach den Vorschriften des Vierten Kapitels des SGB V (§§ 69–140h). Die gesetzliche Regelung über den Sicherstellungsauftrag ist zwingend-verpflichtend; sie steht **nicht zur Disposition der KVen; nur der Gesetzgeber** könnte die Ärzte und KVen von der Sicherstellungspflicht befreien, indem er die gesetzlichen Regelungen ändert oder aufhebt. Dies ist deutlich klarzustellen angesichts gelegentlich zu hörender Stellungnahmen von z. B. Ärzten, die der bürokratischen Lasten im Praxisalltag überdrüssig sind und/oder sich nicht mehr angemessen vergütet fühlen und meinen, ihre KV könnte sparsamer und hierfür schlanker organisiert werden: „Dann geben wir eben den Sicherstellungsauftrag zurück" – eine autonome Entscheidung der Ärzte oder einer KV oder der KBV über den Sicherstellungsauftrag kann es nicht geben, vielmehr müsste der Gesetzgeber in Aktion treten (zu bereits erfolgten gesetzlichen Reduktionen des Sicherstellungsauftrags vgl. nachfolgend → Rn. 60 ff.).

b) **Partner für die Sicherstellung.** Die KVen sind der weitgehend[285] exklusive Vertragspartner[286] der KKn auf Landesebene, wobei ein Kontrahierungszwang[287] besteht.

Die Exklusivität der KVen als Vertragspartner hat zur Folge, dass die KKn zur Erfüllung ihrer Sachleistungspflicht im Rahmen der ambulanten medizinischen Versorgung grundsätzlich[288] keine Verträge unmittelbar mit den Ärzten oder anderen Einrichtungen abschließen dürfen. Dies entspricht dem historisch gewachsenen Viereck-Verhältnis (hierzu vgl. oben → § 18 Rn. 5 ff.).

c) **Sicherstellung durch KVen und nicht alternativ durch KKn.** Die Zuweisung der Aufgabe umfassender Versorgungssicherstellung an die KVen ist derzeit alternativlos, solange das Krankenversicherungssystem auf flächendeckende, gleichmäßige, kassenübergreifende

---

[280] Die folgenden Ausführungen gelten grundsätzlich gleichermaßen für die KZVen.
[281] → § 9 Rn. 2 ff.
[282] Siehe dazu z. B. BSG vom 14.3.2001 – B 6 KA 34/00 R – BSGE 88, 20, 26 = SozR 3–2500 § 75 Nr. 12 S. 72 = Juris Rn. 32.
[283] Zur historischen Entwicklung → § 18 Rn. 4.
[284] BSG vom 7.8.1991 – 1 RR 7/88 – BSGE 69, 170, 173 = SozR 3–2200 § 321 Nr. 1 S. 4 = Juris Rn. 20 m. w. N. Ebenso BSG vom 14.3.2001 – B 6 KA 34/00 R – BSGE 88, 20, 25 = SozR 3–2500 § 75 Nr. 12 S. 71 f. = Juris Rn. 31: „seit Schaffung der GKV im Jahre 1883 ... für das System zentrale Sach- bzw. Naturalleistungsprinzip ... grundsätzliches Strukturelement".
[285] Zu Ausnahmen vgl. unten → § 19 Rn. 60 ff.
[286] In diesem Sinne haben die KVen eine „Monopolstellung" inne, vgl. *Möschel*, MedR 2003, 133 (134); aA *Hess*, MedR 2003, 137.
[287] *A. Wahl*, Kooperationsstrukturen im Vertragsarztrecht, S. 224. – Der Kontrahierungszwang wird komplettiert durch Schiedsämter mit der Kompetenz, nicht zustande kommende Verträge ihrerseits durch Schiedsspruch zu ersetzen: § 89 SGB V.
[288] Zu Ausnahmen s. u. d = → § 19 Rn. 60 ff.

haus- und fachärztliche Versorgung durch für alle KKn zugelassene Vertragsärzte ausgerichtet ist (§§ 27, 28, 72, 75 SGB V)[289]; denn nur bei den KVen besteht eine flächendeckende Zuständigkeit. Die Sicherstellung den KKn zuzuweisen[290] (zur Zeit bestehen in Deutschland noch ca. 110 gesetzliche KKn[291]), wäre kaum effektiv, weil sie eine Zuständigkeit jeweils nur für ihre eigenen Versicherten haben; eine landesweite Zuständigkeitszuweisung wie bei den KVen gibt es auf Seiten der KKn nicht: Einen Dachverband für alle KKn gibt es nur auf Bundesebene (Spitzenverband Bund der KKn, §§ 217a ff. SGB V) und nur mit einem sehr begrenzten Aufgabenkreis (§ 217f SGB V).

59 Solange sich die KKn nach der derzeitigen Rechtslage nicht für einen umfassenden Sicherstellungsauftrag eignen, ist Forderungen[292], den KKn das Recht selektiven Kontrahierens mit von ihnen jeweils ausgesuchten Leistungserbringern (Aufhebung des Kontrahierungszwangs und Einführung eines Einkaufssystems) einzuräumen, eine Absage zu erteilen.[293]

60 **d) Ausnahmsweise Sicherstellung durch Krankenkassen.** Vor diesem Hintergrund erscheinen die neueren **Modifizierungen** der Zuweisung des Sicherstellungsauftrags an die KKn mehr als **Experiment.** Im Gegensatz zu den seit Langem bestehenden – traditionellen – gesetzlichen Einzelfällen der Eröffnung von **Direktverhältnissen zwischen Leistungserbringern und KKn**[294] stehen die 2000 und 2004 neu eingeführten weiteren Regelungen: zum einen die am 1.1.2000 in Kraft getretenen Bestimmungen über die **integrierte Versorgung** (§ 140a SGB V), zum anderen die zum 1.1.2004 geschaffenen Regelungen über sog. **Selektivverträge** (§ 73b SGB V) und schließlich die ebenfalls zum 1.1.2004 in Kraft getretenen – zum 1.1.2012 runderneuerten und danach weiter nachgearbeiteten – Vorschriften über die ambulante spezialfachärztliche Versorgung (**ASV** – § 116b SGB V):

61 Die Regelungen über die **integrierte Versorgung**[295] ermöglichen es Vertragsärzten und Gruppen von Vertragsärzten, unmittelbare Rechtsbeziehungen zu einzelnen KKn einzugehen. Soweit es zunächst noch Regelungen über eine Einbindung der KVen und/oder der KBV gegeben hatte, sind diese zum 1.1.2004 aufgehoben worden.[296] Der Sicherstellungsauftrag im Zusammenhang mit der integrierten Versorgung ist in § 140a I 4 u. 5 SGB V in der Weise eingeschränkt, dass nur der vertragsärztliche Bereitschaftsdienst (Notdienst „zu den sprechstundefreien Zeiten", vgl. § 75 Ib SGB V) zu gewährleisten ist; die integrierte Versorgung ist als solche eine sog. on-top-Leistung, für die der Gesetzgeber keine Sicherstellungs- und Gewährleistungspflicht normiert hat.[297]

---

[289] Zu den (wachsenden) Ausnahmen siehe → § 18 Rn. 54 sowie → § 19 Rn. 60 ff.

[290] Einen Ausnahmefall regelt § 72a SGB V mit der Möglichkeit des Übergangs des Sicherstellungsauftrags auf die Krankenkassen, wenn mehr als 50 % der in einem bestimmten Gebiet niedergelassenen Vertragsärzte gemäß § 95b SGB V auf ihre Zulassung verzichten oder die Versorgung verweigern. In einem solchen Fall kann die Aufsichtsbehörde durch Verwaltungsakt feststellen, dass die vertragsärztliche Versorgung nicht mehr sichergestellt ist und auf die Krankenkassen und ihrer Verbände übergeht. – Zu einem solchen Fall – betr. Kieferorthopäden in Niedersachsen – vgl. BSG vom 17.6.2009 – B 6 KA 16/08 R – BSGE 103, 243 = SozR 4–2500 § 95b Nr. 2, Rn. 20 ff., 58, 84 f.

[291] Noch 110 gesetzliche KKn im Januar 2018 (so die Angabe des Spitzenverbands Bund der KKn).

[292] Vgl. dazu – sowie zur Diskussion um die Zukunft des Sicherstellungsauftrags und zu neuen Versorgungsformen – z.B. *Kluth*, MedR 2003, 123; *Gaß*, MedR 2003, 129; *Möschel*, MedR 2003, 133; *Hess*, MedR 2003, 137.

[293] Zu einem Ausnahmefall vgl. Rn. 58 und dortigen Hinweis auf § 72a SGB V.

[294] Siehe die unten nachfolgenden Hinweise auf § 115a, § 115b SGB V, § 116a SGB V, §§ 118 I, 120 II SGB V und §§ 119, 120 II SGB V.

[295] Dazu siehe Urteile des BSG vom 6.2.2008, z. B. B 6 KA 27/07 R – BSGE 100, 52 = SozR 4–2500 § 140d Nr. 1, und B 6 KA 5/07 R – SozR 4–2500 § 140a Nr. 2.

[296] GKV-Gesundheitsreformgesetz 2000 vom 22.12.1999 (BGBl. I S. 2626, 2641 f.) und GKV-Modernisierungsgesetz (GMG) vom 14.11.2003 (BGBl. I S. 2190, 2217 f.).

[297] So dürften wohl auch die Ausführungen von *Adolf* (in: Schlegel/Voelzke/Engelmann (Hrsg.), jurisPraxisKommentar SGB V, 3. Aufl. 2016, § 140a Rn. 92–94) gemeint sein. Er weist noch darauf hin, dass die Aufgabe der KV zur Interessenvertretung gemäß § 75 II SGB V uneingeschränkt bestehen bleibt.

§ 19 Kassenärztliche und Kassenzahnärztliche Vereinigungen

Die Regelungen über sog. **Selektivverträge** gemäß § 73b SGB V stellen die wohl weitestgehende Durchbrechung des Viereck-Systems (→ § 18 Rn. 3, 12, 14) dar. Sie ermöglichen direkte Rechtsbeziehungen zwischen den KKn und den Vertragsärzten in dem ganzen Versorgungsbereich der hausärztlichen Versorgung: zu diesen vgl. schon oben → § 18 Rn. 54 und → § 19 Rn. 10 am Ende. In diesen Fällen obliegt die Pflicht zur Sicherstellung der Versorgung konsequenterweise nicht der KV, sondern den verantwortlichen KKn (§ 73b IV 6 u. 7 SGB V – vgl. zuvor → Rn. 61). 62

Ein neuerer (Ausnahme-)Bereich ist die **ambulante spezialfachärztliche Versorgung** (ASV) gemäß § 116b SGB V. Die zuerst zum 1.1.2004 eingeführten Regelungen sind zum 1.1.2012 grundlegend umgestaltet und danach weiter nachgearbeitet worden.[298] Die Umsetzung der Gesetzesregelungen in die Versorgungspraxis erfolgt auf der Grundlage vom G-BA erlassener Richtlinien (§ 116b IV SGB V).[299] 63

Außer den vorgenannten neueren Regelungen bestehen **traditionelle Ausnahmen** im Sinne einer Direktbeziehung zwischen Leistungserbringern und KKn im **Schnittbereich zur Krankenhaus-Versorgung**; diese betreffen jeweils **nur enge Bereiche**. Wegen dieser Besonderheiten sind diese Ausnahmen ohne Weiteres hinnehmbar. Es handelt sich um folgende Bereiche: Vor- und nachstationäre Behandlungen im Krankenhaus gemäß § 115a SGB V; das ambulante Operieren gemäß § 115b SGB V, s. → § 16 Rn. 85 f. und → § 27 Rn. 37; ambulante Behandlungen durch Krankenhäuser bei Unterversorgung gemäß § 116a SGB V; psychiatrische Behandlungen in Tageskliniken gemäß §§ 118 I und II, 120 II SGB V; sozialpädiatrische Versorgung gemäß §§ 119, 120 II SGB V und Versorgung Erwachsener mit geistiger Behinderung oder schweren Mehrfachbehinderungen gemäß §§ 119c, 120 II SGB V. In den letztgenannten Fällen, insbesondere in der sozialpädiatrischen Versorgung und in der Versorgung der behinderten Erwachsenen, ist die Nähe zur Krankenhaus-Versorgung dadurch gegeben, dass die entsprechenden Einrichtungen meist von Krankenhäusern geführt werden, und vielfach auch durch personelle Verflechtungen, indem Ärzte und andere Mitarbeiter zugleich sowohl im Krankenhaus als auch im SPZ bzw. im Behindertenzentrum tätig sind. Für diese Bereiche ist die Aufgabe der Sicherstellung der Versorgung weder direkt-normativ geregelt[300] noch bisher durch einen dreiseitigen Vertrag zwischen KKn, Krankenhäusern und Vertragsärzten gemäß § 115 SGB V einem bestimmten (oder mehreren) Träger(n) zugewiesen worden. 64

Für diese Bereiche ist ebenso wie für den Bereich des § 116b SGB V **keine Pflicht zur Sicherstellung** der Versorgung – sei es durch die KV oder durch die KKn – normiert: Es handelt sich um Leistungen, die über die eigentlichen Basisleistungen hinausgehend „on top" hinzukommen und daher nicht zum unerlässlich abzusichernden Basisbereich gehören. 64a

2. Inhalt des Sicherstellungsauftrags der Kassenärztlichen Vereinigungen; Mitwirkungspflicht der Vertragsärzte

Die Rechtsprechung legt den Sicherstellungsauftrag der KVen sehr weit aus im Sinne einer „umfassenden Sicherstellungsverantwortung" bzw. einer Gesamtverantwortung der KVen für eine den gesetzlichen und vertraglichen Erfordernissen entsprechende Durchführung der vertragsärztlichen Versorgung.[301] Dies entspricht der gesetzlichen Regelung, die den KVen ein umfassendes rechtlich geschütztes Interesse an der Regelung von Zulassungsangelegenheiten zuerkennt: Dies wird u.a. durch die gesetzliche Regelung des § 96 IV 1 SGB V konkretisiert, die den KVen neben Antrags- und Beteiligungsrechten im Verwaltungsverfah- 65

---

[298] GKV-Modernisierungsgesetz (GMG) vom 14.11.2003 (BGBl. I 2190, 2217 f.) und GKV-Versorgungsstrukturgesetz (GKV-VStG) vom 22.12.2011 (BGBl. I S. 2983, 2999–3002).
[299] Vgl. oben → § 16 Rn. 112–125.
[300] Vgl. hierzu *Hesral*, in: Schlegel/Voelzke/Engelmann (Hrsg.), jurisPraxisKommentar SGB V, 3. Aufl. 2016, § 75 Rn. 33 ff., 37.
[301] St. Rspr., vgl. die BSG-Urteile vom 14.3.2001 und 17.5.2001, wie in → § 19 Rn. 31 – in der dortigen Fußnote – angegeben.

66 **Adressat** des Sicherstellungsauftrags ist **auch der einzelne Vertragsarzt**, denn er ist die Kernfigur bei der Realisierung der Versorgung; ohne ihn kann die KV ihren Sicherstellungsauftrag gemäß § 75 SGB V nicht erfüllen.[302] Dementsprechend ist dem Vertragsarzt vorgegeben, dass er zur Teilnahme an der vertragsärztlichen Versorgung (§ 95 I SGB V) nicht nur berechtigt, sondern auch verpflichtet ist (§ 95 III 1 SGB V: „… berechtigt und verpflichtet …"). Weiterhin ist bestimmt, dass Ärzte, Zahnärzte, Psychotherapeuten und medizinische Versorgungszentren zur Sicherstellung der vertragsärztlichen Versorgung der Versicherten zusammenwirken (§ 72 I 1 SGB V). Diese Pflicht zur Mitwirkung an der Sicherstellung – durch Erfüllung der Behandlungspflichten gegenüber den Patienten – besteht unabhängig davon, ob bei dem auf einer Mischkalkulation beruhenden Vergütungssystem – unter Berücksichtigung der unterschiedlichen Kostenstrukturen einzelner Praxen, deren Patientenaufkommen und weiterer Gesichtspunkte – einzelne ärztliche Leistungen (vermeintlich oder tatsächlich) möglicherweise nicht kostendeckend vergütet werden.[303] Der Vertragsarzt ist nicht berechtigt, sein Leistungsspektrum einseitig gegenüber den GKV-Versicherten einzuengen; er muss die Kernleistungen des Fachgebiets, für das er zugelassen ist, anbieten und erbringen.[304]

3. Vertragsärztlicher Bereitschaftsdienst (früher: Notfalldienst)

67 Der Sicherstellungsauftrag der KVen umfasst auch den vertragsärztlichen Bereitschaftsdienst. In der Sprache des § 75 Ib 1 iVm 1 1 SGB V heißt dies: Die KVen haben die **vertragsärztliche Versorgung auch in den sprechstundenfreien Zeiten sicherzustellen**. Im Gesetz wird dies als „Notdienst" bezeichnet.

68 Heute ist anerkannt, dass diese Bezeichnung nicht glücklich ist. Zur Unterscheidung von den **Notfallambulanzen in der stationären Versorgung** – den Eingangstoren zur Aufnahme in die stationäre Versorgung – wird heutzutage in der ambulanten vertragsärztlichen Versorgung, die die KVen durch Bereitstellung eines Bereitschaftsdienstes zu ergänzen haben (§ 75 I 2 f. SGB), zunehmend der Begriff **vertragsärztlicher Bereitschaftsdienst** vorgezogen und der Begriff Notfalldienst gemieden.

69 Die **Begriffe „Notfall" und „Notfallversorgung"** sind freilich weiterhin sowohl im Bereich der Notfallambulanzen als auch im Zusammenhang mit dem vertragsärztlichen Bereitschaftsdienst gebräuchlich.

70 **a) Begriff des Notfalls und Umfang der Notfallversorgung.** Das BSG hat zum Notfall bzw. zur Notfallversorgung im vertragsärztlichen Bereitschaftsdienst in einem Urteil vom 12.12.2012 zusammenfassend ausgeführt[305]:

*„Der Notfalldienst ist – nur – auf die **Notfall-Erstversorgung** ausgerichtet: Der Arzt darf nicht mehr Leistungen erbringen und verordnen, als es dem Rahmen der Notfall-Erstversorgung entspricht. Behandlungen im Rahmen des Notfalldienstes haben sich auf die Erstversorgung zu beschränken; sie sind darauf zu konzentrieren, **Gefahren für Leib und Leben sowie unzumutbaren Schmerzen** der Patienten zu begegnen sowie die Notwendigkeit einer **stationären Behandlung abzuklären** (vgl. hierzu … BSG …). Der Behandlungsumfang ist be-*

---

[302] Siehe dazu – nachdrücklich – BSG vom 14.3.2001 – B 6 KA 54/00 R – BSGE 88, 20, 27 = SozR 3-2500 § 75 Nr. 12 S. 73 = Juris Rn. 33.

[303] Vgl. dazu BSG vom 14.3.2001 – B 6 KA 54/00 R – BSGE 88, 20, 23 f. = SozR 3-2500 § 75 Nr. 12 S. 69 f. = Juris Rn. 28. – Vgl. auch → § 20 Rn. 93.

[304] Vgl. BSG vom 14.3.2001 – B 6 KA 54/00 R – BSGE 88, 20, 25 = SozR 3-2500 § 75 Nr. 12 S. 71 = Juris Rn. 30. – Dabei bleibt freilich der geteilte Status des Arztes, der zwar einerseits Vertragsarzt, zugleich aber auch Privatarzt ist, unberücksichtigt, vgl. *Schiller/Steinhilper*, MedR 2001, 29.

[305] BSG vom 12.12.2012 – B 6 KA 5/12 R – SozR 4-2500 § 115 Nr. 1 Rn. 15.

*schränkt auf die Maßnahmen, die **bis zum erneuten Einsetzen der Regelversorgung** in den üblichen Sprechstundenzeiten erforderlich sind (BSG ...). Der Umfang der **Diagnostik** ist auf die **Erstversorgung des Patienten ausgerichtet**. Befunde, die dazu nicht benötigt werden, sind im Notfalldienst nicht zu erheben."*

Und weiter[306]:

71

„*Das schließt prinzipiell weder Röntgen- noch Laboruntersuchungen aus, begrenzt diese indessen vom Ziel der sofortigen, aber oft nur zeitlich begrenzten Behandlung her auf **Maßnahmen, die bis zum Übergang des Patienten in die** ambulante oder stationäre **Regelversorgung unerlässlich sind.** Der **medizinische Bedarf für die Erstversorgung** und nicht die medizinische Infrastruktur der Praxis, in der der Notfalldienst angeboten wird, **bestimmen den Umfang der Diagnostik**. So kann ein vollwertiger Notfalldienst nach wie vor in Arztpraxen durchgeführt werden, in denen – wenn überhaupt – nur einfache Laboruntersuchungen sofort ausgeführt werden können. Schon deshalb kann eine umfangreiche Labordiagnostik nicht zur Basisversorgung im organisierten Notfalldienst gehören.*"

Hieraus folgt – und dies ist für die Praktiker wichtig, die erfahrungsgemäß die Grenzen der Notfall-Erstversorgung häufig nicht beachten bzw. nicht verinnerlicht haben –: Allein der Umstand, dass ein Vertragsarzt nicht erreichbar ist und die Behandlung ohnehin irgendwann notwendig ist, rechtfertigt noch nicht die Inanspruchnahme des Bereitschaftsdienstes. Vielmehr bedarf es des Vorliegens von **zwei Komponenten**[307]: Notfallbehandlung erfordert **Nichterreichbarkeit** eines Vertragsarztes **und Dringlichkeit** der ärztlichen Behandlung.[308] Die Dringlichkeit bedeutet – wie das BSG in der vorstehend zitierten Entscheidung ausgeführt hat –, dass der diensthabende Arzt sich darauf beschränken muss, Gefahren für Leib und Leben sowie unzumutbaren Schmerzen der Patienten zu begegnen sowie die Notwendigkeit einer stationären Behandlung abzuklären.

72

Noch nicht geklärt ist die Frage, ob bei Vorliegen der zwei genannten Komponenten der Versicherte statt des von der KV eingerichteten Bereitschaftsdienstes alternativ einen **niedergelassenen Nicht-Vertragsarzt** aufsuchen darf. Dies betrifft die Auslegung des § 75 I 2–4 im Zusammenspiel mit § 76 I 2 SGB V, wonach „andere Ärzte ... nur in Notfällen in Anspruch genommen werden" dürfen. Zu Recht verweist das Schrifttum in diesem Zusammenhang auf § 13 III SGB V, wonach die Inanspruchnahme ärztlicher Behandlung außerhalb der vertragsärztlichen Versorgung eine Unaufschiebbarkeit und nicht rechtzeitige Erbringbarkeit voraussetzt.[309] Dies berücksichtigend wird man den Versicherten darauf verweisen müssen, grundsätzlich den von der KV eingerichteten Bereitschaftsdienst in Anspruch zu nehmen; er darf einen Nicht-Vertragsarzt nur dann in Anspruch nehmen, wenn die Erreichbarkeit des Bereitschaftsdienstes für ihn problematisch ist: Bei dieser Beurteilung ist die zeitliche und verkehrsmäßige Erreichbarkeit des Bereitschaftsdienstes sowie das Maß an Dringlichkeit einer Behandlung aus der Sicht des Versicherten zu berücksichtigen, wobei der Maßstab laienhafter Ex-ante-Sicht anzuwenden ist, unter Berücksichtigung der intellektuellen Fähigkeiten und seelischen Verfassung des Versicherten, wobei ein großzügiger Maßstab anzulegen ist. Allerdings wird es kaum praktische Konsequenzen haben, wenn der Versicherte einen Nicht-Vertragsarzt in Anspruch nimmt, obgleich er den Bereitschaftsdienst hätte aufsuchen müssen: Eine Pflichtwidrigkeit nur des Versicherten kann eine Honorarversagung gegenüber dem

73

---

[306] BSG vom 12.12.2012 aaO Rn. 15.
[307] So die kreative Zusammenfassung von R. Zuck in der 2. Auflage 2008 in § 18 Rn. 34.
[308] Vgl. *R. Zuck* in der 2. Aufl. 2008 in § 18 Rn. 35 (mit Hinweis auf *R. Zuck*, Rechtfragen der Ambulanz, 1991, S. 295): „Das genügt zwar für den Notfalldienst, nicht aber für die Notfallbehandlung im Krankenhaus."
[309] *Hesral* in: Schlegel/Voelzke/Engelmann (Hrsg.), jurisPraxisKommentar SGB V, 3. Aufl. 2016, § 75 Rn. 85 u. § 76 Rn. 26. – Siehe § 76 Rn. 28 auch zu der Frage, gegen wen – und auf der Grundlage welcher Vergütungsregelungen – der Nicht-Vertragsarzt einen Vergütungsanspruch hat.

Nicht-Vertragsarzt nicht rechtfertigen; theoretisch denkbar, aber in der Praxis wohl kaum in Betracht kommend, ist nur ein Regress gegen den Versicherten.

74 **b) Ausgestaltung des vertragsärztlichen Bereitschaftsdienstes.** Die KV muss den Bereitschaftsdienst für alle Zeiten der generellen Nichterreichbarkeit von Vertragsärzten einrichten („Sprechstundenfreie Zeiten", § 75 I 2 SGB V). Die **Ausgestaltung** des Bereitschaftsdienstes ist Sache der KV; diese regelt dies in der Notfalldienstordnung. Sie kann den Bereitschaftsdienst **gemeinschaftlich mit der Ärztekammer** regeln; diese und die KV können dann gemeinschaftlich eine Notfalldienstordnung erlassen.[310] Die KV, ggf. gemeinsam mit der Ärztekammer, kann/können gesonderte hausärztliche und **fachärztliche Bereitschaftsdienste** anbieten, wenn sie einen Bedarf für fachärztliche Bereitschaftsdienste sehen und die Organisation des hausärztlichen Bereitschaftsdienstes dadurch nicht gefährdet wird.[311] Das wird insbesondere in städtischen Regionen in Betracht kommen.

75 Die KV hat die Gestaltungsfreiheit, die einzelnen Ärzte reihum jeweils in ihrer Praxis den Bereitschaftsdienst ausüben zu lassen oder den Dienst zu zentralisieren, indem sie **zentral Räume** zur Verfügung stellt, in denen der Arzt den Bereitschaftsdienst abzuleisten hat.[312] Sie hat auch eine weitegehende Gestaltungsfreiheit, wie groß sie die Notfallbezirke zuschneidet; je größer, desto mehr Ärzte stehen zur Verfügung und desto seltener wird der einzelne Arzt zum Bereitschaftsdienst herangezogen.

76 **Zentralisierungen** haben den Vorteil, dass die Patienten wissen, wohin sie sich im Notfall wenden können. Zentralisierungen haben indessen auch Nachteile: Geht das mit einem **vergrößerten Dienstbezirk** einher, so kann das längere Wege für die Patienten bedeuten. Ärzte wenden gegen größere Bezirke ein, in „ihrem" Bezirk hätten sie eher hilfreiche Vorkenntnisse, um einen gelangweilten nächtlichen Ruhestörer von einer Person zu unterscheiden, die wirklich ärztlicher Hilfe bedarf.

77 Eine **Schwachstelle** im System des vertragsärztlichen Bereitschaftsdienstes ist bisher noch die **Mittagszeit**: Viele Arztpraxen sind über Mittag – von ca. 12:30 bis 14:00 Uhr – nicht erreichbar. Wenn die KV die Mittagsstunden als „sprechstundenfreie Zeiten" akzeptiert, muss sie gemäß § 75 I 2 SGB V auch insoweit einen vertragsärztlichen Bereitschaftsdienst einrichten. Die Alternative ist, dass sie die Praxen dazu veranlasst, in den Mittagsstunden zumindest telefonisch erreichbar zu sein.

78 **c) Pflicht der Ärzte zur Mitwirkung am Bereitschaftsdienst.** Gibt es nur einen einheitlichen Bereitschaftsdienst (vgl. zuvor → Rn. 74), so sind außer den Hausärzten grundsätzlich auch **alle Fachärzte** verpflichtet, daran teilzunehmen. Nach den jeweiligen Kammergesetzen/ Berufsordnungen sind grundsätzlich **alle Ärzte** verpflichtet, am Bereitschaftsdienst teilzunehmen, und auch, sich für ihn fortzubilden: Die grundsätzliche Teilnahmeverpflichtung der Ärzte aller Facharztgruppen, ohne Rücksicht auf ihre Spezialisierung, hat das BSG für rechtmäßig erklärt.[313]

79 **Freistellungen** vom Bereitschaftsdienst gibt es nur in engen Grenzen. Eine Freistellung kann für bestimmte Facharztgruppen – z.B. Pathologen, evtl. auch Laborärzte – in der **Notfalldienstordnung ausdrücklich** normiert sein.[314] Ansonsten ist das von Ärzten gele-

---

[310] Std. Rspr., vgl. z. B. BSG vom 28.9.2005 – B 6 KA 73/04 R – SozR 4–2500 § 75 Nr. 3 Rn. 19; BSG vom 6.2.2008 – B 6 KA 13/06 R – SozR 4–2500 § 75 Nr. 7 Rn. 12; BSG vom 28.1.2009 – B 6 KA 61/07 R – BSGE 102, 219 = SozR 4–2500 § 118 Nr. 1, Rn. 29.

[311] Vgl. BSG vom 6.9.2006 – B 6 KA 43/05 R – SozR 4–2500 § 75 Nr. 5 Rn. 12.

[312] Zur Rechtmäßigkeit der Zentralisierung vgl. BSG vom 11.5.2011 – B 6 KA 23/10 R – SozR 4–2500 § 75 Nr. 11 Rn. 16 ff.

[313] Vgl. z. B. BSG vom 6.9.2006 – B 6 KA 43/05 R – SozR 4–2500 § 75 Nr. 5 Rn. 20; BSG vom 6.2.2008 – B 6 KA 13/06 R – SozR 4–2500 § 75 Nr. 7 Rn. 9, 17; BSG vom 23.3.16 – B 6 KA 7/15 R – SozR 4–2500 § 75 Nr. 16 = Juris.

[314] Vgl. BSG vom 6.2.2008 – B 6 KA 13/06 R – SozR 4–2500 § 75 Nr. 7 Rn. 12; BSG vom 11.5.2011 – B 6 KA 23/10 R – SozR 4–2500 § 75 Nr. 11 Rn. 15 ff.

gentlich vorgebrachte Argument, ihre Kenntnisse und Erfahrungen beschränkten sich auf ein **enges Fachgebiet** und sie hätten deshalb nicht die erforderlichen ärztlichen Kenntnisse und Fähigkeiten für den Bereitschaftsdienst, grundsätzlich erfolglos: Dem ist die Verpflichtung aller Ärzte entgegenzuhalten, sich in den Erfordernissen des Bereitschaftsdienstes fortzubilden[315]. Schließlich kann ein Arzt auch nicht mit dem allgemeinen Argument durchdringen, er sei durch Krankheit oder Alter **nicht ausreichend leistungsfähig:** Hierzu hat das BSG ausgeführt, dass jeder Arzt, solange er an seiner vollen Praxistätigkeit festhält, keine Befreiung vom Bereitschaftsdienst beanspruchen kann.[316]

Ausnahmen von diesem Grundsatz hat das BSG bisher nicht zugelassen; die Frage ist allerdings, ob es nicht Konstellationen geben kann, in denen ein Arzt zwar für das ärztliche Tagesgeschäft voll geeignet ist und trotzdem nicht für den Bereitschaftsdienst taugt. Kein Beispiel hierfür ist freilich der nachtblinde Arzt: Er kann jedenfalls für den Tagdienst am Samstag und Sonntag eingeteilt werden. 80

Für denjenigen, der nicht freigestellt ist, gibt es noch einen **Ausweg:** Er kann für den Bereitschaftsdienst einen **Vertreter** engagieren.[317] Diesem wird er dies freilich vergüten müssen. 81

Der Grundsatz, dass jeder Arzt, auch wenn er nur Facharzt für ein enges Fachgebiet ist, Bereitschaftsdienst verrichten – und sich dafür fortbilden – muss, wird indessen von Patienten gelegentlich kritisiert. Aus ihrer Sicht kann fraglich sein, ob Fortbildungen für die **Notfallkompetenz ausreichen** können: Kann z. B. ein Augenarzt, der Bereitschaftsdienst leistet, in ausreichendem Maße einen Herzinfarkt erkennen und erstversorgen? Weiß der samstags im Bereitschaftsdienst tätige Chirurg, wie er auf einen akuten Zeckenstich zu reagieren hat (Gefahren durch FSME? durch Borreliose?). 82

Einen kritischen Punkt betrifft auch die im Bereitschaftsdienst übliche „Vorkontrolle" **durch Nicht-Ärzte**, d. h. z. B. durch Rote Kreuz-Angehörige, die die Anforderungs-Anrufe entgegennehmen und damit über den ärztlichen Einsatz (vor-)entscheiden.[318] 83

Ungeachtet aller solcher Angriffspunkte und evtl. auch Schwächen des Bereitschaftsdienstes und seiner Organisation ist freilich die Notwendigkeit von Bereitschaftsdiensten und auch die grundsätzlich gute Funktionsfähigkeit der Dienste nicht zu bezweifeln. 84

d) Mitwirkung von Krankenhäusern. In § 75 Ib 2 Hs. 1 SGB V ist vorgesehen: „Die Kassenärztlichen Vereinigungen sollen den Notdienst auch durch Kooperationen und eine organisatorische Verknüpfung mit zugelassenen Krankenhäusern sicherstellen."[319] Dabei stellen sich Fragen (aa) zum Leistungsumfang der so eingebundenen Krankenhäuser sowie auch (bb–dd) zur Vergütung der Krankenhäuser. 85

aa) Zulässiger Versorgungsumfang des Krankenhauses im Notfall. Erfolgt beim vertragsärztlichen Bereitschaftsdienst der KVen eine Kooperation mit Krankenhäusern – häufig in der Art, dass der Dienst in Räumen des Krankenhauses verrichtet wird (§ 75 Ib 2 Hs. 2: „Notdienstpraxen in oder an Krankenhäusern") und der Dienst zum Teil[320] vom Kranken- 86

---

[315] BSG gemäß Angabe in → Rn. 78 am Ende.
[316] BSG vom 11.5.2011 – B 6 KA 13/06 R – SozR 4–2500 § 75 Nr. 7 Rn. 14; BSG vom 23.3.16 – B 6 KA 7/15 R – SozR 4–2500 § 75 Nr. 16 = Juris, Rn. 19, 23.
[317] Diese Möglichkeit wird vom BSG ausdrücklich erwähnt: Vgl. z. B. BSG vom 6.2.2008 – B 6 KA 13/06 R – SozR 4–2500 § 75 Nr. 7 Rn. 14 ff. – Zur Zumutbarkeit der Bestellung eines Vertreters vgl. BSG vom 23.3.16 – B 6 KA 7/15 R – SozR 4–2500 § 75 Nr. 16 = Juris, Rn. 19, 25.
[318] Die zuständige KV stellt die Funkeinrichtung, den Notarztwagen und den Fahrer zur Verfügung (in aller Regel gegen einen Kostenbeitrag), siehe dazu *Liebold/Zalewski*, Kassenarztrecht, Loseblattsammlung, C 75-20.
[319] Zu Fragen der Kooperation und auch zur Abgrenzung von Mitwirkung des Krankenhauses am vertragsärztlichen Bereitschaftsdienst von der eigenen Notfall-Ambulanz vgl. *R. Zuck*, f&w 1988, Heft 6/7, S. 67; *R. Zuck*, Rechtsfragen der Ambulanz, 1991, S. 292 ff.; *ders.*, f&w 1995, S. 412 ff.
[320] Z. B. in den Nachtstunden ab 24 Uhr – so in dem Fall, über den das BSG mit Urteil vom 12.12.2012 – B 6 KA 5/12 R – SozR 4–2500 § 115 Nr. 1 = MedR 2013, 555 = GesR 2014, 35 = Juris, Rn. 11 sowie 23 u. 28 entscheiden hatte.

haus selbst organisiert und von Krankenhausärzten versehen wird, so ändert dies nichts am eingeschränkten Behandlungsumfang im Bereitschaftsdienst gemäß den Ausführungen oben a (→ Rn. 70 ff.). Daraus, dass Krankenhäuser mehr zu leisten vermögen – z. B. auch ein Labor mit 24-Stunden-Bereitschaft zur Verfügung haben –, kann **nicht eine erweiterte Diagnostik** gerechtfertigt werden. Das BSG hat in seinem Urteil vom 12.12.2012 – das bereits oben zitiert wurde und einen Fall betraf, in dem die KV den Bereitschaftsdienst in Kooperation mit einem Krankenhaus organisiert hatte – ausdrücklich ausgeführt: „Der medizinische Bedarf für die Erstversorgung und nicht die medizinische Infrastruktur der Praxis, in der der Notfalldienst angeboten wird, bestimmen den Umfang der Diagnostik."[321] Und weiter: Die „Behandlungen ... haben sich auf die Erstversorgung zu beschränken; sie sind darauf zu konzentrieren, Gefahren für Leib und Leben sowie unzumutbaren Schmerzen der Patienten zu begegnen sowie die Notwendigkeit einer stationären Behandlung abzuklären."[322] Dies muss eine **Mahnung an alle Krankenhäuser und an alle Krankenhausärzte** sein, soweit sie in den vertragsärztlichen Bereitschaftsdienst eingebunden sind: Für eine umfassende Behandlung besteht in diesem Rahmen keine Zuständigkeit. So hat das BSG in dem Urteil vom 12.12.2012 einem Krankenhaus die Honorierung für Laboruntersuchungen versagt, die mehr einer **Routine-Diagnostik** zu entspringen schienen (z. B. regelmäßige BAK- und CRP-Laboruntersuchungen)[323] und für die keine spezielle Notwendigkeit im Rahmen der Erstversorgung erkennbar[324] war. Was überhaupt nicht akzeptabel ist, ist die **Wiedereinbestellung von Notfallpatienten** zur Nachkontrolle: Dies mag zwar aus der Sicht des notfallbehandelnden Arztes und auch des Patienten sinnvoll erscheinen, überschreitet aber klar den begrenzten Rahmen der Erstversorgung (vgl. → Rn. 70 ff.). Der notfallbehandelnde Arzt muss den Patienten darauf verweisen, zur Nachkontrolle einen niedergelassenen Vertragsarzt aufzusuchen.

87 **Folgen der Überschreitung des Rahmens der Erstversorgung** sind zum einen, dass ein Anspruch auf Vergütung der Leistungen nicht besteht[325] und zum anderen – evtl. mehr theoretisch –, dass solche Kompetenzüberschreitungen durch berufsgerichtliche Maßnahmen geahndet werden können.[326]

88 **bb) Vergütung des Krankenhauses.** Die Vergütung für die Leistungen des Krankenhauses im vertragsärztlichen Bereitschaftsdienst wird vielfach bzw. im Regelfall so geregelt sein, dass das Krankenhaus die erbrachten Leistungen von der KV gemäß dem EBM vergütet erhält. Dies kann sowohl die Behandlungsleistungen der beteiligten Krankenhausärzte als auch die von allen notdienstversehenden Ärzten angeforderten und vom Krankenhaus erbrachten weiteren Leistungen wie Röntgen- und Laboruntersuchungen umfassen.[327]

89 Solche Vergütungsregelungen bedeuten nicht automatisch, dass das Krankenhaus für alle erbrachten Leistungen umfassend Honorar beanspruchen kann. Vielmehr hat es einen **Honoraranspruch nur insoweit**, als sich die Leistungen den unter aa dargestellten Rahmen der **Notfall-Erstversorgung** einhalten; andernfalls ist die KV – ebenso wie gegenüber Vertragsärzten – gegenüber dem Krankenhaus zur sog. sachlich-rechnerischen Richtigstellung berechtigt.[328]

---

[321] BSG vom 12.12.2012 – B 6 KA 5/12 R – aaO Rn. 15.
[322] BSG vom 12.12.2012 aaO Rn. 15.
[323] BSG vom 12.12.2012 aaO Rn. 10, 13 ff., 20.
[324] Zu denkbaren Konstellationen besonders gelagerter Einzelfälle vgl. BSG vom 12.12.2012 aaO Rn. 17 f.: Dann muss eine entsprechende ärztliche Dokumentation erfolgen!
[325] Vgl. hierzu BSG vom 12.12.2012 aaO Rn. 10, 13–16, 20 und den unten folgenden Abschnitt bb → Rn. 88.
[326] Zu berufsgerichtlichen Maßnahmen vgl. § 13 Rn. 83 ff.
[327] So war die Fallgestaltung, die dem Urteil des BSG vom 12.12.2012 aaO zugrunde lag.
[328] Zur sachlich-rechnerischen Richtigstellung vgl. → § 22 Rn. 80 ff.

§ 19 Kassenärztliche und Kassenzahnärztliche Vereinigungen 461

Hierzu ist **aber klarzustellen:** Der Einwand der KV gegenüber dem Krankenhaus, es habe 90
sich um Leistungen gehandelt, die nicht mehr vom Rahmen der Notfall-Erstversorgung
gedeckt gewesen seien, greift nur bei Leistungen, die das Krankenhaus selbst zu verantworten
hat; der Einwand greift **nicht bei Leistungen,** die das Krankenhaus **auf Anforderung des
von der KV** – und nicht vom Krankenhaus – **zu verantwortenden Bereitschaftsdienstes**
erbrachte: Bei solchen Leistungen greifen die Grundsätze über Auftragsleistungen ein; diese
sind vom Auftraggeber und nicht vom Auftragnehmer zu verantworten.[329]

Diese Differenzierung bedeutet: 91

- Soweit die KV den Bereitschaftsdienst zu verantworten hat, handelt es sich bei Aufträgen z. B. an die Röntgen- oder Laborabteilung des Krankenhauses um sog. Auftragsleistungen. Überschreitungen des Rahmens der Notfall-Erstversorgung sind der KV und nicht dem Krankenhaus anzulasten, sodass der Vergütungsanspruch des Krankenhauses unberührt ist. Ggf. kann die KV bei dem einzelnen Arzt, der den Bereitschaftsdienst ausgeübt hat, Regress nehmen.[330]
- Eine (Mit-)Verantwortung des Krankenhauses als Auftragnehmer kann nur dann in Betracht kommen, wenn sich ihm nach seinem Kenntnis- und Erfahrungsstand hätte aufdrängen müssen, dass der auftraggebende Arzt außerhalb seines Versorgungsauftrags handelte oder eine medizinisch nicht sachgerechte oder nicht notwendige Leistung anforderte. In einem solchen Fall kann bzw. muss der Auftragnehmer aufgrund der auch ihm selbst obliegenden Sorgfaltspflicht die Ausführung des Auftrags ablehnen.[331]
- Soweit das Krankenhaus den Bereitschaftsdienst zu verantworten hat – z. B. ab 24 Uhr, soweit eine entsprechende Vereinbarung zwischen KV und Krankenhaus vorliegt[332] –, ist die Tätigkeit der diensthabenden Ärzte in Anwendung des § 278 BGB dem Krankenhaus zuzurechnen und daher die KV berechtigt, dem Krankenhaus das Honorar für alle diejenigen Leistungen zu versagen, die über den Rahmen einer Notfall-Erstversorgung hinaus gehen,[333] wie z. B. für vom Krankenhaus-Labor durchgeführte Untersuchungen, die über diesen Rahmen hinausgehen.

Solcher Honorarversagung wegen zu viel erbrachter (z. B. Labor-)Leistungen kann das 92
Krankenhaus nicht dadurch ausweichen, dass es ein Fremd-Labor[334] mit der Durchführung
der Laborleistungen beauftragt. Das Honorar an das Fremd-Labor muss zwar die KV zahlen,
weil dieses als bloßer Auftragnehmer das Zuviel an Laborleistungen nicht zu verantworten hat.
Aber die KV kann Regress bei dem Auftraggeber – dem Krankenhaus, das für das Fehlverhalten der von ihm im Bereitschaftsdienst eingesetzten Ärzte mithaften muss – nehmen.[335]

cc) 10%iger Abschlag. Eine weitere Frage geht – bzw. ging bis 2015 – dahin, ob die 93
Leistungen der Krankenhäuser im vertragsärztlichen Bereitschaftsdienst in vollem Umfang

---

[329] BSG vom 12.12.2012 aaO Rn. 23–25, 27 f., 30.
[330] Die Regress-Möglichkeit ergibt sich aus § 106a I 3 SGB V: Hiernach umfasst die Wirtschaftlichkeitsprüfung auch „Überweisungen ... sowie sonstige veranlasste Leistungen", wobei das Zuviel im Wege einer Einzelfallprüfung festgestellt werden kann. Der Anwendung dieser Regelungen steht nicht entgegen, dass ein zugrunde liegender rechtswidriger (nämlich den Rahmen der Erstversorgung überschreitender) Laborauftrag an sich eine sachlich-rechnerische Richtigstellung im Sinne des § 106d SGB V nach sich zieht (zu anderen Schnittstellen zwischen Wirtschaftlichkeits- und sachlich-rechnerischer Prüfung vgl. *Th. Clemens* in: Schlegel/Voelzke/Engelmann Hrsg., jurisPraxisKommentar SGB V, § 106d (Neubearbeitung 2018) Rn. 48).
[331] BSG vom 12.12.2012 aaO Rn. 26 (in Fortführung von BSG vom 8.7.1981 – 6 RKa 3/79 – USK 81 118 S. 475, 477 = Juris Rn. 25).
[332] Vgl. zu solcher Konstellation zuvor aa (→ Rn. 86 mit Fn. 320).
[333] BSG vom 12.12.2012 aaO Rn. 20.
[334] Dieses darf nicht wirtschaftlich mit dem Krankenhaus verbunden sein: Dann wäre ein Korruptionssachverhalt gegeben (allerdings lässt sich das wohl nicht unter § 128 II 3 – letzte Variante – oder § 73 VII SGB V und auch nicht unter § 31 Muster-Berufsordnung subsumieren, weil sich diese Regelungen nur an Vertragsärzte – und nicht auch an Krankenhäuser und deren Ärzte – richten; auch der Hinweis auf § 128 VI SGB V greift nicht, weil hier die entsprechende Geltung nur für den Arznei- und Verbandmittel-Bereich – § 31 – angeordnet ist, nicht aber auch für den Laborbereich). Für die Qualifizierung als rechtswidrig bleibt nur der Rückgriff auf allgemeine Grundsätze.
[335] Siehe → Rn. 91 (dort die erste Fn.).

gemäß dem EBM oder nur unter **Abzug von 10 % gemäß § 120 III 2 SGB V** zu honorieren sind. Das BSG hatte den 10%igen Abzug für rechtmäßig erklärt, der Gesetzgeber hat diese Regelung aber nunmehr – zum 1.1.2016 – aufgehoben[336]. Aus der bisherigen Rechtsprechung des BSG ergibt sich, dass das Krankenhaus (auch dann, wenn es nicht zur Teilnahme an der vertragsärztlichen Versorgung ermächtigt ist) im Rahmen des vertragsärztlichen Bereitschaftsdienstes insgesamt als solches (einschließlich der Krankenhausärzte, die die Notfallbehandlungen durchführen, auch soweit diese selbst nicht zur Teilnahme an der vertragsärztlichen Versorgung ermächtigt sind[337]) der vertragsärztlichen Versorgung zugeordnet ist[338]; es ist deshalb uneingeschränkt deren Regeln unterworfen – mit der Folge, dass bis zum 31.12.2015 auch die Regelung des § 120 III 2 SGB V über den 10%igen Abzug anzuwenden war.[339] Ob dem einzelnen in der Notfallambulanz tätigen Krankenhausarzt selbst die Vergütung für die Notfallbehandlung zusteht[340] (ob es sich also um eine Dienstaufgabe handelt oder nicht), ist in der einzelvertraglichen Abrede zwischen Arzt und Krankenhaus zu regeln.

94 **dd) Gleich hohe Vergütung.** Schließlich ist bei der Vergütungsregelung im EBM für den Bereitschaftsdienst zu beachten, dass **Krankenhäuser,** die sich am vertragsärztlichen Bereitschaftsdienst beteiligen, grundsätzlich **ebenso hoch vergütet werden müssen** wie ein den Bereitschaftsdienst ausübender Vertragsarzt.[341] Die EBM-Regelung, die das BSG am 12.12.2012 beanstandet hat, war deshalb rechtswidrig, weil sie eine zusätzliche **Vergütung für die bloße Besuchsbereitschaft** vorsah. Dies stellte keine sachgerechte Differenzierung dar; denn Krankenhäuser können nicht besuchsbereit sein, weil sie Besuche nicht durchführen können.[342] Wenn der EBM Regelungen träfe mit Zuschlägen für **konkrete** Dienstleistungen im Bereitschaftsdienst, wäre dies wohl nicht zu beanstanden, solange es sich um eine nicht zu hoch bemessene Aufwandsvergütung handelt; der Umstand, dass solche Vergütungen letztlich nur von den einzelnen Ärzten und nicht vom Krankenhaus erlangbar sind, vermag allein für sich deren Rechtswidrigkeit nicht zu begründen.

---

[336] Die Regelung über den 10%igen Investitionskostenabschlag wurde gestrichen durch Art. 6 Nr. 13 Buchst. b des Krankenhausstrukturgesetz (KHSG) vom 10.12.2015 (BGBl. I S. 2229, 2245).

[337] BSG vom 19.8.1992 – 6 RKa 6/91 – BSGE 71, 117, 119 f. = SozR 3–2500 § 120 Nr. 2 S. 14.

[338] BSG vom 19.8.1992 – 6 RKa 6/91 – BSGE 71, 117, 118 = SozR 3–2500 § 120 Nr. 2 S. 12 = Juris Rn. 14 und BSG vom 12.10.1994 – 6 RKa 31/93 – BSGE 75, 184, 185 = SozR 3–2500 § 120 Nr. 4 S. 23 = Juris Rn. 13. Das gilt auch für Leistungen von öffentlich geförderten Polikliniken: BSG vom 10.5.1995 – 6/14a RKa 2/93 – SozR 3–2500 § 120 Nr. 6; nicht aber für Einrichtungen gemäß § 311 II SGB V mangels Bezugs zu Forschung und Lehre: BSG vom 6.2.2013 – B 6 KA 6/12 R – SozR 4–2500 § 115 Nr. 1 Rn. 23.

[339] Dazu hat das BSG ausgeführt, dass der 10 %-Abschlag nur Krankenhäuser betraf, deren Investitionskosten aus Steuermitteln finanziert werden: BSG vom 13.3.2002 – B 6 KA 4/01 R – SozR 3–2500 § 120 Nr. 12 S. 54, 55 ff. = Juris Rn. 13/14, 15 ff.; BSG vom 17.9.2008 – B 6 KA 46/07 R – SozR 4–2500 § 75 Nr. 8 Rn. 18; BSG vom 17.7.2013 – B 6 KA 8/13 B – Juris Rn. 10.

[340] D. h. an ihn weiterzuleiten ist. – Dies lässt sich hier allerdings nicht – so aber *R. Zuck* in der 2. Auflage 2008 in § 18 Rn. 38 – auf § 120 I 3 letzter Halbsatz SGB V stützen. Denn diese Regelung gilt nicht allgemein für Notfallbehandlungen, sondern nur speziell für ermächtigte Krankenhausärzte, wenn diese im Rahmen ihrer spezialisierten Ermächtigung tätig werden. Stehen ermächtigte Krankenhausärzte – außerhalb ihrer spezialisierten Ermächtigung – auch für Notfallbehandlungen zur Verfügung, so bewegt sich dies außerhalb der Regelungen des § 120 I SGB V. Dafür ist vielmehr der zwischen ihnen und dem Krankenhaus abgeschlossene Dienstleistungsvertrag maßgebend. In Fragen der (zusätzlichen gesonderten?) Vergütung für Notfallbehandlungen ist gleichermaßen für ermächtigte und nicht ermächtigte Krankenhausärzte der jeweilige Dienstleistungsvertrag maßgebend.

[341] BSG vom 12.12.2012 – B 6 KA 3/12 R – Rn. 13 ff., 27 ff., 31 ff. – Dazu zuletzt (weiterführend) BSG vom 17.7.2013 – B 6 KA 8/13 B – Juris Rn. 10 und BSG vom 2.7.2014 – B 6 KA 30/13 R – SozR 4–2500 § 76 Nr. 2 = MedR 2015, 222, Rn. 11 ff. – zu diesen beiden Entscheidungen vertiefend *Th. Clemens,* in: Schlegel/Voelzke/Engelmann (Hrsg.), jurisPraxisKommentar SGB V, § 106d (Neubearbeitung 2018) Rn. 112 u. 117.

[342] BSG vom 12.12.2012 aaO Rn. 19–23, 34.

4. Rettungsdienst[343]

Nicht vom Sicherstellungsauftrag der KVen erfasst ist die notärztliche Versorgung im Rahmen des Rettungsdienstes, es sei denn, das Landesrecht bestimmt etwas anderes (§ 75 Ib 1 Halbsatz 2 SGB V). Diese hat der Gesetzgeber nicht einbezogen; denn er ist davon ausgegangen, dies sei keine typisch vertragsärztliche Aufgabe.[344] Aufgabe des Rettungsdienstes ist es, „bei Notfallpatienten Maßnahmen zur Erhaltung des Lebens oder zur Vermeidung gesundheitlicher Schäden einzuleiten, sie transportfähig zu machen und unter fachgerechter Betreuung in eine für die weitere Versorgung geeignete Einrichtung zu befördern. Notfallpatienten sind Kranke oder Verletzte, die sich in Lebensgefahr befinden oder bei denen schwere gesundheitliche Schäden zu befürchten sind, wenn sie nicht umgehend medizinische Hilfe erhalten."[345]

95

Rechtsgrundlage für den öffentlichen Rettungsdienst sind die **Rettungsdienstgesetze der einzelnen Länder**. Die Träger des Rettungsdienstes (in der Regel die Gebietskörperschaften, d. h. Gemeinden, Landkreis oder Land) werden ermächtigt, den Rettungsdienst auf eine dazu bereite Organisation zu übertragen. Die Verantwortung für die notärztliche Versorgung haben die KKn. Ihnen gegenüber werden die Leistungen im Rahmen des § 133 SGB V abgerechnet.[346] Privatunternehmen brauchen für die Durchführung von Rettungsdienstaufgaben eine Genehmigung nach dem Rettungsdienstgesetz.[347] Der Träger des Rettungsdienstes muss qualifiziertes Personal in ausreichender Zahl zur Verfügung stellen. Im Allgemeinen ist die Teilnahme am Rettungsdienst Dienstpflicht angestellter Krankenhausärzte.[348]

96

III. Gewährleistungspflicht der Kassenärztlichen Vereinigungen

Entsprechend dem Sicherstellungsauftrag (zuvor II. 1.-4.) haben die KVen auch eine Gewährleistungspflicht: Die KVen und die KBV haben gegenüber den KKn und ihren Verbänden die Gewähr dafür zu übernehmen, dass die vertragsärztliche Versorgung den gesetzlichen und den vertraglichen Erfordernissen entspricht (§ 75 I 1 Halbsatz 2 SGB V). Hierunter fällt vor allem die Aufgabe, die Abrechnung der Vertragsärzte auf sachlich-rechtliche Richtigkeit (§ 75 I SGB V iVm § 106d SGB V) und Plausibilität (§ 106d II 1 Halbsatz 2 iVm Sätze 2 ff. SGB V) zu überprüfen sowie im Rahmen der Aufgaben der Prüfgremien an der Wirtschaftlichkeitsprüfung mitzuwirken (§§ 106–106b SGB V).[349] Den KVen obliegt es auch, die Ein-

97

---

[343] Weiteres zum Rettungsdienst: § 12 Rn. 55 und vor allem *Lissel* in: Ratzel/Luxenburger (Hrsg.), Handbuch Medizinrecht, 3. Aufl. 2015, § 39. Vgl. außerdem z. B. *Esch*, Rechtsfragen der Erbringung und Vergütung rettungsdienstlicher Leistungen, 2005; *Heuchemer/Bolsinger*, Medikamentenabgabe durch Rettungsassistenten, MedR 2009, 524; *Zander*, Die Auswirkungen des Unionsrechts auf den deutschen Rettungsdienst, 2010; *Ruthig*, Notfallrettung zwischen öffentlicher Aufgabe und öffentlichem Auftrag, DVBl. 2010, 12; *Kern* in: Laufs/Kern (Hrsg.), 4. Aufl. 2010, § 17a Rn. 11 ff., 41 ff., 61 ff., 73 ff.; *Lippert/Jäkel*, Die Versorgung des Rettungsdienstes mit Arznei- und Betäubungsmitteln, MedR 2012, 175.

[344] BT-Drs. 13/7264 vom 19.3.1997, S. 63.

[345] So – exemplarisch – § 1 II des Rettungsdienstgesetzes Baden-Württemberg in der Fassung vom 17.12.2015 (GBl. S. 1182). Zu den Leitlinien bei sog. Notkompetenzmaßnahmen im Rettungsdienst s. *Heilhammer-Hawig*, MedR 2007, 214.

[346] Zur Gebührenabrechnung siehe *Iwers*, LKV 2003, 164. Zum Anspruch auf angemessene Vergütung von Rettungs- und Krankenhaustransportleistungen im Rahmen des § 133 SGB V siehe *Geisler/Temming*, NZS 2005, 125.

[347] Zum Rettungsdienst durch Private vgl. *Müssig*, GesR 2003, 94. Zum Bestandsschutz und zur Übertragbarkeit rettungsdienstrechtlicher Genehmigungen siehe *Esch/Lechleuthner*, MedR 2006, 399. Zur Ausschreibungrettungsdienstlicher Leistungen siehe *Esch*, Vergaberecht, 2007, 286; *Lechleuthner*, Vergaberecht, 2007, 366.

[348] Zur Differenzierungen vgl. *Rieger/Lippert/Lissel*, in: HK-AKM Nr. 4540 (Stand Juli 2013), Rn. 14 f. Für den niedergelassenen Arzt gibt es keine Pflicht zur Teilnahme am Rettungsdienst. Zu Haftungs- und Versicherungsfragen vgl. ebenfalls ausführlich *Rieger/Lippert/Lissel* aaO Nr. 4540, Rn. 34 ff.

[349] Zur Wirtschaftlichkeitsprüfung siehe → § 23 Rn. 1 ff.

haltung der Pflichten der Vertragsärzte im Rahmen ihrer vertragsärztlichen Tätigkeit zu überwachen und ggf. disziplinarrechtliche Maßnahmen zu ergreifen (§ 75 II 2 SGB V).[350]

98 Bei alledem haben die KVen auch die Rechte der Vertragsärzte gegenüber den KKn wahrzunehmen (Rechtswahrnehmung und Interessenvertretung gemäß § 75 II 1 SGB V, → Rn. 18). Allerdings folgt daraus kein Anspruch des einzelnen Vertragsarztes auf die Wahrnehmung seiner individuellen rechtlichen und wirtschaftlichen Interessen. Der Auftrag beschränkt sich auf die Wahrnehmung solcher Rechte und rechtlicher Interessen, die die Vertragsärzteschaft als Ganzes betreffen.[351]

99 Die Gewährleistungspflicht der KVen umfasst auch die Sicherstellung der ärztlichen Versorgung für die im Standard- und Basistarif Versicherten (§ 75 IIIa iVm §§ 257 IIa 1 Nrn. 2 u. 3, 314, 315 SGB V).[352]

§ 20 Teilnahme des Vertragsarztes an der vertragsärztlichen Versorgung: Zulassungsvoraussetzungen, -folgen, -verfahren und Ende der Zulassung

I. Zulassungsvoraussetzungen

1. Rechtsgrundlagen

1 An der vertragsärztlichen Versorgung nehmen zugelassene Ärzte einschließlich ärztlicher Psychotherapeuten teil und ebenso Psychologische Psychotherapeuten sowie Kinder- und Jugendlichenpsychotherapeuten[353], ferner zugelassene medizinische Versorgungszentren (MVZ) sowie ermächtigte Ärzte und ermächtigte ärztlich geleitete Einrichtungen (§ 95 I 1 SGB V). Die Voraussetzungen für die Zulassung ergeben sich aus § 95 II SGB V und aus der diese Vorschrift konkretisierenden Ärzte-ZV (die ursprünglich als Rechtsverordnung erlassen wurde und ungeachtet zahlloser Änderungen durch den Gesetzgeber selbst weiterhin den Rang nur einer Rechtsverordnung hat[354]).

2 Das Zulassungsrecht hat durch die Änderungen, insbesondere in den Jahren seit 2004, erhebliche Strukturänderungen erfahren. Die wichtigsten, im SGB V und in der Ärzte-ZV kodifizierten Änderungen betreffen:

- die Möglichkeit, die ärztliche Tätigkeit im Rahmen eines **medizinischen Versorgungszentrums (MVZ)** auszuüben (§ 95 I 2ff iVm II 2ff. SGB V)
- die Neuregelung und schließlich Abschaffung der **Altersgrenzen** (Streichung aus § 95 VII SGB V)
- die Neuregelung der Beschäftigung **angestellter Ärzte** (§ 95 IX, IX a SGB V)
- die Möglichkeit der **Teilzulassung** von Ärzten (§ 95 III 1 SGB V (32b Ärzte-ZV)[355]

---

[350] Siehe dazu → § 24 Rn. 38 ff.

[351] So hat z. B. der einzelne Vertragsarzt keinen Anspruch gegen die KV, dass diese gegen aus seiner Sicht rechtswidrigen Begünstigungen Dritter vorgehe (z. B. BSG vom 2.10.1996 – 6 BKa 54/95 – SozR 3-2500 § 75 Nr. 8: kein Anspruch auf Einschreiten der KV gegen die einem Krankenhausarzt erteilte Ermächtigung).

[352] Siehe dazu BR-Drs. 755/06 vom 3.11.2006, S. 319 f.

[353] § 72 I 2 SGB V.

[354] Das BSG ist von seiner früheren Rspr., wegen der Änderungen durch den sog. formellen Gesetzgeber habe die Ärzte-ZV den Rang eines formellen Gesetzes, vor dem Hintergrund einer Entscheidung des BVerfG (BVerfG vom 27.9.2005 – 2 BvL 11/02, 12/02, 13/02 – BVerfGE 114, 303, 312 f. = II. 1. b aa +bb+cc) abgerückt: BSGE 108, 35 = SozR 4-2500 § 115b Nr. 3 = GesR 2011, 542 = MedR 2011, 677 = Juris, jeweils Rn. 65 am Ende; BSG vom 13.5.2015 – B 6 KA 25/14 R – BSGE 119, 79 = SozR 4-5520 § 19 Nr. 3 = GesR 2015, 737 = MedR 2017, 264 = Juris, jeweils Rn. 21. – Zur anderslautenden früheren Rspr. vgl. z. B. BSG vom 16.7.2003 – B 6 KA 49/02 R – BSGE 91, 164 Rn. 8 ff. = SozR 4-5520 § 33 Nr. 1 Rn. 7 ff. = MedR 2004, 114 = Juris Rn. 21 ff.; BSG vom 23.2.2005 – B 6 KA 81/03 R – BSGE 94, 181 = SozR 4-2500 § 103 Nr. 2 Rn. 11 = MedR 2005, 666 = Juris Rn. 20 m. w. N.

[355] Zur Einführung der Teilzulassung siehe z. B. *Schiller/Pavlovic*, MedR 2007, 86; *v. Stackelberg/Kleinert/Wolff*, VSSR 2007, 177.

§ 20 Teilnahme des Vertragsarztes an der vertragsärztlichen Versorgung   465

- die Erleichterung personeller und institutioneller **Verzahnung** ambulanter vertragsärztlicher und stationärer Versorgung (§ 20 I und II Ärzte-ZV und §§ 115b, 116b SGB V)
- die Neuregelung der überörtlichen Praxisausübung durch **Zweigpraxen** (§ 24 III Ärzte-ZV)
- die Neuregelung der **Berufsausübungsgemeinschaften** (§ 33 II Ärzte-ZV)
- die Möglichkeit für den Zulassungsausschuss bzw. die KVen, Praxisnachfolgen **durch Entschädigungszahlungen** zu verhindern, um **Überversorgung abzubauen** (§§ 103 IIIa 3, 7, 13, 105 III SGB V), und die **Vorsorge gegen Unterversorgung** durch Stützungsmaßnahmen – insbesondere in ländlichen Bereichen – (§ 105 I 1 Hs. 2, Ia, IV, V SGB V). – Vgl. dazu → Rn. 23 ff. und → § 20 Rn. 113 am Ende.

2. Allgemeine Voraussetzungen

Die Zulassung eines Arztes zur vertragsärztlichen Versorgung erfolgt bei Vorliegen der **3** Voraussetzungen des § 95 SGB V auf schriftlichen Antrag hin, in dem die in § 18 I 2 Ärzte-ZV genannten Angaben (Vertragsarztsitz, Arztbezeichnung) zu machen und dem die in § 18 I 3 und II Ärzte-ZV i. d. F. des VÄndG aufgelisteten Unterlagen beizufügen sind. Die Zulassung – und ebenso die Ablehnung der Zulassung – ist ein Verwaltungsakt.

Bis zur sog. Kassenzulassung muss der Arzt **mehrere Stufen**[356] „durchlaufen": **4**

- Medizinstudium einschließlich Praktischem Jahr[357]
- Staatsexamen und Approbation[358]
- Facharztqualifikation
- Arztregistereintrag
- Kassenzulassung

Während die ersten drei Stufen zur allgemein-berufsrechtlichen Qualifikation gehören **5** (und landesrechtlich geregelt sind; – daran knüpft das Vertragsarztrecht an, wobei es die Voraussetzungen zum Teil verschärft[359]), handelt es sich bei dem Arztregistereintrag und der Kassenzulassung um speziell vertragsarztrechtliche Voraussetzungen, die im SGB V und in der Ärzte-ZV geregelt sind.

a) Arztregister. Die Eintragung in das Arztregister ist teilweise im SGB V (vor allem § 95a **6** und § 95c SGB V) und im Übrigen in der Ärzte-ZV[360] geregelt. Es wird von der KV für den jeweiligen Zulassungsbezirk geführt, die Eintragung erfolgt auf Antrag (§ 95 II 3 SGB V iVm § 3 I Ärzte-ZV)[361] und setzt die Approbation des Arztes voraus (§ 95a I Nr. 1 SGB V, § 1 II Buchst. b iVm § 3 II Buchst. a Ärzte-ZV).[362] Außerdem fordern § 95a I Nr. 2 SGB V, § 3 II Buchst. b Ärzte-ZV den erfolgreichen Abschluss einer allgemeinmedizinischen Weiter-

---

[356] Zur zweiten und dritten Stufe vgl. § 95a I Nrn. 1 und 2 SGB V; zum Verhältnis der vierten zur fünften Stufe vgl. § 95 II 1 SGB V und dazu z. B. BSG vom 5.5.2010 – B 6 KA 2/09 R – SozR 4–2500 § 95 Nr. 16 = GesR 2010, 548 = Juris, jeweils Rn. 17.

[357] Zur derzeitigen Ausgestaltung vgl. Landtag von Baden-Württemberg, Drucksache 15/3743 vom 4.7.2013, S. 2.

[358] Die Approbation darf nicht so eingeengt sein, dass eine Tätigkeit als „freier Arzt" (vgl. hierzu BSG vom 23.6.2010 – B 6 KA 7/09 R – BSGE 106, 122 = SozR 4–5520 § 32 Nr. 4 = MedR 2011, 298 = Juris, jeweils Rn. 33–51) nicht möglich ist. Dies spielte in dem Zulassungsentziehungsverfahren eine Rolle, das der Entscheidung des BSG vom 17.8.2011 – B 6 KA 18/11 B – Juris Rn. 9 f. zugrunde lag (Allgemeinarzt, der Drogensubstitution betrieb, aber auch eigenem Cannabiskonsum nachgegangen war und dem deshalb die Approbation eingeengt wurde).

[359] Zur Möglichkeit, dass das Vertragsarztrecht von den berufsrechtlichen Vorgaben abweicht, vgl. oben → § 18 Rn. 32–34; ebenso z. B. *Düring* in: Schallen, Zulassungsverordnung, 9. Aufl. 2018, Vorbem. zu § 18, Rn. 78.

[360] Die gesetzliche Verordnungsermächtigung findet sich in § 98 II Nr. 6 SGB V.

[361] Die Zulassungsgremien sind an die Eintragung in das Arztregister gebunden, BSG vom 13.12.2000 – B 6 KA 26/00 R – SozR 3–2500 § 95a Nr. 2 = USK 2000-180 (betr. „Facharzt für Arbeitsmedizin").

[362] Das Arztregister umfasst weiterhin Psychotherapeuten: § 95 II 3 Nr. 1 iVm § 95c SGB V und § 1 II Buchst. b und III Ärzte-ZV.

bildung[363] oder einer Weiterbildung in einem anderen Fachgebiet mit der Befugnis zum Führen einer entsprechenden Gebietsbezeichnung oder den Nachweis einer Qualifikation, die gemäß § 95a IV, V SGB V anerkannt ist.[364]

7   Der Eintrag in das Arztregister ist nach dem Wortlaut des **§ 95 II 1 SGB V** Voraussetzung für die Bewerbung um eine Zulassung. Eine strenge Abfolge in dem Sinne, dass zunächst der Registereintrag erfolgt sein muss, ehe die Zulassung beantragt werden kann, besteht jedoch nicht. Das BSG hat § 95 II 1 SGB V im Hinblick auf **Art. 12 I GG** dahingehend **einschränkend ausgelegt**, dass es ausreicht, wenn der Bewerber fristgerecht seine Zulassung beantragt und auch materiellrechtlich alle Zulassungsvoraussetzungen erfüllt; zusätzlich muss er sich konsequent um die Beschaffung des Arztregistereintrags bemühen.[365]

8   **b) Zulassungshindernisse.** Die Zulassung setzt weiter voraus, dass keine gesetzlichen Hinderungsgründe bestehen. Als solche kommen in Betracht:
- Ungeeignetheit aus Gründen der **körperlichen** Verfassung, z.B. wegen Drogen- oder Alkoholsucht (§ 98 II Nr. 10 SGB V iVm § 21 Ärzte-ZV), oder wegen der **Persönlichkeit oder des Verhaltens**[366]
- Hindernis durch **anderweitige Tätigkeit** und/oder durch **Interessen- und Pflichtenkollision** (§ 98 II Nr. 10 SGB V iVm § 20 I[367] und II[368] Ärzte-ZV)
- Zulassungsbeschränkungen wegen ärztlicher **Überversorgung** mit sog. Bedarfsplanung (§ 103 I 2 iVm II SGB V iVm § 16b Ärzte-ZV[369])
- Sperrfrist von sechs Jahren für eine **Wiederzulassung** nach kollektivem Zulassungsverzicht (§ 95b II SGB V)[370]
- Fünfjährige Bewährungszeit als Regelvoraussetzung für eine **Wiederzulassung**.[371]

9   **Entfallen** ist seit 2012 die sog. **Residenzpflicht:** Bis Ende 2011 waren die Ärzte verpflichtet, ihre Wohnung in einem engeren Umkreis der Arztpraxis zu nehmen (damals § 24 II 2

---

[363] Eine allgemeinmedizinische Weiterbildung ist nachgewiesen, wenn der Arzt nach landesrechtlichen Vorschriften zum Führen des Facharztbezeichnung für Allgemeinmedizin berechtigt ist und die Berechtigung nach einer mindestens fünfjährigen (früher: dreijährigen – so vor der zum 1.1.2006 erfolgten Verlängerung durch Art. 1 Nr. 40 GKV-Gesundheitsreformgesetz 2000 vom 22.12.1999, BGBl. I S. 2626) erfolgreichen Weiterbildung in der Allgemeinmedizin bei zur Weiterbildung ermächtigten Ärzten und in dafür zugelassenen Einrichtungen erworben hat (§ 95a II SGB V). Die Inhalte der allgemeinmedizinischen Weiterbildung ergeben sich aus § 95a II und III SGB V und § 3 IV und § 31 V Ärzte-ZV (neu gestaltet durch Art. 38, 39 des Gesetzes zur Anerkennung von Berufsqualifikationen vom 2.12.2007, BGBl. I S. 2686, 2763 f.).

[364] § 95a IV SGB V dehnt die Eignungsvoraussetzungen auf den „Praktischen Arzt" aus, Abs. V auf Nachweise aus dem europäischen Raum.

[365] BSG vom 5.5.2010 – B 6 KA 2/09 R – SozR 4–2500 § 95 Nr. 16 = GesR 2010, 548 = Juris, jeweils Rn. 15–21. Vgl. auch das BSG-Verfahren B 6 KA 10/10 R, das sich gegen das Urteil des LSG Nordrhein-Westfalen – L 11 KA 6/08 – richtete: Der beklagte Berufungsausschuss hat sich in der mündlichen Verhandlung des BSG am 11.5.2011 verpflichtet, der Klägerin die Zulassung unter bestimmten Voraussetzungen zu erteilen (siehe Terminbericht Nr. 23/11 vom 12.5.2011 unter 3). – Vgl. auch – darauf aufbauend – BSG vom 19.10.2011 – B 6 KA 23/11 R – BSGE 109, 182 = SozR 4–2500 § 103 Nr. 8 = MedR 2012, 830 = Juris, jeweils Rn. 26 betr. Recht des MVZ auf Nachbesetzung. Vgl. weiterhin BSG vom 22.10.2014 – B 6 KA 22/14 B – Juris Rn. 11 am Ende. – Bezugnehmend ferner BSG vom 11.2.2015 – B 6 KA 7/14 R – SozR 4-5540 Anl 9.1 Nr. 5 = GesR 2015, 622 = MedR 2015, 899 = Juris, Rn. 40 am Ende.

[366] Dazu ausführlich *Clemens* in: Schallen, Zulassungsverordnung, 9. Aufl. 2018, § 21 Rn. 4–29.

[367] Dazu ausführlich *Düring* in: Schallen, Zulassungsverordnung, 9. Aufl. 2018, § 20 Rn. 4 ff.

[368] Dazu ausführlich *Düring* in: Schallen, Zulassungsverordnung, 9. Aufl. 2018, § 20 Rn. 14 ff.

[369] Vgl. dazu *Tiedemann* in: Schallen, Zulassungsverordnung, 9. Aufl. 2018, § 16b.

[370] Dazu zusammenfassend *Clemens* in: Schallen, Zulassungsverordnung, 9. Aufl. 2018, § 21 Rn. 25 f.

[371] Vgl. BSG vom 9.2.2011 – B 6 KA 49/10 B – SozR 4–5520 § 21 Nr. 1 = Juris, jeweils Rn. 10 ff., 15 f., 18. – Vgl. ferner BSG vom 17.10.2012 – B 6 KA 49/11 R – BSGE 112, 90 = SozR 4–2500 § 95 Nr. 26 = MedR 2013, 461 = Juris, jeweils Rn. 53 f. – Ebenso BSG vom 30.10.2013 – B 6 KA 6/13 B – MedR 2014, 609 = Juris, jeweils Rn. 14. – Vgl. auch § 20 Rn. 111. – Vgl. dazu ferner *Clemens* in: Schallen, Zulassungsverordnung, 9. Aufl. 2018, § 21 Rn. 28 mit umfassenden Rspr.-Angaben.

Ärzte-ZV).³⁷² Entfallen sind auch die **Altersgrenzen,** sowohl die 55-Jahres-Zugangsgrenze als auch die 68-Jahres-Altersgrenze *(zu den Altersgrenzen vgl. nachfolgend →* Rn. 21f. *und 113).*

c) Detailfragen. Zu den ersten beiden der vorstehend genannten Eignungspunkte sei hier Näheres ausgeführt: 10

aa) Eignung – Körperliche Verfassung sowie Persönlichkeit und Verhalten: Die Eignung des Vertragsarztes muss sowohl von seiner körperlichen Verfassung als auch von seinem Verhalten her vorliegen. Zum Aspekt **körperliche Eignung** wird in § 21 Sätze 2 ff. Ärzte-ZV Drogen- oder Alkoholsucht als Regelfall der Ungeeignetheit erwähnt.³⁷³ Ein weiteres Beispiel ist eine durch Krankheit oder Unfall erlittene Sehbeeinträchtigung, die die Eignung für eine Tätigkeit als Augenarzt oder als Chirurg in Frage stellen kann.³⁷⁴ Ein Fall der Nichteignung im **Persönlichkeits- und Verhaltensbereich** kann etwa dann vorliegen, wenn sich eine Schizophrenie zeigt oder wenn ein Arzt durch Betrügereien oder durch sexuelle Übergriffe auffällig geworden ist. Ein die Eignung ausschließendes Persönlichkeitsdefizit wird man indessen wohl nicht aus dem Mangel an Kenntnissen im Vertragsarztrecht und im Abrechnungswesen herleiten können. Eher kann das Fehlen ausreichender Deutschkenntnisse einen Eignungsmangel ergeben, etwa für Tätigkeiten in gesprächsintensiven Bereichen wie der Psychotherapie, evtl. auch für den allgemeinärztlichen Bereich.³⁷⁵ Bei allen Eignungsmängeln ist besonders zu prüfen, ob sie **dauerhaft**³⁷⁶ **oder nur vorübergehend**er Natur sind. 11

bb) Hindernis durch zu großen Umfang anderweitiger ärztlicher Tätigkeit³⁷⁷. Gemäß § 20 I Ärzte-ZV ist nicht geeignet ein Arzt, der wegen eines Beschäftigungsverhältnisses oder wegen anderer nicht ehrenamtlicher Tätigkeit für Versorgung der Versicherten nicht in dem seinem Versorgungsauftrag entsprechenden Umfang persönlich zur Verfügung steht. Dies bedeutet, dass der Vertragsarzt an seinem Vertragsarztsitz in erforderlichem Umfang regelmäßig zu den üblichen Sprechstunden, für Notfallbehandlungen und für andere wichtige Fälle außerhalb der Sprechstunden zur Verfügung stehen muss.³⁷⁸ Die weitere Konkretisierung des zulässigen zeitlichen Umfangs anderweitiger Tätigkeiten hat der Gesetzgeber der Rechtsprechung überlassen. 12

---

³⁷² Für Belegärzte (vgl. dazu → Rn. 49–53 und § 15 VI) galt zusätzlich, dass auch die Entfernungen zwischen ihrer Wohnung und dem Krankenhaus sowie zwischen ihrer Praxis und dem Krankenhaus eine unverzügliche und ordnungsgemäße Versorgung gewährleisten mussten (§ 39 IV Nr. 3 BMV-Ä).

³⁷³ Die in § 21 Ärzte-ZV normierte Annahme, dass eine suchtbedingte Nichteignung fünf Jahre andauert, ist nicht zu beanstanden (BSG vom 28.5.1968 – 6 RKa 22/67 – BSGE 28, 80, 82 f. = SGb 1969, 13, 14 = Juris Rn. 16). Daher ist die Zulassung auch in dem Fall noch zu entziehen, wenn die Sucht erst geraume Zeit, nachdem der Arzt sich erfolgreich einer Entziehungskur unterzogen hat, aber noch vor Ablauf von fünf Jahren bekannt wird (vgl. BSG aaO). – Zur Widerlegbarkeit der Vermutung vgl. *Clemens* in: Schallen, Zulassungsverordnung, 9. Aufl. 2018, § 21 Rn. 16 f.

³⁷⁴ Zur Möglichkeit, dem Arzt aufzuerlegen, sich untersuchen zu lassen, und zur Indizienentscheidung bei Weigerung des Arztes vgl. BSG vom 9.6.1982 – 6 RKa 26/80 – BSGE 53, 291, 293 f. = SozR 5520 § 21 Nr. 1 S. 2 f. = Juris. – Vgl. dazu *Clemens* in: Schallen, Zulassungsverordnung, 9. Aufl. 2018, § 21 Rn. 6–9.

³⁷⁵ Zum Erfordernis von Sprachkenntnissen vgl. EuGH vom 4.7.2000 – C-424/97 – Slg. 2000, I-5123 = NVwZ 2001, 903 Leitsatz 3 = Juris; *Pawlita* in: Schlegel/Voelzke/Engelmann (Hrsg.), jurisPraxisKommentar SGB V, 3. Aufl. 2016, § 95 Rn. 344 m.w. N. Zu weiteren Fällen der Ungeeignetheit siehe *Clemens* in: *Schallen,* Zulassungsverordnung, 9. Aufl. 2018, Rn. 4 iVm den dort angegebenen weiteren Rn. ff.

³⁷⁶ Zur Mindestdauer von drei Monaten vgl. *Clemens* in: Schallen, Zulassungsverordnung, 9. Aufl. 2018, § 21 Rn. 5.

³⁷⁷ S. auch → § 22 Rn. 12, 13.

³⁷⁸ Dazu u. a. BSG vom 15.9.1977 – 6 RKa 12/77 – BSGE 44, 260 = SozR 2200 § 368n Nr. 13 = Juris Rn. 22; BSG vom 30.1.2002 – B 6 KA 20/01 R – BSGE 89, 134 = SozR 3–5520 § 20 Nr. 3 = Juris Rn. 25; BSG vom 13.10.2010 – B 6 KA 40/99 R – BSGE 107, 56 = SozR 4–5520 § 20 Nr. 3 = Juris, jeweils Rn. 20. – Vgl. dazu auch die Angaben neuerer Rspr. bei *Düring* in: Schallen, Zulassungsverordnung, 9. Aufl. 2018, § 20 Rn. 5.

13 Das BSG hatte die Vorgänger-Vorschrift (§ 20 I Ärzte-ZV in der bis Ende 2011 geltenden Fassung[379]) dahingehend konkretisiert, dass die berufliche Tätigkeit des Arztes im Gesamtbild deutlich von der vertragsärztlichen Tätigkeit geprägt sein muss; daraus hatte das BSG gefolgert, dass der zeitliche Umfang einer anderweitigen Beschäftigung bei Wahrnehmung eines vollen Versorgungsauftrags im Sinne des § 95 III 1 SGB V nicht über 13 Wochenstunden und bei Wahrnehmung eines hälftigen[380] Versorgungsauftrags nicht über 26 Wochenstunden hinausgehen darf.[381] Diese „13/26-Wochenstunden-Rechtsprechung" war zwar nur anhand von Fällen einer Nebentätigkeit in abhängiger Beschäftigung ergangen[382]; sie galt nach ihrem Zuschnitt aber auch für alle anderen zusätzlichen ärztlichen Tätigkeiten, insbesondere auch für die **Tätigkeiten hinzugezogener Dritter in der stationären Krankenhausversorgung** unter der Gesamtverantwortung des Krankenhauses (§ 2 II 2 Nr. 2 KHEntgG) – selbst dann, wenn die Vertragsärzte dort als Selbstständige tätig waren.[383] Dasselbe galt auch für Tätigkeiten von Vertragsärzten etwa im Bereich der **Kooperation bei ambulanten Operationen:** Auch hierfür galt nach ihrem Sinngehalt die 13/26-Wochenstunden-Rechtsprechung.[384] Keinen Beschränkungen unterliegt in § 20 I Ärzte-ZV die zusätzliche Tätigkeit eines Vertragsarztes im Rahmen eines Vertrages nach §§ 73b[385] oder 140b SGB V; denn dies gehört mit zur vertragsärztlichen Tätigkeit im weiteren Sinn (vgl. § 20 I 2 Ärzte-ZV)[386].[387]

14 Die seit 2012 geltende Neufassung des § 20 I Ärzte-ZV bringt zunächst Rechtsunsicherheit.[388] Bei ihrer Auslegung wird man bei dem Geltungsumfang – so etwa bei der Frage der Geltung auch für die **Tätigkeiten hinzugezogener Dritter in der stationären Krankenhausversorgung** unter der Gesamtverantwortung des Krankenhauses (§ 2 II 2 Nr. 2 KHEntgG) und auch für Tätigkeiten von Vertragsärzten etwa im Bereich der **Kooperation bei ambulanten Operationen** – ohne Weiteres die vorstehend dargestellte BSG-Rechtsprechung übernehmen können. Wo indessen genau die **zeitlichen Grenzen** liegen, ist noch nicht geklärt: Das BSG hat nur klargestellt, dass weiterhin jedenfalls der **anderweitige vollzeitige hauptberufliche Einsatz** in einem Beschäftigungsverhältnis oder in einer anderen nicht ehrenamtlichen Tätigkeit den Anspruch auf Zulassung zur zur vertragsärztlichen Versorgung

---

[379] „… ist nicht geeignet ein Arzt, der wegen eines Beschäftigungsverhältnisses oder wegen anderer nicht ehrenamtlicher Tätigkeit für die Versorgung der Versicherten nicht in erforderlichem Maße zur Verfügung steht" (§ 20 I Ärzte-ZV in der bis Ende 2011 geltenden Fassung).
[380] Zum nur hälftigen Versorgungsauftrag siehe § 95 III 1, V 2, VI 2, § 101 I 7, § 103 IV 2 SGB V, § 19a II und III, § 26 I, § 27 Satz 1 Ärzte-ZV.
[381] Vgl. dazu zusammenfassend BSG vom 13.10.2010 – B 6 KA 40/09 R – BSGE 107, 56 = SozR 4–5520 § 20 Nr. 3 = Juris, jeweils Rn. 16 ff.; hierauf Bezug nehmend BSG vom 23.3.2011 – B 6 KA 11/10 R – BSGE 108, 35 = SozR 4–2500 § 115b Nr. 3 = Juris, jeweils Rn. 57. – Weitere BSG-Angaben bei *Düring* in: Schallen, Zulassungsverordnung, 9. Aufl. 2018, § 20 Rn. 6.
[382] Siehe zusammenfassend *Clemens* in: Laufs/Kern (Hrsg.), Handbuch des Arztrechts, 4. Aufl. 2010, § 29 Rn. 58 f. Hierauf Bezug nehmend auch *Clemens* in: Wenzel (Hrsg.), Handbuch des Fachanwalts Medizinrecht, 3. Aufl. 2013, Kapitel 11 Abschnitt H (S. 1191 ff.), Rn. 212.
[383] Zur Zulässigkeit – und den Voraussetzungen – der Ausgestaltung als selbstständige Tätigkeit vgl. *Clemens* in: Wenzel (Hrsg.), Handbuch des Fachanwalts Medizinrecht, 3. Aufl. 2013, Kapitel 11 Abschnitt H (S. 1191 ff.), Rn. 222.
[384] Zu Vorstehendem: *Clemens* in: Wenzel aaO Rn. 212.
[385] Gleiches gilt gemäß § 20 I 3 Ärzte-ZV für Tätigkeiten im Rahmen von Verträgen gemäß dem früheren § 73c SGB V in der Fassung, die bis zum 22.7.2015 galt.
[386] Vgl. dazu oben → § 18 Rn. 54 und → § 19 Rn. 10 am Ende sowie *Schallen*, Zulassungsverordnung, § 20 Rn. 9.
[387] BSG vom 16.12.2015 – B 6 KA 19/15 R – BSGE 120, 197 = SozR 4–5520 § 20 Nr. 4 = GesR 2016, 302 = Juris, jeweils Rn. 27: „Eine feste zeitliche Grenze … gilt nicht mehr".
[388] Dies ist im Gesetzgebungsverfahren gesehen worden. Der Marburger Bund–Bundesverband hat darauf hingewiesen, dass die Neufassung „für den einzelnen Arzt … infolge der unbestimmten Rechtsbegriffe … zunächst Rechtsunsicherheit" bedeutet (Stellungnahme vom 18.10.2011, S. 6).

§ 20 Teilnahme des Vertragsarztes an der vertragsärztlichen Versorgung   469

ausschließt.[389] **Ansonsten** gilt nur allgemein, dass der Vertragsarzt trotz der anderweitigen Arbeitszeiten in der Lage sein muss, den Patienten in einem dem Versorgungsauftrag entsprechenden Umfang zur Verfügung zu stehen und Sprechstunden[390] zu den üblichen Zeiten anzubieten.[391] Dabei ist zu berücksichtigen, dass der Gesetzgeber „eine weitere Flexibilisierung der vertragsärztlichen Berufsausübung und ... Lockerung der zeitlichen Grenzen für Nebenbeschäftigungen von ... Vertragsärzten" hat bewirken wollen.[392] Also sind die Grenzen **großzügiger** als nach der bisherigen 13/26-Wochenstunden-Rechtsprechung zu ziehen.[393] Wollen Vertragsärzte aber der Unsicherheit, wo genau die zeitlichen Grenzen liegen, entgehen und kein Risiko eingehen, so werden sie den Umfang ihrer Nebentätigkeiten weiterhin auf 13 bzw. 26 Wochenstunden beschränken müssen.[394]

cc) **Hindernis durch die Art anderweitiger ärztlicher Tätigkeit (Interessen- und Pflichtenkollisionen).** Einen weiteren Hinderungsgrund mangels Eignung schafft § 20 II 1 Ärzte-ZV mit dem Verbot anderweitiger ärztlicher Tätigkeit, die „ihrem Wesen nach mit der Tätigkeit des Vertragsarztes am Vertragsarztsitz nicht zu vereinbaren ist". Die Frage, ob eine anderweitige Tätigkeit „ihrem Wesen nach" mit der Tätigkeit des Vertragsarztes nicht vereinbar ist, hat das BSG dahingehend konkretisiert, dass **Interessen- und Pflichtenkollisionen** ausgeschlossen sein müssen. D. h., es dürfen keine Wechselwirkungen zwischen der anderweitigen Tätigkeit und der vertragsärztlichen Tätigkeit zu befürchten sein, wie z. B. die **Rekrutierung von Patienten** für die eigene Praxis oder die **Verlagerung von Leistungen und Vergütungen** von dem einen in den anderen Bereich.

15

Auch wenn die Regelung des § 20 II 1 Ärzte-ZV von ihrem Wortlaut her nur auf Zulassungen zugeschnitten ist, so ist sie doch **ebenso auf Ermächtigungen anzuwenden:** Das Vorliegen einer Interessen- oder Pflichtenkollision im Sinne dieser Regelung schließt ebenso die Erteilung einer Ermächtigung aus.[395]

15a

Interessen- und Pflichtenkollision durch **Möglichkeiten der Verlagerung** von Leistungen und Vergütungen liegen immer schon dann vor, wenn solche denkbar sind. Verpflichtungserklärungen, man werde z. B. stationär kontaktierte Patienten nicht auch ambulant behandeln o. Ä., nützen nichts.[396] Daher darf z. B. ein Psychotherapeut, der in einer ortsnahen psychotherapeutischen Beratungsstelle tätig ist (sei es auch mit weniger als 13 Stunden), nicht zur vertragsärztlichen bzw. -psychotherapeutischen Versorgung zugelassen werden.[397] Eine Psychiatrin, die in einer sozialpsychiatrischen Beratungsstelle tätig ist, kann keine Ermächtigung

16

---

[389] BSG vom 16.12.2015 – B 6 KA 19/15 R – BSGE 120, 197 = SozR 4–5520 § 20 Nr. 4 = GesR 2016, 302 = Juris, jeweils Rn. 28. – Vgl. dazu *Düring* in: Schallen, Zulassungsverordnung, 9. Aufl. 2018, § 20 Rn. 9 u. 12.

[390] Diese müssen freilich lediglich 20 Wochenstunden betragen: § 17 Ia BMV-Ä. – Überlegungen, dies heraufzusetzen, werden diskutiert.

[391] Vgl. *Düring* in: Schallen, Zulassungsverordnung, 9. Aufl. 2018, § 20 Rn. 8.

[392] Vgl. BT-Drucksache 17/6906 vom 5.9.2011, S. 104.

[393] Vgl. BSG vom 16.12.2015 – B 6 KA 19/15 R – BSGE 120, 197 = SozR 4–5520 § 20 Nr. 4 = GesR 2016, 302 = Juris, jeweils Rn. 28, und *Düring* in: Schallen, Zulassungsverordnung, 9. Aufl. 2018, § 20 Rn. 8.

[394] So bereits meine Empfehlung in: Wenzel (Hrsg.) Handbuch des Fachanwalts Medizinrecht, 3. Aufl. 2013, Kapitel 11 Abschnitt H (S. 1191 ff.), Rn. 213.

[395] BSG vom 6.2.2008 – B 6 KA 40/06 R – SozR 4–5520 § 31 Nr. 3 = Juris, jeweils Rn. 24; BSG vom 28.3.2016 – B 6 KA 15/16 B – Juris Rn. 9.

[396] Vgl BSG vom 30.1.2002 – B 6 KA 20/01 R – BSGE 89, 134, 147 f. = SozR 3–5520 § 20 Nr. 3 S. 32 f. = MedR 2002, 660 = Juris; BSG vom 11.9.2002 – B 6 KA 23/01 R – SozR 3–5520 § 20 Nr. 4 S. 45 = Juris.

[397] So BSG vom 30.1.2002 – B 6 KA 20/01 R – BSGE 89, 134, 144 ff. = SozR 3–5520 § 20 Nr. 3 S. 28 ff. = MedR 2002, 660; BSG vom 5.2.2003 – B 6 KA 22/02 R – SozR 4–2500 § 95 Nr. 2 Rn. 18 = Juris Rn. 31; vgl. ferner BSG vom 19.3.1997 – 6 RKa 39/96 – BSGE 80, 130, 132 ff. = SozR 3–5520 § 20 Nr. 2 S. 12 ff. = Juris; BSG vom 6.2.2008 – B 6 KA 40/06 R – SozR 4–5520 § 31 Nr. 3 = Juris, jeweils Rn. 24. – Zum sensiblen Bereich psychotherapeutischer Tätigkeiten vgl. auch *Düring* in: Schallen, Zulassungsverordnung, 9. Aufl. 2018, § 20 Rn. 25.

zur psychiatrischen Behandlung erhalten.³⁹⁸ Ebenso hindern ärztliche Tätigkeiten in Einrichtungen des arbeitsmedizinischen Dienstes³⁹⁹ und beim MDK sowie betriebsärztliche Tätigkeiten⁴⁰⁰ die Möglichkeit einer Zulassung zur vertragsärztlichen Versorgung. Nach einer früheren Entscheidung durfte ein Internist nicht zur vertragsärztlichen Versorgung zugelassen werden, wenn er auch als Werksarzt tätig ist.⁴⁰¹

17 **Vereinbar** mit der vertragsärztlichen bzw. -psychotherapeutischen Tätigkeit sind hingegen Tätigkeiten ohne unmittelbaren Patentenkontakt, wie z. B. **rein technisch-administrative, organisatorische, dokumentarische oder publizistische Aufgaben.**⁴⁰² Dementsprechend dürfte z. B. die Mitarbeit an medizinisch-psychologischen Begutachtungen des TÜV mit der vertragspsychotherapeutischen Tätigkeit vereinbar sein.

18 **dd) Ausnahmeregelung.** Eine Ausnahme von dem Grundsatz, dass Möglichkeiten der Rekrutierung von Patienten für die eigene Praxis oder der Verlagerung von Leistungen und Vergütungen von dem einen in den anderen Bereich eine Zulassung hindern, hat der Gesetzgeber indessen durch die Regelung in **§ 20 II 2 Ärzte-ZV** getroffen. Hiernach sind „die **Tätigkeit in oder die Zusammenarbeit mit einem zugelassenen Krankenhaus** nach § 108 SGB V oder einer Vorsorge- oder Rehabilitationseinrichtung nach § 111 SGB V ... mit der Tätigkeit des Vertragsarztes **vereinbar.**" Dies bedeutet, dass der gemäß Satz 1 des § 20 II Ärzte-ZV grundsätzlich bestehende Ausschluss, dieselben Patienten zum einen ambulant in seiner Praxis und zum anderen – ambulant oder stationär – in einer anderen Einrichtung zu behandeln und Leistungen sowohl in dem einen als auch in dem anderen Bereich erbringen zu können, dann nicht gelten soll, wenn ein Arzt zum einen als Vertragsarzt und zum anderen in einem zugelassenen Krankenhaus tätig werden will.⁴⁰³ Diese Einfügung ist speziell darauf ausgerichtet, Vertragsärzten – über die Möglichkeiten hinaus, im stationären Bereich in nicht patientenbezogenen Bereichen wie der Pathologie oder als Konsiliararzt tätig zu werden – **zusätzliche Betätigungen als angestellter Krankenhausarzt und in medizinischen Versorgungszentren**, die mit Krankenhäusern verzahnt sind, zu ermöglichen⁴⁰⁴,⁴⁰⁵ Mehr lässt sich aus § 20 II 2 ÄrzteZV nicht ableiten; insbesondere ist **nicht etwa jedwede Tätigkeit in einem Krankenhaus und jedwede Kooperation mit einem Krankenhaus gestattet;** daraus lassen sich auch keine Ausnahmen für außerhalb des Krankenhausbereichs – z. B. für Tätigkeiten im sozialpsychiatrischen Dienst⁴⁰⁶ – ableiten. Soweit allerdings speziellere – und damit vorrangige – Regelungen bestehen, gehen diese Regelungen mit den darin genannten Anforderungen vor.⁴⁰⁷

19 **Der Klarstellung halber** sei zu der Regelung des Satz 2 des § 20 II Ärzte-ZV zusätzlich betont, dass diese nur eine Ausnahme von Satz 1 des § 20 II Ärzte-ZV und nicht etwa auch

---

³⁹⁸ BSG vom 28.9.2016 – B 6 KA 15/16 B – Juris Rn. 6–11.
³⁹⁹ BSG vom 2.9.1999 – B 6 KA 15/99 B – nicht veröffentlicht.
⁴⁰⁰ So *Düring* in: Schallen, Zulassungsverordnung, 9. Aufl. 2018, § 20 Rn. 23 in Ableitung aus *BSG* vom 19.7.1997 – 6 RKa 39/96 – BSGE 80, 130 = SozR 3-5520 § 20 Nr. 2 = MedR 1997, 515 = Juris Rn. 18 f.
⁴⁰¹ BSG vom 19.7.1997 – 6 RKa 39/96 – BSGE 80, 130 = SozR 3-5520 § 20 Nr. 2 = Juris.
⁴⁰² BSG vom 30.1.2002 – B 6 KA 20/01 R – BSGE 89, 134, 147 = SozR 4-5520 § 20 Nr. 3 S. 31 unten = MedR 2002, 660 = Juris.
⁴⁰³ Überholt sind somit die Ausführungen BSG vom 5.11.1997 – 6 RKa 52/97 – BSGE 81, 143, 147 = SozR 3-2500 § 95 Nr. 16 S. 54 = MedR 1998, 279 = Juris Rn. 23 (keine Zulassung für Chefarzt des Pathologischen Instituts eines Krankenhauses).
⁴⁰⁴ Vgl. BT-Drucksache 16/2474 vom 30.8.2006, S. 29. Dazu klarstellend BSG vom 23.3.2011 – B 6 KA 11/10 R – BSGE 108, 35 = SozR 4-2500 § 115b Nr. 3 = Juris, jeweils Rn. 57. Dies nochmals erläuternd *Clemens*, MedR 2011, 770, 775, und *Clemens* in: Wenzel (Hrsg.), Handbuch des Fachanwalts Medizinrecht, 3. Aufl. 2013, Kapitel 11, Abschnitt H (S. 1191 ff.), Rn. 219.
⁴⁰⁵ Zu alledem auch *Düring* in: Schallen, Zulassungsverordnung, 9. Aufl. 2018, § 20 Rn. 17–21.
⁴⁰⁶ Hierzu BSG vom 28.9.2016 – B 6 Ka 15/16 B – Juris Rn. 11.
⁴⁰⁷ Zu nennen sind z. B. § 2 II 2 Nr. 2 KHEntgG, §§ 115a, 115b, 116b SGB V. – Vgl. dazu *Clemens*, wie in obiger Fn. zitiert (dort insbesondere die Erläuterungen anhand des Beispiels des § 115b SGB V in der früheren Fassung, die noch nicht den zum 1.1.2012 eingefügten Zusatz enthielt).

von der Umfangsbegrenzung in § 20 I Ärzte-ZV enthält: Wird ein Arzt aufgrund der Ausnahmeregelung des § 20 II 2 Ärzte-ZV sowohl als Vertragsarzt als auch im Krankenhaus oder in Kooperation mit einem Krankenhaus tätig, so muss er aber **weiterhin** die aus § 20 I Ärzte-ZV resultierende **Begrenzung des Umfangs anderweitiger ärztlicher Tätigkeit beachten** (hierzu oben → Rn. 12–14).

d) **Altersgrenzen.** Altersgrenzen gab es lange Zeit sowohl in Gestalt der 55-Jahres-Zugangsgrenze als auch in Gestalt der 68-Jahres-Altersgrenze. 20

Die **55-Jahres-Zugangsgrenze** war zum 1.1.1993[408] eingeführt worden: Die Zulassung 21 noch älterer Ärzte sollte verhindert werden, die sich eventuell veranlasst sehen könnten, in relativ kurzer Zeit ihre Praxisinvestitionen amortisieren zu wollen und dafür unwirtschaftlich große Leistungsmengen zu erbringen.[409] Diese Regelung, die vom BSG wie vom BVerfG gebilligt worden war[410], war seit dem Inkrafttreten des Allgemeinen Gleichbehandlungsgesetzes[411] mit dem Verbot der Altersdiskriminierung nicht mehr zu halten. Deshalb hat der Gesetzgeber sie zum 1.1.2007 aufgehoben.[412]

Die **68-Jahres-Altersgrenze**, die zum 1.1.1999[413] eingeführt worden war, war weder ver- 22 fassungsrechtlich noch europarechtlich zu beanstanden.[414] Von Politikern wurde sie aber als nicht sinnvoll erachtet; sie machten geltend, dass Landärzte wegen der Altersgrenze ihre Praxis schließen müssten, obgleich sie eine wichtige Versorgungsfunktion hätten, die anderweitig kaum aufzufangen sei. So hat der Gesetzgeber die 68-Jahres-Altersgrenze zum 1.1.2007[415] eingeschränkt und zum 1.10.2008[416] vollends aufgehoben. Sie betrifft das Ende der Zulassung und wird deshalb unten in → Rn. 113 behandelt.

3. Überversorgung und Bedarfsplanung

a) **Funktion.** Planung verwirklicht sich in der gesetzlichen Krankenversicherung auf be- 23 sondere Weise: In diesem Solidarsystem stellen die allgemeinen planerischen Vorgaben bei der Zulassung von Ärzten zur vertragsärztlichen Versorgung ein wichtiges Steuerungselement dar.[417] Man kann die Bedarfsplanung als eine zweite Zulassungsebene bezeichnen, – die erste Ebene sind die dargestellten persönlichen Zulassungsvoraussetzungen –.

---

[408] Gesundheitsstrukturgesetz vom 21.12.1992 (BGBl. I S. 2266).
[409] BT-Drs 11/2237 vom 3.5.1988, S. 195.
[410] Z. B. BVerfG vom 20.3.2001 – 1 BvR 491/96 – BVerfGE 103, 172, insbes. S. 190 f. = Juris Rn. 54–61; und BSG vom 28.4.2004 – B 6 KA 9/03 R – SozR 4–2500 § 98 Nr. 3 Rn. 8 = Juris. Weitere BSG-Angaben bei *Clemens* in: Laufs/Kern (Hrsg.), Handbuch des Arztrechts, 4. Aufl. 2010, § 29 Rn. 67 Fn. 81.
[411] Beruhend auf der EU-Gleichbehandlungsrichtlinie RL 2000/78/EG, veröffentlicht im Amtsblatt der Europäischen Gemeinschaften vom 2.12.2000 – L 303/20. Zu deren Wirksamwerden in Deutschland nach sechs Jahren siehe BSG vom 6.2.2008 – B 6 KA 41/06 R – BSGE 100, 43 = SozR 4–2500 § 95 Nr. 14 = Juris, jeweils Rn. 15.
[412] Vgl. dazu *Clemens* in: Laufs/Kern (Hrsg.), Handbuch des Arztrechts, 4. Aufl. 2010, § 29 Rn. 67.
[413] Durch das Gesundheitsstrukturgesetz vom 21.12.1992 (BGBl. I S. 2266). – Mit sechsjährigem Vorlauf!
[414] Zusammenfassend BSG vom 6.2.2008 – B 6 KA 41/06 R – BSGE 100, 43 = SozR 4–2500 § 95 Nr 14 = Juris, jeweils Rn. 11 u. 21, jeweils mit weiteren BSG- und BVerfG-Nachweisen. – Die Verfassungsbeschwerde gegen dieses Urteil vom 6.2.2008 ist erfolglos geblieben: BVerfG (Kammer) vom 30.6.2008 – 1 BvR 1159/08 – Juris. – Ebenso nachfolgend auch BSG vom 9.4.2008 – B 6 KA 44/07 R – USK 2008-23. – Zur Vereinbarkeit mit dem europäischen Recht s auch EuGH vom 12.1.2010 – C-341/08 – Slg. 2010, I-00047, Nrn. 45 ff., 70 ff. = Juris, betr. Vertragszahnarzt. – Vgl. ferner EuGH vom 12.1.2010 – C-229/08 – Slg. 2010, I-00046 = Juris, betr. Feuerwehrbeamter.
[415] Vertragsarztrechtsänderungsgesetz vom 22.12.2006 (BGBl. I S. 3439).
[416] GKV-OrgWG vom 15.12.2008 (BGBl. I S. 2426).
[417] Vgl. dazu *Ebsen*, Leistungssteuerung und Ressourcenplanung in der gesetzlichen Krankenversicherung am Beispiel der ambulanten ärztlichen Versorgung, in: Planung, Festschrift für Werner Hoppe zum 70. Geburtstag, 2000, S. 723 (725).

24   **b) Historische Entwicklung.** Bis 1960[418] gab es auf der Rechtsgrundlage des damaligen § 368a I–III RVO eine Bedarfsregelung nach Verhältniszahlen. Um eine ausreichende ärztliche Versorgung und die freie Wahl unter einer geeigneten Zahl von Ärzten zu gewährleisten, andererseits keine Überversorgung eintreten zu lassen, war im Zulassungsbereich in der Regel auf je 500 Mitglieder (nur) ein Arzt zuzulassen (§ 368a I 1 RVO vom 17.8.1955, BGBl. I S. 513). Das BVerfG[419] hob diese Regelung wegen Unvereinbarkeit mit Art. 12 I GG auf. Nunmehr hatte jeder Arzt, der die persönlichen Zulassungsvoraussetzungen erfüllte, Anspruch auf Zulassung zur vertragsärztlichen Versorgung. Das führte in manchen Bereichen zur Über- und in anderen zur Unterversorgung. Deshalb räumte der Gesetzgeber den Landesausschüssen der Ärzte und Krankenkassen zum 1.1.1977 die Möglichkeit ein, in überversorgten Bereichen Zulassungsbeschränkungen anzuordnen, damit mehr zulassungswillige Ärzte sich in unterversorgten Bereichen niederlassen. Dies ermöglichte aber nur punktuell Zulassungsbeschränkungen. Der allgemeinen Zunahme der Überversorgung in großstädtischen und anderen attraktiven Gebieten – und die daraus resultierenden Steigerungen der Leistungsmengen – trat der Gesetzgeber erneut zehn Jahre später entgegen. Er schuf zum 1.1.1987[420] weitere Möglichkeiten der Zulassungsbeschränkungen wegen Überversorgung. Dies setzte er mit dem Gesundheitsstrukturgesetz fort, das zum 1.1.1993 in Kraft getreten ist.[421]

25   Der so erreichte Rechtszustand ist durch das GKV-Gesundheitsreformgesetz 2000[422] verfeinert worden, weiter durch das GKV-Modernisierungsgesetz zum 1.1.2004[423] – mit Modifizierung insbesondere der §§ 99ff. SGB V – sowie durch weitere Änderungen insbesondere zum 1.1.2012[424].[425] Ferner wurde die Bedarfsplanungs-Richtlinie des Gemeinsamen Bundesausschusses zum 1.1.2013 neu bekannt gemacht mit neuer §§-Abfolge.[426]

26   Die Bedarfsplanungsgesetzgebung verfolgte das Ziel, eine optimale Versorgung durch **Zulassungsbeschränkungen** zu erreichen: Diese sollten die Konzentration der Vertragsärzte in überversorgten – insbesondere großstädtischen – Bereichen verhindern und so die Ärzte veranlassen, in ländlicheren Regionen tätig zu werden. Ein Versorgungsgrad von 100% sollte den Zustand kennzeichnen, in dem es weder zu viel noch zu wenig zugelassene Ärzte gibt. Auf regionaler Ebene bildeten sich jedoch erhebliche Unterschiede in den Versorgungsbereichen heraus. Es gibt ein Ost-West-Gefälle, Stadt-Land-Unterschiede und erhebliche Unterschiede im Grad der fach- und der hausärztlichen Versorgung.[427]

---

[418] Zur Entwicklung bis zu diesem Zeitpunkt vgl. BVerfG vom 23.3.1960 – 1 BvR 216/51 – BVerfGE 11, 30, 31 f. = NJW 1960, 715 = Juris Rn. 1–3. – § 368a I 1 RVO wurde mit dem Gesetz über Kassenarztrecht (GKAR) vom 17.8.1955 (BGBl. I S. 513 ff.) geschaffen. Zu diesem vgl. oben → § 18 Rn. 11.

[419] BVerfG vom 23.3.1960 – 1 BvR 216/51 – BVerfGE 11, 30 = Juris. Ebenso zum zahnärztlichen Bereich BVerfG vom 28.2.1961 – 1 BvL 10/60 – BVerfGE 12, 144 = Juris.

[420] Bedarfsplanungsgesetz vom 19.12.1986 (BGBl. I S. 2593).

[421] GSG vom 22.12.1992 (BGBl. I S. 2266).

[422] GKV-Gesundheitsreformgesetz 2000 vom 22.12.1999 (BGBl. I S. 2626).

[423] GMG vom 14.11.2003 (BGBl. I S. 2190) – mit Ersetzung der Bundesausschüsse der Ärzte und Krankenkassen und der Zahnärzte und Krankenkassen durch den Gemeinsamen Bundesausschuss.

[424] GKV-Versorgungsstrukturgesetz (GKV-VStG) vom 22.12.2011 (BGBl. I S. 3057), teilweise gemäß dessen Art. 15 VI mit Inkrafttreten erst zum 1.1.2013.

[425] Die verschärften Regelungen der Zulassung in gesperrten Planungsbereichen sind verfassungsgemäß: vgl. BSG vom 18.3.1998 – B 6 KA 37/96 R – BSGE 82, 41, 44 ff. = SozR 3–2500 § 103 Nr. 2 S. 13 ff. = Juris Rn. 18 ff. – Vgl. auch BVerfG vom 20.3.2001 – 1 BvR 491/96 – BVerfGE 103, 172, 188 f. = Juris Rn. 52 f.

[426] Die Bedarfsplanungs-Richtlinie kann im Internet recherchiert werden unter www.g-ba.de in der Rubrik „Richtlinien". Fassung vom 15.12.2016 abgedruckt in: *Schallen*, Zulassungsverordnung, 9. Aufl. 2018, Anhang 2.

[427] *Wille/Koch*, Gesundheitsreform 2007, Rn. 429.

Der Gesetzgeber hat deshalb zum 1.1.2007[428] und weiter zum 1.1.2012/2013[429] das System 27
der Zulassungsbeschränkungen fortentwickelt. Er hat Regelungen geschaffen, die ausgerichtet sind auf finanzielle Anreize, sich in weniger attraktiven Bereichen niederzulassen, und auf finanzielle Entschädigungen für die Schließung von Arztpraxen in überversorgten Bereichen.[430] Die Idee, das herkömmliche System der Zulassungsbeschränkungen zu flankieren durch ein weiteres System finanzieller Anreize erscheint als die intelligentere Alternative gegenüber der eine Zeit von interessierten Kreisen propagierten Idee, die Zulassungsbeschränkungen bei Überversorgung ganz abzuschaffen; denn unbestreitbar haben diese eine gewisse Steuerungswirkung entfaltet.

c) **Regelungsebenen**[431]. aa) **Unmittelbare gesetzliche Bedarfsplanung.** Am weitesten 28
würde eine durch den Gesetzgeber selbst vorgenommene Bedarfsplanung reichen. Eine solche unmittelbare gesetzliche Bedarfsplanung hatte § 102 I 1 SGB V in der Fassung vom 22.12.1999[432] für die Zeit ab 2003 wieder vorgesehen, wofür das Bundesministerium für Gesundheit bis Ende 2001 die erforderliche Datengrundlage zu erstellen hatte. Nach dieser Regelung sollte die Zulassung auf Grund gesetzlich festgelegter Verhältniszahlen erfolgen. § 102 I 1 SGB V war somit vom Grundsatz her auf eine Rückkehr zum Regelungsgehalt des § 368a I 1 RVO ausgerichtet (vgl. dazu oben → Rn. 24). Da die hierfür erforderliche Datengrundlage jedoch nie erstellt worden ist, hat § 102 SGB V keine Bedeutung erlangt, sodass dessen Aufhebung zum Ablauf des Jahres 2006[433] konsequent und der Klarstellung dienlich gewesen ist.

bb) **Mittelbare gesetzliche Bedarfsplanung.** Bei diesem Typus Bedarfsplanung ist es nicht 29
das Gesetz, das den Bedarf steuert, oder die unmittelbar aufgrund des Gesetzes selbst festgelegte Versorgungsdichte. Vielmehr ergeben sich die maßgeblichen Eckpunkte für die Zulassungssteuerung aus dem **von den KVen im Zusammenwirken mit den KKn** gemäß der G-BA-Richtlinie[434] auf Landesebene **aufgestellten Bedarfsplan**[435],[436] **und dies auch nur iVm mit** den weiteren Regelungen der **Bedarfsplanungs-Richtlinie**.[437] Erst hieraus ergeben sich die Vorgaben für die Versorgungsdichte. Dieser Art einer bedarfsgesteuerten Zulassung liegt

---

[428] Vertragsarztrechtsänderungsgesetz vom 22.12.2006 (BGBl I S. 3439).
[429] GKV-Versorgungsstrukturgesetz (GKV-VStG) vom 22.12.2011 (BGBl. I S. 3057), teilweise gemäß dessen Art. 15 VI mit Inkrafttreten erst zum 1.1.2013.
[430] §§ 103 IIIa, 105 III und § 105 I 1 Halbsatz 2, Ia, IV, V SGB V.
[431] Die nachfolgende Grundstruktur der Darstellung hat *Zuck* geprägt. Seine Darstellung aus der 2. Auflage 2008, die auch Gemeinsamkeiten mit derjenigen von *Schnath* aufweist (in: Schnapp/Wigge (Hrsg.), Handbuch des Vertragsarztrechts, 2. Aufl. 2006, § 5 C. II. Rn. 5), wird im Folgenden weitergeführt.
[432] GKV-Gesundheitsreformgesetz vom 22.12.1999 (BGBl. I S. 2626).
[433] Vertragsarztrechtsänderungsgesetz (VÄndG) vom 22.12.2006 (BGBl. I S. 3439).
[434] Richtlinie des Gemeinsamen Bundesausschusses über die Bedarfsplanung sowie die Maßstäbe zur Feststellung von Überversorgung und Unterversorgung in der vertragsärztlichen Versorgung („Bedarfsplanungs-Richtlinie" – in der jeweils neuesten Fassung, recherchierbar im Internet unter www. g-ba.de in der Rubrik „Richtlinien").
[435] Der Bedarfsplan hat Rechtsnormcharakter: Vgl. → § 18 Rn. 24 und 30 sowie BSG vom 18.3.1998 – B 6 KA 37/56 R – BSGE 82, 41, 44 ff. = SozR 3-2500 § 103 Nr. 2 S. 13 ff. = Juris.
[436] Vgl. dazu auch §§ 12–14 Ärzte-ZV. Kommt das Einvernehmen zwischen der KV und den KKn auf Landesebene nicht zustande, kann jeder der Beteiligten den Landesausschuss der Ärzte und KKn anrufen (§ 99 II SGB V). Dieser berät und entscheidet über den Bedarfsplan (§ 99 III SGB V, § 14 Ärzte-ZV). Die Entscheidung hat die Funktion einer Schiedsentscheidung (BSG vom 3.12.1997 – 6 RKa 64/96 – BSGE 81, 207, 208 f. = SozR 3-2500 § 101 Nr. 2 = Juris Rn. 14). Die Entscheidung kann nur von den durch sie materiell Betroffenen angefochten werden; dies trifft für den Landesausschuss nicht zu, aber für den Arzt im Rahmen einer von ihm erhobenen Klage auf Zulassung: BSG vom 3.12.1997 – 6 RKa 64/96 – BSGE 81, 207, 208 f. = SozR 3-2500 § 101 Nr. 2 = Juris Rn. 13–15.
[437] Insbesondere § 4 Bedarfsplanungs-Richtlinie des G-BA (in der jeweils aktuellen Fassung recherchierbar im Internet unter www.g-ba.de in der Rubrik „Richtlinien").

letztlich eine gesetzliche Grundlage zugrunde; die gesetzlichen Bestimmungen der §§ 99 ff. SGB V enthalten die Vorgaben für die Aufstellung und den Inhalt des Bedarfsplans, und § 101 I und II SGB V ermächtigt G-BA zur Abfassung der Bedarfsplanungs-Richtlinie (zu deren Ausgestaltung vgl. oben → § 18 Rn. 24 und 30 sowie unten → § 20 Rn. 42 ff.).

30   Bei der Ausgestaltung des Bedarfsplans sind ebenso wie bei der Ausformung der Bedarfsplanungs-Richtlinie nicht nur allgemeine gesundheitspolitische Belange, sondern auch Gesichtspunkte der Raumordnung, der Landes- und Krankenhausplanung usw. zu berücksichtigen. Für jeden Planungsbereich[438] und jede Arztgruppe[439] wird anhand der für die Arztgruppe festgelegten Verhältniszahl, die am bedarfsgerechten Versorgungsgrad orientiert sein soll (§ 101 I 1 Nr. 1 SGB V), das Maß der Unter- oder Überversorgung ermittelt.[440]

31   **d) Maßnahmen bei Unterversorgung.** Stellt ein Landesausschuss für ein Gebiet bei einer Arztgruppe Unterversorgung oder drohende Unterversorgung fest (§ 100 I 1 SGB V), so setzt er der KV eine Frist zu deren Beseitigung oder Abwendung (§ 100 I 2 SGB V und § 16 II 1 Ärzte-ZV).[441] **Unterversorgung** liegt vor, wenn Vertragsarztsitze, die im Bedarfsplan für eine bedarfsgerechte Versorgung vorgesehen sind, nicht nur vorübergehend nicht besetzt werden können und dadurch eine unzumutbare Erschwernis in der Inanspruchnahme vertragsärztlicher Leistungen eintritt, die auch durch Ermächtigung von Ärzten und ärztlich geleiteten Einrichtungen nicht behoben werden kann (§ 100 I 1 SGB V iVm § 28 Bedarfsplanungs-Richtlinie). Dies ist dann anzunehmen, wenn der Versorgungsgrad im Verhältnis zum ausgewiesenen Bedarf unter 75 % – im hausärztlichen Bereich – bzw. unter 50 % – im fachärztlichen Bereich – sinkt (§ 29 Satz 1 Bedarfsplanungs-Richtlinie). „Drohende" **Unterversorgung** liegt vor, wenn – z.B. auf Grund der Altersstruktur der Ärzte – eine Verminderung der Zahl von Vertragsarztsitzen in einem Umfang zu erwarten ist, dass Unterversorgung eintritt (§ 100 I 1 Halbsatz 1 SGB V iVm § 29 Satz 2 Bedarfsplanungs-Richtlinie).

32   **e) Zulassungsbeschränkungen bei Überversorgung.** Stellt ein Landesausschuss für ein Gebiet bei einer Arztgruppe Überversorgung fest, weil der allgemeine bedarfsgerechte Versorgungsgrad um 10 % überschritten ist, so ordnet er **Zulassungsbeschränkungen** an (§ 103 I 2 und II SGB V, § 16b I und II Ärzte-ZV). Ob Überversorgung vorliegt, haben die Landesausschüsse antragsunabhängig von Amts wegen zu prüfen (§ 103 I 1 SGB V, § 16b I 1 Ärzte-ZV; vgl. dazu auch §§ 23, 24, 25 I und II Bedarfsplanungs-Richtlinie). Bei Vorliegen von Zulassungsbeschränkungen ist eine Zulassung in dem wegen Überversorgung gesperrten Bezirk grundsätzlich ausgeschlossen; dabei gibt es aber Ausnahmen: Soweit der Zulassungsbewerber nicht auf die Zulassung in einem anderen – nicht überversorgungs-gesperrten – Planungsbereich ausweichen will oder kann (für die meisten Fachgebiete bestehen bundes-

---

[438] Der G-BA ist im Rahmen seiner Gestaltungsfreiheit berechtigt, die regionalen Planungsbereiche festzulegen (§ 101 I 6 SGB V in der seit 2012 geltenden Fassung). Als Zielvorgabe gilt, eine flächendeckende und wohnortnahe Versorgung sicherzustellen, wobei dem G-BA ein weiter Entscheidungsspielraum eingeräumt ist (BT-Drucksache 17/6906 vom 5.9.2011, S. 74). Die Konkretisierung hat der G-BA § 7 Bedarfsplanungs-Richtlinie vorgenommen (mit einer Ermächtigung in § 7 Satz 3 an die Landesausschüsse, ggf. Abweichungen zu beschließen). – Bis zum 31.12.2011 hatte der Zuschnitt der Planungsbereiche gemäß dem damaligen § 101 I 6 SGB V entsprechend der kommunalen Gliederung zu erfolgen: (vgl. dazu BSG vom 3.12.1997 – BSGE 81, 207, 209 ff. = SozR 3–2500 § 101 Nr. 2 = Juris Rn. 18 ff. und BSG vom 28.6.2000 – B 6 KA 35/99 R – BSGE 86, 242, 244 ff. = SozR 3–2500 § 101 Nr. 5 = Juris Rn. 16 ff.).
[439] Arztgruppen im Sinne des Bedarfsplanungsrechts sind nicht notwendigerweise mit Fachgebieten im Sinne des ärztlichen Berufs- und Weiterbildungsrechts identisch: Zusammenfassend BSG vom 28.9.2016 – B 6 KA 40/15 R – SozR 4–2500 § 103 Nr. 22 = GesR 2017, 261 = Juris, jeweils Rn. 20 mit weiteren BSG-Angaben. – Zu den Arztgruppen siehe die Auflistung in § 12 I und II sowie die Tabellen in § 12 IV, § 13 IV, § 14 IV Bedarfsplanungs-Richtlinie.
[440] § 103 I-III SGB V und § 16b Ärzte-ZV.
[441] Als ultima ratio kommt die Anordnung einer Zulassungssperre in anderen Gebieten in Betracht: § 100 II SGB V; hierauf verweisen auch § 34 Bedarfsplanungs-Richtlinie.

weit nahezu flächendeckend Zulassungsbeschränkungen), kommt eine **Zulassung** zur vertragsärztlichen Versorgung **ausnahmsweise** auf einem der folgenden Wege in Betracht:[442]
- **Praxisnachfolge** und **Nachbesetzung** (§ 103 IV, IVa 3, IVb 3 SGB V)
- **Sonderbedarfszulassung** (§§ 100 III, 101 I 1 Nrn. 3 und 3a SGB V iVm §§ 35–38 Bedarfsplanungs-Richtlinie)
- **Belegarzt-Sonderzulassung** (§ 103 VII SGB V)[443]
- **Job-Sharing** (§ 101 I 1 Nr. 4 SGB V).

Zusätzlich zu diesen Möglichkeiten ist der Vollständigkeit halber noch auf spezielle zusätzliche Möglichkeiten für **Psychotherapeuten** hinzuweisen: Speziell ärztliche Psychotherapeuten können Zulassungen gemäß der 25 %-Quote des § 101 IV 5 Halbsatz 1 SGB V erhalten, und Psychotherapeuten, die ausschließlich Kinder und Jugendliche psychotherapeutisch betreuen, können Zulassungen gemäß der 20 %-Quote des § 101 IV 5 Halbsatz 2 SGB V bekommen.[444]

33

Zu den genannten vier Möglichkeiten sei kurzgefasst Folgendes ausgeführt:

34

aa) Praxisnachfolge und Nachbesetzung (§ 103 IV, IVa 3, IVb 3 SGB V). Praxisnachfolge und Nachbesetzung sind zu unterscheiden.

35

Sie weisen erhebliche **Unterschiede** auf: Die **Praxisnachfolge** setzt zunächst (1.) das Placet des Zulassungsausschusses voraus, dieser muss den Vertragsarztsitz zur Praxisnachfolge freigeben (§ 103 IIIa 1 und 2 SGB V). Dann (2.) muss die KV eine Ausschreibung vornehmen (§ 103 IV 1 und 2 SGB V), und (3.) findet ein Auswahlverfahren des Zulassungsausschusses statt (§ 103 IV 3–10 SGB V). Hingegen gibt es bei der **Nachbesetzung** (§ 103 IVa 3, IVb 3 SGB V) weder eine Ausschreibung noch eine Auswahl durch einen Ausschuss. Vielmehr wählt der Praxisinhaber selbst – das MVZ, die Berufsausübungsgemeinschaft oder der anstellende Arzt – die Person für die Nachbesetzung aus.

36

Beide Tatbestände – die Praxisnachfolge und die Nachbesetzung – sind **Ausnahmetatbestände.** Vom Prinzip der Überversorgung her und den dabei geltenden Grundsätzen läge es an sich näher, einen freiwerdenden Praxissitz nicht neu zu besetzen, sondern ersatzlos wegfallen zu lassen.

37

Zu dieser rigorosen Rechtsfolge hat sich der Gesetzgeber indessen nicht entschließen können. Er hat vielmehr die Möglichkeit einer **Praxisnachfolge** gemäß § 103 IIIa, IV SGB V für den Fall, dass die Zulassung eines Vertragsarztes in einem Planungsbereich durch **Tod, Verzicht oder Entziehung** endet, geschaffen; damit wollte er der grundrechtlichen Gewährleistung von Eigentum und Erbrecht Rechnung tragen.[445] Erst zum

38

---

[442] Zur folgenden Zusammenstellung siehe z. B. BSG vom 23.2.2005 – B 6 KA 81/03 R – BSGE 94, 181 = SozR 4–2500 § 103 Nr. 2 Rn. 18 = Juris; BSG vom 15.8.2012 – B 6 KA 48/11 R – SozR 4–2500 § 101 Nr. 13 = Juris, jeweils Rn. 15.
[443] S. → § 16 Rn. 128–141 und → § 20 Rn. 49–53.
[444] Zur Ärztequote vgl. BSG vom 5.11.2008 – B 6 KA 13/07 R – SozR 4–2500 § 101 Nr. 2 = Juris, jeweils Rn. 16 ff. (zu der bis 2008 bestehenden 40 %-Quote). Zur Quote für Behandler von Kindern und Jugendlichen vgl. BSG vom 15.8.2012 – B 6 KA 48/11 R – SozR 4–2500 § 101 Nr. 13 = Juris, jeweils Rn. 16 f.
[445] Zu diesem Motiv vgl. BTag-Drucksache 12/3937 vom 8.12.1992 S. 7 f. und BSG vom 25.11.1998 – B 6 KA 70/97 R – SozR 3–2500 § 103 Nr. 3 = juris Rn. 14. Vgl. auch z. B. BSG vom 20.3.2013 – B 6 KA 19/12 R – SozR 4–2500 § 103 Nr. 12 = MedR 2013, 814 = Juris, jeweils Rn. 28 m.w.N.; BSG vom 22.10.2014 – B 6 KA 44/13 R – SozR 4–2500 § 103 Nr. 16 = MedR 2015, 621 = Juris, jeweils Rn. 58. – Vgl. ferner z. B. *Reuter,* Der eigentumsrechtliche Schutz der vertragsärztlichen Zulassung und Praxis unter Berücksichtigung des Nachbesetzungsverfahrens, 2013, S. 41 ff.; *Wigge,* in: Schnapp/Wigge (Hrsg.), Handbuch des Vertragsarztrechts, 3. Aufl. 2017, § 2 Rn. 16. Der Eigentumsschutz knüpft an die Zulassung als Vertragsarzt an und ist insoweit untrennbar mit der Person des Berechtigten verbunden, weder pfändbar noch übertragbar. Auf Grund dessen kann die Zulassung bei Vermögensverfall des Vertragsarztes auch nicht in die Insolvenzmasse fallen: BSG vom 10.5.2000 – B 6 KA 67/98 R – BSGE 86, 121 = SozR 3–5520 § 24 Nr. 4 = Juris Rn. 22 am Ende. – Den Bezug zum Eigentumsschutz indessen zu Unrecht verneinend *U. Steiner,* NZS 2011, 681.

1.1.2013[446] hat der Gesetzgeber, was eigentlich konsequenter ist, durch §§ 103 IIIa, IV, 105 III SGB V die Möglichkeit des Wegfalls von Praxissitzen geschaffen; er hat vorgesehen, dass dem Praxisinhaber u. U. der **Wegfall seines Praxissitzes** auferlegt werden kann und er dann entschädigt wird.[447] Nur wenn der Zulassungsausschuss eine Praxisnachfolge als sachdienlich bzw. notwendig erachtet (§ 103 IIIa 1–4, 7, IV 9 SGB V), kann es zur **Ausschreibung** kommen. Auch dies ist indessen kein Automatismus. Die Ausschreibung erfolgt vielmehr nur dann, wenn die Praxis „weitergeführt werden soll" (§ 103 IIIa 1 und 3 SGB V) und die Bewerber sie auch „fortführen" wollen (§ 103 IV 4 SGB V).[448] Dies bedeutet zum einen, dass eine Fortführung noch möglich sein muss, d. h. es muss noch ein **„Praxissubstrat"** vorhanden sein, die Praxis darf z. B. nicht nach der Tätigkeitseinstellung des bisherigen Inhabers schon Monate oder gar Jahre geschlossen gewesen sein.[449] Und zum anderen ergeben sich aus dem Fortführungs-Erfordernis Anforderungen an die **Nachfolgebewerber:** Dafür eignet sich nur derjenige, der in der Lage und bereit ist, die Praxis als Inhaber fortzuführen. Dies bedeutet, dass seine **Qualifikation** zu dem Praxiszuschnitt des Vorgängers passen muss (möglichst einschließlich Zusatzqualifikationen und Leistungsspektrum)[450], weiterhin, dass er auch willens sein muss, als „Praxisführer" – und nicht nur als Angestellter oder als MVZ-Mitarbeiter oder nur im Wege einer Zweigpraxis – tätig zu werden.[451] Ist die Praxis für eine Nachfolge noch geeignet und bewerben sich auf die Ausschreibung hin mehrere Interessenten, so erfolgt die **Bewerberauswahl.** Als Auswahlkriterien sind in § 103 IV 5 Nrn. 1 ff. SGB V – und in § 26 IV Nr. 3 Bedarfsplanungs-Richtlinie – die berufliche Eignung (Nr. 1), das Approbationsalter (Nr. 2)[452] und die Dauer der ärztlichen Tätigkeit (Nr. 3)[453] genannt; der „Dauer der Eintragung in die Warteliste" (§ 103 V 3 SGB V) wird zu Recht nur ein geringer Stellenwert

---

[446] GKV-Versorgungsstrukturgesetz vom 22.12.2011 (BGBl. I S. 2983), mit Inkrafttreten gemäß dessen Art. 15 VI mit Wirkung zum 1.1.2013.

[447] Wegen des Umfangs der Entschädigung gemäß § 103 IIIa 8 SGB V wird man sich an den Grundsätzen zur Bestimmung des Verkehrswertes der Arztpraxis orientieren, aber auch die Rechtsprechung zu Entschädigungen Art. 14 III 2 und III GG berücksichtigen können. – Zu § 103 IV 8 SGB V grundlegend BSG vom 14.12.2011 – B 6 KA 39/10 R – BSGE 110, 43 = SozR 4–2500 § 103 Nr. 11 = MedR 2012, 698 = Juris, jeweils Rn. 20 ff.; vgl. z. B. auch BSG vom 23.3.2016 – B 6 KA 9/15 R – BSGE 121, 76 = SozR 4–2500 § 103 Nr. 18 = MedR 2017, 405 = Juris, jeweils Rn. 13 am Ende.

[448] Zu Folgenden vgl. insbesondere BSG vom 19.10.2011 – B 6 KA 23/11 R – BSGE 109, 182 = SozR 4–2500 § 103 Nr. 8 = MedR 2012, 830 = Juris, jeweils Rn. 21, und BSG vom 20.3.2013 – B 6 KA 19/12 R – SozR 4–2500 § 103 Nr. 12 = Juris, jeweils Rn. 28 ff., 31, 34, 54, 56 am Ende, 58. – Zum Gesichtspunkt der Versorgungskontinuität vgl. weiterhin unten → Rn. 39.

[449] Hierzu besonders deutlich BSG vom 28.11.2007 – B 6 KA 26/07 R – BSGE 99, 218 = SozR 4–2500 § 103 Nr. 3 = Juris, jeweils Rn. 19 m. w. N. iVm Rn. 22 (jedenfalls ab 7 Jahre). Vgl. auch BSG vom 5.6.2013 – B 6 KA 2/13 B – Juris Rn. 8 (schon ab 1 Jahr); BSG vom 11.12.2013 – B 6 KA 49/12 R – BSGE 115, 57 = SozR 4–2500 § 103 Nr. 13 = MedR 2014, 681 = Juris, Rn. 36–38 (jedenfalls ab 4 Jahre und sogar evtl. schon ab 1 bzw. 2 Jahre). – Zeiten der Rechtsverfolgung bleiben aber außer Betracht: BSG vom 11.12.2013 – B 6 KA 49/12 R – aaO, jeweils Rn. 40; BSG vom 23.3.2016 – B 6 KA 9/15 R – BSGE 121, 76 = SozR 4–2500 § 103 Nr. 18 = MedR 2017, 405 = Juris, Rn. 18–20.

[450] Ein Beispiel dafür, dass dabei nicht die förmliche Qualifikation maßgebend sein muss, sind die Psychotherapeuten, die ausschließlich Kinder und Jugendliche behandeln: Vgl. dazu BSG vom 15.7.2015 – B 6 KA 32/14 R = BSGE 119, 190 = SozR 4–2500 § 101 Nr 17 = GesR 2016, 104 = Juris, jeweils Rn. 45 ff., 53 ff., und BSG vom 25.1.2017 – B 6 KA 54/16 B – Juris Rn. 18 f.

[451] Vgl. BSG vom 20.3.2013 – B 6 KA 19/12 R – SozR 4–2500 § 103 Nr. 12 = MedR 2013, 814 = Juris, jeweils Rn. 33, 35, 42. Vgl. auch BSG vom 15.3.2017 – B 6 KA 20/16 R – USK 2017-14 = Juris Rn. 30; BSG vom 15.3.2017– B 6 KA 30/16 R – USK 2017-16 = Juris Rn. 22.

[452] Dabei hat das BSG klargestellt, dass eine Tätigkeit von fünf Jahren ab der Erlangung ab Abschluss der (WBO-)Weiterbildung, bezogen auf die Merkmale Approbationsalter und Dauer der ärztlichen Tätigkeit, die volle Qualifikation bringt und weitere zusätzliche Jahre keinen weiteren Vorzug begründen: BSG vom 20.3.2013 – B 6 KA 19/12 R – SozR 4–2500 § 103 Nr. 12 = MedR 2013, 814 = Juris, jeweils Rn. 49.

[453] Hierzu siehe das in vorstehender Fn. Gesagte.

beigemessen.[454] Für besondere Fallkonstellationen sind in § 103 IV 5 Nrn. 4 ff. SGB V weiterhin genannt: eine mindestens fünf Jahre dauernde vertragsärztliche Tätigkeit in einem unterversorgten Gebiet (Nr. 4), das Kriterium, ob der Erwerber der Ehegatte, Lebenspartner, ein Kind des bisherigen Vertragsarztes (Nr. 5), ein angestellter Arzt des bisherigen Vertragsarztes oder ein Vertragsarzt ist, mit dem die Praxis bisher gemeinschaftlich ausgeübt wurde (Nr. 6), wobei der Job-Sharing-Partner erst nach fünf Jahren gemeinsamer Tätigkeit besonders zu berücksichtigen ist (§ 101 III 4 SGB V). Für ausgeschriebene Hausarztsitze sind vorrangig Allgemeinärzte zu berücksichtigen (§ 103 IV 6 SGB V). Über diese im Gesetz genannten Kriterien hinaus dürfen die Zulassungsgremien auch **weitere Kriterien hinzunehmen**.[455] Einen Gewichtungsvorrang von vornherein gibt es nicht, auch nicht derart, dass die im Gesetz genannten Kriterien etwa ein höheres Gewicht hätten. Vielmehr ist es Aufgabe der Zulassungsgremien, die Kriterien unter Berücksichtigung der Gestaltung des konkreten Falles die **Kriterien zu gewichten**.[456] Als weiteres Kriterium über die im Gesetz genannten Kriterien hinaus kann insbesondere auch der Gesichtspunkt der **Versorgungskontinuität** berücksichtigt werden, wie lange voraussichtlich ein Bewerber die Praxis noch weiterführen will; dies kann u. U. dagegen sprechen, einen **hochbetagten Bewerber** in die nähere Auswahl einzubeziehen,[457] oder dafür sprechen, einen Bewerber zu bevorzugen, der auch **zusätzliche Spezialitäten** wie der abgebende Vertragsarzt aufweist (z. B. Sonographie-Qualifikation).[458]

Der hohe **Stellenwert der Versorgungskontinuität** ist auch schon in anderen Entscheidungen des BSG deutlich geworden.[459] So hat das BSG zu § 103 IV 5 Nr. 6 SGB V für die bevorzugte Berücksichtigung des Angestellten einer Berufsausübungsgemeinschaft bei einer Praxisnachfolge das Erfordernis aufgestellt, dass sein Einrücken in die Berufsausübungsgemeinschaft auf eine **fünfjährige gemeinsame Tätigkeit** gerichtet sein muss.[460] Das BSG fordert für eine Anstellungsnachbesetzung – in §§ 103 IVa 3 und 103 IVb 3 SGB V –, dass das Einrücken in das MVZ bzw. in die Praxis auf eine **dreijährige Tätigkeit** gerichtet sein muss.[461] Auch in mancher gesetzlichen Regelung selbst kommt der hohe Stellenwert der Versorgungskontinuität zum Ausdruck; so ist in § 103 IIIa 3 Halbsatz 2 iVm Satz 5 und Abs. IV 9 SGB V bestimmt, dass nach **dreijährigem Bestehen** einer Berufsgemeinschaft eine Praxisnachfolge nicht wegen Überversorgung im Planungsbereich in Frage gestellt werden kann. In § 101 III 4 SGB V ist geregelt, dass der nur beschränkt zugelassene **Job-Sharing-Partner** einer Berufsausübungsgemeinschaft (§ 101 I 1 Nr. 4 SGB V) im Rahmen des Nach-

39

---

[454] Es kann schwerlich von Relevanz sein, wer sich möglichst frühzeitig in möglichst viele Wartelisten hat eintragen lassen. Die „Dauer der Eintragung der Warteliste" wird dementsprechend in BSG vom 20.3.2013 – B 6 KA 19/12 R – SozR 4–2500 § 103 Nr. 12 = MedR 2013, 814 = Juris überhaupt nicht erwähnt.
[455] Vgl. BSG vom 20.3.2013 – B 6 KA 19/12 R – SozR 4–2500 § 103 Nr. 12 = MedR 2013, 814 = Juris, jeweils Rn. 50 ff., insbes. Rn. 54.
[456] BSG vom 20.3.2013 – B 6 KA 19/12 R – SozR 4–2500 § 103 Nr. 12= MedR 2013, 814 = Juris, jeweils Rn. 44 ff., 47 am Ende, 54, 56, 58.
[457] BSG vom 20.3.2013 – B 6 KA 19/12 R – SozR 4–2500 § 103 Nr. 12= MedR 2013, 814 = Juris, jeweils Rn. 54, 56 am Ende, 58.
[458] BSG vom 28.9.2016 – B 6 KA 40/15 R – BSGE 122, 55 = SozR 4–2500 § 103 Nr. 22 = GesR 2017, 261 = Juris, jeweils Rn. 27: Das BSG erwägt die entsprechende Anwendung des § 16 Bedarfsplanungs-Richtlinie auf einen Arzt, der zwar nicht die an sich erforderliche Schwerpunktbezeichnung Unfallchirurgie führt, aber die Qualifikation als sog. Durchgangsarzt gemäß § 34 II SGB VII hat.
[459] Vgl. dazu die nachfolgend angegebenen BSG-Urteile und auch BSG vom 2.7.2014 – B 6 KA 23/13 R – BSGE 116, 173 = SozR 4–2500 § 103 Nr. 14 = MedR 2015, 538 = Juris, jeweils Rn. 25 mit weiteren BSG-Angaben.
[460] BSG vom 11.12.2013 – B 6 KA 49/12 R – BSGE 115, 57 = SozR 4–2500 § 103 Nr. 13 = MedR 2014, 681 = Juris, jeweils Rn. 54 ff., 57–59.
[461] BSG vom 4.5.2016 – B 6 KA 21/15 R – BSGE 121, 143 = SozR 4–2500 § 103 Nr. 20 = MedR 2016, 1006 = Juris, jeweils Rn. 28–31 betr. MVZ.

besetzungsverfahrens erst dann eine privilegierte Position erlangt, wenn die gemeinsame vertragsärztliche Tätigkeit mindestens **fünf Jahre** angedauert hat (§ 101 III 4 SGB V).

39a Im Hinblick auf die Zulassungsbeschränkungen verlangen Vertragsärzte für die Veräußerung ihrer Praxis gelegentlich deutlich über dem **Praxiswert** liegende Preise. Die wirtschaftlichen Interessen des ausscheidenden Vertragsarztes sind im Nachbesetzungsverfahren jedoch nur insoweit von Bedeutung, als der Kaufpreis die Höhe des Verkehrswertes der Praxis nicht übersteigt (§ 103 IV 8 SGB V).[462]

40 Bei **Berufsausübungsgemeinschaften** kommt im Rahmen der Nachfolgerauswahl dem **Personenwunsch des in der Praxis verbleibenden Partners** besonderes Gewicht zu (§ 103 VI 2 SGB V).[463]

41 Zur **Struktur der Praxisnachfolge** ist klarzustellen, dass die Zulassung bzw. der Vertragsarztsitz nicht unmittelbar vom Bewerber erworben werden. Rechtsgeschäftlich übernommen werden kann lediglich die Praxis, zu der insbesondere die Praxisräumlichkeiten, Personal und Einrichtung sowie der good will einschl. des Patientenstamms gehören. Wesentliche Elemente des Praxisübernahmevertrages sind die zu übernehmenden Gegenstände (die Patientenkartei kann nur mit Zustimmung der Patienten übernommen werden), Regelungen zum Kauf der Praxisräume oder zur Übernahme eines entsprechenden Mietvertrages, der Kaufpreis und die regelmäßig vereinbarte Wettbewerbsklausel.[464] Häufig wird der Praxisübernahmevertrag darüber hinaus zu Gunsten des Veräußerers unter die aufschiebende Bedingung der rechtskräftigen Zulassung des Erwerbers gestellt[465] Zulassungsverfahren und zivilrechtliche Praxisübergabe sind deshalb aufeinander abzustimmen; im Zweifel ist die Zulassung erst zu erteilen, wenn der Bewerber bereit ist, den angemessenen, also sich im Rahmen des Verkehrswertes bewegenden Kaufpreis zu zahlen.

42 **bb) Sonderbedarfszulassung (§ 101 I 1 Nr. 3 SGB V iVm §§ 36–38 Bedarfsplanungs-Richtlinie).** Die Möglichkeit der Sonderbedarfszulassung ist in **§ 101 I 1 Nr. 3 SGB V** angelegt und vom G-BA in § 36 Bedarfsplanungs-Richtlinie konkretisiert worden:

- Lokaler oder qualifikationsbezogener Versorgungsbedarf (§ 36 I, II u. IV 2, VI);
- Gefährdung des zumutbaren Zugangs der Versicherten zur vertragsärztlichen Versorgung (§ 36 IV 3);
- Bestehen von Versorgungsdefiziten (§ 36 IV 3);
- Dauerhaftigkeit des Versorgungsbedarfs (§ 36 V);
- im Fall eines qualifikationsbezogenen Sonderbedarfs: Beschränkung der Abrechnungsbefugnis auf Leistungen im Zusammenhang mit dem Sonderbedarf (§ 36 VI).

43 Eine weitere Möglichkeit der Sonderbedarfszulassung ist in § 101 I 1 Nr. 3a SGB V[466] für den Fall vorgesehen, dass der Landesausschuss gemäß § 100 III SGB V in einem an sich ausreichend versorgten Planungsbereich einen zusätzlichen lokalen Versorgungsbedarf fest-

---

[462] Wegen des Umfangs der Entschädigung gemäß § 103 IIIa 8 SGB V wird man sich an den Grundsätzen zur Bestimmung des Verkehrswertes der Arztpraxis orientieren, aber auch die Rechtsprechung zu Entschädigungen Art. 14 III 2 und III GG berücksichtigen können. – Zu § 103 IV 8 SGB V grundlegend BSG vom 14.12.2011 – B 6 KA 39/10 R – BSGE 110, 43 = SozR 4–2500 § 103 Nr. 11 = MedR 2012, 698 = Juris, jeweils Rn. 20 ff.; vgl. z. B. auch BSG vom 23.3.2016 – B 6 KA 9/15 R – BSGE 121, 76 = SozR 4–2500 § 103 Nr. 18 = MedR 2017, 405 = Juris, jeweils Rn. 13 am Ende.

[463] Zur Auslegung siehe BSG vom 14.12.2011 – B 6 KA 13/11 R – BSGE 110, 43 = SozR 4–2500 § 103 Nr. 9 = Juris, jeweils Rn. 23 m. w. N.; BSG vom 11.12.2013 – B 6 KA 49/12 R – BSGE 115, 57 = SozR 4–2500 § 103 Nr. 13 = MedR 2014, 681 = Juris, jeweils Rn. 42 ff.; BSG vom 22.10.2014 – B 6 KA 44/13 R – SozR 4–2500 § 103 Nr. 16 = MedR 2015, 621 = Juris, jeweils Rn. 34 ff.

[464] Zu Möglichkeiten der Vertragsgestaltung vgl. die Muster bei *Ossege/Rieger*, Verträge zwischen Ärzten freier Praxis, 9. Aufl. 2017.

[465] Zur Zulässigkeit eines bedingten Zulassungsverzichts vgl. BSG vom 14.12.2011 – B 6 KA 13/11 R – BSGE 110, 43 = SozR 4–2500 § 103 Nr. 9, Rn. 14. Vgl. auch BSG vom 14.12.2011 – B 6 KA 39/10 R – BSGE 110, 34 = SozR 4–2500 § 103 Nr. 11 = MedR 2012, 698 = Juris, Rn. 17.

[466] Eingefügt durch das Vertragsarztrechtsänderungsgesetz (VÄndG) vom 22.12.2006 (BGBl. I S. 3439).

stellt. Diese Möglichkeit hat in der Praxis keine nennenswerte Bedeutung; Rechtsprechung dazu gibt es – soweit ersichtlich – bisher nicht.[467]

Bei der Entscheidung über Sonderbedarfszulassungen haben die Zulassungsgremien in zahlreicher Hinsicht **Beurteilungsspielräume**.[468]

44

Schon bei der Bewertung, ob ein Versorgungsdefizit besteht, haben sie verschiedene Maßstäbe zur Verfügung. Hierfür können sie zum Maßstab nehmen, **wie viele Ärzte mit welchen Patientenzahlen** in dem Umfeld, für das der Bewerber eine Zulassung begehrt, bereits tätig sind. Sie können aber auch vorrangig oder zusätzlich darauf abstellen, ob in dem für eine Sonderbedarfszulassung in Betracht gezogenen ärztlichen Bereich die **Wartezeiten** bei den bereits niedergelassenen Vertragsärzten noch zumutbar sind.[469] Auch der Gesichtspunkt, dass eine nicht spezialisierte Leistung im **Umfeld von 25 km**[470] nicht angeboten wird, begründet eine Versorgungslücke.[471] Schließlich hat das BSG auch die Möglichkeit benannt, ein **Indiz** für einen nicht gedeckten Versorgungsbedarf daraus zu entnehmen, dass der **EBM** eine Reihe von Leistungen nur in bestimmter Weise qualifizierten Ärzten vorbehält, die sich bisher nicht unter den bereits zugelassenen Ärzten finden.[472]

45

Gemäß dem zitierten § 36 Bedarfsplanungs-Richtlinie ist erforderlich, dass der mit dem Versorgungsdefizit zusammenhängende Versorgungsbedarf entweder „lokal" oder „qualifikationsbezogen" ist. Qualifikationsbezogen bedeutet, das Bedarf nach einem zusätzlichen Arzt bestehen muss, der eine bestimmten – durch die ärztlichen Weiterbildungsordnungen definierten – „Schwerpunkt", eine „fakultative Weiterbildung" bzw. eine „besondere Fachkunde" oder eine Zusatzweiterbildung oder Zusatzbezeichnung aufweist.[473] Der Sinn des Instruments der Sonderbedarfszulassung ist es nicht, einen quantitativ-allgemeinen Bedarf – wenn es in einer Arztgruppe im Planungsbereich allgemein nicht genügend zugelassene Ärzte

45a

---

[467] Vgl. dazu *Pawlita* in: Schlegel/Voelzke/Engelmann (Hrsg.), jurisPraxisKommentar SGB V, 3. Aufl. 2016, § 101 Rn. 63–66.1.

[468] Hierzu und zum Folgenden BSG vom 8.12.2010 – B 6 KA 36/09 R – BSGE 107, 147 = SozR 4–2500 § 101 Nr. 9 = Juris, jeweils Rn. 18 ff. – Vgl. auch – zusammenfassend – BSG vom 28.6.2017 – B 6 KA 28/16 R – BSGE 123 = SozR 4–2500 § 101 Nr. 19 = GesR 2017, 788 = Juris, jeweils Rn. 21 m. w. N.

[469] BSG vom 8.12.2010 – B 6 KA 36/09 R – BSGE 107, 147 = SozR 4–2500 § 101 Nr. 9 = Juris, jeweils Rn. 20 mit Hinweis auf BSG vom 2.9.2009 – B 6 KA 21/08 R – SozR 4–2500 § 101 Nr. 6 = Juris, jeweils Rn. 23 f.: Wartezeiten bei Kardiologen von mehr als zwei Monaten sind nicht mehr zumutbar, wobei akute und nicht aufschiebbare Fälle sofort behandelt werden müssen. Solche zu langen Wartezeiten müssen bei der ganz überwiegenden Zahl der Ärzte des Einzugsbereichs festgestellt werden.

[470] Auf die Grenzen des Planungsbereichs kommt es nicht an: So BSG vom 29.6.2011 – B 6 KA 34/10 R – GesR 2012, 29 = SozR 4–2500 § 119 Nr. 1 = Juris, Rn. 12 ff., 15 betr. SPZ, aber mit der Tendenz der Allgemeingültigkeit.

[471] Zu den 25 km vgl. BSG vom 29.6.2011 – B 6 KA 34/10 R – SozR 4–2500 § 119 Nr. 1, Rn. 17. Weiterhin BSG vom 8.12.2010 – B 6 KA 36/09 R – BSGE 107, 147 = SozR 4–2500 § 101 Nr. 9 = Juris, jeweils Rn. 20 mit Hinweis auf BSG vom 23.6.2010 – B 6 KA 22/09 R – SozR 4–2500 § 101 Nr. 6 = Juris, jeweils Rn. 23 f.: Analytische Pychotherapie. – Spezialisierte Leistungen sind z. B. kieferorthopädische Leistungen (BSG vom 9.2.2011 – B 6 KA 3/10 R – BSGE 107, 230 = SozR 4–5525 § 24 Nr. 2 = Juris, jeweils Rn. 25) und sozialpädiatrische Leistungen (BSG vom 29.6.2011 – B 6 KA 34/10 R aaO Rn. 14 und 17). Allgemeine Leistungen sind hingegen z. B. MRT- und psychotherapeutische Leistungen (BSG vom 23.6.2010 aaO Rn. 23 f.; BSG vom 28.6.2017 – B 6 KA 28/16 R – BSGE 123, = SozR 4–2500 § 101 Nr. 19 = GesR 2017, 788 = Juris, jeweils Rn. 21).

[472] BSG vom 8.12.2010 – B 6 KA 36/09 R – BSGE 107, 147 = SozR 4–2500 § 101 Nr. 9 = Juris, jeweils Rn. 20 am Ende m. w. N.

[473] Ständige Rspr., vgl. z. B. BSG vom 28.6.2017 – B 6 KA 28/16 R – BSGE 123, = SozR 4–2500 § 101 Nr. 19 = GesR 2017, 788 = Juris, jeweils Rn. 19 f. – Besondere Qualifikationen, die nicht in Form einer speziellen Weiterbildung oder Subspezialisierung nach der Weiterbildungsordnung ihren Niederschlag gefunden habe, bleiben außer Betracht (BSG vom 28.6.2017 aaO Rn. 26, 33). – Davor ebenso BSG vom 13.8.2014 – B 6 KA 33/13 R – SozR 4–2500 § 101 Nr. 16 = MedR 2015, 544 = Juris, mit Ablehnung einer Sonderbedarfszulassung für einen Psychotherapeut mit Qualifikation für die – auf lautsprachlich Behinderte zugeschnittene – Kommunikationsmethode „Augmentative und Alternative Communicatio" (AAC-Methode).

gibt – zu beheben; dies kann nicht die Erteilung einer Sonderbedarfszulassung rechtfertigen.[474] Der **lokale Sonderbedarf** ist darauf ausgerichtet, in Bereichen überversorgter und für weitere Zulassungen an sich gesperrter Planungsbereich in dem Fall lokaler Unterversorgung Zulassungen zu ermöglichen. Das setzt gemäß § 36 IV 3 Bedarfsplanungs-Richtlinie voraus, dass ein **zumutbarer Zugang** der Versicherten zur vertragsärztlichen Versorgung aufgrund von **Besonderheiten in dem Planungsbereich** (z. B. in Struktur, Zuschnitt, Lage, Infrastruktur, geografischen Bedingungen, Verkehrsanbindungen und/oder Verteilung der niedergelassenen Ärzte) nicht gewährleistet ist und dadurch Versorgungsdefizite bestehen.[475]

45b   Das BSG hat hervorgehoben, dass sich aus diesen Tatbeständen – lokaler oder qualifikationsbezogener Sonderbedarf – keinen Anspruch auf Sicherstellung jeden denkbaren Versorgungsangebots ableiten lässt. Aus diesen krankenversicherungsrechtlichen Tatbeständen lässt sich ein Anspruch nur auf **Heilbehandlungen als solche** ableiten, nicht aber darauf, dass der Versicherte diese Behandlungen in einer bestimmten – ihm verständlichen – Sprache erhält,[476] und auch nicht darauf, dass er allgemein befähigt wird, Sprachhemmnisse zu überwinden.[477] Die Gewährung von **Kommunikationshilfen** nicht zum Spektrum spezifisch krankenversicherungsrechtlicher – oder psychotherapeutischer – Leistungen; dies sind **nur Nebenleistungen bzw. Begleitleistungen** zur Krankenbehandlung.[478] Deren Gewährung obliegt bzw. obläge nur dann den Krankenkassen, sofern und soweit es eine darauf zugeschnittene **ausdrückliche gesetzliche Regelung** gäbe.[479] Insoweit steht eine gesamt-gesellschaftliche bzw gesellschaftspolitische Aufgabe in Frage und nicht eine Aufgabe, die speziell die gesetzliche Krankenversicherung und ihre Institutionen trifft und von diesen geleistet werden müsste.[480]

46   Im Falle einer qualifikationsbezogenen Sonderbedarfszulassung erfolgt die Zulassung gemäß § 36 VI Bedarfsplanungs-Richtlinie mit der **Maßgabe,** dass für den Arzt **nur diejenigen ärztlichen Leistungen abrechenbar sind, welche im Zusammenhang mit dem Sonderbedarf stehen.**

47   Ein weiteres Erfordernis für eine – sei es eine lokale oder eine qualifikationsbezogene – Sonderbedarfszulassung ist schließlich, dass der Bedarf **dauerhaft** erscheinen (§ 36 V Bedarfsplanungs-Richtlinie) und für eine **wirtschaftlich tragfähige Praxis**[481] ausreichen muss.

---

[474] BSG vom 28.6.2017 – B 6 KA 28/16 R – BSGE 123, = SozR 4–2500 § 101 Nr. 19 = GesR 2017, 788 = Juris, jeweils Rn. 33.

[475] Der Tatbestand des § 36 IV 3 Bedarfsplanungs-Richtlinie und die Formulierung des BSG (vom 13.8.2014 – B 6 KA 33/13 R – SozR 4–2500 § 101 Nr. 16 = MedR 2015, 544 = Juris, jeweils Rn. 34) sind fast identisch.

[476] Ablehnung einer Sonderbedarfszulassung für eine Psychotherapeutin, die geltend machte, aufgrund ihrer fremdsprachlichen Sprachkenntnisse den Behandlungsbedarf von Patienten aus englischem, spanischem und portugiesischem Sprachkreis besser abdecken zu können: BSG vom 19.7.2006 – B 6 KA 33/05 B – Juris Rn. 9. Ebenso betr. türkische und arabische Sprache: BSG vom 17.10.2007 – B 6 KA 31/07 R – USK 2007-95 = Juris Rn. 24–27. Ebenso betr. griechische Sprache: BSG vom 6.2.2008 – B 6 KA 40/06 R – SozR 4–5520 § 31 Nr. 3 = GesR 2008, 429 = Juris, jeweils Rn. 15 u. 17 f.

[477] Ablehnung einer Sonderbedarfszulassung für einen Psychotherapeut, der begehrte, lautsprachlich Behinderten die Kommunikationsmethode „Augmentative und Alternative Communicatio" (AAC-Methode) zu vermitteln: BSG vom 13.8.2014 – B 6 KA 33/13 R – SozR 4–2500 § 101 Nr. 16 = MedR 2015, 544 = Juris.

[478] BSG vom 6.2.2008 – B 6 KA 40/06 R – SozR 4–5520 § 31 Nr. 3 = GesR 2008, 429 = Juris, jeweils Rn. 17.

[479] BSG vom 6.2.2008 – B 6 KA 40/06 R – aaO Rn. 17; BSG vom 13.8.2014 – B 6 KA 33/13 R – aaO Rn. 27–31.

[480] BSG vom 6.2.2008 – B 6 KA 40/06 R – aaO Rn. 18 am Ende.

[481] Zu dieser Voraussetzung vgl. z. B. BSG vom 8.12.2010 – B 6 KA 36/09 R – BSGE 107, 147 = SozR 4–2500 § 101 Nr 9 = Juris, jeweils Rn. 21 u. 24 – jeweils m.w.N. – und Rn. 37. – Das BSG hat diese Voraussetzung aus der Abgrenzung zur Ermächtigung heraus entwickelt. Dies ist nach wie vor der berechtigende Grund für diese Voraussetzung. Das BSG hat ausdrücklich ausgesprochen, dass der Geltung dieser Voraussetzung nicht entgegensteht, dass der G-BA es unterlassen hat, diese Voraussetzung ausdrücklich zu normieren (der G-BA hätte sie z. B. in § 36 V Bedarfsplanungs-Richtlinie neben der

Kann eine dieser Voraussetzungen nicht festgestellt werden, so kommt nur die Erteilung einer **Ermächtigung**[482] oder die Genehmigung bzw. Ermächtigung zum Betrieb einer Zweigpraxis in Betracht.[483]

Das BSG hat für die **den Zulassungsgremien obliegenden Ermittlungen** deutliche Vorgaben formuliert: Aus einem hohen Grad der Überversorgung im Planungsbereich kann nicht ohne Weiteres auf das Fehlen eines qualifikationsbezogenen Sonderbedarfs geschlossen werden.[484] Für die Frage eines Sonderbedarfs kann auch ohnehin die rein abstrakte Zahl der zur Verfügung stehenden Leistungserbringer nicht maßgebend sein, vielmehr kommt es auf deren reale Versorgungsangebote an.[485] Die Zulassungsgremien sind zu **konkreten Ermittlungen** verpflichtet, soweit sich deren Notwendigkeit aufdrängt – wofür entsprechende, u. U. laienhafte, Hinweise des Antragstellers ausreichen[486] –. Sie haben sich ein möglichst genaues Bild von der Versorgungslage zu machen[487]: Sie müssen in dem **maßgeblichen Umfeld**[488] bei den bereits zugelassenen Ärzte deren **Leistungsangebot und Aufnahmekapazität erfragen** sowie deren Antworten kritisch würdigen[489]; sie müssen dabei auch der Frage überlanger **Wartezeiten**[490] nachgehen, soweit es ausreichende Hinweise auf insoweit möglicherweise bestehende Defizite gibt. Ferner müssen sie, wenn es Hinweise darauf gibt, dass die **Krankenkassen Kostenerstattungen** gemäß § 13 III SGB V bewilligen (was ein Versorgungsdefizit voraussetzt), deren Zahl erfragen.[491] 47a

Gibt es mehr als einen Sonderbedarfs-Bewerber, ist der Sonderbedarf aber nicht so groß, dass er für zwei wirtschaftlich tragfähige Praxen ausreichen könnte, so müssen die Zulassungsgremien eine **Auswahl zwischen den Bewerbern** treffen. Für die Kriterien, die für die Auswahl bedeutsam sein können, wird auf obige Ausführungen unter vorstehend aa (→ Rn. 38) verwiesen. 48

cc) **Belegarzt-Sonderzulassung (§ 103 VII SGB V).**[491a] Ein weiterer Weg, eine Zulassung zur vertragsärztlichen Versorgung in einem wegen Überversorgung gesperrten Bereich zu erhalten, ist die Erlangung einer **Belegarztstelle mit zugehöriger Zulassung** gemäß § 103 VII SGB V. Dieser Weg wird allerdings nur selten von Erfolg gekrönt sein[492]: 49

Ein Krankenhaus hat als Belegarzt in erster Linie einen im Planungsbereich niedergelassenen Vertragsarzt auszuwählen: Nur nachrangig darf das Krankenhaus sich für einen externen Bewerber entscheiden, der noch keinen Vertragsarztsitz in dem Planungsbereich hat; denn 50

Voraussetzung der Dauerhaftigkeit ausdrücklich nennen können): Vgl. BSG vom 2.9.2009 – B 6 KA 34/ 08 R – BSGE 104, 116 = SozR 4–2500 § 101 Nr. 7 = Juris, jeweils Rn. 19–21.

[482] Z. B. Ermächtigung eines Krankenhausarztes gemäß § 116 SGB V.

[483] BSG vom 8.12.2010 – B 6 KA 36/09 R – BSGE 107, 147 = SozR 4–2500 § 101 Nr. 9 = Juris, jeweils Rn. 21 am Ende m. w. N.

[484] BSG vom 28.6.2017 – B 6 KA 28/16 R – MedR 2018, 437 = SozR 4–2500 § 101 Nr. 19 = GesR 2017, 788 = Juris, jeweils Rn. 28, 29.

[485] BSG vom 28.6.2017 aaO Rn. 25 m. w. N. iVm Rn. 31. – Diese Problematik hat sich bisher bei Psychotherapeuten gestellt, die nämlich ihre durch die Zulassung gegebenen Versorgungsmöglichkeiten teilweise nicht ausschöpfen.

[486] BSG vom 28.6.2017 – B 6 KA 28/16 R – MedR 2018, 437 = SozR 4–2500 § 101 Nr. 19 = GesR 2017, 788 = Juris, jeweils Rn. 27.

[487] Vgl. hierzu und zum Folgenden: BSG vom 28.6.2017 – B 6 KA 28/16 R – aaO Rn. 22–24, 28 f.

[488] s. o. Rn. 45 mit dem Hinweis auf den im Regelfall maßgeblichen 25 km-Umkreis.

[489] BSG vom 28.6.2017 – B 6 KA 28/16 R – aaO Rn. 23 f.

[490] Vgl. hierzu BSG vom 28.6.2017 aaO Rn. 26 am Ende, 30, 31.

[491] Vgl. dazu BSG vom 28.6.2017 aaO Rn. 26, 30 am Ende, Rn. 32.

[491a] Zum Belegarztwesen vgl. auch → § 16 Rn. 128–141.

[492] Für Zahnärzte besteht keinerlei Möglichkeit für eine Belegarzt-Sonderzulassung: So BSG vom 12.12.2012 – B 6 KA 15/12 R – SozR 4–2500 § 121 Nr. 7 = MedR 2013, 616 = Juris, jeweils Rn. 12 ff. – Wie dieses Urteil zugleich ergibt, können MKG-Chirurgen aber für ihren ärztlichen Tätigkeitsbereich durchaus Belegzulassungen erhalten (hierzu vgl. auch BSG vom 23.3.2016 – B 6 KA 7/15 R – SozR 4–2500 § 75 Nr. 16 = USK 2016-25 = Juris, jeweils Rn. 18 ff.).

dieser würde durch die Zulassung als Belegarzt einen solchen Sitz erhalten – § 103 VII 3 SGB V – und dadurch die Überversorgung erhöhen. Um allen Vertragsärzten im Planungsbereich eine Bewerbung zu ermöglichen, muss das Krankenhaus die Belegarztstelle **ausschreiben** (§ 103 VII 1 SGB V).[493] Das Krankenhaus darf die Ausschreibung frei gestalten. Es darf in das **Anforderungsprofil** solche Qualitätsanforderungen aufnehmen, die nur solche Ärzte erfüllen können, die noch vor kurzem in einem Krankenhaus oder in der Belegabteilung eines Krankenhauses tätig waren[494]; es darf auch einen neuen speziellen Zuschnitt der Abteilung planen und deshalb in das Anforderungsprofil die Befähigung zu anderen, sehr speziellen Leistungen aufnehmen[495].[496] Das Profil darf allerdings nicht Kenntnisse von Operationen fordern, die typischerweise nicht belegärztlich erbracht werden[497]; erst recht darf das Anforderungsprofil keine so speziellen Kriterien aufweisen, dass sie nur allein von einer bestimmten – nämlich vom Krankenhausträger favorisierten – Person erfüllt werden können.[498]

51 Das Krankenhaus muss mit allen geeigneten Bewerbern **ernsthaft verhandeln,** auch gerade mit den im Planungsbereich bereits niedergelassenen Vertragsärzten.[499] Dieses Erfordernis ist die Konsequenz aus dem Grundsatz, dass – wie im vorigen Absatz ausgeführt – das Krankenhaus sich nur nachrangig für einen externen Bewerber entscheiden darf, der noch keinen Vertragsarztsitz in dem Planungsbereich hat (aber durch die Zulassung als Belegarzt einen Sitz erhalten und dadurch die Überversorgung erhöhen würde).

52 Bei alledem darf es sich nicht um sog. Schein-Belegärzte handeln. D. h. es muss ein entsprechender Versorgungsbedarf bestehen, d. h. die Abteilung muss **genügend Betten** zur Verfügung haben, sodass ein plausibler Anlass für die Einstellung eines zusätzlichen Belegarztes besteht. Hierzu kann ein Indiz daraus entnommen werden, ob die Zahl der Belegbetten für den neu zuzulassenden Arzt ungefähr dem **landesüblichen Durchschnitt der Belegbetten** je Belegarzt in der betroffenen Fachrichtung entspricht.[500] Dieses Erfordernis dient dem Ausschluss von Missbräuchen; Krankenhäuser sollen nicht die Möglichkeit haben, beliebig Belegarztstellen zu schaffen und dafür u. U. externe Ärzte heranzuziehen, die damit eine Zulassung zur vertragsärztlichen Versorgung erhalten und die Überversorgungsquote erhöhen.[501]

52a Soweit es sich um die **ärztlichen Leistungen** des Belegarztes oder um von ihm veranlasste Leistungen anderer Ärzte handelt, hat er die ihm dafür zustehenden **Vergütungen bei der KV** geltend zu machen (§ 18 I KHEntgG). Soweit es sich um andere Leistungen handelt (entweder nicht-ärztliche Leistungen oder ärztliche Leistungen eines anderen Fachgebiets, für das die

---

[493] Vgl. dazu BSG vom 2.9.2009 – B 6 KA 44/08 R – SozR 4-2500 § 103 Nr. 6 = Juris, jeweils Rn. 28 ff., 33–38, 53.
[494] BSG vom 1.4.2015 – B 6 KA 48/13 R – GesR 2015, 629 = Juris, jeweils Rn. 16 am Ende. – Vgl. auch BSG vom 5.6.2013 – B 6 KA 3/13 B – Juris Rn. 9.
[495] Es darf sich auch um Leistungen handeln, in denen sich eine belegärztliche Leistungserbringung erst in jüngerer Zeit durchgesetzt hat: BSG vom 1.4.2015 – B 6 KA 48/13 R – aaO Rn. 16 am Ende.
[496] Die Zulässigkeit eines sehr speziellen Anforderungsprofils birgt zweifellos Gefahren: Das Krankenhaus kann aufgrund seiner Informationen aus Vorfeld-Kontakten mit einem externen Arzt das Anforderungsprofil auf dessen spezielle – singuläre – Befähigungen ausrichten und dadurch die Bewerbungschancen der an sich vorrangigen, im Planungsbereich niedergelassenen Vertragsärzte verringern.
[497] BSG vom 1.4.2015 – B 6 KA 48/13 R – GesR 2015, 629 = Juris, jeweils Rn. 17. Vgl. auch Rn. 19 am Ende.
[498] BSG vom 1.4.2015 – B 6 KA 48/13 R – GesR 2015, 629 = Juris, jeweils Rn. 15.
[499] Vgl. dazu BSG vom 2.9.2009 – B 6 KA 44/08 R – SozR 4-2500 § 103 Nr. 6 = Juris, jeweils Rn. 51 ff.; ebenso BSG vom 5.6.2013 – B 6 KA 3/13 B – Juris Rn. 11 am Ende: Den BSG-Anforderungen widerspricht es, wenn das Krankenhaus mit einem Bewerber überhaupt nicht verhandelt.
[500] Vgl. hierzu BSG vom 2.9.2009 – B 6 KA 44/08 R – SozR 4-2500 § 103 Nr. 6 = Juris, jeweils Rn. 44–47, 50; vgl. ferner BSG vom 5.6.2013 – B 6 KA 3/13 B – Juris Rn. 4.
[501] Zum Ziel der Missbrauchsabwehr vgl. BSG vom 2.9.2009 – B 6 KA 44/08 R – SozR 4-2500 § 103 Nr. 6 = Juris, jeweils Rn. 40 f., 49; vgl. ferner BSG vom 5.6.2013 – B 6 KA 3/13 B – Juris Rn. 4.

Klinik keinen Belegarzt hat oder für die der Belegarzt keinen Überweisungsauftrag gemäß § 41 VI BMV-Ä erteilt hat), sind diese als **allgemeine Krankenhausleistungen** Teil des Krankenhausbudgets, das von den Krankenkassen zu finanzieren ist (§ 2 I und § 3 KHEntgG). Bei der Bemessung des Budgets ist zu beachten, dass die DRG-Vergütungen für die belegärztlichen Behandlungen – mit Blick darauf, dass die ärztlichen Leistungen des Belegarztes von der KV honoriert werden – nur mit 80 % anzusetzen sind (§ 18 II 1 KHEntgG iVm Beleg-DRGs). Diese Reduzierung gilt gemäß § 18 III KHEntgG auch für den sog. Honorarbelegarzt, obgleich dieser keine Vergütungen von der KV, sondern sein Honorar vom Krankenhaus erhält. Bei der Honorierung der Behandlung von Privatpatienten – sog. Privatbelegarzt – sind zwei privatrechtliche Honorarbeziehungen zu unterscheiden: das Honorarverhältnis zwischen Patient und Belegarzt, das zwischen Patient und Krankenhaus.

Belegarzt ist ein **Status**, dem eine **Belegarztanerkennung und eine vertragsärztliche Zulassung** oder Anstellung zugrunde liegen müssen. Dies hat ein Schiedsspruch der **Schiedsstelle Berlin**[502] deutlich herausgestellt: Zwei Ärzte, die keine vertragsärztliche Zulassung und auch keine Zulassung als Belegarzt gemäß § 103 VII 3 SGB V hatten und auch weder bei einem Vertragsarzt noch bei einem MVZ angestellt waren, führten stationäre Behandlungen an zahlreichen Patienten durch, und zwar in einer sog. Belegklinik – mit ausschließlich Belegabteilungen (ein Antrag der Klinik, auch eine Hauptabteilung führen zu dürfen, war erfolglos gewesen; – in Berlin ist die Ausformung als Haupt- oder als Belegabteilung nicht der eigenständigen Entscheidung der Klinik überlassen). Die Forderung der Klinik, die Behandlungsfälle der zwei Ärzte im Rahmen der jährlichen Budgetvereinbarungen im Erlösbudget – in Höhe von 80 % der DRGs – mitzuberücksichtigen, lehnten die Krankenkassen ab. Die angerufene Schiedsstelle sah ebenfalls keine Möglichkeit, solche Beträge im Budget zu berücksichtigen: Die Klinik kann als reine Belegklinik nur Belegabteilungen führen, woraus sich das Erfordernis ergibt, dass die Ärzte Belegärzte sein müssen. Dies waren die zwei Ärzte aber nicht. Die Leistungen der Ärzte waren auch nicht als Leistungen „nachgeordneter" Ärzte auf Veranlassung eines Belegarztes (§ 121 III 3 Nr. 2 SGB V und § 18 I 2 Nr. 3 KHEntgG) abrechenbar; denn die beiden Ärzte waren keine „nachgeordneten", sondern abteilungs-führende Ärzte. 52b

Zu den Aufgaben des Belegarztes gehört auch die **Vorhaltung eines Bereitschaftsdienstes** (§ 18 I 2 Nr. 2 KHEntgG; vgl. auch § 121 III 3 Nr. 1 SGB V). Die zur näheren Ausformung ergangenen Regelungen in **§ 39 VI BMV-Ä** bergen viele Unklarheiten. Diesen Regelungen dürfte – unter Berücksichtigung auch der praktischen Möglichkeiten für einen Belegarzt – als Grundstruktur zu entnehmen sein, dass ein **im Krankenhaus präsenter Bereitschaftsdienst** zwar denkbar ist (dazu § 39 VI 2 Nr. 1 BMV-Ä), aber nicht unbedingt nötig ist. Vielmehr kann ein Arzt, der **rufbereit** ist, ausreichen (hierzu § 39 VI 2 Nr. 2 BMV-Ä unter Benennung verschiedener Varianten: zu diesen vgl. den nächsten unten folgenden Absatz). – Von dieser Grundstruktur ausgehend gilt im Einzelnen: 52c

Gemäß **Nr. 1** des § 39 VI 2 Nr. 1 S. 1 BMV-Ä kann der Belegarzt auf den **bereitschaftsdiensthabenden Arzt des Krankenhauses** zurückgreifen, der ohnehin im Krankenhaus präsent und hier für eine oder mehrere andere Abteilungen zuständig ist.[503] Oder der Belegarzt kann gemäß **Nr. 2** des § 39 VI 2 Nr. 2 BMV-Ä den Bereitschaftsdienst durch einen **rufbereiten Arzt** wahrnehmen bzw. wahrnehmen lassen: Dies kann entweder **er selbst** sein – oder ein von ihm engagierter **Vertreter** gemäß der generellen Befugnis gemäß § 32 II 2 ff. 52d

---

[502] Schiedsspruch Berlin vom 19.12.2014 – 02/2014 (2012) –, der gemäß § 14 I KHEntgG genehmigt worden ist. Klage ist nicht erhoben worden.
[503] In diesem Fall wird nach Maßgabe des § 39 VI 2 Nr. 1 Sätze 2 ff. BMV-Ä auch die Wahrnehmung des Bereitschaftsdienstes abgegolten. Die Leistungen des – in aller Regel fachfremden – bereitschaftsdiensthabenden Arztes kann der Belegarzt als eigene bei seiner KV abrechnen; – daraus ergibt sich der besondere Fall, dass bei der KV Leistungen eines Arztes abgerechnet werden, der nur stationär tätig ist (und auch kein Belegarzt ist).

Ärzte-ZV[504] – (§ 39 VI 2 Nr. 2 Satz 1); oder der Belegarzt kann – vgl. die Aufzählung in § 39 VI 2 Nr. 2 Satz 3 BMV-Ä die Rufbereitschaft durch seinen **Assistenten** sicherstellen (gemeint ist wohl: ein in seiner Vertragsarztpraxis **angestellter Arzt**[505]) oder durch einen **anderen Krankenhausarzt**.[506] Der rufbereite Arzt muss – so wie es auch sonst für den rufbereiten Arzt im Bereitschaftsdienst des Krankenhauses gefordert wird – den **Facharztstatus mit Kompetenz im Fachgebiet** aufweisen.

52e Die Möglichkeit gemäß § 39 VI 2 Nr. 1 Satz 1 BMV-Ä, dass der bereitschaftsdiensthabende Arzt des Krankenhauses den Bereitschaftsdienst wahrnimmt, kann nur bei Krankenhäusern in Betracht kommen, in denen es außer der Belegabteilung auch Hauptabteilungen gibt, für die ohnehin ein Bereitschaftsdienst organisiert wird. Dies passt indessen nicht auf ein Krankenhaus, das ausschließlich aus Belegabteilungen besteht: sog. **reine Belegklinik**.[507] Den Belegarzt einer reinen Belegklinik nur auf die in Nr. 2 des § 39 VI 2 BMV-Ä geregelten Möglichkeiten einzuengen (das hieße stets Rufbereitschaft von ihm selbst, oder er müsste einen Vertreter oder einen Angestellten finanzieren), erscheint schwerlich zumutbar. Für ihn bedarf es vielmehr weiterer Möglichkeiten über den Wortlaut des § 39 VI BMV-Ä hinaus: Man wird es als zulässig ansehen müssen, dass der Belegarzt seine Verpflichtung zur Vorhaltung eines Bereitschaftsdienstes dadurch erfüllt, dass er dafür sorgt, dass ein **Vertragsarzt-Fachkollege** rufbereit ist. Diese Lösung ist zwar den Regelungen des § 39 VI BMV-Ä nicht ausdrücklich zu entnehmen, entspricht aber praktischen Bedürfnissen; eine Unvereinbarkeit mit den höherrangigen Regelungen des SGB V und der Ärzte-ZV besteht nicht (abgesehen davon, dass es sich um eine Art „erweiterte Vertretungsregelung" handelt, losgelöst von dem Katalog des § 32 II 2 ff. Ärzte-ZV mit den Tatbeständen Krankheit, Urlaub, Fortbildung, Wehrübung, Mutterschaft).

52f Für den **Umfang der Abrechnung** gilt, dass der Belegarzt nach einem **Urteil des BSG**[508] nur in dem Umfang Leistungen zur Abrechnung bringen kann, wie das kraft Belegarztanerkennung *und* kraft Krankenhausplanungsrecht zulässig ist. Er hat eine „Zwitterstellung", sodass er „zugleich auch den krankenhausrechtlichen Vorgaben genügen" muss[509]: Außer den **Begrenzungen in dem Bescheid über seine Belegarztanerkennung** ist zu beachten, dass eine vergütungsfähige belegärztliche Behandlung gemäß § 38 Nr. 1 BMV-Ä nur vorliegt, soweit das Krankenhaus zur Krankenbehandlung zugelassen ist; daher gelten für seinen Vergütungsanspruch auch die **Eingrenzungen des Versorgungsauftrags des Krankenhauses aufgrund der Krankenhausplanung**. Der Belegarzt kann sich auch dann, wenn der ihm erteilte Belegarzt-Anerkennungsbescheid bestandskräftig ist, nicht darauf beschränken, allein diesen Bescheid zu beachten; dessen Bestandskraft befreit ihn nicht von der Geltung der Eingrenzungen durch den Versorgungsauftrag des Krankenhauses.

52g In dem vom BSG entschiedenen Fall standen dem Belegarzt – schon kraft der Eingrenzung im bestandskräftigen Belegarztanerkennungsbescheid – nur **fünf Belegbetten** zur Verfügung. Der Arzt hatte indessen mehr als doppelt so viele belegärztliche Behandlungen durchgeführt,

---

[504] Für den Vertreter besteht das Erfordernis einer Zulassung zur vertragsärztlichen Versorgung nicht – so wie auch sonst der Vertreter in einer Kassenpraxis keine Kassenzulassung benötigt: BSG vom 30.6.2004 – B 6 KA 11/04 R – BSGE 93, 79 = SozR 4-5525 § 32 Nr. 1 = MedR 2005, 57 = juris Rn. 13 ff.).

[505] Zur Deutung des Begriffs Assistent im Sinne von angestelltem Arzt ebenso *Trieb* in: Schiller (Hrsg.), Bundesmantelvertrag Ärzte – Kommentar –, 2014, § 39 Rn. 26 am Ende. – Ggf. kann dafür auch ein Sicherstellungsassistent, der für den Belegarzt tätig ist, in Betracht kommen.

[506] Zusätzliches Entgelt für die Bereithaltung wird nicht gezahlt: § 39 VI 2 Nr. 2 Sätze 2 u. 3 BMV-Ä. Vergütung gibt es nur für die erbrachten Behandlungsleistungen.

[507] Nur in einer größeren Belegklinik mit sehr vielen Belegabteilungen wird es in Betracht kommen, dass das Krankenhaus übergreifend für alle Abteilungen einen Bereitschaftsdienst im Sinne des § 39 VI 2 Nr. 1 BMV-Ä organisiert.

[508] BSG vom 29.11.2017 – B 6 KA 33/16 R – GesR 2018, 379 = SozR 4-2500 § 106a Nr. 17, juris, Rn. 14 ff., 22, 24–28.

[509] Zitat aus BSG vom 29.11.2017 aaO Rn. 25.

wie in fünf Belegbetten möglich waren; er hatte – in Absprache mit dem Krankenhaus – **weitere Betten genutzt**, die an sich den Hauptabteilungen anderer Fachgebiete zugeordnet waren. Im Umfang der unzulässigen Mehr-Belegung forderte die KV das zuviel erlangte Honorar von dem Arzt zurück.

Zusätzliche Fragen ergeben sich, wenn eine derartige Konstellation im Zusammenhang mit **kooperativer Belegarzttätigkeit** auftritt: Sind **mehreren Belegärzten** mehrere Belegbetten zur gemeinsamen – arbeitsteiligen – Nutzung zugewiesen (z.B. drei Ärzte, fünf Belegbetten), so kann sich die Situation ergeben, dass die Feststellung der **Nutzung von insgesamt mehr Betten** nicht einem bestimmten Arzt zugeordnet werden kann. Wer muss für die Rückforderungen einstehen? In einer solchen Konstellation wird ein Fall gemeinsamer – gesamtschuldnerischer –Verantwortung entsprechend dem Rechtsgedanken des § 830 I 2 BGB anzunehmen sein;[510] von dieser gemeinsamen Verantwortung ist einer der Belegärzte nicht deswegen frei, weil er sich selbst nichts habe zuschulden kommen lassen und von dem Tun des/der anderen nichts gewusst habe.[511] **Der Höhe nach** kann die Rückzahlungsschuld indessen nicht über das ihm gewährte Honorar hinausgehen; das Rechtsinstitut sachlich-rechnerische Richtigstellung ermächtigt nur zur Richtigstellung gewährten Honorars, aber nicht zu einem darüber hinausgehenden Regress. **52h**

Zu den belegärztlichen Vergütungsregelungen hat das BSG entschieden, dass die KV und die Krankenkassen in Strukturverträgen Punktwertzuschläge für besondere Leistungen festlegen dürfen (§ 87a II 3 u. III 5 HS 2 SGB V)[512] und dass sie dies auf die Leistungen des speziellen belegärztlichen EBM-Kapitels beschränken dürfen.[513] **52i**

Weiteres zu Belegärzten siehe → § 16 Rn. 128–141. **53**

dd) Job-Sharing-Zulassung (§ 101 I 1 Nr. 4 und Nr. 5 SGB V). Schließlich gibt es für das Ziel, eine Zulassung zur vertragsärztlichen Versorgung in einem überversorgungs-gesperrten Bereich zu erlangen, noch die Möglichkeit, in einer schon bestehenden Arztpraxis als Job-Sharer aufgenommen zu werden. Er kann sich **als Partner** (mit eigener Zulassung) (§ 101 I 1 Nr. 4 SGB V) **oder als Angestellter** (§ 101 I 1 Nr. 5 SGB V) aufnehmen lassen.[514] Dann werden er und der aufnehmende Arzt zusammen vom Leistungsumfang her auf die **bisherige Leistungsmenge** des aufnehmenden Arztes zuzüglich 3 % beschränkt.[515] So wird **54**

---

[510] Zur gesamtschuldnerischen Haftung im Rahmen einer Berufsübungsgemeinschaft (§ 426 I BGB) vgl. BSG vom 20.10.2004 – B 6 KA 41/03 R –, SozR 4–2500 § 106 Nr. 6 = MedR 2005, 421 = juris Rn. 26 iVm 38 f. betr. übermäßige Verordnung von Sprechstundenbedarf.

[511] Vgl. hierzu BSG vom 20.10.2004 – B 6 KA 41/03 R –, SozR 4–2500 § 106 Nr. 6 = MedR 2005, 421 = juris Rn. 8 und 36 am Ende: Eine Entlastung lässt sich für ihn nicht daraus ableiten, dass der andere heimlich handelte und er von dessen rechtswidrigem Handeln nichts wusste.

[512] BSG vom 21.3.2012 – B 6 KA 21/11 R –, BSGE 110, 258 = SozR 4–2500 § 87a Nr. 1 = MedR 2013, 124, jeweils Rn. 24 ff., 31–37. – Vgl. dazu auch BSG vom 28.6.2017 – B 6 KA 12/16 R – SozR 4–2500 § 75 Nr. 19 Rn. 36–41: Eine Befugnis, statt Punktwertzuschläge einen neuen Vergütungstatbestand zu schaffen, besteht auf Landesebene nicht, es sei denn, bundesrechtlich – etwa im EBM – gäbe es dafür eine Ermächtigungsgrundlage.

[513] BSG vom 24.1.2018 – B 6 KA 46/17 B – juris Rn. 5 f.: Der Gleichbehandlungsgrundsatz gebietet nicht, in die Förderung auch andere – außerhalb dieses Kapitels geregelte - belegärztliche Kernleistungen einzubeziehen.

[514] Hier gilt gemäß dem Gesetzeswortlaut die Beschränkung auf dasselbe Fachgebiet: Nur hier hat der Gesetzgeber die frühere Rechtsprechung (BSG vom 19.6.1996 – 6 RKa 84/95 – SozR 3–5520 § 32b Nr. 2 =Juris) weiter gelten lassen (vgl. dazu die „neutralisierten" Regelungen in § 95 IX, IXa SGB V). Vgl. auch unten → Rn. 58.

[515] Zu dieser Leistungsbeschränkung – der sog. Abrechnungsobergrenze, die bei Eintritt wesentlicher Änderungen auch verändert werden kann – vgl. BSG vom 21.3.2012 – B 6 KA 15/11 R – SozR 4–2500 § 101 Nr. 12 = Juris und BSG vom 12.12.2012 – B 6 KA 1/12 R – SozR 4–2500 § 101 Nr. 14 = Juris. Vgl. ferner BSG vom 28.8.2013 – B 6 KA 36/12 R, B 6 KA 43/12 R, B 6 KA 50/12 R und B 6 KA 17/13 R. Zu speziellen Fragen der Berechnung der Obergrenze vgl. jüngst BSG v. 24.1.2018 – B 6 KA 48/16 R – Juris Rn. 18 ff.

erreicht, dass die in überversorgten Bereichen meist ohnehin schon übergroße Leistungsmenge nicht noch weiter wesentlich vergrößert wird.

55 **Nach zehn Jahren** erwächst die gemäß § 101 I 1 Nr. 4 SGB V erteilte Job-Sharing-Zulassung in eine selbstständige **eigene Zulassung** (§ 101 III 2 letzter Halbsatz SGB V).[516] Dadurch führt ein Job-Sharing also längerfristig dazu, dass in dem überversorgungs-gesperrten Bereich die Zahl der Zulassungen noch weiter wächst. Dies ist eine an sich unerwünschte Folge, aber vom Gesetzgeber so normiert und deshalb hinzunehmen. Wird die Zulassungsbeschränkung in dem Bereich allerdings wegen Abbaus der Überversorgung aufgehoben, so erwächst die Job-Sharing-Zulassung schon früher zu einer selbstständigen eigenen Zulassung (§ 101 III 2 erster Halbsatz SGB V).

56 Beendet der „Haupt"arzt schon früher seine vertragsärztliche Tätigkeit, so endet auch die Job-Sharing-Zulassung (§ 101 III 1[517] SGB V). Im Falle einer **Praxisausschreibung und Bewerberauswahl** gemäß § 103 IV SGB V – hierzu → Rn. 38 – ist ein bereits **fünf Jahre** tätiger Job-Sharer bevorzugt im Sinne des § 103 IV 5 Nr. 6 SGB V zu berücksichtigen (§ 101 III 4 SGB V). Im Fall mehrerer Job-Sharer, die bereits fünf Jahre tätig sind, gilt in ihrem Verhältnis zueinander der **Vorrang für** denjenigen, der die **längere Dauer einer Job-Sharer-Betätigung** aufzuweisen hat: Insoweit gilt Entsprechendes, wie es in § 26 V Halbsatz 2 Bedarfsplanungs-Richtlinie[518] ausdrücklich für den Fall geregelt ist, dass in einem bisher wegen Überversorgung gesperrten Bereich die Zulassungsbeschränkungen aufgehoben werden (sog. **Entsperrung**), aber mehr Bewerber da sind, als Vertragsarztsitze neu besetzbar sind.

57 Der Job-Sharer kann – was vom Ausnahmecharakter der Job-Sharing-Zulassung her logisch ist – nicht in jeder Hinsicht dieselben Rechte beanspruchen wie die Inhaber anderer Zulassungen. So hat er z. B. nicht das Recht, auch seinerseits einen Job-Sharing-Partner gemäß § 101 I 1 Nr. 4 SGB V aufzunehmen. Dies liefe darauf hinaus, dass sich jeder Job-Sharing-Partner seinerseits weiter aufteilen könnte – es könnte eine sog. **Job-Sharing-Kette** entstehen –, sodass es immer mehr Anwärter auf den Erhalt einer eigenen Zulassung nach zehn Jahren gäbe. Dies ist von dem Grundsatz her, dass Überversorgung abzubauen und nicht noch weiter zu erhöhen ist,[519] abzulehnen.

58 Die Kooperation mit einem Job-Sharer war früher in überversorgungs-gesperrten Planungsbereichen eine zunehmend gebräuchliche Alternative zur Anstellung eines Arztes[520] gemäß § 32b Ärzte-ZV, weil diese damals – wie es heute nur noch beim Job-Sharing der Fall ist (s. o. → Rn. 54 mit dortiger Fn.) – eine Fachgleichheit zwischen dem anstellenden und dem angestellten Arzt voraussetzte.[521] Nachdem in § 95 IX, IXa SGB V und § 32b Ärzte-ZV das Recht des Vertragsarztes, Ärzte anstellen zu dürfen, umfangreich erweitert worden ist (s. u.

---

[516] Bei dem Erfordernis „zehnjähriger gemeinsamer vertragsärztlicher Tätigkeit" ist die Ansicht abzulehnen, es müsse sich um eine zehnjährige Tätigkeit in derselben Praxis handeln. Dies gibt der Wortlaut nicht her. Vielmehr sind Tätigkeitszeiten gemeinsamer Tätigkeit in mehreren Praxen zu addieren. – Bisher nicht entschieden ist, ob die Addierung auch dann möglich ist, wenn der Zulassungsausschuss – wie es früher verbreitet war – bei dem Wechsel der BAG-Mitgliederzusammensetzung darauf bestanden hatte, eine Auflösung der bisherigen BAG iVm der Neugründung einer neuen BAG vorzunehmen, und die in diesem Zusammenhang ergehenden Bescheide bestandskräftig geworden sind: In einem solchen Fall eine bestandskräftig feststehende Zäsur anzunehmen und eine BAG-Kontinuität zu verneinen, ginge sehr weit.
[517] § 101 III 1 SGB V: „auf die Dauer der gemeinsamen vertragsärztlichen Tätigkeit beschränkte Zulassung"
[518] § 26 V Bedarfsplanungs-Richtlinie enthält nur eine Vorrang-Regelung, nicht aber eine eigenständige Anspruchsgrundlage für die Erteilung einer Zulassung: BSG vom 28.6.2017 – B 6 KA 12/17 B – Juris Rn. 16, 19, 23.
[519] Zu diesem Grundsatz siehe die ständige Rechtsprechung des BSG, z. B. BSG vom 19.10.2011 – B 6 KA 23/11 R – BSGE 109, 182 = SozR 4-2500 § 103 Nr. 8 = MedR 2012, 830 = Juris, jeweils Rn. 23 f.
[520] → § 20 Rn. 60–63.
[521] Vgl. dazu oben → § 20 Rn. 54 (mit dortiger Fn.).

→ Rn. 60 ff.), ist die Auswahl zwischen gewöhnlicher Anstellung und Job-Sharing wieder offen und wird von den konkreten Umständen im Einzelfall unterschiedlich geprägt.

4. Genehmigungen im Zusammenhang mit Zulassungsentscheidungen

Im Zusammenhang mit der Zulassung eines Vertragsarztes oder im Verlauf der Ausübung des Arztberufes kann die Erteilung von Genehmigungen erforderlich werden, die entweder von der KV selbst oder vom Zulassungsausschuss auszusprechen sind. Dies betrifft insbesondere die Anstellung eines angestellten Arztes (a), eines Assistenten (b), die Ausübung einer Berufsausübungsgemeinschaft (c) und weitere vertragsärztliche Tätigkeiten (d). 59

a) Angestellter Arzt. Durch die Neufassung der § 95 IX–IXb SGB V zum 1.1.2007[522] und zusätzlich zum 1.1.2012[523] ist das Recht des Vertragsarztes, Ärzte anstellen zu dürfen, neu geregelt worden (§ 32b Ärzte-ZV). Das Anstellungsrecht ist liberalisiert worden; das wirkt sich aber nur insoweit aus, als es sich um **keinen** für Zulassungen wegen Überversorgung gesperrten Bereich handelt. Sind indessen **Zulassungsbeschränkungen** angeordnet, so sind Anstellungen nur gemäß § 95 IX 2 iVm § 101 I 1 Nr. 5 SGB V möglich, also nur in der Form des Job-Sharing (siehe oben → Rn. 54 ff.). 60

Eine Anstellung kann in folgenden Fällen in Betracht kommen: 61

- Wenn der Bereich nicht wegen Überversorgung für Neuzulassungen gesperrt ist: Alle Ärzte, die in das Arztregister eingetragen sind (§ 95 IX 1, IXa 1 SGB V, ebenso § 32b I Ärzte-ZV)
- Wenn der Bereich wegen Überversorgung für Neuzulassungen gesperrt ist:
  o Ärzte, die bisher zugelassen waren und auf ihre Zulassung verzichten (§ 103 IVa u. IVb SGB V), und
  o bisher noch nicht zugelassene Ärzte als sog. Job-Sharer (§ 95 IX 2 iVm § 101 I 1 Nr. 5 SGB V)
- Zusätzlich im **hausärztlichen Bereich** – unabhängig von Zulassungssperren – auch Hochschullehrer und deren wissenschaftliche Mitarbeiter (§ 95 IXa SGB V)
- Keine Anstellung zur ausschließlichen Tätigkeit in der **Zweigpraxis außerhalb** des Bezirks der Hauptpraxis[524]; aber Beschäftigung der in der Hauptpraxis tätigen Angestellten auch in der Zweigpraxis (§ 24 III 7 Ärzte-ZV).
- Zweiter, dritter usw. Angestellter nur nach Maßgabe der **numerischen Begrenzung** im BMV-Ä bzw. BMV-Z: drei vollzeitbeschäftigte Ärzte bzw. zwei vollzeitbeschäftigte Zahnärzte (§ 32b I 1 Ärzte-ZV iVm § 14a I 2 u. 4 BMV-Ä bzw. § 32b I 1 Zahnärzte-ZV iVm § 9 III 5 u. 6 BMV-Z).[525]

Die Anstellung bedarf einer Genehmigung durch den Zulassungsausschuss (§ 32b II 1 Ärzte-ZV).[526] 62

Die Genehmigung kann nicht mit Wirkung für die Vergangenheit erteilt oder zurückgenommen werden.[527] 63

b) Assistenten. Unbeschadet der Verpflichtung jeden Vertragsarztes zur persönlichen Leistungserbringung (§ 32 I 1 Ärzte-ZV) gestattet § 32 II Ärzte-ZV die Beschäftigung von Assistenten[528] als Weiterbildungs- oder Sicherstellungs- bzw. Entlastungsassistenten (vgl. die Aufzählung in § 32 II 2 Ärzte-ZV und in § 32 II 2 Zahnärzte-ZV). Deren Beschäftigung bedarf der Genehmigung der KV (§ 32 II 1 Ärzte-ZV). Der Assistent wird unter Leitung 64

---

[522] Vertragsarztrechtsänderungsgesetz (VÄndG) vom 22.12.2006 (BGBl. I S. 3439).
[523] GKV-Versorgungsstrukturgesetz (GKV-VStG) vom 22.12.2011 (BGBl. I S. 2983).
[524] So die Folgerung aus dem Passus in § 24 III 8 Ärzte-ZV „nach Maßgabe der Vorschriften …, die für ihn als Vertragsarzt gelten würden, an dem weiteren Ort zugelassen wäre": Vgl. *Clemens* in: Schallen, Zulassungsverordnung, 9. Aufl. 2018, § 32b Rn. 34.
[525] Zu Details vgl. *Clemens* in: Schallen, Zulassungsverordnung, 9. Aufl. 2018, § 32b Rn. 41–45.
[526] Zur Zuständigkeit und den erforderlichen Antragsunterlagen siehe *Clemens* in: Schallen, Zulassungsverordnung, 9. Aufl. 2018, § 32b Ärzte-ZV, Rn. 48–56.
[527] BSG vom 28.3.2007 – B 6 KA 30/06 R – SozR 4–2500 § 98 Nr. 4 Rn. 11 ff. = Juris. – Weitere BSG-Nachweise bei *Clemens* in Schallen, Zulassungsverordnung, 9. Aufl. 2018, § 32b Rn. 65.
[528] Dazu umfassend *Harwart/Thome* in Schallen, Zulassungsverordnung, § 32 Ärzte-ZV Rn. 77 ff. und – betr. Zahnärzte – § 32 ZV-Z Rn. 4 ff.

und Aufsicht des Vertragsarztes tätig.[529] Dies erfordert, dass der Praxisinhaber während der Tätigkeit des Assistenten in der Regel anwesend ist.

65 Einen **Ausbildungsassistenten** im Sinne des § 32 II 2 Nr. 1 Ärzte-ZV („*Aus- und …* ")[530] gibt es seit Abschaffung des Arztes im Praktikum nicht mehr; das ist keine passende Bezeichnung für den Studenten im Praktischen Jahr vor Erteilung der Approbation.[531] **Weiterbildungsassistent** im Sinne des § 32 II 2 Nr. 1 Ärzte-ZV ist der Arzt in Weiterbildung (AiW), der nach Erteilung der Approbation die in der WBO vorgesehene Zeit bei einem von der Ärztekammer zur Weiterbildung ermächtigten und vom Zulassungsausschuss zugelassenen Facharzt absolviert (weitaus häufiger ist allerdings die Absolvierung der Weiterbildung bei einem dazu von der Ärztekammer ermächtigten Krankenhausarzt in einer dazu ermächtigten Krankenhausabteilung).[532] Die Beschäftigung eines **Entlastungsassistenten** ist genehmigungsfähig, soweit dessen Tätigkeit gemäß § 32 II 2 Nr. 1 Ärzte-ZV der **Sicherstellung** der vertragsärztlichen Versorgung dient. Dabei ist nicht auf das Bestehen eines besonderen öffentlichen Bedürfnisses abzustellen, sondern nur auf die gebotene Fortführung der Praxis während eines vorübergehenden Ausfalls des Praxisinhabers, insbesondere wegen Krankheit, Alters oder berufspolitischer Tätigkeit oder auch Kindererziehung. Es muss sich also um einen zeitlich befristeten Bedarf handeln.[533]

66 **c) Berufsausübungsgemeinschaften (früher Gemeinschaftspraxen).** Bei Berufsausübungsgemeinschaften (BAG) von (Vertrags-)Ärzten ist zwischen den berufsrechtlichen[534] und den sich aus dem Vertragsarztrecht ergebenden Anforderungen zu unterscheiden.[535] Bei deren Ausgestaltung ist zwischen einer örtlichen BAG und einer überörtlichen BAG zu unterscheiden. Bei **örtlichen BAG** handelt es sich um den Zusammenschluss mehrerer Ärzte zur gemeinsamen Ausübung ärztlicher Tätigkeit in gemeinsamen Räumen mit gemeinsamer Praxiseinrichtung, gemeinsamer Karteiführung und Abrechnung sowie mit gemeinsamem Personal auf gemeinsame Rechnung (§ 33 II 1 Ärzte-ZV).[536] Bei der **überörtlichen BAG** handelt es sich um eine Kooperation mit unterschiedlichen Vertragsarztsitzen der Mitglieder der BAG (§ 33 II 2 Ärzte-ZV); hierzu siehe auch → Rn. 72 f.

67 Hinsichtlich der für das Vertragsarztrecht zu stellenden Bedingungen ist – nicht anders als im Berufsrecht[537] – zwischen einer BAG und einer **Praxisgemeinschaft** zu differenzieren: So beschreibt § 33 I 1 Ärzte-ZV die Praxisgemeinschaft – auch „Organisationsgemeinschaft" genannt – als die gemeinsame Nutzung von Praxisräumen und Praxiseinrichtungen sowie die gemeinsame Beschäftigung von Hilfspersonal. Die KV ist hiervon (lediglich) zu unterrichten (§ 33 I 2 Ärzte-ZV). Die Abgrenzung zur Praxisgemeinschaft ist insofern wichtig, als die

---

[529] Vgl. hierzu BSG vom 28.9.2005 – B 6 KA 14/04 R – SozR 4-5520 § 32 Nr. 2 = Juris Rn. 11 und 15, speziell zum Weiterbildungsassistenten. Daran anknüpfend BSG vom 17.3.2010 – B 6 KA 13/09 R – SozR 4-2500 § 85 Nr. 51 = Juris, jeweils Rn. 26–29, 31–34. – Zur Einbindung des Assistenten in die Vertragsarztpraxis umfassend *Harwart/Thome* in: Schallen, Zulassungsverordnung, 9. Aufl. 2018, § 32 Ärzte-ZV, Rn. 101 ff.

[530] Dieser Passus des § 32 II 2 Nr. 1 Ärzte-ZV geht ins Leere. So auch *Harwart/Thome* in: Schallen, Zulassungsverordnung, 9. Aufl. 2018, § 32 Ärzte-ZV, Rn. 84.

[531] Zu den Abgrenzungen insbesondere vom Famulus und vom Auszubildenden während des Praktischen Jahres vgl. *Harwart/Thome* in: Schallen, Zulassungsverordnung, 9. Aufl. 2018, § 32 Ärzte-ZV, Rn. 84–86.

[532] S. § 12 Rn. 37 ff.

[533] Zur Bemessung der Frist vgl. *Harwart/Thome* in: Schallen, Zulassungsverordnung, 9. Aufl. 2018, § 32, Rn. 94 ff., 96.

[534] S. § 14 Rn. 7 f.

[535] Zum Verhältnis von Vertragsarzt- und Berufsrecht ausführlich → § 18 Rn. 32–34 und *Düring* in: Schallen, Zulassungsverordnung, 9. Aufl. 2018, § 33 Rn. 78.

[536] Vgl. dazu z. B. BSG vom 14.11.2011 – B 6 KA 31/10 R – SozR 4-2500 § 106a Nr. 8 = MedR 2012, 826 = Juris, jeweils Rn. 20 m. w. N.

[537] → § 15 Rn. 7 f.

Wahl der Form der Praxisgemeinschaft bei gleichzeitigem faktischen Betrieb nach Art einer BAG zur Folge hat, dass das Honorar nicht rechtmäßig erdient wird und ggf. zurückzuzahlen ist; dies war häufig Gegenstand von Entscheidungen des BSG.[538]

Die vertragsärztliche BAG bedarf – anders als die bloße Praxisgemeinschaft – der vorherigen Genehmigung des Zulassungsausschusses (§§ 33 III 1 Ärzte-ZV). 68

Die BAG braucht sich nicht auf die gesamte Praxistätigkeit zu erstrecken. Auch sog. **Teil-Berufsausübungsgemeinschaften** können gebildet werden (§ 33 II 3 f. Ärzte-ZV): – Hierzu siehe auch → Rn. 73 ff. 69

aa) Genehmigung. Bei der Genehmigung einer BAG handelt es sich – wie bei der Zulassung[539] – um einen sog. Statusakt, der weder rückwirkend erteilt noch rückwirkend aufgehoben werden kann; Erteilung und Aufhebung wirken immer nur ex nunc:[540] Die Genehmigung wirkt konstitutiv und statusbegründend; sie ist ein öffentlich-rechtlicher, statusbegründender (Verwaltungs-)Akt.[541] 70

Eine rechtlich wirksame vertragsärztliche Berufsausübungsgemeinschaft setzt weiter voraus, dass die Vertragsärzte sich zur Kooperation als gleichberechtigte Partner verpflichtet haben. Ob sie dies vereinbart haben, ist von den Zulassungsgremien zu überprüfen.[542] Ergibt diese Prüfung ein Defizit, so kann das zu Rückzahlungsforderungen führen.[543] 71

bb) Besonderheiten der überörtlichen BAG. Sie war früher unzulässig.[544] Der Gesetzgeber hat sie in § 33 II 2 Ärzte-ZV unter zwei Voraussetzungen ermöglicht: 72

- Die Erfüllung der Versorgungspflicht des jeweiligen Arztes an seinem Vertragsarztsitz muss unter Berücksichtigung der Mitwirkung angestellter Ärzte und Psychotherapeuten in erforderlichem Umfang gewährleistet sein;
- das Mitglied und die bei ihm angestellten Ärzte und Psychotherapeuten dürfen an den Vertragsarztsitzen anderer Mitglieder nur in zeitlich begrenztem Umfang tätig werden. Man wird hierzu auf die Grundsätze des § 20 I Ärzte-ZV zurückgreifen können[545].[546]

Diese Regelung in § 33 II 2 Ärzte-ZV wird ergänzt durch die weiteren Bestimmungen in § 33 III 2–5 Ärzte-ZV und – gemäß § 33 III 6 Ärzte-ZV – durch nähere Bestimmungen in § 15 IVa 4–11 BMV-Ä und weiter – gemäß § 15a IV 11 iVm § 15b BMV-Ä – durch die Richtlinie der KBV zu § 75 VII SGB V. Den Partnern obliegt es, einen der Sitze als **(Haupt-) Betriebsstätte zu wählen**; die anderen sind dann Nebenbetriebsstätten (§ 15a IV 4 BMV-Ä); dies gilt auch, wenn die Vertragsarztsitze in verschiedenen KV-Bereichen gelegen sind (§ 33 III 3 Ärzte-ZV). Die BAG muss eine ärztliche **Präsenz in der Hauptbetriebsstätte** entsprechend den allgemeinen Vorgaben gewährleisten (insbesondere Mindestmaß an Sprechstunden und Überwiegen der Tätigkeiten in der Hauptbetriebsstätte gegenüber der Summe 72a

---

[538] Vgl. z. B. BSG vom 22.3.2006 – B 6 KA 76/04 R – BSGE 96, 99 = SozR 4–5520 § 33 Nr. 6 Rn. 20 ff. = MedR 2006, 611 = Juris Rn. 12 ff.; BSG vom 17.9.2008 – B 6 KA 65/07 B – BeckRS 2008, 57265 Rn. 10–13; BSG vom 5.11.2008 – B 6 KA 17/07 B – Juris Rn. 8 ff., 12; BSG vom 11.5.2011 – B 6 KA 1/11 B – Juris Rn. 11 f.; BSG vom 12.8.2011 – B 6 KA 1/11 BH – unveröffentlicht; BSG vom 6.12.2013 – B 6 KA 43/12 B – Juris Rn. 5–11. Weitere BSG-Rspr. in → § 22 Rn. 90.
[539] S. BSG vom 23.2.2005 – B 6 KA 69/03 R – SozR 4–2500 § 95 Nr. 10 = Juris Rn. 18.
[540] Vgl. dazu z. B. BSG vom 23.2.2005 – B 6 KA 70/03 R – SozR 4–5520 § 33 Nr. 5 = Juris Rn. 15. – Ebenso *Düring* in: Schallen, Zulassungsverordnung, 9. Aufl. 2018, § 33 Rn. 92 m. w. N.
[541] BSG vom 23.2.2005 – B 6 KA 70/03 R – SozR 4–5520 § 33 Nr. 5 = Juris Rn. 15. – Vgl. dazu auch *Düring* in: Schallen, Zulassungsverordnung, 9. Aufl. 2018, § 33 Rn. 92.
[542] BSG vom 28.11.2007 – B 6 KA 26/07 R – BSGE 99, 218 = SozR 4–2500 § 103 Nr. 3 = Juris, jeweils Rn. 26.
[543] Siehe dazu z. B. BSG vom 23.6.2010 – B 6 KA 7/09 R – BSGE 106, 222 = SozR 4–5520 § 32 Nr. 4 = MedR 2011, 298 = Juris, jeweils Rn. 63. – Weitere BSG-Beispiele in → § 22 Rn. 67 und → § 22 Rn. 90 f.
[544] Vgl. dazu BSG vom 16.7.2003 – B 6 KA 49/02 R – BSGE 91, 164 Rn. 15 ff., 20 f. = SozR 4–5520 § 33 Nr. 1 = Juris Rn. 27 ff., 32 f.
[545] → § 20 Rn. 13 f.
[546] Unergiebig ist die Bezugnahme von *Düring* (in: Schallen, Zulassungsverordnung, 9. Aufl. 2018, § 33 Rn. 65) auf § 15a IV 8 BMV-Ä, der seinerseits auf § 17 Ia BMV-Ä verweist.

der Tätigkeiten in den Nebenbetriebsstätten, § 15a IV 8 iVm § 17 Ia 1 u. 3 BMV-Ä; mit Modifizierung im Zahnbereich: Drittelregelung gemäß § 10 III 2 BMV-Z). Die Präsenzanforderungen braucht der Vertragsarzt nicht allesamt in eigener Person zu erfüllen, sondern kann die Versorgungspflicht durch Angestellte wahrnehmen lassen.[547]

73   **cc) Besonderheiten der Teil-Berufsausübungsgemeinschaft**[548]. § 33 II 3 Ärzte-ZV erlaubt die BAG bezogen auf einzelne Leistungen, sofern sie sich nicht auf das Erbringen überweisungsgebundener medizinisch-technischer Leistungen auf Veranlassung der übrigen Mitglieder der BAG beschränkt oder wenn sie auf eine Gewinnverteilung abweichend von den Anteilen der persönlich erbrachten Leistungen gerichtet ist.

73a   Das BSG hat sich in zwei Urteilen vom 25.3.2015 mit den Anforderungen an eine Teil-BAG befasst. Diese Urteile zusammengenommen[549] ergeben **drei Erfordernisse**: Es muss (1.) ein **klarer Vertrag** mit klarer gegenständlicher Umschreibung der erfassten Leistungen vorgelegt werden[550]; darin müssen insbesondere die vom Vertrag erfassten EBM-Nrn. festgelegt sein[551], wobei deren inhaltlich-abstrakte Umschreibung ohne Nrn.-Angabe genügt.[552] Das Merkmal (2.) „**einzelne Leistungen**"[553] erfordert nicht eine Begrenzung auf einzelne EBM-Nrn., sondern es können z. B. **alle diabetologischen Leistungen** bzw. sogar der **Gesamtbereich einer Zusatz-Weiterbildung** erfasst werden.[554]. Zu weit ginge es aber, die gesamten Leistungen eines Arztes oder auch nur die seines berufsrechtlichen WBO-Schwerpunktes insgesamt zu erfassen.[555] Es dürfen (3.) **keine Anhaltspunkte für** Möglichkeiten eines verbotenen **Zuweiserentgelts** bestehen.[556]

73b   Zu der zweiten Voraussetzung hat das BSG anhand des Falls einer BAG von operierenden Augenärzte mit einem nicht-operierenden Partner ausgeführt, dass die Einbeziehung der gesamten Tätigkeit des nicht-operierenden Partners nicht zulässig ist: „Eine ‚asymmetrische' Teil-BAG ... ist ... nicht zulässig."[557] Die BAG muss „**symmetrisch**" sein, d. h. es muss sich **entweder** um eine **allseitige Voll-BAG** oder um eine **allseitige bloße Teil-BAG** handeln.

73c   Zu der dritten Voraussetzung hat das BSG anhand des Falls der Augenärzte ausgeführt, dass es mit § 33 II 3 Ärzte-ZV unvereinbar ist, wenn dem nicht-operierenden Partner **im Fall der Weiterbehandlung seiner Patienten durch seine OP-fachkundigen Partner** – durch die Ertragsbeteiligung aller Partner aufgrund der (Teil-)BAG – **Erträge aus deren Leistungen** zufließen: Nach dem Grundsatz, dass die Honorarverteilung in der Teil-BAG sicherstellen muss, dass die **Partner entsprechend dem Wert der von ihnen persönlich erbrachten Leistungen Honorar erhalten** (§ 33 II 4 am Ende Ärzte-ZV: „*Gewinn* ohne Grund in einer Weise verteilt wird, die *nicht dem Anteil der persönlich erbrachten Leistungen entspricht*"), dürfe der nicht-operierende Partner nicht den gleichen[558] Anteil an den OP-Leis-

---

[547] Vgl. dazu *Düring* in: Schallen, Zulassungsverordnung, 9. Aufl. 2018, § 33 Rn. 64.
[548] Siehe dazu *Pawlita* in: Schlegel/Voelzke/Engelmann (Hrsg.), jurisPraxisKommentar SGB V, 3. Aufl. 2016, § 95 Rn. 176–180.
[549] BSG vom 25.3.2015 – B 6 KA 21/14 R – SozR 4-5520 § 33 Nr. 14 = MedR 2016, 145 = GesR 2015, 614 = Juris und BSG vom 25.3.2015 – B 6 KA 24/14 R – SozR 4-5520 § 33 Nr. 13 = GesR 2015, 617 = Juris.
[550] BSG vom 25.3.2015 – B KA 21/14 R – Rn. 32–36; BSG vom 25.3.2015 – B 6 KA 24/14 R – Rn. 33–36.
[551] Dabei genügt auch eine inhaltlich-abstrakte Umschreibung ohne Nrn.-Angabe.
[552] Konkretisierungen können noch im Gerichtsverfahren nachgeholt werden, nicht aber grundlegende und strukturelle Änderungen (BSG aaO Rn. 33 ff.).
[553] Der Plural erfordert mehr als eine Leistung.
[554] BSG aaO Rn. 18 u. 24.
[555] BSG vom 25.3.2015 – B 6 KA 24/14 R – Rn. 29-22, 24 ff.
[556] BSG vom 25.3.2015 – B 6 KA 21/14 R – Rn. 30 f.
[557] Zitat aus BSG vom 25.3.2015 – B 6 KA 24/14 R – Rn. 19–22.
[558] Wovon aber auszugehen ist, wenn keine näheren und klaren Regelungen im Gesamtvertrag zu finden sind.

tungen erhalten wie die operierenden Partner. Dies wäre ein **unzulässiges Zuweiserentgelt** i. S. v. § 18 (Muster-)Berufsordnung.[559]

Die Frage ist aber, ob nicht – so wie für BAGs – auch für Teil-BAGs eine schematisierende Aufteilung mit einem gleichen Anteil für jeden als sachgerechte Lösung zu akzeptieren ist; denn letztlich sind diejenigen Partner, die die geringer dotierten – traditionellen nicht-operativen – Leistungen erbringen, fürs Funktionieren des Ganzen ebenso notwendig wie die anderen Partner. Kann zur Rechtfertigung einer solchen Gewinnverteilung evtl. aus der Formulierung des § 33 II 4 am Ende Ärzte-ZV *(„Gewinn ohne Grund in einer Weise verteilt wird, die nicht dem Anteil der persönlich erbrachten Leistungen entspricht")* der **Passus „ohne Grund"** herangezogen werden mit Hinweis darauf, dass die leistungsanteil-abweichende Verteilung doch „mit Grund" erfolge?   73d

Schließlich hat das BSG noch ausgeführt, dass eine **„medizinische Erforderlichkeit"** nicht für die Bildung einer Teil-BAG gefordert werden kann; dafür lasse § 33 II 3–5 Ärzte-ZV keinen Raum; den damals das regelnden § 15 V BMV-Ä hat das BSG für unwirksam erklärt.[560]   73e

Wird eine Gemeinschaft **zwischen Vertragsärzten und Ärzten, die nicht Vertragsärzte** sind, gebildet, so ist das kein Fall einer Teilgemeinschaftspraxis im Sinne des SGB V bzw. der Ärzte-ZV. Es ist auch kein Fall einer BAG; diese stellt ein vertragsarztrechtliches Gebilde dar. Es liegt vielmehr ein – neben dem Vertragsarztrecht zulässiger – **rein bürgerlich-rechtlicher Zusammenschluss** in Form einer BGB-Gesellschaft oder einer Partnerschaftsgesellschaft vor.   74

dd) Beendigung. Die Beendigung der BAG bedarf keiner Genehmigung des Zulassungsausschusses. Im Falle einer BAG aus nur zwei Mitgliedern tritt eine Beendigung schon durch die **faktische Tätigkeitseinstellung** eines Partners ein.[561] Eine **deklaratorische Feststellung** wird allerdings für zulässig gehalten[562] und, sie zu treffen, ist zur Klarstellung sachdienlich. Diese Feststellung kann der Zulassungsausschuss damit verbinden, dass er – im Interesse eines geordneten Abrechnungsverkehrs – den Beendigungszeitpunkt auf den Schluss des laufenden Quartals festlegt.[563]   75

Eine Beendigung tritt nicht ein bei **Ausscheiden einzelner Partner,** soweit noch mindestens zwei Partner die BAG weiterbetreiben.[564]   76

Der aus einer BAG ausscheidende Partner kann vertraglich wirksam verpflichtet werden, auf seine Zulassung zu verzichten.[565]   77

---

[559] Vgl. zu alledem BSG vom 25.3.2015 – B 6 KA 24/14 R – Rn. 23 ff., 30–32. – Insoweit aber keine letztlich-abschließende Entscheidung des BSG mangels Klarheit über die Gewinnverteilungs-Abreden (aaO Rn. 23 am Ende).

[560] BSG vom 25.3.2015 – B 6 KA 21/14 R – Rn. 37–42; BSG vom 25.3.2015 – B 6 KA 24/14 R – Rn. 37–42.

[561] Vgl. BSG vom 19.8.2002 – 6 RKa 36/90 – SozR 3–2200 § 368c Nr. 1 = Juris Rn. 23, 27, 29.

[562] BSG vom 19.8.2002 aaO Juris Rn. 23.

[563] BSG vom 19.8.2002 aaO Juris Rn. 30. – Das passt aber nicht für jede Fallgestaltung, so etwa nicht für eine Beendigung kraft Insolvenzeröffnung mit Betriebseinstellung.

[564] Zusammenfassend BSG vom 17.7.2013 – B 6 KA 44/12 R – SozR 4–2500 § 87b Nr. 2 = MedR 2014, 509 = Juris, jeweils Rn. 27 m. w. N., sowie BSG vom 30.11.2016 – B 6 KA 17/15 R – USK 2016-85 = Juris Rn. 29 m. w. N. Vgl. weiterhin insbesondere BSG vom 27.6.2007 – B 6 KA 27/06 R – SozR 4–1500 § 141 Nr. 1 = GesR 2008, 150 = Juris, jeweils Rn. 17; BSG vom 17.10.2012 – B 6 KA 39/11 R – USK 2012-107 = Juris Rn. 19; BSG vom 17.10.2012 – B 6 KA 41/11 R – SozR 4–1500 § 54 Nr. 31 = Juris, jeweils Rn. 18; BSG vom 17.10.2012 – B 6 KA 42/11 R – = USK 2012-110 = Juris, jeweils Rn. 17; BSG vom 17.10.2012 – B 6 KA 44/11 R – SozR 4–1500 § 54 Nr. 30 = Juris, jeweils Rn. 14. Dies entspricht der BGH-Rspr., vgl. z. B. BGH vom 2.12.2010 – V ZB 84/10 – BGHZ 187, 344 = NJW 2011, 615, Rn. 13 = Juris: „Der Wechsel der Gesellschafter der GbR ist ... kein Fall einer Rechtsnachfolge, weil Schuldnerin ... die GbR ist und ihre Stellung als Schuldnerin durch den Wechsel der Gesellschafter keine Änderung erfährt"; ebenso ferner BGH vom 24.2.2011 – V ZB 253/10 – NJW 2011, 1449 Rn. 16 ff. = Juris.

[565] BGH vom 22.7.2002 – II ZR 90/01 – BGHZ 151, 389 = NJW 2002, 3536; BGH vom 22.7.2002 – II ZR 265/07 – NJW 2002, 3538 = Juris. Dem folgend BSG vom 28.11.2007 – B 6 KA 26/07 R – BSGE 99, 218 = SozR 4–2500 § 103 Nr. 3 = Juris, jeweils Rn. 29, 32. Vgl. auch BSG vom 3.8.2016 – B 6 KA 9/16 B

78 Scheidet ein Partner aus der BAG aus (durch z. B. Tod oder Zulassungsverzicht) und kommt es zu einer Praxisnachfolge gemäß § 103 IV SGB V (hierzu → Rn. 35–41), so kann der bzw. können die verbleibende(n) Partner den Antrag auf Ausschreibung stellen,[566] und bei der Auswahl der Nachfolgebewerber kommt ihrem Wunsch besonderes Gewicht zu.[567] Dies hat das BSG aus § 103 IV iVm VI 2 SGB V abgeleitet.

II. Zulassungsfolgen

1. Beschränkung der freien Arztwahl

79 Die Zulassung erfolgt für den Ort der Niederlassung des Arztes (Vertragsarztsitz) (§ 95 I 7 SGB V, § 24 I Ärzte-ZV),[568] definiert durch die Praxisanschrift.[569] Während der Vertragsarzt als niedergelassener Arzt an den Vertragsarztsitz gebunden ist, gibt es vergleichbare Beschränkungen für die Versicherten nicht. Diese haben vielmehr entsprechend § 76 I 1 SGB V das Recht der „freien Arztwahl". Allerdings gilt dies nicht unbegrenzt:[570]

80 Gemäß § 76 II SGB V muss der Versicherte die Mehrkosten tragen, wenn er „ohne zwingenden Grund einen anderen als den nächsterreichbaren Vertragsarzt in Anspruch nimmt". Große Bedeutung hat diese Bestimmung nicht, weil sie in der Regel[571] nur die Fahrkosten betrifft.[572]

81 § 76 III SGB V enthält eine weitere, ähnnählich schwache Einschränkung: Die Versicherten „sollen"[573] den Vertragsarzt innerhalb eines Kalenderjahres nur aus wichtigem Grund wechseln. Und in § 76 III 2 SGB V ist bestimmt: „Der Versicherte wählt einen Hausarzt". Diese Verpflichtungen gelten aber nicht als Rechtspflicht, sondern nur als nicht strikte (Soll-)

– MedR 2017, 654 = Juris, jeweils Rn. 12, sowie BSG vom 3.8.2016 – B 6 KA 10/16 B – MedR 2017, 894 = Juris, jeweils Rn. 12.

[566] BSG vom 28.11.2007 aaO Rn. 18.

[567] BSG vom 19.10.2011 – B 6 KA 23/11 R – BSGE 109, 182 = SozR 4–2500 § 103 Nr. 8 = MedR 2012, 830 = Juris, jeweils Rn. 17 am Ende; vgl. auch BSG vom 14.12.2011 – B 6 KA 13/11 R – BSGE 110, 43 = SozR 4–2500 § 103 Nr. 9 = Juris, jeweils Rn. 23. Vgl. ferner BSG vom 11.12.2013 – B 6 KA 49/12 R – BSGE 115, 57 = SozR 4–2500 § 103 Nr. 13 = MedR 2014, 681 = Juris, jeweils Rn. 49 ff., 50 f. und Rn. 53 am Anfang. – Dem Wunsch der verbleibenden Praxispartner kommt besonderes Gewicht zu, wenn ein Bewerber um die Nachfolge zwar den Praxissitz erlangen, diesen aber nicht längerfristig in der Gemeinschaftspraxis ausüben will, sondern alsbald mit dem Praxissitz in eine konkurrierende BAG einrücken will: BSG 22.10.14 – B 6 KA 44/13 R – SozR 4–2500 § 103 Nr. 16 = MedR 2015, 621 = Juris, jeweils Rn. 36 u. 39.

[568] Besonders deutlich BSG vom 31.5.2006 – B 6 KA 7/05 R – SozR 4–5520 § 24 Nr. 2 = Juris Rn. 13, betr. Verlegung des Praxissitzes. – Vgl. dazu *Clemens* in: Schallen, Zulassungsverordnung, 9. Aufl. 2018, § 24 Rn. 2 f.

[569] Vgl. BSG vom 10.5.2000 – B 6 KA 67/98 R – BSGE 86, 121, 123 = SozR 3–5520 § 24 Nr. 4 S. 15 = Juris Rn. 18; vgl. auch BSG vom 31.5.2006 – B 6 KA 7/05 R – SozR 4–5520 § 24 Nr. 2 = Juris Rn. 11. – Deutlich auch *Clemens* in: Schallen, Zulassungsverordnung, 9. Aufl. 2018, § 24 Rn. 2.

[570] Zu Beschränkungen durch Regelungen in den Gesamtverträgen und Bundesmantelverträgen siehe § 76 IIIa SGB V iVm § 13 und §§ 18–23a BMV-Ä. Vgl. dazu die Kommentierungen von *Trieb* und *Altmiks* in: Schiller (Hrsg.), Bundesmantelvertrag Ärzte, 2014, § 13 und §§ 18–23a.

[571] Ohne praktische Bedeutung sind der Fall unnötiger Besuchsbehandlung und der Fall unnötiger Inanspruchnahme eines Arztes aus einem anderen KV-Bereich, in dem höhere Vergütungen gezahlt werden: Vgl. zu solchen Fällen *Hesral* in: Schlegel/Voelzke/Engelmann (Hrsg.), jurisPraxisKommentar SGB V, 3. Aufl. 2016, § 76 Rn. 36.

[572] Siehe dazu § 17 V BMV-Ä sowie *Hesral* in: Schlegel/Voelzke/Engelmann (Hrsg.), jurisPraxisKommentar SGB V, 3. Aufl. 2016, § 76 Rn. 35 ff.

[573] „Sollen" im Rechtssinne heißt immer, dass im Regelfall entsprechend der Sollvorgabe zu verfahren ist. Der wichtige Grund ist erforderlichenfalls darzulegen. Geschieht dies nicht, so liegt ein Verstoß gegen die Sollvorschrift vor.

Vorgabe für den Versicherten.[574] Im Ergebnis haben diese Vorschriften das sog. „Arzthopping" nicht – bzw. jedenfalls nicht spürbar – eingrenzen können.[575]

Eine weitere Beschränkung der freien Arztwahl ergibt sich aus § 73b SGB V in der hausarztzentrierten Versorgung.[576] Sofern der Versicherte an dieser Versorgungsform teilnimmt – was gemäß § 73b III 1 SGB V freiwillig ist –, darf er gemäß § 73b III 2 SGB V ambulante fachärztliche Versorgung[577] nur auf Überweisung des von ihm gewählten Hausarztes in Anspruch nehmen. Daran ist er ein Jahr lang gebunden; eine Ausnahme gilt nur bei Vorliegen eines wichtigen Grundes; nur dann darf er den Hausarzt vor Jahresablauf wechseln (§ 73b III 6 SGB V).[578] Nach Ablauf der Jahresfrist ist der Wechsel frei möglich, wie die Vorgabe „mindestens ein Jahr" belegt. Wenn sich allerdings der Versicherte in seiner schriftlichen Erklärung (sie ist einseitig möglich) für länger als ein Jahr gebunden hat, gilt die Wechselbefugnis wieder nur bei wichtigem Grund. 82

Das Nähere zur Durchführung der Teilnahme der Versicherten regeln die Krankenkassen in ihren Satzungen (§ 73b III 7 SGB V).[579] 83

2. Verpflichtung zur Teilnahme an der vertragsärztlichen Versorgung

Mit der Zulassung wird der Vertragsarzt zur Teilnahme an der vertragsärztlichen Versorgung berechtigt und verpflichtet (§ 95 III 1 SGB V, im Umfang entsprechend seinem aus der Zulassung folgenden zeitlich vollen oder hälftigen Versorgungsauftrag; vgl. dazu § 19a I und II Ärzte-ZV). Die vertraglichen Bestimmungen über die vertragsärztliche Versorgung sind für den Vertragsarzt verbindlich (§ 95 III 3 SGB V). Hervorzuheben sind die Verpflichtungen, am Vertragsarztsitz Sprechstunden zu halten (a), die Einhaltung bestimmter Fachgebietsgrenzen (b) und die Behandlungsverpflichtung (c). Die früher bestehende Residenzplicht (d. h. Wohnsitz nahe dem Praxissitz) ist seit 2012 aufgehoben. 84

a) Präsenz in der Arztpraxis und Sprechstunden (§ 24 II 1 Ärzte-ZV). Der Vertragsarzt muss am Vertragsarztsitz seine Sprechstunde halten. § 17 BMV-Ä gibt dem Vertragsarzt auf, seine Sprechstunden entsprechend dem Bedürfnis nach einer ausreichenden und zweckmäßigen vertragsärztlichen Versorgung (§ 17 I BMV-Ä) sowie den Besonderheiten des Praxisbetriebs und den Bedürfnissen der Versicherten (§ 17 II BMV-Ä) festzusetzen. Die Sprechstunden sind auf dem Praxisschild bekannt zu geben (§ 17 I 2 BMV-Ä); dazu ist der Vertragsarzt auch berufsrechtlich verpflichtet (vgl. § 17 IV Muster-Berufsordnung-Ärzte). 85

Der **Umfang der Sprechstunden** ist in § 17 Ia 1 und 2 BMV-Ä festgelegt: Der Vertragsarzt muss bei vollem Versorgungsauftrag wöchentlich mindestens 20 Stunden persönlich zur Verfügung stehen, bei hälftigem Versorgungsauftrag mindestens 10 Stunden. Auch Psychotherapeuten haben Sprechstunden anzubieten (so ausdrücklich § 11 Psychotherapie-Richt- 86

---

[574] Vgl. *Hesral* in: Schlegel/Voelzke/Engelmann (Hrsg.), jurisPraxisKommentar SGB V, 3. Aufl. 2016, § 76 Rn. 43.

[575] Dazu siehe auch § 76 IIIa SGB V mit der Ermächtigung zu Regelungen im BMV-Ä. – Effektive Regelungen gegen das Arzthopping sind den Vertragspartnern bei der Vereinbarung der Vorschriften des BMV-Ä aber nicht gelungen.

[576] Siehe dazu → § 18 Rn. 54 und → § 19 Rn. 62.

[577] Außer Augen-, Frauen- und Kinderärzte (so § 73b III 2 SGB V).

[578] Das steht im Zusammenhang mit § 76 III 1 SGB V. Den „wichtigen Grund" wird man wie in § 626 BGB deuten können.

[579] Regelungsbedürftig in den Satzungen der Krankenkassen sind u. a. mögliches Fehlverhalten der Versicherten (z. B. Inanspruchnahme nicht selektiv vertraglich gebundener hausärztlicher Leistungserbringer), aber auch die Frage, ob der Versicherte eine Zweitmeinung einholen darf (vgl. BR-Drs. 755/06 vom 3.11.2006, S. 310). Fehlverhalten des Leistungserbringers ist Gegenstand des Vertrags nach § 73b IV, IVa, V SGB V.

linie in der Neufassung von 2016[580]), ebenfalls Vertragszahnärzte (vgl. hierzu § 24 II Zahnärzte-ZV, aber ohne Vorgabe einer bestimmten Stundenzahl).[581]

86a Sonderregelungen gelten für Anästhesisten und Belegärzte: Vgl. dazu § 17 Ib BMV-Ä.[582] Zu den nicht unmittelbar patientenbezog tätigen Ärzten (Laborärzten, Pathologen) ist § 17 IV 2 MBO-Ä zu beachten, der diese Ärzte von der Pflicht der Anbringung eines Praxisschilds freistellt.[583]

86b Die Sprechstundenverpflichtung kann auch durch angestellte Ärzte oder in Berufsausübungsgemeinschaften durch einen Praxispartner erfüllt werden.[584]

87 Die **Ankündigung** „besonderer Sprechstunden" ist „nur für die Durchführung von Früherkennungsuntersuchungen zulässig" (§ 17 I 4 BMV-Ä). Unzulässig ist hingegen die Ankündigung von Spezialsprechstunden für Privatversicherte, für Selbstzahler, für sog. IGel-Leistungen und auch von Wahlleistungssprechstunden.[585]

88 Früher galt, dass der Vertragsarzt neben der offenen Sprechstunde den Versicherten auch auf Bestellung zur Verfügung stehen solle (Bestellpraxis).[586] Eine solche Sollvorgabe gibt es seit den „Lockerungen" durch die Neufassung der Regelungen des § 17 BMV-Ä nicht mehr.

89 **b) Einhaltung der Fachgebietsgrenzen.** Der Tätigkeitsbereich eines Arztes wird durch die auf landesrechtlicher Grundlage beruhende Gebietsbezeichnung bestimmt und begrenzt.[587] Diese berufsrechtliche Bindung an sein Fachgebiet trifft den Arzt auch in seiner Eigenschaft als Vertragsarzt, was allerdings durch spezifisch vertragsarztrechtliche Regelungen überlagert, d. h. modifiziert, werden kann (zum Verhältnis des Vertragsarztrechts zum ärztlichen Berufsrecht s. o. ausführlich → § 18 Rn. 32–34).[588]

90 Der Arzt kann Vertragsarzt für ein Fachgebiet nur werden, wenn er berufsrechtlich berechtigt ist, die entsprechende Gebietsbezeichnung zu führen. Er muss sich auf die Erbringung von Leistungen auf diesem Gebiet beschränken, selbst wenn er nach seiner persönlichen Qualifikation in der Lage ist, auch auf einem anderen Fachgebiet tätig zu werden. Dies gilt sogar für einen Arzt, der berufsrechtlich berechtigt ist, mehrere Gebietsbezeichnungen zu führen, aber nur für ein Gebiet zur vertragsärztlichen Versorgung zugelassen ist.[589] Gegenüber der Begrenzung auf das Fachgebiet, für das er vertragsärztlich zugelassen ist, sind andere ihm erteilte Berechtigungen nachrangig; so nützen ihm Abrechnungsgenehmigungen, die über das Fachgebiet hinausgehen, nichts.[590]

91 Die Durchsetzung der Pflicht zur Beschränkung der Tätigkeit auf das eigene Fachgebiet erfolgt vertragsarztrechtlich dadurch, dass dem Vertragsarzt für fachfremd erbrachte Leistungen kein Honoraranspruch gegen seine KV zusteht. Die Vorschriften über die Berechtigung der KV zur Prüfung der sachlichen und rechnerischen Richtigkeit der von den Vertragsärzten eingereichten Abrechnungen (§ 106d II 1 Halbsatz 1 SGB V) gestatten der KV die Versagung (bzw., falls schon gezahlt wurde: die Rückforderung) des Honorars für solche

---

[580] In der Fassung vom 24.11.2016 (BAnz. AT 15.2.2017 B 2).
[581] Näheres bei *Clemens* in: Schallen, Zulassungsverordnung, 9. Aufl. 2018, § 24 Rn. 35.
[582] Vgl. aber auch die Ausführungen von *Clemens* in: Schallen, Zulassungsverordnung, 9. Aufl. 2018, § 24 Rn. 28.
[583] Dazu Weiteres bei *Clemens* in: Schallen, Zulassungsverordnung, 9. Aufl. 2018, § 24 Rn. 29.
[584] Näheres dazu bei *Clemens* in: Schallen, Zulassungsverordnung, 9. Aufl. 2018, § 24 Rn. 30–32 u. 34.
[585] Vgl. *Altmiks* in: Schiller (Hrsg.), Bundesmantelvertrag Ärzte, 2014, § 17 Rn. 15, sowie *Clemens* in: Schallen, Zulassungsverordnung, 9. Aufl. 2018, § 24 Rn. 36.
[586] Siehe dazu *Zuck* in der 2. Auflage 2008 in § 19 Rn. 37 am Ende.
[587] BSG vom 26.6.2002 – B 6 KA 6/01 R – SozR 3–2500 § 115b Nr. 3 S. 8 = Juris.
[588] Zum Verhältnis zum Berufsrecht siehe auch *Düring* in: Schallen, Zulassungsverordnung, 9. Aufl. 2018, § 33 Rn. 78 m. w. N.
[589] Zusammenfassend BSG vom 8.9.2004 – B 6 KA 32/03 R – BSGE 93, 170 = SozR 4–2500 § 95 Nr. 8 Rn. 15; weitere BSG-Angaben bei *Clemens* in: Schlegel/Voelzke/Engelmann (Hrsg.), jurisPraxisKommentar SGB V, 3. Aufl. 2016, § 106d (Neubearbeitung 2018) Rn. 137.
[590] So BSG vom 8.9.2004 – B 6 KA 39/04 B – Juris Rn. 8. Dazu auch BSG v. 8.8.2018 – B 6 KA 47/17 R.

Leistungen, die für den Vertragsarzt fachfremd sind.[591] Darüber hinaus kann gegen einen Vertragsarzt, der systematisch und auch nach entsprechender Belehrung die Bindung an die Grenzen seines Fachgebietes nicht beachtet, mit den Mitteln des Disziplinarrechts vorgegangen werden.[592] Stellt sich sein Verhalten als gröbliche Pflichtverletzung dar, so kann auch ein Verfahren auf Entziehung der Zulassung eingeleitet werden.

c) Behandlungsverpflichtung des Vertragsarztes. Von der Verpflichtung des Vertragsarztes, dem Versicherten im erforderlichen Umfang zur Verfügung zu stehen, war – als Zulassungsvoraussetzung – schon die Rede.[593] Diese – sich aus dem Sicherstellungsauftrag der KV ergebende – Verpflichtung trifft den Vertragsarzt während der gesamten Dauer seiner Tätigkeit. Die grundsätzlich uneingeschränkte Behandlungspflicht erklärt auch den Vorrang des niedergelassenen Arztes vor den zur Teilnahme an der vertragsärztlichen Versorgung ermächtigten (Krankenhaus-)Ärzten.[594]

92

Das BSG hat aus der umfassenden Verpflichtung des Vertragsarztes den nahe liegenden Schluss gezogen, er müsse die **für sein Tätigkeitsgebiet wesentlichen Leistungen** anbieten und erbringen.[595] Das ist nicht ohne Widerspruch geblieben,[596] insbesondere, soweit das BSG fordert, der Vertragsarzt müsse auch für ihn **unrentable Leistungen** erbringen.[597] Die Leistungsverpflichtung als solche wird man indessen grundsätzlich bejahen müssen. Sie ist nach der Rechtsprechung auf die wesentlichen Leistungen (nach dem medizinischen Standard) begrenzt.

93

Das bedeutet nicht, dass jede standardgemäße Leistung von jedem Vertragsarzt erbracht werden muss. Es mögen ihm die dafür erforderlichen Geräte fehlen (z. B. die Röntgeneinrichtung); Behandlungsmethoden können so neu (aber schon anerkannt) sein, dass sie trotz erforderlicher Fortbildung[598] vom Vertragsarzt noch nicht beherrscht werden. Es ist auch ausgeschlossen, dass der Facharzt alle Subspezialitäten seines Fachgebiets beherrscht und ausüben kann (wie es denn auch ausgeschlossen ist, dass der Subspezialist [z. B. für Enddarmuntersuchungen] alle weiteren Bereiche seines Fachs abdeckt).

94

Was „wesentlich" ist, kann infolgedessen nicht allgemein bestimmt werden, sondern muss auf die jeweilige Praxis des Vertragsarztes bezogen werden. Solange er „in seinem" Fachgebiet alle ihm möglichen Leistungen erbringt und den Kern des Fachgebiets abdeckt – und für weitere erforderliche vertragsärztliche Leistungen an andere Leistungsanbieter im vertragsärztlichen System verweist – und nicht den Versuch unternimmt, sich vertragsärztliche Leistungen nach der GOÄ vergüten zu lassen,[599] verhält er sich gesetzeskonform.[600] Das BSG hat bisher eine abschließende Festlegung, wie die „wesentlichen Leistungen" zu bestimmen sind, noch nicht getroffen, aber immerhin ausgeführt:[601]

95

---

[591] Vgl. die zuvor genannten BSG-Entscheidungen.
[592] Hierzu → § 24 Rn. 1 ff.
[593] S. § 20 Rn. 12–14. – Vgl. auch → § 19 Rn. 31 und 65.
[594] BSG vom 14.3.2001 – B 6 KA 54/00 R – BSGE 88, 20, 27 = SozR 3-2500 § 75 Nr. 12 S. 73 = Juris Rn. 33.
[595] Das BSG sieht in dieser Verpflichtung zu Recht die Prämisse für die vertragsärztliche Bedarfsplanung: BSG vom 14.3.2001 – B 6 KA 54/00 R – BSGE 88, 20, 25 ff., 30 f. = SozR 3-2500 § 75 Nr. 12 S. 71 ff., 77 = Juris Rn. 30 ff., 40.
[596] Vgl z. B. *Schiller/Steinhilper*, MedR 2001, 29; *Wimmer*, NZS 2000, 588.
[597] Vgl. hierzu BSG vom 14.3.2001 – B 6 KA 54/00 R – BSGE 88, 20, 29 f. = SozR 3-2500 § 75 Nr. 12 S. 75 f. = Juris Rn. 36–38, sowie → § 19 Rn. 31 und 65.
[598] Siehe dazu → § 13 Rn. 59 ff.; → § 20 Rn. 96 ff.
[599] Siehe → § 14 Rn. 40 ff.; BSG vom 14.3.2001 – B 6 KA 54/00 R – BSGE 88, 20, 29 f. = SozR 3-2500 § 75 Nr. 12 S. 75 f. und 77 = Juris Rn. 36, 37, 39.
[600] So im Ergebnis auch z. B. *Pawlita* in: Schlegel/Voelzke/Engelmann (Hrsg.), jurisPraxisKommentar, 3. Aufl. 2016, § 95 Rn. 424. Kritisch *Schiller* in: Schnapp/Wigge (Hrsg.), Handbuch des Vertragsarztrechts, 3. Aufl. 2017, § 5 A. Rn. 153.
[601] BSG vom 14.3.2001 – B 6 KA 54/00 R – BSGE 88, 20, 31 = SozR 3-2500 § 75 Nr. 12 S. 77 f. = Juris Rn. 40.

„Dabei handelt es sich um solche Leistungen, die vom Leistungskatalog der GKV umfasst sind, für die der EBM eine Gebührenposition vorsieht und für die der Arzt die fachlichen, persönlichen und apparativ-technischen Voraussetzungen für die Erbringung im System der vertragsärztlichen Versorgung als Hausarzt bzw. Facharzt erfüllt. Ergänzend ist auf das ärztliche Berufsrecht in Gestalt der Weiterbildungsordnungen der Landesärztekammern zurückzugreifen, die mit ihren Definitionen die Inhalte der jeweiligen Fachgebiete bestimmen und die Fachgebiete voneinander abgrenzen .... Diese Weiterbildungsordnungen unterscheiden bei der Festlegung des Inhalts der Weiterbildung zwischen der für das Fachgebiet maßgeblichen, den Kernbereich und den „Gebietsstandard" desselben ausmachenden „Vermittlung, Erwerb und Nachweis eingehender Kenntnisse, Erfahrungen und Fertigkeiten" einerseits und dem bloßen „Erwerb von Kenntnissen" andererseits. Ausnahmen von der Pflicht zur Leistungserbringung im Rahmen der vertragsärztlichen Versorgung sind umgekehrt grundsätzlich nur denkbar, wenn die berufsrechtliche Qualifikation die durch Bestimmung des Vertragsarztrechts eingeschränkten Befugnisse des Vertragsarztes übersteigt (z. B. als Vertragsarzt in der hausärztlichen Versorgung oder als Gebietsarzt, der die qualifizierten Voraussetzungen für eine Abrechnungsgenehmigung nach einer qualitätssichernden RL im Sinne von § 135 I 1 Nr. 2 SGB V nicht erfüllt) oder die Berufsausübung als Gebietsarzt zulässigerweise auf eine Subspezialisierung beschränkt wurde (z. B. als Arzt mit beschränkter Sonderbedarfszulassung gemäß § 101 I 1 Nr. 3 SGB V, Nr. 25 a. F. = § 36 n. F. Bedarfsplanungs-Richtlinie)".

3. Insbesondere: Fortbildungspflicht

96 § 95d SGB V sieht Fortbildungen als gesetzlich geregelte Pflichten vor. Der zum 1.1.2004[602] geschaffene § 95d SGB V stützt sich auf Erkenntnisse des Sachverständigenrats für die Konzertierte Aktion im Gesundheitswesen.[603]

97 Die in § 95d SGB V geregelten Sanktionen für Verstöße gegen Fortbildungspflichten (Honorarkürzungen, Zulassungsentzug) hatten allerdings zunächst wenig bewirkt. Freiberufler verwahren sich in aller Regel dagegen, Sanktionen ausgesetzt zu werden; die KVen griffen in diesem Bereich – entgegen der Zielsetzung der gesetzlichen Regelung – nicht immer scharf durch; von der Möglichkeit, außer Honorarkürzungen (§ 95d III 3–5 SGB V) ein Verfahren auf Entziehung der Zulassung zu betreiben (§ 95d III 6 SGB V), ist zunächst nur selten Gebrauch gemacht worden. Gegenüber Sanktionen wird von Seiten der Ärzte vielfach geltend gemacht, es sei doch von ihnen in ihrem sog. freien Beruf selbst zu verantworten, wie sie ihren Beruf ausübten.

98 Zunehmend setzt sich freilich die Erkenntnis durch, dass mangelnde Fortbildung erhebliche forensische Konsequenzen haben kann: Das betrifft den Inhalt der ärztlichen Aufklärung ebenso wie die lege artis zu erbringenden ärztlichen Behandlungsmaßnahmen, aber auch die Pflichten der Ärzte bei Notfallbehandlungen und im ärztlichen Bereitschaftsdienst.[604]

98a **Das BSG** hat sich wiederholt mit den Sanktionsregelungen befasst.[605] In dem Verhalten, der Fortbildungspflicht nicht nachzukommen bzw. den Nachweis darüber nicht vorzulegen, sieht das BSG einen (Spezial-)Fall **gröblicher Pflichtverletzung**.[606] Es hat sowohl die gesetz-

---

[602] GKV-Versorgungsstrukturgesetz (GKV-VStG) vom 14.11.2003 (BGBl. I S. 2190).

[603] Vgl. BT-Drucksache 15/1525 vom 8.9.2003, S. 109 mit Bezugnahme auf die Veröffentlichung des Sachverständigenrats 2000/2001, Band II, Nr. 54.

[604] Zu alledem siehe *Lippert*, in: Ratzel/Lippert, MBO, § 4 Rn. 9 ff. m. w. N.

[605] Zur Verfassungsmäßigkeit der Regelung vgl. vor allem BSG vom 11.2.2015 – B 6 KA 19/14 R – SozR 4–2500 § 95d Nr. 1 = MedR 2015, 831 = Juris, jeweils Rn. 11–19. Vgl. auch BSG vom 13.5.2015 – B 6 KA 50/14 B – Juris Rn. 7 f. u. 10 f. Vgl. ferner BSG vom 28.10.2015 – B 6 KA 36/15 B – Juris Rn. 18.

[606] BSG vom 11.5.2015 – B 6 KA 37/14 B – MedR 2015, 687 = Juris, jeweils Rn. 10, sowie BSG vom 10.5.2017 – B 6 KA 72/16 B – Juris Rn. 9 am Ende.

lich vorgesehenen **Honorarkürzungen**[607] wie auch die nach zwei Jahren mögliche **Zulassungsentziehung**[608] als verhältnismäßig[609] erachtet.[610] Nach der Entziehung der Zulassung ist deren Wiedererlangung nur nach Maßgabe der Anforderungen an eine **Wiederzulassung** möglich; das bedeutet wegen der in dem Verstoß liegenden gröblichen Pflichtverletzung, dass der Arzt eine mindestens zweijährige Bewährungszeit vorweisen muss.[611]

Betrifft die Verletzung der Pflicht zur Fortbildung bzw. zur Nachweisführung einen Arzt, der in einem **MVZ angestellt** ist, so ist er selbst der Adressat der Sanktion – nicht wie sonst das MVZ, das Inhaber der Zulassung ist –; dies folgt aus § 95d V 1 SGB V, wonach die Regelungen für Angestellte im MVZ entsprechend gelten.[612] Dem entsprechend kommt als Sanktion auch nicht die Entziehung der Zulassung in Betracht sieht, sondern **nur** die in § 95d III 3–5 SGB V vorgesehene **Honorarkürzung**; diese ist gemäß § 95d V 4 SGB V **gegenüber dem MVZ** – das die Honorare empfängt – festzusetzen.[613] Die 10%ige bzw. 25%ige Honorarkürzung ist nicht auf das gesamte Honorar des MVZ zu berechnen, sondern entsprechend dem Tätigkeitsanteil des einen nicht fortgebildeten Arztes zu quotieren (Gebot der Verhältnismäßigkeit). 98b

III. Ruhen, Entziehung und Ende der Zulassung

1. Ruhen der Zulassung

Es gibt verschiedene Sachverhalte, in denen ein Ruhen der Zulassung in Betracht kommen kann. 99

Im Blick ist im Allgemeinen vor allem der Fall eines Ruhens mit Sanktionscharakter. In § 81 V 2 SGB V ist das Ruhen der Zulassung bis zu zwei Jahren als **disziplinarische Sanktion** für vertragsärztliche Pflichtverletzungen vorgesehen. Die Fälle, in denen diese Sanktion ausgesprochen wird, sind selten; es handelt sich im Rahmen der disziplinarischen Sanktionen um die schärfste Maßnahme (siehe das Spektrum möglicher Maßnahmen in § 81 V 2 SGB V).[614] Zum Disziplinarverfahren Näheres unten in → § 24. 100

Das Ruhen der Zulassung ist auch für die Fälle vorgesehen, wenn der Vertragsarzt seine **vertragsärztliche Tätigkeit nicht aufnimmt oder nicht ausübt**,[615] ihre Aufnahme aber in angemessener Frist zu erwarten ist (§ 95 V 1 SGB V) und Gründe der Sicherstellung der vertragsärztlichen Versorgung nicht entgegenstehen (§ 26 I Ärzte-ZV).[616] Die Nichtausübung der Tätigkeit muss sich als **vorübergehend** erweisen, wie sich aus dem in § 95 V 1 SGB V normierten Erfordernis der Aufnahme der Tätigkeit in angemessener Frist ergibt. Als äußers- 101

---

[607] Zu Fällen der Honorarkürzung vgl. z. B. BSG 11.2.2015 – B 6 KA 19/14 R – SozR 4–2500 § 95d Nr. 1 = MedR 2015, 831 = Juris, jeweils Rn. 20 ff. (Honorarkürzung dem Grunde nach rechtmäßig, aber vor allem war der Beginnzeitpunkt nicht zutreffend festgesetzt); BSG 11.2.2015 – B 6 KA 19/14 R – SozR 4–2500 § 95d Nr. 1 = MedR 2015, 831 = Juris; BSG vom 13.5.2015 – B 6 KA 50/14 B – Juris.

[608] Zu Fällen einer Zulassungsentziehung: BSG vom 11.2.2015 – B 6 KA 37/14 B – MedR 2015, 687 = Juris; BSG vom 28.10.2015 – B 6 KA 36/15 B – Juris.

[609] Fehlen allerdings nur wenige Fortbildungsstunden, so dürfte eine Zulassungsentziehung ausnahmsweise unverhältnismäßig sein: BSG vom 11.2.2015 – B 6 KA 37/14 B – MedR 2015, 687 = Juris, jeweils Rn. 17, sowie BSG vom 28.10.2015 – B 6 KA 36/15 B – Juris Rn. 13.

[610] Wird die Zulassungsentziehung nicht gemäß § 95d III 6 SGB V ausgesprochen, so läuft gemäß § 95d III 7 SGB V einstweilen die Honorarkürzung weiter: so lange, bis der Fortbildungsnachweis erbracht wird.

[611] Vgl. hierzu die Rspr.-Zusammenstellung bei *Clemens* in: Schallen, Zulassungsverordnung, 9. Aufl. 2018, § 21 Rn. 27 u. 28. Zur zweijährigen Mindestbewährung siehe *Clemens* aaO Rn. 28 Fn. 1.

[612] Das MVZ bleibt gemäß § 95d V 2 SGB V in die Nachweisführung eingebunden.

[613] Näheres dazu bei *Clemens* in: Schallen, Zulassungsverordnung, 9. Aufl. 2018, § 27 Rn. 87.

[614] Zu einem solchen Fall vgl. BSG vom 24.10.1961 – 6 RKa 18/60 – BSGE 15, 161 = Juris Rn. 27.

[615] Gemäß § 95 V 2 SGB V kann bei vollem Versorgungsauftrag – im Fall teilweiser Nichtausübung – auch das nur-hälftige Ruhen der Zulassung beschlossen werden.

[616] Dazu ausführlich *Clemens* in: Schallen, Zulassungsverordnung, 9. Aufl. 2018, § 26 Rn. 27–30. Vgl. auch *Clemens* in: Laufs/Kern (Hrsg.), Handbuch des Arztrechts, 4. Aufl. 2010, § 29 VI Rn. 101–115.

te Frist für ein Ruhen wird man im Regelfall von zwei Jahren auszugehen haben.[617] Für ein solches Ruhen der Zulassung können Sachverhalte wie **Schwangerschaft und Erziehungszeit** in Betracht kommen.

102 Ein Ruhen der Zulassung ist ferner für den zum hauptamtlichen **Vorstand einer KV** gewählten Vertragsarzt vorgesehen; dieser kann seine Zulassung für die Dauer seiner Zugehörigkeit zum Vorstand ruhen lassen (§ 79 IV 7 SGB V). Dieser wird oft die Weiterführung seiner Zulassung in reduziertem hälftigem Umfang damit kombinieren, dass seine Zulassung im Übrigen ruht.[618]

103 Der Beschluss über das Ruhen ist ein **Verwaltungsakt**. Er wird in den Fällen disziplinarischer Sanktion gemäß § 81 V SGB V vom **Disziplinarausschuss** der KV erlassen, in den anderen Fällen gemäß § 95 V SGB V iVm § 26 I Ärzte-ZV vom **Zulassungsausschuss**.

104 In dem Beschluss über das Ruhen ist gemäß § 26 III Ärzte-ZV die **Dauer des Ruhens** festzusetzen („bis zu" zwei Jahren gemäß § 81 V 2 SGB V; zur Dauer in anderen Fällen → Rn. 101).

105 Nach dem **Ablauf der Ruhenszeit** tritt der Vertragsarzt wieder in seine vollen Rechte und Pflichten ein. Eines besonderen Beschlusses des Zulassungsausschusses bedarf es nicht.[619]

106 Über das Ruhen von Zulassungen führt die KV ein besonderes Verzeichnis (§ 26 IV Ärzte-ZV).

2. Entziehung der Zulassung[620]

107 Gemäß § 95 VI SGB V ist die Zulassung zu entziehen, wenn ihre **Voraussetzungen nicht oder nicht mehr vorliegen**[621], der Vertragsarzt die vertragsärztliche **Tätigkeit nicht aufnimmt oder nicht mehr ausübt**[622] oder – so die am häufigsten vorkommende Konstellation – seine vertragsärztlichen Pflichten gröblich verletzt.

107a Darüber hat der Zulassungsausschuss von Amts wegen zu beschließen (§ 95 VI 2 SGB V und § 27 Satz 1 Ärzte-ZV). Die KV und die Krankenkassen können unabhängig davon die Entziehung der Zulassung beim Zulassungsausschuss unter Angabe von Gründen beantragen (§ 27 Satz 2 Ärzte-ZV).[623]

108 Für das Vorliegen einer **gröblichen Verletzung vertragsärztlicher Pflichten** muss die Verletzung einer „vertragsärztlichen Pflicht"[624] vorliegen, und die Pflichtverletzung muss „gröblich" sein[625] (dies setzt **kein Verschulden** voraus![626]). Als Falltypen kommen für eine gröbliche Pflichtverletzung insbesondere in Betracht[627]

---

[617] Vgl. dazu *Clemens* in: Schallen, Zulassungsverordnung, 9. Aufl. 2018, § 26 Rn. 19 u. 31. – Längere Fristen können in besonders gelagerten Ausnahmefällen sowie auch in den Fällen der Erziehung und Betreuung von Kindern in Betracht kommen; Gleiches gilt für das Ruhen der Zulassung eines KV-Vorstands, bei dem die Frist für das Ruhen entsprechend der Dauer seines Vorstandsamts bemessen ist: S. o. nachfolgende Rn.

[618] Vgl. hierzu *Clemens* in: Schallen, Zulassungsverordnung, 9. Aufl. 2018, § 26 Rn. 26.

[619] Vgl. *Clemens* in: Schallen, Zulassungsverordnung, 9. Aufl. 2018, § 26 Rn. 38.

[620] Siehe dazu *Clemens* in: Laufs/Kern (Hrsg.), Handbuch des Arztrechts, 4. Aufl. 2010, § 29 VII (Rn. 116–158).

[621] Vgl. dazu *Clemens* in: Schallen, Zulassungsverordnung, 9. Aufl. 2018, § 27 Rn. 8–18.

[622] Vgl. dazu *Clemens* in: Schallen, Zulassungsverordnung, 9. Aufl. 2018, § 27 Rn. 19–25.

[623] Siehe hierzu *Clemens* in: *Schallen*, Zulassungsverordnung, 9. Aufl. 2018, § 27 Rn. 3 am Ende.

[624] Zur Begrifflichkeit ausführlich *Clemens* in: Schallen, Zulassungsverordnung, 9. Aufl. 2018, § 27 Rn. 27 u. 69 sowie § 21 Rn. 15 u. 27 ff., jeweils mit BSG-Angaben. – Vgl. auch *Clemens* in: Laufs/Kern (Hrsg.), Handbuch des Arztrechts, 4. Aufl. 2010, § 29 VII Rn. 130 ff. Aus der BSG-Rspr. vor allem BSG vom 21.3.2012 – B 6 KA 22/11 R – BSGE 110, 269 = SozR 4–2500 § 95 Nr. 24 = Juris, jeweils insbes. Rn. 34 ff. – am Beispiel eines MVZ.

[625] Vgl. dazu *Clemens* in: Schallen, Zulassungsverordnung, 9. Aufl. 2018, § 27 Rn. 28 f.

[626] Ständige Rspr. des BSG, vgl. z. B. BSG vom 21.3.2012 – B 6 KA 22/11 R – BSGE 110, 269 = SozR 4–2500 § 95 Nr. 24 = MedR 2013, 66 = Juris, jeweils Rn. 23, 33, 50 f., sowie BSG vom 13.5.2015 – B 6 KA 25/14 R – BSGE 119, 79 = SozR 4–5520 § 19 Nr. 3 = MedR 2017, 264 = Juris, jeweils Rn. 51. Zur

- Abrechnungsverstöße[628]
- Verstöße gegen das Gebot der persönlichen Leistungserbringung[629]
- Fortgesetzte Verstöße gegen administrative Pflichten[630]
- Fortgesetzte Verstöße gegen das Gebot wirtschaftlicher Behandlungs- und Verordnungsweise[631]
- Pflichtwidrige Verweigerung einer Behandlung im Sachleistungssystem[632]
- Verstoß gegen die Fortbildungspflicht.[633]

Auch eine bedingt erteilte Zulassung kann entzogen werden, so z. B. wenn ein Arzt unter der Bedingung zur vertragsärztlichen Versorgung zugelassen worden ist, dass er sein Beschäftigungsverhältnis im Krankenhaus beendet, er die Ausübung der vertragsärztlichen Tätigkeit aber nicht einstellt.[634] Die frühere Rechtsprechung, dass der Arzt sein Fehlverhalten durch Wohlverhalten während des Anfechtungsprozesses gegen die Zulassungsentziehung ausgleichen könne, hat das BSG aufgegeben.[635] Zulassungsentziehungen und Disziplinarmaßnahmen[636] sind zweierlei; sie schließen sich weder gegenseitig aus, noch ist die Disziplinarmaßnahme die mildere Maßnahme in dem Sinne, dass unter Verhältnismäßigkeitsgesichtspunkten in erster Linie diese ergriffen werden müsste.[637] 109

Die Zulassung kann nach ihrer Entziehung erneut beantragt werden: **Wiederzulassung**. Für eine Wiederzulassung gibt es aber spezielle Anforderungen; so muss der Arzt eine in der Regel mindestens fünfjährige Bewährungszeit vorweisen.[638] 110

---

verfassungsrechtlichen Unbedenklichkeit siehe *Clemens* in: Schallen, Zulassungsverordnung, 9. Aufl. 2018, § 27 Rn. 30 mit BVerfG-Angabe in dortiger Fn. 5.

[627] Ein noch umfänglicherer Katalog von Beispielen findet sich bei *Clemens* in: Laufs/Kern (Hrsg.), Handbuch des Arztrechts, 4. Aufl. 2010, § 29 VII Rn. 137. – Zu umfassenden aktuellen BSG-Nachweisen siehe *Clemens* in: Schallen, Zulassungsverordnung, 9. Aufl. 2018, § 27 Rn. 26–38.

[628] Die qualifizierteste Form eines Abrechnungsverstoßes ist die vorsätzliche Falschabrechnung (z. B. betr. nicht durchgeführte Leistungen). Der Umfang des angerichteten Schadens ist demgegenüber nachrangig, BSG-Angaben bei *Clemens* in: Laufs/Kern (Hrsg.), Handbuch des Arztrechts, 4. Aufl. 2010, § 29 VII Rn. 137 Fn. 158.

[629] Vgl. etwa BSG vom 21.3.2012 – B 6 KA 22/11 R –, BSGE 110, 269 = SozR 4–2500 § 95 Nr. 24 = Juris, jeweils Rn. 34, 37, 42 – betr. MVZ. BSG-Beispiele zu unzulässiger Delegation bei *Clemens* in: Laufs/Kern (Hrsg.), Handbuch des Arztrechts, 4. Aufl. 2010, § 29 VII Rn. 137 Fn. 160.

[630] Z. B. ständige Nichtbeantwortung von Anfragen von Krankenkassen, BSG vom 8.7.1980 – 6 RKa 10/78 – USK 80102 = Juris Rn. 23 am Ende.

[631] Wiederholte bzw. ständige Unwirtschaftlichkeit kann für eine Zulassungsentziehung ausreichen, siehe hierzu BSG vom 19.7.2008 – B 6 KA 1/06 R – SozR 4–2500 § 95 Nr. 12 = Juris, jeweils Rn. 14 f. – Weitere BSG-Angaben bei *Clemens* in: Laufs/Kern (Hrsg.), Handbuch des Arztrechts, 4. Aufl. 2010, § 29 VII Rn. 137 Fn. 157.

[632] Siehe dazu → § 19 Rn. 31 und 65 f. sowie die dortigen Rspr.-Angaben.

[633] Vgl. dazu → § 20 Rn. 96 ff. mit dortigen Rspr.-Angaben.

[634] BSG vom 5.2.2003 – B 6 KA 22/02 R – SozR 4–2500 § 95 Nr. 2 = GesR 2004, 219 = Juris, jeweils Rn. 21 ff. Vgl. auch BSG vom 13.5.2015 – B 6 KA 25/14 R – BSGE 119, 79 = SozR 4–5520 § 19 Nr. 3 = MedR 2017, 264 = Juris, jeweils Rn. 50. – Vgl. dazu *Clemens* in: Schallen, Zulassungsverordnung, 9. Aufl. 2018, § 27 Rn. 5 mit näheren Angaben in den dortigen Fußnoten.

[635] BSG vom 17.10.2012 – B 6 KA 49/11 R –, BSGE 112, 90 = SozR 4–2500 § 95 Nr. 26 = MedR 2013, 461 = Juris, jeweils Rn. 24 ff. – Vgl. dazu *Clemens* in: Schallen, Zulassungsverordnung, 9. Aufl. 2018, § 27 Rn. 33.

[636] Dazu siehe → § 24.

[637] Zur grundsätzlichen Ablehnung einer Verhältnismäßigkeitsprüfung s. *Clemens* in: Schallen, Zulassungsverordnung, 9. Aufl. 2018, § 27 Rn. 31 f. – Zum Verhältnis zwischen Zulassungsentziehungen und Disziplinarmaßnahmen siehe auch *Clemens* in: Laufs/Kern (Hrsg.), Handbuch des Arztrechts, 4. Aufl. 2010, § 29 VII Rn. 135 m. w. N.

[638] Vgl. hierzu die Rspr.-Zusammenstellung bei *Clemens* in: Schallen, Zulassungsverordnung, 9. Aufl. 2018, § 21 Rn. 27 u. 28. Zur erforderlichen Bewährungszeit siehe *Clemens* aaO Rn. 28. – Vgl. auch *Clemens* in: Laufs/Kern (Hrsg.), Handbuch des Arztrechts, 4. Aufl. 2010, § 29 VII Rn. 148 ff. m. w. N.

3. Ende der Zulassung

111 Die Zulassung endet außer durch Entziehung (§ 95 VI SGB V – siehe vorstehend → Rn. 107 ff.) mit dem Tod des Vertragsarztes, auf Grund seines Verzichts oder mit dem Wegzug des Berechtigten aus dem Bezirk seines Vertragsarztsitzes (§ 95 VII 1 SGB V).

111a **Der Verzicht** ist eine einseitige, gegenüber dem Zulassungsausschuss abzugebende, empfangsbedürftige Willenserklärung, die mit dem Ende des auf den Eingang der Verzichtserklärung folgenden Kalendervierteljahres wirksam wird (§ 28 I Ärzte-ZV).[639] Diese Frist kann verkürzt werden, insbesondere wegen Krankheit, Übergabe der Praxis usw. Grund für einen Verzicht kann auch die **Absicht** des Vertragsarztes sein, in einem Planungsbereich, für den Zulassungsbeschränkungen angeordnet sind, **in einem MVZ tätig zu werden.** In diesem Fall hat der Zulassungsausschuss die Anstellung des (ehemaligen) Vertragsarztes im MVZ zu genehmigen (§ 103 IVa 1 SGB V).[640] Der Eintritt in das MVZ muss auf eine **mindestens dreijährige Tätigkeit** gerichtet sein.[641]

112 Nach § 95b SGB V ist es mit den Pflichten eines Vertragsarztes allerdings unvereinbar, in einem mit anderen Ärzten aufeinander abgestimmten Verfahren auf die Zulassung zu verzichten. Kommt es zu einem solchen **Kollektivverzicht,** so kann der Sicherstellungsauftrag der KV auf die Krankenkassen übergehen (§ 72a SGB V). In einem solchen Fall kann dem Arzt erst nach sechs Jahren eine neue Zulassung erteilt werden (§ 95b II SGB V).[642] Bis dahin ist der Arzt als insgesamt ungeeignet für die vertragsärztliche Tätigkeit anzusehen; ihm ist nicht nur die Erlangung einer Zulassung wegen Ungeeignetheit im Sinne des § 21 Ärzte-ZV versperrt, vielmehr kann er auch weder eine Ermächtigung erlangen noch kann er als angestellter Arzt oder Assistent noch im Rahmen von Kostenerstattungsverfahren gemäß § 13 I od. II 1 SGB V vertragsärztlich tätig werden.[643]

113 Früher gab es ferner die Regelung, dass die Zulassung des Vertragsarztes mit Ablauf des Kalendervierteljahres endet, in dem dieser das 68. Lebensjahr vollendet hat (§ 95 VII 3 SGB V i. d. F. des VÄndG). Diese **68-Jahres-Altersgrenze,** die zum 1.1.1999[644] eingeführt worden war, ist zum 1.1.2007 eingeschränkt[645] und zum 1.10.2008[646] vollends aufgehoben worden. Das BSG, das BVerfG und der EuGH hatten sie gebilligt: Sie hielt der Überprüfung anhand des **Art. 12 I GG** stand – **rundete** nämlich **das System der Überversorgungszulassungsbeschränkungen ab** –,[647] und sie erfüllte die Voraussetzungen einer **zulässigen Ausnahme** vom grundsätzlichen Verbot der Altersdiskriminierung.[648] Der Gesetzgeber hat die 68-Jahres-

---

[639] Zur Zulässigkeit eines bedingten Verzichts vgl. → § 20 Rn. 41 am Ende.

[640] Vgl. dazu → § 17 Rn. 85.

[641] BSG vom 4.5.2016 – B 6 KA 21/15 R – BSGE 121, 143 = SozR 4–2500 § 103 Nr. 20 = MedR 2016, 1006 = Juris, jeweils Rn. 28–31.

[642] Zum sog. Kollektivverzicht siehe die BSG-Angaben bei *Clemens* in: Laufs/Kern (Hrsg.), Handbuch des Arztrechts, 4. Aufl. 2010, § 29 VII Rn. 150–158.

[643] So BSG vom 17.6.2009 – B 6 KA 16/08 R – BSGE 103, 243 = SozR 4–2500 § 95b Nr. 2 = USK 2009-94 = Juris, jeweils Rn. 92–94, sowie BSGE vom 27.6.2007 – B 6 KA 37/06 R – BSGE 98, 294 = SozR § 95b Nr. 1 = USK 2007-68 = Juris, jeweils Rn. 17 ff., 27 ff. – Wegen Näherem zum kollektiven Zulassungsverzicht siehe *Clemens* in: Schallen, Zulassungsverordnung, 9. Aufl. 2018, § 21 Rn. 25.

[644] Mit **sechs**jährigem Vorlauf: Durch das Gesundheitsstrukturgesetz vom 21.12.1992 (BGBl. I S. 2266).

[645] Vertragsarztrechtsänderungsgesetz vom 22.12.2006 (BGBl. I S. 3439): Keine Geltung dort, wo Unterversorgung bereits eingetreten ist oder unmittelbar droht.

[646] GKV-OrgWG vom 15.12.2008 (BGBl. I S. 2426).

[647] Dazu vor allem BSG vom 25.11.1998 – B 6 KA 4/98 R – BSGE 83, 135 = SozR 3–2500 § 95 Nr. 19 = Juris. Zu weiterer Rspr., vor allem des BVerfG, siehe die Vorauflage in § 19 III 3 (dort Fn. 137 und 138).

[648] Hierzu insbesondere BSG vom 6.2.2008 – B 6 KA 41/06 R – BSGE 100, 43 = SozR 4–2500 § 95 Nr. 14 = Juris, jeweils Rn. 11, 12 und 21; BSG vom 9.4.2007 – B 6 KA 44/07 R – USK 2008-23 = Juris; BVerfG (Kammer) vom 30.6.2008 – 1 BvR 1159/08 – SozR 4–6035 Art. 234 Nr. 4 = Juris Rn. 6; EuGH vom 12.1.2010 – C-341/08 – Slg. 2010, I-00047, Nrn. 45 ff., 70 ff. = Juris; vgl. auch EuGH vom 21.7.2011

Altersgrenze lediglich aus politischen Gründen aufgehoben: Die Forderungen von Ärzten, die im ländlichen Raum ihre Praxis über das 68. Lebensjahr hinaus weiterbetreiben und hier einem Versorgungsbedarf Rechnung tragen wollten, hätten nicht unbedingt die gesamte Aufhebung der 68-Jahres-Altersgrenze erfordert. Kritisiert wird, dass durch die Aufhebung der 68-Jahres-Altersgrenze der „natürliche Abbau" von Überversorgung verzögert und der nachwachsenden Ärztegeneration die Zulassungschancen geschmälert würden[649]; der Gesetzgeber hätte den Versorgungsinteressen insbesondere in ländlichen Räumen auch durch die Erweiterung der Möglichkeiten für Sonderbedarfszulassungen, evtl. verbunden mit Stützungsmaßnahmen, wie sie erst später – zum 1.1.2012 – eingeführt wurden[650], Rechnung tragen können.

IV. Zulassungsverfahren

1. Zulassungs- und Berufungsausschüsse

a) Errichtung und Verfahren. Zur Beschlussfassung und Entscheidung in Zulassungssachen errichten die KVen und die Landesverbände der Krankenkassen sowie die Ersatzkassen für den jeweiligen Zulassungsbezirke einen Zulassungsausschuss für Ärzte und einen Zulassungsausschuss für Zahnärzte[651] (§ 96 I SGB V).[652] 114

Das Verfahren vor den Zulassungs- und Berufungsausschüssen ist vergleichbar mit einem Gerichtsverfahren. Die entsprechenden Regelungen finden sich in den §§ 36–45 Ärzte-ZV. In den Fällen einer notwendigen mündlichen Verhandlung sind die Beteiligten (der Arzt, die KV und die Krankenkassen,) unter Einhaltung einer Zwei-Wochen-Frist mittels Zustellung zu laden (§ 37 II 1 Ärzte-ZV). 115

Es gilt der Amtsermittlungsgrundsatz. Nach Beweiserhebung (§ 39 I Ärzte-ZV) und mündlicher Verhandlung in nichtöffentlicher Sitzung (§ 40 Satz 1 Ärzte-ZV) entscheidet der Zulassungsausschuss mit Stimmenmehrheit z. B. über den Antrag des Arztes, eine Zulassung zu erlangen (vgl. § 41 II und III Ärzte-ZV). 116

b) Zusammensetzung. Die Zulassungsausschüsse bestehen aus sechs Mitgliedern, und zwar aus je drei Vertretern der Ärzte und der Krankenkassen (§ 96 I und II 1 SGB V iVm § 34 I Ärzte-ZV).[653] Den Vorsitz im Zulassungsausschuss führt abwechselnd ein Vertreter der Ärzte und ein Vertreter der Krankenkassen (§ 96 II 5 SGB V). 117

Die KVen und die Krankenkassen errichten außerdem für den Bezirk jeder KV einen Berufungsausschuss für Ärzte (und einen Berufungsausschuss für Zahnärzte) (§ 97 I 1 SGB V). Der Berufungsausschuss besteht aus einem Vorsitzenden mit der Befähigung zum Richteramt (§ 5 I DRiG) und, wie beim Zulassungsausschuss, aus drei Vertretern der Ärzte und drei Krankenkassen (§ 97 II 1 SGB V iVm § 35 I Ärzte-ZV).[654] In Zulassungssachen der Psychotherapeuten werden diese Zahlen auf je vier erhöht, um dem Gebot des § 95 XIII 1 SGB V zu entsprechen, dass auf der sog. Leistungserbringer-Bank „Vertreter der Psycho- 118

– C-159/10, C-160/10 – Slg. 2011, I-6919, Nrn. 47–68 = NVwZ 2011, 1249 = Juris. – Vgl. auch oben → § 20 Rn. 22 mit dortiger Fußnote.

[649] Also die Aufhebung der 68-Jahres-Altersgrenze als systemwidrig zu kritisieren sei: Vgl. dazu die umfassende Rechtfertigung dieser Altersgrenze in BSG vom 25.11.1998 – B 6 KA 4/98 R – BSGE 83, 135 = SozR 3-2500 § 95 Nr. 19 = Juris.

[650] Hierzu → § 20 Rn. 2 am Ende.

[651] Zu den Psychotherapeuten siehe § 95 XIII 1 SGB V.

[652] Zu Einzelheiten siehe § 96 SGB V sowie die Abschnitte V–VIII, X–XII der Ärzte-ZV. Die Verfahrensvorschriften der Ärzte-ZV gehen dem SGB X vor: Es handelt sich – in Verbindung mit der Ermächtigungsbestimmung des § 98 SGB V – um Sonderregelungen im Sinne des § 37 Satz 1 Halbsatz 2 SGB I.

[653] Die Amtsdauer beträgt vier Jahre, § 34 III 1 Ärzte-ZV.

[654] Auch hier beträgt die Amtsdauer vier Jahre (§ 35 III iVm § 34 III 1 Ärzte-ZV).

therapeuten und der Ärzte in gleicher Zahl" – darunter „ein Kinder- und Jugendlichenpsychotherapeut" – sind.

119 Die Geschäfte der Ausschüsse werden bei den KVen geführt (§§ 96 III, 97 II 4 SGB V). Ausschüsse sind aber Gremien der gemeinsamen Selbstverwaltung[655], die von den Ärzten und den Krankenkassen getragen wird: Die Ausschüsse sind rechtlich und organisatorisch selbstständig. Der gerichtliche Streit über Zulassungsfragen kann nur gegenüber dem Zulassungsbzw. Berufungsausschuss ausgefochten werden.[656]; die KVen sind im gerichtlichen Verfahren nicht die gegnerische Partei, sondern – ebenso wie die Krankenkassen – „Beigeladene".

120 c) Zuständigkeit. Die Kompetenz der Zulassungsausschüsse in Zulassungsangelegenheiten ist „abschließend und lückenlos":[657] Die Ausschüsse entscheiden nicht nur über Zulassungsanträge, sondern gemäß § 95 V, VI SGB V auch über das Ruhen und die Entziehung der Zulassung, darüber hinaus aber auch über die Rechtsfolgen und den Zeitpunkt des Wirksamwerdens des Verzichts auf die Zulassung[658] und die Entziehung bzw. den Widerruf einer Ermächtigung,[659] und sie können auch über Vorfragen wie z. B. die ausreichende Qualifikation des Leiters eines MVZ entscheiden.[660]

2. Beschluss und Rechtsmittel

121 a) Entscheidung. Der Zulassungsausschuss entscheidet durch Beschluss, dessen unabdingbarer Inhalt in § 41 IV 2–4 Ärzte-ZV niedergelegt ist. Die Entscheidungen (Zulassungen, Ermächtigungen, Genehmigungen und deren Entziehung bzw. Rücknahme usw.) können auf der Grundlage von § 31 VII Ärzte-ZV und/oder § 32 SGB X mit Nebenbestimmungen versehen werden (Befristung, Bedingung, Widerrufsvorbehalt, Auflagen).[661] Der Beschluss muss schriftlich begründet werden (§ 41 IV 3 Ärzte-ZV). Bei Entscheidungen, für die Ermessen oder Beurteilungsspielräume eingeräumt sind (z. B. Ermessen bzw. Beurteilungsspielraum bei Entscheidungen über die Ruhensdauer und bei Bewerberauswahl im Rahmen des Nachbesetzungsverfahrens gemäß § 103 IV SGB V)[662], muss die Begründung alle Gesichtspunkte erkennen lassen, von denen die Behörde bei ihrer Ermessensausübung ausgegangen ist (§ 35 I 3 SGB X).

122 b) Widerspruchsverfahren. Gegen die Entscheidungen der Zulassungsausschüsse ist der Widerspruch möglich. Er ist innerhalb einer Frist von einem Monat nach Zustellung der schriftlichen Entscheidung des Zulassungsausschusses bei dem Berufungsausschuss einzule-

---

[655] Siehe dazu → § 18 Rn. 14 ff., 17 und → § 19 Rn. 44.
[656] Zur Maßgeblichkeit des Berufungsausschusses vgl. die ständige Rspr. des BSG, z. B. BSG vom 17.10.2012 – B 6 KA 49/11 R – BSGE 112, 90 = SozR 4–2500 § 95 Nr. 26 = MedR 2013, 461 = Juris, jeweils Rn. 18. Weitere BSG-Angaben bei *Harwart/Thome* in: Schallen, Zulassungsverordnung, 9. Aufl. 2018, § 44 Rn. 2, 5, 6.
[657] BSG vom 25.11.1998 – B 6 KA 4/98 R – BSGE 83, 135, 137 = SozR 3–2500 § 95 Nr. 18 S. 65 = Juris Rn. 20.
[658] Vgl. z. B. BSG vom 8.5.1996 – 6 RKa 16/95 – BSGE 78, 175, 180 ff. = SozR 3–5407 Art. 33 § 3a Nr. 1 S. 6 ff. = Juris Rn. 25 ff..
[659] BSG vom 9.6.1999 – B 6 KA 70/98 R – SozR 3–2500 § 95 Nr. 20 S. 82 = Juris Rn. 19.
[660] Vgl. BSG vom 14.12.2011 – B 6 KA 33/10 R – MedR 2012, 695 = Juris, jeweils Rn. 10.
[661] Liegt allerdings ein Rechtsanspruch des Bewerbers bei Erfüllung der gesetzlichen Voraussetzungen vor, kommt grundsätzlich eine befristete Genehmigung – etwa zur Durchführung künstlicher Befruchtungen auf der Grundlage des § 121a SGB V – nicht in Betracht, vgl. BSG vom 28.9.2005 – B 6 KA 60/03 R – SozR 4–1300 § 32 Rn. 14 ff. = Juris Rn. 22 ff. Ebenso wenig eine auflösende Bedingung bei Anspruch der MKG-Chirurgen auf sowohl eine ärztliche wie eine zahnärztliche Zulassung, vgl. BSG vom 17.11.1999 – B 6 KA 15/99 R – BSGE 85, 145, 147 f. = SozR 3–5525 § 20 Nr. 1 S. 3 f. = Juris Rn. 20–22. – Zweifelhaft ist auch, ob eine Zweigpraxis-Ermächtigung befristet werden darf (§ 24 III 1 Ärzte-ZV: „wenn und soweit" – im Gegensatz zu „soweit und solange" z. B. in § 116 Satz 2 SGB V).
[662] Dazu BSG vom 20.3.2013 – B 6 KA 19/12 R – SozR 4–2500 § 103 Nr. 12 = MedR 2013, 814 = Juris, jeweils Rn. 44 ff.

gen (§ 97 III SGB V iVm § 84 I SGG, § 44 Ärzte-ZV). Der Widerspruch sollte auch schriftlich begründet werden; eine Pflicht, ihn innerhalb der einmonatigen Einlegungsfrist schriftlich zu begründen, besteht seit 2007 nicht mehr.[663]

c) Aufschiebende Wirkung und Sofortvollzug. Der Widerspruch hat aufschiebende Wirkung (§ 86a I 1 SGG).[664] Dies gilt für alle Entscheidungen des Zulassungsausschusses, die als belastender Verwaltungsakt zu qualifizieren sind, also sowohl für die Ablehnung einer Zulassung als auch für die Zuerkennung der Zulassung an einen Dritten als auch für die Entziehung der Zulassung. Unstreitig haben auch unzulässige Rechtsbehelfe aufschiebende Wirkung. Nur wenn ein Widerspruch *offensichtlich* unzulässig ist, wird im Schrifttum zum Teil die aufschiebende Wirkung in Frage gestellt.[665]

123

Der vom Widerspruch betroffene Konkurrent (z. B. der neu zugelassene Arzt) kann zur Beseitigung der aufschiebenden Wirkung die Anordnung der **sofortigen Vollziehung** beim Zulassungs- oder beim Berufungsausschus beantragen; beide Ausschüsse sind zur Anordnung sofortiger Vollziehung befugt.[666]

124

Bei Vorliegen eines Antrags, aber auch von Amts wegen, kann der Ausschuss die sofortige Vollziehung seiner Entscheidung anordnen, wenn dies im öffentlichen Interesse oder im überwiegenden Interesse eines Beteiligten liegt (§ 86a II Nr. 5 SGG). Die insoweit vom Berufungsausschuss zu treffende Entscheidung beruht auf einer **Interessenabwägung.** Sie muss sich am Rang des Gebotes des effektiven Rechtsschutzes (Art. 19 IV GG) orientieren. Dieses Gebot fordert die aufschiebende Wirkung als Regel.[667] Die Anordnung der sofortigen Vollziehung kann einen Eingriff in die durch Art. 12 I GG gewährleistete Freiheit der Berufsausübung darstellen. Art 12 I iVm Art. 19 IV GG fordern, dass irreparable Entscheidungen, wie sie durch die sofortige Vollziehung einer hoheitlichen Maßnahme eintreten können, so weit wie möglich verhindert werden.[668]

125

V. Rechtliche Bedeutung des Zulassungssystems

1. Verfassungsrechtliche Rahmenbedingungen

In einem Rechtssystem, das die freie Entfaltung der Persönlichkeit von Verfassungs wegen (Art. 2 I GG) an die Spitze gestellt hat, ist es nicht selbstverständlich, dass eine Betätigung von einer staatlichen Zulassung abhängig gemacht werden darf. Das BVerfG hat schon in seiner ersten Grundsatzentscheidung zu dieser Thematik[669] von „dem Freiheitsschutz, auf den der einzelne Bürger gerade auch dem Gesetzgeber gegenüber einen verfassungsrechtlichen Anspruch hat", gesprochen. Schon im Apothekenurteil von 1957 hat das BVerfG

126

---

[663] Die frühere Bestimmung in § 44 Ärzte-ZV („Der Widerspruch ist schriftlich ... *mit Angabe von Gründen* ... einzulegen") wurde aufgehoben (Art. 5 Nr. 15 des Vertragsarztrechtsänderungsgesetzes VÄndG vom 22.12.2006, BGBl. I S. 3439). Motiv der Aufhebung (dazu siehe BT-Drs. 16/2474 vom 30.8.2006, S. 35) war die Ansicht, die Regelung schaffe übermäßige Komplikationen: Das BSG hatte darin ein Zulässigkeitserfordernis gesehen, dem binnen der einmonatigen Einlegungsfrist Rechnung zu tragen sei, davon aber eine Ausnahme für Drittanfechtungsfälle anerkannt (BSG vom 9.6.1999 – B 6 KA 76/97 R – SozR 3–5520 § 44 Nr. 1 = MedR 2000, 198 = Juris, und BSG vom 23.2.2005 – B 6 KA 70/03 R – SozR 4–5520 § 33 Nr. 5 = MedR 2005, 535 = Juris).
[664] So auch § 96 IV 2 SGB V.
[665] *Clemens,* Aufschiebende Wirkung und sofortige Vollziehbarkeit, in: Arbeitsgemeinschaft Medizinrecht (Hrsg.), Festschrift 10 Jahre Arbeitsgemeinschaft Medizinrecht im DAV, 2008, S. 323, 325 und 333 f. m. w. N.
[666] Dies klarstellend BSG vom 5.6.2013 – B 6 KA 4/13 B – MedR 2013, 826 = Juris, jeweils Rn. 20.
[667] BVerfG-Angaben in BSG vom 17.10.2012 – B 6 KA 49/11 R – BSGE 112, 90 = SozR 4–2500 § 95 Nr. 26 = MedR 2013, 461 = Juris, jeweils Rn. 40.
[668] Die Rspr. des BVerfG ist dargestellt bei *Clemens* in: Schallen, Zulassungsverordnung, 9. Aufl. 2018, § 27, Rn. 93 mit den dortigen Fußnoten.
[669] BVerfG vom 11.6.1958 – 1 BvR 596/56 – BVerfGE 7, 377, 400 – Apothekenurteil.

andererseits auch die Bindung jeder individuellen Freiheit herausgearbeitet. Im beruflichen Bereich kann der Gesetzgeber im Rahmen von Art. 12 I GG subjektive und objektive Zulassungsvoraussetzungen schaffen. Für die subjektiven Voraussetzungen gilt das Prinzip der Verhältnismäßigkeit,[670] für objektive Zulassungsvoraussetzungen, wie z. B. Bedarfsplanungsregeln, sind an den Nachweis ihrer Notwendigkeit dagegen besonders strenge Anforderungen zu stellen. Im Allgemeinen wird nur die Abwehr nachweisbarer oder höchstwahrscheinlicher schwerer Gefahren für ein überragend wichtiges Gemeinschaftsgut solche Maßnahmen rechtfertigen können.[671] Geht man für das relevante Gemeinschaftsgut von der Gesundheit der Bevölkerung aus,[672] so ist dessen überragende Bedeutung nicht zu bestreiten. Bezieht man auch die Schutzmittel ein, so kommt gleicher Rang dem System der vertragsärztlichen Versorgung als solchem (nicht seiner konkreten Ausgestaltung) zu.[673] Von dieser Grundlage ausgehend ist es ohne Weiteres gerechtfertigt, von den zur Umsetzung dieses Systems erforderlichen Leistungserbringern eine persönliche Eignung i. w. S. (§§ 20, 21 Ärzte-ZV) zu fordern (→ § 20 Rn. 8 iVm 11 ff.); die damit verbundenen subjektiven Zulassungsschranken sind verhältnismäßig. Das gilt unter demselben Blickwinkel auch für die Bedarfsplanung: Ein unter- oder überversorgtes System ist entweder nicht funktionsfähig oder gefährdet. Dies ist der Ansatz dafür, der es rechtfertigen kann, dass es keine freie Teilnahme am System der vertragsärztlichen Versorgung gibt.

2. Bedeutung der Zulassung

127 Problematischer ist die Antwort auf die Frage, was denn die Folge der Einbeziehung des Vertragsarztes in das System der vertragsärztlichen Versorgung ist, d. h. was die Zulassung tatsächlich und rechtlich bewirkt. Die Rechtsprechung des BVerfG – und dem folgend ebenso die Rechtsprechung des BSG – weist dazu verschiedene Facetten auf, die unterschiedlich ausgerichtet sind.

128 Das Gericht relativiert die Einbindung des Arztes in das Solidarsystem der vertragsärztlichen Versorgung, indem es, unter der Überschrift der „Einheit des Arztberufs", den wirtschaftlichen Status des Arztes nicht nur an seiner vertragsärztlichen Vergütung bemisst, sondern ihm auch zurechnet, was er als Privatarzt nach der GOÄ erlöst. Vergleichbar ist das Gericht bei den Apothekern im Hinblick auf das sogenannte Randsortiment verfahren.[674]

128a Das BVerfG geht dazuhin davon aus, dass die Teilnahme am System der vertragsärztlichen Versorgung auch Sicherheit schafft, weil die Preise für Güter und Leistungen nicht Gegenstand freien Wettbewerbs im Rahmen einer Wettbewerbsordnung sind, sondern staatlich geregelt werden.[675] Das vertragsärztliche System stellt sich als ein umfassendes – und schützendes – soziales Leistungssystem dar: Die Leistungserbringer profitieren von den Beiträgen der Versicherten. Für die Funktionsfähigkeit des Systems übernimmt der Staat die Verantwortung:[676] Durch die Schaffung der Bedarfszulassung muss der Arzt, der die Zulassung erlangt hat, nicht beliebig weiter zunehmende Konkurrenz befürchten und hat somit nur ein minimiertes Risiko.

129 Auf der anderen Seite hat das Gericht hervorgehoben, dass auch der Leistungserbringer ein im Wettbewerb stehender Marktteilnehmer ist. Weder habe er einen Anspruch auf gleich bleibende Wettbewerbsbedingungen noch Anspruch auf Sicherung von Erwerbsmöglichkeiten.[677] Vielmehr unterlägen die Wettbewerbsparameter und damit Umsatz und Ertrag dem

---

[670] → § 2 Rn. 20 ff.
[671] BVerfG vom 11.6.1958 – 1 BvR 596/56 – BVerfGE 7, 377, 378 – Apothekenurteil.
[672] → § 2 Rn. 8 ff.
[673] → § 18 Rn. 1 ff.
[674] BVerfG vom 15.1.2003 – 1 BvQ 54/02 – BVerfGE 106, 369, 375 f..
[675] So schon BVerfG vom 31.10.1984 – 1 BvR 35/82 – BVerfGE 68, 193, 220 f..
[676] BVerfG vom 14.5.1985 – 1 BvR 449/82 – BVerfGE 70, 1, 31; BVerfG vom 20.3.2001 – 1 BvR 491/96 – BVerfGE 103, 172, 186.
[677] BVerfG vom 17.12.2002 – 1 BvL 28/95 – BVerfGE 106, 275, 299.

Risiko laufender Veränderung je nach Veränderung der Marktverhältnisse. Die Umstrukturierung gesetzlicher Rahmenbedingungen im Rahmen der GKV berühre deshalb nur Marktchancen, aber keine Grundrechte. Zwar sei dies bei Ärzten und Versicherten anders,[678] weil die Veränderungen der Marktbedingungen die Therapiefreiheit/die Selbstbestimmung der Versicherten berührten. Diese Ausführungen führen aber lediglich dazu, dass ein Kontrollmaßstab besteht. An dem Gesichtspunkt der Marktzuordnung ändert das nichts.

Ist also, so muss man fragen, die Zulassung zur vertragsärztlichen Versorgung insbesondere für die Vertragsärzte der Einstieg in eine finanziell dem Grunde nach garantierte Berufsausübung oder bleibt dieser Einstieg über die (gesetzlich ständig veränderbaren) Marktstrukturen letztendlich im üblichen Risikobereich eines Freiberuflers? Das BVerfG zeigt beide Aspekte auf; es verfolgt keine eindeutige Linie. Das ist letztlich aus der Sicht der Rechtsprechung auch nicht notwendig. Immer geht es letztlich bei einer Rechtsprüfung darum, ob das Handeln des Gesetzgebers zu rechtfertigen ist. Hierzu sind abzuwägen die Aspekte der Freiheit und der Last des mit ihr verbundenen Risikos. Unvermeidbar verbleiben in manchen Fällen Zweifel, ob die Rechtsprechung die „richtige" Abwägungsentscheidung gefunden hat. Mit gelegentlich verbleibenden Defiziten müssen sich die Richter und ebenso die Rechtsgemeinschaft, die für solche Rechtsentscheidungen eine Judikative beruft, abfinden.

§ 21 Die Leistungen des Vertragsarztes

I. Gliederung in hausärztliche und fachärztliche Versorgung

1. Notwendigkeit der Einteilung

Der zur vertragsärztlichen Versorgung zugelassene Arzt ist zur Teilnahme an der Versorgung der Versicherten der GKV berechtigt und verpflichtet (§ 95 III SGB V, § 19a I Ärzte-ZV) und darf deshalb grundsätzlich alle Leistungen erbringen, die im EBM verzeichnet sind. Dieser Grundsatz erfährt zahlreiche Einschränkungen, die teilweise selbstverständlich erscheinen, teilweise aber von den betroffenen Ärzten als gravierende Einschränkung ihrer therapeutischen Freiheit empfunden werden. Eine wichtige hat der Gesetzgeber zum 1.1.1993 eingeführt, indem er die Aufgliederung der ambulanten vertragsärztlichen Versorgung in die **hausärztliche und in die fachärztliche** Versorgung vorgegeben hat (§ 73 I SGB V). Dies hat der Gesetzgeber zum 1.1.2000 weiter geführt, indem er auch für die Ausgestaltung der **Honorarverteilung** die **Aufgliederung der Gesamtvergütung** in einen Teil für die hausärztlich tätigen und einen anderen Teil für die fachärztlich tätigen Ärzte vorgegeben hat (heute: § 87b I 1 SGB V). Weiterhin hat der Gesetzgeber dem Bewertungsausschuss aufgegeben, im EBM die Leistungen in solche der hausärztlichen und in solche der fachärztlichen Versorgung zu gliedern, was der **Bewertungsausschuss im neuen EBM** zum 1.4.2005 umfassend realisierte und was er in dieser Weise bei Änderungen im EBM bis heute fortführt. Hinter diesen Maßnahmen der Aufgliederung der Versorgung und auch der Honorierung steht das Bemühen zur Qualitätssicherung in der vertragsärztlichen Versorgung; dies ist der Abschied von der früheren Vorstellung und Erwartung an den Arzt, dieser habe Kenntnisse und Fertigkeiten typischerweise sowohl hausärztlich als auch in seinem zusätzlichen speziellen Fachgebiet.[679]

2. Hausärztliche Versorgung

Allgemeinärzte, Ärzte ohne Gebietsbezeichnung, Kinderärzte sowie die praktischen Ärzte alten Rechts nehmen an der hausärztlichen Versorgung teil. Hinzu kommen Internisten ohne

---

[678] BVerfG vom 17.12.2002 – 1 BvL 28/95 – BVerfGE 106, 275, 304.
[679] Vgl. dazu *Wenner*, NZS 2002, 1, 2.

Schwerpunktbezeichnung, die die Teilnahme gewählt haben (§ 73 Ia 1 Nrn. 1–3 SGB V). Das Gesetz bezeichnet diese Ärzte als „Hausärzte" (§ 73 Ia 1 am Ende SGB V). Ihrem Inhalt nach regelt die hausärztliche Versorgung die Querschnittsaufgaben der **hausärztlichen Betreuung** (§ 73 I 2 Nrn. 1 bis 4 SGB V). Es handelt sich um die fortgesetzte ärztliche Betreuung in Diagnostik und Therapie in Kenntnis des häuslichen und familiären Umfeldes des Versicherten, die Koordination diagnostischer, therapeutischer und pflegerischer Maßnahmen, die Dokumentation wesentlicher Behandlungsdaten und Befunde sowie die Einleitung oder Durchführung präventiver und rehabilitativer Maßnahmen und die Integration nichtärztlicher Maßnahmen in die ärztliche Behandlung.

3   Für diese Betreuungs-, Koordinations- und Dokumentationsleistungen erhalten die Hausärzte ein bestimmtes Pauschalhonorar pro Patient (**Versichertenpauschalen** gemäß § 87 IIb 1 SGB V) neben der Vergütung der von ihnen erbrachten Einzelleistungen. Dieser Begünstigung steht als Einschränkung gegenüber, dass sie zahlreiche **spezialisierte Leistungen nicht mehr** erbringen dürfen und abrechnen können, unabhängig davon, ob sie über die notwendigen Kenntnisse und Erfahrungen verfügen, ob in ihrer Praxis die erforderliche medizinisch-technische Infrastruktur zur Verfügung steht und die Patienten die spezialisierte Untersuchung oder Behandlung ausdrücklich von ihrem Hausarzt erbitten.[680] § 87 IIb 1 SGB V sieht vor, dass die hausärztliche Grundversorgung als **Versichertenpauschale** abgebildet wird. Mit dieser Pauschale werden, losgelöst vom konkreten Behandlungsaufwand im Einzelfall, die ganzen im Abrechnungszeitraum üblicherweise im Rahmen der hausärztlichen Versorgung eines Versicherten erbrachten Leistungen **Betreuungs-, Koordinations- und Dokumentationsleistungen** vergütet (§ 87 IIb 2 SGB V). Differenzierungen nach Morbiditätskriterien, z.B. nach Alter, Geschlecht, sind möglich (§ 87 IIb 3 SGB V). Damit sollen Unterschiede im Behandlungsaufwand berücksichtigt werden.

3. Fachärztliche Versorgung

4   Alle Fachärzte – außer den Kinderärzten und den Internisten, die die Teilnahme an der hausärztlichen Versorgung gewählt haben – nehmen kraft Gesetzes an der fachärztlichen Versorgung teil und sind berechtigt und verpflichtet, die Leistungen ihres Fachgebietes dem Versicherten anzubieten.[681] Die Fachärzte dürfen hausärztliche Betreuungsaufgaben auch dann nicht (mehr) wahrnehmen, wenn sie dafür hinreichend qualifiziert und willens sind, und das selbst dann nicht, wenn die Versicherten dies ausdrücklich wünschen.[682] Im Übrigen kann der Zulassungsausschuss Allgemeinärzten und Ärzten ohne Gebietsbezeichnung, die im Wesentlichen spezielle Leistungen (z.B. Proktologie, Phlebologie) erbringen, auf deren Antrag die Genehmigung zur ausschließlichen Teilnahme an der fachärztlichen Versorgung erteilen (§ 73a Ia 6 SGB V). Auch die fachärztliche Vergütung wird zunehmend weiter pauschaliert: § 87 IIc 1 SGB V gibt dem Bewertungsausschuss vor, die Vergütung für Fachärzte in **Grund- und Zusatzpauschalen** zu fassen. Die Pauschalen werden arztgruppenspezifisch nach der Weiterbildungsordnung gegliedert. Die Zusatzpauschalen können ersetzt oder

---

[680] *Wenner*, NZS 2002, 1, 2. – Eine Ausnahme würde ein Ausscheren aus der Kassenbehandlung und die gesonderte Vereinbarung einer Privatbehandlung erfordern. Dafür ist Voraussetzung, dass der Kassenpatient ausdrücklich die privatärztliche Erbringung verlangt sowie dass der Arzt und der Patient darüber eine schriftliche Vereinbarung abschließen, in der auf die ungefähr anfallenden Kosten und auf die Nichterstattung durch die Krankenkasse hingewiesen wird (§ 3 I 3, § 18 VIII 3 Nr. 2 BMV-Ä, § 630c III 1 BGB). – Diese Voraussetzungen sind aufgelistet und dargestellt bei *Clemens/Schildt*, Kassenleistung und ergänzende Privatbehandlung, MedR 2013, 491 ff., 504.

[681] Zum Umfang dieser Verpflichtung siehe § 20 Rn. 92–95. Zum Facharztrecht allgemein vgl. BVerfG (Kammer) vom 16.7.2004 – 1 BvR 1127/01 – SozR 4–2500 § 135 Nr. 2 betr. kernspintomographische Leistungen.

[682] Zu einer Ausnahme → Rn. 3 (und dortige Fn.).

ergänzt werden durch arztgruppenspezifische diagnosebezogene Fallpauschalen für bestimmte Versichertengruppen (§ 87 IIc 4 SGB V). **Einzelleistungsvergütungen** können neben den fachärztlichen Grund- und Zusatzpauschalen nur noch unter engen Voraussetzungen im EBM vorgesehen werden (§ 87 IIc 1 Halbsatz 2 SGB V).

4. Konkretisierung durch Vertrag

a) **Kollektiv- oder Einzelverträge.** Im Gegensatz zum früheren Recht, das für die hausärztliche Versorgung (nur) einen kollektivrechtlichen Vertrag vorsah (§ 73 Ic SGB V i. d. F. bis 2008),[683] sind derzeit die Krankenkassen verpflichtet, ihren Versicherten eine besondere hausärztliche Versorgung (hausarztzentrierte Versorgung) anzubieten (§ 73b I SGB V). Die Versicherten können **Einzelverträge** nach den inhaltlichen Maßgaben des § 73b II SGB V abschließen. Sofern der Versicherte an dieser Versorgungsform teilnimmt – was gemäß § 73b III 1 SGB V freiwillig ist –, darf er gemäß § 73b III 2 SGB V ambulante fachärztliche Versorgung[684] nur auf Überweisung des von ihm gewählten Hausarztes in Anspruch nehmen. Daran ist er ein Jahr lang gebunden; eine Ausnahme gilt nur bei Vorliegen eines wichtigen Grundes; nur dann darf er den Hausarzt vor Jahresablauf wechseln (§ 73b III 6 SGB V).[685] Nach Ablauf der Jahresfrist ist der Wechsel frei möglich, wie die Vorgabe „mindestens ein Jahr" belegt. Wenn sich allerdings der Versicherte in seiner schriftlichen Erklärung (sie ist einseitig möglich) für länger als ein Jahr gebunden hat, gilt die Wechselbefugnis wieder nur bei wichtigem Grund.

5

Das Nähere zur Durchführung der Teilnahme der Versicherten regeln die Krankenkassen in ihren Satzungen (§ 73b III 7 SGB V).[686]

5a

b) **Vertragspartner.** § 73b IV SGB V schreibt zur flächendeckenden Sicherung des Angebots nach § 73b I SGB V vor, dass die Krankenkassen Verträge mit den Versicherten abschließen. Vertragspartner können sein (§ 73b IV 2 Nr. 1–4 SGB V)

6

- Leistungserbringer, die an der hausärztlichen Versorgung teilnehmen (Nr. 1) oder deren Gemeinschaften (Nrn. 1 und 2),
- Träger von Einrichtungen, die eine hausarztzentrierte Versorgung anbieten (Nr. 3, also z. B. Managementgesellschaften.)[687]
- KVen (Nr. 4).

Dem Konzept liegt – insoweit unverändert – das sogenannte **Einschreibemodell** zugrunde, d. h. die freiwillige Selbstbindung der Versicherten.

7

II. Inhalt und Arten der vertragsärztlichen Versorgung

1. Vertragsärztlicher Leistungskatalog

Die vertragsärztliche Versorgung umfasst nach dem in § 73 II SGB V abschließend formulierten Leistungskatalog die

8

---

[683] BSG vom 18.6.1997 – 6 RKa 58/96 – BSGE 80, 256 = SozR 3–2500 § 73 Nr. 1, und BVerfG (Kammer) vom 17.6.1999 – 1 BvR 2507/97 – SozR 3–2500 § 73 Nr. 3 haben das Konzept für verfassungsgemäß gehalten.
[684] Außer Augen-, Frauen- und Kinderärzte (so § 73b III 2 SGB V).
[685] Das steht im Zusammenhang mit § 76 III 1 SGB V. Den „wichtigen Grund" wird man wie in § 626 BGB deuten können.
[686] Regelungsbedürftig in den Satzungen der Krankenkassen sind u. a. mögliches Fehlverhalten der Versicherten (z. B. Inanspruchnahme nicht selektiv vertraglich gebundener hausärztlicher Leistungserbringer), aber auch die Frage, ob der Versicherte eine Zweitmeinung einholen darf (vgl. BR-Drs. 755/06 vom 3.11.2006, S. 310). Fehlverhalten des Leistungserbringers ist Gegenstand des Vertrags nach § 73b IV, IVa, V SGB V.
[687] BR-Drucksache 755/06 vom 3.11.2006, S. 310.

- ärztliche Behandlung (§ 73 II 1 Nr. 1 SGB V)[688]
- zahnärztliche Behandlung und kieferorthopädische Behandlung nach Maßgabe des § 28 II SGB V (§ 73 II 1 Nr. 2 SGB V)
- Versorgung mit Zahnersatz einschließlich Zahnkronen und Suprakonstruktionen, soweit sie § 56 II SGB V entspricht (§ 73 II 1 Nr. 2a SGB V)
- Maßnahmen zur Früherkennung von Krankheiten (§ 73 II 1 Nr. 3 SGB V)
- ärztliche Betreuung bei Schwangerschaft und Mutterschaft (§ 73 II 1 Nr. 4 SGB V)
- Verordnung von Leistungen zur medizinischen Rehabilitation (§ 73 II 1 Nr. 5 SGB V)
- Anordnung der Hilfeleistung anderer Personen (§ 73 II 1 Nr. 6 SGB V)
- Verordnung von Arznei-, Verband-, Heil- und Hilfsmitteln, Krankentransporten sowie Krankenhausbehandlung oder Behandlung in Vorsorge- oder Rehabilitationseinrichtungen (§ 73 II 1 Nr. 7 SGB V)
- Verordnung häuslicher Krankenpflege (§ 73 II 1 Nr. 8 SGB V)[689]
- Ausstellung von Bescheinigungen und Erstellung von Berichten, die die Krankenkassen oder der Medizinische Dienst (§ 275 SGB V) zur Durchführung ihrer gesetzlichen Aufgaben oder die die Versicherten für den Anspruch auf Fortzahlung des Arbeitsentgelts benötigen (§ 73 II 1 Nr. 9 SGB V)
- medizinische Maßnahmen zur Herbeiführung einer Schwangerschaft nach § 27a I SGB V (§ 73 II 1 Nr. 10 SGB V)
- ärztliche Maßnahmen nach den §§ 24a und 24b – Emfängsnisverhütung, Schwangerschaftsabbruch und Sterilisation – (§ 73 II 1 Nr. 11 SGB V)
- Verordnung von Soziotherapie nach § 37a SGB V (§ 73 II 1 Nr. 12 SGB V).[690]
- Abgabe einer Zweitmeinung nach § 27b SGB V (§ 73 II 1 Nr. 13 SGB V).
- Verordnung von spezialisierter ambulanter Palliativversorgung nach § 37b SGB V (§ 73 II 1 Nr. 14 SGB V).

2. Besondere ambulante ärztliche Versorgung

9   Neben der schon erwähnten hausarztzentrierten Versorgung[691] **können** die Krankenkassen den Versicherten zur Sicherstellung der ambulanten (fach)ärztlichen Versorgung auch den Abschluss von Verträgen (vergleichbar der Systematik zu § 73b III, IV SGB V) anbieten (§ 73c I SGB V). Im Gegensatz zu § 73b I SGB V, der die Krankenkassen zum Vertragsabschluss verpflichtet, stellt es § 73c SGB V den Krankenkassen **frei,** ob und in welchem Umfang sie sich zum Abschluss solcher Verträge entschließen.[692] Ein Anspruch auf Vertragsabschluss besteht nicht (§ 73c III 2 SGB V). Öffentliche Ausschreibung ist vorgeschrieben (§ 73c III 3 SGB V). Machen die Krankenkassen von dieser Option Gebrauch, geht der Sicherstellungsauftrag auf sie über. Den erforderlichen Bereitschaftsdienst (Notfalldienst) können sie gegen (ggf. pauschalierten) Aufwendungsersatz durch die KVen sicherstellen lassen (§ 73c III 5 SGB V).

---

[688] Ärztliche Behandlung ist die Tätigkeit des Arztes, die zur Verhütung, Früherkennung und Behandlung von Krankheiten nach den Regeln der ärztlichen Kunst ausreichend und zweckmäßig ist (§ 28 I 1 SGB V); zur Behandlung gehört auch die vom Arzt angeordnete und von ihm verantwortete Hilfeleistung anderer Personen (§ 28 I 2 SGB V).

[689] Zur Gewährung häuslicher Krankenpflege siehe die Richtlinien des G-BA über die Verordnung von „häuslicher Krankenpflege" nach § 92 I 2 Nr. 6 und VII SGB V, recherchierbar im Internet unter www.g-ba.de in der Rubrik „Richtlinien".

[690] Mit dem GKV-Gesundheitsreformgesetz vom 22.12.1999 (BGBl. I S. 2626) wurde mit Wirkung zum 1.1.2000 der Umfang der vertragsärztlichen Versorgung um die Leistungen der Soziotherapie (§ 37a SGB V) erweitert. Die Soziotherapie umfasst im Rahmen der vom G-BA erlassenen Richtlinien (§ 37a II SGB V) die im Einzelfall erforderliche Koordinierung der verordneten Leistungen sowie Anleitung und Motivation zu deren Inanspruchnahme. Der Vertragsarzt erarbeitet auf der Grundlage der vom Gemeinsamen Bundesausschuss erlassenen Richtlinien (§ 37a II SGB V) und der mit den Krankenkassen abgeschlossenen Verträge (§ 132b SGB V) und unter Beteiligung des Soziotherapeuteneinen Behandlungsplan, der verschiedene Elemente wie Heilmittel, häusliche Krankenpflege usw. umfasst. Der Gesetzgeber will mit der Soziotherapie wiederkehrende Krankenhausaufenthalte vermeiden (sog. „Drehtüreffekt" – vgl. BT-Drucksache 14/1245 vom 23.6.1999, S. 66).

[691] § 21 Rn. 5–7.

[692] BR-Drucksache 755/06 vom 3.11.2006, S. 313.

e. Heath Grit + Polish (318 2)

§ 22 Die Vergütung der Leistungen in der vertragsärztlichen Versorgung

I. Rechtsrahmen

Das vertragsärztliche Vergütungssystem ist außerordentlich vielgestaltig. In erster Reihe – noch vor den Gesamtverträgen – stehen bundesrechtliche Regelungen. Dazu zählen neben den einschlägigen Vorschriften des **SGB V** – §§ 85 ff. – weitere sog. untergesetzliche Bestimmungen wie diejenigen der Bundesmantelverträge und des EBM. 1

Eine wichtige bundesrechtliche Regelung ist der **Bundesmantelvertrag-Ärzte** (BMV-Ä).[693] Dieser regelt den allgemeinen Inhalt der auf regionaler Ebene abzuschließenden Gesamtverträge[694] (§ 82 I 1 SGB V) und ist deren Bestandteil (§ 82 I 2 SGB V); er enthält unter anderem allgemeine und besondere Vorgaben für Vergütungsregelungen, insbesondere auch im 11. Abschnitt (§§ 42 ff. BMV-Ä) umfassende Vorgaben für die Abrechnung der vertragsärztlichen Leistungen. Als Teil des Bundesrechts steht er von der Normenhierarchie her[695] – vgl. Art. 31 GG – über den gesamtvertraglichen Regelungen[696].[697] 2

Eine weitere bundesrechtliche Vorgabe für die Gesamtverträge folgt aus dem **EBM**, der – durch den Bewertungsausschuss – als Bestandteil des BMV-Ä zu vereinbaren ist (§ 87 I 1 SGB V). Der EBM ist somit – normenhierarchisch – sowohl dem BMV-Ä als auch den Gesamtverträgen übergeordnet.[698] Die Bindung bei der Ausgestaltung der Honorarverträge an den EBM kann allerdings durch formell-gesetzliche Bestimmungen im SGB V modifiziert werden: s. u. → Rn. 22. 3

Diese beiden Vorgaben sind grundsätzlich[699] zu beachten, wenn auf regionaler Ebene der **Gesamtvertrag** ausgestaltet und die **Gesamtvergütung** vereinbart wird. Die Gesamtvergütung fließt der KV zu; diese verteilt sie unter Beachtung ihres **HVM** an die Vertragsärzte (vgl. oben → § 18 Rn. 7a und 12 f.). Dies geschieht mittels **Honorarbescheid**[700], wobei die vom Vertragsarzt eingereichte Abrechnung zugrunde gelegt wird. 4

Aus vorstehenden Ausführungen ergibt sich, dass die folgenden Ebenen auseinander zu halten sind: 5

- EBM
- BMV-Ä
- Gesamtvertrag mit Gesamtvergütung
- HVM
- Abrechnungsprüfung/Honorarbescheid.

Bei alledem sind die Fragen um den Problemkreis angemessener oder unzureichender Vergütung der vertragsärztlichen Leistungen im Blick zu behalten (vgl. dazu unten → Rn. 60 f.). 6

---

[693] → § 8 Rn. 11 ff. – Zur verfassungsrechtlich ausreichenden Rechtsgrundlage siehe BVerfG (Kammer) v. 15.8.2018 – 1 BvR 1780/17, 1 BvR 1781/17 – juris Rn. 21 ff.

[694] → § 8 Rn. 21 ff.

[695] Zu den verschiedenen Normenkollisionsregeln vgl. *Clemens* in: Umbach/Clemens (Hrsg.), Grundgesetz – Mitarbeiterkommentar –, Bd. I, 2002, Art. 31 Rn. 24–29.

[696] BSG v. 28.6.2017 – B 6 KA 12/16 R – SozR 4-2500 § 75 Nr. 19 = juris, Rn. 39 am Ende (mit Bezugnahme auf BSG v. 5.5.1988 – 6 RKa 27/87 – BSGE 63, 163, 164 = SozR 2200 § 368p Nr. 2 S. 6 = juris Rn. 16).

[697] Zur normenhierarchischen Einordnung weiterer Normentypen vgl. *Clemens*, in: Laufs/Kern (Hrsg.), Handbuch des Arztrechts, 4. Aufl. 2010, § 32 Rn. 16.

[698] So auch *Clemens*, in: Laufs/Kern (Hrsg.), Handbuch des Arztrechts, 4. Aufl. 2010, § 32 Rn. 16.

[699] Zur Modifizierung vgl. Rn. 22: Die Gesamtvergütung muss nicht nach den EBM-Einzelleistungen bemessen werden, sondern kann als Festbetrag oder Kopfpauschale oder Fallpauschale berechnet werden.

[700] Dies ist ein sog. Normanwendungsakt. Vgl. dazu – im Verhältnis zu den Rechtsnormen im Normenhierarchie-System – *Clemens* in: Umbach/Clemens (Hrsg.), Grundgesetz – Mitarbeiterkommentar –, Bd. I, 2002, Art. 31 Rn. 30 ff.

II. EBM

7   Die Regelungen für den EBM enthält § 87 SGB V. Es heißt dort:

„*(1) Die Kassenärztlichen Bundesvereinigungen[701] vereinbaren mit dem Spitzenverband Bund der Krankenkassen durch **Bewertungsausschüsse** als Bestandteil der Bundesmantelverträge einen einheitlichen Bewertungsmaßstab für die ärztlichen ... Leistungen ... einschließlich der Sachkosten.*"

1. Der Bewertungsausschuss

8   Der Bewertungsausschuss ist die für die Vereinbarung des EBM zuständige Stelle (§ 87 I 1 SGB V). Der Bewertungsausschuss besteht aus drei von der KBV sowie drei vom Spitzenverband Bund der Krankenkassen bestellten Vertretern. Den Vorsitz führt abwechselnd ein Vertreter der Ärzte und ein Vertreter der Krankenkassen (KKn) (§ 87 III 1 u. 2 SGB V). Kommt im Bewertungsausschuss eine Vereinbarung über den Bewertungsmaßstab durch übereinstimmenden Beschluss aller Mitglieder ganz oder teilweise nicht zustande, so wird der Bewertungsausschuss auf Verlangen von mindestens zwei Mitgliedern um einen unparteiischen Vorsitzenden und zwei weitere unparteiische Mitglieder erweitert (§ 87 IV SGB V – erweiterter Bewertungsausschuss). Der erweiterte Bewertungsausschuss setzt mit der Mehrheit seiner Mitglieder die Vereinbarung fest. Die Festsetzung hat die Rechtswirkung einer vertraglichen Vereinbarung im Sinne des § 82 I SGB V (§ 87 V 1 u. 2 SGB V).[702] Das BMG kann Beschlüsse innerhalb von zwei Monaten beanstanden. Kommen Beschlüsse ganz oder teilweise nicht zustande oder werden Beanstandungen nicht fristgerecht behoben, so kann das BMG die Vereinbarungen selbst festsetzen (§ 87 VI 2 u. 4 SGB V). Das SGB V hat dem Bewertungsausschuss eine Vielzahl weiterer Aufgaben übertragen, unter anderem:

- Aufteilung der Leistungen des EBM in fachärztliche und hausärztliche Versorgung (§ 87 IIa 1 SGB V),
- Abbildung der hausärztlichen Leistungen im EBM als Kombination aus Versichertenpauschalen, Einzelleistungen und Leistungskomplexen (§ 87 IIb SGB V),
- Abbildung der fachärztlichen Leistungen als Kombination aus Grund- und Zusatzpauschalen (§ 87 IIc SGB V),
- Abrechnungs- und Qualitätsvorgaben im EBM (§ 87 IId SGB V),
- Festlegung und Anpassung des Orientierungswerts (§ 87 IIe u. IIg SGB V).

2. Der EBM als Leistungsverzeichnis

9   Der EBM ist zunächst einmal ein Leistungsverzeichnis, wie sich aus § 87 II 1 SGB V ergibt: „Der einheitliche Bewertungsmaßstab bestimmt den Inhalt der abrechnungsfähigen Leistungen ..." Der EBM enthält den Katalog der überhaupt abrechnungsfähigen Leistungen. Damit wird der gesetzliche **Leistungsrahmen** für die ärztlichen Behandlungen konkretisiert, der in § 27 und § 73 II SGB V vorgezeichnet ist.[703] Zugleich wird der **Abrechnungsrahmen** des Arztes in formeller und materieller Hinsicht ausgestaltet. Außerhalb dieses Rahmens haben der Versicherte und der Arzt grundsätzlich keine Ansprüche.[704] Das Leis-

---

[701] Der Plural bedeutet: die Kassenärztliche Bundesvereinigung und die Kassenzahnärztliche Bundesvereinigung. – Die nachfolgenden Ausführungen sind auf den ärztlichen Bereich zugeschnitten.
[702] Siehe dazu *Hess*, in: KassKomm SGB V, § 87 Rn. 20.
[703] *Engelhard*, in: Hauck/Noftz (Hrsg.), SGB V, § 87 Rn. 28.
[704] Vgl. BSG v. 16.9.1997 – 1 RK 28/95 – BSGE 81, 54, 61 = SozR 3-2500 § 135 Nr. 4 S. 17 oben = juris Rn. 28 am Ende.

tungsverzeichnis ist abschließend. Leistungen, die der EBM nicht enthält, sind im Rahmen der vertragsärztlichen Versorgung nicht **erbringbar** und im Rahmen der gesetzlichen Krankenversicherung nicht **abrechenbar**.[705] Folgerichtig gibt es im EBM, anders als in der GOÄ, keine analoge Bewertung für Leistungen, die im EBM (noch) nicht enthalten sind.[706] Ohne Beschluss des Bewertungsausschusses auf Aufnahme einer Leistung in den EBM gibt es deshalb keine Leistungserbringung in der GKV.[707]

3. Der EBM als Abrechnungsgrundlage

Der EBM schafft mit den Punktwertrelationen und den zugehörigen Bewertungen (Punktzahlen) für die einzelnen Leistungen die Voraussetzungen für die Abrechnung ärztlicher Leistungen.[708] Der EBM ist aber, anders als die GOÄ, keine Vergütungsordnung, weil er keine für den Arzt abrechenbaren Vergütungsbeträge, sondern **nur Punktzahlen** enthält.[709] Die dem einzelnen Arzt zustehende Vergütung ergibt sich erst aus dem Zusammenwirken von EBM, Gesamtvergütung und Honorarverteilung (§ 87 i. V. m. § 85 I u. II, § 87a, § 87b SGB V). Zu diesem Zusammenspiel vgl. → Rn. 33 und das Schaubild in → § 18 Rn. 3 sowie zu dessen historischer Entwicklung im Einzelnen oben → § 18 Rn. 7 ff.[710]

10

4. Der EBM als Steuerungsinstrument / Art. 12 I GG / Normcharakter / Gestaltungsfreiheit des Bewertungsausschusses / Beispiele unzulässiger Eingriffe

Der Inhalt des EBM geht über die Funktionen, einen Leistungsrahmen und einen Abrechnungsrahmen darzustellen und Abrechnungsgrundlage zu sein, noch hinaus.

11

Der EBM ist Teil des komplexen Bewertungssystems aus EBM, Gesamtvergütung und Honorarverteilung, das als Ganzes darauf ausgerichtet sein muss, dass die Honorierung der vertragsärztlichen Leistungen **einerseits** eine **ausreichende, zweckmäßige und wirtschaftliche Versorgung der Versicherten** gewährleistet und **andererseits** den **Vertragsärzten eine angemessene Vergütung** gesichert wird (§ 72 II SGB V).[711]

12

Damit kommt dem EBM eine Steuerungsfunktion zu.[712] Um mehr Wirtschaftlichkeit und eine größere Leistungseffektivität zu erreichen, hat „der Bewertungsausschuss ...

13

---

[705] BSGE 79, 239 (242); 81, 86 (92); 84, 247 (248 f.); 88, 126 (128); 104, 128 Rn. 31; 105, 243 Rn. 37.
[706] Ständige Rspr., vgl. z. B. BSG v. 11.2.2015 – B 6 KA 15/14 R – SozR 4–2500 § 106a Nr. 13 = juris, Rn. 21.
[707] Ständige Rspr., vgl. z. B. BSG v. 7.5.2013 – B 1 KR 44/12 R – BSGE 113, 241 = SozR 4–2500 § 13 Nr. 29 = juris, Rn. 13 m. w. N.
[708] Seit 2004 wurden die Vorgaben an die Ausgestaltung des EBM zunehmend verfeinert. Einen wesentlichen Anteil hieran hatte das GKV-Modernisierungsgesetz (GMG) v. 14.11.2003 (BGBl. I S. 2190). Dieses sah z. B. Zeitbewertungen vor (§ 87 II 1 SGB V [zur Verbesserung der Transparenz, BT-Drs. 15/1525 v. 8.9.2003, S. 104]), Regelungen für die Bewertung wirtschaftlicher Nutzung medizinisch-technischer Geräte (§ 87 II 2 letzter Hs. SGB V) (mit dem Ziel, ggf. Gemeinschaftsnutzungen durchzusetzen, BT-Drs. 15/1525 v. 8.9.2003, S. 104) und die Berücksichtigung von Zusatzaufwand für bestimmte Versichertengruppen (§ 87 IIa 3 u. IIc 4 SGB V) (z. B. chronisch Kranke oder Behinderte, BT-Drs. 15/1525 v. 8.9.2003, S. 104). Später erfolgten weitere Verfeinerungen: Siehe die weiteren Regelungen insbesondere in § 87 IIa-IIc SGB V.
[709] Ausnahme: Gemäß § 87 II 4 SGB V können Sachkosten in Euro-Beträgen bewertet werden.
[710] Zu dem so kompliziert erscheinenden System vgl. auch *Hess*, Die Honorargestaltung im Vertragsarztrecht, in: Schnapp/Wigge (Hrsg.), Handbuch des Vertragsarztrechts, 3. Aufl. 2017, § 15.
[711] Näheres dazu unten Rn. 59 m. w. N.
[712] Vgl. dazu grundlegend z. B. BSG v. 20.3.1996 – 6 RKa 51/95 – BSGE 78, 98, 105 = SozR 3–2500 § 87 Nr. 12 S. 41; BSG v. 17.9.1997 – 6 RKa 36/97 – BSGE 81, 86, 92 ff. = SozR 3–2500 § 87 Nr. 18 S. 20 = USK 97135 S. 824 ff. = juris Rn. 30 ff.; BSG v. 16.5.2001 – B 6 KA 20/00 R – BSGE 88, 126, 129 = SozR 3–2500 § 87 Nr. 29 S. 147 f. = USK 2001-156 S. 953 f. = juris Rn. 24; BSG v. 9.12.2004 – B 6 KA 44/03 R –, BSGE 94, 50 Rn. 61 am Ende, 79, 84, 136 = SozR 4–2500 § 72 Nr. 2 Rn. 61 am Ende, 79, 84, 136 = USK 2004-144 = MedR 2005, 538 = juris Rn. 74 am Ende, 92, 97, 149; BSG v. 28.5.2008 – B 6 KA 9/07

sowohl die Befugnis als auch die Verpflichtung, über die Definition sowie Bewertung der vertragsärztlichen Verrichtungen durch mengen- oder fallbegrenzende Maßnahmen zu steuern".[713]

14   Die mit dem EBM einhergehende Steuerung der Honorarvolumina greift empfindlich in die Berufsausübungsfreiheit gemäß **Art. 12 I GG** ein. Diese kann aber gemäß § 12 I 2 GG „durch Gesetz oder auf Grund eines Gesetzes geregelt werden." Die gesetzliche Ermächtigung gemäß § 87 SGB V reicht nach der Rechtsprechung für neue Ausgestaltungen des EBM aus, auch soweit es um eine Fortentwicklung und damit verbunden um eine Korrektur des Bewertungsgefüges geht. Dabei muss nur die Voraussetzung der Verhältnismäßigkeit gewahrt sein; dies wird vom BSG regelmäßig bejaht: Neustrukturierungen erfolgen mit dem Ziel der Erhaltung einer qualitativ hochwertigen medizinischen Versorgung der Versicherten und dienen damit einem Gemeinwohlgut von besonders hohem Rang Damit zugleich sind die mit der Neustrukturierung verbundenen Honorareinbußen „verhältnismäßig" und somit auch zumutbar.[714] Dementsprechend wird man Regelungen im EBM nicht mit dem bloßen Argument bekämpfen können, durch die Veränderung sei es zu einem Umsatzeinbruch gekommen. Zumal ist zu beachten, dass dem **EBM Normcharakter** zukommt und das BSG demgemäß dem Bewertungsausschuss bei der Ausgestaltung des EBM – wie dies für jede Normsetzung kennzeichnend ist – eine **weite Gestaltungsfreiheit** zuerkennt[715]:

*„Die richterliche Kontrolle beschränkt sich darauf, ob sich die untergesetzliche Rechtsnorm auf eine ausreichende Ermächtigungsgrundlage stützen kann und ob die äußersten rechtlichen Grenzen der Rechtssetzungsbefugnis durch den Normgeber überschritten wurden. Letzteres ist erst dann der Fall, wenn die getroffene Regelung in einem „**groben Missverhältnis**" zu den mit ihr verfolgten legitimen Zwecken steht (BVerfGE 108, 1, 19), d. h. in Anbetracht des Zwecks der Ermächtigung schlechterdings **unvertretbar oder unverhältnismäßig** ist (so BVerwGE 125, 384 Rn. 16; vgl auch BSG SozR 4–2500 § 85 Nr. 34 Rn. 15). Der (erweiterte) Bewertungsausschuss überschreitet den ihm eröffneten Gestaltungsspielraum, wenn sich zweifelsfrei feststellen lässt, dass seine Entscheidungen von **sachfremden Erwägungen** getragen sind – etwa weil eine Gruppe von Leistungserbringern bei der Honorierung bewusst benachteiligt wird – oder dass es im Lichte von Art. 3 I GG keinerlei vernünftige Gründe für die Gleichbehandlung von wesentlich Ungleichem bzw für die ungleiche Behandlung von im Wesentlichen gleich gelagerten Sachverhalten gibt (BVerfG <Kammer> SozR 4–2500 § 87 Nr. 6 Rn. 19; BSGE 100, 254 = SozR 4–2500 § 85 Nr. 42, Rn. 17 f.; BSGE 94, 50 = SozR 4–2500 § 72 Nr. 2, Rn. 86 m. w. N.; BSG SozR 4–2500 § 85 Nr. 39 Rn. 17)."*[716]

15   Nach diesen Maßstäben werden die Grenzen der Ermächtigung des § 87 SGB V z. B. dann überschritten, wenn ein Vergütungsausschluss oder eine Einschränkung der Abrechenbarkeit von Leistungen **nicht in das System des Vertragsarztrechts passt**:

R –, BSGE 100, 254 = SozR 4–2500 § 85 Nr. 42 = juris, Rn. 19; BSG v. 28.6.2017 – B 6 KA 29/17 R – SozR 4–2500 § 85 Nr. 88 = MedR 2018, 258 = juris, Rn. 14.
[713] BSG v. 16.5.2001 – B 6 KA 20/00 R – BSGE 88, 126, 129 = SozR 3–2500 § 29 Nr. 29 S. 147 f. = USK 2001-156 S. 953 f. = juris Rn. 24. – Wegen weiterer BSG-Entscheidungen siehe vorstehende Fußnote.
[714] Z. B. BSG v. 26.1.1994 – 6 RKa 66/91 – SozR 3–2200 § 368g Nr. 2 S. 6 = juris Rn. 19.
[715] Vgl. hierzu und zum Folgenden BSG v. 28.6.2017 – B 6 KA 29/17 R – SozR 4–2500 § 85 Nr. 88 = MedR 2018, 258 = juris, Rn. 12 (mit Bezugnahme auf: BSG v. 28.1.2004 – B 6 KA 52/03 R – BSGE 92, 87 Rn. 19 = SozR 4–2500 § 85 Nr. 8 Rn. 19 = juris Rn. 34; BSG v. 28.5.2008 – B 6 KA 9/07 R – BSGE 100, 254 = SozR 4–2500 § 85 Nr. 42, Rn. 17 f.; grundlegend mit Nachweisen der Rspr. des Senats und des BVerfG: BSG v. 9.12.2004 – B 6 KA 44/03 R – BSGE 94, 50 = SozR 4–2500 § 72 Nr. 2, Rn. 86 = MedR 2005, 538, 550 f. = juris Rn. 99.
[716] Zitat aus BSG v. 28.6.2017 – B 6 KA 29/17 R – SozR 4–2500 § 85 Nr. 88 = MedR 2018, 258 = juris, Rn. 12.

§ 22 Die Vergütung der Leistungen in der vertragsärztlichen Versorgung

- So hat das BSG eine EBM-Regelung deshalb beanstandet, weil sie den **Vorrang des Zulassungsrechts** nicht beachtete: Die EBM-Regelung schrieb dem für zwei Fachgebiete zugelassenen Arzt vor, dass er die Ordinationsgebühr einheitlich für alle Behandlungsfälle jeweils nur aus einem der Fachgebiete abrechnen könne.[717]
- Weiterhin hat das BSG die rückwirkende Inkraftsetzung einschränkender Regelungen beanstandet wegen **Unvereinbarkeit der Rückwirkung** mit der dem EBM innewohnenden Ausrichtung auch auf die Steuerung der vertragsärztlichen Leistungserbringung.[718]
- Ferner hat das BSG **mehrfach** EBM-Regelungen deshalb beanstandet, weil sie – ohne ausreichenden sachlichen Grund – nur einer Fachgruppe eine zusätzliche Vergütung gewährten und damit andere, insoweit **vergleichbare Fachgruppen benachteiligten** (Art. 3 I GG).[719]

Die Gefahr von Mängeln gerade letzterer Art beruht darauf, dass im Bewertungsausschuss **16** starke Interessengegensätze bestehen – mit der Gefahr, dass sich ein Interesse mehrheitlich durchsetzt –. Deshalb ist die Regelung des § 87 VI SGB V wichtig, wonach dem **BMG** eine **sehr weitgehende Prüfung und Kontrolle** zusteht[720]: Das BMG kann an allen Sitzungen des Bewertungsausschusses teilnehmen einschließlich seiner Unterausschüsse und Arbeitsgruppen. Ihm sind auch alle Beschlüsse und Beratungsunterlagen vorzulegen (§ 87 VI 1 SGB V). Weiterhin kann das BMG die Beschlüsse, noch bevor sie in Kraft treten, beanstanden und dazu Informationen und Stellungnahmen anfordern (§ 87 VI 2 SGB V).

Die weitere Kontrolle der Bestimmungen des EBM unterliegt dann den Gerichten. Sofern **17** diese nicht zur Überzeugung der Unwirksamkeit einer EBM-Bestimmung gelangen (s. o. → Rn. 14 f.), sind sie dazu berufen, die Bestimmung auszulegen. Dabei gelten gemäß der ständigen Rechtsprechung des BSG die folgenden Grundsätze (Zitat aus BSG v. 4.5.2016 – B 6 KA 16/15 R – SozR 4–5532 Allg Nr. 2 = KrV 2016, 191 = juris, Rn. 23):

*„Für die Auslegung vertrags(zahn)ärztlicher Vergütungsbestimmungen ist nach der ständigen Rechtsprechung des BSG **in erster Linie der Wortlaut** der Regelungen maßgeblich .... Dies gründet sich zum einen darauf, dass das vertragliche Regelwerk dem Ausgleich der unterschiedlichen Interessen von Ärzten und Krankenkassen dient und es vorrangig Aufgabe des Normgebers des EBM, des Bewertungsausschusses gemäß § 87 I SGB V, ist, Unklarheiten zu beseitigen. Zum anderen folgt die primäre Bindung an den Wortlaut aus dem Gesamtkonzept des EBM als einer abschließenden Regelung, die **keine Ergänzung oder Lückenfüllung** durch Rückgriff auf andere Leistungsverzeichnisse bzw Gebührenordnungen **oder durch analoge Anwendung** zulässt. Raum für eine systematische Interpretation im Sinne einer Gesamtschau der in innerem Zusammenhang stehenden vergleichbaren oder ähnlichen Leistungstatbestän-*

---

[717] BSG v. 11.5.2011 – B 6 KA 2/10 R – SozR 4–2500 § 87 Nr. 25 = USK 2011-38 = MedR 2012, 272 = juris, Rn. 24–32.

[718] BSG v. 17.9.1997 – 6 RKa 36/97 – BSGE 81, 86, 88 ff. = SozR 3–2500 § 87 Nr. 18 S. 83 ff. = USK 97123 = juris Rn. 22 ff.

[719] BSG v. 20.1.1999 – B 6 KA 9/98 R – BSGE 83, 218, 220 ff. = SozR 3–2500 § 87 Nr. 21 S. 109 ff. = juris Rn. 12 ff., und BSG v. 20.1.1999 – B 6 KA 16/98 R – MedR 1999, 432, 433 f. = USK 9997 S. 567 ff. betr. internistische und orthopädische Rheumatologen. – BSG v. 19.2.2014 – B 6 KA 38/12 R – BSGE 115, 131 = SozR 4–2500 § 135 Nr. 20 = juris, Rn. 34–45 betr. Nephrologen und Transfusionsmediziner. – Vgl. ferner BSG v. 15.5.2002 – B 6 KA 33/01 R – BSGE 89, 259, 270 f. = SozR 3–2500 § 87 Nr. 34 S. 198 f. = juris, Rn. 34 f. betr. geringeren Praxiskosten-Ansatz für Hautärzte. – Vgl. auch die vielen BSG-Entscheidungen, die zusätzliche EBM-Vergütungen für Vertragsärzte bei Bereitschaftsdienst-Behandlungen beanstanden und dadurch die auch-teilnehmenden Krankenhäuser benachteiligten: BSG-Angaben bei *Clemens*, in: Schlegel/Voelzke/Engelmann (Hrsg.), JurisPraxisKommentar SGB V, 3. Aufl. 2016, § 106d (Neubearbeitung 2018) Rn. 111–113. Dies fortführend z.B. BSG v. 25.1.2017 – B 6 KA 2/16 R – SozR 4–5540 § 5 Nr. 1 = MedR 2017, 846 = juris, Rn. 23 ff. (betr. Ausschluss der Krankenhäuser von der Zusatzpauschale für die Beobachtung und Betreuung von Patienten).

[720] Zu diesen Zusammenhängen vgl. die sog. Amtliche Begründung zu § 84 SGB V: BR-Drs. 755/06 v. 3.11.2006, S. 354 ff. (359): „... erleichtert eine sachgerechte Bewertung".

*de ist dann, wenn der Wortlaut eines Leistungstatbestandes zweifelhaft ist und es einer Klarstellung bedarf. Eine **entstehungsgeschichtliche** Auslegung kommt bei unklaren oder mehrdeutigen Regelungen ebenfalls in Betracht, kann allerdings nur anhand von Dokumenten erfolgen, in denen die Urheber der Bestimmungen diese in der Zeit ihrer Entstehung selbst erläutert haben .... Leistungsbeschreibungen dürfen **weder ausdehnend ausgelegt noch analog angewendet** werden .... Diese Grundsätze gelten auch für Kostenerstattungstatbestände ... und die den Vergütungsbestimmungen vorangestellten Allgemeinen Bestimmungen ....*"

5. Nachbesserungspflicht des Bewertungsausschusses

18   Mit Blick auf die Komplexität der Regelungsmaterie stellt das BSG schließlich regelmäßig noch heraus, dass normsetzende vertragsärztliche Institutionen wie z. B. der Bewertungsausschuss, zur laufenden Beobachtung ihrer Bestimmungen verpflichtet sind: „Zeigen sich erhebliche und dauerhafte Veränderungen, so sind die Bestimmungen nachzubessern".[721] Ebenso auferlegt § 87 II 2 SGB V dem Bewertungsausschuss ausdrücklich, die Bewertungsmaßstäbe – d. h. den EBM und den Bema-Z – „in bestimmten Zeitabständen auch daraufhin zu überprüfen, ob die Leistungsbeschreibungen und ihre Bewertungen noch dem Stand der medizinischen Wissenschaft und Technik sowie dem Erfordernis der Rationalisierung im Rahmen wirtschaftlicher Leistungserbingung entsprechen ...".[722] Dem Bewertungsausschuss steht es deshalb nicht frei, offenbar widersprüchliche oder lückenhafte vertragsärztliche Regelungen einfach auf sich beruhen zu lassen.[723]

6. Datenübermittlung an den Bewertungsausschuss

19   Damit der Bewertungsausschuss seiner Aufgabe nachkommen kann, den EBM regelmäßig daraufhin zu überprüfen, ob die Leistungsbeschreibungen und ihre Bewertungen noch dem Stand der medizinischen Wissenschaft und Technik sowie dem Erfordernis der Rationalisierung im Rahmen wirtschaftlicher Leistungserbingung entsprechen (§ 87 II 2 SGB V), sind gemäß § 87 IIIf SGB V die KVen und die KKn verpflichtet, die vom Bewertungsausschuss benötigten Daten arzt- und versichertenbezogen in einheitlicher pseudonymisierter Form zu erfassen und diese über die Kassenärztliche Bundesvereinigung und den Spitzenverband Bund der Krankenkassen an das Institut nach § 87 IIIb SGB V zu übermitteln.[724] [725]

---

[721] BSG v. 15.5.2002 – B 6 KA 33/01 R – BSGE 89, 259, 269 f. = SozR 3–2500 § 87 Nr. 34 S. 198 f. = juris, Rn. 33 f. zur Beobachtungspflicht des Bewertungsausschusses wegen Veränderungen der Praxiskosten; siehe auch BVerfGE 83, 1 (14 ff.). St. Rspr., z. B. BSG v. 22.6.2005 – B 6 KA 80/03 R – SozR 4–2500 § 87 Nr. 10 = juris Rn. 22. – Aus neuerer Zeit vgl. z. B. BSG v. 11.12.2013 – B 6 KA 6/13 R – SozR 4–2500 § 87 Nr. 29 = MedR 2015, 49 = juris, Rn. 49 zur Beobachtungspflicht der KV wegen eventuellen Punktwertverfalls; BSG v. 13.5.2015 – B 6 KA 14/14 R – BSGE 119, 57 = SozR 4–2500 § 34 Nr. 17 = juris, Rn. 74 ff. zur Beobachtungspflicht des G-BA wegen neuer medizinischer Erkenntnisse; BSG v. 28.9.2016 – B 6 KA 40/15 R – BSGE 122, 55 = SozR 4–2500 § 103 Nr. 22 = GesR 2017, 261 = juris, Rn. 26 zur Beobachtungspflicht des G-BA und der Zulassungsgremien wegen Veränderungen der Weiterbildungsordnungen.
[722] Vgl. hierzu BSG v. 10.12.2014 – B 6 KA 12/14 R – SozR 4–2500 § 87 Nr. 30 = juris, Rn. 25.
[723] *Engelhard*, in: Hauck/Noftz, SGB V § 87, Rn. 12.
[724] Dabei sind die unverschlüsselten (Zahn-)Arztnummern zu übermitteln: BSG v. 2.4.2014 – B 6 KA 19/13 R – SozR 4–2500 § 295 Nr. 3 = GesR 2014, 614 = juris. – Gegen diese Entscheidung wird vor allem auf das verfassungsrechtliche Erfordernis hingewiesen, dass Zweck und Umfang der Datenerhebung und -übermittlung aus dem Gesetz ablesbar sein müssten. Eine ausreichend deutliche Umschreibung von Zweck und Umfang der Übermittlung der (Zahn-)Arztnummern ergebe sich nicht aus §§ 284 ff., 294 ff. SGB V. Die Aufgabenbeschreibung reiche entgegen den Ausführungen des BSG (v. 17.3.2010 – B 6 KA 13/09 R – SozR 4–2500 § 85 Nr. 51 Rn. 36 f.) nicht aus, ebenso wenig der Hinweis auf die Aufgabe der Abrechnungsprüfung (vgl. hierzu BSG v. 17.3.2010 aaO Rn. 25–29, 34–37).
[725] Vgl. BR-Drs. 755/06 v. 3.11.2006, S. 354 ff. (358/359).

Das Institut nach § 87 IIIb SGB V unterstützt den Bewertungsausschuss bei der Wahrnehmung seiner Aufgaben. Es bereitet gemäß der vom Bewertungsausschuss nach § 87 IIIe 1 Nr. 1 SGB V zu verabschiedenden Geschäftsordnung[726] die Beschlüsse, Analysen und Berichte des Bewertungsausschusses vor. Träger des Instituts sind die KBV und der Spitzenverband Bund der Krankenkassen (§ 87 IIIb 2 SGB V). Damit soll der Prozess der Professionalisierung der Entscheidungsfindung im Bewertungsausschuss „gefördert und gesetzlich abgesichert" werden.[727]

20

III. Gesamtvergütung

§ 85 I und II SGB V regelt die Vereinbarung der Gesamtvergütung als wesentlichen Bestandteil der Gesamtverträge.[728] Die Gesamtvergütung ist das Ausgabenvolumen für die Gesamtheit der zu vergütenden vertragsärztlichen Leistungen.

21

Die in § 85 II 2 SGB V an sich vorgesehene Wahlfreiheit, die Gesamtvergütung als **Festbetrag** oder auf der Grundlage des EBM nach **Einzelleistungen**[729], nach einer **Kopfpauschale**, nach einer **Fallpauschale** oder nach einem System zu berechnen, das sich aus der Verbindung dieser oder weiterer Berechnungsarten ergibt, besteht im ärztlichen Bereich nicht mehr; denn für diesen Bereich hat der Gesetzgeber in **§ 87a I-VI SGB V engere Vorgaben** normiert[730] (Ausrichtung an der Vorjahres-Gesamtvergütung mit Steigerung nach Maßgabe eines Orientierungswerts mit der Möglichkeit regionaler Modifikation gemäß § 87a II 2–6 SGB V durch Zu-[731] oder Abschläge[732] zur Berücksichtigung regionaler Besonderheiten bei der Kosten- und Versorgungsstruktur[733] oder für förderungswürdige Leistungen oder Leistungserbringer oder für telemedizinische Leistungen): Dies ist nunmehr maßgeblich; insofern besteht keine enge Bindung an den EBM etwa dergestalt, dass für die Bemessung der Gesamtvergütung die Summe der von den Vertragsärzten erbrachten Einzelleistungen einschließlich deren Bewertung nach dem EBM maßgeblich wäre.[734] Die Gesamtvergütungen werden in den Gesamtverträgen der KV und der Landesverbände der KKn sowie der Verbände der Ersatzkassen mit Wirkung für die beteiligten KKn vereinbart (§§ 82 II, 83 I, 85 II 1 SGB V) (vgl. noch unten → Rn. 26). Auf der Grundlage der Gesamtvergütungsvereinbarung zahlen die KKn an die KV die alljährlich neu vereinbarten „Gesamtvergütungen".

22

---

[726] Außerdem ist eine Finanzierungsregelung für das Institut zu beschließen. Die Regelung entspricht derjenigen für den G-BA.

[727] BR-Drs. 755/06 v. 3.11.2006, S. 354 ff. (356).

[728] → § 8 Rn. 21 ff.

[729] Die Vereinbarung von Einzelleistungsvergütungen im Gesamtvertrag wird gemäß § 85 II 7 SGB V nur noch zugelassen, wenn eine Ausgabenobergrenze bestimmt wird. Der weitere Zusatz, dass Regelungen zur Vermeidung einer Überschreitung getroffen werden müssen (vgl. dazu BSG v. 23.6.2010 – B 6 KA 4/09 R – SozR 4–2500 § 85 Nr. 56 = USK 2010-104 = juris, Rn. 12 ff.), ist durch Art. 1 Nr. 20 Buchst. a des GKV-VStG v. 22.12.2011 (BGBl. I S. 2983, 2987) gestrichen worden.

[730] So deutlich *Hess*, in: Schnapp/Wigge (Hrsg.), Handbuch des Vertragsarztrechts, 3. Aufl. 2017, § 15 Rn. 69.

[731] Dabei sind solche bedingt zulässigen „Zuschläge" abzugrenzen von der Schaffung zusätzlicher Vergütungstatbestände, die gänzlich unzulässig sind: BSG v. 28.6.2017 – B 6 KA 12/16 R – SozR 4–2500 § 75 Nr. 19 = MedR 2018, 345 = juris, Rn. 36–41.

[732] Zu korrekt festgelegten Zuschlägen vgl. BSG v. 10.5.2017 – B 6 KA 5/16 R – BSGE 123, 115 = SozR 4–2500 § 87a Nr. 4 = GesR 2018, 35 = juris. – Zu Mängeln bei der Festlegung von Zuschlägen vgl. BSG v. 10.5.2017 – B 6 KA 14/16 R – SozR 4–2500 § 87a Nr. 3 = GesR 2018, 45 = juris und BSG v. 29.11.2017 – B 6 KA 42/16 R – SozR 4–2500 § 87a = GesR 2008, 468 = juris, Rn 28 ff., 34 ff.

[733] Zur Kosten- und Versorgungsstruktur vgl. BSG v. 10.5.2017 – B 6 KA 5/16 R – BSGE 123, 115 = SozR 4–2500 § 87a Nr. 4 = GesR 2018, 35 = juris, Rn. 36–41, 43 ff.; BSG v. 10.5.2017 – B 6 KA 14/16 R – SozR 4–2500 § 87a Nr. 3 = GesR 2018, 45 = juris, Rn. 50 ff.; BSG v. 29.11.2017 – B 6 KA 42/16 R – SozR 4–2500 § 87a = GesR 2018, 468 = juris, Rn. 27 ff.

[734] Zur grundsätzlichen Bindung an den EBM → Rn. 2 f.

23 In der Praxis ist es üblich, die Gesamtvergütung unter Beachtung der Vorgaben des § 87a I-VI SGB V an den Mitgliederzahlen und an Pauschalen – diese ausgerichtet an früheren Kostenbeträgen je Mitglied, hier unterscheidend nach Versicherten und Rentnern – zu orientieren. Es ist auch zulässig, die Vereinbarung der Gesamtvergütung in unterschiedliche Leistungsbereiche aufzugliedern und im Sinne eines **Mischsystems** für jeden dieser Bereiche unterschiedliche Bemessungen bzw. Bemessungsmaßstäbe zugrundezulegen. Voraussetzung ist immer nur, dass die Vorgaben des § 87a I-VI SGB V eingehalten werden. Es ist im Übrigen auch zulässig, die Festlegung der Gesamtvergütung auf bestimmte Bereiche zu begrenzen und für gesonderte Leistungsbereiche oder einzelne Leistungen sog. **extrabudgetäre Vergütungen** zu vereinbaren.

24 Für die Frage, wie sich die Gesamtvergütungen weiter entwickeln können, ist es wichtig, die **folgenden Zusammenhänge** im Blick zu behalten: Die zunehmend wachsende Lebenserwartung führt zu einer zunehmenden Alterung der Gesellschaft und zur Zunahme des Anteils erkrankter – und schwerer erkrankter – Patienten (Morbiditätsrisiko) und zum Anstieg des Bedarfs nach medizinischen Behandlungen und dadurch zur Steigerung der von den Ärzten abgerechneten Leistungsmengen. Diese Zusammenhänge werden üblicherweise kurzgefasst als **morbiditätsbedingte Mengenausweitung** bezeichnet.[735] Hinzu kommt der **medizinische und medizinisch-technische Fortschritt** in Gestalt der Herausbildung neuer erfolgreicherer Behandlungsmethoden und auch in Gestalt des technischen Fortschritts besserer – zugleich aber im Regelfall auch teurerer – Möglichkeiten der Diagnostik und Therapie. Die sich aus alledem ergebenden Kostensteigerungen sind erfahrungsgemäß im Regelfall höher als die Steigerungen des Beitragsaufkommens, sodass nur an dem Anstieg des Beitragsaufkommens orientierte Gesamtvergütungssteigerungen die Kostensteigerungen nicht auffangen können. In dem früheren Modell der so begrenzten Gesamtvergütungssteigerungen führten demgemäß die morbiditätsbedingte Mengenausweitung und der medizinische und medizinisch-technische Fortschritt dazu, dass die Vergütungen für die einzelnen Leistungen der Ärzte nur noch geringer vergütet werden konnten (sinkende Punktwerte = Punktwertabfall, vgl. noch unten → Rn. 28, 37). Kurzgefasst wurde formuliert, dass das **finanzielle Risiko morbiditätsbedingter Mengenausweitungen zu Lasten der Ärzte** gehe.[736]

25 Diese **Risiko-Verteilung zu Lasten der Ärzte** – derart dass allgemeine Entwicklungen sich zu Lasten ihrer Honorare auswirkten – wurde zunehmend als **unangemessen** empfunden. Darauf hat der Gesetzgeber durch **Neuregelungen in § 87a SGB V** reagiert: Er hat das **finanzielle Risiko morbiditätsbedingter Mengenausweitungen zunehmend auf die KKn verlagert**[737]. Damit zugleich hat er die Maßgeblichkeit des Grundsatzes der **Beitragssatzstabilität gelockert**[738]; dieser ist bei der Frage der Gewährung von Zuschlägen zur Berücksichtigung regionaler Besonderheiten bei der Kosten- und Versorgungsstruktur (§ 87a II 2 SGB V) zwar nicht bedeutungslos, er gilt aber nur in sehr eingeschränktem Maße[739], er ist nur noch – neben anderen Faktoren – mitbestimmend[740]; und im Fall der Feststellung eines

---

[735] So z. B. *Hess,* in: Schnapp/Wigge (Hrsg.), Handbuch des Vertragsarztrechts, 3. Aufl. 2017, § 15 Rn. 14.
[736] *Hess,* in: Schnapp/Wigge (Hrsg.) aaO § 15 Rn. 14.
[737] Gesetzgebungsakte zum 1.1.2004 (durch das GMG v. 14.11.2003, BGBl. I S. 2190) und zum 1.1.2009 (durch das GKV-WSG v. 26.3.2007, BGBl. I S. 378) sowie zum 1.1.2012 (GKV-VStG v. 22.12.2011, BGBl. I S. 2983). – Vgl. die Ausführungen von *Hess,* in: Schnapp/Wigge (Hrsg.) aaO § 15 Rn. 14.
[738] BT-Drs. 17/6906 v. 5.9.2011, S. 59 unten.
[739] BSG v. 13.8.2004 – B 6 KA 6/14 R – BSGE 116, 280 = SozR 4–2500 § 87a Nr. 2 = GesR 2014, 732 = juris, Rn. 41; BSG v. 10.5.2017 – B 6 KA 5/16 R – BSGE 123, 115 = SozR 4–2500 § 87a Nr. 4 = GesR 2018, 35 = juris, Rn. 49–65 (insbes. Rn. 61 am Ende).
[740] BSG v. 10.5.2017 – B 6 KA 5/16 R – BSGE 123, 115 = SozR 4–2500 § 87a Nr. 4 = GesR 2018, 35 = juris, Rn. 63 am Ende; vgl. auch BSG v. 29.11.2017 – B 6 KA 42/16 R – SozR 4–2500 § 87a = MedR 2018, 468 = juris, Rn. 28 ff.

erhöhten Behandlungsbedarfs (§ 87a III 2 Hs 2 SGB V) greift die Durchbrechung wegen „notwendiger medizinischer Versorgung" (§ 71 I 1 Hs. 2 SGB V) automatisch ein[741]. Maßgebend sind nunmehr die schon oben – in → Rn. 22 – erwähnten Regelungen in § 87a I-VI SGB V, für deren Einzeldarstellung auf das einschlägige Schrifttum verwiesen wird.[742]

Die Zahlung der Gesamtvergütung erfolgt gemäß § 85 I bzw. § 87a III 1 SGB V „mit befreiender Wirkung": Ihre Bemessung wird an vorausgeschätzten Leistungsmengen unter Beachtung der Vorgaben des § 87a I-VI SGB V ausgerichtet (s. o. → Rn. 22 ff.). Die spätere reale Leistungsmenge spielt keine Rolle. Vielmehr tritt die „befreiende Wirkung" unabhängig von Art und Menge der im jeweiligen Zeitraum von den Ärzten konkret erbrachten Leistungen und Leistungsmenge ein.   26

Abgegolten sind mit der Zahlung alle Sachleistungen der vertragsärztlichen Versorgung, d. h.   27
- die ambulante vertragsärztliche Behandlung des Versicherten,
- die stationäre vertragsärztliche Behandlung, soweit die Vergütung nicht im Pflegesatz enthalten ist (belegärztliche Behandlung),
- die ambulante Notfallbehandlung (sog. Bereitschaftsdienst), auch soweit Nicht-Vertragsärzte tätig werden.[743]

Ungeachtet der Maßnahmen zur Verlagerung des finanziellen Risikos morbiditätsbedingter Mengenausweitungen auf die KKn (→ Rn. 24 f.) gilt aber immer noch: Je größer die Zahl der Leistungen bzw. je aufwändiger die Behandlungen in einem Quartal sind, desto größer ist die Zahl der von den Ärzten gemäß dem EBM abgerechneten Punkte und desto geringer ist der Punktwert (Punktwertabfall). Deshalb verfolgen der Bewertungsausschuss, aber auch die KV, nach wie vor das Ziel, durch geeignete Budgetregelungen im EBM und Mengenzuwachsbegrenzungen im HVM „unberechtigten" Mengensteigerungen – d. h. solchen, die weder morbiditätsbedingt noch durch den medizinischen oder medizinisch-technischen Fortschritt bedingt sind – entgegenzuwirken.[744]   28

IV. HVM

Wie die KV die Gesamtvergütung unter die Ärzte verteilt, liegt grundsätzlich in ihrer Hoheit: Sie gestaltet die **Honorarverteilung** aus. Dafür beschließt die KV bzw. ihre Vertreterversammlung Honorarverteilungsregelungen. Diese werden in der Regel als **Honorarverteilungsmaßstab** (HVM) bezeichnet; in manchen KVen werden aber auch andere Bezeichnungen verwendet wie z. B. Verteilungsmaßstab.   29

1. Funktion und Rechtsnatur

Die Gesamtvergütung ist kein durchlaufender Posten an die Leistungserbringer, sondern – vgl. das Schaubild oben in § 18 Rn. 3 mit Darstellung des sog. vertragsarztrechtlichen Viereck-Verhältnisses – die Gesamtvergütung wird der KV zugeleitet und diese gestaltet deren Weiterleitung (Verteilung) an die Ärzte.[745] Die Verteilung braucht nicht streng-proportional entsprechend den von den Ärzten abgerechneten Punktmengen zu erfolgen (vgl. hierzu noch   30

---

[741] Dazu im Einzelnen vgl. BSG v. 13.8.2014 – B 6 KA 6/14 R = BSGE 116, 280 = SozR 4–2500 § 87a Nr. 2 = GesR 2014, 732 = juris, Rn. 41; 10.5.2017 – B 6 KA 5/16 R – BSGE 123, 115 = SozR 4–2500 § 87a Nr. 4 = GesR 2018, 35 = juris, Rn. 58–62.

[742] Vgl. z. B. *Hess*, in: Schnapp/Wigge (Hrsg.), Handbuch des Vertragsarztrechts, 3. Aufl. 2017, § 15 Rn. 87–99.

[743] Vgl. hierzu → § 19 II. 3. = Rn. 67 ff. und hier Rn. 73 zum Aufsuchen des Nicht-Vertragsarztes statt des Bereitschaftsdienstes.

[744] Vgl. unten → § 22 Rn. 37, vgl. auch Rn. 42 f. – Umfassend *Clemens* in: Wenzel (Hrsg.), Handbuch des Fachanwalts Medizinrecht, 3. Aufl. 2013, Kapitel 13 Abschnitt B (S. 1386, 1404 ff.).

[745] Vgl. hierzu *Hess*, in: Schnapp/Wigge (Hrsg.), Handbuch des Vertragsarztrechts, 3. Aufl. 2017, § 15 Rn. 129.

unten → Rn. 34 f.). Die KV ist vielmehr befugt, von einer streng-proportionalen Verteilung aus sachlichen Gründen abzuweichen. Diese Ausgestaltung muss **normativ** erfolgen, d. h. durch normative Regelungen in einer **Satzung**[746] = in dem **Honorarverteilungsmaßstab (HVM** – vgl. hierzu unten → Rn. 32 ff. und weitergreifend auch das Schaubild oben in § 18 Rn. 3); die Rechtsgrundlage für die Normensetzung in Gestalt von Honorarverteilungsregelungen ergibt sich aus § 85 IV 2 (für die Zahnärzte) bzw. § 87b I 2 SGB V (für die Ärzte). Aus dem Normcharakter des HVM folgt zugleich die Pflicht der KV, bei der Honorarverteilung die selbst erlassenen Regelungen zu beachten.

31 Durch diese Vorgaben mit der Hoheit für die KV, durch ihren **HVM** die Rechtsbeziehungen zu ihren Vertragsärzten auszugestalten, sind diese **Rechtsbeziehungen eigenständig gegenüber** den Rechtsbeziehungen zwischen KV und KKn mit der **Gesamtvergütungsvereinbarung (Gesamtvertrag** – hierzu vgl. oben → Rn. 4).[747]

32 Für die von der KV vorzunehmende Verteilung der Gesamtvergütungen als Honorar an die Vertragsärzte gibt es einige Regelungen in § 85 und § 87b SGB V und weitere Regelungen in § 44 BMV-Ä und in dem HVM der KV. Das SGB V enthält die Vorgabe, dass die Verteilung getrennt für die Bereiche der **hausärztlichen und der fachärztlichen Versorgung** erfolgt (§ 87b I 1 Hs. 2 SGB V; – vgl. auch oben § 21 → Rn. 1–7 u. → § 22 Rn. 85). **Vor dieser Trennung** – und damit zu Lasten des hausärztlichen und/oder des fachärztlichen Vergütungsvolumens – sind gemäß § 87b I 3 SGB V die **Leistungen im Notfall** und im Notdienst zu vergüten.[748] Eine solche Vorab-Honorarverteilung gilt auch noch für die meisten **Laborleistungen.**[749] Eine gleiche Vorab-Honorarverteilung für psychotherapeutische Leistungen war und ist nicht erforderlich.[750]

---

[746] Diese ist im Benehmen mit den Verbänden der Krankenkassen festzusetzen (§ 85 IV 2 u. § 87b I 2 SGB V): Zur Voraussetzung der Benehmensherstellung vgl. *Clemens*, in: Wenzel (Hrsg.), Handbuch des Fachanwalts Medizinrecht, 3. Aufl. 2013, Kapitel 13 Abschnitt B Rn. 210 ff. – In der „Zwischenzeit" von 2004 bis 2011 waren die Honorarverteilungsregelungen durch Vereinbarung zwischen der KV und den Krankenkassen festzulegen (§ 85 IV 2 damaliger Fassung).

[747] Vgl. hierzu *Hess,* in: Schnapp/Wigge (Hrsg.), Handbuch des Vertragsarztrechts, 3. Aufl. 2017, § 15 Rn. 129.

[748] Dies umfasst (a) die Leistungen im *organisierten Notdienst* und (b) die [sonstigen] Notfallbehandlungen *während* der Zeiten des organisierten Notdienstes sowie (c) die Notfallbehandlungen *außerhalb* dieser Zeiten. Die Regelung ist darauf ausgerichtet, dass alle diese drei Bereiche insofern gleich behandelt werden, als in allen diesen Bereichen weder Quotierungen noch andere HVM-Vergütungsbegrenzungen angewendet werden sollen. Die Vorschrift besagt indessen nichts darüber, ob die für die Leistungshonorierung erforderlichen Finanzmittel aus dem hausärztlichen oder dem fachärztlichen Vergütungsteil aufzubringen sind, überlässt dies vielmehr den gemäß § 87b IV SGB V vorgesehenen Regelungen der Kassenärztlichen Bundesvereinigung. Nach diesen Regelungen, die ihre neueste Fassung mit Wirkung zum 1.1.2018 erhalten haben, i. V. m. den weitergeltenden Abschnitten früherer Fassungen der KBV-Vorgaben ergibt sich, dass die Notfall-Leistungen gemäß zuvor (a) und (b) wie schon bisher auch weiterhin im Wege der Vorab-Vergütung – und somit gleichermaßen zu Lasten des hausärztlichen und des fachärztlichen Vergütungsvolumens – finanziert werden. Die neuen KBV-Vorgaben beziehen in diese Vorab-Vergütung nunmehr auch die Notfallbehandlungen *außerhalb* der Zeiten des organisierten Notfalldienstes – also diejenigen gemäß oben (c) – ein.

[749] Diese Privilegierung für die Honorierung der Laborleistungen hat ihren Ausgangspunkt in dem früheren § 85 IVa 2 SGB V i. d. F. des GSG v. 21.12.1992 (BGBl. I S. 2266) und ist durch den Erweiterten Bewertungsausschuss weitergeführt worden: So *Hess,* in: Schnapp/Wigge (Hrsg.), Handbuch des Vertragsarztrechts, 3. Aufl. 2017, § 15 Rn. 72. – Die Honorarverteilung vorab gilt gemäß den KBV-Vorgaben (vgl. vorstehende Fußnote) seit dem 1.4.2018 nur noch für die Laborleistungen auf der Grundlage des Musters 10. Die Finanzierung hingegen derjenigen Laborleistungen, die nach dem Muster 10a erbracht werden, erfolgt je nach der Zugehörigkeit des veranlassenden Vertragsarztes zur hausärztlichen oder fachärztlichen Versorgung entweder zu Lasten des hausärztlichen oder zu Lasten des fachärztlichen Honorvolumens; das Muster 10a betrifft Laborleistungen, die von Ärzten in eigener Praxis oder von mehreren Ärzten in gemeinschaftlich betriebenen Laborgemeinschaften erbracht werden.

[750] Es reicht aus, für psychotherapeutische Leistungen eine „angemessene Höhe der Vergütung je Zeiteinheit [zu] gewährleisten" und dem Bewertungsausschuss bzw. der Kassenärztlichen Bundesver-

§ 22 Die Vergütung der Leistungen in der vertragsärztlichen Versorgung   519

Ein konkreter Vergütungsanspruch ergibt sich für den Arzt allerdings weder aus dem   33
HVM, der nur die Verteilungskriterien regelt, nicht aber dem einzelnen Arzt konkrete
Zahlungsbeträge zuordnet, noch aus dem EBM, da auch dieser den einzelnen Leistungen keine
Eurobeträge zuordnet (hierzu vgl. oben → Rn. 10 und unten → Rn. 37 u. 59). Ein konkreter
Vergütungsanspruch lässt sich erst unter weiterer Heranziehung auch des Gesamtvergütungs-
volumens errechnen sowie unter Heranziehung auch der Abrechnungsmengen der übrigen
Ärzte des KV-Bezirks. Aus dieser Komplexität folgt, dass der einzelne Vertragsarzt keinen
betragsmäßig im Voraus definierbaren Vergütungsanspruch für seine Leistungen hat, sondern
lediglich einen Anspruch auf Teilnahme an der Honorarverteilung nach Maßgabe des
HVM.[751]

2. Inhalt des HVM

a) Grundstrukturen. In § 85 IV und § 87b SGB V sind nur einzelne Bestimmungen für   34
die Verteilung der Gesamtvergütungen enthalten. Die Rechtsprechung des BSG geht dahin,
dass die KV diese Vorgaben berücksichtigen, aber aufs Ganze gesehen eine **weite Gestaltungsfreiheit** bei der Ausgestaltung ihres HVM hat.[752] Die Rechtsprechung sieht die Vorgabe
der Zugrundelegung von **Art und Umfang der Leistungen** zwar als gewissen Orientierungs-
punkt an, lässt aber **Überlagerungen und Abweichungen** durch andere sachbezogene Gesichtspunkte zu. So billigt das BSG in ständiger Rechtsprechung z. B. die **Bildung von
fachgruppenbezogenen Honorarkontingenten,** auch wenn diese unter Umständen dazu
führen, dass dieselbe Leistung bei den Ärzten verschiedener Fachgruppen zu unterschiedlichen Vergütungen führt.[753]

Die **Gemengelage** der verschiedenen Gesichtspunkte und die der KV vorbehaltene **Abwä-**   35
gung mit weiter Gestaltungsfreiheit kommt in folgender, vom BSG wiederholt verwendeter
Passage deutlich zum Ausdruck[754]:

*„Die in dieser Bestimmung [heute: § 85 IV 3 ff. bzw. § 87b II 2 ff. SGB V] enthaltenen
näheren Vorgaben ... konkretisieren die Gestaltungsfreiheit, die der K(Z)V bzw ihrer Vertreterversammlung bei der Ausformung des HVM zusteht, der eine als Satzung ergehende
Maßnahme der Selbstverwaltung ist ... In § 85 IV SGB V ist zunächst bestimmt, dass die
Honorierung sich an Art und Umfang der Leistungen der Vertrags(zahn)ärzte zu orientieren
hat (§ 85 IV 3 SGB V), und weiter, dass der HVM übermäßiger Ausdehnung der vertrags
(zahn)ärztlichen Tätigkeit entgegenwirken soll (§ 85 IV 5 SGB V) sowie dass die Honorierung gleichmäßig auf das gesamte Jahr zu verteilen, d. h. den Vertrags(zahn)ärzten gleichmäßig bis zum Jahresende Honorar zu gewähren ist (so § 85 IV 4 SGB V). Über diese
Vorgaben hinaus hat das BSG – im Sinne einer Ausprägung des Grundsatzes der **Honorarverteilungsgerechtigkeit** – einen hohen Stellenwert auch dem Ziel beigemessen, eine Punkt-
wertstabilisierung zu erreichen, um dem sog. Hamsterradeffekt entgegenzuwirken und damit
zugleich den Vertrags(zahn)ärzten zu ermöglichen, ihr zu erwartendes vertrags(zahn)ärzt-*

---

einigung aufzuerlegen, dies zu konkretisieren (so früher § 85 IV 4 i. V. m. IVa 1 SGB V a. F. und heute
§ 87b II 4 i. V. m. IV 2 SGB V). – Zur Verfassungsmäßigkeit solcher Zuweisungen (damals an den
Bewertungsausschuss) vgl. BSG v. 6.9.2006 – B 6 KA 29/05 R – SozR 4-2500 § 85 Nr. 26 Rn. 12 ff. =
GesR 2007, 169, 170 ff. = juris Rn. 12 ff. – Vgl. insgesamt auch unten § 22 Rn. 36.

[751] Ständige Rspr. des BSG, vgl. z. B. BSG v. 9.12.2004 – B 6 KA 44/03 R –, BSGE 94, 50 Rn. 46 f., 118,
129, 137, 147 = SozR 4-2500 § 72 Nr. 2 Rn. 46 f., 118, 129, 137, 147 = USK 2004-144 = MedR 2005, 538 =
juris Rn. 59 f., 131, 142, 150, 160. – Siehe z. B. auch *Hess*, in: Schnapp/Wigge (Hrsg.), Handbuch des
Vertragsarztrechts, 3. Aufl. 2017, § 15 Rn. 59; st. Rspr. des BSG.

[752] Hierzu näher unten → Rn. 54, 58.

[753] Hierzu vgl. auch → Rn. 41 u. 42.

[754] Ständige Rspr., nachfolgendes Zitat aus BSG v. 19.7.2006 – B 6 KA 8/05 R – SozR 4-2500 § 85
Nr. 28 Rn. 12 = USK 2006-106 S. 716 = MedR 2007, 256 Rn. 12 = juris, Rn. 12.

*liches Honorar sicherer abzuschätzen (sog. Kalkulationssicherheit). Diesen **verschiedenen Zielvorgaben** kann ein HVM nicht gleichermaßen gerecht werden. Vielmehr muss die K(Z)V in dem Konflikt unterschiedlicher Zielsetzungen einen angemessenen **Ausgleich im Sinne praktischer Konkordanz** (vgl zB BVerfGE 97, 169, 176 m. w. N.) suchen. Dabei gibt es nicht nur eine richtige Kompromisslösung, sondern eine **Bandbreite** unterschiedlicher Möglichkeiten gleichermaßen rechtmäßiger Regelungen ...."*

36   Neben der Vorgabe der Orientierung an Art und Umfang der Leistung ist durch § 85 IV 5 und § 87b II 1 SGB V vorgegeben, dass Regelungen gegen die **übermäßige Ausdehnung** der Kassenpraxis vorzusehen sind. Weiterhin besteht in § 87b II SGB V die Vorgabe, dass der **kooperativen Behandlung** von Patienten in dafür gebildeten Versorgungsformen Rechnung zu tragen ist[755] und für **Praxisnetze** gesonderte Vergütungsregelungen vorzusehen sind (§ 87b II 2 u. 3 SGB V). Für die speziellen Leistungen der **Psychotherapie** ist vorgegeben, eine „angemessene Höhe der Vergütung je Zeiteinheit [zu] gewährleisten", was die Kassenärztliche Bundesvereinigung zu konkretisieren hat (§ 87b II 4 i. V. m. IV 2 SGB V).[756] Eine weitere Vorgabe betrifft die **Anästhesisten**, soweit diese bei schwierigen zahnärztlichen Behandlungen tätig werden (§ 87b II 5 SGB V).

37   Die KV ist stets auch befugt, durch entsprechende HVM-Regelungen die **Begrenzungen der Gesamtvergütung** (vgl. oben → § 22 Rn. 24 f.) in geeigneter Form **an die einzelnen Vertragsärzte weiterzugeben**, d. h. Vergütungsminderungen für den Fall vorzusehen, dass sonst das Gesamtvergütungsvolumen für die Honorierungen nicht ausreicht.[757] Diese Rechtsprechung fortführend hat das BSG dazu ein **hochrangiges Ziel bzw. Prinzip** erkennen lassen, dahingehend, dass auf jeden Fall die **Begrenzungen der Gesamtvergütungsvolumina einzuhalten** sind: Das BSG erachtet die KVen für befugt, um dieses Ziels willen andere Rechtsregelungen zurückstehen zu lassen, auch wenn dafür keine ausdrückliche erlaubende Bestimmung zu finden ist. Dies ist in der jüngeren Rechtsprechung des BSG mehrfach deutlich geworden, so z. B. bei dem Streit um die Höhe der Vergütung für Leistungen, die innerhalb der morbiditätsbedingten Gesamtvergütung, aber außerhalb der Regelleistungsvolumina vergütet werden[758], sowie bei Streitigkeiten um die Vergütung von sog. freien Leistungen[759] und von Leistungen im Rahmen des sog. Fremdkassenzahlungsausgleichs.[760]

38   Die KV kann in ihrem HVM ferner Regelungen für die Aufbringung der **Verwaltungskosten** und für Beiträge zu **Sicherstellungsfonds** und **Strukturfonds** sowie überhaupt zur

---

[755] Dementsprechend hat das BSG – auf der Grundlage der ähnlich formulierten Vorgängerbestimmung – es für rechtmäßig erachtet, im HVM höhere Vergütungen für Berufsausübungsgemeinschaften vorzusehen: BSG v. 17.3.2010 – B 6 KA 41/08 R – BSGE 106, 49 = SozR 4–2500 § 87 Nr. 21 = USK 2010-26 = MedR 2011, 58 = juris, Rn. 12 ff. Dies weiterführend BSG BeckRS 2018, 18981.
[756] Vgl. oben → § 22 Rn. 32 am Ende. – Vgl. dazu zuletzt BSG v. 11.10.2017 – B 6 KA 37/17 R – BSGE 124 = SozR 4–2500 § 87 = juris, Rn. 33 ff., 38 ff., 66 ff.
[757] Hierzu grundlegend BSG v. 3.12.1997 – 6 RKa 21/97 – BSGE 81, 213, 219 = SozR 3–2500 § 85 Nr. 23 S. 154 = USK 97148 S. 914 f. = MedR 1998, 275, 277 = juris Rn. 20. Vgl. aus jüngster Zeit z. B. BSG v. 11.10.2017 – B 6 KA 37/17 R – BSGE 124 = SozR 4–2500 § 87 = juris Rn. 66 ff.
[758] BSG v. 17.7.2013 – B 6 KA 45/12 R – SozR 4–2500 § 87b Nr. 4 = MedR 2014, 435 = juris, Rn. 24 ff.
[759] BSG v. 23.3.2016 – B 6 KA 33/15 R – SozR 4–2500 § 87b Nr. 8 = MedR 2016, 829 = juris, Rn. 19: „Eine feste, begrenzte Gesamtvergütung schließt die Vergütung ... zu einem garantierten Punktwert aus. Mengenbegrenzungen oder Quotierungen sind unvermeidlich ... Die umfassende Festlegung von „absolut" festen Punktwerten ist ... von vornherein ausgeschlossen ...."
[760] BSG v. 15.6.2016 – B 6 KA 27/15 R – BSGE 121, 206 = SozR 4–2500 § 75 Nr. 17 = MedR 2017, 472 = juris, Rn. 30: „Danach wäre eine Richtlinie, die einen Zahlungsausgleich ohne Rücksicht auf die in § 87a SGB V geregelten Beschränkungen der Höhe der Gesamtvergütung normiert, rechtswidrig." Rechtswidrig wären „Regelungen, die den Zahlungsausgleich allein auf der Basis der erbrachten und abgerechneten ärztlichen Leistungen und ohne die gesetzlich vorgegebenen Begrenzungen zur Höhe der Gesamtvergütung ... regeln".

Stützung der ärztlichen Versorgung in weniger versorgten Gebieten festlegen.[761] Auch können Finanzmittel erhoben und dazu verwendet werden, dass Vertragsärzte in überversorgten Gebieten auf ihre **Zulassung verzichten**.[762]

b) HVM-Detailregelungen. Im Rahmen der gemäß zuvor 2.a zu beachtenden Grundstrukturen bzw. über diese hinaus hat das BSG zu zahlreichen Detailfragen bei der Ausgestaltung des HVM Stellung genommen. Das BSG hebt in ständiger Rechtsprechung hervor, dass die KV bei der Ausgestaltung ihres HVM eine **weite Gestaltungsfreiheit** hat, dass diese aber dahingehend begrenzt ist, dass die Rahmenbestimmungen des § 85 II, IV und des § 87b II, III SGB V eingehalten sein müssen und diesen nicht strukturell zuwiderlaufen dürfen. Bei alledem hat der Grundsatz der **Honorarverteilungsgerechtigkeit**, den das BSG aus Art. 12 I GG i. V. m. Art. 3 I GG herleitet, wichtige Bedeutung. Zu diesen Vorgaben vgl. noch unten das Kapitel VI. Gerichtliche Kontrolle (→ Rn. 54 ff. mit Angaben zahlreicher BSG-Entscheidungen). 39

Dies hier in den Einzelheiten darzustellen, entspräche nicht der Konzeption dieses Kompendiums zum Medizinrecht, das vor allem auf das Krankenhausrecht zugeschnitten ist, das Vertragsarztrecht auch zwar mitbehandelt, aber doch nur insoweit, als es von übergreifendem Interesse ist. Dies bedeutet eine Beschränkung auf die wesentlichen Grundfragen mit nur gelegentlich ausführlicherer Darstellung von Details, so insbesondere bei Fragen, die auch für Krankenhausrechtler von Interesse sind oder soweit grundlegende Strukturen des Vertragsarztrechts betroffen sind. 40

Dies vorausgeschickt, ist darauf zu verweisen, dass die KV **diverse Möglichkeiten der Ausgestaltung** ihrer Honorarverteilung hat: z. B. Bildung von Honorartöpfen (für die verschiedenen Fachgruppen oder für verschiedene Leistungsbereiche), Fallwertbegrenzungen, Fallzahlbegrenzungen, Höchstvergütungsbeträge, Mindestvergütungsbeträge, **Individualbudgets**, Sonderregelungen für Aufbaupraxen u. v. m.[763]) Bei alledem muss auch für individuelle **Sonderregelungen in Härtefällen** Raum sein, sodass Härte-Ausnahmeregelungen normiert werden müssen.[764] 41

3. Zeitweise Vorgabe, im HVM Regelleistungsvolumina vorzusehen

Beginnend in den 1990er Jahren hatte es sich zunehmend durchgesetzt, die Honorarverteilung auf der Grundlage von sog. **Individualbudgets** zu regeln (vgl. hierzu soeben zuvor § 22 Rn. 41 und oben → Rn. 34). Dies wollte der Gesetzgeber zurückdrängen und mehr zu einem fachgruppeneinheitlichen Zuschnitt der Honorarverteilung gelangen und zugleich für wesentliche Teilbereiche feste Punktwerte ermöglichen. Deshalb hat der Gesetzgeber mit Wirkung ab dem Jahr **2004 bzw.**[765] **2005 die Gestaltungsfreiheit der KVen wesentlich eingeschränkt:** Er gab den KVen vor, in ihrem HVM Regelungen über sog. **Regelleistungsvolumina** vorzusehen. Durch § 85 IV 5–8 SGB V[766] wurden die KVen verpflichtet, sog. 42

---

[761] Siehe dazu § 105 I u. Ia SGB V.
[762] Siehe dazu § 87b III SGB V.
[763] Zu alledem vgl. *Clemens* in: Wenzel (Hrsg.), Handbuch des Fachanwalts Medizinrecht, 3. Aufl. 2013, Kapitel 13 Abschnitt B Rn. 235 ff.
[764] *Clemens* in: Wenzel (Hrsg.), Handbuch des Fachanwalts Medizinrecht, 3. Aufl. 2013, Kapitel 13 Abschnitt B Rn. 270–274 mit zahlreichen Rspr.-Angaben. – Oder soweit Härte-Ausnahmeregelungen fehlen, sind diese im Sinne einer rechtskonform-vervollständigenden Auslegung in den HVM „hineinzulesen": *Clemens* aaO Rn. 273. – Zur inhaltlichen Frage, ob eine Härte vorliegt, vgl. BSG v. 2.8.2017 – B 6 KA 7/17 R – juris, Rn. 63–65. Zur Frage, ob dafür ein Antrag erforderlich ist, verweist das BSG in Rn. 58 auf entsprechende Regelungen im HVM.
[765] Hierzu → Rn. 29 ff.
[766] Durch Art. 1 Nr. 64 Buchst. h cc und i aa sowie Art. 1 Nr. 65 des GKV-VStG v. 14.11.2003 (BGBl. I S. 2190, 2206–2208). – Vorläufer waren Regelungen dahingehend gewesen, dass Regelleistungsvolumina vereinbart werden „können" (so § 85 II 2 u. 3 SGB V ab 1.7.1997 und § 85 IV 6 – bzw. später Satz 7 – SGB V ab 1.1.2004).

Regelleistungsvolumina festzulegen⁷⁶⁷, d. h. arztgruppeneinheitliche Fallpunktzahlen, aus denen durch Multiplikation mit individuellen Behandlungsfallzahlen praxisindividuelle Grenzwerte zu errechnen waren, in deren Rahmen die Vergütung nach einem festen Punktwert (sog. Regelleistungspunktwert) zu erfolgen hatte.⁷⁶⁸

43 Den Regelungen über die Einführung von Regelleistungsvolumina lag die **Vorstellung** zugrunde, dass für jeden Arzt, orientiert an dem Leistungsbild der Facharztgruppe, ein Leistungsvolumen festgelegt werden könnte, das den im Regelfall anfallenden Versorgungsumfang und Behandlungsbedarf abdeckt: Dafür sollte aus dem Versorgungsumfang jeder Arztgruppe ein entsprechender (Gesamt–)Behandlungsbedarf ermittelt werden, aus dem sich die Regelleistungsvolumina **arztgruppenbezogen** für jeden einzelnen Arzt ergeben. Im Rahmen dieser Volumina erfolgt eine Vergütung mit **festen Punktwerten.** Nur soweit ein spezieller weiterer Behandlungsbedarf besteht, soll der Arzt zusätzliches Honorar verdienen können, und dies nur in eng begrenztem Umfang: Das Honorar für diese über das Regelleistungsvolumen hinausgehenden Leistungen wird abgestaffelt, wobei insoweit Punktwerte in Höhe von 10 % der festen Punktwerte angedacht waren (sich letztlich aber doch häufig deutlich höhere Punktwerte ergaben).

44 Die Gestalt der Regelleistungsvolumina sollte durch den **Bewertungsausschuss** (§ 85 IVa 1 – am Ende – SGB V damaliger Fassung) näher bestimmt werden (seine ersten Vorgaben realisierte er mit Wirkung zum 1.1.2005, sodass erst jetzt die Pflicht zur Schaffung von Regelleistungsvolumina aktuell wurde). Damit wurde in einem Kernbereich der Honorarregelungen die Regelungshoheit der KVen zurückgedrängt zugunsten von **Vorgaben** des Bewertungsausschusses.

45 Diese Kombination von Vorgaben des Gesetzgebers und des Bewertungsausschusses sowie Regelungen in Honorarverteilungsverträgen brachte allerdings viel Rechtsunsicherheit. **Das BSG** hat zahlreiche Grundfragen klären müssen. Es hat zunächst klargestellt, dass auf der untergesetzlichen Ebene dem Bewertungsausschuss zahlreiche Befugnisse eingeräumt sind, sowohl zur Regelung von Ausnahmen von den Regelleistungsvolumina für bestimmte Arztgruppen und Leistungsbereiche⁷⁶⁹ als auch zur flexiblen Fassung von Übergangsregelungen.⁷⁷⁰ Diese gestatteten – in der Auslegung des BSG – in eingeschränktem Umfang die

---

⁷⁶⁷ Zusammenfassend zu den Regelleistungsvolumina und zur Beachtlichkeit entsprechender Vorgaben des Bewertungsausschusses auf der Grundlage des § 85 IVa 1 (am Ende) SGB V: BSG v. 6.2.2013 – B 6 KA 13/12 R – SozR 4–2500 § 85 Nr. 73 = MedR 2014, 182 = juris, Rn. 14 ff.; BSG v. 17.2.2016 – B 6 KA 4/15 R – SozR 4–2500 § 85 Nr. 85 = ZMGR 2017, 407 = juris, Rn. 14–31; BSG v. 2.8.2017 – B 6 KA 21/17 R – BeckRS 2017, 138791.

⁷⁶⁸ Zu dieser Definition siehe die ständige Rspr. des BSG, beginnend mit BSG v. 17.3.2010 – B 6 KA 43/08 R – BSGE 106, 56 = SozR 4–2500 § 85 Nr. 54, Rn. 14–18 betr. Baden-Württemberg; BSG v. 18.8.2010 – B 6 KA 27/09 R – SozR 4–2500 § 85 Nr. 58 Rn. 40; BSG v. 29.6.2011 – B 6 KA 17/10 R – SozR 4–2500 § 85 Nr. 66 Rn. 15 f. betr. Hessen; BSG v. 14.12.2011 – B 6 KA 6/11 R – SozR 4–2500 § 85 Nr. 68 Rn. 18 f. betr. Nordrhein; ebenso z. B. BSG v. 8.2.2012 – B 6 KA 14/11 R – betr. Hessen; BSG v. 9.5.12 – B 6 KA 24/11 R und B 6 KA 30/11 R – betr. Sachsen; BSG v. 6.2.2013 – B 6 KA 13/12 R – SozR 4–2500 § 85 Nr. 73 = MedR 2014, 182 = juris, Rn. 16 f. betr. Hamburg; aus jüngster Zeit z. B. BSG v. 24.1.2018 – B 6 KA 2/17 R – Rn. 21. – Zu pauschal – und auch vereinzelt geblieben – erscheint die Wendung in BSG v. 8.12.2010 – B 6 KA 42/09 R – SozR 4–2500 § 85 Nr. 61 Rn. 15 f., wonach »das LSG zutreffend ausgeführt (habe), dass … das System der Regelleistungsvolumina bei begrenzter Gesamtvergütung … eine Quotierung voraussetze«; bei durchgängiger Quotierung bliebe nichts von einem festen Punktwert. – Vgl. ferner BSG v. 8.2.2006 – B 6 KA 25/05 R = BSGE 96, 53 = SozR 4–2500 § 85 Nr. 23, Rn. 33: Schon hier findet sich die Aussage, dass Honorarverteilungsbestimmungen, die weder feste Punktwerte vorsehen noch arztgruppenspezifische Grenzwerte festlegen, keine Regelleistungsvolumina darstellen (und deshalb nicht an § 85 IV 7 u. 8 SGB V, sondern nur an den allgemeinen Maßstäben des § 85 IV 3 ff. SGB V zu messen sind).

⁷⁶⁹ BSG v. 3.2.2010 – B 6 KA 31/08 R – BSGE 105, 236 = SozR 4–2500 § 85 Nr. 53, Rn. 17 ff. betr. Hessen; BSG v. 18.8.2010 – B 6 KA 27/09 R – SozR 4–2500 § 85 Nr. 58 Rn. 27–35 betr. Hessen.

⁷⁷⁰ BSG v. 3.2.2010 – B 6 KA 31/08 R – BSGE 105, 236 = SozR 4–2500 § 85 Nr. 53, Rn. 19–24 betr. Hessen; BSG v. 18.8.2010 – B 6 KA 27/09 R – SozR 4–2500 § 85 Nr. 58 Rn. 19, 23 betr. Hessen; zur

§ 22 Die Vergütung der Leistungen in der vertragsärztlichen Versorgung   523

Weiterführung früherer Regelungen über Individualbudgets. Allerdings durften, soweit KVen Neuregelungen trafen, diese nicht von der Vorgabe, Regelleistungsvolumina zu schaffen, wegführen.[771] Insbesondere war es mit den Vorgaben für Regelleistungsvolumina nicht vereinbar, sog. reine Individualbudgets weiter bestehen zu lassen bzw. diese in erneuerter Form wiederholend zu regeln.[772]

Das BSG hat außerdem zu weiteren Fragen Stellung nehmen müssen, so z. B. ob den »Honorargewinnern« durch die Einführung der Regelleistungsvolumina Anteile zugunsten von »Verlierern« abgefordert werden durften.[773] Weiterhin hat das BSG geklärt, unter welchen Voraussetzungen eine Erweiterung des Regelleistungsvolumens beansprucht werden kann.[774] Ferner hat das BSG aus den damaligen Gesetzesregelungen abgeleitet, dass die Zuweisungen der Regelleistungsvolumina an die Ärzte in Gestalt von Verwaltungsakten ergehen müssen[775].[776] Zum Streit um einen Härtefall hat das BSG ausgeführt, dass die

46

Auslegung der Übergangsregelungen besonders ausführlich BSG v. 14.12.2011 – B 6 KA 6/11 R – SozR 4–2500 § 85 Nr. 68 Rn. 23 ff. betr. Nordrhein.

[771] BSG v. 17.3.2010 – B 6 KA 43/08 R – BSGE 106, 56 = SozR 4–2500 § 85 Nr. 54, Rn. 25 f. betr. Baden-Württemberg. Ebenso BSG v. 6.2.2013 – B 6 KA 13/12 R – SozR 4–2500 § 85 Nr. 73 = MedR 2014, 182 = juris, Rn. 29 betr. Hamburg.

[772] BSG v. 18.8.2010 – B 6 KA 27/09 R – SozR 4–2500 § 85 Nr. 58 Rn. 19, 40 ff. betr. Hessen; BSG v. 14.12.2011 – B 6 KA 6/11 R – SozR 4–2500 § 85 Nr. 68 Rn. 20 ff. betr. Nordrhein; BSG v. 9.5.2012 – B 6 KA 24/11 R – SozR 4–2500 § 85 Nr. 70 = MedR 2013, 389 = juris, Rn. 27–31 betr. Sachsen; BSG v. 6.2.2013 – B 6 KA 13/12 R – SozR 4–2500 § 85 Nr. 73 = MedR 2014, 182 = juris, Rn. 30–36 betr. Hamburg. – Der Vorgabe zur Schaffung von Regelleistungsvolumina hatte wohl die KV Niedersachsen am meisten Rechnung getragen; ebenso an sich auch die KV Hessen, jedoch führte deren Regelung über Abweichungen vom bisherigen Honorarvolumen um höchstens 5 % zu einer zu großen Nähe zu Individualbudgets (BSG v. 18.8.2010 a. O. Rn. 39 i. V. m. 42).

[773] Verneinend BSG v. 18.8.2010 – B 6 KA 27/09 R – SozR 4–2500 § 85 Nr. 58 Rn. 38 f. i. V. m. 42 ff. betr. Hessen.

[774] BSG v. 29.6.2011 – B 6 KA 17/10 R – SozR 4–2500 § 85 Nr. 66 zu einem Schwerpunkt im Bereich der Sonographie; ebenso vom selben Tag B 6 KA 18/10 R, B 6 KA 19/10 R zu einem Schwerpunkt im Bereich der Proktologie. Dagegen ablehnend das weitere Urteil v. 29.6.2011 – B 6 KA 20/10 R – MedR 2012, 412, zu einem Schwerpunkt im Bereich längerdauernder Anästhesien. – Das BSG fordert für einen Anspruch auf Erweiterung des Regelleistungsvolumens zunächst, dass ein zusätzliches besonderes Leistungsspektrum vorliegt mit einer Überschreitung des Fachgruppendurchschnitts und einem Anteil von mindestens 20 % am eigenen Gesamtpunktzahlvolumen. Weiterhin muss eine besondere (Zusatz-)Qualifikation und/oder eine besondere Praxisausstattung vorliegen. Ferner muss es sich um einen besonderen Leistungsbereich handeln; dafür hat das BSG als Indiz gewertet, ob der Leistungsbereich im EBM in arztgruppenübergreifenden Vergütungstatbeständen in einem gesonderten – nicht speziell einer Arztgruppe zugeordneten – EBM-Kapitel geregelt worden ist (bejaht für Sonographie und Proktologie, verneint für längerdauernde Anästhesien). – Vgl. weiterhin BSG v. 8.2.2012 – B 6 KA 14/11 R – SozR 4–2500 § 85 Nr. 69 = juris, Rn. 22 f.: Kein Anspruch auf Erhöhung des Regelleistungsvolumens für eine Kinder- und Jugendlichenpsychotherapeutin, die lediglich ein Mehr an fachgruppentypischen Leistungen geltend machte.

[775] Die BSG-Rspr. zusammenfassend: BSG v. 2.8.2017 – B 6 KA 16/16 R – SozR 4–2500 § 87b Nr. 11 = MedR 2018, 499 = juris, Rn. 38 – Hier stellt das BSG für die spätere Rechtslage ab dem 1.1.2012 klar: Seitdem die bundesrechtlichen Vorgaben für Regelleistungsvolumina aufgehoben sind und die Kompetenz, Regelungen über Regelleistungsvolumina zu treffen, wieder bei den KVen liegt, obliegt diesen auch, dass für jeden Zeitpunkt klar ist, ob die „Mitteilung" der Regelleistungsvolumina ein Verwaltungsakt ist. – Hierzu ist ergänzend auszuführen, dass eine normative Rechtsgrundlage für RLV-Zuweisungen in Gestalt eines Verwaltungsakts erforderlich sein dürfte, d. h. dass dieses Erfordernis in einer Regelung im HVM zum Ausdruck kommen muss.

[776] Weiteres dazu in BSG v. 2.8.2017 – B 6 KA 7/17 R – SozR 4–2500 § 87b Nr. 12 = juris: Bei der damaligen Regelung des § 87b V 1 SGB V, wonach die KV dem Arzt das Regelleistungsvolumen spätestens vier Wochen vor Beginn von dessen Geltungsdauer zuzuweisen hat, handelt es sich um eine bloße Ordnungsfrist (Rn. 67). Zu deren Wahrung reicht im Übrigen eine nur vorläufige Festsetzung des Regelleistungsvolumens aus (Rn. 68). Das Regelleistungsvolumen verschlechternde Änderungen sind grundsätzlich unzulässig (Rn. 69 ff., 73 f.). Sie sind aber dann zulässig, wenn die erforderlichen Grundlagen für die

Erforderlichkeit eines diesbezüglichen Antrags von einer entsprechenden Regelung im HVM abhängt, sowie, dass über das Vorliegen eines Härtefalls – evtl. gesondert – durch Verwaltungsakt entschieden werden kann.[777] Auch hat das BSG klargestellt, dass auch bei Honorarverteilungsregelungen auf der Grundlage von Regelleistungsvolumina der Grundsatz gilt, dass es unterdurchschnittlich abrechnenden Praxen möglich sein muss, ihren Umsatz bis zum Fachgruppendurchschnitt zu steigern,[778] indem er seine Fallzahl[779] steigert (sog. Wachstumsanspruch). Schließlich hat das BSG dazu Stellung nehmen müssen, unter welchen Voraussetzungen die KV die vom Bewertungsausschuss gewählte Fachgruppenaufteilung ihrerseits weiter ausdifferenzieren und Untergruppen bilden darf.[780]

47 Die zahlreichen Unklarheiten bei den Regelleistungsvolumina und eine weit verbreitete Unzufriedenheit mit ihnen haben den Gesetzgeber veranlasst, die früher in § 85 IV 5–8 SGB V[781] geregelte Verpflichtung, Regelleistungsvolumina festzulegen, mit Wirkung **ab dem 1.1.2012** aufzuheben: Die Regelleistungsvolumina gelten nur vorläufig weiter; jede **KV kann die Regelleistungsvolumina** durch neue Honorarverteilungsregelungen **ablösen** (§ 87b I 3 bzw. – seit 1.1.2016[782] – I 4 SGB V).

48 Seitdem sind ist die Rechtslage in den **KVen unterschiedlich:** In vielen KV-Bereichen sind die Regelleistungsvolumina durch Regelungen über Individualbudgets abgelöst worden; in anderen KV-Bereichen sind die **Regelleistungsvolumina weiterhin** – nunmehr auf landesrechtlicher Grundlage – in Kraft. Dadurch, dass sie vielerorts weiterhin in Kraft sind, gibt es weiterhin Gerichtsentscheidungen – auch des BSG – zu diesem Instrumentarium.[783]

4. Honorarabrechnung

49 Die **Abrechnung des Honorars** erfolgt im vertragsärztlichen System des SGB V grundsätzlich nicht – anders als beim Behandlungsvertrag mit dem Privatpatienten – im Verhältnis zwischen dem Arzt und dem Patienten. Der Anspruch des Vertragsarztes auf Vergütung der von ihm erbrachten Leistungen der vertragsärztlichen Versorgung richtet sich nicht gegen den Patienten und auch nicht gegen die KK, sondern aufgrund des Viereck-Systems[784] **ausschließlich gegen die KV.**

50 Nur in **Ausnahmefällen,** nämlich soweit Leistungen zulässigerweise auf der Basis von **Kostenerstattungsregelungen** erbracht worden sind (§ 13 II–V SGB V), schuldet der Ver-

---

Neuberechnung noch nicht vollständig vorlagen und die KV auf diese Problematik hinwies (→ Rn. 71 f. – vgl. hierzu die entsprechenden Ausführungen unten in → Rn. 100, dort der vierte Eckpunkt).

[777] BSG v. 2.8.2017 – B 6 KA 7/17 R – SozR 4–2500 § 87b Nr. 12 = juris, Rn. 58. Siehe auch dortige → Rn. 63–65 zur inhaltlichen Frage, ob eine Härte vorliegt.

[778] Die BSG-Rspr. zusammenfassend: BSG v. 2.8.2017 – B 6 KA 16/16 R – SozR 4–2500 § 87b Nr. 11 = MedR 2018, 499 = juris, Rn. 42. Vgl. dazu unten → Rn. 57.

[779] Dem stehen Steigerungen der Fallwerte nicht gleich, es sei denn, es liegt eine besondere Fallkonstellation vor wie bei einer wesentlichen Änderung der Praxisausrichtung: BSG v. 2.8.2017 – B 6 KA 16/16 R – SozR 4–2500 § 87b Nr. 11 = MedR 2018, 499 = juris, Rn. 44 f.

[780] Bejahend BSG v. 5.6.2013 – B 6 KA 32/12 R – BSGE 113, 298 = SozR 4–2500 § 85 Nr. 76 = MedR 2014, 426 = juris, Rn. 14 ff. zur Untergliederung der Arztgruppen (mit mehr als 20 Mitgliedern) in drei Bereiche je nach Abweichung vom durchschnittlichen Fallwert der Arztgruppe um mehr als 15 % nach oben oder unten. – Vgl. auch BSG v. 8.2.2012 – B 6 KA 14/11 R – SozR 4–2500 § 85 Nr. 69 = USK 2012-16 = juris, Rn. 13 ff., 18 f.: Bei den Regelleistungsvolumina muss nicht zwischen Kinder- und Jugendlichenpsychotherapeuten einerseits und Psychologische Psychotherapeuten andererseits differenziert werden.

[781] → Rn. 42.

[782] Art. 6 Nr. 4a des Krankenhausstrukturgesetzes (KHSG) v. 10.12.2015 (BGBl. I S. 2229, 2243).

[783] Aus der neueren Rspr. des BSG: z. B. BSG v. 17.2.2016 – B 6 KA 4/15 R – SozR 4–2500 § 85 Nr. 85 = ZMGR 2017, 407 = juris, Rn. 14–31; BSG v. 2.8.2017 – B 6 KA 16/16 R – SozR 4–2500 § 87b Nr. 11 = MedR 2018, 499 = juris, Rn. 26 ff.; BSG v. 2.8.2017 – B 6 KA 7/17 R – SozR 4–2500 § 87b Nr. 12 = juris, Rn. 36 ff. Vgl. auch BSG v. 28.6.2017 – B 6 KA 89/16 B – ZMGR 2017, 407 = juris Rn. 6–9.

[784] Siehe dazu → § 18 Rn. 3 f., 8, 9a und 12 f.

sicherte zunächst einmal dem Arzt bzw. der ärztlichen Einrichtung die Vergütung; der Versicherte kann nach Zahlung dann Erstattung von seiner KK beanspruchen.

Weitere – aber anders geartete – Ausnahmefälle gibt es insoweit,[785] als die KK befugt ist, direkt mit den Vertragsärzten Vereinbarungen über die Erbringung ärztlicher Leistungen zu schließen (sog. **Selektivversorgung z. B. aufgrund von Hausarztverträgen** zwischen dem Hausärzteverband und den KKn, § 73b SGB V). In diesen Fällen gibt es keinen Vergütungsanspruch des Arztes gegen die KV, aber auch nicht direkt gegen den Patienten, sondern gegen die KK; diese ist der Vergütungsschuldner. 51

V. Reformen / Alternativen / Undurchschaubarkeit

Aus dem großen Feld kleinerer und größerer Reformen des vertragsärztlichen Systems ist oben in → Rn. 42 ff. das **System der Regelleistungsvolumina** dargestellt worden – deshalb, weil dieses System noch bis heute, wenn auch nunmehr nur noch auf landesrechtlicher Ebene aufgrund des HVM der jeweiligen KV, weitergeführt werden kann (→ Rn. 47 f.). Für **andere Reformen** wird auf die Darstellung von *Zuck* in der 2. Auflage (2008 – dort → § 21 Rn. 46–65) verwiesen. 52

Aufs Ganze gesehen scheint es – nach den enttäuschenden Erfahrungen mit dem Versuch, bundeseinheitlich das Konzept der Regelleistungsvolumina vorzuschreiben – keine akzeptable Alternative zu dem wiederhergestellten System der weiten Gestaltungsfreiheit der KVen bei der Ausgestaltung der Honorarverteilung zu geben. Auch dieses System hat allerdings die schon seit Langem beklagten Mängel: Die Vergütungsregelungen sind für an der vertragsärztlichen Versorgung teilnehmende Ärzte nur schwer verständlich[786] bzw. werden jedenfalls oft nicht akzeptiert. Insbesondere verstehen sie nicht, warum im Zeitpunkt der Leistungserbringung die dafür zu gewährende Vergütung nicht schon feststehen kann. Dies verstehen sie erst dann ansatzweise, wenn ihnen erklärt wird, dass das die Folge der – bis vor einigen Jahren noch strikteren – Vorgabe der Beitragssatzstabilität ist, die die Politiker im Interesse der Wirtschaft an einigermaßen gleich bleibenden Beitragssätzen durchgebracht haben. Nach solchen Erklärungen vermag das Gros der Ärzte das System wohl zu verstehen, aber sie akzeptieren es trotzdem nicht; denn es bleiben noch viele andere Bereiche, die für sie nur schwer zu durchschauen sind. Dies gilt schon für das Lesen und Verstehen der nach jedem Quartal ergehenden Honorarbescheide sowie der zugrunde liegenden Honorarverteilungsregelungen. Noch mehr ist das der Fall, wenn es um Fragen aus dem Bereich des Zulassungsrechts (Neuzulassung, Praxisnachfolge) geht: Zu Fragen aus diesem Bereich siehe obiges Kapitel → § 20 Rn. 1 ff. und dazu ergänzend den Kommentar von *Schallen*, der nunmehr in 9. Aufl. 2018[787] vorliegt. 53

VI. Gerichtliche Kontrolle

1. Insbesondere Honorarverteilungsgerechtigkeit

Regelungen im HVM, früher als Satzung,[788] von 2004–2011 als Vertrag, seit 2012 wieder als Satzung, unterliegen trotz der weitgehenden **Gestaltungsfreiheit** der Beteiligten[789] gericht- 54

---

[785] → § 18 Rn. 54 und → § 19 Rn. 10 am Ende.
[786] Vgl. hierzu *Clemens,* in: Laufs/Kern (Hrsg.), HdB des Arztrechts, 4. Aufl. 2018, § 24 V Rn. 26 am Ende: „… vertragsärztliche System für die in ihm agierende Zentralfigur, den Arzt, nicht mehr durchschaubar …"
[787] Jetzt herausgegeben von *Clemens* und *Düring.*
[788] BSGE 86, 16, 25; BSGE 96, 53 = SozR 4–2500 § 85 Nr. 23, Rn. 25.
[789] BSGE 86, 16, 24 ff.; BSGE 96, 53 = SozR 4–2500 § 85 Nr. 23, Rn. 24; BVerfGE 33, 171, 189; BayVerfGH 51, 74, 87. Die Gestaltungsfreiheit erlaubt auch Pauschalierungen. Stichtagsregelungen müssen hingenommen werden, wenn die Einführung eines Stichtags notwendig und die Wahl des Zeitpunkts, orientiert am gegebenen Sachverhalt, sachlich vertretbar ist, BVerfGE 24, 220, 228; 58, 81, 126 f.;

licher Kontrolle.⁷⁹⁰ Zu beachten ist der **Bestimmtheitsgrundsatz:** Der HVM muss so formuliert sein, dass die Betroffenen die Rechtslage erkennen können und die Gerichte in der Lage sind, die Anwendung der betreffenden Vorschrift durch die Verwaltung zu kontrollieren.⁷⁹¹ Da Honorarverteilungsregelungen in die Freiheit der Berufsausübung des Vertragsarztes eingreifen, müssen sie sich im Rahmen des Art. 12 I 2 GG am Prinzip der **Verhältnismäßigkeit** messen lassen.⁷⁹² Dabei ist es dann nach der herrschenden Rechtsauffassung auch von ausschlaggebender Bedeutung, dass die finanzielle Stabilität der GKV gesichert werden muss.⁷⁹³

55 Im Übrigen gilt der Grundsatz der **Honorarverteilungsgerechtigkeit,** den das BSG aus Art. 12 I GG i. V. m. Art. 3 I GG herleitet (→ Rn. 39).⁷⁹⁴ Ausgangspunkt für die Anwendung des Grundsatzes der Honorarverteilungsgerechtigkeit ist die Erkenntnis, dass Vergütungsregelungen und hierauf gründende Entscheidungen, die auf die Einnahmen aus der beruflichen Tätigkeit von erheblichem Einfluss sind, in die Freiheit der Berufsausübung eingreifen.⁷⁹⁵ Zu Recht hat deshalb die Rechtsprechung des BVerfG⁷⁹⁶ und des BSG⁷⁹⁷ Regelungen in Honorarverteilungsmaßstäben dem Grundrecht der Berufsfreiheit aus **Art. 12 I GG,** in der Form der Berufsausübungsfreiheit, zugeordnet. Diese Rechtsprechung bezieht zusätzlich, insbesondere wegen des im Grundsatz der Honorarverteilungsgerechtigkeit enthaltenen Differenzierungsgebots, den **Gleichheitssatz** ein.⁷⁹⁸

56 Das **Differenzierungsgebot** ist ein durch Art. 3 I GG abgedeckter Bestandteil der Honorarverteilungsgerechtigkeit. Der Differenzierungsgrundsatz ist, insbesondere unter dem Aspekt der leistungsproportionalen Vergütung⁷⁹⁹, für die Beurteilung von Differenzierungen **zwischen Arztgruppen** entwickelt worden, und besagt, dass zwei Gruppen, die sich in verschiedener Lage befinden, nur bei Vorliegen zwingender Gründe gleichbehandelt werden dürfen. Voraussetzung für die Anwendung des Differenzierungsgrundsatzes ist, dass „wesentliche Unterschiede" zwischen den Arztgruppen bestehen.⁸⁰⁰ Somit wird die „Gleichbehandlung von Verschiedenem" ebenso missbilligt wie die „Verschiedenbehandlung von Gleichem" (hierzu vgl. die Beispiele oben → Rn. 15⁸⁰¹).

75, 78, 106. Ein HVM verstößt auch nicht gegen den Bestimmtheitsgrundsatz, soweit er andere Gremien (wie z. B. den Vorstand, siehe dazu auch BSG SozR 3–2500 § 85 Nr. 31) zur Einzelfallkonkretisierung ermächtigt (BSGE 83, 52, 60 f., MedR 2000, 153, 156).

⁷⁹⁰ *Clemens,* in: Umbach/Clemens (Hrsg.), Grundgesetz, Bd. I, 2002, Anhang zu Art. 12 GG, Rn. 188 ff.

⁷⁹¹ Siehe dazu *Roellecke,* in: Umbach/Clemens (Hrsg.), Grundgesetz, Bd. I, 2002, Art. 20 Rn. 81 ff.. Zur praktischen Anwendung des Bestimmtheitsgrundsatzes auf einen konkreten HVM siehe, denselben Sachverhalt betreffend, einerseits SG München, NZS 2003, 547 mit zustimmender Anmerkung von *Hesral* und andererseits BayVerfGH, NZS 2004, 264, der einer vom SG – wegen angeblich einfacher Rechtslage – durch Gerichtsbescheid ausgesprochenen Beanstandung eines Honorarverteilungsmaßstabs (mit Stichtagsregelung/floatenden Punktwerten) in einer 44-seitigen Entscheidung die Rechtmäßigkeit desselben Honorarverteilungsmaßstabs entgegensetzt.

⁷⁹² So schon BVerfGE 33, 171, 183 ff. – Vgl. auch → § 2 Rn. 21.

⁷⁹³ → § 2 Rn. 81 ff.

⁷⁹⁴ Ständige Rspr., vgl. z. B. BSG SozR 3–2500 § 85 Nr. 26 S. 183; Nr. 38 S. 310 ff.; BSGE 73, 131 (135 f.); 81, 213 (217 f.). Weitere BSG-Angaben bei *Clemens,* in: Wenzel (Hrsg.), Handbuch des Fachanwalts Medizinrecht, 3. Aufl. 2013, Kapitel 13 Abschnitt B Rn. 232.

⁷⁹⁵ Ständige Rspr. des BVerfG und des BSG, vgl. z. B. BVerfGE 47, 285 (321); 101, 331 (347).

⁷⁹⁶ Vgl. z. B. BVerfGE 33, 171, 185.

⁷⁹⁷ Vgl. z. B. BSG SozR 3–2500 § 85 Nr. 44.

⁷⁹⁸ Siehe dazu schon BVerfGE 33, 171, 188.

⁷⁹⁹ Vgl. BSG SozR 3–2500 § 85 Nr. 47 S. 394.

⁸⁰⁰ BSGE 83, 52 = SozR 3–2500 § 85 Nr. 28 S. 219; SozR 3–2500 § 85 Nr. 47 S. 397; zu den vielen an den unterschiedlichen Honorarverteilungsmaßstäben orientierten Fallgruppen siehe ausführlich *Clemens,* in: Umbach/Clemens (Hrsg.), Grundgesetz, Bd. I, Anhang zu Art. 12 I GG, Rn. 197 ff.; vgl. auch *Hess,* in: Schnapp/Wigge (Hrsg.), Handbuch des Vertragsarztrechts, 3. Aufl. 2017, § 15 Rn. 149.

⁸⁰¹ Dort am Ende mit Beispielen in der Fußnote.

§ 22 Die Vergütung der Leistungen in der vertragsärztlichen Versorgung

Solche relevanten Unterschiede können auch **innerhalb einer Arztgruppe** vorliegen.[802] 57
Insbesondere können sich solche Unterschiede auch aus den besonderen Umständen einer
Praxis ergeben, z. B. dem Ausmaß der Teilnahme an der vertragsärztlichen Versorgung.[803]
Auch hier gilt der Grundsatz, dass nicht nur die „Verschiedenbehandlung von Gleichem",
sondern ebenso die „Gleichbehandlung von Verschiedenem" zu missbilligen ist. Unter
diesem Aspekt – unter Bezugnahme auf das Gebot der Honorarverteilungsgerechtigkeit – hat
das BSG es wiederholt beanstandet, wenn Honorarverteilungsregelungen zu schematisch
durch z. B. sog. Individualbudgets die **Wachstumsmöglichkeiten** aller Praxen begrenzten.
Das BSG fordert, auf die Besonderheiten von **Praxen mit unterdurchschnittlichen Umsätzen** Rücksicht zu nehmen; insbesondere neu eingerichteten Praxen muss die Möglichkeit der
Umsatzsteigerung bleiben; solchen Praxen muss es – insbesondere in einer **Phase des Aufbaus** (= die ersten drei bis fünf Jahre) – möglich sein, ihren Umsatz durch Erhöhung von
Fallzahlen auf durchschnittliche Höhen zu steigern.[804]

Aufs Ganze gesehen sind das **BSG und das BVerfG** allerdings **recht zurückhaltend** mit 58
der Annahme eines Verstoßes gegen Art. 3 I GG. Eher erachten die Gerichte verschiedene
Regelungen zwischen Arztgruppen, Versorgungsgebieten, Leistungsbereichen oder Mischsystemen für noch gerechtfertigt, weil es doch ausreichende Unterschiede gebe.[805]

2. Angemessene Vergütung

Die vertragsärztliche Versorgung ist so zu regeln, dass eine ausreichende, zweckmäßige 59
und wirtschaftliche Versorgung der Versicherten entsprechend dem allgemein anerkannten
Stand der medizinischen Erkenntnisse gewährleistet ist „und die ärztlichen Leistungen angemessen vergütet werden" (§ 72 II SGB V). Berücksichtigt man, dass die KKn als Kostenträger auch dem Grundsatz der Beitragssatzstabilität verpflichtet sind (§ 71 I SGB V) und
dass die finanzielle Stabilität der GKV in der Rechtsprechung des BSG und des BVerfG ein
ausschlaggebender Faktor für die Anwendung des Prinzips der Verhältnismäßigkeit geworden ist,[806] dann wird schon durch die Einzwängung des Anspruchs auf angemessene Vergütung in die zu befriedigenden Gemeinwohlerfordernisse deutlich, dass ein solches Begehren nur wenig Erfolgsaussicht hat.[807] Zwar bleibt die Verpflichtung zur angemessenen Vergütung Bestandteil der objektiven Ordnung der vertragsärztlichen Versorgung. Einen
subjektiv-rechtlichen Anspruch des Vertragsarztes gegen die die vertragsärztliche Vergütung
gestaltenden Vertragspartner hat das BSG jedoch unter den Vorbehalt des **„verhältnismäßi-**

---

[802] *Hess*, in: Schnapp/Wigge (Hrsg.), Handbuch des Vertragsarztrechts, 3. Aufl. 2017, § 15 Rn. 147.
[803] BSG SozR 3–2500 § 85 Nr. 28 S. 207. Das betrifft auch Honorarbegrenzungen für überdurchschnittliche Leistungsmengen, BSGE 96, 53; gebilligt von BVerfG (Kammer), MedR 2007, 298. Siehe dazu früher schon BSG SozR 4–2500 § 95 Nr. 6 Rn. 17 ff., ebenfalls gebilligt von BVerfG (Kammer) v. 1.7.2004 – 1 BvR 1079/04. Über den Durchschnitt hinausgehendes Honorar kann gänzlich ausgeschlossen werden.
[804] Ständige Rspr. Grundlegend BSGE 92, 10 und BSGE 92, 233. Dies gilt durchgängig, z. B. auch für Sondersysteme mit Regelleistungsvolumina, vgl. oben Rn. 46. – Zu den Besonderheiten bei BAG und MVZ vgl. BSG v. 24.1.2018 – B 6 KA 2/17 R – Rn. 22 ff. und BSG v. 24.1.2018 – B 6 KA 23/16 R – Rn. 18 ff.
[805] BSG SozR 3–2500 § 85 Nr. 26 S. 184; SozR 3–2500 § 85 Nr. 31 S. 237; BSG SozR 3–2500 § 85 Nr. 48 S. 408. – Vgl. aus jüngerer Zeit z. B.: BSG v. 25.1.2017 – B 6 KA 6/16 R – SozR 4–2500 § 87b Nr. 9 = juris, Rn. 22 (Abweichende Begrenzungsregelungen für Regelleistungsvolumina von Psychotherapeuten); BSG v. 2.8.2017 – B 6 KA 14/17 B – Rn. 7 (Chronikerzuschlag nicht für fachärztlich tätige Ärzte).
[806] → § 2 Rn. 81 ff. u. → § 22 Rn. 54 am Ende.
[807] Zur Diskussion siehe vor allem BSG v. 9.12.2004 – B 6 KA 44/03 R – BSGE 94, 50 Rn. 127 ff. = SozR 4–2500 § 72 Nr. 2 Rn. 127 ff. = USK 2004-144 S. 1000 ff. = MedR 2005, 538, 554 ff. = juris Rn. 140 ff.

gen Ausgleichs" mit dem Ziel wirtschaftlicher Versorgung gestellt.[808] Hieran hält das BSG weiterhin fest.[809]

3. Frage unzureichender vertragsärztlicher Vergütung

60 Der Vertragsarzt kann nur die im vertragsärztlichen Vergütungssystem ausgewiesenen Vergütungen geltend machen, kann also dem System nicht ausweichen, wenn er die Vergütung für unangemessen hält. Geht er davon aus, die Vergütungen für alle oder für bestimmte Leistungen seien unangemessen niedrig, berechtigt ihn das weder zur Leistungsverweigerung noch zum Abschluss einer privatrechtlichen Zusatzvereinbarung.[810] Der Vertragsarzt darf die zur vertragsärztlichen Versorgung gehörende Leistung auch nicht aus dieser herausnehmen, um sie dann nur auf private (GOÄ-)Rechnung zu erbringen.[811] Das BSG hat in diesem Zusammenhang zwar eingeräumt, der Vertragsarzt könne eine Leistung überhaupt verweigern, weil es am Vertrauensverhältnis zum Patienten fehle, oder auch, weil ihm auf Grund besonderer Umstände – z. B. wegen Überlastung – eine sachgerechte Behandlung nicht möglich sei. Das BSG sagt dann aber deutlich[812]:

„Ein darüber hinausgehendes Ablehnungsrecht würde es dem Vertragsarzt ermöglichen, die Erfüllung seiner Behandlungspflichten von Erwägungen zur Höhe der Vergütung abhängig zu machen, was mit dem Verbot des Verlangens von durch die Versicherten zu leistenden Zahlungen gerade unterbunden werden soll ... Ärzte, die die Vergütung im vertragsärztlichen Bereich teilweise oder generell für unzureichend halten, mögen auf ihre Zulassung verzichten und ihre Dienstleistungen allein privatärztlich anbieten. Solange sie aber an der Vertragsarztzulassung festhalten, kann es keinem Zweifel unterliegen, dass sie auch die mit den Vorteilen der Einbindung in das Sondersystem korrespondierenden Verpflichtungen, vor allem die ihnen obliegende Behandlungspflicht, in systemkonformer Weise zu erfüllen haben. ... Der Vertragsarzt ist nach wie vor nicht berechtigt, Behandlungen aus finanziellen Gründen zu verweigern. ... Demgemäß ... das Überschreiten der Budgetgrenzen nicht zur privaten Abrechnung notwendiger GKV-Leistungen berechtigt".

61 Auch „Mischmethoden", bei denen der Vertragsarzt Teile einer vertragsärztlichen Behandlung nach dem EBM abrechnet, für nicht kostendeckende Teile aber eine GOÄ-Vergütung vorsieht, sind unzulässig.[813]

62 In Betracht kommen kann nur der Einwand unangemessen geringer Vergütung, aber damit kann ein Arzt in der derzeitigen Vergütungssituation kaum Erfolg haben, wie sich aus den Ausführungen in → Rn. 60 ergibt.

4. Verfahrensmäßiges Vorgehen

63 Ein Rechtsmittel (Widerspruch und Klage) ist unmittelbar gegen den HVM als solchen grundsätzlich nicht statthaft: Der Vertragsarzt wird erst durch den auf der Grundlage des HVM ergehenden Honorarbescheid unmittelbar betroffen. Gegen diesen kann er mit Wider-

---

[808] BSG v. 9.12.2004 – B 6 KA 44/03 R – BSGE 94, 50 = SozR 4–2500 § 72 Nr. 2, Rn. 129 u. 140 = juris Rn. 142 u. 153.
[809] Vgl. z. B. BSG v. 23.5.2007 – B 6 KA 6/07 B – m. w. N.
[810] → § 20 Rn. 92–95 mit BSG-Angaben.
[811] BSG MedR 2003, 37 ff.; 47 ff. Zu Ausnahmen vgl. § 18 III BMV. → § 14 Rn. 40 ff.
[812] Zitat aus BSGE 88, 20, 29 f. = SozR 3–2500 § 75 Nr. 12 S. 75 f. = juris Rn. 36–37.
[813] Siehe BSG MedR 2002, 42 ff. – Kritisch dazu z. B. Peikert, MedR 2002, 46 f.; Schiller/Steinhilper, MedR 2002, 51 ff. Das spielt vor allem bei der Abrechnung homöopathischer Leistungen eine Rolle, solange die zeitaufwändige Anamnese nach dem EBM nur als allgemeine Beratungsleistung, anders als in Nrn. 30, 31 GOÄ, abgerechnet werden kann. Das BSG hat für diesen Sachverhalt die betroffenen Ärzte auf den Weg einer Feststellungsklage verwiesen, BSG MedR 2003, 169; BSG v. 15.8.2012 – B 6 KA 13/12 B – juris Rn. 15.

§ 22 Die Vergütung der Leistungen in der vertragsärztlichen Versorgung   529

spruch und Klage vorgehen, und dann wird im Rahmen der Überprüfung des Honorarbescheids auch – „inzident" – dessen Rechtsgrundlage – der HVM – auf seine Rechtmäßigkeit überprüft.

Außer der Erhebung von Widerspruch und Klage kann der Vertragsarzt einstweiligen Rechtsschutz beantragen (§ 86b II SGG): Dies setzt voraus, dass wegen sehr dringlichen Honorarbedarfs das Abwarten der Klärung im Hauptsacheverfahren (Widerspruch und Klage) nicht zumutbar ist. Das Vorliegen dieser Voraussetzung erscheint kaum vorstellbar.   64

VII. Abrechnungsprüfung (§ 106d SGB V)

Die Rechtsgrundlage für die Abrechnungsprüfung war bis 2016 der § 106a SGB V; dieser ist mit Wirkung ab dem 1.1.2017 ohne Veränderung des Wortlauts zu § 106d SGB V geworden.[814]   65

Die **KVen und die KKn** haben gemäß § 106d I SGB V – aufgrund ihres Sicherstellungsauftrags – die Pflicht, die Honorarabrechnung des Arztes auf[815] Rechtmäßigkeit und Plausibilität zu prüfen.   66

Die Einzelheiten der klassischen **sachlich-rechnerischen Abrechnungsprüfung** ergeben sich aus § 106d III 1 Nrn. 1 u. 3 und IV SGB V. Die Einzelheiten der **Plausibilitätsprüfung** ergeben sich aus § 106d II 2–4 u. § 106d III 1 Nr. 2 SGB V; diese Prüfung findet im vertragszahnärztlichen Bereich nicht statt, vgl. § 106d II 5 SGB V.   67

1. Plausibilitätsprüfung

Bei der in § 106d II SGB V geregelten Plausibilitätsprüfung wird untersucht, ob die Summe der Zeitaufwände für die abgerechneten Leistungen nachvollziehbar ist (§ 106d II 2 SGB V). Der Zeitaufwand für eine einzelne Leistung wird dem EBM entnommen, soweit er dort geregelt ist („Prüfzeiten" nach Anhang 3 des EBM i. V. m. § 106d II 4 und § 87 II 1 Hs. 2 SGB V). Ferner wird bei dieser Prüfung ein Höchstwert für den am Tag abrechenbaren Zeitaufwand für alle Leistungen zu Grunde gelegt (§ 106d II 3 SGB V – für das sog. Tagesprofil). Das Gesetz sieht außerdem vor, dass neben einem Tageshöchstwert auch ein Maximalwert für die in einem längeren Zeitraum höchstens abrechenbaren Leistungs-Zeitaufwände vorgesehen werden kann (§ 106d II 3 Hs. 2 SGB V – für das Quartalsprofil).   68

Die Richtlinien zum Inhalt und zur Durchführung der Abrechnungsprüfungen[816] bestimmen, dass eine genaue Einzelfallbetrachtung vorzunehmen ist, sofern bei dem Arzt – bzw. Psychotherapeuten – die auf der Grundlage der Prüfzeiten nach dem EBM ermittelte arbeitstägliche Zeit bei **Tageszeitprofilen** an mindestens drei Tagen im Quartal mehr als 12 Stunden oder im **Quartalszeitprofil** mehr als 780 Stunden beträgt (§ 8 III 1 Richtlinien zum Inhalt und zur Durchführung der Abrechnungsprüfungen).   69

Solche zeitbezogenen Plausibilitätsprüfungen sind darauf gerichtet, **ob der Arzt, zeitlich gesehen,** die von ihm in seine Abrechnung eingestellten **Leistungen** überhaupt alle **ordnungsgemäß erbracht haben kann.** Diese Prüfungsart ist aus der Sicht von Rechtsprechung und Schrifttum **rechtmäßig, sofern** den zum Vergleich herangezogenen Zeitbemessungen der Zeitaufwand eines erfahrenen, geübten und zügig arbeitenden Arztes unter Weglassen   70

---

[814] Art. 2 Nr. 9 i. V. m. Art. 20 VI GKV-VSG v. 16.7.2015 mit Inkrafttreten zum 1.1.2017 (BGBl. I 2015 S. 1211, 1238 u. 1244).

[815] Zu den umfangreichen Einzelheiten der Abrechnungsprüfung siehe umfassend *Clemens*, in: Schlegel/Voelzke/Engelmann (Hrsg.), jurisPraxisKommentar SGB V, 3. Aufl. 2016, § 106d (Neubearbeitung 2018).

[816] Richtlinien zwischen der Kassenärztlichen Bundesvereinigung und dem Spitzenverband Bund der Krankenkassen gemäß § 106d VI SGB V (Fassung v. 7.3.2018, DÄBl. S. A-600 ff.). – Relevanz kann zudem der Vereinbarung zwischen der jeweiligen KV und den Krankenkassen gemäß § 106d V SGB V zukommen. – Zu derartigen Vorgaben vgl. unten → Rn. 77.

delegierbarer Leistungen sowie der Zeitaufwand bei einem pflegeleichten Patienten und eine optimal organisierte Praxis zugrunde liegen sowie Möglichkeiten der parallelen Erbringung mehrerer Leistungen berücksichtigt sind.[817]

71 Die Plausibilitätsprüfung kann gemäß § 106d III 1 Nr. 2 SGB V ferner darauf gerichtet sein, die **Schlüssigkeit zwischen** der vom Arzt gestellten **Diagnose und** der Art und dem Umfang der abgerechneten **Leistungen** zu überprüfen, oder gemäß § 106d III 1 Nr. 3 SGB V auf die Überprüfung der Zahl der vom Versicherten in Anspruch genommenen Ärzte. Da diese Prüfungsverfahren aber nicht ausgerichtet sind auf die Frage nicht erbrachter Leistungen (im Sinne vorstehender → Rn. 70), es sich vielmehr um eingeschränkte Einzelfallprüfungen – eine Prüfmethode der Wirtschaftlichkeitsprüfung – handelt, hat der Gesetzgeber für diesen Fall gemäß § 106d IV 3 SGB V die **Zuweisung in das Verfahren der Wirtschaftlichkeitsprüfung** vorgesehen (hierzu siehe nachfolgenden § 23, dort zur eingeschränkten Einzelfallprüfung → § 23 Rn. 24 u. 49 ff.).

72 Die Möglichkeit einer Wirtschaftlichkeitsprüfung hat der Gesetzgeber ferner in § 106d IV 3 Hs. 2 SGB V für die allgemeine Plausibilitätsprüfung gemäß § 106d II SGB V in dem Fall vorgesehen, dass die **KV diese beantragt**. Dies erscheint systemwidrig[818], weil die Prüfung nach § 106d II SGB V gemäß den Erläuterungen in obiger → Rn. 70 auf die Frage nicht erbrachter Leistungen ausgerichtet ist und somit die sachlich-rechnerische Prüfung das sachgemäße Verfahren ist.

2. Sachlich-rechnerische Prüfung: Verfahren

73 Die sachlich-rechnerische Prüfung kann gemäß § 106d III SGB V von den KKn oder gemäß § 106d IV SGB V von der KV durchgeführt werden. Praktisch relevant war bis 2015 nur die **KV-Prüfung gemäß § 106d IV SGB V;** diese hat entweder die KV von Amts wegen – also von sich aus – oder die KV auf Antrag einer KK – vgl. § 106d IV 1 SGB V – betrieben. Seit dem Urteil des BSG vom 23.3.2016[819] wird auch die **KKn-Prüfung gemäß § 106d III SGB V** – zunehmend – praktiziert.

74 Das BSG hat die **unterschiedliche gesetzliche Ausgestaltung der Prüfverfahren** nach § 106d III und § 106d IV SGB V herausgestellt: Im Fall des **§ 106d III** SGB V ist die KK die Herrin des Verfahrens. Sie führt die Prüfung allein durch und sie macht der KV nur Mitteilung über deren Durchführung und deren Ergebnis. Im Fall des **§ 106d IV** SGB V ist die KV die Herrin des Verfahrens: Die Kompetenz der KK beschränkt sich darauf, dass sie die Prüfung beantragen und dadurch initiieren kann (§ 106d IV 1 SGB V).[820]

75 **Zuständig für den Erlass** des Richtigstellungs-Verwaltungsakts gegen den Arzt ist die **KV,** und zwar sowohl im Fall des § 106d III als auch im Fall des § 106d IV SGB V. Im Fall des § 106d III SGB V fallen somit die Zuständigkeit für den Erlass des Verwaltungsakts und die inhaltliche Prüfungskompetenz auseinander. Nicht etwa kann die KK als zuständig für den Erlass des Richtigstellungs-Verwaltungsakts erachtet werden; das widerspräche den Grundsätzen des vertragsarztrechtlichen Viereck-Verhältnisses (zu diesem s. o. → § 18 Rn. 3, 12, 14). Im Fall des § 106d III SGB V ist also die KV zwar zuständig für den Erlass des Verwaltungsakts, sie hat aber keine Kompetenz, die inhaltliche Ausgestaltung des Verwaltungsakts zu bestimmen oder mitzubestimmen; sie hat keinen Entscheidungsspielraum: Die KV muss auch dann, wenn sie inhaltlich anderer Ansicht ist, den Verwaltungsakt entspre-

---

[817] Vgl. dazu *Clemens*, in: Schlegel/Voelzke/Engelmann (Hrsg.), JurisPraxisKommentar SGB V, 3. Aufl. 2016, § 106d (Neubearbeitung 2018) Rn. 192 m. w. N.

[818] Systemwidrigkeit allein ist aber kein Gesichtspunkt, der die Unwirksamkeit einer Regelung zur Folge hat: Vgl. z. B. BVerfG v. 7.7.2009 – 1 BvR 1164/07 – BVerfGE 124, 199, 223 = NJW 2010, 1439 Rn. 94 = juris, Rn. 94 m. w. N.

[819] BSG v. 23.3.2016 – B 6 KA 8/15 R – SozR 4-2500 § 106a Nr. 15 = MedR 2017, 337 = juris, Rn. 11–31.

[820] Zu diesen Unterschieden vgl. BSG v. 23.3.2016 aaO Rn. 15 i. V. m. 23–31.

§ 22 Die Vergütung der Leistungen in der vertragsärztlichen Versorgung

chend dem Prüfergebnis erlassen, das ihr die KK gemäß § 106d III 2 SGB V mitgeteilt hat[821] – eine für die KV und auch für den betroffenen Arzt nicht befriedigende Situation (vgl. hierzu noch unten → Rn. 77).

Die KV erlässt – so wie dies schon bisher für das Verfahren gemäß § 106d IV SGB V 76 anerkannt war und nun auch im Fall des § 106d III SGB V gilt – **außer dem Richtigstellungsbescheid** gegenüber dem Arzt gleichzeitig auch einen **Bescheid gegenüber der KK** (der nur deklaratorische Bedeutung hat).[822] Mit diesem zweiten Bescheid gibt sie dem Begehren der KK auf Durchführung der sachlich-rechnerischen Richtigstellung statt oder – was nur im Fall des § 106d IV, nicht aber im Fall des § 106d III SGB V in Betracht kommt – lehnt die Richtigstellung ab.[823]

Das für die Abrechnungsprüfungen maßgebliche Verfahren wird in **Vereinbarungen** 77 zwischen KVen und den KKn (§ 106d V SGB V) sowie in **Richtlinien** zwischen der Kassenärztlichen Bundesvereinigung und dem Spitzenverband Bund der KKn geregelt (§ 106d VI SGB V).[824] Zu überlegen ist, ob in diesen Verfahrensvorgaben nicht evtl. auch einige Verfahrens-Unklarheiten in den Fällen des § 106d III SGB V geregelt werden können: Wer ist **für die Anhörung gemäß § 24 SGB X zuständig**? Die KV (die den Verwaltungsakt erlässt) oder die KK (die dessen inhaltliche Ausgestaltung vorgibt)? Darf die KV, wenn sie inhaltlich anderer Meinung ist, **gegenüber der KK remonstrieren**? Wer ist nach Widerspruchseinlegung für den **Erlass des Widerspruchsbescheids zuständig**? Ist die KV zuständig, obgleich sie eine Überprüfung auf Rechtmäßigkeit und Zweckmäßigkeit (§ 78 I 1 SGG) mit der ggf. erforderlichen Korrektur nicht vornehmen kann? Gilt das inhaltliche **Prägungsvorrecht der KKn** im Verhältnis zur KV gemäß § 106d III 1 Nr. 1 SGB V auch in Bereichen, in denen die KKn nicht finanziell betroffen sind (weil die Gesamtvergütung abschließend festgelegt ist, sodass die Richtigstellung nur KV-interne Relevanz für die Honorarverteilung unter die Ärzte hat)? Gilt also das inhaltliche Prägungsvorrecht der KKn nur in Bereichen sog. extrabudgetärer Vergütung?

Die sachlich-rechnerische Richtigstellung kann zeitlich-verfahrensmäßig in zweierlei Weise 78 erfolgen, zum einen als sog. **quartalsgleiche Richtigstellung** und zum anderen als sog. **nachgehende Richtigstellung** (die auch quartalsversetzte Richtigstellung genannt wird). Als quartalsgleich wird die Richtigstellung bezeichnet, wenn sie zeitgleich mit dem Quartalshonorarbescheid erfolgt, d.h. die Vergütung sogleich nur in verminderter Höhe bewilligt und ausbezahlt wird; die nachgehende Richtigstellung ist die erst spätere Korrektur in Gestalt eines Änderungsbescheides mit Rückforderung[825] schon gewährter Vergütung. Die unterschiedlichen Richtigstellungsverfahren sind relevant für die Klageart (Verpflichtungs- bzw. kombinierte Anfechtungs- und Leistungsklage oder reine Anfechtungsklage).[826]

Bezogen auf das Verfahren gemäß § 106d IV SGB V, in dem die KK die Prüfung beantragt 79 und die KV sie durchführt, hat der Gesetzgeber eine **Sanktionsregelung** zur Gewährleistung zügiger Verfahrensdurchführung geschaffen. Gemäß **§ 106d IV 4 SGB V** kann die KK den Betrag der begehrten Richtigstellung **auf die zu zahlende Gesamtvergütung anrechnen,** wenn die K(Z)V ihren Richtigstellungsantrag nicht innerhalb von sechs Monaten bearbeitet.

---

[821] Zur Bindung der KV an die inhaltlichen Vorgaben der Krankenkasse vgl. BSG v. 23.3.2016 aaO Rn. 13 i.V.m. 24 am Ende und 28 f. – Die KV darf nur prüfen, ob ihre Richtigstellungsbefugnisse begrenzt sind etwa durch Ausschlussfristen oder Vertrauensschutzgesichtspunkte (aaO Rn. 27).

[822] So BSG v. 23.3.2016 aaO Rn. 15 i.V.m. 30; vgl. auch BSG v. 10.5.2017 – B 6 KA 9/16 R – SozR 4-2500 § 106a Nr. 16 = ZMGR 2017, 388 = juris, Rn. 18.

[823] Auch im Verhältnis zur Krankenkasse ergeht – trotz der an sich gegebenen Gleichordnung von KV und Krankenkasse – die Entscheidung der KV in Gestalt eines Verwaltungsakts: BSG v. 19.10.2011 – B 6 KA 30/10 R – SozR 4-5555 § 21 Nr. 2 = NZS 2011, 276 = juris, Rn. 16 ff.

[824] Zu diesen Vorgaben vgl. oben → Rn. 69.

[825] Evtl. auch Verrechnung mit anderen späteren Vergütungsgewährungen.

[826] Näheres hierzu bei *Clemens*, in: Schlegel/Voelzke/Engelmann (Hrsg.), JurisPraxisKommentar SGB V, 3. Aufl. 2016, § 106d (Neubearbeitung 2018) Rn. 65 f.

In dem Wort „kann" dürfte nicht nur ein sog. Befugnis-Kann liegen, sondern ein Ermessens-Kann, das eine Ermessensausübung unter Würdigung der konkreten Fallgestaltung erfordert: Hat sich die „**Bearbeitung**"[827] z. B. durch notwendige Rückfragen bei der KK verzögert, so wäre es unangemessen, wenn die KK trotzdem die Anrechnung vornehmen würde. Auch ist der Bearbeitungsstand und -aufwand zu würdigen; bei einem komplexen Richtigstellungsbegehren und schon sehr fortgeschrittener Bearbeitung bei Ablauf der Sechs-Monats-Frist erschiene es nicht ermessensgerecht, den vollen Richtigstellungsbetrag anzurechnen. Bei alledem bedeutet „anrechnen" den **endgültigen Einbehalt;** dies hat das BSG in seinem Urteil vom 23.3.2006 ausgeführt.[828]

3. Sachlich-rechnerische Prüfung: Falltypen sachlich-rechnerischer Unrichtigkeit

80 Ob es zu einem Richtigstellungsbescheid kommt – sei es gemäß § 106d III oder gemäß § 106d IV SGB V – und der Bescheid im Widerspruchs- und Gerichtsverfahren Bestand hat, hängt inhaltlich davon ab, ob die Honorarabrechnung des Arztes fehlerhaft ist. Diese kann „sachlich" oder „rechnerisch" unrichtig sein. Die Fälle sachlicher Unrichtigkeit sind vielfältig. Dies zeigt schon die breit angelegte Formulierung in § 3 I 2 der gemäß § 106d VI SGB V erlassenen Richtlinien zum Inhalt und zur Durchführung der Abrechnungsprüfungen: Die Prüfung der Rechtmäßigkeit der Abrechnung umfasst die rechtlich ordnungsgemäße Leistungserbringung und die formal richtige Abrechnung der erbrachten Leistungen und der geltend gemachten Sachkosten. – Im Sinne praktikabler Handhabung erfolgt hier nachfolgend die beispielhafte Darstellung typischer Fallkonstellationen.

81 a) **Klassische Falltypen.** Der klassische Fall nicht ordnungsgemäßer Leistungserbringung liegt vor, wenn die Leistung **überhaupt nicht oder nicht in vollem Umfang erbracht** und dennoch vom Arzt in seine Quartalsabrechnung eingestellt wurde. So selbstverständlich dies ist, so bedurfte es dazu doch mancher höchstrichterlichen Klarstellung. So ist z. B. bei Leistungstatbeständen wie „Chromosomenanalyse", „Zelluntersuchung", EKG-Messung u. ä. die Vergütung erst verdient, wenn die Analyse bzw. Untersuchung vorliegt und auch ausreichend wissenschaftlich abgesichert ist; war dies nach einer ersten Testreihe bzw. Untersuchung noch nicht der Fall, sondern bedurfte es dafür noch eines zweiten – oder gar dritten und vierten – Untersuchungsgangs, so ist erst damit die Leistung vollständig erbracht und die Vergütung verdient.[829] Hat der Arzt die EBM-Position **mehrfach in Ansatz** gebracht – entsprechend der Anzahl der Untersuchungsgänge –, so ist dies **sachlich-rechnerisch richtigzustellen,** weil die erforderliche Leistung – mit dem Untersuchungsergebnis – nur einmal erbracht wurde.

82 Eine sachlich-rechnerische Richtigstellung muss auch dann erfolgen, wenn ein Arzt bei Leistungen, deren mehrere Tätigkeiten im EBM als **Pauschale oder Leistungskomplex** zusammengefasst worden sind, einzelne Teile daraus dennoch in seiner Abrechnung zusätzlich gesondert in Ansatz bringt. So werden durch eine **Versandkostenpauschale**[830] evtl. notwendi-

---

[827] Eine „Bearbeitung" kann vom Wortlaut her nicht mit „Entscheidung" gleichgesetzt werden. Man wird aber für eine „Bearbeitung" fordern müssen, dass diese auch erkennbar ist; im Streitfall muss die K(Z)V belegen, welche Bearbeitungsschritte sie schon tätigte, und erforderlichenfalls auch, wann sie diese tätigte.

[828] BSG v. 23.3.2016 – B 6 KA 14/15 R – SozR 4–5555 § 17 Nr. 1 = juris, Rn. 29 im Rahmen des Vergleichs der früheren Regelung in § 17 I 5 u. 6 EKV-Z mit dem neuen § 106d IV 4 SGB V.

[829] Vgl. z. B. BSG v. 12.12.2001 – B 6 KA 3/01 R – BSGE 89, 90, 103 = SozR 3–2500 § 82 Nr. 3 S. 17 = juris, Rn. 48. – Weitere Beispiele bei *Clemens*, in: Schlegel/Voelzke/Engelmann (Hrsg.), JurisPraxisKommentar SGB V, 3. Aufl. 2016, § 106d (Neubearbeitung 2018) Rn. 131 ff.

[830] BSG v. 25.8.1999 – B 6 KA 57/98 R – MedR 2000, 201, 202 f. – Vgl. zu Laborkosten ferner BSG v. 16.12.2015 – B 6 KA 39/15 R – SozR 4–5531 Nr. 40100 Nr. 1 = USK 2015-145 = juris, Rn. 19 ff.: Der pauschale Ausschluss zusätzlicher Abrechnung von Versandkosten erfasst auch solche Fälle, in denen nicht nur Gewebeproben des Allgemeinlabors, sondern auch solche des Speziallabors versendet werden. – Nichtannahme der Verfassungsbeschwerde: BVerfG (Kammer) vom 27.11.2017 – 1 BvR 1064/16 –.

ge Mehrfachversendungen und durch eine **Schwangeren-Betreuungspauschale**[831] werden evtl. notwendige zusätzliche Sonographien – z. B. zur Abschlusskontrolle nach einem Schwangerschaftsabbruch – mitabgegolten. **Pauschalabgeltungen** gibt es auch in anderer Gestalt, nämlich in Form „**kleiner Budgets**", indem z. B. ein Vergütungstatbestand auf „**Epikutan-Test, ... bis zu 30 Tests**" lautet; damit sind eventuell notwendige weitere Tests pauschal mitabgegolten.[832] Ebenso haben Vergütungstatbestände mit Angabe einer beschränkten Anzahl der **Scans bei CT-Untersuchungen** oder der **Sequenzen bei MRT-Untersuchungen** die Funktion, dass im Fall von mehr Scans bzw. Sequenzen diese mitabgegolten sind.[833]

Eine **Pauschalabgeltung** liegt auch vor bei den Vergütungstatbeständen für **operative Leistungen**. Bei solchen Tatbeständen ist davon auszugehen, dass damit alle Leistungen abgegolten sind, die in innerem und zeitlichem Zusammenhang mit der Operation erfolgen. Das bedeutet z. B., dass eine etwaige zusätzlich absichernde weitere Naht, auch wenn sie über den üblichen Standard hinausgehend erfolgt, nicht noch gesondert vergütet wird. Ebenso wenig werden z. B. zusätzliche Verstärkungen der Gelenkbänder im Zusammenhang mit Kreuzbandrekonstruktionen gesondert vergütet[834].[835]

83

Ein weiterer klassischer Fall sachlich-rechnerischer Richtigstellung ist die **Leistungserbringung ohne die dabei erforderlichen qualitativen Maßgaben** wie z. B. eine Röntgenuntersuchung durch einen Arzt ohne den dafür nötigen **Qualifikationsnachweis** oder ohne die erforderliche apparative **Praxisausstattung** oder eine Leistung ohne die zur Leistungsabrechnung erforderliche **spezielle Genehmigung**.[836]

84

Sachlich-rechnerische Richtigstellungen erfolgen auch dann, wenn der Arzt eine Leistung erbringt, zu der er von dem Fachgebiet her, für das er zur vertragsärztlichen Versorgung zugelassen ist, nicht befugt ist: sog. **fachfremde Leistung**.[837] Für die Beurteilung, ob Leistungen fachzugehörig oder fachfremd sind, ist darauf abzustellen, welche Inhalte und Ziele der Weiterbildung für das jeweilige Fachgebiet in der Weiterbildungsordnung genannt werden und in welchen Bereichen eingehende Kenntnisse, Erfahrungen und Fertigkeiten erworben werden müssen; die Inhalte werden in der jeweiligen Weiterbildungsordnung des Landes festgelegt und können durch Richtlinien (Weiterbildungs-Richtlinien der Ärztekammer) konkretisiert – aber nicht beschränkt[838] – werden.[839] Für die Befugnis, fachfremde Leistungen zu erbringen, kommt es allein auf die Kassenzulassung an; eine weitergehende berufsrechtliche Qualifikation nützt nichts.[840] Das BSG stellt den Fall, dass der Arzt sich der **hausärzt-**

85

---

[831] BSG am 22.3.2006 – B 6 KA 77/04 R – in mündlicher Verhandlung: Revisionsrücknahme gemäß Termin-Bericht Nr. 11/06 v. 23.3.2006. – So alsdann im neuen EBM ausdrücklich geregelt.
[832] BSG v. 16.5.2001 – B 6 KA 20/00 R – BSGE 88, 126, 134 f. = SozR 3–2500 § 87 Nr. 29 S. 153 f. = juris, Rn. 33.
[833] BSG v. 9.12.2004 – B 6 KA 84/03 R – USK 2004-186 = juris Rn. 89–95.
[834] Zu diesem Beispiel vgl. BSG v. 16.5.2001 – B 6 KA 87/00 R – SozR 4–5533 Nr. 2449 Nr. 2 S. 8 f. = juris Rn. 18.
[835] Zu vorgenannten Beispielen und weitere Beispiele bei *Clemens*, in: Schlegel/Voelzke/Engelmann (Hrsg.), JurisPraxisKommentar SGB V, 3. Aufl. 2016, § 106d (Neubearbeitung 2018) Rn. 118.
[836] Zu vorgenannten Falltypen vgl. *Clemens*, in: Laufs/Kern (Hrsg.), Handbuch des Arztrechts, 4. Aufl. 2010, § 35 Rn. 49–51).
[837] Z. B. BSG v. 8.9.2004 – B 6 KA 32/03 R – BSGE 93, 170 = SozR 4–2500 § 95 Nr 8 = USK 2004-135 = MedR 2005, 302 juris; BSG v. 8.9.2003 – B 6 KA 27/03 R – SozR 4–2500 § 95 Nr. 7 = USK 2004-134 = MedR 2005, 364; BSG v. 5.2.2003 – B 6 KA 15/02 R – SozR 4–2500 § 95 Nr. 1 = USK 2003-125 = MedR 2003, 591 = juris.
[838] BSG v. 8.9.2004 – B 6 KA 32/03 R – BSGE 93, 170 = SozR 4–2500 § 95 Nr 8 = USK 2004-135 = MedR 2005, 302 = juris Rn. 13 am Ende und 19.
[839] Dazu Grundlegendes bei *Clemens*, in: Laufs/Kern (Hrsg.), Handbuch des Arztrechts, 4. Aufl. 2010, § 35 Rn. 33 ff. mit Beispielen in Rn. 36–42.
[840] Vgl. z. B. BSG v. 22.3.2006 – B 6 KA 75/04 R – USK 2006-92 S. 614 = juris Rn. 16 u. 17. Auch eine dem Arzt erteilte Abrechnungsgenehmigung berechtigt grundsätzlich nicht zur Erbringung fachfremder Leistungen: BSG v. 8.8.2018 – B 6 KA 47/17 R – mit Angaben zur ständigen Rechtsprechung.

lichen Versorgung hat zuordnen lassen, er aber **fachärztliche** Leistungen erbringt, dem Erbringen fachfremder Leistungen gleich und verneint den Vergütungsanspruch.[841] – Zu alledem ist darauf hinzuweisen, dass diese dargestellte Dogmatik allerdings nicht von allen KVen streng durchgezogen wird; vielmehr wird in vielen KVen die unsystematische Erbringung fachfremder Leistungen im Gesamtumfang von weniger als 5 % kraft entsprechender Regelung im HVM geduldet und auch vergütet.

86 Relevant sind ferner sachlich-rechnerische Richtigstellungen in Fällen, in denen ein Arzt bei seiner Abrechnung eine Leistung in Ansatz bringt, die er persönlich erbringen müsste, aber **nicht persönlich erbracht** hat.[842] Von der persönlichen Leistungserbringung ist der Arzt nur insoweit befreit, als er sich befugtermaßen vertreten lässt oder die Leistungserbringung einem ärztlichen Vertreter[843] oder einem mit Genehmigung des Zulassungsausschuss angestellten Arzt[844] überlassen oder auf nicht-ärztliches Personal delegieren darf. – Bis zur klarstellenden Entscheidung des BSG vom 20.3.2013[845] waren Verstöße gegen das Gebot der persönlichen Leistungserbringung **besonders häufig bei ermächtigten (Chef-)Ärzten:** Bis dahin hatten sie ihre Gewohnheit aus dem stationären Bereich, Leistungen nach Bedarf durch andere Ärzte erbringen zulassen, vielfach auch im Rahmen ihrer ambulanten Tätigkeit als ermächtigter Arzt praktiziert.[846]

87 Sachlich-rechnerische Richtigstellungen sind ferner dann fällig, wenn ein Arzt in seiner Abrechnung Leistungen in Ansatz bringt, die ein bei ihm beschäftigter anderer Arzt erbracht hat, **ohne dass er die Anstellung durch den Zulassungsausschuss genehmigen**[847] **ließ.**[848]

88 Zu den vorstehenden Beispielsfällen für sachlich-rechnerische Richtigstellungen ist klarzustellen: Es handelt sich um **nur beispielhafte Aufzählungen;** es sind noch weitere Fallgestaltungen denkbar. Weiterhin ist klarzustellen, dass es sich in diesen Fällen jeweils darum handelte, dass ein **Mangel der Leistung selbst oder ein Mangel der Erbringungsbefugnis des konkreten Behandlers** vorlag (nicht vollständig erbracht, Qualität der Leistung oder Qualifikation des Erbringers fehlen, fachfremde Leistung, keine persönliche Leistungserbringung, Genehmigung des angestellten Arztes fehlt).

89 **b) Mängel im Status des Vertragsarztes.** Die Rechtsprechung des BSG hat das Rechtsinstitut der sachlich-rechnerischen Richtigstellung auch auf solche Fälle angewendet, in denen der Arzt zwar an sich vertragsärztliche Leistungen erbringen durfte, er seine Praxistätigkeit aber in einer Weise gestaltete, die zu seinem **vertragsärztlichen Status nicht passte**. In einem solchen Fall nimmt das BSG an, dass das **Tätigwerden des Arztes insgesamt nicht im Einklang** mit den vertragsarztrechtlichen Vorgaben stand und deshalb **alle** von ihm erbrachten Leistungen nicht rechtens erbracht wurden.

---

[841] BSG v. 14.12.2011 – B 6 KA 31/10 R – SozR 4–2500 § 106a Nr. 8 = MedR 2012, 826 = juris, Rn. 11 ff. Vgl. auch oben → Rn. 32.

[842] BSG v. 13.5.2015 – B 6 KA 27/14 R – SozR 4–5540 § 25 Nr. 1 = MedR 2016, 204 = juris, Rn. 18 i. V. m. 21 ff.: Auf Überweisung tätige Laborärzte müssen laboratoriumsmedizinische Analysen persönlich durchführen; sie dürfen sie nicht durch eine Laborgemeinschaft durchführen lassen.

[843] Vgl. hierzu § 32 I 2 ff. Ärzte-ZV.

[844] Zur Arztanstellung vgl. § 95 IX SGB V und § 32 II u. III Ärzte-ZV.

[845] BSG v. 20.3.2013 – B 6 KA 17/12 R – SozR 4–5540 § 48 Nr. 2 = GesR 2013, 540 = juris.

[846] Beachte hiergegen insbesondere BSG v. 20.3.2013 aaO Rn. 42–44. – Vgl. weiterhin die Ausführungen von *Clemens*, in: Schlegel/Voelzke/Engelmann (Hrsg.), JurisPraxisKommentar SGB V, 3. Aufl. 2016, § 106d (Neubearbeitung 2018) Rn. 172–181.

[847] § 95 IX 1 SGB V und § 32 II 1 Ärzte-ZV.

[848] Zur Rechtsfolge sachlich-rechnerischer Richtigstellung in solchen Fällen siehe – betr. den zahnärztlichen Bereich – BSG v. 10.5.1995 – 6 RKa 30/94 – SozR 3–5525 § 32 Nr. 1 S. 3 = USK 95120 S. 635 = juris Rn. 15. – Zu einem MVZ, das angestellte Ärzte vor Erlangung der Genehmigung des Zulassungsausschusses vertragsärztlich tätig werden ließ: BSG v. 21.3.2012 – B 6 KA 22/11 R – BSGE 110, 269 = SozR 4–2500 § 95 Nr. 24 = GesR 2012, 539 = MedR 2013, 66 = juris, Rn. 32, 34, 37, 40–42.

Eine solche Konstellation hat das BSG wiederholt dann als gegeben erachtet, wenn ein 90
Arzt in einer **Praxisgemeinschaft** tätig war, die Gemeinschaft mit dem anderen Arzt aber in
einer Weise gestaltete, wie wenn er in einer **Berufsausübungsgemeinschaft** tätig wäre (Behandlung einer großen Zahl von Patienten durch sowohl den einen als auch den anderen
Arzt). In einem solchen Fall – so das BSG – fehlt für die **gesamte** Tätigkeit des Arztes und
für **alle** von ihm erbrachten Leistungen die rechtmäßige Statusgrundlage, sodass die sachlich-rechnerische Richtigstellung die Vergütungen für alle Leistungen erfassen kann und muss.[849]
Die KV kann dann – vergleichbar dem Fall, dass die mit der Quartalshonorarabrechnung
abgegebene Abrechnungssammelerklärung grob fahrlässig falsch war – von dem Arzt das
gesamte Honorar zurückfordern; bei der Frage, wieviel Honorar sie ihm dennoch zubilligt,
hat sie ein weites Schätzungsermessen; sie kann sich dabei z. B. am Durchschnittshonorarvolumen der Fachgruppe orientieren.[850]

Ein Tätigwerden des Arztes insgesamt nicht im Einklang mit seinem vertragsarztrecht- 91
lichen Status ist auch dann gegeben, wenn er sein Tun zwar als **Berufsausübungsgemeinschaft** genehmigen ließ (§ 33 II Ärzte-ZV), aber in Wirklichkeit der andere Arzt nicht
„Partner" war, sondern das Verhältnis zu diesem ein **Angestelltenverhältnis – im Sinne
eines Arbeitnehmerstatus** – war. Dies berechtigt die KV, von dem Arzt das gesamte
Honorar zurückfordern[851] und nur nach Maßgabe eines Schätzungsermessens ihm noch
Honorar zuzubilligen.[852]

Einer sachlich-rechnerischen Richtigstellung steht in einer solchen Konstellation nicht 92
entgegen, dass die **Berufsausübungsgemeinschaft formal genehmigt** wurde (§ 33 III 1
Ärzte-ZV), und diese Genehmigung nicht mit Wirkung für die Vergangenheit aufgehoben
werden kann.[853] Der Status der Berufsausübungsgemeinschaft bzw. die Genehmigung entfalten eine **Schutzfunktion**, dies aber nur im Verhältnis zu Dritten [854] und **nicht im vergütungsrechtlichen (Innen-)Verhältnis des Arztes zu seiner KV**[855].[856]

c) Situation übermäßiger Leistungserbringung. Das BSG hatte auch solche Fälle zu 93
entscheiden, in denen Mängel weder nur konkreten einzelnen Leistungen (s. o. a) noch allen
Leistungen (s. o. b) anhafteten: Es handelte sich um Situationen, in denen der Arzt in seiner
Abrechnung mehr Leistungen in Ansatz gebracht hatte, als er bzw. seine Praxis hätte
erbringen dürfen, aber in denen nicht konkretisiert werden kann, welcher Teil der Leistungen
das unzulässige Mehr an Leistungen ausmachte.

So hat das BSG über den Fall entschieden, dass ein Arzt seinen **Assistenten** mehr Leis- 94
tungen erbringen ließ, als mit § 32 III 1 Ärzte-ZV vereinbar war: „Die Beschäftigung eines
Assistenten darf nicht der **Vergrößerung der Kassenpraxis** oder der **Aufrechterhaltung
eines übergroßen Praxisumfanges** dienen."[857] In einem anderen Fall führte der Arzt mehr
als doppelt so viele belegärztliche Behandlungen durch, wie in **fünf Belegbetten** möglich

---

[849] Grundlegend BSG v. 22.3.2006 – B 6 KA 76/04 R – BSGE 96, 99 = SozR 4–5520 § 33 Nr. 6 = USK 2006-93 = MedR 2006, 611 = juris. Weitere Rspr. in → § 20 Rn. 67 und bei *Clemens* in: Schlegel/Voelzke/Engelmann (Hrsg.), jurisPraxisKommentar SGB V, 3. Aufl. 2016, § 106d (Neubearbeitung 2018) Rn. 219 m. w. N.
[850] Zu diesen Fragen vgl. BSG v. 16.9.1997 – 6 RKa 86/95 – SozR 3–5550 § 35 Nr. 1 = USK 97134 = MedR 1998, 338 = juris, Rn. 23 u. 26.
[851] Vgl. BSG v. 22.6.2010 – B 6 KA 7/09 R – BSGE 106, 222 = SozR 4–5520 § 32 Nr. 4 = USK 2010-73 = MedR 2011, 298 = juris, Rn. 29 ff., 32–51.
[852] Zu diesen Fragen vgl. BSG v. 16.9.1997 – 6 RKa 86/95 – SozR 3–5550 § 35 Nr. 1 = USK 97134 = MedR 1998, 338 = juris, Rn. 23 u. 26.
[853] BSG v. 22.6.2010 aaO Rn. 52 ff.
[854] BSG v. 22.6.2010 aaO Rn. 57.
[855] BSG v. 22.6.2010 aaO Rn. 56–58.
[856] Näheres dazu bei *Clemens*, in: Schlegel/Voelzke/Engelmann (Hrsg.), JurisPraxisKommentar SGB V, 3. Aufl. 2016, § 106d (Neubearbeitung 2018) Rn. 225.
[857] BSG v. 28.9.2005 – B 6 KA 14/04 R – SozR 4–5520 § 32 Nr. 2 = MedR 2006, 307 = juris Rn. 11 ff.

waren (darauf hatte die KV die Belegarztanerkennung – entsprechend der Ausweisung im Krankenhausplan – beschränkt, aber der Arzt belegte in Absprache mit dem Krankenhaus weitere leer stehende Betten mit seinen Patienten).[858] In beiden Fällen hat das BSG das Rechtsinstitut sachlich-rechnerischer Richtigstellung für anwendbar erklärt und gebilligt, dass die KV von dem Arzt Honorar entsprechend dem Ausmaß der Überschreitung der zulässigen Leistungsmenge zurückforderte.

95 Dem vergleichbar liegt der Fall, dass eine sog. **Job-Sharing-Praxis** die ihr auferlegte **Punktzahlobergrenze überschreitet**. Auch in diesem Fall ist die KV zur sachlich-rechnerischen Richtigstellung entsprechend dem Ausmaß der Überschreitung berechtigt.[859]

96 **d) Mängel der Honorierungsgrundlagen.** Das BSG hat der sachlich-rechnerischen Richtigstellung schließlich auch noch die Fälle zugeordnet, in denen sich Mängel in den der Honorierung zugrunde liegenden Rechtsgrundlagen zeigten, sodass die Vergütungen dann rechtsgrundlos gezahlt waren.

97 Eine solche Konstellation kann in unterschiedlicher Gestalt vorkommen, z. B.:
- **EBM-Grundlagen** erweisen sich als fehlerhaft – und damit unwirksam –[860]: z. B. weil sie rückwirkend in Kraft gesetzt wurden[861]; vgl. auch die Beispiele oben in → Rn. 15.
- **HVM-Regelungen** erweisen sich als fehlerhaft, z. B. bei der Bildung von sog. Fachgruppentöpfen, bei der Berechnung von sog Individualbudgets oder bei der Berechnung von Fallzahlzuwachstoleranzen[862]; – vgl. auch die Ausführungen oben → Rn. 57 zum Erfordernis von Wachstumsregelungen für unterdurchschnittlich abrechnende Praxen.
- Das **Gesamtvergütungsvolumen** erweist sich als unzureichend für die bereits erfolgten Honorarauszahlungen (weil es wegen eines andauernden Schiedsamtsverfahrens zunächst nicht festgestanden hatte und deshalb **vorläufige Honorarauszahlungen** erfolgten, die sich aber später nach erfolgter Gesamtvergütungsfestlegung als **zu hoch** herausstellten).[863]

98 Oder: Die bisher ausbezahlten Vergütungen erweisen sich bei vielen Facharztgruppen als zu hoch, weil sich nach gerichtlicher Klärung ergeben hat, dass **andere Fachgruppen** fehlerhafterweise **bisher zu wenig Honorar** erhielten.[864] Das BSG hat pauschale Berechnungen der Minderungen der bisher zu hohen Vergütungen akzeptiert, weil cent-genaue konkrete Neuberechnungen unverhältnismäßigen Aufwand erfordert hätten.[865]
- Die Berechnungen der sog. **Degression** im Zahnbereich (§ 85 IVb ff. SGB V) stellen sich **als fehlerhaft heraus** (z. B. weil die Beträge des abrechenbaren Punktvolumens auf Grund fehlerhafter Normauslegung auch bei nur jahresanteiliger Tätigkeit in voller Höhe zu

---

[858] BSG v. 29.11.2017 – B 6 KA 33/16 R – SozR 4–2500 § 106a Nr. 17 = GesR 2018, 379 = juris, Rn. 2 i. V. m. 21 ff.

[859] Vgl. dazu BSG v. 28.8.2013 – B 6 KA 43/12 R – BSGE 114, 170 = SozR 4–2500 § 106a Nr. 11 = MedR 2014, 604 = juris, Rn. 12 ff.; BSG v. 28.8.2013 – B 6 KA 50/12 R – SozR 4–2500 § 106a Nr. 12 = juris, Rn. 15 ff.

[860] Dies erwähnend BSG v. 31.10.2001 – B 6 KA 16/00 R – BSGE 89, 62, 70 oben = SozR 3–2500 § 85 Nr. 42 S. 349 = juris und BSG v 12.12.2001 – B 6 KA 3/01 R – BSGE 89, 90, 96 = SozR 3–2500 § 82 Nr. 3 S. 9 = juris.

[861] Vgl. hierzu BSG v 31.10.2001 – B 6 KA 16/00 R – BSGE 89, 62, 68 ff. = SozR 3–2500 § 85 Nr. 42 S. 347 ff. = juris (unter Rückgriff auf BSG v. 17.9.1997 – 6 RKa 36/97 – BSGE 81, 86 = SozR 3–2500 § 87 Nr. 18 = juris). Ebenso Folgeentscheidungen, z. B. BSG v. 26.6.2002 – B 6 KA 24/01 R – USK 2002-123 = juris und BSG v. 26.6.2002 – B 6 KA 26/01 R – juris.

[862] Umfassend zur Honorarverteilung *Clemens*, Honorierung und Honorarverteilung im Kassenarztrecht, in: *Wenzel* (Hrsg.), Handbuch des Fachanwalts Medizinrecht, 3. Aufl. 2013, Kapitel 11 unter B, Rn. 204–359.

[863] BSG v. 14.12.2005 – B 6 KA 17/05 R – BSGE 96, 1 = SozR 4–2500 § 85 Nr. 22 Rn. 13 ff. = juris.

[864] So z. B., wenn Gerichte zu Nachzahlungen an Psychotherapeuten verpflichtet haben: BSG v. 19.8.2015 – B 6 KA 36/14 R – SozR 4–2500 § 106a Nr. 14 = MedR 2016, 549 = juris, Rn. 20 ff.

[865] BSG v. 19.8.2015 – B 6 KA 36/14 R – SozR 4–2500 § 106a Nr. 14 = MedR 2016, 549 = juris, Rn. 36–39.

Grunde gelegt wurden). Richtigerweise sind diese Fälle der Fallgruppe von Mängeln der normativen Honorargrundlagen bzw. ihrer Auslegung zuzurechnen, sie betreffen nicht Mängel in der individuellen Sphäre.[866]
- Rechtsfehler bei der **Honorarberechnung** für ambulante Krankenhausleistungen in den Grundlagen des **§ 120** I (evtl. i. V. m. III) SGB V wie z. B. weiterhin Einberechnen eines 10 %-Abzugs, obgleich der frühere § 120 III 2 SGB V seit dem 1.1.2016[867] aufgehoben ist.

Soweit solche Fehler erkennbar machen, dass die an den Arzt erfolgte Honorarauszahlung zu hoch gewesen war, stellt sich die Frage, ob die KV nunmehr eine sachlich-rechnerische Richtigstellung vornehmen und Honorar zurückfordern darf. Die Frage ist, ob der Arzt sich dagegen auf Vertrauensschutz berufen kann. In diesen Konstellationen von Mängeln der Honorierungs"grundlagen" stellt sich die Frage nach einem Vertrauensschutz in besonderem Maße – mehr als in den anderen oben unter a-c (→ Rn. 81–95) genannten Konstellationen –; denn Mängel der Honorierungs"grundlagen" können nicht der Risikosphäre des Arztes zugerechnet werden (vgl. nachfolgend insbesondere den vierten der fünf genannten Eckpunkte). 99

e) Vertrauensschutz? Zu der Frage, ob und inwieweit Vertrauensschutz gegenüber sachlich-rechnerischen Richtigstellungen zuerkannt werden kann, hat das BSG wiederholt – und sehr differenziert – Stellung genommen. Die Rechtsprechung vollumfänglich darzustellen, ginge hier zu weit (vgl. oben → Rn. 40).[868] Kurz – holzschnittartig skizziert – hat das BSG folgende Eckpunkte herausgestellt[869]: 100
- Vertrauensschutz gibt es vor allem in Gestalt des **Ablaufs der 4-Jahresfrist**[870].[871]
- Vertrauensschutz kann es auch dadurch geben, dass die KV ihre **Befugnis zur sachlich-rechnerischen Richtigstellung bereits "verbraucht"** hat, indem sie die Honoraranforderung des Vertragsarztes in einem der ursprünglichen Honorarverteilung nachfolgenden Verfahren bereits auf ihre sachlich-rechnerische Richtigkeit überprüfte und vorbehaltlos bestätigte[872].[873]

---

[866] Insofern trifft das Urteil des BSG v. 30.6.2004 – B 6 KA 34/03 R – BSGE 93, 69 = SozR 4–2500 § 85 Nr. 11 Rn. 18 ff. = juris zwar im Ergebnis zu, aber nicht in seiner Diktion. Zu Recht in der Diktion abgeschwächt und neutraler abgefasst ist das spätere Urteil des BSG v. 8.2.2006 – B 6 KA 27/05 R – GesR 2006, 365 = USK 2006-88 = juris. – Zur Degressionsberechnung grundlegend BSG v 16.12.2009 – B 6 KA 39/08 R, ferner B 6 KA 9/09 R und B 6 KA 10/09 R –.

[867] Art. 6 Nr. 13 Buchst. b des Krankenhausstrukturgesetzes (KHSG) v. 10.12.2015 (BGBl. I S. 2229, 2245).

[868] Näheres bei *Clemens*, in: Laufs/Kern (Hrsg.), Handbuch des Arztrechts, 4. Aufl. 2010, § 35 Rn. 66 ff. und in: Schlegel/Voelzke/Engelmann (Hrsg.), JurisPraxisKommentar SGB V, 3. Aufl. 2016, § 106d (Neubearbeitung 2018) Rn. 227 ff.

[869] Ständige Rspr., grundlegend BSG v. 14.12.2005 – B 6 KA 17/05 R – BSGE 96, 1 = SozR 4–2500 § 85 Nr. 22 Rn. 12. Fortführend und zusammenfassend BSG v. 8.2.2006 – B 6 KA 12/05 R – SozR 4–2500 § 106a Nr. 1 Rn. 16. Weiterhin BSG v. 28.8.2013 – B 6 KA 50/12 R – SozR 4–2500 § 106a Nr. 12 = juris, Rn. 21–31; BSG v. 28.8.2013 – B 6 KA 43/12 R – BSGE 114, 170 = SozR 4–2500 § 106a Nr. 11 = MedR 2014, 604 = juris, Rn. 22–29; BSG v. 19.8.2015 – B 6 KA 36/14 R – SozR 4–2500 § 106a Nr. 14 = MedR 2016, 549 = juris, Rn. 19–32.

[870] Danach ist nur noch § 45 (II 3 i. V. m. IV 1) SGB X anwendbar.

[871] Zum Fristlauf vgl. Näheres bei *Clemens*, in: Laufs/Kern (Hrsg.), Handbuch des Arztrechts, 4. Aufl. 2010, § 36 Rn. 36. – Weiterführend *Clemens* in: *Schlegel/Voelzke/Engelmann* (Hrsg.), jurisPraxisKommentar SGB V, 3. Aufl. 2016, § 106d (Neubearbeitung 2018) Rn. 234 f. i. V. m. 72 ff., 82 ff. – Zu einem jüngeren Fristhemmungs-Fall vgl. BSG v. 19.8.2015 – B 6 KA 36/14 R – SozR 4–2500 § 106a Nr. 14 = MedR 2016, 549 = juris, Rn. 25.

[872] Danach ist nur noch § 45 (II 3 i. V. m. IV 1) SGB X anwendbar.

[873] Zu den weiteren zahlreichen Detailfragen vgl. *Clemens* in: *Schlegel/Voelzke/Engelmann* (Hrsg.), juris PraxisKommentar SGB V, 3. Aufl. 2016, § 106d (Neubearbeitung 2018) Rn. 236 ff.

- **Kein Vertrauensschutz** ergibt sich allein daraus, dass die KV die Erbringung bestimmter Leistungen in Kenntnis aller Umstände **längere Zeit duldete**, d. h. sie unbeanstandet honorierte.[874]
- Einen **zusätzlichen Vertrauenstatbestand** hat das BSG für die Fälle herausgearbeitet, in denen die Mängel die **Grundlagen** der Honorarverteilung betreffen, die der Sphäre des einzelnen Vertragsarztes entrückt sind (siehe die Fälle in → Rn. 97): In diesen Fällen muss die **KV**, wenn ihr schon bei der Erteilung des Honorarbescheids **Ungereimtheiten oder Rechtszweifel bekannt sind oder sein müssten,** dem Honorarbescheid einen hierauf bezogenen ausdrücklichen Vorbehalt beifügen oder den Vertragsarzt auf die Ungewissheiten **hinweisen**, wofür substantiierte Ausführungen z. B. in KV-Rundschreiben ausreichen.[875] Andernfalls ist sie zu späterer Korrektur nicht – bzw. nur nach Maßgabe von § 45 II 3 i. V. m. IV 1 SGB X – befugt[876].[877]
- Schließlich hat das BSG für bestimmte **weitere Sonderfälle** den **Vertrauensschutz** nach Maßgabe des § 45 II, IV SGB X **in vollem Umfang** zuerkannt: Es handelt sich um die Fälle, in denen eine etwaige Fehlerhaftigkeit nicht für die übrigen Vertragsärzte relevant ist – oder anders ausgedrückt: keine „verteilungswirksamen" Honorarteile betroffen sind.[878] So im Falle von Honorar, das **nicht das Gesamtvergütungsvolumen tangiert**, sondern z. B. nur von den KKn bei der KV für sog. extrabudgetäre Leistungen „durchgereicht" wird, sodass eine dabei erfolgte Fehlhonorierung die anderen Vertragsärzte nicht betrifft und diese also kein eigenes Interesse an einer Korrektur haben und deshalb dem betroffenen Vertragsarzt Vertrauensschutz entsprechend § 45 II, IV SGB X zugebilligt werden kann.[879]

101 Das BSG hat diese Fallgruppe in seinen Urteilen vom 28.8.2013 dahingehend umschrieben, dass immer dann Vertrauensschutz entsprechend § 45 II, IV SGB X zuzubilligen ist, wenn **Besonderheiten der Honorierung vertragsärztlicher Leistungen nicht konkret tangiert** sind.[880] Als Beispiele hierfür hat das BSG die Fälle schlichter Rechenfehler oder vergleichbarer Defizite genannt. In den konkret entschiedenen Fällen hat das BSG ausgeführt, dass bei den Überschreitungen der Punktzahlobergrenzen durch Job-Sharing-Praxen durchaus Bezüge zu den Besonderheiten der Honorierung vertragsärztlicher Lestungen gegeben waren, sodass ein Vertrauensschutz entsprechend § 45 II, IV SGB X nicht zuzubilligen war.

---

[874] Hierzu *Clemens* in: *Schlegel/Voelzke/Engelmann* (Hrsg.), jurisPraxisKommentar SGB V, 3. Aufl. 2016, § 106d (Neubearbeitung 2018) Rn. 246 f. – Das BSG distanziert sich zunehmend von der Fallgruppe längeren Duldens: In seinem Urteil v. 28.8.2013 – B 6 KA 50/12 R – SozR 4–2500 § 106a Nr. 12 = juris, Rn. 28 – hält es einen Vertrauenstatbestand durch längeres Dulden überhaupt nur noch insoweit für eventuell denkbar, als der Fall wissentlicher Duldung fachfremder Tätigkeit oder der Fall einer Leistungserbringung ohne die dazu erforderliche Abrechnungsgenehmigung vorliegt (BSG v. 28.8.2013 – B 6 KA 50/12 R – SozR 4–2500 § 106a Nr. 12 = juris, Rn. 28).

[875] Die KV kann zwischen Vorbehalt oder Hinweis wählen: Vgl. BSG v. 28.8.2013 – B 6 KA 50/12 R – SozR 4–2500 § 106a Nr. 12 = juris, Rn. 26; BSG v. 28.8.2013 – B 6 KA 43/12 R – BSGE 114, 170 = SozR 4–2500 § 106a Nr. 11 = MedR 2014, 604 = juris, Rn. 27. – Vgl. auch BSG v. 19.8.2015 – B 6 KA 36/14 R – SozR 4–2500 § 106a Nr. 14 = MedR 2016, 549 = juris, Rn. 28–31.

[876] Das Rechtsinstitut der sachlich-rechnerischen Richtigstellung ist einschlägig, seine Anwendbarkeit aber nach Maßgabe des § 45 (II 3 i. V. m. IV 1) SGB X begrenzt.

[877] Näheres dazu bei *Clemens* in: *Schlegel/Voelzke/Engelmann* (Hrsg.), jurisPraxisKommentar SGB V, 3. Aufl. 2016, § 106d (Neubearbeitung 2018) Rn. 240 ff. – Dazu grundlegend BSG v. 14.12.2005 – B 6 KA 17/05 R – SozR 4–2500 § 85 Nr. 22 Rn. 20; BSG v. 8.2.2006 – B 6 KA 12/05 R – SozR 4–2500 § 106a Nr. 1 Rn. 16, 21; ebenso BSG v. 5.11.2008 – B 6 KA 21/07 B – juris Rn. 17.

[878] Das Rechtsinstitut der sachlich-rechnerischen Richtigstellung ist einschlägig, seine Anwendbarkeit aber nach Maßgabe des § 45 (II 3 i. V. m. IV 1) SGB X begrenzt.

[879] Hierzu Näheres bei *Clemens* in: *Schlegel/Voelzke/Engelmann* (Hrsg.) jurisPraxisKommentar SGB V, 3. Aufl. 2016, § 106d (Neubearbeitung 2018) Rn. 244 f.

[880] BSG v. 28.8.2013 – B 6 KA 50/12 R – SozR 4–2500 § 106a Nr. 12 = juris, Rn. 27; BSG v. 28.8.2013 – B 6 KA 43/12 R – BSGE 114, 170 = SozR 4–2500 § 106a Nr. 11 = MedR 2014, 604 = juris, Rn. 28.

§ 23 Wirtschaftlichkeitsprüfung

I. Wirtschaftlichkeitsgebot und Wirtschaftlichkeitsprüfung

Das Wirtschaftlichkeitsgebot ist ein wichtiger Kernbestand des Kassen- bzw. Vertragsarztrechts. Es hat eine Leitfunktion, die der Gesetzgeber durch dessen Platzierung an herausragender Stelle deutlich herausgestellt hat: Siehe innerhalb der „Gemeinsamen Vorschriften" den **§ 12 I SGB V** und bei den „Allgemeinen Grundsätzen" den **§ 70 I SGB V**. Für die Konkretisierung und Effektivierung des Wirtschaftlichkeitsgebots kommt der Wirtschaftlichkeitsprüfung gemäß §§ 106–106b SGB V wesentliche Bedeutung zu; die Wirtschaftlichkeitsprüfung ist zugeschnitten auf den Kassen(zahn)arzt – den sog. Vertrags(zahn)arzt[881] –, dem bei der Erbringung der Leistungen der gesetzlichen Krankenversicherung die zentrale Rolle zukommt.

1. Begriff

§ 106 I 1 SGB V überträgt den Krankenkassen und KVen die Überwachung der Wirtschaftlichkeit der vertragsärztlichen Versorgung. Erläuternd ist hinzugefügt, in welcher Form diese Überwachung erfolgt, nämlich „durch Beratungen und Prüfungen". Dazu ist ergänzend auszuführen: Die Wirtschaftlichkeitsprüfung ist als Gemeinschaftsaufgabe ausgestaltet. Krankenkassen und KVen gemeinsam überwachen die Wirtschaftlichkeit der vertragsärztlichen Versorgung. Wenn es heißt, die vertragsärztliche Versorgung werde überwacht, dann bezieht sich das zwar auf das Leistungsspektrum insgesamt, wie dieses in § 73 II SGB V umschrieben ist. § 106 II SGB V macht aber in Verbindung mit § 106a I u. II SGB V deutlich, dass die in §§ 106–106b SGB V ausgeformte Überwachung arztbezogen ist, sich also auf den Vertragsarzt[882] konzentriert,[883] dabei aber auch die Art der Leistungsvermittlung des Vertragsarztes sowie von ihm vorgenommene Begutachtungen oder Dokumentationen einbezieht. Und schließlich ist darauf hinzuweisen, dass die Wirtschaftlichkeitsprüfung gemäß §§ 106–106b SGB V nur einen Ausschnitt aus der Überwachungstätigkeit der Krankenkassen und KVen darstellt: Hierzu gehören auch noch die sachlich-rechnerische Prüfung gemäß § 106d SGB V und Überprüfungen im Hinblick auf Regresse gemäß § 48 BMV-Ä.

2. Bedeutung

Wie die Bezeichnung schon erkennen lässt, dient die Wirtschaftlichkeitsprüfung der Gewährleistung der Wirtschaftlichkeit[884] der vom Vertragsarzt erbrachten Leistungen, und ist damit einer der zentralen Vorgaben der vertragsärztlichen Versorgung.[885] Zu beachten ist aber, dass hier nicht von Wirtschaftlichkeit i. e. S. die Rede ist.[886] Das wird belegt durch die Tatsache, dass sich die Wirtschaftlichkeitsprüfung auch auf die Indikation, die Effektivität und die Qualität der Leistungserbringung bezieht (§ 106a II Nrn. 2 und 3 SGB V), und damit auf Kriterien, die lediglich mittelbar auf die Wirtschaftlichkeit i. e. S. bezogen sind.

---

[881] Gleichermaßen auch auf die Psychotherapeuten und medizinischen Versorgungszentren; – diese sind ebenso wie die Zahnärzte im Folgenden in den Begriffen „Arzt", „ärztlich", „vertragsärztlich" u. ä. mitumfasst.
[882] Vgl. hierzu oben → § 23 Rn. 1 (dortige Fußnote).
[883] *Steinhäuser*, in: Schnapp/Wigge (Hrsg.), Handbuch des Vertragsarztrechts, 3. Aufl. 2017, § 18 Rn. 4.
[884] Siehe dazu §§ 12 u. 70 SGB V sowie oben → § 23 Rn. 1. – Vgl. auch *Engelhard,* in: Hauck/Noftz, SGB V, § 106 Rn. 9 ff.
[885] → § 9 Rn. 30 ff., 52 ff.
[886] → § 9 Rn. 52 ff.

4   Mit der Wirtschaftlichkeitsprüfung ist ein weiterer Aspekt verbunden, nämlich die Gewährleistung von Transparenz. Der Sachleistungsgrundsatz führt dazu, dass der Versicherte im Regelfall nicht erkennen kann, welche Kosten die Leistungserbringung verursacht. Noch weniger ist er in der Lage, die Notwendigkeit, die Effektivität und die Qualität der Leistungserbringung (§ 106a II SGB V) zu überblicken. Für die Krankenkassen und die KVen wird im Rahmen der Wirtschaftlichkeitsprüfung alles dies offengelegt. Damit wird wenigstens partielle Transparenz erreicht.

5   Die Wirtschaftlichkeitsprüfung reiht sich in eine Skala von Maßnahmen ein, die mit unterschiedlichen Mitteln durch Einflussnahme auf den Vertragsarzt dazu dienen sollen, die **Sicherstellung** der vertragsärztlichen Versorgung zu gewährleisten.[887] Dazu gehören auch die Beratungen im Rahmen der Überwachungsaufgaben der Krankenkassen und KVen nach Maßgabe des § 106 I, III 3 u. 4 SGB V, die Honorarkürzung gemäß § 106a SGB V sowie der Regress nach § 106b SGB V und nach § 48 BMV-Ä, Honorarkürzungen nach § 95d III SGB V, die von der KV und den Krankenkassen vorzunehmenden Abrechnungsprüfungen (§ 106d SGB V),[888] die Begutachtung und Beratung durch den MDK (§§ 275, 277 SGB V) sowie das Disziplinarverfahren gemäß § 81 V SGB V.

6   Die Wirtschaftlichkeitsprüfung gehört dabei zu jenem Teilbereich dieser Skala, bei der auch ein edukatorischer Effekt[889] eine gewichtige Rolle spielt: Schon der Umstand der Wirtschaftlichkeitsprüfung als solcher, dazu aber auch eine konkrete Prüfung, die zu spezifischen Beanstandungen führen kann, hat zur Folge, dem Vertragsarzt ständig ins Bewusstsein zu rufen, dass er in ein öffentlich-rechtliches Leistungssystem eingebunden ist,[890] dessen Funktionsfähigkeit ganz wesentlich von seinen Leistungen abhängt. Erst recht wird aber der Vertragsarzt zur Erfüllung seiner Pflichten angehalten, wenn die Wirtschaftlichkeitsprüfung Mängel in der vertragsärztlichen Leistung zu Tage fördert. Dies alles soll den Vertragsarzt zur ordnungsgemäßen Erfüllung der Erfordernisse der vertragsärztlichen Versorgung anhalten.[891]

3. Beratung des Vertragsarztes als Ausgangspunkt

6a Von der gesetzlichen Konzeption der Wirtschaftlichkeitsprüfung her ist die **Beratung des Arztes** durch die Krankenkassen und KVen bzw. durch die Prüfgremien der eigentliche Ausgangspunkt: So heißt es in der Leitvorschrift des **§ 106 I 1 SGB V**, dass die Überwachung der Wirtschaftlichkeit der vertragsärztlichen Versorgung „durch Beratungen und Prüfungen" erfolgt. „Beratungen" stehen hiernach an erster Stelle, an zweiter Stelle stehen „Prüfungen", die ggf. – an dritter Stelle – zu Honorarkürzungen oder Regressen führen. Dies weiterführend heißt es in § 106 III 3 SGB V: „Gezielte Beratungen sollen weiteren Maßnahmen in der Regel vorangehen" – wofür in § 106 III 4 SGB V als Grundlage die Leistungsübersichten genannt werden. In gleicher Weise heißt es in § 106b II 3 SGB V, dass „individuelle Beratungen bei statistischen Prüfungen … der Festsetzung einer Nachforderung bei erstmaliger Auffälligkeit vorangehen" müssen. In Prüfungsbescheiden sollen also **Beratungen vorrangig vor Nachforderungen** und Kürzungen (dies beides ist in § 106 III 2 SGB V ausdrücklich genannt) festgesetzt werden.

6b Zu der Frage, welche **Anforderungen an Beratungen** zu stellen sind, sind die gesetzlichen Regelungen nur insoweit ergiebig, als die Beratung dem Arzt auf der Grundlage der Leistungsübersichten die Erfordernisse wirtschaftlichen Verhaltens verdeutlichen muss (vgl. § 106 II 4 SGB V). Alles Weitere ist nicht geregelt, wie z. B. die Fragen, ob der Beratung ein

---
[887] Siehe dazu auch → § 19 Rn. 54 ff.
[888] → § 21 Rn. 65, 73 ff.
[889] Siehe dazu → § 24 Rn. 40–42.
[890] → § 20 Rn. 84 ff. und → § 18 Rn. 6 am Ende u. 7.
[891] → § 20 Rn. 92 ff.

förmlicher Akt zugrunde liegen muss (Anordnung durch **Verwaltungsakt?**) und in welcher Weise die Beratung erfolgen muss (**mündlich oder schriftlich?**). Und weiter: Angenommen, die Beratung war nicht ordnungsgemäß erfolgt, hindert das dann im nächsten Schritt die Festsetzung einer Honorarkürzung bzw. eines Regresses? Ist allein entscheidend, dass eine Beratung irgendwie – sei es auch in unzureichender Weise – erfolgte? Ist jedenfalls dann, wenn der Beratungsvorgang nicht gerichtlich angegriffen wurde, die **spätere Berufung auf einen Beratungsmangel** ausgeschlossen? Vieles spricht dafür, die faktisch erfolgte Beratung ausreichen zu lassen – gleichgültig, ob sie allen Anforderungen entsprach –; dies abschließend klärende Gerichtsentscheidungen liegen bisher aber nicht vor.

II. Strukturen der Wirtschaftlichkeitsprüfung

Die Wirtschaftlichkeitsprüfung gemäß §§ 106–106b SGB V ist abzugrenzen gegen den 7
Schadensregress gemäß § 48 BMV-Ä und gegen die sachlich-rechnerische Richtigstellung gemäß § 106d SGB V. Die **sachlich-rechnerische Richtigstellung zielt** insbesondere darauf, ob der Arzt die abgerechneten Leistungen von seinem (Facharzt-)Status her erbringen durfte und ob er sie auch vollständig erbrachte und auch unter Beachtung aller vorgeschriebenen qualitativen und formalen Anforderungen (z. B. einwandfrei erhobene Röntgenbefunde und Dokumentation). Ein **Schadensregress** gemäß § 48 BMV-Ä findet statt, wenn die Art und Weise einer (z. B. Arznei-)Verordnung zu beanstanden sind, z. B. das Fehlen der Unterschrift des verordnungsberechtigten Arztes, andere Fälle des Fehlens der persönlichen Leistungserbringung, eine Verordnung während des Krankenhausaufenthalts des Patienten. Bei der Wirtschaftlichkeitsprüfung wird untersucht, ob der Arzt ein – nicht notwendiges – Zuviel an Leistungen erbrachte. Bei der **Wirtschaftlichkeitsprüfung** wird insbesondere untersucht, ob der Arzt ein – nicht notwendiges – Zuviel an Leistungen erbrachte; die Wirtschaftlichkeitsprüfung greift aber auch noch bei zahlreichen weiteren Rechtsverstößen ein, wie nachfolgend darzustellen ist.

1. Prüfarten und Falltypen

Prüfarten (§ 106 II 1 Nrn. 1 und 2 SGB V). Die Prüfung findet statt als 8
- arztbezogene Prüfungen ärztlicher Leistungen (§ 106a SGB V)
- arztbezogene Prüfungen ärztlich verordneter Leistungen (§ 106b SGB V).

Der Begriff Arzt umfasst hier und im Folgenden auch Psychotherapeuten, medizinische Versorgungszentren und Zahnärzte.[892]

Falltypen. Innerhalb jeder dieser Prüfungsbereiche ist zu unterscheiden zwischen verschiedenen Problemlagen und den unterschiedlichen, auf sie zugeschnittenen Prüfungsarten, z. B.: 9
- Honorarversagung bzw. -rückforderung wegen Erbringung einer **unerklärlich großen Menge** an Leistungen oder Regress wegen übermäßiger Verordnungen, jeweils im Vergleich mit dem Durchschnitt der Facharztgruppe (wofür sich der Vergleich der Gesamtfallwerte oder der Vergleich der Abrechnungsmengen in einer Leistungssparte oder bei Einzelleistungen eignen kann)
- Regress wegen Fehlens der Arzneimittelzulassung
- Regress wegen Verordnungsausschluss durch Arzneimittel-Richtlinie
- Regress wegen Missachtung der Sprechstundenbedarfs-Vereinbarung
- Regress wegen unzulässigen Off-Label-Use
- Regress wegen Verordnung von nur-Originalarzneien und keinerlei Generika.[893]

---

[892] Vgl. oben → § 23 Rn. 1 Fn. 1.
[893] Vgl. zu einem solchen Fall: BSG v. 20.10.2004 – B 6 KA 41/03 R – SozR 4–2500 § 106 Nr. 6 Rn. 27–29 = MedR 2005, 421, 425 f. = Juris, Rn. 43–46. – Vgl. unten → § 23 Rn. 54.

10 **Aufgreifkriterien.** Zu einer Wirtschaftlichkeitsprüfung kann es auf folgende Weise kommen:
- **Zufälligkeitsprüfung** auf der Grundlage von **Stichproben** (mit detaillierten Regelungen in § 106a SGB V).
- **Auffälligkeitsprüfung** auf der Grundlage von Übersichten über die **Leistungsmengen** des Arztes (dort mit Angaben zu allen Einzelleistungen, zu allen Leistungssparten und zum Gesamtfallwert, jeweils im Vergleich mit dem Durchschnitt der Facharztgruppe).
Die Auffälligkeitsprüfung war in der früheren Fassung des § 106 II 1 Nr. 1 SGB V[894] speziell im Zusammenhang mit der Richtgrößenprüfung genannt gewesen. Die Richtgrößenprüfung stellt jedoch nun keine bundesrechtliche Vorgabe mehr dar, kann aber noch auf der Länderebene aufgrund der Generalermächtigung des §§ 106 I 2, 106b I 1 u. 3 SGB V zwischen der KV und den Krankenkassen vereinbart werden. – Vgl. unten → Rn. 12.
- Bei verordneten **Arzneimitteln** kann es ferner durch die **Krankenkasse** zu Prüfverfahren kommen, wenn diese die von den Apotheken abgerufenen Zahlungen überprüft und Anlass sieht, die **Berechtigung der ärztlichen Verordnung im Einzelfall** zu prüfen.
- Der KV und den Krankenkassen steht es frei, **weitere Aufgreifkriterien** zu vereinbaren (siehe die Ermächtigung in §§ 106 I 2, 106b I 1 u. 3 SGB V zum Abschluss einer inhaltlich umfassenden Prüfvereinbarung: „Inhalt und Durchführung der Beratungen und Prüfungen … sowie die Voraussetzungen für Einzelfallprüfungen").

11 **a) Zufälligkeitsprüfung.** Für die Zufälligkeitsprüfung enthält § 106a SGB V detaillierte Regelungen. Sie ist eine arztbezogene Prüfung ärztlicher und ärztlich verordneter Leistungen auf der Grundlage von arztbezogenen und versichertenbezogenen Stichproben, die mindestens 2 % der Ärzte je Quartal erfasst (§ 106a I 1 SGB V, außerdem Richtlinien nach § 106a III 1 SGB V[895]). Einzelheiten der Stichprobenprüfung ergeben sich aus § 106a I 2, 3, 4 SGB V. Gegenstände der Beurteilung der Wirtschaftlichkeit sind Indikation, Effektivität, Qualität und Angemessenheit der Leistungen (§ 106a III SGB V).

12 **b) Auffälligkeitsprüfung.** Die Auffälligkeitsprüfung basiert auf dem Vergleich der **Leistungsmengen** des Arztes mit denen des Durchschnitts der Facharztgruppe. Hierfür ziehen die Prüfgremien (Prüfungsstelle und Beschwerdeausschuss) die sog. **Leistungsübersichten** heran, wie der Arzt sie als Anlage zu seinem Quartalshonorarbescheid erhält und in denen die Leistungsmengen im Einzelnen aufgeführt sind: mit Angaben zu allen Einzelleistungen, zu allen Leistungssparten und zum Gesamtfallwert, jeweils im Vergleich mit dem Durchschnitt der Facharztgruppe. – Zur Auffälligkeitsprüfung als wichtiger Prüfungsart s. u. → Rn. 41 ff.

13 **c) Richtgrößenprüfung.** Diese stellt – vgl. oben Rn. 10 – keine bundesrechtliche Vorgabe mehr dar, kann aber noch auf der Länderebene aufgrund der Generalermächtigung der §§ 106 I 2, 106b I 1 u. 3 SGB V **zwischen der KV und den Krankenkassen vereinbart** werden. Die Grundzüge der Richtgrößenprüfung, wie sie bundesrechtlich geregelt war, sind folgende: Übersteigt das Verordnungs-Volumen das Richtgrößenvolumen um mehr als **15 %** (§ 106 Va 1 SGB V) und lässt sich dies nicht mit Praxisbesonderheiten und/oder kompensierenden Einsparungen begründen,[896] berät[897] die Prüfungsstelle[898] den Arzt. Liegt die nicht

---

[894] Fassung seit Art. 1 Nr. 82 Buchst. c aa GKV-Gesundheitsmodernisierungsgesetz (GMG) vom 14.11.2003 (BGBl. I S. 2190, 2214) bis zur Neufassung des § 106 SGB V durch Art. 2 Nr. 6 des GKV-VSG vom 16.7.2015 (BGBl. I S. 1211, 1236 f. – gemäß Art. 20 VI mit Wirkung ab dem 1.1.2017).
[895] In der Fassung v. 16.11.2017 (im Internet recherchierbar unter www.kbv.de).
[896] Zu Praxisbesonderheiten und kompensierenden Einsparungen siehe *Clemens*, in: Schlegel/Voelzke/Engelmann (Hrsg.), jurisPraxisKommentar SGB V, 3. Aufl. 2016, § 106 Rn. 191–213.
[897] Die Überwachung der Wirtschaftlichkeit (durch Krankenkassen und KVen) ist zweipolig. Sie erfolgt durch Beratungen und Prüfungen (§ 106 I SGB V).

gerechtfertigte Überschreitung bei mehr als **25 %**, muss der Vertragsarzt den Kostenmehraufwand erstatten (§ 106 III 2, 106b I 2 SGB V).

Die Richtgrößenprüfung wird, da sie keine allgemeine bundesrechtliche Vorgabe mehr darstellt, hier nicht näher dargestellt. – Wegen Einzelheiten siehe die umfassende Darstellung bei *Clemens* in: Schlegel/Voelzke/Engelmann, jurisPraxisKommentar SGB V, 3. Aufl. 2016, Rn. 248 ff.

14

d) Wirkstoffbezogene Verordnungsprüfung. Eine weitere **bundes**rechtliche Vorgabe gab es in der Zeit von 2011 bis 2016 durch § 106 IIIb SGB V[899] für eine wirkstoffbezogene Verordnungsprüfung. Dem vorangegangen war eine Phase, in der solches in landesrechtlichen Vereinbarungen zwischen KV und Krankenkassen aufgrund der Regelungen in § 84 I 2 Nr. 2, III 1 u. 2 i. d. F. vom 19.12.2001[900] – i. V. m. § 106 II 4 SGB V[901] – vorgesehen war. Nunmehr – seit dem 1.1.2017 – ist es wieder der Länderebene vorbehalten, d. h. der KV und den Krankenkassen überlassen, ob sie im Vereinbarungsweg aufgrund der Generalermächtigung in §§ 106 I 2, 106b I 1 u. 3 SGB V die Grundlage für die Durchführung wirkstoffbezogener Verordnungsprüfungen schaffen.

15

Das BSG hat mit Urteilen vom 28.9.2016[902] zu den in den Jahren 2005/2006 – im Bereich der KV Hamburg – geltenden Regelungen Stellung genommen: Die Einführung wirkstoffbezogener Verordnungsprüfungen ist grundsätzlich rechtmäßig. Anders als die Richtgrößenprüfungen setzen sie nicht bei den Gesamtkosten eines Arztes für Arzneimittel an. Vielmehr wird geprüft, ob der Arzt bei seinen Arzneiverordnungen, bezogen auf den Wirkstoff, teure oder preiswerte Arzneimittel auswählt und ob er damit die Zielwerte einhält oder überschreitet, die die KV und die Krankenkassen am Maßstab definierter Tagesdosen (DDD) vereinbart haben.

16

Da die wirkstoffbezogene Verordnungsprüfung keine allgemeine bundesrechtliche Vorgabe mehr darstellt, wird sie hier nicht weiter dargestellt. Zu Näherem siehe die zitierten BSG-Urteile.

17

2. Verfahren

Das Prüfverfahren obliegt einer Prüfungsstelle und einem Beschwerdeausschuss, die jeweils von den Krankenkassen (= den Landesverbänden der Krankenkassen und den Ersatzkassen) und den KVen gemeinsam gebildet werden (§ 106c I 1 SGB V), ggf. auch länder-KV-übergreifend (§ 106a IV 1 SGB V).

18

a) Prüfungsstelle. aa) Organisation. Die Prüfungsstelle wird bei der KV (oder einer anderen Organisation nach Maßgabe einer Vereinbarung der Vertragspartner) errichtet (§ 106a II 2 u. 3 SGB V). Die Prüfungsstelle bereitet die für die Prüfungen nach § 106a II SGB V erforderlichen Daten[903] auf, trifft Feststellungen zu den maßgeblichen Sachverhalten, auch zur Anerkennung von Praxisbesonderheiten[904] und entscheidet, ob der Vertragsarzt

19

---

[898] Der gesetzliche Begriff „Prüfungsstelle" umschließt den Beschwerdeausschuss, wenn nicht gegenteilige Anhaltspunkte vorliegen: BSG v. 28.8.2013 – B 6 KA 46/12 R – SozR 4-2500 § 106 Nr. 42 = MedR 2014, 263 = Juris, Rn. 22 f., 27.

[899] Geschaffen durch Art. 14 Buchst. b des Arzneimittelmarktneuordnungsgesetzes (AMNOG) vom 22.12.2010 (BGBl. I S. 2262, 2267) bis zur Neufassung des § 106 SGB V durch Art. 2 Nr. 6 des GKV-VSG vom 16.7.2015 (BGBl. I S. 1211, 1236 – gemäß Art. 20 VI mit Wirkung ab dem 1.1.2017).

[900] Art. 1 Nr. 3 des Arzneimittelbudget-Ablösungsgesetzes (ABAG) vom 19.12.2001 (BGBl. I S. 3773, 3773 f.).

[901] § 106 II 4 SGB V in der bis zum 31.12.2016 geltenden Fassung.

[902] BSG v. 28.9.2016 – B 6 KA 43/15 R – GesR 2017, 310 = MedR 2017, 740 = Juris, Rn. 12 ff., und BSG v. 28.9.2016 – B 6 KA 44/15 R – SozR 4-2500 § 106 Nr. 55 = Breithaupt 2017, 557 = Juris, Rn. 12 ff.

[903] Vgl. → § 23 Rn. 8 ff.

[904] Hierzu *Clemens,* in: Schlegel/Voelzke/Engelmann (Hrsg.), jurisPraxisKommentar SGB V, 3. Aufl. 2016, § 106 Rn. 191 ff.

gegen das Wirtschaftlichkeitsverbot verstoßen hat und welche Maßnahmen zu treffen sind (§ 106 III SGB V). Die Prüfungsstelle unterstützt den Beschwerdeausschuss bei der Erfüllung seiner laufenden Geschäfte organisatorisch (§ 106 IVc 1 Hs. 2 SGB V). Der Leiter der Prüfungsstelle führt die laufenden Verwaltungsgeschäfte der Prüfungsstelle und gestaltet die innere Organisation (§ 106c II 4 SGB V).[905]

20 bb) Einzelheiten des Verfahrensablaufs. Das Verfahren ist **antragsunabhängig**.[906] Die Auswahl der Prüfungsverfahren und ihre Durchführung beschließt die Prüfungsstelle von Amts wegen. Dies kann – nach Maßgabe vertraglicher Regelung – zu Einzelfallprüfungen oder zu sog. pauschalen Vergleichsprüfungen anhand des Durchschnitts der Fachgruppe – sog. Durchschnittsprüfung – führen (§ 106 I 2, 106a IV 3, 106b I 1 SGB V).[907] Für die Prüfung gilt eine Vierjahresfrist.[908] Die Ermittlungen der Prüfungsstelle unterliegen dem **Amtsermittlungsgrundsatz** (§ 20 SGB X). Den Vertragsarzt trifft eine **Mitwirkungspflicht** (§ 21 SGB X).[909]

21 Für den Inhalt und die Form des Honorarbescheids gelten die §§ 35 ff. SGB X. Der Bescheid ist zu begründen, und zwar so, dass die für die sachgerechte Überprüfung maßgeblichen Beurteilungsmaßstäbe im Einzelfall erkennbar und nachvollziehbar sind.[910] Die Anforderungen an die Darlegungen und Berechnungen dürfen aber nicht überspannt werden; die Begründungen brauchen nicht eine so große Sorgfalt und Übersichtlichkeit aufzuweisen, dass auch der Laie sie verstehen kann, denn die Maßnahmen der Wirtschaftlichkeitsprüfung richten sich an einen sachkundigen Personenkreis.[911]

22 **b) Beschwerdeausschuss.** Gegen die Entscheidungen der Prüfungsstelle können die betroffenen Ärzte und ärztlich geleiteten Einrichtungen, die Krankenkassen, die betroffenen Landesverbände der Krankenkassen sowie die KV den Beschwerdausschuss anrufen (§ 106c III 1 SGB V). Die Anrufung hat aufschiebende Wirkung (§ 106c III 2 SGB V).[912] Das Verfahren vor dem Beschwerdeausschuss gilt als Vorverfahren im Sinne des § 78 SGG (§ 106c III 4 SGB V). Klagen gegen eine vom Beschwerdeausschuss festgesetzte Honorarkürzung haben keine aufschiebende Wirkung (§ 106c III 5 SGB V). Sie sind gegen den Beschluss des Beschwerdeausschusses zu richten.[913]

---

[905] Nach Maßgabe der WiPrüfVO vom 5.1.2004 (BGBl. I S. 29), mit späteren Änderungen, zuletzt durch Art. 19 des GKV-VSG vom 16.7.2015 (BGBl. I S. 1211, 1243 f.), vgl. § 106c II 7, 8 SGB V.
[906] So seit 2000: BSG v. 12.12.2012 – B 6 KA 35/12 R – SozR 4–2500 § 106a Nr. 10 = MedR 2013, 619 = Juris, Rn. 14.
[907] Zu den Voraussetzungen der Wirtschaftlichkeitsprüfung bei Einzelleistungen siehe BSG v. 19.10.2011 – B 6 KA 38/10 R – SozR 4–2500 § 106 Nr. 33 = MedR 2012, 754 = Juris, Rn. 23 ff.; BSG v. 30.11.2016 – B 6 KA 29/15 R – SozR 4–2500 § 106 Nr. 56 = MedR 2018, 103 = Juris, Rn. 15 ff. – Vgl. auch unten → § 23 Rn. 42 ff.
[908] BSG v. 20.3.2013 – B 6 KA 17/12 R – SozR 4–5540 § 48 Nr. 2 = GesR 2013, 540 = Juris, Rn. 20 am Ende m. w. N.
[909] Relevant ist dies insbesondere bei der Entkräftung des Indiz unwirtschaftlich großer Leistungsmenge durch Darlegung von Praxisbesonderheiten: Zur Reichweite der Darlegungs- und Mitwirkungspflicht → Rn. 26 u. 36–39.
[910] Vgl. z. B. BSG v. 21.3.2012 – B 6 KA 18/11 R – SozR 4–2500 § 106 Nr. 34 = MedR 2013, 122 = Juris, Rn. 34; BSG v. 16.7.2003 – B 6 KA 14/02 R – SozR 4–2500 § 106 Nr. 2 = Juris Rn. 22; BSG v. 30.11.2016 – B 6 KA 29/15 R – SozR 4–2500 § 106 Nr. 56 = MedR 2018, 103 = Juris, Rn. 27–33.
[911] So z. B. BSG v. 16.7.2003 – B 6 KA 14/02 R – SozR 4–2500 § 106 Nr. 2 Rn. 22; BSG v. 30.11.2016 – B 6 KA 29/15 R – SozR 4–2500 § 106 Nr. 56 = Juris, Rn. 29.
[912] § 106c III 2 SGB V geht, als lex specialis, den §§ 85 IV 6, 87b II 6 SGB V vor; so zutreffend *Steinhäuser*, in: Schnapp/Wigge (Hrsg.), Handbuch des Vertragsarztrechts, 3. Aufl. 2017, § 18 Rn. 119.
[913] BSG v. 11.5.2011 – B 6 KA 13/10 R – BSGE 108, 175 = SozR 4–2500 § 106 Nr. 32 = Juris, Rn. 16 m. w. N. Ebenso BSG v. 30.11.2016 – B 6 KA 29/15 R – SozR 4–2500 § 106 Nr. 56 = MedR 2018, 103 = Juris, Rn. 12 m. w. N.: „Der … Bescheid des … Beschwerdeausschusses ist alleiniger Gegenstand des Verfahrens". – Vgl. unten → Rn. 24 (vorletzter Punkt).

Unter engen Voraussetzungen gilt, dass ein **Vorverfahren nicht stattfindet** (d. h. für die 23
Anfechtung muss unmittelbar Klage erhoben werden): Dies hat der Gesetzgeber für den Fall
vorgesehen, dass der Mehraufwand Leistungen betrifft, „die durch das Gesetz oder durch die
Richtlinien nach § 92 ausgeschlossen sind" (§ 106c III 6 – früher § 106 V 8 – SGB V). Mit
der schwierigen Abgrenzungsfrage, welche Fälle hiervon erfasst und welche nicht erfasst sind,
hat sich das BSG wiederholt befassen müssen. Es hat dazu jüngst zu einer Revisions-Nichtzulassungsbeschwerde wegen eines Verordnungsregresses zusammenfassend ausgeführt, dass
das der Fall ist, wenn sich der Ausschluss der Verordnung „unmittelbar und eindeutig aus
dem Gesetz selbst oder aus den Richtlinien des Gemeinsamen Bundesausschusses ergibt",
und zwar „aus spezifischen Regelungen des Krankenversicherungsrechts".[914] Dazu zählt das
BSG Fälle des Fehlens einer AMG-Zulassung[915], nicht aber Fälle des Off-Label-Use[916]: Beim
Off-Label-Use fehlt nicht jegliche AMG-Zulassung, sondern diese liegt zwar vor, deckt aber
nicht die der Medikation zugrunde liegende Indikation ab: In solchen Fällen kommt es auf
die differenzierte Prüfung an, ob die vom BSG herausgearbeiteten Voraussetzungen für einen
zulässigen Off-Label-Use erfüllt sind.[917] Einen Ausschluss „**unmittelbar und eindeutig**" aus
dem Gesetz selbst oder aus den Richtlinien des G-BA hat das BSG ferner angenommen in
Fällen eines AM-RL-Verordnungsausschlusses[918].

3. Einzelne Grundsätze zur Wirtschaftlichkeitsprüfung

In seinem Urteil vom 30.11.2016[919] hat das BSG – anknüpfend an seine bisherige Recht- 24
sprechung – einige Grundsätze zum Wirtschaftlichkeitsgebot und zur Wirtschaftlichkeitsprüfung herausgestellt:

- Der Prüfung nach Durchschnittswerten liegt die **Annahme** zugrunde, dass die **Vergleichsgruppe im Durchschnitt insgesamt wirtschaftlich handelt**.[920]
Diese Annahme ist die notwendige Voraussetzung dafür, dass die sog. statistische Vergleichsprüfung zu verwertbaren Ergebnissen führen kann. Von dieser Annahme geht
auch der Gesetzgeber aus, der deutlich gemacht hat, dass er die sog. Durchschnittsprüfung – auch nach deren Streichung im Bundesrecht – weiterhin als ein rechtmäßiges
Prüfungsverfahren ansieht[921], wofür es allerdings einer entsprechenden Prüfvereinbarung

---

[914] BSG v. 10.5.2017 – B 6 KA 75/16 B – Juris Rn. 8.
[915] BSG v. 10.5.2017 – B 6 KA 75/16 B – Juris Rn. 8. – Ausreichend ist weder eine sog. fiktive
Zulassung im Sinne der Übergangsvorschriften des AMG von 1976 (vgl. dazu BSG v. 27.9.2005 – B 1 KR
6/04 R – BSGE 95, 132 Rn. 18 ff. = SozR 4–2500 § 31 Nr. 3 Rn. 25 ff. und BSG v. 5.11.2008 – B 6 KA 63/
07 R – SozR 4–2500 § 106 Nr. 21 Rn. 18 ff.) noch eine fiktive Zulassung aufgrund des Rechts der früheren
DDR (zu Letzterem vgl. BSG v. 10.5.2017 – B 6 KA 75/16 B – Juris Rn. 8 am Ende betr. das Arzneimittel
„LeukoNorm").
[916] Zum Off-Label-Use vgl. unten → Rn. 56 unter (3).
[917] Vgl. BSG v. 11.5.2011 – B 6 KA 13/10 R – BSGE 108, 175 = SozR 4–2500 § 106 Nr. 32 = MedR
2012, 691 = Juris, Rn. 18 ff. zu einem Immunsuppressivum. – Vgl. zum Off-Label-Use insgesamt die
zusammenfassenden Darstellungen von *Clemens*, GesR 2011, 397 ff., und von *Clemens*, in: Schlegel/
Voelzke/Engelmann (Hrsg.), jurisPraxisKommentar SGB V, 3. Aufl. 2016, § 106 Rn. 77 ff.
[918] Trotz der ausnahmsweisen Möglichkeit einer Verordnung in medizinisch begründeten Fällen: BSG
v. 2.7.2014 – B 6 KA 25/13 R – SozR 4–2500 § 106 Nr. 45 = MedR 2015, 464 = Juris, Rn. 15 ff. zu
Fertigspritzen bei Gonarthrose; BSG v. 12.12.2012 – B 6 KA 50/11 R – BSGE 112, 251 = SozR 4–2500
§ 106 Nr. 38 = MedR 2014, 123 = Juris, Rn. 10 zu einem Appetitzügler.
[919] BSG v. 30.11.2016 – B 6 KA 29/15 R – SozR 4–2500 § 106 Nr. 56 = MedR 2018, 103 = Juris.
[920] BSG v. 28.9.2016 – B 6 KA 43/15 R – GesR 2017, 310 = MedR 2017, 740 = Juris Rn. 31; BSG
v. 28.9.2016 – B 6 KA 44/15 R – SozR 4–2500 § 106 Nr. 55 = Breithaupt 2017, 557 = Juris, Rn. 28;
BSG v. 30.11.2016 – B 6 KA 29/15 R – SozR 4–2500 § 106 Nr. 56 = MedR 2018, 103 = Juris,
Rn. 14.
[921] Der Gesetzgeber hat bei der zum 1.1.2004 erfolgten Streichung dieser Vorgabe deutlich gemacht,
dass er es der Länderebene überlassen will, ob eine Durchschnittsprüfung stattfinden können soll (BT-Drs. 15/1525 vom 8.9.2003, S. 113). – Vgl. dazu auch unten → Rn. 25.

zwischen der KV und den Krankenkassen bedarf (§§ 106 I 2, 106a IV 3, 106b I 1 SGB V).[922]

- Die Prüfgremien (Prüfungsstelle und Beschwerdeausschuss) haben eine **Wahlfreiheit**, ob sie den Vergleich zwischen dem geprüften Arzt und der Fachgruppe anhand der **Gesamtfallwerte, Sparten- oder Einzelleistungswerte** vornehmen.[923] Ebenso haben die Prüfgremien eine Wahlfreiheit, ob sie **Durchschnittsprüfungen oder Einzelfallprüfungen** durchführen. Bei alledem gilt aber das Gebot, effektive Wirtschaftlichkeitsprüfungen durchzuführen. Hieraus leitet das BSG ab, dass Durchschnittsprüfungen im Regelfall ein Vorrang vor Einzelfallprüfungen zukommt.[924]
Den Prüfgremien steht bei der Auswahl der Prüfmethode ein – gerichtlich nur eingeschränkt überprüfbarer – **Beurteilungsspielraum** zu.[925]
Die Prüfgremien können nach Aufgreifen eines Falles im weiteren Prüfverfahren wählen, welche der unterschiedlichen Prüfmethoden sie der Beurteilung der Wirtschaftlichkeit oder Unwirtschaftlichkeit zugrunde legen. Zu nennen sind hier insbesondere die strenge oder eingeschränkte Einzelfallprüfung und die statistische Durchschnittsprüfung sowie – im Rahmen der Durchschnittsprüfung – der Gesamtfallwertvergleich, der Spartenvergleich und der Einzelleistungsvergleich.[926] Die Prüfgremien sind aber auch – zumal wenn die Eignung der „klassischen" Prüfmethoden bei besonderen Fallkonstellationen zweifelhaft erscheint – **befugt, weitere Prüfmethoden zu erfinden:** so sind sie befugt, die Wirtschaftlichkeit anhand eines Vertikalvergleichs mit Abrechnungsergebnissen verschiedener früherer Quartale/Jahre zu prüfen.[927]
Bei einer Berufsausübungsgemeinschaft (Gemeinschaftspraxis) wird die Wirtschaftlichkeit der Behandlungs- und Verordnungsweise nicht bezogen auf den einzelnen Arzt, sondern bezogen auf die Gesamtpraxis als Einheit geprüft.[928]
- Der Vertragsarzt ist verpflichtet, **umfassend wirtschaftlich** zu handeln in dem Sinne, dass sich sein Verhalten **anhand jeder Prüfmethode** als wirtschaftlich erweisen muss und dass auch **in jedem Teilbereich** seiner Tätigkeit Wirtschaftlichkeit gegeben ist.[929]
Aus diesem Grundsatz folgt, dass dem Wirtschaftlichkeitsgebot nicht eine „Gesamt"wirtschaftlichkeit genügt: Die Unwirtschaftlichkeit eines Arztes in einigen Bereichen ist grundsätzlich nicht etwa dadurch unschädlich, dass er in anderen Bereichen besonders wenig Kostenaufwand aufweist.[930] Der Grundsatz, dass sich sein Verhalten **anhand jeder Prüf-**

---

[922] Vgl. dazu – ausführlicher – *Clemens*, in: Schlegel/Voelzke/Engelmann (Hrsg.), jurisPraxisKommentar SGB V, 3. Aufl. 2016, § 106 Rn. 46 ff.
[923] BSG v. 30.11.2016 aaO Rn. 14 i. V. m. Rn. 16.
[924] Vgl. hierzu BSG v. 19.10.2011 – B 6 KA 38/10 R – SozR 4–2500 § 106 Nr. 33 = MedR 2012, 754 = Juris, Rn. 19–21; BSG v. 28.9.2016 – B 6 KA 43/15 R – GesR 2017, 310 = MedR 2017, 740 = Juris, Rn. 23; BSG v. 28.9.2016 – B 6 KA 44/15 R – SozR 4–2500 § 106 Nr. 55 = Juris, Rn. 23. – Vgl. auch BSG v. 23.2.2005 – B 6 KA 72/03 R – SozR 4–2500 § 106 Nr. 8 Rn. 9–17 = USK 2005-110, S. 795–798 = Juris Rn. 20–28.
[925] Ständige Rspr., vgl. z. B. BSG v. 19.10.2011 – B 6 KA 38/10 R – SozR 4–2500 § 106 Nr. 33 = MedR 2012, 754 = Juris, Rn. 16; BSG v. 21.3.2012 – B 6 KA 17/11 R – SozR 4–2500 § 106 Nr. 35 = Juris, Rn. 17; BSG v. 28.9.2016 – B 6 KA 43/15 R – GesR 2017, 310 = MedR 2017, 740 = Juris, Rn. 20; BSG v. 28.9.2016 – B 6 KA 44/15 R – SozR 4–2500 § 106 Nr. 55 = Juris, Rn. 20; vgl. auch BSG v. 30.11.2016 – B 6 KA 29/15 R – SozR 4–2500 § 106 Nr. 56 = Juris, Rn. 14 i. V. m. 16.
[926] Zu diesen häufiger vorkommenden Prüfverfahren vgl. noch unten → Rn. 32.
[927] BSG v. 9.6.1999 – B 6 KA 21/98 R – BSGE 84, 85 = SozR 3–2500 § 106 Nr. 47 = MedR 2000, 99 = juris, Rn. 21 ff., 24 ff.; BSG v. 28.9.2016 – B 6 KA 43/15 R – GesR 2017, 310 = MedR 2017, 740 = Juris, Rn. 20; BSG v. 28.9.2016 – B 6 KA 44/15 R – SozR 4–2500 § 106 Nr. 55 = Juris, Rn. 20. – Vgl. auch § 9 Richtlinien über die Zufälligkeitsprüfung, wie oben → Rn. 11 angegeben.
[928] BSG v. 30.11.2016 – B 6 KA 17/15 R – USK 2016-85 = Juris Rn. 29; BSG v. 8.12.2010 – B 6 KA 38/09 R = MedR 2011, 823 = Juris, Rn. 23.
[929] BSG v. 30.11.2016 – B 6 KA 29/15 R – aaO Rn. 16; ebenso auch BSG v. 28.10.2015 – B 6 KA 45/14 R – SozR 4–2500 § 106 Nr. 53 = MedR 2016, 735 = Juris, Rn. 16 am Ende.
[930] Zur Frage sog. kompensierender Einsparungen s. u. → Rn. 40.

methode als wirtschaftlich erweisen muss, bedeutet: Ein Arzt, bei dem sich nach den Maßstäben der sog. Durchschnittsprüfung keine Unwirtschaftlichkeit feststellen lässt, ist nicht dadurch davor geschützt, dass bei ihm im Wege der Einzelfallprüfung eine Unwirtschaftlichkeit festgestellt wird.[931]

- **Gegenstand** eines nach Widerspruch und Klage folgenden Gerichtsverfahrens ist allein der Bescheid des Beschwerdeausschusses.[932]
Nach der ständigen Rechtsprechung des BSG ist nicht etwa – entgegen dem Wortlaut des § 95 SGG – der Bescheid des Prüfungsausschusses Gegenstand[933] der Klage im Sozialgerichtsverfahren – was allerdings durchaus kritisch zu sehen ist.[934]
- Prüfungsmaßstab sind diejenigen **Rechtsregelungen,** die **im jeweiligen Prüfzeitraum** gegolten haben.[935]
Folglich nützt es dem Arzt nichts, wenn **nach** dem Quartal, auf das sich der ihm zur Last gelegte Unwirtschaftlichkeitsvorwurf bezieht, die Regelungen der Leistungserbringung oder Abrechnung in einer Weise geändert werden, dass ihm bei gleichem Verhalten keine Unwirtschaftlichkeit mehr zur Last fallen würde.

4. Durchschnittsprüfung – Prüfungsschritte

Als die klassische Prüfmethode hat sich die Durchschnittsprüfung herausgebildet. Sie war 25 bis zum 31.12.2003 im SGB V aufgeführt[936] und wurde vom BSG als „Regelprüfmethode" angesehen (dies mit der Folge, dass sie nicht in einer Prüfvereinbarung ausgeschlossen werden durfte[937]). Obgleich sie seit dem 1.1.2004[938] nicht mehr im SGB V ausdrücklich vorgesehen ist, hat sie ihre zentrale Funktion nicht verloren. Der Gesetzgeber hat deutlich gemacht, dass er die sog. Durchschnittsprüfung weiterhin als ein rechtmäßiges Prüfungsverfahren ansieht, das auf der Grundlage entsprechender Vereinbarung zwischen der KV und den Krankenkassen auch weiterhin durchgeführt werden kann (§§ 106 I 2, 106a IV 3, 106b I 1 SGB V).[939] Dadurch hat die Durchschnittsprüfung nach wie vor außerordentlich **große praktische Relevanz.**

Der Durchschnittsprüfung liegt die Annahme zugrunde, dass die ärztliche Behandlungs- 26 und Verordnungsweise im Durchschnitt aller Ärzte der Fachgruppe dem Wirtschaftlichkeitsgebot entspricht.[940] Eine Abweichung vom Durchschnitt indiziert somit einen Verstoß gegen das Wirtschaftlichkeitsgebot. Der Arzt mit höherem Behandlungsaufwand muss

---

[931] Vgl. dazu – mit BSG-Angaben – *Clemens,* in: Schlegel/Voelzke/Engelmann (Hrsg.), jurisPraxisKommentar SGB V, 3. Aufl. 2016, § 106 Rn. 20.

[932] Ständige Rspr., vgl. z. B. BSG v. 30.11.2016 aaO Rn. 12 und BSG v. 11.5.2011 – B 6 KA 13/10 R – BSGE 108, 175 = SozR 4–2500 § 106 Nr. 32 = MedR 2012, 691 = Juris, Rn. 16. – Vgl. oben → Rn. 22 am Ende.

[933] Bzw. „Mit"gegenstand im Sinne von § 95 SGG: „der ursprüngliche Verwaltungsakt in der Gestalt, die er durch den Widerspruchsbescheid gefunden hat."

[934] Vgl. die kritischen Ausführungen von *Clemens,* in: Schlegel/Voelzke/Engelmann (Hrsg.), jurisPraxisKommentar SGB V, 3. Aufl. 2016, § 106 Rn. 441 ff.

[935] In diesem Sinne BSG v. 30.11.2016 aaO Rn. 13.

[936] § 106 II 1 Nr. 1 SGB V (in der bis zum 31.12.2003 geltenden Fassung): „Die Wirtschaftlichkeit der Versorgung wird geprüft durch (1.) arztbezogene Prüfung ärztlicher und ärztlich verordneter Leistungen nach Durchschnittswerten …".

[937] Vgl. hierzu *Clemens,* in: Laufs/Kern (Hrsg.), Handbuch des Arztrechts, 4. Aufl. 2010, § 36 Rn. 19 (mit dortiger Fußnote) und BSG v. 18.10.1995 – 6 R Ka 43/94 – BSGE 77, 53, 59 f. = SozR 3–2500 § 106 Nr. 33 S. 190 ff. = USK 95135 S. 726 f. – Zum Vorrang der Durchschnittsprüfung vgl. weiterhin oben → Rn. 24 (zweiter Punkt) mit Angaben zur BSG-Rechtsprechung.

[938] Art. 1 Nr. 82 Buchst. c aa des GMG vom 14.11.2003 (BGBl. I S. 2190).

[939] BT-Drs. 15/1525 vom 8.9.2003, S. 113, und oben → Rn. 24 (zweiter Punkt). – Vgl. dazu – ausführlicher – *Clemens,* in: Schlegel/Voelzke/Engelmann (Hrsg.), jurisPraxisKommentar SGB V, 3. Aufl. 2016, § 106 Rn. 46 ff.

[940] → Rn. 24 (erster Punkt).

diesen mit atypischen Umständen wie Praxisbesonderheiten und/oder kompensierenden Einsparungen begründen; werden sie bestritten und können sie nicht festgestellt werden, so geht dies zu seinen Lasten (sog. **Darlegungs- und Feststellungslast**).[941] Daraus folgt – wenn die Abweichung vom Durchschnittsaufwand das Ausmaß eines offensichtlichen Missverhältnisses hat (hierzu s. u. → Rn. 41–45) – der Anscheinsbeweis unwirtschaftlichen Verhaltens.[942]

27 Die **Durchschnittsprüfung** ist zweckmäßigerweise nach folgendem Schema in **acht Schritten** durchzuführen, zu denen nachfolgend – ab → Rn. 29 – noch Erläuterungen erfolgen[943]:

- Im ersten Schritt muss sich die Prüfungsstelle für eine Prüfmethode entscheiden. Dabei braucht die Wahl der Durchschnittsprüfung, da diese im Regelfall ohnehin vorzugswürdig ist[944], nicht begründet zu werden.
- Im zweiten Schritt wird der Vergleich der Werte des zu prüfenden Arztes mit denen der Vergleichsgruppe initiiert (Vergleichsbasis). Hier kann insbesondere die Bildung der Vergleichsgruppe problematisch sein.
- Drittens ist der Bereich des Vergleichs auszuwählen (Vergleichsbreite). Bei der Prüfung des Arzneiverordnungsaufwands wird dies der gesamte Arzneimittelaufwand sein, wohingegen bei der Prüfung des Behandlungsaufwands entweder die Gesamtfallwerte oder Spartenwerte oder auch nur Einzelleistungswerte herangezogen werden können.
- Viertens ist zu untersuchen, ob der Arzt gerechtfertigtermaßen einen besonderen Aufwand aufgrund von Praxisbesonderheiten hat und/oder ganz ausnahmsweise kompensierende Einsparungen zu berücksichtigen sind.
- Fünftens ist zu prüfen, ob die Überschreitung des Durchschnittaufwands der Vergleichsgruppe so groß ist, dass ein offensichtliches Missverhältnis vorliegt.
- Sechstens ist das Ausmaß des unwirtschaftlichen Mehraufwands festzustellen.
- Siebtens muss der Umfang der Honorarkürzung festgelegt werden (im Ermessenswege).
- Im achten – abschließenden – Schritt ist die konkrete Höhe der Honorarkürzung bzw. des Regresses als Geldbetrag oder als Prozentsatz des Honorars festzulegen.

28 Zu den einzelnen Prüfungsschritten sei hier – ab dem zweiten Prüfungsschritt, jeweils kurzgefasst[945] – auf Folgendes hingewiesen:

29 Die **Bildung der Vergleichsgruppe** (Vergleichsbasis) ist von sehr großer Bedeutung für die Durchschnittsprüfung. Die Prüfgremien haben in Fallkonstellationen, in denen aus medizinischen Gründen viele besondere Leistungen erbracht werden, einen Beurteilungsspielraum bei der Frage, ob die gesamte Arztgruppe oder nur ein Teil davon im Sinne einer „verfeinerten" Vergleichsgruppe berücksichtigt wird.[946]

---

[941] Vgl. hierzu BSG v. 21.3.2012 – B 6 KA 18/11 R – SozR 4–2500 § 106 Nr. 34 = MedR 2013, 122 = Juris, Rn. 18; BSG v. 6.5.2009 – B 6 KA 17/08 R – SozR 4–2500 § 106 Nr. 23 = USK 2009-35 = NZS 2010, 521 = Juris, Rn. 13. – Näheres unten → Rn. 37.

[942] Vgl. z. B. BSG v. 28.4.2004 – B 6 KA 24/03 R – USK 2004-129 S. 855 = MedR 2004, 577 = Juris, Rn. 14; BSG v. 16.7.2008 – B 6 KA 57/07 R – BSGE 101, 130 = SozR 4–2500 § 106 Nr. 19 = USK 2008-53 S. 388 = MedR 2009, 487 = Juris Rn. 14; BSG v. 21.3.2012 – B 6 KA 17/11 R – SozR 4–2500 § 106 Nr. 35 = Juris, Rn. 17; BSG v. 30.11.2016 – B 6 KA 29/15 R – SozR 4–2500 § 106 Nr. 56 = Juris, Rn. 14 am Ende.

[943] Hierzu vertiefend *Clemens*, in: Schlegel/Voelzke/Engelmann (Hrsg.), jurisPraxisKommentar SGB V, 3. Aufl. 2016, § 106 Rn. 157 ff., 168 ff., und *Clemens*, in: Laufs/Kern (Hrsg.), Handbuch des Arztrechts, 4. Aufl. 2010, Rn. 44 ff. – Zu folgender Aufzählung siehe auch *Palsherm/Clemens*, in: Spickhoff (Hrsg.), Medizinrecht, 3. Aufl. 2018, Rn. 35.

[944] Vgl. oben → Rn. 24 (zweiter Punkt) und → Rn. 25.

[945] Zum Folgenden vgl. auch vertiefend *Clemens* und *Palsherm/Clemens*, wie in der vorvorigen Fußnote angegeben.

[946] BSG v. 14.12.2005 – B 6 KA 4/05 R – SozR 4–2500 § 106 Nr. 12 Rn. 16 ff. = MedR 2006, 444, 445 ff. = Juris Rn. 16 ff.

Die Prüfung der Wirtschaftlichkeit nach Durchschnittswerten ist aber ausgeschlossen, 30
wenn die Fallzahl des Arztes 20 % des Fallzahldurchschnitts der Vergleichsgruppe nicht
erreicht.[947]

Bei der Prüfung der Verordnungsweise müssen nicht zwingend die Daten aller Kranken- 31
kassen zum Vergleich herangezogen werden. Die Rechtsprechung lässt es genügen, dass die
Daten einer ausreichend repräsentativen Menge von Krankenkassen vorliegen.[948]

Bei der Durchschnittsprüfung sind verschiedene Vergleichsmethoden anwendbar, wobei 32
jeweils der Aufwand des geprüften Arztes und der durchschnittliche Aufwand in der Arztgruppe, zu der er gehört, miteinander verglichen werden: So kann der durchschnittliche
Gesamtaufwand je Behandlungsfall beim Arzt mit dem bei den Ärzten seiner Arztgruppe
verglichen werden (Gesamtfallwert-Vergleich), oder der Aufwand des Arztes in einer Leistungssparte (z. B. Beratungsleistungen oder Sonderleistungen) und der durchschnittliche
Aufwand seiner Arztgruppe in derselben Sparte werden miteinander verglichen (Spartenvergleich), oder der Aufwand des Arztes bei einer einzelnen Leistung (z. B. Erhebung des
Ganzkörperstatus oder Injektion) wird mit dem durchschnittlichen Aufwand seiner Arztgruppe bei derselben Leistung verglichen (Einzelleistungsvergleich).[949]

Die reine Prüfung der Durchschnittswerte wird ergänzt durch eine sog. intellektuelle 33
Betrachtung, bei der medizinisch-ärztliche Gesichtspunkte berücksichtigt werden.[950]

Von der Auswahlbefugnis machen die Prüfgremien zunehmend dergestalt Gebrauch, dass sie 34
sich für den Einzelleistungsvergleich entscheiden. Die Betrachtung nur von Einzelleistungen
unterliegt allerdings besonderen Anforderungen; die Prüfung so eng zu fokussieren, birgt das
Risiko, dass der Blick verengt ist und das Gesamtbild des ärztlichen Behandlungsverhaltens
aus dem Blickfeld gerät. Dies berücksichtigend hat das BSG – seine bisherige Rechtsprechung
zum Einzelleistungsvergleich fortführend – in seinem Urteil vom 30.11.2016[951] ausgeführt:

- Ein Einzelleistungsvergleich muss eine **fachgruppentypische** Leistung betreffen, d. h. die
  Leistung muss für die Vergleichsgruppe prägend sein und zumindest von einem größeren
  Teil der Vergleichsgruppe – über 50 % – regelmäßig in nennenswerter Zahl erbracht
  werden.[952]
- Der Vergleichbarkeit einer Leistung steht nicht entgegen, dass sie einen **obligatorischen
  und einen fakultativen Leistungsinhalt** hat.[953]
- Der Vergleichbarkeit einer Leistung steht nicht entgegen, dass der Arzt sie **signifikant
  häufiger** erbringt und abrechnet als die Vergleichsgruppe.[954]

Zum Einzelleistungsvergleich vgl. noch unten → Rn. 42 u. 44. 35

Dem Mehraufwand im Vergleich mit der Durchschnitt der Fachgruppe – sei es beim 36
Gesamtfallwert, bei den Abrechnungswerten in einer Sparte oder bei der Abrechnungsmenge
einer Einzelleistung – kann der Arzt entgegensetzen, dass er **Praxisbesonderheiten** und/oder
kompensierende Einsparungen aufzuweisen habe. Worum es sich bei Praxisbesonderheiten
handelt, hat das BSG bisher nicht scharf definiert. Das BSG hat immerhin Erläuterungen
gegeben: Es muss sich um Besonderheiten bei der Patientenversorgung handeln, die sich

---

[947] BSG v. 9.9.1998 – B 6 KA 50/97 R – SozR 3–2500 § 106 Nr. 45 = NZS 1999, 310 = Juris Rn. 15 f.;
differenzierend anzuwenden bei Berufsausübungsgemeinschaften: BSG v. 21.3.2012 – B 6 KA 17/11 R –
SozR 4–2500 § 106 Nr. 35 = Juris, Rn. 23 f.

[948] BSG v. 28.6.2000 – B 6 KA 36/98 R – USK 2000-165 S. 1084 f. = Juris Rn. 17 ff.

[949] Vgl. zur Auswahlbefugnis: BSG v. 30.11.2016 – B 6 KA 29/15 R – SozR 4–2500 § 106 Nr. 56 =
Juris, Rn. 14 i. V. m. 16.

[950] BSG v. 23.2.2005 – B 6 KA 72/03 R – SozR 4–2500 § 106 Nr. 8 Rn. 9 = USK 2005-110 S. 795 =
Juris, Rn. 20; BSG v. 21.3.2012 – B 6 KA 18/11 R – SozR 4–2500 § 106 Nr. 34 = MedR 2013, 122 = Juris,
Rn. 23–25.

[951] BSG v. 30.11.2016 – B 6 KA 29/15 R – SozR 4–2500 § 106 Nr. 56 = Juris.

[952] BSG v. 30.11.2016 aaO Rn. 16.

[953] BSG v. 30.11.2016 aaO Rn. 17–20.

[954] BSG v. 30.11.2016 aaO Rn. 19.

insbesondere aus einer speziellen Qualifikation des Arztes und Besonderheiten des Patientenzuschnitts ergeben können wie z. B. bei einem onkologisch oder kardiologisch ausgerichteten Internisten.[955] Es muss ich um einen spezifischen, vom Durchschnitt der Vergleichsgruppe signifikant abweichenden Behandlungsbedarf des Patientenklientels mit der Folge von Mehrkosten handeln.[956] Dabei ist zu beachten, dass einzelne schwere und kostenintensive Erkrankungen im Regelfall keine Praxisbesonderheit darstellen, weil sich solche Fälle in jeder Praxis finden.[957]

37 Der betroffene Vertragsarzt ist gehalten, die Besonderheiten seiner Praxis, die seine Durchschnittsüberschreitung rechtfertigen, seinerseits **geltend zu machen**.[958] Er muss die Besonderheiten und die dadurch hervorgerufenen Mehrkosten **darlegen** und im Bestreitensfall **belegen bzw. nachweisen**.[959] Kurzgefasst: Die **Darlegungs- und Feststellungslast** für besondere, einen höheren Behandlungsaufwand rechtfertigende atypische Umstände wie Praxisbesonderheiten und kompensierende Einsparungen trifft den Arzt.[960] Dieser muss solche Umstände **gegenüber den Prüfgremien darlegen und** im Bestreitensfall **belegen**; Darlegungen erst im nachfolgenden Gerichtsverfahren reichen nicht aus.[961] Sind Praxisbesonderheiten aber augenfällig, so müssen die Prüfgremien dem von Amts wegen nachgehen; es bedarf keines Vorbringens des Arztes.[961a]

38 Weitere Erläuterungen für die Anerkennung von Praxisbesonderheiten und besonderen Versorgungsbedarfen finden sich in den „Rahmenvorgaben nach § 106b II SGB V für die Wirtschaftlichkeitsprüfung ärztlich verordneter Leistungen"[962]. Deren Anlage 1 § 3 und Anlage 2 § 3 enthalten insbesondere Erläuterungen zur regionalen Vereinbarung von Praxisbesonderheiten und zum Ausfüllen der Verordnungsvordrucke sowie eine Ausnahmeregelung für Heilmittelverordnungen für Versicherte mit langfristigem Behandlungsbedarf.

39 Die BSG-Rechtsprechung hat **als Praxisbesonderheit z. B. anerkannt**: einen phlebologisch tätigen Allgemeinarzt[963], einen Internisten mit erheblichem Umfang vorstationärer Diagnostik[964], ein großes Leistungsspektrum im Zusammenhang mit einem entsprechenden Patientenzuschnitt aufgrund einer spezifischen Qualifikation des Arztes z. B. aufgrund einer Zusatzbezeichnung[965] oder die Betreuung von Pflegeheimbewohnern, wenn nachweislich ein erhöhter Behandlungsbedarf besteht[966]. Als **Praxisbesonderheit abzulehnen sind**: das Vor-

---

[955] BSG v. 23.3.2011 – B 6 KA 9/10 R – SozR 4-2500 § 84 Nr. 2 = USK 2011-20 = Juris, Rn. 38; BSG v. 23.2.2005 – B 6 KA 79/03 R – USK 2005-108 S. 781 = Juris Rn. 20; vertiefend zu Praxisbesonderheiten *Clemens*, in: Laufs/Kern (Hrsg.), Handbuch des Arztrechts, 4. Aufl. 2010, § 36 Rn. 55–70.
[956] BSG v. 28.10.2015 – B 6 KA 45/14 R – SozR 4-2500 § 106 Nr. 53 = MedR 2016, 735 = Juris, Rn. 32.
[957] BSG v. 5.6.2013 – B 6 KA 40/12 R – SozR 4-2500 § 106 Nr. 41 = MedR 2014, 432 = Juris, Rn. 14; BSG v. 23.3.2011 – B 6 KA 9/10 R – SozR 4-2500 § 84 Nr. 2 = USK 2011-20 = Juris, Rn. 38.
[958] Vgl. hierzu und zum Folgenden *Palsherm/Clemens*, in: Spickhoff (Hrsg.), Medizinrecht, 3. Aufl. 2018, Rn. 28–32.
[959] BSG v. 5.6.2013 – B 6 KA 40/12 R – SozR 4-2500 § 106 Nr. 41 = MedR 2014, 432 = Juris, Rn. 14.
[960] BSG v. 5.6.2013 – B 6 KA 40/12 R – SozR 4-2500 § 106 Nr. 41 = MedR 2014, 432 = Juris, Rn. 18; BSG v. 6.5.2009 – B 6 KA 17/08 R – SozR 4-2500 § 106 Nr. 23 = USK 2009-35 = NZS 2010, 521= Juris, Rn. 13.
[961] Ständige Rspr., vgl. z. B. BSG v. 28.9.2016 – B 6 KA 43/15 R – GesR 2017, 310 = MedR 2017, 740 = Juris, Rn. 35, 36, und BSG v. 28.9.2016 – B 6 KA 44/15 R – SozR 4-2500 § 106 Nr. 55 = Breithaupt 2017, 557 = Juris, Rn. 32, 33.
[961a] Vgl. dazu *Clemens*, in: Schlegel/Voelzke/Engelmann (Hrsg.), jurisPraxisKommentar 3. Aufl. 2016, § 106 Rn. 194 m. w. N.
[962] Fassung vom 30.11.2015 mit späteren Änderungen, zuletzt vom 15.2.2016 (im Internet recherchierbar unter www.kbv.de).
[963] BSG v. 22.5.1984 – 6 RKa 16/83 – USK 84247 S. 1243 f. = Juris Rn. 23. – Beispiele hier und im Folgenden entnommen aus *Palsherm/Clemens*, in: Spickhoff (Hrsg.), Medizinrecht, 3. Aufl. 2018, Rn. 31.
[964] Vgl. BSG v. 23.5.1984 – 6 RKa 17/82 – USK 84248 S. 1251 = Juris Rn. 21.
[965] BSG v. 28.1.1998 – B 6 KA 69/96 R – SozR 3-2500 § 106 Nr. 43 S. 240 = USK 98124 S. 713 f. = NJW 1998, 3444, 3445 = Juris Rn. 16.
[966] BSG v. 5.6.2013 – B 6 KA 40/12 R – SozR 4-2500 § 106 Nr. 41 = MedR 2014, 432 = Juris, Rn. 17.

handensein eines hohen Rentneranteils an den Patienten⁹⁶⁷, ein hoher Anteil besonders alter Rentner⁹⁶⁸, ein hoher Ausländer-/Aussiedleranteil⁹⁶⁹, eine sog. Anfängerpraxis⁹⁷⁰ oder das Vorliegen einer Gemeinschaftspraxis.⁹⁷¹

Kompensierende Einsparungen, also die Annahme, dass überdurchschnittliche Aufwen- 40 dungen in einem Bereich durch unterdurchschnittliche Kosten in einem anderen Bereich ausgeglichen würden, können nur ganz ausnahmsweise als Rechtfertigung für einen Mehraufwand akzeptiert worden⁹⁷²; denn dem Wirtschaftlichkeitsgebot muss grundsätzlich in jedem Teilbereich der Versorgung Rechnung getragen werden (vgl. oben → Rn. 24, dort dritter Punkt). Für die Anerkennung kompensierender Einsparungen ist erforderlich, dass der Vertragsarzt die Ursächlichkeit der Mehraufwendung für die Einsparung an anderer Stelle darlegt.⁹⁷³ Diese Darlegung muss schon gegenüber den Prüfgremien erfolgen.⁹⁷⁴ Diese Darlegungslast besteht unabhängig davon, ob der Arzt darauf hingewiesen worden ist (eine Verpflichtung der Prüfgremien und/oder der Sozialgerichte zu entsprechenden Hinweisen besteht nicht⁹⁷⁵).

Der Vorhalt der Unwirtschaftlichkeit setzt – so der nächste Prüfungsschritt (vgl. oben 41 → Rn. 27) – voraus, dass ein **offensichtliches Missverhältnis** zum durchschnittlichen Aufwand der Vergleichsgruppe besteht: Dies ist ab einer Durchschnittsüberschreitung der Fall, ab der ein Mehraufwand im Regelfall nicht mehr durch Unterschiede in der Praxisstruktur oder in den Behandlungsnotwendigkeiten bzw. durch Praxisbesonderheiten und/oder sog kompensierende Einsparungen erklärt werden kann.⁹⁷⁶ Bei der Beurteilung, ab welcher Durchschnittsüberschreitung ein offensichtliches Missverhältnis in diesem Sinne angenommen werden kann, kommt den Prüfgremien ein Beurteilungsspielraum zu.⁹⁷⁷ Das offensichtliche Missverhältnis schon bei einer **Durchschnittsüberschreitung um 40 %** anzunehmen, ist grundsätzlich nicht zu beanstanden.⁹⁷⁸

Bei einem **Einzelleistungsvergleich** dürfte der Grenzwert zum offensichtlichen Missver- 42 hältnis allerdings eher höher anzusetzen sein.⁹⁷⁹ Zu den insoweit bestehenden besonderen Anforderungen vgl. unten → Rn. 44.

Bei hohem Aufwand bei **Heilmittel-Verordnungen** kann dem Arzt ein offensichtliches 43 Missverhältnis selbst dann angelastet werden, wenn er die Frequenzvorgaben der Heilmittel-

---

⁹⁶⁷ Vgl. *Clemens*, in: Laufs/Kern (Hrsg.), Handbuch des Arztrechts, 4. Aufl. 2010, § 36 Rn. 62.
⁹⁶⁸ BSG v. 21.3.2012 – B 6 KA 55/11 B – BeckRS 2012, 69372 – Rn. 10 f.; BSG v. 31.5.2006 – B 6 KA 68/05 B – Juris Rn. 13 f.
⁹⁶⁹ BSG v. 28.4.2004 – B 6 KA 24/03 R – USK 2004-129 S. 855 f. = MedR 2004, 577, 578 = Juris Rn. 15.
⁹⁷⁰ BSG v. 28.4.2004 – B 6 KA 24/03 R – USK 2004-129 S. 855 f. = MedR 2004, 577, 578 = Juris Rn. 15. – Wie hier ausgeführt ist, kann sich daraus aber ein Ermessensgesichtspunkt ergeben, die Honorarkürzung geringer zu bemessen.
⁹⁷¹ BSG v. 6.9.2000 – B 6 KA 24/99 R – SozR 3-2500 § 106 Nr. 50 Rn. 265 = USK 2000-171 S. 1144 = Juris Rn. 19.
⁹⁷² BSG v. 6.5.2009 – B 6 KA 17/08 R – SozR 4-2500 § 106 Nr. 23 = USK 2009-35 = NZS 2010, 521= Juris, Rn. 29 ff.
⁹⁷³ BSG v. 11.12.2002 – B 6 KA 1/02 R – SozR 3-2500 § 106 Nr. 57 S. 325 f. = USK 2002-148 S. 950 f. = Juris Rn. 32.
⁹⁷⁴ Vgl. oben Rn. 24 (dort dritter Punkt).
⁹⁷⁵ Vgl. BSG v. 21.3.2012 – B 6 KA 17/11 R – SozR 4-2500 § 106 Nr. 35 = Juris, Rn. 40 ff.; BSG v. 27.6.2012 – B 6 KA 78/11 B = Juris Rn. 11 f.
⁹⁷⁶ Vgl. BSG v. 11.12.2002 – B 6 KA 1/02 R – SozR 3-2500 § 106 Nr. 57 S. 319 = USK 2002-148 S. 946 = Juris Rn. 21 am Ende; BSG v. 16.7.2008 – B 6 KA 57/07 R – BSGE 101, 130 = SozR 4-2500 § 106 Nr. 19 = USK 2008-53 S. 387 = MedR 2009, 487 = Juris, Rn. 14; BSG v. 6.5.2009 – 6 KA 17/08 R – SozR 4-2500 § 106 Nr. 23 = USK 2009-35 S. 261 = NZS 2010, 521= Juris, Rn. 13.
⁹⁷⁷ BSG v. 30.11.2016 – B 6 KA 29/15 R – SozR 4-2500 § 106 Nr. 56 = Juris, Rn. 23.
⁹⁷⁸ Vgl. die Rspr.-Angaben und vertiefenden Ausführungen bei *Clemens*, in: Laufs/Kern (Hrsg.), Handbuch des Arztrechts, 4. Aufl. 2010, § 36 Rn. 74–78, 101.
⁹⁷⁹ Zum Einzelleistungsvergleich: BSG v. 30.11.2016 – B 6 KA 29/15 R – SozR 4-2500 § 106 Nr. 56 = Juris, Rn. 23–26.– Vgl. auch → § 23 Rn. 34, 42, 44.

Richtlinie[980] bei jeder einzelnen Verordnung beachtete; dies hindert nicht, eine Unwirtschaftlichkeit deswegen anzunehmen, weil er bezogen auf die Gesamtheit seiner Patienten in zu vielen Fällen Anlass zu einer solchen Verordnung sah.[981]

44 Besondere Anforderungen an die Grenzziehung für das **offensichtlichen Missverhältnis** bestehen bei Vergleichsprüfungen bezogen auf Einzelleistungen. Das BSG hat in seinem Urteil vom 30.11.2016[982] – seine bisherige Rechtsprechung zu **Einzelleistungsvergleichen** konkretisierend – zur Festlegung der Grenze zum offensichtlichen Missverhältnis über obige Grundsätze hinaus (→ Rn. 41) Folgendes ausgeführt:

- Bei einem **Einzelleistungsvergleich** liegen **höhere Grenzwerte** nahe als bei einem Gesamtfallwertvergleich.[983] Bei Einzelleistungen kann die Grenze „typisierend" „jedenfalls" bei einer Überschreitung um mehr als 100 % angenommen werden.[984] Anders ausgedrückt: Die Annahme eines offensichtlichen Missverhältnisses bei Überschreitungen **ab 100 %** ist in jedem Fall **rechtlich unbedenklich.**
- Der Grenzwert kann aber **u. U. auch bei geringeren Überschreitungen** angenommen werden. etwa bei einer **sehr homogenen** Kostenverteilung = bei nur geringer Streuung[985] (hierzu auch schon Rn. 41[986]) und/oder bei einer insoweit sehr homogenen Vergleichsgruppe und **fachgruppentypischen** Leistungen und/oder bei einer Arztgruppe mit **sehr engem Leistungsspektrum** und/oder bei genau umrissenen, **nicht ersetzbaren Einzelleistungen** innerhalb einer homogenen Vergleichsgruppe; dies gilt insbesondere für typische Grundleistungen.[987]
Solche besonderen Faktoren können sogar **Grenzwerte von unter 40 %** rechtfertigen. Außer dem Vorliegen vorgenannter Umstände muss der Vergleich aber von vornherein um eventuelle Praxisbesonderheiten bereinigt worden sein.[988]
Unterschiedliche Festlegungen für verschiedene Einzelleistungen im Rahmen eines Prüfungsfalls **sind zulässig.**[989]
- Während die Festlegung der Grenze zum offensichtlichen Missverhältnisses ab Überschreitungen um 100 % keiner näheren Begründung bedarf, weil sich die Rechtfertigung aus dem oben genannten Gesichtspunkt der Typisierung ergibt[990], bedarf die Annahme eines offensichtlichen Missverhältnisses schon **bei geringeren Überschreitungen** einer **Begründung im Honorarkürzungsbescheid** in Orientierung an den vorgenannten Kriterien. Die Begründung kann knapp gehalten werden; es reichen **schlagwortartige Hinweise** aus, soweit diese die Überprüfbarkeit für den sachkundigen Personenkreis – Beteiligte und Gerichte – gewährleisten müssen.[991]
Hieran fehlte es in dem vom BSG entschiedenen Fall. In den angefochtenen Honorarkürzungsbescheiden hätte jeweils eine nähere Begründung gegeben werden müssen, soweit ein offensichtliches Missverhältnis bei geringeren Überschreitungen als ab 100 % angenommen wurde; der Hinweis darauf, dass die Leistung von fast allen Praxen der Fachgruppe in

---

[980] Heilmittel-Richtlinie vom 20.1.2011, mit späteren Änderungen, zuletzt vom 21.9.2017 (im Internet recherchierbar unter www.kbv.de).
[981] Vgl. auch unten → Rn. 56 unter (6). – Zu dieser Fallkonstellation siehe BSG v. 21.3.2012 – B 6 KA 18/11 R MedR 2013, 122 Rn. 32.
[982] BSG v. 30.11.2016 – B 6 KA 29/15 R – SozR 4–2500 § 106 Nr. 56 = Juris.
[983] BSG v. 30.11.2016 aaO Rn. 24.
[984] BSG v. 30.11.2016 aaO Rn. 24 am Ende.
[985] Hierzu auch schon BSG v. 30.11.2016 aaO Rn. 23 am Ende.
[986] Dort erster Absatz am Ende.
[987] BSG v. 30.11.2016 aaO Rn. 25.
[988] BSG v. 30.11.2016 aaO Rn. 26.
[989] BSG v. 30.11.2016 aaO Rn. 23.
[990] BSG v. 30.11.2016 aaO Rn. 30.
[991] BSG v. 30.11.2016 aaO Rn. 27–30. – Dies fortführend BSG v. 25.1.2017 – B 6 KA 22/16 B – Juris Rn. 18.

großem Umfang erbracht wurde und es sich deshalb um eine absolut fachgruppentypische Leistung handelte, reichte allein nicht aus.[992] Der Gesichtspunkt, der EBM sei neu eingeführt worden, konnte ebenfalls keine Begründung ergeben.[993]

Wenn die zuvor dargestellten Prüfungsschritte (vgl. oben → Rn. 27 i. V. m. → Rn. 29–44) keine durchgreifende Rechtfertigung für den Mehraufwand des Arztes und dessen Überschreitung der Grenze zum offensichtlichen Missverhältnis ergeben haben, so trägt das die Folgerung der **Unwirtschaftlichkeit**.[994] 45

Die **Annahme der Unwirtschaftlichkeit** muss nicht auf die Überschreitungsmenge ab der Grenze des offensichtlichen Missverhältnisses beschränkt, darf vielmehr **weiter erstreckt werden**: Die Unwirtschaftlichkeit darf – bei Überschreitung der Grenze zum offensichtlichen Missverhältnis – bereits ab dem durchschnittlichen Gesamtaufwand der Vergleichsgruppe zuzüglich einer Streubreite, also für den gesamten Bereich ab der sog. Übergangszone, d. h. ab einem Aufwand von 120 %, angenommen werden.[995] 46

Bei dem siebten Prüfungsschritt (s. o. → Rn. 27 am Ende), der Festlegung des **Umfangs der Honorarkürzung,** muss nicht der gesamte Umfang festgestellter Unwirtschaftlichkeit erfasst werden, vielmehr haben die Prüfgremien ein **Ermessen,** ob sie die Kürzung auf einen **Teil davon** begrenzen. Die Prüfgremien müssen sich aber hüten, hier zu viel Milde walten zu lassen; bei zu geringer Bemessung muss mit Rechtsmitteln von Seiten der Krankenkassen gerechnet werden. 47

Und im achten abschließenden Prüfungsschritt wird die konkrete Höhe der Honorarkürzung bzw. des Regresses festgelegt. Heutzutage geschieht dies regelmäßig in Form eines konkreten Geldbetrags; die früher teilweise angewendete Verwaltungspraxis der Festlegung in Form eines Prozentsatzes des Honorars, was nach wie vor zulässig wäre, kommt – soweit ersichtlich – nicht mehr vor. 48

5. Einzelfallprüfung – Häufige Fallgestaltungen

Neben der Durchschnittsprüfung gibt es die Einzelfallprüfung: Diese darf nicht verwechselt werden mit der „Einzelleistungs"prüfung als Durchführungsform der Durchschnittsprüfung (dazu oben → Rn. 34, 42, 44). Die Einzelfallprüfung gibt es in verschiedener Gestalt. 49

a) **Honorar-Einzelfallprüfung.** Die Einzelfallprüfung kann den Honorarbereich betreffen: Die Honorarabrechnung des Arztes wird anhand der Behandlungs-Einzelfälle überprüft mit der Fragestellung, ob sich aus der Diagnose im Einzelfall die abgerechneten ärztlichen Leistungen jeweils schlüssig ableiten lassen oder ob Leistungen abgerechnet wurden, die von den Diagnosen her nicht sinnvoll erscheinen. Dies kann – theoretisch – in Gestalt von sog. **strengen – umfassenden – Einzelfallprüfungen** geschehen, indem die Behandlungsfälle in toto nachvollzogen werden, wozu auch nachträgliche Befragungen der Patienten nach ihrem damaligen Krankheitsbild gehören bzw. gehören würden – was schon wegen des sehr weitgehenden Eingriffs in das Arzt-Patienten-(Vertrauens-)Verhältnis nicht praktiziert wird. 50

Praktische Bedeutung haben sog. **eingeschränkte Einzelfallprüfungen.** Diese Art der Einzelfallprüfung beschränkt sich auf die Durchsicht der ärztlichen Unterlagen über den Behandlungsfall, indem ausgehend von der aus den ärztlichen Unterlagen ersichtlichen Diagnose geprüft wird, ob Leistungen abgerechnet wurden, die nicht sinnvoll bzw. nicht schlüssig erscheinen. Falls solche Leistungen festgestellt werden, wird insoweit eine Honorarkürzung (Rückforderung) festgesetzt. 51

---

[992] BSG v. 30.11.2016 aaO Rn. 31 f.
[993] BSG v. 30.11.2016 aaO Rn. 33.
[994] Vgl. oben → Rn. 26 am Ende.
[995] Rspr.-Angaben bei *Clemens*, in: Laufs/Kern (Hrsg.), Handbuch des Arztrechts, 4. Aufl. 2010, § 36 Rn. 79.

52 Soll bezogen auf ein(e) Quartal(sabrechnung) eine umfassende Überprüfung erfolgen, so wäre der dafür erforderliche Aufwand, alle Behandlungsfälle einzeln – sei es auch nur eingeschränkt – zu überprüfen, kaum leistbar. Vielmehr erfolgt eine Modifikation: die **Einzelfallprüfung mit Hochrechnung.** Die Einzelfallprüfung erfolgt in einem Teil der Behandlungsfälle und die dabei festgestellten Unwirtschaftlichkeiten werden auf die Gesamtzahl der in dem Quartal von dem Arzt behandelten Fälle hochgerechnet. Für dieses Vorgehen hat das BSG Mindestanforderungen aufgestellt: Eine Hochrechnung hat nur dann eine ausreichende Basis, wenn mindestens 20 % der Fälle und insgesamt mindestens 100 Behandlungsfälle überprüft wurden. – Wegen näherer Einzelheiten wird auf die einschlägigen Kommentierungen verwiesen.[996]

53 **b) Typisierte Einzelfallprüfung.** Neben diesen Typen der Einzelfallprüfung, die bereits vielfach Gegenstand der Rechtsprechung – auch des BSG – waren, hat sich ein weiterer Typus herausgeschält: die sog. typisierte Einzelfallprüfung.[997] Es handelt sich um eine Prüfung, die durch eine bei ihr stattfindende Vergleichsprüfung eine gewisse **Artverwandtschaft mit der Durchschnittsprüfung** aufweist und die ihren Platz nicht nur im Honorarbereich, sondern auch – noch mehr – im Verordnungsbereich hat.

54 Beispiel: Fällt ein Arzt z. B. durch besonders wenig – oder gar **keine – Generika-Verordnungen** auf, so kann der bei ihm gegebene Anteil solcher Verordnungen an der Gesamtzahl seiner Verordnungen festgestellt und dies verglichen werden mit dem sonst in seiner Fachgruppe üblichen – evtl. geschätzten – Anteil von Generika-Verordnungen. Daraus kann dann unter Hinzuziehung der Kostendifferenz zwischen Originalpräparaten und Generika ein Regressbetrag ermittelt werden. Gegenüber einem solchen Vorhalt verbleiben dem Arzt natürlich die Möglichkeiten der Darlegung von Praxisbesonderheiten und/oder kompensierenden Einsparungen entsprechend den oben in → Rn. 36–40 dargelegten Maßstäben.

55 Wegen weiterer Beispiele zur typisierten Einzelfallprüfung und näherer Einzelheiten siehe die einschlägigen Kommentierungen.[998]

56 **c) Verordnungs-Einzelfallprüfung.** Praktische Bedeutung hat die Einzelfallprüfung heutzutage vor allem im Bereich von **Arzneiverordnungen.** In diesem Bereich ist die KV kostenmäßig außen vor; die Verordnungskosten entstehen bei der Arznei-ausgebenden Apotheke und werden dieser von der Krankenkasse bezahlt. Die Prüfung, ob die Verordnung des Arztes möglicherweise unwirtschaftlich war, liegt bei der Krankenkasse. Die Krankenkassen beanstanden in den letzten Jahren zunehmend vertragsärztliche Verordnungen, vor allem von Arzneimitteln, aber auch von Heilmitteln, selten von Hilfsmitteln. Solchen Beanstandungen können verschiedene Gründe zugrunde liegen, z. B.:

(1) Das Arzneimittel sei überhaupt **nicht zugelassen** – und die Ausnahmevoraussetzungen einer sehr seltenen Krankheit (sog. Seltenheitsfall oder lebensbedrohliche Erkrankung) seien nicht erfüllt.[999]

(2) Das Arzneimittel sei zwar zugelassen, aber aufgrund einer Regelung in der Arzneimittel-Richtlinie des Gemeinsamen Bundesausschusses **nicht vertragsärztlich verordnungsfähig** (z. B. Hustensäfte mit diffus kumulierten Wirkstoffen).[1000]

---

[996] *Clemens,* in: Schlegel/Voelzke/Engelmann (Hrsg.), jurisPraxisKommentar SGB V, 3. Aufl. 2016, § 106 Rn. 38 ff. und *Clemens,* in: Laufs/Kern (Hrsg.), Handbuch des Arztrechts, 4. Aufl. 2010, Rn. 14.

[997] Ausdruck geprägt von *Clemens,* in: Schlegel/Voelzke/Engelmann (Hrsg.), jurisPraxisKommentar SGB V, 3. Aufl. 2016, § 106 Rn. 34, 35, 40, 128 f.; *Clemens,* in: Laufs/Kern (Hrsg.), Handbuch des Arztrechts, 4. Aufl. 2010, § 36 Rn. 12 i. V. m. 15.

[998] *Clemens,* in: Schlegel/Voelzke/Engelmann (Hrsg.), jurisPraxisKommentar SGB V, 3. Aufl. 2016, § 106 Rn. 40 u. 129 sowie *Clemens,* in: Laufs/Kern (Hrsg.), Handbuch des Arztrechts, 4. Aufl. 2010, Rn. 12 i. V. m. 15.

[999] Zu dieser Konstellation näher *Clemens,* in: Schlegel/Voelzke/Engelmann (Hrsg.), jurisPraxisKommentar SGB V, 3. Aufl. 2016, § 106 Rn. 73 ff.

[1000] Zu dieser Konstellation näher *Clemens,* in: Schlegel/Voelzke/Engelmann (Hrsg.), jurisPraxisKommentar SGB V, 3. Aufl. 2016, § 106 Rn. 115 ff.

(3) Das Arzneimittel sei zwar zugelassen, die Zulassung decke aber nicht die der Medikation zugrunde liegende Indikation ab – und die Ausnahmevoraussetzungen für einen zulässigen **Off-Label-Use** (schwerwiegende Erkrankung, Fehlen anderer anerkannter Therapiemöglichkeit, begründete Aussicht auf einen Behandlungserfolg) seien nicht erfüllt.[1001]

(4) Das Arzneimittel sei zwar zugelassen und auch verordnungsfähig, auch passe die der Verordnung zugrunde liegende Medikation, aber die Verordnung dieses Arzneimittels sei in erheblich **überdurchschnittlicher Anzahl** erfolgt – so häufig, wie sich dies nicht durch Praxisbesonderheiten erklären bzw. durch kompensierende Einsparungen erklären lasse.[1002]

(5) Die von dem Arzt verordneten Arzneimittel seien sehr **kostspielig**, während andere vergleichbare Ärzte mit wesentlich weniger Verordnungskosten aufgrund preiswerterer Arzneimittel auskämen – ohne dass sich der Mehraufwand durch Praxisbesonderheiten erklären bzw. durch kompensierende Einsparungen erklären lasse.[1003]

(6) Der Arzt habe bei seinen Heilmittel-Verordnungen zwar bei jeder einzelnen Verordnung die **Frequenzvorgaben der Heilmittel-Richtlinie** beachtet, jedoch bezogen auf die Gesamtheit seiner Patienten in zu vielen Fällen Anlass zu einer solchen Verordnung gesehen.[1004]

(7) Die Arzneimittel-Verordnung sei zwar medizinisch nicht zu beanstanden, die Verordnung hätte aber gemäß der **Sprechstundenbedarfs-Vereinbarung** statt im Wege der Einzelverordnung richtigerweise als Sprechstundenbedarf erfolgen müssen.[1005]

(8) Die Verordnung hätte nicht zur Versorgung des Patienten **während seines Krankenhausaufenthalts** ausgestellt werden dürfen; in dieser Zeit gehöre die Versorgung mit Arznei-, Heil- und Hilfsmitteln gemäß § 2 I KHEntgG zu den vom Krankenhaus zu erbringenden Leistungen, sodass deren Verordnung nicht zu Lasten der vertragsärztlichen Versorgung erfolgen dürfe.[1006]

(9) Eine Verordnung für einen Patienten, für den der Arzt **nicht selbst auch Behandlungsleistungen** erbringe, sei unzulässig.[1007]

(10) Der Arzt habe das Verordnungsblatt **nicht selbst unterschrieben.**[1008]

Bei den vorgenannten Verordnungsregressen handelt es sich teilweise um Regresse, die aufgrund der **§ 106b SGB V** festzusetzen sind (so in den Fällen 1, 3, 4, 5, 6, 7), und teilweise

---

[1001] Vgl. *Clemens*, in: Schlegel/Voelzke/Engelmann (Hrsg.), jurisPraxisKommentar SGB V, 3. Aufl. 2016, § 106 Rn. 77 ff.

[1002] Vgl. *Clemens*, in: Schlegel/Voelzke/Engelmann (Hrsg.), jurisPraxisKommentar SGB V, 3. Aufl. 2016, § 106 Rn. 34, 35, 40, 128 f. sowie *Clemens*, in: Laufs/Kern (Hrsg.), Handbuch des Arztrechts, 4. Aufl. 2010, Rn. 12 i. V. m. 15.

[1003] Vgl. *Clemens*, in: Schlegel/Voelzke/Engelmann (Hrsg.), jurisPraxisKommentar SGB V, 3. Aufl. 2016, § 106 Rn. 34, 35, 40, 128 f. sowie *Clemens*, in: Laufs/Kern (Hrsg.), Handbuch des Arztrechts, 4. Aufl. 2010, Rn. 12 i. V. m. 15.

[1004] → Rn. 43 – Fall gemäß BSG v. 21.3.2012 – B 6 KA 18/11 R MedR 2013, 122 Rn. 32.

[1005] Vgl. hierzu BSG v. 25.1.2017 – B 6 KA 7/16 R – MedR 2017, 998, und dazu in MedR aaO auch die dort abgedruckte „Problemstellung" (aaO S. 999) und die dort anschließend abgedruckte Urteilsanmerkung von *Clemens* (aaO S. 1001 f.).

[1006] Vgl. BSG v. 29.6.2011 – B 6 KA 16/10 R – SozR 4–2500 § 106 Nr. 31 = MedR 2012, 473 = Juris, Rn. 12–22; *Clemens*, in: Schlegel/Voelzke/Engelmann (Hrsg.), jurisPraxisKommentar SGB V, 3. Aufl. 2016, § 106 Rn. 139 i. V. m. Rn. 140 f.

[1007] Vgl. BSG v. 5.5.2010 – B 6 KA 5/09 R – SozR 4–2500 § 106 Nr. 28 = MedR 2011, 381 = Juris, Rn. 25, mit Zuordnung zum Schadensregress gemäß § 48 BMV-Ä; vgl. dazu auch *Clemens*, in: Schlegel/Voelzke/Engelmann (Hrsg.), jurisPraxisKommentar SGB V, 3. Aufl. 2016, § 106 Rn. 142 (mit Zuordnung zum Schadensregress).

[1008] Vgl. BSG v. 20.3.2013 – B 6 KA 17/12 R – SozR 4–5540 Nr. 2 Rn. 3 am Ende, 21, 42–45, und *Clemens*, in: Schlegel/Voelzke/Engelmann (Hrsg.), jurisPraxisKommentar SGB V, 3. Aufl. 2016, § 106 Rn. 205.

um solche, die gemäß **§ 48 BMV-Ä** festzusetzen sind (so in den Fällen 2, 6, 8, 9, 10 – hierbei greift teilweise die Formel ein, dass es sich um Beanstandungen der Art und Weise der Ausstellung der Versorgung handelte): zu diesen Unterschieden s. o. → Rn. 7 u. 23 und s. u. → Rn. 58.

58   d) **Sonstige Schadensregress-Fälle (Zahnprothetik, Zahntechnisches Labor).** Zur **Wirtschaftlichkeitsprüfung in einem weiten Sinn** gehören auch solche Schadensregress-Fälle, die anders als die vorgenannten (dort die Fälle 2, 6, 8, 9, 10) nicht Verordnungen betreffen.

59   Der klassische Fall eines Schadensregresses außerhalb des Verordnungsbereichs ergibt sich im Zusammenhang mit Mängeln bei der Zahnprothetik: Klagt ein Patient über Schmerzen im Zusammenhang mit einer **Zahnprothese**, so erfolgt eine Nachbegutachtung, die – bei Feststellung von Mängeln – eine Nachbesserung oder – notfalls – eine Neuanfertigung notwendig macht. Nachbesserung und Neuanfertigung sollten tunlichst von dem bisherigen Zahnarzt durchgeführt werden (unter dem Gesichtspunkt der Mängelgewährleistungspflicht); ist allerdings eine Behandlung bei dem bisherigen Zahnarzt dem Patienten nicht zumutbar[1009], so erfolgt die Nachbesserung bzw. Neuanfertigung durch einen anderen Zahnarzt: Dann kommt es wegen der verdoppelten Behandlungskosten zu einem Regress gegen den Erstbehandler.[1010]

60   Das BSG hat auch noch über einen weiteren Schadensregress-Fall außerhalb des Verordnungsbereichs entschieden: Es lastete einem Zahnarzt an, dass er für die von ihm in Auftrag gegebenen Laborarbeiten einen ebenfalls ausreichenden, aber preiswerteren **Labortarif** hätte wählen können.[1011]

6. Sonstige Fallkonstellationen

61   Die vorstehende Aufzählung verschiedenster Fallgestaltungen der Unwirtschaftlichkeit ist anhand der vielfältigen Fälle erfolgt, die Gegenstand der Rechtsprechung des BSG gewesen sind. In der instanzgerichtlichen Rechtsprechung – und noch mehr in der Verwaltungspraxis der Prüfstellen und Beschwerdeausschüsse – sind noch weitere Fallkonstellationen zu finden; und künftig werden sich noch weitere Fallgestaltungen zeigen. Mithin kann dieser Beitrag nicht für sich in Anspruch nehmen, alle Fragen zur Wirtschaftlichkeitsprüfung vollständig dargestellt zu haben. – Zur Abrundung sei hingewiesen auf die Darstellungen von *Clemens*, in: Schlegel/Voelzke/Engelmann (Hrsg.), jurisPraxisKommentar SGB V, 3. Aufl. 2016, § 106, und von *Clemens* in: Laufs/Kern (Hrsg.), Handbuch des Arztrechts, 4. Aufl. 2010, § 35, aber auch auf andere Darstellungen wie die Kommentierungen von *Engelhard*, in: Hauck/Noftz (Hrsg.), SGB V, §§ 106–106b, und von *Krauskopf/Gerlach* in: Krauskopf/Wagner/Knittel (Hrsg.), Soziale Krankenversicherung/Pflegeversicherung, § 106 SGB V, sowie von *Steinhäuser*, in: Schnapp/Wigge (Hrsg.), Handbuch des Vertragsarztrechts, 3. Aufl. 2017, § 18. In allen diesen Kommentierungen werden auch weitere Fallkonstellationen dargestellt und weitere Details angesprochen.

[1009] Was angenommen wird, wenn dem Erstbehandler ein schwerwiegender Behandlungsfehler zur Last fällt oder wenn er uneinsichtig ist, wofür z. B. nachhaltiges Bestreiten eines Fehlers ein Beleg sein kann, oder wenn ihm eine Nachbesserung wiederholt misslingt oder wenn der Weg zu ihm für den Patienten infolge Wohnsitzwechsels weit oder beschwerlich wäre (BSG v. 10.5.2017 – B 6 KA 15/16 R – SozR 4-5555 § 21 Nr. 3 = MedR 2018, 49 = Juris, Rn. 35). – Vgl. dazu die Urteilsanmerkung von *Sandfort*, MedR 2018, 53 f.

[1010] Vgl. zuletzt zu einem solchen Fall: BSG v. 10.5.2017 – B 6 KA 15/16 R – SozR 4-25005555 § 21 Nr. 3 = MedR 2018, 49 = Juris, Rn. 21 ff.

[1011] Vgl. BSG v. 20.3.2013 – B 6 KA 18/12 R – SozR 4-5545 § 23 Nr. 2 = Juris, Rn. 18. Vgl. dazu *Clemens*, in: Schlegel/Voelzke/Engelmann (Hrsg.), jurisPraxisKommentar SGB V, 3. Aufl. 2016, § 106 Rn. 131.

§ 24 Disziplinarverfahren[1012]

I. Rechtsgrundlage

1. § 81 V SGB V

Rechtsgrundlage für Disziplinarmaßnahmen gegen Vertragsärzte ist § 81 V SGB V: Es heißt dort:

„*Die Satzungen der Kassenärztlichen Vereinigungen müssen ferner die Voraussetzungen und das Verfahren zur Verhängung von Maßnahmen gegen Mitglieder bestimmen, die ihre vertragsärztlichen Pflichten nicht oder nicht ordnungsgemäß erfüllen. Maßnahmen nach Satz 1 sind je nach der Schwere der Verfehlung Verwarnung, Verweis, Geldbuße oder die Anordnung des Ruhens der Zulassung oder der vertragsärztlichen Beteiligung bis zu zwei Jahren. Das Höchstmaß der Geldbußen kann bis zu 50 000 EUR betragen. Ein Vorverfahren (§ 78 des Sozialgerichtsgesetzes) findet nicht statt.*"

2. Satzungsrecht

In der Regel verweisen die Satzungen der KVen in zulässiger Weise[1013] auf eigenständige Disziplinarordnungen.[1014]

II. Zuständigkeiten

Zuständig für die Durchführung des Disziplinarverfahrens ist der Vorstand der KV. Regelmäßig wird diese Befugnis aber im Rahmen des KV-Satzungsrechts (dem die Disziplinarordnungen zuzurechnen sind) von **Disziplinarausschüssen** wahrgenommen. Auch das ist zulässig.[1015]

Der Disziplinarausschuss ist regelmäßig mit Vertretern der Ärzte/Zahnärzte besetzt. Häufig wird auch vorgesehen, dass ein **Jurist** mit der Befähigung zum Richteramt den **Vorsitz** führt; zwingend ist das nicht.[1015a] Vor dem Disziplinarausschuss kann sich der Betroffene anwaltlich vertreten lassen. Dem Betroffenen können im Unterliegensfall die **Kosten** des Verfahrens auferlegt werden.[1016] Im Obsiegensfall kann er seine Kosten erstattet erhalten, allerdings nur dann, wenn dafür eine Rechtsgrundlage – in der Disziplinarordnung – besteht.

III. Verfahren

Das Verfahren richtet sich nach der jeweiliges Disziplinarordnung oder, soweit hierin nichts bestimmt ist, nach dem nach SGB X.[1017] Antragsberechtigt für die Einleitung des Verfahrens

---

[1012] Dieses Kapitel ist im Wesentlichen noch durch *Zuck* und dessen Bearbeitung bis zur vorletzten Auflage geprägt, mit Unterlegung des Textes mehr durch Schrifttumshinweise als durch neuere höchstrichterliche Rechtsprechung. Die Angleichung an die Konzeption der §§ 17-23 mit vermehrter Anführung neuerer Rechtsprechung ist für die 5. Auflage geplant.

[1013] BSG v. 14.3.2001 – B 6 KA 36/00 R – SozR 3-2500 § 81 Nr. 7 S. 29; BSG v. 6.12.2002 – B 6 KA 9/02 R – SozR 3-2500 § 81 Nr. 9 S. 49.

[1014] Vollständige Übersicht über diese Disziplinarordnungen bei Ehlers (Hrsg.), Disziplinarrecht und Zulassungsentziehung, 1. Aufl. 2001, Anh (319 ff.).

[1015] Siehe BSG v. 14.3.2001 – B 6 KA 36/00 R – SozR 3-2500 § 81 Nr. 7 S. 29; BSG v. 6.12.2002 – B 6 KA 9/02 R – SozR 3-2500 § 81 Nr. 9 S. 49.

[1015a] BSG v. 14.3.2001 – B 6 KA 36/00 R – SozR 3-2500 § 81 Nr. 7 S. 29 f.

[1016] Kritisch dazu *Schroeder-Printzen*, in: Schnapp/Wigge (Hrsg.), Handbuch des Vertragsarztrechts, 3. Aufl. 2017, § 17 Rn. 24.

[1017] *Schroeder-Printzen*, in: Schnapp/Wigge (Hrsg.), Handbuch des Vertragsarztrechts, 3. Aufl. 2017, § 17 Rn. 20. Regelungen über die Verfolgungsverjährung müssen die Satzungen/Disziplinarordnungen nicht enthalten, BSG v. 6.12.2002 – B 6 KA 9/02 R – SozR 3-2500 § 81 Nr. 9 S. 48 oben.

ist in der Regel der Vorstand der KV, nicht die Krankenkasse, vgl. § 60 BMV.[1018] Dem Betroffenen ist dies bekannt zu geben; er hat das Recht der Akteneinsicht (§ 25 SGB X).

6   Für das Verfahren gibt es in der Disziplinarordnung unterschiedliche **Antragsfristen**.[1019] So kann ein Antrag in der Regel nicht mehr gestellt werden, wenn seit dem Bekanntwerden des Pflichtverstoßes mehr als zwei Jahre verstrichen sind. Ein Pflichtverstoß ist dann bekannt geworden, wenn so viele Sachverhaltselemente ermittelt worden sind, dass die KV mit hinreichender Wahrscheinlichkeit von einer sanktionsfähigen Verfehlung ausgehen kann.[1020] Ein bloßer Anfangsverdacht macht den Verstoß noch nicht im Sinne eines sich daran knüpfenden Fristlaufs bekannt. Maßgebend ist dabei, falls die Satzung/Disziplinarordnung das nicht anders regelt, die Kenntnis des Vorstandes. Schweigt die Satzung zu dieser Frage, kommt es auf die Kenntnis der zuständigen (Abrechnungs-)Abteilung an.[1021]

7   Alternativ greift eine vom Bekanntwerden unabhängige satzungsmäßige 5-Jahresfrist ein. Fehlen entsprechende Satzungsregelungen, sind die strafrechtlichen **Verjährungsfristen** maßgebend, soweit das pflichtwidrige Verhalten zugleich als strafrechtlich relevante Handlung beurteilt werden kann. Soweit, wie bei der 5-Jahresfrist, nicht an das Bekanntwerden der Pflichtverletzung angeknüpft wird, beginnt der Fristlauf mit der Beendigung der Tat.

8   Eine Pflicht zur **Einleitung** des Disziplinarverfahrens statuiert das Gesetz nicht. Der KV-Vorstand entscheidet vielmehr nach pflichtgemäßem **Ermessen**. Wenn die Satzung/Disziplinarordnung ausdrücklich fordert, den **Antrag zu begründen,** dann müssen auch alle relevanten Ermessensgründe aufgenommen und abgewogen werden.[1022] Fehlt eine solche Vorgabe, bedarf es keiner Darstellung der Ermessensgründe. Maßgeblicher Kontrollmaßstab bleibt auch in diesem Fall das Willkürverbot des Art. 3 I GG.[1023]

9   Die **Begründung** muss den Pflichtverstoß nennen.[1024] Eine Nachholung ist im Regelfall nur für die Zukunft möglich.[1025] Nach Einleitung des Verfahrens hat der zuständige Disziplinarausschuss das Verfahren durchzuführen[1026] und nach Abschluss der Ermittlungen und der **Verhandlung** (mit Anhörung des Arztes, § 24 SGB X) eine Entscheidung zu treffen. Einige Disziplinarordnungen sehen vor, dass der Disziplinarausschuss zunächst über die Frage der Einstellung/Eröffnung des Disziplinarverfahrens beschließt; die Befugnis zur Einstellung des Verfahrens ist stets gegeben. Ergeht eine **Disziplinarmaßnahme,** so ist dies ein **Verwaltungsakt;** eine Rechtsbehelfsbelehrung ist zu erteilen (→ Rn. 33).

IV. Aufgaben

1. Funktionen des Disziplinarrechts

10   Aufgabe des Disziplinarrechts ist es, das Mitglied der KV zur ordnungsgemäßen Erfüllung seiner Pflichten anzuhalten (Präventionswirkung).[1027] Zugleich erfüllt die KV mit Diszipli-

---

[1018] Der Vorstand trifft insoweit eine Ermessensentscheidung, vgl. BSG v. 6.12.2002 – B 6 KA 9/02 R – SozR 3–2500 § 81 Nr. 9 S. 51.
[1019] *Hesral,* in: Ehlers (Hrsg.), Disziplinarrecht, 2. Aufl. 2013, Rn. 42 ff.; *Schroeder-Printzen,* in: Schnapp/Wigge (Hrsg.), Handbuch des Vertragsarztrechts, 3. Aufl. 2017, § 17 Rn. 21.
[1020] BSG v. 15.5.1991 – 6 RKa 37/89 – SozR 3–2500 § 81 Nr. 1.
[1021] Die Kenntnis der gemeinsamen Prüfungsstelle/Beschwerdeausschüsse ist – wegen ihrer gegenüber der KV bestehenden Selbstständigkeit – irrelevant: *Hesral,* in: Ehlers (Hrsg.), Disziplinarrecht, 2. Aufl. 2013, Rn. 51.
[1022] *Hesral,* in: Ehlers (Hrsg.), Disziplinarrecht, 2. Aufl. 2013, Rn. 63 ff.
[1023] *Hesral,* in: Ehlers (Hrsg.), Disziplinarrecht, 2. Aufl. 2013, Rn. 65.
[1024] Siehe dazu *Schroeder-Printzen,* in: Schnapp/Wigge (Hrsg.), Handbuch des Vertragsarztrechts, 3. Aufl. 2017, § 17 Rn. 26.
[1025] *Hesral,* in: Ehlers (Hrsg.), Disziplinarrecht, 2. Aufl. 2013, Rn. 35.
[1026] Dazu gehört die umfassende Ermittlung des Sachverhalts von Amts wegen, *Schroeder-Printzen,* in: Schnapp/Wigge (Hrsg.), Handbuch des Vertragsarztrechts, 3. Aufl. 2017, § 17 Rn. 20.
[1027] BSG v. 6.12.2002 – B 6 KA 9/02 R – SozR 3–2500 § 81 Nr. 9.

narmaßnahmen ihren Sicherstellungsauftrag (Sanktionswirkung).[1028] Da damit die Disziplinarbefugnis bezweckt, **künftige Gefahren** für die Einhaltung des Sicherstellungsauftrags durch Einwirkung auf die rechtswidrig handelnden KV-Mitglieder zu vermeiden, bestimmt sich von dieser Voraussetzung aus auch die Erforderlichkeit einer Disziplinarmaßnahme. Kann eine solche Gefahr effektiv durch mildere Maßnahmen vermieden werden, sind Disziplinarmaßnahmen nicht erforderlich.[1029]

Voraussetzung für ein Disziplinarverfahren ist die **schuldhafte**[1030] Verletzung vertragsärztlicher Pflichten. Die Verletzung einer **vertragsärztlichen** Pflicht steht nur dann in Frage, wenn das Verhalten die vertragsärztliche Tätigkeit des Arztes betroffen hat. Im Fall eines Fehlverhaltens **außerhalb** des vertragsärztlichen Tuns kann eine Disziplinarmaßnahme nicht verhängt werden; dann kann aber ein Verfahren auf **Entziehung der Kassenzulassung** wegen Ungeeignetheit in Betracht kommen.[1031] Die mancherorts vertretene weite Auslegung[1032] des Begriffs der vertragsärztlichen Tätigkeit und der vertragsärztlichen Pflichten kann bei einer Rechtsgrundlage für eingreifende Maßnahmen nicht akzeptiert werden.

2. Vertragsärztliche Pflichten

Die wichtigsten vertragsärztlichen Pflichten und ihre Verletzungen lassen sich wie folgt skizzieren:

a) **Präsenzpflicht**[1033]. Sie verlangt, dass der Arzt während der Sprechstundenzeit (§ 24 II 1 Ärzte-ZV) an seinem Praxissitz (§ 24 I Ärzte-ZV) grundsätzlich persönlich zur Verfügung steht (§ 17 BMV). Ein „Streik"recht – Praxisschließung zur Erreichung höherer Vergütung – hat der Vertragsarzt nicht.[1034]

b) **Pflicht zur Behandlungsübernahme.** Der Vertragsarzt ist nach der Zulassung zur vertragsärztlichen Versorgung verpflichtet, die Versicherten zu behandeln (§ 13 V BMV).[1035] Nur in begründeten Fällen darf der Vertragsarzt die Behandlung ablehnen (§ 13 III BMV), z. B. auf Grund persönlicher Umstände in der Arzt-Patienten-Beziehung oder wegen Erreichung der Kapazitätsgrenze eines Vertragsarztes,[1036] nicht dagegen wegen der Ausschöpfung des Budgets.[1037]

c) **Grundsätzliche Behandlung nach dem Sachleistungsprinzip.** Für die Versicherten ist die Behandlung nach dem Sachleistungsprinzip kostenfrei. Die Behandlung ist dabei als Einheit anzusehen. Der Vertragsarzt darf die Leistungen nicht splitten.[1038] Der Vertragsarzt darf also weder Zuzahlungen noch eigenständige Leistungsentgelte vom Ver-

---

[1028] Siehe dazu BSG v. 8.3.2000 – B 6 KA 62/98 R – SozR 3–2500 § 81 Nr. 6 = MedR 2001, 49 (50). Nur geeignete Ärzte sollen an der vertragsärztlichen Versorgung teilnehmen, damit die Versorgung in Gegenwart und Zukunft gesetzesgemäß sichergestellt ist, siehe dazu auch BSG v. 18.8.1972 – 6 RKa 4/72 – BSGE 34, 252 (253); BSG v. 29.10.1986 – 6 RKa 4/86 – BSGE 61, 1 (2, 4) = SozR 2200 § 368a Nr. 16.
[1029] *Steinhilper* in: Ehlers (Hrsg.), Disziplinarrecht, 2. Aufl. 2013, Rn. 849.
[1030] Siehe dazu BSG v. 6.12.2002 – B 6 KA 9/02 R – SozR 3–2500, § 81 Nr. 9 S. 50.
[1031] Vgl. *Clemens* in: Schallen, Zulassungsverordnung, 9. Aufl. 2018, § 27 Rn. 27 u. 69 sowie § 21 Rn. 15 u. 27 ff.
[1032] So indessen z. B. *Hesral* in: Ehlers (Hrsg.), Disziplinarrecht, 2. Aufl. 2013, Rn. 78.
[1033] Näheres dazu bei *Clemens* in: Schallen, Zulassungsverordnung, 9. Aufl. 2018, § 24 Rn. 4 i. V. m. 26–31.
[1034] BSG v. 30.11.2016 – B 6 KA 38/16 R – SozR 4–2500 § 95 Nr. 31 = GesR 2018, 257 = MedR 2018, 353 = juris, Rn. 30 ff.
[1035] → § 18 Rn. 50 u. → § 19 Rn. 66.
[1036] *Hesral*, in: Ehlers (Hrsg.), Disziplinarrecht, 2. Aufl. 2013, Rn. 96.
[1037] → § 20 Rn. 93.
[1038] → § 18 Rn. 51.

sicherten verlangen. Er muss die Wahl der Kostenerstattung (§ 13 II 1 SGB V) dem Versicherten selbst überlassen, darf ihm also dies weder nahe legen noch ihn dazu drängen. Anders ist es, wenn der Versicherte von sich aus Kostenerstattung gemäß § 13 II 1 SGB V gewählt hat oder wenn die Ausnahmen für privatärztliche Abrechnung greifen (§ 18 I BMV), z. B. der Versicherte seinerseits ausdrücklich eine privatärztliche Behandlung verlangt und dies schriftlich vereinbart wird (§§ 3 I 3, 18 VIII 3 Nr. 2 BMV, 630c III 1 BGB).[1039]

16   d) **Persönliche Leistungserbringung.** § 15 I BMV schreibt die grundsätzliche Verpflichtung des Vertragsarztes zur persönlichen Leistungserbringung auf der Grundlage der §§ 27, 28 SGB V vor. Das schließt die Delegation von Leistungen an ärztliches Personal[1040] und nicht-ärztliches Hilfspersonal nicht aus.[1041] Die Pflicht zur persönlichen Leistungserbringung ist eine sehr wichtige Pflicht, wie das BSG in ständiger Rspr. herausstellt – Verstöße können gröbliche Pflichtverletzungen begründen und die Zulassungsentziehung zur Folge haben –.[1042]

17   e) **Wiederholter Verstoß gegen das Wirtschaftlichkeitsgebot.** Das Wirtschaftlichkeitsgebot ergibt sich aus § 12 I, § 72 I, § 135 I SGB V. Ob es eingehalten wird, klären die Prüfungsstellen und Beschwerdeausschüsse im Rahmen der Wirtschaftlichkeitsprüfung.[1043] Erst ein wiederholter Verstoß begründet eine vertragsärztliche Pflichtverletzung.[1044] Der Disziplinarausschuss kann dabei die bestandskräftig gewordene Entscheidung der Prüfgremien zugrunde legen.[1045]

18   f) **Verletzung der vertragsärztlichen Organisationspflichten bei Führung der Praxis.** Der Vertragsarzt haftet für die Erfüllung der vertragsärztlichen Pflichten durch ärztliches Personal oder nicht-ärztliches Hilfspersonal.[1046] Dazu gehört die Pflicht, das Zumutbare zu tun, um den eigenen Praxisbetrieb so zu organisieren, dass es nicht zu Pflichtverstößen kommt. Damit verbunden sind auch die notwendigen Auswahl-, Anleitungs- und Überwachungspflichten.[1047]

19   g) **Verletzung von Mitwirkungspflichten.** Es handelt sich insoweit um Nebenpflichten, wie etwa die Pflicht, Unterlagen vorzulegen, Anfragen der KV zu beantworten, wichtige Bescheinigungen auszustellen, an Gutachterverfahren mitzuwirken oder für eine ausreichende Dokumentation zu sorgen.[1048]

20   h) **Dauerhafter Verstoß gegen Qualitätspflichten.** Der dauerhafte Verstoß gegen Qualitätsstandards kann eine Verletzung vertragsärztlicher Pflichten darstellen, wenn die Standards hinreichend konkretisiert und bestimmt sind.[1049]

[1039] → § 18 Rn. 50 sowie ausführlich *Hesral,* in: Ehlers (Hrsg.), Disziplinarrecht, 2. Aufl. 2013, Rn. 100 ff.
[1040] Siehe dazu ausführlich *Hesral,* in: Ehlers (Hrsg.), Disziplinarrecht, 2. Aufl. 2013, Rn. 143 ff.
[1041] → § 18 Rn. 58 sowie *Hesral,* in: Ehlers (Hrsg.), Disziplinarrecht, 2. Aufl. 2013, Rn. 150 ff.
[1042] BSG v. 21.3.2012 – B 6 KA 22/11 R – BSGE 110, 269 = SozR 4–2500 § 95 Nr. 24 = GesR 2012, 539 = MedR 2013, 66 = juris, Rn. 34, 37.
[1043] → § 23.
[1044] Vgl. dazu *Steinhilper,* in: Ehlers (Hrsg.), Wirtschaftlichkeitsprüfung, 2. A. 2002, Kap. 8 Rn. 824 u. 830 f.
[1045] *Hesral,* in: Ehlers (Hrsg.), Disziplinarrecht, 2. Aufl. 2013, Rn. 165 ff. m. w. N.; ebenso zur Wirtschaftlichkeitsprüfung *Clemens* in: Laufs/Kern (Hrsg.), Handbuch des Arztrechts, 4. Aufl. 2010, § 29 Rn. 133 mit BSG-Angaben. Vgl. ferner *Clemens* in: Schallen, Zulassungsverordnung, 9. Aufl. 2018, § 21 Rn. 11 f.
[1046] *Hesral,* in: Ehlers (Hrsg.), Disziplinarrecht, 2. Aufl. 2013, Rn. 176 ff.
[1047] LSG Baden-Württemberg vom 7.9.1994 – L 5 Ka 496/93 – MedR 1995, 39 (40).
[1048] Siehe dazu *Steinhilper,* in: AK-HKM, Nr. 1485 (Stand 2011) Rn. 93.
[1049] *Hesral,* in: Ehlers (Hrsg.), Disziplinarrecht, 2. Aufl. 2013, Rn. 184.

i) Pflichten bei Abgabe und Zuführung von Patienten. Ein Patient darf nicht weiter überwiesen werden, wenn der Vertragsarzt die Leistung selbst erbringen muss. Der Patient muss dagegen überwiesen werden, wenn die Behandlung erforderlich ist, der Vertragsarzt sie aber nicht selbst erbringen kann. In diese Fallgruppe gehört auch das Zusammenwirken mehrerer Ärzte zum Zwecke der Umgehung von Budgetgrenzen und Leistungsausschlüssen.[1050]

j) Pflicht zur peinlich genauen Leistungsabrechnung. Dieser Pflicht kommt der Vertragsarzt durch Eingabe der erbrachten Gebührenordnungstatbestände in den Praxiscomputer i. V. m. der Abrechnung der Vergütung bei der KV nach. Die Richtigkeit der Vergütungsanforderung ist gerichtlich voll nachprüfbar. Das BSG hat auch die Pflicht zur persönlichen Leistungserbringung als eine der drei zentralen Pflichten bezeichnet – diesbezügliche Verstöße können gröbliche Pflichtverletzungen begründen und die Zulassungsentziehung zur Folge haben –.[1051] Zum hohen Stellenwert dieser Pflicht hat das BSG ausgeführt, dass sich dies aus dem Zusammenhang mit dem auf Vertrauen basierenden vertragsärztlichen Abrechnungssystem ergebe: Der Honorierung werden die Angaben der Leistungserbringer zugrunde gelegt; eine Überprüfung erfolgt nur bei Auffälligkeit oder stichprobenweise; den Grundsatz des Vertrauens gerade in diesem Bereich hat das BSG als „ein Fundament des Systems der vertragsärztlichen Versorgung" bezeichnet.

k) Pflicht zur Teilnahme am Bereitschaftsdienst (Notfalldienst). Jeder Vertragsarzt ist grundsätzlich verpflichtet, nach Maßgabe der von den KVen erlassenen Notfallordnungen am Notfalldienst teilzunehmen.[1052]

l) Erbringung fehlerhafter Behandlungsleistungen. Auch Verstöße gegen die Regeln der ärztlichen Kunst stellen eine vertragsärztliche Pflichtverletzung dar.[1053] Die praktische Bedeutung im Zusammenhang mit Disziplinarmaßnahmen ist aber gering.[1054]

m) Fortbildungspflichten. § 95d SGB V statuiert sanktionsbewehrte Fortbildungspflichten und damit verbundene Nachweisanforderungen. Der Verstoß gegen diese Pflichten ist aber disziplinarrechtlich irrelevant. Er wird vielmehr durch Honorarkürzung oder durch Zulassungsentziehung geahndet (§ 95d III SGB V).[1055]

n) Verletzung von Satzungsrecht. Die KV-Satzungen können besondere Pflichten für ihre Mitglieder vorsehen. Auch ein Verstoß gegen Satzungsrecht kann deshalb ein disziplinarrechtlich relevanter Sachverhalt sein.[1056]

V. Maßnahmen

Der Maßnahmenkatalog ist in § 81 V SGB V[1057] abschließend aufgezählt. Es handelt sich um

- die Verwarnung
- den Verweis
- die Geldbuße bis zu einem Betrag von 50 000 €.
- die Anordnung des Ruhens der Zulassung oder der vertragsärztlichen Beteiligung bis zu zwei Jahren.

[1050] *Hesral*, in: Ehlers (Hrsg.), Disziplinarrecht, 2. Aufl. 2013, Rn. 188 ff.
[1051] BSG v. 21.3.2012 – B 6 KA 22/11 R – BSGE 110, 269 = SozR 4–2500 § 95 Nr. 24 = GesR 2012, 539 = MedR 2013, 66 = juris, jeweils Rn. 34, 35.
[1052] → § 19 Rn. 78–80.
[1053] → § 24 Rn. 12 ff.
[1054] Zutreffend *Hesral*, in: Ehlers (Hrsg.), Disziplinarrecht, 2. Aufl. 2013, Rn. 216.
[1055] → § 20 Rn. 96–98b.
[1056] Unbestritten.
[1057] → § 24 Rn. 1.

28 Die **Verwarnung** ist danach die mildeste Form. Sie kann deshalb nur bei äußerst geringfügigen Verfehlungen in Betracht kommen. Die Bedeutung dieser Disziplinarmaßnahme ist gering.[1058]

29 Der **Verweis** (in Disziplinarordnungen zum Teil definiert als Tadel eines pflichtwidrigen Verhaltens mit der Aufforderung, die sich aus Gesetz, Satzung oder Vertrag ergebenden Pflichten in gehöriger Weise zu erfüllen) ist bei wiederholten geringfügigen Verstößen angebracht oder bei einer einmaligen, kurzzeitigen, nicht völlig geringfügigen Verfehlung.[1059]

30 Die **Geldbuße** ist die Regelsanktion, der Schwere der Verfehlung jeweils angepasst. Das Höchstmaß liegt bei 50 000 €. In der Praxis wird die Geldbuße vor allem bei dauernden Verstößen gegen das Gebot der Wirtschaftlichkeit verhängt.[1060] Beruht die Geldbuße auf Äußerungen des Vertragsarztes gegen das vertragsärztliche System, so muss der Disziplinarbeschluss die nach Art. 5 I GG erforderliche Abwägung mit dem Grundsatz der Meinungsfreiheit vornehmen.[1061] Auch die Geldbuße hat, wie alle Disziplinarmaßnahmen, keine Vergeltungs- oder Sühnefunktion.[1062] Deshalb kann eine Geldbuße, wenn nach deren Verhängung der Vertragsarzt den Zulassungsverzicht erklärt, im weiteren Verfahren der nächsthöheren Instanz nicht mehr aufrechterhalten werden.[1063]

31 Die Anordnung des **Ruhens der Zulassung** (bis zu zwei Jahren) kommt in Betracht, wenn das Vertrauensverhältnis zu den Krankenkassen oder der KV empfindlich beeinträchtigt ist, z.B. bei hartnäckiger Weigerung des Vertragsarztes zu pflichtgemäßem Verhalten. Der Disziplinarausschuss muss in seiner Entscheidung die Dauer des Ruhens anordnen und den Ruhenszeitpunkt festlegen.[1064] Während des Ruhens der Zulassung ist dem Vertragsarzt jede Tätigkeit untersagt. Er darf sich auch nicht vertreten lassen. Er darf aber privatärztlich tätig sein.[1065] Die disziplinarrechtliche Ruhensanordnung ist im Übrigen von der vertragsärztlichen Ruhensanordnung zu unterscheiden.[1066]

32 Die Maßnahmen sind **einzeln** zu verhängen. Sie können nicht kumuliert werden. Das ergibt sich schon aus dem Wortlaut des § 81 V 2 SGB V und wird durch die Entstehungs-

---

[1058] Nur eine Verwarnung wurde ausgesprochen z.B. wegen Forderung von Zuzahlungen für ambulantes Operieren – wohl wegen der Sympathie des Disziplinarausschusses für die Sicht des Arztes, dass die vertragsärztliche Honorierung unzureichend sei: BSG v. 14.3.2001 – B 6 KA 36/00 R – SozR 3–2500 § 81 Nr. 7.

[1059] Nach rechtskräftigem Verzicht auf die Zulassung kann ein Verweis gegen einen Vertragsarzt nicht mehr ausgesprochen (oder aufrechterhalten) werden, weil das Ziel, den Vertragsarzt zur Erfüllung seiner vertragsärztlichen Pflichten anzuhalten, nicht mehr erreicht werden kann: BSG v. 8.3.2000 – B 6 KA 62/98 R – SozR 3–2500 § 81 Nr. 6 = MedR 2001, 49. – Zu einem Verweis wegen nicht erteilter Auskünfte siehe BSG v. 6.12.2002 – B 6 KA 9/02 R – SozR 3–2500 § 81 Nr. 9. – Vgl. auch → Rn. 30 am Ende.

[1060] *Hesral*, in: Ehlers (Hrsg.), Disziplinarrecht, 2. Aufl. 2013, Rn. 158 ff. Beispiel: BSG v. 8.3.2000 – B 6 KA 62/98 R – SozR 3–2500 § 81 Nr. 6 = MedR 2001, 49 (51). Nach Auffassung des BSG kommt bei solchen fortdauernden Verstößen auch die Entziehung der Zulassung in Betracht: → § 20 Rn. 108 und *Clemens* in: Schallen, Zulassungsverordnung, 9. Aufl. 2018, § 27 Rn. 48–50.

[1061] BSG v. 11.9.2002 – B 6 KA 36/01 R – SozR 3–2500 § 81 Nr. 8.

[1062] BVerfG, NJW 1972, 93 (94); BVerwGE 46, 64 (66 f.); BSG v. 8.3.2000 – B 6 KA 62/98 R – SozR 3–2500 § 81 Nr. 6 = MedR 2001, 49 (50).

[1063] A. A. BSG v. 8.3.2000 – B 6 KA 62/98 R – SozR 3–2500 § 81 Nr. 6 = MedR 2001, 49 (50). Gegen diese Entscheidung wird zu Recht eingewendet: Wenn es möglich bleibt, sich dem Ruhen der Zulassung durch Zulassungsverzicht zu entziehen, muss das auch in Bezug auf die mildere Sanktion der Geldbuße möglich sein. Es gibt keine allgemeine Steuerungsfunktion von Disziplinarmaßnahmen, sondern nur die spezielle Funktion, den Vertragsarzt zur Erfüllung seiner Pflichten anzuhalten. Wer keine Pflichten mehr hat, kann nicht mehr gesteuert werden. Im Ergebnis führt der Standpunkt des BSG zu einer (unzulässigen) Sühnefunktion der Geldbuße. – Ebenso oben → Rn. 29 (mit dortiger Fußnote) zum Verweis.

[1064] → § 20 Rn. 104.

[1065] Siehe dazu auch *Steinhilper*, in: Ehlers (Hrsg.), Disziplinarrecht, 2. Aufl. 2013, Rn. 900.

[1066] → § 20 Rn. 99 ff. – Vgl. dazu auch *Clemens* in: Schallen, Zulassungsverordnung, 9. Aufl. 2018, § 26 Rn. 9 u. 39.

geschichte bestätigt.[1067] Welche Maßnahme angemessen ist, richtet sich nach dem Prinzip der Verhältnismäßigkeit.[1068] Eine Disziplinarmaßnahme ist neben einer strafgerichtlichen Verurteilung möglich.[1069]

VI. Rechtsschutz

1. Disziplinarmaßnahme als Verwaltungsakt

Die Disziplinarmaßnahme ist ein Verwaltungsakt. Ein **Vorverfahren** im Sinne von § 78 SGG findet **nicht** statt (§ 81 V 4 SGB V). Beschwert ist durch die Disziplinarmaßnahme der vom Bescheid Betroffene, also der Vertragsarzt. **Beschwert** ist allerdings auch – ggf. – die KV.[1070] Die Krankenkassen sind nicht beschwert, weil sie am Disziplinarverfahren nicht beteiligt sind.[1071]

33

2. Rechtsschutzmaßnahmen

Das dem Vertragsarzt zur Verfügung stehende Rechtsmittel ist die **Klage** zum Sozialgericht. Örtlich zuständig ist das Sozialgericht, in dessen Bezirk die jeweilige KV gelegen ist. Die Klage richtet sich gegen die KV, weil der Disziplinarausschuss selbst nicht beteiligungsfähig ist und im Namen der KV handelt.[1072] Die Klage hat **aufschiebende Wirkung** (§ 86a I 1 SGG). Die aufschiebende Wirkung entfällt, wenn die **sofortige Vollziehung** gemäß § 86a II Nr. 5 SGG angeordnet worden ist. Sie ist „schlaglichtartig" zu begründen. Dabei muss berücksichtigt werden, dass wegen des Gebots des effektiven Rechtsschutzes (Art. 19 IV GG) die aufschiebende Wirkung die Regel, der Sofortvollzug die Ausnahme ist.[1073] Die beteiligten Interessen sind abzuwägen. Das Vollziehungsinteresse deckt sich nicht mit dem Interesse, das zum Erlass der Disziplinarmaßnahme geführt hat, sondern muss darüber hinausgehen.[1074] Gegen die Anordnung des Sofortvollzugs kann beim Sozialgericht beantragt werden, gemäß § 86b I 1 Nr. 2 SGG die aufschiebende Wirkung der Klage (ganz oder teilweise) anzuordnen.

34

3. Gerichtliche Kontrolle

Die Überprüfung von Disziplinarmaßnahmen durch das Gericht erfolgt in zwei Schritten. Es ist zwischen den **Tatbestandsvoraussetzungen**, d.h. den Pflichtverstößen, und den Rechtsfolgen, d.h. den Disziplinarmaßnahmen zu unterscheiden. Die Tatbestandsvoraussetzungen sind gerichtlich voll überprüfbar. Es besteht kein Beurteilungsspielraum.[1075]

35

Bei der Auswahl der **Disziplinarmaßnahmen** trifft der Disziplinarausschuss dagegen eine **Ermessens**entscheidung. Sie ist infolgedessen nur eingeschränkt überprüfbar. Das Gericht prüft, ob der Disziplinarausschuss von einem richtig und vollständig ermittelten Sachverhalt ausgegangen ist und sich bei der Auswahl der Disziplinarmaßnahmen von sachgerechten

36

[1067] BSG v. 8.3.2000 – B 6 KA 62/98 R – SozR 3-2500 § 81 Nr. 6 = MedR 2001, 49 (51) m. w. N.
[1068] BSG v. 3.9.1987 – 6 RKa 30/86 – BSGE 62, 127 = SozR 2200 § 368m Nr. 3; BSG v. 6.12.2002 – B 6 KA 9/02 R – SozR 3-2500 § 81 Nr. 9 S. 50. Der Maßnahmenkatalog des § 81 V SGB V ist abgestuft. Die Entscheidung, auf welcher Stufe die Maßnahme verhängt werden soll, knüpft infolgedessen an die Intensität der vertragsärztlichen Pflichtverletzung an, BSG v. 8.3.2000 – B 6 KA 62/98 R – SozR 3-2500 § 81 Nr. 6 S. 24 = MedR 2001, 49; BSG v. 11.9.2002 – B 6 KA 36/01 R – SozR 3-2500 § 81 Nr. 8 S. 41.
[1069] BSG v. 29.10.1986 – 6 RKa 4/86 – BSGE 61, 1 = SozR 2200 § 368a Nr. 16.
[1070] BSG v. 28.1.2004 – B 6 KA 4/03 R – SozR 4-1500 § 70 Nr. 1.
[1071] *Schroeder-Printzen*, in: Schnapp/Wigge, Handbuch des Vertragsarztrechts, § 17 Rn. 27.
[1072] BSG v. 8.9.1993 – 14a RKa 7/92 – BSGE 73, 66 = SozR 3-2500 § 2 Nr. 2 m. w. N.
[1073] Grundlegend BVerfG v. 19.6.1977 – 1 BvL 39/69 – BVerfGE 35, 263 (274 f.).
[1074] Zu den Einzelheiten vgl. *Keller*, in: Meyer-Ladewig/Keller/Leitherer, SGG, 12. A. 2017, § 86a Rn. 20 ff. SGG; *Clemens*, Aufschiebende Wirkung und sofortige Vollziehbarkeit, in: Arbeitsgemeinschaft Medizinrecht (Hrsg.), Festschrift 10 Jahre Arbeitsgemeinschaft Medizinrecht im DAV, 2008, S. 323.
[1075] BSG v. 3.9.1987 – 6 RKa 30/86 – BSGE 62, 127 (128) = SozR 2200 § 368m Nr. 3.

Gründen hat leiten lassen. Dabei ist das Gericht auf die im Verwaltungsakt wiedergegebenen Ermessenserwägungen beschränkt. Im Übrigen ist das Prinzip der **Verhältnismäßigkeit** zu beachten.[1076] Das Gerichtsverfahren, die zu treffenden Entscheidungen und die Rechtsmittelmöglichkeiten folgen allgemeinen SGG-Regeln.[1077]

VII. Zulassungsentziehung

37 Die Entziehung der Zulassung nach Maßgabe des § 95 VI SGB V, hier also wegen gröblicher Pflichtverletzung,[1078] sieht im Vergleich mit der Anordnung des Ruhens der Zulassung (vgl. oben → Rn. 27 u. 31) wie eine verschärfte Disziplinarmaßnahme aus. Sie ist jedoch keine Disziplinarmaßnahme. Es besteht auch keine Verknüpfung derart, dass vor der Zulassungsentziehung vorrangig eine Disziplinarmaßnahme ausgesprochen werden müsste; aus der Nichtverhängung einer Disziplinarmaßnahme kann nicht gefolgert werden, die Zulassungsentziehung sei unverhältnismäßig.[1079]

VIII. Bedeutung des Disziplinarverfahrens

38 Die Betrachtung der einzelnen Aspekte des Disziplinarverfahrens bliebe bruchstückhaft, wenn sie nicht in einer Gesamtsicht der Bedeutung des Disziplinarverfahrens zusammengefasst würde. Drei Aspekte verdienen es, hervorgehoben zu werden:

1. Die Disziplinarmaßnahme in der Funktionsebene

39 Man muss das Disziplinarrecht zunächst in einer Funktionsebene angeordnet sehen, die mögliche Sanktionen gegen einen Vertragsarzt im Wege eines Horizontalvergleichs betrachtet. Eine solche Kette lässt sich wie folgt darstellen (bedeutet aber keine rechtlich einzuhaltende Abfolge):

Rügeverfahren[1080] – Maßnahmen im Berufsgerichtsverfahren[1081] – Vertragsärztliche Honorarkürzungen nach § 95d SGB V[1082] – Honorarkürzungen im Rahmen der Wirtschaftlichkeitsprüfung[1083] – Maßnahmen im Disziplinarverfahren[1084] – Zulassungsentziehung[1085] – strafgerichtliche Verurteilungen.

40 Die Verfahrensreihe hat in erster Linie Ordnungs- und Ahndungsfunktion. Das gilt auch für den Zulassungsentzug.[1086] Die Disziplinarmaßnahme hat dagegen, wie gezeigt, edukatorische Funktionen,[1087] strafrechtliche Verurteilungen werden durch ihre Sühnefunktion gekennzeichnet: Sie dienen allein der Abschreckung und Besserung sowie der Vergeltung.[1088] Etwas vereinfacht kann man deshalb von einer Sanktionsreihe sprechen, die von Ordnungs- über Erziehungs- zu Sühnemaßnahmen reicht. Diese Reihung darf nicht als rechtliche Vor-

---

[1076] BSG v. 3.9.1987 – 6 RKA 30/86 – BSGE 62, 127 (129) = SozR 2200 § 368m Nr. 3.
[1077] Siehe dazu die Kommentare zum SGG.
[1078] → § 20 Rn. 108.
[1079] → § 20 Rn. 109 am Ende. – Vgl. vor allem *Clemens* in: Schallen, Zulassungsverordnung, 9. Aufl. 2018, § 27 Rn. 31 f.
[1080] Siehe *Narr/Hübner*, Ärztliches Berufsrecht, Bd. 2, Rn. B 82 (Stand 1.7.1994).
[1081] → § 13 Rn. 84 ff.
[1082] → § 20 Rn. 96–98b.
[1083] → § 23.
[1084] → § 24.
[1085] → § 20 Rn. 107–110.
[1086] Zu dem Ziel, eine bestimmte Ordnung durchzusetzen, vgl. *Gürtler* in: Göhler/Gürtler/Seitz (Hrsg.), Gesetz über Ordnungswidrigkeiten, 17. Auf. 2017, Rn. 9 vor § 1 OWiG.
[1087] Das BVerfG spricht von einem „Zucht- und Erziehungsmittel", BVerfG v. 2.5.1967 – 2 BvR 391/64 – BVerfGE 21, 378 (384).
[1088] BVerfG v. 2.5.1967 – 2 BvR 391/64 – BVerfGE 21, 378 (384).

gabe einer Abfolge missverstanden werden; es handelt sich nicht um eine Ordnungsreihe i. e. S., so, als ob Sanktionen in einem aufsteigenden Verhältnis von bloßer Ordnung über die Erziehung bis hin zur Sühne gestuft seien. Gemeinsam ist all diesen Maßnahmen zwar die Sanktion, d. h. der Eingriff in die Berufs- und Lebenssphäre des Arztes. Die Maßnahmen sind aber sonst voneinander unabhängig. Sie werden innerhalb ihrer jeweiligen Funktionszuweisung ausgesprochen. Sie sind grundsätzlich nebeneinander möglich, wie die berufsgerichtliche Geldbuße und die Geldstrafe.[1089]

2. Die Disziplinarmaßnahme im Kontext der Erziehungsmaßnahmen

Man muss das Disziplinarrecht aber außerdem noch diachron betrachten, d. h. in einem Vertikalvergleich mit anderen den Vertragsarzt betreffenden Erziehungsmaßnahmen. Ein solcher Erziehungs-Maßnahmebaum lässt sich so skizzieren: 41
- Beratung
- Honorarkürzung
- Disziplinarmaßnahme
- Zulassungsentziehung

Selbstverständlich ist **Beratung** keine Sanktion.[1090] Sie soll vielmehr Sanktionen gerade vermeiden helfen und stellt sich deshalb als Basis oder Wurzel des edukatorischen Sanktionssystems dar. Es ist gezeigt worden,[1091] dass **Honorarkürzungen** nicht nur Ordnungsfunktionen zukommt, sondern dass mit ihnen zugleich ein erzieherisches Moment gegeben ist, mit dem Ziel, den Vertragsarzt zur „peinlich genauen Abrechnung"[1092] anzuhalten. Damit wird das Vertrauensverhältnis zwischen Vertragsarzt und Versicherten, aber auch zwischen Vertragsarzt und KV/Krankenkasse gestärkt, das unverzichtbare Voraussetzung für die **Sicherstellung** der vertragsärztlichen Versorgung ist. Es ist deshalb anerkannt, dass Honorarkürzungen häufig Disziplinarmaßnahmen vorhergehen bzw. schließlich in ihnen münden,[1093] sich also als Stufe auf dem Weg zur **Disziplinarmaßnahme** erweisen. Diese selbst haben nach gesicherter Auffassung erzieherischen Charakter, sollen also den Vertragsarzt zur Erfüllung seiner vertragsärztlichen Pflichten anhalten, nicht aber Unrecht sühnen. Versagt alle Erziehung, so ist die Entziehung der Zulassung das letzte Mittel und deshalb häufig den Disziplinarmaßnahmen so zugeordnet, dass diese de facto in der Praxis häufig der Vorbereitung der **Zulassungsentziehung** dienen,[1094] so wie die Honorarkürzung der Vorbereitung der Disziplinarmaßnahme dient. Mit der Beratung teilt die Zulassungsentziehung den Umstand, dass sie außerhalb des Erziehungs-Kanons liegt. Anders als die Darstellung der Funktionsebene[1095] hat die die Erziehungsmaßnahme umfassende Vertikalreihe Ordnungsfunktion. Es handelt sich hier um ein stufenförmig aufsteigendes System, zwar nicht so, dass jede Stufe zwangsläufig betreten werden muss, aber so, dass sich die einzelnen Stufen als logische Abfolge darstellen. Bezieht man die Überlegungen zur Funktionsebene mit ein, kann man das Disziplinarrecht an einer Schnittstelle zwischen Funktionsebene und Erziehungs-Maßnahmen ansehen. Das Disziplinarrecht liegt in der „Mitte" sowohl des Horizontal- als auch des Vertikalvergleichs. 42

[1089] → § 13 Rn. 95 f.
[1090] Zur Beratungsebene siehe, wenn auch in anderem Zusammenhang → § 23 Rn. 5a.
[1091] → § 24 Rn. 10.
[1092] → § 24 Rn. 22.
[1093] → § 24 Rn. 17.
[1094] Vgl. aber → § 23 Rn. 37; siehe dazu BSG v. 11.9.2002 – B 6 KA 36/01 R – SozR 3–2500 § 81 Nr. 8 S. 41.
[1095] → § 24 Rn. 39 f.

3. Die Einheit des Disziplinarrechts

43 Sowohl die Funktionsebene als auch der Erziehungs-Maßnahmenbaum weisen auf die Verschränkung des Disziplinarrechts innerhalb jeweils differenzierter Bezugssysteme hin. Diese Verschränkung ist noch auf einen dritten Sektor hin aufzufächern, der hier mit „Einheit des Disziplinarrechts" umschrieben worden ist. Insbesondere das BSG hat immer wieder darauf hingewiesen, dass die Rechtslage im vertragsärztlichen Disziplinarrecht mit der Rechtslage des **beamtenrechtlichen Disziplinarverfahrens** vergleichbar ist.[1096] Auch dieses Verfahren dient, zumindest teilweise, dem Ziel, die Funktionsfähigkeit des Sondersystems zu schützen und damit den Stellenwert dieses Systems in der Gemeinschaft zu stärken. Aus diesem Grund soll die dienstliche Ordnung dadurch so gewahrt, gefestigt und gesichert werden, dass der Beamte im Sinne einer Pflichtenmahnung „erzogen" wird.[1097] Das BSG hat auf Grund der Vergleichbarkeit des vertragsärztlichen Disziplinarrechts deshalb vor allem im Verfahrensbereich die Erkenntnisse aus den beamtenrechtlichen Disziplinarverfahren dazu benutzt, Lücken im vertragsärztlichen Disziplinarverfahren zu schließen.[1098] Man sollte deshalb, jedenfalls was die Grundlagen des Disziplinarrechts angeht, vom Grundsatz der Einheitlichkeit des Disziplinarrechts ausgehen: Dieser Grundsatz hat soweit, als die jeweiligen Fachordnungen keine Spezialregeln enthalten, **lückenschließende Funktion**.

4. Abschnitt: Die Krankenhäuser und Vorsorge- und Rehabilitationseinrichtungen

§ 25 Die Strukturen der stationären Versorgung

I. Die Entwicklung der Krankenhausversorgung in Deutschland

1. Die Neuzeit bis zum 2. Weltkrieg

1 Die ersten Hospitäler in Deutschland sind Gründungen von Klöstern oder von Bischöfen. Die frühen christlichen Konzilien im 4. Jahrhundert verpflichteten ihre kirchlichen Oberhäupter, in den Bischofsstätten Hospitäler einzurichten.[1] Ihnen folgten ab 1200 die Gründungen von städt. Bürgerspitälern. Diese Einrichtungen dienten der Aufnahme von „Armen, Siechen und Bresthaften", soweit sie nicht Hilfe und Pflege in der Familie fanden.[2] Die Kranken waren in der Regel mittellos. Vermögende Patienten vermieden es, das Hospital aufsuchen zu müssen. Im Zeitalter des Absolutismus begannen sich die Landesfürsten für das Hospitalwesen zu interessieren. Die Hospitäler wurden als Instrument der merkantilistischen Wirtschaftspolitik entdeckt und sollten der Vermehrung der Bevölkerung und dem Erhalt

---

[1096] BSG v. 8.3.2000 – B 6 KA 62/98 R – SozR 3-2500 § 81 Nr. 6 S. 20 f. = MedR 2001, 49.

[1097] *Weiß*, in: Fürst/Weiß/Koch (Hrsg.), Gesamtkommentar Öffentliches Dienstrecht (GKÖD), Bd. II (Disziplinarrecht), Abschnitt J 033, Rn. 10 ff. m. w. N.

[1098] Vgl. z. B. BSG v. 8.3.2000 – B 6 KA 62/98 R – SozR 3-2500 § 81 Nr. 6 S. 25 m. w. N. = MedR 2001, 49.

[1] *Wiemeyer*, Krankenhausfinanzierung und Krankenhausplanung in der Bundesrepublik Deutschland, 11; vgl i. Ü. zur historischen Entwicklung der Krankenhauspflege in Deutschland *Bauer*, Geschichte der Krankenpflege, 25 ff.; *Buse*, Geeignete Rechtsformen für kommunale Krankenhäuser, 8 f.; *Jütte* in Labisch/Spree (Hrsg.), Entwicklung, Stand und Perspektiven einer Sozialgeschichte des allgemeinen Krankenhauses in Deutschland – eine Einführung, 13 ff.; *Makoski*, Kirchliche Krankenhäuser und staatliche Finanzierung (Diss.), 2010, 46 ff.; *Moritz Quaas*, Rechtsfragen der ambulanten Versorgung im Krankenhaus (Diss.), 2011, 29 ff.; *Starke*, Die Finanzierung der Krankenhausleistungen als soziales und ordnungspolitisches Problem, 19; *Tuschen/Quaas*, BPflV, 1.

[2] *Tuschen*/Quaas, BPflV, 1.

ihrer Arbeitskraft dienen.³ Die Kranken sollten nicht mehr lediglich versorgt, sondern auch kuriert werden. Dies ging einher mit einem erhöhten Bedarf an Ärzten in den Hospitälern. Allmählich vollzog sich damit ein Sinneswandel in der Ärzteschaft: der gelehrte Arzt beschränkte sein Wirkungsfeld nicht mehr auf die „Privatpraxis", sondern zog in das Hospital ein. Diese Neuerung bewirkte einen ungeheuren Aufschwung im Hospitalwesen.⁴ Als Ausfluss absolutistischer Machtentfaltung wurden die ersten staatlichen Universitätskliniken gegründet, z. B. 1710 in Berlin (Charité), 1799 in Leipzig und 1806 in Halle. Die Medizin schuf weiter durch die Einführung der Narkose im Jahr 1847, der Antisepsis im Jahre 1867 und der Asepsis im Jahre 1886 die Voraussetzungen, dass die Angst der Bürger vor dem Krankenhaus wich. Durch die Entdeckung der Endoskopie, der Elektrokardiographie sowie der Röntgenstrahlen konnte sich das Krankenhauswesen zum Schwerpunkt der ärztlichen Diagnostik und Therapie entwickeln. Damit vollzog sich der endgültige Schritt vom Hospital zum Krankenhaus: endlich war es möglich, die Ursache der meisten Krankheiten zu erkennen, zum ersten Mal in der Geschichte der Medizin konnten Therapien entwickelt werden, die sich auf wissenschaftliche Forschung stützten. Neben die Hospitäler alten Typs, in denen weiterhin Arme, Alte und sonstige Hilfsbedürftige unentgeltlich und auf unbestimmte Dauer aufgenommen wurden, traten nun „Krankenhäuser für heilbar Kranke", in denen Kranke und Verletzte Aufnahme nur für die Dauer ihrer Behandlung fanden.⁵

Seit dem Anfang des 19. Jahrhunderts setzte damit eine rasch ansteigende Nachfrage nach den Leistungen eines modernen Krankenhauses ein, die im Wesentlichen auf drei Faktoren zurückzuführen ist: auf den medizinischen Fortschritt, auf die Einführung der Krankenversicherung und auf die Auswirkungen der Industrialisierung und Urbanisierung. Der entscheidende Impuls wurde unter Kaiser Wilhelm I. durch das „Gesetz betreffend die Krankenversicherung der Arbeiter" vom 15. Juli 1883, in Kraft getreten am 1.12.1884 gegeben⁶. Anstelle der ärztlichen Behandlung und des Krankengeldes konnte die Krankenversicherung dem Versicherten „freie Kur und Verpflegung in einem Krankenhaus" gewähren; es handelte sich um eine Ersatzleistung, die in das pflichtgemäße Ermessen der Krankenkassen gestellt war. Der Aufbau der übrigen Zweige der Sozialversicherung und der Krankenversicherung durch nachfolgende Gesetze, der mit einer zeitlichen Ausdehnung des Anspruchs auf Krankenhausbehandlung einherging, wirkte sich günstig auf die Entwicklung des Krankenhauswesens aus.⁷

Das Krankenversicherungssystem führte zu umfassenden Rechtsbeziehungen zwischen den Krankenkassen und den Krankenhäusern. Auf der Grundlage des Sachleistungsprinzips waren die Krankenkassen darauf angewiesen, die Gewährung von Krankenhauspflege für ihre Versicherten sicherzustellen. Zwischen Krankenkassen und Krankenhäusern wurden deshalb Verträge über Pflegesätze geschlossen. Dabei waren die Vertragsparteien zunächst frei von staatlichen Eingriffen oder Reglementierungen. Die im Ermessen der Krankenkassen liegende Auswahl der Krankenhäuser wurde erst durch Gesetz vom 14.8.1933 durch eine Änderung des § 371 II der Reichsversicherungsordnung (RVO) eingeschränkt. Bestehende Vertragsverbindungen konnten nur noch gekündigt werden, wenn

---

³ *Wiemeyer*, Krankenhausfinanzierung und Krankenhausplanung in der Bundesrepublik Deutschland, 13.
⁴ *Buse*, Geeignete Rechtsformen für kommunale Krankenhäuser, 10.
⁵ *Jütte*, in: Labisch/Spree (Hrsg.), Entwicklung, Stand und Perspektiven einer Sozialgeschichte des allgemeinen Krankenhauses in Deutschland – eine Einführung, 31, 36.
⁶ RGBl. S. 73; dazu Makoski, Kirchliche Krankenhäuser und staatliche Finanzierung (Diss.), 2010, 54 f.; *Moritz Quaas*, Rechtsfragen der ambulanten Versorgung im Krankenhaus, 2011, 33 ff.
⁷ *Tuschen/Quaas*, BPflV, 2; *Buse*, Geeignete Rechtsformen für kommunale Krankenhäuser, 10 ff., insbesondere auch zu den sozialen und gesellschaftlichen Begleiterscheinungen der Industrialisierung und der Urbanisierung, die sich ebenfalls entscheidend für den Nachfrageschub an Krankenhausleistungen auswirkten.

- das Krankenhaus nicht die Gewähr für eine ausreichende, zweckmäßige und wirtschaftliche Krankenhauspflege bot oder
- die Bedingungen der Krankenhauspflege nicht angemessen waren.

4   Krankenhäuser, bei denen diese Voraussetzungen nicht vorlagen, konnten nur aus wichtigem Grund mit Zustimmung des Oberversicherungsamtes von der Erbringung der Krankenhauspflege zu Lasten der Kassen ausgeschlossen werden.[8]

2. Vom 2. Weltkrieg bis zur Deutschen Einheit

5   Unmittelbar nach dem Ende des 2. Weltkrieges befand sich das Gesundheitswesen in Deutschland in einer desolaten Verfassung. Ein großer Teil der vor dem Krieg errichteten Krankenhäuser war zerstört, viele Mitglieder der Ärzteschaft sowie ein Großteil der Pflegekräfte waren noch nicht vom Einsatz an der Front zurückgekehrt, Medikamente und Verbandsmaterial waren Mangelware. Erschwerend kam hinzu, dass sprunghaft die Einwohnerzahlen vieler Gemeinden durch Zuzug von Heimatvertriebenen und Flüchtlingen stark anstiegen und gleichzeitig eine erhöhte Seuchengefahr bestand, was zu einer gesteigerten Nachfrage an Versorgungsleistungen führte.[9] Es mussten daher dringend zusätzliche Krankenhausbetten geschaffen werden. Dabei verlief die Entwicklung der Gesundheitssysteme in den beiden deutschen Staaten unterschiedlich:

6   **a) Entwicklung in der DDR.** Der Schutz der Gesundheit des einzelnen war in der Verfassung der DDR verankert und sollte als grundlegendes Menschenrecht verwirklicht werden. Art. 35 der Verfassung der DDR lautete: „Jeder Bürger der Deutschen Demokratischen Republik hat das Recht auf Schutz seiner Gesundheit und seiner Arbeitskraft. Dieses Recht wird durch die planmäßige Verbesserung der Arbeits- und Lebensbedingungen, die Pflege der Volksgesundheit, eine umfassende Sozialpolitik, die Förderung der Körperkultur, des Schul- und Volkssports und der Touristik gewährleistet. Auf der Grundlage eines sozialistischen Versicherungssystems werden bei Krankheit und Unfällen materielle Sicherheit, unentgeltliche ärztliche Hilfe, Arzneimittel und andere medizinische Sachleistungen gewährt".

7   Ziel des neu aufgebauten Gesundheitswesens war die Erhaltung und Wiederherstellung der Arbeitskraft der Bevölkerung.[10] Entsprechend wurde die gesamte Arbeitswelt in die medizinische Versorgung integriert, sichtbares Zeichen hierfür war die Errichtung eines zentralistisch organisierten Betriebsgesundheitswesens, das für die gesundheitliche Betreuung der Werktätigen zuständig war.[11] An der Spitze stand das Ministerium für Gesundheitswesen. Die administrative Gliederung sah für Ost-Berlin und für die 14 Bezirke der DDR Abteilungen für Gesundheits- und Sozialwesen vor, die jeweils von einem Bezirksarzt geleitet wurden. Insgesamt war das Gesundheitswesen stark hierarchisch durchorganisiert.

8   Die medizinischen Leistungen waren kostenfreie Sachleistungen. Die prinzipielle Unentgeltlichkeit der medizinischen Betreuung wurde als eine bedeutende soziale Errungenschaft angesehen. Finanziert wurde das Gesundheitswesen durch die Sozialversicherung und den Staatshaushalt. Es bestand eine umfassende Sozialversicherungspflicht für die gesamte Bevölkerung. Der Beitrag zur Sozialversicherung wurde unter den Arbeitnehmern und Arbeit-

---

[8] *Tuschen/Quaas,* BPflV, 3.

[9] *Wiemeyer,* Krankenhausfinanzierung und Krankenhausplanung in der Bundesrepublik Deutschland, 16 ff.; *Buse,* Geeignete Rechtsformen für kommunale Krankenhäuser, 17 f.

[10] *Pritzel,* Gesundheitswesen und Gesundheitspolitik der Deutschen Demokratischen Republik, 1978, 12; *Moritz Quaas,* Rechtsfragen der ambulanten Versorgung im Krankenhaus, 2011, 54 ff.; *Weber,* Die Sozialversicherung, 97, 99.

[11] Hierzu ausführlich Bundesministerium für innerdeutsche Beziehungen (Hrsg.), DDR-Handbuch Bd. 1, 559 ff.; *Pritzel,* Gesundheitswesen und Gesundheitspolitik in der Deutschen Demokratischen Republik, 42 f.

gebern aufgeteilt, in der Regel betrug er für die Arbeitnehmer 10 % des Einkommens, die Arbeitgeber hatten 12,5 % zu entrichten. Aus politischen Gründen wurde der Beitragssatz für die Versicherten seit den 50-er Jahren nicht erhöht mit der Folge, dass die Ausgaben für das Gesundheitswesen weit stärker stiegen als die Einnahmen der Sozialversicherung. Der Differenzbetrag wurde dem Staatshaushalt entnommen.[12]

Nicht anders als in der BRD gliederte sich das Gesundheitssystem der DDR in die Teilbereiche ambulante und stationäre Versorgung. Die ambulante Versorgung erfasste das Betriebsgesundheitswesen und das territoriale System, das als Ergänzung des betrieblichen Systems für Werktätige, in deren Betrieb keine Einrichtungen vorgehalten wurden, und für Selbstständige gedacht war. Die Versorgung erfolgte durch Polikliniken und Ambulatorien. Polikliniken waren Einrichtungen, in denen durchschnittlich 20 bis 30 Fachärzte mindestens der Grunddisziplinen Innere Medizin, Chirurgie, Frauenheilkunde und Kinderheilkunde sowie Zahnärzte tätig waren, evtl. ergänzt um Augen- und HNO-Heilkunde, Orthopädie, Psychiatrie und Urologie. Bei den Ambulatorien handelte es sich um kleinere Einheiten mit ca. 5 bis 12 Ärzten, die in der Regel in den Fachrichtungen der Allgemeinmedizin und der Zahnheilkunde sowie der Kinderheilkunde und der Gynäkologie tätig waren. Polikliniken und Ambulatorien konnten selbstständig oder an ein Krankenhaus angeschlossen sein.[13]

Die Polikliniken wurden in der Folge vermehrt zu kleinen „Gesundheitszentren" ausgebaut und trugen damit nicht unerheblich zu einer Entlastung des stationären Sektors des Gesundheitswesens bei.[14] Parallel zu dieser Entwicklung ging bei den Krankenhäusern die Zahl der privat geführten Einrichtungen im Laufe der Jahre kontinuierlich zurück: Während im Jahr 1950 noch 201 Krankenhäuser mit 6141 Betten in privater Hand waren, verblieben davon unmittelbar vor der Wiedervereinigung im Jahr 1989 noch zwei Häuser mit insgesamt 260 Betten. Weitere 75 Krankenhäuser wurden konfessionell geführt, die restlichen 462 Einrichtungen befanden sich im Staatseigentum. Für die DDR ergab sich damit im Jahr 1989 eine Bettendichte von 98 Betten je 10 000 Einwohner.[15]

Die Finanzierung der Krankenhäuser erfolgte nach dem sog. Bruttoprinzip. Das bedeutete, dass der für die Krankenhausversorgung landesweit zur Verfügung stehende Gesamtbetrag einem Gesamtplan folgend zentralistisch von der höchsten zuständigen Stelle, dem Ministerium für Gesundheitswesen, zunächst auf die Bezirke, von dort auf die Kreise und letztlich auf die einzelnen Einrichtungen verteilt wurde. Dabei gab es von vornherein keinen Zusammenhang zwischen der Leistung des jeweiligen Hauses und dem zur Verfügung gestellten Fond, auch Ausgaben und Einnahmen waren lediglich zwei unabhängig nebeneinander stehende Rechengrößen.[16] Das einzelne Krankenhaus hatte somit keinen Einfluss auf den Umfang des ihm zur Verfügung gestellten Geldes. Da darüber hinaus nicht nur eine finanzielle, sondern auch eine materielle Planung stattfand, war den einzelnen Häusern auch insoweit die Möglichkeit zur eigeninitiativen Bewirtschaftung genommen.

b) Die Entwicklung in der BRD. Unmittelbar nach dem Ende des 2. Weltkrieges bestand für die Krankenhäuser vor allem die Notwendigkeit, die Kriegsschäden zu beseitigen und zusätzliche Krankenhausbetten bereitzustellen. Diese Aufgaben übernahmen vornehmlich die Krankenhausträger selbst, die sich – wie in der Zeit vor dem 2. Weltkrieg – in die kommuna-

---

[12] Bundesministerium für innerdeutsche Beziehungen (Hrsg.), DDR-Handbuch Bd. 1, 558; *Buse*, Geeignete Rechtsformen für kommunale Krankenhäuser, 19.
[13] *Arnold/Schirmer*, Gesundheit für Deutschland, 87 ff.; Bundesministerium für innerdeutsche Beziehungen (Hrsg.), DDR-Handbuch Bd. 1, 558. *Hoffmann*, Arzt und Krankenhaus 1990, 292, 294; *Weber*, Die Sozialversicherung, 97.
[14] *Buse*, Geeignete Rechtsformen für kommunale Krankenhäuser, 20.
[15] *Buse*, Geeignete Rechtsformen für kommunale Krankenhäuser, 20 f.; *Hoffmann*, Arzt und Krankenhaus 1990, 292, 300.
[16] *Arnold/Schirmer*, Gesundheit für ein Deutschland, 88.

len, freigemeinnützigen und privaten Trägergruppen gliederten.[17] Nach 1948 kam es zu ständigen Kontroversen zwischen den Krankenhausträgern und den Krankenkassen über die Höhe der Pflegesätze. Die Krankenhausträger[18] forderten von den Krankenkassen Pflegesätze, die sämtliche Kosten nach betriebswirtschaftlichen Maßstäben decken sollten. Sie begründeten diesen Anspruch u. a. damit, dass auch die Apotheken die ihnen entstandenen Kosten erstattet bekämen. Falls sich die Kassen dazu nicht in der Lage sehen würden, sollte der Staat die Differenz durch Zuschüsse an die Krankenversicherung ausgleichen. Dem hielten die Krankenkassen[19] entgegen, vollkostendeckende Pflegesätze würden eine Beitragserhöhung erforderlich machen, die zu der damaligen Zeit den Arbeitnehmern und Arbeitgebern nicht zugemutet werden könne. Auch waren sie der Meinung, dass die Einrichtung und Unterhaltung der Krankenanstalten als öffentliche Aufgabe aus Steuermitteln zu finanzieren seien.

13   Die 1954 erlassene Bundespflegesatzverordnung (BPflV '54),[20] welche die Preisrechtsverordnung von 1948[21] ablöste, kam dem Standpunkt der Krankenkassen weitgehend entgegen. Die Verordnung, die jedoch nur die Pflegesätze der 3. Pflegekasse betraf, sah vor, dass zunächst die Sozialversicherungsträger und die Krankenhäuser sich über die Höhe der Pflegesätze einigen sollten. Die Einigung musste den Preisbildungsstellen der Länder zur Genehmigung vorgelegt werden. Sofern eine Vereinbarung nicht zustande kam, wurden die Pflegesätze amtlich festgesetzt, wobei die Kosten- und Ertragslage der Krankenhäuser sowie die wirtschaftliche Leistungsfähigkeit der beteiligten Sozialversicherungsträger zu berücksichtigen waren. Als Fazit dieser Pflegesatzverordnung blieben erhebliche Kosten weiterhin den Trägern der Krankenhäuser aufgebürdet, obwohl es ihr Ziel war, mit der Erstattung der Selbstkosten der damaligen (3.) Pflegekasse die finanzielle Situation der Krankenhäuser zu verbessern.[22] Die öffentliche Hand war der Auffassung, dass der gemeinwirtschaftliche Zweck der Trägerschaft darin bestand, zugunsten Dritter erhebliche Mittel aufzubringen.[23]

14   Die Selbstkosten der Krankenhäuser wurden deshalb in steigendem Maße nicht mehr gedeckt. 1957 wies die Krankenhausversorgung einen Verlust von 480 Mio. DM aus, der sich bis 1964 auf 785 Mio. erhöhte.[24] Hinzu kamen diejenigen Kosten, die auf Grund der gesetzlichen Bestimmungen nicht als Selbstkosten in Ansatz gebracht werden durften. Der Bericht der Bundesregierung vom 19. Mai 1969 „über die finanzielle Lage der Krankenanstalten"[25] kam für das Jahr 1968 auf Grund des in der BPflV '54 verankerten eingeschränkten Kostendeckungsprinzips auf ein Defizit von 1,24 Mrd. DM für Akutkrankenanstalten, welches sich bei Ansatz realer Wiederbeschaffungswerte auf fast 2 Mrd. DM erhöhte.[26] Folge dieser

---

[17] Die erste Statistik aus der Nachkriegszeit von 1953 weist 1440 Krankenhäuser mit 307 202 Betten in öffentlich-rechtlicher, 1296 Häuser mit 203 006 Betten in freigemeinnütziger und 714 Häuser mit 30 192 Betten in privater Trägerschaft aus – vgl. Kruckemeyer, Entwicklung des Krankenhauswesens und seiner Strukturen in der Bundesrepublik Deutschland, 18.
[18] Vgl. zu deren Haltung *van Aubel,* Für und Wider ein Krankenhausgesetz, in Sozialer Fortschritt Bd. 17, 126 bis 128.
[19] Vgl. zu deren Standpunkt *Gerold,* Für und Wider ein Krankenhausgesetz in Sozialer Fortschritt Bd. 17, 124 ff.
[20] Verordnung PR Nr. 7/54 über Pflegesätze von Krankenanstalten (BAnz. Nr. 173 vom 9.9.1954).
[21] Anordnung PR 140/48 über Pflegesätze der Kranken- und Heilanstalten und sonstigen pflegerischen Anstalten aller Art vom 18.12.1948; – dazu – sowie der BPflV '54 – s. *Tuschen/Quaas,* BPflV, 3 f.
[22] Indem z. B. Abschreibung nur auf Anlagegüter und Rückstellungen zur Anpassung an die diagnostisch-therapeutische Entwicklung in den Pflegesätzen berücksichtigt werden konnten – vgl. *Tuschen/Quaas,* BPflV, 4; *Wiemeyer,* Krankenhausfinanzierung und Krankenhausplanung der Bundesrepublik Deutschland, 18.
[23] *Wiemeyer,* Krankenhausfinanzierung und Krankenhausplanung der Bundesrepublik Deutschland, 19.
[24] *Depenheuer,* Staatliche Finanzierung und Planung im Krankenhauswesen, 30.
[25] BT-Drs. V/4230, 9, 16 ff.; vgl. auch *Siebeck,* DOK 1974, 282.
[26] Bei einem geschätzten Anlagevermögen der Akutkrankenhäuser von 35 bis 40 Mrd. DM bedeuteten derartige Defizite einen Verlust von mehr als 10 % des gesamten Anlagevermögens innerhalb von 5 Jahren, vgl. *Depenheuer,* Staatliche Finanzierung und Planung im Krankenhauswesen, 30.

§ 25 Die Strukturen der stationären Versorgung

laufenden Kostenunterdeckung war nach verbreiteter Auffassung eine Gefährdung der Krankenhausversorgung der Bevölkerung. So waren die Modernisierungs- und Erneuerungsmaßnahmen zu jener Zeit völlig unzureichend. Das Krankenhaus galt als das „Aschenputtel des Wirtschaftswunders".[27] Vernachlässigt wurden in erster Linie der Pflege-, Wirtschafts- und Verwaltungsbereich. Mehr als 1/3 aller Krankenhäuser waren älter als 50 Jahre und entsprachen nicht mehr den Anforderungen, die an eine zeitgemäße und leistungsfähige Krankenhausversorgung zu stellen waren.[28]

In dieser Situation fasste die damalige Bundesregierung auf Grund der sog. Krankenhaus-Enquéte[29] den Entschluss, die Verantwortung für die wirtschaftliche Sicherung der Krankenhäuser zu übernehmen und eine grundlegende Neuordnung der Krankenhausfinanzierung vorzuschlagen. Im Interesse einer langfristigen und dauerhaften Neuordnung sei anzustreben, dass öffentliche Finanzierungshilfen für den Bau von Krankenhäusern auch hinsichtlich der Höhe verbindlich festgesetzt würden. Da die Zuständigkeit für die Krankenhausversorgung bis dahin bei den Ländern lag, musste zunächst das Grundgesetz geändert werden. Dies geschah durch das 22. Gesetz zur Änderung des Grundgesetzes vom 12.5.1969,[30] durch das in Art. 74 Nr. 19a GG die konkurrierende Gesetzgebungszuständigkeit „für die wirtschaftliche Sicherung der Krankenhäuser und zur Regelung der Krankenhauspflegesätze" eingeführt wurde. Zugleich wurde mit dem 21. Gesetz zur Änderung des Grundgesetzes vom 12.5.1969[31] dem Bund die Möglichkeit eröffnet, sich an der Finanzierung von Investitionen im Krankenhausbereich zu beteiligen. Damit war der Weg frei für das Krankenhausfinanzierungsgesetz (KHG) vom 29.6.1972,[32] das die Grundlage für das „duale Finanzierungssystem" bildet.[33] Es beruht auf dem Gedanken, dass die Pflegesätze künftig im Prinzip nur noch die durch die Benutzung verursachten Kosten umfassen sollten, während die staatliche Förderung die Finanzierung des gesamten Investitionsbedarfs sicherstellt. Durch die Beschränkung der Gesetzgebungskompetenz des Bundes auf die wirtschaftliche Sicherung der Krankenhäuser wurde zugleich klargestellt, dass sie nicht die Krankenhausplanung umfasste, die weiterhin eine Angelegenheit der Länder blieb.[34] Die Vorhaltung von Krankenhäusern wird seither als öffentliche Aufgabe angesehen. Dementsprechend werden die Investitionskosten von der öffentlichen Hand übernommen und zwar nach dem KHG '72 zu etwa einem Drittel vom Bund und zu zwei Dritteln von den Ländern. Dieses System der sog. Mischfinanzierung (gemeinsame Angelegenheit von Bund und Ländern) wurde mit dem Krankenhaus-Neuordnungsgesetz vom 20.12.1984 (KHNG '84)[35] abgeschafft. Seitdem bringen die Länder die Mittel für die Investitionsförderung alleine auf.[36]

15

---

[27] *Depenheuer*, aaO, 30 f.
[28] *Jung*, BPflV 1986, Kommentar, 39; Amtl. Begr. zum KHG 1972, zit. bei *Tuschen/Quaas*, BPflV, 5.
[29] Bericht der Bundesregierung über die finanzielle Lage der Krankenanstalten (Krankenhaus-Enquéte) BT-Drs. V/4230 vom 19.5.1969; dazu *Rausch*, Die frei gemeinnützigen Krankenhäuser in der Bundesrepublik Deutschland (Diss.), 186 ff.; *Wiemeyer*, Krankenhausfinanzierung und Krankenhausplanung in der Bundesrepublik Deutschland, 21 ff.
[30] BGBl. I 363.
[31] BGBl. I 359.
[32] BGBl. I 1009.
[33] Die Idee geht zurück auf den ehemaligen Staatssekretär im Nieders. Arbeitsministerium, *Walter Auerbach*, in: Sozialer Fortschritt Bd. 17, 35 ff. – vgl. *Wiemeyer*, Krankenhausfinanzierung und Krankenhausplanung in der Bundesrepublik Deutschland, 78; *Depenheuer*, Staatliche Finanzierung und Planung im Krankenhauswesen, 31.
[34] Die Gesetzgebungskompetenz des Bundes wurde entsprechend in der Begründung zum 22. Änderungsgesetz ausdrücklich auf die Krankenhausfinanzierung beschränkt, vgl. BT-Drs. V 3515, 4 und zu § 1 Nr. 2, 6; s. a. *Harsdorf*, das Krankenhaus, 140 ff.
[35] BGBl. I 1716.
[36] *Tuschen/Quaas*, BPflV, 12 ff.

16 Nach Inkrafttreten des KHG 1972 und der BPflV 1973, die noch von einem vollpauschalierten (sog. tagesgleichen) Pflegesatz als allein mögliche Pflegesatzform ausgingen, wurden der Nachholbedarf in der Finanzierung und die Kosten der stationären Versorgung sichtbar. Sowohl die Investitionen der Länder als auch und insbesondere die Ausgaben der gesetzlichen Krankenversicherung für Krankenhauspflege stiegen rapide an, letztere von 6 Mrd. DM im Jahr 1970 und 17,5 Mrd. DM im Jahre 1975[37] auf ca. 35 Mrd. DM im Jahr 1985 und – weit über das Doppelte – auf ca. 49,0 Mrd. EUR im Jahr 2005.[38] Im Jahr 2012 betrugen die GKV-Ausgaben insgesamt 173.640.000 EUR. Davon entfielen auf die Krankenhausbehandlung 61.790.000 EUR, das sind 35,6 % der Gesamtausgaben der GKV.[39] Die Folge dieser „Kostenexplosion" im Gesundheitswesen,[40] für die primär die Krankenkassen verantwortlich gemacht wurden, führte zu einer „Kostendämpfungspolitik" und gesetzgeberischen Maßnahmen, die seit 1993 als sog. „Strukturgesetze"[41] verabschiedet wurden und bis heute anhalten. Ein Ende ist nicht absehbar.

17 Parallel dazu hat sich die medizinische Schwerpunktversorgung in den letzten Jahrzehnten immer mehr in die Kliniken verlagert; die Patientenzahlen sind kontinuierlich gestiegen.[42] Dabei hat sich das Krankenhaus aus seiner ursprünglichen Ergänzungsfunktion zur ambulanten Versorgung zu einem abgegrenzten eigenständigen Versorgungsbereich mit anerkannt hohem medizinischen Leistungspotenzial, aber auch stark expandierenden Kosten entwickelt.[43] Andererseits ist – insbesondere in den letzten 10 Jahren – eine deutliche Leistungs- und Effizienzsteigerung zu verzeichnen: den zunehmenden Patientenzahlen stehen abnehmende Pflegetage[44] und eine erhebliche Reduzierung der Verweildauer[45] gegenüber. Damit einher ging ein deutlicher Abbau von Krankenhausbetten[46] und eine Reduzierung der Zahl der Krankenhäuser.[47]

18 In den kommenden Jahren und Jahrzehnten wird die stationäre Krankenversorgung durch fünf Hauptfaktoren geprägt: den Auswirkungen der

(1) demographischen Entwicklung,
(2) des medizinischen Fortschrittes,
(3) des Wettbewerbs im Gesundheitswesen,
(4) der sektorenübergreifenden Kooperation und
(5) der zunehmenden Europäisierung bzw. Globalisierung.[48]

---

[37] *Buse*, Geeignete Rechtsformen für kommunale Krankenhäuser, 27 m. Nw.
[38] DKG, Zahlen/Daten/Fakten, 2006, Tabelle S. 48: „GKV-Leistungsausgaben 2009".
[39] Deutsche Krankenhausgesellschaft (DKG), Zahlen/Daten/Fakten 2013, Blatt 46.
[40] Allerdings ist die sog. „Kostenexplosion" im Gesundheitswesen in Wahrheit keine Kosten-, sondern – aller Misswirtschaft zum Trotz – vor allem eine Effizienz- und Leistungsexplosion. Ausgaben sind immer das Produkt von Preis und Menge. Hauptmotor der „Explosion" in der unbestreitbaren Ausgabenexplosion der letzten 50 Jahre sind nicht die Preise, sondern die Mengen der Leistungen.
[41] Zu den Strukturgesetzen 1993 bis 2000 s. *Tuschen/Quaas*, BPflV, 15 ff.
[42] Von 1960 bis 2011 stieg die Zahl der Patienten (Fallzahlen) im Krankenhausbereich von ca. 7 Mio. (1960) über ca. 14 Mio. (1990), auf ca. 19,0 Mio. im Jahr 2015 – vgl. *DKG*, Zahlen/Daten/Fakten 2016, S. 15.
[43] Von den Gesamtausgaben der GKV im Jahr 2012 mit 173,6 Mrd. EUR entfallen 61,8 Mrd. EUR (= 35,6 %) auf den stationären und 81,8 Mrd. EUR (= 46,7 %) auf den ambulanten Sektor – vgl. *DKG*, Zahlen/Daten/Fakten 2012, 47.
[44] Von ca. 210 Mio. Belegungstagen 1990 auf ca. 141 Mio. Belegungstage 2015 – vgl. *DKG*, Zahlen/Daten/Fakten 2016, 15.
[45] Von durchschnittlich 14,7 Tagen im Jahr 1990 auf 7,3 Tage im Jahre 2015 – vgl. *DKG*, Zahlen/Daten/Fakten 2016, 15.
[46] Von 685 976 Betten im Jahre 1990 auf 499 351 Betten im Jahre 2015 – vgl. *DKG*, Zahlen/Daten/Fakten 2016, 15.
[47] Von 2447 Krankenhäuser im Jahr 1990 auf 1956 Krankenhäuser im Jahre 2015, vgl. *DKG*, Zahlen/Daten/Fakten 2016, 15.
[48] *Bruckenberger*, in: Bihr/Hecking/Krauskopf/Lang (Hrsg.), Handbuch der Krankenhaus-Praxis, 1.

II. Verfassungsrechtliche Vorgaben

Das GG enthält für das System der stationären Versorgung institutionelle Vorgaben, die entscheidend u. a. durch das System der Aufteilung der Gesetzgebungskompetenzen im Gesundheitsbereich (1.), das Sozialstaatsprinzips des Grundgesetzes und dessen bundes- und landesrechtliche Ausgestaltung (2.) und die Grundrechte der Leistungserbringer, also der Krankenhäuser und der Vorsorge- und Rehabilitationseinrichtungen (3.) geprägt sind. Das verfassungsrechtliche Normengefüge gestaltet unmittelbar die Strukturen des Krankenhauswesens und der stationären Versorgung.[49]

19

1. Gesetzgebungskompetenzen im Gesundheitsbereich [50]

a) Übersicht. Die Gesetzgebungskompetenzen für das Gesundheitsrecht sind zwischen Bund und Ländern aufgeteilt. Für den öffentlichen Gesundheitsdienst und dessen Aufgaben liegt sie weitgehend[51] bei den Ländern. Die konkurrierende Gesetzgebung (Art. 72 GG) für die wirtschaftliche Sicherung der Krankenhäuser und die Regelung der Pflegesätze (Art. 74 I Nr. 19a GG), das Sozialversicherungsrecht (Art. 74 I Nr. 12 GG) sowie für Regelungen zur Transplantation von Organen und Geweben[52] hat der Bund. Auch das Recht der Zulassung zu den ärztlichen und anderen Heilberufen (Fachberufen des Gesundheitswesens), des Verkehrs mit Arznei-, Heil- und Betäubungsmitteln sowie Giften ist Bundesangelegenheit (Art. 74 I Nr. 19 GG). Die Rechtsmaterie Gesundheitsrecht ist deshalb verschiedenen Aufgabenträgern zugewiesen.[53] Für den stationären Versorgungssektor kommt hinzu, dass die nach den bundesrechtlichen Vorgaben des KHG erlassenen Landesgesetze zur Krankenhausplanung und Finanzierung eine unterschiedliche Regelungsdichte aufweisen.[54]

20

b) Krankenhauswesen. Die Gesetzgebung auf dem Gebiet des Krankenhauswesens war mangels abweichender Kompetenzzuweisung im Grundgesetz zunächst Sache der Länder. Durch den 1989 in das Grundgesetz eingefügten Art. 74 Nr. 19a GG[55] erhielt der Bund die Befugnis, auf dem Gebiet der Krankenhausfinanzierung und der Krankenhauspflegesätze gesetzgeberisch tätig zu werden. Dadurch hat zum einen die früher auf Art. 74 Nr. 11 GG (Recht der Wirtschaft) gestützte Regelung des Pflegesatzrechts eine kompetenzrechtliche Grundlage erhalten, die es dem Bundesgesetzgeber ermöglicht, diese Materie in das System der Krankenhausfinanzierung als vermittelndes Instrument einzubeziehen. Darüber hinaus hat der Gesetzgeber einen materiellen Titel zur Gestaltung des Pflegesatzrechts in die Hand bekommen.

21

---

[49] Laufs/Kern/*Genzel/Degener-Hencke*, § 80 Rn. 1.
[50] Siehe dazu ausf. → § 2 Rn. 27 ff.; Ratzel/Luxenburger/*Ratzel*, § 4 Rn. 1 ff; speziell im Krankenhausbereich u. a. Huster/*Kaltenborn*, Krankenhausrecht, 2.A., § 2 Rd. 2 ff; *Kuhla*, NZS 2014, 361 ff.
[51] Vgl. aber die konkurrierende Kompetenz des Bundes aus Art. 74 Nr. 19 GG für das „Seuchengeschehen" („Maßnahmen gegen gemeingefährliche und übertragbare Krankheiten bei Menschen und Tieren") und das darauf gestützte Seuchenrechtsneuordnungsgesetz vom 20. Juli 2000 (BGBl. I S. 1045) sowie dessen als Art. 1 erlassene Infektionsschutzgesetz – dazu *Erdle*, Infektionsschutzgesetz; die Aufgaben und die Organisation des öffentlichen Gesundheitsdienstes sind in den Gesundheitsdienstgesetzen (GDG) der Länder geregelt, vgl u. a. das Gesetz über den öffentlichen Gesundheitsdienst – ÖGDG – Baden-Württemberg vom 12.12.1994 (GBl. S. 663).
[52] Eingefügt durch G. v. 27.10.1994 zur Änderung des Grundgesetzes (BGBl. I S. 3136); dazu *Höfling/Rixen*, Verfassungsfragen der Transplantationsmedizin, 1996, 39ff; zur Transplantationsmedizin u. a. Ratzel/Luxenburger/*Ratzel*, § 27.
[53] *Genzel*, in: Laufs/Uhlenbruck, Handbuch des Arztrechts, § 83 Rn. 2.
[54] *Zuck*, MedR 1989, 1 ff. m. w. Nw.; dazu i. E. u. bei → § 26 Rn. 419 f.
[55] G. v. 12.5.1969 (BGBl. I 363); zur Entstehungsgeschichte s. a. *Oeter*, in: von Mangoldt/Klein/Starck, GG, Bd. 2, Art. 74 Rn. 176 m. w. N.

22   Art. 74 I Nr. 19a GG gibt dem Bund allerdings keine globale Gesetzgebungskompetenz für das Krankenhauswesen.[56] Schon bei der Einfügung des Art. 74 I Nr. 19a GG war klar, dass dem Bund nur die Kompetenz zur Regelung der Finanzierung der Krankenhäuser eingeräumt wurde und dass diese Regelungen einen Ausschnitt aus der Sachaufgabe der Krankenhausversorgung betreffen. Im Gesetzgebungsverfahren schlug die Bundesregierung zunächst vor, dem Bund die Befugnis zur konkurrierenden Gesetzgebung über „die wirtschaftliche Sicherung der Krankenhausversorgung" einzuräumen. Dies lehnte der Bundesrat ab. In ihrer Gegenäußerung schlug die Bundesregierung daraufhin die engere Fassung: „die wirtschaftliche Sicherung der Krankenhäuser" vor, die später Gesetz wurde.[57] Art. 74 I Nr. 19a GG erfasst damit ausschließlich Regelungen zur wirtschaftlichen Sicherung der Krankenhäuser und der Krankenhauspflegesätze. Insbesondere sind dem Bund die Sachgebiete der Krankenhausorganisation und Krankenhausplanung versperrt, sofern deren Regelungen sich nicht als notwendig für Maßnahmen zur wirtschaftlichen Sicherung der Krankenhäuser oder als Bestandteil des Pflegesatzrechtes erweisen.[58] Art. 74 I Nr. 19a GG verleiht keine Zuständigkeit für strukturelle Eingriffe in das Krankenhauswesen oder allgemeine Systemveränderungen im Krankenhausbereich.[59] Fragen der Krankenhaus- und Personalstruktur, der Einkünfte des Personals und des Liquidationsrechts der Ärzte sind daher grundsätzlich nicht von Art. 74 I Nr. 19a GG umfasst.[60] Die Kompetenzzuweisung ermöglicht die „wirtschaftliche Sicherung" der Krankenhäuser in erster Linie durch Finanzhilfen und alle Regelungen, die auf eine wirtschaftliche Sicherung der Krankenhäuser abzielen.[61] Für Krankenhäuser (in öffentlicher und privater Hand) ist die stationäre (auch teilstationäre) Behandlung begrifflich entscheidend. Bei Pflegesätzen handelt es sich um Entgelte (der Nutzer oder Kostenträger) für die (teil-)stationären Leistungen der Krankenhäuser.[62] Eine bestimmte Ausgestaltungsform wird kompetentiell nicht vorgegeben. Erfasst werden alle Regelungen, die die Entgelte für stationäre (teil- und vollstationäre) Krankenhausbehandlung in ihrer Struktur und Höhe beeinflussen.[63]

2. Sozialstaatsprinzip und stationärer Sicherstellungsauftrag des Staates

23   Aus dem Sozialstaatsprinzip des GG (Art. 20 I GG) leitet sich der allgemeine stationäre Sicherstellungsauftrag des Staates ab. Die bedarfsgerechte Versorgung der Bevölkerung mit leistungsfähigen Krankenhäusern ist eine verfassungsrechtlich vorgegebene Aufgabe im Rahmen der öffentlichen Daseinsvorsorge.[64] Die öffentliche Hand hat dafür Sorge zu tragen, dass quantitativ und qualitativ ausreichend stationäre medizinische Versorgungseinrichtungen für alle Bürger zur Verfügung stehen. Es ist eine aus dem Sozialstaatsprinzip abgeleitete öffentliche Aufgabe, allen Bürgern eine nach dem allgemein anerkannten Stand der medizinischen,

---

[56] BVerfGE 83, 363, 379f.; BVerfG NJW 2000, 857, 858; *Kunig,* in: von Münch/Kunig (Hrsg.), GG, Band 3, Art. 74 Rn. 89; Friauf/Höfling/*Rehborn,* Berliner Kommentar zum Grundgesetz, Art. 74 Abs. 1 Nr. 19a Rn. 27; *Quaas,* GesR 2012, 193 (199f).

[57] BVerfGE 83, 363, 379 u. Hw. auf den Bericht der sog. Troeger-Kommission für die Finanzreform sowie BT-Drs. V/3515/6, 11, 16.

[58] *Oeter,* in: von Mangoldt/Klein/Starck, GG, Bd. 2, Art. 74 Rn. 179.

[59] *Rengeling,* in: Isensee/Kirchhof (Hrsg.), Handbuch des Staatsrecht, Bd. IV, § 100 Rn. 218.

[60] *Degenhart,* in: Sachs (Hrsg.), GG, Art. 74 Rn. 78; *Kunig,* in: von Münch/Kunig (Hrsg.), GG, Bd. 3, 2003, Art. 74 Rn. 96; *Lerche/Degenhart,* in: Lerche/Degenhart/Isensee, Krankenhausfinanzierung in Selbstverwaltung, 11, 79ff.

[61] *Burgi/Mayer,* DÖV 2000, 579, 583.

[62] *Degenhart,* in: Sachs (Hrsg.), GG, Art. 74 Rn. 78.

[63] BVerfG (K) NZS 2011, 500; BSG SGb 2011, 95; *Axer,* in: Bonner Kommentar zum GG, Art. 74 Abs. 1 Nr. 19a Rn. 24; *Quaas,* in: GesR 2012, 193, 195.

[64] BVerfGE 40, 121 (133f.); *Keil-Löw,* Die Kündigung des Versorgungsvertrages eines Plankrankenhauses nach § 110 SGB V, 213 m. w. Nw.

medizinisch-technischen und pharmakologischen Entwicklung ausgerichtete Krankenhausversorgung anzubieten.⁶⁵

Der allgemeine verfassungsrechtliche Gestaltungsauftrag zur bedarfsgerechten Krankenhausversorgung bedarf einer näheren normativen Konkretisierung. Dem Bundes- und Landesgesetzgeber obliegt es, entsprechend der Kompetenzverteilung des GG (Art. 72 II, Art. 74 I Nr. 12 – Angelegenheiten der Sozialversicherung –, Art. 74 I Nr. 19a – Krankenhausfinanzierung –), Art und Umfang der stationären Versorgung festzulegen und zu bestimmen, wer in einem gewissen Gebiet hierfür die rechtliche und politische Verantwortung zu tragen hat. Für die Erfüllung dieses sozialstaatlichen Sicherstellungsauftrags steht dem Gesetzgeber ein weiter Gestaltungsspielraum zu. Leitlinien für das gesetzgeberische Ermessen haben dabei die entsprechenden verfassungsrechtlichen Vorgaben zu sein, d. h. im Bereich der stationären Versorgung: 24

* die bedarfswirtschaftliche Ausrichtung der Krankenhausversorgung,
* die Anerkennung der bestehenden Vielfalt und Vielgestaltigkeit der Leistungsträger in einem pluralistisch ausgerichteten Gemeinwesen (Trägerpluralität),
* Gewährleistung der Autonomie der Träger im Rahmen der Funktionsfähigkeit des Versorgungssystems,
* die Anwendung des Grundsatzes der Subsidiarität bei der Leistungserfüllung,
* die Beachtung der gesamtwirtschaftlichen Grenzen gegenüber der Finanzierung des Versorgungssystems,
* die Beachtung der Grundrechte der Krankenhausträger und sonstiger Einrichtungen der stationären Versorgung. Der besonderen verfassungsrechtlichen Stellung von kirchlichen Trägern ist dabei Rechnung zu tragen.⁶⁶

Der Sicherstellungsauftrag des GG richtet sich an den Staat. Aufgabe des jeweiligen Bundeslandes ist es, die Versorgung seiner Bevölkerung zu gewährleisten. Gewährleistung bedeutet aber nicht, Krankenhäuser selbst zu errichten und zu betreiben. Das Land kann sich zur Durchführung Dritter bedienen, die aber so verpflichtet sein müssen, dass sie für die Aufgabe Krankenhausversorgung auch zur Verfügung stehen. Dies geschieht durch die Aufnahme des Krankenhauses in den Krankenhausplan des jeweiligen Landes. Das Grundgesetz lässt den Ländern im Rahmen der Krankenhausplanung die Freiheit zu bestimmen, wer in den Sicherstellungsauftrag zur Krankenhausversorgung einbezogen wird.⁶⁷ Allerdings kann kein Träger gegen seinen Willen gezwungen werden, Krankenhausversorgung zu betreiben. Daher bestimmen die Länder, dass die Gemeinden und Gemeindeverbände verpflichtet sind, Krankenhäuser vorzuhalten, wenn sich keine anderen Träger finden (Krankenhausversorgung als Pflichtaufgabe in kommunaler Selbstverwaltung).⁶⁸ Neben diesem landesrechtlichen Sicherstellungsauftrag regeln die Landeskrankenhausgesetze (LKHG's) der Länder,⁶⁹ in Ausführung und Ergänzung der bundesrechtlichen Vorgaben die Krankenhausplanung und die öffentliche Förderung der Krankenhäuser, darüber hinaus zum Teil Bestimmungen über die Leitungs- und Organisationsstrukturen und damit die innere Gliederung der Einrichtungen.⁷⁰ 25

---

⁶⁵ BVerfGE 1, 97 (105); 52, 303 (348); st. Rspr.; Huster/Kaltenbach/*Friedrich/Leber*, Krankenhausrecht, 2.A. § 18 (kommunaler Sicherstellungsauftrag); Laufs/Kern/*Genzel/Degener-Hencke*, § 80 Rn. 4; *Merten*, in: Schulin Handbuch des Sozialversicherungsrechts, Bd. 1, § 5 Rn. 36; *Wallrabenstein*, in: ZMGR 2011, 197.
⁶⁶ Laufs/Kern/*Genzel/Degener-Hencke*, § 80 Rn. 5; diese Grundsätze werden heute allgemein anerkannt. Auf ihrer Grundlage hat das BVerfG u. a. die Verfassungsmäßigkeit der Krankenhausplanung nach Maßgabe der §§ 6, 8 KHG bestätigt – vgl. BVerfGE 82, 209 (225 ff.).
⁶⁷ *Pant/Prütting*, Krankenhausgesetz NRW, § 13 KHG NW Rn. 62 f.
⁶⁸ Zum kommunalen Sicherstellungsauftrag siehe insbesondere Huster/Kaltenborn/*Friedrich*, § 16 A und Laufs/Kern/*Genzel/Degener-Hencke*, § 80 Rn. 30.
⁶⁹ Vgl. die zusammenfassende Darstellung bei Laufs/Kern/*Genzel/Degener-Hencke*, § 80 Rn. 29 *Zuck*, MedR 1989, 1, 2 f.
⁷⁰ Einzelne landesgesetzliche Regelungen konkretisieren ferner die allgemeine Rechtspflicht der Krankenhäuser zur Aufnahme und Behandlung stationär versorgungsbedürftiger Patienten (u. a. Notfall- und

3. Grundrechte der Leistungserbringer (Krankenhäuser und Vorsorge- und Rehabilitationseinrichtungen)

26 Auch die Grundrechte der Leistungserbringer, insbesondere der privaten und freigemeinnützigen Krankenhausträger sind für das System der stationären Versorgung und seine gesetzlichen Grundlagen – normkontrollierend und ggf. (verfassungskonform) konkretisierend – von erheblicher Bedeutung. Zwar werden die Grundrechte in erster Linie als subjektive Abwehrrechte gegen staatliche Übergriffe in die individuelle Lebenssphäre verstanden. Sie stellen aber zugleich als objektive Normen eine Wertordnung auf, die als verfassungsrechtliche Grundentscheidung für alle Bereiche des Rechts gilt und von der auch die Gesetzgebung, die Verwaltung und die Rechtsprechung Richtlinien und Impulse erhalten.[71] Der Gesetzgeber ist daher positiv verpflichtet, die Grundrechte zu verwirklichen, auch wenn kein unmittelbarer Anspruch des Grundrechtsträgers auf eine bestimmte gesetzliche Regelung besteht. Der Auftrag an den Gesetzgeber geht zwar nicht so weit, dass sich konkrete inhaltliche Verpflichtungen zu bestimmten Maßnahmen ableiten ließen. Doch können bestimmte verfassungsrechtliche Vorgaben auf Grund der Ausstrahlungswirkung der Grundrechte auf die gesamte Rechtsordnung für die Regelung im Einzelfall aus den Grundrechten entwickelt werden.[72]

27 **a) Leistungserbringer als Grundrechtsträger.** Gemäß Art. 19 III GG gelten die Grundrechte für inländische juristische Personen, soweit sie ihrem Wesen nach auf diese anwendbar sind. Danach können sich die Krankenhausträger und die Träger von Vorsorge- und Rehabilitationseinrichtungen auf Grundrechte berufen, soweit es sich um juristische Personen des Privatrechts oder in privatrechtlicher Rechtsform organisierte Einrichtungen der Wohlfahrtspflege handelt.[73] Die Bestimmung gilt sowohl für die Kirchen – unabhängig von ihrer Rechtsform als Körperschaften des öffentlichen Rechts – als auch für ihre Untergliederungen, wie beispielsweise Orden, sowie für sonstige Religionsgemeinschaften unabhängig von deren Rechtsform.[74] Sonstigen juristischen Personen des öffentlichen Rechts und insbesondere kommunalen Krankenhausträgern stehen die Grundrechte weder über Art. 19 III GG noch aus sonstigen Rechtsgründen zu. Sie sind unter dem Blickwinkel der Grundrechtsträgerschaft lediglich ein „verlängerter Arm" des Staates und haben ein Abwehrrecht allenfalls aus der kommunalen Selbstverwaltungsgarantie des Art. 28 II GG.[75]

28 **b) Die durch die Grundrechte vorgegebenen Rahmenbedingungen.** Der durch die Grundrechte der Einrichtungsträger vorgegebene Auftrag und die durch sie gesetzten Einschränkungen des Gesetzgebers sind Gegenstand umfangreicher, zum Teil älterer Monografien[76] und einer nicht minder breiten Judikatur, die vor allem die verfassungsrecht-

---

Katastrophenversorgung vgl. §§ 28, 29 LKHG BW; § 21 LKG Berlin; § 3 LKG BrBG, § 20 Bremen KHG, § 3 Hamburg Hmb KHG, § 5 HKHG, § 13 NKHG, § 2 I KHGG NW, § 1 III LKG Rh-Pf., § 30 Sächs. KHG, § 17f ThürKHG).

[71] BVerfGE 7, 198, 205 (Lüth), 39, 1, 41 (Fristenlösung); 49, 89, 142 (Kalkar); *Alexy,* Der Staat, Bd. 29 (1990), 49 ff.; *Jarass,* AöR Bd. 110, (1985), 363 ff.; *von Münch,* in: von Münch/Kunig, (Hrsg.), GG Vorbemerk. Art. 1 bis 19, Rn. 22 m. w. N.

[72] Z. B. auf das Verfahrensrecht – vgl. d. N. bei *von Münch,* in: von Münch/Kunig (Hrsg.), GG, Band 1, Vorbem. Art. 1 bis 19, Rn. 27.

[73] BVerfGE 106, 275 (298); 115, 205 (229); zum Krankenhaus als „grundrechtsdurchwirktem Raum" siehe *Depenheuer,* in: Düsseldorfer Krankenhausrechtstag 2008, 15; *Keil-Löw,* Die Kündigung des Versorgungsvertrages eines Plankrankenhauses nach § 110 SGB V, 216.

[74] BVerfGE 46, 74 (83); 53; 366 (391); dies wird aus dem kirchlichen Sonderstatus abgeleitet, der Kirchen gerade nicht als selbstständigen Arm des Staates erscheinen lässt, sondern ihre caritative Tätigkeit als „Gottesdienst am Menschen" begreift – BVerfGE 24, 236 (249); *Leisner,* DÖV 1977, 480.

[75] BVerfGE 22, 180 (205); *Keil-Löw,* Die Kündigung des Versorgungsvertrages eines Plankrankenhauses nach § 110 SGB V, 216 f.

[76] *Bachof/Scheuing,* Krankenhausfinanzierung und Grundgesetz 1971; *Depenheuer,* Staatliche Finanzierung und Planung im Krankenhauswesen; *Lerche/Degenhart,* in: Robert-Bosch-Stiftung (Hrsg.), Krankenhausfinanzierung in Selbstverwaltung, Teil II; w. N. bei *Quaas,* NZS 1993, 102 ff.

liche Sonderstellung der freigemeinnützigen und der kirchlichen Krankenhausträger betrifft.[77] Dies kann – und soll – hier nicht nachgezeichnet werden. Einige Grundsätze müssen genügen. Einschlägig sind für private und freigemeinnützige Krankenhausträger vor allem die Grundrechte der Berufsfreiheit aus Art. 12 I GG, des Eigentums aus Art. 14 I GG sowie – subsidiär – der Handlungsfreiheit aus Art. 2 I GG und der allgemeine Gleichheitssatz gem. Art. 3 I GG. Die kirchlichen Träger genießen darüber hinaus den Schutz der Religionsausübungsfreiheit des Art. 4 II GG sowie der speziellen Eigentumsgarantie des Art. 138 II WRV und die kirchliche Organisationshoheit des Art. 137 III WRV, die beide als unmittelbar geltendes Verfassungsrecht in das Grundgesetz inkorporiert sind.[78]

aa) Art. 12 I GG[79]. Das Grundrecht des Art. 12 I GG gewährt dem Einzelnen das Recht, 29
jede Tätigkeit, für die er sich geeignet glaubt, als Beruf zu ergreifen und zur Grundlage seiner Lebensführung zu machen. In diesem weiten Sinne ist das Betreiben eines Krankenhauses nach ständiger Rechtsprechung als Beruf anzusehen und geschützt.[80] Regelungen der Berufsausübung sind nach ständiger Rechtsprechung mit Art. 12 I GG vereinbar, wenn ihnen schutzwürdige Erwägungen des Gemeinwohls zu Grunde liegen, die nach Art und Ausmaß geeignet und erforderlich sind, den vom Gesetzgeber verfolgten Zweck zu erreichen und wenn eine Gesamtabwägung zwischen der Schwere des Eingriffs und dem Gewicht der ihn tragenden Gründe ergibt, dass die Grenze der Zumutbarkeit gewahrt ist. Eingriffe in die Berufsfreiheit dürfen deshalb nicht weitergehen, als es die sie rechtfertigenden Gemeinwohlbelange erfordern.[81] Der besondere Freiheitsraum, den das Grundrecht des Art. 12 I GG sichern will, kann auch dann berührt sein, wenn die Auswirkungen hoheitlichen Handelns geeignet sind, die Berufsfreiheit zu beeinträchtigen. Das ist insbesondere bei staatlicher Planung und Subventionierung mit berufsregelnder Tendenz möglich. Eine solche „berufsregelnde Tendenz" haben das BVerfG dem KHG, das die Krankenhäuser wirtschaftlich sichern will[82] und das BSG dem Zulassungsrecht von Krankenhäusern und Vorsorge- und Rehabilitationseinrichtungen nach Maßgabe der §§ 107 ff. SGB V[83] zugesprochen.

Im Hinblick auf den Schutzbereich des Art. 12 I GG muss das Gewicht des mit der 30
gesetzlichen Regelung angestrebten Zwecks umso größer sein, je tiefer in die Berufsfreiheit eingegriffen wird. Dabei ist die Freiheit, einen Beruf auszuüben, untrennbar verbunden mit der Freiheit, eine angemessene Vergütung zu fordern,[84] sowie das Entgelt für berufliche Leistungen selbst festzusetzen oder mit den Interessenten auszuhandeln.[85] Auf dieses Recht können sich auch Krankenhausträger berufen, die in der Erfüllung der öffentlichen Aufgabe

---

[77] Vgl. zur Rspr. des BVerfG und BVerwG zu Fragen der Krankenhausplanung und -finanzierung *Quaas*, NZS 1993, 102 f.; *ders.*, VBlBW 1987, 164 ff.; Laufs/Kern/*Genzel/Degener-Hencke*, § 81 Rn. 4 ff.; zu den Anforderungen aus Art. 12 GG *Sodan*, NJW 2003, 257; *Steiner*, MedR 2003, 1; zu den Reformen in der gesetzlichen Sozialversicherung im Spiegel der Rechtsprechung des BVerfG *Jaeger*, NZS 2003, 225 sowie *Sodan*, NJW 2003, 1761.
[78] Vgl. nur BVerfGE 53, 366 (401); 66, 1 (22); Laufs/Kern/*Genzel/Degener-Hencke*, § 81 Rn. 17 ff.; *Pestalozza*, Rechtsfragen der Krankenhausfinanzierung in Berlin, 57.
[79] Siehe dazu ausf. → § 2 Rn. 11 ff.; *Hufen*, NJW 2004, 14 ff.; Huster/*Kaltenborn*, Krankenhausrecht, 2. A., § 2 Rn. 7 ff; Ratzel/Luxemburger/*Ratzel*, § 4 Rn. 4 ff.; Spickhoff/*Steiner*, Art. 12 GG Rn. 1 ff.
[80] BVerfGE 82, 209 (223, 232) (Psychotherapeutische Klinik mit einem Facharzt als Leiter); BVerwGE 99, 362 (368); BSG NZS 1998, 429 sowie BSG U. v. 23.7.2002 – 3 Kr 63/01 – in SozR 3–2500, § 111 SGB V Nr. 3 (Vorsorge- und Rehabilitationseinrichtung).
[81] Vgl u. a. BVerfG NJW 2002, 666 (667) (Öffnung einer Apotheke an verkaufsoffenen Sonntagen); BVerfGE 101, 331 (3479; zum Gemeinwohlbelang der „Volksgesundheit" in der Grundrechtsdogmatik vgl. *Frenzel*, DÖV 2007, 243 ff.
[82] BVerfGE 82, 209 (222 f.).
[83] BSGE 81, 189; U. v. 23.7.2002 – 3 Kr 63/01 in SozR 3–2500, § 111 SGB V Nr. 3.
[84] BVerfGE 54, 251; 68, 193; 83, 1.
[85] BVerfGE 50, 290 (363 f.); 101, 331 (347); 102, 197 (212 f.); U. v. 17.12.2002 – NZS 2003, 144 (Festbeträge für Arznei-, Heil-, und Hilfsmittel).

einer bedarfsgerechten Krankenhausversorgung nach Maßgabe der §§ 1, 6, 8 KHG in einem „gedeckelten" Preissystem Krankenhausleistungen erbringen. Nach der Rechtsprechung des BVerwG wird ein gesetzlicher Zwang, der Allgemeinheit über mehrere Jahre Leistungen zu einem Preis anzubieten, der notwendige und aufschiebbare Kosten in erheblichem Umfang nicht deckt, der Garantie der Berufsfreiheit nach Art. 12 I GG nicht gerecht.[86] Andererseits stellt die Sicherung der finanziellen Stabilität und damit die Funktionsfähigkeit der gesetzlichen Krankenversicherung in einem Sozialstaat ein überragend wichtiges Gemeinschaftsgut dar[87], ohne dass diesem Gebot selbst Verfassungsrang zukommt.[88] Dazu gehört auch die Finanzierbarkeit, die unabdingbar Voraussetzung für das Fortbestehen des Systems ist. Deshalb sind Zulassungsbeschränkungen als Mittel, eine Kostendämpfung zu erreichen, selbst wenn damit ein zeitweiser Zulassungsstopp verbunden ist, zwar „am Rande des verfassungsrechtlich Hinnehmbaren, gleichwohl zulässig".[89] Vor diesem Hintergrund haben das BVerfG und das BVerwG wiederholt Erlösbegrenzungsregelungen im Krankenhausbereich für mit Art. 12 GG vereinbar erklärt.[90] Die Planungshoheit und Strukturverantwortung der Krankenkassen für den Bereich der medizinischen Rehabilitation stellt andererseits keine Rechtfertigung dar, freie Anbieter von der Teilnahme an der Versorgung der Versicherten auszuschließen, sofern die Einrichtung eine leistungsfähige und wirtschaftliche Versorgung gewährleistet. Insoweit kann auch die Gemeinwohlaufgabe der finanziellen Stabilität der gesetzlichen Krankenversicherung die Verhinderung eines Überangebots durch Bedarfszulassung nicht rechtfertigen.[91] Darüber hinaus trifft den Gesetzgeber bei gesetzlich angeordneten „Sparbeiträgen" zu Lasten bestimmter Leistungserbringer eine ständige Beobachtungs- und ggf. Nachbesserungspflicht.[92]

31 Neben den berufsausübungsrelevanten Änderungen der krankenhausplanungs- und krankenhausfinanzierungsrechtlichen Grundstrukturen gewinnen verstärkt Qualitätssicherungsregelungen des SGB V, des KHG und der LKHG`s verfassungsrechtliche Relevanz im Rahmen der Berufsfreiheit der Krankenhausträger[93]. Entsprechendes gilt für den Konkurrentenschutz in der Krankenhausplanung[94].

32 **bb) Art. 14 I GG.** Neben dem Schutz der Betätigung der Krankenhausträger aus Art. 12 I GG greift für die privaten und freigemeinnützigen Einrichtungen auch das Grundrecht der Eigentumsfreiheit des Art. 14 I GG. Es erstreckt sich auf das Sacheigentum sowie die sonstigen vermögenswerten Rechtspositionen, wozu insbesondere das Recht am eingerichteten und ausgeübten Gewerbebetrieb zählt.[95] Allerdings schützt Art. 14 I GG nur Rechtspositionen, die einem Rechtssubjekt bereits zustehen. Er schützt nicht in der Zukunft liegende Chancen und Verdienstmöglichkeiten. Die Eigentumsgarantie erfasst das Erworbene im

---

[86] BVerwGE 99, 362 (368) u. Hw. auf BVerfGE 47, 285 (321); 78, 240 (244).
[87] BVerfGE 68, 193 (218); 70, 1 (29); 103, 172, 185 (392), 404; *Steiner*, MedR 2003, 1, 6; *Manssen*, in: Mangoldt/Klein/Starck, GG, Bd. 1, Art. 12 Rn. 180 m. zr. w. Nw. in Fn. 729; *Schaks*, Der Grundsatz der finanziellen Stabilität der Krankenversicherung, 2007; Sodan/*ders.*, § 16 Rn. 66 ff.
[88] *Moritz Quaas*, Rechtsfragen der ambulanten Versorgung im Krankenhaus, 255 ff. (260) m.w. N.; *Schaks*, VSSR 2008, 31 ff.
[89] *Manssen*, in: Mangoldt/Klein/Starck, GG, Bd. 1, Art. 12 Rn. 180; s. a. zu dieser Abgrenzung zwischen unternehmerischer Freiheit und der Gewährleistung sozialer Sicherheit mit Blick auf die Konsolidierungsbemühungen des Gesetzgebers im Gesundheitsbereich *Jaeger*, NZS 2003, 225, 233 f.
[90] Vgl. BVerfG, B. v. 8.10.2004 – 1 BvR 682/01; BVerwG, U. v. 24.10.2002 – 3 C 38.01 – in: Buchholz 451.73 § 6 BPflVO Nr. 1; U. v. 20.1.2005 – 3 C 1.04 in: Buchholz 451.73 § 6 BPflVO Nr. 2 und U. v. 7.7.2005 – 3 C 23.04 –, Buchholz 451.74 § 18 KHG Nr. 12 = KRS 05.044; krit. zum U. v. 7.7.2005 u. a. *Dettling*, in: Lenz/Dettling/Kieser, Krankenhausrecht, 103, 105.
[91] BSG, U. v. 23.7.2002 – 3 Kr 63/01 in SozR 3–2500, § 111 SGB V Nr. 3.
[92] BVerfGE 18, 315; 25, 1; 50, 269; 123, 186; *Zuck*, Das Recht der Verfassungsbeschwerde, 3. Aufl., Rn. 616 ff.
[93] → § 26 Rn. 543 ff.; Huster/*Kaltenborn*, Krankenhausrecht, 2.A. § 2 Rn. 10 m. w. Nw.
[94] → § 26 Rn. 659 ff.; Huster/*Kaltenborn*, Krankenhausrecht, 2. A., § 2 Rn. 11 m. w. Nw.
[95] BVerfGE 13, 225 (229); 30, 292 (335); 45, 142 (173); u. v. m.

Sinne des vorhandenen Bestandes an vermögenswerten Gütern, während allein die Berufsfreiheit die Chance zum Erwerb schützt.[96] Vor diesem Hintergrund erweist sich die Berufung eines Krankenhausträgers auf die Eigentumsgarantie gegenüber staatlichen Eingriffen, auch wenn sie eine 22rechtliche Status als Plankrankenhaus ist mangels (privatem) Vermögenswert nicht eigentumsfähig.[97] Im Übrigen steht Art. 14 I GG einer maßvollen Umverteilung innerhalb des Systems der gesetzlichen Sozialversicherung nicht entgegen. Weder das Krankenversicherungs- noch das Rentensystem der Bundesrepublik genießt als solches verfassungsrechtlichen Bestandschutz. Im Gegenteil: Das Sozialstaatsprinzip fordert den Gesetzgeber auf, gestaltend das Sozialsystem den jeweils neuen Erfordernissen anzupassen. Die Grenze ist mit Rücksicht auf Inhalt und Schranken sowie die Sozialpflichtigkeit des Eigentums erst erreicht, wenn die Umstellung mit Einbußen einhergeht, die dem Grundsatz der Verhältnismäßigkeit widersprechen.[98]

cc) **Die kirchlichen Gewährleistungsrechte.** Die der verfassungsrechtlichen Tendenz nach „stärkste" Grundrechtsposition im Dreiklang der öffentlichen, privaten und freigemeinnützigen Krankenhausträger haben die von den Kirchen getragenen Einrichtungen wie die der Caritas, Inneren Mission, Orden und Kongregationen, kirchlichen Stiftungen u. a.[99] Dies hat seinen Grund darin, dass die caritative Tätigkeit der Kirchen zu der von Art. 4 I und II nahezu schrankenlos gewährleisteten Religionsausübung gehört, auf die sich auch die Institutionen als Träger der kollektiven Religionsausübung berufen können[100] und für Krankenhäuser, wenn sie von christlichen Konfessionen betrieben werden, der über Art. 14 I GG hinausgehende spezielle Schutz des Vermögens über Art. 140 GG iVm Art. 138 II WRV greift.[101] Darüber hinaus ist durch die Rechtsprechung des BVerfG anerkannt, dass kirchliche Krankenhäuser in Fragen der Ordnung und Verwaltung ihres Krankenhauses einen umfassenden, verfassungsrechtlich abgesicherten Selbstbestimmungsfreiraum haben und deshalb das kirchliche Selbstbestimmungsrecht (Art. 140 GG iVm Art. 137 III WRV) einer undifferenzierten Einbeziehung kirchlicher Krankenhäuser in allgemeine Regelungen des Krankenhauswesens entgegensteht. Staatliche Regelungskompetenzen sind auf dem Gebiet der Krankenhausversorgung, soweit von ihnen kirchliche Krankenhäuser betroffen sind, nur zu bejahen, wenn sie zwingend geboten sind und dringend Gründe des Allgemeinwohls dargetan werden können.[102] Als Konsequenz aus diesen kirchlichen Gewährleistungsrechten ergibt sich für den Gesetzgeber, dass die Regelung ausreichend Spielraum dafür lassen muss, dass insbesondere die konfessionellen Krankenhausträger in der Patientenversorgung selbstbestimmend tätig sein und bleiben können.[103] Fehlt in der Ausübung der caritativen Tätigkeit allerdings ein religiöser Bezug – wobei Inhalt und Grenzen des Aufgabenbereiches durch den Kranken-

---

[96] *Depenheuer*, in: von Mangoldt/Klein/Starck, GG, Bd. 1, Art. 14 Rn. 99 m. w. Nw. zur Rspr.
[97] *Depenheuer*, Staatliche Finanzierung und Planung im Krankenhauswesen, 135.
[98] BVerfGE 87, 1 (41); 100, 1 (35 ff.); *Jaeger*, NZS 2003, 225, 227.
[99] Vgl. zu den kirchlichen Krankenhausträgern u. bei → § 25 Rn. 71; zu deren Grundrechtsstatus im Rahmen des § 1 II 2 KHG u. bei → § 25 Rn. 78 ff.; i. Ü. *Depenheuer*, Staatliche Finanzierung und Planung im Krankenhauswesen, 138 ff.; Faltin, Freigemeinnützige Krankenhausträger im System staatlicher Krankenhausfinanzierung, 71 ff.; *Klein-Löw*, Die Kündigung des Versorgungsvertrages eines Plankrankenhauses nach § 110 SGB V, 221 ff.; Laufs/Kern/Genzel/Degener-Hencke, § 81 Rn. 17 ff.; Huster/Kaltenborn/*Heinig/Schlüter*, § 16 B Rn. 20 ff.; Makoski, Kirchliche Krankenhäuser und staatliche Finanzierung (Diss.), 2010, 283 ff.; *Quaas*, VBlBW 1987, 164 ff.
[100] BVerfGE 42, 312 (321 f.); 46, 73 (83); 53, 366 (387).
[101] Vgl. hierzu ausführlich *Dettmer*, Verfassungsrechtliche Probleme der Krankenhausfinanzierung und Pflegesatzregelung, 1979, 194 ff.; *Scheuing*, Verfassungsrechtliche Zentralfragen der Krankenhausfinanzierung, Rechtsgutachten, 1985, 18, wonach dieses funktionsbezogene verfassungsrechtliche Gebot im Hinblick auf kirchliche Krankenhäuser „zumindest die Wahrung des Grundsatzes der Selbstkostendeckung" fordert.
[102] BVerfGE 53, 366; 66, 1 (22).
[103] *Keil-Löw*, Die Kündigung des Versorgungsvertrages eines Plankrankenhauses nach § 110 SGB V, 223.

hausträger selbst gezogen werden –, enden auch die verfassungsrechtlichen Schranken der Kirchenautonomie und ist das kirchliche Krankenhaus den „für alle geltenden Gesetzen" unterworfen (Art. 137 III 1 WRV).[104]

III. Einrichtungen der stationären Versorgung und deren Zuordnung im Gesundheitswesen

34   Für die Aufgabenzuordnung im Gesundheitswesen, insbesondere für Fragen der Planung und Finanzierung von Versorgungsleistungen, aber auch für die Einordnung in das sozialversicherungsrechtliche Beziehungssystem von Krankenkassen und Leistungserbringern ist die begriffliche Klärung der einzelnen stationären Versorgungseinrichtungen notwendig. So stellen das Krankenfinanzierungsrecht des Bundes und der Länder sowie das Sozialleistungsrecht in vielfacher Hinsicht auf „das Krankenhaus" ab. Es gibt Begriffsbestimmungen und Legaldefinitionen, ohne dass immer ersichtlich ist, ob es sich dabei um die bauliche oder die lokale Einrichtung, den Krankenhausträger oder um eine Vorsorge- oder Rehabilitationseinrichtung handelt.[105] Es kommt hinzu, dass die im Gesetz verwendeten Definitionsmerkmale z. B. der Krankheit oder der Behandlungsbedürftigkeit oft selbst einer Konkretisierung bedürftig sind.[106]

1. Der Krankenhausbegriff des KHG

35   Nach der Legaldefinition des § 2 Nr. 1 KHG sind Krankenhäuser:

„Einrichtungen, in denen durch ärztliche und pflegerische Hilfeleistungen Krankheiten, Leiden, Körperschäden festgestellt, geheilt oder gelindert werden sollen oder Geburtshilfe geleistet wird und in denen die zu versorgenden Personen untergebracht und verpflegt werden können".

36   Der Krankenhausbegriff ist sehr weit.[107] Er schließt insbesondere auch Einrichtungen der Vorsorge- und Rehabilitation sowie Kurkrankenhäuser ein, die nach der Begriffsdefinition des SGB V keine Krankenhäuser sind (vgl. § 107 II SGB V).[108] Da vor allem diese Einrichtungen von der öffentlichen Förderung nach dem KHG ausgeschlossen sind (vgl. § 5 I Nr. 7 KHG) – wenngleich es den Ländern frei steht, Vorsorge- und Rehabilitationseinrichtungen in die öffentliche Förderung einzubeziehen (vgl. § 5 II KHG) –, hat die Legaldefinition des § 2 Nr. 1 KHG in dieser Breite wenig praktische Bedeutung.[109] Der Begriffsbestimmung des § 2 Nr. 1 KHG liegt ein – zum Zwecke der Förderung bestimmter – aufgabenbezogener und damit funktionaler Begriff zu Grunde. Er ist nicht liegenschaftsbezogen zu verstehen.[110] Die Bestimmung grenzt sich damit auch von dem in § 30 GewO verwendeten Begriff der

---

[104] BVerfG NJW 1984, 970.
[105] Vgl. die Übersicht zu den Begriffsbestimmungen des Krankenhauses in planungsrechtlicher, förderrechtlicher, pflegesatzrechtlicher und sozialrechtlicher Hinsicht bei *Dietz/Quaas*, PKR 1999, 62 ff.; s. a. *Kaltenborn*, GesR 2006, 538 ff.; Laufs/Kern/*Genzel/Degener-Hencke*, § 79 Rn. 21 ff.; *Makoski*, Kirchliche Krankenhäuser und staatliche Finanzierung (Diss.), 2010, 6 ff.; Stellpflug/Maier/Tadayon/Arndt/*Krasney*, I 1000 Rn. 8 ff.
[106] Zum Gesundheitsbegriff → § 2 Rn. 1 ff.
[107] Vgl. auch die Definition des Reichsgerichts (U. v. 7.7.1899 in: RGSt. 32, 255, 256): danach ist eine Krankenanstalt eine Veranstaltung von gewisser Dauer, durch welche besondere Räumlichkeiten für die Heilung einer Mehrheit wechselnder Kranker bestimmt und eingerichtet sind, wobei die Aufnahme der Kranken in die Anstalt wesentlich ist. Zu weiteren Begriffsbestimmungen und Typologien der Krankenhäuser s. *Depenheuer*, Staatliche Finanzierung und Planung im Krankenhauswesen, 79 ff.; *Faltin*, Freigemeinnützige Krankenhausträger im System staatlicher Krankenhausfinanzierung, 5 ff.
[108] → § 27 Rn. 9 ff.
[109] *Dietz*, in: Dietz/Bofinger, KHG, BPflV und Folgerecht, § 2 KHG Anm. I 1.
[110] VG Schleswig, B. v. 3.11.2010 – 1 B 15/10 – juris Rn. 21; *Quaas*, KrV 2018 (August-Heft).

(Privat-)Krankenanstalt ab, bei der es für die Frage der Konzessionierung einer Krankenanstalt um Fragen der gesundheitspolizeilichen Gefahrenabwehr geht.[111] Der Krankenhausbegriff des § 2 I Nr. 1 KHG setzt danach voraus:

1. ärztliche und pflegerische Hilfeleistungen,
2. Heilung oder Linderung von Krankheiten, Leiden oder Körperschäden,
3. Möglichkeit der Unterbringung und Verpflegung.

Die Begriffsmerkmale (1.) bis (3.) müssen insgesamt erfüllt sein.[112]

37

Für den weiten Krankenhausbegriff des KHG genügt es, dass die ärztliche Hilfeleistung nicht von ganz untergeordneter Bedeutung ist. Sie kann aber – anders als bei dem sozialversicherungsrechtlichen Begriff des § 107 I SGB V – z. B. gegenüber der Tätigkeit des Psychologen zurücktreten.[113] Mit dem Merkmal der ärztlichen Behandlung durch diagnostische oder therapeutische Maßnahmen unterscheidet sich das Krankenhaus von anderen stationären Einrichtungen mit medizinischer und sozialer Betreuungsfunktion wie z. B. Alten- und Pflegeheime.[114] Die Unterbringungs- und Verpflegungsmöglichkeit ist das maßgebliche Abgrenzungsmerkmal der Krankenhäuser zu der ambulanten medizinischen Versorgung durch niedergelassene Ärzte und andere Heilberufe.[115] Wenn früher die stationäre Aufnahme des Patienten „von gewisser Dauer", also regelmäßig über Tag und Nacht als das Wesensmerkmal der Krankenhausversorgung galt, genügt heute die Möglichkeit dazu, ohne dass die stationäre Aufnahme der Patienten auch tatsächlich erfolgen muss. So haben sich Zwischenformen herausgebildet, z. B. die auf Stunden beschränkte Dialysebehandlung. Nach wie vor muss aber der Patient in der Einrichtung untergebracht (und verpflegt) werden können. Bei einer Unterbringung begibt sich vom Wortsinne her der Betroffene in die Obhut einer Einrichtung, in der er zumindest auf einige Dauer (in der Regel Tag und Nacht) verbleibt und versorgt wird. Die Unterbringung ist daher von einem bloßen Aufenthalt abzugrenzen.[116] Der Ort der Unterbringung ist regelmäßig der Ort der Leistung, die aber auch außerhalb des eigentlichen Krankenhausgebäudes oder der postalischen Adresse erfolgen kann. Es muß lediglich der Standortbezug des Krankenhauses gewahrt sein.[117]

38

2. Krankenhausbegriff des SGB V

Der durch das Gesundheits-Reformgesetz (GRG)[118] eingeführte § 107 I SGB V definiert erstmals das Krankenhaus im Sinne der gesetzlichen Krankenversicherung. Dabei knüpft der Begriff an die Legaldefinition des § 2 Nr. 1 KHG an und konkretisiert die Krankenhausbestimmung unter Berücksichtigung der Rechtsprechung des BSG durch Aufstellung bestimmter organisatorischer und funktioneller Merkmale. Die Bestimmung dient vor allem dazu, das Krankenhaus von dem Begriff „Vorsorge und/oder Rehabilitationseinrichtung" im

39

---

[111] Die Erlaubnis nach § 30 GewO wird nicht für die Anstalt, sondern dem jeweiligen Unternehmer für seine Person erteilt und dient in erster Linie der gesundheitspolizeilichen Überwachung derjenigen, die gewerbsmäßig Kranke stationär behandeln. Deshalb verbietet die unterschiedliche Zwecksetzung von § 2 Nr. 1 KAG und § 30 GewO die Gleichsetzung der Krankenhausbegriffe – vgl. BVerwGE 70, 210; DVBl. 1985, 294; *Faltin,* Freigemeinnütziger Krankenhausträger im System staatlicher Krankenhausfinanzierung, 10.
[112] *Dietz,* in: Dietz/Bofinger, KHG, BPflV und Folgerecht § 2 KHG Anm. I. 1.
[113] BVerwG, DVBl. 1981, 259; DÖV 1989, 275; zur Abgrenzung nach § 107 I SGB V s. u. bei → § 25 Rn. 55 ff.
[114] Laufs/Kern/*Genzel/Degener-Hencke,* § 79 Rn. 24, 76 ff.
[115] BVerwG, DVBl. 1981, 260 = KRS 80.33; *Kies,* Der Versorgungsauftrag des Plankrankenhauses, 31.
[116] So zutr. *Dietz,* in: Dietz/Bofinger, KHG, BPflV und Folgerecht § 2 KHG Anm. I. 5; s. dazu auch BSG, U. v. 4.3.2004 – Az: B 3 KR 4/03 R – GesR 2004, 382 und unten bei → Rn. 55, 58.
[117] VG Schleswig, B. v. 3.11.2010 – 1 B 15/10 – juris Rn. 21; *Quaas,* KrV 2018 (August-Heft).
[118] Gesetz zur Strukturreform im Gesundheitswesen vom 20.12.1988, BGBl. I 2477.

Sinne des § 107 II SGB V abzugrenzen.[119] Auch die Krankenhausdefinition des § 107 I SGB V hat deutlich leistungsrechtlichen Charakter, indem – über die eigentliche Begriffsbestimmung hinaus – materielle Anforderungen aufgestellt werden, deren Vorhandensein erst die Krankenhauseigenschaft ausmachen soll, obwohl ein Krankenhaus dies begrifflich nicht voraussetzt.[120]

40 Im Einzelnen muss ein Krankenhaus, um der Legaldefinition des § 107 I SGB V zu genügen, fünf Merkmale erfüllen,[121] nämlich

(1) ständige fachlich-medizinische ärztliche Leitung,
(2) dem Versorgungsauftrag entsprechende diagnostische und therapeutische Möglichkeiten,
(3) Arbeit nach wissenschaftlich anerkannten Methoden,
(4) jederzeit verfügbares Pflege-, Funktions-, sowie medizinisch-technisches Personal und
(5) Unterbringungs- und Verpflegungsmöglichkeiten.

41 Allen Merkmalen gemeinsam ist, dass sich Krankenhäuser wesentlich durch die Aufgabe definieren, Krankenhausbehandlung zur Verfügung zu stellen. Zwischen dem Krankenhausbegriff (§ 107 I SGB V) und der Krankenhausbehandlung (§§ 39 SGB V) besteht daher eine Wechselbeziehung. Dies gilt auch in Bezug auf teilstationäre Einrichtungen, insbesondere sog. Tages- und Nachtkliniken.[122] Auch wenn der Patient in einer teilstationären Einrichtung nur für eine bestimmte Tages- oder Nachtzeit aufgenommen und untergebracht ist, er also dort nicht Tag und Nacht versorgt wird, handelt es sich doch um ein Krankenhaus i. S. d. § 107 I SGB V. Insbesondere erfüllt eine Tages- oder Nachtklinik das Merkmal der Nr. 3 des § 107 I SGB V, des „jederzeit verfügbaren ärztlichen, Pflege-, Funktions- und medizinisch-technischen Personals", auch wenn solches Personal etwa bei einer Tagesklinik – wesensgemäß – weder nachts noch an den Wochenenden zur Verfügung steht.[123] „Jederzeit" i. S. d. § 107 I Nr. 3 SGB V bezieht sich auf die Betriebszeiten der Einrichtung, mithin des Krankenhauses.[124]

42 Die Wechselbeziehung zwischen dem Krankenhausbegriff und der Krankenhausbehandlung kommt weiter durch den gesetzlichen Bezug auf den „Versorgungsauftrag des Krankenhauses" zum Ausdruck.[125] Der Begriff ist auf die behandlungsbezogenen Kriterien der §§ 2, 12 und 39 SGB V bezogen. Der Bundesrat sprach sich noch dafür aus, anstelle des Begriffs „Versorgungsauftrag" (§ 107 I Nr. 2 SGB V) den Begriff „Aufgabenstellung" zu verwenden. Dagegen stellte die Bundesregierung fest, der Versorgungsauftrag erfasse nicht nur die Aufgabenstellung, sondern auch die für die Patientenversorgung erforderliche Leistungsfähigkeit des Krankenhauses. Der Begriff Versorgungsauftrag setze durch seinen Bezug auf die Versorgung der Versicherten eine leistungsfähige und zugleich wirtschaftliche Krankenhausbehandlung voraus.[126]

43 Nach allem ist der Begriff des Krankenhauses im Sinne des SGB V enger als der des § 2 Nr. 1 KHG. Durch die strikte Trennung von Krankenhaus einerseits (§ 107 I SGB V) und Vorsorge- und Rehabilitationseinrichtungen andererseits (§ 107 II SGB V) ergibt sich zwingend, dass die letztgenannten Einrichtungen nicht Krankenhaus im Sinne des SGB V sein können; sie sind dies aber nach dem KHG. Im Übrigen – hinsichtlich ihrer materiellen

---

[119] → § 25 Rn. 55 ff.
[120] Krit. zu Recht *Dietz*, in: Dietz/Bofinger, KHG, BPflV und Folgerecht, § 2 KHG Anm. I. 7.
[121] *Laufs/Kern/Genzel/Degener-Hencke*, § 79 Rn 76 ff.; Hauck/Noftz/*Klückmann*, § 107 Rn. 10 ff.; *Quaas*, Der Versorgungsvertrag nach dem SGB V mit Krankenhäusern und Rehabilitationseinrichtungen, 19; Prütting/*Quaas*, § 107 SGB V Rn. 5 ff.; Peters/*Schmidt*, § 39 SGB V Rn. 39 ff.
[122] → § 25 Rn. 64; → § 27 Rn. 28 f.
[123] BSG, GesR 2009, 487.
[124] KassKomm/*Hess*, § 107 Rn. 2; Peters/*Schmidt*, § 39 Rn. 69.
[125] S. dazu u. i. E. bei → § 25 Rn. 82 ff.
[126] *Quaas*, Der Versorgungsvertrag nach dem SGB V mit Krankenhäuser und Rehabilitationseinrichtungen, 19 f.

Anforderungen an die Leistungserbringung – sind die Krankenhausbegriffe des KHG und des SGB V im Wesentlichen deckungsgleich.[127]

3. Der Krankenhausbegriff der Privaten Krankenversicherung (PKV)

a) Private Krankenhäuser/Gemischte Krankenanstalten. Auch die PKV kennt einen Krankenhausbegriff. Insoweit geht um die Anforderungen, welche die PKV an ihre Eintrittspflicht bei stationärer Krankenhausbehandlung stellt. Sie sind nicht Gegenstand eines Gesetzes, sondern der (vertraglich zu vereinbarenden) allgemeinen Versicherungsbedingungen, die im Regelfall weitgehend den Musterbedingungen für die Krankheitskosten- und Krankenhaustagegeldversicherung (MB/KK) des Verbandes der Privaten Krankenversicherung entsprechen. Zum Umfang der Leistungspflicht der PKV im Hinblick auf die Krankenhausbehandlung in privaten Krankenhäusern bestimmt § 4 IV MB/KK[128]: 44

„Bei medizinisch notwendiger stationärer Heilbehandlung hat die versicherte Person freie Wahl unter den öffentlichen und privaten Krankenhäusern, die unter ständiger ärztlicher Leitung stehen, über ausreichende diagnostische und therapeutische Möglichkeiten verfügen und Krankengeschichten führen". 45

Verlangt werden drei Mindestvoraussetzungen, die heute bei nahezu allen Anstalten, die sich als Krankenhaus bezeichnen, erfüllt sein dürften: 46
(1) ständige ärztliche Leitung;
(2) ausreichende diagnostische und therapeutische Möglichkeiten;
(3) Führung von Krankengeschichten.

Hauptproblem in der Praxis bilden die sog. gemischten Krankenanstalten (vgl. § 4 V MB/KK)[129]. Bei Aufnahme in solchen Einrichtungen müssen tarifliche Leistungen nur dann gewährt werden, wenn der Versicherer dies – was regelmäßig nicht der Fall ist – vor Behandlungsbeginn schriftlich zusagt. Anderenfalls besteht ein Leistungsausschluss. Gemischte Anstalten sind Krankenanstalten, die auch Kuren bzw. Sanatoriumsbehandlungen durchführen oder Rekonvaleszenten aufnehmen. 47

Ein Urteil des OLG Karlsruhe vom 2.3.2006[130] stellt in Frage, ob Entwicklungen der Medizin zumindest in einigen Fachbereichen nicht dazu geführt haben, dass der Leistungsausschluss nach § 4 V MB/KK mit seinem überkommenen, schon immer einen „gehörigen Auslegungsaufwand erforderlichen Wortlaut" mittlerweile unklar und deshalb gem. § 307 I BGB unwirksam geworden ist oder zu werden droht. So finden im Bereich der stationären psychotherapeutischen Medizin und der Psychosomatik zwischenzeitlich Therapieformen Anwendung, die bei isolierter Betrachtung auch als Maßnahmen der funktionellen, beruflichen oder sozialen Rehabilitation bezeichnet werden könnten und deshalb – selbst wenn sie als „integrierter Bestandteil einer stationären Heilbehandlung" stattfinden – zu einem Leistungsausschluss führen könnten. Damit würden zu Unrecht berechtigte Ansprüche des Patienten abgewehrt. Das OLG Karlsruhe verlangt deshalb eine restriktive Auslegung des Ausschlusstatbestandes. Bestimmte Therapieangebote eines Krankenhauses, die – wie Sport, Bewegung, Entspannungstraining, Autogenes Training und Ernährungsberatung – bei „isolierter Betrachtung" für eine Kur- oder Sanatoriumsbehandlung typisch sind, unterfallen dann nicht dem Ausschlusstatbestand, wenn sie als „integrierter Bestandteil" einer „lege artis praktizierten" Krankenhausbehandlung angesehen werden können. Die Beweislast für den Behandlungsausschluss trägt das Versicherungsunternehmen. 48

---

[127] Peters/*Schmidt*, § 39 SGB V Rn. 65 ff.
[128] Dazu Huster/Kaltenborn/*Patt*/Wilde, Krankenhausrecht, 2.A. § 8 Rn. 30 ff.
[129] Dazu dies., aaO § 8 Rn. 39 ff.
[130] OLG Karlsruhe, U. v. 2.3.2006 – 12 U 244/05.

49 **b) Privatpatientenklinik als Krankenhaus.** Unter einer Privatpatientenklinik ist eine gewerblich betriebene Privatklinik zu verstehen, die sich ausschließlich die Behandlung selbstzahlender Patienten (Privatpatienten) zum Ziel gesetzt hat. Beabsichtigt ist, durch qualitativ hochwertige Leistungen in Diagnostik, Therapie, Pflege und Unterkunft höhere Preise als bisher durchsetzen zu können. Dies ist möglich, weil das Pflegesatzrecht auf die Leistungen der Privatpatientenklinik nicht anwendbar ist. Die Klinik erbringt ihre Leistungen nicht auf Grund eines (sozialrechtlichen) Versorgungsauftrages, da sie nicht in den Krankenhausplan eines Landes aufgenommen ist und über keinen Versorgungsvertrag verfügt. Art und Höhe der Krankenhausentgelte richten sich also nicht nach dem KHEntgG und der BPflV. Es ist das Vertragsrecht des BGB maßgebend. Danach können selbst übermäßig hohe Entgelte, sofern sie nicht gegen § 138 BGB (Wucher und wucherähnliche Rechtsgeschäfte) verstoßen oder in einem „auffälligen Missverhältnis" zu den erbrachten Leistungen stehen (vgl. § 192 II VVG), verlangt werden.[131]

50 Auf rechtliche Hindernisse kann die Errichtung einer Privatpatientenklinik stoßen, wenn sie als „Teil" eines Plankrankenhauses gegründet, noch dazu mit diesem „unter einem Dach" etwa als „Bettenstation" betrieben wird. Einige Mitgliedsunternehmen der PKV gehen in einem solchen Fall von einer (unzulässigen) „Ausgründung" aus, da sich das Plankrankenhaus nicht auf die Versorgung Sozialversicherter beschränken und alle Privatpatienten an die Privatpatientenklinik verweisen dürfe. Als Plankrankenhaus müsse es für die Versorgung aller Patienten (auch der privat Versicherten) zur Verfügung stehen.

51 Einem solchen Einwand hat der Gesetzgeber des GKV-VStG mit der Novellierung von § 17 Abs. 1 Satz 5 und 6 KHG (2012) Rechnung getragen. Die Bestimmung hat folgenden Wortlaut: „Eine Einrichtung, die in räumlicher Nähe zu einem Krankenhaus liegt und mit diesem organisatorisch verbunden ist, darf für allgemeine, dem Versorgungsauftrag des Krankenhauses entsprechende Krankenhausleistungen keine höheren Entgelte verlangen, als sie nach den Reglungen dieses Gesetzes, des KHEntgG und der BPflV zu leisten wären,. Für nicht-ärztliche Wahlleistungen gilt § 17 Abs. 1, 2 und 4 KHEntgG entsprechend". Damit hat der Gesetzgeber – ohne Übergangsfrist – ca. 104 bestehende Privatpatientenkliniken (in räumlicher Nähe zu einem Plankrankenhaus) pflegesatzrechtlich in ein Plankrankenhaus „umfunktioniert", damit – so die Gesetzesbegründung – „die privaten Krankenversicherer bzw. die dort Versicherten nicht in unzumutbarer Weise belastet werden".[132]

52 § 17 Abs. 1 Satz 5, 6 KHG ist in seinem Anwendungsbereich und den daraus zu ziehenden Rechtsfolgen umstritten.[133] Außerordentlich zweifelhaft erscheint die verfassungsrechtliche Vereinbarkeit dieser Bestimmung mit den Grundrechten der Krankenhausträger aus Art. 12 Abs. 1, 14 Abs. 1 und Art. 3 Abs. 1 GG. Die unterschiedliche rechtliche und wirtschaftliche Ausgangslage von Privatkliniken und Plankrankenhäusern verbietet grundsätzlich eine – vom Gesetzgeber vorgeschriebene – Gleichbehandlung der Krankenhausentgelte. Dagegen sieht das BVerfG den Gestaltungsfreiraum des Gesetzgebers nicht als verletzt an; eine unverhältnismäßige Regelung sei mit § 17 Abs. 1 Satz 5 KHG nicht zu besorgen.[134]

4. Die Vorsorge- oder Rehabilitationseinrichtung im Sinne des SGB V

53 **a) Legaldefinition.** Die Begriffsbestimmungen des § 107 SGB V machen deutlich, dass es sich bei den in Abs. 1 und Abs. 2 definierten Einrichtungen um Einrichtungen prinzipiell unterschiedlicher Qualität handelt. Die Begriffsbildung dient wesentlich dem Zweck, beide

---

[131] BGH, U. v. 12.3.2003 – IV ZR 278/01 – MedR. 2003, 407; B. v. 21.4.2011 GesR 2011, 492; *Quaas* GesR 2012, 193, 195.
[132] GKV-VStG, Ausschussbericht, ‚Drs. 17/8005; dazu *Quaas*, in: GesR 2012, 193, 196.
[133] Vgl. *Huster*, GuP 2012, 180 ff.; *Quaas*, GesR 2012, 193, 196 ff.; zu Einzelheiten → § 26 Rn. 386 ff.
[134] BVerfG, B. v. 20.8.2013 – 1 BvR 2402/12 u. 1 BvR 2684/12 – juris; ebenso zust. u. a. Huster/Kaltenborn/*Patt*/*Wilde*, Krankenhausrecht, 2.A. § 8 Rn. 37; BGH, U. v. 17.5.2018 – III ZR 195/17 – BeckRS 2018, 10540.

Arten von Einrichtungen voneinander abzugrenzen und zwar deshalb, weil sie hinsichtlich ihrer Zulassung und der Vergütung ihrer Leistungen unterschiedlichen Regelungen folgen.[135]

Die in § 107 II SGB V definierten Vorsorge- und Rehabilitationseinrichtungen unterscheiden sich von dem in Abs. 1 definierten Krankenhaus durch eine andere Aufgabenstellung und das Maß der ärztlichen Präsenz: Ziel der stationären Behandlung eines Patienten einer Vorsorge- oder Rehabilitationseinrichtung ist die Vorbeugung und Verhütung drohender Krankheiten (Vorsorge) sowie die Behandlung und Nachbehandlung bereits eingetretener Krankheiten (Rehabilitation). Hinzu gekommen ist mit dem Pflege-VG vom 26. Mai 1994[136] als Aufgabe der Rehabilitation sowohl die Vorbeugung der Pflegebedürftigkeit als auch ihre Beseitigung, Besserung und die Verhütung ihrer Verschlimmerung. Entsprechend dieser Aufgabenstellung sind die Anforderungen an die ärztliche Präsenz gegenüber einer Krankenhausbehandlung gesenkt und gleichzeitig die Anwendung von Heilmitteln nach Maßgabe eines ärztlichen Behandlungsplans in den Vordergrund der in diesen Einrichtungen durchgeführten Leistungen gerückt. Durch die Anwendung der in § 107 II SGB V näher beschriebenen Heilmittel und andere geeignete Hilfen soll insbesondere den Patienten Hilfestellung bei der Entwicklung eigener Abwehr- und Heilungskräfte geleistet werden.[137]

54

Mit dieser Begriffsdefinition folgt das Gesetz weitgehend der Rechtsprechung des BSG zu § 184a RVO a. F., korrigiert sie jedoch in einem für die Praxis wichtigen Punkt: in seinem Urteil vom 27.11.1980[138] hatte das Gericht noch die Auffassung vertreten, anders als die Krankenhauspflege nach § 184 RVO a. F. setze die Behandlung in einer Spezialeinrichtung nach § 184a RVO a. F. nicht die intensive ärztliche Behandlung voraus. Es könne allein die psychotherapeutische Behandlung etwa bei einer akuten Medikamentenabhängigkeit ausreichend sein; eine ärztliche Anordnung oder ärztliche Letztverantwortung sei damit nicht gefordert. Im Gegensatz dazu verlangt § 107 II Nr. 2 SGB V, dass die Behandlung – nicht die Einrichtung[139] – fachlich-medizinisch unter ständiger ärztlicher Verantwortung steht. Insoweit ist nicht erforderlich, dass die Einrichtung einen Arzt anstellt und beschäftigt. Der Träger kann also auch andere Personen als Ärzte mit der Leitung oder Geschäftsführung der Einrichtung beauftragen. Bezüglich der ärztlichen Behandlung genügt die Betreuung durch einen Vertragsarzt, solange die medizinische Versorgung der Patienten in der Einrichtung rechtlich und faktisch ständig unter seiner persönlichen Aufsicht und Letztverantwortung steht.[140] Ein Badearzt, der nur in mehr oder weniger regelmäßigen Abständen Visiten in der Einrichtung durchführt, erfüllt aber nicht diese Voraussetzungen.[141]

55

Bei Einrichtungen mit psycho- oder verhaltenstherapeutischer Ausrichtung genügt in der Regel die Delegation der psychotherapeutischen Behandlung durch den verantwortlichen Arzt, wenn dieser sich nicht völlig aus der Behandlung zurückzieht, sondern je nach Bedarf weiter beobachtend und kontrollierend tätig bleibt. Gleichfalls zulässig ist die gemeinsame Behandlung durch Ärzte und Psycho- oder Verhaltenstherapeuten, die in einem Behandlungsteam zusammenwirken, soweit Ärzte den Behandlungsplan verantworten. Die bloße ärztliche Hilfestellung bei der allgemeinen medizinischen Betreuung reicht nicht aus.[142]

56

---

[135] Peters/*Schmidt*, § 39 SGB V Rn. 89.
[136] BGBl. I 1014, 1047, 1070.
[137] Vgl. amtl. Begründung zu § 115 Abs. 2 GRG-E, BT-Drs. 11/2237, 197.
[138] BSGE 51, 44 ff.
[139] Diese vom 11. Ausschuss eingebrachte Änderung soll verdeutlichen, dass nicht die Einrichtung als solche unter ständiger ärztlicher Leitung, sondern nur die stationäre Behandlung in der Einrichtung unter ärztlicher Verantwortung stehen muss – BT-Drs. 11/3489, 60.
[140] Hauck/Noftz/*Klückmann*, § 107 SGB V Rn. 21; Krauskopf/*Knittel*, § 107 SGB V Rn. 3.
[141] *Vollmer*, f & w 1989/59.
[142] KassKomm/*Höfler*, § 40 SGB V Rn. 25.

57 Die Begriffsbestimmung des § 107 II Nr. 2 SGB V enthält im Unterschied zu der des Abs. 1 Nr. 2 keinen Bezug auf eine Arbeit nach wissenschaftlich anerkannten Methoden. Dies ist im Hinblick auf die herabgesenkten Anforderungen an die ärztliche Präsenz und Leitung konsequent. Das BSG folgert allerdings aus der Generalnorm des § 2 I 3 SGB V, dass das von der Einrichtung verfolgte Behandlungskonzept dem jeweiligen Stand der medizinischen Erkenntnisse entsprechen muss. Dies schließe den Abschluss von Versorgungsverträgen mit solchen Einrichtungen grundsätzlich aus, die sog. Außenseitermethoden verfolgen[143] Unabhängig davon korrespondiert das Zulassungsrecht für die Leistungserbringer mit dem Leistungsanspruch der Versicherten. Der Anspruch auf Zulassung einer Einrichtung ist deshalb zu verneinen, wenn und soweit die Einrichtung Behandlungen anbietet, welche die GKV den Versicherten nicht schuldet.[144] Auch deshalb kommt der Abschluss eines Versorgungsvertrages mit Einrichtungen, die ausschließlich oder überwiegend mit Außenseitermethoden arbeiten, nicht in Betracht, selbst wenn es sich dabei begrifflich um Vorsorge- oder Rehabilitationseinrichtungen handeln kann.[145]

58 b) *Abgrenzung.* Die definitorische Abgrenzung zwischen Krankenhäusern und Vorsorge- und Rehabilitationseinrichtungen ist nach wie vor nicht eindeutig. Es gibt eine Reihe von Überschneidungen und inhaltliche Unschärfen. Dies zeigt sich vor allem im Bereich der Rehabilitation: die gesetzliche Unterscheidung zwischen der „Krankenhausbehandlung" nach § 107 I Nr. 1 SGB V und der „stationären" Behandlung nach § 107 II Nr. 1b) SGB V trägt zur Abgrenzung wenig bei, da auch bei Rehabilitationseinrichtungen – anders als bei der Vorsorge – auf das für die Krankenhausbehandlung wesentliche Merkmal des Heilens einer Krankheit abgestellt wird (§ 107 II Nr. 1b SGB V).[146] Nach der Gesetzesbegründung soll es ferner darauf ankommen, ob die Pflege in aller Regel der ärztlichen Behandlung untergeordnet (dann Krankenhaus) oder ob sie der ärztlichen Behandlung eher gleichwertig nebengeordnet ist (dann Vorsorge- oder Rehabilitationseinrichtung).[147] Diese der Rechtsprechung des BSG zu § 184a RVO entnommene Abgrenzung[148] hat indessen im Gesetz keinen Niederschlag gefunden. In § 107 I Nr. 2 SGB V sind die ärztliche und pflegerische Hilfeleistung ohne Angabe eines spezifischen Rangverhältnisses gleichwertige Kriterien der Krankenhausbehandlung. Auch § 107 II Nr. 2 SGB V enthält keine Aussage, in welchem Verhältnis ärztliche und nicht-ärztliche Behandlung einer Vorsorge- oder Rehabilitationseinrichtung stehen. Die Unterscheidung zwischen ärztlicher Leitung und ärztlicher Verantwortung betrifft eine organisatorische Frage, nicht aber die Bestimmung der überwiegenden Leistungsart.[149]

59 Dem Krankenhaus und der Rehabilitationseinrichtung ist gemeinsam, dass in ihnen Patienten stationär versorgt werden, um deren Krankheiten zu heilen, ihre Verschlimmerung zu verhüten oder Krankheitsbeschwerden zu lindern. Die Einrichtungen unterscheiden sich aber in dem Behandlungsschwerpunkt und in den Methoden, mit denen die von beiden verfolgten Ziele – Heilung der Krankheit, Verhütung ihrer Verschlimmerung oder Linderung der Krankheitsbeschwerden – erreicht werden sollen.[150] Die Rehabilitationseinrichtung ist darauf eingerichtet, den Gesundheitszustand des Patienten nach einem ärztlichen Behandlungsplan vorwiegend durch Anwendung von Heilmitteln einschließlich Krankengymnastik und Bewegungstherapie zu verbessern. Hierbei ist die pflegerische Betreuung des Patienten der ärzt-

---

[143] BSG; U. v. 19.11.1997 – 3 RK 1/97 – in NZS 1998, 429.
[144] BSGE 81, 182 (187).
[145] Krauskopf/*Knittel*, § 107 SGB V Rn. 11.
[146] BSG, SozR 3–2500, § 107 SGB V Nr. 1; *Genzel/Hanisch/Zimmer*, Krankenhausfinanzierung in Bayern, Erl. 13b zu § 107 SGB V.
[147] BT-Drs. 11/2237, 197.
[148] BSGE 46, 41; 51, 45; 68, 17.
[149] *Genzel/Hanisch/Zimmer*, Krankenhausfinanzierung in Bayern, Erl. 13b zu § 107 SGB V.
[150] VGH Baden-Württemberg MedR 2003, 107 m. Anm. *Quaas*.

lichen Behandlung eher gleichwertig nebengeordnet. Krankenhäuser dagegen müssen dafür eingerichtet sein, das gleiche Ziel vorwiegend durch ärztliche und pflegerische Hilfeleistung zu erreichen. Darüber hinaus müssen Krankenhäuser über ausreichende diagnostische Möglichkeiten verfügen. Dies ist bei Rehabilitationseinrichtungen so nicht erforderlich; dafür haben diese zusätzlich eine besondere „rehabilitative Zielrichtung", indem sie Patienten bei der Entwicklung eigener Abwehr- und Heilungskräfte helfen sollen, hauptsächlich durch Anwendung von Heilmitteln, ferner durch „andere geeignete Hilfen" (§ 107 II Nr. 2 SGB V).[151]

Der in § 107 SGB V unternommene Versuch einer Differenzierung zwischen Krankenhäusern und Vorsorge- oder Rehabilitationseinrichtungen überzeugt nicht.[152] Als gesetzliches Abgrenzungskriterium verbleibt im Wesentlichen nur der Unterschied in der Art der Behandlung und dem Schwerpunkt der angewandten Methode: bei Vorsorge- und Rehabilitationseinrichtungen steht die Anwendung von Heilmitteln im Vordergrund („vorwiegend"), während die Krankenhausbehandlung durch ärztliche und pflegerische Hilfeleistung erfolgt. Ob eine Einrichtung dem Anwendungsbereich des § 107 I oder II SGB V unterfällt, wird sich letztlich nur im jeweiligen Einzelfall anhand der gesetzlichen Entscheidungskriterien unter Beachtung der Rechtsprechung des BSG klären lassen. In der Praxis stellt sich das Abgrenzungsproblem vor allem bei Einrichtungen, die in den Grenzbereichen von ambulanter und stationärer sowie akuter und rehabilitativer Versorgung tätig sind (bei chirurgischen Eingriffen, die nur eine kurzzeitige stationäre Aufnahme erforderlich machen,[153] Einrichtungen für psychisch oder psychosomatisch Erkrankte[154], für die Behandlung von Geriatriepatienten[155] und für neuartige Behandlungsangebote bei Krebserkrankungen).[156] Mit Blick auf die Eigenart der psychosomatisch-psychotherapeutischen Versorgung in Deutschland heißt es dazu in einer – nach wie vor aktuellen – Expertise vom Januar 2008:[157]

„Auf der gesetzlichen Ebene (sic. des § 107 SGB V) ist die Differenzierung von Behandlungen in Krankenhäusern und Vorsorge- bzw. Rehabilitationseinrichtungen schwierig vorzunehmen. Die Zielsetzungen der beiden Einrichtungstypen sind diesbezüglich besonders unklar abgegrenzt: Beide stehen unter der Zielsetzung, „Krankheiten der Patienten (…) zu heilen, ihre Verschlimmerung zu verhüten, Krankheitsbeschwerden zu lindern". Der Unterschied wird auf der gesetzlichen Ebene allenfalls darin gesehen, dass Akutbehandlung zusätzlich diagnostische Aufgaben beinhaltet („Krankheiten der Patienten zu erkennen") und Rehabilitation zusätzlich akut erzielten Behandlungserfolg sichern oder festigen sollte sowie Pflegebedürftigkeit abzuwenden. Etwas klarer ist die Differenzierung bezüglich der im Vordergrund stehenden Behandlungsmaßnahmen: Während nach dem Gesetzestext die Krankenhausbehandlung vorwiegend durch ärztlich pflegerische Hilfsleistungen erfolgt,

---

[151] Der Begriff der Heilmittel in § 107 SGB V entspricht nach der Entscheidung des BSG vom 19.6.2001 (– B 3 KR 2/99 B – USK 9940) der Legaldefinition in § 30 SGB VII, vgl. *Knittel*, in: Krauskopf, Soziale Krankenversicherung, § 107 SGB V Rn. 8.
[152] Zur Umwandlung von Vorsorge- und Rehaeinrichtungen in Akutkrankenhäuser und Aufnahme in den Krankenhausplan des Landes vgl. VGH Baden-Württemberg MedR 2000, 139; OVG Lüneburg, U. v. 3.2.2011 – 13 LC 125/08 in KHR 2010, 179, Sächs. OVG, U. v. 14.5.2013 – Az.: 5 A 820/11.
[153] BSG, U. v. 19.11.1997 – 3 RK 21/96 – SozR 3–2500 § 107 SGB V Nr. 1.
[154] BSG, U. v. 19.11.1997 – 3 RK 1/97 – SozR 3–2500, § 107 SGB V Nr. 2 = NZS 1998, 429; *Quaas*, MedR 1995, 255, 301.
[155] BSG, U. v. 23.7.2002 – 3 KR 63/01 – SozR 3–2500, § 111 SGB V Nr. 3; *Quaas*, MedR 1998, 343; ders. NZS 1996, 102.
[156] Vgl. dazu BSG, U. v. 19.11.1997 – 3 RK 6/96 = SozR 3/2500, § 109 SGB V Nr. 5 = NZS 1998, 518.
[157] *Koch/Schulz*, Zur stationären psychosomatisch-psychotherapeutischen Versorgung in Deutschland, Expertise zu Fragen der Versorgungsstruktur und der Versorgungsqualität – wissenschaftliche Stellungnahme zu Grundsatzfragen – Universitätsklinikum Hamburg-Eppendorf, n. v., Januar 2008, 20 ff.

wird bei der rehabilitativen Behandlung die Anwendung von Heilmitteln sowie anderer geeigneter Hilfen, darin eingeschlossen auch "geistige oder seelische Einwirkungen", im Vordergrund gesehen.

61 *Aus fachlicher Sicht ist aber nicht nur die fehlende Abgrenzung kritikwürdig, sondern insbesondere auch, dass von einem nicht mehr zeitgemäßen Verständnis der medizinischen Rehabilitation ausgegangen wird. Das SGB V berücksichtigt nicht, dass in den letzten beiden Jahrzehnten eine klare Differenzierung zwischen Kur- und Rehabilitationseinrichtungen vorgenommen wurde und dass durch die Schaffung eines breiten Angebotes von Rehabilitationsfachkliniken inzwischen für alle wichtigen Rehabilitationsindikationen ein Angebot von hoher Spezifität vorgehalten wird, das auf der Basis eines bio-psychosozialen Krankheitsverständnisses eine hohe Qualität medizinischer Leistungen wie auch Verfahren zur funktionalen Adaptation und zur psychosozialen Verarbeitung der Erkrankung vorhält. Eine differenzierte Rehabilitationsdiagnostik wird in diesem Zusammenhang als unerlässlich angesehen. Heilmittel (insbesondere ortsgebundene), die ein zentrales Element der traditionellen Kurmedizin darstellen, haben im Rahmen der medizinischen Rehabilitation nur noch sehr marginalen Stellenwert. Von den Heilmitteln der Kurmedizin, wie z. B. Heilwasser, deutlich abzugrenzen sind diagnostische und therapeutische Leistungen, wie Maßnahmen der Krankengymnastik, der Sprach- und Ergotherapie sowie weitere diesbezügliche Angebote, welche in rehabilitative Gesamtkonzepte eingebunden sind und vorrangig durch Trainings- und Übungsprogramme der Wiederherstellung von Funktionsverlusten und der Behandlung von Krankheitsfolgen dienen. Die regelhaft in Rehabilitationskliniken vorgehaltenen fachpsychologischen Maßnahmen, welche aus unserer Sicht höchst unzutreffend im Gesetzestext als "geistige oder seelische Einwirkungen" bezeichnet und zu den sonstigen Hilfen gerechnet werden, stellen eine weitere wesentliche Säule der medizinischen Rehabilitation dar. Sie zielen zum einen darauf, die Maßnahmen der funktionellen Adaptation zu unterstützen und zum anderen darauf, die psychische Anpassung an eine durch die Krankheit veränderte Lebenssituation zu ermöglichen.*

62 *Der § 107 SGB V berücksichtigt insbesondere nicht die Besonderheiten einzelner Indikationsbereiche und ist besonders für den Bereich der Psychosomatik/Psychotherapie fachlich nicht angemessen. Die dominierende und die Kliniken (sowohl Krankenhäuser wie Rehabilitationskliniken) kennzeichnende Fachpsychotherapie wird im Gesetz im Zusammenhang mit der Krankenhausbehandlung gar nicht und im Zusammenhang mit den Rehabilitationseinrichtungen wie bereits oben ausgeführt unzutreffend unter "andere geeignete Hilfen" angeführt und als "geistige und seelische Einwirkungen" bezeichnet. Ihre Zielsetzung lässt sich keinesfalls darauf reduzieren, den "Patienten bei der Entwicklung eigener Abwehr- und Heilungskräfte zu helfen". Die fachpsychotherapeutischen Leistungen werden überwiegend von Ärzten erbracht und sind damit als ärztliche Leistungen einzuordnen. Ein weiterer substanzieller Anteil der Fachpsychotherapie wird von Diplom-Psychologen erbracht. Diese Leistungen entsprechen inhaltlich den von Ärzten vorgehaltenen Maßnahmen. Spätestens durch das zum Anfang des Jahres 1999 in Kraft getretene Psychotherapeutengesetz, welches den psychologischen Psychotherapeuten als weiteren eigenständigen Heilberuf anerkennt, ist aus unserer Sicht diese Gleichrangigkeit auch gesetzlich abgesichert worden".*

63 Eine "pauschale Zulassung" einer Einrichtung nach §§ 108 Nr. 3, 109 SGB V oder § 111 SGB V ist nach der Rechtsprechung des BSG unzulässig. Es ist ggf. Aufgabe der Sozialgerichte zu prüfen, ob und auf welcher Rechtsgrundlage der mit der Klage verfolgte Anspruch begründet ist. Grundlage der Zuordnung ist das Behandlungskonzept, das der Einrichtungsbetreiber dem Abschluss des Versorgungsvertrages zu Grunde legt. Dieses Konzept muss die Art der zu behandelnden Erkrankungen, die vorgesehene Therapie sowie die personelle und sachliche Ausstattung der Einrichtung erkennen lassen, um eine zutreffende rechtliche Ein-

§ 25 Die Strukturen der stationären Versorgung

ordnung zu ermöglichen.¹⁵⁸ Das BSG betont, dass die Abgrenzung auch danach noch im Einzelfall schwierig sein kann, weil – neben der Gemeinsamkeit der Unterbringung und Verpflegung – sowohl die Krankenhausbehandlung als auch die stationäre Rehabilitation die Behandlung von Krankheiten zum Ziel hat. Lediglich hinsichtlich der Erkennung von Krankheiten auf der einen Seite (Krankenhausangelegenheit) und der Behandlung im Anschluss an eine Krankenhausbehandlung zur Sicherung des Behandlungserfolges (sog. Anschlussheilbehandlung als Rehabilitationsmaßnahme) lässt sich eine Abgrenzung relativ leicht vornehmen. Im Übrigen muss – ggf. unter Bezug auf ein vom MDK erstelltes Gutachten – als eine Maßnahme der Rechtsanwendung festgestellt werden, ob die Einrichtung der ärztlichen Behandlungskompetenz den Vorrang einräumt (dann Krankenhaus) oder die Behandlung nach einem ärztlichen Behandlungsplan in erster Linie durch nicht-ärztliches, aber besonders geschultes Personal vor allem durch Verabreichung von Heilmitteln erfolgen soll (dann Vorsorge- und Rehabilitationseinrichtung).¹⁵⁹

Eine ggf. notwendige Differenzierung schließt nicht aus, dass Vorsorge- und Rehabilitationseinrichtungen sowie Einrichtungen der Krankenhauspflege „unter einem Dach" bestehen können. Die Zulässigkeit einer solchen gemeinsamen Einrichtung ist durch die Bestimmung des § 111 V SGB V vorausgesetzt, welche die Umwidmung von Krankenhausabteilungen in Vorsorge- oder Rehabilitationsabteilungen erleichtern will. In einem solchen Fall sind getrennte Zulassungen für den Krankenhausbereich einerseits und den Vorsorge- und Rehabilitationsbereich andererseits erforderlich. Die Bereiche sollten auch in räumlicher Hinsicht getrennt sein.¹⁶⁰ Denkbar ist dabei ebenso, dass der Vertrag nicht die Zulassung einer gesamten Fachrichtung vorsieht, sondern sich auf bestimmte Behandlungen beschränkt. 64

5. Einteilung der Krankenhäuser nach der Aufgabenstellung und sonstigen – betrieblichen – Funktionen

Krankenhäuser oder Kliniken – beide Begriffe werden herkömmlich synonym gebraucht¹⁶¹ – können unter verschiedenen Kriterien eingeteilt werden. Maßgebend für die Bezeichnung sind in der Regel die Aufgabenstellung oder die Funktion des Krankenhauses und die Art der Leistungserbringung. Eine gesetzliche Typologie der Krankenhäuser gibt es als solche nicht.¹⁶² 65

Nach ihrer Aufgabenstellung lassen sich Krankenhäuser zunächst in solche unterscheiden, bei denen die stationären Versorgungsaufgaben eindeutig vorrangig sind (Allgemeinkrankenhäuser und Fachkrankenhäuser) und solche, bei denen Ausbildungsaufgaben vorherrschen. 66

---

¹⁵⁸ Grundlegend, BSG, U. v. 19.11.1997 – 3 RK 1/97 – BSGE 81, 189 = SozR – 2500 § 11 SGB V Nr. 1; U. v. 23.7.2002 – 3 RK 63/91 – SozR 3/2500 § 111 SGB V Nr. 3.

¹⁵⁹ BSG, U. v. 19.11.1997 – 3 RK 1/97 – BSGE 81, 189 = SozR 3/2500 § 111 SGB V Nr. 1 = NZS 1998, 429.

¹⁶⁰ *Klückmann*, in: Hauck/Noftz, SGB V, K § 107 Rn. 16; KassKomm/*Hess*, § 107 Rn. 6.

¹⁶¹ Allerdings spricht man bei privaten Krankenhäusern häufiger von Kliniken, zuweilen meint der Begriff „Klinik" auch die einzelne (insbesondere Innere) Abteilung eines Krankenhauses; der dem öffentlichen Anstaltsrecht entlehnte Begriff der „Krankenanstalt" ist heute nicht mehr gebräuchlich, hat allerdings seine Bedeutung noch im Recht der privaten Krankenversicherung: nach § 4 V der Musterbedingungen des Verbandes der privaten Krankenversicherung (MB/KK) besteht ein Leistungsausschluss für die Behandlung in „Krankenanstalten, die auch Kuren bzw. Sanatoriumsbehandlungen durchführen …" (sog. gemischte Anstalten). Die dazu ergangene Rechtsprechung, die sich ebenfalls mit der Abgrenzung von einer Reha- und Krankenhausbehandlung zu befassen hat, ist uferlos – vgl. d. Nw. bei *Bach/Moser*, Private Krankenversicherung, § 4 MB/KK Rn. 103 ff.; s. a. o. § 25 Rn. 42 ff.

¹⁶² Vgl. aber die Einteilung der „zugelassenen Krankenhäuser" in § 108 Nr. 1 bis 3 SGB V; sowie zur „Einteilung Krankenhäuser" *Faltin*, Freigemeinnütziger Krankenhausträger im System staatlicher Krankenhausfinanzierung, 11 ff.; *Depenheuer*, Staatliche Finanzierung und Planung im Krankenhauswesen, 80 ff. und Laufs/Kern/Genzel/Degener-Hencke, § 79 Rn. 39 ff.; *Makoski*, Kirchliche Krankenhäuser und staatliche Finanzierung (Diss.), 2010, 6 ff.

Zu letzteren zählen Hochschulkliniken (Universitätskrankenhäuser), deren Schwergewicht in der medizinischen Ausbildung (Lehre) und Forschung liegt. Hochschulkliniken werden nach den landesrechtlichen Vorschriften für den Hochschulbau gefördert und sind deshalb aus der KHG-Förderung herausgenommen (§ 5 I Nr. 1 KHG). Soweit sie Versorgungsaufgaben im Rahmen der staatlichen Krankenhausplanung und des Versorgungsvertrages (§ 109 I 2 SGB V) übernehmen, haben sie Forschung und Lehre zu berücksichtigen. Als Krankenhäuser nehmen sie in aller Regel Aufgaben der obersten Versorgungsstufe (Maximalversorgung) wahr.[163] Außerhalb der Hochschulen nehmen Allgemeinkrankenhäuser als sog. akademische Lehrkrankenhäuser ebenfalls Ausbildungsaufgaben wahr, indem sie in die klinisch-praktische Ausbildung der Medizinstudenten im sog. „praktischen Jahr" (PJ) einbezogen werden (§ 1 I Nr. 1, 3, II, IV ÄAppO).[164]

67 Nach Aufgabenstellung und Benutzerkreis („Patientengut")[165] lassen sich Allgemeinkrankenhäuser von Fachkrankenhäusern unterscheiden: Allgemeinkrankenhäuser dienen der umfassenden stationären Versorgung der Bevölkerung und halten deshalb mehrere medizinische Fachrichtungen vor. Fachkrankenhäuser sind nach ihrer Versorgungsaufgabe auf bestimmte Fachgebiete spezialisiert[166] und nehmen insoweit häufig gegenüber den Allgemeinkrankenhäusern eine Ergänzungsfunktion wahr. Ihr Einzugsbereich bestimmt sich nach der medizinischen Eigenart der angebotenen Betten.[167] Die früher gebräuchliche Einteilung in Allgemein-, Fach- und Sonderkrankenhäuser, die auf die Entwicklung der amtlichen Krankenhausstatistik zurückgeht, gibt es seit der Neufassung der Krankenhausstatistik-Verordnung (1990)[168] nicht mehr. Alle Krankenhäuser, die sich auf eine bestimmte Aufgabenstellung oder Fachdisziplin beschränken, werden als Fachkrankenhaus bezeichnet.[169] Differenzierungsmerkmale unter Fachkrankenhäusern sind die fachliche Ausrichtung (z. B. Neurologische Klinik oder Klinik für Schwerstbrandverletzte), die spezielle Behandlungsart (Krankenhaus für Physikalische Medizin o. ä.), besondere Krankheitsbilder (Asthmaklinik) oder der abgegrenzte Patientenstamm (Kinderklinik, Geriatrisches Krankenhaus).

---

[163] Zur Berücksichtigung von Universitätskliniken in der Krankenhausplanung s. *Quaas*, MedR 2010, 149 f.; zum Rechtsstatus der Hochschulklinik als zugelassenes Krankenhaus (§ 108 Nr. 1 SGB V) s. *Prütting/ders.*, § 108 SGB V Rn. 7 ff. sowie zu Universitätskliniken allg. Huster/Kaltenborn/*Möller/Beckmann-Fuchs*, Krankenhausrecht, 2.A. § 21..

[164] Laufs/Kern/*Laufs*, § 7 Rn. 12 ff.; zur KHG-Förderung solcher Lehrkrankenhäuser s. *Dietz*, in: Dietz/Bofinger, KHG, BPflV und Folgerecht, § 5 KHG Erl. 1.

[165] Eine Sonderstellung nehmen in diesem Zusammenhang die Bundeswehrkrankenhäuser ein, deren Träger der Bund ist: Sie sind häufig – entgegen ihrer Bezeichnung – nicht auf die Aufnahme einer bestimmten Personengruppe (sic. der Bundeswehrangehörigen) beschränkt, sondern nehmen auch Aufgaben der allgemeinen Versorgung der Bevölkerung wahr. Gleichwohl hat sie das KHG aus dem Anwendungsbereich ausgenommen (§ 3 Nr. 1 KHG). Damit gelten für sie an sich weder die Vorschriften über die öffentliche Förderung noch die Vorschriften über den Pflegesatz. Bundeswehrkrankenhäuser unterliegen nach Bundesrecht auch nicht der Krankenhausplanung. Sie können damit „bedarfsunabhängig" in den jeweiligen Krankenhausplan des Landes aufgenommen werden und sind dann zugelassene Krankenhäuser im Sinne des § 108 Nr. 2 SGB V; vgl. *Dietz*, in: Dietz/Bofinger, KHG, BPflV und Folgerecht, § 3 KHG Erl. 1; *Thomae*, Krankenhausplanungsrecht, 55 f; soweit Bundeswehrkrankenhäuser auch Zivilpatienten behandeln, unterliegen sie indessen dem Pflegesatzrecht (vgl. § 1 KHEntgG).

[166] Nach § 4 II Nr. 4 Sächs KHG sind Fachkrankenhäuser „nach der Art der Krankheit abgegrenzte Einrichtungen, in denen überwiegend einer bestimmten Fachrichtung zugehörige Krankheiten, Leiden oder Körperschäden festgestellt, geheilt oder gelindert werden oder in denen Geburtshilfe geleistet wird" – vgl i. Ü. zu dieser Unterscheidung Laufs/Kern/*Genzel/Degener-Hencke*, § 79 Rn. 46; Peters/*Schmidt*, § 39 SGB V Rn. 73 f.

[167] Vgl. BayVGH, B. v. 1.8.2002-21 CE 02 950 (n. v.), wonach allerdings Voraussetzung für eine solche Ergänzung ist, dass die in erster Linie der bedarfsgerechten Versorgung der Bevölkerung mit leistungsfähigen Krankenhäusern dienenden, regional verteilten Allgemeinkrankenhäuser einen solchen Ergänzungsbedarf auf dem betreffenden medizinischen Fachgebiet offen lassen.

[168] KHStatV vom 10.4.1990 (BGBl. I 730); dazu *DKG*/Zahlen, Daten/Fakten, 2006, 12 f.

[169] *Pant/Prütting*, Krankenhausgesetz NRW, § 1 KHG NW Rn. 11.

Nach der Art der ärztlichen Besetzung und den Rechtsbeziehungen zwischen dem Krankenhausträger und den behandelnden Ärzten wird differenziert zwischen Anstalt- und Belegkrankenhäusern.[170] Anstaltskrankenhäuser lassen die ärztliche Behandlung durch angestellte Krankenhausärzte und hinzugezogene Dritte (vgl. § 2 II 2 Nr. 2 KHEntgG) erbringen. In Belegkrankenhäusern haben niedergelassene Ärzte das Recht, ihre Patienten oder ihnen überwiesene Patienten ihres Fachgebietes stationär zu behandeln (§§ 121 II SGB V, § 18 Abs. 1 KHEntgG). Der Krankenhausträger hat lediglich die Leistungen zu erbringen, die nicht durch den behandelnden Arzt selbst und hinzugezogene Dritte, sondern mittels der persönlichen und sächlichen Einrichtungen eines Krankenhauses (insbesondere Unterkunft und Verpflegung) gewährt zu werden pflegen.[171]

68

Ebenfalls nach der Art der Leistungserbringung werden die Praxisklinik, die Tages- und die Nachtkliniken unterschieden. Die Praxisklinik ist eine besondere Form des Belegkrankenhauses, in der die Patienten durch Zusammenarbeit mehrerer Vertragsärzte ambulant und stationär versorgt werden (§ 115 II SGB V). Um im teil- und vollstationären Bereich an der Versorgung gesetzlich versicherter Patienten beteiligt zu sein, bedarf sie der Zulassung durch Aufnahme in den Krankenhausplan (§ 8 I KHG, § 109 I 2 SGB V) oder des Abschlusses eines Versorgungsvertrages (§ 108 Nr. 3, § 109 I 1 SGB V).[172] Lediglich teilstationär arbeitet dagegen die Tages- oder Nachtklinik. Die vollstationäre Krankenhausbehandlung ist durch den (ununterbrochenen) Tag- und Nachtaufenthalt des Patienten gekennzeichnet, während die teilstationäre Behandlung die auf einen bestimmten Zeitraum des Tages oder der Nacht begrenzte Unterbringung des Patienten voraussetzt.[173] Verbreitet ist die tagesklinische Aufnahme in der Psychiatrie, der Geriatrie, vermehrt auch in der Pädiatrie. Häufig sind Tages- oder Nachtkliniken organisatorisch und betrieblich mit einem Krankenhaus verbunden. Auch sie bedürfen der Zulassung nach den §§ 108, 109 SGB V für die Behandlung sozial versicherter Patienten.

69

In der Praxis vielfach verwendet, rechtlich indessen ohne Aussagekraft ist die Unterscheidung zwischen Akut- und sonstigen Krankenhäusern (Langzeitkrankenhäuser, Einrichtungen für chronisch Kranke und Nachsorgekliniken). Die Unterscheidung will der Intensität von Behandlung und Pflege entsprechend der Länge der Verweildauer des Patienten Rechnung tragen.[174] Da indessen – wie gezeigt – der Begriff des Krankenhauses sowohl im Sinne des KHG als auch des SGB V im Wesentlichen leistungsrechtlich zu verstehen ist, setzt die Aufnahme des Patienten in ein Krankenhaus stets die „akute" stationäre Behandlungsbedürftigkeit (§ 39 I SGB V) voraus. Im Sinne des § 107 I SGB V ist daher jedes Krankenhaus ein „Akutkrankenhaus", während Einrichtungen für Langzeitkranke sowohl dem Krankenhausbegriff als auch dem Reha-Begriff des § 107 II SGB V unterfallen können.

70

6. Andere Institutionen des medizinischen und sozialen Versorgungssystems

Mit der Legaldefinition des Krankenhauses (§ 2 Nr. 1 KHG, § 107 I SGB V) und der Vorsorge- oder Rehabilitationseinrichtung (§ 107 II SGB V) werden die medizinischen und stationären Einrichtungen von anderen Institutionen des medizinischen und sozialen Versorgungssystems abgegrenzt. Dies gilt zunächst im Hinblick auf die Einrichtungen der ambulanten ärztlichen Versorgung und den vielfältigen „Zwischenformen", die sich im Bereich der Übergänge von der ambulanten zur stationären Versorgung entwickelt haben (a). Darüber hinaus wird mit der Definition des Krankenhauses zugleich auch die Abgrenzung

71

---

[170] → § 16 Rn. 129 f.
[171] BGHZ 5, 321, 324; NJW 1962, 1753 und 1985, 2189; Peters/*Schmidt*, § 39 SGB V Rn. 82.
[172] An diesem Erfordernis ist die gesetzgeberisch gewollte Institution bisher weitgehend gescheitert – vgl. Laufs/Kern/*Genzel*/Degener-Hencke, § 79 Rn. 49; s. a. *Schiller*, NZS 1999, 325.
[173] BSG, U. v. 4.3.2004 – B 3 KR 4/03 R – GesR 2004, 382 = SGb 2005, 41 m. Anm. *Trefz*; U. v. 8.9.2004 – B 6 KA 14/03 – GesR 2005, 39; *Tuschen/Quaas*, BPflV, 171.
[174] *Depenheuer*, Staatliche Finanzierung und Planung im Krankenhauswesen, 81; Peters/*Schmidt*, § 39 Rn. 76.

gegenüber pflegerischen und anderen sozialen Betreuungseinrichtungen im ambulanten und stationären Bereich herbeigeführt (b):

72   **a) Zwischenformen ambulanter und stationärer Versorgung.** Die ambulante ärztliche Versorgung obliegt im Rahmen der GKV den an der vertragsärztlichen Versorgung teilnehmenden zugelassenen Ärzten und medizinischen Versorgungszentren sowie den ermächtigten Ärzten und ermächtigten ärztlichen geleiteten Einrichtungen (§ 95 I 1 SGB V).[175] Neue Behandlungsmöglichkeiten, die sich aus dem medizinisch-technischen Fortschritt ergeben haben und das Bestreben, die als kostentreibend erkannte, strikte Trennung von ambulanter und stationärer Versorgung zu durchbrechen, haben zu vielfältigen Zwischenformen zwischen diesen Versorgungssystemen geführt. Beispiel sind die teilstationäre Behandlung (Tages- und Nachtkliniken),[176] die Behandlung in Dialysezentren,[177] die Durchführung ambulanter Operationen und stationsersetzender Maßnahmen in Krankenhäusern[178] sowie die Ermächtigung von Krankenhäusern bei Unterversorgung (§ 116a SGB V),[179] zur spezialfachärztlichen Versorgung nach Maßgabe des § 116b SGB V,[180] Hochschulambulanzen (§ 117 SGB V),[181] psychiatrischen Institutsambulanzen (§ 118 SGB V)[182] geriatrische Insitutsambulanzen (§ 118a SGB V)[183] und sozialpädiatrische Zentren (§ 119 SGB V)[184]. Die mit der Anerkennung solcher Zwischenformen verbundene „Verzahnung" zwischen stationärer und ambulanter Versorgung[185] hat nicht zur Folge, dass die begriffliche Unterscheidung zwischen Krankenhäusern im Sinne des § 2 Nr. 1 KHG und den nicht darunter fallenden Einrichtungen der ambulanten Versorgung aufgehoben ist. Entscheidend für die Krankenhauseigenschaft ist die Zweckbestimmung der Einrichtung. Eine Einrichtung, die bestimmungsgemäß nur ambulante, aber keine stationären Leistungen erbringt, ist kein Krankenhaus.[186] Ein Krankenhaus im Sinne des § 2 Nr. 1 KHG hat die Zweckbestimmung, den Patienten in sein spezifisches Versorgungssystem einzugliedern, also neben der rein medizinischen Hilfeleistung regelmäßig zusätzliche Obhuts- und Versorgungsleistungen zu erbringen, die insbesondere mit dem Begriffselement der Unterbringung erfasst werden.[187] Das schließt Tages- und Nachtkliniken weder aus dem Anwendungsbereich des § 2 Nr. 1 KHG noch des § 107 Abs. 1 SGB V aus.[188]

73   **b) Soziale Einrichtungen.** Krankenhäuser sind Einrichtungen, in denen u. a. durch ärztliche Hilfeleistung Krankheiten, Leiden und auch Körperschäden festgestellt, geheilt oder gelindert werden sollen. Damit scheiden pflegerische, sozialpflegerische und andere soziale Betreuungseinrichtungen aus dem Krankenhausbegriff aus. Für Sozialstationen, sozialpsychiatrische Dienste, berufliche und soziale Rehabilitationseinrichtungen, Altenheime und Pfle-

---

[175] Zu Medizinischen Versorgungszentren (MVZ) s. o. § 16 und den weiteren, durch das GMG geschaffenen Versorgungsformen für das Krankenhaus und in der Integrationsversorgung s. o. bei → § 11 Rn. 66 ff., → § 15 Rn. 76 ff.
[176] → bei § 25 Rn. 64; u. → § 27 Rn. 28 sowie BSG, GesR 2009, 487.
[177] S. dazu BVerwGE 70, 201 (202).
[178] → § 16 Rn. 85 ff.
[179] → § 16 Rn. 94.
[180] → § 16 Rn. 104 ff.
[181] → § 16 Rn. 37 ff.
[182] → § 16 Rn. 100 ff.
[183] S. dazu die Vereinbarung der Spitzenverbände nach § 118a SGB V vom 15.7.2015, DÄBl. 2015, 112.
[184] S. dazu grds. BSG SozR 3–2500 § 119 SGB V Nr. 1.
[185] Vgl. zu den Problemen der Verzahnung von ambulanter und stationärer Krankenhausbehandlung u. a. *Moritz Quaas*, Rechtsfragen der ambulanten Versorgung (Diss.) 2011; *Simon*, Das Krankenhaus im System der ambulanten Versorgung gesetzlich Krankenversicherter (Diss.), 2012, 173 ff.; *Udsching*, NZS 2003, 411.
[186] So für Dialysezentren BVerwGE 70, 201, 202; *Kies*, Der Versorgungsauftrag des Plankrankenhauses, 32.
[187] *Dietz*, in: Dietz/Bofinger, KHG, BPflV und Folgerecht, § 2 KHG Erl. I 5.
[188] → § 25 Rn. 64 u. → § 27 Rn. 28; BSG GesR 2009, 487.

§ 25 Die Strukturen der stationären Versorgung

geheime oder ähnliche Häuser gelten die Bestimmungen des Krankenhausplanungs- und Finanzierungsrechtes nicht.[189] Eine eindeutige Abgrenzung des Krankenhauses vom Heim ist durch § 1 I HeimG[190] erfolgt. Dieses Gesetz gilt für Heime, deren bestimmungsgemäße Zweckrichtung darin besteht, eine „heimmäßige Betreuung und Verpflegung" anzubieten (insbesondere Altenwohnheime, Pflegeheime und Behindertenheime).[191] § 1 VI HeimG nimmt ausdrücklich von seinem Anwendungsbereich Krankenhäuser im Sinne des § 2 Nr. KHG aus. In Einrichtungen zur Rehabilitation gilt das Heimgesetz für die Teile, die den Heimbegriff des § 1 I 2 Heimgesetz erfüllen. Steht in der Einrichtung die umfassende ärztliche Betreuung im Vordergrund, handelt es sich nicht um ein Heim, sondern ein Krankenhaus. Andererseits können Teile von neurologischen Krankenhäusern, in denen Langzeitpatienten untergebracht sind, in den Anwendungsbereich des § 1 HeimG fallen.[192] Mit der Einführung der sozialen Pflegeversicherung zum 1.1.1995[193] hat der Gesetzgeber eine weitere Abgrenzung der stationären Betreuungsangebote vorgenommen. Weil die gesetzliche Krankenversicherung nur Leistungen erbringen darf, solange eine Heilungserwartung oder wenigstens Linderungsmöglichkeit bei einer Krankheit besteht,[194] durften bloß pflegebedürftige Patienten nicht im Krankenhaus versorgt werden. Damit einher geht das Problem der Fehlbelegung von Krankenhausbetten.[195] Nunmehr ist die pflegerische Versorgung alter, behinderter oder pflegebedürftiger Menschen in das System der sozialen Pflegeversicherung (SGB XI) einbezogen, wobei der Gesetzgeber – entsprechend der gesetzlichen Krankenversicherung – ambulante Pflegeleistungen und die stationäre Pflege unterscheidet. Die stationäre Pflege umfasst die Pflege in stationären Einrichtungen, in denen der Pflegebedürftige untergebracht ist. Insoweit gliedert das SGB XI in

* teilstationäre Einrichtungen der Tages- und Nachtpflege (§ 41 SGB XI);
* Einrichtungen der Kurzzeitpflege (§ 42 SGB XI); hier wird der Pflegebedürftige nur kurzzeitig versorgt; und
* Einrichtungen der vollstationären Pflege. Hier wird der Pflegebedürftige Tag und Nacht in der Einrichtung untergebracht und pflegerisch versorgt.[196]

Die Pflegekassen übernehmen (stationäre) Pflegekosten nur, wenn die Pflegeleistungen von zugelassenen Einrichtungen erbracht werden (§ 72 I SGB XI). Die Zulassung erfolgt durch Abschluss eines Versorgungsvertrages zwischen Pflegeeinrichtungen und Pflegekassen (§ 72 II SGB XI). Er darf nur mit Einrichtungen abgeschossen werden, die die Gewähr für eine leistungsfähige und wirtschaftliche pflegerische Versorgung bieten (§ 72 III SGB XI). Es findet keine Prüfung des Bedarfs statt. Die Pflegekassen können sich also nicht darauf berufen, dass es bereits genügend Pflegeheime gebe.[197]

74

---

[189] So zu einem Altenpflegeheim, in dem die Bewohner freie Arztwahl hatten LSG NW KVRS 2500/76 zit. bei Peters/*Schmidt*, § 39 SGB V Rn. 93; Laufs/Kern/*Genzel/Degener-Hencke*, § 79 Rn. 76 ff.

[190] Heimgesetz (HeimG) i. d. F. des Gesetzes zur Änderung des HeimG v. 5.11.2001, BGBl. I 2970.

[191] *Kuntz/Butz/Wiedemann*, Heimgesetz, § 1 Rn. 1, 3.

[192] OVG Nieders. B. v. 31.7.1996, zit. in *Kuntz/Butz/Wiedemann*, Heimgesetz, § 1 Rn. 23.

[193] Gesetz vom 26.5.1994 (BGBl. I 1014), dessen Art. 1 das 11. Buch Sozialgesetzbuch (SGB XI) darstellt.

[194] Die Krankenhausbehandlungsbedürftigkeit im Sinne des § 39 SGB V endet, wenn der spezifische Einsatz dieses Mittels keine hinreichende Erfolgsaussicht für eine wesentliche Änderung des Gesundheitszustandes mehr bietet, die Pflege also nur noch „um ihrer selbst willen und nicht im Rahmen eines zielstrebigen Heilplans", d. h. aus anderen als medizinischen Gründen durchgeführt wird – vgl. insoweit zur Abgrenzung der Notwendigkeit von der Erforderlichkeit der Krankenhausbehandlung Hauck/*Noftz*, § 39 SGB V Rn. 83 ff. m. w. N. zur Rspr. des BSG.

[195] S. dazu u. bei → § 27 Rn. 145 ff.

[196] Vgl. zu den Grundzügen der Pflegeversicherung u. a. *Bloch*, u. a. in: Schulin, Handbuch des Sozialversicherungsrechts, Bd. 4; *Quaas/Dietz*, PKR 2003, 29 ff.; Spickhoff/*Udsching*, SGB XI; *Udsching*, Soziale Pflegeversicherung, Kommentar; zur Investitionsfinanzierung in stationären Pflegeeinrichtungen s. *Prinz/Wrohlich*, RsdE, Heft 51, 1 ff.

[197] Vgl. *Quaas*, NZS 1995, 197, 200.

IV. Rechts- und Betriebsformen der Krankenhäuser, Grundsatz der Trägervielfalt

1. Trägerschaft des Krankenhauses und Betriebsform

75 Das Krankenhaus- und Sozialleistungsrecht stellt vielfach auf das „Krankenhaus" ab, ohne genau zu bezeichnen, ob damit der Krankenhausträger, das Krankenhaus als bauliche und betriebliche Einheit, oder die Betriebsform gemeint ist, in welcher ein Krankenhaus geführt wird.[198] So ist nach § 1 I KHG Zweck des KHG die wirtschaftliche Sicherung „der Krankenhäuser", um eine bedarfsgerechte Versorgung der Bevölkerung mit leistungsfähigen, eigenverantwortlich wirtschaftenden Krankenhäusern zu gewährleisten. § 4 KHG bringt Grundsätze über die „wirtschaftliche Sicherung der Krankenhäuser". Nach § 8 KHG haben „die Krankenhäuser" Anspruch auf Förderung, soweit und solange sie in den Krankenhausplan eines Landes aufgenommen sind. Hier wird durchgängig die wirtschaftliche Sicherung des Krankenhauses angesprochen. Gemeint ist jedoch eindeutig die wirtschaftliche Sicherung des Krankenhausträgers. Es kann nur derjenige wirtschaftlich gesichert werden, der die Finanzierungslast trägt. Dies ist der Krankenhausträger. Deswegen bestimmt § 9 I KHG richtig, dass die Länder auf Antrag des Krankenhausträgers Investitionskosten fördern und bestimmt § 18 I KHG, dass die Pflegesätze mit dem Krankenhausträger vereinbart werden.[199]

76 Unter verfassungsrechtlichen, planungs- und finanzierungsrechtlichen Aspekten hat die Einteilung nach der Trägerschaft des Krankenhauses erhebliche Bedeutung. Träger eines Krankenhauses kann begrifflich nur eine natürliche oder juristische Person sein, die ein Krankenhaus betreibt.[200] Von dieser Begriffsdefinition des Krankenhausträgers geht auch die Literatur völlig übereinstimmend aus.[201] Herkömmlich unterschieden wird zwischen Krankenhäusern in öffentlicher, freigemeinnütziger und privater Trägerschaft.[202] Öffentliche Krankenhäuser sind solche, deren Träger eine Körperschaft, Anstalt oder Stiftung des öffentlichen Rechts ist, also der Bund, das Land, kommunale Gebietskörperschaften (z.B. Stadt, Landkreis, Bezirk, Zweckverband) u.a.[203] Zu den öffentlichen Krankenhäusern i.d.S. gehören auch die von öffentlich-rechtlichen Institutionen beherrschten Krankenhäuser in privatrechtlicher Gesellschaftsform, insbesondere also die „kommunale Krankenhaus GmbH".[204] Freigemeinnützige Krankenhäuser stehen in der Trägerschaft von zumeist religiösen, im Übrigen humanitären oder sozialen Vereinigungen und werden auf der Grundlage der Freiwilligkeit und Gemeinnützigkeit betrieben (z.B. caritative Organisationen, kirchliche Orden und Kongregationen, gemeinnützige Vereine und Stiftun-

---

[198] Vgl. zu diesen Unterschieden in rechtlicher Hinsicht *Dietz/Quaas*, PKR 1999, 62; Laufs/Kern/ Genzel/Degener-Hencke, § 79 Rn. 21 ff.

[199] *Dietz/Quaas*, PKR 1999, 62, 63.

[200] Vgl. die Legaldefinitionen in § 2a Satz 1 LKHG BW und Art. 9 Abs. 4 Satz 2 BayKrG,

[201] *Bähr*, Krankenhausversorgung und Krankenhausfinanzierung in Bayern, Art. 9 Erl. 11.2; *Bold*, in: Bold/Sieper, LKHG BW 2012, § 2a Rn. 1 ff.; Laufs/Kern/*Genzel/Degener-Hencke*, § 81 Rn. 3; *Thomae*, Krankenhausplanungsrecht, 49.

[202] Laufs/Kern/*Genzel/Degener-Hencke*, § 81 Rn. 5 ff.; *Thomae*, Krankenhausplanungsrecht, 49 ff.

[203] Zu den öffentlichen Krankenhäusern gehören danach begrifflich auch die kirchlichen Krankenhäuser, die kraft Kirchenrechts oder durch Verleihung öffentlich-rechtlichen Charakter haben. Da indessen § 1 I 2 KHG ausdrücklich neben die öffentlichen die freigemeinnützigen und privaten Krankenhäuser stellt, sind im Sinne des Krankenhausfinanzierungs- und planungsrecht kirchliche Krankenhäuser mit öffentlich-rechtlichem Status keine öffentlichen, sondern freigemeinnützige Krankenhäuser – vgl. *Dietz*, in: Dietz/Bofinger, KHG BPflV und Folgerecht, § 1 KHG Erl. III. 2.

[204] So zutr. *Dietz*, aaO; zur kommunalen Krankenhaus GmbH s. a. u. bei → § 24 Rn. 63; *Buse*, Geeignete Rechtsformen für kommunale Krankenhäuser, (Diss.) 100 ff.; *Leinekugel*, in: Lenz/Dettling/Kieser, Krankenhausrecht, 201 ff; *Quaas*, das Krankenhaus 1992, 59; 2001, 40.

gen).²⁰⁵ Innerhalb dieser Trägergruppe haben die kirchlichen Krankenhäuser auf Grund ihrer verfassungsrechtlichen Rechte einen Sonderstatus.²⁰⁶ Private Krankenhäuser werden von natürlichen und juristischen Personen des Privatrechts, auch von Handelsgesellschaften (z. B. OHG, KG, GmbH) in der Regel nach erwerbswirtschaftlichen Grundsätzen betrieben. Der Unternehmer einer solchen „Privatkrankenanstalt" bedarf nach § 30 GewO einer gewerberechtlichen Konzession zur Aufnahme des Krankenhausbetriebs. Anknüpfungspunkt für das Merkmal „privat" ist das gewerbliche Handeln des Klinikträgers bzw. des Inhabers, nicht die Organisationsform der Klinik selbst.²⁰⁷ Eine kommunale Krankenhaus-GmbH ist demnach keine Privatkrankenanstalt i. S. v. § 30 GewO.²⁰⁸ Ein weiterer, wesentlicher Unterschied der privaten im Gegensatz zu öffentlichen und freigemeinnützigen Krankenhäusern liegt bei ökonomischer Betrachtungsweise in ihrer Zweckbindung: „Primäreffekt der betrieblichen Betätigung ... ist die Gewinnerzielung, Sekundäreffekt die Bedarfsdeckung".²⁰⁹ Dies führt zu einer weiteren Unterscheidung in der Typologie der Krankenhäuser: der Gruppe der gemeinwirtschaftlichen oder gemeinnützigen Krankenhäuser,²¹⁰ die in erster Linie eine unmittelbare Deckung bestehender (Gesundheits-)Bedarfe erstreben (bedarfswirtschaftliche Unternehmen), stehen die erwerbswirtschaftlichen Krankenhäuser gegenüber, deren primäres Ziel die Erwirtschaftung von Gewinnen ist. Damit finden die erwerbswirtschaftlich betriebenen „privaten" Krankenhäuser ihr typologisches Gegenbild in den gemeinwirtschaftlich geführten „öffentlichen" und „freigemeinnützigen" Krankenhäusern.²¹¹

Im engen Zusammenhang mit der betriebswirtschaftlichen Ausrichtung des Krankenhauses steht die Frage seiner Rechts- und Betriebsform: Dabei ist unter der „Betriebsform" des Krankenhauses die rechtliche und betriebswirtschaftliche Gestaltung der „Einrichtung Krankenhaus" zu verstehen,²¹² während die Rechtsform die von dem Gesetzgeber vorgegebene Struktur bezeichnet, durch welche die Rechtsbeziehung des Krankenhauses im Innen- und Außenverhältnis geregelt wird.²¹³ Im Zuge der in den letzten Jahrzehnten vehement ge-

---

²⁰⁵ *Faltin*, Freigemeinnütziger Krankenhausträger im System staatlicher Krankenhausfinanzierung, 14; Laufs/Kern/*Genzel/Degener-Hencke*, § 81 Rn. 10ff; Makoski, Kirchliche Krankenhäuser und staatliche Finanzierung (Diss.), 2010, 18f; zu Krankenhäusern in freigemeinnütziger Trägerschaft s. a. Huster/Kaltenborn/*Heinig/Schlüter*, Krnkenhausrecht, 2.A, § 19.
²⁰⁶ → § 25 Rn. 32.
²⁰⁷ *Thomae*, Krankenhausplanungsrecht, 50; zu Krankenhäusern in privater Trägerschaft vgl. Huster/Kaltenborn/*Wernick*, Krankenhausrecht, 2.A. § 20.
²⁰⁸ So auch *Neft*, BayVBl. 1996, 40, 42, der zwar auf die Organisationsform abstellt und das Merkmal „privat" bejaht, jedoch ein gewerbliches Handeln der Kommune ablehnt.
²⁰⁹ *Faltin*, Freigemeinnützige Krankenhausträger im System staatlicher Krankenhausfinanzierung, 14, u. Vw. auf *Eichhorn*, Krankenhausbetriebslehre, Bd. I, S. 24; zu Ansätzen einer ökonomischen Theorie des Krankenhauses mit Rücksicht auf ihre Trägerschaft vgl. Huster/Kaltenborn/*Wasem/Walendzik/Thomas*, Krankenhausrecht, 2.A., § 1 Rn. 6 ff.
²¹⁰ § 67 AO bestimmt die Voraussetzungen, unter denen ein Krankenhaus, das unter die BPflV bzw. das KHEntgG fällt, als Zweckbetrieb und damit als „gemeinnützig" im Sinne der Abgabenordnung anzusehen ist: mindestens 40 % der jährlichen Pflegetage müssen bei ihm auf Patienten fallen, bei denen nur Entgelte für allgemeine Krankenhausleistungen berechnet werden. Krankenhäuser, die nicht in den Anwendungsbereich der BPflV bzw. des KHEntgG fallen, sind dann gemeinnützig, wenn mindestens 40 % der jährlichen Pflegetage auf Patienten entfallen, bei denen insoweit kein höheres Entgelt als für allgemeine Krankenhausleistungen berechnet werden - vgl. zu steuerrechtlichen Fragen des Krankenhauswesens Huster/Kaltenborn/*Drüen*, § 10; *Küntzel*, Steuerrecht der Ärzte und Krankenhäuser (2012); zur Gewerbesteuerpflicht einer Privatklinik s. FG BW U. v. 12.4.2011 – 3 K 528/08 in KRS 11.028.
²¹¹ *Depenheuer*, Staatliche Finanzierung und Planung im Krankenhauswesen, 86.
²¹² *Genzel*, Zur Betriebsform des modernen kommunalen Krankenhauses, BayVBl. 1985, 609.
²¹³ *Knorr/Wernick*, Rechtsformen der Krankenhäuser, 12, der zu Recht darauf hinweist, dass diese Terminologie nicht einheitlich verwendet und von manchen Autoren mit der Betriebsform gleichgesetzt wird (z. B. *Lorenser*, Betriebsform des öffentlichen Krankenhauses, in: Krankenhaus-Umschau 1972, 731).

führten allgemeinen Privatisierungsdebatte und angesichts der Umbruchsituation des Krankenhaussektors mit verstärkter Konkurrenz und zunehmendem Wettbewerb unter den Krankenhäusern und sonstigen Leistungsanbietern im Gesundheitsbereich, begleitet von gesetzgeberischen Maßnahmen zur Rechtsformenwahl,[214] entwickelte sich auch im Krankenhausbereich eine z.T. heftig geführte Debatte um die „richtige" Rechtsform insbesondere des kommunalen Krankenhauses, das traditionell als Regiebetrieb der Gemeinde geführt wurde.[215] Für die Privatisierung kommunaler Krankenhäuser wird eine Vielzahl von Argumenten vorgebracht, insbesondere das der erhöhten Wirtschaftlichkeit: Die Rechtsform der GmbH als die einzig zeitgemäße Lösung[216] gebe dem Krankenhaus die benötigte Selbstständigkeit gegenüber der Kommunalverwaltung. Nur so könnten unternehmerische Entscheidungen schnell und flexibel getroffen und umgesetzt werden, ohne dass auch bei alltäglichen Geschäften die Zustimmung der Verwaltung bzw. des Gemeinderates eingeholt werden müsse. Nur durch eine solche Abkoppelung von der Kommune könne sich das Krankenhaus – frei von bürokratisch-hierarchischen Strukturen und ohne haushalts-, finanz- oder personalrechtlichen Hemmnisse – ganz der Optimierung der Unternehmensziele widmen. Die Privatisierung kommunaler Krankenhäuser berge daher erhebliche Einsparpotenziale.[217] Andererseits sei die Gefahr eines Kontrollverlustes der Kommune über ihre Eigengesellschaft auf Grund des flexiblen GmbH-Rechts bei entsprechender Ausgestaltung des Gesellschaftsvertrages relativ gering. Das GmbH-Recht gebe der Gemeinde die Möglichkeit, ihre Einflussnahmebedürfnisse auf die Eigengesellschaft sehr genau abzustimmen, im Extremfall könne die kommunale GmbH wie eine Eigen- oder gar ein Regiebetrieb geführt werden.[218] Dem eindeutigen Trend zur GmbH-Lösung kommt der gesetzliche Gestaltungsauftrag (§ 1 I 1 KHG) entgegen, die bedarfsgerechte Versorgung der Bevölkerung u.a. mit eigenverantwortlich wirtschaftenden Krankenhäusern zu gewährleisten. Die „Privatisierungsgegner", denen es vor allem um einen Erhalt der aus verfassungsrechtlichen Gründen notwendigen Einflussnahme der Kommune auf die Trägerentscheidungen geht,[219] sprechen sich deshalb zur Erreichung der auch von ihnen geforderten größeren Wirtschaftlichkeit des Krankenhauses für eine Optimierung der zur Verfügung stehenden öffentlich-rechtlichen

---

[214] Vgl. zur Entwicklung der landesrechtlichen Vorgaben für die Rechtsform insbesondere kommunaler Krankenhäuser *Buse*, Geeignete Rechtsformen für kommunale Krankenhäuser, 74 ff.

[215] Vgl. d. sehr instruktive Darstellung bei *Buse*, Geeignete Rechtsformen für kommunale Krankenhäuser; weiter *Huster/Kaltenborn/Lambrecht/Vollmöller*, § 14; *Knorr/Wernick*, Rechtsformen der Krankenhäuser, 1991; *Imdahl*, das Krankenhaus 1993, 559; *Leinekugel*, in: Lenz/Dettling/Kieser, Krankenhausrecht, 201 ff.; *Pfohl/Pfaffeneder*, KU 1992, 651; *Quaas*, Die kommunale Krankenhaus-GmbH in Baden-Württembergische Krankenhausgesellschaft (Hrsg.): Die Rechtsform kommunaler Krankenhäuser; ders., das Krankenhaus 1992, 59; 2001, 40; *Stein/Klöck/Althaus*, NZS 2011, 525, 526 ff. (auch zur Anwendbarkeit des Vergaberechts); *Thier*, das Krankenhaus 2001, 875; zu einem Erfahrungsbericht mit Praxisbeispielen hinsichtlich der vor allem rechtlichen Risiken der Privatisierung öffentlicher Krankenhäuser s. *Strohe/Meyer/Wyk/Köhler*, das Krankenhaus 2003, 882 ff., 991 ff., 2004, 19 ff.; zu rechtlichen und steuerlichen Aspekten bei Kooperations- und Fusionsvorhaben mit kommunalen Krankenhäusern s. *Pereteit/Tax/von Boehmer*, KU 2004, 18 ff.

[216] *Mayer*, Der Landkreis 1996, 307; *Ditter*, KU 1990, 654; *Klein*, BayVBl. 1993, 609; *Quaas*, das Krankenhaus 1992, 59.

[217] *Buse*, Geeignete Rechtsformen für kommunale Krankenhäuser, 3, 61 ff., 89 ff. m.w.N.

[218] *Buse*, Geeignete Rechtsformen für kommunale Krankenhäuser, 72; *Häuselmann*, VBlBW 1983, 230, 234.

[219] Dazu *Altmeppen*, die Einflussrechte der Gemeindeorgane in einer kommunalen GmbH, NJW 2003, 2561; im Bereich der Hochschulkliniken wird deshalb vermehrt der Anstalt des öffentlichen Rechts der Vorzug gegeben – dazu vgl. *Karthaus/Schmehl*, MedR 2000, 299; gegenläufig ist der Trend zur „Vollprivatisierung", d.h. dem Verkauf von Universitätskliniken an Private, wie das Beispiel der Veräußerung des Universitätsklinikums Gießen und Marburg an die Röhn-Klinikum AG zeigt – zur Verfassungsmäßigkeit der „Privatisierung" dieses Universitätsklinikums vgl. *Becker* in MedR 2006, 472 ff.; das BVerfG hat mit B. v. 25.1.2011 den „Betriebsübergang" dieses Klinikums teilweise für verfassungswidrig erklärt – BVerfGE 128, 157 = NJW 2011, 1427.

§ 25 Die Strukturen der stationären Versorgung

Rechtsformen aus. Nicht zuletzt deshalb wurde in Bayern 1995 das sog. Kommunalunternehmen – eine rechtsfähige Anstalt des öffentlichen Rechts – als neue Rechtsform für kommunale Krankenhäuser eingeführt.[220]

2. Grundsatz der Trägervielfalt

a) Allgemeines. Das Krankenhauswesen und die Krankenhauslandschaft in der Bundesrepublik Deutschland sind geprägt von dem Grundsatz der Trägerpluralität. Er ist konstituierend für die Krankenhausversorgung und zugleich Spiegelbild eines pluralen Gemeinwesens. Aus dem Zusammenspiel der grundrechtlichen Freiheitsgarantien (Art. 2 I, 9 I, 12, 14, 4 GG i. v. m. Art. 137 III, 138 II WRV) mit dem Sozialstaatsprinzip folgt die Existenz- und Funktionsgarantie für die nicht-staatliche Krankenhausversorgung.[221] Dem Grundsatz der Trägerpluralität kommt daher Verfassungsrang zu.[222] Das bedeutet aber auch, dass er seine Begrenzungen erfährt durch die sozialstaatlichen Gemeinwohlverpflichtungen insbesondere der bedarfsgerechten Versorgung und der Wirtschaftlichkeit der Leistungserbringung.[223] 78

Die Pluralität der Träger ist seit dem Jahr 1981 gesetzlich festgeschrieben. Gem. § 1 Satz 2 KHG ist bei der Durchführung des Gesetzes die Vielfalt der Krankenhausträger zu beachten. Die Krankenhausreformgesetzgebung des Jahres 1984 i. d. F des Krankenhaus-Neuordnungsgesetzes (KHNG) vom 20.12.1984[224] ging noch einen Schritt weiter: Sie ergänzte die Grundsätze der Krankenhausfinanzierung um die in § 1 II 1 KHG enthaltene Bestimmung, wonach „nach Maßgabe des Landesrechts insbesondere die wirtschaftliche Sicherung freigemeinnütziger und privater Krankenhausträger zu gewährleisten" ist. 79

Diese Formulierungen haben nicht die Qualität eines politischen Programmsatzes, sondern sind bindendes, unmittelbar anwendbares Recht.[225] An der institutionellen Garantie freier Krankenhausversorgung scheitert jeder staatliche Monopolanspruch[226]. Aber auch staatliche Planungs-, Finanzierungs- und Steuerungsmaßnahmen auf den Ebenen der Gesetzgebung und des Gesetzesvollzuges werden durch den Grundsatz der Trägerpluralität begrenzt. Das Recht auf Vielfalt bedingt die Vielfalt des Angebots von Krankenhausleistungen, der Art und Weise der Leistungserbringung, der Pflege und Betreuung und – vor allem – der Selbstbestimmung bei Ausübung des Grundrechts auf freie Krankenhausversorgung. Auf dieser Grundlage bekennen sich sowohl das KHG und das SGB V wie die Krankenhausgesetze der Länder zur verfassungsrechtlichen Garantie der Trägervielfalt.[227] 80

---

[220] Vgl. § 4 des Gesetzes zur Änderung des kommunalen Wirtschaftsrechts vom 26.7.1995, GVBl. 376 und dazu *Buse*, Geeignete Rechtsformen für kommunale Krankenhäuser, 76; *Burck/ Hellmann*, Krankenhausmanagement für Ärztinnen und Ärzte, III. 1. 1, 13.

[221] *Depenheuer*, Staatliche Finanzierung und Planung im Krankenhauswesen, 162; zur institutionellen Dimension der Grundrechte und einem institutionellem Grundrechtsverständnis vgl. *Böckenförde*, Grundrechtstheorie und Grundrechtsinterpretation, Staat, Gesellschaft, Freiheit, 228 ff. m. w. N.; *von Münch*, in: von Münch/Kunig (Hrsg.), GG, Bd. 1, Vorb. Art. 1 bis 19, Rn. 23 m. w. N.

[222] *Depenheuer*, Staatliche Finanzierung und Planung im Krankenhauswesen, 163; *Genzel*, in: Uhlenbruck/Laufs, Handbuch des Arztrechts, § 85 Rn. 1; *Pestalozza*, Rechtsfragen der Krankenhausfinanzierung in Berlin, Rechtsgutachten, 53 ff.; mit Rücksicht auf den Verfassungsstatus des freigemeinnützigen Krankenhauses ebenso *Quaas*, VBlBW 1987, 164, 165.

[223] *Kies*, Der Versorgungsauftrag des Plankrankenhauses, 33; zu der danach notwendigen Abgrenzung zwischen unternehmerischer Freiheit und Gewährleistung sozialer Sicherheit s. *Jaeger*, NZS 2003, 225, 233 f. sowie zu Fragen der verfassungsrechtlichen Freiheitssicherung im System der GKV und dem Gemeinwohlbelang der „Funktionsfähigkeit der Krankenversicherung" *Steiner*, MedR 2003, 1 (4 ff.).

[224] BGBl. I 1716.

[225] *Dietz*, in: Dietz/Bofinger, KHG, BPflV und Folgerecht, § 1 KHG Erl. III 4.

[226] *Laufs/Kern*, § 79 Rn. 17.

[227] § 1 II 1 KHG, § 2 III SGB V, § 1 II 1 LKHG BW, § 1 I LKG BLN, § 1 I 3 LKG BrBG, § 3 I 2 BremKHG, § 1 I HmbKHG, § 1 III 1 HKHG, § 1 II LKHG M-V, § 1 III KHGG NRW, § 1 II LKG Rh.-Pf., § 3 I SKHG, § 1 IV Sächs. KHG, § 1 I 2 AKHG Schlw.Holst., § 1 II Thür-KHG.

81 Die Vielfalt der Trägerschaft beinhaltet allerdings keine Bestandsgarantie einzelner Krankenhäuser oder der vorhandenen Krankenhäuser einzelner Trägergruppen. Aus ihr kann auch nicht abgeleitet werden, dass die Trägergruppen zueinander in einem bestimmten ausgewogenen Verhältnis stehen müssten.[228] Dazu ist die Situation der einzelnen Trägergruppen in den verschiedenen Bundesländern zu unterschiedlich.[229]

82 **b) Die Privilegierung der freigemeinnützigen und privaten Träger.** Die grundsätzliche Gleichrangigkeit der Trägergruppen wird durch § 1 II 2 KHG modifiziert. Hintergrund dieser Gewährleistungsklausel der freigemeinnützigen und privaten Träger ist einerseits der besondere Verfassungsstatus, den freigemeinnützige Krankenhäuser unter dem Grundgesetz genießen. Durch die Rechtsprechung des BVerfG ist anerkannt, dass kirchliche Krankenhäuser in Fragen der Ordnung und Verwaltung ihres Krankenhauses einen umfassenden, verfassungsrechtlich abgesicherten Selbstbestimmungsfreiraum haben. Staatliche Regelungskompetenzen sind auf dem Gebiet der Krankenhausversorgung, soweit von ihnen freigemeinnützige Krankenhäuser betroffen sind, nur zu bejahen, wenn sie zwingend geboten sind und dringende Gründe des Allgemeinwohls dargetan werden können.[230] Zu solchen, das Selbstbestimmungsrecht überragenden Belangen zählt sicher die Gewährleistung der bedarfsgerechten Versorgung der Bevölkerung mit leistungsfähigen Krankenhäusern – und sicher nicht das alleinige Ziel, die Krankenkassen finanziell zu entlasten.[231]

83 Hintergrund der gesetzlichen Entscheidung für eine Privilegierung der freigemeinnützigen und privaten Träger ist aber auch deren strukturell unterschiedliche Ausgangslage im Vergleich zu öffentlichen Krankenhäusern, wie dies im Ausschussbericht des BT-Ausschusses für Arbeit und Sozialordnung anlässlich der Beschlussfassung zu § 1 II 2 KHG durch das KHNG wie folgt zum Ausdruck kommt:[232]

„Die Einführung des § 1 II hebt den bisher in § 1 II erteilten Auftrag, die Trägervielfalt im Krankenhausbereich zu wahren, deutlich hervor. Abs. 2 Satz 2 unterstreicht die besondere Bedeutung freigemeinnütziger und privater Krankenhäuser für die Sicherstellung einer bedarfsgerechten und bürgernahen Krankenhausversorgung. Diese können im Gegensatz zu Krankenhäusern in öffentlicher Trägerschaft, insbesondere zu kommunalen Krankenhäusern, in aller Regel nicht auf zusätzliche Betriebs- und Investitionszuschüsse ihrer Träger zurückgreifen. Die Gesetzesänderung soll deshalb vor allem sicherstellen, dass dieser grundsätzlich gegebene strukturelle Wettbewerbsnachteil bei der Durchführung des Gesetzes Berücksichtigung findet.“

84 Die Privilegierung besteht nach dem Wortlaut der Vorschrift darin, dass zur „Beachtung" der Vielfalt die „Gewährleistung" der wirtschaftlichen Sicherung eines Ausschnitts aus der Vielfalt – nämlich der freigemeinnützigen und privaten Träger – hinzutritt. Die Wechselbeziehungen zwischen Satz 1 und Satz 2 des § 1 II KHG legen deshalb – unter Berücksichti-

---

[228] *Dietz*, in: Dietz/Bofinger, KHG, BPflV und Folgerecht, § 1 KHG Erl. III 4; aA *Harsdorf/Friedrich*, KHG Kommentar, Tz. 7.4.

[229] Vgl. die Auflistung der Krankenhäuser und Betten nach Trägern und Ländern für das Jahr 2007 in DKG, Zahlen/Daten/Fakten, 2013, 29, wonach z. B. in Nordrhein-Westfalen auf die 401 Krankenhäuser insgesamt 2/3 (269) auf freigemeinnützige Krankenhausträger entfallen, während in Bayern von den 370 Krankenhäusern lediglich 48 von freigemeinnützigen Krankenhausträgern vorgehalten werden.

[230] BVerfGE 42, 312 (334); 53, 366 (399); 66, 1 (22); s. a. *Depenheuer*, Staatliche Finanzierung und Planung im Krankenhauswesen, 138 ff.; *Faltin*, Freigemeinnützige Krankenhausträger im System staatlicher Krankenhausfinanzierung, 37 ff.; Laufs/Kern/Genzel/Degener-Hencke, § 81 Rn. 17 ff.; *Pestalozza*, Rechtsfragen der Krankenhausfinanzierung in Berlin, Rechtsgutachten, 56 ff.; *Quaas*, VBlBW 1987, 164; *Scheuing*, Verfassungsrechtliche Zentralfragen der Krankenhausfinanzierung, 12 ff.

[231] *Bender*, KU 1986, 347, 354; *Quaas*, VBlBW 1987, 164.

[232] Berichte des Abgeordneten Dr. Becker, BT-Drs. 10/2565, S. 27; vgl. auch den Bericht im Plenum, BT-PlPr. 10/109, S. 8171 A ff.; *Faltin*, Freigemeinnützige Krankenhausträger im System staatlicher Krankenhausfinanzierung, 148 f.

gung der Entstehungsgeschichte der Vorschrift – eine Interpretation nahe, die von einer grundsätzlichen Priorität der angesprochenen Krankenhausträger ausgeht, so dass bei Auswahlentscheidungen im Rahmen der Krankenhausplanung und -finanzierung freigemeinnützige und private Krankenhausträger ihrem Grundrechtsstatus angemessen berücksichtigt werden müssen.[233] Dies kann dazu führen, dass einem weniger leistungsfähigen privaten Krankenhaus der Vorzug vor einem leistungsfähigeren öffentlichen Krankenhaus zu geben ist.[234] Insoweit verlangt die Durchführung des KHG ein dreifach gestuftes Pluralitätsgebot:

- zu Gunsten des allgemeinen Trägerpluralismus (1. Stufe, Trinität der Krankenhausträger);
- zu Gunsten der nicht öffentlichen Träger (2. Stufe; Privilegierung der frei gemeinnützigen und privaten Träger vor den öffentlichen);
- zu Gunsten der frei gemeinnützigen Träger (3. Stufe; Privilegierung der frei gemeinnützigen Träger vor den privaten und öffentlichen).[235]

Diese Anforderungen gelten uneingeschränkt. Dies ist bedeutsam, weil § 1 II 2 KHG den Anschein der Relativierung weckt, soweit die Vorschrift die gesetzliche Gewährleistung „nur nach Maßgabe des Landesrechts" gelten lassen will. Auf Grund der verfassungsrechtlichen Verankerung des § 1 II 2 KHG ist es ausgeschlossen, den Ländern mehr als eine Konkretisierung der bundesgesetzlichen Vorgaben zu überlassen.[236] Folgerichtig bestimmen daher auch §§ 6, 11 KHG, dass das „Nähere" durch Landesrecht bestimmt wird. Dies bedeutet Ausfüllung und nicht Abänderbarkeit des KHG. Hierzu hätte es einer ausdrücklichen, klaren Ermächtigung bedurft.[237]

85

V. Der Versorgungsauftrag des Krankenhauses – Inhalt und Grenzen der Leistungsverpflichtung

1. Gesetzliche Grundlagen

Der Versorgungsauftrag des Krankenhauses[238] ist Gegenstand der pflegesatzrechtlichen Regelungen der §§ 17 II 1 KHG, 8 I 3 und 4 KHEntgG, 4 BPflV sowie der Bestimmungen der §§ 39 I 3, 107 I und 109 IV 2 SGB V. Eine gesetzliche Definition fehlt. Nach dem Pflegesatzrecht dient die Verwendung des Begriffs einerseits als gesetzliche Zielvorgabe für die Entgelthöhe (§ 17 II 1 KHG), andererseits dürfen die Entgelte für allgemeine Krankenhausleistungen nur im Rahmen des Versorgungsauftrags berechnet werden (§ 8 I 3 KHEntgG). Begrenzenden Charakter hat der Begriff des Versorgungsauftrages auch im Rahmen der Bestimmungen des SGB V: Der Krankenhausbehandlungsanspruch des gesetzlich Versicherten umfasst nach § 39 I 3 SGB V nur die im Einzelfall nach Art und Schwere der Krankheit für die medizinische Versorgung im Krankenhaus notwendigen Leistungen, die „im Rahmen des

86

---

[233] BVerfG, B. v. 4.3.2004 – 1 BvR 88/00 – NJW 2004, 1648; dazu *Dettling*, in: Lenz/Dettling/Kieser, Krankenhausrecht, 78f; 159; Huster/Kaltenborn/*Heinig/Schlüter*, § 16 B Rn. 20; *Faltin*, Freigemeinnützige Krankenhausträger im System staatlicher Krankenhausfinanzierung, 149.

[234] BVerwG NJW 1987, 2318, 2321; OVG Koblenz, NVwZ-RR 1991, 573; *Quaas*, VBlBW 1987, 164; *ders.*, f & w 1997, 551 f.; aA BayVGH, B. v. 1.8.2002 – 21 CE 02.950 – (Blatt 23 AU; n. v.), wonach der Berücksichtigung der Trägervielfalt nur eine „Hilfsfunktion zur Findung von angemessenen Lösungen in Grenz- und Zweifelsfällen" zukomme; BVerwG NJW 1987, 2318, die für einen unbedingten Vorrang spreche, sei durch BVerfGE 82, 209 überholt; ebenso *Dietz*, in: Dietz/Bofinger, KHG, BPflV und Folgerecht, § 1 KHG Erl. III 4.

[235] *Pestalozza*, Rechtsfragen der Krankenhausfinanzierung in Berlin, Rechtsgutachten, 85; *Quaas*, f & w 1997, 552.

[236] *Quaas*, VBlBW 1987, 164, 166; *Scheuing*, Verfassungsrechtliche Zentralfragen der Krankenhausfinanzierung, 40 ff.

[237] *Dietz*, in: Dietz/Bofinger, KHG, BPflV und Folgerecht, § 1 KHG Erl. IV 3.

[238] Landesrechtlich tauchte der Begriff erstmals in § 8 SaarlKHG in der amtlichen Überschrift zu den Versorgungsstufen der Krankenhäuser auf – s. dazu *Kies*, Der Versorgungsauftrag des Plankrankenhauses, 53.

Versorgungsauftrags" von einem Krankenhaus erbracht werden. Entsprechend ist die Leistungsverpflichtung des Krankenhauses als Rechtsfolge seiner Zulassung auf diese Krankenhausbehandlung im Rahmen seines Versorgungsauftrags beschränkt (§ 109 IV 2 SGB V).

2. Inhalt und Umfang des Versorgungsauftrags

87 Mangels gesetzlicher Definition lassen sich der Inhalt und der Umfang des Versorgungsauftrags eines Krankenhauses nur durch Auslegung der genannten Bestimmungen erschließen.[239] Auch insoweit ist zwischen dem pflegesatzrechtlichen Begriff und dem Versorgungsauftrag im SGB V zu unterscheiden:

88 **a) Der pflegesatzrechtliche Begriff.** Grundlegend für das pflegesatzrechtliche Verständnis des Versorgungsauftrags eines Krankenhauses sind die (inhaltsgleichen) Bestimmungen der §§ 4 BPflV und 8 I 4 KHEntgG. Deren Nr. 1 bis 3 unterscheiden zwischen Plankrankenhäusern, Hochschulkliniken und sog. Vertragskrankenhäusern und verweisen für jeden Krankenhaustypus auf eigene Erkenntnisquellen zur Bestimmung des Versorgungsauftrags.[240] Entscheidend ist das Recht der Zulassung: Bei einem in den Krankenhausplan eines Landes aufgenommenen sog. Plankrankenhaus (§ 108 Nr. 2 SGB V) ergibt sich der Versorgungsauftrag aus den krankenhausplanerischen Entscheidungen der zuständigen Landesbehörde entsprechend der fachlichen Ausrichtung. Ergänzend kommen die sog. plankonkretisierenden und planmodifizierenden Vereinbarungen auf der Grundlage des § 109 I 4 und SGB V in Betracht.[241] Für die nach landesrechtlichen Vorschriften anerkannten Universitätskliniken gilt Entsprechendes (§ 4 Nr. 2 BPflV, § 8 I 4 Nr. 2 KHEntgG). Handelt es sich um ein Vertragskrankenhaus i. e. S. (§ 108 Nr. 3 SGB V), wird der Versorgungsauftrag durch einen abzuschließenden Vertrag nach § 109 I SGB V, insbesondere im Hinblick auf die Aufgabenstellung und Leistungsfähigkeit des Krankenhauses, beschrieben.[242]

89 **aa) Krankenhausplanerische Festlegungen, Pflegesatzvereinbarung.** Die genannten Rechtsvorschriften und die zu ihrer Durchführung erlassenen Ausführungsakte sind rechtlich und tatsächlich in der Regel wenig aussagekräftig, um den genauen Inhalt des Versorgungsauftrags eines Krankenhauses zu bestimmen. Dies gilt insbesondere für das Plankrankenhaus, damit also für die weit überwiegende Mehrzahl aller Krankenhäuser in der Bundesrepublik. Der gesetzgeberische Verweis auf die „Festlegungen" des Krankenhausplans in Verbindung mit den Bescheiden zu seiner Durchführung erweist sich schon deshalb als problematisch, weil der Krankenhausplan im Krankenhausplanungsrecht lediglich verwaltungsinterne Bedeutung hat.[243] Der Inhalt des Krankenhausplans begründet keine subjektiv-öffentlichen Rechte und Pflichten nach außen, auch nicht für Krankenhäuser, deren Aufnahme in den Krankenhausplan im Rahmen einer Versorgungsentscheidung in Aussicht genommen ist.[244] Daher können die Festlegungen des Krankenhausplans unmittelbar keine

---

[239] Vgl. grundlegend *Kies*, Der Versorgungsauftrag des Plankrankenhauses; *Quaas*, MedR 1995, 54; *ders.*, das Krankenhaus 2003, 28, 30; Laufs/Kern/Genzel/Degener-Hencke, § 83 Rn. 2; *Sodan*, in: Düsseldorfer Krankenhausrechtstag 2012, 11 ff.; *Thomae*, in: FS 10 Jahre AG Medizinrecht im DAV, 2008, 645 ff.; zur Konkretisierung des Versorgungsauftrags aus leistungsrechtlicher Sicht vgl. *Becker*, in: Düsseldorfer Krankenhausrechtstag 2006, 49 ff.; *Quaas/Müller*, Pflege- und Krankenhausrecht (PKR) 2007, 85 ff.; zu „neuen Herausforderungen" an den Versorgungsauftrag vgl. *Prütting* GesR 2012, 332.

[240] Diese Typendifferenzierung lehnt sich terminologisch an die Zulassungsregelung in § 108 SGB V an – s. dazu u. bei → § 27 Rn. 5 ff.

[241] Dazu im Einzelnen unten → § 27 Rn. 69 ff.

[242] Entsprechendes gilt bei den Krankenhäusern im weiteren Sinne, den Vorsorge- und Rehabilitationseinrichtungen, § 107 II SGB V: für sie hat der Gesetzgeber von einer Bezugnahme auf den Versorgungsauftrag abgesehen. Ihre Leistungsverpflichtungen ergeben sich gesetzlich aus § 111 SGB V i. V. mit den Festlegungen des jeweiligen Versorgungsvertrages, vgl. u. bei → § 27 Rn. 111 ff.

[243] St. Rspr. vgl. nur BVerwGE 62, 86 (96); s. u. bei → § 26 Rn. 432.

[244] BVerwGE 60, 269 (273); *Kies*, Der Versorgungsauftrag des Plankrankenhauses, 101.

§ 25 Die Strukturen der stationären Versorgung

Versorgungsaufträge begründen oder inhaltlich bestimmen. Verbindliche Regelungswirkung gegenüber einem einzelnen Krankenhausträger entfaltet erst die Feststellung der Aufnahme in den Krankenhausplan durch den Bescheid gem. § 8 I 3 KHG. Er regelt mit bindender Wirkung den das einzelne Krankenhaus betreffende Inhalt des Krankenhausplans. Nur in dem Feststellungsbescheid manifestieren sich die Festlegungen des Krankenhausplans, nur aus ihm kann sich somit der Versorgungsauftrag des Plankrankenhauses unmittelbar ergeben.[245] Maßgebende Erkenntnisquelle für den Versorgungsauftrag des Plankrankenhauses ist somit ausschließlich der (positive) Feststellungsbescheid nach § 8 I 3 KHG.[246] Welchen Inhalt ein Feststellungsbescheid haben muss, gibt das Bundesrecht nicht vor. Es beschränkt sich in § 8 I 3 KHG auf die Aussage, durch den Bescheid werde die „Aufnahme oder Nichtaufnahme in den Krankenhausplan" festgestellt. Obwohl der Begriff des Versorgungsauftrages ausschließlich bundesgesetzlich verwendet wird, ist sein Inhalt im Wesentlichen der Regelung durch das Landesrecht überlassen und eine einheitliche Beschreibung der nach § 4 Nr. 1 BPflV, § 8 I 4 Nr. 1 KHEntgG zu berücksichtigenden Festlegungen nicht möglich. Dieses Ineinandergreifen von Bundes- und Landesrecht ist z. B. auch bei der Bestimmung des Versorgungsauftrags für die geriatrisch – frührehabilitative Komplexbehandlung maßgebend.[247]

In der Regel weisen die Feststellungsbescheide den Standort, die Bettenzahl und Fachabteilungsgliederung sowie die Versorgungsstufe des Plankrankenhauses aus. Teilweise werden dem Krankenhaus auch besondere Aufgaben zugewiesen.[248] In keinem Bundesland gehören ausdrücklich als solche bezeichnete „Versorgungsaufträge" zu den Einzelfestlegungen der Feststellungsbescheide. Mit der (seltenen) Ausnahme „besonderer Aufgaben" bestimmen die Einzelfestlegungen grundsätzlich nur die strukturellen Eigenschaften des Krankenhauses als Institution, mithin die „Angebotsstruktur" des Krankenhauses.[249]

90

Daraus folgt für die inhaltliche Bestimmung des Versorgungsauftrags eines Plankrankenhauses zunächst: Grundlage ist der von dem Land erlassene Feststellungsbescheid. Insoweit ist der Begriff Versorgungs-„auftrag" missverständlich. Das Krankenhaus wird nicht durch ihn „beauftragt" oder gar – wie bei einem Leistungsbescheid – verpflichtet, das Krankenhaus entsprechend den Einzelfestlegungen zu betreiben.[250] Darüber hinaus – und entscheidend – lassen der Feststellungsbescheid und der durch ihn inhaltlich konkretisierte Versorgungsauftrag des Krankenhauses keine hinreichenden Rückschlüsse auf die Leistungen des Krankenhauses zu. Zwar werden durch die Festlegungen des Feststellungsbescheides die öffentlichen Versorgungsaufgaben des Krankenhauses nach Maßgabe des jeweiligen Krankenhausplans und der dem Krankenhaus zugewiesenen Versorgungsstufe umschrieben. Die Zuordnung des Krankenhauses zu einer bestimmten Versorgungsstufe (Grund-, Regel-, Zentral- und Maximalversorgung) sowie die zusätzliche Gliederung des Krankenhauses in einzelne Fachabteilungen mit jeweils angegebener Bettenzahl, ggf. verbunden mit weiteren Angaben zu „besonderen Aufgaben" einer apparativen Ausstattung etc. sind indessen das Resultat der materiellen Überprüfung der Bedarfsgerechtigkeit und Leistungsfähigkeit des

91

---

[245] Zum Verhältnis von Krankenhausplan und Feststellungsbescheid im Einzelnen s. u. bei → § 26 Rn. 451 ff.

[246] Zutr. formuliert deshalb *Kies*, Der Versorgungsauftrag des Plankrankenhauses, 101 in Fn. 381, dass § 4 Nr. 1 BPflV lauten müsste: „Bei den Plankrankenhäusern aus den Festlegungen des Krankenhausplans in Gestalt des Bescheides zu seiner Durchführung gem. § 6 I iVm § 8 I 3 KHG".

[247] Vgl. einerseits OVG SH, B. 26.7.2016 – 3 LA70/14 – in KRS 2017, 76 und andererseits SG Fulda, U. v. 21.7.2016 – S 4 KR 1115/11 in KRS 2017, 109.

[248] Zu Einzelheiten s. u. bei → § 26 Rn. 436 ff.

[249] In der Regel folgen aus der Zuordnung für eine Versorgungsstufe nur Mindestanforderungen an die Fachabteilungsgliederung und/oder Bettenzahl z. B. Art. 4 BayKrG; § 16 Hess. KHG, § 8 SarKHG; *Bruckenberger*, das Krankenhaus 1997, 241; *Kies*, Der Versorgungsauftrag des Plankrankenhauses, 102.

[250] *Dietz*, in: Dietz/Bofinger, KHG, BPflV und Folgerecht, § 4 BPflV Anm. 2; *Kies*, Der Versorgungsauftrag des Plankrankenhauses, 1988, 102 f.; *Quaas*, das Krankenhaus 1997, 546.

Krankenhauses in einem bestimmten Versorgungsgebiet.[251] Beide Kriterien werden nach herkömmlicher Planungspraxis der Länder nahezu ausschließlich kapazitätsbezogen und nicht leistungsbezogen interpretiert und angewandt: Für die Bedarfsgerechtigkeit eines Krankenhauses kommt es letztlich auf den Bettenbedarf in seinem Einzugsbereich an. Für die Leistungsfähigkeit des Krankenhauses ist die sachliche und personelle Ausstattung maßgebend.[252] In beiden Fällen werden der Bedarf an medizinisch-pflegerischen Krankenhausleistungen sowie Art und Qualität der medizinischen Leistungen (d. h. die diagnostische und therapeutische „Leistungsfähigkeit" des Krankenhauses) weder ermittelt noch fließen diese Kriterien in sonstiger Weise in die Feststellungsentscheidung ein. Das wird sich erst ändern, wenn die Länder – insbesondere mit Rücksicht auf die „Qualitätsvorgaben" des KHSG (2016)[253]- dazu übergegangen sind, eine auch „qualitative", d. h. über den Begriff der Leistungsfähigkeit des Krankenhauses hinausgehende Krankenhausplanung zu betreiben und diese durch entsprechende Feststellungsbescheide umzusetzen. Solange dies nicht erfolgt, können aus der „Versorgungsstufe" des Krankenhauses und den Einzelfestlegungen des Feststellungsbescheides die Versorgungsaufgaben des Krankenhauses, sic. der Versorgungsauftrag im Sinne eines medizinischen Leistungsangebotes und der medizinisch-pflegerischen Leistungsstruktur, nur unzureichend abgeleitet werden.[254] Insbesondere ist der Versorgungsauftrag eines Krankenhauses – bezogen auf seine Fachabteilungen – keineswegs deckungsgleich mit dem Weiterbildungsinhalt des namensgleichen Gebiets oder Schwerpunktes (Teilgebiets). Das ergibt sich zwingend aus den unterschiedlichen Funktionen der Weiterbildungsordnung (WBO) einerseits und der Krankenhausplanung andererseits. Die WBO gibt lediglich die Mindestinhalte für die ärztliche Weiterbildung vor. Kernaufgabe der Krankenhausplanung ist dagegen, eine vollständige Versorgung der Bevölkerung mit den erforderlichen Krankenhausleistungen zu gewährleisten. Der Versorgungsauftrag für ein Gebiet oder einen Schwerpunkt umfasst daher immer auch Leistungen, die nicht zum Inhalt der ärztlichen Weiterbildung zählen.[255]

92 Ebenso wenig ist die zwischen den „örtlichen" Pflegesatzparteien getroffene Pflegesatzvereinbarung (§ 17 BPflV) bzw. Vergütungsvereinbarung der nach dem DRG-System abrechnenden Krankenhäuser (§ 11 KHEntgG) geeignet, Inhalt und Umfang des Versorgungsauftrags eines Krankenhauses zu bestimmen. Der Gegenstand der Pflegesatzvereinbarung ist in den §§ 17 BPflV und 11 KHEntgG abschließend festgelegt. Vertragsbestandteile sind die unmittelbar die Pflegesätze betreffenden Regelungen wie – für die der BPflV unterfallenden Krankenhäuser – das Budget, die Art, Höhe und Laufzeit der tagesgleichen Pflegesätze, die Zu- und Abschläge auf Fallpauschalen sowie der Erlösausgleich und – für die DRG-Krankenhäuser – das Erlösbudget und die sonstigen, erlösbestimmenden Faktoren. Daraus folgt, dass die Pflegesatzvereinbarung keine verbindliche Konkretisierung des Versorgungsauftrags darstellt. Fallpauschalen, die nach dem Fallpauschalenkatalog abzurechnen sind, sind auch dann abrechenbar, wenn sie nicht in einer Pflegesatzvereinbarung aufgeführt sind.[256] Andererseits berechtigt eine Pflegesatzvereinbarung das Krankenhaus, die Leistungen vollen Umfangs zu erbringen, die Gegenstand der Pflegesatzvereinbarung sind. Nicht genehmigungsfähig wäre allerdings eine Pflegesatzvereinbarung oder

---

[251] Zu diesen Kriterien im Rahmen der Krankenhausplanung s. u. bei → § 26 Rn. 438 ff.
[252] → § 26 Rn. 480 f.
[253] → § 26 Rn. 575.
[254] Vgl. auch *Bruckenberger*, das Krankenhaus 1997, 240; *Kies*, Der Versorgungsauftrag des Plankrankenhauses, 105.
[255] *Becker*, in: Düsseldorfer Krankenhausrechtstag 2006, 49, 51; zur Zugehörigkeit hämatologisch/onkologischer Leistungen zum Versorgungsauftrag der Inneren Medizin vgl. VG Minden, U. v. 5.12.2005 – 3 K 3627/02; zur Anwendung der sog. Dominanzgrenze bei Leistungen eines Schwerpunktes (Teilgebiet) *Pant/Prütting*, KHG NRW, § 14 Rn. 13; *Becker*, aaO.
[256] BSG, U. v. 24.7.2003 – 3 KR 28/02 – GesR 2003, 382; VG Arnsberg, U. v. 20.11.1998 in KRS 98.027; *Becker,* in: Düsseldorfer Krankenhausrechtstag 2006, 49, 57.

dahingehende Schiedsstellenfestsetzung, die eine mehr als 100%ige Nutzung der Planbetten und eine darauf aufbauende Erlöskalkulation vorsieht (sog. „Übererfüllung" des Versorgungsauftrages).[257]

bb) Konkretisierung durch Feststellungsbescheid. Vor diesem Hintergrund ist es – bei Plankrankenhäusern – allein Aufgabe des Feststellungsbescheides, Inhalt und Reichweite des Versorgungsauftrages des Krankenhauses zu bestimmen. Der Feststellungsbescheid begrenzt somit den Versorgungsauftrag in dem Umfang, in dem das Krankenhaus in den Krankenhausplan eines Landes aufgenommen ist. Das wiederum lässt sich nur feststellen, in dem man „als Erkenntnisquelle" die Festlegungen des Krankenhausplans mithinzunehmen, soweit sie sich in der Versorgungsentscheidung für das Krankenhaus niedergeschlagen haben. Es geht mithin um die Auslegung des Feststellungsbescheides als Verwaltungsakt (VA), die – als öffentlich-rechtliche Willenserklärung – nach den Grundsätzen von Treu und Glauben und dem Empfängerhorizont vorzunehmen ist (§§ 133, 157 BGB analog).[258] Gegenstand dieser Auslegung ist zunächst der „Tenor" des VA, also die Aufnahmeentscheidung selbst, in welchen medizinischen Disziplinen und ggf. Subdisziplinen das Krankenhaus in welchem Umfang (Bettenzahl, Fallzahl, Plätze etc.) tätig werden darf. Von Bedeutung für den Inhalt des VA ist aber auch die Begründung des Feststellungsbescheides, soweit sie sich als „tragende Gründe" erweisen und vor dem Hintergrund der Ziele und Aufgaben des Krankenhausplanes in Übereinstimmung insbesondere mit dem Gebot der bedarfsgerechten Krankenhausversorgung (§ 1 KHG) rechtfertigen lassen. In fachlicher Hinsicht kommt es schließlich auf den Inhalt und die Auslegung der jeweiligen Weiterbildungsordnung (WBO) der Landesärztekammer an, die in der Regel die Grundlage der planerischen Festlegung der Versorgungsgebiete des Krankenhausplans bildet und damit entscheidend auch auf den Inhalt und den Versorgungsauftrag des einzelnen (Plan-)Krankenhauses Einfluss nimmt.[259] Maßgebend ist dabei die WBO in der Fassung, die im Zeitpunkt des Inkrafttretens des Krankenhausplans[260] bzw. im Zeitpunkt des Erlasses des Feststellungsbescheides[261] galt.

Dieser fachlichen und rechtlichen „Gemengelage" zu entsprechen, ist oft keine einfache Aufgabe, vor die sich die Krankenhausplanungsbehörden der Länder gestellt sehen. Im Streitfall entscheiden die Gerichte, wobei für die „planerische" Bestimmung des Versorgungsauftrages als Grundlage der Planaufnahme- oder die Planaufnahme beendende Entscheidung sowie etwaige Budgetstreitigkeiten die Verwaltungsgerichte und für die sich als Folge der Krankenhausbehandlung ergebenden Abrechnungsstreitigkeiten die Sozialgerichte zuständig sind.[262] In das Zentrum der rechtlichen Diskussion ist die Frage gerückt, welche Bedeutung Teilgebietsausweisungen im Verhältnis zu einer umfassenden Fachgebietsfestlegung zukommt, wenn das Teilgebiet ausschließlich oder – alternativ – zusammen mit dem Fachgebiet als Versorgungsaufgabe dem Krankenhaus zugewiesen wird.[263] Wird nur das Teilgebiet (etwa Kardiologie) planfestgestellt, deutet dies auf eine – andere Teilgebiete ausschließende – Beschränkung des Versorgungsauftrages innerhalb des Fachgebietes (etwa Innere Medizin) hin.[264] Hintergrund einer solchen Zuteilung von speziellen Versorgungs-

---

[257] VGH BW, U. v. 19.9.2006 – 9 S 1383/04 in KRS 06.019.
[258] OVG NRW, MedR 2011, 740; *Sodan*, in: Düsseldorfer Krankenhausrechtstag 2012, 11 (16).
[259] Zur WBO als „Orientierungshilfe" im Rahmen der Auslegung des Feststellungsbescheides siehe OVG Saarland, GesR 2012, 424; VG Arnsberg, U. v. 28.1.2011 – 3 K 107/09 – in KHR 2010, 213; VG Münster, U. v. 23.6.2010 – 9 K 249/09 – ZMGR 2011, 42; Prütting/*Becker*, § 8 KHEntgG Rn. 6.
[260] BSG GesR 2003, 382; Prütting/*Quaas*, § 109 SGB V Rn. 44.
[261] VG Arnsberg, U. v. 28.1.2011 – 3 K 107/09 – in KHR 2010, 213.
[262] *Sodan*, in: Düsseldorfer Krankenhausrechtstag 2012, 11 (13); s. a. Prütting/*Becker*, § 8 KHEntgG Rn. 8 f.
[263] *Prütting* GesR 2012, 332 (334 f.); Prütting/*Becker*, § 8 KHEntgG Rn. 6 ff.; *Sodan*, in: Düsseldorfer Krankenhausrechtstag 2012, 11 (19 ff.).
[264] OVG Saarland, B. v. 8.5.2012 – 3 A 100/10 – in GesR 2012, 424.

aufträgen kann ein fachspezifisches „Spezialisierungsmodell" sein, das der Krankenhausplan bei der Zuweisung von Fachabteilungen an die Krankenhäuser verfolgt und das ggf. auch ein „fachspezifisches Notfallversorgungskonzept" einschließt.[265] Wird dagegen das Teilgebiet neben dem (umfassenden) Fachgebiet ausgewiesen (im Beispiel Innere Medizin + Kardiologie), kann das Teilgebiet einen – planerisch beabsichtigten – Leistungsschwerpunkt darstellen; offen bleibt dann, ob weitere „nicht angekreuzte" Teilgebiete versorgt werden dürfen. Ist ausschließlich das Fachgebiet bezeichnet – ohne weitere Teilgebiete zu benennen –, erstreckt sich der Versorgungsauftrag auf die ganze Breite der Fachdisziplin[266], sofern nicht im Feststellungsbescheid mit hinreichender Bestimmtheit und widerspruchsfrei zusätzliche Beschränkungen des Versorgungsauftrages vorgenommen sind.[267] Für ein solches Verständnis spricht die Gebietsdefinition der jeweiligen WBO. Allein sie bestimmt die maßgebliche Grenze der fachärztlichen Tätigkeit (§ 2 Abs. 2 Satz 2 MWBO). Die in der Facharztkompetenz (Teilgebiet, Schwerpunkt) vorgeschriebenen Weiterbildungsinhalte dürfen die Ausübung der fachärztlichen Tätigkeit im (Fach-)Gebiet nicht beschränken.[268] Verbleiben nach der Auslegung des Feststellungsbescheides hinsichtlich des Inhalts und der Reichweite des Versorgungsauftrages des Krankenhauses Unklarheiten, gehen diese im Zweifel zu Lasten der Behörde. Dies ist sachgerecht, da allein die Planungsbehörde befugt ist, den Versorgungsauftrag des Krankenhauses zu bestimmen und eine Mitwirkung des Krankenhauses im Planaufstellungsverfahren nicht vorgesehen ist.[269]

95   b) Der Versorgungsauftrag nach dem SGB V. Eine mit § 4 BPflV, § 8 I 4 KHEntgG vergleichbare, ausdrückliche Regelung zum Inhalt des Versorgungsauftrags eines zugelassenen Krankenhauses enthält das SGB V nicht. Durch die Verweisung in diesen Vorschriften auf das Krankenhauszulassungsrecht mit den §§ 108, 109 SGB V wird aber deutlich, dass von einem identischen Begriffsinhalt des Versorgungsauftrags des Krankenhauses nach dem Pflegesatzrecht und dem Recht der Krankenhausbehandlung der gesetzlich versicherten Patienten nach Maßgabe des SGB V auszugehen ist. Der im Rahmen des SGB V maßgebende Inhalt des Versorgungsauftrags bei einem Plankrankenhaus bestimmt sich danach aus dem Feststellungsbescheid gem. § 8 KHG und ggf. aus ergänzenden Vereinbarungen nach § 109 I 4 und 5 SGB V. Für die ins Hochschulverzeichnis aufgenommenen Universitätskliniken gilt Entsprechendes. Handelt es sich um ein Vertragskrankenhaus i. e. S. nach § 108 Nr. 3 SGB V, wird der Versorgungsauftrag durch den abzuschließenden Vertrag nach § 109 I SGB V bestimmt. Das Krankenhausrecht des Bundes beruht damit insgesamt auf einem einheitlichen Begriff des Versorgungsauftrags.[270]

96   aa) Sozialrechtlicher Gewährleistungsauftrag. Der Versorgungsauftrag nach dem SGB V hat allerdings eine andere Funktion als sein pflegesatzrechtliches Pendant: er dient maßgeblich zur Begrenzung des Krankenhausbehandlungsanspruchs des Versicherten und zur Begrenzung der Leistungsverpflichtung des Krankenhauses. Nach § 39 I 3 SGB V umfasst die Krankenhausbehandlung „im Rahmen des Versorgungsauftrags" alle Leistungen, die im Einzelfall nach Art und Schwere der Krankheit für die medizinische Versorgung der Versicherten im Krankenhaus notwendig sind. Die Krankenhausbehandlung ist entsprechend dem allgemeinen Sachleistungsgrundsatz der GKV als Dienst- und Sachleistung im Sinne des § 2 II SGB V ausgestaltet. Die Krankenhausbehandlung ist danach Teil des den

---

[265] OVG Saarland, aaO.
[266] OVG NRW, B. v. 11.3.2011 – 13 A 1775/10 – MedR 2011, 740 f.; B. v. 8.1.2008 – 13 A 1572/07 in GesR 2008, 215; VG Arnsberg, KHR 2010, 213; VG Münster, ZMGR 2011, 42; aA LSG NRW, U. v. 26.6.2008 – L 5 KR 19/07 –, juris = KRS 08.086; s. a. *Prütting*, GesR 2012, 332; Sodan/*Kuhla/Bedau*, § 25 Rn. 75.
[267] *Prütting*, GesR 2012, 332, 333.
[268] VG Arnsberg, KHR 2010, 213; *Prütting/Becker*, § 8 KHEntgG Rn. 8.
[269] *Prütting/Becker*, § 8 KHEntgG Rn. 15 ff.
[270] *Kies*, Der Versorgungsauftrag des Plankrankenhauses, 134 m. w. N.

Krankenkassen obliegenden sozialrechtlichen Gewährleistungsauftrags.[271] Diesem Gewährleistungsauftrag der Krankenkassen korrespondiert der Krankenhausaufnahme- und Behandlungsanspruch nach § 39 I SGB V gegen das zugelassene Krankenhaus. Der Anspruch bezieht sich auf allgemeine Krankenhausleistungen im Sinne der §§ 2 II BPflV, 2 II KHEntgG, die mit Pflegesätzen vergütet werden. Er ist allerdings nicht auf eine konkret bestimmte Leistung gerichtet, sondern begründet lediglich ein subjektiv-öffentliches „Rahmenrecht" zu Gunsten des Versicherten, das im Einzelfall der Konkretisierung bedarf.[272] Das geschieht maßgeblich durch die vom G-BA für die Krankenhausbehandlung erlassenen Richtlinien[273].Mit Rücksicht darauf ist das zugelassene Krankenhaus gesetzlich ermächtigt, mit Wirkung für die Krankenkasse die erforderlichen Leistungen zu erbringen und damit konkludent über den Inhalt des konkret-individuellen Leistungsanspruchs des Versicherten zu entscheiden.[274] Diese Ermächtigung des Krankenhauses besteht allerdings nur „im Rahmen des Versorgungsauftrags". Der Versicherte kann nicht alle denkbaren Krankenhausleistungen beanspruchen, sondern lediglich diejenigen, zu denen das aufgesuchte Krankenhaus ermächtigt ist. Damit wird zwar der Leistungsanspruch des Versicherten nicht auf den Versorgungsauftrag des aufgesuchten Krankenhauses beschränkt. Vielmehr wird in § 39 I 3 SGB V lediglich bestimmt, in welchem Umfang das jeweilige Krankenhaus Leistungen erbringen und damit den Behandlungsanspruch des Versicherten erfüllen kann. Werden die im Einzelfall erforderlichen Leistungen von dem Versorgungsauftrag des Krankenhauses nicht umfasst, muss es den Versicherten an ein anderes, entsprechend ermächtigtes Krankenhaus überweisen oder der Versicherte muss von sich aus ein solches Krankenhaus aufsuchen.[275] § 39 I 3 SGB V schränkt damit den Leistungsanspruch des Versicherten nicht auf die konkrete Leistungsfähigkeit des jeweiligen Krankenhauses ein, sondern setzt lediglich einen generellen Rahmen für die Krankenhausversorgung auf der entsprechenden Versorgungsstufe.[276]

bb) Leistungsverpflichtung des Krankenhauses und Steuerungsmöglichkeiten. Daraus 97 folgt für die Leistungsverpflichtung des zugelassenen Krankenhauses nach dem SGB V: Das Zulassungsrecht verpflichtet die Krankenhäuser zur notwendigen Krankenhausbehandlung auf der Grundlage und im Rahmen ihres Versorgungsauftrags. Der einmal aufgenommene Patient hat einen Rechtsanspruch auf die zur Versorgung notwendigen Krankenhausleistungen, die wiederum durch den (konkreten) Versorgungsauftrag des Krankenhauses inhaltlich beschränkt sind. Halten die Krankenhausleistungen diesen Rahmen nicht ein, entfällt der Vergütungsanspruch.[277] Der – sozialversicherungsrechtliche – Vergütungsanspruch des Krankenhauses besteht deshalb nur für die Behandlungen, die von dem Versorgungsauftrag des Krankenhauses gedeckt sind.[278] Außerhalb des Versorgungsauftrages kann ein Krankenhaus

---

[271] Laufs/Kern/*Genzel/Degener-Hencke*, § 80 Rn. 11; *Heinze/Schulin* (Hrsg.), Handbuch des Sozialversicherungsrechts, Bd. 1, § 38 Rn. 26; *Kies,* Der Versorgungsauftrag des Plankrankenhauses, 121; *Quaas,* MedR 1995, 54.
[272] Grundlegend BSGE 63, 107, 107; 73, 271, 278; SozR 3/2500 § 39 Nr. 4 („Krankenhauswanderer"); zu dieser „Rechtskonkretisierungstheorie" und der damit verbundenen „Schlüsselstellung" des Krankenhausarztes u. a. *Pilz,* NZS 2003, 350; Hauck/*Noftz,* § 39 Rn. 16 m. w. Nw. zum Meinungsstreit.
[273] → § 12 Rn. 1 ff.
[274] BSG SozR 3–2500 § 39 Nr. 4 = NZS 1997, 228; Hauck/*Noftz,* § 39 Rn. 20, 107 f.
[275] Laufs/Kern/*Genzel/Degener-Hencke*, § 80 Rn. 32 ff.; Hauck/*Noftz,* § 39 Rn. 113.
[276] Hauck/*Noftz,* § 39 Rn. 113.
[277] So ausdr. für das Vergütungssystem der DRG-Entgelte § 8 I 3 KHEntgG.
[278] Davon zu trennen ist die Frage, ob das zugelassene Krankenhaus (§ 108 SGB V) die Erbringung von Krankenhausleistungen, die außerhalb seines Versorgungsauftrags liegen, mit den privatversicherten Patienten (Selbstzahlern) vereinbaren darf und diese „ohne Versorgungsauftrag" erbrachten Leistungen von den Selbstzahlern bzw. den hinter ihnen stehenden privaten Krankenversicherungen zu vergüten sind. Das ist sicher dann möglich, wenn es sich um ein sog. Vertragskrankenhaus (§ 108 Nr. 3 SGB V) oder um eine von einem Plankrankenhaus „ausgegliederte" Einrichtung in Form einer Privatklinik (§ 30

selbst dann keine Vergütung für eine erbrachte Leistung beanspruchen, wenn die Leistung ansonsten ordnungsgemäß gewesen ist.[279] Die Weichenstellung erfolgt somit bei der Aufnahme des Patienten, über deren medizinische Notwendigkeit der Krankenhausarzt auf Grund der gesetzlichen Ermächtigung des § 39 I SGB V zu entscheiden hat. Die Steuerungsmöglichkeiten des Krankenhauses im Rahmen einer Leistungsplanung und deren Umsetzung im Rahmen der Leistungserbringung sind allein hier denkbar.[280] Daraus folgt keine Beliebigkeit für die Aufnahme bestimmter Patienten oder Fallgruppen. Aus der Einbindung in ein öffentlich-rechtliches Planungs- und Finanzierungssystem ergibt sich vielmehr eine grundsätzliche Aufnahme- und Behandlungspflicht, sofern bei einem Patienten stationäre Behandlungsbedürftigkeit besteht. Ähnlich wie die öffentlichen Versorgungs- und Verkehrsunternehmen, unterliegen auch die in die Bedarfsplanung aufgenommenen Krankenhäuser einem Kontrahierungszwang.[281] Da die Plankrankenhäuser und die Universitätskliniken, die in ihrer Gesamtheit nahezu vollständig die Zahl der zugelassenen Krankenhäuser abdecken, ihren Versorgungsauftrag aus der ihnen zugeordneten Versorgungsstufe ableiten und krankenhausplanerisch gebunden sind, ist es praktisch wie rechtlich ausgeschlossen, dass das einzelne Krankenhaus aus diesem Versorgungssystem ausschert und sich auf einzelne, besonders lukrativ erscheinende Leistungen beschränkt, wie dies nach dem DRG-Vergütungssystem zum Teil für möglich gehalten wird.[282] Dies heißt nicht, dass sich das einzelne Krankenhaus nicht auf Schwerpunkte innerhalb seines Versorgungsauftrages spezialisieren und bestimmte Fallgruppen bevorzugt behandeln dürfte, um insbesondere dadurch dem Wettbewerbsvorteil v. a. größerer Häuser wirkungsvoll zu begegnen.[283] Allerdings zieht eine Schwerpunktbildung im Krankenhaus gerade die Fälle an, die auf Grund ihrer Schwere und der sich daraus ergebenden überdurchschnittlichen Behandlungsintensität erhebliche Kosten verursachen, die mit der Vergütung der Fallgruppen nach dem DRG-System auf der Basis der durchschnittlichen Behandlungskosten nicht kalkuliert sind. Diesem wirtschaftlichen Risiko von „Spezialkliniken" will das Fallpauschalenänderungsgesetz (FPÄndG) vom 17. Juli 2003[284] dadurch begegnen, dass solche nicht durch das DRG-System adäquat abgebildeten Leistungen oder „besonderen Einrichtungen"[285] aus der Vergütung nach dem KHEntgG mit der Folge herausgenommen werden, dass die Pflegesatzparteien eine gesonderte Vergütung vereinbaren (§§ 6 I KHEntgG, 17b I 15 KHG). Gewinnchancen bestehen deshalb für das einzelne Krankenhaus nur systemimmanent, d. h. durch Ressourcen sparenden Einsatz der vorhandenen Sach- und Personalkapazität, durch Optimierung der Behandlungsabläufe, durch Beschränkung der diagnostischen und therapeutischen Maßnahmen sowie durch Beschränkung auf einen kostengünstigen Einsatz der sonstigen erlösbestimmenden Faktoren unter den DRG's (Casemix, Fallkomplexität, Einhaltung und Unterschreitung der Grenzverweildauer etc.). Es geht mithin um einen „degressiven Ressourcengebrauch", abgekürzt „DRG".[286]

GewO) handelt. Für die Privatpatientenklinik besteht eine Bindung an das Pflegesatzrecht – wie § 17 I 5, 6 KHG n. F. zeigt – nur für Leistungen innerhalb des Versorgungsauftrages – vgl. unten → § 26 Rn. 386 ff. Im Übrigen ist die Rechtslage umstritten (vgl. HK/*Rehborn*, § 12 Rn. 5, 77 ff. einerseits; Dietz/Bofinger/Dietz, § 17 KHG Erl. 2.5 andererseits).

[279] BSG, U. v. 24.1.2008 – B 3 KR 17/08 R – GesR 2008, 323 = KHR 2008, 470; BSG, GesR 2003, 382; LSG NRW, U. v. 26.6.2008 – L 5 KR 19/07 – KHR 2009, 133; Sodan/*Kuhla/Bedau*, § 25 Rn. 75; Prütting/*Quaas*, § 109 SGB V Rn. 46.

[280] *Quaas*, das Krankenhaus 2003, 28, 31.

[281] *Quaas*, das Krankenhaus 1993, 59; *ders.*, MedR 1995, 54; *ders.*, das Krankenhaus 2003, 28, 31.

[282] Vgl. *Brudermüller-Fleischle*, in: Thiele, Praxishandbuch Einführung der DRG's in Deutschland, 118.

[283] *Knorr*, das Krankenhaus 2003, 679.

[284] BGBl. I, 1461.

[285] Vgl. FPVBE v. 19.12.2003 (BGBl. I 2811).

[286] Vgl. *Achner*, f & w 2002, 108; *Quaas*, das Krankenhaus 2003, 28, 32.

3. Einhaltung des Versorgungsauftrages des Krankenhauses und Sanktionen

In der Praxis stellt sich immer wieder die Frage nach den Rechtsfolgen bei Nichteinhaltung des Versorgungsauftrages und etwaiger Sanktionen, die das Krankenhaus bei einem Verstoß gegen seine Versorgungsverpflichtungen befürchten muss. Insoweit ist zwischen den verschiedenen Regelungsebenen des Versorgungsauftrages und danach zu unterscheiden, wer einen solchen Verstoß geltend machen kann:

a) **Planungsebene.** Bei Plankrankenhäusern wird der Versorgungsauftrag des Krankenhauses durch den Feststellungsbescheid bestimmt (§ 8 I 3 KHG). Der Feststellungsbescheid konkretisiert die „Planungsebene" des Versorgungsauftrages und setzt sie für das betreffende Krankenhaus um.[287] Hält das Krankenhaus die sich daraus ergebenden Verpflichtungen nicht ein, kann der Bescheid mit Wirkung für die Zukunft ganz oder teilweise und unter den Voraussetzungen des § 49 VwVfG widerrufen werden.[288] Einige Landesgesetze sehen dies ausdrücklich vor (z. B. § 24 III 3 Saarl. KHG; § 16 II KHGG NRW; § 13 IV Hess. KHG).[289]

b) **Entgeltebene.** Nach § 11 I 1 KHEntgG erfolgt die (Entgelt-)Vereinbarung für das einzelne Krankenhaus unter Beachtung seines Versorgungsauftrages. Das Budget darf also nur für solche Leistungen vereinbart werden, die dem Versorgungsauftrag des Krankenhauses entsprechen. Grundlage ist auch hier der Feststellungsbescheid, der das Krankenhaus und die Krankenkassen als Vertragspartner für das Budget binden (so ausdrücklich u. a. § 23 X Saarl. KHG). Insoweit sind die im Feststellungsbescheid ausgewiesene Gesamtbettenzahl und die ggf. planfestgestellte Anzahl der Betten einer Fachabteilung verbindlich und dürfen grundsätzlich nicht überschritten werden, soweit nicht der Bescheid etwas anderes vorsieht. Damit begrenzt der Feststellungsbescheid den Versorgungsauftrag des Krankenhauses auch in quantitativer Hinsicht: Setzt nun das Krankenhaus zur Behandlung seiner Patienten zusätzlich zu den genannten Planbetten weitere Betten ein (sog. schwarze Betten), um seine Kapazität zu erweitern, überschreitet es seinen Versorgungsauftrag nicht anders, als wenn es (qualitativ) auf medizinischen Gebieten tätig wird, die ihm im Krankenhausplan nicht zugewiesen sind.[290] Für die aufgrund der über 100%-igen Auslastung der Planbetten erzielten Mehrerlöse muss das Krankenhaus allerdings keinen „Erlösausgleich" an die Krankenkassen entsprechend dem „Gesamtsummenvergleich" gem. § 4 III 2 KHEntgG entrichten. Solche Erlöse, die das Krankenhaus für Leistungen außerhalb seines Versorgungsauftrages erhält, fließen von vorneherein nicht in die Ermittlung des Erlösbudgets und nach § 4 I KHEntgG in die Erlössummen nach § 6 III KHEntgG ein. Sie sind deshalb auch nicht im Rahmen eines „Erlösausgleichs" zu berücksichtigen.[291] Der Ausgleich für bereits gezahlte Erlöse findet über den sozialrechtlichen Erstattungsanspruch statt. Die Krankenkassen können somit solche Erlöse, die sie an das Krankenhaus ohne Rechtsgrund geleistet haben (§ 8 I 3 1. HS KHEntgG), in voller Höhe zurückverlangen. Auf den Einwand der Bereicherung kann sich das Krankenhaus nicht berufen.[292]

c) **Wettbewerbsebene.** Schutz vor der Nichteinhaltung des Versorgungsauftrages durch ein Krankenhaus könnte auch das Wettbewerbsrecht bieten. So ist denkbar, dass sich ein mit einem bestimmten Versorgungsauftrag ausgestattetes Krankenhaus, das z. B. berechtigt ist, kardiologische Leistungen an einem Linksherzkathetermessplatz (LHKM) zu erbringen, mit der Behauptung gegen ein Nachbarkrankenhaus wehrt, diesem fehle mangels kardiologi-

---

[287] → § 25 Rn. 88.
[288] Dazu unten → § 26 Rn. 447 ff.
[289] Zu § 13 IV Hess. KHG siehe *Stollmann* GuP 2011, 48.
[290] BVerwG, U. v. 20.12.2007 – 3 C 53.06 – in GesR 2008, 632 = NVwZ RR 2008, 472; krit. dazu Prütting/*Becker*, § 8 KHEntgG Rn. 11.
[291] BVerwG, aaO; Prütting/*Becker*, § 4 KHEntgG Rn. 28.
[292] BSG KHR 2008, 74; Prütting/*Becker*, § 8 KHEntgG Rn. 28.

schem Versorgungsauftrag die entsprechende Behandlungsbefugnis und sei ihm deshalb zum Schadenersatz für gleichwohl erbrachte Leistungen verpflichtet. Der Angriff kann auch aus dem niedergelassenen Bereich stammen: So hat ein vertragsärztlich tätiger Nephrologe ein Krankenhaus auf Unterlassung verklagt, Dialysebehandlungen (teilstationär) vorzunehmen. Auch dafür gebe der Versorgungsauftrag dieses Krankenhauses nichts her, da die Dialyse – wie die Rechtsprechung des BSG bestätigt hat[293] – in der Regel ambulant durchgeführt werden könne und müsse.[294]

102 **aa) Rechtsweg.** Streitig ist in diesen Fällen mitunter der Rechtsweg. Die klagenden Ärzte, Wettbewerbsverbände und (konkurrierende) Krankenhäuser bevorzugen die Gerichte der ordentlichen Gerichtsbarkeit, weil sie dort zum einen die höhere Kompetenz in Wettbewerbsstreitigkeiten vermuteten und andererseits auf eine raschere Klärung und Erledigung des Rechtsstreits hofften.[295] Der BGH hat indessen – im Anschluss an ein Urteil des BSG vom 23.3.2011[296] – wettbewerbsrechtliche Streitigkeiten, die ihre Grundlage in der – streitigen – Einhaltung des öffentlich-rechtlichen Versorgungsauftrages eines Leistungserbringers (Krankenhaus) haben, als eine Angelegenheit der gesetzlichen Krankenversicherung (§ 51 SGG) angesehen, die den Rechtsweg zu den Sozialgerichten eröffnen.[297]

103 **bb) Wettbewerbsverstoß?** Gerichtlich ungeklärt ist weiter die Frage, ob – und ggf. unter welchen Voraussetzungen – eine Krankenhausbehandlung außerhalb des Versorgungsauftrages eine zur Unterlassung und zum Schadenersatz verpflichtende Handlung darstellen kann. Einstiegsnorm ist die Bestimmung des § 4 Nr. 11 UWG, wonach wettbewerbswidrig handelt, wer „einer gesetzlichen Vorschrift zuwiderhandelt, die auch dazu bestimmt ist, im Interesse der Marktteilnehmer das Marktverhalten zu regeln". Daraus – und aus den weiteren Bestimmungen der §§ 2, 3, 9 und 10 UWG – entnimmt die Rechtsprechung des für das Vertragsarztrecht zuständigen 6. Senats des BSG das (allgemeine) Rechtsinstitut des Schadenersatzes bei wettbewerbswidrigem Verhalten, welches auf die in der Zuständigkeit der Sozialgerichte fallenden Wettbewerbsstreitigkeiten der Leistungserbringer untereinander im Wege der Schließung einer „Rechtsschutzlücke" entsprechend anwendbar sei.[298] Die – an sich gegen dieses Ergebnis streitende – Bestimmung des § 69 SGB V müsse verfassungskonform mit Rücksicht auf Art. 19 Abs. 4 GG dahin ausgelegt werden, dem durch den Wettbewerbsverstoß benachteiligten Leistungserbringer (Vertragsarzt) ein „Mindestmaß" an Rechtsschutz zu gewähren. Das erfordere der dem Leistungserbringer durch das SGB V eingeräumte Zulassungsstatus und entspreche damit der Linie, die die Rechtsprechung des BVerfG und des BSG zur Abwehr rechtswidrig tätiger Konkurrenten vorgezeichnet habe.[299] Legt man diese Rechtsprechung der vorliegenden Fallkonstellation zu Grunde, in der sich ein Vertragsarzt oder ein Krankenhaus gegen die Überschreitung des Versorgungsauftrages durch ein anderes Krankenhaus wenden, scheint der Schluss auf einen Wettbewerbsverstoß nicht fernzuliegen. Auch ist durch die Rechtsprechung sowohl des BGH[300] und des BVerwG[301] klargestellt, dass durch das KHG und die es ergänzenden Rechtsnormen das Krankenhauswesen nicht in toto dem freien Wettbewerb entzogen ist. Da insbesondere die Aufnahme eines

---

[293] BSG, U. v. 4.3.2004 – B 3 KR 4/03 R.
[294] SG Kiel, U. v. 14.3.2008 – S 15 KA 164/05.
[295] *Werner* in KHR 2010, 177.
[296] BSG, U. v. 23.3.2011 – B 6 KA 11/10 R in GesR 2011, 542.
[297] BGH, B. v. 7.8.2011 – I ZB 7/11 – in GesR 2012, 107; ebenso OLG Schleswig, GesR 2011, 377.
[298] BSG, aaO, Rn. 41.
[299] BSG, aaO, Rn. 41 unter Verweis auf BSGE 105, 10; 83, 128, 131 ff.
[300] BGH, U. v. 16.1.2008 – KVR 26/07 – BGHZ 175, 333 und B. v. 8.11.2011 – KVZ 14/11 – NZS 2012, 464, beide zu Krankenhausfusionen; dazu auch Laufs/Kern/*Genzel/Degener-Hencke*, § 81 Rn. 35 ff.
[301] BVerwG, U. v. 22.5.1980 – 3 C 2.80 in KRS 80.035; s. a. U. v. 25.9.2008 – 3 C 35.07 – BVerwGE 132, 64 = NVwZ 2009, 525.

§ 25 Die Strukturen der stationären Versorgung

konkurrierenden Bewerbers mit einem bestimmten Versorgungsauftrag in den Krankenhausplan die grundrechtlich geschützten Betätigungsmöglichkeiten für das andere, nicht in den Krankenhausplan aufgenommene Krankenhaus erheblich einschränkt, muss dem abgewiesenen Bewerber zeitnah Rechtsschutz gewährt werden.[302] Darüber hinaus ist der Krankenhausplan und die aus ihm folgende Zuteilung von Versorgungsaufträgen an Krankenhäuser kein „closed shop", sondern eine eher „never ending story", die für jeden Neubewerber die Chance bereithalten muss, „darin vorzukommen", d. h. aufgenommen zu werden.[303] Gleichwohl bestehen mit Rücksicht auf § 4 Nr. 11 UWG dogmatisch kaum überbrückbare Schwierigkeiten, in dem Krankenhausplan, der nach der ständigen Rechtsprechung des BVerwG lediglich ein Verwaltungsinternum darstellt[304] und in dem diesen konkretisierenden Feststellungsbescheid eine „gesetzliche Vorschrift" zu sehen, die (auch) dazu bestimmt ist, im Interesse der Marktteilnehmer das Marktverhalten zu regeln. Bei entsprechender Anwendung der §§ 2, 3 iVm 4 Nr. 11 und 9, 10 UWG müssten die der Planaufstellung und den Versorgungsauftrag des Krankenhauses regelnden Bestimmungen der §§ 1, 6, 8 KHG, § 8 I 3 KHEntgG dazu bestimmt sein, „im Interesse der Leistungserbringer ihr Verhältnis zueinander zu regeln".[305] Das muss – bezogen auf diese Vorschriften – schon deshalb ausscheiden, weil sie keinerlei Regelungen für diesen Adressatenkreis treffen. Der Regelungsinhalt erfolgt erst durch den Krankenhausplan, die Regelung selbst erst durch den Feststellungsbescheid. Beides aber sind keine „gesetzlichen Vorschriften", sondern die Folge von deren Anwendung. Regelungsgegenstand sind im Wesentlichen Maßnahmen der Daseinsvorsorge und der Sicherung der sozialversicherungsrechtlichen Versorgungsstrukturen, die lediglich in ihren Auswirkungen das Verhalten der Leistungserbringer beeinflussen. Das reicht für einen Wettbewerbsverstoß im Sinne des § 4 Nr. 11 UWG nicht aus.[306]

d) Aufsicht. Bleibt die Frage, ob sich die durch die Nichteinhaltung des Versorgungsauftrages benachteiligten Konkurrenten (Krankenhäuser, Vertragsärzte) zumindest an die nach Landesrecht zuständigen Aufsichtsbehörden (i. d. R. Sozialministerium) wenden können, um der fortgesetzten Überschreitung des Versorgungsauftrages Einhalt zu gebieten. Auch insoweit fällt indessen der Befund negativ aus: Das KHG und sonstiges Bundesrecht sehen eine allgemeine Rechtsaufsicht über Krankenhäuser nicht vor.[307] Sie besteht nach Maßgabe spezifischer landesrechtlicher Regelungen bei etwa der Hälfte der LKHG der Länder,[308] wonach Krankenhäuser im Sinne des § 2 Nr. 1 KHG einer allgemeinen Krankenhausaufsicht unterliegen, die sicherstellen soll, dass die Krankenhäuser die krankenhausrechtlichen Vorschriften einzuhalten haben (vgl u. a. § 11 I KHGG NRW).[309] Von dieser Rechtsaufsicht grundsätzlich nicht erfasst sind indessen die Bereiche der Krankenhausplanung und der Investitionsförderung, bei denen Entscheidungen im Einzelfall durch Bescheid erfolgen.[310] Somit unterliegen Krankenhäuser auch in den Ländern mit allgemeiner Krankenaufsicht grundsätzlich keiner Rechtsaufsicht dahingehend, dass der Versorgungsauftrag des Krankenhauses als Ausfluss der Krankenhausplanung eingehalten wird.[311] Das ist konsequent, denn

104

---

[302] BVerfG, B. v. 14.1.2004 – 1 BvR 88/00 in KRS 04.004; unten § 26 Rn. 480; zur Wettbewerbsbezogenheit des KHG s. a. Huster/Kaltenborn/*Wernick*, § 16 C Rn. 15 und *Becker/Schweitzer*, Gutachten B zum 69. Deutschen Juristentag 2012, B 123; s. a. *Plagemann/Plagemann*, NJW 2012, 2613.
[303] Vgl. auch *Rennert* GesR 2008, 344 und unten bei → § 26 Rn. 427.
[304] BVerwG, NJW 1987, 2318 u. v. m. – vgl. unten → § 26 Rn. 432.
[305] BSG, aaO, Rn. 45 – bejaht für § 115b SGB V.
[306] Vgl. auch OLG Saarlouis, U. v. 18.9.2013 – 1 U 222/12 – 66, juris.
[307] Laufs/Kern/*Genzel/Degener-Hencke*, § 80 Rn. 40 ff.; Huster/Kaltenborn/*Degener-Hencke*, § 5 Rn. 18 ff.; s. a. *Rehborn* in: Düsseldorfer Krankenhausrechtstag 2009, 41 ff.
[308] Vgl. die Nachweise bei Huster/Kaltenborn/*Degener-Hencke*, § 5 Rn. 19.
[309] Vgl. dazu *Rehborn* in: Düsseldorfer Krankenhausrechtstag 2009, 41 ff.
[310] Huster/Kaltenborn/*Degener-Hencke*, § 5 Rn. 28.
[311] Anders dagegen die Rechtslage in Hessen: mit der Aufnahme in den Krankenhausplan ist das Krankenhaus gem. § 19 I 4 HKHG 2011 verpflichtet, den Versorgungsauftrag umfassend zu erfüllen;

der Versorgungsauftrag des Krankenhauses gehört als pflegesatzrechtlicher und sozialversicherungsrechtlicher Begriff dem Bundesrecht an, für dessen Einhaltung im Wesentlichen die Pflegesatzparteien, insbesondere die Krankenkassen zuständig sind.[312]

§ 26 Grundzüge des Rechts der Krankenhausfinanzierung

1   Die Krankenhausfinanzierung ist ein verhältnismäßig junges Rechtsgebiet im System des besonderen Verwaltungsrechts. Öffentlich-rechtlich waren lange Zeit nur die Beziehungen der Benutzer zu den Kostenträgern mit Einführung der gesetzlichen Krankenversicherung (1883) und der Unfallversicherung (1884) geregelt. Dieses soziale Sicherungssystem begründete einen Anspruch der Versicherten auf medizinische Versorgung und Aufnahme in ein Krankenhaus. Das Verhältnis der Kostenträger zu den Leistungserbringern hat sich, lange als Angelegenheit des Bürgerlichen Rechts angesehen, öffentlich-rechtlicher Regelung im Prinzip bis zum Erlass des KHG (1972) entzogen. Nur für einen

2   Teilbereich, nämlich der Finanzierung der Kosten des Krankenhauses, galt öffentliches Preisrecht, zuletzt die Verordnung PR 7/54 über die Pflegesätze von Krankenanstalten vom 9.9.1954.[313] Erst als aus den unterschiedlichsten Gründen die Kosten der Krankenhausversorgung das Maß der von der Solidargemeinschaft aufzubringenden Mittel überschritten, nahm sich der Gesetzgeber der öffentlichen Aufgabe der Krankenhausversorgung an. Dies war die Geburtsstunde des KHG und damit des Rechts der Krankenhausfinanzierung, das seitdem – analog zu den ständig steigenden Gesundheitsausgaben im stationären Bereich[314] – zu einer Daueraufgabe des Gesetzgebers wurde und voraussichtlich bleiben wird.

I. Das KHG als Grundlage des Krankenhausfinanzierungsrechts

1. Ziele und Zweck des KHG

3   Mit dem KHG wird in Erfüllung des sozialstaatlichen Gestaltungsauftrages[315] der weitaus größte Teil der Krankenhäuser in der Bundesrepublik in ein staatliches Planungssystem mit öffentlicher Förderung der Investitionskosten und gesetzlich vorgegebener Finanzierung der notwendigen Betriebskosten einbezogen. Durch die Verbindung von administrativen Planungs- und Lenkungsmaßnahmen unter Beteiligung der Selbstverwaltung von Krankenhäusern und Krankenkassen und beschränkter Anwendung auch marktwirtschaftlicher Elemente soll die Krankenhausversorgung für die Bevölkerung einerseits gesichert, andererseits gesteuert werden. An diesem angebotsorientierten Mischsystem mit hoheitlicher Krankenhausplanung, staatlicher Investitionsförderung und administrierten Benutzerentgelten hat sich auch durch die späteren zahlreichen Gesetzesänderungen in seiner Grundkonzeption nichts geändert.[316]

---

damit soll möglichen Tendenzen zur „Rosinenpickerei" begegnet werden – vgl. *Stollmann*, in: GuP 2011, 48 (49); insoweit hat auch die Rechtsaufsicht die Möglichkeit, den Versorgungsauftrag als letztes Mittel zu beschränken oder zu entziehen (vgl. § 13 IV HKHG 2011).

[312] Huster/Kaltenborn/*Degener-Hencke*, § 5 Rn. 30.

[313] BAnz. Nr. 173 vom 9.9.1954; s. dazu *Sörensen*, Die wirtschaftliche Sicherung der Krankenhäuser und die Regelung der Krankenhauspflegesätze in Ersatzkasse, 507 ff.; *Wiemeyer*, Krankenhausfinanzierung und Krankenhausplanung in der Bundesrepublik Deutschland, 16 ff.; *Tuschen/Quaas*, BPflV, 4.

[314] Die Gesamtausgaben der GKV betrugen im Jahre 2005 134,8 Mrd. EUR, davon entfielen auf den stationären Bereich 49 Mrd. EUR (= 36,3 %), auf den ambulanten Bereich 66,7 Mrd. EUR (= 49,4 %) und auf die übrigen Leistungsbereiche 19,2 Mrd. EUR (14,3 %). Die GKV-Leistungsausgaben für die Krankenhausbehandlung stiegen von 800 Mio. EUR (= 17,5 % der Gesamtausgaben) im Jahre 1960 auf 31,3 Mrd. EUR (= 34,4 %) im Jahr 1994 und 49 Mrd. EUR (36,3 %) im Jahre 2005 – vgl. DKG – Zahlen/Daten/Fakten 2006, 48 f.

[315] → § 24 Rn. 23 ff.

[316] *Genzel*, in: Laufs/Uhlenbruck, Handbuch des Arztrechts, § 96 Rn. 1.

Unmittelbarer Zweck des KHG ist nach dem seit 1972 unverändert gebliebenen § 1 I die wirtschaftliche Sicherung der Krankenhäuser. Diesen (nach seinem Gesetzeswortlaut alleinigen) Zweck verbindet das Gesetz mit den ausdrücklich genannten Zielen („um ...") der Gewährleistung der bedarfsgerechten Versorgung mit leistungsfähigen und eigenverantwortlich wirtschaftenden Krankenhäusern und einem Beitrag zu sozial tragbaren Pflegesätzen. Die Mittel zur Erreichung dieser Ziele und des Gesetzeszwecks der wirtschaftlichen Sicherung der Krankenhäuser sind die staatliche Krankenhausplanung (§ 6 KHG), die Investitionskostenförderung (§§ 8 bis 15 KHG) unter Mitwirkung der an bei der Krankenhausversorgung im Land Beteiligten (§ 7 KHG) und die staatlich zu genehmigenden, von Krankenkassen und Krankenhäusern vereinbarten oder durch eine Schiedsstelle festgesetzten Pflegesätze (§§ 17 I, II, 18 I und 20 I KHG).

Das KHG ist nach seiner Entstehungsgeschichte, dem Wortlaut und Sinn seiner einzelnen Vorschriften vorrangig ein Finanzierungs- und Leistungsgesetz zu Gunsten der Krankenhäuser.[317] Allerdings wurde der zu diesem Zweck eher gegenläufige Beitrag zu sozial tragbaren Pflegesätzen im Laufe der Zeit verstärkt in die Zielsetzung der Krankenhausfinanzierung gesetzgeberisch einbezogen. Mehr und mehr geriet in den Fokus der gesetzgeberischen Bemühungen insbesondere für den stationären Bereich das Thema Kostendämpfung und Kostenbegrenzung, bedingt durch die ständig steigenden Ausgaben der GKV. Dies gleichsam vorwegnehmend hat das BVerwG schon früh die gesetzgeberische Verknüpfung von Zweck und Zielen „auf den Kopf gestellt", indem es den im KHG getroffenen Regelungen den folgenden Zweck unterstellte:[318]

„*Mit den im Krankenhausfinanzierungsgesetz getroffenen Regelungen hat der Gesetzgeber einen dreifachen Zweck verfolgt. Im Vordergrund stand die Absicht, der wirtschaftlichen Belastung der krankenversicherungspflichtigen Arbeitnehmer mit ständig steigenden Krankenkassenbeiträgen entgegenzutreten. Dies konnte nur im Wege einer Beschränkung der Krankenkassenbeiträge erreicht werden. Eine solche Beschränkung der Krankenkassenbeiträge machte aber Maßnahmen zur wirtschaftlichen Sicherung der gesetzlichen Krankenkassen erforderlich. Denn die gesetzlichen Krankenkassen konnten aus den niedrig gehaltenen Krankenkassenbeiträgen nicht die ständig steigende Krankenhauspflegekosten entrichten. Deshalb musste die Beschränkung der Krankenkassenbeiträge die Beschränkung der Krankenhauspflegesätze nach sich ziehen. Die Beschränkung der Pflegesätze macht aber wiederum zusätzliche Maßnahmen zur wirtschaftlichen Sicherung der Krankenhäuser erforderlich. Denn die Krankenhäuser konnten mit den niedrig gehaltenen Pflegesätze nicht ihre ständig steigenden Kosten decken. Infolgedessen bedingte die Beschränkung der Pflegesätze die öffentliche Förderung der betreffenden Krankenhäuser. Damit hat also die Gewährleistung sozial tragbarer Krankenkassenbeiträge über die Gewährleistung sozial tragbarer Pflegesätze zur Notwendigkeit geführt, durch eine öffentliche Förderung der Krankenhäuser eine bedarfsgerechte Versorgung der Bevölkerung mit leistungsfähigen Krankenhäusern zu gewährleisten.*"

Allerdings ist die wirtschaftliche Sicherung der Krankenhäuser nicht Selbstzweck, sondern ihrerseits nur Mittel zum Zweck, wie dies § 1 I KHG klar zum Ausdruck bringt. Der Gesetzgeber betrachtet ein wirtschaftlich gesundes Krankenhauswesen als Voraussetzung für die bedarfsgerechte Krankenversorgung der Bevölkerung und für sozial tragbare Krankenhauskosten.[319] Allerdings fordert diese Vorschrift nicht den sozial tragbaren Pflegesatz. Das Gesetz soll nur dazu beitragen. Die soziale Tragbarkeit von Pflegesätzen ist keine feststehende und unterschiedslos für jeden Patienten maßgebende Größe. Die Regelungen des KHG

---

[317] Dietz/Bofinger, KHG, BPflV und Folgerecht, § 1 KHG Erl. II 3; *Genzel*, in: Laufs/Uhlenbruck, Handbuch des Arztrechts, § 86 Rn. 2; so auch *Hanisch*, DVBl. 1982, 1073; *Quaas*, KU 1986, 666; *Vollmer*, NJW 1985, 2161.
[318] BVerwG, U. v. 22.5.1980 – BVerwGE 60, 154 –; dazu *Quaas*, KU 1986, 666.
[319] BVerfGE 82, 209.

zur Krankenhausplanung, die Förderung der Investitionskosten durch die Länder und die Vorgaben des Finanzierungsrechts zur Bemessung der Pflegesätze tragen alle dazu bei, die Pflegesätze möglichst niedrig zu halten. In diesem Sinne ist der Beitrag zum sozialtragbaren Pflegesatz zu verstehen. Wie dieser Beitrag erbracht wird, ergibt sich aus den verschiedenen Regelungen des Krankenhausfinanzierungsrechts.

2. Anwendungsbereich und nicht förderfähige Einrichtungen

7   Krankenhäuser, die nicht der allgemeinen Versorgung, sondern nur einem bestimmten Benutzerkreis zur Verfügung stehen oder bei denen durch eine bestimmte Trägerschaft die wirtschaftliche Sicherung gewährleistet ist, werden vom Anwendungsbereich des KHG ausgenommen. Die Regelung des § 3 KHG ist abschließend. Es sind dies

- Krankenhäuser im Straf- und Maßregelvollzug,
- Polizeikrankenhäuser,
- Krankenhäuser der Träger der allgemeinen Rentenversicherung und, soweit die gesetzliche Unfallversicherung die Kosten trägt, Krankenhäuser der Träger der gesetzlichen Unfallversicherung und ihrer Vereinigungen; das gilt nicht für Fachkliniken zur Behandlung von Erkrankungen der Atmungsorgane, soweit sie der allgemeinen Versorgung der Bevölkerung mit Krankenhäuser dienen.[320]

8   Andere Krankenhäuser unterfallen dem Gesetz, werden aber gleichwohl nicht öffentlich gefördert. Sie sind abschließend in § 5 I KHG aufgeführt. Insbesondere handelt es sich dabei um

- Hochschulkliniken (Nr. 1),
- Krankenhäuser, die nicht die in § 67 AO bezeichneten Voraussetzungen erfüllen (Nr. 2),[321]
- Tuberkulosekrankenhäuser mit Ausnahme der bedarfsnotwendigen Fachkliniken zur Behandlung von Erkrankungen der Atmungsorgane (Nr. 4),
- Vorsorge- oder Rehabilitationseinrichtungen nach § 107 II SGB V (Nr. 7).[322]

Diese nach § 5 I KHG nicht förderfähigen Krankenhäuser – ausgenommen die Hochschulkliniken – fallen auch nicht unter das Pflegesatzrecht, vgl. § 20 KHG, § 1 II Nr. 2 BPflV und § 1 II KHEntgG.

9   Für diese Häuser gilt jedoch die Begrenzung der Höhe der Pflegesätze gegenüber Sozialleistungsträgern[323] und sonstigen öffentlichen Kostenträgern, nicht aber gegenüber Selbstzahlern (§§ 20, 17 V KHG).[324] Eine Sonderregelung gilt für Vorsorge- oder Rehabilitationseinrichtungen nach § 107 II SGB V. Für sie ist die Vergütung der Leistungen zwischen den Krankenkassen und den Trägern vertraglich zu vereinbaren. Hierfür gelten nicht die Vorschriften des KHG und BPflV, sondern eine an den Leistungen orientierte Preisgestaltung (§ 111 V SGB V). Auch insoweit ist jedoch von dem Gebot einer angemessenen Vergütungshöhe auszugehen.[325]

---

[320] Die seinerzeit durch das KHNG eingefügte Bestimmung trägt dem Übergang der Leistungszuständigkeit für die TBC-Heilbehandlung von der Renten- auf die Krankenversicherung durch die Regelung des Haushaltsbegleitgesetzes 1984 (BGBl. I 1532) Rechnung.

[321] § 67 Abs. 1 AO stellt darauf ab, dass mindestens 40 v. H. der jährlichen Belegungstage oder Berechnungstage Pflegetage auf Patienten entfallen, bei denen nur Entgelte für allgemeine Krankenhausleistungen berechnet werden.

[322] Dazu s. o. bei → § 25 Rn. 1 ff.

[323] Sozialleistungsträger sind Sozialversicherungsträger und andere Träger sozialer Leistungen, z. B. der Sozialhilfe (§§ 12, 21 ff., 28 f. SGB I).

[324] Nach Auffassung des BVerwG ist § 17 V KHG nur dann verfassungsmäßig, wenn seine Auslegung ergibt, dass auch nicht öffentlich geförderte Krankenhäuser wenigstens ihre Betriebskosten durch die Pflegesätze erwirtschaften können vgl. BVerwGE 75, 127 (132 f.); w. Nw. zur verfassungsrechtlichen Problematik bei *Genzel*, in: Laufs/Uhlenbruck, Handbuch des Arztrechts, § 86 Rn. 12 in Fn. 17; von der Verfassungswidrigkeit des § 17 V KHG ausgehend dagegen *Depenheuer*, Staatliche Finanzierung und Planung im Krankenhauswesen, 288 ff.

[325] Vgl. *Quaas*, Der Versorgungsvertrag nach dem SGB V mit Krankenhäusern und Rehabilitationseinrichtungen, Rn. 202 ff.; *ders.*, NZS 1996, 102 (105); u. bei § 27 Rn. 125 ff.

3. Das duale Finanzierungssystem

a) Allgemeines. Zu den tragenden Grundsätzen der Krankenhausfinanzierung zählt das 10 durch das KHG 1972 eingeführte[326] und seitdem – modifiziert – beibehaltene duale Finanzierungssystem.[327] Trotz seiner erheblichen wirtschaftlichen und ordnungspolitischen Problematik für die betrieblichen Entscheidungen im Krankenhaus durch die Aufteilung der Finanzierungsquellen,[328] ist eine Ablösung hin zu einer vollständigen monistischen Krankenhausfinanzierung in absehbarer Zeit wegen der finanz- und sozialpolitischen Auswirkungen eher nicht zu erwarten.[329] Die monistische Finanzierung läuft im Ergebnis auf einen totalen Rückzug der Länder aus der Finanzierungsverantwortung für die Krankenhäuser hinaus, diese soll ausschließlich von den Krankenkassen getragen werden. Wie der Wegfall der Investitionsverpflichtung der Länder ausgeglichen und gleichwohl die Beitragsneutralität gewährleistet werden soll, ist ungelöst. Bei einer Übertragung der Bereithaltungs- und Versorgungsfunktion der Krankenhäuser in die Verantwortung der gesetzlichen Krankenversicherung würde das KHG endgültig zu einem „KKEG" (Krankenkassenbeitragsentlastungsgesetz) denaturieren.[330] Es entspricht deshalb politischem Wunschdenken, die Lasten einer monistischen Finanzierung beitragsneutral ohne staatliche Zuschüsse gestalten zu können. Die mit dem Entwurf eines „Gesetzes zu Reformen der gesetzlichen Krankenversicherung ab dem Jahr 2000"[331] erneut beabsichtigte stufenweise Einführung einer monistischen Krankenhausfinanzierung ist daher am Widerstand des Bundesrats gescheitert. Der im Vermittlungsausschuss vorgelegte und Gesetz gewordene Entwurf des GKV-Gesundheitsreformgesetzes 2000[332] hat sich u. a. für ein DRG-orientiertes Fallpauschalensystem auf der Grundlage des § 17b KHG entschieden, das mit seiner Einführung ab dem Jahre 2003 das duale Finanzierungssystem eher festigt.[333]

---

[326] Die Idee des „dualen Finanzierungssystems" geht vor allem zurück auf *Auerbach,* der dieses Finanzierungssystem Mitte der 60er Jahre als Staatssekretär im Nieders. Sozialministerium entwickelt hat – vgl. Sozialer Fortschritt 17 (1968), 35 ff. sowie zu weiteren Nachweisen *Depenheuer,* Staatliche Finanzierung und Planung im Krankenhauswesen, 57; BT-Drs. V/4230, 28 ff.

[327] Da nicht alle Kosten des Krankenhauses durch öffentliche Förderung und Pflegesätze gedeckt werden, vielmehr die Träger einen zum Teil erheblichen Eigenanteil aufbringen müssen, ist hinsichtlich des Finanzbedarfs eines Krankenhauses richtigerweise von einer „trialen Finanzierung" (Staat/Patienten oder Krankenkassen/Krankenhaus) zu sprechen, vgl. *Depenheuer,* Staatliche Finanzierung und Planung im Krankenhauswesen, 57, 67 (Übersicht über die eigenen Finanzquellen der Krankenhäuser); daraus resultiert für viele – insbesondere freigemeinnützige – Krankenhausträger der Vorwurf, das duale Finanzierungssystem des KHG führe zu einer Aushöhlung der Eigenkapitalbasis der Krankenhäuser und habe damit enteignungsgleichen Charakter – vgl. d. Nw. bei *Faltin,* freigemeinnützige Krankenhausträger im System staatlicher Krankenhausfinanzierung, 116 ff.; s. a. *Dettling,* in: Lenz/Dettling/Kieser, Krankenhausrecht, 72 ff.

[328] Der in vielen Bundesländern nachhaltig zu beobachtende „Investitionsstau" bei der öffentlichen Förderung der Investitionskosten, der wiederum zur Folge hat, dass dadurch die Betriebskosten steigen, ist mit eine Ursache für die „Privatisierungswelle", die vor allem kommunale Krankenhäuser seit nunmehr einem Jahrzehnt ergriffen hat, wobei zunehmend nicht nur eine formelle Privatisierung, sondern auch eine materielle Privatisierung durch Veräußerung des Krankenhauses an einen privaten Träger (Klinikkette) stattfindet – vgl. *Quaas,* das Krankenhaus 2001, 40; s. a. die Prognose des WP-Büros *Arthur Andersson,* Krankenhaus 2015 – Wege aus dem Paragraphendschungel – in Health Care 2000, 2 ff., 44 f.

[329] Als mittel- und langfristige Zielsetzung wurde vom Bundestag bereits 1992 eine monistische Finanzierung der Krankenhäuser ausschließlich leistungsorientierte Pflegesätze beschlossen. Das geltende duale System zeige sich als immer weniger zeitgemäß, insbesondere die Trennung der Finanzierungsverantwortung für die Investitionskosten und die aus den Investitionen folgenden Betriebskosten – vgl. Entschließung des Deutschen Bundestages in seiner 127. Sitzung am 9.12.1992, zit. nach *Buse,* Geeignete Rechtsform für kommunale Krankenhäuser, 34; GSG-Begr., BT-Drs. 12/2608, 9, abgedr. in: Hauck, SGB V, M 060; Begr. 2. GKV-NOG, BT-Drs. 13/6087 zu Art 5 Nr. 4, S 31 f.; zu neueren Entwicklungen s. *Dettling* in: Lenz/Dettling/Kieser, Krankenhausrecht, 76.

[330] *Quaas,* MedR 2002, 273.

[331] BT-Drs. 14/1245.

[332] BGBl. I 2626.

[333] → § 26 Rn. 330 ff.

11 **b) Duale Finanzierung.** Die Kosten des Krankenhauses wurden vor dem Jahr 1972 – wenn auch unzureichend – aus einer Quelle finanziert: den Erlösen aus den Pflegesätzen. Nunmehr werden die Investitionskosten von den Ländern gefördert. Über die Pflegesätze werden nur noch die laufenden Betriebskosten finanziert. Investitionsaufwendungen werden also nicht mehr berücksichtigt.

12 Das findet Niederschlag in den verschiedenen Fassungen des § 4 KHG. Nach der heutigen Fassung werden die Investitionskosten „im Wege öffentlicher Förderung übernommen". Für die laufenden Betriebskosten erhält das Krankenhaus „leistungsgerechte Erlöse aus den Pflegesätzen, die nach Maßgabe dieses Gesetzes auch Investitionskosten enthalten können, sowie Vergütungen für vor- und nachstationäre Behandlung und für ambulantes Operieren." Wenn hier auch Vergütungen für vor- und nachstationäre Behandlung und für ambulantes Operieren aufgeführt werden, so findet das – abgesehen von der Regelung des § 17 I KHG über das einheitliche Entgelt – im Krankenhausfinanzierungsrecht nirgendwo Niederschlag. Diese Vergütungen bemessen sich allein nach dem SGB V.

13 Für diese Finanzierung der Kosten des Krankenhauses aus zwei Quellen spricht man von einer dualen Finanzierung. Sie gilt jedoch nicht für alle unter Pflegesatzrecht fallenden Krankenhäuser. Wenn § 4 Nr. 1 KHG den Krankenhäusern, also allen Krankenhäusern, eine Förderung der Investitionskosten zugesteht, so gilt das nur für das in den Krankenhausplan aufgenommene Krankenhaus. § 8 I KHG räumt nur dem in den Krankenhausplan aufgenommenen Krankenhaus einen Anspruch auf Förderung seiner Investitionskosten ein.

14 Es gibt daneben eine Gruppe von Krankenhäusern, die zwar unter Pflegesatzrecht fallen, deren Investitionskosten gemäß § 5 I KHG jedoch nicht gefördert werden. Für diese Förderung entfällt also eine duale Finanzierung. Sie werden monistisch finanziert, und zwar allein durch Erlöse aus den Pflegesätzen. Das gilt auch dann, wenn nach Maßgabe dieses Gesetzes die Pflegesätze auch Investitionskosten enthalten. Hier kommen – falls zutreffend – die Benutzer und ihre Kostenträger über die Pflegesätze für die Investitionsaufwendungen auf. Diese Krankenhäuser werden also monistisch finanziert.

15 **c) Wirtschaftliche Sicherung der Krankenhäuser.** § 4 KHG gibt für das geförderte Krankenhaus nicht nur das duale Finanzierungssystem wieder. Die Vorschrift hält auch fest, dass die Krankenhäuser durch Investitionsförderung und Erlöse aus den Pflegesätzen „*wirtschaftliche gesichert*" werden. Ein Unternehmen ist dann wirtschaftlich gesichert, wenn es auf Dauer gesehen zumindest seine Kosten erwirtschaften kann. Dafür kommt es auf die Höhe der Investitionsförderung und die Höhe der Erlöse aus den Pflegesätzen an. Für deren Bemessung enthält sich jedoch die heute maßgebende Fassung des § 4 KHG jeder Aussage. *Stollmann, Quaas, Dietz*[334] bewerten deshalb § 4 als „Programmvorschrift" und als „Hülle ohne rechtlich vollziehbaren Kern". Nach *Tuschen/Dietz*[335] hat § 4 „*nur noch die Funktion, einen Überblick über die duale Finanzierung der Krankenhäuser zu geben.*"

16 Das gilt selbst für die in § 4 Nr. 2 KHG angesprochenen leistungsgerechten Erlöse aus Pflegesätzen. Aus einer Leistungsgerechtigkeit lässt sich justiziabel nichts zur Höhe der Pflegesätze ableiten.

17 Was der Gesetzgeber heute unter einer wirtschaftlichen Sicherung der Krankenhäuser versteht, lässt sich deshalb nur aus den materiell-rechtlichen Vorschriften des KHG, des KHEntgG und der BPflV entnehmen. Hierauf wird nachfolgend kurz eingegangen:

18 Ausgangspunkt ist § 4 KHG in seiner ursprünglichen Fassung. Dort wird zur Höhe von Förderung und Pflegesätzen eindeutig ein Kostendeckungsprinzip verankert. Danach mussten „*Die Förderung nach diesem Gesetz und die Erlöse aus den Pflegesätzen zusammen die Selbstkosten eines sparsam wirtschaftenden und leistungsfähigen Krankenhauses decken, soweit die nachfolgenden Bestimmungen dieses Gesetzes nichts anderes vorsehen*".

---

[334] Dietz/Bofinger, Erläuterung zu § 4 I. 2.
[335] Dietz/Bofinger, Erläuterung I. 1. zu § 17 KHG.

§ 26 Grundzüge des Rechts der Krankenhausfinanzierung

aa) Investitionskosten. Für die Förderung der Investitionskosten wurde dies in § 9 Abs. 5 KHG umgesetzt. Danach sind die Fördermittel so zu bemessen, *„dass sie die förderungsfähigen und unter Beachtung betriebswirtschaftlicher Grundsätze notwendigen Investitionskosten decken."* Diese Vorschrift gilt unverändert auch heute noch. Es kann also heute für die Investitionsförderung weiterhin von einem Kostendeckungsprinzip ausgegangen werden. 19

Das gilt aber nur für das Plankrankenhaus. Nur dessen Investitionskosten werden öffentlich gefördert. Für das unter Pflegesatzrecht fallende Vertragskrankenhaus im Sinne von § 108 Nr. 3 SGB V entfällt jedoch eine solche Förderung. Seine Investitionskosten können gemäß § 4 Nr. 2 KHG nur *„nach Maßgabe dieses Gesetzes"* über Erlöse aus den Pflegesätzen finanziert werden. Diese Maßgaben sind jedoch nicht im KHG selbst, sondern heute nur noch in der BPflV für nicht geförderte Krankenhäuser zu finden: 20

Für die unter das KHEntgG fallenden somatischen Krankenhäuser ist nach Erreichung des Zieljahres dieses Gesetzes ab dem Jahr 2009 eine Finanzierung der Investitionskosten über die Pflegesätze gänzlich entfallen. Vertragskrankenhäuser müssen ihre Investitionskosten also allein finanzieren. Insoweit kann nicht mehr von einer wirtschaftlichen Sicherung dieser Krankenhäuser gesprochen werden. 21

Für die unter die BPflV fallenden psychiatrischen und psychosomatischen Einrichtungen wäre nach dem ursprünglich vorgesehenen Preissystem des § 17d KHG ebenfalls ab Erreichen des Zieljahres eine Finanzierung der Investitionskosten über die Pflegesätze entfallen. Nach der Rückkehr zu einem Budgetsystem[336] können Investitionsaufwendungen begrenzt über Pflegesätze finanziert werden[337]. 22

bb) Erlöse aus Pflegesätzen. Für die Höhe der Pflegesätze hat § 17 I KHG in der Fassung des Kostendämpfungsgesetzes noch ab dem Jahr 1985 festgelegt: *„Sie müssen die Selbstkosten eines sparsamen wirtschaftenden leistungsfähigen und bedarfsgerechten Krankenhauses decken."* Sie sollen *„sicherstellen, dass das Krankenhaus seinen Versorgungsauftrag in medizinisch zweckmäßigem und erforderlichem Umfang erfüllen kann."* Von einer solchen Kostendeckung ist heute keine Rede mehr. § 17 I KHG wurde seit dem Jahre mehrfach geändert. Eine ab dem Jahr 1993 geltende Fassung stellt nicht mehr auf die Kosten des Krankenhauses ab. Sie übernimmt in abgeschwächter Form die bisherige Regelung über die zur Erfüllung des Versorgungsauftrags erforderlichen Pflegesätze. Sie müssen die Erfüllung des Versorgungsauftrags nicht mehr „sicherstellen", sondern nur „ermöglichen". Aber auch hinter dieser abgeschwächten Formulierung steht unausgesprochen ein Kostendeckungsgrundsatz. Ein Krankenhaus kann seinen Versorgungsauftrag nur erfüllen, wenn es auf Dauer gesehen die für die notwendigen Leistungen entstehenden Kosten finanzieren kann. 23

Diese unterschiedlich formulierten Finanzierungsgrundsätze beziehen sich der Sache nach nicht auf die für den einzelnen Behandlungsfall anfallenden Kosten und die dafür maßgebenden Pflegesätze, sondern auf die Gesamtkosten und Gesamterlöse des Krankenhauses. Dort wo ein Budget oder ein Gesamtbetrag vereinbart wird und daraus durch Divisionskalkulation Pflegesätze abgeleitet werden, bezieht sich der Finanzierungsgrundsatz auf das vorauskalkulatorisch zu vereinbarende Budget bzw. den Gesamtbetrag. 24

Die heute maßgebende Fassung des § 17 enthält Finanzierungsgrundsätze zur Höhe von Budget und Pflegesätzen nicht mehr in § 17 I sondern in den Absätzen I a) und II.: 25

Nach Absatz 1a) gelten für die mit pauschalierten Pflegesätzen vergüteten Leistungen im Bereich der DRG-Krankenhäuser die Vorgaben des § 17b) und den Bereich der psychiatrischen und psychosomatischen Einrichtungen die Vorgaben des § 17d) KHG. Die Bemessung dieser Entgelte richtet sich danach allein nach diesen Vorschriften und dem dahinter stehenden KHEntgG und der BPflV. Dahinter steht, dass in dem Preissystem nach § 17b) und § 17d) KHG die Entgelte nicht aus einem Budget abgeleitet werden, das mehr oder weniger 26

---

[336] → § 26 Rn. 269, 329, 383 ff.
[337] § 3 VI BPflV.

kostenbezogen in örtlichen Pflegesatzverhandlungen ermittelt wird. Die Fallpauschalen des KHEntgG zum Beispiel ergeben sich vielmehr rein rechnerisch aus dem Produkt bundeseinheitlicher Bewertungsrelationen und einen Landesbasisfallwert. Die Kosten des einzelnen Krankenhauses spielen dabei keine Rolle. Entscheidende Größe für die Höhe der Fallpauschalen ist gemäß § 10 KHEntgG der Landesbasisfallwert. Für das ursprünglich vorgesehene pauschale Preissystem der BPflV wäre dies gemäß § 10 I. BPflV a. F. ein „Landesbasisentgeltwert" gewesen.

27   Nach der ursprünglichen Konzeption des Gesetzes hätte für Krankenhäuser, für die das neue pauschale Vergütungssystem des § 17b) und d) KHG maßgebend ist, allein der Finanzierungsgrundsatz des § 17 1a) KHG gegolten. Unter die daneben stehende Finanzierungsregelung des § 17 II KHG hätten also nur noch psychiatrische und psychosomatische Einrichtungen fallen können, solange sie nicht für das Preissystem des § 17d) KHG a. F. optiert hatten. Nach der Rückkehr zu einem Budgetsystem für die psychiatrischen und psychosomatischen Krankenhäuser, bei dem die Entgelte wieder krankenhausindividuell aus einem Budget abgeleitet werden, stellt sich jedoch die Frage, ob hier nicht entgegen dieser ursprünglichen Konzeption des Gesetzes § 17 II KHG für alle psychiatrischen und psychosomatischen Einrichtungen maßgebend ist. Es sprechen überwiegende rechtliche Gründe dafür, dass der Gesetzgeber es bei der Rückkehr zum Budgetsystem übersehen hat, § 17 I a) KHG diesen Systemwechsel anzupassen.[338]

28   Soweit danach § 17 II KHG auf psychiatrische und psychosomatische Krankenhäuser anzuwenden ist, müssen die Pflegesätze es einem Krankenhaus bei wirtschaftlicher Betriebsführung ermöglichen, seinen Versorgungsauftrag zu erfüllen. Den bis dahin für alle Krankenhäuser maßgebenden § 17 I KHG a. F. entnommen. Dass darin ein Kostendeckungsprinzip verankert ist, wurde schon oben zu § 17 I KHG a. F. dargelegt.

29   **d) Grundsatz der Beitragssatzstabilität; Erlösbegrenzung.** Mit der Herausnahme eines ausdrücklichen Kostendeckungsprinzips aus § 17 I KHG geht einher, dass bei der Ermittlung der Pflegesätze *„Der Grundsatz der Beitragssatzstabilität (§ 141 II. SGB V)"* zu beachten ist. Später ist an dessen Stelle § 71 I SGB V getreten. Nach dieser Vorschrift darf in Verbindung mit § 71 II SGB V die *„vereinbarte Veränderung der jeweiligen Vergütung"* die aus § 71 III SGB V sich ergebende Veränderungsrate nicht übersteigen. Diese Regelung galt ursprünglich ausdrücklich auch für die Krankenhauspflegesätze.

30   Die pflegesatzrechtliche Konkretisierung dieser Vorgabe in § 6 I BPflV a. F. hat allerdings nicht auf die jeweilige Vergütung, also die einzelnen Entgelte abgestellt, sondern auf ein Krankenhausbudget, aus dem diese Pflegesätze abgeleitet wurden. Die sich dabei ergebende Streitfrage, ob neben dieser speziellen Regelung des § 6 I BPflV a. F. auch noch der Grundsatz der Beitragssatzstabilität des § 71 SGB V zu beachten sei. wurde vom Gesetzgeber durch Änderung des § 17 I KHG durch das Fallpauschalengesetz dahingehend gelöst, dass dieser Grundsatz des § 71 I SGB V *„nach Maßgabe dieses Gesetzes und des Krankenhausentgeltgesetzes zu beachten"* ist. Zugleich wurden aus § 71 I. SGB V die Krankenhausentgelte herausgenommen. Maßgebend ist nunmehr eindeutig allein, welche begrenzenden Regelungen das Pflegesatzrecht enthält.

31   Dazu kommt, dass das Pflegesatzrecht heute nicht mehr auf die Veränderungsrate des § 71 III SGB V abstellt, sondern auf einen besonderen Veränderungswert. Das ist ein auf die Kosten der Krankenhäuser bezogener Wert, der von der Entwicklung der Beitragseinnahmen in der gesetzlichen Krankenversicherung unabhängig ist. Die Veränderungsrate des § 71 III SGB V bildet nur noch die Untergrenze dieses Veränderungswerts.

32   So gesehen, geht es heute im Krankenhausbereich rechtlich nicht mehr um die Beachtung des Grundsatzes der Beitragssatzstabilität nach § 71 SGB V, sondern um eigenständige pflegesatzrechtliche Beschränkungen. Wenn § 17 I KHG heute immer noch von einem

---

[338] → § 26 Rn. 383 ff.

solchen zu beachtenden Grundsatz spricht, so ist das nur noch mit der Historie zu erklären. Pflegesatzrecht spricht nur noch in der Überschrift des bis Ende 2019 entsprechend anwendbaren § 6 BPflV 2012 von diesem Grundsatz.

Hinsichtlich der pflegesatzrechtlichen Begrenzung leistungsgerecht bemessener Pflegesätze und Krankenhausbudgets ist zwischen den KHEntgG-Krankenhäusern und den psychiatrischen und psychosomatischen Einrichtungen der BPflV zu unterscheiden: 33

Bei den KHEntgG- Krankenhäuser spielt der begrenzende Veränderungswert für die örtlichen Pflegesatzvereinbarungen der Vertragsparteien nach § 18 Abs. 2 KHG unmittelbar keine Rolle. Er ist nur für die Vereinbarung eines Landesbasisfallwerts durch die Vertragsparteien auf Landesebene von Bedeutung. Nach § 10 IV KHEntgG darf nämlich der neu zu vereinbarende Landesbasisfallwert den bisherigen Basiswert grundsätzlich nicht über den Veränderungswert hinaus überschreiten. Das wirkt sich allerdings mittelbar auf die einzelnen Krankenhäuser über entsprechend niedrigere Fallpauschalen aus. Der Veränderungswert ist dort aber nicht Gegenstand der Pflegesatzverhandlungen. 34

Bei den psychiatrischen und psychosomatischen Einrichtungen beziehen sich die beschränkenden pflegesatzrechtlichen Regelungen dagegen auf den von den örtlichen Vertragsparteien nach § 18 KHG und § 11 BPflV zu vereinbarenden Gesamtbetrag. Er darf den vereinbarten Gesamtbetrag des Vorjahres grundsätzlich über den Veränderungswert hinaus nicht übersteigen. Verschiedene Ausnahmetatbestände mildern allerdings die Begrenzung eines zuvor leistungsgerecht vereinbarten Gesamtbetrags. 35

Soweit die Beachtung des Vereinbarungswerts zu einer Deckelung leistungsgerecht vereinbarter Werte führt, weicht der Gesetzgeber eindeutig von seinem „Versprechen" in § 4 Nr. 2 KHG ab, dass die Krankenhäuser durch leistungsgerechte Erlöse aus den Pflegesätzen wirtschaftlich gesichert werden. Soweit die pflegesatzrechtliche Begrenzung greift, wird nicht danach gefragt, ob ein Krankenhaus durch Erlöse aus solchen begrenzten Entgelten wirtschaftlich noch gesichert ist und ob diese Erlöse es einem wirtschaftlich betriebenen Krankenhaus ermöglichen, seinen Versorgungsauftrag zu erfüllen. 36

II. Grundzüge der Krankenhausförderung

1. Bundes- und Landesrecht

Durch das 22. Gesetz zur Änderung des Grundgesetzes[339] wurde mit Art. 74 Nr. 19a GG „die wirtschaftliche Sicherung der Krankenhäuser und die Regelung der Krankenhauspflegesätze" zum Gegenstand der konkurrierenden Gesetzgebung gemacht. Damit hat der Bundesgesetzgeber die Kompetenz zur Gestaltung des Krankenhausfinanzierungsrechts in die Hand bekommen. Bei dieser Gesetzgebungszuständigkeit handelt es sich nicht um eine Art „Rahmenrecht", zu dessen Ausfüllung die Länder im Einzelnen mehr oder weniger nach ihrem Belieben ermächtigt sind.[340] Die Rechtssetzungsbefugnis der Länder erschöpft sich vielmehr darin, die vom Bund ausdrücklich oder stillschweigend nicht geregelten, aber regelungsbedürftigen Sachverhalte durch eigene ergänzende Bestimmungen zu normieren. Dies führt zu einem Nebeneinander von Bundes- und Landesrecht, das insbesondere am Maßstab des Art. 31 GG („Bundesrecht bricht Landesrecht") verfassungsrechtlich zu messen ist.[341] 37

Die Regelungsbefugnis der Länder hängt davon ab, welchen Raum dieses Bundesrecht ergänzendem Landesrecht lässt. Das KHG hat in seiner ursprünglichen Fassung die öffent- 38

---

[339] Gesetz vom 12.5.1969, BGBl. I 363.

[340] *Redeker*, NJW 1988, 1481, 1482 f. der zu Recht rügt, einige Länder hätten es beispielsweise für richtig gehalten, § 1 KHG durch eigene Normen zu „ersetzen" – vgl. auch *Pestalozza*, Rechtsfragen der Krankenhausfinanzierung in Berlin, Rechtgutachten 62 f.

[341] Vgl. BVerfGE 46, 116 (135); *Pestalozza*, Rechtsfragen der Krankenhausfinanzierung in Berlin, Rechtgutachten, 63 f.

liche Förderung abschließend geregelt. Die Fördertatbestände waren durchgehend und detailliert bestimmt. Selbst die allein dem Landesrecht zuzurechnende Rückforderung von Landesmitteln und die dem Landeshaushaltsrecht zuzuordnende Zahlung der Fördermittel als Zuschuss, Schuldendiensthilfe oder Kapitalkostenausgleich (§ 5 KHG a. F.) war geregelt. Das Krankenhaus-Neuordnungsgesetz – KHNG[342] hat – dem Druck der Länder nachgebend – hier eine Wende gebracht. Es sollte das föderative System gestärkt werden:

39   Mit dem gleichzeitigen Abbau der bisherigen Mischfinanzierung durch Bund und Länder wird der Gestaltungsraum der Länder erheblich ausgeweitet. Die Gesetzesbegründung[343] hebt als einen der Schwerpunkte der Reform hervor:

„... klare Zuordnung der Zuständigkeit für die Förderung der Krankenhausinvestitionen an die Länder ... mehr Gestaltungsfreiraum für die Gesetzgebung der Länder durch Einschränkung der bundesgesetzlichen Vorgaben für die auch weiterhin notwendige, aber verbesserungsbedürftige Krankenhausplanung und die Investitionsförderung. Der Verzicht auf eine detailliertere bundesrechtliche Normierung der einzelnen Tatbestände für die Investitionsförderung mag aus der Sicht der Krankenhausträger bedauert werden, weil sie nicht voll übersehen können, welche landesrechtlichen Regelungen an die Stelle bisheriger bundeseinheitlicher Fördertatbestände treten. Die Zurückführung bundesrechtlicher Vorgaben erscheint als Konsequenz aus der Aufhebung der Mischfinanzierung und der damit verbundenen künftigen Alleinverantwortung für die Investitionsförderung jedoch vertretbar. An der bundesrechtlichen Regelung der Pauschalförderung für die Wiederbeschaffung kurzfristiger Anlagegüter (§ 10 KHG) wurde allerdings festgehalten."

40   Die Regelungsdichte des bisherigen Bundesrechts für die einzelnen Fördertatbestände wurde deshalb stark zurückgefahren, zum Teil bis hin zu der bloßen Aussage, dass etwas zu fördern sei, ohne festzulegen, unter welchen Voraussetzungen und in welchem Umfange zu fördern ist. Ein deutliches Beispiel bildet der Fördertatbestand nach § 9 II Nr. 5 KHG: Die Länder bewilligen Fördermittel „zur Erleichterung der Schließung von Krankenhäusern." Überdies entfallen mehrere Vorschriften ersatzlos, z. B. § 7 a. F. über den Bund-/Länderausschuss für Fragen der wirtschaftlichen Sicherung der Krankenhäuser und § 15 über die Sicherung und Rückforderung von Fördermitteln. Schließlich enthält die Neufassung des Gesetzes in wesentlichen Punkten sogar ausdrückliche Vorbehalte zugunsten der Landesgesetzgebung dahingehend, dass etwas „nach Maßgabe des Landesrechts gilt" (§ 1 II 2 und § 9 V KHG) und dass das „Nähere durch Landesrecht bestimmt wird" (§ 6 IV, § 7 II und § 11 KHG).

2. Bundesrechtliche Vorgaben

41   **a) Verteilung der Finanzierungslasten.** Zweck des KHG ist die wirtschaftliche Sicherung der Krankenhäuser (§ 1 KHG). Der Gesetzgeber hat gesehen, dass eine solche wirtschaftliche Sicherung allein über die Pflegesätze die Benutzer und ihre Kostenträger außerordentlich belasten würde. Er hat deshalb die Finanzierungslast auf mehrere Schultern verteilt: die öffentliche Hand einerseits, die Benutzer und ihre Kostenträger andererseits. Einen dritten Kostenblock (Grundstücks- und Grundstückserschließungskosten sowie Anlauf- und Umstellungskosten – § 2 Nr. 2 und § 4 II KHG a. F.) hat man jedoch in der Finanzierungslast der Krankenhausträger gelassen und eine Förderung nur bei Betriebsgefährdung vorgesehen.

42   Die öffentliche Hand fördert dabei die Investitionskosten nach den Vorgaben des KHG und des näheren Landesrechts nach § 11 KHG. Das gilt nicht für die Investitionskosten von Hochschulkliniken. Sie werden nicht nach dem KHG, sondern nach den landesrechtlichen Vorschriften für den Hochschulbau gefördert (§ 5 I Nr. 1 KHG).

---

[342] Gesetz vom 20.12.1984, BGBl. I S. 1716.
[343] BT-Drs. 10/2095, Allgemeiner Teil IV, Nr. 2.

Die duale Finanzierung entfällt allerdings bei den Vertragskrankenhäusern im Sinne von 43
§ 108 Nr. 3 SGB V. Deren Investitionskosten werden nicht öffentlich gefördert. Sie werden
entweder nach besonderem Pflegesatzrecht in die Pflegesätze mit einbezogen oder selbst dort
nicht berücksichtigt[344] (monistische Finanzierung über die Pflegesätze bzw. Eigenfinanzierung durch das Krankenhaus).

Eine solche geteilte Finanzierungsverantwortung setzt die Bildung von Kostenblöcken 44
voraus, die dem einen oder anderen Finanzierungsträger zugeordnet werden. Ihre Abgrenzung muss möglichst klar sein, um die mit einer solchen geteilten Finanzierung fast unausweichlich negativen Folgen zu mindern: Jeder Finanzierungsträger ist tendenziell daran
interessiert, bei Abgrenzungsproblemen die Finanzierungsverantwortung dem anderen Kostenträger zuzuschieben. § 16 Satz 1 KHG ermächtigt deshalb die Bundesregierung, durch
Rechtsverordnung Vorschriften über die nähere Abgrenzung der Kosten des Krankenhauses
von den pflegesatzfähigen Kosten zu erlassen. Das ist nur für einen Teilbereich der Kosten in
unzureichender Weise durch eine Abgrenzungsverordnung[345] geschehen.

b) Die einzelnen Kostenblöcke und Finanzierungsträger. Die Kosten des öffentlich 45
geförderten Plankrankenhauses werden wie folgt finanziert:
– öffentliche Förderung durch das Land:
  • die Investitionskosten,
  • die investitionsgleichen Kosten,
  • bei Betriebsgefährdung:
    – die Kosten des Grundstücks und der Grundstückserschließung,
    – die Anlauf- und Umstellungskosten,
  • bei Herausnahme des Krankenhauses aus dem Krankenhausplan:
    – die bisherigen Eigenkapitalkosten,
    – Kosten der Schließung und Umstellung auf andere Aufgaben.

Finanzierung der übrigen Kosten über Pflegesätze durch den Krankenhausbenutzer und 46
seine Kostenträger:
– Eigene Finanzierung durch den Krankenhausträger:
  • die Kosten des Grundstücks und der Grundstückserschließung,
  • die Anlauf- und Umstellungskosten,
es sei denn, dadurch würde der Betrieb gefährdet.

c) Die Investitionskosten. aa) Die gesetzliche Begriffsbestimmung. Der Bedeutung nach 47
steht die Förderung der Investitionskosten weit im Vordergrund. Es gibt keinen allgemein
gültigen Begriff der Investitionskosten. Er muss deshalb in dem jeweiligen Finanzierungsgesetz festgelegt werden. Der Gesetzgeber hat hier freie Hand. So waren im Regierungsentwurf des KHG[346] die Instandhaltungs- und Instandsetzungskosten den investitionsgleichen Kosten, also den förderungsfähigen Kosten zugeordnet (§ 2 Nr. 3b KHG-E). Um die
Finanzierungslast der Länder geringer zu halten, wurden sie im Gesetzgebungsverfahren aus
den investitionsgleichen Kosten herausgenommen. Erst Jahre später wurden sie durch § 4
AbgrV – also durch Verordnung – entgegen dieser gesetzlichen Vorgabe zum überwiegenden
Teil wieder versteckt in die Investitionsförderung einbezogen. Das BVerwG hat diese Einbeziehung als rechtswidrig abgelehnt, da sie angesichts dieser Entstehungsgeschichte nicht
durch die Verordnungsermächtigung des § 16 KHG gedeckt sei.[347]

Der Begriff der Investitionskosten wird allgemein in § 2 Nr. 2a und b KHG definiert. 48
Dazu gehören:

---

[344] → § 27 Rn. 6.
[345] Verordnung vom 12.12.1985, BGBl. I 2255 mit nachfolgenden Änderungen.
[346] BT-Drs. VI/1874.
[347] U. v. 21.1.1993, BVerwGE 91, 363.

- die Kosten der Errichtung (Neubau, Umbau und Erweiterungsbau),
- die Kosten der Anschaffung der zum Krankenhaus gehörenden Wirtschaftsgüter, ausgenommen der zum Verbrauch bestimmten Güter (Verbrauchsgüter),
- die Kosten der Wiederbeschaffung von Anlagegütern.

49 Die daraus an sich folgende Förderung der Wiederbeschaffung aller Anlagegüter wird jedoch nach § 17 IV Nr. 1 KHG dadurch eingeschränkt, dass die Kosten der Wiederbeschaffung von Anlagegütern mit einer durchschnittlichen Nutzungsdauer bis zu drei Jahren pflegesatzfähig sind. Obwohl begrifflich Investitionskosten, werden sie dadurch zu pflegesatzfähigen Kosten gemacht, also aus einer Förderung der Investitionskosten herausgenommen.

50 Gleiches geschieht nach § 2 Nr. 3 AbgrV für wiederbeschaffte Anlagegüter unabhängig von ihrer Nutzungsdauer, wenn die Anschaffungs- oder Herstellungskosten für das einzelne Anlagegut ohne Umsatzsteuer 150 EUR nicht übersteigen. Diese Vorschrift fingiert, dass diese Anlagegüter im Sinne des Finanzierungsrechts „Verbrauchsgüter" sind, also über Pflegesätze zu finanzieren sind.

51 Aus dem Begriff der Investitionskosten werden ausdrücklich ausgenommen die Kosten des Grundstücks, des Grundstückserwerbs, der Grundstückserschließung sowie ihrer Finanzierung. Im Zusammenhang mit der Regelung des § 17 IV Nr. 2 KHG, dass diese Kosten auch nicht pflegesatzfähig sind, ergibt sich daraus eine vom Gesetz nicht ausgesprochene Eigenbeteiligung des Krankenhausträgers. Nur bei Betriebsgefährdung kann er mit einer Förderung des Landes rechnen.[348]

52 **bb) Der lückenhafte Begriff der Investitionskosten.** Die Legaldefinition der Investitionskosten umfasst nur die Errichtung von Krankenhäusern sowie die Anschaffung und Wiederbeschaffung von Anlagegütern. Daneben steht die Instandhaltung von Anlagegütern oder – nach der Terminologie des Handels- und Steuerrechts – der Erhaltungsaufwand. Es gibt jedoch zwischen diesen Kostenarten noch Kosten, die weder in der Definition der Investitionskosten erwähnt werden noch pflegesatzfähiger Erhaltungsaufwand sind. Es geht dabei nicht um das zu beschaffende Anlagegut als solches, sondern um das vorhandene Anlagegut, das wesentlich verbessert oder (durch Hinzufügung von Teilen) erweitert wird. Man spricht hier von nachträglichen Herstellungskosten. Der Begriff der Investitionskosten erfasst hier nur eine Erweiterung, die als Erweiterungsbau zu qualifizieren ist.

53 Solche nachträgliche Herstellungskosten ergeben sich für das seiner Bedeutung nach weit im Vordergrund stehende Anlagegut „Gebäude" ebenso wie für die betriebstechnischen Anlagen als Betriebsvorrichtung und die Einrichtungs- und Ausstattungsgegenstände. Werden z. B. einem vorhandenen Gebäude Markisen hinzugefügt, so wird kein Krankenhaus errichtet und wird kein Anlagegut beschafft, sondern das Anlagegut „Gebäude" um Anlageteile erweitert. Diese Investitionen finden sich weder im Investitionskostenbegriff wieder noch werden sie von der Abgrenzungsverordnung erfasst.

54 Man wird dem dualen Finanzierungssystem nur gerecht, wenn über den geschriebenen Investitionskostenbegriff hinaus auch solche nachträglichen Herstellungskosten und Anschaffungskosten den förderungsfähigen Investitionskosten zugerechnet werden. Sie sind gewiss nicht pflegesatzfähig, da es nicht um Instandhaltung (Erhaltungsaufwand) von Anlagegütern geht. Würden sie nicht gefördert, müsste das Krankenhaus diese Kosten selbst finanzieren. Aus dem KHG ist jedoch zu entnehmen, dass dem Krankenhaus nur die Finanzierungslast für solche Maßnahmen und Kosten obliegen soll, die das Gesetz selbst von der Förderung und aus dem Pflegesatz ausnimmt. Das ist hier nicht der Fall. Es liegt eine Gesetzeslücke vor, die dadurch zu schließen ist, dass diese Kosten den Investitionskosten zugerechnet werden. In die Pflegesätze können kraft ausdrücklicher Regelung (§ 3 I Nr. 4

---

[348] → § 26 Rn. 105.

AbgrV) nur die Instandhaltungskosten einbezogen werden. Nachträgliche Herstellungskosten gehören nicht dazu.[349]

Als förderungsfähige Investitionskosten müssen deshalb sämtliche das Anlagevermögen des Krankenhauses betreffenden Maßnahmen angesehen werden, die nicht Instandhaltungskosten (Erhaltungsaufwand), sondern Herstellungs- und Anschaffungskosten sind. 55

Was Instandhaltungskosten sind, wird entgegen einer weit verbreiteten Auffassung nicht abschließend in § 4 AbgrV geregelt. Dort wird nur gesagt, dass Instandhaltungskosten „die Kosten der Erhaltung oder Wiederherstellung von Anlagegütern des Krankenhauses" sind. Die eigentliche Frage, wann aber ein Anlagegut durch Maßnahmen lediglich erhalten oder erweitert oder verbessert wird, wird weder hier noch anderswo im Krankenhausfinanzierungsrecht geregelt. Die nachfolgende Regelung des § 4 I über eine Substanzmehrung und Verbesserung bezieht sich nur auf Maßnahmen, die der Erhaltung oder Wiederherstellung des Anlageguts dienen, lässt also selbst offen, wann eine solche Erhaltung vorliegt. Mangels einer krankenhausrechtlichen Regelung kommt nur eine Abgrenzung nach handels- und steuerrechtlichen Grundsätzen in Betracht. Maßgebend hierfür ist § 255 II HGB.[350] Danach ist zu unterscheiden in 56

- die Herstellung und Anschaffung eines Anlageguts,
- seine Erweiterung und
- seine wesentliche Verbesserung.

Wichtig ist dabei, dass wesentlich nur die Verbesserung eines Anlageguts sein muss, nicht aber seine Erweiterung. Der Bundesfinanzhof[351] sagt dazu: 57

„Aufwendungen für Erweiterung sind stets als Herstellungskosten zu beurteilen, mögen sie auch geringfügig sein."

Eine solche Abgrenzung der förderungsfähigen Investitionskosten von den pflegesatzfähigen Instandhaltungskosten nach den Grundsätzen des Handels- und Steuerrechts auf der Grundlage des § 255 HGB ist in der Rechtsprechung anerkannt. Das BVerwG hat sich in seinem Urteil vom 21.1.1993[352] mit der Abgrenzung von Erhaltungsaufwand und nachträglichen Herstellungskosten auseinandergesetzt und sich hierbei auf die Rechtsprechung des Bundesfinanzhofs gestützt: 58

„Danach liegen der Erhaltung dienende Aufwendungen insbesondere dann vor, wenn unselbstständige Teile eines einheitlichen Wirtschaftsguts lediglich ersetzt oder modernisiert werden, ohne dabei ihre Funktion zu ändern ... Demgegenüber sind nachträgliche Herstellungskosten anzunehmen, wenn das Wirtschaftsgut in seiner Substanz vermehrt, seinem Wesen verändert oder – von der üblichen Modernisierung abgesehen – über seinen bisherigen Zustand hinaus verbessert wird."

d) Das Anlagegut. aa) Allgemeines zu den Anlagegütern. Der Begriff der Herstellungskosten (§ 255 II HGB) stellt darauf ab, ob ein „Anlagegut" hergestellt, erweitert oder wesentlich verbessert wird. Für die Abgrenzung der Investitionskosten von den Instandhaltungskosten ist deshalb von ausschlaggebender Bedeutung, ob ein Anlagegut vorliegt. Wären die Fenster oder der Bodenbelag ein Anlagegut, so würde ihre Erneuerung zur förderungsfähigen Wiederbeschaffung eines Anlageguts führen. Wären sie nur Teil eines 59

---

[349] *Stollmann/Dietz*, in: Dietz/Bofinger, KHG, BPflV und Folgerecht, § 2 KHG, Erl. III und § 4 AbgrV, Erl. III.
[350] „Herstellungskosten sind die Aufwendungen, die ... für die Herstellung eines Vermögensgegenstandes, seiner Erweiterung oder für eine über seinen ursprünglichen Zustand hinausgehende wesentliche Verbesserung entstehen."
[351] U. v. 9.5.1995, DB 1995, S. 1889.
[352] BVerwGE 91, 363 dazu u. a. *Stollmann*, NZS 2004, 350, 357.

Anlageguts (hier des Anlageguts „Gebäude"), so wäre ihre Erneuerung grundsätzlich pflegesatzfähiger Erhaltungsaufwand. Das KHG sagt nicht, was ein Anlagegut ist. Zwar enthält die hierfür nach § 16 Nr. 4 KHG vorgesehene Abgrenzungsverordnung eine Definition des Anlageguts. Sie ist jedoch nichts sagend. Mit der Begriffsbestimmung des § 2 Nr. 1, „Anlagegüter sind die Wirtschaftsgüter des zum Krankenhaus gehörenden Anlagevermögens" wird nichts abgegrenzt, sondern nur die Selbstverständlichkeit wiedergegeben, dass es um Wirtschaftsgüter des Krankenhauses gehen muss, die zum Anlagevermögen gehören. Was aber die Einheit „Wirtschaftsgut des Anlagevermögens" ausmacht, bleibt offen und wird auch sonst im Krankenhausfinanzierungsrecht nicht gesagt. Auch hier bleibt deshalb kein anderer Weg, als auf die Grundsätze des Handels- und Steuerrechts abzustellen.

60 Es muss sich danach um einen selbstständig bewertungsfähigen und damit bilanzierungsfähigen Vermögensgegenstand des Anlagevermögens handeln. Ihm sind alle Teile zuzuordnen, die in einem einheitlichen Nutzungs- und Funktionszusammenhang stehen. Das führt dazu, dass in dem obigen Beispiel die Fenster eines Gebäudes, die Bodenbeläge, die Sanitärinstallationen usw. dem Anlagegut „Gebäude" zuzuordnen sind, also Teile eines Anlageguts sind und nicht etwa selbst Anlagegut.[353] Von entscheidender Bedeutung hierfür ist die steuerrechtliche Abgrenzung des Gebäudes von den Betriebsvorrichtungen.[354] In Einklang damit halten die Einkommensteuerrichtlinien[355] fest:

„Ein Gebäude ist ein Bauwerk auf eigenem oder fremdem Grund und Boden, das Menschen oder Sachen durch räumliche Umschließung Schutz gegen äußere Einflüsse gewährt, den Aufenthalt von Menschen gestattet, fest mit dem Grund und Boden verbunden, von einiger Beständigkeit und standfest ist."

61 Alles was im Sinne dieses Gebäudebegriffs der Nutzung als Gebäude zuzurechnen ist, gehört deshalb zum Anlagegut Gebäude und ist Teil des Gebäudes. Diese Teile selbst sind nicht Anlagegut. Besteht dieser Zusammenhang mit dem Gebäude und der Gebäudenutzung nicht, sind Gebäudeteile selbstständige Wirtschaftsgüter. Die Einkommensteuerrichtlinien sagen dazu:[356]

„Gebäudeteile, die nicht in einem einheitlichen Nutzungs- und Funktionszusammenhang mit dem Gebäude stehen, sind selbstständige Wirtschaftsgüter. Ein Gebäudeteil ist selbstständig, wenn er besonderen Zwecken dient, mithin in einem von der eigentlichen Gebäudenutzung verschiedenen Nutzungs- und Funktionszusammenhang steht."

62 Der Bettenaufzug eines Krankenhauses ist danach dem Betriebsvorgang zuzurechnen. Er ist Betriebsvorrichtung und damit Anlagegut. Der Personenaufzug hingegen dient der Gebäudenutzung, losgelöst von dem darin befindlichen Betrieb. Er ist deshalb Gebäudeteil, also kein Anlagegut. Die dargestellte Abgrenzung und förderrechtliche Bewertung von Betriebsvorrichtungen liegt auch verschiedenen Gerichtsurteilen zu Grunde.[357]

63 **bb) Kurz-, mittel- und langfristige Anlagegüter.** Das KHG 1972 hat die Anlagegüter noch in kurz- und mittelfristige Anlagegüter aufgeteilt. Dahinter stand die Regelung des § 10 KHG a. F., wonach die Wiederbeschaffung kurzfristiger Anlagegüter pauschal zu fördern war. Für mittelfristige Anlagegüter war den Ländern in § 9 II KHG a. F. die Kompetenz

---

[353] *Stollmann/Dietz*, in: Dietz/Bofinger, KHG, BPflV und Folgerecht, § 2 KHG Erl. III 6.2 und § 2 AbgrV II.
[354] Gleichlautende Erlasse der obersten Finanzbehörden der Länder vom 31.3.1992 (BStBl. I, 1992, S. 342) mit bundesweiter Geltung (EStR 2001, H42).
[355] EStR 2003 R 42.
[356] EStR 2003, R 13 (3).
[357] OVG Nordrhein-Westfalen, Urteil vom 5.12.1996, Az. 13 A 72/95, sowie OVG Niedersachsen v. 25.1.2001 – L 2863/00, und Az. 11 L 2923/00.

eingeräumt, auch deren Wiederbeschaffung pauschal zu fördern. Zu Letzterem ist es jedoch nicht gekommen. Es hat sich deshalb auch nicht die Problematik ergeben, dass ein Großteil der in der AbgrV 1978[358] – sie gilt heute nicht mehr – als mittelfristig aufgeführten Anlagegüter nur Gebäudeteile, also keine Anlagegüter sind. Dort wurden z. B. als mittelfristige Anlagegüter aufgeführt: Bodenbelag, Estrich, Parkett, Putz und Stuck usw. Ihre Bedeutung haben diese als mittelfristige Anlagegüter aufgeführten Gebäudeteile erst durch die weitere Regelung des § 5 IV Nr. 4 AbgrV 1978 erhalten, wonach das insgesamt oder weit überwiegende Ersetzen dieser Güterarten nicht zu den Instandhaltungskosten gehört, unausgesprochen also förderungsfähige Investition ist. Die Nachfolgeregelung des § 4 AbgrV 1986 enthält diese fiktiven „Anlagegüter" nicht mehr.

Das Gesagte gilt auch für die sogenannten langfristigen Anlagegüter. Dieser Begriff ist allerdings nur im Verzeichnis IV zur AbgrV 1978 zu finden. Es handelt sich dabei von wenigen Ausnahmen abgesehen durchweg nicht um Anlagegüter. Es geht vielmehr um Teile von Anlagegütern oder gar nur um „Arbeiten" wie „Abdichtung gegen drückendes Wasser, Bohrarbeiten" usw. Die heute geltende AbgrV kennt auch dieses langfristige Anlagegut nicht mehr. Geblieben ist nur das kurzfristige Anlagegut. Das ist erforderlich, weil Bundesrecht für die Wiederbeschaffung kurzfristiger Anlagegüter vorschreibt, dass sie pauschal zu fördern sind. **64**

cc) **Gebrauchsgüter.** Es geht hier um Anlagegüter mit einer durchschnittlichen Nutzungsdauer bis zu drei Jahren. Die Kosten ihrer Wiederbeschaffung sind nach § 17 IV Nr. 1 KHG pflegesatzfähig.[359] Diese Gruppe von Anlagegütern wird in § 2 Nr. 2 AbgrV als „Gebrauchsgüter" bezeichnet. Sie werden in dem Verzeichnis I der Anlage zur AbgrV beispielhaft aufgelistet, z. B. Wäsche, Textilien und Geschirr. Soweit ein Anlagegut einem der dort aufgeführten Güter zugerechnet werden kann, braucht nicht mehr nach der durchschnittlichen Nutzungsdauer gefragt zu werden. Dieses Anlagegut ist vielmehr kraft Fiktion ein Gebrauchsgut. **65**

e) **Verbrauchsgüter.** Die Beschaffungskosten von Verbrauchsgütern sind bereits nach der Begriffsbestimmung des § 2 Nr. 2 KHG keine Investitionskosten. Sie sind damit pflegesatzfähig. Die AbgrV definiert in § 2 Nr. 3 zunächst das Verbrauchsgut als Wirtschaftsgut, das durch seine bestimmungsgemäße Verwendung aufgezehrt oder unverwertbar wird, oder das ausschließlich von einem Patienten genutzt wird und üblicherweise bei ihm verbleibt. Das entspricht den allgemeinen Vorstellungen von einem Verbrauchsgut. **66**

Diese Vorschrift ordnet jedoch abweichend hiervon auch Anlagegüter mit geringen Anschaffungskosten den Verbrauchsgütern zu. Es geht hier um eine Fiktion. Die Anlagegüter müssen einer selbstständigen Nutzung fähig sein. Die Kosten für das einzelne Anlagegut dürfen ohne Mehrwertsteuer 150 EUR nicht überschreiten. Das gilt jedoch nur für die Wiederbeschaffung. Die Erstbeschaffung ist förderrechtlich die Beschaffung eines Anlageguts, also förderungsfähige Investition. Eine Förderung kommt in der Praxis jedoch nur im Rahmen und als Teil einer Errichtungsmaßnahme in Betracht. Im Übrigen wird die Beschaffung solcher geringstwertiger Anlagegüter über die Förderpauschale nach § 9 III KHG als so genannter kleiner Investitionsaufwand finanziert.[360] **67**

f) **„Große" Instandhaltungsmaßnahmen.** Der Regierungsentwurf des KHG hatte noch die Instandhaltungskosten des Krankenhauses begrifflich den Investitionskosten zugeordnet. Das KHG selbst tut das nicht. Dennoch hat die AbgrV 1978 und 1996 auf versteckte Weise Erhaltungsaufwendungen zu Investitionskosten umfunktioniert. Das ist in § 4 I a. F. dadurch geschehen, dass bestimmte Maßnahmen zur Erhaltung und Wiederherstellung von Anlagegütern aus dem Begriff der Instandhaltungskosten ausgenommen wurden. Es ging dabei um **68**

---

[358] Verordnung vom 5.12.1977, BGBl. I 2355.
[359] → § 26 Rn. 84 ff.
[360] → § 26 Rn. 197 f.

Erhaltungsmaßnahmen, die in baulichen Einheiten (z. B. Geschoss Dach, Treppenhaus) überwiegend vorgenommen wurden (von 500m² Bodenbelag des zweiten OG wurden 280m² erneuert). Ausdrücklich geregelt wurde dabei allerdings nur, dass diese Erhaltungsaufwendungen nicht pflegesatzfähiger Instandhaltungsaufwand sind. Dass sie damit zu förderungsfähigen Investitionskosten werden, wurde nicht gesagt und der Auslegung der Länder überlassen.

69 Diese durch die Verordnungsermächtigung des § 16 KHG nicht gedeckte Einbeziehung von Erhaltungsaufwendungen in die Investitionskosten hat das BVerwG[361] unter Berufung auf die Entstehungsgeschichte des KHG 1972 für rechtswidrig erklärt. Als Folge dieses Urteils haben die alten Bundesländer ab dem Jahre 1993 die Förderung dieser Erhaltungsaufwendungen eingestellt, Bayern ausgenommen. Die Bemühungen des Bundes, die Länder dennoch freiwillig oder über eine Gesetzesänderung zu einer Finanzierung dieses Erhaltungsaufwands zu bewegen, sind gescheitert. Deshalb wurde durch Art. 12 des zweiten GKV-Neuordnungsgesetzes[362] § 4 AbgrV geändert und diese Erhaltungsaufwendungen nicht mehr aus dem Begriff der Instandhaltungskosten ausgenommen. Es wurde jedoch die bisherige künstliche unpraktikable Aufteilung in zwei Kostenblöcke aufrecht erhalten. Die bisher aus den Instandhaltungskosten herausgenommenen Erhaltungsaufwendungen – oft große Instandhaltung genannt – wurden in § 17 IV b KHG – eingefügt durch Art. 8 des zweiten GKV-Neuordnungsgesetzes – einer pauschalen Finanzierung über die Pflegesätze zugeführt.

70 Diese künstliche Aufteilung der Instandhaltungskosten ist nur aus dieser Entstehungsgeschichte nachvollziehbar. Der Sache nach ist sie nicht haltbar.

71 Für das einzelne DRG-Krankenhaus spielen jedoch ab dem Jahre 2003 die Instandhaltungskosten und ihre künstliche Aufteilung in zwei Gruppen keine Rolle mehr. Die Höhe der Fallpauschalen richtet sich nämlich seitdem nicht mehr nach den Kosten des einzelnen Krankenhauses, ist also auch von der Höhe seiner Instandhaltungskosten unabhängig.

72 **g) Förderungsfähige Bereiche.** Es werden nicht alle Investitionen gefördert, die ein Krankenhausträger vornimmt. Das KHG bezweckt die wirtschaftliche Sicherung der Krankenhäuser, um eine bedarfsgerechte Versorgung der Bevölkerung mit leistungsfähigen Krankenhäusern zu gewährleisten. Es geht nur um die stationäre Krankenhausversorgung. Andere Versorgungsbereiche sind von einer Förderung ausgeschlossen. Das gilt insbesondere für Einrichtungen des Krankenhauses für Pflegefälle oder für im Maßregelvollzug auf Grund strafrechtlicher Bestimmungen Untergebrachter[363] sowie für Einrichtungen, die der Rehabilitation dienen und für Einrichtungen, in denen keine Krankenbehandlung stattfindet, sondern rein kosmetische Eingriffe vorgenommen werden. Daneben werden allgemein alle mit dem Krankenhaus verbundenen Einrichtungen ausgeschlossen, die nicht unmittelbar der stationären Krankenhausversorgung dienen.[364] Dazu zählen auch Einrichtungen wie Personalwohnheime und Personalwohnungen, auch wenn sie der Krankenhausversorgung dienlich sind. Sie dienen nur mittelbar der stationären Versorgung. Die Abgrenzung im Einzelfall kann schwierig sein. Es ist dabei jedoch nicht allein darauf abzustellen, ob in der verbundenen Einrichtung ärztlich behandelt wird und gepflegt wird. Auch die Küche, der Verwaltungsbereich, der Parkplatz usw. gehören zum Krankenhaus und dienen unmittelbar der stationären Versorgung.

73 Eine Sonderstellung nehmen Ausbildungsstätten für bestimmte Gesundheitsberufe ein, z. B. der Krankenpflege. Sie werden in § 2 Nr. 1a KHG enumerativ und abschließend aufgeführt. Andere Ausbildungsstätten fallen unter die Ausschlussregelung: „nicht unmittelbar der stationären Versorgung dienend". Die Förderungsfähigkeit der Investitionskosten solcher

---

[361] BVerwGE 91, 30.
[362] Gesetz vom 23.6.1997 (BGBl. I 1520).
[363] Vgl. § 5 Abs. 1 Nr. 3 KHG.
[364] Vgl. § 5 Abs. 1 Nr. 8 KHG.

§ 26 Grundzüge des Rechts der Krankenhausfinanzierung

Ausbildungsstätten ergibt sich daraus, dass in § 2 Nr. 1a KHG die Ausbildungsstätten den Krankenhäusern gleichgestellt sind. Ihre Investitionen werden also grundsätzlich wie Investitionen von Krankenhäusern gefördert. Es ist hier zu fragen, ob eine einzelne Investition unmittelbar der Ausbildung dient. § 2 Nr. 1a setzt allerdings voraus, dass das Krankenhaus Träger oder Mitträger der Ausbildungsstätte ist.

h) Förderhöhe. § 4 KHG legt fest, dass die Krankenhäuser u. a. dadurch wirtschaftlich gesichert werden, dass ihre Investitionskosten im Wege öffentlicher Förderung übernommen werden. Eine Eigenbeteiligung des Krankenhauses an den Investitionskosten ist also nicht vorgesehen. Dem entspricht die allgemeine Vorgabe des § 9 V KHG, wonach die Fördermittel so zu bemessen sind, dass sie die förderungsfähigen und unter Beachtung betriebswirtschaftlicher Grundsätze notwendigen Investitionskosten decken. Das KHG geht damit von einer Vollförderung der notwendigen und den Grundsätzen der Sparsamkeit und Wirtschaftlichkeit entsprechenden Investitionskosten aus. 74

Das gilt allerdings nur „nach Maßgabe dieses Gesetzes und des Landesrechts". Darin ist jedoch keine Einschränkung des Anspruchs auf grundsätzliche Vollförderung zu sehen. Das Bundesrecht schränkt diesen Anspruch in seinen „Maßgaberegelungen" nicht ein. Das Landesrecht kann nur das Nähere zur Förderung bestimmen, also z. B. nicht regeln, dass nur ein bestimmter Prozentsatz der an sich förderungsfähigen Kosten gefördert wird. 75

Es muss sich um notwendige und der Art nach förderungsfähige Investitionskosten handeln. Ihre Höhe muss den Grundsätzen der Sparsamkeit und Wirtschaftlichkeit entsprechen. Was notwendig ist und was sparsam ist, lässt jedoch weiten Spielraum zu. Kommt noch die zunehmende Finanznot der Bundesländer hinzu, ergibt sich faktisch meist eine Förderung, die unter den Kosten liegt, die das Krankenhaus selbst als notwendig und wirtschaftlich ansieht. Zur „richtigen" Höhe der einzelnen Investitionsförderung ist keine obergerichtliche oder höchstrichterliche Rechtsprechung bekannt. Das beruht nicht zuletzt darauf, dass die Länder auf landesrechtlicher Grundlage fast nur noch Förderfestbeträge bewilligen, die mit Zustimmung des Krankenhauses festgelegt werden.³⁶⁵ Eine solche Zustimmung zum Festbetrag schließt grundsätzlich eine Beschwer des Krankenhauses und damit eine verwaltungsgerichtliche Klage zur Höhe der Förderung aus. 76

Eine weitere Einschränkung ergibt sich im Bereich der Pauschalförderung nach § 9 III KHG in Verbindung mit Landesrecht. Die dort vorgeschriebene Pauschalförderung der Wiederbeschaffung kurzfristiger Anlagegüter und des kleinen Bauaufwands als Regelförderung kann nicht auf die im Einzelfall wirtschaftlichen Grundsätzen entsprechende Höhe der Kosten Rücksicht nehmen. Landesrecht sieht jedoch überwiegend unter engen Voraussetzungen eine Ausnahmepauschalförderung vor. 77

Gleiches gilt, wenn in einem Bundesland über § 9 III KHG hinaus nicht mehr einzeln, sondern pauschal gefördert wird, sei es gemäß § 10 KHG, sei es außerhalb dieser Vorschrift. Da hier auch die Errichtungskosten pauschal gefördert werden, ist das Risiko, dass die Regelpauschalförderung die konkreten Kosten des Krankenhauses nicht deckt, sogar deutlich höher. 78

i) Fördertatbestände (Investitionskosten). aa) Allgemeines. Das Gesetz zur Neuordnung der Krankenhausfinanzierung³⁶⁶ hat die bisher in mehreren Vorschriften enthaltenen detaillierten Fördertatbestände in einer einzigen Vorschrift, dem § 9 KHG, zusammengefasst. Die Regelungsdichte ist erheblich vermindert. Sie lässt den Ländern zum Teil weiten gesetzgeberischen Gestaltungsspielraum. Diese Vorschrift erstreckt sich auf Investitionskosten und investitionsgleiche Kosten sowie auf andere Kostenarten. Hinsichtlich der Investitionskosten beschränkt sich die Regelung auf Maßnahmen nach dem unzureichenden Investitionskosten- 79

---

³⁶⁵ → § 26 Rn. 174 ff.
³⁶⁶ → § 26 Rn. 37 ff.

begriff des § 2 Nr. 2 KHG und berücksichtigt dabei die Bestimmung des § 17 IV Nr. 1 KHG, wonach die Wiederbeschaffung von Anlagegütern mit einer durchschnittlichen Nutzungsdauer bis zu drei Jahren pflegesatzfähig ist. Bemerkenswert ist, dass nach § 9 I KHG allgemein „die Investitionskosten" zu fördern sind und die aus dem Begriff der Investitionskosten sich ergebenden Investitionen nur beispielhaft („insbesondere") aufgeführt sind. Der Gesetzgeber ist also wohl selbst davon ausgegangen, dass es neben diesen definierten Investitionskosten noch andere gibt. Welche das sind, sagt er allerdings nicht. Es geht hier um die Ergänzungsbeschaffung aller Anlagegüter außerhalb einer Errichtung und um den nachträglichen Herstellungsaufwand.[367] Zu den ausdrücklich aufgeführten Fördertatbeständen ist zu sagen:

80 **bb) Errichtungskosten (§ 9 I Nr. 1 KHG).** Nach der Legaldefinition des § 2 Nr. 2a KHG gehören zur Errichtung der Neubau, der Erweiterungsbau und der Umbau. Was das eine oder andere ist, wird ebenso wenig geregelt, wie die Frage, welche Kosten der Errichtung zuzurechnen sind. Unter einem „Neubau" kann man die Ersterrichtung eines Bauwerks verstehen, das im Sinne des Handels- und Steuerrechts zu dem eigenständigen Anlagegut „Gebäude" führt. „Erweiterungsbau" ist danach die Erweiterung eines vorhandenen Gebäudes um weitere Baukörper. Nach § 3 Nr. 4 HOAI sind Erweiterungsbauten „Ergänzungen eines vorhandenen Objekts, z. B. durch Aufstockung oder Anbau".

81 „Umbau" ist die bauliche Umgestaltung eines vorhandenen Gebäudes. Wie ein solcher Umbau von den vielfältigen Maßnahmen abzugrenzen ist, die sich als eine Erneuerung oder Ergänzung von Bauteilen darstellen, ist dem KHG nicht zu entnehmen. Nach § 3 Nr. 5 HOAI werden unter Umbauten nur verstanden „Umgestaltungen eines vorhandenen Objekts mit wesentlichen Eingriffen in Konstruktion oder Bestand". Werden einem Gebäude nur Gebäudeteile hinzugefügt, z. B. ein Treppengeländer oder Rollläden, so kann nicht von einem Umbau ausgegangen werden. Es handelt sich vielmehr um förderungsfähige nachträgliche Herstellungskosten.[368]

82 Steht fest, dass es um eine Errichtung von Krankenhäusern geht, bleibt immer noch offen, was Errichtungskosten sind. Das KHG sagt dazu nichts. Aus dem Investitionskostenbegriff ist das nicht zu entnehmen. § 9 I Nr. 1 KHG spricht nur einen Teilbereich an: die mit der Errichtung verbundene Erstausstattung mit den für den Krankenhausbetrieb notwendigen Anlagegütern. Nach der Begriffsbestimmung des § 2 Nr. 2a KHG geht es um die Errichtung von „Krankenhäusern". Damit wird umfassend auf den betrieblichen Begriff des Krankenhauses abgestellt. Das ist mehr als ein Gebäude und mehr als die Ausstattung eines Gebäudes. Es gehört dazu vielmehr das gesamte Anlagevermögen (= die Summe aller Anlagegüter), das erforderlich ist, ein Krankenhaus zu betreiben. Zur Errichtung des Krankenhauses gehören deshalb auch Versorgungsleitungen auf dem Krankenhausgelände, Parkplätze, Einfriedungen, Grünanlagen usw. Die ursprüngliche Fassung des § 9 I KHG hat dies umfassend dahingehend bestimmt, dass „Fördermittel in Höhe der im Zusammenhang mit der Errichtung entstehenden ... Investitionskosten" zu bewilligen sind. Das bedeutet, dass alle Investitionsmaßnahmen, die zur Inbetriebnahme des Neubaus, Erweiterungsbaus und Umbaus erforderlich sind, Errichtungsmaßnahmen sind. Dazu gehören auch Folgekosten für Investitionen in einem anderen Bereich des Krankenhauses. Erfordert die Erweiterung eines Krankenhauses um einen Bauteil A eine Erweiterung der Heizungsanlage im vorhandenen Bauteil B, so sind diese Kosten dem Erweiterungsbau zuzurechnen.

83 Bei einem Umbau ist wichtig, dass zu den förderungsfähigen Umbaukosten auch die durch den Umbau bedingten Kosten für Maßnahmen gehören, die für sich betrachtet pflegesatzfähiger Erhaltungsaufwand wären. Wird ein Gebäude umgebaut und müssen dabei z. B. auch die Installationsleitungen, die Bodenbeläge, der Verputz usw. erneuert werden, so geht es hier

---

[367] → § 26 Rn. 52, 87.
[368] → § 26 Rn. 87.

nicht um pflegesatzfähige Instandhaltung, sondern um förderungsfähige Folgekosten, die Teil der Umbaukosten sind.

cc) Wiederbeschaffung von Anlagegütern (§ 9 I Nr. 2 KHG). Neben der Förderung der Errichtungskosten werden bundesrechtlich ausdrücklich nur noch die Förderung der Wiederbeschaffung von Anlagegütern mit einer durchschnittlichen Nutzungsdauer von mehr als drei Jahren aufgeführt. Es werden alle Anlagegüter mit einer darüber hinausgehenden Nutzungsdauer erfasst. Die 3-Jahresgrenze beruht darauf, dass die Kosten der Wiederbeschaffung von Anlagegütern mit einer darunter liegenden Nutzungsdauer nach § 17 IV Nr. 1 KHG pflegesatzfähig sind. 84

Ebenso wie der Begriff der Investitionskosten in § 2 Nr. 2b KHG nur die Wiederbeschaffung von Anlagegütern umfasst, erstreckt sich dieser Fördertatbestand nur auf die Wiederbeschaffung, also nicht auf die Ergänzungsbeschaffung außerhalb einer Errichtungsmaßnahme. Solche Ergänzungsbeschaffungen finden aber laufend statt. Schon der fünfte Stuhl im vorhandenen Warteraum führt zur Beschaffung eines Anlageguts. Solche Ergänzungsbeschaffungen werden über den Begriff der Wiederbeschaffung im Sinne von § 9 IV KHG nur zum Teil erfasst. Danach ist Wiederbeschaffung im Sinne des KHG auch die „Ergänzung von Anlagegütern, soweit diese nicht über die übliche Anpassung der vorhandenen Anlagegüter an die medizinische und technische Entwicklung wesentlich hinausgeht". Es wird also zwischen einer gewöhnlichen Ergänzung und einer außergewöhnlichen Ergänzung des vorhandenen Bestands an Anlagegütern unterschieden. Die gewöhnliche Ergänzung ist nach dieser Fiktion Wiederbeschaffung und fällt deshalb unter den Fördertatbestand „Wiederbeschaffung von Anlagegütern". Die außergewöhnliche Ergänzung von Anlagegütern findet in § 9 I KHG keine Erwähnung. Sie ist dennoch förderfähig („insbesondere"). 85

Dieser Begriff der Wiederbeschaffung ist in erster Linie für die Ergänzungsbeschaffung kurzfristiger Anlagegüter von Bedeutung. Dahinter steht die Erwägung, dass die Förderbehörde nicht laufend mit einer Vielzahl von Einzelförderverfahren wegen der Beschaffung zusätzlicher kurzfristiger Anlagegüter belastet werden soll und dass mit der Pauschalförderung auch dieser Ergänzungsbeschaffungen dem Krankenhaus mehr an Trägerfreiheit gegeben wird. Die Förderbehörde soll nur mit außergewöhnlichen Ergänzungsbeschaffungen befasst werden, z. B. der erstmaligen Anschaffung eines medizinisch-technischen Großgeräts oder der Erstausstattung einer neuen Fachabteilung außerhalb einer Errichtungsmaßnahme.[369] 86

dd) Nachträgliche Herstellungskosten. Die Fördertatbestände des § 9 KHG übergehen die nachträglichen Herstellungskosten einer Errichtungsmaßnahme.[370] Hier geht es nicht um die Erstbeschaffung oder Wiederbeschaffung eines Anlageguts, sondern um das Erweitern oder wesentliche Verbessern eines vorhandenen Anlageguts. Sie stellen auch ohne Erwähnung in § 9 KHG förderungsfähige Investitionskosten dar.[371] 87

j) Fördertatbestände (Investitionsgleiche Kosten). Die Begriffsbestimmung des § 2 Nr. 3 KHG stellt bestimmte Kosten den Investitionskosten gleich.[372] Sie wären danach wie Investitionskosten förderfähig. Ihre Förderung wird jedoch wegen der Besonderheiten in § 9 II KHG eigenständig geregelt, allerdings nur in knappen Grundzügen. Besonders diese Förderung ist auf Ergänzung durch Landesrecht angelegt. 88

aa) Förderung von Nutzungsentgelten (§ 9 II Nr. 1 KHG). Der Begriff der Investitionskosten geht vom Errichten eines Krankenhauses und der Beschaffung von Anlagegütern durch das Krankenhaus aus, also davon, dass das Krankenhaus Eigentümer des Anlagevermögens wird. Mit der Förderung investitionsgleicher Kosten weicht das KHG davon ab. Das 89

---

[369] Zur Abgrenzungsproblematik, *Dietz/Bofinger*, KHG, BPflV und Folgerecht, § 9 KHG Erl. XI 4.
[370] → § 26 Rn. 52 f.
[371] → § 26 Rn. 57 f.
[372] → § 26 Rn. 45.

Krankenhaus kann sich die Nutzung des notwendigen Anlagevermögens auch durch Nutzungsvertrag (Miete, Pacht, Leasing) verschaffen. Von den Zwecken des KHG her gesehen – Versorgung der Bevölkerung mit leistungsfähigen Krankenhäusern – ist es unerheblich, ob der Krankenhausbetreiber Eigentümer des Anlagevermögens ist oder ob er nur nutzungsberechtigt ist. Deswegen wird auch die Förderung von Nutzungsentgelten zugelassen. Sie ist nicht auf bestimmte Anlagegüter beschränkt, sondern umfasst das gesamte Anlagevermögen, wie Gebäude sowie Einrichtung und Ausstattung.

90   Die Förderung des Nutzungsentgelts war früher abschließend in § 11 KHG a. F. geregelt. Bundesrecht legt heute nur noch fest, dass ein Nutzungsentgelt zu fördern ist und dass dies von der Zustimmung der Landesbehörde abhängig ist. Aus allgemeinen bundesrechtlichen Grundsätzen ergibt sich allerdings, dass es um Anlagegüter eines Krankenhauses gehen muss, deren Nutzung unmittelbar der stationären Versorgung dient.

91   bb) **Investitionsdarlehen (§ 9 II Nr. 3 KHG).** Es geht hier um die sogenannten „Alte Last". Sie war bisher abschließend in § 12 KHG a. F. geregelt. Ihre besondere Bedeutung hatte diese Regelung zu Beginn der KHG-Förderung ab dem Jahre 1972. Eine Vielzahl von Krankenhäusern hatte die vor dem Jahre 1972 getätigten Investitionen mit Kapitalmarktdarlehen finanziert. Deren Finanzierungslasten (Zins und Tilgung) konnten ab dem Jahre 1972 nicht mehr über Pflegesätze refinanziert werden, da es sich hierbei um investitionsgleiche Kosten handelt, die – wie die Investitionskosten selbst – gemäß § 17 IV Nr. 1 KHG nicht über Pflegesätze finanziert werden können. Investitionsdarlehen für Investitionen, die nach In-Kraft-Treten des KHG von einem Plankrankenhaus aufgenommen worden sind, können dagegen nicht als alte Last gefördert werden. Die nach dem 1.1.1972 getätigten Investitionen wurden vielmehr nach § 9 II KHG a. F. als laufende Investitionen gefördert. Heute kommt die Förderung von Investitionsdarlehen nur noch in Betracht, wenn ein Krankenhaus neu in den Krankenhausplan aufgenommen wird.

92   Bundesrecht gibt nur noch vor, dass das Darlehen vor Aufnahme des Krankenhauses in den Krankenhausplan für förderungsfähige Investitionen aufgenommen worden ist. Die näheren Regelungen sind dem Landesrecht überlassen.

93   cc) **Kapitalkosten (§ 9 II Nr. 4 KHG).** § 2 Nr. 3d KHG stellt den Investitionskosten gleich: „Kapitalkosten (Abschreibungen und Zinsen) für die in Nr. 2 genannten Wirtschaftsgüter". Dem trägt der Fördertatbestand des § 9 II Nr. 4 KHG Rechnung. Danach erhält der Krankenhausträger einen „Ausgleich für die Abnutzung von Anlagegütern, soweit sie mit Eigenmitteln des Krankenhausträgers beschafft worden sind." Es soll jedoch nicht die Abnutzung als solche ausgeglichen werden, sondern es soll ausgeglichen werden, dass Pflegesatzrecht die Berücksichtigung von Kapitalkosten im Pflegesatz ausschließt. Das Gewollte wird hier stark komprimiert wiedergegeben. Es ergibt sich erst aus der vorausgegangenen, aber aufgehobenen Regelung des § 13 KHG a. F.

94   Man muss diese Regelung im Zusammenhang mit der Förderung der alten Last, also der Förderung von Investitionsdarlehen sehen. Es geht in beiden Fällen um Krankenhausinvestitionen, die das Krankenhaus vor seiner Aufnahme in den Krankenhausplan vorgenommen hat, also vor Beginn der Investitionskostenförderung des KHG. Meist wurden diese Investitionskosten mit Fremdmitteln und Eigenmitteln finanziert. Soweit das Krankenhaus Darlehensmittel eingesetzt hat, werden die ab Aufnahme in den Krankenhausplan anfallenden Darlehenslasten (Tilgung, Zinsen) sofort und laufend nach § 9 II Nr. 3 KHG als alte Last gefördert. Für das eingesetzte Eigenkapital erhält das Krankenhaus jedoch zunächst keine Förderung. Dem Anliegen der Krankenhausseite, auch hierfür sofort Fördermittel zu erhalten, ist der Gesetzgeber nicht gefolgt. Nach der Gesetzesbegründung zu der vorausgegangenen Regelung des § 13 KHG a. F.[373] muss dieses Eigenkapital „weiter dem Krankenhaus belassen werden". Einen Ausgleich hierfür sollte das Krankenhaus erst bei Beendigung der

---

[373] BT-Drs. VI 1874.

§ 26 Grundzüge des Rechts der Krankenhausfinanzierung   629

öffentlichen Förderung, also beim Ausscheiden aus dem Krankenhausplan erhalten. Dies findet in § 9 II Nr. 4 KHG keinen Niederschlag. Man könnte daraus an sich entnehmen, dass dieser Erlösausgleich nunmehr sofort zu zahlen sei. Dass dies bundesrechtlich so nicht gewollt ist, lässt sich aus der Krankenhausbuchführungsverordnung[374] entnehmen. In der dort vorgeschriebenen Gliederung der Bilanz ist auf der Aktivseite unter Position B 2 ein „Ausgleichsposten für Eigenmittelförderung KUGr 181" vorgesehen. Dieser Aktivposten erhöht sich jährlich um Zuführungen nach der Gewinn- und Verlustrechnung zu diesem Ausgleichsposten. Bundesrecht gesteht also nur eine Forderung zu und keinen sofortigen Zahlungsanspruch.

Das heutige Bundesrecht setzt nur voraus, dass mit den Eigenmitteln Anlagegüter beschafft worden sind und dass diese bei Beginn der Förderung nach dem KHG noch vorhanden waren. Nur aus dieser zweiten Voraussetzung ist zu entnehmen, dass es um Anlagegüter gehen muss, die vor Beginn der Förderung beschafft worden sind. Bundesrechtlich wird nur vorgegeben, dass für die Abnutzung dieser Anlagegüter eine Förderung gewährt wird, soweit sie mit Eigenmitteln beschafft worden sind. Alles andere wird dem Landesrecht überlassen und auch durch Landesrecht geregelt. Hier soll deshalb nur das Förderprinzip skizziert werden: 95

- Vor Beginn der Förderung nach KHG hat das Krankenhaus Anlagevermögen geschaffen, das nach KHG der Art nach (Investitionskosten) förderungsfähig wäre.
- Die Anschaffungs- und Herstellungskosten sind ganz oder teilweise mit Eigenmitteln finanziert worden.
- Nach Ausscheiden des Krankenhauses aus der Förderung erhält es einen Eigenmittelausgleich.
- Seine Höhe bemisst sich nach der Höhe der Abschreibungen auf die Anlagegüter während der Zeit der KHG-Förderung.
- Diese AfA sind anteilig aufzuteilen entsprechend der Finanzierung mit Fremdmitteln und Eigenmitteln. Der auf den Eigenmittel-Anteil entfallende Betrag ist der förderungsfähige Betrag.

Damit ist die Gesamtproblematik der Eigenmittelförderung noch nicht vollständig dargestellt. Es ist z. B. noch zu regeln, was unter Eigenmitteln zu verstehen ist (auch zweckgebundene Zuschüsse Dritter?) und was gilt, wenn das Land während der Förderzeit Ersatzinvestitionen einzeln oder pauschal gefördert hat. Das Bundesrecht enthält sich hierzu jeder Vorgabe. 96

k) Sonstige Kosten des Krankenhauses. Neben den Investitionskosten und den investitionsgleichen Kosten sind nach Bundesrecht noch andere Kosten des Krankenhauses zu fördern. Ihnen ist gemeinsam, dass sie nicht pflegesatzfähig sind (§ 17 IV Nr. 2 und 3), dass also das Krankenhaus ohne öffentliche Förderung diese Kosten selbst finanzieren müsste. Auch diese Förderung war bisher im KHG 1972 abschließend geregelt. 97

aa) Anlauf- und Umstellungskosten (§ 9 II Nr. 2 KHG). Ebenso wie die vorausgegangene und entfallene Regelung des § 4 II KHG a. F. enthält sich auch § 9 II Nr. 1 KHG jeder Konkretisierung, was unter Anlauf- und Umstellungskosten zu verstehen ist. Es handelt sich hier um einen unbestimmten Rechtsbegriff, der weiter Auslegung fähig ist. Als sicher kann man nur ansehen, dass es hierbei nicht um Investitionskosten geht. Denn diese werden als solche gefördert, können also nicht nochmals in eine weitere Förderung einbezogen werden.[375] 98

Anlaufkosten sind Aufwendungen, die in dem „Anlaufen" eines Krankenhausbetriebs ihre Ursache haben. Umstellungskosten sind Kosten, die in einer innerbetrieblichen Umstellung ihren Grund haben. Bei einer Umstellung vermischen sich Anlaufkosten und Umstellungs- 99

---

[374] BGBl. 1987 I 1045.
[375] Urteil des BVerwG vom 28.11.1985, KRS 85.119; OVG Nordrhein-Westfalen, U. v. 27.2.1984, KRS 84.026.

kosten. Denn auch eine Umstellung kann eine eigene Anlaufphase haben. Damit ist jedoch wenig ausgesagt.

100 Die geringsten Abgrenzungsprobleme bereiten die sogenannten vorbetrieblichen Anlaufkosten. Vor Inbetriebnahme eines Krankenhauses, einer neuen Abteilung usw. muss bereits Personal angeworben, eingestellt und geschult werden; es sind Probeläufe erforderlich usw. Man kann hier von einem ungeschriebenen pflegesatzrechtlichen Grundsatz ausgehen, dass in die Pflegesätze nur die Kosten eines betriebenen Krankenhauses eingehen können, dass also vorher entstehende Kosten nicht dem Benutzer des Krankenhauses angelastet werden können.

101 Eine andere Frage ist, ob es sich um Folgekosten einer geförderten Investition handeln muss. Aus den Begriffen des Anlaufens und der Umstellung folgt dies nicht. Die Begründung der ursprünglichen Regelung (§ 4 II KHG a. F.)[376] sagt dazu allerdings:

„Nach § 4 II 1 beschränkt sich die öffentliche Förderung auf die Übernahme der Investitionskosten. Die Förderung ist jedoch nach Absatz 2 auf bestimmte Kosten zu erstrecken, die als Folgekosten der Investitionen (Anlauf- und Umstellungskosten) in engem Zusammenhang mit diesen stehen."

102 Im Wortlaut der ursprünglichen und der heutigen Regelung findet das jedoch nicht den geringsten Niederschlag. Auch aus dem Zweck der Regelung ist dies nicht abzuleiten. Die Anlauf- und Umstellungskosten werden aus den Pflegesätzen unabhängig davon ausgeschlossen, ob sie Folge einer Investition sind oder nicht. Die Kosten können auch außerhalb einer vorausgegangenen Investitionsförderung entstehen. Das OVG Nordrhein-Westfalen[377] geht jedoch offenbar unter Berufung auf diese Gesetzesbegründung davon aus, dass ein enger Zusammenhang zwischen vorheriger Investitionsförderung und Folgekosten bestehen müsse. Es geht dabei jedoch nicht um tragende Urteilsgründe, da im vorliegenden Fall ein solcher Zusammenhang bestanden hat. Von dem Erfordernis eines solchen Zusammenhangs geht allerdings z. B. § 27 des Krankenhausgesetzes Nordrhein-Westfalen aus.

103 Bei den innerbetrieblichen Änderungen muss es sich nach dem Gesetzeszweck sicherlich um Änderungen von erheblichem Gewicht handeln. Es genügt nicht jede Änderung, sie muss den Charakter einer Umstellung haben. Eine quantitative Einschränkung ergibt sich im Übrigen schon daraus, dass eine Förderung nur bei Betriebsgefährdung erfolgt. Änderungen mit geringem finanziellen Gewicht scheiden schon deswegen von vornherein aus.

104 Die Rechtsprechung hat sich vor allem mit dem bei innerbetrieblichen Änderungen oft eintretenden Belegungsrückgang und damit verbundenen Erlösausfällen befasst. Das BVerwG[378] verneint, dass es hier um Kosten einer Umstellung gehe. Erlösausfälle wegen Belegungsrückgangs seien keine Aufwendungen. Das ist zwar richtig, wird jedoch der Problematik nicht gerecht. Es entstehen Kosten, denen keine Erlöse gegenüberstehen. Es entsteht also eine umstellungsbedingt nicht finanzierte Kostenlast (z. B. Vorhaltekosten für nicht voll ausgelastetes Personal). Sie zu fördern, entspräche durchaus den Zwecken der bundesgesetzlichen Regelung. Was die Pflegesätze nicht berücksichtigen dürfen, soll durch öffentliche Förderung ausgeglichen werden. Ein fehlender Ausgleich kann die Fortführung des Krankenhausbetriebs gefährden. Diese Gefährdung soll im Interesse einer bedarfsgerechten Versorgung der Bevölkerung durch Förderung ausgeschlossen werden.

105 Die Förderung setzt eine solche Gefährdung der Aufnahme oder Fortführung des Betriebs zwingend voraus. Dabei ist auf die wirtschaftliche Sicherung des Krankenhauses, aber auch die seines Trägers abzustellen. Es ist also nicht allein zu fragen, ob den Kosten des Krankenhauses einschließlich der Anlauf- und Umstellungskosten ausreichende Erlöse gegenüber-

---

[376] BT-Drs. VI/1874.
[377] U. v. 27.2.1984, KRS 84 027.
[378] U. v. 28.11.1985, KRS 85 119.

stehen, sondern es ist auch die Vermögenslage des Krankenhausträgers maßgebend. Einige Landesgesetze legen dies ausdrücklich so fest. Wann eine Betriebsgefährdung vorliegt, ist unbestimmt. Angesichts dessen wird man in der Praxis eher auf eine „Opfergrenze", einen zumutbar selbst zu finanzierenden Betrag abstellen.

bb) Grundstücks- und Erschließungskosten (§ 9 II Nr. 2 KHG). Kosten des Grundstücks und seiner Erschließung sind nach der Begriffsbestimmung des § 2 Nr. 2 KHG keine Investitionskosten.[379] Sie sind nach § 17 IV Nr. 2 nicht pflegesatzfähig, also grundsätzlich vom Krankenhaus selbst zu finanzieren. Dahinter steht die Erwägung, dass das Grundstück als solches keinem Wertverzehr unterliegt und eher eine Wertsteigerung erfährt. Dennoch kann die Finanzierung dieser dem Grundstück zuzurechnenden Kosten den Krankenhausträger in betriebsgefährdender Weise belasten. Ist dies der Fall, hat er Anspruch auf Förderung. Hinsichtlich der Betriebsgefährdung gilt das oben zu den Anlauf- und Umstellungskosten Gesagte. Hinsichtlich der auf Grund und Boden entfallenden Kosten – sie führen nicht zu Aufwendungen im betriebswirtschaftlichen Sinne – wird eine Förderung allerdings die seltene Ausnahme sein. 106

cc) Schließungskosten (§ 9 II Nr. 5 KHG). Wird ein Krankenhaus geschlossen, entstehen ihm vielfältige Kosten zur Abwicklung des Krankenhausbetriebs. Es muss bis zum Ablauf der Kündigungsfristen für Personalkosten aufkommen, unter Umständen einen Sozialplan erstellen. Es muss sich aus Dauerverträgen (z. B. Nutzung von Fernsprechanlagen, Wartungsverträge) lösen und es muss für eine datenschutzrechtlich einwandfreie Aufbewahrung von Krankenunterlagen sorgen usw. Erträge aus Pflegesätzen kann das geschlossene Krankenhaus nicht mehr erzielen. 107

Bundesrecht beschränkt sich auf die Vorgabe, dass die Förderung die Schließung erleichtern soll. Sie soll einen Anreiz schaffen, überflüssige Kapazitäten abzubauen. Dem Gesetzeswortlaut nach genügt jedoch jede Schließung, also selbst die Schließung noch bedarfsnotwendiger Krankenhäuser. Landesrecht bringt hierzu allerdings Einschränkungen. Es lässt nicht jede Schließung aus irgendwelchen Gründen genügen.[380] 108

Die bundesrechtliche Regelung spricht das Krankenhaus als solches, also das gesamte Krankenhaus an. Landesrecht erfasst jedoch meist auch die teilweise Schließung eines Krankenhauses, z. B. die Schließung einer Abteilung. Diese Teilschließung mit einer Schließungsförderung überschneidet sich mit dem bloßen Bettenabbau (die Abteilung Chirurgie wird z. B. mit 40 statt mit bisher 60 Betten betrieben). Hier ist nach näherem Landesrecht über die Förderpauschale nach § 9 III a KHG schon ein begrenzter Ausgleich möglich. Die Überschneidungsproblematik ist durch Landesrecht zu lösen. Aus Bundesrecht ist dazu nichts zu entnehmen. 109

Die Förderung soll die Schließung erleichtern. Daraus kann zur Höhe der Förderung wenig abgeleitet werden. Wenn mit nachbetrieblichen Aufwendungen von 1,0 Mio. EUR zu rechnen ist, so erleichtert eine Förderung von 100.000 EUR, eine Förderung von 500.000 EUR erleichtert jedoch noch mehr. Ein Anspruch auf Förderung in bestimmter Höhe kann deshalb aus der bundesrechtlichen Vorgabe nicht abgeleitet werden. Es ist Sache des Landesrechts, den Förderanspruch zu konkretisieren. Das geschieht zum Teil auch. 110

dd) Umstellung auf andere Aufgaben (§ 9 II Nr. 6). Neben die Schließung von Krankenhäusern (§ 9 II Nr. 5 KHG) wird die Umstellung gestellt. Ursprünglich wurde die Förderung einer Schließung und Umstellung eines Krankenhauses in einem einzigen Fördertatbestand (§ 9 II Nr. 5 a. F.) geregelt. Das war auch sinnvoll. Denn die Schließung eines Krankenhauses geht häufig mit einer Umstellung auf andere Aufgaben einher. Durch Art. 22 des Gesundheitsreformgesetzes wurden jedoch zwei eigenständige Fördertatbestände ausgewiesen. Das ist sachlich nicht nachvollziehbar. Die Landesgesetze setzen sich deshalb überwiegend über 111

---

[379] Vgl. im Einzelnen Dietz/Bofinger, KHG, BPflV und Folgerecht zu § 2 Erl. III 11.
[380] → § 26 Rn. 222 ff.

diese bundesrechtliche Trennung hinweg. Nur das Krankenhaus, das seinen Betrieb ganz oder teilweise eingestellt hat, also geschlossen wurde, kann auf andere Aufgaben umgestellt werden. Die schließungsbedingte und die umstellungsbedingte Belastung des Krankenhauses sind von einander nicht scharf zu trennen und brauchen dies auch nicht.

112   Die Regelung umfasst auch die Umstellung von Krankenhausabteilungen. Diese Umstellung ist von der bereits durch § 9 II Nr. 2 KHG erfassten Umstellung durch innerbetriebliche Änderung zu unterscheiden. Hier wird der betroffene Bereich weiterhin für förderungsfähige Krankenhauszwecke genutzt. In dem anderen Falle wird er für andere Zwecke genutzt, z. B. als Pflegeeinrichtung oder Pflegeabteilung. Dieser Zweck wird in der Regelung ausdrücklich hervorgehoben. Dass es aber um eine „selbstständige, organisatorisch und wirtschaftlich vom Krankenhaus getrennte Pflegeabteilung" gehen soll, ist sachlich nicht nachzuvollziehen und bindet – da nur beispielhaft aufgeführt – die Länder nicht. Auch ergibt sich hieraus kein Vorrang für die Umwandlung in eine Pflegeeinrichtung. Der andere Zweck wird bundesrechtlich nicht festgelegt. Es muss dem Landesrecht und der Förderpraxis überlassen werden, nicht jeden Zweck – z. B. Einrichtung eines Hotels- als förderungswürdig anzuerkennen.

113   Zur Höhe der Förderung ist dem Bundesrecht nichts zu entnehmen. Während noch für die Schließungsförderung gesagt wird, dass sie die Schließung erleichtern soll, wird hier nur bestimmt, dass Fördermittel „zur Umstellung" bewilligt werden. Das schließt eine geringe Förderung, aber auch eine Vollförderung sämtlicher Umstellungskosten ein. Hier besteht für Landesrecht weiter Gestaltungsspielraum.

114   **l) Die Art der Fördermittel.** Das KHG 1972 hat noch in einem § 5 die Art der Landesförderung vorgegeben: „Zur Förderung ... werden den Krankenhäusern Zuschüsse gewährt. An Stelle von Zuschüssen kann der Schuldendienst (Verzinsung, Tilgung und Verwaltungskosten) von Darlehen, die für Investitionskosten aufgenommen worden sind, oder ein Ausgleich für Kapitalkosten (§ 2 Nr. 3 Buchstabe d) gewährt werden."

115   Unter Zuschüssen ist die Zahlung von Haushaltsmitteln in Höhe der bewilligten Investitionskostenförderung zu verstehen. Hier finanziert das Krankenhaus insoweit die Investition mit Haushaltsmitteln. Das Land kann die Förderung jedoch auch so ausgestalten, dass es dem Krankenhaus aufgibt, zunächst zur Finanzierung der Investitionen Darlehensmittel einzusetzen. Die Lasten aus solchen Darlehen (Tilgung und Zinsen) werden nach deren zeitlichem Anfall – also über die Jahre verteilt – durch Fördermittel gedeckt. Das geschieht allerdings auch durch (laufenden) Zuschuss, also nicht durch Schuldübernahme oder Schuldbeitritt.

116   Das Land kann daneben dem Krankenhaus auch zugestehen, dass es allein Eigenmittel oder neben Fremdmitteln Eigenmittel einsetzt. Hier hat es dann nach näherer Regelung das eingesetzte Kapital zuzüglich Zinsen durch laufende Zuschüsse abgedeckt. Praktiziert wurde auch eine Mischform, indem z. B. zu 60 % durch Zuschuss und zu 40 % durch Schuldendiensthilfe und Kapitalkostenausgleich gefördert wurde. Diese Vorgaben für das Haushaltsgebaren der Länder sind entfallen. Die Länder sind jetzt frei darin, im Rahmen des Haushaltsrechts die Förderart selbst zu bestimmen.

117   **m) Einzelförderung oder Pauschalförderung von Investitionskosten.** Auch hier geht es um eine Förderart. Bundesrecht sieht für bestimmte Investitionen vor, dass sie durch feste jährliche Pauschalbeträge gefördert werden (§ 9 III KHG). In der Förderpraxis und teilweise in der Terminologie der Landesgesetze hat sich eingebürgert, im Gegensatz dazu in anderen Fällen von einer Einzelförderung zu sprechen.

118   Die Einzelförderung ist dadurch bestimmt, dass das Krankenhaus für konkrete einzelne Investitionen Förderanträge stellt und für diese nach Prüfung eine konkrete Bewilligung von Fördermitteln in bestimmter Höhe erteilt wird. Hier ist die einzelne Investition Gegenstand des Förderverfahrens. Bei der Pauschalförderung dagegen wird dem Krankenhaus ein nach bestimmten Kriterien bemessener jährlicher Gesamtbetrag zur Verfügung gestellt. Die vom

einzelnen Krankenhaus vorgesehenen Investitionen unterliegen keinem Antrags- und Prüfungsverfahren. Das Krankenhaus kann über die Pauschalmittel im Rahmen der Zweckbindung frei verfügen.

Bundesrecht schreibt nicht allgemein vor, inwieweit pauschal oder einzeln zu fördern ist. 119
Lediglich für bestimmte Investitionen ist dies in § 9 III KHG zwingend vorgesehen:
- Wiederbeschaffung kurzfristiger Anlagegüter,
- Kleine bauliche Maßnahmen.

Der erst im Jahr 2009 eingefügte § 10 KHG lässt nunmehr zu, dass Länder künftig auch die bisher einzeln geförderten Investitionskosten durch Investitionspauschalen fördern.

n) Pauschalförderung nach § 9 III. KHG. Nach dieser Vorschrift fördern die Länder *„die* 120
Wiederbeschaffung kurzfristiger Anlagegüter sowie kleine bauliche Maßnahmen durch feste jährliche Pauschalbeträge, mit denen das Krankenhaus im Rahmen der Zweckbindung der Fördermittel frei wirtschaften kann."

Was **kurzfristige Anlagegüter** sind, wird im KHG nicht festgelegt, auch nicht in der 121
AbgrV. § 10 KHG a. F. hat hierunter Anlagegüter verstanden, deren Nutzung sich erfahrungsgemäß auf einen Zeitraum von mehr als drei Jahren und bis zu 15 Jahren erstreckt. Diese Festlegung ist entfallen. Auch die AbgrV legt in ihren Verzeichnissen I und II nicht die kurzfristigen Anlagegüter fest. Im Verzeichnis I werden die Gebrauchsgüter (Nutzungsdauer bis zu drei Jahren) beispielhaft aufgeführt. Im Verzeichnis II – es wird irrig oft als Katalog der kurzfristigen Anlagegüter angesehen – wird mit Wirkung für die Pflegesätze (§ 3 II 1 Nr. 2 AbgrV) nur festgelegt, welche Güter nicht den Gebrauchsgütern zuzurechnen sind. Diese im Verzeichnis II beispielhaft aufgeführten Anlagegüter bilden sicherlich den „Stamm" der kurzfristigen Anlagegüter. Was kurzfristiges Anlagegut ist, wird damit jedoch nicht bindend festgelegt, vor allem nicht hinsichtlich der Nutzungsdauer nach oben hin. Das Landesrecht Schleswig-Holstein zum Beispiel fördert pauschal auch die Wiederbeschaffung von Anlagegütern mit einer Nutzungsdauer von 3 bis zu 30 Jahren. Das Landesrecht enthält hierzu unterschiedliche Abgrenzungen.

Wenn § 9 III KHG von „**kleinen baulichen Maßnahmen**" spricht, so ist dies offensichtlich zu eng. Sinn der Regelung ist es, die Förderbehörde von der Prüfung und Einzelbewertung einer Vielzahl kleinerer Investitionen zu entlasten und dem Krankenhaus hierfür die Entscheidungsfreiheit zu belassen. Dafür ist es unerheblich, ob es sich um eine Maßnahme handelt, die als „bauliche" Maßnahme qualifiziert werden kann. Man kann sich deshalb den Streit ersparen, ob das nachträgliche Anbringung von Markisen usw. eine bauliche Maßnahme ist oder nicht. Es zählt nur, ob es sich um eine förderungsfähige Investition handelt. Unterschreiten deren förderungsfähige Kosten eine bestimmte Wertgrenze, so fallen sie unter die Pauschalförderung. Das KHG sagt nicht, wann eine bauliche Maßnahme „klein" ist, auch nicht die Abgrenzungsverordnung. Die Wertgrenze ist deshalb allein von den Ländern gem. § 11 KHG festzulegen.

Bundesrechtlich wird dagegen festgelegt, dass das Krankenhaus mit den Pauschalmitteln 123
im Rahmen ihrer Zweckbindung frei wirtschaften kann. Es steht dem Krankenhaus also frei, welche einzelne Investitionen es mit den pauschalen Mitteln finanziert. Die Mittel sind jedoch zweckgebunden. Sie dürfen für andere Investitionen nicht verwendet werden, erst recht nicht für sonstige Maßnahmen.

Die jährliche Förderpauschale ist ihrer Natur nach von den Gesamtkosten des einzelnen 124
Krankenhaus losgelöst, erst recht von den wechselnden jährlichen Kosten. Sie soll im Durchschnitt der Jahre die einer wirtschaftlichen Betriebsführung entsprechenden Kosten eines Krankenhauses decken. Mittel, die in dem einen Jahr nicht verbraucht werden, verbleiben dem Krankenhaus und stehen ihm in den anderen Jahren zusätzlich zur Verfügung. Für die Frage, ob die Pauschalmittel ausreichen, ist deshalb auf den Bedarf in einem längeren Zeitraum abzustellen.

125 Die Höhe der Jahrespauschale wurde ursprünglich bundesrechtlich durch § 10 KHG a. F. festgelegt. Es wurde nach vier Anforderungsstufen und der Inbetriebnahme des Krankenhauses bis zum Jahre 1950 und danach unterschieden. Heute gibt es zur Höhe der Jahrespauschale keine konkreten Vorgaben mehr. Es gilt allein die für die gesamte Investitionsförderung maßgebende Regelung des § 9 V KHG, wonach die Fördermittel so zu bemessen sind, dass sie die förderungsfähigen und wirtschaftlichen Grundsätzen entsprechenden Investitionskosten decken. Das Landesrecht muss also trotz der Besonderheiten einer Pauschalförderung dem Investitionsbedarf eines wirtschaftlich geführten Krankenhauses Rechnung tragen.

126 Das Bundesverwaltungsgericht[381] sagt in seiner Entscheidung zur Baupauschale Nordrhein-Westfalen dazu: *„Die Zielvorgabe des § 9 V KHG verpflichtet unabhängig vom Förderweg dazu, die Deckung der notwendigen Investitionskosten sicherzustellen. Kann dieses Ziel auf andere Weise nicht erreicht werden, erstarkt die Ermächtigung des § 23 I KHGG zu einem Anspruch des gefährdeten Krankenhausträgers."* Das bedeutet, dass ein Krankenhausträger im Einzelfall einen Anspruch auf höhere Pauschalförderung auf § 9 V KHG stützen kann. Das gilt auch in den Fällen des § 9 III KH. Näheres dazu ist durch Landesrecht gemäß § 11 KHG zu regeln. Heutige Regelungen stellen grundsätzlich darauf ab, ob höhere Pauschalmittel zur Erhaltung der Leistungsfähigkeit des Krankenhauses erforderlich sind.

127 o) **Pauschalförderung nach § 10 KHG.** § 10 KHG wurde durch das KHRG im Jahre 2009 eingefügt. Diese Vorschrift bildet die Grundlage für eine über die Pauschalierung des § 9 III KHG hinausgehende Pauschalförderung anstelle der bisherigen Einzelförderung.

128 Diese Pauschalförderung wird nicht bundesrechtlich vorgeschrieben, sie wird den Ländern nur ermöglicht. Es muss also das einzelne Land erst entscheiden, ob es nach den Vorgaben des § 10 anstelle der bisherigen Einzelförderung pauschal fördern will. Tut es dies, so wird dadurch die bisherige Förderung von Investitionskosten weitgehend umgestaltet. Je nach landesrechtlicher Ausgestaltung dieser Pauschalförderung werden dabei in der Praxis schwierige rechtliche Abgrenzungsfragen sowie behördliche Prüfverfahren über Notwendigkeit, Förderfähigkeit und Wirtschaftlichkeit von Investitionen weitgehend entfallen.

129 aa) **Entwicklungsauftrag, ergänzende Vorschriften.** Nach Inhalt und Überschrift des § 10 KHG geht es hier nur um einen Entwicklungsauftrag. Die erweiterte Pauschalförderung wird hier nicht bundesrechtlich bindend vorgegeben. Es gibt hierzu als Eckpfeiler nur einige wenige Vorgaben, die noch durch Rechtsvorschriften des Bundes und der Länder zu einem Pauschalfördersystem ausgestaltet werden müssen.

130 bb) **Pauschalförderung statt Einzelförderung.** Die Pauschalförderung des § 10 KHG tritt an die Stelle der bisherigen in diesem Gesetz vorgeschriebenen Einzelförderung von Investitionen. Das ergibt sich allerdings erst aus der Regelung des Absatzes 1 Satz 4 über das Wahlrecht der Länder. Danach können die Länder zwischen einer Pauschalförderung durch Investitionspauschalen und einer Einzelförderung entscheiden. Erfasst werden also alle bisher einzeln geförderten Investitionskosten, insbesondere die Errichtungskosten. Der Einzelförderung ist auch die Förderung der Nutzung von Anlagegütern zuzurechnen.

131 Zweifelhaft ist, ob in die Pauschalförderung des § 10 KHG auch die Förderung kurzfristiger Anlagegüter nach § 9 III KHG einzubeziehen ist. Hier würde nicht eine Einzelförderung durch eine Pauschalförderung ersetzt, sondern eine umfassende Pauschalförderung über alle Investitionskosten hinweg eingeführt. Frage wäre in diesem Fall, ob § 9 Abs. 3 insoweit weiter gilt, dass das Krankenhaus über die Pauschalmittel im Rahmen ihrer Zweckbestimmung frei verfügen kann. Falls künftiges Recht dies nicht auch für die übrigen Pauschalmittel zulässt, müssten zwei Fördertöpfe gebildet werden. § 10 trifft hierzu keine eindeutige Regelung, wenn es in Absatz 1 das Recht der Länder unberührt lässt, zwischen

---

[381] Urteil vom 30.8.2012 (BVerwGE 144, 109).

der Förderung durch Investitionspauschalen und der Einzelförderung von Investitionen „einschließlich der Pauschalförderung kurzfristiger Anlagegüter" zu entscheiden. Diese sprachlich verunglückte Regelung (Einzelförderung einschließlich Pauschalförderung) lässt unterschiedliche Auslegungen zu. Die bisher außerhalb des § 10 KHG erlassenen Landesgesetze zur Pauschalförderung anstelle einer Einzelförderung gehen hier unterschiedlich vor: Teils wird die bisherige Pauschalförderung nach § 9 III KHG in die umfassende Baupauschale einbezogen, teils bleibt sie eigenständig daneben bestehen.

cc) Leistungsorientierte Investitionspauschale. An welchen Leistungen sich die Höhe der Förderung für Anlagevermögen orientieren soll, wird hier nicht gesagt. Aus der Regelung des § 10 II, wonach in den Investitionsbewertungsrelationen der Investitionsbedarf für die voll- und teilstationären Leistungen pauschaliert abzubieten ist, ergibt sich jedoch, dass es um die Behandlungsleistungen zur Versorgung der Patienten geht, und zwar nach Art und Menge. Leistungssteigerungen bei unverändertem Anlagevermögen führen also Jahr für Jahr zu einer steigenden Pauschalförderung. Umgekehrt ist es bei Leistungsminderungen. Dass darin angesichts der Investitionskosten als Fixkosten ein starker Anreiz zur Leistungsausweitung liegt, wird in Kauf genommen.

132

dd) Investitionsfallwert. Nach § 10 I S. 2 KHG werden „*Grundsätze und Kriterien für die Ermittlung eines Investitionsfallwerts*" auf Landesebene entwickelt, das heißt von jedem einzelnen Land nach eigenen Vorstellungen. Hierdurch wird zugleich mittelbar vorgegeben, dass für die Höhe Investitionspauschale ein **Fallwert** maßgebend ist. Was den „Fall" ausmacht und was mit dem Fallwert geschieht, wird hier nicht geregelt. Das Gesetz geht unausgesprochen davon aus, dass sich aus diesem Fallwert, vervielfacht mit der Summe der Bewertungsrelationen im Sinne des § 10 II KHG die jährliche Förderpauschale ergibt. Aber selbst diese Jährlichkeit ergibt sich nicht unmittelbar aus dem Gesetz.

133

Der Fallwert ist damit der entscheidende Faktor für die Höhe der Pauschalförderung. Wird er zu niedrig festgelegt, kann selbst eine höhere Leistungsmenge keinen ausreichenden Ausgleich bieten.

134

§ 10 KHG sagt nicht, wer diesen Fallwert festlegt. Es ist jedoch davon auszugehen, dass dies die einzelnen Länder sind. Realistisch erscheint dabei, dass die Länder nicht aufwendig einen durchschnittlichen jährlichen Investitionsförderbedarf je Bewertungsrelation ermitteln und danach die Höhe des Fallwerts errechnen. Es ist eher damit zu rechnen, dass sie das bisherige jährliche Fördervolumen der bisherigen Einzelförderung als Maßstab für die Pauschalförderung im Land nehmen und daraus rechnerisch den Fallwert ableiten.

135

ee) Investitionsbewertungsrelationen. Die Investitionsbewertungsrelationen sind – in § 10 KHG unausgesprochen – der maßgebliche Faktor für die leistungsorientierte Investitionspauschale. Es wird jedoch weder bestimmt, wer diese vereinbart, ob die von dem DRG-Institut entwickelten Bewertungsrelationen für die Länder bindend sind sowie welche Bedeutung sie haben. Gedacht ist offenbar daran, dass die Summe der Bewertungsrelationen des einzelnen Krankenhauses, vervielfacht mit dem landeseinheitlich festgelegten Fallwert zur Jahrespauschale für dieses Krankenhaus führt. Das alles bedarf aber noch differenzierter Regelungen des Bundes und des jeweiligen Landes.

136

ff) Einzelheiten des Verfahrens. Nach § 10 I S. 4 KHG legen Bund und Länder „*die näheren Einzelheiten des weiteren Verfahrens*" fest. Es geht also nur um detailliertere Verfahrensregeln. Es nicht ersichtlich, auf welcher verfassungsrechtlichen Grundlage Bund und Bundesländer gemeinsam welche Verfahrensregelungen zu der den Ländern obliegenden Pauschalförderung festlegen sollen. Es ist nicht bekannt, ob es bis heute, also acht Jahre nach Erlass des § 10 KHG, hierzu schon Vorstellungen des Bundes und der Länder entwickelt worden sind.

137

p) Pauschalförderung statt Einzelförderung außerhalb § 10 KHG. Die Länder Brandenburg, Berlin, Bremen, Hessen und Saarland haben bis heute bereits die Einzelförderung

138

durch eine Pauschalförderung abgelöst. Dies ist außerhalb der Entwicklungsregelung des § 10 KHG geschehen. Die Länder stützen dies auf die Kompetenz nach § 11 KHG, das Nähere zur Investitionsförderung zu bestimmen. Dazu rechnen sie auch die Art der Förderung als Einzelförderung oder als Pauschalförderung. Für die Baupauschale des Landes Nordrhein-Westfalen hat das Bundesverwaltungsgericht dies bestätigt[382]. Nach Auffassung des Gerichts habe § 11 KHG den Ländern die *„Freiheit zur Wahl der Fördermethode belassen"*. Sie können also danach – gestützt auf § 11 KHG – festlegen, ob und in wie weit einzeln oder pauschal gefördert wird. Auf die unterschiedlichen Landesregelungen zu der Pauschalförderung anstelle einer Einzelförderung wird bei der Darstellung des Landesrechts eingegangen.

139   q) **Pauschalförderung nach § 9 III KHG und Bettenabbau.** Bundesrecht enthält im Übrigen mehrere Vorgaben, die letztlich ihren Zweck darin haben, den Bettenabbau zu erleichtern. Ziel ist dabei also nicht eine ausreichende Höhe der Pauschalförderung, sondern der Bettenabbau. Eine nur nach der Bettenzahl bemessene Pauschalförderung könnte dem hinderlich sein. Wer mit einem Abbau von Betten auch Fördermittel verliert, wird dem eher Widerstand entgegensetzen. Hinter dieser bundesrechtlichen Vorgabe steht eine überzogene Fixierung der Politik auf das „Bett" als Kostentreiber und die Annahme, dass die Krankenhausplanung nicht ausreichend in der Lage sei, überflüssige Betten aus der Krankenhausplanung herauszunehmen. Zunächst wird bundesrechtlich vorgegeben, dass die Pauschalbeträge nicht ausschließlich nach der Zahl der Krankenhausplanbetten bemessen werden darf (§ 9 III 2 KHG). Soweit nach Landesrecht das Bett als Bemessungskriterium eine Rolle spielt, wird in § 9 III a KHG festgelegt, dass bei einem Bettenabbau der vom Land zu bewilligende Gesamtbetrag der laufenden und der beiden folgenden Jahre dem Krankenhaus unabhängig von einer Verringerung der tatsächlichen Bettenzahl zustehe. Voraussetzung ist allerdings, dass dieser Bettenabbau auf einer Vereinbarung des Krankenhausträgers mit den Landesverbänden der Krankenkassen nach § 109 I 4 und 5 SGB V beruht und ein Fünftel der Planbetten nicht übersteigt. Wenn die Landesplanung selbst diesen Bettenabbau schafft, gilt diese Vorgabe nicht. Die Länder können trotzdem entsprechende Regelungen treffen.

140   r) **Rechtsanspruch auf Förderung.** Die Krankenhäuser haben nach Maßgabe des KHG gem. § 8 I 1 KHG Anspruch auf Förderung, soweit und solange sie in den Krankenhausplan eines Landes aufgenommen sind. Mit der Aufnahme in den Krankenhausplan und der Feststellung hierüber erlangt das Krankenhaus den Rechtsstatus eines förderungsfähigen und zu fördernden Krankenhauses. Daraus erwächst jedoch noch kein Anspruch auf sofortige Bewilligung und Auszahlung von Fördermitteln für Investitionen, die das Krankenhaus für notwendig ansieht und durchführen möchte. Der Status des förderungsfähigen Krankenhauses begründet zunächst vielmehr nur eine Art Anwartschaft auf Förderung, die sich, wenn sämtliche Voraussetzungen einer Förderung erfüllt sind, zu einem konkreten Rechtsanspruch verdichten.[383] Dieser Anspruch auf Förderung entspricht dem Gesetzeszweck des § 1 KHG (wirtschaftliche Sicherung) und dem dualen Finanzierungssystem (§ 4 KHG). Dieses duale Finanzierungssystem verwehrt dem Krankenhausträger die Refinanzierung seiner Investitionskosten über die Pflegesätze. Der verfassungsrechtlich gebotene Ausgleich liegt in der Förderung der über Pflegesätze nicht finanzierbaren Kosten. In der Investitionsförderung liegt deshalb keine freiwillige Leistung der öffentlichen Hand und keine Zuwendung im Sinne des Haushaltsrechts. Die umfassenden und einengenden landesrechtlichen Vorgaben für Zuwendungen nach der Landeshaushaltsordnung sind deshalb hier nicht anwendbar. Es ist deshalb rechtlich bedenklich, wenn näheres Landesrecht nach § 11 KHG oder die Förder-

---

[382] Urteil vom 30.8.2012 (BVerfGE 144, 109).
[383] Dietz/Bofinger, KHG, BPflV und Folgerecht, § 8 KHG Erl. IV 1.

praxis für das Förderverfahren und die Bewilligung von Fördermitteln Anforderungen stellt, die nur für Zuwendungen rechtlich haltbar sind.

Dass nicht jede vom Krankenhaus für notwendig gehaltene Investition umgehend zur Bewilligung und Zahlung von Fördermitteln führen muss, ergibt sich aus § 8 I 1 KHG. Danach hat der Krankenhausträger nur Anspruch auf Förderung „nach Maßgabe" des KHG. Es müssen also nicht nur förderungsfähige Investitionen und die Voraussetzungen der einzelnen Fördertatbestände vorliegen. Es sind auch die Maßgaben des Gesetzes zu beachten. Dieses wiederum verweist auf eine Förderung nach Maßgabe des Landesrechts (§ 9 V in Verbindung mit § 11 KHG). 141

Die wichtigste Einschränkung des Rechtsanspruchs auf (sofortige) Förderung enthält die Grundsatznorm des § 8 I 1 KHG selbst. Für Investitionen im Sinne von § 9 I Nr. 1 – also die Errichtung von Krankenhäusern – besteht ein Rechtsanspruch auf Förderung nur, wenn sie in ein Investitionsprogramm des Landes aufgenommen worden sind. Solange das nicht geschehen ist, hat das Krankenhaus keinen Anspruch auf Förderung von Errichtungskosten. Hinter dieser strikten Einschränkung stecken haushaltspolitische Gründe. Ein uneingeschränkter Rechtsanspruch auf sofortige Förderung von Errichtungskosten würde die Landeshaushalte überfordern. Jedes Krankenhaus könnte sofort die Förderung notwendiger Errichtungsmaßnahmen verlangen. Das Regulativ „vorherige Aufnahme in ein Investitionsprogramm" erlaubt dem Land jedoch eine Steuerung des Fördervolumens. Investitionsprogramme können nach Haushaltsrecht nur im Rahmen verfügbarer Haushaltsmittel (Mittel und Verpflichtungsermächtigungen) erstellt werden. Der Umfang eines Investitionsprogramms wird also durch den Landeshaushalt bestimmt. Werden dafür z. B. 200 Mio. EUR ausgewiesen, darf die Bewilligung von Fördermitteln diesen Rahmen nicht übersteigen. Das heißt, dass nur so viele Vorhaben aufgenommen werden dürfen, wie dieser Haushaltsrahmen es zulässt. Die bundesrechtliche Einschränkung, dass ein Rechtsanspruch auf Förderung erst nach Aufnahme des Vorhabens in ein solches Investitionsprogramm besteht, enthält also versteckt einen Haushaltsvorbehalt: Förderung vorbehaltlich zur Verfügung stehender Haushaltsmittel. 142

Damit ist es in die Hand der Länder gegeben, den Umfang der Errichtungsförderung und damit das bauliche Niveau der Krankenhäuser im Lande zu bestimmen. Die Entwicklung seit Beginn der Krankenhausförderung im Jahre 1972 zeigt, dass die Länder – bezogen auf ihre Einwohnerzahl – in unterschiedlichem Umfange Errichtungsmaßnahmen fördern. 143

In denjenigen Bundesländern, die nunmehr auch die Errichtungskosten im Sinne von § 9 I Nr. 1 KHG pauschal fördern, hat das Investitionsprogramm seine bisherige Steuerungsfunktion verloren. Ob und wann ein Krankenhaus die Pauschalmittel zur Errichtung von Krankenhäusern verwenden darf, richtet sich hier nach den unterschiedlichen landesrechtlichen Regelungen.[384] Hier geht es in erster Linie um die Frage, ob und unter welchen Voraussetzungen die bewilligten und angesammelten Pauschalmittel für Errichtungsvorhaben in Anspruch genommen werden dürfen. Dazu trifft Landesrecht unterschiedliche Regelungen. 144

Mit der bundesgesetzlichen Voraussetzung: „vorherige Aufnahme in ein Investitionsprogramm", verlagert sich die Rechtsproblematik dahin, ob ein Anspruch auf Aufnahme in ein Investitionsprogramm besteht. Ein solcher Rechtsanspruch wird – dem Wortlaut nach – durch § 8 II 1 KHG ausgeschlossen: 145

„Ein Anspruch auf Feststellung der Aufnahme in den Krankenhausplan und in das Investitionsprogramm besteht nicht."

Wörtlich genommen, würde diese Regelung die Aufnahme in den Krankenhausplan und in ein Investitionsprogramm zur Ermessensentscheidung der Landesbehörde machen und einen Rechtsanspruch auf Förderung der Errichtungskosten ausschließen. Die Rechtsprechung 146

---

[384] → § 26 Rn. 203 ff.

folgt dem jedoch zurecht nicht. Nach Auffassung des BVerwG[385] ist diese Regelung in Zusammenhang mit der in Satz 2 nachfolgenden Bestimmung des Satzes 2 zu verstehen. Danach entscheidet die Behörde

„bei notwendiger Auswahl zwischen mehreren Krankenhäusern ... unter Berücksichtigung der öffentlichen Interessen und der Vielfalt der Krankenhausträger nach pflichtgemäßen Ermessen, welches Krankenhaus den Zielen der Krankenhausplanung des Landes am besten gerecht wird."

147 Wenn die Behörde zwischen mehreren Krankenhäusern auswählen darf, ist es der Sache nach ausgeschlossen, jedem zur Auswahl stehenden Krankenhaus einen Rechtsanspruch darauf einzuräumen, ausgewählt zu werden. Diese Auffassung des BVerwG hat das BVerfG bestätigt.[386] Es führt aus:

„Dieses Ergebnis wird durch § 8 II 1 KHG nicht in Frage gestellt. Danach besteht kein Anspruch auf Feststellung der Aufnahme in den Krankenhausplan. Es wäre bedenklich, wenn damit die Vorgaben des Krankenhausplans für die Betroffenen unangreifbar sein sollten. Der verfahrungsrechtliche Schutz würde dadurch in einer Weise verkürzt, die mit Art. 12 I und Art. 19 IV GG kaum zu vereinbaren wäre. In der Auslegung durch das Bundesverwaltungsgericht hat der – missverständliche – Satz jedoch nicht diese Bedeutung. Er bezieht sich ausschließlich auf die in § 8 II KHG geregelte Auswahlentscheidung, die bei mehreren gleichwertigen Krankenhäusern zu treffen ist."

148 Zwar sind die beiden genannten höchstrichterlichen Entscheidungen zur Aufnahme eines Krankenhauses in den Krankenhausplan ergangen. Sie sind jedoch uneingeschränkt auch auf die Aufnahme von Errichtungsmaßnahmen in ein Investitionsprogramm maßgebend. Als Ergebnis ist daher festzuhalten: Das Krankenhaus hat auch im Bereich der Errichtungsförderung eine rechtlich gesicherte Anwartschaft auf Förderung. In welchem Jahr eine Errichtungsmaßnahme gefördert wird, ein Vorhaben also in ein Jahreskrankenhausbauprogramm aufgenommen wird, liegt jedoch im pflichtgemäßen Ermessen der Landesbehörde. Ein Rechtsanspruch auf Aufnahme in ein bestimmtes Jahresbauprogramm besteht nicht, es sei denn wegen der besonderen Situation wäre das Auswahlermessen der Behörde auf Null geschrumpft.

149 Landesrecht geht über das Bundesrecht sogar noch hinaus. Danach besteht ein Rechtsanspruch auf Förderung nicht schon mit Aufnahme eines Vorhabens in das Investitionsprogramm, sondern erst mit der Bewilligung von Fördermitteln.[387]

150 Die bundesrechtliche Vorgabe einer Aufnahme in ein Investitionsprogramm gilt nach § 8 I 1 nur bei Investitionen nach § 9 I Nr. 1 KHG, also nur für die Errichtung von Krankenhäusern und nicht für die anderen einzeln zu fördernden Investitionen. Landesrecht schließt zum Teil diese Lücke dadurch, dass es für die Förderung solcher anderer Investitionen ausdrücklich einen Haushaltsvorbehalt verankert.[388]

151 Für die übrigen Fördertatbestände gibt es keinen vergleichbaren Vorbehalt. Hier gilt uneingeschränkt, dass ein Rechtsanspruch auf Förderung besteht. Er kann durch Landesrecht nicht eingeschränkt werden. Die Länder können nur Näheres zur Förderung festlegen.

152 **s) Sonderförderprogramm zur Verbesserung von Versorgungsstrukturen.** Die durch das Krankenhausstrukturgesetz[389] neu eingefügten §§ 12 bis 15 KHG sehen ein Sonderförderprogramm zur Verbesserung von Versorgungsstrukturen vor. Das Besondere daran ist,

---

[385] BVerwGE 72, 38.
[386] BVerfGE 82, 209 (228).
[387] → § 26 Rn. 191 f.
[388] Vgl. § 14 I 3 LKHG Baden-Württemberg.
[389] Vom 10.12.2015 (BGBl. I 2229).

dass dafür aus Mitteln des Gesundheitsfonds EUR 500 Mio. zur Verfügung gestellt werden und dass dieser Fonds beim Bundesversicherungsamt gebildet wird. Insoweit werden also Krankenhausinvestitionen nicht mit Landesmitteln, sondern aus Mitteln der gesetzlichen Krankenversicherung finanziert. Die Länder bleiben dennoch insoweit in der Pflicht, als die Inanspruchnahme des Fonds voraussetzt, dass das jeweilige Land mindesten 50 % der förderungsfähigen Kosten trägt, gegebenenfalls gemeinsam mit den Krankenhausträgern. Es werden also durch dieses Sonderprogramm mindestens EUR 1 Mrd. finanziert.

Das Gesetz beugt jedoch vor, dass die Länder diese Sonderförderung zum Anlass nehmen, ihr bisheriges Fördervolumen entsprechend zu vermindern. Die Mittel aus dem Fonds müssen den Krankenhäusern nach näherer Regelung des § 10 II Nr. 3 KHG zusätzlich zu Gute kommen. 153

Hinter diesem Sonderprogramm steht, dass die Länder bisher nicht die notwendigen Fördermittel zu Verfügung gestellt haben, denn sonst bedürfte es nicht der Aufstockung durch Mittel des Strukturfonds. 154

Die Mittel werden vom Bundesversicherungsamt verwaltet und den Ländern auf Antrag nach dem sogenannten Königsteiner Schlüssel zugeteilt. Welche Vorhaben einbezogen werden, entscheiden die Länder im Einvernehmen mit den Landesverbänden der Krankenkassen. 155

Förderrechtlich geht es um eine Förderung durch die Länder. Sie bewilligen dem Krankenhausträger die Fördermittel insgesamt, also auch hinsichtlich der Fondsmittel. Gegenstand der Förderung sind die nach § 9 KHG förderungsfähigen Kosten. Dazu gehören zum Beispiel auch Schließungskosten und Umstellungskosten. Die Vorhaben selbst müssen der Verbesserung der Struktur in der Krankenhausversorgung dienen. Nähere Einzelheiten zu den Voraussetzungen und dem Gegenstand der Förderung werden in einer Krankenhausstrukturverordnung geregelt[390]. 156

3. Die Krankenhausförderung nach Landesrecht

a) Allgemeines. Bundesrecht regelt nach der Änderung des KHG durch das Krankenhaus-Neuordnungsgesetz ab dem Jahre 1985 die Krankenhausförderung nur noch in den Grundzügen.[391] Selbst diese gelten zum Teil nur nach „Maßgabe des Landesrechts"; das Nähere zur Förderung ist durch Landesrecht zu bestimmen (§ 11 KHG). Das ist in den einzelnen Bundesländern durch Landeskrankenhausgesetze geschehen. Auch das ist angesichts der vielfältigen laufenden Gesetzesänderungen nur eine Momentaufnahme. 157

Überdies gestaltet sich in den Bundesländern, die von der Einzelförderung auf die Pauschalförderung übergehen, die Förderproblematik völlig anders. Je nach landesspezifischer Ausgestaltung der erweiterten Pauschalförderung entfallen bisherige langwierige Auseinandersetzungen über die rechtliche Förderfähigkeit sowie Notwendigkeit und Höhe der Investitionskosten. Es geht fast nur noch darum, ob die Pauschalmittel der Höhe nach ausreichen. Viele der nachstehend umrissenen rechtlichen Fragen zum Landesrecht spielen in diesen Ländern keine wesentliche Rolle mehr. 158

Es herrscht hier bunte Vielfalt mit laufenden Änderungen. Auf die einzelnen Landesregelungen wird hier deshalb nicht im Einzelnen eingegangen. Es werden nur die Grundzüge, Gemeinsamkeiten und Besonderheiten dargestellt. 159

Ebenso wie zu den Fördervorschriften des Bundes gibt es kaum Rechtsprechung zu den Förderregelungen der Länder. Das nicht etwa deshalb, weil alles rechtlich klar wäre oder die Krankenhausförderung keine wesentliche finanzielle Rolle spielte. Die Förderung in den Bundesländern beläuft sich jährlich auf mehrere Milliarden Euro, der Bedarf an Fördermitteln geht darüber noch hinaus. Der wesentliche Grund dürfte vielmehr darin liegen, dass 160

---

[390] Vom 17.12.2015 (BGBl. I 2315).
[391] Zur Förderung von Krankenhausinvestitionen durch die Länder vgl. auch *Stollmann*, NZS 2004, 350 (356 ff.).

kaum vor den Verwaltungsgerichten geklagt wird. Wer Jahr für Jahr mehr oder weniger umfassende Investitionen vornehmen muss, also ständig „am Tropf" der Landesförderung hängt, überlegt es sich genau, ob er es sich durch häufige Klagen mit der Förderbehörde „verdirbt". Er muss angesichts knapper Landesmittel und des weit darüber hinausgehenden Finanzbedarfs sowie der Investitionswünsche fast aller anderen Krankenhäuser befürchten, dass dann die von ihm für dringlich angesehene Maßnahme im Verhältnis zu den Investitionen anderer Krankenhäuser gar nicht so dringlich ist und er deshalb lange Jahre auf seine Förderung warten muss. Dazu kommt, dass bei der weit im Vordergrund stehenden Errichtungsförderung die in allen Bundesländern praktizierte Festbetragsförderung grundsätzlich eine Klage des Krankenhauses ausschließt. Sie erfolgt mit Zustimmung des Krankenhausträgers, er wird also durch die Bewilligung von für zu niedrig angesehenen Fördermitteln rechtlich nicht beschwert.

161   **b) Förderung der Investitionskosten. aa) Art der Förderung.** Nahezu alle Bundesländer übernehmen die entfallene bundesrechtliche Vorgabe des § 5 KHG a. F. über die Art der Förderung. Gefördert wird grundsätzlich durch Zuschuss, das heißt die Investitionskosten des Krankenhauses werden in der bewilligten Höhe unmittelbar durch Zahlung von Haushaltsmitteln an den Krankenhausträger gefördert. Viele Landesgesetze räumen jedoch ausdrücklich die Möglichkeit ein, die Förderung auch durch Übernahme des Schuldendienstes für Darlehen oder als Ausgleich für Kapitalkosten vorzunehmen. Vorausgesetzt wird dabei, dass der Krankenhausträger die Darlehensmittel oder/und die Eigenmittel mit Zustimmung der Förderbehörde zur Finanzierung der Investitionskosten eingesetzt hat. Bei einer Schuldendiensthilfe tritt das Land jedoch nicht etwa in die Verpflichtung des Krankenhausträgers aus dem Darlehensvertrag ein. Es fördert vielmehr die dem Träger als Schuldner verbleibenden Darlehenslasten (Tilgung, Zinsen) durch laufende Zahlungen an den Krankenhausträger in Höhe der anfallenden förderungsfähigen Lasten. Entsprechendes gilt beim Einsatz vom Eigenkapital des Krankenhausträgers. Hier ergibt sich aus § 2 Nr. 3 KHG (investitionsgleiche Kosten), dass der Kapitalkostenausgleich nicht nur eine schrittweise Abgeltung des Eigenkapitalbetrags, sondern auch dessen Verzinsung umfasst. Die Tilgungsraten nach Laufzeit und Höhe sowie die Höhe einer Eigenkapitalverzinsung lassen die einzelnen Landesgesetze offen. Das ist letztlich durch Festlegungen des Landeshaushaltsplans zu bestimmen.

162   Eine solche Förderung über Schuldendiensthilfe und Kapitalkostenausgleich hat zunächst die positive Wirkung, dass schnell erhebliches Investitionsvolumen in Gang gesetzt werden kann. Die negative Folge ist, dass in den Folgejahren das in den Ländern nur begrenzt zur Verfügung gestellte Gesamtfördervolumen zunehmend durch Schuldendiensthilfe und Kapitalkostenausgleich in Anspruch genommen wird und deshalb immer weniger Raum für die Förderung neuer Investitionen bleibt. Die Länder müssen deshalb abwägen, ob der anfängliche Nutzen einer solchen Förderung die nachfolgenden Nachteile überwiegt. Die Länder haben deshalb zum Teil die nach dem Jahre 1972 praktizierte Förderung über Schuldendiensthilfe und Kapitalkostenausgleich eingestellt, nicht zuletzt auch wegen des mit den laufenden jährlichen Zahlungen verbunden erheblichen Verwaltungsaufwands.

163   **bb) Bemessung der Fördermittel.** Bundesrecht (§ 9 V KHG) gibt vor, dass die Fördermittel nach Maßgabe des Landesrechts so zu bemessen sind, dass sie die förderungsfähigen und unter Beachtung betriebswirtschaftlicher Grundsätze notwendigen Investitionskosten decken. Etwa die Hälfte der Bundesländer gibt diese Regelung teils wörtlich, teils inhaltlich wieder. Die anderen Landesgesetze übernehmen diese allgemeine bundesrechtliche Vorgabe nicht. Hier ist allein § 9 V KHG maßgebend. Das schließt allerdings nicht aus, dass auch diese Länder in den Einzelvorschriften ihrer Krankenhausgesetze Einschränkungen zur Förderhöhe enthalten, insbesondere für die Förderung der Errichtungskosten.[392]

---

[392] → § 26 Rn. 183 ff.

§ 26 Grundzüge des Rechts der Krankenhausfinanzierung

cc) **Investitionsprogramme, Jahreskrankenhausbauprogramme.** Das KHG 1972 (§ 6 I 164 a. F.) hat die Länder verpflichtet, mehrjährige Programme zur Durchführung des Krankenhausbaus und seiner Finanzierung aufzustellen und diese jährlich der Entwicklung anzupassen. Diese Vorgabe ist mit dem Krankenhaus-Neuordnungsgesetz ab dem Jahre 1985 entfallen. Stattdessen bestimmt § 6 I KHG n. F. lediglich, dass die Länder „Investitionsprogramme" aufstellen. Aus § 8 I 1 KHG ist zu entnehmen, dass die bundesrechtliche Vorgabe sich nur auf Investitionen nach § 9 I Nr. 1 KHG, also auf Errichtungsmaßnahmen erstreckt. Art und Inhalt der Investitionsprogramme werden jedoch darüber hinaus bundesrechtlich nicht näher festgelegt. Die Länder verfahren hier unterschiedlich:

Einige Länder sehen weiterhin ein mehrjähriges Investitionsprogramm vor. Es ist für die 165 Jahre der mittelfristigen Finanzplanung (Fünf-Jahres-Zeitraum) aufzustellen und jährlich fortzuschreiben. Teils wird dabei ausdrücklich vorgeschrieben, dass das Investitionsprogramm zu gliedern ist in gegenwärtig laufende Investitionsmaßnahmen, in im jeweiligen Haushaltsjahr neu aufgenommene Investitionsmaßnahmen und in künftig vorgesehene Investitionsmaßnahmen. Gemeinsam ist diesen mittelfristigen Programmen, dass darin alle Investitionsmaßnahmen aufgenommen werden, die sich noch in der Förderung befinden.

Einige Länder sehen nebeneinander ein mehrjähriges Investitionsprogramm und ein Jah- 166 resprogramm vor. Andere Länder wiederum kennen nur ein Jahresinvestitionsprogramm, ein Jahreskrankenhausbauprogramm.

Ebenso unterschiedlich – der Sache nach aber bedeutsamer – ist, welchen Inhalt ein solches 167 Investitionsprogramm hat. Einige Länder weisen darin nur die in dem jeweiligen Hausjahr und zu Lasten dieses Jahresprogramms zu fördernden Maßnahmen aus. Aufgenommen werden dabei die Vorhaben, die zu Lasten des Jahreskrankenhausbauprogramms neu in die Förderung einbezogen werden, und zwar in Höhe der voraussichtlichen Gesamtkosten. Umfasst ein solches Programm z. B. 200 Mio. EUR, so werden so viele Vorhaben mit ihren voraussichtlichen Gesamtkosten aufgenommen, als dieser Investitionsrahmen zulässt. Es wird hier eine Gesamtbewilligung für das gesamte Vorhaben ausgesprochen, ohne Festlegung auf einzelne künftige Jahresbeträge. Das geschieht unter Inanspruchnahme von den in diesem Haushaltsjahr zur Verfügung stehenden Haushaltsmitteln und Verpflichtungsermächtigungen für die Restförderung in den folgenden Jahren.

In den meisten Bundesländern wird dagegen die vorgesehene Verwendung der in dem 168 betreffenden Jahr zur Verfügung stehenden Fördermittel dargestellt. Es werden also auch die in den vorausgegangenen Jahren bewilligten Maßnahmen ausgewiesen und es werden für die einzelnen Vorhaben Jahresraten ausgewiesen.

Für die Bundesländer, die die bisher einzeln geförderten Eintrichtungskosten durch eine 169 Baupauschale fördern, gilt etwas anderes. Die Länder Berlin, Brandenburg und Hessen stellen entgegen § 6 I. und § 8 I KHG kein Investitionsprogramm mehr auf. Nordrhein-Westfalen stellt zwar ein „Investitionsprogramm" auf. Dieses weist aber nur die im Haushaltsplan insgesamt für das Land ausgewiesenen Haushaltsmittel aus. Bremen nimmt in das Investitionsprogramm diejenigen Vorhaben auf, die nach Meldung der Krankenhäuser aus den Pauschalmitteln des laufenden Jahres finanziert werden sollen. Auch das ist kein Investitionsprogramm im Sinne der genannten bundesrechtlichen Vorgaben.

Unterschiedliche Regelungen gibt es auch für die Art der in das Investitionsprogramm 170 aufzunehmenden Vorhaben. Bundesrecht sieht in § 8 I KHG nur ein Investitionsprogramm für Errichtungsmaßnahmen im Sinne von § 9 I Nr. 1 KHG vor. Hierauf beschränken sich einige Bundesländer. Andere Länder weisen darüber hinaus auch die durch Einzelförderung zu finanzierende Beschaffung einzelner Anlagegüter aus. Einige Länder beziehen schließlich auch investitionsgleiche Kosten und sonstige Fördertatbestände in das Investitionsprogramm ein.

dd) **Festbetragsförderung, Höchstbetragsförderung, Festsetzungsförderung.** Es geht 171 hier um unterschiedliche Methoden, die Fördermittel der Höhe nach festzulegen. Sie spielen nur dort eine Rolle, wo Investitionen einzeln gefördert werden.[393] Nimmt man § 9 V KHG über die Förderhöhe wörtlich, so müsste das Land stets die Kosten bewilligter Investitionen in einer Höhe fördern, die den Grundsätzen der Sparsamkeit und Wirtschaftlichkeit entspricht, also insoweit in voller Höhe. Maßgebend dafür wären nicht etwa vorauskalkulatorisch ermittelte Kosten, sondern die für die bewilligte Maßnahme tatsächlich entstandenen Kosten. Jedem ist die große Differenz bekannt, die bei größeren Baumaßnahmen oft zwischen den beim Baubeschluss optimistisch angenommenen Kosten und den tatsächlichen Kosten liegt. Die vielfältigen Kalkulationsrisiken sind hoch. Die Bewilligungsbehörde weiß deshalb ebenso wenig wie das Krankenhaus, welche Kosten letztlich der Höhe nach anfallen werden. Sie muss jedoch aus haushaltsrechtlichen Gründen der Bewilligung von Fördermitteln einen bestimmten Förderbetrag zu Grunde legen. Denn nach Haushaltsrecht kann eine Behörde nur Zahlungsverpflichtungen eingehen, die der Höhe nach durch die verfügbaren Haushaltsmittel (einschließlich Verpflichtungsermächtigungen) abgedeckt sind. Das erfordert vor der Bewilligung und im Rahmen der Schlussabrechnung und Schlussbewilligung eine aufwändige und mit Kalkulationsrisiken behaftete baufachliche Prüfung. Auch wird das Krankenhaus dadurch in seinen Investitionsentscheidungen erheblich eingeschränkt. Die Länder haben hierzu detaillierte Regelungen erlassen, die dem begegnen sollen:

172 Diese Fördermethoden spielen heute jedoch nur noch in den Ländern eine Rolle, die die Investitionskosten einzeln, also nicht pauschal fördern. Bei einer Pauschalförderung geht es nur um die Höhe der Pauschalmittel.

173 **(1) Die Festbetragsförderung.** Die Förderung durch Festbetrag soll für den Krankenhausträger Anreize setzen, die Investition sparsam zu verwirklichen. Sie vereinfacht das sonst notwendige aufwändige Förderverfahren.[394] Die Festbetragsförderung wird von sämtlichen Ländern vorgesehen, soweit sie die Investitionskosten einzeln fördern. Sie wird jedoch in den einzelnen Ländern unterschiedlich ausgestaltet. Teils kann, teils soll durch Festbetrag gefördert werden. Meist ist die Zustimmung des Krankenhauses zur Festbetragsförderung erforderlich.

174 Der Krankenhausträger nimmt mit seiner Zustimmung die Risiken, die mit einer Festbetragsförderung verbunden sind, in Kauf. Rechtsstreitigkeiten wegen der Höhe eines zu bewilligenden Festbetrags gibt es hier also nicht.

175 Förderung durch Festbetrag bedeutet an sich, dass der vereinbarte und bewilligte Festbetrag fest ist, dass er also unabhängig von der Höhe der entstandenen Kosten weder überschritten noch unterschritten wird. Die Festbetragsförderung wird jedoch in den einzelnen Ländern sehr unterschiedlich geregelt. Dabei ist zwischen einer Anpassung des Festbetrags nach oben bzw. nach unten zu unterscheiden.

176 In einigen Ländern wird der bewilligte Festbetrag nach oben hin der Preisentwicklung nach amtlichen Indizes angepasst. Andere Länder sehen ausdrücklich unter bestimmten Voraussetzungen eine Nachbewilligung vor, also eine Erhöhung des Festbetrages. Sie fordern, dass die Mehrkosten auf Grund behördlicher Auflagen oder einer Änderung der Rechtslage erforderlich werden. Andere Länder verweisen für die Bindung an den bewilligten Festbetrag auf nähere Festlegungen im Bewilligungsbescheid. Einige Länder regeln nur den Festbetrag als solchen, ohne sich zu dessen „Festigkeit" festzulegen. Hier ist nach dem Gesetzeswortlaut davon auszugehen, dass der bewilligte Festbetrag der Höhe nach fest ist. Ob die Förderpraxis dem stets entspricht, muss hier offen bleiben.

177 Unterschiedliche Regelungen gibt es auch für den Fall, dass die (förderungsfähigen) Ist-Kosten den Festbetrag unterschreiten. Die meisten Landesgesetze schweigen allerdings hier-

---

[393] → § 26 Rn. 117 ff.
[394] Baden-Württ., § 14 II 5: „Bei der Festbetragsförderung erfolgt eine in das Einzelne gehende Prüfung im Rahmen der Bewilligung und der Schlussabrechnung nur, soweit hierfür besondere Gründe vorliegen".

zu oder verweisen auf den Bewilligungsbescheid. Einige Länder legen ausdrücklich fest, dass dort, wo die angefallenen Kosten den Festbetrag nicht erreichen, der Unterschiedsbetrag dem Krankenhaus verbleibt. Über die Verwendung des Betrags wird dabei nichts gesagt. Andere Länder belassen den Unterschiedsbetrag zwar dem Krankenhausträger, schreiben aber vor, dass er für andere förderungsfähige Investitionskosten zur verwenden oder den Pauschalmitteln zuzuführen ist.

(2) Die Höchstbetragsförderung. Ein Land stellt neben die Festbetragsförderung eine Höchstbetragsförderung.[395] Der Sache nach handelt es sich aber auch hier um eine Festbetragsförderung. Sie wird nur besonders ausgestaltet. Auch hier wird ein Betrag festgelegt, der nur ausnahmsweise überschritten werden kann, soweit Mehrkosten auf Grund nachträglicher behördlicher Anordnungen erforderlich werden. Dieser Festbetrag wird terminologisch zum Höchstbetrag durch die ergänzende Regelung, dass hier im Gegensatz zur Bewilligung eines Festbetrags ein Unterschiedsbetrag zurückzuerstatten ist, wenn die Ist-Kosten den Höchstbetrag nicht erreichen. Eine sachliche Besonderheit liegt bei der konkreten Ausgestaltung der Höchstbetragsförderung darin, dass das fachliche Prüfungsverfahren weniger weit reicht als bei der Festbetragsförderung und dass dem Krankenhausträger hier eine wesentlich größere Entscheidungsfreiheit zur Durchführung des Vorhabens eingeräumt wird. 178

(3) Die Festsetzungsförderung. Wo nicht durch Festbetrag oder Höchstbetrag gefördert wird, ist auf andere Weise zu fördern. Hier ist auf die Grundsatzregelung des § 9 V KHG zurückzugreifen. Die Fördermittel sind danach grundsätzlich so zu bemessen, dass sie die förderungsfähigen unter Beachtung betriebswirtschaftlicher Grundsätze notwendigen Investitionskosten decken. Einige Landesgesetze legen dies ausdrücklich fest. Die Förderbehörde muss hier bei Ausschöpfung des ihr nach dem Landeshaushalt zur Verfügung stehenden Gesamtfördervolumens den voraussichtlichen Förderbetrag und nach Abschluss der Maßnahmen nach einer Schlussprüfung den endgültigen Förderbetrag festlegen. Einige Landesgesetze schreiben dies ausdrücklich so vor. Verbunden wird dies teilweise mit der Festlegung, dass über den ursprünglich bewilligten Betrag nur hinausgegangen werden kann, soweit Abweichungen unabweisbar sind. 179

c) Förderung der Errichtungskosten. Bundesrecht legt nur fest, dass die Kosten der Errichtung von Krankenhäusern (Neubau, Umbau, Erweiterungsbau) förderungsfähige Investitionskosten sind.[396] Welche Kosten dazu gehören, lässt Bundesrecht offen. Die Landesgesetze enthalten dazu zum Teil konkretisierende, meist einengende Vorgaben. 180

Nur das Krankenhausgesetz Berlin hat bisher allgemein umrissen, welche Kosten den Errichtungskosten im engeren Sinn auch zuzurechnen sind:[397] 181

„Förderfähig ... sind auch alle baulichen Maßnahmen, die in einem ursächlichen, insbesondere baulich – technischen oder funktionalen Zusammenhang mit einer der Einzelförderung unterliegenden Investition ... stehen oder Voraussetzung für die Durchführung einer solchen Investition sind oder im Rahmen eines abgestimmten Gesamtplanungsprozesses auf der Grundlage einer durchgeführten Zielplanung in mehreren Teilschritten zur Sanierung eines Krankenhauses oder Teilen eines Krankenhauses führen".

Diese Beschreibung der Errichtungskosten trifft auch ohne ausdrückliche Regelung für die anderen Bundesländer zu. 182

aa) Erwerb und Anmietung von Krankenhäusern. Mehrere Landesgesetze schließen die Förderung des Erwerbs oder der Anmietung bereits betriebener und in den Krankenhausplan 183

---

[395] Sachsen: § 10 VI LKHG.
[396] → § 26 Rn. 80 ff. sowie *Stollmann*, NZS 2004, 350, 357 f.
[397] § 7 I 2 KHG Berlin a. F.

aufgenommener Krankenhäuser ausdrücklich aus. Nach der Förderpraxis der Länder ist der Kauf eines vorhandenen Gebäudes der Errichtung eines Gebäudes förderrechtlich gleichzusetzen. Wechselt der Träger eines Krankenhauses nach dem Erwerb durch einen anderen Rechtsträger, so sind nach diesen landesgesetzlichen Regelungen die Erwerbskosten nicht als Errichtungskosten förderfähig. Der bloße Trägerwechsel soll nicht eine Errichtungsförderung auslösen. Es ist davon auszugehen, dass die übrigen Länder, deren Krankenhausgesetz eine solche Regelung nicht enthält, in der Förderpraxis ebenso verfahren.

184 **bb) Übernahme beweglicher Anlagegüter.** Zur Errichtung eines Krankenhauses gehört auch die Erstausstattung mit beweglichen Anlagegütern, insbesondere Einrichtungs- und Ausstattungsgegenständen. Ihre Wiederbeschaffung wird pauschal gefördert (§ 9 III KHG). Für Errichtungsmaßnahmen bereits vorhandener Krankenhäuser stellt sich deshalb die Frage, inwieweit die Beschaffung beweglicher Anlagegüter als Teil der Errichtung einzeln gefördert wird oder über die Förderpauschale nach § 9 III KHG zu finanzieren ist.

185 Einige Länder legen hierzu ausdrücklich fest, dass vorhandene Wirtschaftsgüter des Anlagevermögens zu übernehmen sind, soweit dies wirtschaftlich geboten und medizinisch vertretbar ist. Werden sie dennoch nicht übernommen, also neu beschafft, so scheidet ihre Förderung als Errichtungskosten aus. Länder, in denen es eine solche Regelung nicht gibt, werden wohl in ihrer Förderpraxis entsprechend verfahren. Sie können sich darauf stützen, dass es hier nicht um eine Erstausstattung gehe oder dass es sich nicht um notwendige Beschaffungen handele, da ein bereits vorhandenes Anlagegut ausreiche.

186 **cc) Versicherungsleistungen.** Werden Errichtungsmaßnahmen gefördert, so entfällt nach den Regelungen einiger Länder ein Förderanspruch, soweit hierfür Versicherungsleistungen gewährt werden oder bei Abschluss verkehrsüblicher Versicherungen hätten gewährt werden können. Wird also z. B. nach einem Gebäudebrand ein Ersatzgebäude errichtet, so muss das Krankenhaus zunächst die hierfür gewährten Versicherungsleistungen einsetzen. Nur die darüber hinausgehenden Errichtungskosten können einzeln gefördert werden.

187 **dd) Kosten eigenen Personals.** Zu den Herstellungskosten, und damit auch zu den Errichtungskosten, gehören an sich auch die Kosten von Eigenleistungen. Nach DIN 276 (Kosten des Hochbaus) ist der Wert von Eigenleistungen bei den betreffenden Kostengruppen gesondert auszuweisen. „Für Eigenleistungen des Bauherrn sind die Kosten einzusetzen, die für entsprechende Auftragnehmerleistungen entstehen würden." Dennoch gehören nach einigen Landesgesetzen[398] die Kosten eigenen Personals für Errichtungsmaßnahmen nicht zu den förderungsfähigen Investitionskosten. Das ist eine rechtlich bedenkliche Einschränkung des kraft Bundesrechts bestehenden Anspruchs auf Förderung der Errichtungskosten. Die Einschränkung ist im Übrigen auch sachlich fragwürdig, da sie das Krankenhaus zwingt, ausnahmslos die Dienste fremder Personen mit oft höheren Kosten in Anspruch zu nehmen. Die Länder sind deshalb gut beraten, die Kosten eigenen Personals in angemessenem Umfang zu fördern. Dem trägt eine Regelung des Landes Thüringen Rechnung.[399] Dort wird zugelassen, dass im Einzelfall die anteiligen Personalkosten den Errichtungskosten hinzugerechnet werden, die dem Krankenhausträger durch die Übernahme von Leistungen entstehen, welche in der Regel an freiberuflich Tätige vergeben werden.

188 **ee) Unterlassene Instandhaltung.** Einige Länder schließen die Förderung von Investitionen aus, wenn sie durch unterlassene Wartung und Instandhaltung notwendig geworden sind. Ein solcher genereller Ausschluss einer notwendigen Investitionsmaßnahme von einer Förderung ist mit Bundesrecht nicht vereinbar. Es können vielfältige Gründe dazu geführt haben, dass eine notwendige Instandhaltungsmaßnahme nicht zeitgerecht durchgeführt wurde. Der Grund dafür könnte z. B. eine jahrelange Auseinandersetzung mit dem Land darüber sein, ob eine vorgesehene Maßnahme als förderungsfähige Investition oder als pflegesatz-

---

[398] Z. B. Sachsen: § 10 I 2 Sächs KHG.
[399] § 10 II, III Thür KHG.

fähige Instandhaltung anzusehen ist. Vertretbar erscheint der Ausschluss der Förderung allenfalls dort, wo die notwendigen Instandhaltungsmaßnahmen schuldhaft unterlassen worden sind.

ff) Mitbenutzung für andere Zwecke. Die Krankenhausförderung ist ausgerichtet auf die Finanzierung von Anlagevermögen, das unmittelbar der stationären Krankenhausversorgung dient (§ 8 I Nr. 8 KHG). Einrichtungen des Krankenhauses, die diesen Zwecken dienen, können jedoch auf vielfältige Weise auch für andere Zwecke genutzt werden. Dies reicht von der Essensversorgung eines benachbarten Pflegeheimes über die Wärmeversorgung des Personalwohnheims bis zur Nutzung der medizinisch-technischen Ausstattung des Krankenhauses für die ambulante Versorgung. Nur wenige Landesgesetze sprechen diese Mitbenutzung ausdrücklich an. Danach sind die Fördermittel angemessen zu vermindern, wenn die zu fördernden Anlagegüter zu Zwecken außerhalb der stationären Krankenhausversorgung mitbenutzt werden. 189

Bayern trifft hierzu in § 17 der Durchführungsverordnung zum Landeskrankenhausgesetz differenzierte Regelungen, in welchen Fällen eine Mitbenutzung in wie weit förderschädlich ist. 190

gg) Rechtsanspruch auf Förderung der Errichtungskosten. Die Ausführungen zum Bundesrecht befassen sich allgemein mit dem Rechtsanspruch auf Investitionsförderung.[400] Einige Landesgesetze treffen hierzu Regelungen. Teils wird festgelegt, dass mit der Aufnahme eines Vorhabens in das Investitionsprogramm kein Anspruch auf Förderung begründet wird oder dass kein Anspruch auf Aufnahme in ein Investitionsprogramm besteht. Teils wird gesagt, dass ein Anspruch auf Förderung erst mit Bewilligung von Fördermitteln entsteht. 191

Die Regelung, dass die Aufnahme eines Vorhabens in ein Investitionsprogramm noch keinen Anspruch auf Förderung begründet, ist rechtlich unbedenklich. Die Aufnahme in ein Investitionsprogramm ist nach § 8 I 1 KHG lediglich Voraussetzung einer Errichtungsförderung. Sie begründet für sich allein als „Verwaltungsinternum" noch keinen Förderanspruch. Die Regelung dagegen, dass ein Anspruch auf Förderung erst mit Bewilligung entsteht, wäre – wörtlich genommen – rechtlich nicht haltbar. Hier bräuchte die Förderbehörde nur von einer Bewilligung abzusehen, um jeden Anspruch auf Förderung auszuschließen. Diese Regelung ist vielmehr in dem Sinne zu verstehen, dass nicht schon die Aufnahme in ein Investitionsprogramm zur Förderung führt, sondern erst die Bewilligung von Fördermitteln. Ein Krankenhaus, dessen Vorhaben nachträglich aus einem beschlossenen Investitionsprogramm herausgenommen wurde, kann sich insoweit nicht darauf berufen, dass es durch Aufnahme in dieses Programm bereits einen Rechtsanspruch auf Errichtungsförderung erworben habe. 192

hh) Vorzeitiger Baubeginn. Im Bereich des öffentlichen Zuwendungsrechts für Zuwendungen im Sinne von § 44 der Haushaltsgesetze des Bundes und der Länder gilt der eherne Grundsatz, dass Zuwendungen zur Projektförderung nur für solche Vorhaben bewilligt werden, die noch nicht begonnen worden sind. Es geht hier um freiwillige Leistungen der öffentlichen Hand. Deswegen erscheint ein solcher Ausschluss von einer Förderung rechtlich vertretbar. Rechtlich bedenklich ist es jedoch, wenn auch im Bereich einer Förderung, auf die dem Grunde und der Höhe nach ein Rechtsanspruch besteht, eine Förderung davon abhängig gemacht wird, dass mit der zu fördernden Maßnahme vor Erteilung der Bewilligung noch nicht begonnen worden ist. Hier wird ein „Zuchtmittel" des Zuwendungsrechts auf Bereiche übertragen, in denen Rechtsansprüche bestehen. Diese werden durch eine solche Einschränkung unvertretbar eingeengt. Dennoch übernehmen einige Landesgesetze auch für die Investitionsförderung den zuwendungsrechtlichen Grundsatz, dass eine Förderung ausscheidet, wenn mit der Maßnahme vor ihrer Bewilligung begonnen worden ist.[401] Im Gegensatz dazu 193

---

[400] → § 26 Rn. 140 ff.
[401] Z. B. Bayern: Art. 11 III 2 Bay KrG.

hat noch das bisherige Krankenhausgesetz Berlin[402] ausdrücklich festgehalten: „Auf Fördermittel finden die Vorschriften der §§ 23 und 44 der Landeshaushaltsordnung keine Anwendung."

194 **d) Pauschalförderung von Investitionen nach § 9 III KHG.** § 9 III KHG gibt den Ländern bindend vor, die Wiederbeschaffung kurzfristiger Anlagegüter sowie kleine bauliche Maßnahmen durch feste jährliche Pauschalbeträge pauschal zu fördern.[403] Den Ländern bleibt es überlassen festzulegen, was kurzfristige Anlagegüter sind sowie in welcher Höhe zu fördern ist. Es wird hierfür bundesrechtlich nur festgelegt, dass die Pauschalbeträge nicht ausschließlich nach der Zahl der in den Krankenhausbedarfsplan aufgenommenen Betten bemessen werden dürfen.[404] Betrachtet man die einzelnen Landesgesetze, so zeigt sich bunte föderative Vielfalt. Dadurch wird die einfache und gewiss nicht weniger sachgerechte bisherige Bundesregelung des § 10 KHG a. F. abgelöst. Auf die zum Teil sehr unterschiedlichen und in ihrem Detaillierungsgrad sehr verschiedenen Landesregelungen wird nachstehend nur allgemein und zusammenfassend eingegangen. Wer sich mit dem Recht des einzelnen Landes auseinander zusetzen hat, muss sich dieses Landesrecht näher ansehen. Die Pauschalförderung wird in den einzelnen Ländern unterschiedlich sowie mehr oder weniger weitgehend in den Grundzügen in dem jeweiligen Krankenhausgesetz geregelt und in einer Durchführungsverordnung konkretisiert.

195 **aa) Pauschal geförderte Anlagegüter.** In den meisten Bundesländern werden Anlagegüter mit einer durchschnittlichen Nutzungsdauer von 3 bis 15 Jahren erfasst. Sie werden dort überwiegend ausdrücklich als kurzfristige Anlagegüter bezeichnet. Einige Länder erwähnen nur die kurzfristigen Anlagegüter, ohne sie nach Nutzungsdauer zu konkretisieren. Eine solche Abgrenzung nach der durchschnittlichen Nutzungsdauer ist unrealistisch und weltfremd. Selbst wenn ein Krankenhaus wüsste, was unter einer durchschnittlichen Nutzungsdauer eines Anlageguts zu verstehen ist, wird es sich kaum der Mühe unterziehen, diese festzulegen. Wer sollte mit welchem Wissen nachprüfen, ob ein Anlagegut durchschnittlich 2 Jahre und 11 Monate oder 15 Jahre und einen Monat genutzt wird? Wer sollte beim Kauf eines Tisches oder eines Stuhles auch nur einigermaßen zuverlässig beurteilen können, ob deren durchschnittliche Nutzungsdauer über oder unter 15 Jahren liegt. Vieles ist doch nur eine Frage, was man sich finanziell leisten kann. Einige Länder lösen sich deshalb von dieser fragwürdigen zeitlichen Zuordnung und stellen auf die Art des Anlageguts ab: den Einrichtungs- und Ausstattungsgegenstand. Das ist eine Zuordnung, mit der nach allgemeinem Sprachgebrauch etwas anzufangen ist und die auch die Krankenhausführungsverordnung des Bundes verwendet (Anlage 1: Bilanz, Aktivseite B II 5). Baden-Württemberg ordnet diesen Einrichtungs- und Ausstattungsgegenständen ausdrücklich auch einzelne benannte Anlagegüter zu, deren Zuordnung zweifelhaft sein könnte, insbesondere in Abgrenzung zu den betriebstechnischen Anlagen.

196 Schleswig-Holstein[405] schließlich grenzt zwar nach Fristigkeit ab, setzt aber die obere Grenze bei einer Nutzungsdauer von 30 Jahren. Damit werden auch Anlagegüter erfasst, die nach der ursprünglichen Fassung des KHG (§ 9 III KHG a. F.) den sog. mittelfristigen Anlagegütern zugeordnet waren. Mit dieser zeitlichen Ausdehnung werden in Schleswig-Holstein vorwiegend auch Anlagegüter erfasst, die den betriebstechnischen Anlagen zuzurechnen sind.

197 **bb) Kleinere Investitionsmaßnahmen.** Nach § 9 III KHG sind durch Jahrespauschale zu fördern kleine bauliche Maßnahmen. Auch hier bleibt bundesrechtlich offen, was hierunter zu verstehen ist. Ein Teil der Bundesländer übernimmt diese Formulierung, ein anderer Teil

---

[402] § 5 II 2 LKHG Berlin.
[403] → § 26 Rn. 119 ff.
[404] § 9 III 2 KHG.
[405] § 8 I Nr. 1 AG-KHG SH.

stellt auf sonstige Investitionen ab. Gemeinsam ist sämtlichen Landesregelungen, dass sie kostenmäßig nach einer festgelegten Kostengrenze abgrenzen. Jede Investition, die nicht ohnehin als Wiederbeschaffung eines kurzfristigen Anlageguts pauschal zu fördern ist und die eine bestimmte Kostengrenze nicht übersteigt, wird pauschal gefördert. Im Grunde erfolgt damit in jedem Bundesland die Abgrenzung zur Einzelförderung nach Kostengrenzen. Nur Sachsen-Anhalt[406] macht davon eine Ausnahme. Dort werden kleine bauliche Maßnahmen pauschal gefördert, „die keine Aufnahme in das Investitionsprogramm gefunden haben". Ob einzeln oder pauschal gefördert wird, hängt also von der Entscheidung der Förderbehörde ab, eine Maßnahme in das Investitionsprogramm aufzunehmen oder nicht.

Ein Teil der Bundesländer setzt die Kostengrenze für alle Krankenhäuser im Lande in einheitlicher Höhe fest. Ein Teil der Bundesländer differenziert nach Größe und Versorgungsstufe der Krankenhäuser. Für das Krankenhaus mit größerer Bettenzahl oder höherer Versorgungsstufe ist danach eine höhere Kostengrenze maßgebend als für die darunterliegenden Krankenhäuser. Einige Länder leiten die Kostengrenze aus der Höhe der Jahrespauschale ab. 198

cc) **Höhe der Jahrespauschale.** Bundesrecht sagt nichts zur Höhe der Jahrespauschale und wenig zu den Kriterien, nach denen sich die Pauschale richtet. Sie soll nicht ausschließlich nach der Zahl der Krankenhausplanbetten bemessen werden (§ 9 III 2 KHG). Die Länder sollen also das bisherige bundesrechtliche Bemessungssystem nicht fortführen, wonach die Bettenzahl ausschlaggebende Bedeutung hatte (§ 10 KHG a. F.).[407] Bei dieser bundesrechtlichen Vorgabe geht es keineswegs um die „gerechte" Höhe der Pauschalförderung, sondern um ein Ziel außerhalb der Investitionsförderung. Es soll durch das alleinige Abstellen auf das Bett der Bettenabbau nicht erschwert werden. 199

Bei Festlegung der Bemessungskriterien haben die Länder Einfallsreichtum bewiesen. Es ist nahezu keine Landesregelung mit einer anderen Regelung vergleichbar. Es werden die verschiedensten Kriterien festgelegt. Diese wiederum werden in unterschiedlicher Weise miteinander vermengt: 200

Die Länder haben durchweg eine Kombination von Berechnungsgrundlagen festgelegt. Sie unterscheiden sich von Land zu Land. Es gibt – unterschiedlich gewichtet – Grund- und Leistungspauschalen sowie aufgabenbezogene und leistungsbezogene Pauschalbeträge ferner Grundbeträge und Sockelbeträge. Für deren Höhe spielt weiterhin „das Bett" eine mehr oder weniger bedeutende Rolle. Bei den leistungsbezogenen Kriterien wird auf Art und Menge der Behandlungsleistungen abgestellt. Auch gibt es teils Zuschläge für Intensivbehandlung oder medizinisch technische Großgeräde. Durchweg wird ein Zuschlag für Ausbildungsstätten gewährt. 201

Soweit die Länder auf Behandlungsleistungen abstellen, wird der Anreiz, möglichst viele Planbetten zu haben, durch den Anreiz ersetzt, möglichst viele Behandlungsfälle zu haben. Die feste, leicht handhabbare Größe „Planbett" wird hier durch eine problematische, variable und beeinflussbare Größe ersetzt. Der Wiederbeschaffungsbedarf für kurzfristige Anlagegüter und der Umfang kleinerer baulicher Maßnahmen ist gewiss nicht signifikant von der Zahl der jährlich behandelten Patienten abhängig. 202

e) **Pauschalförderung statt bisheriger Einzelförderung.** Bundesländer lösen in steigender Anzahl die bisherige Einzelförderung, insbesondere der Errichtungskosten, durch eine Pauschalförderung und Baupauschale ab. Das erfolgt außerhalb der Entwicklungsregelung des § 10 KHG[408]. Die Länder gehen jedoch hinsichtlich des Umfangs der in die Pauschalförderung einbezogenen Vorhaben unterschiedlich vor: 203

---

[406] § 6 I Nr. 2 KHG LSA.
[407] → § 26 Rn. 138.
[408] → § 26 Rn. 127 ff., 138.

204 Die Länder Berlin, Bremen, Nordrhein-Westfalen und Saarland beziehen in die Pauschalierung alle Investitionskosten und den Investitionskosten gleichstehende Kosten ein. Die Länder Bremen, Nordrhein-Westfalen und Saarland sehen dabei getrennte Förderpauschalen für die Wiederbeschaffung kurzfristiger Anlagegüter im Sinne von § 9 III KHG vor. Die Länder Brandenburg und Hessen beziehen in eine umfassende Pauschalierung auch die Fördertatbestände des § 9 II KHG (ohne die Schließungskosten der Nr. 5) ein. Hessen geht sogar über die nach dem KHG förderungsfähigen Kosten hinaus. Die Pauschalmittel dürfen dort auch zur Schaffung von Personalwohnraum und Einrichtungen zur Betreuung der Kinder der Beschäftigten des Krankenhauses verwertet werden. Das sind Investitionen, die nicht unmittelbar der stationären Versorgung dienen (vgl. § 5 I Nr. 8 KHG) und deshalb nach dieser Vorschrift nicht förderungsfähig sind.

205 Die Länder Berlin und Brandenburg erklären die Pauschalmittel für den Krankenhausträger als frei verfügbar. In Berlin müssen jedoch Erweiterungsvorhaben im Sinne von § 9 I KHG angezeigt werden; für Errichtungsvorhaben mit Kosten von über EUR 5 Mio., die zu über 50 % aus den Pauschalmitteln finanziert werden sollen, ist ein Bedarfsplan vorzulegen. Die Pauschalmittel dürfen erst verwendet werden, wenn die Behörde das Vorhaben positiv geprüft hat. Hessen schreibt dagegen allgemein für Vorhaben mit Kosten von über EUR 10 Mio. eine Genehmigung durch das Ministerium vor.

206 In Bremen dürfen Pauschalmittel für Errichtungsvorhaben und mittelfristig nutzbare Investitionen nur verwendet werden, wenn diese zuvor in ein Investitionsprogramm des Landes aufgenommen worden sind. Hier ist die Pauschalförderung der Errichtungskosten stark der bisherigen Einzelförderung angenähert.

207 Alle Länder beschränken die Höhe der Jahrespauschale auf die vom Land im Landeshaushaltsplan zur Verfügung gestellten Haushaltsmittel. Es geht hier darum, dieses Mittelvolumen auf die einzelnen Krankenhäuser nach vorgegebenen Kriterien aufzuteilen. Das Krankenhausgesetz Hessen (§ 23 II) sagt hierzu deutlich: *„Die Jahrespauschale wird ermittelt, indem die jährlich zur Verfügung stehenden Haushaltsmittel nach Maßgabe der Absätze 3 bis 5 auf die Krankenhäuser verteilt werden."* Hinsichtlich dieser Verteilung herrscht unter den Ländern bunte Vielfalt:

208 In den Ländern Berlin, Brandenburg, Hessen und Nordrhein-Westfalen richtet sich die Höhe der jährlichen Pauschale weitgehend nach den Behandlungsleistungen des einzelnen Krankenhauses. Jährlich steigende Leistungen führen zu einer höheren Jahrespauschale, verminderte Leistungen zu einer sinkenden Pauschale. Angesichts dessen, dass Investitionskosten Fixkosten sind und dass der Anteil der Investitionsaufwendungen an den Gesamtkosten des Krankenhauses etwa bei 10 % bis 15 % liegt, ist diese Anbindung an die Behandlungsleistungen betriebswirtschaftlich wenig fachgerecht. Die jährlichen kalkulatorischen Abschreibungen auf das Gebäude, die betriebstechnischen Anlagen sowie die Außenanlagen zum Beispiel sind unabhängig davon, ob in einem Jahr 5000, 5100 oder 4900 Behandlungsfälle erbracht worden sind. Diese Anbindung an Behandlungsleistungen setzt den starken Anreiz, die jährlichen Leistungen zu steigern; sie benachteiligt das Krankenhaus, das seine Leistungen mindert.

209 Das Land Bremen stellt dem gegenüber derzeit in einer Übergangsregelung (§ 34 III BremKrhG) auf die Pauschalförderung von kurzfristigen Anlagegütern nach § 9 III KHG ab. Die für die Baupauschale im Land zur Verfügung stehenden Gesamtmittel werden auf die einzelnen Krankenhäuser in dem Verhältnis verteilt, das für die Pauschalförderung nach § 9 III KHG maßgebend ist. Ein bestimmtes Krankenhaus erhält danach zum Beispiel 10,35 % des Landesfördervolumens. Diese sehr praktikable Regelung ist gewiss nicht weniger sachgerecht als die Verteilung nach Behandlungsleistungen. Daneben gibt es noch landesspezifische Besonderheiten. Zum Beispiel berücksichtigen einige Länder für die Höhe der Baupauschale, ob und in welchem Umfang in den letzten Jahren Investitionen einzeln gefördert worden sind.

f) Förderung von Nutzungsentgelten. Nach § 9 II Nr. 1 KHG bewilligen die Länder auch Fördermittel für die Nutzung von Anlagegütern, soweit sie mit Zustimmung der zuständigen Landesbehörde erfolgt. Näheres zu regeln, ist Sache des Landesrechts. Einige Länder treffen hierzu keine Regelung. Ein Land wiederholt lediglich die Bundesregelung. Dort wo näheres Landesrecht fehlt, wird keineswegs die Förderung von Nutzungsentgelten ausgeschlossen. Es bleibt hier bei der bindenden bundesrechtlichen Vorgabe des § 9 II Nr. 1 KHG, wonach auch die Nutzungsentgelte als investitionsgleiche Kosten zu fördern sind.

Soweit die Länder nähere Vorschriften erlassen haben, wird für die Förderung von Nutzungsentgelten übereinstimmend auf Wirtschaftlichkeitsgesichtspunkte abgestellt, allerdings mit Varianten: Ein Teil der Länder fordert, dass dadurch eine „wirtschaftlichere Verwendung der Fördermittel zu erwarten ist." Andere Länder stellen dagegen auf die „wirtschaftliche" Verwendung der Fördermittel ab. Die erstgenannten Länder haben hier die bisherige Formulierung des entfallenen § 11 KHG 1972 übernommen. Einige Länder stellen hinsichtlich der Wirtschaftlichkeit einen Bezug zu einer sonst maßgebenden Einzelförderung her. Sie fordern, dass Nutzung und Nutzungsentgelt anstelle einer Errichtung oder Beschaffung wirtschaftlich sind. Hinter diesen unterschiedlichen Formulierungen steht allgemein das Anliegen der Länder, dass die Förderung von Nutzungsentgelten das Land nicht höher belastet als die Förderung eigener Investitionen des Krankenhausträgers.

Einige Länder schließen das „unwirtschaftliche Nutzen und Nutzungsentgelt" nicht allgemein von einer Förderung aus, sondern sehen hier vor, dass der Förderung nur die Kosten zugrunde gelegt werden, bei denen eine Nutzung wirtschaftlich wäre. Das erscheint vernünftig und entspricht auch der Förderung von Errichtungskosten. Sieht die Förderbehörde hier die vorgesehenen Errichtungskosten aus Wirtschaftlichkeitserwägungen als zu hoch an, so wird dadurch nicht die Förderung als solche ausgeschlossen, sondern auf eine wirtschaftliche Größe beschränkt.

Dort, wo auch die Errichtungskosten pauschal gefördert werden[409], schließt die Baupauschale durchweg auch die Förderung von Nutzungsentgelten ein.

g) Förderung von Investitionsdarlehen. Nach § 9 II Nr. 3 KHG sind als investitionsgleiche Kosten zu fördern Lasten aus Darlehen, die vor Aufnahme des Krankenhauses in den Krankenhausplan für förderungsfähige Investitionskosten aufgenommen worden sind.[410] Diese Förderung hat heute kaum noch Bedeutung. Sie hatte erhebliches finanzielles Gewicht für die im Jahre 1972 in die Krankenhausversorgung einbezogenen Plankrankenhäuser, für deren Errichtung der Krankenhausträger Fremdmittel eingesetzt hat. Die daraus sich ergebenden Lasten dürften heute durchweg abschließend gefördert worden sein. Es wird deshalb davon abgesehen, auf die weitgehend übereinstimmenden landesrechtlichen Regelungen hierzu einzugehen. Sie übernehmen inhaltlich meist die bisherige bundesrechtliche Regelung des aufgehobenen § 12 KHG in der Fassung des Kosten-Dämpfungsgesetzes.[411]

h) Förderung von Anlauf-, Umstellungs- und Grundstückskosten. Nach § 9 II Nr. 2 müssen die Länder Fördermittel bewilligen für Anlaufkosten, für Umstellungskosten bei innerbetrieblichen Änderungen sowie für Erwerb, Erschließung, Miete und Pacht von Grundstücken, soweit ohne die Förderung die Aufnahme oder Fortführung des Krankenhausbetriebs gefährdet wäre. Näheres hierzu wäre von den Ländern zu regeln. Mehrere Bundesländer enthalten sich jedoch jeder Regelung hierzu, ein Land wiederholt lediglich Bundesrecht. Die übrigen Bundesländer wiederholen ebenfalls zunächst inhaltlich den bundesrechtlichen Fördertatbestand. Nähere Regelungen treffen sie zu der Frage, wann eine Betriebsgefährdung vorliegt. Weit im Vordergrund steht hier die Frage, ob auf die Finanzierungsmöglichkeiten des Krankenhauses und/oder des Krankenhausträgers abzustellen ist.

---

[409] → § 26 Rn. 203 ff.
[410] → § 26 Rn. 91 f.
[411] G. v. 22.12.1981 BGBl. I 1568.

216 **i) Eigenmittelausgleich.** § 9 II Nr. 4 KHG schreibt den Ländern vor, dass Fördermittel zu bewilligen sind „als Ausgleich für die Abnutzung von Anlagegütern, soweit sie mit Eigenmitteln des Krankenhausträgers beschafft worden sind und bei Beginn der Förderung nach diesem Gesetz vorhanden waren."[412] Näheres zu dieser sehr allgemein gehaltenen Regelung ist durch Landesrechts zu regeln.

217 Einige Bundesländer enthalten sich jeder ergänzenden Regelung. Ein Bundesland beschränkt sich darauf, den knappen Wortlaut des KHG wiederzugeben. In den zuerst genannten Ländern ist damit alleinige Grundlage für eine öffentliche Förderung die bundesrechtliche Regelung des § 9 II Nr. 4 KHG. Die übrigen Bundesländer regeln den Eigenmittelausgleich durchgängig inhaltlich und wörtlich fast gleich lautend. Sie übernehmen die Regelung des entfallenen § 13 I KHG 1972. Insoweit ist also wenig von einer Ländervielfalt zu sehen.

218 Allgemeine Fördervoraussetzung ist danach, dass ein bisher gefördertes Plankrankenhaus wegen Herausnahme aus dem Krankenhausplan nicht mehr gefördert wird, dass zu Beginn der KHG-Förderung förderungsfähige Anlagegüter vorhanden waren, deren regelmäßige Nutzungsdauer zu diesem Zeitpunkt noch nicht abgelaufen war, und dass diese ganz oder anteilig mit Fremdmitteln finanziert worden sind. Dem geförderten Krankenhaus, dem es nach § 17 IV Nr. 1 KHG verwehrt war, während der Nutzungszeit als Plankrankenhaus hierfür eine Refinanzierung über den Pflegesatz zu erlangen, wird eine Finanzierung der bisher nicht erwirtschafteten Aufwendungen (Absetzung für Abnutzung) durch Landesmittel zugestanden, gewissermaßen als nachträgliche Förderung investitionsgleicher Kosten.

219 Die Förderung umfasst in allen Bundesländern, die eine Regelung getroffen haben, die in dem Förderzeitraum auf die einzelnen Anlagegüter entfallenden Absetzungen für Abnutzung (AfA, entsprechend der betriebsgewöhnlichen Nutzungsdauer). Ein Teil der Bundesländer stellt dabei auf den Wert der Anlagegüter bei Beginn der Förderung, der restliche Teil auf den Buchwert ab. Es ist davon auszugehen, dass auch die Länder, die auf den Wert des Anlageguts abstellen, in der Förderpraxis den Buchwert zugrunde legen. Dies entspricht auch der bundesrechtlichen Vorgabe der Krankenhausbuchführungsverordnung. Der danach auf der Aktivseite der Bilanz unter C zu bildende „Ausgleichsposten für Eigenmittelförderung nach dem KHG" bemisst sich nach § 5 V der Buchführungsverordnung nach der Höhe der Abschreibungen. Diese gehen von dem Buchwert, also nicht von einem Verkehrswert des Anlageguts bei Beginn der Förderung aus.

220 Einige Bundesländer erstrecken ausdrücklich den Eigenmittelausgleich auch auf die teilweise Herausnahme eines Krankenhauses aus dem Krankenhausplan. Dieses teilweise Ausscheiden aus dem Krankenhausplan muss allerdings im Einzelfall noch von einer bloßen Verminderung der Planbettenzahl abgegrenzt werden. In zwei Ländern wird es dadurch konkretisiert, dass bei teilweiser Schließung „wesentliche bauliche Bereiche des Krankenhauses nicht mehr für Krankenhauszwecke genutzt werden und Ersatzinvestitionen nicht vorgesehen sind". Die bloße Verminderung der Planbettenzahl führt also nicht zu einer Teilschließung des Krankenhauses und einer Eigenmittelförderung im Sinne dieser Regelungen.

221 Einige Bundesländer, die die Eigenmittelförderung regeln, schließen diese mit unterschiedlichen Formulierungen dort aus, wo das Land eine Ersatzinvestition gefördert hat und deren Nutzungswert bei Ausscheiden des Krankenhauses aus dem Krankenhausplan dem an sich maßgebenden Förderbetrag entspricht. Die Berechnung und Prüfung eines solchen Eigenmittelausgleichs bereitet in der Praxis erhebliche Schwierigkeiten. Deswegen sehen einige Landesgesetze ausdrücklich vor, dass die Höhe des Ausgleichsanspruchs auch pauschal ermittelt werden kann, sofern nicht von vornherein feste Pauschalbeträge vorgesehen sind.

222 **j) Förderung bei Schließung oder Umstellung von Krankenhäusern.** § 9 II Nr. 5 und 6 KHG beschränken sich auf die knappe Aussage, dass die Länder zur Schließung von Kran-

---

[412] → § 26 Rn. 93 ff.

kenhäusern und zu ihrer Umstellung auf andere Aufgaben Fördermittel bewilligen. Landesrecht hat weiten Gestaltungsspielraum.

Die bundesrechtliche Vorgabe. stellt nicht darauf ab, aus welchem Grunde ein Krankenhaus geschlossen wird und welche finanziellen Lasten des Krankenhauses zu berücksichtigen sind. Dieses Schweigen des Bundesgesetzgebers ist Grund für die zum Teil sehr unterschiedlichen Landesgesetze. 223

In die Schließungsförderung werden nur ehemalige Plankrankenhäuser einbezogen, auch wenn dies so nicht ausdrücklich geregelt wird. Bei den meisten Ländern ergibt sich dies schon daraus, dass ausdrücklich auf ein Ausscheiden aus dem Krankenhausplan abgestellt wird. 224

Die meisten Länder setzen ausdrücklich voraus, dass das Krankenhaus aufgrund einer Entscheidung der Behörde aus dem Krankenhausplan ausgeschieden ist. Einige Länder stellen nur darauf ab, ob das Krankenhaus wegen fehlenden Bedarfs seinen Betrieb eingestellt hat. Teils wird auf die Zustimmung der Behörde zu einer eigenständigen Schließungsentscheidung des Krankenhauses abgestellt. Aber auch dort, wo Landesrecht insoweit nichts vorgibt, wird von der Förderbehörde oft die Auffassung vertreten, dass Schließungsgründe, die dem Krankenhausträger zuzurechnen sind, zum Beispiel eine Schließung wegen Insolvenz, nicht ausreichen. 225

Unterschiedlich verfahren die Länder auch hinsichtlich des Ausscheidens aus dem Krankenhausplan. Ein Krankenhaus kann kraft eigener Entscheidung seinen Betrieb einstellen. Es steht damit zur Krankenhausversorgung nicht mehr zur Verfügung und kann im Bedarfsplan nicht mehr ausgewiesen werden. Das Krankenhaus kann aber auch auf Grund einer Entscheidung der Planungsbehörde aus dem Krankenhausplan ausscheiden. Das wird die Regel sein. Einige Krankenhausgesetze begnügen sich mit jedem Ausscheiden aus dem Krankenhausplan, die übrigen Ländern setzen dagegen voraus, dass dies auf Grund einer Entscheidung der Planungsbehörde geschehen ist. Einige Länder lassen neben der planerischen Entscheidung die bloße Zustimmung der Planungsbehörde zu der eigenständigen Schließungsentscheidung des Krankenhauses zu. 226

Eine öffentliche Förderung beschränkt sich grundsätzlich darauf, finanzielle Lasten des Betroffenen auszugleichen oder zu mindern. Es stellt sich also die Frage, welche Belastungen der Art nach bei der Schließungsförderung zu berücksichtigen sind. Einige Ländern enthalten sich dazu jeder Aussage. Zum Teil beruht das darauf, dass sie eine pauschale Abgeltung der Lasten vorsehen. Hier wird nämlich nicht danach gefragt, worin die Belastung des Krankenhauses liegt. 227

Soweit die Länder die Art der berücksichtigungsfähigen Kosten festlegen, geschieht dies nur beispielhaft („insbesondere"). Im Vordergrund stehen unvermeidbare Kosten zur Abwicklung von Verträgen. Meist geht es hier um laufende Lasten bis zur Kündigung und Abwicklung dieser Verträge. Das Hauptgewicht liegt hier bei den Arbeitsverträgen und der Fortzahlung des Arbeitsentgelts bis zum Ablauf der Kündigungsfrist. Einige Länder beziehen ausdrücklich auch Einnahmeausfälle (Betriebsverluste) ein, die auf der Einstellung des Krankenhausbetriebs beruhen. Erfahrungsgemäß fällt die Belegung eines Krankenhauses, dessen Schließung bevorsteht, stark ab, in der Schlussphase werden kaum noch Patienten aufgenommen. Dem stehen nach Pflegesatzrecht keine ausreichenden Pflegesatzerträge gegenüber. 228

In den meisten Bundesländern richtet sich die Höhe der Förderung im Einzelfall nach der Höhe der berücksichtigungsfähigen finanziellen Lasten. Das gilt auch dort, wo ausdrücklich zugelassen wird, dass die Ausgleichszahlungen auch pauschal geleistet werden können. Hierbei wird jedoch nicht über Förderpauschalen gefördert, sondern die Höhe der Förderung in pauschaler Betrachtungsweise festgelegt. Davon zu unterscheiden sind Landesregelungen, wonach losgelöst von den Kosten des Einzelfalls feste pauschale Beträge gewährt werden. 229

Wenn zuvor von berücksichtigungsfähigen Kosten gesprochen wurde, heißt das nicht, dass eine Förderung stets in Höhe dieser Kosten erfolgt. Aus der bundesrechtlichen Vorgabe des § 9 II Nrn. 5 und 6 KHG ergibt sich nur, dass Fördermittel zu bewilligen sind, nicht aber in 230 welcher Höhe dies zu geschehen hat. Nach der vorausgegangenen bundesrechtlichen Regelung des § 8 II KHG a. F., sollte die Schließungsförderung nur unzumutbare Härten vermeiden, die sonst mit der Schließung und Umstellung des Krankenhauses auf andere Aufgaben verbunden wären. Es ist also selbst das Bundesrecht bei der Schließungsförderung von dem Grundsatz einer Vollförderung abgewichen. Es geht nur um einen Ausgleich finanzieller Härten, die mit einer Schließung verbunden sind. Dies wird weitgehend in den einzelnen Landesgesetzen auch so aufgegriffen:

231 Das lässt weiten Auslegungsspielraum zu, wann eine Härte vorliegt, und wann diese dem Träger nicht zumutbar ist. Dieser Spielraum wird von einigen Ländern etwas eingeengt. Einige Länder heben ausdrücklich hervor, dass die Vermögenssituation des Krankenhausträgers zu berücksichtigen ist. Zum Teil wird gesagt, dass der Krankenhausträger sich entsprechend seiner Vermögenslage an den Kosten beteiligen soll. Eine Vollförderung wird damit grundsätzlich ausgeschlossen. Einige dieser Länder legen zusätzlich fest, dass auch Erträge aus einer anderweitigen Verwendung und Nutzung des Anlagevermögens des Krankenhauses zu berücksichtigen sind. Das alles sind Gesichtspunkte, die wohl auch von den anderen Ländern bei der Abwägung, ob und inwieweit eine unzumutbare Härte vorliegt, berücksichtigt werden.

232 **k) Ergänzende Landesregelungen.** Während Bundesrecht die Förderung weiterhin in den Grundzügen regelt, hat es sich aus den ergänzenden Regelungsbereichen völlig zurückgezogen (§ 14 und 15 KHG 1972 a. F.). Es ging dabei insbesondere um die zweckentsprechende Verwendung der Fördermittel und ihre Rückforderung. Landesrecht hat diese Bundesregelungen weitgehend übernommen und teils detaillierter ausgestaltet. Hierauf soll nachstehend nur kurz eingegangen werden:

233 **aa) Zweckbindung.** Alle Länder legen fest, dass die Fördermittel nur zweckgebunden gewährt werden. Sie dürfen also für andere Zwecke nicht verwendet werden. Dazu gehört nicht nur, dass die Fördermittel für die jeweilige bewilligte Investitionsmaßnahme eingesetzt werden, sondern auch, dass das dadurch geschaffene Anlagegut für den vorgesehenen Zweck und nur für diesen Zweck – die stationäre Krankenhausversorgung und Ausbildung in geförderten Ausbildungsstätten – genutzt wird.

234 **bb) Rückforderung von Fördermitteln.** Sämtliche Länder treffen deshalb auch Regelungen über die Rückforderung von Fördermitteln, wenn das Krankenhaus aus dem Krankenhausplan ausscheidet. Sie werden hier nicht mehr dem Förderzweck entsprechend genutzt. Die Fördermittel sind jedoch nicht in der ursprünglich gewährten Höhe zurückzuzahlen. Ihre zwischenzeitliche Nutzung für den Förderzweck wird mindernd anteilig berücksichtigt. Den Förderbehörden wird darüber hinaus eingeräumt, ganz oder teilweise auf eine Rückforderung zu verzichten, wenn das Krankenhaus im Einvernehmen mit der Planungsbehörde aus dem Krankenhausplan ausgeschieden ist.

235 Daneben wird entsprechend allgemeinen Grundsätzen des Verwaltungsverfahrensrechts die Erstattung von Fördermitteln vorgesehen, wenn die Fördermittel nicht entsprechend dem Förderzweck oder entgegen Nebenbestimmungen des Bewilligungsbescheids verwendet worden sind.

III. Grundzüge des Pflegesatzrechts

1. Rechtsgrundlagen

236 **a) Rechtsentwicklung.** Beim Pflegesatzrecht geht es um Rechtsvorschriften über die Entgelte des Krankenhauses, die es für seine stationären Krankenhausleistungen vom Patienten oder dessen Kostenträger verlangen kann.[413] Das Pflegesatzrecht befasst sich mit der Art der

---

[413] Zum Begriff des Pflegesatzes und Pflegesatzrechts vgl. → § 26 Rn. 264 f.

einzelnen Entgelte, deren Höhe und Zustandekommen sowie der Berechnung der Entgelte. Wer dagegen für die Pflegesätze aufzukommen hat, richtet sich nach Sozialleistungsrecht und für den selbstzahlenden Patienten nach Zivilrecht. Wegen der Entwicklung der Krankenhausversorgung und damit auch des Entgeltwesens wird auf die allgemeinen Ausführungen hierzu hingewiesen.[414] Einen guten Überblick bringen auch *Tuschen/ Trefz*.[415] Hier soll die Entwicklung nur allgemein charakterisiert werden:

Die Phase einer aus vielen Gründen nur unzureichenden monistischen Finanzierung wurde im Jahre 1972 durch das duale Finanzierungssystem des KHG abgelöst. Während zuvor das (unzureichende) Entgelt auch Investitionsaufwendungen berücksichtigt hat, werden diese nunmehr als Grundlage für die Bemessung des Krankenhausentgelts herausgenommen und der öffentlichen Investitionsförderung zugeordnet. Dieses Gesetz war in seiner Ursprungsfassung tatsächlich ein Gesetz zur „wirtschaftlichen Sicherung der Krankenhäuser". Der ebenfalls gewollte Beitrag zum sozial tragbaren Pflegesatz[416] lag vor allem in der Investitionsförderung und der damit verbundenen Entlastung der Entgelte von Investitionsaufwendungen. 237

Trotz dieser Entlastung sind die Pflegesätze in den Folgejahren stark angestiegen. Das war Ausdruck der bisherigen Unterfinanzierung und Folge des medizinischen Fortschritts und der demographischen Entwicklung. Begleitet wurde dies durch eine sich verschlechternde Ertragsentwicklung der gesetzlichen Krankenkassen als der Hauptkostenträger. Der für die Krankenhäuser anfänglich so komfortablen Finanzierung über kostendeckende Pflegesätze schließt sich deshalb eine Phase ständiger Gesetzesänderungen und besonderer Gesetze an, die vorwiegend das Ziel hatten, die Belastung der Krankenkassen einzuschränken. Es ging dabei meist nicht mehr um die wirtschaftliche Sicherung der Krankenhäuser, sondern um die wirtschaftliche Sicherung der Krankenkassen, letztlich aber um die von den Versicherten und den Unternehmen zu zahlenden Beiträge zur Krankenversicherung. Der sozialversicherungsrechtliche Grundsatz der Beitragssatzstabilität[417] wurde geboren und immer strikter auch im Krankenhausbereich umgesetzt. Bei sämtlichen Kostendämpfungsgesetzen nach dem Jahre 1972 hat der Gesetzgeber sich und die Krankenhäuser damit getröstet, dass es nur darum gehe, die (anscheinend schier unbegrenzt) vorhandenen Wirtschaftlichkeitsreserven auszuschöpfen. Heute wird der Grundsatz der Beitragssatzstabilität nur noch in § 17 I KHG erwähnt. Maßgebend sind allein die verschiedenen Vorgaben des Pflegesatzrechts zur Begrenzung der Erlöse des Krankenhauses. 238

An dieser Entwicklung haben seit der Wiedervereinigung auch die neuen Bundesländer teilgenommen. Nur wenige Ausnahmeregelungen zugunsten dieser Krankenhäuser haben die besondere Situation der neuen Bundesländer Rechnung getragen, z.B. hinsichtlich der dort anders verlaufenden Entwicklung der Personalkosten nach BAT (TVöD). 239

Seit dem Jahr 2003 gibt es zwei pflegesatzrechtliche Gruppen von Krankenhäusern: Die Krankenhäuser, deren Pflegesätze nach der BPflV bemessen werden (BPflV-Krankenhäuser) und die Krankenhäuser, deren Pflegesätze sich nach dem KHEntgG richten (KHEntgG-Krankenhäuser). Zur ersten Gruppe gehören die psychiatrischen und psychosomatischen Krankenhäuser, zur zweiten Gruppe die somatischen Krankenhäuser, 240

b) Die heutigen Rechtsgrundlagen. Das Recht der Krankenhausentgelte ist heute in folgenden Gesetzen und Rechtsverordnungen zu finden: 241

- Krankenhausfinanzierungsgesetz – KHG;[418]

---

[414] → § 25 Rn. 1 ff.
[415] KHEntgG 2004, Einführung Abschnitt 2. und 3.
[416] § 1 I KHG.
[417] Heute § 71 SGB V.
[418] Vom 29.6.1972 (BGBl. I S. 1009) in der Neufassung der Bekanntmachung vom 10.4.1991 (BGBl. I S. 886), zuletzt geändert durch G. v. 19.12.2016 (BGBl. I S. 2986); dazu → § 26 Rn. 3 ff.

- Krankenhausentgeltgesetz – KHEntgG;[419]
- Bundespflegesatzverordnung in der Fassung vom 31.12.2012 – BPflV 2012;[420]
- Abgrenzungsverordnung – AbgrV;[421]
- Psychiatrie – Personalverordnung – Psych-PV.[422]

242 **c) Das Krankenhausfinanzierungsgesetz (KHG). aa) Anwendungsbereich, Allgemeines zum Inhalt.** Das KHG gilt für alle Krankenhäuser, soweit sie nicht ausdrücklich aus seinem Geltungsbereich ausgenommen sind. Insgesamt (aus Förderrecht und Pflegesatzrecht) ausgenommen sind nach § 3 KHG

- Krankenhäuser im Straf- und Maßregelvollzug,
- Polizeikrankenhäuser,
- Krankenhäuser der Träger der gesetzlichen Rentenversicherung,
- Krankenhäuser der Träger der gesetzlichen Unfallversicherung, soweit diese die Behandlungskosten trägt,
- Fachkliniken dieser Träger zur Behandlung von Erkrankungen der Atmungsorgane, soweit sie nicht der allgemeinen Versorgung der Bevölkerung mit Krankenhäusern dienen.

243 Nur vom Pflegesatzrecht des KHG sind ausgenommen (§ 20 iVm § 5 I KHG):

- Krankenhäuser, die nicht die in § 67 der Abgabenordnung bezeichneten Voraussetzungen erfüllen, also keine Zweckbetriebe sind,
- Tuberkulosekrankenhäuser mit Ausnahme der Fachkliniken zur Behandlung von Erkrankungen der Atmungsorgane, soweit sie nach der Krankenhausplanung des Landes der allgemeinen Versorgung der Bevölkerung mit Krankenhäusern dienen,
- Vorsorge- oder Rehabilitationseinrichtungen nach § 107 II SGB V.

244 Die letztgenannten Einrichtungen werden wohl deshalb ausdrücklich aus dem Pflegesatzrecht ausgenommen, weil sie unter den weiten Begriff des Krankenhauses nach § 2 KHG subsumiert werden können. Sie sind im Sinne der sozialversicherungsrechtlichen Definition des § 107 SGB V keine Krankenhäuser. Für diese Einrichtungen beschränkt sich § 111 V SGB V auf die Regelung, dass die Vergütungen für deren Leistungen zwischen den Krankenkassen und dem Einrichtungsträger vereinbart werden.

245 Abgesehen von diesen ausdrücklich vom Pflegesatzrecht ausgenommenen Krankenhäusern gibt es eine weitere Gruppe: Die Privatpatientenklinik ohne Versorgungsauftrag. Sie ist nicht in den Krankenhausplan aufgenommen und hat auch keinen Versorgungsvertrag mit den Landesverbänden der Krankenkassen nach § 108 Nr. 3 SGB V abgeschlossen. Diese Klinik ist deshalb auf die Versorgung selbstzahlender Patienten beschränkt. Zwar können auch solche Krankenhäuser Zweckbetrieb im Sinne von § 67 AO sein, wären also nicht nach § 20 KHG vom Pflegesatzrecht ausgenommen. Sie sind jedoch auch ohne ausdrückliche gesetzliche Regelung schon deswegen vom Pflegesatzrecht ausgenommen, weil es an dem gesetzlich vorgeschriebenen Vereinbarungspartner im Sinne von § 18 Abs. 2 KHG fehlt. Budget und Pflegesätze dieser Krankenhäuser sind nach dieser Vorschrift mit denjenigen Sozialleistungsträgern zu vereinbaren, auf die im Vorjahr mindestens 5 % der Berechnungstage und Pflegetage entfallen sind. Mangels einer Kostentragungspflicht der Sozialleistungsträger gibt es diese Tage jedoch nicht. Dahinter steht der unausgesprochene Grundsatz des Pflegesatzrechts, dass die öffentlich-rechtlichen Vorgaben des Pflegesatzrechts nur für Krankenhäuser gelten sollen, die auch zur Versorgung Sozialversicherter zugelassen sind. Das findet auch Niederschlag in der pflegesatzrechtlichen Regelung, dass Pflegesätze im Rahmen des Ver-

---

[419] Art. 5 des Krankenhausentgeltgesetzes (BGBl. I S. 1412, 1422), zuletzt geändert durch G. v. 26.3.2007 (BGBl. I S. 378); dazu → § 26 Rn. 215 ff., 280 ff.
[420] Art. 1 der VO v. 26.9.1994 (BGBl. I S. 2750), zuletzt geändert durch G. v. 19.12.2016(BGBl. I S. 2986).
[421] Vom 12.12.1985 (BGBl. I S. 2255), zuletzt geändert durch G. v. 21.7.2012(BGBl. I S. 1613).
[422] Vom 18.12.1990 (BGBl. I S. 2930), geändert durch G. v. 21.7.2012 (BGBl. I S. 1613).

sorgungsauftrags zu vereinbaren und zu berechnen sind.[423] Seit dem Jahr 2012 enthält jedoch § 17 I KHG für eine bestimmte Gruppe dieser Krankenhäuser rechtliche Vorgaben zur Höhe der von ihnen zu berechnenden Entgelte.

Man kann heute das KHG als das Grundgesetz der Krankenhausfinanzierung bezeichnen. Seine pflegesatzrelevanten Vorschriften sind im dritten Abschnitt (§§ 16 bis 18a und § 20) enthalten. Es sind grundsätzliche Regelungen, insbesondere zur Pflegesatzfähigkeit von Kosten sowie zur Vereinbarung und Genehmigung von Pflegesätzen und ihrer Festsetzung durch eine Schiedsstelle. Regelungen zur Höhe von Pflegesätzen sind dagegen weitgehend in der BPflV und dem KHEntgG zu finden. Für das diesen Rechtsvorschriften zu Grunde liegende Pflegesatzsystem enthalten die erst später eingefügten §§ 17b und 17d allgemeine Vorgaben. Ein § 17a befasst sich nicht mit Krankenhausleistungen, sondern den Entgelten für bestimmte Ausbildungsstätten. Auch bei einem neu eingefügten § 17c geht es ebenfalls nicht um Entgelte für Krankenhausleistungen, sondern um eine Überprüfung der Abrechnung von Pflegesätzen. 246

bb) Grundsatzregelungen des § 17 KHG. § 17 enthält insbesondere folgende Grundsatzregelungen: 247
– Einheitlichkeit der Pflegesätze für alle Benutzer des Krankenhauses.
– Beachtung des Grundsatzes der Beitragssatzstabilität nach den besonderen Vorgaben des Pflegesatzrechts.
– Überschüsse und Verluste verbleiben dem Krankenhaus.
– Bindung von Krankenhäusern ohne Versorgungsauftrag, die mit einem unter Pflegesatzrecht fallenden Krankenhaus räumlich und organisatorisch verbunden sind, an die Höhe der Pflegesätze dieser Krankenhäuser.

Nicht pflegesatzfähig sind: 248
– Kosten für Leistungen, die nicht der stationären Versorgung dienen,
– Kosten für Lehre und Forschung,
– Investitionskosten, ausgenommen die Kosten der Wiederbeschaffung von Gebrauchsgütern, Grundstückskosten, Anlauf und Umstellungskosten sowie Kosten bestimmter dort bezeichneter Einrichtungen.

Für nicht geförderte Krankenhäuser, deren Investitionskosten heute noch über einen Investitionskostenzuschlag auf die Pflegesätze berücksichtigt werden[424], legt § 17 Abs. 5 KHG zu Gunsten der Sozialleistungsträger fest, dass dieser Zuschlag nicht zu höheren Pflegesätzen führen darf, als von diesen für Leistungen vergleichbarer Krankenhäuser und nach dem KHG geförderter Krankenhäuser zu entrichten sind. 249

cc) Finanzierung von Ausbildungsstätten. § 17a KHG trifft eine in sich geschlossene Regelung über die Finanzierung der Betriebskosten bestimmter Ausbildungsstätten, deren Träger oder Mitträger ein Krankenhaus ist. Diese Regelungen sind weitgehend losgelöst von den Bestimmungen des Pflegesatzrechts zur Vergütung von Krankenhausleistungen. Bis zum Jahre 2005 wurden diese Kosten der Ausbildungsstätten noch innerhalb des Krankenhausbudgets über die Pflegesätze finanziert. Nach dem neuen Finanzierungskonzept werden die Ausbildungskosten durch einen von allen Krankenhäusern zu erhebenden Ausbildungszuschlag auf die Pflegesätze finanziert. Für die ausbildenden Krankenhäuser wird von den Vertragsparteien ein Ausbildungsbudget vereinbart. Auf Landesebene wird ein Ausbildungsfonds gebildet und zentral verwaltet. Der Fonds wird durch die Erlöse aus dem von den Krankenhäusern erhobenen Ausbildungszuschlag gespeist. Er leistet an die Krankenhäuser mit Ausbildungsstätte festgelegte Zahlungen. Durch diese Konstruktion wird vermieden, dass allein die Pflegesätze der Krankenhäuser mit Ausbildungsstätten durch Kosten der Ausbildungsstätten belastet werden. 250

---

[423] § 8 Abs. 1 BPflV sowie § 8 Abs. 1 KHEntgG.
[424] Das sind insbesondere Vertragskrankenhäuser nach § 108 Nr. 3 SGB V.

251   **dd) Regelungsauftrag der §§ 17b und 17d KHG.** Diese Vorschriften sind gesetzestechnisch ungewöhnlich. Sie sind eine Art Einführungsgesetz, in dem die Einführung leistungsorientierter und pauschalierender Entgelte angekündigt und in den Grundzügen inhaltlich vorgegeben wird. Die Vorgaben waren nach der ursprünglichen Konzeption weitgehend auf eine Ausfüllung durch die Vertragsparteien auf Bundesebene ausgelegt. Es hat sich aber die Erkenntnis durchgesetzt, dass wesentliche Regelungen durch Gesetz selbst erfolgen müssen. Dies hat für die somatischen Einrichtungen mit Wirkung ab dem Jahr 2003 zu dem KHEntgG und für die psychiatrischen und psychosomatischen Einrichtungen mit Wirkung ab dem Jahr 2013 zu einer weitgehenden Änderung der BPflV durch Gesetz im formellen Sinne geführt.

252   **ee) Vereinbarung, Genehmigung und Festsetzung von Pflegesätzen.** § 18 KHG verankert ein Vereinbarungsprinzip. Pflegesätze sind nicht mehr wie ursprünglich geregelt von der Landesbehörde festzusetzen. Sie sind vielmehr von den in § 18 festgelegten Vertragsparteien zu vereinbaren und von der Landesbehörde zu genehmigen. Die Genehmigung ist auf eine Prüfung der Rechtmäßigkeit beschränkt. Bei Scheitern einer Pflegesatzvereinbarung kann eine Schiedsstelle angerufen werden. § 18a KHG regelt die Bildung dieser Schiedsstelle auf Landesebene. Das Schiedsstellenverfahren selbst wird durch Landesrecht festgelegt.

253   **d) Das Krankenhausentgeltgesetz – KHEntgG.** Das KHEntgG gilt nur für die somatischen Krankenhäuser. Die BPflV ist nur noch für die psychiatrischen und psychosomatischen Einrichtungen maßgebend.

254   Das KHEntgG gilt für den so genannten freiwilligen Frühumsteiger ab dem Jahre 2003, für alle betroffenen Krankenhäuser aber zwingend ab dem Jahre 2005. Frühumsteiger ist dasjenige Krankenhaus, das nach § 17 IV KHG bei Vorliegen der dort genannten sachlichen Voraussetzungen für die Anwendung des neuen Vergütungssystems optiert hat. Grundlage für das KHEntgG bildet § 17b KHG, der bereits im Jahre 2000 durch das Gesundheitsreformgesetz 2000[425] eingeführt und seitdem mehrfach geändert wurde.

255   Das KHEntgG löst sich von dem bisher maßgebenden tagesbezogenen Pflegesatz. Entgelteinheit ist jetzt der Behandlungsfall. Er wird in erster Linie durch eine Fallpauschale vergütet. Deren Höhe richtet sich nach bundeseinheitlichen Bewertungsrelationen und einem landeseinheitlichen Basisfallwert.

256   **e) Bundespflegesatzverordnung Fassung 2012 (BPflV 2012).** Die ab dem Jahre 1973 geltende BPflV regelt im Einzelnen insbesondere, wofür Pflegesätze zu erheben sind sowie wie sie in welcher Höhe zu vereinbaren sind. Die Verordnung wurde mehrfach neu gefasst. Die ab dem Jahre 1995 maßgebende Fassung wurde bis heute 30 mal durch Gesetz im formalen Sinne geändert. Die Verordnung hat bis zum Jahr 2003 für alle unter Pflegesatzrecht fallenden Krankenhäuser gegolten. Heute gilt sie nur noch für psychiatrische und psychosomatische Einrichtungen.

257   Für Einrichtungen, die seit dem Jahr 2013, dem Jahr der Einführung der leistungsorientierten Vergütung des § 17d KHG, noch nicht für dieses neue Vergütungssystem optiert haben, gilt die BPflV bis Ende 2017 in der am 31.12.2012 maßgebenden Fassung. Ab dem Jahr 2018 ist allein die neue Fassung maßgebend. Für die Jahre 2018 und 2019 ist allerdings für die Vereinbarung des Gesamtbetrags der Erlöse eines Krankenhauses § 6 I BPflV 2012 entsprechend anzuwenden.

258   Im Hinblick auf den Zeitablauf zum 31.12.2017 wird von einer Erläuterung der BPflV 2012 abgesehen.

259   **f) Bundespflegesatzverordnung (BPflV).** Hier geht es um die ab dem Jahre 2013 geltende Fassung der BPflV. Sie setzt das leistungsorientierte Vergütungssystem des § 17d KHG um.

---

[425] Art. 4 des G. v. 22.12.1999 (BGBl. I S. 2626).

§ 26 Grundzüge des Rechts der Krankenhausfinanzierung

Dies ist durch das Psych-Entgeltgesetz[426] geschehen. Das neue Vergütungssystem wäre danach in seiner Zielphase ein Preissystem gewesen. Änderungen durch das PsychVVG[427] führen jedoch wieder zu einem Budgetsystem zurück[428].

g) Abgrenzungsverordnung (AbgrV). Für alle Krankenhäuser ist die Abgrenzungsverordnung des Bundes von Bedeutung.[429] Sie grenzt in Teilbereichen die nicht pflegesatzfähigen Investitionskosten von den pflegesatzfähigen Kosten ab. Die Verordnung entscheidet also abgrenzend darüber, ob bestimmte Kosten der Förderung durch die Länder oder dem Pflegesatz rechtlich zuzuordnen sind. Die AbgrV hat jedoch in dem heutigen Pflegesatzsystem, das eine Obergrenze für das Krankenhausbudget festlegt (BPflV) und das die Festlegung der Höhe der Fallpauschalen in die Vereinbarungskompetenz der Bundesverbände der Selbstverwaltung (Vereinbarung der Bewertungsrelationen der DRG-Leistungen)[430] und der Verbände auf Landesebene (Vereinbarung des landesweit gültigen Basisfallwerts) legt, für das einzelne Krankenhaus nur noch geringe Bedeutung. Die genannten Bemessungskriterien lösen sich von den Kosten des einzelnen Krankenhauses. Dieses braucht nicht mehr nach der AbgrV abzugrenzen. Deren Bedeutung liegt deswegen heute weitgehend in einer Abgrenzung der Kosten in einem Förderverfahren nach dem KHG. Die Bedeutung für die Selbstverwaltung liegt darin, dass sie bei ihren Vereinbarungen dort, wo die Kosten der Art nach noch eine Rolle spielen, von den Abgrenzungskriterien der AbgrV auszugehen haben.

260

h) Psychiatrie – Personalverordnung (Psych-PV). Für die unter die BPflV fallenden psychiatrischen Krankenhäuser und psychiatrischen Abteilungen von Allgemeinkrankenhäusern gilt zusätzlich die Psych-PV.[431] Sie enthält Maßstäbe und Grundsätze für den Bedarf an medizinischem Fachpersonal in der stationären Behandlung. Ziel ist es, durch allgemeine bundesrechtliche Vorgaben eine sachgerechte therapeutische Versorgung durch ausreichendes und fachlich geeignetes Personal zu ermöglichen. Nach dieser Verordnung ist aufwändig und differenzierend der für das einzelne Krankenhaus zu berücksichtigende Personalbedarf zu ermitteln. Getrennt für die Erwachsenenpsychiatrie sowie die Kinder- und Jugendpsychiatrie werden je nach Art und Schwere der Behandlung des Patienten Behandlungsbereiche vorgegeben und dafür – diese gegliedert nach den einzelnen Berufen – feste Minutenwerte festgelegt. Daraus ist der erforderliche und über den Pflegesatz zu finanzierende Personalbedarf zu ermitteln.

261

Die Psych-PV tritt am 31.12.2019 außer Kraft.[432] An die Stelle dieser Rechtsverordnung tritt die Richtlinie des Gemeinsamen Bundesausschusses nach § 136a II S. 1 SGB V. Deren Vorgaben, insbesondere zur Strukturqualität, lösen die bisherigen Vorgaben der Psych-PV als Mindestvorgaben zur Personalausstattung ab. Rechtliche Bedeutung erlangen die Vorgaben der Richtlinie ab dem Jahr 2020 dadurch, dass sie bei der Vereinbarung des Gesamtbetrags der Erlöse eines Krankenhauses gemäß § 3 III S. 4 Nr. 5 BPflV zu berücksichtigen sind.

262

Diese Vorgaben der Richtlinie gelten auch für die unter die BPflV fallenden psychosomatischen Einrichtungen.

263

2. Allgemeine Grundsätze des Pflegesatzrechts

a) Pflegesätze und Pflegesatzrecht. Pflegesätze sind nach § 2 Nr. 4 KHG „die Entgelte der Benutzer oder ihrer Kostenträger für stationäre und teilstationäre Leistungen des Kran-

264

---

[426] Vom 21.7.2012 (BGBl. I S. 1613).
[427] Vom 19.12.2016, BGBl I S. 2986.
[428] → § 26 Rn. 269 u. 339.
[429] → § 26 Fn. 419.
[430] Vgl. § 9 I Nr. 1 KHEntgG.
[431] → § 26 Rn. 241.
[432] PsychVVG vom 19.12.2016, BGBl. I S. 2686.

kenhauses". Inhaltlich wird damit wenig und an sich Selbstverständliches ausgesagt. Es wird hier der überkommene Begriff für Krankenhausentgelte, der Pflegesatz, gesetzlich verankert. Der Sache nach ist die Bezeichnung des Entgelts für Leistungen des Krankenhauses als „Pflegesatz" ungeeignet. Er passt eher für die Leistungen von Pflegeeinrichtungen im Sinne des SGB XI. Dort wird in § 84 zu Recht von Pflegesätzen gesprochen. Die Leistungen des Krankenhauses gehen jedoch weit über Pflegeleistungen hinaus. Sie werden geprägt durch die ärztlichen Leistungen.

265   Aus dieser Bezeichnung der Krankenhausentgelte als Pflegesätze leitet sich auch die gängige Bezeichnung des Finanzierungsrechts als „Pflegesatzrecht" ab. Die neueren Bundesgesetze lösen sich jedoch von dem Begriff des Pflegesatzes und sprechen stattdessen vom „Entgelt". Das gilt insbesondere für das Krankenhausentgeltgesetz und selbst die Bundespflegesatzverordnung, die nur noch in der Überschrift von Pflegesätzen spricht. Dennoch sind auch diese Entgelte Pflegesätze im Sinne der Begriffsbestimmung des KHG. Deswegen wird nachfolgend übergreifend von „Pflegesätzen" gesprochen.

266   **b) Budgetsystem und Preissystem.** Die BPflV 1986 hat ein Budgetsystem eingeführt. Die Vertragsparteien haben nunmehr ein Budget zu vereinbaren. Es geht um die Summe der Erlöse, die das Krankenhaus im Pflegesatzzeitraum erzielen soll. Aus diesem Budget wurden durch Divisionskalkulation die tagesgleichen Pflegesätze abgeleitet. Der vereinbarte Budgetbetrag wurde dabei durch die vorauskalkulierte Zahl von Berechnungstagen dividiert.

267   Im Gegensatz zu einem solchen Budgetsystem steht das Preissystem des KHEntgG. Hier werden die Entgelte (Fallpauschalen) nicht aus dem ebenfalls zu vereinbarenden Erlösbudget abgeleitet. Es ergibt sich vielmehr umgekehrt das Erlösbudget aus den für den Pflegesatzzeitraum vorauskalkulierten Leistungen und den dafür maßgebenden Entgelten nach der Formel: Leistungsmenge x Entgelthöhe = Erlösbudget. Die Gesetzesbegründung zum PsychVVG[433] Teil A VI. 1. spricht hierfür im Gegensatz zum Budgetsystem von einem Preissystem.

268   Die beiden Systeme lassen sich damit kurz wie folgt charakterisieren: Beim Budgetsystem werden die Pflegesätze aus dem Budget abgeleitet. Beim Preissystem wird dagegen das Budget aus den Pflegesätzen abgeleitet.

269   Nach dem heute maßgebenden Pflegesatzrecht gilt für die BPflV-Krankenhäuser ein Budgetsystem, für die KHEntgG-Krankenhäuser dagegen ein Preissystem. Nach der ursprünglichen Neufassung der BPflV hätte ab dem Zieljahr auch für die BPflV-Krankenhäuser ein Preissystem gegolten. Durch das PsychVVG wurde dies jedoch rückgängig gemacht.

270   Für das Budget der BPflV-Krankenhäuser sieht die BPflV eine Obergrenze vor. Für das Erlösbudget der KHEntgG-Krankenhäuser gibt es dagegen keine solche Obergrenze. Erlöse des Krankenhauses können hier nur über den Preis für die einzelnen Leistungen begrenzt werden.

271   Bei dem Preissystem des KHEntgG stellt sich allerdings die Frage, warum überhaupt ein Erlösbudget vereinbart werden muss. Ein Budget – ob Erlösbudget, ob Ausgabenbudget – soll begrenzen. Für die Höhe des Erlösbudgets nach dem KHEntgG gibt es nach dem oben Gesagten jedoch keine Obergrenze. Maßgebend ist allein das Produkt aus Leistungsmenge und Leistungspreis. Warum ein Erlösbudget vereinbaren, wenn es für dessen Höhe keine Grenze gibt?

272   Das Erlösbudget des KHEntgG erlangt eine finanzielle Bedeutung jedoch dadurch, dass aus dem Budgetsystem der Erlösausgleich übernommen wurde (§ 4 III KHEntgG) und das seit dem Jahr 2009 ein Mehrleistungsabschlag erfolgt. Basis hierfür ist beim Erlösausgleich das für den jeweiligen Pflegesatzzeitraum vereinbarter Erlösbudget. Für den Mehrleistungsabschlag ist dies das für das Vorjahr vereinbarte Erlösbudget und die ihm zu Grunde liegende Leistungsmenge.

---

[433] BT-Drs. 18/9528.

c) **Bemessungssystem nach § 17 KHG.** Ein Wirtschaftsunternehmen kalkuliert die Preise für seine Leistungen so, dass möglichst deren Kosten gedeckt werden und ein Gewinn erreicht wird. Die Entgelte für Krankenhausleistungen sind dagegen zu vereinbaren. Der eine Vertragspartner ist interessiert an möglichst hohen Erlösen, der andere an möglichst niedrigen. Pflegesatzrecht bestimmt deshalb, nach welchen Grundsätzen sich die Höhe von Budget und Pflegesätzen richtet. Das geschieht in § 17 KHG. Er wurde seit seinem Erlass im Jahre 1972 jedoch mehrfach geändert. 273

Die Fassung 1972 und einige nachfolgende Fassungen verankern ausdrücklich ein Kostendeckungsprinzip. Die Fassung 1986 zum Beispiel sagt klar: Die Pflegesätze „müssen die Selbstkosten eines sparsam wirtschaftenden, leistungsfähigen und bedarfsgerechten Krankenhauses decken." Die nächstfolgende Fassung formuliert etwas zurückhaltender. Die Pflegesätze sind danach „auf der Grundlage der voraussichtlichen Selbstkosten" zu bemessen. Es ist also nicht auf Ist-Kosten, sondern auf vorauskalkulierte Kosten abzustellen. 274

Aus diesen Fassungen ist jedoch abzuleiten, dass für die Höhe von Budget und Pflegesätzen auf die Kosten des Krankenhauses abzustellen ist. Die voraussichtlichen Erlöse aus Pflegesätzen sollen die voraussichtlichen Kosten decken. Daraus ist aber auch abzuleiten, dass bei der Bemessung des Budgets ein Gewinn nicht einkalkuliert werden darf. Die nach der BPflV a. F. für die Pflegesatzverhandlungen vorzulegenden Nachweise sehen deshalb auch keine Position für einen Gewinn vor. 275

Das bedeutet jedoch nicht, dass ein Krankenhaus keine Gewinne erzielen dürfe. Die Vorauskalkulation von Leistungen und Kosten führt oft dazu, dass Leistungsmenge und Kostenhöhe von der Vorauskalkulation abweichen und sich dadurch höhere oder niedrigere Erlöse als vorauskalkuliert ergeben. § 17 I S. 4 KHG bestimmt dafür unverändert bis heute: „Überschüsse verbleiben dem Krankenhaus, Verluste sind vom Krankenhaus zu tragen." 276

Eine ab dem Jahr 1993 geltende Fassung des § 17 I KHG vermeidet jedoch eine Bezugnahme auf die Kosten des Krankenhauses. Nunmehr müssen die Pflegesätze „medizinisch leistungsgerecht sein und einem Krankenhaus bei wirtschaftlicher Betriebsführung ermöglichen, den Versorgungsauftrag zu erfüllen." Aus der medizinischen Leistungsgerechtigkeit ist allerdings zur Höhe von Budget und Pflegesätzen wenig zu entnehmen. Dahinter steht nur, dass mehr nach Leistungen zu differenzieren ist. Aufwendigere Leistungen rechtfertigen höhere, weniger aufwendige Leistungen dagegen niedrigere Pflegesätze. Deren Höhe bleibt dabei jedoch offen. 277

Auf die Höhe solcher differenzierter medizinisch leistungsgerechter Entgelte bezieht sich dagegen die Vorgabe, dass sie ermöglichen müssen, den Versorgungsauftrag zu erfüllen. Das aber ist nur möglich, wenn das wirtschaftlich geführte Krankenhaus Erlöse erzielt, die es ihm ermöglichen, damit die für seine Leistungen entstehenden Kosten zu finanzieren. Die Kosten bilden also weiterhin die Grundlage für die Bemessung des Budgets und der Pflegesätze. 278

Das wird dadurch bestätigt, dass das Krankenhausbudget weiterhin aufgrund der vom Krankenhaus zu erstellenden Nachweise zu ermitteln ist, in denen die Kosten differenziert dargestellt und der Vereinbarung des Budgets zugrunde gelegt werden. Der Nachweis nennt sich nun nicht mehr „Kosten- und Leistungsnachweis", sondern „Leistungs- und Kalkulationsaufstellung". Daran, dass Kosten differenziert darzustellen und der Ermittlung des Budgets zugrunde zu legen sind, hat sich aber durch die neue Bezeichnung nichts geändert. 279

Mit der Einführung eines Preissystems für die KHEntgG-Krankenhäuser ab dem Jahre 2003 und der beabsichtigten Einführung eines Preissystems für die BPflV-Krankenhäuser wurden aus § 17 I KHG die bisherigen Bemessungsgrundsätze herausgenommen. Nunmehr hält ein Absatz 1a für die mit pauschalierten Pflegesätzen vergüteten Leistungen dieser Krankenhäuser fest, dass die Vorgaben des § 17b (somatische Krankenhäuser) und des § 17d KHG (psychiatrische und psychosomatische Krankenhäuser) gelten. Hinter den Vorgaben dieser Vorschriften des KHG steht ihre Ausgestaltung im KHEntgG und der Neufassung der BPflV 280 durch das Psych-Entgeltgesetz. Maßgebend ist nunmehr allein, was sich aus den genannten Rechtsvorschriften zur Bemessung des Budgets und der Pflegesätze ergibt. Schon hier ist dazu zu sagen, dass dafür bei dem KHEntgG-Krankenhaus die Kosten des einzelnen Krankenhauses keine Rolle mehr spielen.[434]

281 Für eine Übergangszeit gibt § 17 II KHG für bestimmte Fälle eigene Bemessungsgrundsätze vor. Sie wurden aus bisherigen Regelungen des § 17 I KHG übernommen. Soweit tagesgleiche Pflegesätze vereinbart werden, müssen danach diese medizinisch leistungsgerecht sein und einem Krankenhaus bei wirtschaftlicher Betriebsführung ermöglichen, den Versorgungsauftrag zu erfüllen. Zu dieser Vorgabe wurde bereits oben[435] ausgeführt, dass hinter ihr weiterhin ein Kostendeckungsprinzip steht.

282 Die Regelung des Absatzes 2 sollte für Krankenhäuser gelten, deren Pflegesätze nicht nach den Vorgaben der §§ 17b und 17d KHG bemessen werden. Das sind Krankenhäuser, die noch nicht für das Preissystem dieser Vorschriften optiert haben. Für diese Krankenhäuser sind übergangsweise Vorschriften der BPflV a.F. zur Bemessung des Budgets und der Pflegesätze maßgebend.

283 Bei der Rückkehr vom ursprünglich vorgesehenen Preissystem zu einem Budgetsystem für die psychiatrischen und psychosomatischen Krankenhäuser wurde jedoch übersehen, § 17 II KHG dem anzupassen. Das Budget dieser Krankenhäuser richtet sich nunmehr nicht – wie in § 17 II KHG zugrunde gelegt – nach einem Landesentgeltwert, sondern insbesondere nach den Kosten des einzelnen Krankenhauses. Das wirft die Frage auf, ob trotz der abschließend formulierten Regelung des § 17 II KHG mit der Rückkehr zu einem Budgetsystem für diese Krankenhäuser § 17 II KHG anstelle von § 17 I a KHG anzuwenden ist. Damit befassen sich die Ausführungen zur Bemessung des nach § 3 II und III BPflV zu vereinbarenden Gesamtbetrags[436].

284 **d) Grundsatz der Beitragssatzstabilität, Erlösbegrenzung nach Pflegesatzrecht.** Nach § 17 I 1 KHG ist bei der Ermittlung der Pflegesätze der Grundsatz der Beitragssatzstabilität (§ 71 Abs. 1 SGB V) nach Maßgabe dieses Gesetzes und des Krankenhausentgeltgesetzes zu beachten. Die Bundespflegesatzverordnung hat man dabei vergessen. Es ist jedoch auch diese Verordnung zu beachten. Dass dieser Grundsatz nach Maßgabe des Pflegesatzrechts zu beachten ist, wurde erst durch das Fallpauschalengesetz eingefügt. Zugleich wurden die Krankenhäuser aus dem Anwendungsbereich des § 71 SGB V herauskommen. Dadurch wurde durch Gesetz die Streitfrage entschieden, ob das nach den Begrenzungsvorschriften des Pflegesatzrechts ermittelte Budget nochmals der Begrenzung des § 71 SGB V unterliegt[437].

285 Genau genommen ist danach der Grundsatz der Beitragssatzstabilität heute auf Krankenhäuser nicht mehr anwendbar. Dass § 17 I KHG weiterhin davon spricht, ist nur noch mit der Entstehungsgeschichte dieser Vorschrift zu erklären. Gemäß § 71 I SGB V müssen neu abzuschließende Vergütungsvereinbarungen nach dem SGB V so gestaltet werden, dass Beitragserhöhungen ausgeschlossen werden. Um dem zu entsprechen, dürfen nach § 71 SGB V die vereinbarten Veränderungen die nach § 71 III SGB V maßgebende Veränderungsrate nicht übersteigen. Beides ist für die Krankenhäuser nicht mehr maßgebend. Es gilt allein Pflegesatzrecht. Dieses fragt nicht danach, ob sich Beitragssatzerhöhungen ergeben und es begrenzt Erhöhungen von Budget und Pflegesätzen nicht auf die Veränderungsrate des § 71 III SGB V. Es wird vielmehr auf einen krankenhausspezifischen Veränderungswert abgestellt. Grundlage dafür sind nach § 10 VI KHEntgG die tatsächlichen Kostenentwicklungen der Krankenhäuser, also nicht die Beitragsentwicklung. Maßgebend ist deshalb

---

[434] → § 26 Rn. 348 u. 365.
[435] → § 26 Rn. 278.
[436] → § 26 Rn. 296.
[437] Vgl. Tuschen/Dietz, Kommentar zu § 17 KHG Erl. II 4.

allein, welche erlösbegrenzenden Regelungen das Pflegesatzrecht enthält. Für die KHEntgG-Krankenhäuser ist dies § 10 Abs. 4, für die BPflV-Krankenhäuser § 3 Abs. 3 und bis zum 31.12.2019 übergangsweise § 3 Abs. 2 BPflV in Verbindung mit § 6 I BPflV a. F.

Die Begrenzungsregelungen des KHEntgG beziehen sich auf den Landesbasisfallwert des § 10, die Begrenzungsregelungen der BPflV dagegen auf den Gesamtbetrag der Erlöse aus Pflegesätzen nach § 3 II und III BPflV. Sie sind dort sehr differenziert ausgestaltet, insbesondere gibt es für den Gesamtbetrag viele Ausnahmeregelungen. Für den Landesbasisfallwert entfällt im Übrigen häufig eine Begrenzung auf den Veränderungswert. Der nach § 10 I und III KHEntgG ermittelte Basisfallwert liegt bei Fallzahlsteigerungen oft unter einer Fortschreibung um den Veränderungswert. 286

Die pflegesatzrechtlichen Begrenzungsvorschriften begrenzen jedoch nicht die absolute Höhe des Landesbasisfallwerts bzw. des Gesamtbetrags. Begrenzt wird nur ein Anstieg der für das Vorjahr vereinbarten Werte, seien diese hoch oder niedrig. 287

e) Ausgleich von Mehr- oder Mindererlösen. Sowohl im Budgetsystem der BPflV als auch dem Preissystem des KHEntgG wird ein Erlösbudget vereinbart. Aus dem Erlösbudget der BPflV werden in Verbindung mit bundeseinheitlichen Bewertungsrelationen leistungsorientierte Entgelte abgeleitet. Das Erlösbudget des KHEntgG wird dagegen umgekehrt aus den Leistungen und den dafür bundeseinheitlich und landeseinheitlich vorgegebenen Werten ermittelt. 288

In beiden Fällen ergeben sich bei einer hiervon abweichenden Leistungsmenge Mehrerlöse oder Mindererlöse gegenüber dem vereinbarten Erlösbudget. Diese sind seit Jahren ungeachtet des jeweils geltenden Pflegesatzsystems in wiederholt gesetzlich geänderten Anteilen auszugleichen. Gründe hierfür lassen sich in einem System finden, nach dem die Höhe des Budgets von den Kosten des Krankenhauses bestimmt wird und aus diesem Budget die Höhe der Pflegesätze durch Divisionskalkulation (Budget: Leistungsmenge) ermittelt wird. Ergeben sich gegenüber den vorauskalkulierten Leistungen Mehrleistungen, so kommt es zu einer Überdeckung der Fixkosten; bei Minderleistungen ist es umgekehrt. Mehrleistungen und Minderleistungen wurden deshalb ursprünglich mit dem gleichen Ausgleichssatz ausgeglichen. 289

Bei dem Preissystem des KHEntgG, bei dem die Entgelte nicht aus dem Erlösbudget abgeleitet werden, und deshalb die Kosten des einzelnen Krankenhauses für die Höhe des Budgets keine Rolle spielen, entfällt eine solche Überdeckung und Unterdeckung von Fixkosten. Dennoch hat der Gesetzgeber es bei den KHEntgG-Krankenhäusern bei einem Ausgleich von Mehr- und Mindererlösen belassen. Dem Erlösbudget wird hier eine Bedeutung beigemessen, die es in einem Preissystem nicht mehr hat. Vielleicht wollte der Gesetzgeber dem in einem Preissystem liegenden Anreiz entgegenwirken, durch Mehrleistungen bei gleichbleibenden Fixkosten Mehrerlöse zu erzielen. 290

f) Stationäre Krankenhausleistungen. Das Pflegesatzrecht erfasst die vollstationären und teilstationären Behandlungsleistungen des Krankenhauses[438]. Für die übrigen Krankenhausleistungen gelten andere Vergütungsregelungen. Die vor- und nachstationären Leistungen nach § 115a SGB V sind – wie schon das Wort besagt – keine stationäre Leistungen. Sie stehen zwar in engem Zusammenhang mit einer stationären Versorgung, sind aber begrifflich nicht selbst stationäre Behandlung. Die Leistungen werden vor oder nach einer stationären Behandlung erbracht. Die vorstationäre Behandlung soll die Erforderlichkeit einer stationären Krankenhausbehandlung klären oder vorbereiten, ohne den Patienten dazu im Krankenhaus unterbringen zu müssen. Die nachstationäre Behandlung soll den Behandlungserfolg sichern oder festigen, sie soll aber auch eine frühzeitige Entlassung des Patienten erleichtern. 291

---

[438] § 1 I KHEntgG und § 1 BPflV.

292 Durch das PsychVVG wurde für die psychiatrischen Krankenhäuser die neue Behandlungsform „stationsäquivalente Behandlung" geschaffen. Es geht dabei nach § 39 V SGB V um eine psychiatrische Behandlung im häuslichen Umfeld durch mobile ärztlich geleitete multiprofessionelle Behandlungsteams. In § 2 I 1 BPflV wird deshalb neben die Behandlung im Krankenhaus die Behandlung durch das Krankenhaus gestellt. Man könnte diese stationsäquivalente Behandlung deshalb auch als außerstationäre Behandlung bezeichnen.

293 Die Gesetzesbegründung zu dem zugleich geänderten § 17d II KHG hebt hervor, dass die Vergütung der neuen stationsäquivalenten psychiatrischen Behandlung den gleichen Regeln folgt, wie die Vergütung der voll- und teilstationären Leistungen. Das setzt allerdings voraus, dass diese Leistungen in dem von den Bundesverbänden nach § 9 BPflV zu erstellenden Entgeltkatalog bewertet worden sind. Die Gesetzesbegründung weist darauf hin, dass gem. § 17d II 3 KHG die Entgelte von den Vertragsparteien nach § 18 II KHG vereinbart werden.

294 Es gibt keine Rechtsvorschriften zur Abgrenzung der stationären Leistungen von den ambulanten Leistungen. Die stationäre Leistung ist allgemein dadurch bestimmt, dass der Patient im Krankenhaus „untergebracht" wird, dass er dort für einen gewissen Zeitraum verbleibt und er in dieser Zeit sich im Verantwortungs- und Obhutsbereich des Krankenhauses befindet.[439] Das kann vollstationär oder teilstationär geschehen. Von einer vollstationären Versorgung wird gesprochen, wenn der Patient Tag und Nacht im Krankenhaus untergebracht ist, meist auf unbestimmte Zeit. Eine teilstationäre Versorgung liegt vor, wenn der Patient für eine bestimmte Tageszeit in dem oben genannten Sinne im Krankenhaus untergebracht ist, z. B. in einer in der Psychiatrie häufig anzutreffenden Tagesklinik (Unterbringung nur am Tag). Wegen der Abgrenzung dieser stationären Behandlungsformen und ihrer Abgrenzung zur ambulanten Behandlung wird auf die Ausführungen zu den Formen der Krankenhausbehandlung verwiesen.[440]

295 Inhalt und Umfang der stationären Krankenhausleistungen werden in pflegesatzrechtlicher Hinsicht in § 2 I BPflV und § 2 I KHEntgG beispielhaft aufgeführt. Dabei werden die im Vordergrund stehenden Leistungen hervorgehoben: Ärztliche Behandlung, Pflege, Versorgung mit Arznei-, Heil- und Hilfsmitteln, die für die Versorgung im Krankenhaus notwendig sind, sowie Unterkunft und Verpflegung. Andere Leistungen sind z. B. die nach einigen Landeskrankenhausgesetzen vorgesehenen Leistungen des sozialen Krankenhausdienstes.[441] terminologisch ungenau ordnen § 2 II BPflV und § 2 II KHEntgG nur den allgemeinen Krankenhausleistungen auch die während des Krankenhausaufenthalts durchgeführten Maßnahmen zur Früherkennung von Krankheiten im Sinne des SGB V sowie die Frührehabilitation im Sinne von § 39 I 3 SGB V zu. Was allgemeine Krankenhausleistung ist,[442] ist selbstverständlich auch Krankenhausleistung.

296 Aus den Krankenhausleistungen werden jedoch ausdrücklich die Leistungen der Belegärzte sowie der Beleghebammen und der Belegentbindungspfleger ausgenommen.[443] Dies trägt der überkommen sozialleistungsrechtlichen Figur des Belegarztes Rechnung. Die Einheit der Krankenhausbehandlung wird dadurch aufgebrochen. Die stationäre ärztliche Versorgung des Patienten wird dem Belegarzt zugeordnet, die übrige Versorgung dagegen dem Krankenhaus. Das Krankenhaus rechnet seine Leistungen durch Pflegesätze ab, die berücksichtigen, dass dazu keine belegärztlichen Leistungen gehören.[444]

---

[439] Vgl. Dietz/Bofinger, KHG, BPflV und Folgerecht, Erl. 3 zu § 1 BPflV; *Tuschen/Trefz*, KHEntgG, aaO. und BSG, U. v. 4.3.2004 – B 3 KR 4/03 R.
[440] → § 27 Rn. 28; → § 25 Rn. 64, 67.
[441] Z. B. § 31 LKHG Baden-Württemberg.
[442] → § 26 Rn. 300 ff.
[443] § 2 I 2 BPflV und § 2 I 2 KHEntgG.
[444] § 18 II KHEntgG.

Der Begriff des Belegarztes wird einheitlich für alle Krankenhäuser in § 18 I KHEntgG 297 definiert.[445] Es geht danach um den niedergelassenen Vertragsarzt, dem das Krankenhaus durch den so genannten Belegarztvertrag das Recht eingeräumt hat, seine Patienten im Krankenhaus unter Inanspruchnahme der Mittel des Krankenhauses ärztlich zu behandeln. Der Belegpatient hat hier also zwei Leistungserbringer und Vertragspartner.

Die belegärztlichen Leistungen gehen jedoch über die persönlichen Leistungen des Beleg- 298 arztes hinaus. Kraft enumerativer Aufzählung gehören dazu auch der ärztliche Bereitschaftsdienst für Belegpatienten, die vom Belegarzt veranlassten Leistungen nachgeordneter Ärzte des Krankenhauses in demselben Fachgebiet des Belegarztes und die vom Belegarzt veranlassten Leistungen von Ärzten und ärztlich geleiteten Einrichtungen außerhalb des Krankenhauses.[446]

Geht es um sozialversicherte Patienten, so rechnet der Belegarzt und der externe Vertrags- 299 arzt seine Leistungen als Teil der vertragsärztlichen Versorgung mit seiner kassenärztlichen Vereinigung ab.[447] Bei anderen Patienten rechnet der Belegarzt und der externe Arzt seine Leistungen unmittelbar mit dem Patienten ab. Für Beleghebammen und Belegentbindungspfleger gilt Entsprechendes.

g) Allgemeine Krankenhausleistungen. Pflegesatzrecht ist zwar Preisrecht, es hat jedoch 300 auch zum Ziel, dass der Patient die medizinisch zweckmäßige Versorgung erhält. Es sind deshalb nicht etwa Pflegesätze für irgendwelche im Belieben des Krankenhauses stehenden Leistungen zu vereinbaren, sondern Pflegesätze für die nach Art und Schwere der Erkrankung notwendigen Krankenhausleistungen. Dadurch wird mittelbar Zwang ausgeübt, diese umfassenden Leistungen auch zu erbringen. Denn der Pflegesatz steht dem Krankenhaus nur dann zu, wenn er alle vom Pflegesatz umfassten Leistungen erbringt. Da aber das Leistungsangebot eines Krankenhauses über diese notwendigen Leistungen hinausgehen kann, trennt das Pflegesatzrecht in allgemeine Krankenhausleistungen (= notwendige Leistungen) und Wahlleistungen (andere Leistungen). § 10 II BPflV a. F. hat das wie folgt festgehalten:

„*Mit den Pflegesätzen werden alle für die Versorgung des Patienten erforderlichen allgemeinen Krankenhausleistungen vergütet.*"

Die einzelnen Regelungen des Pflegesatzrechts beziehen sich deshalb fast ausschließlich auf 301 die allgemeinen Krankenhausleistungen. Dahinter steht das öffentliche Interesse an einer zweckmäßigen Versorgung der Bevölkerung zu vertretbaren Preisen. Für die Wahlleistungen und Wahlleistungsentgelte enthält das Pflegesatzrecht dagegen nur wenige Vorgaben. Im Vordergrund steht die allgemein gehaltene Regelung, dass es sich um andere als allgemeine Krankenhausleistungen handeln muss und dass das Wahlleistungsentgelt angemessen sein muss.

Die allgemeinen Krankenhausleistungen werden einheitlich für alle Krankenhäuser wie 302 folgt definiert:[448]

„*Allgemeine Krankenhausleistungen sind die Krankenhausleistungen, die unter Berücksichtigung der Leistungsfähigkeit des Krankenhauses im Einzelfall nach Art und Schwere der Krankheit für die medizinisch zweckmäßige und ausreichende Versorgung des Patienten notwendig sind.*"

---

[445] Belegärzte im Sinne dieses Gesetzes sind nicht im Krankenhaus angestellte Vertragsärzte, die berechtigt sind, ihre Patienten (Belegpatienten) im Krankenhaus unter Inanspruchnahme der hierfür bereit gestellten Dienste, Einrichtungen und Mittel stationär oder teilstationär zu behandeln, ohne hierfür vom Krankenhaus eine Vergütung zu erhalten. Siehe i. Ü. → § 16 Rn. 128 ff.
[446] § 18 I 2 KHEntgG.
[447] § 123 II SGB V.
[448] § 2 II BPflV und § 2 II KHEntgG.

303   Neben dieser allgemeinen Umschreibung der allgemeinen Krankenhausleistungen werden diesen nachfolgend einzelne Leistungen enumerativ zugeordnet. Das hat teils klarstellende Bedeutung, teils wird der Begriff der allgemeine Krankenhausleistungen dadurch ausgeweitet. Die Aufzählung unterscheidet sich für die Krankenhäuser des KHEntgG und der BPflV dadurch, dass nur für die KHEntgG-Krankenhäuser die besonderen Leistungen von Zentren und Schwerpunkten sowie die Frührehabilitation im Sinne von § 39 I 3 SGV V aufgeführt werden.

304   Diese pflegesatzrechtliche Begriffsbestimmung deckt sich mit der Grundsatznorm des § 39 I SGB V über den Anspruch des Sozialversicherten auf die notwendige Krankenhausbehandlung. Der Anwendungsbereich der pflegesatzrechtlichen Definition ist jedoch weiter. Sie gilt für sämtliche Patienten, also auch den Privatpatienten. Auch er hat über diese Begriffsbestimmung Anspruch gegen das Krankenhaus, dass er gegen Zahlung des pflegesatzrechtlich maßgebenden Entgelts alle notwendigen Leistungen im Sinne dieser Begriffsbestimmung erhält. Es wäre insbesondere unzulässig, ihm ohne Wahlleistungsvereinbarung die Arztkosten gesondert zu berechnen,[449] ausgenommen die belegärztlichen Leistungen.

305   **h) Eigene Leistungserbringung und Drittleistungen.** Die Begriffsbestimmung der allgemeinen Krankenhausleistungen stellt nur darauf ab, dass der Patient die notwendigen Leistungen erhalten muss. Sie sagt jedoch nichts darüber aus, ob das Krankenhaus diese stets mit eigenen sächlichen und personellen Mitteln erbringen muss. Eine Antwort hierauf ergibt sich aus der nachfolgenden Regelung über Drittleistungen.[450] Danach gehören zu den allgemeinen Krankenhausleistungen auch *„die vom Krankenhaus veranlassten Leistungen Dritter"*. Damit wird klargestellt, dass das Krankenhaus nicht alle notwendigen Leistungen unter Einsatz eigener sächlicher Mittel und eigenem Personals erbringen muss, sondern dass es sich dazu auch der Mithilfe Dritter bedienen darf. Es wird damit aber zugleich geregelt, dass für diese Leistungen des Dritten neben den pflegesatzrechtlich maßgebenden Entgelten kein weiteres Entgelt erhoben werden darf.

306   Solche Drittleistungen kommen für sämtliche Krankenhausbereiche in Betracht, von den ärztlichen Leistungen (z. B. externe Laboruntersuchungen oder pathologische Untersuchungen) bis hin zur Speisenversorgung und zum Reinigungsdienst.

307   Vertragsrechtlich folgt hieraus, dass das Krankenhaus dem Patienten alle notwendigen Leistungen schuldet. Bedient es sich dabei der Mithilfe externer Stellen, so sind diese Erfüllungsgehilfen des Krankenhauses. Sie haben keinen Anspruch auf Vergütung ihrer Tätigkeit gegen den Patienten. Für deren Kosten muss vielmehr unmittelbar das Krankenhaus aufkommen. Die Kosten dieser Drittleistungen sind pflegesatzfähige Kosten des Krankenhauses.

308   Beschäftigt ein Krankenhaus nicht im Krankenhaus fest angestellte Ärzte, so gehören deren Leistungen nicht zu den Drittleistungen. Es war lange Zeit umstritten, ob das Krankenhaus auch Vertragsärzte als Krankenhauspersonal beschäftigen kann. Das wird nunmehr durch Gesetzesänderung geklärt. Im Zusammenhang mit der Darstellung der allgemeinen Krankenhausleistungen wird nunmehr in § 2 III KHEntgG und BPflV auch auf die Behandlung durch nicht fest angestellte Ärzte und Ärztinnen abgestellt. Nach den genannten Vorschriften hat das Krankenhaus bei der Erbringung von allgemeinen Krankenhausleistungen durch diese Ärzte sicherzustellen, dass diese für ihre Tätigkeit die gleichen Anforderungen erfüllen, wie sich auch für fest im Krankenhaus angestellte Ärzte gelten.

309   **i) Wahlleistungen.** Das Pflegesatzrecht definiert nicht, was Wahlleistungen sind. Es legt nur den Inhalt der allgemeinen Krankenhausleistungen fest und sagt daneben allgemein, dass

---

[449] Vgl. hierzu auch Dietz/Bofinger, KHG, BPflV und Folgerecht, Erl. zu § 2 II BPflV sowie *Tuschen/Trefz*, KHEntgG, Erl. zu § 2 II KHEntgG.
[450] § 2 II 2 Nr. 2 BPflV und § 2 II Nr. 2 KHEntgG; *Nösser*, das Krankenhaus 2004, 736.

§ 26 Grundzüge des Rechts der Krankenhausfinanzierung

Wahlleistungen *"andere als allgemeine Krankenhausleistungen"* sind. Das Andere wird jedoch nicht festgelegt. Wahlleistungen müssen danach Krankenhausleistungen im Sinne der pflegesatzrechtlichen Begriffsbestimmung sein.[451] Nimmt man aus diesen die allgemeinen Krankenhausleistungen heraus, so ergeben sich die Wahlleistungen. Diese sind also nur als Restgröße definiert.

Die Abgrenzung zwischen allgemeiner Krankenhausleistung und Wahlleistung ist jedoch rechtsdogmatisch nicht einfach. Ginge man davon aus, dass die allgemeinen Krankenhausleistungen die notwendigen Leistungen sind, so müsste es sich bei den Wahlleistungen um nicht notwendige Leistungen handeln. Dennoch kann nicht immer nach notwendig und nicht notwendig abgegrenzt werden. Das gilt in erster Linie für die Wahlleistung „besondere Unterbringung" in einem Einbettzimmer oder Zweibettzimmer sowie für die Chefarztbehandlung als wahlärztliche Leistung. 310

aa) Besondere Unterbringung. Für die Unterbringung des Patienten versagt eine Abgrenzung nach Notwendigkeit. Die ärztliche und pflegerische Versorgung wird in beiden Zimmergruppen gleichermaßen zweckmäßig erfolgen können. Hier kommt nur eine Abgrenzung nach dem Leistungsniveau des einzelnen Krankenhauses in Betracht. Werden die Patienten in einem Krankenhaus regelmäßig im Dreibettzimmer untergebracht, so kann eine Unterbringung im Zweibettzimmer durchaus eine besondere, eine andere als allgemeine Krankenhausleistung sein. Hat das Krankenhaus aber einen Zweibettzimmer-Standard, so kann das Zweibettzimmer nicht als besondere und zusätzlich zu vergütende Leistung angeboten werden. Es ist allgemeine Krankenhausleistung. 311

bb) Wahlärztliche Leistungen. Pflegesatzrecht erwähnt als Wahlleistung ausdrücklich die wahlärztlichen Leistungen.[452] Das ist die Behandlung des Patienten durch den leitenden Arzt, den Chefarzt. Auch hier versagt eine Abgrenzung zu den allgemeinen Krankenhausleistungen nach der Notwendigkeit. Man kann nicht sagen, dass die notwendigen ärztlichen Leistungen vom nachgeordneten ärztlichen Dienst erbracht werden, der Chefarzt aber die überflüssigen Leistungen erbringe. Auch die chefärztlichen Leistungen sind grundsätzlich notwendige Leistungen. Bei den wahlärztlichen Leistungen geht es darum, dass die notwendige ärztliche Behandlung persönlich durch den besonders qualifizierten leitenden Arzt erfolgt, und zwar unabhängig davon, ob er im Einzelfall nicht ohnehin wegen der Schwierigkeit der Behandlung selbst die Leistungen hätte persönlich erbringen müssen.[453] 312

Der Inhalt wahlärztlicher Leistungen wird pflegesatzrechtlich nicht festgelegt. Hier muss man auf das Herkommen sowie die Literatur und Rechtsprechung zurückgreifen. Diese stellt weniger auf Pflegesatzrecht als auf § 613 BGB und das Recht der Allgemeinen Geschäftsbedingungen[454] ab. Eine Abgrenzung der allgemeinen Krankenhausleistungen von den Wahlleistungen erfolgt durch die Zivilgerichte allenfalls ansatzweise. Nach § 613 BGB hat der zur Dienstleistung Verpflichtete die Dienste im Zweifel in Person zu erbringen. Von Bedeutung ist auch § 4 II GOÄ, wonach der Arzt nur eigene Leistungen im Sinne dieser Vorschrift abrechnen darf. Darauf stellt auch der BGH in seinem Grundsatzurteil vom 20.12.2007 maßgebend ab.[455] Der Wahlarzt braucht jedoch nicht sämtliche Leistungen in Person, also „eigenhändig" erbringen. Er darf sich unter Beachtung der Vorgaben des § 4 II GOÄ zur eigenen und abrechnungsfähigen Leistung der Mithilfe seiner ärztlichen Mitarbeiter bedie- 313

---

[451] → § 26 Rn. 291 ff.
[452] § 17 III KHEntgG.
[453] *Dietz/Bofinger*, aaO, Erl. IV 6 zu § 22 BPflV (Anhang).
[454] §§ 305 ff. BGB.
[455] BGH, U. v. 20.12.2007 Az.: III ZR 144/07, NJW 2008, 987. Der BGH hebt hervor: *„Dies ist auch und gerade bei der Vereinbarung einer so genannten Chefarztbehandlung der Fall. Der Patient schließt einen solchen Vertrag im Vertrauen auf die besonderen Erfahrungen und die herausgehobene medizinische Kompetenz des von ihn ausgewählten Arztes, die er sich in Sorge um seine Gesundheit gegen Entrichtung eines zusätzlichen Honorars für die Heilbehandlung sichern will".*

nen. Im Rahmen dieser Vorschrift darf er deshalb auch deren Leistungen als eigene Leistungen nach der Gebührenordnung für Ärzte abrechnen (Delegation).[456]

314 Der Wahlarzt muss jedoch die wesentlichen Entscheidungen zur ärztlichen Diagnostik und Behandlung sowie die prägenden Behandlungsmaßnahmen persönlich und eigenhändig erbringen. Der BGH spricht in dem erwähnten Urteil von den „seine Disziplin prägenden Kernleistungen", insbesondere eine Operation. Von der Delegation ärztlicher Leistungen, die nicht zu den Kernleistungen gehören, ist die Übertragung von Kernleistungen auf einen Stellvertreter zu unterscheiden. Hiermit setzt sich das erwähnte BGH-Urteil unter Hinweis auf Literatur und Rechtsprechung auseinander. Es stellt auf das Recht der allgemeinen Geschäftsbedingungen ab, ist also rein zivilrechtlich geprägt.

315 Der BGH geht zunächst davon aus, dass eine Vertretungsvereinbarung für den Fall einer vorhergesehenen Verhinderung des Wahlarztes unzulässig ist. Hier könne eine Wahlleistungsvereinbarung „von Anbeginn an ihren Sinn nicht erfüllen." Der BGH befasst sich deshalb näher nur mit dem Fall einer unvorhergesehenen Verhinderung des Wahlarztes. Ausgangspunkt ist dabei, dass hier die Übertragung der Kernaufgaben eines Wahlarztes auf einen Stellvertreter mit den Patienten schriftlich vereinbart worden ist. Im vorliegenden Fall wurde neben der Wahlarztvereinbarung eine besondere Stellvertretervereinbarung abgeschlossen. Eine solche besondere Stellvertretervereinbarung erscheint pflegesatzrechtlich nicht geboten. § 17 Abs. 2 KHEntgG schreibt nur eine schriftliche Wahlleistungsvereinbarung vor. Es gehört aber zum Inhalt einer Wahlleistung und damit einer Vereinbarung hierüber, ob der Wahlarzt selbst oder ein Stellvertreter die Kernleistungen erbringt.

316 Nach dem Recht der Allgemeinen Geschäftsbedingungen unterscheidet der BGH bei der Vertretervereinbarung danach, ob die Vereinbarung formularmäßig als Allgemeine Geschäftsbedingung (§ 305 BGB) oder als Individualabrede (§ 305b BGB) getroffen wurde. Vorab hält der BGH allgemein fest, dass der Wahlarzt im Falle seiner Verhinderung die Ausführung der Kernleistungen auf einen Vertreter übertragen könne, sofern dies nach allgemeinem Vertragsrecht wirksam möglich sei. Er leitet dies insbesondere aus § 4 Abs. 2 Satz 2 GOÄ ab, der eine Vertretungsmöglichkeit nur für die darin bestimmten einzelnen Leistungen auf den ständigen ärztlichen Vertreter des Wahlarztes beschränkt. Nach der GOÄ sollte „in allen anderen Fällen eine weitergehende Vertretung durch jeden beliebigen Arzt in den Grenzen des Vertragsrechts zulässig" sein. Auch § 5 GOÄ, der für die nicht vom Wahlarzt oder seinem ständigen Vertreter erbrachten wahlärztlichen Leistungen ein vermindertes Honorar vorsieht, gehe davon aus. Mit der Erstreckung einer Vertretungsvereinbarung auf jeden anderen Arzt wird der pflegesatzrechtliche Begriff der Wahlleistung jedoch sehr strapaziert. In der Praxis wird es allerdings wohl nicht zu Schwierigkeiten kommen, da kaum ein Patient bereit sein wird, eine Wahlarztvereinbarung bei Erbringung der Leistungen z. B. durch einen Assistenzarzt abzuschließen.

317 Eine formularmäßige Vertretervereinbarung hält der BGH nur in den Fällen für zulässig, in denen die Verhinderung des Wahlarztes im Zeitpunkt des Abschlusses der Vereinbarung nicht bereits feststeht, etwa weil die Verhinderung (Krankheit, Urlaub) noch nicht absehbar war. Darüber hinaus fordert der BGH für eine solche Stellvertretervereinbarung, dass als Vertreter der ständige ärztliche Vertreter im Sinne des § 4 Abs. 2 Satz 3 und 4 GOÄ bestimmt ist. Nur diese ständige Vertreter sei gebührenrechtlich dem Wahlarzt angenähert und es könne davon ausgegangen werden, dass er jederzeit voll in die Behandlungsgestaltung des Wahlarztes eingebunden sei. Deshalb sei sein Tätigwerden für den Wahlleistungspatienten im Sinne des Rechts der Allgemeinen Geschäftsbedingungen weder überraschend noch

---

[456] Näheres hierzu sowie zur Vertretung des Wahlarztes: *Schulte/Eberz*, MedR 2003, 388; *Dietz/Bofinger*, Erl. IV 7.3. zu § 22 BPflV (Anhang) sowie aus rechtsdogmatischer Sicht unter Einschluss des Rechts der allgemeinen Geschäftsbedingungen (§§ 305 ff. BGB) *Spickhoff*, NZS 2004, 57.

unzumutbar. Darüber hinaus setzt der BGH voraus, dass der ständige ärztliche Vertreter namentlich benannt worden ist.

Wurde dagegen eine Individualabrede im Sinne von § 305b BGB getroffen, so entfällt nach Auffassung des BGH diese Beschränkung auf den ständigen ärztlichen Vertreter. Es könne auch ein anderer Arzt als Vertreter bestimmt werden. Hier bestünden aber vor Abschluss einer solchen Vereinbarung besondere Aufklärungspflichten. Der Patient sei so früh wie möglich über die Verhinderung des Wahlarztes zu unterrichten und ihm das Angebot zu unterbreiten, dass an dessen Stelle ein bestimmter Vertreter die wahlärztlichen Leistungen erbringt. Weiter sei der Patient darauf hinzuweisen, dass er sich auch ohne Wahlarztvereinbarung von dem jeweils diensthabenden Arzt behandeln lassen könne. 318

cc) **Wahlarztkette.** In die ärztliche Behandlung des Wahlleistungspatienten sind neben dem leitenden Arzt, in dessen Abteilung er untergebracht ist, auch leitende Ärzte anderer Abteilungen sowie externe Ärzte eingeschaltet. Der Wahlleistungspatient kann sich daraus nicht einzelne Ärzte aussuchen. Pflegesatzrecht zwingt ihn vielmehr dazu, auch die Leistungen der übrigen leitenden Krankenhausärzte – soweit sie liquidationsberechtigt sind – und der externen Ärzte als Wahlleistung gegen Entgelt in Anspruch zu nehmen (Wahlarztkette). 319

dd) **Andere Wahlleistungen.** Neben diesen beiden weit im Vordergrund stehenden Gruppen von Wahlleistungen geht es in der Praxis noch um die Wahlleistung Telefon, Fax, Fernseher, medizinisch nicht notwendige Aufnahme einer Begleitperson usw. Das Pflegesatzrecht enthält nur die allgemeine Beschränkung, dass es sich um eine andere als eine allgemeine Krankenhausleistung handeln muss. Es stünde deshalb durchaus in Einklang mit Pflegesatzrecht, auch Leistungen anderer Ärzte, z.B. des besonders erfahrenen und spezialisierten Oberarztes, als Wahlleistung zu vereinbaren. Rechtlich nicht ausgeschlossen wäre es auch, bestimmte besonders hochwertige und deshalb besonders teure Medizinprodukte als Wahlleistung anzubieten, die über das Niveau einer ausreichenden Versorgung hinausgehen.[457] 320

ee) **Wahlleistungsentgelt.** Anders als die Entgelte für allgemeine Krankenhausleistungen ist das Entgelt für Wahlleistungen nicht mit Außenstehenden zu vereinbaren, z.B. den Krankenkassen. Es gilt Zivilrecht. Entgelte sind deshalb zwischen Krankenhaus und dem Wahlleistungspatienten zu vereinbaren. Allerdings ist dabei zu beachten, dass die Pflegesätze – auch Wahlleistungsentgelte sind begrifflich Pflegesätze – nach § 17 I 1 KHG für alle Benutzer einheitlich zu berechnen sind. Dies führt zu einem für alle Patienten maßgebenden Krankenhaustarif. Das daraus sich ergebende konkrete Entgelt muss allerdings von der Vereinbarung mit dem Wahlleistungspatienten umfasst sein. 321

Für wahlärztliche Leistungen gibt Pflegesatzrecht[458] vor, dass sie nach der Gebührenordnung für Ärzte zu berechnen sind. Wenn das Krankenhaus selbst – also nicht ein liquidationsberechtigter Arzt – die wahlärztlichen Leistungen rechtlich anbietet und schuldet, so gilt die GOÄ entsprechend.[459] Zu beachten ist insbesondere § 4 II GOÄ über die Abrechnung als eigene ärztliche Leistung und § 6a GOÄ über eine Honorarminderung um 25 bzw. 15 %.[460] Der Wahlarzt und der liquidationsberechtigte Krankenhausarzt einer Wahlleistungskette muss sein Honorar danach um 25 % mindern. Rechtlich umstritten war, ob ein externer Arzt, der für einen Wahlleistungspatienten in eigener Praxis ohne Inanspruchnahme von Mitteln des Krankenhauses Leistungen erbracht hat, sein privatärztliches Honorar um 15 % mindern muss. Nach Auffassung des BGH[461] lässt der Wortlaut des § 6a GOÄ nicht 322

---

[457] Vgl. auch *Trefz*, das Krankenhaus 2003, 628.
[458] § 17 III KHEntgG.
[459] Vgl. grundlegend zur GOÄ → § 14 Rn. 40 ff.
[460] Näheres hierzu *Dietz/Bofinger*, Erl. III 5 zu § 17 KHEntgG; → § 14 Rn. 57 ff.
[461] Urteil v. 13.6.2002 (BGHZ 151, 102).

eindeutig erkennen, nach welchen Kriterien der stationäre Charakter der privatärztlichen Leistung des externen Arztes hier beurteilt werden soll. Er stellt deshalb auf den Zweck dieser Vorschrift als einer Schutzvorschrift zugunsten des privatärztlich behandelnden Patienten ab, der davor bewahrt werden soll, wegen der Vergütung ärztlicher Leistungen doppelt belastet zu werden. Der BGH geht allerdings nicht von einer solchen Doppelbelastung aus, da die Kosten externer ärztlicher Leistungen für Wahlleistungspatienten in dem Pflegesatz für Allgemeine Krankenhausleistungen nicht enthalten sind. Das Gericht geht jedoch von einer Mehrbelastung des Wahlleistungspatienten aus, da der Allgemeine Pflegesatz auch Kosten für ärztliche Drittleistungen als Teil der Allgemeinen Krankenhausleistungen für Regelleistungspatienten enthalte. Diesen darin enthaltenen Anteil müsse auch der Wahlleistungspatient über den allgemeinen Pflegesatz mitbezahlen. Eine solche Mehrbelastung rechtfertige den Honorarabschlag nach § 6a GOÄ. Auf die konkrete Höhe der Mehrbelastung komme es nach dieser Vorschrift nicht an.

323   Für die übrigen Wahlleistungen sieht Pflegesatzrecht[462] nur allgemein vor, dass die Entgelte in keinem unangemessenen Verhältnis zu den Leistungen stehen dürfen. Weit im Vordergrund stehen hier die Entgelte für die Wahlleistung Einbettzimmer und Zweibettzimmer. Das bisher für alle Krankenhäuser geltende Recht der BPflV[463] hat hierzu zusätzlich vorgeschrieben, dass es mindestens die hierfür die nach § 7 II 2 Nr. 7 BPflV a. F. abzuziehenden Kosten decken muss. Dies war Grundlage für das Grundsatzurteil des BGH zur angemessenen Höhe der Zuschläge für Ein- und Zweibettzimmer.[464] In dieser Vorschrift ist für die Berechnung der pflegesatzfähigen Kosten der allgemeinen Krankenhausleistungen ein Kostenabzug für die Wahlleistung „besondere Unterkunft" in bestimmter (fiktiver) Höhe vorgeschrieben. Der BGH ordnet diesen Kostenabzug in anfechtbarer Begründung dem Vorteil eines Allein- oder zu Zweitseins im Krankenzimmer zu. Er gesteht dem Krankenhaus als Basisentgelt ein Entgelt in Höhe dieses Kostenabzugs zuzüglich eines Zuschlags von rund 20 % zu.[465] Dieses Basisentgelt führt zu einer „unteren Angemessenheitsgrenze". Darüber hinaus gesteht der BGH dem Krankenhaus einen Komfortzuschlag zu, wenn die Wahlleistungszimmer gegenüber den Regelleistungszimmern nach Größe, Lage und Ausstattung einen Komfortvorteil aufweisen.[466]

324   Pflegesatzrecht[467] sieht vor, dass die Deutsche Krankenhausgesellschaft und der Verband der Privaten Krankenversicherung Empfehlungen zur Bemessung der Entgelte für nichtärztliche Wahlleistungen abgeben. Sie haben dies auf der Grundlage des Urteils des BGH in einer Vereinbarung vom August 2002 getan.[468] In dieser Empfehlungsvereinbarung werden einzelne Komfortmerkmale zu Gruppen zusammengefasst und für diese ein Entgelt in einer bestimmten Spanne empfohlen. Die Vereinbarung sieht vor, dass das einzelne Krankenhaus die daraus sich ergebende konkrete Höhe des Komfortzuschlags mit dem Verband der Privaten Krankenversicherung abstimmt.[469] Der Komfortzuschlag und das aus dem Kostenabzug abgeleitete Basisentgelt zusammen ergeben das von den Bundesverbänden empfohlene Wahlleistungsentgelt.

325   Dieser Kostenabzug ist jedoch für das unter das KHEntgG fallende Krankenhaus ab dem Jahr 2005 entfallen. Die Höhe des Erlösungsbudgets und der Fallpauschalen ist

---

[462] § 17 I 3 KHEntgG.
[463] § 22 I 3 BPflV a. F.
[464] U. v. 4.8.2000, NJW 2001, 892. Dazu *Quaas*, NJW 2001, 870.
[465] Der BGH: „Der die gesonderte Berechnung eines Wahlleistungsentgelts rechtfertigende Umstand liegt in diesem Falle ausschließlich im Alleinsein bzw. in dem Vorzug, das Krankenzimmer nur noch mit einer weiteren Person teilen zu müssen."
[466] Hierzu kritisch *Dietz/Bofinger*, Erl. II 3 zu § 16 KHEntgG sowie *Quaas/Dietz*, in: f & w 2000, 440 und 2002, 77.
[467] Vgl. § 17 I 4 KHEntgG.
[468] Das Krankenhaus 2002, 728; dazu *Trefz*, PKR 2002, 57.
[469] Kritisch dazu *Quaas/Dietz*, in: f & w 2003, 289.

unabhängig von den Kosten des einzelnen Krankenhauses. Es entfällt also auch ein Kostenabzug. Seitdem ist umstritten, ob weiterhin ein Basisentgelt berücksichtigt werden kann. Die Empfehlungsvereinbarung der Bundesverbände geht davon aus. Sie erstreckt sich ausdrücklich auch auf das Wahlleistungsentgelt nach § 17 KHEntgG, also auch auf die Wahlleistungen eines KHEntgG-Krankenhauses. Diese mit dem PKV-Verband abgeschlossene Empfehlungsvereinbarung besteht heute im Jahr 2008 inhaltlich unverändert ungekündigt fort. Solange die Empfehlungsvereinbarung mit diesem Inhalt von dem PKV-Verband nicht gekündigt worden ist, ist es ihm rechtlich verwehrt, als Kläger eines Verbands Klageverfahren im Einzelfall das Basisentgelt bisheriger Ausgestaltung zu verneinen. Das Landgericht Koblenz[470] hebt zu Recht darauf ab, dass der PKV-Verband, wenn er andere Basispreise erreichen wolle, mit der Deutschen Krankenhausgesellschaft darüber verhandeln oder die gemeinsame Vereinbarung kündigen müsse. Er könne nicht in einer Vielzahl von Gerichtsverfahren gegen Krankenhäuser vorgehen, die sich an die Empfehlungsvereinbarung halten. Das Landgericht Bielefeld[471] hat im Ergebnis ebenso entschieden. Auch für die BPflV-Krankenhäuser gibt es heute keine Regelung über einen Kostenabzug mehr.

ff) **Wahlleistungsvereinbarung.** Es wird ausdrücklich vorgeschrieben, dass die Wahlleistungen vor ihrer Erbringung schriftlich zu vereinbaren sind und dass der Patient vor Abschluss der Vereinbarung schriftlich über die Entgelte der Wahlleistungen und deren Inhalt im Einzelnen zu unterrichten ist. Zumindest hinsichtlich der wahlärztlichen Leistungen ist dies als eine Überreglementierung anzusehen. Der Patient, der wahlärztliche Leistungen vereinbart, ist fast ausnahmslos hiergegen bei einer privaten Krankenversicherung versichert. Der Sache nach würde es genügen, wenn er darauf hingewiesen wird, dass das von ihm zusätzlich zu entrichtende Entgelt sich nach der Gebührenordnung für Ärzte richtet. Auch der Privatpatient, der ambulante Leistungen in Anspruch nimmt – das geschieht weit häufiger – muss nicht im Einzelnen über das Arzthonorar aufgeklärt werden und macht seine Entscheidung, sich ärztlich behandeln zu lassen, nicht von einer solchen Belehrung abhängig. Die Vorschrift ist allerdings da und muss beachtet werden. Sie hat zu zahlreichen unterschiedlichen obergerichtlichen Entscheidungen geführt, die mit der Krankenhausrealität und dem was ein Krankenhaus vernünftigerweise an Aufklärung zu leisten vermag, oft nicht vereinbar sind.[472]

326

Etwas moderater und realitätsbezogener ist dagegen die neuere Rechtsprechung des BGH.[473] Sie berücksichtigt, dass bereits die bindend vorgeschriebene Anwendung der GOÄ gewährleistet, dass jeder Patient in jedem Krankenhaus eine im Wesentlichen gleich hohe Vergütung zu zahlen hat. Es sei deshalb nicht der geschuldete „Endpreis", sondern Art und Weise des Zustandekommens dieses Preises zu erläutern. Hierfür genüge es jedoch nicht, lediglich auf die Abrechnung nach der GOÄ hinzuweisen. Es müsse vielmehr das Zustandekommen der Vergütung näher erläutert werden und ein Hinweis auf die Wahlarztkette erfolgen. Das wird näher dargelegt. Der BGH geht jedoch insoweit über eine Unterrichtung „über die Entgelte" hinaus, als er auch einen Hinweis darauf fordert, dass der Patient auch ohne Wahlleistungsvereinbarung die notwendige ärztliche Versorgung erhalte und dass die Vereinbarung wahlärztlicher Leistungen eine erhebliche finanzielle Mehrbelastung zur Folge haben kann. Diesen Anforderungen kann das Krankenhaus jedoch leicht entsprechen.

327

---

[470] Urteil v. 8.3.2007, Az.: 16 O. 176/06.
[471] Urteil v. 16.12.2005, Az.: 7 O 450/03.
[472] Kritisch dazu Dietz/Bofinger, KHG, BPflV und Folgerecht, Erl. III 4 zu § 17 KHEntgG; zu den Wahlleistungsvereinbarungen vgl u. a. *Kuhla*, MedR 2002, 280.
[473] U. v. 27.11.2003, III ZR 37/03, NJW 2004, 684.

3. Die Vergütung der Krankenhausleistungen nach der Bundespflegesatzverordnung 2012

328   Seit dem Jahre 1973 richten sich die Pflegesätze des Krankenhauses nach der Bundespflegesatzverordnung. Sie beruht auf der Verordnungsermächtigung des § 16 KHG. Die im Jahr 1973 erlassene Verordnung wurde bis heute durch zwei neue eigenständige Verordnungen abgelöst.[474] Die heutige Fassung der Verordnung beruht auf zahlreichen gesetzlichen Änderungen. Die Bundesregierung hat seit dem Jahre 1998 von der Verordnungsermächtigung des § 16 KHG keinen Gebrauch mehr gemacht.

329   An die Stelle der BPflV ist ab dem Jahre 2003 für die somatischen Krankenhäuser das pauschale Vergütungssystem des KHEntgG getreten, soweit einzelne Krankenhäuser für die Jahre 2003 und 2004 nicht für das KHEntgG optiert haben. Für die psychiatrischen und psychosomatischen Einrichtungen gilt ab dem Jahr 2003 allein die BPflV. Durch das PsychEntgeltgesetz[475] sollte ab dem Jahre 2013 das bisherige Budgetsystem zu einem Preissystem im Sinne von § 17d KHG umgestaltet werden. Der Gesetzgeber ist jedoch mit Änderungen der BPflV durch das PsychVVG[476] zu einem Budgetsystem zurückgekehrt. Nach dem neu gefassten § 3 I BPflV das neue Vergütungssystem des ebenfalls insoweit geänderten § 17d KHG nunmehr zwingend ab dem Jahr 2018 anzuwenden. Die BPflV ist in ihrer bisherigen Fassung also nur noch bis Ende des Jahres 2017 maßgebend. Nach § 18 I BPflV haben Krankenhäuser, die bis dahin das Vergütungssystem nach § 17d KHG nicht einführen, weiterhin die BPflV in der am 31.12.2012 geltenden Fassung anzuwenden. Im Hinblick auf diese nur noch kurze Restlaufzeit wird hier von einer Darstellung der BPflV 2012 abgesehen.

4. Die Vergütung der Krankenhausleistungen nach dem Krankenhausentgeltgesetz

330   **a) § 17b KHG als gesetzliche Grundlage.** Eine gesetzliche Grundlage für ein „durchgängiges, leistungsorientiertes und pauschalierendes Vergütungssystem" wurde bereits im Jahr 2000 durch § 17b KHG geschaffen. Er gibt dieses Vergütungssystem in den Grundzügen vor. Die ursprüngliche Konzeption ging dahin, dass die zur Einführung dieses Vergütungssystems notwendigen Regelungen und Vereinbarungen von den Bundesverbänden der Selbstverwaltung geschaffen werden. Es hat sich jedoch gezeigt, dass unbeschadet dieser Vereinbarungskompetenz eigene gesetzliche Regelungen erforderlich sind. Diese wurden mit dem KHEntgG geschaffen. Was in § 17b KHG an notwendigen Regelungen vorgesehen ist, wird im Einzelnen im KHEntgG geschaffen.

331   Das KHEntgG gilt grundsätzlich nur für die somatischen Krankenhäuser. Dessen § 17 bis 19 über belegärztliche Leistungen sowie die Vereinbarung und Berechnung von Wahlleistungen gelten jedoch gemäß § 16 BPflV auch für die psychiatrischen und psychosomatischen Einrichtungen.

332   **b) Konzeption und Ziele des pauschalen Vergütungssystems.** Das bisherige, weitgehend auf den Pflegetag und den tagesgleichen Pflegesatz bezogene Vergütungssystem wird durch ein stark leistungsbezogenes System abgelöst. Das rein tagesbezogene Entgelt der BPflV spiegelt im Grunde nur die Verweildauer und die durchschnittlichen Kosten aller Patienten eines Pflegesatzzeitraums wider. Dieses extrem pauschale Entgelt wird durch ein leistungsbezogenes Entgelt abgelöst. § 17b KHG spricht sachgerecht von einem „leistungsorientierten" Entgelt. Es ist in seiner Ausgestaltung den Kosten des Einzelfalls stark angenähert. Für diagnosebezogene Gruppen von Behandlungsfällen (diagnosis related groups – DRG) werden

---

[474] VO v. 25.4.1973 (BGBl. I S. 333). VO v. 21.8.1985 (BGBl. I S. 1666). VO v. 26.9.1994 (BGBl. I S. 2750).
[475] Vom 20.7.2012 BGBl. I. S. 1613.
[476] Vom 19.12.2016 BGBl. I. S. 2986.

eigene Fallpauschalen festgelegt. Sie sind für den „Behandlungsfall" zu erheben. Das Entgelt schließt also die gesamte Behandlung des Patienten von seiner Aufnahme bis zu seiner Entlassung bzw. Verlegung ein.

Das pauschale Vergütungssystem führt zu landeseinheitlichen Fallpauschalen. Für jedes Krankenhaus im Land ist für dieselbe DRG-Leistung dieselbe Fallpauschale maßgebend. Die landeseinheitliche Fallpauschale wird nicht aus einem krankenhausindividuell vereinbarten Erlösbudget abgeleitet. Die Pauschalhöhe ergibt sich vielmehr aus der auf Bundesebene festgelegten Gewichtung (Bewertungsrelation) der DRG-Leistungen und dem landesweit geltenden Basisfallwert. Die Fallpauschale wird also der Höhe nach nicht auf örtlicher Ebene aus einem Budget abgeleitet. Liegen der Bundeswert und der Landeswert fest, so steht damit auch die Höhe der einzelnen Fallpauschale fest. Dieses pauschale Vergütungssystem wurde schrittweise eingeführt. 333

c) Preissystem. Das Vergütungssystem des KHEntgG ist – anders als das Budgetsystem der BPflV – ein Preissystem. Ein Budgetsystem wird dadurch bestimmt, dass die Vertragsparteien für die Erlöse des neuen Pflegesatzzeitraums einen Gesamterlösbetrag vereinbaren und hieraus durch Divisonkalkulation anhand der voraussichtlichen Leistungen die maßgebenden Entgelte rechnerisch ableiten. Die Entgelte sind hier Verrechnungseinheiten, durch die das Budget erwirtschaftet wird. 334

Bei dem Preissystem des KHEntgG ist es dagegen umgekehrt. Die Entgelte (Fallpauschalen und bundeseinheitliche Zusatzentgelte) stehen der Höhe nach durch bundeseinheitliche Bewertungsrelationen und den Landesbasisfallwert sowie durch bundeseinheitliche Vorgaben über die Höhe der Zusatzentgelte für die örtlichen Vertragsparteien bereits fest. Sie können nur noch die voraussichtliche Leistungsmenge vereinbaren. Daraus ergibt sich rein rechnerisch das Erlösbudget. Hier werden also – anders als beim Budgetsystem – die Entgelte nicht aus dem Budget abgeleitet. Das Budget ergibt sich vielmehr umgekehrt aus den Preisen der voraussichtlichen Leistungen: Daher Preissystem. 335

d) Das Erlösbudget. Von den Vertragsparteien ist weiterhin ein Erlösbudget zu vereinbaren (§ 4 I KHEntgG), auch wenn daraus nach dem oben Gesagten keine Pflegesätze mehr abgeleitet werden. Das Erlösbudget umfasst die Erlöse aus Fallpauschalen und bundeseinheitlichen Zusatzentgelten. Dazu sind die voraussichtlich im neuen Pflegesatzzeitraum zu erbringenden Leistungen nach Art und Menge mit der jeweils maßgeblichen Entgelthöhe zu vervielfachen (§ 4 II KHEntgG). Es werden die jeweiligen Bewertungsrelationen des Entgeltkatalogs[477] mit dem Landesbasisfallwert vervielfacht. Die Höhe der bundeseinheitlichen Zusatzentgelte ergibt sich aus einer Vereinbarung der Bundesverbände gemäß § 9 I Nr. 2 KHEntgG. 336

Für Leistungen innerhalb des Versorgungsauftrags unterliegt das Erlösbudget also keiner Begrenzung. Eine höhere Leistungsmenge führt rechnerisch zwingend auch zu einem höheren Erlösbudget. Damit erlangt die Leistungsseite für die Höhe der Budgets und die örtlichen Vertragsverhandlungen entscheidende Bedeutung. In den Pflegesatzverhandlungen geht es also vor allem um die voraussichtlichen Leistungen nach Art und Menge und ob diese im Rahmen des Versorgungsauftrags des Krankenhauses erbracht werden. 337

Für die Berechnung von Fallpauschalen und bundeseinheitlichen Zusatzentgelten ist jedoch ohne Bedeutung, ob diese der Art und Menge nach bei der Ermittlung des Erlösbudgets berücksichtigt worden sind. Werden sie im Rahmen des Versorgungsauftrags erbracht, so dürfen die dafür vorgegebenen Entgelte auch berechnet werden. Die Bedeutung des Erlösbudget erschöpft sich deshalb darin, die Basis für einen Erlösausgleich des § 4 III KHEntgG[478] und die Ermittlung des Mehrleistungsabschlags nach § 4 II a) und b) KHEntgG zu bilden[479]. 338

---

[477] → § 26 Rn. 362.
[478] → § 26 Rn. 345.
[479] → § 26 Rn. 341 ff.

339 **e) Erlösbegrenzung.** Gemäß § 17 I KHG ist bei der Ermittlung der Pflegesätze der Grundsatz der Beitragssatzstabilität des § 71 I SGB V nach Maßgabe des KHEntgG zu beachten. Dort ist aber keine Regelung zu finden, die ausdrücklich auf diesen Grundsatz Bezug nimmt. Nach obigen Ausführungen[480] spielt der Grundsatz des § 71 I SGB V für die Bemessung der Pflegesätze eines Krankenhauses keine Rolle. Es geht allein um die Begrenzung von Erlösen durch eine Obergrenze, die sich nur nach Pflegesatzrecht richtet.

340 In dem Preissystem des KHEntgG sitzt eine Erlösbegrenzung konsequent nicht an dem Erlösbudget an. Das nach § 4 I sowie II a und II b KHEntgG ermittelte Erlösbudget ist vielmehr „ungedeckelt" in der ermittelten Höhe zu vereinbaren. Die Erlösbegrenzung setzt vielmehr an dem Landesbasisfallwert des § 10 KHEntgG an. Nach § 10 Abs. 4 darf der sachgerecht ermittelte neue Landesbasisfallwert den Wert des Vorjahres nicht über einen Veränderungswert hinaus übersteigen[481]. Soweit dies der Fall ist, ist der Landesbasisfallwert entsprechend zu mindern. Dieser niedrigere Landesbasisfallwert führt zu niedrigeren Fallpauschalen und damit zu einem entsprechend niedrigeren Erlösbudget. Die mit einer Kürzung des Landesbasisfallwerts auf die Landesebene angehobene Erlösbegrenzung wirkt sich also mittelbar auf die Höhe des Erlösbudgets aus. Hier wird – anders als bei dem Budgetsystem der BPflV – nicht ein sachgerecht ermitteltes Budget gekürzt, sondern von vornherein ein niedrigeres Budget vereinbart.

341 **f) Fixkostendegressionsabschlag.** Die Höhe der Fallpauschalen ist von der Menge der vom Krankenhaus erbrachten Leistungen unabhängig. Mit Blick auf die Fixkosten ist die einzelne Leistung aber bei höherer Leistungsmenge mit geringeren Kosten zu erbringen. Im Hinblick darauf sieht § 4 II a KHEntgG seit dem Jahr 2009 in unterschiedlicher Ausgestaltung bei Mehrleistungen gegenüber den für das Vorjahr vereinbarten Leistungen einen Vergütungsabschlag auf die Fallpauschalen vor[482]. Seine Höhe wurde zunächst der Vereinbarung der Vertragsparteien überlassen, danach aber im Gesetz selbst auf 30 % und nachfolgend 25 % der Fallpauschalen festgelegt. Ab dem Jahr 2017 wird dieser Mehrleistungsabschlag in einem neuen § 4 II b als „Fixkostendegressionsabschlag" qualifiziert. Er wird in § 10 XIII KHEntgG für die Jahre 2017 und 2018 auf je 35 % festgelegt. Ab dem Jahre 2019 soll der Anteil nach der genannten Vorschrift von den Vertragsparteien auf Bundesebene vereinbart werden.

342 Mit der neuen Bezeichnung als Fixkostendegressionsabschlag soll der Abschlag auf die Fallpauschalen wohl betriebswirtschaftlich untermauert werden. Bei höherer Leistungsmenge sinken insbesondere mit Blick auf die Fixkosten sicherlich die Kosten je Leistungseinheit. Die Fixkosten verteilen sich hier auf eine größere Leistungsmenge, sinken also je Leistungseinheit. Die gesetzliche Regelung baut jedoch nicht auf der betriebswirtschaftlich relevanten Leistungsmenge auf, sondern auf eine Veränderung der Leistungsmenge gegenüber der vereinbarten Leistungsmenge des Vorjahres. Ein Krankenhaus, dessen Leistungsmenge zum Beispiel von 2000 auf 2200 Leistungseinheiten ansteigt, muss einen Abschlag hinnehmen. Das Krankenhaus, das dagegen unverändert auch im neuen Pflegesatzzeitraum 3000 Leistungen erbringt, also einen weit höheren „Fixkostenvorteil" hat, muss keinen Abschlag hinnehmen. Dazu kommt, dass – obwohl betriebswirtschaftlich ebenfalls berechtigt – Leistungsminderungen mit dem damit verbundenen „Fixkostennachteil" nicht berücksichtigt werden, obwohl hier die Kosten je Leistungseinheit steigen. Es geht deshalb hier weniger um Betriebswirtschaft als um das Ziel, Leistungsausweitungen durch ein geringeres Entgelt weniger attraktiv zu machen.

---

[480] → § 26 Rn. 284 ff.
[481] → § 26 Rn. 354.
[482] Die Einführung des Mehrleistungsabschlag im Jahre 2009 ist bis heute – verfassungsrechtlich – umstritten, vgl. zul. OVG Münster, U. v.8.9.2017 13 A 1238/16 – KRS 2017, 359; und *Quaas*, f & w 2015, 370; s. zum Anwendungsbereich i. ü. BVerwG, U. v.16.9.2015 – 3 C 9.14 – DÖV 2016, 309; *Bucher/Spiegel*, ZMGR 2015, 181.

Der Mehrleistungsabschlag des § 4 II b KHEntgG ist sehr differenziert geregelt. Dies soll 343
hier nur skizziert werden:
– Grundlage für das Mehr an Leistungen ist die für das Vorjahr vereinbarte Leistungsmenge, also nicht die dort tatsächlich erbrachte Leistungsmenge.
– Für das Mehr an Leistungen wird auf die Summe der Bewertungsrelationen, vervielfacht mit dem Landesbasisfallwert abgestellt.
– Es geht nur um mit Fallpauschalen bewertete Leistungen.
– Aus gesetzlich festgelegten Gründen kann ein höherer Abschlag vereinbart werden.
– Es werden enumerativ Fälle aufgeführt, bei denen ein Abschlag insgesamt entfällt oder halbiert wird.
– Der sich ergebende absolute Gesamtabschlagsbetrag wird auf die einzelnen Fallpauschalen umgelegt. Es ergeben sich damit für alle im Pflegesatzzeitraum abzurechnenden Fallpauschalen verminderte Entgelte.

Es ist *„Der Abschlag nach § 10 Abs. 13 anzuwenden"*. Nach dieser Vorschrift ist es Sache 344
der Vertragsparteien, die Abschlagsquote und Höhe des *„geschätzten durchschnittlichen Anteils der fixen Kosten an den Fallpauschalen (Fixkostendegressionsabschlag)"* zu vereinbaren. Diese Regelung ist jedoch so problembehaftet, dass der Gesetzgeber nachträglich im Rahmen des PsychVVG den Anteil selbst für die Jahre 2017 und 2018 auf 35 % festgelegt hat.

g) Erlösausgleich. Wird wie hier ein Erlösbudget vereinbart, dessen Höhe auch von der 345
voraussichtlichen Leistungsmenge abhängt, so ergeben sich bei einer abweichenden Ist-Menge auch Gesamterlöse, die über bzw. unter dem vereinbarten Erlösbudget liegen. Die nach Art und Menge erbrachten Leistungen werden wohl stets von der vorauskalkulierten Menge abweichen. Seit Jahren werden deshalb die dadurch sich ergebenden Mehr- oder Mindererlöse gegenüber dem vereinbarten Budget in wechselnden Ausgleichssätzen durch Abschlag bzw. Zuschlag auf künftige Entgelte ausgeglichen. Dieser Ausgleich wird auch von dem KHEntgG übernommen, obwohl er für ein Preissystem wesensfremd ist. Wenn einem Budget unbegrenzt Leistungen innerhalb des Versorgungsauftrag zu Grunde gelegt werden können, ist nicht ersichtlich, warum bei einer hiervon abweichenden erbrachten Leistungsmenge ein Ausgleich erfolgen soll. Das ist allenfalls in einem Budgetsystem sachlich berechtigt, in dem die Entgelte aus dem Budget abgeleitet werden und die Entgelte die Funktion haben, dieses Budget zu erwirtschaften. Dennoch hat der Gesetzgeber den Erlösausgleich auch für das Preissystem des KHEntgG beibehalten. Die stark voneinander abweichenden Ausgleichssätze bei Mehrerlösen und bei Mindererlösen zeigt jedoch, dass es dem Gesetzgeber dabei auch darum ging, unberechtigten Leistungssteigerungen entgegenzuwirken.

Der Erlösausgleich des § 4 III KHEntgG ist ein Gesamtausgleich. Es wird auch die 346
Erlössumme nach § 6 III KHEntgG in die erzielten Erlöse einbezogen. Hinsichtlich der Erlöse aus Fallpauschalen ergibt sich das Mehr oder Weniger aus der Summe der Bewertungsrelationen. Dahinter stehen Veränderungen nach Art und Menge der Leistungen. Mehrerlöse werden grundsätzlich zu 65 %, Mindererlöse zu 20 % ausgeglichen. Diese Ausgleichssätze sind betriebswirtschaftlich nicht begründbar. Es sind schlicht vom Gesetzgeber festgelegte Anteile. Das zeigen schon die stark unterschiedlichen Sätze für Mehrerlöse und Mindererlöse. Dass die Kostenträger entlastet werden, liegt hier dem Gesetzgeber besonders am Herzen.

§ 4 III KHEntgG enthält differenzierte Regelungen für abweichende Ausgleichssätze. Die 347
sich ergebenden Ausgleichsbeträge sind durch Zuschlag bzw. Abschlag auf die in einem folgenden Pflegesatzzeitraum zu erhebenden Entgelte abzurechnen. Sind aus anderen Gründen noch weitere Zu- oder Abschläge zu berücksichtigen, so sind diese gemäß § 5 IV KHEntgG zusammenzufassen.

h) Landesbasisfallwert. aa) Bedeutung. Der Landesbasisfallwert ist für die Höhe der 348
Erlöse eines Krankenhauses aus Fallpauschalen der maßgebende Wert. Vervielfacht mit der

Bewertungsrelation der jeweiligen Fallgruppe (DRG), ergibt sich die jeweilige Fallpauschale, zum Beispiel: EUR 3.200 x 1,1 = EUR 3.520. Der Basisfallwert ist einheitlich für alle Krankenhäuser im Land maßgebend. Er führt zu landeseinheitlichen Preisen. Die Kosten des einzelnen Krankenhauses sind für die Höhe der Fallpauschalen also bedeutungslos.

349 **bb) Vereinbarung, Festsetzung, Genehmigung.** Der Landesbasisfallwert ist als Jahreswert gemäß § 10 I KHEntgG von den Vertragsparteien auf Landesebene zu vereinbaren. Scheitert eine Vereinbarung, so ist der Basisfallwert nach § 10 V auf Antrag einer der Vertragsparteien von der Schiedsstelle festzusetzen. Vereinbarung und Genehmigung bedürfen nach § 14 I KHEntgG der Genehmigung der Länderbehörde.

350 **cc) Bemessung des Landesbasisfallwerts.** Für die Höhe des Basiswerts ist in erster Linie § 10 I und III KHEntgG maßgebend. Wie sich dessen Höhe bestimmt, wird dort allerdings nicht abschließend geregelt. Es fehlt an einer grundsätzlichen Aussage. § 10 I sagt nur, dass von den bisherigen vereinbarten Werten der Krankenhäuser im Land, insbesondere der Summe der effektiven Bewertungsrelationen auszugehen ist. Auf dieser Grundlage schätzen die Bundesverbände die voraussichtliche Entwicklung im folgenden Kalenderjahr. Was mit diesen Schätzwerten geschieht, wird hier nicht geregelt.

351 § 10 III KHEntgG bestimmt dagegen lediglich, was bei der Vereinbarung „insbesondere" zu berücksichtigen ist. Was dieses Berücksichtigen bedeutet, bleibt offen. In der bisherigen Länderpraxis wurde daraus abgeleitet, dass der neu zu vereinbarende Basisfallwert auf einer Fortschreibung bisheriger vereinbarter Werte beruht, insbesondere des Landeserlösvolumens. Dieses wird mehr beiläufig in § 10 I KHEntgG angesprochen. Dort wird in anderem Zusammenhang auf das „vereinbarte Erlösvolumen" Bezug genommen: Es ist ein Volumen der Erlöse aller Krankenhäuser im Lande.

352 § 10 III KHEntgG zählt auf, welche Veränderungen insbesondere zu berücksichtigen sind. An vordersten Stelle stehen allgemeine Kostenentwicklungen. Ergebnis ist ein für das neue Kalenderjahr zu vereinbarende Landeserlösvolumen. Zu dem neuen Landesbasisfallwert gelangt man – ebenfalls unausgesprochen – dadurch, dass das neu ermittelte Erlösvolumen durch die voraussichtliche Summe der effektiven Bewertungsrelationen geteilt wird. Dahinter stehen die voraussichtlichen Leistungen nach Art und Menge. Es ergibt sich rechnerisch ein Landesbasisfallwert. Man bezeichnet ihn oft als leistungsgerechten Wert.

353 Diese Schätzung der voraussichtlichen Entwicklungen kann zu Fehlschätzungen führen. Die Vertragsparteien vereinbaren deshalb nach § 10 I 3 KHEntgG, dass Fehlschätzungen bei der Vereinbarung des Basisfallwerts für das Folgejahr berichtigt werden. Sie legen dabei die Berichtigungstatbestände und die Voraussetzungen fest, unter denen über eine Berichtigung verhandelt wird. Die Berichtigung führt zu einer anderen Ausgangsbasis für die Vereinbarung des folgenden Basisfallwerts und zu entsprechenden Ausgleichsbeträgen im nächstfolgenden Pflegesatzzeitraum.

354 **dd) Obergrenze.** Dieser nach § 10 III vereinbarte Basisfallwert unterliegt jedoch gegebenenfalls einer Begrenzung der Höhe nach. Die aus der Vereinbarung nach § 10 III sich ergebende Veränderung des Basisfallwerts darf die sich bei Anwendung des Veränderungswerts nach § 9 I 1b, 1 ergebende Veränderung des Basisfallwerts grundsätzlich nicht überschreiten. Mit anderen Worten: Der nach § 10 III ermittelte Basisfallwert darf den für das Vorjahr vereinbarten Basisfallwert nicht über den Veränderungswert hinaus übersteigen. Ein übersteigender Betrag wird gekappt.

355 Dieser Veränderungswert basiert auf einem Orientierungswert. Er wird gemäß § 10 VI KHEntgG jährlich vom statistischen Bundesamt ermittelt. Er gibt nach dieser Vorschrift die tatsächlichen Kostenentwicklungen wieder. Unterschreitet der Orientierungswert die Veränderungsrate nach § 71 III SGB V, so ist die höhere Veränderungsrate als Veränderungswert maßgebend. Überschreitet dagegen der Orientierungswert diese Veränderungsrate, so vereinbaren die Vertragsparteien auf Bundesebene gemäß § 9 I b KHEntgG nach den Vorgaben

dieser Vorschrift den Veränderungswert. Die Veränderungsrate des § 71 III SGB V kann dabei um bis zu einem Drittel überschritten werden.

Der Veränderungswert darf jedoch nach § 10 IV 3. KHEntgG überschritten werden, wenn 356 gegenüber dem Vorjahr eine niedrigere Summe der Bewertungsrelationen vereinbart wird und dadurch die Gesamtausgaben für Krankenhausleistungen nicht erhöht werden.

Eine weitere Ausnahme macht § 10 V KHEntgG bei Tariferhöhungen. Danach können 357 bestimmte Tariferhöhungen, die über den Veränderungswert hinausgehen, anteilig über diesen Wert hinaus berücksichtigt werden. Diese Vorschrift legt im Einzelnen fest, auf welche Personalkosten und welche tariflichen Auswirkungen abzustellen ist. Maßgebend ist die Differenz zwischen Veränderungswert und höherer Tarifrate. Die Bundesverbände vereinbaren die sich dabei ergebende „Erhöhungsrate". Der neu zu vereinbarende Basisfallwert wird um ein Drittel dieser Erhöhungsrate über den Veränderungswert hinaus erhöht.

In diesen Begrenzungsregelungen liegt die in § 17 I 3. KHG vorgeschriebene Beachtung 358 des Grundsatzes der Beitragssatzstabilität (§ 71 I. SGB V) *„nach Maßgabe des Krankenhausentgeltgesetzes"*. Die bisherigen Vereinbarungen in den Bundesländern haben jedoch gezeigt, dass es meist zu einer solchen Begrenzung nicht kommt, da die aus der Vereinbarung nach § 10 III sich ergebende Steigerung des Basisfallwerts unterhalb des Veränderungswerts liegt.

ee) Angleichung an einen bundeseinheitlichen Wert. Die auf das einzelne Bundesland 359 bezogenen Regelungen des § 10 KHEntgG haben bisher zu unterschiedlichen Landesbasisfallwerten geführt. Frage war deshalb, ob es hierfür sachliche Gründe gibt. Eine wissenschaftliche Untersuchung (BT-Drs. 18/5372 S. 73) ist zu dem Ergebnis gekommen, dass nur ein Drittel der Unterschiede zwischen den Landeswerten sich mit landesspezifischen Besonderheiten erklären lässt. Nunmehr sieht § 10 X vor, dass die Vertragsparteien auf Bundesebene ihr DRG-Institut damit beauftragen, einen einheitlichen Basisfallwert und einen einheitlichen Basisfallwertkorridor zu berechnen. Hierfür werden Vorgaben gemacht. § 10 VIII sieht, darauf aufbauend, zur Angleichung der unterschiedlichen Basisfallwert der Länder eine schrittweise Angleichung der Landeswerte an diesen einheitlichen Basisfallwertkorridor vor. Er beträgt +2,5 % bis -1,02 % um den einheitlichen Basisfallwert. Landeswerte oberhalb des einheitlichen Basisfallwertkorridors werden in sechs gleichen Schritten nach unten an den Korridor angeglichen. Landeswerte unterhalb des einheitlichen Basisfallwertkorridors werden ab dem Jahre 2016 jeweils an den unteren Grenzwert nach oben angeglichen. Unterschiedlich hohe Landeswerte wird es nach Abschluss der Angleichung ab dem Jahr 2021 dann nur noch innerhalb des Korridors geben.

i) Vereinbarungen der Bundesverbände zum Vergütungssystem. aa) Vereinbarungs- 360 **kompetenz.** Nach § 17 II Satz 1 KHG vereinbaren die Spitzenverbände der Krankenkassen und der Verband der privaten Krankenversicherung gemeinsam entsprechend den Vorgaben der Absätze 1 und 3 mit der Deutschen Krankenhausgesellschaft ein Vergütungssystem. Daraus könnte die Aufgabe entnommen werden, dass gesamte neue Vergütungssystem unter Berücksichtigung der knappen gesetzlichen Vorgaben selbst durch Vereinbarung festzulegen. Dadurch wäre also für die weit überwiegende Zahl der Krankenhäuser anstelle des Gesetzgebers das Pflegesatzrecht durch Bundesvereinbarung festgelegt. Vielleicht war das ursprünglich tatsächlich so gewollt. Es wurde jedoch nachfolgend das neue pauschale Vergütungssystem mehr oder weniger detailliert durch Gesetz, das KHEntgG, festgelegt. Dieses bedarf jedoch fachlicher Ergänzungen. Die wichtigsten davon sind in § 9 KHEntgG aufgelistet. Sie werden durch Vereinbarung der Vertragsparteien auf Bundesebene getroffen. Die Vereinbarungen haben den Rechtscharakter von Normverträgen[483] und binden damit jeden davon Betroffenen, insbesondere die Vertragsparteien nach § 11 KHEntgG. Letzteres hebt § 9 I KHEntgG ausdrücklich hervor.

---

[483] → § 8 Rn. 2 ff.

361 Die für die tägliche Arbeit der Betroffenen im Vordergrund stehenden Vereinbarungen werden in einer Fallpauschalenvereinbarung (FPV) mit umfassenden Anlagen zusammengefasst. Sie werden derzeit jährlich aktualisiert (z. B. FPV 2017).

362 **bb) Fallpauschalenkatalog einschließlich Bewertungsrelationen.** An vorderster Stelle der FPV steht der Fallpauschalenkatalog. Gemäß § 9 I Nr. 1 KHEntgG sind zu vereinbaren ein „Fallpauschalenkatalog nach § 17b Abs. 1 Satz 4 KHG einschließlich der Bewertungsrelationen sowie Regelungen zu Verlegungsfällen und zur Grenzverweildauer." § 17b I KHG bestimmt dazu, dass die Krankenhausleistungen für einen „Behandlungsfall" zu vergüten sind und das dafür „Fallgruppen" und ihre „Bewertungsrelationen" festzulegen sind. Die Bewertungsrelationen sind dabei als Relativgewicht auf eine Bezugsleistung zu definieren.

363 Das Gesetz gibt vor, dass Fallgruppen zu bilden sind. Es wird also nicht jede denkbare Einzelleistung aufgeführt und bewertet. Vielmehr sind diagnosebezogen von den Leistungen und Kosten her vergleichbare Fälle zu einer Gruppe, der DRG, zusammenzufassen. Die Gruppen werden – gegliedert nach Hauptdiagnosegruppen (main diagnosis categories, MDC) – als DRG ausgewiesen. Die DRGs werden also nach Diagnosen und Prozeduren bestimmt. In der Praxis erfolgt die Zuordnung des einzelnen Behandlungsfalls EDV-technisch mit Hilfe zertifizierter Grouper. Dazu haben die Bundesverbände der Selbstverwaltung und das Institut für das Entgeltsystem im Krankenhaus (InEK) Kodierrichtlinien herausgegeben.[484]

364 Die Fallgruppen sind zu bewerten. Die Bewertung ist in dem Fallpauschalenkatalog auszuweisen. Es geht um eine Gewichtung nach den durchschnittlichen Kosten der von der Fallgruppe umfassten Leistungen. Es werden also nicht die der einzelnen DRG zuzurechnenden durchschnittlichen Kosten ausgewiesen, sondern Kostengewichte. Die einzelnen Bewertungsrelationen stellen also das Verhältnis (die Relation) dar, in dem die einzelnen DRG-Gewichte zueinander stehen. Die Bewertungsrelation 1,5 zum Beispiel besagt also, dass diese DRG 1,5 Mal höher zu bewerten ist als das Bezugsgewicht 1,0. Den Relativgewichten können also nicht unmittelbar die Kosten entnommen werden, die denRelativgewichten zuzuordnen sind. Diese drücken nur ein Kostenverhältnis aus. Die Kostengewichte werden für die Bundesverbände von der InEK ermittelt. Nach § 17b III Satz 3 KHG können die Bewertungsrelationen auf der Grundlage der Fallkosten einer sachgerechten Auswahl von Krankenhäusern kalkuliert werden. Die Teilnahme des Krankenhauses ist freiwillig. Herangezogen werden auch die von jedem Krankenhaus gemäß § 21 KHG für jedes Quartal zu übermittelnden Daten. Sie dürfen gemäß § 21 III 1 Nr. 1 KHEntgG zur Weiterentwicklung des DRG-Vergütungssystems an die Bundesverbände der Selbstverwaltung übermittelt werden.

365 Mit dieser Gewichtung nach Fallkosten wird keineswegs ein Kostendeckungsprinzip eingeführt. Wenn auf die Fallkosten abzustellen ist, wird damit lediglich gesagt, dass diese bei der Ermittlung der Relativgewichte zu berücksichtigen sind. Die Höhe der Fallpauschale richtet sich nämlich nach dem Basisfallwert. Aus den Bewertungsrelationen ergibt sich allein die unterschiedliche Höhe dieser Fallpauschalen.

366 Mit den Fallpauschalen dürfen nur die allgemeinen Krankenhausleistungen vergütet werden (§ 8 I 1 KHEntgG). Deshalb sind bei der Ermittlung der Bewertungsrelationen nur die hierfür entstehenden pflegesatzfähigen Kosten zu berücksichtigen. Kosten von Wahlleistungen und Kosten belegärztlicher Leistungen scheiden aus. Letzteres ist der Grund dafür, dass der Fallpauschalenkatalog für belegärztliche Leistungen eigene, und zwar niedrigere Bewertungsrelationen festlegt. Die auf belegärztliche Leistungen entfallenden Kosten sind nämlich keine Krankenhausleistungen, also auch keine pflegesatzfähigen Leistungen. Investitionsaufwendungen scheiden übrigens aus. Sie sind nicht pflegesatzfähig.

---

[484] Näheres zu den Fallgruppen, *Dettling*, in: Saalfrank, Handbuch des Medizin- und Gesundheitsrechts, § 6 Rn. 261 ff.

Es sind auch Vereinbarungen zu Verlegungsfällen zu treffen. Die Fallpauschale wird für 367
den Behandlungsfall berechnet. Wird ein Patient von einem Krankenhaus in ein anderes
Krankenhaus verlegt, so stellt sich die Frage, ob dies für jedes Krankenhaus ein Behandlungsfall ist oder etwas anderes gilt. Nach der FPV rechnet hier jedes Krankenhaus eine Fallpauschale ab. Diese wird aber nach näherer Regelung gemindert (Verlegungsfallpauschale).

Hinsichtlich der ebenfalls zu vereinbarenden Grenzverwalter wird in dem Entgeltkatalog 368
der FPV eine untere und eine obere Grenzverweildauer bestimmt. Ein Unterschreiten oder
Überschreiten der jeweiligen Grenzverweildauer wird dadurch berücksichtigt, dass niedrigere bzw. höhere Bewertungsrelationen anzuwenden sind. Das führt zu den im Gesetz genannten „effektiven" Bewertungsrelationen.

cc) Zusatzentgelte. Nach § 17b I 2 KHG (vgl. auch § 9 I 1 Nr. 2 KHEntgG) können zur 369
Ergänzung der Fallpauschalen bundeseinheitliche Zusatzentgelte vereinbart werden, zum
Beispiel für Arzneimittel. Es geht um Fälle, in denen sich die Durchschnittsbewertung einer
DRG für einzelne dieser Gruppe zuzurechnenden Behandlungsfälle als sachwidrig erweist.
Diese besonderen Kosten, zum Beispiel die Kosten von Blutgerinnungsfaktoren bei Blutern,
werden deshalb bei der Kalkulation der Bewertungsrelation nicht berücksichtigt und gezielt
für den einzelnen Patienten über ein Zusatzentgelt finanziert. Die Fallpauschalenvereinbarung enthält einen umfassenden Katalog solcher Zusatzentgelte, insbesondere für Arzneimittel.

Für diese Zusatzentgelte wird auch die Höhe der dafür maßgebenden Vergütung verein- 370
bart. Dies führt zu bundeseinheitlichen Zusatzentgelten. Sie ergänzen die Fallpauschalen. Für
die Krankenhäuser sind die Erlöse hieraus von erheblicher finanzieller Bedeutung. Sie werden
in das Erlösbudget des § 4 I KHEntgG und in den Erlösausgleich des § 4 III KHEntgG
einbezogen. Auch dies unterscheidet sie von den sonst zu erhebenden verschiedenen Zuschlägen.

dd) Abrechnungsbestimmungen. Nach § 9 I Nr. 3 KHEntgG sind von den Bundesver- 371
bänden auch Abrechnungsbestimmungen zu den Fallpauschalen und bundeseinheitlichen
Zusatzentgelten zu vereinbaren. Auch diese Abrechnungsbestimmungen sind in der FPV
enthalten, z. B. zu den Grenzverweildauern, zur Fallzählung, zur Zuordnung zu einer Fallpauschale, zur Wiederaufnahme von Patienten und zu Entgelten für Neugeborene. Nach
§ 17b I a) KHG sind bundeseinheitliche Regelungen für Zu- oder Abschläge zu vereinbaren,
soweit allgemeine Krankenhausleistungen nicht oder noch nicht in die Fallpauschalen einbezogen werden können, weil der Finanzierungstatbestand nicht in allen Krankenhäusern
vorliegt. Die Vorschrift legt selbst fest, in welchen Fällen solche bundeseinheitlichen Regelungen insbesondere zu treffen sind. Dazu gehören zum Beispiel die Notfallversorgung, die
besonderen Aufgaben von Zentren und Schwerpunkten im Sinne von § 2 II Nr. 4 KHEntgG
sowie die Sicherstellung der Versorgung der Bevölkerung bei geringem Versorgungsbedarf
für das einzelne Krankenhaus.

Nach § 9 I Nr. 3 KHEntgG vereinbaren die Vertragsparteien auf Bundesebene Regelungen 372
über Zu- und Abschläge. § 9 I a) KHEntgG macht dazu nähere Vorgaben.

Darüber hinaus enthält § 5 KHEntgG detaillierte Regelungen zur Umsetzung der Zu- und 373
Abschläge durch die Pflegesatzvereinbarung der örtlichen Vertragsparteien nach § 11
KHEntgG.

Daneben sieht das KHEntgG aber auch Zuschläge vor, bei denen es nicht um Besonderhei- 374
ten einzelner Krankenhäuser geht, sondern um allgemeine gesundheitspolitische Ziele. Das
gilt für die Zuschläge nach § 4 X für bestimmte Aufwendungen zur Erfüllung der Anforderung des Infektionsschutzgesetzes sowie für den Pflegezuschlag des § 8 XI zur Förderung
der pflegerischen Versorgung.

Die Erlöse aus diesen Zusatzentgelten bzw. die Erlösminderungen wegen de Abschläge 375
werden – anders als die Erlöse aus bundeseinheitlichen Zusatzentgelten – nicht bei der

Bemessung des Erlösbudgets nach § 4 I KHEntgG berücksichtigt. Sie unterliegen deshalb auch nicht dem Erlösausgleich des § 4 III KHEntgG.

376   **j) Sonstige Entgelte nach § 6 KHEntgG.** Bei der Einführung des pauschalen Vergütungssystems des § 17b KHG ist der Gesetzgeber davon ausgegangen, dass nicht von Anfang an mit den zu erarbeitenden DRG-Fallpauschalen alle Leistungen der Krankenhäuser sachgerecht vergütet werden können. In § 6 KHEntgG wird deshalb die Vereinbarung krankenhausindividueller Entgelte zugelassen. Ursprünglich war das auf die Jahre 2003 und 2004 beschränkt. Die zeitliche Begrenzung ist inzwischen entfallen.

377   Im Vordergrund steht die Regelung des Absatzes 1. Es geht hier um zwei Fallgruppen. Bei der ersten Gruppe geht es um Leistungen, die noch nicht mit dem DRG-Fallpauschalen und Zusatzentgelten sachgerecht vergütet werden können. Bei der zweiten Gruppe geht es um besondere Einrichtungen im Sinne von § 17b I S. 10 KHG. Das sind Einrichtungen, deren Leistungen insbesondere aus medizinischen Gründen, wegen einer Häufung von schwer kranken Patienten oder aus Gründen der Versorgungsstruktur mit den Entgeltkatalogen noch nicht sachgerecht vergütet werden können.

378   Für diese beiden Gruppen vereinbaren die Vertragsparteien nach § 11 KHEntgG Fallpauschalen oder tagesbezogene Entgelte oder – ausnahmsweise – Zusatzentgelte. Diese Entgelte sind für das einzelne Krankenhaus sachgerecht zu kalkulieren. Was der Gesetzgeber sich hier unter einer sachgerechten Kalkulation vorstellt, wird nicht geregelt. Es ist jedoch davon auszugehen, dass die Kalkulation aufgrund der notwendigen Kosten eines wirtschaftlich betriebenen Krankenhauses erfolgt.

379   Voraussetzung für die Vereinbarung solcher krankenhausindividueller Entgelte ist, dass die in Betracht kommende Leistungen oder besonderen Einrichtungen von den Vertragsparteien nach § 9 KHEntgG festgelegt worden sind. Das ist in der FPV und in einer Vereinbarung *„zur Bestimmung von besonderen Einrichtungen"* geschehen.

380   Nach § 6 Abs. 2 KHEntgG können für die Vergütung neuer Untersuchungs- und Behandlungsmethoden, die mit den Fallpauschalen und Zusatzentgelten nach § 7 Satz 1 Nr. 1 und 2 KHEntgG noch nicht sachgerecht vergütet werden können fallbezogene Entgelte oder Zusatzentgelte vereinbart werden. Auch diese Entgelte sind sachgerecht zu kalkulieren; die Empfehlungen der Bundesverbände nach § 9 I S. 1 Nr. 4 KHEntgG sind dabei zu beachten. § 6 Abs. 2 trifft im Übrigen dazu nähere Regelungen.

381   Schließlich können nach § 6 II a) KHEntgG in eng begrenzten Ausnahmefällen für hochspezialisierte Leistungen krankenhausindividuelle Entgelte vereinbart werden. Die hierfür gesetzten Hürden sind hoch.

382   Für die nach den Absätzen 1 und 2a vereinbarten Entgelte ist nach § 6 III KHEntgG eine Erlössumme zu vereinbaren. Diese bedarf der Genehmigung der Landesbehörde nach § 14 I KHEntgG. Mehr- oder Mindererlöse gegenüber der vereinbarten Erlössumme sind in den allgemeinen Erlösausgleich des § 4 III KHEntgG einzubeziehen. Für die Erlöse aus Entgelten für neue Untersuchungs- und Behandlungsmethoden ist dagegen keine Erlössumme zu bilden. Die Erlöse werden nicht in den Erlösausgleich des § 4 III einbezogen.

5. Die Bundespflegesatzverordnung (Neufassung)[485]

383   **a) Die Rechtsgrundlagen.** § 17d KHG sieht für psychiatrische und psychosomatische Einrichtungen die Einführung eines „durchgängigen, leistungsorientiurnten und pauschalierenden Vergütungssystems auf der Grundlage von tagesbezogenen Entgelten" vor. Die Entwicklung des neuen Entgeltsystems wird in § 17d III KHG den Bundesverbänden der Selbstverwaltung übertragen, soweit diese nicht gesetzlich vorgegeben wird. Diese Vorgaben hat

---

[485] Gesetz zur Einführung eines pauschalierenden Entgeltsystems für psychiatrische und psychosomatische Einrichtungen (Psych-Entgeltgesetz – PsychEntgG) vom 21.7.2012 (BGBl. I S. 1613).

Art. 2 PsychEntgG gebracht. Darin wird die bisher geltende BPflV grundlegend umgestaltet. Dieses Vergütungssystem wäre ein Preissystem gewesen. Es sollte schrittweise eingeführt werden, zunächst freiwillig (Optionsphase), später zwingend. Ziel waren leistungsorientierte landeseinheitliche Entgelte auf der Grundlage bundeseinheitlicher Bewertungsrelationen, vergleichbar dem Preissystem des KHEntgG. Dazu ist es jedoch nicht mehr gekommen.

Die neu gefasste BPflV wurde durch das PsychVVG[486] mit Wirkung ab 1.1.2017 grundlegend geändert. Sie kehrt zu einem Budgetsystem zurück. Der insoweit ebenfalls geänderte § 17d I 4. KHG spricht nunmehr von einem „Vergütungssystem als Budgetsystem". Die Gesetzesbegründung hebt hervor, dass das pauschale Vergütungssystem nicht mehr als Preissystem, sondern als Budgetsystem angewendet werden soll.

b) Das Budgetsystem. Es lässt sich wie folgt skizzieren:
– Es bleibt unverändert bei der Vorgabe des § 17d I KHG, das ein „durchgängiges, leistungsorientiertes und pauschalierendes Vergütungssystem auf der Grundlage von tagesbezogenen Entgelten einzuführen" ist.
– Dieses Vergütungssystem ist als Budgetsystem auszugestalten. Das geschieht durch entsprechende Änderung der BPflV.
– Das Vergütungssystem hat den unterschiedlichen Aufwand der Behandlung bestimmter, medizinisch unterscheidbarer Patientengruppen abzubilden. Dazu sind auf Bundesebene Bewertungsrelationen zu vereinbaren, die als Relativgewichte zu definieren sind.
– Es ist krankenhausindividuell ein Gesamtbetrag zu vereinbaren. Aus diesem wird unter anderem ein Erlösbudget abgeleitet. Es umfasst die mit Bewertungsrelationen bewerteten Entgelte nach dem auf Bundesebene vereinbarten Entgeltkatalog.
– Aus dem Erlösbudget wird für das einzelne Krankenhaus durch Divisionskalkulation ein krankenhausindividueller Basisentgeltwert ermittelt. Dazu wird das Erlösbudget durch die vereinbarte Summe der Bewertungsrelationen geteilt.
– Der sich ergebende Basisentgeltwert wird mit der für die jeweilige Leistung maßgebenden Bewertungsrelation vervielfacht. Es ergeben sich unterschiedliche krankenhausindividuelle Entgelte.

Bei diesem Budgetsystem werden also die Entgelte – anders als bei dem Preissystem des KHEntgG – aus dem Erlösbudget abgeleitet. Eine höhere Leistungsmenge führt damit zu niedrigeren Entgelten, eine geringere Leistungsmenge dagegen zu höheren Entgelten, sofern nicht das Erlösbudget proportional den Mengenänderungen nach oben oder unten angepasst wird.

c) Gestufte Einführung des neuen Vergütungssystems. Das ursprünglich vorgesehene Preissystem wäre stufenweise eingeführt worden. Einer budgetneutralen Phase wäre eine Angleichungsphase gefolgt. In dieser Phase wäre das bisherige Erlösniveau in Jahresschritten einem Zielwert nach unten bzw. oben angeglichen worden. Der Zielwert war von den Kosten des einzelnen Krankenhauses losgelöst. Seine Höhe hätte sich maßgebend aus dem Landesbasisentgeltwert ergeben.

Auch für das nunmehr maßgebende Budgetsystem könnte man nach dem Gesetzeswortlaut von einer gestuften Einführung in zwei Phasen ausgehen. Nach § 3 I BPflV wird das neue Vergütungssystem für die Jahre bis 2019 budgetneutral eingeführt. Ab dem Jahre 2020 müsste also etwas anderes als diese Budgetneutralität gelten. Auch die Gesetzesbegründung hierzu geht von einer anderen Phase aus. In den Erläuterungen zu § 3 III BPflV spricht sie von dem Jahr 2020 *„als dem Jahr der ökonomischen Wirksamkeit des neuen Entgeltsystems"* sowie vom Ende der budgetneutralen Phase.

Eine solche Unterscheidung in eine budgetneutrale und eine anschließende nicht budgetneutrale Phase der ökonomischen Wirksamkeit findet im Gesetz jedoch keinen Niederschlag.

---

[486] Vom 19.12.2016 BGBl. I. S. 2986.

Sowohl bis zum Jahre 2020 als auch die Jahre danach ist ein Budget nach den Kosten und Leistungen des einzelnen Krankenhauses zu vereinbaren. Es gibt keinen hiervon losgelösten Zielwert, der nach Ablauf einer Angleichungsphase maßgebend wäre. Das Pflegesatzrecht für die Jahre bis 2020 und die Jahre danach unterscheidet sich nur danach, dass § 3 II für die Bemessung des Gesamtbetrags zum Teil andere Kriterien aufstellt als § 3 III für die folgenden Jahre. Diese unterschiedlichen Bemessungskriterien mögen zwar zu unterschiedlich hohen Gesamtbeträgen führen. Es gilt jedoch für die Jahre vor 2020 und die Jahre danach dasselbe Budgetsystem eines krankenhausindividuell zu vereinbarenden Gesamtbetrags. Das eine ist ebenso „ökonomisch wirksam" wie das andere, was auch immer unter einer ökonomischen Wirksamkeit zu verstehen ist. Eine Phase, in der das Erlösbudget an einen Zielwert angeglichen wird, gibt es nicht.

390   d) **Vereinbarung eines Gesamtbetrags.** Für die Jahre vor 2020 und die Jahre danach ist ein Gesamtbetrag zu vereinbaren. Es ist ein jahresbezogener Gesamterlösbetrag. Er umfasst die Erlöse aus verschiedenen Entgeltarten. Welche das sind, wird hier nicht gesagt. Das ergibt sich mittelbar erst aus der nachfolgenden Regelung des § 3 III BPflV S. 11 über die Aufteilung des Gesamtbetrags in ein Erlösbudget und eine Erlössumme sowie aus der Ermittlung des Basisentgeltwerts. Dieser ist aus dem Erlösbudget nach vorherigem Abzug der Summe der Zusatzentgelte gemäß § 3 V zu ermitteln. Der Gesamtbetrag schließt also ein alle mit Bewertungsrelationen bewerteten Entgelte, die Zusatzentgelte sowie die in die Erlössumme nach § 6 V BPflV einbezogenen Entgelte.

391   e) **Zwei-Säulen-Modell.** § 3 II und III BPflV übernehmen das bisherige Zwei-Säulen-Modell des § 6 I BPflV 2012. Danach ist zunächst ein Gesamtbetrag zu vereinbaren. § 4 I BPflV spricht hier von einem „leistungsgerechten" Gesamtbetrag. Dieser leistungsgerechte Betrag darf aber eine bestimmte Obergrenze nicht übersteigen. Maßgebend ist also der niedrigere Betrag. Für den Praktiker wird sich hier oft die Frage stellen, ob es den Aufwand lohnt, mühsam und streitbehaftet einen leistungsgerechten Gesamtbetrag zu vereinbaren, der nachfolgend auf eine Obergrenze gekappt wird. Für die Kostenträger ist die Vereinbarung eines leistungsgerechten Gesamtbetrags nur dann „lohnend" wenn damit zu rechnen ist, dass er unterhalb der Obergrenze liegen wird.

392   f) **Bemessung des Gesamtbetrags.** Nach § 3 II und III BPflV ist ein Gesamtbetrag zu vereinbaren. Allgemeine Grundsätze zu dessen Höhe sind dort nicht zu finden. Für ein Budgetsystem stellt sich seit der formellen Abschaffung des Kostendeckungsprinzips des § 17 I KHG a. F. die Frage, nach welchen Kriterien sich die Höhe eines Budgets bemisst. Bis dahin mussten die Pflegesätze die Kosten eines sparsamen wirtschaftenden und leistungsfähigen Krankenhauses decken[487]. Aus diesem Wegfall eines Kostendeckungsprinzips könnte an sich gefolgert werden, dass künftig nicht mehr oder nur begrenzt auf die Kosten des einzelnen Krankenhauses abzustellen ist. Ein Wirtschaftsunternehmen ist aber darauf angewiesen Erlöse mindestens in Höhe seiner Selbstkosten zu erzielen. Sonst ist es auf Dauer nicht lebensfähig. Das gilt auch für das Krankenhaus.

393   Für die Frage, ob der für das einzelne Krankenhaus zu vereinbarende Gesamtbetrag dessen Kosten zur Grundlage hat, ist zwischen dem nach § 3 II BPflV bis zum Jahre 2019 und dem nach § 3 III BPflV ab dem Jahre 2020 zu vereinbarenden Gesamtbetrag zu unterscheiden.

394   Nach § 3 II ist bis zum Jahr 2019 ein Gesamtbetrag in entsprechender Anwendung des § 6 I BPflV 2012 zu vereinbaren. Gemäß Satz 1 dieser Vorschrift ist der Gesamtbetrag „*nach den Vorgaben des § 3*" BPflV 2012 zu vereinbaren. Diese Vorgaben sind also auch für die Vereinbarung des Gesamtbetrags nach § 3 II BPflV zu beachten. Nach § 3 I BPflV 2012 müssen das Budget und die Pflegesätze „*einem Krankenhaus bei wirtschaftlicher Betriebsführung ermöglichen, den Versorgungsauftrag zu erfüllen.*" Damit wird eine gesetzliche Vorgabe

---

[487] → § 26 Rn. 274 ff.

wortgleich übernommen, die bei der Verabschiedung des § 3 BPflV 2012 gemäß § 17 I KHG a. F. gegolten hat. Hierzu wird oben[488] ausgeführt, dass ein Krankenhaus seinen Versorgungsauftrag nur erfüllen kann, wenn es Erlöse aus Pflegesätzen erzielt, die es ihm ermöglichen, die für die Erbringung seiner Leistungen anfallenden Kosten zu decken. Das gilt auch für den bis zum Jahr 2019 zu vereinbarenden Gesamtbetrag.

Für den ab dem Jahr 2020 nach § 3 III BPflV zu vereinbarenden Gesamtbetrag fehlt es dagegen an einer entsprechenden Regelung. Frage ist, was hier gilt. Es ist jedoch nicht davon auszugehen, dass hier ein anderes Finanzierungssystem maßgebend sein soll. § 3 III regelt lediglich differenzierter und umfassender als § 6 I BPflV 2012, um welche Faktoren der vorjährige Gesamtbetrag als Ausgangsgrundlage zu verändern ist. Dabei wird sogar – über § 6 I BPflV 2012 hinausgehend – geregelt, dass auch Kostenentwicklungen zu berücksichtigen sind. Die Vorschrift geht also ebenfalls davon aus, dass der Gesamtbetrag auch auf den Kosten aufbaut. Selbst die neue Regelung über eine Berücksichtigung der Ergebnisse eines leistungsbezogenen Vergleichs nach § 3 III S. 4 Nr. 4 geht von der Maßgeblichkeit der Kosten aus. Der Betriebsvergleich ist ein betriebswirtschaftliches Instrument, um die Wirtschaftlichkeit der Kosten eines bestimmten Leistungserbringers beurteilen zu können. Wer einen Betriebsvergleich vorschreibt, geht also davon aus, dass die Kosten der Leistungserbringung maßgebend sind: Nämlich die einer wirtschaftlichen Betriebsführung entsprechenden Kosten. 395

Die Auffassung, dass auch der ab dem Jahr 2020 zu vereinbarende Gesamtbetrag es dem wirtschaftlich geführten Krankenhaus ermöglichen muss, seinen Versorgungsauftrag zu erfüllen, lässt sich auch auf § 17 II KHG stützen. Zwar sollte dieser Vorschrift nach der ursprünglichen Konzeption des § 17 KHG nur für Krankenhäuser gelten, deren Entgelte nicht nach den Vorgaben des § 17b und § 17d KHG bemessen werden. Das waren die Krankenhäuser, die noch nicht für das Preissystem diese Vorschriften optiert haben. Für die anderen Krankenhäuser wäre allein § 17 I a) KHG maßgebend gewesen. Nach der Rückkehr zum Budgetsystem für die psychiatrischen und psychosomatischen Einrichtungen ist der Regelung des § 17a KHG für diese Krankenhäuser der Boden entzogen. § 17 II KHG erlangt nunmehr nach Wortlaut und Zweck wieder Bedeutung für alle psychiatrischen und psychosomatischen Einrichtungen. 396

g) Einzelne Bemessungsfaktoren. Ein Krankenhaus kann nach dem oben Gesagten seinen Versorgungsauftrag nur erfüllen, wenn es die notwendigen Leistungen mit Erlösen aus den Pflegesätzen finanzieren kann. Die Höhe des vorauskalkulatorisch zu ermittelnden Gesamtbetrags ist deshalb abhängig von den notwendigen Leistungen nach Art und Umfang sowie den dafür anfallenden Kosten, soweit sie einer wirtschaftlichen Betriebsführung entsprechen. 397

Die Vorgaben für die Vereinbarung des Gesamtbetrags werden in § 3 III BPflV für den ab dem Jahr 2020 zu vereinbarenden Gesamtbetrag beispielhaft („insbesondere") aufgeführt. Für die bis zum Jahr 2020 zu vereinbarenden Gesamtbeträge enthält der in § 3 II BPflV für entsprechend anwendbar erklärte § 6 I BPflV 2012 inhaltlich entsprechende Kriterien. Es fehlen dort jedoch die Veränderungen von Art und Menge der Leistungen und die allgemeinen Kostenentwicklungen. Dennoch sind auch hier aus den oben genannten Gründen solche Veränderungen zu berücksichtigen. 398

§ 3 III BPflV stellt in erster Linie auf Veränderungen der Leistungen (Nr. 1 und 2) sowie Kostenentwicklungen (Nr. 3) ab. Einen Unterfall der Leistungsveränderungen bilden die in Nr. 3 aufgeführten Verkürzungen von Verweildauern, Ergebnisse von Fehlbelegungsprüfungen und Leistungsverlagerungen. Sie alle wirken sich auf die Leistungsmenge aus. 399

Auf der Leistungsseite ist die Gesamtmenge der Leistungen nach Art und Anzahl im neuen Pflegesatzzeitraum maßgebend. Soweit darin eine Mengenänderung liegt, führen die darauf entfallenden höheren bzw. niedrigeren Kosten zu einem höheren bzw. niedrigeren Gesamt- 400

---

[488] → § 26 Rn. 277 ff.

betrag. Bei den Kostenentwicklungen (Nr. 3) geht es um einen allgemeinen Kostenanstieg, insbesondere Preisanstieg gegenüber dem Vorjahr.

401 Die Notwendigkeit von Leistungen und die Sparsamkeit und Wirtschaftlichkeit von Kosten wird dagegen in Nr. 4 und Nr. 5 angesprochen. Danach sind die Ergebnisse des leistungsbezogenen Vergleichs nach § 4 BPflV sowie die vom G-BA festgelegten Anforderung zur Ausstattung mit therapeutischem Personal zu berücksichtigen.

402 **h) Ausgangsgrundlage.** Nach § 3 II und § 3 III BPflV ist Ausgangsgrundlage der Vereinbarung der für das jeweilige Vorjahr vereinbarte Gesamtbetrag. Was das bedeutet, wird nicht geregelt.

403 Der bis Ende des Jahres 2019 entsprechend anwendbare § 6 I BPflV 2012 hat den vereinbarten Gesamtbetrag des Vorjahres allein als Grundlage für die Fortschreibung um die Veränderungsrate bzw. den Veränderungswert gemacht. Der vereinbarte Gesamtbetrag des Vorjahres war also die Grundlage für die Berechnung der Gesamtbetragsobergrenze. Es ist davon auszugehen, dass dies – zwar unausgesprochen – auch für den in § 3 II und III BPflV genannten Ausgangsbetrag gilt. Danach darf der für das Vorjahr vereinbarte Gesamtbetrag im neuen Pflegesatzzeitraum grundsätzlich nur um den Veränderungswert ansteigen.

404 Anders als in § 6 I BPflV 2012 wird in § 3 II BPflV jedoch bestimmt, dass diese Ausgangsgrundlage (der im Vorjahr vereinbarte Gesamtbetrag) in den abschließend aufgeführten Fällen zu vermindern, zu bereinigen bzw. zu verändern ist. Dadurch verändert sich die Basis für die Fortschreibung des bisher vereinbarten Gesamtbetrags um den Veränderungswert nach oben bzw. unten. Werden also zum Beispiel gegenüber dem Vorjahr Leistungen verlagert oder hat der Vorjahresgesamtbetrag periodenfremde Zuschläge umfasst, so setzt die Fortschreibung um den Veränderungswert an einen entsprechend verminderten Gesamtbetrag an.

405 Allerdings sieht § 3 III für die ab dem Jahre 2020 zu vereinbarenden Gesamtbeträge keine derartige Bereinigung des Gesamtbetrags des Vorjahres vor. Der Gesetzgeber hat bei der Neufassung des § 3 offensichtlich vergessen, die hier einschlägige Regelung des § 3 II für anwendbar zu erklären oder in Absatz 3 selbst zu wiederholen.

406 **i) Anpassungsvereinbarung (AV).** Nach § 3 III S. 4 Nr. 6 BPflV ist bei der Vereinbarung des Gesamtbetrags ab dem Jahr 2020 auch eine AV zu berücksichtigen. Dort wird vorgeschrieben, dass die Vertragsparteien eine AV treffen. Diese auf einen einzigen Satz beschränkte Regelung bereitet erhebliche Auslegungsprobleme:

407 Sofern die Vertragsparteien vereinbart haben, dass der Gesamtbetrag zu vermindern oder zu erhöhen ist, müssen sie nach diesem Satz 6 *„über Umfang, Dauer und weitere Einzelheiten der Anpassung eine Anpassungsvereinbarung"* treffen. Welche Größe an welche andere Größe anzupassen ist, bleibt dabei offen. Es geht hier offensichtlich um eine ungenaue Wortwahl. Es ist nichts anzupassen. Es geht vielmehr, wie nachfolgend noch ausgeführt wird, um die **Umsetzung** eines vereinbarten Gesamtbetrags.

408 Rechtlich problematisch ist bereits die Regelung, dass eine AV zu treffen ist, *„sofern die Vertragsparteien (...) vereinbaren, dass der Gesamtbetrag zu vermindern oder zu erhöhen ist."* Nach allgemeinen Auslegungsgrundsätzen wäre unter dem in Satz 6 genannten Gesamtbetrag der nach den vorherigen Sätzen vereinbarte neue Gesamtbetrag zu verstehen. Stellt man hierauf ab, so wäre aus der zitierten Regelung zu entnehmen, dass es in der Hand der Vertragsparteien liegt („sofern ...") abweichend von der vorausgegangenen Vereinbarung, den Gesamtbetrag zu erhöhen oder zu vermindern. Hier liegt die Lösung darin, dass nicht auf den neu vereinbarten Gesamtbetrag, sondern auf den für das Vorjahr vereinbarten Gesamtbetrag abgestellt wird:

409 Sofern der neu vereinbarte Gesamtbetrag über oder unter dem für das Vorjahr vereinbarten Gesamtbetrag liegt, ist eine AV zu treffen. Das entspricht der Gesetzesbegründung. Sie stellt ab auf eine flexible Anpassung des bisherigen Krankenhausbudgets und eine zu vereinbaren-

de schrittweise Erhöhung oder Absenkung des bisherigen Gesamtbetrags. Es geht demnach um Fälle, in denen der neu vereinbarte Gesamtbetrag den bisherigen Gesamtbetrag übersteigt oder unterschreitet. Hier stellt sich die Frage, ob der Erhöhungsbetrag bzw. Minderungsbetrag sofort oder in Jahresschritten umgesetzt werden soll. Es geht hier also nicht um Anpassung, sondern um Umsetzung des vereinbarten Gesamtbetrags.

Darauf stellte auch die Gesetzesbegründung ab. Danach ist *„regelhaft (...) von einer* **410** *Umsetzung über mehrere Jahre auszugehen"*. Als „Alternative" dazu wird „die direkte Umsetzung" genannt. Es geht dabei darum, ob eine vereinbarte Erhöhung oder Minderung des bisherigen Gesamtbetrags in voller Höhe in dem Vereinbarungsjahr berücksichtigt werden soll („direkte Umsetzung") oder über Teilbeträge in diesem Jahr und in folgenden Jahren. Das findet deutlich Ausdruck in der Gesetzesbegründung zu Satz 6: *„Mit einer Anpassungsvereinbarung können die Vertragsparteien festlegen, dass ein erkannter Anpassungsbedarf hinsichtlich der Höhe des Gesamtbetrages über einen mehrjährigen Zeitraum gestreckt wird. In diesem Fall wird der erkannte Anpassungsbedarf in dem kalenderjährlich zu vereinbarenden Gesamtbetrag nur anteilig berücksichtigt."*

Mit dieser äußerst knappen Regelung des Satzes 6 wird mehr beiläufig und allein für die **411** BPflV-Krankenhäuser der bisher umgeschriebene pflegesatzrechtliche Grundsatz aufgegeben, dass ein nach Pflegesatzrecht vereinbartes Budget für den jeweiligen Pflegesatzzeitraum in voller Höhe umgesetzt wird. Eine sachlich nachvollziehbare Begründung hierfür lässt sich der Gesetzesbegründung nur für den Fall eines verminderten Gesamtbetrags entnehmen: „Regelhaft ist von einer Umsetzung über mehrere Jahre auszugehen, die bei erforderlichen Anpassungen mögliche Versorgungsprobleme vermeidet." Das trifft aber nur bei einem verminderten Gesamtbetrag zu. Das Krankenhaus kann hier auf eine sofortige volle Erlösminderung oft nicht zeitgerecht durch Verminderung seiner Kosten, insbesondere der Personalkosten reagieren.

Für den Fall, dass der Gesamtbetrag erhöht vereinbart wurde, fehlt es jedoch an einer **412** Begründung. Stützt man sich auch hier darauf, dass Versorgungsprobleme vermieden werden sollen, so erfordert dies geradezu eine „direkte" Umsetzung im Sinne der Gesetzesbegründung. Wenn zum Beispiel hohe Leistungssteigerungen zu einem höheren Gesamtbetrag führen, so ist kein Grund dafür erkennbar, die zur Deckung der zusätzlichen Kosten erforderlichen höheren Erlöse auf mehrere Jahre zu erstrecken.

Nimmt man Satz 6 wörtlich, so ist bei jeder Erhöhung oder Verminderung des Gesamt- **413** betrags eine AV zu treffen, selbst wenn die Veränderung geringfügig ist. Die Gesetzesbegründung geht jedoch bei einem „geringfügigen Änderungsbedarf" von einer *„direkten Umsetzung"* aus. Das heißt dass der erhöhte oder verminderte Gesamtbetrag im Vereinbarungsjahr voll umgesetzt wird. An anderer Stelle spricht die Gesetzesbegründung von einem „erkannten Anpassungsbedarf" und davon, dass die Vertragsparteien „soweit erforderlich" AV treffen. Das erscheint zwar vernünftig, hätte aber im Gesetz selbst Ausdruck finden sollen.

Die AV kommt als Vertrag durch Einigung der Vertragsparteien zustande. Nach Satz 6 **414** sind dies hier die Vertragsparteien des § 11 BPflV. Frage ist, was gilt, wenn die Vertragsparteien sich nicht einigen können. Kann hier die Schiedsstelle angerufen werden? Nach § 13 I BPflV ist dies nur möglich, wenn eine Vereinbarung nach § 11 BPflV ganz oder teilweise nicht zustande kommt. Entscheidend ist also, ob die AV eine Vereinbarung im Sinne dieser Vorschrift ist. Nach der Gesetzesbegründung treffen die Vertragsparteien *„im Zusammenhang mit der Vereinbarung des Gesamtbetrags"* die AV. Hier werden also zwei Vereinbarungen rechtlich nebeneinander gestellt. Dem entspricht es, dass die enumerative Festlegung der Vereinbarungsgegenstände in § 11 I BPflV die AV nicht nennt. Hätte der Gesetzgeber etwas anderes gewollt, so hätte er das hier regeln müssen.

Entsprechendes gilt für die Genehmigung einer Anpassungsvereinbarung. Die AV wird **415** unter den in § 14 I BPflV aufgeführten Genehmigungstatbeständen nicht erwähnt.

416 Zu einer Schiedsstellenfähigkeit und einer Genehmigungsbedürftigkeit gelangt man deshalb nur, wenn die AV als Teil der Pflegesatzvereinbarung über die Höhe des Gesamtbetrags gewertet wird. Wortlaut und Entstehungsgeschichte dieses Satzes 6 geben dafür aber wenig her.

417 Haben die Vertragsparteien jedoch in einer AV die Umsetzung eines Unterschiedsbetrags zwischen altem und neuem Gesamtbetrag auf mehrere Jahre verteilt, so ist der Anteilsbetrag im jeweiligen Kalenderjahr bei der Vereinbarung des jeweiligen Gesamtbetrags gemäß § 3 III. Nr. 6 BPflV erhöhend bzw. mindernd zu berücksichtigen.

418 **k) Begrenzung des Gesamtbetrags.** Nach § 17 I KHG ist der Grundsatz der Beitragssatzstabilität (§ 71 I SGB V) nach Maßgabe des Pflegesatzrechts zu beachten. Dazu gehört auch die BPflV. Oben[489] wurde bereits dargelegt, dass es heute nicht mehr um einen Grundsatz des § 71 I SGB V geht, sondern um eine eigenständige pflegesatzrechtliche Begrenzung von Budget und Pflegesätzen. Sie ist hier in § 3 II und III BPflV zu finden. Für die Jahre 2018 und 2019 verweist § 3 II auf § 6 I BPflV 2012; für die Jahre ab 2020 enthält § 3 III eine eigene Regelung. Gemeinsam ist beiden Regelungen, dass der neu zu vereinbarende Gesamtbetrag den um den Veränderungswert nach § 9 I Nr. 5 BPflV erhöhten Gesamtbetrag des Vorjahres grundsätzlich nicht übersteigen darf. Ein übersteigender Betrag ist entsprechend zu kappen.

419 Der Steigerungssatz (Veränderungswert) ist auf den vereinbarten Gesamtbetrag des Vorjahres anzuwenden. § 3 II BPflV schreibt über § 6 I BPflV 2012 hinaus vor, dass diese „Ausgangsgrundlage" um verschiedene Tatbestände zu vermindern, zu bereinigen und zu verändern ist. Für die ab dem Jahr 2020 zu vereinbarenden Gesamtbeträge fehlt eine entsprechende Regelung. Es ist jedoch davon auszugehen, dass auch hier in entsprechender Anwendung des § 3 II Satz 4 BPflV die Ausgangsgrundlage zu vermindern, zu bereinigen und zu verändern ist.

420 Beide Regelungen sehen jedoch abschließend aufgeführte Ausnahmen vor, die ein Überschreiten des Veränderungswerts erlauben, aber auch erfordern. Die Überschreitung muss nämlich erforderlich sein. Das setzt voraus, dass in den aufgeführten Fällen zusätzliche pflegesatzfähige Kosten entstehen. Diese sind zusätzlich zu berücksichtigen und führen zu einer höheren Obergrenze und damit zu einer geringeren Begrenzung des Gesamtbetrags.

421 Es geht bei den Ausnahmetatbeständen in den Fällen der Absätze 2 und 3 übereinstimmend um die Mehrkosten zusätzlicher Leistungen und zusätzlichen therapeutischen Personals. Es werden jedoch nur Mehrleistungen berücksichtigt, die durch zusätzliche Kapazitäten für medizinische Leistungen aufgrund der Krankenhausplanung oder des Investitionsprogramms des Landes begründet sind oder die aufgrund von Veränderungen der medizinischen Leistungsstruktur oder der Fallzahlen erforderlich sind.

422 Bei der Berücksichtigung zusätzlichen therapeutischen Personals geht es bis Ende des Jahres 2019 um die Umsetzung der Psychiatriepersonalverordnung und ab dem Jahr 2020 um die Umsetzung der vom G-BA nach § 136a II SGB V festgelegten Anforderungen an die Ausstattung mit dem erforderlichen therapeutischen Personal.

423 Ab dem Jahr 2020 kommt jedoch ein neuer Ausdeckelungstatbestand hinzu. Der Veränderungswert darf auch überschritten werden, wenn dies im Rahmen einer Anpassungsvereinbarung nach Satz 6 als notwendig vereinbart wurde. Wurde also bei einer Erhöhung des Gesamtbetrags gegenüber dem Gesamtbetrag des Vorjahres in einer Anpassungsvereinbarung (Umsetzungsvereinbarung) vereinbart, dass der Erhöhungsbetrag auf mehrere Jahre verteilt wird, so ergibt sich in den folgenden Jahren neben dem periodengerecht bemessenen Bedarf ein nicht periodengerechter zusätzlicher Bedarf. Um diesen Betrag darf der Vereinbarungswert in den kommenden Jahren überschritten werden.

---

[489] → § 26 Rn. 284 ff.

l) **Bemessungskriterium Krankenhausvergleich.** Nach § 3 III S. 4 Nr. 4 BPflV sind bei 424
der Vereinbarung des Gesamtbetrags ab dem Jahr 2020 auch zu berücksichtigen „die Ergebnisse des leistungsbezogenen Vergleichs nach § 4". Nach dieser Vorschrift erstellen die Vertragsparteien auf Bundesebene einen „leistungsbezogenen Vergleich". Die hierin insbesondere einzubeziehenden Daten werden in § 4 I BPflV festgelegt. Der Vergleich soll die Vertragsparteien insbesondere bei der Vereinbarung eines leistungsgerechten Gesamtbetrags unterstützen. Das ist insbesondere für die Höhe des Gesamtbetrags von Bedeutung. Nach obigen Ausführungen[490] müssen die aus dem Gesamtbetrag abgeleiteten Erlöse es gemäß § 17 II KHG einem Krankenhaus bei wirtschaftlicher Betriebsführung ermöglichen, den Versorgungsauftrag zu erfüllen. Es können also nur die wirtschaftlichen Grundsätzen entsprechenden Kosten berücksichtigt werden. Zur Beurteilung der Wirtschaftlichkeit ist der Betriebsvergleich eine anerkannte Methode.

Vergleichswerte sind – je nach Differenzierungsgrad – grundsätzlich Durchschnittswerte. 425
Die Werte des einzelnen Krankenhauses werden meist mehr oder weniger darüber oder darunter liegen. § 3 III S. 7 BPflV legt für eine Überschreitung fest, dass Entgelte, die die maßgeblichen Vergleichswerte deutlich überschreiten, nur vereinbart werden dürfen, wenn der Krankenhausträger schlüssig darlegt, aus welchen Gründen eine Überschreitung unabweisbar ist: Ein Quell ständiger Auseinandersetzungen!. Nach der Gesetzesbegründung ist von einer deutlichen Überschreitung in der Regel auszugehen, wenn die Vergleichswerte um mehr als ein Drittel überschritten werden.

Für den Fall, dass die Werte eines Krankenhauses die Vergleichswerte unterschreiten, trifft 426
die BPflV hier keine besondere Regelung. Das zeigt, dass es bei dem Vergleich des § 4 BPflV hauptsächlich darum geht, den Gesamtbetrag und die Entgelte der Höhe nach möglichst zu begrenzen.

Für den Fall, dass die Werte eines Krankenhauses die Vergleichswerte unterschreiten, weist 427
die Gesetzesbegründung darauf hin, dass das Krankenhaus hier „auf freiwilliger Grundlage die Gründe für höhere Entgelte darlegen" könne. Ein Krankenhaus, das die bisher vereinbarten Entgelte als unzureichend ansieht, müsste also weiterhin darlegen, warum diese zu niedrig sind. Zur Begründung kann sich das Krankenhaus trotz dieser einschränkenden Gesetzesbegründung jedoch auch auf die Ergebnisse des Betriebsvergleichs berufen. Aus ihm können auch Argumente dafür entnommen werden, dass bisherige Entgelte unzureichend sind.

m) **Nichtbesetzung von Personalstellen.** Nach § 18 II BPflV müssen Krankenhäuser, die 428
für die Jahre 2013 bis 2019 nach § 6 IV BPflV a. F. eine Vereinbarung zur Finanzierung fehlender Personalstellen abgeschlossen haben, die tatsächliche Stellenbesetzung nachweisen. Ab dem Jahr 2020 ist die Einhaltung der Vorgaben des G-BA nach § 136a II SGB V zur Ausstattung mit dem erforderlichen therapeutischen Personal nachzuweisen. Ergibt sich dabei, dass eine vereinbarte Stellenbesetzung nicht vorgenommen wurde, so haben die Vertragsparteien gemäß § 3 III S. 8 BPflV zu vereinbaren, in wie weit der an sich zu vereinbarende Gesamtbetrag abzusenken ist. Dazu enthält die genannte Vorschrift nähere Regelungen.

n) **Krankenhausindividueller Basisentgeltwert und pauschale Entgelte.** Der Gesamt- 429
betrag ist ein jahresbezogener Gesamterlösbetrag. Aus ihm werden die mit Bewertungsrelationen bewerteten Entgelte nach dem auf Bundesebene vereinbarten Entgeltkatalog (§ 7 I Nr. 1 BPflV) abgeleitet. Das geschieht nach § 3 V BPflV sowohl für den Zeitraum bis zum Jahre 2020 als auch danach. Da der Gesamtbetrag auch Erlöse aus Entgelten enthält, die nicht mit Bewertungsrelationen bewertet werden, muss der Gesamtbetrag zuvor auf die einzelnen Entgeltbereiche aufgeteilt werden.

---

[490] → § 26 Rn. 394 ff.

430 Sofern beim einzelnen Krankenhaus der Gesamtbetrag auch Erlöse aus sonstigen Entgelten enthält, muss der Gesamtbetrag gemäß § 3 II S. 4 und § 3 III S. 12 BPflV sachgerecht auf das Erlösbudget und die Erlössumme im Sinne von § 6 V BPflV aufgeteilt werden. Umfasst das Erlösbudget auch Erlöse aus bundeseinheitlichen Zusatzentgelten, so sind diese abzuziehen. Der sich ergebende Betrag wird nach § 3 Abs. 5 durch die Summe der effektiven Bewertungsrelationen geteilt. Es ergibt sich der für das jeweilige Jahr geltende krankenhausindividuelle Basisentgeltwert. Er ist bei der Abrechnung der mit der Bewertungsrelationen bewertete Entgelte zu Grunde zu legen. Das geschieht dadurch, dass die für den jeweiligen Behandlungsfall maßgebende Bewertungsrelation mit dem Basisentgeltwert vervielfacht wird. Es ergeben sich die verschiedenen leistungsbezogenen pauschalen Entgelte.

431 Diese Kalkulationsmethode hat – anders als es bei dem aufgegeben Preissystem der Fall gewesen wäre – zur Folge, dass Leistungssteigerungen wegen des höheren Divisors zu niedrigeren Entgelten führen. Darin liegt eine Benachteiligung gegenüber den somatischen Krankenhäusern. Das KHEntgG kennt diese Divisionskalkulation nicht.

432 o) **Bewertungsrelationen.** Die Bewertungsrelationen und die Summe der Bewertungsrelationen sind von erheblicher Bedeutung. Die Bewertungsrelationen führen zu den leistungsbezogenen Entgelten; die Summe der Bewertungsrelationen ist dagegen Maßstab für den Umfang der mit Bewertungsrelationen bewerteten Leistungen nach Art und Menge.

433 Nach § 17d I S. 4 KHG hat das pauschale Vergütungssystem „den unterschiedlichen Aufwand der Behandlung bestimmter medizinisch unterscheidbarer Patientengruppen abzubilden." Das geschieht durch die Bewertungsrelationen. Sie sind nach Satz 5 dieser Vorschrift „als Relativgewichte zu definieren." Sie spiegeln das Kostengewicht der unterschiedlichen Leistungen wider und werden in Punkten ausgedrückt. Bei einer Punktzahl von zum Beispiel 1,2 ist das Kostengewicht 1,2 mal höher als das Bezugsgewicht 1,0. Die Bewertungsrelationen werden nach § 9 I. Nr. 1 BPflV von den Vertragsparteien auf Bundesebene in einem Entgeltkatalog vereinbart. Er ist in der PEPPV 2017 (usw.) zu finden.

434 Die Summe der Bewertungsrelationen ist nach obigen Ausführungen gemäß § 3 III. BPflV der Divisor bei der Ermittlung des krankenhausindividuellen Basisentgeltwerts.

435 p) **Veränderungswert.** Der nach § 3 II und III BPflV vereinbarte leistungsgerechte Gesamtbetrag darf den um den Veränderungswert nach § 9 I Nr. 5 BPflV vereinbarten erhöhten Gesamtbetrag des Vorjahres grundsätzlich nicht übersteigen (§ 3 III S. 5). Ein übersteigender Betrag ist zu kappen[491].

436 Dieser Veränderungswert ist bis zum 31.10. jeden Jahres nach Maßgabe des § 10 VI S. 2 oder 3 KHEntgG zu vereinbaren. Ausgangsgröße ist ein vom Statistischen Bundesamt jährlich ermittelter Orientierungswert, der die tatsächlichen Kostenentwicklungen der Krankenhäuser wiedergibt (§ 10 VI S. 1 KHEntgG). Liegt der Orientierungswert unter der Veränderungsrate des § 71 III SGB V, so entspricht der Veränderungswert der Veränderungsrate. Überschreitet dagegen der Orientierungswert die Veränderungsrate, so ist diese um 40 % der Differenz zu erhöhen.

437 q) **Sonstige Entgelte.** Nach § 6 BPflV können verschiedene sonstige Entgelte vereinbart werden.

438 aa) **Noch nicht sachgerecht vergütete Leistungen.** Der Gesetzgeber geht davon aus, dass nicht sofort alle in Betracht kommenden Leistungen der psychiatrischen und psychosomatischen Einrichtungen in dem Entgeltkatalog abgebildet werden können. § 6 I BPflV sieht deshalb vor, dass die örtlichen Vertragsparteien für Leistungen, die mit den nach § 17d KHG auf Bundesebene bewerteten Entgelten noch nicht sachgerecht vergütet werden können tages-fall- oder zeitraumbezogene Entgelte vereinbaren. Voraussetzung hierfür ist, dass diese

---

[491] → § 26 Rn. 418 ff.

Leistungen nach Feststellung der Bundesverbände nach § 9 oder in einer Verordnung nach § 17d VI S. 1 Nr. 3 KHG von der Anwendung der auf Bundesebene bewerteten Entgelte ausgenommen sind. Vereinbarungen der Bundesverbände hierzu sind in der PEPPV 2017 enthalten.

bb) Regionale oder strukturelle Besonderheiten. § 6 II BPflV sieht vor, dass die örtlichen Vertragsparteien „für regionale oder strukturelle Besonderheiten in der Leistungserbringung, die nicht bereits mit den Entgelten nach § 7 S. 1 Nr. 1 bis 3 und 5 sachgerecht vergütet werden können" nach § 11 tages-fall- oder zeitraumbezogene Entgelte oder ergänzende Zuschläge vereinbaren. Das Krankenhaus muss die Besonderheiten und die zusätzlichen Kosten darlegen. 439

cc) Neue Untersuchungs- und Behandlungsmethoden. Schließlich lässt § 6 IV BPflV zu, dass erstmals für das Kalenderjahr 2020 für die Vergütung neuer Untersuchungs- und Behandlungsmethoden, die noch nicht sachgerecht vergütet werden können, zeitlich befristete Entgelte außerhalb des Gesamtbetrags nach § 3 III BPflV vereinbart werden. 440

dd) Erlössumme. Für die nach den Absätzen 1, 2 oder 3 vereinbarten sonstigen Entgelte ist gemäß § 6 V BPflV im Rahmen des Gesamtbetrags nach § 3 II oder III BPflV eine Erlössumme zu bilden. Die Erlöse aus diesen sonstigen Entgelten sind also Teil des Gesamtbetrags. Sie werden nach § 3 VII BPflV in den dort im Einzelnen geregelten Erlösausgleich miteinbezogen. 441

r) Zu- und Abschläge. Angesichts dessen, dass bestimmte pflegesatzrelevante Tatbestände nicht gleichermaßen in allen Krankenhäusern vorliegen, sieht § 17d II a) KHG vor, dass bestimmte Besonderheiten durch Zu- oder Abschlag auf die ansonsten maßgebende Entgelte vergütet werden. Diese Vorschrift verweist auf § 17d I a) KHG. Diese Vorschrift führt beispielhaft besondere Tatbestände auf, bei deren Vorliegen bundeseinheitliche Regelungen für Zu- oder Abschläge zu vereinbaren sind. § 9 I Nr. 3 BPflV überträgt den Bundesverbänden, Regelungen zu solchen Zu- und Abschlägen zu treffen. Sie sind in der PEPPV 2017 enthalten. § 5 I BPflV erklärt diese für die Vertragsparteien nach § 11 BPflV als verbindlich und legt unter anderem fest, dass vor Ort zu prüfen ist, ob die Voraussetzungen für eine Zu- oder Abschlag vorliegen. Gegebenenfalls ist dieser von den Vertragsparteien zu vereinbaren. 442

Für den Sicherstellungszuschlag verweist § 5 II BPflV auf § 17d II Nr. 5 KHG. Diese Vorschrift verweist wiederum auf § 17b I Nr. 6 KHG. Es geht hier um Einrichtungen, die trotz geringen Versorgungsbedarfs zur Sicherung der Versorgung betrieben werden sollen. 443

s) Erlösausgleich. Der nach § 3 II oder III BPflV vereinbarte Gesamtbetrag umfasst die Erlöse aus den mit Bewertungsrelationen bewerteten pauschalen Entgelten, aus den sonstigen Entgelten des § 6 BPflV, für die eine Erlössumme zu bilden ist, sowie aus den bundeseinheitlichen Zusatzentgelten (§ 7 Satz 1 Nr. 1, 2 und 4 BPflV). Die Höhe des Gesamtbetrags beruht auf einer Vorauskalkulation der maßgebenden Leistungen nach Art und Menge. Die tatsächlich erbrachten und abgerechneten Leistungen werden jedoch fast immer davon abweichen. Dadurch ergeben sich gegenüber dem vereinbarten Gesamtbetrag Mehrerlöse bzw. Mindererlöse. Maßgebend hierfür ist die Abweichung gegenüber dem veränderten Gesamtbetrag nach § 3 II S. 5 oder III S. 12 BPflV. Das ist der insbesondere um periodenfremde Ausgleiche und Berichtigungen für Vorjahre veränderte Gesamtbetrag. 444

Diese Mehr- bzw. Mindererlöse sind nach § 3 VII BPflV auszugleichen. Es gelten für Mehr- oder Mindererlöse verschiedene Ausgleichssätze. Sie werden in dieser Vorschrift im Einzelnen festgelegt. Dort wird auch näher geregelt, wie sich die Mehrerlöse bei den pauschalen Entgelten errechnen. Die Vertragsparteien können andere Ausgleichssätze vereinbaren. 445

Wie der Ausgleich erfolgt wird, wird in § 3 VII BPflV jedoch nicht geregelt. Er erfolgt seit Jahrzehnten über die in einem künftigen Pflegesatzzeitraum zu erhebenden Entgelte durch Zu- bzw. Abschlag hierauf. § 10 II Satz 5 und 6 BPflV 2012 regelt diesen Ausgleich wie folgt: 446

447 „*Der Ausgleichsbetrag ist über das Budget des folgenden Pflegesatzzeitraums abzurechnen. Steht bei der Pflegesatzverhandlung der Ausgleichsbetrag noch nicht fest, sind Teilbeträge als Abschlagszahlung auf den Ausgleich zu berücksichtigen.*"

448 Hiervon ist auch ohne ausdrückliche gesetzliche Regelungen in der Praxis für den Ausgleich des § 3 VII BPflV auszugehen.

6. Das Pflegesatzverfahren

449 **a) Das System der Pflegesatzfindung.** Es geht um das Verfahren zur Ermittlung und Festlegung der Pflegesätze des Krankenhauses: das Pflegesatzfindungsverfahren. Dieses Verfahren ist öffentlich-rechtlich ausgestaltet: öffentlich-rechtliche Vereinbarungen der Selbstverwaltungspartner und eine öffentlich-rechtliche Genehmigung führen zu den für das einzelne Krankenhaus sowie seine Benutzer und Kostenträger maßgebenden Pflegesätzen. Gegen die Genehmigung der Pflegesätze oder eine Versagung der Genehmigung ist der Verwaltungsrechtsweg gegeben (§ 18 V 2 KHG).

450 Bis zum Jahre 1995 gab es nur eine Vereinbarungsebene, die örtliche Ebene. Zuständig waren allein die Vertragsparteien vor Ort nach § 18 Abs. 2 KHG. Mit Einführung pauschaler Entgelte ab dem Jahre 1995 ergaben sich die neben den tagesgleichen Pflegesätzen zu erhebenden Fallpauschalen und Sonderentgelte (§ 11 BPflV a. F.) krankenhausübergreifend unmittelbar und allein aus Vereinbarungen der Verbände der Selbstverwaltung auf Bundesebene (Punktzahl) und der Landesebene (Punktwert; § 16 I BPflV a. F.). Seit Einführung eines durchgängigen pauschalen Vergütungssystems (§ 17b KHG) ab dem Jahre 2003 ergeben sich für die unter das KHEntgG fallenden Krankenhäuser die pauschalen Entgelte einerseits aus Vereinbarungen auf Bundesebene und Landesebene, andererseits aus Vereinbarungen auf örtlicher Ebene. Dabei sind in der Einführungs- und Anpassungsphase der Jahre 2003 bis 2009 (budgetneutrale Einführung) und der Konvergenzphase der Jahre 2005 und 2009 (§§ 3 und 4 KHEntgG a. F.) die Entgelte über einen krankenhausindividuellen Basisfallwert auf krankenhausindividuelle Fallpauschalen „zurechtzuschneiden".[492] Ab dem Jahre 2009 entfällt die krankenhausindividuelle Fallpauschale Es gelten unmittelbar und allein die landeseinheitlichen Fallpauschalen auf Grund einer Bundesvereinbarung und Landesvereinbarung. Die örtliche Vereinbarung von Fallpauschalen entfällt.

451 Neben den pauschalen Entgelten gibt es Entgelte, die allein auf örtlicher Ebene zu vereinbaren sind, z. B. Zu- und Abschläge, Sicherstellungszuschlag, Entgelte für besondere Einrichtungen, Erlösausgleiche).

452 Für die psychiatrischen und die psychosomatischen Einrichtungen gelten ab dem Jahr 2013 in einer Einführungsphase, Konvergenzphase und Zielphase Regelungen, die dem des KHEntgG entsprechen.

453 Grundsatznorm für das Pflegesatzverfahren ist § 18 KHG. Dieses gestufte, ineinander verflochtene Pflegesatzfindungsverfahren findet dort jedoch nur unzureichend Niederschlag. Das beruht darauf, dass diese Vorschrift ursprünglich allein für die örtliche Vereinbarung der Pflegesätze gegolten hat und nachfolgende Änderungen des Pflegesatzsystems nur unzureichend berücksichtigt worden sind. Erst durch Änderung des § 18 I KHG durch das Fallpauschalengesetz wird klargestellt, dass den örtlichen Vertragsparteien des § 18 II KHG nur die Vereinbarung der „nach Maßgabe dieses Gesetzes für das einzelne Krankenhaus zu verhandelnden Pflegesätze" obliegt. Aus dem KHG selbst ist allerdings nicht zu entnehmen, welche Vereinbarungen für das einzelne Krankenhaus zu treffen sind. Das bestimmt sich letztlich nach dem KHEntgG und der BPflV.

454 **b) Verfahren für das einzelne Krankenhaus (örtliche Ebene).** Das Pflegesatzverfahren ist für das einzelne Krankenhaus mehrstufig aufgebaut und setzt sich zusammen aus:

---

[492] → § 26 Rn. 286 ff.

§ 26 Grundzüge des Rechts der Krankenhausfinanzierung

- der Pflegesatzverhandlung, die bei einer Einigung zwischen den Vertragsparteien mit dem Abschluss einer schriftlichen Pflegesatzvereinbarung endet (§ 18 I 1 KHG, § 17 BPflV, § 11 KHEntgG, § 11 BPflV 2013/17);
- dem Schiedsstellenverfahren mit der Festsetzung der Pflegesätze durch 1995 eine unabhängige Schiedsstelle, wenn eine Einigung zwischen den Vertragsparteien ganz oder teilweise nicht zustande kommt (§ 18 IV KHG, § 19 BPflV 1995, § 13 KHEntgG, § 13 BPflV 2013/17);
- dem Genehmigungsverfahren mit der Genehmigung der vereinbarten oder der festgesetzten Pflegesätze durch die dafür zuständige Landesbehörde (§ 18 V 1 KHG, § 20 BPflV 1995, § 14 KHEntgG, § 14 BPflV 2013/17).

Das frühere Pflegesatzsystem, bei dem die Pflegesätze von der zuständigen Landesbehörde festgesetzt wurden,[493] ist damit durch ein Selbstverwaltungsmodell mit verminderter staatlicher Beteiligung (Genehmigung) abgelöst. Es besteht aus zwei, im Konfliktfall mit Einschaltung der Schiedsstelle aus drei Schritten. Vertragspartner der Pflegesatzvereinbarung „auf Ortsebene" ist auf Seiten der Leistungsanbieter der Krankenhausträger. Das ist der Träger, für dessen Krankenhaus der Pflegesatz festgelegt werden soll. Als andere Seite benennt § 18 II KHG die Sozialleistungsträger, das sind die Leistungsträger im Sinne der § 18 ff. SGB I, die Krankenhauspflege zu gewähren haben.[494] Im Vordergrund stehen die Träger der gesetzlichen Krankenversicherung nach § 21 II SGB I, die in die folgenden Kassenarten gegliedert werden: Die allgemeinen Ortskrankenkassen, die Betriebskrankenkassen, die Innungskrankenkassen, die Seekrankenkasse, die landwirtschaftlichen Krankenkassen, die Bundesknappschaft und die Ersatzkassen. Davon sind „auf Ortsebene" allerdings nur die Krankenkassen Vertragspartei, die eine Quote von 5 % der Belegungs- und Berechnungstage im Jahr vor Beginn der Pflegesatzverhandlung bei dem betroffenen Krankenhaus erreicht haben. Die Sozialleistungsträger können sich jedoch zu Arbeitsgemeinschaften zusammenschließen. Hier ist auf die Tage abzustellen, die auf ihre Mitglieder insgesamt entfallen (§ 18 II KHG). 455

aa) Das Vereinbarungsverfahren. Das Verfahren der Pflegesatzfindung beginnt mit der schriftlichen Aufforderung durch eine Vertragspartei zur Aufnahme der Pflegesatzverhandlungen (vgl. § 18 IV 1 KHG, § 17 III 1 BPflV 1995, § 11 III 1 KHEntgG, § 18 III BPflV 2013, 11 III BPflV 2017). Das Gesetz geht davon aus, dass innerhalb von sechs Wochen die Vereinbarung zustande kommt, da die Schiedsstelle nach § 18a KHG auf Antrag einer Vertragspartei nach Ablauf dieser Frist die Pflegesätze festzusetzen hat. Auch für die Entscheidung der Schiedsstelle wird eine 6-Wochenfrist vorgegeben (§ 19 II BPflV 1995, § 13 II KHEntgG, § 13 II BPflV 2013/17). Sowohl das Verhandlungs- als auch das Schiedsstellenverfahren stehen deshalb unter einem Beschleunigungsgebot.[495] Es hat zum Inhalt, dass das Pflegesatzverfahren unverzüglich in Gang zu setzen und mit einer Vereinbarung oder Festsetzung abzuschließen ist.[496] Selbstverständlich kann die Schiedsstelle schon vor Ablauf der 6-Wochenfrist angerufen werden, wenn eine Pflegesatzvereinbarung schon vorher gescheitert ist. Es würde dem Beschleunigungsgrundsatz widersprechen, hier unnötigerweise den Ablauf der Frist abzuwarten. § 18 I KHG stellt im Übrigen nur darauf ab, dass innerhalb der Frist eine Vereinbarung nicht zustandegekommen ist. Dem Wortlaut nach könnte die Schiedsstelle daher selbst dann angerufen werden, wenn innerhalb der Frist gar nicht verhandelt worden ist. Andererseits gehen § 13 I KHEntgG, § 19 I BPflV 1995 und § 13 II BPflV 2013/17 davon aus, dass vor Anrufung der Schiedsstelle verhandelt worden ist. Denn die Schiedsstelle soll nur über Gegenstände entscheiden, über die keine Einigung erzielt worden ist. Das setzt aber Verhandlungen voraus. Denn sonst würden die eigentlichen Pflegesatzverhandlungen voll in 456

---

[493] → § 25 Rn. 12 ff.
[494] *Dietz*, in: Dietz/Bofinger, KHG, BPflV und Folgerecht, Erl. II 3 zu § 18 KHG.
[495] BVerwGE 94, 301; BVerwG, U. v. 26.2.2009 – 3 C 7.08 – NVwZ 2009, 1043 (Rn. 16); *Quaas*, in: Schnapp (Hrsg.), Handbuch des sozialrechtlichen Schiedsverfahrens, C Rn. 216 ff.
[496] Zur Problematik vgl. *Quaas*, aaO, C Rn. 217; *ders.*, KU 1995, 1002, 1003; *Trefz*, in: Tuschen/Trefz, KHEntgG, 307; *Dietz*, in: Dietz/Bofinger, KHG, BPflV und Folgerecht, Erl. 2 zu § 19 BPflV.

das Schiedsstellenverfahren verlagert. Die Schiedsstelle soll sich nach den genannten Vorschriften jedoch nur mit den Streitpunkten auseinandersetzen. Die Vertragspartei, die hier die Schiedsstelle anruft, muss deshalb damit rechnen, dass ihr Antrag als unzulässig abgewiesen wird. Schiedsstellen haben bisher Anträge schon deswegen zurückgewiesen, weil nicht ausreichend genug verhandelt worden sei.

457 Um die zügige Durchführung der Pflegesatzverhandlungen zu erleichtern, verpflichtet der Gesetzgeber die Vertragsparteien, wesentliche Fragen zum Versorgungsauftrag und zur Leistungsstruktur des Krankenhauses sowie zur Höhe einzelner Vergütungsbestandteile noch vor dem eigentlichen Beginn des Pflegesatzverfahrens vorzuklären (§§ 17 VI 1 BPflV 1995, § 11 V BPflV 2013/17, 11 V KHEntgG). Die Nichtbeachtung der Vorklärungspflicht kann pflegesatzrechtliche Folgen haben, wenn der Versorgungsauftrag oder zumindest eine „entsprechende informelle Abstimmung" Grundlage einer Budgetforderung des Krankenhauses ist.[497] Der Krankenhausträger ist weiter verpflichtet, den anderen Vertragsparteien zur Vorbereitung der Verhandlung bestimmte Unterlagen zu liefern, die für die Vereinbarung von Bedeutung sind. Dazu gehören insbesondere eine Leistungs- und Kalkulationsaufstellung (LKA) nach Anlagen 1 und 2 zur BPflV 1995 und für die dem KHEntgG unterliegenden Krankenhäuser die Aufstellung der Entgelte und Budgetermittlung (AEB) nach Anlage 1 zum KHEntgG. Für die unter die BPflV 2013 fallenden Krankenhäuser gilt die AEB-Psych[498]. Zusätzliche Unterlagen sind vorzulegen und Auskünfte zu erteilen, soweit dies zur Beurteilung der Leistungen des Krankenhauses erforderlich ist.

458 Die Pflegesatzverhandlung schließt, wenn sie erfolgreich ist, mit der Pflegesatzvereinbarung. Dabei handelt es sich nicht um eine zivilrechtliche Preisvereinbarung, sondern um einen öffentlich-rechtlichen Vertrag, der den Regeln der §§ 54 ff. VwVfG unterliegt.[499] Den Vertragsparteien steht bei der Vereinbarung über die Entgelte ein Gestaltungsspielraum zu.[500] Die Entscheidungsbefugnisse der Parteien über die Entgelte und die entgeltbestimmenden Faktoren sowie die sonstigen – zulässigen – Gegenstände einer Pflegesatzvereinbarung gebieten es, dass sie selbst – allerdings im Rahmen des geltenden Rechts – festlegen, wie das Volumen der Erlöse des Krankenhauses ausfällt und welche Faktoren bei der Entgeltbestimmung mit welchem Gewicht Berücksichtigung finden.[501] Nicht dagegen ist es den Parteien gestattet, den Versorgungsauftrag des Krankenhauses verbindlich zu regeln. Der Inhalt des Versorgungsauftrags ergibt sich abschließend aus den Regelungen des § 4 BPflV 1995, § 8 I KHEntgG und § 8 I BPflV 2013/17. Eine dritte Planungsebene neben den krankenhausplanerischen Vorstellungen des Landes und den Vereinbarungsmöglichkeiten nach § 109 SGB V ist abzulehnen.[502] Ein Krankenhaus kann deshalb auch solche Entgelte abrechnen, die in der Pflegesatzvereinbarung keine Berücksichtigung gefunden haben. Die Pflegesatzvereinbarung stellt keine verbindliche Konkretisierung des Versorgungsauftrags dar.[503]

459 Die Vereinbarung kommt durch Einigung zwischen den Vertragsparteien zustande, die an der Pflegesatzverhandlung teilgenommen haben (§ 17 I 4 BPflV 1995, § 11 I 5 BPflV 2013/17 und § 11 I 5 KHEntgG). Maßgebend ist also nicht die Zahl der Vertragsparteien im Sinne des

---

[497] Vgl. OVG Lüneburg, U. v. 25.1.2001 – 11 L 2984/00 –; d. BVerwG hat mit B. v. 30.5.2002 – 3 B 41.01 – die dagegen gerichtete Beschwerde zurückgewiesen. S. a. BSG, U. v. 24.7.2003 – 3 KR 28/02 – in GesR 2003, 382, 383, wonach § 17 VI 1 BPflV „lediglich" ein Beschleunigungsgebot für die Verhandlungen begründet; sie setzte das Bestehen eines – seinem Umfang allenfalls noch zu klärenden – bestimmten Versorgungsauftrags voraus.
[498] Für die unter die BPflV 2017 fallenden Krankenhäuser hat der Gesetzgeber zwar die AEB-Psych mit Wirkung zum 1.1.2017 aufgehoben. Es gilt aber die zwischen dem SpiBuk, dem Verband der PKV und der DKG abgeschlossene AEB-Psych-Vereinbarung v. 26.11.2015.
[499] *Tuschen/Quaas*, BPflV, 366; *Tuschen/Trefz*, KHEntgG, 297.
[500] BVerwG, U. v. 21.1.1993, NJW 1993, 2391, 2392.
[501] *Trefz*, in: Tuschen/Trefz, KHEntgG, 297.
[502] VG Arnsberg, U. v. 20.11.1998 – 3 K 5479/97; *Trefz*, aaO.
[503] BSG, U. v. 24.7.2003 – 3 KR 28/02 – GesR 2003, 382.

§ 18 II KHG, sondern allein die Zahl der anwesenden Vertragsparteien. Dadurch soll verhindert werden, dass eine einzelne Vertragspartei durch ihr Fernbleiben von den Pflegesatzverhandlungen den Abschluss einer Pflegesatzvereinbarung vereitelt.

Für die Wirksamkeit der Vereinbarung verlangt das Gesetz Schriftform (§ 17 I 4 BPflV 1995, § 11 I 5 BPflV 2013/17, 11 I 5 KHEntgG). Im Übrigen ist die Zustimmung der Landesverbände der Krankenkassen und des Landesausschusses des Verbandes der Privaten Krankenversicherung erforderlich. Die Zustimmung gilt allerdings als erteilt, wenn die Mehrheit der Krankenhausverbände der Vereinbarung nicht innerhalb von zwei Wochen nach Vertragsschluss widerspricht. Diese überzogene bürokratische Regelung hat in der Vergangenheit wenig praktische Bedeutung erlangt. **460**

bb) Das Schiedsstellenverfahren (§ 18 I 4 KHG). Einigen sich die Vertragsparteien ganz oder teilweise nicht, entscheidet auf Antrag einer Vertragspartei die Schiedsstelle nach § 18a I KHG.[504] Die Schiedsstelle besteht kraft Gesetzes aus einem neutralen Vorsitzenden sowie aus Vertretern der Krankenhäuser und Krankenkassen in gleicher Zahl. Das nähere Verfahren über die Bestellung der Mitglieder und das Verfahren vor ihr regeln die Schiedsstellenverordnungen der Landesregierungen, sofern das Land von der Verordnungsermächtigung des § 18a IV KHG Gebrauch gemacht hat. Daneben sind die Landesverbände der Krankenkassen und die Landeskrankenhausgesellschaft befugt, die Einzelheiten der Besetzung und das Verfahren der Schiedsstelle zu vereinbaren.[505] **461**

(1) Rechtliche Einordnung der Schiedsstelle. Die rechtliche Einordnung der Schiedsstelle war von Anfang an umstritten. Ein Teil der Literatur sieht in ihr eine Behörde, die den funktionellen Behördenbegriff des § 1 IV VwVfG („Stelle, die Aufgaben der öffentlichen Verwaltung wahrnimmt") erfüllt.[506] Das OVG Münster hat dagegen dezidiert die Behördeneigenschaft der Schiedsstelle abgelehnt.[507] Die Rechtsprechung des BVerwG hat die Frage der Behördeneigenschaft der Schiedsstelle offen gelassen und dazu ausgeführt, die Schiedsstelle könne „durchaus als eine vertragliche Schlichtungsstelle, die letztlich auf der Ebene der Pflegesatzparteien und damit nicht hoheitlich handelt, begriffen werden".[508] **462**

Unzweifelhaft ist die Schiedsstelle ein Instrument der Streitschlichtung und das Schiedsstellenverfahren ein „obligatorisches Schlichtungsverfahren".[509] Von einer „freien Schlichtung" kann insoweit keine Rede sein. Ist die Schiedsstelle angerufen, muss sich die andere Seite auf das Verfahren einlassen. Die 6-Wochen-Frist des § 18 IV 1 KHG und die Verpflichtung der Schiedsstelle zur „unverzüglichen" Entscheidung sprechen für die Annahme einer „einseitigen Zwangsschlichtung".[510] Dem wird die rechtliche Einordnung der Schiedsstelle als einem „Vertragshilfeorgan", entsprechend der Leistungserbringung durch Dritte gem. § 317 I BGB[511] nicht gerecht. Die Schiedsstelle hat keine vertragsausfüllende, sondern eine vertragsbegründende Funktion, ist damit nicht „Helfer", sondern „Streitentscheider". In jahrzehntelanger Spruchpraxis hat sich die Schiedsstelle zu einem „Rechtshilfeorgan" als **463**

---

[504] Zu Einzelheiten der Bestellung der Besetzung und des Verfahrens dieser Schiedsstellen sowie der Bundesschiedsstelle nach § 18a Abs. 6 KHG vgl. *Quaas* in: Schnapp (Hrsg.), Handbuch des sozialrechtlichen Schiedsverfahrens, 2. A., 2016, C Rn. 85 ff.; *Shirvani*, NZS 2012, 81 (83f); Huster/Kaltenborn/*Prütting*, Krankenhausrecht, 2.A., § 5 Rn. 111.
[505] BVerwG, U. v. 20.1.2005 – 3 C 1/04 – NVwZ-RR 2005, 480.
[506] Vgl. *Düring*, Das Schiedswesen in der gesetzlichen Krankenversicherung, S. 62, 70; *Felix*, GesR 2010, 300 (301); *Shirvani*, NZS 2012, 81 (84); *Tuschen/Quaas*, Bundespflegesatzverordnung, 5. Aufl., S. 366; *Zuck/Quaas*, NJW 1987, 687, 688; aA *Trefz*, Der Rechtsschutz gegen die Entscheidungen der Schiedsstelle nach § 18a KHG, Diss. 2002, 95 ff.; Spickhoff/*Kutlu*, § 13 KHEntgG Rn. 2.
[507] OVG Münster, B. v. 24.9.2002 – 13 A 2341/01, KRS 02.104.
[508] BVerwG NJW 1994, S. 2435; s.a. DVBl. 2006, 369.
[509] VGH Baden-Württemberg DVBl. 1990, 996.
[510] *Quaas* in: Schnapp, aaO, Rn. 178.
[511] So *Heinze* in: Heinze/Wagner (Hrsg.), Die Schiedsstelle des Krankenhausfinanzierungsgesetzes, 1989, S. 61; ähnlich *Trefz*, aaO, S. 64 ff.

einem „quasi-gerichtlichem Spruchkörper"[512] entwickelt, das nicht so sehr vertrags-, sondern rechtsgestaltend in die Parteibeziehungen eingreift, indem es die Vorschriften der BPflV, des KHG und des KHEntgG sowie der sonstigen, für die Vertragsparteien geltenden Bestimmungen nach Maßgabe der von ihr vertretenen Rechtsauffassung anwendet. Gleichwohl ist damit nicht notwendig eine „hoheitliche" Tätigkeit der Schiedsstelle verbunden, da sie selbst nicht – wie noch zu zeigen sein wird – mit dem Instrument eines „Verwaltungsakt" (VA) entscheidet. Isoliert ist die Schiedsstellenentscheidung für die Pflegesatzparteien nicht verbindlich. Rechtsverbindlichkeit erlangt die Entscheidung erst mit der Genehmigung der zuständigen Landesbehörde (vgl. § 18 V KHG). Insoweit sind die Schiedsstellen nicht Ausdruck hoheitlicher Staatstätigkeit und nicht in den hoheitlichen Verwaltungsapparat einbezogen, sondern ein von den an der Krankenversorgung beteiligten Organisationen eingerichtetes und finanziell getragenes Selbstverwaltungsorgan, dessen Mitglieder ehrenamtlich tätig und nicht weisungsgebunden sind.[513]

464 **(2a) Formale Voraussetzungen.** Formale Voraussetzungen für die Einleitung eines Schiedsverfahrens sind:

- Durchführung von Entgelt- bzw. Pflegesatzverhandlungen nach schriftlicher Aufforderung durch eine Vertragspartei (§ 18 IV 1 KHG),
- Ablauf der Sechs-Wochen-Frist nach schriftlichen Aufforderung (§ 18 IV 1 KHG),
- Antrag einer Vertragspartei (§ 18 IV 1 KHG).

465 Vor dem Erfordernis der geführten Entgelt-/Pflegesatzverhandlung kann abgesehen werden, wenn eine Vertragspartei Verhandlungen, zu denen sie alle Vertragsparteien schriftlich aufgefordert hat, gänzlich ablehnt und die Sechs-Wochen-Frist nach schriftlicher Aufforderung abgelaufen ist.[514]

466 Im Übrigen besteht für die Erhebung eines Schiedsstellenantrags keine Frist. Der Schiedsstellenantrag sollte jedoch zeitnah nach Feststellung des Scheiterns der Verhandlungen gestellt werden. Das ergibt sich aus dem Beschleunigungsgrundsatz des Pflegesatzrechts.

467 **(2b) Verfahrensgang.** Der Verfahrensgang vor der Schiedsstelle gestaltet sich üblicherweise wie folgt:[515] Nach Einleitung des Schiedsverfahrens durch den schriftlichen Antrag einer Vertragspartei fordert der Vorsitzende die Gegenseite unter Beifügung des Antrags nebst vom Antragsteller beigefügten Unterlagen unter knapper Fristsetzung zur Stellungnahme auf. Sämtliche Antragsunterlagen werden darüber hinaus den Mitgliedern der Schiedsstelle zugeleitet. Einzelne Schiedsstellenverordnungen verlangen vom Antragsteller die direkte Zuleitung der Antragsschrift an den Antragsgegner (vgl. § 7 I LSchStV NRW).

468 Nach Eingang der Antragserwiderung, ggf. auch schon vorher, verfügt der Vorsitzende die terminsvorbereitenden Maßnahmen, indem er Ort, Zeit und Gegenstand der Sitzungen der Schiedsstelle festlegt. Das Kernstück des Schiedsverfahrens bildet die mündliche Verhandlung. Zu ihr sind die Vertragsparteien und die Beteiligten zu laden. Sie findet in nicht-öffentlicher Sitzung statt und soll den Vertragsparteien und den Beteiligten Gelegenheit geben, sich zu den für die Entscheidung der Schiedsstelle maßgeblichen tatsächlichen und rechtlichen Gesichtspunkten zu äußern. Die Verhandlungsführung liegt bei dem Vorsitzenden. Nach Schließung der mündlichen Verhandlung durch den Vorsitzenden berät und entscheidet die Schiedsstelle über den Antrag nicht-öffentlich in Abwesenheit der Vertragsparteien. Die von der Schiedsstelle durch Abstimmung ihrer Mitglieder getroffene Entscheidung ist schriftlich abzufassen, vom Vorsitzenden zu unterzeichnen und sodann den Ver-

---

[512] *Felix* in: FS Bethge, 2009, 319 (329); dies., GesR 2010, 300 (301); *Shirvani*, NZS 2012, 81 (85).
[513] OVG Münster, B. v. 24.9.2002 – 13 A 2341/01 –, KRS 02.104; vgl. zur Nichteingliederung des Schiedsamts in die staatliche Verwaltung BSG, U. v. 10.5.2000 in BSGE 86, 126 (132).
[514] VG Neustadt, U. v. 12.2.1997 – 3 K 659/96, zitiert in *Wermter*, aaO, I 2.1.1.
[515] Vgl. *Quaas* in Schnapp (Hrsg.), Handbuch des sozialrechtlichen Schiedsverfahrens, 2.A., 2016, C Rn. 205 ff.

§ 26 Grundzüge des Rechts der Krankenhausfinanzierung

tragsparteien und der für die Genehmigung zuständigen Landesbehörde zuzuleiten. Damit ist das Schiedsstellenverfahren in der Regel beendet.

(2c) Verfahrensgrundsätze. Im Kern ist das Verfahren nach Auffassung des BVerwG **469** durch den „Beibringungsgrundsatz" geprägt, weshalb eine Anwendung des Amtsermittlungsprinzips (§ 24 I VwVfG) ausscheidet.[516] Dem Beibringungsgrundsatz entspricht eine Mitwirkungspflicht der Beteiligten bei der Ermittlung des entscheidungserheblichen Sachverhalts. Insoweit ist auch die Schiedsstelle an die für die Vertragsparteien geltenden Rechtsvorschriften gebunden, wodurch die den Pflegesatzparteien im Verhandlungsverfahren auferlegten Vorlage- und Mitwirkungspflichten einbezogen werden. Vor diesem Hintergrund ist die Schiedsstelle lediglich verpflichtet, auf die von den Vertragsparteien vorgebrachten Rügen und „Nichteinigungspunkte" einzugehen und nur darüber zu entscheiden.[517] Von wesentlicher Bedeutung für das Pflegesatzverfahren einschließlich Schiedsverfahren ist der Beschleunigungsgrundsatz. Der Sechs-Wochen-Frist des § 18 IV 1 KHG kann entnommen werden, dass das Pflegesatzverfahren unverzüglich in Gang setzen und durch eine Vereinbarung oder Festsetzung abzuschließen ist.[518] Die für die Vertragsparteien geltende Sechs-Wochen-Frist erstrecken §§ 19 I BPflV 1995, § 13 II BPflV 2013/17 und 13 II KHEntgG auch auf die Entscheidung der Schiedsstelle. Innerhalb dieser Zeit ist das Verfahren vor der Schiedsstelle abzuschließen. Aus der Formulierung „Entscheidung" wird man allerdings nicht folgern können, der schriftliche, mit Gründen versehene Beschluss der Schiedsstelle müsste innerhalb von sechs Wochen den Vertragsparteien zugegangen sein. Bei der Sechs-Wochen-First handelt es sich um eine Ordnungsfrist, deren Verletzung die Rechtmäßigkeit des Schiedsspruches nicht berührt. Eine Fristüberschreitung kann allerdings die Möglichkeit einer Untätigkeitsklage oder einer Dienstaufsichtsbeschwerde eröffnen.[519]

(3a) Die Rechtsnatur des Schiedsspruchs. Bei der Bestimmung der Rechtsnatur der Ent- **470** scheidungen der Schiedsstelle (Schiedsspruch) geht es im Kern um die Frage ihrer selbständigen, unmittelbar mit Rechtsmitteln angreifbaren Anfechtbarkeit. Dies ist der Fall, wenn man in dem Schiedsspruch einen VA sieht, der gesetzlich durch die Merkmale der Entscheidung einer Behörde zur Regelung eines Einzelfalls auf dem Gebiet des öffentlichen Rechts mit unmittelbarer Rechtswirkung nach außen definiert ist (§ 31 SGB X, § 35 VwVfG).

Nach übereinstimmender Auffassung in Rechtsprechung und Rechtslehre ist die Verwal- **471** tungsaktqualität bei sämtlichen Festsetzungen der Schiedsämter in der GKV zu bejahen.[520] Die Elemente des VA-Begriffs sind ebenfalls erfüllt bei Festsetzungen der Landesschiedsstelle nach § 114 SGB V[521] sowie der Schiedsstelle nach § 18a I KHG, wenn diese die Vergütung für die Leistungen der Hochschulambulanzen, der psychiatrischen Institutsambulanzen, der sozialpädiatrischen Zentren sowie der weiteren in § 120 SGB V genannten Einrichtungen festsetzt.[522]

Demgegenüber wird für den Schiedsspruch der „Krankenhausschiedsstelle" nahezu ein- **472** hellig die VA-Qualität abgesprochen.[523] Danach entfalten die Schiedsstellenfestsetzungen keine unmittelbare Rechtswirkung nach außen. Es handelt sich vielmehr um einen internen

---

[516] BVerwG, U. v. 8.9.2005, DVBl 2006, 369; OVG Münster, U. v. 8.9.2017 – 13 A 1238/16 –, KRS 2017, 359; Huster/Kaltenborn/*Degener-Hencke*, § 5 Rn. 215.
[517] OVG Münster, B. v. 3.3.2006 – 13 A 853/05 KRS 06.006.
[518] Zum Beschleunigungsgrundsatz *Quaas*, in: Schnapp aaO Rn. 216 ff.
[519] BSGE 20, 73, 79; *Quaas*, aaO, Rn. 217.
[520] BSGE 20, 73, 75; *Düring*, Das Schiedswesen der gesetzlichen Krankenversicherung, S. 120; w. Nw. bei *Quaas* in: Schnapp, aaO, Rn. 227.
[521] LSG BW, U. v. 9.3.2011 – L 5 KR 3136/09 –; Rev. Anhängig unter B 1 KR 27/11 R; KassKomm/, § 115 SGB V Rn. 17; *Axer*, Normsetzung der Exekutive in der Sozialversicherung, S. 97 m. w. N.
[522] *Quaas* in: Schnapp, Rn. 227.
[523] BVerwG, NJW 1994, 2435; w. Nw. bei *Quaas*, aaO Rn. 230 f.; *Shirvani*, NZS 2012, 81 (85); krit. *Felix*, GesR 2010, 300 (301 ff.).

Mitwirkungsakt im Rahmen der Pflegesatzermittlung. Die Außenwirkung kommt allein der Pflegesatzgenehmigung bzw. -versagung durch die zuständige Landesbehörde zu.[524] Diese rechtliche Einordnung gilt für die Festsetzung der krankenhausindividuellen Pflegesätze sowohl im DRG-, als auch im BPflV-Bereich. Darüber hinaus ist die Festsetzung des landesweit geltenden Basisfallwerts (§ 10 KHEntgG) unabhängig von dessen überragender Bedeutung für die Höhe der Krankenhausvergütung kein VA, da auch einem solchen Schiedsspruch die erforderliche Außenwirkung erst durch die nach § 14 I KHEntgG erforderliche Genehmigung zukommt. Allerdings betrifft der Schiedsspruch nicht nur die Vertragsparteien, sondern auch die von der Vereinbarung/Festsetzung erfassten Mitglieder der Vertragsparteien, die Vertragsadressaten (Dritte). Der Schiedsspruch setzt den Vertragsinhalt nicht nur gegenüber den Vertragspartnern fest, sondern auch gegenüber den nicht am Vertragsschluss beteiligten Personen, für die der Vertrag Verbindlichkeit beansprucht. Soweit ein Schiedsspruch den Inhalt einer normativ wirkenden Bestimmung festsetzt, erweist er sich daher als Norm gegenüber den Vertragsadressaten, während es gegenüber den Vertragsparteien bei der Qualifikation als (vorbereitender) VA bleibt. Dem (genehmigten) Schiedsspruch kommt insoweit eine Doppelnatur zu: Zum einen ist er Norm, zum anderen Verwaltungsakt.[525]

473 **(3b) Entscheidungsspielraum.** Der Schiedsstelle kommt im Hinblick auf ihre paritätische Zusammensetzung mit einem neutralen Vorsitzenden, dem Mehrheitsprinzip, der Weisungsfreiheit und Sachkunde ihrer Mitglieder ein Beurteilungsspielraum zu.[526] Die „Einschätzungsprärogative" bezieht sich auf die Anwendung und Auslegung solcher unbestimmten Rechtsbegriffe und Sachverhalte, die vorausschauend im Wege einer Prognose zu bewerten sind. Im Übrigen ist die Schiedsstelle – nicht anders als die Vertragsparteien – an das geltende Pflegesatzrecht gebunden, so dass nur von einem eingeschränkten Beurteilungsspielraum auszugehen ist. Innerhalb dieser Grenzen hat die Schiedsstelle die ansonsten den Vertragsparteien zukommenden Gestaltungsmöglichkeiten, was eine Reduzierung der Entscheidungskompetenz der Schiedsstelle gegenüber den Vereinbarungsmöglichkeiten der Vertragsparteien ausschließt. Daraus folgt, dass die Schiedsstellenentscheidung durch die Genehmigungsbehörde und durch die Verwaltungsgerichte nur daraufhin zu überprüfen ist, ob die Vorschriften des KHG, des KHEntgG und des sonstigen Rechts eingehalten sind.[527]

474 Aus dem Charakter und der Funktion der Schiedsstelle als einer streitschlichtenden Selbstverwaltungseinrichtung und dem ihr eingeräumten Beurteilungsspielraum folgt weiter, dass die Schiedsstelle ihre Entscheidung zu begründen hat. Insoweit handelt es sich bei der Begründungspflicht des § 39 VwVfG um einen allgemeinen, auch auf die Tätigkeit der Schiedsstelle anwendbaren Rechtsgedanken.[528] Der Umfang der Begründungspflicht orientiert sich daran, dass die Genehmigungsbehörde ggf. ein Gericht die Einhaltung der rechtlichen Grenzen des Beurteilungsspielraums überprüfen können muss. Im Übrigen sind an die Begründung des Schiedsstellenspruchs wegen der Sachkunde der Beteiligten nicht so strenge Anforderungen zu stellen wie bei einem VA.[529]

---

[524] OVG Lüneburg, U. v. 22.9.2005 – 11 LC 133/05 –, KRS 05.096 u. v. m.

[525] Vgl. *Axer*, Die Normsetzung der Exekutive in der Sozialversicherung, S. 97 f.; *Quaas* in: Schnapp, aaO, Rn. 228.

[526] BVerwG, U. v. 26.2.2009 – 3 C 7/08 –, NVwZ 2009, 1043 (1044); OVG Lüneburg, U. v. 22.9.2005 – 11 LC 333/05 – in KRS 05.096; OVG Rheinland-Pfalz, U. v. 28.9.2004 – 7a 10 151/04, KRS 04.018; Felix, GesR 2010, 300 (302); w. N. bei *Quaas* in: Schnapp aaO, Rn. 224.

[527] VGH Baden-Württemberg, U. 19.9.2006 – 9 S 1383/04 –, KRS 06.019); krit. *Felix*, GesR 2010, 300 (302), die zu Recht darauf hinweist, dass sich die Klassifizierung des Schiedsspruchs als „interner Mitwirkungsakt" nur schwer mit einer Beschränkung der Kontrolldichte der Behörden und Gerichte vereinbaren lässt.

[528] OVG Lüneburg, U. v. 22.9.2005 – 11 LC 133/05, KRS 05.096; VG Stuttgart, U. v. 18.11.2004 – 4 K 4307/03,: KRS 04.039.

[529] OVG Lüneburg, U. v. 22.9.2005 – 11 LC 133/05 –, KRS 05.096.

§ 26 Grundzüge des Rechts der Krankenhausfinanzierung

cc) **Das Genehmigungsverfahren.** Das Pflegesatzverfahren endet – entsprechend seinem dreistufigen Aufbau – mit der Genehmigung der vereinbarten oder festgesetzten Pflegesätze durch die dafür zuständige Landesbehörde (§ 18 V KHG, § 20 I BPflV 1995, § 14 I BPflV 2013/17, § 14 I KHEntgG[530]). Zuständige Landesbehörde ist die Behörde, der durch landesrechtliche Zuständigkeitsregelung die Genehmigung von Pflegesätzen übertragen wurde.

(1) **Prüfungs- und Entscheidungskompetenz der Genehmigungsbehörde.** Normativer Ausgangspunkt für die Frage der Prüfungs- und Entscheidungskompetenz der Genehmigungsbehörde ist § 18 V 1 KHG. Danach werden die vereinbarten und festgesetzten Pflegesätze von der Landesbehörde genehmigt, wenn sie den Vorschriften des KHG und sonstigem Recht entsprechen. Die Formulierung deutet darauf hin, dass sich das Genehmigungsverfahren auf eine reine „Rechtskontrolle" erstreckt.[531] Dafür sprechen §§ 20 II 1 BPflV 1995, § 14 II 1 BPflV 2013/17 und 14 II 1 KHEntgG, wonach die Parteien und die Schiedsstellen der Genehmigungsbehörden die Unterlagen vorzulegen und die Auskünfte zu erteilen haben, „die für die Prüfung der Rechtmäßigkeit erforderlich sind". In diesem Ergebnis sind sich Rechtsprechung und Literatur einig.[532]

Im Gegensatz zur Überprüfungskompetenz war die Entscheidungsbefugnis der Genehmigungsbehörde lange Zeit umstritten. Die frühere Rechtsprechung des VGH Baden-Württemberg hat aus Gründen effektiven Rechtsschutzes den für die Genehmigung zuständigen Regierungspräsidien das Recht zugestanden, den Pflegesatz abweichend vom Schiedsspruch „in rechtmäßiger Höhe" zu genehmigen. Das BVerwG lehnt einen solchen „Gestaltungsfreiraum" der Genehmigungsbehörde ab. Die Genehmigungsbehörde kann nur „ja" oder „nein", nicht aber „ja aber" sagen. Eine Teilgenehmigung bzw. die Ablehnung der Genehmigung für einzelne als rechtswidrig erkannte Festsetzungen ist der Genehmigungsbehörde versagt.[533]

(2) **Versagung der Genehmigung.** Obwohl §§ 18 V 1 KHG, 20 I BPflV und 18 I KHEntgG nur den Antrag auf (Erteilung der) Genehmigung kennen, ist seit der grundlegenden Entscheidung des BVerwG vom 21.1.1993[534] – und als Folge davon – anerkannt, dass auch die Versagung der Genehmigung beantragt werden kann. Würde man das Antragsrecht der von der Festsetzung der Schiedsstelle benachteiligten Partei auf die Beantragung des festgesetzten Pflegesatz beschränken, wäre fraglich, ob eine nachfolgende Klage gegen die Genehmigungsentscheidung deshalb unzulässig wäre, weil die Partei von der Behörde die von ihr beantragte Entscheidung erhalten hat.[535]

(3) **Versagungsentscheidung/erneute Anrufung der Schiedsstelle.** Auch die Versagungsentscheidung der Genehmigungsbehörde ist ein mit Rechtsmitteln angreifbarer VA. Damit nun das von der Feststellung der Schiedsstelle beschwerte Krankenhaus nicht gezwungen ist, den Versagungsbescheid mit dem Ziel eines höheren Pflegesatzes in einer langjährigen Auseinandersetzung „durch die Gerichte zu tragen", messen §§ 20 III BPflV 1995, § 14 III BPflV 2013/17 und 14 III KHEntgG den Gründen des Versagungsbescheids Bindung für die erneut angerufene Schiedsstelle bei. Die Schiedsstelle wird verpflichtet „unter Beachtung der Rechtsauffassung der Genehmigungsbehörde erneut zu entscheiden". Die Regelung betrifft den Fall einer normativ angeordneten Feststellungswirkung einer Verwaltungsentscheidung und

---

[530] In der Lit. wird zunehmend für die Abschaffung des Genehmigungserfordernisses plädiert – vgl u. a. *Felix*, GesR 2010, 300 ff.; abl. Huster/Kaltenborn/*Degener-Hencke*, § 5 Rn. 219 ff.
[531] *Quaas* in: Schnapp, aaO, Rn. 241.
[532] BVerwG, NJW 1993, 2391; ThürOVG, ThürVBl. 1998, 64; *Felix*, GesR 2010, 300 (302); *Quaas*, aaO.
[533] BVerwG, U. v. 21.1.1993 – BVerwGE 91.363; OVG Lüneburg, U. v. 22.9.2005 – 11 LC 133/05 –, KRS 05.096; zum Begründungserfordernis für die Genehmigungsentscheidung vgl. VG Mainz, U. v. 31.3.2009 – 6 K 578/08 –, KHR 2009, 197.
[534] BVerwG, NJW 1993, 2391.
[535] *Quaas* in: Schnapp, aaO, Rn. 246.

schließt damit eine Rechtsschutzlücke im Pflegesatzrecht.[536] Sie verhindert zugleich, dass sich die Schiedsstelle über die Gründe der Nichtgenehmigung hinwegsetzt und ihre frühere Entscheidung bestätigt. Ein solches „Ping-Pong-Spiel" zwischen Schiedsstelle und Genehmigungsbehörde hatte es vor Inkrafttreten der Vorschrift im Jahr 1994 wiederholt gegeben.[537] Der erneuten Anrufung der Schiedsstelle muss keine nochmalige Pflegesatzverhandlung vorausgehen. Die 6-Wochen-Frist des § 18 IV 1 KHG muss nicht (erneut) eingehalten werden. Dies gilt auch dann, wenn die Versagung der Genehmigung von der insoweit belasteten Partei mit der Klage angegriffen wurde. Eine solche Klage hat keine aufschiebende Wirkung, die der Zulässigkeit des (erneuten) Schiedsstellenantrags entgegenstehen würde.[538]

480   Hat allerdings die Genehmigungsbehörde die Genehmigung eines Schiedsspruchs nur aus einem bestimmten Grund versagt und andere (möglicherweise bedeutendere) Gründe, die gegen die Genehmigung sprechen, nicht genannt, hat das betroffene Krankenhaus nur die Möglichkeit, erneut einen Antrag an die Schiedsstelle auf Entscheidung gem. §§ 14 III KHEntgG, 20 III BPflV 1995 bzw. § 14 III BPflV 2013/17 zu stellen. Sowohl dieser Antrag als auch ein nachfolgender Antrag auf Genehmigung des Schiedsspruchs bedarf eines ausdrücklichen Vorbehalts im Hinblick auf eine gegen die Genehmigung des Schiedsspruchs beabsichtigte Klage vor dem Verwaltungsgericht. Diese komplizierte Vorgehensweise ist nicht zu vermeiden, da das VG keine Gestaltungsmöglichkeit im Hinblick darauf hat, der Genehmigungsbehörde verpflichtende Vorgaben bezüglich der Entscheidungsgründe zu erteilen.[539]

481   **dd) Rechtsschutz.** Nach § 18 V 2 KHG ist gegen die Genehmigung des Schiedsspruchs (einschließlich seiner Versagung) der Verwaltungsrechtsweg (§ 40 VwGO) gegeben. Ein Vorverfahren findet nicht satt. Die Klage hat keine aufschiebende Wirkung.

482   **(1) Keine Direktklage.** Gegenstand der gerichtlichen Kontrolle in Pflegesatzstreitigkeiten ist stets – wie § 18 V 2 KHG zeigt – der Genehmigungs- (bzw. Versagungs-) Bescheid, nicht die Festsetzung der Schiedsstelle.[540] Damit schließt das Gesetz zugleich einen alternativen Rechtsschutz, insbesondere eine unmittelbare Direktklage der Vertragsparteien untereinander – unter Umgehung der behördlichen Genehmigung – aus.[541] Das gilt nicht nur für die Vereinbarung oder Festsetzung der Pflegesätze selbst, sondern auch für einzelne Berechnungsfaktoren (z. B. Fallzahlen), und zwar auch dann, wenn für solche Berechnungsfaktoren eine gesonderte Vereinbarung zwischen den Vertragsparteien erforderlich ist.[542] Auch solche Berechnungsfaktoren fließen in die Vereinbarung oder Festsetzung der Pflegesätze ein und sind damit untrennbarer Bestandteil der behördlichen Genehmigung und ggf. einer nachfolgenden gerichtlichen Kontrolle.[543]

483   **(2) Zulässige Klageart.** Die Auswahl des richtigen Rechtsmittels (Klageart) hängt von der Entscheidung der Genehmigungsbehörde ab. Es kommt darauf an, ob der Kläger eine Korrektur der erteilten Genehmigung (1a), der Versagungsentscheidung der Genehmigungsbehörde (1b) oder lediglich eine abweichende Begründung der Versagungsentscheidung (1c) begehrt.

---

[536] *Trefz*, Rechtsschutz gegen Schiedsstellenentscheidungen, S. 142; *Tuschen/Quaas*, BPflV, S. 393.
[537] Vgl. die bei *Tuschen/Quaas* (BPflV, S. 392) abgedruckte Begründung des Bundesrates in der Sitzung am 8.7.1994.
[538] *Tuschen/Quaas*, BPflV, S. 393; aA *Robbers*, in: Breitmeyer/Engelkes/Knorr u. a. Düsseldorfer Kommentar zur BPflV, Erl. § 20 BPflV II 8.2.
[539] *Wermter* in: Mohr/Kröger (Hrsg.). Handbuch Krankenhaus, I. 2.2.4.
[540] *Felix*, GesR 2010, 300 (303).
[541] BVerwG, U. v. 26.2.2009 – 3 C 7.08 – NVwZ 2009, 1043 = MedR 2010, 199.
[542] Das war gem. § 6 I 4 Nr. 1 BPflV a. F. für die durch das Krankenhaus geltend gemachte Erhöhung der Fallzahlen der Fall; das BVerwG, aaO, hat diese Bestimmung als mit § 18 IV und V KHG unvereinbar und nichtig erklärt.
[543] *Stollmann/Herrmanns*, DVBl 2011, 599 (606).

(2a) Korrektur der erteilten Genehmigung. Gegen die Genehmigung eines festgesetzten **484**
Gesamtbetrags, eines Budgets bzw. festgesetzter Pflegesätze kann diejenige Vertragspartei
Klage erheben, die durch die Genehmigung der Schiedsstellenentscheidung beschwert ist,
also die im Schiedsverfahren in einem oder mehreren Punkten unterlegene Partei. Die
Klagebefugnis des Krankenhausträgers ist auch dann gegeben, wenn er die Genehmigung
einer streitigen Schiedsstellenfestsetzung ausschließlich aus Gründen des Rechtsschutzes
gegen diese Schiedsstellenentscheidung beantragt, um die in §§ 20 III BPflV 1995, § 14 III
BPflV 2013/17 bzw. 14 III KHEntgG vorgesehene Bindungswirkung der Schiedsstelle zu
erreichen.[544] Allein zulässige Klageart gegen die von der Landesbehörde erteilte Genehmigung ist die Anfechtungsklage (§ 42 I VwGO). Klagegegenstand ist ausschließlich die
Rechtmäßigkeit der erteilten Genehmigung. Das VG kann nur prüfen, ob die Genehmigungsbehörde zu Recht oder zu Unrecht die Genehmigung erteilt hat. Eine „gestaltende
Genehmigungsbefugnis" steht der Genehmigungsbehörde nicht zu, weshalb eine Verpflichtungsklage auf Genehmigung des „der Höhe nach richtigen" Pflegesatzes nicht in Betracht
kommt.[545]

(2b) Korrektur der Versagungsentscheidung. § 18 V Satz 2 KHG eröffnet den Ver- **485**
waltungsrechtsweg ausdrücklich nur „gegen die Genehmigung". Daraus könnte zu folgern
sein, eine Verpflichtungsklage auf Erteilung der (versagten) Genehmigung sei unzulässig.
Eine solche Betrachtung würde indessen zu einer unerträglichen Verkürzung der Rechtsschutzmöglichkeiten der Pflegesatzparteien führen. Sie übersieht darüber hinaus, dass § 18
V 1 KHG den Vertragsparteien einen Anspruch auf Erteilung der Genehmigung verleiht,
wenn die Pflegesätze dem geltenden Recht entsprechen. Demnach ist aus Rechtsschutzgründen nicht nur die Erteilung, sondern auch die Versagung der Genehmigung der gerichtlichen Kontrolle unterworfen. Zulässige Klageart ist die Verpflichtungsklage (§ 42 II
VwGO).[546]

(2c) Abweichende Begründung der Versagungsentscheidung? Da zulässiger Gegenstand **486**
der Verpflichtungsklage nur sein kann, die Behörde zu verurteilen, die versagte Genehmigung
zu erteilen, ist eine Verpflichtungsklage auf „Ergänzung des Versagungsbescheides" um
weitere Versagungsgründe bzw. darauf, die Genehmigungsbehörde zu verpflichten, die Genehmigung aus bestimmten Gründen zu versagen, unzulässig. Mit einem solchen Begehren
möchte der Kläger eine Bindung der Schiedsstelle im Falle ihrer erneuten Anrufung gem.
§§ 20 III BPflV 1995, § 14 III BPflV 2013/17 bzw. 14 III KHEntgG im Hinblick auf
bestimmte Versagungsgründe erreichen, wie dies für den Versagungsbescheid der Genehmigungsbehörde gesetzlich vorgesehen ist.[547]

(3) Erledigung der Klage bei erneutem Schiedsspruch? Zu komplizierten prozessualen **487**
und materiell-rechtlichen Problemen kann es kommen, wenn die Schiedsstelle nach Klageerhebung durch eine Pflegesatzpartei erneut gem. § 14 III KHEntgG angerufen wird und
diese unter Beachtung der Rechtsauffassung der Behörde einen zweiten, nunmehr gegensätzlichen Beschluss erlässt, der wiederum von der Pflegesatzbehörde genehmigt wird.[548] Das
BVerwG[549] sieht in der zweiten Schiedsstellenfestsetzung die – mit Rücksicht auf die Bindungswirkung des § 14 III KHEntgG wohl eher „unfreiwillige" – Aufhebung des ersten

---

[544] VGH Baden-Württemberg, U. v. 7.11.2000 – 9 S 2774/99 –, best. durch BVerwG, DVBl 2003, 674.
[545] BVerwG, DVBl. 2003, 674; NJW 1993, 2391; *Quaas* in: Schnapp, aaO, Rn. 256 f.
[546] BVerwG, U. v. 26.2.2009 – 3 C 7.08 – NVwZ 2009, 1043 (1044); *Felix*, GesR 2010, 300 (3030).
[547] Nach Auffassung der Verwaltungsgerichte wird einem solchen Klageziel bereits die von dem Kläger erhobene Anfechtungsklage gegen die erteilte Genehmigung gerecht. Insoweit sind Genehmigungsbehörde und Schiedsstelle in analoger Anwendung der §§ 20 III BPflV, 14 III KHEntgG an die Rechtsauffassung des Gerichts gebunden; OVG NRW, U. v. 18.4.2013 – 13 A 1167/12 juris Rn. 38; BVerwG, DVBl 2003, 674.
[548] Dazu *Felix*, GesR 2010, 300 (304).
[549] BVerwG, B. v. 10.7.2008 – 3 C 7/07 – GesR 2009, 25.

Schiedsspruchs, die damit die – zuvor erhobene – (Verpflichtungs-)Klage auf Genehmigung des ersten Schiedsspruchs zur Erledigung bringt.[550]

488 **(4) Vorläufiger Rechtsschutz.** Nach §§ 18 V 3 KHG, 14 IV 2 KHEntgG bzw. § 14 IV 2 BPflV 2013/17 findet ein Vorverfahren nicht statt; die Klage hat keine aufschiebende Wirkung.

489 Vorläufiger Rechtsschutz kommt danach bei erteilter Genehmigung in der Regel nur insoweit in Betracht, als mit dem Antrag auf gerichtliche Anordnung der aufschiebenden Wirkung (§ 80 V 1 VwGO) erreicht werden soll, dass die bisherigen („alten") Pflegesätze weiter gezahlt bzw. der Vertragszustand zwischen den Pflegesatzparteien hinsichtlich des der Abrechnung zu Grunde liegenden krankenhausindividuellen Basisfallwertes (§ 11 KHEntgG) weiter gelten soll. Das antragstellende Krankenhaus bzw. die Krankenkasse, dem die genehmigten Pflegesätze „zu hoch" erscheinen, wird insoweit insbesondere darzulegen haben, dass es aus wirtschaftlichen Gründen darauf angewiesen ist, die bisher gezahlten Pflegesätze weiter zu erhalten bzw. bei Zuwarten der Entscheidung in der Hauptsache in nicht behebbare wirtschaftliche Schwierigkeiten zu geraten. Das dürfte die (extreme) Ausnahme sein.[551]

490 **c) Verfahren auf Landesebene.** Ab dem Jahre 2005 ist für die somatischen Krankenhäuser ein landesweit geltender Basisfallwert (Landesbasisfallwert) zu vereinbaren. Für die psychiatrischen und die psychosomatischen Krankenhäuser sollte ein solcher Basisfallwert (Landesbasisentgeltwert) erstmals für das Jahr 2017 vereinbart werden.. Der entwickelte PEPP-Katalog bestand jedoch seine Bewährungsprobe nicht. Das am 1.1.2017 in Kraft getretene PsychVVG beließ es bei der Anwendung der Entgelte nach der BPflV (2017)[552]

491 **aa) Vereinbarungsverfahren.** Der Landesbasisfallwert ist gemäß § 10 I KHEntgG von den Vertragsparteien auf Landesebene zu vereinbaren. Das sind die in § 18 I 2 KHG genannten Landesverbände der Krankenkassen und der Landesausschuss des Verbandes der privaten Krankenversicherung einerseits und die Landeskrankenhausgesellschaft andererseits.

492 § 10 X KHEntgG geht davon aus, dass eine der Vertragsparteien auf Landesebene zu Verhandlungen über den Basisfallwert auffordert. Es wird dort vorgegeben: „Die Vertragsparteien auf Landesebene nehmen die Verhandlungen unverzüglich auf, nachdem eine Partei dazu schriftlich aufgefordert hat." Sonst enthält das Gesetz keine Vorgaben zum Verfahren. Aus der Regelung, dass die Vereinbarung zum 31. Oktober jeden Jahres zu schließen ist (§ 10 X 1 KHEntgG), ergibt sich allerdings, dass die Aufforderung zu Verhandlungen geraume Zeit vor diesem Zeitpunkt ergehen muss, wenn es noch rechtzeitig zu einer Vereinbarung kommen soll. Der Gesetzgeber geht offensichtlich davon aus, dass das eigene Interesse der einen oder anderen Vertragspartei sie zu einer rechtzeitigen Antragstellung veranlassen wird.

493 Anders als bei der Vereinbarung der Pflegesätze für das einzelne Krankenhaus auf örtlicher Ebene wird hier nicht bestimmt, welche Unterlagen die antragstellende Vertragspartei vorzulegen hat. Sie ist darin frei. Es ist deshalb auch jeder anderen Vertragspartei freigestellt, welche Unterlagen sie ihrerseits einbringt.

494 Auch hier gilt, dass die Vereinbarung durch Einigung zwischen den Parteien zustande kommt, die an der Verhandlung teilgenommen haben (§ 10 X 2 KHEntgG). Gibt es mehrere Verhandlungen, so ist auf die entscheidende letzte Verhandlung abzustellen, in der es zu einer Vereinbarung kommt.

495 **bb) Schiedsstellenverfahren.** Kommt eine Vereinbarung über den Basisfallwert bis zum 31. Oktober des Jahres nicht zustande, so setzt die Schiedsstelle auf Landesebene den Basisfallwert auf Antrag einer Vertragspartei unverzüglich fest (§ 10 X 4 KHEntgG). Die Schiedsstelle kann also auf jeden Fall angerufen werden, wenn eine Vereinbarung bis zu

---

[550] AA noch die Vorinstanz OVG Rheinland-Pfalz, U. v. 8.3.2007 – 7 A 11532/06 –; Sodan/*Kuhla/Bedau*, § 25 Rn. 140; wie hier *Felix*, GesR 2010, 300 (304 f.).
[551] Vgl. *Quaas* in: Schnapp (Hrsg.), aaO, Kap. C Rn. 275 ff.
[552] Huster/Kaltenborn/*Prütting*, Krankenhausrecht, 2.A. § 5 Rn. 98 f.

diesem Zeitpunkt nicht zustande gekommen ist. Es muss also seit der Aufforderung zu Verhandlungen keine vorgegebene Frist erfolglos verstrichen sein.⁵⁵³

Für das Verfahren und die Entscheidung der Schiedsstelle gelten die Ausführungen für das Schiedsstellenverfahren bei Festsetzung der Pflegesätze für das einzelne Krankenhaus entsprechend.⁵⁵⁴. **496**

cc) Genehmigungsverfahren. § 14 I KHEntgG schreibt ausdrücklich vor, dass die Festsetzungen der Schiedsstelle zum landeseinheitlichen Basisfallwert genehmigungsbedürftig sind. Die Genehmigung ist – wie bei sonstigen Pflegesatzvereinbarungen und -festsetzungen auch – zu beantragen. Die Genehmigungsbehörde ist an den Antrag gebunden. Der Antrag bestimmt den Gegenstand des Genehmigungsverfahrens. Antragsberechtigt sind die Vertragsparteien auf Landesebene. Auf Kostenträgerseite ist jede einzelne Vertragspartei zum Antrag befugt. Nicht antragsberechtigt ist die Schiedsstelle selbst. Im Übrigen gelten für das Verfahren und die Entscheidung der Genehmigungsbehörde die Ausführungen zum Genehmigungsverfahren für das einzelne Krankenhaus entsprechend.⁵⁵⁵ **497**

dd) Rechtsschutz. Für eine Klage gegen die Genehmigung (Versagung) des – von der Schiedsstelle festgesetzten – Landesbasisfallwerts sieht § 14 Abs. 4 Satz 1 KHEntgG den Verwaltungsrechtsweg „nur für die Vertragsparteien auf Landesebene" vor. Damit sind nur die Vertragsparteien auf der Landesebene berechtigt, Anfechtungs- bzw. Verpflichtungsklage gegen die Genehmigung des Landesbasisfallwerts (§ 10 KHEntgG) zu erheben. In der Praxis ist es bisher zu solchen Klagen nicht gekommen. Ein Grund dürfte in dem erheblichen Kostenrisiko und der ungewissen Verfahrensdauer liegen, von den – ebenfalls ungewissen – Erfolgsaussichten einer solchen Klage ganz abgesehen. **498**

Erkennbare Absicht des § 14 IV 1 KHEntgG ist, dass nur die Vertragsparteien auf Landesebene, nicht also die von der Festsetzung betroffenen Krankenhäuser bzw. Krankenkassen klagen dürfen. Der eindeutige Wortlaut der Bestimmung steht einer „verfassungskonformen Auslegung" zu Gunsten einer Klage eines (mittelbar) betroffenen Dritten unmittelbar gegen die Genehmigung des Landesbasisfallwerts entgegen. Allerdings kann das Krankenhaus gegen die Genehmigung eines von der Schiedsstelle nach § 11, 13 KHEntgG festgesetzten Erlösbudgets gemäß § 14 I KHEntgG (Anfechtungs-)Klage erheben. Insoweit kommt (auch) eine sog. Inzidentkontrolle des vereinbarten oder festgesetzten Landesbasisfallwerts im Hinblick auf dessen Rechtsnatur als „Normsetzungsvertrag" in Betracht. Die Rechtmäßigkeit des Landesbasisfallwerts kann eine zu klärende Vorfrage sein. Denkbar ist auch, dass das Krankenhaus rügt, die Vereinbarung (Festsetzung) unterschiedlich hoher Landesbasisfallwerte in den einzelnen Bundesländern verstoße gegen die Verfassung.⁵⁵⁶ **499**

d) Verfahren auf Bundesebene. Die Spitzenverbände der Krankenkassen und der Verband der Privaten Krankenversicherung gemeinsam treffen mit der Deutschen Krankenhausgesellschaft (Vertragsparteien auf Bundesebene) eine Reihe von Vereinbarungen und Empfehlungsvereinbarungen, die unmittelbar oder mittelbar für die Höhe der Pflegesätze maßgebend sind (§ 9 I KHEntgG und § 9 I BPflV 2017). Für dieses Vereinbarungsverfahren enthält nur § 17b II KHG wenige rechtliche Vorgaben. Für die Kostenträgerseite wird festgelegt, dass die Spitzenverbände der Krankenkassen und der Verband der Privaten Krankenversicherung „gemeinsam" die Vereinbarung abschließen müssen. Sie können also nur mit einer Stimme sprechen. Können die Verbände der Krankenkassenseite sich nicht einigen, ist nach § 213 II SGB V vorzugehen. Dort ist ein Beschlussgremium vorgesehen, das hier um einen Vertreter des Verbands der Privaten Krankenversicherung erweitert wird. Es entscheidet mit Stimmenmehrheit. **500**

---

⁵⁵³ *Tuschen/Trefz*, aaO S. 295.
⁵⁵⁴ → § 26 Rn. 343 ff.
⁵⁵⁵ → § 26 Rn. 357 ff.
⁵⁵⁶ Zu den Rechtsschutzmöglichkeiten des Krankenhauses s. a. Spickhoff/*Kutlu*, § 14 KHEntgG Rn. 5.

501 Anders als bei der Vereinbarung für das einzelne Krankenhaus oder der Vereinbarung des landeseinheitlichen Basisfallwerts wird nicht auf eine Einigung der Verbände abgestellt, die an den Verhandlungen teilgenommen haben. Es ist immer eine Einigung unter allen Vertragsparteien erforderlich, allerdings mit der oben dargestellten Besonderheit.

502 § 17b II KHG geht davon aus, dass die Vertragsparteien auf Bundesebene über die Vereinbarungsgegenstände mündlich verhandeln. Es wird vorgeschrieben, dass der Bundesärztekammer Gelegenheit zur beratenden Teilnahme an den Sitzungen der Vertragsparteien zu geben ist, soweit medizinische Fragen betroffen sind. Entsprechendes gilt für einen Vertreter der Berufsorganisationen der Krankenpflegeberufe. Darüber hinaus ist den betroffenen medizinischen Fachgesellschaften und, soweit deren Belange betroffen sind, den Spitzenorganisationen der pharmazeutischen Industrie und der Industrie für Medizinprodukte Gelegenheit zur Stellungnahme zu geben. Das Bundesministerium für Gesundheit kann an den Sitzungen der Vertragsparteien teilnehmen und erhält deren fachliche Unterlagen.

503 Kommt eine Vereinbarung ganz oder teilweise nicht zustande, so gelten für die einzelnen Vereinbarungsgegenstände unterschiedliche Konfliktlösungen:

504 In den Fällen des § 9 I Nr. 1 bis 3 KHEntgG (Entgeltkatalog, Katalog von Zusatzentgelten, Abrechnungsbestimmungen) gilt § 17b VII KHG. Dort wird die Bundesregierung ermächtigt, durch Rechtsverordnung das Erforderliche zu regeln. Das sind die gewichtigsten Regelungsbereiche.

505 In den übrigen Fällen des § 9 I KHEntgG entscheidet auf Antrag einer Vertragspartei die Schiedsstelle auf Bundesebene nach § 18a VI KHG.

506 Die Vereinbarungen der Bundesverbände werden unmittelbar wirksam. Sie bedürfen keiner Genehmigung. § 18 V KHG über die genehmigungsbedürftigen Pflegesätze findet auf die Bundesvereinbarungen keine Anwendung. Das ergibt sich auch aus § 18a VI KHG. Danach ist gegen Festsetzungen der Bundesschiedsstelle unmittelbar der Verwaltungsrechtsweg gegeben. Ein Vorverfahren findet nicht statt, die Klage hat keine aufschiebende Wirkung.

7. Preisrecht für Privatpatientenkliniken

507 Mit Wirkung vom 1.1.2012 wurde § 17 I KHG um die Sätze 5 und 6 ergänzt.[557] Diese enthalten preisrechtliche Vorgaben für bestimmte Krankenhäuser, die nicht dem Pflegesatzrecht unterliegen. Es geht dabei um Krankenhäuser ohne Versorgungsauftrag.[558] Solche Krankenhäuser sind nach § 108 SGB V nicht zur Versorgung Sozialversicherter zugelassen. Ein Krankenhaus ohne Versorgungsauftrag ist deshalb auf die Behandlung selbstzahlender Patienten (Privatpatienten) angewiesen. Man spricht hier von reinen Privatkliniken oder Privatpatientenkliniken (PPK).

508 Die PPK konnte bisher ihre Entgelte für stationäre Krankenhausleistungen mit dem Patienten im Rahmen bürgerlichen Rechts frei vereinbaren. Dies wurde durch die Rechtsprechung des BGH[559] bestätigt. In einer nachfolgenden Entscheidung aus dem Jahre 2011[560] wurde dies auch für den Fall einer an einem Plankrankenhaus betriebenen PPK bekräftigt, selbst wenn diese personelle und sächliche Mittel des Plankrankenhauses mitbenutzt. Auch hier könnte die PPK die Entgelte frei vereinbaren; sie sei nicht an die Entgelte des Plankrankenhauses gebunden.

509 Die private Krankenversicherung hat sich seit Jahren mit unterschiedlicher Begründung dagegen gewehrt, für solche aus einem Plankrankenhaus „ausgegründete" PPK solche höhe-

---

[557] Art. 6 des Gesetzes vom 22.12.2011 (BGBl. I S. 2983); zur Frage der Verfassungsmäßigkeit dieser Bestimmung vgl. oben → § 25 Rn. 49 und BVerfG, B. v. 20.8.2013 – 1 BvR 2402/12 und 1 BvR 2684/12.
[558] → § 25 Rn. 82 ff.
[559] Urteil v. 12.3.2003, MedR 2003, 407.
[560] B. v. 21.4.2011, GesR 2011, 492 = VersR 2011, 1187.

ren Entgelte bei ihren Versicherungsleistungen zu berücksichtigen. Maßgebend seien vielmehr die Pflegesätze des „ausgründenden" Krankenhauses. In der Rechtsprechung wurde dies unterschiedlich beurteilt. Erst die oben genannte höchstrichterliche Rechtsprechung hat hier Klarheit geschaffen. Danach sind die von der PPK zivilrechtlich mit den Patienten vereinbarten Entgelte maßgebend.

Die auf einen Fraktionsantrag zurückzuführende Ergänzung des § 17 I KHG wirft in ihrer Unbestimmtheit und Ungenauigkeit erhebliche Auslegungsprobleme auf: 510

a) Besondere preisrechtliche Regelung. Die neuen Bestimmungen unterwerfen die PPK nicht allgemein dem Pflegesatzrecht. Sie bringen lediglich für die Höhe der Entgelte der PPK preisrechtliche Schranken. Dabei wird zwischen allgemeinen Krankenhausleistungen (Satz 5) und nichtärztlichen Wahlleistungen (Satz 6) unterschieden. 511

Wenn Satz 5 für allgemeine Krankenhausleistungen festlegt, dass keine höheren Entgelte verlangt (vereinbart) werden dürfen, *„als sie nach den Regelungen dieses Gesetzes, des Krankenhausentgeltgesetzes und der Bundespflegesatzverordnung zu leisten wären"*, so werden die PPK damit nicht in das umfassende Pflegesatzrecht einbezogen. Es wird nur auf die Entgelthöhe abgestellt, die nach diesen Vorschriften zu leisten wären. Die Höhe der Entgelte wird dadurch nicht einem öffentlich-rechtlichen Vereinbarungsverfahren und nicht einer Genehmigung durch die Landesbehörde gemäß § 18 V KHG unterworfen. Wäre für die PPK allgemein das Pflegesatzrecht maßgebend, so müsste nach den differenzierten Vorgaben des Pflegesatzrechts für die PPK konkret ermittelt werden, welche Entgelte für diese PPK sich aus Pflegesatzrecht ergeben. Es müsste also zum Beispiel ein Erlösbudget ermittelt werden, es müssten Ausgleiche für Mehr- oder Mindererlöse berücksichtigt werden, usw. Das ist nicht gewollt. 512

Die neue Regelung bringt eine dem Zivilrecht zuzurechnende Schranke für die Vereinbarung und Berechnung der Entgelte der PPK. Eine Vereinbarung mit dem Patienten, die es der PPK gestattet, höhere Entgelte zu berechnen als § 17 I 5, 6 KHG es zulässt, wäre gemäß § 138 BGB wegen Gesetzesverstoßes nichtig, soweit das zulässige Entgelt überschritten wird. Der Patient könnte im Einzelfall die Zahlung des überhöhten Entgelts verweigern. Das gilt auch für das Entgelt für nichtärztliche Wahlleistungen gemäß Satz 6. Hier werden allerdings die hierfür maßgebenden Vorschriften des Preisrechts (§ 17 I 1, 2 und 4 KHEntgG) für entsprechend anwendbar erklärt. Hier ist – anders als bei den allgemeinen Krankenhausleistungen – für die PPK anhand ihres konkreten Leistungsangebots nach den für entsprechend anwendbar erklärten Vorschriften das zulässige Wahlleistungsentgelt zu ermitteln. Der Verband der privaten Krankenversicherung kann die Herabsetzung eines unangemessen hohen Entgelts verlangen. 513

b) Anwendungsbereich. Die Regelung gilt für Einrichtungen, die mit einem anderen Krankenhaus räumlich und organisatorisch verbunden sind. Obwohl die Regelung nur von einer Einrichtung spricht, kann es sich der Sache nach bei ihr nur um ein Krankenhaus handeln. Es geht um stationäre Krankenhausleistungen. 514

Die PPK muss mit „einem Krankenhaus" verbunden sein. Um welches Krankenhaus es sich dabei handelt, wird nicht gesagt. Der Sache nach kann es sich aber nur um ein Krankenhaus handeln, das nicht ohnehin dem Pflegesatzrecht unterliegt. Satz 5 spricht von den „dem Versorgungsauftrag des Krankenhauses" entsprechende Krankenhausleistungen. Es muss also um ein Krankenhaus mit Versorgungsauftrag gehen. Ein solches Krankenhaus unterliegt dem Pflegesatzrecht. Nachfolgend wird hier für dieses Krankenhaus von dem „anderen Krankenhaus" gesprochen. Die Gesetzesbegründung spricht stets vom Plankrankenhaus. Darin darf jedoch keine Beschränkung des anderen Krankenhauses auf das Plankrankenhaus gesehen werden. Anderes Krankenhaus ist vielmehr jedes Krankenhaus, das unter Pflegesatzrecht fällt, also auch die Hochschulklinik und das Krankenhaus mit Versorgungsvertrag nach § 108 Nr. 3 SGB V. 515

516 **c) Verbindung von PPK und anderem Krankenhaus.** Die neue Regelung gilt nur für die Entgelte einer PPK, die in räumlicher Nähe zu dem anderen Krankenhaus liegt und mit diesem organisatorisch verbunden ist. Fehlt die räumliche Nähe oder/und fehlt die organisatorische Verbindung, so ist die PPK im Rahmen des bürgerlichen Rechts frei in ihrer Entgeltgestaltung.

517 **aa) Räumliche Nähe.** Die PPK muss „in räumlicher Nähe" zu dem anderen Krankenhaus liegen. Die Gesetzesbegründung spricht von „geographischer Nähe". Ist die PPK weiter entfernt, entfällt eine Entgeltbegrenzung. Der selbstzahlende Patient, auf den die Gesetzesbegründung mehrfach abstellt, bedarf hier offenbar nicht des Schutzes. Mit der Entfernung geht der Schutz verloren. Zur Sinnhaftigkeit dieser Vorgabe soll hier nichts gesagt werden.

518 Dem Wortlaut nach ist diese Entfernungsregel extrem unbestimmt und in Zweifelsfällen nahezu nicht justiziabel. Wo soll die Grenze zwischen nah und fern liegen? Die Gesetzesbegründung grenzt dagegen ein. Sie stellt als Regel auf das „gleiche Gelände" und das „Nachbarschaftsgelände" ab. Es ist davon auszugehen, dass jedenfalls die auf dem Krankenhausgelände oder auf einem angrenzenden Grundstück stehende PPK sich in räumlicher Nähe zu dem anderen Krankenhaus befindet. Geht man jedoch darüber hinaus, wird eine zuverlässige Grenzziehung zwischen nah und fern nahezu unmöglich. Auch der Gesetzeszweck taugt hierfür nicht. Weder der Schutz des Patienten vor zu hohen Entgelten, noch die Vermeidung finanzieller Vorteile für den Träger des anderen Krankenhauses, tragen zu einer Abgrenzung von nah und fern bei.

519 **bb) Organisatorische Verbindung.** Die beiden Krankenhäuser müssen miteinander organisatorisch verbunden sein. Auch das ist extrem unbestimmt. Der Begriff „Organisation" ist nahezu uferlos. Schon eine Zusammenarbeit geringen Umfangs (z. B. eine gemeinsame Essensversorgung, eine zentrale Energieversorgung oder Sterilisation) ist ohne Organisation und damit eine organisatorische Verbindung nicht möglich. Die Regelung beschränkt im Übrigen die organisatorische Verbundenheit nicht auf die ärztliche und pflegerische Versorgung des Patienten.

520 Eine Auslegung dieses unbestimmten Rechtsbegriffs muss deshalb maßgebend auf die Entstehungsgeschichte und die Gesetzesbegründung zurückgreifen. Sie stellt auf den Krankenhausträger ab, *„die in den letzten Jahren in den allgemeinen Krankenhausbetrieb integrierte oder in räumlicher Nähe des Krankenhauses als Privatkliniken tätige Tochtergesellschaften ausgegründet"* haben, „in die die Behandlung von Privatpatienten ´verlagert` wird. Es geht mit der Gesetzesbegründung um *„derartig mit einem Plankrankenhaus verbundene Einrichtungen"*. Die Gesetzesbegründung sieht darin eine *„missbräuchliche Ausgliederung"*, um höhere Entgelte zu erzielen, als sie das Plankrankenhaus nach Pflegesatzrecht erzielen würde. Eine solche missbräuchliche Ausgründung soll verhindert werden.

521 Dadurch wird die organisatorische Verbindung eindeutig auf die Trägerschaft bezogen, insbesondere das häufig anzutreffende Verhältnis von Muttergesellschaft und Tochtergesellschaft. Der Träger des Plankrankenhauses als unmittelbarer oder mittelbarer Träger einer PPK soll durch eine solche „Ausgründung" keine finanziellen Vorteile erlangen. Wenn die Gesetzesbegründung hier stets von einer „Ausgründung" spricht, so ist dies sicherlich sprachlich ungenau. Der Träger eines Plankrankenhauses gliedert gewiss nicht Versorgungsbereiche mit Versorgungsauftrag aus dem Plankrankenhaus aus. Es geht vielmehr durchweg um die Schaffung (Gründung) von Kapazitäten neben dem Versorgungsangebot des Plankrankenhauses.

522 Die Gesetzesbegründung stellt mehrfach auf eine solche Ausgründung (Gründung) durch den Träger des Plankrankenhauses ab. In diesem Sinne ist die organisatorische Verbindung zu sehen. Der Fraktionsänderungsantrag[561] hält eindeutig fest: *„Die Verbindung zwischen Einrichtung und Plankrankenhaus liegt dann vor, wenn diese auf rechtlichen Grundlagen*

---

[561] BT-Drs. 17/6906.

z. B. über eine gemeinsame Trägerschaft anzunehmen ist. Es soll verhindert werden, dass ein Plankrankenhaus durch eine solche *„missbräuchliche Ausgründung"* zu höheren Entgelten kommt, als ihm als Plankrankenhaus zustehen. Dieser Trägerbezug ergibt sich auch daraus, dass die Bestimmung nur für Leistungen der PPK gilt, die dem Versorgungsauftrag des Plankrankenhauses entsprechen. Nur insoweit kann das Plankrankenhaus zu höheren Entgelten gelangen. Für Leistungen außerhalb des Versorgungsauftrags kann er gar kein Entgelt berechnen. Im Sinne des Gesetzes ist daher nur die vom Träger eines anderen Krankenhauses ausgegründete (geschaffene) PPK zu verstehen, die es ihm (unmittelbar oder über eine Tochtergesellschaft) ermöglicht, zu höheren als den ihm sonst zustehenden Entgelten zu gelangen.

Zweifel hieraus ergeben sich allerdings dadurch, dass die Gesetzesbegründung[562] eine organisatorische Verbindung dann annimmt, *„wenn diese durch rechtliche Grundlagen wie z. B. über eine gemeinsame Trägerschaft verankert ist oder in sonstiger organisatorischer Weise besteht (z. B. durch Nutzung des gleichen Personals oder durch Nutzung von gemeinsamer Infrastruktur)"*. Diese Begründung stellt also neben den Trägerbezug die gemeinschaftliche Nutzung sächlicher und personeller Mittel. Angesicht dessen, dass die Zusammenarbeit von Krankenhäusern ein alltäglicher Vorgang ist und dass sogar § 2 Nr. 3c KHG gemeinschaftliche Einrichtungen von Krankenhäusern in die Investitionsförderung einbezieht, ist nicht davon auszugehen, dass allein aus solchen gemeinschaftlichen Einrichtungen sich die vom Gesetz vorausgesetzte organisatorische Verbindung ergibt. Es muss vielmehr beides zusammenkommen. Aus der oben dargestellten Entstehungsgeschichte und aus der Gesetzesbegründung ist abzuleiten, dass allein eine solche gemeinsame Nutzung von Ressourcen nicht ausreicht, wenn es nicht um eine von dem Träger eines Plankrankenhauses ausgegründete (gegründete) Einrichtung geht. In den Auseinandersetzungen der vergangenen Jahre hat es sich im Wesentlichen nur um solche aus einem Plankrankenhaus „ausgegründeten" Einrichtungen gehandelt. Nur solche Fälle sollten gesetzlich geregelt werden. Hieraus folgt:

523

Sind das Plankrankenhaus und die PPK nur trägerbezogen organisatorisch verbunden, nutzt die PPK hier also keine sächlichen und personellen Mittel des Plankrankenhauses, so unterliegt die PPK nicht der Regelung des § 17 I, 5 und 6 KHG. Hier stehen zwei Krankenhäuser autark nebeneinander.

524

Sind dagegen die beiden Krankenhäuser trägerbezogen miteinander verbunden und nutzt die PPK sächliche und personelle Mittel des Plankrankenhauses, so stellt sich die Frage, ob jede Nutzung unabhängig von Art und Umfang ausreicht oder ob hieran von Gesetzes wegen besondere Anforderungen zu stellen sind. Das ist von grundlegender Bedeutung und hat auch bei den bisherigen Auseinandersetzungen eine entscheidende Rolle gespielt. Weder dem Gesetz noch der Gesetzesbegründung ist hierzu etwas zu entnehmen. Wenn die Gesetzesbegründung von einer Nutzung des gleichen Personals oder der Nutzung gemeinsamer Infrastruktur spricht, so reicht die Spannbreite von einer geringfügigen Nutzung bis zu einer weitgehenden Mitbenutzung der personellen und sächlichen Mittel des Plankrankenhauses. Soll etwa die Mitbenutzung der Küche des Plankrankenhauses, eine gemeinsame EDV-Ausstattung, derselbe Geschäftsführer für Plankrankenhaus und PPK, der Bezug der Wärmeenergie vom Plankrankenhaus usw. ausreichen, eine organisatorische Verbindung zu begründen? Soll es genügen, wenn ein leitender Arzt des Plankrankenhauses in Nebentätigkeit schwierige Operationen für Patienten der PPK übernimmt? Die Beispiele ließen sich vermehren. Es gibt darauf keine sichere Antwort.

525

In der preisrechtlichen Vorgabe des Gesetzes liegt ein Eingriff in die Unternehmerfreiheit. Er ist nur zu rechtfertigen, wenn gewichtige sachliche Gründe dafür vorliegen. Es ist deshalb eine Nutzung der sächlichen und personellen Mittel des Plankrankenhauses von erheblichem

526

---

[562] BT-Drs. 17/8005.

Gewicht zu fordern, insbesondere im Bereich der medizinischen und pflegerischen Versorgung des Patienten. Je mehr eigene personelle und sächliche Mittel die PPK vorhält, desto weniger ist deshalb von einer organisatorischen Verbindung im Sinne des Gesetzes auszugehen. Eine allgemeine feste Grenzziehung erscheint hier angesichts der extrem unbestimmten gesetzlichen Regelung ausgeschlossen. Der Gesetzgeber hat es sich hier zu leicht gemacht.

527 **d) Art der Leistungen der PPK.** Selbst wenn eine PPK mit einem Plankrankenhaus im Sinne des Gesetzes organisatorisch verbunden ist, ergibt sich – unauffällig – eine wesentliche Einschränkung. Die Regelung gilt nämlich nur für die „dem Versorgungsauftrag des Krankenhauses entsprechenden Krankenhausleistungen". Bei „dem" Krankenhaus geht es nach obigen Ausführungen[563] um das andere Krankenhaus. Ein Plankrankenhaus darf Leistungen nur im Rahmen seines Versorgungsauftrags berechnen (vgl z. B. § 8 I KHEntgG), z. B. Leistungen der Geburtshilfe. Erbringt die PPK dagegen Leistungen der Gynäkologie, so unterliegen die Entgelte hierfür nicht dem Preisrecht. Selbst nicht bei engster organisatorischer Verbindung.

528 Diese Beschränkung auf Leistungen entsprechend dem Versorgungsauftrag des anderen Krankenhauses wird in vielen Fällen zu schwierigen Auseinandersetzungen führen, wie weit der Versorgungsauftrag des anderen Krankenhauses reicht. Liegen die Leistungen der PPK teils innerhalb teils außerhalb dieses Versorgungsauftrags, so unterliegen nur die Leistungen innerhalb des Versorgungsauftrags dem Preisrecht. Das kann sich auch für die Beurteilung auswirken, ob die PPK sächliche und personelle Mittel des anderen Krankenhauses in ausreichendem Umfange nutzt. Es darf hierbei nur auf die Nutzung für die Erbringung von Leistungen innerhalb des Versorgungsauftrags des anderen Krankenhauses abgestellt werden.

529 **e) Entgeltobergrenze für allgemeine Krankenhausleistungen.** Steht fest, dass die in räumlicher Nähe zu einem anderen Krankenhaus liegende PPK mit diesem im Sinne des Gesetzes organisatorisch verbunden ist, so unterliegt sie den preisrechtlichen Vorgaben des § 17 I, 5 und 6 KHG. Diese unterscheiden zwischen allgemeinen Krankenhausleistungen und nicht ärztlichen Wahlleistungen. Die Entgelte für allgemeine Krankenhausleistungen werden der Höhe nach begrenzt. Die PPK darf keine höheren Entgelte verlangen „*als sie nach den Regelungen dieses Gesetzes, des Krankenhausentgeltgesetzes und der Bundespflegesatzverordnung zu leisten wären*". In diesen so einfach klingenden Halbsatz wird ein ganzes problematisches Entgeltsystem gepresst.[564] Oben wurde schon dargelegt, dass mit dieser Regelung das Pflegesatzrecht nicht für entsprechend anwendbar erklärt wird und dass insbesondere das Verfahrensrecht mit seiner Vereinbarung und Genehmigung von Pflegesätzen nicht übernommen wird. Nur für die nichtärztlichen Wahlleistungen wird in Satz 6 das einschlägige Pflegesatzrecht für entsprechend anwendbar erklärt.

530 Das Entgelt für allgemeine Krankenhausleistungen wird der Höhe nach begrenzt. In der Vereinbarung von Entgelten, die unter den Entgelten des anderen Krankenhauses liegen, ist die PPK frei.

531 In der Vorgabe einer Entgeltobergrenze für allgemeine Krankenhausleistungen liegt nicht nur eine Regelung zur Entgelthöhe, sondern mittelbar auch zur Gliederung der Leistungen in allgemeine Krankenhausleistungen und in Wahlleistungen. Die PPK könnte zum Beispiel nicht 80 % ihrer Leistungen als Wahlleistungen vereinbaren und für 20 % der Leistungen das nach Pflegesatzrecht für allgemeine Krankenhausleistungen maßgebende Entgelt berechnen. Hinsichtlich der Entgeltobergrenze muss die PPK also ihre Leistungen entsprechend den rechtlichen Vorgaben des Pflegesatzrechts in allgemeine Krankenhausleistungen und Wahlleistungen gliedern. Anderenfalls könnte die Entgeltobergrenze des § 17 I KHG leicht unterlaufen werden.

---

[563] → § 26 Rn. 395 ff.
[564] → § 26 Rn. 280 ff.

Wenn das Gesetz auf allgemeine Krankenhausleistungen abstellt, erhält auch Bedeutung, **532**
ob es um Krankenhausleistungen geht. Nach § 2 I KHEntgG und § 2 I BPflV gehören
belegärztliche Leistungen nicht zu den Krankenhausleistungen und damit auch nicht zu den
allgemeinen Krankenhausleistungen. Dadurch wird der Weg eröffnet, dass die ärztlichen
Leistungen in der PPK als belegärztliche Leistungen erbracht werden, selbst wenn das andere
Krankenhaus die ärztlichen Leistungen als Krankenhausleistungen anbietet und abrechnet.
Schon deswegen können für die Entgeltobergrenze nicht in allen Fällen die Entgelte des
anderen Krankenhauses maßgebend sein.

Es ist rechtlich zweifelhaft, wonach sich die Entgeltobergrenze bemisst. Die Gesetzes- **533**
begründung spricht dafür, auf die für das andere Krankenhaus maßgebenden Entgelte abzustellen. Die Regelung soll nämlich vermeiden, dass die Entgelte der PPK „die entsprechenden Entgelte nach dem Krankenhausentgeltrecht bei Behandlung im Plankrankenhaus überschreiten". Im Ergebnis wird damit der *„für alle Benutzer einheitliche Pflegesatz"* im Sinne
von § 17 I 1 KHG übergreifend auf die Patienten des Plankrankenhauses und der PPK
erstreckt. Die private Krankenversicherung hat schon seit Jahren die Auffassung vertreten,
dass diese Vorschrift kraft geltenden Rechts anwendbar sei.

Diese Auslegung der Neuregelung erscheint zwar praktikabel, sie findet jedoch im Ge- **534**
setzeswortlaut keinen Niederschlag. Sie stellt nicht etwa auf die Entgelte des Plankrankenhauses ab, sondern auf Entgelte, die *„nach den Regelungen dieses Gesetzes, des Krankenhausentgeltgesetzes und der Bundespflegesatzverordnung zu leisten wären"*. Dadurch werden
diese Vorschriften jedoch nicht für unmittelbar oder entsprechend anwendbar erklärt. Letzteres geschieht nur in Satz 6 für die nichtärztlichen Wahlleistungen. Diese ungewöhnliche
gesetzestechnische Methode, normativ ein Entgelt vorzugeben, das sich ergäbe, wenn Pflegesatzrecht anwendbar wäre, trägt gewiss nicht zur Klarheit bei. Pflegesatzrecht ist danach
nicht anwendbar, aber es ist dennoch nach diesem Recht zu ermitteln, wie hoch die Entgelte
zu vereinbaren wären. Diese Regelung richtet sich an die mit dem anderen Krankenhaus
organisatorisch verbundene Einrichtung. Wörtlich genommen, müsste also für die PPK
ermittelt werden, welche Entgelte sich für diese Einrichtung nach Pflegesatzrecht ergäben.
Eine solche fiktive Berechnung der Entgelte erscheint jedenfalls für solche Entgelte ausgeschlossen, die von den örtlichen Vertragsparteien sonst zu vereinbaren sind. Diese Entgelte
werden nach Pflegesatzrecht in einem aufwändigen Verfahren ermittelt. Sie müssen von den
Vertragsparteien vereinbart werden. Bei Nichteinigung entscheidet die Schiedsstelle. Vereinbarte oder festgesetzte Entgelte bedürfen der Genehmigung der Landesbehörde. Die nach der
BPflV 1995 zu vereinbarenden Entgelte sowie die nach der BV 2013 in der Einführungsphase
und Konvergenzphase[565] werden für das einzelne Krankenhaus aus einem Budget abgeleitet.
Es ist nicht ersichtlich, wie für die PPK ein Budget ermittelt werden sollte. Überdies bildet
das Budget die Grundlage für Erlösausgleiche und für DRG-Krankenhäuser die Grundlage
für die Ermittlung von Leistungssteigerungen und einen darauf beruhenden Abschlag von
den Fallpauschalen. Daneben gibt es krankenhausindividuelle Zu- und Abschläge, z.B. den
Sicherstellungszuschlag des § 5 II KHEntgG, den Zuschlag für Zentren und Schwerpunkte
nach § 5 III KHEntgG sowie die Zu- und Abschläge bei verspäteter Genehmigung von
Pflegesätzen. All das wirkt sich auf die Höhe der Entgelte aus.

Es erscheint ausgeschlossen, dass der Gesetzgeber diese differenzierten Bewertungsrege- **535**
lungen beachtet wissen wollte. Hierzu wäre eine Reihe ergänzender Vorschriften erforderlich
gewesen, wie für die PPK solche Entgelte hätten ermittelt werden sollen. Es ist nicht
anzunehmen, dass die Zivilgerichte bei Klage eines Privatpatienten die Höhe der Entgelte
unter Anwendung des höchst komplizierten Pflegesatzrechts festlegen sollten.

Obwohl dies mit dem Wortlaut der Vorschrift nur schwer zu vereinbaren ist, spricht **536**
deshalb mehr dafür, sie dahingehend auszulegen, dass grundsätzlich auf die für das andere

---

[565] → § 26 Rn. 283.

Krankenhaus maßgebenden Entgelte abzustellen ist. Die PPK soll keine höheren Entgelte erhalten, als das andere Krankenhaus hätte berechnen dürfen, wenn es selbst die von der PPK erbrachten Leistungen erbracht hätte.

537 Zweifelhaft ist allerdings, ob dabei auch auf das für das andere Krankenhaus geltende Budgetprinzip und dessen Folgen für die Höhe der Pflegesätze abzustellen ist. Aus der Budgetierung folgt, dass Erlöse, die von dem vereinbarten Budget abweichen, durch Zu- oder Abschlag auf die Pflegesätze auszugleichen sind. Auch diese Zu- und Abschläge bestimmen die Höhe der Pflegesätze im Sinne des KHG. Es sprechen überwiegende Gründe dafür, solche periodenfremden Ausgleiche nicht zu berücksichtigen.

538 f) **Entgelte für nichtärztliche Wahlleistungen.** Für nichtärztliche Wahlleistungen – im Vordergrund steht die besondere Unterbringung in Einbettzimmern bzw. Zweibettzimmern – trifft § 17 I 6 KHG eine abweichende, aber auch eindeutige Regelung. Während bei allgemeinen Krankenhausleistungen grundsätzlich darauf abzustellen ist, welche Entgelte das andere Krankenhaus hätte berechnen dürfen, ist nach Satz 6 auf die Situation der PPK abzustellen. Dadurch kann sich ein höheres, aber auch ein niedrigeres Entgelt ergeben, als das für das andere Krankenhaus maßgebende Entgelt. Es ist deshalb nach den Vorgaben des § 17 I KHEntgG darauf abzustellen, ob die zwischen PPK und dem Patienten vereinbarten Entgelte in keinem unangemessenen Verhältnis zu dem Leistungsangebot der PPK stehen.

539 Die deutsche Krankenhausgesellschaft und der Verband der privaten Krankenversicherung können Empfehlungen zu Bemessung der Entgelte für nichtärztliche Wahlleistungen abgeben. Wenn die PPK ein danach unangemessen hohes Entgelt verlangt, so kann der Verband der privaten Krankenversicherung die Herabsetzung auf eine angemessene Höhe verlangen und nötigenfalls den Zivilrechtsweg beschreiten.

IV. Grundzüge des Krankenhausplanungsrechts

1. Gesetzliche Grundlagen

540 a) **Gesetzgebungskompetenz.** Krankenhausplanung ist Ländersache. Anders als für die Investitionsförderung (vgl. § 11 KHG) enthält das KHG zur Krankenhausplanung keinen „Landesrechtsvorbehalt". Krankenhausplanung ist danach ausschließlich Ländersache, die nicht „in Ausführung" oder „zur Konkretisierung" des Bundesrechts, sondern eigenständig – wenngleich unter Beachtung der Vorgaben der §§ 6, 8 KHG – erfolgt[566] Von der Gesetzgebungskompetenz der Länder auf dem Gebiet der Krankenhausplanung ist auch der Gesetzgeber des KHG ausgegangen. In der Begründung des Regierungsentwurfs[567] wird hervorgehoben: „Voraussetzung für die Förderung eines Krankenhauses ist seine Aufnahme in den Krankenhausbedarfsplan eines Landes. Der Entwurf folgt damit der Entscheidung des Grundgesetzes, nach der die Planung von Krankenhäusern Angelegenheit der Länder ist". Dem kann nicht entgegengehalten werden, dass das KHG (§ 6 KHG) selbst die Länder verpflichtet, Krankenhauspläne aufzustellen. Hierdurch wird die Gesetzgebungsbefugnis der Länder auf dem Gebiet der Krankenhausplanung nicht eingeschränkt. Diese Vorgabe für die Länder, unter Beachtung der Zwecke des § 1 KHG Krankenhauspläne aufzustellen, findet ihre Rechtfertigung darin, dass nach dem KHG die öffentliche Investitionsförderung – ursprünglich auch unter Einsatz von Bundesmitteln – nur mit Plankrankenhäusern gewährt wird und dass das Pflegesatzrecht für Plankrankenhäuser gilt. Diese zwingende Verknüpfung der Aufnahme eines Krankenhauses in den Krankenhausplan mit der Investitionsförderung und dem Pflegesatz kann auf die Gesetzgebungskompetenz des Bundes zur wirtschaftlichen Sicherung der Krankenhäuser und die Regelung der Krankenhauspflegesätze (Art. 74 Nr. 19a GG) gestützt werden. Für die (alleinige) Gesetzgebungskompetenz der Länder für die

---
[566] Laufs/Kern/*Genzel/Degener-Hencke*, § 82 Rn. 20; Huster/Kaltenborn/*Stollmann*, § 4 Rn. 7 ff.
[567] BT-Drs. VI/1874 – Anlage 1, Teil A.

Krankenhausplanung sprechen auch die Regelungen der §§ 11 und 1 II KHG. Diese beziehen sich nur auf die unter die konkurrierende Gesetzgebung des Bundes fallende Förderung der Investitionskosten. Hierzu wird in § 11 KHG den Ländern zugestanden, das Nähere zur Förderung zu regeln. Einer entsprechenden Öffnung für Landesrecht auf dem Gebiet der Krankenhausplanung bedurfte es dagegen nicht, weil diese ohnehin Ländersache ist.

b) Trend zur Krankenhausrahmenplanung. Sämtliche Bundesländer sind ihrer Verpflichtung zur Aufstellung von Krankenhausplänen und der dafür erforderlichen gesetzlichen Grundlagen nachgekommen.[568] Die einzelnen Ländergesetze enthalten hinsichtlich der zu planenden Versorgungsstrukturen und Grundlagen der Krankenhausplanung, der Inhalte der Krankenhauspläne, der Umsetzung planerischer Entscheidungen und des Planungsverfahrens allgemeine Zielvorgaben und spezielle Regelungen mit höchst unterschiedlicher Regelungstiefe. Dabei ist der Trend, dem niedersächsischen Beispiel folgend, möglichst wenig zu regeln und möglichst viel der Selbstverwaltung zu überlassen[569] und die Krankenhausplanung weg von einer ins Einzelne gehenden Kapazitätsplanung auf eine Krankenhausrahmenplanung zu reduzieren,[570] unverkennbar.[571] Die Beschränkung auf eine Krankenhausrahmenplanung verfolgt das Ziel, die nähere Ausgestaltung und Ausführung der Krankenhausplanung weitestgehend auf die regionale Ebene zu verlagern. Konsequent wird deshalb u. a. in Baden-Württemberg (§ 6 I LKHG BW) und in Hessen (§§ 17, 18 HKHG) darauf verzichtet, jedenfalls in den somatischen Gebieten – auch als Folge der Einführung des DRG-Vergütungssystems – (Betten-)Kapazitäten auszuweisen.[572] Dadurch sollen die Gestaltungsspielräume der Vertragsparteien (Krankenhausträger und Krankenkasse) erweitert werden. Mit Einführung von regionalen Planungskonzepten (§ 14 KHGG NRW)[573] wird ein wesentlicher Schritt in Richtung einer selbst verwalteten Krankenhausplanung vorgenommen. Die Letztverantwortung des Landes für die Krankenhausplanung – insbesondere bei Scheitern solcher gemeinsamen Bemühungen – wird dadurch nicht aufgegeben. Die – nach wie vor gegebene – Inhomogenität der landesgesetzlichen Regelungen ist andererseits ein Indiz dafür, dass weder

541

---

[568] Vgl. die Übersicht (beschränkt auf die alten Bundesländer) bei *Zuck*, MedR 1989, 1 ff. Das KHNG '84 ersetzte den Begriff des Krankenhausbedarfsplans durch den des Krankenhausplans mit der Begründung, dass Gegenstand der Planung nur das Angebot an Krankenhausleistungen sein kann, das für die Versorgung der Bevölkerung als notwendig angesehen wird. Die Bezeichnung „Bedarfsplan" war in der Tat insoweit irreführend, als es tatsächlich nicht um eine direkte Einwirkung auf die Nachfrage, (d. h. des Bedarfs) geht, sondern um eine Steigerung des Angebots an Krankenhausleistungen (Angebotsplanung) – vgl. *Depenheuer*, Staatliche Finanzierung und Planung im Krankenhauswesen, 42 in Fn. 26.

[569] Kritisch zu diesem Ansatz mit Rücksicht auf die Möglichkeit ergänzender Vereinbarungen nach § 109 SGB V u. a. *Kies*, Der Versorgungsauftrag des Plankrankenhauses, 111 ff.

[570] Vgl u. a. § 6 I 1 LKHG BW, § 13 II KHGG NRW und §§ 17–19 HKHG; § 3 KHG Sachsen-Anhalt; zur Rahmenplanung in NRW siehe *Prütting*, GesR 2012, 332 (333); zur Rechtslage in Hessen *Stollmann*, GuP 2011, 485; zur Rechtslage in Sachsen-Anhalt Laufs/Kern/*Genzel/Degener-Hencke*, § 82 Rn. 21, 31.

[571] *Prütting*, GesR 2012, 332.

[572] Das führt allerdings zu der – gerichtlich noch nicht beantworteten – Frage, wie auf der Grundlage einer solchen Rahmenplanung eine – gerichtlich überprüfbare – Bedarfsermittlung in diesen Fächern durchgeführt werden soll. In der Gesetzesbegründung zu § 6 I 1 LKHG BW erfolgt der Hinweis, dass „besonders aufgrund der Veränderungen von Vergütungsformen und Aufgabenbereichen der Krankenhäuser andere Planungsfaktoren an Bedeutung gewinnen – und deshalb mittelfristig die Einführung einer geeigneten Planungsgröße angestrebt wird" – vgl. LT-Drs. 14/1516, Begr. Zu Art. 1 zu Nr. 8 (§ 6); s. a. *Bold*, in: Bold/Sieper, LKHG BW, § 6 Rn. 1 f.

[573] Gem. § 14 I KHGG NRW legt das zuständige Ministerium auf der Grundlage der im KHGG NRW enthaltenen Rahmenvorgaben (Planungsgrundsätze und Vorgaben für die notwendigen Versorgungsangebote nach ihrer regionalen Verteilung) „insbesondere Gebiete, Gesamtplanbettenzahlen und Gesamtbehandlungsplatzkapazitäten" abschließend fest. Dazu vgl. *Prütting*, GesR 2012, 332; *Schillhorn*, in: Düsseldorfer Krankenhausrechtstag 2005, 79 ff. Die vormalige Teilgebietsplanung und Schwerpunktfestsetzung wird durch den Krankenhausplan NRW 2015 vom Juli 2013 weitgehend aufgegeben.

zwischen den einzelnen Ländern, zwischen Bund und Ländern noch den Partnern der Selbstverwaltung (Krankenhäuser und Krankenkassen) ein Konsens über die Grundsätze, Ziele und Elemente einer notwendigen Krankenhausplanung unter qualitativen Gesichtspunkten besteht. Als herausragendes Defizit ist dabei das Fehlen einer gesundheitspolitischen Gesamtplanung und die ungenügende Koordinierung mit den anderen Sektoren der Gesundheitsversorgung (insbesondere die unzureichende Verzahnung mit den ambulanten und stationären Einrichtungen) anzusehen.[574]

542 **c) Keine Krankenhausplanung durch Krankenkassen.** Kein Recht zur Krankenhausplanung – auch wenn dies in der Praxis oft anders gesehen und faktisch bestimmt wird – haben die Krankenkassen und deren Verbände. Sie sind lediglich – nach Maßgabe des Landesrechts – als „Beteiligte" mitwirkungsberechtigt (§ 7 KHG). Allerdings eröffnen die Bestimmungen der §§ 107 ff. SGB V über den Abschluss und die Kündigung von Versorgungsverträgen von (Plan- und Vertrags-) Krankenhäusern und Vorsorge- und Rehabilitationseinrichtungen im Ergebnis weitgehende Steuerungsmöglichkeiten, die in ihren Folgen für das einzelne Krankenhaus/Vorsorge- und Reha-Einrichtung sowie die Krankenhausplanung im Lande der Planungsbefugnis der zuständigen Länderbehörden oft gleichwertig sind.[575] Die Krankenhausplanung kann damit nicht der eigenverantwortlichen Gestaltung der Selbstverwaltungspartner überlassen werden. Eine Gesetzgebungskompetenz des Bundes zur Übertragung der Planungshoheit auf die Krankenkassen besteht nicht.[576]

543 **d) Änderung durch das KHSG (2016). aa) Überblick über die gesetzlichen Regelungen.** Das Krankenhausstrukturgesetz (KHSG) ändert das seit 1972 nahezu unverändert gebliebene Krankenhausplanungsrecht grundlegend. Insbesondere trifft es als Maßnahmen zur gesetzlichen Sicherung der Qualität in der Krankenhausversorgung drei Grundentscheidungen:

- § 1 I KHG wird um das Ziel der qualitativ hochwertigen sowie patientengerechten Versorgung ergänzt.
- Der G-BA wird mit § 136c I SGB V beauftragt, Qualitätsindikatoren als Kriterien für Planungsentscheidungen der Länder (planungsrelevante Indikatoren) zu entwickeln.
- Die planungsrelevanten Indikatoren sind Grundlage für die Aufnahme und den Verbleib eines Krankenhauses im Krankenhausplan und seine Zulassung als Vertragskrankenhaus.

544 Das KHSG hat dazu die in § 1 I KHG seit 1972 verankerten, den Zweck des KHG prägenden drei Kriterien der Leistungsfähigkeit, Bedarfsgerechtigkeit und Wirtschaftlichkeit des Krankenhauses um zwei weitere Aspekte ergänzt: die qualitative Hochwertigkeit der Krankenhausleistungen und die Patientengerechtigkeit. Versorgungsqualität und Patientengerechtigkeit bilden damit an hervorgehobener Stelle die Auslegungsmaxime, wie die Bundesländer ihre Aufgabe der Krankenhausplanung ergänzend wahrzunehmen haben und woran sie künftig – gegebenenfalls gerichtlich – gemessen werden. Dass dieser Weg vorrangig über den „Umweg" des G-BA zu beschreiten ist, stellt die Bundesländer in kein gutes Licht. Offenbar hat ihnen der Bundesgesetzgeber nicht zugetraut, hinreichend eigene Qualitätsstandards zu entwickeln und durchzusetzen. Es bedurfte einer Arbeitsgruppe auf Bund – Länder – Ebene, die im Dezember 2014 ein Eckpunktepapier vorgelegt hat, das die Grundlage für

---

[574] Vgl. den Endbericht der Enquete-Kommission „Strukturreform der gesetzlichen Krankenversicherung", Reformschwerpunkte zur Gestaltung des Entgeltsystems, 237 ff. (zit. bei *Genzel*, in: Laufs/Uhlenbruck, Handbuch des Arztrechts, § 86 in Fußnote 39, 29).

[575] Dazu im Einzelnen unten bei → § 26 Rn. 40 ff., insbesondere zur Kündigung des Versorgungsvertrages eines Plankrankenhauses, → § 26 Rn. 70 ff. sowie *Burgi/Mayer*, DÖV 2000, 579; selbstverständlich haben auch die Pflegesatzparteien im Rahmen ihrer aus § 17 Abs. 2 KHG übertragenen Kompetenz zum Abschluss von Pflegesatzvereinbarungen keine Krankenhausplanungskompetenz, sondern sind an die planerischen Feststellungen und Vorgaben des Krankenhausplans gebunden – vgl. *Pant/Prütting*, Krankenhausgesetz Nordrhein-Westfalen, § 13 KHG NW, Rn. 3; *Tuschen/Quaas*, BPflV, 366 ff.

[576] *Burgi/Mayer*, DÖV 2000, 579.

den Entwurf eines Gesetzes zur Reform der Strukturen der Krankenhausversorgung (Krankenhaus-Strukturgesetz – KHSG) bildete[577]

Insoweit hat der Bundesgesetzgeber die Konkretisierung des unbestimmten Rechtsbegriffs 545 einer „qualitativ hochwertigen Versorgung" – anders als dies bei den übrigen Zielen der Krankenhausplanung nach § 1 I KHG der Fall ist – nicht primär den Ländern überlassen. Vielmehr ermächtigt er mit § 136c I SGB V den G-BA, „Qualitätsindikatoren zur Struktur-, Prozess- und Ergebnisqualität, die als Grundlage für qualitätsorientierte Entscheidungen der Krankenhausplanung geeignet sind und nach § 6 I a KHG Bestandteil des Krankenhausplans werden", zu beschließen. Mit dem Verweis auf § 6 I a KHG nimmt das KHSG eine zunächst irritierende Verknüpfung der Befugnisse des G-BA mit der Krankenhausplanung der Länder vor: Die als „Empfehlungen" formulierten Beschlüsse des G-BA, die nach § 91 VI SGB V verbindliche Rechtsnormen darstellen, sind kraft gesetzlicher Vorschrift „Bestandteil des Krankenhausplans". Allerdings gestattet Satz 2 dieser Bestimmung (zum Schutz der Planungshoheit der Länder), dass „durch Landesrecht die Geltung der planungsrelevanten Qualitätsindikatoren ganz oder teilweise ausgeschlossen oder eingeschränkt werden" kann und dass „weitere Qualitätsanforderungen zum Gegenstand der Krankenhausplanung gemacht werden" können. Dem Land soll damit Entscheidungsfreiheit eingeräumt werden, ob es die Vorgaben des G-BA als eigene übernimmt, sie ändert oder gänzlich von ihnen absehen will[578]. Das liest sich wie ein verschämter Blick in das Grundgesetz und die dort ausdrücklich den Ländern zuerkannte Planungshoheit im Bereich der Krankenhausplanung und -organisation des Krankenhauswesens.

Bei diesen Maßnahmen belässt es das KHSG nicht. Vielmehr sind mit dem geänderten § 8 546 KHG weitere Eingriffe verbunden, die die für die Krankenhausplanung zuständigen Landesbehörden in die Lage versetzen sollen, vermeintliche Qualitätsdefizite der Krankenhäuser abzubauen. Krankenhäuser, die den Vorgaben des G-BA nicht genügen, gelangen erst gar nicht in den Krankenhausplan oder werden aus ihm herausgenommen (§ 8 I a KHG). Die vom G-BA aufgestellten Qualitätsindikatoren sind darüber hinaus bei Abschluss und Kündigung eines Versorgungsvertrages zu beachten (§ 109 III 1 Nr. 2 SGB V). Schließlich gibt es für unzureichende Versorgungsqualität ein gestuftes System von Abschlägen in der Krankenhausvergütung und weitere Sanktionsmaßnahmen im Bereich der Krankenhausaufsicht.

bb) Das Kompetenzproblem. Das KHSG überzieht die Krankenhäuser mit tiefgreifenden 547 und wirtschaftlich sie vielerorts überfordernden Anforderungen an die Qualitätssicherung. Ganz im Vordergrund der rechtlichen Betrachtung steht aber zunächst etwas anderes: Schon auf den ersten Blick wird deutlich, dass hinter diesen Bestimmungen ein (bundesstaatliches) Kompetenzproblem steckt[579], dessen verfassungsrechtliche Dimension – wie die Gesetzesbegründung zeigt – dem Gesetzgeber sehr wohl bewusst war. Den Ausweg sucht er in dem rechtstechnischen „Trick", die Beschlüsse des G-BA nach § 136c SGB V als (bloße) „Empfehlungen" an die Landesbehörden zu deklarieren, um so einer (erkennbar verfassungswidrigen) Bindung der Landesgewalt entgegenzuwirken. Die Gesetzgebungs- und Exekutivhoheit der Länder im Bereich der Krankenhausplanung soll erhalten bleiben, da die Inkorporationswirkung der Beschlüsse des G-BA als „Bestandteil" des Krankenhausplans nur dann eintritt, wenn das jeweilige Land dies zulässt und nicht von seiner abweichenden Regelungs-

---

[577] Vgl. KHSG v. 10.12.2015 (BGBl. I S, 2229); zu den nachfolgend angesprochenen Auswirkungen auf die Krankenhausplanung der Länder und den damit verbundenen insbesondere verfassungsrechtlichen Fragestellungen vgl. *Bachmann*, VSSR 2016, 303; *Pitschas*, GuP 2016, 161; *ders.* VSSR 2016, 343; *Quaas*, f & w 2016, 1158; *Stollmann*, NZS 2016, 201; *ders.*, in Huster/Kaltenborn (Hrsg.), Krankenhausrecht, 2.A. § 4 Rn. 30 ff; *ders.* in „Glück auf! Medizinrecht gestalten", FS Dahm (Hrsg. Katzenmaier/Ratzel), 2017, S. 485 ff.; *Ternick*, NZS 2017, 770; *Wollenschläger/Schmidl*, GesR 2016, 542.
[578] Zu den Umsetzungsmöglichkeiten der Länder s. *Stollmann*, NZS 2016, 201.
[579] *Pitschas*, GuP 2016, 161 spricht zu recht von dem „Verdacht einer bundesrechtlichen Kompetenzusurpation"; s. a. *Wollenschläger/Schmidl*, VSSR 2014, 117.

befugnis Gebrauch gemacht hat. Wie das Land dabei vorgehen muss, wird allerdings in § 6 I 2 KHG nicht bestimmt. Ungeregelt ist insbesondere, ob eine (allgemeine) landesrechtliche Regelung im jeweiligen Landeskrankenhausgesetz (LKHG) ausreicht, der Erlass einer Rechtsverordnung – wovon die Begründung zu § 136c SGB V ausgeht – erforderlich ist oder das Land jeweils im Einzelfall und kontinuierlich nach Bekanntwerden der Empfehlungen des G-BA gemäß § 136c I 3 SGB V tätig werden muss[580].

548 Das Kompetenzproblem wird dadurch verschärft, dass für die Länder kaum absehbar ist, was alles an dirigistischen Eingriffen auf sie mit der Ermächtigung des § 136c SGB V zukommt. Die vom G-BA zu beschließenden und den stationären Sektor insgesamt erfassenden „Qualitätsindikatoren" betreffen das Gesamtgeflecht der Krankenhausplanung. Sämtliche Entscheidungen über Aufnahme und Verbleib der Krankenhäuser sowie deren Förderung nach Maßgabe des jeweiligen LKHG sind davon erfasst. Der Begriff der Struktur-, Prozess- und Ergebnisqualität ist andererseits extrem weit, ja nahezu uferlos. Die Gesetzesbegründung hebt lediglich hervor: „Komplikationsraten bei bestimmten Eingriffen oder Durchführungsquoten bei notwendiger Antibiotikaprophylaxe sowie konkrete apparative oder bauliche Anforderungen sowie Maßzahlen zur Personalausstattung"[581]. Das ist nur ein Teilausschnitt. Da künftig sämtliche Entscheidungen der Krankenhausplanung und deren Umsetzung für die Krankenhäuser „qualitätsorientiert" sein müssen, bleibt buchstäblich kein Stein im Krankenhausgebäude auf dem anderen stehen. Auch das folgt aus dem Bezug der Qualitätsindikatoren zur Struktur-, Prozess- und Ergebnisqualität. Darunter ist nach einhelliger Auffassung in der Rechtslehre zu verstehen:

549 „Die **Strukturqualität** zielt dabei auf die Anforderungen an die Qualifikation des ärztlichen und nicht ärztlichen Personals sowie die jeweilige Ausstattung der Praxis. Die **Prozessqualität** wiederum befasst sich mit der Indikation und Durchführung von Diagnostik und Therapie. Die **Ergebnisqualität** schließlich umfasst die gesundheitlichen Folgen ärztlichen Handelns unter Berücksichtigung von Letalität, Heilungsdauer und therapiebedingten Komplikationen."[582]

550 Der mit dem KHSG aufgeworfene Verfassungskonflikt hat seine Grundlage in der Kompetenzverteilung der Gesetzgebungszuständigkeiten im Bereich des Krankenhauswesens. Es ist – wie oben[583] ausgeführt – generell anerkannt, dass eine (allgemeine) Bundeskompetenz für das Gesundheits- oder Krankenhauswesen oder für die Krankenhausplanung im Besonderen nicht existiert. Krankenhausplanung ist vielmehr – ausschließlich – Ländersache (Artikel 30, 70 GG)[584]. Dem Bund ist nur eine begrenzte Kompetenz bei der Grundgesetzänderung im Jahr 1969 durch Artikel 74 I Nr. 19a GG eingeräumt, wonach eine konkurrierende Zuständigkeit für „die wirtschaftliche Sicherung der Krankenhäuser und die Regelung der Krankenhauspflegesätze" besteht. Die Ausübung dieser Bundeskompetenz unterliegt darüber hinaus der Erforderlichkeitsklausel des Artikels 72 II GG. Eine Regelungsbefugnis existiert demnach nur, „wenn und soweit die Herstellung gleichwertiger Lebensverhältnisse im Bundesgebiet oder die Wahrung der Rechts- oder Wirtschaftseinheit im gesamtstaatlichen Interesse eine bundesgesetzliche Regelung erforderlich macht".

---

[580] NRW hat durch § 13 II KHGG NRW n. F. bestimmt, dass die Empfehlungen des G-BA nach § 136c I SGB V erst nach Maßgabe des Abschnitts II Bestandteil des Krankenhaus(rahmen)plans werden; Bayern hat die Geltung des Bundesrechts komplett ausgeschlossen; nach Art. 4 I 3 BayKrG n. F. findet § 6 Ia 1 KHG keine Anwendung. Das Bundesland Hamburg hat sich mit § 6 II, III hambKHG für eine – rechtlich bedenkliche – „Sowohl-als-auch"-Lösung entschieden.

[581] BR-Drs. 277/15, 55.

[582] Vgl. zu diesen drei Dimensionen des Qualitätsbegriffs u. a. *Wollenschläger/Schmidl*, VSSR 2014, 117 (130 f.) m. w. Nw.

[583] → § 26 Rn. 418.

[584] → § 26 Rn. 418; sowie u. a. Huster/*Kaltenborn*, Krankenhausrecht, 2.A. § 2 Rn. 2f; *Kuhla*, NZS 2014, 361; *Pitschas*, GuP 2016, 161; *Wollenschläger/Schmidl*, GesR 2016, 542; *Wysk*, DVBl. 2015, 661.

§ 26 Grundzüge des Rechts der Krankenhausfinanzierung

Vor diesem Hintergrund erscheint die mit § 136c I SGB V erfolgte Übertragung der Bestimmung planungsrelevanter Qualitätsindikatoren auf die Regelungskompetenz des G-BA mit ihrem vorrangigen Geltungsanspruch gegenüber lediglich ersatzweise ausgeübter Länderzuständigkeit zumindest als „kompetentielle Gratwanderung" auf den Klippen des Grundgesetzes[585]. Die einzig in Betracht kommende Zuständigkeitsnorm des Artikels 74 I Nr. 19a GG gewährt dem Bund lediglich – wie es das BVerfG formuliert – „Spielraum zur Regelung finanzieller Fragen"[586]. Erlaubt sind nur „Finanzhilfen und Entgelte für teilstationäre und stationäre Krankenhausbehandlung". Einen weiten Raum will das Grundgesetz mit dieser Regelung dem Bund nicht eröffnen. Ihm ist – so wiederum das BVerfG – insbesondere der Bereich der Krankenhausorganisation und der Krankenhausplanung versperrt. Dafür sind ausschließlich die Länder zuständig.

551

Allerdings darf der Bund solche Gegenstände der „Finanzhilfe" mitregeln, die in einem engen Zusammenhang zur wirtschaftlichen Sicherung der Krankenhäuser stehen und zugleich einen hinreichend krankenhausplanerischen Spielraum der Länder wahren. Eine derartige Annexkompetenz ist sicher auch im Zusammenhang mit der Bundeskompetenz aus Art. 74 I Nr. 19a GG denkbar. Soweit daher bestimmte (insbesondere planerische) Anforderungen an die Gewährung öffentlicher Mittel bei der Förderung und im Bereich der Pflegesätze gestellt werden, ist deren Regelung durch den Bundesgesetzgeber verfassungsrechtlich unproblematisch. Der Bund kann somit – wie es mit §§ 1, 6, 8 KHG geschieht – die Förderung der Krankenhäuser und die Regelung der Krankenhausentgelte von der Einhaltung der Vorgaben eines Krankenhausplans und sonstiger organisatorischer Anforderungen abhängig machen. Der Gesetzgeber des KHSG darf daher § 1 I KHG um das Ziel der qualitativ hochwertigen und patientengerechten Versorgung ergänzen. Entsprechendes gilt für die Bestimmung des § 8 I KHG, wonach die Förderung eines Krankenhauses dessen Aufnahme und Verbleib im Krankenhausplan voraussetzt. Der Krankenhausplan wird hier nur als Mittel (Instrument) der Krankenhausförderung eingesetzt. Die Krankenhausplanung und deren Umsetzung auf die Krankenhäuser bleiben inhaltlich voll in der Verantwortung des jeweiligen Bundeslands.

552

Ganz anders sieht es dagegen bei den nun dem G-BA übertragenen Kompetenzen zur Feinsteuerung von krankenhausplanerischen Qualitätsvorgaben aus, die vom Bundesgesetzgeber kategorisch zum „Bestandteil des Krankenhausplans" erhoben werden. Damit soll dem G-BA eine Konkretisierungsbefugnis im Bereich der Krankenhausplanung zugestanden werden[587]. Ein solches Vorgehen lässt sich sicher nicht auf eine – wie immer geartete – Annexkompetenz des Bundes aus Art. 74 I Nr. 19a GG stützen[588]. Dass Beschlüsse eines Bundesausschusses kraft Bundesrechts Bestandteil eines der Landeshoheit zurechnenden Regierungsakts werden, ist – für sich gesehen – bereits ein verfassungsrechtliches Novum. Deutlicher ist der Eingriff in die Planungshoheit der Länder und damit die Zurücknahme vor der bundesrechtlichen Regelungsmacht kaum zu formulieren. Indem das Land dem Bund – vorrangig – seine Befugnis zur Krankenhausplanung bis ins Detail und kontinuierlich in dem für die Krankenhausversorgung bedeutendsten Teil der Qualitätssicherung und patientengerechten Versorgung überlässt und damit eigene, verfassungsrechtlich gewährleistete Hoheitsrechte an den Bund zu dessen Ausübung „abtritt", wird der Kompetenzraum des jeweiligen Landes in diesem für den Sicherstellungsauftrag elementaren Bereich nahezu gänzlich entleert.

553

Damit dürfte die rote Linie, die die Verfassung mit Artikel 74 I Nr. 19a GG dem Bundesgesetzgeber im Bereich des Krankenhauswesens zieht, überschritten sein. Es stellt einen

554

---

[585] *Quaas*, f & w 2016, 1158; *Stollmann*, NZS 2016, 201; s. a. *Ternick*, NZS 2017, 770.
[586] BVerfGE 83, 363 (380); s. a. *Kuhla*, NZS 2014, 361 (362).
[587] *Becker*/*Kingreen*, § 136c SGB V Rn. 4.
[588] So aber *Stollmann*, NZS 2016, 201 unter Bezug auf *Clemens*, Düsseldorfer Krankenhaustag 2015, 19; abl. wie hier Huster/*Kaltenborn*, Krankenhausrecht, 2.A. § 2 Rn. 4 in Fn. 20; *Pitschas*, GuP 2016, 161 (164 in Fn. 20).

verfassungswidrigen Kompetenzübergriff dar, wenn einem Gremium der gemeinsamen Selbstverwaltung nach dem SGB V – wie dem G-BA – erlaubt wird, den parlamentarischen Gremien und den Regierungen der Länder Vorgaben für die Krankenhausgesetzgebung beziehungsweise -planung zu machen, die lediglich dann nicht gelten sollen, wenn das jeweilige Land ersatzweise mit eigenen Regelungen aufwartet. Das ist die Umkehrung der vom Grundgesetz gedachten Kompetenzordnung, nach der bundesrechtliche Vorgaben für die Krankenhausplanung nur als „Annex" zur bundesrechtlichen Finanzierungszuständigkeit erscheinen dürfen und lediglich als allgemeine Zielvorstellungen des Bundesgesetzgebers gedacht sind.

555 Entsprechend verfassungswidrig stellt sich der weitere Kompetenzübergriff des Bundesgesetzgebers dar, mit § 6 Ia KHG exekutivische Normen des G-BA zum Bestandteil des Krankenhausplans zu erklären und damit bundesrechtlichen Normen den Rang von Landesrecht zu verleihen. Ein Krankenhausplan ist nach der ständigen Rechtsprechung der Verwaltungsgerichte keine Rechtsnorm, sondern eine verwaltungsinterne Anweisung der Regierung an die Krankenhausplanungsbehörden, den Inhalt des Krankenhausplans durch Feststellungsbescheid auf die Krankenhäuser umzusetzen[589]. Einer solchen Umsetzung bedarf es künftig bei den vom G-BA beschlossenen planungsrelevanten Qualitätsindikatoren nicht. Sie sind (als Richtlinie) kraft Gesetzes (§ 91 VI SGB V) unmittelbar für für die Akteure der GKV und damit auch für jedes Krankenhaus verbindlich. Das stellt § 136c I 2 2.HS SGB V ausdrücklich klar[590]. Werden die Vorgaben des G-BA zur Qualitätssicherung von einem Krankenhaus nicht eingehalten, sind die daraus folgenden Sanktionen (zum Beispiel Nichtaufnahme in den oder Herausnahme aus dem Krankenhausplan, Vergütungsabschläge) bundesrechtlich vorgegeben. Dem Land fehlt jeder eigene Gestaltungsspielraum. Auch ein solcher Eingriff in die „Planungshoheit" der Länder ist nicht zu rechtfertigen und von der allein in Frage kommenden Bundeskompetenz aus Art. 74 I Nr. 19a GG nicht gedeckt.

556 Gewichtige Kompetenzprobleme werden schließlich über die Erforderlichkeitsklausel des Art. 72 II GG aufgeworfen. Danach besteht eine Bundeskompetenz nicht, wenn landesrechtliche Regelungen zum Schutz der in Art. 72 II GG genannten gesamtstaatlichen Rechtsgüter ausreichen[591]. Davon scheint indessen § 6 Ia KHG selbst auszugehen, sieht die Bestimmung doch ein vollumfängliches Abweichungsrecht der Länder von den Qualitätsvorgaben des G-BA vor. Hintergrund ist die Planungshoheit der Länder zur Krankenhausversorgung. Damit stellt sich die Bundesregelung zur unbeschränkten Disposition des Landesgesetzgebers und gibt insoweit selbst zu erkennen, dass einheitliche rechtliche Regelungen für das gesamte Bundesgebiet nicht geboten sind[592].

557 **cc) Das Grundrechtsproblem.** Das KHSG ermächtigt nicht nur – wie gezeigt – zu (voraussichtlich) verfassungswidrigen Eingriffen des Bundes in die Kompetenzhoheit der Länder zur Krankenhausplanung. Von diesen Eingriffen unmittelbar betroffen sind auch die Krankenhausträger, und zwar alle Krankenhausträger im gesamten Bundesgebiet, soweit sie als (potenzielle) Plankrankenhäuser und sonstige zugelassene Krankenhäuser an der Versorgung der Bevölkerung mit ihren Leistungen teilnehmen. Das liegt an der „Doppelnatur" der – planungsrelevanten – Beschlüsse des G-BA auf der Grundlage des § 136c I SGB V[593]. Danach handelt es sich bei den vom G-BA beschlossenen planungsrelevanten Qualitätsindikatoren nicht lediglich um „Empfehlungen" an die zuständigen Landesbehörden zur Unterstützung ihrer Aufgaben in der Zielausrichtung hin zu qualitätsorientierten Entscheidungen in der Krankenhausplanung. Gemäß § 136c I 2 2. HS SGB V bleibt die Bestimmung

---

[589] → § 26 Rn. 573.
[590] Vgl. *Becker*/Kingreen, § 136c SGB V Rn. 4.
[591] BVerfGE 106, 62 (149 f.); 125, 141 (154).
[592] *Wollenschläger/Schmidl*, GesR 2016, 542 (549); aA *Ternick*, NZS 2017, 770 (774 f.).
[593] Vgl. Huster/Kaltenborn/*Stollmann*, Krankenhausrecht, 2.A., § 4 Rn. 38 („Janusköpfigkeit der Beschlüsse nach § 136c SGB V").

des § 91 VI SGB V unberührt. Dort ist die Verbindlichkeit sämtlicher vom G-BA gefasster Beschlüsse – mit Ausnahme der nach § 137b SGB V (Feststellungen, Empfehlungen und Berichte zur Förderung der Qualitätssicherung) – geregelt. Durch den in § 136 cII 2 2. HS SGB V vorgenommenen Verweis auf § 91 Abs. 6 SGB V bringt der Gesetzgeber zum Ausdruck, dass auch die „Beschlüsse" des G-BA zu den planungsrelevanten Qualitätsindikatoren trotz ihres „Empfehlungscharakters" gegenüber den für die Krankenhausplanung zuständigen Landesbehörden für die Akteuere der GKV – und damit für jedes betroffene (Plan-) Krankenhaus – unmittelbar verbindlich sind. Die Einstufung und Bezeichnung der Qualitätsindikatoren als „Empfehlung" sollen keinen Einfluss auf die Verbindlichkeit von Qualitätsanforderungen des G-BA für die Leistungserbringer haben. Der empfehlende Charakter der vom G-BA zu beschließenden Qualitätsindikatoren soll ausschließlich im Verhältnis zu den für die Krankenhausplanung zuständigen Ländern gelten. Das gilt nur dann nicht, wenn die Geltung der planungsrelevanten Qualitätsindikatoren durch Landesrecht ganz oder teilweise ausgeschlossen wird (§ 6 I a 2 KHG).Nur in diesem Fall entfalten die Beschlüsse des G-BA nach § 136c I 1 SGB V „als Bestandteil des Krankenhausplans" (§ 6 I a 1 KHG) keine unmittelbare Verbindlichkeit gegenüber den Normadressaten.

Den Krankenhausträgern gegenüber beanspruchen also die planungsrelevanten Qualitätsindikatoren unmittelbare Verbindlichkeit. Sie sind normativ für qualitätsorientierte Entscheidungen der Planungsbehörden sowohl auf der Grundlage des Krankenhausplans (dessen Bestandteil sie sind) als auch auf der Ebene des Vollzugs über den jeweils zu erlassenden Feststellungsbescheid. Die planungsrelevanten Indikatoren dirigieren insoweit die Entscheidung über die Aufnahme und den Verbleib eines Krankenhauses im Krankenhausplan. Da den zuständigen Landesbehörden gemäß § 136c II SGB V zusätzlich einrichtungsbezogene Auswertungsergebnisse der einrichtungsübergreifenden stationären Qualitätssicherung zu den planungsrelevanten Qualitätsindikatoren sowie Maßstäbe und Kriterien zur Bewertung der Qualitätsergebnisse von Krankenhäusern zur Verfügung gestellt werden müssen, sind diese Erkenntnisse – wie § 8 Ia 2 KHG hervorhebt – bei den zwingend zu treffenden planerischen Entscheidungen – und sei es auch nur im Rahmen der Auswahlentscheidung zwischen mehreren konkurrierenden Krankenhäusern nach Maßgabe des § 8 II 2 KHG – mit zu berücksichtigen. Soweit ein Krankenhaus nicht in den Krankenhausplan eines Landes aufgenommen ist, sondern über einen Versorgungsvertrag nach § 108 Nr. 3 SGB V verfügt, gilt das bundesrechtlich verordnete Qualitätsauslegeprogramm entsprechend. Mit Krankenhäusern, die diesen Anforderungen nicht genügen, darf kein Versorgungsvertrag geschlossen werden. Stellen sich entsprechende Mängel nach Abschluss des Versorgungsvertrags heraus, kommt dessen Kündigung – gegebenenfalls vermittelt durch eine „unabhängige Schiedsperson" – in Betracht (§ 110 I 2 bis 5 SGB V).

558

Die von solchen Eingriffen einer bundesrechtlich im Detail gesteuerten Qualitätsplanung betroffenen Krankenhäuser werden sich dies nicht gefallen lassen. Ihnen steht das Grundrecht der Berufsfreiheit aus Artikel 12 I GG zur Seite, das vor kompetenzwidrigen und unverhältnismäßigen Eingriffen der Planungsbehörden schützt und wiederholt erfolgreich vor den Gerichten gegen Planungsentscheidungen eines Landes eingesetzt wurde. In seinem grundlegenden Urteil vom 12. Juni 1990 hat das BVerfG betont, dass Eingriffe durch die Krankenhausplanung eine berufsregelnde Tendenz aufweisen und strikt am Maßstab des Verhältnismäßigkeitsprinzips gemessen werden müssen. Gesundheitspolitische Fernziele, die den allgemeinen Standard der Krankenhausversorgung weit übersteigen, dürfen nicht – so sinnvoll sie sein mögen – mithilfe zwingender Mindestvoraussetzungen für die Aufnahme in den Krankenhausplan nach dem KHG durchgesetzt werden. Für eine solche Regelung – auch das hat das BVerfG betont – fehlt es bereits an der Gesetzgebungskompetenz des Bundes[594]

559

---

[594] BVerfG, 1 BvR 355/86 – DVBl. 1990, 989.

560 **dd) Marktregulierung ohne Ländermitsprache?** Die bundesgesetzlichen Regelungen zur qualitätsorientierten Krankenhausplanung durch das am 1. Januar 2016 in Kraft getretene KHSG wurden bereits als Paradigmenwechsel von der Landesplanung hin zu einer bundesweiten Marktregulierung begrüßt. Befürworter versprechen sich eine Marktbereinigung und -konzentration auf relativ wenige, dafür große und leistungsstarke Anbieter. Den Bundesländern soll so ermöglicht werden, ihre knappen Investitionsmittel auf jene Krankenhäuser zu begrenzen, die den hohen Ansprüchen einer qualitativen herausgehobenen Krankenhausversorgung entsprechen. Es wird davon ausgegangen, dass Krankenhäuser, die einen hohen Qualitätsstandard erreichen, zugleich kostengünstiger als Krankenhäuser mit niedrigem Qualitätsstandard arbeiten und so Folgekosten in nicht unerheblicher Höhe durch Infektion, Komplikationen und Folgeoperationen vermeiden können[595].

561 Aber um welchen Preis? Gegen einen Qualitätswettbewerb ist an sich nichts einzuwenden. Gleichwohl muss sich dies in einem rechtlich geordneten und insbesondere verfassungsrechtlich zulässigen Rahmen vollziehen. Es darf nicht geschehen – was durch die Konstruktion des KHSG allerdings vorprogrammiert erscheint –, dass oftmals kleinere, jedenfalls für eine flächendeckende Versorgung bedarfsnotwendige Krankenhäuser auf der Strecke bleiben, weil sie nicht in jeder Beziehung allen Vorgaben der planungsrelevanten Qualitätsindikatoren des G-BA genügen[596]. Ebenso wenig darf es geschehen, dass die Planungsverantwortung der Länder für ein bedarfsgerechtes, leistungsfähiges und wirtschaftliches Krankenhauswesen unmittelbar und weitestgehend durch bundesrechtlich vorgegebene Regelungen ausgehöhlt wird. Das Gebot der Sicherstellung der flächendeckenden Versorgung, dessen Umsetzung durch Krankenhausplanung und Krankenhauspläne ausschließlich an die Länder gerichtet ist, wird nicht dadurch verwirklicht, dass das Land auf eine eigene Planung verzichtet und deren inhaltliche Gestaltung umfassend einem Bundesgremium überlässt, das insoweit ohne jede Zuständigkeit – von mangelnder Erfahrung und unzureichender Fachkompetenz ganz abgesehen – gerade auf dem Gebiet der Krankenhausplanung und der Organisation der Krankenhäuser ist[597].

2. Systematik des Krankenhausplanungsrechts

562 Die Verpflichtung der Länder gemäß § 6 I KHG, zur Verwirklichung der in § 1 KHG genannten Ziele Krankenhauspläne (und Investitionsprogramme) aufzustellen, zeigt das Mittel an, mit dem nach Auffassung des Bundesgesetzgebers dem vorrangigen Ziel einer Gewährleistung der bedarfsgerechten Versorgung der Bevölkerung mit leistungsfähigen, eigenverantwortlich wirtschaftenden und qualitativ hochwertigen Krankenhäusern Rechnung getragen wird. Die Krankenhausplanung ist danach das zentrale Investitionslenkungs- und Steuerungsinstrument zur Verwirklichung dieses Ziels. Dies zeigt auch die Verknüpfung der Krankenhausplanung mit der öffentlichen Investitionsförderung gemäß § 8 I KHG. Danach haben Krankenhäuser nur dann einen Anspruch auf öffentliche Förderung, soweit und solange sie in den Krankenhausplan des Landes aufgenommen sind. Nach der Konstruktion des KHG ist der Krankenhausplan insoweit ein „influenzierender" Plan, d.h. an seine Feststellung knüpfen wirtschaftslenkende Maßnahmen an, mit denen „auf die zukünftige Entwicklung des Krankenhauswesens eingewirkt werden (soll), um auf diese Weise die weitere Entwicklung in die wirtschafts- und sozialpolitische Richtung zu lenken".[598]

---

[595] Vgl. *Bachmann*, VSSR 2016, 303; *Metzner*, Düsseldorfer Krankenhausrechtstag 2013, 61.

[596] Zu den damit vorprogrammierten Zielkonflikten innerhalb des Kriterienquartetts des § 1 I KHG vgl. Huster/Kaltenborn/*Stollmann*, Krankenhausrecht, 2.A., § 4 Rn. 33 f.

[597] *Quaas*, f & w 2016, 1158.

[598] → § 26 Rn. 451; BVerwGE 62, 86, 94; *Rennert*, DVBl 2010, 936 (938); *Depenheuer*, Staatliche Finanzierung und Planung im Krankenhauswesen, 55; die gesetzliche Festlegung, dass der Anspruch des Krankenhauses auf öffentliche Förderung nur besteht, „solange" das Krankenhaus in den Krankenhausplan des Landes aufgenommen ist, begründet andererseits die „Plangefangenschaft" des einmal in den Kranken-

Die Ziele des § 1 KHG bilden andererseits ihrerseits den Ausgangspunkt für die Entscheidung, welche Krankenhäuser unter welchen Voraussetzungen in den Krankenhausplan aufgenommen werden. Nach § 8 I 3 KHG wird die Aufnahme oder Nichtaufnahme in den Krankenhausplan durch Bescheid festgestellt. Nach der Systematik der § 6 I und 8 I 3 KHG erschöpft sich damit die Krankenhausplanung nicht in der Aufstellung eines Krankenhausplans (und dessen Fortschreibung). Krankenhausplan und Feststellungsbescheid als der auf das einzelne Krankenhaus mit statusbildender Wirkung konkretisierte Krankenhausplan bilden zusammen die Krankenhausplanung, zu der die Länder gemäß § 6 I 1. HS KHG verpflichtet sind.[599] Das Steuerungsinstrument der Krankenhausplanung vollzieht sich damit auf zwei komplexen Handlungs- und Entscheidungsebenen, dem Krankenhausplan und dem Feststellungsbescheid.[600]

563

a) Der Krankenhausplan. aa) Funktion und Inhalt. Der Krankenhausplan hat nach der Intention des KHG die Aufgabe, die bedarfsgerechte Versorgung der Bevölkerung mit Krankenhäusern mit dem Instrument der Planung zu verwirklichen. Es kommt darauf an, die jeweiligen Versorgungsbedürfnisse der Bevölkerung zu kennen und den geänderten Versorgungsbedingungen Rechnung zu tragen. Krankenhausplanung ist deshalb keine Festschreibung von Versorgungskapazitäten, sondern ein kontinuierlicher Vorgang zur bestmöglichen Zielerreichung. Die Verpflichtung zur Aufstellung von Krankenhausplänen beinhaltet deshalb immer die Planfortschreibung entsprechend der Bedarfsentwicklung und den sonstigen Zielen der Krankenhausplanung. Ein solches Verständnis liegt auch den auf der Grundlage des Krankenhausplans getroffenen Entscheidungen zugrunde. Bei jeder Auswahlentscheidung (§ 8 II KHG) steht die in der Vergangenheit bereits erfolgte und fortbestehende Aufnahme anderer Krankenhäuser grundsätzlich wieder zur Disposition. Nur so wird ermöglicht, dass den Zielen des § 1 KHG gemäß auch neue Krankenhäuser eine Chance auf Aufnahme in den Krankenhausplan erhalten und damit einer „Versteinerung der Krankenhauslandschaft" vorgebeugt wird.[601]

564

Mit der Aufstellung des Krankenhausplans und seinem Vollzug wird das planaufgenommene Krankenhaus andererseits nicht verpflichtet, den ihm zugeteilten Versorgungsauftrag auch „zu erfüllen". Der einmal aufgestellte Krankenhausplan ist zwar ein Plan (auch) im materiellen Sinne, d. h. er ist hinsichtlich seiner Ziele und Grundsätze auf seine Verwirklichung zu einem koordinierten System der Krankenhausversorgung angelegt.[602] Gleichwohl kann dem Krankenhausträger durch den Krankenhausplan mangels anderweitiger gesetzlicher Regelung[603] nicht vorgeschrieben werden, die im Plan aufgeführten Kapazitäten auch tatsächlich

565

---

hausplan aufgenommenen Krankenhauses, da ein rechtlich zulässiges Ausscheiden aus dem Plan wirtschaftlich kaum durchzustehen ist – vgl. *Depenheuer*, Staatliche Finanzierung und Planung im Krankenhauswesen, 55, 63: „Für die Plankrankenhäuser gilt: einmal mitgegangen, immer mit gefangen. Für die Krankenhäuser bedeutet die Krankenhausplanung und -förderung eine Wohltat, der zu entkommen sie keine wirtschaftliche Möglichkeit mehr haben: sie leben in „wirtschaftlich gesicherter Plangefangenschaft" – zur „Plangefangenschaft" der zu einer „bodenrechtlichen Schicksalsgemeinschaft" zusammengeschlossenen Grundstücke innerhalb eines Bebauungsplans vgl. *Quaas*, BGH und BVerwG: Berührungspunkte und Überschneidungen in den Bereichen des Umwelt- und des Planungsrechts, in: Schmidt-Aßmann/Sellner/Hirsch/Kemper/Lehmann-Grube (Hrsg.), Festgabe 50 Jahre BVerwG, 2003, 37, 45.
[599] *Dietz*, in: Dietz/Bofinger, KHG, BPflG und Folgerecht, § 6 KHG, Erl. II 7; terminologisch insoweit ungenau § 17 III HKHG vom 6.11.2002 (GVBl. I, 662, 667), wonach der Krankenhausplan u. a. besteht aus „Entscheidungen nach § 19 I 1 und 2" (sic. Feststellungsbescheiden).
[600] *Kies*, Der Versorgauftrag des Plankrankenhauses, 42; *Rasche-Sutmeier*, GesR 2004, 272, 277 ff.
[601] VGH Baden-Württemberg, B. v. 6.11.2001 – 9 S 772/01 –, NVwZ-RR 2002, 504; 20.11.2001 – 9 S 1572/01 –, NVwZ-RR 2002, 507; U. v. 9.10.2007 – 9 S 2240/06 –; s. a. BVerfG, B. v. 4.3.2004 – 1 BvR 88/00 NJW 2004, 1648; *Rennert*, in: Düsseldorfer Krankenhausrechtstag.2008, 31; *ders.* DVBl 2010, 936.
[602] *Rennert*, DVBl 2010, 936 (938).
[603] Wie in Hessen gem. § 19 I 4 HKHG 2011, wonach das Krankenhaus mit der Aufnahme in den Krankenhausplan verpflichtet ist, den Versorgungsauftrag „umfassend" zu erfüllen, sofern nicht davon

vorzuhalten und die mit ihm beabsichtigten Versorgungsaufgaben tatsächlich auszuführen. Es handelt sich um eine Angebotsplanung und nicht um einen „imperativen Plan".[604]

566 Der Inhalt des Krankenhausplans ist hinsichtlich seines Gegenstands und seiner Einzelaussagen bundesrechtlich nicht bestimmt. § 6 II KHG 1982 ist ersatzlos entfallen. Es ist Aufgabe der Länder, die Einzelfestlegungen des Plans, dessen grundlegende Zielaussagen, die Bestimmung der Versorgungsgebiete und die Struktur der Versorgung zu regeln (§ 6 III KHG). Dennoch ergeben sich aus dem Bundesrecht wichtige Vorgaben. Die Verpflichtung, den Plan zur Verwirklichung der in § 1 KHG genannten Ziele aufzustellen, beschreibt nicht nur den Planungszweck, sondern beeinflusst entscheidend auch dessen Inhalt. Der Plan muss danach die materiellen Planungskriterien des KHG erfüllen, d. h. zu der bedarfsgerechten Versorgung der Bevölkerung führen, die Leistungsfähigkeit der Krankenhäuser ermöglichen und durch das System bedarfsgerechter, leistungsfähiger und qualitativ hochwertiger Krankenhäuser zu einem sozial tragbaren Pflegesatz beitragen.[605] Der materielle Planungsbestand des KHG ist der Mindestinhalt der Krankenhauspläne der Länder. Das BVerwG hat in seiner Rechtsprechung zu § 6 II KHG 1982 darüber hinaus ausgeführt, aus den Vorschriften des KHG ergebe sich, dass Krankenhausbedarfspläne im Wesentlichen folgenden Inhalt haben müssen:[606]

- „Eine Krankenhauszielplanung, die im Rahmen des durch die Vorschriften des KHG begrenzten Gestaltungsspielraums die Ziele festlegt, auf deren Verwirklichung der Plan gerichtet ist.
- Eine Bedarfsanalyse, die eine Beschreibung des zu versorgenden Bedarfs der Bevölkerung enthält.
- Eine Krankenhausanalyse, die eine Beschreibung der Versorgungsbedingungen bei den in den Plan aufgenommenen Krankenhäusern enthält.
- Die Festlegung der durch die späteren Feststellungsbescheide zu treffenden (eigentlichen) Versorgungsentscheidungen darüber, mit welchen Krankenhäusern der festgelegte Bedarf der Bevölkerung versorgt werden soll."

567 Nach diesen Vorgaben, die trotz Wegfalls des § 6 II KHG 1982 der verwaltungsgerichtlichen Rechtsprechung zu Krankenhausaufnahmeentscheidungen weiterhin zugrunde liegen,[607] ist die Planaufstellungsbehörde im Rahmen der Krankenhauszielplanung verpflichtet, ein koordiniertes System bedarfsgerecht gegliederter, leistungsfähiger und wirtschaftlich arbeitender Krankenhäuser festzulegen, also eine abgestufte Gesamtordnung zu bestimmen. Bei der Festlegung der Planziele hat das Land einen planerischen Gestaltungsspielraum. Es müssen aber die gesetzlichen Grundlagen berücksichtigt und die unterschiedlichen öffentlichen und privaten Belange gerecht gegeneinander abgewogen werden. Im Rahmen der rechtsstaatlich gebotenen Abwägung der öffentlichen Belange und der privaten Interessen[608] muss sich das Land insbesondere an den örtlichen Gegebenheiten und den tatsächlichen regionalen Bedarfsstrukturen orientieren.[609]

---

abweichende Festlegungen im Rahmen von Kooperationen mit anderen Krankenhäusern getroffen wurden – vgl. dazu – und der damit getroffenen Vorsorge gegen „Rosinenpickerei" – *Stollmann*, GuP 2011, 48 (49f).

[604] *Huster/Kaltenborn/Stollmann*, § 4 Rn. 3.

[605] OVG NRW, U. v. 5.10.2010 – 13 A 2070/09 – in NWVBl. 2011, 106; *Dietz*, in: Dietz/Bofinger, KHG, BV und Folgerecht, § 6 KHG Erl. II 6; *Kies*, Der Versorgungsauftrag des Plankrankenhauses, 41 f.

[606] BVerwGE 72, 38; zu den Grundsätzen der Krankenhausplanung auf der Grundlage der Rspr. des BVerwG s i. Ü. die vorzügliche Darstellung von *Möller*, in: VSSR 2007, 263 ff.

[607] *Keil-Löw*, Die Kündigung des Versorgungsvertrages eines Plankrankenhauses nach § 110 SGB V, 54; *Kies*, Der Versorgungsauftrag des Plankrankenhauses, 55 in Fußnote 182; *Kraemer*, NZS 2003, 523, 525; *Rasche-Sutmeier*, GesR 2004, 272; *Stollmann*, NZS 2004, 350; Huster/Kaltenborn/*ders.*, § 4 Rn. 10 ff.

[608] Vgl. u. a. BVerwGE 111, 276 = NJW 2000, 8584; VGH Mannheim, DVBl. 2002, 1129; *Quaas*, NVwZ 2003, 652.

[609] BVerfGE 72, 38 (47); *Ricken*, Rechtliche Probleme bei der Standortplanung von medizinisch-technischen Geräten, 49.

Die Bedarfsanalyse ist die Beschreibung des zu versorgenden Bedarfs der Bevölkerung an 568
Krankenhausbetten. Sie umfasst die Beschreibung des gegenwärtig zu versorgenden Bedarfs
als auch die Beschreibung des voraussichtlich in der Zukunft zu erwartenden Bedarfs im
Sinne einer Bedarfsprognose. Die Bedarfsanalyse ist kein Planungsinstrument, da sowohl die
Ermittlung des gegenwärtigen als auch die Prognostizierung des voraussichtlich zukünftigen
Bedarfs Feststellungen und Schätzungen zum Inhalt haben, die ausschließlich auf tatsächlichem Gebiet liegen.[610]

Die Krankenhausanalyse ist die Beschreibung der tatsächlichen Versorgungsbedingungen 569
in den vorhandenen Krankenhäusern, insbesondere nach Standort, Bettenzahl und Fachrichtungen. Sie erfordert die Ermittlung der gegenwärtigen Einrichtungen und Ausstattungen
in den Krankenhäusern. Ggf. kann auch eine Versorgungsprognose der zukünftigen Entwicklung der Versorgungsbedingungen in den Krankenhäusern geboten sein.[611]

Auf der Grundlage der Bedarfs- und Krankenhausanalyse ist schließlich im Krankenhaus- 570
plan eine Versorgungsentscheidung zu treffen. Die Versorgungsentscheidung ist die zusammenfassende Aufstellung der Krankenhäuser, die in den Krankenhausplan aufgenommen
werden sollen. Es ist somit im Krankenhausplan zu bestimmen, mit welchen Krankenhäusern
der Bedarf versorgt werden soll.[612]

Wie die Ausführungen zeigen, differenziert das BVerwG in seinen Anforderungen an den 571
Inhalt des Krankenhausplanes nicht hinreichend – wie es sonst dem „Standard" der Planungsrechtsprechung entspricht[613] – zwischen dem Planungsvorgang und dem Planungsergebnis als dem Krankenhausplan (im engeren Sinne), in dem sich die Grundsätze und
Ergebnisse der Krankenhausplanung letztlich niederschlagen. Das ändert an der Richtigkeit
der Aussagen des BVerwG nichts, darf allerdings nicht zu dem – in der Praxis häufig
anzutreffenden – Missverständnis führen, als müssten sich sämtliche inhaltlichen Festlegungen des Krankenhausplans – gar ausdrücklich – in der Wiedergabe des Planinhalts niederschlagen.[614] So ist die vom BVerwG geforderte Krankenhauszielplanung, die sich an den
Aufgaben und den Grundsätzen der Krankenhausplanung ausrichtet, zwar notwendiger
Bestandteil der Krankenhausplanung, sie muss aber nicht zwingend im Krankenhausplan
selbst ausgewiesen sein. Entsprechendes gilt für die Bedarfsanalyse und die Krankenhausanalyse, mit denen die tatsächlichen Voraussetzungen für die im Krankenhausplan zu
treffenden Entscheidungen ermittelt werden und die ebenfalls an den Vorgaben der Krankenhauszielplanung auszurichten sind. Es reicht aus, dass die Umstände aus dem Planungsverfahren erkennbar gemacht werden können. In der Praxis sind sie häufig Gegenstand
sachverständiger Ermittlungen von auf die Krankenhausplanung spezialisierten Forschungsinstituten.

Darüber hinaus steht es den Ländern frei, die Bedarfsfeststellungs- und Versorgungs- 572
planung um weitere inhaltliche, ggf. auch qualitative Planungsvorgaben[615] zu ergänzen, etwa
– wie in vielen Bundesländern – um die „Ziele der Raumordnung und Landesplanung".[616]
Entsprechendes gilt für die Frage, ob in die Krankenhauspläne auch die Hochschulklini-

---

[610] BVerfGE 72, 38 (49); vgl. bereits BVerfGE 62, 86, 107; sowie *Rasche-Sutmeier*, GesR 2004, 272, 273 m. w. Nw.
[611] BVerfGE 72, 38 (49); *Rasche-Sutmeier*, GesR 2004, 272, 274 m. w. N.
[612] BVerfGE 72, 38 (49 f.); *Rasche-Sutmeier*, GesR 2004, 272, 275 m. w. N.
[613] Vgl. zum Bau- und Fachplanungsrecht grundlegend BVerwGE 34, 301; 45, 309 sowie zu dem „Kontrollmodell von Abwägungsvorgang und Abwägungsergebnis" als Prüfungsmaßstab für die Inzidentkontrolle durch die Baulandgerichte grundlegend BGHZ 66, 322 und dazu *Quaas*, in: Schmidt/Aßmann/Sellner/Hirsch/Kemper/Lehmann-Grube (Hrsg.) Festgabe 50 Jahre BVerwG 2003, 37 (54).
[614] So zutreffend *Genzel*, in: Laufs/Uhlenbruck, Handbuch des Arztrechts, § 86 Rn. 32.
[615] S. aber unten – zum Begriff der Leistungsfähigkeit des Krankenhauses – → § 26 Rn. 480 ff.
[616] U. a. § 4 I 5 LKHG BW; Art. 4 I BayKrG; § 12 III 2 LKG Brbg; § 17 II HKHG, § 23 LKHG MV, § 3 II Nds KHG; § 6 II 1 LKG Rh-Pf; § 9 I 4 SKHG; § 4 I 3 Sächs. KHG, § 3 II KHG LSA, § 2 I 2 AG-KHG Schl-H, § 4 II 2 Thür KHG.

ken[617] und die in § 3 Nr. 1 und 4 KHG genannten Krankenhäuser (insbesondere Bundeswehrkrankenhäuser), soweit sie der allgemeinen Versorgung der Bevölkerung dienen, einzubeziehen sind. Auch kann sich das Land in seiner Planungskompetenz soweit zurücknehmen, dass es der Selbstverwaltung aufgibt, regionale Planungskonzepte zu erarbeiten, um erst danach planerisch einzugreifen.[618]

573 **bb) Rechtsnatur des Krankenhausplans.** Nach ständiger Rechtsprechung des BVerwG[619] ist der Krankenhausplan keine Rechtsnorm. Er ergeht nicht in der Form der Rechtsverordnung, selbst wenn dessen Veröffentlichung im Staatsanzeiger oder einem sonstigen amtlichen Mitteilungsorgan des jeweiligen Landes vorgeschrieben ist.[620] Er ist auch keine Allgemeinverfügung im Sinne einer Zusammenfassung einer Vielzahl von Verwaltungsakten. Vielmehr handelt es sich um eine verwaltungsinterne Maßnahme ohne unmittelbare Rechtswirkung gegenüber den Betroffenen (Krankenhäusern, Krankenkassen, Patienten). Der Plan hat wie eine innerdienstliche Weisung die Anordnung zum Inhalt, die dem Plan entsprechenden positiven oder negativen Einzelentscheidungen zu erlassen.[621] Der Krankenhausplan kann danach nicht Gegenstand einer verwaltungsgerichtlichen Normenkontrolle nach § 47 VwGO sein.[622]

574 Allerdings mehren sich in jüngerer Zeit Zweifel, ob an dieser Rechtsprechung festzuhalten ist.[623] Das BVerwG selbst sah sich in der Entscheidung vom 14.4.2011[624] mit der Frage konfrontiert, entweder seine Rechtsprechung zur Erledigung der Hauptsache bei Außerkrafttreten und Neuerlass eines Krankenhausplans oder jene zur lediglich verwaltungsinternen Rechtsnatur des Krankenhausplans aufzugeben. Beides war systematisch nicht miteinander vereinbar, ist doch eine außenwirksame Erledigung des Verpflichtungsbegehrens auf Aufnahme in den Krankenhausplan mit dem bloßen Wegfall einer „innerministeriellen Weisung" schwer vorstellbar. Vor die Wahl gestellt, hat das BVerwG (als „kleineres Übel"?) die Rechtsprechung zur Hauptsachenerledigung aufgegeben.[625] Es gibt aber weitere – und gewichtigere – Widersprüche und Ungereimtheiten: Zunächst enthält der Krankenhausplan – wie gezeigt – nicht nur eine Bedarfs- und Krankenhausanalyse mit einer detaillierten und konkreten

---

[617] Zum Rechtsstatus der Hochschulklinik in der Krankenhausplanung s. *Quaas,* MedR 2010, 149ff; Prütting/ders., § 108 SGB V Rn. 7.
[618] So das System „regionaler Planungskonzepte" nach § 14 KHGG NRW; 17 III HessKHG.
[619] BVerwGE 62, 86; 72, 38; 132, 64; BVerwG, U. v. 14.4.2011 – 3 C 17.10 – DVBl. 2011, 896.
[620] Vgl. zur Bekanntmachung von Krankenhausplänen § 4 III LKHG BW; Art. 5 V Bay KHG, § 3 I Nds. KHG; § 12 I 2 LKG BrdB; § 5 IV Brem. KHG, § 15 II 2 Hambg KHG, § 4 IV Sächs. KHG; s. a. *Rennert,* DVBl. 2010, 936 (941) zur rechtsstaatlich gebotenen Bekanntmachung.
[621] BVerwGE 62, 86, 96; 72, 38, 45; MedR 1986, 334, 385; NJW 1987, 2318, 2319; NJW 1995, 1628, 1629. Die nach § 8 KHG zuständige Behörde ist jedenfalls in den Flächenländern regelmäßig nicht mit der für die Planaufstellung zuständigen Behörde identisch – siehe dazu BVerwGE 72, 38, 45; MedR 1986, 334; krit. zur Rspr. des BVerwG: *Depenheuer,* Staatliche Finanzierung und Planung im Krankenhauswesen, 50 f.; *Mörtel,* UPR 1982, 33, 41; *Steiner,* DVBl. 1979, 865; *ders.,* DVBl 1981, 980.
[622] Vgl. *Stollmann,* NZS 2004, 350, 353; eine ausdrückliche – verwaltungsgerichtliche – Entscheidung, die diese Auffassung bestätigt, existiert – soweit ersichtlich – nicht; allerdings ist anerkannt, dass für die Qualifizierung von Plänen ohne förmlichen Rechtsnormcharakter als Rechtsvorschrift entscheidend ist, dass „der Anspruch auf Verbindlichkeit" erfüllt wird. Dabei muss der Plan aus sich selbst heraus diesen Anspruch erheben. Die Vermittlung anderer Normen, die an die Darstellung des Plans als Tatsachen rechtliche Wirkungen knüpfen, reicht nicht aus – vgl. BVerwG, NVwZ 1991, 262 (Flächennutzungsplan); *Ziekow,* in: Sodan/Ziekow (Hrsg.), Nomos-Kommentar zur VwGO, § 47 Rn. 113.
[623] Vgl. juris Pk/*Wahl,* § 108 SGB V Rn. 19, der die Rechtsprechung des BVerwG für „überholt" hält; *Stollmann,* in: Pitschas (Hrsg.), Versorgungsstrukturen im Umbruch, Speyerer-Schriften zur Gesundheitspolitik und Gesundheitsrecht, Band 8 (2012), S. 55, 58, der sich für eine Rechtsverordnung als Rechtsnatur des Krankenhausplans ausspricht; ebenso *Prütting,* GesR 2012, 330, 332, um so den Ländern die Möglichkeit zu geben, insbesondere rechtliche Qualitätsvorgaben in der Rahmenplanung zu verankern.
[624] BVerwG, U. v. 14.4.2011 – 3 C 17.10 – DVBl 2011, 896.
[625] BVerwG, aaO mit weiteren Nachweisen zur früheren Rechtsprechung.

Ermittlung des gegenwärtigen und künftigen Versorgungsbedarfs. Vielmehr trifft er auch die eigentliche Versorgungsentscheidung für alle in den Plan aufgenommenen Krankenhäuser einschließlich jener, die nicht hinein- oder die herausgenommen werden. Der Plan selbst bestimmt damit, welches Krankenhaus den Planstatus erhält oder wieder verliert. An diese Entscheidung sind die nachgeordneten Behörden gebunden; ihnen bleibt insofern nur, die (Auswahl-)Entscheidung des Plangebers nachzuvollziehen.[626] Das hat die Frage aufgeworfen, ob es sich bei den nachgeschalteten, inhaltlich bereits festgelegten Feststellungsbescheiden gem. § 8 I 3 KHG überhaupt um einen VA handelt.[627] Jedenfalls geht die – grundrechtsbeeinträchtigende – Steuerungswirkung des Krankenhausplans im Wesentlichen von dem Krankenhausplans selbst aus, insbesondere den Festlegungen zur Versorgungsentscheidung. Der Grundrechtseingriff in die Rechte der Krankenhäuser findet damit bereits dann statt, wenn der Krankenhausplan dem Landesrecht entsprechend veröffentlicht worden ist. Es kommt hinzu, dass die Rechtsprechung des BVerwG zum Inhalt des Krankenhausplans – entsprechend seiner früheren Bezeichnung als „Krankenhausbedarfsplan"[628] – nahezu ausschließlich „bedarfsorientiert" geprägt ist, während die eigentlichen Herausforderungen an die Krankenhausplanung heute in einer qualitativ hochwertigen und leitliniengerechten Krankenhausversorgung liegen.[629] Der Krankenhausplan sollte daher normativ die Qualitätsanforderungen enthalten und umsetzen, die von der G-BA-Richtlinie für die Krankenhausbehandlung vorgegeben werden und darüber hinaus strukturelle Qualitätsmerkmale und -programme aufstellen, die geeignet und erforderlich sind, um einen „Qualitätswettbewerb" unter und zwischen den Krankenhäusern zu steuern. Im Hinblick auf die Grundrechtsrelevanz solcher „Berufsausübungsregelungen" (Art. 12 I 2 GG) erscheint die rechtliche Einordnung des Krankenhausplans als eine „innerdienstliche Weisung mit behördlichem Nachvollzug" rechtsstaatlich defizitär.[630]

Das gilt erst recht in Ansehung des durch das KHSG neu geschaffenen § 6 Ia KHG. **575** Danach sind die Empfehlungen des G-BA zu den planungsrelevanten Qualitätsindikatoren (Plan-QI) „Bestandteil" des jeweiligen Krankenhausplans. Die Doppelnatur der Plan-QI[631] hat zur Folge, dass der Krankenhausplan eines Landes, das über die Automatismen des Bundesrechts (§ 6 Ia KHG iVm § 136c I SGB V) ohne weiteren (Landes-)Rechtsakt die Plan-QI übernimmt, in seiner Rechtsnatur „aufgespalten" wird: einerseits ist er ein (bloßes) Verwaltungsinternum, soweit er Feststellungen über die Bedarfsgerechtigkeit, Leistungsfähigkeit und Kostengünstigkeit der in ihm aufgenommenen Krankenhäuser trifft. Eine (externe) Bindungswirkung für diese Krankenhäuser tritt erst ein, wenn und soweit der Krankenhausplan über den auf ihn gestützten Feststellungsbescheid für das betroffene Krankenhaus umgesetzt wird. Anders ist dies bei den „Feststellungen" des Krankenhausplans, die gemäß der Inkorporationswirkung des § 6 Ia KHG das einzelne Krankenhaus aufgrund der für das Krankenhaus verbindlichen Beschlüsse des G-BA gemäß § 136c I iVm § 91 VI SGB V treffen: insoweit enthält der Krankenhausplan „Bestandteile", die kraft gesetzlicher Anordnung (§ 136 I 2 2. HS SGB V) normativ gegenüber dem Krankenhausträger wirken. Anders lässt sich das Konstrukt der §§ 6 I a KHG, 136c I 2 2.HS SGB V über die Verbindlichkeit der Beschlüsse des G-BA über die Pan-QI nicht verstehen. Macht der G-BA von der ihm gesetzlich eingeräumten Konkretisierungsbefugnis im Bereich der Qualitätssicherung über den Krankenhausplan Gebrauch, kommt seinen Beschlüssen – und insoweit den davon

---

[626] BVerwG, aaO; *Rennert*, in: Düsseldorfer Krankenhausrechtstag 2008, 31 (38); *ders.*, DVBl 2010, 936.
[627] Bejaht durch BVerwG, aaO: „Der Bescheid der zuständigen Behörde über die Planaufnahme eines Krankenhauses ist nicht bloß deklaratorisch, sondern konstitutiv." – → § 26 Rn. 438.
[628] → § 26 Rn. 418 in Fn. 302.
[629] *Prütting*, GesR 2012, 332 (333).
[630] Vgl. *Fritz*, MedR 2008, 355 (zu Brustzentren); aA OVG NRW, NWVBl. 2011, 106.
[631] → § 26 Rn. 557 f.

betroffenen „Regelungen" im Krankenhausplan – eine dadurch herbeigeführte Außenwirkung zu. Der Krankenhausplan entfaltet damit diesbezüglich normative Wirkung gegenüber dem Krankenhausträger, sodass die für das Krankenhaus nachteiligen „Feststellungen" der PlanQI gemäß § 47 VwGO direkt im Wege der verwaltungsgerichtlichen Normenkontrolle angegriffen werden können[632]

576 **cc) Planaufstellungsverfahren.** Hinsichtlich des Planaufstellungsverfahrens enthält § 7 I 2 KHG als einzige bundesgesetzliche Vorgabe die Pflicht der Länder, bei der Krankenhausplanung einvernehmliche Regelungen mit den unmittelbar Beteiligten anzustreben. Gemäß § 7 II KHG sind im Landesrecht die unmittelbar Beteiligten zu bestimmen und nähere Regelungen über ihre Mitwirkung zu treffen. Die Bestimmung der (Person der) Beteiligten in den einzelnen Ländern ist entsprechend vielfältig.[633] Die meisten Länder haben zur Wahrung der Mitwirkungsrechte der unmittelbar Beteiligten Krankenhaus- (Planungs-) Ausschüsse institutionalisiert.[634] Die unmittelbar Beteiligten sollen bereits zu einem frühen Zeitpunkt an der Ausarbeitung, Änderung, Fortschreibung und Aufhebung der Krankenhauspläne beteiligt werden, damit sie rechtzeitig Gelegenheit haben, Vorschläge und Anregungen zu unterbreiten und gemeinsam mit den Landesbehörden Fehlentwicklungen entgegenwirken zu können. § 7 I KHG verlangt, dass das Einvernehmen der unmittelbar Beteiligten anzustreben ist. Materiell-rechtlich steht damit den an der Krankenhausplanung Beteiligten ein sehr weitgehendes Mitwirkungsrecht zu, das mehr ist als bloßes Anhören und weniger als „Benehmen"; es ist das ernsthafte Bemühen, sich mit den Beteiligten zu einigen.[635] Die letzte Entscheidungskompetenz der Länder bei der Aufstellung der Krankenhauspläne bleibt dadurch unberührt.[636]

577 Auch ist immer das betroffene Krankenhaus anzuhören. Allerdings erfolgt dies in der Praxis regelmäßig erst im Zusammenhang mit dem Aufnahmebescheid nach § 8 I 3 KHG, obwohl man sich eigentlich als unmittelbar Beteiligten einen anderen als das betroffene Krankenhaus selbst kaum vorstellen kann.[637] So sind die Krankenhäuser darauf verwiesen, ihre Interessen mittelbar wahrnehmen zu lassen, und zwar über die Beteiligung ihrer Berufsverbände in den Landeskrankenhausausschüssen.[638] Damit besteht die Gefahr, dass die einzelnen Krankenhäuser erst angehört werden, wenn die wichtigen Grundstrukturen des (neuen) Krankenhausplans schon festgezurrt sind.[639]

578 **b) Feststellungsbescheid. aa) Funktion und Rechtswirkungen.** Mit Aufnahme in den Krankenhausplan erhält das Krankenhaus den Status eines geförderten Krankenhauses (§ 8 I KHG).[640] Die Aufnahme scheidet die Krankenhäuser in geförderte einerseits und nicht geförderte andererseits. Die Investitionskosten der einen Krankenhäuser werden durch öffentliche Mittel finanziert, die der anderen über den Pflegesatz (§ 17 I, IV KHG).[641]

579 Die Aufnahme oder Nichtaufnahme eines Krankenhauses in den Krankenhausplan eines Landes wird durch Bescheid festgestellt (§ 8 I 3 KHG). „Nichtaufnahme" im Sinne dieser Vorschrift ist auch die (teilweise) Beendigung der Aufnahme durch Herausnahme aus dem

---

[632] Die Literatur sieht, soweit ersichtlich, das Problem, scheut sich aber, die sich daraus ergebenden Konsequenzen zu ziehen – vgl. *Becker*/*Kingreen*, § 136c SGB V Rn. 4; *Stollmann*, NZS 2016, 201; *Pitschas*, VSSR 2016, 343.
[633] So – für die alten Bundesländer – *Zuck,* MedR 1989, 1, 6.
[634] U. a. § 9 III LKHG BW; § 12 I SaarlKHG
[635] BSG, U. v. 15.3.2012 – B 3 KR 13/11 R – unter Verweis auf BT-Drs. 16/3100, S. 139.
[636] VG Osnabrück, KRS 95.056, S. 4; *Dietz/Bofinger*, KHG, BPflV und Folgerecht, Erl. § 7 KHG.
[637] *Dietz/Bofinger*, KHG, BPflV und Folgerecht, § 7 KHG Erl. 4; *Lenz*, in: Lenz/Dettling/Kieser, Krankenhausrecht, 41.
[638] BVerfG, B. v. 12.6.1990 in BVerfGE 82, 209, 227 f.
[639] *Lenz*, in: Lenz/Dettling/Kieser, Krankenhausrecht, S. 42.
[640] → § 26 Rn. 421.
[641] *Dietz*, in: Dietz/Bofinger, KHG, BPflV und Folgerecht, § 8 KHG Erl. II 1.

§ 26 Grundzüge des Rechts der Krankenhausfinanzierung

Plan. Dies ergibt sich aus dem Regelungszusammenhang mit § 8 I 1 KHG, wonach die Krankenhäuser nur Anspruch auf Förderung haben, soweit und solange sie in den Plan aufgenommen sind.[642]

In dieser „Feststellungswirkung" erschöpft sich der Bescheid nach § 8 I 3 KHG nicht. Vielmehr – und das ist seine wesentliche Funktion – setzt er die bedarfsplanerischen Festlegungen des Krankenhausplans hinsichtlich Aufgabenstellung und Struktur auf das einzelne Krankenhaus um.[643] Die dem Krankenhausplan fehlende unmittelbare Rechtswirkung nach außen erhält dieser durch den Feststellungsbescheid. Mit dem Faktum der Planaufnahme (oder Planherausnahme) ist die Begründung, ggf. Fortschreibung, oder die einmalige Aufhebung einer krankenhausrechtlichen Rechtsposition des betroffenen Krankenhauses verbunden. Diesen Status des Plankrankenhauses hält der Feststellungsbescheid gleichsam deklaratorisch, zugleich aber konstitutiv hinsichtlich seiner regelnden Wirkung nach außen fest.[644] Soweit ein Krankenhaus einen solchen Status nicht erhält, liegt weder eine Planaufnahme (oder Planherausnahme) noch eine Auswahlentscheidung nach § 8 II 2 KHG vor. In einem solchen Fall ist ein entsprechender Feststellungsbescheid „nur" deklaratorisch. Evident ist dies für den Fall der auslastungsbedingten Absenkung der Zahl planaufgenommener Betten. Auch bei einer bloßen „Planbetten-Umwidmung" (etwa von Planbetten der chirurgischen in eine unfallchirurgische Gebietsausweisung) liegt keine für eine an Planbetten anknüpfende Förderung relevante (§ 8 I 1 KHG) Aufnahme eines Krankenhauses in den Krankenhausplan (§ 8 II 2 KHG) vor.[645] Es kommt also auf den Inhalt des jeweiligen Feststellungsbescheides an, der zugleich bestimmt, in welchem Umfang sich die für die Planfeststellung nach § 8 I KHG zuständige Landesbehörde für verpflichtet gehalten hat, dem Feststellungsbescheid den Inhalt des Plans zu Grunde zu legen.[646] Nur mit dieser rechtlichen Einschränkung ist zu begründen, dass die Feststellungsbehörde mit dem Feststellungsbescheid den Inhalt des Krankenhausplans in eine gerichtlich überprüfbare Einzelfallregelung transformiert. Allerdings gehört damit der Inhalt des Krankenhausplans nicht zu den gesetzlichen Grundlagen i. S. v. „Rechtmäßigkeitsvoraussetzungen" des Feststellungsbescheides. Die Rechtmäßigkeit des Feststellungsbescheides ist nicht an die Gesetzmäßigkeit der Planung gebunden, sondern kann auch bei fehlerhafter Planung gegeben sein. Deshalb kann ein vom Inhalt des Krankenhausplans abweichender Feststellungsbescheid rechtmäßig sein, vorausgesetzt, er entspricht den gesetzlichen Vorgaben der §§ 1, 6 und 8 KHG.[647] Daraus folgt, dass bei einer Änderung des Feststellungsbescheides auf Grund einer gerichtlichen Entscheidung der Krankenhausplan unmittelbar geändert wird.[648]

Die Aufnahmeentscheidung[649] hat weiter zur Folge, dass das Krankenhaus zur Behandlung von Versicherten der gesetzlichen Krankenkassen und Ersatzkassen verpflichtet ist (§§ 108

---

[642] BVerwGE 60, 269, 277; OVG Koblenz, NVwZ-RR 1991, 573; *Quaas*, NZS 1993, 102, 104; zu den rechtlichen Anforderungen an die „Herausnahmeentscheidung" → § 25 Rn. 342 ff. sowie *Rasche-Sutmeier*, GesR 2004, 272, 278; *Stollmann/Hermanns*, DVBl 2007, 475, 481.

[643] Zutreffend deshalb u. a. § 7 I 1 LKHG BW: „Die Aufnahme in den Krankenhausplan, seine Einzelfestsetzungen sowie künftige Änderungen werden gegenüber dem Krankenhausträger durch Bescheid des Regierungspräsidiums festgestellt"; zur Zusammenfassung von Planung und Planvollzug im Krankenhausrecht vgl. *Rennert*, DVBl. 2010, 936 ff.

[644] BVerwG, U. v. 14.4.2011 – 3 C 17.10 – DVBl. 2011, 896; OVG Münster, B. v. 30.10.2007 – 13 A 1570/07 – (Bl. 11 des BU).

[645] Vgl. OVG NRW, B. v. 8.1.2008 – 13 A 1571/07 –, BU Bl. 12 („lediglich deklaratorische Abbildung einer faktischen Gegebenheit bezüglich planaufgenommener Betten").

[646] BVerwG, *Buchholz* 451.74 § 8 KHG Nr. 8, 9, 11; *Möller/VSSR* 2007, 263 (279).

[647] BVerwGE 62, 86 (96); 72, 38 (55); NJW 1995, 1628; BayVGH, B. v. 1.8.2002 – 21 CE 02.950, AU Bl. 11 (n. v.) *Dietz/Bofinger*, KHG, BPflV und Folgerecht, Erl. II 2 zu § 9 KHG; *Rennert*, in: Düsseldorfer Krankenhausrechtstag 2008, 31.

[648] So zutreffend § 7 I 3 LKHG BW.

[649] Richtigerweise sollte man deshalb nicht von einem Feststellungs-, sondern vom Aufnahmebescheid sprechen – vgl. *Dietz*, in: Dietz/Bofinger, KHG, BPflV und Folgerecht, Erl. II 2 zu § 8 KHG.

Ziff. 2, 109 I 2 SGB V)⁶⁵⁰ und sein Versorgungsauftrag im Einzelnen festgelegt wird (vgl. § 4 BPflV, § 8 I 4 KHEntgG).⁶⁵¹ Die Aufnahme in den Krankenhausplan hat demnach auch mittelbare kassenrechtliche Außenwirkungen.

582 **bb) Adressat und Gegenstand der Planaufnahme; einheitliches Krankenhaus.** Adressat des Feststellungsbescheides ist der Krankenhausträger, dem gegenüber die Bekanntgabe erfolgt. Krankenhausträger ist diejenige natürlich oder juristische Person, die das Krankenhaus (im eigenem Namen und auf eigene Rechnung) betreibt⁶⁵².

583 Adressat des Feststellungsbescheides ist also nicht das Krankenhaus selbst. Das Krankenhaus – seine Disziplinen, (besondere) Versorgungsaufgaben, Anzahl der Planbetten in den Fachabteilungen etc. – ist vielmehr Gegenstand der Planaufnahme. In den Krankenhausplan aufgenommen wird also nicht der Krankenhausträger, sondern das Krankenhaus als fachlich betriebliche Einheit. Das bestimmt zugleich den Inhalt der Aufnahme Entscheidungen und damit des Feststellungsbescheides. Soweit darin etwa der Standort des Krankenhauses – und sei es auch nur im Adressfeld des Feststellungsbescheides – festgelegt wird, ist dies nicht liegenschafts-, sondern aufgabenbezogen als „Ort" der Leistungserbringung – bezogen auf den Einzugsbereich des Krankenhauses – zu verstehen.⁶⁵³

584 Die inhaltliche Ausgestaltung des Bescheides folgt aus seiner Funktion. Seine Aufgabe ist es, die bedarfsplanerischen Aussagen und sonstigen Festlegungen des Krankenhausplans für das einzelne Krankenhaus „umzusetzen". Welchen Mindestinhalt Feststellungsbescheide enthalten müssen, bestimmt das Landesrecht. Es kann dies allgemein oder im Detail regeln.⁶⁵⁴

585 Mit der Bestimmung des „Standorts des Krankenhauses" wird in der Regel auch festgelegt, ob das Krankenhaus an einem oder mehreren Standorten betrieben wird. Im letzteren Fall soll der Krankenhausplan – und damit auch der Feststellungsbescheid – die Betriebsstellen des Krankenhauses bezeichnen und deren Aufgabenbereich festlegen. Das führt zu der Frage, ob – und unter welchen Voraussetzungen – mehrere von einem Krankenhausträger betriebene Krankenhauseinrichtungen (Betriebsstellen) als „einheitliches Krankenhaus" im Sinne des LKHG in den Krankenhausplan aufgenommen werden können.⁶⁵⁵ Das bestimmt sich nach Landesrecht⁶⁵⁶. Nach der Rechtsprechung der Verwaltungsgerichte kommt eine (planungsrechtliche) Zusammenfassung mehrerer Krankenhäuser zu einem Krankenhaus nur dann in Betracht, wenn sie nicht nur organisatorisch und wirtschaftlich, sondern auch in fachlich-medizinischer Hinsicht eine Einheit bilden. Das ist grundsätzlich nicht der Fall, wenn Abteilungen eines Fachgebiets in mehreren, lokal getrennten Einrichtungen parallel vorgehalten

---

⁶⁵⁰ → § 27 Rn. 77 sowie *Burgi/Mayer*, DÖV 2000, 579 (581).

⁶⁵¹ → § 25 Rn. 82 ff.; zum Versorgungsauftrag der Inneren Medizin gehört auch die Zugehörigkeit hämatologisch/onkologischer Leistungen – vgl. VG Minden, U. v. 5.12.2005 – 3 K 3627/02 –; nicht dagegen eine Linksherzkatheteruntersuchung, vgl. OVG Koblenz, U. v. 28.9.2004 – KRS 04.018; vgl. auch *Stollmann/Hermann*, DVBl. 2007, 475 (480 f.).

⁶⁵² → § 25 Rn. 34 ff.; § 2a LKHG BW; Huster/Kaltenborn/*Stollmann*, Krankenhausrecht, 2. Auflage, § 4 Rn. 45.

⁶⁵³ VG Schleswig, B. v. 3.11.2010 – 1 B 15/10 – juris Rn. 21; *Quaas*, KrV 2018 (August-Heft).

⁶⁵⁴ Als Beispiel einer detaillierten Regelung siehe z. B. § 16 I 2 KHGG NRW und dazu Huster/ Kaltenborn/*Stollmann*, § 4 Rn. 21. Danach enthält der Bescheid über die Aufnahme mindestens
- den Namen und den Standort des Krankenhauses und seiner Betriebsstellen;
- die Bezeichnung, Rechtsform und den Sitz des Krankenhausträgers sowie den Eigentümer des Krankenhauses;
- die Nr. und das Datum der Aufnahme in Krankenhausplan;
- das Versorgungsgebiet;
- die Versorgungsregion für die psychiatrische Pflichtversorgung;
- die Gesamtzahl der im Ist und Soll anerkannten Planbetten;
- die Art der Abteilungen mit ihrer Planbettenzahl und ihren Behandlungsplätzen sowie;
- die Ausbildungsstätten nach § 2 Nr. 1a KHG.

⁶⁵⁵ Dazu *Porten*, NZS 2014, 761 ff; *Quaas*, f&w 2011, 322 ff.

⁶⁵⁶ Vgl. u. a. § 23 Abs. 9 SKHG; § 38 I 3-5 LKHG BW.

werden.⁶⁵⁷ Abzustellen ist auf den jeweiligen Einzelfall. So kann eine „Parallelvorhaltung" unschädlich sein, wenn bei gleicher Fachrichtung unterschiedliche, ggfs. sich ergänzende Teilgebiete in den räumlich (nicht zu sehr) getrennten Betriebsstellen vorhanden sind und als „medizinische Einheit" über eine gemeinsame ärztliche und betriebliche Leitung geführt werden⁶⁵⁸

cc) Rechtsnatur und Verfahren. Der Feststellungsbescheid nach § 8 I 3 KHG ist unzweifelhaft ein mit Rechtsmitteln anfechtbarer Verwaltungsakt.⁶⁵⁹ Deshalb bestimmt § 8 I 4 KHG, dass gegen ihn der Verwaltungsrechtsweg gegeben ist. Der Bescheid erfüllt insoweit die – dem Krankenhausplan nicht mögliche – Rechtsschutzfunktion.⁶⁶⁰ 586

Hinsichtlich des Verfahrens (zum Erlass des Aufnahmebescheides) obliegt es zunächst einmal den Krankenhausträgern selbst, ihre Planungsvorstellungen über die künftige Struktur und deren Veränderungen des aufzunehmenden Krankenhauses im Rahmen des Aufstellungsverfahrens für den Krankenhausplan (nach Maßgabe der landesgesetzlichen Regelungen) geltend zu machen. Insoweit wird es regelmäßig auf die rechtlich umstrittenen Frage, ob die Aufnahme des Krankenhauses in den Krankenhausplan bzw. deren Änderung durch Feststellungsbescheid antragsbedürftig ist⁶⁶¹ in der Praxis kaum ankommen. In jedem Fall muss aber eine Beteiligung der betroffenen Krankenhäuser nicht nur im Rahmen der Planaufstellung, sondern auch bei dessen Vollzug stattfinden.⁶⁶² Die Beteiligung – und daher auch die Anhörung – betrifft nicht nur den angestrebten oder zu verteidigenden Planstatus des Krankenhauses. Ihr Gegenstand ist vielmehr auch die anstehende „mehrdimensionale Auswahlentscheidung" unter den Mitbewerbern. Das erfordert eine bündelnde Verfahrensgestaltung, ähnlich wie in einem Vergabeverfahren.⁶⁶³ Entsprechendes gilt nach behördeninternem Abschluss des Verwaltungsverfahrens, wenn die Entscheidung bekannt zu geben ist. Die Bekanntgabe erfolgt zunächst gegenüber dem Krankenhausträger als dem Adressaten des Feststellungsbescheides (§ 41 I VwVfG). Mit Rücksicht auf die Entscheidung des BVerfG zum Drittschutz im Rahmen der Krankenhausplanung⁶⁶⁴ muss aber auch eine verfahrensmäßige Umsetzung der Bekanntgabe der Planungsentscheidung an Drittbetroffene erfolgen. Der Kreis der drittbetroffenen Krankenhausträger wird dem der vorherigen Beteiligung/Anhörung entsprechen.⁶⁶⁵ Schließlich fragt sich, ob der an den Krankenhausträger bekannt zu gebende Verwaltungsakt auch den (als Pflegesatzpartei davon betroffenen) Krankenkassen kundbar zu machen ist.⁶⁶⁶ Das ist – sofern nicht durch Landesrecht bestimmt⁶⁶⁷ – nicht der Fall, da die Krankenkassen nicht am Verwaltungsverfahren beteiligt 587

---

⁶⁵⁷ VGH Baden-Württemberg, U. v. 28.11.2000 – 9 S 1976/98 – MedR 2001, 466; best. d. BVerwG, B. v. 23.4.2001 – 3 B 15.01 – KRS 01.031, S. 3; dazu Bold/*Sieper*, § 38 LKHG BW Rn. 7; *Porten*, NZS 2014, 761 ff.
⁶⁵⁸ *Porten*, NZS 2014, 761 ff; *Quaas*, f & w 2011, 322 ff.
⁶⁵⁹ Vgl. *Prütting/Stollmann*, das Krankenhaus 2000, 790; *Lorenz/Leimbach*, das Krankenhaus 2001, 236; *Rennert*, DVBl. 2010, 936 (941); *Stollmann*, NZS 2003, 246; Huster/Kaltenborn/*ders.*, Krankenhausrecht, 2.A. § 4 Rn. 39; *Thomae*, Krankenhausplanungsrecht, 100 f.
⁶⁶⁰ *Laufs/Kern/Genzel/Degener-Hencke*, § 82 Rn. 39 ff.; *Lenz*, in: Lenz/Dettling/Kieser, Krankenhausrecht, S. 43.
⁶⁶¹ Abl. *Dietz/Bofinger*, KHG, BPflV und Folgerecht, § 8 KHG Erl. II, 5 unter (zweifelhaftem) Hinweis auf BVerwGE 72, 38; vgl. auch *Lenz*, in: Lenz/Dettling/Kieser, Krankenhausrecht, 42; *Möller*, VSSR, 2007, 263 (274).
⁶⁶² *Rennert*, DVBl. 2010, 936 (941).
⁶⁶³ *Rennert*, DVBl. 2010, 936 (941); *Burgi*, NZS 2005, 169 (174 f.).
⁶⁶⁴ → § 26 Rn. 496 ff.
⁶⁶⁵ Dazu *Rennert*, DVBl. 2010, 936 (941); zu Einzelheiten Huster/Kaltenborn/*Stollmann*, Krankenhausrecht, 2.A, § 4 Rn. 101 ff.
⁶⁶⁶ Davon geht das OVG Münster im B. v. 30.10.2007 – 13 A 1570/07 – BU, Bl. 11 in einem obiter dictum aus.
⁶⁶⁷ So ausdrücklich § 15 Abs. 8 Hmb KHG und § 6 Abs. 4 Satz 2 LKG Rh-Pf.

sind.⁶⁶⁸ Ebenso wenig kommt eine Bekanntgabe an die Landesverbände der Krankenkassen in Betracht.

588 Als Verwaltungsakt kann der Feststellungsbescheid mit Nebenbestimmungen versehen werden (§ 36 II VwVfG)⁶⁶⁹. § 8 I 3 KHG 1982 sah dies vor, soweit es zur Erreichung der Ziele der Krankenhausbedarfsplanung erforderlich war. Aus dem Wegfall der Regelung ist nicht zu schließen, dass künftig Nebenbestimmungen unzulässig sein sollten. Der entstandene Freiraum wird durch Landesrecht ausgefüllt (§ 11 KHG).⁶⁷⁰ Dabei kann die Abgrenzung einer (rechtsgestaltenden) Auflage, eines Widerrufsvorbehalts oder sonstiger Nebenbestimmungen von (nicht angreifbaren) Begründungselementen des Bescheides schwierig sein. Im Hinblick auf die Funktion des Aufnahmebescheides, die Aufgabenstellung des Krankenhauses gemäß den Festlegungen des Krankenhausplans deutlich und konkret festzustellen, sind vor allem an die Bestimmtheit des Feststellungsbescheides und seiner Nebenbestimmungen hohe Anforderungen zu stellen.⁶⁷¹ Eine Verletzung des Bestimmtheitsgebots läge vor, wenn in einem Feststellungsbescheid der Versorgungsauftrag des Krankenhauses an eine unverbindliche Bandbreite von Fällen oder Leistungen geknüpft und nicht mindestens die Gesamtbettenkapazität des Krankenhauses festgelegt wird. Da eine Über- oder Unterschreitung nicht präzisiert werden kann, könnten beispielsweise die vorgesehenen Ausgleichsregelungen des Pflegesatzrechts nicht zur Anwendung kommen.⁶⁷² Unzulässig erweisen sich regelmäßig auch eine bedingte oder befristete Aufnahme des Krankenhauses, da dies dem Zweck des KHG einer wirtschaftlichen Sicherung des Krankenhauses (§ 1 I KHG) kaum entsprechen wird.⁶⁷³ Die Planumsetzung durch Feststellungsbescheid muss, insbesondere wenn dabei ein Auswahlermessen (§ 8 II 2 KHG) stattfindet, ordnungsgemäß begründet werden. Dies folgt aus rechtsstaatlichen Gründen und den verwaltungsverfahrensrechtlichen Begründungsanforderungen (vgl. § 39 I LVwVfG).⁶⁷⁴ Einer Begründung bedarf es allerdings nicht, wenn die Behörde dem Antrag entspricht oder dem Antragsteller (bzw. dem Konkurrenten) die Auffassung der Behörde über die Sach- und Rechtslage bereits bekannt oder auch ohne schriftliche Begründung für ihn ohne weiteres erkennbar ist (§ 39 II Nr. 1 und 2 LVwVfG). Begründungsmängel können im Übrigen noch im Verlauf des gerichtlichen Verfahrens unter den Voraussetzungen des § 114 VwGO geheilt werden (s. a. § 46 LVwVfG).⁶⁷⁵

589 **dd) Trägerwechsel**⁶⁷⁶. Da der Feststellungsbescheid nicht nur krankenhaus-, sondern auch trägerbezogen ist, wirken sich Änderungen beim Krankenhausträger, insbesondere ein Trä-

---

⁶⁶⁸ So zutr. *Dietz*, in: Dietz/Bofinger, KHG, BPflV und Folgerecht, § KHG, Erl. II. 4.; aA *Vollmer/Graeve*, Recht und Praxis im Krankenhaus, Loseblatt, Kz 308.26 und 27; *Genzel*, BayVBl. 1989, 481, 484.

⁶⁶⁹ Solche krankenhausrechtlichen Nebenbestimmung können im Wege der Anfechtungsklage isoliert angefochten werden – vgl. VG des Saarlandes, U. v. 31.1.2017 – 2 K 1134715 – unter Verweis auf BVerwGE 60, 269.

⁶⁷⁰ Vgl z. B. § 7 II 1 LKHG BW.

⁶⁷¹ VG Gelsenkirchen, U. v. 25.6.2008 – 7 K 2526 – GesR 2008, 584; *Stollmann*/Herrmanns, DVBl. 2011, 599 (601).

⁶⁷² *Bruckenberger*, in: Der Chirurg 2006, 335.

⁶⁷³ BVerwGE 60, 269; OVG Münster, U. v. 30.3.1984 in ESK 01/KHG/02; OVG NRW, B. v. 30.10.2007 – 13 A 1569 und 1570/07; *Stollmann/Herrmanns*, DVBl. 2011, 599 (601); krit. *Dietz*, in: Dietz/Bofinger, KHG, BPflV und Folgerecht, § 8 KHG Erl. II. 3.; *Pant/Prütting*, § 18 KHG NW Rn. 18.

⁶⁷⁴ OVG NRW, U. v. 20.5.2009 – 13 A 2002/07 – GesR 2009, 417 (420); BVerwG, B. v. 16.6.2008 – 3 C 9.08 – juris; VG Minden, U. v. 17.4.2007 – 6 K 691/06 u. a.; insoweit best. durch OVG NRW, B. v. 30.10.2007 – 13 A 1570/07 – (BA, Bl. 17f); *Rennert*, DVBl. 2010, 936 (941); *Stollmann/Herrmanns*, DVBl. 2011, 599 (600).

⁶⁷⁵ OVG NRW, B. v. 30.10.2007 – 13 A 1570/07 –, aaO.

⁶⁷⁶ Dazu ausf. *Bold*, in: Bold/Sieper, LKHG BW, § 25 Rn. 2 ff.; *Buchta/Rädler*, das Krankenhaus 2009, 32 ff.; Huster/Kaltenborn/*Stollmann*,Krankenhausrecht, 2.A. § 4 Rn. 48; *Quaas*, KrV 2018 (August-Heft); bezogen auf die Privatisierung von (kommunalen) Krankenhäusern vgl. Huster/Kaltenborn/*Lambrecht/Vollmöller*, § 14 Rn. 205; *Stein/Klöck/Althaus*, NZS 2011, 525 (528).

gerwechsel, unmittelbar auf den Status des Plankrankenhauses aus. Eine „dingliche Wirkung" kommt dem Feststellungsbescheid nicht zu.[677] Teilweise enthalten die Landeskrankenhausgesetze ausdrückliche Regelungen. Sie gehen – in Übereinstimmung mit der Rechtsprechung[678] – davon aus, dass als Folge eines Trägerwechsels der neue Träger eines erneuten Feststellungsbescheides nach § 8 I 3 KHG bedarf.[679] In Bayern regelt die Bestimmung des Art. 20 BayKrG – entgegen ihrer Überschrift – nicht den Trägerwechsel, sondern bestimmt in dessen Abs. 1, unter welchen Voraussetzungen (nach erfolgtem Trägerwechsel) vom Widerruf der Förderbescheide abzusehen ist. Liegen diese Voraussetzungen vor, ist das „Verbleiben" des Krankenhauses unter neuer Trägerschaft im Krankenhausplan festzustellen (Art. 20 II BayKrG).

In keinem Bundesland ist geregelt, wann (und unter welchen Voraussetzungen) ein Trägerwechsel vorliegt. Maßgebend ist der Krankenhausträgerbegriff.[680] Krankenhausträger ist, wer das Krankenhaus betreibt.[681] Daraus folgt, dass ein Trägerwechsel vorliegt, wenn der Betreiber des Krankenhauses wechselt.[682] Weder Träger noch Betreiber des Krankenhauses sind die Gesellschafter des Trägers, seien sie auch Mehrheits- oder Alleingesellschafter. Träger (und Betreiber) des Krankenhauses ist nur, wer im eigenen Namen Krankenhausleistungen erbringt; eine ausschließliche gesellschaftsrechtliche Position begründet (noch) keine Träger- und Betreibereigenschaft.[683] Deshalb liegt bei Veränderungen der Mehrheitsverhältnisse einer Gesellschaft ein Trägerwechsel nicht vor.[684] Bedient sich der Träger eines Krankenhauses zur Führung des Krankenhausbetriebs eines Dritten (in der Regel eines Geschäftsbesorgers über einen sog. Management-Vertrag), ohne diesem das Recht zu übertragen, die Krankenhausleistungen im eigenen Namen und auf eigene Rechnung zu erbringen, ist ebenfalls kein Trägerwechsel anzunehmen.[685] Erbringt dagegen der „Geschäftsbesorger" die Krankenhausleistungen im eigenen Namen und auf eigene Rechnung, ist von einem Trägerwechsel auszugehen. 590

Durch den Trägerwechsel erlangt der neue Träger selbst noch keinen Anspruch darauf, dass auch ihm gegenüber die Aufnahme in den Krankenhausplan festgestellt wird. Die Behörde muss vielmehr prüfen, ob sämtliche Voraussetzungen hierfür vorliegen, insbesondere, ob das Krankenhaus (weiterhin) zur Bedarfsdeckung geeignet und erforderlich ist.[686] 591

ee) (Teil-)Herausnahme aus dem Krankenhausplan. Die Ländergesetze enthalten nur vereinzelt (Spezial-)Regelungen betreffend die (teilweise) Herausnahme von Krankenhäusern aus dem Krankenhausplan.[687] Das Bundesrecht (§ 8 I 3 KHG) enthält keine ausdrückliche 592

---

[677] Vgl. Huster/Kaltenborn/*Stollmann*,aaO § 4 Rn. 48; *Seiler/Maier/Vollmöller*, Das Krankenhausrecht in Thüringen, § 4 ThürKHG Erl. 4.
[678] VGH BW, U. v. 28.11.2000 – 9 S 1976/98 in MedR 2001, 466 = KRS 00.129.
[679] § 25 Abs. 1 LKHG BW; § 4 III, 2 LKHG Thüringen; § 16 I 2 Nr. 2 KHGG NRW – dazu Huster/Kaltenborn/*Stollmann*,a.a.0. § 4 Rn. 48.
[680] → § 25 Rn. 34 ff.
[681] Vgl. § 2a 1 LKHG Baden-Württemberg: „Krankenhausträger im Sinne dieses Gesetzes ist der Betreiber des Krankenhauses".
[682] So auch *Bär*, BayKrG, Art. 19 Erl. 6.2 u. Hw. auf Erl. 11.3 zu Art. 9.
[683] VG Gera, U. v. 26.9.2001 – 1 K 846/99 – zit. bei *Seiler/Maier/Vollmöller*, Das Krankenhausrecht in Thüringen, aaO.
[684] AA *Lenz*, in: Lenz/Dettling/Kieser, Krankenhausrecht, S. 44; mangels Trägerwechsel verlangt deshalb § 4 III, 3 2. Hs. ThürKHG lediglich die Anzeige an das Sozialministerium, vgl. *Seiler/Maier/Vollmöller*, Das Krankenhausrecht in Thüringen, aaO.
[685] Auch insoweit begnügt sich § 4 III 3 2. Hs. 2. A ThürKHG mit einer Anzeigepflicht, ohne einen erneuten Feststellungsbescheid zu verlangen.
[686] VGH BW, U. v. 21.11.2000 in MedR 2001, 466 = KRS 00.129; *Kalbfell*, in: Dietz, LKHG BW, § 25 Erl. 3; *Thomae*, Krankenhausplanungsrecht, 115.
[687] Nach Art. 5 II 2 BayKrG kann der Feststellungsbescheid ganz oder teilweise widerrufen werden, wenn und soweit die Voraussetzungen für die Aufnahme in den Krankenhausplan nicht nur vorübergehend nicht mehr vorliegen; ähnlich § 4 III 2 ThürKHG und § 7 III, 2 LKHG Sachsen. § 16 II KHGG

Regelung. Es bestimmt lediglich, dass sowohl die Aufnahme wie die Nichtaufnahme in den Krankenhausplan durch Bescheid festgestellt wird. Mit „Nichtaufnahme" ist der Fall angesprochen, dass ein sich um die Aufnahme in den Krankenhausplan bewerbendes Krankenhaus nicht aufgenommen wird.

593 (1) Soweit es zu Bettenkürzungen, Streichungen von Fachabteilungen oder gar ganzer Krankenhäuser aus dem Krankenhausplan kommt, stellt sich die Frage nach der einschlägigen Rechtsgrundlage. Die Rechtsprechung der Oberverwaltungsgerichte ist uneinheitlich. Nach einigen OVGs ist § 8 I 3 KHG (auch) eine Ermächtigungsgrundlage für die (teilweise) Beendigung der Aufnahme des Krankenhauses durch (Teil-)Herausnahme aus dem Krankenhausplan: Während das OVG Koblenz[688] und das OVG Berlin-Brandenburg[689] darauf verweisen, dass mit „Nichtaufnahme" im Sinne dieser Vorschrift auch die Beendigung der Aufnahme durch Herausnahme aus dem Plan gemeint sei, folgert das OVG Münster dieses Ergebnis aus dem Sinn und Zweck der Krankenhausplanung: Aus dem Inbegriff von Planung und Aktualisierung der zur Abdeckung des Bedarfs notwendigen Krankenhäusern, Disziplinen und Betten folge, dass der Feststellung des Ergebnisses der Planung stets nur solange Wirksamkeit zukommen könne, bis sie – mit welchem Erfolg auch immer – aktualisiert werde. Die Krankenhausplanung sei also ihrer Natur nach gleichsam bis zum Aktualisierungszeitpunkt befristet, weshalb der Krankenhausplan dem Krankenhaus keinen dauerhaften Bestand des Status eines Plankrankenhauses vermittele.[690] Insoweit geht die Rechtsprechung des OVG Münster davon aus, dass es sich bei dem Aufnahmebescheid nach § 8 I 3 KHG um keinen Verwaltungsakt mit Dauerwirkung handelte, da mit dem „Faktum der Planaufnahme" lediglich die einmalige Begründung, ggf. Fortschreibung einer krankenhausrechtlichen Rechtsposition des betroffenen Krankenhauses verbunden sei. So gesehen bedarf es bei einer späteren Planänderung (Bettenreduzierung, Streichung von Abteilungen oder gar der Planherausnahme) eines förmlichen Widerrufs der früheren Planaufnahme des Krankenhauses nicht. Das OVG Münster sieht darüber hinaus in der strikten Bindung an die Jahresfrist des § 48 IV VwVfG ein kaum überwindbares Hindernis für eine „ordnungsgemäße und sachgerechte Krankenhausplanung".[691]

594 (2) Dem ist entgegenzuhalten, dass dem Betreiber eines Krankenhauses durch die Aufnahme in den Krankenhausplan eine Rechtsstellung (u. a. nach Art. 12 I und 14 I GG) zuwächst, die ihm aus rechtsstaatlichen Gründen nicht durch eine Auswahlentscheidung nach oder entsprechend § 8 II 2 KHG oder aus Gründen einer „sachgerechten Krankenhausplanung" jederzeit wieder entzogen werden kann.[692] Der VGH BW geht deshalb zu Recht – trotz Vorliegen landesgesetzlicher Ermächtigungen zur Abänderung von Feststellungsbescheiden[693] – davon aus, dass die Bestandskraft eines früher ergangenen (positiven) Feststellungsbescheides einen Vertrauensschutz gewährt, wobei ausdrücklich auf die Widerrufs- und Rücknahmebestimmungen der §§ 48, 49 LVwVfG hingewiesen wird. Dies könne die Behörde u. U. dazu zwingen, für eine gewisse Übergangszeit eine Bedarfsüberdeckung hin-

---

NRW sieht die Herausnahme des Krankenhauses ganz oder teilweise aus dem Krankenhausplan vor, wenn der Krankenhausträger ohne Zustimmung der zuständigen Behörde von den Feststellungen im Feststellungsbescheid abweicht oder planwidrige Versorgungsangebote an sich bindet; § 19 I 2 LKHG Hessen ordnet die entsprechende Geltung der Regelungen über die Aufnahme und Nichtaufnahme in den Krankenhausplan für die Herausnahme an; vgl. i. Ü. zu der Frage der Rechtsgrundlage bei „Herausnahme" eines (Teils eines) Krankenhauses aus dem Krankenhausplan Shirvani, GesR 2010, 306 (311); Huster/Kaltenborn/Stollmann, Krankenhausrecht., 2.A, § 4 Rn. 106 ff.; Steiner, NVwZ 2009, 486 (489 ff.); Ratzel/Luxenburger/Thomae, § 30 Rn. 118 ff.; Vitkas, MedR 2010, 539 ff.

[688] U. v. 6.11.1990 – 7 A 10 025/88 – NVwZ-RR 1991, 573.
[689] U. v. 23.3.2006 – 5 W 5.05, GesR 2007, 32.
[690] OVG NRW, B. v. 30.10.2007 – 13 A 1570/07; krit. dazu zu Recht Steiner, NVwZ 2009, 485 (490).
[691] OVG NRW, aaO.
[692] Shirvani, GesR 2010, 306 (311); Vitkas, MedR 2010, 539 (543).
[693] Vgl. § 7 I 1, III LHG BW.

zunehmen und die weitere Entwicklung abzuwarten.[694] Der Anwendbarkeit der Widerrufsvorschriften folgt die Rechtsprechung des Schleswig-Holsteinischen OVG[695] und weiterer Verwaltungsgerichte.[696]

(3) Die Frage nach der Ermächtigungsgrundlage hat (auch) Auswirkungen auf den materiell-rechtlichen Maßstab für die Prüfung, ob eine (Teil-)Herausnahme aus dem Krankenhausplan rechtmäßig ist.[697] Wer – wie das OVG Münster und das OVG Koblenz – unmittelbar auf § 8 I 3 KHG abstellt, prüft, ob das herauszunehmende Krankenhaus den in § 1 I KHG genannten Zielen (Bedarfsgerechtigkeit, Leistungsfähigkeit und Kostengünstigkeit des Krankenhauses) widerspricht, wobei es – als Folge der fehlenden „Dauerwirkung" der Planaufnahme – ausschließlich auf den Zeitpunkt der letzten Verwaltungsentscheidung als maßgeblichem Zeitpunkt der Rechtmäßigkeitsprüfung ankommt.[698] Wer dagegen in § 49 II Nr. 3 VwVfG[699] des jeweiligen Landes die Ermächtigungsgrundlage sieht, muss nicht nur fragen, ob im maßgeblichen Entscheidungszeitpunkt die für eine Aufnahme in den Krankenhausplan entscheidungserheblichen Tatbestandsvoraussetzungen noch gegeben waren. Vielmehr ist zusätzlich – neben einer ordnungsgemäßen Ermessensausübung – Tatbestandsvoraussetzung, dass ohne den Widerruf das öffentliche Interesse gefährdet würde. Hierfür ist nicht bereits ausreichend, dass der Widerruf im öffentlichen Interesse liegt; vielmehr wird verlangt, dass der Widerruf zur Abwehr einer Gefährdung des öffentlichen Interesses, also zur Beseitigung oder Verhinderung eines sonst drohenden Schadens für gewichtige Gemeinschaftsgüter geboten ist.[700] Auch unter Berücksichtigung der im Krankenhausplanungsrecht anzutreffenden „Besonderheiten" liegt eine Gefährdung des öffentlichen Interesses dann nicht vor, wenn die zuständige Planungsbehörde von ihrem durch §§ 1 I, 8 I und II KHG eröffneten Gestaltungsspielraum keinen zutreffenden Gebrauch gemacht hat.[701]

(4) Allerdings hat das KHSG durch Einfügung von § 8 I. a), b). c) KHG eine eigenständige Ermächtigungsgrundlage für die (teilweise) Herausnahme aus dem Krankenhausplan für den Fall geschaffen, dass die dort bezeichneten „Qualitätsmängel" bei dem betroffenen Krankenhaus vorliegen. Dementsprechend dürfen Plankrankenhäuser, die nach diesen Vorgaben nicht nur vorübergehend eine in einem erheblichen Maß unzureichende Qualität aufweisen oder für die in höchstens drei aufeinander folgenden Jahren Qualitätsabschläge nach § 5 III. a) KHEntgG erhoben wurden, durch Aufhebung des Feststellungsbescheides ganz oder teilweise aus dem Krankenhausplan herausgenommen werden (§ 8 I. b) 1. KHG). Damit sollen die vom G-BA beschlossenen planungsrelevanten Qualitätsindikatoren nach § 6 I. a) KHG, § 136c) I. SGB V die Funktion einer Art „Initialzündung" für den Vorgang der Planherausnahme haben[702] Bei der Herausnahme aus dem Krankenhausrecht handelt es sich um eine gebundene Verwaltungsentscheidung („... sind ... herauszunehmen ..."), die allerdings durch das insoweit unverändert gebliebene Abwägungsgebot des § 8 II. 2. KHG und zum anderen durch den Verhältnismäßigkeitsgrundsatz relativiert wird.[703]

---

[694] VGH BW B. v. 20.11.2002 – 9 S 1572/01, NVwZ-RR 2002, 507 (508); U. v. 9.10.2007 – 9 S 2240/06 u. a. (UA, 18); dazu *Rennert*, in: Düsseldorfer Krankenhausrechtstag 2008, 31 ff; wie hier u. a. *Becker/Kingreen*, § 108 SGB V Rn. 6; *Bruckenberger*, das Krankenhaus 1997, 238 (242); *Kuhla/Voß* NZS 1999, 218.
[695] Schleswig-Holsteinisches OVG, U. v. 12.5.1999 – 2 L 29/98 –; U. v. 5.1.1996 – 9 A 44/96.
[696] VG Minden, B. v. 7.6.2002 – 3 L 411/02 – Schleswig-Holsteinisches VG, B. v. 17.3.2006 – 1 B 57/05 – (BA, S. 22) m. w. N.; ebenso *Pant/Prütting*, LKHG NRW, § 18 Rn. 36.
[697] AA *Lenz*, in: Lenz/Dettling/Kieser, Krankenhausrecht, S. 46.
[698] OVG Münster, B. v. 30.10.2007 – 13 A 1570/07 – (BA, Bl. 10).
[699] In Schleswig-Holstein § 117 II Nr. 3 LVwG.
[700] BVerwG, B. v. 17.8.1993 – 1 B 112.93 –, GewA 1995, 113 u. v. m.
[701] Schleswig-Holsteinisches VG, B. v. 17.3.2006 – 1 B 57/05.
[702] Huster/Kaltenborn/*Stollmann*, Krankenhausrecht, 2. Auflage, § 4 Rn. 108.
[703] Huster/Kaltenborn/*Stollmann*, aaO, § 4 Rn. 108.

597 c) Das Verhältnis von Krankenhausplan und Feststellungsbescheid. aa) Planaufstellung und Planvollziehung. Für die Frage der Rechtmäßigkeit der Feststellung der Aufnahme eines Krankenhauses in einen Krankenhausplan (einschließlich Teil-/Herausnahme) ist auf Grund der Gesetzessystematik der §§ 1 I, 6 I, 8 I, II KHG zunächst zwischen den Ebenen der Planaufstellung („Planaufstellungsstufe") und der Planvollziehung („Planvollziehungsstufe") zu unterscheiden:[704] Nach § 6 I HS. 1 KHG besteht für die Länder die gesetzliche Verpflichtung, Krankenhauspläne aufzustellen. Auf dieser „Planaufstellungsstufe" haben die Bundesländer unter Berücksichtigung der materiellen Planungskriterien des § 1 I KHG (Bedarfsgerechtigkeit, Leistungsfähigkeit, Kostengünstigkeit und qualitativ hochwertige Versorgung) die „Planungshoheit",[705] allerdings lediglich im Sinne einer „influenzierenden" und „indikativen" Planung.[706] Influenzierende Pläne beschreiben bestimmte Zielvorstellungen, die mit Hilfe des Einsatzes staatlicher Lenkungsmittel verwirklicht werden sollen. Indikative Pläne enthalten eine Sammlung von Daten und Prognosen, die als Orientierung für das zukünftige Verwaltungshandeln dienen sollen. Die in den Krankenhausplänen beschriebenen Ziele der Krankenhausplanung sollen mit der im Gesetz bestimmten öffentlichen Förderung der Krankenhäuser verwirklicht werden.[707] Gesetzlich vorgegebener Inhalt der Planaufstellung sind die Krankenhauszielplanung, die Bedarfs- und Krankenhausanalyse, sowie die (daraus folgenden) Versorgungsentscheidungen zu Gunsten oder zu Lasten der in den Plan aufgenommenen Krankenhäuser.[708]

598 Da auch die Versorgungsentscheidung gesetzlicher Bestandteil des Krankenhausplans ist, wird die einzelfallbezogene Feststellungsentscheidung mit im Krankenhausplan ausgewiesen. Insoweit ist auf der Grundlage der im Krankenhausplan bezeichneten Ziele der Krankenhausplanung des Landes sowie der Bedarfsanalyse und der Krankenhausanalyse im Krankenhausplan von der Planungsbehörde festzulegen, mit welchen Krankenhäusern der festgestellte Bedarf gedeckt werden soll.[709]

599 bb) Zwei-Stufen-Modell. An die Aufstellung des Krankenhausplans schließt sich die einzelfallbezogene Feststellungsentscheidung über die Aufnahme (oder Nichtaufnahme) eines Krankenhauses in den Krankenhausplan an („Planvollziehung"). Bei diesen Feststellungsentscheidungen ist (wiederum) zwischen zwei Entscheidungsstufen zu differenzieren: Insoweit sind nach der Rechtsprechung des BVerwG aus § 8 II KHG, der einen Anspruch auf Aufnahme in den Krankenhausplan grundsätzlich verneint und bei notwendiger Auswahl zwischen mehreren Krankenhäusern eine Ermessensentscheidung der zuständigen Landesbehörde vorschreibt und der in § 8 I 3 KHG bestimmten Feststellung der Aufnahme oder Nichtaufnahme durch Bescheid zwei Entscheidungsstufen für diese Feststellung abzuleiten, die zugleich das Verhältnis von Feststellungsbescheid und Krankenhausplan bestimmen:[710] Auf

---

[704] Dazu auf der Grundlage der Rechtsprechung des BVerwG *Möller,* VSSR 2007, 263 (267 ff.); *Rennert,* DVBl. 2010, 936 ff.
[705] *Möller,* VSSR 2007, 263 (267).
[706] BVerwG, U. v. 26.3.1981 – 3 C 134/79 – BVerwGE 62, 86; *Rennert,* DVBl. 2010, 936 (938).
[707] Möller, aaO.
[708] → § 26 Rn. 425.
[709] BVerwG, U. v. 26.3.1981 – 3 C 124/79 – BVerwGE 62, 86; *Möller,* VSSR 2007, 263 (272).
[710] BVerwGE 72, 38, 50; ausdrücklich von „zwei Entscheidungsstufen" ist erstmals in BVerwG, MedR 1986, 334, 335 die Rede; siehe auch BVerwG NJW 1987, 2318, 2319 f.; diese Rechtsprechung hat das BVerfG gebilligt – vgl. BVerfG 82, 209; die Oberverwaltungsgerichte der Länder haben sich ihr angeschlossen, vgl. u. a. VGH Baden-Württemberg, U. v. 15.12.2009 – 9 S 482/07 – VBlBW 2010, 350; U. v. 30.10.2007 – 9 S 2240/06 – u. a.; MedR 2003, 107; U. v. 23.4.1999 – 9 S 2529/99 – DVBl. 1999, 1141; OVG Lüneburg, U. v. 3.2.2011 – 13 LC 125/08 – in KHR 2010, 179 = KRS 11.021; OVG Weimar, U. v. 25.9.2006 – 2 KO 75/05 – Juris; OVG Hamburg, B. v. 12.2.2003 – 4 Bf 437/02 –; OVG Münster, U. v. 5.10.2010 – 13 A 2070/09 – NWVBl. 2011, 106; s. auch *Quaas,* in: Wenzel (Hrsg.), Handbuch des Fachanwalts Medizinrecht, Kap. 12 Rn. 131 f.; *Rasche-Sutmeier,* GesR 2004, 270, 275; Huster/Kaltenborn/*Stollmann,* Krankenhausrecht, 2.A., § 4 Rn. 64n ff.; Ratzel/Luxenburger/*Thomae,* § 30 Rn. 9 ff.

der ersten Entscheidungsstufe kommt es entsprechend § 1 I KHG darauf an, welche Krankenhäuser für eine bedarfsgerechte Versorgung der Bevölkerung mit leistungsfähigen Krankenhäusern zu sozial tragbaren Pflegesätzen in Betracht kommen. Sollte die Zahl der Betten, die in den dafür geeigneten Krankenhäusern vorhanden sind, die Zahl der für eine Versorgung der Bevölkerung benötigten Betten nicht übersteigen, besteht keine Notwendigkeit, auf einer zweiten Entscheidungsstufe zwischen mehreren geeigneten Krankenhäusern auszuwählen. Die Entscheidungen auf der ersten Stufe werden auf der Grundlage des § 8 I 3 iVm § 1 I KHG getroffen und sind gesetzesakzessorischer Natur. Der allein auf der ersten Entscheidungsstufe maßgebende Begriff der Bedarfsgerechtigkeit ist danach „absolutierend" in dem Sinne auszulegen, dass ein Krankenhaus auch dann bedarfsgerecht ist, wenn es neben anderen Krankenhäusern in seinem Einzugsbereich geeignet ist, den vorhandenen Bedarf zu decken.[711] Die Ziele der Krankenhausplanung müssen auf dieser ersten Entscheidungsstufe außer Betracht bleiben. Die zuständige Behörde hat keinen Entscheidungs- oder Ermessensspielraum.

Soweit dagegen die Zahl der in den vorhandenen Krankenhäusern vorhandenen Betten höher ist als die Zahl der benötigten Betten – was überwiegend der Fall ist –, ergibt sich die Notwendigkeit für eine Auswahl zwischen mehreren Krankenhäusern auf der zweiten Entscheidungsstufe. Nur in diesem Fall besteht gemäß § 8 II 1 KHG kein Anspruch auf die Feststellung der Aufnahme in den Krankenhausplan. Vielmehr muss die zuständige Behörde gem. § 8 II 2 KHG unter Berücksichtigung des öffentlichen Interesses und der Vielfalt der Krankenhausträger nach pflichtgemäßem Ermessen abwägen, welches der betroffenen Krankenhäuser den Zielen der Krankenhausplanung am besten gerecht wird. Sie hat daher auf der zweiten Stufe einen Beurteilungsspielraum, so dass die Entscheidung nur eingeschränkt gerichtlich überprüft werden kann. Die gerichtliche Kontrolle beschränkt sich so auf die Nachprüfung, ob die Behörde bei ihrer Entscheidung darüber, welches Krankenhaus den Zielen der Krankenhausplanung am besten gerecht wird, von einem zutreffenden Sachverhalt ausgegangen ist, ob sie einen sich sowohl im Rahmen der Gesetze wie auch im Rahmen der Beurteilungsermächtigung haltenden Beurteilungsmaßstab zutreffend angewandt hat und ob für ihre Entscheidung keine sachfremden Erwägungen bestimmend gewesen sind.[712] Insoweit betont die Rechtsprechung, dass der Feststellungsbehörde auf der Rechtsfolgenseite kein „Ermessensspielraum" eingeräumt wird, welches von mehreren Krankenhäusern, die den Anforderungen der §§ 6 I iVm 1 I KHG genügen, weil sie bedarfsgerecht, leistungsfähig und wirtschaftlich sind, in den Plan aufzunehmen ist. Auch wenn die Behörde eine Auswahlentscheidung unter einem Überangebot an Krankenhäusern (Betten, Abteilungen) treffen muss, hat sie kein Auswahlermessen; sie muss vielmehr unter den geeigneten Krankenhäusern das am besten geeignete auswählen.[713] Bereits durch die Subsumtion unter den Rechtsbegriff „am besten gerecht wird" ist die Rechtsfolge bestimmt.[714] Insoweit ist es zumindest missverständlich, wenn die Beurteilungsermächtigung des § 8 II 2 KHG in Teilen der Rechtsprechung dahin interpretiert wird, es bestünde auf der 2. Stufe für das einzelne Krankenhaus ein Anspruch „auf eine ermessensfehlerfreie Auswahl unter den Konkurrenzkrankenhäusern".[715]

600

---

[711] BVerwG NJW 1987, 2318, 2320; u. v. m.; s. a. *Quaas*, NZS 1993, 103, 105.
[712] BVerwGE 72, 38, 51; BVerwG NJW 1987, 23, 18; BVerfG NJW 1990, 2306.
[713] *Rennert*, DVBl. 2010, 936 (943).
[714] BVerwG, U. v. 25.7.1985 – 3 C 85/84 – BVerwGE 72, 38; *Buchholz* 451.74, § 8 KHG Nr. 8, 9; insoweit ist kein „Planungsermessen" gegeben, weil sich § 8 KHG nicht an die für die Aufstellung des Krankenhausplans zuständige Behörde, sondern an die zuständige Landesbehörde richtet, welche die Aufnahme in Plan festzustellen hat. Auch betrifft die nach § 8 II 2 KHG zu treffende Entscheidung keine „Planungsentscheidung", sondern die Anwendung der Gesetze auf den konkreten Einzelfall – vgl. *Möller*, VSSR 2097, 263, 281 (Fn. 80).
[715] So u. a. VG Gera, U. v. 30.4.2003 – 1 K 825/02 –, Blatt 11 für den Fall der Herausnahme eines Krankenhauses aus dem Krankenhausplan; vgl. auch OVG Münster, U. v. 13.10.2007 – 13 A 1569/07 –, wonach das einzelne Krankenhaus einen – aus § 8 II 2 KHG abgeleiteten – Anspruch auf eine ermessens-

601 cc) **Stellungnahme.** Die Differenzierung der Entscheidungsstufen auf der Planvollzugsebene bei der Feststellung über die Aufnahme eines Krankenhauses, die bei jeder krankenhausplanerischen Entscheidung über die Aufnahme, deren Änderung oder gar Herausnahme des Krankenhauses aus dem Krankenhausplan vorzunehmen ist, in eine erste Entscheidungsstufe der Auswahl der geeigneten Krankenhäuser auf der Grundlage der (materiellen) Planungskriterien des Krankenhausplans (Bedarfsgerechtigkeit, Leistungsfähigkeit und Wirtschaftlichkeit der Krankenhäuser) und der auf der zweiten Entscheidungsstufe vorzunehmenden, auf das einzelne Krankenhaus bezogenen Auswahlentscheidung, ist grundsätzlich sachgerecht und folgt den bundesrechtlichen Vorgaben der §§ 1, 6 und 8 KHG. Insbesondere entspricht eine solche Vorgehensweise der Rechtsschutzfunktion des Feststellungsbescheides, da das einzelne Krankenhaus mangels Angreifbarkeit des Krankenhausplans nur so in der Lage ist, die seinen (bei freigemeinnützigen und privaten Krankenhausträgern grundrechtsgeschützten) Status existenziell betreffenden „Entscheidungen" des Krankenhausplans gerichtlich überprüfen zu lassen. Insoweit kann effektiver Rechtsschutz nach neuerer Rechtsprechung des BVerfG[716] und der ihm folgenden Verwaltungsgerichte auch von Neubewerbern und sonstigen Krankenhausträgern in Anspruch genommen werden, die sich gegen begünstigende Feststellungsbescheide eines Dritten im Wege der sog. krankenhausrechtlichen Konkurrentenklage zur Wehr setzen.[717]

602 Nicht widerspruchsfrei sind dagegen die Aussagen des BVerwG zum Verhältnis von Krankenhausplan und Planfeststellungsbescheid und dessen gerichtliche Überprüfung „auf der ersten Entscheidungsstufe": Insbesondere überzeugt nicht, dass die planerischen Aussagen des Krankenhausplans zum Bedarf und zur Bedarfsentwicklung für die Versorgung der Bevölkerung mit Krankenhäusern trotz ihres unzweifelhaft prognostischen Elements voller gerichtlichen Überprüfung unterliegen sollen und die Ziele der Krankenhausplanung insoweit außer Betracht zu bleiben hätten, obwohl andererseits das Gericht feststellt, dass der rechtliche Ausgangspunkt für die Bestimmung der Bedarfsgerechtigkeit die planerischen Zielvorstellungen seien, die dem Krankenhausplan zugrunde liegen.[718] Planerische Zielvorstellungen erst auf der zweiten Entscheidungsstufe zu berücksichtigen, heißt, sie (im Ergebnis) „unter den Tisch fallen zu lassen". In der Gerichtspraxis steht die Frage der Bedarfsgerechtigkeit des Krankenhauses in aller Regel im Zentrum der Überprüfung der Rechtmäßigkeit des angegriffenen Planfeststellungsbescheides. Hier wiederum ist die Überprüfung der Bedarfsermittlung des Krankenhausplans von häufig ausschlaggebender Bedeutung, so dass oft bereits die „erste Entscheidungsstufe" über den Ausgang des Rechtsstreits entscheidet. Die Bemühungen des Landes um eine ausgewogene, allen Interessen gerecht werdende Krankenhausplanung sowie das langwierige und nicht selten kostenaufwändige Aufstellungsverfahren erweisen sich insoweit als obsolet. Dies ist mit ein Grund, weshalb nach der gegenwärtigen Rechtsprechung der Verwaltungsgerichte Krankenhausträger gute Aussichten haben, sich gegen eine noch so geringfügige Änderung ihres Versorgungsstatus kraft Feststellungsbescheid erfolgreich zu wehren.

603 Gefordert ist dies durch das Zwei-Stufen-Modell nicht:[719] Die Prüfung der Aufnahmekriterien der Bedarfsgerechtigkeit und der Leistungsfähigkeit des Krankenhauses setzen für ihre Anwendung zwingend planerisch-gestaltende Entscheidungen über den zu befriedigen-

---

fehlerfrei Auswahl unter mehreren insoweit gleich qualifizierten Krankenhäusern" habe; ähnlich VGH Mannheim, B. v. 20.12.2004 – 9 S 2530/04; zu den daraus folgenden Fragen einer Konkurrentenklage von Krankenhäusern siehe unten → § 26 Rn. 496 ff.
[716] BVerfG, B. v. 14.1.2004 – 1 BvR 506/03 – NVwZ 2004, 718 = GesR 2004, 85 f.
[717] → § 26 Rn. 492 ff.
[718] S. a. *Kies*, Der Versorgungsauftrag des Plankrankenhauses, 65.
[719] S. a. *Depenheuer*, Staatliche Finanzierung und Planung im Krankenhauswesen, 53, wonach das BVerwG zu Unrecht den planerischen Anteil einer Krankenhausplanung allein auf die Bedarfsprognose beschränkt sieht.

den Bedarf sowie die Struktur der Krankenhausversorgung voraus. Die für den Erlass des Feststellungsbescheides zuständige Behörde darf diese Planungsentscheidungen nicht treffen, denn ihr räumt das Gesetz kein Planungsermessen ein.[720] Der Beurteilungsspielraum betrifft deshalb vor allem die Planung selbst, also die Planungsgrundsätze und -ziele, in gewissen Grenzen auch die Bedarfsfeststellung, nicht dagegen die Versorgungsentscheidung im Plan bei dessen Vollzug. Die Vollzugsbehörde betreibt auch im Rahmen der Auswahlentscheidung (§ 8 II 2 KHG) keine Planung, sondern sie vollzieht den Plan und konkretisiert ihn dort, wo z. B. die Weiterbildungsordnung ggf. ungenau und zu „weitmaschig" ist.[721] Die planerisch-gestaltenden Entscheidungen werden somit ausschließlich im Krankenhausplan mit den Mitteln der Krankenhausplanung unter Beteiligung der nach dem Landesrecht vorgesehenen Institutionen und Gremien getroffen. Solche Entscheidungen, in die die Ziele der Krankenhausplanung des Landes zwingend einfließen, sind aber unter Berücksichtigung des planerischen Gestaltungsspielraums der Planaufstellungsbehörde nach allgemeinen planungsrechtlichen Grundsätzen – wie höchstrichterlich geklärt – nur eingeschränkt überprüfbar.[722]

Insoweit wird der Krankenhausplan – dessen Planvorgaben, die im materiellen Sinne Planung sind – „inzident" einer (verwaltungs-)gerichtlichen Kontrolle unterworfen. Gegenstand der gerichtlichen Überprüfung ist, ob die Planvorgaben ihrerseits rechtskonform, d. h. mit höherrangigem Recht vereinbar sind. Innerhalb dieser Kontrolle wird der Verwaltung (dem Plangeber) eine Gestaltungsfreiheit auch insoweit eingeräumt, als er die Kriterien und Vorgaben bestimmt, die zur „Eignung" des Krankenhauses und zur Auswahl unter mehreren geeigneten Krankenhäusern führen.[723] 604

Es spricht deshalb alles dafür, das in der Planungsrechtsprechung generell anerkannte Zwei-Stufen-Modell insgesamt auf die Krankenhausplanung zu übertragen und hier wie dort zwischen der Planungs- und der Planvollzugsebene zu unterscheiden.[724] Diese Unterscheidung ist auch für das Krankenhausplanungsrecht von grundlegender Bedeutung, da es – wie ausgeführt[725] – zwischen der Planaufstellung des Landes nach § 6 KHG und der Planvollziehung der dafür zuständigen Behörde durch Erlass des Feststellungsbescheides gem. § 8 I und II KHG trennt. Die im Krankenhausplan zu treffende Versorgungsentscheidung[726] wird durch Erlass des Feststellungsbescheides durch die dafür zuständige Behörde, die in der Regel nicht mit der für die Krankenhausplanung zuständigen Behörde identisch ist, vollzogen. Damit ist eine Planvollziehung ohne Berücksichtigung des aufgestellten Krankenhausplans nicht denkbar.[727] Erst auf der Planvollzugsebene konkretisiert sich der Krankenhausplan durch den Feststellungsbescheid. Soweit diesem planerische Elemente nach Maßgabe des Abwägungsgebots, das auch für die Krankenhausplanung als Ausprägung des Rechtsstaatsgebots und allgemeiner Planungsgrundsätze gilt,[728] zu Grunde zu legen sind, ist dessen Einhaltung nur eingeschränkt gerichtlich überprüfbar. Die Ziele der Krankenhausplanung des Landes können und müssen deshalb schon auf der ersten Entscheidungsstufe Eingang in 605

---

[720] BVerwGE 62, 86, 94; 72, 38, 52; BVerfGE 82, 209, 227 f.
[721] Vgl. *Rennert*, DVBl. 2010, 936 (943).
[722] Vgl. BVerfG, B. v. 12.6.1990 – 1 BvR 355/86 – DVBl. 1990, 989 (990); BVerwGE 72, 282 (286); *Kuntze*, in: Bader/Funke-Kaiser/Kuntze/von Albedyll (Hrsg.) VwGO, § 114 Rn. 19 ff., 21, 38 ff. (Prognosen).
[723] *Rennert*, DVBl. 2010, 936 (944) unter Hinweis auf die Abwägungsfehlerlehre des BVerwG.
[724] Zur städtebaulichen Planung vgl u. a. *Quaas*, BGH und BVerwG: Berührungspunkte und Überschneidungen in den Bereichen des Umwelt- und Planungsrechts, in: Schmidt-Aßmann/Sellner/Hirsch/Kemper/Lehmann-Grube (Hrsg.), Festgabe 50 Jahre Bundesverwaltungsgericht, 37, 46; und früher *Dolderer*, DVBl. 1998, 19 (24); *Birk*, NVwZ 1985, 697.
[725] → Rn. 436 ff.
[726] → § 26 Rn. 428.
[727] *Thomae*, Krankenhausplanungsrecht, 107.
[728] Grundlegend BVerwGE 34, 301; 45, 30; zur Zulässigkeit berufsregelnder Eingriffe im Krankenhausplanungsrecht BVerfGE 82, 209.

die Feststellungsentscheidung finden. Ihre Überprüfung unterliegt den Grundsätzen, die das BVerwG für die Nachprüfung von Planungsentscheidungen mit unmittelbarer Rechtswirkung nach außen entwickelt hat.[729]

3. Materielle Planungskriterien des KHG und Auswahlentscheidung

606 **a) Allgemeines.** Mit dem in § 1 I KHG verankerten Ziel der Gewährleistung einer hochwertigen Krankenhausversorgung der Bevölkerung durch (1.),bedarfsgerechte, (2.)leistungsfähige, (3.) eigenverantwortlich wirtschaftende und (4.) qualitätsgesicherte und patientengerechte Krankenhäuser liegen der Krankenhausplanung (§ 6 I KHG), dem Krankenhausplan und dessen Umsetzung über die Feststellungsentscheidung (§ 8 I 3 KHG) eine Reihung von Kriterien zugrunde,die nach der st. Rspr. des BVerwG zugleich die Voraussetzung dafür bilden. dass ein Krankenhaus in den Krankenhausplan eines Landes aufgenommen werden kann(Qualifikationsmerkmale)[730]. Bei allen vier Kriterien handelt es sich insoweit nach der Rechtsprechung um unbestimmte Rechtsbegriffe, die im Streitfall durch das Verwaltungsgericht voll überprüft und ggf. korrigiert werden können. Die betreffende Behördenentscheidung ist „gesetzesakzessorisch" und besitzt weder einen höchstpersönlichen Charakter noch erfordert sie besondere Fachkenntnisse der dafür zuständigen Behörde. Durch keines der vier Kriterien soll den Behörden ein Handlungsermessen oder ein Beurteilungsspielraum eingeräumt werden.[731] Dazu kommt es erst (auf der zweiten Stufe), wenn bei einer Bewerberkonkurrenz bei sämtlichen antragstellenden Krankenhäusern alle vier Qualifikationsmerkmale des § 1 I KHG erfüllt sind und zwischen ihnen deshalb eine Auswahlentscheidung zu treffen ist. Dafür ordnet § 8 II 2 KHG an, dass die zuständige Landesbehörde unter Berücksichtigung der öffentlichen Interessen und der Vielfalt der Krankenhausträger nach pflichtgemäßen Ermessen zu entscheiden hat, welches Krankenhaus den Zielen der Krankenhausplanung am besten gerecht wird. In einem zweiten Halbsatz fügt der durch das KHSG (2016) geänderte Satz 2 von § 8 II KHG hinzu, dass die Vielfalt der Krankenhausträger nur dann zu berücksichtigen ist, wenn die Qualität der erbrachten Leistungen gleichwertig ist.

607 **b) Bedarfsgerechtigkeit. aa) Bedarfsermittlung.** Aus dem KHG folgt zwar der gesetzliche Auftrag an die Länder, im Rahmen der Krankenhausplanung unter Berücksichtigung der medizinischen, gesundheitspolitischen und ökonomischen Faktoren den Bedarf an Krankenhausleistungen zu ermitteln. Nirgends steht aber, wie dies zu erfolgen hat. Auch definiert das KHG den Bedarf nicht.[732] Unstreitig dürfte die Größe des zu befriedigenden medizinischen Leistungsbedarfs unter eindeutig objektiven Kriterien kaum ermittelbar sein, da er von einer Vielzahl von Faktoren abhängt, die einer exakten Bewertung vielfach nicht

---

[729] BVerwGE 55, 220, 225; 56, 110, 116; *Kuntze,* in: Bader/Funke/Kaiser/Kuntze/von Albedyll, § 114 Rn. 19, 37; *Depenheuer,* Staatliche Finanzierung und Planung im Krankenhauswesen, (Diss.), 52 f.; *Kies,* Der Versorgungsauftrag des Plankrankenhauses, 68f; krit. zur Rspr. des BVerwG auch *Thomae,* Krankenhausplanungsrecht, 106 ff.

[730] BVerwGE 62, 86; 72, 38; BVerfGE 82, 209; Huster/Kaltenborn/*Stollmann,* Krankenhausrecht, 2.A. § 4 Rn. 69 ff.

[731] BVerwGE 62, 86 (91); 72, 38 (50); NJW 1987, 2318 (2319); BayVGH, DVBl. 1996, 816 ff.; VG Frankfurt, U. v. 19.7.1997 in KRS 97.012, S. 6; u. v. m.; Huster/Kaltenborn/*Stollmann,*a. a. O. § 4 Rn. 65.; *Rasche-Sutmeier,* GesR 2004, 270, 275; Ratzel/Luxenburger/*Thomae,* § 30 Rn. 64 ff.; *dies.* Krankenhausplanungsrecht, 102 ff.

[732] Zum Bedarfsbegriff im Gesundheitswesen s. *Schmitt,* MedR 1985, 52ff; *Thomae,* Krankenhausplanungsrecht, 65ff; eingehend zu den möglichen Bedarfsdeterminanten im Gesundheitswesen und den dabei zur Anwendung kommenden Verfahren zur Bedarfsermittlung s. *Depenheuer,* Staatliche Finanzierung und Planung im Krankenhauswesen, 43 ff.; *Eichhorn,* Krankenhausbetriebslehre, Band I, 39 ff.; 57 ff. sowie *Wiemeyer,* Krankenhausfinanzierung und Krankenhausplanung der Bundesrepublik Deutschland, 98 ff.; *Sauerzapf,* Das Krankenhauswesen in der Bundesrepublik Deutschland (Diss.), 117ff; *Thomae,* Krankenhausplanungsrecht, 69 ff.

zugänglich sind. Mit Blick auf die Relativität des Gesundheits- und Krankheitsbegriffs,[733] die Therapiefreiheit des Arztes unter Anerkennung der Diagnose- und Therapieformen und die Entwicklung der neuen Medizintechnologie erscheint es bei Anwendung der gegenwärtig verfügbaren Methoden nicht möglich, allgemein gültige Bedarfsmaßstäbe zu entwickeln. Vor allem die Festlegung von Bedarfsprognosen und die Bestimmung des zukünftig zu befriedigenden Bedarfs an stationären Krankenhausleistungen sind im Hinblick auf die rasch fortschreitende medizinische Entwicklung, das Entstehen und Vergehen behandlungsbedürftiger Indikationen („Panoramawandel der Krankheiten")[734] sowie die sich ständig ändernde Gesetzgebung im Bereich der Krankenhausfinanzierung, vor allem seit Einführung des DRG-Vergütungssystems, kaum, jedenfalls nicht mit der rechtsstaatlich gebotenen Eindeutigkeit in den Griff zu bekommen. Dazu kommt, dass das Behandlungsspektrum des Krankenhauses durch die Ausweitung der Aufgabenstellung hin zu teilstationären und ambulanten Versorgungsformen (§ 39 SGB V) sowie die zunehmende „Verzahnung" des ambulanten mit dem stationären Bereich die Beurteilung des jeweiligen örtlichen Versorgungsbedarfs weiter erschwert.[735] Letztlich darf nicht übersehen werden, dass der überwiegende Teil der „Bedarfsträger" nicht die „Kaufkraftträger" sind. Die Bedarfsbestimmung richtet sich aber im Wesentlichen an diesem, ca. 93 % der Bevölkerung erfassenden Teil der Versicherten der gesetzlichen Krankenversicherung aus. Bei ihnen wird die Inanspruchnahme durch die gesetzlichen Bestimmungen des SGB V und durch die Satzungen der Krankenkassen wesentlich beeinflusst, die Art, Umfang und Durchführung der Leistungsinanspruchnahme regeln.[736]

Der der Bedarfsermittlung zu Grunde zu legende räumlich-personale Bereich, die zu versorgende „Bevölkerung" (§ 1 I KHG) ist in erster Linie die Menschengruppe, die in dem maßgebenden Versorgungsgebiet ständig lebt. „Bevölkerung" – als Gegenstand der Landeskrankenhausplanung – meint im Regelfall die eigene Bevölkerung des jeweiligen Bundeslandes.[737] Nur soweit ein Krankenhaus auch für die Bevölkerung anderer Bundesländer wesentliche Bedeutung hat, ist die Krankenhausplanung zwischen den beteiligten Ländern abzustimmen (§ 6 II KHG).[738] Im Übrigen folgt aus der Gebietsbezogenheit des Krankenhausplans, dass die Bedarfsermittlung sich mit der Altersstruktur und der Bevölkerungszahl einer bestimmten Versorgungsregion befassen muss. Handelt es sich um einen Urlaubsort, ist allerdings die Zahl der Touristen nicht ausschlaggebend. Ohne Bedeutung ist weiter, ob es sich um in- oder ausländische Bewohner handelt. Sie müssen lediglich ihren gewöhnlichen Aufenthalt in der Region haben.[739] Die in Deutschland stationierten alliierten Streitkräfte und

608

---

[733] → § 2 Rn. 1 ff.; *Kies*, Der Versorgungsauftrag des Planungskrankenhauses, 43; *Schmitt*, MedR 1985, 52 ff.

[734] *Genzel*, in: Laufs/Uhlenbruck, Handbuch des Arztrechts, § 86 Rn. 36.

[735] Mit dieser Schwierigkeit sah sich auch das Bundeskartellamt konfrontiert, als es für die Frage des Vorhandenseins marktbeherrschender Unternehmen den sachlich relevanten „Krankenhausmarkt" nach Maßgabe des „Bedarfsmarktkonzepts" aufzuteilen und abzugrenzen hatte – vgl. Verfügungen des Bundeskartellamts vom 10.3.2005 – B 10–123/04, und B. v. 11.12.2006 – B 3–1002/06 –, abrufbar unter www.bundeskartellamt.de sowie die Entscheidung des OLG Düsseldorf vom 11.4.2007 – VI – Kart. 6/05 in: WUW/E DE-R 1958; best. durch BGH, B. v. 16.1.2008 – KVR 26/07 –; s. a. *Klaue*, in: Bruckenberger/Klaue/Schwintowski, Krankenhausmärkte zwischen Regulierung und Wettbewerb 10 ff.; *Möller*, das Krankenhaus 2007, 307 ff.; *Quaas/Müller* f&w 2007, 328 ff.; *Ulshöfer*, in: Lenz/Dettling/Kieser, Krankenhausrecht, 265 ff.

[736] *Eichhorn*, Krankenhausbetriebslehre, I, 43; *Kies*, Der Versorgungsauftrag des Planungskrankenhauses, 44.

[737] So ausdrücklich für Bayern Art. 1 I 1 BayKrG.

[738] So normiert § 12 LKG Bbg die Abstimmung des Landes Brandenburg mit dem Land Berlin als Pflichtaufgabe für die Krankenhausplanung; s. a. Ziff. 3 des Krankenhausplans Berlin 2010. Zur Abstimmungspflicht nach § 6 II KHG s. i. Ü. → § 26 Rn. 425.

[739] *Pant/Prütting*, KHG NRW, § 13 Rn. 31; zur Berücksichtigung der außerhalb des Krankenhausplans lebenden Bevölkerung s. OVG Hamburg, B. v. 12.2.2003 – 4 Bf. 437/02 – in KRS 03. 005.

ihre Angehörigen zählen nicht dazu. Die Streitkräfte haben eigene Krankenhäuser, die nicht der Krankenhausplanung unterliegen, so dass ihre Angehörigen auch nicht dem Begriff der Bevölkerung unterfallen.[740] Besteht jedoch im Einzelfall eine regelmäßige Inanspruchnahme von Plankrankenhäusern, ist dies bei der Bedarfsermittlung zu berücksichtigen.[741] Ohne Bedeutung ist schließlich, ob sich die Bevölkerung aus gesetzlich, privat oder gar nicht versicherten Patienten zusammensetzt.[742]

609 Wie gesagt, definiert das KHG den Bedarf nicht. Das Gesetz schweigt aber auch dazu, wie der Bedarf zu ermitteln ist. Insbesondere enthalten weder das KHG noch sonstiges Bundesrecht oder – soweit ersichtlich – Landesrecht materiell-rechtliche Vorgaben für die Bedarfsermittlung.[743] Von den zahlreich vorhandenen Verfahren zur Bedarfsermittlung[744] folgt die überwiegende Mehrzahl der Länder einer sog. analytischen Bedarfsermittlung auf der Grundlage der sog. Burton-Hill-Formel. Sie ist auch in der Rechtsprechung anerkannt.[745] Nach dieser „inanspruchnahmeorientierten" Methode wird der Bettenbedarf (B) aus den Variablen Einwohnerzahl (E), Krankenhaushäufigkeit (KHH), Verweildauer (VD) und Bettennutzungsgrad (BN) berechnet. Die Einwohnerzahl ist die Zahl der Bevölkerung im Versorgungsgebiet zu einem bestimmten Stichtag. Die Krankenhaushäufigkeit bezeichnet die Zahl der Krankenhauseinweisungen im Jahr pro 1000 Einwohner. Die Verweildauer gibt die Dauer der Behandlung eines Patienten in Tagen an. Der Bettennutzungsgrad ist die durchschnittliche Benützung der Planbetten im Jahresmittel und wird in den meisten Ländern – zur Gewährleistung einer ärztlich-pflegerischen Kapazitätsreserve – vorgegeben, in der Regel mit 85 % (sog. Auslastungsgrad). Aus diesen Faktoren lässt sich sodann der globale Bettenbedarf nach der folgenden Formel berechnen:

$$B = \frac{E \times KHH \times VD}{BN \times 1000 \times 365}$$

610 Die analytische Berechnungsmethode gewichtet den Bedarf (im Wesentlichen an Krankenhausbetten) nach seinen Einflussfaktoren und prognostiziert ihn für einen überschaubaren Zeitraum mittels Trendberechnung („Trendextrapolation").[746] Ihr Ausgangspunkt ist die Inanspruchnahme – die Belegung – der Krankenhausbetten in der Vergangenheit. Ihr Ziel ist die Bestimmung und Prognose eines Bettenbedarfs in der Zukunft. Der gegenwärtige bzw.

---

[740] *Pant/Prütting*, KHG NRW, § 13 Rn. 32 u. Hw. auf BVerwG, NVwZ-RR 1993, 77, das die Einbeziehung dieser Personengruppe in eine Volkszählung im Hinblick auf das Zusatzabkommen zum NATO-Truppenstatut (BGBl. II 1961, 1183, 1218) abgelehnt hat.
[741] *Thomae*, Krankenhausplanungsrecht, 70.
[742] *Quaas*, f & w 2003, 500, 505.
[743] OVG NRW, U. v. 5.10.2010 – 13 A 2070/09 – NWVBl. 2011, 106 = KHR 2010, 129.
[744] In der fachwissenschaftlichen Diskussion werden im Wesentlichen vier Verfahren zur Bedarfsermittlung angeführt, und zwar die angebotsorientierte (Bedarfsermittlung mittels Rückschlusses aus dem Angebot der Vergangenheit auf den künftigen Bedarf), die mortalitätsorientierte (Ausgangspunkt ist die Annahme einer festen Relation zwischen der Zahl der Sterbefälle im Krankenhaus und der Bettenzahl), die morbiditätsorientierte (Grundlage ist die Krankenhausstruktur der Bevölkerung, wie sie sich repräsentativ bei den im Krankenhaus behandelten Personen zeigt), sowie die analytische Bedarfsermittlung, die in den meisten Bundesländern zur Berechnung des Bettensolls angewandt wird – vgl. *Depenheuer*, Staatliche Finanzierung und Planung im Krankenhauswesen, 44 f.; *Eichhorn*, Krankenhausbetriebslehre, Band I, 57 ff.; *Kies*, Der Versorgungsauftrag des Plankrankenhauses, 44 ff.
[745] OVG NRW, U. v. 5.10.2010 – 13 A 2070/09 – NWVBl. 2011, 106; VGH Baden-Württemberg, U. v. 16.4.2015 – 10 S 96/13; U. v. 16.4.2002 – 9 S 1586/01 – UA, 13; VG des Saarlandes, U. v. 26.6.2007 – 3 K 342/06; zur „Burton-Hill-Formel" vgl. auch *Quaas*, f & w 2007, 548; *Rasche-Sutmeier*, GesR 2004, 270, 273; Huster/Kaltenborn/*Stollmann*, a. a. O. § 4 Rn. 73; Ratzel/Luxenburger/*Thomae*, § 30 Rn. 66 ff.
[746] Nach BVerwG, B. v. 31.5.2000 – 3 B 53.99 – in Buchholz 451, 74 § 6 KHG Nr. 5 ist die Bettenformel auf Grund der damit erreichten „Trendextrapolation" eine zulässige Methode der Bedarfsermittlung; s. a. VGH Baden-Württ., U. v. 16.4.2015 – 10 S 96/13; U. v. 16.4.2002 – 9 S 1586/01 – UA, S. 13.

zukünftige Bedarf an Krankenhausleistungen wird damit letztlich über die Sekundärleistung „Unterkunft" ermittelt. Gegenstand der Krankenhausplanung ist damit das Bettenangebot und nicht der medizinische Versorgungsbedarf und die medizinisch-pflegerischen Leistungen des Krankenhauses.

Allerdings wird der Begriff des „Krankenhausplanbettes" weder im KHG noch in einem der LKHG's definiert. Insbesondere wird nicht danach gefragt, ob es sich insoweit um die tatsächlich in einem Krankenhaus aufgestellten oder lediglich die Betten handelt, die nach dem jeweiligen Feststellungsbescheid der Kapazitätsplanung und Planfeststellung zu Grunde gelegt wurden. Das BVerwG geht für sein Verständnis des „Planbettes" von der Auslegung aus, die es bereits vor Inkrafttreten des KHG entwickelte.[747] Insoweit ist nach Landesrecht zu beurteilen, welche Betten eines Krankenhauses plangemäße Betten („Normalbetten") sind und welche als „überplanmäßige Betten" („Notbetten") zu gelten haben.[748] Landesrecht bestimmt auch, welche „Planbetten" ggf. für die „außerplanmäßige" Versorgung der Patienten mit stationären Krankenhausleistungen etwa bei sog. „Großschadensereignissen" (Katastropheneinsatz etc.)[749] zur Verfügung zu stellen sind.

611

Ob sich die für die Krankenhausplanung entwickelte kapazitätsorientierte Bedarfsermittlung nach der Bettenformel trotz der ihr innewohnenden „Trendextrapolation" auch unter „DRG-Bedingungen" halten lässt und von der Rechtsprechung gebilligt wird, bleibt abzuwarten.[750] Eine (auch rechtlich) entscheidende Schwachstelle liegt darin, dass mit der B-H-Formel aufgrund der in ihr enthaltenen Parameter insbesondere der Krankenhaushäufigkeit, Verweildauer und des Bettennutzungsgrades der „Bettenbedarf" im Wesentlichen nur für die bereits im Krankenhausplan aufgenommen Krankenhäuser und deren zukünftige Bedarfsentwicklung ermittelt wird. Das sich um die Planaufnahme bewerbende Krankenhaus kommt insoweit in dieser Formel nicht vor. Nach der Rechtsprechung des BVerwG sind indessen auf der Planungsebene sogar solche Krankenhäuser zu berücksichtigen, die – etwa wegen eines bestehenden Versorgungsvertrages – überhaupt keinen Aufnahmeantrag gestellt haben.[751] Darüber hinaus hat sich mit der Abrechnung der Fallpauschalen als Vergütungseinheit die Bedeutung der Fallzahlen, die in der B-H-Formel, (die sich auch als „Betten-Häufigkeits-Formel" übersetzen ließe), lediglich ein (Teil-)Element der Krankenhaushäufigkeit darstellt, erheblich verändert. Je nach Bandbreite der Verweildauer, die durch die obere und untere Grenzverweildauer begrenzt wird, werden die Leistungen des Krankenhauses insgesamt mit der DRG-Fallpauschale vergütet. Hinzu kommt, dass nicht nur die Zahl der Fälle, sondern auch deren „medizinische Struktur", insbesondere definiert durch die Schweregrade, vergütungsrechtlich die entscheidende Rolle spielen. Es spricht deshalb viel dafür, die „Bettenfixierung" der Krankenhausplanung zumindest zu modifizieren und durch eine leistungsorientierte Rahmenplanung zu ersetzen, die fallzahlorientierte Vorgaben für das Leistungsangebot

612

---

[747] *Möller,* VSSR 2007, 263 (270).
[748] BVerwG, U. v. 23.4.1981 – 3 C 135/79 – *Buchholz* 451.74, § 8 KHG Nr. 3; § 10 KHG Nr. 1; *Möller,* VSSR 2007, 263 (270).
[749] Vgl. u. a. § 10 II KHGG NRW; 28 II LKHG BW.
[750] Vgl. BSG, U. v. 5.7.2000 – 3 KR 20/99 – SozR 3-2500, § 109 SGB V Nr. 7: „Ob sich nach der für 2003 vorgesehenen Umstellung des Vergütungssystems Überkapazitäten nicht mehr auf die von den Krankenkassen zu tragenden Kosten der stationären Krankenhausbehandlung der Versicherten auswirken und deshalb die Rechtfertigung für eine Beibehaltung des bisherigen Systems bedarfsabhängiger Krankenhauszulassung entfällt, bleibt abzuwarten. Es wird insbesondere zu prüfen sein, ob über Kapazitäten auf der Grundlage des neu zu schaffenden Vergütungssystems ähnlich wie bisher schon bei der ambulanten Versorgung zu einer medizinisch nicht zu begründenden Ausweitung der Menge an Gesundheitsleistungen führen"; vgl. auch BSG, U. v. 26.4.2001 – 3 KR 18/99 – SozR 3-2500, § 109 SGB V Nr. 8; zu den Auswirkungen des DRG-Entgeltsystems auf die Krankenhausplanung s. a. *Lemmer,* f & w 2003, 373 ff.; *Möcks,* Arzt und Krankenhaus 2004, 39 ff.; *Quaas,* MedR 2002, 275; *ders.,* f & w 2007, 548 ff.; *Stapf-Finé/ Polei,* das Krankenhaus 2002, 96, 104 ff.; *Thomae,* Krankenhausplanungsrecht, 73 f.
[751] BVerwG, U. v. 14.4.2011 – 3 C 17.10 – DVBl. 2011, 895.

des Krankenhauses macht.⁷⁵² Der gegenwärtige und künftige Bedarf an Krankenhausleistungen würde so nicht (mehr) überwiegend anhand des „Bettenangebotes", sondern daran bemessen, welches medizinische Versorgungsangebot und welche medizinisch-pflegerischen Leistungen das Krankenhaus „bedarfsgerecht" zu erbringen hat. Die Kapazitätsplanung würde zunehmend von einer differenzierten Leistungsplanung (unter Einschluss einer DRG-orientierten Mengenplanung) abgelöst.⁷⁵³

613 bb) **Bedarfsgerechtigkeit.** Das Merkmal der Bedarfsgerechtigkeit des Krankenhauses ist das in der Praxis wichtigste, aber auch umstrittenste Kriterium für die Aufnahmeentscheidung. Bedarfsgerecht ist ein Krankenhaus nach ständiger Rechtsprechung der Verwaltungsgerichte dann, wenn es nach seinen objektiven Gegebenheiten in der Lage ist, einen vorhandenen Bedarf festzulegen, also diesen Bedarf zu befriedigen. Dies ist einmal der Fall, wenn das zu beurteilende Krankenhaus und die von ihm angebotenen Leistungen notwendig sind, um den in seinem Einzugsbereich vorhandenen Bettenbedarf zu decken, weil anderenfalls ein Bettenfehlbestand gegeben wäre. Zum anderen ist ein Krankenhaus aber auch dann bedarfsgerecht, wenn es neben anderen Krankenhäusern geeignet ist, den vorhandenen Bedarf zu decken.⁷⁵⁴

614 Beide Alternativen erfordern zunächst eine sorgfältige Bedarfsanalyse durch das Land. Dabei geht es um den tatsächlich vorhandenen und zu versorgenden Bedarf und nicht um einen mit diesem tatsächlichen Bedarf nicht übereinstimmenden erwünschten oder durchschnittlichen Bedarf.⁷⁵⁵ Dem Land ist es deshalb nicht erlaubt, bei der Ermittlung des zu versorgenden Bedarfs seiner Bedarfsanalyse nicht den tatsächlichen Bedarf zugrunde zu legen, sondern davon abweichend niedrigere Zahlen, um damit eine Minderversorgung in Kauf zu nehmen. Die Bedarfsanalyse ist als solche kein Planungsinstrument.⁷⁵⁶ Notwendig sind dabei Feststellungen und Schätzungen, die ausschließlich auf tatsächlichem Gebiet liegen und bei denen den Behörden kein „Beurteilungsspielraum" zusteht.

615 Etwas anderes ergibt sich nach der Rechtsprechung auch nicht aus dem Umstand, dass die Ermittlung des gegenwärtigen und zukünftigen Bedarfs an Krankenhausleistungen Bedarfskriterien erfordert, in die planerische Elemente einfließen. So muss die Bedarfsfeststellung fachlich und räumlich strukturiert und gegliedert werden. Örtliche Gegebenheiten und Bedarfsstrukturen sind zu berücksichtigen, z. B. Patientenzu- und -abwanderungen.⁷⁵⁷ All das ändert nichts daran, dass die Behörde sich in der Bedarfsanalyse darauf zu beschränken hat, den tatsächlich vorhandenen oder in Zukunft zu erwartenden Bedarf zu erheben und sich des Versuches zu enthalten hat, bereits bei der Bedarfsanalyse die Krankenhausversorgung planerisch zu steuern. Die planerische Gestaltung und Steuerung der Krankenhausleistungen steht ihr nach der Rechtsprechung erst im Rahmen der zweiten Entscheidungsstufe zu, wenn dem festgestellten Bedarf ein Überangebot an bedarfsgerechten, leistungsfähigen und wirtschaftlichen Krankenhäusern gegenübersteht und im Wege der Auswahl zu entscheiden ist, mit

---

⁷⁵² *Höfling,* GesR 2007, 289, 291 f.; *Quaas,* MedR 2002, 273, 275; *ders.,* f & w 2007, 548, 552; *Thomae,* Krankenhausplanungsrecht, 73.

⁷⁵³ AA *Bruckenberger,* Der Chirurg 2006, 335, der nach wie vor die entscheidende Planungseinheit in der „notwendigen Unterkunft (Bett)" sieht: sie sei eine „essentiale Voraussetzung für die Anerkennung einer vollstationären Behandlung und damit konstitutiv für die Krankenhausplanung".

⁷⁵⁴ Sog. absolutierende Auslegung des Begriffs der Bedarfsgerechtigkeit – s. o. bei → § 26 Rn. 453 sowie BVerwG NJW 1987, 2318 (2320); VGH Baden-Württemberg, MedR 2003, 107, 108; *Quaas,* NZS 1993, 103, 105.

⁷⁵⁵ BVerwG, st. Rspr., BVerwGE 72, 38 (47); NJW 1987, 2318 (2320 f.); B. v. 31.5.2000 – 3 B 53.99 – Buchholz 451.74 § 6 KHG Nr. 5; VGH Baden-Württemberg, U. v. 16.4.2002 – 9 S 1586/01 u. v. m.; *Kraemer,* NZS 2003, 523, 525.

⁷⁵⁶ BVerwG, Buchholz 451.74 § 8 KHG Nr. 8; § 6 KHG Nr. 5; VGH Baden-Württemberg, U. v. 16.4.2002 – 9 S 1586/01 in NVwZ-RR 2002, 847 m. w. N.; OVG Schleswig, U. v. 3.11.2004 – 2 LB 75/03 –, NVwZ-RR 2005, 483.

⁷⁵⁷ Niedersächsisches OVG, U. v. 15.12.1998, MedR 2000, 93.

welchen Krankenhäusern der Bedarf zu decken ist.[758] Insoweit ist mit zu berücksichtigen, dass nach der Rechtsprechung der Verwaltungsgerichte der hohe Nutzungsgrad eines Krankenhauses die Bedarfsgerechtigkeit indiziert.[759] Der Bedarfsanalyse hat eine Krankenhausanalyse zu folgen, nämlich die Beschreibung der tatsächlichen Versorgungsbedingungen in den vorhandenen Krankenhäusern, insbesondere nach Standort, Bettenzahl und Fachrichtungen. Hierbei ist die Planaufstellungsbehörde an die tatsächliche Verteilung der Betten auf die Fachabteilungen gebunden. Sie kann nicht im Krankenhausplan oder im Feststellungsbescheid eine andere Verteilung, die sie für wünschenswert hält, vorschreiben.[760] Stellt sich bei dem Vergleich zwischen Bedarfs- und Krankenhausanalyse heraus, dass die Zahl der für die zu versorgende Bevölkerung benötigten Betten größer ist, als die Zahl der Betten, die in den dafür geeigneten Krankenhäusern vorhanden sind, werden regelmäßig alle vorhandenen Betten in den Krankenhausplan aufzunehmen sein, ohne dass es einer Auswahlentscheidung bedarf. Ist nach dem Vergleich zwischen Bedarfs- und Krankenhausanalyse die Zahl der benötigten Betten geringer als die Zahl der in den geeigneten Krankenhäusern vorhandenen Betten, ist eine Auswahl zwischen diesen Krankenhäusern notwendig. Für diesen Fall ordnet § 8 II KHG an, dass für keines der mehreren Krankenhäuser ein Anspruch auf Feststellung der Aufnahme in den Krankenhausplan besteht; nach dieser zweiten Entscheidungsstufe hat die Landesbehörde unter Berücksichtigung der öffentlichen Interessen und der Vielfalt der Krankenhausträger nach pflichtgemäßen Ermessen zu entscheiden, welches Krankenhaus den Zielen der Krankenhausplanung des Landes am besten gerecht wird.[761] In die Auswahlentscheidung sind allerdings nur die Krankenhäuser einzubeziehen, die geeignet sind, den Bedarf an Betten für die Akutversorgung zu decken, sofern – wie regelmäßig – in den Krankenhausplan des Landes nur Akut-Krankenhäuser aufgenommen werden.[762] Bei Vorsorge- und Rehabilitationseinrichtungen, die von der Krankenhausförderung ausgeschlossen sind (§ 5 I Nr. 7 KHG), ist danach eine Aufnahme in den Krankenhausplan nicht möglich. Eine Rehabilitationseinrichtung, die keine Umwandlung ihrer Klinik plant, ist kein zur Bedarfsdeckung geeignetes Krankenhaus.[763]

Bei der Ermittlung des Bedarfs und dem ihm gegenüber zu stellenden Bestand an Betten ist das Land nicht verpflichtet, den Bedarf speziell für einzelne Krankheitsbilder festzustellen. Die Notwendigkeit einer solchen differenzierten Bedarfs- und Bestandsanalyse besteht nicht.[764] Es ist ausreichend, wenn sich der Krankenhausplan bei der Aufgliederung der Fachrichtungen an der Weiterbildungsordnung (WBO) der jeweiligen Landesärztekammer orientiert. Ob hinsichtlich bestimmter Schwerpunkte innerhalb der Gebietsbezeichnungen für entsprechende Fachkliniken ein Bedarf besteht oder ob es deshalb sinnvoll oder sogar geboten ist, aus einem übergreifenden allgemeinen Fachgebiet einzelne auf einen Schwerpunkt spezialisierte stationäre Behandlungsmöglichkeiten anzubieten und zu fördern, ist eine Frage der optimalen Behandlungsmöglichkeiten und der Bewältigung der dabei auftretenden

616

---

[758] BVerfG, B. v. 4.3.2004 – 1 BvR 88/00, NJW 2004, 1648 = GesR 2004, 296 m. Anm. *Stollmann*; VGH Baden-Württemberg, u. a. U. v. 16.4.2002 – 9 S 1586/01, NVwZ-RR 2002, 847 m. w. N.
[759] BVerwG, st. Rspr., u. a. U. v. 26.3.1981 – BVerwGE 62, 86; BayVGH, DVBl. 1996, 816; gebilligt durch BVerfGE 82, 209; VG Minden, U. v. 31.1.2001 – 3 K 4579/98 – UA, Bl. 17; VG Sigmaringen, U. v. 20.11.2001 – 9 K 155/00 – UA, Bl. 29.
[760] BVerwG Buchholz 471.74 § 8 KHG Nr. 3; *Quaas* NZS 1993, 103 (105).
[761] → § 25 Rn. 73 ff.; BVerfGE 72, 38 (51); OVG Koblenz, NVwZ-RR 1991, 573; *Quaas*, NZS 1993, 103 (105).
[762] Zum Begriff des Akut-Krankenhauses s. o. bei → § 25 Rn. 65.
[763] BVerwG, B. v. 21.7.2016 – 3 B 41/15 – in ZGMR 2016, 386; VGH Baden-Württ., U. v. 23.4.2000, MedR 2003, 107; *Kraemer*, NZS 2003, 523 (526).
[764] OVG Lüneburg, U. v. 15.4.2015 -13 LB 91/14 – DÖV 2015, 581 (Fachklinik für Diabetes und Stoffwechselkrankheiten); VGH Baden-Württemberg, MedR 2003, 107 (Fachklinik für Angiologie); *Hermanns/Stollmann*, NZS 2015, 885; *Pant/Prütting*, Krankenhausgesetz Nordrhein-Westfalen, § 13 KG NW, Rn. 12.

Zielkonflikte, die sich nicht im Rahmen der Bestands- und Bedarfsanalyse, sondern erst auf der zweiten Entscheidungsstufe stellt. Demnach muss erst recht nicht ermittelt werden, ob der Bedarf für die Behandlung lediglich eines speziellen Krankheitsbildes innerhalb eines Schwerpunktes besteht, auf die sich die Klinik spezialisiert hat.[765] Andererseits muss die Bedarfsplanung des Landes die „notwendigen" Fachgebiete abdecken, um dem Gebot einer bedarfsgerechten Krankenhausversorgung quantitativ und qualitativ Rechnung zu tragen. Kommen aus fachärztlicher Sicht, etwa durch eine Novellierung der jeweiligen WBO, neue Versorgungsangebote hinzu, muss die Krankenhausplanung dies berücksichtigen.[766] Eine Krankenhausplanung, die für das bereits 1995 eingeführte Fachgebiet psychosomatische Medizin und Psychotherapie eine entsprechende Abbildung bei den Versorgungsaufgaben unterlässt, dürfte rechtswidrig sein. Die in einigen Bundesländern vertretene Auffassung, es handele sich ausschließlich um eine „medizinische Querschnittsaufgabe", die keine bettenführenden Abteilungen, sondern lediglich den Einsatz psychosomatischer Kompetenz in den bestehenden somatischen Fachabteilungen erfordere, wird der tatsächlichen Bedarfssituation im jeweiligen Versorgungsgebiet nicht gerecht.[767] Die Gliederung des Krankenhausplans nach Fachgebieten entsprechend der WBO erfordert im Übrigen, dass für das Fachgebiet jeweils ein „eigener" Bettenbedarf ermittelt und (entsprechend) gedeckt werden muss. Dies hat zur Folge, dass z. B. für das Fachgebiet Psychosomatische Medizin und Psychotherapie (PSM) trotz möglicher Überschneidungen mit der Fachrichtung Psychiatrie und Psychotherapie (PSY) und der dualen Behandlungskompetenz der betreffenden Fachärzte eine eigenständige Bedarfsermittlung und -verteilung stattzufinden hat. Eine „schlichte" Verrechnung von PSM- mit PSY-Betten ist nicht statthaft.[768] Allerdings ist eine solche Anknüpfung des Krankenhausplans an die fachliche Gliederung entsprechend den Fachgebieten der WBO bundesrechtlich nicht vorgegeben. Das Land als Plangeber ist daher planungsrechtlich grundsätzlich nicht gehindert, Versorgungskapazitäten „verwandter" Fachgebiete gemeinsam („integrativ") zu überplanen[769]

617 Maßgebend für den räumlichen Bereich der Bedarfsanalyse, die der Bedarfsermittlung zugrunde zu liegen hat, ist das jeweilige Einzugsgebiet, dessen Bevölkerung versorgt werden soll. Dabei umfasst der maßgebliche Einzugsbereich eines Krankenhauses nicht nur den unmittelbar räumlich benachbarten Bereich, sondern den insgesamt zu versorgenden räumlichen Bereich. Dieses Verständnis liegt auch der Rechtsprechung des BVerwG zu Grunde.[770] Der Einzugsbereich eines Krankenhauses ist mithin mit dem Begriff des Versorgungsbereiches gleich zu setzen. Für diesen in der Regel regionalen Einzugsbereich der Klinik ist der Bedarf an Krankenhausbetten festzustellen.[771] Üblich und zulässig ist es, die zu versorgende Bevölkerung unterhalb der Landesebene räumlich einzugrenzen, also sog. Versorgungsgebiete zu bilden, etwa bei der Anforderungsstruktur im Bereich der Kinderheilkunde einer regionalen Betrachtungsweise zu folgen.[772] Werden Versorgungsgebiete festgelegt, darf im

---

[765] VGH Baden-Württemberg, U. v. 23.4.2002, MedR 2003, 107 (108).
[766] Zum neu eingeführten Facharzt für Orthopädie und Unfallchirurgie und dessen Einfluss auf die Krankenhausplanung vgl. *Quaas*, f&w 2005, 402 ff.; s. a. VGH BW, B. v. 20.12.2006 – 9 S 2182/06 – (insoweit nicht abgedr. in GesR 2007, 123).
[767] VG Saarlouis, U. v. 9.3.2010 – 3 K 737/08 – (rkr.), BeckRS 2010, 47596.
[768] Sächs. OVG, U. v. 14.5.2013 – 5 A 820/11 – DÖV 2013, 860; OVG Lüneburg, U. v. 3.2.2011 – 13 LC 125/08 – in KHR 2010, 179 = NZS 2011, 859;s. a. OVG Saarlouis, B. v. 12.12.2014 – 1 A 287/14 – in KRS 2016, 19; zu zahlreichen weiteren Entscheidungen für das Fachgebiet PSM s. *Herrmanns/Stollmann*, NZS 2015, 881, 887 (Fn. 75).
[769] OVG NRW, B. v. 20.6.2016 – 13 A 1377/15 – in KRS 2017, 118 (PSM/PSY); dazu *Stollmann*, PKR 2016, 111 (112).
[770] BVerwG, U. v. 26.3.1981 – 3 C 134.79 – in BVerwGE 62, 86; s. a. OVG Weimar, U. v. 25.9.2006 – 2 KO 73/05 – (u. a. Bl. 26).
[771] BVerfGE 62, 86; Buchholz Nr. 451.74 § 6 KH Nr. 2; zum Einzugsbereich einer Herzklinik vgl. VG Frankfurt, U. v. 19.7.1997, KRS 97.012.
[772] OVG Weimar, aaO; *Lenz*, in: Lenz/Dettling/Kieser, Krankenhausrecht, S. 31.

Rahmen der Bedarfsanalyse nicht mit Landesdurchschnittswerten gearbeitet werden, sondern muss der konkrete Bedarf im Versorgungsgebiet berücksichtigt werden.⁷⁷³ Bei einem Fachkrankenhaus, das keiner Versorgungsstufe zugeordnet ist, wird der Einzugsbereich nach der medizinischen Eigenart der angebotenen Betten zu bestimmen sein, wobei dies durch die planerischen Vorstellungen der Planaufstellungsbehörde beeinflusst sein wird. Insoweit kommt ihr trotz der grundsätzlich vollen gerichtlichen Überprüfung auf der ersten Stufe ein planerischer Gestaltungsfreiraum zu.⁷⁷⁴

Soweit das Gesetz eine „wohnortnahe" oder „ortsnahe" Versorgung fordert, gilt dies in der Regel nur für Krankenhäuser der Grundversorgung.⁷⁷⁵ Es kann nicht Ziel eines bedarfsgerechten Versorgungssystems sein, ein Angebot etwa der Maximalversorgung oder gar ein Transplantationszentrum ortsnah vorzuhalten. Entsprechendes gilt für die Angebote der regionalen Versorgung.⁷⁷⁶ Hat eine Klinik ihr akutstationäres Angebot für die wohnortnahe Versorgung konzipiert, ist dies bei der Festlegung des konkreten Bedarfs im Einzugsbereich des Krankenhauses zu berücksichtigen.⁷⁷⁷ Dem steht nicht entgegen, dass sich das Land nach dem LKHG entschieden hat, grundsätzlich nach Versorgungsgebieten zu planen und hierfür in der Regel auf die Regionen nach Maßgabe des Landesplanungsgesetzes abstellt.⁷⁷⁸ Die Planung nach Regionen schließt nicht aus, innerhalb der Regionen kleinere Versorgungsgebiete zu bilden, wenn dies aus fachlichen Gründen geboten ist.⁷⁷⁹

618

Bei der Bedarfsermittlung muss mit aktuellen Zahlen gearbeitet werden. Die Grenze der Berücksichtigung von Daten für den Krankenhausplan dürfte bei einem Alter von 1 bis maximal 1½ Jahren liegen.⁷⁸⁰ Dies gilt auch, soweit bei der Bedarfsermittlung Feststellungen und Schätzungen getroffen werden, die in der Zukunft liegende Tatsachen berücksichtigen. Solche ebenfalls auf tatsächlichem Gebiet liegenden Prognosen über die zukünftige Entwicklung der tatsächlichen Verhältnisse entziehen sich zwar einer exakten Tatsachenfeststellung wie dies für bereits eingetretene Tatsachen zutrifft. Wegen dieser tatsächlichen Schwierigkeiten der Nachprüfung prognostischer Feststellungen muss sich die gerichtliche Nachprüfung (auch vor dem Hintergrund der Grundrechtsbetroffenheit der Krankenhäuser) darauf beschränken, ob die Prognose unter Berücksichtigung aller verfügbaren Daten in einer der Materie angemessenen und methodisch einwandfreien Weise erfolgt ist.⁷⁸¹ Dies gilt auch für die Verweildauer als weiterem Element der tatsächlichen Bedarfsfeststellung. Insoweit hat sich die Behörde zwar zunächst grundsätzlich darauf zu beschränken, den aktuell vorhandenen Bedarf festzustellen und den künftig zu erwartenden Bedarf zu prognostizieren. Mit Rücksicht darauf muss die prognostizierte Verweildauer eine Ist-Aussage und keine Soll-Aussage sein. Soweit von einer abnehmenden Verweildauer ausgegangen wird, muss dies die erwartete Entwicklung abbilden und darf nicht eine erwünschte Entwicklung vorwegnehmen. Dem Land ist nicht erlaubt, auf diesem Wege den erwarteten Bedarf „planerisch zu verknappen".⁷⁸² Mit dieser Maßgabe versehen ist es ihm freilich unbenommen, eine sich

619

---

⁷⁷³ BVerwG, U. v. 18.12.1986 – 3 C 67.85 in NJW 1987, 2318 (2320); VG Karlsruhe, U. v. 22.4.2004 – 2 K 2871/02 – GesR 2005, 210; *Lenz*, aaO.

⁷⁷⁴ VGH Baden-Württ., U. v. 23.4.1999 – 9 S 2529/97 – UA Bl. 29 u. Berufung auf BVerfG, B. v. 12.6.1990 – BVerfGE 82, 209; BayVGH B. v. 1.8.2002 – 21 CE 02 950, UA Bl. 9 f. für ein herzchirurgisches Fachkrankenhaus.

⁷⁷⁵ OVG Weimar, U. v. 25.9.2006 – 2 KO 73/05.

⁷⁷⁶ *Pant/Prütting*, Krankenhausrecht Nordrhein-Westfalen, § 13 KHG NW, Rn. 23.

⁷⁷⁷ VGH Baden-Württemberg, U. v. 16.4.2002 – 9 S 1586/01 – UA S. 19, NVwZ-RR 2002, 847.

⁷⁷⁸ Dazu VGH Baden-Württemberg, U. v. 21.3.1991 – 9 S 2500/90.

⁷⁷⁹ So VGH Baden-Württemberg, U. v. 16.4.2002 – 9 S 1586/01 – UA, Bl. 19 für die Standortplanung „Psychotherapeutische Medizin".

⁷⁸⁰ Nach VG Gera, U. v. 30.1.2002 – 1 K 814/98 – ThürVGRspr. 2003, 10 können 22 Monate alte Daten nicht berücksichtigt werden – s. a. *Lenz*, in: Lenz/Dettling/Kieser, Krankenhausrecht, 32.

⁷⁸¹ BVerwG, U. v. 7.7.1978 DVBl. 1978, 845; *Thomae*, Krankenhausrecht, 79 m. w. N.

⁷⁸² VGH Baden-Württemberg, U. v. 16.4.2002 – 9 S 1586/01 – UA, 23.

verringernde Verweildauer – etwa in Folge der Einführung des DRG-Entgeltsystems – zu prognostizieren.

620 **cc) Kein Aufnahmeanspruch kraft Versorgungsvertrages.** Die landesplanerische Vorgabe eines verweildauerunabhängigen Soll-Auslastungsgrades (z. BN 85 %) begegnet ebenfalls rechtlichen Bedenken. Das Land muss sich im Rahmen der Bedarfsanalyse des Versuchs enthalten, die Krankenhausversorgung planerisch zu steuern. Eine solche „Krankenhauszielplanung" zur Steigerung der Wirtschaftlichkeit und der Effizienz der Krankenhäuser ist auf der ersten Stufe der Bedarfsermittlung unzulässig. Eine Vorgabe von 85 % BN bedeutet 310 Tage Krankenhausbelegung. Ein solcher Nutzungsgrad ist regelmäßig in keiner DRG-Abteilung zu erreichen. Die durchschnittliche Verweildauer liegt häufig unter einer Woche. Rechtlich geboten erscheint es daher – wie in einigen Bundesländern auch praktiziert –, von einem verweildauerabhängigen, fachgebietsbezogenen Auslastungsgrad auszugehen.[783]

621 In den Krankenhausplänen der Länder werden in der Regel Krankenhäuser, die mit den Landesverbänden der Krankenkassen und der Ersatzkassen einen Versorgungsvertrag abgeschlossen haben und deshalb kraft Gesetzes zur Krankenhausbehandlung gesetzlich Versicherter zugelassen sind (§ 108 Nr. 3 SGB V),[784] „nachrichtlich" aufgeführt. Das kann zur Folge haben oder zumindest ein Indiz dafür sein, dass diese Krankenhäuser zwar nicht als „Plankrankenhäuser" (§ 108 Nr. 2 SGB V) in den Plan aufgenommen, wohl aber „als Vertragskrankenhäuser" bei der Bedarfsdeckung berücksichtigt worden sind. Insoweit ist naheliegend, aus der Genehmigungsentscheidung der zuständigen Landesbehörde (§ 109 III 2 SGB V), die eine Bedarfsprüfung einschließt (§ 109 III 1 Nr. 2 SGB V), die Verpflichtung des Landes abzuleiten, das Vertragskrankenhaus jedenfalls im Umfang seiner Vertragsbetten mit dem vereinbarten Fachgebiet in den Krankenhausplan aufzunehmen. Dagegen hat sich allerdings das BVerwG[785] in Übereinstimmung mit der Vorinstanz[786] ausgesprochen. Einem solchen „Automatismus" stehe die Systematik der Krankenhausplanung im Wege, nach der es einen (gesetzlichen) Aufnahmeanspruch nur gegeben kann, wenn das aufzunehmende Krankenhaus bedarfsgerecht, leistungsfähig und wirtschaftlich arbeitet und es keiner Auswahlentscheidung bedarf.[787] Durch den Abschluss eines Versorgungsvertrages und dessen Genehmigung wird die (Auswahl-)Entscheidung der Landesbehörde nicht präjudiziert. Das hat seinen Grund auch in der subsidiären Funktion des Versorgungsvertrages gegenüber der Krankenhausplanung, da er – nach Auffassung des BVerwG – ein Instrument zur Ergänzung der geplanten Krankenhausversorgung darstellt.[788]

622 **dd) Kein Anspruchsverlust durch Bedarfsdeckung Dritter.** Nach der ständigen Rechtsprechung des BVerwG wird die Bedarfsgerechtigkeit eines Krankenhauses nicht dadurch in Frage gestellt, dass die im Krankenhausplan bereits enthaltenen Krankenhäuser den (tatsächlichen) Bedarf decken. Eine rechnerische Bedarfsdeckung durch Dritte, auch wenn sie auf bestandskräftigen Feststellungsbescheiden beruht, hindert die Verwaltungsgerichte nicht daran, die zuständigen Behörden zu verpflichten, auch andere, bislang übergangene Krankenhäuser in den – eigentlich schon „vollen" – Krankenhausplan aufzunehmen.[789] Das BVerfG hat die vom BVerwG in ständiger Rechtsprechung angenommene Bedeutungslosigkeit der Bedarfsdeckung durch die bereits planaufgenommenen Krankenhäuser als verfassungskon-

---

[783] *Quaas*, f&w 2007, 549; aA VG des Saarlandes, U. v. 26.6.2007 – 3 K 342/06.
[784] → § 27 Rn. 43 ff.
[785] BVerwG, U. v. 14.4.2011 – 3 C 17.10 – DVBl. 2011, 895.
[786] VGH Baden-Württemberg, U. v. 15.12.2009 – 9 S 482/07 – in VBlBW 2010, 350.
[787] → § 26 Rn. 467.
[788] BVerwG, aaO, Rn. 21; zum Teil anders jetzt BSG, U. v. 16.5.2012 – B 3 KR 9/11 R – GesR 2013, 95.
[789] VGH Baden-Württemberg, B. v. 20.11.2001 – 9 S 1572/01 – NVwZ-RR 2002, 507; OVG Münster, B. v. 18.7.2002 – 13 B 1186/02 – NVwZ 2003, 630; *Lenz*, in: Lenz/Dettling/Kieser, Krankenhausrecht, 38 f.

form angesehen.⁷⁹⁰ Nur bei einer solchen Auslegung des Merkmals der Bedarfsgerechtigkeit haben hinzutretende Krankenhäuser überhaupt eine Chance auf Aufnahme in den Krankenhausplan, solange sich am Gesamtbedarf nichts ändert, also kein Zusatzbedarf entsteht. Ansonsten könnte mit dem Hinweis auf die bestehenden Kapazitäten jeder Neuzugang verhindert werden.⁷⁹¹ Anders als im Beamtenrecht⁷⁹² oder im öffentlichen Wirtschaftsrecht⁷⁹³ nimmt eine bereits (bestandskräftig) eingetretene Kapazitätserschöpfung dem übergangenen Bewerber nicht die Möglichkeit, im Krankenhausplan berücksichtigt zu werden. Die Verwaltungsgerichte lehnen deshalb auch eine Übernahme der Rechtsprechung des BSG zu § 109 SGB V ab, wonach die Zulassung eines Mitbewerbers durch statusbegründenden Versorgungsvertrag (§ 108 Nr. 3, 109 SGB V) es den Verbänden der Krankenkassen verwehrt, dem Zulassungsantrag eines bisher nicht berücksichtigten Krankenhauses (noch) zu entsprechen.⁷⁹⁴ Die Verwaltungsgerichte verweisen insoweit auf den – vom BSG selbst betonten – Vorrang der Plankrankenhäuser gegenüber der ergänzenden Bedarfsdeckung durch den Abschluss von Versorgungsverträgen mit Nicht-Plankrankenhäusern.⁷⁹⁵

ee) **Länderübergreifende Abstimmung.** Nach § 6 II KHG muss die Krankenhausplanung länderübergreifend abgestimmt sein, soweit ein Krankenhaus auch für die Versorgung der Bevölkerung anderer Länder wesentliche Bedeutung hat. Ein bedarfsgerecht gegliedertes Krankenhausangebot kann deshalb in einem Versorgungsgebiet auch durch verfügbare Bettenkapazitäten außerhalb dieses Gebietes sichergestellt werden, sofern diese leicht erreichbar und einer überörtlichen Aufgabenerfüllung (d. h. nicht der Grundversorgung) zugeordnet sind.⁷⁹⁶ Im Ergebnis darf also die Planungsbehörde bei ihrer Bedarfsanalyse die Inanspruchnahme von Krankenhäusern im benachbarten Bundesland durch die Bewohner des eigenen Bundeslandes bedarfsmindernd berücksichtigen.⁷⁹⁷ Da die ausreichende Versorgung der Versicherten nur durch zugelassene inländische Krankenhäuser sicherzustellen ist, hat allerdings die Versorgungslage im benachbarten Ausland bei der Bedarfsanalyse außer Betracht zu bleiben.⁷⁹⁸

ff) **Fehlerhafte Bedarfsermittlung und -feststellung.** Es liegt auf der Hand, dass der planenden Behörde im Verlauf dieses tatsächlich und rechtlich komplizierten Verfahrens Beurteilungsfehler unterlaufen können. Ist dies der Fall und wirkt sich der „Planungsfehler" auf die Versorgungsentscheidung im Krankenhausplan und deren Umsetzung im Feststellungsbescheid aus, ist nach der verwaltungsgerichtlichen Judikatur die Entscheidung über die Planaufnahme rechtswidrig und verletzt den Krankenhausträger in seinen Rechten.⁷⁹⁹ Als Beurteilungsfehler angesehen wurde beispielhaft, dass die planende Behörde im maßgeblichen Zeitpunkt des Erlasses des Aufnahme- oder Herausnahmebescheides den tatsächlichen Ein-

---

⁷⁹⁰ BVerfG, B. v. 12.6.1990 – BVerfGE 82, 209 ff.; B. v. 4.3.2004 – GesR 2004, 296 ff.; OVG Schleswig, U. v. 3.11.2004 in NVwZ-RR 2005, 483.

⁷⁹¹ Vgl. *Thomae*, Krankenhausplanungsrecht, 74 u. Hw. auf die bedenkliche Regelung des Art. 5 II. 3. BayKrG, die inzwischen vom bayerischen Landesgesetzgeber ersatzlos gestrichen wurde.

⁷⁹² Vgl. d. Nw. bei *Kuhla*, in: Kuhl/Hüttenbrink, Der Verwaltungsprozess, K 206 ff.

⁷⁹³ *Ders*. aaO, K 164 ff.

⁷⁹⁴ BSG, U. v. 5.7.2000 – 3 KR 20/99 – NVwZ-RR 2001, 450 (451); *Lenz*, in: Lenz/Dettling/Kieser, Krankenhausrecht, 39 f.

⁷⁹⁵ VGH Baden-Württemberg, B. v. 7.11.2001 – 9 S 772/01 – NVwZ-RR 2002, 504 (506); OVG Münster, B. v. 18.7.2002 – 13 B 1186/02 – NVwZ 2003, 630 (631).

⁷⁹⁶ Hess. VGH, U. v. 10.9.2002 KRS 02.048.

⁷⁹⁷ BVerwG, U. v. 25.7.1985 – BVerwGE 72, 38; B. v. 31.5.2000 KRS 00.047; vgl. auch BVerfG, B. v. 7.2.1991 – BVerfGE 83, 363, 386.

⁷⁹⁸ LSG Baden-Württemberg, U. v. 18.10.2002 – 4 KR 4262/00 (Herzzentrum Bodensee); *Thomae*, Krankenhausplanungsrecht, 78.

⁷⁹⁹ VG Karlsruhe, U. v. 22.4.2004 – 2 K 2871/02 – in GesR 2005, 210; VG Gera, U. v. 30.1.2002 – 1 K 814/98 GE – ThürVGRspr. 2003, 10 u. v. m.; zur jüngeren Rspr. vgl. *Stollmann/Herrmanns* NZS 2017, 851 ff.

zugsbereich des Krankenhauses und den dort im Einzelnen bestehenden und zu erwartenden Bedarf nicht zutreffend, vollständig und nachvollziehbar ermittelt und seiner Entscheidung zugrunde gelegt hat[800]. Es ist nicht ausreichend, dass sich das Land aus „überörtlicher Perspektive" mit den Prognosen des Landeskrankenhausplans für eine bestimmte Region begnügt.[801] Auch darf das Land bei der Bedarfsanalyse jedenfalls dann nicht auf landeseinheitliche Durchschnittswerte zur Krankenhaushäufigkeit und zur Verweildauer zurückgreifen, wenn im Einzugsgebiet des Krankenhauses erhebliche und erkennbare Abweichungen von diesen Durchschnittswerten vorhanden sind[802].

625   Eine fehlerhafte Bedarfsermittlung ist ferner zu bejahen, wenn das Land auf eine Bedarfsanalyse für ein Fachgebiet gänzlich verzichtet, weil es – z. B. – die Versorgung durch andere Fachgebiete trotz veränderter ärztlicher Weiterbildungsordnung für ausreichend hält,[803] oder die Planungsbehörde aus der Bettenbelegung z. B. orthopädischer Abteilungen der letzten Jahre auf den künftigen orthopädischen Bettenbedarf schließt, dabei aber unberücksichtigt lässt, dass orthopädische Erkrankungen in erheblichem Umfang auch in chirurgischen bzw. unfallchirurgischen Abteilungen versorgt wurden.[804] Eine „Bettenkompensation" aus unterschiedlichen Fachgebieten oder einer „Bettenumwidmung" etwa des somatischen in den psychosomatischen Bereich ist danach nicht statthaft.[805] Ganz allgemein widerspricht eine Krankenhausplanung und die für den Krankenhausplan vorgenommene Bedarfsermittlung den Regelungen des KHG dann, wenn sie Gesichtspunkte tatsächlicher oder rechtlicher Art berücksichtigt, die für den künftigen Bedarf keine Rolle spielen können, oder umgekehrt wesentliche Gesichtspunkte außer Acht lässt, die den Bedarf beeinflussen, ohne in der zulässigen Methode einer „Trendextrapolation" schon hinreichend zur Geltung zu kommen.[806] Heftig umstritten ist insoweit die – von einigen Bundesländern bejahte – Notwendigkeit der selbstständigen Beplanung des Bereichs der neurologischen Frührehabilitation als Teilgebiet der Neurologie.[807] Im Übrigen wird das gesetzgeberische Ziel der wirtschaftlichen Sicherung der Krankenhäuser durch Aufnahme in den Krankenhausplan nicht bzw. nur unvollkommen erreicht, wenn nur ein Teil aller bedarfsnotwendigen Krankenhausbetten (sofort) in dem Krankenhausplan abgebildet und wegen der übrigen ebenfalls bedarfsnotwendigen Krankenhausbetten auf Prüfaufträge während der Laufzeit des Krankenhausplanes verwiesen wird.[808] Es ist deshalb nicht zulässig, im Krankenhausplan die Umsetzung der bedarfsnotwendigen Versorgungsentscheidungen (zeitlich) „abzuschichten", selbst wenn Gründe der Verwaltungspraktikabilität („Erprobungsphase" u. ä.) für eine solche Vorgehensweise sprechen könnten.

626   c) **Leistungsfähigkeit.** Das KHG zielt auf die Gewährleistung leistungsfähiger Krankenhäuser ab, definiert aber diesen, ihm zugrunde liegenden Begriff der Leistungsfähigkeit nicht.

---

[800] Zum „Einzugsbereich" des Krankenhauses als Grundlage der fachplanerischen Entscheidung gemäß der jüngeren Rechtsprechung vgl. *Stollmann/Herrmanns* NZS 2017, 851 (855 f.).

[801] *Quaas*, NZS 1993, 103, 105.

[802] VG Düsseldorf, U. v. 23.5.2014 – 13 K 2618/13 – KRS 2015, 154.

[803] → § 25 Rn. 359; OVG Lüneburg, U. v. 3.2.2011 – 13 LC 125/08 – in KHR 2010, 453 = KRS 11.021; VGH Baden-Württemberg, U. v. 16.4.2002 – 9 S 1586/01 – MedR 2002, 408; (beide für das Fachgebiet psychotherapeutische Medizin); VGH Baden-Württemberg, B. v. 20.12.2006 – 9 S 2182/06 – (Fachgebiet Orthopädie und Unfallchirurgie).

[804] VG Karlsruhe, U. v. 26.4.2004 – 2 K 2871/02 – GesR 2005, 210;

[805] OVG Lüneburg, U. v. 3.2.2011 – 13 LC 125/08 – in KHR 2010, 453 = KRS 11.021; VGH Baden-Württemberg, U. v. 15.12.2009 – 9 S 482/07 – VBlBW 2010, 350 (353) unter Verweis auf U. v. 16.4.2002 in MedR 2002, 408.

[806] BVerwG, B. v. 21.5.2000 – 3 B 53/99 – in: *Buchholz* 451.74 § 6 KHG Nr. 5; *Möller*, VSSR 2007, 263 (270).

[807] Vgl. einerseits VGH BW, U. v. 16.4.2015 – 10 S 99/13 – und VG Osnabrück, U. v. 21.9.2016 – 6 A 156/13 – andererseits; dazu *Quaas*, f & w 2017, 268.

[808] OVG Hamburg, B. v. 12.2.2003 – 4 Bf 437/02 –; *Möller*, aaO.

Die Rechtsprechung folgt einem krankenhausstrukturbezogenen Ansatz, bei dem nicht die Art der Krankenhausbehandlung und die diagnostischen und therapeutischen Möglichkeiten des Krankenhauses im Vordergrund der Betrachtung stehen. Leistungsfähig ist vielmehr ein Krankenhaus, wenn sein Angebot die (qualitativen und quantitativen) Anforderungen erfüllt, die nach dem aktuellen Stand der Erkenntnisse der medizinischen Wissenschaft an ein Krankenhaus der betreffenden Art zu stellen sind.[809] Die Leistungsfähigkeit eines Krankenhauses hängt danach von der Zahl, der Bedeutung und dem Umfang der Fachabteilungen verschiedener Fachrichtungen, der Zahl der hauptberuflich angestellten und weiteren angestellten oder zugelassenen Fachärzte in den einzelnen Fachabteilungen und dem Verhältnis dieser Zahl zur Bettenzahl sowie dem Vorhandensein der erforderlichen räumlichen und medizinisch-technischen Einrichtungen ab.[810] Insoweit muss das Maß der erforderlichen Leistungsfähigkeit eines Krankenhauses stets in Bezug auf die Art der Versorgung, der das Krankenhaus dienen soll, gesehen werden.[811] Dies führt zu einer Differenzierung nach der Art des zu beurteilenden Krankenhauses, ob es sich also um ein Allgemeinkrankenhaus, ein Fachkrankenhaus oder ein sog. Sonderkrankenhaus handelt.[812] Der Begriff der Leistungsfähigkeit schließt mit ein, dass die nach dem Stand der Wissenschaft an ein Krankenhaus dieser Art zu stellenden Anforderungen auf Dauer gewährleistet sein müssen.[813] Dazu muss der die Aufnahme des Krankenhauses in den Krankenhausplan begehrende Krankenhausträger nachweisen, dass das Krankenhaus die Gewähr für die Dauerhaftigkeit der zu erbringenden angebotenen pflegerischen und ärztlichen Leistungen bietet.[814] Daran fehlt es, wenn ein neues Krankenhaus seine Anlauffinanzierung bis zu einer Entscheidung über die begehrte Aufnahme nicht sicherstellen kann, also befürchtet werden muss, dass es bei ihm auch später zu finanziellen Engpässen kommt und die Krankenhausleistungen nicht dauerhaft gesichert in der erforderlichen Qualität erbracht werden können.[815]

Weitergehende Anforderungen an die Leistungsfähigkeit sind für die wirtschaftliche Sicherung der Krankenhäuser weder geeignet noch erforderlich; sie widersprechen dem Grundsatz der Verhältnismäßigkeit.[816] Unerheblich sind deshalb die mit einer Krankenhausplanung verfolgten Fernziele, etwa Aussagen eines Krankenhausplans, dass in größeren Städten und Ballungsräumen eine Mindestgeburtenzahl pro Einrichtung gefordert wird. Solche Zielsetzungen erscheinen zwar zur Optimierung der Geburtshilfe sinnvoll, übersteigen jedoch den allgemeinen Standard der Krankenhausversorgung und können der Aufnahme oder dem Verbleib eines Krankenhauses nicht entgegengehalten werden.[817] Entsprechend darf die

627

---

[809] BVerwG, U. v. 18.12.1986 – NJW 1987, 2318 (2321); BVerfG, B. v. 12.6.1990 – BVerwGE 82, 209 (226); VGH BW, U. v. 16.4.2015 – 10 S 100/13 – juris Rn. 43; Huster/Kaltenborn/*Stollmann*,a. a.O. § 4 Rn. 77; Thomae, Krankenhausplanungsrecht, S. 80 f. m. w. Nw.

[810] BVerwGE 62, 86 (106); best. durch BVerfGE 82, 209 (226).

[811] BVerwG, U. v. 14.11.1985 – 3 C 41/84 – *Buchholz* 451.74 § 8 KHG Nr. 8; Möller, VSSR 2007, 263 (276).

[812] BVerwG, U. v. 22.5.1980 – 3 C 131/79 in: *Buchholz* 451.731 KHG Nr. 2.

[813] BVerwG, U. v. 25.3.1993 – 3 C 69/90 in: *Buchholz* 451.74 § 1 KHG Nr. 8; *Möller*, VSSR 2007, 263 (276).

[814] BVerwG, Buchholz 451.74 § 1 KHG Nr. 8; OVG Lüneburg, NZS 2011, 859; VGH BW, U. v.16.4.2015 – 10 S 100/13 – juris Rn. 43; BayVGH, DVBl 1996, 816; B. v. 1.8.2002 – 21 CE 02 950 – AU Bl. 7; *Bär*, Krankenhausversorgung und Krankenhausfinanzierung in Bayern, Art. 5 BayKrG Anm. 8.3.

[815] BayVGH, B. v. 1.8.2002 – 21 CE 02 950 – AU Bl. 7, der zusätzlich darauf verweist, es sei nicht Zweck der öffentlichen Förderung, „unnötigen oder leistungsschwachen Krankenhäusern das Überleben zu ermöglichen"; darauf bestehe auch im Hinblick auf Art. 12 GG kein Anspruch. Ebenso OVG NW, U. v. 3.9.1998 – 13 A 5207/97 –, zit. bei *Pant/Prütting*, Krankenhausgesetz Nordrhein-Westfalen, § 13 KHG NW, Rn. 27, wonach es den Zielen des KHG entspricht, wenn überflüssige Kapazitäten abgebaut werden; damit sei es auch erlaubt, bei mehreren nicht ausgelasteten Einrichtungen (Abteilungen) die am geringsten ausgelastete zu schließen.

[816] BVerfG NJW 1990, 2306; VGH BW, U. v.16.4.2015 -10 S 100/13 – juris Rn. 43.

[817] OVG Koblenz, NVwZ-RR 1991, 573.

Leistungsfähigkeit eines Krankenhauses nicht ohne weiteres vom Vorliegen einer Mindestfallzahl für ein bestimmtes Fachgebiet abhängig gemacht werden.[818] Ebensowenig steht die Eignung eines Krankenhauses i. S. d. planungsrechtlichen Leistungsfähigkeit (allein) deshalb in Frage, weil es sich um ein (kleines) Haus der Grundversorgung handelt. Die Leistungsfähikeit fehlt nur dann, wenn das betreffende Krankenhaus nicht die für den Betrieb z. B. einer geriatrischen Abteilung planerisch erforderlichen Voraussetzungen erfüllt[819] Ferner ist ein Krankenhaus auch dann als leistungsfähig anzusehen, wenn es die Verfügbarkeit ärztlichen Personals durch eine Kooperationsvereinbarung mit einem anderen Krankenhaus zur Verfügung stellt. Weder aus dem Krankenhausrecht noch aus dem Sozialversicherungsrecht ergeben sich insoweit Begrenzungen. Maßgebend ist die Qualität der ärztlichen Versorgung und die Übernahme der haftungsrechtlichen Behandlungsverantwortung gegenüber dem Patienten.[820]

628   Allerdings dürfen dadurch die zunehmend verstärkten Bemühungen der Bundesländer[821] um eine Qualitätssicherung auch der Krankenhausleistungen nicht konterkariert werden. Es ist dem Landesgesetzgeber – wie § 137 III 9 SGB V zeigt[822] – unbenommen, den krankenhausplanungsrechtlichen Begriff der Leistungsfähigkeit des Krankenhauses über den medizinischen Standard in technischer und personeller Hinsicht hinaus um qualitätssichernde Vorgaben anzureichern, wie sie etwa durch den GBA über die sog. Mindestmengenregelungen erreicht werden.[823] Dahingehende Anforderungen müssen allerdings auf gesetzlicher Grundlage beruhen und den Verhältnismäßigkeitsgrundsatz beachten.[824] Dies gilt auch, soweit Landeskrankenhauspläne – wie jüngst im Saarland und Rheinland-Pfalz – dazu übergegangen sind, eine Zertifizierungspflicht von Fachabteilungen etwa im Bereich der Gefäßchirurgie oder bei der „Zulassung" von „stroke units" vorzusehen[825] oder – wie in Nordrhein-Westfalen – der Krankenhausplan „Rahmenbedingungen für die Anerkennung als Brustzentren" festschreibt. Solche krankenhausplanerischen Überlegungen und Prognosen sind sicher als Zielplanung zulässig und sachgerecht. Sie sind auch geeignet, eine qualitätsorientierte Krankenhausplanung zu steuern. Wenn an die Anerkennung solcher Qualitätssiegel allerdings Rechtsfolgen geknüpft werden – wie dies etwa bei den gem. § 5 III KHEntgG vorgesehenen „Zentrenzuschlägen" der Fall ist[826] – oder das jeweilige Qualitätsmerkmal Bestandteil des nach außen wirkenden Versorgungsauftrages des Krankenhauses ist, der bei entsprechendem Qualitätsverlust wieder entzogen werden

---

[818] VG Minden, U. v. 29.8.2002 – 3 K 3280/97 – juris; *Bold*, in: Bold/Sieper, LKHG BW, § 1 Rn. 8; daran ändert nichts, dass es ein legitimes Ziel der Krankenhausplanung sein kann, entsprechende Mindestfallzahlen anzustreben – vgl. Huster/Kaltenborn/*Stollmann*, § 4 Rn. 51.

[819] OVG NRW GesR 2016, 289; *Stollmann/Herrmanns* NZS 2017, 851 (854).

[820] OVG Weimar, U. v. 3.11.2016 – 3 KO 578/13 –; *Stollmann/Herrmanns* NZS 2017, 851 (854).

[821] Vgl. zu einzelnen Maßnahmen der Bundesländer vor Inkrafttreten des KHSG (2016) Huster/Kaltenborn/*Stollmann*, a. a. O., § 4 Rn. 58 ff; *Quaas*, GesR 2014, 129.

[822] § 137 III 9 SGB V wurde durch die GKV-Reform 2007 wie folgt eingefügt: „Ergänzende Qualitätsanforderungen einschließlich Vorgaben zur Führung klinischer Krebsregister im Rahmen der Krankenhausplanung der Länder sind zulässig". Dazu eingehend *Quaas*, GesR 2014, 129 (133); *Wollenschläger/Schmidl*, VSSR 2014, 117 (130 ff).

[823] → § 27 Rn. 138 ff.

[824] Ohne eine solche (landes-)gesetzliche Grundlage sind krankenhausplanerische Anforderungen an die Anzahl von jährlich zu erbringenden Krankenhausleistungen als Merkmal der Leistungsfähigkeit (vgl z. B. Krankenhausplan NRW 2001, Nr. 3.5 – Abteilungsgröße –) rechtlich bedenklich, so *Thomae*, Krankenhausplanungsrecht, 83; als Beispiel einer gesetzlichen „Mindestmengenregelung" vgl. § 23 VII SKHG (Geburtenzahl).

[825] Zur Anerkennung von stroke units im Bereich der Krankenhausplanung siehe OVG NRW, U. v. 5.10.2010 – 13 A 2070/09 – in NWVBl. 2011, 106.; abl., da ohne gesetzliche Grundlage, VG des Saarlandes, U. v. 31.1.2017 – 2 K 1134/15 – (rkr.) und 4.5.2015 – 2 K 422/14 – (rkr.).

[826] Dazu *Bohle*, in: Düsseldorfer Krankenhausrechtstag 2010, 109, 132 f.; *Buchner/Spiegel/Jäger*, ZMGR 2011, 57; *Felix*, GesR 2010, 113.

kann⁸²⁷ oder gar die Anerkennung etwa als „Brustzentrum" zu einem – andere Krankenhäuser ausschließenden – (regionalen) Bedarfsmonopol führt, reichen für solche, das Grundrecht der Berufsfreiheit empfindlich tangierenden Eingriffe die allgemeinen planungsrechtlichen Grundlagen im Bundesrecht (§§ 1, 6, 8 KHG) und im jeweiligen Landesrecht nicht aus.⁸²⁸

Der Leistungsfähigkeit des Krankenhauses als Qualifikationsmerkmal für den Krankenhausplan steht nicht entgegen, dass die betreffende Einrichtung bisher noch als Vorsorge- und Rehabilitationseinrichtung nach § 107 II. SGB V betrieben wird und als solche gemäß § 5 I. 7. KHG von der Förderung und damit der Aufnahme in den Krankenhausplan ausgeschlossen ist⁸²⁹ In der Rechtsprechung ist anerkannt, dass ein (künftiger) Krankenhausträger Betten, die von einem Versorgungsvertrag gemäß § 111 SGB V erfasst sind, in solche für die Akutversorgung „umwandeln" darf⁸³⁰ Allerdings müssen im Fall eines erst geplanten Krankenhauses oder einer konzipierten Akutabteilung hinreichend konkretisierte Pläne vorgelegt werden, aus denen sich insbesondere die Zahl der zu beschäftigenden Fachärzte und andere Ärzte im Verhältnis zur geplanten Bettenzahl und die weitere personelle sowie räumliche und medizinisch-technische Ausstattung ergeben, wobei die abschließende Klärung von Einzelfragen noch ausstehen kann. Das vorzulegende Konzept muss daneben eine Beschreibung der räumlichen Ausstattung enthalten und erkennen lassen, dass die Finanzierung des Vorhabens hinreichend gesichert ist, sodass eine an § 2 Nr. 1 KHG ausgerichtete Prüfung der Leistungsfähigkeit möglich erscheint. Unabdingbar ist schließlich die Darlegung des beabsichtigten medizinisch-therapeutischen Konzeptes, das dem aktuellen Stand der medizinischen Wissenschaft entsprechen muss. Die Unsicherheit bei der Beurteilung der Leistungsfähigkeit, die sich daraus ergibt, dass in diesen Fällen nicht mehr als ein noch zu realisierendes Konzept vorliegt („virtuelles Krankenhaus"), geht dabei zu Lasten des neuen Krankenhausträgers. Je mehr es „nur" als Konzept vorhanden ist, also sich noch nicht im laufenden Betrieb befindet, desto größer ist die ihm obliegende Nachweislast⁸³¹, dass man auch eine Reha-Abteilung in ein Akutkrankenhaus „umwandeln" kann.

d) Qualitätsgesicherte Krankenhausversorgung. Als weiteres Qualifikationserfordernis für die Aufnahme (und den Verbleib) eines Krankenhauses (Abteilung) in den Krankenhausplan eines Landes hat das KHSG § 6 KHG in Absatz 1a) dahin ergänzt, dass die Aufstellung der Krankenhauspläne und die Verwirklichung des in § 1 I. KHG neu aufgenommenen Zielkriteriums an einer qualitätsgesicherten Krankenhausversorgung auszurichten ist. Dem G-BA wurde der Auftrag erteilt, bis zum 31.12.2016 erste Qualitätsindikatoren zur Struktur-, Prozess- und Ergebnisqualität zu entwickeln, die geeignet sind, rechtsichere Kriterien und Grundlagen für Planungsentscheidungen der Länder zu liefern (planungsrelevante Indikatoren – PLAN-QI). Die als Empfehlung ausgestatteten PLAN-

---

[827] So die Planungspraxis im Saarland auf der Grundlage von Ziff. 2.1.3, 3.4, 6.3.2 Krankenhausplan Saarland 2011–2015; das VG Düsseldorf, U. v. 8.5.2015 – 13 K 73/14 – in KRS 2016, 24 hält eine solche „Automatik" zu Recht für unzulässig; bei dauerhafter Nichterfüllung von Qualitätsvorgaben bedarf es einer Entscheidung des Plangebers, etwa über die Herausnahme aus dem Krankenhausplan wegen fehlender Leistungsfähigkeit.

[828] VG des Saarlandes, U. v. 31.1.2017 – 2 K 1134/15 – (rkr.); und v. 4.5.2015 – 2 K 422/14 – (rkr.); zu den (verfassungsrechtlichen) Grenzen der Anerkennung von Brustzentren *Bohle*, in: Düsseldorfer Krankenhausrechtstag 2010, 109, 132 f.; *Fritz*, MedR 2008, 355 (359 ff.); weniger sensibel dagegen OVG NRW NWVBl 2011, 106.

[829] BVerwG, B. v. 21.7.2016 – 3 B 41/15 – in ZMGR 2016, 386. VGH BW, U. v. 16.4.2015 – 10 S 100/13 – juris Rn. 44.

[830] VGH BW, U. v. 16.4.2015 – 10 S 100/13 – juris Rn. 44; U. v. 12.2.2013 – 9 S 1968/11 – juris; U. v. 23.4.1999 – 9 S 2529/97 – MedR 2000, 139.

[831] VGH BW, U. v. 16.4.2015 – 10 S 100/13 – juris, Rn. 44; U. v. 5.12.2012 – 9 S 2770/10 – in MedR 2013, 800 sowie B. v. 20.9.1994 – 9 S 687/94 – DVBl. 1995, 160; OVG Lüneburg, B. v. 3.6.2015 – 13 LA 208/14 –.

QI gemäß § 136c) I. SGB V sind Bestandteil des Krankenhausplans (§ 6 I. a) 1. KHG). Die Länder bleiben jedoch befugt, alternativ oder ergänzend auch eigene Indikatoren zu erarbeiten und zu verwenden; durch Landesrecht kann die Geltung der PLAN-QI ganz oder teilweise ausgeschlossen oder eingeschränkt werden und können weitere Qualitätsanforderungen zum Gegenstand der Krankenhausplanung gemacht werden (§ 6 I. a) 2. KHG).

631 Mit den zu beschließenden PLAN-QI[832] sollen Kriterien für qualitätsorientierte Entscheidungen der Krankenhausplanung nach § 8 II. KHG geschaffen werden. Die PLAN-QI sollen insbesondere im Rahmen des Auswahlermessens der zuständigen Behörde bei einer nach § 8 II. 2. KHG notwendigen Auswahl zwischen mehreren Krankenhäusern verbindlich zu Grunde gelegt werden. Diesem gesetzgeberischen Ziel dienen die Änderungen in § 8 I. a) bis c) KHG. Dementsprechend dürfen Krankenhäuser, die bei den für sie maßgeblichen PLAN-QI nach § 6 I. a) KHG auf der Grundlage der vom G-BA nach § 136c) II. 1. SGB V übermittelten Maßstäbe und Bewertungskriterien oder den im jeweiligen Landesrecht vorgesehenen Qualitätsvorgaben nicht nur vorübergehend eine in einem erheblichen Maß unzureichende Qualität aufweisen, insoweit ganz oder teilweise nicht in den Krankenhausplan aufgenommen werden (§ 8 I. a) 1. KHG). In beiden Fällen sind die Auswertungsergebnisse nach § 136c) II. 1. SGB V zu berücksichtigen (§ 8 I. a) 2. KHG). Soweit die PLAN-QI nach § 6 I. a) 2. KHG nicht Bestandteil des Krankenhausplans geworden sind, gelten die vorgenannten Absätze 1a und 1b nur für die im Landesrecht vorgesehenen Qualitätsvorgaben (§ 8 I. c) KHG). Damit sollen die PLAN-QI nach § 6 I. a) KHG, § 136c) SGB V die Funktion einer Art „Sperrklausel" für die Planaufnahme haben. Diese Relevanz ergibt sich aber regelmäßig nicht erst auf der Ebene der Auswahlentscheidung (Stufe 2), sondern bereits auf der Tatbestandsebene (Stufe 1)[833]

632 Die Umsetzung der neuen Qualitätsvorgaben für die Krankenhausplanung durch das KHSG wird nicht nur für diese, sondern vor allem für die davon betroffenen Krankenhäuser zu erheblichen Schwierigkeiten führen. Sie beginnen bei der Frage der Verfassungsmäßigkeit der gesetzgeberischen Novelle und stehen so unter dem Damoklesschwert einer Kassation durch das Bundesverfassungsgericht.[834] Weitere Fallstricke sind durch den Gesetzgeber mit der Verwendung der für die Aufnahme und den Verbleib im Krankenhausplan entscheidenden – unbestimmten – Rechtsbegriffe einer „nicht nur vorübergehenden" und „in einem erheblichen Maß" unzureichenden Qualität gelegt, deren Inhalte durch die vom G-BA zu erlassenden PLAN-QI nicht hinreichend sicher bestimmt werden können. Bereits der erste Beschluss des G-BA zu den PLAN-QI vom 15.12.2016 macht in seinen tragenden Gründen deutlich, dass die vom Gesetzgeber gewünschte weitere Differenzierung der Qualität einer inhaltlichen und methodischen Weiterentwicklung von Qualitätsindikatoren sowie der entsprechenden Kriterien und Maßstäbe für die Bedeutung dieser Indikatoren auf erhebliche Schwierigkeiten stößt[835].

633 Es kommt hinzu, dass die Rechtsanwendung der PLAN-QI durch die Planungsbehörden der Verhältnismäßigkeitsprüfung entsprechend den vom BVerfG aufgestellten Grundsätzen unterliegt[836]. Das gilt auch für die Begriffe der „nicht nur vorübergehenden" und „in einem erheblichen Maß" unzureichenden Qualität bei allen Entscheidungen über die Aufnahme oder den Verbleib eines Krankenhauses oder einer Abteilung im Krankenhausplan.[837] Auch

---

[832] Ein erster Beschluss des G-BA über eine Richtlinie zur planungsrelevanten Qualitätsindikatoren gemäß § 136 I. SGB V iVm § 136c) I. und II. SGB V liegt mit der PLAN-QI – RL vom 15.12.2016 vor. Gleichzeitig beschlossen wurden auch die „tragenden Gründe" zur PLAN-QI – RL.
[833] Huster/Kaltenborn/*Stollmann*, Krankenhausrecht, 2. A § 4 Rn. 90.
[834] → § 26 Rn. 550 ff.
[835] PLAN-QI – RL vom 15.12.2016, Tragende Gründe S. 5.
[836] BVerfG, B. v. 12.6.1990 – 1 BvR 355/86, juris Rn. 88.
[837] *Gohmeier*, GuP 2016, 127 (129).

die jeweiligen Anforderungen der PLAN-QI müssen sich am Maßstab eines – vom G-BA festzulegenden – medizinischen Standards messen lassen, der zwar – bezogen auf den Empfehlungscharakter der PLAN-QI – als eine Art „antizipiertes Sachverständigengutachten" gewertet werden kann[838]. Auch dies befreit indessen nicht von der Anwendung des Prinzips der Verhältnismäßigkeit. Insoweit markiert der Stand der medizinischen Kenntnisse einen gewissen Qualitätskorridor, der nach unten hin durch einen Mindeststandard und am oberen Ende durch den Goldstandard markiert ist. Innerhalb dieses Korridors können die festzulegenden PLAN-QI eine qualitative Untergrenze oberhalb eines noch zulässigen Mindeststandards markieren und so gesundheitspolitische Fernziele umsetzen, deren Nichteinhaltung nicht zwingend mit einem Verstoß gegen den medizinischen Standard einhergeht. Auf der anderen Seite dürfen die festzulegenden Qualitätsstandards den Rahmen des medizinischen Standards auch nicht überschreiten oder gänzlich außerhalb dessen Anforderungen liegen, bzw. aus medizinischer Sicht sinnlos sein. Derartige Festlegungen sind unverhältnismäßig und stellen nach den Vorgaben des BVerfG einen ungerechtfertigten Eingriff in die Berufsfreiheit (Artikel 12 I. GG) dar.[839]

e) **Wirtschaftlichkeit.** Das KHG zielt schließlich auf einen Beitrag zu sozial tragbaren Pflegesätzen ab. Gemäß § 6 I KHG sind die Länder bei der Aufstellung von Krankenhausplänen (und Investitionsprogramm) verpflichtet, die Folgekosten, insbesondere die Auswirkungen ihrer Entscheidungen auf die Pflegesätze, zu berücksichtigen. Als viertes Kriterium der Aufnahmeentscheidung kommt somit die „Wirtschaftlichkeit" des Krankenhauses in Betracht. Das BVerfG hat aus diesem Gesetzesziel das Merkmal der Kostengünstigkeit abgeleitet.[840] Bei der Einschätzung der Wirtschaftlichkeit kommt es nicht allein auf die Höhe des Pflegesatzes, sondern auf die Höhe der Fallkosten unter besonderer Berücksichtigung der Aufgabenstellung des Krankenhauses an.[841] Die Kostengünstigkeit bzw. Wirtschaftlichkeit kann jedoch nicht isoliert für ein Krankenhaus beurteilt werden. Die Höhe der Fallkosten unter Berücksichtigung der Aufgabenstellung des Krankenhauses ist hinsichtlich ihrer Aufgabe, zu sozial tragbaren Pflegesätzen beizutragen, nur vergleichend zu bewerten. Es handelt sich damit um ein reines Vergleichsmerkmal, das erst dann Bedeutung gewinnt, wenn mehrere Krankenhäuser in Betracht kommen, die insgesamt ein Überangebot erzeugen würden und im Rahmen der Krankenhausplanung eine Auswahlentscheidung notwendig wird. Der damit verbundenen „Kostendiskussion" kann nicht dadurch ausgewichen werden, dass nach der Einführung der DRG-Fallpauschalen für die gleichen Leistungen die gleichen Entgelte anfallen. Dadurch würde die derzeitige Kostensituation zementiert, eine Abwägung könnte nicht mehr stattfinden. Das Merkmal der Kostengünstigkeit verlöre jede Relevanz für die Auswahlentscheidung.[842] Die neuere Rechtsprechung des BVerwG will aber den Zugang neuer Bewerber gerade dann offen halten, wenn sie deutlich sparsamer wirtschaften als die bisherigen Plankrankenhäuser. Deshalb dürfen die Planungsbehörden eine Steigerung der Gesamtkosten durch die Aufnahme neuer Krankenhäuser nicht annehmen, vielmehr müssen sie davon ausgehen, dass die Neuaufnahme eines wirtschaftlicheren Krankenhauses in den Plan teurere Planbetten entbehrlich macht.[843]

634

---

[838] *Stollmann,* NZS 2016, 201 (203); s. a. *Bohle,* GesR 2016, 605 (607 f.); Huster/Kaltenborn/*Huster/Harney,* Krankenhausrecht, 2. A., § 7 Rn. 8 ff.
[839] BVerfG, B. v. 12.6.1990 – 1 BvR 355/86, juris, Rn. 88; *Bohmeier,* GuP 2016, 127 (129).
[840] BVerfGE 82, 209, 227; ein Unterschied zum Begriff der „Wirtschaftlichkeit" besteht insoweit nicht – vgl. z. B. *Quaas,* MedR 1995, 56; *Keil-Löw,* Die Kündigung des Versorgungsvertrages (Diss.), 75; *Kies,* Der Versorgungsauftrag des Plankrankenhauses, 51.
[841] *Pant/Prütting,* Krankenhausgesetz Nordrhein-Westfalen, § 13 KHG NW, Rn. 28.
[842] BVerfG, B. v. 4.3.2004 – 1 BvR 88/00 in NJW 2004, 1648 (1649).
[843] BVerfG, B. v. 4.3.2004 – 1 BvR 88/00 – NJW 2004, 1648 (1649); *Lenz,* in: Lenz/Dettling/Kieser, Krankenhausrecht, 35; *Thomae,* Krankenhausplanungsrecht, 98.

635 **f) Auswahlentscheidung. aa) Allgemeines.** Von der – auf der zweiten Stufe – zu treffenden Auswahlentscheidung unter mehreren, nach den vier Qualifikationsmerkmalen des § 1 I. KHG „gleichberechtigten" Bewerbern nach Maßgabe des § 8 II. S. 2 KHG war schon wiederholt die Rede[844] Dazu kommt es, wenn das Bettenangebot in den gemäß diesen Kriterien geeigneten Krankenhäusern den zuvor – auf der ersten Stufe – ermittelten Bettenbedarf übersteigt. Die zuständige Landesbehörde muss dann entscheiden, welches von mehreren Krankenhäusern den Zielen der Krankenhausplanung am besten gerecht wird. Es handelt sich um eine Ermessensentscheidung, die gerichtlich nur eingeschränkt überprüfbar ist. Die gerichtliche Kontrolle der bei gleicher Eignung zu treffenden Auswahlentscheidung hat sich auf die Nachprüfung zu beschränken, ob bei der Entscheidung darüber, welches Krankenhaus den Zielen der Krankenhausplanung des Landes am besten gerecht wird, von einem zutreffenden und vollständig ermittelten Sachverhalt ausgegangen wurde, ob ein sich sowohl im Rahmen des Gesetzes wie auch im Rahmen der Beurteilungsermächtigung haltenden Beurteilungsmaßstab zutreffend angewandt wurde und ob für die Entscheidung keine sachfremden Erwägungen bestimmend gewesen sind[845]. Während dieser – gerichtlich nur eingeschränkte – Prüfungsmaßstab auf eine „Willkürkontrolle" hinauszulaufen scheint, also die Entscheidung nur dann gerichtlich beanstandet würde, wenn sie „außerhalb jeglichen vertretbaren Rechtsempfindens liegt"[846], lehrt die gerichtliche Praxis, dass Anfechtungsklagen von Konkurrenten, die sich gegen die Aufnahmeentscheidung zu Gunsten eines bei der Planungsbehörde erfolgreichen Krankenhauses richten, relativ häufig Erfolg haben.

636 **bb) Fehlerhafte Auswahlentscheidung.** Das hat seinen Grund u. a. darin, dass bei der hinreichenden Ermittlung des Sachverhalts sämtliche in Frage kommenden, bereits in den Krankenhausplan aufgenommenen wie auch sich neu bewerbende Krankenhäuser zu ermitteln und im Hinblick auf die Auswahlkriterien der Bedarfsgerechtigkeit, Leistungsfähigkeit, Wirtschaftlichkeit und Qualität durch entsprechende konkrete Vergleichsdaten in die Auswahlentscheidung einzubeziehen und angemessen zu bewerten sind. Nur so kann eine ordnungsgemäße Auswahlentscheidung getroffen werden, welches Krankenhaus den Zielen der Krankenhausplanung am besten gerecht wird[847]. Ein Ermessensausfall liegt dann vor, wenn die zuständige Behörde überhaupt keine Ermessenserwägungen angestellt hat, die Notwendigkeit einer Auswahlentscheidung nicht für erforderlich hielt oder sonst fehlerhaft von einem Vorrang der in den Krankenhausplan aufgenommenen Krankenhäuser ausgegangen ist[848]. Das gilt auch, wenn pauschal größere Einrichtungen mit einem umfassenderen Leistungsangebot bei der Aufnahme in den Plan bevorzugt werden[849], anstatt, falls nötig, deren Planbetten herauszunehmen. Selbst wenn dies nicht oder nur schwer möglich ist, berührt deren Planaufnahme und die Bestandskraft dieser Entscheidungen als solche nicht die gegenüber dem weiteren Bewerber zu treffende Auswahlentscheidung. Dem Gesetz ist weder ein Verbot der Überversorgung mit Plankrankenhäusern zu entnehmen noch schützt es vorhandene Plankrankenhäuser vor Wettbewerbsnachteilen in Folge der Förderung weiterer Kliniken[850].

---

[844] → § 26 Rn. u. a. 599 f.
[845] St. Rspr., u. a. BVerwG, B. v. 12.2.2007 – 3 B 77/06 – juris Rn. 5; OVG NRW, B. v. 9.2.2016 – 13 B 1165/15 – in KRS 2016/5; OVG Lüneburg, B. v. 28.4.2014 – 13 ME 170/13 –; OVG Hamburg, B. v. 25.11.2013 – 3 Bs 249/13 – u. v. m.; Huster/Kaltenborn/*Stollmann*, Krankenhausrecht 2. A., § 4 Rn. 93.
[846] OVG NRW, B. v. 25.1.2008 – 13 A 2932 und 2933/07; ebenso Huster/Kaltenborn/*Stollmann*, aaO, § 4 Rn. 93.
[847] VGH München, B. v. 31.1.2011 – 21 B 09.3031 – juris Rn. 36; Dettling/Gehrlach/*Würtemberger/ Altschwager*, Krankenhausrecht, § 8 KHG Rn. 46.
[848] VGH München, U. v. 27.10.2010 – 21 BV 082751, juris Rn. 39; OVG Bautzen, U. v. 14.5.2013 – 5 A 820/11 –, DÖV 2013, 860.
[849] OVG Münster, B. v. 25.1.2011 – 13 B 1712/10 – in MedR 2011, 674;
[850] OVG Bautzen, aaO, DÖV 2013, 860.

Darüber hinaus kann es im Rahmen der durch § 8 II 2 KHG gebotenen Auswahlentscheidung fehlerhaft sein, dass es das Land entgegen § 1 II 2 KHG versäumt hat, die Vielfalt der Krankenhausträger zu berücksichtigen. Bei dieser Entscheidung kommt es darauf an, in welchem Verhältnis zueinander in dem betreffenden Versorgungsgebiet öffentliche, freigemeinnützige und private Krankenhäuser in den Landeskrankenhausplan aufgenommen sind.[851] Die strukturelle Besserstellung freigemeinnütziger und privater Krankenhäuser hat – neben der grundrechtlichen und staatskirchenrechtlichen Privilegierung kirchliche Häuser – ihre sachliche Rechtfertigung darin, dass diese Krankenhausträger einen prinzipiellen Wettbewerbsnachteil gegenüber kommunalen und staatlichen Krankenhäusern mit deren nachschussfähigen Trägern haben.[852] Allerdings kann ein privates Krankenhaus unter Berufung auf das Prinzip der Trägervielfalt nicht beanspruchen, allein deshalb in den Krankenhausplan aufgenommen werden zu müssen, weil bisher die Sicherstellung der Krankenhausversorgung nur durch Krankenhäuser in öffentlicher Trägerschaft erfolgte. Ein solcher „unbedingter Vorrang" kommt § 1 II 2 KHG nicht zu.[853]

637

Wird das Prinzip der Trägervielfalt von der Behörde bei der Abwägung vernachlässigt, liegt nach Ansicht des BVerfG ein unverhältnismäßiger Eingriff in die Berufsfreiheit nach Artikel 12 I. GG iVm Artikel 3 I. GG vor[854]. Diese Verfassungsdirektive versucht die Änderung des § 8 II. 2. KHG durch das KHSG (2016) dadurch „zu entschärfen", dass nunmehr bestimmt wird, die Trägervielfalt nur zu berücksichtigen, wenn die Qualität der Leistungen gleichwertig ist (§ 8 II. 2. 2. HS KHG). Welcher Maßstab insoweit von den Gerichten im Rahmen der „Ermessenskontrolle" nach § 8 II. 2. KHG angelegt wird, bleibt abzuwarten. Die Gesetzesänderung zielt auf eine Korrektur der Rechtsprechung, die unter bestimmten Voraussetzungen private und freigemeinnützige Krankenhäuser mit einer geringeren Versorgungsqualität gegenüber einem öffentlichen Krankenhaus als vorrangig einstuft[855]. Wenn allerdings dem Gesichtspunkt der Trägervielfalt – wie das BVerfG betont – Verfassungsrang zukommt, wird sich die Gesetzesänderung nur als klarstellende Gesetzesinterpretation erweisen und die bisherige Rechtsprechung der Verwaltungsgerichte nicht korrigieren können. Ohnehin ist damit nur Selbstverständliches ausgesagt: Ein Krankenhaus, das den Qualitätsvorgaben der Landesplanung, gegebenenfalls auf dem Umweg über die inkorporierten PLAN-QI des G-BA, nicht genügt, gehört sowieso nicht in den Krankenhausplan bzw. muss aus ihm herausgenommen werden (§§ 8 I. a) bis c) KHG). Unter solchen Krankenhäusern findet eine Bewerberauswahl nach Maßgabe des § 8 II. 2. KHG nicht statt. Es kommt dann auch zu keiner Auswahlentscheidung, die an den Vorgaben des § 8 II. 2. 2. HS KHG gemessen wird. Für eine weitergehende Beurteilung der „Qualität der erbrachten Leistungen der Einrichtungen" und ihrer Frage der „Gleichwertigkeit" fehlt es der Planungsbehörde an der notwendigen Sach- und Fachkompetenz. Die Prüfungsbefugnis der Behörde ist auf die „Eignung" des Krankenhauses nach Maßgabe der vier Qualifikationsmerkmale des § 1 I. KHG beschränkt und hat sich im Rahmen des § 8 II. 2. KHG ausschließlich darauf zu erstrecken, welches Krankenhaus den Zielen der Krankenhausplanung des Landes am besten gerecht wird. Weitergehende Anforderungen im Rahmen der Auswahlentscheidung zu be-

638

---

[851] BVerfG, B. v. 4.3.2004 – 1 BvR 88/00, NJW 2004, 1648 = GesR 2004, 296; BVerwG NJW 1987, 2318 (2321); OVG Koblenz, NVwZ-RR 1991, 573; *Quaas,* NZS 1993, 103, 105; dazu auch *Pant/Prütting,* Krankenhausrecht Nordrhein-Westfalen, § 13 KHG NW, Rn. 67 ff. *Rasche-Sutmeier,* GesR 2004, 270, 276 f.

[852] *Lenz,* in: Lenz/Dettling/Kieser, Krankenhausrecht, 38.

[853] Nach BayVGH B. v. 1.8.2002 – 21 CE 02 950 –, AU, 23 ist dem Gesichtspunkt der Trägervielfalt nur eine „Hilfsfunktion zur Findung von angemessenen Lösungen in Grenz- und Zweifelsfällen" zuzumessen; die gegen eine solche Interpretation sprechende Entscheidung des BVerwG vom 14.11.1985 (Buchholz 451.74 § 8 KHG Nr. 8) sei durch die Entscheidung des BVerfG vom 12.6.1990 (BVerfGE 82, 209 = DVBl. 1990, 989) überholt; → § 24 Rn. 70.

[854] BVerfG, GesR 2004, 296 (298 f.).

[855] Vgl. dazu *Stollmann/Herrmanns* NZS 2015, 881 (887) m. w. N.

rücksichtigen, verletzen sowohl das Grundrecht der Berufsfreiheit nach Artikel 12 I GG wie den Gleichheitssatz in Artikel 3 I GG.

639 Bezogen auf die Auswahlentscheidung zwischen mehreren (geeigneten) Krankenhäusern muss auf der 2. Stufe im Detail geprüft und entschieden werden, ob ein auf bestimmte medizinische Schwerpunkte und Krankheitsbilder spezialisiertes Fachkrankenhaus ggf. Allgemeinkrankenhäusern vorzuziehen ist, weil insoweit ein relevanter Bedarf besteht[856] oder ob etwa mit Rücksicht auf eine lokale oder regionale Unterversorgung trotz durchschnittlich landesweiter Bedarfsdeckung Fachkrankenhäuser oder Fachabteilungen mit bestimmten Behandlungszentren (Gefäßzentrum, Bauchzentrum, Schmerzzentrum) vorzuziehen sind.[857] Fehlerhaft ist jedenfalls, wenn im Rahmen der Auswahlentscheidung die Wirtschaftlichkeit einer Klinik im Wesentlichen nur nach ihrem Auslastungsgrad bestimmt wird und nicht auch nach den Kriterien der durchschnittlichen Verweildauer und der Fallkosten.[858]

640 Schließlich kann der Grundsatz der Gleichbehandlung gemäß Art. 3 I GG dazu führen, dass mehrere in gleichem Maße geeignete Krankenhäuser bei notwendigen „Bettenkürzungen" anteilig berücksichtigt werden müssen[859] wie überhaupt Art. 3 I GG – unabhängig von einer Anwendung des § 8 II 2 KHG – eine Gleichbehandlung gleich gelagerter Sachverhalte im Rahmen der krankenhausplanerischen Bedarfsfeststellung durch die Planungsbehörde erzwingen kann.[860] Über Art. 3 I GG in Verbindung mit einer bestimmten Verwaltungspraxis kann daher der – an sich nur verwaltungsintern wirkende – Krankenhausplan Außenwirkung mit der Folge entfalten, dass sich darauf das im Einzelfall betroffene Krankenhaus zu seinen Gunsten berufen kann[861]. Unabhängig davon kommt dem Gleichbehandlungsgebot des Artikel 3 Abs. 1 GG im Rahmen der Auswahlentscheidung nach § 8 II 2 KHG besondere Bedeutung zu. Nur sachliche Gründe lassen eine Ungleichbehandlung (der Bewerber) zu. Als sachgerechte Kriterien, die sich zu Gunsten bestimmter Krankenhäuser ausgewirkt haben, sind in der Rechtsprechungspraxis angesehen worden:

- Regionale Vernetzung mit anderen Leistungserbringern[862];
- Ein umfassendes, sich ergänzendes Versorgungsangebot[863];
- Das Kriterium der Wohnortnähe bzw. ortsnahen Versorgung[864];
- Eine bessere sächliche Ausstattung, entsprechende Zertifizierungen[865];
- Ein sektorenübergreifendes geriatrisches Versorgungsnetzwerk[866];

641 Zu der Aufhebung einer Planungsentscheidung durch ein Gericht kann es auch kommen, wenn die beklagte Planungsbehörde zu Unrecht eine Auswahlentscheidung gemäß § 8 II 2 KHG unterlassen hat. Insoweit kann sich die Planungsbehörde nicht darauf berufen, beste-

---

[856] VGH Baden-Württemberg, U. v. 23.4.2002 – 9 S 2124/00 MedR 2003, 107 (Schwerpunkt Angiologie, Lymphologie).
[857] Vgl. zur Zentrenbildung im Krankenhausrecht *Kuhla*, das Krankenhaus 2007, 952; zum Zusammenhang von Kompetenzzentren, Krankenhausfinanzierung und -planung s. a. *Felix*, GesR 2010, 213; *Buchner/Spiegel/Jäger*, ZMGR 2011, 57 ff.
[858] OVG Berlin-Brandenburg, U. v. 23.3.2006 – 5 B 5.05 – GesR 2007, 32; best. durch BVerwG, B. v. 12.2.2007 – 3 B 77.06.
[859] BVerfGE 72, 38, 54 f.; OVG Koblenz, NVwZ-RR 1991, 573.
[860] OVG Münster, B. v. 8.1.2008 – 13 A 1571/07 – (Gleichbehandlung der um die Ausweisung unfallchirurgischer Betten konkurrierenden Krankenhäuser).
[861] BVerwGE 139, 309; *Becker*/Kingreen, § 108 SGB V Rn. 6.
[862] OVG Thüringen, U. v. 3.11.2016 – 3 KO 578/13.
[863] VG Chemnitz, U. v. 6.12.2016 – 6 K 110/12.
[864] OVG NRW, B. v. 9.2.2016 – 13 B 1165/15 – GesR 2016, 289; VG Düsseldorf, U. v. 21.9.2015 – 21 L 1470/15 – juris.
[865] VG Chemnitz, U. v. 6.12.2016 – 6 K 110/12 – juris.
[866] VG Schleswig, U. v. 6.9.2016 – 1 A 5/15 – juris; zu weiteren – sachgerechten – Auswahlkriterien vgl. *Stollmann*/Hermanns, NZS 2017, 851 (857 f.).

hende Bedarfe seien durch andere planaufgenommene Kliniken bereits gedeckt[867]. Auf das Unterlassen einer – gebotenen – Auswahlentscheidung mit der Folge von deren Rechtswidrigkeit kann sich allerdings im Prozess nur der (unterlegene) Krankenhausträger im Rahmen der von ihm mit dem Ziel der Planaufnahme angestrengten Verpflichtungsklage („in eigener Sache") berufen. Hat die Planungsbehörde – aus welchen Gründen auch immer – von einer Auswahlentscheidung nach § 8 II 2 KHG abgesehen, hilft dem davon benachteiligten Bewerber dieser Einwand im Rahmen einer ggfs. parallel erhobenen Drittanfechtungsklage nicht weiter[868].

4. Rechtsschutzfragen

Bedingt durch die Problematik des rechtlichen Verhältnisses vom Krankenhausplan zum Feststellungsbescheid, der Dauer des Planaufstellungsverfahrens mit ggf. eintretender Änderung des Krankenhausplans, der Komplexität der Krankenhausaufnahmeentscheidung und deren Folgen für davon betroffene Nachbarkrankenhäuser sowie der Eigenart des gerichtlichen Rechtsschutzes gegenüber Krankenhausplanungsentscheidungen stellen sich mitunter schwierige, von der Rechtsprechung nur zum Teil gelöste prozessuale Fragen: 642

a) Rechtsweg und zuständiges Gericht. Nach § 8 I 4 KHG ist gegen den (Feststellungs-) Bescheid der Verwaltungsrechtsweg gegeben. Da sich der zulässige Rechtsweg zu den Verwaltungsgerichten schon aus der Generalklausel des § 40 VwGO herleiten lässt, hat die Regelung insoweit nur klarstellende Funktion. Die Zuständigkeit der Verwaltungsgerichte für Streitigkeiten aus dem Krankenhausfinanzierungsrecht hat eine lange Tradition.[869] Dagegen ist der Sozialrechtsweg gegeben für Streitigkeiten über den Abschluss und die Kündigung von der Versorgungsverträgen mit Vertragskrankenhäusern nach § 108 Nr. 3 SGB V (vgl. § 51 I Nr. 2, 2. HS SGG).[870] 643

Sachlich zuständiges Gericht für eine Klage gegen den Feststellungsbescheid ist das Verwaltungsgericht nach § 45 VwGO, und zwar örtlich das Verwaltungsgericht am Sitz des Klägers (§ 52 Nr. 3, 5 VwGO)[871]. 644

b) Vorverfahren. Bei Anfechtungs- und Verpflichtungsklagen, welche sich gegen die Ablehnung des beantragten Verwaltungsakts richten, ist grundsätzlich das Widerspruchsverfahren durchzuführen (§ 68 VwGO), es sei denn, es ist dies durch Landesgesetz ausgeschlossen (vgl. § 68 I 2 VwGO), so in Niedersachsen[872] oder Baden-Württemberg, wo ein Vorverfahren dann nicht stattfindet, wenn das Regierungspräsidium den Verwaltungsakt erlassen oder diesen abgelehnt hat;[873] dies ist bei dem Erlass von Feststellungsbescheiden nach § 8 I 3 KHG der Fall. 645

c) Klageziel und Klagebegehren des unmittelbar betroffenen Krankenhausträgers. Der Rechtsschutz des von einer Planungsentscheidung der zuständigen Landesbehörde unmittelbar betroffenen Krankenhausträgers richtet sich nach seinem Begehren: Maßgebend ist insoweit der Ausspruch (Tenor) des gegen ihn ergangenen Feststellungsbescheides, der gegen 646

---

[867] VGH Baden-Württemberg, U. v. 16.4.2015 – 10 S 96/13 –; VG Düsseldorf, U. v. 1.7.2016 – 21 K 2483/14 – juris.
[868] VG Aachen, U. v. 11.3.2016 – 7 K 2449/14 – NZS 2016, 587; VGH Baden-Württemberg, U. v. 16.4.2015 – 10 S 100/13 – juris; s. a. *Stollmann/Hermanns*, NZS 2017, 851 (859).
[869] Vgl. BVerwGE 2, 290; 7, 354; u. v. m.; *Kuhla/Voss*, NZS 1999, 216, 222; *Trefz*, Rechtsschutz gegen Schiedsstellenentscheidungen (Diss.), 150; zum Rechtsschutz im Krankenhausplanungsrecht s. *Lenz*, in: Lenz/Dettling/Kieser, Krankenhausrecht, 48 ff.; Huster/Kaltenborn/Stollmann, § 4 Rn. 61 ff.; Ratzel/Luxenburger/*Thomae*, § 30 Rn. 144 ff.; *dies.* Krankenhausplanungsrecht, 139 ff.
[870] *Meyer-Ladewig*, SGG, § 51 Rn. 24; *Quaas*, NJW 1989, 2935.
[871] Oder Sitz des Beklagten – oder dingl. Sitz – VGH BW – UT!
[872] § 8a AGVwGO Nds.
[873] § 6a 1. AGVwGO BW.

ihn in Form eines VA ergangen ist⁸⁷⁴. Dementsprechend ist zwischen der „Anfechtungssituation" (aa) und der „Verpflichtungssituation" (bb) zu unterscheiden. Das hat Auswirkungen auf den maßgeblichen Zeitpunkt für die gerichtliche Entscheidung (cc):

647 **aa) Anfechtungssituation.** (1) Da der Feststellungsbescheid, gegen dessen Inhalt sich der betroffene Krankenhausträger zur Wehr setzen möchte, lediglich die Umsetzung des zu Grunde liegenden Krankenhausplans darstellt⁸⁷⁵, ließe sich zunächst an einen direkten Angriff gegen den Krankenhausplan selbst denken. Das indessen nach der bisherigen verwaltungsgerichtlichen Rechtsprechung prozessual ausgeschlossen. Der Krankenhausplan erlangt selbst keine äußere Verbindlichkeit und ist weder Rechtsnorm noch VA (Allgemeinverfügung), sondern ein bloßes Verwaltungsinternum⁸⁷⁶. Es scheiden deshalb sowohl eine Klage auf Feststellung der Rechtswidrigkeit einzelner Festsetzungen des Krankenhausplans nach § 43 VwGO als auch ein Normkontrollverfahren gemäß § 47 VwGO aus⁸⁷⁷. Allerdings ist nicht ausgeschlossen, dass sich diese Rechtsprechung mit Rücksicht auf den durch das KHSG (2016) geänderten § 6 I. a) 1. KHG ändert. Danach sind die Empfehlungen des G-BA zu den planungsrelevanten Qualitätskriterien, die in Form einer Richtlinie und damit Rechtsnorm (§ 91 VI. SGB V) ergehen, „Bestandteil des Krankenhausplans". Kraft Bundesrechts wird daher der Krankenhausplan in den Bundesländern, die von der Abweichungsmöglichkeit nach § 6a) 2. KHG keinen Gebrauch machen, zumindest in Teilen seines Inhalts mit unmittelbarer Verbindlichkeit gegenüber dem betroffenen Krankenhausträgern ausgestattet. Jedenfalls insoweit ist der Rechtsschutz über ein verwaltungsgerichtliches Normkontrollverfahren (§ 47 VwGO) denkbar⁸⁷⁸. Darüber hinaus kommt als Rechtsschutz gegen die vom G-BA erlassene PLAN-QI – RL die sozialgerichtliche Feststellungsklage bei dem LSG Berlin-Brandenburg gemäß der dazu ergangenen Rechtsprechung des BSG in Betracht⁸⁷⁹.

648 (2) Soweit der Feststellungsbescheid belastende Einzelfestsetzungen enthält, ist der VA im Wege der Anfechtungsklage (§ 42 I. VwGO) angreifbar. Hauptanwendungsfall sind in der Praxis die „Bettenkürzung" bzw. die Herausnahme einer ganzen Abteilung eines Krankenhauses aus dem Krankenhausplan. Insoweit ist von der Zulässigkeit einer Teilanfechtung des Feststellungsbescheides auszugehen⁸⁸⁰. Die teilweise vertretene Auffassung, bei einer nur teilweisen Herausnahme aus dem Krankenhausplan sei eine kombinierte Anfechtungs- und Verpflichtungsklage zu erheben⁸⁸¹, ist abzulehnen. Gegenstand des Rechtsstreits ist insoweit nicht der eine Erweiterung der Rechtsstellung des betroffenen Krankenhauses, sondern die Abwehr eines Eingriffs in eine bestehende Rechtsposition. Das ist die typische Situation der Anfechtungsklage⁸⁸². Das muss erst recht gelten, wenn das (gesamte) Krankenhaus aus dem Krankenhausplan herausgenommen werden soll. Die Anfechtungsklage ist zu richten auf Aufhebung des Bescheides, mit dem die Herausnahme festgestellt worden ist⁸⁸³.

649 (3) Eine Anfechtungsklage des Krankenhausträgers kommt schließlich in Betracht, wenn er sich gegen belastende Nebenbestimmungen des Feststellungsbescheides wehrt. Zieht es die Aufhebung der Nebenbestimmung, etwa die Befristung der Aufnahme des Krankenhauses in

---

⁸⁷⁴ Zur VA-Qualität des Feststellungsbescheides nach § 8 I. 3. KHG siehe oben → § 26 Rn. 579.
⁸⁷⁵ → § 26 Rn. 578 ff.
⁸⁷⁶ → § 26 Rn. 573.
⁸⁷⁷ → § 26 Rn. 573; Huster/Kaltenborn/*Stollmann*, Krankenhausrecht, 2. A. § 4 Rn. 111.
⁸⁷⁸ → § 26 Rn. 558.
⁸⁷⁹ → § 12 Rn. 23 ff.
⁸⁸⁰ Huster/Kaltenborn/*Stollmann*, aaO, § 4 Rn. 121.
⁸⁸¹ OVG Gera, U. v. 30.1.2002 – 1 K 814/98; U. v. 30.4.2003 – 1 K 852/02 –.
⁸⁸² OVG Münster, B. v. 30.10.2007 – 13 A 1570/07 –.
⁸⁸³ BVerwG, DVBl 2000, 1634; OVG Berlin-Brandenburg, U. v. 16.6.1994 – 5 B 5/05 –; VG Minden, U. v. 29.8.2001 – 3 K 249/97 –; VG Arnsberg, U. v. 22.12.2000 – 3 K 5515/96 –; Huster/Kaltenborn/*Stollmann*, aaO, § 4 Rn. 119.

den Krankenhausplan oder die Beiführung von sog. Zertifizierungspflichten beim Betrieb einer stroke unit oder einer Gefäßchirurgie[884]. Die Anfechtungsklage ist dabei insbesondere statthaft, wenn geltend gemacht wird, die einem begünstigenden VA beigefügte Nebenbestimmung finde im Gesetz keine Grundlage. Ob diese Klage zur isolierten Aufhebung der Nebenbestimmung führt oder der jeweilige Feststellungsbescheid nur insgesamt angegriffen werden kann, hängt davon ab, ob der VA ohne die Bestimmung sinnvollerweise und rechtmäßig bestehen bleiben kann. Dies ist allerdings eine Frage der Begründetheit und nicht der Zulässigkeit des Anfechtungsbegehrens, es sei denn, eine isolierte Aufhebung scheidet offenkundig von vorne herein aus[885].

(4) Den Anfechtungsrechtsbehelfen kommt nach § 80 I. VwGO aufschiebende Wirkung zu. Das hat zur Folge, dass das Krankenhaus nach wie vor in dem Umfang im Krankenhausplan enthalten ist, der vor Erlass des angefochtenen Feststellungsbescheides bestand. An den Inhalt dieses (ursprünglichen) Feststellungsbescheides sind die Krankenkassen gebunden. Die theoretische Möglichkeit der Anordnung der sofortigen Vollziehung nach § 80 II. 1. Nr. 4 VwGO – gegen die das betroffene Krankenhaus beim VG den Antrag nach § 80 V VwGO stellen könnte – ist in der Planungspraxis soweit ersichtlich noch nicht vorgekommen. Dringende Gründe für ein Umgehen der Herausnahme des Krankenhauses aus dem Krankenhausplan, eine Bettenkürzung oder den sofortigen Vollzug einer Nebenbestimmung dürften schwerlich zu finden sein[886]. 650

bb) Verpflichtungssituation. (1) Die klassische Klageart im Krankenhausplanungsrecht ist die Verpflichtungsklage (§ 42 I. VwGO). Sie hat zum Ziel, die Planungsbehörde zu verpflichten, das Krankenhaus, eine Fachabteilung oder eine bestimmte (höhere) Bettenzahl in den Krankenhausplan des Landes aufzunehmen. Insoweit kommt die Verpflichtungsklage entweder als Versagungsgegenklage in Betracht, die sich gegen einen, die Planaufnahme versagenden, negativen Feststellungsbescheid richtet und auf Erlass eines (positiven) Feststellungsbescheides nach § 8 I. 3. KHG gerichtet ist. Sie kommt ferner als sog. Untätigkeitsklage in Betracht, die auf Erlass eines unterlassenen Feststellungsbescheides gerichtet ist (§ 42 I., 75 VwGO). Ein klageweise geltend gemachtes Verpflichtungsbegehren enthält als Minus einen Anspruch auf fehlerfreie Ausübung des durch § 8 II. 2. KHG eingeräumten Auswahlermessens bzw. auf sonstige Neubescheidung unter Berücksichtigung der Rechtsauffassung des Gerichts (§§ 42 I., 113 V. 2. VwGO)[887]. 651

(2) Der Regelfall in der Gerichtspraxis in Aufnahmebegehren ist die Klage auf Neubescheidung. Das hat seinen Grund darin, dass ein direkter Aufnahmeanspruch in den Krankenhausplan – ungeachtet der gesetzlichen Regelung, dass ein Anspruch auf Feststellung der Aufnahme in den Krankenhausplan nicht besteht (§ 8 II. 1. KHG) – nach der Rechtsprechung des BVerwG mit Blick auf das Grundrecht der Berufsfreiheit nach Artikel 12 I. GG nur dann in Betracht kommt, wenn das Krankenhaus bedarfsgerecht, leistungsfähig, kostengünstig und „qualitätsgerecht" ist und zur Deckung des zu versorgenden Bedarfs kein anderes ebenfalls geeignetes Krankenhaus zur Verfügung steht. Einen solchen Anspruch prüft die Behörde auf der ersten Entscheidungsstufe. Ist dies – wie regelmäßig – nicht der Fall, weil dem jeweils maßgeblichen – regionalen oder landesweiten – Bedarf ein Überangebot geeigneter Krankenhäuser gegenübersteht, so schließt das Verpflichtungsbegehren – wie ausgeführt – den Anspruch auf eine fehlerfreie Ausübung des der Planungsbehörde durch § 8 II. 2. KHG eingeräumten Auswahlermessens auf der zweiten Entschei- 652

---

[884] Die Zulässigkeit solcher Nebenbestimmungen im Feststellungsbescheid siehe oben § 26 Rn. 588; zur Anfechtung solcher „Zertifizierungspflichten" vgl. VG des Saarlandes, U. v. 31.1.2017 – 2 K 1134/15 – (rkr.).
[885] BVerfGE 112, 221; 81, 185; s. a. 160, 269; VG des Saarlandes, U. v. 31.1.2017 – 2 K 1134/15 –.
[886] Huster/Kaltenborn/*Stollmann*, aaO, § 4 Rn. 120.
[887] Dazu VGH BW, U. v. 16.4.2015 – 10 S 96/13; U. v. 12.2.2013 – 9 S 1968/11 –; OVG Bautzen, U. v. 14.5.2013 – 5 A 820/11 – in DÖV 2013, 860; Huster/Kaltenborn/*Stollmann*, aaO, § 4 Rn. 114.

dungsstufe ein⁸⁸⁸. Insoweit wird das Gericht die Verpflichtung der Planungsbehörde aussprechen, nach Maßgabe der Rechtsauffassung des Gerichts eine Neubescheidung des Antrags vorzunehmen.

653 (3) Aufgrund des unterschiedlichen Prüfungsprogramms auf den beiden Entscheidungsstufen kann es je nach den Umständen des Einzelfalls – vor allem wenn in tatsächlicher Hinsicht Unsicherheiten bezüglich der Bedarfssituation gegeben sind – sinnvoll sein, mit einem Hauptantrag die direkte Aufnahme in den Krankenhausplan und mit einem Hilfsantrag die Bescheidung des zu Unrecht abgelehnten Antrags zu begehren⁸⁸⁹. Mit der Klage auf Neubescheidung lässt sich allerdings nicht erreichen, das Gericht zu einer bestimmten – den Bescheidungsausspruch tragenden – Rechtsauffassung zu zwingen.⁸⁹⁰ Insbesondere kann nicht verlangt werden, dass das Gericht Abwägungsdirektiven für eine erst noch zu treffende Auswahlentscheidung (§ 8 II. 2. KHG) formuliert. Ist eine konkrete Auswahlentscheidung – zu Unrecht – unterblieben, kann es nicht Aufgabe der Verwaltungsgerichte sein, gleichsam „ins Blaue hinein" auf Vorrat detaillierte Vorgaben für künftig zu treffende Verwaltungsentscheidungen zu machen. Das widerspricht der grundgesetzlich vorgegebenen Gewaltenteilung, nach der die Verwaltungsgerichte die Entscheidungen der Verwaltung nachvollziehend zu kontrollieren und nicht selbst zu treffen haben. Rechtliche Aussagen können aus diesem Grund lediglich lehrbuchartig in der Form von obiter dicta getroffen werden, die aber keine Bindungswirkung im Sinne des § 113 V. 2. VwGO entfalten⁸⁹¹

654 (4) Ein weiteres Hindernis für den Erfolg der Verpflichtungsklage konnte nach früherer Rechtsprechung des BVerwG darin bestehen, dass der Krankenhausplan, in den das Krankenhaus seine Aufnahme beantragt hatte, zwischenzeitlich, d. h. im Verlauf des Klagverfahrens ersetzt und der ursprüngliche Krankenhausplan aufgehoben wurde. Darin erblickte die Rechtsprechung eine Erledigung der Hauptsache mit der Folge, dass das Krankenhaus nunmehr seinen ursprünglich gestellten Verpflichtungsantrag in einen Fortsetzungsfeststellungsantrag umstellen musste.⁸⁹² Der jetzt vom BVerwG für richtig gehaltene Weg ist kürzer und praxisnah: Das Begehren des Krankenhauses, in den Krankenhausplan eines Landes aufgenommen zu werden, bezieht sich nicht auf einen bestimmten Krankenhausplan, sondern auf die Planaufnahme „als solche". Es erledigt sich deshalb nicht, wenn der bisherige Krankenhausplan durch einen neuen abgelöst wird.⁸⁹³

655 **cc) Maßgebender gerichtlicher Zeitpunkt.** (1) Der für die Beurteilung der Rechtmäßigkeit des angegriffenen Feststellungsbescheids (gerichtlich) maßgebliche Beurteilungszeitpunkt ist bei Anfechtungsklagen der Zeitpunkt der letzten Behördenentscheidung (ggfs. der Erlass des Widerspruchsbescheids). Da das KHG keine andere materielle Regelung enthält, gilt dies für alle im Krankenhausplanungsrecht denkbaren Anfechtungsklagen (Ablehnung, Herausnahme und Teilherausnahme aus dem Krankenhausplan).⁸⁹⁴

656 (2) Schwieriger ist der maßgebliche Zeitpunkt für die Verpflichtungsklage auf Aufnahme in den Krankenhausplan zu bestimmen. Insoweit ist nach gesicherter Rechtsprechung für die gerichtliche Überprüfung eines die Aufnahme ablehnenden Bescheides grundsätzlich die

---

⁸⁸⁸ BVerwG, U. v. 14.4.2011 – 3 C 17/10 – DVBl 2011, 895 (Rn. 33); VGH BW, U. v. 12.2.2013 – 9 S 1968/11 – juris.
⁸⁸⁹ OVG Schleswig, NVWZ-RR 2005, 483 (484); Huster/Kaltenborn/*Stollmann*, aaO, § 4 Rn. 114.
⁸⁹⁰ BVerwG, U. v. 26.4.2018 – 3 C 11.16 – juris.
⁸⁹¹ OVG Lüneburg, B. v. 2.7.2015 – 13 LA 10/15 -, BA S. 6 f. unter Verweis auf Kopp/Schenke, VwGO, 20. Aufl. § 113 Rn. 215.
⁸⁹² BVerwG, U. v. 16.1.1986, NVwZ 1986, 561; BVerwGE 72, 38; OVG Weimar, U. v. 25.9.2006 – 2 KO 73/05; *Lenz*, in: Lenz/Dettling/Kieser, Krankenhausrecht, 55; *Möller*, VSSR 2007, 263 (283 f.); *Thomae*, Krankenhausplanungsrecht, 147.
⁸⁹³ BVerwG, U. v. 14.4.2011 – 3 C 17.10 – DVBl. 2011, 895 (Rn. 11).
⁸⁹⁴ Zum Entscheidungszeitpunkt bei Anfechtungsklagen generell siehe *Rieger*, in: Quaas/Zuck (Hrsg.), Prozesse in Verwaltungssachen, 2. Aufl., 2011, § 3 Rn. 490 ff.; 2008, § 3 Rn. 492.

§ 26 Grundzüge des Rechts der Krankenhausfinanzierung

Sach- und Rechtslage im Zeitpunkt der letzten mündlichen Verhandlung maßgebend[895]. Veränderungen der tatsächlichen oder rechtlichen Verhältnisse sind danach bis zum Zeitpunkt der letzten mündlichen Verhandlung zu Gunsten oder zu Lasten des klagenden Krankenhauses grundsätzlich zu berücksichtigen. Wird jedoch – was möglich ist[896] – die Aufnahme in den Krankenhausplan mit Rückwirkung für die Vergangenheit begehrt, hat das Verwaltungsgericht auch zu prüfen, ob dem Kläger bereits für diesen Zeitraum ein entsprechender Aufnahmeanspruch zustand[897]. Die Voraussetzungen für ein Anspruch auf Feststellung der Aufnahme oder Neubescheidung sind auch dann erfüllt, wenn der Krankenhausträger zwar im Zeitpunkt der Entscheidung der Behörde (noch) keinen Anspruch auf Feststellung der Aufnahme hatte, jedoch einen solchen Anspruch danach in Folge einer zwischenzeitlichen Veränderung der tatsächlichen oder rechtlichen Verhältnisse erlangt hat.[898]

(3) Im Übrigen lehnt es die vorherrschende Meinung in der Rechtsprechung ab, aus Gründen der Gewährung effektiven Rechtsschutzes den maßgeblichen Zeitpunkt der gerichtlichen Überprüfung auf die letzte Behördenentscheidung zu verlagern[899]. Nach dieser Auffassung kann die Chancengleichheit etwaiger Konkurrenten auch auf anderem Wege gewahrt werden. Die Planposition eines Krankenhauses sei kein unentziehbarer Besitzstand, sondern stehe unter dem Vorbehalt fortlaufender Überprüfung. Das Hinzutreten weiterer Bewerber führe mithin trotz längerer Verfahrensdauer nicht zu einer Verschlechterung der Rechtsposition des ursprünglichen Bewerbers, da dieser selbst im Fall seiner Planaufnahme beim Auftreten eines Neubewerbers rechtlich und auch wirtschaftlich nicht auf den Fortbestand dieser Position vertrauen könne.[900]

657

(einstweilen frei)

658

d) Rechtsschutz konkurrierender Krankenhausträger. aa) Klagebefugnis Dritter (Schutznormtheorie). Aus § 8 I 4 KHG kann nicht gefolgert werden, dass immer dann, wenn nach Abschluss des behördlichen Aufnahmeverfahrens ein Bescheid erteilt wurde, jedermann dagegen verwaltungsgerichtlichen Rechtsschutz in Anspruch nehmen könnte. Die Bestimmung erschöpft sich in einer (klarstellenden) Regelung des Rechtswegs. Der Rechtsschutz gegen den Bescheid im Übrigen richtet sich nach dem durch die VwGO vorgegebenen Rechtsschutzsystem. Dies bedeutet, dass nach § 42 I VwGO die Aufhebung des Bescheides oder dessen Erteilung nur von demjenigen verlangt werden kann, der geltend macht, dadurch in seinen Rechten verletzt zu sein.

659

Dies ist unzweifelhaft der Krankenhausträger, an den der (positive oder negative) Feststellungsbescheid gerichtet wurde (Adressatentheorie).[901] Schwierig zu beurteilen ist dagegen die Klagebefugnis Dritter. Nach ständiger Rechtsprechung muss der Kläger insoweit Tatsachen vorbringen, die es als möglich erscheinen lassen, dass er durch den Verwaltungsakt zu Gunsten des Dritten (Krankenhauses) in seinen eigenen Rechten verletzt ist.[902] Als Rechte, deren Verletzung geltend gemacht werden können, kommen nur subjektive Rechte in Be-

660

---

[895] BVerwG, U. v. 16.1.1986 – 3 C 37/83 – juris Rn. 48; OVG Münster, U. v. 19.8.2014 – 13 A 1725/14 –; OVG Saarlouis, B. v. 12.2.2014 – 1 A 287/14 – in NZS 2015, 344; VGH BW, U. v. 12.2.2013 – 9 S 1986/11 – juris.
[896] OVG Bautzen, U. v. 14.5.2013 – 5 A 820/11 – juris Rn. 39 ff.; a. A. wohl BVerwG, U. v. 26.4.2018 – 3 C 11.16 – juris.
[897] VGH BW, U. v. 16.4.2015 – 10 S 96/13 – juris.
[898] BVerwG, U. v. 26.4.2018 – 3 C 11.16 – juris; OVG Lüneburg, B. v. 2.7.2015- 13 LA 10/15 –; VG Meiningen, U. v. 25.6.2013 – 2 K 251/11 Me – in ThürVBl 2014, 97; Huster/Kaltenborn/Stollmann, Krankenhausrecht, 2. A. § 4 Rn. 114 in Fn. 296.
[899] VGH BW, U. v. 16.4.2015 – 10 S 96/13 – juris; OVG Lüneburg, B. v. 2.7.2015 – 13 LA 10/15 – juris; aA für die Drittanfechtungssituation: OVG NRW, U. v. 5.10.2010 – 13 A 2071/09 – juris, Rn. 63.
[900] OVG Lüneburg, B. v. 2.7.2015 – 13 LA 10/15 –.
[901] BVerwG NJW 1988, 2752 (5753); *Lenz,* in: Lenz/Dettling/Kieser, Krankenhausrecht, 49; *Stollmann,* NZS 2003, 346.
[902] U. a. BVerwGE 44, 1 (3); 60, 154 (157 f.).

tracht; wirtschaftliche Interessen oder eine lediglich (mittelbar) faktische Betroffenheit auf Grund der Reflexwirkung einer Rechtsnorm genügen nicht. Erforderlich ist vielmehr, dass die Rechtsnorm, deren Verletzung geltend gemacht wird, neben öffentlichen Interessen zumindest auch dem Schutz von Individualinteressen zu dienen bestimmt ist (Schutznormtheorie).[903] Drittschutz vermitteln nur solche Vorschriften, die nach dem in ihnen enthaltenen, durch Auslegung zu ermittelnden Entscheidungsprogramm auch der Rücksichtnahme auf Interessen eines individualisierbaren, d. h. sich von der Allgemeinheit unterscheidenden Personenkreises dienen.[904]

661   bb) **Krankenhausrechtliche Konkurrentenklage.** Die krankenhausrechtliche Konkurrentenklage[905] ist ein relativ junger Spross aus dem Bund der allgemeinen öffentlich-rechtlichen Abwehrklage, die zuvor vor allem aus dem Beamtenrecht bekannt war[906] und – bezogen auf das Krankenhaus – ihre Entstehung dem Beschluss des BVerfG vom 14.1.2004[907] verdankt.[908] Bis zu diesem Zeitpunkt[909] wurde eine Konkurrenzsituation zwischen zwei oder mehreren Krankenhäusern, die ein solches Klagerecht begründen könnte, nicht angenommen. Vielmehr blieb, wenn sich zwei Krankenhäuser um die Aufnahme ihres Hauses in den Krankenhausplan beworben haben und aus Gründen des begrenzten Bedarfs nur eines der beiden Häuser mit seinem Antrag Berücksichtigung finden konnte, dem unterlegenen Krankenhaus lediglich der Rechtsschutz gegen den eigenen (ablehnenden) Feststellungsbescheid. Nicht selten musste eine solche Klage bereits deshalb scheitern, weil der Bedarf zwischenzeitlich durch das aufgenommene Krankenhaus gedeckt war.[910] Entsprechende Versuche, die Verhinderung der Planaufnahme von konkurrierenden Krankenhäusern im Wege des vorbeugenden Rechtsschutzes zu erreichen, blieben ebenfalls erfolglos.[911]

662   **(1) Feststellungsbescheid als VA mit Doppelwirkung?** Entscheidend für die Zulässigkeit der krankenhausrechtlichen Konkurrentenklage ist die (Vor-)Frage, ob es sich bei dem Feststellungsbescheid nach § 8 I 3 KHG um einen sog. VA mit Doppelwirkung handelt (vgl. § 80 I 2, § 80a I, II VwGO).[912] Er ist durch seine Mehrseitigkeit gekennzeichnet, die darin besteht, dass die in ihm enthaltene Regelung den Adressaten begünstigt und einen Dritten belastet. Die drittbelastende Doppelwirkung muss nach der Schutznormtheorie aus der jeweils den Dritten in seinen Rechten schützenden Rechtsnorm hervorgehen.[913]

---

[903] BVerwGE 3, 362; 72, 226 (229 f.); 80, 259 (260); *Bosch/Schmidt*, Praktische Einführung in das verwaltungsgerichtliche Verfahren, 122 ff.; *Hüttenbrink*, in: Kuhla/Hüttenbrink, Der Verwaltungsprozess, D Rn. 65 m. w. N.

[904] BVerwG, st. Rspr u. a. U. v. 3.8.2000 – 3 C 30/99 – NJW 01, 901ff, allg. dazu *Sennekamp*, in: Quaas/Zuck, (Hrsg.) Prozesse in Verwaltungssachen, 2. Auflage – 2011- § 3, Rn. 134ff, 143 ff.

[905] Dazu grundsätzlich *Szabados*, Krankenhäuser als Leistungserbringer in der gesetzlichen Krankenversicherung (Diss.) 2009, 147 ff.; zum vorläufigen Rechtsschutz → Rn. 506.

[906] Einzelheiten bei *Kuhla*, in: Kuhla/Hüttenbrink, der Verwaltungsprozess, 2002, K 206 ff.; *Sennekamp*, in: Quaas/Zuck, (Hrsg.), Prozesse in Verwaltungssachen, 2. Aufl. 2011, § 3 Rn. 82 m. zr. w. Nw.

[907] BVerfG, B. v. 14.1.2004 – 1 BvR 06/03 in GesR 2004, 85 = NZS 2004, 99.

[908] Zur Konkurrentenklage im Vertragsarztrecht siehe BVerfG, B. v. 17.8.2004 – 1 BvR 378/00 – NJW 2005, 273; grundlegend BSG, U. v. 7.2.2007 – B 6 KA 8/06 R – MedR 2007, 499; dazu *Steinhilper*, MedR 2007, 469ff; sowie zu § 116b SGB V a. F. BSG, U. v. 15.3.2012 – B 3 KR 13/11 R – sowie allg. zum Konkurrentenrechtsschutz im Gesundheitsdienstleistungsrecht *Baumeister/Budroweit*, WiVerw 2006, 1 ff.; *Klöck*, NZS 2010, 358 ff.

[909] Zur Rechtslage vor dem B. v. 14.1.2004 siehe *Lenz*, in: Lenz/Dettling/Kieser, Krankenhausrecht, 57 f.; *Stollmann*, NZS 2003, 346ff; *Thomae*, Krankenhausplanungsrecht, S. 149 ff.

[910] So die Fallkonstellation der Entscheidung des OVG Münster, B. v. 12.2.2003 – 13 B 2513/02, die vom Bundesverfassungsgericht mit B. v. 14.1.2004 – 1 BvR 506/03 – NVwZ 2004, 718 aufgehoben wurde.

[911] OVG Münster, B. v. 18.7.2002 – 13 B 1186/02 – in NVwZ 2003, 630; VGH Baden-Württemberg, B. v. 20.11.2001 – 9 S 1572/01 – NVwZ-RR 2002, 507.

[912] Vgl. dazu u. a. *Klöck*, NZS 2010, 358 (360 f.); *Stillhorn*, ZMGR 2009, 237.

[913] Zum VA mit Doppelwirkung vgl. allg. *Sennekamp*, in: Quaas/Zuck, (Hrsg.), Prozesse in Verwaltungssachen, 2. Aufl. 2011, § 3 Rn. 138 ff.

Das BVerfG hat in seinem Beschluss vom 14.1.2004,[914] dem eine sog. aktive Konkurrenten- 663
klage zu Grunde lag, deutlich gemacht, dass dem im Streit um die Aufnahme in den Krankenhausplan unterlegenen Bewerber der Weg der Drittanfechtung nicht ausgeschlossen werden könne. Indirekt hat damit das BVerfG das Vorliegen eines VA mit Drittwirkung bejaht. Auf die Frage der Schutzwirkung des § 8 II 2 KHG ist das BVerfG allerdings nicht eingegangen. Eine solche hat es auch nicht aus den hier betroffenen Grundrechten des (freigemeinnützigen) Krankenhausträgers abgeleitet. Die besondere Grundrechtsbetroffenheit der (unterlegenen) Klägerin, die mit der Aufnahme des (städtischen) Krankenhauses in den Krankenhausplan verbunden sei, mache es vielmehr erforderlich, ihr zeitnahen Rechtsschutz zu eröffnen. Dafür komme „in erster Linie" der Weg der Drittanfechtung in Betracht. Zu der Frage der drittbelastenden Wirkung des Feststellungsbescheids führt das Gericht aus, die Aufnahme eines von zwei konkurrierenden Krankenhäusern in den Krankenhausplan stelle implizit immer auch eine Entscheidung gegen das andere Krankenhaus dar. Daraus folgt, dass nach Auffassung des BVerfG im Fall der aktiven Konkurrentenklage Drittrechtsschutz unter dem Gesichtspunkt der Grundrechtsbetroffenheit des (freigemeinnützigen) Krankenhausträgers im Hinblick auf Art. 19 IV GG zu gewähren ist. Nicht entschieden wurde der Rechtsschutz des Krankenhausträgers, der sich (lediglich) auf die Abwehr der Aufnahme des bei der Planungsbehörde erfolgreichen Krankenhauses beschränkt (sog. defensive Konkurrentenklage). Ebenso wenig äußert sich das BVerfG zu weiteren Zulässigkeitsvoraussetzungen des vorläufigen und des Hauptsacherechtsschutzes im Konkurrentenstreit.

(2) **Offensive (Aktive) Konkurrentenklage.** (2a) Die offensive (oder auch aktive) Konkurrentenklage[915] ist dadurch gekennzeichnet, dass das Begehren einer eigenen Begünstigung mit der Verdrängung eines oder mehrerer Konkurrenten verbunden wird und damit „steht und fällt". Es streiten sich mehrere Bewerber um die Zuerkennung ein und derselben Berechtigung.[916] Der Kläger will erreichen, dass er selbst die Begünstigung erlangt und muss dazu verhindern, dass der Dritte sie erhält. Prozessual setzt dies die (erfolgreiche) Kombination von Anfechtungs- und Verpflichtungsklage voraus.[917]

(2b) Für die Klagebefugnis des „aktiv" angreifenden Konkurrenten ist nach § 42 II VwGO 665
erforderlich, dass er geltend macht, die dem Dritten erteilte Begünstigung verstoße gegen eine seinen Schutz bezweckende Norm. Von dem fraglos einschlägigen Art. 3 Abs. 1 GG abgesehen[918] kommt dafür – bezogen auf das Krankenhausplanungsrecht – allein § 8 II 2 KHG in Betracht. Nachdem die obergerichtliche Rechtsprechung dieser Bestimmung ursprünglich eine solche Schutzwirkung abgesprochen hatte,[919] haben die Verwaltungsgerichte jedenfalls für die aktive Konkurrentenklage – unter dem Eindruck der Entscheidung des BVerfG vom

---

[914] BVerfG, B. v. 14.1.2004 – 1 BvR 506/03 in NVwZ 2004, 718 = GesR 2004, 85 f.
[915] Die Terminologie im Konkurrentenrechtsstreit ist nicht einheitlich. Die häufig verwendeten Gegensatzpaare „defensive/offensive" oder „negative/positive" Konkurrentenklage leiden unter ihrer recht diffusen und inhaltlich begrenzten Aussagekraft. Die krankenhausrechtliche Literatur – und ihr folgend Teile der Rechtsprechung – verwenden zunehmend das Begriffspaar „aktive/defensive" Konkurrentenklage, dem auch hier gefolgt wird. Dabei wird unter der aktiven Konkurrentenklage die verdrängende und unter der defensiven Konkurrentenklage die abwehrende Konkurrentenklage verstanden, vgl. zu dieser Terminologie (unter Hinzufügung der dritten – hier unproblematischen – Fallgruppe der „Konkurrentengleichstellung") *Wahl/Schütz*, in: Schoch/Schmidt-Aßmann/Pietzner (Hrsg.), VwGO, § 42 Abs. 2 Rn. 288 ff.; *Baumeister/Budroweit*, WiVerw 2006, 1, 3 ff.
[916] Vgl. *Clemens*, Aktuelle Rechtsfragen des Krankenversicherungsrecht ein Jahr nach Inkrafttreten der Gesundheitsreform, Deutsches Anwaltsinstitut e. V. (DAI), Manuskript 30.1.2008, 13 („Mitbewerberklage).
[917] *Wahl/Schütz*, aaO, § 42 Abs. 2 Rn. 289; *Baumeister/Budroweit*, WiVerw 2006, 1, 4.
[918] BVerfGE 116, 135 (153 ff.); *Clemens*, aaO; die Anfechtungsbefugnis folgt allerdings nicht aus den Freiheitsgrundrechten, insbesondere Art. 12 GG, weil diese in der bestehenden Wirtschaftsordnung keinen Schutz vor Konkurrenz gewähren – BVerfGE 94, 372 (395); 116, 135, 151 f; MedR 2004, 680 (681).
[919] Vgl. OVG Münster, U. v. 18.7.2002 – 13 BF 86/02 – NVwZ 2003, 630; VGH Baden-Württemberg, B. v. 6.11.2001 – 9 S 772/01 – NVwZ-RR 2002, 504; 20.11.2001 – 9 S 1572/01 – ESVGH 52, 137.

14.1.2004[920] – eine Kehrtwende vollzogen: Das OVG Münster unterstellte zunächst die aus § 8 II 2 KHG abzuleitende Klagebefugnis „aus Gründen der Rechtseinheitlichkeit und der Rechtssicherheit" im Hinblick auf die Entscheidung des BVerfG.[921] Sofern es sich um dasselbe Fachgebiet und denselben räumlichen Versorgungsbereich handele, könne jedenfalls das zur Versorgung bereit gewesene, aber übergangene Krankenhaus geltend machen, in seinem Anspruch auf eine „ermessensfehlerfreie Auswahl unter mehreren insoweit gleich qualifizierten Krankenhäusern" nach § 8 II 2 KHG möglicherweise verletzt zu sein.[922] Dies setzt allerdings voraus, dass der unterlegene Konkurrent ein entsprechendes Planaufnahmebegehren bei der Behörde geltend gemacht hat[923] und damit für die zuständige Planungsbehörde überhaupt ein Auswahlermessen nach § 8 II 2 KHG eröffnet war.. Die krankenhausrechtliche Klagebefugnis – das gilt für die offensive wie für die defensive Konkurrentenklage – kann sich – von einer Grundrechtsbetroffenheit aus Art. 3 I GG abgesehen – allein aus der Schutzwirkung des § 8 II 2 KHG ergeben. Soweit diese Bestimmung unter dem Gesichtspunkt der Auswahlentscheidung drittschützend ist, begründet sie zugleich die Klagebefugnis zu Gunsten des von der Behörde übergangenen, nunmehr selbst die Planaufnahme erstrebenden Klägers. Das ist die „klassische" Fallkonstellation der krankenhausrechtlichen Drittanfechtungsklage, in der ein Krankenhausträger in einem Auswahlverfahren unterliegt und deshalb klagebefugt ist, weil sein aus § 8 II 2 KHG abgeleiteter Anspruch auf eine ermessensfehlerfreie Auswahlentscheidung möglicherweise verletzt ist[924].

666 (2c) Voraussetzung ist jedoch dabei, dass der Kläger für sich selbst eine Planaufnahme erstreiten und nicht lediglich – wie bei der defensiven Konkurrentenklage – die (teilweise) Planherausnahme des begünstigten Dritten erreichen will. Der Krankenhausträger muss sich also an dem Auswahlverfahren beteiligt, also gegebenenfalls nicht erst nachträglich, insbesondere nach Abschluss des Auswahlverfahrens seinen eigenen Anspruch auf Planaufnahme geltend gemacht haben..Vorausgesetzt ist – mit anderen Worten –, dass von der Planungsbehörde überhaupt eine Auswahlentscheidung getroffen wurde[925]. Nach einem obiter dictum des BVerwG in dem grundlegenden Urteil vom 25.9.2008[926] ist die Klage „vollends unzulässig, wenn es an einer Auswahlentscheidung zwischen den Versorgungsangeboten noch fehlt". Das Wesen. einer Auswahlentscheidung – so das BVerwG weiter – liege darin, dass der eine begünstigt und der andere im Gegenzug zurückgesetzt werde. Die Zurücksetzung des benachteiligten Krankenhauses müsse gerade im Hinblick auf die Begünstigung des in den Plan aufgenommenen Krankenhauses erfolgt sein. Daran fehle es, wenn sich die behördliche Entscheidung in der Begünstigung des aufgenommenen Krankenhauses erschöpft[927]. Notwendige Voraussetzung für die Statthaftigkeit einer Drittanfechtungsklage ist deshalb, dass die Behörde eine einheitliche Auswahlentscheidung zwischen mehreren Krankenhausträgern

---

[920] BVerfG, 14.1.2004, 1 BvR 506/03 – NVwZ 2004, 718 = GesR 2004, 85 f.
[921] OVG Münster, B. v. 25.11.2005 – 13 B 1626/05 – NVwZ 2006, 481; – 13 B 1599/05 – GesR 2006, 86.
[922] OVG Münster, U. v. 30.10.2007 – 13 A 1569/07; so auch VGH Mannheim, B. v. 20.12.2004 – 9 S 2530/04 – (juris); dies gilt allerdings nicht für eine in den Krankenhausplan aufgenommene Universitätsklinik: als nicht nach dem KHG geförderte Einrichtung, deren Bettenbedarf der Planung des Landes vorgegeben ist, kann sie sich grundsätzlich nicht auf eine fehlerhafte Auswahlentscheidung nach § 8 II 2 KHG berufen – so VG Köln, U. v. 15.4.2008 – 7 K 3870/06 – GesR 2008, 323; krit. dazu zu Recht Huster/Kaltenborn/*Stollmann*,Krankenhausrecht, 2. A., § 4 Rn. 130 in Fn. 345.
[923] OVG NRW, U. v. 20.5.2009 – 13 A 2002/07 – GesR 2009, 417.
[924] BVerwG, U. v. 25.9.2008 – 3 C 35/07 – BVerwGE 132, 64 (Rz. 16); VGH BW, U. v. 16.4.2015 – 10 S 100/13 – juris (Rz. 32), u. v. m.
[925] Vgl. Nds. OVG, U. v.10.12.2013 – 13 ME 168/13 – KRS 13.067; VG Düsseldorf, U. v.1.7.2016 – 21 K 2483/14 – juris; *Stollmann/Herrmanns* NZS 2017, 851 (859 f.).
[926] BVerwG, U. v. 25.9.2008 – 3 C 35/07 – BverwGE 132, 64 (Rn. 15).
[927] BVerwG, aaO, Rn. 24; ebenso OVG Lüneburg, B. v. 10.12.2013 – 13 ME 168/13 – juris Rn. 12; B. v. 18.11.2015 – 13 ME 116/15 –; sowie Gerichtsbescheid des VG Oldenburg vom 3.11.2014 – 7 A 4684/13 –.

trifft, mithin einen Krankenhausträger aufgrund eines Leistungsvergleichs begünstigt und den anderen zurücksetzt[928].

(2d) Allerdings hat das BVerwG in seinem grundlegenden Urteil vom 25.9.2008 seine Aussage, dass die Klage „vollends unzulässig (ist), wenn es an einer Auswahlentscheidung noch fehlt" in einer späteren Passage wie folgt relativiert: „Das schließt nicht aus, dass es in besonderen Lagen einmal als fehlerhaft erscheinen mag, eine Auswahlentscheidung zu unterlassen. Unter welchen Umständen eine solche Lage anzunehmen ist, bedarf hier keiner Vertiefung". Dem lässt sich entnehmen, dass ein Krankenhaus, dessen Antrag auf Aufnahme mit bestimmten Planbetten in den Krankenhausplan des Landes übergangen worden ist, obwohl dieser Antrag auf den gleichen Bedarf zielt, zu dessen Befriedigung ein anderes benachbartes Krankenhaus mit Planbetten der gleichen Fachrichtung in den Krankenhausplan des Landes aufgenommen wurde, ohne dass eine Auswahlentscheidung zwischen den konkurrierenden Bewerbungenstattfand, unter bestimmten Voraussetzungen gleichwohl die Befugnis einer Anfechtungsklage gemäß § 42 II VwGO gegen den begünstigenden Bescheid an das benachbarte Krankenhaus haben kann. Grundsätzlich besteht zwar nach der Rechtsprechung der Verwaltungsgerichte kein, gar grundrechtlich gesicherter Anspruch auf eine (rechtmäßige) Auswahlentscheidung[929]. Aus der – drittschützenden – Norm des § 8 II. 2. KHG lässt sich gleichwohl folgern, dass ein planbetroffener Krankenhausträger, solange das Auswahlverfahren noch nicht durch Zustellung des die Planaufnahme bestätigenden Feststellungsbescheides abgeschlossen ist, in eine Auswahlentscheidung einbezogen werden muss. Andernfalls hätte es die Behörde in der Hand, den Krankenhausträger, der bei fehlerhafter Auswahlentscheidung aufgrund der besonderen Umstände des Einzelfalls zur Anfechtungsklage gegen den Drittbescheid befugt wäre, von dieser Rechtsschutzmöglichkeit abzuschneiden, indem sie im Außenverhältnis eine Auswahlentscheidung nicht trifft und lediglich den begünstigenden Feststellungsbescheid für den Dritten erlässt[930]. 667

(3) Defensive (Passive) Konkurrentenklage. (3a) Allgemeines. Die defensive (oder passive) Konkurrentenklage ist auf die Beibehaltung bestehender Marktbedingungen und auf die Abwehr eines neu hinzukommenden Konkurrenten gerichtet. Im Gegensatz zu dem Verlangen einer Verdrängung des Konkurrenten bei gleichzeitiger eigener Begünstigung zielt der Abwehranspruch nicht auf die Erlangung eines eigenen, bisher nicht erreichten Rechts bzw. einer eigenen Rechtsposition. Das Konkurrentenabwehrbegehren ist ausschließlich auf das hoheitliche Unterlassen der Begünstigung eines Konkurrenten oder auf die Beseitigung einer bereits erfolgten hoheitlichen Begünstigung ausgerichtet.[931] Im Krankenhausplanungsrecht ist der Konkurrent regelmäßig das bereits in den Krankenhausplan aufgenommene Krankenhaus. Es wendet sich gegen die Planaufnahme des Neubewerbers bzw. eine entsprechende Bettenmehrung, Fallzahlerhöhung, Abteilungsvergrößerung etc. 668

(3b) Grundrechte. Die defensive Konkurrentenklage kann nicht auf Grundrechte gestützt werden, auch nicht auf den Gleichheitssatz des Art. 3 I GG.[932] Weil die Rechtsordnung für die Prinzipien der Marktwirtschaft freien Raum lässt und dementsprechend keinen Schutz vor Konkurrenz bzw. auf Fernhaltung eines Konkurrenten – auch nicht mit Rücksicht auf eine mögliche Ungleichbehandlung – gewährt,[933] kann sich eine Befugnis zur Abwehr eines Konkurrenten deshalb nur aus den einschlägigen einfach-rechtlichen Regelungen ergeben. 669

---

[928] VGH BW, U. v. 16.4.2015 – 10 S 100/13 – juris (Rn. 32).
[929] VGH BW, U. v. 16.4.2015 – 10 S 100/13 – juris (Rn. 32); B. v. 20.11.2001 – 9 S 1572/01 – in NVwZ-RR 2002, 507; OVG Lüneburg, B. v. 18.11.2015 – 13 ME 116/15 –.
[930] VG Oldenburg, GB vom 3.11.2014 – 7 A 4684/13 –, S. 9 mit weiteren Erwägungen zum Drittschutz.
[931] *Baumeister/Budroweit*, WiVerw 2006, 1 (4).
[932] AA OVG Münster, B. v. 8.1.2008 – 13 A 1572/07, allerdings ohne Begründung.
[933] BSG, B. v. 7.2.2007 – B 6 KA 8/06 R – MedR. 2007, 499 u. Hw. auf BVerfGE 106, 275 (299); 110, 274 (288); 115, 205 (229); 116, 135.

Überdies kommt eine Anfechtungsbefugnis nur in Ausnahmefällen, und zwar nur dann in Betracht, wenn sich die Rechtseinräumung an den Konkurrenten auf Bestimmungen stützt, denen ein Gebot der Rücksichtnahme auf die Interessen der schon im System tätigen Marktteilnehmer zu Grunde liegt. Für das Krankenhausplanungsrecht kommt insoweit als drittschützende Bestimmung nur die Vorschrift des § 8 II 2 KHG in Betracht.[934] Nach Auffassung des VGH BW ist für die (einfach-rechtliche) Klagebefugnis aus § 8 II 2 KHG insoweit zwischen drei Fallkonstellationen zu unterscheiden:[935]

670 **(3ba) Zusatzbedarf.** Beruht die Neuaufnahme des dasselbe Fachgebiet und denselben Versorgungsbereich betreffenden Krankenhauses auf Grund eines durch die bisher ausgewiesenen Planbetten nicht gedeckten Versorgungsbedarfs an Planbetten (Zusatzbedarf), kommt eine Rechtsverletzung des „belasteten" Krankenhauses von vornherein nicht in Betracht. Insoweit gelten die zur aktiven Konkurrentenklage entwickelten Grundsätze.[936]

671 **(3bb) Fiktiver Bedarf.** Davon zu unterscheiden ist die – regelmäßig in der Praxis gegebene – Situation, dass die Aufnahme des Neubewerbers auf der Grundlage eines (fiktiv) zu versorgenden Bettenbedarfs beruht, weil das in den Plan aufgenommene Krankenhaus neben anderen Krankenhäusern geeignet ist, den vorhandenen Bedarf zu decken. Denn nach der Rechtsprechung der Verwaltungsgerichte ist für die Frage der Planaufnahme nach dem Zwei-Stufen-Modell nicht entscheidend, dass der rechnerische Bedarf an Krankenhausbetten bereits durch die Planaufnahme anderer Krankenhäuser gedeckt ist.[937] Für die Annahme der Klagebefugnis in dieser Fallgruppe (fiktiver Bedarf) ist entscheidend, ob im Rahmen der insoweit gem. § 8 II 2 KHG notwendig gewordenen Auswahlentscheidung mit der Planaufnahme zugleich („uno actu") über eine entsprechende Bettenreduzierung (oder gar Planherausnahme) bei dem klagenden Krankenhausträger entschieden worden ist oder nicht. Wurde eine solche Entscheidung zu seinen Lasten getroffen, ist er als notwendiger Adressat des insoweit ergangenen Änderungsfeststellungsbescheides anfechtungsbefugt.[938] Entsprechendes gilt, wenn dem klagenden Krankenhausträger durch Änderungsfeststellungsbescheid Betten genommen und zu Gunsten des Neubewerbers an dessen Krankenhaus „verlagert" wurden.[939] Auch insoweit sind die zur „offensiven" Konkurrentenklage angestellten Erwägungen übertragbar, auch wenn es sich nicht um eine Konstellation handelt, in der zwei Krankenhäuser um ein und dieselbe Aufnahme in den Krankenhausplan konkurrieren, sondern einem Krankenhaus zu Gunsten eines anderen Krankenhauses Betten aberkannt werden. Die Aufnahme des Neubewerbers stellt sich nicht nur „implizit", sondern direkt als eine Entscheidung gegen das andere Krankenhaus dar.[940]

672 **(3bc) Überangebot.** Wird dagegen mit der zugunsten des Neubewerbers erfolgenden Aufnahme nicht bereits (abschließend) über eine entsprechende Bettenreduzierung oder gar Planherausnahme bei den schon vorhandenen Plankrankenhäusern entschieden, vielmehr diese lediglich (unverbindlich) angekündigt, scheidet die Möglichkeit einer durch den angegriffenen Feststellungsbescheid zu Gunsten des Neubewerbers ausgelösten Rechtsverlet-

---

[934] Allerdings ist die sich im Prozess stellende Frage nach der drittschützenden Wirkung einer Norm nach Auffassung des BSG (BSG, U. v. 7.2.2007 – B 6 KA 8/06 R – in MedR 2007 (499), das sich auf die ständige Rechtsprechung des Bundesverfassungsgerichts (BVerfGE 83, 182, 196), des Bundesverwaltungsgerichts (BVerwGE 112, 51, 54) und der eigenen Senate (BSGE 43, 134, 141; 90, 127, 130, stützt, nicht im Rahmen der Zulässigkeit, sondern der Begründetheit der Klage zu prüfen – vgl. auch *Steinhilper*, in: MedR 2007, 469.
[935] VGH BW, U. v. 9.10.2007 – 9 S 2240/06 – u. a.
[936] → § 26 Rn. 499.
[937] → § 26 Rn. 471.
[938] VGH BW, U. v. 9.10.2007 – 9 S 2240/06 – u. a.; so bereits VGH BW, B. v. 20.12.2006 – 9 S 2182/06 – in GesR 2007, 123.
[939] So zu Recht VG Schleswig, B. v. 17.3.2006 – 1 B 56/05 – (BA Bl. 15).
[940] BVerfG, B. v. 14.1.2004 – 1 BvR 506/03 –, DVBl. 2004, 431 (433); VG Schleswig, aaO.

zung der Planbetteninhaber offensichtlich aus.[941] Die von der Aufnahme des Neubewerbers und des dadurch herbeigeführten „Überangebots" an Planbetten ausgehenden Konkurrenznachteile sind nicht so schwerwiegend, dass sie die Zubilligung eines Drittanfechtungsrechts erforderlich machen.[942] Auch insoweit fehlt es an der vom BVerfG im Beschluss vom 14.1.2004[943] für den aktiven Konkurrentenstreit getroffenen Annahme, dass sich die Aufnahme eines von zwei oder mehreren konkurrierenden Krankenhäusern in den Krankenhausplan bei gleichzeitiger Neubewerbung um einen durch vorhandene Planbetten nicht gedeckten Bedarf immer als eine gegen das andere Krankenhaus gerichteten Entscheidung darstellt. Erst mit dem rechtlich durchgeführten Abbau einer durch die Neuaufnahme eintretenden Bedarfsüberdeckung können Rechte Dritter verletzt werden. Dies aber ist Gegenstand gesonderter Feststellungsentscheidungen, die erst zu diesem Zeitpunkt zu einer Anfechtungsbefugnis des Drittbetroffenen führen können.

(3c) BVerwG: § 8 II 2 KHG partiell drittschützend. Das BVerwG hat sich in der anschließenden Revisionsentscheidung[944] ausschließlich mit der dritten Fallkonstellation des VGH Baden-Württemberg (3bc) befasst und die Auffassung des VGH vollen Umfangs bestätigt.[945] Danach ist § 8 II 2 KHG drittschützend, allerdings nur, soweit dort Maßstäbe für die Auswahlentscheidung aufgestellt werden und die Behörde auch tatsächlich eine Auswahlentscheidung getroffen hat. Nicht jeder Planaufnahme bzw. – herausnahme liege auch eine Auswahlentscheidung zugrunde. Nehme die Planungsbehörde ein Krankenhaus in den Plan auf, ohne eine Auswahlentscheidung zum Nachteil eines anderen Krankenhauses zu treffen, würden Rechte des anderen (bereits in den Plan aufgenommenen) Krankenhauses nicht berührt. Entsprechend gebe es auch kein subjektives Recht eines solchen „Konkurrenten", dass die Behörde eine Überversorgung vermeidet oder abbaut [946] Einen weitergehenden Rechtsschutz vermittle auch das Grundrecht der Berufsfreiheit nicht.[947]

673

(4) Ergebnis. Im Ergebnis kann daher eine gegen den Aufnahmebescheid zu Gunsten eines Konkurrenten gerichtete Anfechtungsklage nur dann mit Rücksicht auf § 8 II 2 KHG zulässig sein, wenn der Kläger für sich selbst die Aufnahme in den Krankenhausplan anstrebt und er dazu „flankierend" eine tatsächlich von der Behörde getroffene Auswahlentscheidung angreift. Die Auswahlentscheidung muss nicht notwendig in dem mit der Anfechtungsklage angegriffenen Feststellungsbescheid des Konkurrenten dokumentiert sein. Regelmäßig finden sich dazu nur Ausführungen in dem an den Kläger gerichteten Feststellungsbescheid, mit dem dessen Aufnahme in den Krankenhausplan abgelehnt worden ist. Rechtlich entscheidend ist allein das Vorliegen einer Auswahlentscheidung, die einheitlich gegenüber allen in Betracht kommenden Krankenhäusern ergangen ist.

674

e) Vorläufiger Rechtsschutz. Der von der VwGO zur Verfügung gestellte vorläufige Rechtsschutz (§§ 80, 80a VwGO, § 123 VwGO) ist im Krankenhausplanungsrecht in verschiedenen Fallkonstellationen denkbar:

675

---

[941] VGH BW, U. v. 9.10.2007 – 9 S 2240/06 – u. a.
[942] AA VG Karlsruhe (Vorinstanz des vom VGH BW mit Urteil vom 9.10.2007 – 9 S 2240/06 – entschiedenen Verfahrens), U. v. 18.7.2006 – 2 K 72/06; ebenso *Lenz*, in: Lenz/Dettling/Kieser, Krankenhausrecht, 67 f.
[943] BVerfG, B. v. 14.1.2004, 1 BvR 506/03 in NVwZ 2004, 718 = GesR 2004, 85 f.
[944] BVerwG, U. v. 25.9.2008 – 3 C 35.07 – BVerwGE 132, 64 = NVwZ 2009, 525.
[945] Die anschließende Verfassungsbeschwerde blieb erfolglos, vgl. BVerfG, B. v. 23.4.2009 – ZMGR 2009, 235; krit. dazu – und zur Entscheidung des BVerwG vom 25.9.2008 – 3 C 35.07 – u. a. *Schillhorn*, ZMGR 2009, 237 und *Klöck*, NZS 2010, 358 (361).
[946] BVerwG, U. v. 25.9.2008 – 3 C 35.07 – BVerwGE 132, 64; Huster/Kaltenborn/*Stollmann*, Krankenhausrecht, 2. A., § 4 Rn. 131 f.
[947] Dazu *Steiner*, NVwZ 2009, 486 (489).

676 **aa) Eintritt, Ausschluss und Reichweite der aufschiebenden Wirkung (§ 80 I 1 VwGO).** Vorläufigen Rechtsschutz gegen den Vollzug negativer Planungsentscheidungen bietet zunächst § 80 I 1 VwGO, wonach Widerspruch und (Anfechtungs-)Klage des in den Krankenhausplan bereits aufgenommenen Krankenhauses aufschiebende Wirkung haben. Das Krankenhaus kann also zunächst im status quo ante weiter betrieben werden.[948] In den Genuss der aufschiebenden Wirkung gelangt auch der Mitbewerber im Konkurrentenstreit, der gegen die Planaufnahme des begünstigten Krankenhauses Rechtsmittel eingelegt hat.[949]

677 Die aufschiebende Wirkung entfällt, wenn das Gesetz sie ausgeschlossen oder die zuständige Landesbehörde die sofortige Vollziehung nach § 80 II 1 Nr. 4 VwGO angeordnet hat. Den gesetzlichen Ausschluss der aufschiebenden Wirkung von Widerspruch und Anfechtungsklage eines Dritten gegen einen Feststellungsbescheid sehen die Landeskrankenhausgesetze der Länder zunehmend vor.[950] Liegt kein gesetzlicher Ausschluss vor, kann die zuständige Landesbehörde die sofortige Vollziehung nur anordnen, wenn sie ein besonderes öffentliches Interesse an der sofortigen Vollziehung des Aufnahme- bzw. Herausnahmebescheides geltend machen kann.[951]

678 Im Fall der Konkurrentenklage kann die „Reichweite" des Eintritts der aufschiebenden Wirkung streitig sein. Regelmäßig verfügt ein Krankenhaus nach Planaufnahme über eine Abteilungs- und Bettenstruktur, die auf Grund vorangegangener Feststellungsbescheide im Laufe der Zeit planerisch abgesichert ist. Soweit ein konkurrierender Krankenhausträger einen Planänderungsbescheid mit Widerspruch und Klage angreift, erstreckt sich die aufschiebende Wirkung nach der Rechtsprechung des OVG Münster nur auf den „Neubestand", der durch die Planänderung festgestellt wurde.[952] Die bestandskräftigen „Bestandteile" des Feststellungsbescheides bleiben unberührt. Das Krankenhaus wird also nicht komplett zur Disposition gestellt, da die bestandskräftig gewordenen Feststellungsbescheide nicht angegriffen worden sind[953].

679 **bb) Vorläufiger Rechtsschutz des Neubewerbers.** Anders stellt sich die Situation für das noch nicht in den Krankenhausplan aufgenommene Krankenhaus dar, dessen Träger zwar den Antrag gestellt, diesen aber noch nicht positiv beschieden erhalten hat. Möglicherweise ist das Krankenhaus bereits errichtet und wird betrieben. Da bis zu einer rechtskräftigen Entscheidung eines Verwaltungsgerichts Jahre vergehen können, stellt sich hier die Frage des vorläufigen Rechtsschutzes mit dem Ziel, die vorläufige Aufnahme in den Krankenhausplan gerichtlich feststellen zu lassen. Insoweit kommt nur der Erlass einer so genannten Regelungsanordnung auf der Grundlage des § 123 I VwGO in Betracht. Das Obsiegen des Antragstellers führt indessen in aller Regel zu einer jedenfalls vorläufigen Vorwegnahme der Hauptsache, die grundsätzlich gegen den Erlass einer Regelungsanordnung streitet.[954] Eine Vorwegnahme der Hauptsache ist schon dann gegeben, wenn die einstweilige Anordnung einer vorläufigen Verurteilung in der Hauptsache gleich kommen würde. Eine Ausnahme von dem Verbot der Vorwegnahme der Hauptsache ist nach der Rechtsprechung aber nur dann möglich, wenn dies zur Gewährung effektiven Rechtsschut-

---

[948] Allerdings darf nach herrschender Meinung die Einlegung des Widerspruchs bzw. der Klage nicht offensichtlich unzulässig sein – vgl. zur „Wirksamkeitstheorie" *Funke-Kaiser*, in: Quaas/Zuck (Hrsg.), Prozesse in Verwaltungssachen, 2. Aufl. 2011, § 4 Rn. 120.
[949] Ratzel/Luxenburger/*Thomae*, § 30 Rn. 152.
[950] Vgl. u. a. § 7 I 4 LKHG BW; § 16 III KHGG NRW; § 19 V HKHG.
[951] Zu den Voraussetzungen des besonderen öffentlichen Interesses im Krankenhausplanungsrecht s. u. → § 26 Rn. 513; *Stollmann/Hermanns*, DVBl 2007, 475, 482 ff.; Ratzel/Luxenburger/*Thomae*, § 30 Rn. 152; Huster/Kaltenborn/*Stollmann*,aaO, § 4 Rn. 135 ff.
[952] OVG Münster, B. v. 6.4.2006 – 13 B 66/06 –; *Stollmann/Hermanns*, DVBl 2007, 475 (484).
[953] Huster/Kaltenborn/*Stollmann*, Krankenhausrecht, 2. A., § 4 Rd. 134.
[954] Vgl. im Einzelnen *Finckelnburg/Jank*, Vorläufiger Rechtsschutz im Verwaltungsstreitverfahren, Rn. 205 m. zr. w. Nw.; *Happ*, in: Eyermann/Fröhler, VwGO, § 123 Rn. 63; *Kopp/Schenke*, VwGO, Rn. 13 ff. zu § 123.

zes schlechterdings notwendig ist.⁹⁵⁵ Dies setzt voraus, dass sich die Erfolgsaussichten in der Hauptsache als überwiegend darstellen und dem Antragsteller anders nicht abwendbare Nachteile durch einen Verweis auf das Hauptsacheverfahren drohen. Ein solcher Fall kann gegeben sein, wenn durch die auch (vorläufige) Nichtaufnahme des Krankenhauses die wirtschaftliche Existenz des Krankenhausträgers ernstlich gefährdet erscheint und der Antragsteller dies – neben der überwiegenden Erfolgsaussicht im Hauptsacheverfahren – glaubhaft gemacht hat (§ 123 III VwGO iVm § 129 II ZPO).⁹⁵⁶ Diese Voraussetzungen haben das VG Frankfurt⁹⁵⁷ und das OVG Berlin⁹⁵⁸ jeweils im Fall einer privaten Herzklinik bejaht.⁹⁵⁹ Zu einem gegenteiligen Ergebnis gelangte das OVG Lüneburg.⁹⁶⁰ Auch das OVG Bautzen hat in einem ausführlich begründeten Beschluss die vorläufige Aufnahme einer „integrierten Einrichtung für Innere Medizin/Akutgeriatrie" in den Landeskrankenhausplan abgelehnt.⁹⁶¹

Vorläufiger Rechtsschutz des Neubewerbers kann auch in dem Fall erforderlich sein, dass zwar die zuständige Planungsbehörde das Krankenhaus in den Krankenhausplan aufnimmt, dagegen aber „benachbarte" Konkurrenten Widerspruch bzw. Klage erheben und die Rechtsmittel aufschiebende Wirkung haben. Dann kann das Verwaltungsgericht zu Gunsten des Neubewerbers gemäß §§ 80a III 2, 80 V VwGO auf entsprechenden Antrag des Krankenhausträgers die sofortige Vollziehung des Feststellungsbescheides anordnen. Irreversible Tatsachen werden dadurch nicht geschaffen, weil das Land die Gewährung von Investitionsförderung unter Vorbehalt stellen kann⁹⁶² bzw. der Antragsteller (vorläufig) darauf verzichtet.⁹⁶³ **680**

cc) Vorläufiger Rechtsschutz des Konkurrenten. Für den Fall, dass der Drittwiderspruch oder die Anfechtungsklage eines Dritten kraft behördlicher Anordnung (§ 80 II Nr. 4 VwGO) oder kraft Gesetzes (z.B. § 7 I 4 LKHG BW) keine aufschiebende Wirkung haben, hat der insoweit erfolglose Mitbewerber die Möglichkeit, vor den Verwaltungsgerichten die Wiederherstellung bzw. Anordnung der sofortigen Vollziehung zu beantragen (§§ 80a III 1 iVm § 80 V VwGO).⁹⁶⁴ Dabei verlangt die besondere Grundrechtsbetroffenheit privater und gemeinnütziger Krankenhausträger nicht, diesen Belangen einen grundsätzlichen Vorrang im Rahmen der nach § 80 V VwGO vorzunehmenden Interessenabwägung einzuräumen. Dies ergibt sich auch nicht aus dem Umstand, dass – nach Auffassung des BVerfG – gerade der vorläufige Rechtsschutz dazu dient, die Schaffung irreparabler Tatschen zu vermeiden und ansonsten bestehende Rechtsschutzdefizite auszugleichen.⁹⁶⁵ Vielmehr kommt es für die **681**

---

⁹⁵⁵ BVerwG, st. Rspr., u.a. DVBl 2000, 487; NVwZ 1999, 650; *Happ*, in: Eyermann/Fröhler, VwGO Kommentar, § 123 Rn. 63, 63a.

⁹⁵⁶ St. Rspr u. a. BayVGH, B. v. 1.8.2002 – 21 CE 02 950 – der zusätzlich – zu Recht – darauf hinweist, dass sich eine Aufnahme in den Krankenhausplan betreibende Klinik dann nicht auf die wirtschaftliche Notlage mit möglicher Überschuldung in Folge nicht eintreibbarer Rechnungen für Leistungen gegenüber Kassenpatienten berufen könne, wenn sie diese Notlage selbst verschuldet herbeigeführt habe.

⁹⁵⁷ VG Frankfurt, B. v. 16.6.1997 – 5 G 1515/97 – in KRS 97.007.

⁹⁵⁸ OVG Berlin, B. v. 26.6.1996 – 7 S 144/96 – NVwZ-RR 1998, 41.

⁹⁵⁹ S. a. *Lenz*, in: Lenz/Dettling/Kieser, Krankenhausrecht, 56 f.; *Stollmann/Hermanns*, DVBl. 2007, 475 (481 f.); eine weitere Herzklinik blieb insoweit vor dem VG Köln erfolglos – VG Köln, B. v. 31.3.2000 – 9 L 1957/99.

⁹⁶⁰ OVG Lüneburg, B. v. 22.9.2008 – 13 ME 90/08 – in KRS 08.065, wonach der Krankenhausträger mit der planwidrigen Betreibung der Betten die Eilbedürftigkeit selbst verschuldet hat.

⁹⁶¹ OVG Bautzen, B. v. 16.5.2011 – 2 B 273/09 – juris.

⁹⁶² VG Karlsruhe, B. v. 30.8.2006 – 2 K 257/06; best. durch VGH BW, B. v. 20.4.2006 – 9 S 2182/06 in GesR 2007, 123.

⁹⁶³ So für den Fall der vorläufigen Planaufnahme nach § 123 VwGO OVG Berlin, B. v. 26.6.1996 – 7 S 144/965 – NVwZ-RR 1998, 41 (42).

⁹⁶⁴ Dazu grundsätzlich *Szabados*, Krankenhäuser als Leistungserbringer in der GKV (Diss.), 2009, 178 ff.

⁹⁶⁵ OVG Münster, B. v. 25.11.2005 – 13 B 1599 – u. a. – NVwZ 2006, 481.

Erfolgsaussichten eines solchen Begehrens – von einer offensichtlichen Prognose abgesehen – maßgeblich darauf an, ob der (Anfechtungs-)Rechtsstreit in der Hauptsache voraussichtlich erfolgreich sein wird.[966] Da nach Auffassung des BVerwG Rechtsmittel des defensiv klagenden Krankenhauskonkurrenten in der Regel unzulässig sind,[967] scheitert schon daran häufig der vorläufige Rechtsschutz. Der offensiv vorgehende Konkurrent muss dagegen glaubhaft machen, dass das Übergehen seines Aufnahmeantrags sein Recht auf ermessensfehlerfreie Auswahl unter gleich qualifizierten Krankenhäusern nach § 8 II 2 KHG verletzt.[968] Das ist schon dann nicht der Fall, wenn nach Aktenlage die Behörde keine Auswahlentscheidung zwischen den konkurrierenden Versorgungsangeboten getroffen hat[969] Erfolgt ein Auswahlverfahren unter zeitlichen Vorgaben, müssen die davon betroffenen Krankenhausträger die ihnen gesetzten Fristen beachten. Versäumnisse des Krankenhauses gehen zu seinen Lasten. So stellt es kein gegen § 8 II 2 KHG verstoßendes Verhalten der Planungsbehörde dar, wenn sie in einem solchen Fall zunächst über die fristgerecht eingegangenen Anträge entscheidet und verspätet eingereichte Aufnahmebegehren zurückstellt.[970]

682 Lässt sich im Rahmen der gebotenen summarischen Überprüfung der Ausgang des Hauptsacheverfahrens nicht sicher prognostizieren, darf der Sofortvollzug (behördlich) nur angeordnet oder (gerichtlich) bestätigt werden, wenn es dafür „besondere Vollzugsinteressen" gibt, also solche, die über die Erwägungen hinausgehen, welche den Erlass des Feststellungsbescheides als solchen rechtfertigen sollen.[971] Das (regelmäßig) vom begünstigten Neubewerber geltend gemachte Interesse an dem Erhalt bereits getätigter Investitionen ist nicht ausreichend, da ein schutzwürdiges Interesse oder Vertrauen hieran vor Bestandskraft der Entscheidung nicht gegeben ist.[972] In der Praxis kommt es deshalb vor allem auf öffentliche Vollzugsinteressen mit entsprechendem Gewicht an, die sich insbesondere aus der Notwendigkeit der (dringenden) Sicherstellung einer „geordneten Krankenhausversorgung" gerade auch für die Zeit des Hauptsacherechtsschutzes als das Aufschubinteresse des konkurrierenden Krankenhausträgers überwiegend erweisen müssen. Insoweit ist seitens der Gerichte deutliche Zurückhaltung geboten. Die Sicherstellung einer geordneten Krankenhausversorgung ist Aufgabe der zuständigen Ministerial- und Fachverwaltung, nicht Aufgabe der Gerichte[973]. Kann im Streit des Standortes kardiologischer Zentren auf Grund der Entfernung des jeweiligen Krankenhauses das Leben erkrankter Patienten gefährdet sein, soll ein besonderes Vollzugsinteresse vorliegen.[974] Eine vergleichbare Situation ist im Streit um die Anerkennung eines Krankenhausträgers als „Brustzentrum" nicht gegeben.[975] Der Abbau von Überkapazitäten, selbst wenn er dringlich erscheint, sowie die Umsetzung von Kooperationsmodellen mit erheblichen Synergieeffekten und Einsparpotenzialen dürften ein besonderes Vollziehungsinteresse ebenso wenig begründen.[976] Auch der Umstand, dass ein LKHG den Wegfall der aufschiebenden Wirkung der Drittanfechtungsklage gesetzlich an-

---

[966] VGH BW, B. v. 13.6.2016 – 10 S 439/16 – in VBlBW 2016, 502; OVG Münster, B. v. 25.11.2005 – 13 B 1599 – u. a. – NVwZ 2006, 481; *Quaas,* f&w 2006, 86 ff.

[967] BVerwG, U. v. 25.9.2008 – BVerwGE 132, 64; → § 26 Rn. 505.

[968] OVG Münster, aaO; VG Schleswig, B. v. 17.3.2006 – 1 B 56/05 –; *Stollmann/Hermanns,* DVBl. 2007, 475 (483 f.).

[969] OVG Lüneburg, B. v.18.11.2015 – 13 ME 116/15 –; B. v. 10.12.2013 – 13 ME 168/13 – in KRS 13.067.

[970] OVG Münster, B. v. 20.11.2006 – 13 B 2081/06 – (Kooperatives Brustzentrum).

[971] Vgl. *Quaas,* in: Quaas/Zuck (Hrsg.), Prozesse in Verwaltungssachen, 2. Aufl. 2011, § 1 Rn. 139 m. zr., w. Nw.; *Stollmann,* NVwZ 2006, 425 (427) m. w. Nw.

[972] VG Schleswig, B. v. 17.3.2006 – 1 B 57/05 – BA, 26.

[973] VGH BW, B. 13.6.2016 – 10 S 439/16 – VBlBW 2016, 502 (505).

[974] OVG Münster, B. v. 25.11.2005 – 13 B 1599 u. a. – NVwZ 2006, 481.

[975] VG Arnsberg, B. v. 8.9.2006 – 3 L 1101/05 – in GesR 2007, 36.

[976] AA OVG Münster, B. v. 25.11.2005 – 13 B 1599 u. a. in NVwZ 2006, 481; krit. zu Recht *Lenz,* in: Lenz/Dettling/Kieser, Krankenhausrecht, 64 f.

ordnet, führt nicht dazu, dass das öffentliche Interesse an der sofortigen Vollziehung im Rahmen der von § 80a III iVm § 80 V 1 1.A. VwGO geforderten Interessenabwägung überwiegt[977].

Im Rahmen des vorläufigen Rechtsschutzes eines drittbetroffenen Krankenhauskonkurrenten nach Maßgabe von § 80a III iVm § 80 IV VwGO kann das rechtliche Bedürfnis zweifelhaft sein. Man könnte einwenden, der Schaffung vollendeter Tatsachen durch eine „feste" Zuweisung von Krankenhausbetten durch den an das begünstigte Krankenhaus gerichteten Feststellungsbescheid wirke bereits die dagegen erhobene Anfechtungsklage entgegen, auch wenn deren aufschiebende Wirkung kraft Gesetzes oder behördliche Vollziehungsanordnung beseitigt (worden) sei. Würde der drittbetroffene Krankenhausträger in der Hauptsache obsiegen, müsste der zu Gunsten des dritten ergangenen Feststellungsbescheid aufgehoben werden. Damit „verliere" er die ihm zuvor zugewiesenen Betten wieder. Bei einer anschließenden Neubescheidung des Aufnahmeantrags müssten die „frei gewordenen" Kapazitäten berücksichtigt werden. Insoweit drohe dem Antragsteller keine Schaffung vollendeter Tatsachen, die durch einen Eilantrag abgewendet werden müssten. Diese Argumentation steht indessen entgegen, dass bereits das BVerfG mit Beschluss vom 14.1.2004[978] dem Drittwiderspruch eines konkurrierenden Krankenhausträgers Rechtsschutz im Rahmen von Artikel 19 Abs. 4 GG zugesprochen hat. Das BVerfG führt aus, die isolierte Verpflichtungsklage mit dem Ziel der eigenen Zulassung zum Krankenhausplan genüge dem Anspruch auf effektiven Rechtsschutz nicht, wenn und nach dem die „Konkurrenzeinrichtung" bereits zugelassen worden sei. Das aufgenommene Krankenhaus werde dann nämlich bereits „vollendete Tatsachen" geschaffen haben, die einer Rückgängigmachung der Entscheidung (im Fall des Erfolgs der Anfechtungsklage) praktisch unmöglich machen. Das sei insbesondere bei krankenhausplanerischen Konkurrenzentscheidungen aufgrund einer Auswahlentscheidung der Fall. Die Aufnahme eines von zwei (oder mehreren) konkurrierenden Krankenhäusern in den Krankenhausplan stelle im Prinzip immer auch eine Entscheidung gegen das andere Krankenhaus dar[979]. Insoweit ist von einem identischen Rechtsschutzbedürfnis des unterlegenen Krankenhausbewerbers im Eilrechtsschutz wie im Hauptsacheverfahren auszugehen[980]. 683

dd) **Vorbeugender Rechtsschutz.** In den Fällen der Drittwiderspruchsklage eines konkurrierenden Krankenhausträgers kommt schließlich als vorläufige Rechtsschutzmaßnahme die Gewährung vorbeugenden einstweiligen Rechtsschutzes nach § 123 VwGO in Betracht. Ihr Ziel ist es, der zuständigen Behörde vorläufig den Erlass eines positiven Feststellungsbescheides zu Gunsten eines konkurrierenden Krankenhauses im Wege des Unterlassungsbegehrens zu untersagen.[981] Ein solches Begehren ist nur ausnahmsweise zulässig. Verwaltungsrechtsschutz ist grundsätzlich nachgängiger Rechtsschutz. Der Verwaltungsgerichtsbarkeit ist nur die Kontrolle der Verwaltungstätigkeit aufgegeben; ihr ist daher grundsätzlich nicht gestattet, bereits im Vorhinein gebietend oder verbietend in den Bereich der Verwaltung einzugreifen. Die VwGO stellt darum ein System nachgängigen Rechtsschutzes bereit und geht davon aus, dass dies zur Gewährung effektiven Rechtsschutzes (Art. 19 IV GG) grundsätzlich ausreicht.[982] 684

---

[977] VGH BW, B. v. 13.6.2016 – 10 S 439/16 – in VBlBW 2016, 502 (504 f.).
[978] BVerfG, B. v. 14.1.2004 – NVwZ 2004, 718.
[979] BVerfG, aaO; Huster/Kaltenborn/*Stollmann*, Krankenhausrecht, 2. Auflage, 2017, § 4 Rn. 128.
[980] VGH Baden-Württemberg, B. v. 13.6.2016 – 10 S 438/16; 10 S 439/16; VG Osnabrück, B. v. 2.7.2015 – 6 B 59/14 – AB, 11; Nds. OVG, B. v. 20.11.2015 – 13 ME 116/15.
[981] Dazu VGH Baden-Württemberg, B. v. 20.11.2001 – 9 S 1572/01 –, NVwZ–RR 2002, 504; OVG Münster, B. v. 18.7.2002 – 13 B 1186/02, n. v.; s. auch *Lenz*, in: Lenz/Dettling/Kieser, Krankenhausrecht, 57 f.; sowie *Rasche-Sutmeier*, GesR 2004, 272 (281); *Stollmann*, NZS 2004, 350 (354); *Thomae*, Krankenhausplanungsrecht, 159 f.
[982] BVerfGE 40, 323, 326; st. Rspr. VGH Baden-Württemberg, B. v. 20.11.2001 in NVwZ-RR 2002, 507.

685　ee) **Vollstreckung.** Hat das VG einem Antrag auf vorläufigen Rechtsschutz des Konkurrenten gem. §§ 80a III 1 iVm 80 V VwGO stattgegeben, ist fraglich, ob ein solcher Ausspruch des Gerichts (auf Anordnung bzw. Wiederherstellung der aufschiebenden Wirkung des Widerspruchs bzw. der Anfechtungsklage) einen vollstreckungsfähigen Inhalt hat. Dies wird man für eine vom VG ausgesprochene Sicherungsmaßnahme gegen den Dritten (das beigeladene Krankenhaus) auf der Grundlage des § 80a III 1 iVm I Nr. 2 VwGO bejahen können.[983] Weigert sich hingegen die Behörde, den gerichtlichen Feststellungsausspruch zu akzeptieren, muss nach überwiegender Auffassung dagegen eine einstweilige Anordnung nach § 123 VwGO beantragt werden, die nach § 172 VwGO vollstreckt werden kann.[984]

686　**f) Rechtsschutzbedürfnis.** Weitere Zulässigkeitsvoraussetzung einer Verpflichtungs- oder Anfechtungsklage ist das Vorliegen eines (allgemeinen) Rechtsschutzbedürfnisses. Es fehlt, wenn die Klage für den Kläger offensichtlich keinerlei rechtliche oder tatsächliche Vorteile bringen kann; die Nutzlosigkeit muss also eindeutig sein[985]. In der Rechtsprechung des BVerwG ist geklärt, dass die Klage eines Krankenhausträgers „in eigener Sache", d. h. die Verpflichtungsklage gerichtet auf die (eigene) Planaufnahme, grundsätzlich vollständigen Rechtsschutz bietet[986]. Die gerichtliche Überprüfung wird insbesondere nicht dadurch beschränkt, dass die Auswahlentscheidung nicht nur dem an den unterlegenen Bewerber gerichteten Feststellungsbescheid zu Grunde liegt, sondern auch einem weiteren an einen Dritten gerichteten Feststellungsbescheid. Ebenso wenig kann dem unterlegenen Bewerber entgegen gehalten werden, dass die dem Dritten gewährte Begünstigung nicht mehr zurückgenommen werden könne. Sobald die erlangte Planposition des Dritten zugleich von einem Konkurrenten beansprucht wird, ist das Vertrauen des Plankrankenhauses in die Konkurrenzlosigkeit seiner Rechtsstellung zerstört. Zudem ist die Planposition eines Krankenhauses ohnehin kein unentziehbarer Besitzstand, sondern steht unter dem Vorbehalt fortlaufender Überprüfung[987]. Vor diesem Hintergrund kommt der Klage gegen den einen Dritten begünstigenden Bescheid lediglich eine Hilfsfunktion zu. Sie soll dem Umstand entgegenwirken, dass die Erfolgsaussichten der Klage gegen den „eigenen" Feststellungsbescheid durch den zwischenzeitlichen Vollzug des den Dritten begünstigenden Bescheides faktisch geschmälert werden können. Dies kommt insbesondere dann in Betracht, wenn der zurückgesetzte Bewerber die Planaufnahme erstrebt, in eigener Sache also eine Verpflichtungsklage auf Erlass eines begünstigenden Feststellungsbescheides erhebt oder erheben müsste. Auch wenn die von der Behörde getroffene Auswahlentscheidung fehlerhaft sein sollte, führt die Verpflichtungsklage häufig lediglich zu einer Neubescheidung, bei der die dann gegebene Sach- und Rechtslage einschließlich aller zwischenzeitlich eingetretenen Veränderungen zu berücksichtigen ist[988]. In einer derartigen Fallkonstellation muss die Planungsbehörde mithin die tatsächlichen Veränderungen einbeziehen, die sich durch den Vollzug der Planaufnahme des Dritten ergeben haben. Vor diesem Hintergrund ist das Rechtsschutzbedürfnis einer „flankierenden" Anfechtungsklage in aller Regel zu bejahen[989]

---

[983] Vgl. die Rechtsprechungsnachweise bei *Funke-Kaiser,* in: Quaas/Zuck (Hrsg.), Prozesse in Verwaltungssachen, 2. Aufl. 2011, § 4 Rn. 291, 312.
[984] *Funke-Kaiser,* in: Quaas/Zuck (Hrsg.), Prozesse in Verwaltungssachen, 2. Aufl. 2011, § 4 Rn. 290 m. w. Nw. zur Rspr.; *Kopp/Schenke,* VwGO, 14. Aufl., § 80 Rn. 205 (207).
[985] BVerwGE, 121, 1; VGH BW, U. v. 30.10.2014 – 10 S 3450/11 – in DVBl. 2015, 189; U. v. 16.4.2015 – 10 S 100/13 – juris (Rn. 34).
[986] BVerwG, U. v. 25.9.2008 – 3 C 35.07 – DVBl. 2009, 44 ff.; best. d. BVerfG, B. v. 23.4.2009 – 1 BvR 3405/08 – in NVwZ 2009, 977.
[987] VGH BW, U. v. 16.4.2015 – 10 S 100/13 – juris (Rn. 34); *Rennert,* GesR 2008, 344 (346).
[988] BVerwGE, 72, 38; VGH BW, U. v. 16.4.2015 – 10 S 100/13 – juris (Rn. 34).
[989] VGH BW, U. v. 16.4.2015 – 10 S 100/13 – juris (Rn. 34); s. a. VG des Saarlandes, U. v. 30.5.2016 – 2 K 1239/13 –.

Aber nicht nur in Konkurrentenstreitigkeiten kann das Rechtsschutzbedürfnis zweifelhaft 687
sein. So kann allein die Dauer des gerichtlichen Verfahrens dazu führen, dass dem um die
Aufnahme in den Krankenhausplan streitenden Krankenhaus „die Luft ausgeht", es m. a. W.
gezwungen ist, ggf. nach Einleitung des Insolvenzverfahrens den Krankenhausbetrieb einzustellen, da insbesondere die Krankenkassen eine Vergütung von Krankenhausleistungen
ablehnen. Ob in einem solchen Fall dem Krankenhausträger (bzw. dem Insolvenzverwalter)
das Rechtsschutzbedürfnis für die gleichwohl aufrechterhaltene Klage zusteht, hängt von den
Umständen des Einzelfalls ab. Besteht das klagende Krankenhaus als Gesellschaft mit dem
Zweck eines Klinikbetriebes fort und hat den Betrieb der Klinik nur eingestellt, weil es mangels
Vergütung ihrer Leistungen durch die Krankenkassen wirtschaftlich nicht fortbestehen kann,
ist das Rechtsschutzbedürfnis grundsätzlich nicht entfallen, „sondern besonders deutlich
geworden".[990] Allerdings kann sich bei einer solchen Fallkonstellation die Frage der – für den
Erfolg der Klage materiell erforderlichen – Leistungsfähigkeit des Krankenhauses stellen.[991]
Ist dagegen die Gesellschaft der Klägerin durch die rechtskräftige Abweisung des Antrags auf
Eröffnung des Insolvenzverfahrens mangels Masse aufgelöst (§ 60 I Nr. 5 GmbH-Gesetz),
ist nach herrschender Auffassung die Fortsetzung einer derart aufgelösten Gesellschaft ausgeschlossen[992] mit der Folge, dass das Rechtsschutzbedürfnis für die Verpflichtungsklage
fehlt. Die Klägerin dürfte einen neuen Krankenhausbetrieb, auch wenn ihrer Klage stattgegeben würde, nicht eröffnen.[993]

g) Klagebefugnis von Krankenkassen und deren Verbände. Nach der Rechtsprechung 688
des BVerwG steht den Landesverbänden der Krankenkassen im Rahmen der Krankenhausplanung keine Klagebefugnis zu.[994] Weder die Regelungen des KHG (§§ 6, 8) noch des
SGB V (§§ 108–110) vermitteln einen entsprechenden Drittschutz. Insbesondere schützt
§ 108 KHG keine irgendwie geartete Rechtsposition eines Landesverbandes der Krankenkassen, und zwar unbeschadet ihrer Beteiligungsmöglichkeit oder -notwendigkeit nach Maßgabe
des Landesrechts.[995] Ebenso wenig kommt eine Klagebefugnis der einzelnen Krankenkasse
zu, obwohl die Entscheidung des Landes sie zur Zahlung der Betriebskosten des Krankenhauses verpflichtet (§ 109 IV 3 SGB V). § 8 KHG will auch ihr gegenüber keine Rechte

---

[990] So – für den Abschluss eines Versorgungsvertrages nach §§ 108 Nr. 3, 109 oder § 111 SGB V – BSG, U. v. 19.11.1997 – 3 RK 1/97 – in NZS 1998, 428, 430; der Tendenz nach aA, ohne die Frage entschieden zu haben, BVerwG, B. v. 30.6.2003 – 3 B 171.02 – („Dabei liegt die Annahme nahe, dass dem Klagebegehren durch die mit der Insolvenz der ursprünglichen Klägerin eingeleitete und im Beschwerdeverfahren mit der Einstellung des Krankenhausbetriebes und der Entlassung aller Mitarbeiter fortgesetzte Entwicklung die Grundlage entzogen worden ist"). Fehlerhaft ist es indessen, das Rechtsschutzinteresse mit der Erwägung zu verneinen, nur ein tatsächlich betriebenes Krankenhaus könne in den Krankenhausplan aufgenommen werden (was bei der Einstellung des Krankenhausbetriebes nicht – mehr – der Fall sei), weil der krankenhausfinanzierungsrechtliche Begriff des Krankenhauses unter Berücksichtigung des Gesetzesziels des KHG die tatsächliche Einrichtung eines Krankenhausversorgungsbetriebes und nicht allein das Gebäude eines Krankenhauses meine – so aber OVG NW im Verfahren 13 A 4235/01; zu den krankenhausrechtlichen Problemen und Fragestellungen bei der Insolvenz von Krankenhäusern vgl. *Quaas,* Insolvenz von Krankenhäusern in: Krankenhausrecht in Wissenschaft und Praxis, Düsseldorfer Krankenhausrechtstag 2004, 83 ff.
[991] → § 26 Rn. 480 ff.; BayVGH, B. v. 1.8.2002 – 21 CE 02 950 – UA, Bl. 7: „Daran fehlt es aber, wenn ein neues Krankenhaus seine Anlauffinanzierung bis zu einer Entscheidung über die begehrte Aufnahme in den Krankenhausplan nicht sicherstellen kann, da dies dafür spricht, dass es bei ihm auch später zu finanziellen Engpässen kommen kann und die Krankenhausleistungen nicht dauerhaft gesichert in der erforderlichen Qualität erbracht werden können (BayVGH, B. v. 30.12.1999 – 21 AE 99 3673)".
[992] Vgl. d. Nw. bei *Scholz,* Kommentar zum GmbH-Gesetz, § 60 Rn. 97.
[993] BayVGH München, U. v. 28.5.2003 – M 9 K 00 334 – UA, Bl. 4.
[994] BVerwG, U. v. 16.6.1994, NJW 1995, 1628; *Stollmann,* NZS 2004, 350, 353; a. A. jetzt *Buchner,* GuP 2017, 213.
[995] So auch *Pant/Prütting,* KHG Nordrhein-Westfalen, § 16 KHG NW, Rn. 44; zur Klagebefugnis der Krankenkassenverbände gegen die Versagung einer Genehmigung nach § 110 SGB V s. aber unten, → § 26 Rn. 86; dazu auch *Lenz,* in: Lenz/Dettling/Kieser, Krankenhausrecht, 51.

einräumen, die es zu schützen gilt. Es ist sogar zu fragen, ob überhaupt Nachteile entstehen, wenn das Krankenhaus in den Krankenhausplan aufgenommen ist. In erster Linie wirkt sich der Aufnahmebescheid zu Gunsten der Krankenkassen aus. Ab Aufnahme wird die Krankenkasse entlastet; die Investitionskosten gehen nicht mehr in den Pflegesatz ein.[996]

689   Schließlich kommen dem Verband der privaten Krankenversicherung (PKV) sowie den Landesausschüssen dieses Verbandes ebenso wenig[997] wie dem Verband der Angestellten-Krankenkassen e. V. (VdAK) eine Klagebefugnis zu.[998]

690   **h) Streitwert.** Nach der überwiegenden Rechtsprechung der Verwaltungsgerichte ist in Streitigkeiten um die Aufnahme in den Krankenhausplan der Streitwert entsprechend dem Streitwertkatalog für die Verwaltungsgerichtsbarkeit[999] in Höhe des Jahresbetrages der Investitionspauschale je Planbett festzusetzen.[1000] Von diesem Ansatz gehen die Verwaltungsgerichte häufig sowohl für die auf die Planaufnahme gerichtete wie auch für die gegen eine Bettenreduzierung erhobene Klage aus. Andere dagegen legen als Streitwert den 10 %-igen Jahresertrag pro streitigem Bett zu Grunde[1001] oder gehen pauschal von einem Gegenstandswert von 50 T EUR aus.[1002] Ein Viertel davon, also 12.500 EUR sollen dem Gegenstandswert für die (flankierende) Konkurrentenklage zu Grunde gelegt werden,[1003] während andere – mangels näherer Anhaltspunkte – den Regelstreitwert von 5.000,00 EUR (§ 52 Abs. 2 GKG) für angemessen halten.[1004]

691   Da dem Streitwert nach § 13 I 1 GKG die dem Antrag des Klägers zu entnehmende Bedeutung der Sache zugrunde zu legen ist, ist zweifelhaft, ob in Verpflichtungsklagen auf Planaufnahme die Festsetzung auf den Betrag der pauschalen Förderungsmittel je Planbett angemessen ist. Die Aufnahme des Krankenhauses in den Krankenhausplan hat den Status des Krankenhauses als insgesamt gefördertes Krankenhaus zur Folge.[1005] Die Aufnahme in den Plan ist zudem dauerhaft und nicht bezogen auf ein Jahr.[1006] Verfehlt ist eine solche Festsetzung jedenfalls dann, wenn mit dem angegriffenen Feststellungsbescheid die Herausnahme aus dem Krankenhausplan verbunden ist.[1007] Anders als in den Fällen der begehrten Aufnahme in den Krankenhausplan wird das Interesse des Klägers durch die Abwehr der wirtschaftlichen Auswirkungen der „Schließung" des Krankenhauses bestimmt. Ein Obsiegen sichert nicht nur die Zulassung zur stationären Krankenhausbehandlung gesetzlich Krankenversicherter, sondern auch das Budgetinteresse des Krankenhauses. In einem solchen

---

[996] *Dietz/Bofinger,* KHG, BPflV und Folgerecht, § 8 KHG Erl. II. 4.
[997] BVerwG, U. v. 22.6.1995 in Buchholz, 451.74, § 18 KHG Nr. 6; OVG NW, KRS 94 001.
[998] VGH Baden-Württemberg, U. v. 19.1.1997 – 9 S 2277/95.
[999] Streitwertkatalog für die Verwaltungsgerichtsbarkeit, Stand Juli 2004 Ziff. 23.1 (abgedr. u. a. bei *Kopp/Schenke,* VwGO, 14. Aufl., Anh. § 164 Rn. 14.
[1000] U. a. VGH Baden-Württ., B. v. 16.4.2002 – 9 S 1586/01 –; 28.11.2000 – 9 S 1976/98 –; Hess. VGH, u. a. B. v. 11.11.2002 – 11 UE 3202.98; VG Minden, B. v. 31.1.2001 – 3 K 7579/98 – u. v. m.
[1001] Thür. OVG, B. v. 25.9.2003 – 2 VO 810/99 –; 4.11.2003 – 2 ZKO 196/02; nach B. v. 29.8.2006 – 2 KO 73/05 – ist dabei von einem durchschnittlichen Tagessatz je Planbett von 250,00 EUR bei einer etwa 80%igen Jahresbelegung auszugehen.
[1002] So bemisst das OVG NRW das Interesse des Krankenhausträgers, der eine eigene Planaufnahme erstrebt oder verteidigt, pauschalierend mit 50.000 EUR – OVG NRW, B. v. 17.12.2009 – 13 A 3109/08 in ZMGR 2010, 165; B. v. 25.1.2011 – 13 LB 1712/10 – in MedR 2011, 674. – juris Rd. 44.
[1003] VGH BW, U. v. 16.4.2015 – 10 S 100/13 – juris (Rn. 59).
[1004] VG des Saarlandes, U. v. 30.5.2016 – 2 K 1239/13 –.
[1005] → § 26 Rn. 438.
[1006] Deshalb war zu Recht die frühere Rechtsprechung des VGH Baden-Württemberg von zumindest dem dreifachen Jahresbetrag der Investitionspauschale ausgegangen, vgl. B. v. 23.4.1999 – 9 S 2529/97, mit dem das Gericht seine frühere Praxis aufgibt und „zur Wahrung der Rechtseinheit" dem Streitwertkatalog für die Verwaltungsgerichtsbarkeit folgt.
[1007] So zutreffend OVG NW, B. v. 20.11.2002 – 13 A 4234/01, wobei allerdings der dort feste pauschale Wert von 127.822,97 EUR (= 250.000,00 DM) der wirtschaftlichen Bedeutung der Sache entsprechend zu niedrig erscheint.

Fall ist deshalb als Streitwert der Jahresbetrag des Krankenhausbudgets (bei Schließung der Abteilung das vereinbarte Teilbudget) zugrunde zu legen.[1008]

§ 27 Die Rechtsbeziehungen zwischen den gesetzlichen Krankenkassen und den Krankenhäusern einschließlich Vorsorge- und Rehabilitationseinrichtungen nach dem SGB V

I. Allgemeine Grundlagen

1. Das SGB V als Rechtsgrundlage

Die gesetzliche Krankenversicherung (GKV) gehört zum Rechtsbereich der Sozialversicherung und ist deren ältester Versicherungszweig.[1009] Mit ihren Grundpfeilern Solidarität, Subsidiarität, Gliederung und Selbstverwaltung ist sie seit ihrer Errichtung im Jahre 1883 ein wichtiger Garant für ein freiheitliches Gesundheitswesen und hat im Laufe ihrer über 100 jährigen Geschichte entscheidend dazu beigetragen, „dass unser Land über eine leistungsfähige medizinische Versorgung auf hohem Niveau verfügt".[1010] Die GKV erbringt Leistungen zur Erhaltung, Wiederherstellung und Besserung der Gesundheit sowie zur wirtschaftlichen Sicherung bei Krankheit. Sie ist grundsätzlich eine öffentlich-rechtliche Pflichtversicherung, die kraft Gesetzes ein Rechtsverhältnis zwischen dem Versicherten und dem zuständigen Versicherungsträger begründet. Dies unterscheidet sie von der Privaten Krankenversicherung (PKV), die ihre Leistungen auf der Grundlage freiwilliger, zivilrechtlich abgeschlossener Versicherungsverträge gem. §§ 178a bis 178o VVG iVm den Allgemeinen Versicherungs- und Tarifbedingungen (AVB) erbringt.[1011] Rechtsgrundlage der GKV und ihrer Leistungen ist das Fünfte Buch Sozialgesetzbuch (SGB V), welches das bis dahin geltende Zweite Buch der Reichsversicherungsordnung (RVO) – Krankenversicherung – weitgehend außer Kraft setzte.[1012] Das SGB V, das auf den gemeinsamen Vorschriften für die Sozialversicherung im SGB IV aufbaut, ist das Kernstück der Neukodifikation durch das GRG. Es ist in 11 Kapitel gegliedert, von denen im Hinblick auf die rechtlichen Beziehungen der gesetzlichen Krankenkassen zu den Krankenhäusern das Erste Kapitel mit seinen Grundsatzvorschriften über die Aufgaben, Leistungen, Finanzierungen und Organisation der GKV (§§ 1 bis 4 SGG V), das Dritte Kapitel mit seinen Einzelbestimmungen über die Leistungen (§§ 11 bis 68 SGB V) und das Vierte Kapitel mit dem bedeutsamen Bereich der Beziehungen der Krankenkassen zu den Leistungserbringern (§§ 69 bis 140 SGB V), insbesondere zu Krankenhäusern und anderen Einrichtungen (§§ 107 bis 114 SGB V) die wichtigsten sind.

1

[1008] So zu Recht – für eine Kündigung nach § 110 SGB V – OVG Berlin, NVwZ-RR 1995, 361; VG Minden, B. v. 29.8.2001 – 3 K 249/97; VG Freiburg, B. v. 20.2.2002 – 1 K 148/00.

[1009] Vgl. Hauck/*Noftz* SGB V, E 010, A I; *Schlenker* in Schulin, Handbuch des Sozialversicherungsrechts, Bd. 1, § 1 (Geschichte und Reformperspektiven der gesetzlichen Krankenkassen) I, 2 ff.; *Peters*, Handbuch der Sozialversicherung, SGB V, Einl.: „Von der Hilfe für Kranke im Altertum zur gesetzlichen Krankenversicherung in der Bundesrepublik"; Sodan/*Sodan* § 1 Rn. 1 ff.

[1010] Regierungsentwurf für das GRG 1989 vom 3.5.1988, BT-Drs. 11/2237, 146.

[1011] Vgl. zu den Rechtsgrundlagen *Bach/Moser*, Private Krankenversicherung, MB/KK und MB/KT-Kommentar, sowie zu den allgemein-rechtlichen Grundlagen der PKV *Moser* in Bach/Moser, aaO, Einl. Rn. 13 ff.; Sodan/*Kalis* § 42; zum „dualen Krankenversicherungssystem" Sodan/*Sodan* § 1; zu einem „Systemvergleich" von GKV und PKV *Plagemann* in Plagemann, Münchner Anwaltshandbuch, Sozialrecht, § 14 Rn. 1 ff.; *Schirmer*, Gesetzliche Krankenversicherung und Private Krankenversicherung, in Schulin, Handbuch des Sozialversicherungsrechts, Bd. 1, § 14.

[1012] Zur Entstehungsgeschichte, Zielsetzung und Inhalt des GRG u. a. *Schlenker* in Schulin, Handbuch des Sozialversicherungsrechts, Bd. I, § 1, Rn. 142 ff. m. w. Nw.; *Rüfner* NJW 1989, 1001 ff.; die Neustrukturierung des Krankenversicherungsrechts sowie seine Eingliederung in das Sozialgesetzbuch stellten eine dringliche Aufgabe dar, denn eine systematische Überarbeitung der RVO hatte niemals stattgefunden, obwohl allein das zweite Buch der RVO durch mehr als 125 Gesetze geändert worden war.

2. Zweigleisiges Versorgungssystem

2 **a) Gesetzliche Grundlagen.** Mit den durch das GRG (1989) eingefügten Bestimmungen der §§ 107 ff. SGB V wurde das System der Krankenhausversorgung nicht grundlegend verändert, sondern lediglich Weichenstellungen vorgenommen.[1013] Insoweit gehörte es zu den Zielen des Reformgesetzes, das Recht der gesetzlichen Krankenversicherung besser als zuvor mit dem Recht der Krankenhausfinanzierung zu verknüpfen und die Rechtsgebiete mit- und untereinander abzustimmen. Die Zusammenhänge und Wechselbeziehungen zwischen Krankenhausfinanzierung, Krankenhausplanung und Zulassung von Krankenhäusern zur stationären Behandlung von sozialversicherten Patienten sollen dadurch eindeutig bestimmt werden. Dies kommt in den gesetzlichen Bestimmungen der §§ 107 ff. SGB V u. a. darin zum Ausdruck, dass eine stationäre Leistungserbringung zu Lasten der gesetzlichen Krankenversicherung nur in den Einrichtungen zugelassen ist, mit denen ein Versorgungsvertrag besteht.[1014]

3 Im Mittelpunkt der gesetzlichen Regelung steht das zweigleisige Versorgungssystem durch Krankenhäuser und Vorsorge- oder Rehabilitationseinrichtungen. Dazu werden in Fortführung der Ansätze in § 2 Nr. 1 KHG Krankenhäuser erstmals für den Bereich der gesetzlichen Krankenversicherung gesetzlich definiert und von Vorsorge- und Rehabilitationseinrichtung abgegrenzt (vgl. § 107 I, II SGB V).

4 Das ist erforderlich, weil beide Arten von Einrichtungen hinsichtlich ihrer Zulassung zur stationären Versorgung der Versicherten als auch bezüglich ihrer Finanzierung und der Vergütung ihrer Leistungen unterschiedlichen Regelungen folgen:

- Die Krankenhäuser werden entsprechend dem früheren Recht (§ 371 RVO a. F.) teils unmittelbar durch Gesetz (Hochschulkliniken, Plankrankenhäuser), teils durch Vertrag mit den Landesverbänden der Krankenkassen zur stationären Krankenhausbehandlung zugelassen (§§ 108 bis 110 SGB V). Ihre Finanzierung und die Vergütung ihrer Leistungen richten sich nach dem KHG, der BPflV und dem KHEntgG.
- Die Vorsorge – oder Rehabilitationseinrichtungen entsprechen weitgehend den bisherigen Kur- und Spezialeinrichtungen nach § 14a RVO a. F. Sie werden erstmals in ein vertragliches Zulassungssystem einbezogen (§ 111 SGB V), bleiben aber weiterhin von der staatlichen Krankenhausplanung ausgenommen. Die Vergütung ihrer Leistungen wird zwischen dem Träger der Einrichtung und den Krankenkassen (außerhalb der Regeln des KHG) frei vereinbart.[1015]

5 **b) Zulassung zur stationären Versorgung.** Ebenso wie im Bereich der niedergelassenen Vertragsärzte (§§ 72 ff. SGB V) werden Krankenhäuser und Vorsorge- und Rehabilitationseinrichtungen in ein öffentlich-rechtliches Sozialsystem einbezogen, das gesetzliche und vertragliche Rechte und Pflichten miteinander verknüpft. Für stationäre Einrichtungen gilt ein vertragliches „Zulassungssystem",[1016] das allerdings für Krankenhäuser und für Vorsorge- und Rehabilitationseinrichtungen verschieden ausgestaltet ist.

[1013] S. *Rüfner* NJW 1989, 1001 ff.; *Genzel* BayVBl. 1989, 481 ff.; eine weit reichende Umgestaltung der gesetzlichen Krankenhausbehandlung und -finanzierung erfolgte erst mit Inkrafttreten des Gesundheitsstrukturgesetzes (GSG) zum 1.1.1993 (BGBl. I 2266), insbesondere die Abkehr vom bis dahin geltenden sog. Selbstkostendeckungsprinzip und dem tagesgleichen Pflegesatz (vgl. zur Entwicklung der gesetzlichen Krankenhausfinanzierung auf Grund der Strukturgesetzes 1993 bis 1997 *Tuschen/Quaas* BPflV 15 ff.).

[1014] Vgl. § 108 I SGB V einerseits (Krankenhäuser) und § 111 I SGB V andererseits (Vorsorge- und Rehabilitationseinrichtungen); zur Auflockerung dieses Grundsatzes durch die mit Wirkung vom 1.1.2004 gemäß § 13 II SGB V mögliche Kostenerstattung bei Inanspruchnahme von nicht zugelassenen Krankenhäuser und Vorsorge und Rehabilitationseinrichtungen s. o. bei § 9 Rn. 6 ff.

[1015] Amtl. Begr. zum Gesetzentwurf der Fraktionen der CDU/CSU und FDP zum Entwurf des GRG in BR-Drs. 11/2237, 196 (Amtl. Begr. GRG-E).

[1016] Der Begriff der Zulassung wurde mit dem GRG aus dem Kassenarztrecht auf die Beziehungen der Krankenkassen zu den Krankenhäusern übertragen, obwohl er hier angesichts der im Krankenhaus völlig unterschiedlichen tatsächlichen und rechtlichen Voraussetzungen nicht zutrifft – so zutr. *Genzel/Ha-*

aa) **Krankenhäuser.** Die Zulassung eines Krankenhauses zur stationären Versorgung 6
(Krankenhausbehandlung) erfolgt durch den Versorgungsvertrag. Der Vertrag ist statusbegründend.[1017] Durch den Versorgungsvertrag wird das Krankenhaus für die Dauer des
Vertrages zur Krankenhauspflege zugelassen (§ 109 IV 1 SGB V). Damit soll sichergestellt
werden, dass nur solche Krankenhäuser Versicherte der gesetzlichen Krankenversicherung
stationär behandeln dürfen, die für eine bedarfsgerechte Krankenhausbehandlung erforderlich sind und die die Gewähr für eine leistungsfähige und wirtschaftliche Krankenhausbehandlung bieten (vgl. § 109 III 1 SGB V).[1018]

Für die Hochschulkliniken und die in den Krankenhausplan eines Landes aufgenommenen 7
Häuser (Plankrankenhäuser) fingiert das Gesetz den Abschluss eines Versorgungsvertrages
(§ 109 I 3 SGB V). Insoweit gilt bei den Hochschulkliniken (§ 108 Nr. 1 SGB V) die Anerkennung nach den landesrechtlichen Vorschriften, bei den Plankrankenhäusern (§ 108
Nr. 2 SGB V) die Aufnahme in den Krankenhausplan und die Feststellung der Aufnahme
(§ 8 I 2 KHG) als Abschluss des Versorgungsvertrages. Bei den übrigen Krankenhäusern,
den Vertragskrankenhäusern im engeren Sinne (§ 108 Nr. 3 SGB V), kommt der Versorgungsvertrag durch übereinstimmende Willenserklärung (Einigung) zwischen den Landesverbänden der Krankenkassen und den Ersatzkrankenkassen sowie dem Krankenhausträger
zustande. Er ist schriftlich abzuschließen und bedarf zu seiner Wirksamkeit der staatlichen
Genehmigung (§ 109 III SGB V).

Die Krankenkassen dürfen Krankenhausbehandlung grundsätzlich nur durch die in § 108 8
Nr. 1 bis 3 SGB V „zugelassenen" Krankenhäuser erbringen lassen. Andere Krankenhäuser
sind ausgeschlossen, selbst wenn sie die Merkmale des Krankenhausbegriffs nach § 107 I
SGB V erfüllen. § 108 SGB V trägt damit dem Sachleistungsprinzip (§ 2 II SGB V) Rechnung. Da die Krankenkassen grundsätzlich keine eigenen Krankenhäuser betreiben dürfen
(vgl. § 140 SGB V), kommen sie ihrer Leistungsverschaffungspflicht bei der Krankenhausbehandlung (§§ 2 II 2, 11 I Nr. 4, 27 I Nr. 5, 39 SGB V) durch tatsächlich abgeschlossene
(§ 108 Nr. 3 SGB V) oder fiktive (§ 109 II 2 SGB V) Vereinbarungen nach. Ausnahmen vom
Sachleistungsprinzip, d. h. die Möglichkeit der Kostenerstattung bestehen u. a. für den Notfall[1019] und bei der Inanspruchnahme eines nicht zugelassenen Krankenhauses gem. § 13 II 3
SGB V.[1020]

bb) **Vorsorge- und Rehabilitationseinrichtungen.** Die früheren Kur- und Spezialeinrich- 9
tungen nach § 184a RVO a. F. werden für die Zwecke der gesetzlichen Krankenversicherung
und entsprechend ihrer Aufgabenstellung als „Vorsorge- oder Rehabilitationseinrichtungen"
bezeichnet. Beide Aufgabenbereiche, die auch „unter einem Dach" stattfinden können,[1021]
werden inhaltlich in Übereinstimmung mit den einschlägigen leistungsrechtlichen Vorschriften (§§ 11 II, 23 und 40 SGB V) in § 107 II SGB V konkretisiert:

- die stationäre Vorsorge dient dem Zweck, eine Schwächung, die in absehbarer Zeit voraussichtlich zu einer Krankheit führen würde, zu beseitigen oder einer Gefährdung der gesundheitlichen Entwicklung eines Kindes entgegenzuwirken (§ 107 II Nr. 1a SGB V);
- dagegen zielt die stationäre Rehabilitation darauf ab, eine (bereits eingetretene) Krankheit zu heilen, ihre Verschlimmerung zu verhüten, Krankheitsbeschwerden zu lindern oder im Anschluss an Krankenhausbehandlung den dabei erzielten Behandlungserfolg zu sichern oder zu festigen, und zwar auch mit

---

nisch/Zimmer, Krankenhausfinanzierung in Bayern, Erl. 4 zu § 108 SGB V; insbesondere hat das GRG
keine eigenständige Bedarfsplanung im Krankenhausbereich geschaffen, wie sie in § 99 SGB V für die
Sicherstellung der kassenärztlichen Versorgung geregelt ist – vgl. *dies.*, aaO, Erl. 1 zu § 109 SGB V.

[1017] BSGE 78, 233; 243; *Genzel* BayVBl. 1989, 481, 484; *Knispel* NZS 2006, 120; Hauck/*Noftz* SGB V
K § 39 Rn. 97; *Quaas* NJW 1989, 2933 (2934).

[1018] *Quaas* MedR 1995, 54.

[1019] Hauck/*Noftz* SGB V, K § 39 Rn. 91.

[1020] Dazu bei → § 9 Rn. 6 f.

[1021] Hauck/Noftz/*Klückmann* SGB V, K § 107 Rn. 16.

dem Ziel, einer drohenden Behinderung oder Pflegebedürftigkeit vorzubeugen oder nach Eintritt zu beseitigen, zu verbessern oder eine Verschlimmerung zu verhüten (§ 107 II Nr. 1b SGB V).

10 Solche Einrichtungen, die zusätzlich den Voraussetzungen des § 107 II SGB V genügen müssen, sind über § 111 SGB V in das System öffentlich-rechtlicher Verträge eingebunden.

11 Der Versorgungsvertrag hat – wie bei den Krankenhäusern – eine statusbegründende Funktion.[1022] Seine rechtliche Wirkung besteht vor allem darin, dass die Einrichtung zur Versorgung von Krankenkassenpatienten mit stationären medizinischen Leistungen zur Vorsorge oder Rehabilitation zugelassen wird (§ 111 IV 1 SGB V). Er garantiert dem Haus weder eine bestimmte Belegung noch einen bestimmten Preis für seine Leistung. Hierzu bedarf es einer gesonderten Belegungs- oder Vergütungsvereinbarung (vgl. § 111 V SGB V).

12 Der Träger einer Vorsorge- oder Rehabilitationseinrichtung hat, sofern die Anforderungen des § 111 II i. V. mit § 107 II SGB V erfüllt sind, einen Rechtsanspruch auf Abschluss (und Fortbestand) eines Versorgungsvertrages. Anders als bei Krankenhäusern ist eine staatliche Planung, insbesondere ein Genehmigungserfordernis nicht vorgesehen.[1023] Deshalb findet nach der Rechtsprechung des BSG,[1024] der sich der BGH angeschlossen hat,[1025] eine Bedarfsprüfung im Bereich der Rehabilitation nicht statt.[1026]

II. Das Leistungsrecht des Versicherten bei der Krankenhausbehandlung

1. Allgemeines

13 Nach § 27 I 2 Nr. 5 SGB V umfasst der Anspruch auf Krankenbehandlung auch die Gewährung von Krankenhausbehandlung. Es handelt sich – wie § 39 I 1 und 3 SGB V zeigen – um eine komplexe Sachleistung, die voll- oder teilstationäre, vor- oder nachstationäre sowie die ambulante Versorgung mit ärztlicher Behandlung, pflegerischer Leistung, Gewährung von Arznei-, Heil- und Hilfsmitteln sowie Unterkunft und Verpflegung umfasst.[1027] Die Krankenhausbehandlung ist eine Regelleistung, auf die bei Vorliegen der gesetzlichen, insbesondere in § 39 SGB V bestimmten Voraussetzungen ein Rechtsanspruch besteht, den die jeweilige Krankenkasse auf Grund des Versicherungsverhältnisses mit ihrem Mitglied diesem gegenüber zu erfüllen hat.[1028] Dabei geht der Anspruch des Versicherten – prinzipiell – nicht auf eine von vornherein eindeutig bestimmte oder bestimmbare Leistung des Krankenhauses. Nach der Rechtsprechung des BSG gewährt das SGB V in der Regel keine konkreten Leistungsansprüche, sondern lediglich ausfüllungsbedürftige Rahmenrechte, die sich erst dann zu einem durchsetzbaren Einzelanspruch verdichten, wenn der – anstelle der Krankenkasse kraft gesetzlichen Auftrags handelnde – Leistungserbringer festgelegt hat, welche Sach- oderDienstleistungen zur Wiederherstellung oder Besserung der Gesundheit notwendig sind.[1029] Dabei kommt namentlich den vom G-BA erlassenen Richtlinien überragende Bedeutung zu.[1030]

[1022] BSG U. v. 19.11.1997 – 3 RK 1/97, NZS 1998, 429; Hauck/Noftz/*Klückmann* SGB V, K § 111 Rn. 12.
[1023] BSG, aaO; *Quaas* NJW 1989, 2933.
[1024] BSGE 81, 189, 197 f.; 87, 14; 89, 294.
[1025] BGH, U. v. 24.6.2004 – III ZR 215/03, KRS 04.031.
[1026] Prütting/*Quaas* § 111 SGB V Rn. 9; *Thier* das Krankenhaus 2004, 2.
[1027] BSGE 37, 130; *Schneider* Schulin, Handbuch des Sozialversicherungsrechts, Bd. 1, § 22 Rn. 362.
[1028] Zu den rechtlichen Beziehungen zwischen Krankenhaus und Krankenkasse, Krankenkasse und Patient sowie Patient und Krankenhaus (sog. Dreiecksverhältnis) s. o. bei § 13 Rn. 3 f. und Ratzel/Luxenburger/*Thomae*, § 30 Rn. 304.
[1029] BSGE 81, 54, 160 = SozR 3–2500, § 135 Nr. 4; BSG 81, 73, 78 = SozR 3–2500, § 92 Nr. 7 mwN; Becker/Kingreen/*Lang*, SGB V, Ktr., 4.A., § 27 Rn. 53 f.; *Fastabend* NZS 2003, 299 (303); zum „Rechtskonkretisierungskonzept" auch *Pilz* NZS 2003, 350 (353).
[1030] → § 12; Becker/Kingreen/*Lang*, SGB V –Ktr., 4.A., § 27 SGB V Rn. 53.

Auch bei § 39 SGB V handelt es sich insoweit um eine „offene Wertungsnorm", die dem 14
Versicherten lediglich ein subjektiv-öffentliches Rahmenrecht („Anspruch dem Grunde
nach") verleiht. Die Konkretisierung mit Wirkung und zu Lasten der einzelnen Krankenkasse erfolgt auf der Grundlage der dazu erlassenen G-BA Richtlinien durch den von dem
Versicherten gewählten Vertragsarzt (§ 76 I SGB V), der die Verordnung von Krankenhausbehandlung veranlasst (§ 73 II Nr. 7 iVm IV SGB V) sowie durch den – gemäß § 39 I 2
SGB V außerdem erforderlichen – für die Aufnahmeentscheidung zuständigen Krankenhausarzt.[1031] Mit der Aufnahmeentscheidung des Krankenhausarztes wird letztlich festgelegt, für
welche konkrete Behandlung die Kasse einzustehen hat.[1032] Dies bedeutet allerdings nicht,
dass der (Vertrags- und sodann der Krankenhaus-)Arzt durch die Anordnung von Behandlungsmaßnahmen gegenüber der Krankenkasse verbindliche Rechtsentscheidungen über die
Leistungsansprüche trifft. Dessen Therapieentscheidung ist in erster Linie fachlich-medizinischer Natur. Eine rechtliche Bedeutung erlangt die Maßnahme lediglich auf Grund der
Besonderheiten des Sachleistungssystems: Die Krankenkasse bedient sich des Vertrags- und
Krankenhausarztes, um ihre Leistungspflicht gegenüber dem Versicherten zu erfüllen; zugleich überlässt sie ihm regelmäßig die Auswahl der notwendigen diagnostischen und therapeutischen Maßnahmen und muss diese Therapieentscheidung dann – in den rechtlichen, vor
allem durch die einschlägige G-BA RL gezogenen Grenzen – gegen sich gelten lassen.[1033] Ob
der Versicherte der stationären Behandlung bedarf, haben daher letztlich die Krankenkasse
zu entscheiden. Das Krankenhaus oder der Krankenhausarzt hat insoweit keine Entscheidungsbefugnisse, die die Krankenkasse binden würde. Der Begriff der Krankenhausbehandlung bzw. ihre Erforderlichkeit ist objektiv – ggf. unter Einschaltung von Sachverständigen –
zu bestimmen und unterliegt damit im Streitfall uneingeschränkter (sozial-)gerichtlicher
Kontrolle.[1034]

2. Leistungsvoraussetzungen bei der Krankenhausbehandlung

a) Leistungspflicht der Krankenkassen. Gem. § 39 I 2 SGB V hat der Versicherte gegen- 15
über seiner Krankenkasse Anspruch auf Krankenhausbehandlung in einem zugelassenen
Krankenhaus. Die Leistungspflicht der Krankenkassen für die Krankenhausbehandlung
hängt zum einen davon ab, ob die Versorgung vollstationär, teilstationär, vor- und nachstationär (§ 115a SGB V) oder ambulant (§ 115b SGB V) erbracht wird.[1035] Daneben nennt
§ 39 I 2 SGB V ausdrücklich weitere zusätzliche Voraussetzungen für eine vollstationäre
Krankenhausbehandlung. Danach muss die Aufnahme nach Prüfung durch das Krankenhaus
erforderlich sein, weil das Behandlungsziel nicht durch teilstationäre, vor- und nachstationäre
oder ambulante Behandlung einschließlich häuslicher Krankenpflege erreicht werden kann.
Bei dieser Überprüfung ist der Krankenhausarzt nicht an die Beurteilung durch den einweisenden Arzt, der die Notwendigkeit der Krankenhausbehandlung bei der Verordnung zu
begründen hat (§ 73 IV 2 SGB V), gebunden. Der Krankenhausarzt muss selbst die Notwendigkeit der Krankenhausbehandlung überprüfen, und zwar auch, ob das aufnehmende Kran-

---

[1031] BSG U. v. 21.8.1996 – B 3 KR 2/96, SozR 3–2500 § 39 Nr. 4 („Krankenhauswanderer"); *Pilz*
NZS 2003, 350 mwN zur Rspr. des BSG; *Thomae* GesR 2003, 305 (306).
[1032] BSGE 82, 158, 161; eine Beleihung der Ärzte mit der Befugnis, öffentlich-rechtliche Entscheidungen zu treffen, wird allerdings abgelehnt.
[1033] Vgl. dazu insbes. die vom G-BA beschlossene Krankenhauseinweisungsrichtlinie (KE-RL) idF der
Bek. v. 22.1.2015, BAnz. AT v. 29.4.2015 B2; Huster/Kaltenborn/*Schrinner*,
Krankenhausrecht, 2.A., § 6 Rn. 17; *Fastabend* NZS 2002, 299 (303); *Schwerdtfeger* NZS 1998, 97
(101 f.).
[1034] BSG GS NZS 2008, 419; *Quaas* SGb 2008, 261; *Schlegel* MedR 2008, 30; Huster/Kaltenborn/
Schrinner § 6 Rn. 18; zu Einzelheiten → § 27 Rn. 16 ff.
[1035] Zu diesen Begriffen und Voraussetzungen iE Hauck/*Noftz*, SGB V, K § 39 Rn. 43 ff.; → § 27
Rn. 27 ff.

kenhaus im Rahmen seines Versorgungsauftrags rechtlich und tatsächlich geeignet ist, die erforderliche Krankenhausbehandlung zu erbringen.[1036]

16   Die Leistungspflicht der Krankenkassen besteht aber nicht uneingeschränkt für jede Art und jeden Umfang medizinischer Versorgung; sämtliche Behandlungsleistungen müssen den in §§ 2 I, 12 I und 28 I SGB V für die gesamte GKV festgelegten Qualitäts- und Wirtschaftlichkeitskriterien genügen. Werden z. B. im Rahmen einer vollstationären Behandlung klinische Studien durchgeführt, ist die Krankenkasse grundsätzlich nicht zur Zahlung verpflichtet, da eine solche Leistung vom üblichen Behandlungsmuster abweicht und in der Regel einen systematischen Heilbehandlungsversuch darstellt, bei dem die Untersuchungs- und/oder Behandlungsmethoden mit wissenschaftlicher Begleitung geprüft wird. Die Krankenhausleistung entspricht in einem solchen Fall nicht dem Standard der geschuldeten Krankenhausbehandlung. Solange daher die Krankenhausbehandlung der klinischen Prüfung eines nicht zugelassenen Arzneimittels dient, scheidet ein Vergütungsanspruch des Krankenhauses aus.[1037]

17   **b) Notwendigkeit der Krankenhausbehandlung.** Der Anspruch des Versicherten auf vollstationäre Behandlung, dem die Leistungspflicht der Krankenkassen unter Beachtung der in den §§ 2 I, 12 I und 28 I SGB V festgelegten Kriterien entspricht, steht gem. § 39 I 2 SGB V unter dem Vorbehalt, dass die „Aufnahme nach Prüfung durch das Krankenhaus erforderlich" ist. Für die damit begründete Notwendigkeit der Krankenhausbehandlung ist zunächst die Beurteilung des Krankenhausarztes maßgeblich. Er vertritt das Krankenhaus, dem das Gesetz die Prüfung der Erforderlichkeit ausdrücklich auferlegt. Mit Rücksicht darauf hatte ihm das BSG in der sog. „Krankenhauswanderer-"Entscheidung eine Art „Schlüsselstellung" zugestanden und zur Begründung ausgeführt, dass das zugelassene Krankenhaus und dessen Ärzte auf Grund des Sachleistungsprinzips gesetzlich ermächtigt seien, mit Wirkung für die Krankenkasse über die Aufnahme sowie die erforderlichen Behandlungsmaßnahmen und damit konkludent auch über den Leistungsanspruch des Versicherten zu entscheiden.[1038] Hintergrund dieser Rechtsprechung war die Erkenntnis, dass der Zahlungsanspruch des Krankenhauses gegen die Krankenkasse kraft Gesetzes entsteht, und zwar spätestens in dem Zeitpunkt, in dem der Versicherte die Leistung des Krankenhauses in Anspruch nimmt. Die Krankenkasse ist bei einem zugelassenen Krankenhaus (§§ 108, 109 SGB V) als Korrelat zu dessen Behandlungspflicht auch ohne zusätzliche vertragliche Vereinbarung verpflichtet, die normativ festgelegten Entgelte zu zahlen, sofern die Versorgung im Krankenhaus erforderlich ist.[1039]

18   Allerdings wurde die rechtliche Tragweite der „Schlüsselstellung" des Arztes, insbesondere die Verbindlichkeit seiner „Prüfung" gegenüber den Krankenkassen und im Rechtsstreit im Rahmen der gerichtlichen Überprüfung in der Rechtsprechung des BSG, insbesondere des 1. und 3. Senats, in den Folgejahren unterschiedlich beurteilt. Während der 3. Senat des BSG eher einer krankenhausfreundlichen Auffassung zuneigte und dem Krankenhausarzt bei der Beurteilung der Erforderlichkeit einer Krankenhausbehandlung einen – gerichtlich nur eingeschränkten – Beurteilungsspielraum einräumte, betonte der 1. Senat, dass letztendlich die Krankenkassen als Versicherungsträger gegenüber den Versicherten für die Gewährung des Anspruchs zuständig seien. Eine „Bindungswirkung" könne daher der Prüfung durch den Krankenhausarzt nicht zukommen.[1040] Als mit dem Gesetz unvereinbar wertete der 1. Senat

---

[1036] *Adelt* LPK-SGB V, § 39 Rn. 6.
[1037] BSG U. v. 22.7.2004 – B 3 KR 121/03 R, KRS 04.020.; *Thomae* Düsseldorfer Krankenhausrechtstag 2006, 71, 77; krit. *Krüger*, Klinische Forschung und Recht 2006, 36 ff.
[1038] BSG U. v. 21.8.1996 – B 3 RK 2/96 R, SozR 3–2500 § 39 SGB V Nr. 4 = KRS 96.043; dazu u. a. *Pilz* NZS 2003, 350 ff.
[1039] BSG st. Rspr., u. a. BSGE 70, 20 (23) U. v. 7.7.2005 – B 3 KR 40/04 R, GesR 2005, 558; w. Nw. bei Ratzel/Luxenburger/*Thomae* § 30 Rn. 316.
[1040] Vgl. zu den unterschiedlichen Auffassungen des 1. und 3. Senats und der Entwicklung der Rechtsprechung des BSG Hauck/*Noftz* SGB V K § 39 Rn. 108a, b; *Quaas/Zuck* 2. Aufl.. § 26 Rn. 16 ff.

insbesondere die Auffassung des 3., die Erforderlichkeit der Krankenhausbehandlung sei nicht abstrakt anhand der eine Krankenhausbehandlung umschreibenden Merkmale, sondern stets konkret mit Blick auf die in Betracht kommenden ambulanten Behandlungsalternativen zu beantworten. Dieser Kritik schloss sich der vom 1. Senat daraufhin angerufene Große Senat des BSG mit Beschluss vom 25.9.2007[1041] an. Die Notwendigkeit der Krankenhausbehandlung sei ausschließlich unter medizinischen Gesichtspunkten zu entscheiden und unterliege voller gerichtlicher Kontrolle. Eine Einschätzungsprärogative des Krankenhauses gebe es nicht. Nur eine solche Betrachtungsweise entspreche der Aufgabenstellung der GKV, die allein eine „Versicherung gegen Krankheit"[1042] zum Gegenstand habe. Zu den Aufgaben der GKV gehöre nicht, für andere als medizinisch begründete Krankheitsrisiken einzustehen. Die in § 39 Abs. 1 S. 2 SGB V vorgesehene „Prüfung durch das Krankenhaus" eröffne dem behandelnden Arzt keinen Beurteilungsspielraum, sondern verdeutliche lediglich die Prüfungspflicht des Krankenhauses im Hinblick auf den Vorrang der ambulanten Behandlung. Werde die Aufnahmeentscheidung durch die Krankenkassen nachträglich bestritten, müsste zur Erforderlichkeit der Krankenhausaufnahme ggf. ein gerichtlich bestellter Sachverständiger gehört werden. Im Rahmen der Überprüfung sei von dem im Behandlungszeitpunkt verfügbaren Wissens- und Kenntnisstand des verantwortlichen Krankenhausarztes auszugehen („ex-ante-Prognose").[1043]

Trotz voller Überprüfbarkeit der Aufnahmeentscheidung lassen sich – insbesondere bei langwierigen gerichtlichen Verfahren – Grenz- und Zweifelsfälle nicht ausschließen. Da maßgebender Beurteilungszeitpunkt der Tag der Diagnose ist, hat der 3. Senat in seinen Folgeentscheidungen am 10.4.2008 daran festgehalten, dass der Beurteilung des behandelnden Arztes „besonderes Gewicht" zukomme.[1044] Stellen sich Behandlungsmaßnahmen erst rückschauend als unnötig heraus, besteht der Vergütungsanspruch des Krankenhauses selbst dann, wenn der Versicherte objektiv keinen Leistungsanspruch hatte.[1045] Die Berechtigung der Krankenhausbehandlung ist daher nicht rückschauend aus der späteren Sicht des Gutachters zu beurteilen, sondern es ist zu fragen, ob sich die stationäre Aufnahme oder Weiterbehandlung bei Zugrundelegung der für den Krankenhausarzt nach den Regeln der ärztlichen Kunst im Behandlungszeitpunkt verfügbaren Kenntnisse und Informationen zu Recht als medizinisch notwendig dargestellt hat.[1046] Die Feststellungslast trägt das Krankenhaus. Es ist verpflichtet, bei der Aufklärung des medizinischen Sachverhalts mitzuwirken.[1047]

§ 39 Abs. 1 S. 3 SGB V umschreibt den Umfang und den Inhalt der Krankenhausbehandlung. Sie umfasst alle Leistungen, die im Einzelfall nach Art und Schwere der Krankheit für die medizinische Versorgung des Versicherten notwendig sind. Es handelt sich um eine komplexe medizinische Versorgung, zu der auch – wie § 39 Abs. 1 S. 3 2. HS. SGB V zeigt – (früh-)rehabilitative Leistungen zählen. Dies verdeutlicht, dass der Schwerpunkt der Krankenhausbehandlung auf der ärztlichen Betreuung und weniger auf der Pflege sowie der Heilmittelanwendung liegt. Dies folgt der Abgrenzung des Krankenhauses von der Vorsorge- und Rehabilitationseinrichtung.[1048] Im Übrigen gilt hinsichtlich des Umfangs der Krankenhausbehandlung, dass zur notwendigen medizinischen Versorgung alle Leistungen gehören, die nicht ausdrücklich durch einen (negativen) Beschluss des Gemeinsamen Bundesausschus-

---

[1041] GesR 2008, 83 = NZS 2008, 419; dazu *Quaas* SGb 2008, 261; *Schlegel* MedR 2008, 30 und *Ladage* NZS 2008, 408.
[1042] Vgl. § 11 SGB V.
[1043] Kritisch dazu Hauck/*Noftz* SGB V K § 39 Rn. 108d.
[1044] BSG NJW 2008, 1980; dazu Trefz/*Flachsbarth* PKR 2008, 103.
[1045] BSG SozR 3–2500 § 76 Nr. 2; Becker/*Kingreen* SGB V § 39 Rn. 23.
[1046] So die Folgeurteile des 1. Senats des BSG vom 16.12.2008 – B 1 KN 2/08 KR R sowie B 1 KR 2/08 R.
[1047] BSG, U. v. 20.11.2008 – B 3 KN 1/08 KR R.
[1048] Vgl. → § 25 Rn 55 ff.

ses (G-BA) verboten sind.[1049] Solange daher kein Ausschluss einer bestimmten medizinischen Maßnahme als Krankenhausleistung im Sinne des § 39 Abs. 1 Satz 3 SGB V durch den GBA vorliegt, kann die Behandlung als Krankenhausbehandlung stationär durchgeführt werden.[1050]

21 Hinsichtlich der Dauer sieht § 39 SGB V keine Beschränkungen der Krankenhausbehandlung vor. Der Anspruch auf Krankenhausbehandlung ist zeitlich unbegrenzt. Allerdings kann Krankenhausbehandlung nur solange beansprucht werden, wie ihre materiell-rechtlichen Voraussetzungen vorliegen. Dabei ist ausschlaggebend – wie ebenfalls durch den Beschluss des Großen Senats des BSG vom 25.9.2007 festgestellt – die medizinische Notwendigkeit der Krankenhausbehandlung. Dies richtet sich nach den Umständen des konkreten Einzelfalls.[1051]

22 Im Übrigen sind Inhalt und Umfang der Krankenhausbehandlung vom Versorgungsauftrag des Krankenhauses bestimmt.[1052] Mit dieser Beschränkung stellt § 39 Abs. 1 S. 3 SGB V klar, dass das Krankenhaus nur die Leistungen erbringen darf, für die es zur Versorgung der Versicherten zugelassen ist. Außerhalb des Versorgungsauftrages des Krankenhauses liegende Leistungen darf die Krankenkasse nicht vergüten.[1053] Dies gilt auch für Leistungen Dritter, die sich das Krankenhaus auf der Grundlage von § 2 Abs. 2 S. 2 Nr. 3 KHEntgG beschafft hat.[1054]

23 c) Kostenübernahmeerklärung. Zu den Leistungsvoraussetzungen für eine Krankenhausbehandlung zählt nach § 39 I SGB V nicht die „Genehmigung" eines Leistungsantrags des Versicherten, etwa in Form einer „Kostenübernahmeerklärung" gegenüber dem Krankenhaus.[1055] Zwar ist es nicht unzulässig, wenn die Krankenkasse durch Verwaltungsakt das Vorliegen oder Nichtvorliegen der Notwendigkeit einer Krankenhausbehandlung feststellt.[1056] Mit einer Kostenübernahmeerklärung wird aber in der Regel nicht gegenüber dem Versicherten über die Krankenhausbehandlungsbedürftigkeit entschieden. Die Kostenübernahmeerklärung ergeht regelmäßig gegenüber dem Krankenhaus und ist deshalb vor allem für dessen Zahlungsanspruch von Bedeutung. Insoweit hat die Kostenübernahmeerklärung die Wirkungen eines „sog. deklaratorischen Schuldanerkenntnisses" im Zivilrecht.[1057] Die Krankenkasse ist deshalb mit allen Einwendungen ausgeschlossen, die sie bei Abgabe kannte oder mit denen sie zumindest rechnen musste. Im Hinblick auf nachträglich bekannt werdende Umstände, die sich auf die Erforderlichkeit der Krankenhausbehandlung auswirken, tritt durch die Kostenübernahmeerklärung eine Umkehr der Beweislast ein.[1058] Die Krankenkasse muss dann den Nachweis führen, dass die Behandlung medizinisch nicht mehr vertretbar oder unwirtschaftlich war. Voraussetzung für den Wechsel der Beweislast ist allerdings, dass das Krankenhaus die für die Beurteilung der Notwendigkeit, Zweckmäßigkeit und Wirtschaftlichkeit der Behandlung erforderlichen Tatsachen in den Behandlungsunterlagen sach-

---

[1049] Sog. Erlaubnis mit Verbotsvorbehalt – vgl. *Schramm/Witte* Sodan, Handbuch des Krankenversicherungsrechts, § 10 Rn. 71, 111 mwN zur Rspr. des BSG.
[1050] BSG SozR 4–25000000.
[1051] jurisPK-SGB V/*Wahl* § 39 Rn. 93.
[1052] Dazu → § 25 Rn. 83 ff.
[1053] BSG GesR 2008, 333.
[1054] BSG GesR 2007, 423, dazu *Quaas* GesR 2009, 459.
[1055] Der Leistungsantrag ist nur verfahrensrechtliche Leistungsvoraussetzung; er hat keine anspruchsbegründende Wirkung – vgl. Peters/*Schmidt* Krankenversicherung, SGB V, § 39 Rn. 291; zur fehlenden Notwendigkeit der „Genehmigung" eines Leistungsantrages s. BSGE 86, 166, 169; *Adelt* LPK-SGB V, § 39 Rn. 14; zur Kostenübernahmeerklärung der Krankenkasse und deren Rechtsnatur s. *Meydam* SGb 97, 101; *Pilz* NZS 2003, 350 (356); *Schwarz* MedR 2001, 55; *Thomae* GesR 2003, 305 (308); Ratzel/Luxenburger/*dies.* § 30 Rn. 341 ff.
[1056] BSGB 63, 107 (108); 86, 166 (168 f.).
[1057] BSGE 86, 166 (170); *Thomae* GesR 2003, 305 (308); *dies.* in Ratzel/Luxenburger, § 30 Rn. 341 ff.
[1058] BSGE 96, 166 (170).

gerecht dokumentiert hat. Bei unterbliebener oder unzulänglicher Dokumentation geht die Beweislast – dem Arzthaftungsrecht vergleichbar – trotz des Vorliegens einer Kostenübernahmeerklärung wieder auf das Krankenhaus über.[1059]

d) Befristung der Kostenzusage, Zahlungsfristen und Nachforderung. Umstritten ist die Zulässigkeit einer einseitig der Kostenübernahmeerklärung beigefügten Befristung der Kostenzusage.[1060] § 39 Abs. 1 SGB V begründet einen Anspruch des Versicherten gegenüber seiner Krankenkasse auf zeitlich unbegrenzte Krankenhausbehandlung, soweit tatsächlich Krankenhausbehandlungsbedürftigkeit besteht.[1061] Die Zulässigkeit einer Befristung kann sich deshalb nur aus – mit § 39 SGB V vereinbaren – landesvertraglichen Regelungen gem. § 112 SGB V ergeben.[1062] Nach formal ordnungsgemäßer Abrechnung des Krankenhauses ist die Krankenkasse im Übrigen verpflichtet, innerhalb der Fälligkeitsfrist zu zahlen, unabhängig von der Einleitung oder dem rechtzeitigen Abschluss eines MDK-Prüfungsverfahrens, auch wenn ein auf Landesebene geschlossener Sicherstellungsvertrag nicht existiert und die Pflegesatzvereinbarung die Zahlung innerhalb einer bestimmten Frist vorsieht.[1063] Im Übrigen ist durch die jüngere Rechtsprechung des BSG klargestellt, dass es auch nach Endabrechnung durch das Krankenhaus zu Nachforderungen noch offener Beträge gegenüber der Krankenkasse kommen kann. Die Berechtigung zu solchen Nachforderungen ist nicht von einem entsprechenden Vorbehalt in der Schlussrechnung abhängig. Sie wird allein begrenzt durch die Gebote von Treu und Glauben und der gegenseitigen Rücksichtnahme aufgrund der dauerhaften Vertragsbeziehungen zwischen Krankenhaus und Krankenkasse.[1064]

24

e) Überprüfung der Krankenhausbehandlung durch MDK. Da die Krankenhausbehandlung keiner „Genehmigung" durch die Krankenkasse bedarf, ist diese im Hinblick auf das Wirtschaftlichkeitsgebot des § 12, I SGB V gemäß § 275 I, 1 SGB V berechtigt und verpflichtet, in Zweifelsfällen den MDK einzuschalten, damit dieser die Notwendigkeit der stationären Krankenhausbehandlung nach §§ 27, I. 5, 39 SGB V überprüft.[1065] Diese Möglichkeit der Einzelfallprüfung steht neben der Fehlbelegungs- und Abrechnungsprüfung nach § 17c KHG.[1066] Aus dem ursprünglich bipolaren Verhältnis im Rahmen der Abrechnung der Krankenhausbehandlung wird so auf Grund der Überprüfung durch den MDK ein Dreiecksverhältnis, in dem mit dem MDK ein zumindest formal selbständiger Akteur neben die Krankenkasse und das Krankenhaus hinzutritt.[1067] Dem liegt die Trennung von medizinischer Beurteilung und eigentlicher Leistungsentscheidung mit der Folge zu Grunde, dass sich die Krankenkasse nur dann gegen die medizinische Entscheidung des Krankenhausarztes stellen kann, wenn ihr dafür ein ihre Auffassung stützendes Gutachten des MDK vorliegt.[1068] Nur dann ist die Krankenkasse berechtigt, die Zahlung zu verweigern. Deshalb steht ihr auch kein eigenes Recht zu, außergerichtlich Einsicht in die Behandlungsdokumentation des

25

[1059] BSG U. v. 30.3.2000 – B 3 KR 33/99 R, KRS 00.019 („Magenteilresektion").
[1060] Vgl. dazu *Trefz* PKR 2003, 83.
[1061] BSGE 70, 21 (23) (allerdings noch zu der Regelung des § 184 RVO).
[1062] Zu diesen Landesverträgen s. *Thomae* GesR 2003, 305 (306); Ratzel/Luxenburger/*dies*. § 30 Rn. 343, 347; zur Auslegung und Überprüfung von Landesverträgen nach § 112 II SGB V s. *Hambüchen* GesR 2008, 393 (395 f.).
[1063] BSG U. v. 28.5.2003 – B 3 KR 10/02 R, GesR 2003, 318, dazu – und zu Zahlungsfristen – Ratzel/ Luxenburger/*Thomae* § 30 Rn. 346 ff.
[1064] U. a. BSG U. v. 17.12.2009 – B 3 KR 12/08 R, GesR 2010, 382 ff.; zu Einzelheiten Ratzel/ Luxenburger/*Thomae* § 30 Rn. 349.
[1065] Dazu *Hambüchen* GesR 2008, 393 (399f); *Rittweger* NZS 2012, 367; *Schliephorst* in Düsseldorfer Krankenhausrechtstag 2009, 97 ff.; Ratzel/Luxenburger/*Thomae* § 30 Rn. 324 ff.
[1066] Dazu → Rn. 145 ff.
[1067] BSG U. v. 28.9.2006 – B 3 KR 22/05 R,SGb 2007, 98.
[1068] BSG U. v. 22.7.2004 – B 3 KR 20/03 R, GesR 2004, 539; *Sieper* GesR 2007, 446.

Krankenhauses zu nehmen.¹⁰⁶⁹ Sie ist in diesen Fällen auf ein Tätigwerden des MDK angewiesen. Allerdings kann die Krankenkasse die Herausgabe der Behandlungsunterlagen an den MDK verlangen und dies im Wege einer Stufenklage gerichtlich geltend machen (§ 202 SGG iVm § 254 ZPO).¹⁰⁷⁰

26 Das nähere zum Prüfverfahren nach § 275 I c SGB V, insbesondere zur Überlassung von Unterlagen, Fristen und Zahlungsregelungen, haben der Spitzenverband Bund der Krankenkassen und die DKG in der Vereinbarung nach § 17c II KHG geregelt (sog. PrüfV)¹⁰⁷¹. Dabei soll sich die PrüfV nicht auf die Prüfung der sachlich-rechnerischen Richtigkeit der Abrechnung durch die Krankenkassen erstrecken. Die Regelungsbefugnis der Vertragsparteien ist auf die gesetzlichen Grenzen des Prüfverfahrens nach § 275 I c SGB V begrenzt¹⁰⁷². Die Vereinbarung ist für alle Krankenhäuser in der BRD verbindlich. Verträge zwischen den Krankenkassen und den Krankenhäusern auf Landesebene nach § 112 II 1 Nr. 1 und 2 SGB V können nur ergänzende Regelungen vorsehen, die nicht Gegenstand der PrüfV sind (vgl. § 11 PrüfV). Für Krankenhausfälle ab 1.1.2017 gilt eine Neufassung der PrüfV vom 3.2.2016¹⁰⁷³.

27 Dieses Recht steht der Krankenkasse – und nicht dem MDK – zu, da sie auch Gläubigerin des Zahlungsanspruchs ist.

28 Mit dem GKV-WSG wurde durch § 275 I c SGB V eine zeitlich befristete Überprüfungsmöglichkeit durch den MDK eingeführt.¹⁰⁷⁴ Während zuvor die Einleitung des außergerichtlichen Überprüfungsverfahrens von etwaigen zeitlichen Vorgaben eines Landesvertrages nach § 112, II 1 SGB V abhing,¹⁰⁷⁵ verankert nunmehr § 275 I c SGB V das aus den „Berliner Fällen"¹⁰⁷⁶ bekannte Erfordernis einer zeitnahen Prüfung der Notwendigkeit der Krankenhausbehandlung. Insoweit muss die Krankenkasse im Beanstandungsfall binnen sechs Wochen nach Abrechnungseingang der Klinik die Beanstandung anzeigen und die den Prüfungsvorbehalt geltend machen; der MDK muss dem Krankenhaus innerhalb dieser Frist die Einleitung der Prüfung anzeigen. Erfolgt dies nicht, ist das Überprüfungsverfahren unzulässig.¹⁰⁷⁷ Insoweit handelt es sich bei § 275 I c 2 SGB V um eine Ausschlussfrist, deren Nichtbeachtung zum Erlöschen des Rechts führt.¹⁰⁷⁸ Ist die 6-Wochen-Frist dagegen eingehalten, muss die Prüfung durch den MDK „zeitnah" erfolgen. Welchen Zeitraum die Prüfung einnehmen darf, bestimmt das Gesetz nicht. Nach Auffassung des BSG können Krankenhäuser aus einer zögerlichen Bearbeitung eines Prüfauftrags durch den MDK mit Blick auf die Krankenhausvergütung nichts für sich ableiten. § 275 Ic 1 SGB V begründet keine eigenständige Einwendungsbefugnis des Krankenhauses, dass dem MDK keine zeitliche Begrenzung für dessen Prüfauftrag erteilt ist, auf dessen Einhaltung ein betroffenes Krankenhaus

---

¹⁰⁶⁹ BSG U. v. 23.7.2002 – B – 3 KR 64/01 R, GesR 2002, 99; *Gebauer* NJW 2003, 777 (779).
¹⁰⁷⁰ BSG U. v. 28.2.2007 – B 3 KR 12/06 R, NZS 2007, 653; *Hambüchen* GesR 2008, 393 (399).
¹⁰⁷¹ Dazu Huster/Kaltenborn/*Schrinner* Krankenhausrecht, 2.A., § 6 Rn. 21; LSG NRW U. v. 6.9.2016, L 1 KR 459/16 – in KRS 2017, 178; SG Reutlingen U. v. 11.1.2017 – S 1 KR 3100/15, KRS 2017, 192; SG Kassel U. v. 25.11.2016 – S 12 KR 594/15, in KRS 2017, 186.
¹⁰⁷² LSG NRW, U. v. 6.9.2016 – L 1 KR 459/16, KRS 2017, 178; aA Huster/Kaltenborn/*Schrinner* aaO § 6 Rn. 21.
¹⁰⁷³ Huster/Kaltenborn/*Schrinner* aaO, § 6 Rn. 21.
¹⁰⁷⁴ Dazu *Rittweger* NZS 2012, 367 (368 f.); *Schliephorst* das Krankenhaus 2007, 572 ff.; *Sieper* GesR 2007, 446 ff.
¹⁰⁷⁵ So verlangte der seit dem 1.1.2006 gültige Baden-Württ. Landesvertrag die Einhaltung einer 30-Tages-Frist nach Übermittlung des Rechnungsdatensatzes und sie des Weiteren einen Einwendungsausschluss der Krankenkassen nach Ablauf von sechs Monaten nach Rechnungsstellung durch das Krankenhaus vor. Letztere Regelung hat das BSG allerdings mit Urteil vom 13.11.2012 – B 1 KR 27/11 R – im Hinblick auf die „nicht vertragsdispositive Geltung des Wirtschaftlichkeitsgebots des SGB V" für unwirksam erklärt. Darüber hinaus verstoße die 30-Tages-Frist für die Einleitung von MDK-Überprüfungsverfahren gegen die – ebenfalls zwingende – 6-Wochen-Frist des § 275 I c 2 SGB V.
¹⁰⁷⁶ Vgl. dazu BSG U. v. 13.12.2001 – B 3 KR 11/01 R, NSZ 2003, 28.
¹⁰⁷⁷ BT-Drs. 16/3100, 171; *Rittweger* NZS 2012, 367 (369).
¹⁰⁷⁸ SG Darmstadt U. v. 20.5.2010 – S 18 KR 344/08; *Rittweger* aaO; *Sieper* GesR 2007, 446 (447).

bestehen kann.[1079] § 275 I c 2 SGB V verpflichtet die Krankenkasse zusätzlich, dem Krankenhaus unabhängig vom tatsächlichen Aufwand eine Pauschale in Höhe von 300,00 EUR zu erstatten, wenn die einzelne Fallprüfung nicht zu einer Minderung des Abrechnungsbetrages führt. Damit soll ungezieltem und übermäßigem Einleiten von Begutachtungen entgegengewirkt werden.[1080] Indessen steht – entgegen dem Wortlaut des § 275 I c 3 SGB V – dem Krankenhaus die Aufwandspauschale dann nicht zu, wenn die Abrechnung der Krankenhausbehandlung zwar falsch (kodiert) war, die Prüfung durch den MDK aber nicht zu einer Minderung des Abrechnungsbetrages geführt hat. Grund ist, dass die Krankenkasse durch die fehlerhafte Abrechnung zur Prüfungseinleitung veranlasst wurde.[1081]

Bezüglich der Geltendmachung und den Voraussetzungen zur Zahlung einer Aufwandspauschale nach § 275 I c 3 SGB V hat die ständige Rechtsprechung des – für das Krankenhausrecht allein zuständigen – 1. Senats des BSG auf der Grundlage der bis zum 31.12.2015 geltenden Fassung des § 275 I c SGB V zwischen einer sog. Auffälligkeitsprüfung nach § 275 I Nr. 1 2. A., I c SGB V und der Prüfung der sachlich-rechnerischen Richtigkeit einer Abrechnung unterschieden. Das Überprüfungsrecht der Krankenkassen von Krankenhausabrechnungen auf sachlich-rechnerische Richtigkeit unterliege einem eigenen Prüfregime und beruhe auf der gesetzlichen Regelung der Informationsübermittlung von dem Krankenhaus an die Krankenkasse (vgl. § 301 SGB V), der die Prüfungsberechtigung der Krankenkasse korrespondiere. Die Überprüfung nach § 275 I c SGB V setze dem gegenüber eine Auffälligkeit der Abrechnung im Sinne von § 275 I Nr. 1 2. A SGB V voraus. Die Auffälligkeitsprüfung betreffe regelmäßig Fälle, in denen die Krankenkasse Zweifel daran haben könne, dass das Krankenhaus seine Leistung unter Beachtung des Wirtschaftlichkeitsgebots (§ 12 I SGB V erbracht habe. Sie begründe in dem Zeitpunkt, in dem es zu keiner Abrechnungsminderung komme, einen Anspruch auf Zahlung einer Aufwandspauschale. Soweit dagegen das Krankenhaus dem MDK lediglich im Rahmen der Abklärung der sachlich-rechnerischen Richtigkeit der Abrechnung entsprechend seinen bestehenden Mitwirkungsobliegenheiten die Möglichkeit eröffne, die Behandlungsunterlagen einzusehen und/oder eine Krankenhausbehandlung durchzuführen, finde § 275 I c 3 SGB V mit der Verpflichtung zur Zahlung einer Aufwandspauschale keine Anwendung. Das Krankenhaus habe keinen Anspruch auf Zahlung einer Aufwandspauschale, wenn der sachlich-rechnerische Prüfvorgang nicht zu einer Rechnungsminderung führe. Es handele sich nicht um eine Auffälligkeitsprüfung, sondern um eine Mitwirkung des MDK zu Gunsten des beweisbelasteten Krankenhauses, um diesem die Möglichkeit zu eröffnen, seinen aus § 301 SGB V abzuleitenden Informationsobliegenheiten zu entsprechen[1082].

Das KHSG hat mit Einfügung des Satzes 4 in § 275 I c SGB V diese Rechtsprechung „gekippt". Danach ist als Prüfung der Krankenhausbehandlung gemäß § 275 I Nr. 1, I c 1 SGB V jede Prüfung der Abrechnung eines Krankenhauses anzusehen, mit der die Krankenkasse den MDK beauftragt und die eine Datenerhebung durch den MDK beim Krankenhaus erfordert. Die Unterscheidung zwischen einer sog. Auffälligkeitsprüfung und einer der sachlich-rechnerischen Richtigkeit der Abrechnung ist damit obsolet. Die neue Regelung gilt allerdings erst mit Wirkung vom 1.1.2016. Ihr kommt nach Auffassung des BSG keine Rückwirkung für die zuvor bestehende Rechtslage zu[1083].

[1079] BSG U. v. 13.11.2012 – B 1 KR 24/11 R, juris – das Krankenhaus 2013, 839 mAnm *Schliephorst*; s. a. Ratzel/Luxenburger/*Thomae* § 30 Rn. 328 mwN; *Rittweger* NZS 2012, 367 (369); *Schliephorst* in Düsseldorfer Krankenhausrechtstag 2009, 97 (113f).
[1080] BT-Drs. 16/3100, 171.
[1081] BSG U. v. 22.6.2010 – B 1 KR 1/10 R, ZMGR 2010, 381; Ratzel/Luxenburger/*Thomae* § 30 Rn. 330.
[1082] BSG st. Rspr. seit U. v. 1.7.2014 – W 1 KR 29/13 R, juris Rn. 17 ff.; U. v. 25.10.2016 – B 1 KR 22/16 R, KRS 2017, 94; zuletzt U. v. 23.5.2017 – W 1 KR 24/16 R –; aA weitgehend die Instanzrechtsprechung und die Literatur, vgl. zur Instanzrechtsprechung die Nachweise in BSG, U. v. 25.10.2016 – B 1 KR 22/16 R – juris Rn. 36; sowie *Knispel* GesR 2015, 200, 205 ff.; *Hambüchen*, das Krankenhaus 2017, 78.
[1083] BSG U. v. 23.5.2017 – B 1 KR 24/16 R – juris Rn. 31.

30 **f) Verjährung.** Der gesetzliche Vergütungsanspruch des Krankenhausträgers gegen die Krankenkassen ist nicht von dem Vorliegen einer Kostenübernahme abhängig. Er entsteht bereits mit Beginn der stationären Behandlung und hat seinen Rechtsgrund unmittelbar in § 109 IV 2 SGB V.[1084] Unterschiedliche Auffassungen bestanden zu der Frage, innerhalb welcher Frist der Vergütungsanspruch des Krankenhauses verjährt.[1085] Nach der früheren Rechtsprechung des BSG galt die Verjährungsfrist gem. § 45 I. SGB I von vier Jahren.[1086] Nach Inkrafttreten des GKV-GRG zum 1.1.2000 stellte sich die herrschende Auffassung auf den Standpunkt, dass die kürzeren Verjährungsfristen des BGB greifen. Begründet wurde dies mit dem Wortlaut des geänderten § 69 I 3 SGB V, der auf die Vorschriften des BGB für Angelegenheiten des 4. Kap. im SGB V verweist.[1087] Dieser Auffassung trat das BSG entgegen:[1088] Da die vierjährige Verjährung nach § 45 I SGB I einem allgemeinen Rechtsprinzip des Sozialrechts folge, gelte sie als ungeschriebene Norm auch für das 4. Kap. des SGB V und die darin enthaltene Anspruchsgrundlage der Vergütungsforderung der Krankenhäuser gegen die Krankenkassen. Entsprechendes gilt für den Erstattungsanspruch der Krankenkasse gegen das Krankenhaus bei Zuvielzahlung[1089] und den Anspruch der Krankenkasse auf Herausgabe der Behandlungsunterlagen des Krankenhauses an den MDK.[1090]

3. Formen der Krankenhausbehandlung

31 § 39 I 1 SGB V lässt als gesetzliche Formen der Krankenhausbehandlung die voll- und teilstationäre (a), die vor- und nachstationäre (b) sowie die ambulante (c) Krankenhausbehandlung zu. Liegen die gesetzlichen Voraussetzungen der jeweiligen Krankenhausbehandlung – nach Maßgabe der in § 39 I 2 SGB V vorgesehenen „Stufenleiter" – vor, hat der Versicherte dem Grunde nach einen Rechtsanspruch auf die Erbringung der Leistung, die durch den Vertrags- und Krankenhausarzt zu konkretisieren ist.[1091]

32 **a) Voll- und teilstationäre Krankenhausbehandlung.** Die Abgrenzung der in § 39 I 1 SGB V genannten Behandlungsformen kann im Einzelnen Schwierigkeiten bereiten. Gesetzliche Definitionen dieser Begriffe existieren nicht. Insbesondere gibt es keine Rechtsvorschriften zur Abgrenzung der stationären von der ambulanten Behandlung. Das Gesetz hat die maßgebenden Merkmale für eine voll- und teilstationäre Behandlung weder bei den Vergütungsregelungen noch bei den Regelungen über die Leistungsansprüche des Versicherten in den §§ 39ff SGB V vorgegeben.[1092]

33 Die stationäre Behandlung ist allgemein dadurch bestimmt, dass der Patient im Krankenhaus aufgenommen wird, er dort für einen gewissen Zeitraum verbleibt und sich in dieser Zeit im Verantwortungs- und Obhutsbereich des Krankenhauses befindet.[1093] Das kann vollstatio-

---

[1084] BSG U. v. 17.5.2000 – B 3 KR 33/99 R, BSGE 86, 166; 89, 104; *Hambüchen* GesR 2008, 393; *Pilz* NZS 2003, 350 (352); *Thomae* GesR 2003, 305 (308); → § 27 Rn. 77 ff.

[1085] Vgl. *Fischer* NZS 2003, 301 (304); *Heinze* das Krankenhaus 2001, 607 ff.; *Hambüchen* GesR 2008, 393 (398); *Kuhla* das Krankenhaus 2001, 417 ff.; *Wern* ZMGR 2004, 15 ff.

[1086] BSG U. v. 17.6.1999 – B 3 KR 6/99 R, SozR 23–1200 § 45 Nr. 8 = das Krankenhaus 2000, 39.

[1087] *Heinze* u. a, das Krankenhaus 2001, 607 ff.; mwN.

[1088] BSG U. v. 12.5.2005 – B 3 KR 32/04 R, KRS 05.031 = GesR 2005, 409; U. v. 28.2.2007 – B 3 KR 12/06, NZS 2007, 653.

[1089] BSG U. v. 28.2.2007 – B 3 KR 12/06 R, SozR 4–2500 – § 276 Nr. 1; zu Rückforderungsansprüchen durch die gesetzlichen Krankenkassen s. i. Ü. *Leber* das Krankenhaus 2011, 48 ff.

[1090] BSG U. v. 15.11.2007 – B 3 KR 1/07 R, SozR 4–2500 – § 120 Nr. 2.

[1091] § 25 Rn. 14; Hauck/*Noftz* SGB V, K § 39 Rn. 16.

[1092] Von der Ermächtigung nach § 16 Nr. 2 KHG, die verschiedenen Krankenhausleistungen voneinander abzugrenzen, hat die Bundesregierung keinen Gebrauch gemacht. Ein Katalog von Leistungen, die in der Regel teilstationär erbracht werden können, wurde auf Landesebene bislang nicht vereinbart (§ 112 II 1 Nr. 2 SGB V). Ebenso wenig haben die Spitzenverbände auf Bundesebene eine Rahmenempfehlung i. S. d. § 112 V SGB V abgegeben (BSG U. v. 28.2.2007 – B 3 KR 17/06, NZS 2007, 657, 658).

[1093] Vgl. *Dietz* in Dietz/Bofinger, KHG, BPflV und Folgerecht, Erl. 3 zu § 1 BPflV.

när oder teilstationär geschehen. Von einer vollstationären Versorgung wird gesprochen, wenn der Patient Tag und Nacht im Krankenhaus untergebracht ist, meist auf unbestimmte Zeit. Der Aufnahme liegt regelmäßig eine (geplante) Aufenthaltsdauer zu Grunde, die bei der vollstationären Krankenhausbehandlung zeitlich ununterbrochen mindestens einen Tag und eine Nacht reicht.[1094] Während dieser Aufnahme wird dem Patienten „Unterkunft und Verpflegung" gewährt, worauf die Bestimmungen der §§ 39, I 3, 107 I 1 Nr. 4 und 115a I 1 SGB V zur Abgrenzung von stationärer sowie von vor- und nachstationärer Behandlung hinweisen. Es findet eine „Rund-um-die-Uhr-Versorgung" statt.[1095] Demgegenüber werden bei einer teilstationären Behandlung nur Teilbereiche einer vollstationären Behandlung – zeitlich beschränkt – in Anspruch genommen.[1096] Eine teilstationäre Versorgung liegt vor, wenn der Patient (nur) für eine bestimmte Tages- oder Nachtzeit in dem oben genannten Sinne im Krankenhaus untergebracht ist, z.B. in einer Tages- oder Nachtklinik (Unterbringung nur am Tag oder zur Nachtzeit).Insoweit unterscheidet sich die teil- von der vollstationären Behandlung im Krankenhaus im Wesentlichen dadurch, dass sie nicht auf eine Aufnahme „rund um die Uhr" gerichtet ist. Nicht erforderlich ist dagegen, dass sich die Aufnahme über einen längeren, jeweils mehrtägigen Zeitraum erstreckt[1097] Hauptanwendungsbereich für die teilstationäre Behandlungsform ist die psychiatrische Behandlung in Tages- und Nachtkliniken.[1098] Sie ist aber auch bei somatischen Krankheiten – z.B. in der Onkologie (Chemotherapie)und im Bereich der Geriatrie nicht ausgeschlossen.[1099] Darüber hinaus kommt die teilstationäre Krankenhausbehandlung häufig in der Hämatologie, der Neurologie sowie bei Aids- und Abhängigkeitserkrankungen in Betracht.[1100] Hingegen ordnet das BSG die Dialyse-Behandlung tendenziell nicht als teilstationäre, sondern als ambulante Behandlung ein.[1101] Das gilt auch für die Behandlung der Polysomnographie, also die Diagnose und Therapie von schlafbezogenen Atmungsstörungen[1102]

Eine „Krankenhausaufnahme" – und damit eine (voll-)stationäre Behandlung – liegt auch vor, wenn der Patient mit dem Verdacht auf eine lebensbedrohliche Erkrankung in eine Intensivstation eingeliefert und dort behandelt wird, selbst wenn die Behandlungsdauer deutlich weniger als 24 Stunden beträgt.[1103] Nichts anderes gilt, wenn der Patient von sich aus das Krankenhaus vor der geplanten Übernachtung verlässt.[1104] Wird umgekehrt nur ein ambulanter Eingriff geplant, dann aber infolge einer Komplikation eine weitere Behandlung mit Übernachtung erforderlich, ist auch das als vollstationäre Aufnahme zu werten.[1105]

34

b) Vor- und nachstationäre Behandlung[1106]. Die vor- und nachstationäre Behandlung im Krankenhaus hat ihre gesetzliche Definition in § 115a I SGB V erfahren. Danach kann das Krankenhaus bei Verordnung von Krankenhausbehandlung Versicherte in medizinisch geeigneten Fällen ohne Unterkunft und Verpflegung behandeln, um

35

[1094] BSG SozR 3–2200, § 197 Nr. 2.
[1095] BSGE 92, 223; Becker/*Kingreen* § 39 Rn. 11.
[1096] BSG NZS 2007, 657; *Degener-Hencke* VSSR 2006, 93, 96 f.
[1097] BSG U. v. 19.4.2016 – B 1 KR 21/15 R, KRS 2017, 371; aA früher der 3. Senat des BSG, vgl. BSGE 92, 223 Rn. 22; krit. *Trefz*, SGb 2005, 46,47.
[1098] BSG GesR 2009, 487; Hauck/*Noftz* K § 39 Rn. 50.
[1099] BSGE 92, 223 (229); Hauck/*Noftz* K § 39 Rn. 50.; Huster/Kaltenborn/*Schrinner* Krankenhausrecht, 2.A., § 6 Rn. 37 f.
[1100] *Tuschen/Quaas* BPflV, 171.
[1101] BSGE 92, 223 Rn. 28; ebenso Dettling/Gerlach/*Niedziolka* Krankenhausrecht, § 2 KHEntgG Rn. 37 f.
[1102] BSGE 111, 58 Rn. 9; Huster/Kaltenborn/*Schrinner* aaO § 6 Rn. 37 f.
[1103] BSG NZS 2007, 657.
[1104] Sog. „abgebrochene" stationäre Behandlung BSG NZS 2006, 88, 93.
[1105] BSG NZS 2005, 93.
[1106] Dazu i. E → § 16 Rn. 80 ff.

(1) die Erforderlichkeit einer vollstationären Krankenhausbehandlung zu klären oder die vollstationäre Krankenhausbehandlung vorzubereiten (vorstationäre Behandlung) oder

(2) im Anschluss an eine vollstationäre Krankenhausbehandlung den Behandlungserfolg zu sichern oder zu festigen (nachstationäre Behandlung).

36 Vor- und nachstationäre Maßnahmen sind (der Sache nach) ambulante Behandlungen, die wegen des qualifizierten funktionalen und unmittelbar zeitlichen Zusammenhangs mit vollstationärer Behandlung in die Krankenhausbehandlung aufgenommen sind. Um die notwendige Klarheit in der formalen Zuordnung zu erreichen, ist die Dauer solcher Maßnahmen begrenzt. § 115a II 1 SGB V lässt die vorstationäre Behandlung längstens auf drei Behandlungstage innerhalb von fünf Tagen vor Beginn der stationären Behandlung zu. Die nachstationäre Behandlung darf sieben Behandlungstage innerhalb von 14 Tagen grundsätzlich nicht überschreiten (§ 115a II 1 und 2 SGB V). Zweck dieser besonderen Behandlungsformen – wie auch der ambulanten Operation – ist es, die stationäre Leistungsnachfrage durch Verlagerung in vor- und nachstationäre sowie (weitere) ambulante Bereiche zu verringern.[1107] Über die rechtssystematische Einordnung der vor- und nachstationären Behandlung im Krankenhaus ist man sich in derLiteratur nicht einig. Ein Teil sieht in ihr eine „Krankenhausbehandlung eigener Art", die weder eindeutig der ambulanten noch der stationären Versorgung zugerechnet werden könne.[1108] Das BSG rechnet sie aufgrund des engen funktionalen und zeitlichen Zusammenhangs mit der vollstationären Behandlung eher der (stationären) Krankenhausbehandlung zu, ohne sich dabei festzulegen.[1109] Insoweit gelten auch für die vor- und nachstationäre Behandlung das Merkmal der „Erforderlichkeit" und der Vorrang der ambulanten (vertragsärztlichen) Versorgung, so dass beide Behandlungsbereiche voneinander abzugrenzen sind[1110].

37 c) **Ambulante Krankenhausbehandlung.** Die durch das GSG neu eingeführte ambulante, d. h. ohne Eingliederung in das Krankenhaus durchgeführte Operation als Form der Krankenhausbehandlung ist gegenständlich auf ambulantes Operieren und sonstige stationsersetzende Eingriffe im Sinne des § 115b SGB V beschränkt[1111]. Damit aber ist die „ambulante Krankenhausbehandlung" nicht abschließend umschrieben. Ambulante Krankenhausbehandlung findet auch außerhalb von § 115b SGB V statt, weshalb es einen einheitlichen Begriff der „ambulanten Krankenhausbehandlung" nicht gibt. Zu unterscheiden ist vielmehr die ambulante Krankenhausbehandlung im Sinne des § 39 Abs. I 1 SGB V mit dem Verweis auf § 115b SGB V (ambulantes Operieren) von der ambulanten Behandlung im Krankenhaus, die rechtssystematisch der vertragsärztlichen Versorgung zuzurechnen ist[1112] und der sonstigen ambulanten Krankenhausbehandlung, die ebenfalls von § 39 SGB V erfasst ist.[1113] Entscheidend für die Einordnung als „Krankenhausbehandlung" ist der Status des Krankenhauses als zugelassener Leistungserbringer.[1114]

[1107] GSG-Begr. BT-Drs. 12/3608 zu Nr. 63; Hauck/*Noftz* SGB V K § 39 Rn. 52; Huster/Kaltenborn/*Schrinner* Krankenhausrecht, 2.A., § 6 Rn. 39.
[1108] Hauck/Noftz/*Steege* SGB V K § 115a Rn. 7; s. a. Huster/Kaltenborn/*Schrinner* aaO.
[1109] BSG U. v. 19.6.1996, SozR 3–2500 § 116 Nr. 13, S. 69; *Quaas* GesR 2009, 459.
[1110] BSGE 114, 199 (Rn. 18 – vorstationäre Behandlung); 114, 209 (Rn. 19 – nachstationäre Behandlung); dazu auch LSG BW B. v. 4.11.2014 – L 5 KR 141/14 ER-B. – juris und *Quaas*, f & w 2015, 1186 ff.
[1111] Dazu i. E.→ § 16 Rn, 85 ff.
[1112] §§ 95 I, 116, 116a, 117 bis 119 SGB V; dazu i. E.→ § 16 Rn. 61 ff., 94 ff.
[1113] Insbesondere die ambulante Notfallbehandlung und die „Zulassung" des Krankenhauses nach § 116b SGB V; dazu i. E. → § 16 Rn. 104 ff.
[1114] § 108 SGB V; s. a. Spickhoff/*Trenk-Hinterberger* § 39 SGB V Rn. 18.

III. Das Leistungsrecht der Versicherten bei der Vorsorge- und Rehabilitationsbehandlung

1. Allgemeines

Versicherte haben nach § 23 I SGB V Anspruch auf medizinische Vorsorgeleistungen, wenn diese notwendig sind, um u. a. eine Schwächung der Gesundheit, die in absehbarer Zeit voraussichtlich zu einer Krankheit führen würde, zu beseitigen (Nr. 1), Krankheiten zu verhüten oder deren Verschlimmerung zu vermeiden (Nr. 2) oder Pflegebedürftigkeit zu vermeiden (Nr. 3). Nach § 23 IV SGB V kann die Krankenkasse solche Leistungen in einer Vorsorgeeinrichtung, mit der ein Vertrag nach § 111 SGB V besteht, erbringen, wenn die Leistungen als ambulante Vorsorgeleistungen nicht ausreichen. 38

Medizinische Vorsorgeleistungen beinhalten somit ambulante und stationäre medizinische Maßnahmen für Versicherte, die noch nicht (akut) krank sind, bei denen jedoch der Eintritt von Krankheit nicht mehr nur eine denkbare Möglichkeit, sondern schon eine drohende Gefahr darstellt.[1115] Die Maßnahmen nach § 23 SGB V setzen deshalb – anders als die Maßnahmen der Krankenbehandlung (§§ 27 ff. SGB V) – grundsätzlich keine Krankheit voraus.[1116] Probleme mit dem Krankheitsbegriff des SGB V[1117] ergeben sich aber insoweit, als davon auch das Frühstadium einer Erkrankung erfasst wird[1118] und medizinische Vorsorgeleistung als Ziel haben, die Verschlimmerung von Krankheiten zu vermeiden. Auch bei solchen als „Sekundär"-[1119] oder „Tertiär"-Prävention[1120] bezeichnete Maßnahmen[1121] hat die Krankenbehandlung nach § 27 I SGB V das Ziel hat, die Verschlimmerung einer Krankheit zu verhüten. 39

Versicherte haben u. a. auch Anspruch auf Leistungen zur medizinischen Rehabilitation, die notwendig sind, um eine Behinderung oder Pflegebedürftigkeit abzuwenden, zu beseitigen, zu mindern, auszugleichen, ihre Verschlimmerung zu verhüten oder ihre Folgen zu mildern (§ 11 II 1 SGB V). Welche Maßnahmen im Einzelnen zur medizinischen Rehabilitation gehören, wird für die Rehabilitationsträger (GKV, GRV) seit In-Kraft-Treten des SGB IX am 1.7.2001[1122] in § 26 SGB IX bestimmt.[1123] Medizinische Rehabilitationsleistungen (§§ 40, 41 SGB V) unterscheiden sich von den Vorsorgeleistungen nach § 23 SGB V dadurch, dass die Rehabilitationsleistung das Vorliegen einer Krankheit voraussetzt.[1124] Die begriffliche Abgrenzung zwischen beiden Leistungsarten kann schwierig sein.[1125] Die Rehabilitation 40

[1115] Hauck/Noftz/*Gerlach* SGB V K § 23 Rn. 9.
[1116] BSGE 50, 44; *Adelt* LPK-SGB V, § 23 Rn. 4.
[1117] Der Krankheitsbegriff des SGB V ist gesetzlich nicht definiert, sondern „wie bisher" bewusst der Rechtspraxis überlassen, „weil sein Inhalt ständigen Änderungen unterliegt" – vgl. zur Gesetzesbegründung des GRG unter B Art. 1 zu § 1 und § 27 SGB V, abgedr. in: Hauck/Noftz, SGB V, M 019, S. 49, 73, u. a. Hauck/*Noftz* § 11 Rn. 30 mwN. dazu auch → § 2 Rn. 1 ff.
[1118] *Adelt* LPK-SGB V, § 27 Rn. 23.
[1119] Hauck/Noftz/*Gerlach* SGB V, K § 23 Rn. 24 f. unter Hinweis auf die Begutachtungs-Richtlinien Vorsorge und Rehabilitation des Medizinischen Dienstes der Sozialversicherung (MDS).
[1120] *Adelt* LPK-SGB V, § 20 Rn. 9 im Anschluss an AOK Aktuell DOK 1997, 305.
[1121] Das BSG schließt sich allerdings der in der Literatur entwickelten Zwei- bzw. Dreiteilung der Prävention in Primär-, Sekundär- und Tertiärprävention nicht an, sondern unterscheidet rein vom Gesetzeswortlaut her zwischen Maßnahmen zur Früherkennung von Krankheiten und Maßnahmen zur Verhütung von Erkrankungen – vgl. BSGE 51, 115, 118.
[1122] SGB IX v. 19.6.2001 (BGBl. I 1046).
[1123] Durch die in § 11 II 3 SGB V vorgenommene Bezugnahme und Rückverweisung auf das SGB IX wird sichergestellt, dass abweichende Regelungen hinsichtlich der Leistungen und Ziele des § 26 I SGB IX nicht, sondern nur hinsichtlich der Konkretisierung auf den jeweiligen Rehabilitationsträger bestehen können – vgl. *Fuchs* in Bihr/Fuchs/Krauskopf/Levering, SGB XI, Loseblatt, § 26 Rn. 4.
[1124] *Adelt* LPK-SGB V § 23 Rn. 5.
[1125] Dazu Peters/*Peters* Krankenversicherung § 23 SGB V Rn. 12; Hauck/*Noftz* SGB V K § 40 Rn. 6.

die Aufgabe, den Folgen von Krankheiten in Form von Fähigkeitsstörungen und Beeinträchtigungen vorzubeugen, sie zu beseitigen oder zu bessern oder deren wesentliche Verschlechterung abzuwenden.[1126] Die medizinische Rehabilitation widmet sich insoweit den Folgen der Krankheit, während die Vermeidung der Verschlimmerung der Krankheit Aufgabe der Vorsorge ist. Da Pflegebedürftigkeit in der Regel die Folge einer Krankheit oder Behinderung ist, dürfte Raum für die Vorsorge gegen Pflegebedürftigkeit nur bei altersbedingter drohender Pflegebedürftigkeit bestehen.[1127]

41   Fließende Übergänge gibt es auch bei der – wegen der Eigenständigkeit des Reha-Anspruchs nach § 11 II SGB V und der nur teilweisen Zuständigkeit der GKV als Rehabilitationsträger – erforderlichen Abgrenzung der medizinischen Leistungen von der beruflichen und sozialen Rehabilitation. Dies beruht auf dem „Grunddilemma"[1128], dass auch medizinische Leistungen der sozialen und beruflichen Eingliederung dienen.[1129] Abzustellen ist auf das Rehabilitationsmittel: die GKV ist grundsätzlich nur für medizinische und ergänzende Mittel zuständig, die unmittelbar an der Behinderung des Versicherten ansetzen und gezielt dem behinderungsspezifischen Ausgleich der ausgefallenen Funktionen bzw. als Basisausgleich lebensnotwendiger Grundbedürfnisse dienen.[1130] Der Begriff der medizinischen Rehabilitationsmaßnahme verlangt im Übrigen, dass sie unter medizinischer Zielsetzung und vorwiegend mit den Mitteln der Medizin stattfindet. Dabei ist die ärztliche Mitwirkung für die GKV unverzichtbar. Ärztliche Verantwortung und damit verbunden ärztliche Einflussnahme sind für das Leistungsspektrum dieses Versicherungszweigs, der in erster Linie auf die Erhaltung oder Wiederherstellung der Gesundheit abzielt, seit jeher charakteristisch.[1131] Dabei ist die (ständige) ärztliche Verantwortung weniger durch die Leitung der Einrichtung als durch die für das individuelle Gesamtgeschehen (Behandlungsplan) notwendige Kontrolle gekennzeichnet und äußert sich in besonderen Anforderungen an die ärztliche Qualifikation.[1132]

2. Subsidiarität

42   Voraussetzung für eine Leistung der stationären medizinischen Rehabilitation nach § 40 II SGB V ist, dass eines der Leistungsziele nach § 11 II SGB V verfolgt wird und dass Leistungen der Krankenbehandlung sowie Leistungen der ambulanten Rehabilitation (Abs. 1) nicht ausreichen. Der Vorrang der ambulanten Leistung ist immer auf die Wirksamkeit und Notwendigkeit im Einzelfall zu beziehen.[1133] Die Erforderlichkeit der stationären Rehabilitation hat die Krankenkasse im Regelfall durch den MDK prüfen zu lassen.[1134] Ausnahmen gelten insbesondere bei der Verlegung vom Krankenhaus in die Rehabilitationsklinik zur Durchführung einer Anschlussheilbehandlung (AHB), die eine besondere Form der stationären Rehabilitation darstellt. § 40 VI 1 SGB V verwendet dafür den Begriff „Anschlussrehabilitation".[1135] Gemeint sind damit stationäre Rehabilitationsleistungen in „krankenhausähnlicher" Form, die bei Krankheiten eines höheren Schweregrades mit gravierenden Folgen in (möglichst) nahtlosem Anschluss an die Akutbehandlung im Krankenhaus stattfinden.[1136] Im

---
[1126] Vgl. amtl. Begründung zum GKV-GRG 2000 – BT-Drs. 14/1245, 61.
[1127] KassKomm/*Höfler* § 23 SGB V Rn. 3 ff.
[1128] *Schulin*, NZS 1993, 185, 191.
[1129] Vgl. §§ 1, 2 Abs. 1 SGB IX.
[1130] BSGE 37, 138 (141); 45, 133 (134 ff.); Hauck/*Noftz* SGB V, K § 11 Rn. 53.
[1131] BSGE 68, 17, 18 ff.; *Quaas*, Der Versorgungsvertrag nach dem SGB V mit Krankenhäusern und Rehabilitationseinrichtungen, 70 f.
[1132] Hauck/*Noftz* SGB V K § 40 Rn. 27.
[1133] Becker/Kingreen/*Welti* SGB V § 40 Rn. 16.
[1134] § 275 Abs. 2 Nr. 1 SGB V.
[1135] Peters/*Schmidt* Handbuch Krankenversicherung (SGB V) § 40 Rn. 269.
[1136] jurisPK-SGB V/*Wiemers* § 40 Rn. 25.

Übrigen setzt nach der Rechtsprechung des BSG der Anspruch auf stationäre Rehabilitation voraus, dass die Rehabilitationsmaßnahmen unter ständiger ärztlicher Verantwortung[1137] durchgeführt werden und dabei nicht lediglich die Gewährung von Unterkunft in einem „nicht gefährdenden Milieu" im Vordergrund stehen soll.[1138]

3. Konkurrenz der Rehabilitationsträger

Die Zuständigkeit der Rehabilitationsträger richtet sich nach den für sie geltenden gesetzlichen Vorschriften (§ 14 I 1 SGB IX). Da für die Leistungen der (ambulanten und stationären) Rehabilitation sowohl die Träger der GKV wie der GRV zuständig sein können, sieht § 40 IV SGB V eine bedeutsame Zuständigkeitsabgrenzung vor: Bei gleichzeitiger Zuständigkeit von Trägern der GRV und der GKV ist der Träger der GRV vorrangig leistungsverpflichtet, es sei denn, es handelt sich um medizinische Leistungen in der Phase akuter Behandlungsbedürftigkeit (§ 13 I Nr. 1, IV SGB VI iVm § 40 IV SGB V). Die GKV ist deshalb für die Reha gegenüber anderen Versicherungszweige grundsätzlich nachrangig (subsidiär) zuständig.[1139] Die Krankenkassen sind nur zuständig, wenn die versicherungsrechtlichen und persönlichen Voraussetzungen für ein anderes Leistungssystem, insbesondere die Rentenversicherung nicht vorliegen.[1140] So sind die Träger der GRV zuständig, wenn durch medizinische Leistung zur Rehabilitation voraussichtlich eine Minderung der Erwerbsfähigkeit abgewendet, die geminderte Erwerbsfähigkeit wesentlich gebessert, wiederhergestellt oder der Eintritt von Erwerbs- oder Berufsunfähigkeit abgewendet werden kann (§ 10 SGB VI). Regelmäßig kommen somit für die Zuständigkeit der Krankenkassen nur nicht erwerbstätige Ehepartner, Kinder und Rentner als Anspruchsberechtigte in Frage.[1141]

Eine spezielle Abgrenzungsnotwendigkeit besteht bei der Behandlung von Abhängigkeitserkrankungen. Auf der Grundlage der zwischen den Krankenkassen und den Rentenversicherungsträgern abgeschlossenen Vereinbarung „Abhängigkeitserkrankung" vom 4.5.2001[1142] ist zwischen der Entzugs- und Entwöhnungsbehandlung zu unterscheiden.[1143] Die Entzugsbehandlung von Alkohol-, Medikamenten- und Drogenabhängigen (Abhängigkeitskranke) beinhaltet die Phase des Giftabbaus aus dem Körper; die Entgiftung bedarf wegen ihrer gefährlichen Folgen intensiver ärztlicher und pflegerischer Betreuung regelmäßig in einem Krankenhaus.[1144] Dafür, und zwar auch als Reha-Leistung, ist der KV-Träger zuständig. Die Entwöhnungsbehandlung dient der Behebung der psychischen Fehlhaltungen, der Stabilisierung und Festigung der Persönlichkeit des Abhängigen, speziell der Abstinenzfähigkeit, zur Vorbeugung eines Rückfalls in die Abhängigkeit. Auch sie erfolgt regelmäßig stationär. Dafür ist grundsätzlich der RV-Träger zuständig,[1145] es sei denn, die persönlichen und versicherungsrechtlichen Voraussetzungen (§§ 10 und 11 SGB VI) sind nicht erfüllt oder es besteht ein gesetzlicher Ausschlusstatbestand.[1146]

[1137] § 107 II Nr. 1 SGB V.
[1138] BSG SozR 4–2500, § 40 Nr. 4; aA Becker/Kingreen/*Welti* SGB V § 40 Rn. 17.
[1139] So ist bereits nach § 11 IV SGB V eine ausschließliche Zuständigkeit der Berufsgenossenschaften für Leistungen der Unfallversicherung gegeben, wenn die Maßnahme als Folge eines Arbeitsunfalls oder einer Berufskrankheit im Sinne der gesetzlichen Unfallversicherung zu erbringen ist.
[1140] BSGE 58, 263 (268).
[1141] Vgl. zu der weiteren Ausnahme von Leistungen nach § 31 SGB VI Hauck/*Noftz* SGB V K § 40 Rn. 32.
[1142] DRV 2002, 64 ff.; die Vereinbarung löst die sog. Sucht-Vereinbarung vom 20.11.1978 – DOK 1979, 489 – ab.
[1143] Vgl. *Niemeyer* DRV 2000, 102 ff.; *Stähler/Wimmer* DRV 2002, 58 ff.; Hauck/*Noftz* SGB V, K § 40 Rn. 35.
[1144] BSGE 66, 87 (92 f.); § 4 I der Vereinbarung vom 4.5.2000.
[1145] BSGE 51, 44 (48).
[1146] In einem solchen Fall ist wiederum der KV-Träger zuständig – vgl. Hauck/*Noftz* SGB V K § 40 Rn. 38; BSGE 68, 17, 18 f.

4. Pflichtleistung mit Auswahlermessen

45 Nach den insoweit identischen Bestimmungen der §§ 23 V 1 und 40 III 1 SGB V bestimmt die Krankenkasse nach den medizinischen Erfordernissen des Einzelfalls unter den dort weiter genannten Voraussetzungen Art, Dauer, Umfang, Beginn und Durchführung der (stationären) Leistungen und die Einrichtung „nach pflichtgemäßem Ermessen". Mit dieser, durch das GKV-GRG 2000 eingeführten Rechtsänderung bestätigt der Gesetzgeber die zuvor bereits von der Rechtsprechung vertretene Auffassung, wonach lediglich das „Wo" und „Wie" der Leistungen, nicht aber deren „Ob" dem Ermessen der Krankenkasse unterliegt. Die „Eingangsprüfung", ob der Reha-Träger überhaupt leisten muss, ist rechtsgebunden und entsprechend voll überprüfbar.[1147] Dem entspricht die durch das GKV-WSG mit Wirkung vom 1.4.2007[1148] erfolgte Neufassung von § 40 I, II, die nun auch ihrem Wortlaut nach („erbringt" statt – wie vormals – „kann ... erbringen") den Charakter einer Ermessensregelung verloren haben.[1149] Bei der Vorsorge- und Reha-Leistung der Krankenkasse handelt es sich somit nur zum Teil um eine „Kann-Leistung", die sich auf die Entscheidung über den Umfang und die Dauer der stationären Behandlung bezieht.[1150] Dabei muss die Ausübung des sog. Bestimmungsrechts der Krankenkasse auch im Rahmen des Entscheidungsermessens dem allgemeinen Zweck der Reha (§ 39 I 1 SGB I) und den medizinischen Erfordernissen des Einzelfalls nach dem individuellen Bedarf des Versicherten sowie ggf. seinen religiösen Bedürfnissen (§ 2 III 2 SGB V) entsprechen.[1151] Angemessene Wünsche der Versicherten sind nach der für das gesamte Sozialrecht geltenden Sollvorschrift des § 33 Satz 2 SGB I, d.h. regelmäßig, zu berücksichtigen, vgl. auch § 9 I SGB IX. Unter wirtschaftlichen Gesichtspunkten kommt daher eine völlige Ablehnung des Leistungsanspruchs allenfalls in Ausnahmefällen in Betracht.[1152]

5. Prüfung nach § 275 II Nr. 1 SGB V

46 Bis zum Inkrafttreten des GKV-WSG am 1.4.2004[1153] hatte die Krankenkasse die Notwendigkeit einer Reha-Maßnahme vor der Bewilligung und vor der Entscheidung über eine beantragte Verlängerung regelmäßig vom MDK überprüfen zu lassen. Das GKV-WSG hat § 275 II Nr. 1 SGB V indessen dahin geändert, dass die Prüfung vor der Bewilligung nur noch in Stichproben erfolgen darf. Als Entscheidungsgrundlage für die Krankenkasse kommt die Beurteilung des MDK demgemäß nur noch in den Fällen in Betracht, in denen eine Stichprobe erhoben worden ist.[1154] Hinsichtlich der Verlängerungsanträge ist es bei der regelmäßigen Überprüfung geblieben. Einzelheiten sind in den Richtlinien des SpiBundKK gem. § 275 II Nr. 1 2. HS SGB V geregelt.[1155]

[1147] BSGE 57, 157 (161); 66, 84, 75; 68, 106, 167, 169; s.a. BVerfG SozR 2200 § 1236 Nr. 39; Hauck/Noftz SGB V K § 40 Rn. 57; Spickhoff/*Nebendahl* § 40 SGB V Rn. 22.
[1148] GKV-Wettbewerbsstärkungsgesetz vom 26.3.2007 (BGBl. I 378).
[1149] Peters/*Schmidt* KV (SGB V) § 40 Rn. 117, 163, 243.
[1150] *Quaas*, Der Versorgungsvertrag nach dem SGB V mit Krankenhäusern und Rehabilitationseinrichtungen, 77 f.; aA *Adelt* LPK-SGB V, 2. Aufl. 2003, § 40 Rn. 15.
[1151] BSG SozR 3–2200 § 39 Nr. 1: Auswahl der für den Versicherten günstigsten Maßnahme; zu den religiösen Bedürfnissen bei psychischen Erkrankungen durch Unterbringung in einer „pietistisch" ausgerichteten Einrichtung nach § 111 SGB V siehe BSG U. v. 19.11.1997 – 3 RK 1/97, NZS 1998, 429, 433.
[1152] BSGE 50, 47 (51); 58, 263 (269 f.).
[1153] GKV-Wettbewerbsstärkungsgesetz vom 26.3.2007 (BGBl. I 378).
[1154] § 12 II der Reha-Richtlinie vom 16.3.2004 (Banz S. 6769) vgl. Peters/*Schmidt* KV (SGB V) § 40 Rn. 241.
[1155] Vgl. RL MDK-Stichprobenprüfung vom 2.7.2008, zit. bei Spickhoff/*Nebendahl* § 275 SGB V Rn. 14.

IV. Das Recht des Versorgungsvertrages mit Krankenhäusern

1. Überblick

Die Krankenkassen dürfen Krankenhausbehandlungen nur durch die in § 108 Nr. 1 bis 3 SGB V bezeichneten, sog. zugelassenen Krankenhäuser erbringen lassen. Dies sind die Hochschulkliniken (Nr. 1), die Plankrankenhäuser (Nr. 2) und die nicht in den Krankenhausplan des Landes aufgenommenen sog. Vertragskrankenhäuser (Nr. 3).[1156] Den Abschluss eines Versorgungsvertrages sieht das Gesetz nur für die Zulassung der Vertragskrankenhäuser vor. Hochschulkliniken werden nach den landesrechtlichen Vorschriften, Plankrankenhäuser durch die Aufnahme in den jeweiligen Krankenhausplan des Landes mit Ergehen des Feststellungsbescheides (§ 8 I 3 KHG) zugelassen. Für diese Krankenhäuser fingiert das Gesetz (§ 109 I 2 SGB V) den Abschluss eines Versorgungsvertrages, um so zu erreichen, dass die u.a. in § 109 IV SGB V bezeichneten Wirkungen des Versorgungsvertrages (insbesondere die Behandlungs- und Vergütungspflicht) auf alle zugelassenen Krankenhäuser Anwendung finden. Darüber hinaus sehen § 109 I 4 und 5 SGB V die Möglichkeit ergänzender Vereinbarungen zum jeweiligen Zulassungsakt des Krankenhauses vor (sog. planmodifizierende und plankonkretisierende Vereinbarungen).[1157]

47

Versorgungsverträge (mit Krankenhäusern) können aber nicht nur abgeschlossen, sondern auch beendet werden. Das Recht zur Kündigung des Versorgungsvertrages ist in § 110 SGB V geregelt und knüpft damit „als Gegenstück" nahtlos an die Zulassung gemäß § 109 I SGB V an[1158] Damit sind von der Kündigungsmöglichkeit zunächst die „echten" Vertragskrankenhäuser nach § 108 Nr. 3 SGB V erfasst. Gekündigt werden können aber auch die (fingierten) Versorgungsverträge mit Plankrankenhäusern nach § 108 Nr. 2 SGB V, wie sich aus § 110 I 4 SGB V ergibt. Danach ist die Kündigung bei Plankrankenhäusern mit einem Antrag auf Aufhebung des Feststellungsbescheides nach § 8 I 3 KHG zu verbinden. Entsprechendes dürfte für die Kündigung von (fingierten) Versorgungsverträgen mit Hochschulkliniken gelten, obwohl das Gesetz dazu schweigt.[1159]

48

2. Rechtsnatur und Zustandekommen des Versorgungsvertrages

a) Rechtsnatur. Der (fingiert oder tatsächlich abgeschlossene) Versorgungsvertrag ist funktional Ausprägung des Sachleistungsprinzips nach § 2 I 1 und 2 SGB V. Danach schließen die Krankenkassen in Erfüllung ihres Sicherstellungs- und Gewährleistungsauftrags (§ 70 I, 72 I SGB V) über die Erbringung der Sach- und Dienstleistungen Verträge mit den Leistungserbringern.[1160] Gegenstand der Verträge sind die in §§ 11 ff. SGB V im Einzelnen aufgeführten medizinischen Sach- und Dienstleistungen, die allgemeinen Bedingungen und das Verfahren für die Leistungserbringung und deren Kontrolle sowie das nähere über Voraussetzungen, Art, Umfang und Vergütung der Leistungen. Mit diesem – gesetzlich vorgegebenen – Inhalt sind die tatsächlich abgeschlossenen und die fiktiv geltenden Verträge nach § 109 I SGB V ihrer Rechtsnatur nach öffentlich-rechtliche, statusbegründende und synallagmatische Verträge.[1161] Der Gegenstand des Versorgungsvertrages, der für die Natur

49

[1156] Zum Krankenhausbegriff des SGB V bei → § 25 Rn. 37 ff.
[1157] Bei → § 27 Rn. 69 ff.
[1158] Becker/Kingreen/*Becker* SGB V § 110 Rn. 1.
[1159] Str., → Rn. 118 und Dettling/Gerlach/*Schrinner* Krankenhausrecht § 110 SGB V Rn. 2 mwN.
[1160] Zum Sachleistungsgrundsatz bei → § 9 Rn. 2 ff.
[1161] BSGE 78, 243 = NZS 1997, 177; st. Rspr. Peters/*Schmidt* § 39 SGB V Rn. 64; KassKomm/*Hess* § 109 SGB V Rn. 2; Hauck/*Noftz* SGB V K § 2 Rn. 82; *Quaas*, Der Versorgungsvertrag nach dem SGB V mit Krankenhäusern und Rehabilitationseinrichtungen, 21 f.; zur synallagmatischen Rechtsnatur der Versorgungsverträge in Bezug auf die Vergütungspflicht der Krankenkassen vgl. *Felix* SGb 2017, 181 (184 ff.).

des Rechtsverhältnisses zwischen Krankenhaus und Krankenkassen von ausschlaggebender Bedeutung ist,[1162] ist dem öffentlichen Recht auf dem Gebiet des Sozialversicherungsrecht zugeordnet, da er die Gewährung von Krankenhauspflege als Teil der den Krankenkassen obliegenden gesetzlichen Leistungen (§§ 27 und 39 SGB V) betrifft. Die Krankenhausbehandlung ist wiederum eine Leistung der GKV, die als Teil der Sozialversicherung ebenfalls öffentlich-rechtlicher Natur ist (vgl. §§ 4 I Nr. 1d SGB V).

50   Bei den zwischen den Krankenhäusern und den Krankenkassen tatsächlich oder fingiert abgeschlossenen Versorgungsverträgen handelt es sich darüber hinaus um sog. Norm-(setzungs-)Verträge, die nicht nur für die Vertragspartner, sondern auch und vor allem für die nicht am Vertrag beteiligten Dritten, deren Rechte und Pflichten mitgeregelt werden, unmittelbar verbindlich sind.[1163] Das ergibt sich (auch) aus der gesetzlichen Anordnung des § 109 I 3 SGB V, wonach die Landesverbände die Verträge mit Wirkung für ihre Mitgliedskassen abschließen, so dass ihr Regelungsgehalt für alle Krankenkassen im Inland verbindlich ist.[1164]

51   Der Versorgungsvertrag des § 109 SGB V ist ein öffentlich-rechtlicher Vertrag, der den Status des Krankenhauses als zur Versorgung der Versicherten zugelassene Einrichtung erst begründet[1165] und zugleich zwischen den Vertragsparteien und den kraft Gesetzes einbezogenenKrankenkassen synallagmatische Rechtsbeziehungen schafft.[1166]. Das gilt sowohl für den „echten" (§ 109 I 1 SGB V) wie für den „fingiert" abgeschlossenen (§ 109 I 2 2.HS SGB V) Versorgungsvertrag. Ein wesentlicher Unterschied besteht allerdings darin, dass bei fiktiv abgeschlossenen Versorgungsverträgen die daraus folgende Zulassung zur Krankenhausbehandlung in der GKV kraft Gesetzes erfolgt und insoweit die konstitutive Wirkung der Zulassung einschließlich ihres Inhalts und Umfangs vom Ergehen des Feststellungsbescheides nach § 8 I 3 KHG abhängt.[1167] Insoweit bestimmt der sich aus dem Feststellungsbescheid ergebende Versorgungsauftrag des Krankenhauses den Umfang der kraft Gesetzes bestehenden Zulassung zur Leistungserbringung in der GKV außerhalb von Notfällen.[1168]

52   Da sich der Versorgungsvertrag nach § 109 I SGB V auf diesen Inhalt beschränkt, stellt er sich seiner Rechtsnatur nach als verwaltungsrechtlicher Vertrag dar, auf den grundsätzlich die §§ 53 ff SGB X und ergänzend die Vorschriften des BGB entsprechende Anwendung finden.[1169] Allerdings bestehen auch insoweit Unterschiede zwischen beiden Vertragsformen: Der „echte" Versorgungsvertrag ist – seiner vertraglichen Natur entsprechend – nach den Grundsätzen auszulegen, die für (öffentlich-rechtliche) Verträge gelten ((§ 61 S. 2 SGB X iVm §§ 133, 157 BGB). Gegenstand der Auslegung des „fingierten" Versorgungsvertrages ist dagegen nicht der Versorgungsvertrag selbst, sondern der gestzlichen Fiktion zufolge der Feststellungsbescheid nach § 8 I 3 KHG, mit dem das Krankenhaus in den Krankenhausplan aufgenommen wurde und an den die Fiktion des § 109 I 2 2.HS SGB V anknüpft.[1170] Der Versorgungsauftrag des Plankrankenhauses und der weitere Inhalt des „fingierten" Versor-

---

[1162] Vgl. § 53 I SGB X; GemSOGB SozR 1500 § 51 Rn. 39, 48, 49; BVerfGE 97, 331 (335); *Engelmann* in von Wulffen SGB X, § 53, Rn. 7.
[1163] BSGE 28, 224 (225 f.); 29, 254 (255 f.); 73, 131 (132); 79, 239 (245); Hauck/*Noftz* SGB V K § 39 Rn. 152.
[1164] BSG SozR 4–2500 § 109 Nr. 7 Rn. 16; Dettling/Gerlach/*Schrinner* Krankenhausrecht § 109 SGB V Rn. 2.
[1165] BSG SozR 3–2500, § 109 Nr. 1; Becker/Kingreen/*Becker* SGB V § 109 Rn. 3.
[1166] Zu der auf dieser vertraglichen (!) Grundlage bestehenden Vergütungspflicht der Krankenkasse bei Krankenhausbehandlung vgl. *Felix*, SGb 2017, 181 (184 ff.).
[1167] KassKomm/*Hess* § 109 SGB V Rn. 2.
[1168] BSG U. v.23.6.2015 – B 1 KR 20/14 R, SozR 4. 2500 § 108 Nr. 4 Rn. 13.
[1169] Dettling/Gerlach/*Schrinner*, Krankenhausrecht, 2.A., § 109 SGB V Rn. 4.
[1170] BSG U. v. 23.6.2015 – B 1 KR 20/14 R – juris Rn. 19; dies übersieht SG Karlsruhe U. v. 5.7.2017 – S 19 KR 1179/14 (n. rkr.).

gungsvertrages ergibt sich damit durch Auslegung des Feststellungsbescheides als Konkretisierung des Krankenhausplans, dessen Festlegungen damit in die Auslegung miteinzubeziehen sind. Mittelbar schließt dies die Auslegung der jeweils maßgebenden Bestimmungen der Weiterbildungsordnung (WBO) als Grundlage der Fachgebietsbestimmung des Krankenhausplans ein[1171].

b) Zustandekommen des Versorgungsvertrages. aa) Vertragsschluss bei Vertragskrankenhäusern. Der (echte) Versorgungsvertrag kommt durch Einigung der Vertragsparteien zustande.[1172] Die Einigung setzt einander korrespondierende, inhaltlich übereinstimmende Willenserklärungen (Angebot und Annahme) voraus. Fehlt eine solche Willensübereinstimmung, ist ein Versorgungsvertrag nicht geschlossen. Die Grundsätze über den offenen oder versteckten Einigungsmangel[1173] sind ebenso wie sonstige Vorschriften des BGB über die Abgabe und die Annahme einschließlich der Anfechtbarkeit von Willenserklärungen anwendbar.[1174] Das Erfordernis der Willensübereinstimmung wird durch das Gesetz dadurch verstärkt, dass auf Seiten der Krankenkasse die Landesverbände und die Ersatzkassen „gemeinsam" das Angebot des Krankenhausträgers auf Abschluss eines Versorgungsvertrages anzunehmen haben. Da die gemeinsame Entscheidung nur einheitlich getroffen werden kann, hat ihr bei fehlender Einigung eine Mehrheitsentscheidung vorauszugehen.[1175] Das Zusammenwirken von Trägern mittelbarer Landes- und Bundesverwaltung (der Krankenkassen) durch eigenständige Willenserklärungen beim Abschluss eines Versorgungsvertrages mit der Folge eines einheitlichen Ergebnisses ist vor dem Hintergrund der Zielsetzung des § 109 SGB V verfassungsrechtlich nicht zu beanstanden.[1176]

53

Aus Gründen der Rechtssicherheit schreibt § 109 I 1 SGB V für den Versorgungsvertrag die Schriftform vor. Rechtsfolge des Formmangels ist die Nichtigkeit des Vereinbarten.[1177] Welche Formerfordernisse im Einzelnen erfüllt sein müssen, regelt weder das SGB V noch das SGB X. Heranzuziehen sind deshalb die Vorschriften des § 126 BGB iVm § 61 S. 2 SGB X. Hieraus folgt: Die gesetzliche Schriftform erfordert die Unterzeichnung auf einer Urkunde (Schriftstück). Sie muss die Vertragspartner (nicht notwendig auch die zum Abschluss berechtigten Vertreter) bezeichnen. Die Unterzeichnung aller Vertragsparteien muss auf derselben Urkunde erfolgen – Grundsatz der Urkundeneinheit (§ 126 II 1 BGB).[1178]

54

bb) Fiktion bei Hochschulkliniken und Plankrankenhäusern. Bei Hochschulkliniken und Plankrankenhäusern fingiert § 109 I 2 SGB V den Abschluss von Versorgungsverträgen. Die Zulassung dieser Krankenhäuser erfolgt durch einen „doppelfunktionelln" Verwaltungsakt, da zugleich mit der (hochulrechtlichen) Anerkennung bzw. Aufnahme in den Krankenhausplan der Status als zugelassenes Krankenhaus begründet wird.[1179]

55

Für die Anerkennung als Hochschulklinik verweist § 109 I 2 SGB V auf die landesrechtlichen Vorschriften, d. h. auf die hochschulrechtlichen Vorschriften des jeweiligen Landes.[1180] Insoweit macht das Bundesrecht keine Vorgaben zur Rechtsform und dem Verfahren der Anerkennung. Der Begriff der Hochschulklinik ist aber bundesrechtlich geprägt.[1181]

56

[1171] BSG aaO; zur Auslegung von Feststellungsbescheiden nach § 8 I 3 KHG → § 26 Rn. 582 ff.
[1172] § 109 Abs. 1 S. 1 SGB V.
[1173] §§ 154 ff. BGB.
[1174] BSG SozR 3–4100, § 81 Nr. 1; Prütting/*Quaas* § 109 SGB V Rn. 7.
[1175] § 211a SGB V, str. vgl. Giesen/Rolfs/Kreikebohm/Udsching/*Kingreen*, Beck-OK zum Sozialgesetzbuch § 109 Rn. 4.
[1176] BSG SGb 2009, 360 mAnm *Felix*.
[1177] §§ 58 Abs. 1 SGB X iVm § 125 BGB.
[1178] § 126 Abs. 2 S. 1 BGB; BSG SozR 3–2500 § 120 Nr. 3; Prütting/*Quaas*, § 109 SGB V Rn. 8.
[1179] Prütting/*Quaas* § 109 SGB V Rn. 11.
[1180] BT-Drs. 16/814, 24.
[1181] Prütting/*Quaas* § 108 SGB V Rn. 8.

57   Bei Plankrankenhäusern tritt die gesetzliche Fiktion mit der Aufnahme in den Krankenhausplan ein.[1182] Da der Krankenhausplan nach ständiger Rechtsprechung des BVerwG keine Rechtsvorschrift, sondern lediglich ein „Verwaltungsinternum" darstellt,[1183] gibt es eine förmliche Aufnahme in den Krankenhausplan, an die die Fiktion anknüpft, im eigentlichen Sinne nicht. Gemeint ist der die Krankenhausplanaufnahme umsetzende Feststellungsbescheid nach § 8 I 3 KHG.[1184]

58   **cc) Zeitpunkt der Zulassung.** Der Abschluss des Versorgungsvertrages bzw. dessen gesetzliche Fiktion verleiht dem Krankenhaus den „Status" als zugelassenes Krankenhaus (§ 108 SGB V). Nach der Rechtsprechung des BSG wirkt dies grundsätzlich ex nunc, da mit der Zulassung Rechte und Pflichten begründet werden, deren Erfüllung für die Vergangenheit nicht möglich ist[1185] Der genaue Zeitpunkt des Wirksamwerdens der Zulassung ist bei dem „echten" Versorgungsvertrag der der Bekanntgabe der Genehmigung nach § 109 III 2 SGB V[1186] Wird der Vertragsschluss seitens der Landesverbände der Krankenkasse unter Verkennung der gesetzlichen Vorgaben des § 109 II, III SGB V, also rechtswidrig verweigert, kommt eine Zulassung des (Vertrags-)Krankenhauses durch ein die Genehmigung nach § 109 III 2 SGB V ersetzendes Gerichtsurteil in Betracht[1187] Ein stattgebendes Urteil wirkt ebenfalls nur für die Zukunft[1188]

3. Inhaltliche Vorgaben für den Vertragsschluss

59   **a) Eingeschränkte Vertragsfreiheit.** Das in § 109 I 1 SGB V festgelegte Konsensprinzip schließt den Grundsatz der Vertragsfreiheit der Vertragspartner ein. Krankenhäuser und Krankenkassenverbände haben jedoch keine volle Vertragsfreiheit. Sie können weder über den Abschluss noch über den Inhalt der Verträge frei verfügen. Abschlusspflicht und Vertragsinhalt ergeben sich weitgehend aus dem Gesetz.[1189]

60   Darüber hinaus ist bezüglich des Vertragsinhalts zwischen den Versorgungsverträgen nach §§ 108 Nr. 3, 109 SGB V und den zweiseitigen Verträgen über Krankenhausbehandlung nach § 112 SGB V zu unterscheiden: Die Modalitäten der Krankenhausbehandlung in dem zugelassenen Krankenhaus sind nicht in dem Versorgungsvertrag, sondern in den zweiseitigen Verträgen gem. § 112 SGB V zu regeln, die für die zugelassenen Krankenhäuser unmittelbar verbindlich sind.[1190] Diese zweiseitigen Verträge, welche zwischen den Landesverbänden der Krankenkassen und den Verbänden der Ersatzkassen mit den Landeskrankenhausgesellschaften oder sonstigen Vereinigungen der Krankenhausträger im Land geschlossen werden, regeln

---

[1182] § 109 Abs. I 2 SGB V verweist noch auf den veralteten Begriff des „Krankenhausbedarfsplans", während S. 5 des Abs. 1 – zutreffend – den Begriff des Krankenhausplans im Sinne des § 6 Abs. I KHG verwendet.

[1183] BVerwGE 62, 86, 72, 38; 82, 209; dazu → § 26 Rn. 432.

[1184] Unschädlich ist, dass §§ 108 Nr. 3 und 109 Abs. 1 S. 2 SGB V nur die Aufnahme in den Krankenhausplan eines Landes – und nicht den Feststellungsbescheid – erwähnen. Insbesondere kann daraus nicht geschlossen werden, dass damit die Rechtsprechung des BVerwG zum fehlenden Rechtsnormcharakter des Krankenhausplans überholt sei. – so aber jurisPK SGB V/ *Wahl*, § 108 Rn. 19; allerdings verweist § 109 I 2 2. Alt. SGB V – redaktionell ungenau – auf § 8 I 2 KHG statt – korrekt – auf § 8 Abs. I 3 KHG, vgl. Dettling/Gerlach/*Schrinner* Krankenhausrecht § 109 SGB V Rn 7.

[1185] BSG U. v. 16.5.2012 – B 3 KR 9/11 R, GesR 2013, 95 Rn. 45; BSGE 78, 243 (248); Dettling/Gerlach/*Schrinner* Krankenhausrecht § 109 SGB V Rn. 5.

[1186] BSG GesR 2006, 368.

[1187] BSG U. v.16.5.2012 – B 3 KR 9/11 R, GesR 2013, 95.

[1188] BSG aaO Rn. 45.

[1189] § 109 SGB V.

[1190] § 112 Abs. 2 S. 2 SGB V.

(1) die allgemeinen Bedingungen der Krankenhausbehandlung (Aufnahme, Entlassung, Kostenübernahme etc.),
(2) die Überprüfung der Notwendigkeit und Dauer der Krankenhausbehandlung,
(3) Verfahrens- und Prüfungsgrundsätze für Wirtschaftlichkeits- und Qualitätsprüfung,
(4) die soziale Betreuung und Beratung der Versicherten im Krankenhaus und
(5) den nahtlosen Übergang von der Krankenhausbehandlung zur Rehabilitation oder Pflege.[1191]

Deshalb beschränkt sich der Inhalt des Versorgungsvertrages, soweit ein Vertragsschluss nach § 109 I 1 SGB V erfolgt, im Wesentlichen auf die Teilnahmeberechtigung und Teilnahmeverpflichtung des Krankenhauses an der Krankenhausbehandlung.[1192] Solange und soweit allerdings Verträge nach § 112 SGB V nicht verbindlich in Kraft getreten sind, ist es unbedenklich, allgemeine Bedingungen der stationären Behandlung im gesetzlich zulässigen Rahmen vorbehaltlich des Inkrafttretens eines Vertrages nach § 112 SGB V als Inhalt des Versorgungsvertrages nach § 109 SGB V zu vereinbaren. 61

b) Ablehnung des Vertragsangebotes. aa) Rechtsnatur der Ablehnungsentscheidung. Die Absätze 2 und 3 des § 109 SGB V regeln die Voraussetzungen, unter denen das Angebot des Krankenhauses auf Abschluss eines Versorgungsvertrages nach § 108 Nr. 3 SGB V durch die Landesverbände der Krankenkassen und die Ersatzkassen abgelehnt werden kann (Abs. 2) bzw. muss (Abs. 3). Zur Rechtsnatur der Entscheidung über die Ablehnung des Vertragsangebotes schweigt das Gesetz. Nach inzwischen gefestigter Rechtsprechung des BSG ist die Ablehnung als Verwaltungsakt (VA)[1193] zu werten, gegen den der betroffene Krankenhausträger Widerspruch und ggf. Klage erheben kann.[1194] Diese Rechtsprechung geht davon aus, dass bei Entscheidungen über den Abschluss eines Versorgungsvertrages mit Krankenhäusern die Gesamtheit der in § 109 Abs. I 1 SGB V genannten Krankenkassenverbände als Behörde im Sinne von § 1, II SGB X anzusehen ist. Im Anschluss an die Rechtsprechung des BVerfG zu den Arbeitsgemeinschaften gem. § 44b SGB II[1195] lässt das BSG offen, ob mit der in § 109 I SGB V vorgesehenen Beteiligung der Landesverbände und der der Bundesaufsicht unterstehenden Ersatzkassen eine verfassungsrechtlich bedenkliche Mischverwaltung vorliegt. Jedenfalls ist das Zusammenwirken von Trägern mittelbarer Landes- und Bundesverwaltung durch eigenständige Willenserklärungen beim Abschluss – und demgemäß auch bei der Ablehnung – eines Versorgungsvertrages vor dem Hintergrund der Zielsetzung des § 109 SGB V verfassungsrechtlich nicht zu beanstanden.[1196] Sollten dagegen die vom BVerfG entwickelten Grundsätze auf den Bereich der mittelbaren Staatsverwaltung durch die Krankenkassen zu übertragen sein, dürfte – so eine neuere Entscheidung des BSG[1197] – die Ablehnungsentscheidung der Krankenkassen eher als schlichte Willenserklärung statt als VA auszulegen sein. Die auf Zustimmung gerichtete Leistungsklage beträfe dann nicht eine, sondern zwei Willenserklärungen, nämlich jene der Krankenkassen als Organe der mittelbaren Staatsverwaltung auf Landesebene einerseits und jenen der Ersatzkassen als Organe der mittelbaren Staatsverwaltung auf Bundesebene andererseits.[1198] 62

bb) Ablehnungsgründe. Die Landesverbände der Krankenkassen und die Ersatzkassen gemeinsam haben im Rahmen einer zweistufigen Prüfung darüber zu befinden, ob – erstens – 63

[1191] Vgl. § 112 Abs. 2 S. 1 bis 5 SGB V.
[1192] KassKomm/*Hess* § 112 SGB V Rn. 2.
[1193] § 31 S. 1 SGB X.
[1194] BSGE 78, 233 (243); SozR 3–2500 § 109 SGB V Nr. 3; NZS 1998, 427. krit. u. a. Dettling/Gerlach/*Schrinner* Krankenhausrecht § 109 SGB V Rn. 6.
[1195] BVerfGE 119, 331.
[1196] BSG SGb 2009, 360.
[1197] BSG U. v. 16.5.2012 – B 3 KR 9/11 R, GesR 2013, 55 Rn. 21.
[1198] BSG aaO.

einer der Versagungsgründe des § 109 III 1 Nr. 1 – 3 SGB V eingreifen verneinendenfalls – zweitens – die Voraussetzungen des § 109 II SGB V zu Gunsten des sich bewerbenden Krankenhauses vorliegen.[1199] Die insoweit geforderten materiell-rechtlichen Voraussetzungen sind fast wortgleich der Vorschrift über die Aufnahme eines Krankenhauses in den Krankenhausplan[1200] entnommen. Dies ist kein Zufall, denn der Gesetzgeber wollte aus Gründen der „Gleichbehandlung" eine weitgehende Gleichstellung von Plankrankenhäusern und Vertragskrankenhäusern im Sinne des damaligen § 371 RVO aF.[1201]

64   Die in § 109 III 1 Nr. 1 bis 3 SGB V aufgeführten Ablehnungsgründe sind zwingend. Bei ihrem Vorliegen besteht für die Krankenkassenverbände ein Kontrahierungsverbot, während das frühere Recht lediglich ein Ablehnungsrecht statuierte. Die Merkmale der „Leistungsfähigkeit", „Wirtschaftlichkeit", „Qualität" und „Bedarfsgerechtigkeit" sind unbestimmte Rechtsbegriffe, die gerichtlich voll überprüfbar sind. Stellt sich nach Abschluss eines Versorgungsvertrages heraus, dass das Krankenhaus doch nicht die Gewähr für eine leistungsfähige, wirtschaftliche und qualitativ hochwertige Behandlung bietet und nicht bedarfsgerecht ist, führt dies indessen nicht zur Nichtigkeit des Versorgungsvertrages, sondern nur zu dessen Kündbarkeit nach § 110 I SGB V.[1202]

65   Die Ablehnungsgründe sind alternativ, d. h. sie führen je für sich zur Ablehnung des Vertragsangebotes. Sie berücksichtigen in Nr. 1 das Gebot der wirtschaftlichen Leistungserbringung in der gesetzlichen Krankenversicherung nach § 12 SGB V, in der durch das KHSG (2016) neu aufgenommenen Nr. 2 das in § 1 I KHG gleichzeitig festgeschriebene Ziel einer qualitäts- und patientengerechten Krankenhausversorgung und in Nr. 3 die Belange der Krankenhausplanung. Durch diese Voraussetzungen soll sichergestellt werden, dass die finanzielle Stabilität in der gesetzlichen Krankenversicherung nicht durch eine ungeordnete Zunahme insbesondere nicht bedarfsnotwendiger Krankenhauskapazitäten gefährdet wird.[1203]

66   **(1) Leistungsfähigkeit.** Dem Kriterium der Leistungsfähigkeit dürfte im Rahmen des § 109 SGB V keine große eigenständige Bedeutung zukommen, da schon nach § 107 I SGB V gewisse Anforderungen an ein Krankenhaus gestellt werden, die weitgehend mit dem Begriff der Leistungsfähigkeit in § 109 III 1 SGB V übereinstimmen.[1204] Im Übrigen kann bezüglich dieses in Nr. 1 genannten Kriteriums für die Auslegung auf die Rechtsprechung des BVerwG zurückgegriffen werden, die ihrerseits auch das BSG zu Grunde legt.[1205]

67   **(2) Wirtschaftlichkeit.** Mit dem Kriterium der Wirtschaftlichkeit (§ 109 III 1 Nr. 1 SGB V) wird das Preis-Leistungsverhältnis angesprochen. Die Wirtschaftlichkeit der Einrichtung kann deshalb nicht losgelöst von der Leistungsfähigkeit beurteilt werden. Als wirtschaftlich kann nur dann eine personelle und sachliche Ausstattung einer Einrichtung angesehen werden, die dem Versorgungsauftrag der Einrichtung angemessen ist.[1206] Ist die Ausstattung wesentlich aufwändiger, als es der Versorgungsauftrag erfordert, kann Unwirtschaftlichkeit vorliegen. Im Übrigen dürfte auch dem Kriterium der Wirtschaftlichkeit für den Abschluss des Versorgungsvertrages keine große Bedeutung zukommen. Soweit der „Preis" angesprochen ist, steht rechtlich erst nach Abschluss des Versorgungsvertrages fest, welcher

---

[1199] *Quaas* NJW 1989, 2933.
[1200] § 8 Abs. 2 KHG.
[1201] Vgl. Gesetzentwurf der Bundesregierung vom 29.4.1988 – BR–Drs. 200/88 zu § 116 Abs. 2 SGB V und Gegenäußerung der Bundesregierung vom 15.6.1988 – BT-Drs. 11/2493 zu §§ 117, 118 Abs. 1 S. 2 SGB V.
[1202] Krauskopf/*Knittel* Soziale Krankenversicherung/Pflegeversicherung § 109 SGB V Rn. 8.
[1203] Amtl. Begründung zu § 117 GRG E, BT-Drs. 11/2237, 197.
[1204] Krauskopf/*Knittel* Soziale Krankenversicherung/Pflegeversicherung § 109 SGB V Rn. 9.
[1205] BSGE 81, 190; s. a. Spickhoff/*Szabados* § 109 SGB V Rn. 6.
[1206] Krauskopf/*Knittel* Soziale Krankenversicherung/Pflegeversicherung § 109 SGB V Rn. 10; SG Stuttgart B. v. 27.7.1998, S. 4, KR 3405/98.

Preis für die Leistung des Krankenhauses zu zahlen ist. Erst ab diesem Zeitpunkt sind die Krankenkassen verpflichtet, mit dem Krankenhausträger Pflegesatzverhandlungen zu führen.[1207] Kleinen Einrichtungen kann im Übrigen gegenüber größeren Häusern nicht von vornherein die Wirtschaftlichkeit abgesprochen werden. Solche Einrichtungen kommen dank ihrer Spezialisierung oft mit geringerem Aufwand aus und beschränken sich eher auf notwendige Behandlungen.[1208]

(3) Bedarfsgerechtigkeit. Entscheidendes Kriterium für den Abschluss eines Versorgungsvertrages ist in der Praxis die Bedarfsgerechtigkeit (§ 109 III 1 Nr. 3 SGB V). Das Gesetz definiert diesen Begriff nicht. Insoweit kann wegen der Regelungsparallelität in § 109 II, III SGB V und § 8 II KHG zunächst auf die Rechtsprechung des BVerwG zur Bedarfsgerechtigkeit von Krankenhäusern bei Aufnahme oder Nicht-Aufnahme in den Krankenhausplan zurückgegriffen werden.[1209] Allerdings folgt aus dem Nebeneinander der beiden Regelungsgefüge nach Auffassung des BSG ein – faktischer – Vorrang der Plankrankenhäuser.[1210] Solange der bestehende Bedarf von Krankenhausbetten durch Plankrankenhäuser gedeckt wird, kommt der Abschluss eines Versorgungsvertrags nach § 109 SGB V nicht in Betracht. Die Fiktion des Versorgungsvertrages von Plankrankenhäusern nach § 108 S. 2 SGB V schließt es aus, den für zugelassene Plankrankenhäuser gedeckten Bedarf dahin zu prüfen, ob das einen Versorgungsvertrag begehrende Krankenhaus diesen Bedarf besser decken kann als die bereits zugelassenen Plankrankenhäuser. Es ist daher irrelevant, ob das in Frage stehende Krankenhaus besser ausgelastet ist als Plankrankenhäuser[1211] oder ob es wirtschaftlicher, leistungsfähiger oder qualitativ höherwertig einzustufen ist. Zu der in § 109 II 2 SGB V angesprochenen „notwendigen" Auswahlentscheidung zwischen mehreren geeigneten Krankenhäuser, die sich um den Abschluß eines Versorgungsvertrages bewerben, kommt es daher erst und nur dann, wenn nach ordnungsgemäß durchgeführter Bedarfsprüfung im Einzugsbereich des Krankenhauses noch ein Bedarfsdefizit besteht, um dessen Deckung sich mehrere Krankenhäuser bewerben. Ist Letzteres nicht der Fall, bekommt das sich bewerbende Krankenhaus den Zuschlag. Ergibt sich dagegen nach durchgeführter Bedarfsprüfung, dass die (in den Plan- und ggfs. Vertragskrankenhäusern) vorhandenen Betten den Bedarf übersteigen, ist das sich bewerbende Krankenhaus nicht bedarfsgerecht[1212] und sein Angebot abzulehnen. Vertragskrankenhäuser nach § 108 Nr. 3 SGB V sind insoweit „ergänzende Krankenhäuser aufgrund koordinierender Planung".[1213]

Der durch die Rechtsprechung betonte Vorrang der Plankrankenhäuser besteht gleichwohl nicht uneingeschränkt. Insoweit ist zu berücksichtigen, dass der auch im Recht der GKV verankerte Gedanke eines Wettbewerbs zwischen den jeweiligen Leistungserbringern um die leistungsfähigste und wirtschaftlichste Versorgung der Versicherten durch ein gewisses „Überangebot" an Krankenhausbetten gefördert wird und ein solches – maßvolles – „Überangebot" weder den Zielen der Krankenhausplanung nach dem KHG noch der vertraglichen Krankenhauszulassung nach § 108 Nr. 3, 109 SGB V entgegensteht.[1214] Sowohl im KHG als auch bei § 109 SGB V ist von einem in etwa gleichen Bedarf an Krankenhausbetten auszugehen. Maßgeblich ist in beiden Rechtssystemen der tatsächlich auftretende und zu ver-

---

[1207] § 109 IV 3 SGB V.
[1208] → § 26 Rn. 483.
[1209] Dazu → § 26 Rn. 460 ff.
[1210] BSGE 78, 233; 243; SozR 2500 § 109 SGB V, 3 in NZS 1998, 427; zuletzt BSG U. v. 16.5.2012 – B 3 KR 9/11 R juris, Rn. 39; dazu *Quaas* – f&w 2012, 683.
[1211] Während im Rahmen des KHG der Belegungsgrad einer Klinik ein Indiz für ihre Bedarfsgerechtigkeit sein kann, vgl. BVerwGE 59, 258 (264).
[1212] LSG BW U. v. 30.9.2014 – L 11 KR 4432/12 ZVW – UA S. 25.
[1213] BSGE 101, 177, U. v. 16.5.2012 – B 3 KR 9/11 R, GesR 2013, 95 Rn. 39; zur ergänzenden Versorgungsfunktion von Vertragskrankenhäusern s.a. BVerwG U. v. 14.4.2011 – 3 C 17.10 – juris; *Stollmann* NZS 2004, 350 (354).
[1214] BSG U. v. 16.5.2012 – B 3 KR 9/11 R, GesR 2013, 95 Rn. 42.

sorgende Bedarf der gesamten Bevölkerung (einschließlich aller GKV-Versicherten) und nicht etwa ein mit dem tatsächlichen Bedarf nicht übereinstimmender erwünschter Bedarf.[1215] Bei der Frage, ob ein Krankenhaus zur bedarfsgerechten Versorgung der GKV-Versicherten erforderlich ist, handelt es sich deshalb um eine tatsächliche Feststellung, die das Tatsachengericht gem. § 128 I 1 SGG nach seiner freien, aus dem Gesamtergebnis des Verfahrens gewonnen Überzeugung trifft. Der Krankenhausplan hat insoweit keine Tatbestands- oder Bindungswirkung.[1216] Er bindet nur intern die Krankenhausplanungsbehörden, nicht aber die Krankenkassen. Gegen die Bindungswirkung des Krankenhausplans spricht zusätzlich, dass die Krankenkassen mit dem Abschluss eines Versorgungsvertrages den ihnen obliegenden Versorgungsauftrag erfüllen. Dieser Auftrag ist bundeseinheitlich zu gewährleisten und kann daher auch aus kompetenzrechtlichen Gründen nicht durch den in die Zuständigkeit der Länder fallenden Krankenhausplan gebunden werden.[1217] Zudem ist der Krankenhausplan von wertenden und ordnungspolitisch lenkenden Elementen geprägt, die auch insoweit die Krankenkassen nicht binden können. Der Versorgungsvertrag ist eine versorgungsspezifische Entscheidung, mit der die Krankenkassen letztlich ihrem Sicherstellungsauftrag nachkommen. Die dem Krankenhausplan zu Grunde liegende Bedarfsanalyse und Bedarfsberechnung ist daher bei einem Antrag auf Abschluss eines Versorgungsvertrages von den Krankenkassen und im Rechtsstreit auch von den Gerichten voll zu überprüfen.[1218]

70 Die Bedarfsprüfung nach Abschluss eines Versorgungsvertrages nach § 108 Nr. 3 iVm § 109 III 1 Nr. 3 SGB V setzt nach der neueren Rechtsprechung des BSG die Festlegung eines fachlichen Vergleichsbereiches und die Feststellung des räumlichen Einzugsbereiches voraus, in dem das Vertragskrankenhaus seine Leistungen erbringt. Darüber hinaus ist zu ermitteln, wie hoch der tatsächliche Bettenbedarf bezogen auf den fachlichen Vergleichsbereich in dem räumlichen Einzugsbereich ist und in welchem Umfang dieser tatsächliche Bedarf bereits gedeckt ist. Dazu ist festzustellen, welche Bettenkapazität die bereits über eine Zulassung verfügenden Krankenhäuser in diesem Einzugsgebiet für jene stationären Leistungen vorhalten, die dem von dem Bewerber angebotenen Leistungskatalog ganz oder teilweise entsprechen.[1219]

71 Bei der Festlegung des fachlichen Vergleichsbereiches zwischen dem Leistungskatalog des Bewerbers und dem Konkurrenzangebot der dort existierenden zugelassenen Krankenhäuser ist maßgeblich, ob die Fachgebietsbezeichnungen und Schwerpunktbezeichnungen der ärztlichen Weiterbildungsordnung der jeweiligen Landesärztekammer sowie auf den Krankenhausplan des jeweiligen Landes abzustellen, der seinerseits auf die Fachgebiets- und Schwerpunktbezeichnungen der maßgeblichen WBO zurückgreift. Dabei können Abweichungen in den Fällen gerechtfertigt sein, in denen Fachgebiete neu zugeschnitten werden oder sich sonst Besonderheiten aus dem Inkrafttreten einer WBO und entsprechender Übergangsvorschriften ergeben.[1220]

72 Der räumliche Versorgungsbereich entspricht dem Einzugsbereich des Krankenhauses, das den Versorgungsvertrag begehrt. Nach der insoweit heranzuziehenden Rechtsprechung sowohl des BVerwG als auch der Sozialgerichte im Bereich der bedarfsgesteuerten vertragsärztlichen Versorgung (§ 99 SGB V) erfolgt die räumliche Abgrenzung in Anlehnung an die kommunalen Gliederungen. Dies gilt, soweit das Leistungsangebot wohnortnah erfolgen soll, also das Leistungsspektrum des Krankenhauses der Grundversorgung zuzurechnen ist. Bei Krankenhäusern, die aufgrund ihrer Spezialisierung auf einen größeren, überörtlichen Be-

---

[1215] BSGE 78, 233 (241); 88, 111 (114); U. v. 16.5.2012 – B 3 KR 9/11 R, GesR 2013, 95 Rn. 42; ebenso BVerwGE 72, 38 (47).
[1216] BSGE 78, 233 (243); U. v. 16.5.2012 – B 3 KR 9/11 R, GesR 2013, 95 Rn. 43.
[1217] BSG U. v. 16.5.2012 – B 3 KR 9/11, GesR 2013, 95, Rn. 43; *Meßling* SGb 2011, 257 (261 f.).
[1218] BSG aaO; *Quaas* f&w 2012, 683 ff.
[1219] BSG U. v. 16.5.2012 – B 3 KR 9/11 R, GesR 2013, 95 Rn. 44 ff.
[1220] BSG aaO.

reich zugeschnitten sind – z. B. bei einer Spezialklinik für Brandverletzungen – muss der Einzugsbereich entsprechend weiter festgelegt werden und kann sogar ganze Regionen erfassen, Landesgrenzen überschreiten oder das gesamte Bundesgebiet beinhalten.[1221]

Maßgebender Zeitpunkt für die gerichtliche Überprüfung der Bedarfsberechnung ist grundsätzlich der der letzten mündlichen Verhandlung vor dem Tatsachengericht[1222] Das schließt nicht aus, dass es entscheidungserheblich auf das Vorliegen von Voraussetzungen zum Abschluss des Versorgungsvertrages, insbesondere denen der Bedarfsgerechtigkeit (§ 109 III 1 Nr. 3 SGB V), ankommen kann, die zwar im Zeitpunkt des Antrags des Krankenhauses, nicht aber (mehr) zu dem der letzten mündlichen Verhandlung vor der Tatsacheninstanz vorgelegen haben. Hätten die Landesverbände dem Vertragsschluss damals zustimmen müssen und kam auch in der Folgezeit bis zur gerichtlichen Entscheidung keine Kündigung nach § 110 SGB V in Betracht, besteht ein gerichtlich durchsetzbarer Anspruch auf Abschluss des Versorgungsvertrages für die Zukunft.[1223] Ein solcher Antrag des Krankenhauses muss allerdings inhaltlich so gefasst sein, dass mit seiner Annahme klar ist, mit welchem Träger und für welche Klinik der Versorgungsvertrag zustande kommen soll.[1224]

(4) Qualität der Krankenhausbehandlung. Das Erfordernis einer qualitativ hochwertigen Krankenhausbehandlung als weitere (vierte) Abschlussvoraussetzung für das Zustandekommen eines Versorgungsvertrages (§ 109 III 1 Nr: 2 SGB V) ist durch das KHSG (2016) eingefügt worden. Insoweit kombiniert der Gesetzgeber die ebenfalls durch das KHSG aufgestellten Voraussetzungen für die Aufnahme eines Krankenhauses in den Krankenhausplan gemäß § 8 I a und b KHG, die zur Sicherung der Qualität in der Krankenhausbehandlung an die vom G-BA beschlossenen Qualitätsindikatoren nach § 136c SGB V als Bestandteil des jeweiligen Krankenhausplans eines Landes oder an die (ersatzweise) vom Land beschlossenen Qualitätsvorgaben angebunden sind[1225]. Zur Ablehnung eines Versorgungsvertragsangebotes führt auch, wenn das Krankenhaus in höchstens drei Jahren in Folge Qualitätsabschläge nach § 5 III a KHEntgG hat hinnehmen müssen Damit diese Voraussetzung eintreten kann, muss es sich allerdings um ein bereits zugelassenes Krankenhaus (§ 108 SGB V) handeln, da nur ein solches Qualitätsabschläge nach § 5 III a KHEntgG vereinbaren kann. Die praktische Bedeutung dieses Ablehnungsgrundes dürfte daher eher im Kündigungsrecht der Landesverbände nach § 110 I 2 SGB V liegen.[1226]

cc) Rechtsanspruch und Wahlfreiheit des Krankenhausträgers. Die Annahme oder Ablehnung des Angebotes auf den Abschluss eines Versorgungsvertrages steht – entgegen der etwas missverständlichen Formulierung in § 109 II SGB V – nicht im Ermessen der Landesverbände. Ist ein Krankenhaus bedarfsgerecht und bietet es die Gewähr für eine leistungsfähige, wirtschaftliche und qualitativ hochwertige Krankenhausbehandlung der Versicherten,[1227] hat sein Träger einen Rechtsanspruch auf Abschluss eines Versorgungsvertrages. Dies hat das BSG schon zu § 371 II RVO entschieden[1228] und daran zu § 109 SGB V festgehalten.[1229] Die einen Rechtsanspruch von vornherein verneinende Auslegung des § 109 SGB V ist mit den Grundrechten der Krankenhausbetreiber, insbesondere der Berufsfreiheit

---

[1221] BSG U. v. 16.5.2012 – B 3 KR 9/11 R, GesR 2013, 95 Rn. 65.
[1222] BSG aaO Rn. 45.
[1223] BBSG aaO.
[1224] LSG BW U. v.30.9.2014 L 11 KR 4432/12 ZVW – UA S. 23.
[1225] Zur – insbesondere verfassungsrechtlichen – Problematik dieser Voraussetzungen und deren Auslegung → § 26 Rn. 630 ff.
[1226] → Rn. 97 ff.
[1227] § 109 Abs. 3 S. 1 SGB V.
[1228] BSGE 59, 258 (260).
[1229] BSGE 78, 233 (243); BSG U. v. 16.5.2012 – B 3 KR 9/11 R, GesR 2013, 55; s. a. Krauskopf/*Knittel* Soziale Krankenversicherung/Pflegeversicherung § 109 SGB V Rn. 12; Hauck/Noftz/*Klückmann* SGB V K § 109 Rn. 23 f.

aus Art. 12 Abs. 1 GG nicht zu vereinbaren.¹²³⁰ Mit Rücksicht darauf kann ein Krankenhausträger, der die Zulassung zur stationären Versorgung der GKV-Versicherten begehrt, nicht darauf verwiesen werden, er könne seine Rechte durch einen Antrag auf Aufnahme in den Krankenhausplan nach dem KHG verfolgen. Dagegen spricht schon, dass die Stellung als Plankrankenhaus in erster Linie zur Inanspruchnahme von Förderleistungen nach dem KHG berechtigt und der Zulassungsstatus nach § 108 Nr. 2 SGB V dazu lediglich eine Nebenfolge darstellt.

76 Wenn ein Krankenhausträger – aus welchem Grund auch immer – auf eine Förderung keinen Wert legt, darf er nicht durch die Versagung eines einklagbaren Rechtsanspruches gezwungen werden, dennoch den Weg über die Aufnahme in den Krankenhausplan zu beschreiten, statt den Abschluss eines Versorgungsvertrags nach § 108 Nr. 3 SGB V anzustreben. Der Betreiber eines Krankenhauses hat vielmehr die Wahl, ob er die Zulassung zur Versorgung der Versicherten mit stationären Leistungen durch die Aufnahme in den Krankenhausplan (Plankrankenhaus, § 108 Nr. 2 SGB V) oder durch den Abschluss eines Versorgungsvertrages (Vertragskrankenhaus, § 108 Nr. 3 SGB V) zu erreichen versucht. Er kann sein Wahlrecht nach Zweckmäßigkeitsgesichtspunkten ausüben und ist nicht gehalten, zunächst den Weg über die Planaufnahme zu beschreiten.¹²³¹ Ein Auswahlermessen der Landesverbände besteht deshalb nur für die Fallgestaltung, dass bei einem nicht gedeckten Bedarf zwischen mehreren geeigneten Krankenhäusern, die sich gleichzeitig um den Abschluss eines Versorgungsvertrages bewerben, eine Auswahl erforderlich wird, weil die Zulassung aller Bewerber den Bedarf wieder überstiege. Allerdings setzt der Rechtsanspruch auf Abschluss eines Versorgungsvertrages nicht voraus, dass bereits vor Vertragsschluss eine entsprechende Einrichtung betrieben wird.¹²³² Im Übrigen kommt eine Auswahlentscheidung nur solange in Betracht, als nicht der Bedarf bereits durch den Abschluss eines Versorgungsvertrages mit einem konkurrierenden Krankenhausträger gedeckt ist.¹²³³ Sobald ein den Bedarf deckender Versorgungsvertrag mit einem Bewerber (wirksam) geschlossen ist, entfällt mangels Bedarfs die Zulassungsmöglichkeit des Konkurrenten. Das BSG verneint zutreffend die Erforderlichkeit einer Zustimmung des Mitbewerbers zu dem Vertrag nach § 57 I SGB X, da kein subjektives öffentliches Recht des Dritten berührt wird.¹²³⁴ Der unterlegene Konkurrent wird auf den vorbeugenden Rechtsschutz verwiesen, er muss die Schaffung nicht rückgängig zu machender Umstände durch vorläufigen Rechtsschutz¹²³⁵ verhindern.¹²³⁶ Dafür ist ausreichend, wenn nach Auffassung des angerufenen Sozialgerichts die Erfolgsaussichten in der Hauptsache als offen anzusehen sind.¹²³⁷

77 Aus der – grundrechtlich verbürgten – Wahlfreiheit des Krankenhausträgers folgt schließlich, dass den Antrag auf Abschluss eines Versorgungsvertrages auch stellen kann, wer mit seinem Krankenhaus bereits in den Krankenhausplan aufgenommen oder als Hochschulklinik anerkannt ist oder über einen entsprechenden Versorgungsvertrag verfügt. Ein solcher Krankenhausträger ist nicht darauf beschränkt, die Zulassung für ein anderes Fachgebiet zu beantragen.¹²³⁸ Es ist eine Frage der Begründetheit seines Antrags, ob und inwieweit die Voraussetzungen für den Abschluss des Versorgungsvertrages vorliegen.

---

¹²³⁰ BSG U. v. 16.5.2012 – B 3 KR 9/11 R, GesR 2013, 55 Rn. 31 ff. unter Verweis auf BSGE 101, 177; BVerfGE 82, 209.
¹²³¹ Vgl. BSG U. v. 16.5.2012 – B 3 KR 9/11 R, GesR 2013, 55; *Quaas* f&w 2012, 683.
¹²³² Vgl. OLG München U. v. 1.7.2003 – 1 U 53 08/01 – KRS. 03.021.
¹²³³ BSG SozR 3–2500, § 109 Nr. 7, S. 47 f.
¹²³⁴ BSG aaO; *Knispel* NZS 2006, 120.
¹²³⁵ § 86b Abs. 2 SGG.
¹²³⁶ *Knispel* NZS 2006, 120.
¹²³⁷ LSG BW B. v. 24.2.2016 – L 4 KR 4446/15 ER, in KRS 2016, 374.
¹²³⁸ LSG BW, aaO.

4. Genehmigung als Verfahrensvoraussetzung

Nach § 109 III 2 SGB V werden Abschluss und Ablehnung des Versorgungsvertrages mit der Genehmigung durch die zuständige Landesbehörde wirksam. Damit ist die für die Krankenhausplanung zuständige Landesbehörde gemeint.[1239] Ihrer Rechtsnatur nach ist die Genehmigung – wie schon bei § 371 II RVO aF – kein mit Rechtsmitteln angreifbarer VA, sondern ein Behördeninternum. Liegt die erforderliche Genehmigung nicht vor, wird sie im Falle einer rechtskräftigen Verurteilung zum Abschluss eines Versorgungsvertrages durch das Endurteil ersetzt. Die Gründe für die Erteilung oder die Versagung der Genehmigung ergeben sich abschließend aus § 109 III 1 SGB V. Damit erfüllt das Genehmigungserfordernis keine aufsichtsrechtliche, sondern eine (krankenhaus-)planungsrechtliche Funktion.[1240] Als Prüfungsmaßstab ist insbesondere eine Gefährdung der Ziele des Krankenhausplans herauszuziehen.[1241]

78

Hinsichtlich der Frage der Rückwirkung ist zwischen dem Abschluss und der Ablehnung des Versorgungsvertrages zu unterscheiden: Wird der Abschluss des Versorgungsvertrages genehmigt, wirkt dies nicht auf den Zeitpunkt des Vertragsschlusses zurück. Der Versorgungsvertrag wird daher erst mit der Bekanntgabe der Genehmigung an die Vertragspartner wirksam.[1242] Dies folgt aus der statusbegründenden Wirkung des Versorgungsvertrages.[1243] Etwas anderes gilt für die Ablehnung des Vertragsschlusses: Zwar ist auch dafür nach § 109 III 2 SGB V die Genehmigung durch die zuständige Landesbehörde Wirksamkeitsvoraussetzung. Da aber nur der Versorgungsvertrag, nicht seine Ablehnung statusbegründende Wirkung hat, spricht nichts gegen deren Rückwirkung.[1244] In einem solchen Fall – der Ablehnung der Genehmigung des Vertragsschlusses – ist vom Vorliegen eines VA auszugehen.[1245]

79

5. Planmodifizierende und plankonkretisierende Vereinbarungen

Mit dem GSG 1993 wurden in § 109 I SGB V die Sätze 4 und 5 eingefügt, um den Einfluss der Vertragsparteien auf ihre Rechtsbeziehungen zu erweitern und „eine vertragliche Konkretisierung des Versorgungsauftrags des einzelnen Krankenhauses – in Ergänzung des Krankenhausplans – im Hinblick auf Bettenzahl und Leistungsstruktur" zu ermöglichen.[1246] Die Vertragsparteien des Versorgungsvertrages können abweichend vom Krankenhausplan eine geringere (aber keine höhere) Bettenzahl vereinbaren, und zwar im Einvernehmen mit der für die Krankenhausplanung zuständigen Behörde (planmodifizierende Vereinbarung). Enthält der Krankenhausplan keine Festlegung der Bettenzahl und der Leistungsstruktur des Krankenhauses, sind im Benehmen mit der Landesbehörde die Bettenzahl und Leistungsstruktur ergänzend zu vereinbaren (plankonkretisierende Vereinbarung).

80

Die praktische Relevanz solcher planmodifizierenden oder plankonkretisierenden Vereinbarungen, dürfte begrenzt sein:[1247]

81

a) **Planmodifizierende Vereinbarung.** Für Vereinbarungen nach § 109 I 4 SGB V besteht kein Einigungszwang. Es fehlt auch eine Konfliktlösung für den Fall, dass eine Vereinbarung nicht zustande kommt. Insbesondere kann eine Schiedsstelle nicht angerufen werden. Es kommt hinzu, dass die Erteilung des Einvernehmens nach § 109 Abs. I 4 SGB V im pflicht-

82

[1239] BSGE 78, 243 (247); BVerwG U. v. 14.4.2011 – 3 C 17.10, – DVBl. 2011, 895 Rn. 20.
[1240] BVerwG DVBl. 2011, 895 Rn. 20.
[1241] BVerwG aaO; Huster/Kaltenborn/*Stollmann* § 4 Rn. 94.
[1242] BSG GesR 2006, 368.
[1243] → § 27 Rn. 44.
[1244] jurisPK-SGB V/*Wahl* § 109 Rn. 94.
[1245] *Wahl* aaO, Rn. 96.
[1246] BT-Drs. 12/3608, 101.
[1247] *Quaas* MedR 1995, 54; Hauck/Noftz/*Klückmann* SGB V K § 109 Rn. 18; aA Peters/*Hencke* Handbuch Krankenversicherung (SGB V) § 109 Rn. 5.

gemäßen Ermessen der für die Krankenhausplanung zuständigen Behörde steht und die Verweigerung des Einvernehmens ermessensfehlerfrei darauf gestützt werden kann, die von Krankenhausträger und Krankenkassen vereinbarte Bettenreduzierung würde ohnehin binnen kurzem krankenhausplanerisch verbindlich festgelegt.[1248] Letztlich hängt es somit vom Willen des Landes ab, ob die Vertragsparteien den Weg des § 109 I 4 SGB V beschreiten dürfen.[1249] Darüber hinaus darf eine solche Vereinbarung nur geschlossen werden, soweit die Leistungsstruktur des Krankenhauses nicht verändert wird. Die Leistungsstruktur eines Krankenhauses findet in erster Linie in den vorhandenen Fachabteilungen und medizinischen Schwerpunkten ihren Niederschlag. Eine Strukturveränderung des Krankenhauses ist nicht Sache des Versorgungsvertrages nach § 109 I 4 SGB V, sondern eine Angelegenheit der Krankenhausplanung. Insoweit wäre ggf. der Krankenhausplan fortzuschreiben. Deshalb ist es auch sachgerecht, das Einvernehmen zu planmodifizierenden Versorgungsverträgen zu versagen, die Bettenreduzierungen zum Gegenstand haben, welche zeitnah aus dem Krankenhausplan selbst herausgenommen werden sollen und das Einvernehmen nur zu solchen Versorgungsverträgen nach § 109 I 4 SGB V zu erteilen, die in nennenswertem Umfang den Abbau sog. fehlbelegter Betten vorsehen.[1250]

83 **b) Plankonkretisierende Vereinbarung.** Bei der plankonkretisierenden Vereinbarung nach § 109 I 5 SGB V ist der Gestaltungsspielraum der Vertragsparteien freier. Allerdings besteht nach dem Wortlaut der Vorschrift Kontrahierungszwang. Der Gesetzgeber überträgt den Vertragsparteien die ergänzende Vereinbarung als Pflichtaufgabe.[1251] Daraus kann indessen nicht geschlossen werden, die Vertragsparteien seien zum Abschluss einer ergänzenden Vereinbarung zur vertraglichen Konkretisierung des Versorgungsauftrages gesetzlich in dem Sinne verpflichtet, dass daraus eine – erzwingbare – Verpflichtung des Krankenhauses entstehen soll, sein Leistungsgebot entgegen seinem Willen durch ergänzende Vereinbarung einzuschränken oder neu zu gestalten.[1252] Ein solcher Kontrahierungszwang wäre verfassungswidrig.[1253] Es besteht deshalb auch keine Befugnis der Vertragspartner, den Versorgungsauftrag des Krankenhauses „einvernehmlich" abzuändern. Bindende Vorgaben des Krankenhausplans unterliegen nicht der Dispositionsbefugnis der Vertragspartner.[1254]

6. Rechtswirkungen des Versorgungsvertrages

84 Die Rechtswirkungen des fiktiv oder kraft Vereinbarung abgeschlossenen Versorgungsvertrages sind in § 109 IV SGB V gesetzlich umschrieben. Danach wird das Krankenhaus für die Dauer des Versorgungsvertrages zur Krankenhausbehandlung der Versicherten zugelassen (a). Es ist im Rahmen seines Versorgungsauftrages zur Krankenhausbehandlung verpflichtet (b) und hat einen entsprechenden Vergütungsanspruch nach Maßgabe des KHG, KHEntgG und der BPflV (c).

[1248] BVerwG U. v. 29.4.2004 – 3 C 25.03 – in KRS. 04.084.
[1249] *Quaas* MedR 1995, 54 (58.)
[1250] Nds. OVG U. v. 20.5.2003 – 11 LB 2128/01 –, insoweit bestätigt durch BVerwG U. v. 29.4.2004 – 3 C 25.03 – KRS. 04.084, das zusätzlich darauf aufmerksam macht, dass ein unter vorbehaltlichem Einvernehmen der Krankenhausplanungsbehörde abgeschlossener Versorgungsvertrag nach § 109 I 4 SGB V für sich allein keinen Anspruch auf Förderung gemäß § 9 IIIa KHG begründet; vielmehr muss die vereinbarte Bettenreduzierung auch tatsächlich durchgeführt worden sein.
[1251] Hauck/Noftz/*Klückmann* SGB V K § 109 Rn. 21.
[1252] So zu Recht *Kies* Der Versorgungsauftrag des Plankrankenhauses, 107; *Knorr* das Krankenhaus 1994, 347, 349; *Quaas* MedR 1995, 58; *ders.* in Der Versorgungsvertrag nach dem SGB V mit Krankenhäusern und Rehabilitationseinrichtungen, 32.
[1253] BVerfGE 82, 209 (223); *Quaas* f & w 1999, 577 (580).
[1254] Tuschen/*Quaas* BPflV, 5. Aufl., 193 f.; s. a. Krauskopf/*Knittel* Soziale Krankenversicherung/Pflegeversicherung § 109 SGB V Rn. 11 b.

a) **Zulassung. aa) Statusbegründender Rechtsakt.** Mit dem Versorgungsvertrag wird das 85
Krankenhaus gem. § 109 IV 1 SGB V zur Versorgung der Versicherten zugelassen. Der
Vertragsschluss bewirkt damit die Zulassung. Der Abschluss des („echten oder fingierten")
Versorgungsvertrages stellt den statusbegründenden Rechtsakt dar, an den das Gesetz die
Zulassung knüpft.[1255] Ein Versorgungsvertrag kann daher immer nur für die Zukunft abgeschlossen werden. Eine rückwirkende Inkraftsetzung ist nicht möglich. Dem steht die statusbegründende Wirkung des Versorgungsvertrages entgegen.[1256] Das schließt allerdings nicht
aus, dass eine auf Abschluss eines Versorgungsvertrages gerichtete Leistungsklage auch dann
begründet sein kann, wenn ein Bedarf zwar nicht mehr in der aktuellen Situation besteht,
wohl aber in dem abgelaufenen Zeitraum ab Eingang des Angebots des Krankenhauses auf
Abschluss des Versorgungsvertrags einmal bestanden hat und der Vertrag, der zu jenem
Zeitpunkt hätte geschlossen werden müssen, bis zur Gegenwart nicht wieder hätte gekündigt
werden können (vgl. § 110 SGB V). Auch unter solchen Voraussetzungen besteht ein Anspruch auf Abschluss des Versorgungsvertrags für die Zukunft.[1257] Ein solches „Rückwirkungsverbot" gilt im Übrigen nicht nur für „echte", sondern auch für fingierte Versorgungsverträge mit Plankrankenhäusern oder Hochschulkliniken. Auch insoweit ist eine Planaufnahme oder Anerkennung einer Hochschulklinik nur für die Zukunft möglich. Dies gilt
allerdings nur im Hinblick auf die Zulassung des (Plan-)Krankenhauses zur Versorgung der
Versicherte. Eine „rückwirkende" Planaufnahme in einen bereits bestehenden Krankenhausplan ist dadurch nicht ausgeschlossen.[1258]

bb) Reichweite der Zulassung. Der Versorgungsvertrag ist gem. § 109 I 2 SGB V für alle 86
Krankenkassen im Inland unmittelbar verbindlich. Es kommt deshalb nicht darauf an,
zwischen welchen Vertragsparteien und in welchem Bundesland der Versorgungsvertrag
abgeschlossen wurde oder die Aufnahme in den Krankenhausplan bzw. Anerkennung der
Hochschulklinik erfolgt ist. § 109 I 3 SGB V erstreckt die Geltung des Versorgungsvertrages
auf alle Krankenkassen im Bundesgebiet. Dies gilt auch für fingierte Versorgungsverträge
sowie für die in § 109 I 4 und 5 SGB V genannten planmodifizierenden und plankonkretisierenden Vereinbarungen.

cc) Zulassungsende. Mit dem Versorgungsvertrag wird das Krankenhaus für die Dauer 87
des Vertrages zur Krankenhausbehandlung der Versicherten zugelassen. Gegenstand der
Zulassung ist – wie § 109 IV 2 SGB V zeigt – die Krankenhausbehandlung im Sinne des § 39
Abs. 1 SGB V. Die Zulassungswirkung erfasst alle drei in §§ 108, 109 I 2 SGB V genannten
Krankenhausgruppen (Plankrankenhaus, Hochschulklinik und Vertragskrankenhaus). Denn
der Versorgungsvertrag ist Rechtsgrundlage der Zulassung für jedes dieser Krankenhäuser.
Die Zulassungswirkung endet bei Vertragskrankenhäusern im Zeitpunkt der Kündigung des
Versorgungsvertrages.[1259] Bei Plankrankenhäusern bewirkt die Aufnahme in den Krankenhausplan die Zulassung zur Krankenhausbehandlung. Sie endet dementsprechend in dem
Zeitpunkt, in dem das Krankenhaus durch Aufhebung oder Änderung des Feststellungsbescheides rechtskräftig aus dem Plan ausgeschieden ist.[1260] Entsprechendes gilt für Hochschulkliniken. Im Übrigen ist auch bei Plankrankenhäusern und Hochschulkliniken eine
Kündigung des Versorgungsvertrages zugelassen.[1261] Mit Wirksamwerden dieser Kündigung
sind diese Krankenhäuser ebenfalls nach § 109 IV 1 SGB V nicht (mehr) zur Krankenhausbehandlung der Versicherten zugelassen.

[1255] *Sodan* in Sodan, Handbuch des Krankenversicherungsrechts, 2010, § 13 Rn, 50.
[1256] BSG U. v. 24.1.2008 – B 3 KR 17/07 R, GesR 2008, 323; BSG GesR 2006, 368; BSG 78, 243; jurisPK-SGB V/*Wahl* § 109 Rn. 52.
[1257] BSGE 78, 243; BSG U. v. 16.5.2012 – B 3 KR 9/11 R, GesR 2013, 55 Rn. 45.
[1258] jurisPK-SGB V/*Wahl* § 109 Rn. 53.
[1259] § 110 SGB V.
[1260] Prütting/*Quaas* § 109 SGB V Rn. 43.
[1261] § 110 SGB V.

88   **b) Behandlungspflicht und Versorgungsauftrag. aa) Behandlungspflicht.** Aus der Zulassung zur Krankenhausbehandlung ergibt sich die in § 109 IV 2 SGB V gesetzlich verankerte Behandlungspflicht. Die Behandlungspflicht trägt dem Naturalleistungsprinzip[1262] Rechnung, das auch für die Krankenhausbehandlung gilt. Da die Krankenkassen grundsätzlich keine eigenen Krankenhäuser betreiben können,[1263] kommen sie ihrer Pflicht, die Versorgung der Versicherten mit Krankenhausleistungen sicherzustellen, durch den Abschluss von Versorgungsverträgen mit Krankenhausträgern nach. Krankenhäuser sind daher nicht berechtigt, Versicherte stattdessen privat zu behandeln.

89   Inhalt und Grenzen der Behandlungspflicht sind durch den Verweis auf § 39 SGB V näher bestimmt. Das zugelassene Krankenhaus muss bei der Leistungserbringung alle Anforderungen erfüllen, die das Leistungsrecht an die Krankenhausbehandlung im Sinne des § 39 SGB V stellt. Dem Rechtsanspruch des Versicherten aus Krankenhausbehandlung entspricht insoweit die Behandlungspflicht des Krankenhauses.

90   **bb) Versorgungsauftrag.** Die Behandlungspflicht des Krankenhauses besteht nur im Rahmen seines Versorgungsauftrages. Das ergibt sich bereits aus § 39 I 3 SGB V und wird insoweit nochmals klarstellend in § 109 Abs. IV 2 SGB V wiederholt. Zugleich wird mit § 109 IV 2 SGB V der Umfang der Zulassung festgelegt. Die Zulassung des Krankenhauses ist daher abhängig von dem konkreten Versorgungsbedarf im Einzugsbereich des an der Teilnahme berechtigten Krankenhauses.[1264] Insoweit werden mit dem Versorgungsauftrag die konkreten Behandlungsmöglichkeiten eines Krankenhauses bestimmt. Deshalb dürfen – wie sich im Umkehrschluss aus § 109 I 5 SGB V ergibt – an der Versorgung der Versicherten nur Krankenhäuser teilnehmen, für die ein Versorgungsauftrag mit Mindestfestlegung zur Bettenzahl und zur Leistungsstruktur besteht. Darin liegt zugleich eine Beschränkung des Vergütungsanspruchs des Krankenhauses.[1265]

91   Maßgebend für den Versorgungsauftrag ist die Aufgabenstellung des Krankenhauses und seine Leistungsfähigkeit.[1266] Die Aufgabenstellung des Plankrankenhauses wird durch den Krankenhausplan so wie er durch den Feststellungsbescheid konkretisiert ist, festgelegt. Entsprechendes gilt für die Hochschulklinik. Bei Vertragskrankenhäusern ergibt sich der Versorgungsauftrag aus den vertraglichen Bestimmungen.[1267] Die Reichweite des im Feststellungsbescheid des Krankenhauses[1268] durch die Angabe medizinischer Disziplinen beschriebenen Versorgungsauftrages ist anhand der Weiterbildungsordnung der Landesärztekammer zu bestimmen, die zum Zeitpunkt des Inkrafttretens des Plans galt.[1269] Wenn sich der Versorgungsauftrag nicht auf die ganze Breite der Disziplin erstrecken soll, ist das im Feststellungsbescheid ausdrücklich zu regeln.[1270]

92   **c) Vergütungsanspruch. aa) Gesetzlicher Vergütungsanspruch.** Der Verpflichtung zur Krankenhausbehandlung entspricht der Vergütungsanspruch des zugelassenen Krankenhauses nach Maßgabe der Vorschriften des KHG und der BPflV gem. § 109 IV 2 SGB V. Die Krankenkassen unterliegen einem „Kontrahierungszwang", der sie verpflichtet, Pflegesatzverhandlungen mit dem Krankenhausträger zu führen und zum Abschluss zu bringen. Die Vorschrift zielt auf die Krankenkassen, die zwar nicht Vertragspartner der Versorgungsverträge sind, die für diese aber nach § 109 I 3 SGB V unmittelbar verbindlich sind.

[1262] § 2 Abs. 2 SGB V.
[1263] Vgl. § 140 SGB V.
[1264] BSGE 78, 243; GesR 2008, 323.
[1265] BSG GesR 2008, 323, → Rn. 46.
[1266] *Quaas* MedR 1995, 54 ff.; zu Einzelheiten → § 25 Rn. 83 ff.
[1267] BSG GesR 2008, 323.
[1268] § 8 I 3 KHG.
[1269] BSG GesR 2003, 382; *Kuhla/Bedau* in Sodan/*Kuhla*/*Bedau* § 25 Rn. 75 mwN zur Rspr.
[1270] VG Saarlouis U. v. 9.3.2010 – 3 K 506/08 – juris; VG Hannover U. v. 22.7.2010 – 7 A 3146/08 u. a.; *Quaas* f & w 2010, 648; *Thomae* das Krankenhaus 2008, 725.

Insoweit und deshalb hat der Versorgungsvertrag (auch) normsetzenden Charakter.[1271] Damit schafft der Versorgungsvertrag nach § 109 I SGB V nicht nur zwischen dem Krankenhausträger und den Verbänden der Krankenkassen, sondern auch zwischen dem Krankenhaus und den Krankenkassen ein Grundverhältnis, aus dem sich ein direkter Vergütungsanspruch des Krankenhausträgers gegen die Krankenkasse, bei der der Versicherte Mitglied ist, ergibt.[1272] Rechtsgrundlage des Vergütungsanspruches des Krankenhauses ist deshalb im engeren Sinne der tatsächlich oder fiktiv zustande gekommen Versorgungsvertrag für das zugelassene Krankenhaus (§§ 108, 109 I 1, 2 SGB V). Da es sich bei dem Versorgungsvertrag um einen öffentlich-rechtlichen Vertrag iSd §§ 53 ff SGB X handelt, wäre damit der Vergütungsanspruch des (zugelassenen) Krankenhauses vertraglicher Natur[1273]. Dagegen spricht allerdings, dass für die weit überwiegende Mehrzahl aller Krankenhäuser – die Plankranknäuser (und auch die Hochschulkliniken) – der Vertragsschluss fiktiv, nämlich kraft Gesetzes eintritt (§ 109 I 2 SGB V) und auch die zur Vergütung der Krankenhausbehandlung verplichteten Krankenkassen nur kraft gesetzlicher Anordnung gemäß § 109 I 3 SGB V „vertraglich" gebunden werden. Deshalb spricht mehr für die Annahme, von einer „gesetzlichen" Anspruchsgrundlage der Krankenhausvergütung auszugehen [1274] Dem entspricht die Rechtsprechung des BSG, wonach durch die Inanspruchnahme der Sachleistung durch den Versicherten unmittelbar eine Zahlungsverpflichtung seiner Krankenkasse gegenüber dem leistungserbringenden Krankenhaus begründet wird, und zwar unabhängig davon, ob und mit welchem Inhalt eine Kostenzusage der Krankenkasse vorliegt.[1275] Zusammengefasst entsteht der Vergütungsanspruch des (zugelassenen) Krankenhauses unmittelbar kraft Gesetzes, da die zu seiner Erfüllung (konkret) verpflichtete Krankenkasse erst und nur aufgrund der gesetzlichen Anordnung des § 109 I 3 SGB V für die Zahlung einzustehen hat. Der gesetzliche Vergütungsanspruch des Krankenhauses und der Fallpauschalenkatalog beschränken den Zahlungsanspruch des Krankenhauses nicht auf den einmal geforderten Betrag.

bb) Begrenzung durch den Versorgungsauftrag. Der (gesetzliche) Vergütungsanspruch des Krankenhauses besteht indessen nur für Behandlungen, die von dem Versorgungsauftrag des Krankenhauses gedeckt sind. Über dessen Rahmen hinaus ist das Krankenhaus nach § 109 Abs. 4 S. 2 SGB V nicht zu einer Krankenhausbehandlung verpflichtet und können Versicherte nach § 39 Abs. 1 S. 3 SGB V Leistungen in dem Krankenhaus nicht beanspruchen.[1276] Deshalb wird bei der Krankenhausfinanzierung auf die durch den Versorgungsauftrag im Einzelnen festgelegten Versorgungsaufgaben des Krankenhauses abgestellt, wenn etwa der Versorgungsauftrag zur Bemessungsgrundlage für tagesgleiche Pflegesätze[1277] und DRG-Erlöse[1278] erhoben wird. Die Zulassung als Krankenhaus allein genügt damit für die Begründung des Vergütungsanspruchs des Krankenhauses nicht; vielmehr hat die Krankenkasse nur solche Krankenhausbehandlungen zu vergüten, die – von Notfällen abgesehen[1279] – innerhalb des Versorgungsauftrags stattfindet[1280]. Außerhalb des Versorgungsauftrages kann

93

[1271] Hauck/Noftz/*Klückmann* SGB V K § 109 Rn. 36; zu solcher „Normsetzung" s. a. BSGE 70, 240 (244); 71, 42 (45); 72, 15.
[1272] Krauskopf/Knittel, Soziale Krankenversicherung/Pflegeversicherung, § 109 SGB V, Rn. 18; Hauck/*Noftz* SGB V K § 39 Rn. 157 mwN.
[1273] So *Felix* SGb 2017, 181 (185 f.).
[1274] *Pilz* NZS 2003, 350 mwN zur Rspr.; *Thomae* Düsseldorfer Krankenhausrechtstag 2006, 71, 74.
[1275] BSG GesR 2009, 91; BSGE 89, 104; 86, 166; Hauck/*Noftz* SGB V K § 39 Rn. 157, 159; *Pilz* NZS 2003, 350 (351).
[1276] BSG GesR 2008, 323.
[1277] § 4 Nr. 3 BPflV.
[1278] § 8 Abs. 1 S. 3, 4 KHEntgG.
[1279] Stationäre Notfallbehandlungen werden nach den allgemeinen Grundsätzen vergütet – vgl. BSGE 89, 39.
[1280] BSG U. v. 23.6.2015 – B 1 KR 20/14 R, BSGE 119, 141 (Rn. 9); *Felix* SGb 2017, 181 (187).

ein Krankenhaus danach selbst keine Vergütung für eine erbrachte Leistung beanspruchen, wenn die Leistung ansonsten ordnungsgemäß gewesen ist.[1281]

94 **cc) Missachtung von Qualitätsvorgaben (des G-BA).** Nach der jüngeren Rechtsprechung des BSG führt die – bewusste oder unbewusste – Missachtung von Qualitätsvorgaben des G-BA im Rahmen der Krankenhausbehandlung zu einem Vergütungsausschluss des Krankenhauses, selbst wenn konkret der jeweilige Verstoß gegen eine in der G-BA – RL enthaltene Anforderung nicht ursächlich für die Krankenhausbehandlung gewesen, sie insoweit ordnungsgemäß erbracht worden ist[1282]. Dabei trifft der Vergütungsausschluss das Krankenhaus vollständig. Der „Qualitätsmangel" ergreift den Vergütungsanspruch insgesamt. Eine – etwa nach zivilrechtlichen Grundsätzen „geminderte" – Vergütung in Höhe der „einwandfrei" erbrachten Leistungen kann das Krankenhaus nicht verlangen.

95 Zur Begründung verweist das BSG auf den Begriff der „Erforderlichkeit" der Krankenhausbehandlung, wie er § 39 SGB V zu Grunde liege. Eine nach den zwingenden normativen Vorgaben „ungeeignete" Versorgung Versicherter sei nicht im Rechtssinne „erforderlich" mit der Folge, dass das Krankenhaus hierfür keine Vergütung beanspruchen könne. Insoweit geht das BSG gleichsam nahtlos von § 39 SGB V zum Wirtschaftlichkeitsgebot des § 12 SGB V über und bezieht in diesen Schritt auch das Qualitätsgebot des § 2 I 3 SGB V mit ein. Eine Krankenhausbehandlung, die den Vorgaben einer G-BA – RL deshalb nicht entsprochen hat, weil das Krankenhaus nicht sämtliche für die Leistungserbringung (allgemein) geforderten personellen und sächlichen Voraussetzungen erfüllt, ist damit „ungeeignet", den gesetzlichen Vergütungsanspruch des Krankenhauses auszulösen. Ungeeignete, weil nicht erforderliche Krankenhausleistungen muss die Krankenkasse nicht vergüten.

96 Die Rechtsprechung des BSG ist zu Recht auf Ablehnung gestoßen[1283]. Sie entbehrt der dogmatischen Rechtfertigung. Da sich der Vergütungsanspruch des Krankenhauses gegen die Krankenkasse – wie gezeigt – aus dem Gesetz ergibt, müssen Einwendungen der Krankenkasse im Hinblick auf die Nichteinhaltung von Qualitätsvorgaben (des G-BA), die zu einem Vergütungsausschluss führen, gesetzlich vorgesehen sein oder auf gesetzlicher Grundlage beruhen. Davon kann keine Rede sein. Die einschlägigen G-BA – RL, die die Qualitätsvorgaben für die Krankenhausbehandlung begründen, äußern sich zu der Vergütungsfrage nicht[1284]. Allerdings eröffnet dem G-BA das mit dem KHSG (2016) geschaffene Recht ausdrücklich die Möglichkeit, in einer besonderen Richtlinie Vergütungsabschläge vorzusehen (§ 137 I SGB V). Dem G-BA wird ein gestuftes System für die Sanktionierung der Missachtung von Qualitätsanforderungen vorgegeben. Das reicht vom vollständigen Ausschluss der Vergütung über Vergütungsabschläge, Informationen Dritter über Verstöße bis zu einer einrichtungsbezogenen Veröffentlichung von Informationen zur Nichteinhaltung von Qualitätsanforderungen[1285]. Das BSG ist daher aufgerufen, seine Rechtsprechung zum Vergütungsausschluss bei einer Missachtung von Qualitätsvorgaben des G-BA zu überdenken.

7. Die Kündigung von Versorgungsverträgen mit Krankenhäusern (§ 110 SGB V)

97 **a) Allgemeines. aa) Überblick.** § 110 SGB V regelt – als Gegenstück zu § 109 SGB V. – die Beendigung von Versorgungsverträgen durch eine Kündigung. Abs. 1 legt die Voraussetzungen fest, unter denen formell und inhaltlich eine Kündigung durch eine der Vertrags-

---
[1281] BSG GesR 2008, 323.
[1282] BSG U. v. 19.4.2016 – B 1 KR 28/15 R, KRS 2017, 25; 17.11.2015 – B 1 KR 12/15 R, KRS 2017, 8; U. v. 1.7.2014 – B 1 KR 15/13 R, BSGE 116, 153.
[1283] Vgl. *Felix* SGb 2017, 259 (265 ff.); *Hambüchen* das Krankenhaus 2017, 978; *Kuhla* NZS 2015, 561 (566 f.).
[1284] *Felix* SGb 2017, 259 (265 ff.).
[1285] *Brenner/Büscher* GuP 2016, 121 (124 ff.).

parteien vorgenommen werden kann. Abs. 2 bestimmt Besonderheiten im Verfahren zur Beendigung des Versorgungsvertrages, da von der Kündigung nicht nur die Vertragsparteien, sondern auch die als Pflegesatzpartei betroffenen Krankenkassen und die Krankenhausplanungsbehörden betroffen sind, die – bei Plankrankenhäusern – den Feststellungsbescheid (als Grundlage des fingierten Versorgungsvertrages) erlassen haben. Deren Mitwirkung ist vorgesehen.

bb) Normzweck. Die Vorgängerbestimmung des § 371 RVO sah ein Kündigungsrecht 98 nur gegenüber Vertragskrankenhäusern vor, wobei die Kündigungsfrist zwei Jahre betrug. Die Bestimmung spielte in der Praxis so gut wie keine Rolle. Das änderte sich durch das GRG (1989) grundlegend. Da der Versorgungsvertrag als Grundlage der Rechtsbeziehungen zwischen den Krankenhäusern und den Krankenkassen für alle zugelassenen Krankenhäuser eingeführt wurde,[1286] erstreckt § 110 SGB V das Kündigungsrecht gegenüber allen drei Krankenhausgruppen des § 108 SGB V. Zentrales Anliegen des § 110 SGB V ist daher, alle zugelassenen Krankenhäuser gleich zu behandeln. Darüber hinaus dienen die nach den Krankenhausarten entsprechend ihrer Zulassung (§ 108 SGB V) differenzierten Kündigungsgründe und das Verfahren dem Kündigungsschutz des jeweils betroffenen Krankenhauses. Zugleich wird dem – verfassungsrechtlichen – Übermaßverbot[1287] entsprochen. In § 110 SGB V sind deshalb – so die amtliche Begründung – folgende Regelungen vorgesehen:

(1) Die Landesverbände der Krankenkassen können nur kündigen, wenn einer der in § 109 99 III 1 SGB V genannten Versagungsgründen vorliegt; ein nur vorübergehend bestehender Kündigungsgrund ist dafür nicht ausreichend.(2) Bei Plankrankenhäusern ist die Kündigung mit einem Antrag an die zuständige Landesbehörde auf Herausnahme des Krankenhauses aus dem Krankenhausplan zu verbinden; Voraussetzung für die Beendigung der Zulassung des Krankenhauses ist damit die Aufhebung des Feststellungsbescheides.

(3) Die Kündigung durch die Krankenkassenverbände kann nur im Benehmen mit den als 100 Pflegesatzpartei betroffenen Krankenkassen erfolgen.

(4) Die Kündigung bedarf der Genehmigung durch die zuständige Landesbehörde; sie 101 muss ihre Entscheidung in jedem Fall begründen.

b) Voraussetzungen der Kündigung und Verfahren. aa) Kündigungsberechtigung. 102 Zur Kündigung eines Versorgungsvertrages mit Krankenhäusern ist jede Vertragspartei berechtigt, also auch der Krankenhausträger selbst.[1288] In Betracht kommt eine solche Kündigung allerdings nur bei einem Vertragskrankenhaus iSd § 108 Nr. 3 SGB V. Ein Plankrankenhaus, das aus der Krankenhausversorgung ausscheiden möchte, wird die Aufhebung des Feststellungsbescheides beantragen. Wird einem solchen Antrag stattgegeben, endet damit automatisch der (fingierte) Versorgungsvertrag. Einer „Genehmigung" der von einem Plankrankenhaus ausgesprochenen Kündigung bedarf es insoweit nicht.

Von weitaus größerer Bedeutung in der Praxis ist die durch die andere Vertragspartei – die 103 Krankenkassen (-Verbände) – ausgesprochene Kündigung. Sie darf nur gemeinsam ausgesprochen werden.[1289] Dies setzt bei fehlender Einigung einen Mehrheitsbeschluss voraus.[1290]

bb) Voll- oder Teilkündigung. 86 Wie § 110 I 1. HS SGB V ausdrücklich bestimmt, 104 kann ein Versorgungsvertrag ganz oder teilweise gekündigt werden. Damit ist eine „Änderungskündigung" möglich.[1291] Dies entspricht dem Grundsatz der Verhältnismäßigkeit.[1292]

[1286] §§ 108, 109 I SGB V.
[1287] Art. 20 III GG.
[1288] § 110 I 1 SGB V.
[1289] § 110 I 1 2. HS SGB V.
[1290] Prütting/*Quaas* § 109 SGB V Rn. 8.
[1291] JurisPK-SGB V/*Wahl* § 110 Rn. 14.
[1292] VG Freiburg U. v. 20.2.2002 – 1 K 148/00 – juris.

So kann sich anbieten, bei einem Plankrankenhaus lediglich eine – nicht mehr bedarfsgerechte – Abteilung des Krankenhauses „zu kündigen", anstatt die Herausnahme des ganzen Krankenhauses aus dem Krankenhausplan zu beantragen, um damit den Versorgungsvertrag insgesamt zu beenden. Bei einer „Teilkündigung" darf allerdings – entsprechend den Grundsätzen zur „Änderungskündigung" – der Versorgungsvertrag nicht in seinem Wesen geändert, d. h. der Versorgungsauftrag des Krankenhauses unzumutbar behindert werden.[1293]

105 **cc) Rechtsnatur der Kündigung, Form und Frist.** **(1) Rechtsnatur.** Während die Kündigung durch das Krankenhaus unzweifelhaft eine einseitige, empfangsbedürftige Willenserklärung darstellt,[1294] ist die Rechtsnatur der Kündigung des Versorgungsvertrages seitens der Verbände der Krankenkassen und der Ersatzkassen umstritten: Während der 3.Senat des BSG entsprechend der zuvor vertretenen Auffassung vom Vorliegen eines Verwaltungsakts (VA) ausging,[1295] verweist der nun allein für das Krankenhausrecht zuständige 1.Senat des BSG zutreffend darauf, dass die Kündigung durch die Verbände nur gemeinsam ausgesprochen werden darf und daher ein gemeinsames Handeln mehrerer Selbstverwaltungskörperschaften durch einheitliche Willenserklärung naheliegend ist[1296]. Das spricht für die Annahme einer auch insoweit einseitigen, empfangsbedürftigen Willenserklärung, sodass der Rechtsschutz des betroffenen Krankenhausträgers über eineFeststellungsklage erfolgt[1297]. Folgt man dieser Auffassung, ist eine in der Form eines VA ausgesprochene Kündigung des Versorgungsvertrages zu Unrecht erfolgt, weil die Verwaltung zu dieser Handlungsform nicht befugt ist. Es liegt ein sog. formeller VA vor, der auf die gerichtliche Anfechtung hin aufzuheben ist[1298]

106 **(2) Schriftform.** § 110 SGB V trifft zwar keine Aussage über die Form der Kündigung. Entsprechend § 59 Abs. II 1 SGB X bedarf sie jedoch der Schriftform. Außerdem soll die Kündigung begründet werden. Aus dem Schreiben der Krankenkassen (-Verbände) muss hervorgehen, dass die Kündigung von diesen gemeinsam ausgesprochen wird. Eine nicht der Schriftform genügende Kündigung ist nichtig.[1299]

107 **(3) Frist.** § 110 SGB V kennt nur eine fristgebundene und keine fristlose Kündigung des Versorgungsvertrages.[1300] Gleichwohl ist eine solche entsprechend dem Rechtsgedanken des § 59 I SGB V nicht ausgeschlossen, sondern zulässig, wenn dem anderen Vertragspartner ein Festhalten an dem Versorgungsvertrag bis zum Ablauf der ordentlichen Kündigungsfrist nicht zuzumuten ist[1301]

108 Die Kündigungsfrist beträgt für alle Vertragsparteien ein Jahr.[1302] Sie läuft erst ab dem Zeitpunkt der nach § 110 II 1, 4 SGB V erteilten oder als erteilt geltenden Genehmigung, weil die Kündigung erst mit der Genehmigung durch die zuständige Landesbehörde wirksam wird und ihr aufgrund der statusbegründenden Funktion des Versorgungsvertrageskeine

---

[1293] Prütting/*Quaas* § 110 SGB V Rn. 5.
[1294] Hauck/Noftz/*Klückmann* SGB V, K § 110 Rn. 42.
[1295] BSG U. v. 6.8.1998 – B 3 KR 3/98 R, BSGE 82, 261 (262) = NZS 1999, 185; ebenso VG Freiburg U. v. 20.2.2002 – 1 K 148/00 – juris; aA die überwiegende Literatur vgl. *Becker*/Kingreen SGB V, 5. Aufl. 2017, § 109 Rn. 5; jurisPK-SGB V/*Wahl*, § 110 Rn. 29 f.; Dettling/Gerlach/*Schrinner* Krankenhausrecht § 110 SGB V Rn. 3.
[1296] BSG U. v. 28.7.2008 – B 1 KR 5/08 R, BSGE 101, 177.
[1297] *Becker*/Kingreen § 110 SGB V Rn. 14.
[1298] BSG U. v. 7.2.2012 – B 13 R 109/11 R – juris; SG Ulm U. v. 11.4.2017 – S 15 KR 3653/15, n. v.; Meyer/Ladewig/*Keller* SGG, 11. Aufl., § 54 Rn. 3a ff.
[1299] § 61 S. 2 SGB X iVm § 125 BGB.
[1300] Anders § 74 Abs. 2 SGB XI für den Versorgungsvertrag von Pflegeeinrichtungen; für eine außerordentliche Kündigungsmöglichkeit bei „schwerwiegender Gefährdung der Ziele der Krankenhausversorgung" Giesen/Rolfs/Kreikebohm/Udsching/*Kingreen* BeckOK SGB V § 110 Rn. 5.
[1301] Dettling/Gerlach/*Schrinner* Krankenhausrecht § 110 SGB V Rn. 4.
[1302] § 110 Abs. 1 S. 1 SGB V.

Rückwirkung zukommt.[1303] Wird die Frist nicht eingehalten, ist die Kündigung (formell) unwirksam.

dd) **Kündigungsgründe. (1) Allgemeines.** Die Kündigungsgründe sind für die Vertragspartner unterschiedlich geregelt. Der Krankenhausträger kann den Versorgungsvertrag kündigen, ohne dass besondere Kündigungsgründe vorliegen müssen. Anders ist dies für die Krankenkassen (-Verbände). Sie können Versorgungsverträge nur bei Vorliegen bestimmter Gründe kündigen, die sich aus § 109 Abs. 3 S. 1 SGB V ergeben.[1304] Die Aufzählung ist abschließend. Es muss also für das einzelne Krankenhaus/die Abteilung/das Bett kein Bedarf (mehr) bestehen oder keine Gewähr (mehr) für eine leistungsfähige, qualitativ hochwertige wirtschaftliche Krankenhausbehandlung geboten sein. Ob dies der Fall ist, ist von den Landesverbänden der Krankenkassen anhand der gleichen Kriterien nachzuweisen und ggf. gerichtlich zu überprüfen, die für den Abschluss des Versorgungsvertrages nach § 109 SGB V maßgeblich waren.[1305] In schwierigen Fällen kann auch das Prüfungsergebnis einer Wirtschaftlichkeits- oder Qualitätsprüfung nach § 113 SGB V die Grundlage für die Kündigung des Versorgungsvertrages bilden.[1306] 109

Darüber hinaus dürfen die Kündigungsgründe nicht nur vorübergehend bestehen.[1307] Damit wird dem Grundsatz der Verhältnismäßigkeit, wie er dem Verfassungsrechtsstatus der Krankenhäuser entspricht, Rechnung getragen. Die unwirtschaftliche Betriebsführung oder entsprechende Leistungsdefizite, die auf die Qualität der Krankenhausbehandlung Auswirkungen haben, müssen von einigem Gewicht und wiederholt festgestellt worden sein. Im Übrigen wird die Wirtschaftlichkeit des Krankenhauses als (alleiniger) Kündigungsgrund angesichts der Umstellung des Vergütungssystems auf Fallpauschalen für die somatischen Häuser kaum praktische Relevanz haben. Dagegen kann die (mangelnde) Leistungsfähigkeit des Krankenhauses zur Kündigung berechtigen, wenn entweder das Krankenhaus im personellen Bereich nicht mehr ausreichend besetzt ist, bzw. nicht mehr über Personal mit der erforderlichen Qualifikation verfügt oder wenn das Krankenhaus dem ggf. weiter entwickeltem medizinischen Standard nicht mehr entspricht. Maßstab für diesen Kündigungsgrund ist der Versorgungsauftrag des Krankenhauses.[1308] 110

(2) **Insbesondere: fehlende Bedarfsgerechtigkeit des Krankenhauses.** Der Kündigungsgrund der fehlenden Bedarfsgerechtigkeit steht im Gegensatz zu der für Krankenhaus und Kostenträger verbindlichen Planaussage, wonach das Krankenhaus in den Krankenhausplan des Landes aufgenommen worden ist. Das aufgenommene Krankenhaus ist als bedarfsgerecht und damit auch als erforderlich anzusehen, solange es aufgenommen ist. Daraus folgt, dass der Kündigungsgrund der nicht bedarfsgerechten Versorgung bei Plankrankenhäusern auf der Grundlage der im KHG geregelten Krankenhausplanung zu prüfen ist. Aus der Fassung des § 109 Abs. 3 SGB V wird deutlich, dass der Gesetzgeber eng an die §§ 1, 6, 8 Abs. 3 KHG anknüpfen wollte.[1309] Die verwaltungsgerichtliche Rechtsprechung zur Bedarfsgerechtigkeit im Sinne der §§ 1, 6, 8 KHG kann deshalb grundsätzlich herangezogen werden. Dabei ist es zulässig, dass die Krankenkassen das Instrument der Kündigung nutzen, um eine Auswahlentscheidung unter mehreren Plankrankenhäusern zu treffen.[1310] Die Kündigungsmöglichkeit soll gerade sicherstellen, dass im Interesse der Wirtschaftlichkeit des Krankenhausversorgungswesens ein Überhang ab- 111

[1303] Giesen/Rolfs/Kreikebohm/Udsching/*Kingreen* aaO Rn. 6; Becker/Kingreen § 110 Rn. 5; aA Dettling/Gerlach/*Schrinner* § 110 SGB V Rn. 12; Krauskopf/*Knittel* § 110 SGB V § 110 SGB V Rn. 11.
[1304] Vgl. § 110 Abs. 1 S. 1 2. HS SGB V.
[1305] → § 27 Rn. 55 ff.
[1306] *Genzel* BayVBl. 1989, 481 (487).
[1307] § 110 Abs. 1 S. 2 SGB V.
[1308] BSG SozR 3–2500, § 110 Nr. 2 S. 5; *Knispel* NZS 2006, 120 (124).
[1309] VG Freiburg U. v. 20.2.2003 – 1 K 148/00 – UA, 17.
[1310] VG Freiburg aaO; aA VG Minden U. v. 29.8.2001 – 3 K 3280/97 – n. v.

gebaut, d. h. eine durch die (sukzessive) Aufnahme mehrerer Krankenhäuser in den Krankenhausplan eingetretene Überversorgung zurückgeführt wird. Die Kündigung nach § 110 SGB V entspricht folglich der Rücknahme oder Änderung eines Feststellungsbescheides über die Aufnahme in den Krankenhausplan.[1311] Allerdings kommt im Rahmen des § 110 I SGB V bei einem Bettenüberhang den in den Krankenhausplan aufgenommenen Krankenhäusern im Versorgungsgebiet kein Vorrang zu.[1312] Die Kündigung des mit einer Privatklinik abgeschlossenen Versorgungsvertrages ist deswegen nicht allein mit der Begründung zulässig, dass in den Plankrankenhäusern Krankenhausbetten nicht ausgelastet sind[1313].

112 **(3) Insbesondere: fehlende Qualität der Krankenhausversorgung.** Mit dem KHSG (2016) wird das Kündigungsrecht der Krankenkassenverbände um den Kündigungsgrund der „unzureichenden Qualität der Krankenhausversorgung (§ 109 III. 1 Nr. 2 SGB V) erweitert. Liegen die dort genannten – erheblichen – Qualitätsdefizite im Rahmen der Krankenhausbehandlung vor, ist die Kündigung – anders als bei den anderen Kündigungsgründen – für die Kassenverbände verpflichtend. Ein Ermessensspielraum besteht nicht.

113 Vor diesem Hintergrund ist die weiter in das Gesetz durch das KHSG aufgenommene Neuregelung zu verstehen, den Druck auf die kündigungsberechtigten Krankenkassenverbände zu erhöhen: Kommt ein Beschluss über die Kündigung eines Versorgungsvertrages durch die Landesverbände nicht zustande, entscheidet gemäß § 110 I 5 SGB V eine unabhängige Schiedsperson über die Kündigung, sofern dies von Kassenarten beantragt wird, die mindestens ein Drittel der landesweiten Anzahl der Versicherten auf sich vereinigen. Die Schiedsperson wird von der für die Landesverbände zuständigen Aufsichtsbehörde bestimmt, sofern sich die Beteiligten nicht auf sie geeinigt haben. Dagegen gerichtete Klagen haben keine aufschiebende Wirkung (§ 110 I 7 SGB V). Das Verfahren und die Regelungen zum Rechtsschutz wurden in Anlehnung an § 73b IV a SGB V ausgestaltet[1314]

114, 115 **ee) Transformation der Kündigung in das Krankenhausplanungsrecht.** Bei Plankrankenhäusern ist die Kündigung gemäß § 110 I 4 SGB V mit dem Antrag an die zuständige Landesbehörde zu verbinden, den Feststellungsbescheid nach § 8 I 3 KHG aufzuheben oder – bei Teilkündigung – zu ändern. Damit soll sichergestellt werden, dass der Krankenhausträger nicht auf Grund eines für ihn weiter verbindlichen Planfeststellungsbescheides Kapazitäten für die Krankenhausbehandlung vorhält, die er nach der Kündigung seiner Zulassung zur stationären Versorgung gegenüber den Krankenkassen nicht mehr einsetzen kann.[1315] Rechtsdogmatisch wird damit eine Harmonisierung des Krankenhauskündigungs- mit dem Krankenhausplanungsrecht angestrebt. Versorgungsvertrag und staatliche Krankenhausplanung sollen auch im Falle der Kündigung übereinstimmen.[1316]

116 Ob eine solche Harmonisierung angesichts der rechtlichen Konstruktion der Fiktion des Versorgungsvertrages nach § 109 I 2 SGB V und unter Berücksichtigung des Genehmigungserfordernisses nach § 110 II 1, 4 SGB V gelingen kann, erscheint fraglich.[1317] Rechtlich ist die Aufhebung oder Änderung des Feststellungsbescheides nach § 8 I 3 KHG, die im Fall der Kündigung des Plankrankenhauses durch die Kassenverbände von diesen gemäß § 110 I 4 SGB V zu beantragen ist, der (teilweise) Widerruf eines (begünstigenden) VA. Es sind deshalb die Regelungen des § 49 LVwVfG einschließlich derer über den Bestandsschutz an-

---

[1311] So ausdrücklich VGH Baden-Württemberg B. v. 20.11.2001 – 9 S. 1572/01; VG Freiburg aaO; SG Ulm, U. v. 13.2.1018 – S 15 KR/1863/16.
[1312] BSG SozR 3–2550 § 110 SGB V Nr. 2; aA Giesen/Rolfs/Kreikebohm/Udsching/*Kingreen* Beck-OK zum Sozialgesetzbuch, § 110 Rn. 12; *Knispel* NZS 2006, 120.
[1313] BSGE 82, 261; KassKomm/*Hess* § 110 SGB V Rn. 7a.
[1314] BT-Drs. 18/6586, 106 f.; *Becker*/Kingreen § 110 SGB V Rn. 7.
[1315] BT-Drs. 11/2237, 198.
[1316] Hauck/Noftz/*Klückmann* SGB V § 110 SGB V Rn. 23; Sodan/*Kuhla/Bedau* § 25 Rn. 44 f.
[1317] Krit. zu Recht Spickhoff/*Szabados* § 110 Rn. 11 f.

wendbar.[1318] Die Aufhebung des Feststellungsbescheides eines leistungsfähigen, wirtschaftlichen und für die Krankenhausbehandlung bedarfs- und patientengerechten Krankenhauses ist danach nicht zulässig. Dies aber ist der alleinige Prüfungsmaßstab der Aufhebungsentscheidung, nicht etwa die Frage, ob das Krankenhaus für die Versorgung der Versicherten verzichtbar oder unverzichtbar ist.[1319]

Allerdings verlangen weder § 110 I 4 noch § 110 II 1 SGB V ausdrücklich, dass über den Antrag auf Aufhebung oder Abänderung des Feststellungsbescheides vor Wirksamwerden der Kündigung auch entschieden sein muss. Die Aufhebung oder Abänderung des Feststellungsbescheides ist daher keine Voraussetzung für die Wirksamkeit der Kündigung des Versorgungsvertrages.[1320] Davon geht jetzt auch § 110 II 6 SGB V in der durch das KHSG geänderten Fassung aus. Danach gilt mit Wirksamwerden der Kündigung ein Plankrankenhaus nicht mehr als zugelassenes Krankenhaus. Soweit der Gesetzgeber damit – vor allem vor dem Hintergrund des neuen Kündigungsgrundes nach § 109 III 1 Nr. 2 SGB V (patientengerechte und qualitätsgesicherte stationäre Versorgung der Versicherten) – dem gekündigten Plankrankenhaus dessen nach wie vor bestehenden Versorgungsstatus nach § 8 I 3 KHG aufgrund bestandskräftiger Planaufnahme nehmen wollte[1321], ginge eine solche Gesetzesänderung – verfassungsrechtlich – zu weit. Der grundrechtlich gesicherte Zulassungsstatus des Plankrankenhauses erlischt erst mit bestandskräftiger Aufhebung oder Änderung des Feststellungsbescheides[1322]. 117

ff) **Hochschulkliniken.** Für Hochschulkliniken fehlt eine § 110 I 4 SGB V entsprechende Regelung, die verlangt, die Kündigung des Versorgungsvertrages mit der Planungsentscheidung des Landes zu verbinden.[1323] Der Versagungsgrund des § 110 II 3 SGB V ist zudem ausdrücklich auf Plankrankenhäuser beschränkt. Daraus kann indessen nicht gefolgert werden, eine Kündigung für Hochschulkliniken nach § 110 SGB V sei unzulässig oder nicht möglich.[1324] Es liegt erkennbar eine Gesetzeslücke vor, die durch eine analoge Anwendung des § 110 I 3 SGB V zu schließen ist. Dementsprechend müssen die Kassenverbände ihre Kündigung mit einem entsprechenden Antrag auf Beseitigung des Status der Klinik nach den landesrechtlichen Vorschriften verbinden. Da dies angesichts der für die Gesundheitsversor- 118

[1318] Str. → § 26 Rn. 447 ff.
[1319] § 110 II S. 4 SGB V; VG Arnsberg U. v. 22.12.2000 – 3 K 3443/99; Hauck/Noftz/*Klückmann* SGB V K § 110 Rn. 26.
[1320] BSG NZS 1998, 427 (429); *Becker*/Kingreen SGB V § 110 Rn. 6; jurisPK-SGB V/*Wahl* § 110 Rn. 47.
[1321] Vgl. die amtliche Begründung BT-Brs. 18/5372, 82: „*Mit der Regelung wird erreicht, dass ein Plankrankenhaus nicht mehr für die Versorgung der gesetzlich Versicherten zugelassen ist, sobald und soweit die Kündigung des Versorgungsvertrages wirksam wird. Nach § 108 Nr. 2 sind Krankenhäuser, die in den Krankenhausplan eines Landes aufgenommen sind (Plankrankenhäuser), soweit und solange zur Versorgung der gesetzlich Versicherten mit Krankenhausbehandlung zugelassen. Durch die Neuregelung gilt diese Zulassung mit Wirksamwerden der Kündigung auch dann nicht mehr, wenn das Land das Krankenhaus insoweit nicht oder noch nicht durch Feststellungsbescheid aus dem Krankenhausplan herausgenommen hat. Damit wird es den kündigungsberechtigten in Absatz 1 Satz 1 genannten Verbänden erleichtert, ein Plankrankenhaus ganz oder teilweise von der Versorgung der Versicherten auszuschließen. Dies ist insbesondere im Hinblick auf den neuenKündigungsgrund nach § 109 Abs. 3 Satz 1 Nr. 2 für eine patientengerechte und qualitätsgesicherte stationäre Versorgung der Versicherten von Bedeutung*".
[1322] BSG U. v. 19.11.1997 – 3 RK 21/96, NZS 1998, 427 (429); *Becker*/Kingreen SGB V § 110 Rn. 6; Dettling/Gerlach/*Schrinner* Krankenhausrecht § 110 SGB V Rn. 10; aA Krauskopf/*Knittel* SGB V § 110 Rn. 11.
[1323] Zum Zulassungsstatus und zur Leistungserbringung durch Hochschulkliniken im GKV-System vgl. *Leber* das Krankenhaus 2007, 670; *Quaas* MedR 2010, 149 ff.
[1324] So aber *Heinze* in Schulin, Handbuch des Sozialversicherungsrechts, Bd. 1, § 38 Rn. 47, S. 999; *Wabnitz* das Krankenhaus 1989, 384 (387); *Hänlein* LPK-SGB V § 110 Rn. 22; aA *Knispel* NZS 2006, 120 (125); *Leber* das Krankenhaus 2007, 670 (674); *Noftz* SGb 1999, 632 (637).

gung herausragenden Aufgaben von Hochschulkliniken nur schwer vorstellbar ist, muss das gesetzliche Regelungsdefizit als „hilflos anmutendes Schweigen des Gesetzgebers" im Hinblick auf die Konfliktträchtigkeit einer solchen Regelung bezeichnet werden.[1325] Jedenfalls ließe eine etwaige Kündigung den Zulassungsstatus der Hochschulklinik unberührt. Solange die Anerkennung für die Hochschulklinik nicht aufgehoben wird, würde sofort nach Wirksamwerden der Kündigung ein neuer (fingierter) Versorgungsvertrag durch das Fortbestehen der landesrechtlichen Anerkennung zustande kommen[1326]. Das gilt umso mehr, als die durch das KHSG geänderte Fassung des § 110 II 6 SGB V Hochschulkliniken nicht einbeziht.

119 gg) **Genehmigung der Kündigung.** (1) *Rechtsnatur.* Wie der Abschluss oder die Ablehnung des Versorgungsvertrages (vgl. § 109 III 2 SGB V) bedarf auch die Kündigung zu ihrer Wirksamkeit der Genehmigung durch die zuständige Landesbehörde (§ 110 II 2 SGB V). Nicht anders als dort handelt es sich bei der Genehmigung durch die zuständige Landesplanungsbehörde um einen behördlichen Mitwirkungsakt, der sich als verwaltungsinterner Vorgang (Verwaltungsinternum), nicht aber als – mit Rechtsmitteln angreifbarer – Verwaltungsakt darstellt.[1327] Die Erteilung der Genehmigung ist deshalb in einem vom Krankenhaus angestrengten Anfechtungsverfahren nur inzident verwaltungs- bzw. sozialgerichtlich überprüfbar.[1328] Demgegenüber ist die Versagung der Genehmigung durch Widerspruch der zuständigen Landesbehörde nach § 110 II 3 und 5 SGB V unzweifelhaft ein Verwaltungsakt.[1329] Anders als bei dem Feststellungsbescheid über die Aufnahme eines Krankenhauses in den Krankenhausplan oder dessen Aufhebung oder Änderung haben die Verbände in dem Verfahren nach § 110 SGB V insoweit ein eigenes Klagerecht. Dieses steht ihnen allerdings auch nur gemeinsam zu. Der einzelne Landesverband ist nicht klagebefugt.[1330]

120 Die Erteilung und die Verweigerung der Genehmigung sind unwiderruflich. Anders kann der Zweck des Gesetzes, für die übrigen Beteiligten eine klare Rechtslage zu schaffen, nicht erreicht werden. Diesem Zweck dient auch die nach § 110 II 4 SGB V eintretende Genehmigungsfiktion, wenn die zuständige Landesbehörde nicht innerhalb von drei Monaten nach Mitteilung der Kündigung widersprochen hat. Die Genehmigungsfiktion soll für klare Verhältnisse sorgen, indem nach fruchtlosem Fristablauf der Schwebezustand (der unwirksamen Kündigung) beseitigt wird.[1331]

121 (2) *Begründungserfordernis.* Die zuständige Landesbehörde steht unter Zeitdruck. Innerhalb von drei Monaten ab dem Zeitpunkt, in dem die Kassenverbände ihr Mitteilung von der Kündigung gemacht haben, muss sie über die Genehmigung der Kündigung entscheiden. Spricht sie sich für die Genehmigung aus, hat sie ihre Entscheidung – den Kassenverbänden gegenüber – zu begründen (§ 110 II 2 SGB V). Erhebt hingegen die Landesbehörde gegen die Kündigung des Versorgungsvertrages rechtzeitig Widerspruch, muss sie auch diesen innerhalb von „drei weiteren Monaten" schriftlich begründen. Die Frist dazu wird mit Erhebung des Widerspruchs in Lauf gesetzt und ist eine Ausschlussfrist. Wird sie versäumt, ist der Widerspruch gegen die Kündigung des Versorgungsvertrages unwirksam.[1332] Da es sich auf Grund der Letztverantwortung der Länder für die Krankenhausplanung bei der

---

[1325] Hauck/*Klückmann* SGB V § 110 Rn. 29; *Knispel* NSZ 2006, 120, 25.
[1326] Dettling/Gerlach/*Schrinner* Krankenhausrecht § 110 SGB V Rn. 2 mwN.
[1327] BSG U. v. 16.5.2012 – 3 KR 9/11 R, GesR 2013, 95; Hauck/*Klückmann* SGB V K § 110 Rn. 43; *Knispel* NZS 2006, 120 (126); Krauskopf/*Knittel* Soziale Krankenversicherung/Pflegeversicherung § 110 Rn. 7; aA Laufs/Kern/Genzel/*Degener-Hencke* § 87 Rn. 52; s. a. *Stollmann* NZS 2004, 350 (356).
[1328] Peters/*Hencke* KV (SGB V) § 110 Rn. 7.
[1329] VG Tier U. 29.11.1994 – 2 K 3011/93; best. durch OVG Koblenz U. v. 14.5.1996 – 7 A 10 778/95; Hauck/*Klückmann* SGB V § 110 Rn. 44.
[1330] *Dietz* in Dietz/Bofinger KHG, BPflV, Erl. 8 zu § 8 KHG; s. a. BVerwG NJW 1995, 1628.
[1331] BT-Drs. 12/3608, 71, 101; krit. dazu *Quaas* NZS 1993, 102 (109).
[1332] So zutr. Peters/*Hencke* KV (SGB V) § 110 Rn. 8; *Knispel* NZS 2006, 120, 126; aA Hauck/*Klückmann* SGB V K § 110 Rn. 41.

Genehmigung der Kündigung und deren Ablehnung um eine Abwägungsentscheidung handelt, muss die Begründung die entscheidungserheblichen Gründe enthalten. Der rechtliche Maßstab hat sich an § 110 II 3 SGB V (Verzichtbarkeit des Krankenhauses für die Versorgung) zu orientieren.

(3) Unverzichtbarkeit des Krankenhauses. Damit ist die im Kündigungsrechtsstreit bei 122 Plankrankenhäusern oft entscheidende Rechtsfrage gestellt: besteht die von dem Land ausgesprochene Genehmigung der Kündigung des Versorgungsvertrages zu Recht, weil – wie es § 110 II 3 SGB V formuliert – „das Krankenhaus für die Versorgung unverzichtbar ist"?

Ob es sich bei dem Begriff der Unverzichtbarkeit des Krankenhauses überhaupt um einen 123 justiziablen Rechtsbegriff oder nicht vielmehr lediglich um einen „verbalen Kraftakt" des Gesetzgebers handelt, ist in der Literatur außerordentlich umstritten.[1333] Beabsichtigt mit der durch das GSG vom 21.12.1992 eingefügten Vorschrift war, die Kündigung von Plankrankenhäusern zu erleichtern, indem die Versagung der Genehmigung erschwert und die Voraussetzungen für ihre Verweigerung eingeengt werden sollten. Bis zu diesem Zeitpunkt wurden nur sehr wenige Kündigungen durch die Länder genehmigt. Zu gerichtlichen Auseinandersetzungen ist es – soweit ersichtlich – nicht gekommen.

Der Haupteffekt der Vorschrift liegt deshalb eher in ihrem Androhungspotential und in 124 der Gefahr der Realisierung der Kündigung.[1334] Im Übrigen ist für die Rechtspraxis – solange eine Entscheidung des BVerwG nicht vorliegt – von der Auslegung auszugehen, die das OVG Rheinland-Pfalz im Urteil vom 14.5.1996[1335] der Vorschrift des § 110 II 3 SGB V entnommen hat. Das Gericht lässt ausdrücklich offen, ob der Begriff der Unverzichtbarkeit – wie in der Literatur behauptet[1336] – deckungsgleich mit dem Begriff der Bedarfsgerechtigkeit im Sinne der Vorgängerregelung des § 110 II SGB V durch das GRG ist oder ob darin eine Einschränkung der Prüfungsbefugnisse der Genehmigungsbehörde etwa in dem Sinne liegt, dass vom Land darzulegen sei, das Krankenhaus sei für die Versorgung unbedingt erforderlich. Dem Bundesgesetzgeber sei es darum gegangen, im Einzelfall den Einschätzungsspielraum des Landes zu Lasten einer Einschätzungsprärogative der Kostenträger einzuschränken. Unverzichtbar für die Krankenhausplanung bedeutet damit dem Land den Einwand zu erläutern, bei einer Herausnahme des Krankenhauses aus der Krankenhausplanung würden die Mindeststandarte seiner Bedarfsplanung unterschritten bzw. sei der dem Krankenhaus auch von Seiten der Krankenhausplanung zu gewährleistende Rechtsstand nicht mehr gewährleistet. Ein Abrücken von der eigenen Krankenhausplanung könne in dieser Situation dem Land allerdings nur abverlangt werden, wenn die Kündigungsgründe oder Antragsgründe der Landesverbände in einer den Anforderungen an die Ausübung planerischen Ermessens gerecht werdenden Substantiierung aufwiesen, dass das Krankenhaus nicht mehr bedarfsgerecht sei. Insoweit verweist das Gericht auf die Auslegung der Begriffe der Leistungsfähigkeit, Wirtschaftlichkeit, Bedarfsgerechtigkeit, wie sie in der verwaltungsgerichtlichen Rechtsprechung zur Aufnahme von Krankenhäusern an den Krankenhausplan gestellt werden. Im Ergebnis ist daher der Begriff der Unverzichtbarkeit im Sinne der Erforderlichkeit zu verstehen, so dass § 110 II 3 SGB V kaum praktische Bedeutung hat.[1337]

[1333] Für eine rechtlich überflüssige Drohgebärde des Gesetzgebers sprechen sich insbesondere aus *Heinze* in Schulin, Handbuch des Sozialversicherungsrechts, Bd. 1 § 38, 999; Hauck/*Klückmann* SGB V K § 110 Rn. 37; *Quaas* MedR 1995, 54 (55); diff. Huster/Kaltenborn/*Stollmann* § 4 Rn. 98 f.

[1334] *Quaas* MedR 1995, 54 (55); *Limpinsel* in Jahn SGB V § 110 Rn. 1, 10.

[1335] 7 A 10 778/9, auszugsweise abgedr. bei *Quaas* f&w 1996, 376; s.i.Ü. *Stollmann* NZS 2004, 350 (356) mwN zu unveröff. Gerichtsentscheidungen.

[1336] *Keil-Löw*, Die Kündigung von Versorgungsverträgen mit Krankenhäusern und Reha-Einrichtungen, 43; *Quaas* MedR 1995, 54 (55); *Dietz* in Dietz/Bofinger, KHG, BPflV § 8 Erl. VII 7; *Heinze* in Schulin, Handbuch des Sozialversicherungsrechts, 1994, Bd. 1 § 38 Rn. 47, 55; ebenso VG Trier U. v. 29.11.1994 – 2 K 3011/93.

[1337] Zutr. Hauck/Noftz/*Klückmann* SGB V K § 110 Rn. 37; *Knispel* NZS 2006, 120, 125.

8. Rechtsschutzfragen

125 **a) Gespaltener Rechtsweg.** Streitigkeiten auf Grund von Versorgungsverträgen mit Krankenhäusern und anderen Einrichtungen sind nicht einem Gericht allein, sondern – je nach Streitgegenstand – zwei unterschiedlichen Gerichtsbarkeiten zugewiesen. Grundsätzlich entscheiden die Gerichte der Sozialgerichtsbarkeit auf Grund des durch Art. 32 Nr. 3 GRG neu gefassten § 51 II 1 des Sozialgerichtsgesetzes (SGG) in Angelegenheiten nach dem Fünften Buch des Sozialgesetzbuches u. a. auf Grund der Beziehungen zwischen Krankenhäusern und Krankenkassen einschließlich ihrer Vereinigungen und Verbände sowie auf Grund von Entscheidungen oder Verträgen der Krankenkassen oder ihrer Verbände. Dies gilt jedoch nicht für Streitigkeiten, die in Angelegenheiten nach § 110 SGB V auf Grund einer Kündigung von Versorgungsverträgen entstehen, die für Hochschulkliniken oder Plankrankenhäusern gelten. Insoweit sind die Verwaltungsgerichte zuständig.[1338]

126 Der Rechtsweg zu den Verwaltungsgerichten soll divergierende Entscheidungen im Zusammenhang mit der Kündigung von Plankrankenhäusern und Hochschulkliniken vermeiden. Gegen den Feststellungsbescheid zu Gunsten eines Plankrankenhauses nach § 8 I 3 KHG ist gem. § 8 I 4 KHG der Verwaltungsrechtsweg eröffnet. Entsprechendes gilt für die Aufnahme einer Hochschulklinik in das Hochschulverzeichnis nach § 4 HBFG. Bei Plankrankenhäusern ist die Kündigung nach § 110 SGB V mit einem Antrag auf Aufhebung oder Änderung des Feststellungsbescheides zu verbinden. Insoweit ist es sinnvoll, etwaige Anfechtungen der Entscheidungen einheitlich vor den Verwaltungsgerichten auszutragen.[1339] Die Beendigung von Versorgungsverträgen ist ein komplexes Verfahren, das in seiner Gesamtheit in den Bereich der Krankenhausplanung fällt, für die der Verwaltungsrechtsweg gemäß § 40 I VwGO eröffnet ist.[1340] Es sollen deshalb alle mit dem Ausspruch einer Kündigung eines Versorgungsvertrages im Zusammenhang stehende Rechtsstreitigkeiten von der Zuständigkeit der Sozialgerichtsbarkeit ausgenommen bleiben. Dazu zählt etwa auch der Streit über die Verpflichtung der zuständigen Landesbehörde zur Genehmigung einer Kündigung.[1341]

127 **b) Klage auf Abschluss eines Versorgungsvertrages.** Die Klage auf Abschluss eines Versorgungsvertrages ist vor dem Sozialgericht zu erheben (§ 51 I Nr. 2 SGG). Ihre Zulässigkeit setzt die Durchführung eines Vorverfahrens gemäß §§ 78 ff. SGG voraus.[1342] Das Vorverfahren beginnt gemäß § 83 SGG mit der Erhebung des Widerspruchs gegen den ablehnenden Bescheid nach § 109 III SGB V.[1343] Als zulässige Klageart kommt eine Kombination der Anfechtungsklage gegen die Versagung und der Leistungsklage auf Abgabe der auf Vertragsschluss gerichteten Erklärung (§§ 54 I, IV SGG) in Betracht.[1344] Dabei ist das Krankenhaus

---

[1338] BSG B. v. 24.4.1995 – 3 BSG 1/94, KRS 95 027; zum Rechtsschutz s. *Stollmann* NZS 2004, 350 (356); Huster/Kaltenborn/*ders.* § 4 Rn. 100.

[1339] Vgl. *Wabnitz* das Krankenhaus 1989, 384 (388).

[1340] VG Freiburg U. v. 20.2.2002 – 1 K 148/00.

[1341] BSG B. v. 24.4.1995 – 3 Bs 1/94, KRS 95 027; Peters/*Hencke* Handbuch der Krankenversicherung (SGB V) § 110 Rn. 9; *Knispel* NZS 2007, 120 (126).

[1342] Spickhoff/*Szabados* § 110 SGB V Rn. 20. Geht man indessen – wie die überwiegende Literatur und der 1. Senat des BSG – nicht vom Vorliegen eines VA bei Ablehnung des Angebots auf Abschluss eines Versorgungsvertrages durch die Kassenverbände aus (vgl. die Nw. bei *Becker*/Kingreen SGB V § 109 Rn. 5; Dettling/Gerlach/*Schrinner* Krankenhausrecht § 110 SGB V Rn. 3), ist kein Vorverfahren durchzuführen, sondern unmittelbar die Leistungsklage auf die Abgabe von Willenserklärungen zu richten.

[1343] Zu der Frage, wann der Ablehnungsbescheid im Hinblick auf die nach § 109 III 2 SGB V erforderliche Genehmigung durch die zuständige Landesbehörde „wirksam" wird und damit mit dem Widerspruch angegriffen werden kann, siehe *Quaas*, Der Versorgungsvertrag nach dem SGB V mit Krankenhäusern und Rehabilitationseinrichtungen, 122 ff.

[1344] BSGE 51, 126 (132); 78, 233 (235); SozR 3–2500 § 109 SGB V Nr. 7, 8.

nicht gehalten, die Kassenverbände auf Annahme eines schon vorformulierten Angebotes zu verklagen. Der genaue Inhalt des Vertrages wird regelmäßig nicht feststehen. Zulässig ist die Konkretisierung des Klageantrags, dass die begehrte Zulassung durch Abschluss des Versorgungsvertrages darauf gerichtet ist, die Beklagten zu verpflichten, das Angebot der Klägerin auf Abschluss des Versorgungsvertrages anzunehmen.[1345] Die ggf. versagte Genehmigung der zuständigen Landesbehörde wird als Behördeninternum durch eine Verurteilung ersetzt.[1346]

Haben sich mehrere Krankenhäuser um einen Versorgungsvertrag beworben, führt die Zulassung eines Mitbewerbers zu der Erledigung eines von dem unterlegenen Krankenhaus angestrengten Rechtsstreits. Nach der Zulassung des Mitbewerbers durch die Genehmigung des statusbegründenden Versorgungsvertrages ist es den Landesverbänden der Krankenkassen nach der Rechtsprechung des BSG verwehrt, dem Zulassungsantrag der klagenden Einrichtung zu entsprechen.[1347] Für einen Konkurrenten kommt deshalb nur die Klage auf Feststellung der Nichtigkeit des Versorgungsvertrages in Betracht (§ 55 I Nr. 1 SGG). Die Verletzung des Rechtes auf eine fehlerfreie Auswahlentscheidung nach § 109 II 2 SGB V begründet allerdings in aller Regel keine Nichtigkeit i. S. d. § 57 I SGB X.[1348] Im Hinblick darauf ist dem konkurrierenden Krankenhaus zu empfehlen, vorläufigen Rechtsschutz durch Antrag auf Erlass einer einstweiligen Anordnung (§ 86b II SGG) zu suchen.[1349]

128

c) Klage gegen die Kündigung des Versorgungsvertrages. Bei der Klage gegen die Kündigung des Versorgungsvertrages ist zu unterscheiden, ob es sich um ein Plan- oder ein Vertragskrankenhaus (§ 108 Nr. 2 bzw. 3 SGB V) handelt: Der vor den Sozialgerichten auszutragende Rechtsstreit um die Kündigung des Versorgungsvertrages mit einem Vertragskrankenhaus erfolgt im Wege der Feststellungsklage (§ 55 SGG), da es sich bei der Kündigung um keinen Verwaltungsakt handelt.[1350] Der Rechtsstreit um die Kündigung des Versorgungsvertrages mit einem Plankrankenhaus findet dagegen vor den Verwaltungsgerichten statt.[1351] Prozessuale Besonderheiten gegenüber dem Rechtsstreit vor den Sozialgerichten ergeben sich insoweit, als bei Plankrankenhäusern die Kündigung mit einem Antrag an die zuständige Landesbehörde auf Aufhebung oder Änderung des Feststellungsbescheides nach § 8 I 3 KHG zu verbinden ist, mit dem das Krankenhaus in den Krankenhausplan des Landes aufgenommen wurde. Die Aufhebung oder Änderung des Feststellungsbescheides ist ihrerseits ein Verwaltungsakt, der mit Widerspruch und Anfechtungsklage angegriffen werden kann. Wurde über die Genehmigung der Kündigung und die Herausnahme aus dem Krankenhausplan einheitlich („uno actu") entschieden – was nicht zwingend ist[1352] –, liegt rechtlich nur ein mit Widerspruch und Klage angreifbarer Verwaltungsakt vor. Sind dagegen – wie

129

[1345] BSG U. v. 23.7.2002 – 3 RK 63/01, SozR 3–2500 § 111 SGB V Nr. 3.
[1346] BSGE 78, 243 (247); *Noftz* SGB 1999, 632 (635); aA Sodan/*Kuhla*/*Bedau* § 25 Rn. 46; s. a. Huster/Kaltenborn/*Stollmann* § 4 Rn. 101.
[1347] BSG, U. v. 5.7.2000 – 3 KR 20/99 in SozR 3–2500 § 109 SGB V Nr. 7 unter Bezug auf die vergleichbare Situation im beamtenrechtlichen Konkurrentenstreit – BVerwGE 80, 127, 129 f.; s. a. Spickhoff/*Szabados*, § 110 SGB V Rn. 21.
[1348] BSG, aaO; aA noch SG Stuttgart, U. v. 13.5.1998 – 10 KR 1124/97 – vgl. *Quaas*, Der Versorgungsvertrag nach dem SGB V mit Krankenhäusern und Rehabilitationseinrichtungen, 137.
[1349] BSG, aaO; LSG BW, B. v. 24.2.2016 – L 4 KR 4446/15 – in KRS 2016, 374; *Knodel*, NZS 2002, 180 ff., 234 ff.; Spickhoff/*Szabados*, § 110 SGB V Rn. 21.
[1350] BSG (1.Senat) SozR 4–2500 § 109 Nr. 6; aA früher BSG (3.Senat) U. v. 6.8.1998 – 3 KR 3/98 – in SozR 3–2500 § 110 Nr. 2 = BSGE 82, 261, 262 und jetzt SG Ulm, U. v. 13.2.2018 – S 15 KR 1863/16 – rkr.; s. a. *Becker*/Kingreen, § 110 SGB V Rn. 3.
[1351] Dazu jetzt VG Freiburg i. Br., U. v. 15.3.2018 – 8 K 2876/15 –, sowie *Kuhla*/*Voß*, NZS 1999, 216 ff.; *Quaas*, Der Versorgungsvertrag nach dem SGB V mit Krankenhäusern und Rehabilitationseinrichtungen, 140 ff.
[1352] Vgl. Sodan/*Kuhlau*/*Bedau*, § 25 Rn. 47.

in der Praxis regelmäßig – getrennte Entscheidungen ergangen, ist der Rechtsschutz isoliert zu verfolgen. Allerdings stellt sich – materiell – die Frage, inwieweit der Landesbehörde bei der Herausnahmeentscheidung aus dem Krankenhausplan ein eigener Entscheidungsfreiraum verbleibt. Der Zusammenhang der §§ 109, 110 SGB V mit § 8 KHG legen es nahe, anzunehmen, dass die Auswahlentscheidung der Landesbehörde durch eine wirksame Kündigung der Landesverbände überlagert wird.[1353] Liegen die Voraussetzungen für eine Kündigung vor, ist die Herausnahme des Krankenhauses aus dem Krankenhausplan die zwingende Folge. Die Konsequenz der Vorgreiflichkeit der Wirksamkeit der Kündigung wäre aber prozessual, dass zunächst über die Wirksamkeit der Kündigung entschieden werden müsste.[1354] Sollten die Verfahren gleichzeitig bei dem zuständigen Verwaltungsgericht anhängig sein, wird es sich empfehlen, die Verfahren zu verbinden (vgl. § 93 Satz 1 VwGO). U.U. kann es jedoch aus prozesstaktischen Gründen für das Krankenhaus geboten sein, bei Vorgreiflichkeit des einen Rechtsstreits gegenüber dem anderen auf Aussetzung des Verfahrens zu drängen (vgl. § 94 VwGO).

V. Das Recht des Versorgungsvertrages mit Vorsorge- und Rehabilitationseinrichtungen

1. Vorbemerkung

130   Kernpunkt der durch das GRG am 1.1.1989 in Kraft getretenen Neuordnung der Inanspruchnahme von Vorsorge- und Rehabilitationsmaßnahmen in der gesetzlichen Krankenversicherung ist die Bestimmung des § 111 I SGB V, wonach Krankenkassen medizinische Leistungen zur Vorsorge (§ 23 IV SGB V) oder Rehabilitation einschließlich der Anschlussheilbehandlung (§ 40 SGB V) nur in solchen – gesetzlich definierten (§ 107 II SGB V) – Einrichtungen erbringen lassen dürfen, mit denen ein Versorgungsvertrag abgeschlossen wurde (§ 111 II SGB V) oder als abgeschlossen gilt (§ 111 III SGB V). Damit wurde der vielfach als unbefriedigend empfundene Rechtszustand des § 184a RVO a. F. abgelöst, welcher lediglich die leistungsrechtlichen Voraussetzungen der Behandlung in einer Kur- und Spezialeinrichtung regelte, ohne zugleich – wie für den Krankenhausbereich durch § 371 RVO a. F. geschehen – das Vertragsverhältnis der Einrichtung zu den Krankenkassen zu bestimmen. Zudem hatte sich auf Grund der unpräzisen Begriffsbestimmung der „Kur- und Spezialeinrichtung" eine Grauzone im Leistungsbereich zwischen der Akut-Krankenhausversorgung und den sonstigen stationären Behandlungszielen entwickelt, die das Bemühen der Länder um Abbau von Planbetten im KHG-geförderten Bereich konterkarierte.[1355] Ziel des § 111 SGB V ist es deshalb, klare Anspruchsgrundlagen für die als Regelleistung von den Krankenkassen zu erbringenden Vorsorge- und Rehabilitationsmaßnahmen in vertraglich abgesicherten Einrichtungen zu schaffen. Darüber hinaus wird mit § 111 SGB V dem gesundheitspolitischen Stellenwert der Vorsorge- und Rehabilitationsmaßnahmen, einem zeitgemäßen Verständnis der medizinischen Rehabilitation sowie einer bezüglich des Krankheitsbildes veränderten Gesellschaft Rechnung getragen. So wurde in der Wissenschaft in den letzten beiden Jahrzehnten eine klare Differenzierung zwischen Kur- und Rehabilitationseinrichtungen vorgenommen, die u. a. dazu führte, dass durch die Schaffung eines breiten Angebotes von Rehabilitationsfachkliniken inzwischen für alle wichtigen Rehabilitationsindikationen eine medizinische Versorgung von hoher Spezifität vorgehalten wird.[1356] Eine

---

[1353] VG Arnsberg, U. v. 22.12.2000 –3 K 5515/96; *Knispel*, NSZ 2006, 120, 126.
[1354] So *Knispel*, NZS 2006, 120, 126.
[1355] Vgl. *Wabnitz*, das Krankenhaus 1989, 384.
[1356] *Koch/Potreck-Rose*, Stationäre psychosomatische Rehabilitationen – ein Versorgungssystem in der Diskussion (1994); *Kawski/Koch*, Qualitätssicherung in der medizinischen Rehabilitation in Deutschland – Entwicklungsstand und Perspektiven, Bundesgesundheitsblatt, Gesundheitsforschung, Gesundheitsschutz 47, 111 (2004).

differenzierte Rehabilitationsdiagnostik wird in diesem Zusammenhang als unerlässlich angesehen. Heilmittel (insbesondere ortsgebundene), die ein zentrales Element der traditionellen Kurmedizin darstellen, haben im Rahmen der medizinischen Rehabilitation nur noch einen sehr marginalen Stellenwert. Die regelhaft in Rehabilitationskliniken vorgehaltenen fachpsychologischen Maßnahmen sind weitere wesentliche Säulen der medizinischen Rehabilitation. Sie zielen zum einen darauf, die Maßnahme der funktionellen Adaption zu unterstützen und zum anderen, die psychische Anpassung an eine durch die Krankheit veränderte Lebenssituation zu ermöglichen. Akute Infektionskrankheiten sind demgegenüber weitgehend in den Hintergrund gerückt. Dagegen gewinnen chronische Krankheiten – besonders in Form von Zivilisationskrankheiten – zunehmend an Bedeutung. Sie bestimmen auch entscheidend das Therapiegeschehen. Eine kausale Krankheitsbekämpfung im Sinne einer Heilung ist häufig nicht möglich. Da chronische Erkrankungen wesentlich durch das Verhalten, aber auch durch soziale und umweltbedingte Faktoren beeinflusst werden, müssen erfolgreiche Interventionsmaßnahmen besonders bei diesen Faktoren einsetzen.[1357] Gesundheitsvorsorge und Hilfe zur Selbsthilfe durch Rehabilitation bei chronischen Krankheiten haben deshalb eine gesundheitspolitisch immer wichtigere Aufgabe. Auch in der Bevölkerung stehen die Gesunderhaltung und die Überwindung von Krankheitsfolgen im Vordergrund der Lebensziele.[1358]

2. Geltungsbereich und Abschlussvoraussetzungen

a) Regionalisierung des Vertragsabschlusses. § 111 II 1 SGB V nennt als Vertragspartner der mit dem Einrichtungsträger zu vereinbarenden „einheitlichen Versorgungsverträge" die Landesverbände der Krankenkassen und die Ersatzkassen. Diese schließen den Vertrag „gemeinsam mit Wirkung für ihre Mitgliedskassen". Der (statusbegründende) Versorgungsvertrag ist somit auf die Mitgliedskassen (und deren Versicherten) des jeweiligen Landesverbandes oder des Verbandes einer Ersatzkasse beschränkt. Anders als der Versorgungsvertrag mit einem Krankenhaus, der gem. § 109 I 3 SGB V für „alle Krankenkassen im Inland unmittelbar verbindlich ist", gilt der Versorgungsvertrag nach § 111 SGB V grundsätzlich nur für den Bereich des jeweiligen Bundeslandes.[1359] 131

Die Folge dieser erstmalig im SGB V eingeführten Regionalisierung des Vertragsabschlusses ist die Notwendigkeit einer Beitrittsregelung für den Fall, dass der Kassenverband eines anderen Bundeslandes seine Mitgliedskassen an der Einrichtung beteiligen will.[1360] Der Beitritt ist durch § 111 II 3 SGB V zugelassen und materiell davon abhängig, dass für die Behandlung der Versicherten ein „Bedarf" besteht. 132

Soweit die Einrichtung vor dem 1.1.1989 bestanden hat und die Voraussetzungen des § 111 III SGB V vorliegen, gilt die Einrichtung bundesweit als zugelassen.[1361] Eine entsprechende regionale Einschränkung sieht die Bestandschutzvorschrift nicht vor. Eine Vorsorge- oder Rehabilitationseinrichtung, die vor 1989 auch nur mit einer Krankenkasse Leistungen nach § 184a RVO a. F. abgerechnet hat, gilt deshalb bis zu ihrer Kündigung bundesweit als zugelassen, jedoch nur im Leistungsumfang der Jahre 1986 bis 1988.[1362] Soweit die Einrichtung ihr Versorgungsangebot zu Lasten der Krankenkassen erweitern will, ist der Abschluss eines Versorgungsvertrages nach § 111 II SGB V erforderlich. 133

[1357] Vgl. die Gemeinsamen Grundsätze für ambulante Vorsorge- und Rehabilitationskuren vom 11.9.1989, verabschiedet durch den Deutschen Bäderverband e. V. und die Spitzenverbände der Krankenkassen, abgedr. in: Die Ersatzkasse 1/1990, 27 ff.
[1358] Gemeinsame Grundsätze vom 11.9.1989, aaO, 29.
[1359] Vgl. Hauck/Noftz/*Klückmann*, SGB V, K § 111 SGB V Rn. 24.
[1360] Vgl. KassKomm/*Hess*, § 111 SGB V Rn. 3.
[1361] → § 27 Rn. 9 ff.
[1362] *Vollmer*, f & w 1/1989, 54.

134   Für die Ersatzkassen gilt die Regionalisierung des Vertragsschlusses ebenfalls. Sie sind zwar nach § 111 II 1 SGB V zwingend Vertragspartner. Sie müssen aber, damit ihre Mitgliedskassen an ihre Versicherten des anderen Bundeslandes Leistungen der betreffenden Reha- oder Vorsorgeeinrichtungen erbringen können, für diesen Versorgungsbereich eigenständig beitreten (§ 111 II 3 SGB V).[1363]

135   **b) Abschlussvoraussetzungen.** Inhaltlich ist für die Annahme des Vertragsangebotes durch die Kassenverbände entscheidend, ob die gesetzlichen Tatbestandsvoraussetzungen, die abschließend sind,[1364] dafür vorliegen. Insoweit muss die Einrichtung gem. § 111 II 1 SGB V
1. die Anforderungen erfüllen, die der Begriff einer Vorsorge- oder Rehabilitationseinrichtung nach § 107 II SGB V verlangt, und
2. für eine bedarfsgerechte, leistungsfähige und wirtschaftliche Versorgung der Versicherten mit stationären Leistungen zur Vorsorge oder Rehabilitation einschließlich der Anschlussheilbehandlung notwendig sein.

136   Wegen der Begriffe Bedarfsgerechtigkeit, Leistungsfähigkeit und Wirtschaftlichkeit ist grundsätzlich auf die Ausführungen zu den Abschlussvoraussetzungen des Versorgungsvertrages eines Krankenhauses[1365] zu verweisen. Der mit dem GSG vom 21.12.1992[1366] eingefügte Begriff der Bedarfsgerechtigkeit bedarf jedoch einer differenzierten Betrachtung. Insoweit ist nach der Rechtsprechung des BSG bei der Zulassung von Vorsorge- oder Rehabilitationseinrichtungen eine verfassungskonforme Auslegung des Begriffs „bedarfsgerecht" unter Berücksichtigung der insoweit bestehenden Besonderheiten des Leistungsrechts der gesetzlichen Krankenversicherung geboten, die sich von der Krankenhausbehandlung unterscheidet.[1367] Im Unterschied zur Krankenhausbehandlung haben die Kassen weitgehend Einfluss auf die Bewilligung und die Dauer von Rehabilitationsmaßnahmen und damit auch auf die Kostenentwicklung. Während die Versicherten nach §§ 39 I 2, 73 II Nr. 7 SGB V einen Rechtsanspruch auf Krankenhausbehandlung haben, wenn der Vertragsarzt sie verordnet und sie nach Prüfung durch das Krankenhaus erforderlich ist, steht die Gewährung stationärer Vorsorge- oder Rehabilitationsmaßnahmen im Ermessen der Krankenkasse (§§ 23 V, 40 III SGB V). Der Gesichtspunkt der Kostendämpfung verlangt deshalb bei Vorsorge- und Rehabilitationseinrichtungen „nicht so dringend" eine Begrenzung der Leistungsanbieter wie im Krankenhausbereich.

137   Andererseits stellt auch eine Bedarfszulassung im Vorsorge- und Rehabilitationssektor einen Eingriff in das durch Art. 12 I GG geschützte Grundrecht der Berufsfreiheit dar. Ob eine mit Art. 12 I GG vereinbare Bedarfszulassung insoweit notwendig ist, lässt das BSG ausdrücklich offen. Jedenfalls müsse sie, wenn die Landesverbände auf ihrer Grundlage zu entscheiden haben, rechtsstaatlichen Vorgaben entsprechen.[1368] Der Abschluss eines Versor-

---

[1363] Hauck/Noftz/*Klückmann*, SGB V, K § 111 Rn. 30.
[1364] LSG Baden-Württemberg, U. v. 23.3.2004 – L 11 KR 3037/03 – (AU, Bl. 16); In diesem n. v. Urteil weist das LSG Baden-Württemberg zutreffend darauf hin, dass die „berufliche Rehabilitation" nicht zulässiger Gegenstand des Leistungsangebots einer Krankenkasse sein kann, so dass diese auch nicht von einer im Leistungsspektrum der gesetzlichen Krankenkasse stationäre Rehabilitationsleistungen anbietenden Einrichtung zur Verfügung gestellt werden muss. Einrichtungen nach § 111 SGB V, die keine berufliche Rehabilitation anbieten, können daher vom System der Rehabilitationseinrichtungen der GKV nicht ausgeschlossen werden.
[1365] → § 27 Rn. 55 ff.
[1366] BGBl. I 2266, 2284, 2333.
[1367] BSG, U. v. 19.11.1997 – 3 RK 1/97 – in NZS 1998, 429; U. v. 23.7.2002 – 3 KR 3 KR 63/01 – in SozR 3-2500 § 111 SGB V Nr. 3; ebenso BGH, U. v. 24.6.2004 – III ZR 215/03 – in: KRS 04.031; LSG Baden-Württemberg, U. v. 23.3.2004 – L 11 KR 337/03 –; bei der Zulassung von wohnortnahen Einrichtungen für die ambulante und u. U. teilstationäre Rehabilitation (§ 40 I SGB V) ist von einer Bedarfsprüfung gänzlich abzusehen – vgl. BSG SozR 3-2500 § 40 Nr. 3.
[1368] BSG, U. v. 19.11.1997 – 3 RK 1/97 – in: NZS 1998, 429.

gungsvertrages für eine voll stationäre geriatrische Einrichtung könne nicht mit der Begründung abgelehnt werden, für die Einrichtung bestehe kein Bedarf, weil nach der Bedarfsplanung andere Einrichtungen zur Bedarfsdeckung vorgesehen seien.[1369] Im Ergebnis ist deshalb bei verfassungskonformer Auslegung des § 111 II SGB V eine Bedarfszulassung im Reha-Bereich in der Regel nicht zulässig.[1370] Die Landesverbände der GKV haben für die erforderliche Mindestausstattung der jeweiligen Region mit stationärem Reha-Einrichtungen zu sorgen. Diese Planungshoheit und Strukturverantwortung der Landesverbände beinhaltet nicht die Aufgabe und das Recht, Obergrenzen bei der flächendeckenden Versorgung mit Reha-Kliniken festzulegen.[1371]

3. Vertragsinhalt, Rechtswirkung und Kündigung des Versorgungsvertrages

a) **Vertragsinhalt.** Zum obligatorischen Vertragsinhalt regelt § 111 II 1 SGB V sehr wenig. Vertragsgegenstand ist die „Durchführung der in Abs. 1 genannten Leistungen". Dieser Vertragsinhalt wird den Kassenverbänden insoweit verpflichtend vorgegeben, als sie mit den Vorsorge- oder Reha-Einrichtungen „einheitliche Versorgungsverträge" zu schließen haben. Die Verträge dürfen deshalb keine unterschiedlichen Regelungen für bestimmte Krankenkassen oder Kassenarten enthalten. Art und Umfang der in § 111 I genannten Leistungen, für welche die Einrichtung zugelassen wird, müssen einheitlich festgelegt werden. „Einheitlich" heißt, es müssen zumindest die Krankheitsbilder (Indikationen, ggf. -gruppen) festgelegt werden, zu deren Behandlung die Einrichtung zugelassen ist.[1372] Die zusätzliche Angabe der Behandlungsmethode kann auf Grund eines spezifischen Versorgungsbedarfes, der für den Vertragsschluss maßgebend war, gerechtfertigt sein. Nicht (zwingend) erforderlich ist dagegen die Benennung der in der Einrichtung vorgehaltenen Bettenzahl, erst recht nicht in der Zuordnung zu dem jeweiligen Krankheitsbild.[1373] Mit dem Versorgungsvertrag werden die Einrichtung, nicht deren Betten[1374] zur stationären Versorgung der Versicherten zugelassen. Es gibt keine verbindlichen bedarfsplanerischen Richtlinien der Krankenkassen und ihrer Organisationen, die für die Zulassung der Einrichtung eine bestimmte Bettenzahl vorgeben könnte. Die Angabe der „Planbetten" entspricht vor allem dem Wunsch der Kassenverbände, das Behandlungsgeschehen in der jeweiligen Einrichtung zu steuern und bei von dem Träger für erforderlich gehaltenen Umstrukturierungen ein (vertragliches) Mitspracherecht zu erhalten. Diesem Interesse muss die Organisationshoheit der Einrichtung und ihre Gestaltungsautonomie entgegengesetzt werden. Aus ähnlichen Erwägungen heraus gehört die Angabe der personellen Besetzung nicht zum zwingenden Vertragsinhalt. Diese, die Leistungsfähigkeit der Einrichtung und ggf. die wirtschaftliche Versorgung der Versicherten berührenden Fragen gehören zu den Voraussetzungen des Vertragsschlusses, wie sie nach § 111 II 1 Nr. 2 SGB V erfüllt sein müssen. Ist dies der Fall, hat die Einrichtung – wie ausgeführt – einen Rechtsanspruch auf Abschluss des Versorgungsvertrages. Dieser Anspruch sollte nicht dadurch relativiert werden, dass erneut bei aus der Sicht des Trägers notwendig werdenden Änderungen in der Struktur der Einrichtung den Vertragspartnern ein Mitspracherecht eingeräumt wird.

Zum zwingenden Vertragsinhalt gehören die Behandlungsgrundsätze, also die Bestimmungen, welche für die Durchführung der medizinischen Leistungen zur Vorsorge oder Rehabilitation maßgebend sind. Damit werden die leistungsrechtlichen Voraussetzungen für die Aufnahme des Patienten und die Dauer der stationären Behandlung einschließlich des Wirt-

138

139

[1369] BSG, U. v. 23.7.2002 – 3 KR 63/01 – in: SozR 3–2500, § 111 Rn. 3.
[1370] Spickhoff/*Szabados*, § 111 SGB V Rn. 4 f.; *Thier*, das Krankenhaus 2003, 378 (380).
[1371] BSGE 89, 294, 302, 304 f.; OLG München, U. v. 10.7.2003 – 1 U 5308/01 – KRS 03.021. zu weiteren praktischen Konsequenzen aus dieser Rspr. *Thier*, das Krankenhaus 2003, 378 (380).
[1372] *Vollmer*, f&w 1/1989, 51; Hauck/Noftz/*Klückmann*, SGB V, K § 111 Rn. 25.
[1373] So aber *Grigoleit*, Die Ersatzkasse 4/1989, 140.
[1374] Vgl. zu der entsprechenden Rechtslage nach § 371 RVO a. F. *Quaas*, f&w 1/1989, 63.

schaftlichkeitsgebotes (vgl. § 12 SGB V) angesprochen.[1375] Die Vertragsfreiheit ist hier auf Grund der gesetzlichen Vorgaben für die Leistungserbringung stark eingeschränkt. Insbesondere sind generelle Vereinbarungen über die Dauer der Behandlung (Befristung der Kostenübernahme) und die Qualität der medizinischen Behandlung über das gesetzlich zugelassene Maß kaum möglich. Die Einrichtung ist gem. § 137 Satz 1 SGB V verpflichtet, sich an Maßnahmen zur Qualitätssicherung in der stationären Versorgung zu beteiligen. Diese Maßnahmen erstrecken sich auf die Qualität der Behandlung, der Versorgungsabläufe und der Behandlungsergebnisse.

140 **b) Rechtwirkung des Versorgungsvertrages.** Die Rechtswirkung des abgeschlossenen Versorgungsvertrages besteht in der unmittelbaren rechtlichen Verbindlichkeit des Vertragsinhalts für die vertragsschließenden Parteien und deren Mitgliedskassen. Zum Inhalt dieser Rechtswirkung ist auf die Ausführungen zu § 109 IV 1 SGB V zu verweisen.[1376] Im Gegensatz zur Zulassung von Krankenhäusern besteht für Vorsorge- und Rehabilitationseinrichtungen keine ausdrückliche, dem § 109 IV 2 SGB V vergleichbare Verpflichtung zur Behandlung der Versicherten.[1377] Inhalt der Zulassung ist gleichwohl deren „Versorgung". Daraus erwächst für die Einrichtung die Pflicht, im Rahmen des laufenden Vertrages unter Bezug auf die am Vertragsschluss beteiligten oder dem Vertrag beigetretenen Verbände die stationären medizinischen Leistungen zur Vorsorge oder Reha durchzuführen und die ihr nach dem Vertrag obliegenden spezifischen Leistungen zu erbringen.[1378] Die Weigerung der Einrichtung, Versicherte vertragsgemäß zu behandeln, würde deshalb eine Vertragsverletzung darstellen mit der Folge, dass darauf – sofern auch die sonstigen Voraussetzungen vorliegen – eine Vertragskündigung gestützt werden kann.[1379]

141 **c) Kündigung des Versorgungsvertrages.** Die Kündigung des Versorgungsvertrages muss die Anforderungen des § 111 IV 2 und 3 SGB V beachten. Ein ausdrückliches Kündigungsrecht durch die Versorge- und Reha-Einrichtung sieht § 111 SGB V – anders als § 110 I 1 SGB V für den Krankenhausträger – nicht ausdrücklich vor. Gleichwohl ist nicht anzunehmen, dass der Gesetzgeber auf sie einen Versorgungszwang ausüben will. Der Einrichtung steht deshalb analog § 110 I 1 SGB V ein Kündigungsrecht zu.[1380] Für das Kündigungsrecht des Trägers ist weder eine Kündigungsfrist noch sind besondere Kündigungsgründe vorgeschrieben, so dass es bei den allgemeinen vertragsrechtlichen Regelungen bleibt.[1381] Ebenfalls im Unterschied zum Versorgungsvertrag mit Krankenhäusern ist für die Kassenverbände eine Teilkündigung ausdrücklich nicht zugelassen. Eine partielle Kündigung kann – unter Beachtung des Verhältnismäßigkeitsgrundsatzes – gleichwohl zugelassen sein.[1382] Kündigungsgrund ist der Wegfall der Abschlussvoraussetzungen nach § 111 II 2, d. h. die Einrichtung erfüllt die Anforderungen des § 107 II nicht (mehr) oder sie ist für eine leistungsfähige und wirtschaftliche Versorgung der Versicherten nicht (mehr) notwendig. Der Kündigungsgrund darf nicht lediglich vorübergehend bestehen (§ 110 I 2 SGB V analog).[1383] Die Höhe der Vergütung oder sonstige mit dem Entgelt der Leistung zusammenhängende Fragen berechtigen nicht – wie § 111 V SGB V zeigt – zur Kündigung.

[1375] → § 27 Rn. 34 ff.
[1376] → § 27 Rn. 73 ff.
[1377] Spickhoff/*Szabados*, § 111 SGB V Rn. 10.
[1378] Hauck/Noftz/*Klückmann*, SGB V, K § 111 Rn. 34.
[1379] Vgl. Genzel/Hanisch/Zimmer, Krankenhausfinanzierung in Bayern, Erl. 6 zu § 111 SGB V.
[1380] Hauck/Noftz/*Klückmann*, SGB V, K § 111 Rn. 38 m. w. N.
[1381] → § 27 Rn. 88 ff.
[1382] Vgl. Hauck/Noftz/*Klückmann*, SGB V, K § 111 Rn. 37; Spickhoff/*Szabados*, § 111 SGB V Rn. 12.
[1383] Hauck/Noftz/*Klückmann*, SGB V, K § 111 Rn. 36.

4. Vergütung

a) **Allgemeines.** Von dem Versorgungsvertrag, der ausschließlich die Zulassung der Einrichtung zur stationären Versorgung zum Gegenstand hat, ist die Preisvereinbarung zu unterscheiden. Sie wird nicht von den Kassenverbänden abgeschlossen, sondern gem. § 111 V SGB V zwischen dem Träger der Einrichtung und den „örtlichen" Krankenkassen vereinbart, die ihre Versicherten in der Einrichtung behandeln lassen. Da das KHG und die BPflV nicht auf Vorsorge- und Rehabilitationseinrichtungen anwendbar sind, gelten nicht deren Vorschriften zu Pflegesatzbemessung. Die Vergütungen werden vielmehr ohne staatliche Interventionsmöglichkeit „frei" vereinbart, weil die Vorsorge- oder Reha-Einrichtungen keinen Anspruch auf staatliche Förderung haben.[1384] Die Kostenträger können deshalb von den Einrichtungen weder die Vorlage eines Kosten- und Leistungsnachweises (KLN) fordern noch zusätzlich Unterlagen zum Jahresabschluss oder zur Stellenbesetzung oder Eingruppierung des Personals verlangen, wie dies die Träger von Krankenhäusern vorlegen müssen. 142

Das Vereinbarungsprinzip lässt es zu, dass die vereinbarten Preise von Krankenkasse zu Krankenkasse unterschiedlich sind. Entsprechendes gilt für etwaige Belegungsverträge, wobei der Abschluss der Vergütungen auch gemeinsam mit den Rentenversicherungsträgern erfolgen kann. Ebenso ist es zulässig, dass die Krankenkassen die abgeschlossene Vergütung des Hauptbelegers (z. B. Rentenversicherung) übernehmen. Im Übrigen können im Rahmen der Preisfindung betriebswirtschaftliche Ergebnisse, Bilanzen, Abschreibungs- und Investitionskosten sowie Zinsen als Anhaltspunkte dienen. Selbstverständlich kann auch eine Preisvergleichsbetrachtung mit gleichartigen Einrichtungen angestrebt werden. In einem solch „reinen" Vertragssystem ist schon im Ansatz für Wirtschaftlichkeitsprüfungen – wie sie für Krankenhausbehandlung gem. § 113 SGB V vorgesehen sind – kein Raum.[1385] 143

b) **Höhe der Vergütung.** Hinsichtlich der Höhe der Vergütung enthält § 111 V SGB V keine rechtlichen Kriterien für die Vereinbarung. Dem Gesetz lässt sich deshalb zunächst nicht mehr entnehmen, als dass der Maßstab eine „an den Leistungen orientierte" Preisgestaltung sein soll.[1386] Bei der Preisvereinbarung ist auch der Grundsatz der Beitragssatzstabilität (§ 71 I SGB V) zu beachten. 144

Folgendes kommt aber hinzu. Nach § 111 IV 2 SGB V kann der Versorgungsvertrag von den Kassenverbänden gekündigt werden, wenn die Voraussetzungen für seinen Abschluss nach II 1 nicht mehr gegeben sind. Zu diesen Voraussetzungen gehört u. a. die Leistungsfähigkeit und die Wirtschaftlichkeit der Einrichtung. Mit diesen Kriterien wird das Preis-Leistungsverhältnis angesprochen. Nur eine solche personelle und sachliche (apparative) Ausstattung kann als wirtschaftlich angesehen werden, die im Hinblick auf den Versorgungsauftrag der Einrichtung angemessen ist.[1387] Dem muss auch die Vergütungsvereinbarung nach § 111 V SGB V Rechnung tragen. § 111 V SGB V gibt dem Träger der Einrichtung einen Rechtsanspruch auf Abschluss und Fortbestand des Versorgungsvertrages, wenn die Einrichtung bedarfsrecht, wirtschaftlich und leistungsfähig ist.[1388] Da die Finanzierung der Einrichtung über die Vergütung nach § 111 V SGB nicht in die Vereinbarungsbefugnis der Vertragspartner gestellt ist, sind diese verpflichtet, durch den Abschluss der Vergütungs- 145

[1384] Vgl. Peters/*Hencke*, § 111 Rn. 9; Hauck/Noftz/*Klückmann*, SGB V, K § 111 Rn. 43.
[1385] Amtl. Begr. zu § 119 V GRG-E, BT-Drs. 11/2237, 199; zweifelnd an der Berechtigung, von einer Wirtschaftlichkeitsprüfung abzusehen, Hauck/Noftz/*Klückmann*, SGB V, K § 111 Rn. 46.
[1386] BT-Drs. 11/2237, S. 199; gemeinsame Erklärung der Spitzenverbände der Krankenkassen und des Bundesverbandes Deutscher Privatkrankenanstalten vom 20.12.1989, BKK 1990, 171; Hauck/Noftz/ *Klückmann*, SGB V, K § 111 Rn. 43.
[1387] → § 27 Rn. 119.
[1388] → § 27 Rn. 118.

vereinbarung zu verhindern, dass der Einrichtung aus Gründen einer zu niedrigen Pflegesatzbemessung fehlende Leistungsfähigkeit und Wirtschaftlichkeit vorgeworfen werden kann. Eine an den Leistungen der Einrichtung orientierte Vergütung muss deshalb angemessen sein.

146 Nun wird man im Einzelnen streiten können, welche Vergütung zur Finanzierung der medizinischen Leistungen nach § 111 I SGB V angemessen ist. Auch wenn und soweit die Grundsätze der BPflV, des KHEntgG und des KHG keine Anwendung finden, sind die dortigen Vorgaben gleichwohl als Konkretisierung dessen anzusehen, was sich der Gesetzgeber unter einer leistungsgerechten Vergütung (vgl. § 17 I KHG) vorgestellt hat.[1389] So sah etwa die BPflV 1995 für den Personalkostensektor, der mit durchschnittlich 70 v. H. am meisten zu Buche schlägt, einen Tariflohnausgleich für den Fall vor, dass im Pflegesatzzeitraum die durchschnittliche Erhöhung des Vergütungstarifvertrags nach dem damaligen BAT von der in der Budgetvereinbarung zugrunde gelegten durchschnittlichen Entwicklung der Tariflöhne und -gehälter abweicht. Dadurch werden die von den Krankenhäusern nicht beeinflussbaren Kostenwirkungen auf Grund von Tarifabschlüssen berücksichtigt. Daraus folgt, dass unangemessen im Sinne des § 111 V SGB V ein Vergütungsangebot der Kostenträger jedenfalls dann ist, wenn eine von der Einrichtung arbeitsrechtlich zwingend zu zahlende Lohnkostensteigerung nicht hinreichendberücksichtigt wird. Der Hinweis auf eine leistungsgerechte und angemessene Vergütung bedeutet aber auch, dass das Selbstkostendeckungsprinzip, wie es früher für Krankenhäuser im Rahmen des Pflegesatzrechts galt, nicht zur Anwendung kommt. Allein auf die Kosten in der Einrichtung darf es deshalb nicht ankommen. Vielmehr muss gewährleistet sein, dass auch bei einer kostenorientierten Preisfindung die ermittelten Preise mit denen anderer Anbieter vergleichbar sein müssen[1390]. Insoweit bietet es sich – mangels inhaltlicher Vorgaben für die Ermittlung der Vergütung von Reha-Einrichtungen in § 111 V 1, 2 SGB V – an, als Maßstab für die Preisfindung mit dem Ziel der Ermittlung einer leistungsgerechten und angemessenen Vergütung auf die Grundsätze zurückzugreifen, die das BSG für die – vergleichbaren – Leistungen von sozialpsychiatrischen Zentren (SPZ) in seiner Rechtsprechung zu § 120 II SGB V entwickelt hat[1391]. Danach ist – im Ansatz – von den geltend gemachten Kosten der Einrichtung auszugehen und zu fragen, ob die Betriebsführung ordnungsgemäß ist und ob sie Wirtschaftlichkeitsreserven erkennen lässt. In einem zweiten Schritt ist zu überprüfen, ob der nachvollziehbar begründete Vergütungsanspruch einem Vergleich mit anderen Rehabilitationseinrichtungen standhält. Die Ergebnisse eines externen Vergleichs finden insoweit Berücksichtigung. Darüber hinaus muss sichergestellt sein, dass auch hierdem Grundsatz der Beitragssatzstabilität angemessen Rechnung getragen wird. Dabei ist nicht ausgeschlossen, dass eine Steigerung der Vergütung gegenüber der letzten Vergütungsvereinbarung oberhalb der Veränderungsrate liegen kann.Das kommt insbesonderein Betracht, wenn die Vergütung der Vorjahre auf einer fehlerhaften Kalkulation beruhte oder bewusst zu niedrig angesetzt worden ist[1392].

147 **c) Vereinbarungsverfahren und Schiedsstelle.** Durch das Gesetz zur Änderung des Infektionsschutzgesetzes vom 4.8.2011[1393] wurde § 111 V SGB V dahingehend ergänzt, dass im Fall einer fehlenden Einigung über die Höhe der Vergütung eine (Landes-)Schiedsstelle (§ 111 B SGB V) auf Antrag einer Vertragspartei entscheidet. Im Zuge der Gleichstellung der ambulanten Rehabilitation mit der stationären Rehabilitation wurde die Schiedsstellenrege-

---

[1389] *Quaas,* NZS 1996, 102 (105).
[1390] Vgl. Hauck/Noftz/*Hannes,* SGB, § 111 SGB V, Rn. 98.
[1391] BSG, U. v. 13.5.2015 – B 6 KA 20/14 R – juris; wie hier Schiedsstelle für Vorsorge- und Rehabilitationseinrichtungen NRW, B. v. 16.2./14.7.2016 – AZ: 01/2015 –.
[1392] Dies., aaO; zur Vergütung nach § 111 V SGB V vgl. auch *Brosius-Gersdorf,* NSZ 2016, 367 ff.
[1393] BGBl. I 1622.

lung durch das GKV-VRStG mit Wirkung vom 1.1.2012 auf ambulante Rehabilitationseinrichtungen erweitert (§ 40 SGB V iVm § 111b SGB V).

Zu dem Verfahren vor der Landesschiedsstelle kommt es, wenn eine Vergütungsvereinbarung innerhalb von zwei Monaten, nachdem eine Vertragspartei schriftlich zur Aufnahme von Verhandlungen aufgefordert hat, nicht oder teilweise nicht zustande gekommen ist und diese deshalb einen Antrag auf Festsetzung der Vergütung bei der Schiedsstelle stellt (§ 111 V 2 SGB V). Die zweimonatige Sperrfrist vor Anrufung der Schiedsstelle soll einer übereilten Anrufung dieses Gremiums sowie einer restriktiven oder fehlenden Verhandlungsbereitschaft entgegenwirken.[1394] Eine Entscheidungsfrist für die Schiedsstelle ist hingegen nicht vorgesehen. Ebenso offen bleibt der für sie zu Grunde zu legende Entscheidungsmaßstab. Aus der in § 111 V 3 SGB V vorgesehenen Bindung der Schiedsstelle an die für die Vertragsparteien geltenden Rechtsvorschriften wird man folgern müssen, dass auch im Schiedsstellenverfahren Beurteilungsmaßstab der Vergütungshöhe die Angemessenheit der Vergütung Pflegesatzes ist.[1395] Dazu gehört auch die Beachtung des Grundsatzes der Beitragssatzstabilität.[1396] 148

d) **Rechtsschutz.** Anders als bei der Krankenhausschiedsstelle (vgl. § 18 V 2, 3 KHG) trifft das Gesetz (§ 111 V SGB V) keine Bestimmung zu gerichtlichen Anfechtungsmöglichkeiten und deren Folgen. Insoweit ist nach allgemeiner Auffassung davon auszugehen, dass es sich bei der Festsetzung der Landesschiedsstellen nach § 111 V 2 SGB V um einen mit Rechtsmitteln angreifbaren VA (§ 31 SGB X) handelt.[1397] Insoweit ist vor Klagerhebung bei dem zuständigen Sozialgericht (§ 51 I Nr. 2 SGG) das Vorverfahren durchzuführen.[1398] Wird ein Widerspruch eingelegt, hat dieser – ebenso wie eine anschließende Klage – aufschiebende Wirkung. Eine gesetzliche Regelung, wonach der Schiedsstellenbeschluss trotz Einlegung des Rechtsbehelfs sofort vollziehbar wäre, fehlt auch hier. Daraus folgt, dass mit Einlegung des Rechtsmittels die Geltung der neuen Entgelte aufgeschoben ist. Der belastete Einrichtungsträger ist gehalten, bei Gericht oder bei der Schiedsstelle die sofortige Vollziehung der Festsetzung zu beantragen.[1399] Dafür bedarf es gemäß § 86a SGG eines besonderen Interesses. Insoweit ist darzulegen, dass die Einrichtung auf der Grundlage der bisherigen, aber gekündigten Vergütungsvereinbarung in ihrer Existenz gefährdet würde[1400] 149

VI. Sicherstellung von Qualität, Wirtschaftlichkeit und Wirksamkeit der Krankenhausbehandlung

1. Übersicht

Das SGB V hat die Möglichkeiten und das Instrumentarium zur Sicherstellung von Qualität und Wirtschaftlichkeit der Krankenhausbehandlung wesentlich erweitert bzw. neu eingeführt. Insbesondere auf dem Gebiet der Qualitätssicherung hat das GKV-Gesundheitsreformgesetz 2000[1401] die seit 1989 bestehenden krankenversicherungsrechtlichen Vorschriften durch ein „umfassendes System"[1402] zur „Sicherung der Qualität der Leistungserbrin- 150

[1394] Zum Schiedsstellenverfahren nach § 111 V 2 SGB V vgl. *Penner* GuP 2012, 14 ff.; *Trefz/Flachsbarth,* PKR 2012, 70 ff.
[1395] Dazu im Einzelnen: *Penner,* GuP 2012, 14, 18 ff.
[1396] *Penner,* aaO, Bl. 19; aA *Fuhrmann,* Sucht aktuell 2008, 79 ff.
[1397] Vgl. für Schiedsamtsentscheidungen nach § 89 SGB V *Schnapp,* SGb 2007, 633 ff.; *Penner,* GuP 2012, 14 (20) m. w. Nw.
[1398] Auch hier fehlt eine § 18 V 2 KHG entsprechende Regelung.
[1399] *Trefz/Flachsbarth,* PKR 2012, 70 (73).
[1400] Schiedsstelle NRW, aaO.
[1401] GKV-GRG 2000 vom 22.12.1999 (BGBl. I S. 2626).
[1402] BT-Drs. 14/1245, 57.

gung¹⁴⁰³ ersetzt. Sämtliche Leistungserbringer sind nunmehr ausdrücklich von Gesetzes wegen „zur Sicherung und Weiterentwicklung der Qualität der von ihnen erbrachten Leistungen" (§ 135a I 1 SGB V) verpflichtet. Die Leistungen müssen „dem jeweiligen Stand der wissenschaftlichen Erkenntnisse entsprechen und in der fachlich gebotenen Qualität erbracht werden" (§ 135a I 2 SGB V). Die Aufgabe, die nach dem jeweiligen Stand der wissenschaftlichen Erkenntnisse sozialgesetzlich erforderlichen Leistungen zu bestimmen und das Verfahren der Qualitätssicherung festzulegen, weist der Gesetzgeber den Verbänden der Krankenkassen und der Leistungserbringer sowie in einzelnen Fällen außerdem dem Gemeinsamen Bundesausschuss (G-BA) zu. So ist es zunächst nach § 112 II Nr. 3 SGB V Aufgabe der zwischen den Landesverbänden der Krankenkassen und den Ersatzkassen mit der jeweiligen Landeskrankenhausgesellschaft zu schließenden zweiseitigen Verträge und der nach § 112 V SGB V vorgesehenen Rahmenempfehlungen des Spitzenverbandes Bund oder der Bundesverbände gemeinsam und der DKG, Verfahrens- und Prüfungsgrundsätze für Wirtschaftlichkeits- und Qualitätsprüfungen festzulegen. Darüber hinaus sieht § 136 I SGB V Richtlinien und Beschlüsse zur Qualitätssicherung vor, die der G-BA für (die vertragsärztliche Versorgung und für) zugelassene Krankenhäuser beschließt, die nach § 136b II 1, 2SGB V für zugelassene Krankenhäuser unmittelbar verbindlich sind und die Vorrang vor Verträgen nach § 112 I SGB V haben, soweit diese keine ergänzenden Regelungen zur Qualitätssicherung enthalten.

151 Damit obliegt die Regelung und die Ausgestaltung der Qualitätssicherung weitgehend der „Gemeinsamen Selbstverwaltung" durch Sozialversicherungsträger und Leistungserbringer.¹⁴⁰⁴ Dabei kommt im Bereich der Krankenhausversorgung neben den Qualitätsvereinbarungen zwischen Krankenkassen und Krankenhäusern (§ 110a SGB V) in Form von Normenverträgen¹⁴⁰⁵ den Entscheidungen des G-BA, dessen Kompetenzen insbesondere zum Erlass von Richtlinien erstmals durch das GKV-WSG 2007 und zuletzt das KHSG (2016) erheblich gestärkt worden sind (vgl. §§ 91, 92, 136a – d, 137 SGB V), überragende Bedeutung zu.¹⁴⁰⁶

152 Darüber hinaus überträgt § 113 SGB V den Verbänden der Krankenkassen das Recht, gemeinsam die Wirtschaftlichkeit, Leistungsfähigkeit und die Qualität der Krankenhausbehandlung eines zugelassenen Krankenhauses durch einvernehmlich mit dem Krankenhausträger bestellte Prüfer untersuchen zu lassen. Kommt eine Einigung über den Prüfer nicht zustande, ist dieser innerhalb von zwei Monaten von der Landesschiedsstelle nach § 114 SGB V zu bestimmen. Die Überprüfung der Wirtschaftlichkeit der Krankenhausbehandlung im Einzelnen obliegt nach Maßgabe des § 275 I Nr. 1 SGB V dem Medizinischen Dienst der Krankenversicherung (MDK), der auf der Grundlage von § 17c KHG auf Antrag der Krankenkassen auch die Abrechnung der nach dem DRG-System eingeführten Krankenhausfälle überprüfen kann. § 17c KHG eröffnet damit eine umfassende Prüfung der Abrechnung von Pflegesätzen durch die Krankenkassen.¹⁴⁰⁷

---

¹⁴⁰³ So die amtliche Überschrift des 9. Abschnitts über die Qualitätssicherung im SGB V; zur Qualitätssicherung in der vertragsärztlichen Versorgung vergl. u. a. *Wenner*, NZS 2002, 1 ff.; in der stationären *Axer*, in: VSSR 2002, 215 ff.; Laufs/Kern/*Genzel/Degener-Hencke*, § 83 Rn. 33 ff.; Sodan/*Weidenbach*, § 29.
¹⁴⁰⁴ Zum Begriff der „Gemeinsamen Selbstverwaltung" s. *Axer*, in Schnapp (Hrsg.), Funktionale Selbstverwaltung und Demokratieprinzip – am Beispiel der Sozialversicherung, 2001, 115 ff.
¹⁴⁰⁵ Vgl. Huster/Kaltenborn/*Huster/Harney*, Krankenhausrecht, 2.A. § 7 Rn. 41 zu rechtlichen Einordnung als Normverträge vgl. *Hänlein*, Rechtsquellen im Sozialversicherungsrecht, 2000, 262 ff., 345 ff., 459 ff.; *Axer*, VSSR 2002, 215, 216 in Fn. 9 m. w. N.
¹⁴⁰⁶ Vgl. u. a. o. § 12; Sodan/*Weidenbach*, § 29 Rn. 5 ff.; zur Frage einer sektorenübergreifenden Qualitätssicherung vgl. *Axer*, VSSR 2010, 183; *Wolff*, NZS 2006, 281 ff.; *Pitschas*, MedR 2006, 451 ff.; *Fischer*, MedR 2006, 509 ff.; *Gräß/Wasem*, MedR. 2006, 515 ff.; *Schimmelpfeng-Schütte*, NZS 2006, 567.
¹⁴⁰⁷ → § 27 Rn. 145 ff.

2. Qualitätssicherung im Krankenhaus[1408]

a) **Begriffe.** Qualitätssicherung hat Konjunktur. Dies zeigt allein die Schnelligkeit und der quantitativ wie qualitativ beträchtliche Umfang der gesetzgeberischen Maßnahmen, mit der die seit 1989 bestehenden krankenversicherungsrechtlichen Vorschriften im SGB V überarbeitet und gesetzliche Instrumente wie Qualitäticherungsvereinbarungen auf Landesebene zunächst eingeführt (§ 112 I, II Nr. 3 SGB V) sodann durch Vereinbarungen auf Bundesebene ersetzt(§ 137 I 3, II2 SGB V a. F.) und mit § 110a SGB V ergänzend vorgesehen oder – wie im Fall der durch das GKV-GRG 2000 zunächst eingeführten Bundesausschüsse „Krankenhaus" und „Koordinierungsausschuss" – neue Gremien geschaffen und dann durch den GBA nach § 91 SGB V wieder abgeschafft bzw. ersetzt wurden. 153

Was unter „Qualität" und „Qualitätssicherung" im Bereich der Medizin und insbesondere für die Krankenhausbehandlung zu verstehen ist, sagt der Gesetzgeber nicht. Bisweilen hat man den Eindruck, dass dieser Begriffsnotstand durch schönfärbendes „Wortgeklingel" verwischt werden soll und durch eine Vielzahl neuer Abkürzungen und Schlagworte wie TQM (Total Quality Management), TQI (Total Quality Improvement), Qualitätsmanagement, Qualitätsspirale etc. vorgetäuscht werden soll, dass nun endlich der „Stein der Weisen" zur Erreichung medizinischer Qualität gefunden sei.[1409] Im Hinblick auf den Qualitätsbegriff in der Medizin wird – unter Bezug auf die von Donabedian entwickelte Einteilung[1410] – zwischen Strukturqualität, Prozessqualität und Ergebnisqualität sowie interner und externer Qualitätssicherung unterschieden. Diese Differenzierung liegt erkennbar auch den §§ 135a ff. SGB V zu Grunde. Hinter der Unterteilung in Struktur-, Prozess- und Ergebnisqualität steht die Annahme, dass die verschiedenen Qualitäten ursächlich miteinander verbunden sind: aus einer hohen Strukturqualität resultieren besonders gute Prozesse, die dann zu guten Ergebnissen führen sollen.[1411] Dabei geht es bei der Strukturqualität um die für die Leistungserbringung vorgehaltenen Ressourcen (personelle und sachliche Ausstattung, „Facharztstandard").[1412] Die Prozess- bzw. Verfahrensqualität betrifft die Organisation und Koordination der Abläufe vor allem in diagnostischer, therapeutischer und pflegerischer Hinsicht.[1413] Stimmen die „Rahmenbedingungen" (Strukturqualität) und der „Ablauf" (Prozessqualität), 154

[1408] Dazu aus jüngerer Zeit *Bohle/Reuther,* GuP 2013, 126 ff.; *Ebsen,* GuP 2013, 121 ff.; *Scholz,* GuP 2013, 154 ff.

[1409] *Hölzer,* in: Arbeitsgemeinschaft Rechtsanwälte im Medizinrecht e. V. (Hrsg.), Krankenhaus im Brennpunkt, 96, der zu Recht darauf hinweist, es habe sich eine ganze „Qualitäts-Industrie" gebildet, die Versuche, Ärzte und Krankenhäuser für Beratungen, Zertifizierungen, Ausbildungsprogramme und anderes zu gewinnen, wobei bisweilen weder die „Berater" noch die „Beratenden" genau wüssten, was überhaupt benötigt werde; s. a. *Riegel/Scheinert,* f & w 1995, 117 ff.

[1410] *Donabedian,* The definition of quality and approaches to its assessment and monitoring, volume I; zur weiteren Definitionen s. *Hildebrand,* Grundlagen des Qualitätsmanagements, in: Burk/Hellmann (Hrsg.), Krankenhausmanagement für Ärztinnen und Ärzte, Loseblatt, V 1.

[1411] *Schlüchtermann,* f & w 1995, 252 ff.; *Hölzer,* in: Arbeitsgemeinschaft Rechtsanwälte im Medizinrecht e. V. (Hrsg.), Krankenhaus im Brennpunkt, 97.

[1412] *Bohle/Reuther,* GuP 2013, 129 ff.; *Schmutte,* Ganzheitliches Qualitätsmanagement: Krankenhäuser auf dem Weg zur Business Exellence, in: Braun (Hrsg.), Handbuch Krankenhausmanagement, 643, 648; *Hildebrand,* aaO; nach der – vom GBA am 18.12.2007 – beschlossenen sog. „Lesehilfe" zum strukturierten Qualitätsbericht der Krankenhäuser (www.g-ba.de) gehören zur Strukturqualität z. B. die materielle Ausstattung eines Krankenhauses, die technischen Geräte, ihre regelmäßige Wartung und Erneuerung; aber auch die Qualifikation des Personals, die Organisation seines Einsatzes – eben alles zum Betrieb Notwendige.

[1413] *Hölzer,* aaO, 98; nach der „Lesehilfe" des GBA vom 18.12.2007 – aaO – beschreibt die Prozessqualität alle Vorgänge in einem Krankenhaus, also z. B. alle Operationen, die Pflegeprozesse, den Ablauf diagnostischer Untersuchungen und aller Behandlungen, aber auch die Aufklärung der Patienten, den Umgang der Mitarbeiter mit ihnen als Patient – kurz alles, was mit der vorhandenen Struktur gemacht wird. Die Ergebnisqualität schließlich beschreibt, welche Ergebnisse am Ende herauskommen. Ist der Patient geheilt, sind seine Schmerzen gelindert, ist die Wunde geschlossen, ist er insgesamt zufrieden?

ist der „Output" die Zufriedenheit des Kunden (Ergebnisqualität). Allerdings ist die Bestimmung der Ergebnisqualität bei medizinischen Leistungen ungleich schwieriger als die der Struktur- und Prozessqualität. Letztlich spiegelt sich darin sowohl die Produktqualität (z. B. Komplikationen, Rezidivhäufigkeit, Schmerzfreiheit, Letalität, „Lebensqualität") wie die Servicequalität (Komfort, Rücksichtnahme, Umgang) und das Preis-Leistungs-Verhältnis (Bezahlbarkeit, Qualität der DRG etc.).[1414]

155 Struktur-, Prozess- und Ergebnisqualität können (alternativ oder kumulativ) sowohl einer internen als auch einer externen Qualitätssicherung unterworfen werden. In beiden Fällen ist das Ziel der Qualitätssicherung die Wahrung guter und die Besserung schlechter Qualität. § 135a II SGB V verlangt von allen Leistungserbringern, sich einerseits an „einrichtungsübergreifenden" (externen) Maßnahmen der Qualitätssicherung zu beteiligen (Nr. 1) und „einrichtungsintern" ein Qualitätsmanagement einzuführen und weiter zu entwickeln. Unter Qualitätsmanagement wird insoweit eine Managementmethode verstanden, die auf die Mitwirkung aller Mitarbeiter gestützt die Qualität in den Mittelpunkt ihrer Bemühungen stellt und kontinuierlich bestrebt ist, die Bedürfnisse der Patienten, Mitarbeiter, Angehörigen oder z. B. auch der zuweisenden Ärzte zu berücksichtigen. Hierzu und im Interesse eines kontinuierlichen und zielgerichteten Verbesserungsprozesses ist die interne Dokumentation der durchgeführten Maßnahmen ein wesentliches Instrument.[1415] Dem dient der nach § 136 II 1 Nr. 3SGB V jährlich zu veröffentlichende „strukturierte Qualitätsbericht" der zugelassenen Krankenhäuser, in dem u. a. der Stand der Qualitätssicherung dargestellt wird.

156 **b) Rechtsinstrumente der Qualitätssicherung. aa) Qualitätssicherungsmaßnahmen.**
Die den Leistungserbringern einschließlich der zugelassenen Krankenhäuser (§ 108 SGB V) auferlegte Verpflichtung zur Qualitätssicherung beinhaltet vor allem die Beachtung der Qualitätssicherungsmaßnahmen, die auf Grund der Neufassung des § 136 SGB V durch das KHSG (2016)der Beschlussfassung durch den GBA (§ 91 SGB V) unterliegen. Insoweit gibt § 136 SGB V dem G-BA auf, grundsätzlich sektorenübergreifend (§ 136 II SGB V) Richtlinien auch zur Qualitätssicherung in der Krankenhausversorgung (§ 92 I 2 Nr. 13 SGB V) zu erlassen[1416]. Davon sind mitumfasst Richtlinien auch für den „ambulanten Krankenhausbereich" (§§ 115b, 116b SGB V). Die den stationären Sektor spezifisch treffenden Beschlüsse des G-BA sind in § 136 I SGB V aufgeführt. Dazu gehören neben der Bestimmung von „Mindestmengen"[1417] und „Qualitätsberichten"[1418] auch Beschlüsse über „im Abstand von 5 Jahren zu erfüllende Fortbildungspflichten der Fachärzte" und Psychotherapeuten im Krankenhaus (§ 136 I 1 Nr. 1 SGB V). Dabei handelt es sich nicht um die Vorgabe von Fortbildungsinhalten für die jeweiligen Fachgebiete. Diese ergeben sich weiterhin aus den berufsrechtlichen Vorgaben.[1419] Die Regelungen zur Fortbildungsverpflichtung der Krankenhausärzte betreffen insbesondere Vorgaben zum Nachweisverfahren der Fortbildungsverpflichtung. Die auch von Krankenhausärzten zu Beginn ihrer fachärztlichen Tätigkeit nachgewiesene Facharztqualifikation muss stets dem aktuellen Stand des medizinischen Wissens entsprechen. Die Fünf-Jahres-Frist orientiert sich an der für Vertragsärzte geforderten Nachweispflicht gemäß § 95d III SGB V.[1420]

Wurde, wenn er unzufrieden war, mit seiner Beschwerde sorgfältig umgegangen? Sind Nachsorge und Übergang in die häusliche Umgebung und Pflege nahtlos gefunden?
[1414] *Hildebrand,* f&w 1995, 31 ff.; *ders.,* aaO; *Hölzer,* in: Arbeitsgemeinschaft Rechtsanwälte im Medizinrecht e. V. (Hrsg.) Krankenhaus im Brennpunkt, 98.
[1415] *Murawski,* in: LPK-SGB V, § 135a Rn. 3.
[1416] → § 12 Rn. 16.
[1417] → Rn. 138 f.
[1418] → Rn. 140.
[1419] → § 13 Rn. 59 ff.
[1420] Vgl. Hübner/*Loof,* MedR 2010, 547.

Mit dem KHRG 2009 wurde § 137 I 1 und III 1 SGB V a. F. dahingehend geändert, dass 157
die Qualitätssicherungsmaßnahmen „grundsätzlich einheitlich für alle Patienten" ergriffen
werden sollen und alle Versorgungsformen einschließen. Damit soll die Qualitätssicherung
unabhängig vom Versichertenstatus erfolgen. Der Verband der privaten Krankenversicherung (PKV) ist deshalb bei der Beschlussfassung durch den G-BA zu beteiligen (§ 136
III SGB V).[1421]

bb) Mindestmengenregelung. Mit § 136b I, 1 Nr. 2 SGB V wird der G-BA beauftragt, 158
einen Katalog planbarer Leistungen im Krankenhaus (§§ 17, 17b KHG) zu erstellen, bei
denen die Qualität des Behandlungsergebnisses von der Menge der erbrachten Leistungen
abhängig ist. Auf dieser Grundlage sind sog. Mindestmengen für die jeweiligen Krankenhausleistungen je nach Art oder Standort des Krankenhauses und Ausnahmetatbestände festzulegen. Werden die Mindestmengen nicht erreicht, dürfen die Leistungen nicht erbracht
(§ 136b IV 1 SGB V) und damit auch nicht abgerechnet werden.[1422] Allerdings kann die für
die Krankenhausplanung zuständige Behörde Ausnahmetatbestände bestimmen, bei denen
die Anwendung der Mindestmengenregelung die Sicherstellung einer flächendeckenden
Krankenhausversorgung gefährden könnte.[1423] Auf der Grundlage von § 137 I 3 Nr. 3
SGB V a. F. hat der G-BA die sog. Mindestmengenvereinbarung (MMV) verabschiedet[1424]
und seitdem Mindestmengen für zahlreiche Leistungsbereiche (u. a. Lebertransplantation
[20]; Nierentransplantation [25]; Pankreas [10]; Knie-TEP [50]; Versorgung von Früh- und
Neugeborenen [14]) festgelegt.

Gegen die Ausgestaltung der Mindestmengenregelung durch den Bundesgesetzgeber sind 159
verfassungsrechtliche Einwände – insbesondere im Hinblick auf die Frage der demokratischen Legitimation des G-BA – erhoben worden[1425], denen die Rechtsprechung des BSG
bisher nicht gefolgt ist.[1426] Von größerem Gewicht sind die – ebenso grundrechtsbezogenen –
Bedenken, die sich bei Anwendung von § 136b I 1 Nr. 2, III SGB V auf die einzelnen
Richtlinien ergeben. Mit Rücksicht darauf stellen Mindestmengenbeschlüsse im Verhältnis zu
anderen Qualitätssicherungsmaßnahmen jedenfalls auf der Grundlage der zu § 137 III 1
Nr. 2 SGB V a. F. ergangenen Rechtsprechung ein nachrangiges Qualitätssicherungsinstrument dar[1427]. Mindestmengen darf der G-BA danach nur beschließen, wenn Versorgungsbereiche mit vergleichsweise geringen Fehlzahlen betroffen sind und die Leistungserbringung
hochkomplex ist.[1428] Diese Anforderungen dürften – aus verfassungsrechtlichen Gründen –
nach wie vor gelten[1429]. Ein evidenzbasierter Nachweis zwischen Menge und Qualität wird
indessen nicht gefordert.[1430] Im Übrigen ist es nicht immer einfach, gleichwohl notwendig,
die fachliche Diskussion um das Für und Wider von Mindestmengen als „Erfahrungstatsa-

---

[1421] Prütting/*Dalichau*, § 137 SGB V Rn. 4, 19.
[1422] Vgl. zu den Folgen für das Krankenhausbudget u. a. *Trefz*, f&w 2006, 316 ff.;. *Bohle*, in Düsseldorfer Krankenhausrechtstag 2010, 109 (129). Zur „Prognosekompetenz" des Krankenhauses und (verfehlten) Zielerreichung mit den Folgen einer fehlenden Vergütung vgl. BSG MedR 2015, 528 (534), *Butenschön*, GuP 2016, 134 sowie Huster/Kaltenbach/*Huster/Harney*, Krankenhausrecht, 2.A. § 7 Rn. 31.
[1423] Dazu u. a. *Bohle*, Düsseldorfer Krankenhausrechtstag 2010, 109 (130 f.); *ders.* GesR 2010, 587; Huster/Kaltenborn/*Stollmann*, § 4 Rn. 124 ff.
[1424] Vgl. MMV vom 21. 3./ 18.12.2008, die die Ziele und das Verfahren bei Festlegung der Mindestmengen regelt – dazu *Stollmann*, GesR 2007, 303f; Huster/Kaltenborn/*Stollmann*, § 4 Rn. 122.
[1425] U. a. *Kingreen*, NZS 2007, 113.
[1426] *Stollmann*, GesR 2007, 303 (304f).
[1427] BSGE 112, 15; 257; MedR 2015, 528.
[1428] BSG, U. v. 12.9.2012 – B 3 KR 10/12 – GesR 2013, 179; U. v. 18.12.2012 – B 1 KR 34/12; NZS 2013, 544.
[1429] Huster/Kaltenborn/*Huster/Harney*, Krankenhausrecht, 2.A. § 7 Rn. 30.
[1430] So aber LSG Berlin-Brandenburg, U. v. 17.8.2011 – L 7 KA 77/08 KL, – aufgehoben durch BSG, U. v. 12.9.2012 – B 3 KR 10/12 R – GesR 2013, 179.

che" für das Vorliegen von (Behandlungs-)Qualität[1431] von der rechtlichen Auseinandersetzung[1432] zu trennen. Der Kern der juristischen Auseinandersetzung betreffen vor allem verfahrensrechtliche Fragen um die Angreifbarkeit der jeweiligen Mindestmengenregelung als Gegenstand einer (verkappten) „Normenkontrolle", die es so im sozialgerichtlichen Verfahren – anders als nach der VwGO (§ 47) – nicht gibt, sowie – entscheidend – die Fragen der gerichtlichen Kontrolldichte.[1433]

160 cc) **Qualitätsbericht.** Darüber hinaus – als wesentliche Garantie einer qualitätsgesicherten Krankenhausbehandlung – macht § 136b I 1 Nr. 3 SGB V einen von den (zugelassenen) Krankenhäusern (seit dem 1.1.2013) jährlich zu veröffentlichenden (strukturierten) Qualitätsbericht zum Gegenstand der Beschlüsse des G-BA. Dadurch soll eine verbesserte Transparenz von Leistungen und Behandlungsergebnissen für Versicherte, Ärzte und Krankenkassen erreicht werden.[1434] Insoweit berichten seit 2005 die rd. 2.000 Krankenhäuser in Deutschland öffentlich darüber, was sie tun und wie gut sie es tun. In Internetsuchmaschinen findet so der Patient neben der Leseversion des Qualitätsberichts (PDF-Format) weitere Informationen, die auf einer teilweise umfangreicheren Datenbankversion des Qualitätsberichts beruhen.[1435] Die Vereinbarung des G-BA über die Erstellung des Qualitätsberichts Krankenhäuser[1436] nennt drei Ziele: An erster Stelle steht „Information und Entscheidungshilfe für Versicherte und Patienten im Vorfeld einer Krankenhausbehandlung", an zweiter und dritter Stelle folgen dann „eine Orientierungshilfe bei der Einweisung und Weiterbetreuung der Patienten insbesondere für Vertragsärzte und Krankenkassen" sowie „die Möglichkeit für die Krankenhäuser, ihre Leistungen nach Art, Anzahl und Qualität nach außen transparent und sichtbar darzustellen".

161 dd) **NUB.** Als weitere Maßnahme der Qualitätssicherung kommt eine Überprüfung neuer Untersuchungs- und Behandlungsmaßnahmen (NUB) im Krankenhaus in Betracht (§ 137c SGB V). Für die Bewertung von Untersuchungs- und Behandlungsmethoden ist seit dem 1.1.2004 der GBA (§ 91 SGB V) zuständig. Der Bundesausschuss überprüft auf Antrag[1437] im Krankenhaus bereits praktizierte oder neue Untersuchungs- und Behandlungsmethoden daraufhin, ob sie für eine ausreichende, zweckmäßige und wirtschaftliche Versorgung der Versicherten unter Berücksichtigung des allgemein anerkannten Standes der medizinischen Erkenntnisse erforderlich sind. Gelangt der Bundesausschuss zu einem negativen Votum, scheidet eine Erbringung zu Lasten der Krankenkassen aus, sofern es sich nicht um klinische Studien handelt (§ 137c II 2, 2. HS SGB V). Ergibt die Überprüfung, dass der Nutzen eines Medikamentes noch nicht hinreichend belegt ist, sie aber das Potenzial einer erforderlichen Behandlungsalternative bietet, beschließt der G-BA eine sog. Richtlinie zur Erprobung (§ 137c I 3 iVm § 137e SGB V). Daraus folgt, dass neuartige, unerprobte Behandlungsmethoden im Krankenhaus bei einer notwendigen Krankenhausbehandlung keiner Anerkennung

---

[1431] Dazu u. a. *Wenning*, in: Düsseldorfer Krankenhausrechtstag 2010, 93 ff m. w. N.
[1432] Dazu u. a. *Bohle*, ZMGR 2012, 235 ff.; *ders.*, GesR 2010, 587 ff.; *Bohle/Reuther*, GesR 2013, 126 ff.; *Makoski*, GuP 2011, 77 f.; *von Wolff*, NZS 2009, 184; *ders.*, NZS 2013, 536 ff.
[1433] Vgl. dazu BSG, U. v. 12.9.2012 – B 3 KR 10/12 R – GesR 2013, 179; U. v. 18.12.2012 – B 1 KR 34/12 R – NZS 2013, 544 und oben → § 12 Rn. 25 ff.
[1434] Zu den Anforderungen an den Qualitätsbericht vgl. KassKomm/*Hess*, § 137 SGB V Rn. 8a; *Bohle/Reuther*, GuP 2013, 126 (135); zum transparenten Leistungsgeschehen im Krankenhaus und darauf bezogener Verpflichtungen Laufs/Uhlenbruck/*Genzel*, Handbuch des Arztrechts, § 87 Rn. 78 ff; vgl. auch die vom GBA am 18.12.2007 beschlossene „Lesehilfe zum strukturierten Qualitätsbericht der Krankenhäuser" – abrufbar unter www.g-ba.de.
[1435] Die Qualitätsberichte werden auf den Homepages der Krankenkassen (u. a. www.bkk-klinikfinder.de; www.klinik-konsil.de; www.aok.de; www.kliniklotse.de) wie auch des PKV-Verbandes (www.derprivatpatient.de/krankenhaus-info/KH-Suchmaschine.html) angeboten.
[1436] Nachzulesen bei www.g-ba.de.
[1437] Antragsberechtigt sind die Spitzenverbände der Krankenkassen, die DKG, oder ein Bundesverband der Krankenhausträger, z. B. die Caritas.

durch den G-BA bedürfen.[1438] Im Unterschied zur vertragsärztlichen Versorgung normiert das Gesetz für den Krankenhausbereich also kein präventives Verbot mit Erlaubnisvorbehalt, sondern „nur" ein repressives Verbot, so dass es keiner ausdrücklichen Erlaubnis bedarf, um eine (neue) Untersuchungs- und Behandlungsmethode im Krankenhaus zu Lasten der Krankenkassen zu erbringen.[1439] Allerdings sind die Unterschiede der Maßstäblichkeit im stationären vs. ambulanten Bereich geringer als zunächst angenommen. So entbindet die in der Krankenhausversorgung vorgesehene Qualitätssicherung im Sinne einer grundsätzlichen Erlaubnis mit Verbotsvorbehalt das Krankenhaus nicht von einer Überprüfung und Einhaltung der Standards der medizinischen Erkenntnisse nach § 2 I 3 SGB V. Auch bei Fehlen eines Negativvotums durch den G-BA dürfen nur diejenigen neuen NUB erbracht werden, die dem allgemeinen Stand der medizinischen Erkenntnisse entsprechen.[1440] § 137c III 1 SGB V fügt hinzu, dass sie das Potential einer erforderlichen Behandlungsalternative bieten müssen und ihre Anwendung nach den Regeln der ärztlichen Kunst erfolgt, „sie also insbesondere medizinisch indiziert und notwendig" sind. Mit diesem Inhalt soll es sich bei § 137c III SGB V gemäß der durch das GKV-VStG eingefügten Fassung um ein „sektorspezifisches Qualitätsgebot sui generis" handeln, das die mit dem allgemeinen Qualitätsgebot des § 2 I 3 SGB V verbundenen Evidenzanforderungen deutlich absenkt[1441] Dagegen könnte sprechen, dass die Bewertung der Wirksamkeit einer Behandlungsmethode sektorenübergreifend für die ambulante und stationäre Versorgung nach den gleichen (Qualitäts-)Maßstäben erfolgen sollte.[1442]

Die Prüfung, ob eine im Krankenhaus angewandte Untersuchungs- oder Behandlungsmethode die vom Gesetz geforderten Qualitätsstandards erfüllt, obliegt nicht der Krankenkasse oder den Gerichten,[1443] sondern zunächst dem G-BA. Die Krankenkasse kann mit der Begründung, eine Behandlung genüge nicht den gesetzlichen Kriterien, ihre Leistungspflicht nur verneinen, wenn der G-BA eine entsprechende Feststellung getroffen hat. Die Feststellung ergeht – wie im niedergelassenen Bereich – in Form einer entsprechenden Richtlinie (§ 137c I 2 iVm § 94 SGB V). Die Richtlinie ist im Bundesanzeiger bekannt zu machen (§ 94 II SGB V). Dabei kann der G-BA durch eine Richtlinie eine Methode generell von der Finanzierung durch die GKV ausschließen, aber auch für bestimmte Indikationen Ausnahmen zulassen. Der Maßstab der Überprüfung erfolgt in Anlehnung an die in der ambulanten Versorgung etablierten Verfahren, wobei v. a. die Maßstäbe und Kriterien der sog. evidenzbasierten Medizin die Grundlage bilden.[1444] Bei der Nutzenbestimmung setzt der GBA den medizinischen Standard nicht fest, sondern er stellt ihn fest. Deshalb unterliegen die Bewertungen medizinischer Leistungen nur eingeschränkter rechtlicher Bindung und gerichtlicher Nachprüfung.[1445]

3. Sicherstellung der Wirtschaftlichkeit der Krankenhausbehandlung

Während nach altem Recht Wirtschaftlichkeitsprüfungen eines Krankenhauses im Pflegesatzverfahren vereinbart werden mussten (§ 16 VI 3 BPflV 1985), besteht seit dem GRG' 89

[1438] LSG NRW, U. v. 17.1.2007 – L 11 KR 6/06 –; LSG BW, U. v. 20.4.2004 – L 11 KR 4487/03; Prütting/*Dalichau*, § 137 SGB V Rn. 26, 29.
[1439] BSG U. v. 19.2.2003 – B 1 KR 1/02 – in BSGE 90, 289; w. N. bei *Axer*, VSSR 2002, 215, 221 in Fn. 53; *Francke/Hart*, MedR 2008, 2 (3); Sodan/*Weidenbach*, § 29 Rn. 37.
[1440] BSG, U. v. 21.3.2013 – B 3 KR 2/12 R, verneint für in-vitro-Behandlung eines Stammzelltransplantats.
[1441] *Stallberg*, NZS 2017, 332 ff.
[1442] BSG, U. v. 6.5.2009 – B 6 A 1/08 R – GesR 2009, 166 – Protonentherapie bei der Indikation Mammakarzinom.
[1443] So noch BSG, U. v. 19.11.1997 – 2 KR 6/96 in BSGE 81, 182, 187 = SozR 3–2000 § 109 Nr. 5.
[1444] Dazu i. E. Laufs/Kern/*Genzel-Degener-Hencke*, § 83 Rn. 35 ff.; Sodan/*Weidenbach*, § 29 Rn. 25, 38.
[1445] BSG, U. v. 31.5.2006 – B 6 KA 13/05 R – („Cloropidogrel"); *Engelmann*, MedR 2006, 245 (249f); s. a. *Schlegel*, MedR 2008, 30 (32 ff.).

ein einseitiges Prüfungsrecht der Kostenträger (§ 113 SGB V).[1446] Die Verfahrens- und Prüfungsgrundsätze für die Wirtschaftlichkeitsüberprüfung ergeben sich aus den nach § 112 I, II 3 SGB V zwischen den Landesverbänden der Krankenkassen und den Ersatzkassen gemeinsam mit der Landeskrankenhausgesellschaft beschlossenen zweiseitigen Verträgen. Kommt eine Einigung über den Prüfer nicht zustande, wird dieser auf Antrag (des Krankenhausträgers oder der untersuchungsberechtigten Verbände gemeinsam)[1447] innerhalb von zwei Monaten von der Landesschiedsstelle nach § 114 I bestimmt. Der Prüfer ist bei Durchführung seines Auftrags an Weisungen nicht gebunden, hat aber die Prüfungsgrundsätze für Wirtschaftlichkeits- und Qualitätsprüfungen nach den zweiseitigen Verträgen zu beachten, denen ihrerseits Rahmenempfehlungen der Spitzenverbände der Krankenkassen und der DKG nach § 112 V SGB V zu Grunde liegen.[1448]

164 Das Prüfungsverfahren nach § 113 SGB V, das neben der Wirtschaftlichkeit auch die Leistungsfähigkeit und die Qualität der Krankenhausbehandlung eines zugelassenen Krankenhauses zum Gegenstand hat (§ 113 I 1 SGB V), soll der Durchsetzung eines „kostenbewussten Verhaltens" bei Krankenhäusern dienen.[1449] Es tritt an die Stelle der bisherigen – und nach wie vor möglichen – Einzelfallprüfung, die das GRG gem. § 275 I Nr. 1 iVm § 276 IV SGB V in Bezug auf die Prüfung der Notwendigkeit und Dauer der stationären Behandlung des Versicherten dem Medizinischen Dienst der Krankenversicherung übertragen hat. Gegenstand der Prüfung nach § 113 SGB V ist eine umfassende Überprüfung der Wirtschaftlichkeit, Leistungsfähigkeit und Qualität des gesamten Krankenhauses, erstreckt sich also auf dessen Betriebsführung, sowie der Kosten- und Leistungsstruktur insgesamt.[1450] Dabei kann sich das Prüfungsverlangen der Kassenverbände, das nur gemeinsam an den Träger des Krankenhauses herangetragen werden kann, auf einen Teilbereich der Krankenhausbehandlung beschränken, indem sich die Untersuchung etwa nur auf bestimmte Kriterien (Wirtschaftlichkeit, Leistungsfähigkeit oder Qualität) oder bestimmte Fachabteilungen beschränkt. Einen ausdrücklichen Anlass für die (Teil-)Prüfung verlangt das Gesetz nicht. Der Krankenhausträger kann sich deshalb gegen die Prüfungsinitiative nicht zur Wehr setzen und hat kein Vetorecht. Seinem „Schutz" dient u.a., dass der Prüfer nicht einseitig durch die Untersuchungsberechtigten bestellt werden kann.[1451] Im Übrigen beschränkt sich der Rechtsschutz auf die Rechtsmittel, die ggf. Folgeentscheidungen eines negativen Prüfberichtes (im Rahmen nachfolgender Pflegesatzverfahren bzw. einer Kündigung des Versorgungsvertrages nach § 110 SGB V) betreffen.[1452]

4. Abrechnungsprüfung im Krankenhaus

165 **a) Allgemein.** Der Sicherstellung der Wirtschaftlichkeit, aber auch der Leistungsfähigkeit, Qualität und Bedarfsgerechtigkeit der Krankenhausversorgung dienen die Maßnahmen, die erstmals mit dem Pflege-Versicherungsgesetz (PflVG) vom 26.5.1994[1453] zum Abbau sog. Fehlbelegungen in das KHG aufgenommen worden sind (§§ 6 Abs. 3, 17a KHG).[1454] Ziel

---

[1446] Daneben besteht, allerdings mehr auf dem Papier nach wie vor ein einvernehmliches Prüfungsrecht im Rahmen des Pflegesatzverfahrens, bzw. für die Häuser, die der Bundespflegesatzverordnung unterliegen – § 17 VI 3 und 4 BPflV. Für die weit überwiegende Zahl der Krankenhäuser, die ihre Leistungen nach dem DRG-Vergütungssystem abrechnen, sieht das KHEntgG kein solches Prüfungsrecht (mehr) vor.
[1447] Hauck/Noftz/*Klückmann*, SGB V, K § 113 Rn. 25.
[1448] Diese Rahmenempfehlungen sind unter dem 18.9.1992 abgegeben worden – vgl. d. Nw. bei *Heinze*, in: Schulin (Hrsg.), Handbuch des Sozialversicherungsrechts, Bd. 1, § 38 Rn. 72 und dort Fn. 46.
[1449] BT-Drs. 11/2237, 150, abgedr. in: Hauck/Noftz, SGB V, M 010, 35.
[1450] Hauck/Noftz/*Klückmann*, SGB V, K § 113 Rn. 12; KassKomm/*Hess*, § 113 SGB V Rn. 2.
[1451] Hauck/Noftz/*Klückmann*, SGB V, K § 113 Rn. 23.
[1452] KassKomm/*Hess*, § 113 SGB V Rn. 9; Sodan/*Szabados*, § 113 SGB V Rn. 6ff m. w. N.
[1453] BGBl. I S. 1014.
[1454] S. dazu den Überblick bei *Rasmussen*, MedR 1999, 13.

dieser Änderungen war zum einen, die GKV von vermeidbaren Krankenhauskosten zu entlasten und zum anderen, im Hinblick auf die von der sozialen Pflegeversicherung (SGB XI) ab dem 1.7.1996 zu erbringenden Leistungen zur stationären Pflege insbesondere die mit Pflegefällen belegten Betten zwar im Krankenhausbereich abzubauen, zugleich aber auch die von dem Bettenabbau betroffenen Krankenhäuser oder Krankenhausabteilungen nahtlos in wirtschaftlich selbständige, bürgernahe ambulante oder stationäre Pflegeeinrichtungen umzuwidmen, um auf diese Weise die Beitragszahler zu entlasten.[1455] Gab diese Zielsetzung auch die Richtung an, in die der Abbau von Fehlbelegungen führen sollte, ist die Umsetzung der gesetzlichen Vorgaben seit ihrer Einführung sehr umstritten.[1456] Im Streit sind dabei weniger die von den Ländern durchzuführenden Maßnahmen im Bereich der Krankenhausplanung (§ 6 Abs. 3 KHG) als vielmehr die gesetzlichen Vorgaben für die Prüfung auf Grund des damaligen § 17a KHG.[1457]

Mit Einführung des DRG-Vergütungssystems durch das Fallpauschalengesetz (FPG) ist **166** § 17a KHG durch § 17c KHG – seit dem 1.8.2013 in der Fassung durch das sog. Beitragsschuldengesetz[1458] – ersetzt worden. § 17c KHG sieht eine umfassende Regelung zur Prüfung der Abrechnung von Pflegesätzen sowie – auf Bundesebene – die Einrichtung eines Schlichtungsausschusses vor. Abs. 1 verpflichtet den Krankenhausträger, durch geeignete Maßnahmen darauf hinzuwirken, dass Fehlbelegungen vermieden werden, eine vorzeitige Verlegung oder Entlassung des Patienten aus wirtschaftlichen Gründen unterbleibt und die Abrechnung der Krankenhausfälle ordnungsgemäß erfolgt. Die Krankenkassen können durch Einschaltung des Medizinischen Dienstes (MDK) die Einhaltung dieser Verpflichtungen prüfen. Nach Abs. 2 und 3 des neu gefassten § 17c KHG regeln der Spitzenverband Bund der Krankenkassen und die Deutsche Krankenhausgesellschaft (DKG) das Nähere zum Prüfverfahren des MDK nach § 275 Abs. 1c SGB V. Gegenstand einer solchen Vereinbarung ist die Dauer einer MDK-Prüfung, nachdem es das BSG abgelehnt hatte, eine zeitliche Begrenzung der Prüfung aus dem Gesetz abzuleiten.[1459] In Abs. 3 ist die Bildung eines Schlichtungsausschusses auf Bundesebene durch den Spitzenverband Bund der Krankenkassen und DKG vorgesehen, dessen Aufgabe es ist, Kodier- und Abrechnungsfragen von grundsätzlicher Bedeutung „rechtsverbindlich" zu klären. Die Entscheidungen des Schlichtungsausschusses sind zu veröffentlichen und für die Krankenkassen, den MDK und die zugelassenen Krankenhäuser unmittelbar verbindlich (§ 17c III 5 KHG).

[1455] Die Notwendigkeit eines solchen „Bettenabbaus" zeigt u. a. ein Gutachten des Medizinischen Dienstes der Spitzenverbände der Krankenversicherung (MDS) vom Frühjahr 1997, dem die Überprüfung von 63 665 Patienten aus 11 Bundesländern zu Grunde lag. Als Ergebnis „entdeckte" der MDS ein erhebliche „Einsparpotenzial durch Abbau von Fehlbelegungen im Krankenhaus" und verlangte als Ziel künftiger Prüfungsverfahren eine Kürzung der Aufwendungen für die stationäre Krankenbehandlung um ca. 20 % - vgl. Aktionsprogramm des MDS, DOK 1997, 667 f.; *Sangha/Schneeweiss/Wildner*, Arzt und Krankenhaus 2000, 209.

[1456] Vgl z. B. die Diskussion um die Anwendbarkeit des von den GKV-Spitzenverbänden als Richtlinie gem. § 282 SGB V mit Wirkung zum 1.9.2000 in Kraft gesetzten Prüfungsverfahrens nach der sog. AEP-Kontrolle (Appropriateness Evaluation Protocoll) *Rochell/Meister*, das Krankenhaus 2001, 105 ff.; *Hansis/Gerdelmann/Münstermann*, Arzt und Krankenhaus 2001, 156; *Quaas*, NZS 2002, 454, 456 m. w. N. zur Rspr. der Verwaltungsgerichte.

[1457] Einschließlich dessen Änderungen durch das Beitragsentlastungsgesetz vom 1.11.1986 (BGBl. I S. 1631) – dazu i. E. *Quaas*, NZS 2002, 454 ff.; *Rasmussen*, MedR 1999, 13 ff.; *Renzewitz*, das Krankenhaus 1997, 49; Meister, das Krankenhaus 1968, 361 –, die z. T. wieder durch das KHSG revidiert wurden (u. a. Abschaffung des vormalig eingeführten Schlichtungsausschluss nach § 17c IV KHG).

[1458] Gesetz zur Beseitigung sozialer Überforderung bei Beitragsschulden in der Krankenversicherung vom 15.7.2013 (BGBl. I, 2423 (2428 f.)).

[1459] Vgl. BSG, U. v. 13.11.2012 – B 1 KHR 24/11 R – in: das Krankenhaus 2013, 835 m. Anm. *Schliephorst*.

167 **b) Begriff der Fehlbelegung.** Der Begriff „Fehlbelegung" wird durch § 17c Abs. 1 Nr. 1 KHG legal dahin definiert, dass eine Fehlbelegung vorliegt, wenn

- ein Patient in das Krankenhaus aufgenommen wird, obwohl dies nicht notwendig war (sog. primäre Fehlbelegung), oder
- ein Patient im Krankenhaus länger als notwendig verbleibt (sog. sekundäre Fehlbelegung).

168 Fehlbelegung ist also die unnötige Aufnahme und die zu lange Verweildauer des Patienten im Krankenhaus. Sie wird erzeugt durch eine „falsche" Entscheidung des Krankenhauses zum Aufnehmen und Behalten des Patienten. Das ist die objektive Seite. Daneben gibt es ein subjektives Element, das gewissermaßen als Korrektiv einer objektiv vorhandenen Fehlbelegung dient: die Sicht des Krankenhausarztes. Die Entscheidung darüber, ob ein Patient der stationären Versorgung bedarf, ist immer eine ärztliche Entscheidung. Hält ein Arzt aus vertretbaren Gründen eine stationäre Behandlung für geboten, ist es notwendig, diesen Patienten aufzunehmen und stationär zu versorgen. Dafür werden aus Sicht des KHG Planbetten vorgehalten. Eine Fehlbelegung liegt also nicht vor, wenn der Krankenhausarzt nach gewissenhafter Entscheidung den Patienten aufnimmt und stationär behandelt, selbst wenn sich nach weiteren Untersuchungen herausstellt, dass dies nicht erforderlich gewesen ist. Andererseits knüpft § 17c Abs. 1 KHG an den in § 39 Abs. 1 Satz 2 SGB V niedergelegten Grundsatz der Nachrangigkeit der Krankenhausbehandlung an, so dass eine (primäre) Fehlbelegung etwa auch dann gegeben ist, wenn zur Versorgung des Patienten nicht eine voll-, sondern eine teilstationäre oder ambulante Versorgung einschließlich einer ambulanten Operation bzw. stationsersetzender Eingriffe (§ 115b SGB V) sowie prä- und poststationäre Behandlungsmöglichkeiten (§ 115a SGB V) ausgereicht hätten. Auch insoweit kommt es für die Frage einer Fehlbelegung neben dem Vorliegen der gesetzlichen Voraussetzungen maßgeblich auf die Sicht des Arztes, der den Patienten aufnimmt, an.[1460] Die Prüfung der Verweildauer (sekundäre Fehlbelegung) hat allerdings mit der Einführung des DRG-Fallpauschalensystems grundsätzliche Bedeutung verloren. Lediglich bei der Abrechnung von tagesbezogenen Pflegesätzen muss die Verweildauer weiterhin geprüft werden. Dies ist der Fall bei den Entgelten, die nach Überschreitung der Grenzverweildauer zusätzlich zu einer Fallpauschale gezahlt werden, sowie in den Einrichtungen, die nicht unter das KHEntgG fallen (psychosomatische, psychotherapeutische und psychiatrische Krankenhäuser). Die Vergütung der Krankenhausleistungen mit DRG-Fallpauschalen macht es andererseits erforderlich, die Zuordnungen der Patienten zu den DRG-Fallgruppen zu prüfen. Schon leichte Fehler oder Veränderungen bei der Kodierung von Diagnosen und Prozeduren können zu überhöhten Abrechnungsbeträgen führen.[1461] Von dem Fehlbelegungsbegriff grundsätzlich nicht erfasst ist die Fehlentscheidung zur Versorgungsintensität, insbesondere aufgrund von Defiziten in der innerbetrieblichen Ablauforganisation eines Krankenhauses.[1462] Zwar liegt unter Qualitätsgesichtspunkten ein „Belegungsmangel" vor, wenn Patienten z. B. mehrere Tage im Krankenhaus verbleiben, ohne untersucht oder therapiert zu werden oder die Operation mangels Abstimmung zwischen Krankenhausaufnahme und Operationsplanung mehrfach verschoben werden muss.[1463] Leerlaufzeiten aus organisatorischen Gründen oder sonstige Mängel in der Behandlungsintensität machen die ärztliche Entscheidung aber nicht falsch, sondern können allenfalls dazu führen, dass die Verweildauer zu lange anhält. Dann liegt ein Fall sekundärer Fehlbelegung vor.

[1460] *Dietz*, in: *Dietz/Bofinger*, KHG, BPflV und Folgerecht, § 17a Anm. 2.
[1461] *Quaas*, das Krankenhaus 2003, 28, 33.
[1462] AA MDK Rheinland-Pfalz, zitiert bei *Mohr*, in: KU 1997, 686; siehe auch *Rasmussen*, MedR 1999, 13, 14.
[1463] *Fink*, BKK 1997, 338, 340.

5. Abschnitt: Zahnärzte und Zahntechniker als Leistungserbringer

§ 28 Gesetzliche Grundlage des Zahnarztberufs sowie Vertragsrecht und Vergütung

I. Zugang zum Beruf

1. § 1 I 1, 2 ZHG

„Wer im Geltungsbereich dieses Gesetzes die Zahnheilkunde dauernd ausüben will, bedarf einer Approbation als Zahnarzt nach Maßgabe dieses Gesetzes. Die Approbation berechtigt zur Führung der Bezeichnung als „Zahnarzt" oder „Zahnärztin". Die vorübergehende Ausübung der Zahnheilkunde bedarf einer jederzeit widerruflichen Erlaubnis."[1]

„Die Ausübung der Zahnheilkunde ist kein Gewerbe" (§ 1 IV ZHG).

2. Approbation

Der Zugang zum Beruf des Zahnarztes setzt gem. § 1 I 1 ZHG die Erteilung der Approbation[2] voraus. Sie ist gem. § 2 I ZHG auf Antrag zu erteilen, wenn der Antragsteller weder unwürdig[3] noch unzuverlässig ist (Nr. 2), nicht gesundheitlich ungeeignet ist (Nr. 3), nach

---

[1] § 1 I des Gesetzes über die Ausübung der Zahnheilkunde (ZHG) i. d. F. der Bekanntmachung vom 16.4.1987 (BGBl. I 1225), zuletzt geändert durch Gesetz vom 6.12.2011 (BGBl. I 2515), siehe dazu *Haage*, in: Deutsches Bundesrecht, Erl. zum ZHG. Die Bezeichnung „Zahnarzt" ist durch § 132a I Nr. 2 StGB in Verbindung mit § 1 I 2 ZHG geschützt. Das ZHG beseitigte die bis zu diesem Zeitpunkt bestehende Kurierfreiheit. Kurierfreiheit bedeutete, dass jedermann ohne Erlaubnis Heilkunde ausüben durfte. Das Heilpraktikergesetz vom 17.2.1939 (RGBl. I 251) – dazu → § 34 Rn. 4 – schaffte die allgemeine Kurierfreiheit zwar ab, nahm aber die Zahnheilkunde aus seinem Geltungsbereich aus (§ 6 HPG). Das ZHG vereinheitlichte zugleich die bis dahin bestehenden beiden Berufe des Zahnarztes und des Dentisten. Erst in der ersten Hälfte des 18. Jahrhunderts hatte sich aus der bis dahin bestehenden „Zahnreißkunde" die „Zahnersatz- und Zahnerhaltungskunde" als medizinische Wissenschaft entwickelt. „Zahnärzte" waren im Wesentlichen solche Ärzte und Wundärzte, die eine zusätzliche Prüfung abgelegt hatten. Sie bedurften nach § 29 GewO 1869 einer Erlaubnis. Mehr und mehr wurde auch Zahnersatz gefertigt. Für die zu diesem Zweck erforderlichen technischen und handwerklichen Arbeiten entwickelte sich ein besonderer Berufsstand, zunächst als „Gebissarbeiter", dann allgemein als „Zahnkünstler" bezeichnet. In der Folge bildete sich der Name „Zahntechniker" heraus, jedoch weitgehend ohne Bezug zum heutigen Handwerksberuf des Zahntechnikers (→ § 30 Rn. 22 ff.). 1920 führte das Land Baden die Berufsbezeichnung „Dentist" ein. Nr. 1 der 3. VO über die Zulassung von Zahnärzten und Dentisten zur Tätigkeit bei den Krankenkassen vom 13.2.1935 (RGBl. I 192) legte diese Bezeichnung auch reichseinheitlich fest. Das ZHG beseitigte die Zweiteilung in Zahnärzte und Dentisten (mit entsprechenden Übergangsregelungen), was das BVerfG grundsätzlich billigte, BVerfGE 25, 236). Zu den Rechtsgrundlagen für die Ausübung des Zahnarztberufs siehe *Schnitzler*, Das Recht der Heilberufe, 40 ff. Zur Berufsausübung von EU-/EWR-Staatsangehörigen siehe Art. 33 und 34 des Gesetzes zur Umsetzung der Richtlinie 2005/36/EG des Europäischen Parlaments und des Rates über die Anerkennung von Berufsqualifikationen der Heilberufe vom 2.12.2007 (BGBl. I 2686) i. d. F. des Gesetzes zur Verbesserung der Feststellung und Anerkennung im Ausland erworbener Berufsqualifikationen vom 6.12.2011 (BGBl. I 2515).

[2] Zu Einzelheiten siehe die auf Grund der Ermächtigung in § 3 ZHG erlassene Approbationsordnung für Zahnärzte vom 26.1.1955 (BGBl. I 37) i. d. F. v. 6.12.2011 (BGBl. I 2515) und dazu *Haage,* in: Deutsches Bundesrecht. Die Approbation kann zurückgenommen oder widerrufen werden (§ 4 ZHG). Zum Ruhen der Approbation vgl. § 5 ZHG, zum Verzicht siehe § 7 ZHG. Ohne Approbation kommt die Ausübung der Zahnheilkunde nur auf Grund einer Erlaubnis (§ 13 ZHG) in Betracht. Zu den allgemeinen Grundzügen des Approbationsrechts siehe *Schnitzler*, Das Recht der Heilberufe, 91 ff.

[3] Anlass für den Widerruf der Approbation des Zahnarztes wegen Unwürdigkeit können nur gravierende Verfehlungen sein, die geeignet sind, das Vertrauen der Öffentlichkeit in den Berufsstand, bliebe das Verhalten für den Fortbestand der Approbation folgenlos, nachhaltig zu erschüttern, BVerwG, Beschluss v. 27.1.2011 – BVerwG 3 B 68.14; *Buchholz*, 418.01 Zahnheilkunde Nr. 29. Der für die

einem mindestens fünfjährigen Studium der Zahnheilkunde von mindestens 5.000 Stunden[4] an einer wissenschaftlichen Hochschule die zahnärztliche Prüfung im Geltungsbereich des ZHG bestanden hat (Nr. 4) und über die erforderlichen Kenntnisse der deutschen Sprache verfügt (Nr. 5).[5]

II. Gegenstand der Berufsausübung

1. Zahnbehandlung

3   „Ausübung der Zahnheilkunde ist die berufsmäßige auf zahnärztlich wissenschaftliche Erkenntnis gegründete Feststellung und Behandlung von Zahn-, Mund- und Kieferkrankheiten. Als Krankheit ist jede von der Norm abweichende Erscheinung im Bereich der Zähne, des Mundes und der Kiefer anzusehen, einschließlich der Anomalien der Zahnstellung und des Fehlens von Zähnen" (§ 1 III ZHG). Ein Teil der dafür erforderlichen Leistungserbringung kann vom Zahnarzt delegiert werden (§ 1 V, VI ZHG).[6] Das zahnmedizinische Leistungsspektrum hat sich ständig ausgedehnt.[7]

Aus dem Wortlaut des Gesetzes ergibt sich eindeutig, dass Tätigkeiten, die nicht den geforderten Behandlungsbezug zum Bereich der Zähne, des Mundes oder des Kiefers (einschließlich der dazugehörigen Gewerbe) aufweisen, keine Ausübung der Zahnheilkunde darstellen.[8]

2. Versorgung mit Zahnersatz

4   Zur zahnärztlichen Behandlung gehören auch das Verordnen und die Überprüfung von Zahnersatz. Dies hat das BSG[9] unter Abkehr der vom Reichsversicherungsamt (RVA) vertretenen Ansicht folgendermaßen ausgeführt:

„Allerdings war das RVA anderer Auffassung (vgl. GE Nr. 4067; AN 1931, 219): Der Zustand der bloßen Zahnlosigkeit stelle zwar einen von der Regel abweichenden Körperzustand dar, sei aber im Allgemeinen nicht behandlungsbedürftig. Auch wenn ausnahmsweise der Zahn-

---

Annahme der Unwürdigkeit erforderliche Ansehens- und Vertrauensverlust kann auch durch Straftaten bewirkt werden, die nicht im Arzt-Patienten-Verhältnis angesiedelt sind, st. Rspr.
  [4] Geändert durch Art. 9 des Gesetzes vom 18.4.2016 (BGBl. I S. 886); vgl. Art. 34 II Unterabschnitt 1 der Richtlinie 2013/55/EU vom 20.11.2013. Zu den Folgen der Änderung der Berufsanerkennungsrichtlinie für Ärzte und Zahnärzte siehe *Haage*, MedR (2014), S. 469–475.
  [5] Nr. 1 aufgehoben durch Art. 33 des Gesetzes v. 6.12.2011 (BGBl. I S. 2515).
  [6] Zur Zahnarzthelferin vgl. die Verordnung über die Berufsausbildung zum Zahnmedizinischen Fachangestellten/zur Zahnmedizinischen Fachangestellten vom 4.7.2001 (BGBl. I 1492). Mit der Verordnung ist die Bezeichnung „Zahnarzthelferin/Zahnarzthelfer" entfallen. Die Zahnärztekammern haben darüber hinaus unterschiedliche Ausbildungsmöglichkeiten entwickelt, so etwa zur zahnmedizinischen Prophylaxeassistentin oder zum Dentalhygieniker. Zur zahnärztlichen Behandlung siehe auch die Richtlinien des G-BA für eine ausreichende, zweckmäßige und wirtschaftliche Behandlung (Behandlungsrichtlinien v. 4. 6./24.9.2003 [BAnz. Nr. 226 S. 24966] i. d. F. des Beschlusses des G-BA vom 1.3.2006 [BAnz. Nr. 111 vom 17.6.2006, S. 4466] über Maßnahmen zur Verhütung von Zahnerkrankungen – Individualprophylaxe v. 4. 6./24.9.2003 [BAnz. Nr. 226 S. 24969], über die Früherkennungsuntersuchungen auf Zahn-, Mund- und Kieferkrankheiten – zahnärztliche Früherkennung v. 4. 6/24.9.2003 [BAnz. Nr. 225 S. 24970] i. d. F. des Beschlusses des G-BA vom 8.12.2004 [BAnz. Nr. 54 vom 18.3.2005], in Kraft getreten zum 1.1.2005 und für die kieferorthopädische Behandlung – KFO-Richtlinien vom 4. 6./24.9.2003 [BAnz Nr. 226 vom 3.12.2003 S. 24 967], in Kraft getreten zum 1.1.2004).
  [7] Zu implantologischen Leistungen s. *Zach*, MedR 2007, 931; zu Bleaching, professioneller Zahnreinigung und Zahnschmuck als Gegenstand zahnärztlicher „Behandlung" im Zusammenhang mit dem Begriff der Zahnheilkunde, siehe *Hahn*, MedR 2010, 485 sowie OLG Frankfurt a. M., MedR 2013, 101. Zur Werbung „Zahnärzte für Implantologie" s. OLG Karlsruhe, MedR 2010, 641.
  [8] Verneint hat das BVerwG etwa die Berechtigung einer Zahnärztin zur Durchführung von Faltenunterspritzungen im Gesichts- und Halsbereich, s. BVerwG, Beschl. v. 17.1.2014 – BVerwG 3 B 48.13.
  [9] BSG, Urt. v. 20.7.1966 – 6 RKa 11/63; Urt. v. 24.1.1974 – 6 RKa 6/72.

ersatz zur Beseitigung oder zur Linderung einer durch die Zahnlosigkeit verursachten Krankheit erforderlich sei, stellten die Verrichtungen des Zahnarztes nach der Beendigung des der etwaigen Entfernung von Zähnen folgenden Heilungs- und Schrumpfungsvorgangs sowie die Abformung des Kiefers und die dem Zahntechniker zu erteilenden Anweisungen über die Gestaltung des Zahnersatzes keine zahnärztliche Behandlung dar. Sie seien vielmehr nur vorbereitende Handlungen für die demnächstige Lieferung des Zahnersatzes im Rahmen des Herstellungsvorgangs und unterschieden sich insofern nicht wesentlich von der ebenfalls nicht als ärztliche Behandlung zu erachtenden Mitwirkung des Arztes bei der Herstellung einer sonstigen Prothese. Dieser Betrachtungsweise kann nur insofern gefolgt werden, als sie zwischen der Verordnung von Zahnprothesen und ihrer Herstellung unterscheidet. Wie der Senat bereits für die komplexe Leistung der Lieferung orthopädischer Fußstützen, die ein Facharzt für Orthopädie nach seiner Verordnung in eigener Werkstätte anfertigen lässt, ausgeführt hat, ist ein Arzt, der orthopädische Heil- und Hilfsmittel selbst anfertigt oder in der von ihm beschriebenen Werkstätte herstellen lässt, insofern nicht mehr als Arzt tätig; denn es handelt sich hier nicht mehr um eine Leistung, die wesentlich durch die Anwendung medizinisch-wissenschaftlicher Erkenntnisse bestimmt wird und daher in der typischen Tätigkeitssphäre des Arztes liegt (BSG 23, 176, 179). Das Gleiche gilt für die Herstellung von Zahnprothesen durch Zahntechniker, sei es als Arbeitnehmer des behandelnden Zahnarztes, sei es als Unternehmer im Rahmen eines Werkvertrages. Hingegen kann die zahnärztliche Tätigkeit vor und nach dem eigentlichen Fertigungsprozess – die Verordnung des Zahnersatzes und die Überprüfung des hergestellten Zahnersatzes, ob er funktionsgerecht eingegliedert ist – entgegen der Meinung des Reichsversicherungsamts nicht als ein bloßes Hilfsgeschäft „im Rahmen des Herstellungsvorgangs" angesehen werden. Vielmehr handelt es sich hierbei um eine typisch zahnärztliche Tätigkeit, die nur auf der Grundlage medizinisch-wissenschaftlicher Erkenntnisse möglich ist und sich deutlich von der handwerklich-technischen Fertigung des Zahnersatzstücks abhebt. ... Diese zahnärztliche Tätigkeit ist „zahnärztliche Behandlung" i. S. des § 368 II 1 RVO und gehört somit zur „kassenzahnärztlichen Versorgung" i. S. der genannten Vorschrift".[10]

So hat das auch der Gesetzgeber im Rahmen der vertragsärztlichen Versorgung gemäß § 27 I 2 Nr. 2 SGB V a. F. gesehen. Zur zahnärztlichen Behandlung gehörte danach auch die Versorgung mit Zahnersatz. Das GMG hatte diese Versorgung in § 27 I 2 Nr. 2a SGB V als selbstständige Leistung herausgestellt, ohne in diesem Zusammenhang den Behandler zu nennen. Daraus kann man aber nicht schließen, der für die Herstellung des Zahnersatzes zuständige Leistungserbringer sei nunmehr auch der Behandler. Ursache für Nr. 2a war die Sonderregelung des Zahnersatzes in §§ 55 ff. SGB V i. d. F. des GMG.[11] Das GKV-WSG hat an dieser Rechtslage ebenso wenig geändert wie das VÄndG. Dass die zahnärztliche Behandlung auch die Erbringung zahntechnischer Leistungen mit umfasst, ergibt sich im Übrigen schon aus § 28 SGB V in Verbindung mit den Zahnersatz-Richtlinien.[12] Auch die kieferorthopädische Behandlung gehört zur zahnärztlichen Behandlung (§ 29 SGB V).[13],[14]

---

[10] BSGE 25, 116 (118); 37, 74.
[11] S. dazu ausf. *Zuck*, Kommentar zum Zahntechnikrecht in SGB V § 27 Rn. 15.
[12] Richtlinien für eine ausreichende, zweckmäßige und wirtschaftliche vertragszahnärztliche Versorgung mit Zahnersatz und mit Zahnkronen i. d. F. v. 8.12.2004 (BAnz. 2005 Nr. 54 v. 18.3.2005 S. 4094) i. d. F. des Beschlusses des GBA vom 7.11.2007 (BAnz. Nr. 241 v. 28.12.2007, S. 8383), in Kraft getreten zum 1.1.2008.
[13] Die sich aus § 29 SGB V ergebenden Vorbehalte und Ausnahmen berühren nur den Umfang der Sachleistungspflichten der Krankenkassen im Rahmen der vertragszahnärztlichen Versorgung. Siehe dazu auch → § 31 Rn. 3 mit Fn. 3. Ausf. zur kieferorthopädischen Behandlung *Muschallik*, in: Wenzel 3. Kap. Rn. 68 ff.
[14] Zur Oralchirurgie vgl. OLG Zweibrücken, WRP 1999, 228.

6   Will der Zahnarzt „ganzkörperlich", also wie ein Arzt behandeln, braucht er eine Heilpraktikererlaubnis.[15] Ob ein Arzt ohne Approbation als Zahnarzt tätig werden darf, hat das BVerwG vom EuGH über einen Vorlagebeschluss wissen wollen.[16] Der EuGH hat das verneint, so dass das BVerwG entschieden hat: § 1 I ZHG verleiht dem approbierten Arzt nicht das Recht zur umfassenden Ausübung der Zahnheilkunde und zur Führung der Berufsbezeichnung „Zahnarzt".[17]

III. Voraussetzungen der Berufsausübung

1. Berufsrecht

7   Die Berufsausübung des Freiberuflers „Zahnarzt" folgt vergleichbaren Regeln wie die Berufsausübung des Arztes.[18] Auch der Zahnarzt ist durch ein den Ärzten vergleichbares internes Berufsrecht (Berufsordnung seiner Zahnärztekammer) an feste Berufsausübungsregelungen gebunden.[19] Sicherlich gibt es Besonderheiten, z.B. bei den zahnärztlichen Gemeinschaftspraxen[20] und der (grundsätzlichen)[21] Zulässigkeit der (Zahn)Heilkunde-GmbH.[22]

2. Insbesondere Werberecht

8   Keine Besonderheit ist dagegen die Rechtsprechung des BVerfG zum zahnärztlichen Werberecht. Sie transformiert nur allgemeine Grundsätze des Freiberuflerrechts auf das Berufsrecht der Zahnärzte.[23] So verstößt eine berufsrechtliche Vorschrift, die es einem Zahn-

---

[15] OVG Münster, MedR 1999, 187; zur Heilpraktikererlaubnis → § 33 Rn. 8 ff.
[16] B. v. 8.11.2001, Az. 3 C 40.01, *Buchholz* 418.01, Zahnheilkunde Nr. 24.
[17] Verneinend früher schon *Haage*, MedR 2002, 395. EuGH, B. v. 17.10.2003 Rs-3502, BVerwG, *Buchholz* 418.01 Zahnheilkunde Nr. 24.
[18] → §§ 13 ff. Die berufsrechtlichen Ge- und Verbote hat der Zahnarzt auch dann zu befolgen, wenn er im Rahmen seiner Praxis ein eigenes zahntechnisches Labor im Sinne des § 11 MBO-Z betreibt. Nichts anderes gilt, wenn er ein solches Labor auslagert und von einem Dritten betreiben lässt. Es stellt dann „eine unangemessene unsachliche Einflussnahme auf die zahnärztliche Diagnose- und Therapiefreiheit dar, wenn sich Zahnärzte vertraglich verpflichten, ein von einer GmbH betriebenes Dentallabor mit sämtlichen bei der Behandlung ihrer Patienten anfallenden Dentalleistungen zu beauftragen und die Zahnärzte durch eine gesellschaftsrechtliche Konstruktion am Gewinn dieser GmbH partizipieren können", BGH, Urt. vom 23.2.2012 – I ZR 231/10, GesR 2012, 621.
[19] Siehe dazu *Haage*, Das Berufsrecht des Zahnarztes, in: Deutsches Bundesrecht, I K 12 d.
[20] *Großbölting/Middendorf*, MedR 2003, 93. Zur Gemeinschaftspraxis im Arztrecht → § 15 Rn. 4 ff., zu ihren vertragsärztlichen Rahmenbedingungen → § 20 Rn. 40.
[21] Soweit sie nicht durch Kammergesetze ausgeschlossen ist, was zulässig ist, vgl. BayVerfGH, U. v. 13.12.1999 – Vf 5-VIII-95; Vf 6-VII-95.
[22] BGH, MedR 1994, 152 mit Anm. v. *Taupitz*; *Rieger*, MedR 1995, 87; *Scheuffler*, MedR 1995, 99. Zur Zulässigkeit einer überörtlichen innerstädtischen vertragszahnärztlichen Gemeinschaftspraxis s. SG Nürnberg, MedR 2006, 373. Um die Franchise-Praxen ist es stiller geworden. Die McZahn ist insolvent geworden, ihr Gründer hat sich im Jahr 2010 erschossen. Es gibt – etwa – noch die TruDent AG (ehemals MacDent AG), MC Dent und goDentis, eine DKV-Tochter. Der angekündigte große Erfolg des Franchise-Systems ist bislang ausgeblieben.
[23] *Jaeger*, MedR 2003, 263. Die Freiberufler-Rechtsprechung des BVerfG hat deshalb für alle Freiberuflersysteme Bedeutung. Die Zulässigkeit z.B. zielgruppenorientierter Werbung (NJW 2003, 3566 und dazu *Huff*, NJW 2003, 3525) gilt deshalb auch für Zahnärzte. Die Rspr. der letzten Jahre hat eine reiche Einzelfallkasuistik hervorgebracht: S. etwa LG Stuttgart, Urt. v. 27.7.2015 – 11 O 75/15 zu Gutscheinen für eine kostenlose Professionelle Zahnreinigung im Wert von 100 EUR an Neukunden. Den Wettbewerbsverstoß des Zahnarztes bejahte das LG mit der Begründung, durch den Appell an die verbreitete „Schnäppchen-Gier" sei die konkrete Gefahr einer unsachlichen Beeinflussung der angesprochenen Verbraucher begründet. Mit Urteil vom 21.5.2015 (I ZR 183/13) erteilte der BGH dem Rabattgeschäft mit der Versteigerung zahnärztlicher Leistungen über die Internetfirma Groupon eine Absage. Als wettbewerbswidrig ist es auch anzusehen, wenn ein Zahnarzt Flyer verteilen lässt, in denen er seinen 50 +

arzt verbietet, mit Gebietsbezeichnungen zu werben,[24] die von der Zahnärztekammer noch nicht einmal als solche anerkannt worden sind,[25] jedenfalls dann gegen Art. 12 I GG, wenn beachtenswerte Gemeinwohlbelange für ein derartiges Verbot nicht ersichtlich sind.[26] Das BVerwG hat in einem MC Dent-Fall entschieden, es sei mit dem Grundrecht der freien Berufsausübung nicht vereinbar, einem niedergelassenen Zahnarzt die Verwendung eines Logos zu untersagen, mit dem schlagwortartig auf die Einhaltung geprüfter Qualitätsstandards eines Franchise-Unternehmens hingewiesen und zugleich eine Internetadresse angegeben wird, die nähere Informationen über die Standards und ihre Kontrolle enthält.[27]

In der Zahnklinikentscheidung hat das BVerfG ausgeführt: 9

„Für Kliniken gelten nicht die gleichen Werbebeschränkungen wie für niedergelassene Ärzte. Die Anwendung der wettbewerbsrechtlichen Störerhaftung auf kleinere Kliniken ist mit Art. 12 I GG nicht zu vereinbaren.
Konkurrentenschutz und Schutz vor Umsatzverlagerungen sind keine legitimen Zwecke, die Einschränkungen der Berufsausübungsfreiheit rechtfertigen. Der Versuch, durch berufsbezogene und sachangemessene Werbung Patienten zu Lasten der Konkurrenz zu gewinnen, ist als solcher nicht berufswidrig".[28]

Lapidar sagt das BVerfG insoweit für die (Zahn)Klinik-Werbung: „Akquisition als solche 10 ist nicht berufswidrig". Weiter heißt es:

„Die Patienten haben ein legitimes Interesse daran zu erfahren, dass der Klinik ein Ärzteteam zur Verfügung steht, das über vertiefte Erfahrungen auf dem Gebiet der Implantatbehandlungen verfügt (vgl. BVerfG[K]), NJW 2002, 1331, zur Bedeutung der Bezeichnung „Spezialist" für das Informationsbedürfnis des Patienten); dies entspricht im Übrigen auch dem europäischen Standard zum ärztlichen Werberecht (vgl. EGMR, NJW 2003, 497). Die Bewerbung einer „ruhigen Atmosphäre" enthält zwar keine Informationen von medizinischer Bedeutung, sondern weist auf die äußeren Behandlungsbedingungen hin. Gleichwohl handelt es sich um eine Information, die für den – typischerweise ängstlichen – Zahnarztpatienten von Interesse sein kann. Es ist für ihn informativ zu erfahren, dass die Bf. anstrebt, der Angst vor dem Zahnarzt durch Schaffung eines angemessenen äußeren Rahmens entgegenzutreten. Jedenfalls ist nicht ersichtlich, mit welchen vernünftigen Allgemeinwohlbelangen sich das Verbot dieser Aussage rechtfertigen ließe".

Das sind begrüßenswerte und beherzigenswerte Aussagen.[29]

Patienten ein kostenloses Vitalitätsgespräch nebst individueller Zahnbefunderhebung anbietet, s. LG Stade, Urt. v. 18.6.2015 – 8 O 37/15. Zur Wettbewerbswidrigkeit einer Erfolgsprämie für die Kundengewinnung bei Zahnarztwerbung im Internet s. BGH, Urt. v. 21.5.2015 – I ZR 183/13, in MedR, 2017, 239 ff. m. Anm. v. *Mand.* Zur Wettbewerbswidrigkeit einer (irreführenden) Bewerbung von Zahnersatzprodukten außerhalb der Fachkreise mit zugunsten des Anbieters geschönten Kundenbewertungen siehe OLG Düsseldorf, Urt. v. 19.2.2013 (I-20 U 55/12).
[24] Zum Werberecht allgemein → § 13 Rn. 78 ff.
[25] Hier: Implantologie, s. o. Fn. 5.
[26] BVerfG(K); NJW 2003, 3470. Siehe dazu auch BVerfG(K), NJW 1993, 2988 (2989); (K) NJW 2001, 2788. Wettbewerbserlöse darf die Zahnärztekammer im Zivilrechtsweg verfolgen, BGH, MedR 2006, 477. Das ist nicht nur ein Problem des Werberechts: Zu 2te-Zahnarztmeinung.de s. *Kazemi*, MedR 2007, 54; BGH, MedR 2011, 641; *Mand*, MedR 2011, 643; BGH, MedR 2012, 36; BVerfG(K), NJW 2011, 665. Zum Zahnarzt als Kreditvermittler vgl. *Kazemi/Langenberg*, MedR 2005, 196.
[27] BVerwG, MedR 2010, 418, bezogen auf die Angabe „geprüft". Der BGH hat in einem ebenfalls MC Dent betreffenden Fall (hier: Aufforderung zur Teilnahme an einem Gewinnspiel) das Vorliegen eines Wettbewerbsverstoßes durch die Werbemaßnahme verneint, BGH, MedR 2010, 32.
[28] BVerfG(K), NJW 2003, 3472. Der BGH hatte zuvor die Revision nicht zur Entscheidung angenommen, BGH, NJW-RR 2002, 589; siehe im Übrigen auch BVerfG(K), NJW 2000, 2734 (2735).
[29] BVerfG (K) NJW 2003, 3472 (3473). Zum Zahnärztehaus siehe BVerfG(K), NJW 2011, 3147. Zum Zentrum für Zahnmedizin vgl. BVerfG(K), MedR 2012, 516.

IV. Vertragsgrundlage

1. Privatzahnärztliche Behandlung

11 Der Behandlungsvertrag mit dem Patienten ist in der Regel Dienstvertrag nach § 611 BGB.[30] Das gilt auch grundsätzlich für die Erbringung zahntechnischer Leistungen; im Einzelfall kann ein Werkvertrag vorliegen, insbesondere bei der technischen Herstellung einer Prothese,[31] wenn also der Zahnarzt wie ein Zahntechniker tätig wird.

2. GKV-Behandlungsvertrag

12 Beim GKV-Behandlungsvertrag zwischen Zahnarzt und Versicherten ist umstritten, ob es sich auch hier um einen privatrechtlichen (Dienst)Vertrag handelt[32] oder nicht[33] und welcher Art das öffentlich-rechtliche Schuldverhältnis ist.[34]

V. Aufklärung und Haftung

13 Die Grundsätze der ärztlichen Aufklärungspflicht gelten auch für den Zahnarzt.[35] Auch für die Haftung gelten die allgemeinen Grundsätze.[36]

VI. Vergütung

1. GOZ

14 a) **Abrechnungsgrundlage.** Die Abrechnung der zahnärztlichen Behandlung erfolgt im privatzahnärztlichen Bereich[37] auf Grund der GOZ.[38] Zahntechnische Leistungen werden als

---

[30] *Jacobi*, NJW 1975, 1437; *Barnicke*, NJW 1975, 592; *Könning*, VersR 1989, 223; *Rieger/Scheuffler*, in: Rieger, Lexikon des Arztrechts, Nr. 5610 Rn. 15; *Deutsch/Spickhoff*, Medizinrecht, Rn. 76 ff.; ausführlich *Günther*, Zahnarzt, Recht und Risiko, Rn. 361 ff.; *Ries/Schnieder/Großbölting*, (Hrsg.), Zahnarztrecht, 1 ff.; *Schinnenburg*, MedR 2000, 185; *Scheuffler*, in: HK-AKM, Nr. 5660; *v. Ziegner*, MDR, 2001, 1888; s. *Tiemann*, Das Recht in der Zahnarztpraxis, 109 f.; BGH, NJW 1975, 305 (306); OLG Zweibrücken, MedR 2002, 201 (202). Siehe dazu ausf. *Grams*, GesR 2012, 513.

[31] BGH, NJW 1975, 305 (306); OLG Koblenz, NJW-RR 1995, 567.

[32] RGZ 165, 91; BGHZ 47, 75; 76, 259; 89, 250; *Deutsch/Spickhoff*, Rn. 79 ff.; siehe dazu → § 8 Rn. 55.

[33] BSGE 59, 172.

[34] *Schulin*, in: Handbuch des Sozialversicherungsrechts, Bd. 1, 825 f.; *Peters*, SGB V, Rn. 35 ff. zu § 76 SGB V.

[35] → § 13 Rn. 82 ff. Siehe *Rieger/Scheuffler*, in: Rieger, HK-AKM, Rn. 21 zu Nr. 5610; *Schinnenburg*, MedR 2000, 185 (186 ff.). Zur Aufklärungspflicht bei Zahnprothetik vgl. OLG Stuttgart, VersR 2002, 1287; zur Aufklärung bei implantologischen Leistungen s. *Zach*, MedR 2007, 931 (933 f.); zur allgemeinen Aufklärungspflicht des Zahnarztes siehe OLG Köln, VersR 1999, 1498.

[36] → § 13 Rn. 59 ff. Die zahnärztliche Behandlung bringt natürliche spezifische Gefahren mit sich, vgl. etwa zur Nervenläsion *Gaisbauer*, VersR 1995, 12; *Taubenheim/Glockmann*, MedR 2006, 323, zur Extraktion *Gaisbauer*, VersR 1987, 234; zum Verschlucken von Fremdkörpern *Gaisbauer*, VersR 1998, 279. Zum fehlerhaften Behandlungsplan siehe OLG Naumburg, MedR 2010, 324; zum Diagnosefehler OLG Koblenz, GesR 2012, 19. Der Verlust des Vergütungsanspruchs des Zahnarztes wegen vertragswidrigen Verhaltens (§ 628 I 2 BGB) setzt nicht voraus, dass das vertragswidrige Verhalten als schwerwiegend oder als wichtiger Grund im Sinne des § 626 BGB anzusehen ist. Ein geringfügiges vertragswidriges Verhalten des Zahnarztes lässt die Pflicht, die bis zur Kündigung erbrachten Dienste zu vergüten, unberührt, BGH, MedR 2012, 38; zust. *Preis/Sagan*, MedR 2012, 40 (42: „praktikabel und ausgewogen").

[37] *Tiemann/Grosse*, GOZ 1988, 11.

[38] Gebührenordnung für Zahnärzte vom 22.10.1987 (BGBl. I 48) in der Fassung vom 5.12.2011 (BGBl. I 2661), siehe dazu *Zuck*, Kommentar zur GOZ, in: Das Deutsche Bundesrecht I K 12b, 37 ff.

Auslagen nach § 9 GOZ abgerechnet.[39] Die GOZ ist aber auch der Gebührenmaßstab für das Beihilferecht. Es ist – in ständiger Rechtsprechung des BVerwG – anerkannt, „dass sich die Angemessenheit der Aufwendungen für zahnärztliche Leistungen im Bereich des Beihilferechts des Bundes und der Länder ausschließlich nach dem Gebührenrahmen der Gebührenordnung für Zahnärzte (bestimmt). Die Beihilfevorschriften verzichten insoweit auf eine eigenständige Beschreibung des Begriffs der Angemessenheit und verweisen auf die Vorschriften der ... zahnärztlichen Gebührenordnungen. Damit setzt die Beihilfefähigkeit grundsätzlich voraus, dass der Zahnarzt die Rechnungsbeträge bei zutreffender Auslegung der Gebührenordnung zu Recht in Rechnung gestellt hat".[40]

b) Gebührenhöhe. Die Höhe der Gebühren bemisst sich nach dem Punktwert des § 5 I 3 GOZ[41] auf der Grundlage der in § 5 II GOZ genannten Bemessungskriterien. Nach Maßgabe des § 2 II GOZ kann zwischen Zahnarzt und Patient eine abweichende Gebührenhöhe vereinbart werden (§ 2 I GOZ).

aa) Höhe. Gemäß § 5 I 3 GOZ beträgt der Punktwert „5,62421 Cent" (ursprünglich „10 Deutsche Pfennige").[42] Dieser Wert hatte sich an der GOÄ '82 orientiert (0,10 DM) und der bis 1987 zu verzeichnenden Entwicklung.[43] Vorgesehen war, dass der Punktwert anhand der wirtschaftlichen Entwicklung von Zeit zu Zeit überprüft und je nach Datenlage nach oben oder unten angepasst werden sollte. Das ist bis heute nicht geschehen.[44]

bb) Funktion. Der Punktwert ist dabei der Multiplikator, der erforderlich ist, um aus den Punktzahlen für die einzelnen Leistungen den Gebührensatz zu erheben, § 5 I 2 GOZ. Der historische Punktwert, also der erstmals in (gesetzlichen) Vergütungsregelungen vorgeschriebene Wert ist jedoch von der Entstehung her kein Multiplikator, sondern ein Divisor. Am Anfang stand nämlich die, vorrangig von den Elementen „Kosten" und „Zeit", aber auch von leistungsfremden Kriterien, wie gesellschaftspolitischen oder gesamtwirtschaftlichen Faktoren beherrschte Bewertung der Einzelleistung (und ggf. des Verhältnisses zu anderen Einzelleistungen). Die damit einhergehende monetäre Bewertung wird in Punktzahlen umge-

---

(Stand 2012); ders., MedR 2012, 436; Online-Kommentar der BZÄK. *Gierthmühlen*, GesR 2013, 453. Zum technischen Teil der GOZ siehe *Liebold/Raff/Wissing*, GOZ, Stand 12/2011. Zur Wirksamkeit von von der GOZ abweichenden Honorarvereinbarungen (bejahend) BVerfG(K) NJW 2005, 1036. Zu § 4 II 2 GOZ siehe *Harneit/Poetsch*, GesR 2004, 11; *Pannke*, GOZ 250 § 4, in: Spickhoff, Medizinrecht. Wichtigster Vorläufer der GOZ war die Bekanntmachung des Preußischen Ministers für Volkswohlfahrt betreffend den Erlass einer Gebührenordnung für approbierte Ärzte und Zahnärzte vom 1.9.1924, Volkswohlfahrt-Ministerialblatt 1924, 371 (Preugo). Die Preugo wurde durch die Verordnung PR Nr. 74/52 vom 11.12.1952 (BAnz Nr. 243 vom 16.12.1952) in das Bundesrecht übernommen, und durch die Gebührenordnung für Zahnärzte vom 18.3.1965 (BGBl. I 123) abgelöst; siehe dazu *Meurer*, GOZ 1988, Vorbem. 1.2.1. Betrachtet man die Entwicklung von der Preugo'24 bis zur GOZ, so führt der Weg durch 70 Jahre zahnärztliches Gebührenrecht von der freien Vereinbarung der Gebühren zwischen Zahnarzt und Patient, also der uneingeschränkten Geltung des Grundsatzes der Vertragsfreiheit (Preugo '24) über die ausdrückliche Ausnahmevereinbarung nach Grund und Höhe der GOZ '65 zur schriftlichen Ausnahme-Vereinbarung (im Wesentlichen nur noch) der Höhe nach der GOZ '88. Die staatliche Gebührenordnung hat sich deshalb in diesen 70 Jahren immer mehr zu einer Zwangsordnung entwickelt. Von der Vertragsfreiheit, die immer ein wesentliches Merkmal von Freiberuflichkeit gewesen ist, sind infolgedessen nur noch Rudimente übriggeblieben. Zur Aufweichung der GOZ durch das sog. Zielleistungsprinzip s. *Miebach*, MedR 2003, 88 ff. und dazu mit Recht kritisch *Harneit/Poetsch*, GesR 2004, 11.

[39] Siehe dazu *Liebold/Raff/Wissing*, GOZ, Anm. zu § 9 GOZ.
[40] Siehe dazu BVerwG, Buchholz, 270 § 5 BhV Nr. 5 (und weitere Entscheidungen vom selben Tag), st. Rspr.; vgl. auch BVerwG, Buchholz, § 270 § 5 BhV Nr. 12.
[41] Die Vergütung für Leistungen, die in dem in Art. 3 des Einigungsvertrages genannten Gebiet vom 1.1.1999 an erbracht werden, beträgt 86 % der nach § 5 GOZ bemessenen Gebühr, Art. 22 I GKV-SolG.
[42] Siehe dazu Art. 18 PodG v. 4.12.2001 (BGBl. I 3320).
[43] A. *Meurer*, GOZ 1988, Anm. 3 Erl. § 5 GOZ.
[44] Siehe dazu krit. *Zuck*, MedR 2012, 436 (440).

setzt. Die Relation zum monetären Ausgangswert kann nun nur über den Divisor-Punktwert hergestellt werden. Das ist auch der Grund, warum Ausgangspunktwerte meist „einfache" Werte gewesen sind, so die 0,10 DM des § 5 GOÄ '82 oder die DM 1,- des § 28 VII BPflV a. F.

18 cc) **Steuerungsinstrument.** Mit der Basisfunktion des Divisors und der Anwendungsfunktion des Multiplikators, also mit der Beschreibung des Punktwerts als Rechengröße ist aber noch keine abschließende Aussage über den Punktwert verbunden. Er erweist sich zugleich als (wirtschafts-/sozial-)politisches Steuerungsmittel, wenn man ihn als variable Größe kennzeichnet. Mit dem Mittel des Punktwertes kann nicht nur auf Geldwertveränderungen (Inflationsausgleich) reagiert werden. Über Punktwertinstrumentarien können darüber hinaus Leistungs- oder Vergütungsmengen beschränkt werden. Der Punktwert erweist sich danach generell als ein multifunktionales Instrument zur Bestimmung der Grundlage für die Vergütung der Leistungen des Zahnarztes.[45]

19 dd) **Verfassungsrecht.** Der Punktwert ist seit 1988 unverändert geblieben. Eine dagegen eingereichte Verfassungsbeschwerde hat das BVerfG nicht zur Entscheidung angenommen. Die zuständige Kammer hat angemerkt, eine Grundrechtsverletzung sei nicht ersichtlich, „solange der Beschwerdeführer von den Gestaltungsmöglichkeiten, die ihm die Gebührenordnung für Zahnärzte eröffnet, keinen Gebrauch macht".[46] Die Praxis bei der Beurteilung der Zulässigkeit von Gebührenvereinbarungen ist jedoch sehr restriktiv.[47]

2. § 15 ZHG

20 Die GOZ beruht auf der Ermächtigungsnorm des § 15 ZHG. Die Vorschrift lautet:

„Die Bundesregierung wird ermächtigt, durch Rechtsverordnung mit Zustimmung des Bundesrates die Entgelte für zahnärztliche Tätigkeit in einer Gebührenordnung zu regeln. In dieser Gebührenordnung sind Mindest- und Höchstsätze für die zahnärztlichen Leistungen festzusetzen. Dabei ist den berechtigten Interessen der Zahnärzte und der zur Zahlung der Entgelte Verpflichteten Rechnung zu tragen."

21 Das BVerfG hat das, wie für die vergleichbare Ermächtigungsnorm des § 11 BÄO, für eine verfassungsrechtlich nicht zu beanstandende Regelung gehalten.[48] Die Anbindung der GOZ an die berechtigten Interessen der Patienten bedeutet, dass Leistung und Gegenleistung in einem angemessenen Verhältnis stehen müssen. Auch im Rahmen des § 15 ZHG gibt es aber eine Sozialkomponente:

„Eine gesetzliche Regelung, die es möglich macht, aus gesamtwirtschaftlichen und sozialen Gründen, die zum Nutzen des allgemeinen Wohles gebotenen preisrechtlichen Maßnahmen zu treffen, entspricht dem Sozialstaatsprinzip, das auch die Vertragsfreiheit inhaltlich bestimmt und begrenzt und deren Ausgestaltung im Wesentlichen dem Gesetzgeber obliegt".[49]
Das ändert jedoch nichts daran, dass die beiderseitigen berechtigten Interessen abgewogen werden müssen.[50] Auf Seiten des Zahnarztes kommt es auf die Gewährleistung der Chancen auf Kostendeckung und Sicherung des Lebensunterhalts an.[51] Interessen des Zahlungspflichti-

---

[45] *Liebold/Raff/Wissing,* GOZ, weisen zurecht darauf hin, dass die Bestimmung der Gebühren des Zahnarztes im Einzelfall auf dieser Grundlage im Rahmen des § 5 II GOZ dem Zahnarzt selbst überlassen geblieben ist, vgl. Rn. 1 zu § 5 GOZ; siehe auch *Engel/Kurz,* ZM 1999, 1350 (1354).
[46] BVerfG(K), B. v. 13.2.2001 – 1 BvR 2311/00; s. a. BVerfG(K), NJW 2005, 1036.
[47] Vgl. *Zuck,* MedR 2012, 436 (439 f.).
[48] BVerfGE 68, 319 (333).
[49] *Meurer,* GOZ 1988, Vorbem. II 1.1.3 unter Hinweis auf BVerfGE 8, 275 (329).
[50] *Zuck,* MedR 2012, 436 (439).
[51] Siehe dazu BVerfGE 106, 275 (293), st. Rspr.

gen werden nur durch unmittelbare Einschränkungen des Zahlungsumfangs berührt. Das Schutzbedürfnis des Patienten ist gering, weil er im Regelfall privatversichert oder beihilfeberechtigt ist.[52]

3. Unionsrecht

Die Zulässigkeit staatlicher Gebührenordnungen wird von der Europäischen Kommission immer wieder in Frage gestellt.[53] Es steht unverändert zu erwarten, dass die staatlichen Gebührenordnungen auf lange Sicht den europäischen Deregulierungsbestimmungen zum Opfer fallen werden. In der zahnärztlichen Selbstverwaltung hat es dem korrespondierend immer wieder Bestrebungen gegeben, sich von der GOZ (und von der zahnärztlichen Behandlung als Leistung der GKV) zu verabschieden. Es ist hier nicht zu erörtern, wie eine mit der PKV vereinbarte Gebührentabelle aussehen würde. Festzuhalten ist nur, dass man die Vorteile einer staatlichen Gebührenordnung nicht gering veranschlagen sollte. Sie ist eine wichtige Errungenschaft zugunsten des Verbrauchers. Sie schafft für die Regelfälle beruflicher Tätigkeit eindeutige Gebührengrundlagen, damit aber Transparenz und Berechenbarkeit für den Auftraggeber. Gäbe es die Gebührenordnung nicht, könnte der Patient zwar feilschen, theoretisch also die zahnärztliche Hilfe billiger bekommen. Der Patient weiß aber viel zu wenig über die Gebührenmöglichkeiten, um mit Erfolg an der Gebührenschraube zu drehen. Auch drückt ihn in erster Linie sein Sachproblem. Er ist für wirksames Handeln deshalb innerlich nicht frei genug. Und dann wird auch noch das Vertrauensverhältnis gestört: Ein Zahnarzt, der erfolgreich „heruntergehandelt" worden ist, wird die Behandlung in die unterste Kategorie einordnen. Der auch nur ein wenig lebenserfahrene Patient wird das befürchten. Ob das alles fair ist oder nicht, und ob man Geld sparen kann oder nicht: Der Patient tut sich keinen großen Gefallen. Auch die GOZ erleichtert deshalb den Zugang zum Zahnarzt, sie vermittelt Transparenz und sie schafft das in Gelddingen besonders wichtige Vertrauen. Damit wirkt sie auch (honorar)streitvermeidend.[54]

§ 29 Organisation

Die Organisation der Zahnärzteschaft erfolgt, auf Grund der landesrechtlichen Kammer- und Heilberufsgesetze, in Zahnärztekammern als (Selbstverwaltungs)Körperschaften des öffentlichen Rechts, in denen der Zahnarzt Pflichtmitglied ist. Auf Bundesebene sind die (Landes)Zahnärztekammern in der Bundeszahnärztekammer, einem privatrechtlichen Verein, zusammengefasst.[55]

§ 30 Die vertragszahnärztliche Versorgung[56]

I. Der Zahnarzt als Vertragszahnarzt

Der Vertragszahnarzt ist ein zur vertragszahnärztlichen Versorgung zugelassener Zahnarzt. Er übt, wie der Vertragsarzt, einen freien Beruf aus.[57] § 32 I 1 ZÄ-ZV gibt ihm auf, die

---

[52] *Zuck*, MedR 2012, 436 (438).
[53] Siehe dazu den Bericht von *Lühn*, AnwBl. 2003, 688 über die Konferenz der Generaldirektion Wettbewerb der EU-Kommission vom 28.10.2003, Regulation of Professional Services.
[54] *Zuck*, AnwBl. 2002, 1 (7) – zur BRAGO.
[55] Siehe dazu *Haage*, Berufsrecht der Zahnärzte, in: Deutsches Bundesrecht, Anm. 2 zu I K 12 d.
[56] *Muschallik*, in: Schnapp/Wigge, § 21; *Muschallik/Ziermann*, Zukunftsperspektiven der vertragszahnärztlichen Versorgung; *Scheuffler*, in: Rieger, HK-AKM, Nr. 5390.
[57] S. dazu → § 8 Rn. 45 und krit. → § 14 Rn. 4 f.

vertragszahnärztliche Tätigkeit persönlich in freier Praxis auszuüben.[58] An der vertragszahnärztlichen Versorgung können auch ermächtigte Zahnärzte oder ermächtigte zahnärztlich geleitete Einrichtungen teilnehmen (§ 95 I SGB V, § 31 ZÄ-ZV). Daneben kommt auch der Zusammenschluss von Ärzten und Zahnärzten in einem sog. „gemischten" MVZ in Betracht (§ 95 I 2 iVm II SGB V).[59]

II. Zulassung

1. Verfahren

2   Die Zulassung zur vertragszahnärztlichen Versorgung setzt die Eintragung in das bei der KZV geführte Zahnarztregister voraus. Die Eintragung erfolgt, wenn der Antragsteller seine Approbation als Zahnarzt (oder die ZHG-Erlaubnis) nachweist sowie die Ableistung einer mindestens zweijährigen Vorbereitungszeit (§ 3 II ZÄ-ZV).[60]

3   Die Zulassung erfolgt auf Antrag durch den Zulassungsausschuss.[61] Zulassungsbeschränkungen ergeben sich auch beim Vertragszahnarzt aus der Bedarfsplanung.[62] Die Richtlinien geben unterschiedliche Verhältniszahlen vor.[63]

2. Zulassungsfolgen

4   Der Zahnarzt wird Pflichtmitglied seiner KZV. Die Zulassung berechtigt und verpflichtet den Vertragszahnarzt zur Teilnahme an der vertragszahnärztlichen Versorgung (§ 95 III 1 SGB V). Er wird dem geltenden Vertragszahnarztrecht unterworfen,[64] also z.B. den Richtlinien des Bundesausschusses Zahnärzte und Krankenkassen,[65] dem BMVZ,[66] dem EKV-Z,[67] der BEMA-Z,[68] den Gesamtverträgen und den KZV-Satzungen. Die Rechtsstellung des Vertragszahnarztes unterscheidet sich dem Grunde nach nicht von der des Vertragsarztes.[69] Auch für den Vertragszahnarzt gelten deshalb – z.B. – die allgemeinen Regeln der Wirtschaftlich-

---

[58] S. dazu *Tiemann/Klingenberger/Weber*, System der zahnärztlichen Versorgung in Deutschland S. 117 ff.; siehe dazu *Schallen*, ZV, § 32 Rn. 2 ff., 6 ff. Das freiheitliche Gesundheitssystem gilt es auch hier zu verteidigen vgl. *Parr*, in: Sodan (Hrsg.) Zukunftsperspektiven der (vertrags-)zahnärztlichen Versorgung S. 175 ff.

[59] Zur Zulassung eines rein zahnärztlichen MVZ nach dem GKV-VSG siehe *Hampe/Suhr*, MedR 2014, 148–152.

[60] Das gilt nicht für Zahnärzte aus EU-Mitgliedsstaaten, § 3 IV ZÄ-ZV. Das Erfordernis der zweijährigen Vorbereitungszeit als Eintragungsvoraussetzung verstößt weder gegen Unionsrecht noch gegen Verfassungsrecht. Es ist durch die Ermächtigungsgrundlage des § 95 II 3 Nr. 2, S. 4 SGB V gedeckt, LSG Schleswig-Holstein, MedR 2009, 185.

[61] → § 19 Rn. 1 ff. Die Doppelzulassung als Arzt und Zahnarzt ist unzulässig, BSG, MedR 2000, 282. Zwei halbe Zulassungen eines Zahnarztes sind auch KZV-übergreifend möglich; s. BSG, Urt. v. 11.2.2015 – B 6 KA 11/14 R.

[62] Siehe dazu die Richtlinien des GBA über die Bedarfsplanung in der vertragszahnärztlichen Versorgung i.d.F. vom 17.6.2010 (BAnz. Nr. 136 vom 9.9.2010, S. 3098), abgedruckt bei *Schallen*, Zulassungsverordnung Anh. 4. Zur zulässigen (vgl. BSG, ArztR 1998, 232) Konkretisierung von § 101 I 5 SGB V, vgl. § 12 III 2 ZÄ-ZV. Zu beachten ist § 101 VI SGB V.

[63] *Muschallik*, in: Schnapp/Wigge, Rn. 79 f. zu § 22.

[64] Zur Qualitätssicherung in der vertragszahnärztlichen Versorgung siehe § 136b SGB V in der Fassung des GMG und dazu allgemein *Muschallik*, in: Schnapp/Wigge, Rn. 81 ff. zu § 22.

[65] Jetzt des GBA. Die alten Richtlinien gelten fort, Art. 35 § 6 GMG; siehe dazu auch *Ziermann*, VSSR 2003, 175 ff.

[66] *Scheuffler*, in: Rieger, HK-AKM, Nr. 1220.

[67] *Scheuffler*, in: Rieger, HK-AKM, Nr. 1645.

[68] *Liebold/Raff/Wissing*, BEMA-Z. Bei der Auslegung des BEMA-Z sind den Gerichten enge Grenzen gesetzt, BSG, SozR 3–2500 § 87 SGB V Nr. 1, 2.

[69] → § 18 Rn. 1 ff.

keitsprüfung,⁷⁰ der disziplinarrechtlichen Kontrolle und der durch das GMG eingeführten sanktionierten Fortbildungspflicht (§ 95d SGB V).

3. Zulassungsentzug, -verzicht, -ende

a) Zulassungsentzug. Nach § 95 VI SGB V ist dem Vertrags(zahn)arzt die Zulassung u. a. zu entziehen, wenn er seine vertragsärztlichen Pflichten gröblich verletzt. Eine Pflichtverletzung ist dann gröblich, wenn sie so schwer wiegt, dass ihretwegen die Entziehung zur Sicherung der vertragsärztlichen Versorgung notwendig ist. Es ist nicht erforderlich, dass den Vertragsarzt ein Verschulden trifft. Grundsätzlich kommt es für die rechtliche Beurteilung auf die Sach- und Rechtslage im Zeitpunkt der letzten Verwaltungsentscheidung an.⁷¹

4a

b) Zulassungsverzicht. Der kollektive Zulassungsverzicht (§ 95b SGB V) ist ein viel diskutiertes Mittel zahnärztlicher Berufspolitik.⁷² Das BSG hat das als Verstoß gegen vertragszahnärztliche Pflichten angesehen.⁷³ Das BSG hat – weiterführend – dazu entschieden, dass ein Vertragszahnarzt, der sich an einer solchen Aktion beteiligt, nicht berechtigt ist, den Bescheid der Aufsichtsbehörde anzufechten, in dem festgestellt wird, aufgrund des Kollektivverzichts sei die vertragszahnärztliche Versorgung in dieser Region nicht mehr sichergestellt.⁷⁴

4b

c) Altersgrenze. Die ursprünglich in § 95 VII enthaltene Altersgrenze für die Fortdauer der Teilnahme an der vertrags(zahn)ärztlichen Versorgung von 68 Jahren⁷⁵ hat das GKV-OrgWG zum 15.12.08 entfallen lassen.

4c

III. Zahnärztliche Behandlung/Sicherstellungsauftrag

1. Zahnärztliche Behandlung

Die zahnärztliche Behandlung umfasst die Tätigkeit des Zahnarztes, die zur Verhütung, Früherkennung und Behandlung von Zahn-, Mund- und Kieferkrankheiten nach den Regeln der zahnärztlichen Kunst ausreichend und zweckmäßig ist (§ 28 II 1 SGB V). Seit 1.1.2005 (Art. 37 VIII GMG) gilt ergänzend, dass die zahnärztliche Behandlung „auch konservierend-chirurgische Leistungen und Röntgenleistungen (umfasst), die im Zusammenhang mit Zahnersatz einschließlich Zahnkronen und Suprakonstruktionen erbracht werden".⁷⁶

5

2. Sicherstellungsauftrag

Die zahnärztliche Versorgung wird durch die Kassenzahnärztlichen Vereinigungen (KZV) und die Kassenzahnärztliche Bundesvereinigung (KZBV) sichergestellt (§§ 72, 75 SGB V).⁷⁷

---

⁷⁰ Siehe dazu *Muschalik*, in: Schnapp/Wigge, Rn. 66 ff. zu § 22. Zu Standardbeschränkungen in der zahnärztlichen Behandlung durch das Wirtschaftlichkeitsgebot vgl. *v. Ziegner*, VSSR 2003, 191 ff.; zum Standard siehe auch *Oehler*, Zahnmedizinische Rechtsprechung.

⁷¹ BSG, SozR 4–2500 § 95 SGB V Nr. 9. Zur Bedeutung des Wohlverhaltens des Zahnarztes für eine Aufhebung der Zulassungsentziehung vgl. BSG, B. v. 5.11.08 – B 6 KA 59/08 B, juris; BVerfG(K), SozR 4–2500 § 95 SGB V Rn. 17.

⁷² Vgl. etwa *Steinhilper*, in: L/K, § 28 Rn. 29 ff.

⁷³ BSG, MedR 2008, 384 mit Anm. v. *Schiller*.

⁷⁴ BSG, MedR 2010, 653.

⁷⁵ BVerfG(K), Soz 4–2500 § 95 SGB V Nr. 13 hatte sie mit einem B. v. 7.8.07 – 1 BvR 1941/07 für verfassungskonform gehalten; so auch BSG, SozR 4–2500 § 95 SGB V Nr. 14, Urt. v. 6.2.08 – B 6 KA 41/06 R. Die durch das GKV-OrgWG aufgehobene Altersgrenze hat das BSG mit B. v. 18.8.2010 – B 6 KA 18/10 B auch für vereinbar mit europäischem Recht gehalten, BSG, SozR 4–2500 § 95 SGB V Nr. 17.

⁷⁶ Damit wird geltendes, zum 1.1.2005 gestrichenes Recht aus § 30 II 2 SGB V übernommen.

⁷⁷ → § 19 Rn. 1 ff.

3. Besondere vertragszahnärztliche Behandlungsformen

6 **a) Kieferorthopädische Behandlung.** Die kieferorthopädische Behandlung (und ihre Vergütung) hat ein wechselhaftes Schicksal hinter sich.[78] § 29 SGB V stellt sicher, dass sie Bestandteil der zahnärztlichen Behandlung ist,[79] beschränkt aber zugleich die Ansprüche des Versicherten auf bestimmte Behandlungsfälle.[80] Kieferorthopädische Behandlung wird als Sachleistung erbracht,[81] allerdings mit Eigenanteilen des Versicherten. Begleitleistungen (z. B. Röntgen) werden als Sachleistungen nach § 28 II 1 SGB V gewährt[82] (ohne Eigenanteil), zahntechnische Leistungen sollen dagegen § 29 SGB V unterfallen. Mehrleistungen hat der Versicherte selbst zu tragen.[83]

7 **b) Zahntechnische Leistungen.** Auch die zahnärztliche Vergütung bei zahntechnischen Leistungen ist immer wieder neu geregelt worden.

8 **aa) Rechtsansprüche.** Gemäß § 55 I 1 SGB V hat der Versicherte nach Maßgabe von § 55 I 2–7 SGB V Anspruch auf befundbezogene Festzuschüsse bei einer medizinisch notwendigen Versorgung mit Zahnersatz einschließlich Zahnkronen und Suprakonstruktionen (zahnärztliche und zahntechnische Leistungen) in den Fällen, in denen eine zahnprothetische Versorgung notwendig ist und die geplante Versorgung einer Methode entspricht, die gemäß § 135 I SGB V anerkannt ist.[84] Den überschießenden Teil trägt der Versicherte als Eigenanteil.

9 **bb) Festzuschusssystem**[85]. Die Festzuschüsse umfassen grundsätzlich (es gibt eine Reihe von Erhöhungsmodalitäten) 50 % des für die jeweilige Regelversorgung festgesetzten Betrags (§ 55 I 2 SGB V).[86] Es gibt (§ 62 SGB V i. d. F. des GKV-WSG) eine Härtefallregelung bei wesentlicher Belastung des Versicherten.

10 **(1) Sachleistung oder Kostenerstattung.** Ist das Festzuschusssystem, das es schon einmal gab,[87] Sachleistung oder Kostenerstattung? Das BSG hat die Frage nie abschließend entschieden, wie die Regelungen des § 30 SGB V a. F. (auf die insoweit Bezug genommen werden kann) systematisch einzuordnen seien: als Bestandteil eines Sachleistungssystems oder als Kostenerstattungsregelung. Das Sachleistungssystem ist in § 2 I SGB V so umschrieben, dass die Krankenkassen den Versicherten die im SGB V vorgeschriebenen Leistungen

---

[78] Siehe dazu *Muschallik,* in: Wenzel (Hrsg.) Handbuch des Fachanwalts Medizinrecht 3. Kap. Rn. 68 ff.

[79] *Adelt,* in: LPK-SGB V, Rn. 2 zu § 29 SGB V.

[80] Siehe dazu die KfO-Richtlinie (§ 28 Rn. 4 mit Fn. 3).

[81] BT-Drs. 14/24, S. 70; *Adelt,* in: LPK-SGB V, Rn. 12 ff. zu § 29 SGB V.

[82] Der durch das GMG in § 28 II 1 SGB V eingeführte Nachsatz für Röntgenleistungen erfasst die kieferorthopädische Behandlung nicht ausdrücklich, würde allerdings auch nur dazu führen, dass keine Eigenanteile mehr zu erbringen sind (§ 30 II 2 SGB V a. F.).

[83] Sie werden nach GOZ abgerechnet.

[84] Siehe dazu *Zuck,* Kommentar zum Zahntechnikrecht im SGB V, § 55, Rn. 5 ff.; *Höfler,* in: Kass-Komm Sozialversicherungsrecht Anm. zu § 55 SGB V.

[85] Zum Festzuschusssystem siehe *Boecken,* VSSR 2005, 1; *Zuck,* Kommentar zum Zahntechnikrecht im SGB V, § 55, Rn. 7 ff.; *Muschallik,* in: Wenzel, 3. Kap., Rn. 75 ff., sowie die Festzuschussrichtlinie des GBA vom 3.11.2004 (BAnz. Nr. 242, S. 24463), zuletzt geändert am 25. November 2016 (BAnz AT 30.12.2016 B3), in Kraft getreten am 1.1.2017, abgedruckt bei *Aichberger,* Nr. 827.

[86] Das BSG hat mit Urt. v. 2.9.2014 – B 1 KR 12/13 R – entschieden, dass die Leistung der KK auch dann auf einen Zuschuss beschränkt bleibt, wenn der Zahnersatz anderen als zahnmedizinischen Zwecken dient oder integrierender Bestandteil einer anderen Behandlung ist. Die spezielle und abschließende Regelung des § 55 SGB V knüpfe allein an den Gegenstand (Zahnersatz) und nicht an die Ursache des Behandlungsbedarfs an. Nach Ansicht des Senats ist die von der Klägerin gerügte unterschiedliche Ausgestaltung der Versorgung mit Zahnersatz (§ 55 SGB V) und der Versorgung mit Hilfsmitteln (§ 33 SGB V) vom weiten Gestaltungsspielraum des Gesetzgebers gedeckt und die ungleiche Behandlung Versicherter im Hilfsmittelbereich verfassungsrechtlich unbedenklich.

[87] Siehe dazu *Liebold/Raff/Wissing,* BEMA-Z, Stand März 2017.

zur Verfügung stellen. § 2 II SGB V schreibt fest, dass das die Regel ist, Kostenerstattung aber die Ausnahme. Das GMG hat § 2 SGB V nicht geändert.

§ 13 I SGB V schreibt vor, dass die Krankenkassen anstelle der Sach- oder Dienstleistungen Kostenerstattung nur gewähren dürfen, wenn das im SGB V oder im SGB IX vorgeschrieben ist. Auch § 13 I SGB V ist durch das GMG nicht geändert worden. In § 13 II SGB V ist durch das GMG dagegen ein allgemeines Wahlrecht für die Versicherten eingeführt worden. Sie dürfen anstelle der Sach- und Dienstleistungen die Kostenerstattung wählen. Am Vorrang des Sachleistungsprinzips ändert das nichts.[88]

Das BSG hatte sich mit § 30 SGB V i.d.F. des GSG zu befassen. Dort war 50%ige Kostenerstattung (nicht wie jetzt 50%iger Eigenanteil) vorgeschrieben.[89] Das Gericht hat in seiner Entscheidung aus dem Jahr 1994 ausgeführt:

„Denn ein auf Verschaffung dieser Leistung gerichteter Naturalleistungsanspruch ist durch § 30 SGB V a.F., der stattdessen Kostenerstattung vorsieht, grundsätzlich ausgeschlossen. Diese Vorschrift regelt als spezielle Anspruchsnorm die Ansprüche bei Versorgung mit Zahnersatz abschließend und schließt damit – in Durchbrechung des Sachleistungsprinzips – die Anwendung der allgemeinen Regelungen über die Verschaffung ärztlicher bzw. zahnärztlicher Behandlung als Sach- bzw. Dienstleistung i.S. von §§ 27, 28 SGB V aus. Dabei bedarf es keiner abschließenden Klärung der Streitfrage, ob der Gesetzgeber des GRG, ... damit bewusst ein Gegenprinzip zum Sachleistungsprinzip statuieren wollte ... Auch wenn der Senat der vorgenannten Rechtsprechung folgt, dass die in § 30 SGB V a.F. geregelte Kostenerstattung lediglich als Folge der vorgesehenen Eigenbeteiligung des Versicherten, nicht aber als Gegenprinzip zum Sachleistungssystem anzusehen ist, es sich mithin lediglich um eine versorgungstechnische Variante des ansonsten im Grundsatz beibehaltenen Sachleistungsprinzips handelt ..., bleibt die Versorgung mit Zahnersatz (einschließlich der dafür erforderlichen zahnärztlichen Behandlung) eine von der allgemeinen (zahn-)ärztlichen Behandlung getrennte und ausschließlich § 30 SGB V zugewiesene Leistung, für die begrifflich Kostenerstattung in Höhe des vorgesehenen Zuschusses gewährt werden kann".[90]

Man hat in der Folge den Standpunkt vertreten, die Kostenerstattung erweise sich in der Sache als eine modifizierte Sachleistungsregelung, und hat dies aus der Zuordnung der Kostenerstattung/Eigenbeteiligung zum Sachleistungssystem gefolgert.[91] Schon für das Festzuschusssystem des alten Rechts (2. NOG) hat man dann aber angenommen, nunmehr sei das Sachleistungssystem aufgegeben worden, weil zum Eigenanteil des Versicherten nur ein Anspruch gegen die Krankenkasse auf Zahlung des Festzuschuss komme, also die gesamte Leistung sich nur noch als Geldleistung darstelle, wenn der Eigenanteil nicht mehr auf eine Sachleistung, sondern auf eine Geldleistung (eben den Festzuschuss) bezogen sei.[92]

Die Wiedereinführung des Festzuschusssystems durch § 55 I SGB V kann nicht anders beurteilt werden. Der Versicherte erhält zur Finanzierung der zahntechnischen Leistungen samt zahnärztlichem Honorar eine Geldleistung von der Krankenkasse (Festzuschuss). Soweit diese den Aufwand für die Erbringung der zahntechnischen Leistungen nicht deckt, muss der Versicherte den Aufwand selbst bezahlen. Die Erbringung zahntechnischer Leistungen im Rahmen zahnärztlicher Behandlung erfolgt deshalb ab 1.1.2005 nicht mehr im Sachleistungs-, sondern im Kostenerstattungssystem. Das hat im Übrigen zur Folge, dass

---

[88] → § 9 Rn. 2 ff.
[89] In der Sache ist beides wirtschaftlich gleich, BSGE 66, 284 (287).
[90] BSG, SozR 3-2500 § 30 SGB V Nr. 3 (Bl. 8 ff.).
[91] Siehe dazu etwa *Liebold/Raff/Wissing*, BEMA-Z, Stand März 2017, Einf. 9.4 d.
[92] *Liebold/Raff/Wissing*, BEMA-Z, Stand März 2017, Anm. 9.4 Einf.

§ 13 II SGB V nicht greift: Da der Versicherte ohnehin nur einen Kostenerstattungsanspruch hat, kann er keine Sachleistung abwählen.[93]

15 **(2) § 87 I a SGB V.** Der Inhalt des § 30 IV SGB V ist durch das GMG zum 1.1.2005 in § 87 I a SGB V transferiert worden.[94]

16 Hinzugekommen ist gegenüber dem Altrecht die Verpflichtung des Zahnarztes, im Heil- und Kostenplan[95] Angaben zum Herstellungsort des Zahnersatzes zu machen. Damit sollen Abrechnungsmanipulationen erschwert werden.

17 **(3) Abrechnung.** Der Zahnarzt macht die Festzuschüsse gegenüber der KZV – nach Abschluss der Behandlung – geltend.[96]

18 Bei der Rechnungslegung hat der Vertragszahnarzt eine Durchschrift der Rechnung des gewerblichen oder des praxiseigenen Labors vorzulegen (§ 87 I a 8 SGB V),[97] außerdem die Konformitätsbescheinigung.[98]

19 Erhält der Versicherte einen über die Regelversorgung hinausgehenden Zahnersatz, hat er die Mehrkosten selbst zu tragen (§ 55 IV SGB V). Sie werden vom Zahnarzt nach der GOZ abgerechnet. Gleichwertig ist Zahnersatz, wenn er die Regelversorgung umfasst, jedoch zusätzliche Vertragselemente, wie z. B. zusätzliche Brückenglieder sowie zusätzliche und andersartige Verankerungs- bzw. Verbindungselemente enthält.[99]

20 Wird eine von der Regelversorgung abweichende Versorgung durchgeführt, so müssen die Krankenkassensatzungen einen Festzuschuss-Erstattungsanspruch des Versicherten vorsehen (§ 55 V SGB V n. F.). Im Verhältnis zum Zahnarzt wird nach der GOZ abgerechnet. Abweichend ist die Versorgung z. B., wenn der GBA als Regelversorgung eine Modellgussprothese festgelegt hat, jedoch eine Brückenversorgung vorgenommen wird.[100]

21 **(4) Befund/Regelversorgung.** Die Einzelheiten zu den Befunden und den Bedingungen der Regelversorgung ergeben sich aus § 56 SGB V. Die in § 56 I SGB V erwähnte Festzuschussrichtlinie hat der GBA fristgerecht erlassen.[101]

22 **cc) Erbringung zahntechnischer Leistungen.** Zahntechnische Leistungen können vom Zahnarzt selbst, vom sogenannten Praxislabor[102] oder von gewerblichen Labors erbracht werden.

23 (1) Zahntechnische Leistungen sind Bestandteil der zahnärztlichen Behandlung. Sie gehören infolgedessen zum Leistungsbild des Zahnarztes.[103] Die Erbringung zahntechnischer

---

[93] Anders BSG, SozR 3–2500 § 30 SGB V Nr. 3, wenn man annimmt, die Überlegungen des Gerichts seien auf das neue Recht übertragbar. Anders auch die zahnärztliche Praxis, die den Versicherten zur Wahl der Kostenerstattung drängt.

[94] Dort als Vorgabe für den BMV-Z. § 87 I a SGB V gilt seit 1.7.2008 i. d. F. des GKV-WSG.

[95] Zum Heil- und Kostenplan siehe *Zuck*, Kommentar zum Zahntechnikrecht im SGB V, § 87 Rn. 4 ff. Das OLG Koblenz, GesR 2012, 300 hat betont, der Heil- und Kostenplan müsse vom Zahnarzt so gestaltet werden, dass alle von den gesetzlichen Krankenkassen zu vergütenden Leistungen erfasst sind. Zur Einstellung von Heil- und Kostenplänen in das Internet siehe – zuletzt – BGH, MedR 2012, 36 und → § 27 Rn. 8 mit Fn. 21.

[96] Ausnahme: § 55 V SGB V n. F.

[97] Der Heil- und Kostenplan muss ausweisen, ob die zahntechnische Leistung von Zahnärzten erbracht worden ist oder nicht (§ 87 I a 9 SGB V).

[98] Siehe dazu § 87 I a SGB V und § 9 Einl. Best. BEL II-2004.

[99] BT-Drs. 15/1525, S. 92.

[100] BT-Drs. 15/1525, S. 92.

[101] Festzuschussrichtlinie vom 3.11.2004 (BAnz 2004, Nr. 242, S. 24463), zuletzt geändert am 25. November 2016 (BAnz AT 30.12.2016 B3), in Kraft getreten am 1.1.2017, abgedruckt bei *Aichberger*, Nr. 827. Die Höhe des Festzuschusses liegt grundsätzlich bei 50 %.

[102] *Scheuffler*, in: HK-AKM, Nr. 4290; *Muschallik*, in: Schnapp/Wigge, § 22, Rn. 56.

[103] BVerwG, NJW 1980, 1349. Siehe dazu auch § 1 III, V ZHKG und §§ 36, 50 der Approbationsordnung für Zahnärzte.

Leistungen durch den **Zahnarzt selbst** ist wegen der auf diesem Sektor eingetretenen Technisierung selten.

(2) In vielen Fällen (Marktanteil rund 30%) erbringt der Zahnarzt zahntechnische Leistungen mit Hilfe seines eigenen, sogenannten **Praxislabors** (also mit Hilfe angestellter Zahntechniker). Es handelt sich insoweit nicht um einen handwerklichen Nebenbetrieb (§ 2 Nr. 2, 3, § 3 I HwO), sondern um einen Hilfsbetrieb (§ 3 III HwO). Ein in die Handwerksrolle eingetragener Betriebsleiter ist infolgedessen nicht erforderlich. 24

(3) 2/3 der zahntechnischen Leistungen werden durch gewerbliche Labors, also durch Betriebe, die nicht der Zahnarztpraxis zuzurechnen sind, erbracht. Gewerbliche Labors sind Handwerksbetriebe. Sie gehören zu den sogenannten Gesundheitshandwerken.[104] Die Ausbildung zum Zahntechnikermeister ergibt sich aus der ZahntechMstrV.[105] Die zahntechnischen gewerblichen Labors sind in Innungen (§§ 52 ff. HwO) als freiwillige Mitglieder organisiert. Die Innungen ihrerseits sind (freiwillige) Mitglieder in dem in eigener Rechtsform geführten Bundesverband (VDZI). Dieser ist seinerseits mit einer Reihe von Verfahrensrechten durch den Gesetzgeber ausgestattet worden. 25

Zahntechnische gewerbliche Labors erbringen ihre Leistungen aufgrund von Werkverträgen mit dem auftraggebenden Zahnarzt.[106] Vergleichbar den Apothekern müssen sie nicht zur vertragsärztlichen Versorgung zugelassen werden, sind also nicht, wie (u. a.) die Zahnärzte selbst, unmittelbare Leistungserbringer.[107] Sie sind aber in die vertragszahnärztliche Versorgung integriert, wie insbesondere §§ 56 ff., 88 SGB V zeigen. Man kann die gewerblichen Labors deshalb als mittelbare Leistungserbringer bezeichnen.

Das Zahntechnikerhandwerk hat mit einer ganzen Reihe von Problemen zu kämpfen.

(3a) Sie betreffen das schwierige Verhältnis zwischen **Praxislabor und gewerblichem Labor**. Zwar sind die Zahntechniker in einer Art Systempartnerschaft mit den Zahnärzten verbunden. Beide Berufsgruppen sind im Bereich der zahntechnischen Leistungen aufeinander angewiesen.[108] Dass sie sich selbst über die Laboreinrichtungen Wettbewerb machen,[109] ist zwar rechtens, in einer Marktwirtschaft auch erwünscht, belastet aber die Vertrauensgrundlagen der Zusammenarbeit.[110] Aufgrund der in den letzten Jahren steigenden Wettbewerbsintensität sind viele zahntechnische Meisterbetriebe vor große unternehmerische 26

---

[104] Dazu → § 43 Rn. 1 ff.
[105] Verordnung über das Meisterprüfungsbild und über die Prüfungsanforderungen in den Teilen I und II der Meisterprüfung im Zahntechnikerhandwerk (Zahntechnikermeisterverordnung – ZahntechMstrV) vom 5.8.2007 (BGBl. I 687), in Kraft getreten am 1.1.2007.
[106] *Ullmann*, MedR 1996, 341, einhM. Zum Zahntechnikervertrag als Vertrag mit Schutzwirkung zugunsten des Patienten s. *Grams*, MedR 2014, 137–141. Der „Kunde" Zahnarzt bringt schon aufgrund seiner besonderen Stellung als „freier Beruf" diverse rechtliche Besonderheiten mit sich. Was in der gewerblichen Wirtschaft beispielsweise als Kundengewinnungs- und Kundenbindungsmaßnahmen rechtlich unproblematisch sein mag, stellt sich im Leistungsaustausch zwischen Zahnarzt und gewerblichem Labor anders dar. Der zahntechnische Anbieter hat insoweit insbes. das zahnärztliche Berufsrecht zu beachten.
[107] Siehe dazu ausf. *Zuck*, Kommentar zum Zahntechnikrecht im SGB V, § 57, Rn. 14.
[108] Insoweit betont der VDZI (Verband Deutscher Zahntechnikerinnungen) in seinen Leitsätzen für eine qualitätsorientierte Zusammenarbeit, dass ein zahntechnischer Meisterbetrieb die Kooperation mit einem Zahnarzt grds. danach auszurichten hat, dass der zahnmedizinische Behandlungserfolg gefördert wird. Der zahntechnische Meisterbetrieb habe dabei Angebote zu unterlassen, die für den Zahnarzt unlautere wirtschaftliche Anreize bedeuten, berufsethische und berufsrechtliche Grundsätze zu missachten. Neben dem Berufsrecht ist hier das Sozialrecht von Relevanz, in welches der Gesetzgeber bereits bestehende Gebote und Verbote aus dem Berufsrecht übernommen hat; vgl. §§ 73 VII, 128 II SGB V. Daneben sind von den zahntechnischen Leistungserbringern selbstverständlich auch das HWG (§ 7 I) sowie das UWG zu beachten.
[109] In den Preiswettbewerb hat im Übrigen § 57 II 7 SGB V reglementierend eingegriffen. Daneben sind von den zahntechnischen Leistungserbringern selbstverständlich auch das HWG (§ 7 I) sowie das UWG zu beachten.
[110] Sehr kritisch – aus Sicht der Zahntechniker – deshalb *Schüßler*, Das Praxislabor.

Herausforderungen gestellt. Auch bei intensivem Wettbewerb ist es jedoch unabdingbar, dass ein zahntechnischer Leistungsanbieter sein Markt- und Angebotsverhalten gegenüber dem Zahnarzt an dessen berufs- und sozialrechtlichen Pflichten ausrichtet.[111]

Problematisch ist – nicht zuletzt unter Berücksichtigung der neuen Korruptionsstraftatbestände[112] – insbesondere die Beteiligung von Zahnärzten an gewerblichen Laboren. Schon § 128 II Satz 3 SGB V regelt die Unzulässigkeit von Beteiligungen an Unternehmen von Leistungserbringern, die Vertragsärzte durch ihr Verordnungs- oder Zuweisungsverhalten selbst maßgeblich beeinflussen können. Hierzu kann nach der Rspr. des BGH bereits eine mittelbare, jedoch spürbare Beeinflussungsmöglichkeit ausreichen.[113] Nach Ansicht des BGH stellt die Auftragsvergabe von Zahnärzten an gewerbliche Labore, an denen sie – wenn auch nur mittelbar – beteiligt sind und an dem Gewinn partizipieren, eine unangemessene, unsachliche Einflussnahme auf die zahnärztliche Diagnose- und Therapiefreiheit und somit einen Verstoß gegen das (zahn-)ärztliche Berufsrecht dar.[114] Denn die Verpflichtung des Zahnarztes zur Wahrung des Patientenwahlrechts sowie der Patienteninteressen schützt auch solche Patienten, die keine eigenen Vorstellungen zur Auswahl eines Labors äußern, sondern insoweit auf die ärztliche Unabhängigkeit vertrauen.[115]

27 (3b) Ein weiteres Problemfeld haben die Krankenkassen eröffnet. Diese haben zwar von der Ermächtigung zum Abschluss von **Einzelverträgen** mit ausländischen Leistungserbringern (§ 140e SGB V) bislang keinen Gebrauch gemacht. Es ist auch sicher, dass §§ 57, 88 SGB V keine Ermächtigung zum Abschluss von Einzelverträgen zwischen Krankenkassen und zahntechnischen Labors enthalten.[116] Die Krankenkassen nutzen aber ihre Informationsrechte aus § 88 II 3 SGB V (in § 57 SGB V fehlt eine entsprechende Regelung), um preisgünstige Anbieterlisten errichten zu lassen. Das ist für die Versicherten ein scheinbarer Vorteil. Die Orientierung eines Angebots ausschließlich am Preis lässt die ausschlaggebende Qualität völlig außer Acht.[117]

28 (3c) Das führt auf das Problem des **Auslandszahnersatzes**. Zahnärzte (Stichwort: McZahn) und Krankenkassen (TV-Werbung: Zahnersatz „für lau") werben mit dem Argument, der Eigenanteil des Versicherten[118] entfalle ganz oder weitgehend, wenn der Zahnersatz (z.B.) billig aus China importiert werden könne.[119] Deutscher Zahnersatz ist gegenüber chinesischem Zahnersatz wegen der dort günstigeren Rahmenbedingungen für die Leistungserbringung deutlich teurer. In einer globalisierten Wirtschaft führen ungleiche Herstellungs-

---

[111] Dem Rechnung tragend hat der VDZI (Verband Deutscher Zahntechnikerinnungen) bereits 2013 die Broschüre „Qualitätsorientierter Wettbewerb und regelkonforme Zusammenarbeit des gewerblichen Labors mit dem Zahnarzt" herausgegeben. Sie informiert über die rechtlichen Regeln für einen fairen und lauteren Wettbewerb unter den Anbietern des Marktes.
[112] Siehe hierzu im Einzelnen → § 74 Rn. 1 ff.
[113] Siehe BGH, Urt. v. 13.1.2011 – I ZR 111/08.
[114] Vgl. BGH, Urt. v. 21.4.2005 – I ZR 201/02; Urt. v. 23.2.2012 – I ZR 231/10.
[115] Vgl. BGH, Urt. v. 23.2.2012 – I ZR 231/10.
[116] Das ist, wie die Entstehungsgeschichte zeigt (ursprünglich war eine entsprechende Ermächtigung vorgesehen gewesen), ein beredtes Schweigen, insbesondere, wenn man sich den Katalog ausdrücklicher Ermächtigungsgrundlagen für Einzelverträge im SGB V ansieht, vgl. § 84 I a, § 73b IV, § 73c I 1, § 140b I Nr. 1 SGB V. Das führt zu dem Schluss, dass den Krankenkassen für eine generelle Kompetenz zum Abschluss von Einzelverträgen die Rechtsgrundlage fehlt, siehe dazu *Zuck,* in: Fichte/Plagemann/Waschull, Sozialverwaltungsverfahrensrecht, § 5, Rn. 37 ff. Vgl. auch LSG Niedersachsen-Bremen, Urt. v. 25.11.2014 – L 4 KR 244/10 (aufgehoben und zurückverwiesen durch BGH, Urt. v. 28.5.2015 – B 6 KA 2/15 R).
[117] Der VDZI hat auf dieses Problem mit seiner AMZ (Allianz für Meisterliche Zahntechnik) und der Dachmarke Q-AMZ aufmerksam gemacht.
[118] → § 30 Rn. 8.
[119] Werden dafür Importfirmen eingeschaltet, geht es um die streitige Frage, ob diese § 7 EinlBest zum BEL II beachten müssen und ob sie – im Außenverhältnis – zahntechnische Leistungen abrechnen dürfen (Letzteres ist zu verneinen).

bedingungen zu erheblichen preislichen Verwerfungen. Solange Qualitätsmängel für ausländischen Zahnersatz nicht – generell – belegt werden können (und das ist bisher nicht der Fall), ist jedoch jede staatliche Schutzpolitik zum Scheitern verurteilt.

dd) Vergütung zahntechnischer Leistungen. (1) Die zahnärztliche Vergütung[120] wird zwischen dem SpiBuK und der KZBV jeweils zum 30. 9. eines Kalenderjahrs für das Folgejahr vereinbart (§ 57 I SGB V).

(2) Die Landesverbände der Krankenkassen und die Ersatzkassen gemeinsam und einheitlich vereinbaren mit den Zahntechnikerinnungen[121] die Höchstpreise für die zahntechnischen Leistungen bei den Regelversorgungen nach § 56 II 2 SGB V (§ 57 II 3 SGB V). Die Vereinbarungen gelten auch für Nicht-Innungsmitglieder.[122] Kommen Vereinbarungen nicht zustande, wird das Schiedsamt nach § 89 SGB V tätig.[123]

Das Verfahren der Vergütungsregelungen ist im Kern so gestaltet[124]:

Zunächst ermittelt der VDZI mit dem SpiBuK die bundeseinheitlichen Preise für zahntechnische Leistungen bei Regelversorgungen nach § 56 II 2 SGB V (= **Referenzpreis**) (§ 57 II 3 SGB V). Maßgebend ist die nach § 71 III SGB V durchschnittliche Veränderungsrate.[125] Die Vereinbarungen zwischen den Krankenkassenverbänden und den Innungen nach § 57 II 3 1.Hs. SGB V dürfen den Referenzpreis nur um 5 % unter- oder überschreiten, § 57 II 3 2. Hs. SGB V (sog. **Korridorlösung**). Ausweitungen der Leistungsmengen, die nach der Rechtslage ausschließlich von den auftraggebenden Zahnärzten verursacht werden, müssen sich die Zahntechniker zurechnen lassen.[126]

IV. Die vertragszahnärztlichen Vergütungsregelungen

In der vertragszahnärztlichen Versorgung vereinbaren die Vertragsparteien des Gesamtvertrages nach Maßgabe der nach dem GKV-VStG ab 1.1.2013 geltenden Fassung des § 85 III 1 SGB die Veränderungen der Gesamtvergütungen unter Berücksichtigung von Zahl und Struktur der Versicherten, der Morbiditätsentwicklung, der Kosten- und Versorgungsstruktur, der für die vertragsärztliche Tätigkeit aufzuwendenden Arbeitszeit sowie der Art und des Umfangs der zahnärztlichen Leistungen, soweit sie auf einer Veränderung des gesetzlichen oder satzungsgemäßen Leistungsumfangs beruhen.[127] Die Bestimmung der vertragszahnärztlichen Gesamtvergütung regelt § 85 IV SGB V. Absätze 4b–f setzen einen degressiven Punktwert fest.[128]

---

[120] Zur Angemessenheit der Vergütung zahntechnischer Leistungen s. *Pabst*, MedR 2015, 649–655.
[121] Siehe dazu BSG, SGb 2003, 630 (632); krit. dazu *Schnapp*, SGb 2003, 633.
[122] BSG, SGb 2003, 630; krit. dazu *Schnapp*, SGb 2003, 633.
[123] *Becker*, FS f. Wiegand, 2003, 373; *Schmiedl*, Das Recht des Vertrags(zahn)ärztlichen Schiedswesens; *Schnapp*, Die Schiedsämter gem. § 89 SGB V, in: ders. (Hrsg.) Handbuch des sozialrechtlichen Schiedsverfahrens; *Zuck*, Kommentar zum Zahntechnikrecht im SGB V, Anm. zu § 89 SGB V.
[124] Krit. bzgl. der Regelung zur Vereinbarung zahntechnischer Vergütungen s. *Henninger*, GesR 2015, 331–336.
[125] Das BMG hat sie mit Beschluss vom 6.9.2016 – G 11 – 11946-02 in Bezug auf das zweite Halbjahr 2015 und das erste Halbjahr 2016 gegenüber den entsprechenden Vergleichszahlen des Vorjahreszeitraumes mit + 2,5 % festgestellt.
[126] LSG Schleswig-Holstein, NZS 2006, 489. So auch die Revisionsentscheidung, BSG, SozR 4–2500 § 88 SGB V Nr. 1.
[127] Siehe dazu → § 22 Rn. 1 ff.
[128] Als solcher vom BSG gebilligt, vgl. SozR 4–2500 § 85 SGB V Nr. 27 Rn. 13. Zur Entwicklung in der Kieferorthopädie vgl. BSG, SozR 4–2500 § 85 SGB V Nr. 27 Rn. 18; zur Oralchirurgie BSG, SozR 4–2500 § 85 SGB V Nr. 27 Rn. 18 und bei Mund-Kiefer-Gesichtschirurgen, BSG, SozR 4–2500 § 85 SGB V Nr. 60 Rn. 17.

6. Abschnitt: Die Leistungserbringung durch psychologische Psychotherapeuten[1]

§ 31 Ausübung der Psychotherapie

I. Delegationsverfahren

1   Leistungen auf dem Gebiet der Psychotherapie können von Ärzten erbracht werden.[2] Die Psychotherapie-Richtlinie[3] dehnte für die vertragspsychologische Versorgung den Anwendungsbereich der Psychotherapie über die tiefenpsychologisch fundierte Psychotherapie aus und ließ Leistungen anderer Therapieformen sowie zu ihrer Erbringung Diplompsychologen im sog. Delegationsverfahren[4] zu. Gemäß Anlage 5 zum BMV-Ä und §§ 4, 7 Anlage 1 zum EKV-Ä hatte der Arzt den hinzugezogenen Psychotherapeuten zu beaufsichtigen. Auch andere Personen außer Diplompsychologen konnten im Rahmen des Delegationsverfahrens Psychotherapie ausüben, wenn sie eine Erlaubnis nach § 1 I HPG nachweisen konnten.[5] Psychotherapeutische Leistungen konnten also von drei Personengruppen erbracht werden: Ärzten, Heilpraktikern und Diplompsychologen. Hier wird die Problematik nur in Bezug auf die nichtärztlichen Leistungserbringer im Bereich der psychologischen Psychotherapeuten erörtert.[6]

II. Erstattungsverfahren

2   Neben dem Delegationsverfahren hatte sich das Erstattungsverfahren entwickelt, ein Leistungsverfahren, das auf Verträgen der Krankenkassen mit den nicht-ärztlichen Leistungs-

---

[1] *Plagemann/Klatt,* Recht für Psychotherapeuten; *Pulverich,* PsychThG; *Jerouschek,* PsychThG; *Steinhilper,* in: HK-AKM, Nr. 4430; *Spellbrink,* in: Schnapp/Wigge, § 14. *Stellpflug,* Niederlassung für Psychotherapeuten.

[2] Siehe die Facharztbezeichnung auf den Gebieten „Psychiatrie und Psychotherapie" (Abschnitt B Nr. 27 MWBO) oder „psychosomatische Medizin und Psychotherapie" (Abschnitt B Nr. 28 MWBO). Daneben gibt es den Schwerpunkt „Forensische Psychiatrie" (Abschnitt B Nr. 27 MWBO).

[3] In der Fassung vom 19.2.2009, zuletzt geändert durch Beschluss des G-BA vom 16.6.2016 (BAnz AT 15.2.2017 B2), in Kraft getreten am 16.2.2017. Gemäß § 19 III der Richtlinie hat der GBA in Anlage 1 festgestellt, dass die Erfordernisse der Psychotherapie-Richtlinie nicht erfüllt werden von
1. Gesprächspsychotherapie (zu übergangsrechtlichen Fragen siehe BSG, Urt. v. 28.10.09 – B 6 KA 85/08 R). Eine dagegen gerichtete Verfassungsbeschwerde ist nicht zur Entscheidung angenommen worden, vgl. B. der 2. Kammer des Ersten Senats vom 1.11.10 – 1 BvR 610/10, nicht veröffentl.
2. Gestalttherapie
3. Logotherapie
4. Psychodrama
5. Respiratorisches Biofeedback
Kritisch dazu, aber nicht nachvollziehbar, *Hartmann-Kollek,* ZRP 2011, 55. Die von ihr geforderte „Wissenschaftliche Neutralität" kommt nur gegenüber wissenschaftlich anerkannten Verfahren in Betracht. Darum geht es aber gerade.
6. Transaktionsanalyse.

[4] Das Delegationsverfahren ist vom BSG als rechtmäßig akzeptiert worden, BSG, SozR 3–2500 § 15 SGB V Nr. 1, Nr. 3; SozR 3–5520 § 31 Nr. 5.

[5] Das Erfordernis der Heilpraktikererlaubnis galt auch für Diplompsychologen, siehe BVerwGE 66, 367. BVerwG, MedR 2010, 334 (335 f.). Das BVerfG hat den Erlaubniszwang des HPG auch für Diplompsychologen für verfassungsgemäß gehalten, BVerfGE 78, 179 (192), hat aber den Diplompsychologen davon befreit, die Bezeichnung „Heilpraktiker" führen zu müssen, BVerfGE 78, 179 (194 f.). Siehe zur Heilpraktikerproblematik auch *Gerlach,* in: MHP Nr. 1090 und § 37 Rn. 7, § 36 Rn. 3. Zu einem praktischen Fall s. OVG Rheinland-Pfalz, MedR 2010, 55.

[6] Kinder- und Jugendlichenpsychotherapeuten/-psychotherapeutin siehe § 1 I PsychThG. § 1 III PsychThG hat im Übrigen die Ausübung der Psychotherapie nicht festgeschrieben. Es muss sich nur um Heilkunde handeln (§ 1 III 3 PsychThG).

erbringern beruhte. Die Erstattungspsychotherapie führte in der Folge zu einem umfassenden Abrechnungs- und Leistungssystem.

III. Psychotherapeutengesetz

Mit dieser Vertrags- und Rechtslage hat das Psychotherapeutengesetz gebrochen.[7] Eine wesentliche Änderung des PsychThG besteht in der Inkorporation der Psychotherapeuten in die vertragsärztliche Versorgung und dem den Versicherten zugebilligten Erstzugangsrecht, wonach diese einen Psychotherapeuten ohne vorherigen Besuch beim Arzt direkt aufsuchen können.[8]

3

1. Gegenstand

Psychotherapie beschreibt das Gesetz so: „Ausübung von Psychotherapie im Sinne dieses Gesetzes ist jede mittels wissenschaftlich anerkannter psychotherapeutischer Verfahren vorgenommene Tätigkeit zur Feststellung, Heilung oder Linderung von Störungen mit Krankheitswert, bei denen Psychotherapie indiziert ist. Im Rahmen einer psychotherapeutischen Behandlung ist eine somatische Abklärung herbeizuführen. Zur Ausübung von Psychotherapie gehören nicht psychologische Tätigkeiten, die die Aufarbeitung und Überwindung sozialer Konflikte oder sonstige Zwecke außerhalb der Heilkunde zum Gegenstand haben." (§ 1 III PsychThG). Für die wissenschaftliche Anerkennung eines psychotherapeutischen Verfahrens sind nachprüfbare Belege für dessen Wirksamkeit zur Feststellung, Heilung oder Linderung seelischer Störungen mit Krankheitswert[9] notwendig. Die Verbreitung und Anwendung eines Verfahrens in der beruflichen Praxis genügt den Anforderungen des § 1 III PsychThG deshalb nicht.[10]

4

2. Berufszugang/Ausbildung

Wer (heilkundliche) Psychotherapie ausüben darf, bestimmt § 1 I PsychThG: Wer die heilkundliche Psychotherapie unter der Berufsbezeichnung „Psychologische Psychotherapeutin" oder „Psychologischer Psychotherapeut"[11] oder die heilkundliche Kinder- und Jugendlichenpsychotherapie unter der Berufsbezeichnung „Kinder- und Jugendlichenpsychotherapeutin" oder „Kinder- und Jugendlichenpsychotherapeut" ausüben will, bedarf der

5

---

[7] Gesetz über die Berufe des psychologischen Psychotherapeuten und des Kinder- und Jugendlichenpsychotherapeuten (Psychotherapeutengesetz – PsychThG) vom 16.6.1998 (BGBl. I 1311), in Kraft getreten im Wesentlichen zum 1.1.1999, zuletzt geändert durch Art. 6 des Gesetzes vom 23. Dezember 2016 (BGBl. I S. 3191). Zum Gesetz siehe *Plagemann*, Vertragsarztrecht. Psychotherapeutengesetz; *Pulverich*, PsychThG; *Behnsen* u.a. (Hrsg.) Managementhandbuch für die psychotherapeutische Praxis (MHP); *Plagemann/Klatt*, Recht für Psychotherapeuten; *Jerouschek*, PsychThG; *Eichelberger*, in: Spickhoff, Medizinrecht Nr. 480 PsychThG.

[8] s. *Lang*, in: Becker/Kingreen, § 28 SGB V, Rn. 55. Die bisher nach § 1 III 2 PsychThG bestehende Verpflichtung des Psychotherapeuten, spätestens am Ende der probatorischen Sitzungen eine somatische Abklärung durch einen Vertragsarzt herbeizuführen, soll nach dem Vorstandsentwurf der BPtK zur Novellierung des PsychThG gestrichen werden, da die somatische Abklärung ohnehin geboten ist. Nach der Gesetzesbegründung soll § 1 III 2 PsychThG nicht ausschließen, dass Psychotherapeuten auch dann tätig werden dürfen, wenn zunächst eine rein somatische Erkrankung vorliegt, bei der aber als therapeutische Maßnahme auch Psychotherapie indiziert ist; s. BT-Drs. 13/8035, 17.

[9] Zum Begriff der psychischen „Störung mit Krankheitswert" i.S.d. § 1 III PsychThG s. *Lang*, in: Becker/Kingreen, § 28 SGB V, Rn. 60.

[10] BVerwG, NJW 2009, 3593; *Eichelberger*, MedR 2010, 333.

[11] Zu den Berufsbezeichnungen für Psychotherapeuten vgl. *Jerouschek/Eichelberger*, MedR 2004, 600, und – sehr kritisch – *Schnitzler*, Nicht-ärztliche Psychotherapie zwischen Wissenschaftsklausel und Heilpraktikergesetz, in: FS f. Francke, 2012, 103 (107 f.).

Approbation als Psychologischer Psychotherapeut oder Kinder- und Jugendlichenpsychotherapeut. Die vorübergehende Ausübung des Berufs ist auch auf Grund einer befristeten Erlaubnis zulässig. Die Berufsbezeichnung nach Satz 1 darf nur führen, wenn nach Satz 1 oder 2 zur Ausübung des Berufs befugt ist. Die Bezeichnung „Psychotherapeut" oder „Psychotherapeutin" darf von anderen Personen als Ärzten, psychologischen Psychotherapeuten oder Kinder- und Jugendlichenpsychotherapeuten nicht geführt werden.[12] Die Approbationsvoraussetzungen sind in den §§ 2 ff., 12 PsychThG geregelt.[13]

6   In der Ausbildung zum Psychologischen Psychotherapeuten sowie zum Kinder- und Jugendlichenpsychotherapeuten haben sich durch die Bologna-Reform, mit welcher die Diplom-Studiengänge durch Bachelor- und Masterstudiengänge abgelöst wurden, in der Praxis uneinheitliche Berufszugangsregelungen ergeben. Voraussetzung für den Zugang zu einer Ausbildung nach § 5 II Nr. 1a) PsychThG ist nach der Rspr. eine bestandene Abschlussprüfung in einem „konsekutiven" (das gleiche Fach betreffenden) Bachelor- und Masterstudiengang Psychologie, nach § 5 II Nr. 2a) in einem konsekutiven Bachelor- und Masterstudiengang Psychologie, ggf. Pädagogik oder Sozialpädagogik, wobei beide Prüfungen an einer Universität oder gleichstehenden Hochschule absolviert werden müssen.[14] Aktuell wird über eine umfassende Reform der Psychotherapeutenausbildung diskutiert.[15]

3. Abrechnung

7   Die Gebühren des psychologischen Psychotherapeuten richten sich nach der GOP.[16]

---

[12] Der Gesetzgeber hat mit § 1 I 3 PsychThG erstmals eine Titelschutzregelung eingeführt.

[13] Siehe dazu *Plagemann/Kies*, MedR 1999, 413; *Butzmann*, NJW 2000, 27; *Spellbrink*, NVwZ 2000, 141. Zu den Ausbildungs- und Prüfungsvoraussetzungen vgl. §§ 5 ff PsychThG und die Ausbildungs- und PrüfungsVO für psychologische Psychotherapeuten (PsychTh – AprV) vom 18.12.1998 (BGBl. I 3749), zuletzt geändert durch Art. 7 des Gesetzes vom 18. April 2016 (BGBl. I 886). Die Ausbildung muss sich auf wissenschaftlich anerkannte psychotherapeutische Verfahren beziehen (§ 1 III iVm § 6 II Nr. 1, § 8 III Nr. 1 PsychThG). In Zweifelsfällen soll die Behörde ihre Entscheidung auf der Grundlage eines Gutachtens eines wissenschaftlichen Beraters treffen (§ 11 S. 1 PsychThG). Das BVerwG, MedR 2010, 330 verlangt den Nachweis, dass das Verfahren geeignet ist, den Zweck der Heilbehandlung zu erfüllen. Wirksamkeit und Ursächlichkeit müssen deshalb festgestellt sein, zust. *Pawlita*, SGb 2009, 731; *Eichelberger*, MedR 2010, 333 f.; krit. *Stock*, MedR 2010, 309; *Schnitzler*, in: FSf. Francke, 2012, 103 (111 f.). Ohne Approbation (oder befristete Erlaubnis) darf der psychologische Psychotherapeut seit 1.1.1999 nicht mehr die Bezeichnung „Psychotherapeut/ Psychotherapeutin" führen. Das ist zulässig, BVerfG(K), NJW 1999, 2730. Die Approbation muss bestandssicher sein, BSG SozR 4–2500 § 95 SGB V Nr. 4.

[14] Zum Zugang zur Ausbildung als Psychologische Psychotherapeutin s. VGH Hessen, Urt. v. 4.2.2016 – 7 A 983/15 = MedR 2016, 986–992 m. krit. Anm. v. *Stock*; zur Ausbildung zum Kinder- und Jugendlichenpsychotherapeuten, s. VG Hannover, Urt. v. 17.2.2016 – 5 A 12344/14 = MedR 2016, 992–996 m. Anm. v. *Plagemann*. Grundlegend zur Ausbildung zum Psychologischen Psychotherapeuten und Kinder- und Jugendlichenpsychotherapeuten unter Berücksichtigung der Ausbildungsvergütung s. *Mandler*, in: MedR 2016, 874–884. Zur Zertifizierung von Fortbildungsveranstaltungen für Psychologische Psychotherapeuten s. VG Berlin, Urt. v. 17.11.2015 – VG 9 K 468.13 = MedR 2016, 917–920.

[15] Mit Beschluss des 16. Deutschen Psychotherapeutentages (DPT) wurde der Vorstand der BPtK beauftragt, sich für eine umfassende Novellierung des PsychThG und der Ausbildungs- und Prüfungsverordnungen für Psychologische Psychotherapeuten und Kinder- und Jugendlichenpsychotherapeuten einzusetzen. Der Vorstandsentwurf zu den Details der geplanten Novellierung ist im Internet abrufbar.

[16] Gebührenordnung für psychologische Psychotherapeuten und Kinder- und Jugendlichenpsychotherapeuten (GOP) vom 8.6.2000 (BGBl. I 818) i. d. F. v. 18.10.2001 (BGBl. I 2721). Zur Kostenerstattung in der PKV s. *Berst*, VersR 2007, 1172. Zur Kostenerstattung aufgrund entsprechender AVBs nur für Ärzte s. (bejahend) BGH, MedR 2006, 593. Zur Vergütung der Leistungen der psychologischen Psychotherapeuten im Einzelnen → § 32, Rn. 9 ff.

4. Organisation

Die psychologischen Psychotherapeuten sind in landesrechtlichen Psychotherapeutenkammern organisiert.[17] Seit 2003 gibt es in privater Rechtsform die Bundespsychotherapeutenkammer (BPtK). Eine wichtige Rolle spielt auch der Wissenschaftliche Beirat (§ 11 PsychThG).[18]

5. Bedeutung des PsychThG

Will man den Kern des PsychThG fassen, so liegt er im Wesentlichen in der gesetzlichen Regelung eines bis dahin nur untergesetzlich/vertraglich (höchst unvollkommen) erfassten Bereichs, in der anerkannten Eigenverantwortlichkeit des psychologischen Psychotherapeuten und in der damit verbundenen Aufgabe des Arztvorbehalts.[19] Psychologische Psychotherapeuten bleiben trotz der sondergesetzlichen Regelungen an die Grundsätze der Heilbehandlung gebunden. Es ist deshalb zwar möglich, den psychologischen Psychotherapeuten unter Hinweis auf den Grundsatz der Therapiefreiheit[20] einen Freiraum zu verschaffen, der es ihnen erlaubt, andere wissenschaftlich allgemein anerkannte Behandlungsmethoden einzusetzen,[21] als die, für die sie approbiert worden sind. Approbation bezieht sich auf die Berufsausübung unter einer bestimmten Berufsbezeichnung, schreibt aber den Inhalt der Berufsausübung nicht auf den Zulassungsstand fest. Andernfalls wäre die Berücksichtigung jeglichen medizinischen Fortschritts ebenso ausgeschlossen, wie der Hinweis auf eine allgemein anerkannte Auffassung zu einer bestimmten Methode. Im Übrigen bleibt es aber dabei, dass sich dieser Freiraum nur auf wissenschaftlich allgemein anerkannte Methoden beziehen kann. Das folgt aus dem Umstand, dass Therapiefreiheit an die Einhaltung professionellen Handelns gebunden bleibt.[22]

§ 32 Vertragspsychotherapeutische Versorgung

Psychologische Psychotherapeuten können an der vertragsärztlichen Versorgung teilnehmen (vertragspsychotherapeutische Versorgung).[23]

I. Zulassung

1. Voraussetzung „Diplompsychologe"

Die psychologischen Psychotherapeuten bedürfen zur Teilnahme an der vertragspsychotherapeutischen Versorgung der Zulassung.[24] Zugelassen werden können nur Diplompsycho-

---

[17] Siehe dazu *Gersch*, PuR 2001, 72; *Godry*, PuR 2001, 15. Zur Voraussetzung der Berufsausübung, um Kammermitglied sein zu können vgl. *Stellflug*, MedR 2005, 71.

[18] Siehe dazu *Spellbrink*, PuR 2001, 112; ders., in: Schnapp/Wigge, § 14 Rn. 23 ff. Zur Überwachung des Abstinenzgebots durch die Psychotherapeutenkammer siehe *Jakel/Gutmann*, MedR 2011, 258; zum psychotherapeutischen Abstinenzgebot des § 174c II StGB vgl. *Hahn*, GesR 2011, 649 und unter berufsrechtlichen Gesichtspunkten s. BerufsG f. Heilberufe beim VG Gießen, Urt. v. 3.2.2016 – 21 K 3825/14.Gl.B = MedR 2016, 743–747 m. Anm. v. *Moek*.

[19] Siehe dazu *Eichelberger*, in: Spickhoff, Medizinrecht Nr. 480 PsychThG, Vorb. Rn. 4 ff.

[20] → § 2 Rn. 52.

[21] So zutreffend *Schnitzler*, in: FS f. Francke, 2012, 103 (118).

[22] → § 2 Rn. 52.

[23] Im Allgemeinen gilt dafür das Vertragsarztrecht (→ § 18 Rn. 1 ff.), soweit nichts Abweichendes bestimmt ist (§ 72 I 2 SGB V).

[24] Siehe dazu *Schallen*, Zulassungsverordnung; *Stellpflug*, Niederlassung für Psychotherapeuten Rn. 67 ff. Zur Berufsausübung von EU-/EWR-psychologischen Psychotherapeuten pp. siehe Art. 6, 7, 8 des Gesetzes zur Umsetzung der Richtlinie 2005/36/EG des Europäischen Parlaments und des Rates über

logen. Das BVerfG hat das gebilligt.[25] Der Ausschluss der nicht-ärztlichen psychologischen Psychotherapeuten, die nicht Diplompsychologen sind, von der vertragspsychotherapeutischen Versorgung durch § 95 X SGB V ist verfassungsrechtlich nicht abschließend sanktioniert.[26] Das BVerfG hat es hinsichtlich des Vertrauensschutzes für klärungsbedürftig gehalten, ob das Kostenerstattungsverfahren schützenswertes Vertrauen begründet hat, das durch das PsychThG nicht hätte enttäuscht werden dürfen. Für die Beurteilung des Besitzstandes will das BVerfG die wirtschaftlichen Verhältnisse vor und nach dem Stichtag geklärt wissen, und ob für die Beurteilung der wirtschaftlichen Verhältnisse auch die Erträge aus unselbstständiger Tätigkeit in Betracht kommen.[27]

2. Zulassungsformen

3   Zu unterscheiden ist die bedarfsabhängige von der bedarfsunabhängigen Zulassung.[28]

4   **a) Bedarfsabhängige Zulassung.** Die bedarfsabhängige Zulassung unterliegt der Bedarfsplanung[29] (§ 95, § 95c SGB V). Nach § 101 IV 1 SGB V bilden Psychotherapeuten und ausschließlich psychotherapeutisch tätige Ärzte eine Arztgruppe im Sinne des § 101 II SGB V.[30] Die bedarfsabhängige Zulassung ist der Regelfall.[31] Die Feststellung des regionalen Versorgungsgrades in der psychotherapeutischen Versorgung regelt § 25 Bedarfsplanungs-Richtlinie-Ärzte.[32]

5   **b) Bedarfsunabhängige Zulassung.** Die bedarfsunabhängige Zulassung[33] zur vertragspsychotherapeutischen Versorgung setzt nach § 95 X SGB V voraus, dass bis zum 31.12.1998 die Voraussetzungen der Approbation nach § 12 PsychThG sowie des Fachkundenachweises nach § 95c 2 Nr. 3 SGB V erfüllt waren und der Antrag auf Erteilung der Zulassung gestellt war (Satz 1 Nr. 1); darüber hinaus müssen die Antragsteller bis zum 31.3.1999 die Approbationsurkunde vorgelegt (Satz 1 Nr. 2) und in der Zeit vom 25.6.1994 bis zum 24.6.1997 (sog. Zeitfenster) an der ambulanten psychotherapeutischen Versorgung der Versicherten der GKV teilgenommen haben (Satz 1 Nr. 3).[34] Die Auslegung des Merkmals der „Teilnahme" an der Versorgung im Sinne des § 95 X 1 Nr. 3 SGB V wird durch die Funktion der Vorschrift bestimmt, für Härtefälle eine Ausnahme von dem Grundsatz der bedarfsabhängigen Zulassung der psychologischen Psychotherapeuten zu ermöglichen.

---

die Anerkennung von Berufsqualifikationen der Heilberufe vom 2.12.2007 (BGBl. I 2686). Zur Zulassung zur psychotherapeutischen Versorgung von Kindern und Jugendlichen siehe BSG, Urt. v. 15.7.2015 – B 6 KA 29/14 R sowie B 6 KA 32/14 R.
[25] Da die Verfassungsbeschwerde unzulässig war, in einem obiter dictum, BVerfG(K) NJW 1999, 2729. Siehe dazu auch *Stock,* NJW 1999, 2702.
[26] BVerfG(K) NJW 2000, 1779 hat zunächst einmal auf das Hauptsacheverfahren verwiesen, siehe dazu *Stock,* MedR 2003, 554.
[27] BVerfG(K) NJW 2000, 1779 (1780) und dazu *Stock,* MedR 2003, 554.
[28] Es gelten die allgemeinen ärztlichen Zulassungsregeln.
[29] Siehe dazu *Steinhilper,* in: HK-AKM Rn. 17 zu Nr. 4430; *Spellbrink,* in: Schnapp/Wigge, Rn. 36 ff. zu § 14.
[30] Zur Nachbesetzung einer Arztstelle einer psychotherapeutisch tätigen Ärztin in einem MVZ mit einer Psychologischen Psychotherapeutin s. BSG, Urt. v. 2.7.2014 – B 6 KA 23/13 R.
[31] Siehe dazu *Spellbrink,* in: Schnapp/Wigge, Rn. 42 zu § 14. Zu den Voraussetzungen der bedarfsabhängigen Institutsermächtigung nach § 119a SGB V (hier: ärztlich geleitete Abteilung) s. BSG, Urt. v. 28.10.2015 – B 6 KA 14/15 B.
[32] Richtlinie des G-BA über die Bedarfsplanung sowie die Maßstäbe zur Feststellung von Überversorgung und Unterversorgung in der vertragsärztlichen Versorgung in der Neufassung vom 20.12.2012 (BAnz AT 31.12.2012 B7), zuletzt geändert am 15.10.2015 (BAnz AT 5.1.2016 B2).
[33] Zur Ermächtigung siehe § 95 XI SGB V.
[34] BSG, MedR 2003, 359 (360). Das BVerfG hat eine Verfassungsbeschwerde gegen das Urteil nicht zur Entscheidung angenommen, BVerfG(K) vom 6.12.2002 – 1 BvR 2021/02. Siehe im Übrigen § 95 XI – XIII SGB V.

Die Rechtsprechung des BSG hat für die nach Übergangsrecht approbierten Psychologischen Psychotherapeuten eine ganze Reihe einschränkender Vorgaben gemacht. So kann der zur Eintragung in das Psychotherapeutenregister erforderliche Fachkundenachweis nur geführt werden, wenn eine Weiterbildung in einem Richtlinienverfahren nach Abschluss des Hochschulstudiums erfolgt ist.[35] Der Nachweis „dokumentierter Behandlungsfälle" in einem Richtlinienverfahren setzt einen solchen Umfang an Informationen über den einzelnen Behandlungsfall, die zugrunde liegenden Gesundheitsstörungen, das angewandte Verfahren, den Therapiebedarf und das Therapieergebnis voraus, das ein fachkundiger Dritter beurteilen kann, ob eine Behandlung in einem Richtlinienverfahren durchgeführt worden ist.[36] Der erforderliche Fachkundenachweis konnte nur für die bis Ende 1999 in der vertragsärztlichen Versorgung tatsächlich zugelassenen Behandlungsverfahren geführt werden.[37]

c) Bedarfsplanung und Zulassung. § 19 I 2 Ärzte-ZV lässt die Ablehnung eines Zulassungsantrags nur zu, wenn die Zulassungsbeschränkungen schon bei Antragstellung angeordnet waren.[38] Der Zulassungsbewerber kann sich darauf aber nur berufen, wenn er in das Psychotherapeutenregister eingetragen war und das zugleich mit dem Zulassungsantrag nachweist.[39] Dem liegt die Vorstellung zugrunde, dass das Zulassungsverfahren zweistufig aufgebaut ist und der Zulassungsbewerber weiterhin alles ihm Zumutbare zur zeitnahen Erlangung der Eintragung unternimmt.[40] Mit diesen Vorgaben will das BSG vermeiden, dass wegen des fehlenden Nachweises der Registereintragung ein unverhältnismäßiger Eingriff in das Grundrecht des Zulassungsbewerbers aus Art. 12 I GG die Folge ist.[41]

6

II. Berufsausübung und psychotherapeutische Versorgung

Rechte und Pflichten des psychologischen Psychotherapeuten in der vertragspsychologischen Versorgung folgen den Grundsätzen des Vertragsarztrechts.[42] Die (freiberufliche) Praxis muss der Hauptberuf (auch finanziell) des psychologischen Psychotherapeuten sein.[43]

7

Die (ambulante) psychotherapeutische Versorgung ist auf Forderung des Gesetzgebers im GKV-VSG durch die Psychotherapeuten-Richtlinie sowie die Änderung der Psychotherapie-Vereinbarung, in der KBV und GKV-Spitzenverband weitere Details festgelegt haben, zum 1.4.2017 neu strukturiert worden. Hauptanliegen der Strukturreform war die Sicherstellung eines zeitnahen, niedrigschwelligen Zugangs für Patienten sowie eine insgesamt flexiblere Gestaltung des Versorgungsangebots. Der G-BA hatte daraufhin die Psychotherapeuten-Richtlinie überarbeitet. Die Änderungen betreffen u. a. die „Psychotherapeutische Sprechstunde" zur frühzeitigen diagnostischen Abklärung (§ 11), welche seit April 2017 jeder Arzt und Psychotherapeut anbieten muss, der eine Genehmigung zur Abrechnung von Richtlinienpsychotherapie hat, die Akutbehandlung (§ 13) zur Besserung akuter psychischer Krisen und die Rezidivprophylaxe (§ 14) bei drohenden Rückfällen.

7a

---

[35] BSG, SozR 4–2500 § 95c SGB V Nr. 1
[36] BSG, SozR 4–2500 § 95c SGB V Nr. 2.
[37] BSG, SozR 4–2500 § 95c SGB V Nr. 3. Daran scheiterten die Gesprächspsychotherapeuten.
[38] LSG Baden-Württemberg, GesR 2009, 149.
[39] BSG, Urt. vom 5.5.2010 – B 6 KA 2/09 R, SozR 4–2500 § 95 SGB V Nr. 16.
[40] BSG, SozR 4–2500 § 95 SGB V Nr. 16.
[41] BSG, SozR 4–2500 § 95 SGB V Nr. 16 Rn. 18.
[42] Siehe dazu → § 20 Rn. 1 ff.
[43] Die KBV hat für die Praxis mindestens 30 Wochenstunden verlangt, für die Nebentätigkeit lediglich 20 Wochenstunden zugelassen. Job-Sharing ist im Übrigen möglich.

III. Organisation

8   Psychologische Psychotherapeuten sind Mitglieder der jeweiligen KV. Für Wahlen zur Vertreterversammlung gelten Sonderregeln (§ 80 II SGB V). § 79b SGB V sieht einen „Beratenden Fachausschuss für Psychotherapie" bei der KV/KBV vor, um die Sachkenntnis der Psychotherapeuten in die Entscheidungsfindung der Selbstverwaltungsorgane einzubeziehen.

IV. Vergütung der Leistungen der psychologischen Psychotherapeuten
1. Die Entwicklung der Rechtsprechung des BSG bis zum Inkrafttreten des GKV-WSG

9   Nach Einbindung der psychologischen Psychotherapeuten in das PsychThG hat sich die Vergütung für psychotherapeutische Leistungen gegenüber der Abrechnung im Delegations- und im Kostenerstattungsverfahren verringert,[44] obwohl Art. 11 II EinfG-PsychThG[45] die Vereinbarung „geeigneter Maßnahmen zur Begrenzung der Punktwertdifferenz" vorgesehen hatte.[46]

10 Die angemessene Vergütung für psychotherapeutische Leistungen hat das BSG im Rahmen der Anerkennung des Stichtagsbedarfs für bestimmte Leistungen, bezogen auf unterschiedliche Zeiträume, entwickelt.[47] Für die Zeit bis 31.12.1998 hatte das BSG in gefestigter Rechtsprechung unter dem Aspekt der Honorarverteilungsgerechtigkeit[48] entschieden, dass ausschließlich psychotherapeutisch tätige Vertragsärzte und im Delegationsverfahren tätige Psychotherapeuten Anspruch auf Honorierung der zeitgebundenen und genehmigungsbedingten Leistungen nach Abschnitt G IV des EBM haben und mit einem Punktwert von zehn Pfennig vergütet werden sollten. Aus Gründen der Chancengleichheit (Art. 3 I GG) sollte diesem Personenkreis die Möglichkeit gegeben werden, mit einer Vollzeittätigkeit ein Einkommen zu erreichen, das jedenfalls ungefähr an dasjenige der Arztgruppen mit dem niedrigsten Durchschnittseinkommen im GV-Bereich heranreichte.[49] Das EinfG-PsychThG hatte für die Zeit ab 1.1.1999 in Art. 11 übergangsweise das Ausgabenvolumen für Psychotherapeuten festgelegt. Die damit vorgegebenen Höchstpreise wurden um die Absicherung eines bestimmten Mindesthonorarniveaus ergänzt. Art. 11 EinfG-PsychThG ist deshalb als Übergangsvorschrift, begrenzt auf das Jahr 1999, konzipiert gewesen. Das BSG hat zunächst klargestellt, dass seine 10 Pfennig-Rechtsprechung sich auf die Sachverhalte bezogen habe, bei denen der Gesamtvergütungssatz allein durch den HVM bestimmt gewesen sei, nicht aber sollte damit eine Vorgabe für Sachverhalte verbunden sein, die durch Gesetz geregelt worden sind. Unter diesen Prämissen hat das BSG die Regelung des Ausgabenvolumens in Art. 11 EinfG-PsychThG für rechtmäßig gehalten.[50] Das GKV-Gesundheitsreformgesetz hat ab dem 1.1.2000 in § 85 IV 4 SGB V vorgeschrieben, dass zur Vergütung der Leistungen der Psychotherapeuten und der ausschließlich psychotherapeutisch tätigen Ärzte[51] Regelun-

---
[44] *Steinhilper*, VSSR 2000, 349.
[45] Nach Art. 15 EinfG-PsychThG trat Art. 11 des Gesetzes am 31.12.1999 außer Kraft.
[46] Wer die daraus resultierenden Lasten zu tragen hat, ist streitig, *Hess*, in: KassKomm Sozialversicherungsrecht § 85 SGB V Rn. 49.
[47] BSGE 83, 205; 84, 235; MedR 2000, 377 – sog. „10-Pfennig-Urteile", mit Anmerkung von *Boni* und dazu *Steinhilper*, in: HK-AKM Rn. 53 ff. zu Nr. 4430; *Spellbrink*, in: Schnapp/Wigge, Rn. 81 ff. zu § 14; BSG, MedR 2003, 424, gebilligt durch BVerfG(K) vom 30.4.2003 – 1 BvR 664/03.
[48] BSGE 83, 205 (212 ff.).
[49] BSGE 84, 235 (242 f.); 89, 1 – sog. „10 Pfennig-Urteile". Siehe dazu *Steinhilper*, VSSR 2000, 349; *Kleine-Cosack*, PuR 2001, 105; *Rath*, MedR 2001, 60.
[50] MedR 2003, 425 mit Anmerkung von *Steinhilper*. Die dagegen erhobene Verfassungsbeschwerde ist nicht zur Entscheidung angenommen worden, BVerfG(K), B. v. 30.4.2003 – 1 BvR 564/03.
[51] = zu mehr als 90 %.

gen zu treffen sind „die eine angemessene Höhe der Vergütung je Zeiteinheit gewährleisten".⁵²

§ 85 IV 4 SGB V i. d. F. des GMG hat das Adverb „ausschließlich" bei den in Betracht kommenden Ärzten entfallen lassen, um Versorgungsengpässe zu beseitigen.⁵³

Den ersten Beschluss des Bewertungsausschusses zur Vergütung psychotherapeutischer Leistungen hat das BSG für rechtswidrig erklärt.⁵⁴ Die Neufassung 2005 hat das BSG weitgehend gebilligt.⁵⁵ Probatorische Leistungen von Psychotherapeuten müssen nicht in die Punktwertstützung einbezogen werden, die für die zeitgebundenen und genehmigungsbedürftigen Leistungen nach Abschnitt G IV EBM-Ä a. F. gewährt wird.⁵⁶ Zeitgebundene und genehmigungsbedürftige psychotherapeutische Leistungen sind auch dann mit dem Mindestpunktwert zu vergüten, wenn sie von einem genehmigten Weiterbildungsassistenten erbracht worden sind.⁵⁷

2. GKV-WSG/GKV-VStG

a) § 87b II 6. Das GKV-WSG sah in § 87b II 6 SGB V vor, dass antragspflichtige psychotherapeutische Leistungen der Psychotherapeuten, der Fachärzte für Kinder- und Jugendpsychiatrie und -psychotherapie, der Fachärzte für Psychiatrie und Psychotherapie, der Fachärzte für Nervenheilkunde, der Fachärzte für Psychosomatik und Psychotherapie sowie der ausschließlich der psychotherapeutisch tätigen Ärzte außerhalb der Regelleistungsvolumina zu vergüten sind.⁵⁸

b) **Angemessene Höhe.** § 87 II c 6 SGB V sah vor, dass die Bewertungen für psychotherapeutische Leistungen eine „angemessene Höhe der Vergütung je Zeiteinheit zu gewährleisten" haben.⁵⁹

c) **GKV-VStG.** Das **GKV-VStG**⁶⁰ hat die Konkretisierungsvorgaben in § 87 II c 6 SGB V gestrichen und formuliert jetzt – zusammenfassend – in § 87b II 4 SGB V: „Im Verteilungsmaßstab sind Regelungen zur Vergütung psychotherapeutischer Leistungen der Psychotherapeuten, der Fachärzte für Kinder- und Jugendpsychiatrie und -psychotherapie, der Fachärzte für Psychiatrie und Psychotherapie, der Fachärzte für Nervenheilkunde, der Fachärzte für Psychosomatische Medizin und Psychotherapie sowie der ausschließlich psychotherapeutisch tätigen Ärzte zu treffen, die eine angemessene Höhe der Vergütung je Zeiteinheit gewährleisten." Dem hat die KBV Rechnung getragen.⁶¹

---

⁵² Zum Korrekturbeschluss des Bewertungsausschusses vom 16.2.2000 siehe die Nachweise zur Rechtsprechung bei *Steinhilper,* MedR 2003, 428.
⁵³ BT-Drs. 15/1525 S. 101.
⁵⁴ BSG, MedR 2004, 396.
⁵⁵ BSG, MedR 2009, 174. Ausnahme: Fehlende Bereinigung der Umsätze der Allgemeinmediziner um Einnahmen für Laborleistungen und aus Pauschalerstattungen bei der Berechnung der Mindestpunktwertberechnung.
⁵⁶ BSG, SozR 4–2500 § 85 SGB V Nr. 38.
⁵⁷ BSG, MedR 2011, 111 mit zust. Anm. v. *Stellpflug,* MedR 2011, 115.
⁵⁸ Vertragsärzte, die psychotherapeutische Leistungen nicht ausschließlich erbringen, erhalten infolgedessen ihre Vergütung über Regelleistungsvolumina, vgl. *Orloswski/Wasem,* Gesundheitsreform 2007 (GKV-WSG), 82 f.
⁵⁹ Die entsprechenden Leistungen werden durch das Gutachtenverfahren abgesichert. Jede Therapie muss durch die Krankenkasse genehmigt werden, *Wille/Koch,* Gesundheitsreform 2007, Rn. 487. Zu aktuellen Rechtsfragen der Vergütung der Psychotherapeuten unter kritischer Bewertung des Beschlusses des erweiterten Bewertungsausschusses (DÄBl 2015, A 1739 f.) vom 22.9.2015 s. *Moeck,* in: ZMGR 2017, 97–100.
⁶⁰ Gesetz vom 22.12.2011 (BGBl. I 2983), → § 4 Rn. 74.
⁶¹ *Scholz,* in: Becker/Kingreen, SGB V, § 87b Rn. 1, 9; *Engelhart-Au,* in: LPK-SGB V, § 87b Rn. 6 unter Hinweis auf BT-Drs. 17/6906 S. 65. Zur Veränderungsrate als Begrenzung von Vergütungsmengen

3. Stationäre Vergütung

16 Mit dem KHRG hat der Gesetzgeber der Selbstverwaltung im Jahr 2009 den Auftrag erteilt, ein neues, eigenständiges Vergütungssystem für stationäre Einrichtungen der Psychiatrie, Psychotherapie und Psychosomatik analog dem DRG-Entgeltsystem zu entwickeln.[62] § 17d I 1 KHG bestimmt:

„Für die Vergütung der allgemeinen Krankenhausleistungen von Fachkrankenhäusern und selbständigen, gebietsärztlich geleiteten Abteilungen an somatischen Krankenhäusern für die Fachgebiete Psychiatrie und Psychotherapie, Kinder- und Jugendpsychiatrie und -psychotherapie (psychiatrische Einrichtungen) sowie Psychosomatische Medizin und Psychotherapie (psychosomatische Einrichtungen) ist ein durchgängiges, leistungsorientiertes und pauschalierendes Vergütungssystem auf der Grundlage von tagesbezogenen Entgelten einzuführen".[63]

17 Mit der Kalkulation der tagesbezogenen (verweildauerabhängigen) Entgelte wurde das InEK beauftragt, welches im Jahr 2011 begann, die Daten freiwilliger Kalkulationshäuser zu sammeln und auszuwerten. Seit 2013 werden die PEPP-Entgelte erprobt und weiterentwickelt.[64] Die Entwicklung war insofern erschwert, als es – anders als bei den DRG in den somatischen Fächern – keine direkt übertragbaren internationalen Prozedurenschlüssel gab, auf die man als Orientierungshilfe hätte zurückgreifen können. Da sich die Selbstverwaltungspartner für das Jahr 2013 nicht auf einen Entgeltkatalog einigen konnten und wegen der massiven Kritik aus psychiatrischen Fachkreisen verzögerte sich die Einführung des PEPP-Entgeltsystems. Seit 2013 befindet es sich in einer Optionsphase – die betroffenen Einrichtungen können wählen, ob sie nach dem alten oder dem neuen Vergütungssystem abrechnen. Nachdem der verbindliche Starttermin mehrmals verschoben wurde, müssen alle Einrichtungen das neue Entgeltsystem ab 2018 verbindlich anwenden.[65] Dies geschieht jedoch bis Ende 2019 weiter unter budgetneutralen Bedingungen für die einzelnen Einrichtungen. Erst ab 2020 entfaltet der Wechsel in das neue System dann seine ökonomische Wirkung.

---

am Beispiel psychiatrischer Institutsambulanzen (PIA) siehe den Schiedsspruch gem. § 18a KHG in Mecklenburg-Vorpommern v. 21.3.2016 – 01/2016 = MedR 2016, 747–751.

[62] Zum finanzierungsrechtlichen Rahmen siehe das Gesetz zur Einführung eines pauschalierenden Entgeltsystems für psychiatrische und psychosomatische Einrichtungen (PsychEntgG) i. d. F. v. 21. Juli 2012 (BGBl. I S. 1613), zuletzt geändert durch Art. 6 des Gesetzes vom 19. Dezember 2016 (BGBl. I S. 2986).

[63] Vgl. die Vereinbarung über die Einführung eines pauschalierenden Entgeltsystems für psychiatrische und psychosomatische Einrichtungen gemäß § 17d KHG (Psych-Entgeltsystem) zwischen dem GKV-Spitzenverband, dem Verband der privaten Krankenversicherung und der DKG vom 30. November 2009.

[64] Vgl. etwa das PEEP-Definitionshandbuch in der Version 2012/2013.

[65] Siehe Art. 4 des Gesetzes zur Weiterentwicklung der Versorgung und der Vergütung für psychiatrische und psychosomatische Leistungen (PsychVVG) i. d. F. v. 19. Dezember 2016 (BGBl. I S. 2986), mit dem der Gesetzgeber auf die anhaltende Kritik an wesentlichen Systembestandteilen des neuen Vergütungssystems reagierte.

7. Abschnitt: Heilpraktiker[1]

§ 33 Heilkunde und ihre Ausübung

I. Begriff der Heilkunde

1. § 1 HPG

§ 1 II HPG[2] definiert Heilkunde so: „Ausübung der Heilkunde im Sinne dieses Gesetzes ist jede berufs- oder gewerbsmäßig vorgenommene Tätigkeit zur Feststellung, Heilung oder Linderung von Krankheiten, Leiden oder Körperschäden bei Menschen, auch wenn sie im Dienste von anderen ausgeübt wird." 1

2. Funktion

Die Ausübung von Heilkunde dient danach nicht nur der Heilung im engeren Sinn, sondern auch der Situationsverbesserung.[3] Heilkunde erstreckt sich auch auf Störungen des Körpers, die nicht geheilt werden können.[4] 2

II. Ausübung der Heilkunde – allgemein

1. Kurierfreiheit, historische Entwicklung

Seit Inkrafttreten der Gewerbeordnung von 1869 bestand im Norddeutschen Bund, später im Deutschen Reich, Kurierfreiheit. Die Ausübung von Heilkunde war jedermann ohne Erlaubnis gestattet. Für dieses Verständnis der Gewerbeordnung waren zwei Überlegungen maßgebend gewesen.[5] Zum einen sollte die Freiheit des einzelnen in der Wahl seines Behandlers gesichert werden. Zum anderen ging man davon aus, es sei unmöglich, die Ausübung der Heilkunde durch Nicht-Ärzte zu verhindern. Auch im Rahmen der Gewerbeordnung war jedoch die Kurierfreiheit eingeschränkt: 3

- Hebammen bedurften eines Prüfungszeugnisses (§ 30 GewO).
- Das ImpfG vom 8.4.1874 (RGBl. S. 31) sah vor, dass außer den Impfärzten ausschließlich Ärzte befugt sein sollten, Impfungen mit Schutzpocken vorzunehmen.
- § 56a I Nr. 1 GewO i.d.F. des Gesetzes vom 1.7.1883 (RGBl. S. 159) untersagte die Ausübung der Heilkunde im Umherziehen durch Nicht-Approbierte.
- § 122 RVO vom 19.7.1911 (RGBl. S. 509) stellte klar, dass ärztliche Behandlung im Sinne der RVO nur durch approbierte Ärzte möglich sein solle.
- Das GeschlKG vom 18.2.1927 (RGBl. I 61) behielt die einschlägigen Behandlungsmaßnahmen approbierten Ärzten vor.

---

[1] *Arndt*, Heilpraktikerrecht; *Ehlers*, Medizin in den Händen von Heilpraktikern – „Nicht-Heilkundigen"; *Dünisch/Bachmann*, Das Recht des Heilpraktikerberufs und der nichtärztlichen Heilkundeausübung; *Deutsch/Spickhoff*, Medizinrecht Rn. 64 ff.; *Rieger/Hespeler/Küntzel*, in: HK AKM, Nr. 2460; *Schnitzler*, Das Recht der Heilberufe, 46 ff.; *Sasse*, Der Heilpraktiker, 2011; *Guttau*, Nichtärztliche Heilberufe im Gesundheitswesen, 2013.
[2] Heilpraktikergesetz („HPG") vom 17.2.1939 (RGBl. I 251) i.d.F. vom 23.10.2001 (BGBl. I 2702).
[3] *Dünisch/Bachmann*, Das Recht des Heilpraktikerberufs und der nicht-ärztlichen Heilbehandlung, § 1 Rn. 6.2.
[4] *Narr*, in: Narr/Hess/Schirmer, Ärztliches Berufsrecht Bd. I Rn. 14. Einzelheiten des Heilkundebegriffs sind umstritten, s. dazu *Schnitzler*, Das Recht der Heilberufe, 130 ff.
[5] Siehe dazu *Arndt*, Heilpraktikerrecht, 19 f. *Schnitzler*, Das Recht der Heilberufe, 28 f.

4   Die durch die Kurierfreiheit verursachten Gesundheitsschäden sollten dadurch eingedämmt werden, dass die Kurierfreiheit abgeschafft wurde. Das ist das Ziel des HPG[6] gewesen. § 1 I HPG führte einen allgemeinen Erlaubniszwang für die Ausübung der Heilkunde ohne Bestallung ein. Als einheitliche Berufsbezeichnung wurde in § 1 III HPG die Bezeichnung „Heilpraktiker" festgelegt. Wer ohne Erlaubnis Heilkunde ausübte, war strafbedroht (§ 5 I HPG). Schon tätige Heilpraktiker durften den Beruf weiter ausüben, es sei denn, sie waren als ungeeignet anzusehen. Die Erteilung neuer Erlaubnisse war gem. § 2 I HPG nur noch in besonders begründeten Ausnahmefällen möglich. Einzelheiten bestimmten die 1. DVO[7] und die 2. DVO.[8]

2. Höchstrichterliche Rechtsprechung

5   Das mit dem HPG verfolgte Ziel, den Arztvorbehalt uneingeschränkt durchzusetzen, wurde durch die Fortgeltung des HPG unter den veränderten Rahmenbedingungen des Grundgesetzes durch zwei höchstrichterliche Entscheidungen zunichtegemacht.

6   BVerwGE 4, 250 entschied im Jahr 1957, § 2 I HPG sei weiterhin mit der Maßgabe gültig „dass jede Art von berufsmäßiger Ausübung der Heilkunde ohne Bestallung zuzulassen ist, wenn sie die sich aus § 2 I der 1. DVO, § 1 der 2. DVO ergebenden Voraussetzungen erfüllt.[9] BVerfGE 78, 179 hat im Jahr 1988 diese Entwicklung gebilligt und ausgeführt:

„Das Ziel des Gesetzes, die Volksgesundheit durch einen Erlaubniszwang für Heilbehandler ohne Bestallung zu schützen, ist durch Art. 12 I gedeckt. Es widerspricht daher nicht dem Grundgesetz. Bei der Gesundheit der Bevölkerung handelt es sich um ein besonders wichtiges Gemeinschaftsgut (vgl. BVerfGE 9, 338 [346]; 13, 97 [107]; 25, 236 [247]), zu dessen Schutz eine solche subjektive Berufszulassungsschranke nicht außer Verhältnis steht (BVerfGE 7, 377 [406 f.]; 13, 97 [107]). Zwar ist die ursprüngliche, auf die Beseitigung des Heilpraktikerstandes gerichtete Funktion des Gesetzes durch die nach Inkrafttreten des Grundgesetzes in jahrzehntelanger Praxis vollzogene Umgestaltung des § 2 I HPG von einer repressiven Ausnahmevorschrift zu einer Anspruchsnorm wesentlich geändert worden. Der mit dem Erlaubniszwang verfolgte Zweck, die Patienten keinen ungeeigneten Heilbehandlern auszuliefern, behält aber seine Berechtigung und verleiht den verbleibenden Vorschriften nach wie vor einen vom Willen des Gesetzgebers gedeckten Sinn. Aus verfassungsrechtlicher Sicht ergeben sich daher keine Einwände gegen ihre Fortgeltung"[10]

7   Heilkunde kann danach von Ärzten und von Nicht-Ärzten (wenn sie eine Heilpraktikererlaubnis haben) ausgeübt werden. Für Diplom-Psychologen ist eine vollständige sozialversicherungsrechtliche Gleichstellung zu den Ärzten erfolgt (§ 72 SGB V).

---

[6] *Ehlers*, Medizin in den Händen von Heilpraktikern – „Nicht-Heilkundigen", 13 f.; *Laufs*, in: L/K Rn. 2 zu § 10; BVerfGE 78, 179 (181).

[7] Vom 18.2.1939 (RGBl. I 259) i. d. F. vom 4.12.2002 (BGBl. I 4456).

[8] Vom 3.7.1941 (RGBl. I 368). Es gab außerdem mehrere Allgemeine Verwaltungsvorschriften, siehe dazu *Arndt*, Das Recht des Heilpraktikerberufs und der nicht ärztlichen Heilbehandlung, 28 ff. Zum Widerruf der Erlaubnis, wenn der Heilpraktiker die Gefahren verkennt, die sich daraus ergeben können, dass Patienten medizinisch gebotene ärztliche Hilfe nicht oder nicht rechtzeitig in Anspruch nehmen, siehe VGH Baden-Württemberg, MedR 2009, 108; siehe dazu auch BVerfGK 3, 234. Allgemein vgl. *Sasse*, Der Heilpraktiker, S. 67 ff.

[9] Das BVerwG merkt in diesem Zusammenhang an, der Gesetzgeber sei durchaus in der Lage, für die berufsmäßige Ausübung der Heilkunde ein abgeschlossenes medizinisches Studium zu verlangen, habe sich aber im HPG anders entschieden, BVerwGE 4, 250 (255).

[10] BVerfGE 78, 179 (192).

III. Die Ausübung der Heilkunde durch Heilpraktiker

Welche Bedeutung die Ausübung der Heilkunde durch Heilpraktiker im derzeitigen Gesundheitswesen hat, hängt zum einen vom zeitgenössischen Verständnis des Heilkundebegriffs ab, zum anderen von der konkreten Erlaubnispraxis für den Zugang zum Beruf des Heilpraktikers. 8

1. Fortentwicklung des Heilkundebegriffs

Die Rechtsprechung geht davon aus, der Gesetzeszweck des § 1 II HPG, möglichen Gesundheitsgefahren vorzubeugen, gebiete eine dynamische Auslegung des Begriffs der Heilkunde.[11] Überdies sei der Begriff weit auszulegen, um möglichst jede nichtärztliche Tätigkeit auf dem Gebiet der Heilkunde zu erfassen.[12] So hat das BVerwG zu § 1 II HPG ungeschriebene Tatbestandsmerkmale entwickelt, mit denen es ermöglicht werden soll, Gefahren abzuwehren, die von fachlich ungeeigneten Personen für die Gesundheit der Patienten ausgehen.[13] Zum einen ist der Bereich ausgenommen, in dem die Behandlung keine Fachkenntnisse voraussetzt[14] oder keinen Schaden anrichten kann,[15] also keine Gefahr für den Patienten bedeutet.[16] Zum anderen ist der Bereich eingeschlossen, in dem es um die gefährliche Behandlung an sich gesunder Menschen geht.[17] 9

2. Rechtsprechung des BVerwG

Es ist deshalb von Interesse zu verfolgen, wie das BVerwG unter diesen Vorgaben die Anspruchsnorm des § 2 I HPG gehandhabt hat.[18] Die Heilpraktikererlaubnis kann auf ein Gebiet beschränkt werden.[19] 10

Die Erlaubnis zur Entfernung von Leberflecken und Warzen im sog. „Kaltkauterverfahren" hängt davon ab, ob die kosmetische Behandlung gesundheitliche Schäden verursachen kann.[20] Die Bestimmung der Sehschärfe durch Optiker ist keine Ausübung der Heilkunde.[21] Die Tätigkeit des Heilmagnetisierers ist erlaubnispflichtig.[22] 11

---

[11] BVerwGE 66, 367 (370); BVerfGE 106, 62 (107).
[12] BVerfGE 78, 179 (192); 106, 62 (107).
[13] Siehe dazu BVerfGE 78, 155 (163); 78, 179 (192); 106, 62 (106).
[14] BVerwG, DÄBl. 1966, 446 ff.; BVerwGE 35, 308 (310); 66, 367 (369); 94, 269 (274).
[15] BVerwGE 35, 308 (310 f.); 66, 367 (369); 94, 269 (274 f.).
[16] BVerfGE 106, 62 (107). BVerfG(K), MedR 2005, 35 – Geistiges Heilen durch Handauflegen bedarf keiner Erlaubnis. Zur Geltung des Werberechts des HWG auf Geistheiler s. BVerfG(K) NJW-RR 2007, 1048 (bejaht).
[17] Prophylaktische oder kosmetische Eingriffe, vgl. BVerwG, NJW 1959, 833; BVerwGE 66, 367 (369) und *Dünisch/Bachmann*, Das Recht des Heilpraktikerberufs und die nichtärztliche Heilkundeausübung, Rn. 6.3.6 m. w. N.; ausf. *Guttau*, Nichtärztliche Heilberufe im Gesundheitswesen, 2013, 138 ff.
[18] Siehe auch die umfassende Übersicht bei *Rieger/Hespeler/Küntzel*, in: HK AKM, Rn. 3 ff. zu Nr. 2460. Den Zusammenhang mit der möglichen Verursachung gesundheitlicher Schäden durch die Behandlung betont auch BGH, JZ 2012, 207 (zur Anwendung des § 5 HPG); siehe dazu auch *Sasse*, Der Heilpraktiker, S. 43 f.
[19] So für den Beruf des Psychotherapeuten, BVerwG, MedR 2010, 334 und dem zustimmend *Schnitzler*, MedR 2010, 828.
[20] BVerwG, Buchholz Nr. 418.04 Nr. 7, Nr. 11.
[21] BVerwGE 66, 367; Buchholz Nr. 418.04 Nr. 8, Nr. 17; anders aber die berührungslose Augeninnendruckmessung und die Gesichtsfeldprüfung mittels Computermessung durch einen Optiker, vgl. BGH, MedR 1999, 462.
[22] Durch „Muten" mit einer Wünschelrute wird an einem unbekleideten Patienten festgestellt, ob er von Erdstrahlen befallen ist. Sodann werden die befallenen Körperteile mit einer Flüssigkeit bestrichen. Der „Magnetiseur" fährt in geringem Abstand über den bestrichenen Körperteil, um ihm dadurch die schädlichen Erdstrahlen zu entziehen. BVerwG, Buchholz Nr. 418.04 Nr. 19, hat das für Ausübung der Heilkunde gehalten. Das beruht auf der vom BGH entwickelten „Eindruckstheorie", wonach Ausübung

12 Die höchstrichterliche Rechtsprechung ist, insbesondere im Rahmen der Eindruckstheorie,[23] auf Gefahrenabwehr beschränkt. Wenn es aber genügt, dass Behandler und Patient an die Ausübung von Heilkunde glauben, macht man das gesamte Schamanentum, man könnte auch sagen, jede einzelne Nonsens-Behandlung erlaubnispflichtig. Dabei kann es sich schon deshalb nicht um die Ausübung von Heilkunde handeln, weil es dafür wenigstens eine rational fassbare Möglichkeit einer ursächlichen Wirkung der Behandlung geben muss, will man den Begriff der Heilkunde nicht ins Lächerliche ziehen. Die Eindruckstheorie verdient deshalb keine Unterstützung. Wenn man die Heilpraktikererlaubnis zur Abwehr von Gesundheitsgefahren fordert, muss man zwei Annahmen gutheißen. Einerseits, dass der zugelassene Heilpraktiker in der Lage ist, Gesundheitsgefahren zu vermeiden. Das lässt sich ohne Sachkundeprüfung nicht feststellen. Außerdem muss man davon ausgehen, dass, wenn man auch die Behandlung durch Heilkundler zulässt, die Sachkunde der ärztlichen Profession offenbar nicht ausreicht, eine Krankheit zu behandeln. Dafür müsste es aber, wie immer sonst, wenn der Gesetzgeber handelt, nachprüfbare Anhaltspunkte geben. Nun könnte man zwar insoweit den Rückzug auf den Willen des Kranken antreten. Aber geht es wirklich nur um die Einzelinteressen der Patienten? Fällt der fehlbehandelte Patient nicht der Krankenversicherung/der Sozialhilfe zur Last? Mit anderen Worten: Es geht nicht nur um das Selbstbestimmungsrecht des Patienten,[24] sondern auch um die Volksgesundheit.[25] Unabhängig davon muss man angesichts der Irreversibilität vieler Gesundheit/Krankheit betreffender (Behandlungs-) Entscheidungen den Gedanken des Schutzes des Bürgers vor sich selbst ins Spiel bringen. Wenn es um Geld geht, wie beim Schutz vor übereilten Grundstücksgeschäften[26] oder um die Informationspflichten der Kreditinstitute bei Wertpapiergeschäften[27] ist der Gesetzgeber rasch bei der Hand. Die körperliche und seelische Integrität weist aber auf viel wichtigere Rechtsgüter.

13 Wie schon erwähnt: In der Logik eines Gesetzes zur Gefahrenabwehr liegt die Notwendigkeit, die persönliche Eignung zu diesem Zweck zu prüfen. Unter welchen Voraussetzungen wird aber die Heilpraktikererlaubnis erteilt? Das BVerwG orientiert sich ausschließlich an § 2 I HPG, 1. DVO, wonach es darauf ankommt, ob die Ausübung der Heilkunde durch den Betroffenen eine Gefahr für die Volksgesundheit bedeuten werde. Zu diesem Zweck sind die „Kenntnisse und Fähigkeiten" des Antragstellers zu überprüfen. Diese Überprüfung ist aber weder

„ein medizinisches Staatsexamen mit ermäßigten Anforderungen, noch kann die Heilpraktikererlaubnis als eine kleine Approbation verstanden werden. Die Überprüfung zielt nicht auf den Nachweis einer Fachqualifikation ab, und zwar schon deshalb nicht, weil für den Heilpraktikerberuf eine bestimmte fachliche Ausbildung nicht vorgeschrieben ist. Sie endet auch nicht in einer Vergabe von Prüfungsnoten, die wie regelmäßig bei den wissenschaftlich-fachlichen Berufszugangsprüfungen auch ein bestimmtes Leistungsprofil – etwa auf den Durchschnitt der zu erwartenden Leistungen – bezogen werden. Die Überprüfung ist keine vom Gesetz formalisierte Prüfung im herkömmlichen Sinne. Es wird auch nicht das Erbringen von Prüfungsleistungen normativ auf einen bestimmten Zeitpunkt festgesetzt, wie dies für

---

der Heilkunde jedes Tun umfasst, „das bei den Behandelten den Eindruck erweckt, es ziele darauf ab, sie von Krankheit, Leiden oder Körperschäden zu heilen", BGHSt 8, 237; NJW 1978, 599. Zur selbständigen Ausübung der Synergetik-Therapie s. VG Braunschweig, GewArch 2007, 150, sowie *Guttau*, Nichtärztliche Heilberufe im Gesundheitswesen, 2013, 13 ff. Zur Faltenunterspritzung vgl. VGH Mannheim, GewArch 2006, 482; OVG Münster, MedR 2006, 487, zum Vitametiker (er braucht keine Erlaubnis) s. OVG Lüneburg, GewArch 2007, 28.

[23] Siehe vorstehend Fn. 22.
[24] → § 2 Rn. 35 ff.
[25] → § 2 Rn. 8 f.
[26] § 311b I BGB schreibt notarielle Beurkundung vor.
[27] Vgl. § 31 WphG.

wissenschaftlich-fachliche Prüfungen typisch ist; der Überprüfung fehlt im strengen Sinne der Stichtagscharakter. Wird nämlich ein Antrag auf Erteilung der Heilpraktikererlaubnis bestandskräftig abgelehnt, weil in der Überprüfung gefährliche Fehlvorstellungen des Prüflings zutage getreten sind, steht einer beantragten erneuten Überprüfung nichts im Wege. Die Überprüfung ist grundsätzlich beliebig wiederholbar.[28]
Verlangt wird vielmehr in § 2 I lit. i der 1. DVO-HeilprG in der Fassung der 2. DVO-HeilprG von der Behörde ausschließlich Gefahrenabwehr, d. h. die Versagung der Genehmigung, wenn die Ausübung der Heilkunde durch die Antragsteller eine Gefahr für die Volksgesundheit bedeutet. Allein zur Aufklärung, ob diese Gefahr vorliegt, überprüft der Amtsarzt die Antragsteller auf Kenntnismängel oder medizinische Fehlvorstellungen".

Dass keine Fachprüfung stattfindet, ist auch die allgemeine Meinung in den einschlägigen Verwaltungsvorschriften für die Erlaubniserteilung und im Schrifttum.[29] Das bedeutet aber, dass Gefahrenabwehr ohne Abschätzung des Risikopotentials erfolgt. Das kann man sich an einigen Beispielen klarmachen. Ein Heilpraktiker darf Irisdiagnostik betreiben, also ein diagnostisches Verfahren, das wissenschaftlich weder allgemein, noch überhaupt anerkannt ist.[30] Fehldiagnosen können dem Patienten erheblich schaden, weil sie die erforderliche medizinische Behandlung verhindern oder verzögern. Der nichtärztliche Akupunkteur bedarf einer Heilpraktikererlaubnis. Die damit verbundene Schmerzlinderung verlangt aber, dass die Nadeln richtig gesetzt werden. Es gibt umfangreiche Hinweise auf erhebliche Schädigungen wegen nicht sachgerechter Anwendung der Akupunktur. Der Chiropraktiker behandelt körperliche Leiden. Ohne die erforderlichen Kenntnisse und Erfahrungen (die der Heilpraktiker erst am Patienten sammeln muss) wird das Leiden des Patienten eher verschlimmert. Damit keine Missverständnisse entstehen. Diese Kritik erfolgt nicht aus der Sicht der Schulmedizin. Man kann durchaus akzeptieren, dass es Heilerfolge ohne naturwissenschaftliche Kenntnisse gibt. Es gibt auch keinen Numerus clausus im Doppelblindversuch gesicherter Heilverfahren. Und die hier aufgeworfenen Fragen sollen auch nicht dazu dienen, den Beruf des Heilpraktikers zu diskreditieren. Es gibt ohne Zweifel begabte/begnadete Heiler, die keine Ärzte oder Diplompsychologen sind. Darüber hinaus sind die Angehörigen des Berufsstandes der Heilpraktiker auf Grund behördlicher Erlaubnis tätig, tun also, was sie tun dürfen. Die Kritik richtet sich vielmehr gegen ein Gesetz, dass sich im Ergebnis als Anreiz zur Schädigung des Patienten ausweist. Wer ohne jede Vor- und Ausbildung die gesamte Medizin – von den wenigen Vorbehaltsbereichen abgesehen[31] – ausüben darf, nur weil er lesen und schreiben gelernt hat und einige allgemeine Fragen zur Heilkunde beantworten kann, ist begrifflich ein Schadensstifter, es sei denn, man würde die Ausbildung zum Mediziner für überflüssig erklären. Das HPG verhindert die Kurpfuscher nicht, es fördert sie. Dass das derselbe Gesetzgeber ist, der im Bereich des Arztrechts sich nicht mit der gründlichen Ausbildung begnügt, sondern Fortbildung erzwingt und dieses zentrale Ziel all seiner Bemühungen als kardinalen Bestandteil von Qualitätssicherung hervorhebt, ist nicht zu erklären. Nun kann man die Heilpraktiker dem Patienten überlassen, ist dieser doch – zumindest in diesem Bereich – „der mündige Patient" und gibt es doch genug Unbehagen an der oft persönlich eher erduldeten wissenschaftlichen Medizin, Unbehagen, dass gerade die Nachfrage nach einer wenigstens „sprechenden" Medizin fördert. Ein Gesetz, das den

14

---

[28] BVerwG, Buchholz 418.04 Nr. 20, Bl. 5 f.). Das Antwort-Wahl-Verfahren nach landesrechtlichen Richtlinien ist ebenso zulässig wie die Festlegung einer absoluten Bestehensgrenze (z. B. 75 % von 60 Fragen), VGH Mannheim VBlBW 2006, 146.
[29] *Arndt,* Das Recht des Heilpraktikerberufs und der nicht-ärztlichen Heilbehandlung, 68 ff. m. w. N. Dass verschiedene Oberverwaltungsgerichte das Vorhandensein allgemeiner heilkundlicher Kenntnisse und Fähigkeiten verlangt haben, ändert an der Grundaussage nichts. Fertigkeiten werden nirgends überprüft. Die Überprüfung allgemeiner Kenntnisse hat mit einer Fachprüfung nichts zu tun.
[30] Vgl. *Oeken/Prokop,* Außenseitermethoden in der Medizin, 103.
[31] → § 33 Rn. 3; zur Fortschreibung siehe *Rieger/Hespeler/Küntzel,* in: HK AKM Rn. 10 zu Nr. 2460.

Menschen solcherart zum Objekt seines eigenen Unvermögens macht, geht mit den verfassungsrechtlich gesicherten Grundrechten des Menschen leichtfertig um. Für die Abschaffung des HPG wird dennoch auch hier nicht plädiert. Abhilfe erscheint möglich, wenn, wie schon in der Verhaltenstherapie, Spezialgebiete festgelegt werden, in denen dann nicht allgemein überprüft, sondern konkret geprüft wird. So kann man sich z. B. gut vorstellen, dass es eine TCM-Spezialisierung gibt, insbesondere für die Akupunktur. Ein auf diesem Gebiet langjährig ausgebildeter Akupunkteur wird – in der Regel – mehr leisten können, als der im Schnellkurs in Akupunktur ausgebildete Arzt. Zu diesem Zweck müsste sich der Gesetzgeber entschließen, Heilpraktiker-Berufsbilder festzulegen, mit denen verhindert wird, dass – z. B. – ein Bachblütenspezialist über Nacht in die Tierheilkunde wechselt. Die Schulmedizin mag sich zwar damit begnügen, die Methoden der Heilpraktiker bewirkten letzten Endes nichts. Selbst wenn das richtig wäre: Sie verhindern doch die nötige medizinische Behandlung.

§ 34 Sonderrecht des Heilpraktikers

I. Der Heilpraktiker als Freiberufler

1   Der Heilpraktiker ist, wie sich ausdrücklich aus § 1 II 2 PartGG ergibt, Freiberufler.[32] Eine Kassenzulassung kann er jedoch nicht bekommen.[33] Ein Anspruch eines approbierten, praktizierenden Arztes auf Erteilung einer Heilpraktikererlaubnis besteht nicht.[34] Ärzten ist aber die Zusammenarbeit mit Heilpraktikern untersagt.[35] Ein Heilpraktiker kann keine Approbation als Arzt erhalten.[36]

II. Behandlungsvertrag

1. Inhalt

2   Der Heilpraktiker schließt mit dem Patienten einen Behandlungsvertrag nach § 611 BGB ab. Er enthält – als vertragliche Nebenpflichten aus dem Dienstvertrag – die behandlungsentsprechenden Informations-, Aufklärungs-, Beratungs- und Dokumentationspflichten. Zu den Nebenpflichten gehört auch die Schweigepflicht.[37]

2. Berufsordnung

3   Eine verbindliche Berufsordnung gibt es für Heilpraktiker nicht, wohl aber entsprechende Bindungen an „Berufsrechte" von Heilpraktikerorganisationen auf freiwilliger Basis.[38]

---

[32] AA *Rieger/Hespeler/Küntzel,* in: Rieger, HK-AKM Rn. 14 zu Nr. 2460.
[33] BVerfGE 78, 155.
[34] BayVGH, MedR 2011, 295; zweifelnd, aber ohne tragfähige Begründung *Sasse,* Der Heilpraktiker, S. 236. Anders, aber wohl zu Unrecht für Zahnärzte OVG Münster, MedR 1999, 187.
[35] § 29a MBO. Siehe dazu *Ratzel,* in: ders./Lippert, MBO, § 29a Rn. 3. Zur GmbH als Organisationsform ambulanter heilkundlicher Tätigkeit s. *Taupitz,* NJW 1992, 2317–2325.
[36] OVG NRW, Urt. v. 17.2.2017 – 13 A 235/15, juris.
[37] § 203 I StGB gilt nicht. Der Heilpraktiker hat kein strafrechtliches Zeugnisverweigerungsrecht nach § 53 I StPO, wohl aber ein zivilrechtliches Zeugnisverweigerungsrecht nach § 383 I Nr. 6 ZPO.
[38] Z.B. die Berufsordnung für Heilpraktiker (BOH) des Fachverbandes Deutscher Heilpraktiker e. V. Siehe dazu ausf. *Sasse,* Der Heilpraktiker, S. 172 ff. Zu weiteren Berufsorganisationen der Heilpraktiker vgl. *Rieger/Hespeler/Küntzel,* in: Rieger, HK-AKM Rn. 34 zu Nr. 2460. Zur Aktivlegitimation von Heilpraktikerverbänden in Rechtsstreitigkeiten von Mitgliedern zur Unterstützung von Erstattungsansprüchen gegen die PKV s. (unter Hinweis auf Art. 2 I GG) BVerfG(K) NJW 2007, 2389. Zum Text siehe *Dünisch/Bachmann,* Das Recht des Heilpraktikerberufs und der nichtärztlichen Heilkundeausübung, Anhang 20.2.

3. Werbung

Heilpraktiker dürfen werben. Da es keine zwingenden berufsrechtlichen Vorgaben gibt, kann man mit dem Verbot berufswidriger Werbung nicht arbeiten. Maßgebend ist das UWG, gegebenenfalls das HWG.[39]

III. Vergütung

1. Freie Vereinbarung

Das Honorar vereinbart der Heilpraktiker mit dem Patienten frei. Die „übliche Vergütung" im Sinne des § 612 II BGB ergibt sich aus dem Gebührenverzeichnis für Heilpraktiker (GebüH).[40]

2. Erstattungsregelungen

Die **GKV** erstattet Heilpraktikerleistungen nicht, es sei denn, man versteht § 13 II 4 SGB V so, dass nicht im Vierten Kapitel genannte Leistungserbringer solche sind, die dort, wie der Heilpraktiker, gar nicht erwähnt werden, nicht bloß solche, die zwar genannt, aber nicht zugelassen sind.[41]

§ 4 II MB/KK sieht die Erstattungsfähigkeit von Heilpraktikerleistungen vor. Sie müssen sich aber an den allgemeinen **PKV**-Vorgaben messen lassen, also medizinisch notwendig sein.[42]

Ähnlich sieht es im **Beihilfe**recht des Bundes und der Länder aus. Grundsätzlich ist die Erstattungsfähigkeit von Heilpraktikerleistungen gegeben, mit Begrenzungsmöglichkeiten bei wissenschaftlich nicht allgemein anerkannten Methoden (vgl. z.B. § 6 I, II BhV).[43] Erstattet werden aber nur „angemessene Aufwendungen". Aufwendungen für Leistungen von Heilpraktikern sind angemessen bis zur Höhe des Mindestsatzes des im April 1985 geltenden Gebührenverzeichnisses für Heilpraktiker, jedoch höchstens bis zum Schwellenwert der Gebührenordnung für Ärzte bei vergleichbaren Leistungen (§ 5 I 3 BhV).[44]

IV. Haftung

Der Heilpraktiker haftet nach allgemeinen zivilrechtlichen Grundsätzen.[45] Schwierigkeiten ergeben sich aus dem Sorgfaltsmaßstab für die Anwendung des § 276 II BGB.[46] Man wird sich

---

[39] Zur Anwendung des HWG s. BVerfG(K) NJW-RR 2007, 1048. Die Werbung unter der Bezeichnung „Heilpraktiker für Psychotherapie" ist zwar unklar, aber nicht irreführend, OLG Düsseldorf, WRP 2017, 331.

[40] Herausgegeben von den Heilpraktikerverbänden der Bundesrepublik Deutschland, abgedruckt bei *Schröder/Beckmann/Weber*, Beihilfevorschriften des Bundes und der Länder Teil 1/4 Nr. 31. *König*, Kommentar zum Gebührenverzeichnis für Heilpraktiker.

[41] → § 32 Rn. 4. Zur Erstattungsfähigkeit von Heilpraktikerleistungen siehe allgem. *Rauscher*, VersR 2016, 217.

[42] *Schoenfeldt/Kalis*, in: Bach/Moser, Private Krankenversicherung, Rn. 53 ff. Allein im Jahr 2015 sind von den privaten Krankenkassen 276,7 Mio. EUR für Heilpraktikerleistungen im ambulanten Bereich erbracht worden; s. Zahlenbericht der privaten Krankenversicherung 2015, abrufbar unter https://www.pkv.de/service/zahlen-und-fakten/archiv-pkv-zahlenbericht/zahlenbericht-2015.pdf.

[43] *Schröder/Beckmann/Weber*, Beihilfevorschriften des Bundes und der Länder, Teil 1/6 § 5 BhV S. 73 ff. Siehe dazu auch die Übersicht bei *Dünisch/Bachmann*, Das Recht des Heilpraktikerberufs und der nichtärztlichen Heilkundeausübung, Anhang 20.1.

[44] Siehe dazu auch *Dünisch/Bachmann*, Das Recht des Heilpraktikerberufs und der nichtärztlichen Heilkundeberufsausübung, Anhang 20.3.

[45] Zur Haftung des Heilpraktikers siehe *Taupitz*, NJW 1991, 1505–1510, unter Bezugnahme auf BGH, Urt. v. 29.1.1991, NJW 1991, 1535 ff.

[46] Siehe dazu *Deutsch/Spickhoff* Rn. 69.

nicht darauf zurückziehen können, der Heilpraktiker sei auf Grund der Zulassungsvoraussetzungen nicht zu einem medizinischen Standard verpflichtet. Man wird wohl Zulassung und Handeln auf Grund der Zulassung auseinanderhalten müssen. Das HPG will sicher nicht die Ermächtigung zur Schadenzufügung geben. Grundsätzlich muss also der Heilpraktiker, der bei der Behandlung in die körperliche Integrität des Patienten eingreift, für schuldhaft von ihm verursachte Schäden einstehen. Es ist dabei zwar zuzugestehen, dass für viele im Heilpraktikerrecht angewendete Verfahren ein gesicherter Standard fehlt, so dass gar nicht geklärt werden kann, an welchem Maßstab der Heilpraktiker sich messen lassen muss. Ein Standard für eine Behandlung unter Arztvorbehalt wird sich aber in der Regel finden. Im Vergleich mit ihm wird man auch das Handeln des Heilpraktikers beurteilen können. Wer sich die Anwendung nicht anerkannter allgemeiner oder individuell entwickelter Methoden im Rahmen der Heilpraktikererlaubnis zutraut, muss auch die Verantwortung dafür tragen. Ein insoweit abgesenkter Sorgfaltsmaßstab lässt sich zivilrechtlich nicht rechtfertigen.

Besondere Probleme sind mit der Versicherungspflicht von Heilpraktikern verbunden.[47]

8. Abschnitt: Die Leistungserbringer auf dem Arzneimittelmarkt

§ 35 Beteiligte

1   Auf dem Arzneimittelmarkt wirken die Arzneimittelhersteller/pharmazeutische Unternehmer, der Apothekengroßhandel und die Apotheken.

§ 36 Pharmazeutische Unternehmen

I. Bedeutung

1. Pharmazeutisches Unternehmen

1   Pharmazeutischer Unternehmer ist, wer ein Arzneimittel unter seinem Namen in Verkehr bringt (§ 4 XVIII AMG) und durch Angabe seines Namens auf der Verpackung des Arzneimittels (§ 9 AMG) oder in sonstiger Weise kundtut, dass er die Verantwortung für das Inverkehrbringen des Arzneimittels trägt.[1] Das pharmazeutische Unternehmen ist deshalb nicht notwendigerweise der Hersteller des Arzneimittels.[2]

Die zehn weltweit größten pharmazeutischen Unternehmen sind (Stand 2014):

Rang	Unternehmen	Jahresumsatz in Milliarden Dollar
1.	Novartis	46,1
2.	Pfizer, USA	44,5
3.	Hoffmann-La Roche	40,0
4.	Sanofi	38,2
5.	MSD	36,6
6.	Johnson & Johnson	30,7
7.	GlaxoSmithKline	30,3
8.	Astra/Zeneca	25,6
9.	Gilead Sciences	24,4
10.	AbbVie	19,8

---

[47] *Igl*, SGb 2016, 354.

[1] Der GK kennt den Begriff des pharmazeutischen Unternehmers nicht, s dazu *Wille*, in: Saalfrank, Handbuch des Medizin- und Gesundheitsrechts § 9 Rn. 51.

[2] Klarstellend *Dieners/Heil*, in: Dieners/Reese § 1 Rn. 143. Siehe dazu auch *Dettling*, A&R 2010, 99 (105 f.).

Das erste deutsche pharmazeutische Unternehmen folgt mit Bayer AG mit 16,3 Mrd. Dollar auf Platz 13, gefolgt von Boehringer Ingelheim mit 13,9 Mrd. Dollar auf Platz 16 und Merck KGaA mit 7,6 Mrd. Dollar auf Platz 23.

2. Regelung der pharmazeutischen Unternehmen

Der Begriff des Herstellers ist im AMG nicht definiert, wohl aber der Begriff des Herstellens. Dieses umfasst das Gewinnen, das Anfertigen, das Zubereiten, das Be- oder Verarbeiten, das Umfüllen einschließlich Abfüllen, das Abpacken, das Kennzeichnen und die Freigabe (§ 4 XIV AMG), also die Vorgänge, die zur Herstellung eines Arzneimittels erforderlich sind. Nicht als Herstellen gilt das Mischen von Fertigarzneimitteln und Futtermitteln durch den Tierhalter zur unmittelbaren Verabreichung an die von ihm gehaltenen Tiere (§ 4 XIV 2. Hs.. AMG). Die Herstellung von Arzneimitteln ist erlaubnispflichtig (§ 13 AMG).[3] Arzneimittelhersteller kann jeder sein, der die dafür erforderliche Erlaubnis hat. In Deutschland gibt es etwas mehr als 500 pharmazeutische Unternehmen. Sie sind Leistungserbringer im Sinne des SGB V, weil der 7. Abschnitt des Vierten Kapitels ihre Beziehungen zu den Apotheken regelt, und sie damit in das GKV-System einbeziehet. Das geschieht durch §§ 130a–131 SGB V, durch die die pharmazeutischen Unternehmen in die Finanzierung der GKV einbezogen werden.

Wirtschaftlich betrachtet sind pharmazeutische Unternehmen durch alle Veränderungen des GKV-Arzneimittelmarktes, also insbesondere durch den Ausschluss von Arzneimitteln von der Arzneimittelversorgung oder durch Festbetragsregelungen tangiert. Das BVerfG hat in der Festbetragsentscheidung nur eine Marktveränderung, aber keine Rechtsbeeinträchtigung der Hersteller gesehen.[4]

Pharmazeutische Unternehmen bleiben zwar trotz ihrer Zuordnung zur GKV klassische Marktteilnehmer. Der Gesetzgeber hat aber die pharmazeutischen Unternehmen über ein Abschlagsanspruchssystem in Dienst genommen. Das Gesetz über Rabatte für Arzneimittel[5] verpflichtet die pharmazeutischen Unternehmen, den Unternehmen der privaten Krankenversicherung und den Beihilfeträgern sowie weiteren Kostenträgern Abschläge entsprechend §§ 130–131 SGB V für verschreibungspflichtige Arzneimittel, deren Kosten diese ganz oder teilweise erstattet haben, zu gewähren.

II. AMWHV

Die AMWHV[6] führt auf GMP-Ebene erstmals den Begriff des Qualitätsmanagements[7] ein und definiert ihn als ein System, das die Qualitätssicherung, die gute Herstellungspraxis einschließlich der Qualitätskontrolle und der persönlichen Produktqualitätsprüfungen umfasst (§ 2 Nr. 4 AMWHV).[8]

---

[3] → § 53 Rn. 4.
[4] BVerfG, NZS 2003, 144. Der Schutzbereich des Grundrechts aus Art. 12 I GG wird, so sagt das BVerfG bei den Herstellern von Arzneimitteln nicht berührt, wenn die Kostenübernahme gegenüber dem Versicherten im Rahmen der GKV geregelt wird. Dass dadurch Markchancen des Herstellers betroffen werden, ändere an dieser Beurteilung nichts.
[5] BGBl. I 2275 i. d. F. vom 4.5.2017 (BGBl. I 1050).
[6] Verordnung über die Anwendung der Guten Herstellungspraxis bei der Herstellung von Arzneimitteln und Wirkstoffen und über die Anwendung der Guten fachlichen Praxis bei der Herstellung von Produkten menschlicher Herkunft – AMWHV – vom 3.11.2006 (BGBl. I 2523) i. d. F. vom 18.7.2017 (BGBl. I 2757).
[7] Siehe dazu § 2a ApBetrO n. F.
[8] Zur praktischen Bedeutung siehe *Anhalt/Lützeler,* in: Dieners/Reese, § 8 Rn. 32 ff.

III. Vertriebswege

6 Die Vertriebswege des pharmazeutischen Unternehmers sind in § 47 AMG geregelt.[9]

IV. Organisation

7 Es gibt in Deutschland rund 1.500 Pharmaunternehmen. Sie sind u. a. in folgenden Verbänden organisiert.
- Bundesverband der Arzneimittelhersteller (BAH),
- Verband Forschender Arzneimittelhersteller (VFA),
- Bundesverband der Pharmazeutischen Industrie (BPI),
- Pro Generika e. V.

§ 37 Pharmazeutischer Großhandel[10]

I. Begriff des Pharmagroßhandels

1. Gemeinschaftskodex

1 Die Richtlinie 2001/83/EG definiert in Art. 1 Nr. 17 den Großhandelsvertrieb von Arzneimitteln als „jede Tätigkeit, die in der Beschaffung, der Lagerung, der Lieferung oder der Ausfuhr von Arzneimitteln besteht, mit Ausnahme der Abgabe von Arzneimitteln an die Öffentlichkeit; diese Tätigkeiten werden über Hersteller oder deren Kommissionäre, Importeure oder sonstige Großhändler oder aber über Apotheker und Personen abgewickelt, die in dem betreffenden Mitgliedsstaat zur Abgabe von Arzneimitteln an die Öffentlichkeit ermächtigt oder befugt sind".[11]

Wer Großhandel mit Arzneimitteln betreiben will, bedarf (grundsätzlich) einer Erlaubnis (§ 52a AMG).[12] Auf die Erteilung der Erlaubnis besteht ein Rechtsanspruch.

2 Im Jahr 2016 gab es in Deutschland 12 vollsortierte[13] sowie eine große Zahl teilsortierter pharmazeutischer Großhändler. Sie verbinden die nationalen[14] Arzneimittelhersteller mit den 19 942 Apotheken (Stand 3/2017).

2. Funktion

3 Die Funktion des pharmazeutischen Großhandels liegt darin, dass die durchschnittliche Offizin-Apotheke ca. 10 000 Arzneimittel auf Lager hat, es in Deutschland aber von rund 100.000 zugelassenen Arzneimitteln rund 20.000 apothekenpflichtige Arzneimittel ca. 47.000, sowie verschreibungspflichtige Fertigarzneimittel sowie ca. 33.000 Produkte aus dem Rand- und Nebensortiment gegeben. Das sogenannte Randsortiment betrifft rund 10 % des Apotheken-Umsatzes. 80 % beziehen sich auf rezeptpflichtige, 10 % auf rezeptfreie Arzneimittel. Von Interesse ist insoweit, dass der Versandhandel bislang mit etwa 10 % der verschreibungspflichtigen Arzneimittel am Umsatz beteiligt ist, dagegen am Randsortiment (OTC) mit

---

[9] Eine Sonderregelung für Arzneimittel, die zur Vornahme eines Schwangerschaftsabbruch zugelassen sind, findet sich in § 47a AMG.

[10] *Bauer*, in: Leetsch (Hrsg.), Wirtschaftshandbuch für die Apotheke, Nr. 6.1 Pharmazeutischer Großhandel.

[11] Siehe dazu auch *Blasius/Graz*, Arzneimittel und Recht in Europa, 166 ff. Im AMG ist diese Definition – etwas weiter gefasst – in § 4 XXII übernommen worden, siehe dazu *Stumpf*, in: K/M/H, § 4 Abs. 22.

[12] *Sandrock/Nawroth*, in: Dieners/Reese, § 9 Rn. 90 ff.

[13] Sie sind im Bundesverband des pharmazeutischen Großhandels – PHAGRO – e. V., Berlin organisiert.

[14] Und die ausländischen Hersteller.

13 %. Die Sicherstellung der Versorgung ist nur über den pharmazeutischen Großhandel im Wege „apothekenübergreifender Lagerhaltung" möglich. Die Funktionen des pharmazeutischen Großhandels liegen aber nicht nur in der, von den einzelnen Herstellern unabhängigen, Lagerhaltung, sondern vor allem in den zeitnahen Lieferungsmöglichkeiten. In der Regel kann die Apotheke das gewünschte Arzneimittel beim Großhandel binnen Stunden beschaffen. Der pharmazeutische Großhandel hat außerdem Rückrufpflichten und Rückführungsaufgaben.

II. Betrieb und Vertrieb

1. Betrieb

Seit 1988 gibt es für den pharmazeutischen Großhandel eine Betriebsverordnung.[15] Sie enthält Vorschriften über Anforderungen an die Qualifikation des Personals, die Beschaffenheit, Größe und Einrichtung der Betriebsräume, die Lagerung und Auslieferung der Arzneimittel, der Dokumentationspflichten sowie die Dienstbereitschaft in Krisenzeiten.[16]

4

2. Vertrieb

Die Vertriebswege des Pharmagroßhandels sind in § 47 AMG geregelt. Der Großhandel darf die Konfektionierung von Arzneimitteln nicht verändern.[17]

5

III. Entgelt

1. AMPreisV[18]

Die Entgelte des pharmazeutischen Großhandels bemessen sich nach der AMPreisV. Für verschreibungspflichtige Fertigarzneimittel regelt § 2 AMPreisV als Großhandelsvergütung gestaffelte Höchstzuschläge, die sich auf den Abgabepreis des pharmazeutischen Unternehmens beziehen.

6

2. AWVG

a) **Nicht verschreibungspflichtige Arzneimittel.** § 1 IV AMPreisV nimmt nicht verschreibungspflichtige Arzneimittel von der Anwendung der AMPreisV aus, mit dem Ziel einer deutlichen Zunahme des Wettbewerbs und damit tendenziell sinkender Preise.[19] Da nicht verschreibungspflichtige Arzneimittel in gewissem Umfang verordnungspflichtig bleiben (§ 34 I SGB V), bleibt es in der GKV bei der Anwendung der AMPreisV nach Maßgabe des § 129 V a SGB V n. F. Seit dem Inkrafttreten des AVWG zum 1.3.2006[20] dürfen sich

7

---

[15] Betriebsverordnung für Arzneimittelgroßhandelsbetriebe vom 10.11.1987 (BGBl. I 2370) i.d.F. vom 19.10.2012 (BGBl. I 2192, dort Art. 7); siehe dazu auch den EG-Leitfaden einer Guten Herstellungspraxis für Arzneimittel, abgedruckt bei Sander, Arzneimittelrecht, Bd. 4, Anh. II/5 b. Zu beachten ist insoweit die Verordnung über die Anwendung der Guten Herstellungspraxis bei der Herstellung von Arzneimitteln und Wirkstoffen und über die Anwendung der Guten fachlichen Praxis bei der Herstellung von Produkten menschlicher Herkunft vom 3.11.2006 (BGBl. I 2523) und dazu *Anhalt/Lützeler*, in: Dieners/Reese, § 8 Rn. 52 f.

[16] S. d. auch EG-GMP-Richtlinie 91/356 vom 13.6.1991, ABl. Nr. 193 vom 17.7.1991, S. 30 und den EG-Leitfaden einer „Guten Herstellungspraxis für Arzneimittel", abgedruckt bei *Sander*, Arzneimittelrecht, Bd. 4, Anh. II/5 b. S. dazu jetzt die Arzneimittel- und Wirtschaftsherstellungsverordnung v. 3.11.2006 (= AMWHV) (BGBl. I S. 2523) i.d.F. vom 18.7.2017 (BGBl. I 2757).

[17] OVG München, PharmR 1981, 185; *Rehmann*, AMG, Rn. 8 zu § 13 AMG.

[18] 14.11.1980 i.d.F. vom 4.5.2017 (BGBl. I 1050). Zur AMPreisV → § 56.

[19] BT-Drs. 15/1525, S. 166.

[20] → § 4 Rn. 60.

Barrabatte des pharmazeutischen Großhandels an die Apotheken, die der Preisbindung durch die AMPreisV unterliegen, nur unterhalb der gesetzlich geregelten Preisspannen bewegen.[21]

§ 38 Apotheken

I. Beruf

1. Berufsbild

1   Der Apotheker ist Freiberufler und Gewerbetreibender zugleich.[22] Geprägt wird der Beruf, wie § 7 ApoG zeigt, durch die „persönliche Leitung" und die „eigene Verantwortung", also durch das Merkmal der Freiberuflichkeit.[23]

2. Sicherung der Arzneimittelversorgung

„Dem Apotheker ist die Sicherung der Arzneimittelversorgung der Bevölkerung überantwortet (§ 1 ApoG, § 1 I der Bundes-Apothekerordnung in der Fassung der Bekanntmachung vom 19. Juli 1989 (BGBl. I 1478). Die Bevölkerung soll darauf vertrauen dürfen, dass der Apotheker … seine Verantwortung im Rahmen der Gemeinwohlbelange wahrnimmt."[24]

2   In geringem Umfang dienen die Apotheker der Herstellung von Arzneimitteln. In erster Linie liegt aber ihre Aufgabe in der Abgabe der von der pharmazeutischen Industrie hergestellten Arzneimittel[25] an die Verbraucher.

„Dazu müssen die zur Sicherstellung einer ordnungsgemäßen Arzneimittelversorgung notwendigen Arzneimittel vorrätig gehalten werden, und es muss gewährleistet sein, dass nicht vorgehaltene Arzneimittel kurzfristig beschafft werden können …".[26]

3   Die Wahrnehmung dieser Aufgabe durch die Apotheken ist durch ein gesetzliches Monopol gesichert. Verschreibungspflichtige Arzneimittel dürfen im Einzelhandel nur in Apotheken in Verkehr gebracht werden. Die nicht verschreibungspflichtigen Arzneimittel werden in apothekenpflichtige und solche, die durch Rechtsverordnung zum freien Verkauf zugelassen sind, unterschieden. Schließlich dürfen die Apotheken noch die sogenannten apothekenüblichen Waren abgeben (das sog. Randsortiment).[27] Diese machen rund 10 % ihres Umsatzes aus. Das Geschäft mit dem Randsortiment darf den ordnungsgemäßen Betrieb der Apotheke nicht beeinträchtigen (§ 2 IV ApBetrO).

3. Wettbewerb

4   Hinsichtlich der apothekenpflichtigen Arzneimittel stehen die Apotheken nur untereinander im Wettbewerb. Dieser Wettbewerb ist durch die alle gleichermaßen treffende Pflicht zur Vorratshaltung und Beschaffung sowie durch die AMPreisV eingeschränkt. Hinsichtlich der frei verkäuflichen Arzneimittel müssen sich die Apotheken dem Wettbewerb mit den Einzel-

---

[21] Vgl. *Lietz*, in: F/K/F, § 21 Rn. 28.
[22] BVerfGE 94, 372 (375).
[23] Siehe dazu *Zuck*, in: FS f. Schippel, 817; *ders.*, in: Herrmann/Backhaus, Staatlich gebundene Freiberufe im Wandel, S. 1 (11 ff.); *ders.*, in Zuck/Lenz, Der Apotheker in seiner Apotheke, Rn. 129; *Kieser*, Apothekenrecht, 6, 4; *Dettling* hat zurecht darauf aufmerksam gemacht, in wie großem Umfang der Apotheker in das „gesundheitspolitische Paradoxon" (zwischen Leistungsansprüchen und Zahlungsbereitschaft) eingebettet ist, A&R 2011, 201.
[24] BVerfGE 94, 372 (391); 104, 357 (360).
[25] Zu Einzelheiten des Arzneimittelrechts siehe → §§ 49 ff.
[26] BVerfGE 94, 372 (374).
[27] BVerfGE 94, 372 (374).

handelsunternehmen stellen, die zum Arzneimittelverkauf zugelassen sind (§ 50 AMG). Im Randsortiment stehen die Apotheken im allgemeinen Wettbewerb des Einzelhandels.[28]

II. Apothekenmarkt

1. Zahl der Apotheken

2017 gab es in Deutschland 19.942 Apotheken.[29] Die Tendenz ist rückläufig. Internationale Apothekenketten sind auf dem Vormarsch. 5

2. Beschäftigte

In den öffentlichen Apotheken gab es im Jahr 2016 50.123 Apotheker. 6

3. Umsatz

Der durchschnittliche Umsatz je Apotheke (ohne Mehrwertsteuer) hat im Jahre 2016 2,11 Mio EUR betragen. Der Durchschnittsgewinn eines Apothekers belief sich im Jahr 2015 vor Steuern auf 136.000 EUR. 7

III. Preisgestaltung[30]

1. Apothekertaxe

Zur Steuerung der Arzneimittelpreise gibt es seit jeher sogenannte Apotheker-Taxen. Daraus entwickelte sich 1905 die Deutsche Arzneitaxe. 8

Sie galt bis 31.12.1980. Mit In-Kraft-Treten der Preisspannenverordnung zum 1.1.1978 wurde die Preisregelung für Fertigarzneimittel aus der Deutschen Arzneitaxe herausgenommen.

2. AMPreisV

Mit Wirkung ab 1.1.1981 trat an die Stelle der Deutschen Arzneitaxe und der Preisspannenverordnung die AMPreisV vom 14.11.1980 (BGBl. I 2147), mehrfach geändert.[31] Die Preisspannenregelung findet sich in §§ 2, 3 der Verordnung. Die in § 3 enthaltene Festpreisregelung ist seit der 4. AMG-Novelle in § 78 II AMG enthalten. 9

Schon in § 376 RVO war ein 5%iger-Abschlag auf den Arzneimittelabgabepreis zugunsten der Krankenkassen vorgeschrieben gewesen. Die Regelung ist von der höchstrichterlichen Rechtsprechung als verfassungsgemäß angesehen worden. Sie sei Teil der sozialrechtlichen Pflichten, die der Apotheker zu übernehmen habe, wenn er an der Versorgung der Versicherten mit Arzneimittel teilnehme.[32] § 130 SGB V hatte diese Regelung im Rahmen des GRG vom 20.12.1988 (BGBl. I 2477) übernommen.[33] 10

Das Arzneimittelausgaben-Begrenzungsgesetzes (AABG)[34] änderte die Beschlüsse des 14. Ausschusses[35] insoweit, als in Art. 1 Nr. 5 § 130 SGB V der folgende Satz angefügt 11

---

[28] BVerfGE 104, 357 (366 f.).
[29] Zum Randsortiment s. den Katalog in § 1a X ApBetrO.
[30] In diesem Zusammenhang wird insbesondere die Entwicklung der Gesetzgebung dargestellt. Siehe dazu im Übrigen → § 56 Rn. 1 ff.
[31] → § 37 Rn. 6. Zum AMPreisV s. *Kutlu*, in: Spickhoff, Medizinrecht, AMPreisV Nr. 15.
[32] BGHZ 54, 177; BVerfG (VorprüfungsA) vom 1.4.1971, DOK 1971, 371; *Maaßen*, in: GKV-Kommentar, Rn. 3 zu § 130 SGB V; *Henninger*, in: Schulin, Handbuch des Sozialversicherungsrechts, Band 1, § 44 Rn. 32; *Kranig*, in: Hauck/Noftz, SGB V, Rn. 1a zu § 130 SGB V.
[33] Vgl. *Hess*, in: KassKomm Sozialversicherungsrecht Rn. 1, 3 zu § 130 SGB V.
[34] Aus dem Jahr 2002, → § 4 Rn. 54.
[35] BT-Drs. 14/7144.

worden ist: „In den Jahren 2002 und 2003 beträgt abweichend von Satz 1 der Apothekenrabatt 6 vom Hundert".

3. BSSichG

12   In diese Situation hatte zunächst das BSSichG[36] eingegriffen. In Art. 1 Nr. 7 BSSichG wurde für Apotheken ein Mindestrabatt von 6 % und bei Arzneimitteln ab einem Abgabepreis von 54,81 EUR ein Rabatt von 10 % eingeführt, wiederum absinkend ab dem Abgabepreis von 820,23 EUR.[37] Apotheken, Großhandel und pharmazeutische Unternehmen haben gegenüber diesen Bestimmungen erfolglos Verfassungsbeschwerde zum BVerfG erhoben.[38] Wegen der Verletzung der Rechte des Bundesrates beim Zustandekommen des BSSichG gab es außerdem ein Normenkontrollverfahren des Landes Baden-Württemberg und des Saarlandes. Das BVerfG entschied jedoch, dass das BSSichG mit dem GG vereinbar sei.[39]

4. GMG

13   a) **Zu- und Abschläge.** Die Regelung hatte nicht lange Bestand behalten. Das GMG[40] ordnete die Vergütungsverhältnisse ab dem 1.1.2004 neu.[41] Die Abschläge des pharmazeutischen Großhandels wurden aufgegeben (Art. 26 GMG). Es gab neue Zuschlagsregeln.[42]

14   Nach § 3 AMPreisV[43] mussten die Apotheken bei Fertigarzneimitteln zur Anwendung beim Menschen zur Berechnung des Apothekenabgabepreises einen Festzuschlag von 3 % zuzüglich 8,10 EUR sowie Umsatzsteuer erheben. Preise und Preisspannen von nicht verschreibungspflichtigen Arzneimitteln waren, von Ausnahmen abgesehen,[44] dann preisgebunden (§ 1 IV AMPreisV i.d.F. von Art. 24 GMG), wenn diese auf Privatrezept oder als Selbstmedikation abgegeben wurden (§ 78 II 3 AMG n.F.).[45]

15   b) **Großhandelsabschlag.** Art. 11 BSSichG, der den Großhandelsabschlag regelte, wurde durch das GMG aufgehoben worden. An seine Stelle trat eine Spannenhalbierung.

5. AABG

16   Das Gesetz zur Verbesserung der Wirtschaftlichkeit der Arzneimittelversorgung[46] sah für den Bereich der Herstellerabgabepreise Abschläge zugunsten der Krankenkassen vor (§ 130

---

[36] Vom 23.12.2002 (BGBl. I 4637) in Kraft getreten am 1.1.2003, vgl. Art. 13 III BSSichG.
[37] Art. 1 Nr. 8 BSSichG hat weitere Rabatte den pharmazeutischen Unternehmen auferlegt und außerdem dem pharmazeutischen Großhandel in Art. 11 BSSichG Abschläge abverlangt. Der pharmazeutische Großhandel hat – auf unterschiedliche Art und Weise und in unterschiedlichem Umfang (geschätzt von rund 75 %) – seine Abschläge an die Apotheken (zu deren Lasten) weitergegeben. Zu den Gesamtfolgen siehe *Herzog*, DAZ 2003, 63 ff.
[38] *Schnapp* geht davon aus, der durch das BSSichG den Apotheken auferlegte Rabatt sei eine verfassungswidrige Sonderabgabe, VSSR 2003, 343.
[39] BVerfGE 114, 196. Zum BSSichG → § 4 Rn. 56.
[40] Gesetz zur Modernisierung der gesetzlichen Krankenversicherung vom 14.11.2003 (BGBl. I 2190); → § 4 Rn. 58.
[41] Zum Arbeitsentwurf des GMG (Stand 5/2003) siehe kritisch *Dettling/Lenz*, Der Arzneimittel-Vertrieb in der Gesundheitsreform 2003. Zu den Neuregelungen vgl. ausführlich *Meyer*, DAZ 2003, 5593.
[42] → § 38 Rn. 14.
[43] In der Fassung von Art. 24 GMG.
[44] Kinder bis zum vollendeten 12. Lebensjahr, Jugendliche mit Entwicklungsstörungen bis zum vollendeten 18. Lebensjahr, Therapiestandard bei der Behandlung schwerwiegender Erkrankungen. In diesen drei Fallgruppen gilt der einheitliche Apothekenabgabepreis (§ 78 II 2 AMG) = Herstellerabgabepreis plus „alte" Großhandelsspanne plus „alte" Apothekenspanne, minus 5 % GKV-Abschlag, vgl. dazu *Meyer*, DAZ 2003, 5593 (5594).
[45] Siehe dazu auch *Herzog*, DAZ 2003, 5598.
[46] In Kraft getreten am 1.5.2006, siehe zum Gesetz → § 4 Rn. 60.

III a SGB V), für patentfreie, wirkstoffgleicher Arzneimittel einen Abschlag von 10 % (ohne Mehrwertsteuer), § 130 III b SGB V.

6. GKV-WSG

a) **Abgabepreis des pharmazeutischen Unternehmens.** Das – grundsätzlich – zum 1.4.2007 in Kraft getretene GKV-WSG[47] ersetzte zunächst den „Herstellerabgabepreis" durch den „Abgabepreis des pharmazeutischen Unternehmens"; zugleich schloss es die „Preisschaukel" des § 130 III b SGB V aus.[48]

b) **Anpassungsregelung.** Der durch das GMG eingeführte Abschlag von 2,00 EUR je Arzneimittel (von den Apotheken an die Krankenkassen für verschreibungspflichtige Mittel abzuführen, vgl. § 130 I 1 SGB V a. F.) wurde durch das GKV-WSG auf 2,30 EUR angehoben (§ 130 I 1 SGB V n. F.), verbunden mit einer Anpassungsregelung[49] für das Kalenderjahr 2009 (§ 130 I 2 SGB V n. F.).

c) **Rahmenvereinbarungen.** Für die Rahmenvereinbarungen nach § 129 II SGB V waren außerdem eine Reihe von Verpflichtungen vorgegeben worden:

aa) **Rabattvertrag.** Lag ein Rabattvertrag nach § 130a VIII SGB V vor, musste der Apotheker – wenn nichts Abweichendes vereinbart war – das verordnete Arzneimittel durch ein wirkstoffgleiches Arzneimittel ersetzen (§ 120 I 3 SGB V).

bb) **Fehlen des Rabattvertrags.** War kein Rabattvertrag gemäß § 130a VIII SGB V geschlossen worden, musste der Apotheker die Ersetzung durch ein preisgünstigeres Arzneimittel nach Maßgabe der Rahmenvereinbarung vornehmen (§ 129 I 6 SGB V).

cc) **Zytostatika.** Die Krankenkasse konnte die Versorgung mit in Apotheken hergestellten Zytostatika zur unmittelbaren Anwendung bei Patienten durch Verträge mit Apotheken sicherstellen. Dabei konnten Abschläge auf den Abgabepreis des pharmazeutischen Unternehmers und die Preise und Preisspannung der Apotheke vereinbart werden (§ 129 V 3 SGB V). Kosten-Sonderregelungen für die Ersetzung wirkstoffgleicher Arzneimittel waren zulässig (§ 129 V 4 SGB V).

7. Insbesondere: Rabattverträge nach § 130a SGB V[50]

a) **§ 78 AMG.** Ausgangspunkt ist § 78 AMG. Schon i. d. F. des GMG hatte § 78 II AMG vorgesehen, dass ein einheitlicher Apothekenabgabepreis für Arzneimittel gewährleistet werden müsse. Das AVWG[51] änderte § 7 I HWG dahingehend, dass nunmehr Naturalrabatte bei apothekenpflichtigen Arzneimitteln generell untersagt wurden. Dieses Verbot galt nicht nur für Großhändler, sondern auch für Hersteller.[52] Das GKV-WSG hat dem § 78 AMG folgenden Absatz 3 hinzugefügt:

„(3) *Für Arzneimittel nach Absatz 2 Satz 2, für die durch die Verordnung nach Absatz 1 Preise und Preisspannen bestimmt sind, haben die pharmazeutischen Unternehmer einen einheitlichen Abgabepreis sicherzustellen; für nicht verschreibungspflichtige Arzneimittel, die zu Lasten der gesetzlichen Krankenversicherung abgegeben werden, haben die pharmazeutischen Unternehmer zum Zwecke der Abrechnung der Apotheken mit den Krankenkassen*

---

[47] → § 4 Rn. 62. Zu den Rabattgewährungen der pharmazeutischen Unternehmen im Arzneimittelhandel nach dem GKV-WSG siehe umfassend *Plassmeier/Höld*, PharmR 2007, 309.
[48] → § 35 Rn. 2.
[49] Zu treffen in den Rahmenvereinbarungen nach § 129 II SGB V.
[50] → § 3 Rn. 65. Die Vorschrift galt in der Fassung der 16. AMG-Novelle vom 19.10.2012 (BGBl. I 2192).
[51] → § 4 Rn. 60.
[52] *Meyer*, A & R 2006, 60 (62); *Ratzel*, in: Deutsch/Lippert, AMG, § 78, Rn. 4.

ihren einheitlichen Abgabepreis anzugeben, von dem bei der Abgabe im Einzelfall abgewichen werden kann. Sozialleistungsträger, private Krankenversicherungen sowie deren jeweilige Verbände können mit pharmazeutischen Unternehmern für die zu ihren Lasten abgegebenen verschreibungspflichtigen Arzneimittel Preisnachlässe auf den einheitlichen Abgabepreis des pharmazeutischen Unternehmers vereinbaren".[53]

§ 78 IV AMG schaffte zudem Sonderregelungen für bedrohliche übertragbare Krankheiten.

26 **b) Einheitlicher Abgabepreis.** § 130a VIII SGB V, der die Krankenkassen[54] ermächtigte, Verträge mit pharmazeutischen Unternehmen abzuschließen, in denen zusätzliche Abschläge vereinbart werden dürfen, liess zwar den einheitlichen Abgabepreise, den der pharmazeutischen Unternehmer sicherstellen muss, als solchen unberührt, veränderte aber seine Grundlagen in dem Maße, in dem die Apotheke die verordneten Arzneimittel durch preisgünstigere wirkstoffgleiche Arzneimittel ersetzen musste.[55]

27 **c) Individualrechtliche Vereinbarungen.** § 130a VIII SGB V erlaubte individualrechtliche Vereinbarungen. Es handelte sich dabei um öffentlich-rechtliche Verträge. Es war lange streitig, ob solche Verträge ausgeschrieben werden müssen,[56] und weiter, ob insoweit der Rechtsweg zu den Zivil- oder zu den Sozialgerichten eröffnet war. Das alles hat der Gesetzgeber in den Bereich der Rechtsgeschichte verwiesen. § 69 II SGB V i.d.F. des AMNOG erklärt die gesamten Vorschriften des 4. Teil des GWB für anwendbar. Damit ist das Kartellvergaberecht auch auf die Arzneimittelrabattverträge nach § 130a VIII SGB V grundsätzlich[57] anwendbar.[58] Die Zivilgerichtsbarkeit ist zuständig (§ 51 III SGG).[59]

8. AMNOG

28 **a) Rabatthöhe.** Das AMNOG[60] änderte die Rabatthöhe (§ 130 SGB V n.F.).
Für verschreibungspflichtige Arzneimittel betrug der an die Krankenkassen zu leistende Rabatt auf den Preis anstelle des durch Schiedsspruch festgesetzten Betrags von 1,75 EUR nunmehr 2,05 EUR. Für sonstige Arzneimittel betrug der Rabatt 5 % des für die Versicherten maßgeblichen Arzneimittelabgabepreises.[61] War für das Arzneimittel ein Festbetrag nach

---

[53] Zur Anwendung dieser Vorschrift siehe den Leitfaden des BAH, A & R 2007, 201. Dort auch zur Preisbildung und Rabattierung für nicht verschreibungspflichtige Arzneimittel, die zu Lasten der GKV abgegeben werden, aaO, S. 203.
[54] Zur **Beteiligung** von **Apothekern** am Abschluss solcher Verträge siehe § 130a VIII 5 SGB V und dazu *Roberts*, PharmR 2007, 152. Zur Beteiligung **ausländischer** Apotheken siehe *Koenig/Klahn*, GesR 2006, 58. Zu **Auskunftsansprüchen** über den Inhalt solcher Verträge siehe *Merx*, A & R 2007, 195. Zu sog. „ad-on-Verträgen siehe LSG Rhld.-Pfalz, NZS 2006, 318.
[55] → § 38 Rn. 20ff.
[56] → § 3 Rn. 64.
[57] Zu Sachverhaltsvariablen vgl. die Nachweise bei *Axer*, in: Becker/Kingreen, SGB V, § 130a Rn. 22.
[58] Siehe dazu *Axer*, in: Becker/Kingreen, SGB V, § 130a Rn. 24.
[59] Zur Übergangsregelung siehe § 207 SGG.
[60] Vgl. Gesetz zur Neuordnung des Arzneimittelmarktes in der gesetzlichen Krankenversicherung vom 22.12.2010 (BGBl. I 2262). → § 4 Rn. 65. Vgl. dazu *Becker*, Die Neuregelungen zur Bewertung von Arzneimitteln durch das AMNOG, in: FSf. Francke, 2012, 13. Zu LSG Berlin-Brandenburg, NZS 2017, 698 (vgl. zu dieser Entwicklung *Stalberg*, PharmR. 2017, 212) und insgesamt zur neueren Rechtsprechung zum AMNOG – Verfahren vgl. *Huster*, NZ 2017, 681. Grundsätzlich zum AMNOG findet sich bei Apeltauer, Zusatznutzen von Arzneimitteln. Begriff und rechtliche Anforderungen an den Nachweis, 2016; *Stadelhoff*, Rechtsprobleme des AMNOG-Verfahrens, 2016; *Wien*, Regulierung von Arzneimitteln mit neuen Wirkstoffen – Eine interdisziplinäre und international vergleichbare Analyse des Arzneimittelmarktneuordnungsgesetzes (AMNOG), 2016.
[61] Zum Apothekenpreis selbst gab es eine lebhafte Auseinandersetzung. Der Gesetzgeber wollte nur eine Anpassung um 25 Cent (auf 8,35 EUR). Dabei blieb es, vgl. Art. 1 der Zweiten Verordnung zur Änderung der AMPreisV vom 17.9.2012 (BGBl. I 2063), in Kraft getreten zum 1.1.2013 (Art. 2 ÄndV).

§§ 35, 35a SGB V festgelegt, war der Rabatt auf dieser Grundlage zu berechnen (§ 130 II SGB V).

Der Abschlag war nach § 130 I 2 SGB V i. d. F. des AMNOG erstmals mit Wirkung für das Kalenderjahr 2013 von den Vertragspartnern in der Vereinbarung nach § 129 II SGB V so anzupassen, „dass die Summe der Vergütungen der Apotheken für die Abgabe verschreibungspflichtiger Arzneimittel leistungsgerecht ist unter Berücksichtigung von Art und Umfang der Leistungen und der Kostenheke bei wirtschaftlicher Betriebsführung". Der Rahmenvertrag zwischen SpiBuK und Apothekerverband in der Fassung vom 15.6.2012 wiederholte in seinem § 8a die Verpflichtung aus § 130 I 2 SGB V, füllte sie aber (noch) weiter aus.[62]

b) Sonderregelungen. § 130a Ia SGB V sah für Arzneimittel, die nach dem 1.8.2009 in den Markt eingeführt worden waren, Sonderregelungen vor.[63] Eine weitere Sonderregelung betraf die Rabatte für Impfstoffe in § 130a II SGB V. 29

c) Vertragslösung. Das AMNOG hatte außerdem in der umfangreichen Vorschrift des § 130b SGB V den SpiBuK/die pharmazeutischen Unternehmen im Benehmen mit dem PKV-Verband eine Vertragslösung aufgegeben, die Erstattungsbeträge für Arzneimittel erfasst. Maßgebend für den Anwendungsbereich des § 130b SGB V waren Umfang und Ergebnis der Nutzenbewertung durch den GBA nach § 35a SGB V.[64] 30

d) Sonderabgabe. Das SGB V hat zwar in § 130 die Überschrift „Rabatt" gewählt, spricht aber im Text selbst von „Abschlag". Nach Ansicht des BSG handelt es sich dabei nicht um eine Sonderabgabe,[65] sondern um eine Verkürzung des Kaufpreisanspruchs der Apotheke gegenüber der Krankenkasse. Das BSG sieht darin einen „Mengenrabatt bzw. Großabnehmerrabatt" zugunsten der Krankenkassen.[66] Verfassungsrechtliche Einwände gegen das Recht der Zwangsrabatte sind zwar erhoben worden.[67] Die die Zulässigkeit der Zwangsrabatte bejahende Rechtsprechung des BVerfG[68] hat das aber – bislang – nicht beeindruckt. Geht man vom überragenden Gewicht der finanziellen Stabilität der gesetzlichen Krankenversicherung aus, wird die Kritik auch weiterhin folgenlos bleiben. 31

9a. AMRabattG

Das **AMRabattG**[69] verpflichtete die pharmazeutischen Unternehmer zur Rabattgewährung entsprechend § 130a SGB V, die PKV-Unternehmen und die beamtenrechtlichen Beihilfestellen ebenfalls zur Gewährung von Rabatten (§ 1 AMRabattG).[70] 31a

---

[62] Zu den Gründen für die damit verbundene „Konkretisierung des Entscheidungsspielraums" siehe BT-Drs. 17/3698 S. 53.
[63] Zur Generika-Regelung in § 130a Ia 2 siehe *Stallberg*, PharmR 2011, 38 (43).
[64] § 35a SGB V gilt nunmehr nach Maßgabe des AMVSG vom 4.5.2017 (BGBl. I 1050), s. dazu BT-Drs. 18/10208 S. 26 ff. *Luthe*, PharmR 2011, 193; *Axer*, SGb 2011, 246; *Anders*, PharmR 2012, 81. § 130b SGB V ist durch das GKV-VStG vom 22.12.2011 (BGBl I 2983) schon wieder geändert worden, s. dazu jetzt umfassend *Köhler*, Das gebrochene Preismonopol der Pharmaindustrie, 2013, 111 ff.; 151 ff., verbunden mit Änderungsvorschlägen für S. 229 ff. Weitere Änderungen ergeben sich aus dem AMVSG, siehe unten Rn. 31c ff.
[65] Zu deren Voraussetzungen siehe BVerfGE 114, 196 (249 f.).
[66] BSG, SozR 4–2500 § 130 Nr. 1 Rn. 28 f. Die deutschen Vorschriften für die Apothekenabgabepreise gelten auch für verschreibungspflichtige Arzneimittel, die Apotheken mit Sitz in einem anderen Mitgliedsstaat der EU im Wege des Versandhandels nach Deutschland an Endverbraucher abgeben, GemS-OGB, MedR 2013, 520 mit Anm. v. *Mand*, MedR 2013, 524.
[67] Nachdrücklich *Dettling*, GesR 2006, 81.
[68] Zum BSSichG vgl. BVerfGE 114, 196 (221 ff.).
[69] vom 22.12.2010 (BGBl. I 2262) i. d. F. vom 4.5.2017 (BGBl. I 1050).
[70] Verfassungsrechtliche Kritik, *Paul/Rehmann*, A&R 2011, 51; *Papier/Krönke*, PharmR 2015, 69 hat sich nicht durchgesetzt, vgl. BGH, NJW 2016, 66; erfolglose Verfassungsbeschwerde, MedR 2017, 304.

Das Preismoratorium in § 130 IIIa S. 11 SGB V ist bis 31.12.2022 verlängert worden.[71]

9b. GKV-VSG

31b Das Gesetz zur Stärkung der Versorgung in der gesetzlichen Krankenversicherung[72] ersetzte den AMNOG-Rabatt von 2,05 EUR durch den Betrag von 1,77 EUR.[73]

10. AMVSG

31c Das Gesetz zur Stärkung der Arzneimittelversorgung in der gesetzlichen Krankenversicherung[74] zieht Konsequenzen aus § 78 AMG n. F.[75] und der entsprechenden Änderung der AMPreisV (siehe dazu § 130a I SGB V)[76]

31d a) Außerdem ist in § 138a IIIa SGB V ein neuer S. 2 eingefügt worden, der einen Inflationsausgleich vorsieht. Danach können pharmazeutische Unternehmen die Preise der zulasten der GKV abgegebenen Arzneimittel entsprechend erhöhen, ohne dass diese Erhöhung durch den Preismoratoriumsabschlag gehindert wird.[77]

31e b) Das AMSVG hat § 130a VIII SGB V mit dem Ziel ergänzt, neben der Verfolgung des Ziels der Sicherung der finanziellen Stabilität der GKV (s. o. § 2 Rn. 81 ff) bei Rabattverträgen auch die Versorgung mit Arzneimitteln zu gewährleisten.

31f c) Der neue eingeführte § 130a VIIIa SGB V ermächtigt die Landesverbände der Krankenkassen und die Ersatzkassen einheitlich und gemeinsam zur Versorgung ihrer Versicherten mit in Apotheken hergestellten parenteralen Zubereitungen aus Fertigarzneimitteln in der Onkologie zur unmittelbaren ärztlichen Anwendung bei Patienten mit pharmazeutischen Unternehmern Rabatte zu vereinbaren.[78]

31g d) § 130b I a, SGB V (=AMVSG-Fassung) stellt klar, dass die nach § 130b I SGB V zu treffende Vereinbarung auch mengenbezogene Elemente enthalten kann, wenn sich das im Einzelfall als angemessen erweist.[79]

31h e) Mit den Änderungen in S. 1 und 2 des § 130b III SGB V soll der Verhandlungsspielraum des SpiBuK mit den pharmazeutischen Unternehmern bei der Vereinbarung des Erstattungsbetrags im Einzelfall erweitert werden.[80]

f) Eine umfangreiche Ergänzung des Abs. 3 zieht Konsequenzen aus Unsicherheiten im Zusammenhang mit der Ermittlung des Zusatznutzens nach § 35a SGB V; siehe dazu auch § 130b VIIa n. F.[81]

31i g) Die Änderungen zu § 130c SGB V dienen der Klarstellung des Verhältnisses der Verträge zwischen Krankenkassen und pharmazeutischer Unternehmern zu den Vereinbarungen des SpiBuK mit den pharmazeutischen Unternehmern.[82]

---

[71] BT-Drs. 18/10208 S. 32 f.
[72] Vom 16.7.2015 (BGBl. I 1211).
[73] Siehe dazu BT-Drs. 18/4095 S. 118 und *Axer*, in: Becker/Kingreen, SGB V § 130a Rn. 4.
[74] Vom 4.5.2017 (BGBl. I 1050).
[75] Art. 5 Nr. 5 AMVSG.
[76] Vgl. BT-Drs. 18/10 208 S. 31.
[77] Vgl. BT-Drs.18/10 201 S. 33.
[78] BT-Drs. 18/10208 S. 37 f. Die Geltung bereits vor Inkrafttreten des AMSVG geschlossener Rabattverträge wird durch Neuregelung nicht berührt.
[79] BT-Drs. 18/10208 S. 35.
[80] BT-Drs. 18/10208 S. 36.
[81] BT-Drs. 18/10208 S. 36.
[82] BT-Drs. 18/10208 S. 37.

11. Abrechnung

Die dem Apotheker obliegenden Abrechnungspflichten für Fertigarzneimittel ergeben sich 32
aus § 300 SGB V.[83] Die Arzneimittelabrechnungsvereinbarung nach § 300 III SGB V hat den
Anwendungsbereich der Vorschrift aber ausgedehnt. Das hängt eng damit zusammen, dass
die Abrechnungspflichten in der Regel von Rechenzentren (nach Maßgabe des § 300 II
SGB V) wahrgenommen werden.

Das GMG hat für § 300 SGB V zwei wesentliche Änderungen mit sich gebracht. § 300 I 33
SGB V trägt dem Umstand Rechnung, dass es wegen der Zuzahlungserfordernisse[84] Rezepte
gibt, bei denen der Preis des abgegebenen Arzneimittels unter der Zuzahlungsgrenze liegt.
Im Regelfall des § 61 SGB V n. F. bezahlt also der Versicherte das Arzneimittel bis zu
10 EUR selbst (sogenanntes Nullrezept). Auch diese Rezepte sollen aber von der Abrechnung erfasst werden. Darüber hinaus soll das elektronische Rezept (§ 291a II 1 Nr. 1 SGB V)
ebenfalls von § 300 SGB V erfasst werden.[85]

§ 300 II SGB V erlaubt die Abrechnung durch Rechenzentren. 33a

IV. Zulassung zum Beruf

1. Erlaubnis/Approbation

Wer eine Apotheke und bis zu drei Filialapotheken betreiben will, bedarf der Erlaubnis 34
der zuständigen Behörde (§ 1 II ApoG).

Wer den Apothekerberuf ausüben will, bedarf der Approbation als Apotheker (§ 2 I
BApO).[86] Die Einzelheiten ergeben sich aus der Approbationsordnung.[87] Die Approbation
kann zurückgenommen oder widerrufen werden (§§ 6, 7 BApO).[88] Die Approbation kann
auch ruhen (§ 8 BApO). Der Apotheker kann auf die Approbation verzichten (§ 10
BApO).

2. Voraussetzungen

Apotheker kann jeder werden, der 35
- Deutscher, Angehöriger eines EG-Mitgliedsstaates (eines EWR-Vertragsstaates) oder heimatloser Ausländer ist (§ 4 I Nr. 1 BApO),
- nicht unwürdig/unzuverlässig ist (§ 4 I Nr. 2 BApO),
- nicht gesundheitlich ungeeignet ist (§ 4 I Nr. 3 BApO),
- nach fünfjähriger Gesamtausbildungszeit die pharmazeutische Prüfung im Geltungsbereich der BApO bestanden hat (§ 4 I Nr. 4 BApO).

---

[83] § 300 SGB V a. F. war verfassungsgemäß, vgl. *Ross,* in: LPK-SGB V, Rn. 1 zu § 300 SGB V. Ausführlich zur Entwicklung und Weiterentwicklung des § 300 SGB V *Zuck,* Die Apotheke in der GKV-Gesundheitsreform, 133 ff.

[84] Vgl. §§ 61, 62 SGB V in der Fassung des GMG.

[85] Das GKV-VStG hat mit Wirkung zum 1.1.2012 § 300 I SGB erweitert. S. 1 gilt nunmehr auch für Apotheken und weitere Anbieter, die sonstige Leistungen nach § 31 SGB V sowie Impfstoffe nach § 20d I, II SGB V abrechnen, im Rahmen der jeweils vereinbarten Abrechnungsverfahren

[86] I. d. F. v. 19.7.1989 (BGBl. I 1478 [1842]), zuletzt geändert am 4.4.2017 (BGBl. I 778). Siehe dazu *Haage,* in: Deutsches Bundesrecht, Erläuterung zu I K 31. Zu den einschlägigen Hilfsberufen siehe das Gesetz über den Beruf des pharmazeutisch-technischen Assistenten i. d. F. v. 23.9.1997 (BGBl. I S. 2349), zuletzt geändert am 15.6.2005 (BGBl. I S. 1645). Der pharmazeutisch technische Assistent ist befugt, in der Apotheke unter der Aufsicht des Apothekers pharmazeutische Tätigkeiten (nach Maßgabe der ApBetrO) auszuüben (§ 8); s. *Schnitzler,* Das Recht der Heilberufe, 50 f.

[87] Approbationsordnung für Apotheker (AAppO) vom 19.7.1989 (BGBl. I 1489) i. d. F. vom 18.4.2016 (BGBl. I 886) und dazu *Haage,* Deutsches Bundesrecht, Erläuterungen zu I K 31 a. Zum Approbationsrecht des Arztes siehe → § 13 Rn. 19 ff.

[88] Aus der Rechtsprechung vgl. etwa BVerfG(K), PharmR 1997, 298; BVerfG(K), NJW 2003, 3617; BVerfG(K), NJW 2003, 3618. Siehe auch *Braun/Gründel,* MedR 2001, 396.

3. Betrieb der Apotheke

36 **a) Allgemeine Voraussetzungen.** Wer eine Apotheke und bis zu drei Filialapotheken betreiben will, bedarf der Erlaubnis der zuständigen Behörde (§ 1 II ApoG).[89] Die Erlaubnis galt nur für den Apotheker, dem sie erteilt war, und für die in der Erlaubnisurkunde bezeichneten Räume.[90] Die Voraussetzungen für die Erlaubniserteilung regelt § 2 ApoG. Der Betrieb wird von der Apothekenbetriebsordnung (ApBetrO) erfasst.[91]

37 **b) Filialapotheken[92]. aa) Nachbarbegriff.** § 2 IV Nr. 2 ApoG hat bezüglich der beiden Möglichkeiten „Kreis/kreisfreie Stadt" zwei Variable: „Innerhalb" und „benachbart". Beide Varianten sind durch „oder" verknüpft. Man wird das nicht als „entweder – oder" zu lesen haben, sondern als „oder auch". Der Filialapotheker muss also seine drei Filialen nicht in derselben kreisfreien Stadt oder im selben Kreis haben wie die Stammapotheke. Er kann sie auf benachbarte kreisfreie Städte und/oder Kreise verteilen. „Benachbart" ist eine funktionale Zuordnung. Man kann insoweit an die unterschiedlichen Bedingungen von Nachbarschaft, etwa im Bauordnungsrecht,[93] im Bauplanungsrecht[94] oder im Personenbeförderungsrecht[95] erinnern.[96]

38 Man wird das Wort „benachbart" nicht mit dem Argument ausfüllen können, es müsse die rasche Liefer-Erreichbarkeit sichergestellt werden, weil die Filialapotheke, den allgemeinen Regeln unterworfen, stets in rechtlich gebundenem Umfang leistungsfähig sein muss.[97] Es wird vielmehr um die Ausfüllung der Verantwortlichkeit durch den Inhaber der Stammapotheke gehen, § 2 II BApO.

39 „Einander benachbarte Kreise" sind dann auf jeden Fall Kreise, die an den Kreis, in dem der Stammapotheker sich befindet angrenzen. Diese Formulierung erlaubte auch die Filiallösung in „Ketten-Kreisen", so also, dass man annimmt, auch der an den angrenzenden Kreis

---

[89] Gesetz über das Apothekenwesen i. d. F. v. 15.10.1980 (BGBl. I S. 1993), zuletzt geändert durch die 16. AMG-Novelle vom 19.10.2012 (BGBl. I 2192, dort Art. 3).

[90] Siehe dazu *Zuck/Lenz*, Der Apotheker in seiner Apotheke.

[91] Verordnung über den Betrieb von Apotheken i. d. F. der Bekanntmachung vom 26.9.1995 (BGBl. I 1195), zuletzt geändert durch Art. 11 VII des Gesetzes v. 28.7.2017 (BGBl. I 2745), siehe dazu ausf. *Walter*, ApBetrO, in: Spickhoff, Medizinrecht, Nr. 25, *Pfeil/Pieck/Blume*, BApO, Stand 2009; *Cyran/Rotta*, ApBetrO, Stand 2017. Die Änderungen sind umfangreich. § 1a gibt die Begriffsbestimmungen vor, § 2a verlangt vom Apothekenleiter das Betreiben eines Qualitätsmanagement-Systems (ergänzt durch §§ 34, 35). Die Vorgaben für die Apothekenbetriebsräume sind deutlich erweitert worden (§ 4 IIa-d). Geeignete Hygienemaßnahmen sind zu treffen (§ 4a). Die Rezepturarzneimittel werden nunmehr ausführlich geregelt (§ 7), ebenso die Defekturarzneimittel. § 11a n. F. regelt „Tätigkeiten im Auftrag". Besonderes Gewicht hat die Neufassung des § 20 (Information und Beratung). Die Verordnung ist am 12.6.2012 in Kraft getreten. Der Bundesrat hat im Zusammenhang mit der Novellierung der BApO verhindert, dass privilegierende Regelungen für Filialapotheken beim Nacht- und Notdienst (die noch das BMG vorgesehen hatte) aufgenommen wurden.

[92] S. dazu *Kieser*, Apothekenrecht, 31 ff., *ders.*, 4. Fachlehrgang Medizinrecht Teil 3 Bd. 2, Apothekenrecht, Rn. 100 ff.

[93] Nachbar ist dort nur der Angrenzer (Grenznachbar), vgl. etwa § 55 LBO BW.

[94] Nachbar ist, auf wen sich eine Bauplanung auswirken kann, vgl. *Gelzer/Birk*, Bauplanungsrecht, Rn. 1009 ff.

[95] Dort ist entscheidend, ob es sich um einen „gewachsenen Wirtschafts- und Lebensraum" handelt, BVerwGE 55, 159 (163) und dazu *Fromm/Frey/Sellmann/H. Zuck*, PBefG, Rn. 1 zu § 4 PBefG.

[96] Vgl. dazu ausführlich *Zuck*, PKR 1998, 363.

[97] Die damit verbundenen Betreiberpflichten des Stammapothekers erfordern, dass diese rechtlich maßgeblichen Einfluss auf die Filialapotheke hat und diesen Einfluss auch tatsächlich ausübt, siehe dazu auch Zuck/Lenz, Der Apotheker in seiner Apotheke, 12 ff., 18 f.

seinerseits angrenzende Kreis wiederum benachbart, und daran könnte man noch einen dritten Kreis knüpfen. Das würde jedoch eine so weitgehende Erstreckung der Filiallösung mit sich bringen, dass das Wort „benachbart" seinen Sinn verlöre, für eine effektive Wahrnehmung der Pflichten des Stammapothekers zu sorgen.[98] Auch für kreisfreie Städte muss die Nachbarschaft unmittelbar zum Sitz der Stammapotheke gegeben sein.[99]

bb) Persönliche/fachliche Voraussetzungen. Das zweite Problem einer jeden Filialisierung, nämlich für die fachliche Kompetenz des „Filialleiters" zu sorgen, hat das GMG dadurch gelöst, dass auch der Filialleiter approbierter Apotheker sein muss (§ 2 I Nr. 3 ApBetrO), und dass diesen dieselben Pflichten treffen, wie den Inhaber der Stammapotheke (Betreiber). Man sollte erwarten, dass Apotheker = Apotheker ist, insbesondere „im Hinblick auf Verbraucherschutz, die Arzneimittelsicherheit und die Versorgungssicherheit".[100] Man kann deshalb auch nicht sagen, dass es insoweit in Deutschland an Erfahrungen fehlt. Dennoch hat der Gesetzgeber zusätzlichen Schutz vorgesehen, indem er auch den Betreiber (der Stammapotheker) für die Einhaltung aller Vorschriften in den Filialapotheken verantwortlich macht (§ 2 II 3 ApoG). Nach den damit angesprochenen Haftungsvorgaben für den Betrieb wird der Stammapotheker also die klassischen Regeln für die sorgfältige Anstellung eines verantwortlichen Leiters der Filialapotheke befolgen müssen: Richtige Personalauswahl, sachgerechte Information/Belehrung und regelmäßige Überwachung.[101] Im Streitfall lässt sich das nur mit entsprechender Dokumentation nachweisen. Die Eigenverantwortung des Betreibers ist wohl auch der Hauptgrund dafür, dass das GMG die Zahl der Filialen ebenso begrenzt hat wie die Entfernung zur Stammapotheke durch das Nachbarschaftserfordernis. 40

V. Rechtsformen

Die Rechtsformwahl für den Betrieb einer Apotheke ist durch § 8 ApoG beschränkt. Mehrere Personen können eine Apotheke nur in der Rechtsform einer BGB-Gesellschaft oder eine OHG betreiben.[102] Art. 20 Nr. 7 GMG erstreckt die Beschränkung auch auf die für Filialapotheken verwendeten Rechtsformen (§ 8 ApoG). 41

VI. Vertrieb von Arzneimitteln durch Apotheken

1. Art der Arzneimittel

Der Vertrieb von Arzneimitteln ist weitgehend davon abhängig, um welche Gruppe von Arzneimitteln es sich handelt. Die damit zusammenhängenden Fragen werden deshalb unter dem Aspekt des Arzneimittelrechts erörtert.[103] 42

2. Versandhandel

Hier wird lediglich eine Vertriebsform erörtert, die als solche von den Besonderheiten des jeweiligen Arzneimittels unabhängig ist, nämlich der Versandhandel mit Arzneimitteln. 43

---

[98] Siehe dazu BT-Drs. 15/1525, S. 160.
[99] S. dazu *Kieser*, Apothekenrecht, 32 ff., s. a. VG Oldenburg, GesR 2005, 357.
[100] BT-Drs. 15/1525, S. 160 nennt diese Trias als Risikofaktoren.
[101] Das alles ist sachverhaltsbezogen: Für den frisch approbierten Apotheker in der Filialapotheke sind strengere Maßstäbe anzulegen als für den erfahrenen Apotheker, dessen Apotheke über den Erwerb durch die Stammapotheke zur Filialapotheke wird.
[102] Dort und in §§ 9, 12 ApoG zur Zulässigkeit der Verpachtung von Apotheken. Zur möglichen Rechtsformgestaltung s. *Kieser*, Apothekenrecht, 7 ff.; dort auch zu den Räumlichkeiten der Apotheke S. 26 ff.
[103] → § 54 Rn. 1 ff., § 49 Rn. 9.

44 a) **Voraussetzungen.** § 11a ApoG lässt den Versand von apothekenpflichtigen Arzneimittel gemäß § 43 I 1 AMG auf Antrag unter bestimmten Bedingungen zu. Zu diesem gehören:
- Der Versandhandel mit Arzneimitteln ist als zusätzlicher Vertriebsweg ausgestattet. Es gibt also keine reine Versandhandelsapotheke (§ 11a 1 Nr. 1 ApoG).
- Mit einem Qualitätssicherungssystem soll gewährleistet werden, „dass bei dem Transport keine Minderung der Qualität und Wirksamkeit des Arzneimittels eintritt, die Arzneimittel nicht in unbefugte Hände geraten und ggf. der Verbraucher die notwendigen Informationen/Beratung erhält"[104] (§ 11a 1 Nr. 2 ApoG). Dazu sind geeignete Schutzvorkehrungen vorgesehen (§ 11a 1 Nr. 3c bis f ApoG n. F.).
- Die generelle Versandpflicht innerhalb von zwei Tagen (§ 11a I Nr. 3a ApoG) führt zu einem Zugang beim Besteller des Arzneimittels im ungünstigsten Fall ab dem dritten Tag, berechnet also Bequemlichkeit gegen Zeit, was bei der Notwendigkeit rascher Versendung des Arzneimittels bedacht werden muss.
- Es besteht Kontrahierungszwang für alle zugelassenen verfügbaren Arzneimittel (§ 11a 1 Nr. 3b ApoG).
- Der Versandhandel kann auch im elektronischen Handel erfolgen (§ 11a 2 ApothG).[105] Das setzt nicht nur, worauf § 11a 2 ApoG überflüssigerweise verweist, das Vorhandensein der dafür geeigneten Einrichtungen und Geräte voraus, sondern vor allem die Beachtung des TeledienstG (Impressumspflicht), des TeledienstdatenschutzG (Unterrichtungspflichten) der Regeln über Fernabsatz (§ 312b BGB) und der InfoVO).[106] Weitere Vorgaben ergeben sich aus der AptBetrO.
- § 11b ApoG regelt die Rücknahme und den Widerruf der Versandhandelserlaubnis.

45 b) **EuGH.** Der EuGH hat in seiner Entscheidung vom 11.12.2003 (1) – C-322/01 (DocMorris) auch unionsrechtlich klare Verhältnisse geschaffen.[107]

46 aa) **In Deutschland nicht zugelassene Arzneimittel.** Arzneimittel, die in Deutschland nicht zugelassen sind, dürfen hier nicht in den Verkehr gebracht werden (§ 73 I AMG, Art. 6 I GK),[108] Rn. 52 ff. der Entscheidung.

47 bb) **In Deutschland zugelassene Arzneimittel.** Für in Deutschland zugelassene Arzneimittel gilt: Das Verbot des Versandhandels in § 43 AMG ist eine Maßnahme gleicher Wirkung im Sinne von Art. 34 AEUV.[109]

„Art. 30 EG kann geltend gemacht werden, um ein nationales Verbot des Versandhandels mit Arzneimitteln, die in dem betreffenden Mitgliedstaat ausschließlich in Apotheken verkauft werden dürfen, zu rechtfertigen, soweit dieses Verbot verschreibungspflichtige Arzneimittel betrifft. Dagegen kann Art. 30 GG nicht geltend gemacht werden, um ein absolutes Verbot des Versandhandels mit Arzneimitteln, die in dem betreffenden Mitgliedstaat nicht verschreibungspflichtig sind, zu rechtfertigen."

„Art. 88 Abs. 1 der Richtlinie 2001/83/EG steht einem § 8 Abs. 1 HWG entsprechenden nationalen Werbeverbot für den Versandhandel mit Arzneimitteln, die in dem betreffenden Mitgliedstaat nur in Apotheken verkauft werden dürfen, entgegen, soweit dieses Verbot, Arzneimittel betrifft, die nicht verschreibungspflichtig sind."

47a cc) **Verschreibungspflichtige Arzneimittel**[110]. § 78 I a AMG ermächtigt zur Festsetzung von Preisspannen, nach S. 2 auch bei Arzneimitteln, die nach § 73 I 1 Nr. 1a AMG in den Geltungsbereich des AMG verbracht worden sind. Das gilt auch für den Versandhandel mit Arzneimitteln.

---

[104] Amtliche Begründung, BT-Drs. 15/1525, S. 161. Weitere Qualitätssicherungsvorkehrungen trifft § 17 II a BApO.
[105] Siehe dazu *Graefe*, u. a. DAZ 2003, 5965.
[106] Siehe dazu *Graefe* u. a. DAZ 2003, 6562. Zu weiteren rechtlichen Rahmenbedingungen vgl. *Graefe* u. a., DAZ 2003, 6427. Siehe im Übrigen auch § 1 VI HWG.
[107] EuZW 2004, 21 und dazu *Lenz*, NJW 2004, 332; *Koch*, EuZW 2004, 50.
[108] Richtlinie 2001/83/EG des Europäischen Parlaments und des Rates vom 6.11.2001 zur Schaffung eines Gemeinschaftskodexes für Humanarzneimittel (ABl. L Nr. 311, S. 67).
[109] Siehe dazu → § 3 Rn. 34 ff.
[110] Zum Begriff der verschreibungspflichtigen Arzneimittel → § 53 Rn. 19 ff.

§ 7 II HWG verbietet im Bereich verschreibungspflichtiger Arzneimittel Geldzuwendungen, Preisnachlässe, Boni und Werbeangebote.

Die Deutsche Parkinson-Vereinigung vereinbarte dennoch mit der niederländischen Versandapotheke DocMorris ein Bonussystem. In dem sich daran anschließenden wettbewerbsrechtlichen Verfahren legte das OLG Düsseldorf dem EuGH nach Art. 267 AUEV im Wesentlichen zwei Fragen vor:
– Ist die Preisbindung bei verschreibungspflichtigen Arzneimitteln eine Maßnahme gleicher Wirkung im Sinne von Art. 34 AEUV?
– Wenn das zu bejahen ist, würde eine solche Maßnahme durch Art. 36 AUEV gerechtfertigt?

Der EuGH[111] betonte zunächst, dass die Gewährleistung freier Warenverkehrs in der EU eine elementarer Grundsatz sei. Er wiederholte außerdem, dass eine Maßnahme gleicher Wirkung jede Maßnahme eines Mitgliedstaates ist, die geeignet ist, Einfuhren aus einem Mitgliedstaat unmittelbar oder mittelbar, tatsächlich oder potentiell zu behindern. Auf dieser Grundlage bejahte der EuGH den Anwendungsbereich des Art. 34 AEUV, ausgehend von der Feststellung, dass Preiswettbewerb ein wichtiger Wettbewerbsfaktor sei.[112] 48

Der EuGH verneinte sodann den Rückgriff auf den eng auszulegenden Art. 36 AEUV. Zwar entschieden die Mitgliedstaaten unter Inanspruchnahme eines Wertungsspielraums über das von ihnen zu verantwortende Schutzniveau für die Gesundheit. Die konkrete Regelung müsse aber geeignet sein, diesen Zweck zu erfüllen. Ob das der Fall sei, müsse die zuständige nationale Behörde dartun und beweisen. Das sei ihr im vorliegenden Fall weder unter dem Aspekt möglichen ruinösen Wettbewerbs zu Lasten traditioneller Apotheken im ländlichen oder dünnbesiedelten Raum gelungen noch hinsichtlich einer Gefährdung der Notgallversorgung oder gesundheitsgefährdenden Patientenverhaltens.[113] 48a

Die EuGH-Entscheidung hat, wenig überraschend, umfangreiche Kritik hervorgerufen.[114] Sie beruht im Wesentlichen auf abweichenden Sachverhaltsmaßnahmen.[115] Diese leiden jedoch daran, dass es an sie stützenden Untersuchungen/Gutachten fehlt. Ins Gewicht fallende Umsatzeinbußen bei verschreibungspflichtigen Arzneimitteln durch den Preiswettbewerb der Versandhandelsapotheken sind bislang nicht nachweisbar.[116] 48b

c) Besondere Vertriebsformen
aa) Europa-Apotheke Budapest / Eigenverantwortung des Apothekers. Ein inländischer Apotheker hatte seinen Kunden angeboten, für sie Medikamente bei einer ungarischen Apotheke zu beziehen. Der BGH hat dazu entschieden, der inländische Apotheker sei verpflichtet, diese Medikamente nach Lieferung in seiner eigenen Apotheke zusammen mit einer Rechnung der ungarischen Apotheke bereitzuhalten, die Medikamente auf Unversehrtheit ihrer Verpackung, Verfalldatum sowie mögliche Wechselwirkungen zu überprüfen, ggf. nicht ordnungsgemäße Medikamente an die ungarische Apotheke zurückzuleiten sowie die Kunden, die Medikamente auf diesem Wege beziehen wollten, auch pharmazeutisch zu beraten.[117] Handelt der Apotheker nicht entsprechend diesen Vorgaben, verstößt er nach Auffassung des BGH gegen das Vertriebsverbot des § 73 I 1 AMG. Kernaussage dieser 48c

---

[111] Urt. v. 19.10.2016 – C-148/15, ECLI:EU:C:2016:776.
[112] EuGH, ECLI:EU:C:2016:716 Rn. 27; früher schon EuGH, Urt. v. 11.12.2003 – C-322/01 – Deutscher Apothekerverband, EU:C:2003:664 Rn. 74 ff.
[113] B. v. 29.11.2016 – B 3 KR 21/16 B, A&R 2017, 41. Das BSG stützt sich im Übrigen auf seine ständige Rechtsprechung vg. etwa BSGE 101, 61; 113, 24 sowie auf die Entscheidung des GmSOGB, BGHZ 194, 354.
[114] *Dettling*, A&R 2016, 251; *Witt/Gregor*, PharmR 2017, 261, 481; *Koenig*, PharmR 2017, 85; *Meyer*, A&R 2017, 11. Zum Heilmittelwerberecht vgl. insoweit *Mand*, A&R 2017, 3.
[115] Dazu ausf. *Dettling*, A&R 2016, 251; *Henssler/Kleen/Riegler*, EuZW 2017, 723.
[116] → § 37 Rn. 3.
[117] BGH, Urt. v. 12.1.2012 – 1 ZR 211/10, A&R 2012, 178.

Entscheidung ist, dass die Abgabenverantwortung für in Deutschland zulassungspflichtige Arzneimittel bei der deutschen Apotheke liegt.[118]

48d bb) **Pick-up.** Der BGH hatte in diesem Zusammenhang offengelassen, welche Bedeutung § 7 ApoG zuzumessen sei. Das BVerfG hat sich aber in der Visavia-Entscheidung zu Apothekenterminals auf den Standpunkt gestellt, es sei nach § 7 ApoG unzulässig, dass eine Apotheke die Verantwortung für auch von ihr abgegebene Arzneimittel teilweise auf Dritte übertrage.[119]

48e cc) **Videoterminal.** Die niederländische Versandapotheke DocMorris hatte in Hüffenrath (Deutschland) einen Automaten aufgestellt. Über einen Videochat konnte der Kunde Kontakt mit Mitarbeitern von DocMorris aufnehmen. Nach einer Beratung gaben diese per Knopfdruck die erforderlichen Medikamente frei. Das LG Mosbach hat DocMorris untersagt, verschreibungspflichtige Arzneimittel auf diesem Wege an Patienten abzugeben.[120]

VII. Pflichten und Haftung[121]

1. Pflichten

49 Den Apotheker treffen zwei (Haupt)Pflichten: Die Abgabe von Arzneimitteln (§ 17 Ia ApBetrVO)[122] zur Sicherstellung der ordnungsgemäßen Arzneimittelversorgung der Bevölkerung (§ 1 ApoG) sowie die Information und Beratung des Kunden (§ 20 ApBetrVO).[123]

50 a) **Abgabepflichten.** Die Abgabepflicht wird durch verschiedene Sonderpflichten konkretisiert. Zu diesen gehören Pflichten über die Lagerung (§ 16 ApBetrVO)[124] und das Inverkehrbringen von Arzneimitteln und apothekenüblichen Waren (§ 17 ApBetrO),[125] vor allem aber die Vorratshaltung (für den durchschnittlichen Bedarf einer Woche) (§ 15 ApBetrO) und die Dienstbereitschaft (§ 23 ApBetrO).

51 Besondere Pflichten treffen die Apotheker im Rahmen der aut-idem-Regelung des § 129 SGB V.[126] Sie regeln die Substitutionspflichten des Apothekers beim Vorhandensein preisgünstigerer Arzneimittel als der verordneten.

52 Zu beachten ist außerdem die aus § 129 I 1 Nr. 2 SGB V fließende Pflicht des Apothekers preisgünstige importierte Arzneimittel abzugeben, wenn deren für den Versicherten maßgeblicher Arzneimittelabgabepreis mindestens 15 % oder mindestens 15,00 EUR niedriger ist als der Preis des Bezugsarzneimittels.

53 b) **Informations- und Beratungspflichten.** Besondere Bedeutung haben die Informations- und Beratungspflichten des Apothekers. Die Beratung bezieht sich auf die Dosierung, auf die

---

[118] Zutreffend *Laskowski,* A&R 2012, 181.

[119] BVerwG, Urt. v. 24.6.2010 – 3 C 30/09 und 31/09, A&R 2010, 224 mit Anm. v. *Dettling.* Zu Rezeptsammelboxen in einem Supermarkt s. OLG Hamm, Urt. v. 12.5.2015 – 4 U 53/15, GRUR-RR 2015, 385; s. a. VG Gelsenkirchen, Urt. v. 27.9.2016 – 19 K 5025/15.

[120] Urt. v. 14.6.2017. Die Entscheidung ist in einem einstweiligen Verfügungsverfahren ergangen. Der Rechtsstreit ist insgesamt noch nicht rechtskräftig entschieden, s. a. LTO vom 14.6.2017.

[121] Siehe dazu *Meier,* in: ders./von *Czettriz/Gabriel/Kaufmann,* Pharmarecht 2014 § 4 Rn. 52 ff.

[122] S. dazu ausf. *Kieser,* in: Saalfrank (Hrsg.), Handbuch des Medizin- und Gesundheitsrechts § 11 Rn. 147 ff.; *Cyran/Rotta,* in: dies., BApO, Stand 2017, § 17 Rn. 65 ff. Die Abgabe von Arzneimitteln durch Boten ist nur im Einzelfall zulässig, § 17 II BApO, s. dazu *Frohn/Schmidt,* in: Münchener Anwaltshandbuch Medizinrecht, 2. Aufl. 2013, § 15 Rn 247; Krämer, in: Rixen/Krämer, ApoG, 2014, § 17 BApO, Rn. 7.

[123] *Cyran/Rotta,* BApO, Stand 2012, Anmerkung zu § 20.

[124] Unter „Lagerung" versteht man das gewerbliche oder berufsmäßige Vorrätighalten, *Cyran/Rotta,* in: dies., BApO, Stand 2012, § 16 Rn. 5.

[125] *Cyran/Rotta,* in: dies. BApO, Stand 2017, § 17 Rn. 59.

[126] → § 53 Rn. 17 ff.

Einnahmefrequenz und die Therapiedauer, auf die Einnahmemodalitäten und mögliche Interaktionen mit anderen Arznei- oder Nahrungsmitteln.[127]

Die BApO n. F. spezifiziert das nunmehr in § 20 II, III wie folgt: 53a

„(2) Bei der Information und Beratung über Arzneimittel müssen insbesondere Aspekte der Arzneimittelsicherheit berücksichtigt werden. Die Beratung muss die notwendigen Informationen über die sachgerechte Anwendung des Arzneimittels umfassen, soweit erforderlich, auch über eventuelle Nebenwirkungen oder Wechselwirkungen, die sich aus den Angaben auf der Verschreibung sowie den Angaben des Patienten oder Kunden ergeben, und über die sachgerechte Aufbewahrung oder Entsorgung des Arzneimittels. Bei der Abgabe von Arzneimitteln an einen Patienten oder anderen Kunden ist durch Nachfrage auch festzustellen, inwieweit dieser gegebenenfalls weiteren Informations- und Beratungsbedarf hat und eine entsprechende Beratung anzubieten. Im Falle der Selbstmedikation ist auch festzustellen, ob das gewünschte Arzneimittel zur Anwendung bei der vorgesehenen Person geeignet erscheint oder in welchen Fällen anzuraten ist, gegebenenfalls einen Arzt aufzusuchen. Die Sätze 1 bis 4 sind auf apothekenpflichtige Medizinprodukte entsprechend anzuwenden.

(3) Der Apothekenleiter muss einschlägige Informationen bereitstellen, um Patienten und 53b anderen Kunden zu helfen, eine sachkundige Entscheidung zu treffen, auch in Bezug auf Behandlungsoptionen, Verfügbarkeit, Qualität und Sicherheit der von ihm erbrachten Leistungen; er stellt ferner klare Rechnungen und klare Preisinformationen sowie Informationen über den Erlaubnis- oder Genehmigungsstatus der Apotheke, den Versicherungsschutz oder andere Formen des persönlichen oder kollektiven Schutzes in Bezug auf seine Berufshaftpflicht bereit."

c) **Apothekenpersonal.** § 3 BApO konkretisiert die Pflichten des Apotheker so: 54

„(1) Das Apothekenpersonal darf nur entsprechend seiner Ausbildung und seinen Kenntnissen eingesetzt werden und ist über die bei den jeweiligen Tätigkeiten gebotene Sorgfalt regelmäßig zu unterweisen. Die Unterweisung muss sich auch auf die Theorie und Anwendung des Qualitätsmanagementsystems erstrecken sowie auf Besonderheiten der Arzneimittel, die hergestellt, geprüft oder gelagert werden.

(2) Zur Gewährleistung eines ordnungsgemäßen Betriebs der Apotheke muss das notwendi- 54a ge Personal, insbesondere auch das pharmazeutische Personal, in ausreichender Zahl vorhanden sein. Das zur Versorgung eines Krankenhauses zusätzlich erforderliche Personal ergibt sich aus Art und Umfang einer medizinisch zweckmäßigen und ausreichenden Versorgung des Krankenhauses mit Arzneimitteln und apothekenpflichtigen Medizinprodukten unter Berücksichtigung von Größe, Art und Leistungsstruktur des Krankenhauses. Satz 2 gilt entsprechend für die Versorgung von Einrichtungen im Sinne von § 12a des Apothekengesetzes."
§ 1a II BApO enthält eine Legaldefinition des Begriffs des pharmazeutischen Personals.

d) **Die Pflicht zur ordnungsgemäßen Abrechnung.** aa) Der Abrechnungsbetrag[128] folgt 54b allgemeinen verfassungsrechtlichen Vorgaben (§ 263 StGB). Er kann zum Widerruf der Approbation führen.[129]

bb) Retaxation von Vergütungsansprüchen der Apotheker 54c

(1) Unter Rataxation ist das Recht der Krankenkassen zu verstehen, gegen Forderungen 54d der Apotheker aus Arzneimittellieferungen wegen fehlerhafter Abrechnung aufzurechnen. Dem liegt eine Verletzung von Prüfpflichten des Apothekers zugrunde.[130]

---

[127] Siehe dazu *Baltzer*, Die Pflicht des Apothekers zur Aufklärung und Beratung über Arzneimittelwirkungen, in: Arzneimittel in der modernen Gesellschaft, 87.
[128] → § 74 Rn. 1 ff.
[129] *Kieser*, Apothekenrecht, S. 12 f.
[130] Zu weiteren Prüfpflichten siehe BSGE 94, 213 – rechtswidriger Einzelimport; BSG, SozR 4–2500 § 129 SGB V Nr. 1 – Mengenüberschreitung der ärztlichen Verordnung; BSG, SozR 4–2500 § 129 SGB V Nr. 2 – Fristüberschreitung des Versicherten zur Vorlage der ärztlichen Verordnung.

54e (2) Der Vergütungsanspruch des Apothekers für die Belieferung Versicherter mit Arzneimitteln richtet sich unmittelbar nach den dem öffentlichen Recht zuzuordnenden sozialversicherungsrechtlichen Regelungen des Leistungserbringerrechts.[131]

54f (3) Verstößt der Apotheker gegen die sich daraus ergebenden Pflichten, kann das nach der Rechtsprechung des BSG bis zu einer Retaxation auf Null unter folgenden Voraussetzungen führen:

„1. Aus dem Ausschluss des Vergütungsanspruch der Apotheken in voller Höhe bei solchen Abgaben von Arzneimitteln für gesetzlich Versicherte, bei denen ein Verstoß gegen eine der vielen formellen oder materiellen (kollektivvertraglichen) Abgabevorschriften aufgetreten ist, auch wenn dadurch kein Schaden auf Seiten der Versicherten oder Krankenkassen entstanden ist,

2. aus dem darüber hinaus gehenden Ausschluss auch von Ansprüchen der Apotheken auf Ausgleich einer ungerechtfertigten Bereicherung der Krankenkassen und von ähnlichen Ansprüchen in diesen Fällen sowie

3. aus dem unbegrenzten Recht der Krankenkassen zur Aufrechnung mit (vermeintlichen) Rückerstattungsansprüchen gegen die Vergütungsansprüche der Apotheken aus der laufenden Versorgung ihrer gesetzlich Versicherten."[132]

54g (4) „Der bundesweit geltende Arzneimittellieferungsvertrag mach den Vergütungsanspruch des Apothekers gegen eine Krankenkasse für ein per Einzelimport beschafftes Arzneimittel in Einklang mit höherrangigem Recht davon abhängig, dass im Zeitpunkt der Abgabe eine Genehmigung der Krankenkasse vorliegt oder feststeht, dass das Mittel deren Leistungspflicht unterliegt."[133]

54h (5) *Dettling/Altschwager* halten die Rechtsprechung des BSG für unzulässiges Richterrecht, sehen in ihr einen Verstoß gegen die Grundrechte des Apothekers aus Art. 12 I GG, Art. 3 I GG und Art. 14 I GG. Außerdem erfülle die Retaxation auf Null die Merkmale einer Strafe im Sinne des Art. 103 II GG.[134]

54i (6) Die Kritik hat sich jedoch nicht durchgesetzt. Das BSG hat die Retaxation auf Null bei Abschluss von Einzelverträgen für zulässig erklärt.[135] Das BSG hat insbesondere die Verletzung von Verfassungsrecht verneint.[136]

2. Haftung

55 Der Apotheker haftet zivilrechtlich für den Schaden, den er durch eine Pflichtverletzung schuldhaft verursacht hat.[137] Im Übrigen unterliegt er der Disziplinaraufsicht; gegen deren Maßnahmen kann er sich vor den Verwaltungsgerichten zur Wehr setzen.[138]

VIII. Organisation

1. Apothekerkammer

56 Apotheker sind Pflichtmitglieder der in den einzelnen Bundesländern im Rahmen der Heilberufsgesetze eingerichteten Apothekerkammern. Diese sind Körperschaften des öffent-

---

[131] BSG, SozR 4–2500 § 129 SGB V Nr. 5; BSGE 106, 303. Siehe dazu (krit.) im Einzelnen *Dettlling/Altschwager*, Retaxation auf Null in der GKV, S. 53 ff. Siehe weiter *Wesser*, A&R 2010, 205; 2010, 353.
[132] *Dettling/Altschwager*, Retaxation auf Null in der GKV, S. 1.
[133] BSGE 106, 303 – Thalidomid. Zum Problem bei aus importierten Arzneimitteln hergestellten Zytostatika siehe *Saalfrank/Wesser*, A&R 2009, 2007, 253; A&R 2010, 19.
[134] Retaxation auf Null in der GKV, zusammenfassend S. 153.
[135] BSG, Urt. v. 25.11.2015 – B 3 KR 16/15, MedR 2016, 386.
[136] MedR 2016, 386 Rn. 43. Ebenso der Beschluss der 2. Kammer des Ersten Senats des BVerfG v. 7.5.2014 – 1 BvR 357/13, NJW 2014, 2340.
[137] Siehe dazu Deutsch/Spickhoff, Medizinrecht, Rn. 1602 ff.
[138] Siehe dazu BVerwG, NJW 1992, 1579.

lichen Rechts. Die Apotheker unterliegen den satzungsgemäß erlassenen Berufsordnungen und den ebenfalls von den Landesapothekerkammern erlassenen Weiterbildungsordnungen.

Die Landesapothekerkammern sind – auf freiwilliger Basis – Mitglieder der in privater Rechtsform errichteten Bundesapothekerkammer, über die die Kammerinteressen auf Bundesebene wahrgenommen werden. 57

2. Apothekerverein

Neben den Kammern sind in den Ländern Apothekervereine/-verbände entstanden. Sie dienen vor allem der wirtschaftlichen Förderung der Interessen ihrer Mitglieder. Auf Bundesebene haben sie sich im Deutschen Apothekerverein e. V. zusammengeschlossen. Der DAV ist Inhaber des Verbandszeichens „Apotheke-A". 58

3. ABDA[139]

BAK und DAV bilden seit 1983 die Bundesvereinigung Deutscher Apothekerverbände (ABDA). Mitglieder der ABDA sind alle 17 Landesapothekerkammern sowie die 17 Landesapothekerverbände. Die ABDA ist die politische Vertretung der rund 63.000 berufstätige Apothekerinnen und Apotheker auf nationaler und internationaler Ebene. Sie wahrt und fördert die gemeinsamen Interessen und nimmt sich der Pflege der Zusammengehörigkeit der deutschen Apothekerschaft an. Die ABDA vertritt die deutschen Apotheker national und international. 59

IX. Krankenhausapotheke[140]

1. Zulassung

§ 14 ApothG erlaubt dem Träger eines Krankenhauses auf Antrag den Betrieb einer Krankenhausapotheke, wenn er die apothekenüblichen personellen und sachlichen Voraussetzungen erfüllt (§ 14 I Nr. 1, 2 ApotG).[141] In der bis 31.12.2003 geltenden Fassung der Vorschrift war die Arzneimittelversorgung durch die Krankenhausapotheke grundsätzlich auf die Versorgung von Krankenhauspatienten (in den verschiedenen Spielarten der Krankenhausversorgung) beschränkt (§ 14 IV ApoG). 60

2. GMG

Das GMG hatte in §§ 116a, 116b, 140b IV 3 SGB V den Aufgabenkreis des Krankenhauses erweitert.[142] 61

3. EuGH

Die in §§ 14 IV – VI enthaltenen Regelungen des ApoG hat der EuGH unionsrechtlich geprüft und entschieden: 62

„1. Eine Regelung, die in § 14 Abs. 4 bis 6 ApoG enthaltene Belieferungsbedingung, nach der pharmazeutische Produkte an ein Krankenhaus faktisch nur durch einen in räumlicher Nähe zum betreffenden Krankenhaus ansässigen Apotheker geliefert werden dürfen, verstößt gegen den Grundsatz des freien Warenverkehrs aus Art. 28 EGV.

2. Der Verstoß ist jedoch aus Gründen des Schutzes der Gesundheit der Bevölkerung gerechtfertigt. Ein Mitgliedstaat kann mit einer solchen Regelung das legitime Ziel verfolgen, ein hohes Niveau des Gesundheitsschutzes seiner Bevölkerung zu erreichen.

---

[139] *Friedrich*, Die Geschichte der ABDA von 1950 bis 2000.
[140] S. dazu auch *Kieser*, Apothekenrecht, 109 ff.; *Detlting/Kieser*, Krankenhausrecht 2007, 99.
[141] Zur Bundeswehrapotheke siehe § 15 ApoG und dazu *Rixen*, in: ders./Krämer, ApoG 2014, Anm. zu § 15.
[142] → § 16 Rn. 76 ff.

3. Das Schutzniveau kann durch die Mitgliedsstaaten im Rahmen eines Beurteilungsspielraumes frei bestimmt werden. Eine Regelung ist nicht deshalb unverhältnismäßig, weil in anderen Mitgliedsstaaten ein weniger hohes Schutzniveau angestrebt wird und weniger restriktive Regelungen vorgesehen sind,,"[143]

4. BVerwG, Urt. vom 30.8.2012 – BVerwG 3 C 24.11

63   Nach der Entscheidung des EuGH ist für das deutsche Recht unverändert offen geblieben, wie insbesondere die Voraussetzungen des § 14 V Nr. 3 und 4 zu verstehen sind.

64   a) **Versorgungsvertrag.** Das BVerwG hat dazu Klarheit geschaffen. Wer als Inhaber einer Erlaubnis zum Betrieb einer Krankenhausapotheke berechtigt ist, ein weiteres, nicht von ihm selbst getragenes Krankenhaus mit Arzneimitteln zu versorgen, muss mit dem Träger dieses Krankenhauses einen schriftlichen Vertrag schließen (§ 14 III ApoG). Dieser Vertrag bedarf der Genehmigung durch die zuständige Behörde (§ 14 V 1 ApoG). Sie ist zu erteilen, wenn die in § 14 V 2 Nr. 1–6 ApoG genannten Voraussetzungen erfüllt sind. Umstritten sind, wie schon erwähnt, vor allem die Voraussetzungen von Nr. 3 und Nr. 4.

65   b) **Unverzüglichkeit.** Unverzüglichkeit im Sinne der Nr. 3 setzt voraus, dass die benötigten Arzneimittel im Einzelfall zeitnah und ohne vermeidbare Verzögerungen im Krankenhaus bereitstehen müssen. Das setzt räumliche Nähe zwischen Krankenhausapotheke und zu beliferndem Krankenhaus voraus.[144] Aus den Empfehlungen der Bundesapothekerkammer zur Qualitätssicherung: „Versorgung der Krankenhauspatienten durch Apotheken (11/2010)" ergibt sich, dass von räumlicher Nähe ausgegangen werden kann, wenn die benötigten Arzneimittel innerhalb einer Stunde zur Verfügung stehen.[145]

66   c) **Beratungspflichten.** Die Beratungspflichten nach Nr. 4 verlangen, dass eine persönliche Beratung des Personals des Krankenhauses durch den Leiter der externen Apotheke oder den von ihm beauftragten Apotheker der versorgenden Apotheke bedarfsgerecht und im Notfall unverzüglich erfolgt. Persönliche Beratung meint eine pharmazeutische Information und Beratung durch den Apothekenleiter selbst (oder den beauftragten Apotheker). Die Beratung durch andere Personen des pharmazeutischen Personals genügt nicht.[146] Aus dem Begriff der bedarfsgerechten Beratung folgt, dass zwar telefonische oder elektronische Beratung nicht ausgeschlossen ist, aber ggf. doch vor Ort persönliche Anwesenheit des Apothekenleiters (oder des von ihm beauftragten Apothekers) erfolgen muss.[147] Das setzt die erforderliche räumliche Nähe voraus.[148]

67   **BFH/Zytostatika**
Die Verordnung von Zytostatika im Rahmen einer ambulant in einer Krankenhausapotheke durchgeführten ärztlichen Heilbehandlung, die dort individuell für den einzelnen Patienten hergestellt worden sind, ist als ein mit der ärztlichen Heilbehandlung eng verbundener Umsatz steuerfrei.[149]

---

[143] EuGH, Urt. v. 11.9.2008 – C 141/07, MedR 2009, 339.
[144] BVerwG, Urt. vom 30.8.2012 – BVerwG 3 C 24.11 Rn. 18f; BVerwGE 144, 99. Siehe auch EuGH, NJW 2008, 1225 Rn. 19f, 34, 47, 49.
[145] Siehe dazu die Nachweise bei BVerwG, E 144, 99 Rn. 19.
[146] BVerwGE 144, 99 Rn. 24.
[147] BVerwGE 144, 99 Rn. 26 f.
[148] BVerwGE 144, 99 Rn. 26 f.
[149] BFH, Urt. v. 24.9.2014 – V R 19/11, BStBl. II 2016, 781; s. dazu EuGH, Urt. v. 13.3.2014 – C-366/12, BeckRS 2014, 413511. Zum Erstattungsanspruch einer Krankenkasse für gezahlte Umsatzsteuer auf Herstellungspauschalen durch eine Krankenhausapotheke individuell hergestellter Arzneimittel vgl. SG Reutlingen, Urt. v. 14.6.2017 – S 1 KR 3399/14, juris.
Zu vergaberechtlichen Problemen bei Zyostatika vgl. *Gabriel*, in: ders./Krohn/Neun, Handbuch Vergaberecht, 2. Aufl. 2017, § 78.

9. Abschnitt: Die Gesundheitshandwerker

§ 39 Allgemeine Grundsätze

I. Arten der Gesundheitshandwerke

Die sog. Gesundheitshandwerker bestehen aus den
- Augenoptikern[1]
- Hörgeräteakustikern[2]
- Zahntechnikern[3]
- Orthopädiemechanikern/Bandagisten[4]
- Orthopädieschuhmachern.[5]

1

II. Rechtsrahmen

1. Die HwO und ihre Fortentwicklung

Die Gesundheitshandwerker unterliegen der Handwerksordnung (HwO).[6] Der Gesetzgeber hatte seit langem das Ziel verfolgt, das Handwerksrecht „zukunftsfähig, zukunftssicher und europafest" zu machen.[7] In der zentralen Frage, dem Erfordernis des Meisterberufs zur Berufsausübung, sollte nach dem Gesetzesvorhaben insoweit nichts geändert werden: Die Gesundheitshandwerke sollten in der Anlage A zur HwO „Verzeichnis der Gewerbe, die als zulassungspflichtige Handwerke betrieben werden können (§ 1 II)", wie sich aus Nr. 33 bis 37 der Anlage A ergibt, verbleiben. Nach der Amtlichen Begründung war wesentliches Kriterium für die Aufrechterhaltung von Gewerben in der Anlage A das Gefahrenpotenzial ihrer Tätigkeit für das überragend wichtige Gemeinschaftsgut des Schutzes von Leben und Gesundheit Dritter.[8] Dabei ist es im 3. Gesetz zur Änderung der Handwerksordnung und anderer handwerksrechtlicher Vorschriften vom 24.12.2003 (BGBl. I 2934) geblieben.[9]

2

2. Unionsrecht

Veränderungen werden vor allem unionsrechtlich bewirkt.

3

---

[1] → § 40 Rn. 1 ff.
[2] → § 41 Rn. 1 ff.
[3] → § 30 Rn. 22 ff.
[4] → § 42 Rn. 1 ff.
[5] Siehe dazu die Orthopädieschuhmacherausbildungsverordnung vom 16.7.2015 (BGBl. I 1298).
[6] Siehe Anlage A zu HwO.
[7] Gesetzesentwurf der Fraktion SPD und Bündnis 90/Die Grünen, BT-Drs. 15/1206 vom 24.6.2003 und dazu die Stellungnahme des Bundesrates BT-Drs. 15/1481 vom 15.8.2003. Siehe auch den Gesetzesentwurf der Fraktion SPD und Bündnis 90/Die Grünen zur Änderung der HwO und zur Förderung von Kleinunternehmen vom 3.6.2003, BT-Drs. 15/1089 und den Gesetzesantrag des Freistaats Bayern zur Modernisierung und Zukunftssicherung des Handwerks vom 4.7.2003, BR-Drs. 466/03. Zu den Reformplänen insgesamt siehe *Traublinger*, GewA 2003, 353; *Stober*, GewA 2003, 393; *Dürr*, GewA 2003, 415; *Wiemers/Sonder*, DÖV 2011, 104.
[8] BT-Drs. 15/1206 S. 41. Zum geltenden Recht siehe *Schwannecke/Heck* GewA 2004, 129; *Kormann/Hüpers*, Das Neue Handwerksrecht, 2004; *Wiemers*, DVBl. 2012, 942 (944). Zur Lockerung des strengen Grundsatzes der Meisterpräsenz in den Gesundheitshandwerken s. *Detterbeck*, GewA 2014, 147–154.
[9] S. dazu aber *M. Müller*, GewA 2007, 361; *Baumeister*, GewA 2007, 310.

Zu beachten sind die Berufsanerkennungsrichtlinie[10] und die Dienstleistungsrichtlinie.[11] Die Dienstleistungsrichtlinie sollte in ihrer ursprünglichen Fassung drei große Ziele verfolgen:

- Beseitigung von Hindernissen für die Niederlassungsfreiheit
- Beseitigung von Hindernissen für den freien Dienstleistungsverkehr
- Stärkung des gegenseitigen Vertrauens zwischen den Mitgliedsstaaten.[12]

4   Diese Ziele haben grundsätzlich Eingang in die Richtlinie gefunden. Entfallen ist jedoch das Herkunftslandprinzip, wonach im freien Dienstleistungsverkehr die Dienstleistungserbringer lediglich den Bestimmungen des Herkunftsmitgliedslandes unterfallen. Die Kontrolle des Dienstleistungserbringers sollte ebenfalls ausschließlich durch das Herkunftsland erfolgen.[13] Die europäische Dienstleistungsrichtlinie[14] klammert jedoch nach ihrem Art. 2 Nr. 2f Gesundheitsdienstleistungen von ihrem Anwendungsbereich aus.[15]

§ 40 Augenoptiker

I. Beruf des Augenoptikers

1. Zuordnung

1   Der Augenoptiker ist Handwerker.[16] Er liefert Hilfsmittel im Sinne des SGB V.[17] Im Sinne des MPG handelt es sich um Medizinprodukte.[18] Er unterscheidet sich nicht nur vom Augenarzt, sondern auch vom Orthoptisten, der nach § 3 OrthoptistenG,[19] insbesondere bei der Prävention, Diagnose und Therapie von Störungen des ein- und beidäugigen Sehens bei Schielerkrankungen, Sehschwächen und Augenzittern mitwirkt, also als Mitarbeiter des Arztes Heilkunde ausübt.

2. Berufsbild und Ausbildung

2   Das Berufsbild des Augenoptikers wird von § 2 der Augenoptiker-Meisterverordnung umschrieben.[20]

3   Die Ausbildung zum Augenoptiker wird von der Verordnung über die Berufsausbildung zum Augenoptiker/Augenoptikerin vom 26.4.2011 (BGBl. I 698) geregelt.

---

[10] Richtlinie 2005/36/EG des Europäischen Parlaments und des Rates vom 7.9.2005 über die Anerkennung von Berufsqualifikationen, zuletzt geändert durch Richtlinie 2013/55/EU des Europäischen Parlaments und des Rates vom 20.11.2013 (ABl. L 354/132).

[11] Richtlinie 2006/123/EG des Europäischen Parlaments und des Rates vom 12.12.2006 über Dienstleistungen im Binnenmarkt (ABl. L 376/36).

[12] Die Dienstleistungsrichtlinie ist insoweit Bestandteil der 2. Stufe der „Binnenmarktstrategie für den Dienstleistungssektor" (sog. Lissabon-Prozess).

[13] Vgl. dazu *Korte*, NVwZ 2007, 501.

[14] S. Fn. 11.

[15] Zur Ausklammerungsthematik → § 3 Rn. 47.

[16] Vgl. Anlage A zur HwO Nr. 33. Zum Beruf des Augenoptikers siehe *Schreiber* (Hrsg.), Rechtliche Grundlagen in der Augenoptik.

[17] → § 60 Rn. 1 ff.

[18] Gegebenenfalls (so z. B. bei Korrektionsbrillen) handelt es sich um Sonderanfertigungen gem. § 3 Nr. 8 MPG, siehe dazu DOZ 1998, 36 (37).

[19] OrthoptistenG vom 28.11.1989 (BGBl. I 2061), zuletzt geändert durch Art. 19 des Gesetzes vom 18.4.2016 (BGBl. I 886); siehe auch die Ausbildungs- und PrüfungsVO für Orthoptistinnen und Orthoptisten vom 21.3.1990 (BGBl. I 563), zuletzt geändert durch Art. 20 des Gesetzes vom 18.4.2016 (BGBl. I 886).

[20] Verordnung über das Meisterprüfungsberufsbild und über die Prüfungsanforderungen in den Teilen I und II der Meisterprüfung im Augenoptiker-Handwerk vom 29.8.2005 (BGBl. I 2610), zuletzt geändert durch Art. 20 der Verordnung vom 17. November 2011 (BGBl. I 2234).

3. Markt

Zum 31.12.2016 gab es in Deutschland ca. 11.800 Augenoptikerbetriebe. 2.046 Betriebsstätten von ihnen waren einem der zehn größten Filialisten zuzuordnen. Die Brillenoptik war mit 82,4 % am Gesamtumsatz beteiligt, die Kontaktlinsenoptik mit 7,4 %. Die verbleibenden 10,2 % entfielen auf Handelswaren und Sonstiges. Der Umsatz aller Augenoptikerbetriebe betrug knapp 6 Milliarden EUR (inkl. MwSt.). Im Jahr 2016 wurden 12,62 Millionen Brillen verkauft, was einem Wachstum von 1,5 % gegenüber dem Vorjahr entspricht. Die zehn umsatzstärksten Filialisten haben 2016 45,1 % des Nettoumsatzes erzielt. Die zehn größten Filialisten sind[21]: 4

Name	Filialen	Umsatz (netto) in Millionen EUR
1. Fielmann, Hamburg	589	1.047,0
2. Apollo Optik, Schwabach[22]	800	675,0
3. Pro Optik, Wendlingen	137	123,0
4. Optik Matt, Regensburg	71	50,3
5. aktivoptik, Bad Kreuznach[23]	77	50,1
6. Optiker Bode, Hamburg	75	49,0
7. eyes and more Hamburg[24]	99	44,8
8. Krass Optik, München	74	43,3
9. Abele Optik, Würzburg	74	41,0
10. Binder Optik, Böblingen	50	41,0

4. Organisation

Rund 90 % der Augenoptiker sind in Augenoptikerinnungen organisiert. Diese bilden auf Landesebene 14 Landesinnungsverbände/Landesinnungen. Die Landesorganisationen gehören dem Zentralverband der Augenoptiker (ZVA) (Bundesinnungsverband) mit Sitz in Düsseldorf an. 5

II. Vergütung

1. PKV/Beihilfe

Das Augenoptiker-Handwerk rechnet gegenüber seinen privaten Kunden nach Marktpreisen ab. In der PKV differieren zwar die Erstattungsbeträge für Brillenfassungen, -gläser, Kontaktlinsen und Refraktion nach Höhe/Häufigkeit und Modalitäten. Die grundsätzliche Erstattungsfähigkeit ist aber gegeben.[25] Für das Beihilferecht gilt nichts Anderes.[26] 6

2. GKV

a) § 33 II SGB V. Maßgebend ist § 33 II SGB in der durch das HHVG[27] geänderten Fassung. Danach hat der Versicherte bis zur Vollendung des 18. Lebensjahres Anspruch auf Versorgung mit Sehhilfen entsprechend den Voraussetzungen nach § 33 I SGB V. Für Ver- 7

---

[21] Quelle: ZVA Branchenbericht 2016/17.
[22] Inkl. Franchisepartnern.
[23] Inkl. Franchisepartnern.
[24] Inkl. Franchisepartnern.
[25] Siehe dazu die Allgemeinen Versicherungsbedingungen (AVB).
[26] Vgl. (z. B.) Allgemeine Verwaltungsvorschrift zu § 79 BBG, Anlage 3 zu den BhV Nr. 11 ff. und dazu *Schröder/Beckmann/Weber*, Beihilfevorschriften des Bundes und der Länder, Erl. zu § 6 BhV S. 105 ff.
[27] Die durch Art. 1 Nr. 2 des Gesetzes zur Stärkung der Heil- und Hilfsmittelversorgung (HHVG) vom 4.4.2017 (BGBl. I 2017, 778) bewirkten Änderungen sind m. W. v. 11.4.2017 in Kraft getreten.

sicherte, die das 18. Lebensjahr vollendet haben, besteht der Anspruch auf Sehhilfen nur, wenn sie nach der von der WHO empfohlenen Klassifikation auf Grund ihrer Sehbeeinträchtigung oder Blindheit bei bestmöglicher Brillenkorrektur auf beiden Augen eine schwere Sehbeeinträchtigung mindestens der Stufe 1 haben,[28] oder wegen einer Kurz- oder Weitsichtigkeit Gläser mit einer Brechkraft von mindestens 6 Dioptrien oder wegen einer Hornhautverkrümmung von mindestens 4 Dioptrien benötigen.

8   **b) Hilfsmittelverzeichnis.** Das Hilfsmittelverzeichnis (§ 139 SGB V)[29] enthält umfangreiche Vorgaben für den Bereich der Sehhilfen.

„Sehhilfen sind optische bzw. optoelektronische Vorrichtungen, die zur Korrektur von Brechungsfehlern oder dem Ausgleich, der Verbesserung oder Behandlung eines anderen Krankheitszustandes des Auges dienen. Zu Lasten der GKV dürfen nur solche Sehhilfen verordnet werden, deren Beschaffenheit eine ausreichende, zweckmäßige, funktionsgerechte und wirtschaftliche Versorgung der Versicherten gewährleisten. Sie müssen bzgl. der optischen und funktionellen Parameter sachgerecht bestimmt und nach optisch-physikalischen und anatomischen Gesichtspunkten ausgewählt, angemessen angefertigt und angepasst sein."[30]

9   Sehhilfen im Sinne des Hilfsmittelverzeichnisses[31] sind:
- Brillengläser[32]
- Kontaktlinsen[33]
- Sehhilfen[34] (vergrößernde).

10   **c) Folgerungen.** Die Verordnung von Sehhilfen ist Bestandteil der vertragsärztlichen Versorgung und bleibt dem Vertragsarzt vorbehalten.[35] Die meisten Probleme ergeben sich aus dem verkürzten Versorgungsweg.[36]

11   **d) Festbetragsregelungen.** Da, wie schon erwähnt, die Sehhilfe Hilfsmittel im Sinne des § 33 SGB V ist[37], sind für sie im wesentlichen Festbeträge festgesetzt (§ 36 SGB V).[38]

12   Die Festbetragsfestsetzung ist zulässig. Grundrechte der Augenoptiker werden durch die Festsetzung nicht berührt, weil damit keine berufsregelnde Tendenz verbunden ist. Nach

---

[28] Der WHO Technical Report Series Nr. 518, 1973 sieht für Stufe 1 vor: „Der Begriff „Sehschwäche" in der Kategorie H54 schließt die Stufen 1 und 2 der folgenden Tabelle ein, der Begriff „Blindheit" die Stufen 3, 4 und 5 und die Bezeichnung „nicht näher bestimmter Visusverlust" die Stufe 9. Wenn die Größe des Gesichtsfeldes mitberücksichtigt wird, sollten Patienten, deren Gesichtsfeld bei zentraler Fixation nicht größer als 10 Grad, aber größer als 5 Grad ist, in die Stufe 3 eingeordnet werden; Patienten, deren Gesichtsfeld bei zentraler Fixation nicht größer als 5 Grad ist, sollten in die Stufe 4 eingeordnet werden, auch wenn die zentrale Sehschärfe nicht herabgesetzt ist."

[29] → § 61 Rn. 1 ff.

[30] Hilfsmittelverzeichnis Gruppe 25 Nr. 1.

[31] Siehe dazu die Hilfsmittelrichtlinien vom 17.6.1992 (BAnz. Nr. 183b vom 29.3.1992) i. d. F. v. 21.12.2011/15.3.2012 (BAnz AT v. 1.4.2012 S. 1), in Kraft getreten am 1.4.2012, dort Abschnitt B Sehhilfen.

[32] Hilfsmittelrichtlinien § 14.

[33] Siehe dazu Hilfsmittelrichtlinien § 15.

[34] Hilfsmittelrichtlinien § 16. Zur Einsetzung von Sonderlinsen anstelle von Standardlinsen (zusammengefasst unter dem Begriff Intraokularlinse [IOL]) siehe § 33 IX SGB V. Zu therapeutischen Sehhilfen vgl. Hilfsmittelrichtlinien § 17.

[35] Eine Sehhilfe soll dann verordnet werden, wenn sie der Verbesserung der Sehschärfe (§ 12 Richtlinie) dient oder sich als therapeutische Sehhilfe versteht (§ 17 Richtlinie).

[36] → § 40 Rn. 16.

[37] Siehe dazu die allgemeine Darstellung des Hilfsmittelrechts, → §§ 60 ff. Dort auch zur Zulassung des Augenoptikers als Hilfsmittelerbringer.

[38] Maßgebend sind derzeit die ab 1.3.2008 gültigen SpiBuK-Beschlüsse zu Sehhilfen, vgl. *Butzer*, in: Becker/Kingreen, SGB V, § 36 Rn. 2. In den Fällen, in denen kein Festbetrag existiert, rechnet der Augenoptiker auf der Grundlage eines Kostenvoranschlags ab, siehe dazu *Wetzel*, in: Schreiber (Hrsg.), Rechtliche Grundlagen in der Augenoptik, S. 51 f.

Ansicht des BVerfG werden lediglich Marktchancen der Hilfsmittelanbieter betroffen. Diese sind nicht grundrechtlich geschützt.[39]

Trotz der Festbetragsregelung bleibt die Leistung des Augenoptikers eine Sachleistung,[40] weil sich durch sie der Leistungsanspruch des Versicherten nicht ändert, sondern nur die Leistungshöhe begrenzt wird (und dies nach Maßgabe der Zuzahlungsnotwendigkeiten).[41]

III. Vergewerblichung des Arztberufs/Europäischer Gesundheitsmarkt

1. Kompetenzen des Augenoptikers

Auch die Augenoptiker haben es mit der zunehmenden Vergewerblichung des Arztberufs zu tun.[42]

a) Tätigkeitsbereiche. Augenoptiker dürfen berührungslose Augen-Innendruckmessungen (Tonometrie) und Prüfungen des Gesichtsfeldes mittels einer Computermessung (automatische Perimetrie) nicht durchführen,[43] weil es sich insoweit um die Ausübung von Heilkunde handelt, so hatte zunächst der BGH entschieden.[44] Das BVerfG hat sich demgegenüber auf den Standpunkt gestellt, dass generelle Verbot der Tonometrie und der Perimetrie sowie entsprechende Werbeverbote seien zum Schutz der Bevölkerung nicht erforderlich. Das BVerfG hat infolgedessen die Entscheidung des BGH aufgehoben und an diesen zurückverwiesen.[45] Da das BVerfG offengelassen hatte, welche Anforderungen an die insoweit gebotene Aufklärung des Patienten zu richten seien, hatte der BGH im konkreten Fall, bei dem nur ein allgemeiner Hinweis gegeben worden war, die Sache zu weiteren Klärung an das OLG Koblenz zurückverwiesen.[46] Auch die Abgabe einer Prismenbrille ist eine Augenoptikerleistung.[47]

b) Verkürzter Versorgungsweg. Die Zusammenarbeit zwischen Ärzten und Gesundheitshandwerkern wird im Allgemeinen unter dem Stichwort des „verkürzten Versorgungsweges" behandelt.[48] Für den (Augen)Arzt muss insoweit § 3 II MBO beachtet werden,

---

[39] BVerfG, NZS 2003, 144 (146).
[40] Zum Sachleistungsbegriff siehe → § 9 Rn. 2 ff.
[41] BSG, SGb 2003, 688 (690), zust. *Meydam*, SGb 2003, 694.
[42] Bei den Augenoptikern geht es vor allem um den Kontaktlinsenverkauf und den Vertrieb vergrößernder Sehhilfen durch Ärzte. Für Unruhe unter den Augenoptikern hatte OLG Celle, MedR 2007, 435 gesorgt, eine Entscheidung, die sich auf den Standpunkt gestellt hat, das Messen des Papillarbestandes und des Hornhaut-Scheitel-Abstandes, der Brillenglasbrechung und der Korrektur gehöre nicht zu ärztlichen Leistungen. Die Möglichkeit einer durch den Augenoptiker zusätzlich durchgeführten Refraktion, auf deren Basis die Brille angefertigt werde, begründe jedoch Gefahren, die es rechtfertigten, dass der Arzt die Brillenlieferung durch ein bestimmtes Augenoptikunternehmen vermittle; siehe dazu *Gätjen/Combé*, MedR 2007, 437; *Waler*, MPR 2007, 68; *Maus*, DÄBl. 2007, A-1284. Es gibt auch eine Binnenproblematik, die aus der Zusammenarbeit des Augenoptikers mit externen Betrieben resultiert, z. B. bei der Fern-Formrandung von Brillengläsern oder bei der Anfertigung einer kompletten Brille im Einschleifbetrieb. Siehe dazu *Detterbeck*, GewA 2012, 337.
[43] BGH, MedR 1999, 462.
[44] Anders für die Bestimmung der Sehschärfe, BGH, NJW 1972, 1132 und für die Prüfung des Dämmerungssehens und der Blendempfindlichkeit, BGH, MedR 1999, 462.
[45] BVerfG(K), GewA 2000, 420.
[46] BGH, NJW 2001, 3408 („Optometrische Leistungen II"). Das OLG seinerseits hat mit U. v. 2.7.2002 (4 U 1214/01) erneut Tonometrie und Perimetrie zugelassen. Der Rechtsstreit war ein drittes Mal beim BGH anhängig. Aufklärende Hinweise in Schriftform hat der BGH in „Optometrische Leistungen III" für entbehrlich gehalten, BGH MedR 2005, 598.
[47] S. dazu auch EuGH, Urt. v. 21.4.2005 – Rs. C-140/03, Slg. 2005 I 3193 zum (europarechtswidrigen) Verbot, mehr als ein Optikergeschäft zu betreiben; s. dazu auch *Kleine-Cosack*, AnwBl. 2007, 737 (739); *Koenig/Töfflinger*, GesR 2007, 450.
[48] Siehe dazu *Kluth*, Verfassungs- und europarechtliche Fragen einer gesetzlichen Beschränkung der Abgabe von Hilfsmitteln durch Ärzte; *Schwanneke/Webers*, NJW 1998, 2697; *Wiemers*, DVBl. 2012, 942 (949 f.). *Bombien/Hartmann*, SGb 2013, 76 unter Hinweis auf das zum 1.1.2012 in Kraft getretene GKV-VStG. → § 41 Rn. 19 ff.

wonach es dem Arzt verwehrt ist, im Zusammenhang mit der Ausübung seiner ärztlichen Tätigkeit Waren und andere Gegenstände abzugeben oder unter seiner Mitwirkung abgeben zu lassen soweit die Abgabe oder die Dienstleistung nicht wegen ihrer Besonderheiten „notwendiger Bestandteil der ärztlichen Therapie sind".[49] Der Wunsch des Patienten, sämtliche Leistungen aus einer Hand zu erhalten, reicht danach nicht aus, um eine Verweisung an einen bestimmten Optiker sowie eine Abgabe und Anpassung der Brille durch den Augenarzt zu rechtfertigen.[50] In der Entscheidung „Brillenversorgung II" hat sich der BGH auf den Standpunkt gestellt, es stelle eine unangemessene unsachliche Einflussnahme auf die ärztliche Behandlungstätigkeit dar, wenn durch das Gewähren oder Inaussichtstellen eines finanziellen Vorteils darauf hingewirkt werde, dass Ärzte entgegen ihren Pflichten aus dem Berufsrecht nicht allein anhand des Patienteninteresses entscheiden, ob sie einen Patienten an Anbieter bestimmter gesundheitlicher Leistungen verweisen.[51]

17   c) **Beschränkungen.** Eine weitere Beschränkung gewerblicher Gesundheitsversorgung ist durch das GKV-OrgWG zum 1.4.2009 erfolgt[52] mit einer Ergänzung durch das AMNOG.[53] Abgesehen von Notfällen[54] ist die Abgabe von Hilfsmitteln über Depots von Vertragsärzten unzulässig (§ 128 I SGB V).[55]

2. Unionsrecht

18   a) **EuGH.** Bedeutsam ist die Kontaktlinsen-Entscheidung des EuGH.[56] Sie hatte es mit dem Vertrieb von Kontaktlinsen durch eine ungarische Gesellschaft im Internet zu tun. Die ungarischen Behörden untersagten das. Der EuGH hat angenommen, nach Unionsrecht dürfe der Versandhandel mit Kontaktlinsen über das Internet jedenfalls dann nicht verboten werden, wenn keine Erstversorgung vorliege. Unmittelbare Auswirkungen hat die Entscheidung für die deutsche Rechtslage nicht, weil hier keine vergleichbaren Einschränkungen des Kontaktlinsenvertriebs gegeben sind. Solche Einschränkungen werden aber vom Zentralverband der Augenoptiker gefordert. Damit soll der Erwerb von Kontaktlinsen von einer vorherigen professionellen Augenuntersuchung abhängig gemacht werden.[57]

19   b) **Europäisierung des Gesundheitsmarkts.** Auf die Europäisierung des Gesundheitsmarkts[58] hat sich das Handwerk eingerichtet: Zusammen mit dem Europäischen Augenoptikerverband[59] ist ein ECOO-Augenoptiker-Diplom entwickelt worden, das mittelfristig den derzeitigen nationalen Abschlüssen gleichgestellt werden soll.

---

[49] Dieses Begriffsmerkmal ist eng auszulegen, BGH, MedR 2005, 717 (718). Siehe im Übrigen §§ 30–32 MBO i. d. F. des 118. Deutschen Ärztetags (2015). Zu beachten ist, dass vor dem Jahr 2011 ergangene Rechtsprechung sich noch auf die alte Rechtslage, insbesondere auf den inzwischen gestrichenen § 34 MBO bezieht. Vgl. weiter → § 41 Rn. 20 und dazu *Dahm*, Zulässige Vorteilsnahme und unzulässige Zuweisung gegen Entgelt, in: FS f. Steinhilper, 2013, 25; *Wollersheim*, „Zuweisung gegen Entgelt" im Berufsrecht der Ärzte und im SGB V, in: FS f. Steinhilper, 2013, 157 ff.
[50] BGH, MedR 2009, 728.
[51] BGH, MedR 2011, 158.
[52] Zum Gesetz siehe → § 4 Rn. 70.
[53] → § 4 Rn. 72. Das Gesetz hat in § 128 VI die Beschränkung auf Arznei- und Verbandmittel ausgedehnt.
[54] Zum Notfall vgl. *Flasbarth*, MedR 2009, 713.
[55] Siehe dazu *Wabnitz*, in: Spickhoff, Medizinrecht, § 128 SGB V, Rn. 3 ff. S. a. *Mündnich/Hartmann*, SGb 2009, 398.
[56] EuGH, Dritte Kammer, Urt. v. 2.12.2010 – C-108/09, MPR 2011, 114 mit Anm. v. *Mayer-Sandrock*, ZESAR 2011, 432 mit Anm. v. *E. Schneider*.
[57] *Mayer-Sandrock*, MPR 2011, 119 (120).
[58] European Council of Optometry and Optics, London (ECOO).
[59] → § 3 Rn. 65 ff.

§ 41 Hörgeräteakustiker

I. Beruf

Die Hörgeräteakustiker gehören zu den fünf Gesundheitshandwerken.[60] Hörgeräte sind **1**
Hilfsmittel im Sinne des SGB V.[61] Das Berufsbild der Hörgeräteakustik ergibt sich aus der
HörgAkMstrV."[62]

II. Markt und Organisation

Im Hörgeräteakustiker-Handwerk sind 3.200 Fachgeschäfte mit 8.000 Mitarbeitern tätig **2**
(Stand 2016). Organisiert ist die Branche in der Bundesinnung (als Körperschaft des öffentlichen Rechts) mit Sitz in Mainz. Innungen oder Landesverbände gibt es nicht. Über 90 %
aller Hörgeräte werden von Mitgliedern der Bundesinnung vertrieben. Neben der Bundesinnung vertritt die EUHA (Europäische Union der Hörgeräte-Akustiker) die fachwissenschaftlichen Belange des Handwerks. Der FDH (Fachverband Deutscher Hörgeräteakustiker) hat dagegen seinen Schwerpunkt in der wirtschaftlichen Beratung des Handwerks.
Marketinginteressen werden durch die FGH (Fördergemeinschaft Gutes Hören) wahrgenommen.

III. Hörhilfen

1. GKV

Der Versicherte hat nach Maßgabe des § 33 SGB V Anspruch auf Hörhilfen.[63] Der An- **3**
spruch auf Versorgung mit Hörhilfen beruht auf einem von den Krankenkassen geschuldeten
Behinderungsausgleich.[64]
Beim „unmittelbaren Behinderungsausgleich"[65] ist die Versorgung grundsätzlich vom Ziel
eines vollständigen funktionalen Ausgleichs bestimmt. Davon ist auszugehen, wenn das
Hörgerät die Ausübung der beeinträchtigten Körperfunktion selbst ermöglicht, ersetzt oder
erleichtert. Beim sogenannten „mittelbaren Behinderungsausgleich"[66], wenn also die Erhaltung/Wiederherstellung des beeinträchtigten Hörvermögens nicht oder nicht ausreichend
möglich ist, sind die Krankenkassen nur für einen Basisausgleich von Behinderungsfolgen
eintrittspflichtig. Dies gilt auch für Gehörsverluste im Beruf.[67]

---

[60] → § 39 Rn. 1.
[61] → §§ 60 ff.
[62] Verordnung über das Berufsbild und die Prüfungsanforderungen im praktischen und im fachtheoretischen Teil der Meisterprüfung für das Hörgeräteakustiker-Handwerk vom 26.4.1994 (BGBl. I 895)
i. d. F. v. 27.12.2003 (BGBl. I 3022). Zur Ausbildung siehe die Verordnung über die Berufsausübung zum
Hörgeräteakustiker/Hörgeräteakustikerin vom 12.5.1997 (BGBl. I 1019).
[63] Dass sich die Krankenkassen mit Verträgen über die Komplettversorgung mit Hörsystemen ihrer
leistungsrechtlichen Verantwortung gegenüber den Versicherten entziehen, haben das LSG Hessen (Urt.
v. 24.7.2014 – L 8 KR 352/11) sowie das LSG Schleswig-Holstein (Urt. v. 15.5.2014 – L 5 KR 39/12)
festgestellt.
[64] Siehe dazu umfassend BSG, MPR 2010, 87 (90 f.) und *Weber*, NZS 2012, 331. Den vom BSG
entwickelten Grundsätzen folgt die Hilfsmittelrichtlinie des GBA i. d. F. vom 21.12.2011/15.3.2012 (BAnz
AT v. 10.4.2012 B2), zuletzt geändert am 24.11.2016 (BAnz AT 16.2.2017 B3), in Kraft getreten am
17.2.2017.
[65] → § 60 Rn. 5.
[66] → § 60 Rn. 5.
[67] AA BSGE 101, 207 – Digitales Hörgerät für Lagerarbeiter. Vgl. auch BSGE 105, 170. Zur Kritik an
der auf analoge Geräte bezogenen Festbetragsregelung s. *Beck/Pitz*, in: Schlegel/Voelzke, jurisPK-SGB V,
§ 33 SGB V, Rn. 69. Für den Bereich der PKV siehe dagegen LG Nürnberg-Fürth, Urt. v. 9.10.2013 – 8

2. PKV

4   Hörhilfen sind in der PKV grundsätzlich erstattungsfähig,[68] ebenso im Beihilferecht.[69]

3. Festbetragsregelung

5   Hörgeräte sind in der GKV als Hilfsmittel (§ 33 SGB V) den Festbetragsregeln des § 36 SGB V unterworfen.[70] Die Festbetragsfestsetzung ist zulässig. Grundrechte der Hörgeräteakustiker werden durch diese Festsetzung nicht berührt, weil mit ihr keine berufsregelnde Tendenz verbunden ist. Nach Ansicht des BVerfG werden lediglich Absatzchancen der Hilfsmittelanbieter betroffen. Diese sind aber nicht grundrechtlich gesichert.[71]

6   Trotz der Festbetragsregelung bleibt die Leistung des Hörgeräteakustikers eine Sachleistung,[72] weil sich durch sie der Leistungsanspruch des Versicherten nicht ändert, sondern nur die Leistungshöhe begrenzt wird.[73]

4. Bedarf

7   Es ist davon auszugehen, dass von 80 Millionen Menschen in der Bundesrepublik Deutschland rund 11 bis 14 Millionen eine Hörminderung haben. Im Jahr 2015 gab es in der deutschsprachigen Bevölkerung im Alter von über 14 Jahren rund 1,87 Mio. Menschen, die ein Hörgerät trugen. Jährlich werden rund 500 000 Hörsysteme angepasst, darunter zwei Drittel Hinter-dem-Ohr-Geräte (HdO), ein Drittel Im-Ohr-Geräte (IO). Insgesamt sind etwa drei Millionen Menschen mit Hörsystemen versorgt.

IV. Hilfsmittelverzeichnis

8   Das Hilfsmittelverzeichnis (§ 139 SGB V)[74] enthält umfangreiche Vorgaben für den Bereich der Hörhilfen.

1. Hörhilfen – allgemein

9   Hörhilfen sind technische Hilfen, die angeborene oder erworbene Hörfunktionsminderungen, die einer kausalen Therapie nicht zugänglich sind, ausgleichen. Die Schwerhörigkeit allein stellt keine Indikation für eine Hörgeräteausstattung dar, sondern erst dann, wenn durch die ordnungsgemäße Anpassung von Hörgeräten ein Sprachverständigungsgewinn oder ggf. eine Verbesserung des Richtungshörens nachgewiesen ist. Eine weitere Voraussetzung ist ferner, dass der Versicherte oder eine Bezugsperson in der Lage ist, das Hörgerät sachgerecht zu bedienen.

S 342/13. Nach Ansicht des LG darf bei medizinischer Notwendigkeit die Versorgung mit einem bestimmten Hörgerät nicht aus Kostengesichtspunkten abgelehnt werden. Zum Problem der beruflichen Notwendigkeit der Hörgeräteversorgung siehe *Weber*, NZS 2012, 331 (333 f.).

[68] *Schoenfeldt/Kalis*, in: Bach/Moser, Private Krankenversicherung, Rn. 45 zu § 4 MB/KK.

[69] Vgl. allgemeine Verwaltungsvorschrift zu § 79 BBG, Anl. 3 zu den Beihilfevorschriften, abgedruckt bei *Schröder/Beckmann/Weber*, Beihilfevorschriften des Bundes und der Länder.

[70] Für ein Hörgerät beläuft sich die Festsetzung auf 421,28 EUR, im Falle einer an Taubheit grenzenden Beeinträchtigung des Hörvermögens auf 786,86 EUR. Siehe im Einzelnen die Festbetragsbestimmungen des GKV-Spitzenverbandes.

[71] BVerfG, NZS 2003, 144 (146).

[72] Zum Sachleistungsbegriff siehe → § 9 Rn. 2. Siehe auch SG Speyer, Urt. v. 18.9.2015 – S 19 KR 509/14.

[73] BSG, SGb 2003, 688 (90), zustimmend *Meydam*, SGb 2003, 694; LSG Niedersachsen-Bremen, NZS 2006, 204.

[74] → § 61 Rn. 1 ff.

2. Geräte

a) Man unterscheidet: 10
Hinter-dem-Ohr-Geräte (HdO), auch in Mischform mit sehr dünnem Schallschlauch („Slim-Tube"), Ex-Hörer-Geräte, Im-Ohr-Geräte (IO) in unterschiedlichen Varianten, Taschenhörgeräte, Hörbrillen, Knochenleitungshörgeräte, CROS-Versorgung (= Leitung des Schalls von einer Kopfseite zur anderen), Tinnitusmasker und Übertragungsanlagen (siehe § 18, Spiegelstrich 3, § 25 Hilfsmittelrichtlinie).

b) Für die Verordnung von Hörhilfen gibt es allgemeine Verordnungsgrundsätze (§ 6 11 Hilfsmittelrichtlinie), auch zum Inhalt der Verordnung (z. B. die Verordnung „sorgfältig und leserlich auszustellen", § 7 Hilfsmittelrichtlinie), ebenso zu den Implikationen bei der Abgabe von Hilfsmitteln (§ 8 Hilfsmittelrichtlinie).

c) Die Regelungen werden durch besondere Vorgaben für die Verordnung von Hörhilfen 12 ergänzt (§§ 27 ff. Hilfsmittelrichtlinie)

3. Vorgaben für eine Hörhilfenversorgung

Als Standardversorgung gilt die Versorgung mit Luftleistungshörgeräten (z. B. HdO, IO[75], 13, 14 im Einzelfall [mit Begründung] Taschengeräte [§ 29 I 1 Hilfsmittelrichtlinie]).[76]

Bei Verordnung einer Übertragungsanlage (§§ 18, 25 Hilfsmittelrichtlinie) ist eine Geräte- 15 technik mit Audio-Eingang oder anderen Ankoppelungstechniken zu wählen (§ 29 I 4 Hilfsmittelrichtlinie).

Nur in medizinisch begründeten Fällen kommen die unterschiedlichen Knochenleitungs- 16 hörhilfen in Betracht (§ 29 II Hilfsmittelrichtlinie).

Die CROS-Versorgung setzt eine hochgradige Asymmetrie des Gehörs voraus. Die Signal- 17 übertragung ist drahtgebunden oder per Funk möglich (§ 29 III Hilfsmittelrichtlinie).

Als Tinnitusgeräte sind solche Geräte zu wählen, die ein Rauschspektrum anbieten, wel- 18 ches die subjektive Tinnituswahrnehmung ausreichend hindert (§ 29 V Hilfsmittelrichtlinie).

V. Verhältnis „Arzt-Hörgeräteakustiker"

Ein gewichtiges Problem stellt das Verhältnis von Hörgeräteakustikern zu HNO-Ärzten 19 dar, nachdem diese in großem Umfang im Rahmen des „verkürzten Versorgungsweges" selbst auf dem Hörgerätemarkt tätig geworden sind. Der „verkürzte Versorgungsweg" besteht – vereinfacht gesagt – darin, dass der HNO-Arzt (in den unterschiedlichsten Vertragskonstellationen) den Patienten unmittelbar mit Hörgeräten versorgt.

1. Die aus der Zusammenarbeit von (HNO)-Ärzten mit Hörgeräteakustikern resultieren- 20 den wettbewerbsrechtlichen Probleme werden stark vom ärztlichen Berufsrecht beeinflusst. § 3 II MBO[77] untersagt es dem Arzt im Zusammenhang mit seiner ärztlichen Tätigkeit u. a. Gegenstände unter seiner Mitwirkung abgeben zu lassen, soweit das nicht durch deren Besonderheiten als notwendiger Bestandteil der ärztlichen Therapie anzusehen ist.[78] Und § 31 II MBO verbietet es den Ärztinnen und Ärzten, Patientinnen oder Patienten ohne hinreichenden Grund bestimmte Ärztinnen oder Ärzte, Apotheken, Heil- und Hilfsmittelerbringer oder sonstige Anbieter gesundheitlicher Leistungen zu empfehlen oder an diese zu verweisen.[79] Sieht man sich diese Vorgaben unbefangen an, so ist es nicht unmittelbar einleuchtend, warum ein HNO-Arzt die für die Behandlung erforderlichen Hörgeräte durch

---

[75] → Rn. 10.
[76] Wenn das nicht möglich ist, kommt eine Versorgung mit einem Kinnbügelhörer in Betracht (§ 29 IV Hilfsmittelrichtlinie).
[77] Meist vergleichbar umgesetzt in das jeweilige regionale Berufsrecht. S. dazu auch → § 40 Rn. 16.
[78] Siehe dazu – arztfreundlich – *Ratzel*, in: Ders./Lippert, MBO, § 3 Rn. 4.
[79] S. dazu *Bombien/Hartmann*, SGb 2013, 76 (79 f.); *Scholz*, GesR 2013, 12.

einen bestimmten Hörgeräteakustiker soll „abgeben lassen" i. S. d. § 3 II MBO, etwa, weil zu ihm aufgrund zuverlässiger, sachgerechter und rascher Arbeit ein begründetes Vertrauensverhältnis besteht. Vergleichbar ist die Verweisung[80] an einen bestimmten Hörgeräteakustiker. Das wäre wohl auch beanstandungsfrei, wenn der Patient verlässlich die Entscheidungsfreiheit behielte, und wenn es kein Kick-back für den HNO-Arzt auf die eine oder andere Art und Weise gäbe.

21   2. Die neuere BGH-Rechtsprechung sieht das deutlich strenger.

22   a) Ein Hörgeräteakustiker wehrte sich im Rahmen eines von ihm angestrengten Wettbewerbsprozesses gegen einen HNO-Arzt, weil dieser regelmäßig Patienten mit Verordnungen zur Hörgeräteversorgung an einen anderen Hörgeräteakustiker verwiesen habe.[81] Der BGH hat zwar zunächst betont, die Empfehlung eines bestimmten Hörgeräteakustikers beeinträchtige nicht von vornherein jede Entscheidungsfreiheit des Patienten bei der Wahl seiner Versorgungsquelle. Zur Rechtfertigung für die Empfehlung genüge jedoch der Hinweis eines HNO-Arztes auf „lange Erfahrung" oder „vertrauensvolle Zusammenarbeit" gerade nicht, weil es sich dabei um generell meist vorhandene Umstände handle.[82] Maßgebend seien vielmehr ausschließlich die der Empfehlung zugrunde liegenden „hinreichenden Gründe" (im Sinne des § 31 II MBO).[83] Das setzt voraus, dass die Verordnung an einen bestimmten Hörgeräteakustiker aufgrund der speziellen Bedürfnisse des einzelnen Patienten besondere Vorteile in der Versorgungsqualität bietet.[84]

23   b) BGH, Hörgeräteversorgung II

24   aa) Der BGH hat im Übrigen betont, dass das ärztliche Berufsrecht nur die unbeeinflusste Wahlfreiheit des Patienten sicherstellen soll. Wenn der Patient um eine Empfehlung bittet, verlangt die vom Arzt im Behandlungsvertrag übernommene Fürsorgepflicht, dass er seine Erfahrungen nicht nur im Rahmen einer Empfehlung aussprechen darf, sondern dies ggf. auch tun muss.[85] Das Berufsrecht wird dagegen verletzt, wenn der Arzt den Patienten fragt, ob er einen geeigneten Hörgeräteakustiker kenne und bei Verneinung der Frage, nicht alle in Betracht kommenden Anbieter benennt, sondern nur einen bestimmten.[86]

25   bb) Hinreichende Gründe können sich auch aus der Qualität der Versorgung, aus der Vermeidung von Wegen bei gehbehinderten Patienten und aus schlechten Erfahrungen ergeben, die Patienten bei anderen Anbietern gemacht haben.[87]

---

[80] Der Begriff der „Verweisung" erfasst die Empfehlungen für bestimmte Leistungserbringer, die der Arzt – ohne vom Patienten darum gebeten worden zu sein – von sich aus erteilt, BGH, Urt. v. 13.1.11 – I ZR 111/08, MedR 2011, 500 LS 1 – „Hörgeräteversorgung II"; so auch BGH, MPR 2011, 88 (91) – „Hörgeräteversorgung I".

[81] BGH, MPR 2011, 88 – „Hörgeräteversorgung I".

[82] Diese Annahme des BGH ist schwer verständlich. „Lange Erfahrung" und „vertrauensvolle Zusammenarbeit" bezieht sich auf zwei Aspekte, die entsprechende Qualität und Quantität der Zusammenarbeit erfordern, und deshalb keineswegs selbstverständlich sind.

[83] BGH, MPR 2011, 88, LS 2 – „Hörgeräteversorgung I".

[84] Zur Trennbarkeit von Ohrreinigung und Ohrabdruck siehe BGH, GRUR 2000, 1080 (1081); MPR 2011, 88 (93); MedR 2011, 500 (504 f.) – „Hörgeräteversorgung II".

[85] BGH, MedR 2011, 500 (502) – „Hörgeräteversorgung II" mit Anm. v. *Wittmann/Schütze*, MedR 2011, 506.

[86] BGH, MedR 2011, 500 (503) – „Hörgeräteversorgung II".

[87] BGH, MedR 2011, 500 (503) – „Hörgeräteversorgung II". Wird dem Patienten jedoch schlicht ein Formular vorgelegt, in dem dieser erklärt, eine Hörgeräteversorgung über den verkürzten Versorgungsweg auf eigene Kosten durch den behandelnden Arzt und ein bestimmtes Hörgeräteakustikunternehmen durchführen lassen zu wollen, wird ihm ein bestimmter Leistungserbringer empfohlen (BGH, Urt. v. 24.6.2014 – I ZR 68/13) – „Hörgeräteversorgung III". Bei einer nur formularmäßigen Information liegt es nahe, dass es sich tatsächlich um eine Empfehlung ohne Rücksicht auf die besonderen Umstände des Patienten handelt. Zum Wettbewerbsverstoß eines HNO-Arztes durch Auslage von Werbebroschüren eines Hörgeräteanbieters in der eigenen Arztpraxis s. LG Verden, Urt. v. 21.9.2015 – 9 O 18/14.

cc) Der BGH deutet an, es könne entscheidungserheblich sein, ob der Arzt den Verweisungsgrund gegenüber dem Patienten offenlegt. Ob das auch die Verweisung bei der Offenlegung von Kick-back-Zahlungen rechtfertigt, scheint zweifelhaft.[88]

dd) Ist der HNO-Arzt am Unternehmen eines Hörgeräteelieferanten gesellschaftsrechtlich beteiligt, so bestimmt sich die Beurteilung der Rechtslage danach, ob dem Arzt Vorteile zufließen (§ 31 MBO).[89]

3. Sozialversicherungsrecht

Zu beachten ist § 128 SGB V i. d. F. des GKV-VStG, der die Abgabe von Hilfsmittel an Versicherte über Depots eines Vertragsarztes verbietet.

4. Wettbewerbsrecht

Im Wettbewerbsrecht gelten für die Hörgeräteakustiker die allgemeinen Regeln.

a) Ein Hörgeräteakustiker hatte auf einem 2 x 3m großen Plakat unter der Überschrift „Hörzentrum" an einer Ausfallstraße unter Abbildung des Geschäftsführers der Firma mit folgendem Text geworben: „Ich garantiere Ihnen die bestmögliche Hörgeräteversorgung in jeder Preisklasse bei uns im Hörzentrum." Das OLG Hamm hat das als unzulässiges Erfolgsversprechen angesehen, weil das Hörzentrum seine dauerhafte Spitzenstellung nicht habe beweisen können.[90]

b) Die Bundesinnung der Hörgeräteakustiker hatte den Krankenkassen nur dann günstigere Bedingungen für Hörgeräte eingeräumt, wenn diese sich verpflichteten, als Anbieter ausschließlich Hörgeräteakustiker zu akzeptieren. Der direkte Bezug vom behandelnden Arzt war damit ausgeschlossen.[91] Das Bundeskartellamt hat dieses Vorgehen mit Beschluss vom 18.11.2011 untersagt.

§ 42 Orthopädiemechaniker/Bandagisten (Orthopädietechniker)

I. Beruf/Berufsbild

Die Orthopädiemechaniker/Bandagisten sind (Gesundheits-)Handwerker.[92] Sie stellen Hilfsmittel im Sinne des SGB V her.[93] Das Berufsbild der Orthopädiemechaniker/Bandagisten ergibt sich aus der OrthBandMstrV.[94]

---

[88] Offengelassen von *Wittmann/Schütze*, MedR 2011, 506 (507). Auch die Offenlegung von Kickback-Zahlungen ist kein Argument, das die Verweisung an einen bestimmten Anbieter rechtfertigt.

[89] BGH, MedR 2011, 500 (506). Dort auch zur mittelbaren Beteiligung am Unternehmenserfolg durch Teilnahme an allgemeinen Gewinnausschüttungen. Das soll im Regelfall ausgeschlossen sein, „wenn bei objektiver Betrachtung ein spürbarer Einfluss der Patientenzuführungen des einzelnen Arztes auf seinen Ertrag aus der Beteiligung ausgeschlossen erscheint." Das hängt vom Gesamtumsatz des Unternehmens, dem Anteil der Verweisungen des Arztes an dieses und der Höhe seiner Beteiligung ab. Die strafrechtlichen Risiken (vgl. etwa LG Stade, MPR 2011, 103, OLG Braunschweig, MPR 2010, 99 und den Vorlagebeschluss des BGH, MPR 2011, 121) haben sich trotz der Entscheidung des Großen Senats des BGH, B. v. 29.3.2012 – GSSt 2/11, NJW 2012, 2530, nach Einführung der neuen Korruptionstatbestände, nicht reduziert.

[90] OLG Hamm, MPR 2010, 15 mit Anm. von *Heil* (zu den entscheidungserheblichen Fragen der Beweiserhebung), MPR 2010, 18.

[91] Siehe dazu DÄBl. 2011, 108 (48) A-2576.

[92] → 39 Rn. 1.

[93] → § 60 Rn. 1 ff. Dort auch zur Zulassung als Hilfsmittelerbringer. Zu weiteren Einzelheiten vergleiche die Hilfsmittelrichtlinien und das Hilfsmittelverzeichnis.

[94] Verordnung über das Berufsbild und über die Prüfungsanforderungen im praktischen und im fachtheoretischen Teil der Meisterprüfung für das Orthopädiemechaniker- und Bandagistenhandwerk vom 26.4.1994 (BGBl. I 904).

2   In Deutschland sind ca. 7,5 Mio.⁹⁵ Menschen, d. h. 9,4 % der Gesamtbevölkerung, schwerbehindert (Grad der Behinderung von wenigstens 50 %). Über 85 % der Behinderungen sind Krankheitsfolgen, 4 % der Behinderungen sind angeboren beziehungsweise traten im ersten Lebensjahr auf. 2 % waren auf einen Unfall oder eine Berufskrankheit zurückzuführen. Der Schwerpunkt der Leistungserbringung der Orthopädiemechaniker/Bandagisten liegt in den Bereichen Vorbeugung und Rehabilitation. Das Spektrum reicht von der Versorgung mit Prothesen und Orthesen (Stützapparaten) bis hin zu Bandagen und Einlagen. Weitere wichtige Bereiche sind Kompressionsstrümpfe gegen Venenleiden, Brustprothesen nach Amputationen und die Stoma- und Inkontinenz-Versorgung. Rehabilitationsmittel sind Krankenfahrstühle, Sitzschalen, Krankenbetten, Krankenlifter, Sauerstoffgeräte, Hilfen im Bad und bei der Toilette, um eine Vielzahl kleinerer Pflegehilfen zu nennen. Unterschiedlich gewichtet gibt es weiterhin Teilbereiche der Medizintechnik, z. B. Blutdruckmessgeräte.

II. Geschäftsfelder/Organisation

3   Die Geschäftsfelder des Handwerks sind aufgeteilt in den Werkstattbereich, die Rehabilitation und das Sanitätshaus (Handel). In der Branche sind orthopädisch-technische Handelsbetriebe und Sanitätshäuser tätig. Immer mehr Betriebe bieten Homecare-Produkte⁹⁶ und Dienstleistungen an.

4   Das Handwerk ist im Bundesinnungsverband für Orthopädie.Technik (Reha-Technik/Sanitätshaus) (BIV-OT), Dortmund, organisiert. Der BIV-OT vertritt 14 Innungen auf Landesebene. Er ist Mitglied in der Internationalen Union der Orthopädie-Technik (INTERBOR).

III. GKV

5   Als Hilfsmittelerbringer werden die Orthopädietechniker von § 33 SGB V erfasst. Versicherte haben danach Anspruch auf Versorgung mit Körperersatzstücken, orthopädischen und anderen Hilfsmitteln.⁹⁷ Für Hilfsmittel aus dem Bereich der Orthopädiemechaniker/Bandagisten gelten die Festbetragsregeln des § 36 SGB V.

6   Die Feststellung von Festbeträgen ist zulässig. Grundrechte der Orthopädiemechaniker/Bandagisten werden dadurch nicht berührt, weil damit keine berufsregelnde Tendenz, sondern lediglich die Veränderung von Marktchancen bewirkt wird.⁹⁸ Trotz der Festbetragsregelung bleibt die Leistung des Orthopädiemechanikers/Bandagisten eine Sachleistung,⁹⁹ weil sich durch sie auch im Rahmen der Zuzahlungsregelungen des § 33 VIII SGB V der Leistungsanspruch des Versicherten nicht ändert, sondern lediglich die Leistungshöhe begrenzt wird.¹⁰⁰

---

⁹⁵ Quelle: Statistisches Bundesamt (Stand: 2013).
⁹⁶ Zur Homecare-Versorgung im Spannungsfeld zwischen häuslicher Krankenpflege und Hilfsmittelversorgung s. *v. Reibnitz*, RDG 2006, 144–150.
⁹⁷ Siehe dazu *Adelt*, in: LPK-SGB V Rn. 1 zu § 33 SGB V. Zweifelhaft ist, ob sich Versicherte für die Versorgung mit orthopädischen Schuhen als Hilfsmittel mit Doppelcharakter nach der neueren Rspr. des BSG einen „Eigenanteil" anrechnen lassen müssen; vgl. *Beck/Pitz*, in: Schlegel/Voelzke, jurisPK-SGB V, § 33 SGB V, Rn. 47, 78.
⁹⁸ BVerfG, NZS 2003, 144 (146).
⁹⁹ Zum Sachleistungsbegriff siehe → § 9 Rn. 2 ff.
¹⁰⁰ BSG, SGb 2003, 688 (690), zust. *Meydam*, SGb 2003, 694. Zum Zuzahlungsverzicht unter wettbewerbsrechtlichen Gesichtspunkten s. BGH, Urt. v. 1.12.2016 – I ZR 143/15 – MedR 2017, 628.

IV. PKV

Die Leistungen der Orthopädiemechaniker/Bandagisten sind auch in der PKV nach Maßgabe von § 4 MB/KK erstattungsfähig, ebenso im Beihilferecht. 7

V. Verhältnis Arzt-Orthopädiemechaniker/Bandagisten

Auch die Orthopädiemechaniker/Bandagisten leiden unter der Vergewerblichung des Arztberufs.[101] 8

---

[101] Zur Problematik siehe → § 41 Rn. 19 ff.

Dritter Teil: Die Sächlichen Mittel

Die Behandlung eines Patienten erfolgt durch die dafür sachkundigen Personen, im Gesundheitswesen – im Rahmen seiner sozialversicherungsrechtlichen Prägung sehr nüchtern „Leistungserbringer" genannt. Diagnose und Therapie sind dabei in den meisten Fällen ohne den Einsatz sächlicher Mittel nicht möglich. Da auch sächliche Mittel zunächst einmal hergestellt, vertrieben und eingesetzt werden müssen, könnte man sie ebenfalls unterschiedlichen Leistungserbringern zuordnen, d. h. also, die Leistungserbringerkette um diesen Bereich erweitern. Wie schon die Darstellung des Apothekenrechts gezeigt hat, lassen sich die Bezüge aber nur schwer trennen. Die Auflösung des Gesamtzusammenhangs, z. B. des Arzneimittelmarktes in eine Darstellung des Rechts der pharmazeutischen Unternehmer, des pharmazeutischen Großhandels und der Apotheker einerseits und des Arzneimittelrechts andererseits, hat dann ihren eigentlichen Grund darin, dass der Gegenstand dieses Marktes, das Arzneimittel, traditionell eine umfangreiche Sonderregelung, insbesondere im AMG, erfahren hat. Das gilt auf Grund der europäischen Rechtsentwicklung auch für das Recht der Medizinprodukte. Hat man sich aber für eine gesonderte Darstellung dieser beiden Bereiche unter der Überschrift „sächliche Mittel" entschieden, ist es nur folgerichtig, auch die Hilfsmittel im rechtlichen Sinn einzubeziehen. Eigentlich hätte eine Darstellung des Heilmittelrechts in diesem Zusammenhang nichts zu suchen, weil Heilmittel nicht als Sachmittel, sondern als Dienstleistung, also durch ihre persönliche Beziehung zur Leistungserbringung gekennzeichnet werden. Heil- und Hilfsmittel bilden aber herkömmlicher Weise ein darstellerisches Zwillingspaar, bei denen die Rechtsfolgen entweder sehr ähnlich sind oder die Konturen gerade aus der Gegenüberstellung gewonnen werden, vergleichbar dem Paar klinischer Versuch/Heilversuch. Das rechtfertigt es, in dem so gegebenen Zusammenhang auch die Heilmittel zu behandeln. 1

1. Abschnitt. Medizinprodukte-Recht[1]

§ 43 Zweck, Begriff, Abgrenzung, Anwendungsbereich und Klassifizierung

I. Zweck, Begriff, Abgrenzung

1. Zweck des Gesetzes

§ 1 MPG macht den Zweck des Gesetzes deutlich, den Verkehr mit Medizinprodukten zu regeln, und dadurch für die Sicherheit, Eignung und Leistung der Medizinprodukte sowie die Gesundheit und den erforderlichen Schutz der Patienten, Anwender und Dritter zu sorgen. Das MPG beruht auf Harmonisierungsvorgaben des Unionsrechts.[2] 1, 2

---

[1] Siehe dazu *Schorn*, Medizinprodukte-Recht; *Anhalt/Dieners*, Handbuch des Medizinprodukterechts; *Hill/Schmitt*, WiKo Medizinprodukterecht. *Deutsch/Lippert/Ratzel*, MPG; *Rehmann/Wagner*, MPG; *Lippert*, Grundzüge des Medizinprodukterechts, in: Wenzel, Kap. 15; *Lücker*, in: Spickhoff, Medizinrecht Nr. 380, MPG; *Webel*, in: BPS Nr. 6, MPG; *Edelhäuser*, in: Prütting, Medizinrecht, MPG; *Ratzel*, in: R/L, § 32; *Lippert*, in: Wenzel, Kap. 15.
[2] Siehe § 44 Rn. 1 ff. und dazu *Lippert*, in: Wenzel, Kap. 15 Rn. 1; *Webel*, in: BPS Kap. 6 Rn. 1 ff.; *Lücker*, in: Spickhoff, Medizinrecht, Nr. 380 Vorbem. vor § 1 MPG.

2. Begriff des Medizinprodukts

3 *„Medizinprodukte sind alle einzeln oder miteinander verbunden verwendeten Instrumente, Apparate, Vorrichtungen, Software, Stoffe und Zubereitungen aus Stoffen oder andere Gegenstände einschließlich der vom Hersteller speziell zur Anwendung für diagnostische oder therapeutische Zwecke bestimmten und für ein einwandfreies Funktionieren des Medizinproduktes eingesetzten Software, die vom Hersteller zur Anwendung für Menschen mittels ihrer Funktionen zum Zwecke*

a) der Erkennung, Verhütung, Überwachung, Behandlung oder Linderung von Krankheiten,
b) der Erkennung, Überwachung, Behandlung, Linderung oder Kompensierung von Verletzungen oder Behinderungen,
c) der Untersuchung, der Ersetzung oder der Veränderung des anatomischen Aufbaus oder eines physiologischen Vorgangs oder
d) der Empfängnisregelung

zu dienen bestimmt sind und deren bestimmungsgemäße Hauptwirkung im oder am menschlichen Körper weder durch pharmakologisch oder immunologisch wirkende Mittel noch durch Metabolismus erreicht wird, deren Wirkungsweise aber durch solche Mittel unterstützt werden kann" (§ 3 Nr. 1 MPG).[3]

3. Abgrenzung Medizinprodukte/Arzneimittel

4, 5 a) Arzneimittel und Medizinprodukte haben die Gemeinsamkeit, dass sie zur Behandlung von Krankheiten bestimmt sind (§ 2 I Nr. 1 AMG/§ 3 Nr. 1 MPG). Der EuGH hat zwar Regeln zur Abgrenzung von Arzneimitteln und anderen Produktklassen entwickelt. Die Einteilung soll danach nach objektiven Kriterien und im Einzelfall bezogen auf die konkreten Produktklassen erfolgen.[4] Die danach erforderliche Gesamtschau konkretisiert der EuGH so:

---

[3] Gesetz über Medizinprodukte (Medizinproduktegesetz – MPG) i.d.F. der Bekanntmachung v. 7.8.2002 (BGBl. I S. 3147), zuletzt geändert durch Gesetz v. 18.7.2016 (BGBl. I 1666). Zu weiteren Inhalten des Begriffs „Medizinprodukt" siehe § 3 MPG. Zur Bedeutung des Gesetzes zur Neuordnung der Sicherheit von technischen Arbeitsmitteln und Verbrauchsprodukten (GPSG) vom 9.1.2004 (BGBl. I 2) vgl. *Brock/Hannes*, MPR 2004, 35; *Klundt*, MPR 2004, 44; *Diener*, MPR 2006, 1. Das MPG wird durch umfangreiches Verordnungsrecht ergänzt: Vgl. etwa die Verordnung über das Errichten, Betreiben und Anwenden von Medizinprodukten (Medizinprodukte-Betreiberverordnung – MPBetreibV) i.d.F. der Bek. v. 21.8.2002 (BGBl. I S. 3396), zuletzt geändert durch Art. 2 der Verordnung vom 27. September 2016 (BGBl. I S. 2203); zur MPBetreibV siehe *Lippert* in: Wenzel, Kap. 15, Rn. 26 ff. sowie speziell zu den Neuerungen der zum 1.1.2017 in Kraft getretenen Zweiten Verordnung zur Änderung medizinprodukterechtlicher Vorschriften: *Fehn* in ZMGR 2017, 91 ff.; Verordnung über Medizinprodukte (Medizinprodukte-Verordnung – MPV) vom 20.12.2001 (BGBl. I 3854) i.d.F. vom 10.5.2010 (BGBl. I S. 542); Verordnung zur Regelung der Abgabe von Medizinprodukten (Medizinprodukte-Abgabeverordnung – MPAV) i.d.F. v. 25.7.2014 (BGBl. I 1227), zuletzt geändert durch Art. 4 der Verordnung vom 19.12.2014 (BGBl. I 2371) – (früher MPVerschrV/MPVertrV); Bundeskostenverordnung zum Medizinproduktegesetz und die zur Durchführung des Gesetzes erlassenen Rechtsverordnungen (Medizinprodukte-Gebührenverordnung) vom 27.3.2002 (BGBl. I 1228), zuletzt geändert durch Art. 2 G v. 18.7.2016 (BGBl. I 1666 (Nr. 35)); VO über die Erfassung, Bewertung und Abwehr von Risiken bei Medizinprodukten (Medizinprodukte-Sicherheitsplanverordnung – MPSV) vom 24.6.2002 (BGBl. I 2131), zuletzt geändert durch Art. 279 V v. 31.8.2015 (BGBl. I 147); VO über das datengestützte Informationssystem über Medizinprodukte des Deutschen Instituts für Medizinische Dokumentation und Information (DIMDI-Verordnung – DIMDIV) vom 4.12.2002 (BGBl. I 4456), zuletzt geändert durch Art. 5 V v. 25.7.2014 (BGBl. I 1227); Verordnung über klinische Prüfungen von Medizinprodukten (MPKPV) v. 10.5.2010 (BGBl. I 55), zuletzt geändert durch Art. 3 V v. 25.7.2014 (BGBl. I 1227).

[4] Urt. v. 15.1.2009, Rs C-140/07 Hecht Pharma/Red Rice, NVwZ 2009, 439 und dazu *Müller*, NVwZ 2009, 425. Die EuGH-Entscheidung betraf die Abgrenzung Arzneimittel/Lebensmittel. Die Anwendung der „Zweifelsregelung" des Art. 2 II der Richtlinie 2001/83 EG gilt aber auch für die Abgrenzung Medizinprodukte/Arzneimittel.

„Daraus folgt, dass Produkte, die eine physiologisch wirksame Substanz enthalten, nicht systematisch als Funktionsarzneimittel eingestuft werden können, ohne dass die zuständigen Behörden von Fall zu Fall jedes Produkt mit der erforderlichen Sorgfalt prüfen und dabei insbesondere seine pharmakologischen, immunologischen oder metabolischen Eigenschaften berücksichtigen, wie sie sich beim jeweiligen Stand der Wissenschaft feststellen lassen. In diesem Zusammenhang ist darauf hinzuweisen, dass das Kriterium der Eignung, physiologische Funktionen wiederherzustellen, zu korrigieren oder zu beeinflussen, nicht dazu führen darf, dass Produkte als Funktionsarzneimittel eingestuft werden, die zwar auf den menschlichen Körper einwirken, aber keine nennenswerten physiologischen Auswirkungen haben und seine Funktionsbedingungen somit nicht merklich beeinflussen."[5] Auf Vorlage des BGH hat der EuGH entschieden, dass die Einstufung eines Gegenstandes als Medizinprodukt eine medizinische Zweckbestimmung von Seiten des Herstellers voraussetzt.[6] Das VG Köln hat sich dazu auf den Standpunkt gestellt, verbleibende Zweifel gingen zu Lasten des jeweiligen Klägers.[7] Zweifel werden leicht genährt. Die Abgrenzung von Medizinprodukten zu Arzneimitteln, Kosmetika oder Lebensmitteln setzt zwar die Beantwortung einer Rechtsfrage voraus. Es handelt sich aber zugleich auch um eine Tatsachenfrage, die Gegenstände betrifft, die den Rechtsanwendern fremd sind. *Dettling/Koppe-Zaguros* haben das am Beispiel von Chlorhexidin-Produkten gezeigt: Sie können Funktions- oder Präsentationsarzneimittel (§ 2 I AMG) sein, Medizinprodukte der Klasse II a oder II b im Sinne von § 3 Nr. 1 MPG, Kosmetika im Sinne von § 2 V LFGB oder Biozide im Sinne von § 3 Nr. 11 ChemG.[8]

b) Im Beihilferecht wird die Abgrenzung anders vorgenommen, weil die maßgeblichen Rechtsnormen keine näheren Definitionen des Arzneimittelbegriffs enthalten. Das OVG Rheinland-Pfalz hat deshalb angenommen, das dem an einer Prostata-Erkrankung leidenden Berufssoldaten verordnete, in die Blase zu instillierende rezeptpflichtige Produkt „Gepan instill" sei ein Arzneimittel und deshalb beihilfefähig.[9]

6

---

[5] EuGH, NVwZ 2009, 439 (441, Rn. 40 f.). Zum Unionsrecht siehe insoweit *Kahl/Hilbert*, PharmR 2012, 177. S. a. BVerwG, Urt. v. 26.5.2009 – 3 C 5.09 – Red Rice, NVwZ 2009, 1038. Zur Rechtsprechung des Senats vgl. *Rennert*, NVwZ 2008, 1179 und außerdem *Dettling*, MPR 2006, 53; MPR 2007, 1. Ungeklärt ist bislang die Frage, ob für die Zuordnung eines Geräts als Medizinprodukt auch das ungeschriebene Tatbestandsmerkmal der Ausrichtung auf einen „medizinischen Zweck" gehört, siehe dazu Vorlagebeschluss des BGH, PharmR 2011, 340 und dazu *Dettling*, PharmR 2011, 316. Das Verfahren ist beim EuGH unter dem Aktenzeichen C-219/11 anhängig. *Dettling* geht von einem weiten Begriff des Medizinischen aus. Dieses Erfordernis erfüllt danach jedes Gerät, das unter einen der vier Spiegelstriche in Art. 1 II lit. a der Richtlinie 90/385 EWG fällt, siehe dazu *Dettling*, PharmR 2011, 316 (317 f.). Der EuGH hat das Erfordernis eines medizinischen Zwecks bestätigt, vgl. EuGH, MPR 2012, 191 und dazu *Keßler/Zindler*, MPR 2012, 186.

[6] Siehe EuGH, Urt. v. 22.11.2012 – C 29/11 –, PharmR 2013, 30 ff. Ein Präparat kann jedenfalls in einem EU-Mitgliedstaat als Medizinprodukt und in einem anderen als Arzneimittel eingestuft werden: s. EUGH, Urt. v. 3.10.2013 – C-109/12 –, PharmR 2013, 485 ff. Dass die E-Zigarette kein Medizinprodukt ist, hat inzwischen das BVerwG, Urt. v. 20.11.2014 – 3 C 26/13 sowie 3 C 27/13 – in Übereinstimmung mit der Vorinstanz, OVG NRW, Urt. v. 17.9.2013 – 13 A 1100/12 – sowie – 13 A 2541/12 – und – 13 A 2448/12 – entschieden.

[7] MPR 2009, 209; krit. zur Begründung *Czettritz/Strelow*, MPR 2010, 1. Das Darmreinigungsmittel Macrogol hat der BGH als Medizinprodukt eingestuft, weil es seine Wirkung auf osmotischem und physikalischem Wege erreiche, BGH, Urt. 10.12.2009 – I ZR 189/07, MPR 2010, 117, vgl. dazu *Hüttebräuker/Thiele*, MPR 2010, 109. Gegenteilig BGH, Urt. v. 24.10.10 – I ZR 204/09, GesR 2011, 711 und dazu *Schweim*, A&R 2012, 16 (17 f.).

[8] *Dettling/Koppe-Zaguros*, PharmR 2010, 152 (153).

[9] Urt. v. 11.11.2011 – 10 A 10670/11; MPR 2012, 23. Unklar dazu *Sachs*, MPR 2012, 43, die Entwicklung teils begrüßend, teils kritisch hinterfragend. Siehe dazu auch die Übersicht bei *Hobusch/Ochs*, MedR 2010, 624 (630).

II. Anwendungsbereich des MPG

7 § 2 MPG regelt den Anwendungsbereich des Gesetzes. Es gilt nicht für
1. Arzneimittel im Sinne des § 2 AMG (§ 2 V Nr. 1 MPG).[10]
2. kosmetische Mittel im Sinne des § 2 V LFGB (§ 2 V Nr. 2 MPG).[11] Für die Abgrenzung zum Medizinprodukt kommt es darauf an, ob medizinische oder reinigende/pflegende Zweckbestimmungen überwiegen.[12]
3. menschliches Blut, Produkte und Derivate aus menschlichem Blut[13] (§ 2 V Nr. 3 MPG iVm § 3 Nr. 3, 4 MPG);
4. Transplantate (§ 2 V Nr. 4, 5 iVm § 3 Nr. 4 MPG).[14]

Das ÄndG vom 14.6.2007 (BGBl. I 1066) hat in § 2 MPG einen neuen Absatz 2 eingefügt: „(2) Dieses Gesetz gilt auch für das Anwenden, Betreiben und Instandhalten von Produkten, die nicht als Medizinprodukte in Verkehr gebracht wurden, aber mit der Zweckbestimmung eines Medizinprodukts im Sinne der Anlagen 1 und 2 der Medizinprodukte-Betreiberverordnung eingesetzt werden. Sie gelten als Medizinprodukte im Sinne dieses Gesetzes."[15]

III. Klasseneinteilung

8 Medizinprodukte werden, um die erforderliche Sicherheit zu gewährleisten, zertifiziert.[16] Da die Zahl der auf dem europäischen Markt befindlichen Medizinprodukte[17] auf zwischen

---

[10] Wohl aber für Produkte, die dazu bestimmt sind, Arzneimittel im Sinne des § 2 I AMG zu verabreichen (§ 2 III 1 MPG – z. B. Einmalspritzen; zur Aufbereitung und Wiederverwendung von Medizinprodukten s. OVG Nordrhein-Westfalen, Beschl. v. 7.4.2014 – 13 A 106/13) und bei verbundenen Medizinprodukten/Arzneimitteln (z. B. Nikotinpflaster) nach Maßgabe des § 2 III 2 MPG für den Medizinprodukteteil; für die Einheit gilt das AMG (§ 2 III 3 MPG), vgl. etwa OLG Frankfurt/Main, MPR 2003, 25.
[11] § 2 V LFGB lautet: „Kosmetische Mittel sind Stoffe oder Gemische von Stoffen, die ausschließlich oder überwiegend dazu bestimmt sind, äußerlich am Körper des Menschen oder in seiner Mundhöhle zur Reinigung, zum Schutz, zur Erhaltung eines guten Zustandes, zur Parfümierung, zur Veränderung des Aussehens oder dazu angewendet werden, den Körpergeruch zu beeinflussen. Als kosmetische Mittel gelten nicht Stoffe oder Gemische von Stoffen, die zur Beeinflussung der Körperformen bestimmt sind." Siehe auch die Verordnung (EG) Nr. 1223/2009 des Europäischen Parlaments und des Rates vom 30.11.2009 über kosmetische Mittel (ABl. L 342 vom 22.12.2009) – Kosmetik-Richtlinie, in Kraft getreten am 11.7.2013. Zur Abgrenzung Arzneimittel/Kosmetika siehe EuGH, Urt. vom 6.9.12 – C-308/11, Chem. Fabrik Kreussler, juris.
[12] *Anhalt*, MPR 2003, 31 (34). Zur Zuordnung eines Zahnblendemittels als Kosmetikum oder Medizinprodukt siehe LG Darmstadt, MPR 2003, 69.
[13] Siehe dazu *Gassner*, NJW 2002, 863 (865).
[14] Zu § 2 V Nr. 4 MPG siehe auch Richtlinie 2003/32 EG der Kommission mit genauen Spezifikationen bezüglich der in der Richtlinie 93/42 EWG des Rates festgelegten Anforderungen an unter Verwendung von gewebetierischen Ursprungs hergestellte Medizinprodukte vom 23.4.2003 (abgedruckt bei *Hill/Schmitt*, WiKo Medizinprodukterecht Kap. III 2 e).
[15] Die Vorschriften des AtG, der StrahlenschutzVO, der RöntgenVO, des Strahlenschutzvorsorge G, des ChemG, der GefahrstoffVO, der BetriebssicherheitsVO, der DruckgeräteVO, der Aerosolpackungs-VO sowie die Rechtsvorschriften über Geheimhaltung und Datenschutz bleiben unberührt (§ 2 IV MPG).
[16] → § 45 Rn. 5.
[17] Ohne die Sonderanfertigungen, wie z. B. in der Zahnprothetik oder bei besonderen Seh- oder Hörhilfen. Sonderanfertigung ist ein Medizinprodukt, das nach schriftlicher Verordnung nach spezifischen Auslegungsmerkmalen eigens angefertigt wird und zur ausdrücklichen Anwendung bei einem namentlich benannten Patienten bestimmt ist. Das serienmäßig hergestellte Medizinprodukt, das angepasst werden muss, um den spezifischen Anforderungen des Arztes, Zahnarztes oder des sonstigen beruflichen Anwenders zu entsprechen, gilt nicht als Sonderanfertigung. Zum Inverkehrbringen von Sonderanfertigungen siehe § 12 MPG. Hyaluronsäure-Natrium Fertigspritzen (zur intraartikulären An-

500.000 und einer Million bei ungefähr 8.000 verschiedenen Arten geschätzt wird, wäre es nicht sachgerecht, sie alle einem einheitlichen Konformitätsbewertungsverfahren zu unterwerfen. Differenzierungen erfolgen deshalb entweder in der Zuordnung zu jeweils einer Liste – das geschieht für In-vitro-Diagnostika[18] – oder über eine Klassifizierung, die sich an der potentiellen Gefährlichkeit des Medizinproduktes orientiert.[19] § 13 I MPG verweist insoweit auf die Klassifizierungsregeln des Anhangs IX der Richtlinie 93/42 EWG.

- Klasse I unterfallen Produkte mit geringem Risikopotential, z. B. Tupfer, Krankenpflegeartikel, orthopädische Hilfsmittel. In diese Klasse gehören die meisten Medizinprodukte.
- Klasse II a erfasst Produkte mit mittlerem Risikopotential, z. B. die meisten Katheter.
- Klasse II b betrifft Produkte mit erhöhtem Risikopotential, z. B. chirurgisch-invasive Einmalprodukte, Implantate und Produkte zur Empfängnisverhütung.
- Klasse III enthält die Produkte mit besonders hohem Risikopotential, z. B. Herzklappen und Brustimplantate.[20]

Die Klassifizierung richtet sich allein[21] nach der Festlegung der Zweckbestimmung des Produktes[22] durch den Hersteller.[23] Die Zweckbestimmung muss aber § 19 MPG genügen.[24]

§ 44 Unionsrecht

I. Allgemeines

Hintergrund der nationalen Regelung des Medizinprodukterechts ist die EU-rechtliche Gewährleistung (auch) des freien Warenverkehrs (Art. 34–36 AEUV). Die damit verbundene Rechtsangleichung vollzieht sich auf der Ebene gegenseitiger Anerkennung der maßgeblichen Grundgedanken durch die Mitgliedsstaaten und durch die technische Harmonisierung.[25]

II. Richtlinien

Maßgebend für das Inverkehrbringen von Medizinprodukten sind im Wesentlichen die grundlegenden Anforderungen (§ 7 MPG) der
- Richtlinie 90/385/EWG des Rates vom 20.6.1990[26]

---

wendung bei Gelenkerkrankungen) sind keine Sonderanfertigungen, vgl. BGH, Urt. v. 9.7.09 – I ZR 193/06, MPR 2010, 58 und dazu *Pflüger*, MPR 2010, 37.

[18] Siehe dazu *Hill/Schmitt*, WiKo Medizinprodukterecht, Rn. 4 zu § 13 MPG.
[19] *Frankenberg*, in: Anhalt/Dieners, Handbuch des Medizinprodukterechts, § 4.
[20] Siehe dazu Richtlinie 2003/12 EG der Kommission zur Neuklassifizierung von Brustimplantaten im Rahmen der Richtlinie 93/42 EWG über Medizinprodukte vom 3.2.2003 (abgedruckt bei *Hill/Schmitt*, WiKo Medizinprodukterecht Kap. III 2d). Zur Frage der Haftung der „benannten Stelle" wegen Fehlerhaftigkeit eines zertifizierten Brustimplantats s. etwa OLG Zweibrücken, Urt. v. 30.1.2014 – 4 U 66/13 –, GesR 2014, 163 ff. sowie aus der Literatur *Rott*, NJW 2017, 1146 ff.
[21] Zu den damit verbundenen Streitfragen bei einem vom Hersteller vorgeschriebenen Einmalgebrauch von Medizinprodukten vgl. etwa *Helle/Haindl*, MedR 2001, 411; *Schneider*, MedR 2002, 453; *Böckmann*, in: A/D, Rn. 53 ff. zu § 9; *Jäkel*, MedR 2011, 485.
[22] Zweckbestimmung ist die Verwendung, für die das Medizinprodukt in der Kennzeichnung der Gebrauchsanweisung oder den Werbematerialien nach den Angaben des in Nr. 15 genannten Personenkreises bestimmt ist (§ 3 Nr. 10 MPG).
[23] Zum Herstellerbegriff des MPG vgl. die Begriffsbestimmung in § 3 Nr. 15 MPG; s. dazu *Ratzel*, in: Saalfrank (Hrsg.) Handbuch des Medizin- und Gesundheitsrechts § 10 Rn. 5.
[24] → § 45 Rn. 8 f.
[25] Siehe dazu *Müller-Terpitz*, in: Spickhoff, Medizinrecht, § 170 Rn. 48 ff. Zum „Zusammenspiel" mit der Zollfreiheit und der damit verbundenen europäischen Integration siehe *Frenz*, Handbuch Europarecht, Bd. 1 Rn. 702 ff.
[26] ABl. EG Nr. L 189 vom 20.7.1990 S. 17 über aktive implantierbare medizinische Geräte, zuletzt geändert durch Richtlinie 2007/47 EG des Europäischen Parlaments und des Rates vom 5.9.2007 (ABl. L 247 vom 21.9.07, S. 21).

- Richtlinie 93/42/EWG des Rates vom 14.6.1993[27]
- Richtlinie 98/79/EG des Europäischen Parlaments und des Rates vom 27.10.1998[28]

gewesen. Zu den Überschneidungen beim Konformitätsbewertungsverfahren siehe die Richtlinie 2006/42/EG über Maschinen und 89/686 EWG über persönliche Schutzausrüstungen (§ 7 II, III MPG).

Die Beratungen über den bereits vor Jahren vorgelegten Entwurf für eine neue europäische Verordnung über Medizinprodukte (Medical Devices Regulation), welche die bisher geltenden Medizinprodukte-Richtlinien 93/42/EWG und 90/385/EWG ablösen soll, sind noch immer nicht abgeschlossen.[29]

§ 45 Nationales Recht

I. Allgemeines

1   Medizinprodukte dürfen in Deutschland, von Ausnahmen abgesehen (§ 6 I 1 MPG) nur in den Verkehr gebracht oder in Betrieb genommen werden, wenn sie die grundlegenden Anforderungen[30] erfüllen und zertifiziert sind. Auch Medizinprodukte, die diese Voraussetzungen erfüllen, dürfen nicht in den Verkehr gebracht werden, wenn sie
- irreführende Bezeichnungen, Angaben oder Aufmachungen enthalten (§ 4 II MPG),[31]
- das Verfallsdatum abgelaufen ist (§ 4 I Nr. 2 MPG),
- unvertretbare Gefahren von ihnen ausgehen (§ 4 I Nr. 1 MPG).

II. Inverkehrbringen

2   Inverkehrbringen ist jede entgeltliche oder unentgeltliche Abgabe von Medizinprodukten an andere (§ 3 Nr. 11, S. 1 MPG).[32] „Erstmalig" ist die erste Abgabe von neuen oder als neu aufbereiteten Medizinprodukten an andere im Europäischen Wirtschaftsraum (§ 3 Nr. 11, S. 2 MPG).[33] Inbetriebnahme ist der Zeitpunkt, zu dem das Medizinprodukt dem Anwender als ein Erzeugnis zur Verfügung gestellt worden ist, das erstmals entsprechend seiner Zweckbestimmung im Europäischen Wirtschaftsraum angewendet werden kann (§ 3 Nr. 12 MPG).

III. Grundlegende Anforderungen

3   Die grundlegenden Anforderungen ergeben sich gemäß § 7 MPG aus Anhang I der Richtlinie 90/385 EWG.[34] Die allgemeinen Anforderungen lauten:

„1. Die Geräte sind so auszulegen und herzustellen, dass ihre Verwendung weder den klinischen Zustand noch die Sicherheit der Patienten gefährdet, wenn sie unter den vorgesehenen Bedingungen und zu den vorgesehenen Zwecken implantiert sind. Sie dürfen weder für die Personen, die die Implantation vornehmen, noch gegebenenfalls für Dritte eine Gefahr darstellen.

---

[27] ABl. EG Nr. L 169 vom 12.7.1993 über Medizinprodukte, zuletzt geändert durch die Richtlinie 2007/47 EG des Europäischen Parlaments und des Rates vom 5.9.2007 (ABl. L 247 vom 21.9.07, S. 21).

[28] ABl. EG Nr. L 331 über In-vitro-Diagnostika; zuletzt geändert durch Art. 1 der VO v. 18.6.2009 (ABl. L 188, 14).

[29] Zum Gesetzgebungsverfahren s. *Graf*, PharmR 2016, 486–490, sowie speziell zu den neuen Klassifizierungsregeln *Graf*, PharmR 2017, 57–61.

[30] → § 45 Rn. 5.

[31] Medizinprodukte unterliegen seit der 2. MPG Novelle zweifelsfrei dem HWG, vgl. *Gassner*, NJW 2002, 863 (865); *Hobusch/Ochs*, MedR 2010, 624 (626).

[32] Zu Ausnahmen siehe § 3 Nr. 11 S. 3, 4 MPG.

[33] Zum Verantwortlichen für das erstmalige Inverkehrbringen siehe § 5 MPG, zu den Voraussetzungen vgl. § 10 MPG und zu den Ausnahmen § 11 MPG.

[34] → § 44 Rn. 3.

2. Die Geräte müssen die vom Hersteller vorgegebenen Leistungen erbringen, d. h. sie müssen so ausgelegt und hergestellt sein, dass sie geeinigt sind, eine oder mehrere der in Art. 1 II Buchstabe a) genannten Funktionen zu erfüllen und zwar entsprechend den Angaben des Herstellers.
3. Die Merkmale und die Leistungen gemäß den Abschnitten 1 und 2 dürfen sich nicht derart ändern, dass der klinische Zustand und die Sicherheit der Patienten und gegebenenfalls von Dritten während der vom Hersteller vorgesehenen Lebensdauer der Geräte gefährdet werden, wenn diese Geräte Belastungen ausgesetzt sind, die unter normalen Einsatzbedingungen auftreten können.
4. Die Geräte sind so auszulegen, herzustellen und zu verpacken, dass sich ihre Merkmale und ihre Leistungen unter dem vom Hersteller vorgesehenen Lagerungs- und Transportbedingungen (Temperatur, Feuchtigkeit usw.) nicht ändern.
5. Etwaige unerwünschte Nebenwirkungen dürfen unter Berücksichtigung der vorgegebenen Leistungen keine unvertretbaren Risiken darstellen.
5a. Der Nachweis der Übereinstimmung mit den grundlegenden Anforderungen muss eine klinische Bewertung gemäß Anhang 7 umfassen."

Daneben gibt es umfangreiche zusätzliche Anforderungen für die Auslegung und die Konstruktion von Medizinprodukten.[35]

IV. Bedeutung der Klassifizierung

1. Zertifizierung

Die Klassifizierung[36] bestimmt die Zertifizierung, d. h. das Konforminitätsbewertungsverfahren, von dem das Inverkehrbringen des Medizinprodukts abhängt (§ 6 MPG).[37] Belegt wird das durch die CE-Kennzeichnung[38] (§ 9 MPG). Mit dem CE-Zeichen ist die Zulässigkeit der Herstellung, des Vertriebs und der Anwendung des Medizinprodukts im ganzen Europäischen Wirtschaftsraum gegeben.

2. Zuständigkeit

Produkte der Klasse I kann der Hersteller in der Regel selbst zertifizieren. Medizinprodukte der Klassen II und III sowie diejenigen Medizinprodukte der Klasse I, die im sterilen Zustand in Verkehr gebracht werden oder die mit Messfunktionen ausgestattet sind, müssen von einer Benannten Stelle, also von Dritten zertifiziert werden. Die Drittzertifizierung ist in § 3 II-III MPV geregelt.

3. Benannte Stellen[39]

Die Liste aller benannten Stellen nach §§ 15, 16 MPG findet sich im Internet unter http://www.dimdi.de/static/de/mpg/adress/benannte-stellen/index.htm.

---

[35] Zu harmonisierten Normen und zu gemeinsamen technischen Spezifikationen siehe § 8 MPG.
[36] → § 43 Rn. 8.
[37] Siehe dazu *Edelhäuser*, in: A/D § 5.
[38] CE = Conformité Européenne; siehe dazu auch *Christmann*, in: A/D § 7; *Wagner*, in: Rehmann/Wagner, MPG § 6 Rn. 5. Unter bestimmten Vorgaben sind zusätzliche private Qualitätszeichen zulässig, siehe dazu kritisch *Hill*, in: A/D § 8. Zur zivilrechtlichen Relevanz des CE-Kennzeichens s. *Zach*, MPR 2012, 4.
[39] Zu Pflichten und Haftung der Benannten Stelle bei Hochrisiko-Medizinprodukten (Brustimplantaten) unter Berücksichtigung der aktuellen EuGH-Rspr. s. *Rott*, NJW 2017, 1146 ff.

V. Klinische Bewertung

1. Inhalt

8   Die Eignung eines Medizinprodukts für den vorgesehenen Verwendungszweck ist durch die klinische Bewertung[40] zu belegen (§ 19 MPG). Die klinische Bewertung umfasst außerdem
   * die Beurteilung von unerwünschten Wirkungen
   * die Annehmbarkeit des in den Grundlegenden Anforderungen genannten Nutzen-/Risiko-Verhältnisses.[41]

   Die klinische Bewertung ist anhand von klinischen Daten nach § 3 Nr. 25 MPG zu belegen, soweit nicht in begründeten Ausnahmefällen andere Daten ausreichend sind (§ 19 I 1 MPG). Die klinische Bewertung muss gemäß einem definierten und methodisch einwandfreien Verfahren erfolgen und ggf. einschlägige, harmonisierte Normen berücksichtigen (§ 19 I 3 MPG).

9   § 19 MPG ist damit auf die für die Zertifizierung maßgebliche Zweckbestimmung des Medizinprodukts durch den Hersteller bezogen. Danach kann der Hersteller den Zweck zwar frei bestimmen. Für den von ihm bestimmten Zweck muss das Medizinprodukt aber geeignet sein, und das ist zu belegen. Die Herstellerfreiheit ist also ergebnisgebunden.

2. Klinische Prüfung

10 **a) Einordnung.** Die in § 19 MPG vorausgesetzte klinische Prüfung der §§ 20 ff. MPG ist ein Unterfall des klinischen Versuchs.[42]

11 **b) Begriff.** Gemäß DIN EN ISO 14155 ist die klinische Prüfung definiert als eine *„systematische Prüfung an einer oder mehreren Versuchsperson(en), die vorgenommen wird, um die Sicherheit oder Leistungsfähigkeit eines Medizinprodukts zu bewerten."*

12 **c) Voraussetzungen.** Mit der klinischen Prüfung[43] eines Medizinprodukts darf in Deutschland erst begonnen werden, wenn die zuständige Ethik-Kommission[44] diese nach Maßgabe des § 22 MPG zustimmend bewertet und die zuständige Bundesoberbehörde[45] diese nach Maßgabe des § 22a MPG genehmigt hat.

13 Die Risiken, die mit der klinischen Prüfung für die Personen verbunden sind, an denen sie durchgeführt werden soll, müssen, gemessen an der voraussichtlichen Bedeutung des Medizinprodukts für die Heilkunde, ärztlich vertretbar sein (§ 20 I Nr. 1 MPG). *Graf*[46] hat zurecht darauf hingewiesen, dass Gesetzgebung, Rechtsprechung und Schrifttum bislang nicht abschließend geklärt haben, was unter „ärztlich vertretbar" zu verstehen ist. Unter Hinweis auf VGH Baden-Württemberg vom 10.9.2002[47] stellt *Graf* die ärztliche Gewissensentscheidung in den Vordergrund. Ginge es nur um die Beurteilung ärztlichen Handelns und

---

[40] Für In-vitro-Diagnostika, vgl. § 19 II MPG.
[41] § 19 MPG gilt in der durch die Richtlinie 2007/47 EG des Europäischen Parlaments und des Rates vom 5.9.2007 (siehe § 44, Fn. 3, 4) veranlassten Neufassung durch das Gesetz zur Änderung medizinprodukterechtlicher Vorschriften vom 29.7.2009 (BGBl. I 2326).
[42] → § 68 Rn. 31 ff. Siehe ausf. *Kage*, Das Medizinproduktegesetz, 291 ff.
[43] Das Nähere regelt die MPKPV, siehe § 43 Fn. 3. Zur Durchführung vgl. weiter § 23 MPG, zur Beendigung und zum Abbruch siehe § 23a MPG und zu Ausnahmen § 23b MPG.
[44] Siehe dazu *Deutsch/Spickhoff*, Rn. 1644 ff.
[45] Zum Genehmigungsverfahren beim BfArM (§ 32 I Nr. 3 MPG) vgl. krit. *Bauer*, PharmR 2009, 158 (159). Siehe im Übrigen zu Rücknahme, Widerruf und Ruhen der Genehmigung § 22a MPG und zur Änderung § 22c MPG.
[46] MPR 2003, 89, (90 ff.). Zur Vorenthaltung von Standardtherapien siehe *Krüger*, MedR 2009, 33.
[47] MedR 2003, 109.

den Aspekt der verbindlichen Berufsmoral, wäre das zutreffend. Es muss jedoch beachtet werden, dass die ärztliche Entscheidung im Rahmen der klinischen Prüfung nicht nur personen-, sondern auch sachbezogen ist und damit den Raum ärztlichen Handelns verlässt. Abzuwägen sind nach § 20 I Nr. 1 MPG das persönliche medizinische Risiko mit dem allgemeinen Nutzen des Medizinprodukts. Die „voraussichtliche Bedeutung des Medizinprodukts für die Heilkunde" betrifft eine produktbezogene Prognose, in die neben medizinischen auch technische und ökonomische Kriterien einfließen. Darüber hinaus ist es eine zu verengte Betrachtungsweise, den Arzt bei seiner Risikobeurteilung nur seinem Gewissen zu überlassen. Ärztliches Handeln bleibt vielmehr an allgemeine Regeln, wie sie sich aus Standards und Leitlinien[48] ergeben, gebunden, auch und gerade wenn, wie bei klinischen Versuchen allgemein, vom Standard abgesehen oder dieser erst gesetzt werden soll. Diese Entscheidung setzt voraus, dass sich der Arzt zunächst einmal an den vorhandenen Standards orientiert. „Ärztlich vertretbar" ist also eine klinische Prüfung erst, wenn der Arzt, ausgehend vom medizinischen Standard[49] und unter Beachtung[50] des zu erwartenden Nutzens des Medizinprodukts das mit der Prüfung des Produkts verbundene Patientenrisiko nach den Regeln der ärztlichen Kunst[51] verantworten kann.[52]

Vorausgesetzt wird außerdem die Einwilligung des Probanden nach entsprechender Aufklärung (informed consent)[53] (§ 20 I Nr. 2, II MPG). Besondere Regeln gelten für klinische Prüfungen bei Minderjährigen (§ 20 IV MPG), Schwangeren (§ 20 V MPG) und Kranken (§ 21 MPG). 14

3. Probandenversicherung[54]

§ 20 I Nr. 9, III MPG verlangt den Abschluss einer Probandenversicherung als Voraussetzung für die Durchführung klinischer Prüfungen. 15

§ 46 Sekundärpflichten

Medizinprodukte unterliegen umfangreichen Überwachungs-, Schutz und Anmeldevorschriften. 1

I. Anzeigepflichten

Nach § 25 I MPG müssen angezeigt werden 2
- das erstmalige Inverkehrbringen von Medizinprodukten (mit Ausnahme der Sonderanfertigungen; anzeigepflichtig ist der in Deutschland ansässige Verantwortliche nach § 5 MPG);
- die Aufbereitung von Medizinprodukten, die bestimmungsgemäß keimarm oder steril zur Anwendung kommen; anzeigepflichtig sind Betriebe und Einrichtungen mit Sitz in Deutschland.[55]

---

[48] → § 14 Rn. 29, 71 ff., 125 ff., 128 ff.; → § 68 Rn. 30.
[49] Damit soll nur gesagt sein, dass sich der Arzt den bestehenden medizinischen Standard zunächst einmal bewusst machen muss.
[50] § 20 I Nr. 1 MPG macht das zu einer zwingenden Vorgabe für die ärztliche Entscheidung.
[51] Zu den Regeln der ärztlichen Kunst gehören auch die Vorgaben, wie die neuen Regeln der ärztlichen Kunst zu entwickeln sind.
[52] Die „Verantwortung" macht deutlich, dass der Arzt an die Regeln der Berufsmoral gebunden ist. Da das Gesetz von einer „vertretbaren" ärztlichen Entscheidung spricht, gibt es für diese Verantwortung einen Handlungsrahmen.
[53] → § 14 Rn. 88 ff.
[54] S. dazu *Gaidzik*, MPR 2006, 11. Ausf. Deutsch/Spickhoff Rn. 1642 f. Zur Trennung von persönlicher Haftung des handelnden Arztes und Haftung aus der Probandenversicherung siehe OLG München, MedR 2010, 179; LG Göttingen, MedR 2010, 711 mit Anm. v. *Deutsch*.
[55] Zum Inhalt und Durchführung der Anzeige siehe *Hill/Schmitt*, WiKo Medizinprodukterecht Rn. 4 ff. zu § 25 MPG.

3   Angezeigt werden muss nach § 25 II MPG das Zusammensetzen und Sterilisieren von Systemen und Behandlungseinheiten. Anzuzeigen ist das Inverkehrbringen von Invitrodiagnostika (§ 25 III MPG). Außerdem sind nachträgliche Änderungen anzuzeigen (§ 25 IV MPG).[56]

II. Durchführung

4   § 26 MPG regelt die Durchführung der Überwachung der Betriebe und Einrichtungen mit Sitz in Deutschland durch die zuständigen Behörden. Die Verfahren zum Schutz vor festgestellten (Gesundheits-/Sicherheits)Risiken sind in § 28 MPG dargestellt.

III. Zwangsmaßnahmen

5   Wird eine CE-Kennzeichnung unrechtmäßig oder unzulässig angebracht, trifft die zuständige Behörde die erforderlichen Verwaltungs(zwangs)maßnahmen (§ 27 MPG).

IV. Beobachtungs- und Meldesystem

6   § 29 bis 31 MPG haben ein umfassendes Beobachtungs- und Meldesystem installiert.[57]

§ 47 Haftung

1   Das MPG enthält keine Haftungsregeln.[58] Es gibt infolgedessen keine Gefährdungshaftung für Medizinprodukte als solche. Für den Hersteller gilt aber das Produkthaftungsgesetz mit einer Fehlerhaftung nach Art der Gefährdungshaftung[59] (§ 1 ProdHaftG).[60] Im Übrigen gelten die §§ 823 ff. BGB,[61] z. B. bei fehlender/fehlerhafter CE-Kennzeichnung[62]. Der Anwender haftet also nur bei Verschulden.[63] Die Reform des Schuldrechts hat auch zu verschärften Anforderungen im Vertragsrecht[64] beim Kauf von Medizinprodukten geführt. Das betrifft insbesondere die Mängelgewährleistung, aber auch die im Vertragsrecht möglichen Schmerzensgeldansprüche (§ 253 II BGB).[65]

---

[56] Fehlende oder falsche Anzeigen sind nach § 42 II Nr. 11 MPG eine Ordnungswidrigkeit. Das MPG wird insgesamt durch einen umfangreichen Straf- und Bußgeldkatalog flankiert (§§ 40 bis 43 MPG), siehe dazu ausführlich *Taschke,* in: A/D, § 19; *Ambs,* in: Erbs/Kohlhaas, Strafrechtliche Nebengesetze, M 60, Anm. zu § 40 – 43 MPG.

[57] Siehe auch die MPS V (→ § 43 Rn. 3).

[58] Siehe dazu *Deutsch/Spickhoff,* Rn. 1668 ff. Zum Medizinprodukte-Haftungsrecht vgl. *Kage,* Das Medizinproduktegesetz, 345 ff. und *Weimer,* MPR 2007, 68; *ders.* MPR 2007, 96; *ders.* MPR 2007, 119.

[59] Zur unmittelbaren Geltung des ProdHaftG s. Saarl. OLG, MPR 2011, 156. Da nunmehr auch im Produkthaftungsrecht Schmerzensgeldansprüche (§ 8 S. 2 ProdHaftG) möglich sind, wird diese Haftungsgrundlage an Bedeutung zunehmen, vgl. zutreffend *Voit,* MPR 2003, 77.

[60] Siehe dazu Deutsch/Spickhoff, Medizinrecht, Rn. 324 ff.

[61] Siehe dazu *Heil,* in: A/D, Rn. 7 ff., Rn. 51 ff. zu § 22.

[62] Das OLG Frankfurt a. M. (Urt. v. 13.1.2015 – 8 U 168/13) hat die Haftung eines Herstellers allein wegen Nichtdurchführung einer CE-Zertifizierung für Wirbelsäulen-Titan-Cages verneint. Zwar sei § 6 Abs. 1 MPG ein Schutzgesetz i. S. d. § 823 Abs. 2 BGB, es bedürfe aber eines Nachweises der Kausalität zwischen Verstoß und Schaden.

[63] Siehe dazu *Heil,* in: A/D, § 22; *Kullmann,* NJW 2003, 1908.

[64] Siehe dazu *Heil,* in: A/D, Rn. 2 ff. zu § 22.

[65] Zur Produkthaftung bei Medizinprodukten s. *Backmann,* MPR 2012, 37.

§ 48 Kostenerstattung für Medizinprodukte

Eine eigenständige Erstattungskategorie „Medizinprodukte" gibt es weder in der GKV noch in der PKV oder im Beihilferecht.[66] Unklar ist jedoch, in welchem Verhältnis die Medizinprodukte-Regeln zum Hilfsmittelrecht des SGB V stehen.[67]

1

2. Abschnitt. Arzneimittel- und Verbandrecht

§ 49 Grundlagen des Arzneimittelrechts[1]

I. Zielsetzung

§ 1 AMG[2] gibt als oberstes Ziel des Arzneimittelrechts die Arzneimittelsicherheit vor. Im Interesse einer ordnungsgemäßen Arzneimittelversorgung von Mensch und Tier soll insbesondere für die Qualität, Wirksamkeit und Unbedenklichkeit von Arzneimitteln gesorgt werden.

1

II. Rechtsgrundlagen

Die Rechtsgrundlagen des Arzneimittelrechts lassen sich im Großen und Ganzen drei Bereichen zuordnen: dem Recht der Arzneimittelsicherheit und dem – an dieser Stelle nicht zu behandelnden[3] – Recht der Arzneimittelabgabe sowie dem Recht der Arzneimittelversorgung im Krankenversicherungsrecht.

2

Das Recht der Arzneimittelsicherheit wird von unionsrechtlichen Richtlinienvorgaben beherrscht.[4] Im Vordergrund steht der sogenannte Gemeinschaftskodex.[5] Für das deutsche Recht ist die Hauptrechtsquelle das AMG. Für die Versorgung mit Arzneimitteln im Krankenversicherungsrecht sind die einschlägigen Vorschriften des SGB V die wichtigste Rechtsgrundlage.

3

III. Behördenstruktur

Für das Arzneimittelrecht hat sich eine umfangreiche Behördenstruktur entwickelt.

4

---

[66] Zu Letzterem siehe *Burgardt/Clausen/Wigge*, in: A/D, Rn. 147 (für Arzneimittel).
[67] Siehe dazu → Rn. 5 ff. zu → § 62 und ebenfalls *Burgardt/Clausen/Wigge*, in: A/D, Rn. 185 ff. zu § 23; S. dazu allgemein *Lücker*, NZS 2007, 401.
[1] *Deutsch/Lippert*, AMG; *Rehmann*, AMG; *Kloesel/Cyran*, Arzneimittelrecht; *Sander*, Arzneimittelrecht; *Baierl/Kellermann*, Arzneimittelrecht; *Fuhrmann/Klein/Fleischfresser* (Hrsg.), Arzneimittelrecht; *Kügel/Müller/Hofmann*, AMG.
[2] Gesetz über den Verkehr mit Arzneimitteln in der Fassung der Bekanntmachung vom 12.12.2005 (BGBl. I 3394), zuletzt geändert durch die 16. AMG-Novelle vom 19.10.2012 (BGBl. I 2192).
[3] → § 38 Rn. 39 ff.
[4] Zur Bedeutung der Richtlinien → § 3 Rn. 6 f.
[5] Richtlinie 2001/38 EG des Europäischen Parlaments und des Rates vom 6.11.2001 zur Schaffung eines Gemeinschaftskodexes für Humanarzneimittel (ABl. Nr. L 311, S. 67) in der konsolidierten Fassung der Richtlinie 2011/62 EU vom 21.7.2011 (ABl. L 174 vom 1.7.2011). Zu weiteren europarechtlichen Vorgaben vgl. die Darstellung bei den einzelnen Abschnitten.

1. EMA (European Medicines Agency)

5   Auf Unions-Ebene ist die Europäische Agentur für die Beurteilung von Arzneimitteln (EMA) geschaffen worden.[6] Die EMA ist eine juristische Person (Art. 59 VO). Sie ist verantwortlich für die Koordinierung der vorhandenen Wissenschaftsressourcen, die ihr von den zuständigen Stellen der Mitgliedsstaaten zur Beurteilung und Überwachung von Arzneimitteln zur Verfügung gestellt werden (Art. 55 VO). Entscheidend ist aber, dass die EMA zuständig ist für das zentrale europäische Arzneimittelzulassungsverfahren. Dem zentralen Zulassungsverfahren unterliegen, wie sich aus der Anlage zu VO 726/2004 EG ergibt, folgende Arzneimittel:

- Arzneimittel, die mit Hilfe bestimmter biotechnologischer Verfahren hergestellt werden,
- Bestimmte Tierarzneimittel,
- Humanarzneimittel, die bestimmte neue Wirkstoffe enthalten (seit 20.5.2008 auch Humanarzneimittel, die bestimmte Immunerkrankungen und Viruserkrankungen betreffen),
- Arzneimittel, die als Arzneimittel für seltene Leiden gemäß der VO 141/2000 EG ausgewiesen sind.

Für alle anderen Arzneimittel hat der Antragsteller die Wahl, ob er nach dem nationalen Zulassungsverfahren, einem gegenseitigen Anerkennungsverfahren oder im zentralen Zulassungsverfahren (Anlage 3 VO) vorgehen will.[7]

6   Im Übrigen nimmt die EMA im Rahmen ihrer Ausschüsse insbesondere folgende Aufgaben wahr (Art. 57 I VO):

7   a) **Wissenschaftliche Beurteilung.** Koordinierung der wissenschaftlichen Beurteilung der Qualität, Sicherheit und Wirksamkeit von Arzneimitteln, die dem gemeinschaftlichen Genehmigungsverfahren für das Inverkehrbringen unterliegen; zur frühzeitigen Ermittlung potenzieller Konfliktquellen s. Art. 59 VO.

8   b) **Übermittlungsaufgaben.** Übermittlung auf Anfrage nach Bereithaltung für die Öffentlichkeit von Beurteilungsberichten, Zusammenfassungen der Produktmerkmale, Etikettierungen und Packungsbeilagen für diese Arzneimittel;

9   c) **Pharmakovigilanz.** Koordinierung der Überwachung der in der Gemeinschaft genehmigten Arzneimittel unter praktischen Anwendungsbedingungen sowie die Beratung über die erforderlichen Maßnahmen zur Sicherstellung der gefahrlosen und wirksamen Anwendung dieser Produkte, insbesondere durch die Beurteilung, die Koordinierung der Durchführung der Pharmokovigilanz-Verpflichtungen und die Kontrolle dieser Durchführung.

10 d) **Datenbank.** Gewährleistung der Verbreitung von Informationen über die Nebenwirkungen in der Gemeinschaft genehmigten Arzneimittel über eine Datenbank.[8]

11 e) **Unterstützungsmaßnahmen.** Technische und wissenschaftliche Unterstützung für Maßnahmen zur Förderung der Zusammenarbeit zwischen der Gemeinschaft, den Mitgliedsstaaten, internationalen Organisationen und Drittländern in wissenschaftlichen und technischen Fragen der Beurteilung von Arzneimitteln.

---

[6] Verordnung (EG) Nr. 726/2004 des Europäischen Parlaments und des Rates zur Festlegung von Gemeinschaftsverfahren für die Genehmigung und Überwachung von Human- und Tierarzneimitteln und zur Errichtung einer Europäischen Arzneimittel-Agentur vom 31.3.2004 (ABl. EG Nr. L 136 S. 1, in der Fassung der Verordnung (EG) Nr. 470/2009 des Europäischen Parlaments und des Rates vom 6.5.2009, ABl. L 152 vom 16.6.2009 S. 11, abgedruckt bei *Kloesel/Cyran*, AMG, Bd. X, EU 1). Die Verordnung ist in allen ihren Teilen verbindlich und gilt unmittelbar in jedem Mitgliedsstaat (Art. 90 II VO).

[7] Zum zentralen Zulassungsverfahren im Einzelnen siehe die instruktive tabellarische Übersicht bei *Anker*, in: Deutsch/Lippert, AMG, Vorb. vor § 21 ff. Rn. 7 und die von der Kommission entwickelten (sehr umfangreichen) Leitlinien.

[8] S.a. VO (EG) Nr. 540/95 der Kommission zur Festlegung der Bestimmungen über die Mitteilung von vermuteten unerwarteten, nicht schwerwiegenden Nebenwirkungen vom 10.3.1995 (ABl. EG Nr. L 55/5) für das deutsche Recht siehe die AMG-Anzeigeverordnung – AMG-AV vom 19.9.2005 (BGBl. I S. 2755), in Kraft getreten am 30.10.2005 und dazu *Kroth*, A & R 2005, 51 (53).

f) Gute Praxis. Sicherung einer koordinierten Überprüfung der Einhaltung der Grund- 12
sätze der guten Herstellerpraxis/der guten Laborpraxis/der guten klinischen Praxis und der
Pharmokovigilanz-Verpflichtungen.⁹

g) Unterlagenerstellung. Erstellung von Unterlagen über die gemäß den Gemeinschafts- 13
vorschriften erteilten Genehmigungen für das Inverkehrbringen von Arzneimitteln.

h) Tests. Beratung von Unternehmen in Bezug auf die Durchführung der verschiedenen 14
Tests und Versuche zum Nachweis der Qualität, Sicherheit und Wirksamkeit von Arzneimitteln.

i) Parallelvertrieb. Bei Parallelvertrieb Prüfung der Einhaltung der Bedingungen.¹⁰ 15

j) Qualitätssicherung. Koordinierung der Überwachung der Qualität von in Verkehr 16
gebrachten Arzneimitteln durch ein mögliches Arzneimittelkontrollgremium.

2. Nationale Bundeszuständigkeiten

Auf nationaler (Bundes)Ebene¹¹ sind zuständig, das 17
- Bundesinstitut für Arzneimittel und Medizinprodukte (BfArM) (§ 77 I AMG)¹²
- Robert-Koch-Institut¹³
- Bundesinstitut für gesundheitlichen Verbraucherschutz und Veterinärmedizin (§ 77 III AMG)¹⁴
- Bundesinstitut für Risikobewertung
- Paul-Ehrlich-Institut (PEI) (§ 77 II AMG)¹⁵
- Institut für Qualität und Wirtschaftlichkeit im Gesundheitswesen (§ 139a ff. SGB V)¹⁶
- Bundeszentrale für gesundheitliche Aufklärung (§ 27 III TFG).¹⁷
- Deutsches Institut für medizinische Dokumentation und Information (DIMIDI).¹⁸

---

⁹ Siehe dazu Richtlinie der Kommission 2003/94 zur Festlegung der Grundsätze und Leitlinien der
Guten Herstellungspraxis für Humanarzneimittel und für zur Anwendung bei Menschen bestimmter
Arzneimittel (ABl. 262 vom 14.10.03) sowie die Richtlinie 2001/20/EG zur Angleichung der Rechts- und
Verwaltungsvorschriften der Mitgliedsstaaten über die Anwendung der guten klinischen Praxis bei der
Durchführung von klinischen Prüfungen mit Humanarzneimitteln vom 4.4.2001 (ABl. 121 v. 1.5.2001
S. 30 i. d. F. der Verordnung (EG) 596/2009 vom 7.8.2009 [ABl. L 188 vom 18.7.2009]).
¹⁰ Siehe dazu die Mitteilung der Kommission an den Rat über die „Parallelimporte von Arzneimittel-
spezialitäten, deren Inverkehrbringen bereits genehmigt ist" (ABl. EG Nr. C 115 v. 6.5.1982 S. 5 ff.); siehe
dazu *Bauroth,* in: Futhrmann/Klein/Fleischfresser (Hrsg.), § 23 Rn. 19 f.
¹¹ Zu den Landesbehörden vgl. *Baierl/Kellermann,* S. 45 ff.
¹² Das BfArM ist für alle arzneimittelrechtlichen Angelegenheiten zuständig, die nicht in die Sonder-
zuständigkeit der anderen Bundesbehörden fallen, insbesondere also für die dezentrale Zulassung und
Registrierung von Arzneimitteln.
¹³ Das für Epidemiologie zuständige Institut, vgl. § 27 II TFG. Bei diesem ist auch der Arbeitskreis
Blut angesiedelt, § 24 TFG.
¹⁴ Das Institut ist zuständig für die Zulassung und Risikoüberwachung von Tierarzneimitteln und
weiterhin für die Wahrnehmung von Verbraucherschutzangelegenheiten, außerdem in den Bereichen der
Chemikalien, der Ernährungsmedizin, in Fragen der Tiergesundheit sowie zur Erfassung und Bewertung
von Ersatz- und Ergänzungsmethoden zu Tierversuchen.
¹⁵ Das PEI ist zuständig für Sera, Impfstoffe, Blutzubereitungen, Testallergene, Tiersera und Testanti-
gene, siehe dazu außerdem die Kostenverordnung für Amtshandlungen des PEI nach dem AMG vom
16.12.1996 (BGBl. I 1971) in der Fassung vom 23.12.1998 (BGBl. I 4054).
¹⁶ Das Institut beurteilt den Nutzen von Arzneimitteln; s. dazu § 11 Rn. 112, 124 ff.
¹⁷ Zu den Aufgaben siehe etwa § 3 IV TFG, § 2 I TPG; s. dazu *Ratzel,* in: Deutsch/Lippert, AMG
§ 77 Rn. 9.
¹⁸ Siehe dazu § 13 MPG und die DIMIDO v. 4.12.2002 (BGBl. I 4456) i. d. F. des Gesetzes vom
19.10.2012 (BGBl. I 2192). Das DIMIDI betreibt ein Informationssystem über Medizinprodukte. Es
bedient außerdem die europäische Datenbank EUDAMED, siehe dazu *Wagner,* in: Rehmann/Wagner,
MPG, § 33 Rn. 4. Für den Arzneimittelbereich ist das DIMIDI nur insoweit von Bedeutung, als es um
die Abgrenzung von Arzneimitteln und Medizinprodukten geht, → § 43 Rn. 4 ff.

§ 50 Der Begriff des Arzneimittels

I. Arzneimittel

1. Präsentationsarzneimittel

1   Arzneimittel sind Stoffe[19] oder Zubereitungen aus Stoffen
1a „1. die zur Anwendung im oder am menschlichen oder tierischen Körper bestimmt sind und als Mittel mit Eigenschaften zur Heilung oder Linderung oder zur Verhütung menschlicher oder tierischer Krankheiten oder krafthafter Beschwerden bestimmt sind." (§ 2 I Nr. 1 AMG)

II. Funktionsarzneimittel

2   Funktionsarzneimittel sind „die im oder am menschlichen oder tierischen Körper angewendet oder einem Menschen oder einem Tier verabreicht werden können, um entweder
a) die physiologischen Funktionen durch eine pharmakologische, immunologische oder metabolische Wirkung wieder herzustellen, zu korrigieren oder zu beeinflussen oder
b) eine medizinische Diagnose zu erstellen." (§ 2 I Nr. 2 AMG)

III. Fiktive Arzneimittel

3   Als Arzneimittel gelten Gegenstände nach § 2 II Nr. 1, 2 AMG, tierärztliche Instrumente (§ 2 II Nr. 1a AMG), Verbandstoffe und chirurgische Nahtmaterialien (§ 3 II Nr. 3 AMG) sowie Diagnostika (§ 2 II Nr. 4 AMG).

IV. Keine Arzneimittel

4   • Arzneimitel sind nicht
    • Lebensmittel (§ 3 Nr. 1 AMG)[20]

---

[19] Stoffe im Sinne des AMG sind:
„1. chemische Elemente und chemische Verbindungen sowie deren natürlich vorkommende Gemische und Lösungen,
Pflanzen, Pflanzenteile und Pflanzenbestandteile, Algen, Pilze und Flechten in bearbeitetem oder unbearbeitetem Zustand,
Tierkörper, auch lebende Tiere sowie Körperteile –bestandteile und Stoffwechselprodukte von Mensch oder Tier in bearbeitetem oder unbearbeitem Zustand,
Mikroorganismen einschließlich Viren sowie deren Bestandteile oder Stoffwechselprodukte" (vgl. § 3 AMG).

[20] Siehe § 2 II LFBG. Zu Nahrungsergänzungsmitteln siehe die NemV vom 24.5.2004 (BGBl. K 1011) i. d. F. vom 13.12.2011 (BGBl. I 2720) idF v. 5.7.2017 (BGBl. I 2272). Ein Nahrungsergänzungsmittel ist ein Lebensmittel, das
„1. dazu bestimmt ist, die allgemeine Ernährung zu ergänzen,
2. ein Konzentrat von Nährstoffen oder sonstigen Stoffen mit ernährungsspezifischer oder physiologischer Wirkung allein oder im Zusammenhang darstellt und
3. in dosierter Form, insbesondere in Form von Kapseln, Pastillen, Tabletten, Pillen oder ähnlichen Darreichungsformen, Pulverbeuteln, Flüssigampullen, Flaschen mit Tropfeneinsätzen und ähnlichen Darreichungsformen von Flüssigkeiten und Pulvern zur Aufnahme in angemessenen kleinen Mengen in den Verkehr gebracht wird." (§ 1 I NemV). Siehe dazu auch Art. 2 lit. a der Richtlinie 2002/46 EG des Europäischen Parlaments und des Rates vom 10.6.2002 (ABl. Nr. L 183/51 vom 12.7.2002).
Zur Abgrenzung zu Arzneimitteln siehe *Müller*, in: K/M/H, AMG, § 2 Rn. 147 ff.

- Kosmetische Mittel (§ 3 Nr. 2 AMG)[21]
- Tabakerzeugnisse (§ 3 Nr. 3 AMG)[22]
- Tierkosmetika (§ 3 Nr. 4 AMG)
- Biozid-Produkte (§ 3 Nr. 5 AMG)[23]
- Futtermittel (§ 3 Nr. 6 AMG)
- Medizinprodukte (§ 3 Nr. 7 AMG)[24]
- Organe im Sinne des TPG (§ 3 Nr. 8 AMG)[25]

V. Betäubungsmittel

Besonders geregelt sind die Betäubungsmittel (§ 13 BtMG). Auch die Substitutionstherapie bei Drogenabhängigen betrifft die Verordnung eines Arzneimittels. 5

VI. Dopingmittel

Auch zu Dopingzwecken im Sport eingesetzte Mittel sind meist Arzneimittel. Es ist verboten, die Arzneimittel zu diesem Zweck in den Verkehr zu bringe, § 6a AMG.[26] 6
Die weltweiten Maßnahmen gegen Doping werden von der 1999 gegründeten, in Montreal ansässigen World Anti-Doping Agency (WADA)[27] organisiert. Das erfolgt durch den Schutz der Grundrechte der Athleten auf Teilnahme an dopingfreiem Sport und der Sicherstellung harmonisierter, koordinierter und wirksamer Anti-Dopingprogramme (WADA-Codex, Einleitung). Der WADA-Code definiert Doping als das Vorliegen von Verstößen gegen Anti-Dopingbestimmungen (Art. 1 WADA-Code). Die verbotenen Wirkstoffe und Methoden ergeben sich aus der Anti-Doping-Liste. Die WADA hat die Beweislast für das Vorliegen von Verstößen (Art. 3.1 WADA-Code). Derzeit ist ab 1.1.2017 die Verbotsliste 2017 gültig.[28]

---

[21] § 2 V LFPG. Zur Abgrenzung siehe EuGH, Urt. vom 6.9.2012 – C 308/11 – Mundspülung, PharmR 2012, 444. EG-Leitlinien zur Abgrenzung von kosmetischen Mitteln zu Arzneimitteln sind danach nicht bindend, aber „zweckdienliche Anhaltspunkte". Eine pharmakologische Wirkung liegt nicht nur dann vor, wenn es zu einer Wechselwirkung zwischen den Molekülen der Substanz und einem zellulären Bestandteil des Körpers des Anwenders kommt, sondern es genügt eine Wechselwirkung zwischen dieser Substanz und einem beliebigen im Körper des Anwenders vorhandenen zellulären Bestandteil (aaO, S. 445).
[22] E-Zigarette = Inhalationssysteme, mit denen nikotinhaltige Liquids inhaliert werden, siehe dazu BReg, Stellungnahme vom 29.2.2012, BT-Drs. 17/8772 S. 10, 13, 15 f. (E-Zigarette = Arzneimittel). Zur E-Zigarette siehe VG Potsdam, PharmR 2009, 250 (Arzneimittel); VG Düsseldorf, PharmR 2012, 154 (Arzneimittel); VG Köln, PharmR 2012, 223 (kein Arzneimittel); OVG Magdeburg, PharmR 2012, 298 (kein Arzneimittel); OVG Münster, PharmR 2012, 255 (kein Arzneimittel). *Veit*, Zur arzneimittelrechtlichen Einordnung der Genuss-E-Zigarette, PharmR 2012, 241; VG Düsseldorf, MPR 2012, 67 (kein Arzneimittel); VG Frankfurt/Oder, PharmR 2011, 462 (offengelassen) und dazu *Volkmer*, PharmR 2012, 11; *Krüßen*, PharmR 2012, 143.
[23] Zum Inverkehrbringen von Biozid-Produkten siehe EuGH, Urt. v. 1.3.2012 – C-420/10, PharmR 2012, 208.
[24] → § 43 Rn. 3.
[25] → § 68 Rn. 135.
[26] Die Vorschrift gilt jetzt in der Fassung der 16. AMG-Novelle vom 19.10.2012 (BGBl. I 2192).
[27] In Deutschland ist die NADA zuständig.
[28] Doping-Verstöße sind infolgedessen listenabhängig, *Zuck*, NJW 1999, 831. Die Medizin ist häufig schneller als die Liste. Daran wird sich nichts ändern. Die lediglich praktische Folge ist die national- und sportbereichsabhängige sehr unterschiedliche Verfolgung von Doping-Verstößen. S. dazu jetzt *Blasius*, Doping im Sport, 2017.

§ 51 Blut

I. Blutprodukte

1   Blutprodukte sind Blutzubereitungen (§ 2 Nr. 3 TFG).[29] Diese sind Arzneimittel, die aus Blut gewonnene Blut-, Plasma- oder Serumkonserven, Blutbestandteile oder Zubereitungen aus Blutbestandteilen sind, oder als Wirkstoffe enthalten (§ 4 II AMG). Blut,[30] Blutderivate und Blutprodukte sind also, soweit die Vorgaben des Gesetzes reichen, Arzneimittel, für die grundsätzlich das AMG gilt, soweit nicht im TFG[31] etwas anderes vorgeschrieben ist (§ 29 TFG).

II. Transfusionsgesetz (TFG)

1. Spezialgesetz

2   Das TFG ist ein Spezialgesetz im Verhältnis zum AMG, insbesondere, soweit es um die Blutentnahme und die Anwendung von Blutprodukten geht. Zweck des TFG ist es, für eine sichere Gewinnung von Blut und Blutbestandteilen und für eine gesicherte und sichere Versorgung der Bevölkerung mit Blutprodukten[32] zu sorgen und deshalb die Selbstversorgung mit Blut und Plasma zu fördern.

3   Die faktische Bedeutung dieses Regelungsanspruchs wird deutlich, wenn man sich vor Augen hält, dass in Deutschland im Jahr 2011 6 Millionen Blutspenden, bei einem Bedarf von 5 Millionen entnommen worden sind.[33]

2. Zweck des TFG

4   Der Zweck des TFG wird durch den Versorgungsauftrag der Spendeneinrichtungen (zum Begriff siehe § 2 Nr. 2 TFG) gekennzeichnet,[34] Blut und Blutbestandteile zur Versorgung der Bevölkerung mit Blutprodukten zu gewinnen (§ 3 I TFG).

---

[29] Zu den Dokumentationspflichten bei der Anwendung von Blutproben siehe *Bender,* MedR 2007, 533.

[30] Das gilt auch für die Eigenblutspende (jedenfalls dann, wenn es am einheitlichen Verwendungsbereich fehlt, vgl. *Lippert,* in: Lippert/Flegel, Transfusionsgesetz, 102; siehe auch *Lippert/Ratzel/Anker,* in: Lippert/Flegel, Transfusionsgesetz, 264). Das TFG gilt nicht für homöopathische Eigenblutprodukte und für Eigenblutprodukte zur Immuntherapie, § 28 TFG, siehe dazu auch Nr. 1.1 Hämotherapierichtlinie. Zur Eigenblutentnahme allgemein vgl. Nr. 2.8 Hämotherapierichtlinie.

[31] Gesetz zur Regelung des Transfusionswesens (Transfusionsgesetz – TFG) i.d.F. der Bek. v. 28.8.2007 (BGBl. I S. 2169, geändert durch Gesetz vom 18.7.2017, (BGBl. I S. 2757) vgl. *Miserok/Sasse/Krüger,* Transplantationsrecht des Bundes und der Länder – mit Transfusionsgesetz; *Auer/Seitz,* TFG; *Lippert/Flegel,* Transfusionsgesetz. *Deutsch/Bender/Eckstein/Zimmermann,* Transfusionsrecht; *Deutsch,* in: Spickhoff, Medizinrecht Nr. 650 TFG; *Lechleuthner,* in: Prütting, Medizinrecht, TFG; *Lippert,* Transfusionswesen, in: Ratzel/Luxenburger, Handbuch Medizinrecht, § 26. Siehe auch die Hämotherapierichtlinie i.d.F. vom 16.4.2010 (BAnz Nr. 101a vom 9.7.2010).

[32] Blutprodukte sind Blutzubereitungen im Sinne des § 4 II AMG, Sera des menschlichen Blutes im Sinne des § 4 III AMG und Plasma (= Blutflüssigkeit von ungeronnenem Blut) zur Fraktionierung (= Plasma, aus dem Plasmaderivate hergestellt werden). Die Abgabe von verschreibungs- und apothekenpflichtigen, als Blutplasma hergestellten Fertigarzneimitteln durch Apotheken an Endverbraucher auf ärztliche Verordnung hin unterliegt dem Arzneimittelherstellerrabatt unabhängig davon, dass es auch andere Vertriebsformen ohne Rabattierungspflicht gibt, BSG, GesR 2010, 405 – BerinertP mit Anm. v. *Greiff.*

[33] Zu den inhärenten Gefahren vgl. etwa den zweiten Schlussbericht des Bundestagsuntersuchungsausschusses „HIV-Infektionen durch Blut und Blutprodukte", BT-Drs. 12/8501. S. dazu BGH, NJW 2005, 2614 und *Katzenmeier,* NJW 2005, 3391. Zur Aussonderung von Spenden, etwa wegen des begründeten Verdachts einer HIV-Infektion, vgl. § 19 TFG.

[34] Zur Spendeneinrichtung siehe Nr. 1.4.1 sowie Nr. 1.4.2.1 Hämotherapierichtlinie.

3. Spende

Zur Spendenentnahme[35] dürfen nur taugliche[36] Personen zugelassen werden (§ 5 I TFG).[37] 5
Für die Spende gelten die üblichen Vorgaben des informed consent (§ 6 TFG). Die Blutspende ist zivilrechtlich eine Schenkung.[38] § 10 TFG spricht zwar nur davon, dass die Spendenentnahme unentgeltlich erfolgen „soll". Die Unentgeltlichkeit ist aber die Regel. Eine Aufwandsentschädigung schließt das nicht aus (§ 10, 2 TFG).[39]

III. Sichere Anwendung

1. Stand der medizinischen Wissenschaft

Der dritte Abschnitt des TFG (§§ 13 ff.) regelt die Vorgaben für die sichere Anwendung 6
von Blutprodukten. Nach § 13 I 1 TFG sind Blutprodukte nach dem Stand der medizinischen Wissenschaft anzuwenden. Das verlangt Regeln für

- Organisationsabläufe,
- Räumlichkeiten,
- Geräte und Reagenzien,
- Mitarbeiter, die im mittelbaren oder unmittelbaren Zusammenhang mit Lagerung, Transport und Anwendung von Blutprodukten und deren Übertragung stehen.[40]

2. Aufklärung

Die mit einer Blutspende im Allgemeinen verbundenen Risiken bedürfen der Selbstbestim- 7
mungsaufklärung des Blutspenders.[41]

3. Dokumentation

Die Anwendung von Blutprodukten ist unter Beachtung des Datenschutzes zu dokumen- 8
tieren[42] (§ 14 TFG). Es muss ein System der Qualitätssicherung vorgehalten werden (§ 15 TFG),[43] es sind Unterrichtungspflichten zu beachten (§ 16 TFG).

IV. Meldewesen

Der fünfte Abschnitt des TFG regelt das Meldewesen (§§ 21 f. TFG).[44] 9

---

[35] Zum Begriff der Spende siehe § 2 Nr. 1 TFG.
[36] Siehe dazu Nr. 2.1.4 Hämotherapierichtlinie.
[37] Die Einzelspende soll ein Volumen von 500 ml Vollblut nicht überschreiten. Der Zeitraum zwischen zwei Blutspenden soll im Regelfall zwölf Wochen, mindestens aber acht Wochen betragen. Die innerhalb von 12 Monaten entnommene Blutmenge darf 2000 ml bei Frauen und 3000 ml bei Männern nicht überschreiten, Nr. 2.5 Hämotherapierichtlinie.
[38] *Lippert/Flegel*, Transfusionsgesetz Rn. 5 ff. zu § 2 I TFG; *Flegel*, in: Lippert/Flegel, Transfusionsgesetz Rn. 15 zu § 5 TFG, dort auch Nachweise zur Haftungsproblematik.
[39] Der EuGH hat für österreichisches Recht entschieden, dass eine Regelung, die Blutspenden ohne Erstattung der dem Spender entstandenen Aufwendungen für sich genommen nicht erforderlich ist, um Qualität und Sicherheit von Blut und Blutbestandteilen zu gewährleisten, dann zu beanstanden ist, wenn der Spender weder eine Bezahlung noch einer Erstattung von Aufwendungen erhält. Das ist mit dem Verbot der Einfuhrbeschränkungen unvereinbar, EuGH, EuZW 2011, 188 mit Anm. von *Lünenbürger*, GesR 2011, 594.
[40] Nr. 3, 4 Hämotherapierichtlinie.
[41] Pfälz. OLG Zweibrücken, NJW 2005, 74 (nicht rkr.).
[42] Bei Blutstammzellzubereitungen gilt für die medizinische Dokumentation die Blutstammzelleinrichtungs-Registerverordnung – BERV vom 20.12.2007 (BGBl. I 3081).
[43] Siehe dazu Nr. 1.4 Hämotherapierichtlinie.
[44] Siehe dazu die VO über das Meldewesen nach §§ 21 und 22 des Transfusionsgesetzes (Transfusionsgesetz-Meldeverordnung-TFGMV) vom 13.12.2001 (BGBl. I 3737), i. d. F. v. 7.7.2017 (BGBl. I S. 2642) erlassen auf Grund der Ermächtigung des § 23 TFG.

V. Sanktionen/Haftung

10 Die Vorgaben des TFG sind teilweise straf- oder bußgeldbewehrt (§§ 31, 21 TFG). Die arzneimittelrechtliche Produkthaftung gilt auch für das Blutspenden und den Vertrieb von Blutkonserven.[45]

§ 52 Zulassung/Registrierung von Arzneimitteln

I. Zulassung

1. Inhalt

1   Grundsätzlich bedürfen alle Fertigarzneimittel[46] der Zulassung (§ 21 I AMG).[47] Der Inhalt der Zulassung ergibt sich mittelbar aus § 22 AMG.

2. Antragstellung

2   Die Zulassung ist grundsätzlich vom pharmazeutischen Unternehmer zu beantragen (§ 22 III AMG). Die Zulassung wird entweder dezentral von der zuständigen deutschen Behörde (in der Regel das BfArM) oder zentral von der EMA ausgesprochen (§ 21 I AMG).[48]

3. Rechtsanspruch

3   a) *Bedeutung.* Liegen die Zulassungsvoraussetzungen vor, hat der Antragsteller einen Rechtsanspruch auf Zulassung. Die Zulassung darf nur verweigert werden, wenn die Versagungsgründe des § 25 II AMG vorliegen.[49]

---

[45] *Eichholz*, NJW 1991, 732.
[46] Fertigarzneimittel sind Arzneimittel, die im Voraus hergestellt und in einer zur Abgabe an den Verbraucher bestimmten Packung in den Verkehr gebracht werden, § 4 I AMG. Arzneimittel, die in einer Apotheke in Großgebinden bereit gestellt werden (sogenannte Bulkware) sind als Fertigarzneimittel zulassungspflichtig, sobald sie in einer zur Abgabe an den Verbraucher bestimmten Packung in den Verkehr gebracht werden, § 4 I, § 21 I AMG, vgl. BVerwG, Buchholz, Nr. 418.32 AMG Nr. 33. Siehe dazu *Krüger*, in: K/M/H, § 4 Rn. 18.
[47] Zu den Ausnahmen vgl. § 21 II AMG, sowie zur Freizeichnung von der (Einzel-)Zulassungspflicht, § 36 AMG und die Verordnung über Standardzulassungen vom 3.12.1982 (BGBl. I 1601) i.d.F. v. 19.10.2006 (BGBl. I S. 2287) und die Anerkennung ausländischer Arzneimittelzulassungen in § 37 AMG. Zum Registrierungsverfahren siehe → § 52 Rn. 30 ff.
[48] Zur EMA → § 49 Rn. 5 ff.
[49] § 25 II AMG i.d.F. des Gesetzes vom 18.7.2017 (BGBl. I 2757) lautet: Die zuständige Bundesoberbehörde darf die Zulassung nur versagen, wenn
„1. die vorgelegten Unterlagen, einschließlich solcher Unterlagen, die aufgrund einer Verordnung der Europäischen Gemeinschaft oder der Europäischen Union vorzulegen sind, unvollständig sind,
2. das Arzneimittel nicht nach dem jeweils gesicherten Stand der wissenschaftlichen Erkenntnisse ausreichend geprüft worden ist, oder das andere wissenschaftliche Erkenntnismaterial nach § 22 Abs. 3 nicht dem jeweils gesicherten Stand der wissenschaftlichen Erkenntnisse entspricht,
3. das Arzneimittel nicht nach den anerkannten pharmazeutischen Regeln hergestellt wird oder nicht die angemessene Qualität aufweist,
4. dem Arzneimittel die vom Antragsteller angegebene therapeutische Wirksamkeit fehlt oder diese nach dem jeweils gesicherten Stand der wissenschaftlichen Erkenntnisse vom Antragsteller unzureichend begründet ist,
5. das Nutzen-Risiko-Verhältnis ungünstig ist,
5 a. bei einem Arzneimittel, das mehr als einen Wirkstoff enthält, eine ausreichende Begründung fehlt, dass jeder Wirkstoff einen Beitrag zur positiven Beurteilung des Arzneimittels leistet, wobei die Besonderheiten der jeweiligen Arzneimittel in einer risikogestuften Bewertung zu berücksichtigen sind,

b) Therapeutische Wirksamkeit. Die meisten Schwierigkeiten ergeben sich bei der Beurteilung der fehlenden therapeutischen Wirksamkeit.[50] Die Nr. 4 enthält zwei Versagungsgründe, nämlich die fehlende therapeutische Wirksamkeit und ihre unzureichende Begründung durch den Antragsteller.

Für den Begriff der therapeutischen Wirksamkeit kommt es darauf an, ob sich mit dem Arzneimittel therapeutische Ergebnisse erzielen lassen. Der Begriff der therapeutischen Wirksamkeit ist infolgessen ergebnis-, d. h. indikationsbezogen. Mit der Wirksamkeit eines Arzneimittels wird also der gewünschte Erfolg des Arzneimittels bei den Anwendungsgebieten gekennzeichnet.[51]

Der Antragsteller hat die Beweislast für die Wirksamkeit des Arzneimittels auf Grund des Standes der wissenschaftlichen Erkenntnisse. Zwar muss die Behörde weiterhin im Rahmen der ersten Voraussetzung von § 25 II 1 Nr. 4 AMG hinweisen, dass die therapeutische Wirksamkeit fehlt. Das wird allerdings selten möglich sein. Die zweite Alternative, die unzureichende Begründung der therapeutischen Wirksamkeit, liegt vor, wenn die eingereichten Unterlagen sachlich unvollständig oder wenn sie inhaltlich unrichtig sind. Im Ergebnis liegt eine unzureichende Begründung dann vor, wenn sich aus dem von den Antragstellern vorgelegten Material nicht der jeweils gesicherte Stand der wissenschaftlichen Erkenntnisse ergibt, dass die Anwendung des Arzneimittels zu einer größeren Zahl an therapeutischen Erfolgen führt als seine Nichtanwendung.[52] Der Antragsteller hat die Beweislast.[53] Dies ist auf Grund des § 25 II 3 AMG[54] zweifelsfrei, denn dort wird unterstellt, dass die therapeutische Wirksamkeit fehlt, „wenn der Antragsteller nicht entsprechend den jeweils gesicherten Stand der wissenschaftlichen Erkenntnisse nachweist, dass sich mit dem Arzneimittel therapeutische Ergebnisse erzielen lassen."

Als Schlüsselbegriff dient das Merkmal des Standes der wissenschaftlichen Erkenntnisse. Dieses Erfordernis spielt in der GKV eine erhebliche Rolle, vgl. etwa §§ 2, 18, 92, 139a SGB V.[55] Das BSG hat in seiner Kozijavkin-Rechtsprechung[56] hervorgehoben, dass der allgemein anerkannte Stand der medizinischen Erkenntnisse die Befürwortung einer Behandlungsmethode durch die große Mehrheit der einschlägigen Fachleute (Ärzte und Wissenschaftler) voraussetzt. Über die Zweckmäßigkeit der Therapie muss grundsätzlich Konsens

---

6. die angegebene Wartezeit nicht ausreicht,
6 a. bei Arzneimittel-Vormischungen die zum qualitativen und quantitativen Nachweis der Wirkstoffe in den Fütterungsarzneimitteln angewendeten Kontrollmethoden nicht routinemäßig durchführbar sind,
6 b. das Arzneimittel zur Anwendung bei Tieren bestimmt ist, die der Gewinnung von Lebensmitteln dienen, und einen pharmakologisch wirksamen Bestandteil enthält, der nicht in Tabelle 1 des Anhangs der Verordnung (EU) Nr. 37/2010 enthalten ist.
6 c. das Arzneimittel zur Anwendung bei Tieren bestimmt ist, die der Gewinnung von Lebensmitteln dienen, und einen pharmakologisch wirksamen Bestandteil enthält, der nicht in Anhang I, II oder III der Verordnung (EWG) Nr. 2377/90 enthalten ist."
7. „das Inverkehrbringen des Arzneimittels oder seiner Anwendung bei Tieren gegen gesetzliche Vorschriften oder gegen eine Verordnung oder eine Richtlinie oder eine Entscheidung oder ein Beschluss der Europäischen Gemeinschaft oder der Europäischen Union verstoßen würde."

[50] Siehe auch die Beschränkung in § 25 II 2 AMG.
[51] Die Wirkung eines Arzneimittels bezeichnet hingegen die Beeinflussung des psychischen oder physischen Zustandes, also den Effekt des Arzneimittels (als Zulassungsvoraussetzung nach § 22 I 1 Nr. 5 AMG).
[52] BVerwG, PharmR 2010, 26.
[53] BVerwG, NJW 1994, 2433 – Heilerde; BVerwG, PharmR 1994, 380 – Herpes simplex, unter Aufgabe der früheren Rechsprechung, vgl. BVerwG, NJW 1980, 656 – Vitorgan.
[54] Eingefügt durch die 5. AMG-Novelle.
[55] S. a. 4. Kap. § 7 II VerfO G-BA zur Bewertung des therapeutischen Nutzens eines Arzneimittels. Wichtig in diesem Zusammenhang EuGH, Urt. v. 21.06.2017 – C – 621/15, NJW 2017, 2739.
[56] Ergangen zur Auslandsbehandlung im Rahmen des § 18 SGB V, vgl. BSGE 84, 890 – Kozijavkin I, SozR 3–2500 § 18 SGB V Nr. 6 – Kozijavkin II; SGb 2006, 689 – Kozijavkin III.

bestehen. Die Klärung dieser Frage legt die Einholung von Stellungnahmen der einschlägigen Fachgesellschaften nahe, die Berücksichtigung von Leitlinien und Gutachten unter Beachtung von Erkenntnissen aus dem internationalen Bereich.[57] Diese Gesichtspunkte sind sinngemäß in das Arzneimittelrecht übertragbar.[58]

7   c) Das in Nr. 5 angesprochene Nutzen-Kosten-Verhältnis betrifft die Unbedenklichkeit des Arzneimittels, gibt also in anderer Formulierung den Inhalt von § 5 II AMG wieder.[59] Danach sind Arzneimittel bedenklich „bei denen nach dem gesicherten Stand der wissenschaftlichen Erkenntnisse der begründete Verdacht besteht, dass sie bei bestimmungsgemäßem Gebrauch schädliche Wirkungen haben, die über das nach den Erkenntnissen der medizinischen Wissenschaft vertretbare Maß hinausgehen."[60]

8   d) **Kombinationspräparate.** Bei Kombinationspräparaten muss der Antragsteller ausreichend begründen, „dass jeder Wirkstoff einen Beitrag zur positiven Beurteilung des Arzneimittels leistet" (§ 25 II 1 Nr. 5a AMG).

4. Verfahren

9   a) **Sachverständige.** Im Zulassungsverfahren sind Sachverständige zuzuziehen (§ 25 V AMG),[61] bei verschreibungspflichtigen Arzneimitteln im Sinne des § 48 AMG eine Zulassungskommission (§ 25 VI AMG). Für Arzneimittel, die nicht der Verschreibungspflicht unterliegen, werden Aufbereitungskommissionen eingeschaltet (§ 25 VII AMG). Das BfArM ist aber an die Voten nicht gebunden.

10 b) **Zulassung unter Auflagen.** Besonderheiten ergeben sich bei der Zulassung unter Auflagen, § 28 AMG, jetzt i. d. F. der 16. AMG-Novelle mit umfangreichen Ergänzungen.[62]

11 c) **Fristen.** § 27 I AMG schreibt vor, dass die Entscheidung über die Zulassung innerhalb einer Frist von sieben Monaten zu treffen ist, anders, wenn der Antragsteller sich zu den weitgehend üblichen Mängelrügen des BfArM äußern muss: Dann ist der Fristablauf gehemmt § 27 II AMG.[63]

---

[57] Siehe dazu ausf. *Legde,* SGb 2006, 697.
[58] Siehe dazu etwa OVG Münster, PharmR 2011, 59.
[59] BVerwG, Urt. v. 26.3.2007 – BVerwG 3 C 36.06 – Gelée Royal, Buchholz 418.32, AMG Nr. 46 Rn. 18. Siehe dazu auch *Hofmann,* in: K/G/H, § 5 Rn. 27.
[60] Damit findet eine Kontrolle der Nebenwirkungen im Sinne von § 4 XIII AMG statt. Nebenwirkungen eines homöopathischen Arzneimittels sind für die Beurteilung der Unbedenklichkeit dieses Arzneimittels unabhängig davon relevant, ob sie auf einer pharmakologisch-toxikologischen Wirkung beruhen, BVerwG, Urt. vom 19.11.09 – BVerwG 3 C 10.09, *Buchholz,* 418.32 AMG Nr. 55.
[61] Siehe auch § 25a AMG.
[62] Eine bloße Regelung mittels Auflage nach § 28 II AMG kann nicht zugleich als eine klarstellende Zulassungsbeschränkung verstanden werden, BVerwG, Urt. v. 19.11.09 – BVerwG 3 C 10.09, *Buchholz,* 418.32 AMG Nr. 55.
Vom Zulassungsantrag abweichende Gegenaussagen oder Anwendungsausschlüsse dürfen nur dann im Wege einer Auflage für die Informationstexte verbindlich gemacht werden, wenn sie in der Zulassungsentscheidung selbst enthalten sind, BVerwG, Urt. vom 18.3.10 – BVerwG 3 C 19.09, *Buchholz,* 418.32 AMG Nr. 56.
[63] Im Regelfall überschreitet das BfArM die Fristen. Das ist angesichts der eindeutigen Vorgaben des § 27 AMG rechtswidrig, so auch BVerwG, PharmR 1991, 327; KG Berlin, PharmR 2001, 410; aA *Kloesel/Cyran,* Arzneimittelrecht, Anm. 3a zu § 27 AMG. Die Rechtswidrigkeit erlaubt Untätigkeitsklagen nach § 75 AMG und die Geltendmachung von Amtshaftungsansprüchen, so zurecht *Rehmann,* AMG, Rn. 2 zu § 27 AMG; s. dazu auch *Sander,* Arzneimittelrecht, Erl. 1 zu § 27 AMG.

5. Modalitäten

Die Zulassung kann ruhen, zurückgenommen oder widerrufen werden (§ 30 AMG). Die Zulassung erlischt nach Maßgabe des § 31 AMG, insbesondere durch schriftlichen Verzicht oder durch Zeitablauf.[64] Auch eine Verlängerung ist möglich (§ 31 I a AMG).

6. Rechtsschutz

Die Zulassung, die Ablehnung des Zulassungsantrags, die Anordnung von Auflagen[65] sowie Anordnungen zur Rücknahme, zum Widerruf und zum Ruhen der Zulassung sind Verwaltungsakte und deshalb entsprechend im Verwaltungsrechtsweg gerichtlich kontrollierbar.

7. Fiktive Zulassung

a) Bedeutung. Nach dem Übergang vom Registrierungs- zum Zulassungssystem im Jahr 1978 wurden die am 1.9.1996 im Verkehr befindlichen Festbetragsarzneimittel nach Maßgabe des § 105 I AMG für die Dauer von zwölf Jahren (§ 105 III AMG) fiktiv zugelassen. Für diese Arzneimittel bestand eine Anzeigepflicht.

b) Fristen. Die erforderlichen Entscheidungen konnten bis 30.4.1990 nicht getroffen werden. Der pharmazeutische Unternehmer hatte nunmehr die Wahl, auf die Zulassung zu verzichten, kombiniert mit der Abverkaufsregelung des § 31 IV AMG (§ 105 III, V c AMG) oder einen Antrag auf Verlängerung der Zulassung zu stellen (§ 105 II AMG). Dem Verlängerungsantrag waren die in § 105 IV AMG aufgeführten Unterlagen beizufügen. Der Verlängerungsantrag bewirkte eine Verlängerung der Zulassung um fünf Jahre (§ 105 IV f AMG). Mängel-Beanstandungen muss der Antragsteller innerhalb von maximal zwölf Monaten beheben (§ 105 V AMG).[66] Bis auf noch anhängige Gerichtsverfahren sind die Nachzulassungsverfahren seit Ende 2005 im Wesentlichen abgeschlossen.

c) Traditionelle Arzneimittel. Der für diese Arzneimittel erforderliche Traditionsnachweis muss auf entsprechend dokumentierten Erfahrungen beruhen (§ 109a III 2 AMG). Langjährige Marktpräsenz genügt allein nicht. Wichtig ist der Rückgriff auf die einschlägige Literatur und die Ausbereitungsmonografien der Kommission nach § 25 VII AMG. Für diese Arzneimittel sind die Anforderungen an den Qualitätsnachweis und an ihre Wirksamkeit abgesenkt worden (§ 109a II, III AMG). Die Streichung eines solchen Arzneimittels aus der Traditionsliste nach § 109a III AMG wegen möglicher Risiken und Nebenwirkungen setzt nach § 30 I iVm § 25 II 1 Nr. 5 AMG den begründeten Verdacht voraus, dass das Arzneimittel bei bestimmungsgemäßem Gebrauch schädliche Wirkungen hat, die über ein nach den Erkenntnissen der medizinischen Wissenschaft vertretbares Maß hinausgehen. Die bloße Erschwerung des Nachweises der Unbedenklichkeit reicht dazu nicht aus.[67] Die Anwendungsgebiete lauten „Zur Stärkung der Kräftigung des ...", „Zur Besserung des Befindens ...", „Zur Unterstützung der Organfunktion des ...", „Zur Vorbeugung gegen ...", „Als mild wirkendes Arzneimittel bei ..." (§ 109a III AMG, s. a. § 109 III AMG).[68] Ein Warnhinweis,

---

[64] Nach Ablauf von fünf Jahren seit Erteilung, wenn nicht spätestens drei Monate vor Ablauf der Frist ein Verlängerungsantrag gestellt worden ist, § 31 I Nr. 3 AMG; abweichend von § 31 I Nr. 3 AMG regelt § 105 II AMG einen weiteren Erlöschenstatbestand.

[65] Auflagen nach § 28 II AMG können mit der Anfechtungsklage angegriffen werden, BVerwG, Urt. vom 18.5.2010 – BVerwG 3 C 25.09, *Buchholz*, 418.32 AMG Nr. 57.

[66] § 105 V AMG überträgt, wie in § 25 II 3 AMG, dem Antragsteller die Beweislast für die zureichende Begründung der therapeutischen Wirksamkeit.

[67] BVerwG, Urt. v. 26.4.2007 – BVerwG 3 C-36.06, *Buchholz*, 418.32 AMG Nr. 46 – Gelée Royale.

[68] „Anwendungsgebiete, die zur Folge haben, dass das Arzneimittel vom Verkehr außerhalb der Apotheken ausgeschlossen ist, dürfen nicht anerkannt werden", § 109a III 4 AMG.

dass bei Auftreten anhaltender oder wiederholter Beschwerden ein Arzt aufgesucht werden soll, ist nicht zulässig.[69]

Zur Registrierung traditioneller Arzneimittel s. §§ 39a ff. AMG.[70]

7a. Besondere Arzneimittel

17   a) **Biopharmazeutika (Gentherapeutika, Somatische Zelltherapie, biotechnologisch bearbeitete Gewebeprodukte)** vgl. § 4 IX AMG. Bei diesen handelt es sich um Arzneistoffe (Nem biological Entites – NBE), die mit Mitteln der Biotechnologie in genetisch veränderten Organismen hergestellt werden. Sie müssen der Monografie „DNA-rekombinationstechnisch hergestellte Produkte" des Europäischen Arzneibuchs genügen. Die erste Zulassung eines Biopharmazeutikums erfolgte im Jahr 2006 durch die EMA. Derzeit (2015) gibt es rund 240 Arzneimittel auf biotechnologischer Basis. Mit ihnen wird 22 % des Arzneimittel-Umsatzes in Deutschland erzielt.

18   Biosimilias beruhen auf biologischen Wirkstoffen, die als Nachahmerprodukte auf den Markt kommen, nachdem der Patentschutz für das Originalprodukt (= Referenzprodukt) abgelaufen ist. Biosimilias enthalten geringfügige Veränderungen der biologischen Merkmale gegenüber dem Referenzprodukt.

19   b) **Arzneimittel zur Behandlung seltener Leiden[71] („orphan Drugs").** Seltene Leiden sind solche, an denen nicht mehr als 5 von 10.000 Personen pro Jahr erkranken.[72] In Deutschland geht man von vier Millionen Patienten aus, in der Europäischen Union von 30 Millionen. Der Seltenheitsgrad ist unterschiedlich. Innerhalb der EU reicht er von 138.000 Erkrankungen (Thrombozykämie) bis zu 46 Fällen (Hyperammonämie). Die Zulassung eines Arzneimittels zur Behandlung seltener Leiden bedarf einer europäischen Genehmigung durch die EMA.[73] Art. 2 der Verordnung (EG) Nr. 846/2000 der Kommission[74] gibt die Anwendung der maßgeblichen Kriterien und Definitionen für Begriffe wie „ähnliche Arzneimittel" und „klinische Überlegenheit" vor. Zu den Zulassungsvoraussetzungen vgl. EuG, EuZW 2013, 671, dazu *Seitz* EuZW 2013, 176.

Der Zusatznutzen von orphan drugs ist in einer ganzen Reihe von Fällen umstritten.[75]

20   c) **Neuartige Therapien.** Neue Arzneimittel führen zu neuartigen Therapien. Das hat insgesamt zu neuen nationalen[76] und Unions-Rahmenbedingungen geführt.[77] Arzneimittel für neuartige Therapien bedürfen für das Inverkehrbringen gemäß Art. 2 der Verordnung (EG) Nr. 1394/2007 des europäischen Parlaments und des Rates über Arzneimittel für neuartige Therapien[78] einer europäischen Genehmigung.

---

[69] BVerwG, B. v. 20.12.06 – BVerwG 3 B 17.06, *Buchholz*, 418.32 AMG Nr. 45.

[70] Zur schwierigen Abgrenzung von Registrierung und Nachzulassung s. *Winnandes*, A&R 2006, 159; *Heßhaus*, PharmR 2006, 138; *Krüger*, PharmR 2006, 572.

[71] *Zuck*, SGb 2009, 21. Zur frühen Nutzenbewertung bei orphan Drugs s. *Willhöft/Lietz*, A&R 2012, 19.

[72] Erwägungsgrund (5) Art. 3 Ia der Verordnung (EG) Nr. 141/2000 des Europäischen Parlaments und des Rates über Arzneimittel für seltene Leiden vom 16.12.1999 (ABl. EG Nr. 18/1 vom 22.1.2000).

[73] Art. 3 I der Verordnung (EG) Nr. 726/2004 v. 31.3.04, ABl. EG Nr. 1136 S. 1, iVm Anh. 4 dieser Verordnung.

[74] Vom 27.4.2000, ABl. EG L 103/5 vom 28.4.2000.

[75] *Sucker–Sket/Rall,* DAZ 2016 Nr. 4 S. 16 ff. Zur frühen Nutzenbewertung nach § 35a SGB V vgl. *Natz/Sude* A & R 2013, 211.

[76] Gesetz über Qualität und Sicherheit von menschlichen Geweben und Zellen (Gewebegesetz) v. 20.7.2007 (BGBl. I 1574); Gesetz zur Änderung arzneimittelrechtlicher und anderer Vorschriften vom 17.7.2009 (BGBl. I 1990). S. a. Abschnitt 5a der AMWHV.

[77] Ausf. *Feiden*, A&R 2010, 249.

[78] Vom 24.10.2006 (ABl. EG Nr. L 294 S. 32).

8. Anerkennung ausländischer Zulassungen

Abgesehen vom zentralen EMA-Zulassungsverfahren[79] bedarf auch die Anerkennung ausländischer Zulassungen einer Regelung. Sie ist in § 37 AMG erfolgt: Die Zulassung in einem anderen Staat wird in Deutschland anerkannt, wenn dessen Zulassungsvorschriften durch eine Rechtsverordnung dem deutschen Zulassungsrecht gleichgestellt werden. 21

9. Import[80]

Für den Import[81] von Arzneimitteln nach Deutschland gelten § 22 V AMG/ §§ 72 ff. AMG. 22

a) Herstellererlaubnis. Erfolgt die Herstellung des Arzneimittels im Rahmen des EWR, muss bei der Einfuhr nach Deutschland die Herstellererlaubnis vorgelegt werden (§ 22 V AMG). 23

b) Einfuhrerlaubnis. Erfolgt die Einfuhr aus anderen Staaten, so muss eine Einfuhrerlaubnis vorliegen (§ 72 AMG).[82] Fehlt sie, ist die Einfuhr verboten, § 73 I Nr. 2 AMG.[83] 24

c) Parallelimport. Von Parallelimport wird gesprochen, wenn Unternehmen Arzneimittel im europäischen Wirtschaftsraum einkaufen, diese nach Deutschland einführen, um sie nun „parallel" zum ursprünglichen Zulassungsinhaber auf dem deutschen Markt zu vertreiben. Wirtschaftlich ist der Parallelimport eine Folge der unterschiedlichen Arzneimittelpreise in den verschiedenen Mitgliedsstaaten der EU/des EWR. Von Parallelimporten sind vor allem Deutschland und Großbritannien betroffen. Einkaufsländer sind Griechenland, Spanien und Portugal.[84] Rechtsgrundlage ist der freie Warenverkehr nach Art. 34 AEUV.[85] 25

aa) Fiktiv zugelassene Arzneimittel. Für fiktiv zugelassene Arzneimittel[86] darf vom Importeur keine eigene Zulassung verlangt werden, weil damit eine mit Art. 28, 30 EGV unzulässige Diskriminierung[87] des Importeurs verbunden wäre. Es besteht lediglich eine Anzeigepflicht.[88] 26

bb) Zugelassene Arzneimittel. Bei zugelassenen Arzneimitteln wird – in einem vereinfachten Verfahren – vom Importeur die Beantragung einer eigenen Zulassung verlangt.[89] Das Verfahren beschränkt sich insoweit auf eine Identitätskontrolle. Gibt der ausländische Hersteller seine Zulassung auf, führt das nicht zu einem automatischen Erlöschen der Parallelimportzulassung; es kommt vielmehr darauf an, ob das unverändert in den Verkehr gebrachte, im Ausland hergestellte Arzneimittel zu einer Gefahr für die Gesundheit von Menschen führen kann.[90] 27

---

[79] → § 49 Rn. 5.
[80] Siehe dazu *Wagner,* Europäisches Zulassungssystem für Arzneimittel und Importhandel; EuGH, NJW 1976, 1575 – de Pejper; EuGH, PharmR 1997, 92; *Koenig/Müller,* SGb 2003, 371.
[81] Einfuhr meint die endgültige Verbringung in den Geltungsbereich des AMG.
[82] Sie wird von der nach § 13 IV 1 AMG zuständigen Arzneimittelüberwachungsbehörde des jeweiligen Bundeslandes erteilt.
[83] Bei Vorsatz ist der Verstoß nach § 96 Nr. 4 AMG strafbar, bei Fahrlässigkeit liegt eine Ordnungswidrigkeit nach § 97 I AMG vor.
[84] S. ausf. *Baierl/Kellermann,* Arzneimittelrecht, S. 387 ff.
[85] Zu den europarechtlichen und markenrechtlichen Vorgaben für den Parallelimport vgl. *Kügel,* in: K/M/H, vor § 72 Rn. 6 ff., Rn. 38 ff., dort auch zum markenrechtlichen Erschöpfungsgrundsatz und den Bruchstellen zu den Vorgaben der Warenverkehrsfreiheit, Rn. 41 ff.
[86] Schon ein Bezeichnungswechsel beseitigt die ursprüngliche Schutzwirkung, BVerwG, EuZW 1990, 289; aA, *Rehmann,* AMG, Rn. 24 zu § 21 AMG.
[87] → § 3 Rn. 39.
[88] Kritisch dazu *Reich/Helios,* EuZW 2002, 666 (667).
[89] Siehe dazu auch EuGH, WRP 2000, 161.
[90] EuGH, EuZW 2003, 603 und dazu *Reich/Helios,* EuZW 2002, 666. Zur Problematik insgesamt *Wagner,* PharmR 2001, 174 ff.

28 cc) **Re-Import.** Für den Re-Import, also für Arzneimittel, die in Deutschland hergestellt und in einer für das Ausland bestimmten Aufmachung exportiert worden sind, gilt, dass auch hier die Identität von Bezeichnung, Wirkstoff und Hilfsstoff[91] entscheidend ist: Fehlt sie, was hinsichtlich der Bezeichnung oft der Fall sein wird, muss eine erneute Zulassung nach §§ 21 ff. AMG beantragt werden.[92]

29 dd) **Sozialversicherungsrechtliche Komponenten bei importierten Arzneimitteln.** § 129 I 1 Nr. 2 SGB V gibt dem Apotheker auf, nach Maßgabe des Rahmenvertrags nach § 129 II SGB V preisgünstig importierte Arzneimittel abzugeben. Diese Verpflichtung gilt aber nur, wenn der Abgabepreis des importierten Arzneimittels mindestens 15 % oder mindestens 15 € niedriger ist als der Preis des Bezugsarzneimittels. Die Abzüge nach § 130a I, Ia, II, IIIa und IIIb SGB V sind dabei zu berücksichtigen.[93] Die damit verbundene Einbeziehung von patentgeschützten Arzneimitteln wirft besondere Fragen auf.[94]

10. Arzneimittelprüfung[95]

30 a) **Bedeutung.** Die klinische Prüfung (zum Begriff siehe § 4 Abs. 23 AMG) erfolgt nach Maßgabe der §§ 40 ff. AMG. Die einschlägigen gesetzlichen Regelungen haben unterschiedliche Entstehungszeitpunkte. § 40 AMG, der die Regeln zum Verfahren der Genehmigung einer klinischen Prüfung enthält, gilt noch in der Fassung des 2. AMG-ÄndG[96], ist aber durch das 4.AMG-ÄndG neu gefasst worden. Die Neufassung tritt – wohl – erst im Jahr 2019 in Kraft, vgl. Art. 13 II des 4. AMG-ÄndG[97]. Das Gesetz hat die Konsequenzen aus der VO (EU) Nr. 536/2014 vom 16.04.2014 (ABl. L 158 vom 27.05.2014 S. 5) gezogen.[98]

§ 41 AMG enthält die besonderen Voraussetzungen für die klinische Prüfung. Für volljährige Probanden gilt nach § 41 I AMG die Vorschrift des § 40 I – III AMG mit folgender Maßgabe:

„*1. Die Anwendung des zu prüfenden Arzneimittels muss nach den Erkenntnissen der medizinischen Wissenschaft angezeigt sein, um das Leben dieser Person zu retten, ihre Gesundheit wieder herzustellen oder ihr Leiden zu erleichtern, oder*
2. sie muss für die Gruppe der Patienten, die an der gleichen Krankheit leiden wie diese Person, mit einem direkten Nutzen verbunden sein."

Für minderjährige Probanden gilt nach § 41 II AMG die Vorschrift des § 40 I – IV AMG mit folgender Maßgabe:

„*1. Die Anwendung des zu prüfenden Arzneimittels muss nach den Erkenntnissen der medizinischen Wissenschaft angezeigt sein, um das Leben der betroffenen Personen zu retten, ihre Gesundheit wieder herzustellen, oder ihr Leiden zu erleichtern, oder*
2. a) die klinische Prüfung muss für die Gruppe der Patienten, die an der gleichen Krankheit leiden wie die betroffene Person, mit einem direkten Nutzen verbunden sein,
b) die Forschung muss für die Bestätigung von Daten, die bei klinischen Methoden gewonnen werden, unbedingt erforderlich sein,
c) die Forschung muss sich auf einen klinischen Zustand beziehen, unter dem der betroffene Minderjährige leidet und

---

[91] Siehe dazu VGH München, PharmR 1990, 108.
[92] OLG Köln, PharmR 1995, 195.
[93] S. dazu *Axer*, in: Becker/Kingreen, SGB V, § 129 Rn. 22 m. w. Nw.
[94] *Rehmann/Paal/Willenbruch*, Parallelimporte und Rabattverträge, A&R 2011, 159.
[95] *Deutsch*, NJW 2001, 3361; *Sickmüller* u. a., PharmInd 2001, 793; Deutsch/Spickhoff, Rn. 1293 ff. Zur GCP s. § 53 Rn. 4. Zu weiteren zusätzlichen Bestimmungen s. *Wachenhausen*, in: K/M/H, § 40 Rn. 13 ff.
[96] Vom 19.10.2012 (BGBl. I 2192).
[97] Vom 20.12.2016 (BGBl. I 3048).
[98] Siehe dazu *Lippert*, VersR 2017, 793 ff; ders. MedR 2016 773 ff.

d) die Forschung darf für die betroffene Person nur mit einem minimalen Risiko und einer minimalen Belastung verbunden sein; die Forschung weist nur ein minimales Risiko auf, wenn nach Art und Umfang der Intervention zu erwarten ist, dass sie allenfalls zu einer sehr geringfügigen und vorübergehenden Beeinträchtigung der Gesundheit der betroffenen Person führen wird; sie weist eine minimale Belastung auf, wenn zu erwarten ist, dass die Unannehmlichkeiten für die betroffene Person allenfalls vorübergehend auftreten und sehr geringfügig sein werden".

§ 41 AMG wird im Jahr 2019 neu gefasst. Der bisherige Inhalt ist dann aus § 40a ff AMG, insbesondere aus § 40b AMG n. F. zu entnehmen.

b) Ablauf. Die Prüfung eines Arzneimittels erfolgt im Allgemeinen in vier Phasen:[99]   31
- In Phase I wird das Arzneimittel an 10 bis 15 Gesunden erprobt. Es gibt noch keine Kontrollgruppe.
- Phase II erweitert – in der Regel in Krankenhäusern – den Kreis der Probanden auf 100 bis 500 Personen. Hier findet schon eine Aufteilung in Test- und Kontrollgruppen statt.[100]
- Phase III erweitert die Probanden auf mehrere Tausend; die Arzneimittelprüfung wird meist multizentrisch durchgeführt, d. h. gleichzeitig und nach einem einheitlichen Plan an mehreren Kliniken/Praxen. Nach Abschluss der Phase III wird die Zulassung des Arzneimittels beantragt.[101]
- Phase IV dient der Überwachung des Arzneimittels nach seiner Zulassung.

c) Rechtliche Vorgaben. Für die Durchführung der Arzneimittelprüfung ist auf die GCP-   32
V zurückzugreifen:[102]

aa) Prüfplan. Der Prüfplan muss dem jeweiligen Stand der wissenschaftlichen Erkennt-   33
nisse entsprechen (§ 3 II 1 GCP-V iVm § 40 I Nr. 6 AMG. Der allgemeine Stand der medizinischen Erkenntnisse hängt von der Beurteilung durch die große Mehrheit der einschlägigen Fachleute ab[103]. Außerdem wird das Votum der zuständigen Ethikkommission vorausgesetzt (§ 42 AMG iVm §§ 7, 8, 10 GCP-V)[104]. Die GCP-V tritt sechs Monate nach der 2019-Stichtag-Festlegung der VO (EU) Nr. 536/2014 außer Kraft, siehe oben Rn. 30.

bb) Risikoqualifizierung. Die Risiken der Arzneimittelprüfung für den Probanden müs-   34
sen, gemessen an der voraussichtlichen Bedeutung des Arzneimittels für die Heilkunde „ärztlich vertretbar" sein.[105] Die damit umschriebene Vertretbarkeitsprüfung muss möglichst nahe an den rechtlich verbindlichen Kriterien angesiedelt werden. Ausgangspunkt ist deshalb der medizinische Standard,[106] gerade wenn er verändert, ergänzt oder optimiert werden soll oder wenn es überhaupt um die Entwicklung eines neuen Standards geht. Der jeweiligen Abstand von dem, was anerkanntermaßen rechtlich lege artis ist, erlaubt am ehesten eine Risikoqualifizierung. Ergänzend sind Leitlinien und europäisches soft law heranzuziehen.[107] Die letzte

---

[99] Deutsch/Spickhoff, Rn. 1304; *Wachenhausen*, in: K/M/H, § 40 Rn. 22.
[100] → § 68 Rn. 33.
[101] § 47 I Nr. 2g AMG erlaubt die Abgabe eines Arzneimittels, das sich noch in der Arzneimittelprüfung befindet, nur kostenlos, siehe dazu kritisch Deutsch/Spickhoff, Medizinrecht, Rn. 1310 m. w. N.
[102] → § 53 Rn. 10.
[103] Vgl. BSGE 84, 90 (96) – *Kozijavkin I*, SozR 3–2500 § 18 SGB V Nr. 6- *Kozijavkin II*, SGb 2006, 689- *Kozijavkin III*.
Die Rechtsprechung des BSG ist in das Arzneimittelrecht übertragbar, OVG Münster. PharmR 2011, 59. Zum Begriff der wissenschaftlichen Erkenntnisse vgl. oben → § 52 Rn. 4 ff.
[104] → § 68 Rn. 16 ff.
[105] Die Auffassung, die ärztliche Vertretbarkeit hänge wesentlich von der DvH ab (→ § 67 Rn. 8 ff.), vgl. *Kloesel/Cyran*, Arzneimittelrecht, § 40 AMG Nr. 4; *Sander*, Arzneimittelrecht, § 40 AMG Nr. 6; *Rehmann*, AMG, Rn. 7 zu § 40 AMG, verweist nur auf soft law und ist deshalb eine sehr schwache Vorgabe für die Beurteilung der möglicherweise schwerwiegenden Konsequenzen.
[106] Zum Begriff des Standards siehe → § 13 Rn. 29, 71 ff., 125 ff., 128 ff.; → § 68 Rn. 24.
[107] Von der bloßen Ergänzungsfunktion der DvH sprach auch lit. C der Allgemeinen Verwaltungsvorschrift zur Anwendung der (außer Kraft getretenen) Arzneimittelprüfrichtlinien vom 5.5.1995 (BAnz. Nr. 96a vom 20.5.1995).

(und nicht wie von Ärzten immer wieder gefordert, die erste) Kontrolebene bildet das ärztliche Gewissen: Es bleibt damit allerdings wirklich „letzte Instanz".

35   **cc) Informed consent.** § 40 I Nr. 2, II AMG[108] macht die allgemeinen Regeln des informed consent[109] für die Arzneimittelprüfung verbindlich. Die Bedeutung dieser Voraussetzung und ihre ernsthafte und nicht bloß schematische Umsetzung[110] kann nicht genug betont werden.[111]

36   **dd) Leitungsvoraussetzungen.** Zu den Leitungsvoraussetzungen für die Arzneimittelprüfung siehe § 40 I Nr. 5, 6, 7 AMG.

37   **ee) Probandenversicherung.** Auch für die Arzneimittelprüfung muss eine Probandenversicherung abgeschlossen werden, § 40 I 3 Nr. 8, § 40 III AMG.[112]

II. Die Registrierung von Arzneimitteln

1. Homöopatische Arzneimittel

38   **a) Begriff.** Ein homöopathisches Arzneimittel „ist ein Arzneimittel, das nach einem im Europäischen Arzneibuch oder, in Ermangelung dessen nach einem in den offiziell gebräuchlichen Pharmakopöen der Mitgliedsstaaten der Europäischen Union beschriebenen homöopathischen Zubereitungsverfahren hergestellt worden ist.[113] Ein homöopathisches Arzneimittel kann auch mehrere Wirkstoffe enthalten" (§ 4 XXVI AMG). Diese Definition geht auf Art. 1 Nr. 5 der geänderten Richtlinie 2001/83 EG und Art. 1 Nr. 8 der geänderten Richtlinie 2001/82 EG zurück.[114]

39   **b) Zulassung. aa) Zulassungsverfahren.** (1) Homöopathische Arzneimittel bedürfen als Fertigarzneimittel der Zulassung nach §§ 21 ff. AMG. Bei homöopathischen Arzneimitteln spielt es eine besondere Rolle, dass gemäß § 22 III AMG auch „anderes wissenschaftliches Erkenntnismaterial" vorgelegt werden kann. Dabei sind auch die medizinischen Erfahrungen der besonderen Therapierichtungen der Homöopathie zu berücksichtigen.[115] Die Aufbereitungsmonografien der für die Homöopathie errichteten Kommission D (§ 25 VII AMG) aus der Zeit von 1978 bis 1994 können im Rahmen des § 22 III AMG herangezogen werden. Für Kombinationspräparate hat die Kommission D im Jahr 1995 Kriterien entwickelt.[116] Diese Kriterien haben die Qualität eines antizipierten Sachverständigengutachtens.[117] Sie sind auch im Nachzulassungsverfahren anwendbar.[118] Das von der Kommission D erarbeitete Dokument (Kriterien für Erkenntnismaterial zu klinischen Indikationen in der Homöopathie[119]

---

[108] Zu den Vorgaben bei minderjährigen Probanden siehe § 40 IV AMG.
[109] Siehe dazu → § 13 Rn. 82 ff.
[110] Die Aufklärungspraxis hat mit den hehren Vorgaben von Rechtsprechung und Schrifttum oft wenig gemein.
[111] So auch Deutsch/Spickhoff, Rn. 1318 ff.
[112] Siehe dazu § 68 Rn. 58 und ausführlich Deutsch/Spickhoff, Rn. 1335 ff.
[113] Ein Arzneibuch ist eine vom BfArm und vom PEI sowie dem Bundesamt für Verbraucherschutz und Lebensmittelsicherheit bekannt gemachte Sammlung anerkannter pharmazeutischer Regeln, § 55 I AMG. Rechtsgrundlage für das HAB war die Arzneibuchverordnung (ABV) vom 27.9.1986 (BGBl. I 1610). Sie ist durch das Gesetz vom 14.8.2006 (BGBl. I 1869) aufgehoben worden. Maßgebend ist jetzt § 55 AMG; s. dazu *Blattner*, in: K/M/H § 55 Rn. 1 ff.
[114] BT-Drs. 15/5316 S. 33.
[115] Siehe dazu die Allgemeine Verwaltungsvorschrift zur Anwendung der Arzneimittelprüfrichtlinien vom 5.5.1995, zuletzt geändert durch Art. 1 und 2 der Zweiten ÄndV aV vom 11.10.2004 (BAnz S. 22037).
[116] BT-Drs. 11/4200 S. 10.
[117] BVerwG, PharmR 2007, 159.
[118] BVerwG, *Buchholz*, 418.32 AMG Nr. 53 Rn. 17.
[119] Vom 9.10.2002, www.bfarm.de.

enthält ein nach der Schwere der Erkrankungen abgestuftes Bewertungsschema zur Beurteilung von homöopathischen Erkenntnissmaterial.[120]

(2) Für Fertigarzneimittel, die homöopathische Arzneimittel sind, gelten besondere Kennzeichnungsregeln, § 10 IV AMG, Sonderregeln für den Inhalt der Packungsbeilage, § 11 III AMG und besondere Werbevorgaben, vgl. § 5 HWG. 40

(3) § 105 AMG regelt u. a. die Nachzulassung homöopathischer Arzneimittel unter Berücksichtigung von deren Besonderheiten. Bei der Anzeige homöopathischer Arzneimittel kann die Mitteilung der Anwendungsgebiete entfallen (§ 105 II 2 AMG). Für Fertigarzneimittel im Sinne von § 105 I AMG, die nach einer im Homöopathischen Teil des Arzneibuchs beschriebenen Verfahrenstechnik hergestellt sind, gelten die abweichenden Regeln des § 105 IIIa 2 AMG. § 105 IVa 2 AMG stellt zwar die homöopathischen Arzneimittel von den Anforderungen des Satzes 1 frei. Das entbindet die Antragsteller aber nicht davon, auch hier wissenschaftliches Erkenntnismaterial vorzulegen.[121] 41

(4) Verlängerung der Zulassung 41a

„1. Das Nutzen-Risiko-Verhältnis ist im Verlängerungsverfahren nicht schon immer dann ungünstig, wenn die therapeutische Wirksamkeit des Arzneimittels zweifelhaft geworden ist. Es bedarf auch in diesem Fall gemäß § 4 Abs. 28 AMG einer Abwägung mit den Risiken seiner Anwendung.

2. Die mit der Anwendung eines möglicherweise nicht wirksamen Arzneimittels verbundene Gefahr, dass die Anwendung eines wirksamen Präparates unterbleibt, stellt ein Risiko im Sinne des § 4 Abs. 27 Buchst. a AMG dar und ist in die Nutzen-Risiko-Abwägung einzustellen.

3. Für den Versagungsgrund der fehlenden therapeutischen Wirksamkeit nach § 31 Abs. 3 Satz 1 iVm § 30 Abs. 1 Satz 2 Nr. 1 und Satz 3 AMG muss die Zulassungsbehörde Tatsachen darlegen, die belegen, dass sich mit dem Arzneimittel keine therapeutischen Ergebnisse erzielen lassen."[122]

c) **Registrierung. aa) Wahlrecht.** Der Hersteller hat die Wahl, ob er eine Registrierung nach § 38 AMG oder eine Zulassung nach § 21 AMG beantragt. Abgesehen von den für homöopathische Arzneimittel problematischen Zulassungsvoraussetzungen wird die Entscheidung davon abhängen, ob der Hersteller des Arzneimittels dieses mit Anwendungsgebieten (Zulassung) oder ohne solche (Registrierung) in den Verkehr bringen will.[123] 42

bb) **Verfahren.** Für die Registrierung muss ein Arzneimittel folgende Bedingungen erfüllen:[124] 43

- allgemeine Bekanntheit der Anwendung der einzelnen Wirkstoffe (§ 39 II Nr. 7a AMG)

---

[120] Zur Frage der Behandlung von Zulassungsanlagen, bei denen eine Monografie der Kommission D fehlt, und zum Nachweis der Unbedenklichkeit s. *Kichner/Werner/Knöss*, A&R 2010, 108 (110 f.). Nebenwirkungen eines homöopathischen Arzneimittels sind für die Beurteilung der Unbedenklichkeit des Arzneimittels unabhängig davon relevant, ob sie auf einer pharmakologisch-toxikologischen Wirkung beruhen, BVerwG, Urt. v. 19.11.09 – BVerwG 3 B 10.09, *Buchholz*, 418.32 AMG, Nr. 59.

[121] BVerwG, Urt. v. 16.10.08 – BVerwG 3 C 23.07, *Buchholz*, 418.32 AMG Nr. 53 – Cefakliman, Rn. 22 ff. Wird die Wirksamkeit und Unbedenklichkeit eines homöopathischen Arzneimittels, das seit langem beanstandungsfrei eingesetzt worden ist, zusätzlich durch Anwendungsbeobachtungen belegt, kann die Behörde im Nachzulassungsverfahren die Vorgabe einer niedrigeren Dosierung nicht mit allgemeinen Empfehlungen der Kommission D zur Dosierung homöopathischer Arzneimittel begründen, BVerwG, Urt. v. 18.5.2010 – BVerwG 3 C 25.09, *Buchholz*, 418.32 AMG Nr. 57.

[122] BVerwG, Urt. v. 01.12.2016 – 3 C 14/15, juris mit Anm. v. *Utzerath*, A & R 2017, 75 – Kronenblume. Anwendungsgebiet „Fettleibigkeit".

[123] *Kloesel/Cyran*, Arzneimittelrecht, Anm. 7 zu § 38 AMG.

[124] Vgl. die Übersicht bei *Kirchner/Werner/Knöss*, A&R 2010, 108 (111 f.).

- orale und äußerliche Anwendung des Arzneimittels (§ 39 II Nr. 5a AMG)[125]
- „Verdünnungsgrad" des Wirkstoffs (§ 39 II Nr. 4 AMG).

44 Keiner Registrierung bedürfen Arzneimittel, die in Mengen bis zu 1.000 Packungen je Jahr von einem pharmazeutischen Unternehmer in Verkehr gebracht werden.[126]
Zur Standardregistrierung siehe § 39 III AMG

45 Für das vereinfachte europäische Registrierungsverfahren hat das BfArm empfohlen, ein solches Verfahren in enger Konsultation mit den zuständigen Behörden durchzuführen. Dazu gibt es das BfArm-Beratungsverfahren.[127]

46 d) **Qualität homöopathischer Arzneimittel.** Zugelassene und registrierte Arzneimittel dürfen nur in den Verkehr gebracht werden, wenn sie die nach den anerkannten pharmakologischen Regeln[128] allgemeinen Qualitätsvorgaben einhalten (§ 25 II Nr. 2 AMG, § 39 II Nr. 3 AMG).

47 e) **Markt homöopathischer Arzneimittel**[129]. Die Homöopathie tut sich – trotz verbreiteter Akzeptanz in der Bevölkerung – nicht leicht. Die sich verschlechternden Absatzchancen schlagen sich im Angebotsverhalten der (wenigen) Hersteller homöopathischer Arzneimittel nieder: Das Angebot an Kosmetika i. w. S. nimmt zu Lasten des Arzneimittelvertriebs deutlich zu.[130]

2. Traditionelle pflanzliche Arzneimittel[131]

48 Pflanzliche Arzneimittel sind Arzneimittel „die als Wirkstoff ausschließlich einen oder mehrere pflanzliche Stoffe oder eine oder mehrere pflanzliche Zubereitungen oder ein oder mehrere solcher pflanzlichen Stoffe in Kombination mit einer oder mehreren solcher pflanzlichen Zubereitungen enthalten" (§ 4 XXIX AMG). Eine Untergruppe der pflanzlichen Arzneimittel sind die traditionellen pflanzlichen Arzneimittel.

49 Ursprünglich konnten traditionelle pflanzliche Arzneimittel nur gemäß § 109a AMG in einem erleichterten Nachzulassungsverfahren an den Markt gebracht werden. Die 14. AMG-Novelle hat im Vollzug der EG-Richtlinie 2004/24 die Möglichkeit der Registrierung traditioneller pflanzlicher Arzneimittel in einem der Registrierung homöopathischer Arzneimittel vergleichbaren Verfahren in §§ 39a ff. AMG geschaffen.[132]

3. Anthroposophische Arzneimittel[133]

50 a) **Begriff.** aa) „Ein anthroposophisches Arzneimittel ist ein Arzneimittel, das nach der anthroposophischen Menschen- und Naturerkenntnis entwickelt wurde, nach einem in den offiziell gebräuchlichen Pharmakopöen der Mitgliedsstaaten der Europäischen Union beschriebenen homöopathischen Zubereitungsverfahren oder nach einem besonderen anthroposophischen Zubereitungsverfahren hergestellt worden ist und das bestimmt ist, entspre-

---

[125] Krit. zur Parenteralien-Regelung *Zuck*, Homöopathie und Verfassungsrecht, Rn. 289 ff.; *ders.*, Das Recht der anthroposophischen Medizin, Rn. 302 ff.
[126] Zu den Ausnahmen vgl. *Kichner/Werner/Knöss*, A&R 2010, 108 (112).
[127] Wissenschaftliche und verfahrenstechnische Beratung durch das BfArm (www.bfarm.de).
[128] Zum Qualitätsbegriff siehe § XV AMG. Einzelheiten ergeben sich aus dem HAB und der Monografie des Europäischen Arzneibuchs „Homöopathische Zubereitungen".
[129] Siehe dazu BPI-Pharmadaten, Stand 9/2011 zum Stichtag 31.12.2010.
[130] Der Marktanteil homöopathischer Arzneimittel betrug, bezogen auf die Umsätze im Jahr 2013, 1,3 %.
[131] Zum Begriff siehe § 4 XXIX AMG. S. dazu ausf. *Schumacher*, Alternativmedizin, 2017.
[132] Siehe dazu *Hesshaus*, PharmR 2006, 158; *Winnands*, A & R 2006, 159; *Krüger*, PharmR 2006, 572; *Anker*, in: Deutsch/Lippert, AMG, Anm. zu §§ 30a ff.; *Zuck*, Das Recht der anthroposophischen Medizin, Rn. 257.
[133] Zur Definition siehe APC Nr. 1 und *Zuck*, Das Recht der anthroposophischen Medizin, Rn. 251.

chend den Grundsätzen der anthroposophischen Menschen- und Naturerkenntnis angewendet zu werden" (§ 4 XXXIII AMG).[134]

bb) Die anthroposophische Menschen- und Naturerkenntnis beruht auf einem besonderen Menschenbild. Dieses wird durch die vier Wesensglieder des Menschen, nämlich dem physischen Leib, dem ätherischen Leib, dem astralischen Leib und der Ich-Organisation gekennzeichnet.[135] Ergänzt wird diese Sicht durch den zentralen Leitgedanken der funktionalen Dreigliederung des Menschen,[136] beispielhaft umschrieben in der Gliederung zwischen katabolischem, metabolischem und rhythmischem System.[137] Dem liegt ein integrativer Ansatz zugrunde, der in Form eines therapeutischen Konzepts aus einer ganzheitlichen Sicht von Gesundheit und Krankheit aufgeschlüsselt wird.[138]

cc) Das besondere anthroposophische Zulassungsverfahren wird im Anthroposophic Pharmaceutical Codex (ACP) zusammengefasst.[139] Der ACP ist kein staatlich anerkanntes Arzneibuch.[140] § 4 XXXIII AMG erlaubt aber – indirekt – den Rückgriff auf den ACP.

b) Inverkehrbringen des anthroposopischen Arzneimittels. Folgende Unterscheidungen sind geboten:

aa) Anthroposophische Arzneimittel mit Indikationsangabe folgen den allgemeinen Zulassungsregeln der §§ 21 ff. AMG, unterliegen also insoweit keinen Besonderheiten. Das betrifft rund 30 % aller anthroposophischen Arzneimittel.

bb) Anthroposophische Arzneimittel mit Indikationsangabe können darüber hinaus als traditionell angewendete pflanzliche Arzneimittel unter den Voraussetzungen der §§ 39a, 39b AMG registriert werden.

cc) Anthroposophische Arzneimittel ohne Indikationsangabe können, wenn das Arzneimittel nach dem HAB hergestellt wird, nach §§ 38, 39 AMG registriert werden.

Für anthroposophische Arzneimittel kommt die Registrierung deshalb nur in Betracht, wenn sie nach einem homöopathischen Verfahren hergestellt werden oder dann, wenn sie den traditionellen pflanzlichen Arzneimitteln zuzurechnen sind. Greift weder die eine noch die andere Voraussetzung, so ist die Registrierung des damit verbundenen „anthroposophic use"[141] ausgeschlossen. Der Versuch, die Zulassungsmöglichkeiten des GK für eine erweiterte Registrierung auf nationaler Ebene durchzusetzen, ist beim EuGH gescheitert.[142]

c) Besondere Therapierichtungen. Anthroposophische Arzneimittel sind den besonderen Therapierichtungen zugeordnet. Ihre Verordnung ist nicht ausgeschlossen (§ 5 AM-RL). Es gelten aber die Sonderregeln der § 34 I 3, § 34 III SGB V, § 12 VI AM-RL.

---

[134] Der Gesetzgeber ist meiner Kritik an der beabsichtigten deutschen Begriffsbestimmung der anthroposophischen Arzneimittel nicht gefolgt, vgl. dazu *Zuck*, A&R 2008, 200 (202).
[135] *Girke*, Innere Medizin, Grundlagen und therapeutische Konzepte der anthroposophischen Medizin, 2010, 7 ff.; *Heusser*, Arzneimittel und Wissenschaft, 2011, 211 ff.; IVAA, The System of Anthroposophic Medicine, 25 ff.; *Zuck*, Das Recht der anthroposophischen Medizin, Rn. 354.
[136] *Girke*, Innere Medizin, 20 ff.
[137] IVAA, The System of Anthroposophic Medicine, 26 ff.
[138] *Zuck*, Das Recht der anthroposophischen Medizin, Rn. 354.
[139] Siehe dazu *Zuck*, A&R 2008, 200 (202).
[140] Siehe – insoweit einschränkend – Erwägungsgrund 22 des GK.
[141] Siehe dazu *Zuck*, in: FS f. Sander 425.
[142] EuGH, A & R 2007, 230 s. dazu *Zuck*, A & R 2008, 71 ff. Zutreffend deshalb *Kügel/Pannenbecker*, in: K/M/H, § 4 Rn. 218 mit Fn. 221.

§ 53 Arzneimittelverkehr

I. Allgemeine Voraussetzungen: Europarecht

1. Herstellungserlaubnis

1   Art. 40 ff. GK schreibt das Erfordernis einer Herstellungserlaubnis und die dafür nötigen Voraussetzungen[143] vor.

2. Genehmigungserfordernis

2   Auf Grund des Art. 6 I GK darf ein Arzneimittel in einem Mitgliedsstaat nur in Verkehr gebracht werden,[144] wenn von der zuständigen Behörde dieses Mitgliedsstaats eine entsprechende Genehmigung erteilt worden ist oder wenn eine Genehmigung für das Inverkehrbringen im zentralen Verfahren durch die EMA erteilt worden ist.[145]

3. Verschreibungspflichtige und nicht verschreibungspflichtige Arzneimittel

3   Art. 70 I GK unterscheidet zwischen verschreibungspflichtigen und nicht verschreibungspflichtigen Arzneimitteln.[146] Art. 71 I GK schreibt dazu vor, dass Arzneimittel nur auf ärztliche Verordnung abgegeben werden dürfen, wenn sie
- selbst bei normalem Gebrauch ohne ärztlich Überwachung direkt oder indirekt eine Gefahr bilden können oder
- häufig und in sehr starkem Maße unter anormalen Bedingungen verwendet werden und dies die Gesundheit direkt oder indirekt gefährden kann oder
- Stoffe oder Zubereitungen aus diesen Stoffen enthalten, deren Wirkung und/oder Nebenwirkungen unbedingt noch genauer erforscht werden müssen, oder
- Von Ausnahmen abgesehen zur parenteralen Anwendung von einem Arzt verschrieben werden sollen.

II. Nationales Recht

1. Herstellungserlaubnis

4   a) Herstellen. aa) Begriff. „Herstellen ist das Gewinnen, das Anfertigen, das Zubereiten, das Be- oder Verarbeiten, das Umfüllen einschließlich Abfüllen, das Abpacken, das Kennzeichnen und die Freigabe; nicht als Herstellen gilt das Mischen von Fertigarzneimitteln mit Futtermitteln durch den Tierhalter zur unmittelbaren Verabreichung an die von ihm gehaltenen Tiere" (§ 4 XIV AMG).[147]

5   bb) Der Begriff ist erkennbar weit gefächert[148]. (1) „Gewinnen" meint die Entnahme von Stoffen aus ihrer natürlichen oder künstlich angelegten Umgebung zum Zwecke der Verwendung als Arzneimittel.[149]

(2) Das Gewinnen bedarf einer zeitlichen Verknüpfung zum anschließenden Herstellungsprozess im eigentlichen Sinn.

(3) „Anfertigen" erfasst das ergebnisgerichtete manuelle oder maschinelle Herstellen eines gebrauchsfertigen Arzneimittels.[150]

---

[143] Art. 41 GK.
[144] → § 53 Rn. 5.
[145] → § 49 Rn. 5
[146] → § 53 Rn. 12 ff.
[147] Siehe dazu BT-Drs. 17/4231 S. 9.
[148] *Baierl/Kellermann*, Arzneimittelrecht, D I Rn. 2.
[149] *Kloesel/Cyran*, Arzneimittelrecht, § 4 Anm. 49.
[150] *Kloesel/Cyran*, Arzneimittelrecht, § 4 Anm. 49.

(4) „Zubereiten" ist die Behandlung eines Stoffs, wenn dieser in der Zubereitung noch ganz oder teilweise erhalten ist.[151]

(5) „Be- oder Verarbeiten" bezieht sich auf alle Tätigkeiten, die zum Endprodukt des Arzneimittels führen.[152]

(6) „Umfüllen" ist das Verbringen eines Arzneimittels aus einem Gefäß oder Behälter in einen anderen. „Abfüllen" ist ein Unterfall des Umfüllens.[153]

(7) „Abpacken" bezeichnet das Einbringen des Arzneimittels in die äußere Umhüllung und das Einbringen der Packungsbeilage.[154]

(8) „Kennzeichnen" ist das Anbringen bestimmter Angaben auf die äußere Umhüllung von Arzneimitteln im Sinne des § 10 AMG.[155]

(9) Die „Freigabe" ist die Aufgabe der sachkundigen Person nach § 14 AMG. Die Einzelheiten ergeben sich aus § 16 AMWHV und dem Annex 16 des GMP-Leitfadens.[156]

b) Hersteller. Hersteller können natürliche und juristische Personen sein, auch Personengesellschaften. 6

c) Gute Praxisregeln. Wer Arzneimittel zur Abgabe an andere gewerbs- oder berufsmäßig herstellen will, bedarf der Erlaubnis (§ 13 I AMG). 7

aa) GMP. Gemäß § 2 III AMWHV macht das BMG den EG-GMP-Leitfaden in der jeweils aktuellen Fassung bekannt.[157] 8
Danach muss der Inhaber einer Herstellungserlaubnis Artneimittel so herstellen, „dass ihre Eignung für den vorgesehenen Gebrauch gewährleistet ist, sie den im Rahmen der Zulassung spezifizierten Anforderungen entsprechen und die Patienten keiner Gefahr wegen unzureichender Sicherheit, Qualität oder Wirksamkeit aussetzen" (Kap. 1 Qualitätsargument, EG-GMP-Leitfaden). Die damit verbundene Qualitätssicherung stellt die Gesamtheit aller Maßnahmen dar, die getroffen werden müssen, um sicherzustellen, dass Arzneimittel, die für den beabsichtigten Gebrauch erforderliche Qualität aufweisen (Kap. 1 Qualitätssicherung, EG-GMP-Leitfaden). Gute Herstellungspraxis ist der Teil der Qualitätssicherung, der gewährleistet, dass die Produkte gleichbleibend nach den Qualitätsstandards hergestellt und geprüft werden, die der vorgesehenen Verwendung und den Zulassungsvoraussetzungen oder der Produktspezifikation entsprechen (Kap. 1 Qualitätssicherung Nr. 1.2 EG-GMP-Leitfaden).[158]

bb) GLP. „Nicht-klinische gesundheits- und umweltrelevante Sicherheitsprüfungen von Stoffen und Zubereitungen, deren Ergebnisse eine Bewertung ihrer möglichen Gefahren für Mensch und Umwelt in einem Zulassungs-, Erlaubnis-, Registrierungs-, Anmelde- oder Mitteilungsverfahren ermöglichen sollen, sind unter Einhaltung der Grundsätze der Guten Laborpraxis – nach dem Anhang 1 zu diesem Gesetz – durchzuführen, soweit gemeinschaftsrechtlich nichts anderes bestimmt ist" (§ 19a ChemG [Gute Laborpraxis – GLP]). Anhant 1 zum KemG definiert die GLP als ein Qualitätssicherungssystem, das sich mit dem organisatorischen Ablauf und den Rahmenbedingungen befasst, unter denen nicht-klinische gesund- 9

---

[151] *Kloesel/Cyran*, Arzneimittelrecht, § 4 Anm. 49.
[152] *Kloesel/Cyran*, Arzneimittelrecht, § 4 Anm. 49.
[153] *Kloesel/Cyran*, Arzneimittelrecht, § 4 Anm. 49.
[154] *Kloesel/Cyran*, Arzneimittelrecht, § 4 Anm. 49.
[155] *Kloesel/Cyran*, Arzneimittelrecht, § 4 Anm. 49.
[156] Zu diesem → Rn. 18.
[157] Die GMP beruht für Humanarzneimittel auf der Richtlinie 2003/94 der Kommission zur Festlegung der Grundwerte und Leitlinien der Guten Herstellungspraxis für Humanarzneimittel und führt zur Anwendung bei Menschen bestimmten Prüfpräparate, ABl. L 212 vom 14.10.2003 S. 22.
[158] Zur fehlenden Verbindlichkeit der GMP für Apotheker siehe *Prinz*, PharmR 2012, 16. Zur Überwachung der GMP-Praxis siehe § 64 III 4, 5, 7 und 8 AMG sowie *Kori-Lindner/Sickmüller/Eberhardt*, PharmI 2008, 207.

heits- und umweltrelevante Sicherheitsprüfungen geplant, durchgeführt und überwacht werden sowie mit der Aufzeichnung und Berichterstattung der Prüffolgen (Abschnitt I Nr. 2.1 Anhang 1):

„Die Grundsätze der Guten Laborpraxis finden Anwendung auf die nicht-klinischen Sicherheitsprüfungen von Prüfgegenständen, die in Arzneimitteln, Pflanzenschutzmitteln und Bioziden, kosmetischen Mitteln, Tierarzneimitteln sowie in Lebensmittelzusatzstoffen, Futtermittelzusatzstoffen und Industriechemikalien enthalten sind. Häufig sind diese Prüfgegenstände synthetische chemische Produkte; sie können aber auch natürlichen oder biologischen Ursprungs sein, unter Umständen kann es sich um lebende Organismen handeln. Zweck der Prüfung dieser Prüfgegenstände ist es, Daten über deren Eigenschaften und deren Unbedenklichkeit für die menschliche Gesundheit und die Umwelt zu gewinnen.

Zu den nicht-klinischen gesundheits- und umweltrelevanten Sicherheitsprüfungen, die durch die Grundsätze der Guten Laborpraxis abgedeckt werden, zählen sowohl Laborprüfungen als auch Prüfungen in Gewächshäusern oder im Freiland.

Diese Grundsätze der Guten Laborpraxis finden Anwendung auf sämtliche nicht-klinische gesundheits- und umweltrelevante Sicherheitsprüfungen, die von Bewertungsbehörden zur Registrierung oder Zulassung von Arzneimitteln, Pflanzenschutzmitteln, Lebensmittel- und Futtermittelzusatzstoffen, kosmetischen Mitteln, Tierarzneimitteln und ähnlichen Produkten sowie zur Anmeldung von Industriechemikalien gefordert werden, Diese Grundsätze der Guten Laborpraxis finden ebenfalls Anwendung auf Phasen von Prüfungen, die an einem Prüfstandort durchgeführt werden. Prüfstandorte mit eigener Leitung können auf Antrag in das nationale GLP-Überwachungsverfahren aufgenommen werden." (Abschnitt I Nr. 1 Anhang 1).

10   cc) GCP. Die GCP-V[159] verfolgt den Zweck, die Einhaltung der Guten klinischen Prüfung (im Sinne von § 4 XXIII AMG) bei der Planung, Durchführung und Dokumentation klinischer Prüfungen am Menschen und der Berichterstattung darüber sicherzustellen. Damit soll gewährleistet werden, dass die Rechte, die Sicherheit und das Wohlergehen der betroffenen Personen geschützt werden und die Ergebnisse der klinischen Prüfung glaubwürdig sind (§ 1 I GCP-V). Dieser Verordnungszweck, das stellt § 2 GCP-V klar, erfasst alle Aspekte, die mit einer klinischen Prüfung verbunden sind. Die GCP-V tritt sechs Monate nach der 2019-Regelung der VO (EU) 536/2014 außer Kraft, → § 52 Rn. 1 ff. Fn. 59.

2. Erteilung der Erlaubnis

11   Wenn keiner der Hinderungsgründe des § 14 I AMG vorliegt, hat der Hersteller einen Rechtsanspruch auf Erteilung der Erlaubnis.[160]

3. Inverkehrbringen

12   Nur zugelassene oder zulassungsfreie Arzneimittel dürfen in den Verkehr gebracht werden. Inverkehrbringen ist das Vorrätighalten zum Verkauf oder zur sonstigen Abgabe, das Feilhalten, das Feilbieten und die Abgabe an andere (§ 4 XVII AMG).

---

[159] Vom 9.8.2004 (BGBl. I 2081) i. d. F. der 16. AMG-Novelle vom 19.10.2012 (BGBl. I 2192, dort Art. 8A. 1.1.3). Die GCP betrifft den Herstellungsvorgang nicht unmittelbar. Sie wird hier wegen des Zusammenhangs mit den GP-Regelungen und ihrer Zuordnung zur klinischen Prüfung (siehe oben § 52 Rn. 22 ff.) dargestellt. Zur Überwachung der Einhaltung der GCP-Regeln siehe *Kori-Lindner/Sickmüller/Eberhardt*, PharmInd 2008, 8, 207; *Göbel* u. a., PharmInd 2008, 830, 943, 1063.

[160] Zu den Ausnahmen von der Herstellungserlaubnis siehe § 13 II, II a AMG. Zuständig für die Erteilung der Erlaubnis sind die Landesbehörden. Zu den Antrags- und Verfahrensvoraussetzungen siehe §§ 15 ff. AMG.

4. Kennzeichnungspflicht

Fertigarzneimittel dürfen nur in den Verkehr gebracht werden, „wenn auf den Behältnissen und, soweit verwendet, auf den äußeren Umhüllungen in gut lesbarer Schrift allgemeinverständlich in deutscher Sprache und auf dauerhafte Weise die in § 10 AMG vorgeschriebenen Angaben enthalten sind" (Kennzeichnungspflicht).[161]

13

5. Informationen

Gemäß § 11 AMG sind Fertigarzneimittel mit einer Packungsbeilage[162] zu versehen.[163] Die Packungsbeilage ist Bestandteil der für Arzneimittel geltenden Informationsregeln, die dazu dienen sollen, Arzneimittel und ihre Anwendungsmöglichkeiten transparenter zu gestalten. Das ist vor allem ein Problem in der GKV. So sieht § 92 II SGB V Vergleichslisten für Arzneimittel vor,[164] sowie eine Negativliste, die die von der vertragsärztlichen Versorgung ausgeschlossenen Arzneimittel enthält.[165] Außerdem ist das IQWiG verpflichtet, den Bürgern eine Informationsplattform[166] zur Verfügung zu stellen, die es ihnen erlaubt, sich über die Erkenntnisse in der medizinischen Wissenschaft zu informieren (§ 139a III Nr. 6 SGB V). Die Bearbeitung individueller Anfragen ist jedoch ausgeschlossen.[167]

14

III. Arzneimittelvertrieb

Der Arzneimittelvertrieb basiert auf unterschiedlichen Kategorien von Arzneimitteln. Es sind vier unterschiedliche Vertriebswege gegeben:

15

- Freiverkäufliche Arzneimittel
- Apothekenpflichtige Arzneimittel
- Verschreibungspflichtige Arzneimittel
- Betäubungsmittel.

1. Apothekenpflichtige Arzneimittel

a) **Inhalt.** Während man bisher davon ausgegangen ist, Apothekenpflicht bedeutete, dass Fertigarzneimittel grundsätzlich nur in einer Apotheke abgegeben werden dürfen (§ 43 I AMG), wird man nach der Zulassung des Versandhandels mit Arzneimitteln[168] genauer davon sprechen müssen, Apothekenpflicht bedeutet die Pflicht, das Arzneimittel von einer Apotheke abgeben zu lassen.[169]

16

---

[161] Für homöopathische Arzneimittel gelten Sonderregelungen, § 10 IV AMG; siehe dazu kritisch *Zuck*, Homöopathie und Verfassungsrecht, Rn. 250 ff.
[162] Zur Packungsbeilage vgl. kritisch *Zuck*, DAZ 1999, 4029.
[163] Siehe dazu *Rehmann* § 11 Rn. 3. Abs. 2 gilt i. d. F. des AMNOG, vgl. *Schmidt-De Caluwe*, in: *Becker/Kingreen*, § 92 Rn. 24. S. 11 inzwischen geändert durch das AMVSG.
[164] Sie sollen bei der Verordnung von Arzneimitteln beachtet werden, § 73 V 1 SGB V. § 73 VIII SGB V sieht weitergehende (und nicht nur auf allgemeinen Preisvergleichslisten beruhende) Informationspflichten der Kassenärztlichen Vereinigungen, der Kassenärztlichen Bundesvereinigung, der Krankenkassen und der Krankenkassenverbände vor. S. dazu *Hauck*, GesR 2011, 69 (72 f.).
[165] Vgl. *Hellkötter-/Backes*, in: LPK-SGB V, Rn. 2 zu § 93.
[166] *Murawski*, in: LPK-SGB V § 139a Rn. 4.
[167] BT-Drs. 15/1525 S. 127.
[168] → § 38 Rn. 40 ff.
[169] Siehe auch § 43 III AMG. Flankiert wird im Übrigen die grundsätzliche Bindung des Arzneimittelvertriebs durch die Apotheke durch die Sicherung des Vertriebswegs. § 47 AMG schreibt vor, dass pharmazeutische Unternehmer und der Großhandel Arzneimittel grundsätzlich (siehe z. B. § 47a AMG) nur an Apotheken abgeben dürfen.

17 **b) Ausnahmen.** Ausnahmen von der Apothekenpflicht ergeben sich aus § 44 AMG sowie durch die auf Grund des § 45 AMG erlassene Verordnung über die Verschreibungspflicht von Arzneimitteln.[170]

18 **c) Sonderregeln.** Zum Einzelhandel mit freiverkäuflichen Arzneimitteln siehe § 50 AMG. Die Abgabe von Arzneimitteln im Reisegewerbe ist verboten (§ 51 AMG), ebenso die Selbstbedienung (§ 52 AMG). Zur Verschreibung von Betäubungsmitteln, die wegen der mit ihnen verbundenen besonderen Gefahrenlage im BtMG geregelt sind, vgl. dessen Anlagen, die die verschiedenen Gruppen von Betäubungsmitteln listen. Betäubungsmittel dürfen nur verschrieben werden, wenn ihre Anwendung begründet ist und der beabsichtigte (therapeutische oder diagnostische) Zweck anders nicht erreicht werden kann (§ 13 BtMG).

2. Verschreibungspflichtige Arzneimittel

19 **a) Begriff.** Verschreibungspflichtige Arzneimittel sind nach der Legaldefinition in § 1 AMVV
1. die in der Anlage 1 zu dieser Verordnung bestimmte Stoffe oder Zubereitungen aus Stoffen sind oder
2. die Zubereitungen aus den in der Anlage 1 bestimmten Stoffen oder Zubereitungen aus Stoffen sind oder
3. denen die unter Nummer 1 oder 2 genannten Stoffe und Zubereitungen aus Stoffen zugesetzt sind oder
4. die in den Anwendungsbereich des § 48 Abs. 1 Satz 1 Nr. 2 des Arzneimittelgesetzes fallen.[171]

Neue Wirkstoffe sind kraft Gesetzes verschreibungspflichtig (§ 48 I Nr. 3 AMG). Wenn die Wirkstoffe in die Anlage des zur AMVV aufgenommen worden sind, ergibt sich die Verschreibungspflicht wieder aus der Verordnung (vgl. § 48 I 5 AMG). §§ 44, 45 AMG ermächtigen zu Ausnahmen von der Apothekenpflicht.[172] Auf Verschreibung dürfen Arzneimittel nur von Apotheken abgegeben werden (§ 43 III 1 AMG).

20 **b) Bedeutung.** Die Unterscheidung zwischen verschreibungspflichtigen und nicht verschreibungspflichtigen Arzneimitteln hat besondere Bedeutung im Rahmen der GKV. Der Versicherte hat nach § 31 I 1 SGB V grundsätzlich Anspruch auf Versorgung mit apothekenpflichtigen Arzneimitteln. Von diesem Anspruch ausgeschlossen sind auf Grund des § 34 I SGB V nicht verschreibungspflichtige Arzneimittel. Ausnahmen von dieser Ausnahme gibt es in zweifacher Beziehung
* versicherte Kinder bis zum vollendeten 12. Lebensjahr,
* versicherte Jugendliche bis zum vollendeten 18. Lebensjahr mit Entwicklungsstörungen,

21 **aa) Therapiestandard.** § 34 I 2 SGB V hat den G-BA ermächtigt, in Richtlinien nach § 92 I 2 Nr. 6 SGB V festzulegen, welche nicht verschreibungspflichtigen Arzneimittel, die bei der Behandlung schwerwiegender Erkrankungen als Therapiestandard gelten und deshalb zur Anwendung bei diesen Erkrankungen mit Begründung vom Vertragsarzt ausnahmsweise verordnet werden können.

22 Ausschlaggebend ist danach zunächst einmal, ob ein Medikament nicht verschreibungspflichtig ist. Das zeigt die Paracetamol-Diskussion, bei der die Unterstellung unter die

---

[170] Arzneimittelverschreibungsverordnung – AMVV v. 21.12.2005 (BGBl. I S. 3632) i.d.F. v. 18.7.2017 (BGBl. I 2745).
[171] Zu den notwendigen Angaben in der Verschreibung siehe § 2 AMVV.
[172] Siehe dazu die Verordnung über apothekenpflichtige und freiverkäufliche Arzneimittel i.d.F. der Bek. v. 24.11.1988 (BGBl. I S. 2150), i.d.F. v. 19.12.2014 (BGBl. I 2371).

Verschreibungspflicht in den Sachverständigen-Gremien diskutiert worden ist.[173] Bleibt es bei der Nicht-Verschreibungspflicht eines apothekenpflichtigen Medikaments[174], so gilt die GBA-Richtlinie-Regelung des § 12 AM-RL. Sie definiert eine Krankheit als schwerwiegend, „wenn sie lebensbedrohlich ist oder wenn sie aufgrund der Schwere der durch sie verursachten Gesundheitsstörung die Lebensqualität auf Dauer beeinträchtigt" (§ 12 III AM-RL).

Ein Arzneimittel gilt als Therapiestandard, wenn der therapeutische Nutzen zur Behandlung der schwerwiegenden Erkrankung dem allgemeinen Stand der medizinischen Erkenntnisse[175] entspricht (§ 12 IV AM-RL). Anlage I der AM-RL führt die schwerwiegenden Erkrankungen und Standardtherapeutika zu deren Behandlung auf (§ 12 V AM-RL). Die Regelungen in § 12 I – IX AM-RL sind abschließend (§ 12 X AM-RL).

Das hat nach Maßgabe von § 12 VI AM-RL vor allem Auswirkungen für die ausnahmsweise verordenbaren Arzneimittel der besonderen Therapierichtungen.[176] Die Zukunft des sog. Anthroposophic use[177] ist unverändert ungesichert.[178] Einen Sonderstatus in Bezug auf die allgemeinen Vorgaben für die Verkehrsfähigkeit eines Arzneimittels nehmen die Arzneimittel der besonderen Therapierichtungen jedenfalls nicht ein, wie das BSG erneut bestätigt hat. Sie müssen sich an die allgemeinen Gebote der Wirtschaftlichkeit und der Qualitätssicherung halten.[179] Danach sind die Verordnungsausschlüsse in den Anlagen zu den AM-RL gerechtfertigt.[180] Eine gewisse Entschärfung der Problematik ist durch § 53 V SGB V eingetreten, wonach die Krankenkasse in ihrer Satzung die Übernahme der Kosten für Arzneimittel der besonderen Therapierichtungen regeln kann, die nach § 34 I 1 SGB V von der Versorgung ausgeschlossen sind. Die Krankenkasse kann hierfür spezielle Prämienzahlungen durch die Versicherten vorsehen.

bb) Bagatellarzneimittel (§ 34 I 6 SGB V). Die in Satz 6 erfassten gesetzlichen Leistungsausschlüsse für verschreibungspflichtige Arzneimittel betreffen nur Versicherte, die das 18. Lebensjahr vollendet haben.[181] Die dort genannten vier Gruppen, zu denen etwa Erkältungen oder Reisekrankheiten gehören, beruhen auf der Annahme, in diesen Fällen sei den Versicherten die Eigenvorsorge zumutbar. 23

cc) Lifestyle-Präparate (§ 34 I 7-8 SGB V). Es handelt sich um Arzneimittel, bei deren Anwendung eine Erhöhung der Lebensqualität im Vordergrund steht (§ 34 I 7 SGB V). Ausgeschlossen sind danach insbesondere Arzneimittel, die überwiegend zur Behandlung der erektilen Dysfunktion, der Anreizung sowie Steigerung der sexuellen Potenz, zur Raucherentwöhnung, zur Abmagerung oder zur Zügelung des Appetits, zur Regelung des Körpergewichts oder zur Verbesserung des Haarwuchses dienen (§ 34 I 8 SGB V).[182] Der 24

---

[173] *Brixius*, PharmR 2012, 197.
[174] Sog. OTC-Liste („over the counter; siehe dazu jetzt ausf. BSG, Urt. v. 6.3.2012 – B 1 KR 24/10 R, NZS 2012, 662 – Linola). Selbstbedienung in der Apotheke ist für OTC-Arzneimittel verboten, BVerwG, Urt. v. 18.10.2012 – 3 C 25.11; vgl. insgesamt G-BA, Abschnitt F der AM-RL (OTC-Übersicht).
[175] → § 52 Rn. 5a.
[176] Siehe dazu den Streit um die Beschränkung der Verordnungsfähigkeit von Mistelpräparaten (als Bestandteil der Krebstherapie) auf eine palliative Therapie und dazu BSGE 108, 153, bestätigt durch BSG, Urt. v. 14.12.11 – B 6 KA 29/10 R, SGb 2012, 600 (605); *Zuck*, Das Recht der anthroposophischen Medizin, Rn. 355 ff.; *Bethel/Petersohn/Stebner*, Rechtliche Fragen bei der Anwendung Anthroposophischer Arzneimittel S. 44 ff.
[177] *Zuck*, Anthroposophic use, in: FS f. Sander, S. 425.
[178] Siehe dazu ausf. *Zuck*, Das Recht der anthroposophischen Medizin, Rn. 339 ff.
[179] Siehe dazu auch *R. Schmidt*, in: Peters, Handbuch der Krankenversicherung, § 27 Rn. 307.
[180] BSG, Urt. v. 14.12.11 – B 6 KA 29/10 R, SGb 2012, 600 (605); zustimmend *Flint*, SGb 2012, 607 (609).
[181] Vgl. § 13 AM-RL.
[182] § 14 II AM-RL und dazu die Übersicht in Anl. II der AM-RL (§ 14 III AM-RL). Der Ausschluss ist vom BSG gebilligt worden, vgl. BSG, SozR 4–2500 § 34 Nr. 2 Rn. 25.

Ausschluss orientiert sich an der überwiegenden Zweckbestimmung des Arzneimittels (vgl. § 14 I 2 AM-RL), also nicht nach der Anwendung des Arzneimittels im Zusammenhang mit einer bestimmten Indikation. Rauchen und Körpergewicht können zu Krankheitszuständen führen, dort, wo Sucht oder hormonelle Störungen vorliegen, die Beherrschung durch Eigensorge ist problematisch. Man muss deshalb § 14 II AM-RL (§ 34 I 8 SGB V) deshalb wohl genauer als Einschränkung des Gesundheitsschutzes durch das GKV-System ansehen.

25 Man wird das insgesamt als Einstieg in den weiteren Ausschluss von Arznei-, Heil- und Hilfsmitteln verstehen müssen. Insbesondere altersbedingte Mängel an Zähnen, Augen, Ohren, Haut und Haaren wird man der Vorsorge der Versicherten noch weitgehender als bisher überlassen. Der Schritt zum Knochengerüst und der Mobilität des alten Menschen ist dann nicht mehr weit. Dass der – notwendige – Einstieg in ein zwischen Staats- und Eigenleistung variierenden öffentlichen Gesundheitssystem zu Lasten der Älteren vorgenommen wird, ist eine sozialstaatlich mögliche, aber dennoch ein wenig pauschale Ent-Sorgungspolitik.[183]

26 **dd) Unwirtschaftliche Arzneimittel.** Unwirtschaftliche Arzneimittel sind solche, die für das Therapieziel oder zur Minderung von Risiken nicht erforderliche Bestandteile enthalten (§ 2 AMuwV).[184] Sie sind in Anlage 2 Nr. 2–6 der Verordnung gelistet. Sie gelten nach § 34 III 1 SGB V als Verordnungsausschluss des GBA und als Teil der Richtlinie nach § 92 I 2 Nr. 6 SGB V. Bei der Beurteilung von Arzneimitteln der besonderen Therapierichtungen ist deren besondere Wirkungsweise Rechnung zu tragen.[185]

3. Preisgünstige Arzneimittel

27 § 129 I 1 Nr. 1 SGB V verpflichtet den Apotheker bei der Abgabe verordneter Arzneimittel an den Versicherten nach Maßgabe der Rahmenvereinbarung gemäß § 129 II SGB V zur Substitution des verordneten Arzneimittels durch ein preisgünstiges Arzneimittel, wenn der verordnende Arzt

- ein Arzneimittel nur unter seiner Wirkstoffbezeichnung verordnet oder
- die Ersetzung des Arzneimittels durch ein wirkstoffgleiches Arzneimittel nicht ausgeschlossen hat (aut-idem-Regelung).[186]

Weitere Bedenken bei Abgabe von Arzneimitteln im Rahmen der aut-idem-Regelung ergeben sich aus § 129 II 2, 3 und 4 SGB V.[187] Abweichend von § 129 I 4, 5 haben die Versicherten ein Wahlrecht. Sie

---

[183] Was die erektile Dysfunktion angeht, reagiert § 34 SGB V auf die von der Rechtsprechung korrigierte Fehlentscheidung des Bundesausschusses der Ärzte und Krankenkassen, Viagra aus der vertragsärztlichen Versorgung auszunehmen, vgl. dazu grundlegend *Zuck*, NZS 1999, 167 und BSG, SozR 4–2500 § 34 SGB V Nr. 2; BVerwG, DÖV 2004, 482 (zum Beihilferecht). Es bleibt eine offene Frage, ob § 34 SGB V und dem folgend die Richtlinie nach § 92 I 2 Nr. 6 SGB V wirklich den globalen Ausschluss von Arzneimitteln vorsehen wird, nur weil sie „auch" (oder überwiegend) Lifestyle-Arzneimittel sind. Es darf doch nicht übersehen werden, dass – z. B. – die erektile Dysfunktion auch die Folge von Diabetes (ggf. auch in jungen Jahren) sein kann, also eine Krankheitsfolge. Da § 34 SGB V davon spricht, „bei der Anwendung" müsse die Erhöhung der Lebensqualität im Vordergrund stehen, muss es zulässig sein, wenn nicht diese, sondern die Behandlung von Krankheit im Vordergrund steht, Ausnahmen in der Richtlinie vorzusehen.

[184] Verordnung über unwirtschaftliche Arzneimittel in der gesetzlichen Krankenversicherung vom 21.2.1990 (BGBl. I 301), geänd. durch Verordnung vom 9.12.2002 (BGBl. I 4554). Siehe auch § 15 II AM-RL.

[185] Das wiederholt den allgemeinen Text des § 5 AM-RL. Der Sonderstatus der Arzneimittel der besonderen Therapierichtungen wird damit hervorgehoben, siehe dazu *Zuck*, Das Recht der anthroposophischen Medizin, Rn. 324, 328.

[186] Zu beachten ist nach der Neufassung des Abs. 1 durch das AMVSG der neue S. 3.

[187] Dabei ist u.a. auf die Packungsgrößenverordnung vom 23.6.2004 (BGBl. I 318) i.d.F. vom 18.6.2013 (BGBl. I 1610) zurückzugreifen.

können gegen Kostenerstattung ein anderes Arzneimittel erhalten, wenn die Voraussetzungen von Satz 2 erfüllt sind.

§ 129 I 1 Nr. 2 SGB V knüpft die Abgabeverpflichtung des Apothekers für Importarznei- 28 mittel an die Voraussetzung, dass dieses deutlich preisgünstiger ist. Unter Preis ist dabei der für den Versicherten maßgebliche Arzneimittelabgabepreis der Apotheke zu verstehen (§ 130 I 1 SGB V). Günstiger ist der Preis, wenn er unter Berücksichtigung der Abschläge nach § 130a I, Ia, II, IIIa, IIIb SGB V mindestens 15 v. H. oder mindestens 15 € niedriger ist als der Preis des Bezugsarzneimittels. In diesem Fall gelten die Sätze 3 und 4 entsprechend (§ 129 I 7 SGB V).

4. Verordnungsfähigkeit von Arzneimitteln und off-Label-Use[188]

a) Begriff. Unter off-label-use versteht man den Einsatz von Arzneimitteln außerhalb ihrer 29 arzneimittelrechtlichen Zulassung. Liegt schon keine Zulassung vor, kann von off-label-use nicht gesprochen werden. Bei der Zulassung kommt es auf deren Modalitäten an, wie etwa Anwendungsgebiet, Darreichungsform, Dosierung, Einnahmezeitpunkt und Behandlungsdauer.[189]

b) Voraussetzungen. aa) Kriterien. Ob off-label-use zulässig ist, bemisst sich nach den 30 vom BVerfGE 115, 25[190] entwickelten Kriterien[191]

- Vorliegen einer lebensbedrohenden oder regelmäßig tödlich verlaufenden Erkrankung
- Fehlen schulmedizinischer Behandlungsmethoden
- Wahl einer alternativen Methode mit einer – auf Indizien gestützten – nicht ganz fern liegenden Aussicht auf Heilung/spürbare positive Einwirkung auf den Krankheitsverlauf.

bb) Güterabwägung. Da off-label-use bedeutet, dass Arzneimittel ohne arzneimittelrecht- 31 lich vorgesehene Kontrolle der Sicherheit und Qualität eingesetzt werden, sind Ausnahmen nur aufgrund einer Güterabwägung anzuerkennen, die der Gefahr der Umgehung arzneimittelrechtlicher Zulassungserfordernisse entgegenwirkt, die Anforderungen des SGB V an Qualität und Wirksamkeit der Arzneimittel beachtet und den Funktionsdefiziten des Arzneimittelrechts im Falle eines unabweisbaren, anders nicht zu befriedigenden Bedarfs Rechnung trägt.[192]

c) Rechtsprechung des BSG[193]. **aa) Regeln der ärztlichen Kunst.** „Ein Off-Label-Use 32 kommt......nur in Betracht, wenn es

1. um die Behandlung einer schwerwiegenden (lebensbedrohlichen oder die Lebensqualität auf Dauer nachhaltig beeinträchtigenden) Erkrankung geht, wenn

---

[188] Aus dem Schrifttum vgl. *Schwee*, Die zulassungsüberschreitende Verordnung von Fertigarzneimitteln (Off-Label-Use); *H. Müller*, Die Rechtsproblematik des Off-Label-Use; *B. Klein*, Arzneimittelrechtliche Betrachtungen des Off-Label-Use. *Clemens*, GesR 2011, 397; *Penner/Bohmeier*, GesR 2011, 526.
[189] Vgl. *v. Harder*, A & R 2007, 99.
[190] Zu dieser Entscheidung siehe *Schmidt-De Caluwe*, SGb 2006, 619; *Kingreen*, NJW 2006, 877; *Francke/Hart*, MedR 2006, 131; *Huster*, JZ 2006, 466; *Goecke*, NZS 2006, 291.
[191] Siehe dazu *Francke/Hart*, MedR 2006, 131 (133); *Hauck*, NJW 2007, 1320 (1321); ders., A & R 2007, 147; *Zuck*, Das Recht der anthroposophischen Medizin, Rn. 53.
[192] BSG, SozR 4-2500 § 31 SGB V Nr. 5 Rn. 18 – Ilomedyn®.
[193] Vgl. etwa BSG, Urt. v. 27.3.07 – B 1 KR 17/06 R, juris, bestätigt durch BVerfG, B. v. 30.6.08 – 1 BvR 1665/07, SozR 4-2500 § 31 SGB V Nr. 17; Urt. v. 13.10.2010 – B 6 KA 48/09 R, SozR 4-2500 § 31 SGB V Nr. 18; Urt. v. 8.11.11 – B 1 KR 19/10 R, SozR 4-2500 § 31 SGB V Nr. 19; Urt. v. 3.7.2012 – B 1 KR 25/11 R – Avastin, juris. S. dazu *Dettling*, GesR 2017, 341. Sehr übersichtlich zur Rechtsprechung des 1. und des 6. Senats des BSG *Clemens*, GesR 2011, 397 (400 ff.).

2. keine andere Therapie verfügbar ist und wenn
3. aufgrund der Datenlage die begründete Aussicht besteht, dass mit dem betreffenden Präparat ein Behandlungserfolg (kurativ oder palliativ) erzielt werden kann"[194]

Die für den off-label-use maßgeblichen Kriterien sind entsprechend § 28 I 1 SGB V nach den Regeln der ärztlichen Kunst zu beurteilen; maßgebend sind die – objektivierbaren – Erkenntnisse der medizinischen Wissenschaft.[195]

33   bb) **Lebensbedrohliche Krankheit/regelmäßig tödlich verlaufende Erkrankung.** Diese Voraussetzungen sind schwer zu prognostizieren. Das BSG schwankt in seinen Prämissen. Der 1. Senat orientiert sich an einer im Einzelfall bestehenden notstandsähnlichen Extremsituation.[196] In der Ilomedyn-Entscheidung reduziert er diese Voraussetzung aber allein darauf, ob die Krankheit sich durch ihre Schwere und Seltenheit vom Durchschnitt der Erkrankungen abhebt.[197] Das BSG hat dazuhin erwogen, ob nicht Krankheiten in den off-label-use einbezogen werden müssten, die von ihrer Schwere und dem Ausmaß ihrer Beeinträchtigungen her mit lebensbedrohlichen Krankheiten gleichgestellt werden müssten.[198] Die damit erwogene Ausweitung des off-label-use wäre unter dem Gesichtspunkt der Arzneimittelsicherheit nicht zu begrüßen, von den auf diesem Wege zunehmenden Abgrenzungsschwierigkeiten ganz abgesehen. Unter dem Aspekt der Qualitätssicherung der Arzneimittelversorgung ist der damit unter Umständen verbundene (vorläufige) Therapieverzicht dem nicht lebensbedrohlich erkrankten Patienten auch zuzumuten. Auf diesem Sektor wirkt sich der Streit aus, ob die off-label-use-Rechtsprechung in erster Linie dem Schutz des Arzneimittelzulassungssystems dienen soll (Das ist mein Standpunkt angesichts der Contergan-Katastrophe) oder den Belangen des Patienten.[199] Dies setzt neben einer abstrakten Nutzen-Risiko-Analyse eine Risikoermittlung im konkreten Einzelfall voraus. Diesen bei konkreten Anwendungen zu beachtenden Wahrscheinlichkeitsmaßstab, der den Zurechnungszusammenhang zwischen Therapie, Erfolg und Risiken betrifft, unterliegt Abstufungen, je nach Schwere und Stadium der Erkrankung und Ausmaß sowie Eintrittswahrscheinlichkeit von unerwünschten Nebenwirkungen. Bedenkt man den zeitlichen und finanziellen Nachweisaufwand für die Zulassung einer Arzneimittels, werden diese Voraussetzungen in nachprüfbarer Weise kaum zu erfüllen sein, am ehesten noch, wenn das Arzneimittel im Ausland, aber nicht in Deutschland zugelassen ist. Zusätzlich ist zu untersuchen, ob es Alternativen gibt. Diese sind nach Eignung, Erforderlichkeit und Wirtschaftlichkeit zu vergleichen.[200] Das BSG verlangt zusätzlich, dass es sich insgesamt um eine fachärztliche Betrachtung handelt; es empfiehlt zudem die Anrufung von Ethikkommissionen.[201]

---

[194] BSG, Urt. v. 13.12.2016 – B1 KR 10/16 Rn. 16, juris R-*Avastin II*.

[195] Siehe dazu BSG, SGb 2006, 689 – Kozijavkin III; BSG, NZS 2007, 534 (537 f.) – LITT. Immer muss vorausgesetzt werden, dass das Arzneimittel auf die Krankheit selbst einwirkt. Es genügt nicht, dass lediglich die weiteren Auswirkungen der Erkrankung oder der Behandlung abgemildert werden sollen, BSG, SozR 4–2500 § 31 SGB V Nr. 18.

[196] SozR 4–2500 § 27 SGB V Nr. 7 Rn. 31 – D-Ribose; SozR 4–2500 § 31 SGB V Nr. 8 – Idebenone; SozR 4–2500 § 27 SGB V Nr. 10 Rn. 34 – Neuropsychologische Therapie.

[197] SozR 4–2500 § 31 SGB V Nr. 5 Rn. 18; siehe auch BSG, SozR 4–2500 § 31 SGB V Nr. 8 Rn. 18 – Idebenone, wo zugleich das Vorliegen einer notstandsähnlichen Situation gefordert wird (aaO, Rn. 20).

[198] BSG, SozR 4–2500 § 27 SGB V Nr. 7 Rn. 31 – D-Ribose; Nr. 10 Rn. 34 – Neuropsychologische Therapie.

[199] So v. *Harder*, A&R 2007, 99 (106). Siehe dazu auch SG Frankfurt/Oder, MedR 2006, 502. Alle Versuche, die Prämissen des BVerfG auszuweiten, sind im Übrigen beim BVerfG gescheitert, vgl. BVerfG(K), SozR 4–2500 § 27 SGB V Nr. 6 (ESWT); BVerfG(K), NZS 2006, 589 – Thioctacid®.

[200] Zum Erfordernis der Prüfung, ob andere wirksame Behandlungsmethoden zur Verfügung stehen, siehe BVerfG, B. v. 7.4.08 – 1 BvR 550/08, SozR 4–2500 § 31 SGB V Nr. 10.

[201] Zu alledem siehe BSG, NZS 2007, 534 (538) – LITT m. w. N. aus der Rechtsprechung des Senats.

cc) § 2 I a SGB V. Zum Leistungsanspruch des Versicherten bei einer lebensbedrohlichen oder regelmäßig tödlichen Erkrankung oder einer zumindest wertungsmäßig vergleichbaren Erkrankung siehe den durch das GKV-VStG neu eingeführten, nach Auffassung des Gesetzgebers lediglich klarstellenden[202] § 2 Ia SGB V.

dd) Nikolaus Beschluss des BVerfG. Ausschlaggebend für die Beurteilung von Leistungsansprüchen von Versicherten bei lebensbedrohlichen oder regelmäßig tödlich verlaufenden Krankheiten ist der sog. Nikolaus-Beschluss, BVerfGE 115, 25 ff. und dazu *Kingreen*, NJW 2006, 877; *Huster* JZ 2006, 466; *Francke/Hart*, MedR 2006, 131; *Schmidt-De Caluwe* SGB 2006, 619; *Dettling*, GesR 2006, 97 und jetzt – zusammenfassend – *Schumacher*, Alternativmedizin, 2017, 186 ff. Wenn keine allgemein anerkannte Behandlungsmethode zur Verfügung steht, kommen unter diesen Voraussetzungen Leistungsansprüche der Versicherten in Betracht[203].

d) SGB V und AM-RL. aa) § 30 AM-RL. Die Vorschrift lässt die Verordnung zugelassener Arzneimittel in nicht zugelassenen Anwendungsgebieten zu, wenn

„1. die Expertengruppen in § 35b III 1 SGB V mit Zustimmung des pharmazeutischen Unternehmers eine positive Beurteilung zum Stand der wissenschaftlichen Erkenntnisse über die Anwendung dieses Arzneimittels in den nicht zugelassenen Indikationen oder Indikationsbereichen als Empfehlung abgegeben haben und
2. der Gemeinsame Bundesausschuss diese Empfehlungen in die Richtlinie übernommen hat (Anlage VI Teil A)".

Die dem hinzugefügte Amtliche Äußerung verweist darauf, dass ein nicht in der Richtlinie geregelter Off-Label-Use der Verordnungsfähigkeit im Einzelfall überlassen bleibt.[204]

bb) § 35c SGB V. (1) Zur Expertengruppe für den Off-Label-Use siehe § 35c I SGB V.[205] (2) Abs. 2 regelt den Off-Label-Use im Zusammenhang mit klinischen Studien.

e) Unlicensend Use[206]. Die Regeln für den Off-Label-Use gelten –erst recht –, wenn ein arzneimittelrechtlich gar nicht zugelassenes Arzneimittel verordnet werden soll.[207]

f) Compassionate Use. Wie § 21 II Nr. 6 AMG, gestützt auf Art. 83 der VO (EG) Nr. 726/2004 belegt, kann man von Compassionate Use aufgrund folgender Kriterien sprechen.[208]

„1. Zurverfügungstellen eines nicht zugelassenen Arzneimittels, das Gegenstand eines Zulassungsantrags oder einer noch nicht abgeschlossenen klinischen Prüfung ist,
2. aus humanitären Erwägungen
3. für eine Gruppe von Patienten, die an einer
   a) zur Invalidität führenden, chronischen oder
   b) schweren Krankheit leiden oder
   c) deren Krankheit als lebensbedrohend gilt und die
   d) mit einem zugelassenen Arzneimittel nicht zufriedenstellend behandelt werden können."

---

[202] BT-Drs. 17/6906 S. 52. Krit. dazu *Axer,* in: Becker/Kingreen, SGB V § 31 Rn. 33.
[203] Siehe dazu etwa BVerfG (K) NZS 2014, 539; NJW 2014, 2177; B. v. 10.11.2015 – 1 BvR 2056/12, Rn. 18 BVerfGE 140,229 B. v.11.04.2017 – 1 BvR 452/17; NZS 2017, 582 und dazu *Bockholt*, NZS 2017, 569.
[204] Das entspricht der Rechtsprechung des BSG, vgl. Urt. v. 3.7.2012 – B 1 KR 25/11 R – Avastin; juris.
[205] Zum Verhältnis zu § 35b III SGB V siehe *Axer*, in: Becker/Kingreen, SGB V § 35c Rn. 1, 4.
[206] *Clemens*, GesR 2011, 397 (404 f.) m. w. Nw.
[207] Siehe dazu *Clemens*, GesR 2011, 397 (404 ff.) unter Hinweis auf – etwa – BSG, GesR 2011, 308.
[208] Siehe dazu *Schweim/Behles*, A&R 2011, 27.

§ 54 Arzneimittelüberwachung

I. Pharmakovigilanz

1   Risiken[209] lassen sich nicht verlässlich prognostizieren. Die Gewährleistung der Arzneimittelsicherheit ist infolgedessen eine Daueraufgabe. Sie erfasst auch die schon in den Verkehr gebrachten Arzneimittel. Pharmakovigilanz unterliegt unionsrechtlichen und nationalstaatlichen Regelungen.

II. Unionsrecht

2   Auf europäischer Ebene ist für die Gewährleistung der Pharmakovigilanz die EMA zuständig.[210] Die Richtlinie 93/39/EWG[211] verpflichtete die Mitgliedsstaaten in Art. 15 ein Pharmakovigilanz-System zu errichten. Die grundlegenden Vorschriften für dieses System waren in der VO (EG) 540/95 enthalten.[212] Diese Regeln sind inzwischen durch das Pharmaceutial Package geändert und konkretisiert worden. Die Einzelheiten ergeben sich aus den EU Pharmacovigilance Guidelines.[213] Sie geben den technischen Stand der Pharmakovigilanz wieder. Der Austausch der Pharmakovigilanzen zwischen den verschiedenen Behörden soll über ein gemeinschaftliches Datennetz erfolgen.[214]

III. Deutsches Recht

3   Das deutsche Recht wird durch §§ 62 ff. AMG bestimmt. Grundlage ist dafür die Richtlinie 2010/84/EU des Europäischen Parlaments und des Rates vom 15.12.2010 (ABl. L 348/74 vom 31.12.2010) zur Schaffung eines Gemeinschaftskodex für Arzneimittel hinsichtlich der Pharmakovigilanz. Die Vorschriften gelten in der umfangreichen Neufassung durch die 16. AMG-Novelle.[215]

---

[209] Ein mit der Anwendung eines Arzneimittels verbundenes Risiko ist.
„a) jedes Risiko im Zusammenhang mit der Qualität, Sicherheit oder Wirksamkeit des Arzneimittels für die Gesundheit des Patienten oder die öffentliche Gesundheit bei zur Anwendung bei Tieren bestimmten Arzneimitteln für die Gesundheit von Mensch und Tier,
b) jedes Risiko unerwünschter Auswirkungen auf die Umwelt" (§ 4 XXVII AMG).
Zum Nutzen-Risiko-Verhältnis siehe § 4 XXVIII AMG. Zur Risikodogmatik vgl. *Jaeckel*, in: ders./Janssen, Risikodogmatik im Umwelt- und Technikrecht, 2012, 5 ff.

[210] Art. 55 ff. VO (EG) Nr. 736/2004.

[211] Vom 14.6.1993 (ABl. L 214 v. 24.8.1993 S. 22).

[212] VO (EG) Nr. 540/95 der Kommission vom 10.3.1995 zur Festlegung der Bestimmungen für die Mitteilung von vermuteten, unerwarteten, nicht schwerwiegenden Nebenwirkungen, die innerhalb oder außerhalb der Gemeinschaft an gemäß der VO (EWG) Nr. 2309/93 zugelassenen Human- oder Tierarzneimitteln festgestellt werden, ABl. L Nr. 55 vom 11.3.1995, S. 5. Nach Art. 1 Nr. 11 GK ist eine Nebenwirkung eine Reaktion auf ein Arzneimittel, die schädlich und unbeabsichtigt ist. „Schwerwiegend" ist die Nebenwirkung, die tödlich oder lebensbedrohend ist, eine stationäre Behandlung oder Verlängerung einer stationären Behandlung erforderlich macht, zu bleibender oder schwerwiegender Behinderung oder Invalidität führt oder eine kongenitale Anomalie bzw. ein Geburtsfehler ist, Art. 1 Nr. 12 GK. „Unerwartet" ist eine Nebenwirkung, deren Art, Ausmaß und Ergebnis von der Zusammenfassung der Methoden des Arzneimittels abweicht, Art. 1 Nr. 13 GK. Zu Abweichungen von diesen Vorgaben siehe § 4 XIII AMG.

[213] Bd. 9 der Rules Governing medicinal products in the EU (Stand 10/2011).

[214] Eudra Vigilance Pharmacovigilance Database, siehe dazu *Schickert*, in: K/M/H, vor § 62 Rn. 11.

[215] Zweites Gesetz zur Änderung arzneimittelrechtlicher und anderer Vorschriften vom 19.10.2012 (BGBl. I 2192); jetzt mit einer Korrektur in §§ 63g, 67 AMG durch das AMVSG.

1. Die Generalnorm ist § 62 AMG

a) Zuständig für die Gewährleistung von Pharmkovigilanz sind BfArM, PEI und BVS (§ 77 AMG). Im Zusammenwirken mit einer Vielzahl weiterer, in S. 2 genannten Stellen.

b) Gegenstand der Pharmakovigilanz ist die Anwendung von Arzneimitteln, nicht nur bei zugelassenen Arzneimitteln, sondern auch bei der Verordnung nicht zugelassener Arzneimittel.[216]

c) Ziel ist die Verhinderung einer unmittelbaren oder mittelbaren Gefährdung der Gesundheit von Mensch oder Tier (§ 62 S. 1 AMG).

d) Aufgabe ist die zentrale Erfassung von Nebenwirkungen und potentiellen Risiken, ihre Auswertung und die Koordination der zu ergreifenden Maßnahmen (§ 62 S. 1 AMG). Satz 4 schreibt der Bundesoberbehörde vor, ein Pharmakovigilanz-System zu betreiben, regelmäßig Audits durchzuführen und der Europäischen Kommission alle zwei Jahre Bericht zu erstatten – erstmals zum 21.9.2013.

e) Der durch die 16. AMG-Novelle neu eingeführte Absatz 2 schreibt vor, dass die zuständige Bundesoberbehörde alle Verdachtsfälle von Nebenwirkungen, von denen sie Kenntnis erlangt, zu erfassen und ggf. Nebenwirkungsmeldungen an die EudraVigilance-Datenbank elektronisch weiterzugeben. Bei Arzneimitteln, die zur Anwendung beim Menschen bestimmt sind, trifft die zuständige Bundesoberbehörde in Zusammenarbeit mit der Europäischen Arzneimittel-Agentur eine Reihe weiterer Maßnahmen, insbesondere

- Überwachung der Ergebnisse von Maßnahmen zur Risikominimierung
- Beurteilung von Aktualisierungen des Risikomanagement-Systems,
- Auswertung von Daten der EudraVigilance-Datenbank (§ 62 V AMG).

2. Stufenplan

a) § 63 AMG gibt der Bundesregierung die Erstellung eines Stufenplans auf. Dieser behandelt die Zusammenarbeit der beteiligten Behörden, die Einschaltung der pharmazeutischen Unternehmer sowie die Patientenbeteiligung und enthält außerdem Informationsregeln.[217] Die Bundesregierung hat diesen Stufenplan erlassen. Er gilt in der Fassung vom 9.2.2005.[218]

b) Der Stufenplan ist eine Allgemeine Verwaltungsvorschrift, also eine rechtliche Regelung. Wegen ihres verwaltungsinternen Charakters, also der fehlenden Außenwirkung hat eine Verwaltungsvorschrift keinen Rechtsnormcharakter.[219] Das schließt aber im Einzelfall eine Rechtskontrolle durch Betroffene einer Verwaltungsvorschrift nicht aus.[220]

c) Wer als pharmazeutischer Unternehmer Fertigarzneimittel in den Verkehr bringt, muss einen Stufenplanbeauftragten bestellen (§ 63a AMG)[221] und diese Bestellung (und etwaige Änderungen) der zuständigen Behörde mitteilen. Stufenplanbeauftragter kann nur eine in einem Mitgliedsstaat der EU ansässige qualifizierte Person mit der erforderlichen Sachkenntnis und der zur Ausübung ihrer Tätigkeit erforderlichen Zuverlässigkeit sein (§ 63a I 1 AMG).

---

[216] → § 52 Rn. 30.
[217] Zum Rechtsschutz des pharmazeutischen Unternehmers bei fehlerhafter Information siehe *Schickert*, in: K/M/H, § 62 Rn. 22 m. w. Nw. aus der Rechtsprechung.
[218] BAnz vom 15.3.2005 S. 2383. Ausf. *Wille*, in: Saalfrank, Handbuch des Medizin- und Gesundheitsrechts, § 9.
[219] *Maurer*, Allgemeines Verwaltungsrecht, § 24 Rn. 3. Zur Innenwirkung vgl. *Maurer*, aaO, Rn. 16 f.
[220] Siehe dazu *Maurer*, Allgemeines Verwaltungsrecht, § 24 Rn. 20 ff. Siehe dazu ausf. *Kopp/Ramsauer*, VwVfG, § 40 Rn. 32. Praktisch wird eine Rechtsverfolgung wohl nur für pharmazeutische Unternehmer in Betracht kommen.
[221] Zu dessen Aufgaben im Einzelnen siehe *Kroth*, A&R 2006, 51.

3. Allgemeine Pharmakovigilanz-Pflichten/Dokumentations- und Meldepflichten

12 § 63b AMG legt dem Zulassungsinhaber umfangreiche Dokumentations- und Meldepflichten auf. Dazu gehört auch die Berichterstattung aufgrund der Verpflichtung zur regelmäßigen Überwachung der Unbedenklichkeit des Arzneimittels[222] (Personal Safety Update-Reports – PSVR)[223] und die Anzeige von Verdachtsfällen von Nebenwirkungen[224] (Individual Case Safety Reporting – ICSR).[225] Besondere Dokumentations- und Meldepflichten gibt es bei Blut-[226] und Gewebezubereitungen (§ 63c AMG).

13 a) Allgemeine Pharmakovigilanz-Pflichten. § 63b AMG verpflichtet den Inhaber der Zulassung, ein Pharmakovigilanz-System einzurichten und zu betreiben. Die Einzelheiten ergeben sich aus § 63b Abs. 2.

14 b) Dokumentations- und Meldepflichten. Der Inhaber der Zulassung hat Unterlagen über alle Verdachtsfälle von Nebenwirkungen sowie Angaben über abgegebene Mengen zu führen. In diesem Zusammenhang obliegen ihm umfangreiche Dokumentations- und Meldepflichten (§ 63c AMG). Außerdem hat er regelmäßige aktualisierte Unbedenklichkeitsberichte zu übermitteln (§ 63d AMG). Umfangreiche weitere Vorgaben enthalten die §§ 63e bis i.

15 c) Ausnahmen. Die vorstehenden Pharmakovigilanz-Regelungen gelten nicht bei Arzneimitteln, die im Rahmen einer klinischen Prüfung als Prüfpräparate eingesetzt werden (§ 63j AMG).

4. Allgemeine Überwachungsvorschriften

16 § 64 AMG regelt die Zuständigkeiten der für die Regel- und Anlassüberwachung zuständigen Behörden.[227] Die 16. AMG-Novelle hat § 64 Abs. 3 neu gefasst und die Absätze 3a bis 3h eingefügt, die in erster Linie umfangreiche Inspektionsregelungen enthalten.

§ 55 Patente, Gebrauchsmuster, Marken

I. Tatsächliche Bedeutung

1 1. Patente sind für die pharmazeutische Industrie wichtig. Mit ihnen werden die meist hohen Forschungs- und Entwicklungskosten[228] zusätzlich genutzt. Patente sind deshalb auch ein Anreiz, weil sie dem Patentinhaber eine geschützte, wenn auch zeitlich begrenzte Vermarktungsmöglichkeit einräumen.[229] Das gilt vor allem für NCE und NBE, weil hier die durchschnittlichen Entwicklungszeiten mit acht bis zwölf Jahren besonders lang und die Entwicklungskosten besonders hoch sind.

2 2. Patente haben aber auch eine Öffentlichkeitsfunktion, weil die Erfindung mit der Patentschrift offengelegt wird. Die Fachwelt kann darauf zugreifen.[230]

---

[222] Zur Unbedenklichkeit siehe → § 52 Rn. 5b.
[223] *Baierl/Kellermann*, Arzneimittelrecht D 40.
[224] → § 54 Rn. 2 mit Fn. 4.
[225] Vgl. *Baierl/Kellermann*, Arzneimittelrecht D 38 ff.
[226] → § 51 Rn. 1 ff.
[227] Siehe dazu BT-Drs. 17/9341 S. 63.
[228] Im Jahr 2010 hat die pharmazeutische Industrie insgesamt rund 5,5 Mrd. € für F&E ausgegeben, vgl. BPI, Pharmadaten 2011, S. 14 ff.
[229] BPI, Pharmadaten 2011, S. 14.
[230] Siehe dazu *Noeske-Junglut*, in: F/K/F, § 30 Rn. 90; *Baierl/Kellermann*, Arzneimittelrecht J 1 Rn. 1 (S. 363).

II. Patentrecht

1. Für pharmazeutische Erfindungen gilt für Patenterteilungen das Patentgesetz. Zuständig ist das Deutsche Patent- und Markenamt (DPMA), München.

2. Aufgrund des Europäischen Patentübereinkommens[231] kann ein Europäisches Patent erteilt werden. Das europäische Patent hat in jedem Vertragsstaat, für den es erteilt wird, dieselbe Wirkung und unterliegt denselben Vorschriften wie ein in diesem Staat erteiltes nationales Patent (Art. 2 II EPÜ).[232] Zuständig für die Erteilung ist das Europäische Patentamt in München.

148 Staaten sind dem Patent Cooperation Treaty (PCT) von 1970 beigetreten. Der PCT regelt die gemeinsame Patenterteilung für die Vertragspartner. Der Anmelder erhält damit die Möglichkeit innerhalb einer festgesetzten Frist in jedem der Vertragsstaaten ein Patent anzumelden. Wenn die Voraussetzungen gegeben sind, erteilt das jeweilige nationale Patentamt das Patent. Zuständig für die Anmeldung sind dann das DPMA, das EPA oder die WIPO (World Intellectual Property Organisation) mit Sitz in Genf.

3. Patentierbar sind pharmazeutisch chemische Substanzen und biologische Stoffe.[233] Die Voraussetzungen für die Erteilung eines Patents sind:
– Das Vorliegen einer Erfindung (Art. 52 EPÜ, § 1 PatG),
– Neuheit (Art. 54 EPÜ, § 3 PatG),
– Erfinderische Tätigkeit (Art. 56 EPÜ, § 4 PatG),
– Gewerbliche Anwendbarkeit der beschriebenen Erfindung (Art. 57 EPÜ, S 50 PatG),
– Ihre vollständige Offenbarung (Art. 83 EPÜ, § 34 PatG).

Da § 3 I, Art. 54 I EPÜ für die Patentierbarkeit Neuheit voraussetzt, sind damit erhebliche Probleme bei sog. Naturstoffen[234], aber auch bei polymorphen Formen, Enantiomeren, Markush-Formeln und gentechnologischen Erfindungen verbunden.[235]

4. Die Wirkungen des Patents ergeben sich aus §§ 9 ff. PatentG. § 9 PatG gewährleistet ein Ausschließlichkeitsrecht und ein (allerdings eingeschränktes) positives Benutzungsrecht.[236] Die Ansprüche des Patentinhabers bei Patentverletzungen ergeben sich aus §§ 139 ff. PatG.

---

[231] Siehe dazu das IntPatÜG vom 21.6.76, in Kraft getreten am 7.10.1977 (BGBl. II 792) und dazu *Singer/Stauder*, EPÜ.

[232] Es handelt sich also um ein sog. Bündelpatent, siehe dazu *Hufnagel*, in: Dieners/Reese, § 14 Rn. 8. Ein echtes europäisches Gemeinschaftspatent gibt es bislang noch nicht.

[233] Maßgebend ist die Biopatentrichtlinie 98/44 EG des Europäischen Parlaments und des Rates vom 6.7.1998 über den rechtlichen Schutz biotechnologischer Erfindungen (ABl. EG L 213/13). Der Ausschluss der Patentierbarkeit im Zusammenhang mit der Verwendung von menschlichen Embryonen zu industriellen oder kommerziellen Zwecken in Art. 6 II lit. c der Biotechnologierichtlinie bezieht sich auch auf die Verwendung zu Zwecken der wissenschaftlichen Forschung. Nur die Verwendung von therapeutischen oder diagnostischen Zwecken, die auf den menschlichen Embryo zu dessen Nutzen anwendbar ist, kann deshalb Gegenstand eines Patents sein. Auch hier ist aber die Patentierung ausgeschlossen, wenn die technische Lehre, die Gegenstand des Patentantrags ist, die vorhergehende Zerstörung menschlicher Embryonen oder deren Verwendung als Ausgangsmaterial erfordert, in welchem Stadium auch immer die Zerstörung oder die betreffende Verwendung erfolgt, selbst wenn in der Beschreibung der beanspruchten technischen Lehre die Verwendung menschlicher Embryonen nicht erwähnt wird, EuGH, Urt. v. 18.10.2011 – Rs C 34/10 – Brüstle, MedR 2012, 310 mit Anm. v. *Sieper*, MedR 2012, 314; → § 68 Rn. 63 mit Fn. 130. Zur Frage der rechtlichen Behandlung von Gesundheitsdaten siehe die Myriad -Rechtsprechung des US Suprem Court (und dazu *Godt*, Bio-Patente in der Medizin, in: Jahn u. a. Medizinrecht, 2015, 61 (62 ff). Die Brüstle-Rechtsprechung hat der EuGH mit seiner Entscheidung vom 18.12.2014 – C-364/13 – ISCC, EuZW 2015, 321 fortentwickelt, vgl. dazu *Godt*, aaO S. 67. Zu Patenten auf biotechnologischer Erfindungen vgl. *Götting/Hetmank*, in Jaeckel (Hrsg.) Diversität der Biodiversität, 2015, 101 ff.

[234] BGH, GRUR 1978, 238.

[235] Siehe dazu die Nachweise bei *Hufnagel*, in: Dieners/Reese, § 14 Rn. 40 ff.

[236] *Baierl/Kellermann*, Arzneimittelrecht J 4 Rn. 9 (S. 368). Zu den Grenzen des Patentschutzes siehe aaO J 4 Rn. 16 ff. (S. 371 f.).

7   5. Da zwischen der Erteilung des Patents und der Zulassung des Arzneimittels häufig viele (bis zu zehn) Jahre vergehen, kann gemäß § 16a PatG ein ergänzendes Schutzzertifikat erteilt werden. Es verlängert die Patentlaufzeit von 20 Jahren um weitere fünf Jahre.

8   6. Die Europäische Kommission hat am 25.7.2012 ihren Dritten Bericht zur Beobachtung von Patentstreitbeilegungen veröffentlicht. Es geht dabei insbesondere um den Abschluss von Vergleichen in Patentstreitigkeiten. Eine erhebliche Rolle spielen in diesem Zusammenhang Vereinbarungen, in denen ein Generikaanbieter das Patent des Inhabers der Referenzzulassung anerkennt, die Vermarktung seines Generikums für einen festgelegten Zeitraum unterlässt und im Gegenzug dafür eine Zahlung des Originalherstellers erhält. Bei der daran anknüpfenden kartellrechtlichen Kontrolle solcher Pay-for-delay-Agreements muss die Kommission die Voraussetzungen des Art. 101 I AEUV prüfen und beweisen. Die kartellrechtlichen Risiken tragen aber letzten Endes die beteiligten Unternehmen.[237]

III. Gebrauchsmuster

9   Pharmazeutische Erfindungen können auch als Gebrauchsmuster geschützt werden.[238] Als Gebrauchsmuster werden Erfindungen geschützt, die neu sind, auf einem erfinderischen Schritt beruhen und gewerblich anwendbar sind (§ 1 I GebrMG. Keine Gebrauchsmuster sind biotechnologische Erfindungen (§ 1 II PatG), vgl. § 1 II Nr. 5 GebrMG. Auch der Schutz von Verfahrenserfindungen ist nach § 2 Nr. 3 GebrMG ausgeschlossen. Das Gebrauchsmuster ist im Gegensatz zum Patent ein ungeprüftes Schutzrecht.[239] Die Schutzdauer des Rechts des Inhabers auf alleinige Benutzung des Gegenstands des Gebrauchsmusters (§ 11 I 1 GebrMG) beträgt zehn Jahre (§ 23 GebrMG).

IV. Markenrecht

1. Bedeutung

10   Die Pflege einer Marke hat erheblichen Einfluss auf den wirtschaftlichen Erfolg eines Arzneimittels. Marken gibt es u. a. als Hersteller- und als Handelsmarken, als Einzel- und als Dachmarken[240] und als Wort- und Bildmarken.

2. MarkenG

11   Das MarkenG[241] regelt die Schutzfähigkeit aller Zeichen, die geeignet sind, Waren- oder Dienstleistungen eines Unternehmens von denjenigen anderer Unternehmer zu unterscheiden (§ 3 I MarkenG). Der Markenschutz entsteht:

„1. Durch die Eintragung eines Zeichens als Marke in das vom Patentamt geführt Register,
2. durch die Benutzung eines Zeichens im geschäftlichen Verkehr, soweit das Zeichen innerhalb beteiligter Verkehrskreise als Marke Verkehrsgeltung erworben hat oder
3. durch im Sinne des Artikels 6bis der Pariser Verbandsübereinkunft zum Schutzes des gewerblichen Eigentums (Pariser Verbandsübereinkunft) notorische Bekanntheit einer Marke" (§ 4 MarkenG).[242]

---

[237] Rehmann, A&R 2009, 161; Gassner, A&R 2010, 3; Rehmann/Heimhalt, A&R 2012, 200.
[238] Gebrauchsmustergesetz i. d. F. der Bekanntmachung vom 28.8.1986 (BGBl. I 1455), i. d. F. v. 17.7.2017 (BGBl. I 2541).
[239] Siehe dazu Baierl/Kellermann, Arzneimittelrecht J I Rn. 2 mit Fn. 1; Hufnagel, in: Dieners/Reese, Rn. 237.
[240] Sander, A&R 2011, 248.
[241] Vom 25.10.1994 (BGBl. I 3082) i. d. F. des Gesetzes vom 17.7.2017 (BGBl. I 2541).
[242] Zur Geschichte des Markenschutzes, seiner wesentlichen Funktionen und seiner Entstehung siehe umfassend Schalk, in: M/K/F Kap. 30 Rn. 3 ff.

3. Unionsrecht

Der EuGH kommentiert das Markenrecht wie folgt: 12
„Das Markenrecht sei ein wesentlicher Bestandteil des Systems eines unverfälschten Wettbewerbs, das der EG-Vertrag schaffen wolle. In einem solchen System müssten die Unternehmer in der Lage sein, die Kunden durch die Qualität ihrer Waren oder ihrer Dienstleistungen an sich zu binden, was nur möglich sei, wenn es Kennzeichen gebe, mit denen diese sich identifizieren ließen. Damit eine Marke diese Aufgabe erfüllen könne, müsse sie die Gewähr dafür bieten, dass alle Waren oder Dienstleistungen, die mit ihr versehen seien, unter der Kontrolle eines einzigen Unternehmens hergestellt oder erbracht worden seien, das für die Qualität verantwortlich gemacht werden könne."[243]

4. Arzneimittel-Bezeichnung

Das Markenrecht ist rechtlich selbständig. Der Begriff der Arzneimittelbezeichnung ist in 13
§ 4 AMG nicht definiert. Bedeutsam ist die Leitlinie des BfArM und des PEI zur Bezeichnung von Arzneitmitteln.[244] „Bezeichnung ist danach entweder ein nicht zur Verwechslung mit den gebräuchlichen Namen führender Phantasienahme oder ein gebräuchlicher oder wissenschaftlicher Name in Verbindung mit einem Warenzeichen[245] oder der Name des Inhabers der Genehmigung für das in Verkehr bringen." Die Leitlinie ist zwar nicht rechtlich bindend. Sie begründet aber eine praktische Selbstbindung der Verwaltung.[246]

5. Markenschutz bei Parallelimporten von Arzneimitteln

Besondere Problem ergeben sich beim Import von zentral zugelassenen Arzneimitteln[247] 14
und im Zusammenhang mit der Umverpackungsproblematik. Man unterscheidet zwischen Re-Labelling, Re-Boxing, Re-Branding und Co-Branding.[248] Die aus dem Umverpacken resultierende Veränderung der Ausgangsverpackung ist grundsätzlich eine Markenverletzung, und damit ein berechtigter Grund nach § 24 II MarkenG.[249] Der Gesichtspunkt der Warenverkehrsfreiheit[250] erlaubt aber unter strengen Voraussetzungen Durchbrechungen dieses Grundsatzes.[251]

§ 56 Arzneimittelpreisrecht

I. AMG

1. Zwecke der AMPreisV

§ 78 AMG ermächtigt das Bundesministerium für Wirtschaft und Technologie zu Preisregulierungen für Arzneimittel. Das hat zum Erlass der Arzneimittelpreisverordnung (AMPreisV) geführt.[252] Zweck der Verordnung ist – im Bereich von nach § 43 I AMG apothekenpflichtigen Fertigarzneimitteln die Festlegung von Preisspannen für den Großhandel (§ 2)[253] sowie für Preisspannen und Preise für besondere Leistungen der Apotheker bei der Abgabe 1

---

[243] EuGH, Rs C-232/94, Slg 1996 I – 3671 – MPA Pharma/Rhône-Poulence Pharma Rn. 16.
[244] Vom 20.3.2013.
[245] = Marke.
[246] *Schmidt/Kleink,* PharmR 2013, 305 (306).
[247] *Wesser,* A&R 2011, 257.
[248] *Schalk,* in: F/K/F, § 30 Rn. 73.
[249] EuGH, GRUR, Int 2002, 739 – Boehringer Ingelheim.
[250] → § 3 Rn. 34, → § 52 Rn. 19.
[251] Siehe dazu die Nachweise bei *Schalk,* in: F/K/F § 30 Rn. 74.
[252] Vom 14.11.1980 (BGBl. I 2147) i. d. F. vom 14.5.2017 (BGBl. I 1050).
[253] Zum Großhandel siehe § 37.

von Arzneimitteln im Wiederverkauf (§ 3). Von diesen allgemeinen Vorgaben gibt es Ausnahmen, etwa für Krankenhausapotheken (§ 1 III 1 Nr. 1 AMPreisV)[254]. § 129a SGB V bleibt insoweit unberührt (§ 1 III 2 AMPreisV).

2. Herstellerabgabepreis (HAP)

2   Der pharmazeutische Unternehmer ist bei der Festlegung des HAP frei.[255] Er ist aber nach § 78 III 1 AMG verpflichtet, einen einheitlichen Abgabepreis für verschreibungspflichtige Arzneimittel sicherzustellen.[256] Vom HAP ist der Erstattungsbetrag nach § 130b SGB V als Rabatt abzuziehen. Außerdem können mit dem pharmazeutischen Unternehmer Erstattungsvereinbarungen getroffen werden (§ 130c SGB V).

3. Apothekenverkaufspreis (AVP)

3   Der AVP errechnet sich nach der Arzneimittelpreisverordnung aus dem HAP, dem Großhandelszuschlag[257], dem Apothekenzuschlag, der auf die Summe aus HAP und Großhandelszuschlag erhoben wird[258] sowie der gesetzlichen Mehrwertsteuer. Informativ ist die ABDA-Beispielsrechnung Stand 2017 auf der Grundlage des AMVSG.

HAP (Herstellerabgabepreis)	€	50,00
Großhandelshöchtzuschlag (3,15 % auf HAP + € 0,70)	€	2,28
AEP	€	52,28
+ Apothekenzuschlag (3 % auf AEP + € 8,35) =	€	9,92
+ Notdienstzuschlag € 0,16 =	€	0,16
= Nettoapothekenverkaufspreis (AVP) =	€	62,36
+ Mehrwertsteuer (19 % auf Netto-AVP) =	€	11,85
= Brutto AVB =	€	74,21
Für die GKV stellt sich das wie folgt dar:		
Gesetzlicher Zuschlag des Versicherten (= 10 % vom Brutto AVP) =	€	7,42
Gesetzlicher Apothekenabschlag =	€	1,77
Gesetzlicher Herstellerabzug (= 7 % vom HAP) =	€	3,50
GKV-Belastung (ohne Absenkung durch Rabattverträge) =	€	61,52

4. Apothekenpreisgestaltung

4   Dem Einkaufspreis des Apothekers wird ein Festzuschlag von 3 % zzgl. € 8,35 hinzugefügt, zzgl. € 0,16 Notdienstzuschlag und Mehrwertsteuer (§ 3 I 1 AMPreisV)[259].

5. Rabatte

5   Pharmaunternehmer unterliegen grundsätzlich dem Rabattverbot des § 78 III AMG. Sie können aber nach Maßgabe des § 130a VIII AMG mit den Krankenkassen Rabattverträge mit zweijähriger Laufzeit abschließen. Das ist bundeseinheitlich, aber auch regional möglich. Solche Rabattverträge gibt es in großer Zahl. Handelsübliches Skonti bleiben davon unberührt. Nach § 78 III 2 AMG können jedoch pharmazeutische Unternehmer mit Sozialleistungsträgern und PKV-Unternehmen für die zu deren Lasten abgegebenen verschreibungspflichtigen Arzneimittel Preisnachlässe auf den einheitlichen Abgabepreis des pharmazeuti-

---

[254] Zur Krankenhausapotheke → § 38 Rn. 60 ff.
[255] Ausnahme für in der Apotheke angefertigte (Fertig)Arzneimittel (§ 5 AMPreisV).
[256] Ausnahme § 78 III 2 AMG.
[257] → § 37 Rn. 6. Der Großhandelszuschlag beträgt ohne Mehrwertsteuer 3,15 %, höchstens € 37,80, zzgl. eines Festzuschlags von € 0,70 und der Mehrwertsteuer (§ 2 I 1 AMPreisV).
[258] → § 38 Rn. 8 ff.
[259] Zu einem Rechenbeispiel → § 56 Rn. 3.

schen Unternehmers vereinbaren. Der Großhandel darf aus seinem Handelszuschlag Barrabatte nach Maßgabe des § 2 AMPreisV gewähren. Die Großhandelszuschläge sind Höchstzuschläge. Sie dürfen deshalb unterschritten werden. Apotheken dürfen keine Rabatte für verschreibungspflichtige Arzneimittel an Endverbraucher geben (§ 7 HWG). Boni pp. sind unzulässig[260].

II. SGB V

1. Preisermittlung in der GKV

Das Solidarsystem der GKV ist dem Gebot der Wirtschaftlichkeit (§ 2 SGB V)[261] und der finanziellen Stabilität der gesetzlichen Krankenversicherung verpflichtet.[262] Damit verbindet sich ein Steuerungssystem, das gegenüber den Versicherten bestimmt, bis zu welchem Betrag die GKV die Kosten eines Arzneimittels übernimmt. Das hat – selbstverständlich – Auswirkungen auf die Preisgestaltung der pharmazeutischen Unternehmer, aber auch auf die Preisgestaltung in den weiteren Handelsstufen und die Ansprüche der Versicherten. 5a

Nicht verschreibungspflichtige und nicht zulasten der GKV verordnete Arzneimittel unterliegen dem freien Preiswettbewerb (§ 78 II 3 AMG). Das gilt auch für das sogenannte Randsortiment.

2. Festbetragsregelung

a) Für Arzneimittel können Festbeträge festgesetzt werden (§ 35 SGB V). Damit wird das Wirtschaftlichkeitsgebot (§ 12 I SGB V) konkretisiert.[263] Die jeweilige Höhe der Festbeträge ist nach § 35 VIII SGB V unter www.dimdi.de abrufbar 6

b) Ist für eine Leistung der GKV, also auch für Arzneimittel, ein Festbetrag festgesetzt worden, erfüllt die Krankenkasse ihre Leistungspflicht mit dem Festbetrag (§ 12 II SGB V) nach Maßgabe des § 31 II SGB V. Damit wird der grundsätzliche Rechtsanspruch des Versicherungsnehmers auf Versorgung mit Arzneimitteln (§ 31 I SGB V) begrenzt. Können für den Versicherten Mehrkosten entstehen, hat ihn der Vertragsarzt darauf hinzuweisen (§ 75 V 3 SGB V). Die Mehrkosten trägt der Versicherte grundsätzlich selbst. 7

c) Festbeträge werden in einem mehrstufigen Verfahren ermittelt. 8

Zunächst muss der G – BA auf der Grundlage des § 92 I 2 Nr. 6 SGB V in einer Richtlinie festlegen, für welche Gruppen von Arzneimitteln Festbeträge festgesetzt werden können (§ 35 I 1 SGB V). Diese Richtlinie ist – normgleich – rechtsverbindlich[264]. Maßgebend ist insoweit die AM-R4.[265] 9

Auf dieser Grundlage setzt der SpiBuK den jeweiligem Festbetrag auf der Grundlage von rechnerischen mittleren Tages- oder Einzeldosen oder anderen geeigneten Vergleichsgrößen fest (§ 35 III 1 SGB V)."Die Festbeträge sind so festzusetzen, dass sie im Allgemeinen eine ausreichende, zweckmäßige und wirtschaftliche, sowie in der Qualität gesicherte Versorgung gewährleisten. Sie haben Wirtschaftlichkeitsreserven auszuschöpfen, sollen einen wirksamen Preiswettbewerb auslösen und haben sich deshalb an möglichst preisgünstigen Versorgungsmöglichkeiten auszurichten; soweit wie möglich ist eine für die Therapie hinreichende Arzneimittelauswahl sicherzustellen" (§ 35 V S. 1, 2). 10

d) Das Festbetragssystem ist insgesamt verfassungsgemäß.[266] 11

---
[260] Siehe etwa BGH, NJW 2000, 3721 und § 7 HWG.
[261] → § 8 Rn. 18 ff.
[262] Zur Entwicklung der Gesetzgebung → § 38 Rn. 5 ff.
[263] BVerfG(K), NJW 2003, 1232 (1236).
[264] Seit BSGE 78, 70 st. Rspr.
[265] Vom 16.12.2008 (BAnZ Nr. 49 v. 31.03.2009) i. d. F. v. 17.08.2017 (BAnZ AT vom 07.09.2017 B 4).
[266] BVerfGE 106, 275 (294 ff.)

3. Abschläge auf den Einkaufspreis des Apothekers

12 Der Apothekenrabatt gegenüber den Krankenkassen ergibt sich aus § 130 SGB V[267]

13 a) Für verschreibungspflichtige Fertigarzneimittel erfolgt ein Abschlag von € 1,77 je Arzneimittel, für sonstige Arzneimittel ist ein Abschlag in Höhe von 5 % auf den für den Versicherten maßgeblichen Arzneimittelabgabepreis (§ 130 I SGB V).

14 b) Ist für das Arzneimittel ein Festbetrag nach § 35 SGB V festgesetzt worden, bemisst sich der Abschlag nach dem Festbetrag (§ 130 II 1 SGB V).

15 c) Die Gewährung des Abschlags setzt voraus, dass die Rechnung des Apothekers innerhalb von 10 Tagen nach Eingang bei der Krankenkasse beglichen wird (§ 130 III 1 SGB V).

16 d) Der Generikaabschlag zugunsten der Krankenkassen beträgt 10 % des HAP für patentfreie, wirtstoffgleiche Arzneimittel (§ 130a IIIb SGB V). Für deren Kriterien ist ein Leitfaden entwickelt worden.[268]

17 e) Die Hersteller müssen den Apotheken einen Rabatt einräumen.[269]

18 Der Herstellerabschlag beträgt 7 % (§ 130a I SGB V). Zu weiteren Herstellerabschlägen siehe § 130b, § 130c SGB V.

19 f) Instruktiv die Beispielsrechnung der ABDA[270]

4. Zuzahlungen

20 a) Für Arzneimittel bis zu einem Apothekenverkaufspreis von € 5,00 zahlt der Versicherte den vollen Preis, bei einem Arzneimittelpreis von € 5,01 bis € 50,00 beträgt die Zuzahlung € 5,00. Bei einem Preis von € 50,01 bis € 100,00 fallen 10 % des Packungspreises an. Bei Arzneimitteln über € 100,00 beträgt die Zuzahlung grundsätzlich € 10,00. Zur Zuzahlung bei Festbeträgen → Rn. 7.

21 b) Zur Freistellung von der Zuzahlung vgl. § 31 III 4, 5 SGB V.

22 c) Die Zuzahlungspflicht ist verfassungskonform.[271]

5. Boni und Zugaben

23 Boni sind auch dann unzulässig, wenn zwar der korrekte Preis für das preisgebundene Arzneimittel angegeben wird, damit aber weitere werbefreie Vorteile verbunden werden.[272]

6. Abrechnung

24 Die Abrechnung für die von § 31 SGB V erfassten Leistungen erfolgt über private Verrechnungsstellen (siehe im Übrigen § 300 SGB V).[273] Maßgebend ist die Arzneimittelabrechnungsvereinbarung zwischen dem SpiBuK und dem Deutschen Apothekerverband.[274]

---

[267] Die Vorschrift gilt jetzt in der Fassung des AMVSG vom 04.05.2017 (WGBL I 1050), s. dazu BT-Drs. 18/10208 S. 31.
[268] *Baierl/Kellermann*, Arzneimittelrecht E Rn. 23 (S. 203 f.).
[269] Siehe dazu im Einzelnen *Axer*, in: Becker/Kingreen, SGB V, § 130a Rn. 2.
[270] → § 56 Rn. 3.
[271] BSG, SozR 4 -2500 § 62 Nr. 6 SGB V Rn. 27.
[272] BGH, Urt. vom 9.9.2010 – 1 ZR 193/07 –, MPR 2010, 197. S. a. § 7 I 1 2. Hs. HWG und – etwa – OVG Lüneburg v. 11.4.2017 – 6 B 19/17.
[273] → § 38 Rn. 32.
[274] *Hornung*, in: LPK-SGB V, § 300 Rn. 7 ff.

§ 57 Werbung für Arzneimittel[275]

I. Vorgaben

Für Arzneimittel darf geworben werden. Neben den allgemeinen, sich aus dem UWG ergebenden Grenzen[276] ist insbesondere das HWG[277] zu beachten. Das HWG soll den Schutz der Gesundheitsinteressen des Einzelnen und der Allgemeinheit vor den Gefahren einer unangemessenen Selbstmedikation mit Arzneimitteln und des Fehlgebrauchs anderer Mittel zur Linderung von Krankheiten dienen.[278] Die hiernach maßgeblichen gesetzlichen Ziele des Gesundheitsschutzes und des Schutzes gegen wirtschaftliche Übervorteilung besonders schutzbedürftiger Personen[279] sind hinreichende Gründe des Gemeinwohls, mit denen Einschränkungen der Berufsausübungsfreiheit[280] gerechtfertigt werden können.[281] Das Heilmittelwerberecht ist mit seiner Häufung von Verboten sehr paternalistisch strukturiert.[282] Mit Recht ist auf den damit verbundenen Widerspruch zum Bild des „mündigen Bürgers" aufmerksam gemacht worden.[283] Die Liberalisierungsentwicklung des deutschen Heilmittelwerberechts ist infolgedessen noch nicht abgeschlossen.[284] Die erforderlichen Anstöße kommen von der EuGH-Rechtsprechung.[285]

II. HWG

1. Arzneimittel

Das HWG gilt für Arzneimittel im Sinne des § 2 AMG (§ 1 I HWG) (aber auch für Medizinprodukte [§ 1 I Nr. 1a HWG] und „andere Mittel" i. S. d. § 1 II HWG).[286]

1

2

---

[275] Siehe dazu ausführlich *Deutsch/Spickhoff*, Rn. 1457 ff.
[276] Siehe dazu BGH, NJW 1999, 2737 – Hormonpräparate.
[277] Gesetz über die Werbung auf dem Gebiete des Heilwesens vom 11.7.1965 (BGBl. I 604) i. d. F. der Bekanntmachung vom 19.10.1994 (BGBl. I 3068), i. d. F. v. 20.12.2016 (BGBl. I 3048). Zum HWG siehe *Bülow/Ring*, HWG; *Doepner*, HWG; *Hart*, in: HK AKM, Nr. 2440. *Lippert*, in: Wenzel, Kap. 17; *Fritsche*, in: Spickhoff, Medizinrecht Nr. 270; *Riegger*, Heilmittelwerberecht, 2009.
[278] BGH, NJW-RR 2003, 478 (479); BVerfGK 10, 464 (469) – Geisterheiler. Insoweit geht es um den Schutz der Gesundheitsinteressen, vgl. BGH, GRUR 2009, 509 (510) – Schoenenberger, Artischockensaft. Dem korrespondiert das Verbot der Angstwerbung in § 4 Nr. 2 UWG, siehe dazu *Köhler*, in: ders./Bornkamm, UWG, § 4 Nr. 2 Rn. 2.1; siehe auch ders. zu § 4 Nr. 1 Rn. 1.242 (zur Gesundheitswerbung überhaupt). Dem gegenüber stellen die Werbeverbote des HWG spezialgesetzliche Regelungen dar, die allerdings die Anwendung des UWG nicht ausschließen, BGH, GRUR 2002, 182 (184 ff.) – Das Beste jeden Morgen. Zu den produktbezogenen Werbebeschränkungen im Heilmittelwerbebereich siehe *Köhler*, in: ders./Bornkamm, UWG, § 4 Rn. 11.132 ff. Verstöße gegen das HWG stellen zugleich unlauteres Marktverhalten im Sinne des § 4 Nr. 11 UWG dar, BGH, GRUR 2009, 1082, Rn. 22 – DeguSmiles & More, st. Rspr. Zu einzelnen Bestimmungen des HWG siehe *Köhler*, aaO, § 4 Rn. 11.135.
[279] *Doepner*, HWG, Einl. Rn. 40.
[280] → § 2 Rn. 20 ff.
[281] BVerfGK 10, 464 (469) – Geistheiler.
[282] Daran haben die Korrekturen im HWG durch die 16. AMG-Novelle trotz der damit beabsichtigten Umsetzung von Liberalisierungsbestrebungen durch die europäische Rechtsprechung (siehe § 64 Rn. 69; zum Anpassungszweck des Gesetzes siehe auch *Schmidt*, PharmR 2012, 285) nicht wirklich etwas geändert. Umfassend zum Verhältnis der heilmittelwerberechtlichen Schutzbestimmungen zur Therapiefreiheit (siehe oben § 2 Rn. 54) *Mand*, A&R 2011, 147; 2011, 185.
[283] *Buchner*, MedR 2010, 1. Vor übertriebenen Erwartungshaltungen warnt auch *S. Schmidt*, PharmR 2012, 285 (290).
[284] Eine weitere Liberalisierung wird von *Reinhart/Meßmer*, A&R 2012, 209 (214) angemahnt.
[285] Siehe etwa EuGH, GRUR 2008, 267 – Gintec; EuGH, ZESAR 2008, 149, Ludwigs Apotheke, München mit Anm. v. *Walter*, ZESAR 2008, 153; EuGH, PharmR 2011, 282 – MSD Sharp & Dohme/Merckle.
[286] Es findet jedoch keine Anwendung auf den Schriftwechsel und die Unterlagen, die nicht Werbezwecken dienen und die zur Beantwortung einer konkreten Anfrage zu einem bestimmten Arzneimittel

2. Begriff, Rechtsfolgen

3   Was unter Werbung zu verstehen ist, sagt das HWG nicht. Man wird jedoch Art. 86 I GK heranziehen können: „Im Sinne der Richtlinie gelten als Werbung für Arzneimittel alle Maßnahmen zur Information, zur Marktuntersuchung und zur Schaffung von Anreizen mit dem Ziel, die Verschreibung, die Abgabe, den Verkauf oder den Verbrauch von Arzneimitteln zu fördern …" Wenn auch diese Richtliniendefinition ohne unmittelbare rechtliche Verbindlichkeit ist, so bleibt sie doch im Rahmen der richtlinienkonformen Auslegung des deutschen Rechts[287] maßstabbildend.[288]

3a Große Bedeutung hat bei der Arzneimittelwerbung der Rückgriff auf wissenschaftliche Erkenntnisse. Die Anforderungen an den Nachweis gesicherter wissenschaftlicher Erkenntnisse hängen von den Umständen des Einzelfalls ab[289]. Die erforderlichen Belege für eine gesundheitsbezogene Aussage müssen jedoch auf anerkannten Grundsätzen wissenschaftlicher Forschung beruhen. Im Regelfall setzt das eine randomisierte, placebokontrollierte Doppeltblindstudie mit adäquater statistischer Auswertung voraus, einbezogen in den Diskussionsprozess durch Veröffentlichungen. Das gegen diese Vorgaben verstoßen wird, muss der Kläger beweisen. Eine Umkehr der Darlegungs- und Beweislast findet nur dann statt, wenn der Beklagte mit einer fachlich umstrittenen Meinung geworben hat, ohne die Gegenmeinung zu erwähnen.[290]

4   Werbung für nicht zugelassene Arzneimittel ist unzulässig (§ 3a HWG),[291] ebenso die Werbung für einen nicht zugelassenen Indikationsbereich.[292] Jede Arzneimittelwerbung muss die Pflichtangaben des § 4 I HWG enthalten.[293] Diese müssen mit den Angaben in der Packungsbeilage übereinstimmen (§ 4 II HWG). Insbesondere die Packungsbeilage hat den BGH mehrfach beschäftigt:

„1. Enthält die Packungsbeilage eines Fertigarzneimittels neben den vorgeschriebenen oder zulässigen Angaben Werbung, gelten für sie die Anforderungen des § 4 HWG (Ergänzung zu BGH, NJW 1998, 3412).

---

erforderlich sind (§ 1 V HWG in der Fassung des GMG). Das HWG findet außerdem keine Anwendung bei elektronischem Handel mit Arzneimitteln auf das Bestellformular und die dort aufgeführten Angaben, soweit diese für eine ordnungsgemäße Bestellung notwendig sind (§ 1 VI HWG). Die 16. AMG-Novelle hat die Absätze 7 und 8 angefügt. Sie dienen der Klarstellung (z. T. in Anpassung an EuGH, PharmR 2011, 282), vgl. BT-Drs. 17/9341 S. 69 f. S. a. § 67a II AMG.

[287] → § 3 Rn. 10.
[288] Ebenso *Hart*, in: HK-AKM, Rn. 4 zu Nr. 2440; *Sander*, PharmR 2006; BGH, NJW 1995, 3054; *Fritzsche*, in: Spickhoff, Medizinrecht Nr. 270 HWG, § 1 Rn. 5 ff.
[289] BGH, Urt. vom 06.02.2013 – I ZR 62/11, Rn. 19, PharmR 2003, 339 mit Anm. v. *Tillmanns*, A & R 2013, 144, s. dazu auch § 52 Rn. 4 ff.
[290] BGH, PharmR 2013, 339 Rn. 32.
[291] BGH, NJW 1995, 1615; BGH, GRUR 2015, 705; Urt. vom 09.02.2017 – I ZR 130/13, A & R 2017, 182 mit Anm. v. Hesse, GesR 2017, 514. Der Begrenzung auf zugelassene Arzneimittel steht die Richtlinie 2001/83/eG nicht entgegen. Danach werden Arzneimittel vom Verbot ausgenommen, bei deren Zubereitung oder Herstellung kein industrielles Verfahren angewendet wird, EuGH, Urt. v. 16.07.2015 – C-545/13, PharmR 2015, 436. Von der Zulassungspflicht nach § 21 II AMG ausgenommene Arzneimittel werden deshalb von § 3a HWG nicht erfasst.
[292] *Doepner*, HWG, Rn. 11 zu § 3a HWG m. w. N. Siehe dazu auch § 1 des Kodex der Mitglieder des Bundesverbandes der Pharmazeutischen Industrie e. V. („Werbekodex"), abgedruckt bei *Doepner*, HWG, Anh. X (S. 1050 ff.).
[293] § 4 I, I a III und V gilt nicht für die Erinnerungswerbung (§ 4 VI HWG). Erinnerungswerbung liegt vor, wenn ausschließlich mit der Bezeichnung eines Arzneimittels oder zusätzlich mit dem Namen, der Firma, der Marke des pharmazeutischen Unternehmens oder dem Hinweis „Wirkstoff" geworben wird (§ 4 VI 2 HWG). Beispiel für zulässige Erinnerungswerbung: BGH, NJW-RR 1998, 693 Monopräparate.
Das Werbeverbot des § 12 HWG wird durch § 4 IV HWG nicht ausgeschlossen, BGH, NJW 1996, 3077.

2. Wenn in einer Packungsbeilage außerhalb der Fachkreise für ein Arzneimittel geworben wird, sind fremd- oder fachsprachliche Bezeichnungen der Anwendungsgebiete, deren Bedeutung eine medizinischer Laie nicht kennt, an gleicher Stelle allgemein verständlich zu erläutern."[294] „Packungsbeilagen für nicht verschreibungspflichtige Humanarzneimittel, die von dem pharmazeutischen Unternehmer entsprechend § 11 I AMG zur Produkt- und Gebrauchsinformation verwendet werden und nur die gesetzlich vorgeschriebenen Pflichtangaben enthalten, unterliegen insoweit nicht den heilmittelrechtlichen Werbeverboten. Eine Überprüfung, ob Inhalt und Gestaltung der Packungslage mit dem allgemeinen, dem Schutz des Verbrauchers dienenden Werberecht vereinbar sind, bleibt hiervon unberührt."[295]

Bei einer Werbung außerhalb der Fachkreise muss der Werbetext „zu Risiko und Nebenwirkungen lesen Sie die Packungsbeilage und fragen Sie Ihren Arzt oder Apotheker" gut lesbar und von den übrigen Werbeangaben deutlich abgesetzt und abgegrenzt angegeben werden (§ 4 III HWG). Werbung darf nicht irreführen (§ 5 UWG), und Arzneimittelwerbung erst recht nicht (§ 3 HWG).[296] Das Irreführungsverbot ist vor allem dann verletzt, wenn die behauptete therapeutische Wirksamkeit in Wirklichkeit praktisch nicht gegeben ist.[297]

5

3. Versandhandel

Das Versandhandels-Werbeverbot des § 8 I HWG a. F. ist entfallen. Nach § 8 HWG ist unzulässig jedoch weiterhin die Werbung, Arzneimittel im Wege des Teleshopping oder bestimmte Arzneimittel im Wege der Einzeleinfuhr nach § 73 II Nr. 6a oder § 73 III AMG zu beziehen. Der 2016 neu aufgenommene § 1 III a HWG definiert den Begriff des Teleshoppings.[298] Dieses Verbot entspricht § 8 II HWG a. F.[299] Die 16. AMG-Novelle hat § 8 um einen weiteren Satz ergänzt, durch den die Verwendung von Listen nicht zugelassen oder auf nicht registrierte Arzneimittel beschränkt wird.[300]

6

4. Verschreibungspflichtige Arzneimittel

Für verschreibungspflichtige Arzneimittel[301] darf nur in Fachkreisen[302] geworben werden (§ 10 HWG). Das ist von der Zielrichtung her gegenüber der unzulässigen Publikumswerbung (§ 11 HWG) vor allem für nicht verschreibungspflichtige Arzneimittel abzugrenzen. § 11 HWG ist die zentrale, für die Publikumswerbung maßgebliche Vorschrift und deshalb von großer praktischer Bedeutung. Sie ist durch die 16. AMG-Novelle umfangreich geändert worden.[303] Auf wesentliche Aspekte ist hinzuweisen:

7

---

[294] BGH, NJW 2001, 1794.
[295] BGH, NJW 1998, 1412.
[296] Das Irreführungsverbot des § 3 HWG ist strafbewehrt, § 14 HWG. Zu irreführender Apothekenwerbung vgl. BGH, Urt. vom 31.03.2016 - I ZR 31/15 -, NJW-RR 2016, 1185 mit Anm. v. Kieser, A & R 2016,225; Wiesner GesR 2016,628.
[297] BGH, LM HeilmittelwerbeG Nr. 64 – Eusovit 600.
[298] = „Sendung direkter Angebote an die Öffentlichkeit für den Absatz von Arzneimitteln gegen Entgelt oder die Erbringung von ärztlichen ... Behandlungen und Verfahren gegen Entgelt".
[299] Bei Arzneimittelwerbung im Internet s. BGH, PharmR 2006, 329.
[300] Damit wird EuGH, ZESAR 2008, 149 Rechnung getragen, vgl. BT-Drs. 17/9341 S. 70. Siehe dazu *Reinhart/Meßmer*, A&R 2012, 209 (210 f.).
[301] Sowie die in § 10 II HWG genannten Arzneimittel. Abs. 2 gilt in der Neufassung durch die 16. AMG-Novelle. Damit sollte BGH, GRUR 2000, 546 – Johanniskraut-Präparat, umgesetzt werden, vgl. *Reinhart/Meßmer*, A&R 2012, 209 (211).
[302] = Ärzte, Zahnärzte, Tierärzte, Apotheker und Personen, die mit diesen Arzneimitteln erlaubterweise Handel treiben.
[303] Siehe dazu BT-Drs. 17/9341 S. 70 f. Ausf. *Reinhart/Meßmer,* A&R 2012, 209 (211 ff.); *Schmidt,* PharmR 2012, 285 (287 ff.).

8 a) § 11 I 1 Nr. 1 HWG ist aufgehoben worden. Damit entfällt das Verbot der Werbung mit Gutachten, Zeugnissen und Fachveröffentlichungen.[304]

9 b) § 11 I 1 Nr. 2 HWG a. F. umfasst auch das Verbot, mit Angaben zur fachlichen Prüfung und Anwendung des Arzneimittels zu werben.[305] Aufgrund von Art. 90 lit. f der Richtlinie 2001/83/EG ist dieses Verbot durch die 16. AMG-Novelle entfallen.

10 c) Art. 11 I 1 Nr. 3 HWG ist ebenfalls dem EU-Recht angepasst worden (Art. 90 lit. i, j der Richtlinie 2001/83 EG).[306]

11 d) Das Verbot der bildlichen Darstellung von Personen in Berufskleidung (z. B. Arztkittel) in § 11 I 1 Nr. 4 HWG ist aufgehoben worden.[307] Auch das Recht der bildlichen Darstellung des menschlichen Körpers (§ 11 I 2 Nr. 5 HWG) ist liberalisiert worden.

12 e) Das Werbeverbot in § 11 I 1 Nr. 6 HWG (Verwendung fremd- oder fachsprachlicher Bezeichnungen außerhalb der Fachkreise) ist durch die 16. AMG-Novelle ebenfalls aufgehoben worden.

13 f) Auch die Werbeverbote in § 11 I 1 Nr. 11, Nr. 13 HWG sind durch die 16. AMG-Novelle gelockert worden.[308]

14 g) § 11 I 3 HWG hält die Werbebeschränkung für Schönheitsoperationen aufrecht.

§ 58 Arzneimittelhaftung

I. Produkthaftung

1 Das AMG regelt einen besonderen Fall der Produkthaftung. § 15 ProdHaftG verweist insoweit auf das AMG.[309] § 84 AMG sieht eine Gefährdungshaftung des pharmazeutischen Unternehmers, der das Arzneimittel in den Verkehr gebracht hat, vor.[310] Geschützt sind Leben, Körper und Gesundheit des Patienten. Voraussetzung für die Gefährdungshaftung ist, dass das Arzneimittel abgegeben und angewendet worden ist. Das 2. Gesetz zur Änderung schadensrechtlicher VorschriftenVom 19.7.2002 (BGBl. I 2674). hat durch Einführung von Vermutungsregelungen die Absicht verfolgt, die Haftung des pharmazeutischen Unternehmers zu verschärfen (§ 84 AMG).[311] Das hat die Frage aufgeworfen, ob diese Regelung mit der Richtlinie 85/274/EWG vereinbar ist[312] Im EuGH – Impfstoffurteil vom 21.05.2017 – C-621/15[313] findet sich eine Aussage zum einschlägigen Art. 4 der Richtlinie 85/374/EWG: „Art. 4…ist dahin auszulegen, dass es einer auf Vermutungen beruhenden Beweisregelung entgegensteht, wonach dann, wenn in der medizinischen Forschung ein Zusammenhang zwischen der Verabreichung des Impfstoffs und des Auftretens der Krankheit, an der der Geschädigte leidet, weder nachgewiesen noch widerlegt ist, ein Ursachenzusammenhang zwischen dem Fehler, der einem Impfstoff zugeschrieben wird, und dem Schaden, den der Geschädigte erlitten hat, stets als bewiesen anzusehen wäre, wenn bestimmte, im Voraus festgelegte tatsächliche

---

[304] Als Begründung verweist BT-Drs. 17/9341 S. 70 darauf, dass die Richtlinie 2001/83 EG ein entsprechendes Verbot nicht kennt.
[305] Siehe dazu BGH, Urt. v. 18.1.2012 – I ZR 83/11 – Euminz, GRUR 2012, 1058.
[306] Das hat zur Aufhebung von § 11 I 1 Nr. 10 HWG geführt.
[307] Siehe dazu schon die einschränkende Auslegung durch BGH, GRUR 2007, 809 – Krankenhauswerbung.
[308] *Reinhart/Meßmer*, A&R 2012, 209 (213 f.).
[309] S. dazu *Palandt/Sprau*, BGB Rn. 2 zu § 15 ProdHaftG.
[310] S. dazu *Lippert*, in: Wenzel, Kap. 14 Rn. 230 ff.
[311] Siehe dazu Deutsch/Spickhoff, Medizinrecht, Rn. 1490; *Gaßner/Reich-Malter*, MedR 2006, 147 (148 ff.).
[312] Vgl. Beschluss des BGH, NJW 2013, 2901. Der EuGH hat die damit verbundene Frage jedoch offengelassen, Urt. vom 20.11.2014 – C -310/13, PharmR 2015, 15 mit Anm. *von Brock/Konzal*. Siehe dazu K/M/H vor § 84–94a Rn. 13.
[313] NJW 2017, 2739 mit Anm. *von Bomsdorf/Seehawer*.

Indizien für eine Unsicherheit vorliegen". Die zur Anwendung französischen Rechts ergangene Entscheidung wird man nicht als Hilfe für den auch in Deutschland intensiv geführten Streit um die Eignung von – etwa – Masernimpfstoffen heranziehen können. Der EuGH geht nämlich weiter davon aus, dass die wissenschaftliche Erkenntnisse nach wie vor im Rahmen der einschlägigen Beweiswürdigung entscheidend sind[314]. Eine Beweislastumkehr soll nach Art. 4 der Richtlinie 85/374/EWG unvereinbar sein. Eine solche Beweislastumkehr hatte der BGH angenommen. Man wird § 84 II AMG aber als eine Bereichsausnahme ansehen können. Das schließt ein Verstoß gegen Unionsrecht aus. Die Haftung ist eingeschränkt, wenn der Patient das Arzneimittel bestimmungswidrig anwendet, also z. B. die im Beipackzettel oder in sonstigen ihm zugänglichen Informationen des pharmazeutischen Unternehmers enthaltene Vorgaben nicht beachtet (§ 84 I AMG)Bei Fehlinformation haftet der pharmazeutische Unternehmer nach § 84 I Nr. 2 AMG, siehe dazu oder wenn die schädlichen Wirkungen des Arzneimittels ihre Ursache nicht im Bereich der Entwicklung und Herstellung haben (§ 84 III AMG).

Den Umfang der Schadensregulierung regeln §§ 86 ff. AMG. § 88 AMG gibt die möglichen Höchstbeträge vor.Zur Deckungsvorsage des pharmazeutischen Unternehmers für Arzneimittelschäden siehe § 94 AMG. Auch Schmerzensgeldansprüche können nunmehr geltend gemacht werden, § 253 II BGB in Verbindung mit § 87 S. 2 AMG.Für die örtliche Zuständigkeit für Klagen im Rahmen des § 84 AMG, § 84a AMG (Auskunftsansprüche) schafft. Die Ansprüche des § 84 AMG verjähren in drei Jahren (§ 90 AMG). 2

II. Allgemeine Haftung

§ 91 AMG stellt klar, dass verschuldensabhängige Anspruchsgrundlagen für die Arzneimittelhaftung unberührt bleiben. Das betrifft zum einen die §§ 823 ff. BGB, zum anderen aber auch Amtshaftungsansprüche (z. B. gegenüber den zuständigen Arzneimittelüberwachungsbehörden) aus § 839 BGB in Verbindung mit Art. 34 GG. 3

§ 59 Verbandmittel

Verbandmittel waren nach § 4 IX AMG definiert als Gegenstände, die dazu bestimmt sind, an der Oberfläche geschädigte Körperteile zu bedecken, Körperflüssigkeiten aufzusaugen und Arzneimittel anzuwenden, wie z. B. Mullbinden, Kompressen und Pflaster: Verbandmittel sind infolgedessen Medizinprodukte. Sie sind aus diesem Grund aus dem AMG durch Streichung des § 4 IX seit 1.1.1995 herausgenommen worden.[315] 1

Versicherte haben Anspruch auf Versorgung mit Verbandmitteln (§ 31 I 1 SGB V). Auch für Verbandmittel können Festbeträge festgesetzt werden (§ 31 II in Verbindung mit § 35 III 2 SGB V). Die Krankenkasse trägt dann die Kosten in Höhe dieses Betrags. Für Verbandmittel, für die keine Festbeträge festgesetzt sind, übernimmt die Krankenkasse die vollen Kosten, abzüglich der Zuzahlungen.[316] 2

---

[314] So auch der Schlussantrag des Generalanwalts *Bobek*, PharmR 2017, 185 (191).
[315] Vgl. das 5. AMG-ÄndG, siehe dazu *Sander,* Arzneimittelrecht, Erl. 13 zu § 4 IX AMG. Die Praxis folgt der „Altdefinition", vgl. die Nachweise bei BSG, NZS 2007, 495 – VACOPED. Das BSG hat aber darauf hingewiesen, dass auch bei inneren Verletzungen (z. B. Zerrung, Muskelfaserriss, Rippenprellung oder Knochenbruch) Verbände wie z. B. Mull- und Fixierbinden erforderlich werden können. Das Gericht geht deshalb davon aus, dass auch solche Mittel Verbandmittel im Sinne des § 31 SGB V sind, BSG, NZS 2007, 495 (497) – VACOPED.
[316] S. dazu BSG, NZS 2007, 495 – VACOPED. Dort auch zur Abgrenzung von Verbandmitteln zu Hilfsmitteln.

3. Abschnitt: Heil- und Hilfsmittelrecht

§ 60 Begriff des Hilfsmittels[1]

I. Allgemeines

1   Es ist fraglich, ob es einen allgemeinen, nicht-rechtlichen Begriff des Hilfsmittels gibt und welchen Inhalt ein solcher Begriff hätte. Hier geht es nur darum, was das Krankenversicherungsrecht unter dem Begriff des Hilfsmittels versteht.[2] Das hängt vom jeweiligen Zusammenhang ab, dem das Hilfsmittel zugeordnet worden ist. Hilfsmittel kommen im Rahmen der Krankenhausbehandlung, von Vorsorgeleistungen und Reha-Maßnahmen und als Pflegehilfsmittel vor. Der Anspruch des Versicherten auf Versorgung mit Hilfsmitteln im Rahmen der Krankenbehandlung ergibt sich aus § 33 SGB V i. d. F. des GKV-VStG. Im Bereich medizinischer Vorsorgeleistungen haben die Versicherten Anspruch auf ärztliche Behandlung und Versorgung mit Hilfsmitteln „wenn diese notwendig sind", § 23 I SGB V. Für den Sektor der Reha-Maßnahmen gilt § 47 I SGB IX: Vom Hilfsmittelbegriff werden die Hilfen erfasst, „die von den Leistungsberechtigten getragen oder mitgeführt oder bei einem Wohnungswechsel mitgenommen werden können und unter Berücksichtigung der Umstände des Einzelfalls erforderlich sind, um

1. einer drohenden Behinderung vorzubeugen,
2. den Erfolg einer Heilbehandlung zu sichern oder
3. eine Behinderung bei der Befriedigung von Grundbedürfnissen des täglichen Lebens auszugleichen, soweit sie nicht allgemeine Gebrauchsgegenstände des täglichen Lebens sind".[3]

Im Übrigen hat das BSG ausdrücklich darauf hingewiesen, der Rechtsgedanke des § 33 I 1 SGB V sei auf weitere Bereiche des Leistungsrechts der GKV übertragbar. Pflegehilfsmittel unterlägen der Sondervorschrift des § 40 SGB XI dann, wenn es sich um Leistungen für die häusliche Pflege handele.[4] Im stationären Bereich sei auf § 33 SGB V zurückzugreifen.[5] Im Einzelfall sind jedoch mit dem Verhältnis von Hilfsmitteln zu Pflegehilfsmitteln schwierige Abgrenzungsfragen verbunden.[6]

---

[1] *AOK-Verlag*, Hilfsmittelkatalog; *Kruse/Freigang/Lieschke*, Heilmittel und Hilfsmittel; *Wille/Koch*, Gesundheitsreform 2007, Rn. 302 ff.; *Berchtold/Huster/Rehborn*, Gesundheitsrecht, § 33 SGB V; *Kraftberger* in: Hänlein/Schuler, SGB V, § 33 SGB V; *Butzer* in: Becker/Kingreen, SGB V, § 33 SGB V; *Beck/Pitz* in: Schlegel/Voelzke, jurisPK SGB V, § 33 SGB V; *Grienberger*, MPR 2007, 7; *Rieck*, MPR 2007, 33; *Melung/Kießling*, MPR 2007, 85; *Wabnitz*, Medizinprodukte als Hilfsmittel in der gesetzlichen Krankenversicherung, 2009; *Trésoret*, NZS 2013, 491.

[2] Das wirkt sich auch auf die Verwendung von Hilfsmitteln im PKV-Bereich aus, weil § 4 Abs. 3 MB/KK den Hilfsmittelbegriff so verwendet, wie er in der GKV entwickelt worden ist, vgl. *Schoenfeldt/Kalis*, in: Bach/Moser, Private Krankenversicherung, Rn. 46 zu § 4 MB/KK.

[3] *Götze*, in: Hauck/Noftz, SGB IX, Rn. 1 ff. zu § 31 SGB IX a. F.; *Mejerski-Pahlen*, in: Neumann/Pahlen/Majerski-Pahlen, § 31 SGB IX a. F., Rn. 4 ff.; *Fuchs*, in: Bihr/Fuchs/Krauskopf/Lewering, § 31 SGB IX a. F. Rn. 3; *Stähler*, in: Lachwitz/Schellhorn/Welti (Hrsg.), HK-SGB IX, § 31 SGB IX a. F. Rn. 2 ff.; *Gerke*, in: Kossens/von der Heide/Maaß, § 31 SGB IX a. F. Rn. 2 ff. Das BSG versteht § 31 I SGB IX a. F. zurecht als Konkretisierung von § 33 SGB V, vgl. BSG, SGb 2007, 489 (491) – VACOPED mit Anm. *v. Joussen*, SGb 2007, 495. Die Vollperücke ist kein Gebrauchsgegenstand des täglichen Lebens; s. BSG, SozR 4-2500 § 33, Nr. 45.

[4] BSG, Urt. v. 26.2.1991 – 8 RKn 13/90, SozR 3-2500 § 33 SGB V Nr. 3; SozR 4-2500, § 33, Nr. 44 – schwenkbarer Autositz; Urt. v. 26.7.1994 – 11 RAr 115/93, SozR 3-4100 § 56 AFG Nr. 15 – orthopädische Arbeitssicherheitsschuhe.

[5] BSG, NZS 2000, 512. Siehe dazu *Wille/Koch*, Gesundheitsreform 2007, Rn. 319 ff. sowie die Gemeinsame Verlautbarung der Spitzenverbände der Krankenkassen zur Umsetzung des GKV-WSG im Hilfsmittelbereich v. 27.3.2007.

[6] Vgl. dazu insbesondere die Diskussion zur Abgrenzung von Hilfsmitteln in der Krankenbehandlung und Hilfsmitteln in der Pflege, und dazu die Entscheidungen des BSG SozR 4-2500 § 33 SGB V Nr. 5

II. Vorgaben aus § 33 SGB V

Im Wesentlichen wird man sich deshalb an § 33 SGB V zu orientieren haben, wenn man den Hilfsmittelbegriff mit Leben füllen will. Hilfsmittel sind danach Hörhilfen, Körperersatzstücke, orthopädische und andere Hilfsmittel, die im Einzelfall „erforderlich"[7] sind, um den Erfolg der Krankenbehandlung zu sichern, einer drohenden Behinderung vorzubeugen, oder eine Behinderung auszugleichen, soweit die Hilfsmittel nicht als „allgemeine Gebrauchsgegenstände des täglichen Lebens"[8] anzusehen oder nach § 34 IV SGB V ausgeschlossen sind. Die Hilfsmittelrichtlinie des Gemeinsamen Bundesausschusses über die Verordnung von Hilfsmitteln in der vertragsärztlichen Versorgung (HilfsM-RL)[9] enthält die folgende Begriffsbildung:

„§ 2 Begriffsbestimmungen

Hilfsmittel sind sächliche Mittel oder technische Produkte, die individuell gefertigt oder als serienmäßig hergestellte Ware in unverändertem Zustand oder als Basisprodukt mit entsprechender handwerklicher Zurichtung, Ergänzung bzw. Abänderung von den Leistungserbringern abgegeben werden. Dazu können auch solche sächlichen Mittel oder technischen Produkte zählen, die dazu dienen, Arzneimittel oder andere Therapeutika, die zur inneren Anwendung bestimmt sind, in den Körper zu bringen (z. B. bestimmte Spritzen oder Inhalationsgeräte). Gemäß den gesetzlichen Bestimmungen gehören zu den Hilfsmitteln

* Sehhilfen (siehe Abschnitt B)
* Hörhilfen (siehe Abschnitt C)
* Körperersatzstücke
* orthopädische und
* andere Hilfsmittel.

Zu den Hilfsmitteln zählen auch Zubehörteile, ohne die die Basisprodukte nicht oder nicht zweckentsprechend betrieben werden können. Der Anspruch umfasst auch die notwendige Änderung, Instandsetzung und Ersatzbeschaffung von Hilfsmitteln, die Ausbildung in ihrem Gebrauch und, soweit zum Schutz der Versicherten vor unvertretbaren gesundheitlichen Risiken erforderlich, die nach dem Stand der Technik zur Erhaltung der Funktionsfähigkeit und der technischen Sicherheit notwendigen Wartungen und technischen Kontrollen."

Gegenüber § 33 SGB V ist damit allerdings insoweit keine Verdeutlichung verbunden, als weiterhin zu den Hilfsmitteln auch „andere Hilfsmittel" gehören. Die Tautologie wird also in der HilfsM-RL nicht aufgelöst. Auch wenn der HilfsM-RL insoweit keine normative Kraft zukommt, weil der GBA nicht ermächtigt ist, den Begriff des Hilfsmittels neu zu definieren,[10]

(und früher schon BSGE 89, 271); BSG, SozR 4–3300 § 40 SGB XI Nr. 2. Eine Verfassungsbeschwerde gegen diese Entscheidung hat das BVerfG nicht zur Entscheidung angenommen, BVerfG(K), SozR 4-3330 (L) § 40 SGB XI Nr. 3. Um ein reines Pflegehilfsmittel handelt es sich nur dann, wenn es in konkreten Fällen allein oder doch jedenfalls schwerpunktmäßig der Erleichterung der Pflege dient, BSG, SozR 4–3300 § 40 SGB XI Nr. 2 Rn. 16.

[7] Eine Fingergliedprothese, die keine (wesentlichen) Gebrauchsvorteile bietet, keine Teilhabebeeinträchtigung ausgleicht und deren Vorteile sich letztlich auf einen besseren Komfort und eine bessere Optik beschränken, fällt auch dann nicht in die Leistungspflicht der GKV, wenn damit unmittelbar ein fehlendes Körperteil ersetzt wird; s. BSG, SozR 4–2500, § 33 Nr. 48.

[8] Siehe zu diesem „Typusbegriff" mit Beispielen aus der reichen Kasuistik *Kraftberger* in: Hänlein/Schuler, SGB V, § 33 SGB V, Rn. 32; *Kamps*, RDG 2014, 116 ff. Dieser Leistungsausschluss trägt dem Gedanken der Eigenverantwortung in der GKV und der Kausalität zwischen Funktionsverlust und Hilfsmittel Rechnung; vgl. *Beck/Pitz* in: Schlegel/Voelzke, juris-PK SGB V, § 33 SGB V, Rn. 45 f.

[9] In der Fassung vom 21.12.2011/15.3.2012 (BAnz AT 10.4.2012 B2) zuletzt geändert am 24.11.2016 (BAnz AT 16.2.2017 B3), in Kraft getreten am 17.2.2017. Siehe dazu *Zimmermann*, SGb 2012, 317.

[10] BSG, SozR 3–2500, § 33 SGB V Nr. 41.

so folgt das BSG dennoch dieser Begriffsbestimmung. Das Gericht beruft sich dabei auch auf den Gesetzgeber, der im SGB VII im Zuge der Reform des Rechts der gesetzlichen Unfallversicherung durch das am 1.1.1997 in Kraft getretene Gesetz vom 7.8.1996 (BGBl. I 1254) in § 31 Hilfsmittel so definiert hat:

„[...] alle ärztlich verordneten Sachen, die den Erfolg der Heilbehandlung sichern oder die Folgen von Gesundheitsschäden mildern oder ausgleichen. Dazu gehören insbesondere Körperersatzstücke, orthopädische und andere Hilfsmittel einschließlich der notwendigen Änderung, Instandsetzung und Ersatzbeschaffung sowie die Ausbildung im Gebrauch der Hilfsmittel."

4   Das BSG vertritt dazu die Auffassung, es sei davon auszugehen, dass der Gesetzgeber die Unfall- und die Krankenversicherung gleichbehandeln wolle.[11] Damit entfällt erstmals die Tautologie, weil nunmehr der Oberbegriff des Hilfsmittels der der ärztlich verordneten Sache, also einer Sache mit medizinischer Zweckrichtung ist.[12] Eine wirkliche Definition ist allerdings damit nicht verbunden. Sächliche Mittel zu medizinischen Zwecken sind auch Arzneimittel, Verbandmittel und – z.B. – Zahnprothetik (einschließlich Implantate). Diese sächlichen Mittel folgen jedoch eigenen Regeln, und sie sind zum Teil, wie etwa Zahnprothetik/Implantate noch nicht einmal als Hilfsmittel im Sinne des SGB V eingestuft. Im Ergebnis kann man zwar dem BSG folgen, wenn es davon ausgeht, Hilfsmittel seien

„alle ärztlich verordneten Sachen, die den Erfolg der Heilbehandlung sichern oder die Folgen von Gesundheitsschäden mildern oder ausgleichen".[13]

5   Man muss sich aber vor Augen halten, dass auch andere Sachen ärztlich verordnet werden, die keine Hilfsmittel im Sinne des SGB V sind. Dem BSG war es bei seiner Umschreibung des „Hilfsmittels" nur darum gegangen, das Hilfsmittel von den Heilmitteln abzugrenzen. Und dann darf nicht übersehen werden, dass das „andere Hilfsmittel" von einer Vielzahl von Voraussetzungen abhängt, die den allgemeinen Begriff der ärztlich verordneten Sache zu medizinischen Zwecken inhaltlich konkretisieren.[14] Damit wird zwar nicht der Begriff des Hilfsmittels selbst beschränkt, wohl aber seine Funktion, Gegenstand der Leistungspflichten und -rechte in der GKV zu sein. Ein Gegenstand ist danach nur dann ein Hilfsmittel, wenn er den Ausgleich einer körperlichen Behinderung selbst bezweckt, also unmittelbar gegen die Behinderung gerichtet ist.[15] Die danach gebotene Unmittelbarkeit ist vor allem dann gegeben, wenn das Hilfsmittel die Ausübung der beeinträchtigten Funktion „ermöglicht, ersetzt, erleichtert oder ergänzt".[16] Nach der Neufassung des § 33 SGB V

---

[11] BSG, SozR 3–2500, § 33 SGB V Nr. 41.
[12] Siehe dazu auch *Berstermann*, in: Peters, SGB V Rn. 40 ff. zu § 33 SGB V.
[13] BSG, SozR 3–2500, § 139 SGB V Nr. 1. Zur Abgrenzung von Hilfs- und Heilmitteln siehe BSGE 88, 204 (206), SozR 4–2500 § 27 SGB V Nr. 2 Rn. 3f. – Dauerpigmentierung; SozR 4–2500 § 27 SGB V Nr. 7 Rn. 27 – D-Ribose.
[14] Der maßgebliche Prüfkatalog ergibt sich aus BSG, SozR 3–2500, § 33 SGB V Nr. 28 S. 162f.
[15] BSGE 45, 133 (136); BSG, SozR 2200, § 182b Nr. 12; BSG, SozR 3–2500, § 33 SGB V Nr. 15 – antiallergener Kissen- und Matratzenbezug. Das führt zu einer erheblichen Erweiterung des Hilfsmittelbegriffs, siehe etwa BSG SozR 4–2500 § 33 SGB V Nr. 13. Das BSG hat sich in dieser Entscheidung auf den Standpunkt gestellt, ein Hilfsmittel müsse nicht auf den Körper des Versicherten einwirken; es diene auch dann der Sicherung der ärztlichen Behandlung, wenn es die häusliche Behandlung durch eine Hilfsperson ermöglicht oder erheblich erleichtert (hier: sog. Vojta-Liege). Das BSG hat sich in dieser Entscheidung an § 31 SGB IX orientiert, SozR 4–2500 § 33 SGB V Nr. 13 Rn. 12. Das wahre „Hilfsmittel" ist in diesem Zusammenhang aber die Hilfsperson. Das könnte man sogar auf die behandelnden Leistungserbringer ausdehnen. Überzeugend ist deshalb diese richterliche Rechtsfortbildung nicht.
[16] BSG, SozR 3–2500, § 33 SGB V Nr. 15 st. Rspr. Zur Abgrenzung zwischen unmittelbar und mittelbar wirkenden Hilfsmitteln siehe BSG, SozR 4–2500, § 33 Rn. 19 ff.; *Kamps*, RDG 2014, 117 f.; *Beck/Pitz* in: Schlegel/Voelzke, jurisPK-SGB V, § 33 SGB V, Rn. 26 f. Im Rahmen des sog. „mittelbaren Behinderungsausgleichs" ist die GKV nach st. Rspr. des BSG nur für den Basisausgleich der Folgen der

durch das Gesetz vom 19.6.2001 (BGBl. I S. 1046) treffen diese Voraussetzungen auch im Bereich der Prävention zu, wenn es also darum geht, einer drohenden Behinderung vorzubeugen. Außerdem muss das Hilfsmittel der Befriedigung von Grundbedürfnissen – generelle Lebensführung, allgemeine Verrichtungen des täglichen Lebens, geistige Betätigung oder Erweiterung des durch die Behinderung eingeschränkten Freiraums –, und damit der Teilnahme am gesellschaftlichen Leben dienen.[17] Hilfsmittel, die dazu bestimmt sind, lediglich die Folgen und Auswirkungen der Behandlung in den verschiedenen Lebensbereichen, insbesondere auf beruflichen, wirtschaftlichen und privaten Gebieten zu beseitigen oder zu mindern, muss die GKV nicht zur Verfügung stellen.[18] Das Hilfsmittel muss weiter zum Ausgleich eines körperlichen Funktionsdefizits geeignet[19] und erforderlich[20] sein, wobei es, wie schon erwähnt, genügt, wenn es die beeinträchtigte Körperfunktion ermöglicht, ersetzt, erleichtert oder ergänzt.[21] Die Behinderung muss durch das Hilfsmittel „nicht nur in einem unwesentlichen Umfang ausgeglichen" werden.[22] Es kommt also auf den Umfang des Behinderungsausgleichs an.[23] Dafür ist entscheidend, welche Gebrauchsvorteile das Hilfsmittel zu bieten vermag.[24] In diesem Zusammenhang ist insbesondere auf die individuellen Verhältnisse des Betroffenen abzustellen, da § 33 I 1 SGB V die Erforderlichkeit des Hilfsmittels „im Einzelfall" verlangt.[25] Der Anspruch auf Gewährung eines Hilfsmittels setzt weiter voraus, dass die Erforderlichkeit im eigentlichen Sinn, also auch die Wirtschaftlichkeit gegeben ist.[26] Zur Wirtschaftlichkeit gehört auch eine begründbare Relation zwischen Kosten und Gebrauchsvorteil.[27] Dass ein Hilfsmittel gegenüber bisher verwendeten Hilfsmitteln deutlich teurer ist, steht dem Anspruch des Versicherten dann nicht entgegen, wenn mit diesem neuen Hilfsmittel eine wesentliche Funktionsverbesserung verbunden ist, die Verbesserung also nicht nur rein ästhetischer oder komfortabler Natur ist.[28] Für die Be-

---

Behinderung eintrittspflichtig. Es geht dagegen nicht um einen Ausgleich im Sinne des vollständigen Gleichziehens mit den letztlich unbegrenzten Möglichkeiten eines gesunden Menschen. Zum „unmittelbaren Behinderungsausgleich" s. auch *Butzer* in Becker/Kingreen, § 33 SGB V, Rn. 18.

[17] BSG, SozR 3–2500, § 33 SGB V Nr. 1, 7, 18.
[18] BSG, SozR 3–2500, § 33 Nr. 5 SGB V.
[19] Geeignet ist es, wenn es zweckdienlich ist, BSG, SozR 3–2500 § 33 SGB V Nr. 25.
[20] Ein Hilfsmittel ist erforderlich, wenn sein Einsatz zur Lebensführung im Rahmen der allgemeinen Grundbedürfnisse benötigt wird, BSG, SozR 3–2500 § 33 SGB V Nr. 3, 5, 7. In der Entscheidung zum antiallergenen Matratzen-Encasing, BSG, NZS 2012, 740, Rn. 20 f., unterscheidet das Gericht zwischen objektiver und subjektiver Erforderlichkeit. Bei der objektiven Erforderlichkeit geht es um die vom Einzelfall losgelöste objektive Eignung und Notwendigkeit des Hilfsmittels zur Erreichung der in § 33 I 1 SGB V genannten Versorgungsziele, d. h. insbesondere um die Sicherung des Erfolgs der Krankenbehandlung. Dafür ist der Stand der medizinischen Erkenntnisse ausschlaggebend. Das Erfordernis der subjektiven Erforderlichkeit wird davon bestimmt, ob die Verwendung des Hilfsmittels im konkreten Fall in einer für den Betroffenen relevanten Weise positiv zur Erreichung des Versorgungsziels beiträgt. Kritisch dazu *Rixen*, SGb 2013, 140.
[21] BSG, SozR 3–2500, § 33 SGB V Nr. 1, U. v. 6.6.2002 – B 3 KR 68/01 R – C-Leg.
[22] BSG, SozR 3–2500, § 33 SGB V Nr. 4, 16.
[23] Kein Anspruch auf eine „zusätzliche Versorgung" mit einer speziellen Sportprothese, soweit diese nur dem speziellen Mobilitätsbedürfnis des Versicherten dient, besteht beispielsweise bei einem beinamputierten Versicherten, der schon mit einer normalen Laufprothese und einer Badeprothese ausgestattet ist; s. BSG, Urt. v. 21.3.2013 – B 3 KR 3/12 R. Zu Zweit- oder Mehrfachversorgungen s. *Kamps*, RDG 2014, 121.
[24] BSG, SozR 3–2500, § 33 SGB V Nr. 4; SozR 4–2500 § 33 SGB V Nr. 12 Rn. 14.
[25] BSG, SozR 3–2500, § 33 SGB V Nr. 7. Das ermöglicht es den Versicherten, regelmäßig auch im Nahbereich der Wohnung bei Krankheit oder Behinderung Ärzte und Therapeuten aufzusuchen; bei größeren Entfernungen kommt ein behindertengerechter Umbau eines PKWs als Hilfsmittel nicht in Betracht, BSG, SozR 4–2500 § 33 SGB V Nr. 15.
[26] BSG, SozR 3–2500, § 33 SGB V Nr. 4. Siehe dazu BSG, SozR 4–2500 § 33 SGB V Nr. 33 Rn. 29.
[27] BSG, SozR 3–2500, § 33 SGB V Nr. 4, 16, 18, 20, 28.
[28] Siehe dazu BSG, Urt. vom 6.6.2002 – B 3 KR 68/01 R – C-Leg.

wertung des Gebrauchswerts sind u. a. die Häufigkeit der voraussichtlichen Benutzung und die Bedeutung der vermittelten Funktion maßgebend.[29] Das Hilfsmittel darf kein Gebrauchsgegenstand des täglichen Lebens sein.

„Die Gewährung eines Hilfsmittels (ist) … dann ausgeschlossen, wenn es zu den Gebrauchsgegenständen des täglichen Lebens zählt, dessen Anschaffung in den eigenwirtschaftlichen Bereich des Versicherten fällt. Darunter fallen die Gegenstände, die allgemein im täglichen Leben verwendet, d. h. üblicherweise von einer großen Zahl von Personen regelmäßig benutzt werden."[30]

6   Zu der Frage, wann das der Fall ist, hat das BSG ausgeführt, auf den Prozentsatz der Verbreitung oder die Nichtüberschreitung eines bestimmten Verkaufspreises komme es nicht an. Entscheidend sei vielmehr die Zweckbestimmung des Gegenstandes, die einerseits „aus der Sicht der Hersteller, andererseits aus der Sicht der tatsächlichen Benutzer zu bestimmen ist."[31] Klarstellend hat das BSG bemerkt, die ärztliche Verordnung enthalte keine die Leistungspflicht der Krankenkassen begründende, verbindlich regelnde Wirkung, weil

- Krankenkassen unwirtschaftliche Leistungen gemäß § 12 SGB V nicht erbringen dürfen,
- der MDK die Erforderlichkeit gemäß § 275 III SGB V erst noch prüfen muss,
- der BMVÄ die Genehmigung durch die Krankenkasse voraussetzt.[32]

7   Der Arztvorbehalt des § 15 I 2 SGB V gilt insoweit also nicht.[33]

§ 61 Welche Bedeutung kommt dem Hilfsmittelverzeichnis zu?

I. Hilfsmittelverzeichnis als Auslegungshilfe

Das Hilfsmittelverzeichnis wird vom SpiBuK erstellt (§ 139 I SGB V). Mit dem am 11.4.2017 in Kraft getretenen Gesetz zur Stärkung der Heil- und Hilfsmittelversorgung (Heil- und Hilfsmittelversorgungsgesetz – HHVG)[34] wird der SpiBuK verpflichtet, das Hilfsmittelverzeichnis bis zum 31.12.2018 grundlegend zu überarbeiten und auf den aktuellen Stand der medizinisch-technischen Erkenntnisse zu bringen.

In dem Verzeichnis sind von der Leistungspflicht umfasste Hilfsmittel aufzuführen. Das Hilfsmittelverzeichnis ist nicht abschließend (§ 4 I 2 HilfsM-RL). Es ist regelmäßig fortzuschreiben (§ 139 IX 1 SGB V).[35]

1   Hilfsmittelverzeichnisse beschränken nach verbreiteter Meinung den Anspruch des Versicherten auf Leistung nicht. Sie sind nach Auffassung des BSG lediglich unverbindliche Auslegungshilfen für die Gerichte.[36] Das Hilfsmittelverzeichnis ist also keine Positivliste.[37] Auch aus § 3 HilfsM-RL soll sich nichts Anderes ergeben. Dort heißt es zwar (§ 3):

„Hilfsmittel können zu Lasten der Krankenkassen verordnet werden, wenn sie im Einzelfall erforderlich sind, um

---

[29] BSG, SozR 3–2500, § 33 SGB V Nr. 18.
[30] BSG, SozR 3–2500, § 33 SGB V Nr. 5, 7, 13, 16, 18, s. dazu auch Nr. 19, 20, 22; SozR 4–2500 § 33 SGB V Nr. 12 Rn. 17 sowie Nr. 33 Rn. 25.
[31] BSG, SozR 3–2500, § 33 SGB V Nr. 33.
[32] Kritisch dazu *Meuthen/Hartmann*, MPR 2002, 26 (27 f.).
[33] BSG, SozR 3–2500, § 33 SGB V Nr. 25, 27.
[34] BGBl. 2017 I Nr. 19, 778. Zu den Neuerungen *Di Bella*, RDG 2016, 248–252.
[35] → § 62 Rn. 1 ff.
[36] BSG, SozR 3–2500, § 33 SGB V Nr. 17, 18, 19, 20, 28; SozR 4–2500, § 139 SGB V Nr. 7.
[37] BSG, SozR 3–2500, § 33 SGB V Nr. 27; SozR 4–2500 § 33 SGB V Nr. 13 Rn. 11; BSG, SGb 2012, 609 (613); *Butzer* in Becker/Kingreen, SGB V, § 139 Rn. 3, 5.

- den Erfolg der Krankenbehandlung zu sichern,
- einer drohenden Behinderung vorzubeugen oder
- eine Behinderung bei der Befriedigung von Grundbedürfnissen des täglichen Lebens auszugleichen
- eine Schwächung der Gesundheit, die in absehbarer Zeit voraussichtlich zu einer Krankheit führen würde, zu beseitigen
- einer Gefährdung der gesundheitlichen Entwicklung eines Kindes entgegenzuwirken,
- Krankheiten zu verhüten oder deren Verschlimmerung zu vermeiden,
- Pflegebedürftigkeit zu vermeiden,

soweit die Hilfsmittel nicht als allgemeine Gebrauchsgegenstände des täglichen Lebens anzusehen oder durch Rechtsverordnung nach § 34 Absatz 4 SGB V ausgeschlossen sind."

Das BSG hat sich dazu auf den Standpunkt gestellt, die Bewertung der früheren Nr. 8 HilfsM-RL habe nur allgemeine Orientierungsfunktion. Sie könne deshalb „im begründeten Einzelfall" einem Leistungsanspruch des Versicherten nicht entgegenstehen.[38] Diese „einfache" Betrachtungsweise befriedigt jedoch nicht. Ihr muss hinsichtlich der faktischen und der rechtlichen Bedeutung des Hilfsmittelverzeichnisses weiter nachgegangen werden.

II. Die faktische Bedeutung des Hilfsmittelverzeichnisses

1. Versicherter

Sie beginnt schon beim Versicherten selbst. Er muss nach der Rechtsprechung des BSG bei einem im Hilfsmittelverzeichnis fehlenden Hilfsmittel seinen davon abweichenden Anspruch im Einzelfall begründen, also dartun, warum das Hilfsmittel trotz Nichtaufnahme im Hilfsmittelverzeichnis hätte verordnet werden müssen. Der Versicherte steht vor einer lösbaren Aufgabe, wenn das Hilfsmittel zwar im Hilfsmittelverzeichnis nicht verzeichnet ist (sei es auch nur deshalb, weil die Fortschreibung nachhinkt), aber eine Preisvereinbarung für das Hilfsmittel besteht (oder eine entsprechende Festbetragsregelung). Fehlt es jedoch daran, wird sich der Versicherte schwertun.[39]

2. Arzt

Für den Arzt und sonstige Leitungserbringer stellt das Hilfsmittelverzeichnis schon auf Grund der Vorgaben der HilfsM-RL eine gewichtige Einflussnahme dar, und das schon deshalb, weil der Arzt angesichts der ihm bekannten generellen normativen Wirkung von Richtlinien nach § 92 SGB V nicht annehmen (und im Einzelfall auch nicht wissen) wird, dass die normative Wirkung gerade bei § 3 der HilfsM-RL fehlt. Diese Wirkung verstärkt sich über § 139 SGB V. Die Kombination von Qualitätssicherungsstandards im Hilfsmittelverzeichnis (§ 139 I SGB V) mit der allgemeinen Qualitätsbedingung für die Aufnahme eines Hilfsmittels in das Hilfsmittelverzeichnis (§ 139 II SGB V) führt im Ergebnis auf Grund der allgemeinen Verpflichtung der Leistungserbringer zur Qualitätssicherung in § 135a SGB V dazu, dass der Leistungserbringer annehmen muss, die Aufnahme eines Hilfsmittels in das Hilfsmittelverzeichnis garantiere den Qualitätsstandard.[40] Damit ist aber eine „wesentliche Aufwertung" des Hilfsmittelverzeichnisses verbunden.[41] Jedenfalls hinsichtlich neuer Hilfs-

---

[38] BSG, SozR 3–2500, § 33 SGB V Nr. 28; ebenso BSG SozR 3–2500, § 139 SGB V Nr. 1; SozR 4–2500 § 33 SGB V Nr. 13 Rn. 11.
[39] So im Ergebnis auch *Effer*, u. a. Heilmittel und Hilfsmittel, Anm. zu Nr. 8 HM-RL (Nr. 1192).
[40] Zur Qualitätssicherung bei Hilfsmitteln s. *Kraftberger* in: Hänlein/Schuler, SGB V, § 33 SGB V, Rn. 29.
[41] So *Maaßen*, in: GKV-Kommentar, Rn. 2 zu § 139 SGB V; *Kranig*, in: Hauck/Noftz, SGB V, Rn. 4 zu § 128 SGB V.

mittel, also solcher, die unter der Geltung des § 139 SGB V im Wege der Fortschreibung in das Hilfsmittelverzeichnis aufgenommen worden sind, steht fest, dass diese Hilfsmittel den Qualitätsanforderungen des SGB V entsprechen. Damit wird aber das Verordnungsverhalten des Arztes auf jeden Fall faktisch beeinflusst.

3. Hersteller

5   Nach § 127 I SGB V gibt es ein abgestuftes Vertragskonzept für die Hilfsmittelversorgung durch die Leistungsträger.[42] Da diese aber insgesamt an die Hilfsmittelrichtlinien gebunden sind (§ 1 II HilfsM-RL), führt das zwangsläufig zum Hilfsmittelverzeichnis (§ 4 HilfsM-RL). In diesem Zusammenhang muss man beachten, dass erst die Aufnahme in das Hilfsmittelverzeichnis dem Hersteller die Chance eröffnet, die Versicherten mit „seinem" Hilfsmittel zu versorgen.

4. Tatsächliche Bedeutung

6   Das Hilfsmittelverzeichnis entfaltet also erhebliche faktische Wirkungen. Es wird mit dem Hinweis auf seinen angeblich fehlenden Rechtscharakter und der Einstufung als bloßer Orientierungs- oder Auslegungshilfe nicht nur viel zu ungenau, sondern auch unrichtig beschrieben.

III. Rechtliche Bedeutung des Hilfsmittelverzeichnisses

7   Das Hilfsmittelverzeichnis entfaltet aber entgegen verbreiteter Ansicht auch Rechtswirkungen.

1. Versicherte

8   Zum einen betrifft das den Versicherten, soweit das Verzeichnis die Behauptungs- und Beweislast zu seinen Lasten verändert. Der Versicherte, der ein nicht im Hilfsmittelverzeichnis enthaltenes Hilfsmittel in Anspruch nehmen will, muss seinen nach seiner Auffassung dennoch bestehenden Rechtsanspruch begründen, d. h. behaupten und beweisen, dass das Hilfsmittel den gesetzlichen Voraussetzungen entspricht und deshalb verordnet werden müsste. Wäre das Hilfsmittel aber schon im Hilfsmittelverzeichnis aufgenommen, könnte nur seine konkrete Anwendung im Einzelfall diskutiert werden.

2. Arzt

9   Zum anderen treten Rechtswirkungen für den Arzt und sonstige Leistungserbringer ein. Auch wenn das Hilfsmittelverzeichnis keine Positivliste darstellt, so steht doch fest, dass ein im Hilfsmittelverzeichnis enthaltenes Hilfsmittel als solches verordnungsfähig ist.[43] Der Arzt ist also der Frage enthoben, ob das Hilfsmittel überhaupt eingesetzt werden kann. Da ihm insoweit nicht entgegengehalten werden kann, er habe das Hilfsmittel schon als solches nicht verordnen dürfen, wird damit für ihn – beschränkt auf diesen Sektor – eine rechtsverbindliche Grundlage für sein Verordnungsverhalten geschaffen.

3. Hersteller

10 Für die Hersteller schließlich sperrt oder öffnet das Hilfsmittelverzeichnis den Markt. Bei der Verweigerung der Aufnahme in das Hilfsmittelverzeichnis stehen dem Hersteller deshalb

---

[42] → § 36 Rn. 1 ff.
[43] Vgl. *Knispel*, in: Rolfs/Giesen/Kreikebohm/Udsching, BeckOK SozR, § 139 SGB V, Rn. 3.

entsprechende Auskunfts- und Klagebefugnisse zu, was zwingend die Annahme einer rechtlichen Wirkung des Hilfsmittelverzeichnisses voraussetzt.[44]

4. Auslegungshilfe

Es trifft deshalb den Kern, wenn *Axer* ausführt, das Hilfsmittelverzeichnis sei nur insoweit „unverbindliche Auslegungshilfe"[45] als es um die Nennung von Festbeträgen,[46] der Abgabepreise und der Qualitätsstandards gehe, nicht aber, soweit die Aufnahme eines Hilfsmittels in das Verzeichnis überhaupt betroffen sei, weil damit verbindlich erklärt werde, welche Hilfsmittel der Leistungspflicht der GKV unterfielen.[47] 11

5. Ergebnis

Als Ergebnis ist danach festzuhalten: Das Hilfsmittelverzeichnis ist zwar – für den Versicherten – keine Positivliste.[48] In den Bereichen Festbeträge/Vergütung/Qualitätsstandards ist es auch als Auslegungs- oder Orientierungshilfe richtig eingestuft. Es muss aber beachtet werden, dass dem Hilfsmittelverzeichnis nicht nur erhebliche faktische Bedeutung zukommt. Es hat, was die Aufnahme des Hilfsmittels in das Hilfsmittelverzeichnis im Rahmen des § 139 SGB V angeht, unmittelbare rechtliche Wirkung für Versicherte, Leistungserbringer und Hersteller. 12

§ 62 Die Aufnahme eines neuen Hilfsmittels in das Hilfsmittelverzeichnis[49]

I. Gesetzliche Vorgaben aus § 139 SGB V (Allgemeines)

Die Vorschrift ist durch das GKV-WSG neu gefasst worden.

aa) Der SpiBuK erstellt ein „systematisch strukturiertes Hilfsmittelverzeichnis" (§ 139 I 1 SGB V). 1

bb) Im Hilfsmittelverzeichnis können besondere Qualitätsanforderungen für Hilfsmittel festgelegt werden (§ 139 II SGB V). 2

cc) Die Aufnahme eines Hilfsmittels in das Verzeichnis erfolgt auf Antrag des Herstellers. Über die Aufnahme entscheidet der SpiBuK. Er kann den MDK zur Entscheidungsfindung zuziehen (§ 139 III SGB V). Das Hilfsmittel ist aufzunehmen, „wenn der Hersteller die Funktionstauglichkeit und Sicherheit, die Erfüllung der Qualitätsanforderungen nach Abs. 2 und, soweit erforderlich, den medizinischen Nutzen nachgewiesen hat" (§ 139 IV SGB V). 3

dd) Das Verfahren zur Aufnahme eines Hilfsmittels in das Verzeichnis regelt der SpiBuK (§ 139 VII SGB V). Legt der Hersteller unvollständige Antragsunterlagen vor, so ist ihm eine angemessene Nachreichungsfrist einzuräumen (§ 139 VI SGB V). 4

ee) Das Hilfsmittelverzeichnis ist regelmäßig fortzuschreiben (§ 139 IX 1 SGB V). Die „Fortschreibung" umfasst sowohl die Weiterentwicklung und Änderungen der Systematik und der Anforderungen nach Absatz 2, die Aufnahme neuer Hilfsmittel als auch die Streichung[50] von Hilfsmitteln (§ 139 IX 3 SGB V).[51]

---

[44] Siehe dazu *Kranig*, in: Hauck/Noftz, SGB V, Rn. 4 zu § 128 SGB V und dazu BSG, SozR 3-2500, § 139 SGB V Nr. 1.
[45] Siehe BSGE 77, 209 (213).
[46] Dazu allerdings differenzierend *Ebsen*, in: Schulin, Handbuch des Sozialversicherungsrechts, Bd. 1, Fn. 92 § 7 (S. 269).
[47] *Axer*, Normsetzung der Exekutive in der Sozialversicherung, 136.
[48] S. BR-Drs. 755/06 S. 407.
[49] Siehe dazu *Wille/Koch*, Gesundheitsreform 2007 Rn. 309 ff.
[50] Zur Streichung eines Hilfsmittels aus dem Verzeichnis s. BSG, Urt. v. 23.6.2016 – B 3 KR 20/15 Ra mit Anm. v. *Schmidt-Murra*, MPR 2017, 12 ff.
[51] Siehe dazu *Butzer* in: Becker/Kingreen, SGB V, § 33 SGB V, Rn. 22.

II. Kriterien des § 139 SGB V im Einzelnen

5   § 139 IV SGB V knüpft an drei Kriterien an:
- Funktionstauglichkeit und Sicherheit
- Erfüllung der Qualitätsanforderungen nach § 139 II SGB V
- Medizinischer Nutzen.

1. Funktionstauglichkeit und Sicherheit

6   a) **Funktionstauglichkeit.** Man wird darunter die (technische) Tauglichkeit des Produkts zu dem ihm zugeschriebenen Zweck zu verstehen haben.[52] Die meisten Hilfsmittel sind Medizinprodukte.[53] Für diese musste man schon bisher annehmen, dass die Funktionstauglichkeit durch die CE-Kennzeichnung nach MPG[54] nachgewiesen wird.[55] Das GKV-WSG statuiert das als Grundsatz ausdrücklich (§ 139 V 1, 2 SGB V). Aus „begründetem Anlass" können vor Aufnahme des Produkts in das Hilfsmittelverzeichnis zusätzliche Prüfungen vorgenommen werden (§ 139 V 3 SGB V). Nach Aufnahme des Produkts in das Hilfsmittelverzeichnis sind stichprobenartige Überprüfungen (im Rahmen des allgemeinen behördlichen Überwachungsauftrags)[56] zulässig (§ 139 V 4 SGB V). Auch für die Stichprobenkontrolle muss es aber einen nachvollziehbaren Anlass geben.

7   b) **Sicherheit.** Sicherheitsfragen waren bislang den Qualitätsanforderungen zugeordnet. Ihre Ausgliederung aus den Qualitätsanforderungen führt zu keiner inhaltlichen Änderung, sondern hat ihre Ursache in den mit dem CE-Kennzeichen nunmehr gesetzlich fixierten Annahmen.[57]

2. Der medizinische Nutzen

8   Das GKV-WSG hat den therapeutischen Nutzen der a. F. durch den medizinischen Nutzen ersetzt, mit dem Bemerken, die bisherige begriffliche Einschränkung habe sich als nicht sachgerecht erwiesen.[58] Der alte Begriff des therapeutischen Nutzens, der unverändert in § 135 I 1 Nr. 1 SGB V verwendet wird, ist vom BSG als für diesen Normbereich, also auch für § 139 SGB V einheitlicher Begriff verstanden worden.[59] Die VerfO-GBA spricht in der Regel nur ganz allgemein von „Nutzen", wenn man einmal von der Bezeichnung des „therapeutischen Nutzens" bei Arzneimitteln im 4. Kap. 2. Abschnitt absieht. Generell heißt es aber in den Vorschriften zur Verfahrensordnung im 2. Kap. § 9, sie dienten der Feststellung des allgemein anerkannten Standes der medizinischen Erkenntnisse zu Nutzen, Notwendigkeit und Wirtschaftlichkeit der zu bewertenden Methode. „Nutzen" wird man also als medizinischen Nutzen zu verstehen haben. „Medizinischer Nutzen" umfasst deshalb:
- den Nachweis der Wirksamkeit der beanspruchten Indikation
- den Nachweis der therapeutischen Konsequenzen der Methode
- die Abwägung des Nutzens gegen die Risiken
- die Bewertung der erwünschten und unerwünschten Folgen
- den Nutzen im Vergleich zu anderen Methoden gleicher Zielsetzung.[60]

---

[52] Vgl. *Murawski*, in: Hänlein/Schuler, SGB V, § 139 Rn. 5.
[53] BSG, SozR 4–2500 § 33 SGB V Nr. 8 Rn. 8 – C-Leg.
[54] → § 45 Rn. 5 ff.
[55] *Zuck*, NZS 2003, 417 (418); dem folgend BSG, SozR 4–2500 § 33 SGB V Nr. 8 Rn. 8 C-Leg.
[56] BR-Drs. 755/06, S. 408.
[57] § 139 V 1 SGB V. Siehe dazu BR-Drs. 755/06, S. 408.
[58] BR-Drs. 755/06, S. 408.
[59] BSG, SozR 3–2500 § 135 SGB V Nr. 1.
[60] Auf dieser Linie liegt schon die noch zum Begriff des therapeutischen Nutzens ergangene Entscheidung des BSG, SozR 4–2500 § 33 SGB V Nr. 8 Rn. 10 C-Leg. Ergebnisse klinischer Prüfungen müssen danach nicht vorgelegt werden.

3. Qualität

Es war schon bei § 139 SGB V a. F. schwer zu erkennen, welche eigenständige Bedeutung   9
dem Qualitätserfordernis zukommen sollte. Man konnte sich auf den Standpunkt stellen, der
Qualitätsbegriff fasse die Elemente Funktionstauglichkeit und therapeutischer Nutzen zusammen und besage nicht mehr, als dass die Grundsätze des § 139 I 1 SGB V a. F. einzuhalten seien. Nachdem der Teilaspekt der Sicherheit durch § 139 IV SGB V der Funktionstauglichkeit zugeschlagen worden ist, hat das Qualitätsmerkmal seine eigenständige Bedeutung verloren. Es spielt als selbständiges Kriterium nur noch eine Rolle, wenn im Hilfsmittelverzeichnis besondere Qualitätsanforderungen festgelegt worden sind (§ 139 II iVm § 139 IV SGB V).

III. Das Aufnahmeverfahren

1. Hersteller

Hersteller ist nur diejenige Firma, die das Hilfsmittel entwickelt und produziert hat. Durch   10
das Umverpacken und Hinzufügen seines eigenen Firmennamens wird der Importeur eines
im EU-Ausland hergestellten Hilfsmittels nicht zu dessen Hersteller im Sinne des § 139 III 1
SGB V.[61]

2. Einzelleistung

Der Anspruch nach § 139 SGB V ist auf die Einzelleistung eines jeden, den gesetzlichen   11
Anforderungen entsprechenden Hilfsmittels (§ 139 IV SGB V) gerichtet.[62]

3. Neue Untersuchungs- und Behandlungsmethoden

In das Hilfsmittelverzeichnis kann ein Hilfsmittel nicht aufgenommen werden, wenn die   12
zugrundeliegende neue Behandlungsmethode ohne positive Empfehlung des GBA in der
ambulanten Versorgung nicht angewendet werden darf oder eine solche Empfehlung nicht
vorliegt.[63]

4. Rechtsschutz

Im Fall der Ablehnung oder der Aufnahme eines Hilfsmittels in das Verzeichnis kann der   13
Hersteller nach Durchführung des Widerspruchsverfahrens gegen den Bescheid (§ 139 VI 4
SGB V) beim zuständigen Sozialgericht Verpflichtungs- bzw. (kombiniert) Anfechtungsklage
erheben.[64] Im Falle des Widerrufs einer Aufnahme (§ 139 VI 5 SGB V) ist die Anfechtungsklage statthaft, da mit deren Erfolg der Widerruf entfällt und in der Folge die Listung im
Verzeichnis wieder besteht.[65] Die Klagebefugnis ergibt sich aus der erheblichen marktsteuernden Wirkung und damit faktischen Beeinträchtigung der Berufsausübungsfreiheit (Art. 12
I 2 GG) i. S. e. objektiv berufsregelnden Tendenz für die Hersteller.

---

[61] BSG, Urt. v. 15.3.2012 – B 3 KR 6/11 R, SGb 2012, 611. Krit. dazu *Bombien/Hartmann*, SGb 2012, 613 (614 f.). Zur Vorinstanz siehe LSG NRW, MPR 2011, 163.
[62] BSG, SGb 2012, 609 (611). So schon früher LSG NRW, MPR 2011, 163.
[63] BSGE 87, 105; 97, 133; Urt. v. 12.8.2009 – B 3 KR 10/07 R, MPR 2010, 7. Siehe dazu *Stallberg*, MPR 2011, 75. Zur Einleitung des Methodenbewertungsverfahrens beim G-BA siehe auch BSG, SozR 4–2500, § 139 SGB V Nr. 7.
[64] Vgl. *Butzer*, in Becker/Kingreen, SGB V, § 139 Rn. 24.
[65] Vgl. *Knispel*, in: BeckOK SozR, SGB V, § 139 SGB V, Rn. 26 ff.

§ 63 Die Leistungserbringer in der Hilfsmittelversorgung

1. Grundsätze

1   Hilfsmittel dürfen an Versicherte nur auf der Grundlage von Verträgen nach § 127 I, II, III SGB V abgegeben werden (§ 126 I 1 SGB V). Vertragspartner der Krankenkassen können nur Leistungserbringer sein, die die Voraussetzungen für eine ausreichende, zweckmäßige und funktionsgerechte Herstellung, Abgabe und Anpassung der Hilfsmittel erfüllen (§ 126 I 2 SGB V).[66]

2. Vertragliche Voraussetzungen (§ 127 SGB V)

2   § 127 SGB V enthält ein dreistufiges Vertragssystem.[67]

3   a) Ausschreibungsvertrag. Abs. 1 enthält die Option der Krankenkassen für eine Ausschreibungsversorgung. Sie muss zur Gewährleistung einer wirtschaftlichen und in der Qualität gesicherten Versorgung zweckmäßig sein.[68] In der Regel werden Rahmenverträge ausgeschrieben.[69] Unverändert gibt es erhebliche Meinungsverschiedenheiten, ob und unter welchen Voraussetzungen Ausschreibungen und Anforderungsvorgaben des (Kartell-)Vergaberechts der §§ 97–124 GWB vorliegen. Gesichert ist lediglich, dass die Krankenkassen öffentliche Auftraggeber sind.[70] Wie öffentliche Lieferaufträge im Sinne des § 99 GWB einzuordnen sind, ist dagegen streitig.[71] Für Rahmenverträge nach § 127 II SGB V wird angenommen, es handle sich, wenn sie ausgeschrieben werden, um keine öffentlichen Aufträge[72], anders bei der Ausschreibung eines Nicht-Rahmenvertrags nach § 127 I SGB V.[73] Ob Entgeltlichkeit als weitere Voraussetzung für die Anwendung des § 127 I SGB V gegeben ist, hängt vom wertmäßigen Verständnis der Lieferaufträge für Waren und für Aufträge über Gesundheitsdienstleistungen ab.[74] Schließlich ist noch der Schwellenwert von Bedeutung.[75]

4   b) Rahmenvertrag. Werden Ausschreibungen nach § 127 I SGB V nicht durchgeführt, schließen die Krankenkassen, die Landesverbände oder Arbeitsgemeinschaften Verträge mit Leistungserbringern oder Verbänden oder sonstigen Zusammenschlüssen der Leistungserbringer über die Einzelheiten der Versorgung mit Hilfsmitteln, deren Wiedereinsatz, die Qualität der Hilfsmittel und zusätzlich zu erbringende Leistungen, die Anforderungen an die Fortbildung der Leistungserbringer, die Preise und die Abrechnung (§ 127 II SGB V).[76]

---

[66] Zur Klarstellung dieser Voraussetzungen ist ein sog. Präqualifizierungsverfahren eingeführt worden (§ 126 Ia SGB V), vgl. *Zimmermann*, SGb 2010, 145; *Luthe*, SGb 2010, 621; *Flasbarth*, MedR 2011, 77.
[67] BSG, Urt. v. 21.7.2011 – B 3 KR 14/10 R, SozR 4-2500 § 126 SGB V Nr. 3 Rn. 13.
[68] Nach dem am 11.4.2017 in Kraft getretenen Gesetz zur Stärkung der Heil- und Hilfsmittelversorgung (HHVG) sind Qualitätsaspekte bei der Ausschreibung zur Hilfsmittelversorgung künftig stärker zu berücksichtigen. Siehe zu den Neuerungen *Di Bella*, RDG 2016, 248 ff.
[69] *Becker*, in: Becker/Kingreen, SGB V, § 127 Rn. 8.
[70] EuGH, NJW 2009, 2427 (2429).
[71] *Kaltenborn*, GesR 2011, 1; *Szoun*, NZS 2011, 245.
[72] LSG NRW, NZS 2011, 259.
[73] Zur Differenzierung siehe *Butzer*, in: Becker/Kingreen, SGB V, § 127 Rn. 15.
[74] EuGH, NJW 2009, 2427 (2429).
[75] Zum Nachprüfungs- und Rechtsschutzverfahren siehe *Becker*, in: Becker/Kingreen, SGB V, § 127 Rn. 17 f.
[76] *Stallberg*, MPR 2010, 50, dort auch zu den Informationsrechten des § 127 II SGB V. Bei der Zulassung durch Vertrag darf der Zugang zur Hilfsmittelversorgung nicht von fachlichen Anforderungen abhängig gemacht werden, die über die gesetzlichen Eignungsvoraussetzungen für die Hilfsmittelabgabe hinausreichen, BSG, Urt. v. 21.7.2011 – B 3 KR 14/10 R, SozR 4-2500 § 126 SGB V Nr. 3.

Diesen Verträgen können Leistungserbringer zu den gleichen Bedingungen als Vertragspartner beitreten, soweit sie nicht aufgrund bestehender Verträge schon zur Versorgung der Versicherten berechtigt sind (§ 127 II a SGB V).[77]

c) **Einzelvereinbarung.** Soweit für ein erforderliches Hilfsmittel keine Verträge nach Abs. 1 und 2 mit Leistungserbringern bestehen oder durch Vertragspartner eine Versorgung der Versicherten in einer für sie zumutbaren Weise nicht möglich ist, trifft die Krankenkasse eine Vereinbarung im Einzelfall mit einem Leistungserbringer (§ 127 III SGB V). Der Zugang zur Hilfsmittelversorgung darf dabei nicht von fachlichen Anforderungen abhängig gemacht werden, die über die gesetzlichen Eignungsvoraussetzungen für die Hilfsmittelabgabe hinausgehen.[78]

5

§ 64 Versorgungs- und Vergütungsfragen

I. Rechtsansprüche

1. Grundsätze

GKV-Versicherte haben Anspruch auf Versorgung mit den erforderlichen Hilfsmitteln (§ 33 I 1 SGB V).[79] § 33 SGB V konkretisiert den in § 27 I 2 Nr. 3 SGB V gewährleisteten Anspruch auf Versorgung mit Hilfsmitteln als Sachleistungen. Auch für diese Leistungen gilt, dass sie § 12 I SGB V entsprechen müssen.[80] Die Hilfsmittelversorgung dient der Sicherung der Krankenbehandlung[81], der Vorbeugung einer drohenden Behinderung[82] und dem Ausgleich einer Behinderung[83]. Hilfsmittel können nach § 34 SGB V von der vertragsärztlichen Versorgung ausgeschlossen sein. Für Sehhilfen gibt es einschränkende Sonderregelungen (§ 33 II, III, IV, IX SGB V).

1

---

[77] Zum Anspruch eines Leistungserbringers, ihm die Möglichkeit zur Beteiligung an der Versorgung der Versicherten einzuräumen, siehe BSG, Urt. v. 10.3.2010 – B 3 KR 26/08 R, SozR 4–2500 § 126 SGB V Nr. 2 Rn. 23 ff., dort auch zur unzulässigen Bevorzugung ausgewählter Leistungserbringer. Zum Teilbeitritt zu einer Teilversorgung (§ 127 IIa SGB V) siehe SG Berlin, MPR 2011, 181; LSG Baden-Württemberg, MPR 2011, 192; LSG NRW, MPR 2011, 170 sowie umfassend *Heil*, MPR 2011, 181; *Weber*, NZS 2011, 53.
[78] BSG, SGb 2013, 183 mit Anm. v. *Igl*, SGb 2013, 189.
[79] Die Versorgung mit Hilfsmitteln gehört zur Krankenbehandlung, § 27 I 2 Nr. 3 SGB V. Das Fehlen einer vertragsärztlichen Verordnung schließt den Leistungsanspruch auf ein Hilfsmittel nicht aus, BSG SozR 3–2500, § 33 SGB V, Nr. 4, Bl. 229. Zur Einschränkung des Patientenwahlrechts durch § 33 VI i. d. F. des GKV-WSG s. *Sodan*, VSSR 2008, 1.
[80] BSG, SozR 4–2500 § 33 SGB V Nr. 7.
[81] Ob ein Rollstuhl-Bike als Hilfsmittel zur Sicherung einer Krankenbehandlung erforderlich ist, hat BSG, Urt. vom 18.5.11 – B 3 KR 7/10 R, SozR 4–2500 § 33 SGB V Nr. 34 Rn. 27 ff. offen gelassen.
[82] Eine Behinderung droht erst dann, wenn sie in sachlicher Hinsicht – nach fachlicher Erkenntnis – mit hoher Wahrscheinlichkeit zu erwarten ist. Es muss sich dabei um eine konkrete Behinderung handeln, die bei einer bestimmten Erkrankung typischerweise als Folge eintreten kann, BSGE 103, 66; SozR 4–2500 § 33 SGB V Nr. 32 Rn. 17.
[83] Dabei ist zwischen unmittelbarem Behinderungsausgleich, in dem ein möglichst weitgehender Ausgleich des Funktionsdefizits erreicht werden soll und mittelbarem Behinderungsausgleich, mit dem die direkten und indirekten Folgen der Behinderung ausgeglichen werden sollen, zu unterscheiden, vgl. BSG, Urt. v. 3.11.11 – B 3 KR 8/11 R, SozR 4–2500 § 33 SGB V Nr. 37 Rn. 14, st. Rspr. Zum mittelbaren Behinderungsausgleich siehe auch BSG, Urt. v. 18.5.11 – B 3 KR 10/10 R, SozR 4–2500 § 33 SGB V Nr. 35 Rn. 14.

2. Wahlrecht

2   Die Versicherten können alle Leistungserbringer in Anspruch nehmen, die Vertragspartner ihrer Krankenkasse sind (§ 33 VI 1 SGB V).[84] Die Versorgung erfolgt durch einen von der Krankenkasse zu benennenden Vertragspartner, wenn Verträge nach § 127 I SGB V über die Versorgung mit bestimmten Hilfsmitteln geschlossen wurden (§ 33 VI 2 SGB V). Ausnahmsweise kommt ein anderer Leistungserbringer in Betracht, wenn ein berechtigtes Interesse des Versicherten besteht (§ 33 VI 3 SGB V).[85]

3. Mehrkosten

3   Wählen Versicherte Hilfsmittel oder zusätzliche Leistungen, die über das Maß des Notwendigen (vgl. §§ 2, 12 SGB V) hinausgehen, haben sie die Mehrkosten und dadurch bedingte höhere Folgekosten zu tragen (§ 33 I 5 SGB V). Bei berechtigtem Interesse können die Versicherten „ausnahmsweise" einen anderen Leistungserbringer wählen. Dadurch entstehende Mehrkosten haben sie selbst zutragen (§ 33 VI 3 2. Hs. SGB V).

II. Vergütungsfragen

1. Festbeträge

4   Für Hilfsmittel ist die Festsetzung von Festbeträgen nach Maßgabe des § 36 SGB V des GKV-WSG vorgesehen.[86]

2. Vertragliche Regelung

5   a) **Kostenerstattung.** Die Krankenkasse übernimmt die jeweils vertraglich vereinbarten Preise (§ 33 VII SGB V).

6   b) **Festbeträge.** Diese Regelung gilt auch, wenn Festbeträge festgesetzt worden sind, weil die Feststellung nur ein Höchstpreis ist. Mit dem Gesetz zur Stärkung der Heil- und Hilfsmittelversorgung (HHVG) wird das System der Preisfindung für Heilmittelleistungen weiter flexibilisiert.[87] Ziel ist zu gewährleisten, dass die vereinbarten Vergütungen die Anforderungen an die Leistungserbringer angemessen abbilden und die vorhandenen Versorgungsstrukturen gesichert und weiterentwickelt werden.

7   c) **Zuzahlungen.** Versicherte, die das 18. Lebensjahr vollendet haben, müssen entsprechend § 33 VIII SGB V für jedes zu Lasten der GKV abgegebene Hilfsmittel Zuzahlungen leisten. Insoweit vermindert sich ihr Vergütungsanspruch (§ 33 VIII 2 SGB V). Abweichend von § 43c I 2 SGB V muss der Leistungserbringer die Zuzahlung einziehen. Er trägt das Inkassorisiko.[88]

Das zum 11.4.2017 in Kraft getretene HHVG soll dem Geschäftsmodell ungerechtfertigter Zuzahlungen künftig einen Riegel vorschieben: Versicherte sollen danach immer zwischen verschiedenen zuzahlungsfreien Hilfsmitteln wählen können, welche qualitativ dem aktuellen Stand der Medizin entsprechen.

---

[84] Das zum 11.4.2017 in Kraft getretene Gesetz zur Stärkung der Heil- und Hilfsmittelversorgung (HHVG) verbessert die Rechte des Patienten auf Beratung und Information bei der Hilfsmittelwahl auch bei Versorgungsverträgen, die im Wege der Ausschreibung zustande gekommen sind.
[85] Siehe dazu BSG, SozR 4–2500 § 33 SGB V Nr. 1 Rn. 14.
[86] Zu Festbeträgen bei Hörgeräten siehe BSG, SGb 2010, 727 und dazu *Waßer*, SGb 2010, 727; *Weber*, NZS 2012, 331. Siehe auch SG Speyer, Urt. v. 18.9.2015 – S 19 KR 509/14.
[87] Siehe dazu *Di Bella*, RDG 2016, 248 ff.
[88] BSG, SozR 4–2500 § 33 SGB V Nr. 14.

§ 65 Heilmittel

I. Begriff

Heilmittel sind alle ärztlich verordneten Dienstleistungen, die einen Heilerfolg sichern und nur von entsprechend ausgebildeten Personen[89] erbracht werden dürfen.[90] Dazu gehören insbesondere die einzelnen Maßnahmen der 1

- Physikalischen Therapie (§§ 18–25 HeilM-RL)[91],
- Podologischen Therapie (§ 28 IV Nr. 1–4 HeilM-RL)[92],
- Stimm-, Sprech- und Sprachtherapie (§§ 31–33 HeilM-RL)[93]
- Ergotherapie (§§ 36–40 HeilM-RL).[94]

Die Heileurythmie[95] gehört ebenso wenig wie die Kunsttherapie[96] und die rhythmische Massage[97] zu den verordnungsfähigen Heilmitteln.[98]

---

[89] Grundsätzlich nicht-medizinische Leistungserbringer (Ausnahmen § 32 II 2, 3 SGB V), BSG, SozR 3-2500, § 33 SGB V Nr. 11 Bl. 230.

[90] BSG, SozR 3-2500, § 30 SGB V Nr. 11; SozR 3-2500, § 138 SGB V Nr. 3, SozR 3-2500, § 33 SGB V Nr. 39. SozR 4-2500 § 27 SGB V Nr. 7 Rn. 26 – C-Leg. In diesem Sinne auch die Heilmittel-Richtlinie (HeilM-RL) i. d. F. vom 20.1.2011/19.5.2011 (BAnz Nr. 96), in Kraft getreten am 1.7.2011, zuletzt geändert am 21.9.2017 (BAnz AT 23.11.2017 B1), in Kraft getreten am 1. Januar 2018: „Heilmittel sind persönlich zu erbringende medizinische Leistungen" (§ 2 I 1 HeilM-RL).

[91] Maßnahmen der physikalischen Therapie entfalten ihre Wirkung insbesondere nach physikalisch/biologischem Prinzip durch überwiegend von außen vermittelte kinetische, mechanische, elektrische und thermische Energie (§ 17 I 1 HeilM-RL). Zu Ausbildung und Zulassung s. Gesetz über die Berufe der Physiotherapie (Masseur- und Physiotherapeutengesetz – MPhG) v. 26.5.1994, zuletzt geändert durch Art. 17 des Gesetzes vom 23.12.2016.

[92] Die Podologische Therapie umfasst die Hornhautabtragung, Nagelbearbeitung, podologische Komplexbehandlung und die podologische Behandlung einer geschlossenen Fehlbeschwielung, siehe dazu *Schnitzler*, MedR 2011, 270. Zu Ausbildung und Zulassung s. Gesetz über den Beruf der Podologin und des Podologen (Podologengesetz – PodG) v. 4.12.2001, i. d. F. des Art. 28 des Gesetzes vom 18.4.2016 (BGBl. I, 886).

[93] Die Stimmtherapie dient der Wiederherstellung, Besserung und Erhaltung der stimmlichen Kommunikationsfähigkeit und des Schluckaktes sowie der Vermittlung von Kompensationsmechanismen. Die Sprechtherapie dient der Wiederherstellung, Besserung und dem Erhalt der koordinierten motorischen und sensorischen Sprechleistungen sowie des Schluckvorgangs. Die Sprachtherapie befasst sich mit der Wiederherstellung, Besserung und dem Erhalt der sprachlichen und kommunikativen Fähigkeiten sowie des Schluckvorgangs. Zu Ausbildung und Zulassung s. Gesetz über den Beruf des Logopäden (LogopG) v. 7.5.1980, zuletzt geändert durch Art. 17c des Gesetzes vom 23.12.2016.

[94] Die Maßnahmen der Ergotherapie dienen der Wiederherstellung, Entwicklung, Verbesserung, Erhaltung oder Kompensation der krankheitsbedingt gestörten motorischen, sensorischen, psychischen und kognitiven Funktionen und Fähigkeiten. Zum Leistungs- und Vergütungsrecht der Ergotherapie siehe *Görmar*, ZMGR 20911, 16. Zu Ausbildung und Zulassung s. Gesetz über den Beruf der Ergotherapeutin und des Ergotherapeuten (Ergotherapeutengesetz – ErgThG) v. 25.5.1976, zuletzt geändert durch Art. 17a des Gesetzes vom 23.12.2016.

[95] Sie ist eine Bewegungstherapie, die sich gezielt an den ganzen Menschen wendet. Vgl. *Zuck*, Das Recht der anthroposophischen Medizin, Rn. 200. Sie unterscheidet sich wegen der Einbeziehung der seelisch-geistigen Dimension des Menschen von der Krankengymnastik.

[96] Die Musik- und Tanztherapie gehört zu den nicht verordnungsfähigen Heilmitteln, weil ihr therapeutischer Nutzen nicht nachgewiesen ist, Anlage 1a Nr. 4 der HeilM-RL. Zur künstlerischen Therapie im stationären Bereich siehe *Zuck*, Das Recht der anthroposophischen Medizin, Rn. 238.

[97] Die rhythmische Massage ist nicht verordnungsfähig, weil diese Maßnahme der persönlichen Lebensführung zuzuordnen ist, Anlage 1c zur HeilM-RL, siehe auch Anlage 1a Nr. 6 (Fußreflexzonenmassage). Zur rhythmischen Massage siehe im Übrigen *Zuck*, Das Recht der anthroposophischen Medizin, Rn. 241.

[98] Siehe dazu krit. *Zuck*, Das Recht der anthroposophischen Medizin, Rn. 214 ff., Rn. 237. Zum Anspruch auf Gewährung heilpädagogischer Leistungen für Kinder im Rahmen von § 35 III SGB VIII iVm § 54 I 1 SGB XII in Form einer Reittherapie vgl. BSG, MedR 2013, 188 (dies bejahend).

II. Krankenbehandlung

2   Die Versorgung mit Heilmitteln gehört zur Krankenbehandlung (§ 27 I 2 Nr. 3 SGB V).[99] Der Versicherte hat einen Rechtsanspruch auf die Versorgung mit Heilmitteln, soweit sie nicht nach § 34 SGB V ausgeschlossen sind (§ 32 I SGB V).

Das GKV-VStG hat für Versicherte mit langfristigem Behandlungsbedarf in § 32 I a SGB V die Möglichkeit geschaffen, sich auf Antrag die erforderlichen Heilmittel von der Krankenkasse für einen geeigneten Zeitraum genehmigen zu lassen.[100] Die von den Krankenkassen genehmigten langfristigen Heilmittelbehandlungen unterliegen gem. § 106b IV Nr. 1 SGB V keiner Wirtschaftlichkeitsprüfung.[101] Siehe dazu auch § 8a HeilM-RL.

III. Verordnungen

3   Die Abgabe von Heilmitteln zu Lasten der GKV setzt eine vertragsärztliche Verordnung voraus (§ 3 I 1 HeilM-RL).[102]

Heilmittel können zu Lasten der Krankenkassen nur verordnet werden, wenn sie notwendig sind, um

- eine Krankheit zu heilen, ihre Verschlimmerung zu verhüten oder Krankheitsbeschwerden zu lindern,
- eine Schwächung der Gesundheit, die in absehbarer Zeit voraussichtlich zu einer Krankheit führen würde, zu beseitigen,
- einer Gefährdung der gesundheitlichen Entwicklung eines Kindes entgegenzuwirken, oder
- Pflegebedürftigkeit zu vermeiden oder zu mindern (§ 3 II HeilM-RL).

Der behandelnde Vertragsarzt muss sich vom Krankheitszustand des Patienten überzeugen (§ 3 III HeilM-RL).

Die Therapeuten sind grundsätzlich an die vertragsärztliche Verordnung gebunden, es sei denn, die HeilM-RL bestimmten etwas anders (§ 3 I 2 HeilM-RL).

IV. Zulassung

1. Leistungserbringer, Zulassungsvoraussetzungen[103]

4   Die Zulassung von Heilmitteln, die als Dienstleistung abgegeben werden, dürfen an Versicherte nur von zugelassenen Leistungserbringern abgegeben werden (§ 124 I 1 SGB V).

5   *Zuzulassen ist, wer*
„1. die für die Leistungserbringung erforderliche Ausbildung sowie eine entsprechende zur Führung der Berufsbezeichnung berechtigende Erlaubnis besitzt,

---

[99] Der Begriff des Heilmittels erfasst nur die Behandlung als solche, nicht dagegen Nebenmaßnahmen, wie z. B. das Umkleiden, BSG, SozR 4–2500 § 32 SGB V Nr. 1, Rn. 6.

[100] Damit soll den Versicherten eine „ergänzende Option" eingeräumt werden, BT-Drs. 17/8005 S. 105.

[101] Zum Gebot der Wirtschaftlichkeit siehe § 9 HeilM-RL. Zu beachten ist in diesem Zusammenhang BSG, MedR 2013, 122, wonach selbst bei Berücksichtigung der Frequenzvorgaben der Heilmittelrichtlinien bei jeder einzelnen Versorgung das Verordnungsverhalten des Vertragsarztes bezogen auf die Gesamtheit seiner Patienten unwirtschaftlich sein kann, so, wenn der Vertragsarzt in ungerechtfertigt vielen Behandlungsfällen Anlass zur Verordnung von Heilmitteln gesehen hat.

[102] Siehe dazu *Badtke*, Die Heilmittelversorgung im Recht der gesetzlichen Krankenversicherung, 2014.

[103] Der GKV-Spitzenverband gibt Empfehlungen zur einheitlichen Anwendung der Zulassungsbedingungen (§ 124 Abs. 4 SGB V). Zu Einzelheiten s. die Zulassungsempfehlungen i. d. F. vom 7.3.2016. Zu möglichen Erweiterungen der Zulassung s. *Butzer*, in: Becker/Kingreen, SGB V, § 124 SGB V, Rn. 4.

2. über eine Praxisausstattung verfügt, die eine zweckmäßige und wirtschaftliche Leistungserbringung gewährleistet, und
3. die für die Versorgung der Versicherten geltenden Vereinbarungen anerkennt" (§ 124 II SGB V).[104]

2. Verfahren

Die Zulassung wird von den Landesverbänden der Krankenkassen und den Ersatzkassen (§ 124 V SGB V) erteilt.[105] Die Zulassung berechtigt zur Versorgung der Versicherten (§ 124 V 2 SGB V). Für ein einheitliches Zulassungsverfahren gibt es Empfehlungen des SpiBuK (§ 124 IV SGB V).[106] Die berufsrechtlichen Voraussetzungen für die Zulassung werden von den dafür zuständigen Stellen mit Tatbestandswirkung für das Krankenversicherungsrecht geprüft.[107] Die Zulassung hat statusbegründenden Charakter. Sie kann grundsätzlich nicht rückwirkend erteilt werden.[108]

6

3. Rechtsanspruch

Wer die Zulassungsvoraussetzungen des § 124 II SGB V erfüllt, hat nur dann einen Rechtsanspruch auf Zulassung, wenn er zusätzlich den mit der Tätigkeit für die Krankenkassen verbundenen besonderen Anforderungen an Qualität und Zuverlässigkeit der Leistungserbringung gerecht wird.[109] Das ergibt sich nicht aus dem Zwang zur Bindung an die allgemeinen Vereinbarungen,[110] sondern ist ein entsprechendes, dem § 124 SGB V immanentes Tatbestandsmerkmal.[111] Die Zulassung als Leistungserbringer stellt die 1. Ebene dieses Systems dar.

7

4. Rechtsschutz

Gegen die Versagung der Zulassung ist – nach Durchführung des Widerspruchsverfahrens – die kombinierte Anfechtungs- und Verpflichtungsklage statthaft. Gegen den Widerruf oder die Rücknahme der Zulassung kommt die Anfechtungsklage in Betracht. Die Klage eines Dritten gegen die einem Konkurrenten erteilte Zulassung ist mangels drittschützenden Rechts unzulässig.[112]

8

---

[104] Zur Ausdehnung der Zulassung auf weitere Bereiche siehe § 124 II 2 SGB V (sie ist nur durch Verwaltungsakt möglich, BSG, SozR 3–2500, § 124 SGB V Nr. 3). Die Erbringung zusätzlicher, von bestimmten Qualifikationen abhängiger Leistungen durch einen schon zugelassenen Leistungserbringer ist dagegen vertraglich zu regeln, BSG, GesR 2004, 16-PNF. Zur Abgabe von Heilmitteln durch Krankenhäuser, Reha-Einrichtungen o. ä. siehe § 124 III SGB V.

[105] Die Zulassung kann widerrufen werden, § 124 VI 1 SGB V, nunmehr auch bei Verstoß gegen die Fortbildungspflichten des § 125 II SGB V n. F., vgl. § 124 VI 2 SGB V in der Fassung des GMG. Zur Fortgeltung von Altrecht s. § 124 VII SGB V i. d. F. des GKV-WSG.

[106] Siehe dazu die Empfehlungen der Spitzenverbände der gesetzlichen Krankenkassen gemäß § 124 IV SGB V für eine einheitliche Anwendung der Zulassungsbedingungen für Leistungserbringer von Heilmitteln, die als Dienstleistung an Versicherte abgegeben werden i. d. F. vom 1.3.2012.

[107] BSG, SozR 3–2500, § 124 SGB V Nr. 2; Nr. 4; BSG, GesR 2004, 16 (17).

[108] BSG, SozR 2200, § 371 RVO Nr. 4; SozR 3–2500, § 109 SGB V Nr. 2; SozR 3–5525, § 32b Nr. 1; SozR 3–2500, § 124 SGB V Nr. 7 Eine noch unter der Geltung der RVO erworbene Zulassung zur Heilmittelversorgung gilt nach dem Inkrafttreten des SGB V auch ohne ausdrückliche Überleitung automatisch fort, BSG, Urt. v. 7.10.10 – B 3 KR 12/09 R, SozR 4–2500 § 124 SGB V Nr. 2.

[109] BSG, SozR 3–2500, § 124 SGB V Nr. 10 (alkoholabhängiger Antragsteller). Der Anspruch auf Zulassung zur ambulanten Leistungserbringung besteht nicht für Einrichtungen, die überwiegend stationäre Leistungen erbringen; s. BSG, Urt. v. 19.9.2013 – B 3 KR 8/12 R.

[110] Damit sind die in § 125 SGB V geregelten Rahmenempfehlungen der Spitzenverbände sowie die in § 125 II SGB V genannten Verträge gemeint, BSG, SozR 3–2500, § 124 SGB V Nr. 10 Bl. 66.

[111] BSG, SozR 3–2500, § 124 SGB V Nr. 10 Bl. 69.

[112] BSG, SozR 3–2500, § 124 Nr. 2, 15 f. Die Zulassungsvoraussetzungen des § 124 II SGB V dienen nicht dem Schutz anderer Leistungserbringer, sondern sollen die zuverlässige Versorgung mit Heilmitteln in der GKV sicherstellen.

5. Vertragsrecht

9   Über die Einzelheiten der Versorgung mit Heilmitteln und über die Preise und deren Abrechnung sowie die Verpflichtung der Leistungserbringer zur Fortbildung schließen die Krankenkassen, die Landesverbände oder Arbeitsgemeinschaften mit Leistungserbringern oder Verbänden oder sonstigen Zusammenschlüssen der Leistungserbringer Verträge – 2. Ebene – (§ 125 II SGB V).[113]

Der durch das GKV-VSG eingeführte § 125 III SGB V enthält eine Regelung zur Angleichung des Heilmittel-Vergütungspreisniveaus zwischen den Krankenkassen und den Ersatzkassen für die Jahre 2016–2021. Hintergrund dieser schrittweisen Angleichung der Heilmittelpreise sind vom Gesetzgeber festgestellte Wettbewerbsverzerrungen aufgrund historisch bedingter Vergütungsunterschiede.[114]

Nach dem „Vertragsmodell" gem. § 126 I 1 SGB V dürfen Hilfsmittel an Versicherte nur auf der Grundlage von Verträgen nach § 127 I, II u. III SGB V abgegeben werden.[115] Die Anforderungen an die Vertragspartner der Krankenkassen bestimmt § 126 I 2 SGB V. Das sog. „Präqualifizierungsverfahren", welches der „Vermeidung überflüssigen bürokratischen Aufwandes bei Krankenkassen und Leistungserbringern durch redundante Überprüfungen der Eignung der Vertragspartner bei jedem Vertragsschluss"[116] dienen soll, ist in § 126 I a SGB V geregelt.[117]

6. Abrechnungsverhältnis

10 Das Abrechnungsverhältnis – 3. Ebene – betrifft die im Zusammenspiel mit Rahmenempfehlungen und Rahmenverträgen entstehende öffentlich-rechtliche Leistungsberechtigung und -verpflichtung der zugelassenen Heilmittelerbringer. Während die Rechtsprechung den Vergütungsanspruch der Leistungserbringer früher noch dem Dienstvertragsrecht (§ 611 BGB iVm § 69 SGB V) zuordnete, wird dieser nunmehr auf § 125 II 1 SGB V gestützt, wonach die Leistungserbringer im Gegenzug für die Erfüllung ihrer öffentlich-rechtlichen Leistungspflicht einen durch Normenvertrag näher ausgestalteten gesetzlichen Anspruch auf Vergütung gegen die Krankenkassen erwerben.[118]

Die Abrechnung setzt eine Abrechnungsbefugnis voraus.[119]

---

[113] Die Verträge zur Heilmittelversorgung sind öffentlich-rechtlicher Natur, BSG, Urt. v. 13.9.2011 – B 1 KR 23/10 R, SozR 4-2500 § 125 Nr. 7, Rn. 11. Ist ein Vertrag ausgelaufen, gibt es keine Nachwirkung (mit entsprechenden Pflichten) aus § 125 SGB V, BSG, SozR 3-2500, § 125 SGB V Nr. 7 Bl. 25 f.

[114] BT-Drs. 18/5123, 134 f.

[115] Infolge dieses „Systemwechsels" ist das Erfordernis einer kassenrechtlichen Zulassung der Leistungserbringer auf Landesebene entfallen; s. *Butzer*, in: Becker/Kingreen, SGB V, § 126 SGB V, Rn. 1. S. dort auch Rn. 2 ff. zur Frage der verfassungsrechtlichen Zulässigkeit des neuen Vertragsmodells.

[116] BT-Drs, 16/10609, 56.

[117] Siehe dazu *Flasbarth*, MedR 2011, 77; *Luthe*, SGb 2010, 621; *Zimmermann*, NZS 2013, 453.

[118] Rechtsnatur und Struktur des Vergütungsanspruchs folgen der Einbindung der Heilmittelerbringer in den öffentlich-rechtlichen Versorgungsauftrag der Krankenkassen; siehe *Nusser*, in Krauskopf, § 125, Rn. 23.

[119] *Palsherm*, SGb 2011, 579 (580). Dass ein Physiotherapeut zu Lasten der Krankenkassen nur abrechnen darf, wenn er eine Weiterbildung in der fraglichen Therapie absolviert und eine Abschlussprüfung bestanden hat, ist rechtmäßig, BSG, Urt. v. 22.7.04 – B 3 KR 12/04 R, SozR 4-2500 § 125 SGB V Nr. 2; SozR 4-2500 § 125 SGB V Nr. 7. Siehe dort auch zum Rückgriff auf die Rahmenempfehlung zur „Anerkennung von im europäischen Ausland erworbenen Qualifikationen im Rahmen der Erteilung der Abrechnungserlaubnis für Leistungen, die eine Weiterbildung erfordern."

V. Vergütungsfragen

Festbetragsermächtigungen gibt es für Heilmittel nicht. Die nach § 125 II SGB V vereinbarten Preise sind Höchstpreise (§ 125 II 1 2. HS SGB V). Weist der Leistungserbringer die Erfüllung seiner Fortbildungspflichten[120] nicht nach, können in den Verträgen Vergütungsabschläge vorgesehen werden (§ 125 II 2 SGB V).[121] Der Versicherte, der die Dienste eines Heilmittelerbringers in Anspruch nimmt, unterliegt den Zuzahlungspflichten des § 61 SGB V.

11

---

[120] Die Fortbildungsverpflichtung beruht auf den Rahmenempfehlungen nach § 125 I Nr. 2 SGB V, vgl. dazu § 9 der Empfehlungen nach § 125 I SGB V. Zu den Rahmenempfehlungen allgemein s. *Palsherm*, SGB 2011, 579 (580 f.).
[121] BSG, SozR 3–2500, § 125 SGB V Nr. 5, Bl. 16.

Vierter Teil: Besondere Bereiche des Medizinrechts

1. Abschnitt: Biomedizin

§ 66 Begriff und Maßstäbe

I. Der Begriff Biomedizin

Das Wort „Biomedizin" („biomedicine") wird nur vom Menschenrechtsübereinkommen zur Biomedizin („MRB")[1] des Europarats verwendet. Das Übereinkommen sagt allerdings nicht, was damit gemeint sein soll. Ursprünglich tauchte die „Biomedizin" auch in der Deklaration von Helsinki des Weltärztebundes[2] im Zusammenhang mit dem Begriff der „biomedizinischen Forschung" auf. In der derzeit geltenden Fassung der Deklaration von Helsinki wird nur noch von „medizinischer Forschung" gesprochen. Auf den ersten Blick ist das Wort „Biomedizin" eher missverständlich, denn „Bios" in seiner ursprünglichen Bedeutung als (menschliches) Leben,[3] brächte doch nur zum Ausdruck, dass die Medizin (menschliches) Leben zur Grundlage ihrer Erkenntnisse und ihrer Tätigkeit macht. Deutlicher wird die Bezeichnung, wenn man ihre Beziehung zur Biotechnologie und zur Bioethik herstellt. Noch vor 30 Jahren gab es nicht einmal den Begriff der Bioethik.[4] Der Bedarf, ein Teilgebiet der Ethik[5] hervorzuheben, setzt, angesichts der gleich bleibenden Fragestellungen der Ethik, eine veränderte Tatsachensituation voraus. Es sind dies die neuen Forschungsergebnisse der

1

---

[1] → § 74 Rn. 16 ff.
[2] → § 74 Rn. 8 ff.
[3] Bios meint im Sinne der griechischen Tradition „Leben/Lebensform", vgl. *Ritter*, Historisches Wörterbuch der Philosophie, Band 1, 948. Der Begriff entwickelte sich in der Folge bis hin zur „Lebensführung".
[4] Der Begriff stammt aus dem Angloamerikanischen („bioethics"), wo er angesichts der rasanten biomedizinischen Entwicklung in den frühen 1970er Jahren geprägt wurde. S. dazu *Ach/Gaidt* (Hrsg.), Herausforderung der Bioethik, 1993; *Korff*, in: ders./Beck/Mikat (Hrsg.), Lexikon der Bioethik, Bd. 1, 1998, 7 ff. Im juristischen Kontext hat sich angesichts neuer Herausforderungen und Rechtsfragen der Begriff „Biorecht" entwickelt, vgl. *Berdin*, MedR 2013, 433. Zum Stand des bioethischen Diskurses s. aus deutscher Sicht *Düwell*, Bioethik, 2008, aus US-amerikanischer Sicht außerordentlich einflussreich *Beauchamp/Childress*, Principles of Biomedical Ethics, 6th ed. 2009. Beherrschend sollen danach folgende vier Prinzipien sein:
– Respekt für die Autonomie des Patienten (S. 99 ff.), s. dazu *Jennins*, in: Steinbock, Handbook of Bioethics, 2007, 72 f.
– Schadensvermeidung (S: 149 ff.)
– Fürsorge (S. 197 ff.)
– Gerechtigkeit (S. 240 ff.).
Zur Dynamik des bioethischen Diskurses s. *Koller*, MedR 2014, 697 (700 f.).
[5] Die Terminologie ist zweifelhaft. Unter Ethik sollen hier allgemeingültige Aussagen über moralische Werte und molralischen Handlungsnormen verstanden werden. Zur Unterstreichung zwischen Ethik und Moral vgl. *Düwell*, Bioethik, 2008, 32. Die Ethik kann von daher auch als „Wissenschaft von der Moral" oder als „Theorie der Moral" bezeichnet werden, *Kress*, in: Korff/Beck/Mikat (Hrsg.), Lexikon der Bioethik, Bd. 1, 1998, S. 654 ff. Die Beschreibung des moralischen Status (vgl. *Walts*, Moral Status, in: Post (Ed.), Encyclopedia of Bioethics, 3. Aufl. 2004, S. 285; s. *Taupitz*, AnwBl. 2015, 734. Im Bereich der Biomedizin geht es in erster Linie um das Verhalten der in der Medizin Tätigen, also um Fragen der Moral, d. h. um verbindliche Verhaltensnormen innerhalb einer bestimmten Gesellschaft, vgl. *Schröer*, in: Korff/Beck/Mikat (Hrsg.), Lexikon der Bioethik, Bd. 2 1998, S. 707; *Ritter*, Historisches Wörterbuch der

Biologie und der Medizin und die daran anknüpfenden Technologien („Biotechnologie"),[6] die, auch im Zusammenhang mit einem sich ändernden gesellschaftlichen Verständnis,[7] zu neuen Forderungen einer (und an eine) Biomoral geführt haben. Von diesen beiden Ausgangspunkten her bezieht sich Biomedizin auf jene neuen Forschungsergebnisse und Technologien, Behandlungs- und Untersuchungsmethoden,[8] die die moderne Medizin kennzeichnen. Nicht alles, was neu ist, ist aber Gegenstand von Biomedizin. Ihr zuzurechnen ist nur, was Fragen der Biomoral aufwirft. Diese Frag-Würdigkeit kann sich auch außerhalb des technischen Fortschritts ergeben, so vor allem im Hinblick auf die auf das Lebensende des Menschen hin bezogene Medizin.

2 Man wird danach zunächst zwei große Fallgruppen der Biomedizin bilden können: Medizin bis zur Geburt und die um den Tod des Menschen zentrierte Medizin. Zwischen diesen beiden Medizin-Polen liegt die Transplantationsmedizin.

3 Es liegt auf der Hand, dass der Begriff „Biomedizin" nicht den Rang einer Definition haben kann.[9] Biomedizin ist vielmehr eine Kurzformel für die Zusammenfassung von Neuentwicklungen in der Medizin, Neuentwicklungen nicht nur gegenständlich, sondern auch vom Denken her bestimmt, die in besonderem Maß mit Fragen der Medizin verknüpft sind. Das Kürzel „Biomedizin" verweist also auf einen offenen Katalog. Seine Offenheit resultiert nicht nur aus den möglichen Veränderungen der Fragestellungen, sondern auch daraus, dass es vom allgemeinen (Selbst-)Verständnis der an der Medizin Beteiligten abhängt, was unter Biomedizin verstanden werden soll.

Dieser „offene Sammelcharakter" wird letzten Endes auch von Kritikern bestätigt, die zwar die inhaltliche Unschärfe des Begriffs, wie er hier verwendet worden ist, missbilligen, selbst aber auch nicht mehr leisten als die eher zufällige Zusammenstellung von Fachbereichen, die unter der Überschrift „Biomedizin" behandelt werden.[10] Der Umstand, dass feste Inhalte und Grenzen des Begriffs „Biomedizin" nicht verlässlich gesichert sind, mag Wissenschaftler im Hinblick auf die verlässliche Ausrichtung eines universitären Forschungsbereichs beunruhigen.[11]

Philosophie, Bd. 6, 150 ff. „Moral" erweist sich demnach sowohl als beschreibend als auch als präskriptiv. S. dazu auch *Koller*, MedR 2014, 687 (398 f.).

[6] Siehe dazu *Ach*, Hello Dolly? Biotechnik, Biomoral und Bioethik, in: Ach, u. a. Hello Dolly? Über das Klonen, 123 ff. *Härtel*, Genmedizin als Auftrag für die Wissenschaftspolitik, in: W/F/S, Rn. 976 ff.; Mitteilung der EG-Kommission „Biowissenschaften und Biotechnologie, eine Strategie für Europa, BR-Drs. 176/02; *Weiß*, MedR 2005, 458; *Lohninger*, Grundlagen der Gen- und Biotechnologie; *Arndt*, Biotechnologie in der Medizin.

[7] Damit wird ein politisches Kürzel zum Verständnis von Biomoral geschaffen. Je utilitaristischer Moral verstanden wird, umso größere Bedeutung gewinnt dieser Sektor. Bioethik umfasst nicht nur den Medizinbereich, sondern auch die Tierethik und die ökologische Ethik, vgl. *Wuketits*, Bioethik, 10.

[8] Die damit einfließende Wendung von „neuen Untersuchungs- und Behandlungsmethoden" hat – schon von den Voraussetzungen her – nichts mit der unter diesem Begriff geführten Diskussion über die Anerkennung neuer Untersuchungs- und Behandlungsmethoden in der gesetzlichen Krankenversicherung zu tun, vgl. dazu § 135 SGB V und *Schmidt-De Caluwe*, in: Becker/Kingreen; Anm. zu § 135; *Ihle*, in: juris PK-SGB V Anm. zu § 135.

[9] S. dazu ausf. *Zuck*, MedR 2008, 57 ff.

[10] *Kranz*, Biomedizinrecht in der EU, S. 11.

[11] *Schreiber*, Biomedizin und Biorecht – neue Formeln für Arztrecht und Medizinrecht?, in: Lilie/Bernat/Rosenau (Hrsg.), Standardbestimmung in der Medizin als Rechtsproblem, S. 11 (17). Eher zustimmend *Laufs*, aaO, S. 19 (24), siehe dazu auch seine Reserve (aaO, S. 28) gegenüber *Dörr/Michel* (Hrsg.), Biomedizinrecht. Unverändert trauerte *Laufs* jedoch dem Verständnis von Medizinrecht als Arztrecht nach, aaO, S. 29. Aber das „Bild des Arztes im 21. Jahrhundert" hat sich grundlegend verändert, vgl. – etwa – Katzenmeier/Bergdolt (Hrsg.), Das Bild des Arztes im 21. Jahrhundert, 2009. Zu den wechselseitigen Beziehungen zwischen Bioethik und Medizinrecht s. *Berdin*, MedR 2013, 433 (Tagungsbericht) und *Koller*, MedR 2014, 697 (702 f.).

II. Recht der Biomedizin

Geht man, wie vorstehend beschrieben, davon aus, dass auf die Biomedizin in unterschiedlichem Maße die Faktoren Institutionalisierung, Integration, Internationalisierung und Instabilität einwirken, wurzelnd in den Sachbereichen der Biotechnologie und der Bioethik, so lässt sich das Recht der Biomedizin als Gegenstand von Forschung und Lehre unter allen Vorbehalten[12] so umschreiben: „Forschung, Lehre, therapeutische Konzepte und Behandlungsmethoden der Humanmedizin, die sich, aus den Erkenntnissen und Anwendungsbereichen der Humanbiologie auf den Menschen im Zusammenhang mit Beginn und Ende seines Lebens beziehen. Aus der Spanne zwischen Leben und Tod werden diejenigen medizinischen Maßnahmen erfasst, die einen besonderen Bezug zur Bioethik haben, wie insbesondere Transplantation und klinische Versuche".

III. Die Maßstäbe der Biomedizin

Die Verknüpfung von Biomedizin mit Biotechnologie und Biomoral lässt es nicht überraschend erscheinen, dass die die Biomedizin beherrschenden Auffassungen, Maßstäbe und Regeln unterschiedlichen Kategorien zuzuordnen sind und infolgedessen, was ihre allgemeine Verbindlichkeit angeht, auch unterschiedliche Bedeutung haben. Dies auseinanderzuhalten, ist auf einem Gebiet besonders wichtig, das wie kaum ein anderes von religiösen, ethischen, moralischen (gesellschafts-)politischen und rechtlichen Aspekten beherrscht wird und schon auf Grund dieser Vielfalt (polarisiert auch noch durch das jeweils unterschiedliche nationale Verständnis) nicht sonderlich konsensfähig ist. Es ist deshalb eine notwendige Aufgabe, für die einschlägigen, die Biomedizin betreffenden Vorschläge, Empfehlungen, Beschlüsse, Vereinbarungen, Verträge und Normen (= „Vorgaben") festzustellen, welches Ordnungspotential in ihnen enthalten ist, insbesondere aber, weil es hier um das Medizinrecht geht, zu klären, ob ggf. und in welchem Umfang eine Zuordnung zur Rechtsordnung überhaupt gewollt oder möglich ist.

§ 67 Allgemeine, besonders bedeutsame, die Biomedizin betreffende internationale und unionsrechtliche Vorgaben

I. Vorbemerkung

Die nachfolgende Übersicht[13] erfasst besonders wichtige, die Biomedizin betreffende allgemeine internationale oder europarechtliche Vorgaben, damit also solche, die nicht spezifisch den drei großen Bereichen der Biomedizin (Geburt/Leben/Tod) zugeordnet sind. Von einer solchen Allgemeinheit u. U. auch dann auszugehen, wenn die entsprechende Vorgabe nach ihrer Überschrift nur einen spezifischen Bereich der Biomedizin erfassen will, in ihrem Text aber darüber hinausgehende Aussagen trifft.

II. Die Unesco-Deklaration vom 11.11.1997

1. Unesco

Die Unesco, eine Sonderorganisation der Vereinten Nationen hat nach Art. 1 ihrer Satzung vom 16.11.1945 das Ziel,

„durch Förderung der Zusammenarbeit zwischen den Völkern in Bildung, Wissenschaft und Kultur zur Wahrung des Friedens und der Sicherheit beizutragen, um in der ganzen Welt die

---

[12] So auch *Spickhoff*, VersR 2006, 1569 (1570).
[13] Zu den Texten s. die Textsammlung von *Müller-Terpitz*, Das Recht der Biomedizin.

Achtung vor Recht und Gerechtigkeit, von den Menschenrechten und Grundfreiheiten zu stärken, die den Völkern der Welt ohne Unterschied der Rasse, des Geschlechts, der Sprache oder Religion durch die Charta der Vereinten Nationen bestätigt worden sind."

3   Die Unesco empfiehlt ihren Mitgliedsstaaten die dafür geeigneten internationalen Übereinkünfte.

2. Unesco-Deklaration

4   Das Plenum der 29. Generalkonferenz der Unesco hat am 11.11.1997 eine „Allgemeine Erklärung über das menschliche Genom und Menschenrechte" einvernehmlich, aber ohne förmliche Abstimmung verabschiedet. Trotz der sich aus dem Bezug auf das menschliche Genom (= Gesamtheit aller genetischen Informationen einer Zelle) ergebenden Begrenzung wird die Unesco-Erklärung als ein zentrales Bezugsdokument für Fragen der Biomedizin angesehen, weil in ihr erstmals eine globale internationale Organisation Fragen der Biomedizin in grundsätzlicher Weise aufgegriffen hat und dies auf der Basis der Würde des Menschen als eines zentralen Menschenrechts.[14] Man darf gleichwohl nicht übersehen, dass der Haupterfolg dieser Erklärung darin liegt, dass sie überhaupt zustande gekommen ist. Die bloße abstimmungsfreie Akklamation für dieses Dokument zeigt, dass der Konsens nicht nur mühevoll, sondern auch brüchig war. Die Delegationen waren sich schon bei der „Verabschiedung" der Erklärung darin einig, dass die eigentlichen und grundlegenden Fragen im „International Bioethics Committee" (IBC) behandelt werden sollten.[15] Die Erklärung erweist sich insoweit als ein klassisches politisches Dokument. Sie ist ohne völkerrechtliche Bindungswirkung, und damit ohne rechtliche Bedeutung überhaupt. Mit Recht wird ihr aber dennoch Gewicht beigemessen. Sie zeigt zum einen (für das Jahr 1998), wieweit international überhaupt Einvernehmen erzielt werden konnte, d. h. wieweit (damals) Gemeinsamkeiten bestanden haben. Darüber hinaus kann an der Erklärung abgelesen werden, welchen Rang politische Zielvorstellungen für die Artikulation biomoralischer Grundsätze einzunehmen geeignet sind.

3. Inhalt

5   Wegen ihrer allgemeinen Bedeutung sind zunächst die ersten drei Artikel des Abschnitts A der Erklärung[16] hervorzuheben:

Art. 1: „Das menschliche Genom liegt der grundlegenden Einheit aller Mitglieder der menschlichen Gesellschaft sowie der Anerkennung der ihnen innewohnenden Würde und Vielfalt zugrunde. In einem symbolischen Sinne ist es das Erbe der Menschheit."
Art. 2: „a) Jeder Mensch hat das Recht auf Achtung seiner Würde und Rechte, unabhängig von seinen genetischen Eigenschaften.
b) Diese Würde gebietet es, den Menschen nicht auf seine genetischen Eigenschaften zu reduzieren und seine Einzigartigkeit und Vielfalt zu achten."
Art. 3: „Das menschliche Genom, das sich seiner Natur gemäß fortentwickelt, unterliegt Mutationen. Es birgt Möglichkeiten, die je nach der natürlichen und sozialen Umgebung des

---

[14] Siehe dazu *Fulda*, Unesco-Deklaration über das menschliche Genom und Menschenrechte, in: W/F/S, Rn. 508.

[15] Dem entspricht es, das die deutsche Delegation auf der 29. Generalkonferenz die Erklärung zwar begrüßt hat, sich aber – im Hinblick auf die noch nicht abgeschlossene deutsche Diskussion – außerstande gesehen hat, den Konsens formell mitzutragen, siehe dazu *Fulda*, Unesco-Deklaration über das menschliche Genom und Menschenrechte, in: Winter/Fenger/Schreiber, Genmedizin und Recht, Rn. 521.

[16] Deutscher Text: http://www.unesco.de/infothek/dokumente/unesco-erklärungen/allgemeine-erklärung-über-das-menschliche-genom-und-menschenrechte.html.

einzelnen, einschließlich seines Gesundheitszustandes, seiner Lebensbedingungen, Ernährung und Erziehung auf unterschiedliche Weise zum Ausdruck kommen."

Abschnitt B behandelt die Rechte der betroffenen Personen „bei Forschung, Behandlung und Diagnose, die das Genom eines Menschen betreffen", Abschnitt C die Forschung am menschlichen Genom (mit einem Verbot des reproduktiven Klonens von Menschen (in Art. 11), Abschnitt D die Bedingungen für die Ausübung wissenschaftlicher Tätigkeiten, Abschnitt E „Solidarität und internationale Zusammenarbeit", Abschnitt F die Pflicht zur Förderung der in der Erklärung niedergelegten Grundsätze („Die Staaten sollen geeignete Maßnahmen treffen ...", Art. 20) und Abschnitt G die Umsetzung der Erklärung („Die Staaten sollen alle Anstrengungen unternehmen, um die in dieser Erklärung niedergelegten Grundsätze zu fördern, und sollen mit Hilfe aller geeigneten Maßnahmen ihre Umsetzung fördern", Art. 22). 6

Wie dünn das Eis dieser Erklärung ist, zeigt Art. 1 S. 2: Das Genom wird nur in einem symbolischen Sinn als „Erbe der Menschheit" bezeichnet. Diejenigen, die auf den Symbol-Zusatz verzichten wollten, haben sich nicht durchsetzen können; es war befürchtet worden, dass die Erwähnung des Genoms als „Erbe der Menschheit" als Abgrenzungskriterium für gesellschaftliche und individuelle Interessen verwendet werden könnte. Der Streit um diese Formulierung macht deutlich, dass auch die „Würde des Menschen" nur symbolisch verstanden werden sollte. 7

III. Die Deklaration von Helsinki („DvH")

1. Entstehung

Der Weltärztebund hatte – nach Vorarbeiten[17] – im Jahr 1975 die Deklaration von Helsinki verabschiedet. Die Deklaration befasste sich mit der biomedizinischen Forschung am Menschen. Insbesondere auf Grund von Bestrebungen der American Medical Association, den Schutz der Patienten und Probanden hinter den Forschungsinteressen zurücktreten zu lassen, und in diesem Zusammenhang auf den Unterschied zwischen therapeutischer und wissenschaftsspezifischer Forschung zu verzichten.[18] 2013 ist eine Neufassung von der 54. WMA „General Assembly" unter dem Titel „Ethical Principles for Medical Research Involving Human Subjects" einstimmig verabschiedet worden.[19] 8

2. Inhalt

a) **Grundaussagen.** Die DvH enthält eine Reihe grundsätzlicher Aussagen zur medizinischen Forschung am Menschen. Zu diesen gehört inzwischen Nr. 4, wonach es die Pflicht des Arztes ist, die Gesundheit der Menschen zu erhalten und zu fördern. Während Nr. 4 eine Stärkung der Pflichtenstellung des Arztes gegenüber der DvH '96 vornimmt („Pflicht" statt „Aufgabe"), zeigt Nr. 5 die Folgen des Einflusses von Forschungs- und Wirtschaftsinteressen und der Kombination dieser beiden: Während die DvH '96 noch formuliert hatte, dass die Sorge um die Belange der Versuchsperson gegenüber den Interessen der Wissenschaft und Gesellschaft übergeordnet sein „muss", hatte die Fassung der DvH 2000 eine Sollvorschrift 9

---

[17] *Schaupp*, Der ethische Gehalt der Helsinki-Deklaration.
[18] Zur Entwicklung vgl. *Deutsch/Taupitz*, Deklaration von Helsinki des Weltärztebundes, in: W/F/S, Rn. 527 ff. (529); *Deutsch*, NJW 2001, 857 (859); *Taupitz*, MedR 2001, 277 *Hohnel*, Die rechtliche Einordnung der Deklaration von Helsinki, 9 ff.
[19] Die revidierte Deklaration ist in ihrer offiziellen deutschen Übersetzung abrufbar unter dem Link: http://www.bundesaerztekammer.de/fileadmin/user_upload/Deklaration_von_Helsinki_2013:dE.pdf. Siehe zur Deklaration ausführlich *Deutsch/Taupitz*, Deklaration von Helsinki des Weltärztebundes, in: W/F/S, Rn. 527 ff.; *Taupitz*, MedR 2001, 277 (*Taupitz* kommentiert kenntnisreich jede einzelne Bestimmung); *Lippert*, MedR 2003, 681; *Hohnel*, Die rechtliche Einordnung der Deklaration von Helsinki.

gemacht.[20] Für die Forschung selbst gilt, dass sie allgemein anerkannten wissenschaftlichen Grundsätzen folgen muss.[21] Dazu gehörte auch eine „sorgfältige Abschätzung" von Risiken (für die Versuchsperson oder Dritte) und des Nutzens. Nach entsprechender Aufklärung wurde die Forschung von der Einwilligung der Versuchsperson (oder ggf. ihres gesetzlichen Vertreters) abhängig gemacht (Nr. 25 ff.).

10 b) Ethikkommissionen. Verfahrensrechtlich ist die in Nr. 22 ff.vorgeschriebene Einschaltung von Ethikkommissionen hervorzuheben.[22] Dazu heißt es jetzt:[23]

Nr. 22 bestimmt u. a., dass die Planung und Durchführung einer jeden wissenschaftlichen Studie am Menschen klar in einem Studienprotokoll beschrieben und gerechtfertigt sein muss. Das Protokoll „sollte" Informationen u. a. über die Finanzierung der Studie, die Sponsoren sowie mögliche Interessenkonflikte enthalten. In Bezug auf die Ethikkommission heißt es in Nr. 23 nunmehr:

„Das Studienprotokoll ist vor Studienbeginn zur Erwägung, Stellungnahme, Beratung und Zustimmung der zuständigen Forschungs-Ethikkommission vorzulegen. Diese Ethikkommission muss transparent in ihrer Arbeitsweise, unabhängig vom Forscher, dem Sponsor und von jeder anderen unzulässigen Beeinflussung sowie angemessen qualifiziert sein. Sie muss den Gesetzen und Rechtsvorschriften des Landes oder der Länder, in dem oder denen die Forschung durchgeführt werden soll, sowie den maßgeblichen internationalen Normen und Standards Rechnung tragen, die jedoch den in diese Deklaration festgelegten Schutz von Versuchspersonen nicht abschwächen oder aufheben dürfen. Die Ethikkommission muss das Recht haben, laufende Studien zu beaufsichtigen. Der Forscher muss der Ethikkommission begleitende Informationen vorlegen, insbesondere Informationen über jede Art schwerwiegender unerwünschter Ereignisse. Eine Abänderung des Protokolls darf nicht ohne Erwägung und Zustimmung der Ethikkommission erfolgen. Nach Studienende müssen die Forscher der Kommission einen Abschlussbericht vorlegen, der eine Zusammenfassung der Ergebnisse und Schlussfolgerungen je Studie enthält."

11 Damit werden die Beratungs- und Kontrollfunktionen der Ethikkommissionen gestärkt; die Tendenz zielt immer weiter auf ihre Umgestaltung als Genehmigungsstellen hin.[24]

12 c) Rechtliche Bedeutung. Die DvH ist – nach Streichung des Zusatzes „bio" bei der „medizinischen Forschung"[25] – nunmehr ganz allgemein forschungsbezogen, erfasst also jede Form medizinischer Forschung. Zweifel, ob der Verzicht auf eine ausdrücklich Erwähnung der Genmedizin deren Ausklammerung aus der DvH bedeuten sollte, sind deshalb unberechtigt. Im Übrigen ist zwar sicherlich der Gegenstand der DvH die medizinische For-

---

[20] Zu Einzelheiten des Altrechts vgl. ausführlich *Taupitz*, MedR 2001, 277 (279).

[21] Die Neufassung, an welcher die Bundesärztekammer federführend beteiligt war, fordert außerdem einen besseren Schutz für Studienteilnehmer. Zudem sollen in Zukunft nicht nur klinische, sondern alle medizinischen Studien am Menschen registriert werden. Nr. 8 der Deklaration bestimmt inzwischen ausdrücklich, dass der vorrangige Zweck der medizinischen Forschung, neues Wissen hervorzubringen, niemals Vorrang vor den Rechten und Interessen der einzelnen Versuchspersonen haben darf.

[22] Siehe dazu *Deutsch/Taupitz*, Die Deklaration von Helsinki des Weltärztebundes, in: W/F/S, Rn. 540; *Taupitz*, MedR 2001, 277 (280) (Anmerkung zu B 13); jeweils zum Altrecht.

[23] Die Neufassung, an welcher die Bundesärztekammer federführend beteiligt war, fordert außerdem einen besseren Schutz für Studienteilnehmer. Zudem sollen in Zukunft nicht nur klinische, sondern alle medizinischen Studien am Menschen registriert werden. Nr. 8 der Deklaration bestimmt inzwischen ausdrücklich, dass der vorrangige Zweck der medizinischen Forschung, neues Wissen hervorzubringen, niemals Vorrang vor den Rechten und Interessen der einzelnen Versuchspersonen haben darf.

[24] Zutreffend *Taupitz*, MedR 2001, 277 (281).

[25] Die Gründe für die Änderung im Jahr 2000 sind nicht ganz klar, vgl. *Taupitz*, MedR 2001, 277 (278). Anzunehmen ist, dass es – zum einen – die Unsicherheiten sind, die sich mit der Bezeichnung „Biomedizin" verbinden. Zum anderen kann auch eine Rolle gespielt haben, dass man eine größere Allgemeinheit der Aussagen hat erreichen wollen.

schung. Die Grundaussagen, insbesondere in der Einleitung, reichen aber über das ausdrückliche Thema der Deklaration hinaus. Sie betreffen das Grundverständnis ärztlicher Tätigkeit überhaupt.

Die DvH hat keine unmittelbare rechtliche Bedeutung. Sie fasst die international konsensfähigen Überzeugungen der Ärzteschaften zur Beurteilung von medizinischer Forschung am Menschen und die dafür maßgeblichen Voraussetzungen für ärztliches Handeln überhaupt zusammen. Man sollte in diesem Zusammenhang auch nicht von internationalem Standesrecht sprechen,[26] denn es handelt sich, wenn der Weltärztebund etwas beschließt, nicht um Rechtsetzung. Auch die Klassifizierung solcher Beschlüsse als Standesrecht ist nicht zutreffend, wenn man berücksichtigt, dass sich hinter diesem unscharfen Begriff[27] ein Konglomerat unterschiedlicher Regelkreise verbirgt,[28] in denen das Standesrecht nur Binnenrecht, also das Verhalten der Berufsangehörigen untereinander und zu ihren Berufsorganisationen betrifft. Die Rechtsstellung der Berufsangehörigen und ihr Verhalten nach außen fasst man besser unter dem inzwischen für die gesamte Rechtsmaterie eingebürgerten Begriff des Berufsrechts zusammen.[29] Es ist auf der anderen Seite aber auch nicht angemessen, die DvH als (bloße) ethische Rahmenbedingung zu behandeln. Zu diesem Irrtum verleitet vielleicht die Überschrift mit ihren „Ethical Principles". Es handelt sich aber nicht um „reine" ethische Prinzipien, sondern um standes- und berufspolitische Überzeugungen.[30]

13

Rechtscharakter enthalten diese in der DvH fixierten Überzeugungen nur und erst durch die Übernahme in nationales Berufsrecht. Wegen der fehlenden Rechtsverbindlichkeit der DvH sind die nationalen Normsetzungsgremien dabei, d. h. bei der Umsetzung in ihrer Entscheidung frei.[31] Sie haben allerdings bei Abweichungen in der Sache die Argumentationslast. In Deutschland hat es sich eingebürgert, die Entscheidung über das ärztliche Berufsrecht vom Deutschen Ärztetag treffen zu lassen. Sie werden in der MBO zusammengefasst.[32] Auch die MBO enthält aber nur die – unausgesprochene – Empfehlung an die zuständigen Landesärztekammern, die jeweiligen MBO-Beschlüsse des Deutschen Ärztetags in verbindliches Satzungsrecht umzusetzen.[33]

14

IV. Das Übereinkommen zum Schutz der Menschenrechte und der Menschenwürde von Biologie und Medizin des Europarates vom 4. April 1997 („MRB")

1. Europarat

Der Europarat, eine von der EU zu unterscheidende zwischenstaatliche Organisation mit Sitz in Straßburg hat nach Art. 1b seiner Satzung vom 5.5.1949 die Aufgabe, „durch den Abschluss von Abkommen und durch gemeinschaftliches Vorgehen auf wirtschaftlichem,

15

---

[26] So aber *Deutsch/Taupitz*, Die Deklaration von Helsinki des Weltärztebundes, in: W/F/S, Rn. 530.
[27] Siehe dazu im Einzelnen *Zuck*, Standesrecht und Verfassungsrecht, in: FS f. Pfeiffer, 1007.
[28] *Zuck*, in: Lingenberg/Hummel/Zuck/Eich, Kommentar zu den Grundsätzen des anwaltlichen Standesrechts, Einleitung Rz. 19 ff.
[29] Soweit Berufsrecht durch Satzungen geregelt wird, ist ihre Regelungskompetenz bei Normen mit Wirkung auf Dritte beschränkt, BVerfGE 101, 312. Zum Begriff des Berufsrechts siehe *Jaeger*, SGb 2003, 311, zur „Drittwirkung" des Satzungsrechts vor allem S. 312.
[30] Dass solche Überlegungen sich auf Grundsätze der jeweiligen Berufsmoral beziehen, ist selbstverständlich. S. dazu auch *Hohnel*, Die rechtliche Einordnung der Deklaration von Helsinki, 167 („Leitlinie vertretbaren Versuchshandelns").
[31] Vgl. etwa die Hinweise auf die Deklaration von Helsinki in der MBO und dazu *Klinkhammer*, DÄBl. 2002 A-1571 f.; *Taupitz*, JZ 2003, 109 (111).
[32] *Ratzel/Lippert*, MBO.
[33] *Hess/Nösser/Schirmer*, Ärztliches Berufsrecht, W 1 ff. Im Allgemeinen wird die MBO in ihrer jeweiligen Fassung von den Landesärztekammern 1 : 1 umgesetzt. Es ist dennoch ein langer Weg von der DvH in das regionale Satzungsrecht. → § 67 Rn. 13.

sozialem, kulturellem und wissenschaftlichem Gebiet und auf den Gebieten des Rechts und der Verwaltung sowie durch den Schutz und die Fortentwicklung der Menschenrechte und Grundfreiheiten" eine engere Verbindung „zwischen seinen Mitgliedern zum Schutze und zur Förderung der Ideale und Grundsätze, die ihr gemeinsames Erbe bilden, herzustellen und ihren wirtschaftlichen und sozialen Fortschritt zu fördern" (Art. 1a der Satzung).[34]

2. MRB

16   Das vom Europarat verabschiedete, seit 4.4.1997 zur Unterzeichnung vorliegende „Übereinkommen zum Schutz der Menschenrechte und der Menschenwürde im Hinblick auf die Anwendung von Biologie und Medizin – Übereinkommen über Menschenrechte und Biomedizin –," gilt als erster umfassender Versuch, biomedizinische Forschung am Menschen zu regeln.[35] Das MRB wird durch folgende Zusatzprotokolle ergänzt: Übereinkommen zum Schutz der Menschenrechte vom 12.1.1998; Übereinkommen über Menschenrechte und Biomedizin bezüglich der Transplantation von menschlichen Organen und Gewebe vom 24.1.2002; Übereinkommen über Menschenrechte und Biomedizin betreffend biomedizinische Forschung vom 25.1.2005 und Zusatzprotokoll zur Konvention über Menschenrechte und Biomedizin betreffend der Gentests zu gesundheitlichen Zwecken vom 27.11.2008.

3. Allgemeine Vorgaben

17   Im hier vorgegebenen Zusammenhang[36] verdienen die allgemeinen Vorgaben des MRB besondere Aufmerksamkeit.[37] Die Artikel des Kapitel I „Allgemeine Bestimmungen" lauten:

„Artikel 1
Gegenstand und Ziel
Die Vertragsparteien dieses Übereinkommens schützen die Würde und die Identität aller menschlichen Lebewesen und gewährleisten jedermann ohne Diskriminierung die Wahrung seiner Integrität sowie seiner sonstigen Grundrechte und Grundfreiheiten im Hinblick auf die Anwendung von Biologie und Medizin.
Jede Vertragspartei ergreift in ihrem internen Recht die notwendigen Maßnahmen, um diesem Übereinkommen Wirksamkeit zu verleihen.
Artikel 2
Vorrang des menschlichen Lebewesens
Das Interesse und das Wohl des menschlichen Lebewesens haben Vorrang gegenüber dem bloßen Interesse der Gesellschaft oder der Wissenschaft.

---

[34] Die hier zu Grunde gelegte deutsche Übersetzung durch das Bundesministerium der Justiz ist nicht amtlich. Verbindlich ist nur der englische/französische Text; siehe dazu Bundesministerium der Justiz, Informationen zur Entstehungsgeschichte, Zielsetzung und Inhalt – Das Übereinkommen über Menschenrechte und Biomedizin des Europarates vom 4.4.1997. Zur Entstehungsgeschichte siehe ausführlich *Kern*, MedR 1998, 485. Um der deutschen Diskussion über die Zulässigkeit biomedizinischer Forschung nicht vorzugreifen, hat sich Deutschland bei der Abstimmung im Ministerrat über das MRB der Stimme enthalten, vgl. dazu *Taupitz*, Biomedizinische Forschung zwischen Freiheit und Verantwortung, 1 f. Zur Beitrittsproblematik vgl. weiter *Taupitz*, VersR 1998, 542; *Köhler*, ZRP 2000, 8.
[35] *Taupitz*, JZ 2003, 109 (110); *Rudloff-Schäffer*, Übereinkommen über Menschenrechte und Biomedizin des Europarates vom 4.4.1997, in: W/F/S, Rn. 137 ff.; *Schulz*, ZRP 2001, 526; *Radau*, Die Biomedizinkonvention des Europarates.
[36] Siehe die Überschrift bei → § 67.
[37] Zur Erläuterung des MRB insgesamt vgl. *Kern*, MedR 1998, 485 (486 ff.); *Schorn*, in: Medizinprodukte-Recht, Bd. 2, unter I 3-1/18 ff.; *Rudloff-Schäffer*, Übereinkommen über Menschenrechte und Biomedizin, in: W/F/S, Rn. 143 ff.; vgl. weiter *Honnefelder*, Intention und Charakter des Menschenrechtsübereinkommens über Menschenrechte und Biomedizin, in: Honnefelder/Taupitz/Winter, Das Übereinkommen über Menschenrechte und Biomedizin des Europarates, 9 ff.; umfassend *Radau*, Die Biomedizinkonvention des Europarats.

Artikel 3
Gleicher Zugang zur Gesundheitsversorgung
Die Vertragsparteien ergreifen unter Berücksichtigung der Gesundheitsbedürfnisse und der verfügbaren Mittel geeignete Maßnahmen, um in ihrem Zuständigkeitsbereich gleichen Zugang zu einer Gesundheitsversorgung von angemessener Qualität zu schaffen.
Artikel 4
Berufspflichten und Verhaltensregeln
Jede Intervention im Gesundheitsbereich, einschließlich Forschung, muss nach den einschlägigen Rechtsvorschriften, Berufspflichten und Verhaltensregeln erfolgen."[38]

Die folgenden Kapitel befassen sich mit den Erfordernissen der Einwilligung bei „Interventionen im Gesundheitsbereich" (Kapitel II),[39] der Privatsphäre und des Rechts auf Auskunft (Kapitel III), dem menschlichen Genom[40] (Kapitel IV), der wissenschaftlichen Forschung (Kapitel V), der Transplantation (Kapitel VI) und der Verwertung von Teilen des menschlichen Körpers (Kapitel VII).

Das MRB legt Mindeststandards fest. Ein national weiterreichender Schutz wird durch das MRB nicht berührt (Art. 27 MRB). Das MRB verdrängt das nationale Recht aber auch im Übrigen nicht. Eine rechtliche Bindung der Bundesrepublik Deutschland tritt erst ein, wenn die nach Art. 59 II GG erforderliche Zustimmung der gesetzgebenden Körperschaften in Form eines Zustimmungsgesetzes vorliegt. Die Voraussetzung des Art. 33 II MRB, wonach insgesamt fünf Staaten, darunter mindestens des Europarats ihre Zustimmung erteilt haben müssen, lag schon am 1.12.1999 mti Inkrafttreten des Übereinkommens vor. Die rechtliche Bedeutung des MRB wird man als sogenanntes soft law einzustufen haben, also als eine internationale Entschließung, die keiner Rechtsquelle zuzuordnen ist und der deshalb keine rechtliche Bindungswirkung zukommt.[41] Der Sinn einer solchen – im Einzelnen fragwürdigen – Zuordnung liegt in dem Umstand, dass die an der internationalen Entschließung Beteiligten (aber auch Dritte) ihr Verständnis auf den Inhalt dieser Entschließung einrichten, obwohl deren Rechtsverbindlichkeit fehlt. Soft law bezeichnet deshalb eher einen tatsächlichen Zustand von Akzeptanz.

V. Die EG-Biopatent-Richtlinie

1. Entwicklung

Die rasche Entwicklung der Gentechnik bis hin zum Klonen von Tieren und Menschen und die damit verbundene Kommerzialisierung der Wissenschaft, gekoppelt mit einer exponentiellen Steigerung von Patentanmeldungen im biotechnologischen Bereich hat zu einschlägigen – langandauernden – Aktivitäten im EG-Bereich geführt. Die Richtlinie 98/44/EG des Europäischen Parlaments und des Rates vom 6. Juli 1998 über den rechtlichen Schutz biotechnologischer Erfindungen[42] („Biopatent-Richtlinie") ist dafür ein wichtiges Zeugnis.

---

[38] Sehr kritisch dazu *Kern*, MedR 1998, 485 (486).
[39] Insbesondere zu der Entstehungsproblematik, aber auch an der Ausklammerung wichtiger Einzelfragen, z. B. aus den Bereichen der Reproduktionsmedizin und der Zulassung der Embryonenforschung während der ersten 14 Tage ihrer Entwicklung sowie Fragen der Sterbehilfe hat sich die deutsche Diskussion entfacht, vgl. *Kern*, MedR 1998, 485 (486). Die Bundesrepublik Deutschland ist deshalb bislang dem MRB nicht beigetreten, siehe dazu *Taupitz*, VersR 1998, 542; *Honnefelder/Taupitz/Winter*, Das Übereinkommen über Menschenrechte und Biomedizin des Europarats; *Köhler*, ZRP 2000, 8; zu den Gründen s. a. *Radau*, Die Biomedizinkonvention des Europarats, 48 ff.
[40] → § 67 Rn. 5.
[41] *K. Ipsen*, Völkerrecht, Rn. 20 zu § 19; anders *Radau*, Die Biomedizinkonvention des Europarats, 41 („partikulares Völkerrecht").
[42] Die Richtlinie ist am 30.7.1998 in ABl. EG Nr. L 213/13 veröffentlicht worden. Zu biotechnischen Erfindungen vgl. → § 55 Rn. 7 mit Fn. 6. Siehe im Übrigen Regel 26 (1) EPÜ zu Art. 53 EPÜ. Die

2. Inhalt

21 Die Biopatent-Richtlinie gehört in das Geflecht des weitgehend europäisierten Patentrechts.[43] Art. 1 S. 1 der Biopatent-Richtlinie gibt den Grundsatz vor: „Die Mitgliedsstaaten schützen biotechnologische Erfindungen durch das nationale Patentrecht". Art. 5, 6 der Biopatent-Richtlinie lauten wie folgt:

„Artikel 5
(1) Der menschliche Körper in den einzelnen Phasen seiner Entstehung und Entwicklung sowie die bloße Entdeckung eines seiner Bestandteile, einschließlich der Sequenz oder Teilsequenz eines Gens, können keine patentierbaren Erfindungen darstellen.
(2) Ein isolierter Bestandteil des menschlichen Körpers oder ein auf andere Weise durch ein technisches Verfahren gewonnener Bestandteil, einschließlich der Sequenz oder Teilsequenz eines Gens, kann eine patentierbare Erfindung sein, selbst wenn der Aufbau dieses Bestandteils mit dem Aufbau eines natürlichen Bestandteils identisch ist.
(3) Die gewerbliche Anwendbarkeit einer Sequenz oder Teilsequenz eines Gens muss in der Patentanmeldung konkret beschreiben werden.
Artikel 6
(1) Erfindungen, deren gewerbliche Verwertung gegen die öffentliche Ordnung oder die guten Sitten verstoßen würde, sind von der Patentierbarkeit ausgenommen, dieser Verstoß kann nicht allein daraus hergeleitet werden, dass die Verwertung durch Rechts- oder Verwaltungsvorschriften verboten ist.
(2) Im Sinne von Absatz 1 gelten unter anderem als nicht patentierbar:
a) Verfahren zum Klonen von menschlichen Lebewesen;
b) Verfahren zur Veränderung der genetischen Identität der Keimbahn des menschlichen Lebewesens;
c) die Verwendung von menschlichen Embryonen zu industriellen oder kommerziellen Zwecken;
d) Verfahren zur Veränderung der genetischen Identität von Tieren, die geeignet sind, Leiden dieser Tiere ohne wesentlichen medizinischen Nutzen für den Menschen oder das Tier zu verursachen, sowie die mit Hilfe solcher Verfahren erzeugten Tiere."

3. Bedeutung

22 a) **Nichtigkeitsklage.** Eine Nichtigkeitsklage der Niederlande, gegen die Biopatent-Richtlinie gerichtet, ist vom EuGH abgewiesen worden.[44] Soweit der Kläger gerügt hatte, die

---

Biotechnologierichtlinie hat gegenüber Art. 53a EPÜ Nachrang, vgl. *Schatz/Stauder*, in: Singer/Stauder, EPÜ, Art. 53 Rn. 12.

[43] Dazu gehört vor allem das TRIPS-Abkommen (ABl. EG Nr. L 336/213 vom 23.12.1994), das Ausschlüsse von der Patentfähigkeit zulässt (Art. 27 ff.) (vgl. dazu Albers, JZ 2003, 275 [276], insbesondere mit Fn. 6). Zum TRIPS-Abkommen überhaupt EuGH, Urteil vom 14.12.2000 Rs C 300/98 und C-392/98, EuR 2001, 243 und dazu *Hermes*, EuR 2001, 253 ff. sowie *Herrmann*, EuZW 2002, 37. Es gibt eine Vielzahl weiterer allgemeiner Regelungen, insbesondere das Übereinkommen über biologische Vielfalt, genehmigt durch Beschluss 93/626/EGW des Rates vom 25.10.1993, ABl. EG Nr. L 309/1 (und dazu EuGH, EuZW 2002, 113) (zum Protokoll von Cartagena vom 24.5.2000) mit Anmerkung von *Pitschas*, aaO, S. 117). Zur Richtlinie selbst siehe ausführlich *Mühles*, EG-Richtlinie zum Schutz biotechnologischer Erfindungen, in: Winter/Fenger/ Schreiber, Genmedizin und Recht, Rn. 244 ff.; *Deutsch*, MedR 2002, 15; *Zinser*, Die Biopatentrichtlinie; *Albers*, JZ 2003, 275; *Meiser*, Biopatentierung und Menschenwürde, 2006. Zu weiteren Rahmenregelungen vgl. *Albers*, JZ 2003, 275 (276 f.). Zum Patentrecht im Rahmen des Arzneimittelrechts s. → § 55 Rn. 1 ff.

[44] U. v. 9.10.2001, Rs C-377/98, EuR 2002, 67 und dazu *Frahm/Gebauer*, EuR 2002, 78; *Rau/Schorkopf*, NJW 2002, 2448; *Meiser*, Biopatentierung und Menschenwürde, 153 ff.; zum voraufgegangenen, fehlgeschlagenen Eilantrag vgl. EuGHE 2000 I-6231.

Biopatent-Richtlinie verstoße gegen das Subsidiaritätsprinzip, hebt der Gerichtshof darauf ab, das Ziel der Richtlinie „durch Vermeidung und Ausräumung der Unterschiede in den Rechtsvorschriften und Praktiken der Mitgliedsstaaten im Bereich des Schutzes biotechnologischer Erfindungen das reibungslose Funktionieren des Binnenmarktes zu gewährleisten, hätte durch Maßnahmen auf der Ebene allein der Mitgliedsstaaten nicht erreicht werden können".[45] Die Rüge der fehlenden Bestimmtheit der Biopatent-Richtlinie (bezogen insbesondere auf Art. 6) ist ohnehin nicht sonderlich stichhaltig gewesen: Die „öffentliche Ordnung" und „guten Sitten" sind handhabbare Kriterien. Wenn der EuGH diesen beiden Begriffen „großen Spielraum" zuweist,[46] erscheint das zwar nicht sehr überzeugend. Im Ergebnis lässt der EuGH die Bestimmtheitsrüge jedoch scheitern, weil der Spielraum notwendig gewesen sei, „um den besonderen Schwierigkeiten Rechnung zu tragen, die die Verwertung von bestimmten Patenten im sozialen und kulturellen Umfeld der jeweiligen Mitgliedsstaaten aufwerfen können"[47] und weil im Übrigen der Spielraum ersichtlich auch nicht unbegrenzt sei. Der wichtigste Einwand des Klägers hatte gelautet, die aus Art. 5 II der Biopatent-Richtlinie folgende Patentierbarkeit isolierter Bestandteile des menschlichen Körpers führe zu einer Instrumentalisierung menschlicher Materie, die die Menschenwürde verletze. Der EuGH sagt zunächst:

„Bestandteile des menschlichen Körpers sind als solche ebenso wenig patentierbar und ihre Entdeckung kann nicht geschützt werden. Gegenstand einer Patentanmeldung können nur Erfindungen sein, die einen natürlichen Bestandteil mit einem technischen Verfahren verknüpfen, durch das dieser im Hinblick auf eine gewerbliche Anwendung isoliert oder reproduziert werden kann".[48]

Der EuGH schließt dann aber aus einer Gesamtbetrachtung der Vorschriften, der menschliche Körper bleibe „tatsächlich unverfügbar und unverwertbar", so dass die Menschenwürde durch die Biopatent-Richtlinie nicht tangiert werde.[49] Der dahinter stehende Streit zwischen den Notwendigkeiten der Wettbewerbsfähigkeit einer europäischen Biotechnologieindustrie[50] und den Voraussetzungen des richtigen Verständnisses von der „Würde des Menschen" ist damit aber nicht zu Ende, und er ist es vor allem auch national nicht.[51] Sicher ist nur, dass Verfahren zum Klonen von menschlichen Lebewesen keinen Patentschutz bekommen können.[52]

b) Umsetzung. Die Bundesrepublik Deutschland hat für die Umsetzung der Biopatentrichtlinie in nationales Recht viel Zeit gebraucht.[53] Erst am 28.2.2005 ist das Gesetz zur Umsetzung der Richtlinie über den rechtlichen Schutz biotechnologischer Erfindungen in Kraft getreten.[54] Die Umsetzung ist im Wesentlichen im PatG erfolgt. Besonders bedeutsam ist § 2 II PatG. Danach werden Patente nicht erteilt für:

---

[45] EuGH, EuR 2002, 67 (71).
[46] EuGH, EuR 2002, 67 (72).
[47] EuGH, EuR 2002, 67 (72). Nach deutschem Verfassungsrecht wäre es nicht so einfach gewesen, rechtsstaatliche Erfordernisse über praktische Notwendigkeiten (zumal so vager Natur) zu relativieren. Zum Umfang des Spielraums siehe ausführlich (und kritisch zum EuGH) *Albers*, JZ 2003, 275 (283 f.).
[48] EuGH, EuR 2002, 67 (75).
[49] EuGH, EuR 2002, 67 (76).
[50] Vgl. 1. Erwägungsgrund der Biopatentrichtlinie.
[51] Siehe dazu die kritischen Bemerkungen von *Frahm/Gebauer*, EuR 2002, 78 (85 ff.).
[52] Art. 6 Abs. 2a der Biopatentrichtlinie; siehe dazu *Mühles*, EG-Richtlinie zum Schutz biotechnologischer Erfindungen, in: Winter/Fenger/Schreiber, Genmedizin und Recht, Rn. 262. Zum „Patent auf Leben" siehe den gleichnamigen (außerordentlich materialreichen) Beitrag von *Albers*, JZ 2003, 275; siehe auch die Entscheidung der Einspruchsabteilung des EPA vom 24.7.2002 über das Stammzellen betreffende „Edinburgh-Patent", http://www.europeanpatent-officeorg.
[53] Zu den Gründen siehe *Deutsch*, MedR 2002, 15 (16); *Albers*, JZ 2003, 275.
[54] BGBl. I, S. 146, Art. 4.

"1. Verfahren zum Klonen von menschlichem Leben;
2. Verfahren zur Veränderung der genetischen Identität der Keimbahn des menschlichen Lebens;
3. die Verwendung von menschlichen Embryonen zu individuellen oder kommerziellen Zwecken;
4. Verfahren zur Veränderung der genetischen Identität von Tieren, die geeignet sind, Leiden dieser Tiere ohne wesentlichen medizinischen Nutzen für den Menschen oder das Tier zu verursachen, sowie die mit Hilfe solcher Verfahren erzeugten Tiere."[55]

24a c) **Ausgestaltung von Vorschriften der Bio-Patentrichtlinie.** Zu beachten sind die Mitteilung der Europäischen Kommission zur Auslegung von Vorschriften der Bio-Patentrichtlinie vom 8.11.2016 – 2016/C 411/03 und die EPO-Examination Guideline (Stand 9/2016). Ihre Anpassung an dei Mitteilung der Europäischen Kommission ist vorgesehen. Sie im Übrigen *Godt*, Bio-Patente in der Medizin, in: Jahn u. a. (Hrsg.), Medizinrecht, 2015, 61 ff. und oben § 5 Rn. 5 mit Fn. 6.

§ 68 Einzelfelder der Biomedizin

I. Vorbemerkung

1 Geht man von einem funktionalen Verständnis für den Begriff der Biomedizin aus,[56] d. h. von der Verknüpfung mit neuartigen, durch die Fortschritte der Biotechnologie ermöglichten Erkenntnisse und Verfahren, und benutzt man als Filter die Biomedizin, d. h. die von ihr auf diesem Sektor aufgegriffenen Bereiche, so lässt sich, nach Erörterung der für kardinal gehaltenen Maßstabsnorm des Art. 1 I GG die Biomedizin wie folgt auffächern: Am Anfang steht sicherlich die Forschung als Voraussetzung für lege artis-bestimmtes medizinisches Handeln. Dieser Sektor liegt schon vor der Geburt des Menschen. Um die ihn beherrschenden neuen Untersuchungs- und Behandlungsmethoden[57] geht es damit zunächst.[58] Ein weiteres Betrachtungsfeld eröffnet sich nach der Geburt des Menschen. Hier stehen vor allem Fragen der Transplantationsmedizin im Vordergrund. Man kann sicher darüber streiten, ob es richtig ist, der Biomedizin auch die Problembereiche zuzuordnen, die sich mit ärztlichen Maßnahmen befassen, die das Lebensende des Menschen betreffen. Für diesen Sektor fehlt es in großem Umfang an der Verknüpfung mit dem biotechnologischen Fortschritt. Wenn gleichwohl auch diese Thematik in den Rahmen der Biomedizin einbezogen wird, so ist Ursache dafür die in großem Umfang neuartige Diskussion um Fragen der Biomedizin, hervorgerufen durch Veränderungen des gesellschaftlichen Bewusstseins. Wegen des medizinischen Fortschritts im Bereich unheilbarer Krankheiten und den damit verbundenen Möglichkeiten lebensverlängernder Maßnahmen sowie wegen der verstärkten Durchsetzung des Selbstbestimmungsrechts des Patienten spielt die Diskussion um Fragen der Biomedizin – nicht zuletzt aufgrund der Veränderung des gesellschaftlichen Bewusstseins – auch am Lebensende des Menschen eine zunehmend bedeutende Rolle.[59]

---

[55] Zum biologischen Material siehe § 9a, § 9b PatG. S. a. die Verordnung über die Hinterlegung von biologischem Material in Patent- und Gebrauchsmusterverfahren vom 24.1.2005 (BGBl. I 151).
[56] Siehe § 66 Rn. 4. Ausf. Zuck, MedR 2008, 57 ff.
[57] Zum Neuheitsbegriff des § 135 SGB V siehe *Zuck,* Das Recht der anthroposophischen Medizin, Rn. 213 ff.
[58] Immer ist zu beachten, dass es sich um einen Ausschnitt aus dem Kreis neuer Untersuchungs- und Behandlungsmethoden handelt, der durch den biotechnologischen Fortschritt/aktuelle Fragestellungen der Biomedizin gekennzeichnet wird.
[59] *Koller,* MedR 2014, 697 ff.

II. Art. 1 I GG als Maßstabsnorm

1. Art. 1 I GG in der Biomedizin

Inhalt und Bedeutung von Art. 1 I GG sind in anderem Zusammenhang dargestellt worden.⁶⁰ Über die Bedeutung von Art. 1 I GG im Bereich der Biomedizin sind die Meinungen weit verzweigt.

a) **Menschsein**⁶¹. Man hat versucht herauszufinden, von welchem Zeitpunkt an im Rechtssinne von einem Menschen⁶² gesprochen werden kann, beginnend bei der Vereinigung von Samenzelle und Ei, also der Befruchtung, über die Einnistung der Blastozyte in der Gebärmutter (Nidation), also den beiden wichtigsten Anknüpfungspunkten über den 14. Tag nach Empfängnis,⁶³ dann der sechsten Schwangerschaftswoche, in der das Herz des Fötus zu schlagen beginnt, über die zwölfte Schwangerschaftswoche, in der sich atmungsähnliche Bewegungen einstellen, der 13. Schwangerschaftswoche, in der elektrische Signale im Gehirn festgestellt werden können, bis hin zur 22. Schwangerschaftswoche, die als Untergrenze für ein extrauterines Überleben des Fötus gilt, gibt es eine Vielzahl von Varianten. Welchen Zeitpunkt man wählt, hängt von der Bewertung von Vorfragen oder vom Sachzusammenhang⁶⁴ ab.⁶⁵

b) **Entstehungsgeschichte des Art. 1 I GG.** Um mehr Sicherheit zu gewinnen, hat man die Diskussion um die Thematik „Art. 1 I GG als objektives Prinzip/als Grundrechtsnorm"⁶⁶ dadurch vertieft, dass man die Entstehungsgeschichte des Art. 1 I GG analysiert und die Entscheidungen des BVerfG zum Schwangerschaftsabbruch einer biomedizinbezogenen Prüfung unterzogen hat.⁶⁷ Für die Entstehungsgeschichte kann man als Ergebnis festhalten, dass im Parlamentarischen Rat eine konsensfähige Antwort auf die Frage, ob ein Embryo grundrechtsfähig sein soll oder nicht, nicht gefunden werden konnte. Mit den Mitteln der historischen Auslegung ist das Problem nicht zu lösen.⁶⁸ Das BVerfG hat das sich im Mutterleib

---

⁶⁰ → § 2 Rn. 11 ff. Zur Bedeutung von Art. 1 I GG für Fragen der Biomedizin siehe *Häberle*, Die Menschenwürde als Grundlage der staatlichen Gemeinschaft, in: HDStR, Bd. II, § 22 Rn. 84ff; *Joerden/Hilgendorf/Thiele* (Hrsg.), Menschenwürde und Medizin, 2013.

⁶¹ S. dazu jetzt auch *Lackermair*, Hybride und Chimären, 2017, 104ff. Nach großem Erörterungsaufwand lautet das kaum überraschende Ergebnis: *„Mensch im Sinne des Grundgesetzes muss daher jedenfalls jedes der biologischen Spezies Mensch angehörende Lebewesen sein"* (S. 137). Das Ergebnis orientiert sich am Gesamtzusammenhang dieser Untersuchung: Sie wird durch ihren Tierbezug gekennzeichnet.

⁶² Art. 1 I GG spricht weder vom menschlichen Leben noch von der Person. Die Zuordnung des Art. 1 I GG zum Begriff des Lebens (Art. 2 II 1 GG) ist also ein wertungsabhängiges Auslegungsprodukt (siehe dazu die Nachweise bei *Schmidt-Jortzig*, Rechtsfragen der Biomedizin, 16 ff.), wie der Austausch des „Menschen" in „Person" mit der Folge, erst ab Geburt von einem „Menschen" sprechen zu können. Zu den naturwissenschaftlichen Abläufen vgl. *Knoepfler*, Forschung am menschlichen Embryonen, 43 ff.; *ders.*, Was definiert den Anfang als Mensch?, in: Schweidler/Neumann/Brysch (Hrsg), Menschenleben – Menschenwürde, 243 ff.

⁶³ *Schmidt-Jortzig*, Rechtsfragen der Biomedizin, 33.

⁶⁴ Zu den unterschiedlichen Zeitpunkten vgl. *Herdegen*, JZ 2001, 773.

⁶⁵ Dabei spielen die Spezies-, Kontinuums-, Identitäts- und Potentialitätsargumente eine herausratende Rolle, siehe dazu grundlegend *Damschen/Schönecker* (Hrsg.), Der moralische Status menschlicher Embryonen; *Merkel*, Forschungsobjekt Embryo, 128 ff.

⁶⁶ → § 2 Rn. 13 f.

⁶⁷ Am gründlichsten scheinen diese Vorhaben bei *Merkel*, Forschungsobjekt Embryo, 22 ff. verwirklicht; zur Frage Grundrecht/objektive Grundsatznorm vgl. aaO, S. 45 ff.; *J. Ipsen*, JZ 2001, 989; *Fassbender*, NJW 2001, 2745 und dazu BVerfGE 88, 203.

⁶⁸ Siehe dazu *Wernicke*, in: BK, Erstbearbeitung Erl. II 2b zu Art. 2 II GG und *Merkel*, Forschungsobjekt Embryo, 33.

entwickelnden Leben[69] als selbstständiges Rechtsgut dem Schutz des Art. 2 II 1 GG, Art. 1 I GG unterstellt.[70] Leben[71] besteht, so sagt das BVerfG[72]

„nach gesicherter biologisch physiologischer Erkenntnis jedenfalls vom 14. Tag nach der Empfängnis (Nidation, Individuation) an. BVerfGE 88, 203 ergänzt dazu: „Menschenwürde kommt schon dem ungeborenen menschlichen Leben zu".

5 Das BVerfG ist infolgedessen für die Zeit vor der Nidation nicht eindeutig. Es hat wohl nicht mehr entscheiden wollen, als die Rechtsfolgen ab Nidation im Zusammenhang mit dem Schwangerschaftsabbruch. Damit bleibt offen, wie in anderem Sachzusammenhang zu entscheiden ist, wenn man der These von der Bedeutung wechselnder Sachzusammenhänge folgt. Und es bleibt offen, welche Bedeutung dem obiter dictum zukommt, wo menschliches Leben existiere, komme ihm Menschenwürde zu. Menschliches Leben kann man auch mit der Verbindung von Samenzelle und Ei beginnen lassen.[73]

6 c) Auslegung. aa) Grundsätze. Für die nachfolgenden Überlegungen wird man davon auszugehen haben,[74] dass
- Art. 1 I GG nur ein objektives Prinzip wiedergibt,
- dieses Prinzip abwägungsfähig ist,
- (und deshalb) die konkreten Sachzusammenhänge eine Rolle spielen,
- der Beginn des Menschen von der Nidation an anzusetzen ist,
- der Würdebegriff in der „vorpersonalen" Phase des Menschen über eine „modifizierte Objektformel" konkretisiert werden muss.

7 bb) Folgerungen. (1) Begriff des Menschen. Die Konsequenzen lassen sich so skizzieren:
Wer die befruchtete Eizelle dem Menschen zuordnet, muss annehmen, dass die Embryonen, die die Nidation nicht schaffen, sterbende Menschen sind, genau so wie jeder Verbrauch von totipotenten Zellen durch den Forscher die Tötung eines Menschen ist. Das geht – wegen der Gleichsetzung mit dem Tod eines wirklichen Menschen – gegen den Sprachgebrauch von „Mensch". Für diesen Sprachgebrauch fehlt nicht nur das allgemeine Verständnis; es fehlt auch – wie immer man die Entstehungsgeschichte von Art. 1 I GG deutet – wirklich jede Absicht des Verfassungsgesetzgebers „Mensch" so zu verstehen. Zum Zeitpunkt der Entstehungsgeschichte des GG gab es das Problem des Schwangerschaftsabbruchs. Gentechnologie, Stammzellenforschung sowie entsprechende diagnostische Verfahren lagen außerhalb des Vorgestellten.

8 (2) Begriff des menschlichen Lebens. Nun kann man darüber reden, von wann an man von menschlichem Leben sprechen will. Jede der damit verbundenen Betrachtungen setzt eine Bewertung, meist mit Hilfe des Potentialitätsarguments voraus. Wirksame Grenzen können damit nicht gezogen werden, weil jeder zeugungsfähige Mann potentiell in der Lage ist, nicht nur menschliches Leben zu schaffen, sondern mit jedem einzelnen Spermatozoon potenzielles Leben in sich trägt. Im Rahmen der bei den einzelnen Fragen der Biomedizin radikal geführten Auseinandersetzungen erweisen sich alle Argumente, mit denen Verhütungsmittel wie die Spirale oder die Pille als „nicht lebensfeindlich" eingestuft werden, als durchsichtige Ausweichmanöver. All das lässt sich nur rechtfertigen, wenn man in eine Abwägung von Rechtsgütern eintritt, also entweder auf den Rückgriff auf Art. 1 I GG als objektives Prinzip überhaupt verzichtet, weil konkrete Grundrechte zur Verfügung stehen oder weil man die mit Art. 1 I GG gegebenen Abwägungsnotwendigkeiten akzeptiert. Noch

---

[69] → § 68 Rn. 117 ff.
[70] BVerfGE 39, 1.
[71] → § 68 Rn. 117 ff.
[72] BVerfGE 39, 1; 88, 203.
[73] Als – dezidierter – Vertreter dieser Richtung siehe *Böckenförde*, JZ 2003, 809 (812).
[74] → § 2 Rn. 11 ff.

kritischer wird es, wenn man vom Grundrechtscharakter des Art. 1 I GG ausgeht: Man muss dann den Embryo als Grundrechtsträger ansehen, also die befruchtete Eizelle auf dem Weg zur Nidation, eine Vorstellung, deren Absurdität sich nicht dadurch verliert, dass man das Problem prozessrechtlich löst.[75]

(3) **Anknüpfungspunkt.** Wie ein Blick in Art. 1 I GG zeigt, steht dort nichts von menschlichem Leben. Die ganze Problematik entsteht deshalb überhaupt erst durch eine Auslegung des Art. 1 I GG, die aus „Mensch" „menschliches Leben" macht, das sich im Rahmen des Art. 2 I GG (auch ohne Rückgriff auf Art. 1 I GG) noch als Auslegung des GG darstellen lässt. Außerhalb des Rechts des Schwangerschaftsabbruchs lässt sich von einem Menschen (und damit im Sinne des Art. 1 I GG relevant) erst vom frühesten Zeitpunkt der Überlebensfähigkeit an sprechen, also ab der 22. Woche. Menschliches Leben vor diesem Zeitpunkt fällt damit nicht in ein verfassungsrechtliches Niemandsland. Die einzelnen Grundrechte und die tragenden Prinzipien des GG (insbesondere Art. 1 I GG) erfassen diesen Sachverhalt lückenlos.

(4) **Aufgabe des Gesetzgebers.** Zu betonen ist, dass es, was manchmal in der Diskussion wegen der Vertauschung rechtlicher, theologischer und moralischer Argumente übersehen wird, verfassungsrechtlich damit nicht um die Antwort auf die Frage geht, „Was ist erlaubt"?, sondern um die Lösung des Problems „Was darf der Gesetzgeber verbieten"?

2. Bedeutung für die Anwendung des Art. 2 II GG

Welche Konsequenzen ergeben sich aus dem jeweiligen Verständnis der Art. 1 I GG zugrunde gelegten Überlegungen für die Anwendung des Art. 2 II GG, also der Beurteilung des Schutzumfangs des Lebens?

Geht man mit der im ZZb-StzF[76] zutreffend dargestellten herrschenden Meinung davon aus, dass es zwei Grundpositionen gibt, so bestimmen diese auch das weitere verfassungsrechtliche Verständnis. Die Position I geht davon aus, dass dem menschlichen Embryo von Beginn an, d. h. von abgeschlossener Befruchtung an der Schutz der menschlichen Würde zusteht. Die Position II nimmt dagegen an, dem menschlichen Embryo komme Schutzwürdigkeit in abgestimmter Art und Weise zu. Die maßgeblichen Differenzen der beiden Positionen zeigen sich mit Blick auf die Abwägung im Fall der Konkurrenz von Gütern: „Nach der gradualistischen Auffassung erscheint eine Abwägung der Schutzwürdigkeit des Embryos in seinen frühen Entwicklungsstadien angesichts hochrangiger Ziele deshalb als vertretbar, weil dem Embryo in diesem Entwicklungsstadium noch nicht der volle moralische Status zugeordnet werden muss, wie dies für spätere Stadien gilt. Für Vertreter der Position I ist eine Abwägung ist entweder gänzlich ausgeschlossen oder nur in der Form legitim, wie sie bei einem anders nicht aufzulösenden Konflikt von zwei Gütern gleichen Ranges vorgenommen werden darf."[77]

In starker Vereinfachung bedeutet das rechtlich gesehen: Folgt man der Position I, so ist – etwa – die Gewinnung von Stammzellen aus menschlichen Embryonen ein unzulässiger Eingriff in die Menschenwürde des Embryos und im Hinblick auf Art. 2 II GG ausnahmslos verboten, selbst wenn dieser Verzicht zu einer Forschungseinschränkung, z. B. hinsichtlich neuartiger Therapiemöglichkeiten führt. Das gilt selbstverständlich für „überzählige" Embryonen ebenso wie für solche, die allein zu Forschungszwecken hergestellt worden sind. Alle diejenigen, die den Lebensschutz unter bestimmten Voraussetzungen für mit anderen Rechtsgütern abwägbar halten, was insbesondere bei Einnahme der Position II der Fall ist, kommen zu dem Ergebnis, dass selbst unter Berücksichtigung von Art. 2 II GG der Schutz des Lebens, wenn es in Konflikt mit anderen hochrangigen Rechtsgütern gerät, eingeschränkt werden kann.[78]

---

[75] Siehe dazu *J. Ipsen*, NJW 2004, 268.
[76] = Zweiter Zwischenbericht Stammzellenforschung (BT-Drs. 14/7546, S. 34).
[77] BT-Drs. 14/7546, S. 334.
[78] BT-Drs. 14/7546, S. 37.

3. Fazit

14 Nach der hier zu Grunde gelegten Auffassung zur Bedeutung des Art. 1 I GG[79] ist das Abwägungsgebot selbstverständlich. Die hier vertretene Position kann man als eine besonders dezidierte Spielart der Position II einstufen.

III. Forschung

1. Begriff der Forschung

15 Es gibt keine allgemein anerkannte, maßstabstaugliche Definition des Begriffs der Forschung.[80] So soll auch in diesem Zusammenhang die Umschreibung von Forschung als „selbstständige Erörterung objektiver neuer wissenschaftlicher Erkenntnis" genügen.[81] Im Rahmen der Biomedizin geht es um Forschung am Menschen und an Tieren.[82]

2. Ethikkommissionen

16 a) DvH. Forschung am Menschen macht diesen zum Objekt. Damit sind eine Vielzahl bioethischer Probleme verbunden.[83] Die DvH hat deshalb die Forschung am Menschen der Beratung und Kontrolle von Ethikkommissionen unterworfen, mit dem erkennbaren Ziel, daraus letzten Endes ein Zustimmungsverfahren zu entwickeln.[84] Diese Tendenz zeigt sich auch in dem Entwurf eines Zusatzprotokolls über biomedizinische Forschung zum MRB.[85] Das Protokoll sieht in seinem III. Kapitel in Art. 9 vor, dass jedes Forschungsvorhaben zur unabhängigen Prüfung seines wissenschaftlichen Wertes einschließlich der Wichtigkeit des Forschungsziels und seiner ethischen Vertretbarkeit einer Ethikkommission vorzulegen ist. Art. 10 schreibt die Unabhängigkeit der Ethikkommission vor. Art. 11 enthält umfangreiche Vorgaben für die der Ethikkommission zur Verfügung zu stellenden Unterlagen.[86]

17 Die Problematik hat sich vor allem auf dem Sektor der klinischen Prüfung von Arzneimitteln entfaltet.[87]

18 b) Unionsrecht. Im deutschen Recht gibt es keine allgemein verbindliche Definition des Begriffs der Ethikkommission. Eine solche Definition findet sich dagegen in der Richtlinie 2001/20/EG[88] des Europäischen Parlaments und des Rates vom 4.4.2001 (ABl. vom 1.5.2001 L 121/34 in Art. 2 lit. k:

„Ethik-Kommission" ist ein unabhängiges Gremium in einem Mitgliedstaat, das sich aus dem Gesundheitswesen und in nicht medizinischen Bereichen tätigen Personen zusammensetzt

---

[79] → § 2 Rn. 11 ff.

[80] S. dazu *Starck*, in: Mangoldt/Klein/Starck, GG Bd. 1 Art. 9 III Rn. 361.

[81] S. a. BVerfGE 35, 113 f.

[82] Zum Forschungsbegriff siehe übersichtlich *Taupitz/Brewe/Schelling*, Landesbericht Deutschland, in: Taupitz (Hrsg.) Das Menschenrechtsübereinkommen zur Biomedizin des Europarats, 409 ff.; *Lippert*, Forschung am Menschen. Aus dem Schrifttum vgl. früher schon *Hirsch/Weissauer* (Hrsg.), Forschung am Menschen. Zum Recht der biomedizinischen Forschung am Menschen vgl. *Rütsche*, MDR, 2014, 725.

[83] S. dazu *Illhardt*, in: Eser/Just/Koch (Hrsg.), 217.

[84] → § 67 Rn. 12. Zur (fehlenden) unmittelbaren rechtlichen Bedeutung der DvH → § 67 Rn. 13.

[85] Zum MRB → § 67 Rn. 16 ff.; zur rechtlichen Bedeutung des MRB → vgl. § 67 Rn. 19.

[86] Ausführliche Kommentierung der Art. 11 ff. des Entwurfs des Zusatzprotokolls bei *Taupitz*, Biomedizinische Forschung zwischen Freiheit und Verantwortung, 88 ff., mit dem (zutreffenden) Fazit, dass Art. 11 ff. grundsätzlich nicht zu beanstanden sind.

[87] Zur früheren Rechtslage vgl. *Lippert*, in: FSf. Laufs, 937. S. dazu ausf. *Achtmann*, Der Schutz des Probanden bei der klinischen Arzneimittelprüfung, S. 41 ff.

[88] Die VO (EU) Nr. 536/2014 vom 16.4.2014 ABl. L 158 vom 27.5.2014, S. 5, in Kraft getreten am 19.6.2014, hat die EG-Richtlinie 2001/20/EG aufgehoben. Es soll insoweit nur ein Regelwerk maßgeblich sein, vgl. Ergwägungsgrund (79).

und dessen Aufgabe es ist, den Schutz der Rechte, die Sicherheit und das Wohlergehen von einer klinisch teilnehmenden Person zu sichern und diesbezüglich Vertrauen der Öffentlichkeit zu schaffen, indem es unter andern zu dem Prüfplan, der Eignung des Prüfers und der Angemessenheit der Einrichtung sowie zu den Methoden, die zur Unterrichtung der Prüfungsteilnehmer und zur Erlangung ihrer Einwilligung nach Aufklärung benutzt werden, und zu dem dabei verwendeten Informationsmaterial Stellung nimmt."

Art. 2 Nr. 11 der VO (EU) Nr. 536/2014 formuliert das teils allgemeiner, teils spezifischer, wie folgt:

„Ethik-Kommission" ein in einem Mitgliedsstaat eingerichtetes unabhängiges Gremium, das gemäß dem Recht dieses Mitgliedsstatts eingesetzt wurde und dem die Befugnisse übertragen wurden, Stellungnahmen für die Zwecke dieser Verordnung unter Berücksichtigung der Standpunkte von Laien, insbesondere Patienten oder Patientenorganisationen abzugeben."

c) Deutsches Recht. Im deutschen Recht beruht die Einrichtung von Ethikkommissionen auf den Kammergesetzen der Länder[89] und dem ärztlichen Berufsrecht (§ 15 MBO)[90], umzusetzten durch regionales Satzungsrecht.[91] Hinzu kommt das Universitätssatzungsrecht. Neben den öffentlich-rechtlich verfassten Ethikkommissionen gibt es auch solche in privater Rechtsform.[92]   19

Bundesrechtliche Rechtsgrundlagen für die Tätigkeit von Ethik-Kommissionen finden sich in §§ 40, 42 AMG, §§ 20, 22 MPG, §§ 8, 9 StZG, §§ 24, 92 StSchV, §§ 20b, 28g RöV, § 8 TPG, § 3 EschG[93], siehe auch das Gesetz zur Errichtung des Deutschen Ethikrats.[94]   20

Zu beachten ist außerdem die 1994 geschaffene „Zentrale Kommission zur Wahrung ethischer Grundsätze in der Medizin und ihren Randgebieten, der BÄK (ZEKO).[95]   21

d) Aufgaben/Organisation. Ethik-Kommissionen können unterschiedliche Aufgaben haben, sei es als Forschungskommission, Beratungsgremium oder auch als Entscheidungsträger (wie dies im AMG der Fall ist).   22

Das geltende Recht lässt viele Freiräume für die personelle Besetzung von Ethik-Kommissionen mit Juristen, Ethikern, Fachgebiets-Sachkundigen und Laien. Diesen Freiraum gibt es auch für die Verfahrensgestaltung. Sie folgt meist den Verfahrensgrundsätzen des Arbeitskreises „Medizinischer Ethik-Kommissionen in der Bundesrepublik Deutschlang e. V."[96], und, soweit die Ethik-Kommission als Behörde tätig werden, den einschlägigen Vorschriften des jeweiligen Landesverwaltungsverfahrensgesetzes.[97]   23

e) Das. 4. AMG-ÄndG[98].   24

aa) VO (EU) Nr. 536/2014[99]. Das 4. AMG-ÄndG zieht die Konsequenzen aus dem Anwendungsvorrang[100] der VO (EU) Nr. 536/2014.   24a

---

[89] S. dazu die Beispiele bei *Deutsch/Spickhoff*, Medizinrecht, Rn. 1392 f.
[90] S. dazu *Lippert*, in: Ratzel/Lippert, MBO, 6. Aufl. 2015, § 50. Zu Auslegungsfragen s. *Kern*, Die Ethik-Kommission – einige Rechtsfragen, in: FSf. Bergmann, 2016, 103 (106 f.). *Schober*, Aufgaben und Verfahren der Medizinischen Ethik-Kommission, in: FSf. Bergmann, 2016, 221 (225 ff.).
[91] Zu verfassungsrechtlichen Bedenken gegen satzungsrechtliche Regelungen s. *HGeil/Lützeler*, in: Dieners/Reese, Handbuch des Pharmarechts, 2010, § 4 Rn. 51.
[92] *Wachhausen*, in: K/M/H, § 42 Rn. 11; *Deutsch/Spickhoff*, Medizinrecht, Rn. 1386.
[93] S. dazu *Huber/Lindner*, MedR 2016, 502; 2016, 945.
[94] Vom 16.7.2007 (BGBl. I 1385).
[95] S. dazu *Deutsch/Spickhoff*, Medizinrecht, Rn. 1400.
[96] S. dazu *Deutsch/Spickhoff*, Medizinrecht, Rn. 1416 ff.
[97] S. dazu *Lippert*, VersR 2017, 793 (797).
[98] Vom 13.12.2016 (BGBl. I 3048). S. dazu übersichtlich *Jung/Sander*, pharmind. 2017, 832.
[99] → Fn. 1.
[100] → Einl. Rn. 91.

25 bb) §§ 41a-41c AMG. Das erfasst u. a. das Recht der Ethik-Kommissionen aus §§ 41a-41c AMG.¹⁰¹

26 cc) Die VO (EU) Nr. 536/2014 ist zwar am 19.6.2014 in Kraft getreten (Art. 99 S. 1). Sie gilt aber dennoch frühestens im Jahr 2019.¹⁰² Das führt zu einer unübersichtlichen Gesetzeslage.

27 (1) §§ 40, 40a-d AMG. § 40 gilt bis 2019 noch in der a. F. Dann tritt an diese Stelle § 430 n. F. AMG. Die §§ 40a-d AMG treten ebenfalls erst 2019 in Kraft.

28 (2) §§ 41, 41a-c AMG. § 41 gilt is 2019 mit dem Gegenstand der „besonderen Voraussetzungen für die klinische Prüfung". Ab 2019 tritt an diese Stelle § 41 n. F. „Stellungnahme der Ethik-Kommissionen".¹⁰³ Die §§ 41a-c AMG (Recht der Ethik-Kommissionen) sind dagegen am 24.12.2016 in Kraft getreten; § 41a I MAG wird jedoch zum Jahr 2019 redaktionell geändert.¹⁰⁴ Das Inkrafttreten der Regelungen zur Ethik-Kommission differiert infolgedessen zwischen §§ 41a-c AMG (aktuelle Geltung) und § 41 n. F. AMG (Geltung erst 2019).

29 (3) §§ 42, 42a-c AMG. § 42 a- F. AMG wird im Jahr 2019 neu gefasst.¹⁰⁵ Das betrifft auch das Recht der Ethik-Kommission (§ 42 V n. F.). § 42a AMG wird ebenfalls im Jahr 2019 neu gefasst¹⁰⁶, ebenso § 42b AMG.¹⁰⁷ Im Jahr 2019 kommt § 42c AMG „Inspektionen" neu hinzu.¹⁰⁸

IV. Heilversuch und klinische Prüfung

1. Standard

30 Der Versuch steht im Gegensatz zum Standard.¹⁰⁹ Standard repräsentiert den jeweiligen Stand (natur)wissenschaftlicher Erkenntnisse und ärztlichen Erfahrung, der zur Erreichung des ärztlichen Behandlungsziels erforderlich ist und sich in der Erprobung bewährt hat.¹¹⁰

2. Heilversuch

31 Der klinische Versuch ist vom Heilversuch zu unterscheiden.¹¹¹ Der Heilversuch umfasst medizinische Vorgehensweisen, die der Heilbehandlung im konkreten Fall dienen, bei denen

---

¹⁰¹ In Kraft getreten gem. Art. 13 I des 4. AMG-ÄndG vom 24.12.2016.
¹⁰² → Rn. 30a.
¹⁰³ Art. 2 Nr. 1d, 12 des 4. AMG-ÄndG.
¹⁰⁴ Art. 2 Nr. 13 des 4. AMG-ÄndG.
¹⁰⁵ Art. 2 Nr. 14 des 4. AMG-ÄndG.
¹⁰⁶ Art. 2 Nr. 14 des 4. AMG-ÄndG.
¹⁰⁷ Art. 2 Nr. 12 des 4. AMG-ÄndG.
¹⁰⁸ → Rn. 15.
¹⁰⁹ Vgl. § 630a II 1. Hs. BGB; BGHZ 144, 296 (305 f.); *Katzenmeier*, VersR 2014, 879 (881); *ders.*, in: Laufs/Katzenmeier/Lipp, Arztrecht, Kap. X Rn. 5 ff.; *Hart*, MedR 2013, 159; *Schumacher*, Alternativmedizin, 2017, 61 ff.
¹¹⁰ *Velten*, Der medizinische Standard im Arzthaftungsprozess; *L/K*, Rn. 17 zu § 3; *Jörg*, in: Schnapp/Wigge, Rn. 45 zu § 11; weiterführend *Hart*, MedR 1998, 8 (9 f.); *ders.*, VSSR 2003, 265 (272 ff.). Da der medizinische Standard den Prozess professioneller Normbildung umschreibt (*Hart*, VSSR 2003, 265 [273]) dient der klinische Versuch dem Vorhaben, den Standard weiterzuentwickeln. Nur der klinische Versuch, weil er, anders als der Heilversuch, kollektivbezogen ist, und nur der klinische Versuch Aussagen über die Behandlungsmöglichkeiten für Kollektive trifft. Siehe im Übrigen → § 68 Rn. 24. Zum Standard der Bezugsgröße vgl. *Katzenmeier*, in: Laufs/Katzenmeier/Lipp, Arztrecht, S. 315 ff. und die Beiträge von *Buchner* und *Kohte*, in „Standards im Medizinrecht" sowie von *Höfling* und *Spickhoff* zur „Standardbeurteilung", alle in Lilie/Bernat/Rosenau (Hrsg.), Standardisierung in der Medizin als Rechtsproblem, S. 63 ff., 79 ff., 105 ff., 119 ff.
¹¹¹ Die Trennlinie verläuft nicht immer gleich, siehe dazu *Hart*, MedR 2015, 766 (767 f.); ausf. *Bender*, MedR 2005, 511; *Deutsch*, VersR 2005, 1009 zu unterscheiden sind Einzelversuche, Heilversuche und Pilotstudien zum Heilversuch → § 68 Rn. 44 ff.

aber die Folgen dieses Vorgehens nicht mit ausreichender Sicherheit abgeschätzt werden können.[112]

Die klinische Prüfung (§ 40 AMG/§ 20 MPG)[113] bezieht sich auf ärztliche Maßnahmen, die zu Forschungszwecken vorgenommen werden, also nicht der Heilbehandlung im konkreten Fall dienen. Auch hier sind die Folgen der ärztlichen Maßnahmen nicht mit ausreichender Sicherheit abzuschätzen. Im Gegensatz zum Heilversuch, bei dem es in erster Linie auf den beabsichtigten Heilerfolg ankommt, zielt der klinische Versuch in erster Linie auf Erkenntnisgewinn. 32

3. Legitimationsebenen

Für alle Versuchsformen gibt es gemeinsame rechtliche Grundlagen, die sich in den folgenden vier Legitimationsebenen systematisieren lassen.[114] 33

a) **Plausibilitätserfordernisse.** Die Festlegung und Strukturierung der allgemeinen wissenschaftlichen Plausibilität des Forschungsvorhabens stellt die erste Ebene dar. Es muss deutlich werden, welche allgemeinen wissenschaftlichen Erwägungen das konkrete Forschungsvorhaben und die dazu erforderlichen Versuche rechtfertigen.[115] 34

b) **Nutzen-Risiko-Analyse.** Sie umfasst Überlegungen zum angestrebten wissenschaftlichen/therapeutischen Nutzen (je nach Versuchsstruktur allgemein/individuell), die mit dem Vorhaben verbundenen Gesundheitsrisiken für Probanden/Patienten und die Abwägung der einzelnen Elemente. Dabei gelten allgemeine Abwägungskriterien: Zusammenstellung des Abwägungsmaterials, Bestimmung und Gewichtung der Abwägungselemente, Gesamtabwägung.[116] 35

c) **Kosten-Nutzen-Erwägungen.** Forschungsmittel sind limitiert, individuelle Behandlungen im Rahmen der GKV unterliegen dem Wirtschaftlichkeitsgebot (vgl. § 2 SGB V).[117] Es muss also geprüft werden, ob sich das Vorhaben tatsächlich und rechtlich „rechnen" lässt. 36

d) **Das Erfordernis der Einwilligung (des Probanden/Patienten) nach Aufklärung.** Erst in diesem Schlussteil legitimiert sich der Versuch, weil nur dadurch sichergestellt werden 37

---

[112] → § 68 Rn. 44 ff.
[113] Nach Art. 2 Nr. 2 der VO (EU) Nr. 536/2014 ist „klinische Prüfung" eine klinische Studie, die mindestens einer der folgenden Bedingungen erfüllt:
   a) Der Prüfungsteilnehmer wird vorab einer bestimmten Behandlungsstrategie zugewiesen, die nicht der normalen klinischen Praxis des betroffenen Mitgliedsstaats entspricht;
   b) die Entscheidung, die Prüfpräparate zu verschreiben, wird zusammen mit der Entscheidung getroffen, den Prüfungsteilnehmer in die klinische Studie aufzunehmen, oder
   c) an den Prüfungsteilnehmern werden diagnostische oder Überwachungsverfahren angewendet, die über die normale klinische Praxis hinausgehen.
[114] Im Anschluss an *Hart*, MedR 1994, 94 (96).
[115] Siehe dazu auch Nr. 16 der DvH (zu dieser vgl. → § 67 Rn. 8 ff.). „In der medizinischen Praxis und in der medizinischen Forschung sind die meisten Maßnahmen mit Risiken und Belastungen verbunden. Medizinische Forschung am Menschen darf nur durchgeführt werden, wenn die Bedeutung des Ziels die Risiken und Belastungen für die Versuchspersonen überwiegt."
[116] Zur Abwägung siehe Deutsch/Spickhoff, Medizinrecht, Rn. 960. Für die Gemeinwohlaspekte ist Nr. 17 DvH (siehe zu dieser → § 67 Rn. 8 ff.) heranzuziehen. „Jeder medizinischen Forschung am Menschen muss eine sorgfältige Abschätzung der voraussehbaren Risiken und Belastungen für die an der Forschung beteiligten Einzelpersonen und Gruppen im Vergleich zu dem voraussichtlichen Nutzen für sie und andere Einzelpersonen oder Gruppen vorangehen, die von dem untersuchten Zustand betroffen sind." Siehe im Übrigen die „Nutzen-Kriterien" in 2. Kap. § 10 II 1 VerfO-GBA (abgedruckt bei *Aichberger*, Gesetzliche Krankenversicherung Soziale Pflegeversicherung Nr. 390).
[117] → § 9 Rn. 18 ff.; vgl. im Übrigen 2. Kap. § 10 I Nr. 5 VerfO-GBA.

kann, dass aus dem Versuchsobjekt ein am Versuch eigenverantwortlich beteiligtes Subjekt wird. Die meisten aktuellen Probleme ranken sich um diesen Fragenkreis.[118]

4. Die klinische Prüfung

38 **a) Geltendes Recht.** Maßgebend sind derzeit noch die §§ 40 ff. AMG. Das 4. AMG-Änderungsgesetz[119] hat die Konsequenzen aus dem Anwendungsvorrang[120] der am 19.6.2014 in Kraft getretenen VO (EU) Nr. 536/2014[121] gezogen. Die VOR ist aber nach ihrem Art. 82 III erst sechs Monate nach Veröffentlichung einer Mitteilung über die Funktionsfähigkeit des EU-Portals und der EU-Datenbank anwendbar, s. auch Art. 99 S. 1 und Art. 98 S. 2 der Verordnung. Das ist – wohl – erst 2019 der Fall.

39 **b) Übergangsrecht.** aa) Das hat Übergangsrecht erforderlich gemacht s. auch § 44 AMG i. d. F. des 4. AMG-ÄndG. *„Wird der Antrag auf Durchführung einer klinischen Prüfung vor dem Ablauf der 5-Monatsfrist (Art. 99 S. 1 VO) gestellt (Stichtag), dann gilt drei Jahre ab Stichtag Altrecht auf der Grundlage der Richtlinie 2001/20/EG (Art. 98 Abs. 1 VO). Wird der Antrag nach dem Stichtag gestellt, gilt die VO."*

40 bb) Mit der klinischen Prüfung auf der Rechtsgrundlage der Art. 6, 7 und 9 der Richtlinie darf erst begonnen werden, wenn der Antrag zwischen 6 und 18 Monaten nach dem Stichtag gestellt worden ist. Die Richtlinie 2001/20/EG gilt dann 42 Monate ab Stichtag (Art. 98 II VO).

41 cc) Praktisch bedeutet das: Bis zum Stichtag ist Altrecht anwendbar, aber ggf. in der Fassung des 4. AMG-ÄndG, unter Rückgriff auf die Richtlinie 2001/20/EG. Nach dem Stichtag ist das deutsche Recht nach der (jeweiligen) Maßgabe des 4. AMG-ÄndG anzuwenden. Der Anwendungsvorrang der VO (EU) Nr. 536/2014 ist bei der Auslegung des deutschen Rechts zu beachten. Für die Anwendung des Rechts der klinischen Prüfung auf der Grundlage der Richtlinie 2001/20/EG oder der VO (EU) Nr. 536/2014 besteht auf der Grundlage des Art. 98 II der VOR für ein Jahr ein Wahlrecht.

42 **c) 2019-Stichtag.** Ab dem (noch offenen) 2019-Stichtag gelten § 40 AMG n. F. (Verfahren zur Genehmigung einer klinischen Prüfung), § 40a AMG n. F. (Allgemeine Voraussetzungen für die klinische Prüfung), § 40b AMG n. F. (Besondere Voraussetzungen für die klinische Prüfung) sowie § 40c und § 40d AMG n. F.

43 **d) Voraussetzungen.** Die klinische Prüfung stellt sich der Sache nach als vergleichende Therapiestudie[122] dar.[123] Es werden (wenigstens) zwei Gruppen gebildet: die Testgruppe und die Kontrollgruppe. Die Testgruppe wird dem Experiment unterworfen, die Kontrollgruppe bekommt entweder die Standardtherapie oder Placebos.[124] Ein Blindversuch[125] liegt vor, wenn die Probanden[126] nicht wissen, zu welcher Gruppe sie gehören, ein Doppelblindversuch,[127] wenn das auch der behandelnde Arzt nicht weiß. Die Einbeziehung in die Testgruppe und in

---

[118] → § 68 Rn. 34 ff.
[119] Vom 13.12.2016 (BGBl. I 3048).
[120] → § 3 Rn. 8 ff.
[121] → § 68 Rn. 17 mit Fn. 31, Rn. 22. Zur VO s. a. *Wachhausen*, K/M/H, Vorbem. zu §§ 40 ff. Rn. 1.
[122] S. dazu allgemein *Ulsenheimer*, in: Laufs/Kern § 148 Rn. 3.
[123] Zentraler Zweck der Regelungen der §§ 40 ff. AMG ist der Schutz der Probanden, vgl. *Wachenhausen*, in: M/K/H, § 40 Rn. 7.
[124] Zur strafrechtlichen Bedeutung von Placebos siehe *Ulsenheimer*, in: L/K, § 148 Rn. 26 ff.; *v. Dewitz*, A & R 2007, 65. Kritisch *G. S. Kienle*, Der sogenannte Placeboeffekt.
[125] *Ulsenheimer*, in: L/K, § 148 Rn. 14.
[126] Teilnehmer an einem wissenschaftlichen Experiment werden hier immer Probanden genannt, weil – angesichts des im Vordergrund stehenden Mehr an Erkenntnis – nicht ihre Erkrankung, sondern ihre Eignung als Teilnehmer am Experiment ausschlaggebend ist. Umgekehrt bleibt der Teilnehmer am Heilversuch „Patient".
[127] *Ulsenheimer*, in: L/K, Handbuch des Arztrechts, § 148 Rn. 15.

die Kontrollgruppe erfolgt randomisiert.[128] Erkenntnisse unter diesen strengen Vorgaben liefern dann den sog. Goldstandard[129] der evidenzbasierten Medizin.[130] Deren Vorgaben kann man allgemein so umschreiben: „Technik, individuelle Patienten gemäß der besten zur Verfügung stehenden Evidenz zu versorgen. Diese Technik umfasst die Suche nach der relevanten Evidenz in der medizinischen Literatur für ein konkretes klinisches Problem, den Einsatz einfacher wissenschaftlich abgeleiteter Regeln zur klinischen Beurteilung der Validität der Studien und der Größe des beobachteten Effekts sowie die Anwendung dieser Evidenz auf den konkreten Patienten mit Hilfe der klinischen Erfahrung". Das Wort „Evidenz" wird in diesem Zusammenhang im Sinne von „Nachweis, Beweis" verwendet.[131] Diese Regeln haben ihren konkreten Niederschlag in der VerfO-GBA[132] erfahren.

In 2. Kap. § 11 II, III VerfO-GBA wird eine Gewichtung der Evidenzstufen vorgenommen: Bevorzugt werden Unterlagen, die eine Entscheidung des GBA auf der Basis der Evidenzklasse Ia, Ib erlauben. Da aber sowohl 2. Kap. § 11 II Nr. IV als auch 2. Kap. § 11 III Nr. V u. a. auch die Meinungen anerkannter Experten im Rahmen der Evidenzstufe IV zulassen, gibt es keine Ausschließlichkeitsregel zu Gunsten von randomisierten, kontrollierten Studien. Wenn das die bestvorliegende Evidenz ist, genügen auch die Evidenzstufen IV und V. Man kann insoweit von einer experience based medicine sprechen.[133] Die mit der evidenzbasierten Medizin verbundenen statistischen Verfahren sind auch grundsätzlicher Ausgangspunkt der einschlägigen Rechtsprechung des BSG, etwa bei der Beurteilung neuer Untersuchungs- und Behandlungsmethoden geblieben.[134]

44

e) **Einwilligung.** Die Teilnahme am wissenschaftlichen Experiment setzt die Einwilligung des Probanden nach entsprechender Aufklärung voraus.[135]

45

---

[128] *Laufs*, in: ders./Kern, Handbuch des Arztrechts, § 130 Rn. 32. Von randomisierten kontrollierten Studien spricht deshalb 2. Kap. § 11 II Nr. Ib, III Nr. Ib VerfO-GBA. Insoweit wird das Kürzel RCT (Randomised Controlled Trial) verwendet, vgl. *Raspe*, GesR 2012, 584 (585, 587 f.) unter Rückgriff auf *Nancy Cartwright*, Lancet (2011), 377: 1400.01. *Cartwright* hält RTC's für „clincher", d. h. für eine Beendung des Austauschs von Argumenten. Das mag in der Wissenschaftsphilosophie zutreffen, aber nicht im Medizinrecht.

[129] Zum Begriff siehe *Helou et al.*, Glossar der evidenzbasierten Medizin, in: Kunz et al., Lehrbuch evidenzbasierte Medizin in Klinik und Praxis, 394 (399); siehe auch § 9 II Nr. II b, III a. Kritisch zum Goldstandard *Kiene*, Komplementäre Methodenlehre der klinischen Forschung, 10, 17, 71.

[130] Vgl. *Raspe*, Grundlagen und Theorie der evidenzbasierten Medizin (EbM), in: Kunz et al., Lehrbuch evidenzbasierte Medizin in Klinik und Praxis, 38 ff.; *Sackett et al.*, Evidence based medicine; *Gray*, Evidence health care; *Perlett/Antes*, Evidenzbasierte Medizin; *Hart*, Evidenz-basierte Medizin und Gesundheitsrecht, MedR 2000, 1; siehe auch *Jonitz et al.*, Evidence based medicine, DÄBl. 1998, A-267; *Seeringer*, Der Gemeinsame Bundesausschuss, 293; *Zuck*, Das Recht der antheroposoptischen Medizin Rn. 22 ff. und die vortheoretische Natur der Evidenz im Rahmen der EbM betonend, *Raspe*, GesR 2012, 584 (587). Zum Umgang der Sozialgerichte mit der EbM siehe ausf. *S. Augsberg*, GesR 2012, 595. Zur Evidenzbewertung der Qualitätssicherung vgl. *Roters*, GesR 2012, 604. Zu den Evidenzvorgaben bei der Mindestmengenregelung bei Klinik-Behandlungen siehe BSG, Urt. v. 12.9.2012 (B 3 KR 10/10 R), SozR 4–2500 § 33 Nr. 35, vgl. AMK 10/2012/1. S. jetzt auch Rixen, SGb 2013, 140.

[131] Siehe dazu *Helou et al.*, Glossar der evidenzbasierten Medizin, in: Kunz et al. Lehrbuch evidenzbasierte Medizin in Klinik und Praxis, 398.

[132] V. 18.12.2008 (BAnz Nr. 84a [Beilage] vom 10.6.2009), zuletzt geändert durch B. des GBA vom 20.4.2017 (BAnz AT 4.6.2017 Bz), in Kraft getreten 5.8.2017.

[133] *Zuck*, NZS 1999, 313.

[134] Z. B. BSGE 81, 54 (67). St. Rspr.

[135] *Fröhlich*, Forschung wider Willen; *Taupitz/Brewe/Schelling*, Landesbericht Deutschland, in: Taupitz, Das Menschenrechtsübereinkommen zur Biomedizin des Europarates, 409 (418 ff.) mit Katalog der Schutzkriterien (aaO, S. 419). § 40 I–III AMG; § 41 III AMG); *Deutsch*, in: ders/Lippert, AMG, § 40 Rn. 9 ff.; zur Aufklärung siehe *Wachenhausen*, in: K/M/H, § 40 II Rn. 82; zur datenschutzrechtlichen Einwilligung siehe § 40 IIa AMG und zur Einwilligung des gesetzlichen Vertreters bei Minderjährigen vgl. § 40 IV Nr. 3 AMG. Umfassend zu alledem jetzt *Julia Achtmann*, Der Schutz des Probanden bei der klinischen Arzneimittelprüfung.

46   **aa) DvH.** Die DvH[136] hat dazu allgemeine Aussagen getroffen: Die Versuchspersonen müssen freiwillige Teilnehmer sein und über das Forschungsvorhaben aufgeklärt sein (Nr. 26 DvH):

Bei der medizinischen Forschung an einwilligungsfähigen Personen muss jede potenzielle Versuchsperson angemessen über die Ziele, Methoden, Geldquellen, eventuelle Interessenkonflikte, institutionelle Verbindungen des Forschers, den erwarteten Nutzen und die potenziellen Risiken der Studie, möglicherweise damit verbundenen Unannehmlichkeiten, vorgesehene Maßnahme nach Abschluss einer Studie sowie alle anderen relevanten Aspekte der Studie informiert (aufgeklärt) werden. die potenzielle Versuchsperson muss über das Recht informiert (afugeklärt) werden, die Teilnahme an der Studie zu verweigern oder eine einmal gegebene Einwilligung jederzeit zu widerrufen, ohne dass ihr irgendwelche Nachteile entstehen. Besondere Beachtung soll dem spezifischen Informationsbedarf der individuellen potenziellen Versuchspersonen sowie den für die Informationsvermittlung verwendeten Methoden geschenkt werden. Nach Vergewisserung, dass die potenzielle Versuchsperson diese Information verstanden hat, hat der Arzt oder eine andere angemessen qualifizierte Person die freiwillig informierte Einwilligung (Einwillung nach Aufklärung – „informed consent") der Versuchsperson – vorzugsweise in schriftlicher Form – einzuholen. Falls die Einwilligung nicht in schriftlicher Form geäußert werden kann, muss die nicht schriftliche Einwilligung formell dokumentiert und bezeugt werden. Allen Versuchspersonen medizinischer Forschung sollte die Möglichkeit gegeben werden, über den allgemeinen Ausgang und die allgemeinen Ergebnisse der Studie informiert zu werden" (Nr. 26 DvH).

„Bei einer potenziellen Versuchsperson, die nicht einwilligungsfähig ist, muss der Arzt die informierte Einwilligung des rechtlichen Vertreters einholen. Diese Personen dürfen nicht in eine wissenschaftliche Studie einbezogen werden, die ihnen aller Wahrscheinlichkeit nach nicht nützen wird, sofern nicht beabsichtigt wird, mit der Studie die Gesundheit der Gruppe zu fördern, der die potenzielle Versuchsperson angehört, die Forschung nicht mit Personen durchgeführt werden kann, die eine informierte Einwilligung geben können, und die Forschung nur minimale Risiken und minimale Belastungen birgt" (Nr. 28 DvH).

„Ist eine potenzielle Versuchsperson, die als nicht einwilligungsfähig eingestuft wird, fähig, Eintscheidungen über die Teilnahme an der Forschung zuzustimmen, muss der Arzt neben der Einwilligung des rechtlichen Vertreters auch die Zustimmung der potenziellen Versuchsperson einholen. Eine Ablehnung der potenziellen Versuchsperson soll respektiert werden" (Nr. 29 DvH).

„Forschung mit Personen, die körperlich und geistig zu einer Einwilligung nicht fähig sind, beispielsweise mit bewusstlosen Patienten, darf nur erfolgen, wenn der körperliche und geistige Zustand, der das Einholen der informierten Einwilligung verhindert, ein erforderliches Merkmal für die beforschte Gruppe ist. Unter solchen Umständen muss der Arzt die informierte Einwilligung des rechtlichen Vertreters einholen. Ist ein solcher Vertreter nicht verfügbar und kann die Forschung nicht aufgeschoben werden, kann die Studie ohne informierte Einwilligung und unter der Voraussetzung durchgeführt werden, dass die besonderen Gründe für den Einschluss von Versuchspersonen, die aufgrund ihres Zustands nicht zu einer informierten Einwilligung fähig sind, im Studienprotokoll festgehalten worden sind und die Studie von einer Forschungs-Ethikkommission zustimmend bewertet worden ist. Die Einwilligung zur weiteren Teilnahme an der Forschung muss sobald wie möglich bei der Versuchsperson oder einem rechtlichen Vertreter eingeholt werden" (Nr. 30 DvH).

47   **bb) VO (EU) Nr. 536/2014.** Die Rechtslage wird jetzt auch durch die VO (EU) Nr. 536/2014, in Kraft getreten am 19.6.2014 geregelt. Ihre Konsequenzen zieht das 4. AMG-

---

[136] → § 67 Rn. 8 ff.

§ 68 Einzelfelder der Biomedizin 991

ÄndG[137], mit den konkreten Vorgaben zur Einwilligung des Probanden nach Aufklärung (§ 40b AMG n. F.).[138]

cc) **Umsetzung.** Da die VO (EU) Nr. 536/2014 erst vollzogen werden kann, wenn die Mitteilung über die Funktionsfähigkeit des EU-Portals und der EU-Datenbank erfolgt ist[139] und infolgedessen – wohl – erst 2019 die neu gefassten Vorschriften der §§ 40 ff. AMG anwendbar sind[140], bleibt die Rechtslage unübersichtlich. 48

dd) **Besondere Voraussetzungen der klinischen Prüfung (§ 41 AMG a. F.)**[141]. (1) **Prüfung von Volljährigen.** (1a) **Volljährigkeit.** Sie tritt mit Vollendung des 18. Lebensjahrs (0.00 Uhr), vgl. § 187 II 2 BGB ein. 49

(1b) **Krankheit.** Die volljährige Person muss an einer Krankheit leiden.[142] 50

(1c) **Behandlungsbedarf.** Es muss Behandlungsbedarf gegeben sein. Er liegt vor, wenn die medizinische Notwendigkeit der Behandlung feststeht. 51

(1d) **Erkenntnisse der medizinischen Wissenschaft.** Die Anwendung des zu prüfenden Arzneimittels muss nach den Erkenntnissen der medizinischen Wissenschaft angezeigt sein, *„um das Leben dieser Person zu retten, ihre Gesundheit wiederherzustellen oder ihr Leiden zu erleichtern."*[143] (1. Alternative) 52

(1e) **Gruppennutzen.** Eine 2. Alternative ergibt sich für die *„Gruppe der Patienten, die an der gleichen Krankheit leiden wie diese Person."* Mit der klinischen Prüfung muss ein objektiver Nutzen verbunden sein (sog. Gruppennutzen).[144] 53

(1f) **Notfallsituation.** § 41 I S. 2, 3 AMG erlaubt unter engen Voraussetzungen eine Behandlung im Rahmen einer Notfallsituation auch ohne Einwilligung des Patienten. 54

(1g) **Volljähriger, nicht einwilligungsfähiger Patient.** § 41 III S. 1 AMG nimmt das bei Patienten an, die nicht in der Lage sind, Wissen, Wesen und Tragweite der klinischen Prüfung zu erkennen und ihren Willen danach auszurichten. Bei nicht einwilligungsfähigen Personen wird die Einwilligung durch den gesetzlichen Vertreter oder Bevollmächtigten[145] erteilt (§ 41 III Nr. 2 AMG).[146] 55

(2) **Klinischen Prüfung bei Minderjährigen.** Die grundsätzlichen Vorgaben sind mit denen der klinischen Prüfung bei Volljährigen deckungsgleich.[147] § 41 II NR. 2 lit. c AMG verstärkt allerdings den subjektiven Aspekt des Gruppennutzens und enthält in lit. s dazu den Rückgriff auf das Erfordernis eines minimalen Forschungsrisikos bei einer weiteren Behandlung. 56

ee) **Probandenversicherung.** Das Recht der klinischen Prüfung wird durch das Erfordernis einer Probandenversicherung flankiert.[148] 57

ff) **Strafrechtliche Sanktionen.** Wer entgegen § 40 I S. 3 Nr. 23, 2a lit. a, Nr. 3, 4, 5, 6 und 8 auch in Verbindung mit Abs. 4 oder § 41 AMG die klinische Prüfung eines Arzneimittels durchführt, wird mit Freiheitsstrafe oder Geldstrafe bestraft, § 96 Nr. 10 AMG. Im Bußgeld- 58

---

[137] Vom 20.12.2016 (BGBl. I 3048) und dazu BT-Drs. 18/8034.
[138] Die Fallgruppen betreffen die volljährigen Probanden (oder seinen gesetzlichen Vertreter), den Minderjährigen ((§ 40b III AMG), den nicht einsichts- oder handlungsunfähigen Probanden (§ 40b IV AKG) und die klinische Prüfung in Notfällen (§ 40b V AMG).
[139] → § 68 RN. 17 ff.
[140] Zu den Übergangsvorschriften → § 68 Rn. 30b ff.
[141] D f. in der bis zum Inkrafttreten der 2019-Regelung geltenden Fassung.
[142] = regelwidriger Körper- und/oder Geisteszustand.
[143] Zu den Erkenntnissen der medizinischen Wissenschaft → § 52 Rn. 4 ff.
[144] S. dazu *Wachenhausen*, in: K/M/H, § 412 Rn. 6.
[145] § 1896 II BGB.
[146] § 1904 BGB ist zu beachten.
[147] → Rn. 43.
[148] § 40 I 3 AMG, § 40 III AMG.

bereich bleibt § 7 II Nr. 9 AMG anwendbar. Ab dem 2019-Stichtag wird § 97 II Nr. 9 aufgehoben. Maßgebend ist dann § 97 II 2d AMG.

5. Heilversuch

59   a) **Zuordnung.** Da für den Heilversuch der therapeutische Zweck, im Vordergrund steht[149] gehört seine Erörterung eigentlich nicht in den Großzusammenhang „Forschung". Es gibt aber einen praktischen und einen theoretischen Grund, sich dadurch nicht abhalten zu lassen. Zum einen ist der Heilversuch ein ständiger Begleiter des klinischen Versuchs, weil das Gegensatzpaar dazu taugt, die beiden Begriffe zu verdeutlichen. Zum anderen darf nicht übersehen werden, dass die Grenzen zwischen Heilversuch und klinischem Versuch fließend sind.[150] Infolgedessen sind auch die allgemeinen Voraussetzungen grundsätzlich auf den Heilversuch wie auf den klinischen Versuch anwendbar.[151]

60   b) **Bedeutung.** Wesentlich für den Heilversuch ist deshalb seine Einbindung in eine Behandlungsstrategie und die mit ihr verbundene Abweichung vom Standard.[152] Es geht also um die erstmalige Veränderung des Standards, die dafür eingesetzte Begründung (Plausibilität) und die Prüfung der Wirksamkeit dieser Abweichung.

61   Heilversuche werden wegen dieser Abweichung vom Standard gelegentlich mit sog. Außenseitermethoden[153] in Verbindung gebracht. Das ist jedoch nicht sachgerecht. Handelt es sich um eine anerkannte besondere Therapierichtung, also um die therapeutischen Konzepte[154] der Phythotherapie, der anthroposophischen Medizin und der Homöopathie,[155] so gibt es keine Abweichung vom schulmedizinischen Standard, weil der Standard sich nicht nach den Regeln der Schulmedizin bestimmt,[156] sondern nach dem binnenanerkannten therapeutischen Konzept der anerkannten besonderen Therapierichtung.[157] Auch der abweichende Standard ist infolgedessen (konzeptimmanenter) Standard. Nicht anerkannte besondere Therapierichtungen[158] und echte Außenseitermethoden[159] bis hin zur Quacksalberei[160] können

---

[149] → § 68 Rn. 24 ff.; siehe dazu *Hart*, MedR 2015, 766 und dazu *Lipp*, in: Laufs/Katzenmeier/Lipp, Arztrecht, Kap. XIII Rn. 1 ff.

[150] *Hart*, MedR 2015, 766 (770 f.). Das wird deutlich im Rahmen der klinischen Prüfung nach AMG/MPG, vgl. *Helle/Frölich/Haindl*, NJW 2002, 857 und dazu *Rehmann*, AMG, Rn. 1 ff. zu § 41 AMG.

[151] S. früher schon *Hart*, MedR 1994, 94. Grundlage bleibt der Behandlungsvertrag (§ 630a BGB). S. dazu auch BGHZ 168, 103; BGHZ 172, 1 mit Anm. v. *Katzenmeier*, JZ 2007, 1108 ff.; *Hart*, MedR 2007, 653.

[152] Zu den Elementen des Standards bei Heilversuchen s. *Hart*, MedR 2015, 766 (770 f.; *Lipp*, in: Laufs/Katzenmeier/Lipp, Arztrecht, Kap. XIII Fn. 28 ff.

[153] Zum (schillernden) Begriff vgl. *Oepen/Prokop*, Außenseitermethoden in der Medizin, S. VII; *Schmidt-Rögnitz*, Die Gewährung von alternativen sowie neuen Behandlungs- und Heilmethoden durch die gesetzliche Krankenversicherung; *Schlenker*, NZS 1998, 411, *Zuck*, NZS 1999, 313; *Müller*, SGb 2012, 386.

[154] Das Therapiekonzept zeichnet sich dadurch aus, dass es sich um einen von der naturwissenschaftlich geprägten Medizin abgrenzenden Denkansatz handelt, BSG, SozR 3–2500, § 135 SGB V Nr. 4 (Bl. 28).

[155] *Zuck*, NZS 1999, 313; *ders.*, Das Recht der anthroposophischen Medizin Rn. 186.

[156] Zum Begriff der Schulmedizin vgl. *Noftz*, in: Hauck/Noftz, SGB V, Rn. 36 zu § 12 SGB V, *Zuck*, NJW 1991, 2933 (2934).

[157] *Zuck*, NZS 1999, 313.

[158] Man kann z. B. über die Naturheilkunde i. e. S., die TCM im Allgemeinen und die Akupunktur im Besonderen diskutieren, vgl. dazu *Zuck*, NZS 1999, 313; *ders.*, NJW 2001, 869. Zur Ausübung von Akupunktur, Akupressur, Pulsdiagnostik, Zungendiagnostik, Tuina-Massage, Reflexzonen-Massage und Moxibustion als therapeutische Verfahren der TCM bedarf es einer Erlaubnis nach § 1 HeilprG, OVG Niedersachsen, GesR 2011, 564.

[159] Siehe dazu *Oepen/Prokop*, Außenseitermethoden in der Medizin.

[160] Aus der Sicht der Schulmedizin reicht dieser Begriff bis in die anerkannten besonderen Therapierichtungen hinein.

nicht vom Standard abweichen, weil das nur der Standard der Schulmedizin sein kann, dieser aber von gerade diesen Richtungen noch nicht einmal als abweichender Standard akzeptiert wird. Er kann infolgedessen auch nicht fortentwickelt werden. In diesem Bereich kommen deshalb nur wissenschaftliche Experimente (zur Fortentwicklung) in Betracht, während bei den anerkannten besonderen Therapierichtungen ein Heilversuch zur Fortentwicklung ihres je eigenen Standards immer möglich bleibt.

c) **Voraussetzungen.** Mit Recht weist *Hart* darauf hin,[161] dass die Durchführung eines Heilversuchs eines Vergleichs mit den bestehenden Behandlungsmethoden bedarf. Der Versuch ist nur legitim, wenn entweder Behandlungsalternativen nicht bestehen, medizinisch aussichtslos sind oder schon erfolglos eingesetzt worden sind. Der Heilversuch muss sich infolgedessen medizinisch und rechtlich auf der Grundlage des Standards als therapeutische Chance in überprüfbarer Weise darstellen lassen. 62

Da der Heilversuch durch seine individuelle Ausrichtung auf den Patienten gekennzeichnet wird, müssen auch die Nutzen-Kosten/Nutzen-Risiko-Erwägungen patientenbezogen, d. h. individuell vorgenommen werden. Dabei kann man den Begriff der Abweichung vom Standard weit fassen. Er kann sich sowohl auf die Behandlungen selbst beziehen, die bislang fehlende Begründung für eine Heilbehandlung nachliefern wollen oder die Beweisführung für eine bestimmte Behandlung verbessern.[162] Man kann aber auch annehmen, dass mit besserer Begründung oder Beweisführung die konkrete Behandlungssituation des Patienten verbessert wird. In Wahrheit verlässt man aber mit diesen Vorgaben das Gebiet des Heilversuchs und tritt in das Gebiet des wissenschaftlichen Experiments i. e. S.[163] über. 63

Das mit jedem Versuch gesteigerte Risiko für den Patienten führt zu gesteigerten Anforderungen an seine Aufklärung. Sie kann nicht anders verlaufen als die Aufklärung beim wissenschaftlichen Experiment.[164] Für die Willenserfordernisse gelten gegenüber den Erfordernissen beim wissenschaftlichen Experiment ebenfalls die gleichen Grundsätze.[165] 64

In den Voraussetzungen des informed consent liegen die eigentlichen Probleme für die Beurteilung der Zulässigkeit eines Heilversuchs. Es handelt sich dabei um Probleme, die sich allgemein mit Aufklärung und Zustimmung zu medizinischen Behandlungsmethoden stellen. Sie werden aber beim Heilversuch besonders deutlich. Als Beispiel mag der folgende – zugegebenermaßen hochspezielle und entsprechend seltene – aber damals allgemein bekannt gewordene Fall dienen: Im Jahr 2003 konnte die fernsehtaugliche Weltöffentlichkeit an dem Versuch eines internationalen Ärzteteams teilnehmen, in einem Krankenhaus in Singapur am Kopf zusammengewachsene iranische siamesische Zwillinge,[166] die über 20 jährigen Ladan und Laleh Bidschami zu trennen. Die Trennung gelang, die Zwillinge überlebten aber die Operation nicht. 65

Die Öffentlichkeit weiß nichts über die Qualität der Aufklärung. Unterstellt, man habe den Zwillingen gesagt, dass es sich um eine Operation handele, die so noch nie gewagt worden sei, und dass die Erfolgschancen überhaupt nicht kalkulierbar seien (denn wie will man bei dieser bis dahin einzigartigen Operation wissen, was geschieht? Dabei mag die Trennung gelingen wie damals bei den im Oktober 2003 operierten zweijährigen ägyptischen siamesischen Zwillingen Ahmed und Mohamed, aber mit welcher Lebensqualität?): Welche Bedeutung hat in solchen Fällen die Einwilligung? Ladan und Laleh haben ohne jedes Zögern ihre – als selbstverständlich formulierte – Zukunft als Journalistin und als Rechtsanwältin beschrieben, so als ob mit der technischen Trennung der Köpfe alles bewältigt sein würde. 66

---

[161] *Hart*, MedR 1994, 94 (100).
[162] *Hart*, MedR 1994, 94 (101).
[163] → § 68 Rn. 32 mit Fn. 62.
[164] Großzügigere Betrachtungsweisen, vgl. etwa *Laufs*, Heilversuch, in: HK-AKM Nr. 2480, Rn. 4 (für die Aufklärung), Rn. 5 (für die Einwilligung) sind zivilrechtlich durch nichts zu rechtfertigen.
[165] *Lipp*, in: Laufs/Katzenmeier/Lipp, Arztrecht Kap. XIII Rn. 45.
[166] S. dazu allgemein *Merkel*, in: R/S, 468 ff.

Selbst wenn man davon ausgeht, dass die positive Variante für jemand, dessen Leben auf dem Spiel steht, die einzig öffentlich diskussionswürdige Variante ist, weckt das Zweifel, ob die beiden Schwestern das Operationsrisiko wirklich verstanden haben. Und dann kann man nicht ausschließen, dass sich diese Einwilligung auf das Ziel der Beendigung eines als nicht mehr lebenswert empfundenen Lebens um jeden Preis bezogen hat, also auf einen bedingten Selbstmord. Unabhängig von der Einhaltung der rechtlichen Formerfordernisse stellt sich die Frage, ob die operierenden Ärzte bei allen nahe liegenden Verlockungen (sollte die Operation doch gelingen) die moralische Verantwortung besser nicht hätten übernehmen sollen. Diese Forderung ist im Nachhinein international von vielen Ärzten erhoben worden, freilich eben im Nachhinein, und vor allem von solchen Ärzten, denen sich die Frage konkret nicht gestellt hat, weil sie selbst die Operation nicht hätten durchführen können. Es gibt auf diese Fragen keine Antworten, weil Aufklärungs- und Einwilligungssachverhalt nicht bekannt sind, und die medizinischen Risiken des Eingriffs nur von denjenigen beurteilt werden können, die die Krankenakte kannten. Auch bei offenem Ausgang bleibt der Sachverhalt jedoch instruktiv, weil er Licht auf die schwierige Entscheidungslage bei Einwilligungen in Heilversuche wirft.[167]

67   d) Kosten. Es ist angenommen worden, die GKV müsse bei ihren Versicherten die Kosten des therapeutischen Versuchs übernehmen, „wenn eine Standardbehandlungsmethode mit einigermaßen realistischer Erfolgschance nicht zur Verfügung steht, die zu Gebote stehenden Standardverfahren fruchtlos ausgeschöpft worden sind und die Neulandmethode nach Abwägung von Nutzen und Risiken auf Grund bisher gewonnener Erfahrungswerte medizinisch vertretbar erscheint".[168] Das trifft jedoch so nicht zu. Ein Heilversuch muss per definitionem eine neue Untersuchungs- und Behandlungsmethode sein, also eine Behandlung betreffen, die nicht im EBM aufgeführt ist.[169] Findet die (ärztliche) Leistungserbringung außerhalb des EBM statt, ist sie an ein positives Votum des GBA gebunden.[170] Fehlt dieses Votum für die Maßnahme als solche (und weil Versuche begrifflich immer Einzelfälle darstellen, muss das positive Votum fehlen)[171] scheidet eine Kostenübernahme aus. Tatsächlich gibt es also im ambulanten Sektor keine Kostenerstattungsansprüche, weil der Sachverhalt nicht unter Vorschriften des EBM oder eine positive Entscheidung des GBA zu subsumieren ist.[172]

---

[167] Die Berufshaftpflicht deckt Schäden, vgl. *Rieger*, DMW 1978, 1589 (1590). Die Sorgfaltspflichten des Arztes steigen mit dem Grad der Neuheit der Methode.
[168] *Pap*, MedR 1988, 10 (11). Zum Recht der PKV vgl. BGHZ 133, 208 – Behandlung bei unheilbarer Erkrankung und ausführlich (wenn auch ohne genaue Abgrenzung zwischen klinischem Versuch, Heilversuch und alternativen Behandlungsmethoden, *Schoenfeldt/Kalis*, in: Bach/Moser, Private Krankenversicherung, Rn. 58 ff. zu § 1 MB/KK; Rn. 129 ff. zu § 4 MB/KK. Dabei handelt es sich um einen von Arzt und Patient unabhängigen Maßstab, BGHZ, VersR 1978, 27; BGHZ 133, 208 (212 f.). Es kommt insoweit auf den Zeitpunkt der Behandlung an. Die Maßstäbe müssen nicht notwendigerweise der Schulmedizin entnommen werden, BGHZ 133, 208 (213 f.). Die medizinische Notwendigkeit wird auch nicht durch einen Versuchscharakter einer Erkrankung behindert, also bei Sachverhalten, für die es bisher überhaupt noch keine Therapie gibt, BGZ 133, 208 (214); dort auch zu den weiteren Voraussetzungen der mit der Behandlung eröffneten Möglichkeiten und eines nachvollziehbaren Ansatzes. Da die Notwendigkeit der Heilbehandlung (Heilbehandlung ist versicherungsrechtlich jegliche ärztliche Tätigkeit „die durch die betreffende Krankheit verursacht worden ist, sofern die Leistung des Arztes von ihrer Art her in den Rahmen der medizinisch notwendigen Krankenpflege fällt und auf Heilung, Besserung oder auch Linderung der Krankheit weist", BGHZ 133, 208 [211]. Die Begriffe „ärztliche Leistung" und „medizinische Krankenpflege" sind weit auszulegen, BGHZ 99, 228 [231]; 123, 83 [89]; 133, 208 [211] nach objektiven Kriterien zu beurteilen ist, wird sich die Kostenübernahme durch die PKV bei der Teilnahme an einem klinischen Versuch, der gerade nicht am individuellen therapeutischen Effekt ausgerichtet ist, im Allgemeinen nicht rechtfertigen lassen.
[169] *Zuck*, Das Recht der anthroposophischen Medizin, Rn. 213 ff.
[170] *Zuck*, Das Recht der anthroposophischen Medizin, Rn. 213 ff.
[171] Zu den Einzelheiten siehe → § 68 Rn. 48.
[172] BSGE, 81, 84; BSG, SozR 3–2500, § 92 SGB V, Nr. 12 – Colon-Hydro-Therapie.

Im stationären Sektor kann das Krankenhaus im Rahmen klinischer Versuche grundsätzlich behandeln (§ 137c SGB V),¹⁷³ beim Heilversuch entscheidet über die Zulässigkeit der Behandlung (im Sinne der Zulässigkeit der Therapie) der GBA, allerdings nicht im Sinne eines Erlaubnisvorbehalts.¹⁷⁴ **68**

V. Vor der Geburt

1. Befruchtung

Die Geburt ist schon lange kein ausschließlich natürlicher Vorgang mehr. Der Kaiserschnitt und die künstliche Einleitung (oder Verzögerung) des Geburtsvorgangs mögen als Beispiele genügen.¹⁷⁵ Die aktuellen Fragen der Biomedizin betreffen jedoch andere Sachverhalte.¹⁷⁶ **69**

a) **Homologe und heterologe Insemination**¹⁷⁷. aa) **Homologe Insemination.** Die homologe Insemination verwendet für die künstliche Befruchtung Ei und Samen der Eheleute. **70**

bb) **Heterologe Insemination.** Die heterologe Insemination verwendet fremden Samen, sei es eines bekannten, sei eines anonymen Spenders. Rechtsprobleme tauchen dabei schon auf, soweit es um den Anspruch des Kindes auf Kenntnis seiner eigenen Abstammung geht. Das ist aber kein medizin-rechtliches Problem, sondern betrifft Fragen des allgemeinen Persönlichkeitsrechts.¹⁷⁸ Man hat insoweit von einer „Enteignung von Biographie" gespro- **71**

---

¹⁷³ Siehe dazu BSG, ZGMR 2003, 39 – Operative Magenverkleinerung bei Adipositas.
¹⁷⁴ BSG, ZGMR 2003, 39. S. a. einschränkend BSG, MedR 2005, 305; krit. dazu *Wigge*/Eickmann, A & P 2005, 66.
¹⁷⁵ Zur Wunsch-Sectio siehe *Rumler-Detzel*, GesR 2006, 241; *Nora Markus*, Die Zulässigkeit der Sectio auf Wunsch; *Stock*, Die Indikation in der Wunschmedizin. Zur Aufklärungspflicht im Rahmen von „Wunschmedizin" vgl. *Krüger/Helml*, GesR 2011, 584.
¹⁷⁶ Alle die Biomedizin betreffenden Fragen sind Gegenstand einer weltweiten, intensiv (und emotional) geführten Diskussion (Auseinandersetzung). Es ist nicht möglich, sich darüber einen vollständigen Überblick zu verschaffen und ihn zu dokumentieren. Hier wird eine Auswahl getroffen, die das aktuelle Schrifttum bevorzugt. Das erscheint gerechtfertigt, weil sich die Rechtslage im Gesundheitswesen im Allgemeinen, in der Biomedizin im Besonderen in ganz kurzen Abständen ändert, und weil das neuere Schrifttum über dessen Nachweistechniken die Rückverfolgung in die Vergangenheit leicht möglich macht.
¹⁷⁷ (Muster)Richtlinie der BÄK vom 27.2.2006 durch Durchführung der assistierten Reproduktion, BÄBl. 2006 A 1392, i. d. F. v. 21.8.2014 (BAnz AT v. 17.10.2014 B3), in Kraft getreten am 18.10.2014 in den meisten Kammerbezirken in regionales Berufsrecht umgesetzt; GBA-Richtlinien über künstliche Befruchtung i. d. F. vom 14.8.1990 (BArbBl. Nr. 12 [1990]) zuletzt geändert durch B. vom 21.7.2011 (BAnz Nr. 153) v. 11.10.2011, S. 3493, in Kraft getreten am 12.10.2011. Die medizinische Beurteilung des homologen Samens (es genügt die dauerhafte Partnerschaft) deckt sich nicht mit § 27a I Nr. 4 SGB V. Nur Verheiratete kommen für die homologe Insemination in Betracht, gebilligt vom BVerfG, NJW 2007, 1343. Die Entscheidung beruht auf der Ehe als „verfasster Paarbeziehung". Angesichts der Scheidungsquoten und des verbreiteten Verzichts auf die Eheschließung wirkt die Entscheidung eher konservativ-ideologisch, als realitätsbezogen. Freilich: Gegen die Verteidigung der Grundaussagen des GG ist nichts einzuwenden. Es ist auch nicht Aufgabe des BVerfG, die jeweiligen Trends zu bedienen. Wenn der Gesetzgeber verhindern will, dass Partner nur deshalb heiraten, um eine homologe Insemination durchführen zu können, muss er § 27a I Nr. 4 SGB V ändern. Hinzu kommt, dass Kinderlosigkeit keine Krankheit im Sinne des SGB V ist (krit. dazu mit Recht *Höfler*, in: KassKomm Sozialvertragsrecht § 27a Rn. 5; siehe auch die gegenläufige Auffassung des BGH, § 75 Rn. 69. Wenn der Gesetzgeber seine Leistungen im Rahmen des SGB V ausdehnt, kann er auch deren Maß bestimmen).
¹⁷⁸ Zum Recht des Kindes auf Kenntnis der eigenen Abstammung vgl. BVerfGE 79, 256; 90, 263 (siehe dazu *Starck*, JZ 1997, 777 ff.); BVerfGE 96, 56 (63 ff.); *Eidenmüller*, JuS 1998, 789. Dieses Recht schützt gegen die Vorenthaltung erlangbarer Informationen. Beschränkungen durch den Gesetzgeber müssen sich am Prinzip der Verhältnismäßigkeit messen lassen. Der grundsätzliche Anspruch des Kindes auf Kenntnis seiner eigenen Abstammung läuft leer, wenn für die Insemination ein Samencocktail, d. h. Spermien verschiedener Spender, verwendet wird. Darauf darf sich der Arzt, wenn überhaupt heterologe Insemination erlaubt wäre, berufsrechtlich nicht einlassen. Zum Anspruch des Kindes auf Auskunft über die

chen.[179] Gesetzliche Regelungen, die die Anonymität des Samenspenders garantieren, sind grundsätzlich zulässig.[180]

72 Der rechtliche Erkenntnisstand zur heterologen Insemination hat sich inzwischen durch die Rechtsprechung des EGMR verbessert.[181] Der EGMR hat bei assistierter Reproduktion den Schutzbereich des Art. 8 EMRK verworfen. Er ist jedoch davon ausgegangen, dass die In-vitro-Fertilisation[182] sensible moralische und ethische Fragen und einen Bereich rasch fortschreitender medizinischer Entwicklung aufwerfe, so dass es noch keinen Konsens für die richtigen Antworten unter den Konventionsstaaten gebe. Diese seien deshalb gehalten, die Entwicklung fortlaufend zu beobachten. Die österreichische Regelung, wonach Eizellenspenden und die Samenspende zum Zwecke künstlicher Befruchtung verboten sind, verstoße danach nicht gegen Art. 8 EMRK.

73 b) In-vitro-Fertilisation (IvF)[183]. Die aktuellen bioethischen, aber auch die krankenversicherungsrechtlichen Probleme der Fortpflanzungsmedizin i. e. S. werden derzeit vor allem im Rahmen der extrakorporalen Befruchtung diskutiert.

74 Bei der IvF handelt es sich um die artifizielle Vereinigung einer Eizelle mit einer Samenzelle außerhalb des weiblichen Körpers. Die Einführung des Embryos in den Uterus wird als Embryonentransfer bezeichnet. Die dafür angewandten Techniken sind unterschiedlich.[184] Um die Schwangerschaftswahrscheinlichkeit zu erhöhen werden jeweils mehrere Embryonen transferiert. Da nur ein Embryo zur Geburt eines Kindes führt, dienen die Mehr-Embryonen. Gemäß § 1 I Nr. 3 EschG dürfen jedoch nicht mehr als drei Embryonen innerhalb eines Zyklus auf eine Frau übertragen werden; vgl. § 68 Rn. 65. als Implantationshilfe. Sie werden im Rahmen dieses Vorgangs geopfert. Bei der „Herstellung" durch den Arzt kann es Embryonenüberschuss geben[185]. Es mag auch sein, dass die Embryonen nicht „abgerufen" werden oder (z. B. wegen Erkrankung oder Tod der Frau) nicht abgerufen werden können. Was hat mit diesem Embryonenüberschuss zu geschehen?[186]

Identität eines anonymen Spenders x. BGH, Urt. v. 28.1.2015 – XII ZR 201/13. Zur Klärung der Abstammung durch genetische Untersuchung s. *Zang*, MedR 2015, 693 ff.
Das allgemeine Persönlichkeitsrecht verpflichtet den Gesetzgeber jedoch nicht dazu, neben dem Vaterschaftsfeststellungsverfahren nach § 160d BGB auch ein Verfahren zur isolierten, sog. rechtsfolgenlosen Klärung der Abstammung, von einem mutmaßlich leiblichen, aber nicht rechtlichen Vater bereitzustellen, BVerfGE 14, 186.
[179] *Damm*, JZ 1998, 926 (932).
[180] Hoch umstritten. Wie hier *Giesen*, JZ 1989, 364 (369); *Enders*, NJW 1989, 881 (884); aA *Baumann*, in: FS f. A. Kaufmann, 1993, 537 (540 f.); *Koppernock*, Das Grundrecht auf bioethische Selbstbestimmung, 153 ff. Zweifelnd *Di Fabio*, in: MD, Rn. 213 zu Art. 2 I GG.
[181] Urt. vom 3.11.11 – 57813/00, MedR 2012, 380 und dazu *Weilert*, MedR 2012, 355. Zur EGMR-Vorläuferrechtsprechung siehe *Wollenschläger*, MedR 2011, 21 unter Hinweis auf EGMR, NJW 2008, 2013 und NJW 2009, 971.
[182] Nachstehend → Rn. 57.
[183] *Laufs*, in: HK-AKM, „In-vitro-Fertilisation", Nr. 2720; *Di Fabio*, in: MD, Rn. 95 ff. zu Art. 1 I GG; *Lehmann*, Die In-vitro-Fertilisation und die Folgen; zur In-vitro-Diagnostik vgl. die Verordnung zur Ausdehnung der Vorschriften über die Zulassung und staatliche Chargenprüfung auf Tests zur In-vitro-Diagnostik nach dem Arzneimittelgesetz (In-vitro-Diagnostika-Verordnung nach dem Arzneimittelgesetz – IVD-AMG-V) vom 24.5.2000 (BGBl. I 746). Sie beruht auf der Richtlinie 98/79 EG des Europäischen Parlaments und des Rates vom 27.10.1998, ABl. EG L 331 vom 7.12.1998 („IVDD"), geändert durch die Richtlinie 2011/100/EG, ABl. L 341 S. 50 vom 22.12.11, in Kraft getreten am 11.1.2012.
[184] Vgl. *Laufs*, Embryonentransfer, in: HK-AKM, Nr. 1590 Rn. 6. Zu den einzelnen, mehrere Wochen dauernden Behandlungsarten vgl. Enquete-Kommission „Recht und Ethik der modernen Medizin" vom 14.5.2002, BT-Drs. 14/9020, 30 ff. („BT-Drs. 14/9020").
[185] Zur Thematik der Samenspende, Eizellspende und Embryoadoption s. *Schumann*, MedR 2014, 736 ff.
[186] S. zu diesem Problemkreis die Stellungnahme des Deutschen Ethikrats vom 22.3.2016 unter dem Titel „Embryospende, Embryoadoption und elterliche Verantwortung".

Es ist davon die Rede, dass der Embryonentransfer mehr als einen Embryo erfasst. Im 75
Einzelfall kann das zu einer (unerwünschten) Mehrlingsschwangerschaft führen. Darf dieses
Problem, insbesondere bei konkreten Gefahren für Mütter und Kinder zu einer Mehrlings-
reduktion durch Fetozid (Abtötung zwischen der 8 und 12 Schwangerschaftswoche)[187] gelöst
werden?

c) **Intrazytoplasmatische Spermainjektion (ICSI).** Seit 1992 hat sich eine weitere Technik 76
der extrakorporalen Befruchtung entwickelt, die intrazytoplasmatische Spermainjektion
(ICSI). Sie wird im Wesentlichen bei Ehepaaren (Partnern) angewandt, die in Folge einer
Fertilitätsstörung des Mannes auf natürlichem Wege keine Kinder zeugen können. In solchen
Fällen genügt es in der Regel nicht, Samen und Eizelle zur spontanen Verschmelzung im
Reagenzglas zusammen zu bringen (IvF).[188] Vielmehr muss ein einzelnes Spermium mit Hilfe
einer mikroskopisch dünnen Nadel unmittelbar in die Eizelle injiziert werden. Die übrigen
Einzelschritte bestehen wie bei der IvF darin, durch Hormonbehandlung der Frau mehrere
Eizellen verfügbar zu machen, dem Körper zu entnehmen und nach dem Befruchtungsvor-
gang als Embryo wieder in den Körper zu übertragen.[189]

d) **Intratubarer Gametentransfer (GIFT = Gamete Intrafallopian Transfer).** Dabei 77
handelt es sich um eine Mixtur aus Insemination und IvF. Beim GIFT werden mit einem
Katheter gleichzeitig Samen- und Eizellen in den Eileiter gebracht.

2. Embryonenschutzgesetz

Daran knüpfen sich viele Rechtsfragen.[190] Sie werden im großen Umfang durch das ärzt- 78
liche Berufsrecht und durch das Embryonenschutzgesetz (EschG)[191] beantwortet.[192]

a) **Grundlagen.** Allgemeine Ziele des EschG lassen sich so umschreiben: Die extrakor- 79
porale Befruchtung soll auf Fortpflanzungszwecke beschränkt, die Entstehung überzäh-
liger Embryonen soll ebenso verhindert werden[193] wie die Verwendung der extrakorporal
verfügbaren Embryonen zu anderen als zu Fortpflanzungszwecken und den Einstieg in

---

[187] Siehe dazu *Hülsmann*, NJW 1992, 2331.
[188] BSGE 88, 51 (52).
[189] BSGE 88, 51 (52), ICSI ist berufsrechtlich ebenfalls zulässig, vgl. Richtlinie zur Durchführung der
assistierten Reproduktion, DÄBl. 2006 A 1392. Die Erfolgsquote pro Versuch liegt, ähnlich wie bei der
IvF bei 20–25 %; sozialversicherungsrechtlich sind zwar vom Bundesausschuss der Ärzte und Krankenkassen erhebliche Bedenken gegen ICSI im Hinblick auf erhöhte Fehlbildungen und genetische Schäden
geäußert worden, vgl. „Die Leistungen" 1999, 113. Nr. 10.5 der GBA-Richtlinien über künstliche
Befruchtung lassen ICSI aber (im Vollzug von BSG, SozR 3–2500, § 27a SGB V Nr. 2, 3) inzwischen zu.
Der Ausschluss von Leistungen zur künstlichen Befruchtung nach dem 40. Lebensjahr der Ehefrau ist
verfassungsgemäß, BSG, SozR 4–2500 § 27a SGB V Nr. 7; Nr. 8. S. a. BVerfGE 117, 316. Das gilt auch
für den Ausschluss nach drei erfolglos durchgeführten Behandlungszyklen, BSG, SozR 4–2500 § 27a
SGB V Nr. 9.
[190] S. dazu *J. Ipsen*, NJW 2004, 268. Zur PID s. § 68 Rn. 83 ff.; zum Embryonenverbrauch s. → § 68
Rn. 90 ff.
[191] Gesetz zum Schutz von Embryonen (Embryonenschutzgesetz – EschG) vom 13.12.1990. (BGBl. I
2746) in der Fassung des Gesetzes vom 21.11.2011 (BGBl. I 2228); siehe dazu *Günther/Kaiser/Taupitz*,
Embryonenschutzgesetz; *Pelchen*, in: Erbs/Kohlhaas, Strafrechtliche Nebengesetze, E 100; *v. Bülow*,
Embryonenschutzgesetz, in: W/F/S, Rn. 300 ff. (vor allem zur Entstehungsgeschichte des Gesetzes,
Rn. 303 ff.); *Taupitz/Brewe/Schelling*, Landesbericht Deutschland, in: Taupitz, Menschenrechtsübereinkommen zur Biomedizin des Europarates, 409 ff. (454 ff.). *Deutsch*, NJW 1990, 721; *Frommel*, KJ 2000,
341.
[192] *Taupitz*, Rechtliche Regelung der Embryonenforschung im internationalen Vergleich, S. 232 weist
zurecht darauf hin, dass über die „Achtung und den Schutz der Menschenwürde" auch international
bislang keine verlässlichen Maßstäbe haben gewonnen werden können.
[193] Sog. verwaiste Embryonen, s. dazu *Hillgruber*, Recht und Ethik vor der Herausforderung der
Fortpflanzungsmedizin und „verbrauchender Embryonenforschung", in: FS f. Link, 637 (638).

eugenische Maßnahmen.¹⁹⁴ Erfasst wird damit der Zeitraum zwischen Befruchtung und Nidation.

80   Als Embryo im Sinne des ESchG gilt „die befruchtete, entwicklungsfähige menschliche Eizelle vom Zeitpunkt der Kernverschmelzung an, ferner jede einem Embryo entnommene totipotente Zelle,¹⁹⁵ die sich bei Vorliegen der dafür erforderlichen weiteren Voraussetzungen zu teilen und zu einem Individuum zu entwickeln vermag" (§ 8 I ESchG).¹⁹⁶ Das ESchG befasst sich nicht mit Embryonen und Föten nach der Nidation. Auch das TPG regelt die Materie nicht (§ 1 II TPG). Die Embryonalperiode dauert bis zum Ende der 8. Schwangerschaftswoche, danach beginnt die Fötalperiode.¹⁹⁷ Für die einschlägigen Maßnahmen gibt es einen Arztvorbehalt (§§ 9, 11 ESchG).¹⁹⁸

81   Sowohl die homologe als auch die heterologe Insemination sind nach dem ESchG, da es insoweit schweigt, zulässig. Das gilt auch für die In-vitro-Fertilisation. Berufsrechtlich und krankenversicherungsrechtlich ist die heterologe Insemination grundsätzlich ausgeschlossen.¹⁹⁹ Jedoch sind Ausnahmen von diesem Grundsatz möglich, wenn ein positives Votum der zuständigen Ethikkommission vorliegt.²⁰⁰

82   Mehr als drei Embryonen dürfen innerhalb eines Zyklus nicht auf eine Frau übertragen, mehr als drei Eizellen dürfen durch intratubaren Gametentransfer innerhalb eines Zyklus nicht befruchtet werden (§ 1 I Nr. 3, 4 ESchG).²⁰¹ Die Dreizahl ist gegriffen. Wie bei der Wahl von Stichtagen und ähnlichen Zahlenregeln liegt das im Beurteilungsspielraum des Gesetzgebers.

83   Geteilte Vaterschaft ist im Rahmen der heterologen Insemination zulässig, aber nicht die geteilte Mutterschaft. § 1 I Nr. 7 ESchG verbietet die künstliche Befruchtung/den Embryonentransfer auf eine dazu bereite andere Frau (Ersatzmutter).²⁰² Da für das ESchG das Territorialitätsprinzip gilt, ist die Ersatzmutterschaft im Ausland (wenn sie dort zulässig ist)

---

¹⁹⁴ *Taupitz/Brewe/Schelling*, Landesbericht Deutschland, in: Taupitz, Menschenrechtsübereinkommen zur Biomedizin des Europarates, 409 (455).

¹⁹⁵ Nach verbreiteter Auffassung ist das Stadium der Totipotenz auf die befruchtete Eizelle und die Zellen der ersten Teilungsstadien (Blastomeren) begrenzt. Totipotenz entfällt danach ab dem 8-Zellstadium, siehe dazu die Stellungnahme der Senatskommission für Grundsatzfragen der Genforschung der Deutschen Forschungsgemeinschaft „Humane embryonale Stammzellen" vom 3.5.2001, S. 5. Für das europäische Recht hat der EuGH den Begriff des menschlichen Embryos in Art. 6 II lit. c der Richtlinie 98/44/EG des Europäischen Parlaments und des Rates vom 6.7.1998 (ABl. L 213 S. 13) so definiert: „Jede menschliche Eizelle vom Stadium ihrer Befruchtung an, jede menschliche Eizelle, in die ein Zellkern aus einer ausgereiften menschlichen Zelle transplantiert worden ist und jede unbefruchtete menschliche Eizelle, die durch Parthenogenese zur Teilung und zur Weiterentwicklung angeregt worden ist." Der EuGH hat hinzugefügt, es sei Sache der nationalen Gerichte, im Lichte der technischen Entwicklung festzustellen, ob eine Humanzelle, die von einem menschlichen Embryo im Stadium der Blastozyste gewonnen wird, ein menschlicher Embryo im Sinne der Richtlinie ist, EuGH, MedR 2012, 310 und dazu *Stieper*, MedR 2012, 314; Dreier, Bioethik, 2013, 67 mit Fn. 180.

¹⁹⁶ Zum Begriff der Entwicklungsfähigkeit siehe § 8 II ESchG. Totipotenz ist definiert als die Fähigkeit einer Zelle, ein ganzes Individuum zu bilden; vgl. *Beier*, Totipotenz und Pluripotenz: Von der klassischen Embryologie zu neuen Therapiestrategien, in: Raem u. a. (Hrsg.) Genmedizin, 63 ff. (63, 67 ff.). Zu alledem s. ausf. *Koenig/Müller*, PharmR 2005, 19.

¹⁹⁷ Siehe zu den damit verbundenen Problemen der Verwendung fetaler Zellen und fetaler Gewebe die Richtlinien der Bundesärztekammer zur Verwendung fetaler Zellen und fetaler Gewebe, DÄBl. 1991, B-2788 und ausführlich *Harks*, NJW 2002, 716. Der Autor plädiert für eine gesetzliche Regelung (aaO, S. 722).

¹⁹⁸ Siehe dazu *Laufs*, Auf dem Wege zu einem Fortpflanzungsmedizingesetz? 26 ff.; abwehrend *Neidert*, MedR 1998, 347.

¹⁹⁹ Richtlinie der Bundesärztekammer zur Durchführung der assistierten Reproduktion, Nr. 3.1.3, vgl. vorstehend Fn. 127. Zustimmend – unter verfassungsrechtlichen Aspekten – LSG Niedersachsen – Bremen, NZS 2003, 484.

²⁰⁰ Zum Samencocktail siehe → § 68 Rn. 56 mit Fn. 118.

²⁰¹ S. dazu *Pelcken*, in: Erbs/Kohlhaas, Strafrechtliche Nebengesetze E 100 § 2 ESchG Rn. 4.

²⁰² Auch, je nach Entgeltlichkeit des Vorgangs, Leih- oder Mietmutter genannt. Zweifelnd, ob die Regelung verfassungsrechtlich geboten war, *Brohm*, JuS 1998, 197 (202).

möglich.²⁰³ Ersatzmutterschaften haben, insbesondere vor Inkrafttreten des ESchG (also vor dem 1.1.1991) viele Rechtsfragen aufgeworfen.²⁰⁴

Geschlechterwahl ist verboten (§ 3 ESchG).²⁰⁵ **84**

b) Kryokonservierung. Verboten ist es, wissentlich eine Eizelle mit dem Samen eines **85** Mannes nach dessen Tode künstlich zu befruchten (§ 4 I Nr. 3 ESchG).²⁰⁶ Das ESchG äußert sich nicht zu der Frage, ob die Kryokonservierung, d. h. das Tiefgefrieren von Eizellen, Spermien und Embryonen zulässig ist.²⁰⁷ Aus dem Arztvorbehalt in § 9 Nr. 3 ESchG wird man auf die allgemeine Zulässigkeit schließen können. Der hohe Verlust beim Einfrieren/Auftauen (ca. 50 %) erweckt zwar berufsrechtliche Bedenken. Im Ergebnis sind sie nicht begründet,²⁰⁸ wenn man die Vorgaben der Richtlinien der Bundesärztekammer zur Durchführung des assistierten Reproduktion heranzieht,²⁰⁹ wonach die Kryokonservierung von Eizellen im Vorkernstadium, also bevor menschliches Leben entsteht, unter bestimmten formellen Voraussetzungen zulässig ist. Das bedeutet, dass die Kryokonservierung von Samenzellen zulässig bleibt, nicht aber die Kryokonservierung von Embryonen.²¹⁰

c) Zivilrecht. Die zivilrechtlichen Konsequenzen artifizieller Reproduktion sind weit- **86** gehend geklärt.²¹¹

d) Kostenübernahme. Für die Kostenübernahme bei Maßnahmen artifizieller Reproduk- **87** tion gilt für die GKV folgendes: § 27a SGB V sieht unter einer ganzen Reihe von Einschränkungen die künstliche Befruchtung als Leistung der Krankenbehandlung allerdings

---

²⁰³ Siehe dazu *Deutsch*, NJW 1991, 721 (725).
²⁰⁴ Die Aufwendungen für eine Leihmutter stellen steuerlich eine außergewöhnliche Belastung im Sinne des § 33 EStG dar, FG Düsseldorf, EFG 2003, 1548. Die Krankenversicherung muss nicht zuerst auf Erstattung der Aufwendungen verklagt werden, BFH, BFH/NV 08, 1309. Zu den steuerlichen Fragen der künstlichen Befruchtung siehe *Loschelder*, in: Schmidt, EStG, § 33 Rn. 35 „Künstliche Befruchtung". Zur gewerblichen Adoptionsvermittlung siehe § 13a AdVermiG; zur früheren Rechtslage vgl. Hess. VGH, NJW 1998, 281; OLG Hamm, NJW 1985, 2205.
²⁰⁵ Kritisch dazu *Laufs*, Auf dem Wege zu einem Fortpflanzungsmedizingesetz, 25, weil der Gesetzgeber mit den in § 3 EschG vorgesehenen Ausnahmen „Das Einfallstor zur Eugenik ein erstes Stück weit aufgestoßen" habe. Damit wird jedoch nicht ausreichend berücksichtigt, dass auch der kranke Mensch ein Grundrechtsträger ist, dem man den medizinischen Fortschritt nicht deshalb vorenthalten darf, weil es in Deutschland aus der Bewältigung der Vergangenheit herrührende Ängste gibt. Siehe dazu *Stock*, Die Indikation in der wunscherfüllenden Medizin. Zum Vertragsrecht vgl. *J. Prütting*, MedR 2011, 275; *Wienke*, Rechtsfragen der wunscherfüllenden Medizin. Zu den sog. Einbecker Empfehlungen siehe *Wienke*, MedR 2009, 41. Dort auch zur Definition der wunscherfüllenden Medizin: „Jede Art von nicht medizinisch indizierten Eingriffen in den menschlichen Organismus mit dem Ziel der Verbesserung, Veränderung oder Erhaltung von Form, Funktion, kognitiven Fähigkeiten und emotionalen Befindlichkeiten (sog. Enhancement) die unter ärztlicher Verantwortung durchgeführt werden."
²⁰⁶ Die Frau, die die Befruchtung entgegen § 4 I Nr. 3 EschG vorgenommen hat, bleibt straffrei, § 4 II EschG.
²⁰⁷ Siehe dazu *Laufs*, Kryokonservierung, in: HK-AKM, Nr. 3250, Rn. 1; ders., Auf dem Weg zu einem Fortpflanzungsmedizingesetz, 25 f.; Enquete-Kommission „Recht und Ethik der modernen Medizin" vom 14.5.2002, BT-Drs. 14/1920, S. 33 f.
²⁰⁸ AA. *Laufs*, Kryokonservierung, in: HK-AKM, Nr. 3250, Rn. 2.
²⁰⁹ S. dazu vorstehend Fn. 134; siehe dazu auch BSG, SozR 3–2500, Nr. 1 zu § 27a SGB V (Blatt 4 ff.).
²¹⁰ BSG, SozR 3–2500, § 27a Nr. 1 hat allerdings entschieden, die Kryokonservierung vorsorglich gewonnener imprägnierter Eizellen für die mögliche Wiederholung eines Versuchs der Befruchtung sei keine von der GKV im Rahmen des § 27a SGB V zu erbringende Leistung.
²¹¹ Zur Unterhaltspflicht des Ehemanns der Mutter eines durch heterologe Insemination gezeugten Kindes und zu Fragen der Ehelichkeitsanfechtung siehe BGH, NJW 1995, 2038; NJW 1995, 2031; NJW 1995, 2921; *Holoch*, JuS 1996, 75; *Spickhoff*, AcP 197 (1997), 398 ff.; *Quantius*, FamRZ 1998, 1145. Die Rechtsprechung des BGH, wonach dem Scheinvater bezüglich der Sexualpartner der Mutter ein Auskunftsanspruch aus § 242 BGB zustehen sollte, hat das BVerfG mit Beschluss vom 24.2.2015 – 1 BvR 442/14, BVerfGE 138, 377 eindeutig verneint. Um die Unterhaltsregressansprüche der Scheinväter für sog. „Kuckuckskinder" zu stärken, müsse der Gesetzgeber tätig werden.

nur für die homologe Insemination[212] und der Ehegatten[213] vor. Einzelheiten ergeben sich gemäß § 27a IV SGB V aus den BÄK-Richtlinien über künstliche Befruchtung:[214] Auch ICSI ist infolgedessen (wenn auch nur zu 50 %) erstattungsfähig.[215]

88 Das BVerwG hat den Beihilfe-Anspruch auf ICSI im Rahmen der freien Heilfürsorge für Soldaten unter Berufung auf das Fehlbildungsrisiko abgelehnt.[216]

89 In der PKV fehlt eine gesicherte Regelung für Maßnahmen der künstlichen Befruchtung. Es kommt also darauf an, ob es sich um medizinisch notwendige Heilbehandlung handelt. Der BGH hat die PKV grundsätzlich verpflichtet, die Kosten einer künstlichen Befruchtung zu übernehmen.[217] Der BGH hat nunmehr klargestellt, dass der Versicherungsnehmer der ihm obliegenden Darlegungs- und Beweislast für das Vorliegen einer bedingungsgemäßen Krankheit genügt, wenn er nachweist, dass bei ihm eine Spermienanomalie vorliegt, die seine Fähigkeit, ein Kind zu zeugen, beeinträchtigt.[218] Es ist aber bislang – höchstrichterlich – offen, wie die heterologe Insemination (DVF) und wie ICSI versicherungsrechtlich zu behandeln sind, wenn die Rechtslage für Partner nichtehelicher Lebensgemeinschaften bewertet werden muss.[219] Als geklärt gilt die Rechtslage, wenn die Unfähigkeit ein Kind zu bekommen durch den nichtversicherten Ehemann gesetzt wird: Da es an einer versicherten Person im Sinne des § 1 II MB/KK fehlt, entfällt die Leistungspflicht des Versicherers.[220] Beim Wunsch nach einem zweiten Kind wird es nach Auffassung des BGH in erster Linie auf die Erfolgsaussichten ankommen.[221]

90 Die Übernahme der Kosten für die Kryokonservierung und die Lagerung von Samen durch die GKV kommt nicht in Betracht, da sie dem eigenverantwortlichen Bereich des Versicherten zuzurechnen sind.[222]

91 **e) Verfassungsrechtliche Beurteilung.** Das ESchG wird wegen seines fragmentarischen Charakters kritisiert, und – man möchte sagen, „selbstverständlich" – wie alle Gesetze, die Sachverhalte erstmals oder abweichend von den Besitzständen regeln, für verfassungswidrig gehalten.[223] Sicher ist der fragmentarische Charakter und sein aus der Ansammlung von

---

[212] → § 68 Rn. 55.
[213] Die Beschränkung auf Ehegatten hat das BVerfG gebilligt.
[214] → § 68 Rn. 47 Fn. 137.
[215] Siehe früher BSGE 88, 62. Immer muss die Kinderlosigkeit aber ungewollt sein; das scheidet bei Sterilisation des Mannes aus, BSG, NZS 2006, 202.
[216] BVerwG, U. v. 22.3.2001 – 2 C 36/00.
[217] BGHZ 99, 228; BGHZ 158, 166. Siehe dazu *Brams,* VersR 2004, 26. Der BGH sieht die Kinderlosigkeit als (behandlungsbedürftige) Krankheit an. Die medizinische Notwendigkeit der Behandlung bejaht er bei einer Erfolgswahrscheinlichkeit von 15 %.
[218] BGH, Urt. vom 15.9.2010 – IV ZR 187/07, MedR 2011, 360 und dazu *Damm,* MedR 2011, 362. S. a. BSG, Urt. vom 17.2.2010 – B 1 KR 10/09 R, GesR 2010, 269. „Krankheit ist nicht nur der krankheitsbedingte Eintritt der Empfängnisunfähigkeit, sondern auch die wegen der Therapie einer Krankheit (hier: Chemotherapie) konkret drohende Empfängnisunfähigkeit. Der Versicherungsfall bei Krankheit ist in Anpassung zur Versicherungspflicht bei Herbeiführung einer Schwangerschaft betroffen, wenn die Behandlung dazu führen soll, auf natürlichem Wege Kinder zu zeugen."
[219] Siehe zu diesen Fragen *Schoenfeld/Kalis,* in: Bach/Moser, Private Krankenversicherung, Rn. 54 zu § 1 MB/KK und dazu ausführlich *Brams,* VersR 2004, 26. *Brams* ist der Auffassung, der Versicherte habe keinen Anspruch auf Ersatz der Kosten für eine heterologe IvF/ICSI-Behandlung (aaO S. 31). Das OVG Münster hat Beihilfe für Aufwendungen zur künstlichen Befruchtung von nicht verheirateten Personen abgelehnt, OVG Münster, NVwZ-RR 2013, 193.
[220] BGH, NJW 1988, 824.
[221] BGH, VersR 2005, 1673 mit Anm. von *Marlow/Spuhl,* VersR 2005, 1675. Zu weiteren Zweifelsfragen siehe *Marlow/Spuhl,* VersR 2006, 1193. Zu den schwierigen Fragen, wenn ein Ehegatte in der GKV, der anderen in der PKV versichert ist, siehe *Schmeilzl/Krüger,* NZS 2006, 630 (635 f.).
[222] BSG, Urt. vom 28.9.2010 – B 1KR 26/09 R, GesR 2011, 152.
[223] Zur Diskussion siehe Enquete-Kommission, Recht und Ethik der modernen Medizin, BT-Drs. 14/9020 vom 14.5.2002, S. 101 ff.

Verbotsnormen enthaltsamer Ansatz. Von einem Fortpflanzungsmedizingesetz, das auf Grund Art. 74 I Nr. 26 GG inzwischen möglich geworden ist, würde man mehr erwarten und ein solches Gesetz wird auch mehr leisten müssen.[224] Man darf aber nicht übersehen, dass der Gesetzgeber des ESchG auf Grund der verfassungsrechtlichen Kompetenzlage im Jahr 1990 nur eingeschränkte Handlungsmöglichkeiten hatte. Auch ist es wohlfeil, einem Gesetzgeber, der inzwischen Gesetze weitgehend im Rahmen einer Konsensdemokratie (mit dem BVerfG als Schiedsrichter) erlässt, die ausschließliche Verantwortung für die Beantwortung von Fragen zuzuweisen, über die in der Gesellschaft und unter den Fachleuten exorbitant gestritten wird.[225] Signifikante verfassungsrechtliche Einwände gegen das ESchG sind im Übrigen nicht zu erkennen.[226]

3. Diagnosemaßnahmen

a) Probleme. Maßnahmen künstlicher Befruchtung verweisen auf Erkenntnisnotwendigkeiten, die vor den erforderlichen medizinischen Schritten liegen. Das betrifft den großen Bereich der präkonzeptionellen und pränatalen Diagnostik. Im Rahmen solcher diagnostischen Schritte taucht das Problem einer über den eigentlichen Zweck hinausgehenden Embryonennutzung, d. h. des Embryonenverbrauchs auf. Ein solcher Embryonenverbrauch tritt auch auf, wenn im Rahmen der therapeutischen Erfordernisse nicht alle Embryonen verwendet werden sollen.[227] 92

b) Gendiagnostikgesetz[228]. aa) Zweck des Gesetzes. Das GenDG verfolgt den Zweck, „die Voraussetzungen für genetische Untersuchungen und im Rahmen genetischer Untersuchungen durchgeführter genetische Analysen sowie die Verwendung genetischer Proben und Daten zu bestimmen und eine Benachteiligung aufgrund genetischer Eigenschaften zu verhindern, um insbesondere die staatliche Verpflichtung zur Achtung und zum Schutz der Würde des Menschen und des Rechts auf Selbstbestimmung zu wahren" (§ 1 GenDG). 93

Das GenDG setzt einen besonderen Schutzbereich voraus, definiert ihn aber nicht direkt.[229] Maßstäbe lassen sich aber Art. 1 I GG entnehmen[230] und dem Recht auf informationelle Selbstbestimmung.[231] 94

---

[224] Berechtigte Forderung bei *Laufs*, Fortpflanzungsmedizin, in: Rieger, HK-AKM, Nr. 1860, Rn. 4; ders., Auf dem Wege zu einem Fortpflanzungsmedizingesetz; kritisch dazu *Neidert*, MedR 1998, 347.

[225] Das ist auch international so, vgl. *Taupitz*, Rechtliche Regelung der Embryonenforschung im internationalen Vergleich: Eindeutige Tendenzen haben sich nicht finden lassen, aaO, S. 223. *Ronellenfitsch*, in: Eberbach/Lange/Ronellenfitsch, Recht der Gentechnik und Biomedizin, Bd. 3 Teil II A, Einf. Rn. 19.

[226] Siehe auch *Heen*, JZ 2002, 517, der die weitergehende Freiheit des Gesetzgebers (zurecht) betont. Zur Kollision zwischen Gesetzes- und Berufsrecht im Rahmen des ESchG beim „elective Single-Embryo-Transfer (eSET)", siehe *Neidert*, ZRP 2006, 85; ders. MedR 2007, 279.

[227] Zum Embryonenverbrauch → § 68 Rn. 90 ff.

[228] Gesetz über genetische Untersuchungen bei Menschen (Gendiagnostikgesetz-GenDG) vom 11.7.2009 (BGBl. I 2529) i. d. F. v. 4.11.2016 (BGBl. I 2460). Zur Entstehungsgeschichte siehe *Fenger*, in: Spickhoff, Medizinrecht, § 1 Rn. 2; *Stockter*, in: Prütting, Medizinrecht, GenDG, Einl. Rn. 1; *Damm/König*, MedR 2008, 62; *Kiehntopf/Pagel*, MedR 2008, 344; *Genenger*, NJW 2010, 1113. S. umfassend *Taupitz*, MedR 2013, 1 ff., sowie *Hübner/Pühler*, Das Gendiagnostikgesetz – Bilanz und Ausblick, in: FS f. Dahm, 2017, 243 ff. s. auch die Bestandsaufnahme nach sechs Jahren GenDG von *Cramer*, MedR 2016, 512 ff.

[229] *Eberbach*, MedR 2010, 155 (161); *Fenger*, GesR 2010, 57.

[230] → § 68 Rn. 2 ff.

[231] Danach entscheidet der Einzelne grundsätzlich selbst, wann und wie persönliche Lebenssachverhalte offenbart werden, BVerfGE 65, 1 (41 f.), st. Rspr. Der Gesetzgeber muss auf jeden Fall sicherstellen, dass durch eine Informationsverarbeitung der Kernbereich privater Lebensgestaltung nicht berührt wird, BVerfGE 120, 274 (337); 129, 208 (245), st. Rspr. Siehe dazu auch BT-Drs. 16/10532 S. 16.

95   bb) Anwendungsbereich. Das GenDG „gilt für genetische Untersuchungen und im Rahmen genetischer Untersuchungen durchgeführte genetische Analysen bei geborenen Menschen sowie bei Embryonen[232] und Föten während der Schwangerschaft und den Umgang mit dabei gewonnenen genetischen Proben und genetischen Daten bei genetischen Untersuchungen zu medizinischen Zwecken, zur Klärung der Abstammung sowie im Versicherungsbereich und im Arbeitsleben" (§ 2 I GenDG).

(1) Eine genetische Untersuchung[233] ist „eine auf den Untersuchungszweck gerichtete
a) genetische Analyse zur Feststellung genetischer Eigenschaften oder
b) vorgeburtliche Risikoabklärung[234]
einschließlich der Beurteilung der jeweiligen Ergebnisse" (§ 3 Nr. 1 GenDG).

(2) Eine genetische Analyse ist eine auf die Feststellung genetischer Eigenschaften gerichtete Analyse (§ 3 Nr. 2 GenDG).

(3) Eine genetische Untersuchung zu medizinischen Zwecken ist eine diagnostische[235] oder eine prädikative genetische Untersuchung[236] (§ 3 Nr. 6 GenDG).

(4) Ausnahmen:

96   Das GenDG gilt (u. a.) nicht für genetische Untersuchungen/Analysen/den Umgang mit genetischen Proben und Daten zu Forschungszwecken (§ 2 II Nr. 1 GenDG). Die Abgrenzung zwischen medizinischen und Forschungszwecken ist nicht einfach. Es spricht viel dafür, von einem weiten Forschungsbegriff auszugehen, mit der Folge, das genetische Untersuchungen im Rahmen einer klinischen Arzneimittelprüfung auch dann nicht dem GenDG unterfallen, wenn sie wesentliche Erkenntnisgewinne für die Gesundheit des Probanden erwarten lassen.[237]

97   cc) Verfahren bei genetischen Untersuchungen zu medizinischen Zwecken. (1) Die Untersuchung unterliegt dem Arztvorbehalt (§ 7 GenDG).[238]

98   (2) Sie bedarf der ausdrücklichen und schriftlichen Einwilligung gegenüber der verantwortlichen ärztlichen Person (§ 8 GenDG).[239]

99   (3) Wie immer gelten die Regeln des informed consent[240]: Die betroffene Person ist vom Arzt „über Wesen, Bedeutung und Tragweite der genetischen Untersuchung aufzuklären" (§ 9 I GenDG).[241]

100   (4) Die genetischen Untersuchungen sehen in unterschiedlicher Form eine genetische Beratung vor (§ 10 I, II GenDG). Die genetische Beratung „erfolgt in allgemein verständlicher Form und ergebnisoffen" (§ 10 III GenDG). Die Beratung ist zu dokumentieren (§ 10 IV GenDG). Die Gendiagnostik-Kommission (GEKO) beim Robert-Koch-Institut hat am 1.7.2011 auf der Grundlage des § 23 II Nr. 2a, 3 GenDG die „Richtlinie genetische Beratung" erlassen.[242]

101   dd) Besondere Sachverhalte. (1) Prädikative Genetische Untersuchung. Es handelt sich dabei um eine genetische Untersuchung mit dem Ziel der Abklärung

---

[232] Zum Begriff des menschlichen Embryos siehe → § 68 Rn. 63.
[233] Zu den Abgrenzungsschwierigkeiten im Einzelfall siehe *Schäfer*, GesR 2010, 175 (176 f.).
[234] Siehe dazu § 3 Nr. 3 GenDG.
[235] § 3 Nr. 7 GenDG.
[236] § 3 Nr. 8 GenDG, siehe dazu auch → § 68 Rn. 84.
[237] *Sosnitza/Op den Camp*, MedR 2011, 401 (404).
[238] Zur Wahrung des Arztvorbehalts bei Gentests via Internet krit. *Reuter/Winkler*, MedR 2014, 220 (221 ff.).
[239] Zur Einwilligung nach § 8 I 3 GenDG vgl. Rosenau/Linch, GesR 2013, 321.
[240] → § 14 Rn. 88 ff.
[241] Zu genetischen Untersuchungen bei nicht einwilligungsfähigen Personen siehe § 14 GenDG.
[242] Kritisch dazu *Rummer*, GesR 2011, 655 (657 ff.). Die GEKO-Kostenverordnung vom 17.6.2010 (BGBl. I 810) ist durch Art. 14 Abs. 18 des Gesetzes v. 18.7.2016 (BGBl. I 1666) mit Wirkung zum 1.10.2021 aufgehoben worden.

„a) einer erst zukünftig auftretenden Erkrankung oder gesundheitlichen Störung oder
b) einer Anlageträgerschaft für Erkrankungen oder gesundheitlichen Störung bei Nachkommen" (§ 3 Nr. 8 GenDG).

Besondere Bedeutung erlangt in diesem Zusammenhang die Frage nach der Befugnis, die Ergebnisse der genetischen Untersuchung Dritten mitzuteilen. § 11 GenDG schützt durch die grundsätzliche Beschränkung auf Mitteilungen an die betroffene Person das Recht auf informationelle Selbstbestimmung.[243]

Das Recht auf Nichtwissen bleibt erhalten (§ 11 IV GenDG).[244]

Der Mitteilungsbedarf ist in den verschiedenen Versicherungssystemen unterschiedlich.

In der GKV spielen individuelle Risikofaktoren aus systematischen Gründen keine Rolle.[245] In der PKV, die individuell risikobezogen ist,[246] sind die damit verbundenen Fragen dagegen umstritten. § 19 I VVG schafft Anzeigeobliegenheiten des Versicherten für ihm bekannte Gefahrenumstände.[247] Für prädikative genetische Untersuchungen hat sich die Versicherungswirtschaft unter bestimmten Bedingungen verpflichtet, von ihrem Kunden die Vorlage dieser Untersuchungen nicht zu verlangen.[248] Diese Selbstverpflichtung ist durch § 18 GenDG gegenstandslos geworden. Der Versicherer darf weder vor noch nach Abschluss des Versicherungsvertrages (nach Maßgabe des Abs. 1 Satz 2) die Vornahme genetischer Untersuchungen oder die Mitteilung von deren Ergebnissen verlangen. Die Mitteilungspflichten über Vorerkrankungen und Erkrankungen nach §§ 19 ff. VVG bleiben davon jedoch unberührt (§ 18 II GenDG).[249]

Auch für das Arbeitsrecht schafft das GenDG Klarheit,[250] weil § 19 GenDG ein § 18 I GenDG vergleichbares Verbot enthält.[251]

(2) Pränatale Diagnostik (PND). Eine PND ist eine genetische Untersuchung, die mit dem Ziel der Abklärung einer Anlageträgerschaft für Erkrankungen oder gesundheitliche Störungen bei Nachkommen vorgenommen wird (§ 3 Nr. 8b GenDG).[252] Die PND umfasst alle Maßnahmen, durch die Störungen vor der Geburt erkannt oder ausgeschlossen werden können. Befürchtungen und Sorgen der Schwangeren sollen objektiviert und abgebaut werden. Der Schwangeren soll Hilfe bei der Entscheidung über die Fortsetzung oder den Abbruch der Schwangerschaft zuteil werden (§ 1 der Richtlinien zur pränatalen Diagnostik von Krankheiten und Krankheitsdispositionen).[253]

---

[243] Siehe → § 68 Rn. 76 mit Fn. 169 und dazu auch *Damm*, GesR 2013, 385; *Wollenschläger*, AÖR 138 (2013) 162 ff. (zum Drittbezug prädikativer Gendiagnostik).
[244] *Laufs*, in: Laufs/Kern § 129 Rn. 82.
[245] Zutreffend *Schöffski*, Genomanalyse und Versicherungsschutz, in: W/F/S, Rn. 1328 m. w. Nw.
[246] Siehe dazu → § 5 Rn. 9.
[247] Zur Krankenversicherung siehe dazu *Prölls*, in: Prölls/Martin, VVG, § 19 Rn. 11 ff.
[248] Siehe dazu die Stellungnahme des Nationalen Ethikrats, VersR 2009, 472.
[249] Vgl. *Präve,* VersR 2009, 857.
[250] Früher gab es dazu viele Streitfragen, vgl. Erfurter Kommentar zum Arbeitsrecht, Nr. 230 § 611 GBG Rn. 300 ff.
[251] *Fischinger*, NZA 2010, 65. Zu Ausnahmen im Zusammenhang mit dem Arbeitsschutz siehe § 20 GenDG und dazu *Wank*, in: Erfurter Kommentar zum Arbeitsrecht, Nr. 310 GenDG, § 20 Rn. 1 ff. Zum Benachteiligungsverbot wegen genetischer Eigenschaften siehe § 21 GenDG.
[252] Zu nicht-invasiven und invasiven Verfahren siehe die Stellungnahme des Nationalen Ethikrats „Genetische Diagnostik vor und während der Schwangerschaft, 2003, S. 19 ff. Zu den ethischen und rechtlichen Aspekten der PND umfassend *Heinrichs/Spranger/Tamborino*, MedR 2012, 625. Dort auch zum Problem des MaterniT 21-Test.
[253] Wissenschaftlicher Dienst der BÄK, Stand 20.2.2003. Die Richtlinie ist (bislang) nicht an das GenDG angepasst worden. Sie ergänzt die Mutterschafts-Richtlinien des GBA vom 10.12.1985 (BAnz Beilage Nr. 60a vom 27.3.1986) und gilt jetzt in der Fassung des B. des GBA vom 21.4.2016 (BAnz AT 19.7.2016 B5), in Kraft getreten am 20.7.2016. Zum Ultraschall-Screening siehe A.3.2.1 der Mutterschaftsrichtlinie; zu den ärztlichen Beratungspflichten vgl. *Woopen/Rummer*, MedR 2009, 130.

108 Eine PND darf nur zu medizinischen Zwecken²⁵⁴ und nur vorgenommen werden," soweit die Untersuchung auf bestimmte genetische Eigenschaften des Embryos oder Fötus abzielt, die nach dem allgemein anerkannten Stand der Wissenschaft und Technik seine Gesundheit während der Schwangerschaft oder nach der Geburt beeinträchtigen, oder wenn eine Behandlung des Embryos oder des Fötus mit einem Arzneimittel vorgesehen ist, dessen Wirkung durch bestimmte genetische Eigenschaften beeinflusst wird", Einwilligung und Aufklärung der Schwangeren vorausgesetzt (§ 15 I GenDG).²⁵⁵

109 (3) **Abstammungsuntersuchung.** § 17 I GenDG erlaubt eine genetische Untersuchung zur Klärung der Abstammung nur, wenn die Person, deren genetische Probe untersucht werden soll, zuvor über die Untersuchung aufgeklärt worden ist und in die Untersuchung und die Gewinnung der dafür erforderlichen genetischen Probe (nach Aufklärung) eingewilligt hat.²⁵⁶

110 **c) Präimplantationsdiagnostik (PID)²⁵⁷.** aa) Die PID wird mit „Diagnostik" unzureichend umschrieben. Sie umfasst die IvF-Gendiagnostik und den Embryotransfer.²⁵⁸ Zu ihr gehören aber auch alle Maßnahmen, die an dem in einer Nährlösung im Labor vorhandenen Embryonen mit dem Ziel durchgeführt werden, einzelne Gendefekte und chromosomale Auffälligkeiten festzustellen. Im Rahmen der IvF werden regelmäßig mehrere Eizellen gewonnen.²⁵⁹ Üblicherweise werden bei der PID am ersten Tag nach der Befruchtung den einzelnen Embryonen jeweils ein bis zwei Zellen zur Untersuchung entnommen. Ziel der Untersuchung ist es, für den Embryonentransfer diejenigen Embryonen auszuwählen, die den gesuchten Gendefekt oder chromosomalen Defekt nicht aufweisen.²⁶⁰ Die Biopsie im Rahmen der PID führt zum Verlust von Embryonen. Das Verfahren gilt als experimentell, weil der Laborstandard (z. B. Kontrolluntersuchung) nicht eingehalten werden kann.²⁶¹

111 bb) Es gibt unterschiedliche Anlässe für die PID:²⁶²
- Hochrisikopaare, also Paare, deren genetische Ausstattung mit hoher Wahrscheinlichkeit auf Behinderungen eines künftigen Kindes (z. B. Huntington-Krankheit) weist.²⁶³

---

²⁵⁴ Zum Begriff des medizinischen Zwecks siehe *Dettling*, PharmR 2011, 316.

²⁵⁵ Siehe dazu *Eberbach*, MedR 2010, 155 (188); *Fenger*, GesR 2010, 57 (59). Zur Geschlechtsbestimmung und deren Mitteilung an die Schwangere siehe § 15 I 2 GenDG.

²⁵⁶ Siehe dazu ausf. *A. Schäfer*, GesR 2010, 175 (180 ff.). Krit. zur Sonderstellung von § 17 GenDG s. *Zang*, MedR 2015, 693 ff.

²⁵⁷ Zur PID siehe *Waldner*, Erforderlichkeit und verfassungsrechtlicher Maßstab einer einfachgesetzlichen Regelung der Präimplantationsdiagnostik; *Middel*, Verfassungsrechtliche Fragen der Präimplantationsdiagnostik und des therapeutischen Klonens; *Dierks/Wienke/Eisenmenger* (Hrsg.), Rechtsfragen der Präimplantationsdiagnostik; *Weschka*, Präimplantationsdiagnostik, Stammzellenforschung und therapeutisches Klonen: Status und Schutz des menschlichen Embryos vor den Herausforderungen der modernen Biomedizin; *Schrott*, Die gesetzliche Regelung der PID-De lege lata und de lege ferenda in: Jahr u. a. (/Hrsg.) Medizinrecht, 2015, 83 f. Für eine restriktive Handhabung der PID *Birnbacher*, Menschenwürde und Präimplantationsdiagnostik, in: Joerden/Hilgendorf/Thiele (Hrsg.), Menschenwürde und Medizin, 2013, 755 (758 f.). Mahnend auch *Dreier*, Bioethik, 2013, 65 f.

²⁵⁸ Die PID gehört nicht zum Leistungskatalog der GKV, vgl. BSG, Urt. v. 18.11.2014 – B 1 KR 19/13 R, BSGE 117, 212 und dazu *Landwehr*, MedR 2017, 161.

²⁵⁹ *Kollek*, Präimplantationsdiagnostik, Embryonenselektion, weibliche Anatomie und Recht; *Hufen*, MedR 2001, 440; *Herdegen*, JZ 2001, 773 (776); *Engel*, in: Winter/Fenger/Schreiber, Genmedizin und Recht, Rn. 768 ff.; *Barbara Böckenförde-Wunderlich*, Päimplantationsdiagnostik als Rechtsproblem; *Neidert*, ZRP 2002, 467; *Schroth*, JZ 2002, 170; *Kloepfer*, JZ 2002, 417 (423); *Schmidt-Jortzig*, Rechtsfragen der Biomedizin, 2003, 8 ff.; *Schreiber*, MedR 2003, 367; *Eibach*, MedR 2003, 441; *Böckenförde*, JZ 2003, 809 (814 f.); Nationaler Ethikrat, Genetische Diagnostik vor und während der Schwangerschaft.

²⁶⁰ Durchschnittlich 9, vgl. IvF-Register.

²⁶¹ Zu der damit verbundenen Selektionsproblematik vgl. *Lübbe*, MedR 2003, 148.

²⁶² Enquete-Kommission Recht und Ethik der modernen Medizin vom 14.5.2002, BT-Drs. 14/9020, 84.

²⁶³ Siehe dazu ausführlich *Eibach*, MedR 2003, 441 (446 ff.).

- Altersrisiko-Frauen, also Frauen, die wegen ihres höheren Alters das statistisch signifikante Risiko aufweisen, ein Kind mit einer Chromosomenveränderung zu bekommen (z. B. Down-Syndrom).
- Fertilitätsgestörte Paare, also solche, die das Risiko bei IvF erhöhen würden.
- Wunschkindpaare, also solche, die ein Kind mit bekannten genetischen Eigenschaften bekommen möchten[264] (Designer-Baby).[265]

d) § 3a EschG. Durch die Einfügung des § 3a in das EschG[266] hat die rechtliche Beurteilung der PID nunmehr einen festen Stand erreicht.[267]

aa) Ergänzende gesetzliche Regelung. § 3a EschG hat in erster Linie auf die durch BGH, MedR 2010, 894[268] neu entfachte Auseinandersetzung reagiert.[269] Der BGH hatte festgestellt, eine beabsichtigte PID mittels Blastozytenbiopsie und anschließende Untersuchung der entnommenen Trophoblastenzellen auf schwere genetische Schäden hin (begründe) keine Straftat nach § 1 I Nr. 2 EschG. Deren Durchführung sei keine nach § 2 I EschG strafbare Verwendung menschlicher Embryonen.[270]

§ 3a I EschG definiert die PID als genetische Untersuchung eines Embryos in vitro vor seinem intrauterinen Transfer. Der Grundsatz lautet: Wer eine solche genetische Untersuchung durchführt, macht sich strafbar. Es wäre jedoch richtiger gewesen, auch die Form der genetischen Untersuchung im GenDG zu regeln, anstatt sie als besondere Materie des Strafrechts zu behandeln.

bb) Erbkrankheit. Unter den Begriff der Erbkrankheit (§ 3a II EschG) fallen monogen bedingte Erkrankungen ebenso wie vererbbare Chromosomenstörungen.[271]

Das Risiko ist hoch, wenn es das für die jeweilige Erkrankung bestehende normale Risiko der Bevölkerung in Deutschland erheblich übersteigt.[272]

„Schwerwiegend" ist die Erbkrankheit bei deutlich reduzierter Lebenserwartung, einer besonderen Schwere des Krankheitsbildes im Vergleich zu anderen Erbkrankheiten oder der Umstand, dass die Krankheit bisher nicht oder kaum mit Erfolg behandelt werden konnte.[273]

cc) Weiterer Rechtfertigungsgrund. § 3a II 2 EschG sieht einen weiteren Rechtfertigungsgrund vor. Nicht rechtswidrig handelt danach, wer eine PID „mit schriftlicher Einwilligung der Frau, von der die Eizelle stammt, zur Feststellung einer schwerwiegenden

---

[264] Das ist die derzeit häufigste PID-Indikation, vgl. Enquete-Kommission „Recht und Ethik der modernen Medizin" vom 14.5.2002, BT-Drs. 14/9020, S. 86.
[265] Im Fall „Adam Nash" (USA) wurde per PID aus 16 Embryonen ein Embryo ausgewählt, der sich als Blut- und Knochenmarkspender für seine sechs Jahre ältere, an Fanconi-Anämie leidende Schwester eignete. Im Fall Masterton (Schottland) versuchte ein Paar – nach der Rechtslage in Großbritannien vergeblich – die Erlaubnis zu bekommen, per PID ein Mädchen zu bekommen. Das Paar hatte ursprünglich vier Söhne und eine Tochter. Diese starb. Das Paar wollte die „weibliche Dimension" in der Familie wiederherstellen (sogenanntes family balancing). Damit verbindet sich eines der zentralen Themen der Wunschmedizin, vgl. *Stock*, Die Indikation in der Wunschmedizin; *Prütting*, MedR 2011, 275.
[266] Gesetz vom 21.11.2011 (BGBl. I 2228). Zur Vorgeschichte des Gesetzes siehe *Frister/Lehmann*, JZ 2012, 659. Vgl. außerdem *Czerner*, MedR 2012, 783; *Hübner/Pühler*, MedR 2012, 789.
[267] Das ist jedenfalls die Absicht des Gesetzgebers gewesen, vgl. BT-Drs. 17/5451, vgl. *Henking*, ZRP 2012, 20. Krit. *Dreier*, Bioethik. 2013, 66.
[268] Zu dieser Entscheidung siehe *Dederer*, MedR 2010, 819; *Schumann*, MedR 2010, 848.
[269] Der BGH hatte eine gesetzliche Regelung der PID für wünschenswert gehalten, MedR 2010, 844 Rn. 29. § 3a EschG will infolgedessen Rechtssicherheit für die betroffenen Personen und Ärzte schaffen, BT-Drs. 17/6400 S. 13. Siehe dazu auch *Czerner*, MedR 2011, 783 (784 f.); *Taupitz/Hermes*, MedR 2015, 244 (246 f.).
[270] Zum Begriff des menschlichen Embryos → § 68 Rn. 3 ff.
[271] *Frister/Lehmann*, JZ 2012, 659 (660).
[272] *Frister/Lehmann*, JZ 2012, 659 (660).
[273] BT-Drs. 17/5451 S. 8.

Schädigung des Embryos vornimmt, die mit hoher Wahrscheinlichkeit zu einer Tot- oder Fehlgeburt führen wird". Obwohl das nicht ausdrücklich gesagt wird, setzt auch diese genetische Untersuchung eine mediziniche Indikation der PID voraus.[274] Die PID darf zudem nur vorgenommen werden, wenn eine Ethikkommission in dem Verfahren nach § 3 III Nr. 2 EschG eine zustimmende Bewertung abgegeben hat.[275]

119 **dd) Praktische Handhabung.** Die praktische Handhabung des § 3a EschG wirft eine ganze Reihe von Fragen auf, die die Ausgangsthese eines nunmehr erreichten scheinbar festen Standes zu relativieren geeignet sind.[276]

120 Sie betreffen u. a.
- die Systemkonformität des § 3a EschG zu den Regelungen der Pränataldiagnostik[277]
- das Verhältnis zu den für den Schwangerschaftsabbruch geltenden Regeln[278]
- die Überschneidungen zum Geweberecht[279]
- die PID-Zentren[280]
- die Ethikkommissionen[281]
- die Gewissensklausel des § 3a V EschG[282]

121 **ee) PIDV.** Größere Klarheit wird jetzt allerdings durch die aufgrund der Ermächtigung in § 3a EschG erlassenen PIDV[283] erreicht. Sie enthält, zugeordnet § 3a EschG eine Reihe von Begriffsbestimmungen (§ 2), regelt ihren Anwendungsbereich (§ 1), schafft Vorgaben für die Anforderungen an Zentren und Ethikkommissionen (§§ 3–5), ordnet das Antragsverfahren (§§ 5, 6) und enthält Vorgaben für die Datenregelungen (§§ 7, 8). Die Daten-Dokumentation obliegt einer Zentralstelle beim PEI (§ 9).

4. Embryonenverbrauch[284]

122 Wenn Embryonen durch das EschG geschützt sind, muss Forschung an und mit Embryonen auf rechtlichen Antworten beruhen, die sich aus den mit einer solchen Forschung verbundenen Fragen ergeben. So werden bei der IvF Embryonen in Überzahl (zur Unterstützung) eingesetzt.[285] Es werden, unabhängig davon, mehr Embryonen produziert, als für die IvF erforderlich. Die für die IvF erforderlichen Embryonen werden nicht mehr gebraucht, etwa, weil die Empfängerin die Schwangerschaft nicht mehr will oder zu ihr (z. B. auf Grund eines Unfalls) nicht mehr in der Lage ist. PID schafft also überzählige Embryonen, und zerstört sie zum Teil. Es kann bei der IvF zu ungewollten Mehrlingsschwangerschaften kommen, mit dem Wunsch (oder der Notwendigkeit) nach einem Fetozid. PID könnte auch als „Schwangerschaft auf Probe" konkretisiert werden.

---

[274] Zutreffend *Frister/Lehmann*, JZ 2012, 659 (661).
[275] Zum Rechtsschutz gegen ein negatives PID-Votum der Ethikkommission s. *Huber/Lindner*, MedR 2016, 502 ff.
[276] → § 68 Rn. 83.
[277] *Czerner*, MedR 2011, 783 (787 f.). Zur PND → § 68 Rn. 85.
[278] *Czerner*, MedR 2011, 783 (787f). Zum Schwangerschaftsabbruch siehe → § 68 Rn. 117 ff.
[279] *Hübner/Pühler*, MedR 2011, 789 (794 f.).
[280] *Hübner/Pühler*, MedR 2011, 789 (795).
[281] *Hübner/Pühler*, MedR 2011, 789 (795).
[282] *Frister/Lehmann*, JZ 2012, 659 (666 f.).
[283] Verordnung zur Regelung der Präimplantationsdiagnostik (Präimplantationsdiagnostikverordnung – PIDV) vom 21.2.2013 (BGBl. I 323); in Kraft getreten am 1.2.2014. Siehe dazu *Pestalozza*, MedR 2013, 343; *Taupitz/Hermes*, MedR 2015, 244 (247).
[284] *Taupitz/Brewe/Schelling*, Landesbericht Deutschland, in: Taupitz, Das Menschenrechtsübereinkommen zur Biomedizin des Europarates, 409 (463 ff.) m. w. N. Siehe *Böckenförde*, JZ 2003, 809 (813) – gegen die Zulassung der verbrauchenden Embryonenforschung; *J. Ipsen*, NJW 2004, 268.
[285] → § 68 Rn. 58.

Folgt man der Auffassung, dass der Schutz des extrakorporalen Embryos verfassungsrecht- 123
lich nicht geboten ist, eine Auffassung, die von Bundesjustizministerin Zypries geteilt worden
war,²⁸⁶ dann muss man nach einem schonenden Ausgleich der involvierten Rechte suchen.
Der Schutz menschlichen Lebens, wie er sich den Grundaussagen der Art. 1 I GG, Art. 2 II
GG entnehmen lässt (Embryo), die Selbstbestimmungsrechte von Mann und Frau aus Art. 2
I GG (ein Kind/ein gesundes Kind), die Zurverfügungstellung bestmöglicher Behandlungsmethoden (Art. 2 II GG) und die Forschungsfreiheit (Art. 5 III GG) müssen in den rechten
Bezug zueinander gesetzt werden. Wer das tut, darf nicht übersehen, dass hinter einem
solchen schonenden Ausgleich nicht nur ethische oder theologische Aussagen (mit geringer
Konsensmöglichkeit stehen), sondern auch banale wirtschaftliche Interessen (mit allerdings
marginalem Grundrechtsschutz). Hinter diesem wiederum sind politische Interessen angesiedelt (z. B.: Sicherung des Wirtschaftsstandorts Deutschland). Der Ausgleich ist mit zwingenden Argumenten nicht vornehmbar, weil die Frage, ob dem Embryo in vitro Grundrechtsschutz zukommt, außerhalb von Überzeugungen nicht geklärt werden kann.²⁸⁷ Also kann
der Ausgleich nur über eine politische Entscheidung (umgesetzt im Parlament) erfolgen. Ob
diese Entscheidung richtig ist, wird im Grunde und der Ausgestaltung nach vom BVerfG
(EGMR) geklärt. Das BVerfG hat sich bisher im Rahmen der knappen Wortlautbefunde der
Grundrechtsnormen immer auch daran orientiert, was die gesellschaftliche Wirklichkeit vorhält. PID kann man leicht verbieten und so ist es dem Grundsatz nach auch in § 3a I ESchG
geschehen, solange es auch im Hochrisikobereich ein experimentelles Verfahren ist. Könnten
mit seiner Hilfe schwerste Krankheitsdispositionen lege artis verhindert werden, würde das
PID-Verbot rasch fallen. In diese Richtung öffnen die Rechtfertigungsgründe des § 3a II
ESchG zumindest einen Türspalt. Gäbe es auf breiter Front verfolgbare Aussichten, therapeutische Erfolge wahrscheinlicher zu machen, bliebe das allerdings nicht ohne Auswirkungen auf das Stammzellengesetz²⁸⁸ und das Problem des therapeutischen Klonens.²⁸⁹ Mit
anderen Worten: ESchG und Stammzellengesetz sind Gesetze auf Probe. Wie lange sie sich
bewähren, hängt weniger von der Fortsetzung der Fundamentaldiskussion (die schon ihrem
Wesen nach nie enden kann) ab, sondern vom Stand (und Fortschritt) der medizinischen
Erkenntnisse. Das wird durch § 3a ESchG belegt.

5. Stammzellenforschung

a) **Begriff.** Stammzellen können sein: 124

aa) **Totipotente Stammzellen.** Teilungsfähige, nicht ausdifferenzierte Zellen (totipotente 125
Stammzellen), also Zellen, die sich zu einem Individuum entwickeln vermögen (§ 3 Nr. 4
StZG). Totipotenz wird bis zum 8-Zellstadium angenommen;²⁹⁰ oder, und das ist wichtigster
Regelungsgegenstand des StZG, pluripotente Stammstellen.²⁹¹ Das sind menschliche Zellen,
die die Fähigkeit besitzen, entsprechend der Umgebung sich selbst durch Zellteilung zu
vermehren, und die sich selbst oder deren Tochterzellen sich unter geeigneten Bedingungen
zu Zellen unterschiedlicher Spezialisierung, jedoch nicht zu einem Individuum zu entwickeln
vermögen.

---

²⁸⁶ *Kloepfer*, JZ 2002, 417 (423).
²⁸⁷ Vortrag beim Humboldt-Forum der Humboldt-Universität zu Berlin vom 29.10.2003
(www.bmj.bund.de/ger/service/redenundinterviews). Argumente: 1. Grundrechte sind Abwehrrechte,
der Embryo ist aber auf Schutzpflichten angewiesen. 2. Bei Verhütungsmaßnahmen (Spirale) wird anders
entschieden. 3. Das Potentialitätsargument reicht nicht aus.
²⁸⁸ → § 68 Rn. 97 ff.
²⁸⁹ → § 68 Rn. 105 ff.
²⁹⁰ Zur Totipotenz im Spannungsfeld zwischen Biologie, Ethik und Recht siehe *Advena-Regnery/
Laimböck/Rottländer/Sgodda*, ZfmE 2012, 217.
²⁹¹ Zur Forschung an pluripotenten Stammzellen s. *Kreß*, MedR 2015, 387 ff.

126 Der Unterschied zwischen toti- und pluripotenten Stammzellen liegt also in der Fähigkeit, sich zu einem Individuum entwickeln zu können. Die von der Zell-Eignung her klare Unterscheidung verliert ihre Distinktionsfunktion durch zwei Umstände. Zum einen ist in der medizinischen Wissenschaft umstritten, bis zu welchem Grad der Zellzahl die Totipotenz reicht.[292] Zum anderen schreitet die Forschung in ihrem Versuch voran, pluripotente Zellen in totipotente Zellen zurückzuverwandeln.[293]

127 **bb) Herkunftsarten.** Nach ihrer Herkunft unterscheidet man zwischen
- embryonalen Stammzellen als Embryonen, die durch IvF entstanden sind (ES-Zellen)
- durch Zellkerntransfer erzeugte embryonale Stammzellen
- embryonale Keimzellen aus Schwangerschaftsabbrüchen (EG-Zellen)[294]
- neonatale Stammzellen aus Nabelschnurblut[295]
- adulte oder somatische Stammzellen, die gewebespezifisch bis ins Erwachsenenalter zu finden sind (AS-Zellen).[296]

128 **b) Anwendungsmöglichkeiten.** Zu den Anwendungsmöglichkeiten der Stammzellenforschung bei Stammzellen selbst siehe die allgemeine Übersicht im ZZb-Stz[297] und die Abschnitte „Therapeutisches Klonen", reproduktives Klonen[298] und Tissue Engingeering.[299]

129 **c) Öffentliche Auseinandersetzung.** Der ZZb-StzF ist Element einer in der Öffentlichkeit und in Kommissionen[300] geführten Diskussion zur Stammzellforschung gewesen, bei der es, was die praktischen Konsequenzen betrifft, angesichts der restriktiven deutschen Rechtslage vor allem um die Zulässigkeit des Imports von embryonalen Stammzellen gegangen war.[301] Diese Diskussion führte zu einem Beschluss des Deutschen Bundestags vom 30.1.02, der sich dafür aussprach, den Import von embryonalen Stammzellen unter strengen Auflagen zu befürworten.[302] Unklarheiten, die sich in der Folge ergeben hatten und die sich in Kontroversen um ein künftiges Stammzellengesetz niederschlugen,[303] hat dann das StZG zu beseitigen versucht.[304]

130 Das hat sich in der Folge als bloßer Versuch erwiesen. Die DFG forderte mit ihrer Stellungnahme „Stammzellenforschung in Deutschlang – Möglichkeiten und Perspektiven"[305] eine Novellierung des StZG. Die Stichtagsregelung des § 4 II Nr. 1 lit. a StZG sollte aufgehoben, die Einfuhr und Verwendung menschlicher ES-Zellen auch für diagnostische,

---

[292] Zweiter Zwischenbericht der Enquete-Kommission Recht und Ethik der modernen Medizin. Teilbericht Stammzellenforschung vom 21.11.2001 (BT-Drs. 14/7546) (ZZb-StzF). Unionsrechtlich bedeutsam sind vor allem die Vorschriften über das zentralisierte Zulassungsverfahren bei Arzneimitteln für neuartige Therapien (sog. ATMP, siehe dazu die Verordnung (EG) Nr. 1394/2007 des Europäischen Parlaments und des Rates vom 13.11.2007 über Arzneimittel für neuartige Therapien und zur Änderung der Richtlinie 2001/83/EG und der Verordnung (EG) Nr. 726/2004, ABl. L 324 vom 10.12.2007 S. 121, in Deutschland umgesetzt durch § 4b AMG. Das betrifft auch Tissue Engineering-Produkte, siehe dazu detailliert *E. M. Müller,* MedR 2011, 698.

[293] ZZb-StzF, 5 ff.
[294] ZZb-StzF, 11 ff.
[295] ZZb-StzF, 12 f.
[296] ZZb-StzF, 13. Zur Forschung über Stembrid-Zellen s. *Taupitz,* JZ 2007, 113 (121); dort auch zu weiteren neuen Verfahren.
[297] FZZb-StzF, 15 ff., § 68 Rn. 104.
[298] → § 68 Rn. 105.
[299] → § 68 Rn. 108 ff.
[300] Vgl. Fn. 226.
[301] Z. B. Nationaler Ethikrat, Zum Import menschlicher embryonaler Stammzellen, 2002; Zentrale Ethik-Kommission bei der Bundesärztekammer, DÄBl. 2001, A-3249.
[302] *Taupitz,* ZRP 2002, 111.
[303] BT-Drs. 14/8102.
[304] *Kloepfer,* JZ 2002, 417.
[305] Endfassung 2007.

präventive und therapeutische Zwecke zugelassen, die Strafdrohung des § 13 StZG beseitigt und der Geltungsbereich des Gesetzes (§ 2) auf das Inland beschränkt werden. Diese Änderungsvorschläge waren lebhaft umstritten, führten aber schließlich zur Änderung des StZG[306] bei den §§ 2, 4 und 13.

d) Zweck des StZG, Inhalte. aa) Zweck. Zweck des Gesetzes ist es „im Hinblick auf die staatliche Verpflichtung, die Menschenwürde und das Recht auf Leben zu achten und zu schützen und die Freiheit der Forschung zu gewährleisten, 131

1. die Einfuhr und die Verwendung embryonaler Stammzellen grundsätzlich zu verbieten,
2. zu vermeiden, dass von Deutschland aus eine Gewinnung embryonaler Stammzellen oder eine Erzeugung von Embryonen zur Gewinnung embryonaler Stammzellen veranlasst wird, und
3. die Voraussetzungen zu bestimmen, unter denen die Einfuhr und die Verwendung embryonaler Stammzellen ausnahmsweise zur Forschungszwecken zugelassen sind."

Das StZG gilt für die Einfuhr und die Verwendung embryonaler Stammzellen, die sich im Inland befinden (§ 2 StZG).[307] 132

bb) Inhalt. Die Einfuhr und die Verwendung embryonaler Stammzellen ist verboten (§ 4 I StZG). 133

„Abweichend von Absatz 1 sind die Einfuhr sind die Einfuhr und die Verwendung embryonaler Stammzellen zu Forschungszwecken unter den in § 6 genannten Voraussetzungen zulässig, wenn

1. zur Überzeugung der Genehmigungsbehörde feststeht, dass
   a) die embryonalen Stammzellen in Übereinstimmung mit der Rechtslage im Herkunftsland dort vor dem 1. Mai 2007 gewonnen wurden und in Kultur gehalten werden oder im Anschluss daran kryokonserviert gelagert werden (embryonale Stammzell-Linie),
   b) die Embryonen, aus denen sie gewonnen wurden, im Wege der medizinisch unterstützten extrakorporalen Befruchtung zum Zwecke der Herbeiführung einer Schwangerschaft erzeugt worden sind, sie endgültig nicht mehr für diesen Zweck verwendet wurden und keine Anhaltspunkte dafür vorliegen, dass dies aus Gründen erfolgte, die an den Embryonen selbst liegen,
   c) für die Überlassung der Embryonen zur Stammzellgewinnung kein Entgelt oder sonstiger geldwerter Vorteil gewährt oder versprochen wurde und
2. der Einfuhr oder Verwendung der embryonalen Stammzellen sonstige gesetzliche Vorschriften, insbesondere des Embryonenschutzgesetzes, nicht entgegenstehen.

(3) Die Genehmigung ist zu versagen, wenn die Gewinnung der embryonalen Stammzellen offensichtlich im Widerspruch zu tragenden Grundsätzen der deutschen Rechtsordnung erfolgt ist. Die Versagung kann nicht damit begründet werden, dass die Stammzellen aus menschlichen Embryonen gewonnen wurden" (§ 4 II, III StZG).

„Forschungsarbeiten an embryonalen Stammzellen dürfen nur durchgeführt werden, wenn wissenschaftlich begründet dargelegt ist, dass

1. sie hochrangigen Forschungszielen für den wissenschaftlichen Erkenntnisgewinn im Rahmen der Grundlagenforschung oder für die Erweiterung medizinischer Kenntnisse bei der Entwicklung diagnostischer, präventiver oder therapeutischer Verfahren zur Anwendung bei Menschen dienen und
2. nach dem anerkannten Stand von Wissenschaft und Technik

---

[306] Vom 28.6.2002 (BGBl. I 2277) i. d. F. v. 29.3.2017 (BGBl. I 626). Zur Entstehungsgeschichte siehe *Taupitz*, in: Körtner/Kopetzki (Hrsg.), Stammzellforschung, S. 368 ff.

[307] § 13 StZG n. F. beschränkt die Strafbarkeit der Verwendung embryonaler Stammzellen auf solche, „die sich im Inland befinden". Die Mitwirkung an einem im Ausland ergangenen Embryonenverbrauch zur Gewinnung von ES-Zellen bleibt davon jedoch unberührt, BT-Drs. 16/7981 S. 6.

a) die im Forschungsvorhaben vorgesehenen Fragestellungen so weit wie möglich bereits in In-vitro-Modellen mit tierischen Zellen oder in Tierversuchern vorgeklärte worden sind und

b) der mit dem Forschungsvorhaben angestrebte wissenschaftliche Erkenntnisgewinn sich voraussichtlich nur mit embryonalen Stammzellen erreichen lässt" (§ 5 StZG).[308]

134 Die Einfuhr und Verwendung embryonaler Stammzellen bedarf der Genehmigung durch die zuständige Behörde.[309] Es handelt sich bei §§ 4 I, § 6 I, IV StZG um das klassische Regelungsinstitut des Verbots mit Erlaubnisvorbehalt[310]

135 **e) Verfassungsrechtliche Bedenken.** Gegen das StZG sind verfassungsrechtliche Bedenken erhoben worden.[311]

136 **aa) Rechtsstaatliche Anforderungen.** Die Kriterien des Genehmigungsvorbehalts in § 6 IV, § 5 StZG (hochrangiges Forschungsziel/Subsidiarität gegenüber Alternativen/ Solitärer Erkenntnisgewinn) sind rechtsstaatlich handhabbar, wenn man berücksichtigt, dass die Kriterien gemäß § 5 StZG „wissenschaftlich begründet" angelegt werden müssen, und dass sich die Prüfbefugnis des Robert-Koch-Instituts auf die zu diesem Zweck vom Antragsteller vorgelegten Begründungen beschränkt. Die Kritik an der Begründung kann deshalb nur antragsimmanent erfolgen.[312] Die beschränkte tatrichterliche Kontrolldichte bestimmt auch eine etwaige Gerichtskontrolle. Das gesetzgeberische Konzept erweist sich deshalb, auch im Hinblick auf Art. 5 III GG, als verfassungskonform.

137 **bb) Ethische Vertretbarkeit.** Gehört zur Antragsprüfung auch die Prüfung des Erfordernisses der ethischen Vertretbarkeit?

138 Das Votum der einzuschaltenden ZES[313] umfasst auch die ethische Vertretbarkeit des Vorhabens (§ 9 StZG, § 2 ZES V). Die ZES, nicht das Robert-Koch-Institut, ist also für diese

---

[308] Siehe dazu allgemein *Gehrlein*, NJW 2002, 3680; *Dederer*, JZ 2003, 386; *Ronellenfitsch*, Stammzellgesetz, in: Eberbach/Lange/Ronellenfitsch (Hrsg.), Recht der Gentechnik und Biomedizin, Band 4 (2002), Teil II. *Mun-Sik Jeong*, Verfassungs- und europarechtliche Probleme im Stammzellengesetz (StZG); *Wendtland*, Die Forschung mit menschlichen Stammzellen als Gegenstand desrRechtsetzung; *Brewe*, Embryonenschutz und Stammzellgesetz; *Klopfer*, Verfassungsrechtliche Probleme der Forschung an humanen pluripotenten Stammzellen und ihre Würdigung im Stammzellgesetz. Außerordentlich informativ und lesenswert *Taupitz*, JZ 2007, 113. Rechtsvergleichend *Schütze*, Embryonale Humanstammzellen. *Pelchen/Häberle*, Stammzellgesetz, in: Erbs/Kohlhas, Strafrechtliche Nebengesetze Nr. S 180; *Müller-Terpitz*, in: Spickhoff, Medizinrecht, Nr. 620 Stammzellengesetz.

[309] Siehe dazu auch *Trute*, Die Forschung an humanen Stammzellen als Ordnungsproblem des Wissenschaftsrechts, in: Festschrift für Krüger, 385 ff. Zu Einrichtung von Ethikkommissionen siehe § 8 StZG.

[310] Zu den Einzelheiten siehe § 6 StZG. Erforderlich ist zudem eine Stellungnahme der Zentralen Ethikkommission der Stammzellforschung (ZES). Zu deren Aufgaben vgl. § 9 StZG und § 2 der Verordnung über die Zentrale Ethik-Kommission für Stammzellforschung und über die zentrale Behörde nach dem StZG (ZES-Verordnung – ZES V) vom 18.7.2002 (BGBl. I 2663) und dazu *Taupitz*, Die Aufgaben der Zentralen Ethik-Kommission für Stammzellforschung, in: FS f. Schreiber, 903. Die ZES ist beim Robert-Koch-Institut angesiedelt (§ 8 I StZG), der nach § 7 StZG in Verbindung mit § 1 ZESV „zuständigen Behörde". Einfuhr und Verwendung von embryonalen Stammzellen ohne Genehmigung ist strafbar, § 13 StZG. Geht man von der Anwendung des § 9 II 2 StGB aus, stellt sich die Frage der Verfassungswidrigkeit der Regelung, vgl. *Schwarz*, MedR 2003, 158 (163).

[311] *Schwarz*, MedR 2003, 158 (159); *Dederer*, JZ 2003, 986 (987); ders. in: Das Deutsche Bundesrecht, StZG I K 77 S. 11 (Rn. 14 ff.). Ausf. dazu *Müller-Terpitz*, in: Deutsch/Spickhoff, Medizinrecht Nr. 620 § 2 StZG Rn. 3 ff., letzten Endes mit dem Ergebnis, die Regelungen des Stammzellgesetzes seien verfassungskonform (aaO, Rn. 5).

[312] *Ronellenfitsch*, Stammzellgesetz, in: Eberbach/Lange/Ronellenfitsch (Hrsg.), Recht der Gentechnik und der Biomedizin, Bd. 4 (Teil II C III Rn. 25) („Eklatant verfassungswidrig"); *Schwarz*, MedR 2003, 158 (163) (bezogen auf § 13 StZG: Verfassungswidriger Eingriff in die durch Art. 5 III GG gewährleistete Forschungsfreiheit); aA *Fassbender*, MedR 2003, 279 (282) – gegen *Hufen*, der das in § 4 II Nr. 1a StZG enthaltene Stichtagsprinzip und eine unausgewogene Beschränkung der Wissenschaftsfreiheit beanstandet hatte; offen gelassen bei *Dederer*, JZ 2003, 986.

[313] → § 68 Rn. 100.

Prüfung zuständig. Zu beachten ist aber, dass der Gesetzgeber keine pauschale Prüfung der ethischen Vertretbarkeit vorgeschrieben hat, sondern nur eine Prüfung, ob die ethische Vertretbarkeit im Sinne der Vorgaben des § 5 StZG gegeben ist. Damit beschränkt sich die Prüfung der ethischen Vertretbarkeit auf eine Zusatzbewertung der Kriterien des § 5 StZG (hochrangiges Forschungsziel[314]/Stand von Wissenschaft und Technik) nach Maßgabe der Antragsbegründung. Auch diese Bewertung erlaubt es aber der ZES, das Vorhaben ethisch zu bewerten, weil nicht das, was wichtig, nützlich und auf dem Stand von Wissenschaft und Technik ist, auch ethisch sein muss. Will man die Ethik-Kontrolle Art. 1 I GG zuordnen, so bestehen auch insoweit keine Bedenken gegen das StZG.

cc) **Stichtagsregelung.** Die Stichtagsregelung des § 4 II Nr. 1a StZG, die den Import embryonaler Stammzellen nur zulässt, wenn sie im Herkunftsland (legal) vor dem 1. Mai 2007 gewonnen worden sind, beruht, wie schon bei der Vorgängerstichtagsregelung zum 1.1.2002 auf der Absicht, es zu vermeiden, dass wegen des deutschen Bedarfs im Ausland Stammzellen zu Exportzwecken gewonnen (und dabei Embryonen „verbraucht") werden. Das exportiert jedoch deutsche Wertvorstellungen ins Ausland. Man kann auch fragen, welche Möglichkeiten zur zeitnahen Dokumentation ausländischer Kryokonservierung gegeben sind. Da das mit der Stichtagsregelung verfolgte Ziel, den Embryonenverbrauch zu vermeiden, eine mögliche Form ist, im Rahmen des Prinzips der Verhältnismäßigkeit konkurrierende Grundrechtspositionen zu praktischer Konkordanz zu bringen, bestehen insoweit keine verfassungsrechtlichen Bedenken. Die Antragsquote zur Genehmigung hochrangiger Forschungsvorhaben ist marginal. Der Formelkompromiss des § 4 II Nr. 1a StZG wird, schon wegen des mit ihm verbundenen schwer nachvollziehbaren Wertungswiderspruchs, nicht auf Dauer Bestand haben können.[315] Zurecht hatte allerdings damals Bundesjustizministerin *Zypries* darauf hingewiesen, dass in diesem Zusammenhang auch geklärt werden müsse, ob denn angesichts der deutschen Stichtagsregelung überhaupt mit einer forschungsbehindernden Stammzellenknappheit zu rechnen sei.[316]

f) **Therapeutisches und reproduktives Klonen**[317]. aa) **Allgemeines.** Das Klonen wird von § 6 ESchG erfasst, soweit Abs. 1 dieser Vorschrift es unter Strafe stellt, künstliche Embryonen zu erzeugen, welche die gleichen Erbinformationen besitzen, wie die anderen Embryonen, Föten oder Menschen. Ebenso wird bestraft, wer einen solchen Embryo auf eine Frau überträgt (§ 6 II ESchG). Der Versuch ist strafbar (§ 6 III ESchG). Voraussetzung eines solchen Vorgehens ist jedoch die Gewinnung embryonaler Stammzellen,[318] was auf unterschiedliche Art und Weise geschehen kann.[319] Mit dem Klonen können unterschiedliche Ziele verfolgt werden.

139

140

---

[314] Hochrangige Forschungsziele werden vornehmlich solche sein, die sich auf die Behandlung schwerer oder (bislang) unheilbarer Krankheiten beziehen. Insoweit ist bei der Auslegung dieses Kriteriums auch Art. 2 II GG zu beachten.
[315] Siehe dazu die Polemik von *Fassbender*, MedR 2003, 279 (280); zust. *Taupitz*, JZ 2007, 113 (122). „Über kurz oder lang wird das Parlament nicht darum herumkommen, zu den offenen Fragen Stellung zu nehmen".
[316] Siehe dazu auch *Schmidt-Jortzig*, Rechtsfragen der Biomedizin, 14 f., in Bezug auf die Wertungswidersprüche für das Verbot im Inland, den beschränkten Import aus dem Ausland/die Stichtagsregelung/den strafrechtlichen Wertungsexport über § 13 StZG/§ 9 II 2 StGB. Die Wertungswidersprüche hängen allerdings im StZG, wie in anderen Gesetzen auch, nicht von ungelösten Verständnisfragen für die zu regelnden Probleme ab, sondern werden durch die immer weiter zunehmende Neigung des Gesetzgebers verursacht, Entscheidungen ohne ausreichenden Konsens bei den Rechtsunterworfenen (oder den maßgeblichen Interessengruppen) zu vermeiden. Das wirkt sich bei Themen die konsensantagonistisch sind, besonders aus.
[317] Siehe dazu Bundesjustizministerin *Zypries*, Vortrag beim Humboldt-Forum der Humboldt-Universität zu Berlin vom 29.10.2003 (www.bmj.bund.de/ger/service/redenundinterviews) S. 11.
[318] Siehe dazu *Witteck/Erich*, MedR 2003, 258.
[319] → § 68 Rn. 92.

141   **bb) Therapeutisches Klonen.** Beim so genannten therapeutischen Klonen[320] besteht die Absicht nicht in der Reproduktion eines Menschen. Durch die Übertragung eines Zellkerns in eine entkernte Eizelle soll Gewebe erzeugt werden, das für die Heilung schwerer, bislang unheilbarer Krankheiten verwendet werden kann. § 6 I, III § 8 EschG stufen diesen Vorgang als strafbar ein.[321] Es handelt sich um eine mögliche, nicht um eine notwendige Entscheidung des Gesetzgebers. Auch international, z. B. in Art. 3 GRCh hat man bislang die Zulässigkeit des therapeutischen Klonens offen gehalten.[322]

142   **cc) Reproduktives Klonen.** Das reproduktive Klonen[323] ist schon gemäß Art. 3 II d GRCh verboten.[324] Die künstliche Verdoppelung („zeitversetzte eineiige Zwillinge") der genetischen Identität ist eindeutig von der Strafrechtsnorm des § 6 EschG erfasst. Das ist auch verfassungsrechtlich auf Grund der Leitentscheidung zum Schutz des Spenders des genetischen Datensatzes geboten: Er darf nicht um seine einmalige Existenz gebracht werden[325] und weil das die Grundlage des für die Bundesrepublik Deutschland maßgeblichen Rechtsverständnisses ist, kann das auch nicht mit seiner Einwilligung geschehen.

6. Tissue-Engineering (TE)[326]

143   **a) Begriff und Funktion.** TE ist die Anwendung von Prinzipien der Material- und Biowissenschaften zu einem fundamentalen Verständnis von strukturell-funktionalen Zusammenhängen in normalen und pathologischen Geweben und zur Entwicklung biologischer Substitute, die die Gewebefunktionen wiederherstellen, aufrechterhalten oder verbessern.[327] Anliegen des TE ist es infolgedessen, die Frage zu klären, wie Gewebeverlust und Organversagen besser als bisher – und ohne Transplantation – therapiert werden können. Das zentrale Anwendungsgebiet des TE ist das Cellular Engineering, also die Erforschung der Struktur- und Funktionswechselwirkung von Zellen zu Anwendungszwecken.[328] Soll die Heilung des Körpers selbst stimuliert werden, spricht man von regenerativer Medizin. Wesensmerkmal dieses Vorgehens innerhalb des menschlichen Körpers (in vivo-Verfahren) ist die Regeneration fehlender oder defekter Zellen eines erkrankten Organs durch Induktion des körpereigenen Entwicklungsprogramms mit Hilfe künstlicher Stützgerüste und biologischer Signalstoffe oder Kontrollgene.[329] In der Forschung weiter fortgeschritten ist die Herstellung

---

[320] Siehe dazu *Taupitz/Brewe/Schelling*, Landesbericht Deutschland, in: Taupitz, Das Menschenrechtsübereinkommen zur Biomedizin des Europarates, 409 (475 ff.).

[321] Siehe dazu *Taupitz*, NJW 2001, 3433 m. w. N.; ZZb-StzF, 48 ff.; *Deutsch*, MedR 2002, 15.

[322] Siehe dazu § 3 Rn. 31 und *Streinz*, EUV/AEUV 2003, Rn. 5 zu Art. 3 GRCh.

[323] Siehe dazu *Taupitz*, NJW 2001, 3433 m. w. N.; ZZb-StzF, 48 ff. Zu Zweifeln bei der Auslegung des Gesetzes siehe ZZb-StzF, 48 ff.; *Weschka*, Präimplantationsdiagnostik, Stammzellenforschung und therapeutisches Klonen: Status und Schutz des menschlichen Embryos vor den Herausforderungen der modernen Biomedizin S. 216 ff. Optimistischere Beurteilung, auch im Hinblick auf Art. 1 I GG *Hörnle*, Menschenwürde und reproduktives Klonen, in: Joerden/Hilgendorf/Thiele (Hrsg.), Menschenwürde und Medizin, 2013, 766 (775 f.).

[324] *Calliess*, in: ders./Ruffert, EUV.AEUV, Art. 3 GRCh Rn. 16.

[325] Zutreffend *Herdegen*, in: MD, Rn. 98 zu Art. 1 I GG; siehe auch ZZb-StzF, 29.

[326] *Skalak/Fox* (Hrsg.), Tissue Engineering; *Patrick/Mikos/McIntire* (Hrsg.), Frontiers, in: Tissue Engineering; Bell (Hrsg.), Tissue Engineering; *Lynch/Genco/Marx* (Hrsg.), Tissue Engineering; *Lanza/Langer/Vacanti* (Hrsg.), Principles of Tissue Engineering; *Sames* (Hrsg.), Medizinische Regeneration und Tissue Engineering; *Havenich/Graf*, Stem Cell Transplantation and Tissue Engineering; *Gassner*, MedR 2001, 553; *Dieners/Sonnenschein/Köhler*, Tissue Engineering, *Gassner*,, Gentechnik-Recht, 2004, 1; Sonnenschein, MPR 2004, 29; *Hansmann*, MedR 2006, 155; *Price*, Human Tissue in Transplantation and Research; *Wernscheid*, Tissue Engineering, Rechtliche Grenzen und Voraussetzungen, Hülsemann, Comperite Tissue, 2012.

[327] *Skalak/Fox/Fung*, in: Skalak/Fox, Tissue Engineering, S. XIV f.

[328] *Mow/Guilak/Tran-Son-Tang/Hochmuth* (Hrsg.), Cell Mechanics and Cellular Engineering, 1994. Es wird auch von Biochemical Engineering gesprochen.

[329] Siehe dazu ausführlich *Gassner*, MedR 2001, 553 (554).

bioartifizieller Konstrukte oder von Geweben aus lebenden Zellen, die als Ersatzorgan oder Ersatzgewebe implantiert werden (in vitro-Verfahren).[330]

b) TE als Gentransfer. Das TE muss man vor allem den verschiedenen Formen des Gentransfers zum Zweck der Gentherapie[331] zuordnen.[332] 144

c) Begriff des Gentransfers. Gentransfer ist die gezielte Einführung von Genen oder Polynukleotiden in Zellen. 145

d) Keimbahnveränderung[333]. Keimbahnzellen sind alle Zellen, die an der Weitergabe der Erbinformation beteiligt sind (§ 8 III EschG). § 5 EschG untersagt die künstliche Veränderung der Erbinformation einer menschlichen Keimzelle. Schon der Versuch ist strafbar (§ 5 III EschG).[334] 146

e) Somatische Gentherapie[335]. Hier beschränkt sich der Gentransfer auf solche Körperzellen, die nicht an der Weitergabe von Erbinformationen beteiligt sind. Spezialgesetzliche Regelungen fehlen. Sie werden nicht für erforderlich gehalten,[336] weil insbesondere das Arzneimittelrecht und das ärztliche Berufsrecht ausreichen.[337] 147

f) Rechtliche Zuordnung. Die rechtliche Zuordnung von Maßnahmen des TE hängt vom gewählten Vorgehen ab. Insgesamt ist es deshalb gerechtfertigt, von einer Grauzone zu sprechen. Von Fall zu Fall sind das MPG, das AMG und auch das TPG anwendbar. Zu beachten sind aber auch die Vorschriften des GewebeG,[338] mit dem der Gesetzgeber die europäische Gewerberichtlinie[339] umgesetzt hat. Das folgt aus der Tatsache, dass das GewebeG für die Spende und die Entnahme von menschlichen Organen oder Geweben zum Zwecke der Übertragung der Organe oder der Gewebe einschließlich der Vorbereitung dieser Maßnahmen gilt (§ 1 I GewebeG). Das GewebeG versteht unter „Gewebe" „alle aus Zellen bestehenden Bestandteile des menschlichen Körpers, die keine Organe (im Sinne von § 1a Nr. 1 GewebeG) sind, einschließlich einzelner menschlicher Zellen", § 1a Nr. 4 GewebeG. Gerade für das Gewebe ist damit in erster Linie auf das AMG zurückzugreifen (Art. 2 GewebeG).[340] 148

---

[330] Siehe dazu *Gassner*, MedR 2001, 553 (554). Beispiele sind die Ersetzung eines Stückes Ohrmuschel (konstruiert aus den Knorpelzellen der eigenen Rippe des Empfängers) oder die Einsetzung eines Fingergelenks (zusammengesetzt aus Knorpel- und Knollenzellen des Empfängers) oder einer Herzklappe, hergestellt aus empfängereigenen Endothelzellen.

[331] Gentherapie = Gentransfer in menschliche Zellen oder Gewebe mit therapeutischer Zielsetzung. Zur Gentherapie allgemein siehe *Niemitz/Niemitz* (Hrsg.), Genforschung und Gentechnik.

[332] Siehe dazu die Richtlinien zum Gentransfer in menschlichen Körperzellen vom 20.1.1995.

[333] Ausführlich *Taupitz/Brewe/Schelling*, Landesbericht Deutschland, in: Menschenrechtsübereinkommen zur Biomedizin des Europarates, 409 (479 ff.); siehe auch ZZb-StzF, 29; *Laufs*, in: HK-AKM, Rn. 4 zu Nr. 2100.

[334] Ausnahmen § 5 IV EschG. S. dazu Lackermair, Hybride und Chimären, 2017, 413.

[335] *Laufs*, in: HK-AKM, Rn. 6 zu Nr. 2100; *Wagner/Morsey*, NJW 1996, 1565; *Taupitz/Brewe/Schelling*, Landesbericht Deutschland, in: Menschenrechtsübereinkommen zur Biomedizin des Europarates, 409 (482 ff.); *Kayser u. a.*, DAZ 2003, 5839.

[336] Abschlussbericht der Bund-Länder-Arbeitsgruppe „Somatische Gentherapie", in: Eberbach/Lange/Ronellenfitsch (Hrsg.), Recht der Gentechnik und Biomedizin, Band 3, S. 10.

[337] *Gassner*, MedR 2001, 553.

[338] V. 20.7.2007 (BGBl. I 1574). Zur Entwurfsfassung *Heinemann/Löllgen*, PharmR 2007, 183; *Storck*, GesR 2008, 287.

[339] Richtlinie 2004/23 EG des Europäischen Parlaments und des Rates vom 31.3.2004 (EG Nr. L 102, S. 48). Unionsrechtlich bedeutsam sind vor allem die Vorschriften über das zentralisierte Zulassungsverfahren bei Arzneimitteln für neuartige Therapien (sog. ATMP), siehe dazu die Verordnung (EG) Nr. 1394/2007 des Europäischen Parlaments und des Rates vom 13.11.2007 über Arzneimittel für neuartige Therapien und zur Änderung der Richtlinie 2001/83/EG der Verordnung (EG) Nr. 726/2004, ABl. L 324 vom 10.12.2007, S. 121, in Deutschland umgesetzt durch § 4b AMG. Das betrifft auch Tissue Engineering-Produkte, siehe dazu detailliert *E. M. Müller*, MedR 2011, 698.

[340] Siehe dazu *Heinemann/Löllgen*, PharmR 2007, 183.

149 g) **Gewebeentnahme.** Soweit Gewebe dem menschlichen Körper entnommen wird gehört es zur Körpergesamtheit. Es hat keine Sachqualität und kann deshalb von niemandem eigentumsrechtlich bewertet werden. Die Körperteile – gleich welcher Art – gehörten zur Person und unterliegen deshalb dem allgemeinen Persönlichkeitsrecht.[341]

150 Außerhalb des menschlichen Körpers verändert sich die Sichtweise. Die Körperteile nehmen Sachqualität an. Der Eigentumserwerb erfolgt analog § 953 BGB.[342] Damit verbindet sich die Kommerzialisierung von Körper-Entnahmen. Der Organhandel[343] ist dafür das signifikanteste Beispiel.

151 h) **Biobanken.** Das entnommene Gewebe muss – ggf. – aufbewahrt werden. Diesem Zweck dienen spezielle Lagerstätten, wie etwa Blut-, Samen- oder Hornhautbanken.[344]

152 Als Biobank wird dagegen die Verbindung einer oder mehrer geordneter, stofflicher Sammlung(en) von – z. B. – Körperflüssigkeiten oder Gewebeproben mit den zugeordneten, in Datenbanken vorgehaltenen Daten verstanden. In Biobanken wird biologisches Material zu Forschungszwecken gespeichert.[345]

153 i) **Patentierbarkeit.** Tissue Engineering-Produkte sind vor allem im Arzneimittelbereich[346] unter engen Voraussetzungen patentierbar.[347]

7. Ungewolltes Leben: Schwangerschaftsabbruch[348]

154 a) **Zuordnung.** Die Diskussion über den Abbruch einer Schwangerschaft wird vorwiegend im Rahmen der Anwendung der §§ 218 ff. StGB geführt, also im Strafrecht.[349] Die Problematik taucht aber schon im Vorfeld strafrechtlicher Überlegungen, insbesondere im Zivilrecht auf, wenn es um die Rechtmäßigkeit einer Abtreibung im Rahmen des Behandlungsvertrags Arzt-Patientin geht.[350]

---

[341] *Wernscheid*, Tissue Engineering S. 151 f. Unter weitgespannten Gesichtspunkten *Taupitz* (Hrsg.), Kommerzialisierung des menschlichen Körpers; *Potthast/Herrmann/Müller* (Hrsg.), Wem gehört der menschliche Körper.

[342] BGHZ 124, 52. Das ist jedoch nicht unumstritten, vgl. *Wernscheid*, Tissue Engineering, S. 154 ff.; *Simon/Robenski*, Eigentum an humanem Material in Biobanken und dessen Nutzung, in: Potthast/Herrmann/Müller (Hrsg.), Wem gehört der menschliche Körper?, S. 299 ff. *Breithaupt*, Rechte an Körpersubstanzen und deren Auswirkungen auf die Forschung mit abgetrennten Körpersubstanzen, 2012.

[343] Sehr plastisch dazu *Wetz*, Baustelle Körper.

[344] Zum Rechtsrahmen und zu den Rechtsproblemen bei Biobanken s. *Albers*, MedR 2013, 483 ff. und jetzt *Gassner/Kersten/Lindemann/Lindner/Rosenau/Schmit-am Busch/Schroth/Wollenschläger*, Ausburg-Münchner-Entwurf für ein Biobankgesetz, 2015.

[345] *Beier/Schnorrer/Hoffpe/Lenk* (Hrsg.), The Ethical and Legal Regulation of Human Tissue and Biobank Research; *Dabrock/Taupitz/Ried (Hrsg.)*, Trust in Biobanking; *Steinmann*, ZfmE 2010, 61.

[346] → § 55 Rn. 7.

[347] Siehe dazu *Wernscheid*, Tissue Engineering, S. 261 f.

[348] Die Literatur ist unübersehbar, vgl. die Nachweise bei *Ulsenheimer* in: L/K bei § 143 bei *Eser* in: Schönke/Schröder, StGB Vorbem. §§ 218 ff. StGB.

[349] → § 73 Rn. 1 ff.

[350] *Kern*, in: L/K, § 54b Rn. 4; z. B. BGHZ 129, 178 mit Anm. *Deutsch*, LM § 249 (A) Nr. 8; BGH, FamRZ 2002, 386 mit Anm. *Spickhoff*, s. dazu auch → § 13 Rn. 35 f. Berufsrechtlich gilt § 14 MBO: „§ 14 Erhaltung des ungeborenen Lebens und Schwangerschaftsabbruch. (1) Der Arzt ist grundsätzlich verpflichtet, das ungeborene Leben zu erhalten. Der Schwangerschaftsabbruch unterliegt den gesetzlichen Bestimmungen. Der Arzt kann nicht gezwungen werden, einen Schwangerschaftsabbruch vorzunehmen oder ihn zu unterlassen. (2) Der Arzt, der eine Schwangerschaftsabbruch durchführt oder eine Fehlgeburt betreut, hat dafür Sorge zu tragen, dass die tote Leibesfrucht keiner missbräuchlichen Verwendung zugeführt wird." vgl. dazu *Ratzel*, in: Ratzel/Lippert, MBO Anm. zu § 14 MBO. Bedeutsam ist die Richtlinie des GBA zur Empfängnisregelung und zum Schwangershaftsabbruch (ESA-RL) vom 10.12.1985 (BAnz 1986 Nr. 60a S. 17) i. d. F. des Beschlusses des GBA vom 21.7.2011 (BAnz Nr. 139 vom 14.9.2011 S. 3251), in Kraft getreten zum 15.9.2011. Die danach auszuführenden ärztlichen Maßnahmen umfassen die Beratung nach

b) Rechtsprechung des BVerfG. Strafrechtlich wird die Rechtslage beim Schwanger- 155
schaftsabbruch durch die Rechtsprechung des BVerfG[351] und die ihm folgenden gesetzlichen
Regelungen der §§ 218 ff. StGB bestimmt. Die Diskussion über die Zulässigkeit des Schwangerschaftsabbruchs – angesiedelt zwischen den beiden Polen des Schutzes des ungeborenen
Lebens und dem Primat des freien Entscheidungsrechts der Frau – hat das jedoch nicht
beendet.

c) Historische Entwicklung. Die strafrechtliche Beurteilung des Schwangerschafts- 156
abbruchs hat eine lange und heftig umkämpfte Geschichte.

aa) BVerfGE 39, 1. Bedeutsam sind in erster Linie die Vorgaben, die das BVerfG aus 157
Anlass des Fünften Gesetzes zur Reform des Strafrechts[352] für die künftige Gesetzgebung
entwickelt hat:

„*1. Das sich im Mutterleib entwickelnde Leben steht als selbstständiges Rechtsgut unter dem
Schutz der Verfassung (Art. 2 Abs. 2 Satz 1, Art. 1 Abs. 1 GG)*".

Die Schutzpflicht des Staates verbietet nicht nur unmittelbare staatliche Eingriffe in das 158
sich entwickelnde Leben, sondern gebietet dem Staat auch, sich schützend und fördernd vor
dieses Leben zu stellen.[353] Das BVerfG hat auf dieser Grundlage die bisherige Fristenregelung
(Straffreiheit bei Schwangerschaftsabbruch bis zum 13. Tag nach der Empfängnis) eine
Absage erteilt und dem Staat umfangreiche Schutzpflichten auferlegt.

bb) 15. StrafRÄndG. Auf der Grundlage dieser Entscheidung wurde daraufhin das Fünf- 159
zehnte Strafrechtsänderungsgesetz vom 18. Mai 1976 (BGBl. I S. 1213) vom Deutschen
Bundestag beschlossen. Nach diesem Gesetz sollte grundsätzlich bestraft werden, wer eine
Schwangerschaft nach Abschluss der Nidation abbricht (§ 218 I, III 1, § 219d StGB a. F.).

cc) Gesetz über ergänzende Maßnahmen. Das Gesetz über ergänzende Maßnahmen zum 160
Fünften Strafrechtsreformgesetz vom 28. August 1995 (BGBl. I 2289) verfolgte das Ziel, die
bisherigen Reformbestrebungen durch flankierende sozialpolitische Maßnahmen zu unterstützen. Das Gesetz sah unter anderem vor, dass Versicherte bei einem Schwangerschaftsabbruch durch einen Arzt Anspruch auf Leistungen der gesetzlichen Krankenversicherung
haben sollten.

dd) Einigungsvertrag. Die Herstellung der deutschen Einheit am 3.10.1990 und die damit 161
gestellte Aufgabe, das Recht in den vereinigten Teilen Deutschlands zu vereinheitlichen, gab
Reformbestrebungen einen weiteren Anstoß, weil in der ehemaligen DDR anderes Recht,
nämlich eine Fristenregelung, gegolten hatte.[354]

---

§ 24a SGB V sowie die nach § 24b SGB V vorgesehenen Leistungen. Die GKV-Leistungen bei Schwangerschaft und Mutterschaft sind inzwischen in §§ 24c bis 24i SGB V detailliert geregelt worden, vgl.
Art. 3 des Pflege-Neuausrichtungs-Gesetzes (BGBl. I 2246, 2258).
Die ärztliche Beratung über Fragen der Empfängnisverhütung umfasst sowohl die Beratung über Hilfen,
die geeignet sind, eine Schwangerschaft zu ermöglichen, als auch eine Schwangerschaft zu verhindern (B 1
ESA-RL). Der Schwangerschaftsabbruch ist keine Methode der Geburtenregelung. Im Rahmen dieser
ärztlichen Beratung ist darauf hinzuwirken, dass die Schwangerschaft ausgetragen wird, soweit nicht
schwerwiegende Gründe entgegenstehen (D 1 Abs. 1 ESA-RL). Nr. 2 enthält Regelungen für den nicht
rechtswidrigen Schwangerschaftsabbruch, Nr. 3 der sogf. Beratungsregelung.. Da Schwangerschaft keine
Krankheit ist, scheidet eine Kostenübernahme beim Schwangerschaftsabbruch in der PKV regelmäßig aus,
vgl. *Kalis*, in: Bach/Moser, Private Krankenversicherung Rn. 15–52 zu § 1 MB/KK".
[351] BVerfGE 39, 1; 88, 203; 96, 409; 98, 265.
[352] Vom 18.6.1974 (BGBl. I 1297).
[353] BVerfGE 39, 1 und dazu aus heutiger Sicht *Dederer*, in: Menzel, Verfassungsrechtsprechung, 242 ff.
m. w. N.
[354] Gesetz über die Unterbrechung der Schwangerschaft vom 9.3.1972 (GBl. DDR I 89) und die dazu
ergangene Durchführungsbestimmung vom selben Tage (GBl. DDR II 149).

162 Art. 31 IV des Einigungsvertrages[355] verpflichtet den gesamtdeutschen Gesetzgeber, spätestens bis zum 31.12.1992 eine Regelung zu treffen, die den Schutz des vorgeburtlichen Lebens und die verfassungskonforme Bewältigung von Konfliktsituationen schwangerer Frauen besser gewährleistete, als dies in den beiden Teilen Deutschlands zum damaligen Zeitpunkt der Fall war.

163 Dies ist durch das Gesetz vom 27.7.1992 (BGBl. I 1398) „zum Schutz des vorgeburtlichen/werdenden Lebens, zur Förderung einer kinderfreundlicheren Gesellschaft, für Hilfen im Schwangerschaftskonflikt und zur Regelung des Schwangerschaftsabbruchs (Schwangeren- und Familienhilfegesetz)" (SFHG) geschehen.

164 ee) BVerfGE 88, 203. Das BVerfG entschied zu der bestehenden Rechtslage so:

*„1. Das Grundgesetz verpflichtet den Staat, menschliches Leben, auch das ungeborene, zu schützen. Diese Schutzpflicht hat ihren Grund in Art. 1 I GG; ihr Gegenstand und – von ihm her – ihr Maß werden durch Art. 2 II GG näher bestimmt. Menschenwürde kommt schon dem ungeborenen menschlichen Leben zu. Die Rechtsordnung muss die rechtlichen Voraussetzungen seiner Entfaltung im Sinne eines eigenen Lebensrechts des Ungeborenen gewährleisten. Dieses Lebensrecht wird nicht erst durch die Annahme seitens der Mutter begründet.
2. Die Schutzpflicht für das ungeborene Leben ist bezogen auf das einzelne Leben, nicht nur auf menschliches Leben allgemein".*[356]

165 Weil dieser Schutzpflicht nicht genüge getan war, erklärte das Gericht insbesondere Teile des § 218a I StGB sowie § 219 StGB für nichtig.

166 Der Gesetzgeber hat den sich aus der Entscheidung des BVerfG ergebenden Vorgaben Rechnung getragen.

167 d) Geltendes (Straf)Recht. S. dazu → § 73 Rn. 1 ff.

8. Ungewolltes Leben: Kind als Schaden

168 Zivilrechtlich setzt sich der Konflikt im Zusammenhang mit der Thematik „Kind als Schaden" fort,[357] weil fehlerhaftes ärztliches Handeln zur Verneinung einer den Abbruch rechtfertigenden Indikation führen kann. Kommen Kinder dann mit schweren Behinderungen zur Welt taucht die Frage ärztlicher Haftung, etwa im Zusammenhang mit der Geltendmachung von Unterhaltsaufwand für das behinderte Kind durch die Eltern, auf.[358] Die grundlegende Entscheidung des BGH vom 18.6.2003[359] hatte es mit dem Fall eines behinderten Kindes zu tun.[360] Zu beachten ist aber zunächst, dass die „Kind als Schaden-Recht-

---

[355] V. 31.8.1990 in Verbindung mit dem Einigungsvertragsgesetz v. 23.9.1990 (BGBl. II 885).
[356] BVerfGE 88, 203.
[357] Zur Problematik der Begriffswahl, die auf die mit Fragezeichen versehenen Seitenüberschriften von BGHZ 76, 249 zurückgeht s. *G. Müller*, NJW 2003, 697 (698). BGHZ 76, 249 (253) hat aber in den Entscheidungsgründen darauf hingewiesen „Kind als Schaden" sei nicht mehr als die schlagwortartige und deshalb juristisch untaugliche Vereinfachung des Sachverhalts. Der Schaden bestehe nicht in der Existenz des Kindes, sondern in der durch die Geburt des Kindes ausgelösten Unterhaltsverpflichtung der Eltern.
[358] Einen solchen Anspruch hat der BGH (noch zur sog. embryopathischen Indikation des Altrechts, jetzt abgelöst durch § 218a II StGB n. F.; Anknüpfungspunkt ist jetzt nur noch die Gesundheit der Mutter, KG, MedR 2003, 520 [521]) anerkannt, vgl. BGH, NJW 2002, 836 – Zwillingsschwangerschaft – und dazu *Gehrlein*, NJW 2002, 870; BGH, NJW 2002, 2636 – § 218a II StGB a. F. und dazu *Wagner*, NJW 2002, 3379; *Schumann/Schmidt-Recla*, MedR 2002, 644. Siehe auch OLG Hamm, NJW 2002, 2649. Diese Rechtsprechung verstößt nicht gegen Art. 1 I GG, siehe BVerfGE 96, 375. S. dazu ausf. *Deutsch/Spickhoff*, Medizinrecht, Rn. 445 ff. Zum österreichischen Recht vgl. *Bernat*, MedR 2010, 169; zum englischen Recht *McHale/Fox*, Health Care Law, S. 971 ff.
[359] NJW 2002, 2636; s. dazu *Wagner*, NJW 2002, 3379; vgl. allgemein *Riedel*, Kind als Schaden.
[360] Das im Oktober 1996 zur Welt gekommene Kind hatte keine Oberarme, der rechte Oberschenkel war verkürzt, der linke fehlte überhaupt. An beiden Beinen fehlte das Wadenbein; beide Füße wiesen eine Knick-Hackfuß-Stellung auf.

§ 68 Einzelfelder der Biomedizin

sprechung" nicht nur Schadenersatzansprüche wegen einer Behinderung des Kindes betrifft, sondern ganz allgemein die Haftung des Arztes, wenn auf Grund seines fehlerhaften Verhaltens ein Kind geboren wird, das ohne den Fehler nicht geboren worden wäre (weil ein rechtmäßiger Schwangerschaftsabbruch hätte vorgenommen werden können).[361] Die höchstrichterliche Rechtsprechung zu „Kind als Schaden" ist zwar jüngeren Datums. Sie hat trotzdem Geschichte. 1980 hatte der BGH erstmals diesen Sachverhalt angesichts eines auf Grund fehlgeschlagener Sterilistion gesund geborenen Kindes zu beurteilen. Der BGH hat Schadensersatzansprüche auf Grund der der Mutter erwachsenen Unterhaltsleistungen – gerichtet gegen den für die fehlerhafte Operation Verantwortlichen – bejaht.[362] Begleitet von divergierenden Entscheidungen des Zweiten und des Ersten Senats des BVerfG,[363] hat der BGH seine Rechtsprechung gefestigt. Eltern eines schwerbehinderten Kindes hatten sich vor Zeugung eines zweiten Kindes in einer Universitätsklinik genetisch beraten lassen, unzulänglich, wie sich nach der Geburt eines zweiten schwerbehinderten Kindes erwies. Der BGH hat auch hier, weil die genetische Beratung und Untersuchung nicht dem medizinischen Standard entsprochen hatte, den Unterhaltsaufwand der Eltern als Vermögensschaden anerkannt.[364] Eine zweite Rechtsprechungslinie betrifft den Sachverhalt, dass auf Grund fehlerhaften ärztlichen Verhaltens ein Schwangerschaftsabbruch unterlieben ist. Eine Mutter hatte den Arzt aufgesucht, um sich auf Grund einer von ihr befürchteten Rötelnerkrankung im Hinblick auf einen möglichen Schwangerschaftsabbruch beraten zu lassen. Sie hatte tatsächlich Röteln. Der Arzt erkannte das pflichtwidrig nicht. Das Kind kam schwerbehindert zur Welt. Im Rechtsstreit wurden zwei Ansprüche geltend gemacht. Die Mutter klagte auf den durch die Behinderung verursachten Unterhalts(Mehr)Aufwand.[365] Der BGH hat diesen Anspruch bejaht.[366] Zugleich war aber auch ein eigener Entschädigungsanspruch des behinderten Kindes geltend gemacht worden, mit der Begründung, das Kind wäre besser nicht geboren worden (wrongful life). Diesen Anspruch hat der BGH verneint.[367] In den Fällen eines embryopathischen Befundes hat der BGH seine zivilrechtlichen Schlussfolgerungen im Übrigen ganz von der Beurteilung der Schwangerschaftsabbruch-Problematik abhängig gemacht.

---

[361] S. dazu *G. Müller*, NJW 2003, 697; BGH MedR 2007, 246; MedR 2007, 540.

[362] BGHZ 76, 249. Im Schrifttum und in der Instanzrechtsprechung waren die damit verbunden Fragen außerordentlich umstritten gewesen, s. d. N. bei BGHZ 76, 249 (251 f.).

[363] Der Zweite Senat hatte judiziert: „Eine rechtliche Qualifikation des Daseins eines Kindes als Schadensquelle kommt von Verfassungs wegen (Art. 1 I GG) nicht in Betracht. Deshalb verbietet es sich, die Unterhaltspflicht für ein Kind als Schaden zu begreifen", BVerfGE 88, 203 (204: LS 14). Der Erste Senat erkannte dagegen: „Die Rechtsprechung der Zivilgerichte zur Arzthaftung bei fehlgeschlagener Sterilisation und fehlerhafter genetischer Beratung vor Zeugung eines Kindes verstößt nicht gegen Art. 1 I GG", BVerfGE 96, 375. Wegen der Abweichung hat der Erste Senat jedoch die Voraussetzungen für eine Anrufung des Plenums verneint (aaO, S. 403). Der Zweite Senat hat dagegen seinen Stanpunkt bekräftigt, sein LS 14 gehöre zu den tragenden Gründen der Entscheidung, so dass die Anrufung des Plenums geboten gewesen wäre, BVerfGE 96, 409. Dieser Gegensatz besteht unverändert fort, bleibt aber unaufgelöst, solange Verfassungsbeschwerden gegen Gerichtsentscheidungen zum Ersten Senat kommen, s. dazu auch *Deutsch*, NJW 2003, 26 (27). Der VI. Senat des BGH hat dem Zweiten Senat des BVerfG zwar seinen Respekt bekundet. Der Senat hat sich aber – in der Erwartung, dass seine Entscheidungen auch in Zukunft nur der Kontrolle des Ersten Senats des BVerfG unterliegen – nur für verpflichtet gehalten, seine Rechtsprechung noch einmal zu überprüfen, s. dazu *G. Müller*, NJW 2003, 697 (698 f.). Der Frage, ob die Bindungswirkung des § 31 BVerfGG in der Hand des gebundenen Gerichts liegen kann, ist hier nicht nachzugehen.

[364] BGH, NJW 1994, 798; *Deutsch*, VersR 1995, 609.

[365] Geschuldet war wohl der volle Unterhalt, beschränkt auf den Aufwand, der nach durchschnittlichen Anforderungen für das Auskommen des Kindes erforderlich ist, BGH 76, 259 (279 f.).

[366] BGHZ 86, 240.

[367] BGHZ 86, 240. Der tragende Grund der Entscheidung ist, dass der Mensch sein Leben grundsätzlich so hinnehmen muss, wie er von Natur aus gestaltet ist (aaO S. 254) = „schicksalhafter Verlauf" (aaO S. 255). Rechtsvergleichend zu „wrongful life" s. *Winter*, JZ 2002, 330. Gegen die h.L. *Deutsch/Spickhoff*, Rn. 344.

In der Entscheidung vom 28.3.1995[368] war es auf Grund eines ärztlichen Behandlungsfehlers um einen fehlgeschlagenen Schwangerschaftsabbruch[369] im Rahmen einer Notlagenindikation gegangen. Die Eltern haben den Unterhaltsaufwand für das Kind geltend gemacht. Der BGH hat – in einem Altrechtsfall, der also den embroypathischen Befund noch als gesonderten Rechtfertigungsgrund auswies – das Vorliegen eines bloßen Überlastungssyndroms nicht genügen lassen, sondern eine deutlich ausgewiesene Ausnahmesituation gefordert.[370] Weil sie nicht gegeben war, scheiterte die Unterhaltsklage. Im Fall BGH, NJW 2002, 1489[371] hatte ein 15 jähriger, der mit einer 12 jährigen ein Kind gezeugt hatte, die Gynäkologin auf Schadensersatz (Freistellung von den Unterhaltspflichten) in Anspruch genommen, weil diese bei der Untersuchung des Mädchens zur Verschreibung der „Pille" die Schwangerschaft nicht bemerkt (und deshalb den erforderlichen Abbruch unterlassen) hatte. Der BGH hat alle Ansprüche verneint, da der Behandlungsvertrag keine „Drittwirkung" gehabt habe und die Voraussetzungen für eine medizinische Indikation gefehlt hätten. Im Zwillingsfall[372] kam auf Grund eines schuldhaft verursachten Diagnosefehlers eines der beiden Kinder mit schweren Behinderungen der Extremitäten zur Welt. Im Prozess über die Geltendmachung des Unterhaltsbedarfs war es erneut um die Frage gegangen, ob – ebenfalls unter den Vorgaben des Altrechts – ein Schwangerschaftsabbruch auf Grund eines embryopathischen Befundes in Betracht gekommen wäre. Hier hat der BGH das Lebensrecht des gesunden Zwillingskindes für das ausschlaggebende Argument gehalten und deshalb die Klage abgewiesen.[373] Die diese zweite Entscheidungskette abschließende, schon erwähnte Entscheidung des BGH, NJW 2002, 2636 weist insoweit die Besonderheit auf, dass sie es erstmals mit der Rechtslage nach Wegfall der ausdrücklichen Erwähnung des embryopathischen Befundes zu tun gehabt hat. Der BGH verlangt für die Antwort auf die Frage, ob eine medizinische Indikation, also ein rechtmäßiger Schwangerschaftsabbruch gegeben gewesen wäre, eine Interessen- und Güterabwägung.[374] Der BGH betont dieses Erfordernis vor allem für Sachverhalte, bei denen es sich nicht um eine unmittelbar physische Lebensbedrohung der Schwangeren gehandelt hat, sondern um psychische Belastungen in der Zeit nach der Geburt. Das hat der BGH im gegebenen Fall bejaht. Die BGH-Rechtsprechung lässt sich so zusammenfassen:

1. *Nicht das Kind ist der Schaden, sondern der für das Kind erforderliche Unterhaltsaufwand.*
2. *Da es um die Verletzung der Pflichten aus dem ärztlichen Behandlungsvertrag geht, spielt es keine Rolle, ob das Kind, dessen Geburt finanzielle Lasten auslöst, gesund oder behindert zur Welt kommt.*
3. *Bei behinderten Kindern geht es um die Frage, ob ein Schwangerschaftsabbruch den für die Eltern entstandenen finanziellen Aufwand verhindert hätte. Die medizinische Indikation, die auch bei embryopathischen Befunden allein in Betracht kommt, wird vom Arzt festgestellt. Das muss verantwortungsbewusst geschehen. Psychische Belastungen der Mutter (der Eltern) nach der Geburt eines behinderten Kindes sind ein nahe liegendes Argument für die Annahme der medizinischen Indikation. Würde man diese Belastungen aber als solche genügen lassen, läge bei der Geburt eines behinderten Kindes immer ein Fall medizinischer Indikation vor. Die Tatbestandsvoraussetzungen des § 218 II StGB sind jedoch nur gegeben wenn (im Rahmen der erforderlichen Güterabwägung) „schwerwiegende Beein-*

---

[368] BGHZ 129, 178.
[369] Es obliegt dem Arzt nicht, die Schwangere auf die Möglichkeit des Schwangerschaftsabbruchs hinzuweisen, OLG Hamm, NJW 2002, 2649. Der BGH hat die Revision gegen diese Entscheidung nicht angenommen.
[370] BGHZ 129, 178 (184).
[371] S. dazu *Gehrlein*, MDR 2002, 628; *Wolf*, MedR 2002, 463; *G. Müller*, NJW 2003, 697 (702).
[372] BGHZ 147, 236.
[373] BGHZ 147, 236 (246).
[374] BGH, NJW 2002, 2636 (2638).

trächtigungen" der körperlichen oder seelischen Gesundheit der Mutter vorliegen. Die (seelische) Beeinträchtigung muss also über das Maß hinausgehen, das ohnehin mit der Sorge für ein behindertes Kind verbunden ist.

9. Ungewolltes Leben: Wrongful life

Ein weiteres Konfliktfeld findet sich im Streit um einen eigenen Anspruch des behinderten Kindes (wrongful life).³⁷⁵ Die deutsche Rechtsprechung beruht auf Grundüberzeugungen,³⁷⁶ die dem Schicksal noch einen rechtfreien Raum lassen. Der Zeitgeist akzeptiert aber immer weniger, dass es Schäden gibt, für die niemand verantwortlich gemacht werden kann. Das reicht von Wetterfolgen bis zu spektakulären Unglücksfällen. Es ist auch nahe liegend, ganz unbefangen zu fragen, warum der gesunde Dritte (die Eltern) Geld bekommen soll, der unmittelbar Betroffene (das geschädigte Kind) aber leer ausgeht.³⁷⁷

169

VI. Nach der Geburt

1. Neugeborenen-Screening³⁷⁸

Das Neugeborenen-Screening ist eine Untersuchung zur Früherkennung bestimmter angeborener Stoffwechselerkrankungen und Endokrinopathien. Diese Erkrankungen können zu schwerwiegenden geistigen oder körperlichen Behinderungen führen. Für das Neugeborenen-Screening wird dem Neugeborenen in den ersten Lebenstagen eine Blutprobe aus der Ferse entnommen. Das Blut wird in mehreren Tropfen auf einen Teststreifen gebracht und dann im Labor untersucht. Auffällige Ergebnisse machen investigative Nachuntersuchungen erforderlich. Für das Neugeborenen-Screening hat sich ein allgemeiner Ordnungsrahmen entwickelt, für den vor allem seine Mischung aus Selbstverständlichkeiten und rechtlicher Unbestimmtheit kennzeichnend ist.³⁷⁹

170

Das zeigt sich, wenn man sich einem Testverfahren wie der Tandem-Massen-Spektrometrie (TMS) zuwendet, einem Verfahren, in dem vollautomatisiert bis zu 34 verschiedene angeborene Stoffwechselstörungen gleichzeitig analysiert werden können, und das deshalb als Verfahren der Zukunft gilt. Während sonst die Tests auf behandelbare Krankheiten beschränkt waren, führt TMS zur Überdiagnostik. Nur ein Teil der festgestellten Erkrankungen ist behandelbar. Nun mag die erforderliche Einwilligung der Eltern in das TMS-Verfahren

171

---

³⁷⁵ „Wrongful life" ordnet sich ein in die angelsächsische Kette von wrongful conception (z. B. bei fehlerhafter genetischer Beratung, vgl. *Deutsch/Spickhoff*, Rn. 448, von wrongful birth (des geschädigt zur Welt kommenden Kindes), vgl. *Deutsch/Spickhoff*, Rn. 447 und der weitgehend außerhalb des Medizinrechts liegenden „wrongful adoption" (Kinder, die bei der Adoption über den Gesundheitszustand ihrer Adoptiveltern unzureichend informiert worden sind), *Deutsch/Spickhoff*, Rn. 448 m. Fn. 87.

³⁷⁶ Siehe dazu auch *Laufs*, in: L/K, § 61 Rn. 2.

³⁷⁷ Wie unterschiedlich man die Dinge sehen kann, belegen die Perruche-Entscheidung (Anspruch des behinderten Kindes bejaht) und die Quarez-Entscheidung (Anspruch des behinderten Kindes vereint) der französischen Gerichtsbarkeit, s. dazu Sonnenberger FamRZ 2001, 1416; *Arnold*, VersR 2004, 309 und das Anti-Perruche-Gesetz „vom 4.3.2002. Nach Art. 1 § 1 des Loi relative aux droits des malades et à la qualité du système de santé„ kann sich niemand auf einen Schaden allein auf Grund seiner Geburt berufen. Zu den Ansprüchen der Eltern s. *Arnold*, VersR 2004, 309 (313). Der Conseil d'Etat hat das Gesetz für verfassungsgemäß und europarechtskonform gehalten. Zur Fortentwicklung der Kind-als-Schaden-Problematik in Frankreich, sehr informativ *Knëtsch*, VersR 2006, 1050, vgl. auch *Spickhoff*, VersR 2006, 1569 (1570).

³⁷⁸ *Schimmelpfeng-Schütte*, MedR 2003, 214; *Harms/Olgemöller*, BÄBl. 2011, 11.

³⁷⁹ Siehe die Übersicht bei *Schimmelpfeng-Schütte*, MedR 2003, 214 (215) und umfassend *Höfling/Dohmen*, MedR 2005, 328. Maßgebend ist die Richtlinie des G-BA über die Gesundheitsuntersuchungen zur Früherkennung von Krankheiten vom 24.8.1989 (BArbBl. vom 29.9.1989), in Kraft getreten am 1.10.1989, jetzt in der Fassung vom 21.7.2016 (BAnz AT 12.10.2016 B2), in Kraft getreten am 1.1.2017.

formal die Überdiagnostik decken. Entspricht sie auch inhaltlich dem Wohl des Kindes? Man wird nicht sagen können, dass die Überdiagnostik dem Recht auf Nichtwissen widerspricht,[380] denn das Neugeborene weis auf viele Jahre zu diesen Fragen nichts. Auf die Rechte der Eltern kommt es insoweit nicht an. Gerade der lange Zeitablauf lässt es aber für möglich erscheinen, dass bestimmte Krankheiten, anders als bisher, behandelbar werden. Die Einwilligung in das TMS-Verfahren ist also wirksam.[381] Es ist infolgedessen auch nicht anzunehmen, dass die mit dem TMS-Verfahren verbundene Überdiagnostik nicht von ärztlichen Behandlungsauftrag erfasst wird. In diesem Zusammenhang sollte man nicht außer Acht lassen, dass medizinischen Labortechniken mit ihrer Zahlengenauigkeit ohnehin Vielfachwerte liefern, die, bezogen auf den Präzisionsgrad, bedeutungslos sind.

172 Von der beim Neugeborenen-Screening analysierten Blutprobe verbleibt ein nichtgenutzter Teil, die Restblutprobe. Sachgemäß aufbewahrt erlauben die Restblutproben die (künftige) Erstellung von persönlichen Gesundheitsdaten einschließlich genetischer Informationen. Da rund 98 % aller in Deutschland geborenen Kinder vom Neugeborenen-Screening erfasst werden könnte das zum Aufbau von Gendateien[382] führen, eine entsprechende gesetzliche Regelung vorausgesetzt.[383] Da es ärztliche Notwendigkeiten für die Verwendung von Restblutproben geben kann, erweist sich die Verpflichtung, die Restblutproben entweder zu vernichten oder zurückzugeben[384] als zu weitgehend. Die Verwendung der Restblutproben zu weiteren Zwecken, als sie die ärztliche Behandlung im Rahmen des Neugeborenen-Screening erfasst, ist jedenfalls nur mit Einwilligung der Eltern[385] zulässig.[386] Weitere Einzelheiten ergeben sich aus den S 2k-Leitlinien „Neugeborenen-Screening auf angeborene Stoffwechselstörungen und Endokrinopathien" u. a. der Gesellschaft für Neonatologie und Pädiatrische Intensivmedizin (Stand 2011).

2. Geschlechtsumwandlung[387]

173 Die Geschlechtszugehörigkeit betrifft eine medizinische Frage. Die ist nicht immer nach dem äußeren Anschein zu beurteilen. Es gibt Fehlentwicklungen menschlicher Geschlecht-

---

[380] → § 68 Rn. 76 mit Fn. 169.
[381] AA *Schimmelpfeng-Schütte,* MDR 2003, 214 (216), soweit die derzeit nicht behandelbaren Krankheiten von der Einwilligung mit umfasst sind.
[382] Daten- und Biobanken werfen eine Vielzahl von Fragen auf, vgl. auch → § 68 Rn. 115. Ausf. *Dierckx/Kirchhoffer,* Menschenwürde und Biobanken, in: Joerden/Hilgendorf/Thiele (Hrsg.), 2013, 935 m. w. Nw. (945 ff.). Siehe dazu auch die Stellungnahme der Zentralen Ethikkommission der Bundesärztekammer, MedR 2000, 226 und die Richtlinie Nr. 95/46/EG vom 24.10.1995. Vgl. auch *Mand,* MedR 2005, 566. Zu den international verfügbaren Gendatenbanken siehe *Wellbrock,* MedR 2003, 77 (80). Zu den Krebsregistern vgl. das Bundeskrebsregistergesetz vom 10.8.2009 (BGBl. I 2702). S. dazu das Gesetz zur Weiterentwicklung der Krebsfrüherkennung und zur Qualitätssicherung durch klinische Krebsregister (Krebsfrüherkennungs- und -registergesetz – KFRG) v. 3.4.2013 (BGBl. I 617, s. dazu Hesse, AMK 2013 Ausgabe 4 S. 19. Zum Landesrecht s. *Schlund,* in: L/K, § 72 Rn. 42 f.. Zur Samenbank vgl. *Deutsch/Spickhoff,* Rn. 768; zu Problemen der Biobanken siehe *Wellbruck,* MedR 2003, 77; zur Hornhautbank vgl. § 10 III TPG und die Richtlinien der Bundesärztekammer zum Führen einer Hornhautbank (§ 16 I Nr. 4 TPG), abgedruckt bei *Miseok/Sasse/Krüger,* TPG, Anhang 6.3 zu A-TPG sowie die „Durchführungsbestimmungen der Arbeitsgemeinschaft deutscher Hornhautbanken für die Kultivierung von Spender-Hornhäuten und die Organisation von Hornhautbanken" (abrufbar bei der Deutschen Ophthalmologischen Gesellschaft); es gibt auch Knochenmarksspenderdateien und Nabelschnurblutbanken; zu Organspenderregistern vgl. § 2 III, IV TPG. Ein solches Organspendenregister ist bislang nicht errichtet worden, siehe dazu *Rixen,* in: Höfling (Hrsg.), TPG, 2003, Rn. 46 zu § 2 TPG („Totes Recht").
[383] *Schimmelpfeng-Schütte,* MedR 2003, 214 (216f.). S. dazu auch § 68 Rn. 115.
[384] So *Schimmelpfeng-Schütte,* MedR 2003, 214 (217).
[385] Oder sonst der für die Einwilligung zuständigen Person.
[386] Das folgt allgemeinen Regeln, vgl. etwa *Lippert,* MedR 2001, 406 ff.; *Nitz/Dierks,* MedR 2002, 400.
[387] S. dazu *Ulsenheimer,* in: L/K, § 128. Andere besondere medizinische Eingriffe, die Fragen der Biomoral aufwerfen, betreffen die Sterilisation, vgl. *Ulsenheimer,* in: L/K, Rn. 1 ff., § 126. Sie ist freiwillig

lichkeit. Man spricht von Intersexualität bei Menschen, die weder eindeutig dem einen noch dem anderen Geschlecht zugeordnet werden können.[388] Transsexualismus wird dagegen definiert als Entwicklung einer Geschlechtlichkeit, die zum somatischen Geschlecht in Widerspruch steht, dem Zustand, in einem „falschen Körper" leben zu müssen und den damit verbundenen Leidensdruck[389] hat das Transsexuellengesetz (TSG) abzuhelfen versucht.[390]

Nach § 1 I TSG sind die Vornamen einer Person, die sich auf Grund ihrer transsexuellen Prägung nicht mehr dem in ihrem Geburtseintrag angegebenen, sondern dem anderen Geschlecht als zugehörig empfindet seit mindestens 3 Jahren unter dem Zwang steht, ihren Vorstellungen entsprechend zu leben auf Antrag vom Gericht (unter bestimmten Voraussetzungen) zu ändern (sogenannte „kleine Lösung").[391] Aus Art. 2 I GG in Verbindung mit Art. 1 I GG folgt, dass eine Person schon nach Änderung ihres Namens entsprechend ihrem neuen Rollenverständnis anzureden und anzuschreiben ist.[392] 174

Die „große Lösung" (§§ 8 ff. TSG) hat es erlaubt, unter demselben Prämissen wie § 1 TSG auf Antrag die Feststellung des Gerichts, dass die Person „als einem anderen Geschlecht zugehörig anzusehen ist". Dazu mussten die Voraussetzungen des § 1 I Nr. 1–3 TSG erfüllt 175

---

grundsätzlich zulässig (BGHSt. 20, 81), auch ohne Zustimmung des Ehegatten. Zur fehlgeschlagenen Sterilisation („Kind als Schaden") siehe BVerfG, NJW 1993, 1751; NJW 1998, 519; BGH, NJW 1995, 2409; sowie *Harrer*, Zivilrechtliche Haftung bei durchkreuzter Familienplanung. Zu Kostenübernahmefragen siehe *Ratzel*, in: HK-AKM, Nr. 4990, Rn. 17. Zur Kastration, also der völligen operativen Entfernung oder dauerhaften Ausschaltung der Keimdrüsen siehe *Ulsenheimer*, in: Laufs/Kern, Handbuch des Arztrechts, Rn. 1 ff. § 127. Zur Kastration zum Zwecke der Eindämmung eines abnormen Geschlechtstriebs siehe das KastrationsG vom 15.8.1969 (BGBl. I 1143) i. d. F. des Gesetzes vom 4.11.2016 (BGBl. I 2460).

[388] *Groß/Neuschaefer-Grube/Steinmetzer*, Transsexualität und Intersexualität, Medizinische, ethische, soziale und juristische Aspekte.

[389] *Koch*, MedR 1986, 172 (173); EGMR, NJW 2004, 2505 (2506). Der Wunsch nach Geschlechtsumwandlung kann vielerlei Ursachen haben, etwa psychotische Störungen, Unbehagen mit dem etablierten Geschlechtsverständnis oder Orientierungshilfe für die Ablehnung einer homosexuellen Orientierung, vgl. *Pichlo*, in: Groß/Neuschaefer-Grube/Steinmetzer, Transsexualität und Intersexualität, S. 121 f.

[390] Gesetz über die Änderung der Vornamen und die Feststellung der Geschlechtszugehörigkeit in besonderen Fällen (Transsexuellengesetz – TSG) vom 10.9.1980 (BGBl. I 1654) i. d. F. des Gesetzes vom 20.7.2017 (BGBl. I 2787). Dass TSG geht auf BVerfGE 49, 286 zurück. Das TSG dient danach dem Schutz der durch Art. 2 I GG in Verbindung mit Art. 1 I GG gewährleisteten engeren persönlichen Lebenssphäre, BVerfGE 88, 87 (97).

[391] Die in § 1 I Nr. 3 TSG enthaltene Altersgrenze (25. Lebensjahr) ist nichtig, BVerfGE 88, 87. Die „kleine Lösung" soll es dem Transsexuellen ermöglichen, schon vor einer geschlechtsumwandelnden Operation oder bei Verzicht auf diese in der entsprechenden Geschlechterrolle zu leben, ohne sich im Alltag Dritten und Behörden gegenüber offenbaren zu müssen, BVerfGE 88, 87 (98). Soweit § 1 I Nr. 1 TSG ausländische Transsexuelle, die sich rechtmäßig und nicht nur vorübergehend in Deutschland aufhalten, von der Antragstellung ausnimmt, ist die Vorschrift verfassungswidrig, BVerfGE 116, 243. Der Gesetzgeber hatte auftragsgemäß fristgerecht nachgebessert, vgl. ÄndG v. 20.7.2007 (BGBl. I S. 1566). Als nicht haltbar hat sich auch § 7 I Nr. 3 TSG erwiesen. § 7 I Nr. 3 TSG verletzt das von Art. 2 I iVm Art. 1 I GG geschützte Namensrecht eines homosexuell orientierten Transsexuellen sowie sein Recht auf Schutz seiner Intimsphäre, solange ihm eine rechtlich gesicherte Partnerschaft nicht ohne Verlust des geänderten, seinem empfundenen Geschlecht entsprechenden Vornamens eröffnet ist, BVerfGE 115, 1. Der Gesetzgeber hat dem durch Änderung des § 7 TSG Rechnung getragen, vgl. Gesetz vom 19.2.2007 (BGBl. I 122).

[392] BVerfG(K), NJW 1997, 1632. Der Fall betraf eine Person, die zu lebenslangem Freiheitsentzug in einer Männervollzugsstrafanstalt verurteilt worden war, sich als „Frau" verstand, und den Vornamen entsprechend § 1 TSG entsprechend geändert hatte, die aber in der Vollzugsanstalt weiter mit „Herr" angesprochen wurde. Die Anstaltsleitung hatte dabei den Standpunkt vertreten, nur der Vorname, aber nicht das Geschlecht sei geändert worden. Siehe dazu auch BVerf(K), NJW 2012, 600 – Herr Rosi (= Behördenanrede für eine vollständig als Frau – aber ohne Geschlechtsumwandlung – lebende Beschwerdeführerin).

sein. Darüber hinaus durfte die Person nicht verheiratet sein. Sie musste dauernd fortpflanzungsunfähig sein. Sie musste sich seitdem einen ihrer äußeren Geschlechtsmerkmale verändernden operativen Eingriff unterzogen haben „durch den eine deutliche Annäherung an das Erscheinungsbild des anderen Geschlechts erreicht worden ist" (§ 8 I Nr. 4 TSG). Nach Auffassung des BVerfG verstößt es jedoch gegen Art. 2 I, II iVm Art. 1 I GG, dass ein Transsexueller, der die Voraussetzungen des § 1 I Nr. 1–3 TSG erfüllt, zu rechtlichen Absicherung seiner gleichgeschlechtlichen Partnerschaft nur dann eine eingetragene Lebenspartnerschaft begründen kann, wenn er sich zuvor gemäß § 8 I Nr. 3, 4 TSG einem seine äußeren Geschlechtsmerkmale verändernden operativen Eingriff unterzogen hat sowie dauerhaft fortpflanzungsunfähig ist und aufgrund dessen personenstandsrechtlich im empfundenen und gelebten Geschlecht Anerkennung gefunden hat. § 8 I Nr. 3, 4 TSG sind infolgedessen bis zum Inkrafttreten einer gesetzlichen Neuregelung unanwendbar.[393]

176 Auch im Arbeitsleben tauchen gelegentlich Probleme auf. Gibt eine transsexuelle Person, deren Geschlechtsumwandlung nach §§ 8, 10 TSG noch nicht erfolgt ist, bei Einstellungsverhandlungen gegenüber ihrem Arbeitgeber ihr „wahres" Geschlecht ungefragt nicht an, so liegt darin keine arglistige Täuschung oder möglicherweise einen Anfechtungsgrund wegen Irrtums über eine verkehrswesentliche Eigenschaft der Person (§ 119 II BGB).[394] Transsexualität ist Krankheit im Sinne des SGB V. Operationskosten sind deshalb von der GKV zu übernehmen.[395]

3. Transplantationsgesetz

177 **a) Bedeutung.** Die Spende und die Entnahme von menschlichen Organen zum Zwecke der Übertragung auf andere Menschen wirft schwierige Fragen des Verfassungsrechts und des Rechts der Biomedizin auf. Der Gesetzgeber hat sich ihrer insbesondere im Gesetz über die Spende, Entnahme und Übertragung von Organen[396] aber auch in Art. 1 GewebeG,[397] der das TPG umfangreich ändert, angenommen.[398]

---

[393] BVerfGE 128, 109. Mit einer gesetzlichen Neuregelung ist derzeit nicht zu rechnen, BVerfG(K), NJW 2012, 600 – Herr Rosi.

[394] BAG, NZA 1991, 719 – ein Mann, der sich als Frau verstand, war als Arzthelferin eingestellt worden.
Zur Entlassung eines transsexuellen Grenzschutzbeamten siehe VGH München, NJW 1997, 1655. Der EuGH hat in der Entlassung einer transsexuellen Person wegen ihrer Transsexualität eine unzulässige Diskriminierung im Sinne von Art. 5 I Richtlinie 76/207 EGW des Rates vom 9.2.1976 (ABl. EG Nr. L 39, S. 40) gesehen, EuZW 1996, 398.

[395] LSG Baden-Württemberg, NJW 1982, 718; *Ulsenheimer*, in: L/K, Rn. 9 zu § 128; dort auch zur – möglicherweise – abweichenden Beurteilung im PKV-Bereich.

[396] Transplantationsgesetz – TPG i. d. F. der Bek. v. 4.9.2007 (BGBl. I S. 2206), zuletzt geändert durch Gesetz vom 18.7.2017 (BGBl. I 2757); s. a. das Gesetz zur Regelung der Entscheidungslösung im Transplantationsgesetz vom 12.7.2012 (BGBl. I 1504), in Kraft getreten am 1.11.2012. Zur massiven Kritik an dem das TPG ändernden GewebeG s. vor allem *Höfling*, JZ 2007, 481; *Heinemann/Löllgen*, PharmR 2007, 183. S. a. *Gutmann*, Für ein neues Transplantationsgesetz. *Höfling (Hrsg.)*, Die Regelung der Transplantationsmedizin in Deutschland; *Norba*, Rechtsfragen der Transplantationsmedizin aus deutscher und europäischer Sicht; *v. Winterfeldt*, Eine Bestandsaufnahme des Normierungsbedarfs zum Transplantationsgesetz. *Middel/Pühler/Lille/Vilmar* (Hrsg.), Normierungsbedarf des Transplantationsrechts, 2010; *Neft*, NZS 2010, 16 ff.; *ders.*, MedR 2013, 82; *Jasper*, DVBl. 2013, 151; *Kliemt*, Menschenwürde und Menschenrecht in der Transplantationsmedizin, in: Joerden/Hilgendorf/Thiele (Hrsg.), Menschenwürde und Medizin, 2013, 813 ff. Zur Transplantationsmedizin in Japan vgl. *Akiko Ichihara*, MedR 2012, 500. Zur türkischen Recht siehe *Levent Yücetin*, in: Lilie/Rosenau/Hakeri (Hrsg.), Die Organtransplantation – Rechtsfragen bei knappen medizinischen Ressourcen, S. 155 ff. Zum spanischen Recht siehe *Martorelli*, in: Lilie/Rosenau/Hakeri (Hrsg.), Die Organtransplantation – Rechtsfragen bei knappen medizinischen Ressourcen, S. 11 ff.

[397] GewebeG vom 20.7.2007 (BGBl. I 1574). Das GewebeG setzt die Richtlinie 2004/23/EG des Europäischen Parlaments und des Rates zur Festlegung von Qualitäts- und Sicherheitsstandards für die Spende, Beschaffung, Testung, Verarbeitung, Konservierung, Lagerung und Verteilung von menschlichen

b) Organbegriff. § 1a Nr. 1 TPG n. F. gibt nunmehr eine Begriffsbestimmung. Organe **178** sind, mit Ausnahme der Haut „alle aus verschiedenen Geweben[399] bestehenden differenzierten Teile des menschlichen Körpers, die in Bezug auf Struktur, Blutgefäßversorgung und Fähigkeit zum Vollzug physiologischer Funktionen eine funktionelle Einheit bilden, einschließlich der Organteile und einzelnen Gewebe eines Organs, die unter Aufrechterhaltung der Anforderungen an Struktur und Blutgefäßversorgung zum gleichen Zweck wie das ganze Organ im menschlichen Körper verwendet werden können, mit Ausnahme solcher Gewebe, die zur Herstellung von Arzneimitteln für neuartige Therapien im Sinne des § 4 Absatz 9 des Arzneimittelgesetzes bestimmt sind".

Wie §§ 8, 8a TPG zeigen, wird auch die Knochenmarkentnahme (anders als noch in § 1 II **179** TPG a. F.) vom TPG erfasst,[400] ebenso die Entnahme bei toten Embryonen und Föten (§ 4a TPG). Schließlich wird auch, anders als nach Altrecht, die Rückübertragung von entnommenem Gewebe auf den Spender vom TPG erfasst, es sei denn, sie erfolge in ein und demselben chirurgischen Eingriff („autologe Transplantation") (§ 1 II TPG).

c) Anwendungsbereich. Das TPG gilt für die Spende und die Entnahme von mensch- **180** lichen Organen und Geweben zum Zwecke der Übertragung sowie für die Übertragung der Organe oder der Gewebe einschließlich der Vorbereitung dieser Maßnahmen. Es gilt ferner für das Verbot des Handels mit menschlichen Organen oder Geweben (§§ 17, 18 TPG), vgl. § 1 TPG Unverändert bleiben Blut und Blutbestandteile vom TPG ausgeschlossen (§ 1 II TPG n. F.).[401] Unterschiedlich zu betrachten ist die allein forschungsbedingte Entnahme von Gewebe. Da das TPG an die Übertragung anknüpft, ist es auch in diesem Fall anwendbar.[402] Das gilt deshalb dann nicht, wenn keine Verwendung am menschlichen Körper beabsichtigt ist.[403] EschG und StZG bleiben im Übrigen unberührt (§ 22 TPG n. F.).

Geweben und Zellen vom 31.3.2004 (ABl. EG Nr. L 102 S. 48) („Geweberichtlinie") um. Geleitet ist die Geweberichtlinie von der Tatsache, dass „die Transplantation von menschlichen Geweben und Zellen… ein stark wachsender Sektor der Medizin (ist), der große Chancen für die Behandlung von bisher unheilbaren Erkrankungen bietet. Die Qualität und Sicherheit dieser Substanzen sollte gewährleistet werden, insbesondere zur Verhütung der Übertragung von Krankheiten" (Erwägungsgrund (1)).

[398] Siehe dazu *Kühn*, MedR 1998, 455; *Höfling* (Hrsg.), TPG; *Miserok/Sasse/Krüger*, Transplantationsrecht des Bundes und der Länder; *Clement*, TPG, in: HK-AKM, Nr. 5160; *Nickel/Schmid-/Preisigke/Sengler*, TPG; *Ulsenheimer*, Die zivilrechtliche Problematik der Organtransplantation, in: L/K, § 131; Ulsenheimer, Strafrechtliche Aspekte der Organtransplantation, in: L/K, § 142; *Deutsch/Spickhoff*, Rn. 870 ff.; *Rampfl-Platte*, Arzt und Krankenhaus S. 141; *Schroth/König/Gutmann/Oduncu*, TPG. Umfassend *Lipp*, in: Laufs/Katzenmeier/Lipp, Arztrecht Kap. VI Rn. 10 ff. Das TPG wird auf der Grundlage des § 16 TPG (siehe dazu → § 68 Rn. 148) ergänzt (u. a.) durch die Richtlinien der Bundesärztekammer zu Organtransplantationen gem. § 16 TPG i. d. F. vom 29.11.2012, DÄBl. 2012; 109 [45]: 2267-8. S. dazu *Hess*, Die rechtliche Einordnung der Transplantations-Richtlinie der Bundesärztekammer, in: FS f. Dahm, 2012, 231 ff. Es gibt weitere Richtlinien zu einzelnen Organbereichen.

[399] Zu den Anforderungen an Qualität und Sicherheit der Entnahme von Gewebe und deren Übertragung nach dem TPG siehe die TPG-Gewebeverordnung vom 26.3.2008 (BGBl. I 512), i. d. F. v. 7.7.2017 (BGBl. I 2842). Zur Transplantation komplexer Gewebe siehe *Pähler/Hübner*, MedR 2013, 11.

[400] *Heinemann/Löllgen*, PharmR 2007, 183 (184). Etwa 4000 Menschen erkranken jährlich in der Bundesrepublik Deutschland an Leukämie. Einer der wichtigsten Behandlungsmethoden (sie betrifft rund 30 % der Erkrankten) besteht in der Übertragung geeigneter Stammzellen, der sogenannten Knochenmarktransplantation. Da sie nur erfolgreich vorgenommen werden kann, wenn die Gewebemerkmale von Spender und Patient übereinstimmen, liegt das Hauptproblem darin, geeignete Spender zu finden. Dem dienen die Knochenmarkspenderdateien, deren Daten dann letztendlich im Zentralen Knochenmarkspenderregister für Deutschland (ZRKD) aufbewahrt werden.

[401] Siehe dazu das TFG.
[402] *König*, in: Schroth/König/Gutmann/Oduncu, TPG, § 1 Rn. 13.
[403] Erwägungsgrund 11 der Geweberichtlinie.

181   **d) Toter Spender. aa) Voraussetzungen.** Die Entnahme bei totem Spender.[404]
182   § 3 TPG erlaubt[405] die Entnahme von Organen, wenn
   „1. der Organspender in die Entnahme eingewilligt hat
   2. der Tod des Organspenders nach Regeln die den Stand der Erkenntnisse der medizinischen Wissenschaft entsprechen, festgestellt ist und
   3. der Eingriff durch einen Arzt vorgenommen wird".[406]

183   **bb) Todesbegriff.** Heftig umstritten ist die Frage, von welchem Todesbegriff auszugehen ist.[407] Es stehen sich – verfassungsrechtlich, das heißt in einer dem GG entnommenen Bewertung – zwei Auffassungen gegenüber: Die einen gehen von der Maßgeblichkeit des Hirntodes aus, die anderen nehmen den Herz-Kreislauf-Tod als finales Element. Das TPG hält den Herz-Kreislauf-Tod für die sichere Methode der Todesfeststellung, wenn es beim Nachweisverfahren des § 5 I 2 TPG im Gegensatz zu Hirntodfeststellung die entsprechende Feststellung durch nur einen Arzt genügen lässt. Grundsätzlich geht aber § 3 I Nr. 2 TPG vom Hirntodkonzept[408] aus. Das folgt indirekt aus § 3 II Nr. 2 TPG,[409] der die Organentnahme vor Eintritt des Hirntodes ausschließt.[410] Bestätigt wird das durch die Richtlinien der Bundesärztekammer zur „Feststellung des Hirntodes – Dritte Fortschreibung 1997" mit Ergänzungen gem. TPG.[411]

184   **e) Lebender Spender.** Die Organentnahme bei lebenden Organspendern.[412]

---

[404] Zu dem vom TPG nicht erfassten Bereich der Sektion, vgl. *Rixen,* in: Höfling (Hrsg.), Transplantationsgesetz Rn. 71 ff. zu § 1 TPG.

[405] Zur Unzulässigkeit der Entnahme siehe § 3 II TPG.

[406] Das GewebeG lässt die Entnahme von Geweben durch andere dafür qualifizierte Personen unter der Verantwortung und nach fachlicher Weisung eines Arztes zu, § 3 I 2 TPG.

[407] Siehe dazu vehement *Singer,* Tod und Leben, der vom Hirntod (der klassischen Annahme für den Eintritt des Todes) als einer (lediglich) „unklaren Fiktion" spricht, aaO, S. 40. Zur deutschen Diskussion siehe grundlegend *Höfling/Rixen,* Verfassungsfragen der Transplantationsmedizin („Die Festschreibung des Hirntodkonzepts im Begriffskostüm der Ganzheitsmedizin propagiert eine partikularisierte, eindimensionale Zerebralideologie", aaO, S. 114). Allgemein dazu siehe *Deutsch/Spickhoff,* Rn. 719 ff.; *Ulsenheimer,* in: L/K, Nr. 6, 7 zu § 131; ausführlich *Höfling/Rixen,* TPG, Rn. 7 ff. zu § 3 TPG; *Shewmon,* „Hirnstammtod", „Hirntod" und Tod: eine kritische Re-Evaluierung behaupteter Äquivalenz, in: Schweidler u. a., Menschenleben – Menschenwürde, 293; *Spittler,* Zur Kontroverse über den Hirntod, in: Schweidler u. a., Menschenleben – Menschenwürde, 317 ff., *Gdaniec,* Todesbegriff Palliativmedizin Sterbebegleitung, Sterbehilfe in: Ratajczak u. a. (Hrsg.) Ärztliche Behandlung an der Grenze des Lebens, 13; *Schmidt-Reckla,* MedR 2004, 672. Zur aktuellen Diskussion siehe *Stoecker,* Der Hirntod; *ders.,* ZfmE 2012, 99; *Schockenhoff,* ZfmE 2012, 117; *Denkhaus/Dabrock,* ZfmE 2012, 135; *Höfling,* ZfmE 2012, 163; *Oduncu,* Hirntod, in: Wittwer/Schäfer/Freuler (Hrsg.), Sterben und Tod, S. 98 ff.; *Sahm,* ZfmE 2012, 173. Höfling, Der Tod als Grenze des Schutzguts „Leben" im Grundrechtstatbestand des Art. 2 Abs. 2 Satz 1 GG, in: PS f. Stern, 2012, 1403; *Stoecker,* Menschenwürde und Hirntod, in: Joerden/Hilgendorf/Thiele (Hrsg.), Menschenwürde und Medizin, 2013, 875; *Höfling,* MedR 2013, 407; *Preis/Schneider,* NZS 2013, 281.

[408] Irreversibles totales Hirnversagen, siehe dazu die kritische Analyse aus medizinischer Perspektive bei *in der Schmitten,* in: Höfling (Hrsg.), TPG, Anhang zu § 3 TPG und Richtlinien der Bundesärztekammer, Kriterien des Hirntods – Dritte Fortschreibung 1997, DÄBl. 1997, A-957 (958): Der Hirntod wird definiert als Zustand der irreversibel erloschenen Gesamtfunktion des Großhirns, des Kleinhirns und des Hirnstamms. Dabei wird durch kontrollierte Beatmung die Herz- und Kreislauffunktion noch künstlich aufrechterhalten; *Stoecker,* Menschenwürde und Hirntod, in: Joerden/Hilgendorf/Thiele (Hrsg.), Menschenwürde und Medizin, 2013, 875; *Höfling,* MedR 2013, 407; *Preis/Schneider,* NZS 2013, 281; *Höfling,* Hirntodkonzept und sog. postmortale Organspende, in: Jahn u. a. (Hrsg.), Medzinrecht, 2015, 15 ff.

[409] *Höfling/Rixen,* in: Höfling (Hrsg.), TPG, Rn. 11 zu § 3 TPG.

[410] Das liegt auch im Sinne der Entstehungsgeschichte, vgl. *Rixen,* Lebensschutz am Lebensende, 386.

[411] DÄBl. 1998, A-1861.

[412] S. dazu *Fateh-Mojhadam u. a.,* MedR 2004, 19 ff.; 82 ff. Zu den medizinischen Risiken für den Spender s. *Glannon,* J Med Ethics 34 (2008), 127; *Cronin,* J Med Ethics 34 (2008), 129 ff. Zur Lebendspende siehe *Hamza/Fernara,* S. 97 ff.; *Schroth,* S. 117 ff., beide in: Lilie/Rosenau/Hakeri (Hrsg.), Die Organtransplantation – Rechtsfragen bei knappen medizinischen Ressourcen.

aa) Voraussetzungen. Nach § 8 I TPG ist die Entnahme von Organen oder Geweben zum Zweck der Übertragung auf andere bei einer lebenden Person, soweit in § 8a TPG nichts Abweichendes bestimmt ist,[413] nur zulässig, wenn

„1. die Person
   a) volljährig und einwendungsfähig ist,
   b) nach Absatz 2 Satz 1 aufgeklärt worden ist und in die Entnahme eingewilligt hat,[414]
   c) nach ärztlicher Beurteilung als Spender geeignet ist und voraussichtlich nicht über das Operationsrisiko hinaus gefährdet oder über die unmittelbaren Folgen der Entnahme hinaus gesundheitlich schwer beeinträchtigt wird,
2. die Übertragung des Organs auf den vorgesehenen Empfänger nach ärztlicher Beurteilung geeignet ist, das Leben dieses Menschen zu erhalten oder bei ihm eine schwerwiegende Krankheit zu heilen, ihre Verschlimmerung zu verhüten oder ihre Beschwerden zu lindern,
3. ein geeignetes Organ eines Spenders nach § 3 oder § 4 im Zeitpunkt der Organentnahme nicht zur Verfügung steht und
4. der Eingriff durch einen Arzt vorgenommen wird".[415]

bb) Cross-Over-Spende. Besondere Probleme ergeben sich bei § 8 I 2 TPG. Wann besteht im Verhältnis zum Spender eine „offenkundige besondere persönliche Verbundenheit"?[416] Umstritten ist vor allem die sog. Cross-Over-Spende, bei der bei zwei Personen jeweils ein Partner als Spender und einer als Empfänger fungiert. Meist liegen dem Ringtausch Verfahren zu Grunde, die vom Wortlaut des § 8 I 2 TPG nicht erfasst werden.[417] Auf Grund der restriktiven Tendenz des TPG[418] muss man zu dem Ergebnis kommen, dass die Cross-Over-Spende im Regelfall gegen § 8 I 2 TPG verstößt.[419]

Das BVerfG hat in einer (nicht bindenden) Kammerentscheidung § 8 I 2 TPG für verfassungsgemäß gehalten.[420] Die Vorschrift sei bestimmt genug, es ergebe sich aus ihr, dass zwischen den besonders persönlich verbundenen Personen „ein Assozietätsgrad in

---

[413] Zur Entnahme einer Niere, des Teils einer Leber oder anderer nicht regenerierungsfähiger Organe siehe § 8 II 2 TPG.

[414] Zu Einzelheiten des informed consent siehe § 8 II TPG und allgemein → § 13 Rn. 82 ff. S. im Übrigen *Kubella*, Das Aufklärungsgespräch bei der Lebendorganspende aus haftungsrechtlicher Sicht, in: FS f. Dahm, 2017, 297.

[415] Zu weiteren Voraussetzungen (Nachbehandlung, gutachterliche Stellungnahmen) siehe § 8 III TPG und die Nachweise zum ergänzenden Landesrecht bei *Miserok/Sasse/Krüger*, TPG, Anh. B. Zur Lebendspendekommission s. *Teubner*, Aufgaben und Umfang der Tätigkeit der Lebendspendekommission nach § 8 Abs. 3 TPG; zu den Gebühren für die Inanspruchnahme der Kommission vgl. OLG Lüneburg, MedR 2007, 294.

[416] Siehe dazu *Eser*, in: Höfling (Hrsg.), TPG, Rn. 81 ff. zu § 8 TPG.

[417] Siehe dazu die Fallkonstellation bei *Ulsenheimer*, in: L/K, Rn. 15 zu § 131.

[418] Zur Entstehungsgeschichte siehe BT-Drs. 13/4355, S. 20 f.; (auch abgedruckt bei *Miserok/Sasse/Krüger*, TPG, A-TPG-Amtliche Begründung); BT-Drs. 13/8017, S. 42.

[419] Wie hier *Kühn*, MedR 1998, 455 (458); Seidenath, MedR 1998, 253 (255 f.); *Dufková*, MedR 2000, 408 (412); *Esser*, in: Höfling (Hrsg.), TPG, Rn. 85 zu § 8 TPG; aA, *Schroth*, MedR 1989, 67 f.; *Nickel/Schmidt-Preisigke/Sengler*, TPG, Rn. 20 ff. zu § 8 TPG. Siehe dazu auch *Besold/Rittner*, MedR 2005, 502; *Bachmann/Bachmann*, MedR 2007, 94. Verstöße gegen § 1 I 2 TPG sind strafbewehrt, § 19 II TPG. Im Übrigen sind gerade bei der Cross-Over-Spende die Vorschriften über den Organhandel (§§ 17, 18 TPG) zu beachten. Die Cross-Over-Spende zwischen zwei Ehepaaren stellt grundsätzlich keinen verbotenen Organhandel im Sinne von § 17 TPG dar. Sie ist nach § 8 I 2 TPG allerdings nur dann zulässig, wenn eine hinreichende gefestigte und intensive Beziehung zwischen dem jeweiligen Organspender und -empfänger für den im Vorfeld der Operation tätigen Psychologen oder Arzt eindeutig feststellbar ist. BSG, GesR 2004, 201. § 8 I 2 TPG verbietet auch die anonyme fremdgerichtete Lebendspende; s. dazu *Neft*, NZS 2004, 519.

[420] BVerfG(K), NJW 1999, 3399 und dazu *Gutmann*, NJW 1999, 3387; *Rixen*, NJW 1999, 3389; *Eser*, in: Höfling (Hrsg.), TPG, Rn. 89 ff. zu § 8 TPG.

äußerer und innerer Hinsicht bestehen muss, bei dem sich – wie etwa bei Verwandten – typischerweise die Vermutung aufstellen lässt, dass der Entschluss zur Organspende ohne äußeren Zwang und frei von finanziellen Erwägungen getroffen worden ist".[421] Zwar liege in der von § 8 I 2 TPG vorgenommenen Begrenzung bei der Spenderauswahl ein Eingriff in Art. 2 II 1 GG. Dieser Eingriff sei aber gerechtfertigt, weil die vom Gesetzgeber genannten Ziele – Vorrang der postmortalen Organentnahme, Sicherstellung der Freiwilligkeit, Vorbeugung gegen Organhandel – auf vernünftigen Gründen des Allgemeinwohls beruhten.[422]

188 **f) Kostenerstattung.** Für die GKV gilt, dass sämtliche im Zusammenhang mit der Transplantation beim Spender entstehenden Aufwendungen als Vor- und Nebenleistungen zu der dem Organempfänger zu gewährenden Krankenhilfe gehören. Sie sind von der Krankenkasse zu tragen.[423]

189 Für privatversicherte Organempfänger wird die Kostenerstattung durch die trägerabhängigen Versicherungsverträge bestimmt. Die PKV hat sich jedoch mit Schreiben vom 9.2.2012 verpflichtet, für die Zeit der Arbeitsunfähigkeit Verdienstausfall des Organlebendspenders ohne Beschränkung auf bestimmte Höchstsätze zu erstatten.[424]

190 Im Arbeitsrecht gilt nunmehr § 3a I 1 EFZG i. d. F. des TPG 2012.[425] Ist ein Arbeitnehmer durch Arbeitsunfähigkeit infolge der Spende von Organen oder Gewebe, die nach §§ 8, 8a TPG erfolgt ist, an seiner Arbeitsleistung verhindert, hat er Anspruch auf Entgeltfortzahlung durch den Arbeitgeber[426] für die Zeit der Arbeitsunfähigkeit bis zur Dauer von sechs Wochen.[427]

191 **g) Verfahrensregeln.** Das TPG enthält eine Vielzahl von Verfahrensregelungen (§§ 9 ff. TPG).[428]

192 **aa) Entnahme und Übertragung.** Die Entnahme von Organen bei verstorbenen Spendern darf nur in Entnahmekrankenhäusern nach § 9a TPG durchgeführt werden (§ 9 I TPG).

193 Die Übertragung von Organen verstorbener Spender darf nur in Transplantationszentren nach § 10 TPG durchgeführt werden (§ 9 II 1 TPG).

194 Die Entnahme und Übertragung von Organen lebender Spender darf ebenfalls nur in Transplantationszentren nach § 10 TPG vorgenommen werden (§ 9 II 1 TPG).

195 **bb) Entnahmekrankenhäuser.** Entnahmekrankenhäuser sind die nach § 108 SGB V oder nach anderen gesetzlichen Bestimmungen zugelassenen Krankenhäuser, soweit sie nach ihrer räumlichen und personellen Ausstattung geeignet sind, Organentnahmen durchzuführen (§ 9a I TPG). Ihnen obliegen in diesem Zusammenhang entsprechende Pflichten (§ 9 II TPG). Sie haben außerdem mindestens einen geeigneten Transplantationsbeauftragten zu

---

[421] BVerfG(K), NJW 1999, 3399 (3400).
[422] BVerfG(K), NJW 1999, 3399 (3401). Im Ergebnis ebenso BSGE 92, 19.
[423] BSGE 35, 102; 79, 53 (54). Das ist jetzt gesetzlich geregelt, vgl. § 27 Ia, § 44a SGB V i. d. F. des TPG 2012. Siehe dazu *Neft*, NZS 2011, 566 (567).
[424] BT-Drs. 17/9773 S. 51; *Neft*, NZS 2011, 566 (568). Siehe dazu auch § 192 I Nr. 2 SGB V i. d. F. des TPG 2012.
[425] In Kraft getreten zum 1.8.2012. Zur Unfallversicherung vgl. *Neft*, NZS 2011, 566 (568f).
[426] Zur Rückerstattung durch die Krankenkassen siehe § 3a II EFTG.
[427] *Knorr*, NZA, 2012, 1132.
[428] Sie sind durch das ÄndG vom 21.7.2012 (BGBl. I 1601) umfassend neu geregelt worden. Siehe dazu jetzt auch die Durchführungsrichtlinie der Europäischen Kommission und des Rates vom 9.10.2012 zur Festlegung von Informationsverfahren für den Austausch von zur Transplantation bestimmten Organen zwischen den Mitgliedsstaaten, ABl. L 275 S. 27. Zu den Anforderungen an die Organ- und Spendencharakterisierung sowie an die Meldung schwerwiegender Zwischenfälle und schwerwiegender Reaktionen siehe die auf den Ermächtigungen in §§ 10a, 13 IV TPG, § 54 AMG beruhende TPG-OrganV vom 11.2.2013 (BGBl. I 188).

§ 68 Einzelfelder der Biomedizin 1027

bestellen (§ 9b I TPG). Seine Aufgaben ergeben sich aus § 9b II TPG. Das Nähere wird durch Landesrecht geregelt (§ 9b III TPG).

Transplantationszentren sind für die Organtransplantation zugelassene Krankenhäuser 196 oder deren Einrichtungen (§ 10 I TPG). Ihre Pflichten ergeben sich aus § 10 II TPG. Zu ihnen gehört u. a. die Führung von Wartelisten[429] sowie die Einhaltung der Regeln der Koordinierungsstelle[430] und der Vermittlungsstelle.[431]

cc) **Koordinierungsstelle.** Die Koordinierungsstelle ist eine vom SpiBuK, der BÄK und 197 der DKG (oder der Bundesverbände der Krankenhausträger gemeinsam) errichtete und beauftragte Einrichtung zur Organisation der „gemeinschaftlichen Aufgabe der Transplantationszentren und Entnahmekrankenhäuser in regionaler Zusammenarbeit" (§ 11 I 1 TPG).[432] Das TPG hat dazu in § 11 ein umfassendes Zuständigkeits- und Überwachungssystem installiert.

dd) **Vermittlungsstelle.** Besondere Bedeutung kommt der nach § 12 I TPG errichteten 198 Vermittlungsstelle zu.[433] Sie musste Gewähr dafür bieten, dass die Organvermittlung nach den Vorschriften des TPG erfolgt (§ 12 I 2 TPG). Die Einzelheiten sind durch Vertrag geregelt (§ 12 IV TPG).

ee) **Anlaufstelle Transplantationsmedizin.** Einige Unregelmäßigkeiten bei der Vermitt- 199 lung von Spenderorganen – sie sind unvermeidlich, immer dann, wenn etwas zu verteilen ist – haben den üblichen Handlungsbedarf geweckt. Die DKG, der SpiBuK und die BÄK haben (unter der Leitung der ehemaligen Vorsitzenden Richterin am BGH Ruth Rissing-van Saan) eine Anlaufstelle Transplantationsmedizin gegründet. Bei ihr sollen – auch anonym – Meldungen über Auffälligkeiten und Verstöße gegen das Transplantationsrecht eingereicht werden können. Solche Hinweise werden dann zur Klärung an die zuständigen Organisationen weitergeleitet. (S. dazu auch Rn. 149 mit Fn. 360).

ff) **Aufklärung der Bevölkerung.** Es fehlt an Organen. Das Aufkommen ist rückläufig. 200 Eines der zentralen Ziele des TPG ist deshalb die Aufklärung der Bevölkerung. Zuständig dafür ist eine Vielzahl von Stellen (§ 2i 1 TPG). Gegenstand der Aufklärung ist die Information über die Möglichkeiten bei Organ- und Gewebespenden, die Voraussetzungen der Organ- und Gewebeentnahme und die Bedeutung der Organ- und Gewebeübertragung (§ 2 I 1 TPG n. F.). Zu diesem Zweck sollen Organ- und Gewebespendeausweise zusammen mit geeigneten Aufklärungsunterlagen bereitgehalten werden (§ 2i 2 TPG). Diese Unterlagen sollen die Krankenkassen und die privaten Krankenversicherungsunternehmen den Versicherten, die das 16. Lebensjahr vollendet haben, zur Verfügung stellen, mit der Bitte, eine Erklärung zur Organ- und Gewebespende abzugeben (§ 2 I 3 TPG). Wer eine Erklärung abgibt, kann in die Organ- und Gewebeentnahme nach § 3 TPG einwilligen,[434] ihr widersprechen oder die Entscheidung einer namentlich benannten Person seines Vertrauens übertragen (§ 2 II 1 TPG).

---

[429] → § 68 Rn. 147 ff.
[430] → § 68 Rn. 143.
[431] → § 68 Rn. 145.
[432] Die Deutsche Stiftung Organtransplantation, siehe dazu *Zuck*, GesR 2006, 244. Die von der Koordinierungsstelle beauftragte Person stellt unter ärztlicher Beratung und Anleitung sicher, dass die Organe für eine Übertragungsstelle nur freigegeben werden, wenn nach ärztlicher Beurteilung die Organ- und Spendercharakteristik nach dem Stand der medizinischen Wissenschaft und Technik ergeben hat, dass das Organ für die Übertragung geeignet ist (§ 10a I 1 TPG n. F.).
[433] *Stichting*, Eurotransplant International Foundation, Leiden.
[434] Die Einwilligungskomponente, die das gesamte Transplantationsrecht durchzieht, meint immer eine ausdrückliche Einwilligung. Schweigen genügt nicht, vgl. *Walter*, in: Spickhoff, Medizinrecht, Nr. 700 TPG vor § 3 Rn. 1. Das schließt die „reine" Widerspruchslösung aus, siehe dazu *Lilie*, S. 55 ff.; *Rosenaus*, S. 61 ff., beide, in: Lilie/Rosenaus/Hakeri (Hrsg.), Die Organtransplantation – Rechtsfragen bei knappen medizinischen Ressourcen.

201   gg) **Organhandel.** Der Organhandel ist grundsätzlich verboten (§ 17 I 1 TPG),[435] zu Recht, um Auswüchse zu vermeiden, wie sie sich im Ausland mit der Organzüchtung durch Zeugung von Kindern, die nach „Reifung" zur Organausschlachtung zur Verfügung stehen sollen und durch die Ausnutzung von Notlagen der Bevölkerung in Ländern der Dritten Welt mit der Anstiftung zum Organverkauf entwickelt haben.

202   hh) **Nebenpflichten.** Das TPG enthält außerdem eine Vielzahl von Melde-, Informations-, Dokumentations- und Datenschutzpflichten, z. T. nach Maßgabe des GewebeG.[436]

203   ii) **Probleme der Warteliste.** Besonders umstritten und durch aktuelle Vorgänge ins Gerede gekommen, sind die mit Wartelisten verbundenen Probleme der gerechten Organzuteilung und Rechtsschutzfragen.

204   (1) **Warteliste.** Die Warteliste eröffnet den Zugang zum Organverteilungsverfahren. Wer nicht in die Warteliste aufgenommen ist, kann kein Organ bekommen. Es liegt auf der Hand, dass die Warteliste über die mit ihr verbundene Patientenauswahl schon eine erste Allokationsentscheidung trifft.[437] Das für die Aufnahme in die Warteliste maßgebliche Kriterium der „Erkenntnisse der medizinischen Wissenschaft", insbesondere „nach Notwendigkeit und Erfolgsaussicht einer Organübertragung"[438] bemisst sich nach den Richtlinien der Bundesärztekammer zu § 16 TPG.[439] Ihre rechtliche Bedeutung ist umstritten.[440] Konsequenzen hat diese Kritik nicht gehabt. Das GewebeG hat § 16 TPG inhaltlich unberührt gelassen, im Übrigen aber die Richtlinienkompetenzen der BÄK (in Ergänzung der AnforderungsVO des § 16a TPG n. F.) noch erweitert (§ 16b TPG). Unverändert bleibt es dabei, dass die Allokationsproblematik auch im Zusammenhang mit den Wartelisten nicht in rechtsstaatlich befriedi-

---

[435] Siehe dazu *Schroth,* JZ 1997, 1149 ff.; *König,* MedR. 2005, 22; *Beckmann,* ZfmE 2012, 149.

[436] Siehe dazu Abschnitt 5 des TPG.

[437] *Seiter/Hauss/Schubert,* in: Dierks/Neuhauss/Wienke (Hrsg.), Die Allokation von Spenderorganen, 13 (18); *Conrads,* Rechtliche Grundsätze der Organallokation, 41; *Norba,* Rechtsfragen der Transplantationsmedizin aus deutscher und europäischer Sicht, s. 166 ff.; *Bader,* Organmangel und Organverteilung, 2010.

[438] Zu abweichenden Vorsorgekriterien vgl. Feuerstein, Das Transplantationssystem, 223 ff.; *Bickeböller,* Grundzüge einer Ethik der Nierentransplantation, 485 ff.; *Weibl,* Gerechtigkeitsfragen in der Transplantationsmedizin, in: Köcheler (Hrsg.), Transplantationsmedizin und personale Identität, 39 (47 ff.); *Kersting,* Egalitäre Grundversorgung und Rationalisierungsethik, Überlegungen zu den Problemen und Prinzipien einer gerechten Gesundheitsversorgung, in: ders. Kritik der Gleichheit, 143 ff. Als allgemeine Vorgaben für die Transplantation formulieren die Richtlinien der Bundesärztekammer zu § 16 TPG: „Ausschlaggebend für die Aufnahme in die Warteliste ist der voraussichtliche Erfolg einer Transplantation. Kriterien des Erfolgs einer Transplantation sind das Überleben des Empfängers, die längerfristig gesicherte Transplantationsfunktion sowie die verbesserte Lebensqualität". Mit der „längerfristig gesicherten Transplantationsfunktion" wird ein missverständliches Kriterium eingeführt. Das Kriterium kann sich auf das Transplantat selbst beziehen und auf Überlebenschancen des Empfängers (was unter Umständen eine Altersbewertung erforderlich macht); siehe dazu kritisch Lang, in: Höfling (Hrsg.), Transplantationsgesetz, Nr. 50 zu § 10 TPG. Bei knappen Ressourcen muss das Alter aber eine zulässiges Verteilungskriterium sein. Echte Altersgrenzen kann aber nur der parlamentarische Gesetzgeber setzen.

[439] Richtlinien der Bundesärztekammer zur Organtransplantation gem. § 16 TPG (Nierentransplantation, Pankreastranzplantation, Lebertransplantation, Herztransplantation, Lungentransplantation).

[440] Siehe dazu *Deutsch,* NJW 1998, 777 (780); *Schmidt-Aßmann,* Grundrechtspositionen und Legitimationsfragen im öffentlichen Gesundheitwesen, 103 ff.; *Taupitz,* NJW 2003, 1145. Ausführlich zu den verfassungsrechtlichen Bedenken *Höfling,* in: ders. (Hrsg.) TPG, Rn. 16 ff. zu § 16 TPG; *Schreiber,* Richtlinien und Regeln für die Organallokation, in: Dierks/Neuhaus/Wienke (Hrsg.), Die Allokation von Spenderorganen, 65 (68 f.); *Gutmann/Land,* Ethische und rechtliche Fragen der Organverteilung, in: Seelmann/Brudermüller (Hrsg.), Organtransplantation, 87 ff.; *Gutmann/Fateh-Moghadam,* Rechtsfragen der Organverteilung, in: Gutmann/Fateh-Moghadam, Grundlagen einer gerechten Organverteilung, 37 ff. (51 ff.); *Taupitz,* NJW 2003, 1145 (Richtlinien nach § 16 TPG, keine „echten" Richtlinien, aber mit verfahrensrechtlicher Wirkung, aaO, S. 1150).

gender Weise gelöst ist:⁴⁴¹ Die BÄK formuliert die materiellen Entscheidungsregeln in unzulässiger Weise selbst.⁴⁴²

(2) Gerechte Organzuteilung. Bei knappen Ressourcen – in Deutschland warten mehr als 10 000 Menschen auf eine Organzuteilung⁴⁴³ – ist die Frage der Verteilungsgerechtigkeit von ausschlaggebender Bedeutung.⁴⁴⁴ Zwar wird von der Politik – angesichts sinkender Spenderzahlen – eine Förderung der Organspende gefordert. Das GewebeG hat die Situation aber eher noch weiter verschlechtert, weil Gewebetransplantationen aufgrund § 17 I 1 Nr. 2 TPG n. F. nicht dem Organhandelsverbot unterliegen. Das hat die Befürchtung hervorgerufen, Organtransplantationen könnten in Zukunft deshalb unterbleiben, weil die gewerbliche Nutzung von Gewebeteilen der Organe gewinnbringender sei.⁴⁴⁵ Die Problematik wird zusätzlich durch den Umstand beeinflusst, dass die Verteilung über Eurotransplant wegen unterschiedlicher nationaler Vorgaben auf keinen einheitlichen Kriterien mehr beruht;⁴⁴⁶ dem wiederum liegt die Tatsache zu Grunde, dass die scheinbar objektiven medizinischen Kriterien in Wahrheit mit einer Vielzahl von Wertungsfragen durchsetzt sind.⁴⁴⁷ Das wirft ungeklärte, und wohl auch unlösbare Fragen auf.⁴⁴⁸ Man kann sicherlich jedem dafür in Betracht kommenden Patienten einen Teilhabeanspruch aus Art. 2 II GG i. V. mit Art. 3 I GG an der vorhandenen Transplantationskapazität zubilligen und hinzufügen, das Leben eines jeden Menschen habe immer gleichen Rang. Zugleich muss man dann aber den Bankrott dieser These einräumen, weil sie entweder sich also bloße Verfassungsrethorik decouvriert oder das Problem lediglich hinwegeskamotiert wenn man den Staat vor eine nicht zu leistende Aufgabe stellt, für ein ständig ausreichendes Organspendepotenzial zu sorgen. Solange es um die Verwaltung eines Mangels geht (angesichts der Fortschritte der Medizin wird er zunehmen) und solange eine Patientenseketion erforderlich ist,⁴⁴⁹ wird eine Auswahl nach Kriterien getroffen werden müssen, die die Gleichrangigkeit des jeweils zu schützendes Lebens aufhebt. Und solange die Ressourcen nicht ausreichen, läuft ein allgemeiner Teilhabeanspruch leer. Eine allgemein verbindliche Festlegung für die Auswahlentscheidung, die ja in der Regel immer dann getroffen werden muss, wenn Notwendigkeit und Erfolgsaussichten der Transplantation mit, was das rein Medizinische angeht, gleichem Gewicht bejaht worden sind, wird sich nicht finden lassen. Der parlamentarische Gesetzgeber, der diese Entscheidung nicht der Bundesärztekammer überlassen darf, muss in nachvollziehbarer Weise entscheiden, welche Vorstellung von Verteilungsgerechtigkeit er hat. Er löst diese schwierige Aufgabe bei dem das Sozialversicherungssystem beherrschenden Prinzip des sozialen Ausgleichs ohne Unterlass. Der parlamentarische Gesetz-

---

⁴⁴¹ *Lang*, MedR 2005, 269 (274); *Zuck*, GesR 2006, 244; *Parzeller/Henze*, ZRP 2006, 176; *Höfling*, JZ 2007, 481 (483).

⁴⁴² *Höfling*, JZ 2007, 481 (484).

⁴⁴³ S. dazu auch *H. Schmidt*, Die Organverteilung nach dem TPG, in: Gutmann u. a., Grundlagen einer gerechten Organverteilung, 9 (10); Bader, Organmangel und Organverteilung, 2010.

⁴⁴⁴ S. dazu *Kersting*, Egalitäre Grundversorgung und Rationalisierungsethik. Überlegungen zu den Problemen und Prinzipien einer gerechten Gesundheitsversorgung, in: ders. Kritik der Gleichheit, 143 ff.; *Gutmann u. a.*, Grundlagen einer gerechten Organverteilung.

⁴⁴⁵ Z. B.: Herzklappentransplantation anstelle einer Herztransplantation, siehe dazu *Heinmann/Löllgen*, PharmR 2007, 183 (189).

⁴⁴⁶ Eurotransplant, die nach Maßgabe von § 12 TPG tätige Vermittlungsstelle ist eine Stiftung niederländischen Rechts, s. o. § 68 Rn. 143.

⁴⁴⁷ S. dazu *Schmidt*, Die Organverteilung nach dem TPG: Einige Neuerungen, in: Gutmann u. a., Grundlagen einer gerechten Organverteilung, 9 (31 f.); *Lang*, in: Höfling (Hrsg.), TPG, Rn. 28 ff. zu § 10 TPG. *Höfling*, JZ 2007, 481 (484 f.); *Zuck*, GesR 2006, 244.

⁴⁴⁸ S. dazu umfassend *Gutmann/Fateh-Moghadam*, Rechtsfragen der Organverteilung, in: Gutmann u. a., Grundlagen einer gerechten Organverteilung, 60 f.; *Kersting*, Egalitäre Grundversorgung und Rationalisierungsethik. Überlegungen zu den Problemen und Prinzipien einer gerechten Gesundheitsversorgung, in: ders. Kritik der Gleichheit, 143 ff.

⁴⁴⁹ Auch wenn die Verwendung des Wortes „Selektion" nicht der political correctness entspricht, trifft es die Sache genau.

geber wäre infolgedessen weder gehindert, Altersgrenzen einzuführen, noch daran, selbst verschuldete Behandlungsnotwendigkeiten[450] negativ zu berücksichtigen.

206   **(3) Rechtsschutzprobleme**[451]. Insbesondere die Aufnahme in die Warteliste erweist sich als rechtsschutzrelevant. Es geht dabei um die Auswahlentscheidung bei der Aufnahme in die Liste, die Listenplatzierung und die Organverteilung auf „gelistete" Patienten.

207   In der Regel sind Transplantationszentren an Universitätskliniken eingerichtet.[452] Diese werden, auch soweit ihre Rechtsform in den letzten Jahren geändert worden ist[453] durchweg als öffentlich-rechtliche Einrichtungen geführt. Selbst wenn man davon ausgeht, ihnen stünde ein Wahlrecht für das Benutzungsverhältnis zu, wie das in früheren Entscheidungen des BVerwG zum Ausdruck gekommen ist,[454] würden sich daraus keine praktischen Konsequenzen ergeben. Auch Universitätskliniken haben inzwischen ihre Behandlungsverhältnisse, insbesondere den Krankenhausaufnahmevertrag, soweit es sich um Privatpatienten handelt, ohne Ausnahme zivilrechtlich ausgestaltet.[455] Es kommt also insoweit nicht darauf an, ob der Träger des Transplantationszentrums öffentlich-rechtlich oder privat-rechtlich organisiert ist: Der Krankenhausaufnahmevertrag ist immer dem Zivilrecht zugeordnet. Alle die Warteliste betreffenden Entscheidungen werden im Übrigen im Zusammenhang mit der Behandlung des Patienten getroffen, stehen also in untrennbarem Zusammenhang mit der Aufnahme des Patienten in das Krankenhaus.[456] Die sich daraus für den Rechtsschutz ergebenden Konsequenzen sind eindeutig. Für Privatpatienten ist allein der Zivilrechtsweg eröffnet.

208   Da nach dem hier vertretenen Standpunkt sozialversicherte Patienten in allen Behandlungsfällen eine öffentlich-rechtliche Vereinbarung treffen[457] ist für diese der Sozialrechtsweg eröffnet. In beiden Fällen, sowohl für Privatpatienten als auch für GKV-Versicherte ist die Klage gegen den jeweiligen Krankenhausträger zu richten.[458] Vorläufiger Rechtsschutz erscheint denkbar.[459]

209   Die Listenplatzierung ist für den Patienten existenziell. Die durchschnittliche Wartezeit für eine Nierentransplantation hat im Jahr 1996 sechs Jahre betragen.[460] In der Zeit von 1994

---

[450] Das ist inzwischen ein allgemeines rechtspolitisches Thema der Zurverfügungstellung von Leistungen in der GKV.

[451] *Lang,* VSSR 2002, 21 (31 ff.); *Schmidt-Aßmann,* Grundrechtspositionen und Legitimationsfragen im öffentlichen Gesundheitswesen, 1108 ff.; *ders.,* NVwZ, Beiheft 12/2001, 59 ff.; *Lang,* in: Höfling (Hrsg.), Transplantationsgesetz, Rn. 70 ff. zu § 10 TPG; *Zuck,* GesR 2006, 244 (248 f.).

[452] *Lang,* in: Höfling (Hsg.), Transplantationsgesetz, Rn. 80, 85 zu § 10 TPG; *Sasse,* in: Miserok/Sasse/Krüger, Transplantationsrecht des Bundes und der Länder, Rn. 6 zu § 10 TPG.

[453] S. dazu allgemein → § 24 Rn. 51, 61.

[454] *Lang,* in Höfling (Hrsg.) Transplantationsgesetz, Rn. 81 zu § 10 TPG.

[455] → § 14 Rn. 11.

[456] Zust. – in diesem Punkt – *Lang,* in: Höfling, (Hrsg.) TPG, Rn. 86 zu § 10 TPG.

[457] → § 8 Rn. 55, s. aber → § 13 Rn. 2 ff.; → § 16 Rn. 4, 23. Wie hier ausdrücklich: BSGE 59, 172 (177): „Maßgebliche Rechtsgrundlage für die stattfindende Behandlung ist … nicht eine zwischen dem Patienten und dem Arzt geschlossene (privatrechtliche) Vereinbarung, sondern die (öffentlich-rechtliche) gesetzliche Regelung über die kassenärztliche Versorgung"; *Schnapp/Düring,* NJW 1989, 2913 (2916 f.); *Wigge,* in: Schnapp/Wigge, Rn. 55 zu § 2. Abweichend *Peter,* Das Recht auf Einsicht in Krankenunterlagen, 46 ff. mit umfangreichen Nachweisen.

[458] *Lang,* in: Höfling (Hrsg.) TPG, Rn. 111 zu § 10 TPG. Die Klage scheitert nicht am Beurteilungsspielraum des Transplantationszentrums (siehe dazu *Schmidt-Aßmann,* Grundrechtspositionen und Legitimationsfragen im öffentlichen Gesundheitswesen, 99 ff.; *Lang,* in: Höfling (Hrsg.), TPG, Rn. 134 f. zu § 10 TPG. Soweit sich das Transplantationszentrum allerdings auf eine reine medizinische Entscheidung zurückziehen kann, ändert das an der Beurteilung nichts. Medizinische Fragen sind dem Sachverständigenbeweis zugänglich.

[459] Ein solcher Antrag ist schon vor Klageerhebung zulässig, § 86b III SGG. Zur Notwendigkeit vorläufigen Rechtsschutzes bei „schweren und unzumutbaren Nachteilen" siehe BVerfG(K), NJW 2003, 1236 (1237) – off-Label-Use.

[460] Antwort der Bundesregierung auf eine Kleine Anfrage, BT-Drs. 14/4655, S. 6.

§ 68 Einzelfelder der Biomedizin

bis 1999 sind 2122 Personen auf der Warteliste verstorben.[461] Die Listenplatzierung richtet sich nach Dringlichkeit und Erfolgsaussicht (§ 12 III TPG).[462] Ob die grundsätzlich zulässige Platzierungsklage wirklich mit Aussicht auf Erfolg geführt werden kann, erscheint aus praktischen Gründen fraglich.[463]

Soweit eine die medizinische Beurteilung überschießende Tendenz bei der Auswahlentscheidung offen ausgewiesen oder plausibel erkennbar wird, soweit also nicht medizinische Kriterien wie Alter des Patienten oder Compliance[464] die Entscheidung maßgeblich beeinflussen, sind die getroffenen Entscheidungen insoweit ebenfalls justiziabel. Es kann in diesem Zusammenhang insbesondere geklärt werden, ob solche Entscheidungen von der Bundesärztekammer über Richtlinien gelenkt werden dürfen und ob sich die konkrete Entscheidung im Rahmen von Art. 2 II GG/Art. 3 I GG hält. 210

Insgesamt wird man bei den zum Teil umstrittenen Rechtsschutzfragen auf die Bedeutung des Art. 19 IV GG und das in ihm verankerte Gebot des effektiven Rechtsschutzes zu verweisen haben.[465] In gefestigter Rechtsprechung des BVerfG eröffnet Art. 19 IV GG nicht nur das formelle Recht, die Gerichte anzurufen, sondern auch die Effektivität des Rechtsschutzes.[466] Dieser muss die vollständige Nachprüfung des angegriffenen Hoheitsaktes in rechtlicher und tatsächlicher Hinsicht durch ein Gericht ermöglichen.[467] Praktische Schwierigkeiten allein sind kein ausreichender Grund, die durch Art. 19 IV gewährten Rechtsschutzmöglichkeiten einzuschränken.[468] 211

jj) Transplantation im Ausland? Könnte man der deutschen Problematik dadurch ausweichen, dass man die Transplantation im Ausland vornehmen lässt, insbesondere dann, wenn es dort keine oder kürzere Wartezeiten gibt? Das BSG hat, gestützt auf § 18 I SGB V angenommen, da die (Nieren)Transplantation auch in Deutschland vorgenommen werden könne (wenn auch später), komme eine Kostenerstattung in der GKV nicht in Betracht.[469] Da – bezogen auf die Nierentransplantation – die Wartezeit für die Kranken eine erhebliche Belastung darstellt, muss man jedoch die Wartezeit in die Betrachtung mit einbeziehen. In gleicher Zeit wie im Ausland wird die Behandlung dann in Deutschland nicht möglich. Die Entscheidung des BSG überzeugt deshalb nicht.[470] 212

kk) Transplantation von Non-ET-Residents. Ein schwieriges Thema ist die Behandlung von Ausländern, die nicht in den Handlungsbereich der Vermittlungsstelle nach § 12 TPG fallen, sog. Non-ET-Residents. Mit diesem Sachverhalt hatte es das LG Essen zu tun. Eine israelische Staatsbürgerin war zum Zwecke einer kombinierten Pankreas-Nieren-Operation nach Deutschland eingereist und von einer Klinik für Transplantationschirurgie auf die Warteliste genommen worden. Eurotransplant erklärte, die Patientin stehe aufgrund ihrer Staatsangehörigkeit zu Unrecht auf der Warteliste. Die Klinik strich sie daraufhin. Die 213

---

[461] Antwort der Bundesregierung auf eine Kleine Anfrage, BT-Drs. 14/1465, S. 7.
[462] So zutreffend *Lang*, in: Höfling (Hrsg.), TPG, Rn. 125 zu § 10 TPG.
[463] Zweifelnd auch *Lang*, in: Höfling (Hrsg.), TPG, Rn. 127 zu § 10 TPG. Dort auch zur – wohl – ausgeschlossenen Klage gegen Eurotransplant wegen der dort getroffenen Vermittlungsentscheidung, aaO, Rn. 128 ff. zu § 10 TPG; Rn. 154 zu § 10 TPG.
[464] Zu den Konsequenzen fehlender Compliance siehe *Norba*, Rechtsfragen der Transplantationsmedizin aus deutscher und europäischer Sicht, S. 174 ff.
[465] In diesem Sinn *Lang*, in: Höfling (Hrsg.), TPG, Rn. 136 ff. zu § 10 TPG.
[466] BVerfGE 35, 263 (274); 35, 382 (401 f.); 93, 1 (13); 101, 106 (122 f.).
[467] BVerfGE 15, 275 (282); BVerfG(K), NJW 2002, 3691 (3692), BVerfG (Plenum) E 107, 395 (401 ff.).
[468] BVerfGE 84, 34 (55); BVerfG(K), NJW 2002, 3691 (3692), st. Rspr. Die Auffassung, die – ohne Zweifel – im Bereich der Maßnahmen der Transplantationsmedizin bestehenden Rechtsschutzunklarheiten führten zu einem Verstoß gegen Art. 19 IV GG, ist nicht von der Hand zu weisen.
[469] BSG, GesR 2004, 429. Siehe dazu *Linke*, NZS 2005, 467.
[470] *Zuck*, GesR 2006, 244 (248).

Patientin erhielt einstweiligen Rechtsschutz[471], weil die medizinischen Voraussetzungen für die Behandlung gegeben seien.

214 *Engels* hat instruktiv aufgezeigt, in welcher Grauzone die Organverteilung über Eurotransplant trotz des TPG und des Eurotransplant-Vertrags stattfindet.[472] Seine Auffassung, auch Non-ET-Residents müssten aufgrund „euroarechtlich und privatrechtlicher Determinanten" berücksichtigt werden,[473] überzeugt jedoch nicht. Weder deutscher noch unionsrechtlicher Grundrechtsschutz greift für Non-ET-Residents. Knappe Güter können nur nach Knappheitsbedingungen verteilt werden.

4. Xenotransplantation[474]

215 Xenontransplantation bedeutet die Übertragung von lebenden Organen, Geweben oder Zellen über Artgrenzen hinweg (im vorliegenden Zusammenhang allein thematisiert hinsichtlich der Transplantation von Tier auf Mensch).[475] Während bei der autogenen Transplantation Empfänger und Spender identisch sind, und bei der syngenen Transplantation genetische Identität gegeben ist, spricht man von alogener Transplantation, wenn Empfänger und Spender genetisch unterschiedlich sind, aber derselben Art angehören. Bei der xenogenen Transplantation gehören Empfänger und Spender verschiedenen Arten an. Nicht zur Xenontransplantation zählen avitale Substrate, wie z. B. Schweineherzklappen oder Schweineinsulin. Bevorzugt für die Xenotransplantation genutzt werden als Spendertiere spezifisch pathogenfreie Schweine (SPF), die zu diesem Zweck gezüchtet werden.[476]

216 Die Xenotransplantation birgt erhebliche Risiken. Sie liegen in der extremen Abstoßungsreaktion, d. h. der Zerstörung des Transplantats durch die Immunreaktion des menschlichen Körpers und in der Infektionsgefahr. Diese wird als das größte Risiko der Xenotransplantation angesehen.[477] Für die Xenotransplantation gibt es noch keinen Standard.[478] Bisher hat kein Empfänger die Xenotransplantation mehr als neun Monate überlebt.

217 Der deutsche Rechtsrahmen[479] für die Xenotransplantation wird immer noch durch die Antwort der Bundesregierung auf eine Kleine Anfrage im Bundestag zur Xenotransplantion

---

[471] LG Essen, Urt. v. 21.11.2007 – 1o 312/07 und dazu *Augsberg*, GesR 2009, 78; *Lautenschlager*, Der Status ausländischer Personen im deutschen Transplantationssystem.

[472] MedR 2011, 541.

[473] *Engels*, MedR 2011, 541 (549).

[474] *Quante/Vieth* (Hrsg.), Xenotransplantation; *Vesting/Müller*, MedR 1996, 203; *Dahl*, Xenotransplantation; *Stängel-Steike/Steike*, AnwBl. 2000, 574, *Gassner*, MedR 2001, 553; *Schlitt/Manus*, DÄBl. 1999, A-1839 ff.; Schweizer Wissenschaftsrat, Technologiefolgenschätzung Xenotransplantation; *Beckmann u.a.* (Hrsg.), Xenotransplantation von Zellen, Geweben und Organen – wissenschaftliche Entwicklung und ethische Implikationen; *Laufs*, Xenotransplantation, in: Rieger, HK AKM, Nr. 5600; *Rixen*, Höfling (Hrsg.), TPG, Rn. 19 zu § 1 TPG. *Halter* Xenotransplantation, in: Becch: (u. a), Organallokation, 261; *Straßburger*, Rechtliche Probleme der Xenotransplantation; *Gonzáles*, Xenotransplantation. *Dietrich*, Menschenwürde und Xenotransplantation, in: Joerden/Hilgendorf/Thiele (Hrsg.), Menschenwürde und Medizin, 2013, 825. S. dazu jetzt *Lackermair*, Hybride und Chimären, 2017.

[475] Ausf. *Lackermair*, Hybride und Chimären, 2017, 78 ff.

[476] *Stängel-Steike/Steike*, AnwBl. 2000, 574 (575); *Vesting/Müller*, MedR 1997, 203 (204).

[477] *Vesting/Müller*, MedR 1997, 203 (204); *Stängel-Steike/Steike*, AnwBl. 2000, 574 (575 f.). Die Infektionsrisiken gelten als nicht abschätzbar. *Gonzáles*, Infection Risk and Limitation of Fundamental Rights by Animal-To-Human Transplantation. Zur besseren Kontrolle wird ein langfristiges „Monitoring" der Patienten vorgeschlagen, die neu auftretende Infektionskrankheiten frühzeitig erkennen sollen, vgl. Bundesärztekammer, Stellungnahme zur Xenotransplantation, DÄBl. 1999, A-1920 und dazu *Stöbner/Deutsch*, DÄBl. 2000, A-320; *Gassner*, MedR 2001, 553 (554).

[478] → § 68 Rn. 23. Zu den Grenzen vgl. *Lipp*, in: Laufs/Katzenmeier/Lipp, Arztrecht, 2015, Kap. 6 Rn. 114 ff., *Heinemann*, Die rechtlichen Rahmenbedingungen der ärztlichen Entscheidung am Lebensende, in: FS f. Dahm, 2017, 215 f.

[479] International gibt es bislang lediglich Empfehlungen, siehe dazu *Stängel-Steike/Steike*, AnwBl. 2000, 574 (575).

aus dem Jahr 1997⁴⁸⁰ gezogen, die zum Inhalt hatte, der geltende Rechtsrahmen sei ausreichend.⁴⁸¹ Da die spezialrechtlichen Normen entweder ausscheiden (TPG, BSeuchG, FrischzellenVO, MPG), nicht passen⁴⁸² oder nur das Vorfeld der Xenotransplantation erfassen (z. B. § 3 Nr. 2a TierSchG, GenTG)⁴⁸³ kann man an der Richtigkeit dieser Antwort zweifeln. Solange aber die Xenotransplantation noch hochgradig experimentell ist und ihre Anwendung auf Einzelfälle im Rahmen von Heilversuchen⁴⁸⁴ beschränkt bleibt, ist gesetzlicher Handlungsbedarf nicht erkennbar. Im Bereich wissenschaftlicher Experimente gilt – zumindest – § 15 MBO, der die Einschaltung von Ethikkommissionen erforderlich macht.⁴⁸⁵ Die deutsche Zurückhaltung wird durch die Enthaltsamkeit im Bereich des internationalen soft law Bestätigt.

VII. Vor dem Tod

1. Patientenverfügung/Betreuungsverfügung/Vorsorgevollmacht

a) Allgemeines. Der Tod ist unausweichliches Ende des menschlichen Lebens, nur sein Zeitpunkt ist ungewiss. Je näher dieser Zeitpunkt statistisch rückt, je näher sich der Mensch ihm aus subjektiven oder objektiven Gründen weiß, umso mehr rüstet er sich für dieses existenzielle Ereignis auch mit rechtlichen Mitteln. Neben den üblichen (Gesellschafts)Verträgen und erbrechtlichen Vorkehrungen bricht sich immer intensiver die Überzeugung Boden, es sei auch geboten bei (mutmaßlich) zum Tode führenden schweren Krankheiten die erforderlichen Entscheidungen nicht nur den Fortschritten der Medizin zu überlassen. Genährt wird dieses Bestreben durch den Umstand, dass die moderne Medizin zunehmend in die Lage versetzt worden ist, Herz-Kreislauf-Funktionen mit Hilfe der Apparatemedizin in Gang zu halten und im Übrigen für ausreichende künstliche Ernährung zu sorgen.⁴⁸⁶ Der Mensch wird so am Leben erhalten.⁴⁸⁷ Dieses Ziel zu erreichen, fühlen sich die behandelnden Ärzte rechtlich und moralisch verpflichtet.⁴⁸⁸ Der Sterbenskranke, von dem für diesen Sachverhalt angenommen werden soll, er sei nicht mehr in der Lage, seinen Willen überhaupt (oder in rechtlich verbindlicher Weise) zu äußern, wird aber diesen Zustand, solange er noch einwilligungsfähig war, nicht immer für wünschenswert halten, und deshalb für diesen Sachverhalt Vorsorge treffen wollen. Das ist das Thema der Patientenverfügung/des Patiententestaments und der Vorsorgevollmacht.⁴⁸⁹

218

---

⁴⁸⁰ BT-Drs. 13/8926.
⁴⁸¹ BT-Drs. 13/9275. *Dietrich*, S. 835 (Fn. 406) ist zuzustimmen, dass Xenotransplantation unter dem Aspekt der Menschenwürde unbedenklich ist.
⁴⁸² Wie das AMG, weil man die Tiertransplantate als Stoffe im Sinne des § 3 AMG ansehen kann, was zur Anwendung des § 2 AMG mit allen Folgen führt, siehe dazu *Stängel-Steike/Steike,* AnwBl. 2000, 574 (578 f.) m. w. N. Der funktionalen Betrachtung des Arzneimittelbegriffs (siehe dazu *Deutsch/Spickhoff,* MedR, Rn. 839 ff.) hilft zwar nicht weiter, weil sie nicht dazu führen kann, das AMG contra legem auszulegen. Die damit erzwungene Anwendbarkeit des AMG, basierend auf dem breiten Stoffbegriff des Gesetzes zeigt aber (ähnlich wie im Bereich der Knochenmarktransplantation), dass für Transplantationsvorgänge eine Sonderregelung erforderlich ist.
⁴⁸³ Das Gesetz zur Regelung der Gentechnik (Gentechnikgesetz – GenTG) in der Fassung der Bekanntmachung vom 16.12.1993 (BGBl. I 2066), zuletzt geändert durch G. v. 17.7.2017 (BGBl. I 2421) gilt für den Bereich der Humangenetik nicht, vgl. § 2 III GenTG.
⁴⁸⁴ → § 68 Rn. 44 ff. und *Laufs,* Xenotransplantation, in: Rieger, HK AKM, Nr. 5600, Rn. 2.
⁴⁸⁵ → § 68 Rn. 16 ff.
⁴⁸⁶ Über eine PEG-Sonde (Perkutane Gastrostomie-Sonde). Siehe dazu *Eibach,* MedR 2002, 123; *Synofzik/Marckmann,* ZfmE 2010, 149; *Schimmelpfeng-Schütte,* GesR 2005, 296; *Tolmein,* ZfmE 2010, 155.
⁴⁸⁷ Zum Todesbegriff siehe → § 68 Rn. 141.
⁴⁸⁸ Zu den Grenzen vgl. *Lipp,* in: Laufs/Katzenmeier/Lipp, Arztrecht, 2015, Kap. 6 Rn. 114 ff., *Heinemann,* Die rechtlichen Rahmenbedingungen der ärztlichen Entscheidung am Lebensende, in: FS f. Dahm, 2017, 215 f.
⁴⁸⁹ *Uhlenbruck,* NJW 1996, 1583; *ders.,* Selbstbestimmtes Sterben durch Patienten-Testament, Vorsorgevollmacht, Betreuungsverfügung; *Langenfeld,* NJW 1998, 3399; *Müller-Freienfels,* JZ 1998, 1123;

219   b) **Patientenverfügung.** Der lange Streit um die rechtliche Gestaltung selbstbestimmten Sterbens ist durch das Dritte Gesetz zur Änderung des Betreuungsrechts[490], mit dem die Patientenverfügung[491] eine gesetzliche Grundlage erhalten hat, die zwar nicht beendet[492], aber doch begrenzt worden ist.[493]

220   aa) **Begriff.** § 1901a BGB definiert die Patientenverfügung wie folgt:
221   „Hat ein einwilligungsfähiger Volljähriger für den Fall seiner Einwilligungsunfähigkeit schriftlich festgelegt, ob er in bestimmte, zum Zeitpunkt der Festlegung noch nicht unmittelbar bevorstehende Untersuchungen seines Gesundheitszustands, Heilbehandlungen oder ärztliche Eingriffe erwägt oder sie untersagt (Patientenverfügung) …" „so prüft der Betreuer, ob diese Festlegungen auf die aktuelle Lebens- und Behandlungssituation zutreffen." Auf einige Probleme ist hinzuweisen.

222   (1) Die Begrenzung der Patientenverfügung auf Volljährige weckt Zweifel. Wenn man 16-Jährigen Kommunalwahlrechte zubilligt, sollte man das medizinische Selbstbestimmungsrecht nicht geringer veranschlagen.[494] Aber die gesetzliche Regelung ist eindeutig, und eine verfassungskonforme Auslegung contra legem scheidet aus. Als einzige Möglichkeit verbleibt die Vollmachterteilung nach § 1904 BGB.[495]

223   (2) Für die Anwendung der beiden Alternativen des § 1901a BGB[496] wird es entscheidend darauf ankommen, welchen Grad der Bestimmtheit Rechtsprechung und Schrifttum annehmen werden. Sicher ist zwar, dass konkrete Diagnose- oder Therapiemaßnahmen bezeichnet werden müssen. Dazu müssen aber zwei Hindernisse überwunden werden. Zum einen wird sich der Gesunde kaum vorstellen können, welcher konkreten ärztlichen Behandlung er einmal ausgesetzt sein wird. Zum andern wird auch der schon Erkrankte ohne ärztliche Beratung (die das Gesetz nicht vorschreibt) kaum die erforderlichen Kenntnisse für die nötige Konkretisierung haben, und schon gar nicht eine Prognosemöglichkeit für den medizinischen Fortschritt. Aufgrund dieser Schwierigkeiten hilft auch der Rückgriff auf die Regeln des rechtsstaatlichen Bestimmtheitsgebots[497] nicht wirklich weiter. Die Grenze nach unten (= Ausschluss allgemeiner Klauseln) lässt sich zwar noch verlässlich ziehen, aber die Grenze nach oben (= Verbot der Überspezifizierung)[498] bleibt ver-

---

Nickel, MedR 1998, 520; Rehborn, MedR 1998, 1464; *Baumann/Hartmann*, DNotZ 2000, 594; *Berger*, JZ 2000, 797; *Beykirch/Knüppel*, NJW 2000, 1776; *Rudolf/Bittler*, Vorsorgevollmacht, Betreuungsverfügung, Patientenverfügung; *Spickhoff*, NJW 2000, 2297; *Ulsenheimer*, in: L/K, § 132 Rn. 38 ff.; Deutsch/Spickhoff, Medizinrecht, Rn. 685; *Roth*, JZ 2004, 494.

[490] Vom 29.7.2009 (BGBl. I 2286). Mit dem Gesetz sollte Rechts- und Vertrauenssicherheit geschaffen werden, BT-Drs. 16/13314 S. 3 f., 7 f. Siehe dazu *Beckmann*, FamRZ 2009, 582; *Dodegge*, NJW 2012, 2932; *Albrecht/Albrecht*, Die Patientenverfügung; *Lipp* (Hrsg.), Handbuch der Vorsorgeverfügungen; *Rieger*, FamRZ 2010, 1601; *Diehn/Rebhahn*, NJW 2010, 326; *Wietfeld*, Selbstbestimmung und Selbstverantwortung – die gesetzliche Regelung der Patientenverfügung.
[491] Vom Begriff des Patiententestaments sollte man sich verabschieden.
[492] Siehe dazu die Übersicht über die verschiedenen, dem Gesetzgeber zur Entscheidung vorgelegten Varianten bei *Hufen*, Geltung und Reichweite von Patientenverfügungen. Zur früheren Rechtsprechung siehe vor allem BGHZ 154, 205. S. jetzt BGHZ 211, 67 = NJW 2016, 3297.
[493] *Höfling*, Das neue Patientenverfügungsgesetz, in: ders. (Hrsg.), Das neue Patientenverfügungsgesetz in der Praxis – eine erste kritische Zwischenbilanz, S. 11 ff. bezweifelt (zu Recht), dass mit § 1901a BGB der „Königsweg" zum selbstbestimmten Sterben beschritten worden ist. S. dazu jetzt auch Höfling, ZfmE 2013, 171.
[494] Nachdrücklich *Sternberg-Lieben/Reichmann*, NJW 2012, 237. Siehe dazu auch *Spickhoff*, FamRZ 2009, 1949 (1950); *Höfling*, NJW 2009, 2949; *G. Müller*, DNotZ 2010, 169 (182); *Rieger*, FamRZ 2010, 1601 (1603).
[495] Ich folge insoweit *Sternberg-Lieben/Reichmann*, NJW 2012, 237 (261); ebenso Palandt/*Götz* BGB § 1901a Rn. 10.
[496] Siehe nachstehend → § 68 Rn. 162, 163.
[497] „Messbar und in gewissem Ausmaß vorhersehbar und berechenbar", vgl. BVerfGE 110, 33 (53 f.).
[498] Palandt/*Götz* BGB § 1901a Rn. 6.

schwommen. Man kann das Problem beim Vorliegen einer Patientenverfügung auch nicht dadurch ausräumen, dass man die Deutungshoheit über deren Inhalt dem Arzt überlässt.[499] Es handelt sich um eine Rechtsfrage, deren Beantwortung nicht letztverbindlich dem Arzt übertragen werden kann. Zwar kann man mit „Katalogen" arbeiten,[500] die die gängigen Maßnahmen für ihre Aufnahme in eine Patientenverfügung listen. Wenn man das Selbstbestimmungsrecht des (künftigen) Patienten ernst nimmt, ist das freilich ein Scheingeschäft. Man wird sich deshalb darauf zurückziehen müssen, dass die Patientenverfügung aus diesen Gründen nicht leisten kann, was sie leisten soll. Insoweit müssen die Gesetzesanwender mit den herkömmlichen Mitteln der Auslegung arbeiten,[501] um den Willen des Betreuten zu ermitteln, eine Aufgabe, die nach § 1901a II BGB ebenfalls zu bewältigen ist. Für § 1901a I BGB kann insoweit nichts anderes gelten. Im Endergebnis wird es deshalb in vielen Fällen auf die Notwendigkeit eines Rückgriffs auf § 1901a II BGB hinauslaufen.[502]

(3) Eine vorhandene Patientenverfügung bindet den Betreuer (§ 1901a I 2 BGB). Sie kann jederzeit widerrufen werden (§ 191a I 3 BGB).[503] Wenn keine Patientenverfügung im Rechtssinn (d. h. nach Maßgabe des § 1901a I 1 BGB) vorliegt, greift § 1901a II BGB.

224

(4) Liegt keine oder keine zutreffende Patientenverfügung vor, kommt es auf die Behandlungswünsche oder den mutmaßlichen Willen des Betreuten an. Welche Schwierigkeiten damit verbunden sein können, zeigt der Fall Terri Schiavo, bei dem es um den Abbruch von lebenserhaltenden Maßnahmen bei einer 39-jährigen, sehr wohlhabenden Frau ging, die vor 13 Jahren einen Herzinfarkt erlitten hatte und seither im Koma lag. Der Ehemann, der seit langem mit einer anderen Frau zusammenlebte, wollte den Abbruch der Behandlung und erklärte ihn als unbezweifelbaren Willen seiner Frau. Die Eltern der Frau widersprachen dem vehement unter Wiedergabe von ihrer Auffassung entsprechenden Ausführungen ihrer Tochter.[504]

225

bb) Eine zentrale Rolle bei der Patientenverfügung nehmen der Betreuer und das Betreuungsgericht ein. (1) Ist ein Erwachsener aufgrund psychischer Erkrankung oder einer körperlichen, geistigen oder seelischen Behinderung nicht in der Lage, seine eigenen rechtlichen Aufgaben zu besorgen und braucht er deshalb einen gesetzlichen Vertreter, bestellt das Betreuungsgericht in jeweils erforderlichem Umfang für bestimmte Aufgabenkreise einen Betreuer (§ 1896i, II, § 1902 BGB). Die Pflichten des Betreuers ergeben sich aus dem Betreuungsrecht, ergänzt durch die Bindung an die Patientenverfügung (§ 1901a BGB). Ist der Betreute einwilligungsfähig, hat ein bestellter Gesundheitsbetreuer nur die Aufgabe, den Betroffenen bei dessen eigenen Entscheidungen zu beraten und zu unterstützen.[505] Ist der Patient einwilligungsunfähig, nimmt der Betreuer dessen Rechte wahr. Maßgebend ist dafür aber, um dem Selbstbestimmungsrecht des Patienten gerecht zu werden, die Feststellung seines Willens.[506]

226

---

[499] *Beermann*, FÜR 2010, 253 f.
[500] Dem steht aber das von der Deutschen Hospiz Stiftung entwickelte Vorsorgekonzept zur Ermittlung von Patientenverfügungen deutlich entgegen, s. *Simon*, in: Höfling (Hrsg.), Das neue Patientenverfügungsgesetz in der Praxis, S. 57. An Musterbüchern ist im Übrigen kein Mangel, vgl. etwa *Lenz-Brendel/Roglmeier*, Richtig vorsorgen.
[501] Zutreffend *Wietfeldt*, Selbstbestimmung und Selbstverantwortung – die gesetzliche Regelung der Patientenverfügung, S. 97 f.
[502] So im Ergebnis auch Palandt/*Götz* BGB § 1901a Rn. 6. Zu Recht unsicher deshalb auch *Deutsch/Spickhoff*, Medizinrecht, Nr. 70 BGB § 1901a Rn. 7.
[503] Zur Frage der Berücksichtigung des „natürlichen Willens" bei einem Einwilligungsunfähigen siehe *Steenbreker*, NJW 2012, 3207. Selbst wenn man *Steenbreker* folgen wollte: Das damit verbundene rechtliche Risiko kann wegen der damit verbundenen weitreichenden (auch strafrechtlichen) Folgen nicht sinnvoll eingegangen werden.
[504] Zum Tod Terri Schiavo's siehe *Heun*, JZ 2006, 425.
[505] *Lipp*, in: FS f. Schnapp, S. 382 (393).
[506] *Bickhardt*, Der Patientenwille.

Das ist Aufgabe des Betreuers.⁵⁰⁷ Das geschieht im Zusammenwirken mit dem behandelnden Arzt (§ 1901b I BGB). Außerdem „sollen nahen Angehörigen und sonstigen Vertrauenspersonen des Betreuten Gelegenheit zur Äußerung gegeben werden, sofern das ohne erhebliche Verzögerung möglich ist" (§ 1901b II BGB). Im Streitfall hat der Betreuer dem Willen des Betreuten „Ausdruck und Geltung" zu verschaffen (§ 1901a I 2 BGB).

227 (2) Das Betreuungsgericht hat die Aufgabe, den Betreuer zu bestellen und diesen zu kontrollieren. Letzteres geschieht im Wesentlichen durch das Genehmigungserfordernis des § 1904 I BGB. Danach bedarf die Einwilligung des Betreuers in die Maßnahme nach § 1901a I 1 BGB einer Genehmigung des Betreuungsgerichts, „wenn die begründete Gefahr besteht, dass der Betreute aufgrund der Maßnahme stirbt oder einen schweren und länger dauernden gesundheitlichen Schaden erleidet. Ohne die Genehmigung darf die Maßnahme nur durchgeführt werden, wenn mit dem Aufschub Gefahr verbunden ist." Das Genehmigungserfordernis setzt aber immer die Einwilligungsunfähigkeit des Betreuten voraus.⁵⁰⁸ Die Antwort auf die Frage, ob das Betreuungsgericht eingeschaltet werden muss, wenn weder ein Bevollmächtigter benannt noch ein Betreuer bestellt worden ist, ist umstritten.⁵⁰⁹

228 **cc) Die Fortentwicklung der Patientenverfügung.** Fortschritte bei der bestmöglichen Bestimmung des Patientenwillens werden durch die Weiterentwicklung von Advance Care Planning erwartet.⁵¹⁰

229 Advance Care Planning ist ein umfassender, durch spezifisch qualifizierte, nicht-ärztliche Personen begleiteter Gesprächsprozess, also ein Unterfall des informed consent.⁵¹¹ Dem folgt ein Arztgespräch. Die Ergebnisse dieses Prozesses können sich in einer Patientenverfügung niederschlagen.

230 Der zweite Aspekt von Advance Care Planning besteht in der Einbeziehung dieser Vorsorgeplanung in die jeweils vorhandenen regionalen medizinischen Versorgungssysteme.⁵¹²

231 Die Annahme, mit diesem Konzept würden „verblüffend einfache Antworten" auf die hinter der Patientenverfügung stehenden Probleme gegeben,⁵¹³ wird man jedoch nicht

---

⁵⁰⁷ *Lipp/Brauer*, Patientenvertreter, Betreuungsgericht und Patientenwille, in: Höfling (Hrsg.), Das neue Patientenverfügungsgesetz in der Praxis, S. 17 (27 f.). Zur alternativen Möglichkeit der Bestellung einer Vertrauensperson durch den (später) Betroffenen und der Erteilung einer Vorsorgevollmacht siehe → § 68 Rn. 168 ff., 172 ff.

⁵⁰⁸ *Hoffmann*, in: Bienwald/Sonnenfeld/Hoffmann, Betreuungsrecht, Anm. zu § 1904 BGB.

⁵⁰⁹ *Höfling*, in: ders. (Hrsg.), Das neue Patientenverfügungsgesetz in der Praxis, S. 15 f. *Lipp/Brauer* gehen von einer Pflicht des Arztes zur Information des Betreuungsgerichts aus, verbunden mit der Anregung, einen Betreuer zu bestellen; ebenso *Diehn/Rebhahn*, NJW 2010, 326 (330). Nur in Notfällen soll der Arzt selbständig handeln dürfen, *Lipp/Brauer*, in: Höfling (Hrsg.), Das neue Patientenverfügungsgesetz in der Praxis, S. 17 (29 f.). Dem ist zuzustimmen. Zu weiteren Konfliktsfällen siehe *Wietfeldt*, Selbstbestimmung und Selbstverantwortung – die gesetzliche Regelung der Patientenverfügung, S. 333 ff. Siehe im Übrigen auch die Empfehlungen der BÄK und der ZIKO.

⁵¹⁰ *Romer/Hammes*, Communication, trust and making choices, advance care planning four years on Journal of Palliative Medicine, 2004, 7: 335-40; *Kass-Bartelmess/Hughes*, Journal of Pain and Palliative Care Pharmacotherapie, Vol. 18 (2004) S. 87 ff.; *Detering u. a.*, The Impact of advance care planning on end of life care in elderly patients: randomized controlled trial, British Medical Journal 2010, 340; *Gabriel/Kennedy*, Advance Care Planning, in: Qualls/Kasl-Godley, End-of-life Issues, Grief and Bereavment (2011), S. 116 ff.; *Sahm*, in: Höfling (Hrsg.), Das neue Patientenverfügungsgesetz in der Praxis, S. 123 ff.

⁵¹¹ *In der Schmitten u. a.*, in: Höfling (Hrsg.), Das neue Patientenverfügungsgesetz in der Praxis, S. 81 (103).

⁵¹² *In der Schmitten u. a.*, in: Höfling (Hrsg.), Das neue Patientenverfügungsgesetz in der Praxis, S. 81 (104).

⁵¹³ *In der Schmitten u. a.*, in: Höfling (Hrsg.), Das neue Patientenverfügungsgesetz in der Praxis, S. 81 (116).

folgen können. Sicher ist zwar ein Fortschritt, sich vor einer Entscheidung sachkundig zu machen, d. h. ärztlichen Rat frühzeitig einzubeziehen. An dem Problem der beim Gesunden noch unbekannten Erkrankung und den Prognoseschwierigkeiten zum medizinischen Fortschritt ändert das aber nichts. Das für dieses Konzept nötige qualifizierte nicht-ärztliche Personal wird sich weder finden noch finanzieren lassen. Dabei darf man nicht übersehen, dass es sich angesichts der demografischen Entwicklung um einen sehr großen Beratungsbedarf handeln würde. Und schließlich gibt es, trotz aller Vorsorgeregelungen im SGB V, bislang überhaupt kein systematisches Vorsorgesystem, in das sich advance care planning integrieren ließe.

c) **Betreuungsverfügung.** Mit der Patientenverfügung häufig, aber nicht notwendig, verbunden ist die Betreuungsverfügung.[514] 232

aa) **Begriff.** Auch die Betreuungsverfügung ist rechtlich unscharf gekennzeichnet, denn es handelt sich um keine Verfügung, sondern um einen Vorschlag des (volljährigen) Erklärenden, wer zum Betreuer bestellt werden soll (§ 1897 IV BGB). Das Vormundschaftsgericht ist an diesen Vorschlag nur gebunden, wenn er dem Wohl des Erklärenden nicht zuwider läuft (§ 1897 IV BGB). 233

bb) **Vorschläge und Wünsche.** Vom Vorschlag für die Person des Betreuers sind die Wünsche des Betreuten abzugrenzen, die sich (auch) auf die Art und Weise der medizinischen Behandlung beziehen können (§ 1901c BGB). 234

cc) **Befugnisse des Betreuers.** Bei der Betreuungsverfügung geht es zum einen um die Handlungsbefugnisse des Betreuers, zum anderen um die Kompetenz des bei ärztlichen Maßnahmen unter bestimmten Voraussetzungen einzuschaltenden Vormundschaftsgerichts. Von der Betreuungsverfügung abzugrenzen, ist der Betreuungsauftrag gegenüber einer Person des Vertrauens. Der Antrag kann in den unterschiedlichen Formen des Zivilrechts (§ 662, § 665, § 611 BGB) erteilt oder vereinbart werden.[515] 235

d) **Vorsorgevollmacht**[516]. Die Vorsorgevollmacht des §§ 1896 II, 1904 V BGB erlaubt es dem Vollmachtgeber, die Bestellung eines Betreuers zu verhindern, soweit seine Angelegenheiten durch einen Bevollmächtigten ebenso gut wie durch einen Betreuer erledigt werden können.[517] Der Vorsorgebevollmächtigte legitimiert sich mit der Vorlage der Vollmacht im Original oder in Ausfertigung.[518] Da diese Vollmacht eine Innenvollmacht darstellt (§ 167 I Fall 1 BGB), ist sie jederzeit widerruflich (§ 168 S. 2 BGB). Die Vorsorgevollmacht ist wegen ihrer Beschränkung auf konkrete Maßnahmen keine Generalvollmacht.[519] Nach § 1904 V 2 BGB ist Schriftform erforderlich. Die Vollmacht muss außerdem die in § 1904 I BGB genannten Maßnahmen ausdrücklich umfassen.[520] Alle Entscheidungen des Bevollmächtigten, die diesen Bereich betreffen, bedürfen der Genehmigung (§ 1904 V 1 BGB) des Vormundschaftsgerichts. Der Vorteil der Vorsorgevollmacht liegt immer noch darin, dass im Zeitpunkt der Entscheidungsmöglichkeit über ärztliche Maßnahmen eine handlungsfähige Person auf Seiten des Patienten am Entscheidungsprozess mitwirken kann, so dass nicht erst 236

---

[514] Siehe dazu *Lipp,* in: FS f. Bienwald, 2006, 177.
[515] Zu weiteren Einzelheiten siehe *Lipp/Brauer,* in: Höfling (Hrsg.), Das neue Patientenverfügungsgesetz in der Praxis, S. 17 (24 f.).
[516] S. dazu Deutsch/Spickhoff, Rn. 702 ff.; dazu jetzt BGHZ 211, 67 = NJW 2016, 3297; *Bruns,* ArztR 2016, 285; *Merkel,* MedR 2017, 1; *Lindner/Huber,* NJW 2017, 6; *Sternberg-Lieber,* MedR 2017, 36. S. weiter BGH, NJW 2017, 1737; praxisnah *Hermer,* beckblog v. 27.6.2017.
[517] Siehe dazu Deutsch/Spickhoff, Rn. 702 f.; *Lipp/Brauer,* in: Höfling (Hrsg.), Das neue Patientenverfügungsgesetz in der Praxis, S. 17 (24 f.).
[518] *Diehn/Rebhahn,* NJW 2010, 326 (329).
[519] AA *Frensch,* in: Prütting/Wegen/Weinreich, BGB, § 167 Rn. 32.
[520] *Diehn,* FamRZ 2009, 1938.

noch das Betreuerbestellungsverfahren abgewartet werden muss. Insoweit empfiehlt sich die Erteilung einer Vorsorgevollmacht. Hier wird allerdings, insbesondere bei großem Zeitablauf zwischen Vollmachterteilung und Entscheidungsstadium besonders sorgfältig geprüft werden müssen, ob die Vollmacht noch in diesem Zeitpunkt dem Willen des Vollmachtgebers entspricht. Ganz gleich, ob die Vollmacht einem Freund/Freundin oder einem Familienmitglied erteilt worden ist: Die dieser Entscheidung zu Grunde liegenden persönlichen Beziehungen sind notorisch instabil.

2. Sterbehilfe

237 **a) Aktive und passive Sterbehilfe. Allgemeines.** Es ist zwischen aktiver und passiver Sterbehilfe[521] zu unterscheiden.

238 **aa)** Aktive Sterbehilfe ist die bewusste und gewollte Tötung auf Verlangen des Patienten, der seinem Leben ein Ende setzen will. Unter den Begriff fällt auch die sog. indirekte aktive Sterbehilfe. Sie umfasst gezielte Schmerzlinderung[522] unter Inkaufnahme lebensverkürzender Wirkung.[523]

239 **bb)** Passive Sterbehilfe umfasst den Verzicht auf lebenserhaltende oder lebensverlängernde Maßnahmen oder den Abbruch solcher Maßnahmen bei Erkrankungen mit irreversibel tödlichem Verlauf. Die Abgrenzung zwischen aktiver und passiver Sterbehilfe ist nicht so einfach, wie sie gelegentlich angenommen wird, wenn man passive Sterbehilfe als Sterbehilfe durch Sterbenlassen bezeichnet.[524] Es lässt sich nämlich nicht leugnen, dass der Abbruch von Behandlungsmaßnahmen aktives Tun (nämlich das Abschalten der Apparate oder die Einstellung der künstlichen Ernährung) voraussetzt. Die Abgrenzung hat ihre eigentlich Unterscheidung deshalb auch nicht im Gegensatz „aktiv/passiv" (so als ob es kein Handeln durch Unterlassen gäbe),[525] sondern in der besonderen Position, in der sich der Entscheidungsträger (Bevollmächtigter/Betreuer/Arzt) befindet: bei der aktiven Sterbehilfe sind die Handelnden in den Dialog mit dem Sterbewilligen eingeschaltet: dieser äußert seinen Willen im Gespräch mit den Handelnden. Soweit diese (in welcher Form auch immer) diesem Willen entsprechen, wirken sie aktiv mit. Bei der passiven Sterbehilfe besteht nur noch die Möglichkeit der Bewertung früherer Äußerungen des Sterbewilligen oder Äußerungen seiner Vertreter oder Betreuer, die sich alle am (gedachten) mutmaßlichen Willen des Sterbewilligen oder dessen Wohl orientieren müssen. Auch wenn der Betreuer eine eigene Entscheidung trifft: Die Beurteilung anhand des Wohl des Betreuten führt zu bloßen Bewertungen, ist Teil eines Rezeptionsvorgangs. Der Wille des Betreuten ist nicht mehr zu beeinflussen, sondern allenfalls zu ermitteln. Auch wenn das eine schwierige Aufgabe ist: Die damit verbundene Tätigkeit ist passiv. Es wäre deshalb sinnvoller, zwischen der direkten Sterbehilfe (alle Maßnahmen auf Grund der Mitwirkung an der entsprechenden Willensbildung des Sterbewilligen und ggf. deren Umsetzung) und indirekter Sterbehilfe (alle Maßnahmen, die auf der Ermittlung des Willens des nicht geschäftsfähigen Sterbewilligens und deren Umsetzung berufen) zu unterscheiden. Diese Überlegungen dienen allerdings nur dem Versuch weiterer Klärung. Wie beim Patiententestament ist es nicht wahrscheinlich, dass die eingeführten Begriffe geändert werden. Sie werden deshalb auch hier weiter verwendet.

---

[521] Siehe dazu umfassend (2012) Uhlenbruck, in: HK-AKM Nr. 4980 Sterbehilfe. Zu beachten ist, dass sich der BGH in Strafsachen inzwischen von dem Begriffspaar der aktiven und passiven Sterbehilfe verabschiedet hat, vgl. dazu → § 73 Rn. 17 ff.

[522] *Neumann*, Grenzen der palliativen Medizin, in: Schweidler u. a., Menschenleben – Menschenwürde, 269.

[523] Zur strafrechtlichen Bedeutung siehe → § 73 Rn. 14 ff.

[524] Zur Begriffsbildung detailliert *Uhlenbruck*, in: HK-AKM Nr. 4980 Sterbehilfe Rn. 46 ff.

[525] Siehe dazu in diesem Zusammenhang *Eser*, in: Schönke/Schröder, StGB, Rn. 10 zu § 216 StGB m. w. N. Zur Unterlassungsproblematik angesichts von BGHSt 55, 191 siehe krit. *Weidemann*, GesR 2012, 15 (17).

b) Berufsrecht. aa) Grundsätze der BÄK. Wichtig sind die Grundsätze der BÄK zur 240
ärztlichen Sterbebegleitung.[526] In der Präambel heißt es:
„Aufgabe des Arztes ist es, unter Achtung des Selbstbestimmungsrechts des Patienten, 241
Leben zu erhalten, seine Gesundheit zu schützen und wiederherzustellen sowie Leiden zu
lindern und Sterbenden bis zum Tod beizustehen. Die ärztliche Verpflichtung zur Lebenserhaltung besteht daher nicht unter allen Umständen. Es gibt Situationen, in denen sonst
angemessene Diagnostik und Therapieverfahren nicht mehr angezeigt und Begrenzungen
geboten sind. Dann tritt eine palliativmedizinische Versorgung in den Vordergrund...."[527]

Ein offensichtlicher Sterbevorgang soll nicht durch lebenserhaltende Therapien in die 242
Länge gezogen werden. Darüber hinaus darf das Sterben durch Unterlassen, Begrenzen oder
Beenden einer begonnenen medizinischen Behandlung ermöglicht werden, wenn das dem
Willen des Patienten entspricht. Das gilt auch für die künstliche Nahrungs- und Flüssigkeits-
zufuhr.[528] Die Tötung des Patienten hingegen ist strafbar, auch wenn sie auf Verlangen des
Patienten erfolgt. Die Mitwirkung des Arztes bei der Selbsttötung ist keine ärztliche Auf-
gabe."

bb) MBO. Die MBO formuliert als eine der Grundlagen des ärztlichen Berufs auch die 243
Aufgabe „Sterbenden Beistand zu leisten" (§ 1 II MBO).[529] Konkretisiert wird das durch § 16
MBO in der Fassung des Deutschen Ärztetags 2011, wo es heißt: „Ärztinnen und Ärzte
haben Sterbenden unter Wahrung ihrer Würde und unter Achtung ihres Willens beizustehen.
Es ist ihnen verboten, Patienten auf deren Verlangen zu töten. Sie dürfen keine Hilfe zur
Selbsttötung leisten."[530]

cc) Neugeborene. Besondere Schwierigkeiten ergeben sich auch bei (extrem) missgestalte- 244
ten Neugeborenen.[531] Die Grundsätze der Bundesärztekammer[532] führen dazu aus: „Bei
Neugeborenen mit schwersten Beeinträchtigungen durch Fehlbildungen oder schweren
Stoffwechselstörungen, bei denen keine Aussicht auf Heilung oder Besserung besteht, kann
nach hinreichender Diagnostik und im Einvernehmen mit den Eltern eine lebenserhaltende
Behandlung, die ausgefallene oder ungenügende Vitalfunktionen ersetzt, unterlassen oder
nicht weiter geführt werden. Gleiches gilt für extrem unreife Kinder, deren unausweichliches
Sterben abzusehen ist und für Neugeborene, die schwerste zerebrale Zerstörungen des
Gehirns erlitten haben."

c) Entwicklungen. aa) Hospizbewegung. Die Sterbebegleitung erhält wichtige Anstöße 245
durch die Hospizbewegung.[533] Ihr Hauptziel ist es, das Sterben als wichtigen Teil des Lebens
ins öffentliche Bewusstsein zu rufen. Damit ist die praktische Aufgabe verbunden, den Sterbenden und ihren Angehörigen ein würdevolles Leben zu ermöglichen.[534] Wichtige Einrichtungen
der Hospizbewegung sind stationäre Hospize, Palliativstationen und palliative Pflegedienste[535]

---

[526] I. d. F. vom 21.1.2011, DÄBl. 2011 A-346.
[527] Das Behandlungsziel ändert sich also, vgl. *Uhlenbruck,* in: HK-AKM, Nr. 4980 Sterbehilfe, Rn. 46.
[528] → § 68 Rn. 188.
[529] Siehe dazu *Lippert,* in: MBO § 1 Rn. 10 ff.
[530] „Der ärztlichen Ethik lässt sich kein klares und eindeutiges Verbot der ärztlichen Beihilfe zum
Suizid in Ausnahmefällen entnehmen, in denen der Arzt einer Person, zu der er in einer langandauernden,
engen Arzt-Patient-Beziehung oder einer langen persönlichen Beziehung steht, auf deren Bitte hin wegen
eines unerträglichen, unheilbaren und mit palliativmedizinischen Mitteln nicht ausreichend zu lindernden
Leiden ein todbringendes Medikament verschreibt, VG Berlin, Urt. v. 30.3.2012 – 9 K 63.09, Zeitschrift
für Lebensrecht 2012, 80.
[531] *Hoerster,* Neugeborene und das Recht auf Leben; *Laber,* MedR 1990, 1182; *Ulsenheimer,* MedR
1994, 425; *Uhlenbruck,* in: HK-AKM Nr. 4980 Sterbehilfe, Rn. 29; *Rieger,* in: HK-AKM Nr. 772
Behandlungspflicht bei schwerstgeschädigten Neugeborenen.
[532] → § 68 Rn. 189.
[533] Zu ihrer Entwicklung siehe *Heller u. a.*, Die Geschichte der Hospizbewegung in Deutschland.
[534] Siehe dazu *Rest,* Sterbebeistand – Sterbebegleitung – Sterbegeleit.
[535] *Student,* Das Hospiz-Buch.

und die Deutsche Stiftung Patientenschutz.[536] Ein Gesetzesentwurf der Deutschen Hospiz Stiftung zur Verbesserung der palliativen und hospizlichen Leistungen vom 23.5.2006 hat sich nicht verwirklichen lassen.

246 **bb) Beihilfe zum Suizid. (1) Betty-Fall.** Der Betty-Fall macht das Problem deutlich. Eine 43-jährige Engländerin, die an einem zum Erstickungstod führenden Muskelschwund (in der terminalen Phase) litt, war zwar bei vollem Bewusstsein, aber motorisch nicht mehr handlungsfähig. Sie wollte erreichen, dass ihr Ehemann ihren Tod herbeiführen dürfe, ohne deswegen bestraft zu werden. Die englischen Gerichte verweigerten die erbetene Zusage. Der EGMR hat das bestätigt und ein Menschenrecht (im Sinne der EMRK) zu Sterben verneint.[537]

247 **(2) Berliner Fall**[538]**.** Für das deutsche Recht ist davon auszugehen, dass es kein gesetzliches Verbot ärztlicher Beihilfe zum Suizid gibt. Das gilt auch für die Überlassung todbringender Medikamente. Diese rechtliche Beurteilung wird auch durch das ärztliche Berufsrecht gedeckt. Das VG Berlin weist allerdings darauf hin, dass mit der Verordnung todbringender Medikamente Sinn und Zweck des § 48 AMG verfehlt werden kann. und ggf. auch ein Verstoß gegen das BtMG in Betracht kommt. Zur Untreue bei der Verschreibung von Hilfsmitteln siehe *Taschke*, MPR 2012, 189.

248 **cc) Organisierte Freitodhilfe. (1) Suizid-Begleitung.** Die organisierte Sterbebegleitung im Wege einer Suizidbegleitung spielt in einigen europäischen Ländern eine Rolle. In der Schweiz ist es vor allem Dignitas (gegründet 1998).[539] Dignitas wirbt mit einer „legalen Freitodhilfe"[540]

249 **(2) Gesetzliche Regelungen.** Der Gesetzgeber hat dem organisierten Suizid mit § 217 StGB n. F. durch das Gesetz vom 3.12.2015 (BGBl. I 2177) einen Riegel vorgeschoben. § 217 StGB (Geschäftsmäßige Förderung zur Selbsttötung) lautet:

„(1) Wer in der Absicht, die Selbsttötung eines anderen zu fördern, diesem hierzu geschäftsmäßig die Gelegenheit gibt, verschafft oder vermittelt, wird mit Freiheitsstrafe bis zu drei Jahren oder mit Geldstrafe bestraft.
(2) Als Teilnehmer bleibt straffrei, wer selbst nicht geschäftsmäßig handelt und entweder Angehöriger des Absatz 1 genannten anderen ist oder diesem nahesteht."[541]

---

[536] Sie ist eine Organisation zur Interessenvertretung von Schwerstkranken und Sterbenden, gegründet als Deutsche Hospiz Stiftung 1995 durch den Malteser-Orden. Zur „christlichen Patientenvorsorge" der Deutschen Bischofskonferenz und des Rates der Evangelischen Kirche in Deutschland siehe *Coeppicus*, NJW 2011, 3749.
[537] EGMR, NJW 2002, 2851. Aus Art. 8 EMRK lässt sich keine positive Verpflichtung des Staates ableiten, ein nicht verschreibungspflichtiges tödliches Präparat für eine würdige und schmerzfreie Lebensbeendigung (im Rahmen eines assistierten Suizids) zur Verfügung zu stellen, EGMR, Urt. v. 19.7.2012 – 479/09, juris – Koch/Deutschland. Siehe zuvor schon EGMR, Urt. v. 20.1.2011 – 31322/07 – Haas/Schweiz, NJW 2011, 3773. Es heißt dort in Leitsatz 3: „Es gibt unter den Mitgliedsstaaten des Europarates keinen Konsens über das Recht einer Person, zu entscheiden, wann und in welcher Weise sie ihr Leben beenden möchte. Deswegen haben die Staaten insoweit einen erheblichen Ermessensspielraum."; EGMR vom 23.6.2015 – 2478/15 und 1787/15 – Nicklinson und Lamb/UK und dazu *Mayer-Ladewig/Lehnert*, in: Mayer-Ladewig/Nettesheim/von Raumer (Hrsg.), EMRK, 4. Aufl. 2017, Art. 3 Rn. 24.
[538] Urt. des VG Berlin vom 30.3.12 – 9 K 63.09, MedR 2013, 58 mit Anm. v. *Hübner*, MedR 2013, 65. *Hübner* weist allerdings zu Recht darauf hin, dass die Diskussion um die Beihilfe zum Suizid nicht beendet ist, vgl. dazu Rn. 195.
[539] Gründer war Rechtsanwalt Minelli, Forch (Schweiz). Es gibt eine deutsche Sektion. In Deutschland arbeitet außerdem die Deutsche Gesellschaft für humanes Sterben (DGHS), Berlin.
[540] Bis Ende 2011 hat diese „Hilfe" 1.298 Menschen betroffen. Die Kosten je Freitodhilfe sollen nach Auffassung der Staatsanwaltschaft Zürich 10.000 sfr. betragen.
[541] Zum Regierungsentwurf s. BR-Drs. 515/12. Vgl. *Hoeven*, DRiZ 2017, 280; *Duttge/Simon*, NStZ 2017, 512; *Duttge*, NJW 2016, 120; *Roxin*, NStZ 2016, 185.

2. Abschnitt: Pflegeversicherungsrecht

§ 69 Pflegeversicherungsrecht

I. Vorbemerkung

Wenn man, wie das hier geschieht,[1] Medizinrecht begrifflich der Behandlung von Patienten zuordnet, so legt man ausschließlich die Annahme einer Erkrankung zugrunde. Pflege ist jedoch keine Krankenbehandlung.[2] Wir haben deshalb in der ersten Auflage dieses Buchs das Pflegeversicherungsrecht nicht mitbehandelt, folgerichtig, soweit es sich um die Materien des Medizinrechts i. e. S. handelt. Die in § 14b FAO enthaltene Aufnahme der Grundzüge der Pflegeversicherung zwingt uns aber, ebenso wie beim Arztstrafrecht,[3] zu einer entsprechenden Ergänzung unserer Darstellung.[4] § 14b FAO folgend behandeln wir aber nur Grundzüge der Pflegeversicherung.

1

II. Gesetzliche Grundlagen

1. SGB XI – GKV[5]

a) Inkrafttreten und Reform. Die soziale Pflegeversicherung (SPV) ist durch das Pflege-Versicherungsgesetz vom 26.5.1994 (BGBl. I 1014) als Elftes Buch in das SGB eingeführt worden. Das SGB XI ist am 1.1.1995 in Kraft getreten. Bis zu diesem Zeitpunkt war die sozialversicherungsrechtliche Absicherung der Pflegebedürftigkeit nur partiell, überwiegend im Bereich der ambulanten Versorgung geregelt.

2

Zwanzig Jahre nach Einführung der SPV hat der Bundestag am 13.11.2015 das Zweite Pflegestärkungsgesetz (PSG II) beschlossen und das Pflegeversicherungsrecht umfassend modernisiert.[6] Zentraler Punkt der Reform ist die grundlegende Änderung des Pflegebedürftigkeitsbegriffes,[7] welcher seit Einführung der PSV ständiger Kritik ausgesetzt war.[8]

---

[1] → § 1 Rn. 21.
[2] Zum Begriff der Pflege siehe → § 69 Rn. 13.
[3] → §§ 70 ff.
[4] → § 1 Rn. 9.
[5] *Udsching*, SGB XI; *von der Decken*, in: Plagemann, Münchener Anwaltshandbuch Sozialrecht, Teil H (S. 925 ff.); *Klie/Kramer*, LPK SGB XI; *Igl*, in: v. Maydell/Ruland (Hrsg.), Sozialrechtshandbuch; *Klie*, Pflegeversicherung; *Wiesner*, in: Hauck/Noftz, SGB XI; *Krauskopf*, Soziale Krankenversicherung Pflegeversicherung; *Peters*, in: KassKomm SGB XI; *Richter*, in: Saalfrank, Handbuch des Medizin- und Gesundheitsrechts, § 8; *Udsching*, in: Wenzel, S. 774 ff.; *Theodoridis*, in: R/L, § 34. Zur Entstehungsgeschichte siehe BT-Drs. 12/ 5262.
[6] Zuvor sind die Leistungen für pflegebedürftige Personen und deren Angehörige durch das Erste Pflegestärkungsgesetz (PSG I) mit Wirkung zum 1.1.2015 ausgeweitet worden. Der Gesetzgeber versteht das PSG II zusammen mit dem PSG I als „Perspektivenwechsel" im Pflegesystem; vgl. http://www.bundesgesundheitsministerium.de/fileadmin/Dateien/Downloads/Gesetze_und_Verordnungen/GuV/P/Kabinetts-Entwurf_PSG-II. PDF.
[7] Daneben enthält das PSG II Neuerungen u. a. zur Verbesserung der Beratung der Versicherten (§ 7 ff. SGB XI n. F.) sowie zur Sicherung der Pflegequalität (§ 113 ff. SGB XI n. F.).
[8] Zum Begriff der Pflegebedürftigkeit s. → § 69 Rn. 36 ff. Die Kritik am alten Pflegebedürftigkeitsbegriff beruhte im Wesentlichen darauf, dass Pflegebedürftige mit körperlichen Beeinträchtigungen im Durchschnitt höhere Pflegestufen erreichten als Personen mit somatischen oder psychischen Beeinträchtigungen und dadurch tendenziell begünstigt wurden.

3   **b) Entstehungsgeschichte.** Dem SGB XI war eine rund 20jährige Diskussion vorausgegangen.[9] Sie betraf in erster Linie die Absicherung des Risikos der Alterspflegebedürftigkeit,[10] hervorgerufen (auch) durch das Ansteigen der durchschnittlichen Lebenserwartung, d. h. durch die demographische Entwicklung.[11] Dieses Risiko hat der Gesetzgeber durch Errichtung eines neuen eigenständigen Zweigs der Sozialversicherung („Fünfte Säule") und durch die Schaffung der privaten Pflegeversicherung (PPV)[12] im SGB XI zu mindern gesucht. Das SGB XI ist seit seinem Inkrafttreten vielfach geändert worden, zunächst durch das Pflege-Neuausrichtungs-Gesetz – (PNG).[13] Die Amtliche Begründung sagt dazu:

4   „Die Altersstruktur der Gesellschaft wird sich in den nächsten Jahrzehnten grundlegend verändern. Es wird immer mehr ältere und hochbetagte Menschen geben. Pflegebedürftigkeit ist typischerweise ein Alters- und insbesondere ein Hochaltersrisiko. Heute sind bereits circa 2,4 Millionen Menschen pflegebedürftig. In wenigen Jahrzehnten wird die Zahl auf über vier Millionen Menschen steigen. Gleichzeitig sinkt die Bevölkerungszahl insgesamt, so dass der prozentuale Anteil der pflegebedürftigen Menschen noch schneller ansteigen wird. Dieser Wandel stellt große Herausforderungen an die Weiterentwicklung der pflegerischen Versorgung und Betreuung sowie ihre Finanzierung.

Ein hoher Anteil der pflegebedürftigen Menschen ist zugleich an Demenz erkrankt. Derzeitigen Erhebungen zufolge sind von den 2,4 Millionen Pflegebedürftigen etwa 0,9 Millionen demenziell erkrankt. Sie benötigen neben grundpflegerischen Angeboten vor allem Betreuungsleistungen. Auch ihre Zahl wird deutlich ansteigen. Als die Pflegeversicherung 1995 eingeführt wurde, wurden keine eigenständigen, auf die Situation Demenzkranker zugeschnittenen Leistungsangebote eingeführt, da die Erkrankung damals noch nicht so häufig auftrat. Die Gesamtzahl der an Demenz erkrankten Menschen wird derzeit auf mindestens 1,2 Millionen geschätzt.

Der demografische Wandel wird auch dazu führen, dass die Zahl der erwerbsfähigen Menschen und damit das Potenzial der für die Versorgung notwendigen Pflegekräfte sinkt. Es ist deshalb erforderlich, einen Beitrag zur Steigerung der Attraktivität der pflegerischen Berufe zu leisten. Ein Großteil der in diesem Gesetz vorgesehenen Maßnahmen dient auch dieser Zielsetzung.

Die Pflegeversicherung ist ein Teilleistungssystem, das Pflegebedürftigen und ihren Angehörigen hilft und sie unterstützt, die schwierige und verantwortungsvolle Aufgabe der pflegerischen Versorgung zu bewältigen. Der Erhalt der Pflegebereitschaft von Angehörigen und von Personen, die dem Pflegebedürftigen nahestehen, sowie die Entlastung dieser Menschen sind eine zentrale Aufgabe der Pflegeversicherung.

Die zukünftigen Herausforderungen der Pflegeversicherung bedürfen einer soliden Finanzierung. Die umlagefinanzierte Sozialversicherung ist auf ein ausgewogenes Verhältnis der Generationen angewiesen. Bedingt durch die sinkende Kinderzahl steigt die von den folgenden Generationen zu übernehmende Finanzierungslast.

Zudem muss neu definiert werden, wer als pflegebedürftig anzusehen ist, und geklärt werden, welchen Hilfebedarf insbesondere Demenzkranke haben. Damit verbunden ist ein Orientierungswechsel, was unter Pflege zu verstehen ist, wie die Pflege in die Gesellschaft eingebunden ist und wie vor allem der besondere, in der Regel betreuerisch und weniger grundpflegerisch ausgerichtete Bedarf von Demenzkranken zu berücksichtigen ist. Mit diesem Gesetz wird dieser Orientierungswechsel eingeleitet; die Umsetzung wird einen längeren Zeitraum in Anspruch nehmen.

---

[9] Siehe dazu übersichtlich BVerfGE 103, 197 (200 ff.).
[10] Vgl. BVerfGE 103, 242 (246).
[11] Zu dieser siehe *Birg*, Die ausgefallene Generation; *Krönert (u. a.)*, Die demografische Lage der Nation; *Mackensen*, in: Ferber u. a. (Hrsg.), Die demografische Herausforderung, S. 17 ff.
[12] → § 69 Rn. 7.
[13] Vom 23.10.2012 (BGBl. I 2246), im Wesentlichen in Kraft getreten am 30.10.2012 (Art. 16 I PBG).

Im Hinblick auf den unmittelbar bestehenden Hilfebedarf demenzkranker Menschen werden diese ab dem 1. Januar 2013 so lange mehr und bessere Leistungen erhalten, bis ein Gesetz in Kraft tritt, das eine Leistungsgewährung aufgrund eines neuen Pflegebedürftigkeitsbegriffs und eines entsprechenden Begutachtungsverfahrens vorsieht. Sie sind Teil eines Gesamtkonzepts zur Verbesserung der Lage von an Demenz erkrankten Menschen.

Außerdem sind weitere umfassende Leistungsverbesserungen vorgesehen, von der Möglichkeit der vorübergehenden Inanspruchnahme von häuslichen Betreuungsleistungen, der Flexibilisierung der Leistungsinanspruchnahme, der Betreuung in ambulant betreuten Wohngruppen über bessere Beratung bis hin zur Entlastung von Angehörigen.

Die verbesserten Leistungen für die Pflegebedürftigen und die Angehörigen machen eine Erhöhung des Beitragssatzes zum 1. Januar 2013 um 0,1 Beitragssatzpunkte erforderlich. Zudem wird – im Sinne der langfristigen Finanzierbarkeit der Pflegeversicherung und im Hinblick auf die in einem Teilleistungssystem notwendige Eigenvorsorge – die Umlagefinanzierung durch eine steuerlich geförderte, freiwillige, kapitalgedeckte Pflege-Vorsorge ergänzt. Das bedarf noch einer gesetzlichen Regelung."[14]

Durch das Erste Pflegestärkungsgesetz wurden zum 1.1.2015 die Pflegeleistungen für Bedürftige und deren Angehörige deutlich ausgeweitet. Durch das Zweite Pflegestärkungsgesetz wurde zum 1.1.2017 u. a. ein neuer Pflegebedürftigkeitsbegriff, welcher nicht mehr zwischen körperlicher Einschränkung und Demenzerkrankung unterscheidet, eingeführt.[15]

c) **Versicherungspflicht. aa) Risikobegrenzung.** Das SGB XI führt zu einer Risikobegrenzung. Sie wird durch die in §§ 20–22 SGB XI vorgeschriebene Versicherungspflicht für Mitglieder der GKV verwirklicht.[16]

bb) SGB XI – PKV[17]. Personen, die gegen das Risiko Krankheit bei einem PKV-Unternehmen mit Anspruch auf allgemeine Krankenhausleistungen versichert sind, sind durch § 1 II 2, § 23 I SGB XI verpflichtet worden, bei diesem oder einem anderen PKV-Unternehmen ihrer Wahl (§ 23 II SGB XI) zur Absicherung des Risikos der Pflegebedürftigkeit einen Versicherungsvertrag zu schließen und aufrechtzuerhalten.[18] Entsprechende Regelungen gelten für Beamte (§ 23 III SGB XI)[19] und weitere Personenkreise (§ 23 IV SGB XI). Die dem korrespondierenden Pflichten der PKV-Unternehmen sind in § 110 SGB XI geregelt. Die Leistungsrechte in der SPV und der PPV müssen „gleichwertig" sein (§ 23 I 2 SGB XI). Das schließt aber Differenzierungen nicht aus.[20]

2. Tatsächliche Bedeutung

Zum 1.1.2015 waren in der SPV 70,73 Mio. Menschen, in der PPV 9,41 Mio. versichert. Da, wie § 23 SGB XI zeigt, die Pflicht zur Pflegeversicherung der Pflicht zur Krankenversicherung folgt,[21] laufen diese Zahlen – weitgehend – parallel zu den Krankenversicherungs-Zahlen.

Pflegebedürftig waren zum Jahresende 2015 rd. 2,86 Mio. Menschen. Annähernd drei Viertel (73 % oder 2,08 Mio.) aller Pflegebedürftigen wurden zu Hause versorgt. Davon

---

[14] BT-Drs. 17/9369, S. 18.
[15] Siehe hierzu → § 69 Rn. 36 ff.
[16] Siehe dazu *Udsching*, SGB XI Vorbem. Rn. 1 vor §§ 20–27.
[17] Zu den MB/PPV 1996 siehe *Bach/Moser*, S. 783 ff. Zur PPV allgemein vgl. *Weber*, in: Bach/Moser, Private Krankenversicherung, Teil G.
[18] Seit 1.1.2013 besteht zudem die Möglichkeit, eine Pflegezusatzversicherung mit einer staatlichen Förderung abzuschließen („Pflege-Bahr"). Nachdem die Nachfrage zunächst schwach war, ist die Zahl der abgeschlossenen Verträge zum 31.12.2015 auf rd. 683.600 angestiegen.
[19] Siehe dazu BSG, SozR 4–3300 § 23 SGB XI Nr. 1 (Nicht krankenversicherter Beihilfeberechtigter).
[20] *Ladeur*, in: FS 50 Jahre Bundessozialgericht, S. 673 ff.
[21] *Udsching*, in: Spickhoff, Medizinrecht Nr. 520 SGB XI Vorbem. Vor § 20 Rn. 2 unter Hinweis auf BT-Drs. 12/5262 S. 102. Siehe dazu auch § 193 III VVG.

wurden 1,38 Mio. Pflegebedürftige in der Regel allein durch Angehörige gepflegt. Wie das Statistische Bundesamt (Destatis) mitteilt, hat die Zahl der Pflegebedürftigen im Vergleich zu Dezember 2013 um 234.000 (+ 8,9 %) zugenommen. 83 % der Pflegebedürftigen waren über 65 Jahre alt und älter, mehr als ein Drittel (37 %) war mindestens 85 Jahre alt. Die Mehrheit der Pflegebedürftigen war weiblich (64 %).[22]

3. Verfassungsrechtliche Kontrolle

9   Insbesondere die Indienstnahme der PKV durch §§ 23, 110 SGB XI zur Erfüllung gesetzlich vorgeschriebener Versicherungspflichten hat zu einer umfangreichen Kontrolle des SGB XI durch das BVerfG geführt. In zwei Entscheidungen aus dem Jahr 2001 hat das BVerfG die gesetzlichen Regelungen grundsätzlich für verfassungsgemäß gehalten.[23] Das BVerfG ist davon ausgegangen, der Gesetzgeber habe sich bei der SPV als eines neuen Zweigs der Sozialversicherung zu Recht auf seine Kompetenz aus Art. 74 I Nr. 12 GG berufen.[24] Die Regelungen über die PPV seien durch Art. 74 I Nr. 11 GG gedeckt.[25] In der Sache verfolgten die einschlägigen Regelungen legitime Zwecke des Gemeinwohls; sie seien auch verhältnismäßig.[26] Große Teile der Bevölkerung seien nicht bereit gewesen, sich alsbald freiwillig gegen das Pflegerisiko abzusichern. Die gesetzliche Verpflichtung zum Abschluss eines Pflegeversicherungsvertrages mache die Lebensrisiken kontrollierbarer und im Versicherungsfall tragbarer.[27] In der Tagespolitik wird immer wieder kritisiert, dass der Bürger zu schnell nach dem Staat rufe. Aber das hier vom BVerfG ausführlich gerechtfertigte Programm des Schutzes des Menschen vor sich selbst, ein Programm, das dem Bürger Unmündigkeit und nicht Eigenverantwortlichkeit unterstellt, ist nie abgeschlossen, weil Freiheit nicht abgeschlossen ist und deshalb immer wieder aufs Neue reguliert werden kann.

10 Zwei weitere Entscheidungen haben zu Beanstandungen geführt.[28]

4. Abgrenzung zur Krankenversicherung

11 **a) Unterschiedliche Personenkreise.** Zwar folgt, wie gezeigt, die Pflegeversicherung grundsätzlich der Krankenversicherung. Die Personenkreise, die in der GKV pflichtversichert sind, sind aber nicht immer deckungsgleich mit dem SPV-Personenkreis, wie sich aus einem Vergleich von § 20 SGB XI und § 5 SGB V ergibt.[29]

---

[22] Zahlen und Fakten zur Pflegebedürftigkeit: Statistisches Bundesamt: www.destatis.de.
[23] BVerfGE 103, 197 – Verpflichtung freiwillig in der PKV gegen Krankheit Versicherter zum Abschluss eines privaten Pflegeversicherungsvertrags; BVerfGE 103, 271 – Verschlechterung der Stellung der PKV-Versicherten in Bezug auf PKV-Prämien zu den Beitragssätzen in der GKV; Nichtberücksichtigung geleisteten Kindesunterhalts bei der Berechnung der Prämienhöhe.
[24] BVerfGE 103, 197 (215 ff.).
[25] BVerfGE 103, 197 (217 ff.).
[26] BVerfGE 103, 197 (221 ff.).
[27] BVerfGE 103, 197 (222 f.).
[28] BVerfGE 103, 225 – Ausschluss von der Versicherungspflicht nach SGB XI bei Personen, die bei deren Inkrafttreten nicht in der GKV versichert waren. Dieser Mangel wurde durch § 26a I 1 SGB XI behoben, siehe dazu *Baier*, in: Krauskopf, Soziale Krankenversicherung Pflegeversicherung, § 26a SGB XI, Rn. 2. Die in § 26a I 2 SGB XI weiterhin enthaltenen Beitrittsbeschränkungen sind verfassungsgemäß, BSG, SozR 4–3300, § 26a SGB XI Nr. 1, 2. BVerfGE 103, 242 – Gleichhohe Pflegeversicherungsbeiträge in der SPV für Mitglieder, die Kinder betreuen und erziehen, wie für Mitglieder ohne Kinder. Siehe dazu § 55 III, IV SGB XI und dazu *Peters,* in: KassKomm., § 55 SGB XI, Rn. 6, 8 ff. Die Einbeziehung minderjähriger einkommensloser Kinder, die in der GKV freiwillig versichert sind, in die SPV zu Beiträgen nach Mindesteinnahmen verstößt nicht gegen Grundrechte, BSG, SozR 4–3300 § 25 SGB XI Nr. 1.
[29] Siehe dazu die tabellarische Übersicht bei *Richter,* in: Saalfrank (Hrsg.), Handbuch des Medizin- und Gesundheitsrechts, § 8 Rn. 15.

b) Abgrenzung der Leistungspflichten. Problematischer ist die Abgrenzung der Leistungspflichten. 12

aa) Allgemeines. § 14 I SGB XI definiert die Pflege über den Begriff der Pflegebedürftig- 13
keit. Pflegebedürftig sind solche Personen, die wegen einer Krankheit oder Behinderung für die Verrichtungen des täglichen Lebens hilfebedürftig sind. Wer krank[30] ist, hat in der GKV einen Anspruch auf Krankenbehandlung (§ 27 SGB V). Das SGB XI grenzt Krankheit und Pflegebedürftigkeit nicht gegeneinander ab, sondern setzt Krankheit oder Behinderung nur als Ursache für Pflegebedürftigkeit. Wer wegen Krankheit behandlungsbedürftig ist, wird zugleich auch gepflegt. Insoweit verdrängt der Anspruch auf Krankenbehandlung den Anspruch auf Pflegeleistungen nach SGB XI (Ausnahme: § 34 II SGB XI). Der Anspruch auf Pflegeleistungen greift grundsätzlich nur, wenn Krankenbehandlung nicht erforderlich ist.

bb) Stationärer Sektor. Die Abgrenzung von Krankenbehandlung und Leistungen der 14
SPV hängt danach davon ab, ob ein Anspruch auf Krankenbehandlung gegeben ist oder nicht. Bei stationärer Behandlung besteht ein solcher Anspruch, wenn die Krankheit behandlungsbedürftig ist und die spezifischen Mittel des Krankenhauses erforderlich sind, um die Krankheit „zu erkennen, zu heilen, ihre Verschlimmerung zu verhüten oder Krankheitsbeschwerden zu lindern".[31] Ist keine akute medizinische Behandlung erforderlich, besteht kein Behandlungsanspruch nach § 27 SGB V; dann kommen nur Rehabilitation oder dauerhafte Pflege (im Pflegeheim) in Betracht.[32]

cc) Ambulanter Sektor. Bis zum Inkrafttreten des GKV-WSG ging die häusliche Kran- 15
kenpflege den Pflegeleistungen der SPV grundsätzlich vor (§ 37 II SGB V, § 13 II iVm § 34 II SGB XI). Die Bestimmung des Pflegeaufwands im Rahmen des § 14 IV SGB XI a. F. und das Verhältnis zur Heilbehandlung erwies sich aber als außerordentlich schwierig und führte zu einem Streit zwischen BSG und Gesetzgeber.[33] Das PNG hat in § 38a I Nr. 1 SGB XI unter bestimmten Voraussetzungen (z. B. das Vorhandensein einer Präsenzkraft) zusätzliche Leistungen in Höhe von 214 € monatlich für Pflegebedürftige vorgesehen, die in ambulant betreuten Wohngruppen in einer gemeinsamen Wohnung mit häuslicher pflegerischer Versorgung leben. Der Zuschlag ist zweckgebunden. Er soll die besondere Versorgungsform (§ 45a ff. SGB XI) stärken.[34] Dem dient eine Anschubfinanzierung zur Gründung von ambulant betreuten Wohngruppen (§ 45e SGB XI i. d. F. des PNG).

dd) Hilfsmittel. Für die Auslegung und Anwendung des § 33 SGB V gilt der Hilfsmittel- 16
begriff des § 47 SGB IX sinngemäß.[35] Pflegebedürftige haben Anspruch auf Pflegehilfsmittel, soweit die Hilfsmittel nicht „wegen Krankheit oder Behinderung von der Krankenversicherung oder anderen zuständigen Leistungsträgern zu leisten sind" (§ 40 I 1 SGB XI). Entscheidend für den Begriff des Pflegehilfsmittels ist, dass es „im konkreten Fall allein oder

---

[30] Zu Gesundheit und Krankheit siehe → § 1 Rn. 1 ff.
[31] Zum Vorrang der ambulanten vor der stationären Pflege siehe v. *Mielecki*, Grenzen des Vorrangs der ambulanten vor der stationären Pflege in der sozialen Pflegeversicherung, 2017.
[32] BSGE 47, 83 (85); 92, 300, Rn. 16.
[33] BSG, SozR 3–2500 § 37 SGB V Nr. 3 – Ausschluss der Versorgung mit Kompressionsstrümpfen zu Lasten der GKV, wenn der entsprechende Aufwand bei der Ermittlung des Pflegebedarfs berücksichtigt worden ist. Einfügung des 2. Hs. in § 37 II 1 SGB V a. F. („der Anspruch umfasst das Anziehen und Ausziehen von Kompressionsstrümpfen ab Kompressionsklasse 2 auch in den Fällen, in denen dieser Hilfsbedarf bei der Feststellung der Pflegebedürftigkeit nach den §§ 14 und 15 des Elften Buchs zu berücksichtigen ist"). BSGE 94, 192 (201) hat das kritisiert und eine verfassungskonforme Auslegung vorgenommen. Das GKV-WSG hat, wie die Amtliche Begründung aussagt (BR-Drs. 755/06, S. 291) diese Entscheidung nachvollzogen und § 37 II SGB V entsprechend geändert. § 37 II SGB V enthält ein Wahlrecht des Versicherten zwischen beiden Systemen. Das BSG hat – früher schon – in der parallelen Zuständigkeit zweier Träger einen verfassungsrechtlich bedenklichen Systembruch gesehen, BSG, SozR 4–2500 § 37 SGB V Nr. 3. Zum ganzen Problem siehe kritisch *Udsching*, SGb 2007, 694 (695).
[34] BTR-Drs. 17/9369 S. 40 f. Siehe auch § 45f SGB XI i. d. F. des PNG.
[35] BSG, SozR 4–2500 § 33 SGB V Nr. 13 Rn. 12; § 60 Rn. 1.

doch jedenfalls schwerpunktmäßig der Erleichterung der Pflege dient".[36] Durch das GKV-WSG sind keine grundlegenden Änderungen in § 33 SGB V erfolgt.[37]

III. Aufgaben und Funktionen der Pflegeversicherung[38]

1. Aufgabe

17 Die Pflegeversicherung „hat die Aufgabe, Pflegebedürftigen Hilfe zu leisten, die wegen der Schwere der Pflegebedürftigkeit auf solidarische Unterstützung angewiesen sind" (§ 1 IV SGB XI). Das sieht nach individueller Zuwendung aus. Die eigentliche Aufgabe ist es aber gewesen, die Allgemeinheit vor den Gefahren zu schützen, die entstehen, wenn bei Fehlen individueller Risikovorsorge[39] Pflegeleistungen aus Steuermitteln finanziert werden müssen.[40] Eine wirkliche Individualisierung des durch Versicherung gedeckten Pflegebedarfs scheitert im Übrigen – natürlich – an den dafür fehlenden finanziellen Mitteln.[41]

18 Das schlägt sich nieder in der erheblichen Beschränkung der Leistungsrechte: Was im SGB XI als Hilfsbedarf nicht anerkannt ist, scheidet aus der Pflegeversicherung aus. Einen der gravierendsten Fälle von Pflegebedürftigkeit, die Demenz, greift das Zweite Pflegestärkungsgesetz (PSG II) in besonderer Form auf: mit Einführung des neuen Pflegebedürftigkeitsbegriffs und dem neuen Begutachtungsinstrument, mit dem die bisherigen drei Pflegestufen durch fünf Pflegegrade ersetzt werden.[42] An der Tatsache, dass die Pflegeversicherung für die Fälle der Pflegebedürftigkeit nur ergänzende Funktionen wahrnimmt, ändert das nichts.

2. Funktionen

19 Das wird durch § 4 II SGB XI bestätigt. Wenn dort davon die Rede ist, dass die Leistungen der Pflegeversicherung bei häuslicher und teilstationärer Pflege „die familiäre, nachbarschaftliche oder sonstige ehrenamtliche Pflege und Betreuung" lediglich ergänzen, so bleibt von § 1 IV SGB XI nicht mehr viel übrig. Die „Fünfte Säule der Sozialversicherung" gewährleistet keine Vollversorgung auf dem Gebiet der Pflege. Sie gibt nur eine Grundsicherung. Unverändert ist der Versicherte auf Eigenleistungen angewiesen, und damit grundsätzlich auch auf deren Finanzierbarkeit.[43] Das betrifft aber vor allem auch die – nach Maßgabe des § 36 II SGB XI – bestehenden Leistungspflichten der Sozialhilfeträger nach §§ 14, 15, 61 SGB XII (siehe dazu die Vorrangregeln des § 13 SGB XI).

---

[36] BSG, SozR 3–2500 § 33 SGB V Nr. 47; SozR 4–2500 § 33 SGB V Nr. 5; SozR 4–3300 § 40 SGB XI Nr. 2 Rn. 2. Das BSG macht darauf aufmerksam, dass die praktische Bedeutung der Anwendung des § 33 SGB V oder des § 40 SGB XI bei Hilfsmitteln im häuslichen Bereich wohl nur in Unterschieden bei den Zuzahlungspflichten besteht. Versorgungslücken, die unter Umständen bei der PKV bestehen, können dagegen nicht über § 23 SGB XI für die PPV geschlossen werden, BSG, SozR 4 3300 § 40 SGB XI Nr. 2 Rn. 19 f. Das GKV-Hilfsmittelverzeichnis ist jedoch Bestandteil des privaten Versicherungsvertrags, vgl. *Theodoridis*, in: R/L, § 34 Rn. 47. Zum Hilfsmittel-Verzeichnis siehe → § 61 Rn. 1 ff.
[37] *Udsching*, SGb 2007, 694 (696).
[38] Pflegeversicherung = SPV und PPV.
[39] Siehe oben → § 69 Rn. 9.
[40] *Schulin*, NZS 1994, 433 (435 f.).
[41] *Udsching*, in: Wenzel, Kap. 8, Rn. 1; *ders.*, SGb 2007, 694.
[42] Zu den medizinrechtlichen Grundprinzipien im Konzept von Pflege und Demenz siehe *Damm*, MedR 2010, 451.
[43] Der zusätzliche Finanzierungsaufwand für den Einzelnen, ergibt sich aus der Entwicklung der Beitragssätze der Pflegeversicherung. Über lange Jahre (von 7/1996 – 6/2008) mit 1,70 % konstant, stieg der Satz von 7/2008 auf 1,95 %. Am 1.1.2017 wurde er auf 2,55 % angehoben.

IV. Grundsätze der Pflegeversicherung

1. Allgemeines

Im Ersten Kapitel des SGB XI „Allgemeine Vorschriften" gibt das Gesetz die Grundsätze wieder, die in den folgenden Bestimmungen konkretisiert und näher ausgestaltet werden sollten. Die rechtliche Bedeutung der meisten, wenn auch nicht aller (vgl. §§ 5, 8 SGB XI) Grundsätze ist jedoch außerordentlich gering. Sie formulieren in erster Linie das Selbstverständnis der das Gesetz bei seiner Entstehung tragenden politischen Parteien, sind also primär als entstehungsgeschichtliches Politikum zu verstehen. Als eine für alle geltende Regelung unterliegt sie nicht nur der (üblichen) Verwässerung durch die Notwendigkeit der Mehrheitsbeschaffung, sondern auch den Vorgaben, die daraus resultieren, den meist anlassbezogenen Aktionismus möglichst populistisch zu rechtfertigen. Detailliertes Schrifttum und Rechtsprechung zu solchen Grundsätzen fehlen deshalb auch beim SGB XI. Der Rückgriff auf solche Regelungen bei der Anwendung konkreter Bestimmungen erweist sich im Allgemeinen als rechtlich überflüssig. Gelegentliche Erwähnungen, z. B. des Grundsatzes der Eigenverantwortlichkeit, haben deshalb nur ornamentalen Charakter; sie dienen der Selbstvergewisserung der Entscheidungsträger, im Rahmen der Judicial Correctness gehandelt zu haben. Genau aus diesem Grund ist aber eine knappe Darstellung der Grundsätze nicht entbehrlich. Sie dient der Einsicht in die Bedeutung der Pragmatik rechtlicher Überzeugungsbildung und damit einer Verbesserung der Analyse wissenschaftlicher Erkenntnisse, der Verwaltungspraxis und der richterlichen Entscheidungen.

2. Selbstbestimmung

§ 2 I 1 SGB XI sagt von den Leistungen der Pflegeversicherung, sie sollen „den Pflegebedürftigen helfen, trotz ihres Hilfebedarfs ein möglichst selbständiges und selbstbestimmtes Leben zu führen, das der Würde des Menschen entspricht". Dies soll verwirklicht werden durch das Wahlrecht des Pflegebedürftigen (zwischen Einrichtungen und Diensten verschiedener Träger) (§ 2 II 1 SGB XI). Angemessenen Wünschen soll im Rahmen des Leistungsrechts entsprochen werden (§ 2 II 2 SGB XI).[44] Auf die religiösen Bedürfnisse der Pflegebedürftigen ist Rücksicht zu nehmen (§ 2 III 1 SGB XI).

3. Eigenverantwortung

a) **Versicherte.** Jeder ist sich selbst der Nächste. Durch gesundheitsbewusste Lebensführung, durch frühzeitige Beteiligung an Vorsorgemaßnahmen und durch aktive Mitwirkung an Krankenbehandlungen und Leistungen zur medizinischen Rehabilitation sollen die Versicherten dazu beitragen, Pflegebedürftigkeit zu vermeiden (§ 6 I SGB XI). Hätte diese Vorschrift unmittelbaren rechtlichen Gehalt, müssten, bei Verstoß, Pflegeleistungen im Regelfall (denn das bedeutet eine Sollvorschrift) versagt werden. Das setzte aber eine – nachträgliche – Kontrolle z. B. der Lebensführung (Trink- und Essgewohnheiten) des Versicherten voraus, eigentlich sogar – im Zuge des Präventionsstaats – eine Überwachung während der Lebensführung (paralleles Beispiel: Gesundheitsüberwachung durch Kontrolluntersuchungen von Kleinkindern). Angesichts des dem Bürger höchstrichterlich attestierten Mangels an Risikovorsorge hat die Vorschrift noch nicht einmal sinnvollen Appellcharakter. Der zahlenmäßig wichtige Fall des Eintritts der Pflegebedürftigkeit allein wegen Alters kann von § 6 I SGB XI ohnehin nicht erfasst werden.

b) **Pflegebedürftigkeit.** Nach Eintritt der Pflegebedürftigkeit **müssen** die Pflegebedürftigen bei den getroffenen Maßnahmen daran mitwirken, um die Pflegebedürftigkeit zu über-

---

[44] Zum Wunsch- und Wahlrecht siehe *Gokel*, f&w 2016, 128–131.

winden, zu mindern oder eine Verschlechterung zu verhindern (sog. Compliance), § 6 II SGB XI. Siehe auch § 5 SGB XI und § 1 SGB V.

25 Fehlende Compliance lässt sich feststellen. § 66 II 1 SGB I wird jedoch fast nie angewendet.[45]

4. Gemeinsame Verantwortung

26 § 8 I SGB XI macht die pflegerische Versorgung zu einer gesamtgesellschaftlichen Aufgabe.[46] Solche gesetzgeberischen Appelle bewirken sicher nicht eine neue Kultur der Hilfeleistung.[47]

5. Subsidiaritätsgrundsätze

27 Das SGB XI verwirklicht eine dreifache Subsidiarität.

28 a) **Binnenbereich.** Im Pflegebereich selbst hat die häusliche Pflege Vorrang (§ 3 Satz 1 SGB XI).[48] Leistungen der teilstationären Pflege und der Kurzzeitpflege gehen den Leistungen der vollstationären Pflege vor (§ 3 Satz 2 SGB XI).

29 b) **Prävention und medizinische Rehabilitation.** Die Leistungen der Pflegeversicherung sind gegenüber den Leistungen der Prävention und medizinischen Rehabilitation (§ 5 SGB XI, § 31 SGB XI [siehe aber § 32 SGB XI]) nachrangig.

30 c) **Andere Sozialleistungen.** Die Leistungen der Pflegesicherung haben gegenüber anderen Sozialleistungen Vorrang nach Maßgabe der §§ 13 I–IV SGB XI.

V. Versicherungspflicht

31 Anknüpfungspunkt für alle Leistungen der Pflegeversicherungen ist der versicherte Personenkreis.[49]

1. SPV

32 Wer versicherungspflichtiges Mitglied oder freiwillig versichertes Mitglied der GKV ist sowie die weiteren in § 20, § 21 SGB XI genannten Personenkreise, ist von Gesetzes wegen nach dem SGB XI pflegeversichert.[50] Bei Ausscheiden aus der Versicherungspflicht nach §§ 20, 21 SGB XI besteht die Möglichkeit der freiwilligen Weiterversicherung (§ 26 SGB XI). § 22 SGB XI sieht antragsabhängige Befreiungsmöglichkeiten von der Versicherungspflicht vor.

2. PPV

33 Die Versicherungspflicht der PKV-Mitglieder in der Ausgestaltung durch § 110 SGB XI folgt aus § 23 SGB XI.

---

[45] Siehe dazu *Krauskopf,* in: ders., Soziale Krankenversicherung Pflegeversicherung, § 6 SGB XI, Rn. 4.
[46] Zum Zusammenwirken vieler gesellschaftlicher Kräfte und Institutionen siehe BT-Drs. 12/5262, S. 92).
[47] *Krauskopf,* in: ders., Soziale Krankenversicherung Pflegeversicherung, § 8 SGB XI, Rn. 2.
[48] Zu den Leistungen der häuslichen Krankenpflege gemäß § 37 SGB V siehe § 13 I, II SGB XI.
[49] Siehe schon → § 69 Rn. 6, 7.
[50] Zum Kündigungsrecht in der PKV nach Eintritt der Voraussetzungen der §§ 20, 21 SGB XI siehe § 27 SGB XI und dazu BSG, SozR 4–3300 § 27 SGB XI Nr. 1.

3. Nicht krankenversicherte Personen

Dieser Personenkreis wird von § 20 I 2 Nr. 12 SGB XI erfasst. Wer sich dennoch nicht **34**
versichert hat, hat kein Beitrittsrecht nach § 26a SGB XI (siehe auch § 33a SGB XI).

VI. Leistungsberechtigung

Die Leistungsberechtigung der in der Pflegeversicherung Versicherten (das gilt für die SPV **35**
[wegen § 23 VI SGB XI] ebenso wie für die PPV) hängt von ihrer Pflegebedürftigkeit ab.

1. Pflegebedürftigkeit

Zum 1.1.2017 ist der neue Pflegebedürftigkeitsbegriff in Kraft getreten. Nach dem modifi- **36**
zierten § 14 SGB XI werden Personen als pflegebedürftig im Sinne des SGB XI definiert, „die gesundheitlich bedingte Beeinträchtigungen der Selbständigkeit oder der Fähigkeiten aufweisen und deshalb der Hilfe durch andere bedürfen. Es muss sich um Personen handeln, die körperliche, kognitive oder psychische Beeinträchtigungen oder gesundheitlich bedingte Belastungen oder Anforderungen nicht selbständig kompensieren oder bewältigen können. Die Pflegebedürftigkeit muss auf Dauer, voraussichtlich für mindestens sechs Monate, und mit mindestens der in § 15 festgelegten Schwere bestehen"; vgl. § 14 I SGB XI.

a) Kriterien. Gesundheitlich bedingte Beeinträchtigungen der Selbständigkeit oder der **37**
Fähigkeiten im Sinne des Abs. 1 werden in § 14 Abs. 2 SGB XI nach sechs unterschiedlichen Modulen zur Pflegebegutachtung bestimmt: Mobilität (Nr. 1), kognitive und kommunikative Fähigkeiten (Nr. 2), Verhaltensweisen und psychische Problemlagen (Nr. 3), Selbstversorgung (Nr. 4), Bewältigung von und selbständiger Umgang mit krankheits- oder therapiebedingten Anforderungen und Belastungen (Nr. 5) und die Gestaltung des Alltagslebens und sozialer Kontakte (Nr. 6).[51] Jedes Modul besteht aus einzelnen Kriterien, welche nach Punktwerten bemessen werden und den Schwergrad der Beeinträchtigung ergeben.

b) Dauer. Ausschlaggebend für Art und Umfang der Leistungen, und damit für die **38**
Ansprüche der Versicherten nach §§ 36 ff. SGB XI, ist die Dauer des Hilfebedarfs (§ 14 I, § 15 SGB XI) nach Maßgabe der Richtlinien der Pflegekassen (§ 17 SGB XI).[52]

aa) Voraussichtlich für mindestens sechs Monate. Der in § 14 I 1 SGB XI enthaltene **39**
Zusatz „voraussichtlich für mindestens sechs Monate" setzt eine Prognoseentscheidung zum Zeitpunkt der Antragstellung (frühestens ab Eintritt der Pflegebedürftigkeit, § 33 I SGB XI) voraus.[53]

bb) Zuordnung zu den Pflegegraden. Die Zuordnung des Hilfebedarfs zu den nunmehr **40**
fünf Pflegegraden (§ 15 I SGB XI) wird mittels eines neuen pflegefachlich begründeten Begutachtungsinstruments („Neues Begutachtungsassessment – NBA") ermittelt. Die vormals geltenden „Orientierungswerte zur Pflegezeitbemessung" wurden mit der Einführung der Pflegegrade 2017 obsolet.

Der neue Pflegebedürftigkeitsbegriff steht in unmittelbarem Zusammenhang mit dem NBA. Entsprechend den Modulen des § 14 II SGB XI umfasst die neue Begutachtung sechs Module.[54]

---

[51] Der Katalog ist aus Gründen der Rechtssicherheit abschließend formuliert.
[52] PflRi vom 7.11.1994 i. d. F. vom 22.8.2001, abgedruckt bei *Aichberger*, Soziale Krankenversicherung Pflegeversicherung Nr. 1600.
[53] BSG, SozR 4–3300 § 14 SGB XI Nr. 6 Rn. 9.
[54] S. Anlage 1 zu § 15 SGB XI n. F.

2. Pflegegrade

41 Für die Zuordnung zu einem Pflegegrad kommt es im Rahmen der Pflegebegutachtung darauf an, wie eingeschränkt die pflegebedürftige Person in ihrer Selbständigkeit/Fähigkeit ist. Anhand der konkret ermittelten Punktwerte wird der Schweregrad der Beeinträchtigung für jedes der in § 14 II SGB XI genannten Module festgelegt.[55] Daraus ergeben sich folgende Pflegegrade:

a) **Pflegegrad 1**: Geringe Beeinträchtigung der Selbstständigkeit.
b) **Pflegegrad 2**: Erhebliche Beeinträchtigung der Selbstständigkeit.
c) **Pflegegrad 3**: Schwere Beeinträchtigung der Selbstständigkeit.
d) **Pflegegrad 4**: Schwerste Beeinträchtigung der Selbstständigkeit.
e) **Pflegegrad 5**: Schwerste Beeinträchtigung der Selbstständigkeit mit besonderen Anforderungen an die pflegerische Versorgung.

Die Module des Begutachtungsinstruments werden gem. § 15 II Satz 8 SGB XI wie folgt gewichtet:
1. Mobilität mit 10 Prozent,
2. kognitive und kommunikative Fähigkeiten sowie Verhaltensweisen und psychische Problemlagen zusammen mit 15 Prozent,
3. Selbstversorgung mit 40 Prozent,
4. Bewältigung von und selbständiger Umgang mit krankheits- oder therapiebedingten Anforderungen und Belastungen mit 20 Prozent,
5. Gestaltung des Alltagslebens und sozialer Kontakte mit 15 Prozent.

VII. Leistungen

1. Allgemeines

42 a) **SPV.** Leistungen der SPV erhält der Versicherte grundsätzlich als Sach- oder Dienstleistung.[56] Die Pflegeleistungen beschaffen die Pflegekassen über die Zulassung von Leistungserbringern (§ 72 SGB XI) im Rahmen von Versorgungsverträgen. Die Vergütung für die Leistung wird unmittelbar von der Pflegekasse übernommen. Damit korrespondiert der Sicherstellungsauftrag der Pflegekassen, §§ 12 I, 69 I SGB XI.

43 b) **Wirtschaftlichkeitsgebot.** Die Leistungen müssen wirksam und wirtschaftlich sein; sie dürfen das Maß des Notwendigen nicht überschreiten (§ 29 I 1 SGB XI). Das entspricht § 12 SGB V.[57]

44 c) **Antragsabhängigkeit.** Die Leistungen der Pflegeversicherungen sind antragsabhängig (§ 33 I 1 SGB XI).[58]

2. Leistungsarten

45 In Betracht kommen vorrangig die häusliche Pflege (§§ 36 ff. SGB XI), die teilstationäre Pflege (wenn häusliche Pflege nicht in ausreichendem Umfang sichergestellt werden kann

---

[55] Zur Ermittlung des Pflegegrades siehe im Einzelnen § 15 III SGB XI.
[56] Zum Sachleistungsprinzip allgemein siehe → § 9 Rn. 4 ff. Ausnahme: § 37 SGB XI. Im Gegensatz zum Sachleistungsprinzip des SGB V sind allerdings die Pflegeleistungen auf Höchstbeträge begrenzt. Darüber hinausgehende Kosten haben grds. die Versicherten selbst zu tragen. Die soziale Pflegeversicherung ist keine Vollversicherung. Zum „Export" von Sachleistungsansprüchen in EU-Mitgliedstaaten siehe *Bassen*, NZS 2010, 479.
[57] Siehe dazu → § 9 Rn. 18.
[58] Zu Leistungsausschlüssen vgl. § 33a SGB XI, zum Ruhen der Ansprüche siehe § 34 SGB XI, zum Erlöschen vgl. § 35 SGB XI.

oder ergänzt werden muss) (§ 41 SGB XI), die Kurzzeitpflege (§ 42 SGB XI) und die vollstationäre Pflege (§ 43 SGB XI).[59]

3. Leistungsformen der häuslichen Pflege

a) Pflegegeld (§ 37 SGB XI)   46
b) Pflegesachleistungen (§§ 36, 39 SGB XI)   47
c) Pflegehilfsmittel und wohnumfeldverbessernde Maßnahmen (§ 40 SGB XI). Bei stationärer Pflege sind sie von der Pflegeeinrichtung zur Verfügung zu stellen. Die Abgrenzung zu den Hilfsmitteln des § 33 I SGB V[60] ist schwierig.[61]   48

d) Die verschiedenen Formen dieser Pflegeleistungen können nach Maßgabe des § 38 SGB XI kombiniert werden.   49

VIII. Organisation der SPV

1. Träger der Pflegeversicherung

Träger der Pflegeversicherung sind in der SPV die Pflegekassen. Bei jeder Krankenkasse[62] wird eine Pflegekasse errichtet (§ 46 I SGB XI).   50

2. Pflegekassen

Die Pflegekassen sind rechtsfähige Körperschaften des öffentlichen Rechts mit Selbstverwaltung (§ 46 II 1 SGB XI). Sie haben eine eigene Satzung (§ 47 SGB XI), anders als die Regelung für die gesetzlichen Krankenkassen in § 194 SGB V mit abschließendem Charakter.[63] Die Betonung der Selbständigkeit der Pflegekassen ändert aber nichts daran, dass sie vielfältig den gesetzlichen Krankenkassen zugeordnet sind. Das zeigt sich schon an der Identität der Organe, des Verwaltungspersonals und des Medizinischen Dienstes.[64] Auch die Pflegekassen müssen eine Stelle zur Bekämpfung von Fehlverhalten im Gesundheitswesen betreiben (§ 47a SGB XI/§ 197a SGB V).   51

3. Finanzierung der Pflegeversicherung

a) **Vorbildcharakter der GKV.** Die Finanzierung folgt im Wesentlichen dem Recht der GKV (siehe etwa § 54 III, § 60 I 2 SGB XI). Die Mittel für die Pflegeversicherung werden durch Beiträge und sonstige Einnahmen gedeckt, § 54 I SGB XI.[65]   52

Wie in der GKV unterscheidet das SGB XI zwischen Beitragstragung (§ 58 SGB XI) und Beitragszahlung (§ 60 SGB XI). Zu tragen sind die Beiträge von demjenigen, den die Beitragslast trifft. Zur Beitragszahlung ist verpflichtet, wer die Beiträge zu tragen hat. Freiwillige   53

---

[59] Zur Pflege in vollstationären Einrichtungen der Hilfe für behinderte Menschen, vgl. § 43a SGB XI.
[60] Zu diesen siehe → §§ 60 ff. und → § 69 Rn. 16.
[61] Vgl. etwa die Rollstuhlfälle, siehe dazu BSG, SozR 4–3300 § 40 SGB XI Rn. 16, gebilligt vom BVerfG(K), SozR 4–3300 § 40 SGB XI Nr. 3. Zum Anspruch auf Zuschuss nach § 40 IV SGB XI siehe BSG, SozR 4–3300 § 40 SGB XI Nr. 4. Zum Ausschluss der Verdoppelung der Höchstsummenbegrenzung des § 40 IV 3 SGB XI bei Zwillingen, die unter derselben Behinderung leiden, vgl. BSG, Urt. v. 17.7.08 – B 3 P 12/07 R, SozR 4–3300 § 40 SGB XI Nr. 9.
[62] Zu diesen siehe → § 7 Rn. 1 ff.
[63] *Baier*, in: Krauskopf, Soziale Krankenversicherung Pflegeversicherung, § 47 SGB XI Nr. 3.
[64] *Peters*, in: KassKomm, § 46 SGB XI Nr. 5. Beachte auch § 46 VI 5 SGB XI, welcher durch das GKV-Selbstverwaltungsstärkungsgesetz vom 21.2.2017 (BGBl. I 265) neu hinzugekommen ist.
[65] Zu § 54 SGB XI s. *Baumeister*, in: Beck Online-Kommentar Sozialrecht, 44. Edition (März 2017).

Mitglieder der GKV und Privatversicherte können von ihrem Arbeitgeber einen Beitragszuschuss fordern (§ 61 SGB XI[66]).

54 **b) Mittel.** Die Mittel der Pflegekassen umfassen die Betriebsmittel (§ 63 SGB XI) und die Rücklage (§ 64 SGB XI); (§ 62 SGB XI).

55 **c) Finanzausgleich.** Der bundeseinheitliche Beitragssatz macht einen Finanzausgleich unter den Pflegekassen erforderlich (§§ 65 ff. SGB XI).

IX. Leistungserbringerrecht

1. Sicherstellungsauftrag

56 Im Rahmen des Sicherstellungsauftrages müssen die Pflegekassen, soweit ihre Leistungsverpflichtung reicht, eine bedarfsgerechte, dem allgemein anerkannten Stand medizinisch-pflegerischer Erkenntnisse entsprechende Versorgung der Versicherten gewährleisten (§ 69 I 1 SGB XI). Sie schließen zu diesem Zweck
- Versorgungsverträge
- Leistungs- und Qualitätsvereinbarungen und
- Vergütungsvereinbarungen
- Verträge mit Pflegekräften[67]

ab.

2. Zulassung der Pflegeeinrichtung

57 **a) Zulassung.** Jede Pflegeeinrichtung (im ambulanten Bereich der Pflegedienst, bei der stationären Pflege das Pflegeheim) bedarf, um Leistungen der SPV erbringen zu können, der Zulassung zur Pflege durch Versorgungsvertrag (§ 72 I SGB XI).

58 **b) Versorgungsvertrag.** Der Versorgungsvertrag wird von der Einrichtung oder deren Verband[68] und den Landesverbänden der Pflegekassen im Einvernehmen mit dem (über-)örtlichen Träger der Sozialhilfe im Land abgeschlossen (§ 72 II 1 SGB XI). Einvernehmen bedeutet Zustimmung. Wird die Zustimmung nicht erklärt, so gilt § 81 I 2 SGB XI: Der Sozialhilfeträger kann im Ergebnis überstimmt werden.

59 Der Versorgungsvertrag ist schriftlich abzuschließen (§ 73 I SGB XI). Er ist für die Pflegeeinrichtung und für die Pflegekassen im Inland unmittelbar verbindlich (§ 72 II 2 SGB XI).[69]

60 **c) Rahmenverträge.** Der Inhalt der Versorgungsverträge wird inzwischen weitgehend durch die Rahmenverträge nach § 75 SGB XI bestimmt. Diese Verträge haben normative Wirkung,[70] gehen also entgegenstehenden Individualvereinbarungen vor.

61 **d) Dienstvertrag.** Der von Pflegebedürftigen mit einer zugelassenen ambulanten Pflegeeinrichtung geschlossene Vertrag ist ein Vertrag über Dienste höherer Art im Sinne von § 627 I BGB.[71]

---

[66] Zu § 61 SGB XI s. *Baumeister*, in: Beck Online-Kommentar Sozialrecht, 44. Edition (März 2017).
[67] Zur Anerkennung als „verantwortliche Pflegefachkraft" siehe BSG, SGb 2012, 484 mit Anm. v. *Koch*, SGb 2012, 490.
[68] Nach § 77 I SGB XI im Bereich der häuslichen Pflege u. U. mit einer einzelnen Pflegekraft (zur Pflegefachkraft siehe § 71 III SGB XI). Ein Vertrag mit anderen Haushaltsangehörigen eines Pflegebedürftigen ist unzulässig, BSG, SozR 3–3300 § 77 SGB XI Nr. 1. S. a. § 69 Rn. 76a; Rn. 72.
[69] Zur Kündigung eines Versorgungsvertrags siehe § 74 SGB XI.
[70] → § 8 Rn. 1 ff.
[71] BGH, VersR 2011, 1271 (1272). § 120 II SGB XI lässt das zivilrechtliche Kündigungsrecht unberührt, zust. *Bieback*, JZ 2012, 205. Zur Pflege naher Angehöriger in der häuslichen Pflege siehe die

3. Qualitätssicherung

a) Pflegequalitätssicherungsgesetz. Die Qualität der Leistungserbringung hat sich, zum Teil wegen der begrenzten Finanzierungsmöglichkeiten nach der Einführung des SGB XI, zunehmend als Problem erwiesen. Das Pflegequalitätssicherungsgesetz vom 9.9.2001 (BGBl. I 2320) hat den Versuch unternommen, die aufgetretenen Mängel zu beseitigen. Von besonderer Bedeutung sind dabei die Wirtschaftlichkeitsprüfungen (§ 79 SGB XI). Daneben spielen die externen Qualitätssicherungsmaßnahmen der §§ 112 ff. SGB XI eine Rolle.

b) Pflege-Weiterentwicklungsgesetz[72]. Das Pflege-WEG hat das System von Leistungs- und Qualitätsnachweisen des § 114 SGB XI durch ein neues Modell der Sicherung von Pflegequalität abgelöst. Es ruht auf drei Säulen.[73]

- Qualitätsentwicklung durch Verankerung von Expertenstandards (§ 113a SGB XI)
- Transparenz der Ergebnisse von Qualitätsprüfungen (§ 115 I a SGB XI)
- Externe Qualitätssicherung durch den MDK.

Insbesondere die Transparenzberichterstattung[74] hat unter dem Stichwort „Pflege-TÜV"[75] Rechtsprechung und Schrifttum umfangreich beschäftigt. Auf der einen Seite wird die Validität der Transparenzkriterien bezweifelt. Auf der anderen Seite wird die mit der Berichterstattung verbundene Information[76] als „besonders dringliche Aufgabe" angesehen.[77]

Neben dem Qualitäts-Sicherungssystem des SGB XI steht die heimrechtliche Qualitätskontrolle. Sie ist Gegenstand des jeweiligen Landesrechts.[78]

4. Vergütungsvereinbarungen

a) Pflegeheime[79]. aa) Begriffe/Zahlpflicht/Pflegesätze/Investitionsaufwendungen. Pflegevergütung ist die leistungsgerechte Vergütung für die allgemeinen Pflegeleistungen (§ 82 I Nr. 1 SGB XI).

Die allgemeinen Pflegeleistungen ergeben sich im ambulanten Bereich aus §§ 36, 14 SGB XI, im stationären Bereich aus § 43 II, § 82 I 3 SGB XI.

Die Pflegevergütung ist von den Pflegebedürftigen oder deren Kostenträgern zu tragen (§ 82 I 2 SGB XI). Das führt dazu, dass die Pflegevergütung von den Zahlpflichten des Pflegebedürftigen und seiner Kostenträger her bestimmt wird. Maßgebend sind bei Pfle-

---

arbeitsrechtlichen Vorgaben des Pflegezeitgesetzes (PflegeZG) vom 28.5.2008 (BGBl. I 896). Von den Vorschriften des PflegeZG kann nicht zuungunsten der Beschäftigten abgewichen werden (§ 8 PflegeZG). Zur Rentenversicherungspflicht nicht erwerbsmäßig tätiger Pflegepersonen siehe BSG, SGb 2011, 160 mit zust. Anm. von *Marschner*, SGb 2011, 166. Zur Unfallversicherung der Pflegeperson siehe LSG NRW SGb 2011, 292 und dazu ausf. *Linder/Schlaeger*, SGb 2011, 295.

[72] Vom 29.5.2008 (BGBl. I 874) (Pflege-WEG).
[73] *Bassen*, in: Udsching, SGB XI, Vorbem. Rn. 3 vor §§ 112 ff.; *Theuerkauf*, MedR 2011, 265. Siehe dazu auch BT-Drs. 16/7439 S. 41 f.
[74] Zu beachten sind dafür auch die Pflegetransparenzvereinbarung ambulant – PTVA vom 29.1.2009, ab 1.1.2017 anzuwenden in der Fassung vom 7.12.2015, und die Pflegetransparenzvereinbarung stationär – PTVS vom 17.12.2008. Zu diesen beiden Vereinbarungen siehe vor allem *Martini/Albert*, NZS 2012, 201 ff., 247 ff.
[75] S. *Martini/Albert*, NZS 2012, 201 ff., 247 ff.; *Ossege*, NZS 2012, 526.
[76] Die Veröffentlichung solcher Transparenzberichte im Internet hat das SG Münster für unzulässig gehalten, MedR 2011, 529 mit zust. Anm. v. *Ossege*, MedR 2011, 534; *ders.*, NZS 2012, 526 (527 f.).
[77] Zur LSG-Rechtsprechung siehe die Nachweise bei *Theuerkauf*, MedR 2011, 265 (267 f.). Zur Rechtsschutzproblematik vgl. *Ossege*, NZS 2012, 526 (530 ff.). Zur verfassungsgerichtlichen Kontrolle siehe ausf. *Wegmann*, SGb 2011, 80.
[78] S. z. B. *Burmeister/Dinter*, NVwZ 2009, 628.
[79] Zum rechtlichen Rahmen für Errichtung, Betrieb und Finanzierung von Pflegeheimen siehe *Schäfer/Voland/von Strenge*, NZS 2008, 570.

geheimen die Pflegesätze: Es sind dies die Entgelte der Heimbewohner oder ihrer Kostenträger für die Leistungen des Pflegeheims nach Maßgabe des § 84 SGB XI. Die Pflegesätze sind für alle Heimbewohner nach einheitlichen Grundsätzen zu bemessen (§ 84 III SGB XI). Sie gelten alle allgemeinen Pflegeleistungen ab, § 84 IV SGB XI. Art, Höhe und Laufzeit der Pflegesätze werden zwischen dem Träger des Pflegeheims und den Leistungsträgern vereinbart (§ 85 SGB XI). Die Vereinbarung ist ein öffentlich-rechtlicher Vertrag.[80] Kommt eine Pflegesatzvereinbarung nicht zustande, setzt eine Schiedsstelle nach § 76 SGB XI auf Antrag die Pflegesätze fest.[81] Ein rückwirkendes Inkrafttreten ist ausgeschlossen (§ 85 VI 2 SGB XI).

69 bb) **Unterkunft und Verpflegung.** Bei stationärer Pflege kommt das angemessene Entgelt für Unterkunft und Verpflegung hinzu (§ 82 I Nr. 2 SGB XI).[82] Die Leistungsträger nach § 85 II SGB XI vereinbaren mit dem Träger des Pflegeheims die von den Pflegebedürftigen zu tragenden Entgelte für Unterkunft und Verpflegung, § 87 SGB XI (siehe dazu auch § 82 II SGB XI).

70 cc) **Verzicht.** Zum möglichen Verzicht auf vertragliche Regelungen nach § 85 SGB XI (ein Recht, das nur den Pflegeeinrichtungen zusteht) siehe § 91 SGB XI. Die Vergütung wird dann unmittelbar mit dem Pflegebedürftigen vereinbart.

71 dd) **Investitionsaufwendungen.** Ein besonderes, wegen der dafür erforderlichen finanziellen Mittel besonders umkämpftes Problemfeld ist die Finanzierung betriebsnotwendiger Investitionen sowie sonstige Aufwendungen.

72 (1) Soweit die Aufwendungen nicht durch die öffentliche Förderung nach § 9 SGB XI gedeckt werden, können die Pflegeeinrichtungen diese Aufwendungen (nach einer Berechnung, die der Zustimmung der zuständigen Behörde bedarf) gegenüber dem Pflegebedürftigen gesondert berechnen (§ 82 III SGB XI).

73 (2) Pflegeeinrichtungen, die nach Landesrecht nicht gefördert werden,[83] können die gesonderte Berechnung ohne Zustimmung der zuständigen Landesbehörde vornehmen (§ 82 IV SGB XI).

Im Ergebnis werden deshalb vom SGB XI nur die allgemeinen Pflegeleistungen (und auch diese nur teilweise) abgedeckt. Unterkunft und Verpflegung zahlt der Pflegebedürftige aus eigener Tasche, ebenso den ihm gegenüber gesondert berechneten Investitionsaufwand.[84]

74 b) **Pflegevergütung – ambulante Pflegeeinrichtungen.** Soweit keine Gebührenordnung nach § 90 SGB XI eingreift, werden die Vergütungen (im Wesentlichen vergleichbar den Vereinbarungen bei Pflegeheimen, vgl. § 89 III 3 SGB XI) im Wege der Vereinbarung festgelegt (§ 89 SGB XI). Auch hier kann der Träger auf den Abschluss einer Vereinbarung verzichten und Kostenerstattung unmittelbar mit dem Pflegebedürftigen vereinbaren (§ 91 I SGB XI).

75 c) **PPV.** Für die PPV gelten §§ 23, 110 SGB XI und die MB/PPV 2017.

---

[80] *Zuck,* in: Fichte/Plagemann/Waschull, Handbuch Sozialversicherungsrecht, § 5 Rn. 257. Zu einem Muster für eine Vergütungsvereinbarung siehe *Richter,* in: Plagemann (Hrsg.), Münchener Anwaltshandbuch Sozialrecht, § 32 Rn. 53 ff.

[81] Zum Schiedsamtsverfahren nach § 89 SGB V siehe → § 8 Rn. 6 ff.; zur Schiedsstelle nach § 18a KHG siehe → § 24 Rn. 319 ff. Zum Schiedsstellenverfahren siehe allgemein *Udsching,* in: Wenzel, Handbuch des Fachanwalts Medizinrecht, Kap. 8, Rn. 81 ff.; ein Muster zum Schiedsstellenantrag findet sich bei *Richter,* in: Plagemann, Münchener Anwaltshandbuch Sozialrecht, § 32 Rn. 79 ff. Zum Rechtsweg s. § 29 SGG.

[82] Zur Ausbildungsvergütung siehe § 82a SGB XI i.d.F. des Pflege-WEG. Auch die Aufwendungen für Ehrenamtliche sind berücksichtigungsfähig, § 82b SGB XI.

[83] Pflegewohngeld gehört nicht zur öffentlichen Förderung, BSGE 91, 182.

[84] § 82 SGB XI ist neu gefasst worden, s. dazu Weber, NZS 2013, 406.

X. Pflegevergütung und HeimG

1. Heimvertrag

Maßgeblich ist das Wohn- und Betreuungsvertragsgesetz⁸⁵, durch das die §§ 5–9 HeimG aufgehoben worden sind. Unverändert muss jedoch das Entgelt angemessen sein (§ 7 II WBVG), und ist nach einheitlichen Grundsätzen zu bemessen (§ 7 III WBVG). Es kann bei Änderung des Pflege- und Betreuungsbedarfs angepasst (§ 8 WBVG) und ggf. erhöht werden (§ 9 WBVG).⁸⁶

76

2. Konkurrenzen

a) SGB XII. § 7 II 3 WBVG regelt das Verhältnis von Verträgen mit Personen, die Hilfe in Einrichtungen nach dem SGB XII erhalten. Diese Verträge müssen den nach dem Zehnten Kapitel des SGB XII getroffenen Vereinbarungen entsprechen.

77

b) SGB XI. Die Vergütungsregelungen des SGB XI gelten für alle Bewohner, die Leistungen insbesondere nach dem SGB XI beanspruchen können (§ 7 II 2 WBVG).

78

3. Abschnitt: Arztstrafrecht

§ 70 Die strafrechtliche Verantwortung des Arztes

I. Öffentliches Medizinrecht und Arztstrafrecht

Schwerpunkt dieses Medizinrechts ist das öffentliche Medizinrecht.¹ Arztstrafrecht lässt sich diesem Ansatz nicht zuordnen. Die Bildung eines Schwerpunkts schließt jedoch die Behandlung von Rechtsmaterien, die klassischer Bestandteil des überkommenen Medizinrechts sind, nicht aus. Dies zeigt schon die Darstellung des Arzthaftpflichtrechts als eines zivilrechtlichen Gegenstands.² Letzten Endes rechtfertigt sich die Darstellung des Arztstrafrechts aber aus § 14b FAO. Die Regelungen für die Bezeichnung „Fachanwalt für Medizinrecht" setzen auch Kenntnisse im Arztstrafrecht voraus.³ Das Medizinwirtschaftsstrafrecht steht spätestens seit Einführung der neuen Korruptionstatbestände im Gesundheitsrecht (§§ 299a und 299b StGB) mehr denn je im Fokus der fachwissenschaftlichen Aufmerksamkeit. Angesichts der abweichenden Schwerpunktbildung auf dem Sektor des öffentlichen Medizinrechts⁴ fällt jedoch die Darstellung, wie schon beim Pflegeversicherungsrecht, bewusst knapper aus.

1

II. Strafrecht und Arztstrafrecht

Wie jeder Einwohner der Bundesrepublik Deutschland unterliegt auch der Arzt der allgemeinen strafrechtlichen Verantwortung, was die Anwendung strafrechtlicher Normen an-

2

---

⁸⁵ Wohn- und Betreuungsvertragsgesetz vom 29.7.2009 (BGBl. I 2319) („WBVG"), vgl. Art. 1 des HeimRNG vom 29.7.2009 (BGBl. I 2319). Das Gesetz ist am 1.10.2009 in Kraft getreten, Art. 3 HeimRNG. Das hat auch zu einer Änderung des § 119 SGB XI geführt, vgl. Art. 2 Nr. 8 HeimRNG.
⁸⁶ Zum WBVG siehe den Kommentar von *Rasch*, 2012. Der WBVG-Kommentar von *Gassner/Richter* soll Ende 2018 erscheinen.
¹ Vorwort → § 1 Rn. 19.
² → § 14 Rn. 59 ff.
³ → § 1 Rn. 9.
⁴ → § 1 Rn. 19 ff.

geht, ohne jede Einschränkung. Auch der Arzt muss das Verkehrsrecht beachten, darf keine Steuern hinterziehen und keine Urkunden fälschen. Das meint jedoch der Begriff des Arztstrafrechts nicht, würde er doch in dieser weiten Fassung eine Darstellung des gesamten Strafrechts erfordern. Gemeint sind vielmehr die besonderen, strafrechtlich bedeutsamen Gefährdungslagen, die sich gerade aus der Berufsausübung des Arztes ergeben. Arztstrafrecht i.w.S. würde dabei auch jene Gefährdungslagen erfassen, die den Arzt mehr als den Durchschnittsbürger betreffen. So kann die sexuelle Integrität des narkotisierten Patienten gerade durch den Arzt gefährdet werden. Er hat leichteren Zugang zu Drogen als andere, die ungeliebten Kollegen mag er verunglimpfen, den eiligen Patientenbesuch unter Alkohol oder mit überhöhter Geschwindigkeit durchführen. Das herkömmliche Arztstrafrecht (i.e.S.) konzentriert sich jedoch auf arzttypische Gefährdungslagen, wie sie regelmäßig im Rahmen der ärztlichen Berufsausübung auftreten.

III. Arztstrafrecht im engeren Sinne

1. Arztbezug

3   Ausgangspunkt für die Darstellung des Arztstrafrechts ist damit die typische ärztliche Berufstätigkeit.[5] Im Gesundheitssystem sind viele andere Berufsgruppen tätig, die Heil-Hilfsberufe, die Arzneimittel- und Medizinprodukte-Hersteller, die Heil- und Hilfsmittelerbringer, die Apotheker. Sie alle haben ihre eigenen strafrechtlichen Gefährdungslagen, welche möglicher Gegenstand eines allgemeinen Medizinstrafrechts sein können. Das Arztstrafrecht i.e.S. bildet infolgedessen nur einen Ausschnitt aus dieser Gesamtproblematik.

2. Arzttypische Gefährdungslagen

4   Die Strafrechtsnormen gelten unverändert vom Sachverhalt, auf den sie sich beziehen. Schwerpunkt eines Arztstrafrechts könnte deshalb die Darstellung der Einzelheiten strafrechtlicher Normen sein, etwa des strafrechtlichen Begriffs der Körperverletzung (§ 223 StGB) oder des Betrugstatbestands (§ 263 StGB). Das wäre jedoch kein originäres medizinrechtliches Thema. Eine solche Darstellung fiele in die ausschließliche Kompetenz des Strafrechtlers. Aufgabe des Medizinrechtlers ist es in erster Linie, den strafrechtlichen Ausgangspunkt zu erkennen, näher zu bestimmen und auf dieser Grundlage zu beurteilen. Schwerpunkt einer Darstellung des Arztstrafrechts muss deshalb die arzttypische Gefährdungslage sein, die geeignet ist, die einschlägigen strafrechtlichen Mechanismen auszulösen. Das führt zu folgenden Darstellungsabschnitten:
- unterlassene Hilfeleistung
- die Grundpflicht aus dem Behandlungsvertrag: Behandlung *lege artis*
- sonstige Pflichten aus dem Behandlungsvertrag (z.B. Schweigepflicht)
- zwischen Leben und Tod: die Besonderheiten des Rechts der Biomedizin
- Arzt und Geld (Korruption/Abrechnungsbetrug/Drittmitteleinwerbung).

3. Zuordnung des Arztstrafrechts zu den Kategorien des Medizinrechts[6]

5   Alle hier erwähnten Grund-Sachverhalte betreffen die Anwendung der für alle geltenden Normen unter den besonderen Aspekten der arzttypischen Gefährdungslage. Es handelt sich also um sekundäres Medizinrecht.[7] Das gilt auch für die unterlassene Hilfeleistung (§ 323c StGB), weil die Hilfeleistungspflicht jedermann betrifft, und es gilt für die Schweigepflicht (§ 203 StGB), die nicht nur Ärzten obliegt.

---

[5] Das meint den Zahnarzt und den Psychotherapeuten (vgl. § 72 I 1 SGB V) immer mit. Zum Verhältnis Zahnarzt/gewerbliches Labor unter strafrechtlichen Gesichtspunkten s. bereits → § 30 Rn. 26.
[6] → § 1 Rn. 17 f.
[7] → § 1 Rn. 17 f.

§ 71 Unterlassene Hilfeleistung (§ 323c StGB)[8]

1. Strafrechtsnorm

Nach § 323c StGB wird bestraft, „wer bei Unglücksfällen oder gemeiner Gefahr oder Not nicht Hilfe leistet, obwohl dies erforderlich und ihm den Umständen nach zuzumuten, insbesondere ohne erhebliche eigene Gefahr und ohne Verletzung anderer wichtiger Pflichten möglich ist". 1

2. Arzttypische Sachverhalte

a) Wie das Wort „Wer" zeigt, wendet sich § 323c StGB an jedermann. Es handelt sich also nicht um eine ausdrücklich arztbezogene Norm. Ärzte haben keine erweiterte Berufspflicht zum Handeln. Es muss in diesem Zusammenhang allerdings beachtet werden, dass für sie im Einzelfall wegen ihrer besonderen Sachkunde als Arzt eine gegenüber dem Durchschnittsbürger erhöhte Handlungspflicht besteht. 2

b) Es gibt eine Reihe von Sachverhalten, die auf arzttypische Gefährdungslagen hinweisen. Beispielhaft seien erwähnt: 3

- Der Vertragsarzt verweigert die Behandlung (den Abschluss eines Behandlungsvertrages), weil er mit der Behandlung die ihm durch das Wirtschaftlichkeitsgebot gezogenen Grenzen überschreiten würde und deshalb eine für ihn negative Abrechnungs-[9] oder Wirtschaftlichkeitsprüfung[10] befürchtet[11] (Fall 1);
- der Arzt unterlässt einen Hausbesuch, weil er meint, der Patientin könne ihn auch in der Praxis aufsuchen. Die Patientin stirbt noch zuhause an den Folgen einer Eileiterschwangerschaft[12] (Fall 2);
- der Arzt verweigert die Teilnahme am Bereitschaftsdienst im konkreten Einzelfall, weil er die ihm geschilderte Erkrankung des Patienten für nicht sofort behandlungsbedürftig hält. Der Patient klagte über Übelkeit. Der Arzt hielt das für eine bloße Befindlichkeitsstörung. Der Patient hatte jedoch einen Herzinfarkt[13] (Fall 3);
- der in der Krankenhausambulanz tätige Arzt verweigert die Aufnahme des Patienten, weil die Klinik fachlich nicht zuständig und außerdem überbelegt sei. Ein Krankenwagen bringt – nachts – ein Kind mit einem gebrochenen Arm. Der diensthabende Arzt schickt den Krankenwagen mit dem Argument weg, die Klinik habe keine Kinderstation[14] (Fall 4);
- der Arzt greift bei einem Suizidversuch nicht ein[15] (Fall 5).

3. Tatbestandsvoraussetzungen des § 323c StGB

a) **Unglücksfall.** Von den drei unterschiedlichen Voraussetzungen für ein Tätigwerden kommt im Arztstrafrecht in erster Linie der **Unglücksfall** in Betracht. 4

---

[8] *Frister/Lindemann/Peters*, Artstrafrecht, S. 85 ff.; *Krause/Caspory*, Arztstrafrecht, in: Cramer/Cramer, Anwalts-Handbuch Strafrecht, 345 ff.; Deutsch/Spickhoff, Medizinrecht, Rn. 370; *Ulsenheimer*, in: L/U, § 141; *Erlinger/Bock*, Arztstrafrecht, in: Widmeier (Hrsg.), Münchner Anwaltshandbuch Strafverteidigung, § 49; *Ulsenheimer*, Arztstrafrecht in der Praxis, Teil I § 2; *Schöch*, in: R/S, S. 109 ff. Zur Verteidigung allgemein s. *Ulsenheimer*, Arztstrafrecht in der Praxis, Teil II (S. 580 ff.); *Schmidt/Giring*, in: R/L, § 15 Rn. 204 ff.; *Frister/Lindemann/Peters*, Arztstrafrecht, § 33 ff.; *Teubner*, in: AG Medizinrecht im DAV/IMR (Hrsg.), S. 65 ff.
[9] → § 22 Rn. 1 ff.
[10] → § 23 Rn. 1 ff.
[11] Siehe dazu *Ulsenheimer*, Grenzen der ärztlichen Behandlungspflicht vor dem Hintergrund begrenzter finanzieller Ressourcen, in: FS f. Kohlmann, 2003, 319.
[12] BGH, NStZ 1985, 409.
[13] BGHSt 7, 211.
[14] Zur verspäteten Behandlung im Krankenhaus siehe BGHSt 21, 50.
[15] BGHSt 32, 367.

Unglücksfall ist ein plötzlich eintretendes Ereignis, das erhebliche Gefahr für ein Individualrechtsgut mit sich bringt oder zu bringen droht.[16] Als Individualrechtsgut kommt in diesem Zusammenhang die Gesundheit in Betracht (Art. 2 II 1 GG).

5 Krankheit ist als solche kein Unglücksfall, wohl aber ihr plötzliches Auftreten (z. B. Schlaganfall, Herzinfarkt, Gallenkolik, Beinbruch) oder eine plötzliche Veränderung im Zustand des Kranken.

6 Nach Auffassung der Rechtsprechung ist auch der frei verantwortete Selbstmordversuch ein Unglücksfall im Sinne des § 323c StGB.[17]

Dass die Handlungspflicht „bei" einem Unglücksfall eintritt, besagt, dass – z. B. – die Hilfe „aus Anlass" eines Unglücksfalls erforderlich ist. Das kann auch im Rahmen eines Telefongesprächs für den Hilfepflichtigen erkennbar werden. Die Beispielsfälle Nr. 2, 3 und 4[18] sind Unglücksfälle. Ob der Arzt zum Handeln verpflichtet war, hängt davon ab, ob der Unglücksfall für ihn als solcher erkennbar war. Der Beispielsfall 1 betrifft eine unterlassene Behandlung im Rahmen einer allgemeinen Erkrankung; ein Unglücksfall scheidet aus. Nach Auffassung des BGH ist auch Beispielsfall 5 ein Unglücksfall, schon deshalb, weil nicht sofort erkennbar ist, ob der Suizidversuch frei verantwortet ist oder nicht.[19]

7 **b) Art und Umfang der Hilfeleistung.** Die Hilfeleistung muss nicht immer in unmittelbarer eigener Hilfe bestehen. Der telefonisch nachts angerufene Arzt kann – z. B. – auf den ärztlichen Bereitschaftsdienst oder die Notaufnahme eines Krankenhauses verweisen.

8 Der Umfang der Hilfeleistung hängt davon ab, inwieweit die Hilfe erforderlich und ob sie für den Hilfepflichtigen zumutbar ist.

9 aa) Erforderlich ist die Hilfeleistung dann, wenn ohne sie die Gefahr besteht, dass der Unglücksfall zu einer nicht ganz unerheblichen Schädigung der Gesundheit des Kranken führen würde.[20] Das ist aus der Sicht eines objektiven Betrachters ex ante, also zum Zeitpunkt des Unglücksfalls zu beurteilen. Erforderlich ist die Hilfeleistung nicht, wenn sie von vorneherein aussichtslos ist[21] oder wenn die Gewähr für sofortige anderweitige Hilfe besteht.[22]

10 bb) Die Hilfeleistung muss dem Arzt nach den konkreten Umständen des Einzelfalls zumutbar sein. Dabei sind die – möglicherweise – kollidierenden Belange abzuwägen. Je schwerer der Unglücksfall wiegt, desto eher treten die Eigenpflichten des Arztes zurück. Die Verletzung anderer wichtiger Pflichten kann jedenfalls vom Arzt nicht verlangt werden.

11 **c) Verschulden**[23]. Die unterlassene Hilfeleistung kann nur vorsätzlich begangen werden. Bedingter Vorsatz, d. h. die Inkaufnahme negativer Folgen für den Kranken trotz Kenntnis der sie bedingenden Umstände, genügt. Dass ein Arzt vorsätzlich die erforderliche und ihm zumutbare Hilfe unterlässt, wird selten sein.[24] Der häufigste Fall, die unberechtigte Nichtaufnahme eines Kranken in eine Klinik, hat angesichts des in der Regel dichten Kliniknetzes selten strafrechtliche Konsequenzen.

---

[16] BGHSt 6, 147.

[17] BGHSt 6, 147. Im Regelfall besteht keine strafrechtlich sanktionierte Hilfeleistungspflicht. Einzelheiten sind jedoch umstritten, siehe dazu *Schöch*, in: R/S, S. 116 f.; *Fischer* StGB § 323c Rn. 3 a.

[18] → § 71 Rn. 3.

[19] Zur Strafbarkeit eines Arztes wegen Überlassung tödlicher Medikamente zur Selbsttötung siehe dagegen OLG Hamburg, Beschl. v. 8.6.2016 – 1 Ws 13/16.

[20] BGH, NJW 1954, 728.

[21] Im Übrigen kommt es auf die Erfolgsaussichten der Hilfeleistung nicht an.

[22] BGH, NJW 1952, 394.

[23] Siehe dazu *Cramer/Sternberg-Lieben*, in: Schönke/Schröder (Hrsg.), StGB, § 323c Rn. 28 f.

[24] Siehe dazu etwa OLG Köln, NJW 1991, 764. Für die Verweigerung eines Hausbesuchs hat das OLG den Arzt grds. als strafbar wegen fahrlässiger Körperverletzung durch Unterlassung angesehen und ausgeführt, dass ein „medizinisch indizierter Hausbesuch" anzunehmen sei, wenn dem Arzt telefonisch Symptome mitgeteilt wurden, die auf eine Entzündung des Wurmfortsatzes und des Blinddarms hindeuteten.

§ 72 Behandlungsvertrag und Strafrecht

Mit dem Behandlungsvertrag[25] tritt der Arzt, ganz gleich, ob es sich um einen GKV-Patienten oder um einen Privatpatienten handelt, in eine besondere Rechtsbeziehung zum Patienten ein, die zu einer Vielzahl rechtlicher Pflichten für den Arzt führt. Ihre Verletzung kann auch strafrechtliche Konsequenzen haben. Hier sollen die Grundpflichten der ärztlichen Behandlung (I) im Hinblick auf mögliche strafrechtliche Folgen bei ihrer Verletzung erörtert werden, sodann eine Reihe weiterer Pflichten, die unter strafrechtlichen Aspekten eine Rolle spielen, nämlich die Schweigepflicht (II) und die Ausstellung unrichtiger Gesundheitszeugnisse (III).

I. Ärztliche Behandlung[26]

1. Der Heileingriff

Die Rechtsprechung hält unverändert daran fest, einen Eingriff in die körperliche Unversehrtheit eines Menschen auch dann als Körperverletzung zu bewerten, wenn er durch einen Arzt in heilender Absicht erfolgt.[27] Die Heilmaßnahme kann deshalb im Regelfall nur durch eine wirksame Einwilligung des Patienten gerechtfertigt werden,[28] siehe dazu auch § 228 StGB.

2. Einwilligung und Aufklärung

Als Voraussetzung einer wirksamen Einwilligung ist regelmäßig die Aufklärung des Patienten über Verlauf und Risiko der Therapie und über mögliche Behandlungsalternativen[29] erforderlich.[30]

3. Mögliche Straftatbestände

a) **Fahrlässige Körperverletzung (§ 229 StGB).** „Wer durch Fahrlässigkeit die Körperverletzung einer anderen Person verursacht, wird … bestraft." (§ 229 StGB).

aa) **Begriff.** „Fahrlässig handelt, wer eine objektive Pflichtwidrigkeit begeht, sofern er diese nach seinen subjektiven Kenntnissen und Fähigkeiten vermeiden konnte und wenn gerade diese Pflichtwidrigkeit objektiv und subjektiv vorhersehbar den Erfolg gezeitigt hat"[31] (= bewusste Fahrlässigkeit. Stichwort: „Es wird schon gut gehen"). Unbewusst fahrlässig handelt, wer schon die Möglichkeit der Tatbestandsverwirklichung aufgrund seines pflichtwidrigen Handelns nicht voraussieht.[32]

---

[25] → § 14 Rn. 1 ff.
[26] Umfassend *Fehn*, GesR 2007, 385. Zu den ärztlichen Behandlungspflichten siehe → § 12 Rn. 51 ff.; zur Krankenhausbehandlung vgl. → § 16 Rn. 1 ff.
[27] BGHSt 43, 306 (308) – Gammastrahlen zur Tumorbekämpfung. Siehe dazu ausf. *Ulsenheimer*, in: Laufs/Uhlenbruck, Handbuch des Arztrechts, § 138 Rn. 1 ff.
[28] BGHSt 43, 306 (308) – Gammastrahlen zur Tumorbekämpfung. Zur Gammastrahlenbehandlung als Körperverletzung siehe auch OLG Stuttgart, NJW 1983, 2644 f.; zur Behandlung mit Röntgenstrahlen vgl. BGH, NJW 1972, 335 (336).
[29] Zu den ärztlichen Aufklärungspflichten siehe *Schöch*, in: R/S, 47 ff.
[30] *Schroth*, in: R/S, 90 ff. Zur strafrechtlichen Bedeutung von Aufklärungsmängeln siehe ausf. *Ulsenheimer*, Arztstrafrecht in der Praxis, S. 76 ff.
[31] BGHSt 49, 1 (5) – Strafbarkeit verantwortlicher Ärzte eines psychiatrischen Krankenhauses durch Gewährung von Lockerungen, die ein untergebrachter gefährlicher Patient zur Begehung von Gewalttaten missbraucht (hier: versuchte Vergewaltigung).
[32] BGHSt 41, 206 (218 f.) – Gesundheitsschäden durch Herzschutzmittel. Zu alledem siehe ausf. *Ulsenheimer*, Arztstrafrecht in der Praxis, S. 289 ff.

6   bb) **Standard eines erfahrenen Facharztes.** Für die Beurteilung des Pflichtinhalts hat sich der Topos des Facharzt-Standards eingebürgert.[33] „Für die Beurteilung ärztlichen Handelns gibt es kein ‚Ärzteprivileg' „wonach die strafrechtliche Haftung sich etwa auf die Fälle grober Behandlungsfehler beschränken ließe".[34] Maßgebend ist der Standard eines erfahrenen Facharztes, also „das zum Behandlungszeitpunkt in der ärztlichen Praxis bewährte, nach naturwissenschaftlicher Kenntnis gesicherte, von einem durchschnittlichen

7   Facharzt verlangte Maß an Kenntnis und Können".[35] An das Maß der ärztlichen Sorgfalt sind hohe Anforderungen zu stellen. Für die Beurteilung kommt es auf die Sicht ex ante an,[36] d. h. auf den Zeitpunkt der Vornahme oder der Unterlassung der ärztlichen Maßnahme.

8   cc) **Typische Fehlerquellen**[37]. Sie liegen im Bereich der
- Diagnose, Indikation, Wahl und Durchführung der ärztlichen Maßnahmen, ggf. der Nachsorge (= **Behandlungsfehler**);
- Aufklärung und Voruntersuchung (= **Aufklärungsfehler**);
- Organisation des Arztbetriebs/des Krankenhauses (= **Organisationsfehler**)[38]

9   b) **Fahrlässige Tötung (§ 222 StGB).** „Wer durch Fahrlässigkeit den Tod eines Menschen verursacht, wird ... bestraft" (§ 222 StGB). Die Rechtsfolgen, die sich im Zusammenhang mit dem strafrechtlichen Vorwurf fahrlässiger Tötung stellen, sind identisch mit denen bei fahrlässiger Körperverletzung.[39] Der Unterschied liegt allein im eingetretenen Erfolg (und dessen Irreversibilität).

II. Schweigepflicht (§ 203 StGB)

10 „Wer unbefugt ein fremdes Geheimnis, namentlich ein zum persönlichen Lebensbereich gehörendes Geheimnis ... offenbart, das ihm als

1. Arzt, Zahnarzt, Tierarzt, Apotheker oder Angehörigen eines anderen Heilberufs, der für die Berufsausübung oder die Führung der Berufsbezeichnung eine staatlich geregelte Ausbildung erfordert,
2. Berufspsychologen mit staatlich anerkannter wissenschaftlicher Abschlussprüfung,
3. ...
...

anvertraut worden oder sonst bekannt geworden ist, wird ... bestraft (§ 203 I StGB).[40]

1. Mögliche Täter

11 Die Schweigepflicht können, wie § 203 I StGB zeigt, nicht nur Ärzte verletzen. Sie sind aber in besonderem Maße Empfänger von Informationen, die in die Privatsphäre ihrer Patienten fallen. Dies beruht einmal auf der für jede ärztliche Behandlung erforderlichen Anamnese, dann aber auch auf dem persönlichen Vertrauensverhältnis zwischen Arzt und Patient, das sich im Laufe einer Behandlung ganz natürlich herstellt und unverzichtbare

---

[33] *Schroth*, in: R/S, 84; siehe dazu OLG Hamm, MedR 2006, 358.
[34] S. dazu *Ulsenheimer*, Arztstrafrecht in der Praxis Rn. 17 ff.
[35] BGH, NJW 2000, 2754 (2758) Transfusionsmedizin; siehe dazu auch *Müller*, GesR 2004, 257 ff.
[36] BGH, NJW 1963, 393 (394).
[37] Siehe dazu *Ulsenheimer*, in: L/K, § 139 Rn. 36.
[38] Allgemein dazu *Zweihoff*, MedR 2004, 364; zur Abgrenzung der Verantwortlichkeiten zwischen Chirurg und Anästhesist siehe BGH, NJW 1980, 651; NJW 1989, 649. Zu den Dokumentationspflichten des Arztes unter strafrechtlichen Aspekten s. *Fehn*, GesR 2007, 504.
[39] Zu den berufsrechtlichen Pflichten im Zusammenhang mit der ärztlichen Schweigepflicht siehe → § 13 Rn. 61 ff. und § 9 MBO. Siehe dazu *Lippert*, in: Ratzel/Lippert, MBO, § 9 Rn. 3. Zum postmortalen Geheimnisschutz vgl. *Kern*, MedR 2006, 205.
[40] S. dazu *Ulsenheimer*, Arztstrafrecht in der Praxis, § 8.

§ 72 Behandlungsvertrag und Strafrecht

Bedingung für die *compliance*, d. h. die Mitwirkung des Patienten an der Behandlung ist. Der Arzt ist infolgedessen ein wichtiger Adressat der strafrechtlichen Sanktionen des § 203 StGB. Das gilt auch für das Personal des Arztes.

2. Schutzgut der Schweigepflicht

Sieht man, wie hier, das persönliche Arzt-Patienten-Verhältnis im Vordergrund,[41] versteht man also die ärztliche Maßnahme nicht nur als technische Reparatur, sondern als Zuwendung zum Ganzen, vom Arzt zu behandelnden Menschen, und erkennt man, dass sich der Patient in dieser Beziehung ganz in die Hände des Arztes begeben hat, so ist die Annahme folgerichtig, das Schutzgut des § 203 StGB im Persönlichkeitsrecht des Patienten und in seinem Selbstbestimmungsrecht zu verankern und nicht im Allgemeininteresse einer funktionsfähigen Gesundheitspflege.[42]

3. Rechtsverstöße

a) Ärztliche Behandlung. Gegen § 203 StGB wird laufend verstoßen. Zwar macht auch hier die Einwilligung des Patienten die Offenbarung des Geheimnisses zulässig.[43] Aber viele Gesundheitsbulletins von Personen des öffentlichen Lebens (die aufgrund ihres Zustands gar nicht in der Lage sind, wirksame Willenserklärungen abzugeben), sind äußerst fragwürdig. Und dann kann man im Familien-, Freundes- und Bekanntenkreis viel über ärztliche Patienten hören, wobei allein schon der Umstand, dass sich jemand in ärztlicher Behandlung befindet, von § 203 StGB erfasst wird.[44] Es gibt unabhängig davon eine Vielzahl von Bereichen, die von § 203 StGB erfasst werden, aber nicht unmittelbar die Krankenbehandlung und ihre Umstände zum Gegenstand haben. Dazu gehören der Praxis(ver)kauf (b), die Einschaltung von Abrechnungsstellen (c), der Binnenverkehr innerhalb eines Krankenhauses oder Arztberufsausübungsgesellschaften/Arztnetzen (d) oder der Rechtsverkehr mit den Krankenkassen/Privatversicherern (e).

b) Praxis(ver)kauf. Maßgebend ist BGH, NJW 1992, 737: „Eine Bestimmung in einem Vertrag über die Veräußerung einer Arztpraxis, die den Veräußerer auch ohne Einwilligung der betroffenen Patienten verpflichtet, die Patienten- und Beratungskartei zu übergeben, verletzt das informationelle Selbstbestimmungsrecht des Patienten und die ärztliche Schweigepflicht (Art. 2 I GG, § 203 StGB). Sie ist wegen Verstoßes gegen ein gesetzliches Verbot (§ 134 BGB) nichtig".[45] Eine stillschweigende Zustimmung gibt es nicht (mehr). Bei der

---

[41] Vgl. § 630c I BGB: „Behandelnder und Patient sollen zur Durchführung der Behandlung zusammenwirken.

[42] Zu diesen Rechtsfragen siehe *Braun*, in: R/S, 276.

[43] Siehe dazu ausf. *Braun*, in: R/S, 293 ff. Zur Weigerung einer staatlichen Stelle, einen Arzt von der Schweigepflicht zu befreien (Unterstellung eines Patienten eines psychiatrischen Krankenhauses unter die Fürsorgeaufsicht), s. BVerfG(K), MedR 2006, 586.

[44] Zum Identitätsschutz des Patienten siehe OLG Karlsruhe, GesR 2006, 471. Verurteilungen wegen eines Verstoßes gegen § 203 StGB sind selten, weil die Vorschrift Vorsatz voraussetzt und überdies ein sogenanntes Antragsdelikt ist.

[45] Siehe dazu *Rieger*, in: HK-AKM, Nr. 4330, Rn. 49 ff.; *Tadayon*, in: Stellpflug/Meier/Tadayon (Hrsg.), Handbuch Medizinrecht E 5000, Rn. 17 f. Dort auch zum sogenannten Zwei-Schrank-Modell: Der Veräußerer übergibt die Karteikarten in einem verschlossenen Schrank. Der Erwerber verwahrt die Karteikarten für den Veräußerer. Er nimmt nur Zugriff, wenn ihn ein früherer Patient aufsucht. Ist der Patient einverstanden, geht das Eigentum an der Karteikarte auf den Erwerber über. Der Veräußerer behält zu Kontrollzwecken einen Zweitschlüssel.
Wenn tatsächlich jemand so verfährt, mögen die Beteiligten das tun. Der Erwerber darf allerdings in der Kartei nicht nachsuchen, um den Altkunden zu finden, denn bei dieser Gelegenheit sieht er auch die Karten anderer. Und wenn der Veräußerer kontrolliert, muss ihm auch das neue Behandlungsverhältnis offen gelegt werden. Dieses fällt jedoch seinerseits unter das Arztgeheimnis.

Archivierung der Patientenkartei in der EDV muss der alte Datenbestand gesperrt und mit einem Passwort versehen werden. Stirbt der Praxisinhaber,[46] sind die Erben schweigepflichtig. Sind die Erben keine Ärzte, gibt es für sie kein Einsichtsrecht.

15 c) **Abrechnung/Factoring.** Auch bei Abtretung ärztlicher/zahnärztlicher Honorarforderungen oder deren Verkauf an eine gewerbliche Verrechnungsstelle muss der Patient zustimmen, aus datenschutzrechtlichen Gründen schriftlich, sonst ist diese Form der Abrechnung nichtig.[47]

16 d) **Datenverkehr innerhalb des Krankenhauses/Berufsausübungsgesellschaften/Arztnetz.** In allen solchen Organisationseinheiten wird der Datenverkehr nicht sonderlich streng gehandhabt. Grundsätzlich muss man, auch unter Ärzten, davon ausgehen, dass die Schweigepflicht gilt, solange es am Einverständnis des Patienten fehlt oder der Gesetzgeber den Sachverhalt (anderweitig) geregelt hat (z. B. § 73 I b SGB V), siehe auch § 140a IV 2 SGB V.[48] Insbesondere im Massenbetrieb der Krankenhäuser wird die Schweigepflicht nicht immer hinreichend ernst genommen. Das betrifft vor allem das Verhältnis Arzt-/Krankenhausverwaltung.

17 e) **Versicherungen. aa) Privatversicherungen.** Sie verlangen von den behandelnden Ärzten umfangreiche Auskünfte, wenn es um die Leistungspflichten gegenüber dem Versicherungsnehmer geht. Die Versicherer lassen sich zu diesem Zweck umfangreiche Schweigepflicht-Verzichtserklärungen in Form einer Generalermächtigung geben. Das BVerfG hat darin einen Verstoß gegen das Grundrecht auf informationelle Selbstbestimmung (Art. 2 I GG iVm Art. 1 I GG) gesehen.[49] Zwar könne der Einzelne grundsätzlich im Kommunikationsprozess selbst entscheiden, welche Information er preisgeben wolle, er müsse aber bei disparitätischen Vertragsverhältnissen (wie zwischen Versicherer und Versicherungsnehmer, wo die Vertragsbedingungen praktisch nicht verhandelbar seien) vor unzulässiger Fremdbestimmung geschützt werden. Der Schutz entfalle nicht deshalb, weil die Versicherung sich verpflichtet habe, nur „sachdienliche Informationen" einzufordern. So sei insbesondere zu prüfen, ob die berechtigten Interessen der Versicherten nicht auch durch konkretere Einzelermächtigungen berücksichtigt werden könnten. Die Entscheidung ist zu begrüßen.

18 bb) **Sozialversicherungsträger.** Maßgebend sind zunächst die Mitwirkungspflichten derjenigen, die Leistungen der Sozialversicherung in Anspruch nehmen (§§ 60 ff. SGB I). Dem korrespondieren gesetzliche Auskunftspflichten eines Arztes, §§ 100 ff. SGB X. Die elektronischen Datensysteme machen aber die Datenflüsse intransparent. Insoweit entwickeln sich immer neue Problemlagen. Ein Beispiel ist das so genannte unechte Factoring. Leistungserbringer im Sinne von § 302 SGB V sind verpflichtet, ihre Abrechnungen auf dem Wege elektronischer Datenvermittlung oder elektronisch verwertbar auf Datenträgern zu übermitteln. Viele Leistungserbringer bedienen sich zu diesem Zweck spezieller Rechenzentren. Diese übernehmen auch die eigentliche Abrechnung (siehe § 302 II 2 SGB V). Das wird in der Praxis häufig mit einem sogenannten unechten Factoring verbunden, bei dem sich die Rechenzentren die Forderungen ohne Übernahme eines Delkredererisikos abtreten lassen. Das OLG Hamm hat eine solche Abrechnungsweise für nichtig gehalten.[50]

---

[46] Siehe dazu auch *Schmidt-Beck,* NJW 1991, 2335.
[47] BGH, NJW 1991, 2955. Zum (unzulässigen) formularmäßigen Einwendungsverzicht zwischen Factoring-Unternehmen und Patient siehe OLG München, MedR 2006, 292. Zum Factoring siehe auch → § 72 Rn. 18. Zum Factoring von Forderungen aus Behandlungsverträgen der Krankenhäuser vgl. Jandt/Roßnagel, MedR 2013, 17.
[48] *Lippert,* in: Ratzel/Lippert, MBO, § 9 MBO, Rn. 21 ff., 29 ff.
[49] BVerfG(K), GesR 2007, 37 (38 ff.).
[50] OLG Hamm, NJW 2007, 849. Dagegen – m. E. überzeugend unter Rückgriff auf § 302 SGB V – *Lips/Schönberger,* NJW 2007, 1567.

III. Unrichtige Gesundheitszeugnisse (Gefälligkeitsatteste)

1. § 278 StGB

„Ärzte und andere approbierte Medizinalpersonen, welche ein unrichtiges Zeugnis über 19
den Gesundheitszustand eines Menschen zum Gebrauch bei einer Behörde oder Versicherungsgesellschaft wider besseres Wissen ausstellen, werden ... bestraft" (§ 278 StGB).[51]

2. Tatbestandsmerkmale

a) **Unrichtiges Zeugnis.** Das meint zunächst inhaltliche Unrichtigkeit. Unrichtig ist das 20
Zeugnis aber auch, wenn das Ergebnis ohne ärztliche Untersuchung bescheinigt wird.[52]

b) **Behörden.** Die Anknüpfung an „Behörden" und „Versicherungsgesellschaften" 21
schränkt den Straftatbestand ein. Hinsichtlich des Behördenbegriffs ist zu beachten, dass auch die Krankenkasse eine Behörde ist.[53] Wegen der Behördenentscheidung der Krankenkasse erfasst § 278 StGB auch den wichtigen Fall unrichtiger Gesundheitszeugnisse bei der Feststellung der Arbeitsunfähigkeit. Sie ist Voraussetzung für den Anspruch auf Krankengeld nach Maßgabe des § 44 I SGB V und die Lohnfortzahlung im Krankheitsfall.

c) **Verschulden.** Der Schuldvorwurf ist beschränkt auf ein Handeln „wider besseres Wis- 22
sen". Der Vorsatz muss sich auf die beabsichtigte Täuschung beziehen. Bedingter Vorsatz reicht nicht aus.

aa) **Arbeitsunfähigkeit.** Arbeitsunfähigkeit ist ein Rechtsbegriff, dessen Voraussetzungen 23
anhand ärztlicher Befunde und im Rechtsstreit von den Gerichten festzustellen sind.[54] Das dafür erforderliche ärztliche Attest hat (u. a.) die Bedeutung eines ärztlichen Gutachtens.[55]

bb) **AU-Richtlinie.** Die Voraussetzungen für die Beurteilung der Arbeitsunfähigkeit sind 24
in der AU-Richtlinie des GBA niedergelegt.[56] Die Arbeitsunfähigkeits-Bescheinigung ist von einem Vertragsarzt aufgrund ärztlicher Untersuchung auszustellen (§§ 4, 5 AU-Richtlinie).

cc) **Entgeltfortzahlung.** § 278 SGB V erfasst auch den praktisch wichtigsten Fall des 25
(unrichtigen) ärztlichen Attests, nämlich die ärztliche Krankschreibung des Versicherten zum Zwecke der Fortzahlung des Arbeitsentgelts an den Arbeitnehmer im Krankheitsfall, nach Maßgabe des EFZG.[57] Ob der Arbeitnehmer einen Entgeltfortzahlungsanspruch (§ 3 EFZG) hat, hängt (u. a.) von der Erfüllung seiner Anzeige- und Nachweispflichten ab (§ 5 EFZG). Dauert die Arbeitsunfähigkeit länger als drei Kalendertage, hat der Arbeitnehmer eine ärztliche Bescheinigung über das Bestehen der Arbeitsunfähigkeit sowie deren voraussichtlicher Dauer spätestens an dem darauffolgenden Arbeitstag vorzulegen (§ 5 I 2 EFGZ). Die Arbeitsunfähigkeitsbescheinigung muss von einem approbierten Arzt ausgestellt wer-

---

[51] Bestraft wird auch, wer in Täuschungsabsicht gegenüber einer Behörde/Versicherungsgesellschaft von einem solchen (falschen) Zeugnis Gebrauch macht, § 279 StGB.
[52] BGHSt 6, 90. Zum Begriff des unrichtigen Gesundheitszeugnisses siehe *Ulsenheimer,* in: L/K, § 146 Rn. 6. Zu möglichen Ausnahmen siehe OLG Frankfurt, MedR 2007, 443 (444).
[53] *Schroth,* in: R/S, 308; *Baier,* in: Krauskopf, Soziale Krankenversicherung Pflegeversicherung, § 31 SGB IV, Rn. 11; *Schlegel/Voelzke,* SGB IV, § 31 Rn. 82.
[54] *Vay,* in: Krauskopf, Soziale Krankenversicherung Pflegeversicherung, § 44 SGB V, Rn. 10.
[55] BSG, SozR 4–2500 § 44 SGB V Nr. 7. Das „Gutachten" bewirkt keine Beweiserleichterung im Rechtsstreit über die Gewährung von Krankengeld, wenn der MDK die Arbeitfähigkeit des Versicherten bejaht hat, BSG SozR 4–2500 § 44 SGB V Nr. 7.
[56] Arbeitsunfähigkeitsrichtlinie (AU-Richtlinie) vom 14.11.2013 (BAnz AT 27.1.2014 B4), zuletzt geändert am 20.10.2016 (Banz AT 23.12.2016 B5), in Kraft getreten am 24.12.2016.
[57] Gesetz über die Zahlung des Arbeitsentgelts an Feiertagen und im Krankheitsfall (Entgeltfortzahlungsgesetz) – EFG vom 26.5.1994 (BGBl. I 1014), zuletzt geändert durch Art. 7 G vom 16.7.2015 (BGBl. I S. 1211, 1240), in Kraft getreten am 23.7.2015.

den.⁵⁸ Regelmäßig, aber nicht notwendigerweise verwendet der Arzt für die Bescheinigung den Vordruck nach § 31 BMV-Ä. Danach ist auch insoweit die ärztliche Untersuchung vorgeschrieben.⁵⁹ Bemerkungen über Ursache, Art und Umfang der Arbeitsunfähigkeit und der zugrundeliegenden Erkrankung dürfen in der Bescheinigung nicht enthalten sein,⁶⁰ andernfalls läge ein Verstoß gegen § 203 StGB vor. (§ 72 Rn. 10 ff.). Auch diese Arbeitsunfähigkeitsbescheinigung ist nur bloßes Beweismittel.⁶¹

Die Gefälligkeitskrankschreibung ist nicht selten. Vorsatz vorausgesetzt, kommt auch eine Verurteilung wegen Betrugs (§ 263 StGB)⁶² in Betracht.⁶³

§ 73 Zwischen Leben und Tod

I. Schwangerschaftsabbruch (§ 218 ff. StGB)⁶⁴

1. Tathandlung

1   Tathandlung des Schwangerschaftsabbruchs ist jede Handlung, die zum Tod eines zum Handlungszeitpunkt im Mutterleib befindlichen Embryos führt.⁶⁵ Abbrechen der Schwangerschaft ist jede Einwirkung auf die Schwangere oder den Embryo, die das Absterben des noch lebenden Embryos im Mutterleib oder den Abgang des Embryos in nicht lebensfähigem Zustand herbeiführt.⁶⁶

2. Strafbarkeit

2   Der Schwangerschaftsabbruch ist dann nicht strafbar, wenn die betroffene Frau einwilligt, der Abbruch der Schwangerschaft unter Berücksichtigung ihrer gegenwärtigen und künftigen Lebensverhältnisse nach der ärztlichen Erkenntnis angezeigt ist, um eine Gefahr für das Leben oder das Risiko einer schwerwiegenden Beeinträchtigung des körperlichen und seelischen Gesundheitszustandes der Schwangeren abzuwenden, und die Gefahr nicht auf andere für sie zumutbare Weise abgewendet werden kann. Die Indikation ist gleichfalls gegeben, wenn das Kind an einer nicht behebbaren Schädigung seines Gesundheitszustandes leiden würde, ferner, wenn die Schwangere vergewaltigt wurde oder der Abbruch der Schwangerschaft sonst angezeigt ist, um von der betroffenen Frau die Gefahr der Notlage abzuwenden. Der Abtreibung hat eine Beratung durch eine anerkannte Beratungsstelle voranzugehen. Außerdem muss eine Frist von wenigstens 3 Tagen zwischen Beratung und Abtreibung verstreichen, § 218a I StGB. Die embryopathische Indikation der früheren Fassung⁶⁷ ist fortgefallen. Schwerste Störungen der Gesundheit des Kindes fallen unter die medizinische Indikation, wenn die Gesundheit der Mutter, etwa durch die Gefahr des Selbstmordes, bedroht ist.⁶⁸ Der Schwangerschaftsabbruch darf nur von einem Arzt vorgenommen

---

⁵⁸ *Dörner*, in: Erfurter Kommentar zum Arbeitsrecht, § 5 EFZG, Rn. 25.
⁵⁹ BGH, MedR 2007, 248. Ob das auch für bloße Folgebescheinigungen gilt, hat der BGH offen gelassen.
⁶⁰ BAG, AP LohnFG § 1 Nr. 67.
⁶¹ Zum Beweiswert von im Ausland ausgestellten Bescheinigungen siehe *Dörner*, in: Erfurter Kommentar zum Arbeitsrecht, § 5 EFZG, Rn. 59 ff.
⁶² → § 74 Rn. 1 ff.
⁶³ BGH, MedR 2007, 248 (249).
⁶⁴ Die §§ 218 ff. StGB gelten jetzt (zur historischen Entwicklung siehe → § 68 Rn. 117 ff.) in der Neufassung des Schwangeren- und Familienhilfeänderungsgesetzes, vgl. SFHÄndG vom 21.8.1995 (BGBl. I 1050), in Kraft getreten am 1.10.1995, vgl. § 8 SFHÄndG.
⁶⁵ *Fischer* StGB § 218 Rn. 2.
⁶⁶ BGHSt 10, 5.
⁶⁷ Dazu noch BGH FamRZ 2002, 386 m. Anm. *Spickhoff*.
⁶⁸ BT-Drs. 13/1815 S. 51.

werden.⁶⁹ Die Beratung durch eine anerkannte Beratungsstelle wird nicht protokolliert und ist auf Wunsch der Schwangeren anonym durchzuführen. Die von der Beratungsstelle ausgestellte Bescheinigung ist dem Arzt vorzulegen, §§ 219, 218a I Nr. 1 StGB. Der Schwangerschaftsabbruch aus medizinischer Indikation ist nicht an eine Frist gebunden (§ 218a II StGB). Alle anderen Schwangerschaftsabbrüche müssen innerhalb von 12 Wochen erfolgen (§ 218a I Nr. 3, III StGB), sieht man vom Strafausschließungsgrund des § 218a IV 1 StGB (22 Wochen) für Schwangere ab, der dem Abbruch nicht die Rechtswidrigkeit nimmt.

Nach dem SchKG⁷⁰ ist kein Arzt verpflichtet, die Schwangerschaft abzubrechen, vor allem dann nicht, wenn er den Schwangerschaftsabbruch nicht mit seinem Gewissen vereinbaren kann.⁷¹ Im Rahmen des SFHÄndG sind innerhalb der Schwangerschaft strafrechtlich 4 Phasen zu unterscheiden.⁷² Bis zur Nidation gibt es keinen Schutz aus § 218 StGB. Für den extrakorporal erzeugten Embryo ist das ESchG zu beachten.⁷³

Nach Abschluss der Nidation ist der Schwangerschaftsabbruch grundsätzlich strafbar (§ 218 StGB). Der Abbruch kann aber nach Beratung straflos (§ 218a I StGB) oder bei Vorliegen einer der in § 218a II 3 StGB genannten Indikationen gerechtfertigt sein. Der Eingriff muss danach bis spätestens Ende der 12. Woche seit Empfängnis durchgeführt werden (§ 218a I Nr. 3, III StGB); bei medizinischer Indikation ist er bis zum Ende der Schwangerschaft zulässig (§ 218a II StGB).

In der Zeit von der 12. bis 22. Woche kann die Schwangere auf Grund einer Beratung noch einen Strafausschließungsgrund für einen ärztlich durchgeführten Schwangerschaftsabbruch erlangen (§ 218a IV StGB). Ab der 23. Woche ist der Abbruch nur noch auf Grund medizinischer Indikation zu rechtfertigen (§ 218a II, III StGB).

3. Problemfelder

Die rechtlichen Probleme des Schwangerschaftsabbruchs haben nach der langen und hart umkämpften Vorgeschichte⁷⁴ einen gewissen Abschluss erreicht, weil eine gesicherte rechtliche Grundlage insbesondere durch die Rechtsprechung des BVerfG und der dieser folgenden gesetzlichen Regelungen geschaffen worden ist. Wenn die Auseinandersetzungen nunmehr auch weniger heftig geworden sind, so dauern sie doch auf einer Reihe von Gebieten noch an.⁷⁵

a) Abgestuftes Schutzkonzept. Die vor der Nidation liegende Phase und der Zugang zu extrakorporal erzeugten Embryonen gibt Überlegungen zu einem „abgestuften Schutzkonzept" Raum, die auf der „Andersartigkeit" des mit dem Körper der Mutter verbundenen Embryos basieren – gegen den Widerstand derjenigen, die die Schutzphase gegenüber der Nidation (und der Rechtsprechung des BVerfG) vorverlegen wollen. In beiden Fällen taucht

---

⁶⁹ Zum Verbot der Werbung für den Abbruch der Schwangerschaft siehe den umstrittenen § 219a StGB, zu dessen Abschaffung bereits im BT diskutiert wurde.
⁷⁰ Gesetz zur Vermeidung und Bewältigung von Schwangerschaftskonflikten (Schwangerschaftskonfliktgesetz – SchKG) vom 27.7.1992 (BGBl. I 1398), zuletzt geändert durch Art. 14 Nr. 1 des Gesetzes vom 20.10.2015 (BGBl. I S. 1722).
⁷¹ Zu weiteren Einzelfragen vgl. Deutsch/Spickhoff, Rn. 735 ff.; *Eser*, in: Schönke/Schröder StGB, Anm. zu § 218 ff. StGB. Zum Bayerischen Schwangerenhilfeergänzungsgesetz vom 9. August 1996 (BayGVBl. S. 328), das ein Verbot mit Erlaubnisvorbehalt für Einrichtungen enthielt, in denen Schwangerschaftsabbrüche durchgeführt wurden, sowie zu den Voraussetzungen der Erlaubniserteilung und strafrechtlichen Sanktionen vgl. BVerfGE 98, 265 (312).
⁷² *Eser*, in: Schönke/Schröder, StGB, Rn. 33 ff. Vorbem. §§ 218 ff. StGB; siehe dazu auch übersichtlich *Uhlenheimer*, in: L/K, § 143 Rn. 7 ff.
⁷³ *Ulsenheimer*, in: L/K, Rn. 8a zu § 143.
⁷⁴ Siehe dazu etwa *Ulsenheimer* in: L/K, § 143 Rn. 1 ff.; *Merkel*, in: R/S, 145 ff., s. dazu → § 68 Rn. 156 ff.
⁷⁵ Vgl. erneut die Diskussion über die Abschaffung des § 219a StGB.

die Frage nach einer Neuorientierung in der Rechtsprechung des BVerfG und – gegebenenfalls – der Wunsch nach einer Änderung dieser Rechtsprechung auf.[76]

8   b) **Not- und Konfliktlage.** Die in § 219 SGB geregelten Pflichten zur Beratung der Schwangeren[77] in einer Not- und Konfliktlage sind durch das SchKG ergänzt worden.

9   c) **Embryopathische Befunde.** Als problematisch erweist sich die Fallgruppe des embryopathischen Befundes, d. h. die feststehende Schädigung des ungeborenen Kindes.[78] Während § 218a III StGB a. F. einen Schwangerschaftsabbruch nur innerhalb einer Frist von 22 (vollendeten) Wochen nach der Konzeption zuließ, hat § 218a StGB in der Fassung des SFHÄndG 1995 diese Regelung gestrichen. Die embryopathische Indikation wird jetzt als Unterfall der medizinischen Indikation betrachtet. Der Schwangerschaftsabbruch ist danach – bei Vorliegen der Voraussetzungen der medizinischen Indikation – fristfrei und ohne Beratung im Sinne des § 219 StGB möglich. Offenkundig ist jedoch die Zuweisung des embryopathischen Befundes zur medizinischen Indikation nicht, weil es bei jener um das Kind und bei dieser um die Mutter geht. Schäden des ungeborenen Kindes sind nicht per se „eine Gefahr für das Leben der Schwangeren". Sie führen auch nicht von vornherein zur „Gefahr einer schwerwiegenden Beeinträchtigung ihres körperlichen oder seelischen Gesundheitszustandes" (§ 218a II StGB n. F.). Diese Gefahren lassen sich sicherlich im seelischen Bereich leicht darstellen, wenn man nur an die innere Belastung einer Schwangeren auf Grund ihrer Kenntnis von der Behinderung des zu erwartenden Kindes denkt. Da aber der Schwangerschaftsabbruch bei medizinischer Indikation „nach ärztlicher Erkenntnis angezeigt" sein muss (§ 218a II StGB) liegt die Verhinderung ungerechtfertigter Spätabtreibungen im ärztlichen (entsprechend dokumentierten) Verantwortungsbereich.[79]

II. Organspende/Organhandel

1. Zur Organspende → § 68 Rn. 137 ff.

10   Wer vorsätzlich unter Verstoß gegen § 3 I,[80] II, § 4 I 2, § 8 I 1 Nr. 1 lit. a, b, Nr. 4 oder Satz 2 TPG ein Organ (oder Gewebe) entnimmt, wird nach § 19 I, II TPG bestraft. Die einzelnen Vorschriften beziehen sich in unterschiedlicher Weise auf die postmortale Organspende[81] und die Lebendspende.[82]

2. Zum Organhandel → § 68 Rn. 201 ff.

11   *„Wer entgegen § 17 Abs. 1 Satz 1 TPG mit einem Organ oder Gewebe Handel treibt oder entgegen § 17 Abs. 2 TPG ein Organ oder Gewebe entnimmt, überträgt oder sich übertragen lässt, wird ... bestraft"* (§ 18 I TPG).[83] Unter „Handeltreiben" ist jede eigennützige, auf Güterumsatz gerichtete Tätigkeit zu verstehen, selbst wenn es sich nur um eine einmalige oder vermittelnde Tätigkeit handelt, die zudem grundsätzlich auch Tausch- oder sogenannte

---

[76] Vgl. z. B. *Fassbender*, MedR 2003, 279; *Dreier*, ZAP 2002, 377; *Schlink*, Aktuelle Fragen des pränatalen Lebensschutzes; *Beckmann*, ZAP 2003, 97; *Hoerster*, JuS 2003, 529; *Jordan*, JuS 2003, 1051. Übersicht über die landesrechtlichen Beratungsvorschriften bei *Eser*, in: Schönke/Schröder, StGB, vor Rn. 1 zu § 219 StGB.
[77] Vgl. *Eser*, in: Schönke/Schröder, Anm. zu § 219 StGB.
[78] *Schumann/Schmidt-Recla*, MedR 1998, 497; *Beckmann*, MedR 1998, 155; *Hofstätter*, Der embryopathisch motivierte Schwangerschaftsabbruch; *Nicklas/Faust/Wagner-Kern*, GesR 2003, 340.
[79] So zutr. *Nicklas-Faust/Wagner-Kern*, GesR 2003, 340 (344).
[80] Bei einer Organentnahme entgegen § 3 I TPG ist auch fahrlässiges Handeln strafbar, § 19 V TPG.
[81] *Rixen*, in: Höfling (Hrsg.), TPG, § 19 Rn. 5 ff.; *Schroth*, in: R/S, 357 ff.
[82] *Rixen*, in: Höfling (Hrsg.), TPG, § 19 Rn. 34 ff.; *Schroth*, in: R/S, 374 ff. Dort auch zur strafrechtlichen Beurteilung von Transplantationen, 402 ff. Zur Freiwilligkeit der Einwilligung in die Lebendorganspende (LOS) siehe *Hillenkamp*, MedR 2016, 109–118.
[83] *Rixen*, in: Höfling (Hrsg.), TPG, Anm. zu § 18; *König*, in: R/S, 406 ff.

Schenkungsgeschäfte beinhalten kann.[84] Den tradierten Begriff des Handeltreibens hat das BSG allerdings für das TPG eingeschränkt: Es werde in §§ 17, 18 TPG nur ein Handeltreiben erfasst, das die Gefahr der Ausbeutung im weitesten Sinn mit sich trage.

III. Sterbehilfe[85]

1. Aktive Sterbehilfe

Die aktive Strebehilfe, d. h. die Lebensbeendigung eines Menschen[86] unmittelbar bezweckende Maßnahmen sind strafbar.[87] Weiß das Opfer nichts davon, etwa wenn Ärzte oder medizinisches Hilfsperson altruistisch[88] (oder egoistisch!) handeln, liegt Mord (§ 211 StGB) oder Totschlag (§ 212 StGB) vor. Ärztliche Freiräume sind – rechtlich – nicht zu akzeptieren. Das schließt im Einzelfall die Anwendung des § 34 StGB (rechtfertigender Notstand) oder des § 35 StGB (entschuldigender Notstand) nicht aus. Die Tötung auf Verlangen ist nach § 216 StGB strafbar. Das Verlangen muss „ausdrücklich und ernstlich" sein.

Das Hauptproblem liegt in der Abgrenzung zwischen der strafbaren Tötung auf Verlangen und der straflosen Teilnahme an der Selbsttötung (sog. „assistierter Suizid").[89] Letztlich wird es darauf ankommen, wer die Tatherrschaft hatte. Hat der Getötete bis zuletzt die freie Entscheidung über sein Schicksal in der Hand behalten, dann hat er sich selbst getötet, wenn auch mit fremder Hilfe.[90] Die Verantwortung für die nach diesen Grundsätzen zu treffende Entscheidung wird niemand gerne tragen wollen: Der Arzt mixt den „Todescocktail" und überlässt dem, wie er weiß (und später auch beweisen kann?), unwiderruflich Sterbewilligen den „Schierlings-Becher". Liegt darin, d. h. in der Kombination von psychologischer Wirkung („ich billige den Suizid") und der Zurverfügungstellung von Arzneimitteln oder Stoffen, die sich der Patient selbst nicht beschaffen kann (Rezeptpflicht)[91], nicht immer mehr als bloße Beihilfe?[92]

12

13

---

[84] BSG, JZ 2004, 464 (465) mit Anm. von *Schroth*. Das BSG baut insoweit auf der Rechtsprechung des BGH zum Betäubungsmittelrecht auf, vgl. zusammenfassend BGHSt 50, 252 (Großer Senat) (dort auch zu § 17 TPG, a. a. O, S. 261).

[85] Zur medizinrechtlichen Einordnung der aktiven und passiven Sterbehilfe siehe → § 68 Rn. 237 ff. Siehe dazu jetzt ausdrücklich § 16 MBO und dazu → § 68 Rn. 244. Überaus kritisch, weil es für § 16 MBO, soweit dort erklärt wird, die Mitwirkung des Arztes bei der Selbsttötung sei keine ärztliche Aufgabe, an „jeder ethischen und medizinisch verbindlichen Begründung fehle", *Strätling*, MedR 2012, 283. Für Juristen ist kaum nachvollziehbar, wenn ein Arzt um seine Beteiligungsrechte am Selbstmord eines Patienten kämpft. Wir haben im Bereich der Krankenpflege schon genug Todesengel.

[86] Um noch einmal auf die Terminologie zurückzukommen. Wenn *Uhlenbruck* (durchaus im Einklang mit der h. L.) aktive Sterbehilfe als „gezielte Lebensverkürzung" kurzfasst (in: Rieger, HK-AKM, Nr. 4980, Rn. 12), dann sollte man sehen, dass eine der Hauptvarianten der passiven Sterbehilfe, die Beendigung lebenserhaltender oder lebensverlängernder Maßnahmen, auch eine gezielte Lebensverkürzung zur Folge hat. Zur Problematik siehe auch *Brysch*, Fremdbestimmte Selbstbestimmung – Aktive Sterbehilfe als „Lebenshilfe" ein unwürdiges Gesundheitssystem? in: Schweidler u. a., Menschenleben – Menschenwürde, 281 ff.

[87] S. dazu *Antoine*, Aktive Sterbehilfe in der Grundrechtsordnung; *Lüderssen*, JZ 2006, 689. Dem korrespondieren die berufsrechtlichen Pflichten in § 16 MBO: „Es ist ihnen [Ärztinnen und Ärzten] verboten, Patientinnen und Patienten auf deren Verlangen zu töten. Sie dürfen keine Hilfe zur Selbsttötung leisten".

[88] So genannte Mitleidstötung, siehe dazu BGHSt 37, 376 (379); *Ulsenheimer*, in: L/U, § 149 Rn. 7.

[89] S. dazu *Eser*, in: Schönke/Schröder, StGB, § 216 StGB Rn. 11; *Ulsenheimer*, in: L/U, § 149 Rn. 7 ff.; *Birkner*, ZRP 2006, 52.

[90] *Uhlenbruck*, in: AK-HKM, Rn. 15 zu Nr. 4980.

[91] Soll es dann z. B. nur beim Verstoß gegen das BtMG bleiben?, siehe dazu BGH, JZ 2002, 150 mit Anm. *von Sternberg-Lieben*.

[92] Symbolisch deshalb auch die Grundsätze der Bundesärztekammer (→ § 68 Rn. 241 ff.). „Diese Grundsätze" können dem Arzt die eigene Verantwortung in der konkreten Situation nicht abnehmen.

14 Die Beihilfe zum Selbstmord ist straffrei, weil der Selbstmord selbst straffrei ist. Ohne Haupttat keine Beihilfe. Beihilfe zum Suizid ist aber nur dann straffrei, wenn dieser selbstverantwortlich ist. Das hängt von der Schuldfähigkeit des Selbstmörders ab.[93] Mit dem 2015 neu eingefügten § 217 StGB[94] ist in Deutschland nunmehr auch die geschäftsmäßige Sterbehilfe verboten.[95]

2. Passive Sterbehilfe

15 Im sogenannten Kemptener Fall entschied der Arzt bei der seit 2½ Jahren nicht mehr ansprechbaren Patientin im Einvernehmen mit dem Betreuer, die Sondennahrung einzustellen und der Patientin stattdessen Tee zu verabreichen. Sie starb – ohne (erkennbar) zu leiden – nach zwei Wochen. Das LG Kempten verurteilte Arzt und Betreuer (den Sohn!) wegen versuchten Totschlags. Der BGH hob die Entscheidung auf.[96] Es habe sich um eine zulässige Hilfe „beim Sterben" und nicht um Hilfe „zum Sterben" gehandelt. Das Leiden der Patientin sei irreversibel gewesen und habe einen tödlichen Verlauf genommen. Die Entscheidung von Arzt und Betreuer habe dem mutmaßlichen Willen der Patientin entsprochen.[97] Diese Rechtsprechung ist vor allem im Zivilrecht verfeinert und weiterentwickelt worden.[98]

3. BGH, NJW 2010, 2963

16 Die hier unter den tradierten Stichwörtern diskutierte Rechtslage hat durch den Fall Putz eine neue Wendung genommen.

17 **a) Sachverhalt.** Eine letal erkrankte und bewusstlose Patientin hatte – zuvor – einer künstlichen Ernährung zur bloßen Lebensverlängerung mündlich widersprochen. Auf Wunsch der Heimleitung sollte gleichwohl die künstliche Ernährung gegen den Willen der Betreuerin fortgesetzt werden. Rechtsanwalt Putz riet der Betreuerin die Zwangsernährung zu verhindern. Die Betreuerin durchschnitt deshalb den Schlauch der PEG-Sonde.[99] Dieser Ablauf hätte nach der bisherigen Rechtsprechung zu einer strafrechtlichen Verurteilung führen müssen.

18 **b) Rechtslage.** Der BGH hat sich jedoch auf den Standpunkt gestellt, die Grenze zwischen erlaubter Sterbehilfe und einer nach §§ 212, 216 StGB strafbaren Tötung könne nicht sinnvoll unter den Maßstäben der naturalistischen Unterscheidung von aktivem und passivem Handeln gezogen werden.[100] Vielmehr soll der tatsächliche oder mutmaßliche Patientenwille unabhängig von Art und Stadium der Erkrankung auch für den behandelnden Arzt verbindlich sein. Maßgebend sind dann die im Begriff des Behandlungsabbruchs zusammengefassten objektiven Handlungselemente und die subjektiven Zielsetzungen des Handelnden. Die damit verbundenen Rechtfertigungsgründe greifen aber nur, wenn sich das ärztliche

---

[93] Das ist streitig, siehe dazu *Roxin*, in: R/S, 341.
[94] Eingefügt durch das Gesetz zur Strafbarkeit der geschäftsmäßigen Förderung der Selbsttötung vom 3.12.2015 (BGBl. I S. 2177), in Kraft getreten am 10.12.2015.
[95] Die Neufassung geht auf einen Entwurf der Abgeordnetengruppe um Michael Brand (CDU) und Kerstin Griese (SPD) zurück. Drei alternative Gesetzgebungsvorschläge fielen durch. So auch der Vorschlag von *Borasio/Jox/Taupitz/Wiesing* „Selbstbestimmung im Sterben – Fürsorge zum Leben", 2014. Krit. zu diesem Entwurf s. *Neumann*, medstra 2015, 16 ff.
[96] BGHSt 40, 357. Nach Zurückverweisung hat auch das LG Kempten beide Angeklagten freigesprochen.
[97] Siehe dazu ausf. *Ulsenheimer*, in: 4. Fachlehrgang Medizinrecht, Teil 1, Bd. 1, 182 ff.
[98] → § 68 Rn. 240 ff.
[99] Zur PEG-Sonde siehe → § 68 Rn. 219.
[100] BGH, NJW 2010, 2963 (2966); MedR 2011, 32 mit Anm. v. *Duttge*. Siehe dazu *Gaede*, NJW 2010, 2925; *Höfling*, GesR 2011, 1999; *Weiße*, GesR 2011, 331; *Frister/Lindemann/Peters*, Arztstrafrecht, S. 104 ff.; *Weidemann*, GesR 2012, 15; *Uhlenbruck*, in: HK-AKM Nr. 4980 Sterbehilfe, Rn. 22.

Handeln darauf beschränkt, dem schon begonnenen Krankheitsprozess seinen Lauf zu lassen.[101] Der Patient stirbt dann nicht aufgrund ärztlichen Handelns oder Unterlassens, sondern an seiner Krankheit.[102] Wird dagegen der gezielte Eingriff vom Krankheitsprozess abgekoppelt, liegt ein Tötungsdelikt vor.[103]

c) **Diskussion.** Was der zutreffende Gegenstand der rechtfertigenden Einwilligung des Patienten ist, wird weiter nachdrücklich diskutiert.[104] In tatsächlicher Hinsicht besteht die Schwierigkeit, verlässlich einen mutmaßlichen Willen festzustellen. Wenn man bedenkt, dass von dieser Beurteilung die strafrechtliche Verantwortlichkeit abhängt, bleibt das ganze Risiko – wie auch immer sich der Arzt entscheidet – bei ihm. Das gilt erst recht, wenn sich – im Nachhinein – der mutmaßliche Wille nicht feststellen lässt. Der BGH hat die Problematik deshalb nicht wirklich gelöst, sondern nur verlagert. 19

§ 74 Arzt und Geld

1. Der Abrechnungsbetrug (§ 263 StGB)

„*(1) Wer in der Absicht, sich oder einem Dritten einen rechtswidrigen Vermögensvorteil zu verschaffen, das Vermögen eines anderen dadurch beschädigt, dass er durch Vorspiegelung falscher oder durch Entstellung oder Unterdrückung wahrer Tatsachen einen Irrtum erregt oder unterhält, wird ... bestraft.* 1
(2) Der Versuch ist strafbar.
...* (§ 263 StGB).[105]

a) **Gebührenrecht.** Ärztliches Gebührenrecht ist schwer zu handhaben. Das gilt für die 2 GOÄ ebenso wie für den EBM.[106] Der Irrtum wird den Ärzten leichtgemacht. Betrug setzt aber Vorsatz voraus, also den bewussten Missbrauch des Abrechnungssystems zu Lasten des Patienten/der GKV/PKV. Finanzielle Vorteile verführen, und so ist der Abrechnungsbetrug nicht so selten wie er sein sollte. Folgende Fallgruppen lassen sich bilden:[107]

- Abrechnung nicht erbrachter Leistungen (Hinzufügen von Gebührenziffern, falsche Diagnosen, Abrechnung für verstorbene Patienten)[108]
- Abrechnung nicht persönlich erbrachter nicht delegierbarer Leistungen[109]
- Gezielt falsche gebührenrechtliche Ansätze
- Abrechnung erkennbar unwirtschaftlicher Leistungen, z.B. durch Ersetzen einer gleichwirksamen niedrigpunktigen Leistung durch eine Höherpunktige, die Abrechnung sozialversicherungsrechtlich nicht anerkannter Leistungen[110] oder die Abrechnung von Leistungen in einem unwirtschaftlichen Maß.

---

[101] BGH, NJW 2010, 2963, Rn. 35.
[102] So schon *Uduncu/Eisenmenger*, MedR 2002, 327 (331).
[103] BGH, NJW 2010, 2963 Rn. 36. Zu möglichen Beispielen für einen Behandlungsabbruch siehe *Uhlenbruck*, in: HK-AKM Nr. 4980 Sterbehilfe, Rn. 50.
[104] Siehe dazu *Weidemann*, GesR 2011, 15 (16 f.), der zwischen einem Einverständnis zum Unterlassen einer Maßnahme und dem Abbruch einer schon begonnenen Maßnahme unterscheiden will. Überzeugend ist allerdings diese Differenzierung nicht. Wer die Maßnahme schon gar nicht will, will auch nicht ihre Aufrechterhaltung.
[105] *Hellmann/Herffs*, Der ärztliche Abrechnungsbetrug; *Schroth*, in: R/S, 127 ff.; *Ulsenheimer*, in: Arztrecht in der Praxis Teil I § 14; *Ellbogen/Wichmann*, MedR 2007, 10. Zur Untersuchung des Abrechnungsbetrugs im Krankenhaus siehe *Kölbel* in medstra 2015, 4 ff.
[106] → § 22 Rn. 7 ff.
[107] *Ulsenheimer*, in: 4. Fachlehrgang Medizinrecht, Teil 1, Bd. 1, 209; zum privatärztlichen Bereich siehe S. 212.
[108] *Hellmann/Herffs*, Der ärztliche Abrechnungsbetrug, 52 ff.
[109] BGH, NStZ 1995, 85. Siehe dazu *Hellmann*, NStZ 1995, 232 (233).
[110] BGH, NStZ 1993, 388.

- Nichtweitergabe von Zuwendungen (Rabatte, Boni, sonstige Vergünstigungen),[111] insbesondere dann, wenn eine Abrechnung auf der Grundlage der tatsächlichen Kosten zu erfolgen hatte[112]
- Rezeptabrechnungsbetrug durch fingierte Rezepte im Zusammenwirken von Arzt und Apotheker.[113]

3   b) **Anwendung des § 263 StGB.** Alle diese Fallgruppen lassen sich darauf zurückführen, dass der Arzt **falsche Tatsachen** vorspiegelt oder wahre Tatsachen unterdrückt.[114]

4   Das erweckt bei der gesetzlichen Krankenversicherung/der privaten Versicherung den für die Anwendung des § 263 StGB erforderlichen **Irrtum**.[115]

5   Die **Vermögensverfügung** liegt in der Errechnung einer zu hohen Gesamtvergütung zu Lasten der ordnungsgemäß abrechnenden Vertragsärzte.[116]

6   Der subjektive Tatbestand erfordert **Vorsatz**: Der Arzt muss wissen oder es zumindest für möglich halten, dass ihm der geltend gemachte Anspruch nicht oder nicht in dieser Höhe zusteht.

2. Die Vertragsarztuntreue[117]

7   *„Wer die ihm durch Gesetz, behördlichen Auftrag oder Rechtsgeschäft eingeräumte Befugnis, über fremdes Vermögen zu verfügen oder einen andern zu verpflichten, missbraucht oder die ihm kraft Gesetzes, behördlichen Auftrags, Rechtsgeschäfts oder eines Treueverhältnisses obliegende Pflicht, fremde Vermögensinteressen wahrzunehmen, verletzt und dadurch dem, dessen Vermögensinteressen er zu betreuen hat, Nachteil zufügt, wird ... bestraft"* (§ 266 I StGB).

8   a) **Tatbestand.** Der Untreuetatbestand ist wegen seiner Weite eine schwer zu handhabende, damit aber zugleich für den Rechtsunterworfenen gefährliche Vorschrift. Geschütztes Rechtsgut ist das Vermögen.[118] Die Pflichtwidrigkeit der Verfügung über das zu betreuende Vermögen begründet noch keinen Verstoß gegen § 266 StGB. Erforderlich ist vielmehr, dass das Vermögen des Berechtigten im Ganzen, also auch unter Berücksichtigung der durch die Verfügung möglicherweise erfolgten Vermögensmehrungen vermindert ist.[119] § 266 StGB enthält insoweit zwei Varianten: den Missbrauchstatbestand und den Treuebruchtatbestand. Während der Missbrauchstatbestand das Vermögen vor den Gefahren schützt, die sich aus der Einräumung von Dispositionsbefugnissen im Außenverhältnis ergeben, betrifft der Treuebruchtatbestand die Risiken, die sich aus der Einräumung von Dispositionsbefugnissen im Innenverhältnis ergeben.[120]

9   b) **BGHSt 49, 17.** Patient A, gesetzlich krankenversichert, bedurfte täglicher Infusionen im Wert von 463,00 DM. Er verlangte von seinem Hausarzt H die Verschreibung des dreifachen

---

[111] *Hellmann/Herffs*, Der ärztliche Abrechnungsbetrug, 104 ff.
[112] BGH, MedR 1992, 36.
[113] Siehe etwa BGH, GesR 2004, 129.
[114] Die Abrechnung nach der GOÄ/auf der Grundlage des EBM enthält immer die Erklärung, die zugrunde liegende Leistung auch erbracht zu haben, *Fischer/Tröndle*, StGB, § 263 Rn. 21. Siehe dazu jetzt insgesamt BGHSt, GesR 2012, 286 und *Geiger/Schneider*, GesR 2013, 7.
[115] *Cramer/Perron*, in: Schönke/Schröder, StGB, § 263 StGB, Rn. 33. Ein Irrtum im Sinne des § 263 StGB setzt bei vertragsärztlichen Abrechnungen nicht voraus, dass der jeweilige Mitarbeiter der Krankenkasse hinsichtlich jeder einzelnen Position die positive Vorstellung hatte, sie sei der Höhe nach berechtigt. Es genügt die stillschweigende Annahme, die ihm vorliegende Abrechnung sei insgesamt „in Ordnung", BGH, GesR 2007, 77. Zur Irrtumserregung durch Ausstellen eines Rezepts siehe OLG Stuttgart, MedR 2013, 536 mit Anm. v. *Corsten/Raddatz*, MedR 2013, 538.
[116] *Ulsenheimer*, in: Arztstrafrecht in der Praxis Teil I § 14 Rn. 14/22. Zum Vermögensschaden s. *Salger/Tsambikakis*, MedR 2013, 289.
[117] Siehe dazu *Ulsenheimer*, in: Arztstrafrecht in der Praxis Teil I § 15. Zur Untreue bei der Verschreibung von Hilfsmitteln siehe *Taschke*, MPR 2012, 189.
[118] *Lenckner/Perron*, in: Schönke/Schröder, StGB, § 266 Rn. 1.
[119] BGHSt 43, 293 (297).
[120] *Lenckner/Perron*, in: Schönke/Schröder, StGB, § 266 Rn. 2.

Tagesbedarfs (ohne entsprechende Indikation). H ließ sich darauf ein. Er nahm billigend in Kauf, dass A die Übermengen anderweit verwendete. Der Apotheker, der die Arzneimittel an A verkaufte, war aufgrund der Rezepte gutgläubig.

Das LG verurteilte A wegen Betrugs (§ 263 StGB) und H wegen Beihilfe zum Betrug. Der BGH hat jedoch das Vorliegen einer Täuschungsabsicht verneint. Der Apotheker sei nicht getäuscht worden, weil er die medizinische Notwendigkeit der Rezeptur nicht zu beurteilen hatte. Auch gegenüber der Krankenkasse habe A keine Täuschungshandlung begangen. Die schadensverursachende Vermögensverfügung habe zwar H getroffen. Weil er aber insoweit als Vertreter der Krankenkasse gehandelt habe,[121] und er den wahren Sachverhalt kannte, fehle es an der Täuschungshandlung. H habe aber Untreue gegenüber der Krankenkasse (unter Beteiligung des A) begangen.[122] Verschreibt der Arzt ein Medikament zu Lasten der Krankenkasse, wohl wissend, dass er die Leistung im Sinne von § 12 I SGB V nicht bewirken durfte, verletzt er seine gesetzlichen Betreuungspflichten.

c) Risiken. Diese Auslegung des § 266 StGB bringt den Vertragsarzt in erhebliche strafrechtliche Risiken. Geht man nämlich mit dem BGH von § 12 SGB V aus, wonach der Leistungserbringer nur Leistungen erbringen darf, die das SGB V vorsieht, so droht bei jeder nicht gesetzeskonformen Leistung das Damoklesschwert der Untreue. Die Kritik an der damit verbundenen weiten Fassung des Missbrauchstatbestandes[123] fordert, wegen der Unbestimmtheit der weiten Fassung, aber auch wegen ihrer unzureichenden Rechtfertigung, was die Rechtsstellung des Vertragsarztes angeht, eine einschränkende Auslegung.

Sie zeichnet sich nunmehr unter zwei Aspekten ab.

aa) Das BVerfG hat zwar § 266 I StGB hinsichtlich des Nachteilsbegriffs für hinreichend bestimmt gehalten.[124] Es stelle auch keine zu weite Auslegung des § 266 I StGB dar, wenn ein Nachteil auch bei einem bloßen Gefährdungsschaden bejaht werde.[125] Das BVerfG verlangt aber, dass die von der Rechtsprechung entwickelten Abgrenzungskriterien zwischen einer bloß abstrakten Gefährdungslage und einer konkreten schadensgleichen Vermögensgefährdung strikt beachtet werden.[126] Die Vollendung des Delikts ist bei der Variante der „schadensgleichen Vermögensgefährdung" besonders sorgfältig zu prüfen.[127]

bb) Der Große Senat für Strafsachen hat inzwischen entschieden, dass ein Kassenarzt kein Amtsträger oder Beauftragter der Krankenkassen ist.[128] Geht man davon aus, dass der Arzt die maßgebliche Schaltstelle im System der Gesundheitsversorgung ist, ist es – trotz aller Autonomie des Arztberufs[129] – naheliegend, den Arzt in einen engen Zusammenhang mit der

---

[121] Zur Vertreterstellung des Vertragsarztes siehe BGHSt 34, 379 (390) und dazu *Ulsenheimer*, DNotZ 1991, 746; *Steinhilper*, in: FS f. Schwind, 2006, 163 (164) m. w. Nw. Siehe im Übrigen BGHSt 49, 17 (23 ff.). Zu dieser Entscheidung siehe *Ulsenheimer*, MedR 2005, 622; *Geis*, GesR 2006, 245.

[122] So auch BGH, MedR 2004, 613. Dort hatte der Arzt Medikamente, für die er eine umsatzbezogene Rückvergütung erhalten hatte (kick-back) gegenüber der Krankenkasse ohne Berücksichtigung des kickbacks abgerechnet. Siehe weiter OLG Hamm, MedR 2005, 236 mit Anm. von *Steinhilper*: Untreue in einem Fall, in dem ein Vertragsarzt die Erstattung der Entsorgungskosten für Praxismittel durch die Herstellerfirma gegenüber der Krankenkasse verschwiegen hatte. Zum Verhältnis Zahnarzt/gewerbliches Labor unter strafrechtlichen Gesichtspunkten s. bereits → § 30 Rn. 26.

[123] Siehe dazu nachdrücklich *Ulsenheimer*, in: Arztstrafrecht in der Praxis Teil I § 15 Rn. 15/18; *Frister/Lindemann/Peters*, Arztstrafrecht, S. 221 ff.

[124] BVerfG(K), NJW 2009, 2370. Siehe dazu *Adam*, NStZ 2010, 321.

[125] BGHSt 51, 100 (113).

[126] BVerfG(K), NJW 2009, 2370.

[127] BVerfG(K), NJW 2009, 2370.

[128] BGHSt-GSSt, NJW 2012, 2513; *Kölbel*, StV 2012, 592; *Kraatz*, NZWiSt 2012, 273; *Schmidt*, PharmR 2012, 339; *Szesny/Remplik*, MedR 2012, 663; *Hecker*, JuS 2012, 852; *Tsambikakis*, Strafbarkeitsrisiken korrupten Verhaltens niedergelassener Ärzte nach dem Beschluss des Großen Senats für Strafsachen, in: FS f. Steinhilper, 2013, 217. Siehe dazu weiter → § 74 Rn. 24.

[129] *Deutsch/Spickhoff*, Rn. 21.

GKV zu bringen. Die Entscheidung des GSSt durchtrennt die Nabelschnur zwischen Kassenarzt und GKV nicht vollständig.[130] Es wird aber immerhin deutlich, dass der niedergelassene Arzt weder der Gehilfe noch der verlängerte Arm der Krankenkassen ist.[131]

3. Bestechung/Vorteilsnahme

14 a) **Dienstaufgaben.** Die Thematik „Bestechung/Vorteilsnahme" tauchte vor Inkrafttreten der §§ 299a, 299b StGB[132] vor allem mit der Drittmittelforschung/-finanzierung auf. Drittmittelforschung erfolgt, wie § 25 I HRG belegt, im Rahmen der Dienstaufgaben des Hochschullehrers.[133] Das betrifft auch das „Einwerben" von Drittmitteln.

15 aa) **Drittmittelforschung.** Unter Drittmittelforschung wird man alle diejenigen Forschungsvorhaben rechnen müssen, die nicht oder nur teilweise aus Haushaltsmitteln der Hochschule finanziert werden.[134]

16 bb) **Herkunft.** Drittmittel können stammen z. B. aus
- EU-Mitteln,
- Bundesmitteln,
- Sonderzuweisungen des Landes,
- Mitteln von wissenschaftsfördernden Einrichtungen wie der DFG,
- Industriemitteln,
- Sponsoring.[135]

17 cc) **Sachverhalte.** Wer Geld beschafft, gerät leicht in Gefahr. Wer Geld gibt, erwartet eine Gegenleistung, häufig eine ganz bestimmte, und manchmal etwas Anderes als das, was sich der gutgläubige „Einwerber" vorgestellt hat. Da das Geld für die Forschung bestimmt ist, diese aber ebenso ein Indikator für das Ansehen eines Wissenschaftlers ist, wie für den Rang „seiner" Hochschule, haben wir es mit einem doppelseitigen Verführungspotential zu tun. Es hat deshalb nicht lange gedauert, bis der Run auf Drittmittel auch zu einem Run auf Wissenschaftler (durch die Staatsanwaltschaften) geführt hat, ausgelöst sehr häufig durch bloße Vorgänge des täglichen Lebens. Zu ihnen gehören etwa[136]
- Spenden auf Drittmittelkonten/an Fördervereine.
  In Kliniken sind Drittmittelkonten geführt worden, die von der Klinikverwaltung betreut worden sind. Es hat aber auch entsprechende Arzt-Konten gegeben. In diesen Fällen untersucht die Klinikverwaltung weder die Herkunft noch Verwendung der auf diesen Konten befindlichen Gelder. Gelegentlich fließt das Geld auch an eigens zu diesem Zweck gegründete, nicht der Klinikkontrolle unterliegende Fördervereine.
- Anwendungsbeobachtung.
  Der Arzt erhält für die Ausfüllung eines vom Hersteller zur Verfügung gestellten Protokolls, das sich auf die Anwendung bestimmter Produkte bezieht, ein vom Produkttypus abhängiges Honorar. Die Anwendungsbeobachtung setzt Anwendung voraus. Die Anwendung teurer Produkte (die aber die Klinik auf ihre Kosten beschaffen muss) begünstigt den Arzt, weil damit sein Honorar steigt. In diesen Bereich gehört auch das Honorar von Marketingstudien, die von Firmen in Auftrag gegeben werden, obwohl deren Ergebnisse für sie ohne praktisches Interesse sind.
- (Inhaltslose) Beraterverträge.
- Übernahme von Reisekosten, die gängigste Form des Medizin-Sponsoring.
- Umsatzabhängige Rückvergütungen/Führen interner Bonuskonten.

---

[130] So auch *Klümper*, A&R 2012, 147 (151).
[131] Zum Arzt als Schlüsselfigur im Gesundheitswesen siehe → § 10 Rn. 10.
[132] Zu den neuen Straftatbeständen der Korruption im Gesundheitswesen siehe → § 74 Rn. 24.
[133] *Geis* in: Hailbronner/Geis, Hochschulrahmengesetz, Rn. 35 zu § 52 HRG. Der Ruf, eine Drittmittelkapazität zu sein, ist für das weitere Fortkommen eines Hochschullehrers, insbesondere für seine Berufungsverhandlungen, in der Regel förderlich.
[134] *Göben*, MedR 1999, 345; *Diettrich/Schatz*, MedR 2001, 614.
[135] Tagungsausrichtungen, Kongressteilnahmen, Weiterbildungsveranstaltungen, (unentgeltliche) Gerätezurverfügungstellung – als Beispiele.
[136] Siehe dazu *Haeser*, MedR 2002, 55.

- Zahlung auf Privatkonten gegen Scheinrechnungen.
- (Unentgeltliche) Überlassung medizinischer Geräte.
- Finanzierung von Feiern für den Arzt oder dessen Personal.

b) Strafrecht. Es ist offenkundig, dass einige dieser Sachverhalte auf Straftatbestände verweisen. Das „gewöhnliche" Fehlverhalten, wie Untreue oder Betrug ist aber nicht das eigentliche Thema der Drittmittelfinanzierung. Die Rechtsprechung hat sich vielmehr in erster Linie mit diesen Vorgängen unter dem Aspekt der strafbaren Vorteilsannahme der §§ 331 ff. StGB[137] i. d. F. des Gesetzes zur Bekämpfung der Korruption[138] beschäftigt. Dass die Erfüllung einer Dienstaufgabe die Gefahr strafbarer Vorteilsannahme und Bestechlichkeit mit sich bringen könnte, hat die drittmittelforschende Ärzteschaft erheblich verunsichert.[139] Insbesondere der BGH hat sich aber darum bemüht, den Wertungswiderspruch zwischen Dienst- und Strafrecht zu entschärfen.[140]

Der Ärztliche Direktor der Abteilung Herzchirurgie eines Universitätsklinikums hatte über ein Konto des auf seine Initiative gegründeten Fördervereins (dessen Vorsitzender er war) von einem Hersteller von Herzschrittmachern Zahlungen erhalten, die er für den Medizinbetrieb weiter verwendete. Die Universitätsverwaltung wusste von diesen Vorgängen nichts. Der BGH hat Untreue im Sinne des § 266 StGB verneint, aber eine unzulässige Vorteilsannahme im Sinne des § 331 I StGB a. F. bejaht und ausgeführt:

„Allerdings muss der Tatbestand (§ 331 I StGB) im Blick auf die hochschulrechtlich verankerte Dienstaufgabe eines Hochschullehrers zur Einwerbung von Drittmitteln einschränkend ausgelegt werden, um Wertungswidersprüche zu vermeiden. Regelt ... Landeshochschulrecht ... und damit eine spezielle gesetzliche Vorschrift die Einwerbung von zweckbestimmten Mitteln durch einen Amtsträger, die sich i. S. des § 331 I StGB als Vorteil darstellen und bei denen ein Beziehungsverhältnis zu einer Diensthandlung besteht, so ist das durch den Straftatbestand geschützte Rechtsgut, das Vertrauen in die Sachgerechtigkeit und „Nicht-Käuflichkeit" dienstlichen Handelns, dann nicht in dem vom Gesetzgeber vorausgesetzten Maße strafrechtlich schutzbedürftig, wenn das in jenem Gesetz vorgesehene Verfahren eingehalten, namentlich die Annahme der Mittel angezeigt und genehmigt wird". Auf diese Weise wird die Durchschaubarkeit (Transparenz) des Vorgangs hinreichend sichergestellt, den Kontroll- und Aufsichtsorganen eine Überwachung ermöglicht und so der Notwendigkeit des Schutzes vor dem Anschein der „Käuflichkeit" von Entscheidungen des Amtsträgers angemessen Rechnung getragen. Zudem werden Strafrecht und Hochschulrecht so auf der Tatbestandsebene in einen systematischen Einklang gebracht und ein Wertungsbruch vermieden. Im vorliegenden Fall hatte der Angeklagte das hochschulrechtlich vorgeschriebene Verfahren zur Behandlung von Drittmitteln jedoch nicht eingehalten.[141]

---

[137] „Ein Amtsträger, ein Europäischer Amtsträger oder ein für den öffentlichen Dienst besonders Verpflichteter, der für die Dienstausübung einen Vorteil für sich oder einen Dritten fordert, sich versprechen lässt oder annimmt, wird mit Freiheitsstrafe bis zu drei Jahren oder mit Geltstrafe bestraft" (§ 331 I StGB).

[138] Vom 13.8.1997 (BGBl. I 2038), in Kraft getreten am 20.8.1997.

[139] Vgl. etwa *Tag/Tröger*, DÄBl. 2003, A 2776. *Verrel*, MedR 2003, 319; *Tag/Tröger/Taupitz* (Hrsg.), Drittmitteleinwerbung – Straflose Dienstpflicht?; *Albers*, Die Zusammenarbeit zwischen Industrie und Ärzten an medizinischen Hochschuleinrichtungen – unter dem Verdacht der Vorteilsannahme und Bestechlichkeit gem. §§ 331, 332 StGB.

[140] Aus der Instanzrechtsprechung vgl. etwa LG Bonn, MedR 2000, 260 – Drittmittelkonto, weitgehend aufgehoben durch OLG Köln, MedR 2001, 413; LG Hamburg, MedR 2001, 525 – Reisekosten; OLG Karlsruhe, MedR 2000, 485 – kostenlose Geräteüberlassung.

[141] BGH, MedR 2003, 41 (45), s. dazu *Michalke*, NJW 2002, 3381. Aus dem Schrifttum vgl. *Ulsenheimer*, in: Arztstrafrecht in der Praxis Teil I § 13 Rn. 13/20 ff.; *G. Schäfer* in: Tag/Tröger/Taupitz (Hrsg.), Drittmitteleinwerbung – Strafbare Dienstpflicht?; *Schmidt/Günter*, NJW 2004, 471; *Pragal/Apfel*, A & R 2007, 10.

21 Im 2. Herzschrittmacherfall (es handelte sich um den Leiter der Abteilung Herzchirurgie eines Universitätsklinikums) war es nicht um Strafbarkeit oder Nichtstrafbarkeit gegangen, sondern um die Abgrenzung der Bestechlichkeit (§ 332 StGB a. F.) von der Vorteilsannahme (§ 331 StGB a. F.). In diesem Fall hatten die Lieferfirmen dem Hochschullehrer Kongressreisen bezahlt und seiner Abteilung ein medizinisches Gerät kostenlos zur Verfügung gestellt. Die Verurteilung wegen Vorteilsannahme (§ 331 I StGB a. F.) hat der BGH bejaht, Bestechlichkeit aber in den meisten Fällen verneint, weil nicht bewiesen worden sei, dass der Arzt sich durch die Vorteilsannahme auch habe zugunsten des Zuwenders beeinflussen lassen. Es sei aber bei der kostenlosen Zurverfügungstellung des medizinischen Gerätes anders zu beurteilen. Damit sei nämlich zugleich „eine objektiv messbare Verletzung der persönlichen Wertungsmöglichkeiten des Angeklagten selber" verbunden gewesen.[142]

22 Im 3. Herzschrittmacherfall war es um die Entgegennahme von insgesamt 140 000 DM zwischen 1992 und 1996 durch einen Oberarzt gegangen. Die Beweisaufnahme verneinte eine vorteilsbezogene „Unrechtsvereinbarung" zwischen Arzt und Hersteller. Der BGH bestätigte den Freispruch, bemerkte aber am Ende seiner Entscheidung:

„(Es) ... scheint ... folgender Hinweis angezeigt: Mit der – durch das Korruptionsbekämpfungsgesetz verschärften – Strafvorschrift des § 331 StGB soll auch dem Hervorrufen eines bösen Anscheins möglicher „Käuflichkeit" von Amtsträgern begegnet werden. Die Sensibilität der Rechtsgemeinschaft bei der Erwägung der Strafwürdigkeit der Entgegennahme von Vorteilen durch Amtsträger ist, auch in Fällen der vorliegenden Art, mittlerweile deutlich geschärft. Mithin wird in derartigen Fällen künftig Amtsträgern vor der Annahme jeglicher Vorteile, die in Zusammenhang mit ihrer Dienstausübung gebracht werden können, die strikte Absicherung von Transparenz im Wege von Anzeigen und Einholungen von Genehmigungen auf hochschulrechtlicher Grundlage abzuverlangen sein. Die Gewährleistung eines derartigen Verhaltens obliegt namentlich auch der besonderen Verantwortung der jeweiligen Vorgesetzten".[143]

23 Die Rechtslage ist, wie nicht nur die Instanzrechtsprechung, sondern auch die Auswirkungen des Korruptionsbekämpfungsgesetzes zeigen, nach wie vor für die Drittmittelforschung brisant.[144] Es mag gegenüber den Realitäten lebensfremd sein: Der Hinweis des BGH auf Transparenz gegenüber der Hochschulverwaltung und Einhaltung allgemein akzeptierter Grundsätze lauteren Verhaltens mag zwar dafür sorgen, dass dem Drittmittelforscher mancher Euro entgeht. Unter diesen Vorgaben entgeht er aber auch dem Strafrecht. Unzumutbar ist das nicht, was ihm die Rechtsprechung abverlangt.

24 c) **BGHSt-GSSt, NJW 2012, 2530**[145]. Der GSSt hatte in seiner auf Vorlagebeschluss des 5. Strafsenats[146] ergangenen Entscheidung klargestellt, dass ein niedergelassener, zur vertragsärztlichen Versorgung zugelassener Arzt bei der Wahrnehmung der ihm in diesem Rahmen

---

[142] BGH MedR 2003, 224 (228). Zu den Kongressreisen bemerkt der BGH: „Aus diesem Grunde sieht der Senat keinen Anlass, darüber zu befinden, ob die finanzielle Unterstützung von Kongressreisen, vor allem aber diejenige betrieblicher Feiern sachlich-inhaltlich noch dem Bereich der hochschulrechtlichen Drittmitteleinwerbung und Forschungsförderung zugeordnet werden kann, etwa ... um das gute Betriebsklima zu erhalten, in dem Forschung und Wissenschaft „gedeihen" können. Hierüber zu entscheiden, ist zunächst Sache der dazu berufenen Aufsichtsorgane des Zuwendungsempfängers, dem insoweit beamten- und hochschulrechtlich auch ein gewisser Spielraum zukommen mag und der dabei möglicherweise auch den Aspekt der Lauterkeit des Wettbewerbs zwischen den verschiedenen Anbietern medizintechnischer Produkte einschließlich vergaberechtlicher Vorschriften zu bedenken haben wird.

[143] BGH, MedR 2003, 688. Zur Genehmigung der Vorteilsannahme s. *Patz/Scheffner*, GesR 2007, 102.

[144] Die Einbecker Empfehlung der DGMR zur Einwerbung von Drittmitteln, MedR 2001, 597 hat in erster Linie Änderungsbedarf hervorgerufen, sorgt aber selbst kaum für mehr Rechtssicherheit.

[145] *Klümper*, A&R 2012, 147; *Schmid*, PharmR 2012, 339.

[146] BGH, MPR 2011, 121; *Brand*, Der Vertragsarzt als Amtsträger und Täter der §§ 331f StGB, in: AG Medizinrecht im DAV/IMR (Hrsg.), Brennpunkte des Arztstrafrechts, S. 127 ff.

übertragenen Aufgaben (§ 73 II SGB V)[147] weder als Amtsträger im Sinne von § 11 I Nr. 2 lit. c StGB noch als Beauftragter der gesetzlichen Krankenkassen[148] im Sinne von § 299 StGB handelt.

Der BGH legte es in einem appelhaften *obiter dictum* in die Hände des Gesetzgebers, diese Strafbarkeitslücke zu schließen.[149] Dem ist der Gesetzgeber mit einer Novellierung der Korruptionstatbestände in den §§ 299a und b StGB inzwischen nachgekommen. Ziel und Notwendigkeit der Regelungen beschreibt der Gesetzgeber so:

„Korruption im Gesundheitswesen beeinträchtigt den Wettbewerb, verursacht erhebliche Kostensteigerungen und untergräbt das Vertrauen der Patienten in eine von unlauteren Zuwendungen unbeeinflusste Gesundheitsversorgung. Wegen der großen wirtschaftlichen und sozialen Bedeutung des Gesundheitswesens ist korruptiven Praktiken in diesem Bereich auch mit den Mitteln des Strafrechts entgegenzutreten. Es soll damit der besonderen Verantwortung der im Gesundheitswesen tätigen Heilberufsgruppen Rechnung getragen werden und gewährleistet werden, dass heilberufliche Entscheidungen frei von unzulässiger Einflussnahme getroffen werden".[150]

Bei den §§ 299a, b StGB handelt es sich um spezielle Korruptionstatbestände für einen bestimmten Wirtschaftszweig, nämlich das Gesundheitswesen, das im Jahr 2017 erstmals die Marke von 1 Milliarde Euro pro Tag überschritten hat und dementsprechend einen erheblichen Kostenfaktor darstellt.[151]

§ 299a StGB (Bestechlichkeit im Gesundheitswesen) lautet: 25

„Wer als Angehöriger eines Heilberufs, der für die Berufsausübung oder die Führung der Berufsbezeichnung eine staatlich geregelte Ausbildung erfordert, im Zusammenhang mit der Ausübung seines Berufs einen Vorteil für sich oder einen Dritten als Gegenleistung dafür fordert, sich versprechen lässt oder annimmt, dass er

1. bei der Verordnung von Arznei-, Heil- oder Hilfsmitteln oder von Medizinprodukten,
2. bei dem Bezug von Arznei- oder Hilfsmitteln oder von Medizinprodukten, die jeweils zur unmittelbaren Anwendung durch den Heilberufsangehörigen oder einen seiner Berufshelfer bestimmt sind, oder
3. bei der Zuführung von Patienten oder Untersuchungsmaterial

einen anderen im inländischen oder ausländischen Wettbewerb in unlauterer Weise bevorzuge, wird ... bestraft".

Unter den weit gefassten Tatbestand fallen sämtliche Vorteile, unabhängig davon, ob es sich um materielle oder immaterielle Zuwendungen handelt. Nach der Rechtsprechung des BGH zu § 299 bzw. § 331 StGB, auf die hier zurückgegriffen werden kann, deckt der Vorteilsbegriff jede Zuwendung ab, auf die der Täter keinen Rechtsanspruch hat und die seine wirtschaftliche, rechtliche oder persönliche Lage objektiv verbessert.[152] Das Tatbestandsmerkmal entspricht damit weitgehend dem Vorteilsbegriff der §§ 31, 32 MBO-Ä. Als sub-

---

[147] Im konkreten Fall: Verordnung von Arzneimitteln.
[148] Das BSG hatte ursprünglich angenommen, der Vertragsarzt fungiere als Vertreter der Krankenkassen, vgl. BSG, SozR 4–2500 § 129 Nr. 2 SGB V Rn. 20, 21, diesen Standpunkt aber mit BSGE 195, 157 Rn. 15 aufgegeben; siehe dazu *Manthey*, GesR 2010, 601; *Dieners*, PharmR 2010, 613; *Geis*, GesR 2011, 641.
[149] Dies war in der fachlichen Diskussion bereits lange gefordert worden. Siehe dazu nur *Fischer* in medstra 2015, 1 f.
[150] Siehe BT-Drs. 18/6446, 11.
[151] Zur Frage der Legitimität dieses Sonderrechtsschutzes auf dem Gesundheitsmarkt siehe etwa *Tsambikakis*, medstra 2016, 131–141; *Gaede* in Leitner/Rosenau (Hrsgg.), Wirtschafts- und Steuerstrafrecht 2017, §§ 299a -302 StGB; *Fischer*, StGB, 2017, §§ 299 a- 302 StGB.
[152] Vgl. BGH, Urt. v. 11.4.2001 – 3 StR 503/00.

jektives Element im objektiven Tatbestand erfordert § 299a StGB eine korrumpierende Unrechtsvereinbarung.

26 Spiegelbildlich zur „Nehmerseite" ist in § 299b StGB (Bestechung um Gesundheitswesen) auch die „Geberseite" geregelt:

„*Wer einem Angehörigen eines Heilberufs im Sinne des § 299a im Zusammenhang mit dessen Berufsausübung einen Vorteil für diesen oder einen Dritten als Gegenleistung dafür anbietet, verspricht oder gewährt, dass er*

1. bei der Verordnung von Arznei-, Heil- oder Hilfsmitteln oder von Medizinprodukten,

2. bei dem Bezug von Arznei- oder Hilfsmitteln oder von Medizinprodukten, die jeweils zur unmittelbaren Anwendung durch den Heilberufsangehörigen oder einen seiner Berufshelfer bestimmt sind, oder

3. bei der Zuführung von Patienten oder Untersuchungsmaterial

ihn oder einen anderen im inländischen oder ausländischen Wettbewerb in unlauterer Weise bevorzuge, wird ... bestraft".

Was die Frage der beruflichen Zusammenarbeit im Rahmen sozialrechtlich zulässiger Kooperationen betrifft, führt der Gesetzgeber aus:

„Soweit Verdienstmöglichkeiten im Rahmen der beruflichen Zusammenarbeit eingeräumt werden, ist zu berücksichtigen, dass die berufliche Zusammenarbeit gesundheitspolitisch grundsätzlich gewollt ist und auch im Interesse der Patienten liegt (vgl. *Halbe*, Moderne Versorgungsstrukturen: Kooperation oder Korruption?, MedR 2015, 168), über die Durchführung ambulanter Behandlungen (§ 115b SGB V) und über die Durchführung ambulanter spezialfachärztlicher Versorgung (§ 116b SGB V) sowie die in den §§ 140a SGB V ff. geregelte sektorenübergreifende Versorgungsform (integrierte Versorgung), bei der Leistungserbringer aus verschiedenen Versorgungsbereichen (beispielsweise Arzt und Krankenhaus) bei der Behandlung von Patienten miteinander kooperieren. Die Gewährung angemessener Entgelte für die in diesem Rahmen erbrachten heilberuflichen Leistungen und dementsprechend die Verschaffung entsprechender Verdienstmöglichkeiten sind zulässig...".[153]

Insoweit schafft das Sozialrecht ein erlaubtes Risiko im Strafrecht. Es wird jedoch abzuwarten sein, inwiefern die Rechtsprechung dies absichert, insbesondere was sie als „angemessenes Entgelt" ansieht.

---

[153] Siehe BT-Drs. 18/6446, 18.

Sachregister

*Die fett gesetzten Zahlen bezeichnen die Paragrafen,
die mager gesetzten die jeweiligen Randnummern.*

AABG **4** 56; **38** 16
Abgrenzungsverordnung (AbgrV) 26 260
Abrechnungsbetrug (§ 263 StGB) 74 1 ff.
– Anwendung des § 263 StGB **74** 3 ff.
– Gebührenrecht **74** 2
Abrechnungsprüfung (§ 106d SGB V) 22 65 ff.
– Falltypen sachlich-rechnerischer Unrichtigkeit **22** 80 ff.
– Honorierungsgrundlagen, Mängel der **22** 96 ff.
– Mängel im Status des Vertragsarztes **22** 89 ff.
– Plausibilitätsprüfung **22** 68 ff.
– sachlich-rechnerische Prüfung **22** 73 ff.
– übermäßige Leistungserbringung **22** 93 ff.
– Verfahren **22** 73 ff.
– Vertrauensschutz **22** 100 ff.
Abrechnungsprüfung im Krankenhaus 27 165 ff.
– Fehlbelegung, Begriff der **27** 168 f.
– Schlichtungsausschuss **27** 170 ff.
– Schlichtungsausschuss, Rechtsstellung **27** 171
– VA-Qualität **27** 172
Ärzte-Gesellschaft 15 35 ff.
Ärztevereinigungen 4 8 ff.
ärztlich geleitete Einrichtungen s. *Krankenhausärzte, Ermächtigung*
ärztliche Berufsgerichtsbarkeit 13 83 ff.
– Aufbau der Berufsgerichte **13** 84 ff.
– Aufgabe der Berufsgerichte **13** 84 ff.
– berufsgerichtliche Maßnahmen **13** 93 ff.
– Berufspflichten, Durchsetzung der **13** 83 ff.
– Strafverfahren, Konkurrenz zum **13** 93 ff.
– Verfahren **13** 88 ff.
– Zuständigkeit der Berufsgerichte **13** 84 ff.
ärztliches Berufsrecht 13 1 ff.
– ärztlicher Beruf im engeren Sinn **13** 5 ff.
– ärztlicher Beruf im weiteren Sinn **13** 5 ff.
– Approbation **13** 19 ff.
– Berufspflichten, einzelne **13** 49 ff.
– Berufszugangsrecht des Arztes **13** 12 ff.
– Bundesrecht **13** 1 ff.
– freier Beruf, ärztlicher Beruf als **13** 9 ff.
– Grundzüge **13** 1 ff.
– Landesrecht **13** 1 ff.
– Medizinstudium **13** 13 ff.
– Rechtsgrundlagen **13** 1 ff.
– Weiterbildung **13** 29 ff.
Alternativen zur Regelversorgung im Recht der GKV 11 1 ff.
– Modellvorhaben **11** 4 ff.
ambulante ärztliche Behandlung
– Europarecht **3** 65 ff.

ambulante Erbringung hochspezialisierter Leistungen durch Krankenhäuser (§ 116b SGB V a. F.) 16 104 ff.
– Eignung des Krankenhauses **16** 108
– Ermessensentscheidung der Behörde **16** 109
– Neuregelung durch GKV-WSG (2007) **16** 105 ff.
– Rechtsschutz **16** 111
– (tatbestandliche) Voraussetzungen der Bestimmung des Krankenhauses **16** 107 ff.
– Verfassungsmäßigkeit **16** 106
– vertragsärztliche Versorgungssituation, Berücksichtigung **16** 110
ambulante spezialfachärztliche Versorgung, Einbeziehung der Krankenhäuser in die (§ 116b SGB V n. F.) 16 112 ff.
– Anzeige- und Prüfverfahren **16** 118 ff.
– Drittschutz **16** 125
– Klageart **16** 124 ff.
– Leistungserbringer, Kreis der **16** 117
– „Markt-Modell" **16** 113
– offene Fragen **16** 115 ff.
– Rechtsschutz **16** 123 ff.
– rechtssystematische Einordnung **16** 116
– Regelungsdefizite **16** 115 ff.
– Teilnahmeberechtigte **16** 117
– Übergangsregelung **16** 122
– „Verwaltungsakt-Modell" **16** 113
ambulante Versorgung, weitere Öffnung der Krankenhäuser für die 16 79 ff.
– ambulante Erbringung hochspezialisierter Leistungen durch Krankenhäuser (§ 116b SGB V a. F.) **16** 104 ff.
– ambulante spezialfachärztliche Versorgung, Einbeziehung der Krankenhäuser in die (§ 116b SGB V n. F.) **16** 112 ff.
– ambulantes Operieren im Krankenhaus **16** 85 ff.
– AOP-Vertrag **16** 87 ff.
– Hochschulambulanzen, Zulassung von (§ 117 SGB V) **16** 97 ff.
– Leistungsvoraussetzungen **16** 83 f.
– Normzweck des § 115a SGB V und rechtssystematische Einordnung **16** 81 f.
– psychiatrische Institutsambulanz (§ 118 SGB V) **16** 100 ff.
– Unterversorgung **16** 94
– Vergütung **16** 83 f., 92 f.
– vor- und nachstationäre Behandlung im Krankenhaus **16** 80 ff.
– Zulassung des Krankenhauses **16** 91
AMG-Novelle, 16. 4 76; **8** 28

AMNOG 4 72; 38 28 ff.
AMVSG 4 86; 38 31c ff.
Anlagegut 26 59 ff.
– Gebrauchsgüter 26 65
– kurzfristige Anlagegüter 26 63 f.
– langfristige Anlagegüter 26 63 f.
– mittelfristige Anlagegüter 26 63 f.
anthroposophische Arzneimittel 52 50 ff.
– Begriff 52 50 ff.
– besondere Therapierichtungen 52 56
– Inverkehrbringen des anthroposophischen Arzneimittels 52 53 ff.
Apotheken 38 1 ff.
– AABG 38 16
– ABDA 38 59
– Abgabepflichten 38 50 ff.
– Abgabepreis des pharmazeutischen Unternehmens 38 17 f.
– Abrechnung 38 32 ff.
– Abrechnung, Pflicht zur ordnungsgemäßen 38 54b ff.
– Abschläge 38 13 f.
– AMNOG 38 28 ff.
– AMPreisV 38 9 ff.
– AMRabattG 38 31a
– AMVSG 38 31c ff.
– Anpassungsregelung 38 19
– Apothekenmarkt 38 5 ff.
– Apothekenpersonal 38 54 f.
– Apothekerkammer 38 56 f.
– Apothekertaxe 38 8
– Apothekerverein 38 58
– Approbation 38 34 f.
– Beratungspflichten 38 53 f.
– Beruf 38 1 ff.
– Berufsbild 38 1
– Beschäftigte 38 6
– Betrieb der Apotheke 38 36 ff.
– BSSichG 38 12
– einheitlicher Abgabepreis 38 26
– Erlaubnis 38 34
– fachliche Voraussetzungen 38 40
– Fehlen des Rabattvertrags 38 22
– „Filialapotheken" 38 37 ff.
– GKV-VSG 38 31b
– GKV-WSG 38 17 ff.
– GMG 38 13 ff.
– Großhandelsabschlag 38 15
– Haftung 38 55
– individualrechtliche Vereinbarungen 38 27
– Informationspflichten 38 53 f.
– Krankenhausapotheke 38 60 ff.
– Nachbarbegriff 38 37 ff.
– Organisation 38 56 ff.
– § 78 AMG 38 24 f.
– persönliche Voraussetzungen 38 40
– Pflichten 38 49 ff.
– Preisgestaltung 38 8 ff.
– Rabatthöhe 38 28

– Rabattverträge nach § 130a VIII SGB V 38 21, 24 ff.
– Rahmenvereinbarungen 38 20
– Rechtsformen 38 41
– Sicherung der Arzneimittelversorgung 38 2 f.
– Sonderabgabe 38 31 ff.
– Sonderregelungen 38 29
– Umsatz 38 7
– Vertragslösung 38 30
– Vertrieb von Arzneimitteln durch Apotheken 38 42 ff.
– Voraussetzungen für Approbation 38 35
– Wettbewerb 38 4
– Zahl der Apotheken 38 5
– Zulassung zum Beruf 38 34 ff.
– Zuschläge 38 13 f.
– Zytostatika 38 23
apothekenpflichtige Arzneimittel 53 16 ff.
– Ausnahmen 53 17
– Inhalt 53 16
– Sonderregeln 53 18
Approbation 13 19 ff.
– Apotheker 38 34 f.
– Approbationsvoraussetzungen 13 21 ff.
– Rücknahme der Approbation 13 25 f.
– Ruhen der Approbation 13 27 f.
– Widerruf der Approbation 13 25 f.
– Wiedererteilung der Approbation 13 27 f.
Arbeitsrecht der nachgeordneten Krankenhausärzte 16 7 ff.
– Arbeitszeit 16 11 ff.
– Bereitschaftsdienst 16 15 ff.
– Mitarbeiterbeteiligung (Pool) 16 20 ff.
– Rechtsgrundlagen 16 7 ff.
– Rufbereitschaft 16 15 ff.
Arzneimittel, Import 52 22 ff.
– Einfuhrerlaubnis 52 24
– fiktiv zugelassene Arzneimittel 52 26
– Herstellererlaubnis 52 23
– Parallelimport 52 25
– Re-Import 52 22
– sozialversicherungsrechtliche Komponenten bei importierten Arzneimitteln 52 29
– zugelassene Arzneimittel 52 27
Arzneimittel, Registrierung 52 38 ff.
– anthroposophische Arzneimittel 52 50 ff.
– homöopathische Arzneimittel 52 38 ff.
– traditionelle pflanzliche Arzneimittel 52 48 f.
Arzneimittel, Vertrieb durch Apotheken 38 42 ff.
– Art der Arzneimittel 38 42
– besondere Vertriebsformen 38 48 ff.
– Eigenverantwortung des Apothekers 38 48 f.
– EuGH 38 45 ff.
– Europa-Apotheke Budapest 38 48 f.
– in Deutschland nicht zugelassene Arzneimittel 38 46
– in Deutschland zugelassene Arzneimittel 38 47
– Pick-up 38 48b

- Versandhandel 38 43 ff.
- verschreibungspflichtige Arzneimittel 38 47a
- Videoterminal 38 48c

Arzneimittel, Werbung für 57 1 ff.
- Arzneimittel 57 2
- Begriff 57 3 ff.
- HWG 57 2 ff.
- Rechtsfolgen 57 3 ff.
- Versandhandel 57 6
- verschreibungspflichtige Arzneimittel 57 7 ff.
- Vorgaben 57 1

Arzneimittelhaftung 58 1 ff.
- allgemeine Haftung 58 3
- Produkthaftung 58 1 f.

Arzneimittelmarkt, Leistungserbringer auf dem 35 ff.
- pharmazeutische Unternehmen 36 1 ff.
- pharmazeutischer Großhandel 37 1 ff.

Arzneimittelpreisrecht 56 1 ff.
- Abrechnung 56 24
- Abschläge 56 19 f.
- Abschläge auf den Einkaufspreis des Apothekers 56 12 ff.
- AMG 56 1 ff.
- Apothekenpreisgestaltung 56 4
- Apothekenverkaufspreis (AVP) 56 3
- Boni 56 23
- Festbetragsregelung 56 7 ff.
- Herstellerabgabepreis (HAP) 56 2
- Preisermittlung in der GKV 56 6
- Rabatte 56 5
- SGB V 56 6 ff.
- Zugaben 56 23
- Zuzahlungen 56 22
- Zwecke der AMPreisV 56 1

Arzneimittelprüfung 52 30 ff.
- Ablauf 52 31
- Bedeutung 52 30
- informed consent 52 35
- Leitungsvoraussetzungen 52 36
- Probandenversicherung 52 37
- Prüfplan 52 33
- rechtliche Vorgaben 52 32 ff.
- Risikoqualifizierung 52 34

Arzneimittelrecht, Grundlagen 49 1 ff.
- Anerkennung ausländischer Zulassungen 52 21
- Antragstellung 52 2
- Arzneimittel, Begriff 50 1 ff.
- Arzneimittel zur Behandlung seltener Leiden 52 19
- Arzneimittelprüfung 52 30 ff.
- Behördenstruktur 49 4 ff.
- besondere Arzneimittel 52 17 ff.
- Betäubungsmittel 50 5
- Biopharmazeutika 52 17 f.
- Blutprodukte 51 1 ff.
- Dopingmittel 50 6
- EMA (European Medicines Agency) 49 5 ff.
- fiktive Arzneimittel 50 3

- fiktive Zulassung 52 14 ff.
- Fristen 52 11, 15
- Funktionsarzneimittel 50 2
- Import 52 22 ff.
- keine Arzneimittel 50 4
- Kombinationspräparate 52 8
- Modalitäten der Zulassung 52 12
- nationale Bundeszuständigkeiten 49 17
- neuartige Therapien 52 20
- Nutzen-Kosten-Verhältnis 52 7
- „orphan drugs" 52 19
- Präsentationsarzneimittel 50 1 f.
- Rechtsanspruch auf Zulassung 52 3 ff.
- Rechtsgrundlagen 49 2 f.
- Rechtsschutz 52 13
- Registrierung von Arzneimitteln 52 38 ff.
- Sachverständige 52 9
- therapeutische Wirksamkeit 52 4 ff.
- traditionelle Arzneimittel 52 16
- Transfusionsgesetz (TFG) 51 2 ff.
- Verfahren 52 9 ff.
- Zielsetzung 49 1 ff.
- Zulassung unter Auflagen 52 10
- Zulassung von Arzneimitteln 52 1 ff.

Arzneimittelüberwachung 54 1 ff.
- allgemeine Pharmakovigilanz-Pflichten 54 13
- allgemeine Überwachungsvorschriften 54 16
- Ausnahmen 54 15
- deutsches Recht 54 3 ff.
- Dokumentationspflichten 54 14
- Generalnorm § 62 AMG 54 4 ff.
- Meldepflichten 54 14
- Pharmakovigilanz 54 1
- Stufenplan 54 9 ff.
- Unionsrecht 54 2

Arzneimittelvereinbarungen 8 26 ff.
- Erstattungsbeträge 8 28a
- Rahmenverträge mit pharmazeutischen Unternehmen (§ 131 SGB V) 8 29
- Rahmenvertrag über die Arzneimittelversorgung (§ 129 SGB V) i. d. F. der 16. AMG-Novelle 8 28
- Vereinbarung nach § 84 SGB V 8 26

Arzneimittelverkehr 53 1 ff.
- allgemeine Voraussetzungen 53 1 ff.
- apothekenpflichtige Arzneimittel 53 16 ff.
- Arzneimittelvertrieb 53 15 ff.
- Europarecht 53 1 ff.
- Genehmigungserfordernis 53 2
- GCP 53 10
- GLP 53 9
- GMP 53 8
- gute Praxisregeln 53 7 ff.
- Herstellen 53 4 f.
- Hersteller 53 6
- Herstellungserlaubnis 53 1, 11
- Informationen 53 14
- Inverkehrbringen 53 12
- Kennzeichnungspflicht 53 13
- nationales Recht 53 4 ff.

– nicht verschreibungspflichtige Arzneimittel **53** 3
– off-label-use **53** 29 ff.
– preisgünstige Arzneimittel **53** 27 f.
– Verordnungsfähigkeit von Arzneimitteln **53** 29 ff.
– verschreibungspflichtige Arzneimittel **53** 3, 19 ff.
Arzthaftung 14 59 ff.
– Anspruchsvoraussetzungen **14** 62 ff.
– Aufklärungsfehler, Haftung aus **14** 82 ff.
– Aufklärungsmodalitäten **14** 98 ff.
– Aufklärungspflicht, Inhalt **14** 84 ff.
– Aufklärungspflicht, Umfang **14** 84 ff.
– Behandlungsaufklärung **14** 90
– Behandlungsfehler, Haftung aus **14** 74 ff.
– Beweiserleichterungen **14** 107 ff.
– Beweislast **14** 107 ff.
– deliktische Haftung **14** 59 ff.
– Diagnoseaufklärung **14** 89
– Diagnosefehler **14** 76
– Dokumentationsmängel **14** 114 ff.
– Fehlerbegriff **14** 66 ff.
– genetische Beratung, Behandlungsfehler **14** 81
– grober Behandlungsfehler **14** 112 f.
– Kausalität **14** 101 ff.
– Krankenhaushaftung, Besonderheiten **14** 118 ff.
– pränatale Diagnostik **14** 81
– Rechtzeitigkeit der Aufklärung **14** 96 f.
– Risikoaufklärung **14** 93 f.
– Schwangerschaftsabbruch, Behandlungsfehler **14** 81
– Selbstbestimmungsaufklärung, Arten **14** 88 ff.
– Sicherungsaufklärung **14** 79 f.
– Sorgfaltsmaßstab **14** 71 ff.
– Sterilisation, Behandlungsfehler **14** 81
– therapeutische Aufklärung **14** 79 f.
– Therapiefehler **14** 77 f.
– Übernahmeverschulden **14** 74 f.
– Verlaufsaufklärung **14** 92
– Verschulden **14** 71 ff.
– vertragliche Haftung **14** 59 ff.
– wirtschaftliche Aufklärung **14** 95
– Zurechnungszusammenhang **14** 105 f.
Arzthonorar nach der Gebührenordnung für Ärzte (GOÄ) 14 40 ff.
– Analogbewertung **14** 55 f.
– Anwendungsbereich **14** 40 ff.
– Gebühren bei stationärer Behandlung (§ 6a GOÄ) **14** 57 f.
– Gebührenhöhe **14** 51 ff.
– Honorarvereinbarung **14** 44 ff.
– Rechtsgrundlagen **14** 40 ff.
– Vergütungsarten **14** 49
Arztrecht 1 3 f.
Arztstrafrecht 70 1 ff.
– Arztbezug **70** 3
– Arztstrafrecht im engeren Sinne **70** 3 ff.
– arzttypische Gefährdungslagen **70** 4
– Behandlungsvertrag **72** 1 ff.
– unterlassene Hilfeleistung (§ 323c StGB) **71** 1 ff.

– Zuordnung des Arztstrafrechts zu den Kategorien des Medizinrechts **70** 5
Arztvertrag
– Abschlussfreiheit **14** 16 ff.
– Arzt **14** 19
– atypische Arztverträge **14** 31 ff.
– besondere Behandlungsverhältnisse **14** 27 ff.
– dienstvertragliche Haupt- und Nebenpflichten des Arztes **14** 28 ff.
– Geschlechtsänderung **14** 33 f.
– GKV-Patient, mit **14** 4 f.
– Inhalt **14** 27 ff.
– Kastration **14** 33 f.
– Kontrahierungszwang **14** 16 ff.
– kosmetische Behandlung **14** 32
– künstliche Befruchtung **14** 37 ff.
– Patient **14** 20 f.
– Privatpatient, mit **14** 2 f.
– „Schönheitsoperationen" **14** 32
– Schwangerschaftsabbruch **14** 35 f.
– Sterilisation **14** 33 f.
– Vertragsabschluss **14** 16 ff.
– Vertragsparteien **14** 16 ff., 19 ff.
– Vertragsbeendigung **14** 16 ff., 24 ff.
Augenoptiker 39 1; **40** 1 ff.
– Ausbildung **40** 2 f.
– Beihilfe **40** 6
– Beruf des Augenoptikers **40** 1 ff.
– Berufsbild **40** 2 f.
– Beschränkungen **40** 17
– EuGH **40** 18
– Europäischer Gesundheitsmarkt **40** 14 ff.
– Festbetragsregelungen **40** 11 ff.
– GKV **40** 7 ff.
– Hilfsmittelverzeichnis **40** 8 f.
– Kompetenzen des Augenoptikers **40** 14 ff.
– Markt **40** 4
– Organisation **40** 5
– § 33 II SGB V **40** 7
– PKV **40** 6
– Tätigkeitsbereiche **40** 15
– Unionsrecht **40** 18 f.
– Vergewerblichung des Arztberufs **40** 14 ff.
– Vergütung **40** 6 ff.
– verkürzter Versorgungsweg **40** 16
– Verordnung von Sehhilfen **40** 10
– Zuordnung **40** 1
AVWG 4 65

Bagatellarzneimittel (§ 34 I 6 SGB V) 53 23
Bandagist 39 1, **42** 1 ff. *s. Orthopädiemechaniker*
Bedarfsplanung 20 23 ff.
– Belegarzt-Sonderzulassung **20** 49 ff.
– historische Entwicklung **20** 24 f.
– Job-Sharing-Zulassung **20** 54 ff.
– mittelbare gesetzliche Bedarfsplanung **20** 29
– Nachbesetzung **20** 35 ff.
– Praxisnachfolge **20** 35 ff.
– Regelungsebenen **20** 28 ff.

- Sonderbedarfszulassung 20 42 ff.
- Überversorgung, Zulassungsbeschränkungen bei 20 32 ff.
- unmittelbare gesetzliche Bedarfsplanung 20 28
- Unterversorgung, Maßnahmen bei 20 31
- Zulassungsbeschränkungen 20 26 f.

Bedarfsplanungsgesetz 4 34
Behandlungsvertrag und Strafrecht 72 1 ff.
- ärztliche Behandlung 72 2 ff.
- Aufklärung 72 3
- Einwilligung 72 3
- fahrlässige Körperverletzung (§ 229 StGB) 72 4 ff.
- fahrlässige Tötung (§ 222 StGB) 72 9
- Heileingriff 72 2
- Schweigepflicht (§ 203 StGB) 72 10 ff.
- Straftatbestände, mögliche 72 4 ff.
- unrichtige Gesundheitszeugnisse (Gefälligkeitsatteste) 72 20 ff.

Beihilferecht
- Europarecht 3 80 ff.

Beitragsentlastungsgesetz 1996 4 45
Beitragssatzstabilität 7 40 ff.
Belegarztwesen 16 128 ff.
- Belegarztanerkennung 16 131 f.
- Belegarztvertrag 16 136 ff.
- Honorarvertrag, Belegarzt mit (§ 121 V SGB V) 16 139 ff.
- Sonderzulassung 16 133 ff.
- sozialrechtliche Voraussetzungen der Belegarzttätigkeit 16 131 ff.

Berliner Abkommen 4 12 f.
Berufsausübungsgemeinschaften, medizinische s. *medizinische Berufsausübungs- und Organisationsgemeinschaften*
Berufsfachverbände 13 104
Berufsgerichtsbarkeit, ärztliche s. *ärztliche Berufsgerichtsbarkeit*
Berufsorganisationen der Ärzte 13 97 ff.
- Aufgaben 13 97 ff.
- Berufsfachverbände 13 104
- berufsständische Selbstverwaltung durch Ärztekammern 13 98 ff.
- berufsständische Verbände mit freiwilliger Mitgliedschaft 13 104
- Berufsverband der Praktischen Ärzte und Ärzte für Allgemeinmedizin Deutschlands (BPA) 13 104
- Bundesärztekammer, Aufgaben 13 102 f.
- Deutscher Zentralverein homöopathischer Ärzte e. V. 13 104
- Gemeinschaft Fachärztlicher Berufsverbände (GFB) 13 104
- Gesellschaft Anthroposophischer Ärzte in Deutschland 13 104
- Hartmannbund 13 104
- Hufelandgesellschaft für Gesamtmedizin e. V. 13 104
- Landesärztekammer, Aufgaben 13 100 f.

- Marburger Bund 13 104
- Pflichtmitgliedschaft 13 98 f.
- Selbstverwaltungsbefugnis 13 98 f.
- Verband der niedergelassenen Ärzte Deutschlands e. V. (Virchow) 13 104

Berufspflichten, ärztliche 13 49 ff.
- ärztlicher Heilauftrag 13 50
- Behandlungspflicht 13 51 f.
- Dokumentationspflicht 13 67 ff.
- Durchsetzung durch die ärztliche Berufsgerichtsbarkeit 13 83 ff.
- Fortbildungspflicht 13 58 ff.
- Gewerblichkeitsverbot 13 72
- Hausbesuch 13 53
- Notdienst 13 54 ff.
- Qualitätssicherung 13 58 ff.
- Rettungsdienst 13 54 ff.
- Schweigepflicht 13 61 ff.
- Untersuchungspflicht 13 51 ff.
- Werbung, Verbot berufsrechtswidriger 13 73 ff.

Berufsrecht, ärztliches s. *ärztliches Berufsrecht*
Berufsverband der Praktischen Ärzte und Ärzte für Allgemeinmedizin Deutschlands (BPA) 13 104
Berufungsausschüsse s. *Zulassungs- und Berufungsausschüsse*
Bestechung/Vorteilsnahme 74 14 ff.
- BGHSt-GSSt, NJW 2012, 2530 74 24
- Dienstaufgaben 74 14 ff.
- Drittmittelforschung 74 15 f.
- Sachverhalte 74 17
- Strafrecht 74 18 ff.

Betreuungsverfügung 68 232 ff.
- Befugnisse des Betreuers 68 235
- Begriff 68 233
- Vorschläge 68 234
- Wünsche 68 234

Biomedizin 66 1 ff.
- Anwendung des Art. 2 II GG 68 11 ff.
- Art. 1 I GG als Maßstabsnorm 68 2 ff.
- Befruchtung 68 69 ff.
- Begriff 66 1 ff.
- Betreuungsverfügung 68 232 ff.
- Deklaration von Helsinki („DvH") 67 8 ff.; 68 16
- deutsches Recht 68 19 ff.
- Diagnosemaßnahmen 68 92 ff.
- EG-Biopatent-Richtlinie 67 20 ff.
- Einzelfelder 68 1 ff.
- Embryonenschutzgesetz 68 78 ff.
- Embryonenverbrauch 68 122 f.
- Entstehungsgeschichte von Art. 1 I GG 68 4 ff.
- Ethikkommissionen 68 16 ff.
- Forschung 68 15 ff.
- Geburt, nach der 68 170 ff.
- Geburt, vor der 68 69 ff.
- Gendiagnostikgesetz 68 93 ff.
- Geschlechtsumwandlung 68 173 ff.
- Heilversuch 68 30 ff.

– heterologe Insemination **68** 71 f.
– homologe Insemination **68** 70
– In-vitro-Fertilisation (IvF) **68** 73 ff.
– internationale Vorgaben **67** 1 ff.
– intratubarer Gametentransfer (GIFT = Gamete Intrafallopian Transfer) **68** 77
– intrazytoplasmatische Spermainjektion (ICSI) **68** 76
– Kind als Schaden **68** 168
– klinische Prüfung **68** 30 ff., 38 ff.
– Maßstäbe der Biomedizin **66** 5
– Mensch, Begriff **68** 7
– menschliches Leben, Begriff **68** 8
– Menschsein **68** 3
– Neugeborenen-Screening **68** 170 ff.
– Patientenverfügung **68** 219 ff.
– Recht der Biomedizin **66** 4
– Schwangerschaftsabbruch **68** 154 ff.
– Stammzellenforschung **68** 124 ff.
– Standard **68** 30
– Sterbehilfe **68** 237 ff.
– Tissue-Engineering (TE) **68** 143 ff.
– Transplantationsgesetz **68** 177 ff.
– Übereinkommen zum Schutz der Menschenrechte und der Menschenwürde von Biologie und Medizin des Europarates vom 04. April 1997 („MRB") **67** 15 ff.
– Unesco-Deklaration vom 11.11.1997 **67** 2 ff.
– unionsrechtliche Vorgaben **67** 1 ff.; **68** 18
– vor dem Tod **68** 218 ff.
– Vorsorgevollmacht **68** 236
– wrongful life **68** 169
– Xenotransplantation **68** 215 ff.
Blutprodukte 51 1 ff.
– Aufklärung **51** 7
– Dokumentation **51** 8
– Haftung **51** 10
– Meldewesen **51** 9
– Sanktionen **51** 10
– sichere Anwendung **51** 6 ff.
– Stand der medizinischen Wissenschaft **51** 6
– Transfusionsgesetz (TFG) **51** 2 ff.
BSSichG 4 58 f.
Bundesärztekammer
– Aufgaben **13** 102 f.
Bundesmantelvertrag 8 11 ff., **22** 2
– BMVÄ **8** 20
– Funktion **8** 11 f.
– GMG **8** 18 f.
– Inhalt **8** 13 ff.
– Transformationsregelung **8** 16
– Vertragspartner **8** 17
Bundespflegesatzverordnung (Neufassung) 26 383 ff.
– Abschläge **26** 442 f.
– Anpassungsvereinbarung (AV) **26** 406 ff.
– Ausgangsgrundlage der Vereinbarung **26** 402 ff.
– Begrenzung des Gesamtbetrags **26** 418 ff.
– Bemessung des Gesamtbetrags **26** 392

– Bemessungsfaktoren, einzelne **26** 397 ff.
– Bemessungskriterium Krankenhausvergleich **26** 424 ff.
– Bewertungsrelationen **26** 432 ff.
– Budgetsystem **26** 385 f.
– Erlösausgleich **26** 444 ff.
– Erlössumme **26** 441
– gestufte Einführung des neuen Vergütungssystems **26** 387 ff.
– krankenhausindividueller Basisentgeltwert **26** 429 ff.
– neue Untersuchungs- und Behandlungsmethoden **26** 440
– Nichtbesetzung von Personalstellen **26** 428
– noch nicht sachgerecht vergütete Leistungen **26** 438
– pauschale Entgelte **26** 429 ff.
– Rechtsgrundlagen **26** 383 f.
– regionale Besonderheiten **26** 439
– sonstige Entgelte **26** 437 ff.
– strukturelle Besonderheiten **26** 439
– Veränderungswert **26** 435 f.
– Vereinbarung eines Gesamtbetrags **26** 390
– Zuschläge **26** 442 f.
– Zwei-Säulen-Modell **26** 391
Bundespflegesatzverordnung 2012 (BPflV 2012) 26 256 ff. 328 f.

Chefarzt-Dienstvertrag, wesentliche Regelungen 16 33 ff.
– Aufspaltung des Dienstverhältnisses **16** 52 ff.
– Beendigung des Dienstverhältnisses **16** 59 f.
– Dienstaufgaben **16** 35 ff.
– Entwicklungsklausel **16** 39 ff.
– Kostenerstattung im Nebentätigkeitsbereich **16** 52 ff., 56 ff.
– Kostenerstattung im stationären Bereich **16** 48 ff.
– Liquidationsrecht, Einräumung **16** 46 f.
– Nebentätigkeitserlaubnis **16** 55
– notwendiger Vertragsinhalt **16** 33 f.
– Nutzungsentgelt im Nebentätigkeitsbereich **16** 56 ff.
– Nutzungsentgelt im stationären Bereich **16** 48 ff.
– Vergütung im dienstlichen Aufgabenbereich **16** 43 f.
– Vergütung im Nebentätigkeitsbereich **16** 52 ff.
– Vergütungsbestandteile **16** 43 f.
– Vorteilsausgleich im stationären Bereich **16** 48 ff.
– Wirtschaftlichkeitsgebot **16** 38
– Zielvereinbarungen **16** 45
Chipkarten 2 46

Deklaration von Helsinki („DvH") 67 8 ff.
– Entstehung **67** 8
– Ethikkommissionen **67** 10 f.
– Grundaussagen **67** 9
– Inhalt **67** 9 ff.
– klinische Prüfung **68** 46
– rechtliche Bedeutung **67** 12 ff.

Deutscher Zentralverein homöopathischer Ärzte e. V. 13 104
Disziplinarverfahren 24 1 ff.
– Aufgaben **24** 10 ff.
– aufschiebende Wirkung **24** 34
– Bedeutung des Disziplinarverfahrens **24** 38 ff.
– Behandlungsleistungen, Erbringung fehlerhafter **24** 24
– Behandlungsübernahme, Pflicht zur **24** 14
– Bereitschaftsdienst (Notfalldienst), Pflicht zur Teilnahme am **24** 23
– Disziplinarmaßnahme im Kontext der Erziehungsmaßnahmen **24** 41 f.
– Einheit des Disziplinarrechts **24** 43
– Fortbildungspflichten **24** 25
– Funktionen des Disziplinarrechts **24** 10 f.
– Funktionsebene, Disziplinarmaßnahme in der **24** 39 f.
– Geldbuße **24** 30 ff.
– gerichtliche Kontrolle **24** 35 f.
– Klage **24** 34
– Leistungsabrechnung, Pflicht zur peinlich genauen **24** 22
– Maßnahmen **24** 27 ff.
– Mitwirkungspflichten, Verletzung von **24** 19
– Organisationspflichten, vertragsärztliche, Verletzung bei Führung der Praxis **24** 18
– § 81 V SGB V **24** 1
– Patienten, Pflichten bei Abgabe und Zuführung von **24** 21
– persönliche Leistungserbringung **24** 16
– Präsenzpflicht **24** 13
– Qualitätspflichten, dauerhafter Verstoß gegen **24** 20
– Rechtsgrundlage **24** 1 f.
– Rechtsschutz **24** 33 ff.
– Rechtsschutzmaßnahmen **24** 34
– Sachleistungsprinzip, grundsätzliche Behandlung nach dem **24** 15
– Satzung **24** 2
– Satzungsrecht, Verletzung von **24** 26
– sofortige Vollziehung **24** 34
– Verfahren **24** 5 ff.
– vertragsärztliche Pflichten **24** 12 ff.
– Verwaltungsakt, Disziplinarmaßnahme als **24** 33
– Verwarnung **24** 28
– Verweis **24** 29
– Wirtschaftlichkeitsgebot, wiederholter Verstoß gegen das **24** 17
– Zulassungsentziehung **24** 37
– Zuständigkeiten **24** 3 f.
Dokumentationspflicht 13 67 ff.
– Änderung der Rechtsprechung **13** 67 ff.
– Inhalt der Dokumentationspflicht **13** 70 f.
– Umfang der Dokumentationspflicht **13** 70 f.

EG-Biopatent-Richtlinie 67 20 ff.
– Ausgestaltung von Vorschriften der Bio-Patentrichtlinie **67** 24a

– Bedeutung **67** 22 ff.
– Entwicklung **67** 20
– Inhalt **67** 21
– Nichtigkeitsklage **67** 22 f.
– Umsetzung **67** 24
Einschreibemodell 21 7
EMA (European Medicines Agency) 49 5 ff.
– Datenbank **49** 10
– gute Praxis **49** 12
– Parallelvertrieb **49** 15
– Pharmakovigilanz **49** 9
– Qualitätssicherung **49** 16
– Tests **49** 14
– Übermittlungsaufgaben **49** 8
– Unterlagenerstellung **49** 13
– Unterstützungsmaßnahmen **49** 11
– wissenschaftliche Beurteilung **49** 7
Embryonenschutzgesetz 68 78 ff.
– Grundlagen **68** 79 ff.
– Kostenübernahme **68** 87 ff.
– Kryokonservierung **68** 85
– verfassungsrechtliche Beurteilung **68** 91
– Zivilrecht **68** 86
EMRK 3 25
Ethikkommissionen 68 16 ff.
– Aufgaben **68** 22 f.
– Deklaration von Helsinki („DvH") **68** 16
– deutsches Recht **68** 19 ff.
– Organisation **68** 22 f.
– §§ 40, 40 a–d AMG **68** 27
– §§ 41, 41a AMG **68** 28
– §§ 41a–41c AMG **68** 25
– §§ 42, 42a–c AMG **68** 29
– Unionsrecht **68** 18
– 4. AMG-ÄmndG **68** 24 ff.
– VO (EU) Nr. 536/2014 **68** 24, 26
EuGH
– Bedeutung **3** 13
Europäische Grundrechtscharta (GRCh) 3 26
Europarecht 3 1 ff.
– allgemeine Rechtsgrundlagen **3** 2 ff.
– ambulante ärztliche Behandlung **3** 65 ff.
– Anwendungsvorrang **3** 8 ff.
– Art. AEUV **3** 21
– Art. 153 AEUV **3** 17 f.
– Art. 168 AEUV **3** 19 ff.
– Beihilferecht **3** 80 ff.
– Beschlüsse **3** 11
– Dienstleistungsfreiheit (Art. 56 AEUV) **3** 42 ff
– Empfehlungen **3** 12
– EMRK **3** 25
– EuGH, Bedeutung des **3** 13
– Europäische Grundrechtscharta (GRCh) **3** 26
– Freizügigkeitsrecht **3** 41
– geistige Unversehrtheit **3** 30 ff.
– Gerichtsbarkeit **3** 13 ff.
– Grundrechte **3** 24 ff.
– Handlungsformen **3** 4
– Kartellrecht **3** 48 ff.

– körperliche Unversehrtheit **3** 30 ff.
– Koordinierungs-Kompetenzen im Gesundheitssektor **3** 16 ff.
– materiell-rechtliche Vorgaben außerhalb des Grundrechtsbereichs **3** 33 ff.
– Medizinproduktrecht **3** 83
– Menschenwürde **3** 29
– Niederlassungsfreiheit (Art. 49 AEUV) **3** 42 ff.
– OTC- Ausnahmeliste **3** 76 ff.
– Patientenmobilität **3** 74 f.
– primäres Unionsrecht **3** 3
– Rechtsquellen **3** 3 ff.
– Richtlinien **3** 6 f.
– sekundäres Unionsrecht **3** 4 ff.
– Soft-law-Funktion **3** 22 f.
– stationäre Behandlung **3** 70 ff.
– Stellungnahmen **3** 12
– Terminologie **3** 2
– Unionsgrundrechte **3** 24
– Transparenzrichtlinie **3** 76 ff.
– Verfahrensregeln **3** 14 f.
– Vergaberecht **3** 64
– Verordnungen **3** 5
europarechtliche Vorgaben 3 1 ff.

fachärztliche Versorgung 21 4
Fachanwalt für Medizinrecht 1 5 f.
fahrlässige Körperverletzung (§ 229 StGB) 72 4 ff.
fahrlässige Tötung (§ 222 StGB) 72 9
Fortbildungspflicht 13 58 ff.; **20** 96 ff.
– berufsrechtliche Anforderungen **13** 58
– Inhalt der Fortbildungspflicht **13** 59 f.
– Umfang der Fortbildungspflicht **13** 59 f.
– vertragsärztliche Anforderungen **13** 58
FPG 4 57

G-BA s. **gemeinsamer Bundesausschuss (G-BA)**
G-BA-Richtlinien 8 33, 37 ff.
– Katalog **8** 37 f.
– Klagebefugnis **8** 41
– Verfahrensregeln **8** 39 f.
Gebrauchsmuster 55 9
Geld, Arzt und 74 1 ff.
Gemeinschaft Fachärztlicher Berufsverbände (GFB) 13 104
gemeinsamer Bundesausschuss (G-BA) 12 1 ff.
– Anhörungsrechte **12** 11 f.
– Aufgabenbereiche **12** 2, 14 ff.
– Aufsicht **12** 3 ff., 13
– Bedarfsplanung **12** 22 f.
– Begründetheit der Klage **12** 27 ff.
– Beschlussgremium **12** 6 ff.
– Beteiligungsrechte **12** 11 f.
– Formvorschriften **12** 28
– gerichtliche Kontrolle **12** 29 f.
– gerichtlicher Prüfungsmaßstab **12** 27 ff.
– Geschäftsordnung **12** 8
– Gestaltungsfreiraum **12** 29 f.

– Klageart **12** 25
– Methodenbewertung **12** 15
– Organisation **12** 3 ff.
– Patientenvertreter **12** 7
– Qualitätssicherung **12** 16 ff.
– rechtliche Struktur **12** 4 f.
– Rechtsfähigkeit **12** 4
– Rechtsfolgen bei Verfahrensverstößen **12** 10
– Rechtsnatur **12** 5
– Rechtsschutz **12** 24 ff.
– Rechtsschutzbedürfnis **12** 26
– Rechtsstellung **12** 1
– Rechtsweg **12** 24
– sektorenübergreifende Versorgungskonzepte **12** 21
– Steuerungsinstrumente in der Arzneimittelversorgung **12** 19
– Verfahrensordnung **12** 9
– Verfahrensvorschriften **12** 28
– vertragsärztliche verordnete Leistungen **12** 20
– vorläufiger Rechtsschutz **12** 31
– Zusammensetzung des Beschlussgremiums **12** 6
– zuständiges Gericht **12** 24
Gemeinschaftspraxis 15 4 ff.
– Begriff **15** 4 ff.
– Berufsausübungsgemeinschaft **15** 7
– berufsrechtliche Anforderungen **15** 7 ff.
– fachübergreifende Gemeinschaftspraxis **15** 5
– gemischte Gemeinschaftspraxis **15** 6
– Teilgemeinschaftspraxis **15** 9
– vertragsarztrechtliche Anforderungen **15** 7 ff.
– zivilrechtliche Gestaltungsmöglichkeiten **15** 10 ff.
Gendiagnostikgesetz 68 93 ff.
– Abstammungsuntersuchung **68** 109
– Anwendungsbereich **68** 95 f.
– besondere Sachverhalte **68** 101 ff.
– Erbkrankheit **68** 115 ff.
– § 3a ESchG **68** 112 ff.
– PIDV **68** 121
– prädikative genetische Untersuchung **68** 101 ff.
– Präimplantationsdiagnostik (PID) **68** 110 ff.
– pränatale Diagnostik (PND) **68** 107 f.
– praktische Handhabung **68** 119 f.
– Verfahren bei genetischen Untersuchungen zu medizinischen Zwecken **68** 97 ff.
– weiterer Rechtfertigungsgrund **68** 118
Gesamtverträge 8 21 ff.
– Funktion **8** 25
– GKV-WSG **8** 24
– GMG **8** 24
– Inhalt **8** 22 f.
– Vertragspartner **8** 21
Gesellschaft Anthroposophischer Ärzte in Deutschland 13 104
Gesetzgebungskompetenzen im Gesundheitsbereich 25 20 ff.
– Art. 12 I GG **25** 29 ff.
– Art. 14 I GG **25** 32

– Grundrechte der Leistungserbringer (Krankenhäuser und Vorsorge- und Rehabilitationseinrichtungen) 25 26 ff.
– Grundrechtsträger, Leistungserbringer als 25 27
– kirchliche Gewährleistungsrechte 25 33
– Krankenhauswesen 25 21 f.
– Rahmenbedingungen, durch die Grundrechte vorgegebene 25 28 ff.
– Sicherstellungsauftrag des Staates, stationärer 25 23 ff.
– Sozialstaatsprinzip 25 23 ff.
– Übersicht 25 20

gesetzliche Krankenversicherung (GKV), Leistungsrecht 9 1 ff.
– Institut für Qualität und Wirksamkeit im Gesundheitswesen (IQWiG) 9 24 ff.
– Institut für Qualitätssicherung und Transparenz im Gesundheitswesen (IQTiG) 9 28 f.
– Kostenerstattung 9 6 ff.
– Leistungsausgrenzung 9 16
– Leistungsformen 9 1
– Leistungsgrundsätze 9 17 ff.
– Leistungskürzung 9 13
– Leistungsumfang 9 11 ff.
– Qualität 9 22 f.
– Sachleistungsprinzip 9 2 ff.
– Verhältnis von Sachleistungsprinzip und Kostenerstattung 9 10
– Wahltarife 9 11 f.
– Wirksamkeit 9 21
– Wirtschaftlichkeit 9 18 f., 30 ff.
– Zusatzvereinbarungen 9 11 f.
– Zuzahlungspflichten 9 14 f.

gesetzliche Krankenversicherung (GKV), *als* **Pflichtversicherung** 6 1 ff.
– freiwillige Mitglieder 6 4 ff.
– freiwillige Versicherung, Abgrenzung zur Pflichtversicherung 6 4 ff.
– Jahresarbeitsentgeltgrenze 6 2 f.
– Versicherte 6 1

gesetzliche Krankenversicherung (GKV), Recht der 4 1 ff.
– AABG 4 56
– Ärztevereinigungen 4 8 ff.
– Alternativen zur Regelversorgung 11 1 ff.
– AMG-Novelle, 16. 4 76
– AMNOG 4 72
– AMVSG 4 86
– AVWG 4 65
– Beitragsentlastungsgesetz 1996 4 45
– Berliner Abkommen 4 12 f.
– BSSichG 4 58 f.
– Bundesgesetzgebung, erste 4 23 f.
– Drittes Reich, Rechtslage 4 18 ff.
– Einigung Deutschlands 4 42
– FPG 4 57
– Gesetzgebung ab dem Jahr 2000 4 51 ff.
– Gesetzgebung im Jahr 2001 4 54 f.
– Gesetzgebung im Jahr 2002 4 56 ff.

– Gesetzgebung in den 90er Jahren 4 42 ff.
– Gesundheitsmodernisierungsgesetz (GMG) 4 60 ff.
– Gesundheitsreform 2006/2007 4 64 ff.
– Gesundheits-Reformgesetz (GRG) 1989 4 36 ff.
– Gesundheitsstrukturgesetz (GSG) 1993 4 43 f.
– GG 4 22
– GKAR 4 25 ff.
– GKV-FinG 4 73
– GKV-FQWG 4 78
– GKV-Gesundheitsreformgesetz 2000 4 52 f.
– GKV-OrgWG 4 70 f.
– GKV-SolG 1998 4 50
– GKV-VSG 4 79
– GKV-VStG 4 74
– GKV-WSG 4 67 ff.
– historische Entwicklung 4 1 ff.
– HPG 4 81
– Jahre nach dem ersten Weltkrieg 4 14 ff.
– K-Gesetze 4 28 ff.
– KHSG 4 82 ff.
– Kriegsende 4 21
– KVG 4 4 ff.
– Nachkriegszeit 4 21 ff.
– Neuordnungsgesetz (NOG), erstes 4 46
– Neuordnungsgesetz (NOG), zweites 4 47
– PNG 4 77
– PrävG 4 80
– PsychEntG 4 75
– PsychThG 4 49
– PsychVVG 4 85
– RVO 4 11
– VÄndG 4 66
– Zeit bis zum Dritten Reich 4 17

gesetzliche Krankenversicherung (GKV), Strukturelemente und Zielvorgaben 5 1 ff.
– Arbeitsmarkt, Krankenversicherung und 5 13
– Auslandsleistungen 5 7
– Beitragshöhe 5 5
– Familienangehörige 5 4
– Folgerungen 5 18 f.
– Fremdlasten in der GKV 5 15 ff.
– Gesundheitsschutz 5 10
– Kostenerstattung 5 1
– Krankengeld 5 6
– Leistungsumfang 5 2
– Pflichtversicherung gegen Krankheit 5 19
– Rentenversicherung 5 14
– Sachleistung 5 1
– sozialer Ausgleich, Prinzip 5 12
– Systematisierungsschwierigkeiten 5 18
– Teilnahmeberechtigung 5 3
– Zielvorgaben 5 8 ff.

gesetzliche Krankenversicherung (GKV), Verbandsstrukturen der 7 22 ff.
– Aufgaben 7 23 f.
– Ersatzkassenverbände 7 25
– Knappschaftliche Krankenversicherung 7 27
– Landwirtschaftliche Krankenkasse 7 26

- Rechtsform **7** 23 f.
- Spitzenverband Bund der Krankenkassen (SpiBuK) **7** 28
- Verbände **7** 22

Gesundheitshandwerker 39 1 ff.
- Arten der Gesundheitshandwerke **39** 1
- Augenoptiker **39** 1; **40** 1 ff.
- Bandagist **39** 1
- Hörgeräteakustiker **39** 1; **41** 1 ff.
- HwO **39** 2
- Orthopädiemechaniker **39** 1
- Orthopädieschuhmacher **39** 1
- Rechtsrahmen **39** 2 f.
- Unionsrecht **39** 3
- Zahntechniker **39** 1

Gesundheitsrecht 1 2, 19 ff.
Gesundheitsmodernisierungsgesetz (GMG) 4 60 ff.
Gesundheits-Reformgesetz (GRG) 1989 4 36 ff.
- Ausgangslage **4** 36
- Zielsetzung **4** 37 ff.

Gesundheitsstrukturgesetz (GSG) 1993 4 43 f.
Gewerblichkeitsverbot 13 72
GKAR 4 25 ff.
GKV-FinG 4 73
GKV-FQWG 4 78
GKV-Gesundheitsreformgesetz 2000 4 52 f.
GKV-OrgWG 4 70 f.
GKV-SolG 1998 4 50
GKV-VSG 4 79
GKV-VStG 4 74

Hartmannbund 13 104
hausärztliche Versorgung 21 2 f.
Heilmittel 65 1 ff.
- Abrechnungsverhältnis **65** 10
- Begriff **65** 1
- Krankenbehandlung **65** 2
- Leistungserbringer **65** 4
- Rechtsanspruch **65** 7
- Rechtsschutz **65** 8
- Verfahren **65** 6
- Vergütungsfragen **65** 11
- Verordnungen **65** 3
- Vertragsrecht **65** 9
- Zulassung **65** 4 ff.
- Zulassungsvoraussetzungen **65** 4

Heil- und Hilfsmittelrecht 60 1 ff.
- Arzt **61** 4, 9
- Aufnahme eines neuen Hilfsmittel in das Hilfsmittelverzeichnis **62** 1 ff.
- Aufnahmeverfahren **62** 10 ff.
- Einzelleistung **62** 11
- faktische Bedeutung des Hilfsmittelverzeichnisses **61** 3 ff.
- Funktionstauglichkeit **62** 6
- gesetzliche Vorgaben aus § 139 SGB V **62** 1 ff.
- Hersteller **61** 5, 10; **62** 10

- Hilfsmittel, Begriff **60** 1 ff.
- Hilfsmittelverzeichnis, Bedeutung **61** 1 ff.
- Hilfsmittelverzeichnis als Auslegungshilfe **61** 1 f., 11
- Kriterien des § 139 SGB V im Einzelnen **62** 5 ff.
- medizinischer Nutzen **62** 8
- neue Untersuchungs- und Behandlungsmethoden **62** 12
- Qualität **62** 9
- rechtliche Bedeutung des Hilfsmittelverzeichnisses **61** 7 ff.
- Rechtsschutz **62** 13
- Sicherheit **62** 7
- tatsächliche Bedeutung des Hilfsmittelverzeichnisses **61** 6
- Versicherte **61** 3, 8
- Vorgaben aus § 33 SGB V **60** 2 ff.

Heil- und Hilfsmittelverträge (§ 125 II, 127 II SGB V) 8 30 ff.
- Heilmittelvereinbarungen nach § 84 SGB V **8** 31
- Heilmittelverträge **8** 30
- Hilfsmittelvereinbarungen **8** 32

Heilpraktiker 33 1 ff.
- Behandlungsvertrag **34** 2 ff.
- Behandlungsvertrag, Inhalt **34** 2
- Beihilfe **34** 8
- Berufsordnung **34** 3
- BVerwG, Rechtsprechung des **33** 10 ff.
- Erstattungsregelungen **34** 6 ff.
- Freiberufler, Heilpraktiker als **34** 1
- GKV **34** 6
- Haftung **34** 9
- Heilkunde, Ausübung **33** 3 ff.
- Heilkunde, Ausübung durch Heilpraktiker **33** 8 ff.
- Heilkunde, Begriff **33** 1 f.
- Heilkunde, Funktion **33** 2
- Heilkundebegriff, Fortentwicklung **33** 9
- historische Entwicklung **33** 3 f.
- höchstrichterliche Rechtsprechung **33** 5 ff.
- Kurierfreiheit **33** 3 f.
- § 1 HPG **33** 1
- PKV **34** 7
- Sonderrecht des Heilpraktikers **34** 1 ff.
- Vergütung **34** 5 ff.
- Vergütung, freie Vereinbarung **34** 5
- Werbung **34** 4

Heilversuch 68 30 ff., 59 ff.
- Bedeutung **68** 60 f.
- Einwilligung nach Aufklärung **68** 37
- Kosten **68** 67 f.
- Kosten-Nutzen-Erwägungen **68** 36
- Legitimationsebenen **68** 33 ff.
- Nutzen-Risiko-Analyse **68** 35
- Plausibilitätserfordernisse **68** 34
- Voraussetzungen **68** 62 ff.
- Zuordnung **68** 59

Hilfsmittelversorgung
- Ausschreibungsvertrag **63** 3

– Einzelvereinbarung 63 5
– Festbeträge 64 4, 6
– Grundsätze 63 1; 64 1
– Kostenerstattung 64 5
– Leistungserbringer in der 63 1 ff.
– Mehrkosten 64 3
– Rahmenvertrag 63 4
– Rechtsansprüche 64 1 ff.
– Vergütungsfragen 64 1 ff., 4 ff.
– Versorgungsfragen 64 1 ff.
– vertragliche Regelung 64 5 ff.
– vertragliche Voraussetzungen (§ 127 SGB V) 63 2 ff.
– Wahlrecht 64 2
– Zuzahlungen 64 7

Hochschulambulanzen, Zulassung von (§ 117 SGB V) 16 97 ff.
– Rangfragen 16 99
– Rechtsschutz 16 99
– sachliche Voraussetzungen 16 95
– Vergütung 16 96

Hörgeräteakustiker 39 1; 41 1 ff.
– ärztliches Berufsrecht 41 20
– Bedarf 41 7
– Beruf 41 1
– BGH-Rechtsprechung 41 21 ff.
– Festbetragsregelung 41 5 f.
– Geräte 41 10 ff.
– GKV 41 3
– Hilfsmittelverzeichnis 41 8 ff.
– Hörhilfen 41 3 ff., 9 ff.
– Markt 41 2
– PKV 41 4
– Organisation 41 2
– Sozialversicherungsrecht 41 28
– Verhältnis „Arzt-Hörgeräteakustiker" 41 19 ff.
– Vorgaben für eine Hörhilfenversorgung 41 13 ff.
– Wettbewerbsrecht 41 30 f.

homöopathische Arzneimittel 52 38 ff.
– Begriff **52** 38
– Markt homöopathischer Arzneimittel **52** 47
– Qualität homöopathischer Arzneimittel **52** 46
– Registrierung 52 42 ff.
– Verfahren 52 43 ff.
– Wahlrecht 52 42
– Zulassung 52 39 ff.
– Zulassungsverfahren 52 39 ff.

Honorararzt 16 146 ff.
– ambulante Leistungserbringung 16 147 ff.
– ambulante Operationen 16 148
– Arztpraxis, prä- und poststationäre Versorgung in der 16 151
– ausdrückliche Beauftragung 16 152
– Beschränkungen durch das Vertragsarztrecht 16 160
– Einbeziehung in die Versorgungskette 16 150
– Gesamtverantwortung des Krankenhauses 16 158
– „im Einzelfall notwendig" 16 157

– Leistungsfähigkeit des Krankenhauses 16 156
– stationäre Leistungserbringung 16 153 ff.
– Versorgungsauftrag des Krankenhauses 16 159
– vor- und nachstationäre Behandlung 16 149 ff.
– Wahlleistungsvereinbarung, Erstreckung auf Honorarärzte 16 161

Honorarvereinbarung 14 44 ff.
– Ausschluss von bestimmten Leistungen 14 45
– Individualität der Vereinbarung 14 46
– Schriftform 14 47 f.
– Zeitpunkt der Vereinbarung 14 46

Honorarverteilungsmaßstab (HVM) 22 29 ff.
– Funktion 22 30 ff.
– Grundstrukturen 22 34 ff.
– Honorarabrechnung 22 49 ff.
– HVM-Detailregelungen 22 39 ff.
– Inhalt des HVM 22 34 ff.
– Rechtsnatur 22 30 ff.
– Regelleistungsvolumina in HVM 22 42 ff.

HPG 4 81
Hufelandgesellschaft für Gesamtmedizin e. V. 13 104
HVM s. Honorarverteilungsmaßstab (HVM)

Institut für Qualität und Wirksamkeit im Gesundheitswesen (IQWiG) 9 24 ff.
Institut für Qualitätssicherung und Transparenz im Gesundheitswesen (IQTiG) 9 28 f.
integrierte Versorgung 11 59 ff.
– Abgrenzung zu bisherigen Versorgungsformen 11 61 ff.
– Anschubfinanzierung 11 83 f.
– Ausschreibungspflicht von Integrationsverträgen 11 94
– Auswahl des Vertragspartners der Krankenkassen 11 91 f.
– Bereinigung der Gesamtvergütung 11 85
– Bewertung 11 86 ff.
– Einkaufsmodell, Einstieg in das 11 91 f.
– Festlegung des Versorgungsauftrags und des gesetzgeberischen Pflichtenprogramms 11 96
– Gründe für die Neuregelung durch GMG und GKV-WSG 11 65 ff.
– Inhalt der Integrationsversorgung 11 71 f.
– Leistungsansprüche der Versicherten 11 97 f.
– Modellvorhaben, Abgrenzung 11 62
– Neuregelung durch das GKV-VSG 11 69 f.
– Recht der integrierten Versorgung, durch das GMG, GKV-WSG und GKV-VSG geändertes 11 65 ff.
– Rechtsnatur 11 99
– Strukturverträge, Abgrenzung 11 63 f.
– Umfang der Integrationsvergütung 11 81
– Vergaberecht, Anwendbarkeit 11 91 f.
– Vergütung 11 80 f., 97 f.
– Vergütung der Krankenhäuser 11 82
– Vertragsabschluss 11 91 ff.
– Vertragsfreiheit, Grenzen 11 73 ff.
– Vertragsgegenstand 11 71 f.

- Vertragsgestaltung 11 91 ff., 95 ff.
- Vertragsinhalt 11 95 ff.
- Vertragskombinationen 11 100
- Vertragspartner und deren Rechtsform 11 76 f.
- Wettbewerbsrecht, Anwendbarkeit 11 91 ff.
- Zielsetzung 11 59 f.
- Zulassungsstatus der Teilnehmer 11 78 f.

Investitionskosten 26 19 ff., 47 ff.
- gesetzliche Begriffsbestimmung 26 47 ff.
- lückenhafter Begriff 26 52 ff.

Kartellrecht 3 48 ff.
Kassenärztliche Bundesvereinigung (KBV) 19 51 ff.
- Fremdkassenzahlungsausgleich 19 52
- GKV-Selbstverwaltungsstärkungsgesetz 19 51b
- Richtlinien 19 52
- Weiterbildungsplätze 19 52

Kassenärztliche Vereinigungen 19 1 ff.
- Abschaffung 19 3 ff.
- angestellte Ärzte 19 20 f.
- Aufgabenbereiche 19 17 ff.
- Aufgabenüberschreitung 19 29
- Dienstleistungsgesellschaften 19 44
- Eingriffsvoraussetzungen 19 25 ff.
- Einrichtungen der KVen, sonstige 19 37 ff.
- Entwicklung seit 2005, weitere 19 10 f.
- ermächtigte Ärzte 19 20 f.
- Fachausschüsse, weitere 19 40 ff.
- Fachausschuss fachärztliche Versorgung 19 40 ff.
- Fachausschuss hausärztliche Versorgung 19 40 ff.
- Fachausschuss Psychotherapie 19 39
- Finanzmittel, Aufbringung der 19 45 ff.
- freier Beruf, Begriff 19 23 f.
- Freiheitsbeschränkung 19 22 ff.
- Gewährleistungspflicht 19 1 ff., 97 ff.
- Inhalt des Sicherstellungsauftrags 19 65 f.
- Innenrevision, Abteilung für die 19 44b
- Kassenärztliche Bundesvereinigung (KBV) 19 51 ff.
- Korruptionsverdachtsstellen 19 38
- Mitgliedschaft in der Kassenärztlichen Vereinigung 19 20 ff.
- Mitwirkungspflicht der Vertragsärzte 19 65 f.
- Notfalldienst 19 67 ff.
- Organe 19 32 ff.
- Organisation 19 30 ff.
- Pflichtmitgliedschaft 19 22 ff.
- Rechtsaufsicht 19 49 f.
- Rechtsgrundlagen 19 1 ff.
- Reformen, verbliebene 19 8
- Reformdiskussionen 19 1 ff.
- Rettungsdienst 19 95 f.
- Satzung 19 30 ff.
- Selbstverwaltungskörperschaften 19 11 ff.
- Selbstverwaltungsstärkungsgesetz 19 10
- Sicherstellung durch die Krankenkassen, ausnahmsweise 19 60 ff.
- Sicherstellung durch die KVen 19 58 f.
- Sicherstellungsauftrag 19 1 ff., 54 ff.
- Sicherstellungsauftrag, Verlagerung 19 6 f.
- Träger des Sicherstellungsauftrags 19 54 ff.
- Verfassungsfestigkeit 19 2 ff.
- vertragsärztlicher Bereitschaftsdienst 19 67 ff.
- Vertreterversammlung 19 33 ff.
- Vorstand 19 36
- zugelassene Ärzte 19 20 f.
- Zulassungsausschuss 19 44a

Kassenzahnärztliche Vereinigungen 19 1 ff.
s. a. Kassenärztliche Vereinigungen

KBV-Richtlinien 8 33, 42 f.
- vereinbarte Richtlinien, zwischen SpiBuK und der KBV 8 33, 42 f.

K-Gesetze 4 28 ff.
- Bedarfsplanungsgesetz 4 34
- K-Gesetze, weitere 4 30 ff.
- KHNG 4 35
- Kostenanstieg 4 28
- KVEG 4 33
- KVKG 4 32
- KVLG 4 29
- KVWG 4 31

KHNG 4 35
KHSG 4 82 ff.

klinische Prüfung 45 10 ff.; 68 30 ff., 38 ff.
- Begriff 45 11
- Behandlungsbedarf 68 51
- besondere Voraussetzungen der klinischen Prüfung (§ 41 AMG a. F.) 68 49 ff.
- DvH 68 46
- Einordnung 45 10
- Einwilligung 68 45
- Erkenntnisse der medizinischen Wissenschaft 68 52
- geltendes Recht 68 38
- Gruppennutzen 68 53
- Krankheit 68 50
- Minderjährige, Prüfung 68 56
- Notfallsituation 68 54
- Probandenversicherung 45 15; 68 57
- strafrechtliche Sanktionen 68 58
- Übergangsrecht 68 39 ff.
- VO (EU) Nr. 536/2014 68 47 f.
- Volljährige, Prüfung 68 49 ff.
- volljähriger, nicht einwilligungsfähiger Patient 68 55
- Volljährigkeit 68 49
- Voraussetzungen 45 12 ff.; 68 43 f.

Konfliktlösungsmöglichkeiten 8 48 ff.
- Beschlüsse 8 50
- Richtlinien 8 49
- Vereinbarungen 8 51 f.

Konsiliararzt 16 142 ff.
- Bedeutung 16 142
- Begriff 16 142
- Konsiliararztvertrag 16 143 ff.

Kooperationen von Krankenhäusern mit niedergelassenen Ärzten 16 126 ff.
– Belegarztwesen 16 128 ff.
– Honorararzt 16 146 ff.
– Konsiliararzt 16 142 ff.
Korruptionsverdachtsstellen 19 38
Kostenerstattung 9 6 ff.
– Grundsatz 9 6
– Verhältnis von Sachleistungsprinzip und Kostenerstattung 9 10
– Wahlrecht für alle Versicherten 9 7 ff.
Krankengeld 5 6
Krankenhäuser 25 1 ff.
Krankenhaus, Ärzte und 16 1 ff.
– Arbeitsrecht der nachgeordneten Krankenhausärzte 16 7 ff.
– Aufgaben des Ärztlichen Dienstes im Krankenhaus 16 1 ff.
– Kooperationen von Krankenhäusern mit niedergelassenen Ärzten 16 126 ff.
– Organisation des Ärztlichen Dienstes 16 3 ff.
– Pflege, Abgrenzung zur 16 6
– Struktur des Ärztlichen Dienstes im Krankenhaus 16 1 ff.
Krankenhaus, Versorgungsauftrag 25 86 ff.
– Aufsicht 25 104
– Einhaltung des Versorgungsauftrages der Krankenhauses 25 98 ff.
– Entgeltebene 25 100
– Feststellungsbescheid, Konkretisierung durch 25 93 f.
– gesetzliche Grundlagen 25 86
– Grenzen der Leistungsverpflichtung 25 86 ff.
– Inhalt der Leistungsverpflichtung 25 86 ff.
– Inhalt des Versorgungsauftrags 25 87 ff.
– krankenhausplanerische Festlegungen 25 89 ff.
– Leistungsverpflichtung des Krankenhauses 25 97
– pflegesatzrechtlicher Begriff 25 88 ff.
– Pflegesatzvereinbarung 25 89 ff.
– Planungsebene 25 99
– Rechtsweg 25 102
– Sanktionen 25 98 ff.
– sozialrechtlicher Gewährleistungsauftrag 25 96
– Steuerungsmöglichkeiten 11 97
– Umfang des Versorgungsauftrags 25 87 ff.
– Versorgungsauftrag nach dem SGB V 25 95 ff.
– Wettbewerbsebene 25 101 ff.
– Wettbewerbsverstoß 25 103
Krankenhausärzte, Ermächtigung 16 61 ff.
– Begrenzung der Ermächtigung 16 70 ff.
– Gebot der persönlichen Leistungserbringung 16 77 f.
– Inhalt der Ermächtigung 16 66 ff.
– persönliche Voraussetzungen 16 66 ff.
– Umfang der Ermächtigung 16 66 ff.
– Verfahrensfragen 16 73 ff.
Krankenhausambulanz 14 14 f.
Krankenhausapotheke 38 60 ff.
– Beratungspflichten 38 66

– BFH 38 67
– BVerwG Urt. vom 30.8.2012 – BVerwG 3 C 24.11 38 63 ff.
– EuGH 38 62
– GMG 38 61
– Unverzüglichkeit 38 65
– Versorgungsvertrag 38 64
– Zulassung 38 60
– Zytostatika 38 67
Krankenhausaufnahmevertrag 14 10 ff.
Krankenhausbegriff der Privaten Krankenversicherung (PKV) 25 44 ff.
– gemischte Krankenanstalten 25 44 ff.
– private Krankenhäuser 25 44 ff.
– Privatpatientenklinik als Krankenhaus 25 49 ff.
Krankenhausbegriff des KHG 25 35 ff.
Krankenhausbegriff des SGB V 25 39 ff.
Krankenhausbehandlung, Leistungsrecht des Versicherten bei der 27 13 ff.
– ambulante Krankenhausbehandlung 27 37
– Befristung der Kostenzusage 27 24
– Formen der Krankenhausbehandlung 27 31 ff.
– Kostenübernahmeerklärung 27 23
– Leistungspflicht der Krankenkassen 27 15 f.
– Leistungsvoraussetzungen bei der Krankenhausbehandlung 27 15 ff.
– MDK, Überprüfung der Krankenhausbehandlung durch 27 25 ff.
– Nachforderung 27 24
– Notwendigkeit der Krankenhausbehandlung 27 17 ff.
– teilstationäre Krankenhausbehandlung 27 32 ff.
– Verjährung 27 30
– vollstationäre Krankenhausbehandlung 27 32 ff.
– vor- und nachstationäre Behandlung 27 35 f.
– Zahlungsfristen 27 24
Krankenhausbehandlung, Sicherstellung von Qualität, Wirtschaftlichkeit und Wirksamkeit der 27 150 ff.
– Abrechnungsprüfung im Krankenhaus 27 165 ff.
– Qualitätssicherung im Krankenhaus 27 153 ff.
– Wirtschaftlichkeit der Krankenhausbehandlung, Sicherstellung 27 163 ff.
Krankenhausentgeltgesetz (KHEntgG) 26 253, 330 ff.
– Erlösausgleich 26 345 ff.
– Erlösbegrenzung 26 339 f.
– Erlösbudget 26 336 ff.
– Fixkostengressionsabschlag 26 341 ff.
– Landesbasisfallwert 26 348 ff.
– § 17b KHG als gesetzliche Grundlage 26 330 f.
– pauschales Vergütungssystem, Konzeption und Ziele 26 332 f.
– Preissystem 26 334 f.
– sonstige Entgelte nach § 6 KHEntgG 26 376 ff.
Krankenhausfinanzierung, Grundzüge des Rechts der 26 1 ff.
– Anwendungsbereich 26 7 ff.
– Beitragssatzstabilität, Grundsatz der 26 29 ff.

- duales Finanzierungssystem 26 10 ff.
- Erlösbegrenzung 26 29 ff.
- Erlöse aus Pflegesätzen 26 23 ff.
- Investitionskosten 26 19 ff., 47 ff.
- KHG als Grundlage des Krankenhausfinanzierungsrechts 26 3 ff.
- Krankenhausförderung, Grundzüge der 26 37 ff.
- nicht förderfähige Einrichtungen 26 7 ff.
- Pflegesatzrecht, Grundzüge 26 236 ff.
- wirtschaftliche Sicherung der Krankenhäuser 26 15 ff.
- Ziele des KHG 26 3 ff.
- Zweck des KHG 26 3 ff.

Krankenhausfinanzierungsgesetz (KHG) 26 242 ff.
- Anwendungsbereich 26 242 ff.
- Ausbildungsstätten, Finanzierung 26 250
- Grundsatzregelung des § 17 KHG 26 247 ff.
- Inhalt, Allgemeines zum 26 242 ff.
- Pflegesätze, Festsetzung 26 252 ff.
- Pflegesätze, Genehmigung 26 252 ff.
- Pflegesätze, Vereinbarung 26 252 ff.
- Regelungsauftrag der §§ 17b und 17d KHG 26 251

Krankenhausförderung, Grundzüge der 26 37 ff.
- Anlagegüter, pauschal geförderte 26 195 f.
- Anlagegut 26 59 ff.
- Anlauf- und Umstellungskosten (§ 9 II Nr. 2 KHG) 26 98 ff., 215
- Anmietung von Krankenhäusern 26 193
- Art der Fördermittel 26 114 ff., 161 f.
- Bundesrecht 26 37 ff.
- bundesrechtliche Vorgaben 26 41 ff.
- Eigenmittelausgleich 26 216 ff.
- Errichtungskosten (§ 9 I Nr. 1 KHG) 26 80 ff.
- Errichtungskosten, Förderung der 26 180 ff.
- Errichtungskosten, Rechtsanspruch auf Förderung der 26 191 f.
- Erwerb von Krankenhäusern 26 183
- Festbetragsförderung 26 173 ff.
- Festsetzungsförderung 26 179
- Finanzierungsträger, einzelne 26 45 f.
- Förderhöhe 26 74 ff.
- Fördermittel, Bemessung der 26 163
- förderungsfähige Bereiche 26 72 f.
- Fördertatbestände (investitionsgleiche Kosten) 26 88 ff.
- Fördertatbestände (Investitionskosten) 26 79 ff.
- „große" Instandhaltungsmaßnahmen 26 68 ff.
- Grundstücks- und Erschließungskosten (§ 9 II Nr. 2 KHG) 26 106, 215
- Höchstbetragsförderung 26 178
- Investitionsdarlehen (§ 9 II Nr. 3 KHG) 26 91 f., 214
- Investitionskosten 26 47 ff., 161 ff.
- Investitionskosten, Einzelförderung 26 117 ff.
- Investitionskosten, Pauschalförderung 26 117 ff.
- Investitionsprogramm 26 164 ff.
- Jahreskrankenhausbauprogramme 26 164 ff.
- Jahrespauschale, Höhe 26 199 ff.
- Kapitalkosten (§ 9 II Nr. 4 KHG) 26 93 ff.
- „kleine bauliche Maßnahmen" 26 122
- kleinere Investitionsmaßnahmen 26 197 f.
- Kostenblöcke, einzelne 26 45 f.
- Landesrecht 26 37 ff., 157 ff.
- Landesregelungen, ergänzende 26 232 ff.
- Mitbenutzung für andere Zwecke 26 189 f.
- nachträgliche Herstellungskosten 26 87
- Nutzungsentgelte, Förderung (§ 9 II Nr. 1 KHG) 26 89 f., 210 ff.
- Pauschalförderung nach § 9 III KHG 26 120 ff., 194
- Pauschalförderung nach § 10 KHG 26 127 ff.
- Pauschalförderung statt bisheriger Einzelförderung 26 203 ff.
- Pauschalförderung statt Einzelförderung außerhalb § 10 KHG 26 138 f.
- Personal, eigenes, Kosten 26 187
- Rechtsanspruch auf Förderung 26 140 ff.
- Rückforderung von Fördermitteln 26 234 f.
- Schließungskosten (§ 9 II Nr. 5 KHG) 26 107 ff., 222 ff.
- Sonderförderprogramm zur Verbesserung von Versorgungsstrukturen 26 152 ff.
- sonstige Kosten des Krankenhauses 26 97
- Übernahme beweglicher Anlagegüter 26 184 f.
- Umstellung auf andere Aufgaben (§ 9 II Nr. 6) 26 111 ff., 222 ff.
- unterlassene Instandhaltung 26 188
- Verbrauchsgüter 26 66 f.
- Versicherungsleistungen 26 186
- Verteilung der Finanzierungslasten 26 41 ff.
- vorzeitiger Baubeginn 26 193
- Wiederbeschaffung von Anlagegütern (§ 9 I Nr. 2 KHG) 26 84 ff.
- Zweckbindung 26 233

Krankenhaushaftung 14 118 ff. s. a. Arzthaftung
- Anfängeroperation 14 134
- Besonderheiten 14 118 ff.
- Facharztstandard 14 134
- Kapazitätsgrenzen 14 129 ff.
- medizinischer Standard 14 128 ff.
- Organisation der Patientenbetreuung 14 123 f.
- Organisation des ärztlichen und nichtärztlichen Dienstes 14 125 ff.
- Organisation des Krankenhausbetriebes 14 120 ff.
- Pflichten des Krankenhausträgers 14 119
- voll beherrschbare Risiken 14 135
- Wirtschaftlichkeitsgebot 14 129 ff.

Krankenhausplan 26 564 ff.
- Funktion 26 564 ff.
- Inhalt 26 564 ff.
- Planaufstellungsverfahren 26 576 f.
- Rechtsnatur 26 573 ff.
- (Teil-)Herausnahme aus dem Krankenhausplan 26 592 ff.
- Verhältnis zum Feststellungsbescheid 26 597 ff.

Krankenhausplanungsrecht, Grundzüge 26 540 ff.
– Adressat der Planaufnahme 26 582 ff.
– Anfechtungssituation 26 654
– aufschiebende Wirkung 26 676 ff.
– Auswahlentscheidung 26 635 ff.
– Bedarfsdeckung Dritter, kein Anspruchsverlust durch 26 622
– Bedarfsermittlung 26 607 ff.
– Bedarfsgerechtigkeit 26 607 ff., 613 ff.
– Doppelwirkung, Feststellungsbescheid als VA mit 26 662 f.
– einheitliches Krankenhaus 26 582 ff.
– fehlerhafte Auswahlentscheidung 26 636 ff.
– fehlerhafte Bedarfsermittlung und -feststellung 26 624 f.
– Feststellungsbescheid 26 578 ff.
– Feststellungsbescheid, Funktion 26 578 ff.
– Feststellungsbescheid, Rechtsnatur 26 586 ff.
– Feststellungsbescheid, Rechtswirkungen 26 578
– fiktiver Bedarf 26 671
– Gegenstand der Planaufnahme 26 582 ff.
– Gesetzgebungskompetenz 26 540
– gesetzliche Grundlagen 26 540 ff.
– Grundrechtsproblem 26 557 ff.
– KHSG (2016), Änderung durch das 26 543 ff.
– Klagebefugnis Dritter 26 659 f.
– Klagebefugnis von Krankenkassen und deren Verbände 26 688 f.
– Klagebegehren des unmittelbar betroffenen Krankenhausträgers 26 646 f.
– Klageziel des unmittelbar betroffenen Krankenhausträgers 26 646 ff.
– Kompetenzproblem 26 547 ff.
– Konkurrent, vorläufiger Rechtsschutz 26 681 ff.
– Konkurrentenklage, defensive (passive) 26 668 ff.
– Konkurrentenklage, krankenhausrechtliche 26 661 ff.
– Konkurrentenklage, offensive (aktive) 26 664 ff.
– Krankenhausplan 26 564 ff.
– Krankenhausrahmenplanung, Trend zur 26 541
– Krankenkassen, keine Krankenhausplanung durch 26 542
– Ländermitsprache 26 560 f.
– länderübergreifende Abstimmung 26 623
– Leistungsfähigkeit 26 626 ff.
– Marktregulierung 26 560 f.
– maßgebender gerichtlicher Zeitpunkt 26 655 ff.
– materielle Planungskriterien des KHG 26 606 ff.
– Neubewerber, vorläufiger Rechtsschutz 26 679 f.
– Planaufstellung 26 597
– Planvollziehung 26 597
– qualitätsgesicherte Krankenhausversorgung 26 630 ff.
– Rechtsschutz konkurrierender Krankenhausträger 26 659 ff.
– Rechtsschutzbedürfnis 26 686 f.
– Rechtsschutzfragen 26 642 ff.
– Rechtsweg 26 643 f.
– Schutznormtheorie 26 659 f.
– Streitwert 26 690 f.
– Systematik des Krankenhausplanungsrechts 26 562 ff.
– (Teil-)Herausnahme aus dem Krankenhausplan 26 592 ff.
– Trägerwechsel 26 589 ff.
– Überangebot 26 672
– Verfahren 26 586 ff.
– Verhältnis von Krankenhausplan und Feststellungsbescheid 26 597 ff.
– Verpflichtungssituation 26 651 ff.
– Versorgungsvertrag, kein Aufnahmeanspruch kraft 26 620 f.
– Vollstreckung 26 685
– vorbeugender Rechtsschutz 26 684
– vorläufiger Rechtsschutz 26 675 ff.
– Vorverfahren 26 645
– Wirtschaftlichkeit 26 634
– Zusatzbedarf 26 670
– zuständiges Gericht 26 643 f.
– Zwei-Stufen-Modell 26 599 f.

Krankenkassen 7 1 ff.
– Allgemeine Ortskrankenkassen 7 14
– allgemeiner Beitragssatz 7 33
– Aufgabenbereiche 7 1 ff.
– Aufsicht 7 48 ff.
– Aufsichtsregeln 7 48 f.
– Beiträge 7 32
– Beitragssatz 7 42
– Beitragssatzstabilität 7 40 ff.
– Betriebskrankenkassen 7 15
– Binnen-Organisation 7 29 ff.
– Deutsche Rentenversicherung Knappschaft Bahn-See (DRV KBS) (§ 167 SGB V) 7 18
– Ersatzkassen (§§ 168 ff. SGB V) 7 17
– Erstattungsregelungen 7 44
– fehlende Deckung 7 39
– Finanzierung 7 32 ff.
– gegliedertes System 7 12 ff.
– gesetzliche Vorgaben für die wirtschaftliche Struktur der Krankenkassen 7 45 ff.
– Gesundheitsfonds 7 34
– Innungskrankenkassen 7 16
– Insolvenzfähigkeit 7 47
– Kassenarten, einzelne 7 12 ff.
– Körperschaft des öffentlichen Rechts 7 8
– Kostenträger 7 1 f.
– Landwirtschaftliche Krankenkasse (§ 166 SGB V) 7 19
– Leistungsträger 7 1 f.
– medizinischer Dienst der Krankenkassen (MDK) 7 3 ff.
– Mitgliederwerbung 7 21
– Organisationsstruktur der GKV 7 11 ff.
– Patientenpartizipation 7 10
– Prüfung der Haushalts- und Wirtschaftsführung 7 50

– Risikostrukturausgleich (RSA) 7 35 ff.
– Selbstverwaltung, Formen 7 9
– Selbstverwaltungskörperschaft 7 9 f.
– Sparsamkeit 7 45 f.
– Verbandsstrukturen der GKV 7 22 ff.
– Vergütungsverhandlungen 7 40 f.
– Verwaltungsrat/Hausrat 7 31
– Verwaltungsrat/Satzungsrecht 7 30
– Wettbewerb im Krankenkassensystem 7 20
– Wirtschaftlichkeit 7 45 ff.

Krankenversicherungsrecht, Grundrechte im 2 66 ff.
– finanzielle Stabilität der GKV 2 81 ff.
– Grundrechtsträger 2 67
– Leistungserbringer, Ausklammerung der Rechte der 2 90 f.
– praktische Konkordanz, Notwendigkeit 2 88 f.
– Solidaritätsprinzip 2 68 ff.

Kündigung von Versorgungsverträgen mit Krankenhäusern (§ 110 SGB V) 27 97 ff.
– fehlende Bedarfsgerechtigkeit des Krankenhauses 27 111 f.
– fehlende Qualität der Krankenhausversorgung 27 113 f.
– Form 27 106
– Frist 27 107 f.
– Genehmigung der Kündigung 27 119 ff.
– Genehmigung der Kündigung, Begründungserfordernis 27 121
– Genehmigung der Kündigung, Rechtsnatur 27 119 f.
– Genehmigung der Kündigung, Unverzichtbarkeit des Krankenhauses 27 122 ff.
– Hochschulkliniken 27 118
– Kündigungsberechtigung 27 102 f.
– Kündigungsgründe 27 109 ff.
– Normzweck 27 98 ff.
– Rechtsnatur der Kündigung 27 105
– Schriftform 27 106
– Teilkündigung 27 104
– Transformation der Kündigung in das Krankenhausplanungsrecht 27 115 ff.
– Verfahren 27 102 ff.
– Vollkündigung 27 104
– Voraussetzungen der Kündigung 27 102 ff.

KVEG 4 33
KVG 4 4 ff.
– Entstehung 4 4
– Grundzüge 4 5 ff.

KVKG 4 32
KVLG 4 29
KVWG 4 31

Landesärztekammer
– Aufgaben 13 100 f.

Landesbasisfallwert 26 348 ff.
– Angleichung an einen bundeseinheitlichen Wert 26 359

– Bedeutung 26 348
– Bemessung 26 350 ff.
– Festsetzung 26 349
– Genehmigung 26 349
– Obergrenze 26 354 ff.
– Vereinbarung 26 349

Leistungsarten 10 5
Leistungserbringer 10 6 ff.
– Bindung 10 12
– Freiheit 10 12
– krankenhaustypische Tätigkeit 10 11
– Terminologie 10 7
– Versicherte und 10 7 ff.
– Vertragsarzt, Rolle 10 9 ff.
– Vertragsgrundlage, konkretisierende 10 8

Leistungserbringer, Recht der 13 1 ff.
Leistungserbringerverträge 8 45 ff.
– Informationsungleichgewicht 8 46
– Rechtsnatur 8 45
– Sozialdaten, Nutzung von 8 47

Leistungskatalog 10 1 ff.
– Früherkennung 10 3
– Krankenbehandlung 10 4
– Verhütung von Krankheiten 10 1
– Vorsorgeleistungen 10 2

Leistungsrecht der GKV s. gesetzliche Krankenversicherung (GKV), Leistungsrecht

leitende Krankenhausärzte, rechtliche Stellung 16 28 ff.
– Begriffe 16 28 f.
– Bezeichnungen 16 29
– Chefarzt-Dienstvertrag, wesentliche Regelungen (außerhalb der Vergütung) 16 33 ff.
– leitender Angestellter 16 30 ff.

Lifestyle-Präparate (§ 34 I 7–8 SGB V) 53 24 f.

Marburger Bund 13 104
Markenrecht 55 10 ff.
– Arzneimittel-Bezeichnung 55 13
– Bedeutung 55 10
– MarkenG 55 11
– Parallelimporte von Arzneimitteln, Markenschutz 55 14
– Unionsrecht 55 12

medizinische Berufsausübungs- und Organisationsgemeinschaften 15 1 ff.; 20 66 ff.
– Beendigung 20 75 ff.
– Einzelpraxis 15 1 ff.
– Gemeinschaftspraxis 15 4 ff.
– Genehmigung 20 70 f.
– Gruppenpraxis 15 1 ff.
– Praxisgemeinschaft 15 14 ff.
– überörtliche Berufsausübungsgemeinschaft, Besonderheiten 20 72 ff.

medizinischer Dienst der Krankenkassen (MDK) 7 3 ff.
– Überprüfung der Krankenhausbehandlung 27 25 ff.

**Medizinisches Versorgungszentrum (MVZ) 17
1 ff.**
- Abgrenzung der Gründungs-, Zulassungs- und Betriebsebene 17 23 f.
- ärztlich geleitet 17 12 ff.
- ärztliche Leitung 17 106
- ärztlicher Leiter, Aufgaben und Verantwortung 17 18
- Altregelung, auslaufende 17 88 ff.
- angestellter Arzt im MVZ 17 65 ff.
- Antrag auf Zulassung 17 45 ff.
- Arztregister 17 49
- Begriff 17 11 ff.
- Belegarztzulassung 17 82 f.
- Berufsausübungsgemeinschaft, Vergleich mit 17 7
- Bestandsschutz 17 41 ff.
- Betriebsebene 17 105 ff.
- Drittanfechtung 17 99 ff.
- Einrichtung 17 21 f.
- Entstehungsgeschichte, Eckpunkte 17 8 ff.
- Erfordernis „fachübergreifend", keine Geltung mehr 17 20
- gemeinnützige Krankenhausträger 17 74 ff.
- Genehmigung der Anstellung von Ärzten 17 54 f.
- Gesellschafterbürgschaft im Fall von GmbH 17 69 ff.
- Gründer 17 25 ff.
- Gründungsebene 17 25 ff.
- Haftung 17 108 f.
- Insolvenz 17 99 ff.
- kaufmännische Leitung 16 107
- kommunale Krankenhausträger 17 74 ff.
- kooperative Leitung 17 19
- Krankenhäuser als Gründer 17 33 f.
- Kreis möglicher Gründer 17 25 ff.
- Leistungsabrechnung 17 110 ff.
- Leistungserbringer, MVZ als 17 1 ff.
- Mitgliedschaft in der KV 17 91
- Organisation 17 106 ff.
- Praxisübernahme mit KV-Ausschreibung und Auswahl durch Zulassungsausschuss 17 86 f.
- rechtliche Abtrennung 17 22
- Rechtsfolgen der Zulassung 17 91 ff.
- Rechtsform 17 35 ff.
- Rechtsformen, ausgeschlossene 17 36 ff.
- Rechtsformen, mögliche 17 35
- Rechtsgrundlage 17 1 f.
- Rechtsschutz 17 99 ff.
- Sonderbedarfszulassung 17 79 ff.
- Status der im MVZ tätigen Ärzte 17 62 ff.
- Teilnahme an der vertragsärztlichen Versorgung 17 92
- Umgehungsstrategien 17 31 f.
- verbürgungspflichtige Gesellschafter 17 72 f.
- Vergütung, privatärztliche 17 117 f.
- Vergütung, vertragsärztliche 17 111 ff.
- Vertragsärzte als Gründer 17 28 f.
- Vertragsarzt, bereits niedergelassener, Einrücken 17 84
- Vertragsarzt, im MVZ tätiger 17 63 f.
- Vertragsarztsitz 17 50
- Vertragsarztsitze, Reproduktion 17 88 ff.
- Voraussetzungen der Zulassung, (weitere) 17 61 ff.
- Zulassung des MVZ und ihr Verhältnis zu Zulassungen der Vertragsärzte 17 51 ff.
- Zulassung mit nur hälftigem Versorgungsauftrag 17 56 ff.
- Zulassungsebene 17 44 ff.
- Zulassungsentziehung aus anderen Gründen 17 94 ff.
- Zulassungsentziehung wegen Nicht-(mehr-) Vorliegens der Gründungsvoraussetzungen, § 95 VI 3 SGB V 17 93
- Zulassungsverfahren 17 44 ff.
- Zulassungsverzicht und Anstellung (§ 103 Ieva 1 SGB V) 17 85
- zusätzlicher Praxissitz für MVZ im zulassungsgesperrten Planbereich 17 78 ff.

Medizinprodukterecht 43 1 ff.
- Abgrenzung Medizinprodukte/Arzneimittel 43 4 ff.
- Anwendungsbereich des MPG 43 7
- Anzeigepflichten 46 2 f.
- Bedeutung der Klassifizierung 45 5 ff.
- Begriff des Medizinprodukts 43 3
- benannte Stellen 45 7
- Beobachtungs- und Meldesystem 46 6
- Durchführung der Überwachung 46 4
- Europarecht 3 83
- Grundlegende Anforderungen 45 3 f.
- Haftung 47 1
- Inverkehrbringen 45 2
- Klasseneinteilung 43 8 f.
- klinische Bewertung 45 8 ff.
- klinische Prüfung 45 10 ff.
- Kostenerstattung 48 1
- nationales Recht 45 1 ff.
- Richtlinien 44 2
- Sekundärpflichten 46 1 ff.
- Unionsrecht 44 1 f.
- Zertifizierung 45 5
- Zuständigkeit 45 6
- Zwangsmaßnahmen 46 5
- Zweck des Gesetzes 43 1 f.

Medizinrecht
- Bedeutung 1 1 ff.
- Begriff 1 1 ff., 17 f.
- Beschreibung 1 7 ff.
- Inhalt 1 17 f.
- „Öffentliches Medizinrecht" 1 15 f.

Mitarbeiterbeteiligung (Pool) 16 20 ff.
- (individual-rechtliche) Anspruchsgrundlage, keine 16 22 f.
- Rechtsgrundlagen 16 20 f.

- Verteilungsverfahren 16 27
- vertragliche Regelungen 16 24 ff.

Modellvereinbarungen der Kassenärztlichen Vereinigungen nach § 63 VI SGB V 11 39 f.

Modellvereinbarungen mit den Leistungserbringern (§ 64 SGB V) 11 41 ff.
- Erstreckung auf alle Krankenhausbenutzer 11 49 ff.
- finanzielle Auswirkungen auf andere Vergütungsbereiche 11 46 ff.
- Krankenhauspflegesätze 11 50 ff.
- Leistungserbringer 11 43 ff.
- Vereinbarung, notwendige 11 41 f.
- Vereinbarungszwang, kein 11 41 f.

Modellvorhaben 11 4 ff.
- Abweichung von Rechtsvorschriften 11 20 ff., 36 f.
- Ausweitung des Leistungsumfangs 11 28 ff.
- Befristung des Modellvorhabens 11 38
- Beitragssatzstabilität, Grundsatz der 11 24
- Durchführung 11 19, 35
- Gegenstand des Modellvorhabens 11 14 ff.
- Inhalt des Modellvorhabens 11 32 f.
- Leistungsmodell des § 63 II SGB V 11 28 ff.
- Modellbereiche des § 63 SGB V 11 8 f.
- Modellvereinbarungen der Kassenärztlichen Vereinigungen nach § 63 VI SGB V 11 39 f.
- Modellvereinbarungen mit den Leistungserbringern (§ 64 SGB V) 11 41 ff.
- Strukturmodell des § 63 I SGB V 11 10 ff.
- Systematik 11 7
- Träger des Modellvorhabens 11 17, 34
- Vereinbarung 11 19, 35
- Voraussetzungen des Modellvorhabens 11 32 f.
- Weiterentwicklung der Versorgung 11 4 ff.
- Ziel des Modellvorhabens 11 10 ff., 32 f.

Neuordnungsgesetz (NOG), erstes 4 46
Neuordnungsgesetz (NOG), zweites 4 47 Normverträge 8 2 ff.
- Begriff 8 2 ff.
- Rechtsnatur 8 5
- Rechtsschutzfragen 8 9 f.
- Regelungsebenen, unterschiedliche 8 6 ff.

Notfalldienst 19 67 ff. s. vertragsärztlicher Bereitschaftsdienst

„Öffentliches Medizinrecht" 1 15 f.
off-label-use 53 29 ff.
- Begriff 53 29
- compassionate use 53 38
- Güterabwägung 53 31
- Kriterien 53 30
- lebensbedrohliche Krankheit 53 33
- Nikolaus Beschluss des BVerfG 53 34a
- § 2 Ia SGB V 53 34
- § 30 AM-RL 53 35
- § 35c SGB V 53 36
- Rechtsprechung des BSG 53 32 ff.
- regelmäßig tödlich verlaufende Erkrankung 53 33
- Regeln der ärztlichen Kunst 53 32
- unlicensed use 53 37
- Voraussetzungen 53 30 ff.

Organisationsgemeinschaften, medizinische s. medizinische Berufsausübungs- und Organisationsgemeinschaften

Organspende/Organhandel 73 10 f. s. a. Transplantationsgesetz

Orthopädiemechaniker 39 1; 42 1 ff.
- Beruf 42 1 f.
- Berufsbild 42 1 f.
- Geschäftsfelder 42 3 f.
- GKV 42 5 f.
- Organisation 42 3 f.
- PKV 42 7
- Verhältnis „Arzt-Orthopädiemechaniker/Bandagisten" 42 8

Orthopädieschuhmacher 39 1
Orthopädietechniker 42 1 ff. s. Orthopädiemechaniker

OTC- Ausnahmeliste
- Europarecht 3 76 ff.

Partnerschaftsgesellschaft nach dem PartGG 15 30 ff.

Patente 55 1 ff.
- tatsächliche Bedeutung 55 1 f.

Patentrecht 55 3 ff.

Patientenmobilität
- Europarecht 3 74 f.

Patientenverfügung 68 219 ff.
- Begriff 68 220 ff.
- Betreuer 68 226 ff.
- Betreuungsgericht 68 226 ff.
- Fortentwicklung 68 228 ff.

Pauschalförderung nach § 10 KHG 26 127 ff.
- Entwicklungsauftrag 26 129
- ergänzende Vorschriften 26 129
- Investitionsbewertungsrelationen 26 136
- Investitionsfallwert 26 133 ff.
- leistungsorientierte Investitionspauschale 26 132
- Pauschalförderung statt Einzelförderung 26 130 f.
- Verfahren, Einzelheiten 26 137

Pflegesatzrecht, Grundzüge 26 236 ff.
- Abgrenzungsverordnung (AbgrV) 26 260
- allgemeine Grundsätze des Pflegesatzrechts 26 264 ff.
- allgemeine Krankenhausleistungen 26 300 ff.
- Beitragssatzstabilität, Grundsatz der 26 284 ff.
- Bemessungssystem nach § 17 KHG 26 273 ff.
- besondere Unterbringung 26 311
- Budgetsystem 26 266 ff.
- Bundespflegesatzverordnung (Neufassung) 26 383 ff.
- Bundespflegesatzverordnung 2012 (BPflV 2012) 26 256 ff., 328 f.

– eigene Leistungserbringung 26 303 ff.
– Erlösbegrenzung nach Pflegesatzrecht 26 284 ff.
– Krankenhausentgeltgesetz (KHEntgG) 26 253, 330 ff.
– Krankenhausfinanzierungsgesetz (KHG) 26 242 ff.
– Mehrerlöse, Ausgleich 26 288 ff.
– Mindererlöse, Ausgleich 26 288 ff.
– Pflegesätze 26 264 f.
– Pflegesatzrecht 26 264 f.
– Pflegesatzverfahren 26 449 ff.
– Preissystem 26 266 ff.
– Psychiatrie-Personalverordnung (Psych.-PV) 26 261 ff.
– Rechtsentwicklung 26 236 ff.
– Rechtsgrundlagen 26 236 ff.
– Rechtsgrundlagen, heutige 26 241
– sonstige Entgelte nach § 6 KHEntgG 26 376 ff.
– stationäre Krankenhausleistungen 26 291 ff.
– Vereinbarungen der Bundesverbände zum Vergütungssystem 26 360 ff.
– Vergütung der Krankenhausleistungen nach dem Krankenhausentgeltgesetz 26 330 ff.
– Vergütung der Krankenhausleistungen nach der Bundespflegesatzverordnung 2012 26 328 f.
– wahlärztliche Leistungen 26 312 ff.
– Wahlarztkette 26 319
– Wahlleistungen 26 309 ff.
– Wahlleistungsentgelt 26 321 ff.
– Wahlleistungsvereinbarung 26 326 f.

Pflegesatzverfahren 26 449 ff.
– abweichende Begründung der Versagungsentscheidung 26 486
– Bundesebene, Verfahren auf 26 500 ff.
– Direktklage, keine 26 482
– Erledigung der Klage bei erneutem Schiedsspruch 26 487 ff.
– erneute Anrufung der Schiedsstelle 26 479 f.
– Genehmigungsbehörde, Prüfungs- und Entscheidungskompetenz 26 476 f.
– Genehmigungsverfahren 26 475 ff., 497
– Klageart, zulässige 26 483 ff.
– Korrektur der erteilten Genehmigung 26 484
– Korrektur der Versagungsentscheidung 26 485
– Landesebene, Verfahren auf 26 490 ff.
– Preisrecht für Privatpatientenkliniken 26 507 ff.
– Rechtsschutz 26 481 ff., 498 f.
– Schiedsstellenverfahren 26 461 ff., 495 f.
– System der Pflegesatzfindung 26 449 ff.
– Vereinbarungsverfahren 26 456 ff., 491 ff.
– Verfahren für das einzelne Krankenhaus (örtliche Ebene) 26 454 ff.
– Versagung der Genehmigung 26 478
– Versagungsentscheidung 26 479 f.
– vorläufiger Rechtsschutz 26 488 f.

Pflegeversicherungsrecht 69 1 ff.
– Abgrenzung der Leistungspflichten 69 12 ff.
– Abgrenzung zur Krankenversicherung 69 11 ff.
– ambulante Pflegeeinrichtungen 69 74

– ambulanter Sektor 69 15
– andere Sozialleistungen 69 30
– Antragsabhängigkeit 69 44
– Aufgaben der Pflegeversicherung 69 17 f.
– Binnenbereich 69 28
– Dienstvertrag 69 61
– Eigenverantwortung 69 23 ff.
– Entstehungsgeschichte 69 3 f.
– Finanzausgleich 69 55
– Finanzierung der Pflegeversicherung 69 52 ff.
– Funktionen der Pflegeversicherung 69 19
– gesetzliche Grundlagen 69 2 ff.
– Grundsätze der Pflegeversicherung 69 20 ff.
– HeimG 69 76 ff.
– Heimvertrag 69 76
– Hilfsmittel 69 16
– Inkrafttreten 69 2
– Investitionsaufwendungen 69 66 ff., 71 ff.
– gemeinsame Verantwortung 69 26
– GKV 69 2 f.
– Kombination von Pflegeleistungen 69 49
– Konkurrenzen 69 77 f.
– Leistungen 69 42 ff.
– Leistungsarten 69 45
– Leistungsberechtigung 69 35 ff.
– Leistungserbringerrecht 69 56 ff.
– Leistungsformen der häuslichen Pflege 69 46 ff.
– medizinische Rehabilitation 69 29
– Mittel 69 66
– Organisation der SPV 69 50 ff.
– Pflegebedürftigkeit 69 24 f., 36 ff.
– Pflegegeld (§ 37 SGB XI) 69 46
– Pflegegrade 69 40 f.
– Pflegeheime 69 66 ff.
– Pflegehilfsmittel (§ 40 SGB XI) 69 47
– Pflegekassen 69 51
– Pflegequalitätssicherungsgesetz 69 62
– Pflegesachleistungen (§§ 36, 39 SGB XI) 69 47
– Pflegesätze 69 66 ff.
– Pflegevergütung 69 74, 76
– Pflege-Weiterentwicklungsgesetz 69 63 ff.
– PKV 69 6
– PPV 69 33, 75
– Prävention 69 29
– Qualitätssicherung 69 62 ff.
– Rahmenverträge 69 60
– Reform 69 2
– Risikobegrenzung 69 5
– Selbstbestimmung 69 22
– SGB XI 69 2 ff., 78
– SGB XII 69 77
– Sicherstellungsauftrag 69 56
– SPV 69 32, 42
– stationärer Sektor 69 14
– Subsidiaritätsgrundsätze 60 27 ff.
– tatsächliche Bedeutung 69 7 f.
– Träger der Pflegeversicherung 69 50
– Unterkunft 69 69
– unterschiedliche Personenkreise 69 11

- verfassungsrechtliche Kontrolle 69 9 f.
- Vergütungsvereinbarungen 69 66 ff.
- Verpflegung 69 69
- Versicherte 69 23
- Versicherungspflicht 69 5 f., 31
- Versorgungsvertrag 69 58 f.
- Verzicht auf vertragliche Regelungen 69 70
- Vorbildcharakter der GKV 69 64 f.
- Wirtschaftlichkeitsgebot 69 43
- wohnumfeldverbessernde Maßnahmen (§ 40 SGB XI) 69 48
- Zahlpflicht 69 66 ff.
- Zulassung der Pflegeeinrichtung 69 57 ff.

pharmazeutische Unternehmen 36 1 ff.
- AMWHV 36 5
- Bedeutung 36 1
- Organisation 36 7
- Regelung der pharmazeutischen Unternehmen 36 2 ff.
- Vertriebswege 36 6

pharmazeutischer Großhandel 37 1 ff.
- AMPreisV 37 6
- AWVG 37 7
- Begriff des Pharmagroßhandels 37 1 ff.
- Betrieb 37 4
- Entgelt 37 6 f.
- Funktion 37 3
- Gemeinschaftskodex 37 1 f.
- nicht verschreibungspflichtige Arzneimittel 37 7
- Vertrieb 37 5

PNG 4 77
PrävG 4 80

Praxisgemeinschaft 15 14 ff.
- Begriff 15 14 ff.
- berufsrechtliche Anforderungen 15 17 ff.
- zivilrechtliche Gestaltungsmöglichkeiten 15 20 f.

Praxisnetz
- Anwendungsbereich 15 22 f.
- Begriff 15 22 f.
- berufsrechtliche Anforderungen 15 24 ff.
- zivilrechtliche Gestaltungsmöglichkeiten 15 27 ff.

Praxisverbund s. Praxisnetz
primäres Unionsrecht 3 3

Privatpatientenkliniken, Preisrecht für 26 507 ff.
- Anwendungsbereich 26 514 f.
- Art der Leistungen der PPK 26 527 f.
- besondere preisrechtliche Regelung 26 511 ff.
- Entgelte für nichtärztliche Wahlleistungen 26 538 f.
- Entgeltobergrenze für allgemeine Krankenhausleistungen 26 529 ff.
- organisatorische Verbindung 26 519 ff.
- räumliche Nähe 26 517 f.
- Verbindung von PPK und anderem Krankenhaus 26 516 ff.

PsychEntG 4 75
Psychiatrie-Personalverordnung (Psych.-PV) 26 261 ff.

psychiatrische Institutsambulanz (§ 118 SGB V) 16 100 ff.
- Ermächtigung psychiatrischer Krankenhäuser 16 101 f.
- Ermächtigung von Allgemeinkrankenhäusern mit selbstständigen Abteilungen 16 103

psychologische Psychotherapeuten, Leistungserbringung durch 31 1 ff.
- Delegationsverfahren 31 1
- Erstattungsverfahren 31 2
- Psychotherapeutengesetz 31 3 ff.
- Psychotherapie, Ausübung der 31 1 ff.
- vertragspsychotherapeutische Versorgung 32 1 ff.

Psychotherapeutengesetz (PsychThG) 4 49; 31 3 ff.
- Abrechnung 31 6
- Ausbildung 31 5
- Berufszugang 31 5
- Gegenstand 31 4
- Organisation 31 7
- PsychThG, Bedeutung des 31 8

PsychVVG 4 85

Qualitätssicherung im Krankenhaus 27 153 ff.
- Begriffe 27 153 ff.
- Mindestmengenregelung 27 158 f.
- NUB 27 161 f.
- Qualitätsbericht 27 160
- Qualitätssicherungsmaßnahmen 27 156 f.
- Rechtsinstrumente der Qualitätssicherung 27 156 ff.

rechtliche Handlungsformen 8 1 ff.
- Arzneimittelvereinbarungen 8 26 ff.
- Bundesmantelvertrag 8 11 ff.
- Gesamtverträge 8 21 ff.
- Heil- und Hilfsmittelverträge (§ 125 II, 127 II SGB V) 8 30 ff.
- Normverträge 8 2 ff.
- Richtlinien 8 33 ff.

Rechtsbeziehungen zwischen Arzt (Krankenhaus) und Patient 14 1 ff.
- Arztvertrag mit dem GKV-Patienten 14 4 f.
- Arztvertrag mit Privatpatient 14 2 f.
- rechtliche Verknüpfungen 14 1 ff.
- Rechtsgrundlagen 14 1 ff.
- standesethische Verknüpfungen 14 1 ff.
- stationäre Behandlungsverhältnisse 14 6 ff.

Rechtsbeziehungen zwischen den gesetzlichen Krankenkassen und den Krankenhäusern einschließlich Vorsorge- und Rehabilitationseinrichtungen nach dem SGB V 27 1 ff.
- Leistungsrecht des Versicherten bei der Krankenhausbehandlung 27 13 ff.
- Leistungsrecht des Versicherten bei der Vorsorge- und Rehabilitationsbehandlung 27 38 ff.
- SGB V als Rechtsgrundlage 27 1

– Versorgungsvertrag mit Krankenhäusern, Recht des 27 47 ff.
– Versorgungsvertrag mit Vorsorge- und Rehabilitationseinrichtungen 27 130 ff.
– zweigleisiges Versorgungssystem 27 2 ff.
Rehabilitationseinrichtungen 25 1 ff., 53 ff.
s. Vorsorge- und Rehabilitationseinrichtungen
Rehabilitationsbehandlung *s. Vorsorge- und Rehabilitationsbehandlung, Leistungsrecht des Versicherten bei der*
Residenzpflicht 20 9
Rettungsdienst 19 95 f.
Richtlinien 8 33 ff.
– Begriff **8** 35 f.
– Differenzierungen **8** 33 f.
– Funktion **8** 35 f.
– G-BA-Richtlinien **8** 33, 37 ff.
– KBV-Richtlinien **8** 33, 42 f.
– Konfliktlösungsmöglichkeiten **8** 49
– Rang **8** 35 f.
– SpiBuK, Richtlinien gemäß § 290 II SGB V **8** 33, 44
– Verbindlichkeit **8** 35 f.
– vereinbarte Richtlinien, zwischen SpiBuK und der KBV **8** 33, 42 f.
– Wirkbereich **8** 35 f.
Risikostrukturausgleich (RSA) 7 35 ff.
– Gerichtskontrolle **7** 38
– Verfahren **7** 35 f.
– Zusatzbeitrag **7** 37
RVO 4 11

Sachleistungsprinzip 9 2 ff.
– Verhältnis von Sachleistungsprinzip und Kostenerstattung **9** 10
sächliche Mittel 43 1 ff.
Schiedsstellenverfahren (§ 18 I 4 KHG) 26 461 ff.
– Entscheidungsspielraum **26** 473 f.
– erneute Anrufung der Schiedsstelle **26** 479 f.
– formale Voraussetzungen **26** 464 ff.
– Landesebene, Verfahren auf **26** 495 f.
– rechtliche Einordnung der Schiedsstelle **26** 462 f.
– Rechtsnatur des Schiedsspruchs **26** 470 f.
– Verfahrensgrundsätze **26** 469
Schwangerschaftsabbruch 68 154 ff.; **73** 1 ff.
– abgestuftes Schutzkonzept **73** 7
– BVerfG, Rechtsprechung des **68** 155
– BVerfGE 39, 1 **68** 157 f.
– BVerfGE 88, 203 **68** 164 ff.
– Einigungsvertrag **68** 161
– embryopathische Befunde **73** 9
– 15. StrafRÄndG **68** 159
– geltendes (Straf)Recht **68** 167
– Gesetz über ergänzende Maßnahmen **68** 160
– historische Entwicklung **68** 156 ff.
– Not- und Konfliktlage **73** 8
– Problemfelder **73** 6 ff.
– Schwangerschaftsabbruch (§ 218 StGB) **73** 1 ff.
– Strafbarkeit **73** 2 ff.

– Tathandlung **73** 1
– Zuordnung **68** 154
Schweigepflicht 13 61 ff.
– Bedeutung **13** 61
– Datenschutz **13** 62
– Inhalt der Schweigepflicht **13** 63 ff.
– Offenbarungspflichten, gesetzliche **13** 66
– Umfang der Schweigepflicht **13** 63 ff.
Schweigepflicht (§ 203 StGB) 72 10 ff.
– Abrechnung **72** 15
– ärztliche Behandlung **72** 13
– Datenverkehr innerhalb des Krankenhauses/Berufsausübungsgesellschaften/Arztnetz **72** 16
– Factoring **72** 15
– mögliche Täter **72** 11
– Praxisverkauf **72** 14
– Rechtsverstöße **72** 13 ff.
– Schutzgut der Schweigepflicht **72** 12
– Sozialversicherungsträger **72** 19
– Versicherungen **72** 17
sekundäres Unionsrecht 3 4 ff.
Selbstbestimmungsrecht des Patienten 2 34 ff.
– Beschränkungen des Selbstbestimmungsrechts **2** 51
– Chipkarten **2** 46
– datenschutzrechtliche Fragen **2** 44 ff.
– Dokumentationspflichten **2** 47
– Informationsrecht **2** 50
– rechtliche Vorgaben **2** 36
– Rechtsgrundlage **2** 35
– Schweigepflicht **2** 48
– Strukturelemente **2** 35 ff.
– Umsetzungsprobleme **2** 41 f.
– Verfahrensrechte **2** 49
– Verhältnis von Selbstbestimmungsrecht und Therapiefreiheit **2** 54
Selektivverträge gemäß § 73b SGB V 19 62
Soft-law-Funktion 3 22 f.
SpiBuK 7 28
– Richtlinien gemäß § 290 II SGB V **8** 33, 44
– vereinbarte Richtlinien, zwischen SpiBuK und der KBV **8** 33, 42 f.
Spitzenverband Bund der Krankenkassen (SpiBuK) *s. SpiBuK*
Sprechstunden 20 85 ff.
Stammzellenforschung 68 124 ff.
– Anwendungsmöglichkeiten **68** 128
– Begriff **68** 124 ff.
– ethische Vertretbarkeit **68** 137 f.
– Herkunftsarten **68** 127
– Inhalt des StZG **68** 133 f.
– öffentliche Auseinandersetzung **68** 129 f.
– rechtsstaatliche Anforderungen **68** 136
– reproduktives Klonen **68** 140, 142
– Stichtagsregelung **68** 139
– therapeutisches Klonen **68** 140 f.
– totipotente Stammzellen **68** 125 f.
– verfassungsrechtliche Bedenken **68** 135 ff.
– Zweck des StZG **68** 131 f.

stationäre Behandlung
- Europarecht 3 70 ff.
stationäre Behandlungsverhältnisse 14 6 ff.
- Krankenhausambulanz 14 14 f.
- Krankenhausaufnahmevertrag 14 10 ff.
stationäre Versorgung, Strukturen 25 1 ff.
- andere Institutionen des medizinischen und sozialen Versorgungssystems 25 71 ff.
- Betriebsformen der Krankenhäuser 25 75 ff.
- BRD, Entwicklung in der 25 12 ff.
- DDR, Entwicklung in der 25 6 ff.
- Einrichtungen der stationären Versorgung und deren Zuordnung im Gesundheitswesen 24 34 ff.
- Einteilung der Krankenhäuser nach der Aufgabenstellung und sonstigen - betrieblichen - Funktionen 25 65 ff.
- Entwicklung der Krankenhausversorgung in Deutschland 25 1 ff.
- Gesetzgebungskompetenzen im Gesundheitsbereich 25 20 ff.
- Krankenhausbegriff der Privaten Krankenversicherung (PKV) 25 44 ff.
- Krankenhausbegriff des KHG 25 35 ff.
- Krankenhausbegriff des SGB V 25 39 ff.
- Neuzeit bis zum 2. Weltkrieg 25 1 ff.
- Privilegierung der freigemeinnützigen und privaten Träger 25 82 ff.
- Rechtsformen der Krankenhäuser 25 75 ff.
- Rehabilitationseinrichtungen im Sinne des SGB V 25 53 ff.
- soziale Einrichtungen 25 73 f.
- Trägerschaft des Krankenhauses 25 75 ff.
- Trägervielfalt, Grundsatz der 25 78 ff.
- verfassungsrechtliche Vorgaben 25 19 ff.
- Versorgungsauftrag des Krankenhauses 25 86 ff.
- Vorsorgeeinrichtung im Sinne des SGB V 25 53 ff.
- 2. Weltkrieg bis zur Deutschen Einheit 25 5 ff.
- Zwischenformen ambulanter und stationärer Versorgung 25 72
Sterbehilfe 68 237 ff.; 73 12 ff.
- aktive Sterbehilfe 68 237 ff.; 73 12 ff.
- Beihilfe zum Suizid 68 247 f.
- Berliner Fall 68 248
- Berufsrecht 68 241 ff.
- Betty-Fall 68 247
- BGH NJW 2010, 2963 73 17 ff.
- Entwicklungen 68 246 ff.
- gesetzliche Regelungen 68 250
- Grundsätze der BÄK 68 241 ff.
- Hospizbewegung 68 246
- MBO 68 244
- Neugeborene 68 245
- organisierte Freitodhilfe 68 249
- passive Sterbehilfe 68 237 ff.; 73 16
Strukturverträge 11 56 ff.
- Bedeutung 11 56 f.
- Fortgeltung der Strukturverträge 11 58

Therapiefreiheit des Arztes 2 52 f.
- Verhältnis von Selbstbestimmungsrecht und Therapiefreiheit 2 54
Tissue-Engineering (TE) 68 143 ff.
- Begriff 68 143
- Biobanken 68 151 f.
- Gentransfer, Begriff 68 145
- Gentransfer, TE als 68 144
- Funktion 68 143
- Keimbahnveränderung 68 146
- Patentierbarkeit 68 153
- rechtliche Zuordnung 68 148 ff.
- somatische Gentherapie 68 147
traditionelle pflanzliche Arzneimittel 52 48 f.
Transfusionsgesetz (TFG) 51 2 ff.
- Spende 51 5
- Spezialgesetz 51 2 f.
- Zweck des TFG 51 4
Transparenzrichtlinie
- Europarecht 3 76 ff.
Transplantationsgesetz 68 177 ff.
- Anlaufstelle Transplantationsmedizin 68 199
- Anwendungsbereich 68 180
- Aufklärung der Bevölkerung 68 200
- Ausland, Transplantation im 68 212
- Bedeutung 68 177
- Cross-Over-Spende 68 186 f.
- Entnahme 68 192 ff.
- Entnahmekrankenhäuser 68 195 f.
- gerechte Organzuteilung 68 205
- Koordinierungsstelle 68 197
- Kostenerstattung 68 188 ff.
- lebender Spender 68 184 ff.
- Nebenpflichten 68 202
- Non-ET-Residents, Transplantation von 68 213 f.
- Organbegriff 68 178 f.
- Organhandel 68 201
- Rechtsschutzprobleme 68 206 ff.
- Todesbegriff 68 183
- toter Spender 68 181 ff.
- Übertragung 68 192 ff.
- Verfahrensregeln 68 191 ff.
- Vermittlungsstelle 68 198
- Voraussetzungen 68 181 f., 185
- Warteliste 68 203 f.

Übereinkommen zum Schutz der Menschenrechte und der Menschenwürde von Biologie und Medizin des Europarates vom 04. April 1997 („MRB") 67 15 ff.
- allgemeine Vorgaben 67 17 ff.
- Europarat 67 15
- MRB 67 16
überörtliche Berufsausübungsgemeinschaft, Besonderheiten 20 72 ff.
Unesco-Deklaration vom 11.11.1997 67 2 ff.
Unionsrecht s. Europarecht
unterlassene Hilfeleistung (§ 323c StGB) 71 1 ff.
- arzttypische Sachverhalte 71 2 f.

– Hilfeleistung, Art und Umfang 71 7 ff.
– Strafrechtsnorm 71 1
– Tatbestandsvoraussetzungen des § 323c StGB 71 4 ff.
– Unglücksfall 71 4 ff.
unrichtige Gesundheitszeugnisse (Gefälligkeitsatteste) 72 20 ff.
– Arbeitsunfähigkeit 72 25
– AU-Richtlinie 72 26
– Behörden 72 22 f.
– Entgeltfortzahlung 72 27
– § 278 StGB 72 20
– Tatbestandsmerkmale 72 21 ff.
– unrichtiges Zeugnis 72 21
– Verschulden 72 24
Unternehmensfreiheit 2 55 f.

VÄndG 4 66
Verband der niedergelassenen Ärzte Deutschlands e. V. (Virchow) 13 104
Verbandmittel 59 1 f.
Vereinbarungen der Bundesverbände zum Vergütungssystem 26 360 ff.
– Abrechnungsbestimmungen 26 371 ff.
– Bewertungsrelationen 26 362 ff.
– Fallpauschalenkatalog 26 362 ff.
– Vereinbarungskompetenz 26 360 f.
– Zusatzentgelte 26 369 f.
Verfassungsrecht 2 1 ff.
– Art. 1 I GG 2 11 ff.
– Art. 3 I GG 2 16 ff.
– Art. 12 I GG 2 20 ff.
– Art. 74 I Nr. 11 GG 2 29
– Art. 74 I Nr. 12 GG 2 31 f.
– Art. 74 I Nr. 19, 19a GG 2 27 f.
– Art. 74 I Nr. 26 GG 2 30
– Grundrechtsschutz 2 10 ff.
– Krankenversicherungsrecht, Grundrechte im 2 66 ff.
– Recht auf Gesundheit 2 6 ff.
– verfassungsrechtliche Ausgestaltungen 2 33 ff.
– verfassungsrechtliche Kompetenznormen 2 26 ff.
– verfassungsrechtliche Schutzpflichten 2 23 ff.
– Willkürverbot 2 19
verfassungsrechtliche Ausgestaltungen 2 33 ff.
– inhaltliche Vorgaben 2 33
– Selbstbestimmungsrecht des Patienten 2 34 ff.
– Therapiefreiheit des Arztes 2 52 f.
– Unternehmensfreiheit 2 55 f.
– Wissenschaftsfreiheit (Art. 5 III GG) 2 57 ff.
verfassungsrechtliche Schutzpflichten 2 23 ff.
– Eingriffs-Schutzpflichten 2 25
– Gewährleistungs-Schutzpflichten 2 23 f.
verfassungsrechtliche Vorgaben 2 1 ff.
Vergaberecht 3 64
Vergütung der Leistungen der vertragsärztlichen Versorgung 22 1 ff.
– Abrechnungsprüfung (§ 106d SGB V) 22 65 ff.
– Alternativen 22 52 f.

– angemessene Vergütung 22 59
– Art. 12 I GG 22 11 ff.
– Bewertungsausschuss 22 8
– Bundesmantelvertrag-Ärzte (BMV-Ä) 22 2
– Datenübermittlung an den Bewertungsausschuss 22 19 f.
– EBM 22 3, 7 ff.
– EBM als Abrechnungsgrundlage 22 10
– EBM als Steuerungsinstrument 22 11 ff.
– EBM als Leistungsverzeichnis 22 9
– gerichtliche Kontrolle 22 54 ff.
– Gesamtvergütung 22 4, 21 ff.
– Gesamtvertrag 22 4
– Gestaltungsfreiheit des Bewertungsausschusses 22 11 ff.
– Honorarverteilungsgerechtigkeit 22 54 ff.
– HVM 22 29 ff.
– Nachbesserungspflicht des Bewertungsausschusses 22 18
– Normcharakter 22 11 ff.
– Rechtsrahmen 22 1 ff.
– Reformen 22 52 f.
– Undurchschaubarkeit 22 52 f.
– unzulässige Eingriffe, Beispiele 22 11 ff.
– unzureichende vertragsärztliche Vergütung 22 60 ff.
– verfahrensmäßiges Vorgehen 22 63 f.
verschreibungspflichtige Arzneimittel 53 3, 19 ff.
– Bagatellarzneimittel (§ 34 I 6 SGB V) 53 23
– Bedeutung 53 20 ff.
– Begriff 53 19
– Lifestyle-Präparate (§ 34 I 7–8 SGB V) 53 24 f.
– Therapiestandard 53 21 f.
– unwirtschaftliche Arzneimittel 53 26
– Werbung 57 7 ff.
Versorgungsvertrag mit Krankenhäusern, Recht des 27 47 ff.
– Ablehnung des Vertragsangebots 27 62 ff.
– Ablehnungsgründe 27 63 ff.
– Bedarfsgerechtigkeit 27 68 ff.
– Begrenzung durch den Versorgungsauftrag 27 93
– Behandlungspflicht 27 88 f.
– Genehmigung als Verfahrensvoraussetzung 27 78 f.
– Hochschulkliniken, Fiktion 27 55 ff.
– inhaltliche Vorgaben für den Vertragsschluss 27 59 ff.
– Klage auf Abschluss eines Versorgungsvertrags 27 127 f.
– Klage gegen die Kündigung des Versorgungsvertrages 27 129
– Kündigung von Versorgungsverträgen mit Krankenhäusern (§ 110 SGB V) 27 97 ff.
– Leistungsfähigkeit 27 66
– Missachtung der Qualitätsvorgaben (des G-BA) 27 94 ff.
– plankonkretisierende Vereinbarungen 27 80 ff.
– Plankrankenhäuser, Fiktion 27 55 ff.

– planmodifizierende Vereinbarungen 27 80 ff.
– Qualität der Krankenhausbehandlung 27 74
– Rechtsanspruch des Krankenhausträgers 27 75 ff.
– Rechtsnatur der Ablehnungsentscheidung 27 62
– Rechtsnatur des Versorgungsvertrags 27 49 ff.
– Rechtsschutzfragen 27 125 ff.
– Rechtsweg, gespaltener 27 125 f.
– Rechtswirkungen des Versorgungsvertrags 27 84 ff.
– Reichweite der Zulassung 27 86
– statusbegründender Rechtsakt 27 85
– Vergütungsanspruch 27 92 ff.
– Vergütungsanspruch, gesetzlicher 27 92
– Versorgungsauftrag 27 90 f.
– Vertragsschluss bei Versorgungskrankenhäusern 27 53 f.
– Wahlfreiheit des Krankenhausträgers 27 75 ff.
– Wirtschaftlichkeit 27 67
– Zeitpunkt der Zulassung 27 58
– Zulassung 27 85 ff.
– Zulassungsende 27 87
– Zustandekommen 27 53 ff.

Versorgungsvertrag mit Vorsorge- und Rehabilitationseinrichtungen 27 130 ff.
– Abschlussvoraussetzungen 27 135 ff.
– Geltungsbereich 27 131 ff.
– Kündigung des Versorgungsvertrags 27 141
– Rechtsschutz 27 149
– Rechtswirkung des Versorgungsvertrags 27 140
– Regionalisierung des Vertragsabschlusses 27 131 ff.
– Schiedsstelle 27 147 f.
– Vereinbarungsverfahren 27 147 f.
– Vergütung 27 142 ff.
– Vergütung, Höhe der 27 144 ff.
– Vertragsinhalt 27 138 f.

vertragsärztliche Versorgung, Teilnahme des Vertragsarztes 20 1 ff.
– Altersgrenzen 20 ff.
– anderweitige ärztliche Tätigkeit, Hindernis durch die Art 20 15 ff.
– anderweitige ärztliche Tätigkeit, Hindernis durch zu großen Umfang 20 12 ff.
– Arztregister 20 6 f.
– Ausnahmeregelung 20 18 f.
– Bedarfsplanung 20 23 ff.
– Behandlungsverpflichtung des Vertragsarztes 20 92 ff.
– Beschränkung der freien Arztwahl 20 79 ff.
– Eignung 20 11
– Ende der Zulassung 20 111 ff.
– Entziehung der Zulassung 20 107 ff.
– Fachgebietsgrenzen, Einhaltung 20 89 ff.
– Fortbildungspflicht 20 96 ff.
– Interessenkollisionen 20 15 ff.
– körperliche Verfassung 20 11
– Persönlichkeit 20 11
– Pflichtenkollisionen 20 15 ff.

– Präsenz in der Arztpraxis 20 85 ff.
– Rechtsgrundlagen 20 1 ff.
– Residenzpflicht 20 9
– Ruhen der Zulassung 20 99 ff.
– Sprechstunden 20 85 ff.
– Überversorgung 20 23 ff.
– Verhalten 20 11
– Verpflichtung zur Teilnahme an der vertragsärztlichen Versorgung 20 84 ff.
– Voraussetzungen, allgemeine 20 3 ff.
– Wiederzulassung 20 110
– Zulassungsentscheidungen, Genehmigungen im Zusammenhang mit 20 59 ff.
– Zulassungsfolgen 20 79 ff.
– Zulassungshindernisse 20 8
– Zulassungsverfahren 20 114 ff.
– Zulassungsvoraussetzungen 20 1 ff.

vertragsärztlicher Bereitschaftsdienst 19 67 ff.
– Ausgestaltung des vertragsärztlichen Bereitschaftsdienstes 19 74 ff.
– Begriff des Notfalls 19 70 ff.
– Freistellungen vom Bereitschaftsdienst 19 79
– gleich hohe Vergütung, Krankenhäuser 19 94
– Mitwirkung von Krankenhäusern 19 85 ff.
– Pflicht der Ärzte zur Mitwirkung am Bereitschaftsdienst 19 78 ff.
– Umfang der Notfallversorgung 19 70 ff.
– Vergütung des Krankenhauses 19 88 ff.
– 10%iger Abschlag 19 93
– Zentralisierungen 19 76
– zulässiger Versorgungsumfang des Krankenhauses im Notfall 19 86 f.

Vertragsarzt, Leistungen 21 1 ff.
– Arten der vertragsärztlichen Versorgung 21 8 ff.
– besondere ambulante ärztliche Versorgung 21 9
– Einschreibemodell 21 7
– Einzelverträge 21 5 f.
– fachärztliche Versorgung 21 4
– Gliederung in hausärztliche und fachärztliche Versorgung 21 1 ff.
– Inhalte der vertragsärztlichen Versorgung 21 8 ff.
– hausärztliche Versorgung 21 2 f.
– Kollektivverträge 21 5 f.
– Konkretisierung durch Vertrag 21 5 ff.
– Notwendigkeit der Einteilung 21 1
– vertragsärztlicher Leistungskatalog 21 8
– Vertragspartner 21 6 f.

Vertragsarztrecht 18 1 ff.
– ärztliches Berufsrecht, Verhältnis des Vertragsarztrechts zum 18 32 ff.
– Akteure im Vertragsarztsystem 18 14 ff.
– Begriff 18 1 ff.
– Berufungsausschüsse 18 17
– Beschwerdeausschüsse 18 18 ff.
– Bewertungsausschüsse 18 23 ff.
– freier Beruf, Tätigkeit des Vertragsarztes als 18 39 ff.
– Gemeinsamer Bundesausschuss 18 23 ff.

- Gesundheitsfonds, Ergänzung des Viereck-Verhältnisses durch den 18 12 ff.
- Grundlagen 18 1 ff.
- Kassen(zahn)ärztliche Vereinigung, Vertragsarzt und 18 55 ff.
- Landesausschüsse 18 23 ff.
- Nachkriegsentwicklung 18 11 ff.
- nicht-ärztliche Leistungserbringer, Vertragsarzt und 18 58 f.
- NS-Zeit 18 10 f.
- primäres Vertragsarztrecht 18 28 ff.
- privatärztliche Behandlungen 18 48 ff.
- Prüfungsstellen 18 18 ff.
- rechtlicher Status des Vertragsarztes 18 1 ff., 39 ff.
- Rechtsbeziehungen zwischen Vertragsarzt und Krankenkasse 18 48 ff., 52 ff.
- Rechtsbeziehungen zwischen Vertragsarzt und Patient 18 48 ff.
- Rechtsgrundlagen 18 1 ff., 28 ff.
- Schlüsselrolle des Vertragsarztes 18 45 ff.
- sekundäres Vertragsarztrecht 18 28 ff.
- Selbstverwaltung, gemeinsame 18 1 ff., 14 ff.
- vertragsärztliche Behandlungen 18 49 ff.
- Viereck-Verhältnis 18 1 ff.
- Vorgehen der Krankenkassen gegen Ärzte 18 14 ff.
- Zulassung zur vertragsärztlichen Versorgung 18 35 ff.
- Zulassungsausschüsse 18 17

Vertragsarztuntreue 74 7 ff.
- BGHSt 49, 17 **74** 9 f.
- Risiken **74** 11 ff.
- Tatbestand **74** 8

vertragspsychotherapeutische Versorgung 32 1 ff.
- angemessene Höhe, § 87 IIc 6 SGB V **32** 14
- bedarfsabhängige Zulassung **32** 4
- Bedarfsplanung und Zulassung **32** 6
- bedarfsunabhängige Zulassung **32** 5
- Berufsausübung **32** 7
- Entwicklung der Rechtsprechung des BSG bis zum Inkrafttreten des GKV-WSG **32** 9 ff.
- GKV-VStG **32** 12 ff., 15
- GKV-WSG **32** 12 ff.
- Organisation **32** 8
- § 87b II 6 GKV-WSG **32** 12 f.
- psychotherapeutische Versorgung **32** 7
- stationäre Vergütung **32** 16
- Vergütung der Leistungen der psychologischen Psychotherapeuten **32** 9 ff.
- Voraussetzung „Diplompsychologe" **32** 2
- Zulassung **32** 2 ff.
- Zulassungsformen **32** 3 ff.

vertragszahnärztliche Versorgung 30 1 ff.
- Altersgrenze **30** 4d
- besondere vertragszahnärztliche Behandlungsformen **30** 6 ff.
- kieferorthopädische Behandlung **30** 6

- Sicherstellungsauftrag **30** 5 ff.
- Vertragszahnarzt, Zahnarzt als **30** 1
- Verfahren **30** 2 f.
- Vergütungsregelungen, vertragszahnärztliche **30** 32
- zahnärztliche Behandlung **30** 5 ff.
- zahntechnische Leistungen **30** 7 ff.
- Zulassung **30** 2 ff.
- Zulassungsende **30** 4a ff.
- Zulassungsentzug **30** 4a f.
- Zulassungsfolgen **30** 4
- Zulassungsverzicht **30** 4c

Vorsorge- und Rehabilitationsbehandlung, Leistungsrecht des Versicherten bei der 27 38 ff.
- Konkurrenz der Rehabilitationsträger **27** 43 f.
- Pflichtleistung mit Auswahlermessen **27** 45
- Prüfung nach § 275 II Nr. 1 SGB V **27** 46
- Subsidiarität **27** 42

Vorsorge- und Rehabilitationseinrichtungen 25 1 ff., 53 ff.
- Abgrenzung **25** 58 ff.
- Legaldefinition **25** 53 ff.

Vorsorgevollmacht 68 236

Vorteilnahme s. Bestechung/Vorteilsnahme

Weiterbildung 13 29 ff.
- Begriff **13** 30 ff.
- Durchführung **13** 36 ff.
- Facharztbeschränkung **13** 41 ff.
- räumlicher Geltungsbereich **13** 47 f.
- Rechtsfolgen der Anerkennung
- Rechtsgrundlagen **13** 30 ff.
- Struktur **13** 33 ff.
- Verfahren **13** 36 ff.
- zeitlicher Geltungsbereich **13** 47 f.
- zum Führen der Bezeichnungen **13** 41 ff.

Werbung, Verbot berufsrechtswidriger 13 73 ff.
- Rechtsgrundlagen **13** 74 ff.
- verfassungsrechtliche Beurteilung **13** 78 ff.
- Werbebegriff **13** 77
- Werbemaßnahmen, einzelne **13** 82

Wirtschaftlichkeitsprüfung 23 1 ff.
- Auffälligkeitsprüfung **23** 12
- Bedeutung **23** 3 ff.
- Begriff **23** 2
- Beschwerdeausschuss **23** 22 f.
- Durchschnittsprüfung **23** 25 ff.
- Einzelfallprüfung **23** 49 ff.
- Fallkonstellationen, sonstige **23** 61
- Falltypen **23** 8 ff.
- Gesamtfallwert-Vergleich **23** 32
- Grundsätze zur Wirtschaftlichkeitsprüfung, einzelne **23** 24
- häufige Fallgestaltungen **23** 49 ff.
- Honorar-Einzelfallprüfung **23** 50 ff.
- Organisation **23** 19
- Prüfarten **23** 8 ff.
- Prüfungsschritte **23** 25 ff.

- Prüfungsstelle 23 19 ff.
- Richtgrößenprüfung 23 13 f.
- Schadensregress-Fälle, sonstige 23 58 ff.
- Strukturen der Wirtschaftlichkeitsprüfung 23 7 ff.
- typisierte Einzelfallprüfung 23 53 ff.
- Verfahren 23 18 ff.
- Verfahrensablauf, Einzelheiten 23 20 f.
- Vergleichsgruppe 23 29 f.
- Verordnungs-Einzelfallprüfung 23 56 f.
- wirkstoffbezogene Verordnungsprüfung 23 15 ff.
- Wirtschaftlichkeitsgebot 23 1 ff.
- Zahnprothetik 23 58 ff.
- Zahntechnisches Labor 23 58 ff.
- Zufälligkeitsprüfung 23 11

Wissenschaftsfreiheit (Art. 5 III GG) 2 57 ff.
- Binnenanerkennung 2 65
- BVerfG, Rechtsprechung des 2 58 f.
- Schrifttum 2 60
- Schulmedizin 2 61 ff.
- Sozialversicherungsrecht 2 62 f.
- Therapierichtungen, besondere 2 61 ff.
- Wissenschaftsverständnis 2 61
- Zielsetzung 2 57
- Zulassung homöopathischer Arzneimittel 2 65a

Zahnärzte, Organisation 29
Zahnärzte und Zahntechniker als Leistungserbringer 28 1 ff.
- Abrechnungsgrundlage 28 14
- Approbation 28 2
- Aufklärung 28 13
- Berufsrecht 28 7
- Gebührenhöhe 28 15 ff.
- Gegenstand der Berufsausübung 28 3 ff.
- gesetzliche Grundlage des Zahnarztberufs 28 1 ff.
- GOZ 28 14 ff.
- GKV-Behandlungsvertrag 28 12
- Haftung 28 13
- § 1 I 1, 2 ZHG 28 1
- § 15 ZHG 28 20 f.
- privatzahnärztliche Behandlung 28 11
- Punktwert, Funktion 28 17
- Punktwert, Höhe 28 16
- Punktwert, Steuerungsinstrument 28 18
- Punktwert, Verfassungsrecht 28 19
- Unionsrecht 28 22
- Vergütung 28 1 ff., 14 ff.
- Vertragsgrundlage 28 11 f.
- Vertragsrecht 28 1 ff.
- Voraussetzungen der Berufsausübung 28 7 ff.
- Werberecht 28 8

- Zahnbehandlung 28 3
- Zahnersatz, Versorgung mit 28 4 ff.
- Zugang zum Beruf 28 1 f.

Zahnprothetik 23 58 ff.
Zahntechniker 39 1 s. a. *Zahnärzte und Zahntechniker als Leistungserbringer*
zahntechnische Leistungen 30 7 ff.
- Abrechnung 30 17 ff.
- Auslandszahnersatz 30 28
- Befund 30 21
- Einzelverträge mit ausländischen Leistungserbringern 30 27
- Erbringung zahntechnischer Leistungen 30 22 ff.
- Festzuschusssystem 30 9 ff.
- gewerbliches Labor 30 22, 25 f.
- Kostenerstattung 30 10 ff.
- § 87 Ia SGB V 30 15 f.
- Praxislabor 30 22, 24, 26
- Rechtsansprüche 30 8
- Regelversorgung 30 21
- Sachleistung 30 10 f.
- Vergütung zahntechnischer Leistungen 30 29 ff.

Zahntechnisches Labor 23 58 ff.
Zulassungs- und Berufungsausschüsse 20 114 ff.
- Errichtung 20 114 ff.
- Verfahren 20 114 ff.
- Zusammensetzung 20 117 ff.
- Zuständigkeit 20 120

Zulassungsentscheidungen, Genehmigungen im Zusammenhang mit 20 59 ff.
- angestellter Arzt 20 60 f.
- Assistenten 20 64 f.
- Berufsausübungsgemeinschaften 20 66 ff.
- Gemeinschaftspraxen 20 66 ff.

Zulassungsentziehung 24 1 ff., 37 s. a. *Disziplinarverfahren*
Zulassungssystem, rechtliche Bedeutung 20 126 ff.
- Bedeutung der Zulassung 20 127 ff.
- verfassungsrechtliche Rahmenbedingungen 20 126

Zulassungsverfahren 20 114 ff.
- aufschiebende Wirkung 20 123 ff.
- Beschluss 20 121 ff.
- Entscheidung 20 121
- Rechtsmittel 20 121 ff.
- Sofortvollzug 20 123 ff.
- Widerspruchsverfahren 20 122
- Zulassungs- und Berufungsausschüsse 20 114 ff.

zweigleisiges Versorgungssystem 27 2 ff.
- gesetzliche Grundlagen 27 2 ff.
- Krankenhäuser 27 6 ff.
- Vorsorge- und Rehabilitationseinrichtungen 27 9 f.
- Zulassung zur stationären Versorgung 27 5 ff.